ALBERT VON SACHSEN

Logik

Lateinisch – Deutsch

Übersetzt, mit einer Einleitung und Anmerkungen herausgegeben von

HARALD BERGER

FELIX MEINER VERLAG
HAMBURG

PHILOSOPHISCHE BIBLIOTHEK BAND 611

Veröffentlicht mit Unterstützung des Fonds zur Förderung der wissenschaftlichen Forschung

FWF Der Wissenschaftsfonds.

Bibliographische Information der Deutschen Nationalbibliothek

Die Deutsche Nationalbibliothek verzeichnet diese Publikation in der Deutschen Nationalbibliographie; detaillierte bibliographische Daten sind im Internet über ‹http://dnb.d-nb.de› abrufbar.
ISBN 978-3-7873-1958-9

www.meiner.de

Druck und Bindung: Strauss GmbH, Mörlenbach. Gedruckt auf alterungsbeständigem Werkdruckpapier, hergestellt aus 100 % chlorfrei gebleichtem Zellstoff. Printed in Germany.

INHALT

Albert von Sachsen
Logik

Traktat I: Die Terme

TRAKTAT III: DIE SÄTZE

TRAKTAT IV: DIE FOLGERUNGEN

TRAKTAT V: DIE TRUGSCHLÜSSE

TRAKTAT VI: DIE UNLÖSBAREN UND DIE VERPFLICHTUNGEN

EINLEITUNG

I. DER VERFASSER: ALBERTUS DE SAXONIA

Das außergewöhnliche Leben Alberts von Sachsen (um 1320 bis 1390, Bauernsohn, Professor und Rektor der Universitäten Paris und Wien, Bischof von Halberstadt) wurde schon öfters ausführlich beschrieben,[1] auch von mir selber,[2] so daß ich mich hier eher kurz fassen kann.

Vorweg zu den Namensformen: Der lateinische Rufname »Albertus« wird üblicherweise in der Geistesgeschichte mit deutsch »Albert« wiedergegeben, in der politischen Geschichte hingegen mit »Albrecht«. Als Bischof nennt sich Albertus in seinen deutschen Urkunden selbst »Albrecht«, es ist aber zweckmäßig, bei der schon lange eingebürgerten Form »Albert (von Sachsen)« zu bleiben. Der Familienname hat offenbar »Rike« gelautet, die lateinische Form »Dives« (Reich bzw. Reicher) ist nämlich urkundlich belegt und läßt sich nur so ins Mittelniederdeutsche rückübersetzen. An Herkunftsnamen finden sich vor allem: »de Ricmestorp« u. ä. (aus Rickensdorf, vormals Rickmersdorf, nach dem Geburtsort), »de Helmestede« u. ä. (aus Helmstedt, nach der nächsten Stadt) und eben »de Saxonia« (aus Sachsen, heute Niedersachsen). Schon früh und lange wurde Albertus zur Unterscheidung von Albertus Magnus († 1280) außerdem auch »Albertus Novus, Albertus Parvus, Albertutius« (der Neue Albert, der Kleine Albert, Albertchen) u. ä. genannt.

Albert wurde wahrscheinlich um 1320, spätestens aber um 1330 im heutigen Rickensdorf, Gemeinde Bahrdorf, Samtgemeinde Velpke, Landkreis Helmstedt, Niedersachsen, geboren; damals gehörte das Dorf nahe Helmstedt zum Bistum Halber-

[1] Siehe v. a. Heidingsfelder 1921, S. 1–51, bzw. 1927, S. 1–49; Sange 1932; Sarnowsky 1989, S. 11–34. Vgl. auch die Bibliographien Berger 1994–2004.

[2] Siehe v. a. Berger 2000, Sp. 39–42; Berger 2004; Berger 2006, S. 5–23.

stadt in Sachsen. Vor ein paar Jahren haben die Rickensdorfer den bedeutenden Sproß ihres Ortes mit einer Gedenktafel und einem Platznamen gewürdigt. Alberts Vater war der Bauer Bernhard Rike, die Mutter hieß vielleicht »Berta«, da dieser Eigenname in der mir bekannten Überlieferung der *Logica Alberti*, Cap. IV.20, konstant vorkommt, also vom Verfasser selbst stammen dürfte.

Von seinen frühen Jahren bis zum Erscheinen in den Büchern und Urkunden der Universität Paris ab 1351 ist kaum etwas bekannt: Seinen ersten Unterricht wird er im nahen Helmstedt erhalten haben, erste höhere Studien hat er nach sehr alter und durchaus glaubwürdiger mündlicher Überlieferung in Magdeburg betrieben. Vielleicht hat er dann auch in Erfurt, der bedeutendsten Schulstadt des Heiligen Römischen Reiches vor den Universitätsgründungen, studiert, aber sicher nicht an der 1348 gegründeten Universität Prag, wie oft fälschlich behauptet wird. – Magdeburg ist insofern interessant, als es hier offenbar Ordensschulen von Rang gab (Augustiner-Eremiten, Dominikaner), an denen in den 1330er und -40er Jahren namhafte Lehrer wie z.B. Jordan von Quedlinburg OESA und Konrad von Halberstadt d.J. OP tätig waren, auch ein gewisser Rudolf Block OESA, Pariser Dr. theol. von 1363, zu Lebzeiten anscheinend auch in hohem Ansehen stehend, mit dem Albert viel später als Bischof von Halberstadt zwei wichtige Begegnungen hatte (Klenkok-Disputation 1369, Häresieverdacht und Untersuchung gegen Albert 1372). Besonders wertvoll ist der Kolophon einer heute in Cambridge liegenden frühen Abschrift der berühmten *Summa logicae* des Wilhelm von Ockham OFM († 1347 in München), wonach diese am 5. Juni 1341 vom 21jährigen Studenten Conradus de Nipeth OESA in Magdeburg fertiggestellt wurde; sie bietet auch eine Zeichnung eines Franziskaners mit dem Vermerk »Frater Occham iste« (Gonville and Caius College, Cod. 464/571).[3] Demnach könnte Albert schon früh mit diesem

[3] Zu diesem Codex vgl. Guillelmi de Ockham Opera philosophica, Tom. I, St. Bonaventure, N.Y., 1974, S. 20*, Nr. 30, u. S. 68*, Nr. c; Abb. zw. S. 32* u. 33*.

bahnbrechenden nominalistischen Werk bekanntgeworden sein, welches eine Hauptquelle seiner eigenen *Logica* ist, die er in Paris Anfang der 1350er Jahre verfaßte.

Irgendwann vor seiner Pariser Zeit muß Albert Presbyter seiner Heimatdiözese Halberstadt geworden sein, wie eine spätere Urkunde zeigt. Einem Orden hat er aber sicher nie angehört, auch nicht dem OESA, den er später als Bischof auffällig wohlwollend behandelte, – vielleicht deshalb, weil er diesem Orden, der ausdrücklich auch auf dem Lande und nicht nur in den Städten tätig sein sollte, die erste Förderung auf seinem Bildungsweg verdankte.

Gemäß den ersten Pariser Belegen muß Albert noch in den 1340er Jahren an die berühmte Universität Paris gegangen sein, wo er als Deutscher der sog. Englischen Nation der Artistenfakultät zugehörte: In auffällig kurzer Zeit absolvierte Albert zwischen März und Juli 1351 die drei Stufen zum Magisterium in den Artes (determinatio, licentiatio, inceptio), jeweils unter einem Mag. Albertus de Bohemia, welche Bezeichnung sich wahrscheinlich auf den bedeutenden Adalbert Rankonis de Ericinio († 1388) bezieht.

In den folgenden zwölf Jahren hatte Albert so gut wie alle wichtigen Funktionen in der Selbstverwaltung seiner Nation und Universität inne, namentlich war er Geschäftsführer (procurator) der Englischen Nation 1351/52, Prüfer (examinator) der Determinationskandidaten 1353, Universitätsrektor 1353, Kassier (receptor) der Englischen Nation 1361/62. Ferner war er in dieser Zeit einer der beliebtesten Lehrer, es sind zwischen 1352 und 1361 74 Graduierungen von 51 Studenten belegt, de facto waren es wohl noch mehr.[4] Ab 1353 hat Albert auch Theologie studiert, aber keinen Grad erworben. 1358 ist eine persönliche Begegnung mit dem Nestor der Pariser Artistenfakultät, Johannes Buridan († um 1360), urkundlich belegt. 1361 erhielt Albert die Universitätspfarre der hll. Kosmas und Damian. 1362 hat er Paris verlassen, höchstwahrscheinlich, um am päpstlichen Hof in Avignon seine kirchliche Karriere zu betreiben. Der neue

[4] Vgl. dazu Berger 2001.

Papst Urban V. (1362–1370) scheint Albert ob seiner wissenschaftlichen Meriten übrigens sehr geschätzt zu haben. Dazu paßt auch gut eine persönliche Stelle Alberts in seinem Ethik-Kommentar, auf die kürzlich Bénédicte Sère aufmerksam gemacht hat, wonach Albert offenbar einen Papst zum Freund hatte;[5] wenn das stimmt, muß Albert seinen Pariser Ethik-Kommentar in Wien noch einmal bearbeitet (was durch die Handschrift Innsbruck, UB, Cod. 159, Wien 1365, bekräftigt wird) und jene Stelle, die sich wohl nur auf Urban beziehen kann, eingefügt haben. Dieser spezielle Punkt müßte freilich erst an der gesamten Überlieferung dieses Werks überprüft werden.

Alberts Pariser Jahre hatten zwar schwierige äußere Bedingungen (Pestepidemien 1348/49 und 1361/62, Hundertjähriger Krieg, Aufstände), waren aber trotzdem wissenschaftlich sehr fruchtbar: Albert verfaßte über 20 Schriften zur Logik, zur Naturphilosophie und Mathematik sowie zur Moralphilosophie.[6] Diese Werke sind noch heute in ca. 300 Handschriften und in ca. 50 Frühdrucken erhalten. Gemessen an der Quantität der Überlieferung ist sein erfolgreichstes Werk der *Tractatus proportionum* (über 40 Handschriften, 12 Frühdrucke, ediert von H.L.L. Busard 1971). Die wichtigsten Aristoteles-Kommentare Alberts sind: Quästionen zu den *Zweiten Analytiken* (über 20 Handschriften, eine Inkunabel), zur *Physik* (ca. 20 Handschriften, 5 Frühdrucke, ediert von B. Patar 1999) und zu *De caelo et mundo* (über 40 Handschriften, 8 Frühdrucke, ediert von B. Patar 2008) sowie Expositionen zur *Ethik* und zur *Ökonomik* (jeweils über 20 Handschriften, der letztere Kommentar wurde 1932 von V. Beltrán de Heredia unter dem Namen des Albertus Magnus ediert).

In der Logik ist Alberts Hauptwerk zweifellos die vorliegende

[5] B. Sère, *Penser l'amitié au Moyen Âge. Étude historique des commentaires sur les livres VIII et IX de l'*Éthique à Nicomaque *(XIIIe–XVe siècle)*, Turnhout 2007 (= Bibliothèque d'Histoire Culturelle du Moyen Âge 4), S. 135.

[6] Vgl. v.a. Lohr 1967, S. 348–352; Lohr 1972, S. 117f.; Sarnowsky 1989, S. 34–54 u. 435–462; Muñoz García 1990; Muñoz García 1991; Weijers 1994, S. 48–53; Berger 2000, Sp. 42–55.

Logica (fast 40 Handschriften, ein Frühdruck). Ein beredtes Detail zur langen Wertschätzung des Werks: Die Venediger Offizin Erben des Octavianus Scotus & Co. brachte 1522 im April Ockhams *Summa logicae* (entstanden Anfang der 1320er Jahre) und im August Alberts *Logica* (entstanden Anfang der 1350er Jahre) heraus. – Zu den ersten drei (von sechs) Traktaten dieses Handbuchs hat Albert auch eine ergänzende Sammlung von 25 Quästionen verfaßt (vier vollständige, fünf unvollständige Handschriften, ediert von M.J. Fitzgerald 2002, englische Übersetzung von demselben 2010); einschlägig für Tr. I und III sind auch die Quästionen zur *Ars vetus* (»Alten Kunst«, d.i. zur *Isagoge* des Porphyr sowie zu den *Categoriae* und zu *De interpretatione* des Aristoteles; zwei Handschriften, gedruckt zusammen mit Ockhams Expositionen in Bologna 1496, GW 11909, ediert und ins Spanische übersetzt von A. Muñoz García 1988). Ebenfalls bedeutend ist seine Sammlung von 254 (!) *Sophismata* (über 20 Handschriften, fünf Frühdrucke), die auch eine moderne Edition verdiente.

Alberts hohes Ansehen als Pariser Professor und Rektor wurde auch in Wien registriert, wo Herzog Rudolf IV. von Österreich die Stiftung einer Universität plante, um seinem Schwiegervater Kaiser Karl IV., der 1348 die Prager Universität gegründet hatte, nachzueifern. Spätestens im April 1364 war Albert jedenfalls in Wien, wahrscheinlich schon einige Monate früher, und wohl aus Avignon kommend, wie schon gesagt. Ein Prag-Besuch Alberts im Troß von Herzog Rudolf im April/Mai 1364 ist belegt und hatte sicher schon mit den Wiener Universitätsplänen zu tun. Auch in der Folge war Albert als Fachmann mit bürokratischen und diplomatischen Aufgaben bei der Vorbereitung und Durchführung der Universitätsstiftung betraut (mehrere Reisen nach Avignon). Der Stiftbrief wurde schließlich am 12. März 1365 ausgestellt, am 18. Juni 1365 erließ Papst Urban V. seine Bestätigungsbulle. Albert war (wahrscheinlich) schon seit der Stiftung bis nach dem 17. Juli 1366 Gründungsrektor der Universität Wien. Als Herzog Rudolf am 27. Juli 1365 in Mailand völlig überraschend starb, konnte sein überaus ehrgeiziger Plan in dieser Form nicht mehr aufrechterhalten wer-

den; daß die junge Stiftung überhaupt überlebte, ist sicher vor allem dem Gründungsrektor Albert zu verdanken – wie es in einem zeitgenössischen Gedicht des Johannes von Hildesheim auf die neue Universität Wien heißt: »Saxo fuit rector primus, validus velut Hector« (Der Sachse war der erste Rektor, stark wie Hektor).

Nach etwa drei Jahren endete Alberts Wiener Zeit mit der ehrenvollen Ernennung zum Bischof seiner Heimatdiözese Halberstadt durch Papst Urban V. am 21. Oktober 1366. Aus diesem Grund reiste er von Wien nach Avignon und von dort noch im Winter nach Halberstadt (urkundlich belegt am 1. Januar 1367 in Würzburg, wo er auch Kaiser Karl IV. traf); am 2. Februar 1367 wurde er in Halberstadt inthronisiert. Albert regierte bis zu seinem Tod 1390 und hat offenbar auch dieses schwierige Amt mit Einsatz und Können zum Wohle seines Bistums gut ausgefüllt, soweit es eben die Zeitumstände zuließen. Einige hervorstechende Ereignisse seiner langen Regierungszeit sind: die Schlacht bei Dinklar bzw. Farmsen am 3. September 1367, in der eine weit überlegene Allianz von Angreifern, der auch Albert angehörte, eine desaströse Niederlage gegen die Hildesheimer erlitt; 1369 eine Disputation vor dem Halberstädter Bischof im Zusammenhang mit Johannes Klenkoks OESA († 1374) Kampf gegen den Sachsenspiegel; 1371 die konfliktträchtige Verpfändung der sog. Vogtei an den Halberstädter Stadtrat; 1372 die Einleitung von Untersuchungen wegen Häresieverdachts gegen Albert aufgrund von Berichten an Papst Gregor XI. (1370–1378) – diese Berichte betreffend angeblich deterministische und fatalistische Lehren könnten auf den wegen mangelnder Unterstützung enttäuschten Klenkok oder auf das wegen der Erpressung bei der Vogtei-Verpfändung erboste Domkapitel zurückgehen, Ergebnisse der Untersuchungen und Konsequenzen für Albert sind nicht bekannt, vermutlich erwiesen sich die Anschuldigungen als unhaltbar.

Albert starb etwa 70jährig am 8. Juli 1390 im Amte und wurde in der Mitte des Halberstädter Doms beim von ihm selbst gestifteten Altar der hll. Jakob, Martin und Livin bestattet (heute nicht mehr bekannt).

II. DAS WERK: DIE »LOGICA ALBERTI«

1. *Inhaltliche Übersicht*

Alberts *Logica* ist eine für den Universitätsunterricht bestimmte Summe der Logik, d.h. ein Handbuch, welches das Gesamtgebiet der Logik (mit Stand von Mitte des 14. Jahrhunderts) abdeckt. Dieses Gesamtgebiet ist etwas willkürlich in sechs statt sieben Traktate (mit hier insgesamt 99, im Frühdruck 90 Kapiteln) aufgeteilt, die zwei Teile des sechsten Traktats (Insolubilien und Obligationen) hätten ohne weiteres auch eigene Traktate bilden können, während die Dreiteilung des ersten Traktats über die Terme völlig einleuchtet. Jedenfalls zählt eine (nämlich die Stuttgarter) von den fast vierzig bekannten Handschriften im Kolophon neun Traktate, indem die genannten Teiltraktate als eigenständige gezählt werden. Trotzdem ist die Einteilung in sechs Traktate durch das Incipit bzw. Proömium in den Textzeugen (auch dem Stuttgarter) eindeutig, während die Einteilung in Kapitel in etwa zehn Prozent der Fälle in den Textzeugen abweichend ist, z.B. bei Kap. II.5, IV.7, VI.2–3.

Dem Universitätsfach Logik jener Zeit entsprechend stellt das Handbuch eine organische Verbindung des Aristotelischen *Organon* (samt Porphyrs *Isagoge*) mit den neuen Entwicklungen der Scholastik dar, wie sie zum Teil schon im 13. Jahrhundert besonders von Petrus Hispanus (den Albert in der Regel als »auctor Summularum« zitiert) klassisch festgeschrieben wurden. Zeitgenössische Quellen Alberts sind insbesondere Wilhelms von Ockham berühmte *Summa logicae* und einschlägige Schriften von dessen realistischem Widersacher Walter Burley (beide in den 1340er Jahren gestorben und deshalb von Albert schon namentlich zitiert) sowie die neue englische Logik überhaupt, die Albert als einer der ersten Pariser umfassend rezipiert zu haben scheint (Thomas Bradwardine, Wilhelm Heytesbury, Richard Kilvington u.a.). Ferner logische Werke des Hauptes des Pariser Nominalismus, Johannes Buridans, soweit sie in den frühen 1350er Jahren schon vorlagen. Buridans *Consequentiae* (um 1335) hat Albert offenbar gekannt und verwendet, mit des-

sen *Summulae de dialectica* scheint es aber keinen engeren Zusammenhang zu geben, abgesehen von gewissen Überschneidungen von Alberts Tr. VI/1 (Insolubilia) mit Buridans Tr. IX (Sophismata, unvollständig);[7] die Richtung des Einflusses ist nicht ohne weiteres und in jedem Fall vom biologisch und akademisch deutlich älteren Buridan auf Albert anzunehmen. Hinzu kommt z. B. noch ein interessanter, aber historisch kaum greifbarer Autor von um/vor 1350, Thomas Manlevelt (Maulfelt), den Buridan nicht gekannt zu haben scheint, wohl aber Albert.

Wie in den meisten seiner anderen Werke zeigt sich Albert auch in der *Logica* mehr als Lehrer denn als Forscher, indem er den erreichten Stand (und zwar diesen sehr aktuell verstanden!) in möglichst klarer Darstellung und Anordnung des Stoffes vermitteln will; besonders hervorstechend bei Albert ist sein Faible für Regellisten und die Erprobung dieser Regeln an Problemfällen (Insolubilia, Sophismata). Das haben die Zeitgenossen und die Nachkommenden bis ins 16. Jahrhundert sehr geschätzt, wie die heute noch erhaltene Überlieferung zeigt: Nach Ockhams *Summe* mit über 60 bekannten Handschriften und einigen Frühdrucken scheint Alberts Werk schon das nächsterfolgreichste des 14. Jahrhunderts (und eines der erfolgreichsten des ganzen Mittelalters überhaupt) zu sein (an die 40 Handschriften und ein Frühdruck), nicht etwa Buridans *Summulae*. – In seinem Eklektizismus ist Albert übrigens durchaus kreativ, indem er verschiedene Elemente aus den genannten verschiedenen Quellen zu einem neuen Ganzen formt, und in Details ist er außerdem auch durchaus originell. Er ist also weder ein »reiner« Ockhamist noch ein »reiner« Buridanist usw., sondern steht einfach in der in sich ja durchaus heterogenen großen Strömung des spätmittelalterlichen Nominalismus.

Das Werk dürfte in erster Fassung am Beginn seiner Pariser Karriere (ab 1351) als Vorlesungsunterlage entstanden sein (vor 1356), aber dann in weiteren Pariser Vorlesungen zu mindestens

[7] Vgl. dazu die Einleitung von F. Pironet in Johannes Buridanus 2004, Artistarium 10–9, S. xii–xxv.

einer, vermutlich zwei weiteren Fassungen erweitert worden sein; jedenfalls berichtet die Stuttgarter Handschrift, daß Albert noch 1360 in Paris seine Logik »in die Feder« diktiert habe (übrigens entgegen dem Pariser Diktier-Verbot von 1355), als die Verbreitung des Werks außerhalb von Paris schon eingesetzt hat (1356 in Prag, 1360 in Erfurt z. B.).

Der erste Traktat

Der erste Traktat über die Terme zerfällt in drei Teile mit insgesamt 25 Kapiteln, und zwar gemäß der Unterscheidung von zwei Bezeichnungsstufen, anachronistisch ausgedrückt: Objekt- und Metasprache. Traditionell entspricht die Objektsprache den Aristotelischen Kategorien (Teil 3, Kap. 18–25), die Metasprache den Porphyrischen Prädikabilien (Teil 2, Kap. 9–17). Diesen Abhandlungen wird noch ein allgemeiner Teil 1 (Kap. 1–8) über Terme, welche beide Stufen betreffen, vorangestellt.

Der den scholastischen Sprachlogiker zunächst interessierende allgemeinste Term ist »Zeichen« (signum). Im knappen ersten Kapitel dazu legt Albert die berühmte Definition des Augustinus – ein Zeichen ist etwas, dessen Erfassung etwas anderes zur Kenntnis bringt – zugrunde und orientiert sich im übrigen sichtlich an Ockhams *Summe der Logik*, Teil I, Kap. 1, am Schluß. (Dieses Werk könnte Albert ja schon in seiner Jugend, vor seiner Pariser Zeit, kennengelernt haben, vgl. oben S. XII f.) Der weite Sinn der Augustinischen Definition umfaßt auch außersprachliche Zeichen, etwa den notorischen Faßreifen vor der Taverne, der Weinausschank anzeigt. Beim für den Logiker relevanten engen Sinn des *Sprachzeichens* kommt noch eine semantische Bestimmung hinzu: Ein Zeichen in diesem engen Sinn bringt etwas zur Kenntnis und kann dieses Etwas in Sätzen vertreten, für dieses Etwas supponieren.

Dies trifft jedenfalls auf kategorematische Terme zu, d. h. solche, die (in ihrer eigentlichen Zeichenfunktion) als Subjekte oder Prädikate von Sätzen fungieren können. Terme als Sprachzeichen in diesem Sinn gehören einer von drei Ebenen an

(Kap. 2), nämlich der Schrift, der Rede oder dem Denken. Dafür gelten der Anfang von *De interpretatione* des Aristoteles und des Boethius Auslegungen dazu als autoritative Grundlagen, aber bezüglich der Ebene des Denkens wurde schon von den Zeitgenossen Ockham als Autorität hinzugezählt, der mit einer syntaktisch-semantischen Beschreibung des Denkens als einer Sprache erst eigentlich ernst gemacht und die lange Tradition der *oratio mentalis* eingeleitet hat.

Die Zeichenfunktion von Termen der mentalen Ebene ist natürlich in dem Sinn, daß sie nicht dem Willen unterliegt, sondern gewissermaßen die konverse Relation der Kausalrelation der Wahrnehmung ist, welche gemäß Aristoteles die Seele mit Eindrücken versorgt: Die Außendinge bewirken Eindrücke in der Seele und diese bezeichnen als Wirkungen ihre Ursachen auf natürliche Weise. Da die Außendinge und ihre Eindrücke in der Seele der Art nach allen Subjekten gemeinsam sind, sind die mentalen Terme »bei allen gleich« (so Aristoteles, De int., 16a3–8).

Die Zeichenfunktion von Termen der konventionalen Ebene, d.i. der geschriebenen oder der gesprochenen Sprache, ist hingegen nicht natürlich, sondern beruht auf willentlicher Einsetzung (impositio) und ist demnach auch nicht »bei allen gleich« (ist auf bestimmte Sprachgemeinschaften bezogen, kann auch geändert werden). Diese Einsetzung besteht darin, daß eine Folge von Graphemen oder Phonemen einem mentalen Term, d.i. einem Begriff, untergeordnet wird und damit eine Bedeutung erhält. Die mentale Sprache ist also primär und grundlegend, sie könnte im Prinzip auch ohne konventionale Sprache bestehen, nicht aber umgekehrt.

Auch in dieser Hinsicht der Unterordnung (subordinatio) zur Erklärung des Verhältnisses von konventionaler und mentaler Sprache folgt Albert Ockham und weicht damit von Buridan ab, der das alternative Modell der vermittelten (»transitiven«) Bezeichnung vertreten hat: Gemäß ersterem Modell bezeichnen einander entsprechende Terme der drei Sprachebenen *dasselbe*, aber auf verschiedene Weise, nämlich der mentale Term primär und natürlich, der gesprochene und der geschriebene Term hin-

gegen sekundär – eben dem mentalen Term unter- bzw. nachgeordnet – und konventional. Gemäß letzterem Modell bezeichnet der geschriebene Term den gesprochenen, dieser den mentalen und erst dieser schließlich das Ding (res) außerhalb der Sprache und des Denkens. Offenkundig wird hier »significare« verschieden aufgefaßt: Bei Ockham und Albert semantisch als »zutreffen auf« bzw. »wahr sein von«, bei Buridan psychologisch als »constituere intellectum« (assoziativ eine Vorstellung hervorrufen, so die Wendung des Boethius in Auslegung des Aristoteles).

Albert verwendet die Theorie der Subordination auch für die grammatischen Kategorien der (acht) Redeteile (partes orationis, Wortarten), Rektion, Kongruenz usw. – daß ein konventionaler Ausdruck ein Nomen oder ein Verb usw. ist, daß eine konventionale Ausdrucksfolge kongruent oder inkongruent ist usw., hängt jeweils vom übergeordneten mentalen Term oder von der übergeordneten mentalen Termfolge ab.

Die Erlernung konventionalsprachlicher Ausdrücke kann natürlich nicht immer durch andere Ausdrücke bzw. durch Definitionen erfolgen, sondern erfordert insbesondere am Anfang des Spracherwerbs hinweisende Definitionen oder vergleichbare erfahrungsmäßige Situationen.

Für die Logik von zentraler Bedeutung ist die Unterscheidung von kategorematischen und synkategorematischen Termen (Kap. 3), heute eher geläufig als auto- vs. synsemantisch. Ein kategorematischer Term hat gemäß der autoritativen Formulierung des Boethius eine »begrenzte und bestimmte« Bezeichnung (significatio finita et certa), d. h. er fällt in eine der Aristotelischen Kategorien und kann somit mittels Gattung und Artunterschied definiert werden. Als solcher kann er auch in *signifikativer* Verwendung, d. i. gemäß seiner eigentlichen Zeichenfunktion und nicht etwa bloß in Anführung (materiale Verwendung), als Subjekt oder Prädikat eines Satzes fungieren.

Das alles gilt nicht von den synkategorematischen Termen: Sie haben keine eigentliche (»begrenzte und bestimmte«) Bezeichnung, sondern nur eine *Funktion* (officium) im Satzkontext. Sie gehören demnach auch keiner Kategorie an und können

in signifikativer Verwendung, d. h. in Erfüllung ihrer eigentlichen Funktion, auch nicht Subjekt oder Prädikat eines Satzes sein, sondern nur in materialer Verwendung – in Anführung, wie wir sagen würden, z. B. »Jeder ist ein Allquantor«: Das Subjekt erfüllt hier nicht seine eigentliche Funktion, nämlich die der Distribution (Quantifizierung), sondern wird in materialer Supposition (»Anführung«) durch das Prädikat einer bestimmten Klasse von logischen Konstanten zugeordnet.

Nach Albert können Synkategoremata nicht nur nicht Subjekt oder Prädikat eines Satzes sein, sondern auch nicht *Teil* des Subjekts oder Prädikats, da sonst die Regeln der Konversion und der Gegensätze nicht gälten. Sie sind vielmehr Bestimmungen (dispositiones) der Satzglieder, und zwar bestimmen sie deren Suppositionsweise (z. B. gemäß All- oder Existenzquantifizierung usw.).

Alberts Verbindung der verschiedenen Bezeichnungsweisen von Kategoremata und Synkategoremata mit der ontologischen Unterscheidung von Dingen (res, incomplexe significabilia) und Sachverhalten (modi rerum, complexe significabilia) ist eigentümlich und interessant: Dinge sind durch unverknüpfte (isolierte) Terme aus den Kategorien bezeichenbar, letztlich gibt es aber nur zwei Arten real verschiedener Dinge, nämlich individuelle Substanzen und individuelle Qualitäten, wie Albert gemäß Ockhams nominalistischem Reduktionismus annimmt. Entgegen Ockham führt er aber zusätzlich zu diesen Dingarten eine außerkategoriale Art von komplexen Gegenständen ein, eben die Sachverhalte. Und somit kann er sagen, daß die Kategoremata Kategoriendinge i. e. S. (res = substantiae vel accidentia) bezeichnen, die Synkategoremata hingegen keine Dinge, sondern »Weisen der Dinge« (modi rerum) bzw. Sachverhalte. Z. B. bezeichnet »Mensch« die einzelnen Menschen (Individuen der Kategorie der Substanz, Exemplare der natürlichen Art), »Weiße« die einzelnen Weißen (Individuen der Kategorie der Qualität, konkrete Weißzustände) usw., während »jeder« kein Ding in diesem Sinne bezeichnet, sondern bezeichnet, *daß* der folgende Term auf bestimmte Weise auf die Elemente seiner Extension »verteilt« (distribuiert) wird. Und dieser Daß-Satz be-

zeichnet eben einen komplexen Gegenstand bzw. Sachverhalt, ähnlich wie der Satz »Sokrates läuft« den Sachverhalt bezeichnet, *daß Sokrates läuft*, während seine Teile Dinge i. e. S. bezeichnen (Sokrates, ein Laufendes).

Eine dritte Unterscheidung der Terme in Kap. 4, nach mental vs. konventional und kategorematisch vs. synkategorematisch, besagt, daß ein Term ein Ausdruck (bzw. das mentale Analogon eines solchen) ist, der als Subjekt oder Prädikat eines Satzes – lat. »terminus« bedeutet ja u. a. »Grenze«, hier eben des Satzes – auftreten kann, und zwar gemäß drei Sinnen: Im weitesten Sinn können auch ganze Sätze (complexa) als Satzglieder fungieren, im weiten Sinn können nur inkomplexe, d. h. selbst nicht satzartig strukturierte, Ausdrücke Satzglieder sein, und zwar sowohl in signifikativer als auch in nicht-signifikativer Verwendung (d. i. sowohl inkomplexe Kategoremata als auch inkomplexe Synkategoremata). Im strengen Sinn heißen aber nur solche inkomplexen Ausdrücke »Terme«, die in signifikativer Verwendung Satzglied sein können, also kategorematische Ausdrücke bzw. Ausdrücke aus den Kategorien.

Der scholastische Logiker neigt dazu, die Terme an Subjekt- und Prädikatstelle des Satzes als Nomina in einem weiten Sinn aufzufassen (vgl. Kap. 5), so daß mit der verbindenden Kopula »ist« als (Hilfs-)Verb nur zwei der traditionellen acht grammatischen Redeteile als logisch – d. h. für den Wahrheitswert des Satzes – relevant erachtet werden, jedenfalls was die elementarsten Satzstrukturen anbelangt: Subjekt – Kopula – Prädikat = Nomen – Verb – Nomen, wobei die »atomare« Form an Subjektstelle ein Nomen proprium (Eigennamen) hat (oder auch einen singulären Term z. B. in Form von Demonstrativpronomen plus Gattungsnamen), an Prädikatstelle ein Nomen appellativum (Gattungsnamen, generellen Term). Dies ist die dreiteilige Satz- bzw. Prädikationsstruktur der aristotelischen Logik.

Die ontologische Deutung der Prädikation und auch die Formulierung der Wahrheitsbedingungen muß im nominalistischen Verständnis natürlich mit Einzeldingen allein auskommen: Prädikation drückt nicht eine Beziehung zwischen einem allgemeinen Ding (Universale, res universalis, forma communis u. dgl.)

und einem Einzelding aus, sondern nur, daß das vom Subjekt denotierte Einzelding eines von den vom Prädikat denotierten Einzeldingen ist, z. B. besagt »Sokrates läuft«, daß Sokrates eines von den laufenden Dingen ist, aber nicht etwa, daß ihm die allgemeine Form des Laufens (cursus) inhäriere. Demgemäß werden auch die Wahrheitsbedingungen formuliert, wie schon Ockham exemplarisch vorgeführt hat: Ein affirmativer Subjekt-Kopula-Prädikat-Satz ist genau dann wahr, wenn Subjekt und Prädikat für *dasselbe* supponieren, ein negativer genau dann, wenn sie nicht für dasselbe supponieren.

Bei Albert gibt es hier aber gewisse Spannungen, da er diese der Ding-Ontologie angemessene Redeweise ebenso verwendet wie eine Sachverhalts-Redeweise, wonach ein Satz genau dann wahr ist, wenn *es so ist*, wie auch immer er bezeichnet (vgl. z. B. Tr. III, Kap. 3, und Tr. VI/1, Kap. 1). Für Ockham wäre der laufende Sokrates der Wahrmacher, wie man heute zu sagen pflegt, des Satzes »Sokrates läuft«, für Albert in manchen Kontexten auch, in manchen aber der Sachverhalt, daß Sokrates läuft.

Hier an den frühen Stellen formuliert er aber die Wahrheitsbedingungen von Sätzen mittels des Begriffs der Supposition für dasselbe usw., und fügt zwei wichtige Einschränkungen an: (1.) Sätze haben eine zweifache Bezeichnung, nämlich eine direkte durch das Prädikat und eine implizite durch die Kopula, insofern jeder (Behauptungs-)Satz sich selbst *als wahr* bezeichnet, anachronistisch ausgedrückt: Die Kopula hat behauptende Kraft. Diese Unterscheidung soll insbesondere zur Abwehr vitiöser selbstbezüglicher Sätze wie des Lügners dienen: Der Satz »Dieser Satz ist falsch« bezeichnet sich selbst durch seine Kopula als wahr, durch sein Prädikat aber als falsch, also bezeichnet er sich zugleich als wahr und als falsch, und damit ist er falsch.

(2.) Sätze mit *leeren* (Subjekts-)Termen sind bei affirmativer Kopula immer falsch, bei negativer Kopula immer wahr, gemäß der These, daß das Nichtseiende keine Eigenschaften haben kann (Sosein setzt Sein voraus, was die Grazer Meinong-Schule bekanntlich mit dem Prinzip der Unabhängigkeit des Soseins vom Sein bestritten hat). Daraus ergeben sich die kontraintuiti-

ven Konsequenzen, daß der Satz »Eine Chimäre ist eine Chimäre« – der Musterfall eines sog. identischen Satzes, in dem »dasselbe von demselben ausgesagt wird« – falsch ist, »Eine Chimäre ist nicht eine Chimäre« hingegen wahr ist. Heute würde man sagen: Der Satz »Wenn etwas eine Chimäre ist, dann ist es eine Chimäre« ist immer wahr, der Satz »Wenn etwas eine Chimäre ist, dann ist es nicht eine (= keine) Chimäre« ist immer falsch – durch die konditionale Formulierung fällt die Existenzvoraussetzung weg. Aber das trennt eben die alte Termlogik von der modernen Prädikatenlogik. – In diesem Zusammenhang versucht Albert auch die Aristoteles-Stelle »Daher sagen wir auch, es *sei* das Nichtseiende ein Nichtseiendes« (Met. IV, 2, 1003b10, lat. »non ens est non ens«) dadurch zu »retten«, daß die erste Negation nicht den folgenden Term (dann wäre der Satz ja falsch, da affirmativ mit leerem Subjektsterm), sondern den ganzen Satz betrifft, also »Nicht: Das Seiende ist ein Nichtseiendes« bzw. »Das Seiende ist nicht ein Nichtseiendes«, und das ist trivialerweise wahr. Aber diese Trivialität hat Aristoteles nicht gemeint, sondern vielmehr das Seiende gemäß dem Wahren: Dieses hängt von einem Urteil ab, setzt aber nichts in der Wirklichkeit – es gibt trivialerweise nur Seiendes, Urteilsinhalte gibt es aber auch von Nichtseiendem, z. B. eben den Urteilsinhalt, daß das Nichtseiende nichtseiend *ist*.

Nach Nomen und Verb wird noch die Unterscheidung Subjekt – Prädikat eingeführt: Das lateinische Wort »subiectum« ist ja eine Lehnübersetzung des griechischen »hypokeimenon«, »Zugrundeliegendes«. Dementsprechend hat es ein weites Bedeutungsfeld, das vornehmlich in ontologisch und logisch/grammatisch zu scheiden ist: Ontologisch meint »Subjekt« Unterlage bzw. Träger von Bestimmungen, welche in essentielle und akzidentelle zerfallen. Logisch/grammatisch kann man »Subjekt« zunächst rein syntaktisch als das Satzglied *vor* der Kopula bestimmen, ohne Rücksicht auf Art und Wahrheitswert des Satzes. Allerdings können grammatisches und logisches Subjekt auch differieren, insofern dem Grammatiker in der Regel ein Ausdruck im Nominativ als Subjekt gilt, dem Logiker aber der distribuierte Term, auch wenn er in einem obliquen Kasus steht,

z. B. in »Eines jeden Menschen Esel läuft«. Schließlich hat »Subjekt« auch noch eine wissenschaftstheoretische Bedeutung, die wir als »Gegenstand einer Wissenschaft« wiedergeben würden, z. B. ist »beweglicher Körper« Subjekt der Physik, insofern dieser Term der allgemeinste dieser Wissenschaft ist. Analoge Bestimmungen lassen sich auch für das Prädikat treffen (Kap. 8), je nachdem, ob man es rein syntaktisch betrachtet oder semantisch nach Art des Prädikationszusammenhangs.

Nach diesen Präliminarien geht es im zweiten Hauptteil (Kap. 9–17) um die Terme *zweiter* Intention oder Imposition, d. h. um die sog. fünf Prädikabilien der *Isagoge* des Porphyr als (»metasprachliche«) Terme zweiter Stufe. Die Ausdrücke »zweite Intention« und »zweite Imposition« erklären sich durch die Unterscheidung zwischen mentaler und konventionaler Sprache:

Eine Intentio (Vorstellung, Begriff), gemäß der Aristotelischen Wahrnehmungslehre von der Aufnahme der Form ohne Materie oft auch als »Ähnlichkeit des Dinges« (similitudo rei) bezeichnet, ist ein mentaler Term, der auf erster (»Objekt«-)Stufe auf natürliche Weise Nicht-Zeichen bezeichnet, d. h. Dinge, die selbst keine Zeichen sind bzw. *insofern* sie keine Zeichen sind. Z. B. ist ein Zeichen ebenso ein Seiendes wie ein Nicht-Zeichen, aber eben nicht *qua* Zeichen, weshalb der Term »Seiendes« ein Term erster Stufe ist. – Dementsprechend sind mentale Terme zweiter Stufe solche, die Dinge *qua* Zeichen bezeichnen, sie sind »signa signorum«, wie die alte Redeweise lautet. Solche metasprachlichen Terme verwenden insbesondere die Logik und die Grammatik, z. B. ist der logische Term »Gattung« ein genereller Term zweiter Stufe, der bestimmte Terme erster Stufe bezeichnet, und der grammatische Term »Nomen« ein genereller Term zweiter Stufe, der bestimmte Terme erster Stufe bezeichnet.

Diese Unterscheidung zwischen Intentionen als mentalen Termen gilt ganz analog zwischen Impositionen als konventionalen Termen, z. B. ist der geschriebene Term »Gattung« ein Term zweiter »Einsetzung«, da er zur Bezeichnung bestimmter anderer Terme eingesetzt wurde, während der geschriebene Term »Lebewesen« zur Bezeichnung bestimmter Dinge, die in

der Regel selbst keine Zeichen sind, eingesetzt wurde, also der ersten bzw. Objektstufe angehört.

Da die Prädikabilien des Porphyr auch unter dem Titel »Fünf Universalien« bekannt waren und sind, ist vorweg der Begriff des Universale zu klären. Hier wäre natürlich der Ort, in den berühmten Universalienstreit einzusteigen, aber bis auf ein paar knappe Bemerkungen (siehe unten) dazu enthält sich Albert dieser Diskussion. Ohne viel Federlesens wird ein Universale einfach nominalistisch als ein genereller Term bestimmt, und zwar als ein inkomplexer Term, der auf natürliche Weise (mental) oder gemäß seiner Einsetzung (konventional) geeignet ist, die Aristotelische Definition des Allgemeinen, nämlich von mehreren Dingen aussagbar zu sein (z. B. De int., 17a39 f.), zu erfüllen. »Aussagbar« kann für den Nominalisten nur Sprachliches meinen, also einen Term, der von mehreren Dingen prädizierbar ist, mehrere Dinge bezeichnet, für mehrere Dinge supponiert. Für die Unterscheidung von singulären und generellen Termen ist die *Weise der Einsetzung* entscheidend: Wenn auch mehrere Personen »Sokrates« heißen, so ist der Term trotzdem singulär, da es dann eben mehrere »Taufakte« gegeben hat und nicht bloß einen. Hingegen sind Terme wie »Gott« und »Sonne« gemäß der Weise ihrer Einsetzung *generelle* Terme, obwohl es notwendigerweise nur einen Gott und kontingenterweise nur eine Sonne gibt – wenn Gott eine zweite Sonne schüfe, müßte deshalb nicht ein neuer Term eingesetzt bzw. der vorhandene Term nicht neu eingesetzt werden.

Diese (nominalistischen) Bestimmungen: Term, allgemeine Signifikation bzw. Supposition bzw. Prädikation, und damit auch die Fähigkeit, in einen Satz eingehen zu können, schließen aus, daß etwas Außersprachliches überhaupt oder eine Substanz im besonderen ein Universale sein kann. Hier gibt es einen kleinen (impliziten) Seitenhieb gegen den Realisten Walter Burley, den Albert sonst auch namentlich zitiert, und zwar gegen die Theorie einer *propositio in re* (Satz in der Wirklichkeit), wonach es neben Denken, Rede und Schrift noch eine vierte Ebene von »Sätzen« außerhalb des Denkens und der Sprache gibt, sprich:

Sachverhalte. Wie ein (singulärer) sprachlicher Satz aus einem singulären und einem generellen Term besteht, so besteht ein Satz in der Wirklichkeit nach Burley aus einem Einzelding und einem realen Universale als einer *forma communis*. Diese Auffassung ist es, die der Nominalist Albert ablehnt, obwohl er ja sonst selber von Sachverhalten redet, wie schon gesagt. Der maliziöse Einwand gegen Burley, daß es dann einen Satz geben könne, dessen Subjekt in Paris wäre, das Prädikat aber in England, ist aus Ockham entlehnt (*Summe der Logik*, I, 15) und gehört dann bald mit einer Reihe vergleichbarer »Argumente« (das Subjekt frißt das Prädikat usw.) zum Standardrepertoire gegen Burley.

Ein Universale ist also notwendigerweise ein genereller *Term*, primär der mentalen, sekundär auch der konventionalen Sprachebene. Der Gegenbegriff »singulare« kann hingegen ein außersprachliches Einzelding oder einen singulären Term der Sprache meinen. Albert glaubt hier, eine subtile Unterscheidung machen zu müssen, indem er sagt, daß ein singulärer Term für ein Ding und nicht für mehrere *supponiert*, während er sehr wohl von mehreren Dingen *prädiziert* werden könne. Aber das liegt nur an der rein syntaktischen Bestimmung des Prädikats als Term nach der Kopula und der Auffassung, daß »ist« *immer* Kopula sei. *Logisch* betrachtet wird in den Sätzen »Dieser Grammatiker ist Sokrates«, »Dieser Logiker ist Sokrates« usw. der singuläre Term »Sokrates« natürlich nicht prädiziert, sondern das »ist« drückt hier eine Identität der von den singulären Termen bezeichneten Dinge aus – Alberts Beispiele sind also Identitätsaussagen, keine eigentlichen Prädikationen.

Die sog. *sufficientia universalium*, d. h., daß es eben genau fünf *Arten von Prädikaten* und nicht mehr und nicht weniger gibt, beweist Albert in Kap. 11 mit der Unterscheidung von fünf Prädikationsweisen: Jede Prädikation ist entweder essentiell oder akzidentell bzw. denominativ. Eine Prädikation ist genau dann essentiell, wenn das Prädikat nichts dem Subjekt Äußerliches, d. h. vom Subjekt Trennbares, bezeichnet, sonst akzidentell. Das entspricht der Aristotelischen Unterscheidung zwischen *per se* und *per accidens*. Die essentielle Prädikation kann entweder auf

das Was oder auf das Wie gehen. Wenn die Prädikation ausdrückt, *wie* etwas *seinem Wesen nach* beschaffen ist, dann ist das Prädikat ein Artunterschied (differentia specifica, z. B. »vernünftig«, Kap. 15). Wenn die Prädikation ausdrückt, *was* etwas *seinem Wesen* nach ist, dann gilt es zu unterscheiden, ob das Etwas eine Art oder ein Individuum ist – im ersten Fall ist das Prädikat eine Gattung (genus, z. B. »Lebewesen«, Kap. 12), im zweiten Fall eine Art (species, z. B. »Mensch«, Kap. 13). Das sind die drei Arten essentieller Prädikationen gemäß den intrakategorialen Aussageverhältnissen der Aristotelischen Kategorien. Die akzidentellen interkategorialen Aussageverhältnisse kommen auf zwei Weisen vor, nämlich insofern das Prädikat mit dem Subjekt vertauschbar (»umkehrbar«) ist oder nicht, und entsprechen den Prädikabilien Proprium (Kap. 16) und Akzidens (Kap. 17): Jeder Mensch ist des Lachens fähig und jedes des Lachens fähige Wesen ist ein Mensch, aber nicht jeder Mensch ist weiß und nicht jedes weiße Ding ist ein Mensch.

Einen alternativen Suffizienz-Beweis, wie er z. B. bei Johannes Duns Scotus vorkommt, kritisiert Albert: Dieser Beweis geht nicht von der Unterscheidung essentielle vs. akzidentelle Prädikation aus, sondern von der Unterscheidung einer Prädikation in bezug auf das Was und einer in bezug auf das Wie, und unterscheidet dann bei letzterem essentiell und akzidentell. Die hier grundlegende Unterscheidung (Was vs. Wie) ist nach Albert aber zu eng und erfaßt nicht alle Kategorien (sondern eben nur Substanz und Qualität), während das beim allgemeineren Gegensatz essentiell vs. denominativ sehr wohl der Fall ist.

Dieser zweite Hauptteil ist im wesentlichen ein nominalistischer Kommentar zur *Isagoge* des Porphyr, wobei »nominalistisch« hier auch heißt, daß die traditionellen Bestimmungen der Prädikabilien, wie z. B. »Wenn die Gattung zerstört wird, wird auch die Art zerstört, aber nicht umgekehrt«, nicht als reale, sondern als logisch-semantische interpretiert werden: Die negative Folgerung von der distribuierten Gattung auf die Art ist gültig, aber nicht umgekehrt (vgl. Kap. 13 am Ende u. ö.).

In diesen Teil zur »alten« Logik eingefügt ist aber ein Lehrstück aus der »modernen« Logik mit Kap. 14, ob man den Satz

»Mensch ist eine Art« (homo est species) zugeben muß, ohne daß man das Subjekt modifiziert, z.B. durch Hinzufügung von »der Term« o.ä.

Diese aus heutiger Sicht seltsam anmutende Problemstellung hatte damals einen durchaus ernsten Hintergrund, da sie das Verhältnis zu alten Autoritäten und sogar zur Bibel betraf, wo ja z.B. auch Sätze der Art »Homo est dignissima creaturarum« (⟨Der⟩ Mensch ist das würdigste der Geschöpfe) stehen – schon diese zwei Beispiele zeigen, daß die Artikellosigkeit des Lateinischen eine der Ursachen des Problems ist.

An der Pariser Artistenfakultät scheint es angeblich unter dem Einfluß der Schriften Ockhams eine radikale Auffassung gegeben zu haben, wonach solche Sätze als einfach falsch bzw. als dem Wortlaut nach (de virtute sermonis) falsch zu klassifizieren seien, ohne verschiedene Sinne zu unterscheiden (quod nulla propositio sit distinguenda). Diese Auffassung wurde mit einem bekannten Statut vom 29. Dezember 1340 verboten, das verfügte, daß autoritative Sätze entweder überhaupt zugegeben oder gemäß ihren wahren und falschen Sinnen unterschieden werden sollen. – Einmal mehr hat sich offenbar die Theologische Fakultät von artistischen Anmaßungen bedrängt gesehen und dieses Verbot betrieben.

Albert macht hier in Kap. 14 (vgl. auch schon Kap. 13 gegen Ende) eine Konzession an jenes Verbot, indem er meint, daß es immer angemessen ist, die Terme gemäß personaler Supposition aufzufassen, da sie eben ursprünglich so eingesetzt worden sind, *außer* die Autoritäten haben sie anders verwendet. Und zwar liegen solche Verwendungen insbesondere dann vor, wenn das Prädikat ein Term *zweiter* Stufe (wie »Art«) ist, so daß bei personal supponierendem Subjekt sich ein Stufenfehler ergäbe, weshalb für die Wahrheit eines solchen Satzes eine nicht-signifikative bzw. nicht-personale Supposition des Subjekts erforderlich ist, gemäß dem Prinzip »Die Subjekte sind so, wie die Prädikate es verlangen«. In personaler Supposition steht ein genereller Term ja für die Individuen, auf die er zutrifft, das Prädikat zweiter Stufe »Art« erfordert aber, daß das Subjekt für etwas Allgemeines steht, also nach nominalistischer Auffassung für

den entsprechenden generellen *Term* der konventionalen Sprache (materiale Supposition) oder insbesondere der mentalen Sprache (einfache Supposition). – Dem Wortlaut nach (de virtute sermonis), d. h. gemäß personaler Supposition des Subjekts, ist der Satz »Homo est species« also falsch, der von den Autoritäten intendierte wahre Sinn (sensus verus) hat aber ein material oder einfach supponierendes Subjekt.

Der *sensus verus* solcher Sätze kann aber nur »gerettet« werden, wenn sie indefinit, d. h. nicht quantifiziert sind: Quantoren blockieren nämlich jenes Prinzip, daß ein Prädikat zweiter Stufe das Subjekt auf nicht-personale Supposition festlegt – »Irgendein/Jeder Mensch ist eine Art« erfordert trotz Prädikats zweiter Stufe personale Supposition des Subjekts und ist somit falsch. Hier macht Albert aber eine originelle Unterscheidung, indem er betont, daß jenes Prinzip nur dann blockiert ist, wenn die Quantoren *dasselbe* grammatische Genus haben wie der quantifizierte Term (»aliquis/omnis homo«), während *verschiedenes* grammatisches Genus die Blockade wiederum aufhebt (z. B. »aliquod/omne homo«), gemäß der These, daß material supponierende Terme immer Genus neutrum haben und auch undeklinierbar sind. Damit lassen sich auch material supponierende Terme quantifizieren, z. B. bedeutet »Omne homo est species« soviel wie »Jeder Mensch-Term ist eine Art (ein Art-Term)«.

Eine diese »Tiefenstrukturen« explizit machende Sprache würde die Suppositionstheorie überhaupt überflüssig machen, da es in einer solchen »kanonischen« oder »idealen« Sprache nur mehr personale Supposition gäbe: »Mensch-Term« stünde personal für die einzelnen Vorkommnisse des Terms »Mensch« wie »Mensch« personal für die einzelnen Exemplare der Art steht. Johannes Buridan hat diese Konsequenz für die *mentale* Sprache tatsächlich gezogen! Allerdings ist die mittelalterliche Sprachlogik im allgemeinen und die Suppositionstheorie im besonderen ja auf die natürliche (lateinische) Sprache bezogen, vor allem auch auf die *mündliche* Rede.

In auffälligem Kontrast zu diesen Ausführungen in Tr. I, Kap. 14, steht Alberts selbstbewußte Aufstellung in Tr. V, Kap. 2, er wolle »gegen Ockham und seine Gefährten« beweisen, daß

kein Satz gemäß verschiedenen Sinnen unterschieden werden muß (quod nulla propositio sit distinguenda), sondern daß jeder Satz entweder einfach (simpliciter) zuzugeben bzw. abzulehnen oder zu bezweifeln ist. Das ist gerade die These, die im Pariser Statut von 1340 verboten worden war! Ockham hat sicher Distinktionen mittels der Begriffe des bloßen Wortlauts und der wahren Autorenintention vorgenommen, obwohl sich jenes Statut gegen irgendwelche Ockhamisten richtete. Alberts Begründung seiner These zeigt aber, daß er hier im Rahmen der Obligationentheorie (vgl. Tr. VI/2) denkt: In diesem Rahmen sind die Möglichkeiten, auf einen vorgelegten Satz zu reagieren, ja genau festgelegt, nämlich abhängig vom Wahrheitswert des Satzes und den epistemischen Einstellungen dazu (wissen oder zweifeln im Sinne von nicht wissen, ob wahr oder falsch). Der springende Punkt von Alberts Argument ist aber, daß ein mehrdeutiger Satz die Konjunktion oder Disjunktion seiner verschiedenen Sinne *bezeichnet* – dann kommt aus logischen Gründen die Maschinerie in Gang: wahr, gewußt, daß wahr, zuzugeben; falsch, gewußt, daß falsch, abzulehnen; usw. usf. – Auf diese Weise kann man nach Albert einem mehrdeutigen Satz einen eindeutigen Wahrheitswert zuordnen, was Distinktionen überflüssig mache. Nur aus didaktischen Gründen (propter addiscentes) seien Unterscheidungen sinnvoll, nicht aus logischen.

Der dritte Hauptteil (Kap. 18–25) schließlich gilt den Aristotelischen Kategorien, also den Termen erster Intention bzw. Imposition, der »Objektsprache«:

Der Begriff einer Kategorie (Kap. 18) bedeutet zweierlei: Erstens eine *Hierarchie* von Termen, die auf eine bestimmte Frage (siehe unten) bezüglich einer ersten Substanz (d. i. eines Individuums der Substanz-Kategorie) angemessen zur Antwort gegeben werden können, wobei die Hierarchie gemäß der Allgemeinheit angeordnet ist. Zweitens heißt »Kategorie« der jeweils generellste (»höchste«) Term solcher Hierarchien. – »In einer Kategorie sein« können aber nicht nur Terme, sondern auch die Entitäten (namentlich Individuen), von denen es wahr ist zu sagen »Dies ist eine Substanz/Qualität/usw.«.

Die Zugehörigkeit von Termen zu einer bestimmten Kategorie entwickelt Albert mit der alten (auf Aristoteles selbst zurückgehenden) Methode von Fragen, die man in bezug auf ein konkretes Individuum sinnvoll stellen kann:

1. Substanz: Was ist das? Ein Mensch, ein Lebewesen usw.
2. Quantität: Wie groß ist das? Zwei Ellen lang usw.
   Wie viele sind das? Zwei, drei usw.
3. Relation: Auf welche Weise verhält sich das zu jenem?
   Wie ein Sohn zum Vater, wie ein Sklave zum Herrn usw.
4. Qualität: Wie (beschaffen) ist das? Weiß, schwarz, gerecht, ungerecht usw.
5. Tun: Was tut das? Es liest, es schreibt usw.
6. Leiden: Was erleidet das? Es wird geschlagen, geschnitten, gebrannt usw.
7. Wann (Zeit): Wann ist das? Gestern, heute, morgen usw.
8. Wo (Ort): Wo ist das? Im Haus, auf dem Feld usw.

Für die Kategorien der Lage (9.) und des Habens (10.) gibt es keine eigentlichen Fragewörter, sie sind aber trotzdem untereinander und von den anderen acht verschieden, weil ihre Terme auf verschiedene Weise von einer ersten Substanz prädiziert werden: Lage-Terme bezeichnen die verschiedenen Lagen der Teile einer Substanz zueinander, z. B. »Sokrates sitzt, steht usw.«. Haben-Terme hingegen bezeichnen das Anliegen gehabter Dinge, z. B. »Sokrates ist beschuht, bewaffnet usw.«.

Da die so verstandenen Kategorien vom kontingenten Bestand an Interrogativa und an Prädikationsweisen einer Sprache abhängen, ist es müßig, sie aus apriorischen Prinzipien ableiten und eine definitive Anzahl von ihnen beweisen zu wollen. Albert spricht hier vom bestehenden Sprachgebrauch (usus), die bekannten zehn Kategorien sind eben die gebräuchlichen Prädikationsweisen der (griechischen und lateinischen) Sprache.

Für die obige Anordnung der gebräuchlichen zehn Kategorien bietet Albert aber eine Herleitung an: Der Term »Seiendes« bezeichnet Substanzen und Akzidentien nicht univok, sondern äquivok, kann also selbst keine Gattung bzw. Kategorie sein. Weil dieser Term aber eine Substanz logisch früher als ein Ak-

zidens bezeichnet, steht die Kategorie der Substanz an erster Stelle. Substanzen sind entweder körperlich oder unkörperlich, und jede körperliche Substanz hat eine Ausdehnung, also folgt die Kategorie der Quantität an zweiter Stelle. Quantitäten sind aber durch relative Größe, Kleinheit und Gleichheit bestimmt, also folgt die Kategorie der Relation an dritter Stelle. Aus der Ungleichheit des Tätigen und des Leidenden folgt die Bewegung im Sinne einer Einwirkung eines Dinges auf ein anderes, wodurch dieses eine *Qualität* erwirbt. Tun und Leiden sind aber Bewegungen, die aus der Tätigkeit der ersten Qualitäten (d.i. der Grundeigenschaften der Elemente warm, kalt, naß, trokken) hervorgehen, und deshalb folgen die Kategorien des Tuns und des Leidens an fünfter und sechster Stelle. Ferner gibt es Bewegung überhaupt nur in der *Zeit*, und die grundlegende Bewegung, die Ortsbewegung, nur im *Raum*. Gemäß den Unterschieden des Ortes, oben und unten, folgt die Kategorie der Lage der Teile eines Dinges an neunter Stelle. Und schließlich gibt es auch Dinge, die keine echten Teile eines Dinges sind, sondern von diesem (äußerlich) gemäß den Ortsdifferenzen »gehabt« werden, z.B. ein Hut oben, Schuhe unten: die zehnte Kategorie des Habens.

Alberts nominalistisch-reduktionistische Ontologie umfaßt wie bei Ockham individuelle Substanzen und individuelle Qualitäten als einzig *reale* Gegenstandsarten, sieht man von den außerkategorialen Sachverhalten ab. Grundlegend sind natürlich die Substanzen, da die Qualitäten logisch von ihnen abhängen:

Von den von Aristoteles vorgegebenen Eigentümlichkeiten (proprietates) der Substanz-Kategorie hält Albert die erste für die grundlegende, nämlich, daß Substanz-Terme wesentlich und nicht denominativ prädiziert werden, was der Aristotelischen Redeweise, daß Substanzen nicht »in« einem Zugrundeliegenden sind, entspricht. Auffällig ist, daß Albert dies für *erste und* zweite Substanzen (d.i. bei ihm singuläre und generelle Substanz-Terme) behauptet: Der Eigenname »Sokrates« wird von seinem Träger ja weder essentiell noch denominativ prädiziert, eben gar nicht *prädiziert*, wenn er auch vielleicht zu seinem Trä-

ger eine »starre« Beziehung hat, wie man heute sagt. Erste Substanzen sind gemäß Aristoteles weder »in« einem Subjekt noch werden sie von einem Subjekt »ausgesagt« – Substanz als letztes Subjekt der Prädikation. – Die üblicherweise für grundlegend gehaltene sechste Eigentümlichkeit, daß von ersten Substanzen konträre Terme nacheinander wahr ausgesagt werden können – Substanz als beharrendes Subjekt von Veränderungen (Träger wechselnder Eigenschaften) –, ist es nach Albert nicht, da sie nicht einmal allen *ersten* Substanzen zukommt (den zweiten ohnehin nicht): Gott gehört zur Kategorie der Substanz, er ist aber unveränderlich. *Ob* Gott überhaupt zur Aristotelischen Kategorie der Substanz gezählt werden soll, scheint erst in den späteren Schulstreitigkeiten (Nominalisten, Thomisten, Scotisten) ein bestimmendes Thema geworden zu sein.

In diesem Zusammenhang gibt es ein weiteres interessantes Beispiel dafür, daß Albert Ockham *namentlich* kritisiert, während er die Anleihen stillschweigend entnimmt. Dieses Vorgehen wirkt aus heutiger Sicht anstößiger, als es damals war: Es war den mittelalterlichen Schriftstellern und Lesern nicht so wichtig, woher etwas war, was man für richtig hielt, und außerdem konnte man darauf zählen, daß die Quelle ohnehin jeder vom Fach kannte. Hingegen wurden Abweichungen von bekannten Lehren sehr wohl gekennzeichnet, zumindest mit »quidam / unus / aliqui dicit / dicunt« o. dgl., falls der betreffende Autor schon tot war, auch mit seinem Eigennamen, wie eben hier bei Albert bezüglich Ockham. Allerdings hat man schon auch den Eindruck, daß Albert im Falle einer Ockham-Kritik besonders ambitioniert war, was ja auch für eine besondere Wertschätzung spricht. – Albert folgt zwar Ockham (gegen Buridan) darin, auch die Kategorie der Quantität auf die der Substanz oder auf die der Qualität zurückzuführen, aber das Argument Ockhams (in der *Summe der Logik*, I, Kap. 43, und auch anderswo) hält er für nicht zielführend, da es eben davon ausgeht, daß die *eigentliche* Bestimmung der Substanz sei, gemäß ihrer Veränderung für Gegensätze empfänglich zu sein, – das trifft nach Ockham auch auf Quantitäten zu, also seien Quantitäten von Substanzen nicht real verschieden.

Im Kap. 20 über die Quantität sagt Albert, daß sich der Logiker nicht in die metaphysischen Fragen einzumischen habe, ob eine Zahl von den gezählten Dingen verschieden sei, ob Linie, Fläche, Körper real verschieden seien usw., vielmehr habe der Logiker nur die Prädikationsweisen der Terme zu untersuchen. Aber dann setzt er doch »die gängige Behauptung« voraus, daß der Term »Linie« kein Ding bezeichne, das von den von »Fläche« und »Körper« bezeichneten Dingen verschieden wäre, – diese Terme bezeichnen dasselbe Ding, aber auf verschiedene Weise, insofern sie verschiedene Konnotationen haben: Alle drei genannten Terme denotieren dasselbe Ding, unterscheiden sich aber in der Konnotation der Länge, der Länge und Breite sowie der Länge, Breite und Tiefe. – Die Diskussion, ob die Quantität eine reale Gegenstandsart neben Substanz und Qualität sei, lief aber eher im Rahmen des Physik-Kommentars,[8] wo Buridan ein empirisches Argument vorbrachte, das Albert zu entkräften versuchte. Hier im semantischen Rahmen der *Categoriae* geht es aber nur um die Bezeichnungs- und Aussageweisen der Kategorien-Terme, was Buridan ausdrücklich betont, während Albert in seinen *Quaestiones in artem veterem* und *Quaestiones circa Logicam* doch auch noch ein Ökonomieargument gegen die Verschiedenheit von Quantität und Substanz oder Qualität vorbringt.[9] Nominalistisches Fazit ist jedenfalls in der Regel, daß es (unter bestimmten Voraussetzungen, wie daß Zahlen mit den gezählten Dingen identisch sind) keine *semantischen* Gründe gibt, die Quantität als eigene Gegenstandsart einzuführen.

Ein typischer Fall für nominalistische Reduktionen ist auch die Kategorie der Relation, obwohl Albert auch hier (Kap. 22) nicht sehr explizit ist, wiederum aus dem Grund, daß Metaphysik und Ontologie eigentlich nicht Sache des Logikers sind. Es ist aber aus den *Quaestiones in artem veterem* klar, daß er Relationen

[8] Vgl. Maier 1955, S. 139–223, bes. ab S. 209; Sarnowsky 1989, S. 92; Thijssen 2004, S. 29–38 (mit weiterer Literatur).

[9] Albertus de Saxonia 1988, S. 390 u. 392, § 534; vgl. Albert of Saxony 2002, S. 186 f., § 213.

erwartungsgemäß nicht als eigene Entitäten auffaßt. Allerdings weicht er hier mit den Pariser Nominalisten von Ockham, der die Relationen auf ihre Relata reduzieren wollte, ab und vertritt einen »Konzeptualismus«, der auf Petrus Aureoli zurückgehen dürfte:[10] Relationen sind *Akte der Seele*, die Dinge in Beziehung setzt, vergleicht usw.: »Relatio non est aliud nisi actus animae referentis«.[11]

Die beiden Hauptargumente dagegen, daß abstrakte Terme aus der Kategorie der Relation Dinge bezeichnen, die von den absoluten Dingen (Substanzen und Qualitäten) verschieden sind, lauten bei (Buridan und) Albert: Erstens, in Gott gibt es keine Verschiedenheit, er ist aber Ursache von allem, also ist er das ohne hinzukommende Relation der Ursächlichkeit; analog kann man das dann auch von allen anderen Ursachen behaupten. – Zweitens, das erste Ding nach Gott (die erste Intelligenz) hängt (kausal) von Gott ab, also entweder durch sich selbst oder durch eine hinzukommende Relation der Abhängigkeit. Wenn durch sich selbst, dann ist das Beweisziel schon erreicht. Wenn durch eine hinzukommende Relation der Abhängigkeit, dann kann man die Frage, ob durch sich selbst oder durch etwas anderes, wiederholen: Wenn durch anderes, dann ergibt sich ein Prozeß ins Unendliche. Wenn durch sich selbst, dann hinge diese Abhängigkeit unmittelbarer von Gott ab als die erste Intelligenz, was ungereimt ist, da die Abhängigkeit als Relation ein Akzidens ist, die Intelligenz aber eine Substanz.

Hinsichtlich der »ontologischen Festlegungen«, wie man heute sagt, ist das letzte Kapitel des ersten Traktats (Kap. 25) noch am deutlichsten, da sich Albert hier mit dem sog. *Liber sex principiorum* auseinandersetzt (Albert sagt aber nur »quidam opinabatur«). Dieses Werk aus dem 12. Jahrhundert, im Mittelalter oft dem Gilbertus Porretanus zugeschrieben, hat die letzten sechs Kategorien, die Aristoteles selbst in der Kategorien-Schrift

[10] Vgl. Berger 1996, S. 511–513, und die dort, S. 509, Anm. 2, zitierten Monographien von M. G. Henninger und R. Schönberger.

[11] Albertus de Saxonia 1988, S. 408, § 569.

kaum oder gar nicht behandelt, zum Gegenstand und galt den spätmittelalterlichen Nominalisten als der Inbegriff der realistischen Verirrung, die Dinge gemäß der Vielfalt der Terme zu vervielfältigen (»rerum multiplicatio«). So lautet das vernichtende Urteil von Professor Buridan (im Physik-Kommentar, lib. III, qu. 13): »Zur Autorität des Autors der *Sechs Prinzipien* sage ich, daß es, wie mir scheint, besser gewesen wäre, wenn er dieses Buch niemals verfaßt hätte«.

Gemäß jenem realistischen Autor bedarf es einer eigenen Wann-Entität, damit ein Ding »formal« gegenwärtig, vergangen oder zukünftig ist, einer eigenen Wo-Entität, damit ein Ding sich »formal« an einem Ort befindet, einer eigenen Lage-Entität, damit ein Ding »formal« steht oder sitzt, usw. usf. Auch Albert kritisiert natürlich diese üppige Ontologie, unter anderem mit dem sog. Rasiermesser Ockhams, das natürlich weder er noch sonst ein Scholastiker auf Ockham bezogen hätte, da es jeder aus Aristoteles auswendig wußte: »Peccatum est fieri per plura, quod potest fieri per pauciora«, wie es bei Albert im Kap. 25 heißt. Dann schließt er mit der Feststellung:

»Es darf also nicht angenommen werden, daß die Terme aus der Kategorie des Wann sowie aus der Kategorie des Wo, des Habens, der Lage, des Tuns, des Leidens, des In-bezug-auf-etwas und der Quantität von Substanz und Qualität verschiedene Dinge bezeichneten. Darüber Betrachtungen anzustellen, betrifft jedoch nicht den Logiker, sondern eine höhere Wissenschaft. [...] So werden nur die Dinge, die von den Termen aus der Kategorie der Substanz und von den Termen aus der ersten und dritten Art der Qualität bezeichnet werden, als verschiedene Dinge angenommen; und so sind es <nur> eineinhalb Kategorien, deren Bezeichnete sich voneinander unterscheiden [...].«

Das ist, wie schon gesagt, die sparsame Ontologie Ockhams, der auch von den vier Arten der Qualität (erworbene Haltung, natürliches Vermögen/Unvermögen, sinnlich wahrnehmbare Qualität, äußere Form/Gestalt) nur die erste (z. B. Wissen als Akt oder Disposition der Seele) und die dritte (z. B. weiß/schwarz, warm/kalt usw.) als *real* auffaßt, da man im Unterschied zu den

beiden anderen die Änderung des Wahrheitswertes eines Satzes mit solchen Prädikaten nicht bloß durch Zeitverlauf, Ortsveränderung oder Lageveränderung der Teile erklären könne, sondern solche Entitäten zusätzlich zur Substanz annehmen müsse.

Der zweite Traktat

Nachdem im ersten Traktat alle Arten von Termen, im wesentlichen im traditionellen Rahmen der *Isagoge* und der *Categoriae*, abgehandelt worden sind, folgt im zweiten Traktat (in 12 Kapiteln) ein »modernes« Lehrgut, nämlich die Eigenschaften solcher Terme (proprietates terminorum) im Satzkontext, sprich: eine Klassifizierung und Untersuchung der verschiedenen *Funktionen*, die Terme in Satzkontexten erfüllen können.[12] Nachdem die erste Blüte der Logica Modernorum im 13. Jahrhundert (Petrus Hispanus, Wilhelm von Sherwood, Lambert von Auxerre) umfängliche Listen solcher Termeigenschaften entwickelt hatte, wurden diese in der Folgezeit immer mehr reduziert, so daß z. B. bei Ockham im frühen 14. Jahrhundert eigentlich nur mehr die Supposition eine Rolle spielt. Diese Eigenschaft ist natürlich auch bei Albert zentral (Tr. II, Kap. 1 – 10), bei ihm kommen aber immerhin auch noch Ampliation (Kap. 11) und Appellation (Kap. 12) vor.

In Kap. 1 definiert Albert Supposition als die Annahme oder Verwendung (acceptio seu usus) eines kategorematischen Terms, der in einem Satz für irgendein Ding oder für irgendwelche Dinge angenommen wird (accipitur). »Für etwas angenommen werden« heißt: Der Term S des Satzes S-K-P wird für dasjenige/diejenigen x angenommen, von denen gilt »Dieses/Diese x ist/sind P«. Z. B. steht im Satz »Homo est animal« der Subjektsterm »homo« für einzelne Menschen, da gilt »Dieser/Jener Mensch ist ein Lebewesen«. Hingegen steht im Satz »Homo est nomen« der Subjektsterm »homo« für einzelne Mensch-Terme, da gilt »Diese Terme sind Nomina«.

[12] Zum Tr. II vgl. bes. Kann 1994, S. 20 – 159.

Diese etwas umständlichen Formulierungen mittels Demonstrativpronomina sind dadurch bedingt, daß der Nominalist Albert Prädikation bzw. »wahr ausgesagt werden« (verificari, vere praedicari) nur als Term-Term-Relation für verständlich hält. Jedenfalls zeigt das Prädikat an, für welche Gegenstandsart das Subjekt steht:

»Homo est animal«: Das Subjekt steht für Lebewesen (die Menschen sind);

»Homo est species«: Das Subjekt steht für mentale Terme (die Mensch-Terme sind);

»Homo est nomen«: Das Subjekt steht für Nomina (die Mensch-Terme sind).

Demgemäß supponiert ein Term nicht immer für alles, was er bezeichnet, zum Beispiel im Satz »Ein weißes Ding läuft«: »Weißes Ding« (album) bedeutet »Ding (Denotation), das Weiße (albedo) hat (Konnotation)«, aber in jenem Satz supponiert das Subjekt nur für das Ding (die Substanz), nicht für die Weiße (die Qualität).

Die Einteilung der Supposition im allgemeinen und der personalen Supposition im besonderen orientiert sich bei Albert an den überlieferten Schemata, aber inhaltlich weichen seine Ausführungen natürlich erheblich von den Standardwerken des 13. Jahrhunderts ab. Die Einteilung wird im 1. Kapitel, nach der Definition der Supposition, als Inhaltsübersicht der nachfolgenden Kapitel gegeben:

Es gibt eine einfache (simplex, Kap. 1, Rest), eine materiale (materialis, Kap. 2) und eine personale Supposition (personalis, Kap. 3). Die personale Supposition zerfällt weiter in diskret (singuläre Terme) und allgemein (generelle Terme). Die allgemeine personale Supposition wiederum in determiniert vs. konfus. Die konfuse Supposition wiederum in nur konfuse oder konfuse und distributive. Und die konfuse und distributive Supposition schließlich in bewegliche vs. unbewegliche (mobilis vs. immobilis).

Auffälligerweise beginnt Albert die näheren Ausführungen nicht mit der grundlegenden, weil signifikativen (der ursprüng-

lichen Einsetzung des Terms entsprechenden), personalen Supposition, sondern mit den beiden Hauptarten der nicht-signifikativen Supposition. Der Grund dafür liegt offenbar darin, daß sich so die weiteren Kapitel über die Unterarten der personalen Supposition direkt an das Kapitel 3 anschließen ließen und nicht durch die beiden anderen Hauptarten unterbrochen werden mußten.

Einfache Supposition (Kap. 1) definiert Albert als Annahme eines *konventionalen* (gesprochenen oder geschriebenen) Terms für eine Intention (Vorstellung, Begriff) der Seele, die er *nicht* bezeichnet. (»Homo est species« ist das Standardbeispiel für diese Supposition.)

Nicht-signifikatives Stehen für einen Begriff ist die typische konzeptualistische Umdeutung der traditionell realistisch aufgefaßten einfachen Supposition, etwa bei Petrus Hispanus: »Einfache Supposition ist die Annahme eines allgemeinen Terms für das allgemeine Ding (pro re universali), das er bezeichnet«,[13] statt »res universalis« findet sich oft auch »forma/natura communis«. Da der Nominalist bzw. Konzeptualist diese Annahme von denk- und sprachunabhängigen allgemeinen Entitäten verwirft, bleibt nur übrig, Allgemeinheit der Ebene des Verstandes und der Sprache zuzuschlagen – es gibt keine allgemeinen Dinge, nur allgemeine Begriffe und allgemeine Sprachzeichen, was im Zeitalter der *oratio mentalis* wiederum heißt: Allgemein sein können nur Terme der mentalen und der konventionalen Sprache aufgrund ihrer Zeichenfunktion.

Abgesehen von dieser anti-realistischen Umdeutung des traditionellen Begriffs, weicht Albert aber in den Einzelheiten von den Autoritäten seiner Strömung ab, nämlich sowohl von Ockham als auch von Buridan. Letzterer hat den traditionellen Begriff offenbar als ontologisch zu belastet überhaupt aufgegeben und nur mehr personale vs. materiale Supposition angenommen, und auch das nur auf der Ebene der konventionalen Sprache, da Buridan ein hochinteressantes und originelles Konzept der Mentalsprache entwickelt, wonach es auf dieser Sprach-

[13] Peter of Spain 1972, S. 81, Z. 12–13.

ebene überhaupt nur personale Supposition gibt – Mentalsprache gewissermaßen als kanonische bzw. ideale Sprache: Begriffe können nicht für sich selbst stehen bzw. sich nicht auf sich selbst beziehen, sondern nur von anderen (»höheren«) Begriffen bezeichnet werden, so daß z. B. im mentalen Satz ^{m}Homo est species^{m} nicht der Begriff *Mensch* an Subjektstelle steht, sondern ein Begriff dieses Begriffs, der gewissermaßen als »Name« dieses Begriffs für diesen natürlich personal supponiert, so wie der Anführungsname »»Franz«« ein Name des Namens »Franz« ist, diesen bezeichnet bzw. personal für ihn supponiert.

Ockham hingegen hatte die traditionelle Dreiteilung der Supposition beibehalten und für alle drei Sprachebenen angenommen: Wenn ein mentaler Term »für sich selbst« supponiert, dann supponiert er (in der Regel) auf nicht-signifikative Weise für eine Intention der Seele und erfüllt damit die Definition der einfachen Supposition, wie in ^{m}Homo est species^{m}.

Albert wiederum beschränkt die einfache Supposition auf die Ebene der *konventionalen* Sprache und unterscheidet auf der Ebene der mentalen Sprache nur zwischen personaler und materialer Supposition. Und zwar letzteres mittels eines Begriffs, der von Thomas Manlevelt herrühren dürfte: *Natürliches Bezeichnen* gibt es auf zwei Weisen, nämlich eigentlich und allgemein (significare naturaliter proprie vs. communiter). Mentale Terme als Begriffe bzw. Vorstellungen haben eine *Repräsentationsfunktion*, sie sind Vorstellungen *von etwas* von ihnen Verschiedenem, aber darüber hinaus präsentieren sie sich auch *selbst* dem Geist; mentale Terme haben die zweifache Funktion der Fremd- und der Selbstpräsentation, wie man anachronistisch mit Meinong sagen könnte. Wenn nun ein mentaler Term in seiner eigentlichen Zeichenfunktion genommen wird, dann supponiert er personal, wenn in der allgemeinen, dann material, wie in ^{m}Homo est species^{m}: Hier präsentiert der Subjektsterm dem Geist nicht die einzelnen Menschenindividuen (jedenfalls nicht direkt und primär), sondern sich selbst, denn nur der Begriff selbst erfüllt die Art-Kriterien. – Hier spielt natürlich auch die philosophische Psychologie (Verhältnis von direkten und reflexiven Akten usw.) in die Semantik der Mentalsprache hinein.

Bezüglich der materialen Supposition (Kap. 2), die sonst eher stiefmütterlich behandelt wird, zeigt Albert eine ungewöhnliche Detailfreudigkeit, wie schon seine Definition zeigt:

»Materiale Supposition ist die Annahme eines Terms, der für sich oder für etwas ihm Ähnliches oder Unähnliches, das auf dieselbe oder auf andere Weise supponiert, genommen wird, zu dessen Bezeichnung er nicht eingesetzt wurde noch dieses auf eigentlich natürliche Weise bezeichnet«.

Damit sind fünf verschiedene Fälle materialer Supposition erfaßt: Nicht-signifikative bzw. (in der Mentalsprache) nicht eigentlich signifikative Verwendung eines Terms für

(1.) sich selbst, z. B. in dem hier geschrieben Satz »Mensch hat sechs Buchstaben«;
(2.) etwas ihm Ähnliches, das auf dieselbe Weise supponiert, z. B. wenn Sokrates sagt »Mensch ist einsilbig« und Platon in bezug darauf sagt »Mensch wird von Sokrates geäußert«;
(3.) etwas ihm Ähnliches, das auf andere Weise supponiert, z. B. wenn Sokrates sagt »Mensch ist ein Lebewesen« und Platon in bezug darauf sagt »Mensch wird von Sokrates geäußert«;
(4.) etwas ihm Unähnliches, das auf dieselbe Weise supponiert, – hier gibt Albert kein Beispiel, aber nach einem Einfall von Philotheus Boehner könnte man z. B. annehmen: Sokrates sagt »Menschen ist ein Nomen im Plural« und Platon sagt in bezug darauf »Mensch wird von Sokrates im Plural geäußert«;
(5.) etwas ihm Unähnliches, das auf andere Weise supponiert, z. B. wenn man sagt »Lebewesen wird vom Menschen ausgesagt«, dann supponiert »vom Menschen« material für den personal supponierenden Term »Mensch« im Satz »Mensch ist ein Lebewesen«.

Hier ließen sich natürlich ausführliche Detaildiskussionen anschließen,[14] ich möchte hier aber nur auf eine Grundschwierig-

[14] Vgl. Kann 1994, S. 69–82.

keit hinweisen: Nach Albert ist jeder material supponierende Ausdruck ein neutrales und undeklinierbares Nomen (vgl. Kap. 3 und auch schon Tr. I, Kap. 14), das heißt z. B., der material supponierende Genitiv »hominis« ist nicht eine Flexion des material supponierenden Nominativs »homo«, das sind vielmehr *zwei verschiedene* Terme, jeder für sich ein Neutrum und undeklinierbar. Mit anderen Worten, in personaler Supposition gibt es *einen* Term »homo« mit zwölf Fällen, in materialer Supposition hingegen *zwölf* Terme mit gewissermaßen je einem Fall. Wenn man das ernst nimmt, lösen sich einige von Kann entwickelte Schwierigkeiten auf, aber leider hat Albert seine Regel offenbar selber nicht wirklich ernst genommen. Denn statt »Animal praedicatur de homine« hätte er sagen sollen »Animal praedicatur de homo« und statt »Hominem esse disyllabum est verum« (AcI) vielmehr »Homo esse disyllabum est verum« (dieser Satz ist im Unterschied zum ersteren wahr!) – die scheinbare grammatische Inkongruenz wird ja durch die genannte Regel aufgehoben: Ein material supponierender Term ist eben *nicht* deklinierbar, ganz gleich, mit welcher Präposition er verbunden wird oder in welche Konstruktion er eingeht.

Was Albert hier nicht erwähnt, wohl aber schon in Tr. I, Kap. 14, und kurz auch im folgenden Kap. 3 über die personale Supposition, ist seine originelle Auffassung über die Quantifikation material supponierender Terme. Da diese eben Neutra sind, kann man die Quantität des Satzes mittels *signa* näher bestimmen: »Homo est nomen« ist ja ebenso indefinit wie »Homo est animal«, während »Istud homo est nomen« den Satz singulär macht, »Aliquod homo est nomen« partikulär und »Omne homo est nomen« universal. Wenn das übliche Genus des fraglichen Terms schon neutral ist, dann müßte man eben für den Quantor ein anderes Genus wählen, da sonst ja der Term auf *personale* Supposition festgelegt wird, also z. B. »Opus est disyllabum« quantifiziert zu »Omnis opus est disyllabum« (Jede Opus-Äußerung ist zweisilbig). – Das ist im Rahmen einer natürlichen (historischen) Sprache wie der lateinischen ein recht probates Mittel zur Anwendung der Logik auf materiale Sprachverwendungen. Allerdings hat es natürlich schon vor dem als Namengeber

der Verballhornung zu trauriger Berühmtheit gelangten Drukker Bal(l)horn Abschreiber gegeben, die solche ungewöhnlichen Kontexte souverän richtiggestellt und damit entstellt haben ...

Personale Supposition (Kap. 3) definiert Albert erwartungsgemäß als Annahme eines gesprochenen oder geschriebenen Terms für das, zu dessen Bezeichnung er eingesetzt ist, oder als Annahme eines mentalen Terms für das, was er *eigentlich* natürlich bezeichnet (was oben anachronistisch als Fremdpräsentation bezeichnet wurde).

Da der Nominalist bezeichnen als denotieren versteht (wahr sein von, zutreffen auf) und demgemäß die »ursprüngliche« Einsetzung genereller Terme extensional auffaßt (nicht intensional für eine *natura communis* o. dgl.), ist die personale Supposition in Übereinstimmung mit der eigentlichen Bezeichnungsfunktion der Terme und damit grundlegend und primär. Und zwar gilt das nicht nur für Subjektsterme, sondern auch für Prädikatsterme –, auch diese Angleichung der semantischen Funktion von Subjekt und Prädikat ist natürlich ein nominalistisches Kennzeichen. Um wieder Petrus Hispanus als realistisches Gegenbeispiel zu nehmen: Für ihn supponiert das *Prädikat* des Satzes »Jeder Mensch ist ein Lebewesen« *einfach*, »weil es nur für das Wesen der Gattung (natura generis) supponiert«.[15] Die Prädikation besagt dann etwa, daß jeder Mensch an der Gattungsnatur teilhat o. dgl. Für den Nominalisten hingegen supponiert ein Prädikat *immer* personal, die kontextbedingten verschiedenen Suppositionsarten betreffen nur das Subjekt.

Singuläre Terme (z. B. »Sokrates«, »dieser Mensch«) haben *suppositio personalis discreta*, generelle Terme *communis*. Letztere ist natürlich die logisch relevante, und die weiteren Unterteilungen derselben werden mittels der Begriffe des *descensus* (Abstiegs) bzw. *ascensus* (Aufstiegs) entwickelt, d. h. auf welche Weise man »unter« den generellen Term zu den entsprechenden singulären Termen »absteigen« kann bzw. von diesen wieder zum generellen Term »aufsteigen« kann, nämlich zu einer Dis-

[15] Peter of Spain 1972, S. 81, Z. 20–23.

junktion singulärer Sätze (supp. pers. comm. determinata), zu einem Satz mit disjunktivem Satzglied (confusa tantum), zu einer Konjunktion singulärer Sätze (confusa distributiva), wobei die letztere noch dahingehend unterschieden wird, ob der Abstieg »gleichförmig« möglich ist (mobilis) oder nicht (immobilis), d. h., ob die singulären Sätze dieselbe Qualität haben oder nicht: Von »Jeder Mensch läuft« kann man gleichförmig absteigen zu »Dieser Mensch läuft & Jener Mensch läuft & usw.«, aber von »Jeder Mensch außer Sokrates läuft« nur ungleichförmig zu »Dieser Mensch läuft und Sokrates läuft nicht & Jener Mensch läuft und Sokrates läuft nicht & usw.«.

Diese Dinge sind Mitte des 14. Jahrhunderts schon etabliertes Lehrgut, Alberts Ausführungen sind aber insofern bemerkenswert, als er offenbar der erste namhafte Zeuge einer neuen Diskussion ist, die Buridan z. B. noch nicht kennt, nämlich die Einführung einer vierten (Haupt-)Art von Abstieg, und zwar zu einem Satz mit *konjunktivem* Satzglied (analog zur *confusa tantum* mit disjunktivem Satzglied). Nach Albert fügen »einige« (aliqui) diese vierte Art deshalb hinzu, weil im Satz »Sokrates unterscheidet sich von jedem Menschen« der Term »Mensch« nur-konfus supponiert, aber kein Abstieg zu einem disjunktiven Satzglied möglich ist – Sokrates ist nämlich dieser oder jener oder jener usw. Mensch, also ist er nicht von diesem oder jenem oder jenem usw. Menschen verschieden. Aber Sokrates ist *nicht* dieser und jener und jener usw. Mensch (dann wäre er jeder Mensch), also kann man von jenem Satz absteigen zu »Sokrates unterscheidet sich von diesem und von jenem und von jenem usw. Menschen«, also zu einem Satz mit *konjunktivem* Satzglied. Nach Albert ist diese Einführung aber überflüssig, da »Mensch« im genannten Ausgangssatz *determinate* supponiert, so daß man zu einer Disjunktion singulärer Sätze absteigt, wenn auch immobil.[16]

Albert bespricht dann noch zwei weitere Termeigenschaften,

[16] Vgl. dazu Kann 1994, S. 96–105, mit weiterer Literatur. – Die von Albert kritisierte Auffassung hat Thomas Manlevelt vertreten.

nämlich Ampliation (Kap. 11) und Appellation (Kap. 12), wobei erstere das Subjekt, zweitere das Prädikat betrifft, und zwar insbesondere in nicht-präsentischen Kontexten, d. h. in Sätzen im Präteritum, Futurum oder mit Modalbestimmungen. Das hängt (auch) damit zusammen, daß in der Scholastik in der Regel das grammatische Tempus Präsens ernst genommen wurde, so daß z. B. die Kopula »ist« die Satzglieder nur für tatsächlich und gegenwärtig Existierendes stehen läßt, während heute auch ein zeitloses Verständnis des Präsens geläufig ist.

Ampliation (Erweiterung) wird definiert als Annahme eines Terms für etwas »über das hinaus, was wirklich ist« (ultra hoc, quod actualiter est). Z. B. supponiert im Satz »Ein Weißes war schwarz« das Subjekt nicht nur für ein Ding, das jetzt weiß ist, sondern auch für ein Ding, das weiß war, – das erfordern die Wahrheitsbedingungen dieses Satzes. Analog supponiert im Satz »Ein Weißes wird schwarz sein« das Subjekt sowohl für jetzige als auch für künftige Dinge, und im Satz »Ein Weißes kann schwarz sein« sowohl für jetzige als auch für mögliche Dinge. In diesen Fällen hat das Subjekt also im Vergleich zu einem präsentischen Kontext »erweiterte« Supposition. Dafür stellt Albert im einzelnen zehn Regeln auf.

Appellation hingegen betrifft das Prädikat und besagt, daß dieses »seine Form in bezug auf die Kopula benennt«, wobei »Form« natürlich nicht eine *forma communis* als Intension o. dgl. meint, sondern daß der Term *unverändert* bleibt, während ja das Subjekt durch die Analyse verändert wird, z. B. wie oben »Etwas, das weiß ist oder weiß war, war schwarz«. Hingegen muß es früher einmal wahr gewesen sein zu sagen »Dies *ist* schwarz«, wenn der Satz im Präteritum wahr sein soll, und in diesen beiden Sätzen kommt das *gleiche* Prädikat (sub eadem forma, in propria forma) vor. Besonders einleuchtend ist auch das Beispiel »Ein Knabe wird ein Greis sein« – für die Wahrheit dieses Satzes ist es natürlich nicht erforderlich, daß es in der Zukunft wahr sein wird zu sagen »Ein Knabe *ist* ein Greis«, sondern nur »Dies ist ein Greis«, wobei »dies« für dasselbe Ding supponiert wie das Subjekt im Ausgangssatz. Das Subjekt »appelliert seine Form« eben *nicht*, sondern wird in seiner Suppo-

sition »erweitert« (vom jetzigen Knaben auf den künftigen Mann bis zum künftigen Greis), während das Prädikat unverändert bleibt. Auch hierfür formuliert Albert fünf Regeln für verschiedene Kontextarten.

Der dritte Traktat

Mit den ersten beiden Traktaten ist die grundlegende Ebene der isolierten, unverknüpften Terme (incomplexa) abgeschlossen, und zwar sowohl im traditionellen Rahmen der ersten (Categoriae) und der zweiten Imposition (Isagoge) als auch im »modernen« Rahmen der Termeigenschaften. Nun geht es auf die Ebene der Termverknüpfungen (complexa), insbesondere zu den Sätzen (Tr. III, 11 Kapitel), und in weiterer Folge zu den Schlüssen als Satzverknüpfungen. Als Satzlehre entspricht Tr. III im traditionellen Rahmen des *Organon* der Schrift *De interpretatione*, aber der Bezug darauf ist zur Zeit Alberts schon nur noch ein loser.

Sätze setzen sich also aus Termen zusammen und werden grundsätzlich in kategorische und hypothetische eingeteilt, d. h. in solche, deren Bestandteile nicht wiederum satzartig sind, und in solche, die sich aus mehreren Sätzen zusammensetzen. Schon hier am Anfang von Kap. 1 weist Albert aber darauf hin, daß es Sätze gibt, die der »Oberflächenstruktur« nach (voce) kategorisch sind, der »Tiefenstruktur« nach (in significando) aber hypothetisch, z. B. »Nur Sokrates ist laufend« ist äquivalent mit »Sokrates ist laufend & Nichts anderes als Sokrates ist laufend«, der kategorische Subjekt-Kopula-Prädikat-Satz ist also eigentlich ein hypothetischer Satz in Form einer Konjunktion von zwei Sätzen.

Die kategorischen Sätze unterteilen sich weiter in solche, deren Kopula »einfach« (ohne Modalzusatz, »de inesse«) ist, und in solche, deren Kopula »modifiziert« (de inhaerentia modificata) ist, d. h. in assertorische und modale Sätze.

Die kategorischen Sätze haben drei Hauptteile, nämlich Subjekt, Prädikat und Kopula. Albert ist also ein eindeutiger Ver-

fechter einer dreiteiligen Satzstruktur, er diskutiert aber gleich im Kap. 1 die alternative Auffassung der zweiteiligen Struktur mit Subjekt und Prädikat, leider nur unter dem üblichen »aliqui dicunt«: Abgesehen davon, daß die Kopula nur implizit vorkommen und die Oberflächenstruktur deshalb zweiteilig erscheinen kann (»Sokrates läuft« = »Sokrates ist laufend«), gab es offenbar auch Vertreter einer zweiteiligen Tiefenstruktur: Das, was dem Verb vorangeht, sei Subjekt, das Verb selbst und gegebenenfalls das ihm Folgende (wenn dem Verb »ist« nichts folgt, dann handelt es sich um ein »*est* de secundo adiacente«, d. h. um ein Existenzprädikat wie in »A ist«) seien das Prädikat. Diese Auffassung lehnt Albert mit Hinweis auf die Konversion ab (»Irgendein Mensch ist ein Lebewesen« impliziert »Irgendein Lebewesen ist ein Mensch«): Diese erfordere, daß Subjekt und Prädikat gewissermaßen um die Kopula herum vertauschbar seien und es deshalb drei Satzteile geben müsse. Leider geht die Diskussion nicht weiter ins Detail, wichtiger noch als Alberts Berufung auf die Konversion scheint mir der *semantische* Punkt zu sein, daß ja auch das Prädikat ein genereller Term *mit Supposition* (sprich: Denotation) sein soll, was erfordert, daß er *kategorematisch* ist, während ein Prädikat der Form »ist F« synkategorematisch wäre. Das wäre gerade der Punkt des heutigen Nominalismus im »Universalienstreit einst und jetzt«, war aber für den alten Nominalismus noch keine Option: Die Terme sollten nur keine verschiedenen *Gegenstandsarten* (Individuen vs. Universalien) bezeichnen, sondern dieselben Gegenstände (Individuen) *auf verschiedene Weise*, nämlich entweder genau ein Individuum (singulärer Term, denotiert »diskret«) oder mehrere (genereller Term, denotiert »konfus«).

Gemäß der Quantität ist ein kategorischer Satz entweder universal oder partikulär oder indefinit oder singulär, je nachdem, ob ein singulärer oder ein genereller Term an Subjektstelle steht, und wenn letzteres, ob dieser durch ein »Zeichen« (signum, hier logisches Zeichen, »Quantor«) bestimmt ist oder nicht. Bei der Diskussion etlicher Problem- bzw. Zweifelsfälle bezüglich der Quantität kommen auch wieder die materiale und die einfache Supposition ins Spiel: »Homo est species« oder »Animal

est genus« sind indefinite Sätze, da die Subjekte nicht nur für sich selbst, sondern auch für »ähnliche« Terme in Rede, Schrift und Denken supponieren, also für mehreres; deshalb ist auch eine Quantifizierung möglich, während eine Singularisierung die Hinzufügung eines Demonstrativpronomens mit vom Subjekt verschiedenem grammatischen Genus erforderte. Ähnlich im Fall des Satzes »Jeder Mensch ist ein allgemeiner Term, der durch ein Universalzeichen bestimmt ist«: Dieser Satz ist ebenfalls indefinit, da sein Subjekt der zusammengesetzte Ausdruck »Jeder Mensch« ist, der material supponiert und selbst nicht quantifiziert ist. – Die Quantoren selbst werden in Kap. 2 näher behandelt.

Kap. 3 behandelt das Problem, ob ein Satz mit einem distribuierten (quantifizierten) Term oder ein Satz mit einem nichtdistribuierten Term (d. i. ein indefiniter Satz) »mehr Wahrheitsursachen« (plures causas veritatis) hat, wobei unter »Ursache« hier »hinreichende Bedingung« verstanden wird. Das Kapitel ist insofern interessant, als hier Alberts Sachverhaltsontologie ins Spiel kommt: Zur Beantwortung der Ausgangsfrage setzt er nämlich die Bedeutung von »wahrer Satz« voraus, nämlich: Wie immer ein solcher Satz bezeichnet, so ist es (qualitercumque significat, ita est), und wenn es nicht so ist, ist der Satz falsch. Z. B. ist (der Sachverhalt), daß Sokrates läuft, eine Wahrheitsursache des Satzes »Ein Mensch läuft«. Nun ist es aber so, daß dieser indefinite Satz »Homo currit« verschiedenste Wahrheitsursachen hat, nämlich: daß Sokrates läuft, daß Platon läuft, usw., daß beide laufen, usw., daß alle (Menschen) laufen, also im Grunde ebenso viele Wahrheitsursachen, wie es Supposita des generellen Terms »homo« gibt. Hingegen hat ein quantifizierter Satz nur genau *eine* Wahrheitsursache, nämlich, *daß es für alle* (Elemente des Bereichs) *so ist*, wie der Satz bezeichnet.

Bezüglich der modalen Sätze (Kap. 4) meint Albert, daß im eigentlichen Sinne nur solche Sätze modal sind, deren *Kopula* durch einen Modalausdruck bestimmt ist, so daß z. B. ein Satz wie »Daß Sokrates läuft, ist möglich« eigentlich ein assertorischer Satz mit modal unbestimmter Kopula »ist« sowie dem Subjekt »Daß Sokrates läuft« und dem Prädikat »möglich« ist.

Im weiten Sinne ist aber jeder Satz modal, in dem überhaupt ein Modalausdruck vorkommt, und das gibt es gemäß scholastischer Logik auf zwei Weisen, nämlich »im geteilten Sinn« (de sensu diviso) und »im zusammengesetzten Sinn« (de sensu composito), was der genannten Unterscheidung von Modalsätzen im eigentlichen und im weiten Sinn entspricht. Im zusammengesetzten Sinn ist das *dictum*, d.h. der Satz bzw. Daß-Satz *ohne* Modus, Subjekt und der Modus Prädikat oder umgekehrt, z.B. »Daß Sokrates läuft, ist möglich«. Im geteilten Sinn ist aber ein Teil des *dictum* Subjekt, ein Teil Prädikat (deshalb die Bezeichnung) und der Modus bezieht sich auf die Kopula, z.B. »Sokrates ist möglicherweise laufend«. Das entspricht der heutigen Unterscheidung zwischen Modalitäten *de dicto* und *de re*. Die *Wahrheit* solcher Sätze erfordert im zusammengesetzten Sinn, daß der Modus von dem dem Diktum entsprechenden Satz wahr aussagbar ist, d.h. daß der Satz »Sokrates läuft« möglich ist. Nicht so im geteilten Sinn: Für die Wahrheit eines Satzes wie »Ein Weißes ist möglicherweise schwarz« ist es nicht erforderlich, daß der Satz »Ein Weißes ist schwarz« möglich ist (das ist er nämlich nicht), sondern es ist nur erforderlich, daß ein Satz der Form »Dies ist schwarz« möglich ist, wobei »dies« für dasselbe supponieren muß wie das Subjekt des dem Diktum entsprechenden Satzes. Diese Unterscheidung ist wichtig, da die beiden Sinne in bezug auf dasselbe Diktum verschiedene Wahrheitswerte haben können, in Alberts Beispiel: Daß ich jeden Stern sehe, ist unmöglich (zusammengesetzter Sinn), aber jeder Satz der Form »Ich sehe diesen Stern« ist für sich möglich (geteilter Sinn). – »Unmöglich« kann ein Satz übrigens auf drei Weisen sein (Kap. 7): formal (impliziert einen Widerspruch, die Negation ist notwendig), material (hängt von der Bedeutung der involvierten Terme ab, z.B. ist »Nur ein Vater ist« unmöglich, »Nur Gott ist« aber nicht) und natürlich (hängt von den Naturgesetzen ab, z.B. »Etwas bewegt sich schneller als der Himmel« bzw., gemäß neuerer Physik, »als das Licht«).

Für alle Arten von kategorischen, assertorischen wie modalen, und hypothetischen Sätzen, ferner ausschließenden (mit Ausdrücken wie »nur«), ausnehmenden (mit Ausdrücken wie

»außer«) und wiederholenden (mit Ausdrücken wie »insofern«) Sätzen sowie Sätzen mit den Ausdrücken »anfangen« und »aufhören« werden im Tr. III penibel die Wahrheitsbedingungen (sowie auch Modal- und epistemische Bedingungen) aufgelistet. Darunter kommen z. B. auch die heute unter dem Namen von Augustus De Morgan (1806–1871) bekannten Gesetze vor (Kap. 5):[17] Für die Wahrheit eines affirmativen disjunktiven Satzes ist es hinreichend, daß ein Glied wahr ist, aber für einen negativen disjunktiven Satz ist das nicht hinreichend, da eine negative Disjunktion mit einer Konjunktion äquivalent ist, deren Wahrheit erfordert, daß alle Glieder wahr sind. Beweis: Eine negative Disjunktion steht im kontradiktorischen Gegensatz zur affirmativen Disjunktion. Der kontradiktorische Gegensatz einer affirmativen Disjunktion ist aber eine Konjunktion mit Gliedern, die die kontradiktorischen Gegensätze der Glieder der Disjunktion sind. Also müssen die Glieder einer negativen Disjunktion falsch sein, damit die Disjunktion wahr ist, sprich: »non (p vel q)« ist äquivalent mit »non-p et non-q«. (Vgl. auch Tr. VI, Kap. 1, concl. 7.)

Das letzte Kapitel 11 von Tr. III über »Eigenschaften und Verhältnisse« der Sätze, nämlich Gegensatz (oppositio), Umkehrung (conversio) und Gleichwertigkeit (Äquivalenz, aequipollentia), könnte genauso gut als Kap. 1 von Tr. IV über die Folgerungen (consequentiae) firmieren, wie auch Albert selbst am Beginn des Kapitels andeutet, aber aufgrund interner Verweise in Tr. IV ist die Kapiteleinteilung völlig eindeutig. Jedenfalls verschiebt Albert die Behandlung der Konversionen und Äquipollenzen *qua* Konsequenzen ohnehin auf Tr. IV und beschränkt sich hier auf die Gegensätze.

Subjekt und Prädikat, also die kategorematischen Bestandteile eines Satzes heißen seine »Materie«, die synkategorematischen Bestandteile (d. i. Kopula, Quantoren usw.) nebst syntak-

[17] Vgl. Boehner 1952, zu Albert S. 126–128. – Ebensowenig wie Ockhams Rasiermesser von Ockham und Buridans Esel von Buridan stammen, stammen auch die De Morganschen Gesetze von De Morgan, sie waren schon vor Albert gut bekannt.

tischer Anordnung derselben heißen seine »Form«. Ein Satz ist in »natürlicher Materie«, wenn das Prädikat dasselbe bezeichnet wie das Subjekt und von diesem nicht wahr verneint werden kann, d. h. wesentliche und notwendige Sätze, wie Aussagen gemäß der kategorialen Hierarchie, Aussagen der Definition oder eines Teils der Definition vom Definierten und Aussagen »desselben von sich selbst« (»identische«, analytische Sätze). In kontingenter Materie ist ein Satz, wenn das Prädikat affirmativ oder negativ vom Subjekt wahr ausgesagt werden kann, in »entfernter Materie« (materia remota) hingegen ist ein Satz, wenn das Prädikat auf keine Weise vom Subjekt wahr ausgesagt werden kann.

Gemäß der fünften von den folgenden Regeln und der Anmerkung dazu ist allgemein jeder negative Satz in derselben Materie wie der entsprechende affirmative, wobei der Wahrheitswert des Satzes die Zugehörigkeit zu irgendeiner Materie nicht beeinflußt. So ist z. B. die Regel, »die andere aufstellen«, falsch, nämlich, daß jeder Satz in entfernter Materie unmöglich sei, vielmehr kann auch ein notwendiger Satz in entfernter Materie sein, wenn auch nur ein negativer: »Ein Mensch ist nicht ein Esel« ist in entfernter Materie, weil »Jeder Mensch ist ein Esel« in entfernter Materie ist, und notwendig ist jener Satz, weil er der kontradiktorische Gegensatz dieses unmöglichen Satzes ist. – Anschließend werden die vier traditionellen Gegensätze (konträr, kontradiktorisch, subkonträr, subaltern) durchgenommen.

Der vierte Traktat

Der vierte Traktat in 26 (Frühdruck: 24) Kapiteln über die Folgerungen (consequentiae)[18] ist auch textgeschichtlich wichtig, da die Überlieferung der *Logica* in zwei Handschriftenfamilien zerfällt, nämlich ohne den oder mit dem Schlußteil des Traktats über die dialektischen Örter (*de locis dialecticis*, entsprechend der *Topica* des Aristotelischen *Organon*). Offenbar hat die erste

[18] Zum Traktat IV vgl. bes. Grass 2003.

Fassung des Werks diese Partie, die immerhin fast ein Zehntel des Gesamtwerks (und etwa ein Drittel des vierten Traktats) ausmacht, noch nicht enthalten und wurde erst später ergänzt. Grund dafür ist keiner erkennbar, auffällig ist jedenfalls, daß vom sonst fleißigen Aristoteleskommentator Albert bezüglich der *Topik* nur ein singulärer und damit unsicherer Textzeuge bekannt ist: In einer Gießener Handschrift ist eine »Quaestio prima secundi Topicorum« Albert zugeschrieben (Gießen, UB, Cod. 54, Bl. 163v–166v, vom 15. Jh.). Vielleicht hat er also eine Topik-Vorlesung in Quästionenform gehalten, bevor er einen entsprechenden (Teil-)Traktat seiner *Logica* integriert hat, und erst im Rahmen dieser Vorlesung die Grundlagen dafür erarbeitet. – Über die Konsequenzen scheint Albert übrigens schon vor seiner *Logica* eine Pariser Vorlesung mit fremder Textgrundlage gehalten zu haben, da der Kolophon zu einer Handschrift mit einem Konsequenzen-Traktat, der sicher nicht von Albert stammt, berichtet, daß Albert den Text korrigiert und gelesen habe (Paris, BNF, Cod. lat. 14715, Bl. 59vb–78rb; dieser Codex enthält am Anfang Alberts *Logica* und am Ende als deutlich späteren Nachtrag die dort noch fehlenden Kapitel über die dialektischen Örter).

Sachlich interessant ist Traktat IV deshalb, weil er ein Beispiel dafür ist, daß die Syllogistik (und die Topik) in eine allgemeine Theorie der Folgerungen integriert wird, was vielleicht auf Walter Burley zurückgeht.

Eine Folgerung ist ein hypothetischer Satz mit drei Bestandteilen, nämlich einem Vordersatz (antecedens), einem Nachsatz (consequens) und einem Folgerungszeichen (nota consequentiae), welch letzteres ein Verbindungswort ist, das Vorder- und Nachsatz verknüpft und zugleich anzeigt, was Vordersatz und was Nachsatz ist. Dazu dienen insbesondere die grammatischen Konjunktionen »also« (ergo) und »wenn« (si). »Also« zeigt an, daß der unmittelbar folgende Satz der Nachsatz ist, »wenn« zeigt an, daß der unmittelbar folgende Satz der Vordersatz ist, z. B. steht in »Ein Mensch ist, also ist eine Substanz« der Vordersatz an erster und der Nachsatz an zweiter Stelle, aber in »Ein Mensch ist eine Substanz, wenn ein Mensch ein Lebewesen

ist« steht der Nachsatz an erster und der Vordersatz an zweiter Stelle.

Wie nun das *Verhältnis* von Vorder- und Nachsatz zu definieren ist, diskutiert Albert zunächst an zwei abzulehnenden Vorschlägen (dicunt aliqui, alii dicunt), vgl. auch schon vorher, Tr. III, Kap. 5: (1) Ein Vordersatz in bezug auf einen anderen ist ein solcher, der unmöglich wahr sein kann, wenn der andere nicht wahr ist (»Wahrheitserhaltung«). Dagegen wendet Albert ein, daß der zweite Satz ja nicht sein und damit auch nicht wahr sein könnte, während der erste Satz trotzdem wahr ist, z. B. »Jeder Mensch ist ein Lebewesen, also ist irgendein Mensch ein Lebewesen« – der erste Satz kann sein, ohne daß der zweite ist, und folglich kann der erste Satz wahr sein, ohne daß der zweite wahr ist. Der Einwand setzt natürlich (aber durchaus im allgemeinen scholastischen Geiste) voraus, daß die Wahrheitswertträger Satzäußerungen oder Satzinschriften (oder auch Denkakte) sind, also mehr oder weniger ephemere Entitäten. – Aus diesem Grund haben einige (1) zu (2) modifiziert, indem sie anfügen »wenn er (sc. der zweite Satz, das Konsequens) gebildet (formaretur: geäußert, geschrieben, gedacht) würde«. Auch diese Definition weist Albert zurück, und zwar sei sie zu weit, wie er mit einem Gegenbeispiel zeigt: Der Satz »Kein Satz ist negativ« ist nicht das Antezedens zu »Kein Mensch ist ein Esel«, aber trotzdem kann er unmöglich wahr sein, ohne daß der andere wahr ist, wenn er gebildet würde, – einfach, weil er als selbstwidersprüchlich überhaupt unmöglich wahr sein kann. Daß jene beiden Sätze nicht im Verhältnis von Vorder- und Nachsatz zueinander stehen, zeigt Albert damit, daß aus dem kontradiktorischen Gegensatz des zweiten nicht der kontradiktorische Gegensatz des ersten geschlossen werden kann (non infertur): Es folgt nämlich nicht »Irgendein Mensch ist ein Esel, also ist irgendein Satz negativ«.

Deshalb muß man nach Albert das fragliche Verhältnis über die *Bezeichnung* der Sätze definieren:

»Jener Satz heißt ›Antezedens‹ in bezug auf einen anderen, der sich zu diesem so verhält, daß es unmöglich ist, daß es so ist, wie durch ihn (bei gleichbleibender Bedeutung der Terme) bezeichenbar ist, ohne daß es so sei, wie der andere bezeichnet«.

Gemäß dieser »richtigen« Definition ist z. B. der Satz »Jeder Satz ist affirmativ« Antezedens in bezug auf »Kein Satz ist negativ«, obwohl das Antezedens wahr sein kann, während das Konsequens unmöglich wahr sein kann. – Den Einwand, daß dann Unmögliches aus Möglichem folge, weil »unmöglich wahr sein« »unmöglich sein« impliziere, pariert Albert mit der Zurückweisung ebendieser Implikation – es gibt viele mögliche Sätze, die trotzdem unmöglich wahr sein können. Eines der Beispiele Alberts ist ausgesprochen interessant: Der Satz im Geiste des Sokrates »Sokrates ist nicht« (besser wäre zu sagen »Ich bin nicht«) ist *möglich*, weil der kontradiktorische Gegensatz »Sokrates ist« (»Ich bin«) nicht notwendig ist (d. h., er ist »in kontingenter Materie«). Trotzdem ist der Satz *unmöglich wahr*, weil er immer falsch ist, wenn er ist (vorkommt), und wenn er nicht vorkommt, ist er auch nicht wahr (weil Wahrsein eines Satzes dessen Sein voraussetzt). Inzwischen ist dieses Problem durch das Cartesische Cogito-Argument allgemein bekannt, und man spricht heute von einem pragmatischen (im Unterschied zu einem logischen) Widerspruch im Falle der Negation des Cogito, aus denselben Gründen wie Albert.

Die Haupteinteilung der Konsequenzen ist die in formale vs. materiale Folgerungen: Eine *formale* Folgerung ist eine solche, die (wenn gültig) gültig bleibt, auch wenn ein Satz durch einen anderen mit *gleicher Form* ersetzt wird, m. a. W., die Materie (die kategorematischen Bestandteile) ist für die Gültigkeit nicht relevant (Alberts Beispiel: Was B ist, ist A, also: Was A ist, ist B). Genau das ist hingegen der Fall bei *materialen* Folgerungen – diese gelten nicht mit allen Termen (in omnibus terminis), auch wenn die Form gleich ist, m. a. W., die Bedeutung der Terme ist für die Gültigkeit relevant; Alberts Beispiel: »Ein Mensch läuft, also läuft ein Lebewesen« ist gültig, weil »Mensch« und »Lebewesen« im Verhältnis von Art und Gattung zueinander stehen,

während die formgleiche Folgerung mit einem anderen Term »Ein Mensch läuft, also läuft ein Holzstück« natürlich nicht gültig ist, da die beiden relevanten Terme Artterme, noch dazu verschiedener Gattungen, sind.

Diese materialen Folgerungen werden weiter eingeteilt in »unbedingt bzw. schlechthin« gültige (simpliciter) und »(zeitlich) bedingt bzw. beschränkt« gültige (ut nunc). Das obige Beispiel »Ein Mensch läuft, also läuft ein Lebewesen« ist ein Beispiel für eine simpliciter gültige materiale Folgerung, während Alberts Beispiel für eine bloß *ut nunc* gültige Folgerung lautet: »Sokrates läuft, also läuft ein Magister in artibus«, angenommen, daß Sokrates ein Mag. art. sei. Es ist leicht zu sehen, daß der Unterschied darin liegt, daß im ersten Beispiel die Gültigkeit der Folgerung im notwendigen und Wesensverhältnis von Art und Gattung gründet, während die Eigenschaft, ein Mag. art. zu sein, ein typisches Akzidens ist, das schon in Tr. I, Kap. 17, mit Porphyr so definiert wurde, daß es nacheinander affirmativ und negativ von einem Subjekt wahr aussagbar ist, ohne daß die Existenz des Subjekts davon tangiert würde. Durch Hinzufügung eines Satzes oder mehrerer Sätze kann man solche *ut nunc* Folgerungen aber zu *formalen* Folgerungen machen, z. B. »Sokrates läuft, Sokrates ist ein Mag. art., also läuft ein Mag. art.« (Syllogismus expositorius).

Vorerst zusammenfassend läßt sich also sagen: Eine Folgerung ist eine Satzverknüpfung, bestehend aus Vorder- und Nachsatz nebst einem Folgerungszeichen, und sie ist gültig genau dann, wenn es unmöglich ist, daß es so ist, wie der Vordersatz bezeichnet, und nicht so ist, wie der Nachsatz bezeichnet. Diese Gültigkeit kann entweder von der Form der Satzverknüpfung allein abhängen (d. h., wie gesagt, allein von den synkategorematischen Bestandteilen nebst syntaktischer Anordnung) oder auch von den enthaltenen kategorematischen Termen. Letzteres auf zwei Weisen, je nachdem, ob ein begriffliches (notwendiges) oder nur ein tatsächliches (kontingentes) Verhältnis zwischen den Termen besteht.

Für einfache Folgerungen (consequentiae simplices), d. h. solche, die nur aus zwei Teilsätzen bestehen (im Unterschied be-

sonders zu den syllogistischen Folgerungen), stellt Albert im Kap. 2 eine lange Liste von Regeln auf, aus der ich nur ein paar interessantere Beispiele auswähle:

Aus einem unmöglichen Satz folgt ein beliebiger anderer (Nr. 1);

Aus einem beliebigen Satz folgt ein notwendiger Satz (Nr. 2);

Aus dem kontradiktorischen Gegenteil des Nachsatzes folgt das kontradiktorische Gegenteil des Vordersatzes (Nr. 4);

Wenn aus A B folgt und aus B C, dann folgt C auch aus A, usw. (Nr. 5);

Es ist unmöglich, daß aus Wahrem Falsches folgt, oder aus Möglichem Unmögliches, oder aus Notwendigem Nichtnotwendiges (Nr. 6);

Wenn aus A zusammen mit einem notwendigen Satz B folgt, dann folgt B auch aus A allein (Nr. 7).

Drei dieser sechs Regeln lassen sich schon aus der Namensdefinition von Vorder- und Nachsatz begründen (Nr. 1, 2, 6), aber natürlich gibt Albert ausführliche Beweise für alle Regeln.

Die einzelnen Regeln sind für sich genommen zweifellos hochinteressant und zeugen vom hohen Niveau der scholastischen Logik, aber die Listen insgesamt haben doch eher einen rhapsodischen Charakter. Aber Systematisierungs- oder gar Axiomatisierungsversuche finden sich erst in der Neuzeit, und zwar, soviel ich weiß, bei Girolamo Saccheri SJ (1667–1733) als erstem.

Im weiteren Verlauf des Traktats IV werden dann für alle verschiedenen Arten von Folgerungen, die sich aus den verschiedenen Arten von Teilsätzen ergeben (assertorische, ampliative, modale), und insbesondere auch für alle Arten von syllogistischen und dialektischen Folgerungen (ausgehend von den *Ersten Analytiken* und der *Topik* des Aristoteles) derartige Regellisten aufgestellt. Wenn also der schon erwähnte Kolophon zur Stuttgarter Handschrift sagt, daß die neun (!) Traktate Alberts die gesamte Logik umfassen, ausgenommen die *Ersten* und die *Zweiten Analytiken*, dann ist das letztere nur die halbe Wahrheit. – Im Topik-Teil beruft sich Albert übrigens öfters auf Petrus Hispanus (auctor Summularum), kritisiert ihn gelegent-

lich aber auch, z. B. am Schluß des Traktats: Der mittlere Ort »von der Teilung« (locus medius a divisione)[19] ist eigentlich gar keine *dialektische* Folgerung, da auf ihn eine *formale* Folgerung gegründet werden kann.

Der fünfte Traktat

Der fünfte Traktat entspricht den *Sophistischen Widerlegungen* des Aristotelischen *Organon* und behandelt in 13 Kapiteln die *scheinbaren* Folgerungen bzw. Fehl- oder Trugschlüsse gemäß den von Aristoteles vorgegebenen Arten (13 an der Zahl).

Eine Fallacia (»Täuschung«, Fehlglauben) wird in Kap. 1 definiert als eine Täuschung (deceptio) bzw. eine irrtümliche Zustimmung, aufgrund welcher man glaubt, daß ein Schlußfolgerungsvorgang (processus ratiocinativus) gültig sei, der aber zur Erreichung des intendierten Schlußsatzes nicht geeignet ist. Ein solcher Argumentationsvorgang heißt »Paralogismus« (Scheinschluß, Scheinargument), und es gibt zwei Arten davon: Ein sophistischer Paralogismus ist ein Argumentationsvorgang, der etwas zu schließen scheint, was er (tatsächlich aber) nicht schließt. Ein Elenchus (Widerlegung) hingegen ist ein Argumentationsvorgang, der einen Satz als Widerspruch zu einem gegebenen Satz zu schließen scheint, während tatsächlich aber kein Widerspruch vorliegt. – Es sind also zu unterscheiden der defekte Argumentationsprozeß einerseits (Paralogismus) und die irrige Anerkennung der Gültigkeit dieses Prozesses anderseits (Fallacia).

Da ein Paralogismus also eine Scheingültigkeit hat, aber fehlerhaft ist, gibt es sowohl einen Grund dafür, warum der Anschein von Gültigkeit entsteht (causa apparentiae bonitatis), als natürlich auch dafür, warum die Gültigkeit nicht besteht (causa defectus bonitatis). Die *causa apparentiae* ist der Grund für die irrige Zustimmung, die *causa defectus* der Grund für die Ungültigkeit des Arguments.

[19] Peter of Spain 1972, S. 77.

Gemäß der Aristotelischen Einteilung gibt es sechs Arten von *sprachabhängigen* Fallaciae (in dictione) und sieben Arten von *sprachunabhängigen* Fallaciae (extra dictionem), wobei unter Sprache hier die beiden Ebenen der konventionalen Sprache zu verstehen sind. – Hier merkt Albert ein bißchen kleinlich an, daß es eigentlich gar keine sprachabhängigen Fallaciae gebe, da ja Fallacia als Täuschung definiert wurde und diese etwas Mentales, ein Akzidens bzw. Akt des Verstandes ist. Jedenfalls weist er eine Auffassung zurück, die ich noch nicht identifizieren konnte (unius dictum), wonach *alle* Fallaciae *sprachabhängig* wären, vermutlich deshalb, weil auch das Denken selbst sprachabhängig sei, aber das geht aus Alberts knapper Bemerkung nicht klar hervor. Im eigentlichen Sinne, repliziert Albert, sind nicht nur nicht alle Fallaciae sprachabhängig, sondern vielmehr alle sprachunabhängig. – Eine analoge Unterscheidung von *in dictione* vs. *extra dictionem* gibt es auch für die Paralogismen selbst, und hier macht sie recht eigentlich Sinn, während sie bei den Fallaciae nur davon abgeleitet ist.

Sodann werden alle 13 Arten von Fallaciae durchgenommen, und zwar nach dem Schema: Definition der betreffenden Täuschung (quid sit), Ursache des Anscheins und Ursache des Mangels der Gültigkeit des Arguments, wie auf das Scheinargument zu antworten sei, und auf welche Weisen dieses Scheinargument entwickelt werden kann. – Z.B. unterscheiden sich Äquivokation und Amphibolie dadurch, daß im ersteren Fall mehrdeutige Terme (ein Term ist mehreren Begriffen untergeordnet, scholastisches Standardbeispiel: »canis« bezeichnet ein Tier zu Lande und eines zu Wasser sowie ein bzw. gar zwei Sternzeichen) im Spiel sind, während im zweiten Fall eine Ausdrucksfolge bzw. ein Satz, der *keine* mehrdeutigen Terme enthält, trotzdem mehreren mentalen Sätzen untergeordnet ist, z.B. »Die Griechen haben die Trojaner besiegt«, je nachdem, was hier als Nominativ und was als Akkusativ genommen wird. (Im Lateinischen sind solche Beispiele mit doppeltem AcI usw. leichter zu konstruieren, bei Albert »Audio Graecos vicisse Troianos«. Übrigens haben die Handschriften aus dem humanistisch schlecht gebildeten Mittelalter hier meistens »Romanos« statt »Troia-

nos«, aber der gelehrte Herausgeber des Renaissancedrucks hat das natürlich stillschweigend verbessert.)

Der sechste Traktat

Der erste Teil des sechsten Traktats enthält eine Abhandlung über die Insolubilien, die im Druck und in etlichen Handschriften nur *ein* großes Kapitel umfaßt. Es lassen sich aber doch deutlich *drei* Kapitel unterscheiden, nämlich eine allgemeine Einleitung mit den Grundlagen zur Lösung der Insolubilien und zwei Kapitel mit etlichen Fallbeispielen in zwei Gruppen: Insolubilien, die mit der Wahrheit und Falschheit von Sätzen zu tun haben (Kap. 2, »semantische Antinomien«), und Insolubilien, die aus unseren inneren Akten hervorgehen (Kap. 3, »epistemische Antinomien«).

Ein Insolubile (wörtlich »Unlösbares«, »unlösbarer Satz«) ist nach Albert ein Satz, der schwer lösbar ist, d. h., es ist schwer zu bestimmen, welchen Wahrheitswert der Satz hat. Das ist nach heutigem Verständnis eine Antinomie, und zwar geht es auch den Scholastikern insbesondere um *semantische* Antinomien, d. h. solche, die mit Wahrheitswertprädikaten und Selbstbezüglichkeit zu tun haben, wie der klassische Fall des Lügners.

Zu diesem Zweck der Wahrheitswertbestimmung von Insolubilien führt Albert im Kap. 1 das nötige Rüstzeug ein, und zwar in Form von vier Definitionen (descriptiones), sechs Voraussetzungen (suppositiones) und sieben Thesen (conclusiones), vgl. übrigens schon Tr. I, Kap. 6, »De verbo«, wo auf den Insolubilientraktat vorausverwiesen wird. Die Formulierungen besonders der ersten beiden Definitionen sind aber nicht sehr klar und bedürfen schon bei der Übersetzung der Interpretation (vgl. auch schon Tr. III, Kap. 4, am Anfang); der Frühdruck, Bl. 43rb, ist hier übrigens überhaupt defekt (»negativa« statt »vera« in Def. 1, Def. 2 fehlt):

Def. 1: Wahr ist ein Satz dann, wenn es so ist, wie auch immer er bezeichnet (bzw., wenn es in jeder Hinsicht so ist, wie er bezeichnet). (»Propositio vera est, quae qualitercumque significat, ita est«.)

Def. 2: Falsch ist ein Satz dann, wenn es nicht so ist, wie auch immer er bezeichnet (bzw., wenn es nicht in jeder Hinsicht so ist, wie er bezeichnet). (»Propositio falsa est, quae non qualitercumque significat, ita est« – die Stellung des »non« ist irritierend und der ungewöhnlich konstruierte Satz eigentlich nicht recht übersetzbar: »wenn es so ist, wie auch immer er *nicht* bezeichnet«, wohl »der nicht auf jede Weise so bezeichnet, wie es ist«, aber das hätte Albert auch leicht eindeutig formulieren können. Sprachlich ist man fast gezwungen, das »ita est« auf das Relativpronomen und damit auf den *Satz* zu beziehen, also »der nicht so ist, wie auch immer er bezeichnet«, was zwar im folgenden eine Rolle spielt, hier aber, auch mit Blick auf die beiden nächsten Definitionen, keinen Sinn macht. Klärlich ist der Schluß von Kap. 6 des Traktats I, wo das Wahrsein eines Satzes bestimmt wird durch »significare taliter, qualiter est, et nullo modo aliter, quam est«. Einen besonderen Grund für Alberts seltsame Formulierungen hier in VI.1 vermag ich nicht auszumachen.)

Def. 3: Möglich ist ein Satz dann, wenn es so sein kann, wie auch immer er bezeichnet.

Def. 4: Notwendig ist ein Satz dann, wenn es so sein muß, wie auch immer er bezeichnet.

Die weiteren Voraussetzungen und Thesen führe ich im Zusammenhang mit dem berühmtesten Insolubile, dem Lügner, Nr. 1 im folgenden Kap. 2, an, soweit sie hierbei von Belang sind:

»Jenes übliche Unlösbare« (illud commune insolubile) nennt Albert den Lügner, den er in der Form des Satzes »Ich sage Falsches« behandelt, vorausgesetzt, daß ich nichts anderes als diesen Satz sage. Das Problem ist dann, ob der von mir geäußerte Satz wahr oder falsch ist. Wenn man sagt, er sei wahr, kann man dagegen argumentieren: Also ist es so, wie auch immer er bezeichnet, und weil er bezeichnet, daß ich Falsches sage, ist es also so, daß ich Falsches sage, und weil ich nichts anderes sage als den Satz »Ich sage Falsches«, folgt, daß dieser falsch ist und somit nicht wahr. Wenn man sagt, er sei falsch, kann man dagegen argumentieren: Also ist es so, wie er bezeichnet, näm-

lich, daß er falsch ist, und wenn es so ist, folgt, daß er wahr ist, und folglich ist er nicht falsch. Wenn man aber sagt, er sei zugleich wahr und falsch, so ist das gegen die sechste Voraussetzung (»Es ist unmöglich, daß derselbe Satz wahr *und* falsch ist«, d. h., notwendigerweise ist jeder Satz wahr *oder* falsch).

Alberts Antwort auf den Lügner lautet:[20] Er ist falsch, weil er gemäß der dritten These (»Jeder Satz der Welt bezeichnet, daß er wahr ist«) bezeichnet, daß er wahr ist, und aus seinem Wahrsein sein Falschsein folgt, was gemäß der sechsten These (»Jeder Satz, der bezeichnet, daß er wahr *und* falsch ist, ist falsch«) seine Falschheit impliziert.

Beweis, daß aus seinem Wahrsein sein Falschsein folgt: Der Satz ist wahr, und weil er affirmativ ist, bezeichnet er folglich, daß das, wofür Subjekt und Prädikat supponieren, identisch ist, und das ist auch tatsächlich identisch, nämlich ich und ein Falsches Sagender, also bin ich ein Falsches Sagender. Und weil ich voraussetzungsgemäß nichts anderes sage als den Satz »Ich sage Falsches«, folgt, daß dieser falsch ist, wenn er wahr ist. Also folgt aus dem Wahrsein dieses Satzes sein Falschsein, was zu beweisen war, und folglich ist er falsch.

Hingegen folgt *nicht* aus seinem Falschsein sein Wahrsein, was ja das Wesen der Antinomie ausmachte, denn um wahr zu sein, muß ein Satz *auf jede Weise* so bezeichnen, wie es ist (»praecise, sicut est« in Tr. I, Kap. 6), was aber hier nicht der Fall ist, da dieser Satz nur *in gewisser Weise* so bezeichnet, wie es ist. Das ist der Sinn von »qualitercumque« in der Def. 1 des wahren Satzes, die hier eben nicht erfüllt ist: *Insofern* sich der Satz als falsch bezeichnet, ist es zwar so, wie er bezeichnet, aber es ist nicht *in jeder Hinsicht* so, wie er bezeichnet, da er sich ja auch als wahr bezeichnet, was eben nicht der Fall ist (taliter non est);

[20] Unabhängig vom Text kann man die Struktur der Lösung Alberts so wiedergeben: (1) Der Lügner wird als (sinnvoller Behauptungs-)Satz anerkannt, damit ergibt sich die Notwendigkeit der Wahrheitswertbelegung (dieser Punkt kommt bei Albert nicht explizit vor). (2) Der Lügner wird mit dem Wahrheitswert »falsch« belegt. (3) Die Antinomie wird blockiert, indem gezeigt wird, daß aus (2) nicht der gegensätzliche Wahrheitswert »wahr« folgt.

m. a. W., er bezeichnet irgendwie auch anders, als es ist (aliqualiter aliter, quam est).

Diese *vollständige* Bezeichnung eines Satzes scheint Folgendes zu umfassen, nämlich zwei »formale« Aspekte und einen »materialen«: (1.) Durch seine Form, namentlich die positive oder negative Kopula, *weist* sich ein Satz als Behauptungssatz und damit als wahrheitswertfähig *aus*. (2.) Insofern etwas (ernst) behaupten heißt etwas *als wahr* behaupten, *enthält* jeder Behauptungssatz *implizit* auch das semantische Prädikat »ist wahr«, vergleichbar der heutigen Redundanz-Auffassung der Wahrheit, wonach diese explizite Prädikation nicht mehr aussagt, als der Satz selbst, den sie enthält. (3.) Durch die *Materie* des Satzes (Subjekt und Prädikat) wird bezeichnet (angegeben), *was* behauptet wird, nach Albert Sachverhalte, z. B. bezeichnet der Satz »A ist B«, daß A B ist. *Diese*, gewissermaßen transzendente, Bezeichnung ist in der Regel für die Wahrheit oder Falschheit eines Satzes entscheidend, während die semantischen Antinomien der Selbstbezüglichkeit eben gerade dadurch zustande kommen, daß ein Satz nicht »über sich selbst hinausweist«. – Albert scheint (1.) und (2.) übrigens nicht zu unterscheiden.

Demgemäß hätte Albert auch sagen können, daß im Falle des Lügners das explizite (semantische) Prädikat »falsch« und das implizite (semantische) Prädikat »wahr« im logischen Widerspruch zueinander stehen, der Satz also *notwendig* falsch ist, weil seine vollständige Bezeichnung einen Widerspruch impliziert, und aus Unmöglichem Beliebiges folgt (Regel 1 in Kap. 2 von Tr. IV). »Ich sage Wahres« müßte dann redundant sein, weil das explizite Prädikat nur aussagt, was in der Form des Satzes implizit schon enthalten ist. (Vgl. aber den nächsten Absatz!) – Vorausgesetzt ist hierbei natürlich immer, daß solche selbstbezüglichen Sätze überhaupt *sinnvoll* sind, was ja gemäß einer anderen gängigen scholastischen Theorie in Abrede gestellt wird.

Schließlich beantwortet Albert noch die Frage nach dem kontradiktorischen Gegensatz des Lügners wie folgt: Die Negation muß sich auf den ganzen Satz beziehen, also »Nicht: Ich sage

Falsches«, d. h., daß es nicht so ist, wie »Ich sage Falsches« bezeichnet. Und da dieser Satz bezeichnet, daß ich Wahres sage und daß ich Falsches sage, bezeichnet die Negation, daß ich nicht Wahres sage oder daß ich nicht Falsches sage (»De Morgan«, These 7), und das ist notwendig wahr, weil (eben die Negation von etwas notwendig Falschem und weil) das eine Glied der Disjunktion durch die formale Bezeichnung immer wahr ist.

Nichtvitiöse Selbstbezüglichkeit diskutiert Albert nicht, wäre aber nach seinen Prinzipien so zu behandeln: Der Satz »Dieser Satz ist deutsch« bezeichnet, daß dieser Satz deutsch ist und daß dieser Satz wahr ist, und der Satz ist (faktisch) wahr, weil er deutsch ist. Der Satz »Dieser Satz ist englisch« bezeichnet, daß dieser Satz englisch ist und daß dieser Satz wahr ist, und der Satz ist (faktisch) falsch, weil er nicht englisch ist.

Die epistemischen Antinomien in Kap. 3 sind im Prinzip auf die gleiche Weise zu lösen, z. B. das erste Insolubile: Im Geist des Sokrates sei der mentale Satz ^{m}Sokrates täuscht sich^{m} (= A) und kein anderer, und Sokrates glaube, daß A wahr ist. Täuscht sich nun Sokrates in seinem Glauben, daß A wahr ist, oder nicht? Wenn man sagt, daß Sokrates sich täuscht, folgt, daß A falsch ist, weil er sonst ja einen wahren Glauben hätte, und damit auch, daß Sokrates sich nicht täuscht. Wenn man hingegen sagt, daß Sokrates sich nicht täuscht, folgt, daß A wahr ist, und damit auch, daß Sokrates sich täuscht. Also die Antinomie: Wenn Sokrates sich täuscht, täuscht er sich nicht, und wenn er sich nicht täuscht, täuscht er sich.

Alberts Lösung: Sokrates täuscht sich in seinem Glauben, daß A wahr ist. Aber daraus folgt nicht, daß A wahr ist, denn A bezeichnet nicht nur, daß Sokrates sich täuscht, sondern vielmehr, daß Sokrates sich täuscht *und* daß Sokrates sich *nicht* täuscht, und das ist falsch. A ist also wiederum falsch, weil der Satz nicht in jeder Hinsicht (formal *und* material) so bezeichnet, wie es ist.

Ebenso wie eine Behauptung, die sich selbst als falsch behauptet, aus begrifflichen Gründen unmöglich ist, weil behaupten heißt *als wahr* behaupten, ist auch ein Glaube, der sich selbst

für falsch hält, unmöglich, weil glauben heißt *für wahr* halten. In beiden Fällen ergeben Form und Materie einen Widerspruch. – Auch hier ist natürlich vorausgesetzt, daß ein solcher Glaube überhaupt sinnvoll ist, was ja sehr fraglich ist: Wie etwas von der Behauptung Verschiedenes behauptet werden muß, damit diese wahr oder falsch sein kann, muß etwas vom Glauben Verschiedenes geglaubt werden, damit dieser wahr oder falsch sein kann.

Die neun Kapitel 4–12 umfassen den zweiten Hauptteil des Traktats VI über die Obligationen (im Frühdruck sechs Kapitel, die Handschrift Pommersfelden überliefert noch ein weiteres Kapitel, der Edition unten als Appendix beigegeben, das aber nur ein Schreiberzusatz aus einer anderen Quelle sein dürfte).

Die Obligationen (»Verpflichtungen«) sind der eigentümlichste Beitrag der Scholastik zur Geschichte der Logik, vermutlich zum »Training« der Studenten im konsistenten Argumentieren bei Disputationen entwickelt.[21] Die von einem komplizierten logischen Regelwerk geleitete Disputation verläuft zwischen einem »Vorsetzer« (opponens) und einem »Antworter« (respondens)[22] während einer bestimmten Zeit der »Verpflichtung« (tempus obligationis), d. h., formeller Beginn und Ende einer Obligationendisputation sind wichtig, weil in diesem besonderen Rahmen auch Thesen möglich sind, die von den gewöhnlichen Bedeutungen und Meinungen abweichen.

Es scheint, daß Albert der erste Pariser Autor ist, der diese englische Entwicklung vollständig rezipiert hat, da es von Buridan z. B. keinen Obligationen-Traktat gibt (sondern nur verstreute Anspielungen auf dieses Genre in anderen Werken). Aber auch hier gilt Albert als in der Rezeption kreativ, kritisch und einfallsreich.[23]

[21] Vgl. die instruktiven Arbeiten von Keffer 1999 u. 2001, mit weiterer Literatur. Zu Albert im besonderen: Braakhuis 1993.

[22] Bzw. zwischen einem Fragenden und einem Antwortenden, wie es bei Aristoteles und Boethius heißt, vgl. Keffer 2001, S. 39–41.

[23] Vgl. Braakhuis 1993, bes. S. 336.

Wie sonst auch, geht Albert hier so vor, daß er zunächst Definitionen einführt (Kap. 4: 9 descriptiones), sodann allgemeine Regeln aufstellt (Kap. 5: 9 regulae) und schließlich die einzelnen Arten von Obligationen behandelt (Kap. 6–12), de facto aber nur vier der sechs Arten, weil diese gebräuchlicher sind als die beiden restlichen, wie er in Kap. 6 sagt.

Im Kap. 4 definiert Albert eine Obligation als eine zusammengesetzte Rede (oratio composita), die aus den Verpflichtungszeichen (signa obligationis) und dem Verpflichteten (obligatum) besteht. Wenn z. B. der Opponent zum Respondenten sagt »Ich setze dir den Satz ›Du sitzt‹«, dann ist dieser ganze Satz die Obligation, die ersten fünf Wörter sind die Obligationszeichen und die letzten beiden Wörter das Obligatum. Auf die Bejahung dieses zweiten Teils der Obligation ist der Respondent innerhalb der Obligationszeit (Def. 3) verpflichtet (Def. 2), sobald er die Obligation zuläßt, indem er »admitto« sagt. Die restlichen sechs Definitionen führen die zentralen Begriffe der logischen Abhängigkeit (pertinens) und Unabhängigkeit (impertinens) ein, und zwar jeweils in bezug auf die Obligation allein, auf die Obligation zusammen mit der Zulassung oder auf das Verpflichtete allein. Logisch abhängig ist ein Satz von einem anderen, wenn er aus diesem folgt oder diesem widerspricht (Def. 4), logisch unabhängig hingegen, wenn weder das eine noch das andere (Def. 5).

Die Definitionen 6–9 (nebst Korollarien) weisen Albert als Verfechter der vorherrschenden sog. »Antiqua responsio« aus, wie sie insbesondere durch den grundlegenden Traktat von Walter Burley (1302?) repräsentiert wird, die sog. »Nova responsio« von Roger Swyneshed (zw. 1330 u. 1335?) lehnt er ab. Unterscheidungsmerkmal zwischen diesen beiden Richtungen der Obligationenliteratur ist, ob die logische Abhängigkeit nur auf das ursprüngliche Positum bezogen wird (»Neue Antwort«) oder auf dieses *und* die anderen Sätze, die schon zugegeben wurden bzw. deren Negationen schon bestritten wurden (»Alte Antwort«).

Die Obligationsart »Einsetzung« (impositio, Kap. 6) ist zwar interessant, weil hier mit der *konventionalen* Bedeutung der

Sprache ernst gemacht wird, so daß man für die Obligationszeit dem Wort »Tisch« die Bedeutung von »Mensch«, dem (notwendigen) Satz »Gott ist« die Bedeutung von »Ein Mensch ist ein Esel« (einem unmöglichen Satz) verleihen kann usw. usf. Bei diesen Einsetzungen ist aber vom Respondenten als Regel zu beachten, daß er keine Einsetzung zuläßt, wo die Bezeichnung des eingesetzten Ausdrucks vom Wahrheitswert des Satzes, in dem er vorkommt, abhängt. Und zwar deshalb, weil der Wahrheitswert von Sätzen von der Bezeichnung ihrer Terme abhängt und nicht umgekehrt. Demnach ist z. B. eine Einsetzung der Art »Möge A einen Esel in einem wahren Satz, einen Menschen in einem falschen Satz und den disjunkten Gegenstand Mensch oder Nicht-Mensch in einem zweifelhaften Satz bezeichnen« vom Respondenten abzulehnen, da er andernfalls die Disputation nicht konsistent durchstehen wird.

Aber die wichtigste Obligationsart ist sicher die »Setzung« (positio) mit mehreren Unterarten, und auch Albert widmet ihr mit vier Kapiteln (7–10) den größten Raum.

Der einfachste Fall ist die Setzung eines kategorischen Satzes (positio simplex), d. h. dieser wird vom Opponenten *als wahr* »hingestellt«, angenommen, vorgeschlagen, und hier gilt als Regel (Kap. 7): Wenn ein möglicher, obzwar faktisch falscher Satz gesetzt wird und dieser weder der Obligation noch der Zulassung noch beiden zusammen widerspricht, so ist er zuzulassen. Gängiges Beispiel: »Du bist in Rom«, wenn die Obligationendisputation z. B. in Paris stattfindet. Durch die Zulassung ist der Respondent dann im weiteren Verlauf der Disputation verpflichtet, den gesetzten Satz als wahr zu betrachten.

Die Klausel mit »non repugnans« ist aber entscheidend, denn wenn der Respondent sie nicht beachtet, kann er durch entsprechende weitere Setzungen in ein Dilemma geführt werden, z. B.:

Opponent: Ich setze (pono) dir den Satz »Nichts ist dir gesetzt«. Respondent: Ich lasse es zu (admitto). Opponent: Ich setze dir den Satz vor (propono) »Etwas ist dir gesetzt«. – Wenn nun der Respondent diesen weiteren Satz zugibt, so gibt er etwas dem ursprünglich Gesetzten formal Widersprechendes zu.

Wenn er ihn hingegen bestreitet, bestreitet er, daß die ursprüngliche Setzung etwas ist, aber ein Satz ist natürlich ein Etwas.

Der Fehler des Respondenten in diesem Beispiel war, daß er die ursprüngliche Setzung überhaupt zugelassen hat, denn das Gesetzte »Nichts ist dir gesetzt« widerspricht der Obligation, weil der kontradiktorische Gegensatz des Gesetzten, »Etwas ist dir gesetzt«, formal aus der Obligation folgt. Also hat er die Regel verletzt, obwohl das Gesetzte für sich ein möglicher Satz ist (vgl. auch schon Kap. 4, Def. 6).

Oder der Opponent setzt dem Respondenten den Satz »Du existierst nicht«, und wenn dieser ihn zuläßt, setzt er ihm vor »Du läßt etwas zu«. Wenn der Respondent diesen Satz bestreitet, bestreitet er, daß ein Satz (nämlich das Positum) etwas ist. Wenn er ihn aber zugibt, setzt der Opponent den Satz vor »Du existierst«. Wenn der Respondent nun diesen weiteren Satz zugibt, dann gibt er etwas dem ursprünglich Gesetzten Widersprechendes zu. Wenn er ihn hingegen bestreitet, bestreitet er etwas, was aus etwas bereits Zugegebenem folgt, insofern ja folgt »Du läßt etwas zu, also existierst du«. – Eine solche Setzung widerspricht also der Zulassung und darf deshalb nicht zugelassen werden, obwohl das Gesetzte für sich natürlich ein möglicher Satz ist.

Wenn eine Obligation nach korrekter Setzung und Zulassung in Gang gekommen ist, ist der Respondent in seinen Reaktionsmöglichkeiten auf weitere Proposita (concedo, nego, dubito) durch die Regeln der logischen Abhängigkeit eingeschränkt bzw., im Falle der logischen Unabhängigkeit, durch folgende Regeln: Ein *impertinens*, das als wahr bekannt ist, muß zugegeben werden, eines, das als falsch bekannt ist, muß abgelehnt werden und eines, dessen Wahrheitswert unbekannt ist, muß »bezweifelt«, d.h. unentschieden gelassen werden (beliebtes Beispiel: »Rex sedet/Der König sitzt«).

Die Fülle an Insolubilien und Sophismata der scholastischen Literatur dient in diesem Rahmen dann dazu zu zeigen, daß der Respondent auch bei scheinbar regelkonformem Verhalten in Inkonsistenzen geführt werden kann. Dem Autor obliegt es dann, in seiner »solutio« des Beispieldisputs zu zeigen, daß die

Regelkonformität eben doch nur eine scheinbare war, sowie an welchem Punkt und wie ein Regelverstoß erfolgte. Das führt auch Albert an zahlreichen Fällen vor.

2. *Verzeichnis der bekannten Handschriften*

Dieses Verzeichnis basiert auf Vorarbeiten bes. von Sarnowsky 1989, S. 437 f., Nr. 32–55, und Muñoz García 1990, S. 164 f., sowie auf eigenen Recherchen. Zu den Handschriften Nr. 3, 7, 11, 17, 21, 24, 27, 29, 32, 34 finden sich weiter unten in einem eigenen Abschnitt genauere Beschreibungen. – Im Kolophon der Handschrift Nr. 32 ist übrigens die Schreibdauer festgehalten: Der Kopist hat drei Wochen, vom 1. bis 20. Mai 1378, »mit größter Anstrengung« geschrieben. – Zum Incipit »Intentionis praesentis« vgl. die ähnliche Formulierung im Prolog zum Ethik-Kommentar bei Heidingsfelder 1921, S. 103: »Praesentis operis intentio«.

01. Assisi, Biblioteca Comunale, Cod. 291, Pap., 56 Bll., 288 x 225 mm, 15. Jh., Bl. 1ra–50va. – Lit.: C. Cenci, *Bibliotheca manuscripta ad sacrum conventum Assisiensem*, Bd. 2, Assisi 1981, S. 602, Nr. 2299.

02. Barcelona, Archivo de la Corona de Aragón, Ripoll 162, Pap., 135 Bll., 210 x 145 mm, 14. Jh., Bl. 1r–135v. – Lit.: Z. García, *Bibliotheca Patrum Latinorum Hispaniensis*, Bd. 2, Wien 1915 (= Sitzungsber. d. Kais. Ak. d. Wiss. in Wien, Philos.-Hist. Kl., 169. Bd., 2. Abh.), S. 78.

03. Bergamo, Biblioteca Civica Angelo Mai, MA 541 (vorm. Γ VI 29), Pap., 80 Bll., 297 x 226 mm, 14. u. 15. Jh., Bl. 1ra–63va, dat. 1370 (Italien?, Schr.: Johannes). – Lit.: *Manoscritti datati d'Italia*, Bd. 6 (F. Lo Monaco), Firenze 2003, S. 67, Nr. 96, u. Tav. III.

04. Berkeley, University of California, The Bancroft Library, UCB 101, Pap., 70 Bll., 280 x 210 mm, 14. Jh. (um 1380, Padua), Bl. 1ra–69ra. – Lit.: *Digital Scriptorium Database*, im Internet.

05. Bologna, Biblioteca Comunale dell'Archiginnasio, A. 887, Perg., 91 Bll., 221 x 149 mm, 14. Jh., Bl. 1ra–91vb. – Lit.: G. Maz-

zatinti, *Inventari dei manoscritti delle biblioteche d'Italia*, Bd. 32 (A. Sorbelli), Firenze 1925, S. 78.

06. CREMONA, Biblioteca Statale, Cod. 8, Pap., 62 Bll., 295 x 218 mm, 14. Jh., Bl. 1ra–62rb, dat. 1394 (Padua?, Schr.: Laurentius de Roma). – Lit.: *Catalogo di manoscritti filosofici nelle biblioteche italiane*, Bd. 5, Firenze 1985, S. 31 f., Nr. 2.

07. ERFURT, Universitätsbibliothek, Dep. Erf., Cod. Ampl. Q. 242, Pap., 87 Bll., Quart, 14. Jh. (vor 1376, Köln?), Bl. 1r–87r. – Lit.: W. Schum, *Beschreibendes Verzeichniss der Amplonianischen Handschriften-Sammlung zu Erfurt*, Berlin 1887, S. 497 f.

08. FIRENZE, Biblioteca Medicea Laurenziana, Plut. XII sin. 6, 14. Jh., Bl. 1ra–69rb (nicht: 96). – Lit.: Keine verfügbar, angeführt z. B. von Muñoz García 1990, S. 164; Angaben gemäß Reproduktion.

09. FIRENZE, Biblioteca Nazionale Centrale, Conv. Soppr. A. VI. 1258, Perg., 72 Bll., 262 x 185 mm, 14. Jh. (1374?, Florenz), Bl. 1ra–65ra u. 67ra–72va (Schr.: Albertus de Brunna OESA, aus der Provinz Bayern). – Lit.: *Catalogo di manoscritti filosofici nelle biblioteche italiane*, Bd. 9, Firenze 1999, S. 66 f., Nr. 9; *Manoscritti datati d'Italia*, Bd. 5, Firenze 2002, S. 51, Nr. 11, u. Tav. XIII.

10. FIRENZE, Biblioteca Nazionale Centrale, Conv. Soppr. B. III. 21, Perg., 64 Bll., 240 x 177 mm, 14. Jh. (Italien?), Bl. 1ra–64rb (Schr.: Antonius de Campagnatico). – Lit.: *Manoscritti datati d'Italia*, Bd. 5, Firenze 2002, S. 123, Nr. 147, u. Tav. CLIV.

11. LEIPZIG, Universitätsbibliothek, Ms 1367, Pap., 56 Bll., 305 x 220 mm, 14. Jh. (1379 u. 1381, Prag u. Halberstadt), Bl. 16rb–56va, dat. 1381, Halberstadt (Schr.: Hermannus Rustert?, unter dem Prior Hermannus de Duderstad). – Lit.: C. Mackert, »Wasserzeichenkunde und Handschriftenforschung« usw., in: P. Rückert u. a. (Hgg.), *Piccard-Online* usw., Stuttgart 2007, S. 91–118, hier S. 111–118.

12. LEÓN, Archivo de la Catedral, Cod. 29, Perg. u. Pap., 123 Bll., 235 x 162 mm, 15. Jh., Bl. 1r–123v. – Lit.: Z. García Villada, *Catálogo de los códices y documentos de la Catedral de León*, Madrid 1919, S. 60.

13. LEÓN, Archivo de la Real Colegiata de San Isidoro, Cod. 33, Pap., 79 Bll., 270 x 210 mm, 14. Jh. (1388), Bl. 2r–79r. – Lit.: J. Pérez Llamazares, *Catálogo de los códices y documentos de la Real Colegiata de San Isidoro de León*, León 1923, S. 48.

14. Macerata, Biblioteca Comunale Mozzi-Borgetti, Cod. 1199 (vorm. 650), Pap., 89 Bll., 214 x 145 mm, 14. Jh., Bl. 2r–89vb. – Lit.: G. Mazzatinti, *Inventari dei manoscritti delle biblioteche d'Italia*, Bd. 100, Tl. 1 (A. Adversi), Firenze 1981, S. 443 f.

15. Milano, Biblioteca Ambrosiana, B 36 sup., 15. Jh. (1408, Österreich?), Bl. 1r–139r. – Lit.: L. Jordan u. S. Wool, *Inventory of Western Manuscripts in the Biblioteca Ambrosiana*, Bd. 1, Notre Dame 1984, S. 90 f.

16. Napoli, Biblioteca Nazionale Vittorio Emanuele III, Cod. 475 (VIII. E. 9), Pap., 56 Bll., 290 x 220 mm, 14. Jh., Bl. 13ra–56vb u. 2ra–11ra, dat. 1376, Perugia (Schr.: Iohannes Nicholay de Ioha). – Lit.: C. Cenci, *Manoscritti francescani della Biblioteca Nazionale di Napoli*, Bd. 2, Grottaferrata 1971, S. 840.

17. New York, Columbia University, Rare Book and Manuscript Library, Plimpton MS 143, Perg., 84 Bll., 220 x 160 mm, 14. Jh. (Italien?), Bl. 1ra–82ra (Bl. 60 u. 61 fehlen). – Lit.: *Digital Scriptorium Database*, im Internet.

18. Osimo, Biblioteca del Nobile Collegio Campana, Cod. 30, Perg., 140 Bll., 15. Jh., Bl. 1r–140v. – Lit.: L. M. de Rijk u. E. P. Bos, *Medieval Logical Manuscripts*, im Internet.

19. Oxford, Bodleian Library, MS. Lat. misc. e. 20, Perg., 106 Bll., ca. 225 x 165 mm, 15. Jh. (Italien), Bl. 4ra–105rb. – Lit.: F. Madan, *A Summary Catalogue of Western Manuscripts in the Bodleian Library at Oxford* usw., Bd. 5, Oxford 1905, S. 725, Nr. 30067.

20. Paris, Bibliothèque Nationale de France, Fonds lat. 6670, Perg. u. Pap., 249 Bll., 215 x 145 mm, 15. Jh. (Italien), Bl. 1r–247r, dat. 1417. – Lit.: W. Seńko, *Repertorium commentariorum medii aevi in Aristotelem Latinorum quae in bibliothecis publicis Parisiis asservantur*, Bd. 1, Warszawa 1982, S. 104 f.

21. Paris, Bibliothèque Nationale de France, Fonds lat. 14715, Perg., 99 Bll., 266 x 202 mm, 14. Jh., Bl. 1ra–59vb (Mitte 14. Jh., Paris?) u. 91ra–99ra (dat. 1374, Paris?, Schr.: Iohannes de Cergiaco, Kleriker der Diözese Soissons). – Lit.: Seńko (s. Nr. 20), S. 165.

22. Paris, Bibliothèque Nationale de France, Fonds lat. 18430, 14. Jh., Bl. 3ra–80va. – Lit.: z. B. Kann 1994, S. 5, Anm. 16; bei Seńko (s. Nr. 20 u. 21) Verweise darauf, aber keine eigene Beschreibung.

23. Perugia, Biblioteca Augusta del Comune, Cod. A 28, Pap.,

128 Bll., 290 x 220 mm, 14. Jh., Bl. 87ra–128rb (Bl. 87v–88v u. 121v–122v leer, wohl Frgm.). – Lit.: G. Mazzatinti, *Inventari dei manoscritti delle biblioteche d'Italia*, Bd. 5, Forlì 1895, S. 67.

24. POMMERSFELDEN, Schloßbibliothek Graf von Schönborn, Hs. 236 (2858) (vorm. Cod. Amplon. 7 de logica), Perg. u. Pap., 132 Bll., 270 x 200 mm, 14. Jh., Bl. 7va–b u. 8ra–63vb. – Lit.: D. A. Di Liscia, »Der von Amplonius Rattinck dem Oresme zugeschriebene *Tractatus de terminis confundentibus* und dessen verschollene Handschrift« usw., *Traditio* 56 (2001), S. 89–112, hier S. 91 f., Nr. 4.

25. PRAHA, Knihovna Metropolitní kapituly, Cod. L. XXXIV (1277), Pap., 137 Bll., 300 x 210 mm, 14. Jh., Bl. 1r–69r, dat. 1360, Erfurt (aber vielleicht erst um 1390 in Prag geschr.)[24]. – Lit.: A. Podlaha, *Soupis rukopisů knihovny Metropolitní kapitoly pražské*, Bd. 2, v Praze 1922, S. 220f.

26. PRAHA, Knihovna Metropolitní kapituly, Cod. M. XXX (1383), Pap., 144 Bll., 228 x 154 mm, 14. Jh., Bl. 1r–144v. – Lit.: Podlaha (s. Nr. 25), S. 286.

27. PRAHA, Národní knihovna České republiky, Cod. IV. G. 4 (736), Pap., 112 Bll., 220 x 150 mm, 14. Jh., Bl. 1r–112r u. 112r–v, dat. 1356 (wohl Prag, Schr.: Przybico). – Lit.: J. Truhlář, *Catalogus codicum manu scriptorum Latinorum qui in C. R. Bibliotheca Publica atque Universitatis Pragensis asservantur*, Bd. 1, Pragae 1905, S. 292 f.

28. ST. BONAVENTURE, New York, St. Bonaventure University, Franciscan Institute, Cod. 12 (vorm. 102), 14. Jh. (Spanien), Bl. 1r–32r (Frgm. von Tr. I–II). – Lit.: Muñoz García 1991, S. 162–165.

29. STUTTGART, Württembergische Landesbibliothek, Cod. HB X 3, Pap., 121 Bll., 285 x 205 mm, 14. Jh., Bl. 4ra–57va, dat. 1374, Straßburg (Schr.: Cůnradus de Hallis). – Lit.: M. S. Buhl, *Die Handschriften der ehemaligen Hofbibliothek Stuttgart*, Bd. 4, Tl. 1, Wiesbaden 1972, S. 62 f.

[24] Es ist unklar, ob sich die Bemerkung »comportata Erfordie Anno D. M°CCC° sexagesimo« auf diese Hs. selbst oder auf ihre Vorlage bezieht. Teile des Codex wurden von Mathias de Plana geschrieben bzw. reportiert; ein Mathias Plan wird am 12.9.1388 in Prag zum Bakkalaureat zugelassen, zumindest diese Teile dürften also Ende des 14. Jh.s in Prag geschrieben worden sein (vgl. auch Michael 1985, Tl. 2, S. 474).

30. TORINO, Biblioteca Nazionale Universitaria, Cod. F. V. 21, Pap., 72 Bll., 15. Jh., Bl. 1r–72v. – Lit.: G. Mazzatinti, *Inventari dei manoscritti delle biblioteche d'Italia*, Bd. 28 (A. Sorbelli), Firenze 1922, S. 96, Nr. 923.

31. TORTOSA, Biblioteca de la Catedral, Cod. 243, Pap., 91 Bll., 220 x 145 mm, 14. Jh., Bl. 1ra–90vb. – Lit.: E. Bayerri Bertomeu, *Los Códices Medievales de la Catedral de Tortosa* usw., Barcelona 1962, S. 397 f.

32. VATICANO, CITTÀ DEL, Biblioteca Apostolica Vaticana, Cod. Barb. lat. 265 (X 83), Pap., 151 Bll., 14. Jh., Bl. 1ra–147va, dat. 1378, Padua. (Auf Bl. 147vb–150vb folgen vielleicht Nachträge.) – Lit.: Maier 1942, S. 205.

33. VATICANO, CITTÀ DEL, Biblioteca Apostolica Vaticana, Cod. Chigi E. VI. 191, Perg., 80 Bll., 15. Jh. (vor 1431), Bl. 1ra–77rb (neu: 79rb). – Lit.: Maier 1942, S. 205.

34. VATICANO, CITTÀ DEL, Biblioteca Apostolica Vaticana, Cod. Vat. lat. 3046, Pap., 118 Bll., 14. Jh. (wohl nach 1378, Florenz, Schr.: Walterus de Machelima), Bl. 3ra–113va (Bl. 113vb–114rb: Nota registrum loyce magistri Alberti de Saxonia). – Lit.: Maier 1942, S. 205.

35. VITERBO, Biblioteca Capitolare, Cod. 47 (vorm. d. 13), Pap., 130 Bll., 15. Jh., Bl. 1ra–130vb. – Lit.: P. O. Kristeller, *Iter Italicum* usw., Bd. 2, London u. Leiden 1967, S. 306.

36. WHALLEY, Lancashire, Stonyhurst College, Cod. A. VI. 27, Pap., 82 Bll., 15. Jh., Bl. 1ra–82vb. – Lit.: P. O. Kristeller, *Iter Italicum* usw., Bd. 4, London u. Leiden 1989, S. 273 f.

37.–41.: 5 Fragmente, Exzerpte o. dgl. bei Muñoz García 1991: ERFURT (2), ROMA, VENEZIA, WIEN.

Zu streichen sind u. a. folgende in der Literatur angeführte Handschriften:

Barcelona, Ripoll 84 (González);
Erfurt, Cod. Ampl. O. 69 (Muñoz García);
Milano, Bibl. Ambros., O 56 sup. (de Rijk u. Bos);
Treviso, Bibl. Comun., Ms 377 (Zanandrea);
Vatikan, Barb. lat. 350 (Kristeller);
Vatikan, Vat. lat. 1419 (Heidingsfelder);

Wigan, usw.: Kristeller, Bd. 4, S. 274a (ohne Werkangabe), vgl. *Bibliographie annuelle du Moyen Âge tardif* 6 (1996), S. 16, Nr. 128 (Sophismata).

3. Verfasser, Titel, Entstehungsort und -zeit des Werks gemäß der Überlieferung

An der Authentizität des Werks besteht nicht und bestand auch nie der geringste Zweifel, aber Belege schaden trotzdem nicht: Es sind 36 Handschriften bekannt, von 34 davon (nämlich außer Nr. 18 u. 22) habe ich hinreichende Informationen (Reproduktion oder zuverlässige Katalogbeschreibung bzw. Sekundärliteratur) zur Zuschreibung (und zwar gemäß dem Expl., wenn nicht anders angegeben), mit folgendem Ergebnis:

Albertus de Saxonia: 13 Belege (Nr. 5, 7 nach Korrektur, 10, 15, 16, 19, 21, 27, 28 im Inc., 30, 32, 33, 34), einige davon mit Zusätzen: clericus (Nr. 7), qui fuit regens Parisius (Nr. 15), episcopus (Nr. 16 im Inc.), Halberstadensis episcopus (Nr. 30), doctor Parisiensis (Nr. 34). Vgl. auch Nr. 1, 6, 9, 25. Ferner hat Nr. 32 Binnen-Zuschreibungen (Tractatus de locis magistri Alberti de Sansonia; Insolubilia magistri Alberti de Saxonia episcopi Alberstadensis), Nr. 34 im Anschluß an die Abschrift ein »Registrum logicae magistri Alberti de Saxonia«.
Albertus: 9 Belege (Nr. 3, 4, 8, 13 im Inc., 17, 20, 23 im Inc., 26, 29), Nr. 23 mit (falschem) Zusatz »de ordine Praedicatorum«, Nr. 29 mit Zusatz »Parisiensis« in der anschließenden Nota. – Ferner:
Albertus Novellus de Saxonia (Nr. 1);
Albertus Magnus (Nr. 7 vor Korrektur);
Albertus dictus de Richmerstorp de Saxonia (Nr. 9);
Albertus de Ricmerstorp (Nr. 11);
Albertutius (Nr. 14, aber unsicher, ob so in der Hs.);
Albertus Saxo (Nr. 25);
Albertus de Anglia (Nr. 35);
Albertus Theotonicus (Nr. 36).
Anonym sind 5 Hss. (Nr. 2, 6, 12, 24, 31), Nr. 6 hat aber in einem zeitgenössischen Besitzervermerk die Zuschreibung »Albertus de Saxonia«.

Der in der Überlieferung am besten belegte Titel des Werks ist schlicht »Logica«: 17 Belege (Nr. 5, 8, 9, 10, 11, 15, 16, 17, 19, 23 im Inc., 25, 28 im Inc., 29, 32, 33, 34, 35). Vgl. auch Nr. 6. – Mit Zusätzen:
Logica Novella (Nr. 1), Logica Nova (Nr. 3), Nova Logica (Nr. 4, 26, 27). – Ferner:
Opus supra fundamentalem logicam (Nr. 7);
Liber (Nr. 13 im Inc., 20);
Tractatus logicae (Nr. 14, aber unsicher, ob so in der Hs.);
Tractatus (Sg.) (Nr. 21);
Tractatus logicalis (Nr. 24);
Compendium logicale (Nr. 36).
Ohne Titel sind 4 Hss. (Nr. 2, 6, 12, 31), Nr. 6 hat aber in einem zeitgenössischen Besitzervermerk den Titel »Logica«.
Der in der Sekundärliteratur gebräuchliche Titel »Perutilis logica« stammt vom Herausgeber des Frühdrucks Venedig 1522, Pietro Aurelio Sanudo OESA.

Verweise in der zeitgenössischen und nachfolgenden Fachliteratur, alte Bibliothekskataloge u. dgl. übergehe ich hier und führe nur noch zwei indirekte Belege für Zuschreibung und Titel an, nämlich erstens die Anfänge und Schlüsse der *Quaestiones circa Logicam* Alberts[25] und zweitens die Aussage eines Zeitgenossen, der im Frühjahr 1364 in Prag Albert persönlich begegnet ist: »Ille egregius magister Albertus de Saxonia, qui fecit Parisius logicam, quae dicitur Logica Alberti«.[26]

Dieses Zitat belegt auch, daß das Werk in Paris entstanden ist, was ohnehin schon aus biographischen Gründen zu erwarten war. Weitere Belege dafür sind die Hss. Nr. 3 (Parisius collecta) und 29 (Nota am Schluß: dedit ad pennam Parisius) sowie das Inc. der *Quaestiones* in der Prager Hs. v. J. 1366 (Circa Logicam Alberti, quam Parisius noviter composuit, primo quaeritur).

[25] Vgl. Albert of Saxony 2002, S. 57, App., u. S. 329f., App.; H. Berger, »Der Codex Wien, ÖNB, Cod. 5461« usw., in: *Codices Manuscripti* 50/51 (2005), S. 17–33, hier S. 17b, Nr. I (vgl. auch S. 20b, Nr. III).

[26] Sanderus de Meppen bei Berger 1998, S. 49.

Damit ist auch die Entstehungszeit 1351–1362 (Alberts Karriere als Pariser Magister artium) gegeben, die man für die erste Auflage (Familia Sine, s. u.) gemäß Datierung von Nr. 27 auf vor 1356 eingrenzen kann; die zweite Auflage (Familia Cum, s. u.) ist gemäß Schlußbemerkung von Nr. 29 auf das Jahr 1360 zu datieren (jedenfalls lag sie spätestens in diesem Jahr vor).

Es gibt in der *Logica* sieben Verweise auf *Quaestiones* (Cap. I.4, I.5 (zwei), I.12, II.7, II.10, III.3),[27] aber keinen auf die *Sophismata*, abgesehen vom Ende von Cap. III.10 in vier Hss. der Familia Cum (BSUW *ex* ABELMOPSUWX, allerdings nur implizit). Die *Quaestiones circa Logicam* dürften parallel zur *Logica*, 1. Aufl., Tr. I–III, entstanden sein, die *Sophismata* offenbar nach der ersten und vor der zweiten Auflage der *Logica*; in den *Sophismata* gibt es zwei Verweise auf Tr. II der *Logica* (Druck Paris 1502, Lage l, Bl. 2va u. 4rb, explizit) und einen auf Tr. VI/1 (Lage h, Bl. 1va, implizit; vermutlich ist dort »radicem« statt »maximam« zu lesen).[28] Zum Verhältnis von *Logica*, *Quaestiones* und *Sophismata* siehe auch unten die Beschreibung der Hs. S.

[27] Diese Verweise sind leider keineswegs eindeutig: Nr. 1, 2 und 6 können sich gleichermaßen auf die *Quaestiones circa Logicam* und auf die *in Artem veterem* beziehen, Nr. 3 bezieht sich eindeutig auf die QCL, Nr. 4 eindeutig auf die QAV, Nr. 5 ist schon von der Überlieferung her unsicher (nur einer oder zwei von elf Textzeugen) und könnte auch nur ein interner Verweis sein, Nr. 7 ist offenbar ein Fehlverweis auf die QCL statt auf die *Sophismata*. Vermutlich erklären sich diese Unsicherheiten daraus, daß die betreffenden Werke noch nicht vorlagen bzw. noch nicht fertig waren. Z. B. scheint Albert eine Quaestio »Utrum iste terminus *ens* sit terminus aequivocus vel non« (Verweis Nr. 4) für die QCL geplant, aber dann doch nicht ausgeführt zu haben, und die vielleicht für die QCL, qu. 22, art. 2, geplante Erörterung der verschiedenen Sinne des Universalzeichens im Plural in die *Sophismata*, Tl. I, Nr. 4, »quantum ad primum«, verlegt zu haben.

[28] Vgl. auch M. J. Fitzgerald in Albert of Saxony 2002, S. 37–40.

4. Bemerkungen zur Überlieferung

Es sind gegenwärtig 36 Handschriften bekannt, von denen 26 noch aus dem 14. Jahrhundert stammen und zehn aus dem 15. Jahrhundert. Es ist durchaus möglich, daß noch weitere Textzeugen identifiziert werden.

Von den 36 Handschriften befinden sich heute mit weitem Abstand die meisten in Italien (17), je vier in Deutschland und Spanien, je drei in Frankreich, Tschechien und USA sowie zwei in Großbritannien. Die wirkliche Herkunft der Handschriften ist ja oft nicht bekannt, aber die meisten italienischen Handschriften dürften auch in Italien entstanden sein, nur z. B. die Mailänder Handschrift v. J. 1408 könnte aus Österreich stammen; ferner kommen zwei der amerikanischen und die zwei britischen Handschriften aus Italien. Auch der Frühdruck wurde in Italien hergestellt. – Daß in Frankreich bzw. Paris heute nur mehr wenige Handschriften vorhanden sind (Nr. 20–22), dürfte sich u. a. auch durch frühe »Exporte« nach ganz Europa erklären, wo sie dann kopiert wurden, so z. B. schon 1356 in Prag (Nr. 27), 1360 in Erfurt (Nr. 25); die Pommersfeldener Handschrift (Nr. 24), vormals im Besitz des Amplonius Rattinck, ist wahrscheinlich französischer Herkunft, und zwar gemäß Papierbefund möglicherweise noch aus den 1350er Jahren. In Österreich bzw. Wien ist heute keine Handschrift mehr vorhanden,[29] aber die Mailänder Handschrift könnte österreichischen Ursprungs sein (s. o.) und die *Mittelalterlichen Bibliothekskataloge Österreichs* belegen das Werk ebenfalls mehrfach. In der sonst so reichen Krakauer Überlieferung von Werken der Pariser Philosophie im allgemeinen und Alberts im besonderen (z. B. sechs Handschriften seiner Quästionen zu *De caelo*) ist die *Logica* nicht enthalten; auch in anderen großen und bedeutenden Sammlungen wie in München (BSB) und Berlin (SB-PK) finden sich heute keine Handschriften der *Logica Alberti*.

[29] Im Cod. 4698 der ÖNB Wien, z. T. dat. 1370/73, Prag, findet sich ein anonymes Fragment (Bl. 155v–161r u. 161v–164r, Cap. II.10 u. 11), vgl. Muñoz García 1991, S. 171 f.

Die gesamte Überlieferung läßt sich zunächst in zwei Familien unterteilen, nämlich solche Handschriften, die den Teiltraktat »De consequentiis dialecticis« (Cap. IV.18–26) enthalten (Familia Cum), und solche, die diesen nicht enthalten (Familia Sine). Nach meinem derzeitigen Kenntnisstand ist die Verteilung folgende:

Familia Cum: BFLMSUW. – Von V (Nr. 33: BAV, Chigi E. VI. 191) habe ich nur eine Reproduktion der letzten Seite (Bl. 77ra–b), wonach diese Abschrift mit den dialektischen Folgerungen endet.[30] – Auch der Frühdruck X gehört zu dieser Familie.
Familia Sine: AEOP. – A hat diesen Teiltraktat als Nachtrag am Ende des Codex (vgl. auch Anm. 30 zu Hss. Nr. 9 u. 33). – An dieser Familie fällt auf, daß ihr die ältesten Textzeugen angehören: P hat die früheste Datierung überhaupt (1356), A gemäß Schriftbefund und O gemäß Papierbefund dürften ebenfalls noch den 1350er Jahren entstammen; E läßt sich vorerst nur auf vor 1376 datieren.

Am Beginn von Tr. IV ist im Vorausblick (primo, secundo, tertio) in allen mir bekannten Textzeugen nur von einfachen und syllogistischen Folgerungen die Rede (A33ra, B32ra, E39r, L34vb, M35rb, O33va, P56v, S24vb, U60ra, W54va, X23vb), also auch in den Textzeugen der Familia Cum (BLMSUWX), wo ein »quarto« zu erwarten gewesen wäre. Im Proömium zum ganzen Werk (Cap. I.0) haben nur E (!), F, L, U, W und X einen Hinweis auf die dialektischen Folgerungen (»Quarto … et de consequentiis dialecticis«), nicht aber BMS und erwartungsgemäß die Familia Sine (AOP, außer eben E). Auch die Nota nach dem Expl. von S57va erwähnt die dialektischen Folgerungen nicht, obwohl es dort heißt, daß das Werk die gesamte Logik außer den *Ersten* (!) und den *Zweiten Analytiken* umfasse, und S zur Familia Cum gehört.

[30] Ob der Topik-Traktat ein Nachtrag (wie in A) am Ende der Abschrift ist oder ob diese überhaupt mit Tr. IV endet, müßte erst überprüft werden. Die Anzahl von 77 Bll. spricht m. E. eher für das erstere; vgl. auch Hs. Nr. 9.

In diesem Proömium mit der Inhaltsübersicht haben ferner ABLMOS »Sexto (M: Quinto!) de obligationibus et insolubilibus«, de facto aber die umgekehrte Reihenfolge, E hat »Sexto de insolubilibus et obligationibus«, de facto aber wiederum die umgekehrte Reihenfolge (als einziger mir bekannter Textzeuge), P hat im Proömium überhaupt nur »Sexto de insolubilibus«, de facto aber auch wie ABFLMOSUWX die Obligationen im Anschluß an die Insolubilien, nur FUWX haben »Sexto de insolubilibus et obligationibus« und auch de facto diese Reihenfolge.[31]

Der Satz in Cap. I.2 betreffend die Franzosen und Deutschen (S. 8, Z. 16–18) kommt vor in BCEFLMPSVX, nicht aber in AO. N hat hier »apud Gallicos et Valentinos« (Bl. 2r–v), U »apud Graecos et Alamannos« (Bl. 1va), W »apud Gallicos et apud Latinos« (Bl. 3va).

In Cap. IV.20 überliefern alle mir bekannten Textzeugen (A93vb, B44va, L42vb, M50ra, S34rb, U93vb, W77vb, X34va) den weiblichen Eigennamen »Berta« – vielleicht ist das der sonst unbekannte Name der Mutter Alberts (vgl. Berger 2004, S. 81b).

[31] Von C (Nr. 4) kenne ich nur die Bll. 1r, 5v, 37v, 41r, 69r aus dem Internet (Digital Scriptorium Database). Danach hat C im Proömium »Sexto de insolubilibus et obligationibus« (Bl. 1ra) und endet auch mit den Obligationen (Bl. 69ra). – Von N (Nr. 20) habe ich nur eine Reproduktion des ersten Traktats (Bl. 1r–38v), dort heißt es im Proömium »Sexto de obligationibus et de insolubilibus«, nach Seňkos Mitteilung des Expl. (S. 104) endet die Abschrift aber mit den Obligationen. – Der Frühdruck der *Sophismata*, Paris 1502 (Nachdr. Hildesheim u. New York 1975 = Y), hat im Anschluß an diese ebenfalls die Insolubilien (Lage m, Bl. 5ra, bis Lage n, Bl. 4ra) vor den Obligationen (Lage n, Bl. 4rb, bis Lage o, Bl. 6ra).

5. Weitere Beobachtungen zur Überlieferung

Obwohl meine Basishandschrift A (Nr. 21) leider nicht datiert ist (und auf Pergament geschrieben ist, so daß auch Wasserzeichen als Datierungshilfe wegfallen), halte ich sie für einen der ältesten Textzeugen, der nahe am Archetyp zu sein scheint, und zwar aus folgenden Gründen:

A gehört zur Familia Sine, repräsentiert also die »erste Auflage« (vor 1356, gemäß Datierung von P), während die Familia Cum die »zweite Auflage« (von oder vor 1360, gemäß Schlußschrift von S) überliefert. Die Kodikologen datieren A auf die Mitte des 14. Jahrhunderts, so daß die Handschrift durchaus noch in die Zeit der Pariser Lehrtätigkeit Alberts (1351–1362) fallen könnte; der unmittelbar anschließende Text, »Expositio libri de consequentiis correcta per Magistrum Albertum de Saxonia pariter atque lecta« (Bl. 59vb–78rb), stützt diese Annahme zusätzlich.

In Cap. IV.14, Regel 6 (s. auch hier weiter unten), hat einzig A43ra von allen mir bekannten Textzeugen (ABELMOPSUWX) einen Verweis auf den Nachtrag am Ende des Kapitels: »Et de omnibus in fine capituli« – leider ist gerade diese Stelle etwas beeinträchtigt, so daß die Lesung »de omnibus« nicht ganz sicher ist, der Rest hingegen schon. Dieser Verweis macht den Eindruck, als ob der Schreiber von A ihn vom Rand seiner Vorlage in den Text übernommen hätte. Und eine solche Randbemerkung könnte ursprünglich durchaus vom Verfasser selbst gesetzt worden sein, dem während der Arbeit am Kapitel noch ein Addendum einfiel (oder aus der Literatur bekannt wurde), das er vielleicht sogar in den Text integriert haben wollte, was dann aber in den Abschriften (ABEUW) de facto nicht geschehen ist (vgl. auch den Schlußsatz des Kapitels IV.14). Gewißheit hierüber ist natürlich nicht zu erlangen, aber auch dieser Punkt macht es m. E. plausibel, daß A noch nahe am Ursprung des Werks steht.

Ferner ist A oft knapper als die übrigen Textzeugen, so daß man den Eindruck gewinnt, daß das Werk im Laufe der Zeit, auch schon vor der »zweiten Auflage« mit dem neuen Teiltrak-

tat über die dialektischen Folgerungen (Cap. IV.18–26), expliziter ausformuliert und mit mehr Beispielen versehen wurde. Hier einige Belege dafür:

Gegen Ende von Cap. I.14 lautet die Erwiderung auf einen Einwand in A8ra:

Concedo terminis supponentibus utrobique personaliter, modo sic non est hic in istis. Unde in prima subiectum supponit materialiter vel simpliciter et in secunda personaliter.

Alle anderen mir bekannten Textzeugen, auch der Familia Sine (EOP), haben die weit ausführlichere Antwort (hier nach L21ra, ähnlich B8vb, E10r–v, M9va, N21v, O14va–b, P13v, S8va, U14rb, W16ra, X7ra):

Concedo terminis supponentibus uniformiter in utraque, sed sic non est hic. Unde in prima subiectum contrahitur ad supponendum materialiter vel simpliciter per hoc praedicatum *species*, sed in ista »Nullus homo est species« hoc signum *nullus* prohibet, ne hic terminus *homo* contrahatur praedicto modo ad huiusmodi suppositionem. Sed quando non contrahitur per aliquid ad suppositionem materialem vel simplicem, tunc ex modo suae impositionis tenetur personaliter ex eo, quod principaliter impositus est ad significandum illa, pro quibus potest supponere personaliter.

Am Ende von Cap. III.10 hat A32va nur das eine Beispiel »Sortes incipit esse albus …«, dann »et sic de similibus«, alle anderen Textzeugen haben noch zwei weitere Beispiele (Sortes incipit esse albus …, incipit esse homo …, incipit esse in isto tempore …: B31rb, E38r, L34va, M34rb, O32vb, P55v, S24va, U58vb, W53rb–va, X23rb). Den anschließenden Verweis auf einschlägige Sophismen haben nur BSUW aus der Familia Cum.

Das Cap. VI.3 (und damit der Insolubilien-Traktat VI/1) endet in A53vb mit »sicut apparet ex praedictis«, alle anderen Textzeugen fügen noch ein weiteres Insolubile an, »Posito, quod Sortes sit talis condicionis« (»talis intentionis« in W): B57vb, E87r, L52va–b, M71rb, O55va–b, P101v, S48rb, U129ra–b, W102ra, X46va. Vgl. auch den Frühdruck der *Sophismata* (mit den In-

solubilien und Obligationen), Paris 1502, Nachdr. Hildesheim u. New York 1975, Lage n, Bl. 3vb–4ra.

Generell hat A bei Konklusionen von Argumenten, bei Aufzählungen u.dgl. weit häufiger als andere Textzeugen »etc.« statt der *lectio plena*.

In Cap. II.6 haben die elfte und letzte Regel in der langen Version bis »impedit« (S. 314, Z. 24) nur A17vb–18rb, B18ra–b, O22va, W30rb–va; hingegen haben E20v, M19va, S14va–b, X13rb nur den ersten Teil bis S. 310, Z. 20 »sibi praeponuntur«, U30vb hat offenbar aufgrund eines Homöoteleutons überhaupt nur S. 310, Z. 1–11 (die Vorlage dürfte aber die lange Version gehabt haben). L26vb und P29v haben diese Regel gar nicht, P112r–v trägt sie (in der langen Version) aber am Ende der ganzen Abschrift nach, mit entsprechendem Verweis am unteren Rand von Bl. 29v (»Hic est defectus in una regula ...«).

In Cap. IV.14, Regel 6, hat nur A einen Verweis auf das Ende des Kapitels (Bl. 43ra: »... conclusio est falsa. Et de? omnibus? in fine capituli«), den Zusatz zur Regel 10 samt Nachtrag zur Regel 6 haben nur A43ra–b, B41ra–b, E53v, U84va–85ra, W72ra–b, nicht aber LMOPSX.

In Cap. IV.15, Regel 1, haben die zweite Hälfte S. 806, Z. 15 – S. 808, Z. 19 ebenfalls nur A43va, B41rb, E54r, U85rb–va, W72va–b, nicht aber LMOPSX. – Hier scheint also ein Überlieferungszusammenhang zu bestehen, der von der Unterscheidung in Familia Cum vs. Sine unabhängig ist.

Ein eigentümlicher Problemfall ist eine unscheinbare Partie in Cap. V.4, S. 1036, Z. 14–S. 1038, Z. 5): Entweder entzieht sich diese Stelle hartnäckig meinem Verständnis oder es liegt hier der frappierende Fall vor, daß keiner der konsultierten Textzeugen ABELOPSUWX (in M fehlt diese Partie, da die Bll. 60–61 fehlen) richtig liegt, obwohl diese voneinander unabhängig sind; die Stelle muß also schon ganz früh in der Vervielfältigung verderbt worden sein. Es geht hier um Term- vs. Satzverknüpfung, so daß ein Satz der Form »A und B sind C« zwei Bedeutungen hat (und dementsprechend verschiedene Wahrheitswerte haben kann),

nämlich »(A und B) sind C« (in der scholastischen Fachsprache: categorica de copulato extremo, in sensu composito) oder »(A ist C) und (B ist C)« (hypothetica, sc. copulativa, in sensu diviso). Demgemäß muß die Stelle m. E. folgendermaßen lauten:

Si ista »A et B sunt aequalia« capitur tamquam copulativa, tunc haec est falsa »A et B sunt aequalia et A non est aequale B«, si autem accipitur in sensu composito, ita quod haec (1) »A et B sunt aequalia (2)« capiatur sic, quod sit de extremo copulato et non copulativa (3), praedicta propositio est concedenda. Ad secundum »A et B sunt homines (4)«, si capitur tamquam copulativa et non (5) de extremo copulato (6), ipsa est falsa, et tunc dicitur capi in sensu diviso. Si vero capitur tamquam categorica (7) de copulato extremo, ipsa dicitur capi in sensu composito et est vera. Ad tertium conceditur, quod »Sortes et Plato etc.«, si est de copulato extremo, est vera (8), si autem est copulativa (9), negatur. Primo modo dicitur composita, secundo modo dicitur divisa.

Bei (1) fügen die Textzeugen hinzu »tota copulativa« (B51va, O48va, P87v, S40ra, U112va, X40vb; A48rb hat hier eine Auslassung durch Zeilensprung, E62v und W90vb haben die Stelle knapper formuliert, L48ra läßt »tota« weg), bei (2) fügen sie an »et A non est aequale B« (BLOPSUX). Statt (3) haben sie: »de extremo copulativo« (AOPUW) bzw. »de extremitate copulativa« (B) bzw. »de extremo copulato« (L) bzw. »de extremo copulativa« (S) bzw. »de extremo copulative (-vae)« (X). Bei (4) fügen bis auf E alle Textzeugen noch den Satz an: »et (tamen BSU om. ALOPWX) (neutrum ASUW nullum B neuter LOPX) (illorum B om. AU eorum LOPWX istorum S) est homo« (ABLOPSUWX). Bei (5) hat einzig S das erforderliche »et non«. Bei (6) haben nur LOS »de extremo copulato«, ABPU haben »de extremo copulativo«, W hat »de extremo composito«, EX lassen (5) und (6) weg. Statt (7) haben ABLOPSUW »copulativa« (L vielleicht »tota«), EX lassen (7) wiederum weg. (8) haben nur AW. Statt (9) findet sich: »de copulativo subiecto« (ABLOPSU) bzw. »de subiecto copulato« (W) bzw. »de subiecto copulative (-vae)« (X), E hat »de subiecto« und tilgt das folgende Wort. – E hat hier eindeutig den besten Text, und man hat den Eindruck, daß der Schreiber die

Stelle durch Auslassungen retten wollte (diese Partie ist nämlich in E am kürzesten); bei (9) hat er dann offenbar resigniert.

Auch schon in Cap. I.2, »Tertio dubitatur« (Zeichen im aktualen vs. dispositionalen Sinn), scheint die mir bekannte Überlieferung (ABELMNOPSUWX) einhellig falsch zu sein: Alle diese Textzeugen haben »Consequentia tenet ... Antecedens probatur« (wie es oft und oft in scholastischen Texten vorkommt), aber der Textzusammenhang erfordert offenbar »Oppositum probatur«; anscheinend hat hier die Macht der Gewohnheit bewirkt, daß zwölf (!) unabhängige Textzeugen die gleiche falsche Lesart haben. Auch die Ergänzung von bzw. zu »non semper« an vier Stellen dieser Partie war m. E. in Abweichung von der genannten Überlieferung angezeigt.

6. *Beschreibungen einzelner Handschriften*

A = Nr. 21 = Paris, BNF, FL 14715, Bl. 1ra–59vb u. 91ra–99ra: Familia Sine, vgl. Bl. 44va: Tr. IV endet mit Cap. 17, »uniformis et difformis ad praesens sufficiat«. Am Rand aber ein späterer Verweis auf den Nachtrag am Ende des Codex.

Geographische Beispiele: Das in Cap. I.2 fehlt (vgl. Bl. 1rb); Parisius, in Anglia (Bl. 5ra); Parisius, in Magna Roma, in Anglia (Bl. 11rb). – Auf Bl. 10ra hat A das in der Überlieferung variable Beispiel »in vico vel in scholis« (Cap. I.18), was auch für den Pariser Ursprung der Hs. sprechen könnte (vicus straminis, rue du Fouarre, »Strohstraße«: dort befanden sich Unterrichtsgebäude der Pariser Universität). Unter den Vorbesitzern des Codex war auch die Pariser Abtei von Saint-Victor.

Die Handschriften, an die der datierte letzte Teil angebunden ist, werden von den Kodikologen auf die Mitte des 14. Jahrhunderts datiert (C. Samaran u. R. Marichal, *Catalogue des manuscrits en écriture latine* usw., Bd. 3, Paris 1974, S. 379 u. 738); der zweite Text (s. u.) spricht auch dafür, daß diese Handschriften noch der Zeit der Pariser Lehrtätigkeit Alberts (1351–1362) entstammen könnten.

Zwischen der *Logica Alberti* und dem späteren Nachtrag des

Topik-Teils (Cap. IV.18–26) stehen vier weitere logische bzw. philosophische Texte, nämlich Bl. 59vb–78rb eine »Expositio libri de consequentiis correcta per Magistrum Albertum de Saxonia pariter atque lecta«, welches Expl. schon öfters fälschlich als Werkzuschreibung aufgefaßt wurde,[32] Bl. 79ra–82rb Richardus Billingham, *De sensu composito et diviso*,[33] Bl. 82va–86rb Guillelmus de Ockham, *Tractatus de praedestinatione*,[34] und Bl. 86va–90vb Johannes (recte Rogerius) Swyneshed, *Obligationes*.[35] Der Nachtrag des Topik-Teils wurde i. J. 1374 (nicht 1378 lt. Duhem u. a., nicht 1379 lt. Seńko, nicht 1394 lt. Samaran u. Marichal) von Johannes de Cergiaco, clericus Suessionensis dyocesis (Soissons), geschrieben. Sofern der Codex aus Paris stammt, wie ich annehme, ist er auch ein wichtiges Dokument der dortigen Rezeption englischer Philosophie, die sich gerade bei Albert besonders deutlich zeigt. – Seńkos Beschreibung ist gegenüber L. Delisle, *Inventaire des manuscrits de l'abbaye de Saint-Victor* usw., Paris 1869, S. 42f., und der Einleitung zu Ockham, OPh II, S. 25*, Nr. 3, unvollständig.

[32] Vgl. A. Muñoz García, »Un ps. Alberto de Sajonia Franciscano?«, in: A. Cacciotti u. B. Faes de Mottoni (Hgg.), *Editori di Quaracchi 100 anni dopo. Bilancio e prospettive. Atti* usw., Roma 1997 (= Medioevo 3), S. 227–238, bes. S. 230. Vgl. dagegen Berger 2000, Sp. 54, Nr. III: Albert hat nur einen *fremden* Text korrigiert und vorgetragen; vielleicht ist diese Hs. sogar eine Vorlesungsmitschrift – dann wäre sie auf 1351–1362 zu datieren.

[33] Edition bei A. Maierù, »Lo *Speculum puerorum sive Terminus est in quem* di Riccardo Billingham«, in: *Studi Medievali* 10/3 (1969), S. 297–397, hier S. 387–393. Vgl. auch L. M. de Rijk, »Richard Billingham's Works on Logic«, in: *Vivarium* 14 (1976), S. 121–138, hier S. 125, Nr. 2.

[34] Edition in: Guillelmi de Ockham Opera philosophica, Bd. 2, St. Bonaventure, N. Y., 1978, S. 505–539.

[35] Siehe P. V. Spade, »Roger Swyneshed's *Obligationes*: Edition and Comments«, in: *Archives d'Histoire Doctrinale et Littéraire du Moyen Age*, 52. Jg. 1977, S. 243–285. Die Datierung »c. 1378« (ebd., S. 247, nach Weisheipl; vgl. auch zu Billingham bei Maierù, S. 301, Anm. 27, »1 marzo 1378«, nach Duhem; de Rijk, S. 125, Nr. 2, »dated March 1, 1378«, nach Maierù) stützt sich offenbar auf Bl. 99ra (»prima die marcii anno 1374°«, Lesung eindeutig!); dieser letzte Teil ist aber sicher später als die vorangehenden.

Einige Partien sind physisch beeinträchtigt, und zwar offenbar durch Abdruck einer Seite auf die andere: Bl. 35r–v u. bes. 45r–46v.

B = Nr. 03 = Bergamo, BC, MA 541, Bl. 1ra–63va:
Familia Cum, vgl. Bl. 42va–47vb.

Geographische Beispiele: apud Gallicos et Almannos (Bl. 1rb); Parisius, Romae (Bl. 5rb); Parisius, Romae (Bl. 12ra).

Über dem Incipit steht am oberen Rand von Bl. 1r »Incipit prologus logicae magistri Alberti de Sansonia«, am unteren Rand steht »primus« und »Magister Bartholomaeus de Venetia conduxit die xiii octobris M°ccccvi°«.

Diese Abschrift scheint alles zu haben, was sonst in der Überlieferung oft fehlt. – Einige wenige Randnotizen, z. B. Bl. 15v u. 31va.

Auf Bl. 63vb–64rb steht ein Text »Vita per alfon consistit ipso deficiente ipsa deficit ... quia duplex est, quaedam feminina et quaedam masculina. Divisio tamen est« (bricht ab). Der Rest des Codex ist mir nicht bekannt.

E = Nr. 07 = Erfurt, UB, Dep. Erf., CA Q 242, Bl. 1r–87r:
Familia Sine, vgl. Bl. 56r: Tr. IV endet mit Cap. 17, »uniformis et difformis generationis ad praesens dicta sufficiunt. Incipiunt fallaciae«.

Geographische Beispiele: apud Gallicos et Alemannos (Bl. 1v); Parisius, Romae vel Coloniae (Bl. 6v); Coloniae, Parisius, in Roma seu Saxonia (Bl. 14r). – Die Handschrift könnte also in Köln entstanden sein, wo übrigens schon 1360 Alberts Quästionen zur *Physik* kopiert wurden (Erfurt, UB, Dep. Erf., CA F 345, vgl. Schum, S. 241f.).

Diese Abschrift enthält zwei werkfremde Texte: Zwischen Cap. II.10 u. II.11 steht auf Bl. 24r–25r ein kleiner Traktat über Suppositionen: »Incipiunt suppositiones Ockam. Suppositio est terminus stans pro se vel pro suo simili vel dissimili in scripto vel in voce vel in conceptu etc. Suppositio autem dividitur in suppositionem personalem, simplicem et materialem ... Sexta regula: Relativum accidentis non supponit pro eodem, pro quo

supponit suum antecedens, sed pro aliquo sibi simili vel aequali. Exemplum: Sortes est albus et talis est Plato, Sortes est bicubitus et tantus est Plato, duo currunt et tot disputant etc.«. Vgl. Ockham, *Summa logicae*, I.76, und die Einleitung der Herausgeber von OPh I, S. 32*, Nr. a. – In Cap. III.7 steht zwischen dem Regel-Teil und dem Sophismen-Teil auf einmal »Explicit tractatus de propositionibus. Incipiunt Sophismata Alberti« (Bl. 33r, Z. 2–1 v. u.), dann folgt auf Bl. 33v, Z. 1–8: »Quaeritur de sophismatibus, et primo, quid sit abstractio: Abstractio est [est etc.] dubitabilium propositionum collectio. Quid est sophisma … Quid est probatio … Quid est improbatio … Quid est solutio … Quot modis possumus respondere ad sophisma … tertio modo, quod est distinguendum etc.«. Jene Definition der *abstractio* zitiert P. Streveler im Art. »Richard the Sophister«, in: *The Stanford Encyclopedia of Philosophy*, WWW 1999, note 1, der Text ist aber sicher kein Bestandteil der *Logica* Alberts, er kommt auch sonst in keinem mir bekannten Textzeugen vor.

Auf Bl. 17r ist der Beginn von Tr. II überschrieben »Incipiunt suppositiones Alberti«. Auf Bl. 19v, am Ende von Cap. II.5, steht »Růstert« (Schreibername?), vgl. L48va (s. u.); es besteht aber kein ersichtlicher Zusammenhang zwischen E und L.

In E fehlt die Manlevelt-Diskussion am Ende von Cap. II.3, vgl. Bl. 18r; ebenso z. B. der ganze Sophismen-Teil in Cap. III.8, vgl. Bl. 36v. – Zwischen Bl. 80 u. 81 fehlt (mindestens) ein Blatt, es fehlt der Text Cap. VI.1, S. 1104, Z. 7, bis Cap. VI.2, S. 1126, Z. 18, darunter Alberts Auseinandersetzung mit der Lügner-Antinomie.

Von Bl. 67 ist die untere Hälfte abgeschnitten; dort (nach dem Ende von Tr. V) scheinen wichtige Angaben zur Entstehung des Codex gestanden zu sein, jetzt ist nur noch auf Bl. 67v oben die durchgestrichene Besitzernotiz »Iste liber est Johannis de Weze ordinis beatae dei genetricis« erhalten, darunter 7 Zeilen eines »Frater Hermannus humilis prior provincialis et servus fratrum ordinis beatae Mariae de Monte Carmeli per Alemanniam inferiorem«, dat. 2. Februar 1376.

In E steht der Obligationen-Traktat (Bl. 68r–80v) vor dem Insolubilien-Traktat (Bl. 80v–87r), wofür mir kein weiteres Bei-

spiel bekannt ist. Außerdem wurde die Abschrift offenbar zunächst mit Tr. V beendet, s. o. zu Bl. 67.

L = Nr. 11 = Leipzig, UB, 1367, Bl. 16rb–56va:
Familia Cum, vgl. Bl. 41va–45ra.

Geographische Beispiele: apud Gallicos et Almanos (Bl. 16va); Parisius, in Anglia (Bl. 19ra); Parisius, in Anglia, in Roma (Bl. 23ra).

Am oberen Rand von Bl. 1r steht »Logica Alberti de Richmestorffo Mer⟨seburgen⟩sis dyocesis. Ave Maria … Istum librum dedit doctor Leonhardus Meseberg pro liberaria Collegii Principis 1493« (vgl. Mackert, S. 111f. u. Anm. 49).

Der *Logica* vorangehen: Bl. 1ra–va vier kleine anonyme Texte zur Logik: Incipiunt definitiones logicae. Unde logica est via clara verum a falso discernens … Logica est scientia de secundis intentionibus adiunctis primis (16 Z.). – Notandae sunt regulae bonae etc. Quibus posset cognoscere ⟨!⟩ subiectum cuiuslibet propositionis … Tunc totum aggregatum est subiectum, ut »Omnis homo praeter Sortem currit« (17 Z.). – Nunc notandae sunt aliquae regulae. Aliquae regulae de suppositione terminorum … Vel cum alio verbo secundae intentionis, tunc supponit simpliciter vel materialiter, sicut »Homo ⟨est⟩ praedicatum« (44 Z.). – Cum animadverterem, quam plures ob ignorantiam suppositionum terminorum … Isto modo supponit »Omnis homo praeter Sortem currit«, »Nullus homo praeter Sortem currit«. Sic enim breviloquium de suppositionibus brevissime est determinatum et ad finem deductum (84 Z.). – Ob diese Texte etwas mit Albert zu tun haben, ist unsicher; eine der Definitionen im ersten Text lautet »Secundum Albertum logica est scientia, quae liberat hominem a phantasiis, quae videntur esse et non sunt …« (Albertus Magnus?). Den ganzen Rest des Codex füllen jedenfalls zwei logische Werke Alberts von Sachsen.

Auf Bl. 1va–16ra stehen Alberts *Quaestiones circa Logicam*, geschrieben i. J. 1379 von Johannes de Gronowe OP (Bl. 16ra, Expl.) in Prag (Bl. 56vb: Tabula der *Quaestiones* auf Bl. 1va–16ra, darüber steht »Anno domini 1379° vere sic erat«, darunter »Scriptum Pragae apud sanctum Clementem«).

Die Schlußschrift zur *Logica* auf Bl. 56va nennt Halberstadt und das Jahr 1381 sowie das Priorat eines Hermannus de Duderstad.

Ab Bl. 43vb auffälliger Wechsel des Schriftbilds, ab Bl. 46rb fallweise deutlich blässere Tinte, ab Bl. 54v erhebliche Auslassungen, offenbar deshalb, weil der vorgegebene Rahmen mit der schon 1379 in Prag beschriebenen Sp. 56vb als Grenze nicht ausreichte. Auf Bl. 48va, am Ende von Cap. V.5, steht »Rustert sequitur Hermanne« (Schreibername?), vgl. E19v (s. o.).

Die naheliegende Annahme, daß die Fertigstellung der in Prag begonnenen Abschrift in Halberstadt 1381 mit Alberts Episkopat (1366–1390) im Zusammenhang steht (vgl. Berger 2004, S. 88b–89a), scheint doch nicht haltbar zu sein, vielmehr dürfte dies zufällig über Kanäle des Dominikanerordens erfolgt sein (vgl. Mackert, S. 117). Das erklärte auch, warum Alberts Bischofswürde in der Schlußschrift auf Bl. 56va nicht genannt wird, was schon A. Birkenmajer überraschend fand. Immerhin muß auch in Halberstadt um 1380 eine Vorlage vorhanden gewesen sein, und offenbar wurde das Werk auch an Ordensschulen verwendet. – Die Handschrift ist vermutlich später wieder nach Prag und von dort nach Leipzig gelangt.

M = Nr. 17 = New York, CU, Plimpton 143, Bl. 1ra–82ra: Familia Cum, vgl. Bl. 47va–54vb.

Geographische Beispiele: apud Gallicos et Alamanos (Bl. 1rb); Huxariae (Höxter), Tolosae (Toulouse?) (Bl. 5vb); in Huxaria, in Tolosa, Braculis (Brakel) (Bl. 13ra).

Laut einem bibliotheksinternen Dokument stammt die Handschrift aus Italien, gemäß den geographischen Beispielen scheint der Schreiber ein Deutscher gewesen zu sein.

Bll. 60 u. 61 fehlen, es fehlt der Text Cap. V.4, S. 1024, Z. 18, bis Cap. V.5, S. 1052, Z. 15.

Auf Bl. 83ra–b (u. 83va–b?) folgt ein nicht-philosophischer Text, den ich anhand meiner Reproduktion nicht näher zu bestimmen vermag.

O = Nr. 24 = Pommersfelden, Schloßbibl. Gf. v. Schönborn, 236 (2858), Bl. 8ra–63vb:
Familia Sine, vgl. Bl. 43vb: Tr. IV endet mit Cap. 17, »uniformis et difformis generationis ad praesens sufficiat etc.«.
Geographische Beispiele: Das in Cap. I.2 fehlt (vgl. Bl. 8rb); Parisius, in Roma (Bl. 11va); Parisius, Romae, Oxoniae (Bl. 17va).

Gemäß W. Schonath (ungedr. Kat., 1951/52) haben die Bll. 16–61 das Wasserzeichen Turm, Briquet 15855 (»18855« bei Schonath muß ein Tippfehler sein), welches in Clermont-Ferrand 1356, Montpellier 1356 und Treviso 1357 belegt ist. Sammelhandschrift, die später in den Besitz des Amplonius Rattinck gelangte (Cat. Amplon.: De logica no. 7); zum übrigen Inhalt siehe Schonath und Di Liscia.

Vorangeht auf Bl. 7va–b eine Kopie der Partie Cap. I.2, S. 12, Z. 10, bis Cap. I.3, S. 22, Z. 1 (»Quaeritur primo, utrum alicui de novo addiscenti significationes terminorum aliquis terminus vocalis sit primario significans … terminus categorematicus dicitur, qui significative acceptus«), vgl. Bl. 8va–b.

Bl. 36 u. 37 sind falsch eingebunden, die richtige Reihenfolge ist Bl. 35, 37, 36, 38. Zwischen Bl. 62 u. 63 findet sich ein Pergamentblatt aus dem 13. Jh. Von Bl. 63 ist die äußere Hälfte offenbar abgeschnitten, also sind die letzten beiden Spalten 63ra u. 63vb. Auf diesen findet sich ein werkfremdes Kapitel »De dubia responsione« (vgl. den Appendix zur Ed.), am Schluß: »Explicit tractatus logicalis« und Besitzervermerk (15. Jh.) Hartwicus de Reventlo.

P = Nr. 27 = Praha, NK, IV. G. 4., Bl. 1r–112r:
Familia Sine, vgl. Bl. 79v: Tr. IV endet mit Cap. 17, »difformis et uniformis generationis ad praesens sufficiant«.

Geographische Beispiele: aput Gallicos et Almannos (Bl. 1v); Parisius, in Anglia (Bl. 8r); Parisius, in Roma, in Anglia (Bl. 19r).

Die Abschrift wurde offenbar überprüft, da an den Rändern viele Ergänzungen bzw. Verbesserungen vorkommen; auf Bl. 29v steht am unteren Rand ein Verweis auf einen Nachtrag am Ende des Codex, Bl. 112r–v (Cap. II.6, Regel 11, S. 310, Z. 1 – S. 314, Z. 24).

Die Abschrift endet mit »concedenda est tamquam sequens ex posito« (Bl. 112r), d. h. mit Cap. VI.7, es fehlen also die restlichen fünf Kapitel ab »Positio composita« (VI.8–12).

Die bemerkenswerte Schlußschrift auf Bl. 112r ist leider z. T. getilgt. Es heißt zwar vor der Rasur eindeutig »copiata Parisius«, aber das könnte für »compilata« verschrieben sein, zumal unmittelbar vorher ja schon steht »scripta per manus Przybiconis«; am Ende der Rasur liest Truhlář noch »Mag. Albertum de Saxonia«. Die folgende Jahresangabe »1356« (in römischen Zahlzeichen) ist wieder eindeutig. Es dürfte sich um eine (erstaunlich frühe!) Prager Kopie handeln, die auch einen *terminus ante quem* für die »erste Auflage« des Werks abgibt.

S = Nr. 29 = Stuttgart, WLB, HB X 3, Bl. 4ra–57va:
Familia Cum, vgl. Bl. 33ra–36vb.

Geographische Beispiele: apud Gallicos et apud Almannos (Bl. 4ra); Parisius, in Constantia (Konstanz) (Bl. 6va); Parisius, in Swewia (Schwaben?), Romae (Bl. 11ra).

Vorangeht: Bl. 1ra–3rb, Fragment der *Quaestiones circa Logicam* Alberts, Bl. 3v leer. – Auf Bl. 107va–108rb findet sich ein Kapitelverzeichnis zur *Logica* Alberts, der folgende Rest des Codex ist leer; zum übrigen Inhalt siehe Buhl.

Bl. 8vb, vor Cap. I.15: Figur (die vier generellen Satzformen und ihre Gegensätze), 9ra das gleiche für modale Sätze, 9va eine Arbor Porphyriana, 10rb ein Beispielsatz, der Ausdrücke aus allen zehn Kategorien enthält (»Augustinus magnus praedicator Lolii ⟨?⟩ filius stetit hodie in templo praedicatione fatigatus infulis decoratus«), 14ra–b drei Notae am Rand, solche z. B. auch auf Bl. 20vb u. 21ra. Der Schreiber hat anscheinend auch Notae vom Rand seiner Vorlage in den Text übernommen, so z. B. auf Bl. 21ra (Cap. III.7, quinta & sexta distinctio, vgl. im Apparat zu diesen Stellen). Auf Bl. 24va, am Ende von Cap. III.10, steht ein Satz, der so in keinem mir bekannten Textzeugen vorkommt: »Plura enim solent fieri sophismata circa hoc verbum *incipit* et hoc verbum *desinit*, de quibus alias tractavi *in principio istius libri* (m. H.), et ideo de eis dractare ⟨! *wohl verschrieben für* declarare⟩ dimitto« (fehlt in AELMOPX, vgl. aber B31rb, U58vb,

W53va). Der Verweis ist unklar, derartige Sophismen spielen weder in den vorangehenden Kapiteln der *Logica* noch in den *Quaestiones circa Logicam* eine besondere Rolle, es kommen eigentlich nur die *Sophismata* selbst in Frage, Teil 2, im Frühdruck Paris 1502 (Nachdruck Hildesheim u. New York 1975), Lage i, Bl. 8ra, bis Lage l, Bl. 3ra. Wenn der Satz authentisch ist, dann hat Albert offenbar spätestens i. J. 1360 (vgl. die Nota nach dem Expl. von S57va) seine logischen Schriften (außerhalb der Aristoteles-Kommentierung) in einem Band zusammengefaßt, in welchem die *Sophismata* an erster Stelle standen, die *Quaestiones circa Logicam* wohl an zweiter und die *Logica* an dritter Stelle. Eine solche Gesamt-Überlieferung ist nicht mehr erhalten, aber in L und S stehen die *Quaestiones* vor der *Logica* und in Praha, Knihovna Metropolitní kapituly, Cod. L. LXXIX, v. J. 1366, stehen die *Sophismata* vor den *Quaestiones*. Einleuchtender wäre allerdings eine Plazierung der *Quaestiones* nach der *Logica*, da jene ja spezielle Probleme aus Tr. I–III der *Logica* betreffen[36] und fünf der sieben Verweise auf *Quaestiones* in dieser – jedenfalls in etlichen Handschriften – im Futur formuliert sind (»videbitur« in I.4, I.5 (zwei), I.12, III.3, dagegen »dictum est« in II.7 u. II.10; in II.7 hat allerdings nur P aus ABELMOPSUWX den Zusatz »in quaestione«, B hat hier »sicut prius dicebatur in conclusione?/quaestione?«).

Bl. 43v–45v leer, es fehlt der Text Cap. VI.2, S. 1128, Z. 11–S. 1136, Z. 8. Ab Bl. 46r auffälliger Hand- und Tintenwechsel, einige Stellen sind verblaßt.

Die Schlußschrift auf Bl. 57va ist bemerkenswert, aber schon ziemlich verblaßt. Das dort genannte Jahr 1360 ist der *terminus in quo* (oder ein *terminus ante quem*) für die »zweite Auflage« des Werks.

U = Nr. 32 = Città del Vaticano, BAV, Barb. lat. 265, Bl. 1ra–147va:
Familia Cum, vgl. Bl. 89rb–102rb.

[36] Nämlich qu. 1–11 zu Tr. I, qu. 12–19 zu Tr. II und qu. 20–25 zu Tr. III.

Geographische Beispiele: apud Graecos et Alamannos (Bl. 1va); Parisius, Romae (Bl. 8rb); Parisius, Romae, in Anglia (Bl. 20ra).

Bis etwa Bl. 87 sind die Ränder dieser Hs. voll von Notae, Glossen u. dgl., danach finden sich kaum mehr welche. Die Seiten 44v, 45r, 64v, 65r, 76v, 77r (gemäß faktischer Foliierung) sind in der Mitte physisch beeinträchtigt, z. T. mit Textverlust; offenbar heißt das, daß die betreffenden Blätter durchlöchert sind.

U gehört zur Minderheit der Textzeugen, die am Ende von Cap. III.10 den Verweis auf einschlägige Sophismen überliefern (BSUW), und fügt hier noch an »Et sic est finis istius lectionis« (Bl. 58vb), was neben der Schlußschrift von S57va ein Beleg dafür ist, daß das Werk als Vorlesungsstoff diente.

Auf Bl. 102rb steht »Et sic finitur tractatus de locis magistri Alberti de Sansonia«, auf Bl. 129rb »Expliciunt insolubilia magistri Alberti de Saxonia episcopi Alberstadensis. Amen. Incipiunt nunc obligationes eiusdem«. Dies ist einer der Belege für die Identität des Pariser Magisters Albert von Sachsen mit dem Halberstädter Bischof Albrecht III. (vgl. schon Maier 1942, S. 205), die ja inzwischen schon lange außer Zweifel steht.

Auf Bl. 147vb–150vb folgen etliche Notae, vielleicht auch Exzerpte oder/und Nachträge, am Ende davon stehen eine Todesnotiz betr. Dr. Johannes de Heligniano († 1388) und Besitzereinträge (Guadagnus? Johannis de Susiplo?, Jacopuus de Carapo?, Paulus de Firchaio?).

W = Nr. 34 = Città del Vaticano, BAV, Vat. lat. 3046, Bl. 3ra–113va:
Familia Cum, vgl. Bl. 74vb–82vb.

Geographische Beispiele: apud Gallicos et apud Latinos (Bl. 3va); Parisius, in Anglia (Bl. 10va); Parisius, in Anglia, in Roma (Bl. 21ra).

Auf Bl. 1r findet sich eine Zeichnung der Jungfrau Maria mit Kind, auf Bl. 1v steht ein logischer Text »Modus est adiacens rei determinatio. Modus aliquando est determinatio copulae et aliquando est determinatio alicuius termini positi a parte subiecti vel a parte praedicati … Sic etiam: Antichristus est possibilis,

igitur possibile est vel potest esse Antichristus. Et sic est finis«. Auf Bl. 2r–v wird mehrmals »Wenceslaus dei gratia Romanorum et Bohemiae Rex« (Wenzels Vater Karl IV. starb 1378) genannt, auch Prag (Bl. 2r), auf Bl. 2v steht »Wenceslaus de Lythomysl studens Florentiae« (vgl. Bl. 118r; zu Florenz vgl. auch die Schlußschrift auf Bl. 113va).[37] Dieser Wenzel aus Leitomischl in Böhmen dürfte der erste Besitzer des Codex gewesen sein.

Auf Bl. 113vb–114rb findet sich ein (unvollständiges) »Registrum logicae magistri Alberti de Saxonia«. Bl. 114v–115r leer, auf Bl. 115v Besitzervermerk (Yheronimus de Sancta Sophia, studens in artibus), vgl. auch die getilgte Notiz auf Bl. 116v. Bl. 116r u. 117r leer, auf Bl. 117v acht Zeilen logische Notae, dann steht: Frater Petrus de Albrato? Carmelita Sciculus! de Agrigento dictis! Paduae studens, darunter: Frater Johannes de Agrigento Carmelita Sciculus! Paduae studens. Auf Bl. 118r findet sich eine schöne Zeichnung eines Mannes, nämlich des »Fr. Wenceslaus de Ly⟨thomysl⟩« (vgl. Bl. 2v), ferner noch die Namen »Volbort« und »Welyslaus«.

Der Codex scheint also aus böhmischen Studentenkreisen in Florenz zu stammen und dann nach Padua gelangt zu sein.

7. *Schlußschriften einiger Handschriften*

A59vb: Scilicet dubitationem et sit verum. Et sit finis tractatus magistri Alberti de Saxonia.

A99ra: Forma arguendi retenta valent semper consequentiae. Et sit finis locorum dialecticorum. – Hic expliciunt loci dialectici scripti per Johannem de Cergiaco clericum Suessionensis dioecesis, quos compilavit Albertus, et finiti sunt prima die Martii anno 1374°. – Deo gratias.

[37] Ein Wenceslaus de Luthemuschil ist erwähnt im *Repertorium Germanicum*, Bd. 2, Sp. 811, s. n. »Laurentius Sachse«, betr. Breslauer Kanonikat, das Wenzel am 10. April 1403 durch Tod oder Verzicht nicht mehr innehatte.

B63va: Petitionem, diligens scholaris potest videre et diligenter advertere, quid sit dicendum ad istas, quia difficiles etc. – Heu male finivi, quia non bene scribere scivi. Nomen scriptoris, si vis cognoscere ⟨et⟩ quaeris, Jo tibi sit primo, han medio, nes sit in imo. – Explicit logica nova reverendi magistri Alberti Parisius collecta, scripta sub anno domini M^{mo} ccc^{mo} lxx^{o} finita et perfecte et integraliter completa. Est mey ⟨die folgenden zwei Zeilen sind durchgestrichen:⟩ Danielis de # ⟨Lo Monaco liest: Tarvisio⟩ Paduae in decretalibus studentis, si quis etc.

C69ra: Scilicet circa dubitationem et circa sit verum etc. – Explicit nova logica magistri Alberti completa Paduae in [sancti Mya Mychaelis] die sancti Michaelis arch.

E87r: Quamvis tamen alteri non sit compossibilis etc. – Et sic est finis istius operis Alberti Magni ⟨! s.l.: de Saxonia⟩ clerici supra fundamentalem logicam. Laudetur ipse simul cum opere. Laus deo etc. – Amen.

F69rb: Alias duas species obligationis, scilicet dubitationem et circa ⟨!⟩ verum. Explicit logica Alberti ad usum fratris Petri de Castro Sancti Johannis Ordinis Minorum.

L56va: Dubitationem circa et est verum. Et sic satis est. Explicit logica magistri Alberti de Ricmerstor⟨p⟩ finita in carnisprivio in Halverstad sub prioratu Hermanni de Duderstad. – Amen. – Explicit logica magistri Alberti de Ricmerstorp finita anno domini millesimo trecentesimo octuagesimo primo in die beati Mathiae apostoli.

M82ra: Scilicet circa verum et dubium. Et sic est finis logicae venerabilis Alberti. Manet. Dico tibi, tu non remanebis ibi, solve, quod debes, et cito. – Iste liber est fratris Bartholomaei de Insula Jordanis ordinis heremitarum sancti Augustini. – Amanebus anglica ⟨-cus?⟩.

O63ra: Scilicet circa dubitationem et circa sit verum. Et haec dicta de obligationibus ad praesens sufficiant etc. Benedicta amen. […] /O63vb/ […] Secundum sui qualitatem etc. etc. – Explicit tractatus logicalis etc. – Si possessoris nomen cognoscere

quaeris, Hart tibi sit primo, wi medio, cus que secundo. – Istum librum emit frater Har⟨t⟩wicus de Reventlo pro 6 florenis.

P112r: Concedenda est tamquam sequens ex posito. – Explicit nova logica scripta per manus Przybiconis copiata ⟨! compilata?⟩ Parisius [… Tilgung!] ⟨Truhlář liest noch: … Mag. Albertum de Saxonia⟩ Anno domini M° ccc° lvj° xiiij ⟨? Truhlář: xviii⟩ die mensis Septembris. Ach zadna by ty to wyedyela.

S57va: Scilicet dubitationem et sit verum. Et sic est finis obligatoriorum ⟨?⟩ etc. – Explicit logica magistri Alberti scripta Argentinae a Cůnrado de Hallis anno domini 1374° in vigilia sanctae Margaretae 4 idus Julii. – Nota magister Albertus Parisiensis anno domini 1360° novem tractatus dedit ad pennam Parisius. Primus est de nomine et verbo. Secundus de 5 praedicabilibus. Tertius de 10 praedicamentis. Quartus de suppositionibus et huiusmodi. Quintus de propositionibus et proprietatibus earum. Sextus de consequentiis formalibus et non formalibus et de consequentiis syllogisticis. Septimus de argumentationibus [et huiusmodi!] ⟨sophisticis⟩. Octavus de insolubilibus. Nonus de obligatoriis. Et in illis tractatibus totam ⟨?⟩ logicam comprehendit ⟨?⟩ excepto Priorum et Posteriorum. – Deo dicamus gratias.

U147va: Scilicet circa dubitationem et circa quid sit verum. Et sic est finis istius logicae. – Explicit logica reverendissimi magistri Alberti de Saxonia scripta et completa per me [Name getilgt] studentem pro tunc Paduae M° ccc° septuagesimo octavo indictione prima vigesima die mensis Maii et incepta fuit prima die eiusdem mensis. Unde scripsi cum maximo labore et tandem gavisus fui propter habere utilitatem eorum, quae in ea traduntur.

V77rb: Forma arguendi valeat. Et haec de locis dicta sufficiant. – Explicit logica magistri Alberti de Sansonia. Deo gratias. Amen amen amen. – Is⟨t⟩e liber est ad usum fratris Petri de Tuschanella ordinis Minorum Romanae provinciae. Duobus florenis emi hoc opus Bononiae [opus?] anno domini M° cccc° xxxi° xxiiii^{a} mensis Augusti.

W113va: Scilicet dubitationem et circa [del.: sit] scit ⟨!⟩ verum. Et sic sit finis etc. – Explicit logica magistri Alberti de Saxonia doctoris Parisiensis etc. – Qui scripcit ⟨!⟩ carmen, sit benedictus amen etc. Porta nobis potum, quia ad tabernam vadit totum etc. Frater Walterus de Machelima scripscit ⟨!⟩ istum librum in Florentia etc. – Rex rex rex. Hic iacet inclusa logicorum splendida musa.

8. Zur Edition

Diese kritische Edition besteht aus einer Transkription der Basishandschrift A und einer Kollation ALOPSX, und zwar einer konstanten Kollation ALO und einer frequenten Kollation ALOPSX, im Falle des Teiltraktats »De locis dialecticis« (Cap. IV.18–26) aus einer konstanten Kollation ALS und einer frequenten Kollation ALSX (OP gehören nämlich zur Familia Sine, s.o.). – An etlichen Stellen habe ich auch weitere Textzeugen herangezogen, dann erscheint im Apparat das entsprechende Sigel zusammen mit der Blattangabe (z.B. »E56r«).

A habe ich deshalb als Basishandschrift ausgewählt, weil dieser Textzeuge vermutlich nahe am Ursprung des Werks liegt. L hatte ich ursprünglich ausgewählt, weil die Handschrift 1381 in Halberstadt fertiggestellt wurde, wo Albert 1366–1390 als Bischof regierte; das hat sich inzwischen zwar als bloßer Zufall herausgestellt (siehe oben die Beschreibung von L), aber trotzdem ist dies ein wichtiger Textzeuge, abgesehen von den letzten Seiten, wo die Qualität drastisch abfällt. O dürfte gemäß Wasserzeichen aus Frankreich um 1356 stammen, also zu den ältesten Textzeugen gehören und wurde von Amplonius Rattinck für seine berühmte Bibliothek erworben, während E erst im 15. Jahrhundert (nach 1412) in dieselbe gelangte; außerdem hat E zwar oft gute Varianten, aber doch auch viele Eigenheiten und Mängel. P hat die älteste Datierung überhaupt (1356) und ist zweifellos ein wichtiger Textzeuge, es fehlen aber die letzten fünf Kapitel (VI.8–12). S ist bis Bl. 43r ein sehr guter Textzeuge, dann fehlt aber ein größeres Stück und auch die Qualität ist danach nicht mehr so hoch wie vorher.

Den Nachdruck (Hildesheim u. New York 1974 = X) des Frühdrucks Venedig 1522 habe ich wegen der Bedeutung für die bisherige Forschung einbezogen, und außerdem verdienen die Leistungen des Herausgebers Pietro Aurelio Sanudo OESA († 1553) und der Venediger Offizin Respekt. – In der Vorlage für diesen Nachdruck, nämlich im Ex. 2° Phil. spec. 1 der BSB München, hat eine Hand Korrekturen vorgenommen (siehe z. B. Bl. 24ra, 27va, 30rb); diese habe ich nicht berücksichtigt, auch wenn sie treffend sind.

Durch die Aufteilung der Kollation in eine konstante und eine frequente konnte der kritische Apparat trotz möglichster Genauigkeit überschaubar gehalten werden. Außerdem hätte eine vollständige Dokumentation der Varianten der zusätzlichen (PSX) oder auch noch weiterer Textzeugen für den Werktext, um den es ja schließlich geht, nichts gebracht, sondern wäre nur auf eine vollständige Beschreibung einzelner Textzeugen hinausgelaufen, was nicht der Zweck meiner Arbeit war. Diese galt der Vollständigkeit und Richtigkeit des aus Handschriften erhobenen Werktextes.

Diese Ausgabe behandelt das Werk als Gegenstand der Philosophie- und Geistesgeschichte, nicht der Literatur- oder Sprachgeschichte, weshalb sprachliche Besonderheiten einzelner Textzeugen (bis auf einige wenige Ausnahmen) nicht berücksichtigt wurden, z. B. »spessialissimum« statt »specialissimum«, »peximum« statt »pessimum«, »praescisum« statt »praecisum«, die etlichen bizarren Schreibweisen von »heterogeneum«, »ydemptitas« statt »identitas« usw. usf. Generell wurde die Orthographie gemäß dem klassischen Latein standardisiert.

Das Mittellatein scheint nicht mehr konsequent zu unterscheiden zwischen dem Ablativ eines Partizips Präsens in substantivischer und adjektivischer Verwendung (Endung -e vs. -i). Wenn in solchen Fällen kein Textzeuge aus ALO die in diesem Sinne richtige Lesart bietet, habe ich nicht immer eingegriffen.

Schemabuchstaben (a, b, c, d) erscheinen in den Handschriften klein, oft durch zwei Punkte begrenzt (.a., .b., …), zur besseren Übersichtlichkeit habe ich sie im Text aber großgeschrie-

ben; im Apparat mußte ich sie natürlich wieder kleinschreiben, damit sie nicht als Handschriftensigel erscheinen.

Im lateinischen Text stehen angeführte Sätze in Anführungszeichen, angeführte Terme sind kursiviert. In der deutschen Übersetzung stehen sowohl angeführte Sätze als auch angeführte Terme in Anführungszeichen, um die Kursivierung als Mittel zur Hervorhebung verfügbar zu haben.

Die Spaltenumbrüche von ALO habe ich an den Rand gesetzt, für PSX hier weiter unten eine Kapitelkonkordanz erstellt, um den Text oder die Ränder nicht mit derlei Angaben überladen zu müssen.

9. Zum kritischen Apparat

Wenn nur die »Kern«-Kollation ALO (unter gelegentlicher Einbeziehung auch von X) betroffen ist, ist der Apparat ein negativer, sofern A nicht abweicht, so daß z. B. »et] vel O« heißt, daß A und L »et« haben und nur O »vel«; falls A aber abweicht, ist der Apparat positiv bezüglich ALO, z. B. »et] L vel AO«. Wenn hingegen eine erweiterte Kollation (in der maximalen Variante: ABELMOPSUWX) betroffen ist, ist der Apparat überhaupt ein positiver, d. h., jeder der herangezogenen Textzeugen ist mit seiner Variante explizit angeführt, z. B. »et] ALS vel OX om. P«. Falls bei einer erweiterten Kollation einmal ein Lemma nicht bezeichnet sein sollte, ist es auf jeden Fall auf A zu beziehen, z. B. hieße dann »et] vel LOPSX«, daß nur A »et« hat und alle anderen angeführten Textzeugen »vel«; in der Regel ist aber in solchen Fällen auch A explizit angeführt.

Im Rahmen der Kollation ALO habe ich mehr vermerkt, als sonst üblich ist, z. B. Vorkommen oder Fehlen von »et« und »est« auch in nicht-logischen Kontexten, »sciendum/dicendum/videndum«, »nam/quia« u. a. m. Hingegen wurden, wie üblich, Synonyma wie »ergo/igitur«, »hic/iste/ille« u. dgl. sowie verschiedene syntaktische Anordnungen (natürlich nur in nichtlogischen Kontexten, wo sie keinen Einfluß auf Sinn und Wahrheitswert haben) nicht berücksichtigt.

Wenn ein Textzeuge T ein Textstück ausläßt, dann wird T bei weiteren Varianten in ebendiesem Stück im Apparat nicht mehr (mit »om. T«) angeführt.

Wenn im Apparat zwei oder mehr Textzeugen mit einer Variante oder einem Zusatz angeführt sind und darin untereinander Abweichungen haben, dann stehen diese »internen« kritischen Angaben in runden Klammern; das sollte selbsterklärend sein.

In einigen Fällen schien es mir erforderlich, eine Lesart gegen alle konsultierten Textzeugen zu wählen, dann erscheint im Apparat das Sigel »Z« für den Herausgeber.

Im Apparat unterscheiden sich Objekt- und Metatext dadurch, daß der Metatext aus abgekürzten Ausdrücken besteht (»om.« usw.), der Objekttext hingegen nicht, mit der einzigen Ausnahme von »etc.«, was aber immer nur im Objekttext vorkommt, nie im Metatext. Darüber hinausgehende Metatexte sind kursiviert.

Über dem kritischen Apparat stehen die Stellenbelege in einem eigenen Apparat. Belegt wurden aber bis auf zwei Ausnahmen (*Liber sex principiorum*, Thomas Manlevelt) nur explizite Verweise.

Falls jemand diese meine Richtlinien nicht goutieren sollte, antworte ich mit Prof. Buridan: »Sunt ad placitum, et si tu non vis hoc recipere, vadas vias tuas«.

10. Kapitelkonkordanz für PSX

Cap. I.0: P1r / S4ra / X2ra	Cap. I.1: P1r / S4ra / X2ra
Cap. I.2: P1r / S4ra / X2ra	Cap. I.3: P2v / S4va / X2vb
Cap. I.4: P3v / S4vb / X3ra	Cap. I.5: P4r / S5ra / X3rb
Cap. I.6: P5r / S5va / X3vb	Cap. I.7: P6v / S5vb / X4rb
Cap. I.8: P7r / S6ra / X4va	Cap. I.9: P7r / S6rb / X4va
Cap. I.10: P8r / S6rb / X4vb	Cap. I.11: P8v / S6va / X5ra
Cap. I.12: P9r / S6vb / X5rb	Cap. I.13: P11v / S7vb / X6rb
Cap. I.14: P12v / S8rb / X6vb	Cap. I.15: P13v / S8vb / X7ra
Cap. I.16: P14v / S9rb / X7va	Cap. I.17: P15v / S9vb / X7vb
Cap. I.18: P16r / S9vb / X8ra	Cap. I.19: P17v / S10rb / X8va
Cap. I.20: P18v / S10vb / X9ra	Cap. I.21: P19v / S11ra / X9va
Cap. I.22: P21r / S11va / X9vb	Cap. I.23: P22r / S12ra / X10va
Cap. I.24: P22v / S12ra / X10va	Cap. I.25: P22v / S12rb / X10va
Cap. II.1: P23v / S12va / X11ra	Cap. II.2: P24r / S12vb / X11rb
Cap. II.3: P25r / S13ra / X11va	Cap. II.4: P26r / S13rb / X11vb
Cap. II.5: P26v / S13va / X12ra	Cap. II.6: P28r / S14ra / X12vb
Cap. II.7: P30r / S14vb / X13rb	Cap. II.8: P32r / S15va / X14ra
Cap. II.9: P33r / S15vb / X14va	Cap. II.10: P33r / S15vb / X14va
Cap. II.11: P35r / S16va / X15rb	Cap. II.12: P37v / S17va / X16rb
Cap. III.1: P39r / S18rb / X17ra	Cap. III.2: P39v / S18rb / X17ra
Cap. III.3: P41r / S18vb / X17vb	Cap. III.4: P42r / S19rb / X18ra
Cap. III.5: P42v / S19va / X18rb	Cap. III.6: P44r / S20ra / X19ra
Cap. III.7: P46r / S20vb / X20ra	Cap. III.8: P50v / S22va / X21va
Cap. III.9: P53r / S23va / X22rb	Cap. III.10: P54r / S23vb / X22vb
Cap. III.11: P55v / S24va / X23rb	Cap. IV.1: P56v / S24vb / X23vb
Cap. IV.2: P58r / S25rb / X24rb	Cap. IV.3: P62r / S26vb / X25vb

Cap. IV.4: P62v / S27ra / X26rb	Cap. IV.5: P65v / S28ra / X27rb
Cap. IV.6: P68r / S28vb / X28rb	Cap. IV.7: P69r / S29rb / X28vb
Cap. IV.8: P72r / S30rb / X29vb	Cap. IV.9: P73r / S30va / X30rb
Cap. IV.10: P73v / S30vb / X30va	Cap. IV.11: P74r / S31ra / X30vb
Cap. IV.12: P74v / S31rb / X31ra	Cap. IV.13: P75v / S31va / X31rb
Cap. IV.14: P76r / S31va / X31va	Cap. IV.15: P77r / S32ra / X31vb
Cap. IV.16: P78r / S32rb / X32rb	Cap. IV.17: P78v / S32va / X32va
Cap. IV.18: om. P / S33ra / X32vb	Cap. IV.19: om. P / S33rb / X33rb
Cap. IV.20: om. P / S33va / X33vb	Cap. IV.21: om. P / S34vb / X35ra
Cap. IV.22: om. P / S34vb / X35ra	Cap. IV.23: om. P / S35ra / X35rb
Cap. IV.24: om. P / S35va / X36ra	Cap. IV.25: om. P / S36ra / X36rb
Cap. IV.26: om. P / S36rb / X36vb	Cap. V.1: P79v / S36vb / X37va
Cap. V.2: P80r / S37ra / X37vb	Cap. V.3: P82v / S38ra / X38vb
Cap. V.4: P86v / S39va / X40rb	Cap. V.5: P88v / S40va / X41rb
Cap. V.6: P89v / S40vb / X41va	Cap. V.7: P90v / S41ra / X41vb
Cap. V.8: P91r / S41rb / X42rb	Cap. V.9: P92r / S41vb / X42va
Cap. V.10: P92v / S41vb / X42vb	Cap. V.11: P92v / S42ra / X42vb
Cap. V.12: P93r / S42ra / X43ra	Cap. V.13: P93v / S42rb / X43ra
Cap. VI.1: P93v / S42rb / X43rb	Cap. VI.2: P94v / S42vb / X43va
Cap. VI.3: P100r / S47rb / X45vb	Cap. VI.4: P101v / S48va / X46va
Cap. VI.5: P103r / S49rb / X47rb	Cap. VI.6: P105v / S50vb / X48rb
Cap. VI.7: P108r / S52rb / X49rb	Cap. VI.8: om. P / S54va / X50rb
Cap. VI.9: om. P / S55rb / X50vb	Cap. VI.10: om. P / S55vb / X51ra
Cap. VI.11: om. P / S56va / X51rb	Cap. VI.12: om. P / S57ra / X51va

11. Zur Übersetzung

Zur Übersetzung muß man in einer zweisprachigen Ausgabe nicht viel sagen, nur folgendes ist wichtig: Gelegentlich vorkommende überraschende Wortstellungen in der deutschen Übersetzung sind dadurch bedingt, daß die scholastische Logik die Bereiche von logischen Konstanten (sowie von Tempora, epistemischen Verben u. a.) syntaktisch bestimmte. Das Deutsche hat aber nicht die bequemen freien Wortstellungsregeln des Lateinischen. Auch gelegentliche inkongruent erscheinende Formulierungen, wie »Jedes Mensch ist eine Art«, sind durch theoretische Gründe bedingt und sollten sich aus dem Kontext erklären. In runden Klammern stehen in aller Regel ergänzende bzw. erklärende Zusätze des Übersetzers sowie fallweise auch alternative Ausdrücke. – Sonst bleibt mir nur zu hoffen, daß ich die Balance zwischen sachlicher Angemessenheit und sprachlicher Annehmbarkeit gehalten habe.

Danksagungen

Die aufwendigen Arbeiten an dieser Ausgabe wären nicht möglich gewesen ohne die großzügige Unterstützung folgender Institutionen und Personen:

Handschriftensichtung und -auswahl sowie die Transkription der Leithandschrift und eine zunächst »semikritische« Edition wurden im Rahmen des Projekts P9471 des Jubiläumsfonds der Österreichischen Nationalbank, Wien, durchgeführt. Diese vorläufige Edition wurde zusammen mit historischen und systematischen Untersuchungen von der Geisteswissenschaftlichen Fakultät der Karl-Franzens-Universität Graz 2006 als Dissertation zur Erlangung des Doktorgrades der Philosophie angenommen.

Die Effektuierung der kritischen Edition mit dem Spezialprogramm »Classical Text Editor« (CTE, © Stefan Hagel, Österreichische Akademie der Wissenschaften, Wien) und der Übersetzung an der Forschungsstelle und dem Dokumentationszentrum für österreichische Philosophie, Graz, wurde mir von den Herren Univ.-Prof. Dr. Heiner Rutte (Förderer) und Univ.-Prof. Dr. Alfred Schramm (Leiter) ermöglicht, denen diese Ausgabe deshalb auch gewidmet ist. Ohne diesen unverhofften Glücksfall wäre die Sache noch lange nicht, vielleicht gar nicht zu einem guten Ende gekommen. Für ihren vielfältigen und großzügigen Einsatz danke ich den beiden Professoren Rutte und Schramm besonders herzlich.

So gut wie alle biographischen, bibliographischen, überlieferungsgeschichtlichen und systematischen Ergebnisse, die in die Einleitung und die Anmerkungen zur Übersetzung eingegangen sind, gehen direkt oder indirekt auf Projekte des Fonds zur Förderung der wissenschaftlichen Forschung, Wien, zurück (P8058-HIS, P9134-HIS, P15718).

Dem Grafen von Schönborn danke ich für die Erlaubnis zur Reproduktion und Verwendung seiner Handschrift 236 der Schloßbibliothek Pommersfelden. Auch den öffentlichen Bibliotheken, die weiter unten im Siglenverzeichnis vorkommen, danke ich für diese Erlaubnis und für so manche freundliche Mitteilung.

Herrn Univ.-Prof. Dr. Christoph Kann, Düsseldorf, danke ich für die seinerzeitige hilfreiche Einführung in die handschriftliche Überlieferung und die Editionsproblematik der *Logica Alberti* und Diskussionen darüber. – Herrn Dr. Michael J. Fitzgerald, Hattiesburg, MS, USA, danke ich für den langjährigen Austausch über inhaltliche und überlieferungsgeschichtliche Probleme der logischen Schriften Alberts.

Von meinen Grazer Lehrern möchte ich neben den schon genannten Professoren Rutte und Schramm besonders noch Univ.-Prof. Dr. Werner Sauer dankbar hervorheben. Sie alle haben mich in ihren Lehrveranstaltungen und in Diskussionen, sei es öffentlich, sei es privat, sehr beeindruckt und bereichert – Meister Albert hätte sich in dieser Runde gewiß auch wohlgefühlt.

Meinen Kollegen hier an der obengenannten Forschungsstelle, Mag. Thomas Binder, Mag. Johannes Friedl, Mag. Ulf Höfer und Dr. Jutta Valent, danke ich für die freundliche Aufnahme, die feine Infrastruktur und so manche Hilfe in technischen Angelegenheiten, für letzteres auch meinem Schwager Werner Wiltsche.

Ich danke dem Felix Meiner Verlag für die Aufnahme dieser Ausgabe in die renommierte »Philosophische Bibliothek«, den Herren Stefan Hagel (CTE) und Jens-Sören Mann (Verlag) für die gründliche und gediegene Druckvorbereitung.

Dem Fonds zur Förderung der wissenschaftlichen Forschung, Wien, danke ich für einen großzügigen Druckkostenzuschuß (D4133-G15).

Schließlich und ganz besonders danke ich meinen lieben Eltern, Margareta und Friedrich Berger, ohne deren geduldige und stille Unterstützung ich meinen Weg gar nicht bis hierher hätte gehen können.

Wenn diese Ausgabe dem schönen Werk viele Leser, auch außerhalb der eigentlichen Fachkreise, verschaffte, wäre das der beste Lohn für die ganze Mühsal. Es gibt sicher Gold zu schürfen darin.

Inzwischen habe ich diese Ausgabe an der Geisteswissenschaftlichen Fakultät der Karl-Franzens-Universität Graz als Habilitationsschrift eingereicht.

BIBLIOGRAPHIE

1. QUELLEN

Albertus de Saxonia: *Sophismata*. Hildesheim u. New York 1975 (Nachdr. d. Ausg. Paris 1502).

Alberti de Saxonia *Quaestiones in Artem Veterem*, ed. Angel Muñoz García. Maracaibo 1988.

Albert of Saxony's *Twenty-five Disputed Questions on Logic. A Critical Edition of His* Quaestiones circa Logicam, ed. Michael J. Fitzgerald. Leiden u. a. 2002 (= Studien und Texte zur Geistesgeschichte des Mittelalters 79). – Vgl. Albert of Saxony: Quaestiones circa logicam (*Twenty-Five Disputed Questions on Logic*). Introduction, Translation, and Notes by Michael J. Fitzgerald, Paris u. a. 2010 (= Dallas Medieval Texts and Translations 9).

Anonymi *Fragmentum vulgo vocatum »Liber sex principiorum«*, in: Aristoteles Latinus, I 6–7, *Categoriarum Supplementa*, ed. Laurentius Minio-Paluello. Leiden 1966, S. 33–59.

Aristotelis *Opera*. Ex recensione Immanuelis Bekkeri edidit Academia Regia Borussica. Editio altera quam curavit Olof Gigon. Bd. 1–5. Berolini 1960/61 u. 1987. – Vgl. Aristoteles Latinus. Leiden u. a. 1961 ff.

(Averroes:) Aristo(telis) Stagyri(tae) lib(ri) IIII de Coelo & mundo, subnexis eius duobus illis de generatione & corruptione cum singulorum Epitomis hactenus non impressis ac Aver(roe) fidiss(ime) interprete nec non eiusdem opusculum de substantia orbis […]. Papiae: Jacob de Burgofranco 1520. (Ex. d. UB Graz, Sign. I 35691.)

Manlii Severini Boetii *Opera omnia* […], Bd. 2, ed. J.-P. Migne. Parisiis 1860 (= Patrologiae cursus completus. Series Latina 64).

M. Tulli Ciceronis *Rhetorica*, ed. A. S. Wilkins, Bd. 2: *Brutus. Orator. De optimo genere oratorum. Partitiones oratoriae. Topica*. Oxonii 1903 (u. ö.) (= Scriptorum Classicorum Bibliotheca Oxoniensis). (Ohne Paginierung!) – Vgl. Marcus Tullius Cicero: *Topik*, lat.-dt., hg. u. übers. v. Hans G. Zekl. Hamburg 1983 (= Philosophische Bibliothek 356).

Gu…: Siehe auch W…!

Gualterus Burley: *Tractatus de obligationibus*, in: Romuald Green: *An Introduction to the Logical Treatise »De obligationibus«. With Critical Texts of William of Sherwood (?) and Walter Burley*. Diss., Louvain 1963, Bd. 2, S. 34–96.

Guillelmi de Ockham *Summa logicae*, ed. Philotheus Boehner, Gedeon Gál, Stephanus Brown. St. Bonaventure, N. Y., 1974 (= Guillelmi de Ockham Opera Philosophica I). – Vgl. Wilhelm von Ockham: *Summe der Logik. Aus Teil I: Über die Termini*, lat.-dt., hg. u. übers. v. Peter Kunze. Hamburg 1984 (= Philosophische Bibliothek 363).

Iohannis Buridani *Tractatus de consequentiis*, ed. Hubert Hubien. Louvain u. Paris 1976 (= Philosophes médiévaux 16).

Johannes Buridanus: *Summulae*, ed. Sten Ebbesen u. a. Nijmegen u. a. 1994 ff. (= Artistarium 10). (Bis jetzt erschienen: Tr. I–V u. VIII–IX.) – Vgl. John Buridan: *Summulae de Dialectica*. An annotated translation, with a philosophical introduction by Gyula Klima. New Haven u. London 2001 (= Yale Library of Medieval Philosophy).

Lamberto d'Auxerre: *Logica (Summa Lamberti)*, ed. Franco Alessio. Firenze 1971 (= Pubblicazioni della Facoltà di Lettere e Filosofia dell'Università di Milano 59 = Sezione a cura dell'Istituto di Storia della Filosofia 19).

Peter of Spain (Petrus Hispanus Portugalensis): *Tractatus called afterwards Summule logicales*, ed. L. M. de Rijk. Assen 1972 (= Philosophical Texts and Studies 22). – Vgl. Petrus Hispanus: *Logische Abhandlungen. Tractatus/Summulae Logicales*, übers. v. Wolfgang Degen u. Bernhard Pabst. München 2006 (= Analytica).

Porphyrii *Isagoge*, in: Aristotelis *Opera*, Bd. 4. Berolini 1961, S. 1–21. – Vgl. Aristoteles Latinus, I 6–7, *Categoriarum Supplementa*, ed. Laurentius Minio-Paluello. Leiden 1966, S. 1–31 (Translatio Boethii).

Robertus Grosseteste: *Commentarius in Posteriorum analyticorum libros*, ed. Pietro Rossi. Firenze 1981 (= Unione Accademica Nazionale. Corpus Philosophorum Medii Aevi. Testi e Studi 2).

Thomas Manlevelt: *Tractatus de suppositionibus*. Hs. Erfurt, Universitätsbibliothek, Dep. Erf., Cod. Ampl. Q 271, Bl. 41r–48v.

W...: Siehe auch Gu...!

Walter Burleigh: *De Puritate Artis Logicae Tractatus Longior. With a Revised Edition of the Tractatus Brevior*, ed. Philotheus Boehner. St. Bonaventure, N.Y., u. a. 1955 (= Franciscan Institute Publications, Text Series 9). – Vgl. Walter Burleigh: *Von der Reinheit der Kunst der Logik. Erster Traktat: Von den Eigenschaften der Termini*, lat.-dt., hg. u. übers. v. Peter Kunze. Hamburg 1988 (= Philosophische Bibliothek 401).

William of Sherwood: *Introductiones in Logicam. Einführung in die Logik*, lat.-dt., hg. u. übers. v. Hartmut Brands u. Christoph Kann. Hamburg 1995 (= Philosophische Bibliothek 469).

2. LITERATUR

Dieses Verzeichnis ist eher knapp gehalten, da meine Albert-Bibliographien Berger 1994–2004 *vorliegen und außerdem fast alle der hier angeführten Monographien und Sammelbände Bibliographien zum jeweiligen Thema enthalten.*

Ashworth, E. Jennifer: »›Nulla propositio est distinguenda‹: la notion d'*equivocatio* chez Albert de Saxe«, in: Biard 1991, S. 149–160.

Bäck, Allan: *On Reduplication. Logical Theories of Qualification*. Leiden u. a. 1996 (= Studien und Texte zur Geistesgeschichte des Mittelalters 49).

Berger, Harald: »Simple Supposition in William of Ockham, John Buridan, and Albert of Saxony«, in: Biard 1991, S. 31–43.

–: »Albert von Sachsen (1316[?]–1390). Bibliographie der Sekundärliteratur«, in: *Bulletin de philosophie médiévale* 36 (1994), S. 148–185; 37 (1995), S. 175–186; 38 (1996), S. 143–152; 40 (1998), S. 103–116; *Acta Mediaevalia* 17 (2004), S. 253–279. (Eine Fortsetzung im Internet ist geplant.)

–: »Zum Relationenproblem im 14. Jahrhundert«, in: Alfred Schramm (Hg.): *Philosophie in Österreich 1996. Vorträge des IV. Kongresses der Österreichischen Gesellschaft für Philosophie, Graz, 28. Februar–2. März 1996*. Wien 1996, S. 509–513.

–: »Albertus de Saxonia (†1390), Conradus de Waldhausen (†1369)

und Ganderus recte Sanderus de Meppen (†1401/06). Eine Begegnung in Prag im Jahr 1364«, in: *Mitteilungen des Instituts für Österreichische Geschichtsforschung* 106 (1998), S. 31–50.

–: »Über Entstehen und Vergehen der Sachverhaltsontologie im Spätmittelalter«, in: Leibold u. Löffler 1999, S. 208–221.

–: »Albert von Sachsen (auch: von Helmstedt, von Rickmersdorf)«, in: Burghart Wachinger u. a. (Hgg.): *Die deutsche Literatur des Mittelalters. Verfasserlexikon*, 2. Aufl., Bd. 11, Lfg. 1. Berlin u. New York 2000, Sp. 39–56.

–: »Zu zwei Gelehrten des 14. Jahrhunderts: Burkhart von Reutlingen und Pilgrim von Preußen. Nebst einer Liste der Pariser Schüler Alberts von Sachsen«, in: *Würzburger medizinhistorische Mitteilungen* 20 (2001), S. 161–167.

–: »Bischof Albrecht III. (1366–1390) als Gelehrter von europäischem Rang (Albert von Sachsen)«, in: Günter Maseberg u. Armin Schulze (Hgg.): *Halberstadt. Das erste Bistum Mitteldeutschlands. Zeitzeugnisse von Kaiser Karl dem Großen bis zum Großen Kurfürsten Friedrich Wilhelm von Brandenburg*. Halberstadt 2004 (= Veröffentlichungen des Städtischen Museums Halberstadt 29), S. 81–92. (Vgl. auch den Katalogteil, ebd., S. 236–239 u. 247.)

–: *Die »Logica« des Albert von Sachsen*. Ungedr. Diss., Universität Graz 2006.

–: »Der Substanzbegriff im spätmittelalterlichen Nominalismus«, in: Holger Gutschmidt u. a. (Hgg.): *Substantia – Sic et Non. Eine Geschichte des Substanzbegriffs von der Antike bis zur Gegenwart in Einzelbeiträgen*. Frankfurt u. a. 2008 (= Philosophische Analyse 27), S. 235–255.

Biard, Joël: *Logique et théorie du signe au XIVe siècle*. Paris 1989 (= Études de philosophie médiévale 64).

Biard, Joël (Hg.): *Itinéraires d'Albert de Saxe. Paris – Vienne au XIVe siècle* [...]. Paris 1991 (= Études de philosophie médiévale 69).

Boehner, Philotheus: »Bemerkungen zur Geschichte der De Morganschen Gesetze in der Scholastik«, in: *Archiv für Philosophie* 4 (1952), S. 113–146.

Braakhuis, H. A. G.: »Albert of Saxony's *De obligationibus*. Its

Place in the Development of Fourteenth Century Obligational Theory«, in: Jacobi 1993, S. 323–341.

Brands, Hartmut: »Referenztheorie und freie Logik im Spätmittelalter«, in: *Philosophisches Jahrbuch* 102 (1995), S. 33–60.

–: »*Descensus copulatim* und universelle Spezialisierung bei Thomas Manlevelt«, in: Martin Kintzinger u. a. (Hgg.): *Schule und Schüler im Mittelalter. Beiträge zur europäischen Bildungsgeschichte des 9. bis 15. Jahrhunderts*. Köln u. a. 1996 (= Beihefte zum Archiv für Kulturgeschichte 42), S. 165–185.

Gabbay, Dov M. u. John Woods (Hgg.): *Handbook of the History of Logic*, Bd. 2: *Mediaeval and Renaissance Logic*. Amsterdam u. Oxford 2008.

González, Atanasio: »The Theory of Assertoric Consequences in Albert of Saxony«, in: *Franciscan Studies* 18 (1958), S. 290–354; 19 (1959), S. 13–114.

Grass, Rainer: *Schlußfolgerungslehre in Erfurter Schulen des 14. Jahrhunderts. Eine Untersuchung der Konsequentientraktate von Thomas Maulfelt und Albert von Sachsen in Gegenüberstellung mit einer zeitgenössischen Position*. Amsterdam u. Philadelphia 2003. (= Bochumer Studien zur Philosophie 37).

Green-Pedersen, Niels J.: *The Tradition of the Topics in the Middle Ages. The Commentaries on Aristotle's and Boethius' »Topics«*. München u. Wien 1984.

Heidingsfelder, Georg: *Albert von Sachsen. Sein Lebensgang und sein Kommentar zur Nikomachischen Ethik des Aristoteles*. Münster i. W. 1921, 2. Aufl. 1927 (= Beiträge zur Geschichte der Philosophie des Mittelalters 22, 3–4).

Hülsen, C. Reinhard: *Zur Semantik anaphorischer Pronomina. Untersuchungen scholastischer und moderner Theorien*. Leiden u. a. 1994 (= Studien und Texte zur Geistesgeschichte des Mittelalters 41).

Jacobi, Klaus (Hg.): *Argumentationstheorie. Scholastische Forschungen zu den logischen und semantischen Regeln korrekten Folgerns*. Leiden u. a. 1993 (= Studien und Texte zur Geistesgeschichte des Mittelalters 38).

Kann, Christoph: »Zur Behandlung der dialektischen Örter bei Albert von Sachsen«, in: Jacobi 1993, S. 59–80.

–: *Die Eigenschaften der Termini. Eine Untersuchung zur* Perutilis logica *Alberts von Sachsen*. Leiden u.a. 1994 (= Studien und Texte zur Geistesgeschichte des Mittelalters 37).
–: »Zur Entwicklung der Topik im Spätmittelalter«, in: Leibold u. Löffler 1999, S. 163–178.
Karger, Elizabeth: »Une définition de la supposition par Guillaume d'Ockham et sa reprise par Albert de Saxe«, in: Biard 1991, S. 51–69.
Keffer, Hajo: »Wozu eine Formalisierung mittelalterlichen Gedankenguts? Darstellung anhand der Logiktraktate ›De Obligationibus‹«, in: Leibold u. Löffler 1999, S. 179–192.
–: De obligationibus. *Rekonstruktion einer spätmittelalterlichen Disputationstheorie*. Leiden u.a. 2001.
Kneepkens, C. H.: »Willem Buser of Heusden's Obligationes-Treatise ›Ob rogatum‹: A *Ressourcement* in the Doctrine of Logical Obligation?«, in: Jacobi 1993, S. 343–362.
Kretzmann, Norman u.a. (Hgg.): *The Cambridge History of Later Medieval Philosophy. From the Rediscovery of Aristotle to the Disintegration of Scholasticism 1100–1600*. Cambridge u.a. 1982.
Kretzmann, Norman (Hg.): *Meaning and Inference in Medieval Philosophy. Studies in Memory of Jan Pinborg*. Dordrecht u.a. 1988 (= Synthese Historical Library 32).
Lagerlund, Henrik: *Modal Syllogistics in the Middle Ages*. Leiden u.a. 2000 (= Studien und Texte zur Geistesgeschichte des Mittelalters 70).
Leibold, Gerhard u. Winfried Löffler (Hgg.): *Entwicklungslinien mittelalterlicher Philosophie*. [...]. Wien 1999 (= Schriftenreihe der Österreichischen Gesellschaft für Philosophie 3).
Libera, Alain de: *Der Universalienstreit. Von Platon bis zum Ende des Mittelalters*, übers. v. Konrad Honsel. München 2005.
Lohr, Charles H.: »Medieval Latin Aristotle Commentaries. Authors A–F«, in: *Traditio* 23 (1967), S. 313–413. (Zu Albert: S. 348–352. – Neue Buchausgabe in Vorbereitung.)
–: »Medieval Latin Aristotle Commentaries. Addenda et Corrigenda«, in: *Bulletin de philosophie médiévale* 14 (1972), S. 116–126. (Zu Albert: S. 117 f.)

Maier, Anneliese: »Mitteilungen zur deutschen Universitätsgeschichte aus Vatikanischen Codices Palatini«, in: *Quellen und Forschungen aus italienischen Archiven und Bibliotheken* 32 (1942), S. 189–206.

–: *Studien zur Naturphilosophie der Spätscholastik*, Bd. 4: *Metaphysische Hintergründe der spätscholastischen Naturphilosophie*. Roma 1955 (= Storia e Letteratura 52).

Meier-Oeser, Stephan: *Die Spur des Zeichens. Das Zeichen und seine Funktion in der Philosophie des Mittelalters und der frühen Neuzeit*. Berlin u. New York 1997 (= Quellen und Studien zur Philosophie 44).

Michael, Bernd: *Johannes Buridan: Studien zu seinem Leben, seinen Werken und zur Rezeption seiner Theorien im Europa des späten Mittelalters*, 2 Teile. Diss., Freie Universität Berlin 1985.

Muñoz García, Angel: »Albert of Saxony, Bibliography«, in: *Bulletin de philosophie médiévale* 32 (1990), S. 161–190.

–: »Cinco *nuevos* fragmentos anónimos de Alberto de Sajonia«, in: *Bulletin de philosophie médiévale* 33 (1991), S. 162–176.

Read, Stephen: »*Descensus copulatim:* Albert of Saxony vs. Thomas Maulfelt«, in: Biard 1991, S. 71–85.

Read, Stephen (Hg.): *Sophisms in Medieval Logic and Grammar. Acts of the Ninth European Symposium for Medieval Logic and Semantics, held at St Andrews, June 1990*. Dordrecht u. a. 1993 (= Nijhoff International Philosophy Series 48).

Read, Stephen: »The Liar Paradox from John Buridan back to Thomas Bradwardine«, in: *Vivarium* 40 (2002), S. 189–218.

Rieger, Reinhold: *Contradictio. Theorien und Bewertungen des Widerspruchs in der Theologie des Mittelalters*. Tübingen 2005 (= Beiträge zur historischen Theologie 133).

Sange, Herbert: *Bischof Albrecht III. von Halberstadt. Seine Herkunft, seine Laufbahn und seine Landfriedenspolitik*. Halle (Saale) 1932.

Sarnowsky, Jürgen: *Die aristotelisch-scholastische Theorie der Bewegung. Studien zum Kommentar Alberts von Sachsen zur Physik des Aristoteles*. Münster 1989 (= Beiträge zur Geschichte der Philosophie und Theologie des Mittelalters, N. F., 32).

Schupp, Franz: *Logical Problems of the Medieval Theory of Conse-*

quences. With the Edition of the Liber consequentiarum. Napoli 1988 (= History of Logic 6).

Thijssen, J. M. M. H.: »The Buridan School Reassessed. John Buridan and Albert of Saxony«, in: *Vivarium* 42 (2004), S. 18–42.

Thom, Paul: *The Syllogism*. München 1981 (= Analytica).

Weijers, Olga: *Le travail intellectuel à la Faculté des arts de Paris: textes et maîtres (ca. 1200–1500)*. I. *Répertoire des noms commençant par A–B*. Turnhout 1994 (= Studia artistarum 1). (Zu Albert: S. 47–53.)

Yrjönsuuri, Mikko (Hg.): *Medieval Formal Logic. Obligations, Insolubles and Consequences*. Dordrecht u.a. 2001 (= The New Synthese Historical Library 49).

Zalta, Edward N. (Hg.): *The Stanford Encyclopedia of Philosophy*, im Internet. (Siehe im »Table of Contents« unter »M« die diversen Einträge zu »Medieval Theories of« usw.)

DICTIONES ABBREVIATAE ET SIGNA

add.	addit
corr.	correctionem (ut in: ante/post corr.)
del.	delet
i.l.	infra lineam
i.m.	in margine
om.	omittit
s.	sed (ut in: om. s. add. i. m.)
s.l.	supra lineam
trsp.	transponit
/	sive (ut in: sic/sit)
?	an sic?
!	sic!

SIGLA MANUSCRIPTORUM ET IMPRESSORUM

A	Paris, BNF, FL 14715 (Nr. 21)
B	Bergamo, BC, MA 541 (Nr. 03)
C	Berkeley, UCB 101 (Nr. 04)
E	Erfurt, UB, CA Q 242 (Nr. 07)
F	Firenze, BML, Plut. XII sin. 6 (Nr. 08)
L	Leipzig, UB, 1367 (Nr. 11)
M	New York, CU, Plimpton 143 (Nr. 17)
N	Paris, BNF, FL 6670 (Nr. 20)
O	Pommersfelden, 236 (Nr. 24)
P	Praha, NK, IV. G. 4 (Nr. 27)
S	Stuttgart, WLB, HB X 3 (Nr. 29)
U	Città del Vaticano, BAV, Barb. lat. 265 (Nr. 32)
V	Città del Vaticano, BAV, Chigi E. VI. 191 (Nr. 33)
W	Città del Vaticano, BAV, Vat. lat. 3046 (Nr. 34)
X	Reimpressum (Hildesheim & New York 1974) impressi *Logicae* Venetiis 1522
Y	Reimpressum (Hildesheim & New York 1975) impressi *Sophismatum* cum *Insolubilibus* et *Obligationibus* Parisiis 1502
Z	Editor huius (HB)

ALBERT VON SACHSEN

LOGIK

Cap. I.0 ⟨PROOEMIUM DE DIVISIONE OPERIS⟩

A1ra L16rb O8ra Intentionis praesentis primo est pertractare de terminis tam primae quam secundae intentionis. Secundo de proprietatibus terminorum, sicut de suppositionibus, ampliationibus et appellationibus. Tertio de propositionibus tam de inesse quam modalibus. Quarto de consequentiis tam formalibus quam materialibus, sicut de conversionibus et aequipollentiis et de syllogismis et de consequentiis dialecticis. Quinto de argumentationibus sophisticis. Sexto de insolubilibus et obligationibus.

2 primo] ALOSX om. P pertractare] AOPS per- om. LX tam] LOPX om. AS 3 quam] LOPSX et A intentionis] ALOPSX etc. add. L 4 sicut] ALOPS scilicet X est add. S ampliationibus...appellationibus] LSX et huiusmodi AOP et huiusmodi add. S 5 de[2]] ALOPX om. S quam] ALOPSX de add. P 6 consequentiis...materialibus] LSX proprietatibus propositionum AOP 7 sicut...conversionibus] ALOPX om. S aequipollentiis...dialecticis] LX huiusmodi AOP om. S 8 de[1]] L om. X 9 sophisticis] LSX om. AOP insolubilibus...obligationibus] X trsp. ALOS et obligationibus] ALOSX om. P

VORREDE ZUR EINTEILUNG DES WERKS

Der Plan des vorliegenden Werks umfaßt erstens, die Terme sowohl erster als auch zweiter Intention abzuhandeln (= Tr. I). Zweitens die Eigenschaften der Terme, wie die Suppositionen, Ampliationen und Appellationen (= Tr. II). Drittens sowohl die assertorischen als auch die modalen Sätze (= Tr. III). Viertens sowohl die formalen als auch die materialen Folgerungen, wie die Konversionen, die Äquipollenzen, die Syllogismen und die dialektischen Folgerungen (= Tr. IV). Fünftens die sophistischen Argumentationen (= Tr. V). Sechstens die Insolubilien (= Tr. VI/1) und die Obligationen (= Tr. VI/2).

⟨TRACTATUS PRIMUS DE TERMINIS⟩

Quantum ad primum primo videndum est de terminis, qui verificabiles sunt de terminis primae et secundae intentionis vel impositionis indifferenter, sicut sunt isti termini *signum*, *terminus*, *subiectum*, *praedicatum*, *nomen*, *verbum* etc.

Secundo videndum est de terminis secundae intentionis, qui sunt verificabiles de terminis primae intentionis materialiter acceptis, sicut sunt quinque universalia.

Tertio videndum est de terminis primae intentionis significative acceptis, qui sunt verificabiles de pronominibus demonstrantibus res non ea ratione, qua sunt signa, sicut sunt decem praedicamenta.

⟨PARS PRIMA DE TERMINIS IN GENERALI, I.1–8⟩

Cap. I.1 ⟨Capitulum primum de termino *signum*⟩

Quantum ad primum primi primo videndum est de isto termino *signum*, qui est communior, quam sit hoc nomen *terminus*.

Sciendum est, quod hoc nomen *signum* accipitur uno modo, prout extendit se ad omne illud, quod apprehensum facit aliquid venire in cognitionem. Isto modo dicimus circulum pendentem ante tabernam esse signum vini et ita large accipiendo
A1rb *signum* non accipiebatur, quando dicebatur, quod termini

2 primo] om. O 4 vel impositionis] L om. AO indifferenter] om. L 6 secundae intentionis] LO om. A 8 quinque universalia] isti termini universalia genus species etc. L 9 significative acceptis] L om. AO 10 de] propositionibus add. L 11 decem] om. L 15 primi] om. LO primo] om. O videndum est] om. L dico O isto] LO om. A 16 hoc nomen] hic terminus L 18 Sciendum] verum O est] primo add. L signum] capitur dupliciter add. i.m. O

TRAKTAT I: DIE TERME

Was das erste anbelangt, so sind erstens die Terme zu untersuchen, die von Termen erster und zweiter Intention oder Imposition gleichermaßen verifizierbar[1] sind, wie z. B. die Terme »Zeichen«, »Term«, »Subjekt«, »Prädikat«, »Nomen«, »Verb« usw. (= Tr. I/1).

Zweitens müssen die Terme zweiter Intention untersucht werden, die von Termen erster Intention verifizierbar sind, wenn diese auf materiale Weise verwendet werden, welcherart die fünf Universalien (Prädikabilien) sind (= Tr. I/2).

Drittens müssen die Terme erster Intention in signifikativer Verwendung[2] untersucht werden, die von Pronomina verifizierbar sind, welche auf Dinge hinweisen, aber nicht deshalb, weil diese Dinge Zeichen sind; derart sind die zehn Prädikamente (Kategorien) (= Tr. I/3).

TRAKTAT I, TEIL I: DIE TERME IM ALLGEMEINEN (I.1–8)

Kapitel I.1: *Der Term »Zeichen«*

Was den ersten Teil des ersten Traktats anbelangt, so ist zunächst der Term »Zeichen« zu untersuchen, der allgemeiner ist als das Nomen »Term«.

Hier muß man wissen, daß das Nomen »Zeichen« auf eine Weise so verwendet wird, daß es sich auf all das erstreckt, was nach seiner Erfassung etwas (anderes) in den Sinn kommen läßt[3]. Auf diese Weise sagen wir, daß ein vor der Taverne hängender Faßreifen ein Zeichen für Wein ist. In diesem weiten Sinne wurde »Zeichen« nicht verwendet, als es hieß, daß

20 dicimus] dicemus O pendentem] om. O 21 et] om. O accipiendo] om. O
22 quando] dum L cum O

primae intentionis significative accepti sunt verificabiles de pronominibus demonstrantibus res, quae non sunt signa. Nec ita large volo uti hoc termino *signum* in sequentibus.

Secundo modo hoc nomen *signum* accipitur pro illo, quod apprehensum facit aliquid venire in cognitionem et cum hoc aptum natum est pro illo supponere in propositione vel aptum natum est addi illi in propositione vel pro illo, quod est compositum ex talibus. Exemplum primi, sicut sunt categoremata. Exemplum secundi, sicut sunt syncategoremata. Exemplum tertii, sicut sunt orationes. Et isto modo amplius intendo uti isto vocabulo *signum*. Et sic accepi *signum*, cum dixi, quod termini primae intentionis significative accepti sunt verificabiles de pronominibus demonstrantibus res, quae non sunt signa.

Cap. I.2 ⟨Capitulum secundum de termino *terminus*⟩

Dicto de isto termino *signum*, qui est communior, quam sit hic terminus *terminus*, videndum est modo de isto termino *terminus*.

Unde sciendum, quod quidam est terminus, qui est signum naturale illius, cuius est signum. Alius est terminus, qui est signum alicuius ad placitum institutum. Terminus, qui est naturale signum, vocatur terminus mentalis seu terminus, qui est in anima, qui est aptus natus ingredi propositionem mentalem, sicut est similitudo naturalis ipsius lapidis, quae est in anima, vel ipsius hominis. Et tales termini sunt consimiles apud omnes. Unde similitudo, quae est naturaliter significativa vel repraesentativa ipsius lapidis et est in mente unius Graeci,

1 primae] impositionis add. s. del. A 3 termino] nomine LO 7 vel pro] LO et A 10 orationes] etc. add. O 11 accepi] accipiendo L cum] ut L dixi] verum est add. L 13 signa] Sequitur add. L 15 sit] O om. AL 16 videndum] dicendum LO terminus[3]] et add. O 20 alicuius] LO om. A 21 vocatur] iste qui est add.L et est add. O 23 ipsius] om. O 24 vel] L *lectio incerta* A vel…omnes] om. s. add. i.m. O 25 significativa vel] om. LO 26 repraesentativa] ipsius hominis vel add. L ipsius] om. O

Terme erster Intention in signifikativer Verwendung von Pronomina verifizierbar sind, die auf Dinge hinweisen, welche keine Zeichen sind; und in einem derart weiten Sinne will ich den Term »Zeichen« auch im folgenden nicht verwenden.

Auf eine zweite Weise wird das Nomen »Zeichen« verwendet für das, was nach seiner Erfassung etwas (anderes) in den Sinn kommen läßt und darüber hinaus geeignet ist, in einem Satz dafür zu supponieren[4], oder geeignet ist, in einem Satz einem solchen (Zeichen) hinzugefügt zu werden, oder für das, was aus derartigem zusammengesetzt ist. Ein Beispiel für das erste sind die Ausdrücke mit selbständiger Bedeutung, ein Beispiel für das zweite sind die Ausdrücke ohne selbständige Bedeutung und ein Beispiel für das dritte sind die Ausdrucksfolgen. In diesem Sinne werde ich das Wort »Zeichen« im weiteren verwenden. Und so habe ich »Zeichen« auch verwendet, als ich sagte, daß Terme erster Intention in signifikativer Verwendung von Pronomina verifizierbar sind, die auf Dinge hinweisen, welche keine Zeichen sind.

Kapitel I.2: *Der Term »Term«*

Nach den Ausführungen über den Term »Zeichen«, der allgemeiner ist als der Term »Term«, muß jetzt der Term »Term« untersucht werden.

So muß man wissen, daß es eine Art von Termen gibt, die natürliche Zeichen dessen sind, wovon sie Zeichen sind. Eine andere Art von Termen gibt es, die konventional eingesetzte Zeichen von etwas sind. Ein Term, der ein natürliches Zeichen ist, heißt »mentaler Term« oder »Term, der in der Seele ist«; ein solcher ist geeignet, in einen mentalen Satz einzugehen, wie z. B. die natürliche Ähnlichkeit eines Steins, die in der Seele ist, oder eines Menschen. Und solche Terme sind bei allen (Menschen) gleich. So ist die Ähnlichkeit, die auf natürliche Weise einen Stein bezeichnet oder repräsentiert und im Geiste eines

est similis similitudini naturali ipsius lapidis, quae est in mente unius Latini. Ex quo sequitur terminos mentales non esse aequivocos. Terminus autem, qui est signum ad placitum institutum, est talis terminus, qui hoc significat ex impositione voluntaria, quod aliquis terminus, qui est terminus mentalis seu qui est signum naturale, significat naturaliter, ut est termi- O8rb nus vocalis vel scriptus, sicut hic terminus vocalis vel scriptus *homo*. Et iste terminus, qui hoc significat ad placitum, quod unus terminus mentalis significat naturaliter, dicitur illi termino mentali esse subordinatus in significando. Non quod significet illum terminum mentalem, sed quia significat hoc ex impositione, quod ille terminus mentalis significat naturaliter. Nec illi termini, qui sunt ad placitum instituti, sunt iidem apud omnes. Unde Graeci non habent consimiles terminos vocales sicut Latini nec similiter scriptos. Unde quod apud Latinos vocatur *homo*, apud Graecos vocatur *anthropos*. Et similiter L16va termini vocales non sunt consimiles apud Gallicos et Alemannos.

Hic dubitatur, unde est, quod aliqui termini ad placitum instituti vocantur *nomina* et quidam *verba*. Respondetur, quod ratio originalis huius non est alia, nisi quod illi termini, quos dicimus *nomina*, subordinantur terminis mentalibus, qui naturaliter significant sine tempore. Et ergo, quod aliquis terminus mentalis est nomen, hoc est naturaliter, sed quod aliquis terminus ad placitum institutus est nomen, hoc non est naturaliter, sed ad placitum. Et similiter illi termini ad placitum instituti dicuntur *verba*, qui sunt subordinati terminis mentalibus, qui A1va naturaliter significant cum tempore. Et tales termini mentales

3 aequivocos] et add. O autem] L om. AO 4 talis] om. O impositione] im- om. L 6 naturaliter] om. O 7 vocalis[2]] homo O vel[2]] et O hic terminus add. O 9 unus] alius add. LO 10 esse] LO om. A 11 mentalem] LO om. A 13 qui] om. L 15 sicut] habent add. L similiter] om. O Unde…anthropos] om. O 16 Et…Alemannos] LPSX om. AO 17 vocales] PSX om. L 20 et quidam] alii autem L aliqua O 21 non] om. O alia] aliud L om. O nisi] om. O quod] quia LO 22 dicimus] esse add. L 23 Et] om. O 26 Et] om. O 28 mentales] LO om. A

Griechen ist, ähnlich der natürlichen Ähnlichkeit eines Steins, die im Geiste eines Lateiners ist. Daraus folgt, daß mentale Terme nicht äquivok[5] sind. Ein Term hingegen, der ein konventional eingesetztes Zeichen ist, ist ein solcher Term, der aufgrund einer willentlichen Einsetzung das bezeichnet, was ein bestimmter Term, der ein mentaler Term bzw. ein natürliches Zeichen ist, auf natürliche Weise bezeichnet; derart ist ein gesprochener oder geschriebener Term, wie z. B. der gesprochene oder geschriebene Term »Mensch«. Und von dem Term, der konventional das bezeichnet, was ein mentaler Term auf natürliche Weise bezeichnet, sagt man, daß er jenem mentalen Term in seiner Zeichenfunktion untergeordnet ist. Nicht daß er jenen mentalen Term bezeichnete, sondern weil er aufgrund einer Einsetzung das bezeichnet, was jener mentale Term auf natürliche Weise bezeichnet. Und jene Terme, die konventional eingesetzt sind, sind auch nicht bei allen (Menschen) dieselben. So haben die Griechen weder die gleichen gesprochenen noch die gleichen geschriebenen Terme wie die Lateiner. So heißt das, was bei den Lateinern »homo« (Mensch) heißt, bei den Griechen »anthropos«. Und ebenso sind die gesprochenen Terme bei den Franzosen und bei den Deutschen nicht gleich.

Hier fragt es sich, woher es kommt, daß manche konventional eingesetzte Terme »Nomina« und manche »Verben« genannt werden. Antwort: Der ursprüngliche Grund dafür ist kein anderer, als daß jene Terme, die wir »Nomina« nennen, mentalen Termen untergeordnet werden, die auf natürliche Weise ohne Zeit bezeichnen. Es ist also auf natürliche Weise der Fall, daß ein mentaler Term ein Nomen ist, aber daß ein konventional eingesetzter Term ein Nomen ist, ist nicht auf natürliche Weise, sondern aufgrund von Konvention der Fall. Ebenso werden jene konventional eingesetzten Terme »Verben« genannt, die mentalen Termen untergeordnet sind, welche auf natürliche Weise mit Zeit bezeichnen. Und solche mentalen Terme sind auf natürliche Weise Verben und nicht

naturaliter sunt verba et non ad placitum. Termini autem ad placitum instituti verbis mentalibus subordinati non sunt verba naturaliter, sed ad placitum. Unde ad placitum erat primi imponentis, quod tales terminos vocales vel scriptos talibus terminis mentalibus subordinavit. Unde iste terminus *homo* ante impositionem eius nec fuit nomen nec verbum nec fuit alicuius partis orationis, sicut nec modo iste terminus *bu*, sed post impositionem. Postquam impositus erat et subordinatus in significando huic termino mentali *homo*, dicebatur *nomen* et non prius. Et si fuisset subordinatus huic termino mentali *amo*, iam hic terminus *homo* esset verbum et non nomen. Ante eius impositionem enim fuit liber ad hoc, quod cuiuscumque partis orationis fieret pars, et quia placuit impositori ipsum subordinare huic termino mentali *homo*, iam dicimus ipsum esse nomen et non verbum. Et similiter, si hic terminus vocalis vel scriptus *amo* fuisset sic impositus, quod fuisset subordinatus huic termino mentali *homo*, iam hic terminus vocalis vel scriptus *amo* esset nomen et non verbum.

Ex isto potest concludi, quod causa originalis, quare unum constructibile ad placitum institutum regit aliud, sicut dicendo »Sortes currit«, hoc verbum *currit* regit istum nominativum *Sortes* positum a parte ante, et non est alia causa, nisi quia ista constructibilia ad placitum instituta sunt subordinata constructibilibus mentalibus, quae sic se habent ex eorum natura in constructione mentali.

Ex quo infero, quod omne regimen grammaticale, quod sit inter constructibilia ad placitum instituta, merito debet vocari

1 autem] LO om. A 3 erat] LO erant A 5 talibus] aliis L om. O et aliis P subordinavit] AO subordinatur L subordinat P 6 verbum nec] LO om. A 7 fuit] om. LO bu] buba L bub O 8 Postquam…erat] om. O et] quando O subordinatus] fuit add. O 10 prius] si add. s. del. O 11 hic…homo] LO om. A homo] non? add. s. del. O 12 eius] L om. AO 13 orationis] per add. A impositori] imponenti L 14 subordinare] subordinari O mentali] LO om. A homo] ergo add. L ipsum esse] quod hic terminus homo ad placitum institutus est LO 15 hic] om. O vocalis…scriptus] om. L 20 aliud] om. O sicut] hic add. AL dicendo] om. L 22 ante] om. O et] om. O alia causa] aliud L 26 sit] est O 27 vocari] appellari LO

aufgrund von Konvention. Hingegen sind konventional eingesetzte Terme, die mentalen Verben untergeordnet sind, nicht auf natürliche Weise Verben, sondern aufgrund von Konvention. So oblag es dem Belieben des ersten Einsetzers, daß er solche gesprochenen oder geschriebenen Terme solchen mentalen Termen unterordnete. So war der Term »Mensch« vor seiner Einsetzung weder ein Nomen noch ein Verb noch gehörte er überhaupt zu irgendeinem Redeteil, so wie es jetzt auf den Term »Bu« zutrifft, sondern erst nach der Einsetzung. Nachdem er eingesetzt und in seiner Zeichenfunktion dem mentalen Term »Mensch« untergeordnet worden war, wurde er »Nomen« genannt, und nicht vorher. Und wenn er dem mentalen Term »ich liebe« untergeordnet worden wäre, so wäre der Term »Mensch« jetzt ein Verb und nicht ein Nomen. Vor seiner Einsetzung war er nämlich offen für die Zuteilung zu einem beliebigen Redeteil, und weil es dem Einsetzer gefiel, ihn dem mentalen Term »Mensch« unterzuordnen, sagen wir jetzt, daß er ein Nomen ist und nicht ein Verb. Ebenso, wenn der gesprochene oder geschriebene Term »ich liebe« so eingesetzt worden wäre, daß er dem mentalen Term »Mensch« untergeordnet worden wäre, so wäre der gesprochene oder geschriebene Term »ich liebe« jetzt ein Nomen und nicht ein Verb.

Daraus kann man schließen, daß der ursprüngliche Grund, weshalb ein konventional eingesetztes (grammatisches) Konstruktionselement ein anderes regiert – so wie wenn man sagt »Sokrates läuft«, das Verb »läuft« den vor ihm stehenden Nominativ »Sokrates« regiert –, kein anderer ist, als daß diese konventional eingesetzten Konstruktionselemente mentalen Konstruktionselementen untergeordnet sind, welche sich aufgrund ihrer Natur in der mentalen Konstruktion so verhalten.

Daraus folgere ich, daß jede grammatische Rektion, die zwischen konventional eingesetzten Konstruktionselementen besteht, als solche billig kraft des Begriffs bzw. kraft des men-

ex vi conceptus seu ex vi constructibilis mentalis, cui constructibile regens subordinatur in significando.

Similiter ex isto sequitur, quod causa originalis, quare una constructio ex constructibilibus ad placitum institutis est congrua et alia incongrua, non est alia, nisi quia illa, quam dicimus esse congruam, subordinatur uni constructioni mentali congruae, et illa, quam dicimus esse incongruam, subordinatur uni constructioni mentali incongruae. Unde sicut terminus subordinatur termino, ita oratio orationi.

O8va Secundo dubitatur, utrum alicui de novo addiscenti significationes terminorum aliquis terminus vocalis sit primo significans. Et arguitur primo, quod non. Nam sit iste terminus A, quem tu dicis tibi primo fuisse significantem. Tunc arguitur sic: Tu non semper scivisti significationem huius termini A, ergo aliquando didicisti. Sit ergo, quod a Sorte patre tuo. Tunc sic: Sortes non poterat te docere significationem istius termini A, nisi mediate sermone. Per illum autem sermonem non potuisses venisse in cognitionem significationis ipsius A, nisi illum sermonem intellexisses, et si sic, tunc A non erat tibi terminus significans primo, quod erat probandum. In oppositum arguitur, quia aliter esset processus in infinitum a parte ante in terminis significativis tibi notis, si nullus fuisset tibi primo significans.

Respondetur, quod aliquis fuit primus, et quando dicebatur »Sit ille A«, admitto, et quando dicebatur »Igitur significationem istius termini A didicisti«, admitto. Tamen non sic, quod

1 mentalis] om. O 3 sequitur…originalis] patet L originalis] est add. O 4 institutis] LO instituta A 5 alia[2]] om. O quia illa] illam L 6 esse] uni orationi mentali incongruae add. s. del. O congruam] congrua O constructioni] O orationi A om. L 7 illa] illam L subordinatur…constructioni] LO om. A 8 mentali] om. L 11 aliquis] LO om. A vocalis] om. L primo] primario O 12 primo] om. O non] om. s. add. s.l. O 13 primo] om. O fuisse significantem] significante! O 16 poterat] potest O 18 significationis] LO om. A ipsius] om. O 19 illum] LO om. A tunc] ergo O 20 terminus] L om. A erat] fuit LO 21 quia] quod O 22 tibi[2]] om. O 23 primo significans] L primus AO 25 Sit…dicebatur] om. O 26 istius] L om. A admitto] sed add. O

talen Konstruktionselements genannt werden muß, welchem das regierende Konstruktionselement in seiner Zeichenfunktion untergeordnet wird.

Ebenso folgt daraus, daß der ursprüngliche Grund, weshalb eine Konstruktion aus konventional eingesetzten Konstruktionselementen kongruent ist und eine andere inkongruent, kein anderer ist, als daß jene Konstruktion, die wir »kongruent« nennen, einer kongruenten mentalen Konstruktion untergeordnet wird, und jene, die wir »inkongruent« nennen, einer inkongruenten mentalen Konstruktion untergeordnet wird. Wie ein Term einem Term untergeordnet wird, so auch eine Termfolge einer Termfolge.

Zweitens fragt es sich, ob es für jemanden, der die Bezeichnungen der Terme erstmals erlernt, irgendeinen gesprochenen Term gibt, der ihm als erster etwas bezeichnet. Zuerst wird argumentiert, daß es einen solchen Term nicht gibt: Denn es sei der Term, von dem du sagst, daß er dir als erster etwas bezeichnet hätte, A. Dann wird so argumentiert: Du hast nicht immer die Bezeichnung des Terms A gewußt, also hast du sie irgendwann gelernt. Nehmen wir also an, von deinem Vater Sokrates. Dann so: Sokrates konnte dich die Bezeichnung des Terms A nur mittels einer Rede lehren. Durch jene Rede aber hättest du die Kenntnis der Bezeichnung von A nur erlangen können, wenn du jene Rede verstanden hättest, und wenn das der Fall ist, dann war A nicht der Term, der dir als erster etwas bezeichnet hat, was zu beweisen war. – Argument für das Gegenteil: Sonst gäbe es ein Fortschreiten ins Unendliche auf seiten des Früheren bei den dir bekannten signifikativen Termen, wenn es keinen gegeben hätte, der dir als erster etwas bezeichnet hat.

Antwort: Irgendein Term war der erste, und wenn es hieß »Es sei jener A«, so lasse ich das zu, und wenn es hieß »Also hast du die Bezeichnung des Terms A gelernt«, so lasse ich das zu. Jedoch nicht auf die Weise, daß jemand sagte »Du mögest

aliquis diceret »Scias istum terminum A hoc significare«, sed isto modo, quia forte vidi et audivi, quod Plato proferebat istum terminum A et Sortes sibi dabat unam rem nominatam A1vb hoc nomine A, cogitabam, quod A esset nomen significativum illius rei. Verbi gratia, si ignoro proprium nomen alicuius, puta Ciceronis, et Sortes vocando Ciceronem clamet »Cicero« et Cicero accedat ad eum, cogito, quod ly *Cicero* sit nomen illius. Et sic pueri primo discunt terminos significare, iunior audiens L16vb seniorem postulare panem a matre videns, quod mater dat sibi panem, assuescit sic similiter loqui, cum pane indiget.

Tertio dubitatur, utrum terminis mentalibus et similiter vocalibus et scriptis, postquam impositi sunt ad significandum, accidat esse signum. Probatur, quod sic, quia eis accidit, quod faciant aliquid venire in cognitionem et ad memoriam reducant, ergo accidit eis esse signum. Consequentia tenet ex primo capitulo. Oppositum probatur, primo de terminis mentalibus, quia homine dormiente vel non actu considerante termini mentales non faciunt aliquid venire in cognitionem eius nec ad memoriam eius aliquid reducunt, et similiter nec termini scripti in libro clauso, similiter nec termini vocales homine non advertente.

Potest dici uno modo, quod non semper accidit terminis mentalibus et similiter vocalibus et scriptis post impositionem et stante impositione esse signum, hoc est, quod aliquando sunt

1 hoc...A] LO om. A 4 A[1]...alicuius] om. O nomen significativum] L nullum signum A 5 proprium] L om. A alicuius] rei add. L 6 Ciceronis] et Sortis add. A Herdegni O Sortes vocando] AL Sorte vocante O sic add. LO Ciceronem] Herdegno O clamet] clamat LO Cicero] Herdegne O et[2]] si add. O 7 Cicero[1]] Herdegnus O accedat] accedit O ly] L om. AO Cicero[2]] Herdegnus O illius] eius LO 8 Et] LO om. A primo] in principio L discunt] ad- add. L terminos significare] AL significationes terminorum O iunior] autem add. AO 9 seniorem] seniores L videns] LO videt A mater] LO om. A 10 similiter] LO om. A 12 sunt] sint O 14 faciant] faciunt O et...reducant] om. O 15 ex] per definitionem signi positam in L 16 Oppositum] Z antecedens AB1vaE2rLM1vbN3vOPSU2rbW4rbX 17 vel] LO et A 18 nec] LO ut A ad] in O 19 et] om. LO 20 in] om. LO similiter] LO om. A termini] termino! O 21 advertente] AB1vbM1vbN3vOPU2rbW4va audiente E2rLSX Ad hoc add.

wissen, daß der Term A das bezeichnet«, sondern auf die Weise: Weil ich vielleicht gesehen und gehört habe, daß Platon den Term A äußerte und Sokrates ihm ein Ding gab, das vom Namen A benannt wird, dachte ich, daß A ein Name wäre, der jenes Ding bezeichnet. Z. B., wenn ich jemandes Eigennamen nicht kenne, sagen wir Ciceros, und Sokrates, der Cicero herbeirufen will, rufe »Cicero!« und Cicero gehe zu ihm hin, dann denke ich, daß das Wort »Cicero« der Name jener Person sei. Und auf diese Weise lernen die Knaben zuerst, daß die Terme bezeichnen: Der Junge, der den Alten von der Mutter Brot verlangen hört und sieht, daß die Mutter diesem Brot gibt, gewöhnt sich daran, auch so zu reden, wenn er Brot braucht.

Drittens fragt es sich, ob es den mentalen und ebenso den gesprochenen und geschriebenen Termen, nachdem sie zum Bezeichnen eingesetzt worden sind, zukommt, Zeichen zu sein. Beweis, daß dem so ist: Es kommt ihnen zu, daß sie etwas in den Sinn kommen lassen und ins Gedächtnis zurückrufen, also kommt es ihnen zu, daß sie Zeichen sind. Die Folgerung ist gültig aufgrund des ersten Kapitels. Beweis für das Gegenteil, erstens hinsichtlich der mentalen Terme: Wenn ein Mensch schläft oder gerade keine Betrachtungen anstellt, dann lassen die mentalen Terme nicht etwas in seinen Sinn kommen noch rufen sie etwas in sein Gedächtnis zurück, ebenso nicht die geschriebenen Terme in einem geschlossenen Buch, ebenso nicht die gesprochenen Terme, wenn jemand nicht aufmerksam ist.

Man kann auf eine Weise sagen, daß es den mentalen und ebenso den gesprochenen und geschriebenen Termen nach der Einsetzung – und wenn diese Einsetzung noch besteht – nicht immer zukommt, daß sie Zeichen sind, d. h., daß sie manchmal

B non faciunt aliquid venire in cognitionem et postea homine actualiter considerante vel advertente faciunt aliquid venire in cognitionem ergo potest ergo dici quod accidit eis esse signum add. M Respondetur quod add. U vel non advertente faciunt venire aliquid in cognitionem igitur accidit eis esse signum add. X 22 semper] Z om. ALOPSX accidit] accidat O 23 mentalibus…similiter] Z om. AE2rLOPSX et[2]] LO vel A 24 quod] om. O

signa et aliquando non. Et quando dicebatur »Eis accidit post impositionem, quod aliquid faciant venire in cognitionem, igitur accidit eis esse signum«, negatur consequentia. Et quando dicebatur »Per dicta in capitulo primo«, dico, quod ibi non dicebatur solum hoc esse signum, quod facit aliquid venire in cognitionem, sed dicebatur, quod hoc est signum, quod apprehensum facit aliquid venire in cognitionem. Modo quamvis termini mentales, vocales vel scripti non semper faciant aliquid venire in cognitionem nec semper aliquid reducant ad memoriam, tamen quia sic se habent, quod quando apprehenduntur, ducunt aliquid ad memoriam, sequitur ipsos semper esse signa.

Si quis autem diceret solum hoc esse signum, quod facit aliquid venire in cognitionem, non apponendo ly *apprehensum*, haberet dicere, quod terminis mentalibus esse signum accidit non semper, eo quod aliquando intellectui repraesentant aliquid, sicut quando intellectus intelligit eis mediantibus, et O8vb aliquando nihil intellectui repraesentant, ut quando intellectus non actu intelligit per eos. Sic etiam terminis vocalibus et scriptis post impositionem non semper accidit, quod sunt signa, eo quod non semper accidit eis, quod aliquid intellectui repraesentant, aliquando enim intellectui repraesentant aliquid et aliquando non. Et secundum hoc deberet concedi, quod praedicti termini non dicuntur signa, nisi quando actu intellectui aliquid repraesentant vel ad memoriam reducunt. Secundum hoc haberet concedi, quod in biblia clausa et nullo legenti in ea

1 et] om. O dicebatur] LO dicitur A 2 quod…signum] LO etc. A faciant] L faciunt O 4 dicebatur] L dicitur A probatur O 5 facit] faciat L 6 in cognitionem] L etc. A in notitiam O dicebatur quod] LO om. A est] esset O signum] quod add. s. del. L quod[2]] est add. L cum add. O 7 cognitionem] sui notitiam O Modo…cognitionem] om. L 8 vel] om. O faciant] O faciunt A 9 aliquid[2]] LO om. A 10 quod] om. O quando] cum O 11 ducunt] faciunt et reducunt O ipsos semper] L ipsa A eos semper O 12 signa] ALPSX signum O alia responsio add. S 13 solum hoc] LOPX trsp. AS 14 venire…cognitionem] LO etc. A cognitionem] et add. ALO apponendo] LO aspiciendo A quod add. A ly] LO om. A quod add. L 15 accidit] accideret O 16 non semper] Z om.

Zeichen sind und manchmal nicht. Und wenn es hieß »Es kommt ihnen nach der Einsetzung zu, daß sie etwas in den Sinn kommen lassen, also kommt es ihnen zu, daß sie Zeichen sind«, so wird die Folgerung abgelehnt. Und wenn es hieß »gemäß den Ausführungen im ersten Kapitel«, so sage ich, daß dort nicht nur gesagt wurde, daß das ein Zeichen sei, was etwas in den Sinn kommen läßt, sondern es wurde gesagt, daß das ein Zeichen ist, was *nach seiner Erfassung* etwas in den Sinn kommen läßt. Obwohl nun die mentalen, gesprochenen oder geschriebenen Terme nicht immer etwas in den Sinn kommen lassen und nicht immer etwas ins Gedächtnis zurückrufen, so folgt doch daraus, daß sie sich so verhalten, daß sie im Falle der Erfassung etwas ins Gedächtnis rufen, daß sie immer Zeichen sind.

Wenn aber jemand nur sagte, daß das ein Zeichen sei, was etwas in den Sinn kommen läßt, ohne Hinzufügung des Ausdrucks »nach der Erfassung«, dann müßte er sagen, daß es den mentalen Termen nicht immer zukommt, Zeichen zu sein, weil sie manchmal dem Verstand etwas repräsentieren, z. B. wenn der Verstand mittels ihrer vorstellt, und manchmal dem Verstand nichts repräsentieren, wie wenn der Verstand nicht aktuell durch sie vorstellt. So kommt es auch den gesprochenen und geschriebenen Termen nach der Einsetzung nicht immer zu, daß sie Zeichen sind, weil es ihnen nicht immer zukommt, daß sie dem Verstand etwas repräsentieren, manchmal nämlich repräsentieren sie dem Verstand etwas und manchmal nicht. Und demgemäß müßte er zugeben, daß die vorgenannten Terme nur dann »Zeichen« genannt werden, wenn sie dem Verstand aktuell etwas repräsentieren oder ins Gedächtnis zurückrufen. Demgemäß müßte er zugeben, daß in einer geschlossenen Bibel, in der niemand liest, weder wahre

ALOPSX aliquando] om. L aliquid] om. O 17 quando] LO quandocumque A 18 intellectui] LO om. A ut] aliud? O 20 non semper] Z om. ALOPSX sunt] sint O 21 non semper] Z om. ALOPSX 22 enim...aliquid] LO om. A 23 deberet] haberet O 24 dicuntur] sunt O 25 Secundum] LO sed A 26 haberet] habet O

nec sunt propositiones verae nec falsae nec sunt aliqua signa ex eo, quod scriptum in biblia ipsa clausa intellectui nihil significat. Propositio autem est, quod significat aliquid de aliquo vel aliquid ab aliquo. Et secundum hoc etiam diceretur, quod intentio seu terminus mentalis est bene naturale instrumentum, quo anima vel animatum comprehendit naturaliter, quando actualiter illa intentione movetur, ut comprehendat. Secundum hoc etiam concedendum est, quod non semper intentio animae est signum naturale rei, sed solum quando intellectus mediate ea actualiter ducitur ad memoriam et intellectionem illius, cuius est signum.

Quarto dubitatur, utrum res sint significativae terminorum, sicut termini sunt significativi rerum. Respondetur, quod sic, A2ra quia res apprehensae aliquando ita faciunt venire intellectum in cognitionem terminorum et reducunt ita terminos ad memoriam, sicut termini apprehensi reducunt ad memoriam res, quas significant. Ergo res ita bene possunt significare ipsos terminos, sicut termini res. Consequentia tenet ex primo capitulo. Antecendens declaratur, quando enim video Sortem, quem scio per istum terminum *Sortes* significari, ita bene intellectus meus fertur in istum terminum *Sortes*, sicut quando audio vocari istum terminum *Sortes* fertur in cognitionem ipsius Sortis.

Sed tu diceres, si res significant terminos, vel ergo significant eos ad placitum vel naturaliter. Dico, quod res significatae per terminos mentales possunt significare terminos mentales naturaliter. Sed res significatae per terminos ad placitum institutos possunt significare terminos, per quos significantur, ad placi-

2 ipsa] LOP om. A intellectui nihil] nulli aliquid LO 6 vel] LO et A naturaliter] LO om. A 7 intentione movetur] L intentio movet A intentio movetur O 10 actualiter] L om. AO 12 significativae] signa O 13 sunt significativi] LO om. A 14 ita] LO om. A 17 ipsos] om. O 18 res] ipsas L 19 declaratur] probatur O quando enim] quia enim L quia cum O 20 Sortes] LO om. A 21 meus] LO om. A in] ad O 22 vocari] nominare LO Sortes] et tunc add. O 24 tu] om. L ergo] L om. AOP significant eos] O om. AL 25 quod…significatae] res significare LO 26 possunt] significari et add. L

noch falsche Sätze sind noch irgendwelche Zeichen, weil das in der Bibel Geschriebene, wenn diese geschlossen ist, dem Verstand nichts bezeichnet. Ein Satz ist aber etwas, das etwas von etwas affirmativ oder negativ bezeichnet. Und demgemäß würde man auch sagen, daß eine Intention[6] bzw. ein mentaler Term sehr wohl ein natürliches Werkzeug ist, durch das die Seele oder das Beseelte auf natürliche Weise begreift, wenn es aktuell durch jene Intention zum Begreifen bewegt wird. Demgemäß muß man auch zugeben, daß eine Intention der Seele nicht immer ein natürliches Zeichen eines Dinges ist, sondern nur dann, wenn der Verstand mittels ihrer aktuell zur Erinnerung und Vorstellung dessen geführt wird, wovon sie Zeichen ist.

Viertens fragt es sich, ob die Dinge die Terme ebenso bezeichnen, wie die Terme die Dinge bezeichnen. Antwort: Ja, weil es manchmal ebenso der Fall ist, daß die Dinge nach ihrer Erfassung den Verstand zur Vorstellung der Terme veranlassen und die Terme ins Gedächtnis zurückrufen, wie die Terme nach ihrer Erfassung die Dinge, die sie bezeichnen, ins Gedächtnis zurückrufen. Also können die Dinge ebenso gut die Terme bezeichnen, wie die Terme die Dinge. Die Folgerung ist gültig aufgrund des ersten Kapitels. Erklärung des Vordersatzes: Wenn ich nämlich Sokrates sehe, von dem ich weiß, daß er von dem Term »Sokrates« bezeichnet wird, so richtet sich mein Verstand ebenso gut auf den Term »Sokrates«, wie er zum Denken an Sokrates gebracht wird, wenn ich den Term »Sokrates« rufen höre.

Einwand: Wenn die Dinge die Terme bezeichnen, so bezeichnen sie sie entweder konventional oder natürlich. Antwort: Die Dinge, die von mentalen Termen bezeichnet werden, können die mentalen Terme auf natürliche Weise bezeichnen. Aber die Dinge, die von konventional eingesetzten Termen bezeichnet werden, können die Terme, von denen sie bezeichnet werden, konventional und aufgrund der Einsetzung be-

tum et ex impositione, non tamen quod res sint impositae ad significandum terminos, sed quia termini sunt impositi ad placitum ad significandum res. Ergo sicut fuit ad placitum, quod tales res significarentur per tales terminos, ita erat ad placitum tales res significare tales terminos. Nihilominus, quamvis res significent terminos, per quos significantur, tamen non sunt aptae natae pro eis supponere in propositione mentali, vocali vel scripta, et ideo non sunt signa eorum secundo modo accipiendo *signum*, quamvis bene sint signa terminorum primo modo accipiendo *signum*, quae distinctio signi posita est in primo capitulo.

Quinto dubitatur, quare voces et scripta magis imponimus ad significandum res quam alias qualitates, sicut est odor, caliditas, frigiditas etc. Respondetur, quod hoc non est magis naturale vocibus et scriptis quam aliis qualitatibus, sed ideo fit hoc, quia facere voces et scripta est magis in potestate nostra quam facere alias qualitates. Et ideo, quia sunt nobis promptiora ad exprimendum mentis conceptum, ergo talia sunt impo-
L17ra sita ad significandum res et non aliae qualitates.

Cap. I.3 ⟨Capitulum tertium de terminis categorematicis et syncategorematicis⟩

Terminorum tam significativorum naturaliter quam significativorum ad placitum quidam sunt categorematici et quidam syncategorematici.

1 et ex] et? del. O ex add. s.l. O 3 Ergo] LO ita A 4 significarentur] LO significantur A 6 significent] significant LO 7 aptae natae] apti nati O 8 eorum] terminorum LO 10 accipiendo signum] LO om. A distinctio] LO definitio A posita est] ponebatur LO 12 magis] non L 13 sicut…etc] LO om. A est] L om. O odor] L odores O 16 facere] factio O voces] vocis O scripta] scriptum O 17 facere] factio O alias qualitates] aliarum qualitatum O 18 conceptum] quia ea facere magis in potestate nostra est add. L sequitur quod earum factio est magis in potestate nostra add. O ergo…qualitates] om. O 19 res] om. L qualitates] Sequitur ergo terminorum tam significativorum naturaliter quam add. L 22 significativorum^{2}] LO om. A

zeichnen; jedoch nicht deswegen, weil die Dinge zur Bezeichnung von Termen eingesetzt worden wären, sondern weil die Terme zur Bezeichnung von Dingen konventional eingesetzt worden sind. Also: Wie es eine Sache der Festsetzung war, daß solche Dinge durch solche Terme bezeichnet werden, so war es auch eine Sache der Festsetzung, daß solche Dinge solche Terme bezeichnen. Trotzdem gilt: Obwohl die Dinge die Terme bezeichnen, von denen sie bezeichnet werden, so sind sie doch nicht geeignet, für sie in einem mentalen, gesprochenen oder geschrieben Satz zu supponieren. Deshalb sind sie keine Zeichen von ihnen gemäß der zweiten Verwendungsweise von »Zeichen«, obwohl sie sehr wohl Zeichen der Terme gemäß der ersten Verwendungsweise von »Zeichen« sind; diese Unterscheidung des Zeichens wurde im ersten Kapitel festgelegt.

Fünftens fragt es sich, weshalb wir eher Laute und Schriftzeichen zur Bezeichnung von Dingen einsetzen als andere Qualitäten, wie z. B. Duft, Wärme, Kälte usw. Antwort: Dies ist den Lauten und Schriftzeichen nicht natürlicher als anderen Qualitäten, sondern dies geschieht deshalb, weil es eher in unserer Macht steht, Laute und Schriftzeichen zu erzeugen, als andere Qualitäten zu erzeugen. Weil uns solche Dinge zum Ausdruck eines mentalen Begriffs leichter verfügbar sind, sind sie also zur Bezeichnung der Dinge eingesetzt worden und nicht andere Qualitäten.

Kapitel I.3:
Die kategorematischen und die synkategorematischen Terme

Von den Termen, und zwar sowohl von den auf natürliche Weise bezeichnenden als auch von den konventional bezeichnenden, sind einige kategorematisch und einige synkategorematisch.

Terminus categorematicus dicitur, qui significative acceptus O9ra potest esse subiectum vel praedicatum vel pars subiecti vel pars praedicati propositionis categoricae, verbi gratia sicut sunt isti termini *homo*, *animal*, *lapis*. Et tales termini, qui dicuntur categorematici, habent finitam et certam significationem.

Sed terminus syncategorematicus dicitur, qui significative acceptus non potest esse subiectum vel praedicatum vel pars praedicati vel pars subiecti propositionis categoricae, cuiusmodi sunt isti termini *omnis*, *nullus*, *aliquis* et similes, qui termini dicuntur signa universalia vel particularia. Et similiter, sicut sunt negationes, sicut est ista negatio *non*, et copulationes, sicut est ista coniunctio copulativa *et*, et disiunctiones, sicut est ista coniunctio *vel*, et dictiones exceptivae et exclusivae, ut sunt *praeter*, *tantum* et huiusmodi. Verbi gratia, si dico »Omnis homo currit«, ly *homo* est subiectum et ly *omnis* nec est subiectum nec praedicatum nec pars subiecti nec pars praedicati, sed est dispositio ipsius subiecti significans modum supponendi ipsius subiecti. Unde si esset pars subiecti, tunc istae non essent eiusdem subiecti »Omnis homo currit« et »Quidam homo currit«, et sic non essent subalternae.

Et notabiliter dico »significative acceptus«, quia isti termini A2rb *omnis*, *nullus*, etc., si accipiuntur materialiter, bene possunt esse subiectum vel praedicatum propositionis, uti dicendo »Omnis est signum universale«, »Non est adverbium«, »Et est coniunctio copulativa«, »Vel est coniunctio disiunctiva«, »Ad est praepositio«, etc. In talibus enim propositionibus dictae

2 praedicatum] potest esse subiectum vel praedicatum add. O **3** praedicati] distributi add. L **4** sunt] om. O lapis] etc. add. O Et…termini[2]] om. L termini qui] om. O **5** dicuntur] termini add. O categorematici] quia add. O **7** dicitur] LO est A **9** subiecti] distributi add. L **10** termini] om. O aliquis] om. O et similes] etc. huiusmodi L etc. O **11** termini] om. LO vel] LO om. A Et…et] LO om. A **13** copulativa] om. L et[2]] O om. AL est[2]] L om. AO **14** ista coniunctio] LO om. A et[1]] LO vel A dictiones] praepositiones LO et[2]] om. O **16** ly[1]] O om. AL ly[2]] O om. AL est[2]] om. L **18** ipsius] istius O **20** et] om. O homo[2]] non add. LO **21** et] LO om. A subalternae] contradictoriae

»Kategorematisch« heißt ein Term, der in signifikativer Verwendung Subjekt oder Prädikat oder Teil des Subjekts oder Teil des Prädikats eines kategorischen Satzes sein kann, welcherart z. B. die Terme »Mensch«, »Lebewesen«, »Stein« sind. Und solche Terme, die »kategorematisch« heißen, haben eine abgegrenzte und bestimmte Bezeichnung.

Hingegen heißt »synkategorematisch« ein Term, der in signifikativer Verwendung nicht Subjekt oder Prädikat oder Teil des Prädikats oder Teil des Subjekts eines kategorischen Satzes sein kann, welcherart die Terme »jeder«, »keiner«, »irgendeiner« und ähnliche sind, welche Terme »allgemeine« oder »besondere Zeichen« heißen. Und ebenso sind die Negationen solcherart, wie die Negation »nicht«, und die Kopulationen, wie die kopulative Konjunktion »und«, und die Disjunktionen, wie die Konjunktion »oder«, und die ausnehmenden und die ausschließenden Wörter, wie z. B. »außer«, »nur« und dergleichen. Z. B.: Wenn ich sage »Jeder Mensch läuft«, so ist der Ausdruck »Mensch« das Subjekt und der Ausdruck »jeder« ist weder Subjekt noch Prädikat, weder Teil des Subjekts noch Teil des Prädikats, sondern eine Bestimmung des Subjekts, welche die Suppositionsweise des Subjekts bezeichnet. Wenn dieser Ausdruck Teil des Subjekts wäre, so hätten die Sätze »Jeder Mensch läuft« und »Irgendein Mensch läuft« nicht dasselbe Subjekt, und folglich wären sie nicht subaltern.

Und ich sage ausdrücklich »in signifikativer Verwendung«, denn wenn die Terme »jeder«, »keiner« usw. auf materiale Weise verwendet werden, können sie sehr wohl Subjekt oder Prädikat eines Satzes sein, z. B., wenn man sagt »Jeder ist ein allgemeines Zeichen«, »Nicht ist ein Adverb«, »Und ist eine kopulative Konjunktion«, »Oder ist eine disjunktive Konjunktion«, »Zu ist eine Präposition« usw. In solchen Sätzen näm-

LO 22 acceptus] accepti O termini] om. O 23 omnis] et add. A etc] LO om. A accipiuntur] LO accipiantur A 24 subiectum] subiecta LO praedicatum] praedicata LO propositionis] propositionum LO 26 copulativa] X om. ALO Vel…disiunctiva] L om. AO Ad…praepositio] om. LO 27 etc] LO om. A

dictiones seu termini non tenentur significative, quia non exercent officium, ad quod exercendum sunt impositae vel impositi. Unde in ista propositione »Omnis est signum universale« ly *omnis* nihil distribuit, nec in ista »Non est adverbium« ly *non* aliquid negat, et similiter in ista »Et est coniunctio copulativa« ly *et* nihil copulat. Et ideo in dictis propositionibus praedicti termini non tenentur syncategorematice, sed categorematice.

Dubitatur circa istud: Videtur immo, quod syncategorema possit esse subiectum vel praedicatum propositionis vel pars subiecti vel pars praedicati. Verbi gratia dicendo »Aliquis currit«, ly *aliquis*, quod est syncategorema, quia est signum particulare, est subiectum. Ergo videtur, quod syncategorema possit esse subiectum propositionis. Similiter dicendo »Nemo currit« vel »Nihil est melius deo«: Ecce quomodo ly *nemo*, quod est syncategorema, subicitur et similiter ly *nihil*.

Secundo videtur, quod syncategorema possit esse pars subiecti propositionis, verbi gratia sic dicendo »Sortes et Plato currunt«. Subiectum enim huius propositionis est hoc totum *Sortes et Plato*, cuius pars est ista coniunctio copulativa *et*, quae est syncategorema. Ergo syncategorema potest esse pars subiecti propositionis, quod est contra dicta.

Tertio dubitatur, nam videtur etiam, quod possit esse pars praedicati, verbi gratia »Sortes est omnis homo«, ly *omnis homo* est praedicatum et ly *omnis* syncategorema est eius pars.

Respondetur ad primum, quod ly *aliquis* vel ly *nemo* vel ly *nihil* aliquando accipiuntur praecise pro signo, et sic nec subi-

2 exercendum] exercendi L impositae vel] om. L 4 nihil] non O nec] et sic? O 5 aliquid] nihil L non O et] LO om. A copulativa] L om. AO 6 ly] LO om. A 10 possit] LO potest A propositionis] om. O 11 pars] LO om. A dicendo] LO om. A Aliquis] aliquid LO 12 aliquis] aliquid LO 13 est...syncategorema] om. L 14 possit] O potest AL 15 vel] similiter dicendo L quomodo] qualiter LO 16 et] om. O similiter] LO sic A 17 videtur] etiam add. L possit] L potest AO 18 sic dicendo] om. L sicut dicendo O 19 propositionis] O om. AL 20 copulativa] LO om. A 21 potest] possit O 22 subiecti] vel praedicati add. A 23 Tertio...pars] L om. AO 26 ly[1]] om. L aliquis] aliquid L

lich werden die genannten Wörter bzw. Terme nicht signifikativ verwendet, weil sie die Funktion nicht ausüben, zu deren Ausübung sie eingesetzt wurden. So distribuiert der Ausdruck »jeder« im Satz »Jeder ist ein allgemeines Zeichen« nichts, und im Satz »Nicht ist ein Adverb« negiert der Ausdruck »nicht« nicht etwas, ebenso verbindet der Ausdruck »und« im Satz »Und ist eine kopulative Konjunktion« nichts. Deshalb werden die vorgenannten Terme in den genannten Sätzen nicht synkategorematisch verwendet, sondern kategorematisch.

Bezüglich dessen wird ein Zweifel angemeldet: Es scheint im Gegenteil, daß ein Synkategorema Subjekt oder Prädikat eines Satzes oder Teil des Subjekts oder Teil des Prädikats sein kann. Z. B., wenn man sagt »Irgendeiner läuft«, so ist der Ausdruck »irgendeiner«, welcher ein Synkategorema ist, weil er ein partikuläres Zeichen ist, das Subjekt. Also scheint es, daß ein Synkategorema Subjekt eines Satzes sein kann. Ebenso, wenn man sagt »Niemand läuft« oder »Nichts ist besser als Gott«: Siehe, wie der Ausdruck »niemand«, welcher ein Synkategorema ist, an Subjektstelle gesetzt wird und ebenso der Ausdruck »nichts«.

Zweitens scheint es, daß ein Synkategorema Teil des Subjekts eines Satzes sein kann, z. B., wenn man sagt »Sokrates und Platon laufen«. Das Subjekt dieses Satzes ist nämlich der ganze Ausdruck »Sokrates und Platon«, von dem die kopulative Konjunktion »und«, welche ein Synkategorema ist, ein Teil ist. Also kann ein Synkategorema Teil des Subjekts eines Satzes sein, was den Ausführungen entgegensteht.

Dritter Zweifel: Es scheint auch, daß es Teil des Prädikats sein kann, z. B. »Sokrates ist jeder Mensch«: Der Ausdruck »jeder Mensch« ist Prädikat und das Synkategorema »jeder« ist sein Teil.

Antwort auf das erste: Der Ausdruck »irgendeiner« oder der Ausdruck »niemand« oder der Ausdruck »nichts« werden manchmal ausschließlich als (logisches) Zeichen verwendet,

aliquod O ly[2]] om. LO ly[3]] om. O **27** accipiuntur] capitur L et] LO om. A subiciuntur] subicitur L

ciuntur nec praedicantur, et sic dicuntur mere syncategoremata. Aliquando autem accipiuntur pro aggregato ex signo et termino, ita quod ly *aliquid* valet tantum, quantum valet ly *aliquod ens*, et ly *nihil* valet tantum quantum *nullum ens*, et sic quasi dicitur mixtum ex syncategoremate et categoremate. Et tunc dico, quod isto modo accipiendo ly *aliquis* vel ly *nihil* vel ly *nemo*, quod ista significative accepta bene possunt subici non ratione signi, sed ratione termini categorematici inclusi.

Ad aliud dico, quod in ista propositione »Sortes et Plato currunt« ly *et* non est pars subiecti, sed praecise iste terminus *Sortes* et iste terminus *Plato* subiciuntur. Patet hoc, nam eius contradictoria est »Sortes vel Plato non currunt«, sed istae non contradicerent, si ly *et* esset pars subiecti primae propositionis et ly *vel* esset pars subiecti secundae propositionis, nam tunc istae propositiones non essent de eodem subiecto.

Dico ergo, quod sicut terminus potest stare pro suis suppositis in propositione disiunctive vel copulative et signum universale [O9rb] facit ipsum stare copulative pro suis suppositis et signum particulare disiunctive, ita isti termini *Sortes*, *Plato* possunt stare respectu alicuius praedicati pro suis significatis copulative, quod significatur per istam coniunctionem copulativam *et*, vel disiunctive, quod significatur per hanc disiunctivam coniunctionem *vel*.

Tunc respondetur ad tertium: Bene concedo, quod hoc syncategorema *omnis* potest esse pars praedicati, sed non distri-

1 praedicantur] praedicatur L et] LO om. A dicuntur] dicitur L mere syncategoremata] teneri syncategorematice L 2 Aliquando] O quandoque A quando L autem] LO om. A accipiuntur] accipitur L 3 ly[1]] om. LO valet[2]] om. O 4 et[1]] LO om. A ly nihil] nec L valet] LO om. A tantum quantum] om. O et[2]] LO om. A 5 quasi] ly aliquid L quodammodo O dicitur] est LO 6 Et tunc] LO sic A quod] om. O aliquis] aliquid LO vel…nihil] om. L ly[2]] O om. A 7 vel…nemo] etc. O ly] L om. A ista] ita L significative] LO significatione A 8 ratione[2]] categorematici inclusi add. s. del. A 9 aliud] aliam LO 12 vel] et *ante corr.* A 14 propositionis] LO om. A 16 quod] O om. AL 17 disiunctive] LO disiunctiva A copulative] LO copulativa A 18 ipsum] eum O pro…suppositis] LO om. A 22 disiunctivam] om. L 24 Tunc… omnis] L om. AO

und so werden sie weder an Subjektstelle noch an Prädikatstelle gesetzt; und so heißen sie im reinen Sinne »Synkategoremata«. Manchmal aber werden sie für die Verbindung aus einem Zeichen und einem Term verwendet, so daß der Ausdruck »irgendein« so viel heißt wie der Ausdruck »irgendein Seiendes« und der Ausdruck »nichts« so viel heißt wie »kein Seiendes«; und so sagt man, daß er gleichsam eine Mischung aus Synkategorema und Kategorema ist. Und dann sage ich: Wenn man »irgendeiner« oder »nichts« oder »niemand« auf diese Weise verwendet, dann können diese Ausdrücke in signifikativer Verwendung sehr wohl an Subjektstelle gesetzt werden, aber nicht aufgrund des Zeichens, sondern aufgrund des eingeschlossenen kategorematischen Terms.

Zum zweiten sage ich: Im Satz »Sokrates und Platon laufen« ist der Ausdruck »und« nicht Teil des Subjekts, sondern es werden ausschließlich der Term »Sokrates« und der Term »Platon« an Subjektstelle gesetzt. Das ist klar, denn sein kontradiktorischer Gegensatz ist »Sokrates oder Platon laufen nicht«, aber diese Sätze wären keine kontradiktorischen Gegensätze, wenn der Ausdruck »und« Teil des Subjekts des ersten Satzes wäre und der Ausdruck »oder« Teil des Subjekts des zweiten Satzes wäre, denn dann hätten diese Sätze nicht dasselbe Subjekt.

Ich sage also: Wie ein Term für seinen Umfang in einem Satz auf disjunktive oder auf kopulative Weise stehen kann – und ein allgemeines Zeichen läßt ihn kopulativ für seinen Umfang stehen, ein partikuläres Zeichen disjunktiv –, so können auch die Terme »Sokrates«, »Platon« in bezug auf irgendein Prädikat auf kopulative Weise für ihre Bezeichneten stehen, was durch die kopulative Konjunktion »und« bezeichnet wird, oder auf disjunktive Weise, was durch die disjunktive Konjunktion »oder« bezeichnet wird.

Antwort auf das dritte: Ich gebe gerne zu, daß das Synkategorema »jeder« Teil eines Prädikats sein kann, aber nicht eines

buti per ipsum, nec hoc est contra definitionem syncategorematis. Unde cum dicitur »Sortes est omnis homo«, ly *omnis homo* L17rb est praedicatum, sed non est distributum, licet bene una eius pars sit distributa, scilicet ly *homo* per ly *omnis*.

Tunc dubitatur, utrum omnia adverbia sint termini syncategorematici. Breviter puto, quod non. Si enim dicis »Sortes currit bene« vel »Sortes currit male« vel »Sortes currit velociter«, praedicatum non est solum ly *currit*, sed hoc totum *currit bene* vel *currit velociter*, nam ly *currit velociter* est quoddam compositum ex contrahente et contrahibili, sicut ly *homo albus*. A2va Si ergo aliqui auctores dicunt omnes partes orationis alias a nomine et verbo esse dictiones syncategorematicas, dicendum est, quod hoc sit verum intelligendo sic, non quod sint dictiones syncategorematicae proprie loquendo, sed quia significative acceptae non possunt per se solitarie subici vel praedicari. Et ita omnia nomina adiectiva possunt dici syncategoremata. Capiendo igitur dictionem syncategorematicam proprie seu terminum syncategorematicum, prout iam locutus sum de eo, dico, quod significative acceptus non supponit nec appellat, talia enim sunt proprietates terminorum categorematicorum. Prout autem categorematicum est idem quod significativum et syncategorematicum est idem quod consignificativum, dicendum est, quod omnis terminus dicitur categorematicus, qui significat aliquam rem per se conceptam, ut est iste terminus *homo* et hic terminus *animal*. Terminus vero syncategorematicus est, qui nullam rem per se conceptam significat, sed signifi-

5 Tunc] L Tertio A Secundo O **6** puto] dico O dicis] quod add. O **7** currit^{1}] currere O Sortes currit^{1}] om. O vel^{2}…velociter] om. L currit^{3}] currere O **8** currit^{1}] L currens AO totum] l- add. s. del. O currit^{2}] L currens AO **9** currit^{1}] L currens A male add. s. del. L om. O velociter^{1}] male etc. O currit^{2}] L currens AO velociter^{2}] male O **11** ergo aliqui] autem alii L alias] om. L **12** dicendum est] respondetur O **13** sit] est O **15** solitarie] sollicitare L **16** ita] sic etiam LO dici] nomina add. LO **17** igitur] LO om. A scilicet add. L **19** non] nec O nec] non L **21** Prout] alibi tactum est add. s. del. A **22** est] LO om. A **23** est] O om. AL **24** est] LO om. A **25** hic terminus] L om. AO animal] LO om. A etc. add. O **26** sed significat] om. L

Prädikats, welches von ihm distribuiert wird; und das steht auch nicht der Definition des Synkategoremas entgegen. So ist der Ausdruck »jeder Mensch« Prädikat, wenn man sagt »Sokrates ist jeder Mensch«, aber er ist nicht distribuiert, wenn auch sehr wohl ein Teil von ihm distribuiert ist, nämlich der Ausdruck »Mensch« durch den Ausdruck »jeder«.

Sodann fragt es sich, ob alle Adverbien synkategorematische Terme sind. Kurz gesagt, ich glaube nicht. Wenn du nämlich sagst »Sokrates läuft gut« oder »Sokrates läuft schlecht« oder »Sokrates läuft schnell«, so ist das Prädikat nicht bloß der Ausdruck »läuft«, sondern der ganze Ausdruck »läuft gut« oder »läuft schnell«, denn der Ausdruck »läuft schnell« ist eine Zusammensetzung aus einem einschränkenden und einem einschränkbaren Ausdruck, wie der Ausdruck »weißer Mensch«.

Wenn also manche Autoren sagen, daß alle von Nomen und Verb verschiedenen Redeteile synkategorematische Wörter seien, so muß man sagen, daß dies (nur) wahr ist, wenn man es so versteht: Nicht daß sie synkategorematische Wörter im eigentlichen Sinne wären, sondern weil sie in signifikativer Verwendung für sich allein genommen nicht an Subjektstelle oder Prädikatstelle gesetzt werden können. Und so können alle adjektivischen Nomina »Synkategoremata« genannt werden. Wenn man also »synkategorematisches Wort« bzw. »synkategorematischer Term« im eigentlichen Sinne auffaßt, wie ich davon schon gesprochen habe, so sage ich, daß er in signifikativer Verwendung nicht supponiert und nicht appelliert, das sind nämlich Eigenschaften der kategorematischen Terme. Insofern aber kategorematisch dasselbe ist wie bezeichnend und synkategorematisch dasselbe ist wie mitbezeichnend, muß man sagen, daß jeder Term »kategorematisch« genannt wird, der irgendein Ding bezeichnet, das als solches begriffen wurde, wie der Term »Mensch« und der Term »Lebewesen«. Ein synkategorematischer Term hingegen ist einer, der kein als solches begriffenes Ding bezeichnet, sondern er bezeichnet entweder die Zusammensetzung oder Trennung von Termen,

cat vel compositionem terminorum significantium res vel eorum divisionem apud mentem, scilicet per secundariam operationem intellectus, vel modum supponendi terminorum pro suis suppositis vel aliquod huiusmodi officium exercet circa dictiones categorematicas. Et reddit in idem, quod prius, propter quod nec sunt subicibilia nec sunt praedicabilia significative accepta nec sunt partes subiectorum nec praedicatorum, modo quo dictum est, quia nullam rem per se conceptam significant.

Cap. I.4 ⟨Capitulum quartum de tribus modis accipiendi terminum *terminus*⟩

Adhuc hoc nomen *terminus* accipitur tripliciter. Primo modo pro omni eo, quod potest esse extremum propositionis, sive sit complexum sive incomplexum. Isto modo oportet dici, quod propositio potest esse terminus, verbi gratia dicendo »Omnis homo est animal est propositio universalis«. Istam totam propositionem dicimus esse categoricam, cuius subiectum dicimus esse istam orationem vel propositionem »Omnis homo est animal« et hoc verbum *est* esse copulam et ly *propositio universalis* praedicatum.

Secundo modo accipitur *terminus* pro omni illo, quod non est complexum verum vel falsum et potest esse extremum propositionis, sive accipiatur personaliter sive materialiter. Et sic etiam synategoremata possunt dici *termini*, verbi gratia dicendo »Omnis est signum universale«. Subiectum huius propo-

2 secundariam] secundam LO operationem] compositionem O 3 vel] secundum add. L 4 exercet] L exercens A exercent O 5 Et] LO Sic? A in] eodem add. s. del. A idem] quod prius fuit add. L quod prius] LO om. A fuit add. L 6 quod] hoc LO nec[1]] non O nec[2]...praedicabilia] om. L sunt[2]] om. O 7 sunt] om. O 8 modo...est] L om. AO significant] Sequitur ergo adhuc add. L Capitulum quartum add. O 12 modo] L om. AO 13 eo] om. L isto O potest] possit O 14 oportet] O potest AL 15 potest esse] sit L esset O 16 universalis] vera LO 17 cuius] et eius LO 18 orationem vel] om. LO 19 et[1]...

welche Dinge bezeichnen, im Geiste, nämlich durch die zweite Tätigkeit des Verstandes[7], oder die Suppositionsweise der Terme für ihren Umfang oder er übt irgendeine derartige Funktion hinsichtlich der kategorematischen Wörter aus. Und das läuft auf dasselbe hinaus wie früher, weswegen die Synkategoremata in signifikativer Verwendung weder an Subjektstelle noch an Prädikatstelle gesetzt werden können, weder Teile von Subjekten noch von Prädikaten sind, auf die ausgeführte Weise, weil sie kein als solches begriffenes Ding bezeichnen.

Kapitel I.4:
Die dreifache Auffassungsweise des Terms »Term«

Außerdem wird das Nomen »Term« auf dreifache Weise verwendet. Auf die erste Weise für all das, was ein Satzglied sein kann, sei es nun ein zusammengesetzter oder ein einfacher Ausdruck. Auf diese Weise muß man sagen, daß ein Satz ein Term sein kann, z. B., wenn man sagt »Jeder Mensch ist ein Lebewesen ist ein allgemeiner Satz«. Diesen ganzen Satz nennen wir »kategorisch«, sein Subjekt nennen wir die Ausdrucksfolge oder den Satz »Jeder Mensch ist ein Lebewesen«, das Verb »ist« die Kopula und den Ausdruck »allgemeiner Satz« das Prädikat.

Auf die zweite Weise wird »Term« für all das verwendet, was nicht ein wahrer oder falscher zusammengesetzter Ausdruck ist und Satzglied sein kann, ob es nun auf personale oder materiale Weise verwendet wird. Und so können auch Synkategoremata »Terme« genannt werden, z. B., wenn man sagt »Jeder ist ein allgemeines Zeichen«. Das Subjekt dieses Satzes

praedicatum] LO om. A hoc verbum] L ly O esse] L om. O ly] est add. O universalis] Z vera LO 22 et] LO sic A 23 accipiatur] LO accipitur A Et… etiam] O sic A et sic L 24 verbi gratia] LO om. A dicendo] om. O

sitionis est iste terminus *omnis* supponens materialiter pro se. Et sic accipiendo *terminus* hoc nomen *terminus* non extendit se ad complexum verum vel falsum.

Tertio modo dicitur *terminus*, quod significative acceptum potest esse extremum propositionis, scilicet subiectum vel praedicatum. Et sic accipiendo terminum nullum complexum verum vel falsum et etiam non omne incomplexum est terminus, sed solum nomina et verba dicuntur *termini* sic accipiendo terminum. Et adhuc non omnia nomina, unde nomina, quae sunt syncategoremata, sic accipiendo terminum non sunt termini.

Sed notanter dixi *complexum verum vel falsum*, quia si est aliquod complexum, quod nec est verum nec falsum, sicut est complexum ex substantivo et adiectivo vel ex determinatione et determinabili vel ex praepositione et suo casuali vel aliquid huiusmodi, bene potest esse terminus seu subiectum vel prae- O9va dicatum propositionis, sicut dicendo »Homo albus currit«. In ista propositione nec *homo* est subiectum nec *albus* est subiectum, sed hoc totum *homo albus*. Similiter dicendo »Sortes est bene disputans« nec *disputans* est praedicatum nec *bene*, sed hoc totum *bene disputans*. Similiter dicendo »Sortes est in domo« ly *in* non est praedicatum nec ly *domo*, sed hoc totum *in domo*. Utrum autem compositum ex recto et obliquo possit esse subiectum propositionis, de hoc videbitur in quaestioni- A2vb bus.

1 iste terminus] ly O pro] per! O 2 Et] LO om. A terminus[1]] L terminum AO 4 quod] L qui AO acceptum] L acceptus AO 5 potest] possit O scilicet] sive O vel] sive O 6 Et] LO om. A 7 et etiam] O sic A etiam L incomplexum] LO complexum A 8 solum] om. LO 9 terminum] LO om. A adhuc] LO om. A unde…termini] om. L nomina[2]…sunt[1]] O om. A 10 terminum] termini add. O 12 Sed] et LO dixi] nullum add. LO est] esset O 14 substantivo et] om. O adiectivo] adiectivis O vel] et O 15 et[2]] cum LO casuali] causali L aliquid] om. L aliquod O 16 huiusmodi] huius L potest] possunt L esse] dici LO del. O terminus] certe O seu] vel L sive O vel] sive O 18 est subiectum[1]] om. O 19 albus] est subiectum add. L 20 bene[2]] om. s. add. i.m. O 21 totum] est add. O bene disputans] LO om. A 22 non] nec O praedicatum] nec subiectum add. O 23 compositum] complexum LO possit] LO

ist der Term »jeder«, der auf materiale Weise für sich selbst supponiert. Und wenn man »Term« so verwendet, so erstreckt sich das Nomen »Term« nicht auf einen wahren oder falschen zusammengesetzten Ausdruck.

Auf die dritte Weise heißt das »Term«, was in signifikativer Verwendung Satzglied sein kann, nämlich Subjekt oder Prädikat. Und wenn man »Term« so auffaßt, dann ist kein wahrer oder falscher zusammengesetzter Ausdruck und auch nicht jeder einfache Ausdruck ein Term, sondern gemäß dieser Verwendungsweise von »Term« heißen nur Nomina und Verben »Terme«. Und darüber hinaus nicht alle Nomina, denn die Nomina, welche Synkategoremata sind, sind nicht Terme gemäß dieser Verwendungsweise von »Term«.

Ich sagte aber ausdrücklich »wahrer oder falscher zusammengesetzter Ausdruck«, weil ein zusammengesetzter Ausdruck, der weder wahr noch falsch ist – wie z. B. eine Zusammensetzung aus einem Substantiv und einem Adjektiv oder aus einer Bestimmung und einem Bestimmbaren oder aus einer Präposition und ihrem deklinierten Ausdruck oder etwas dergleichen –, sehr wohl ein Term bzw. Subjekt oder Prädikat eines Satzes sein kann, wie wenn man sagt »(Ein) weißer Mensch läuft«. In diesem Satz ist weder »Mensch« das Subjekt noch ist »weißer« das Subjekt, sondern der ganze Ausdruck »weißer Mensch«. Ebenso, wenn man sagt »Sokrates ist ein gut Disputierender«, so ist weder »Disputierender« das Prädikat noch »gut«, sondern der ganze Ausdruck »gut Disputierender«. Ebenso, wenn man sagt »Sokrates ist im Haus«, so ist weder der Ausdruck »im« noch der Ausdruck »Haus« das Prädikat, sondern der ganze Ausdruck »im Haus«. Ob aber die Zusammensetzung aus einem geraden (unabhängigen) und einem schiefen (abhängigen) Fall Subjekt eines Satzes sein kann, das wird in den *Fragen* untersucht werden.

potest A 24 propositionis] L om. AO de hoc] L om. AO videbitur] AL habetur O in quaestionibus] LO om. A quaestionibus] Sequitur ergo Cui nomini et verbo competit esse subiectum add. L capitulum quintum add. O

Cap. I.5 ⟨Capitulum quintum de nomine⟩

Quia nomini et verbo convenit esse signum, scilicet subiectum vel praedicatum propositionis, dicendum est modo de eis, et primo de nomine.

Unde nomen est terminus significativus sine tempore, cuius nulla pars separata aliquid significat, finitus et rectus.

Ista descriptio nominis non solum convenit nomini vocali, immo etiam mentali et scripto, unde quodlibet istorum nominum est terminus significativus sine tempore. Et melius est dicere *terminus significativus* quam *vox significativa*, quia esse vocem significativam non convenit nomini mentali nec etiam nomini scripto. Nullum enim istorum est vox, quamvis bene conveniat nomini vocali.

Et in ista descriptione ponitur ly *terminus significativus* loco generis, residua autem ponuntur loco differentiae. Unde in hoc, quod nomen est terminus significativus, convenit omni verbo et omni orationi, quae etiam potest dici *terminus significativus* accipiendo terminum primo modo, sicut iam tactum fuit. Sed per hoc, quod dicitur *sine tempore*, differt nomen a verbo,
L17va quod significat cum tempore. Et per hoc, quod dicitur *cuius nulla pars separata significat*, differt ab oratione, cuius partes separatae aliquid significant. Et per hoc, quod dicitur *finitus*, differt a nomine infinito, quia hoc non dicitur *nomen* apud logicum. Sed per hoc, quod dicitur *rectus*, differt a nomine obliquo, quia nullum obliquum dicitur *nomen* apud logicum.

2 Quia] qui L et] vel L convenit] competit LO signum scilicet] om. LO 3 propositionis] dictum est L 6 separata] separatim O finitus] finita O rectus] recta O 8 immo] sed L verum O etiam] nomini add. L unde quodlibet] quodlibet enim O 9 significativus] L significative sumptus A 10 dicere] est add. O 11 non] nec L etiam] L om. AO 12 nomini] LO om. A scripto] vocali L Nullum] neuter O 13 conveniat] LO conveniret A nomini] termino O vocali] LO mentali A 14 Et] om. L 16 omni] cum LO verbo] quod etiam est terminus significativus add. LO 17 et] cum hoc etiam convenit L omni] cum LO orationi] oratione LO 18 sicut…fuit] L om. AO 19 dicitur] dicit O nomen] om. LO 20 Et] Sed LO dicitur] LO dicit A 21 separata significat] L

Kapitel I.5: *Das Nomen*

Weil es dem Nomen und dem Verb zukommt, Zeichen zu sein, nämlich Subjekt oder Prädikat eines Satzes, muß man jetzt von ihnen sprechen, und zwar zuerst vom Nomen.

Ein Nomen ist ein Term, der ohne Zeit bezeichnet, von dem kein abgetrennter Teil etwas bezeichnet und der begrenzt sowie gerade ist.

Diese Beschreibung[8] des Nomens kommt nicht nur dem gesprochenen Nomen zu, sondern auch dem mentalen und dem geschriebenen – jedes dieser Nomina ist ein Term, der ohne Zeit bezeichnet. Und es ist besser zu sagen »Term, der bezeichnet« als »Laut, der bezeichnet«, weil es dem mentalen Nomen sowie dem geschriebenen Nomen nicht zukommt, ein Laut zu sein, der bezeichnet. Keines dieser Nomina ist nämlich ein Laut, obwohl es sehr wohl dem gesprochenen Nomen zukommt.

In dieser Beschreibung wird der Ausdruck »Term, der bezeichnet« als Gattung gesetzt, die restlichen Ausdrücke aber werden als Unterschied gesetzt. So stimmt das Nomen darin, daß es ein Term ist, der bezeichnet, mit jedem Verb und jeder Ausdrucksfolge überein, welch letztere auch »Term, der bezeichnet« genannt werden kann, wenn man »Term« auf die erste Weise verwendet, wie schon erwähnt wurde. Aber dadurch, daß es heißt »ohne Zeit«, unterscheidet sich das Nomen vom Verb, welches mit Zeit bezeichnet. Und dadurch, daß es heißt »von dem kein abgetrennter Teil bezeichnet«, unterscheidet es sich von der Ausdrucksfolge, deren abgetrennte Teile etwas bezeichnen. Und dadurch, daß es heißt »begrenzt«, unterscheidet es sich vom unbegrenzten Nomen,[9] denn dieses heißt beim Logiker nicht »Nomen«. Aber dadurch, daß es heißt »gerade«, unterscheidet es sich vom schiefen Nomen,[10] weil kein schiefes Nomen beim Logiker »Nomen« heißt. So nehmen

etc. AO cuius…significant] om. L 22 Et] om. L dicitur] LO dicit A finitus] finita O 23 a nomine] LO ab A apud] secundum L 24 Sed…logicum] om. O 25 quia] quod L nullum] nomen L obliquum] non add. L

Unde logici solum ponunt duas partes orationis, scilicet nomen et verbum, nomen autem nominativi casus et verbum indicativi modi.

Circa quod sciendum est, quod ad istam intentionem logici ponunt solum duas partes orationis, quia ad orationem veram vel falsam non sunt necessariae nisi duae partes orationis, scilicet nomen et verbum, quia solum ex istis duabus potest constitui oratio vera vel falsa, ut dicendo »Sortes currit«. Tamen indubitanter logicus utitur saepe aliis partibus orationis, sicut dictionibus syncategorematicis et huiusmodi.

Deinde est advertendum, quod logicus non curat distinguere nomen contra pronomen inter partes orationis, quia ipse non distinguit partes orationis per modos significandi, sicut facit grammaticus, sed tali modo, quia ipse considerans orationem, in quantum vera vel falsa est, ipse considerat, quod aliquae sunt principales partes orationis et aliquae sunt accessoriae. Partes principales sunt subiectum et praedicatum et copula. Partes accessoriae sunt aliquae dictiones seu termini, qui apponuntur subiecto vel praedicato vel copulae. Modo copula semper est verbum et aliquando in verbo implicatur simul copula et praedicatum, ut dicendo »Sortes currit«.

Postea subiectum ponitur alia pars, scilicet nomen, et quia per conversionem potest fieri de subiecto praedicatum et e converso, ideo logicus reputat consimiles partes orationis subiectum et praedicatum. Et sic patet, quare logicus non reputat principaliter partes orationis, nisi nomen et verbum, et sub nomine comprehendit pronomen, cum pronomen possit sic subici in propositione sicut nomen, verbi gratia dicendo sic »Ego sum homo«. Et participium etiam comprehendit sub

2 et[1]...autem] om. LO 4 est] L om. AO logici] L om. AO 5 ad] omnem add. L 6 necessariae] necessaria O duae...scilicet] om. O orationis] L om. A 7 duabus] om. LO 8 oratio] enuntiatio LO ut] L om. AO 15 est] om. LO 16 aliquae] aliae O sunt[2]] LO om. A 17 et[1]] om. O 19 vel[1]] om. O vel[2]] L et AO 22 subiectum] subiecto O et] LO sic A 23 et...converso] LO om. A 24 subiectum...orationis] om. L 25 Et] O om. A 26 principaliter] om. O 27 possit] LO potest A sic] om. L 28 subici...propositione] AL *lectio incerta*

die Logiker nur zwei Redeteile an, nämlich Nomen und Verb, und zwar das Nomen im nominativischen Kasus und das Verb im indikativischen Modus.

In bezug darauf muß man wissen, daß die Logiker aus dem Grund nur zwei Redeteile annehmen, weil für eine wahre oder falsche Ausdrucksfolge nur zwei Redeteile nötig sind, nämlich Nomen und Verb, weil aus diesen zweien allein eine wahre oder falsche Ausdrucksfolge gebildet werden kann, wie wenn man sagt »Sokrates läuft«. Dennoch verwendet der Logiker zweifellos oft auch andere Redeteile, wie synkategorematische Wörter und dergleichen.

Sodann muß man beachten, daß sich der Logiker nicht darum kümmert, unter den Redeteilen das Nomen vom Pronomen zu unterscheiden, weil er die Redeteile nicht durch die Bezeichnungsweisen unterscheidet, wie es der Grammatiker macht, sondern auf die Weise, daß er bei der Untersuchung einer Ausdrucksfolge, insofern diese wahr oder falsch ist, erwägt, daß einige Redeteile grundlegend sind und einige nebensächlich sind. Die hauptsächlichen Teile sind Subjekt, Prädikat und Kopula. Die nebensächlichen Teile sind irgendwelche Wörter bzw. Terme, die dem Subjekt oder dem Prädikat oder der Kopula hinzugefügt werden. Nun ist aber die Kopula immer ein Verb, und manchmal ist im Verb zugleich die Kopula und das Prädikat eingeschlossen, wie wenn man sagt »Sokrates läuft«.

Sodann wird das Subjekt als anderer Teil bestimmt, nämlich als Nomen, und weil durch die Umkehrung aus dem Subjekt das Prädikat gemacht werden kann und umgekehrt, hält der Logiker Subjekt und Prädikat für ähnliche Redeteile. Und so erhellt, weshalb der Logiker grundsätzlich nur das Nomen und das Verb als Redeteile zählt, und unter dem Nomen begreift er auch das Pronomen, weil das Pronomen ebenso wie das Nomen in einem Satz an Subjektstelle gesetzt werden kann, z. B., wenn man sagt »Ich bin ein Mensch«. Und auch das Partizip

O dicendo sic] om. O 29 Et] LO etiam A etiam] LO om. A comprehendit] comprehenditur LO

nomine et non sub verbo, et ratio huius est, quia participium apud logicum numquam est copula, sed bene est subiectum vel A3ra praedicatum. Et etiam ipsum participium significat quodammodo sine tempore, quia iste terminus *sedens*, sicut potest supponere pro praesenti, ita potest supponere pro praeterito et futuro, verbi gratia dicendo »Sortes est sedens«, »Sortes fuit O9vb sedens«, »Sortes erit sedens«. Et ita participium significat sine tempore, id est sine determinato tempore. Tamen debet concedi, quod participium in ordine ad verbum, cui adiungitur, assumit sibi determinatum tempus, verbi gratia dicendo »Sortes est sedens«, ly *sedens* restringitur ad praesens tempus, sed dicendo »Sortes fuit sedens« restringitur ad tempus praeteritum, dicendo autem »Sortes erit sedens« restringitur ad tempus futurum.

Hic dubitatur, quare nomina obliqua non dicuntur *nomina* apud logicum. Respondetur, quod hoc est ideo, quia logicus accipit *nomen* stricte pro illo solo, quod potest esse pars principalis propositionis vel potest subici respectu cuiuscumque verbi. Modo nomen obliquum se solo sumptum non potest esse pars principalis propositionis, ut puta subiectum vel praedicatum vel copula, quamvis bene sumptum cum recto possit esse pars subiecti vel praedicati. Unde cum dico »Iste asinus est Sortis«, ly *Sortis* non est praedicatum, nisi cum aliquo subintellecto, nam si propositio debet perfici, debet suppleri, quod ille asinus est asinus Sortis, et tunc hoc totum *asinus Sortis* est praedicatum. Vel sic »Iste asinus est possessio Sortis«, vel aliquid tale. Et de isto, utrum obliquus per se sumptus sine aliquo sibi adiuncto possit esse subiectum vel praedicatum

3 Et] L om. A vel O 4 quia] sicut O 5 potest supponere] om. LO et] ita pro add. LO 6 fuit] LO erit A 7 erit] LO fuit A 8 tempore[1]…sine] L om. AO debet] deberet O 10 assumit] as- om. O 15 Hic] LO ubi A 17 potest] LO posset A 18 propositionis] L om. A orationis O potest] possit O 20 propositionis] orationis LO ut] om. LO vel] om. O 21 vel] L om. AO copula] LO om. A possit] L posset A potest O 22 cum] si LO 23 ly Sortis] om. L cum] om. L 24 debet[1]] deberet O debet[2]] deberet O 26 sic] om. O 27 Et…isto] om.

begreift er unter dem Nomen und nicht unter dem Verb, und der Grund dafür ist, daß ein Partizip beim Logiker niemals Kopula ist, sehr wohl aber Subjekt oder Prädikat. Und ein Partizip bezeichnet auch gewissermaßen ohne Zeit, weil der Term »sitzend« ebenso für Vergangenes und Zukünftiges supponieren kann, wie er für Gegenwärtiges supponieren kann, z. B., wenn man sagt »Sokrates ist sitzend«, »Sokrates war sitzend«, »Sokrates wird sitzend sein«. Und so bezeichnet das Partizip ohne Zeit, d. h. ohne bestimmte Zeit. Dennoch muß man zugeben, daß das Partizip in bezug auf das Verb, dem es beigefügt wird, eine bestimmte Zeit annimmt, z. B., wenn man sagt »Sokrates ist sitzend«, so wird der Ausdruck »sitzend« auf die gegenwärtige Zeit beschränkt, wenn man aber sagt »Sokrates war sitzend«, wird er auf die vergangene Zeit beschränkt, und wenn man sagt »Sokrates wird sitzend sein«, wird er auf die zukünftige Zeit beschränkt.

Hier fragt es sich, weshalb die schiefen Nomina beim Logiker nicht »Nomina« heißen. Antwort: Dies ist deshalb so, weil der Logiker »Nomen« im strengen Sinne nur für das verwendet, was ein grundlegender Teil eines Satzes sein kann oder hinsichtlich eines jeden Verbs an Subjektstelle gesetzt werden kann. Nun kann aber ein schiefes Nomen für sich allein genommen nicht ein Hauptteil eines Satzes sein, nämlich Subjekt oder Prädikat oder Kopula, obwohl es zusammen mit einem geraden Nomen sehr wohl Teil des Subjekts oder Prädikats sein kann. So ist, wenn ich sage »Dieser Esel ist des (gehört dem) Sokrates«, der Ausdruck »des Sokrates« nicht Prädikat, außer zusammen mit etwas Mitverstandenem, denn wenn der Satz vervollständigt werden soll, muß ergänzt werden, daß jener Esel ein Esel des Sokrates ist, und dann ist der ganze Ausdruck »Esel des Sokrates« Prädikat. Oder so »Dieser Esel ist Besitz des Sokrates« oder etwas derartiges. Und darüber, ob ein abhängiger Fall für sich genommen und ohne etwas ihm Beigefügtes Subjekt oder Prädikat eines Satzes sein kann, wird

O utrum] autem add. O per...sumptus] om. O 28 aliquo] termino O sibi] LO om. A adiuncto] addito L

propositionis, de hoc videbitur in quaestionibus. Nihilominus nomina obliqua sunt nomina non accipiendo *nomen* ita stricte, sed largius, puta pro nomine, quod potest esse pars subiecti vel pars praedicati, nomina obliqua dicuntur *nomina*.

Utrum autem nomen infinitum debeat dici *nomen* apud logicum et propter quid non dicitur *nomen* apud logicum, videbitur in quaestione. Sed pro praesenti de nomine infinito est notandum, quod differentia est talis inter nomen infinitum et nomen privativum, sicut inter ly *non iustus* et ly *iniustus*, quod nomen infinitum significat oppositum significati termini finiti sine connotatione alicuius aptitudinis, sicut ly *non iustus* significat omne illud, quod non est iustum. Sed nomen privativum, sicut est ly *iniustus*, significat oppositum illius, quod significatur per suum positivum, connotando aptitudinem ad significatum nominis positivi, sicut ly *iniustus* significat omne illud, quod non est iustum, sed aptum natum est esse iustum. Et propter hoc bene conceditur ista »Lapis est non iustus«, sed negatur ista »Lapis est iniustus«, propter hoc, quod lapis non est aptus natus esse iustus.

Ex hoc inferuntur quaedam corollaria: Primum est, quod haec propositio est falsa »Pars est inaequalis toti«. Patet, quia ex quo ly *inaequalis* est terminus privativus, tunc per istam

1 in quaestionibus] Albertus de Saxonia, Quaestiones circa Logicam, Qu. 7, pp. 128–154, art. 1, pp. 133s. Cf. eiusdem Quaestiones in Artem veterem, Qu. III.6, pp. 514–524, §801–823, art. 1, §810–812. 7 in quaestione] Albertus de Saxonia, Quaestiones circa Logicam, Qu. 6, pp. 118–127.

1 de hoc] om. O videbitur] habetur O quaestionibus] quaestione L una quaestione etc. O Nihilominus] notandum quod L 2 sunt nomina] LO om. A stricte sed] LO om. A 3 largius] L large AO nomine] isto LO 4 pars] L om. AO 5 debeat] L debet AO esse add. L apud] secundum LO 6 et…logicum[2]] om. O apud logicum] L om. A 7 videbitur] videtur O Sed…praesenti] om. O 8 est[1]] LO et A 9 nomen] O om. AL ly[1]] LO om. A non] infinitus add. s. del. L non iustus] iniustus O et[2]] inter add. L ly[2]] LO om. A iniustus] non iustus O 10 quod] L quia AO significati] om. O 11 alicuius] eius O ly] L om. AO 13 est] LO om. A ly] O om. AL 14 connotando] connotans L aptitudinem] LO appositionem A 15 iniustus] iniustum O significat] quod add. L

in den *Fragen* gehandelt werden. Nichtsdestoweniger sind die schiefen Nomina Nomina, wenn man »Nomen« nicht in einem so strengen Sinne verwendet, sondern in einem weiteren, nämlich für ein Nomen, das Teil des Subjekts oder Teil des Prädikats sein kann; dann heißen auch die schiefen Nomina »Nomina«.

Ob aber ein unbegrenztes Nomen beim Logiker »Nomen« heißen soll, und weswegen es beim Logiker nicht »Nomen« heißt, wird man in der *Frage* sehen. Für jetzt ist aber bezüglich des unbegrenzten Nomens anzumerken, daß zwischen einem unbegrenzten Nomen und einem beraubenden Nomen ein solcher Unterschied besteht, wie zwischen dem Ausdruck »nicht gerecht« und dem Ausdruck »ungerecht«, nämlich daß das unbegrenzte Nomen das Gegenteil des Bezeichneten des begrenzten Terms bezeichnet, ohne Mitbezeichnung irgendeiner Fähigkeit, wie der Ausdruck »nicht gerecht« all das bezeichnet, was nicht gerecht ist. Aber das beraubende Nomen, wie z. B. der Ausdruck »ungerecht«, bezeichnet das Gegenteil dessen, was durch den entsprechenden positiven Ausdruck bezeichnet wird, und konnotiert dabei die Fähigkeit zum Bezeichneten des positiven Nomens, wie z. B. der Ausdruck »ungerecht« all das bezeichnet, was nicht gerecht ist, aber von Natur aus geeignet ist, gerecht zu sein. Und deswegen wird der Satz »Ein Stein ist nicht gerecht« billig zugegeben, aber der Satz »Ein Stein ist ungerecht« abgelehnt, und zwar deswegen, weil ein Stein nicht von Natur aus geeignet ist, gerecht zu sein.

Daraus werden einige zusätzliche Thesen gefolgert: Die erste lautet, daß der Satz »Ein Teil ist dem Ganzen ungleich« falsch ist. Das ist klar, denn weil der Ausdruck »ungleich« ein beraubender Term ist, wird durch diesen Satz bezeichnet, daß ein Teil dem Ganzen nicht gleich ist, aber von Natur aus geeignet

16 illud] om. L natum] LO om. A 17 sed] et LO 20 est] om. L 22 istam] istum O

significatur, quod pars non est aequalis toti, sed est apta nata esse aequalis toti, modo secunda pars est falsa.

Secundo sequitur, quod haec est falsa »Granum milii est inaequale caelo«. Patet ut primum, eo quod granum milii non est aptum natum esse aequale caelo.

A3rb Tertio sequitur, quod haec est falsa »Anima intellectiva est indivisibilis«. Patet, quia ly *indivisibilis* est terminus privati- L17vb vus et significat carentiam divisibilitatis et connotat aptitudinem divisibilitatis, sed modo anima intellectiva non est apta nata dividendi vel dividi, quod tamen oporteret, si haec esset vera »Anima intellectiva est indivisibilis«.

Sequitur quarto, quod haec est falsa »Punctus est indivisibilis«, propter eandem rationem, quia punctus non est aptus natus dividi, hoc tamen requireretur, si haec esset vera »Punctus est indivisibilis«.

Sequitur quinto, quod haec propositio est falsa »Caelum est ingenerabile et caelum est incorruptibile«. Patet, quia bene sequitur »Caelum est ingenerabile, ergo caelum non est generabile, sed est aptum natum generari«, modo secunda pars est O10ra falsa. Similiter sequitur »Caelum est incorruptibile, ergo caelum non est corruptibile, sed aptum natum est corrumpi«, modo iterum secunda pars est falsa.

Sequitur sexto, quod haec est falsa »Deus est potentiae infinitae«, quia sequitur »Ergo deus non est potentiae finitae, sed aptus natus est esse potentiae finitae«, modo iterum secunda pars consequentis est falsa.

Nihilominus omnes istae bene conceduntur ad istum intellectum: »Pars est inaequalis toti, id est, est non aequalis toti vel non est aequalis toti«, »Granum milii est inaequale caelo, id

1 sed] et O 7 Patet] L om. AO indivisibilis^{2}] L divisibilis A indivisibile O est…et^{2}] LO om. A 10 dividendi vel] om. LO 11 indivisibilis] divisibilis L 13 propter] per LO 14 dividi…indivisibilis] LO etc. A 16 propositio] L om. AO 17 et] LO om. A caelum est] om. O bene] om. LO 18 caelum] om. LO 19 est^{1}] om. O modo] om. O secunda] LO ista A 20 sequitur] om. O 21 est^{2}] om. O 22 iterum] ista O 24 Ergo] om. O deus] LO om. A 25 modo iterum] om. O 26 consequentis] om. O 27 Nihilominus] notandum est quod L

ist, dem Ganzen gleich zu sein, aber dieser zweite Teil ist falsch.

Zweitens folgt, daß der Satz »Ein Hirsekorn ist dem Himmel ungleich« falsch ist. Das ist klar wie beim ersten Beispiel, weil ein Hirsekorn nicht von Natur aus geeignet ist, dem Himmel gleich zu sein.

Drittens folgt, daß der Satz »Die denkende Seele ist unteilbar« falsch ist. Das ist klar, weil der Ausdruck »unteilbar« ein beraubender Term ist und den Mangel an Teilbarkeit bezeichnet sowie die Fähigkeit zur Teilbarkeit mitbezeichnet. Nun ist aber die denkende Seele nicht von Natur aus geeignet zur Teilung bzw. geteilt zu werden, was jedoch erforderlich wäre, wenn der Satz »Die denkende Seele ist unteilbar« wahr wäre.

Viertens folgt, daß der Satz »Ein Punkt ist unteilbar« falsch ist, aus demselben Grund, denn ein Punkt ist nicht von Natur aus geeignet, geteilt zu werden. Das wäre jedoch erforderlich, wenn der Satz »Ein Punkt ist unteilbar« wahr wäre.

Fünftens folgt, daß der Satz »Der Himmel ist unerzeugbar und der Himmel ist unzerstörbar« falsch ist. Das ist klar, denn es folgt gültig »Der Himmel ist unerzeugbar, also ist der Himmel nicht erzeugbar, aber er ist von Natur aus geeignet, erzeugt zu werden«, der zweite Teil ist aber falsch. Ebenso folgt »Der Himmel ist unzerstörbar, also ist der Himmel nicht zerstörbar, aber er ist von Natur aus geeignet, zerstört zu werden«, aber der zweite Teil ist wiederum falsch.

Sechstens folgt, daß der Satz »Gott hat eine unbegrenzte Macht« falsch ist, denn es folgt »Also hat Gott nicht eine begrenzte Macht, aber er ist von Natur aus geeignet, eine begrenzte Macht zu haben«, aber wiederum ist der zweite Teil des Nachsatzes falsch.

Trotzdem werden alle diese Sätze sehr wohl zugegeben, wenn man sie so versteht: »Ein Teil ist dem Ganzen ungleich, d. h., ist nicht-gleich dem Ganzen oder ist nicht gleich dem Ganzen«, »Ein Hirsekorn ist dem Himmel ungleich, d. h., ist

omnes] om. O bene] om. O conceduntur] concederentur L 28 est[3]] om. L
29 id...finitae] LO etc. A

est, non est aequale caelo«, »Punctus est indivisibilis, id est, punctus non est divisibilis«, »Caelum est ingenerabile, id est, caelum non est generabile«, »Caelum est incorruptibile, id est, caelum non est corruptibile«, »Deus est potentiae infinitae, id est, deus est potentiae non finitae«. Ad istum enim intellectum praedictae propositiones sunt verae, quamvis de virtute sermonis sunt falsae.

Item nota de nomine infinito, quod quanto aliquis terminus finitus est minus communis, tanto infinitatus est magis communis, et hoc est, quod communiter solet dici, quanto aliquis terminus finitus est communior, tanto infinitus est specialior et e converso. Et ratio huius est, quia quanto aliquis terminus est communior, tanto plura significat, et terminus habens significationem oppositam pauciora significat. Cum igitur terminus infinitus significat oppositum termini finiti, ergo quanto terminus finitus plura significat, tanto infinitus terminus pauciora significat. Ergo cum hic terminus *homo* plura significat quam hic terminus *Sortes*, si aliquis terminus significat oppositum istius termini *homo* et aliquis terminus significat oppositum istius termini *Sortes*, tunc terminus significans oppositum istius termini *homo* significat pauciora quam significans oppositum istius termini *Sortes*, quare iste terminus *non homo* significat pauciora quam iste terminus *non Sortes*. Plura enim sunt, quae sunt non Sortes, quam sunt, quae sunt non homo, Plato enim est non Sortes et tamen Plato non est non homo, omne enim, quod est non homo, est non Sortes, et non e converso.

1 est[2]] aequalis add. s. del. O 2 divisibilis] similiter add. O Caelum…corruptibile] L om. O 5 enim] L om. AO 6 praedictae] om. O 8 Item] L om. AO nota] notandum est O 9 tanto] terminus add. A est[2]] erit L 10 hoc] LO om. A 11 terminus] communis add. s. del. L finitus] infinitus L om. O infinitus] infinitatus L infinitus…tanto] om. O est[2]] erit L 12 Et] om. L quanto…igitur] LO om. A 15 ergo] tanto add. O terminus] om. O 16 infinitus] infinitatus L terminus] om. L 17 significat[1]] om. O Ergo cum] verbi gratia LO 18 Sortes] ergo add. LO significat] LO significaret A 19 terminus] z homo L om. AO significat] L om. AO oppositum] LO om. A 21 significans] qui

nicht gleich dem Himmel«, »Ein Punkt ist unteilbar, d. h., ein Punkt ist nicht teilbar«, »Der Himmel ist unerzeugbar, d. h., der Himmel ist nicht erzeugbar«, »Der Himmel ist unzerstörbar, d. h., der Himmel ist nicht zerstörbar«, »Gott hat eine unbegrenzte Macht, d. h., Gott hat eine nicht-begrenzte Macht«. Gemäß diesem Verständnis sind die vorgenannten Sätze nämlich wahr, obwohl sie dem Wortlaut nach falsch sind.

Ferner merke hinsichtlich des unbegrenzten Nomens, daß je weniger allgemein irgendein begrenzter Term ist, desto allgemeiner der unbegrenzt gemachte Term ist, und das ist, was man gemeinhin so zu formulieren pflegt: Je allgemeiner ein begrenzter Term ist, desto besonderer ist der unbegrenzte Term und umgekehrt. Und der Grund dafür ist, daß ein Term um so mehr bezeichnet, je allgemeiner er ist, und ein Term, der die entgegengesetzte Bezeichnung hat, um so weniger bezeichnet. Weil also ein unbegrenzter Term das Gegenteil des begrenzten Terms bezeichnet, gilt: Um so mehr der begrenzte Term bezeichnet, um so weniger bezeichnet der unbegrenzte Term. Weil also der Term »Mensch« mehr bezeichnet als der Term »Sokrates«, gilt: Wenn ein Term das Gegenteil des Terms »Mensch« bezeichnet und ein Term das Gegenteil des Terms »Sokrates« bezeichnet, dann bezeichnet der Term, der das Gegenteil des Terms »Mensch« bezeichnet, weniger als der, welcher das Gegenteil des Terms »Sokrates« bezeichnet, weshalb der Term »Nicht-Mensch« weniger bezeichnet als der Term »Nicht-Sokrates«. Es gibt nämlich mehr Dinge, die Nicht-Sokrates sind, als es Dinge gibt, die Nicht-Mensch sind, Platon nämlich ist Nicht-Sokrates und dennoch ist Platon nicht Nicht-Mensch, alles nämlich, was Nicht-Mensch ist, ist Nicht-Sokrates, aber nicht umgekehrt.

significat O **24** quae[1]] non add. s. del. L sunt[3]] om. LO **25** est non[1]] trsp. L tamen] cum hoc L om. O **26** quod] non add. A et] sed O

Ex isto sequitur, quod si omnes termini de praedicamento substantiae infinitarentur, *non Sortes* vel *non Plato* fieret generalissimum et *non substantia* fieret individuum vel specialissimum. Et sicut iam in praedicamento substantiae est unum generalissimum et plura individua vel specialissima, ita si termini finiti infinitarentur, fierent plura generalissima et unum individuum, hic enim terminus infinitatus *non Sortes* vel *non Plato* fieret generalissimum, deinde *non homo* poneretur sub eo, sub quo *non animal*, sub non animali *non corpus animatum*, sub non corpore animato *non corpus*, sub non corpore *non substantia*, et sic quod prius erat minime commune, puta *Sortes* vel *Plato*, terminis infinitatis fieret maxime commune.

Ultimo est notandum, quod quamvis logicus principaliter et principalius considerat de duabus partibus orationis, scilicet de nomine et verbo, tamen aliae partes orationis non abiciuntur A3va omnino ab eius consideratione. Sed tamen ad istum intellectum nomina infinita non dicuntur esse de consideratione logici, quia non habent significationem finitam, et similiter nomina obliqua non dicuntur esse principaliter de eius consideratione, quia non per se possunt esse subiectum vel praedicatum propositionis, vel quia non possunt esse subiectum respectu cuiuscumque verbi, male enim diceretur »Sortis videt asinum«. Considerat ergo principaliter nomen et verbum et alias partes orationis minus principaliter tamquam partes accessorias.

1 quod] O om. AL 2 infinitarentur] LO infinitantur A fieret] L fierent AO 3 et] om. L individuum] terminus autem infinitus non Sortes vel non Plato add. s. del. A 4 substantiae] om. O 5 vel specialissima] om. LO 6 finiti] om. LO 7 hic…infinitatus] L terminus autem infinitus A in terminis infinitatis O 9 sub^{3}…animatum] L om. A sub^{3}…substantia] et sic de aliis O 10 non^{1}… animato] L quo A 11 sic] L om. AO minime] LO minus A 12 vel] et O 14 notandum] finaliter add. L 16 verbo] et add. O 17 omnino] om. L istum intellectum] ipsum non pertinent O 18 infinita…nomina] om. LO esse] Z om. A 20 obliqua] et add. O principaliter] om. LO 22 vel quia] et O esse subiectum] subici O 23 diceretur] dicitur L Sortis] Sor LO asinum] hominem L hominis O et similiter nomina infinita non dicuntur esse principaliter de eius consideratione quia non habent significationem finitam LO 25 prin-

Daraus folgt: Wenn alle Terme der Kategorie der Substanz unbegrenzt gemacht würden, dann würde »Nicht-Sokrates« oder »Nicht-Platon« die allgemeinste Gattung und »Nicht-Substanz« würde ein Individuum oder eine unterste Art. Und wie es jetzt in der Kategorie der Substanz eine allgemeinste Gattung gibt und mehrere Individuen oder unterste Arten, so entstünden mehrere allgemeinste Gattungen und ein Individuum, wenn man die begrenzten Terme unbegrenzt machen würde. Der unbegrenzt gemachte Term »Nicht-Sokrates« oder »Nicht-Platon« würde nämlich eine allgemeinste Gattung, sodann würde »Nicht-Mensch« unter ihn gesetzt, darunter »Nicht-Lebewesen«, unter »Nicht-Lebewesen« »Nicht-Beseelter-Körper«, unter »Nicht-Beseelter-Körper« »Nicht-Körper«, unter »Nicht-Körper« »Nicht-Substanz«, und so würde, was vorher am wenigsten allgemein war, nämlich »Sokrates« oder »Platon«, nach der Entgrenzung der Terme am meisten allgemein.

Zuletzt ist anzumerken: Obwohl der Logiker hauptsächlich und vornehmlicher zwei Redeteile in Betracht zieht, nämlich das Nomen und das Verb, so werden doch die anderen Redeteile nicht völlig von seinen Überlegungen ausgeschlossen. Aber dennoch sagt man in einem bestimmten Sinne, daß die unbegrenzten Nomina nicht zum Bereich des Logikers gehören, weil sie nämlich keine begrenzte Bezeichnung haben. Und ebenso sagt man, daß die schiefen Nomina nicht hauptsächlich zu seinen Überlegungen gehören, weil sie für sich (allein genommen) nicht Subjekt oder Prädikat eines Satzes sein können oder weil sie nicht hinsichtlich eines jeden Verbs Subjekt sein können, der Satz »Des Sokrates sieht einen Esel« wäre nämlich nicht wohlgeformt. Der Logiker zieht also hauptsächlich das Nomen und das Verb in Betracht und die anderen Redeteile nicht so vorrangig, gleichsam als nebensächliche Teile.

cipaliter] et add. L partes] om. L accessorias] Sequitur ergo verbum est terminus add. L

Cap. I.6 ⟨Capitulum sextum de verbo⟩

Verbum est terminus significativus cum tempore, cuius nulla pars separata aliquid significat, finitus et rectus. Ly *terminus significativus* ponitur hic loco generis, sed ly *cum tempore* et residua ponuntur tamquam differentiae. Unde per ly *cum tempore* differt a nomine, quod significat sine tempore, sed per [L18ra] ly *cuius nulla pars significat separata* differt ab oratione, per ly *finitus et rectus* differt a verbis infinitis et a verbis obliquis.

Specialiter de hoc verbo *est*, quod est radix omnium verborum, advertendum est, quod per Aristotelem, primo *Perihermeneias*, [O10rb] hoc verbum *est* significat quandam compositionem, quam sine extremis non est intelligere. Et pro evidentia istius sciendum est, quod duplex est terminorum complexio, una est secundum compositionem, alia est secundum divisionem, et utraque istarum est duplex, nam una vocatur complexio distans, alia indistans.

Distans est complexio duorum terminorum, puta subiecti et praedicati, mediate hoc verbo *est*, ut est ista »Homo est animal«, et ista complexio est propositio. Et complexio indistans est determinationis ad determinabile per immediatam appositionem determinationis ad ipsum determinabile, sicut hic *homo albus* vel *equus hinnibilis*, et ista complexio non est propositio. Ex quo infertur, quod non omnis terminus complexus est propositio.

10 per Aristotelem] Aristoteles, De interpretatione, Cap. 3, 16b24s.

3 aliquid] L om. AO 4 hic] om. O et residua] etc. O 5 tamquam] hoc loco L hic loco O 7 pars...separata] LO etc. A per] et O 8 et[2]] om. O a verbis[2]] L om. AO 9 est[1]] est hic advertendum add. LO 10 advertendum est] om. LO quod] et LO 13 complexio] et add. L est[3]] LO om. A 14 est] LO om. A 15 istarum] earum LO una] alia LO 17 complexio] om. O 18 est[2]] LO om. A 19 Et] om. LO 20 appositionem] compositionem L 21 ad...determinabile] ipsius determinabili L ipsi determinabili O hic] LO om. A 22 vel] om. O equus hinnibilis] homo risibilis L homo hinnibilis O 23 Ex...propositio] L om. AO Ex quo infertur quod non omnis conceptus complexus est propositio add. i.m. O

Kapitel I.6: *Das Verb*

Das Verb ist ein Term, der mit Zeit bezeichnet, von dem kein abgetrennter Teil etwas bezeichnet und der begrenzt sowie gerade ist. Der Ausdruck »Term, der bezeichnet« wird hier als Gattung gesetzt, der Ausdruck »mit Zeit« und das Übrige werden hingegen als Unterschiede gesetzt. So unterscheidet sich das Verb durch den Ausdruck »mit Zeit« vom Nomen, welches ohne Zeit bezeichnet, aber durch den Ausdruck »von dem kein abgetrennter Teil etwas bezeichnet« unterscheidet es sich von der Ausdrucksfolge und durch den Ausdruck »begrenzt und gerade« unterscheidet es sich von den unbegrenzten Verben und von den schiefen Verben[11].

Im besonderen bezüglich des Verbs »ist«, welches die Wurzel aller Verben ist, muß man beachten, daß gemäß Aristoteles im ersten Buch *Über die Auslegung* das Verb »ist« eine gewisse Zusammensetzung bezeichnet, welche man ohne die Glieder nicht verstehen kann. Und zur Erhellung dieser These muß man wissen, daß es eine zweifache Verknüpfung von Termen gibt, eine gemäß der Zusammensetzung, die andere gemäß der Trennung. Jede von diesen ist wiederum zweifach, denn die eine heißt »mittelbare«, die andere »unmittelbare Verknüpfung«.

Mittelbar ist die Verknüpfung von zwei Termen, nämlich eines Subjekts und eines Prädikats, mittels des Verbs »ist«, wie z. B. diese »Ein Mensch ist ein Lebewesen«, und diese Verknüpfung ist ein Satz. Eine unmittelbare Verknüpfung ist die einer Bestimmung mit einem Bestimmbaren durch die unmittelbare Hinzufügung der Bestimmung zum Bestimmbaren, wie z. B. hier »weißer Mensch« oder »des Wieherns fähiges Pferd«, und diese Verknüpfung ist kein Satz. Woraus folgt, daß nicht jeder verknüpfte Term ein Satz ist.

Huic autem duplici complexioni sive compositioni opponitur duplex divisio, scilicet distans et indistans, et utraque significatur per appositionem huius negationis *non*. Divisio namque distans designatur per negationem cadentem super hoc verbum *est*, quod copulat subiectum cum praedicato, sicut dicendo »Homo non est albus«. Divisio autem indistans designatur per negationem cadentem super determinationem appositam determinabili, ut *homo non albus*, *homo non hinnibilis*. Et sicut in complexione distante compositio significat, quod termini supponant pro eadem re, et divisio sibi opposita significat, quod non supponant pro eadem re, ita in complexione indistante compositio significat adiacentiam rei significatae per determinationem immediate appositam determinabili, divisio autem significat non adiacentiam ipsorum.

Sed quia negatio non solum cadere potest super verbum aut super determinationem appositam determinabili seu terminum adiectivum, sed etiam super determinabile seu super terminum substantivum, ut dicendo »Non homo currit« vel »Homo est non currens«, dubitatur, quid talis negatio operetur. Respondetur, quod ipsa facit terminum substantivum seu determinabile supponere pro eo, de quo ipse terminus posset vere negari. Unde ista propositio »Omnis non homo currit« valet istam A3vb »Omne, quod non est homo, currit«. Talis ergo negatio dividit suppositionem a significatione, prohibet enim terminum sup-

1 autem] om. LO complexioni] LO om. A sive] O om. AL compositioni] AO om. L 2 significatur] LOX *lectio incerta* A 3 huius] negatio add. s. del. A 4 negationem…super] LO appositionem negationis per A 8 non[2]] om. O 10 re] ita in complexione add. s. del. L sibi opposita] LO om. A 11 supponant…re] L om. A 12 adiacentiam] ipsorum? add. s. del. O rei significatae] termini significati L 14 significat non] trsp. L 16 super] om. s. add. i.m. O appositam determinabili] om. LO 17 sed] seu L super[1]] om. s. add. s.l. O super[2]] O om. AL terminum] O om. A verbum L 18 substantivum] subiectum O 19 operetur] LO operatur A 20 terminum…eo] eodem L substantivum] subiectum O 21 ipse] iste LO vere] bene LO 22 Omnis] om. LO 23 Omne] aliquid LO currit] et ista omnis homo currit valet istam omne quod non est homo currit add. O ergo] enim LO

Dieser zweifachen Verknüpfung bzw. Zusammensetzung ist aber eine zweifache Trennung entgegengesetzt, nämlich eine mittelbare und eine unmittelbare, und jede von beiden wird durch die Hinzufügung der Negation »nicht« bezeichnet. Die mittelbare Trennung wird nämlich durch eine Negation bezeichnet, welche sich auf das Verb »ist« bezieht, welches das Subjekt mit dem Prädikat verbindet, wie wenn man sagt »Ein Mensch ist nicht weiß«. Die unmittelbare Trennung wird aber durch eine Negation bezeichnet, welche sich auf die Bestimmung bezieht, die dem Bestimmbaren hinzugefügt ist, wie z. B. »nicht weißer Mensch«, »nicht des Wieherns fähiger Mensch«. Und wie bei der mittelbaren Verknüpfung die Zusammensetzung bezeichnet, daß die Terme für dasselbe Ding supponieren, und die ihr entgegengesetzte Trennung bezeichnet, daß sie nicht für dasselbe Ding supponieren, so bezeichnet bei der unmittelbaren Verknüpfung die Zusammensetzung das Zukommen des Dinges, welches durch die Bestimmung bezeichnet wird, die dem Bestimmbaren unmittelbar hinzugefügt ist, die Trennung hingegen bezeichnet das Nicht-Zukommen dieser Dinge.

Weil aber eine Negation sich nicht nur auf das Verb oder auf die dem Bestimmbaren hinzugefügte Bestimmung bzw. den adjektivischen Term beziehen kann, sondern auch auf das Bestimmbare bzw. auf den substantivischen Term, wie wenn man sagt »Ein Nicht-Mensch läuft« oder »Ein Mensch ist nicht-laufend«, fragt es sich, was eine solche Negation bewirkt. Antwort: Sie macht, daß der substantivische Term bzw. das Bestimmbare für das supponiert, von dem der Term wahr verneint werden könnte. So bedeutet der Satz »Jeder Nicht-Mensch läuft« soviel wie »Jedes Ding, das nicht ein Mensch ist, läuft«. Eine solche Negation trennt also die Supposition von der Bezeichnung, sie verhindert nämlich, daß der Term

ponere pro illis rebus, quas significat, et facit eum supponere pro illo, quod non significat.

Sic ergo distincta compositione sciendum est, quod hoc verbum *est* secundo adiacens, sicut hic »Homo est«, significat de significatione principali existentiam eius, pro quo supponit subiectum. Sed quando hoc verbum *est* ponitur tertio adiacens, significat quandam compositionem praedicati ad subiectum, id est, subiectum et praedicatum supponere pro eodem, et tempus, in quo est significatum subiecti, esse idem tempus, in quo est significatum praedicati, et quando est ita, illa propositio est vera, si non sit propositio falsificans se ipsam, et quando non est ita, propositio est falsa, exemplum primi, ut »Homo est animal«, exemplum secundi, ut »Homo est asinus«. Et quando apponitur sibi negatio, significat, quod non pro eodem supponunt subiectum et praedicatum, et si ita est, propositio est vera, ut dicendo »Homo non est asinus«, et si aliter est, propositio est falsa, ut dicendo »Homo non est animal«.

Et notanter dico »quando apponitur sibi negatio, significat, quod non pro eodem supponunt subiectum et praedicatum« et non dico »quod subiectum et praedicatum supponunt pro diversis«, quia in ista »Chimaera non est chimaera«, quae est negativa, subiectum et praedicatum non supponunt pro diver-
O10va sis, quia pro nullo supponunt, sed tamen verum est, quod non supponunt pro eodem, quia termini, qui pro nullis supponunt, non supponunt pro eodem.

Ex his dico primo, quod omnis propositio affirmativa significat, quod pro eodem supponunt subiectum et praedicatum, et

1 quas significat] L om. AO eum] ipsum terminum L ipsum O 3 est] om. O 4 secundo] om. O 5 significatione] X significato AE4vLN8vOPS 6 hoc…est] om. O 7 ad subiectum] et subiecti O 9 tempus] L tempori AO 10 illa] om. LO est vera] LO om. s. add. i.m. A 11 ipsam] L om. AO 12 exemplum… asinus] exemplum secundi ..., exemplum primi ... L 14 significat] significatur L 16 ut…asinus] om. L propositio] ipsa O 17 falsa] exemplum primi ut homo non est asinus exemplum secundi add. L dicendo] om. L 18 dico] om. O significat] significatur LO 20 dico] significatur add. O 21 quae…negativa] L om. A negativa O 23 nullo] L nullis AO 24 supponunt[1]] om. L quia… qui] quae enim LO nullis] nullo LO 26 his] hoc O primo] om. L

für die Dinge supponiert, die er bezeichnet, und macht, daß er für das supponiert, was er nicht bezeichnet.

Nachdem also die Zusammensetzung auf die Weise unterschieden wurde, muß man Folgendes wissen: Das Verb »ist« als zweiter Bestandteil, wie hier »Ein Mensch ist«, bezeichnet gemäß Hauptbezeichnung die Existenz dessen, wofür das Subjekt supponiert. Aber wenn das Verb »ist« als dritter Bestandteil gesetzt wird, bezeichnet es eine gewisse Zusammensetzung des Prädikats mit dem Subjekt, d.h., daß Subjekt und Prädikat für dasselbe supponieren und daß die Zeit, in der das Bezeichnete des Subjekts ist, dieselbe Zeit ist, in der das Bezeichnete des Prädikats ist. Und wenn dem so ist, dann ist der betreffende Satz wahr, sofern er nicht ein Satz ist, der sich selbst falsifiziert, und wenn dem nicht so ist, dann ist der Satz falsch; ein Beispiel für das erste: »Ein Mensch ist ein Lebewesen«, ein Beispiel für das zweite: »Ein Mensch ist ein Esel«. Und wenn ihm eine Negation hinzugefügt wird, bezeichnet es, daß Subjekt und Prädikat nicht für dasselbe supponieren, und wenn dem so ist, dann ist der Satz wahr, wie wenn man sagt »Ein Mensch ist nicht ein Esel«, und wenn es anders ist, dann ist der Satz falsch, wie wenn man sagt »Ein Mensch ist nicht ein Lebewesen«.

Und ich sage ausdrücklich »wenn ihm eine Negation hinzugefügt wird, bezeichnet es, daß Subjekt und Prädikat nicht für dasselbe supponieren« und ich sage nicht »daß Subjekt und Prädikat für Verschiedenes supponieren«, weil in dem Satz »Eine Chimäre ist nicht eine Chimäre«, der negativ ist, Subjekt und Prädikat nicht für Verschiedenes supponieren, weil sie für nichts supponieren, aber dennoch ist es wahr, daß sie nicht für dasselbe supponieren, weil die Terme, welche für keine Dinge supponieren, nicht für dasselbe supponieren.

Auf der Grundlage dieser Ausführungen sage ich erstens: Jeder bejahende Satz bezeichnet, daß Subjekt und Prädikat für

omnis propositio negativa significat, quod non supponunt pro eodem subiectum et praedicatum.

Dico secundo, quando in propositione affirmativa non falsificante se pro eodem supponunt subiectum et praedicatum, propositio est vera, et quando non supponunt pro eodem, propositio est falsa.

Et notanter dico »in propositione non falsificante se«, quia in ista propositione »Propositio, quam ego profero, est falsa«, posito, quod nihil aliud dicam, subiectum et praedicatum supponunt pro eodem, et tamen dicta propositio est falsa et non vera propter hoc, quod falsificat se seu significat se esse falsam.

Tertio dico, quod in omni propositione negativa, quando subiectum et praedicatum non supponunt pro eodem, propositio est vera, et quando supponunt pro eodem, propositio est falsa.

Quarto dico, quando subiectum alicuius propositionis affirmativae non supponit pro aliquo, semper talis propositio est falsa, verbi gratia »Chimaera est chimaera«, »Chimaera est opinabilis«, »Chimaera est intelligibilis«. Patet, quia ex quo est affirmativa non falsificans se et quia ad veritatem talis affirmativae requiritur subiectum et praedicatum supponere pro eodem, sequitur dictam propositonem affirmativam, in qua subiectum non supponit pro aliquo, esse falsam. In ea enim subiectum et praedicatum, ex quo non supponunt pro aliquo, non supponunt pro eodem, quod tamen requiritur ad hoc, quod propositio affirmativa non falsificans se sit vera.

Quinto dico illam negativam, cuius subiectum pro nullo supponit, esse veram, ex quo sequitur istam veram esse »Chi-

1 propositio] L om. AO significat] om. O 2 subiectum…praedicatum] L om. AO 3 secundo] quamvis add. O 5 propositio…falsa] LO om. A 8 Propositio…posito] quam profero dico ego dico falsum L ego] om. O 9 dicam] quam add. A 10 et[1]] LO om. A 11 hoc quod] quia L 17 dico] quod add. O subiectum] et praedicatum add. L 18 supponit] supponunt L propositio] om. O 20 intelligibilis] quia add. s. del. O ex quo] om. O 21 quia] cum LO affirmativae] L om. AO 22 requiritur] requiratur O 23 dictam] om. O in…

dasselbe supponieren, und jeder negative Satz bezeichnet, daß Subjekt und Prädikat nicht für dasselbe supponieren.

Zweitens sage ich: Wenn in einem bejahenden Satz, der sich nicht selbst falsifiziert, Subjekt und Prädikat für dasselbe supponieren, ist der Satz wahr, und wenn sie nicht für dasselbe supponieren, ist der Satz falsch.

Und ich sage ausdrücklich »in einem Satz, der sich nicht selbst falsifiziert«, weil in dem Satz »Der Satz, den ich äußere, ist falsch«, angenommen, daß ich nichts anderes äußere, Subjekt und Prädikat für dasselbe supponieren, und der genannte Satz dennoch falsch ist und nicht wahr, und zwar deswegen, weil er sich falsifiziert bzw. bezeichnet, daß er falsch ist.

Drittens sage ich: Für jeden negativen Satz gilt, wenn Subjekt und Prädikat nicht für dasselbe supponieren, dann ist der Satz wahr, und wenn sie für dasselbe supponieren, dann ist der Satz falsch.

Viertens sage ich: Wenn das Subjekt eines bejahenden Satzes nicht für etwas supponiert, so ist ein solcher Satz immer falsch, z. B. »Eine Chimäre ist eine Chimäre«, »Eine Chimäre ist einbildbar«, »Eine Chimäre ist vorstellbar«. Das ist klar: Weil dieser Satz bejahend ist und sich nicht falsifiziert und weil für die Wahrheit eines solchen bejahenden Satzes erforderlich ist, daß Subjekt und Prädikat für dasselbe supponieren, folgt, daß der genannte bejahende Satz, in dem das Subjekt nicht für etwas supponiert, falsch ist. In diesem Satz nämlich supponieren Subjekt und Prädikat nicht für dasselbe – weil sie nicht für etwas supponieren –, was jedoch dafür erforderlich ist, daß ein bejahender Satz, der sich nicht falsifiziert, wahr ist.

Fünftens sage ich: Ein negativer Satz, dessen Subjekt für nichts supponiert, ist wahr, woraus folgt, daß der Satz »Eine

aliquo] LO om. A 25 ex…aliquo] om. O quo] subiciunt add. L 26 eodem] quia nec subiectum nec praedicatum supponunt pro aliquo et ergo non supponunt pro eodem add. O 28 illam] om. L cuius] ubi O

maera non est chimaera« et similiter istam »Vacuum non est L18rb vacuum« et similiter istam »Chimaera non est opinabilis«.

Sed contra diceres tu: Probatur, quod ista sit vera »Chimaera est chimaera«, quia hic est praedicatio eiusdem de eodem, modo per Boethium in *Praedicamentis* nulla propositio est verior illa, in qua idem praedicatur de eodem. Quod autem A4ra hic sic est, patet dicendo »Chimaera est chimaera«. Secundo, nam Aristoteles in quarto *Metaphysicae* concedit istam »Non ens est non ens«, et tamen est affirmativa, cuius subiectum pro nullo supponit.

Respondetur ad primum, quando dicebatur per Boethium in *Praedicamentis*, quod nulla propositio est verior ista, in qua idem praedicatur de se ipso, concedo, si in ea termini supponunt pro aliquo, si autem termini in ea non supponunt pro aliquo, ipsa est falsa, et sic est de ista »Chimaera est chimaera«. Ad secundum dico, quod in ista propositione »Non ens est non ens« prima negatio *non* potest cadere super terminum, cui adiungitur, ita quod copula remaneat affirmata. Et sic propositio est affirmativa et est falsa, nec sic eam Aristoteles concessit. Alio modo potest intelligi, quod prima negatio cadat super totam propositionem, ita quod sit sensus »Non ens est non ens, id est, non est verum, quod ens est non ens«. Et sic ipsa est vera et negativa est et non affirmativa. Eodem modo potest distingui de ista »Nihil est nihil«.

5 per Boethium] Haec sententia potius solet attribui commentario ipsius Boethii In librum De interpretatione, PL, 64, col. 387C–D (ed. 1a) et col. 628B–C (ed. 2a). 8 Aristoteles] Aristoteles, Metaphysica, IV.2, 1003b10; cf. ibid., VII.4, 1030a25s.

1 istam] om. O 2 similiter] om. O opinabilis] intelligibilis LO 3 contra] om. L tu] om. LO sit] LO est A 4 eodem] se ipso LO 5 in Praedicamentis] E5rLPSX om. AO propositio] om. LO 6 idem…eodem] est praedicatio eiusdem de se ipso LO eodem] patet add. A Quod…est[1]] om. L 7 sic est] sit praedicatio eiusdem de se ipso O 8 in] om. O quarto] Z quinto AOP primo E5r secundo LS septimo X 11 per Boethium] quod Boethius dicit LO 12 propositio] om. LO est…ipso] LO etc. A ista] L om. O nisi add. L 13 supponunt] supponant O 14 termini…ea] L om. AO 15 ipsa est] O potest esse

Chimäre ist nicht eine Chimäre« wahr ist, ebenso der Satz »Ein Vakuum ist nicht ein Vakuum« und ebenso der Satz »Eine Chimäre ist nicht einbildbar«.

Einwand: Es wird bewiesen, daß der Satz »Eine Chimäre ist eine Chimäre« wahr ist, denn hier liegt eine Aussage desselben von demselben vor. Nun ist aber gemäß Boethius in den *Kategorien* kein Satz wahrer als der, in dem dasselbe von demselben ausgesagt wird. Daß dies aber hier der Fall ist, ist klar durch die Aussage »Eine Chimäre ist eine Chimäre«. Zweitens: Aristoteles gibt nämlich im vierten Buch der *Metaphysik* den Satz »Nicht-Seiendes ist nicht-seiend« zu, und dennoch ist das ein bejahender Satz, dessen Subjekt für nichts supponiert.

Antwort auf das erste: Wenn es hieß gemäß Boethius in den *Kategorien*, daß kein Satz wahrer ist als der, in dem dasselbe von sich selbst ausgesagt wird, so gebe ich das zu, wenn in ihm die Terme für etwas supponieren, wenn aber die Terme in ihm nicht für etwas supponieren, so ist er falsch, und dies ist der Fall beim Satz »Eine Chimäre ist eine Chimäre«. Zum zweiten sage ich: In dem Satz »Nicht Seiendes ist nicht-seiend« kann sich die erste Negation »nicht« auf den Term beziehen, dem sie hinzugefügt wird, so daß die Kopula bejaht bleibt. Und so ist der Satz bejahend und falsch, und so hat ihn Aristoteles auch nicht zugegeben. Auf eine andere Weise kann man den Satz so auffassen, daß sich die erste Negation auf den ganzen Satz bezieht, so daß der Sinn lautet »Nicht Seiendes ist nicht-seiend, d. h., es ist nicht wahr, daß Seiendes nicht-seiend ist«. Und so ist der Satz wahr, und er ist negativ, nicht bejahend. Auf dieselbe Weise kann man unterscheiden hinsichtlich des Satzes »Nichts ist nichts«.

ALX et] L om. A et…chimaera] om. O de] L om. A **16** secundum] secundam O **17** negatio] scilicet add. O **18** remaneat] L remanet A maneat O affirmata] LO affirmativa AX Et] LO om. A **19** est^2] LO om. A **21** cadat] LO cadit A super] copulam add. s. del. A **22** est^2] quod add. O quod] non add. s. del. LO Et] LO om. A **23** ipsa] LO om. A et^2] LO om. A **24** potest] posset L possit O distingui] dici O

Dico sexto, quod omnis propositio significat se esse veram. Probatur: Omnis propsitio vel est affirmativa vel negativa. Si est affirmativa, tunc per dicta significat idem esse, pro quo supponit subiectum et praedicatum, et hoc est propositionem affirmativam esse veram. Si est negativa, tunc significat non esse idem, pro quo supponit subiectum et praedicatum, et hoc O10vb est propositionem negativam esse veram.

Dico septimo, quod omnis propositio significans se esse falsam est falsa. Patet, quia significat eandem propositonem, scilicet se ipsam, esse veram et falsam. De directa enim significatione significat se ipsam esse falsam, verbi gratia sicut est hic »Propositio, quam ego profero, est falsa« posito, quod nullam aliam propositionem proferam. De consecutiva autem significatione significat se ipsam esse veram. Modo falsum est, quod eadem propositio sit vera et falsa.

Ex hoc tamquam ex radice possunt insolubilia solvi, verbi gratia, si aliquis proponat talem propositionem »Propositio, quam ego profero, est falsa«, dicendum est, quod illa propositio est falsa. Unde de directa significatione ipsa significat, quod ipsa est falsa, recte sicut ista »Homo est asinus« de directo significat, quod homo est asinus, et sicut ista »Homo est asinus«, quia est affirmativa, etiam significat se esse veram, ita ista propositio »Propositio, quam ego profero, est falsa« de directo significat se esse falsam, et quia est affirmativa, significat idem esse, pro quo supponit subiectum et praedicatum, et cum hoc sit propositionem affirmativam esse veram, ipsa significat etiam se esse veram. Et sic significat simul se esse veram et falsam, quare ipsa est falsa.

2 Probatur] patet LO vel^{1}] LO om. A 3 est] om. O 4 hoc] L om. A haec O 5 est] O sit A om. L non…supponit] LO om. A 6 praedicatum] non supponere pro eodem add. A hoc] LO om. A 7 propositionem] LO om. A 8 quod] om. L 10 et] esse add. O enim] om. L 11 hic] haec L haec propositio O 13 proferam] proferrem LO consecutiva] LX consequenti A constitutiva O autem] AO om. L enim *ante corr. i.m.* O 14 ipsam] om. LO 16 ex] de L insolubilia] resolubilia L 19 directa significatione] directo LO ipsa] ipsa add. A 20 ipsa] LO om. A asinus] LOX albus A de directo] directe O

Sechstens sage ich: Jeder Satz bezeichnet, daß er wahr ist. Beweis: Jeder Satz ist entweder bejahend oder verneinend. Wenn er bejahend ist, dann bezeichnet er gemäß dem Gesagten, daß es dasselbe ist, wofür Subjekt und Prädikat supponieren, und das heißt, daß ein bejahender Satz wahr ist. Wenn er verneinend ist, dann bezeichnet er, daß es nicht dasselbe ist, wofür Subjekt und Prädikat supponieren, und das heißt, daß ein verneinender Satz wahr ist.

Siebtens sage ich: Jeder Satz, der bezeichnet, daß er falsch ist, ist falsch. Das ist klar, weil er bezeichnet, daß derselbe Satz, nämlich er selbst, wahr und falsch ist. Gemäß der direkten Bezeichnung bezeichnet er nämlich, daß er selbst falsch ist, wie es z. B. hier der Fall ist »Der Satz, den ich äußere, ist falsch«, angenommen, daß ich keinen anderen Satz äußere. Gemäß der folgenden (impliziten) Bezeichnung aber bezeichnet er, daß er wahr ist. Nun ist es aber falsch, daß derselbe Satz wahr und falsch ist.

Daraus können die Unlösbaren gleichsam von der Wurzel her gelöst werden, z. B., wenn jemand einen solchen Satz vorbringt[12] »Der Satz, den ich äußere, ist falsch«, muß man sagen, daß der Satz falsch ist. So bezeichnet er gemäß der direkten Bezeichnung, daß er selbst falsch ist, genau so, wie der Satz »Ein Mensch ist ein Esel« auf direkte Weise bezeichnet, daß ein Mensch ein Esel ist. Und wie der Satz »Ein Mensch ist ein Esel«, weil er bejahend ist, auch bezeichnet, daß er wahr ist, so bezeichnet der Satz »Der Satz, den ich äußere, ist falsch« auf direkte Weise, daß er falsch ist, und weil er bejahend ist, bezeichnet er, daß es dasselbe ist, wofür Subjekt und Prädikat supponieren, und da dies heißt, daß ein bejahender Satz wahr ist, bezeichnet er auch, daß er wahr ist. Und so bezeichnet er zugleich, daß er wahr und falsch ist, weshalb er falsch ist.

21 est¹] LOX sit A asinus¹] LOX albus A asinus²] LO albus A est vera add. A **22** quia] O om. AL est affirmativa] LO om. A etiam] O om. A et L **23** propositio] L om. AO de directo] LO om. A enim add. LO **26** veram] et add. L **27** Et] LO om. A simul] LO om. A

Sed posses dicere: Si ipsa est falsa, ergo cum ipsa significat se esse falsam, tunc taliter est, qualiter per eam significatur, et si sic, tunc est vera, ergo si est falsa, est vera.

Respondetur, quando dicitur »si ipsa est falsa, ergo cum ipsa significat se esse falsam, tunc taliter est, qualiter per eam significatur«, concedo. Et quando ulterius dicitur »ergo est vera«, negatur consequentia, quia si consequentia deberet valere, oporteret, quod dicta propositio significaret taliter, qualiter est, et nullo modo aliter, quam est. Quia quamvis dicta propositio significat taliter, qualiter est, in hoc, quod significat se esse falsam, tamen etiam significat aliter, quam est, in hoc, quod significat se esse veram. Quia ergo ipsa significat se esse veram et se esse falsam, ipsa non significat praecise, sicut est, sed
A4rb etiam aliter, quam est. De isto plus videbitur in insolubilibus.

Cap. I.7 ⟨Capitulum septimum de subiecto⟩

Quoniam dictum est de hoc verbo *est*, quod est copula inter subiectum et praedicatum, dicendum est modo de subiecto et praedicato et primo de subiecto.

Unde sciendum est, quod hoc nomen *subiectum* capitur dupliciter. Uno modo capitur pro illo, quod substat alicui realiter inhaerenti sibi, quomodo subiectum, scilicet paries, substat suo accidenti, scilicet albedini. Alio modo *subiectum* dicitur pars propositionis praecedens copulam, de qua quidem

14 in insolubilibus] Vide infra, Tr. VI/1, Cap. VI.1 et VI.2, primum insolubile.

1 posses dicere] diceres L diceres tu O 2 esse] veram add. s. del. L 3 falsa… vera[2]] LO trsp. A 4 ipsa[1]] om. LO cum] tamen L 5 se…concedo] LO om. A per…significatur] ipsa significat O 6 Et] LO om. A 7 consequentia[2]] LO om. A 8 significaret] deberet significare L significat O 9 quamvis] igitur LO 10 taliter] LO om. A est] et add. O 11 hoc] LO eo A 12 ipsa] O om. AL veram[2]] LO falsam A 13 falsam] LO veram A ipsa] LO om. A 14 etiam] LO om. A est] etc. et add. L videbitur] habetur O in] de add. L om. O insolubilibus] Sequitur add. L etc. Capitulum septimum add. O 17 et[2]…subiecto]

Einwand: Wenn er falsch ist, so gilt: Da er bezeichnet, daß er falsch ist, ist es also so, wie durch ihn bezeichnet wird, und wenn dem so ist, dann ist er wahr. Also: Wenn er falsch ist, ist er wahr.

Antwort: Wenn es heißt »Wenn er falsch ist, so gilt: Da er bezeichnet, daß er falsch ist, ist es also so, wie durch ihn bezeichnet wird«, so gebe ich das zu. Und wenn es weiter heißt »also ist er wahr«, so wird die Folgerung abgelehnt, denn wenn die Folgerung gültig sein sollte, wäre es erforderlich, daß der genannte Satz so bezeichnet, wie es ist, und auf keine Weise anders, als es ist. Denn obwohl der genannte Satz so bezeichnet, wie es ist, insofern er bezeichnet, daß er falsch ist, so bezeichnet er dennoch auch anders, als es ist, insofern er bezeichnet, daß er wahr ist. Weil er also bezeichnet, daß er wahr ist und daß er falsch ist, bezeichnet er nicht genau so, wie es ist, sondern auch anders, als es ist. Darüber wird man mehr in den *Unlösbaren* (= Tr. VI/1) sehen.

Kapitel I.7: *Das Subjekt*

Weil schon einmal über das Verb »ist« gesprochen wurde, welches die Kopula zwischen Subjekt und Prädikat darstellt, muß man jetzt über das Subjekt und das Prädikat sprechen und zuerst über das Subjekt.

So muß man wissen, daß das Nomen »Subjekt« auf zweifache Weise verwendet wird. Auf eine Weise wird es für das verwendet, was etwas (anderem) untersteht, das ihm real inhäriert, auf welche Weise das Subjekt, nämlich die Wand, seinem Akzidens untersteht, nämlich der Weiße. Auf eine andere Weise heißt »Subjekt« der Teil eines Satzes, welcher der Kopu-

LO om. A 19 est] om. O 20 capitur] om. L substat] substet O 21 realiter] sicut add. L sibi] O om. AL quomodo subiectum] om. L et isto modo subiectum albedinis suae O scilicet] sicut L est O 22 substat...albedini] om. O suo] L om. A scilicet] sicut L

parte propositionis dicitur seu praedicatur aliquid, verbi gratia dicendo »Homo est animal« vel »Homo est albus« ly *homo* dicitur subiectum.

Secundo sciendum est, quod *subiectum* primo modo acceptum, quod vocatur *subiectum ad existentiam*, similiter capitur dupliciter: Uno modo pro illo, quod substat alicui formae sibi realiter inhaerenti et sibi advenienti ab extrinseco, et potest sibi adesse vel abesse praeter illius subiecti corruptionem nec est de perfectione substantiali eius. Et sic dicimus parietem esse [L18va] subiectum albedinis et intellectum esse subiectum scientiae. Alio modo capitur subiectum ad existentiam pro illo, quod substat alicui, quod realiter sibi inhaeret et non est eius pars et est eius perfectio substantialis. Et sic accipiendo *subiectum ad existentiam* dicimus materiam esse subiectum formae substantialis.

Tertio sciendum est, quod subiectum secundo modo acceptum, quod solet vocari *subiectum praedicationis*, uno modo accipitur pro omni illo, quod in quacumque propositione, sive vera sive falsa, potest subici. Et sic accipiendo *subiectum* quili- [O11ra] bet terminus respectu alterius potest dici *subiectum*. Unde sic iste terminus *homo* potest dici *subiectum* tam respectu istius termini *animal* quam respectu istius termini *asinus*. Unde sic accipiendo *subiectum* genus potest dici *subiectum* respectu speciei et propria passio respectu sui subiecti et quilibet terminus accidentalis respectu termini substantialis. Secundo modo capitur *subiectum praedicationis* pro omni illo, quod subicitur

1 propositionis] L om. A in propositione O dicitur] verificatur O 2 albus] asinus LO 4 est] om. LO 5 ad existentiam] secundum subsistentiam L similiter] L om. AO 6 pro illo] om. O substat] substet O sibi] LO om. A 7 et[1]] LO sicut A sibi[1]] LO om. A potest] possit O 8 vel] LO et A illius] om. O 9 substantiali] subiecti O Et] LO om. A 10 esse subiectum] om. L 11 ad] secundum L 12 substat] substet O et[2]...perfectio] LO om. A 13 Et] LO om. A ad] secundum L 16 Tertio] secundo L 17 praedicationis] LO compositionis A 18 sive...falsa] LO om. A 19 Et] LO om. A 20 sic] LO om. A 21 tam] O om. s. add. s.l. A om. L 22 quam] et L termini[2]] om. O asinus] LO albus A 25 termini] sui L 26 praedicationis] LO propositionis A omni] LO om. A

la vorangeht, von welchem Satzteil allerdings etwas gesagt bzw. ausgesagt wird; z. B. wenn man sagt »Ein Mensch ist ein Lebewesen« oder »Ein Mensch ist weiß«, so wird der Ausdruck »Mensch« »Subjekt« genannt.

Zweitens muß man wissen, daß »Subjekt« in der ersten Verwendungsweise, welches »Subjekt gemäß der Existenz« heißt, ebenfalls auf zweifache Weise verwendet wird: Auf eine Weise für das, was irgendeiner Form untersteht, welche ihm real inhäriert und ihm von außen zukommt und welche an ihm anwesend oder von ihm abwesend sein kann ohne Vernichtung des Subjekts und welche nicht zu dessen substantieller Vervollkommnung gehört. Und so sagen wir, daß die Wand das Subjekt der Weiße ist und daß der Verstand das Subjekt des Wissens ist. Auf eine andere Weise wird »Subjekt gemäß der Existenz« für das verwendet, was etwas untersteht, was ihm real inhäriert und nicht Teil von ihm ist und seine substantielle Vervollkommnung darstellt. Und wenn man »Subjekt zur Existenz« so verwendet, sagen wir, daß die Materie das Subjekt der substantiellen Form ist.

Drittens muß man wissen, daß »Subjekt« in der zweiten Verwendungsweise, welches man »Subjekt der Aussage« zu nennen pflegt, auf eine Weise für all das verwendet wird, was in einem beliebigen Satz, sei er wahr, sei er falsch, an Subjektstelle gesetzt werden kann. Und wenn man »Subjekt« so verwendet, kann jeder beliebige Term in bezug auf einen anderen »Subjekt« genannt werden. So kann auf diese Weise der Term »Mensch« sowohl in bezug auf den Term »Lebewesen« als auch in bezug auf den Term »Esel« »Subjekt« genannt werden. So kann, wenn man »Subjekt« so verwendet, eine Gattung in bezug auf die Art »Subjekt« genannt werden und die charakteristische Eigenschaft in bezug auf ihr Subjekt und jeder beliebige akzidentelle Term in bezug auf einen substantiellen Term. Auf eine zweite Weise wird »Subjekt der Aussage« für all das verwendet, was in einem Satz an Subjektstelle gesetzt wird, in welchem eine direkte Prädikation vorliegt, nämlich des Höheren (Allgemeineren) vom Niedrigeren (weni-

in propositione, ubi est praedicatio directa, scilicet superioris de inferiori vel propriae passionis de suo subiecto vel inferiori eius. Et hoc dupliciter: Uno modo sive in propositione vera sive in falsa, alio modo solum in propositione vera. Exemplum primi »Homo non est animal«, »Homo non est risibilis«, exemplum secundi, ut »Homo est animal«, »Homo est risibilis«. Tertio modo accipitur *subiectum praedicationis* solum pro illo, quod subicitur in conclusione demonstrata vel demonstrabili, scita vel scibili scientia proprie dicta. Et sic accipiendo *subiectum* tot possunt esse subiecta in aliqua scientia, quot sunt conclusiones demonstratae in illa scientia vel demonstrabiles, scitae vel scibiles. Quarto modo accipitur *subiectum* pro termino communi verificabili de omnibus subiectis conclusionum demonstratarum vel demonstrabilium in aliqua scientia, et non est transcendens metas illius scientiae. De quo quidem termino significative accepto omnes passiones consideratae in ista scientia possunt verificari. Et sic dicimus istum terminum *magnitudo* esse subiectum in geometria, istum vero terminum *numerus* dicimus esse subiectum in arithmetica. Et sic capit Aristoteles *subiectum* in primo *Posteriorum*, cum dicit subiecta prima diversarum scientiarum necesse est esse diversa.

20 Aristoteles] Aristoteles, Analytica posteriora, I.10, 76b3s.

3 sive] om. L propositione] sive add. L 4 in[1]] om. LO 6 ut] om. O 7 modo] L om. AO accipitur] solum add. A solum] om. A 8 in] LO de A demonstrata] demonstrativa O demonstrabili] vel add. L 9 Et] LO om. A 10 in… scientia] om. O sunt] om. O 12 modo] om. O 13 communi] om. O verificabili] L universali A convertibili O 14 demonstratarum] demonstrativarum O 15 est] om. LO transcendens] transcendendo O 16 ista] LO aliqua A 17 Et] LO om. A 18 vero] om. L 19 dicimus] L om. AO esse] LO om. A Et] LO om. A 20 in] om. O 21 diversa] Sequitur ergo de praedicato add. L Capitulum octavum add. O

ger Allgemeinen) oder der charakteristischen Eigenschaft von ihrem Subjekt oder dem ihr Untergeordneten. Und dies auf zweifache Weise: Auf eine Weise gleichermaßen in einem wahren wie in einem falschen Satz, auf eine andere Weise nur in einem wahren Satz. Beispiel für das erste: »Ein Mensch ist nicht ein Lebewesen«, »Ein Mensch ist nicht des Lachens fähig«, Beispiel für das zweite: »Ein Mensch ist ein Lebewesen«, »Ein Mensch ist des Lachens fähig«. Auf eine dritte Weise wird »Subjekt der Aussage« nur für das verwendet, was in einem Schlußsatz an Subjektstelle gesetzt wird, welcher bewiesen oder beweisbar ist sowie gewußt oder wißbar durch ein Wissen im eigentlichen Sinne ist. Und wenn man »Subjekt« so verwendet, dann kann es in einer Wissenschaft so viele Subjekte geben, wie es in dieser Wissenschaft Schlußsätze gibt, welche bewiesen oder beweisbar sowie gewußt oder wißbar sind. Auf eine vierte Weise wird »Subjekt (der Aussage)« verwendet für einen allgemeinen Term, welcher von allen Subjekten der bewiesenen oder beweisbaren Schlußsätze in irgendeiner Wissenschaft verifizierbar (wahr aussagbar) ist und der die Grenzen dieser Wissenschaft nicht überschreitet; von welchem Term aber in signifikativer Verwendung alle charakteristischen Eigenschaften, die in der betreffenden Wissenschaft betrachtet werden, verifiziert werden können. Und so sagen wir, daß der Term »Größe« das Subjekt in der Geometrie ist, vom Term »Zahl« hingegen sagen wir, daß er Subjekt in der Arithmetik ist. Und so verwendet Aristoteles »Subjekt« im ersten Buch der *Zweiten Analytiken*, wenn er sagt, daß die ersten Subjekte verschiedener Wissenschaften notwendigerweise verschieden sind.

Cap. I.8 ⟨Capitulum octavum de praedicato⟩

Nunc dicendum est de praedicato. Unde *praedicatum* uno modo dicitur omne illud, quod est extremum propositionis et non est subiectum, sive hoc sit in propositione vera sive in propositione falsa. Sic accipiendo *praedicatum* quilibet terminus potest esse praedicatum respectu alterius. Unde sic iste terminus *asinus* potest esse praedicatum respectu istius termini *homo*. Secundo modo accipitur *praedicatum* pro omni eo, quod praedicatur in propositione vera, sive in illa propositione sit A4va praedicatio directa sive indirecta. Et sic *animal* potest esse praedicatum respectu istius termini *homo* et etiam e converso, et similiter ly *risibile* respectu huius termini *homo* et etiam e converso. Tertio modo accipitur *praedicatum* pro omni illo, quod praedicatur de alio in propositione vera, in qua est praedicatio directa, sive sit scita vel scibilis sive non. Et sic ly *homo* potest dici *praedicatum* respectu istius termini *Sortes* et non e converso, et similiter ly *animal* potest dici praedicatum respectu huius termini *homo* et non e converso, ex eo quod praedicatio huius termini *Sortes* de isto termino *homo* non est praedicatio directa et similiter praedicatio istius termini *homo* de isto termino *animal* non est praedicatio directa. Quarto modo accipitur *praedicatum* solum pro illo, quod praedicatur in propositione vera, scita vel scibili scientia proprie dicta. Et sic capit Aristoteles istum terminum *praedicatum* in primo *Topicorum*, ubi enumerat quattuor praedicata, scilicet genus, defi-

24 Aristoteles] Aristoteles, Topica, I.4, 101b17–25.

2 est] om. O praedicatum] unde praedicatum add. L 3 illud] om. L et...sit] om. L 4 sit] extremum add. O in propositione[2]] L om. AO 5 falsa] et add. L 7 asinus] LO albus A 9 praedicatur] ponitur L in[2]...propositione[2]] om. L 10 Et] LO om. A esse] dici O 11 etiam] L om. AO 12 et[1]...converso] LO om. A similiter] L om. O huius termini] L ly O etiam] L om. O 13 praedicatum] LO om. A 14 de alio] om. O in qua] ubi O 15 vel] O sive AL Et] LO om. A 16 istius termini] ly O 17 et similiter] L sic A et...converso] om. O potest... praedicatum] L om. A 18 huius termini] L li A et] sed L ex...directa] LO

Kapitel I.8: *Das Prädikat*

Jetzt muß über das Prädikat gesprochen werden. So wird auf eine Weise all das »Prädikat« genannt, was ein Satzglied ist und nicht Subjekt ist, ob es dies nun in einem wahren Satz oder in einem falschen Satz ist. Wenn man »Prädikat« so verwendet, dann kann jeder beliebige Term in bezug auf einen anderen Prädikat sein. So kann auf diese Weise der Term »Esel« in bezug auf den Term »Mensch« Prädikat sein. Auf eine zweite Weise wird »Prädikat« für all das verwendet, was in einem wahren Satz ausgesagt wird, ob nun in diesem Satz eine direkte oder eine indirekte Prädikation vorliegt. Und so kann »Lebewesen« in bezug auf den Term »Mensch« Prädikat sein und auch umgekehrt, ebenso der Ausdruck »des Lachens fähig« in bezug auf den Term »Mensch« und auch umgekehrt. Auf eine dritte Weise wird »Prädikat« für all das verwendet, was von etwas anderem in einem wahren Satz ausgesagt wird, in welchem eine direkte Prädikation vorliegt, ob er nun gewußt oder wißbar ist oder nicht. Und so kann der Ausdruck »Mensch« in bezug auf den Term »Sokrates« »Prädikat« genannt werden und nicht umgekehrt, ebenso kann der Ausdruck »Lebewesen« in bezug auf den Term »Mensch« »Prädikat« genannt werden und nicht umgekehrt, weil die Prädikation des Terms »Sokrates« vom Term »Mensch« keine direkte Prädikation ist, ebenso ist die Prädikation des Terms »Mensch« vom Term »Lebewesen« keine direkte Prädikation. Auf eine vierte Weise wird »Prädikat« nur für das verwendet, was in einem wahren Satz ausgesagt wird, welcher gewußt oder wißbar durch ein Wissen im eigentlichen Sinne ist. Und so verwendet Aristoteles den Term »Prädikat« im ersten Buch der *Topik*, wo er vier Prädikate aufzählt, nämlich Gattung, Definition, Eigentümlichkeit und Akzidens, wobei er unter der Gattung den (Art-) Unterschied mitbegreift. Und er zählt dort die Art nicht als Prädikat auf, denn obwohl die Art sehr wohl

om. A eo quod] L quo O 19 praedicatio] L om. O 22 solum] om. O 23 Et] LO om. A sic] om. O

nitionem, proprium et accidens, sub genere comprehendens differentiam, et non enumerat ibi speciem pro praedicato, quia quamvis species bene praedicatur de individuis, tamen quia individua non possunt esse subiecta in propositionibus scitis vel scibilibus scientia proprie dicta, ergo merito inter ipsa praedicata non enumeratur species accipiendo *praedicatum* solum pro eo, quod praedicatur in propositione scita vel scibili scientia proprie dicta. Unde ista propositio »Sortes est homo« non est demonstrata nec demonstrabilis nec scita nec scibilis scientia proprie dicta, eo quod propositiones demonstratae vel demonstrabiles, scitae vel scibiles debent esse perpetuae veritatis, secundum quod dicunt Aristoteles et Linconiensis primo *Posteriorum*. Dico quidem perpetuae veritatis, id est, quotienscumque formantur, formabantur et formabuntur sunt vel fuerunt vel erunt manifeste verae manente eadem significa-
O11rb tione terminorum. Modo sic non est de ista propositione, in qua species praedicatur de individuo, ut est ista »Sortes est homo«. Unde si ista propositio ante generationem Sortis fuisset formata, ipsa fuisset falsa, et si post corruptionem Sortis formabitur, iterum erit falsa, ergo ipsa non est perpetuae veritatis et per consequens nec scita nec scibilis scientia proprie dicta.

12 Aristoteles] Aristoteles, Analytica posteriora, I.8, 75b22s. Linconiensis] Robertus Grosseteste, Commentarius in Posteriorum analyticorum libros, Lib. I, Cap. 7, p. 139, lin. 88–93.

1 et] om. L accidens] et add. O 3 quamvis] om. L species] om. O praedicatur] AL *lectio incerta* O tamen quia] quae tamen L 5 dicta] ergo merito ipsa praedicata non enumerantur add. s. del. A merito] om. LO ipsa] LO om. A 6 praedicata] praedicabilia O praedicatum] om. O 7 vel scibili] LO om. A 9 demonstrata nec] LO om. A demonstrabilis] scientia add. A scita nec] LO om. A 10 vel] LO om. A 11 demonstrabiles] LO demonstrans? A perpetuae] AL *lectio incerta* O 12 dicunt] O dicit AL et Linconiensis] om. L et commentator O primo] in libro L 13 quidem] LO quod A 14 formabantur] om. L et] vel L om. O quotienscumque add. L formabuntur] om. O 15 vel] om. O manifeste] om. LO manente] LO om. A et add. L 16 in qua] ubi O 17 de] individuis add. s. del. A individuo] individuis L 19 ipsa] L om. AO et] LO om. A sic add. O Sortis] LO om. A formabitur] LO formatur A 20 iterum] LO

von Individuen ausgesagt wird, so gilt doch, daß die Individuen in Sätzen, die gewußt oder wißbar durch ein Wissen im eigentlichen Sinne sind, nicht Subjekte sein können. Also wird mit Recht die Art nicht unter den Prädikaten aufgezählt, wenn man »Prädikat« nur für das verwendet, was in einem Satz ausgesagt wird, welcher gewußt oder wißbar ist durch ein Wissen im eigentlichen Sinne. So ist der Satz »Sokrates ist ein Mensch« nicht bewiesen und nicht beweisbar sowie weder gewußt noch wißbar durch ein Wissen im eigentlichen Sinne, weil Sätze, welche bewiesen oder beweisbar, gewußt oder wißbar sind, eine beständige Wahrheit haben müssen, gemäß der Aussage des Aristoteles und des Bischofs von Lincoln (Robert Grosseteste) im ersten Buch der *Zweiten Analytiken*. Ich sage aber, »eine beständige Wahrheit (haben)« heißt: So oft auch immer sie gebildet werden, gebildet wurden und gebildet werden werden, sind sie oder waren sie oder werden sie offenbar wahr sein bei gleichbleibender Bedeutung der Terme. Nun ist das aber nicht der Fall bei einem Satz, in dem die Art von einem Individuum ausgesagt wird, wie in dem Satz »Sokrates ist ein Mensch«. So wäre dieser Satz falsch gewesen, wenn er vor der Entstehung des Sokrates gebildet worden wäre, und wenn er nach dem Tod des Sokrates gebildet werden wird, wird er wiederum falsch sein, also hat er keine beständige Wahrheit und folglich ist er weder gewußt noch wißbar durch ein Wissen im eigentlichen Sinne.

om. A ipsa] LO om. A **21** nec[1]] non est L nec[2]] vel O dicta] Sequitur ergo tractatus quintus! de praedicabilibus add. L Capitulum nonum add. O

⟨PARS SECUNDA DE TERMINIS SECUNDAE INTENTIONIS VEL IMPOSITIONIS, I.9–17⟩

Cap. I.9 ⟨Capitulum nonum de intentione vel impositione terminorum⟩

Visis de quibusdam terminis verificabilibus tam de terminis primae quam secundae intentionis vel impositionis, videndum est modo de terminis secundae intentionis vel impositionis.

Et primo videndum est, quid sit terminus primae vel secundae intentionis vel impositionis. Unde *primae intentionis* vocatur ille terminus mentalis, qui est significativus rerum non ea ratione, qua sunt signa, ut iste terminus mentalis *homo* vel iste terminus mentalis *qualitas* vel hic terminus mentalis *ens* vel hic terminus mentalis *vox*. Unde hic terminus mentalis *homo* significat Sortem et Platonem et non propter hoc, quod Sortes et Plato sint signa ulterius rerum aliarum. Similiter, quamvis L18vb hic terminus mentalis *ens* sit significativus naturaliter cuiuslibet entis, non tamen ea ratione, qua illa entia ulterius sint signa aliorum. Unde hic terminus *homo*, si non esset significativus nec unquam fuisset impositus ad aliquid significandum, adhuc aequaliter significaretur per istum terminum *ens* sicut modo propter hoc, quod iste terminus *ens*, quamvis significet signa, tamen propter hoc non potest dici *secundae intentionis vel impositionis*, quia non significat ea propter hoc, quod sunt signa. Similiter hic terminus *qualitas* et hic terminus *vox*, quamvis quilibet eorum sit signum signi, non tamen illa ratione, qua illud est signum. Ergo praedicti termini dicuntur

5 de[1]] L om. AO de terminis] LO om. A **6** quam] om. O vel] et etiam LO videndum…impositionis] LO om. A **7** vel] secundae add. O **8** vel] et LO **9** Unde] terminus add. O intentionis[2]] vel impositionis add. L **10** terminus] om. s. add. s.l. O mentalis] LO om. A **11** ratione] intentione O vel iste] *lectio incerta* O **12** hic…mentalis[2]] om. O **13** hic[1]…mentalis[1]] om. O **14** et[2]] LO om. A **15** sint] L sunt AO ulterius] om. L **17** ea] LO eadem A qua] quod O ulterius] LO om. A sint] LO sunt A **18** aliorum] aliarum rerum L significativus] signum alicuius rei L signum alicuius O **19** fuisset] om. L aliquid] LO

TRAKTAT I, TEIL 2:
DIE TERME ZWEITER INTENTION ODER IMPOSITION (I.9–17)

Kapitel I.9: *Die Intention oder Imposition der Terme*

Nachdem gewisse Terme, die von Termen sowohl erster als auch zweiter Intention oder Imposition verifizierbar sind, untersucht worden sind, muß man jetzt die Terme zweiter Intention oder Imposition untersuchen.

Und erstens muß man untersuchen, was ein Term erster oder zweiter Intention oder Imposition ist. So wird ein solcher mentaler Term »erster Intention« genannt, der Dinge bezeichnet, aber nicht aus dem Grund, daß sie Zeichen sind, wie z. B. der mentale Term »Mensch« oder der mentale Term »Qualität« oder der mentale Term »Seiendes« oder der mentale Term »Laut«. So bezeichnet der mentale Term »Mensch« Sokrates und Platon, aber nicht deswegen, weil Sokrates und Platon darüber hinaus Zeichen anderer Dinge wären. Ebenso gilt: Obwohl der mentale Term »Seiendes« auf natürliche Weise jedes beliebige Seiende bezeichnet, so doch nicht aus dem Grund, daß diese Seienden darüber hinaus Zeichen anderer Dinge wären. So würde der Term »Mensch«, wenn er nicht signifikativ wäre und niemals eingesetzt worden wäre, um etwas zu bezeichnen, noch immer auf gleiche Weise durch den Term »Seiendes« bezeichnet werden wie jetzt, und zwar deswegen, weil zwar der Term »Seiendes« Zeichen bezeichnet, aber doch nicht aus diesem Grund »zweiter Intention oder Imposition« genannt werden kann; denn er bezeichnet sie nicht deswegen, weil sie Zeichen sind. Ebenso der Term »Qualität« und der Term »Laut«: Obwohl jeder von ihnen ein Zeichen eines Zeichens ist, so doch nicht aus dem Grund, daß dieses ein Zeichen ist. Also werden die vorgenannten Terme

om. A 21 quod] om. O significet] LO significat A 22 potest] debet LO 24 et] LO vel A similiter add. L vox] quia add. O 25 quilibet] LO quodlibet A signi] signorum? O 26 qua] om. L Ergo] L om. AO dicuntur] termini add. O

primae intentionis et non *secundae* propter hoc, quia sunt signa rerum non ea ratione, qua ulterius sunt signa.

Terminus autem secundae intentionis dicitur terminus mentalis, qui naturaliter est significativus rerum ea ratione, qua sunt ulterius signa, quae si non essent ulterius signa, tunc eas A4vb non significaret, sicut est hic terminus mentalis *universale*, *genus*, *species*, *nomen*, *verbum*, *casus*, *numerus* etc. Unde hic terminus mentalis *universale* est signum naturale istius termini *genus* et similiter istius termini *species* etc. ea ratione, qua hic terminus *genus* ulterius est signum. Unde si hic terminus *genus* non esset signum, tunc per istum terminum *universale* non significaretur. Similiter hic terminus mentalis *genus* est signum naturale istorum terminorum *substantia*, *qualitas*, *quantitas* etc. ea ratione, qua sunt ulterius signa. Unde si hic terminus *substantia* vel hic terminus *qualitas* vel hic terminus *quantitas* etc. non essent ulterius significativi alicuius, tunc non significarentur per istum terminum *genus*. Similiter, si hic terminus *homo* non esset alicuius significativus, tunc non significaretur per hunc terminum *nomen* nec etiam ly *hominis* plus esset genetivi casus quam nominativi. Termini ergo secundae intentionis sunt termini mentales, qui naturaliter sunt significativi rerum ea ratione, qua ulterius sunt signa.

Termini vero primae impositionis sunt termini vocales vel scripti, qui sunt significativi aliquorum ad placitum non ea ratione, qua ista ulterius sunt signa aliorum, sicut hic terminus vocalis vel scriptus *substantia*, *quantitas*, *qualitas* etc.

1 propter...signa[2]] LO om. A 2 signa[1]] signi add. L 3 Terminus] mentalis add. O terminus mentalis] iste O 4 naturaliter] om. L 6 significaret] significarent O mentalis universale] trsp. A 7 casus numerus] LO om. A 8 mentalis universale] trsp. A naturale] om. L istius...naturale] LO om. A 9 et] O om. L 12 genus] qui add. L 13 terminorum] om. L qualitas] LO om. A 14 etc] om. L 15 qualitas] non essent add. A vel[2]...quantitas] om. O 16 etc] L om. AO essent] esset O significativi] signum L significativus O significarentur] significaretur LO 18 significativus] signum L tunc] hic terminus homo L non[2]] ipse add. O 19 nec] vel? add. O hominis] non add. L 20 Termini...signa] O om. AL 23 vero] ergo L primae intentionis add. s. del.

deswegen »erster« und nicht »zweiter Intention« genannt, weil sie Zeichen von Dingen sind, aber nicht aus dem Grund, daß diese darüber hinaus Zeichen sind.

»Term zweiter Intention« hingegen wird ein mentaler Term genannt, der auf natürliche Weise Dinge bezeichnet, und zwar aus dem Grund, daß sie darüber hinaus Zeichen sind, und die er nicht bezeichnen würde, wenn sie darüber hinaus keine Zeichen wären, welcherart der mentale Term »Universale« ist sowie »Gattung«, »Art«, »Nomen«, »Verb«, »Fall«, »Zahl« usw. So ist der mentale Term »Universale« ein natürliches Zeichen des Terms »Gattung« und ebenso des Terms »Art« usw., und zwar aus dem Grund, daß der Term »Gattung« darüber hinaus ein Zeichen ist. So würde der Term »Gattung«, wenn er kein Zeichen wäre, nicht durch den Term »Universale« bezeichnet werden. Ebenso ist der mentale Term »Gattung« ein natürliches Zeichen der Terme »Substanz«, »Qualität«, »Quantität« usw., und zwar aus dem Grund, daß sie darüber hinaus Zeichen sind. So würden der Term »Substanz« oder Term »Qualität« oder der Term »Quantität« usw. nicht durch den Term »Gattung« bezeichnet werden, wenn sie nicht darüber hinaus etwas bezeichnen würden. Ebenso würde der Term »Mensch« nicht durch den Term »Nomen« bezeichnet werden, wenn er nicht etwas bezeichnen würde, und auch der Ausdruck »des Menschen« wäre nicht eher im Genetiv als im Nominativ. Terme zweiter Intention sind also mentale Terme, die auf natürliche Weise Dinge bezeichnen, und zwar aus dem Grund, daß diese darüber hinaus Zeichen sind.

Terme erster Imposition hingegen sind gesprochene oder geschriebene Terme, die irgendwelche Dinge konventional bezeichnen, aber nicht aus dem Grund, daß diese darüber hinaus Zeichen anderer Dinge sind, wie z. B. der gesprochene oder geschriebene Term »Substanz«, »Quantität«, »Qualität« usw.

L termini] om. L 24 sunt] signa aliquorum ad placitum add. L 25 ista] LO om. A aliorum] aliquorum L 26 quantitas] LO om. A etc] LO om. A

Termini vero secundae impositionis sunt termini vocales vel scripti ad placitum instituti significativi aliquorum, quae ulterius sunt signa, et ea ratione, qua ulterius sunt signa, ut hic terminus vocalis vel scriptus *universale*, *genus*, *species*, *casus*, *numerus*, *nomen*, *verbum* etc. Unde dicti termini sunt significativi aliorum terminorum ad placitum, qui ulterius sunt signa aliorum a se, et si non essent ulterius significativi, non eos significarent dicti termini. Unde si hic terminus *homo* non esset significativus, numquam per istum terminum vocalem vel scriptum *nomen* vel *species* significaretur.

O11va Breviter ergo ista divisio terminorum, scilicet quod quidam sunt termini primae intentionis et quidam secundae intentionis, convenit terminis mentalibus. Ista autem divisio, scilicet quod quidam sunt termini primae impositionis et quidam secundae impositionis, convenit terminis vocalibus et scriptis, qui sunt termini impositi ad placitum ad significandum et significant aliquid ultra hoc, quod significant naturaliter.

Ex praedictis patet, quid sit intentio prima et quid secunda. Unde intentio prima est similitudo aliqua existens in intellectu naturaliter repraesentativa alicuius vel aliquorum non ea ratione, qua hoc est signum vel illa sunt signa, verbi gratia, sicut est similitudo naturalis in anima omnium hominum.

Intentio autem secunda est similitudo aliqua existens in intellectu naturaliter repraesentativa alicuius vel aliquorum ea ratione, qua ulterius est signum vel sunt signa aliorum, verbi gratia, ut est naturalis similitudo existens in anima omnium

1 vero] om. O 2 ad placitum] om. O instituti] om. LO aliquorum] L aliorum AO quae] L qui AO 3 et] hoc add. O ulterius] aliorum O 4 vel scriptus] LO om. A universale] vel add. O genus] vel add. O casus] LO om. A etc. add. L 5 numerus nomen] L om. AO verbum etc] LO om. A Unde] om. L 6 ad] LO om. A ulterius] LO quae A 7 aliorum] significativi O 8 significarent] eo O hic terminus] trsp. O 11 Breviter…naturaliter] LO om. A quod] L om. O quidam] L quaedam O 12 et] L om. O quidam] L quaedam O secundae] O om. L intentionis[2]] L om. O 13 scilicet quod] L om. O 14 sunt] L est O termini] L om. O et] L om. O 15 impositionis] L om. O terminis] L om. O 17 ultra] L om. O 18 quid[1]] quae O quid[2]] L om. AO 21 hoc] om. O est] om.

Terme zweiter Imposition hingegen sind konventional eingesetzte gesprochene oder geschriebene Terme, die irgendwelche Dinge bezeichnen, die darüber hinaus Zeichen sind, und die diese aus dem Grund bezeichnen, daß sie darüber hinaus Zeichen sind, wie z. B. der gesprochene oder geschriebene Term »Universale«, »Gattung«, »Art«, »Fall«, »Zahl«, »Nomen«, »Verb« usw. So bezeichnen die genannten Terme konventional andere Terme, welche drüber hinaus Zeichen von von ihnen verschiedenen Dingen sind, und wenn sie nicht darüber hinaus bezeichnen würden, würden die genannten Terme sie nicht bezeichnen. So würde der Term »Mensch«, wenn er nicht signifikativ wäre, niemals durch den gesprochenen oder geschriebenen Term »Nomen« oder »Art« bezeichnet werden.

Kurz gesagt, diejenige Einteilung der Terme, nämlich daß einige Terme erster Intention und einige zweiter Intention sind, bezieht sich also auf die mentalen Terme. Aber diejenige Einteilung, nämlich daß einige Terme erster Imposition und einige zweiter Imposition sind, bezieht sich auf die gesprochenen und geschriebenen Terme, die konventional zur Bezeichnung eingesetzte Terme sind und etwas außer dem bezeichnen, was sie auf natürliche Weise bezeichnen.

Aus dem Gesagten erhellt, was eine erste Intention ist und was eine zweite. So ist eine erste Intention eine Ähnlichkeit, die im Verstand existiert und irgendein Ding oder irgendwelche Dinge auf natürliche Weise repräsentiert, aber nicht aus dem Grund, daß dieses ein Zeichen ist oder diese Zeichen sind, wie z. B. die natürliche Ähnlichkeit aller Menschen in der Seele.

Eine zweite Intention hingegen ist eine Ähnlichkeit, die im Verstand existiert und irgendein Ding oder irgendwelche Dinge auf natürliche Weise repräsentiert, und zwar aus dem Grund, daß dieses darüber hinaus ein Zeichen ist oder diese Zeichen von anderen Dingen sind, wie z. B. die in der Seele existierende natürliche Ähnlichkeit aller Terme, die von meh-

L illa] om. O 22 est] om. O omnium] LO om. A 23 autem] om. L 25 vel] et O 26 naturalis] LO om. A existens] om. LO

terminorum praedicabilium de pluribus differentibus specie vel numero.

Cap. I.10 ⟨Capitulum decimum de universalibus⟩

Nunc videndum est de universalibus, quae sunt inferiora ad istum terminum *terminus secundae intentionis vel impositionis*. Quae quidem universalia sunt *genus*, *species*, *differentia*, *proprium* et *accidens*. Et primo adhuc, quia iste terminus *universale* est communis ad ista, videndum est, quid sit universale seu terminus universalis seu terminus communis. Unde talis terminus universalis seu terminus communis sive universale est, qui significative acceptus naturaliter vel secundum modum suae unicae impositionis est aptus natus praedicari de pluribus vel plura significare vel supponere pro pluribus indifferenter, quorum unum nec est nec fuit nec erit pars alterius. Et dico »naturaliter« propter terminos universales mentales, et dico »secundum modum unicae suae impositionis« propter terminos universales vocales vel scriptos, et dico notanter »secundum modum suae impositionis« propter istos terminos *sol*, *deus* etc., qui quamvis non significent plura, tamen secundum modum suae impositionis possent significare plura. Unde si per aliquam potentiam cras essent plures soles, indifferenter per istum terminum *sol* significarentur sine hoc, quod oporteret istum terminum *sol* de novo imponere ad significandum. Et dico notabiliter »unicae suae impositionis«, quia quamvis ly

1 praedicabilium] repraesentabilium L principalium O 2 numero] Sequitur nunc videndum est de universalibus add. L beata Maria add. O 4 Nunc] ergo add. L sunt] om. s. add. s.l. O 5 vel] et L 6 genus] et add. A differentia…accidens] LO etc. A 7 Et] om. L adhuc] de hoc termino universale add. O 8 ad ista] om. O ista] ipsa L sit] LO est A 9 seu²…communis] om. O 10 talis] universale seu LO terminus²] LO om. A sive universale] om. LO 11 vel] om. L 12 suae] om. L de] pro L 14 nec¹] non O 15 universales] LO om. A 16 dico] ex impositione add. AO secundum…impositionis] LO om. A unicae] L om. O 17 terminos universales] LO om. A vel] et LO notanter] LO

reren Dingen aussagbar sind, welche sich der Art oder der Zahl nach unterscheiden.

Kapitel I.10: *Die Universalien*

Jetzt muß man die Universalien untersuchen, die zum Umfang des Terms »Term zweiter Intention oder Imposition« gehören, und zwar sind diese Universalien »Gattung«, »Art«, »Unterschied«, »Eigentümlichkeit« und »Akzidens«. Und weil der Term »Universale« diesen gemeinsam ist, muß man vorher noch untersuchen, was ein Universale bzw. ein allgemeiner Term bzw. ein gemeinsamer Term ist[13]. So ist ein solcher allgemeiner Term bzw. gemeinsamer Term bzw. ein Universale ein Term, der in signifikativer Verwendung auf natürliche Weise oder gemäß der Weise seiner einzigen Einsetzung aus geeignet ist, unterschiedslos von mehreren Dingen ausgesagt zu werden oder mehrere Dinge zu bezeichnen oder für mehrere Dinge zu supponieren, von denen keines Teil eines anderen ist oder war oder sein wird. Und ich sage »auf natürliche Weise« wegen der mentalen allgemeinen Terme und ich sage »gemäß der Weise seiner einzigen Einsetzung« wegen der gesprochenen oder geschriebenen allgemeinen Terme. Und ich sage ausdrücklich »gemäß der Weise seiner Einsetzung« wegen der Terme »Sonne«, »Gott« usw., welche zwar nicht mehrere Dinge bezeichnen, aber doch gemäß der Weise ihrer Einsetzung mehrere Dinge bezeichnen könnten. Wenn es also durch irgendeine Macht morgen mehrere Sonnen gäbe, würden sie unterschiedslos durch den Term »Sonne« bezeichnet werden, ohne daß der Term »Sonne« neu zur Bezeichnung eingesetzt werden müßte. Und ich sage ausdrücklich »seiner einzigen Einsetzung«, weil zwar der Ausdruck »Sokrates« sehr wohl mehrere Dinge be-

naturaliter A 18 suae impositionis] L etc. A om. O 19 etc] om. LO significent] significant O 20 possent] possunt O 23 imponere] LO imponi A 24 suae] om. L ly] LO om. A

Sortes bene significet plura, quorum unum non est pars alterius, hoc tamen non est ex eius unica impositione, sed pluribus impositionibus. Similiter dico notabiliter »quorum unum nec L19ra est nec fuit nec erit pars alterius«, quia si aliquis terminus A5ra secundum modum suae impositionis significaret plura, quorum unum esset pars alterius, ex hoc tamen non oporteret illum terminum esse communem. Unde hic terminus *Sortes* unica eius impositione bene significat plura, quorum unum est pars alterius, nihilominus hic terminus *Sortes* est terminus singularis. Assumptum probatur, nam sit digitus Sortis A et totum residuum B, tunc totum aggregatum ex A et B est Sortes, et similiter si digitus Sortis abscinderetur, adhuc residuum, scilicet B, significaretur per hunc terminum *Sortes* sine hoc, quod hic terminus *Sortes* de novo imponeretur illi ad significandum. Et tamen non esset idem cum Sorte, qui prius fuit A et B, quamvis bene fuit pars eius.

Ex ista descriptione universalis sequitur, quod nullum universale, prout hic accipitur, est substantia. Patet, quia quodlibet universale est terminus, qui est aptus natus pro pluribus supponere vel plura significare vel de pluribus praedicari. Et quilibet talis terminus est aptus natus ingredi propositionem, sed modo nulla substantia est talis, nam si esset sic, tunc posset esse una propositio, cuius subiectum esset Parisius et praedica- O11vb tum esset in Anglia. Nam sit Sortes Parisius et Plato in Anglia et formetur ista propositio »Sortes non est Plato«, modo si substantia illa, quae est Sortes, sit subiectum praedictae propositionis et substantia illa, quae est Plato, sit praedicatum, sequitur illud, quod dictum est.

1 bene] LO mere A significet] significat O 2 unica] una O 3 impositionibus] om. LO nec] non LO 4 nec[1]...erit] om. LO 7 communem] terminum add. L 8 bene] om. L unum] non add. s. del. A non add. O 10 probatur nam] patet quia LO 11 est] LO sit A 12 digitus Sortis] a digitus LO residuum scilicet] trsp. O 14 imponeretur] LO imponatur A illi] LO om. A 15 cum Sorte] Sor L prius] O om. AL 17 universalis] LO universale A sequitur] habetur O 20 vel[1]] LO om. A 21 talis] LO om. A terminus] om. O 22 esset] om. LO 24 esset] L om. AO Anglia[1]] AL Roma O Anglia[2]] AL Roma O 25 formetur]

zeichnet, von denen keines Teil eines anderen ist, aber dies doch nicht aufgrund seiner einzigen Einsetzung der Fall ist, sondern aufgrund mehrerer Einsetzungen. Ebenso sage ich ausdrücklich »von denen keines Teil eines anderen ist oder war oder sein wird«, weil wenn ein Term gemäß seiner Einsetzungsweise mehrere Dinge bezeichnete, von denen eines Teil eines anderen wäre, dann müßte dieser Term deswegen nicht gemeinsam sein. So bezeichnet der Term »Sokrates« aufgrund seiner einzigen Einsetzung sehr wohl mehrere Dinge, von denen eines Teil eines anderen ist, aber trotzdem ist der Term »Sokrates« ein singulärer Term. Beweis dieser These: Es sei ein Finger des Sokrates A und der ganze Rest B, dann ist das ganze Aggregat aus A und B Sokrates. Und ebenso gilt: Wenn ein Finger des Sokrates abgetrennt würde, so würde der Rest, nämlich B, noch immer durch den Term »Sokrates« bezeichnet werden, ohne daß der Term »Sokrates« neu eingesetzt würde, um jenen Rest zu bezeichnen. Und dennoch wäre er nicht identisch mit Sokrates, der vorher A und B war, obwohl er sehr wohl Teil von ihm war.

Aus dieser Beschreibung des Universale folgt, daß kein Universale, so wie es hier verwendet wird, eine Substanz ist[14]. Das ist klar, weil jedes Universale ein Term ist, der geeignet ist, für mehrere Dinge zu supponieren oder mehrere Dinge zu bezeichnen oder von mehreren Dingen ausgesagt zu werden. Und jeder solche Term ist geeignet, in einen Satz einzugehen, aber keine Substanz ist so beschaffen, denn wenn dem so wäre, dann könnte es einen Satz geben, dessen Subjekt in Paris wäre und dessen Prädikat in England wäre. Denn es sei Sokrates in Paris und Platon in England und es werde der Satz »Sokrates ist nicht Platon« gebildet: Wenn nun aber die Substanz, die Sokrates ist, das Subjekt des vorgenannten Satzes ist und die Substanz, die Platon ist, das Prädikat ist, so folgt das Gesagte.

Sortes currit! L formatur O propositio] L sic add. A 27 substantia...quae] praedicatum illud quod L sit] om. LO praedicatum] om. L 28 illud] om. O

Quia universale et singulare aliqualiter opponuntur, et quia iam dictum est, quid sit universale, et opposita iuxta se posita magis elucescunt, videndum est etiam de isto termino *singulare*. Unde sciendum est, quod dupliciter capitur *singulare*: Uno modo pro illo, quod est res una in numero et non plures, quae non sunt eius partes, quomodo dicimus istum hominem vel istum lapidem esse unum singulare, quia est una talis res in numero, non enim est plures res, nisi illae sint eius partes. Et sic accipiendo *singulare* concedo, quod universale est singulare, quia universale est unus terminus mentalis, vocalis vel scriptus, sed modo quilibet talis est una res singularis.

Secundo modo accipitur *singulare* pro illo, quod aptum natum est unum, sed non plura significare. Sic dico, quod universale non est singulare, quia si sic, tunc universale non esset aptum natum plura significare, quod est contra descriptionem universalis prius positam. Et sic accipiendo *singulare* accipitur, cum dicitur »Illa propositio est singularis, in qua subicitur terminus singularis«. Et sic accipiendo *singulare* describitur sic: Singulare est terminus, qui significative acceptus naturaliter vel secundum modum suae unicae impositionis aptus natus est pro uno solo, sed non pro pluribus supponere, quorum unum nec est nec fuit nec erit pars alterius, ut hic terminus *Sortes*. Et notabiliter dico »supponere« et non »praedicari«, quia sine dubio terminus singularis significative acceptus potest praedicari de pluribus, verbi gratia posito, quod Sortes sit grammaticus, logicus et musicus, tunc haec est vera

1 Quia…singulare] LO om. A 2 iam] O om. L 4 est] om. LO quod] om. L 6 non] om. s. add. s.l. O quomodo] sic L sicut O istum] terminum add. L 7 istum] LO om. A terminum add. L unum] om. O res] una add. O 8 sint] LO sunt A Et] LO om. A 9 universale…singulare[2]] trsp. O 10 universale] singulare *ante corr. i.m.* O unus] LO om. A mentalis] vel add. O 11 modo] om. L talis] istorum L eorum O 13 sed] et LO significare] singulare! L et add. O 14 si] om. O 16 prius] O om. AL Et] LO om. A 17 accipitur] LO accipiebatur A cum] dum O dicitur] LO dicebatur A 18 terminus] communis add. s. del. O Et] LO om. A singulare] om. L 19 qui] O om. AL 20 unicae] om. LO 21 est] LO om. A solo] om. LO sed] et LO 22 nec[1]] non L nec[2]]

Weil das Universale und das Singuläre irgendwie entgegengesetzt sind und weil schon gesagt wurde, was das Universale ist, und entgegengesetzte Dinge klarer hervortreten, wenn sie nebeneinander gestellt werden, muß man auch den Term »Singulare« untersuchen. So muß man wissen, daß »Singulare« auf zweifache Weise verwendet wird: Auf eine Weise für das, was der Zahl nach ein Ding ist und nicht mehrere, welche nicht seine Teile sind. Auf diese Weise sagen wir, daß dieser Mensch oder dieser Stein ein Singulare (Einzelding) ist, weil er ein solches Ding ist, das der Zahl nach eines ist, er ist nämlich nicht mehrere Dinge, außer diese wären seine Teile. Und wenn man »Singulare« so verwendet, gebe ich zu, daß ein Universale ein Singulare ist, weil ein Universale ein mentaler, gesprochener oder geschriebener Term ist; nun ist aber jeder solche ein Einzelding.

Auf eine zweite Weise wird »Singulare« für das verwendet, was geeignet ist, ein Ding, aber nicht mehrere Dinge zu bezeichnen. Auf diese Weise sage ich, daß ein Universale kein Singulare ist, denn wenn dem so wäre, dann wäre ein Universale nicht geeignet, mehrere Dinge zu bezeichnen, was der früher gegebenen Beschreibung des Universale widerspricht. Und auf diese Weise wird »Singulare« verwendet, wenn man sagt »Jener Satz ist singulär, in dem ein singulärer Term an Subjektstelle gesetzt wird«. Und die Beschreibung von »Singulare« gemäß dieser Verwendungsweise lautet: Ein Singulare ist ein Term, der in signifikativer Verwendung auf natürliche Weise oder gemäß der Weise seiner einzigen Einsetzung geeignet ist, für ein Ding allein, aber nicht für mehrere Dinge zu supponieren, von denen eines nicht Teil eines anderen ist oder war oder sein wird, wie z. B. der Term »Sokrates«. Und ich sage ausdrücklich »zu supponieren« und nicht »ausgesagt zu werden«, denn ohne Zweifel kann ein singulärer Term in signifikativer Verwendung von mehreren Dingen ausgesagt

om. s. add. i.m. A 26 logicus] LO om. A et] L om. AO musicus] AO rhetoricus L rhetoricus add. O

demonstrando Sortem »Ille grammaticus est Sortes« et similiter »Ille logicus est Sortes« et sic de ceteris. Ecce qualiter hic terminus *Sortes* praedicatur de pluribus, non tamen supponit pro pluribus. Unde in omnibus his propositionibus *Sortes* supponit pro uno solo, sicut etiam omnes isti termini *hic grammaticus*, *hic musicus*, *hic logicus* supponunt pro uno solo, de A5rb quibus hic terminus *Sortes* praedicatur.

Cap. I.11 ⟨Capitulum undecimum de numero universalium⟩

Viso, quid sit universale, videndum est modo de numero inferiorum ad istum terminum *universale*. Unde dico, quod quinque sunt universalia nec plura nec pauciora ad istum intellectum, quod maximus numerus terminorum secundae intentionis vel impositionis contentorum sub isto termino *universale* non aequivalentium in significando supponentium pro praedicabilibus est numerus quinarius. Ista autem sunt *genus*, *species*, *differentia*, *proprium* et *accidens*, quorum sufficientia sic accipitur: Omne universale vel est praedicabile essentialiter vel accidentaliter seu denominative de aliquo pronomine demonstrante substantiam. Si essentialiter, hoc est dupliciter, vel essentialiter in quid vel in quale. Si in quale, sic est differentia. Si in quid, hoc est dupliciter, vel in quid de pluribus differentibus specie, sic est genus, vel in quid de pluribus differentibus numero, sic est species. Si autem est praedicabile accidentaliter

1 Ille…Sortes] Sortes est grammaticus L 2 Ille…Sortes] Sortes est logicus L logicus] O musicus A et…ceteris] O om. AL 5 solo] dicendo hic grammaticus est Sortes et hic logicus est Sortes etc. add. L omnes] om. O hic[1]] om. LO 6 hic[1]] om. LO musicus] logicus LO hic[2]] om. LO logicus] rhetoricus L musicus O rhetoricus add. O 7 praedicatur] verificatur O Sequitur ergo viso quid sit universale videndum est modo add. L 10 est] om. O numero] terminorum secundae intentionis vel impositionis add. O inferiorum] inferiori L 12 nec[1]] et non L non O 15 aequivalentium] LO aequivocantium A praedicabilibus] LO pluribus AX 17 proprium…accidens] AL etc. O et] om. L 21 essentialiter] LO om. A 22 est] om. L 23 de] om. O

werden.[15] Wenn man z. B. annimmt, daß Sokrates ein Grammatiker, ein Logiker und ein Musiker ist, dann ist der Satz »Dieser Grammatiker ist Sokrates« wahr, wenn man auf Sokrates hinweist, ebenso »Dieser Logiker ist Sokrates« usw. Siehe, wie hier der Term »Sokrates« von mehreren (Subjekten) ausgesagt wird, dennoch supponiert er nicht für mehrere (Dinge). So supponiert »Sokrates« in allen diesen Sätzen für ein Ding allein, wie auch alle diese Terme »dieser Grammatiker«, »dieser Musiker«, »dieser Logiker« für ein Ding allein supponieren, von denen der Term »Sokrates« ausgesagt wird.

Kapitel I.11: *Die Anzahl der Universalien*

Nachdem untersucht wurde, was ein Universale ist, muß jetzt die Anzahl der Terme, die dem Term »Universale« untergeordnet sind, untersucht werden. Ich behaupte, daß es fünf Universalien gibt und nicht mehr und nicht weniger, und zwar in dem Sinne, daß die größte Anzahl von Termen zweiter Intention oder Imposition, die unter dem Term »Universale« enthalten sind, nicht bedeutungsgleich sind und für Prädikabilien supponieren, die Zahl Fünf ist. Und zwar sind dies »Gattung«, »Art«, »Unterschied«, »Eigentümlichkeit« und »Akzidens«, deren Vollständigkeit so ausgelegt wird: Jedes Universale ist entweder wesentlich oder akzidentell bzw. denominativ von einem Pronomen, das auf eine Substanz hinweist, aussagbar. Wenn wesentlich, dann auf zweifache Weise, nämlich wesentlich entweder in bezug auf das Was oder in bezug auf das Wie. Wenn in bezug auf das Wie, dann ist es ein Unterschied. Wenn in bezug auf das Was, dann auf zweifache Weise: Entweder in bezug auf das Was von mehreren Dingen, die sich der Art nach unterscheiden, dann ist es eine Gattung; oder in bezug auf das Was von mehreren Dingen, die sich der Zahl nach unterscheiden, dann ist es eine Art. Wenn es aber akzidentell bzw. denominativ von einem Pronomen, das auf eine

seu denominative de aliquo pronomine demonstrante substantiam, hoc est dupliciter, nam vel accidentaliter convertibiliter, sic est proprium, vel accidentaliter non convertibiliter, sic est accidens.

Alii autem ponunt sic sufficientiam quinque praedicabilium dicentes: Omne universale vel est praedicabile in quid vel in quale. Si in quid, hoc est dupliciter, vel in quid de pluribus O12ra differentibus specie, sic est genus, vel in quid de pluribus differentibus numero, sic est species. Si in quale, hoc est dupliciter, vel in quale essentiale vel in quale accidentale. Si essentiale, sic est differentia, si accidentale, hoc est dupliciter, vel in quale accidentale convertibiliter, sic est proprium, vel in quale accidentale non convertibiliter, sic est accidens.

Breviter ista sufficientia non valet, nam falsum dicitur in eo, quod dicitur »Omne universale vel est praedicabile in quid vel in quale«, quia multa sunt praedicabilia, quae non praedicantur in quid vel in quale, sed in quot vel in quantum vel in ubi vel in quando etc. Nam si quaerimus »Quot sunt homines in ista domo?«, respondetur, quod duo vel tres. Ecce qualiter iste terminus *duo* vel iste terminus *tres* praedicatur in quot. Quod autem sit universale, patet per definitionem universalis, etiam

1 de…substantiam] LO om. A pronomine] O om. L 2 hoc…dupliciter] LO om. A est] O om. L differentia nam add. s. del. O nam] LO om. A vel] hoc est add. A accidentaliter] O om. A accipitur! L convertibiliter] et add. O 3 accidentaliter] O om. A accipitur! L 5 Alii] aliter O autem] om. O 6 dicentes] OX differenter? A om. L universale] praedicabile LOX 7 dupliciter] nam add. O in quid[2]] L om. AO 8 differentibus[1]] in add. A specie] vel et add. L et add. O in quid] LO om. A pluribus] de pluribus add. O 9 numero] et add. O dupliciter] nam add. O 10 essentiale vel] om. L in quale[2]] O om. AL Si essentiale] om. L si primum O 11 si] vel in quale L accidentale] secundum O hoc] LO sic A est[2]] om. O vel] nam O 12 accidentale[1]] accidentaliter O convertibiliter] vel non convertibiliter si primo modo add. O vel…convertibiliter] si secundo modo O accidentale[2]] L om. A 14 Breviter] L om. A sed O ista] LO quae A falsum dicitur] om. L falsum…quale] prima eius divisio non valet O 15 Omne] p- add. s. del. A vel[1]] om. L est praedicabile] L praedicatur A 16 non] O om. AL praedicantur] quae praedicantur add. A 17 quid] quot L quale…in[4]] O om. AL vel[3]…quando] LO om. A 18 quae-

Substanz hinweist, aussagbar ist, dann auf zweifache Weise: Entweder akzidentell auf umkehrbare Weise, dann ist es eine Eigentümlichkeit; oder akzidentell auf nicht umkehrbare Weise, dann ist es ein Akzidens.

Andere aber bestimmen die Vollständigkeit der fünf Prädikabilien auf diese Weise: Jedes Universale ist entweder in bezug auf das Was oder in bezug auf das Wie aussagbar. Wenn in bezug auf das Was, dann auf zweifache Weise: Entweder in bezug auf das Was von mehreren Dingen, die sich der Art nach unterscheiden, dann ist es eine Gattung; oder in bezug auf das Was von mehreren Dingen, die sich der Zahl nach unterscheiden, dann ist es eine Art. Wenn in bezug auf das Wie, dann auf zweifache Weise, entweder in bezug auf das wesentliche Wie oder in bezug auf das akzidentelle Wie. Wenn das wesentliche, dann ist es ein Unterschied, wenn das akzidentelle, dann auf zweifache Weise: Entweder in bezug auf das akzidentelle Wie auf umkehrbare Weise, dann ist es eine Eigentümlichkeit; oder in bezug auf das akzidentelle Wie auf nicht umkehrbare Weise, dann ist es ein Akzidens.

Kurz gesagt, dieser Vollständigkeitsbeweis ist nicht gültig, denn er enthält eine falsche Aussage, insofern es heißt »Jedes Universale ist entweder in bezug auf das Was oder in bezug auf das Wie aussagbar«. Es gibt nämlich viele Prädikabilien, die nicht in bezug auf das Was oder in bezug auf das Wie ausgesagt werden, sondern in bezug auf das Wie-viele oder in bezug auf das Wie-groß oder in bezug auf das Wo oder in bezug auf das Wann usw. Denn wenn wir fragen »Wie viele Menschen sind in diesem Haus?«, antwortet man »Zwei« oder »Drei«. Siehe, wie der Term »zwei« oder der Term »drei« in

rimus] LO quaereretur A 19 respondetur] respondemus O quod] om. LO 20 iste terminus] L om. AO praedicatur] praedicantur LO Quod autem] et quod LO 21 sit universale] sint termini universales LO etiam] et LO

L19rb ex alio, quia per Aristotelem in *Praedicamentis* isti termini *duo*, *tres* sunt in praedicamento quantitatis et non tamquam individua, ergo tamquam species vel genera et per consequens sunt universalia. Similiter isti termini *heri*, *cras*, *hodie* praedicantur in quando, similiter isti termini *calefacere* vel *frigefacere*, *scribere*, *comedere*, *bibere*, etc. praedicantur in quid agit de pronomine demonstrante substantiam et non in quid nec in quale. Ergo falsum est, quod omne universale sit praedicabile in quid vel in quale de aliquo pronomine demonstrante substantiam.

Notanter ergo dixi »Omne universale vel est praedicabile essentialiter vel accidentaliter seu denominative de aliquo pronomine demonstrante substantiam«, et non dixi »Omne universale vel est praedicabile in quid vel in quale«. Unde praedicari accidentaliter seu denominative est multo communius, quam sit praedicari in quale, unde extendit se ad praedicari in quale et ad praedicari in quantum et in quot, et sic de aliis interrogativis, in quae praedicantur cetera praedicamenta accidentium de terminis significantibus substantiam.

Notandum est, quod praedicatio essentialis est, quando subiectum et praedicatum supponunt pro eodem et praedicatum non significat aliquid extrinsecum illi, pro quo supponit subiectum, quod quidem extrinsecum adiaceat significato subiecti, seu praedicatum non addit aliquam connotationem

1 per Aristotelem] Aristoteles, Categoriae, Cap. 6, 5a30–33.

1 per Aristotelem] Aristoteles dicit O isti termini] om. O 2 tres] tria O quattuor etc. add. L quattuor add. O 4 Similiter] de pronomine demonstrante substantiam add. s. del. A 5 similiter…agit] LO om. A vel…scribere] L om. O 6 bibere] O om. L frigefacere scribere add. O etc] O om. L agit] L agis O 7 pronomine demonstrante] termino significante LO 8 omne] praedicabile aut add. O sit praedicabile] L praedicatur AO 9 demonstrante] significante L 11 universale] praedicabile LO 13 et…quale] LOX om. A 14 universale] Z praedicabile LOX 15 multo] LO multum A 16 sit] LO om. A praedicari^{2}] praedicandum L praedicabile accidentale O 17 quale] accidentale add. L praedicari] praedicandum L et^{2}] LO sic A et^{3}] LO om. A 18 in] AX per O in…substantiam] AOX om. L cetera] om. OX 19 accidentium] om.

bezug auf das Wie-viele ausgesagt wird. Daß er aber ein Universale ist, erhellt durch die Definition des Universale, aber auch aus einem anderen Grund, denn gemäß Aristoteles in den *Kategorien* sind die Terme »zwei«, »drei« in der Kategorie der Quantität, aber nicht als Individuen, also als Arten oder Gattungen, und folglich sind sie Universalien. Ebenso werden die Terme »gestern«, »morgen«, »heute« in bezug auf das Wann ausgesagt, ebenso werden die Terme »warm machen« oder »kalt machen«, »schreiben«, »essen«, »trinken« usw. in bezug auf das Was-es-tut von einem Pronomen, das auf eine Substanz hinweist, ausgesagt und weder in bezug auf das Was noch in bezug auf das Wie. Also ist es falsch, daß jedes Universale in bezug auf das Was oder in bezug auf das Wie von einem Pronomen, das auf eine Substanz hinweist, aussagbar sei.

Ich sagte also ausdrücklich »Jedes Universale ist entweder wesentlich oder akzidentell bzw. denominativ von einem Pronomen, das auf eine Substanz hinweist, aussagbar« und ich sagte nicht »Jedes Universale ist entweder in bezug auf das Was oder in bezug auf das Wie aussagbar«. So ist »akzidentell bzw. denominativ ausgesagt werden« viel allgemeiner als »in bezug auf das Wie ausgesagt werden«, da es sich erstreckt auf das Ausgesagtwerden in bezug auf das Wie und auf das Ausgesagtwerden in bezug auf das Wie-groß und in bezug auf das Wie-viele usw. für die anderen Fragewörter, in bezug auf welche die übrigen Kategorien der Akzidentien von Termen, die eine Substanz bezeichnen, ausgesagt werden.

Man beachte, daß eine wesentliche Prädikation vorliegt, wenn Subjekt und Prädikat für dasselbe supponieren und das Prädikat nicht etwas bezeichnet, was dem äußerlich ist, wofür das Subjekt supponiert, welches Äußerliche aber dem Bezeichneten des Subjekts anhaftete; m. a. W., das Prädikat fügt der

OX substantiam] OX substantias A 20 quod] praedicandum add. s. del. O praedicatio essentialis] praedicari essentialiter L 22 aliquid] aliquod LO 23 quod] quaedam? L adiaceat] adiacet L 24 addit] habeat O

extrinsecam super significationem subiecti, verbi gratia, sicut dicendo »Homo est animal«. Hic enim subiectum et praedicatum supponunt pro eodem, et quamvis hic terminus *animal* bene significat aliquid ultra significatum istius termini *homo*, tamen illud non adiacet significato istius termini *homo*.

A5va Sed praedicatio accidentalis est, quando subiectum et praedicatum supponunt pro eodem et praedicatum significat aliquid extrinsecum significato subiecti seu super significationem subiecti addit connotationem extraneam, sicut dicendo »Homo est albus«. Hic enim subiectum et praedicatum bene supponunt pro eodem, sed tamen praedicatum ultra significatum subiecti significat aliquid extrinsecum adiacens significato subiecti, scilicet albedinem.

Tunc dico, quamvis differentia non praedicetur in quid de illo, cuius est differentia, tamen bene praedicatur essentialiter de illo, quia in tali praedicatione, in qua differentia praedicatur de illo, cuius est differentia, subiectum et praedicatum supponunt pro eodem et praedicatum non addit connotationem extraneam ultra significationem subiecti sive non significat aliquid extrinsecum significato subiecti. Verbi gratia dicendo »Homo est rationalis«, ecce subiectum et praedicatum supponunt pro eodem, scilicet pro homine, nec hoc praedicatum *rationalis* connotat aliquid extrinsecum ipsi homini, sed bene aliquid, quod non est sibi extrinsecum, sed intrinsecum, puta
O12rb animam rationalem partem essentialem eius.

1 extrinsecam] extraneam LO sicut] LO om. A 3 hic] ly L 4 aliquid] aliquod L significatum] L significationem AO subiecti add. L termini] si! L 5 istius…homo] per subiectum O 7 aliquid] aliquod L 8 extrinsecum] adiacens add. O significationem] significatum L 9 sicut] verbi gratia LO dicendo] om. L 10 enim] om. O subiectum] est add. A 11 significatum] significationem O 12 subiecti] bene add. L aliquid] aliquod L 14 dico] dicitur L non] bene add. L praedicetur] L praedicatur AO 20 aliquid] O aliquod AL 21 ecce] hic LO 23 rationalis] L rationale AO addit vel add. O aliquid] aliquod L 24 aliquid] aliquod L 25 eius] Sequitur ergo add. L

Bezeichnung des Subjekts keine äußerliche Konnotation hinzu, wie z. B., wenn man sagt »Ein Mensch ist ein Lebewesen«. Hier supponieren nämlich Subjekt und Prädikat für dasselbe, und obwohl der Term »Lebewesen« durchaus etwas bezeichnet, was über das Bezeichnete des Terms »Mensch« hinausgeht, so haftet dies doch nicht dem Bezeichneten des Terms »Mensch« an.

Eine akzidentelle Prädikation hingegen liegt vor, wenn Subjekt und Prädikat für dasselbe supponieren und das Prädikat etwas bezeichnet, was dem Bezeichneten des Subjekts äußerlich ist, bzw. der Bezeichnung des Subjekts eine äußerliche Konnotation hinzufügt, wie wenn man sagt »Ein Mensch ist weiß«. Hier supponieren nämlich Subjekt und Prädikat sehr wohl für dasselbe, aber dennoch bezeichnet das Prädikat über das Bezeichnete des Subjekts hinaus etwas Äußerliches, das dem Bezeichneten des Subjekts anhaftet, nämlich die Weiße.

Dann sage ich: Obwohl ein Unterschied nicht in bezug auf das Was von dem ausgesagt wird, wovon er Unterschied ist, so wird er doch wesentlich davon ausgesagt, weil in einer solchen Prädikation, in der der Unterschied von dem ausgesagt wird, wovon er Unterschied ist, Subjekt und Prädikat für dasselbe supponieren und das Prädikat der Bezeichnung des Subjekts keine äußerliche Konnotation hinzufügt bzw. nichts bezeichnet, was dem Bezeichneten des Subjekts äußerlich ist. Z. B., wenn man sagt »Ein Mensch ist vernunftbegabt«: Siehe, Subjekt und Prädikat supponieren für dasselbe, nämlich für einen Menschen, und das Prädikat »vernunftbegabt« konnotiert nichts, was einem Menschen äußerlich ist, aber sehr wohl etwas, was ihm nicht äußerlich ist, sondern innerlich, nämlich die Vernunftseele, seinen wesentlichen Teil.

Cap. I.12 ⟨Capitulum duodecimum de genere⟩

Post hoc primo dicendum est de genere, quod est unum de quinque universalibus. Unde genus est terminus universalis incomplexus non aequivocus praedicabilis de pluribus differentibus specie in eo, quod quid est.

In ista definitione generis ly *terminus universalis* ponitur loco generis, sed ly *incomplexus* ponitur ad differentiam definitionis ipsius generis primae intentionis vel impositionis. Unde quamquam haec oratio *substantia animata sensitiva* praedicetur de pluribus differentibus specie in quid, sicut hoc genus *animal*, cuius est definitio, tamen non dicitur *genus* propter hoc, quod non est terminus incomplexus.

Et ly *non aequivocus* ponitur ad differentiam designandam, quod termini aequivoci non proprie dicuntur *genera*, quamvis sint praedicabiles de pluribus differentibus specie, ut Porphyrius dicit de isto termino *ens*. Utrum autem iste terminus *ens* sit terminus aequivocus vel non, videbitur alibi in quaestionibus.

Et notanter dicitur *non aequivocus* et non dicitur *univocus*, quia si diceretur *univocus*, tunc dicta definitio generis non competeret generibus mentalibus, eo quod genera, quae sunt termini mentales, non dicuntur proprie *univoca*, eo quod *univocum* dicitur, quod significat plura et cum hoc subordinatum est uni conceptui, qui est signum naturale illorum plurium.

15 Porphyrius] Porphyrius, Isagoge, Cap. 2, 2b6ss. 17 in quaestionibus] Albertus de Saxonia, Quaestiones in Artem veterem, p. 216, §166; p. 226, §190; p. 322, §391. Non videtur inveniri in eiusdem Quaestionibus circa Logicam. Cf. etiam hic infra Cap. I.18 in fine.

2 primo] L om. AO est[1]] et primo add. O 5 est] L om. AO 6 ly] hic L 7 ponitur] loco differentiae vel add. O 8 intentionis] in- om. O 9 quamquam] quamvis LO substantia] suppositalis add. A sensitiva] sensibilis O praedicetur] LO praedicatur A 12 quod] quia LO 13 differentiam] om. L designandam] designandum L ad designandum O 15 sint] LO sunt A 17 terminus] om. O videbitur] om. O alibi] om. L in quaestionibus] in quaestione L ostensum est O 19 notanter] LO om. A dicitur[1]] dixi O 20 generis] om. O

Kapitel I.12: *Die Gattung*

Nach diesen Ausführungen muß zuerst über die Gattung gesprochen werden, die eines von den fünf Universalien ist. So ist die Gattung ein nicht mehrdeutiger, unverknüpfter, allgemeiner Term, der von mehreren Dingen, die sich der Art nach unterscheiden, in bezug auf das Was[16] aussagbar ist.

In dieser Definition der Gattung wird der Ausdruck »allgemeiner Term« als Gattung gesetzt, der Ausdruck »unverknüpft« hingegen wird gesetzt, um eine Gattung von der Definition dieser Gattung erster Intention oder Imposition zu unterscheiden. Denn obwohl die Ausdrucksfolge »sinnenbegabte beseelte Substanz« von mehreren Dingen, die sich der Art nach unterscheiden, in bezug auf das Was ausgesagt wird, wie auch die Gattung »Lebewesen«, deren Definition sie ist, so wird sie doch nicht »Gattung« genannt, weil sie kein unverknüpfter Term ist.

Der Ausdruck »nicht mehrdeutig« wird gesetzt, um den Unterschied anzuzeigen, daß mehrdeutige Terme nicht eigentlich »Gattungen« genannt werden, obwohl sie von mehreren Dingen, die sich der Art nach unterscheiden, aussagbar sind, wie Porphyr in bezug auf den Term »Seiendes« sagt. Ob aber der Term »Seiendes« ein mehrdeutiger Term ist oder nicht, wird man in den *Fragen* sehen.

Und es heißt ausdrücklich »nicht mehrdeutig« und es heißt nicht »eindeutig«, denn wenn es »eindeutig« hieße, dann träfe die genannte Definition der Gattung nicht auf die mentalen Gattungen zu, weil Gattungen, die mentale Terme sind, nicht eigentlich »eindeutig« genannt werden; denn »eindeutig« heißt, was mehrere Dinge bezeichnet und darüber hinaus einem Begriff untergeordnet ist, welcher ein natürliches Zeichen

22 dicuntur] dicitur L 23 cum hoc] L om. A cum O 24 naturale] mentale LO plurium] praedicabilium O

Cum igitur conceptus non subordinetur isto modo conceptui, terminus mentalis non dicitur proprie *univocus*.

Et notanter dicitur *praedicabilis* et non *praedicatur* ad designandum, quod ad hoc, quod aliquis terminus dicatur *genus*, non oportet, quod actu praedicetur, sed sufficit ad hoc, quod ex eius impositione vel naturaliter sit significativus alicuius, quod non est ille terminusmet nec simile ei in voce vel in scripto vel in mente.

Et dicitur *differentibus specie*, nam per hoc differt genus a specie specialissima, quae non praedicatur de pluribus differentibus specie, sed bene praedicatur de pluribus differentibus numero, ut videbitur.

Et per hoc, quod dicitur *in eo quod quid est* differt a differentia, proprio et accidente, quae praedicantur non in quid, sed in quale.

Circa istam definitionem generis primo videndum est, quid sit praedicari in quid, secundo, quia in definitione generis dicitur *differentibus specie*, videndum est, quid sit aliqua A5vb differre specie, tertio videbitur, qualis sit definitio generis data, an L19va sit definitio pure quidditativa vel definitio causalis vel definitio exprimens quid nominis, quarto videbitur, quid sit, quod hic definitur, utrum intentio prima vel secunda, quinto dubitatur contra praedictam definitionem.

Quantum ad primum sciendum est, quod praedicari in quid est convenienter responderi ad interrogationem factam per *quid*, verbi gratia, cum enim quaeritur »Quid est homo?«,

12 videbitur] Vide infra, Cap. I.13.

1 subordinetur] subordinatur LO 5 actu] semper add. O ad hoc] om. LO quod[2]] om. L 6 vel] ex hoc quod add. LO sit] est LO 7 simile] L similis AO ei] sibi LO vel[1]] LO om. A 9 nam] om. O 10 differentibus] sed add. A 11 bene...differentibus] LO om. A praedicatur] L om. O 12 videbitur] postea patebit LO 13 Et] om. O eo quod] om. O est] L om. AO 14 praedicantur] ponuntur O 18 sit] aliqua add. L aliqua] LX om. A terminum O 19 qualis] quid O 20 definitio[1]] om. LO vel[1]] an L 21 videbitur] LO om. A 22 quinto...definitionem] LO om. A 25 responderi] O respondere ALX 26 enim] LO om. A

jener mehreren Dinge ist. Da also ein Begriff nicht auf diese Weise einem Begriff untergeordnet wird, heißt ein mentaler Term nicht eigentlich »eindeutig«.

Und es heißt ausdrücklich »aussagbar« und nicht »wird ausgesagt«, um anzugeben, daß es dafür, daß ein Term »Gattung« genannt wird, nicht erforderlich ist, daß er tatsächlich ausgesagt wird, sondern es ist dafür hinreichend, daß er aufgrund seiner Einsetzung oder auf natürliche Weise etwas bezeichnet, das nicht dieser Term selbst ist noch etwas ihm Ähnliches in der gesprochenen oder in der geschrieben oder in der mentalen Sprache.

Und es heißt »die sich der Art nach unterscheiden«, denn dadurch unterscheidet sich eine Gattung von einer untersten Art, die nicht von mehreren Dingen, die sich der Art nach unterscheiden, ausgesagt wird, sehr wohl aber von mehreren Dingen, die sich der Zahl nach unterscheiden, ausgesagt wird, wie man sehen wird.

Durch den Definitionsbestandteil »in bezug auf das Was« unterscheidet sich die Gattung von Unterschied, Eigentümlichkeit und Akzidens, die nicht in bezug auf das Was ausgesagt werden, sondern in bezug auf das Wie.

Bezüglich dieser Definition einer Gattung muß man zuerst untersuchen, was es heißt, in bezug auf das Was ausgesagt zu werden. Weil es in der Definition einer Gattung heißt »die sich der Art nach unterscheiden«, muß man zweitens untersuchen, was es heißt, daß sich irgendwelche Dinge der Art nach unterscheiden. Drittens wird untersucht werden, welcher Art die gegebene Definition einer Gattung ist, ob sie eine reine Wesensdefinition ist oder eine Kausaldefinition oder eine Namensdefinition. Viertens wird untersucht werden, was es ist, was hier definiert wird, ob es nämlich eine erste oder eine zweite Intention ist. Fünftens wird ein Zweifel gegen die vorgenannte Definition angemeldet.

Was das erste anbelangt, so muß man wissen, daß in bezug auf das Was ausgesagt werden heißt auf eine Was-Frage angemessen geantwortet werden. Z. B., wenn gefragt wird »Was ist

convenienter respondetur »Animal«, quare dicimus *animal* praedicari in quid de homine. Et similiter de asino, cum enim quaeritur, quid sit asinus, convenienter respondetur, quod est animal.

Quantum ad secundum nota, quod *idem* et *differens* opponuntur, ergo viso quot modis dicitur *idem*, faciliter videtur, quot modis dicitur *differens*.

Unde sciendum est, quod aliqua dicuntur *idem numero* et aliqua *idem specie* et aliqua *idem genere*. Et loquor hic non de identitate rerum extra, quae non sunt signa, sicut sunt Sortes, Plato, lignum, lapis, sed loquor hic de identitate terminorum. Unde aliqui termini dicuntur *idem numero* et aliqui dicuntur *idem specie* et aliqui dicuntur *idem genere*, non quod sunt O12va idem sic, quod unus terminus sit alius, sed dicuntur *idem* alia de causa. Unde si duo termini sic se habent, quod ambo verificantur de eodem termino supponente pro eodem utrobique vel de pronomine demonstrante idem, tunc dicuntur *idem numero*, ut isti duo termini *homo*, *animal* dicuntur *idem numero*, non quia hic terminus *homo* sit hic terminus *animal*, sed quia sunt verificabiles de eodem termino supponente pro eodem utrobique vel de pronomine demonstrante idem, ut dicendo »Sortes est homo«, »Sortes est animal« vel dicendo »Hoc est homo«, »Hoc est animal« demonstrando per ly *hoc* utrobique idem.

Si autem de aliquibus duobus terminis dicitur aliquis tertius terminus in quid aeque immediate, et tunc, si non sit aliquis

2 Et] LO om. A cum…quaeritur] om. O enim] om. L 3 sit] est LO convenienter] enim add. L quod est] om. LO 5 nota] sciendum est L sciendum O et] dn? add. O 6 videtur] patet L videbitur O 7 dicitur] dicatur L 8 est] om. O numero] genere O et] LO om. A 9 aliqua[2]] LO alia A genere] numero O 10 sunt[2]] O om. AL Sortes] et add. O 11 lignum lapis] LO om. A etc. add. O hic] in proposito L om. O 12 dicuntur[1]] esse add. A et] om. LO aliqui[2]… dicuntur] om. O dicuntur[2]] om. L 13 et] om. L aliqui] L alii A dicuntur] om. L genere] etc. add. O quod sunt] tamen LO 14 idem[1]] om. O terminus] L om. A terminorum O dicuntur] dicitur L 15 duo] ambo O verificantur] verificatur O 16 pro eodem] L om. A vel] L et A 18 ut] sic O duo] om. O homo] et add. L 22 homo[1]] vel add. L animal] hic hoc quod est homo et hoc

ein Mensch?«, antwortet man angemessen »Ein Lebewesen«, weshalb wir sagen, daß »Lebewesen« in bezug auf das Was von »Mensch« ausgesagt wird. Und ebenso von »Esel«, wenn nämlich gefragt wird, was ein Esel sei, antwortet man angemessen, daß er ein Lebewesen ist.

Was das zweite anbelangt, so merke, daß »identisch« und »verschieden« entgegengesetzt sind; also wird man nach der Untersuchung, auf wie viele Weisen »identisch« verwendet wird, leicht einsehen, auf wie viele Weisen »verschieden« verwendet wird.

So muß man wissen, daß einige Dinge »der Zahl nach identisch« heißen, einige »der Art nach identisch« und einige »der Gattung nach identisch«. Und ich spreche hier nicht von der Identität von Dingen außerhalb der Seele, die keine Zeichen sind, wie z. B. Sokrates, Platon, ein Holzstück, ein Stein, sondern ich spreche hier von der Identität von Termen. So heißen einige Terme »der Zahl nach identisch«, einige heißen »der Art nach identisch« und einige heißen »der Gattung nach identisch«; nicht daß sie so identisch wären, daß ein Term der andere ist, sondern sie heißen aus einem anderen Grund »identisch«: Wenn nämlich zwei Terme sich so verhalten, daß beide von demselben Term verifiziert werden, der in beiden Fällen für dasselbe supponiert, oder von einem Pronomen, das auf dasselbe hinweist, dann heißen sie »der Zahl nach identisch«. So heißen z. B. die zwei Terme »Mensch«, »Lebewesen« »der Zahl nach identisch«, nicht weil der Term »Mensch« der Term »Lebewesen« wäre, sondern weil sie von demselben Term verifizierbar sind, der in beiden Fällen für dasselbe supponiert, oder von einem Pronomen, das auf dasselbe hinweist, z. B., wenn man sagt »Sokrates ist ein Mensch«, »Sokrates ist ein Lebewesen«, oder wenn man sagt »Dies ist ein Mensch«, »Dies ist ein Lebewesen« und in beiden Fällen mit dem Ausdruck »dies« auf dasselbe hinweist.

Wenn aber von zwei Termen ein dritter Term in bezug auf

quod est animal significant idem add. L Hoc] LO homo A homo[2]] vel add. L 23 Hoc] LO homo A

terminus communior univocus illi termino tertio, tunc illi termini dicuntur *idem genere*, verbi gratia, sicut isti termini *substantia corporea*, *substantia incorporea* sic se habent, quod iste terminus *substantia* aeque immediate dicitur de eis, et quia non est terminus superior univocus, quam sit iste terminus *substantia*, illi termini *substantia corporea*, *substantia incorporea* dicuntur *idem genere*. Similiter idem est de istis terminis *homo*, *asinus*, de istis enim aeque immediate dicitur iste terminus *substantia*, et quia non est aliquis terminus communior univocus quam ly *substantia*, isti duo termini *homo* et *asinus* dicuntur *idem genere*.

Sed illi termini dicuntur *idem specie*, qui sic se habent, quod de eis significative acceptis dicitur aliquis terminus et non est aliquis terminus communis inferior eo, verbi gratia isti termini *Sortes* et *Plato* dicuntur *idem specie*, quia de eis aeque immediate est verificabilis iste terminus *homo* et non est aliquis terminus communis inferior illi termino *homo*.

Ex hoc infero, quod quicumque termini sunt idem numero, illi sunt idem specie et non e converso, et quicumque sunt idem specie, sunt idem genere et non e converso. Istud faciliter patet ex descriptionibus istarum identitatum vel sic: Omnes termini, qui sunt in uno praedicamento, vel sunt ordinati sic, quod unus est sub alio, sic dicuntur *idem numero*; vel ambo sunt sub tertio, et hoc dupliciter, vel sic, quod nullus est communior illo tertio, sic dicuntur *idem genere*; vel sunt ordinati sub aliquo

1 tertio] om. L 2 termini[1]] om. L idem] in add. LO 4 iste terminus] om. O eis] his L his terminis O 5 sit] om. L 6 illi termini] illis terminis O corporea] et add. L incorporea] ipsi add. O 7 idem[2]] ita L 8 enim] om. O 9 communior] superior O 10 ly] sit iste terminus LO isti…termini] L om. A duo] om. O termini] scilicet add. O 12 illi…specie] om. LO 14 eo] isto L om. O illi dicuntur idem specie add. LO 15 et] om. L dicuntur] sunt L aeque] om. O 17 terminus communis] LO om. A illi] O isto AL termino] termini O 18 hoc] his LO numero] et add. A 19 et[1]…converso] om. LO non] om. s. add. i.m. A et[2]…converso] LO om. A 20 et…converso] O sed hoc non convertitur L faciliter] LO formaliter A 22 sic] LO om. A 23 alio] et add. LO sunt] L om. AO sub[2]] om. L 24 et hoc] LO sic A communior] nullo add. A 25 tertio] et LO aliquo] om. O

das Was gleich unmittelbar ausgesagt wird und wenn es keinen eindeutigen Term gibt, der allgemeiner ist als jener dritte Term, dann heißen jene (zwei) Terme »der Gattung nach identisch«. Z.B. verhalten sich die Terme »körperliche Substanz«, »unkörperliche Substanz« so, daß der Term »Substanz« gleich unmittelbar von ihnen ausgesagt wird, und weil es keinen eindeutigen höheren Term gibt als den Term »Substanz«, heißen die Terme »körperliche Substanz«, »unkörperliche Substanz« »der Gattung nach identisch«. Dasselbe ist auch bei den Termen »Mensch«, »Esel« der Fall, von ihnen wird nämlich der Term »Substanz« gleich unmittelbar ausgesagt, und weil es keinen eindeutigen Term gibt, der allgemeiner ist als der Ausdruck »Substanz«, heißen die zwei Terme »Mensch« und »Esel« »der Gattung nach identisch«.

Hingegen heißen jene Terme »der Art nach identisch«, die sich so verhalten, daß von ihnen in signifikativer Verwendung ein Term ausgesagt wird und es keinen allgemeinen Term gibt, der diesem untergeordnet ist. Z.B. heißen die Terme »Sokrates« und »Platon« »der Art nach identisch«, weil der Term »Mensch« von ihnen gleich unmittelbar verifizierbar ist und es keinen allgemeinen Term gibt, der dem Term »Mensch« untergeordnet ist.

Daraus folgere ich, daß alle Terme, die der Zahl nach identisch sind, auch der Art nach identisch sind, aber nicht umgekehrt, und alle, die der Art nach identisch sind, auch der Gattung nach identisch sind, aber nicht umgekehrt. Das erhellt leicht aus den Beschreibungen der betreffenden Identitäten oder auch so: Alle Terme, die in einer Kategorie sind, sind entweder so angeordnet, daß einer unter dem anderen ist, – dann heißen sie »der Zahl nach identisch«; oder beide sind unter einem dritten, was auf zweifache Weise vorkommt, nämlich entweder so, daß es keinen allgemeineren Term als jenen dritten gibt, – dann heißen sie »der Gattung nach iden-

tertio, quo non est aliquis terminus communis inferior, sic dicuntur *idem specie*.

Idem autem *numero* subdividitur, dicitur enim quadrupliciter: Primo, nam quicumque duo termini supponunt pro eodem, vel sunt synonymi, sic dicuntur *idem nomine*, sicut *Marcus*, *Tullius*. Vel unus dicitur de altero, sicut definitio vel pars definitionis, sic dicuntur *idem definitione*, sicut *homo* et *animal*, nec oportet, quod eorum sit eadem definitio. Vel unus dicitur A6ra de alio alia praedicatione quam in quid et hoc dupliciter, quia vel convertibiliter, sic dicuntur *idem proprio*, ut *homo* et *risibile*, vel non convertibiliter, et sic dicuntur *idem accidente*, sicut *homo* et *album*, non intelligendo, quod homo et albedo sint idem numero, sed hic terminus *album* praedicabilis est non in quid, sed denominative et non convertibiliter de isto termino *homo*. Similiter albedo et musica, si essent in eodem subiecto, *musicum* et *album* dicerentur *idem numero* non propter hoc, quod musica et albedo sint idem numero, sed ideo, quia unus istorum terminorum *musicum* et *album* est verificabilis de alio.

Et sicut modo distinctum est de ly *idem*, ita distingui potest de ly *differens*. Unde tot modis dicitur *differens*, quot modis dicitur *idem*. Et sicut quaecumque sunt idem numero, sunt idem specie, et quaecumque sunt idem specie, sunt idem genere, sed non e converso, ita e converso quaecumque differunt

1 quo] AX quod L cui O communis] L om. A inferior] et add. O 3 subdividitur] LO om. A enim] LO om. A 5 sic] Z om. ALOX dicuntur…nomine] L om. AO 6 altero] alio L definitionis] et add. LO 7 et] om. O 9 alio] in add. AO 10 convertibiliter] et add. LO dicuntur] dicitur O 12 intelligendo] intelligendum est L 13 album] albus O 15 homo] modo add. i.m. A Similiter] LO sic A 16 dicerentur] diceretur L idem] O unum in AL 17 quod] quia L musica et] O om. A musicum et L sint] essent LO idem] in add. AL 18 musicum] musicus O et] om. L vel O alio] altero L 19 modo] om. O ly] O om. AL 23 sed] LO et A converso[1]] contra O

tisch«; oder sie sind unter einem dritten angeordnet, dem kein allgemeiner Term untergeordnet ist, - dann heißen sie »der Art nach identisch«.

»Der Zahl nach identisch« wird aber weiter unterteilt, der Ausdruck wird nämlich auf vierfache Weise ausgesagt. Denn welche zwei Terme auch immer für dasselbe supponieren, so sind sie entweder (1) synonym, dann heißen sie »dem Namen nach identisch«, wie z. B. »Markus«, »Tullius«. Oder (2) einer wird vom anderen wie eine Definition oder ein Definitionsteil ausgesagt, dann heißen sie »der Definition nach identisch«, wie z. B. »Mensch« und »Lebewesen«; sie müssen aber nicht dieselbe Definition haben. Oder einer wird vom anderen mittels einer anderen Prädikation als in bezug auf das Was ausgesagt, was auf zweifache Weise vorkommt: Entweder (3) auf umkehrbare Weise, dann heißen sie »der Eigentümlichkeit nach identisch«, z. B. »Mensch« und »des Lachens fähig«. Oder (4) auf nicht umkehrbare Weise, dann heißen sie »dem Akzidens nach identisch«, wie »Mensch« und »weiß«; nicht in dem Sinne, daß ein Mensch und eine Weiße der Zahl nach identisch wären, sondern der Term »weiß« ist nicht in bezug auf das Was, sondern denominativ und nicht umkehrbar vom Term »Mensch« aussagbar. Ebenso, wenn eine Weiße und eine Musikalität in demselben Zugrundeliegenden wären, hießen »musikalisch« und »weiß« nicht deshalb »der Zahl nach identisch«, weil die Musikalität und die Weiße der Zahl nach identisch wären, sondern deshalb, weil die Terme »musikalisch« und »weiß« voneinander verifizierbar sind.

Und wie gerade Unterscheidungen bezüglich des Ausdrucks »identisch« eingeführt wurden, so kann man auch Unterscheidungen bezüglich des Ausdrucks »verschieden« treffen, denn »verschieden« wird auf ebenso viele Weisen ausgesagt wie »identisch«. Und wie alle Dinge, die der Zahl nach identisch sind, auch der Art nach identisch sind, und alle Dinge, die der Art nach identisch sind, auch der Gattung nach identisch sind, aber nicht umgekehrt, so gilt umgekehrt: Alle Dinge, die sich der Gattung nach unterscheiden, unterscheiden sich auch der

genere, differunt specie, et quaecumque differunt specie, et numero differunt, sed non e converso. Multa enim differunt O12vb numero, quae sunt idem specie, ut Sortes et Plato, et multa differunt specie, quae sunt idem genere, ut homo et asinus.

Ex isto ergo potest patere, quid intelligitur per ly *differentibus specie* positum in definitione generis.

Et notandum, quod non esse idem est in plus quam esse differens, quia chimaera non est idem homini, tamen falsum est, quod chimaera differt ab homine. Ex hoc patet, quod haec consequentia non valet »Chimaera non est idem Antichristo, ergo chimaera est diversa ab Antichristo«. Unde ad hoc, quod de aliquibus terminis significative acceptis verificetur esse diversum ab invicem, requiritur, quod de quolibet istorum terminorum significative acceptorum bene verificetur esse seu L19vb existere, seu requiritur, quod illi termini supponant pro aliquo.

Item sciendum, quod diversum est in plus quam differens. Unde aliqua dicuntur diversa, quae non dicuntur differentia, sicut substantia et accidens. Unde solum illa dicuntur differentia, quae sunt sub eodem genere. Ex quo sequitur, quamvis decem praedicamenta dicantur diversa, non tamen dicuntur differentia.

Quantum ad tertium, sciendum est, quod tripliciter dicitur definitio. Quaedam dicitur definitio pure quidditativa, quaedam autem dicitur definitio causalis, quaedam vero dicitur definitio exprimens quid nominis.

1 differunt specie[1]] om. O differunt[2]] LO om. A et[2]] om. LO 2 sed] L et AO conversо] contra O 3 et[2]] om. O 5 isto] quo O ergo] om. LO intelligitur] intelligatur O 7 Et] om. LO 8 differens] diversum LO homini] et add. L 9 differt] sit diversa LO homine] Et add. L hoc patet] quo sequitur O 10 idem] LO diversa ab A 11 chimaera] O om. AL diversa ab] LO idem A Unde] nam O 12 significative] personaliter O 14 acceptorum] accepto L bene verificetur] verificabile sit LO seu] et LO 15 requiritur] LO om. A termini] LO om. A supponant] L supponunt AO 16 Item] LO et A 20 dicantur] O dicuntur AL dicuntur] om. O 22 est] om. O 23 quaedam autem] et quaedam O 24 dicitur definitio[1]] L om. AO quaedam vero] et quaedam O dicitur[2]] L om. AO 25 definitio] LO om. A

Art nach, und alle Dinge, die sich der Art nach unterscheiden, unterscheiden sich auch der Zahl nach, aber nicht umgekehrt. Viele Dinge unterscheiden sich nämlich der Zahl nach, die der Art nach identisch sind, wie Sokrates und Platon, und viele Dinge unterscheiden sich der Art nach, die der Gattung nach identisch sind, wie ein Mensch und ein Esel.

Daraus also kann es klar werden, was mit dem Ausdruck »die sich der Art nach unterscheiden«, der in der Definition der Gattung vorkommt, gemeint ist.

Anzumerken ist, daß nicht identisch zu sein auf mehr Dinge zutrifft als verschieden zu sein, denn eine Chimäre ist nicht identisch mit einem Menschen, aber dennoch ist es falsch, daß eine Chimäre von einem Menschen verschieden ist. Daraus erhellt, daß diese Folgerung nicht gültig ist »Eine Chimäre ist nicht identisch mit dem Antichristen, also ist eine Chimäre verschieden vom Antichristen«. So ist es dafür, daß von irgendwelchen Termen in signifikativer Verwendung verifiziert wird, daß sie voneinander verschieden sind, erforderlich, daß von jedem dieser Terme in signifikativer Verwendung Sein bzw. Existenz verifiziert wird, bzw. es ist erforderlich, daß diese Terme für etwas supponieren.

Ferner muß man wissen, daß »unterschieden« auf mehr Dinge zutrifft als »verschieden«. So werden einige Dinge »unterschieden« genannt, die nicht »verschieden« genannt werden, wie z. B. eine Substanz und ein Akzidens. Nur jene Dinge werden »verschieden« genannt, die unter dieselbe Gattung (Kategorie) fallen. Daraus folgt: Obwohl die zehn Kategorien »unterschieden« genannt werden, werden sie doch nicht »verschieden« genannt.

Was das dritte anbelangt, so muß man wissen, daß »Definition« auf dreifache Weise ausgesagt wird: Eine Art von Definition heißt »reine Wesensdefinition«, eine »Kausaldefinition«, eine »Definition, die die Bedeutung des Namens ausdrückt«.

Definitio pure quidditativa est, quae explicite indicat, quid est res, et non ultra. Unde si est aliqua definitio, quae indicat explicite, quid est res, et non praecise, sed cum hoc aliquid ultra, videlicet, ex quo est res vel a quo est res vel qualis est res vel quanta vel gratia cuius, non est definitio pure quidditativa. Et de tali definitione intelligit Aristoteles in septimo *Metaphysicae*, cum dicit solius substantiae esse definitionem. Unde solum ista definitione definiri possunt termini substantiales, id est termini de praedicamento substantiae, qui ultra illud, quod significant vel pro quo supponunt, non habent connotationem extraneam, ut sunt hi termini *homo*, *animal* etc. Sed ista definitione pure quidditativa non possunt definiri termini accidentales, illi scilicet, qui sunt in praedicamentis accidentium, qui ultra hoc, quod significant, habent connotationem extraneam, ut hi termini *album*, *nigrum* etc. Quod autem definitione pure quidditativa non possunt definiri termini accidentales, probo. Pro quo suppono duo. Primo, quod definitio pure quidditativa debet esse per praedicata quidditativa. Secundo suppono, quod omnis definitio bona debet explicare totum conceptum definiti. Hoc supposito capiatur iste terminus accidentalis et connotati-
A6rb vus *simus*, ostendo, quod non possit definiri definitione pure quidditativa. Nam si sic, hoc non esset nisi per praedicata quidditativa, per primam suppositionem. Sed praedicata quidditativa istius termini *simus* non possunt explicare totum con-

6 Aristoteles] Aristoteles, Metaphysica, VII.5, 1031a1s.

2 est²] om. O 3 explicite] praecise L sed] et O aliquid] LO om. A 4 qualis] qualiter L 5 vel quanta] om. L vel²...cuius] LO ergo cuius A est] dicitur L pure] LO om. A 6 intelligit] intellexit L in] om. O 7 dicit] dixit L 9 de] qui sunt in LO 10 quo] aliquo O 11 extraneam] alienam LO sunt] LO om. A etc] om. LO Sed ista] LO quod autem A 12 pure] LO om. A possunt] possunt add. s. del. O 13 illi] om. O in praedicamentis] de praedicamento O accidentium] LO accidentis A 14 quod significant] pro quo supponunt LO extraneam] alienam LO 15 etc] LO om. A Quod...accidentales] LO om. A 16 probo] E8r patet ALOPX probatur S 17 Primo] primum est O 18 debet esse] sit O praedicata] praedicamenta! O 19 omnis] om. O 20 capiatur] capitur O et] om. L 21 simus] L cymus A symus O ostendo] ostendendo L

Eine reine Wesensdefinition ist eine solche, die ausdrücklich angibt, was das betreffende Ding ist, und nichts weiter. Wenn also irgendeine Definition vorliegt, die ausdrücklich angibt, was das Ding ist, aber nicht genau, sondern darüber hinaus noch etwas weiteres, nämlich woraus das Ding besteht oder wovon das Ding abstammt oder wie beschaffen das Ding ist oder wie groß oder um wessen willen, dann ist das keine reine Wesensdefinition. Eine solche Definition meint Aristoteles im siebten Buch der *Metaphysik*, wenn er sagt, daß es nur von einer Substanz eine Definition gibt. So können substantielle Terme, d. h. Terme aus der Kategorie der Substanz, nur durch eine solche Definition definiert werden, welche Terme über das hinaus, was sie bezeichnen oder wofür sie supponieren, keine äußerliche Konnotation haben, wie z. B. die Terme »Mensch«, »Lebewesen« usw. Hingegen können akzidentelle Terme durch eine solche reine Wesensdefinition nicht definiert werden, d. h. jene Terme, die in den Kategorien der Akzidentien enthalten sind und die über das hinaus, was sie bezeichnen, eine äußerliche Konnotation haben, wie die Terme »weiß«, »schwarz« usw. Daß aber akzidentelle Terme nicht durch eine reine Wesensdefinition definiert werden können, beweise ich. Dafür setze ich zwei Thesen voraus: Erstens, daß eine reine Wesensdefinition durch Wesensprädikate erfolgen muß. Zweitens setze ich voraus, daß jede korrekte Definition den ganzen Begriff des Definierten zum Ausdruck bringen muß. Dies vorausgesetzt, nehme man den akzidentellen und konnotativen Term »Adlernase«[17] – dann zeige ich, daß er nicht durch eine reine Wesensdefinition definiert werden kann. Denn wenn dem so wäre, dann könnte diese nur durch Wesensprädikate erfolgen, gemäß der ersten Voraussetzung. Aber die Wesensprädikate des Terms »Adlernase« können nicht seinen ganzen

non] om. L possit] potest O definitione] quidditativa add. A 22 non] om. O nisi] om. s. add. i.m. A praedicata] praedicamenta *ante corr.* O pure add. ALOX 23 quidditativa[1]] ut patet add. L praedicata] pure add. O quidditativa[2]] LO om. A 24 istius…simus] de isto termino simus L om. O

ceptum eius. Si enim quaeritur, quid est simus, respondemus »Nasus«. Hic enim terminus *nasus* est terminus quidditativus ad istum terminum *simus*, modo si dicatur »Simus est nasus«, nondum est explicatus totus conceptus istius termini *simus*, ergo nondum est data bona definitio. Consequentia tenet per secundam suppositionem. Sed si debet explicari totus conceptus istius termini *simus*, oportet, quod dicatur »Simus est nasus cavus«, et tunc statim exprimitur plus quam quid est definiti, immo etiam exprimitur quale. Nam ly *cavus* est praedicatum denominativum de pronomine demonstrante rem, pro qua supponit hic terminus *simus*, ergo hic non est definitio pure quidditativa ipsius simi, scilicet *nasus cavus*. Et non est simile de naso et cavo et differentia essentiali respectu generis, nam differentia et genus aequivalent uni praedicato simpliciter O13ra quidditativo, sic autem non est de istis duobus terminis *nasus* et *cavus*. Sic ergo patet, quod terminus accidentalis seu connotativus non potest definiri definitione pure quidditativa. Termini autem substantiales possunt definiri huiusmodi definitione ex eo, quod totus conceptus terminorum substantialium per praedicata quidditativa potest explicari. Hoc intendit Aristoteles septimo *Metaphysicae*.

Definitio autem causalis est, quae cum hoc, quod explicat, quid est res, etiam explicat, a quo vel ex quo vel qualis vel quanta vel gratia cuius sit res. Et talis definitio non est pure quidditativa, quia non ostendit nec explicat solum, quid est res,

21 Aristoteles] Aristoteles, Metaphysica, VII.5 in toto, 1030b14–1031a14.

1 eius] istius termini symus O quaeritur] quaerimus L quaerimur O 2 enim] om. L terminus[2]] LO om. A 3 istum terminum] LO om. A 4 est] om. s. add. i.m. A termini] na- add. s. del. A 8 exprimitur] om. O quid…definiti] quod est definitum L 9 etiam] om. L exprimitur] explicatur L ly] LO si A cavus] L quale AO praedicatum] praedicamentum! O 12 ipsius] ipsi O scilicet] om. LO 13 et[1]] L om. AO 14 uni] LO uno A praedicato] L praedicamento AO 15 quidditativo] quidditative L terminis] LO om. A 16 et] L om. AO 17 Termini…ex] LO om. A 18 possunt…definitione] L bene O 20 Hoc] LO sic A 22 est] dicitur O cum] LO om. A 23 quid est] LO quae A a quo] LO ex quo A est res add. L ex quo] O ex qua A de quo L qualis] quale L

Begriff zum Ausdruck bringen. Wenn man nämlich fragt »Was ist eine Adlernase?«, antworten wir »Eine Nase«. Der Term »Nase« ist nämlich ein Wesensterm in bezug auf den Term »Adlernase«, aber wenn man sagt »Eine Adlernase ist eine Nase«, so ist noch nicht der ganze Begriff des Terms »Adlernase« zum Ausdruck gebracht, also ist noch keine korrekte Definition gegeben. Die Folgerung ist gültig aufgrund der zweiten Voraussetzung. Wenn aber der ganze Begriff des Terms »Adlernase« zum Ausdruck gebracht werden soll, muß man sagen »Eine Adlernase ist eine gewölbte Nase«, und dann wird sogleich mehr zum Ausdruck gebracht, als das Was (Wesen) des Definierten, es wird nämlich auch das Wie zum Ausdruck gebracht. Denn der Ausdruck »gewölbt« ist ein Prädikat, das denominativ von einem Pronomen aussagbar ist, welches auf das Ding hinweist, für das der Term »Adlernase« supponiert, also liegt hier keine reine Wesensdefinition der Adlernase vor, nämlich »(Eine Adlernase ist eine) gewölbte Nase«. Das Verhältnis von »Nase« und »gewölbt« ist aber nicht dem ähnlich, das ein Wesensunterschied zur Gattung hat, denn Unterschied und Gattung zusammen sind gleichbedeutend mit einem Prädikat, das ausschließlich das Wesen angibt; dies ist aber nicht der Fall bei den zwei Termen »Nase« und »gewölbt«. Damit ist also klar, daß ein akzidenteller bzw. konnotativer Term nicht durch eine reine Wesensdefinition definiert werden kann. Substantielle Terme aber können durch eine derartige Definition definiert werden, weil der ganze Begriff substantieller Terme durch Wesensprädikate ausgedrückt werden kann. Dies hat Aristoteles im siebten Buch der *Metaphysik* im Sinn.

Eine Kausaldefinition hingegen ist eine solche, die darüber hinaus, daß sie ausdrückt, was das Ding ist, auch ausdrückt, wovon das Ding abstammt oder woraus es besteht oder wie beschaffen oder wie groß oder um wessen willen es ist. Und eine solche Definition ist keine reine Wesendefinition, weil sie

24 quanta] quantum L est res add. A sit] LO est A non est] om. s. add. i.m. A 25 ostendit] extendit L

quod tamen oporteret, si deberet esse pure quidditativa, sed etiam ostendit et explicat aliud praeter hoc. Et ista definitione possunt definiri termini substantiales et accidentales et ista definitio datur per aliqua praedicata supponentia pro causis eius, pro quo supponit definitum. Et praedicatio illorum praedicatorum supponentium pro causis de ipso definito est praedicatio in obliquo. Et aliquando aliqua definitio causalis datur per omnes causas simul et illa est perfectissima definitio causalis. Aliquando autem datur per unum genus causae solum cum dearticulatione termini significantis illam causam, sicut est una definitio demonstrationis, quam ponit Aristoteles in primo *Posteriorum*: »Demonstratio est ex praemissis veris primis et immediatis« etc. Unde breviter ista definitio datur per causam materialem, demonstratio enim est materialiter ex praemissis, et illae particulae *primis, veris et immediatis* etc. ponuntur ad specificationem et ad dearticulationem istius termini *ex praemissis*.

Definitio autem exprimens quid nominis est, quae explicat, L20ra quid per nomen significatur, verbi gratia aliquis volens explicare, quid significat hic terminus *album*, dicit »Album est res habens albedinem«. Et ista definitio exprimens quid nominis differt in hoc a definitione exprimente quid rei, quia definitio exprimens quid rei est solum terminorum supponentium pro aliquo. Definitio autem exprimens quid nominis potest esse indifferenter terminorum pro aliquo supponentium et etiam

11 Aristoteles] Aristoteles, Analytica posteriora, I.2, 71b19–22.

1 oporteret] oportet O deberet] debet O esse] nisi? definitio add. L 2 et] LO vel A aliud] aliquid O 4 aliqua] alia O praedicata supponentia] LO supposita A 5 eius…causis] om. O illorum praedicatorum] L eorum praedicamentorum A 6 praedicatio] primo O 7 Et] om. L 8 per] penes L 9 Aliquando] aliqua L autem] om. O causae] L consequentiae? A om. O solum] tantum O cum dearticulatione] LO de argumentatione A 10 termini] scilicet in ratione termini add. A una] ista O 11 primo] Priorum et primo add. A 12 veris primis] trsp. O et immediatis] O om. A mediatis L 13 etc] O om. AL breviter] om. LO 14 demonstratio] demonstrando L enim] om. O 15 particulae] ex add. AL veris] om. L et immediatis] LO om. A etc] om. L 16 et]

nicht nur angibt und ausdrückt, was das Ding ist, was jedoch erforderlich wäre, wenn sie eine reine Wesensdefinition sein sollte, sondern sie gibt außerdem auch etwas anderes an bzw. drückt dies aus. Durch diese Definition können substantielle und akzidentelle Terme definiert werden, und diese Definition wird mit irgendwelchen Prädikaten formuliert, die für die Ursachen dessen supponieren, wofür das Definierte supponiert. Und die Prädikation dieser Prädikate, die für Ursachen supponieren, vom Definierten ist eine Prädikation in einem abhängigen Fall. Manchmal gibt man eine Kausaldefinition durch alle Ursachen zugleich, und das ist die vollkommenste Kausaldefinition. Manchmal aber gibt man sie durch eine Ursachengattung allein zusammen mit einer Erläuterung des Terms, der jene Ursache bezeichnet; von dieser Art ist eine Definition des Beweises, die Aristoteles im ersten Buch der *Zweiten Analytiken* aufstellt: »Ein Beweis erfolgt aus wahren, ersten und unmittelbaren Prämissen« usw. Kurz gesagt, diese Definition wird durch die Stoffursache gegeben, ein Beweis besteht nämlich aus Prämissen als seinem Stoff, und die Teile »ersten, wahren und unmittelbaren« usw. werden angeführt, um den Term »aus Prämissen« näher zu bestimmen und zu erläutern.

Eine Namensdefinition aber ist eine solche, die erklärt, was durch den Namen bezeichnet wird, z. B. sagt einer, der erklären will, was der Term »weiß(es Ding)« bezeichnet: »Ein weißes Ding ist ein Ding, das Weiße hat«. Eine solche Namensdefinition unterscheidet sich darin von einer Wesensdefinition, daß es eine Wesensdefinition nur von Termen gibt, die für etwas supponieren. Eine Namensdefinition hingegen kann es gleichermaßen von Termen geben, die für etwas supponieren, als auch von Termen, die für nichts supponieren. Z. B. kann

vel O ad] om. LO dearticulationem] LO de- om. A ex] L om. A om. s. add. s.l. O 18 est] ista add. LO 19 per] LO om. A significatur] LO potest significare A 20 significat] significet L 21 exprimens] om. O 22 in hoc] om. O 24 exprimens] O om. AL 25 et] LO om. A etiam] om. O

terminorum pro nullo supponentium, ut hic terminus *vacuum*, quamvis pro nullo supponit, adhuc potest definiri definitione exprimente quid nominis. Unde *vacuum* sic definitur »Vacuum est locus non repletus corpore«, et hoc est tantum dicere, sicut si diceretur »Hic terminus *vacuum* et haec oratio *locus non repletus corpore* idem significant«.

Sciendum est etiam, quod omnis definitio exprimens quid rei est etiam definitio exprimens quid nominis, sed non e converso. Unde ista definitio *animal rationale* est definitio exprimens quid rei, scilicet hominis, et etiam exprimens quid nominis A6va istius termini *homo*, quia haec oratio *animal rationale* tantum significat, sicut iste terminus *homo*.

Ista distinctione definitionis posita dico, quod dicta definitio generis est definitio exprimens quid nominis istius termini *genus*. Unde quando dicitur »Genus est terminus universalis etc.«, significatur, quod hic terminus *genus* et haec oratio *terminus universalis incomplexus non aequivocus* etc. idem significant. Et ex hoc patet ad tertium.

Quantum ad quartum sciendum est, quod *definitum* capitur dupliciter. Uno modo pro termino, de quo significative accepto verificatur definitio convertibiliter. Et sic accipiendo *definitum* definitiones sunt solum terminorum universalium, et similiter sic accipiendo *definitum* dicimus, quod definitum est unus terminus, qui praecise idem significat cum illa oratione, quae dicitur eius definitio. Et sic accipiendo *definitum* nullum terminum singularem dicimus definiri, quia nullius termini singu-

1 terminorum] O om. AL ut] unde LO 2 supponit] potest supponere L possit supponere O 3 vacuum] om. O sic…Vacuum] LO om. A 4 et] LO om. A hoc] om. L sicut] ac O 7 est] L om. AO etiam] O om. AL omnis] O om. A non L 8 etiam] LO om. A definitio] O om. AL sed] LO et A 9 rationale] mortalis add. A definitio[2]] hominis add. O exprimens] om. L 10 et] LO om. A exprimens] LO exprimitur A 16 terminus[2]] O om. AL 17 incomplexus… aequivocus] LO om. A etc] om. LO 18 ad] om. L 21 verificatur] verificetur L Et] LO om. A accipiendo] definito add. s. del. A 22 definitiones…definitum[1]] LO om. A similiter sic] O trsp. L 24 idem] LO om. A 25 dicitur] est L de add. s. del. A Et] LO om. A

der Term »Vakuum« durch eine Namensdefinition definiert werden, obwohl er für nichts supponiert. So definiert man »Vakuum« folgendermaßen: »Ein Vakuum ist ein Ort, der nicht durch einen Körper ausgefüllt ist«, und das heißt, daß man gleich viel sagt wie mit der Aussage »Der Term ›Vakuum‹ und die Ausdrucksfolge ›Ort, der nicht durch einen Körper ausgefüllt ist‹ bezeichnen dasselbe«.

Man muß auch wissen, daß jede Wesensdefinition auch eine Namensdefinition ist, aber nicht umgekehrt. So ist die Definition »vernünftiges Lebewesen« eine Definition, die das Was (Wesen) des Dinges, nämlich des Menschen, ausdrückt, aber sie drückt auch die Bedeutung des Terms »Mensch« aus, weil die Ausdrucksfolge »vernünftiges Lebewesen« gleich viel bezeichnet wie der Term »Mensch«.

Nachdem diese Unterscheidung der Definition eingeführt wurde, sage ich, daß die genannte Definition der Gattung eine Namensdefinition des Terms »Gattung« ist. Wenn es also heißt »Eine Gattung ist ein allgemeiner Term« usw., wird angegeben, daß der Term »Gattung« und die Ausdrucksfolge »allgemeiner, unverknüpfter, nicht mehrdeutiger Term« usw. dasselbe bezeichnen. Daraus erhellt die Antwort auf das dritte Problem.

Was das vierte anbelangt, so muß man wissen, daß »Definiertes« auf zweifache Weise verwendet wird. Auf eine Weise für einen Term, von dem in signifikativer Verwendung die Definition umkehrbar verifiziert wird. Wenn man »Definiertes« so verwendet, gibt es Definitionen nur von allgemeinen Termen, und ebenso sagen wir gemäß dieser Verwendungsweise von »Definiertes«, daß das Definierte ein Term ist, der genau dasselbe bezeichnet wie jene Ausdrucksfolge, die seine »Definition« heißt. Gemäß dieser Verwendungsweise von »Definiertes« sagen wir, daß kein singulärer Term definiert wird, weil kein singulärer Term eine Übereinstimmung mit

laris cum definitione constante ex eius genere et differentia est O13rb adaequatio.

Secundo modo accipitur *definitum* pro re vel pro rebus significata vel significatis per illum terminum, de quo significative accepto convertibiliter verificatur definitio. Et isto modo dicimus, quod Sortes et Plato definiuntur ista definitione *animal rationale*. Et sic accipiendo *definitum* solum rerum singularium sunt definitiones.

Ex his infertur, quod ista propositio sit falsa »Definitio et definitum sunt idem«, nam qualitercumque accipiatur *definitum*, tamen definitum non est idem cum definitione. Si enim accipitur primo modo, falsum est, quod definitum sit sua definitio, quia definitum sic accipiendo est terminus incomplexus, quaelibet autem definitio est quoddam complexum. Similiter loquendo de definito secundo modo, definitum non est sua definitio, quia definitio est oratio, definitum autem secundo modo acceptum non est oratio, sed est res singularis significata per istum terminum incomplexum convertibilem cum illa oratione, quae est eius definitio. Nihilominus definitio et definitum bene significant idem accipiendo *definitum* primo modo.

Ista distinctione posita, si accipitur *definitum* primo modo, dico, quod praedicta definitione generis definitur hic terminus *genus*, qui est terminus secundae intentionis, quia de isto termino *genus* significative accepto praedicta definitio verificatur adaequate et convertibiliter, et de nullo termino primae intentionis vel impositionis inferiori vel superiori ad istum terminum *genus* verificatur praedicta definitio adaequate. De isto

2 adaequatio] co- add. L 3 Secundo] alio LO significata] vel signa add. A 4 illum] LO om. A 5 verificatur] verificetur L Et] om. LO dicimus] om. L 6 definiuntur] LO differunt A 7 Et] LO om. A singularium] LO significatarum A 9 sit] est LO et] definitio add. s. del. A 10 accipiatur] LO accipitur A definitum^{2}] LO om. A 11 tamen definitum] om. LO enim] LO tamen A 12 accipitur] acciperetur O sit] est O sua] LO sola A 14 quaelibet] LO quod A est] LO sit A 15 loquendo] si loquitur L si loquimur O 16 quia] dico add. s. del. A 17 acceptum] LO om. A non…sed] om. O est^{2}] LO om. A 18 istum] om. L convertibilem] convertibile O 19 oratione] definitione L 21 Ista…

einer Definition hat, welche aus seiner Gattung und dem Unterschied besteht.

Auf eine zweite Weise wird »Definiertes« verwendet für ein Ding oder für Dinge, das oder die von jenem Term bezeichnet wird oder werden, von welchem in signifikativer Verwendung die Definition umkehrbar verifiziert wird. Und auf diese Weise sagen wir, daß Sokrates und Platon durch die Definition »vernünftiges Lebewesen« definiert werden. Und gemäß dieser Verwendung von »Definiertes« gibt es nur von Einzeldingen Definitionen.

Daraus wird gefolgert, daß der Satz »Die Definition und das Definierte sind identisch« falsch ist, denn wie auch immer man »Definiertes« verwendet, so ist das Definierte doch nicht identisch mit der Definition. Wenn es nämlich auf die erste Weise verwendet wird, so ist es falsch, daß das Definierte seine Definition sei, weil das Definierte gemäß dieser Verwendungsweise ein unverknüpfter Term ist, jede Definition hingegen ist etwas Verknüpftes. Ebenso ist das Definierte nicht seine Definition, wenn man auf die zweite Weise vom Definierten spricht, weil eine Definition eine Ausdrucksfolge ist, ein Definiertes gemäß der zweiten Verwendungsweise ist hingegen keine Ausdrucksfolge, sondern ein Einzelding, das durch den unverknüpften Term bezeichnet wird, der mit der Ausdrucksfolge, die seine Definition darstellt, umkehrbar ist. Nichtsdestoweniger *bezeichnen* die Definition und das Definierte sehr wohl dasselbe, wenn man »Definiertes« auf die erste Weise verwendet.

Auf der Grundlage dieser Unterscheidung sage ich: Wenn man »Definiertes« auf die erste Weise verwendet, dann wird durch die vorgenannte Definition der Gattung der Term »Gattung« definiert, welcher ein Term zweiter Intention ist; denn von dem Term »Gattung« in signifikativer Verwendung wird die vorgenannte Definition angemessen und umkehrbar verifiziert, aber von keinem Term erster Intention oder Imposition, der dem Term »Gattung« untergeordnet oder übergeordnet ist,

modo] LO om. A 22 praedicta] LO ista A 23 terminus] LO genus A termino genus] om. O 25 et[2]] dico add. L

enim termino *animal*, quamvis verificetur praedicta definitio generis, non tamen de eo verificatur adaequate et convertibiliter. Similiter de isto termino *qualitas*, quamvis de eo verificetur dicta definitio generis, non tamen adaequate et convertibiliter. Si autem accipitur *definitum* secundo modo, dico, quod praedicta definitione definiuntur termini primae intentionis vel impositionis, de quibus materialiter acceptis hic terminus *genus* significative acceptus est verificabilis, sicut sunt isti termini *substantia*, *quantitas*, *qualitas*, *animal*, *corpus*.

Quantum ad quintum, videtur, quod praedicta definitio generis non conveniat generi vocali, quia nullus terminus generalis vocalis potest praedicari de pluribus. Non enim potest praedicari in una propositione nisi de uno solo et postea numquam amplius potest praedicari de aliquo, non enim postea erit, eo quod illud, quod semel est dictum, amplius non potest resumi. Secundo probatur, quod genus non possit praedicari de specie specialissima, nam si haec esset vera de actu signato »Genus praedicatur de specie specialissima«, tunc haberet unam de actu exercito correspondentem veram, et sibi correspondens de actu exercito non videtur esse alia quam ista »Species specialissima est genus«, et ista est falsa. Ergo et prima est falsa, quod fuit probandum. Confirmatur: Genus est
A6vb pars speciei per Porphyrium, dicit enim »Differentia adveniens generi constituit speciem«. Modo pars non praedicatur de suo

23 per Porphyrium] Porphyrius, Isagoge, Cap. 3, 3a26s.

1 enim] LO om. A quamvis] LO quantum? A quant-? add. s. del. O verificetur] L verificatur AO 2 generis] LO om. A de...verificatur] om. O et convertibiliter] O om. AL 3 quamvis] LO quantum? A verificetur] L verificatur AO 8 sunt] om. L 9 qualitas...corpus] LO om. A etc. add. O 11 conveniat] LO convenit A 13 solo] subiecto L 14 amplius] LO om. A non enim] nam LO postea] numquam amplius add. L numquam add. O 15 illud quod] O om. A quod L est] LO om. A 16 possit] potest O 18 tunc] om. L 19 correspondentem] om. O 20 de...exercito] LO om. A esse] LO om. A quam] tamquam O 21 et^{2}] LO om. A 22 est^{1}] erat L erit O 23 dicit] dicitur L 24 constituit speciem] LO est constitutive speciei A Modo] et quia LO

wird die vorgenannte Definition angemessen verifiziert. Obwohl nämlich die vorgenannte Definition der Gattung von dem Term »Lebewesen« verifiziert wird, so wird sie von ihm doch nicht angemessen und umkehrbar verifiziert. Das gleiche gilt vom Term »Qualität«: Obwohl von ihm die genannte Definition der Gattung verifiziert wird, so doch nicht angemessen und umkehrbar. Wenn man aber »Definiertes« auf die zweite Weise verwendet, sage ich, daß durch die vorgenannte Definition Terme erster Intention oder Imposition definiert werden, von denen in materialer Verwendung der Term »Gattung« in signifikativer Verwendung verifizierbar ist, welcherart die Terme »Substanz«, »Quantität«, »Qualität«, »Lebewesen«, »Körper« sind.

Was das fünfte anbelangt, so scheint es, daß die vorgenannte Definition der Gattung nicht auf eine gesprochene Gattung zutrifft, weil kein gesprochener Gattungsterm von mehreren (Dingen bzw. Termen) ausgesagt werden kann. Er kann nämlich in einem Satz nur von einem (Subjekt) allein ausgesagt werden und danach kann er niemals mehr von etwas ausgesagt werden, danach wird er nämlich nicht mehr sein, weil das einmal Gesagte nicht mehr wiederverwendet werden kann. Zweitens wird bewiesen, daß eine Gattung nicht von einer besondersten (untersten) Art ausgesagt werden kann, denn wenn der Satz in Form eines bezeichneten Aktes (der Prädikation) »Eine Gattung wird von einer besondersten Art ausgesagt« wahr wäre, dann entspräche ihm ein wahrer Satz in Form eines vollzogenen Aktes (der Prädikation); aber ihm scheint kein anderer Satz in Form eines vollzogenen Aktes zu entsprechen als dieser: »Eine besonderste Art ist eine Gattung«, dieser ist aber falsch. Also ist auch der erste Satz falsch, was zu beweisen war. Bestätigung: Die Gattung ist gemäß Porphyr ein Teil der Art, er sagt nämlich »Der Unterschied, der zur Gattung hinzukommt, bildet die Art«. Nun wird aber ein Teil nicht von seinem Ganzen ausgesagt, die Aussage »Das

toto, falsum enim esset dicere »Domus est paries«, quare sequitur genus non posse praedicari de sua specie. Et confirmatur, quod genus sit totum speciei, per Porphyrium, dicit enim genus esse totum speciei et speciem esse totum individui, sed totum non potest praedicari de sua parte in quid, ergo etc.

Ad ista: Ad primum dico, quod quamvis termini vocales non possint praedicari de pluribus, tamen ipsi vel eorum similes sunt praedicabiles de pluribus, et hoc sufficit. Vel sic: Quamvis termini vocales non possint praedicari de pluribus propter hoc, quod non possunt permanere, tamen possent praedicari de pluribus, si possent permanere, et hoc sufficit ad hoc, quod L20rb dicantur genera vel species seu termini universales.

Ad secundum dico, quod isti propositioni de actu signato »De specie specialissima praedicatur genus« non correspondet O13va haec de actu exercito »Species specialissima est genus«, sed ista »Homo est animal«, in qua praedicatur genus de specie, vel ista »Equus est animal« vel aliquid huiusmodi, in qua genus praedicatur de sua specie. Propositio illa dicitur de actu signato, in qua ponitur hoc verbum *significat* vel hoc verbum *praedicatur* vel hoc verbum *dicitur* vel aliquid huiusmodi. Propositio autem de actu exercito dicitur illa, in qua ponitur hoc verbum *est* vel aliquid huiusmodi.

Ad aliam confirmationem: Aliqui dicunt, quod bene impossibile est partem integralem de suo toto praedicari, sicut argue-

3 per Porphyrium] Porphyrius, Isagoge, Cap. 2, 3a6s.

1 toto] totum L esset] est L dicere] LO om. A quare] om. LO 2 posse] om. L debere O sua specie] suis speciebus O 3 quod] quia O sit] est LO 4 totum[1]] esse totum add. A 5 ergo etc] om. O 6 Ad ista] om. L quod] O om. AL 7 possint] L possunt AO de pluribus] om. O vel] et L eorum] ipsorum O similes] praedicantur seu add. L 9 termini vocales] om. O possint] L possunt AO 10 quod] quia LO possunt] LO potest A permanere] LO per- om. A quod add. A possent] possunt LO 11 possent] possunt LO permanere] LO per- om. A 12 dicantur] dicebantur O genera] LO genus A vel] et O universales] L vocales A 14 specialissima] dicitur genus vel add. L non] corro- add. s. del. A 16 specie] LO se! A 17 aliquid] aliqua LO huiusmodi] huius L 18 sua] LO om. A illa] O om. AL de[2]] in O 19 ponitur] praedicatur O

Haus ist die Wand« wäre nämlich falsch, weshalb folgt, daß die Gattung nicht von ihrer Art ausgesagt werden kann. Und es wird gemäß Porphyr auch bekräftigt, daß die Gattung das Ganze der Art ist, er sagt nämlich, daß die Gattung das Ganze der Art ist und daß die Art das Ganze des Individuums ist; aber das Ganze kann nicht in bezug auf das Was von seinem Teil ausgesagt werden, also usw.

Antwort auf diese Einwände: Zum ersten sage ich: Wenn auch gesprochene Term nicht von mehreren (Dingen bzw. Termen) ausgesagt werden können, so sind doch sie selber oder ihnen ähnliche Terme von mehreren aussagbar, und das genügt. Oder so: Wenn auch gesprochene Terme nicht von mehreren ausgesagt werden können, weil sie nicht beharren können, so könnten sie doch von mehreren ausgesagt werden, wenn sie beharren könnten, und das genügt dafür, daß sie »Gattungen« oder »Arten« bzw. »allgemeine Terme« genannt werden.

Zum zweiten sage ich: Dem Satz in Form eines bezeichneten Aktes »Von einer besondersten Art wird eine Gattung ausgesagt« entspricht nicht der Satz in Form eines vollzogenen Aktes »Eine besonderste Art ist eine Gattung«, sondern der Satz »Der Mensch ist ein Lebewesen«, in dem eine Gattung von einer Art ausgesagt wird, oder der Satz »Das Pferd ist ein Lebewesen« oder dergleichen, in dem eine Gattung von ihrer Art ausgesagt wird. Ein solcher Satz heißt »in Form eines bezeichneten Aktes«, in dem das Verb »bezeichnet« oder das Verb »wird ausgesagt« oder das Verb »wird gesagt« oder dergleichen vorkommt. »In Form eines vollzogenen Aktes« heißt hingegen ein solcher Satz, in dem das Verb »ist« oder dergleichen vorkommt.

Zur einen Bestätigung: Manche sagen, daß es sehr wohl unmöglich ist, einen integralen Teil von seinem Ganzen auszu-

significat…verbum[2]] om. O 20 hoc verbum] L om. AO dicitur] LO subicitur A aliquid] aliquod L huiusmodi] huius L 21 autem] om. O 22 aliquid] aliquod L huiusmodi] huius L 24 arguebatur] L arguitur A argueretur O

batur de pariete et de domo, sed tamen bene possibile est partem essentialem et quidditativam praedicari de suo toto. Et ulterius dicunt, quod genus et differentia sunt partes essentiales speciei. Sed hoc non valet propter duo, primo, quia bene possibile est aliquam partem integralem praedicari de suo toto, ergo primum, quod illi dicebant, est falsum. Et antecedens patet, nam genus est pars integralis definitionis et tamen bene praedicatur vere de definitione. Unde haec est vera »Animal rationale est animal«, ecce partem integralem definitionis praedicari de definitione, cuius est pars integralis. Secundo, isti dicunt falsum in hoc, quod dicunt, quod genus et differentia sunt partes essentiales speciei. Hoc enim est falsum, species enim est terminus ita simplex sicut genus vel differentia, et ideo non magis genus dicitur pars speciei quam e converso. Dicendum est ergo aliter negando, quod genus sit pars speciei vel huiusmodi, genus enim est bene pars definitionis speciei. Unde quando dicit Porphyrius »Differentia adveniens generi constituit speciem«, debet exponi »id est definitionem speciei«.

Ad aliam confirmationem: Concedo, quod genus est totum speciei, ad istum intellectum, quod omne, quod significatur per speciem, significatur per genus illius speciei, sed hoc non convertitur. Ergo genus vocatur totum universale respectu speciei et species vocatur eius pars subiectiva. Et de toto universali bene conceditur, quod potest praedicari de illo, respectu cuius dicitur totum, scilicet de suo inferiori, quod vocatur eius pars subiectiva.

17 Porphyrius] Porphyrius, Isagoge, Cap. 3, 3a26s.

1 de[2]] om. LO tamen] om. O partem] partes L 2 essentialem] essentiales L et quidditativam] trsp. O quidditativam] quidditativas L 4 speciei] LO om. A Sed] om. O breviter add. L primo] LO om. A 5 aliquam] LO om. A 6 illi] LO om. A dicebant] dicunt LO Et] om. LO 7 pars] praedicans add. s. del. A 8 vere] L om. AO 9 integralem] om. O 11 quod dicunt] om. LO 13 est] LO om. A 14 ideo] om. O converso] LO contra A 15 est] LO om. A 16 vel huiusmodi] nihilominus LO enim] om. LO 19 Concedo] etiam add. L 21 sed] L et AO hoc] LO om. A convertitur] LO convertibiliter A et add. L

sagen, wie bezüglich der Wand und dem Haus argumentiert wurde, daß es aber doch sehr wohl möglich ist, einen wesentlichen und washeitlichen Teil von seinem Ganzen auszusagen. Und ferner sagen sie, daß die Gattung und der Unterschied wesentliche Teile der Art sind. Aber das ist aus zwei Gründen nicht gültig: Erstens, weil es sehr wohl möglich ist, einen integralen Teil von seinem Ganzen auszusagen, also ist erste, was jene sagten, falsch. Der Vordersatz ist klar, denn die Gattung ist ein integraler Teil der Definition, und dennoch wird sie sehr wohl von der Definition wahr ausgesagt. So ist der Satz »Ein vernünftiges Lebewesen ist ein Lebewesen« wahr, und siehe, wie hier ein integraler Teil der Definition von der Definition, deren integraler Teil er ist, ausgesagt wird. Zweitens: Jene lehren Falsches insofern, als sie sagen, daß die Gattung und der Unterschied wesentliche Teile der Art sind. Das ist nämlich falsch, die Art ist nämlich ein ebenso einfacher Term wie die Gattung und der Unterschied, und deshalb nennt man die Gattung ebenso wenig »Teil der Art« wie umgekehrt. Also muß man anders reden, indem man verneint, daß die Gattung Teil der Art sei oder dergleichen, die Gattung ist nämlich sehr wohl Teil *der Definition* der Art. Wenn also Porphyr sagt »Der Unterschied, der zur Gattung hinzukommt, bildet die Art«, muß man das so auslegen: »d. h. die Definition der Art«.

Zur anderen Bestätigung: Ich gebe zu, daß die Gattung das Ganze der Art ist, und zwar in dem Sinne, daß alles, was von der Art bezeichnet wird, auch von der Gattung dieser Art bezeichnet wird, aber das läßt sich nicht umkehren. Also heißt die Gattung »allgemeines Ganzes« bezüglich der Art und die Art heißt ihr »untergeordneter Teil«. Und hinsichtlich des allgemeinen Ganzen wird sehr wohl zugegeben, daß es von dem ausgesagt werden kann, hinsichtlich dessen es »Ganzes« heißt, nämlich von seinem Umfang, der sein »untergeordneter Teil« heißt.

24 de illo] om. L respectu] LO om. A 25 dicitur] esse add. L eius] LO om. A
26 subiectiva] Sequitur ergo add. L

Cap. I.13 ⟨Capitulum tertium decimum de specie⟩

Species, quae unum dicitur de quinque praedicabilibus, est terminus universalis incomplexus non aequivocus praedicabilis in quid immediate de pluribus differentibus numero solum.

A7ra Per hoc, quod dicitur *terminus universalis*, hoc praedicabile *species* convenit cum aliis praedicabilibus.

Per hoc autem, quod dicitur *incomplexus*, differt a definitione speciei, quae quamvis sit praedicabilis immediate de pluribus differentibus numero solum, tamen quia est quoddam complexum, non vocatur *species*. Per hoc idem etiam excluditur haec oratio *quidam homo*, quae quamvis sit praedicabilis de pluribus differentibus numero, tamen quia est complexum quoddam, non vocatur *species*.

Per hoc autem, quod dicitur *non aequivocus*, differt a terminis aequivocis, qui quamvis praedicentur immediate de pluribus differentibus numero solum, non tamen dicuntur *species*, sicut ly *Sortes* posito, quod plures vocentur hoc nomine *Sortes*. Et notabiliter dicitur *non aequivocus* et non dicitur *univocus* propter causam dictam in capitulo de genere.

Per hoc autem, quod dicitur *praedicabilis*, denominatur, quod ad hoc, quod aliquis terminus sit species, non oportet, quod actu praedicetur de pluribus vel quod actu habeat plura supposita, sed sufficit, quod ex modo suae impositionis vel ex hoc, quod est significativus naturaliter alicuius, quod non est ille terminusmet nec aliquis sibi similis in voce vel in scripto

19 in capitulo] Vide supra, Cap. I.12.

2 Species] est add. L quinque] universalibus add. s. del. A 4 numero] et? add. O 5 dicitur] dicit O species] connotat add. s. del. A 7 autem] om. L 8 immediate] O univoce A om. L 9 numero solum] LO etc. A 10 hoc] om. LO etiam] LO om. A 11 quidam] aliquid L aliquis O quae] om. O 12 de pluribus] LO etc. A de pluribus add. L differentibus numero] O om. A etc. L 14 autem] om. L enim O 15 qui] quae O praedicentur] praedicantur O 16 solum] om. L 17 ly] est hic terminus L hic terminus O vocentur] nominarentur L nominentur O 18 non[1]] om. L dicitur[2]] om. O 19 propter…dictam] eadem ratione qua L in] LO om. A genere] Et add. L 20 autem] om.

Kapitel I.13: *Die Art*

Die Art, die als eines von den fünf Prädikabilien angegeben wird, ist ein nicht mehrdeutiger, unverknüpfter, allgemeiner Term, der in bezug auf das Was unmittelbar von mehreren Dingen, die sich nur der Zahl nach unterscheiden, aussagbar ist.

Durch den Ausdruck »allgemeiner Term« stimmt das Prädikabile »Art« mit den anderen Prädikabilien überein.

Durch den Ausdruck »unverknüpft« aber unterscheidet es sich von der Definition der Art; obwohl diese unmittelbar von mehreren Dingen, die sich nur der Zahl nach unterscheiden, aussagbar ist, wird sie dennoch nicht »Art« genannt, weil sie etwas Verknüpftes ist. Durch ebendiesen Ausdruck wird auch die Ausdrucksfolge »irgendein Mensch« ausgeschlossen; obwohl diese von mehreren Dingen, die sich der Zahl nach unterscheiden, aussagbar ist, wird sie dennoch nicht »Art« genannt, weil sie etwas Verknüpftes ist.

Durch den Ausdruck »nicht mehrdeutig« aber unterscheidet es sich von den mehrdeutigen Termen; obwohl diese unmittelbar von mehreren Dingen, die sich nur der Zahl nach unterscheiden, ausgesagt werden, werden sie dennoch nicht »Art« genannt, wie z. B. der Ausdruck »Sokrates«, gesetzt, daß mehrere durch den Namen »Sokrates« benannt würden. Und es heißt ausdrücklich »nicht mehrdeutig« und es heißt nicht »eindeutig«, und zwar aus dem Grund, der im Kapitel über die Gattung angeführt wurde.

Durch den Ausdruck »aussagbar« aber wird angegeben, daß es dafür, daß ein Term eine Art ist, nicht erforderlich ist, daß er wirklich von mehreren ausgesagt wird oder daß er wirklich mehrere Umfangselemente hat, sondern es genügt, daß aufgrund seiner Einsetzungsweise oder aufgrund dessen, daß er auf natürliche Weise etwas bezeichnet, das nicht dieser Term selbst noch irgendein ihm ähnlicher in der gesprochenen oder

LO 24 quod²] quaedam L 25 terminusmet] terminus nec met O aliquis] aliquid O similis] simile LO in²] LO om. A

vel in mente, habeat, quod sit praedicabilis de pluribus differentibus numero solum. Et propter hoc isti termini *sol*, *luna* dicuntur species, quamvis actu non habeant plura supposita, tamen non repugnat eis ex modo suae impositionis significare plura, si essent. Neque oporteret eos aliter imponere ad significandum, quam sunt impositi, si de novo essent plures soles vel plures lunae.

O13vb Per hoc autem, quod dicitur *in quid*, differt ab aliis praedicabilibus, quae sunt differentia, proprium et accidens.

Per hoc autem, quod dicitur *immediate*, differt species a genere, quia quamvis hic terminus *animal* praedicetur de Sorte et Platone differentibus numero, hoc tamen non est immediate, quia non immediate Sortes et Plato sub animali continentur, sed mediat hic terminus *homo*.

Per hoc autem, quod dicitur *de pluribus*, differt ab individuis, individua enim non sunt praedicabilia de terminis supponentibus pro pluribus.

Per hoc autem, quod dicitur *differentibus numero solum*, differt a genere, quia genus bene praedicatur de pluribus differentibus numero immediate, sicut hic terminus *animal* praedicatur immediate de homine et etiam de asino, qui differunt numero. Differunt enim specie, modo quaecumque differunt specie, et numero differunt, ut prius dicebatur. Ergo genus bene praedicatur immediate de pluribus differentibus numero,

23 prius] Cf. supra, Cap. I.12.

1 in] LO om. A differentibus…solum] L etc. A om. O 2 Et] LO om. A 3 species] praedicabilia O habeant] L habent AO 4 repugnat] repugnaret O ex… impositionis] om. LO 5 plura] om. L oporteret] oportet O eos] om. L ad significandum] O om. AL 6 sunt] sint O vel] et O 7 plures] om. L 9 et] om. O 10 autem] LO om. A 11 terminus] q-/con-/cum add. L praedicetur] L praedicatur AO de] pluribus differentibus numero add. s. del. L 12 Platone] et de add. O 15 autem] LO om. A 16 individua enim] quae L terminis] X pluribus ALOPS 18 autem] LO enim A solum] etiam add. LO 19 genus] om. O bene] LO om. A 20 immediate] LO mediate A 21 immediate] om. O etiam] om. LO de[2]] om. L asino] LO equo A qui] quae O 22 modo] sed L om. O quaecumque] enim add. O 23 et] om. O

in der geschriebenen oder in der mentalen Sprache ist, von ihm gilt, daß er von mehreren Dingen, die sich nur der Zahl nach unterscheiden, aussagbar ist. Deswegen heißen die Terme »Sonne«, »Mond« »Arten«: Obwohl sie in Wirklichkeit nicht mehrere Umfangselemente haben, so widerstreitet es ihnen doch nicht, aufgrund ihrer Einsetzung mehrere zu bezeichnen, wenn es mehrere gäbe. Und man müßte sie auch nicht anders zur Bezeichnung einsetzen, als sie eingesetzt sind, wenn es auf einmal mehrere Sonnen oder mehrere Monde gäbe.

Durch den Ausdruck »in bezug auf das Was« aber unterscheidet sich (die Art) von den anderen Prädikabilien Unterschied, Eigentümlichkeit und Akzidens.

Durch den Ausdruck »unmittelbar« aber unterscheidet sie sich von der Gattung, denn obwohl der Term »Lebewesen« von Sokrates und Platon, die sich der Zahl nach unterscheiden, ausgesagt wird, so ist das doch nicht auf unmittelbare Weise der Fall, weil Sokrates und Platon nicht unmittelbar unter »Lebewesen« fallen, sondern es steht der Term »Mensch« dazwischen.

Durch den Ausdruck »von mehreren Dingen« aber unterscheidet sie sich von den Individuen, Individuen sind nämlich nicht aussagbar von Termen, die für mehrere Dinge supponieren.

Durch den Ausdruck »die sich nur der Zahl nach unterscheiden« aber unterscheidet sie sich von der Gattung, weil eine Gattung sehr wohl von mehreren Dingen, die sich der Zahl nach unterscheiden, unmittelbar ausgesagt wird, wie z. B. der Term »Lebewesen« von »Mensch« und auch von »Esel«, die sich der Zahl nach unterscheiden, unmittelbar ausgesagt wird. Sie unterscheiden sich nämlich der Art nach, aber alles, was sich der Art nach unterscheidet, unterscheidet sich auch der Zahl nach, wie früher gesagt wurde. Also wird eine Gattung sehr wohl von mehreren Dingen, die sich der Zahl nach unterscheiden, unmittelbar ausgesagt, aber dennoch ist es

sed tamen verum est, quod non praedicatur de pluribus differentibus numero solum immediate. Unde quamvis homo et asinus differant numero, non tamen numero solum. Propter hoc ergo notabiliter dicitur *numero solum*.

Ista definitio autem sic sumpta et declarata competit tantum speciei specialissimae. Unde sciendum est, quod quaedam est species specialissima, alia est species subalterna. Species specialissima est ille terminus communis, sub quo non est aliquis L20va terminus communis inferior, sicut hic terminus *homo*. Species subalterna est ille terminus communis, sub quo est aliquis terminus communis inferior, et etiam aliquis terminus communis superior, ut iste terminus communis *animal*, sub eo enim est iste terminus communis *homo* inferior, et superior et communior ei est iste terminus communis *corpus animatum*. Et hoc est, quod Porphyrius dicit »Species specialissima est, sub qua A7rb non est alia inferior species et quae sic est species, quod nullo modo potest esse genus«. Et illi speciei convenit dicta definitio.

Species autem subalterna est, sub qua est alia species inferior vel quae sic est species, quod potest esse genus. Unde respectu termini inferioris vocatur *genus*, respectu autem termini superioris vocatur *species*, sicut ly *animal* respectu istius termini *homo* vocatur *genus* et vocatur *species* respectu istius termini *corpus animatum*.

15 Porphyrius] Porphyrius, Isagoge, Cap. 2, 2a9s. et 2a44ss.

2 immediate] om. LO 3 differant] L differunt AO non…numero[2]] LO om. A tamen] O autem L solum] LO solo A 4 ergo] om. L dicitur] additur O numero] ly LO 5 Ista…specialissimae] om. L autem] om. O sic] O om. A sumpta] posita O et] om. O declarata] competenter add. s. del. A tantum] solum O 6 est[1]] om. LO 7 alia] et quaedam LO est] om. O species[2]] L om. AO subalterna] unde add. L 8 aliquis] alius L 9 Species] LO om. A 10 subalterna] specialissima L aliquis] alius add. L 11 inferior…communis[2]] om. L et] O om. A 12 communis] om. LO 13 communis] om. L superior et] LO om. A 14 ei] LO om. A communis] om. L scilicet? add. O 16 alia] om. LO et] vel species specialissima est L sic est] cum sit L quod] om. L nullo modo] non LO 18 est[1]] om. O quae add. s. del. A alia] aliqua LO 19 vel quae] et ista non O sic est] cum sit L quod] om. L quin O potest] possit O

wahr, daß sie nicht von mehreren Dingen, die sich *nur* der Zahl nach unterscheiden, unmittelbar ausgesagt wird. So unterscheiden sich zwar »Mensch« und »Esel« der Zahl nach, aber nicht *nur* der Zahl nach. Deswegen heißt es also ausdrücklich »nur der Zahl nach«.

Diese Definition gemäß dieser Verwendungsweise und Erklärung kommt aber nur der besondersten Art zu. So muß man wissen, daß es eine besonderste (unterste) Art und eine dazwischen liegende Art[18] gibt. Eine besonderste Art ist ein solcher allgemeiner Term, unter dem es keinen darunter liegenden allgemeinen Term gibt, wie z. B. der Term »Mensch«. Eine dazwischen liegende Art ist ein solcher allgemeiner Term, unter dem es einen darunter liegenden allgemeinen Term gibt und auch einen darüber liegenden allgemeinen Term, wie z. B. der Term »Lebewesen« – unter ihm steht nämlich der niedrigere allgemeine Term »Mensch«, und höher und allgemeiner als er ist der allgemeine Term »beseelter Körper«. Und das ist es, was Porphyr so formuliert »Eine besonderste Art ist eine solche, unter der es keine andere, niedrigere Art gibt und die auf solche Weise Art ist, daß sie auf keine Weise Gattung sein kann«. Und auf diese Art trifft die genannte Definition zu.

Eine dazwischen liegende Art aber ist eine solche, unter der es eine andere, niedrigere Art gibt oder die auf solche Weise Art ist, daß sie (auch) Gattung sein kann. So wird sie in bezug auf den niedrigeren Term »Gattung« genannt, in bezug auf den höheren Term aber wird sie »Art« genannt, wie z. B. der Ausdruck »Lebewesen« in bezug auf den Term »Mensch« »Gattung« genannt wird und in bezug auf den Term »beseelter Körper« »Art« genannt wird.

20 termini[1]] sui O autem termini] L om. AO 21 vocatur] LO om. A sicut] LO om. A istius termini] ly O 22 vocatur[1]] dicitur O vocatur[2]] L om. A dicitur O termini] LO om. A

Et ulterius sciendum est, quod sicut est quaedam species specialissima et quaedam species subalterna, ita quoddam est genus generalissimum et quoddam genus subalternum. Genus generalissimum dicitur, quod cum sit genus, non potest esse species, seu super quod non est aliud genus superveniens. Et talia generalissima sunt decem exponendo istum superlativum *generalissimum* negative sic, cui nihil est generalius, quod sit genus, quamvis aliquid sit sibi aeque generale. Exponendo istum superlativum *generalissimum* tamen affirmative falsum est, quod sunt decem generalissima, quia esset sensus, decem sunt termini, quorum quilibet quolibet est generalior, sed hoc est falsum. Genus subalternum dicitur, quod sic est genus, quod potest esse species, ut hic terminus *animal.*

Ulterius sciendum est, quod auctores ponunt aliquas differentias inter genus et speciem, sicut Porphyrius et alii auctores antiqui. Primo enim dicunt, quod genus et species differunt uno modo, quia genus est prius naturaliter specie et species est posterior genere. Secundo dicunt, quod genus praedicatur de specie, species autem non praedicatur de genere. Tertio dicunt, quod interempto genere interimitur species generis illius, et non e converso.

Videtur primo, quod primum dictum sit falsum, quia ista intentio, quae est species, sicut iste terminus *homo*, potest esse absque hoc, quod sit ista intentio *animal*, quae est genus. Unde hic terminus *homo* potest esse absque hoc, quod sit iste termi-

15 Porphyrius] Porphyrius, Isagoge, Cap. 8, 4b38–48.

1 Et] LO om. A quod] LO om. A 2 species] L om. AO ita] sic LO est] om. s. add. s.l. O 3 genus[1]] genus add. A genus[2]] L om. AO Genus] LO om. A 4 dicitur] est O cum sit] sic est LO genus] quod add. LO 5 quod] om. O aliud] aliquod O superveniens] supra- L 6 istum superlativum] LO li A 7 generalissimum] om. L est] aliud O 8 sibi] similis vel add. O aeque generale] LO aequivocans A 9 superlativum] LO terminum A generalissimum] om. LO tamen] om. O affirmative] om. L 10 esset] est O decem sunt] om. L 11 termini] om. LO quilibet] quodlibet O quolibet] cuilibet L cuiuslibet O generalior] generalius LO sunt decem add. L 12 dicitur] est O sic est] cum sit L 13 quod] om. L 14 est] om. LO aliquas differentias]

Ferner muß man wissen, daß wie es eine besonderste Art und eine dazwischen liegende Art gibt, es auch eine allgemeinste Gattung und eine dazwischen liegende Gattung gibt. »Allgemeinste Gattung« heißt eine solche, die nicht Art sein kann, obwohl sie Gattung ist, bzw. über der es keine andere, darüber liegende Gattung gibt. Und solche allgemeinste Gattungen sind zehn an der Zahl, wenn man den Superlativ »allgemeinst« negativ so auslegt: Keine Gattung ist allgemeiner als eine solche, obwohl es etwas gleich Allgemeines wie sie gibt. Wenn man aber den Superlativ »allgemeinst« affirmativ auslegt, so ist es falsch, daß es zehn allgemeinste Gattungen gibt, denn dann wäre der Sinn dieser Aussage: Es gibt zehn Terme, von denen jeder allgemeiner ist als jeder andere. Das ist aber falsch. – »Dazwischen liegende Gattung« heißt eine solche, die auf solche Weise Gattung ist, daß sie (auch) Art sein kann, wie z. B. der Term »Lebewesen«.

Ferner muß man wissen, daß die Autoren einige Unterschiede zwischen Gattung und Art bestimmen, wie z. B. Porphyr und andere alte Autoren. Erstens sagen sie nämlich, daß sich Gattung und Art auf eine Weise unterscheiden, weil die Gattung der Natur nach früher ist als die Art und die Art später ist als die Gattung. Zweitens sagen sie, daß die Gattung von der Art ausgesagt wird, die Art aber nicht von der Gattung ausgesagt wird. Drittens sagen sie, daß wenn die Gattung vernichtet ist, die Art jener Gattung vernichtet wird, aber nicht umgekehrt.

Es scheint (aber) erstens, daß die erste Aussage falsch ist, weil es eine solche Vorstellung, die eine Art ist, wie z. B. der (mentale) Term »Mensch«, geben kann, ohne daß es die Vorstellung »Lebewesen«, die die Gattung ist, geben kann. So kann es den Term »Mensch« geben, ohne daß es den Term

aliquam differentiam O 15 auctores antiqui] LO magistri A 16 quod] om. L 17 uno] isto L om. O modo] om. O quia] quod L eo quod O 18 genere] om. O dicunt] om. L 19 autem] LO om. A 20 quod] om. O interempto] generis add. s. del. A et...converso] X om. AE9VLOPS 22 primo] om. LO 23 sicut] est ista intentio homo vel add. O iste] om. O potest] possit O

nus *animal*, et hic terminus *homo* potest primo esse et postea hic terminus *animal*, ideo videtur, quod genus non sit prius sua specie. Secundo videtur, quod secundum dictum eorum sit falsum, quia si genus praedicaretur de specie dicendo »Homo O14ra est animal«, ergo ista propositio posset converti simpliciter in istam »Animal est homo«. Sic videtur etiam, quod species possit praedicari de genere. Tertio videtur, quod tertium dictum sit falsum, nam non oportet, quod si hic terminus *animal*, qui est genus, destruatur, quod igitur iste terminus *homo*, qui est eius species, destruitur.

Pro his ego dico, quod dictae auctoritates non habent intelligi simpliciter, sicut sonant, sed debent capi et intelligi ad intentionem auctorum, qui posuerunt eas. Et quando sic accipiuntur, tunc instantiae factae non sunt contra eas. Unde quando dicitur, quod genus est naturaliter prius specie, non intelligitur, nisi quod ille terminus, qui dicitur genus, est communior quam iste terminus, qui dicitur species, et iste terminus, qui dicitur genus, est communis ad alium terminum, qui dicitur species. Et propter hoc non oportet, si esse et existere verificatur de genere, quod ergo verificatur de specie. Tamen oportet, quod si esse et existere verificetur de specie, quod etiam verificetur de genere. Unde non oportet, si animal est, quod homo sit, sed oportet, si homo est, quod animal sit. Et ergo, quando dicunt, quod genus est prius naturaliter sua specie et species posterior genere, non intelligunt aliud, nisi quod illae consequentiae sunt

1 et[1]...animal] LO om. A potest] L post! O 3 eorum] O om. AL 4 praedicaretur] praedicatur LO de] sua add. s. del. A 5 ergo] cum igitur L tunc O propositio] cum add. O posset] possit L potest O 6 Sic] om. LO 7 dictum] om. O 8 quod] om. LO si] LO om. A 9 destruatur] destruitur LO 10 eius] LO om. A destruitur] destruatur LO 11 ego] igitur L om. O auctoritates] auctores LO habent intelligi] sunt intelligendae LO 12 simpliciter] LO om. A capi et] om. O intelligi] scilicet add. L 13 Et] LO est! A 14 sunt] procedunt L 15 quod] L om. AO naturaliter] om. O intelligitur] debet intelligi L 17 iste[1]] om. O dicitur[1]] LO est A dicitur[2]] L est AO 18 alium] istum LO dicitur] L est AO 19 et] L om. A verificatur] verificetur L 20 ergo] etiam O verificatur] verificetur L de] se add. L quod[2]] om. LO 21 verificetur[1]] L verificentur A verificatur O verificetur[2]] L verificentur A verificatur O 22 si] LO quod

»Lebewesen« gibt, und den Term »Mensch« kann es zuerst geben und (erst) danach den Term »Lebewesen«, also scheint es, daß die Gattung nicht früher ist als ihre Art. Zweitens scheint es, daß ihre zweite Aussage falsch ist, denn wenn die Gattung von der Art ausgesagt würde, wie in der Aussage »(Ein) Mensch ist ein Lebewesen«, dann könnte also dieser Satz einfach umgekehrt werden in den Satz »(Ein) Lebewesen ist ein Mensch«. Auf diese Weise scheint es auch, daß die Art von der Gattung ausgesagt werden kann. Drittens scheint es, daß die dritte Aussage falsch ist, denn es muß nicht sein, daß – wenn der Term »Lebewesen«, der eine Gattung ist, vernichtet wird – dann der Term »Mensch«, der eine Art von ihm ist, vernichtet wird.

Zugunsten dieser Aussagen sage ich, daß die genannten autoritativen Sätze nicht einfach so verstanden werden dürfen, wie sie klingen, sondern sie müssen gemäß der Absicht der Autoren, die sie aufgestellt haben, genommen und verstanden werden. Und wenn sie so aufgefaßt werden, dann sprechen die vorgebrachten Gegenbeispiele nicht gegen sie. Wenn es also heißt, daß die Gattung der Natur nach früher ist als die Art, ist nur gemeint, daß jener Term, der »Gattung« heißt, allgemeiner ist als der Term, der »Art« heißt, und daß der Term, der »Gattung« heißt, allgemein ist in bezug auf den anderen Term, der »Art« heißt. Und deswegen ist es nicht erforderlich, daß »Sein« und »Existieren« von der Art verifiziert wird, wenn es von der Gattung verifiziert wird. Jedoch ist es erforderlich, daß »Sein« und »Existieren« auch von der Gattung verifiziert wird, wenn es von der Art verifiziert wird. So ist es nicht erforderlich, daß ein Mensch ist, wenn ein Lebewesen ist, aber es ist erforderlich, daß ein Lebewesen ist, wenn ein Mensch ist. Wenn sie sagen, daß die Gattung der Natur nach früher ist als ihre Art und die Art später als die Gattung, meinen sie also nur, daß

A est] O sit AL quod] LO si A sit] LO est A 23 oportet] quod add. L oportet…sit] bene e converso O 24 sua] om. LO 25 genere] LO om. A intelligunt] intendunt LO aliud] LO non A

bonae, in quibus arguitur affirmative ab inferiori ad superius A7va sine distributione, ut »Homo est, ergo animal est«, »Lapis est, ergo substantia est« et consimiles. Et istae consequentiae non valent »Animal est, ergo homo est«, »Substantia est, ergo lapis est« et similes, in quibus arguitur a superiori non distributo ad inferius affirmative. Per hoc patet primum.

De secundo dico, quod auctores dicunt speciem non praedicari de genere, intelligitur sic, quod species non praedicatur vere de genere universaliter sumpto, nihilominus potest praedicari vere de suo genere particulariter sumpto vel indefinite, verbi gratia, quamvis falsum sit, quod omne animal est homo, tamen verum est, quod quoddam animal vel animal est homo. Et intelligitur, quod genus actu habet plura supposita quam species, tunc enim species non potest verificari de genere universaliter sumpto, unde falsum est, quod omne animal sit homo. Si tamen genus non haberet actu plura supposita, quam haberet species, tunc certe species posset verificari de genere universaliter sumpto, sicut genus verificatur de specie universaliter sumpta. Unde si non essent plura supposita huius termini *animal*, quam sint istius termini *homo*, ista esset vera »Omne animal est homo«, sicut ista »Omnis homo est animal«. Ex hoc patet ad secundum.

De tertio dico, quod per istam auctoritatem »Interempto genere etc.« auctores intellexerunt non de interemptione vel destructione reali, sed logicali. Unde per istam auctoritatem

1 in] LO om. A 2 Lapis…est] LO om. A 3 consimiles] cetera O 5 et] vel L et similes] vel huiusmodi L similes] huiusmodi LO distributo] distributione O 6 inferius] mediate et hoc add. O Per…primum] LO om. A 7 De] om. L 8 sic…genere] LO om. A quod] O om. L 9 vere] L om. O 10 suo] LO om. A particulariter] LO partialiter A 11 sit] LO est A est] LO sit A 12 quod] omnis homo est animal add. L omne animal vel add. O quoddam] aliquod O vel animal] L om. AO 13 Et] hoc add. LO quod] quando O habet] habeat L supposita] LO del. A significata add. A 15 unde…sumpto] LO om. A sit] L est O 16 non] L om. O 17 certe] O om. L posset] O possit L 20 sint] om. O ista] LO tunc A 22 Ex…secundum] LO om. A 23 De] O item? A ad L tertio] tertium L auctoritatem] LO coniunctionem? A 24 intellexerunt] intelligunt

solche Folgerungen gültig sind, in denen ohne Verteilung (Quantifizierung) affirmativ vom Niedrigeren zum Höheren argumentiert wird, z. B. »(Ein) Mensch ist, also ist (ein) Lebewesen«, »(Ein) Stein ist, also ist (eine) Substanz« und ähnliche. Aber solche Folgerungen sind nicht gültig »(Ein) Lebewesen ist, also ist (ein) Mensch«, »(Eine) Substanz ist, also ist (ein) Stein« und ähnliche, in denen von einem nicht verteilten (quantifizierten) Höheren zum Niedrigeren affirmativ argumentiert wird. Damit ist das erste klar.

Bezüglich des zweiten sage ich: Daß die Autoren sagen, daß die Art nicht von der Gattung ausgesagt wird, wird so verstanden, daß die Art nicht von der allgemein genommenen (allquantifizierten) Gattung wahr ausgesagt wird. Nichtsdestoweniger kann sie von ihrer partikulär oder indefinit genommenen Gattung wahr ausgesagt werden, z. B.: Obwohl es falsch ist, daß jedes Lebewesen ein Mensch ist, so ist es doch wahr, daß irgendein Lebewesen oder (ein) Lebewesen ein Mensch ist. Und dabei wird vorausgesetzt, daß die Gattung wirklich mehr Umfangselemente hat als die Art, dann kann nämlich die Art nicht von der allgemein genommenen Gattung verifiziert werden, und so ist es falsch, daß jedes Lebewesen ein Mensch ist. Wenn jedoch die Gattung nicht wirklich mehr Umfangselemente hätte als die Art, dann könnte die Art sicherlich von der allgemein genommenen Gattung verifiziert werden, so wie die Gattung von der allgemein genommenen Art verifiziert wird. Wenn es also nicht mehr Umfangselemente des Terms »Lebewesen« gäbe, als es vom Term »Mensch« gibt, dann wäre der Satz »Jedes Lebewesen ist ein Mensch« ebenso wahr wie der Satz »Jeder Mensch ist ein Lebewesen«. Damit erhellt die Antwort auf das zweite.

Bezüglich des dritten sage ich: Mit dem autoritativen Satz »Wenn die Gattung vernichtet ist« usw. meinten die Autoren nicht eine reale Vernichtung oder Zerstörung, sondern eine logische. So wollen sie mit diesem autoritativen Satz sagen,

LO de interemptione] LO interempto A vel destructione] LO om. A 25 sed] intelligunt de interemptione add. LO per] om. L istam] praedictam LO

volunt dicere, quod a genere distributo ad speciem negative est consequentia bona, sed non e converso, verbi gratia, sequitur enim »Nullum animal est, ergo nullus homo est«, sed non e converso, non enim sequitur »Nullus homo est, ergo nullum animal est«. Et per hoc patet ad tertium.

Cap. I.14 ⟨Capitulum quartum decimum de hoc, an haec sit concedenda »Homo est species«⟩

Viso de specie videndum est, an haec sit concedenda »Homo [L20vb] est species« absque hoc, quod dicatur »Iste terminus *homo* est species« et consimilia. Pro cuius responsione praemitto aliquas suppositiones, quas credo esse veras. Prima est, quod semper est conveniens accipere terminos secundum suppositionem personalem nisi appareat, quod propositiones, in quibus ponuntur illi termini, aliter sint positae et intellectae ab auctoribus. Et ratio huius est, quia termini principaliter impositi [O14rb] sunt ad designandum illa, pro quibus supponunt, quando supponunt personaliter. Sed tamen, ubi pateret, quod illa propositio aliter esset posita ab auctoribus, non esset tunc conveniens capere illam propositionem in illo sensu, in quo termini supponunt personaliter.

Secunda suppositio: Si praedicatum alicuius propositionis pertineat ad suppositionem materialem vel simplicem, id est, quod non possit vere praedicari de subiecto, nisi subiectum supponat materialiter vel simpliciter, potest trahere subiectum, ut supponat materialiter vel simpliciter, nisi sit aliquid aliud, quod prohibeat. Et ratio istius est, quia sic auctores usi sunt

1 volunt] vult L negative] LO negatam A 4 non…est] om. O enim] L om. A 5 Et] L om. AO per…tertium] LO om. A 8 specie] genere L est] om. O Homo…species] LO om. A 9 terminus] om. s. add. s.l. L 10 consimilia] consimiles LO aliquas] aliquas add. A 14 sint] LO sunt A et intellectae] om. O auctoribus] intellectae add. O 15 huius] LO om. A 16 designandum] de- om. LO illa] om. L ea O 18 posita] im- add. s. del. A tunc] tamen L 20 supponunt] supponerent LO 21 alicuius] alicuius add. s. del. O 22 suppositio-

daß eine negative Folgerung von der verteilten Gattung zur Art gültig ist, aber nicht umgekehrt, z. B.: Es folgt nämlich »Kein Lebewesen ist, also ist kein Mensch«, aber nicht umgekehrt, es folgt nämlich nicht »Kein Mensch ist, also ist kein Lebewesen«. Und damit erhellt die Antwort auf das dritte.

Kapitel I.14: *Ob man den Satz »Mensch ist eine Art« zugeben muß*

Nach der Untersuchung über die Art ist zu untersuchen, ob man den Satz »Mensch ist eine Art« zugeben muß, ohne daß man sagt »Der Term ›Mensch‹ ist eine Art« und dergleichen[19]. Zur Beantwortung dieser Frage schicke ich einige Voraussetzungen, die ich für wahr halte, voraus: Die erste lautet, daß es immer angemessen ist, die Terme gemäß personaler Supposition auszulegen, außer es ist offenkundig, daß die Sätze, in denen jene Terme vorkommen, von den Autoren anders behauptet und verstanden wurden. Der Grund dafür ist, daß die Terme ursprünglich zur Bezeichnung jener Dinge, für die sie in personaler Supposition supponieren, eingesetzt wurden. Aber dennoch gilt: Wo es klar wäre, daß ein solcher Satz von den Autoren anders behauptet wurde, wäre es nicht angemessen, den Satz in dem Sinne zu verstehen, in dem die Terme personal supponieren.

Zweite Voraussetzung: Wenn das Prädikat eines Satzes sich auf materiale oder einfache Supposition bezieht, d. h., daß es vom Subjekt nicht wahr ausgesagt werden kann, wenn das Subjekt nicht material oder einfach supponiert, dann kann es das Subjekt dazu bringen, daß es material oder einfach supponiert, falls es nicht etwas anderes gibt, das dies verhindert.

nem] supponendam L 23 possit] posset O praedicari] praedicare O subiectum supponat] subiecto supponente LO 25 ut supponat] ad supponendum LO vel simpliciter] om. L aliud] LO om. A 26 prohibeat] impediat O

propositionibus. Unde quando concedebant aliquam propositionem, cuius praedicatum pertinebat ad suppositionem materialem seu simplicem, sicut sunt termini secundae intentionis vel impositionis, usi fuerunt subiecto supponente materialiter vel simpliciter sine hoc, quod adderent subiecto ly *iste terminus* vel aliquid huiusmodi. Et isti suppositioni correspondet hoc, quod communiter dicitur »Talia sunt subiecta, qualia permittunt eorum praedicata«.

Tertia suppositio est: Signa universalia et particularia addita termino communi existenti subiecto alicuius propositionis, quae quidem signa sunt eiusdem generis cum illo termino communi significative tento, prohibent, ne aliquod praedicatum trahat subiectum ad suppositionem materialem vel simplicem. Et ratio huius est, nam faciunt istum terminum stare pro suis significatis copulative, si sunt signa universalia, vel disiunctive, si sunt signa particularia.

Et notabiliter dico »eiusdem generis cum termino communi significative tento«, quia si signum esset neutri generis termino communi significative tento existente alterius generis, non impediret, quin aliquod praedicatum pertinens ad suppositionem materialem vel simplicem posset trahere subiectum ad supponendum materialiter vel simpliciter. Verbi gratia, si
A7vb dicitur »Omne homo est species«, hic iste terminus *homo* per ly *species* trahitur ad supponendum materialiter vel simpliciter non obstante, quod sibi apponatur signum universale. Et ratio est, quia signum illud non est eiusdem generis cum isto termino communi significative tento, ly enim *homo* significative tentum

1 quando] quod O 3 sunt] isti add. A 4 fuerunt] sunt L termino add. O 5 adderent] addebat L addebatur O subiecto] isti termino O terminus] om. O 6 huiusmodi] huius L 8 permittunt] pro- O 9 est] om. LO universalia et] om. L 10 existenti] AX existente LO subiecto] LOX subiectum A 12 tento] accepto O 13 vel] pro suis significatis copulative si sit add. s. del. A 15 significatis] suppositis L sunt] sint LO disiunctive] LO distributive A 16 sunt] sint LO signa] om. O 17 dico] dixi O si sint add. O communi] commune O 18 quia] qui O signum] L om. AO 19 existente] LO om. A 20 quin] quamvis O aliquod] LO om. A 21 vel simplicem] LO om. A posset] potest LO 22 si

Und der Grund dafür ist, daß die Autoren die Sätze auf diese Weise verwendet haben. Wenn sie also einen Satz zugaben, dessen Prädikat sich auf materiale bzw. einfache Supposition bezog, welcherart die Terme zweiter Intention oder Imposition sind, haben sie das Subjekt in materialer oder einfacher Supposition verwendet, ohne daß sie dem Subjekt den Ausdruck »der Term« oder etwas derartiges hinzufügten. Und dieser Voraussetzung entspricht das, was man gemeinhin so formuliert »Die Subjekte sind so, wie ihre Prädikate es erlauben«.

Die dritte Voraussetzung lautet: Universal- und Partikulär-Zeichen, die einem allgemeinen Term hinzugefügt sind, der als Subjekt eines Satzes erscheint, und die dasselbe (grammatische) Genus haben wie der allgemeine Term in signifikativer Verwendung, verhindern, daß ein Prädikat das Subjekt zur materialen oder einfachen Supposition bestimmt. Und der Grund dafür ist, daß sie bewirken, daß dieser Term auf kopulative Weise für die Dinge, die er bezeichnet, steht, wenn es sich um Universal-Zeichen handelt, oder auf disjunktive Weise, wenn es sich um Partikulär-Zeichen handelt.

Und ich sage ausdrücklich »dasselbe Genus wie der allgemeine Term in signifikativer Verwendung«, denn wenn das Zeichen Genus Neutrum hätte, während der allgemeine Term in signifikativer Verwendung ein anderes Genus hätte, würde es nicht verhindern, daß ein Prädikat, das sich auf materiale oder einfache Supposition bezieht, das Subjekt zur materialen oder einfachen Supposition bestimmen kann. Z. B., wenn man sagt »Jedes Mensch ist eine Art«, so wird hier der Term »Mensch« durch den Ausdruck »Art« zur materialen oder einfachen Supposition bestimmt, und es hindert nicht, daß ihm ein Universal-Zeichen hinzugefügt wird. Und der Grund ist, daß jenes Zeichen nicht dasselbe Genus hat wie der allgemeine Term in signifikativer Verwendung, der Ausdruck »Mensch«

dicitur] sicut hic L dicendo O 23 Omne] LO om. A 24 trahitur] LO trahuntur A 25 sibi] O si AL apponatur] apponitur LO ratio] hoc ideo LO 26 isto] LO om. A 27 communi] om. LO significative tento] quando iste terminus tenetur significative LO ly] iste terminus LO tentum] tentus LO

est communis generis, sed talis generis non est hoc signum *omne*.

Verum est tamen, quod iste terminus *homo* materialiter tentus bene est neutri generis sicut hoc signum *omne*. Et quando hoc nomen *homo* tenetur materialiter, tunc etiam est nomen indeclinabile. Unde patet per istos versus »Dictio, quaecumque fuerit tibi, materialis est neutri generis indeclinabile nomen«. Et ergo conceditur ista »Omne homo est species«, sensus enim eius est, quod iste terminus *homo* est species et quilibet sibi similis in voce vel in scripto vel in mente est species. Ista tamen negatur »Omnis homo est species«, quia ista significat, quod non est aliquis homo, nec vir nec mulier, quin sit species, et hoc est falsum.

Sed tu diceres contra: Dicendo »Omnis homo est terminus communis signo universali determinatus«, hic subiectum est distributum universali signo, quod est eiusdem generis cum termino, cui apponitur, ipso tento significative, et tamen in dicta propositione ly *homo*, quod est subiectum, supponit materialiter, alias enim convenienter non concederetur nec concedi posset praedicta propositio.

Respondetur concedendo praedictam propositionem, et quando dicitur »Subiectum in praedicta propositione supponit materialiter«, concedo, et quando dicitur »Subiectum dictae propositionis est distributum signo universali eiusdem generis etc.«, nego. Dico enim, quod in illa »Omnis homo est terminus

3 est tamen] etiam L 4 generis] om. O sicut] homo add. s. del. A 5 hoc nomen] hic terminus LO tunc etiam] LO ipsum A 6 nomen] L om. AO patet…istos] L om. AO versus] LO dico A Dictio] LO om. A quaecumque] LO quicumque A 7 materialis] materiale L est] et O 8 ista] LO om. A 9 sensus…eius] cuius sensus L quia sensus O 10 vel in[1]] LO om. A in[3]] LO om. A 11 quia] LO om. A ista] om. O 12 est] sit O homo] om. O 14 Sed] om. O tu] om. LO diceres] adhuc add. L Dicendo] om. O 15 hic] LO vel A subiectum] hoc signum omnis L est…quod] om. L 16 eiusdem] eius O 17 ipso] LO om. A significative] et cum hoc subiectum est distributum signo universali eiusdem generis add. L 18 quod est] om. LO 19 convenienter…concederetur] LO inconvenienter esset concedere A 22 in…Subiectum] LO om. A 23 dicitur] quod add. LO dictae] proba- add. s. del. A 24 est] sit LO

nämlich hat in signifikativer Verwendung das gewöhnliche Genus (Maskulinum), aber das Zeichen »jedes« hat nicht dieses Genus.

Dennoch ist es wahr, daß der Term »Mensch« in materialer Verwendung sehr wohl ebenso Genus Neutrum hat wie das Zeichen »jedes«. Und wenn das Nomen »Mensch« material verwendet wird, dann ist es auch ein undeklinierbares Nomen. Das erhellt durch die Verse »Ein materiales Wort, welches auch immer du haben magst, ist ein undeklinierbares Nomen im Genus Neutrum«[20]. Also wird der Satz »Jedes Mensch ist eine Art« zugegeben, sein Sinn ist nämlich, daß dieser Term »Mensch« eine Art ist und jeder ihm ähnliche in der gesprochenen oder in der geschriebenen oder in der mentalen Sprache eine Art ist. Gleichwohl wird der Satz »Jeder Mensch ist eine Art« verneint, weil er bezeichnet, daß es keinen Menschen gibt, weder einen Mann noch eine Frau, der keine Art wäre, und das ist falsch.

Einwand: Wenn man sagt »Jeder Mensch ist ein allgemeiner Term, der durch ein Universal-Zeichen bestimmt ist«, dann ist hier das Subjekt durch ein Universal-Zeichen verteilt, welches dasselbe Genus hat wie der Term, dem es hinzugefügt wird, wenn dieser signifikativ verwendet wird, und dennoch supponiert der Ausdruck »Mensch«, der das Subjekt ist, in dem genannten Satz material, sonst würde nämlich der vorgenannte Satz nicht mit Recht zugegeben werden noch könnte er zugegeben werden.

Antwort: Der vorgenannte Satz wird zugegeben, und wenn es heißt »Das Subjekt in dem vorgenannten Satz supponiert material«, gebe ich das (auch) zu. Und wenn es heißt »Das Subjekt des genannten Satzes ist durch ein Universal-Zeichen mit demselben Genus verteilt« usw., so lehne ich das ab. Ich sage nämlich, daß in dem Satz »Jeder Mensch ist ein allgemei-

eiusdem] L eius O eiusdem...etc] LO om. A 25 Dico enim] LO dicitur autem A in] LO om. A

communis signo universali determinatus« subiectum non est ly O14va *homo*, sed hoc totum *omnis homo*, et ideo ly *omnis* non additur subiecto praedictae propositionis, immo est pars subiecti praedictae propositionis.

His suppositionibus praemissis dico primo, quod haec est concedenda »Homo est species« absque hoc, quod isti termino *homo* apponitur ly *iste terminus*. Patet, nam in ista propositione praedicatum est terminus pertinens ad suppositionem materialem vel simplicem et non potest verificari de isto termino *homo*, nisi ipso supponente materialiter vel simpliciter, et non est hic aliquid, puta signum universale vel particulare, L21ra quod impediat, quin hic terminus *homo* trahatur ad supponendum materialiter vel simpliciter per praedicatum praedictae propositionis. Ideo per suppositionem secundam una cum adiutorio tertiae praedictus terminus supponit materialiter vel simpliciter, et isto termino *homo* supponente materialiter vel simpliciter in ista propositione »Homo est species«, haec propositio est concedenda »Homo est species«. Sed utrum illa consequentia valeat »Haec propositio est concedenda ›Homo est species‹, ergo concedendum est, quod aliquis homo est species«, postea tractabitur.

Secundo dico, quod ista propositio est neganda »Aliquis homo est species«. Probatur, nam si in ista propositione capitur ly *homo* solitarie pro subiecto, tunc hic terminus *homo* per appositionem istius signi particularis *aliquis* accipiendus est secundum suppositionem personalem per tertiam suppositio-

21 postea] Vide infra in isto capitulo.

1 signo…determinatus] LO etc. A 2 sed] homo add. s. del. A 3 praedictae[1]] LO om. A subiecti…propositionis] LO om. A 5 quod] om. L 6 isti termino] L iste terminus A 7 homo] LO hominem A apponitur] apponatur L additur O ly iste] LO om. A terminus] L om. AO Patet] om. O 8 terminus] om. LO 9 vel] et L 10 vel] personaliter add. s. del. O 11 hic] LO om. A aliquid] aliquod LO puta] om. O vel] nec O particulare] singulare L 12 quin] ne LO trahatur] LO trahitur A supponendum…simpliciter] suppositionem simplicem vel materialem O 13 vel simpliciter] L om. A praedicatum] LO praedicata A 14 propositionis] suppositionis L et add. O per] om. L secun-

ner Term, der durch ein Universal-Zeichen bestimmt ist« das Subjekt nicht der Ausdruck »Mensch« ist, sondern der ganze Ausdruck »jeder Mensch«; und deshalb wird der Ausdruck »jeder« nicht dem Subjekt des vorgenannten Satzes hinzugefügt, sondern er ist vielmehr ein Teil des Subjekts des vorgenannten Satzes.

Diese Voraussetzungen vorausgeschickt, sage ich erstens: Der Satz »Mensch ist eine Art« ist zuzugeben, ohne daß dem Term »Mensch« der Ausdruck »der Term« hinzugefügt wird. Das ist klar, denn in diesem Satz ist das Prädikat ein Term, der sich auf materiale oder einfache Supposition bezieht, und es kann vom Term »Mensch« nur verifiziert werden, wenn dieser material oder einfach supponiert, und es gibt hier auch nichts, nämlich kein Universal- oder Partikulär-Zeichen, das verhinderte, daß der Term »Mensch« durch das Prädikat des vorgenannten Satzes zur materialen oder einfachen Supposition bestimmt würde. Gemäß der zweiten Voraussetzung zusammen mit der dritten supponiert deshalb der vorgenannte Term material oder einfach, und wenn der Term »Mensch« in dem Satz »Mensch ist eine Art« material oder einfach supponiert, dann ist der Satz »Mensch ist eine Art« zuzugeben. Ob aber die Folgerung »Der Satz ›Mensch ist eine Art‹ ist zuzugeben, also ist zuzugeben, daß irgendein Mensch eine Art ist« gültig ist, wird später (in diesem Kapitel) behandelt werden.

Zweitens sage ich, daß der Satz »Irgendein Mensch ist eine Art« abzulehnen ist. Beweis: Wenn in diesem Satz der Ausdruck »Mensch« allein als Subjekt genommen wird, dann muß der Term »Mensch« wegen der Hinzufügung des Partikulär-Zeichens »irgendein« gemäß personaler Supposition ausgelegt werden, laut dritter Voraussetzung. Aber von dem Term

dam] praedictam add. L 16 et] de add. A sed O et...simpliciter] om. L 17 propositio] O om. AL 19 valeat] sit concedenda O 20 quod] om. L aliquis] X om. AE10rLNOPS 22 Secundo] LO etiam A 23 Probatur] LO om. A propositione] LO om. A capitur] LO capiatur A 24 solitarie] solutarie L 25 istius] LO om. A aliquis] LO om. A est] om. O 26 tertiam] LO secundam A

nem. Sed de isto termino *homo* accepto personaliter non verificatur hoc praedicatum *species*. Si autem in illa propositione capitur pro subiecto hoc totum *aliquis homo* secundum suppositionem materialem vel simplicem, adhuc propositio est falsa ex eo, quod nullum complexum est species. Unde species debet esse terminus incomplexus, ut patuit in descriptione speciei, sed modo haec oratio *aliquis homo* est quoddam complexum, ergo non potest esse species.

Sed diceres: Tu concedis istam »Homo est species«, ergo etiam debes concedere istam »Aliquis homo est species«, quia *homo* et *aliquis homo* convertuntur. Omne enim, quod est homo, est aliquis homo, et omne, quod est aliquis homo, est A8ra homo. Secundo, contradictoria istius »Homo est species« est vera, ergo ipsa est falsa. Consequentia tenet per legem contradictoriarum propositionum. Antecedens patet, quia eius contradictoria est ista »Nullus homo est species«, et est ista vera, sicut potest induci in singulis. Tertio diceres contra secundum dictum: Haec oratio *aliquis homo* vel est genus vel species vel individuum. Non est genus nec individuum, ergo est species. Quarto, haec oratio *aliquis homo* praedicatur immediate de pluribus differentibus numero in quid, ut dicendo »Sortes est aliquis homo«, »Plato est aliquis homo«, ergo est species. Consequentia tenet, antecedens similiter.

Respondetur ad ista: Ad primum dico, quod isto termino *homo* supponente personaliter ipse bene convertitur cum ly *aliquis homo*, sed quando capitur materialiter vel simpliciter, tunc non convertitur cum ly *aliquis homo*, sed sic capitur in

6 patuit] Cf. supra, Cap. I.13.

1 de] om. O homo] LO om. A 3 capitur] LO capiatur A 4 propositio] LO om. A est] erit O 5 debet esse] est L 7 haec oratio] LO om. A homo] est species add. LO 9 Tu] om. O concedis istam] concedendum est haec L ergo… species] om. L 10 etiam] O om. A 15 propositionum] L om. AO 16 est[1]] eius! O ista[1]] om. LO 17 potest induci] patet reduci L 18 vel[1]] LO om. A est] om. L 19 Non est] nec L nec] LO vel A ergo] nec L est[2]] om. LO 20 praedicatur] de pluribus add. s. del. A 21 in quid] L om. AO 22 homo[2]] in quid add. AO ergo] om. O est species] L etc. AO Consequentia…similiter] L om. AO

»Mensch« in personaler Verwendung wird das Prädikat »Art« nicht verifiziert. Wenn aber in jenem Satz der ganze Ausdruck »irgendein Mensch« gemäß materialer oder einfacher Supposition als Subjekt genommen wird, so ist der Satz noch immer falsch, weil kein Verknüpftes eine Art ist. So muß eine Art ein unverknüpfter Term sein, wie sich in der Beschreibung der Art zeigte, die Ausdrucksfolge »irgendein Mensch« ist nun aber etwas Verknüpftes, also kann sie nicht eine Art sein.

Einwand: Du gibst den Satz »Mensch ist eine Art« zu, also mußt du auch den Satz »Irgendein Mensch ist eine Art« zugeben, weil »Mensch« und »irgendein Mensch« austauschbar sind. Alles nämlich, was Mensch ist, ist irgendein Mensch, und alles, was irgendein Mensch ist, ist Mensch. Zweitens: Der kontradiktorische Satz zu »Mensch ist eine Art« ist wahr, also ist dieser selbst falsch. Die Folgerung ist gültig aufgrund des Gesetzes der kontradiktorischen Sätze. Der Vordersatz ist klar, weil sein kontradiktorischer Satz dieser ist: »Kein Mensch ist eine Art«, und dieser ist wahr, wie aus den Einzelfällen induziert werden kann. Dritter Einwand gegen meine zweite Aussage: Die Ausdrucksfolge »irgendein Mensch« ist entweder eine Gattung oder eine Art oder ein Individuum. Sie ist aber keine Gattung und kein Individuum, also ist sie eine Art. Viertens: Die Ausdrucksfolge »irgendein Mensch« wird von mehreren Dingen, die sich der Zahl nach unterscheiden, in bezug auf das Was unmittelbar ausgesagt, z. B., wenn man sagt »Sokrates ist irgendein Mensch«, »Platon ist irgendein Mensch«; also ist sie eine Art. Die Folgerung ist gültig, der Vordersatz ebenso.

Antwort auf diese Einwände: Zum ersten sage ich, daß der Term »Mensch«, wenn er personal supponiert, sehr wohl mit dem Ausdruck »irgendein Mensch« austauschbar ist, aber wenn er material oder einfach verwendet wird, dann ist er nicht mit dem Ausdruck »irgendein Mensch« austauschbar;

24 ista Ad] LO om. A dico] LO om. A 25 ipse] LO om. A 27 tunc] LO om. A convertitur...homo] LO om. A sic] convertitur in ista add. s. del. L

ista propositione »Homo est species«, et ergo non sequitur, si haec est concedenda »Homo est species«, quod ista etiam sit concedenda »Aliquis homo est species«.

Ad secundum dico, quod contradictoria istius »Homo est species« non est haec »Nullus homo est species«, sed haec »Nullum homo est species« vel ista »Nullus terminus *homo* est species«, et illa erit falsa, quia significat, quod nec iste terminus *homo* a me prolatus nec aliquis sibi similis in voce vel in scripto vel in mente sit species, et hoc est falsum.

Sed diceres: Immo videtur, quod istae propositiones »Homo est species« et »Nullus homo est species« contradicunt, quia indefinita affirmativa et universalis negativa contradicunt. O14vb Concedo terminis supponentibus utrobique personaliter, modo sic non est hic in istis, unde in prima subiectum trahitur ad supponendum materialiter vel simpliciter per hoc praedicatum *species*, sed in ista »Nullus homo est species« hoc signum *nullus* prohibet, ne hic terminus *homo* contrahatur praedicto modo ad huiusmodi suppositionem. Sed quando non contrahitur per aliquid ad suppositionem materialem vel simplicem, tunc ex modo suae impositionis tenetur personaliter ex eo, quod principaliter impositus est ad significandum illa, pro quibus potest supponere personaliter.

Ad tertium dico, quod ly *aliquis homo* nec est individuum nec genus nec species, unde sicut ly *omnis homo* nec est individuum nec species nec genus, ita nec ly *aliquis homo*, ad hoc enim, quod aliquid sit aliquod istorum, requiritur, quod sit

1 propositione] om. LO et] om. O 2 est[1]] sit L etiam] om. L ergo O 4 secundum] secundam O 5 haec[1]] om. LO haec[2]] om. L 7 erit] est LO iste] om. L 8 nec] vel L vel in] LO om. A 9 in] LO om. A et] sed LO 10 istae propositiones] ista LO 11 et] LO om. A contradicunt] sunt contradictoriae O 13 utrobique personaliter] uniformiter in utraque LO modo] sed L 14 in istis] om. L homo est species nullus homo est species add. O trahitur] O con- add. L trahitur…supponendum] LO supponit A 15 per…species[1]] LO om. A 16 sed] LO et A ista…species[2]] LO secunda A hoc…supponere] LO om. A 21 principaliter] L simpliciter O 23 tertium] tertiam O 24 sicut…homo] LO om. A homo] L om. O 25 ly] L om. O 26 enim] LO om. A aliquid] aliquod O aliquod] aliquid L

aber so wird er in dem Satz »Mensch ist eine Art« verwendet, also folgt nicht: Wenn der Satz »Mensch ist eine Art« zuzugeben ist, dann ist auch der Satz »Irgendein Mensch ist eine Art« zuzugeben.

Zum zweiten sage ich: Der kontradiktorische Satz zum Satz »Mensch ist eine Art« ist nicht »Kein (mask.) Mensch ist eine Art«, sondern der Satz »Kein (neutr.) Mensch ist eine Art« oder der Satz »Kein Term ›Mensch‹ ist eine Art«, und dieser ist falsch, weil er bezeichnet, daß weder der von mir geäußerte Term »Mensch« noch irgendein ihm ähnlicher in der gesprochenen oder in der geschriebenen oder in der mentalen Sprache eine Art sei, und das ist falsch.

Einwand: Es scheint vielmehr, daß die Sätze »Mensch ist eine Art« und »Kein Mensch ist eine Art« kontradiktorisch entgegengesetzt sind, weil ein affirmativer indefiniter Satz und ei universaler negativer Satz kontradiktorisch entgegengesetzt sind. (Antwort:) Ich gebe das zu, wenn die Terme auf beiden Seiten personal supponieren, aber das ist hier bei diesen Sätzen nicht der Fall. So wird im ersten Satz das Subjekt durch das Prädikat »Art« zur materialen oder einfachen Supposition bestimmt, aber in dem Satz »Kein Mensch ist eine Art« verhindert das Zeichen »kein«, daß der Term »Mensch« auf die genannte Weise auf eine derartige Supposition eingeschränkt wird. Aber wenn er nicht durch irgend etwas auf materiale oder einfache Supposition eingeschränkt wird, dann wird er aufgrund seiner Einsetzungsweise personal verstanden, weil er ursprünglich eingesetzt wurde, um jene Dinge zu bezeichnen, für die er personal supponieren kann.

Zum dritten sage ich: Der Ausdruck »irgendein Mensch« ist weder ein Individuum noch eine Gattung noch eine Art. Wie der Ausdruck »jeder Mensch« weder ein Individuum noch eine Art noch eine Gattung ist, so auch nicht der Ausdruck »irgendein Mensch«; dafür nämlich, daß etwas irgendeines von diesen

incomplexum. Sed diceres: Aristoteles dicit in *Praedicamentis* exemplificando de primis substantiis »Substantiae primae sunt ut aliquis homo, aliquis bos« etc., ergo videtur, quod aliquis homo sit prima substantia et per consequens individuum, quod tu negas. Respondetur, quod Aristoteles in *Praedicamentis* posuit istas orationes *aliquis homo*, *aliquis bos* loco propriorum nominum incomplexorum istorum, scilicet *Sortes*, *Brunellus*.

Ad quartum, potest admitti, quod haec oratio *aliquis homo* praedicatur de pluribus differentibus numero, et quando dicitur »Ideo est species«, negatur consequentia, quia adhuc oporteret, quod esset terminus incomplexus.

Cap. I.15 ⟨Capitulum quintum decimum de differentia⟩

Sequitur de tertio universali, quod est differentia. Unde differentia accipitur tripliciter, uno modo communiter, alio modo proprie, tertio modo magis proprie.

Differentia communiter accepta est terminus, qui potest esse medium concludendi aliquid se habere aliter quam aliud vel aliquid habere se aliter nunc, quam prius se habebat. Isto modo accipiendo differentiam dicimus, quod album, nigrum, sedere, stare dicuntur differentiae. Unde huiusmodi termini A8rb possunt esse media concludendi, quod Sortes se aliter habet quam Plato vel quod Sortes se aliter habet nunc quam prius se habebat. Sit enim modo Sortes albus et Plato niger, tunc bene

1 Aristoteles] Aristoteles, Categoriae, Cap. 2, 1b4s.; cf. Cap. 5, 2b27s., et passim.

3 aliquis²...homo] om. L etc] om. O 4 sit] sic est L 6 posuit] ponit O aliquis bos] etc. L 7 istorum] om. LO Sortes] Plato et add. L Plato add. O 8 quartum] quartam O 9 praedicatur] potest praedicari L 10 negatur] neganda est O quia] ad hoc add. O oporteret] oportet O 11 esset] sit O incomplexus] Sequitur ergo add. L 14 accipitur] accipitur enim add. L 15 modo] LO om. A 16 esse] om. L 17 aliud] alius L 18 aliquid] aliquod L nunc] LO om. A se habebat] LO om. A 19 differentiam] LO om. A 20 sedere stare] etc. O huiusmodi] ALO del. A isti? add. i.m. A 21 media] medium O

sei, ist es erforderlich, daß es ein Unverknüpftes ist. Einwand: Aristoteles sagt in den *Kategorien*, wo er Beispiele für erste Substanzen gibt »Erste Substanzen sind z. B. irgendein Mensch, irgendein Rind« usw., also scheint es, daß »irgendein Mensch« eine erste Substanz ist und folglich ein Individuum, was du verneinst. Antwort: Aristoteles führte in den *Kategorien* die Ausdrucksfolgen »irgendein Mensch«, »irgendein Rind« anstelle der unverknüpften Eigennamen von diesen an, nämlich »Sokrates«, »Brunellus«[21].

Zum vierten: Man kann zulassen, daß die Ausdrucksfolge »irgendein Mensch« von mehreren Dingen, die sich der Zahl nach unterscheiden, ausgesagt wird. Und wenn es heißt »Deshalb ist sie eine Art«, so wird die Folgerung abgelehnt, weil es außerdem erforderlich wäre, daß sie ein unverknüpfter Term ist.

Kapitel I.15: *Der Unterschied*

Es folgt (das Kapitel) über das dritte Universale, nämlich den Unterschied. »Unterschied« wird auf dreifache Weise verwendet, auf eine Weise allgemein, auf eine andere Weise eigentlich, auf eine dritte Weise noch eigentlicher.

»Unterschied« im allgemeinen Sinne ist ein Term, der den Mittelterm für einen Schluß abgeben kann, daß sich etwas anders verhält als etwas anderes oder daß sich etwas jetzt anders verhält, als es sich früher verhielt. Gemäß dieser Verwendungsweise von »Unterschied« sagen wir, daß »weiß«, »schwarz«, »sitzen«, »stehen« »Unterschiede« heißen. So können derartige Terme die Mittelterme für die Schlüsse abgeben, daß Sokrates sich anders verhält als Platon oder daß Sokrates sich jetzt anders verhält, als er sich früher verhielt. Es sei nämlich Sokrates jetzt weiß und Platon schwarz, dann folgt

22 vel] LO et A nunc] modo LO se habebat] om. LO 23 enim] LO om. A tunc…est[2]] om. L bene] om. O

sequitur »Sortes est albus et Plato est niger, ergo Sortes se aliter habet, quam Plato se habet« seu »Sortes est talis, qualis non est Plato«. Ecce qualiter ly *albus* est medium concludendi Sortem se aliter habere, quam Plato se habet. Et similiter, sit Sortes modo sedens et prius stans, tunc sequitur »Sortes modo sedet et prius stabat, ergo Sortes modo se aliter habet, quam prius se habebat«.

Differentia vero proprie dicta est accidens inseparabile, quod L21rb potest esse medium concludendi aliquid se habere aliter, quam aliud se habet, vel aliquid nunc se aliter habere, quam prius se habebat. Quid dicatur accidens inseparabile, videbitur in capitulo de accidente. Et ad istum modum differentiae reducitur etiam proprium, ex quo proprium non est differentia essentialis. Verbi gratia posito, quod Sortes sit simus et Plato sit aquilinus, tunc sequitur »Sortes est simus et Plato est aquilinus, ergo Sortes aliter se habet quam Plato«. Ita, si Sortes habet modo cicatricem et heri non habuit cicatricem, tunc sequitur »Sortes habet modo cicatricem et heri non habuit, ergo Sortes modo se aliter habet, quam heri se habuit«.

Differentia autem magis proprie dicta est terminus praedicabilis in quale de illo, cuius est differentia, exprimens essentialem partem eius, cuius est differentia, et qui potest esse me- O15ra dium concludendi aliquid non esse aliud et non solum aliquid se habere aliter quam aliud. Verbi gratia, ut hic terminus *rationale*, si enim Sortes est rationalis et Brunellus non est rationa-

11 videbitur] Cf. infra, Cap. I.17.

1 est^{2}] O om. A Sortes^{2}] modo add. L 2 habet^{2}] LO habeat A seu] LO si A 3 non…Plato] LO om. A albus] album LO 4 habet] habuit L Et] om. L similiter] om. O 5 sedens] stans L stans] sedens L tunc] L om. AO modo^{2}] stat add. sed del. A 6 Sortes] om. LO modo] O om. AL 7 se] habuit seu add. L 8 vero] LO om. A quod] om. LO 9 potest] potens L se…aliquid] om. O 10 nunc] om. L modo O 11 habebat] habuit LO dicatur] vocetur L vocatur O 12 reducitur] reducatur L reducuntur O 13 essentialis] substantialis L 14 sit^{2}] O om. AL 15 aquilinus^{1}] L aquilus AO tunc] O om. AL est^{2}] LO om. A aquilinus^{2}] L aquilus AO 16 Ita si] similiter posito quod LO 17 habet] habeat LO cicatricem^{1}] tricatricem *ante corr. i.m.* O cicatricem^{2}] om. L

gültig »Sokrates ist weiß und Platon ist schwarz, also verhält sich Sokrates anders, als Platon sich verhält« bzw. »Sokrates ist so, wie Platon nicht ist«. Siehe, wie der Ausdruck »weiß« der Mittelterm für den Schluß ist, daß Sokrates sich anders verhält, als Platon sich verhält. Und ebenso nehme man an, daß Sokrates jetzt sitzt und früher stand, dann folgt »Sokrates sitzt jetzt und früher stand er, also verhält sich Sokrates jetzt anders, als er sich früher verhielt«.

»Unterschied« im eigentlichen Sinne hingegen ist ein untrennbares Akzidens, das den Mittelterm für einen Schluß abgeben kann, daß sich etwas anders verhält, als etwas anderes sich verhält, oder daß sich etwas jetzt anders verhält, als es sich früher verhielt. Was »untrennbares Akzidens« heißt, wird man im Kapitel über das Akzidens sehen. Auf diese Art von Unterschied wird auch die Eigentümlichkeit zurückgeführt, weil eine Eigentümlichkeit kein wesentlicher Unterschied ist. Angenommen z. B., daß Sokrates plattnasig und Platon hakennasig ist, dann folgt »Sokrates ist plattnasig und Platon ist hakennasig, also verhält sich Sokrates anders als Platon«. Ebenso, wenn Sokrates jetzt eine Wunde hat und gestern keine Wunde hatte, dann folgt »Sokrates hat jetzt eine Wunde und gestern hatte er sie nicht, also verhält sich Sokrates jetzt anders, als er sich gestern verhielt«.

»Unterschied« im noch eigentlicheren Sinne aber ist ein Term, der in bezug auf das Wie von dem aussagbar ist, dessen Unterschied er ist, und der einen wesentlichen Teil von dem ausdrückt, wovon er Unterschied ist, und der Mittelterm für einen Schluß sein kann, daß etwas nicht etwas anderes *ist*, und nicht nur, daß etwas sich anders *verhält* als etwas anderes. Wie z. B. der Term »vernünftig«: Wenn nämlich Sokrates vernünf-

tunc] om. LO **18** sequitur…habuit] om. O **19** Sortes] om. LO se[2]] om. O **21** illo] termino add. L est] dicitur O essentialem] SX om. ALOP **22** eius] om. L illius O et…potest] potens LO **23** non[1]] ALPX om. O add. s. del.? S aliquid[2]] aliud sed! A **25** si] LO sit A est[1]] LO om. A est[2]] LO om. A

lis, non solum sequitur »Ergo Sortes aliter se habet quam Brunellus«, sed etiam sequitur »Ergo Sortes est alius a Brunello« vel »Sortes non est Brunellus«.

Iuxta istam distinctionem sciendum est, quod de istis modis differentiae primi duo modi pertinent ad praedicabile accidentis et proprii, tertius vero constituit unum praedicabile distinctum contra alia quattuor praedicabilia, scilicet genus, species, proprium et accidens.

Secundo iuxta eandem distinctionem sciendum est, quod primi duo modi faciunt alteratum solum, tertius vero modus facit aliud, et sic differunt primi duo modi a tertio. Sed illud debet sic intelligi, quod primi duo modi possunt esse media concludendi aliquid se aliter habere quam aliud vel aliquid aliter se habere nunc quam prius. Sed non possunt esse media concludendi vel ad concludendum aliquid esse aliud ab alio vel aliquid esse modo aliud ab illo, quod prius erat, per praemissas de diversis temporibus. Unde non sequitur »Marcus heri fuit albus et Tullius modo non est albus, ergo Tullius non est Marcus«, sed bene sequitur »Ergo Tullius modo se aliter habet, quam heri se habebat vel habuit Marcus«. Similiter non sequitur »Tullius heri habuit cicatricem et Marcus modo non habet cicatricem, ergo Tullius non est Marcus«, sed bene sequitur »Ergo Marcus aliter se habet modo, quam heri se habuit Tullius«.

A8va Et notabiliter dixi »per praemissas de diversis temporibus«. Unde si praemissae essent de eodem tempore, scilicet praesenti,

1 non solum] et non O Sortes] LO Brunellus A 2 Brunellus] LO Sortes A Ergo] om. O alius] aliud LOX 4 istam] factam O distinctionem] LO definitionem A est] om. L 6 et proprii] OX et proprie A om. L tertius vero] LOX trsp. A constituit] distinguit O 7 scilicet] O om. AL genus…accidens] LO om. A 8 et] O om. L 9 Secundo] LO om. A distinctionem] LO definitionem A 10 solum] nomen? O solum? add. i.m. O 11 Sed] L om. AO 12 sic] om. L 13 concludendi] ad concludendum LO se add. A aliquid[1]] om. L quam] quam add. L aliquid[2]] Z aliquod A om. LO illud X 14 nunc] modo LO 15 concludendi vel] om. LO 16 aliquid] LO hoc A ab illo] om. O quod] L quam AO 17 de] LO ex A sequitur] a- add. s. del. O 19 sed…Marcus] om.

tig ist und Brunellus nicht vernünftig ist, so folgt nicht nur »Also verhält sich Sokrates anders als Brunellus«, sondern es folgt auch »Also ist Sokrates von Brunellus verschieden« oder »Sokrates ist nicht Brunellus«.

Im Zusammenhang mit dieser Unterscheidung muß man wissen, daß von diesen Arten des Unterschieds die ersten zwei Arten zu den Prädikabilien Akzidens und Eigentümlichkeit gehören, die dritte aber ein Prädikabile begründet, das von den anderen vier Prädikabilien, nämlich Gattung, Art, Eigentümlichkeit und Akzidens, verschieden ist.

Zweitens muß man im Zusammenhang mit derselben Unterscheidung wissen, daß die ersten zwei Arten (etwas) nur verändert machen, die dritte Art aber (etwas) verschieden macht, und so unterscheiden sich die ersten zwei Arten von der dritten. Jene Aussage muß man aber so verstehen, daß die ersten zwei Arten Mittelterme sein können für einen Schluß, daß etwas sich anders verhält als etwas anderes oder daß etwas sich jetzt anders verhält als früher. Sie können aber nicht Mittelterme sein für einen Schluß, daß etwas von einem anderen verschieden ist oder daß etwas jetzt von dem verschieden ist, was es früher war, und zwar mit Prämissen in verschiedenen Zeitformen. So folgt nicht »Markus war gestern weiß und Tullius ist jetzt nicht weiß, also ist Tullius nicht Markus«, aber es folgt sehr wohl »Also verhält sich Tullius jetzt anders, als sich Markus gestern verhielt«. Ebenso folgt nicht »Tullius hatte gestern eine Wunde und Markus hat jetzt keine Wunde, also ist Tullius nicht Markus«, aber es folgt sehr wohl »Also verhält sich Markus jetzt anders, als sich Tullius gestern verhielt«.

Und ich sagte ausdrücklich »mit Prämissen in verschiedenen Zeitformen«. Denn wenn die Prämissen dieselbe Zeitform hätten, nämlich Gegenwart, dann würde mit einem Unter-

o Ergo] om. L modo] L om. A 20 vel...Marcus] om. L 21 Tullius] non add. L heri habuit] habet O non] om. L 22 Tullius] Marcus LO Marcus] Tullius LO 23 Ergo] om. L modo] om. O habuit] habebat O 25 de] om. L 26 praesenti] LO praesentis A

tunc per differentiam communiter et proprie dictam bene concluderetur hoc non esse illud. Verbi gratia, bene enim sequitur »Marcus modo est albus et Tullius modo non est albus, ergo Tullius non est Marcus«. Ita etiam bene sequitur »Tullius sedet et Marcus non sedet, ergo Tullius non est Marcus«.

Differentia vero magis proprie dicta est, quae vocatur differentia essentialis et facit aliud, id est, potest esse medium concludendi hoc non esse illud, sive praemissae sint de eodem tempore sive de diversis. Sequitur enim formaliter »Marcus fuit heri rationalis et Tullius modo non est rationalis, ergo Tullius non est Marcus«.

Accipiendo differentiam tertio modo, quae constituit unum praedicabile distinctum contra alia quattuor, differentia sic definitur: Differentia est terminus universalis incomplexus non aequivocus praedicabilis de pluribus in quale essentialiter exprimens partem essentialem illius, pro quo supponit. In illa definitione differentiae ly *terminus universalis* ponitur loco generis, ly *incomplexus* et ly *non aequivocus* et ly *praedicabilis de pluribus* ponuntur hic eadem ratione, qua in definitionibus aliorum duorum praedicabilium, scilicet generis et speciei, ponebantur.

Sed ly *in quale* ponitur hic ad differentiam generis et speciei, et ly *essentialiter* ponitur ad differentiam proprii et accidentis. Et ly *exprimens partem essentialem illius, pro quo supponit* ponitur hic ad denotandum, quod istum terminum, qui debet esse differentia, oportet esse concretum et non abstractum.

1 dictam] tunc add. O 2 illud] aliud L 3 albus[1]] om. s. add. s.l. L et Tullius] Tullius vero L modo[2]] om. O 4 Tullius[1]] Marcus O non] om. s. add. s.l. L est] albus add. s. del. A Marcus] Tullius O Ita etiam] Similiter LO bene] om. L 6 vero] LO om. A est] om. LO 7 et] om. LO facit] d- add. A illud add. s. del. O 8 sint] L fuerunt AO 10 rationalis[1]] ergo add. s. del. A 12 constituit] speciem add. s. del. A 13 alia] decem add. s. del. A quattuor] dicta scilicet genus species differentia proprium accidens add. L differentia] om. L autem add. A 15 quale] differentibus add. s. del. A 16 exprimens] explicans LO 17 terminus] O om. AL 18 generis] et add. LO 19 definitionibus] LO definitione A 20 duorum] om. O 24 exprimens] explicans LO essentialem]

schied im allgemeinen und im eigentlichen Sinne sehr wohl geschlossen, daß das nicht jenes ist. Z. B. folgt sehr wohl »Markus ist jetzt weiß und Tullius ist jetzt nicht weiß, also ist Tullius nicht Markus«. Ebenso folgt sehr wohl »Tullius sitzt und Markus sitzt nicht, also ist Tullius nicht Markus«.

Der Unterschied im noch eigentlicheren Sinne wird »wesentlicher Unterschied genannt« und macht (etwas) verschieden, d. h., er kann Mittelterm sein für einen Schluß, daß das nicht jenes ist, ob nun die Prämissen dieselbe Zeitform oder verschiedene haben. Es folgt nämlich formal »Markus war gestern vernünftig und Tullius ist jetzt nicht vernünftig, also ist Tullius nicht Markus«.

Wenn man »Unterschied« auf die dritte Weise auffaßt, welche ein von den anderen vier verschiedenes Prädikabile begründet, dann wird »Unterschied« so definiert: Ein Unterschied ist ein allgemeiner, unverknüpfter, nicht mehrdeutiger Term, der von mehreren Dingen in bezug auf das Wie wesentlich aussagbar ist und der einen wesentlichen Teil von dem ausdrückt, wofür er supponiert. In dieser Definition des Unterschieds steht der Ausdruck »allgemeiner Term« für die Gattung, die Ausdrücke »unverknüpft« und »nicht mehrdeutig« und »von mehreren Dingen aussagbar« stehen hier aus demselben Grund, aus dem sie in den Definitionen der anderen zwei Prädikabilien, nämlich der Gattung und der Art, angeführt wurden.

Aber der Ausdruck »in bezug auf das Wie« wird hier zur Unterscheidung von der Gattung und der Art angeführt, und der Ausdruck »wesentlich« wird zur Unterscheidung von der Eigentümlichkeit und dem Akzidens angeführt. Der Ausdruck »der einen wesentlichen Teil von dem ausdrückt, wofür er supponiert« wird hier angeführt, um anzuzeigen, daß der Term, welcher der Unterschied sein soll, konkret sein muß und

X om. ALOPS illius] om. O supponit] subiectum add. A 25 ponitur hic] LO om. A istum] LO unum A 26 non] terminum add. L

Unde rationalitas non est differentia hominis nec anima est differentia corporis, sed rationale est differentia hominis et similiter animatum et non anima est differentia corporis. Per idem etiam denotatur, quod nulla species significans res omnino simplices carentes compositione ex materia et forma habet proprie differentiam essentialem, non enim habet partem exprimendam L21va per terminum, qui esset eius differentia, potest O15rb tamen bene habere multas differentias accidentales. Ex quo ulterius sequitur, quod nulla talium specierum potest definiri definitione pure quidditativa.

Huius autem differentiae sunt quaedam proprietates et condiciones, quas ponit Porphyrius. Prima est, quod differentia dividit genus in species. Secunda est, quod differentia est constitutiva speciei. Tertia est, quod differentia est pars speciei. Quarta est, quod differentia est, qua abundat species a genere. Quinta est, quod differentia est quid in genere potestate. Sexta est, quod differentia est, qua differunt a se singula.

Notandum est, quod istae propositiones debent sane intelligi. Prima enim debet intelligi non de divisione reali, modo quo lapis dividitur in suas partes, sed debet intelligi de divisione logicali, scilicet termini communioris in terminos minus communes.

Secunda autem debet intelligi, quod differentia est constitutiva speciei, id est, definitionis speciei, quae quidem definitio significat convertibiliter idem, quod eius species, cuius est definitio, vel aliter, differentia est constitutiva speciei, id est,

12 Porphyrius] Porphyrius, Isagoge, Cap. 3, 3b2–47.

1 hominis] hominum L anima] LO animae A est differentia[2]] LO nec A 2 corporis] corpori L et] om. O 3 anima] LO animatum A corporis] corpori L 4 nulla] differentia add. s. del. A 6 essentialem] LO om. A 7 qui] est differentia add. L 8 bene] O om. AL 12 ponit] tangit LO 13 species] speciem L 14 quod] om. LO 15 quod] om. LO 16 quod] om. LO quid] O om. A quae est LX 17 quod] om. LO 18 est] om. O propositiones] proprietates O 20 lapis...partes] lapicida dividit partes lapidis ab invicem L lapicida dividit lapides ab invicem O 21 scilicet] om. O 23 autem] om. LO 24 definitionis] definitiones L 25 idem] LOX illud A

nicht abstrakt sein darf. So ist »Vernünftigkeit« nicht der Unterschied von »Mensch« und »Seele« ist nicht der Unterschied von »Körper«, sondern »vernünftig« ist der Unterschied von »Mensch«, und ebenso ist »beseelt« und nicht »Seele« der Unterschied von »Körper«. Durch dasselbe wird auch angezeigt, daß keine Art, die völlig einfache Dinge, die der Zusammensetzung aus Materie und Form entbehren, bezeichnet, im eigentlichen Sinne einen wesentlichen Unterschied hat, eine solche hat nämlich keinen Teil, der vom Term auszudrücken wäre, der ihr Unterschied wäre; eine solche Art kann gleichwohl viele akzidentelle Unterschiede haben. Daraus folgt weiters, daß keine solche Art durch eine reine Wesensdefinition definiert werden kann.

Dieser Unterschied hat aber gewisse Eigenschaften und Bedingungen, die Porphyr anführt. Die erste lautet, daß der Unterschied die Gattung in Arten zerteilt. Die zweite lautet, daß der Unterschied für die Art konstitutiv ist. Die dritte lautet, daß der Unterschied ein Teil der Art ist. Die vierte lautet, daß es der Unterschied ist, wodurch die Art aus der Gattung austritt. Die fünfte lautet, daß der Unterschied etwas ist, das der Möglichkeit nach in der Gattung enthalten ist. Die sechste lautet, daß es der Unterschied ist, wodurch sich die einzelnen (Dinge verschiedener Arten) voneinander unterscheiden.

Es ist aber anzumerken, daß diese Sätze vernünftig verstanden werden müssen: Der erste nämlich darf nicht im Sinne einer realen Zerteilung verstanden werden, wie etwa ein Stein in seine Teile zerteilt wird, sondern muß im Sinne einer logischen Zerteilung verstanden werden, nämlich eines allgemeineren Terms in weniger allgemeine Terme.

Der zweite aber muß so verstanden werden: Der Unterschied ist für die Art konstitutiv, d. h. für die Definition der Art, welche Definition aber umkehrbar dasselbe bezeichnet, wie ihre Art, deren Definition sie ist; oder anders gesagt: Der Unterschied ist für die Art konstitutiv, d. h., er drückt einen Teil von

exprimit partem significati per speciem. Tertia debet intelligi similiter.

A8vb Quarta debet intelligi, quod differentia ponitur in definitione speciei et non in definitione generis.

Quinta debet intelligi, quod differentia non praedicatur de genere universaliter sumpto, quamvis bene particulariter vel indefinite, sed genus bene praedicatur universaliter de ipsa differentia. Vel aliter, differentia est in genere potestate, id est, genus est contrahibile per differentias oppositas. Sic enim genus habet potestate differentias oppositas, quia per illas est contrahibile ad diversas species. Propter hoc dicimus, quod differentia est forma et genus est materia, quia sicut materia est contrahibilis per formam, ita genus per differentiam. Et sic debet intelligi dictum Porphyrii, cum dicit »Sicut statua componitur ex aere et figura etc.«.

Sexta debet intelligi, non quod differentia sit illud, quo differunt a se res. Unde per istum terminum *rationale*, qui est differentia, homo non differt ab asino. Posito enim, quod iste terminus *rationale* non esset, adhuc homo et asinus different. Sed differentia est, qua differunt a se singula, id est, ille terminus, qui vocatur differentia, est medium concludendi hoc, cuius est differentia, non esse illud, quod est aliud ab illo. Verbi gratia, per istum terminum *rationale* homo non differt ab asino, sed hic terminus *rationale* bene est medium concludendi istam negativam »Homo non est asinus« sic arguendo »Nullum rationale est asinus, homo est rationalis, ergo homo non est asinus«.

14 Porphyrii] Porphyrius, Isagoge, Cap. 3, 3b37ss.

1 debet intelligi] LO intelligitur A 3 debet intelligi] LO intelligitur A quod] om. O 5 debet intelligi] LO intelligitur A non] probatur add. s. del. O de] specie add. s. del. O 6 quamvis] sed O 8 potestate] LO posita A 9 contrahibile] contrahibile add. A oppositas] om. LO 12 est[2]] om. LO quia] om. O 13 est] qua add. s. del. A per[1]] ad O sic] ita LO 14 componitur] LO composita A 15 ex...figura] om. O aere] L materia A figura] L forma A 16 quo] O qua AL 17 res] LO species A qui] quae L 20 est[1]] a add. A 22 illo] eo O

dem aus, was die Art bezeichnet. Der dritte muß auf ähnliche Weise verstanden werden.

Der vierte muß so verstanden werden, daß der Unterschied in der Definition der Art angeführt wird und nicht in der Definition der Gattung.

Der fünfte muß so verstanden werden, daß der Unterschied nicht von der allgemein genommenen Gattung ausgesagt wird, wenn auch sehr wohl von der partikulär oder indefinit genommenen, aber die Gattung wird durchaus vom Unterschied allgemein ausgesagt. Oder anders gesagt: Der Unterschied ist der Möglichkeit nach in der Gattung, d. h., die Gattung ist durch entgegengesetzte Unterschiede einschränkbar. Die Gattung hat nämlich auf solche Weise der Möglichkeit nach entgegengesetzte Unterschiede, daß sie durch diese auf verschiedene Arten einschränkbar ist. Deswegen sagen wir, daß der Unterschied die Form ist und die Gattung die Materie ist, denn wie die Materie durch die Form einschränkbar ist, so auch die Gattung durch den Unterschied. Und so muß man die Aussage des Porphyr verstehen, wenn er sagt »Wie eine Statue sich aus Bronze und Gestalt zusammensetzt« usw.

Der sechste darf nicht so verstanden werden, daß der Unterschied das ist, wodurch sich Dinge voneinander unterscheiden. So unterscheidet sich ein Mensch nicht durch den Term »vernünftig«, der der Unterschied ist, von einem Esel. Gesetzt nämlich, daß es den Term »vernünftig« nicht gäbe, so würden sich ein Mensch und Esel noch immer unterscheiden. Sondern: Der Unterschied ist es, wodurch sich die einzelnen voneinander unterscheiden, d. h., der Term, der »Unterschied« heißt, ist ein Mittelterm für den Schluß, daß das, dessen Unterschied er ist, nicht jenes ist, das von jenem (ersten) verschieden ist. Z. B.: Durch den Term »vernünftig« unterscheidet sich ein Mensch nicht von einem Esel, aber der Term »vernünftig« ist sehr wohl ein Mittelterm, um den negativen Satz »Ein Mensch ist nicht ein Esel« zu schließen, indem man so argumentiert »Kein vernünftiges Wesen ist ein Esel, ein Mensch ist vernünftig, also ist ein Mensch nicht ein Esel«.

Cap. I.16 ⟨Capitulum sextum decimum de proprio⟩

Proprium autem dicitur quadrupliciter. Primo modo, quod inest uni soli speciei vel generi, non tamen omni contento sub illa specie vel genere. Exemplum de specie, sicut esse medicum vel esse grammaticum inest soli homini, sed non omni. Exemplum de genere, ut esse mobile motu progressivo inest soli animali, non tamen omni, aliqua enim sunt animalia petris affixa immobilia motu progressivo.

Secundo modo dicitur proprium, quod inest omni contento sub aliqua specie, non tamen soli illi speciei, ut esse bipedem convenit omni homini, non tamen soli homini, nam etiam convenit avibus.

Tertio modo dicitur proprium, quod convenit omni et soli et non semper, sicut canescere in senectute convenit omni homini et soli, sed non pro quolibet tempore.

Quarto modo dicitur proprium, quod convenit uni soli speciei et omni contento sub illa specie et pro quolibet tempore. Et sic se habet risibile respectu hominis, sed tamen non ridere. Et non sit cura, si exempla non sint vera omnino, quia exemplorum non requiritur verificatio, sed intenti manifestatio. Et sic accipiendo proprium, scilicet quarto modo, proprium est
O15va species istius termini *universale* et distinguitur contra genus, speciem, differentiam et accidens et significat omnes terminos, qui sunt propriae passiones aliorum. Et describitur sic: Pro-

2 autem] om. LO quadrupliciter] quattuor modis L modo] L om. AO primo add. L 4 illa] tali add. A sicut] est add. O 5 sed] et O 6 ut esse] sicut est L soli] LO om. A 9 omni] uni L 10 aliqua] ista L tamen] om. L ut] aliud? O 11 homini[2]] om. O nam] sed LO 12 convenit] om. L 13 dicitur] accipitur L proprium] pro illo add. L soli] contento sub illo add. L et[2]] sed L 14 semper] pro omni tempore L omni tempore O omni] om. L 15 et…tempore] om. LO 17 quolibet] omni LO Et] LO om. A 18 se habet] om. L sed] et O tamen] om. O Et] om. L ideo add. O 19 sit] LO est A sint] LO sunt A 20 sed…manifestatio] O om. ALPS 22 species] distincta add. LO et distinguitur] om. LO genus] LO om. A 23 speciem] O om. A species L et[1]] om. O

Kapitel I.16: *Die Eigentümlichkeit*

»Eigentümlichkeit« wird auf vierfache Weise ausgesagt. Auf eine erste Weise (heißt »Eigentümlichkeit«), was einer Art oder Gattung allein zukommt, jedoch nicht jedem Exemplar dieser Art oder Gattung. Ein Beispiel für die Art: Ein Arzt zu sein oder ein Grammatiker zu sein kommt nur einem Menschen zu, aber nicht jedem. Ein Beispiel für die Gattung: Im Sinne der Fortbewegung beweglich zu sein kommt nur einem Lebewesen zu, jedoch nicht jedem, es gibt nämlich manche Lebewesen, die an Steinen haften und im Sinne der Fortbewegung unbeweglich sind.

Auf eine zweite Weise heißt »Eigentümlichkeit«, was jedem Exemplar irgendeiner Art zukommt, jedoch nicht dieser Art allein, wie z. B. zweifüßig zu sein jedem Menschen zukommt, jedoch nicht dem Menschen allein, denn es kommt auch den Vögeln zu.

Auf eine dritte Weise heißt »Eigentümlichkeit«, was jedem (Exemplar irgendeiner Art) und (dieser Art) allein zukommt, aber nicht immer, wie z. B. im Alter grau zu werden jedem Menschen und dem Menschen allein zukommt, aber nicht zu jeder Zeit.

Auf eine vierte Weise heißt »Eigentümlichkeit«, was einer Art allein zukommt und jedem Exemplar dieser Art und zu jeder Zeit. So verhält sich des Lachens fähig zu sein in bezug auf den Menschen, nicht jedoch zu lachen. Und man sorge sich nicht, wenn die Beispiele nicht völlig der Wahrheit entsprechen, denn von Beispielen wird nicht Bewahrheitung verlangt, sondern Verdeutlichung des Beabsichtigten. Und wenn man »Eigentümlichkeit« so verwendet, nämlich auf die vierte Weise, dann ist die Eigentümlichkeit eine Art des Terms »Universale« und wird von Gattung, Art, Unterschied sowie Akzidens unterschieden und bezeichnet alle Terme, die charakteristische Eigenschaften von anderen sind. Die Beschreibung lautet so:

prium est, quod est praedicabile de aliquo adaequate denominative.

Et notabiliter dico *denominative* et non dico *in quale* ad denotandum, quod non omne proprium est praedicabile in quale de illo, cuius est proprium, sed etiam in quantum vel in ubi vel in quomodolibet aliter. Unde aliqui termini, qui dicuntur propria vel propriae passiones aliquorum subiectorum, sunt in secunda specie qualitatis, ut sunt isti termini *risibile*, A9ra *mobile*, *calefactivum*, *motivum* etc. Aliqui autem de tertia, ut *calidum*, *frigidum* et huiusmodi. Aliqui autem de praedicamento relationis, sicut *aequale* et *inaequale*, vel de aliquo alio praedicamento. Ex quo sequitur, quod proprium non solum praedicatur in quale de illo, cuius est proprium, verum etiam in quantum vel in ubi vel in aliquod huiusmodi. Propter quod dixi »proprium est praedicabile denominative« et non »in quale«, propter hoc, quod praedicari denominative extendit se ad omne illud, quod praedicatur in quantum vel in quot vel in quale etc.

Advertendum est, quod cum dicitur, proprium inest speciei vel proprium convenit speciei etc., non intelligitur aliud, nisi L21vb quod proprium est praedicabile de specie, cuius est proprium, ita quod *inesse* vel *convenire* accipitur pro *praedicari*.

Secundo notandum est, quod non est aliqua vis logico nec pertinet ad ipsum determinare, utrum proprium connotet rem distinctam a significato speciei vel non, sed de hoc habet se intromittere metaphysicus. Credo tamen dicendum esse, quod

1 quod est] LO om. A de aliquo] LO om. A 3 dico[2]] om. O ad denotandum] om. O 4 quod] quia O 6 quomodolibet] quolibet O termini] om. O 7 subiectorum] om. L 8 specie] specie add. A sunt[2]] L om. AO sunt[2]…termini] L om. A isti termini] LO om. A 9 motivum etc] om. O autem] sunt L ut] ut add. A calidum] vel add. O 10 et] vel O aliquod add. O autem] LO sunt A 11 et] vel LO 12 solum] om. O 13 quale] semper add. O illo] eo O verum] sed O 14 in aliquod] LO aliquo A 17 illud] om. LO quod praedicatur] praedicabile O quot] quid L etc. add. O 18 etc] O om. AL 19 inest] om. L 20 etc] om. O 23 est[1]] om. LO 24 determinare] Z om. AELNOPSX 25 de] debet L 26 esse] om. LO

Eine Eigentümlichkeit ist, was von etwas angemessen und denominativ aussagbar ist.

Und ich sage ausdrücklich »denominativ« und nicht »in bezug auf das Wie«, um anzuzeigen, daß nicht jede Eigentümlichkeit in bezug auf das Wie von dem aussagbar ist, dessen Eigentümlichkeit sie ist, sondern auch in bezug auf das Wiegroß oder in bezug auf das Wo oder auf welche andere Weise auch immer. So sind manche Terme, die »Eigentümlichkeiten« oder »charakteristische Eigenschaften« irgendwelcher Subjekte heißen, in der zweiten Art der Qualität, wie z. B. die Terme »des Lachens fähig«, »beweglich«, »die Kraft zum Erwärmen habend«, »die Kraft zum Bewegen habend« usw. Manche gehören aber zur dritten Art, wie »warm«, »kalt« und dergleichen. Manche aber gehören zur Kategorie der Relation, wie z. B. »gleich« und »ungleich«, oder zu irgendeiner anderen Kategorie. Daraus folgt, daß eine Eigentümlichkeit nicht nur in bezug auf das Wie von dem ausgesagt wird, dessen Eigentümlichkeit sie ist, sondern auch in bezug auf das Wie-groß oder in bezug auf das Wie oder in bezug auf etwas derartiges. Deshalb sagte ich »Eine Eigentümlichkeit ist denominativ aussagbar« und nicht »in bezug auf das Wie«, weil denominativ ausgesagt zu werden sich auf all das erstreckt, was in bezug auf das Wie-groß oder in bezug auf das Wie-viele oder in bezug auf das Wie usw. ausgesagt wird.

Zu beachten ist: Wenn es heißt »die Eigentümlichkeit wohnt der Art inne« oder »die Eigentümlichkeit kommt der Art zu« usw., ist nichts anderes gemeint, als daß die Eigentümlichkeit von der Art, deren Eigentümlichkeit sie ist, aussagbar ist, so daß »innewohnen« oder »zukommen« für »ausgesagt werden« verwendet wird.

Zweitens muß man wissen, daß der Logiker keine Möglichkeit hat und es ihm auch nicht obliegt zu entscheiden, ob eine Eigentümlichkeit ein Ding konnotiert, das vom Bezeichneten der Art verschieden ist, oder nicht, sondern damit muß sich der Metaphysiker einlassen. Gleichwohl muß man nach meinem Dafürhalten sagen, daß es nicht nötig ist, daß eine

non oportet proprium connotare rem distinctam a significato termini, cuius est proprium, quamvis bene in sua significatione addat aliquam connotationem extraneam ultra significationem illius, cuius est proprium.

Dubitatur hic, utrum proprium sit accidens. Et videtur, quod non, quia ex opposito distinguuntur. Et confirmatur, quia proprium praedicatur per se de illo, cuius est proprium, et hoc in secundo modo dicendi per se. Accidens autem non praedicatur per se de illo, cuius est accidens, primo *Posteriorum*, ergo proprium non est accidens. In oppositum arguitur, quia dictum est, quod proprium est terminus de praedicamento accidentis.

Respondetur, si sumitur accidens pro termino, qui non est de praedicamento substantiae, dico, quod ille terminus, qui dicitur proprium alicuius, est accidens, et sic accipiendo proprium et accidens non distinguuntur. Et tunc dicendum est, quod terminorum, qui sunt in praedicamento accidentis, quidam praedicantur de illis, de quibus praedicantur, et hoc in propositione per se, et illi appropriative vocantur propria. Alii vero praedicantur de illis, de quibus praedicantur, et hoc in propositione per accidens, et illi vocantur accidentia et non propria, et sic accipiendo proprium et accidens bene conceditur, quod proprium et accidens distinguuntur.

Secundo dubitatur, utrum proprium sit universale. Videtur, quod non, quia est praedicabile de uno solo, puta de specie.

9 Posteriorum] Aristoteles, Analytica posteriora, I.4, 73a34–b5.

2 proprium] vel dicitur add. O quamvis] licet O 3 addat] LO addit A aliquam] LO om. A 5 hic] LO om. A utrum] an LO Et] om. O 6 opposito] oppositi O Et] LO om. A 7 praedicatur] in secundo modo dicendi add. L se] in secundo modo dicendi per se add. O de illo] om. O et…se] om. LO 13 sumitur] L sumatur AO pro] illo quod add. s. del. A 14 dicitur] est O 16 quod] om. O 17 in] de L praedicamento] substantiae accidentis add. s. del. A 18 de illis] om. L propositione] propositio O 20 de illis] om. L de illis add. A in propositione] de pronomine O

Eigentümlichkeit ein Ding konnotiert, das vom Bezeichneten des Terms, dessen Eigentümlichkeit sie ist, verschieden ist, wenn sie auch sehr wohl in ihrer Bezeichnung eine äußerliche Konnotation hinzufügt, die über die Bezeichnung des Terms, dessen Eigentümlichkeit sie ist, hinausgeht.

Hier fragt es sich, ob die Eigentümlichkeit ein Akzidens ist. Es scheint, daß nicht, weil sie sich aufgrund eines Gegensatzes unterscheiden. Bestätigung: Eine Eigentümlichkeit wird *per se* von dem ausgesagt, dessen Eigentümlichkeit sie ist, und zwar in der zweiten Weise einer Per-se-Aussage[22]. Ein Akzidens wird aber nicht *per se* von dem ausgesagt, dessen Akzidens es ist, laut erstem Buch der *Zweiten Analytiken*, also ist eine Eigentümlichkeit kein Akzidens. Argument für das Gegenteil: Es wurde ja gesagt, daß eine Eigentümlichkeit ein Term aus der Kategorie des Akzidens ist.

Antwort: Wenn man unter einem Akzidens einen Term versteht, der nicht zum Prädikament der Substanz gehört, so sage ich, daß ein Term, der »Eigentümlichkeit« von etwas genannt wird, ein Akzidens ist, und gemäß dieser Verwendungsweise unterscheiden sich Eigentümlichkeit und Akzidens nicht. Und dann muß man sagen, daß von den Termen, die im Prädikament des Akzidens sind, manche in einem Per-se-Satz von den Dingen ausgesagt werden, von denen sie eben ausgesagt werden, und diese werden angemessen »Eigentümlichkeiten« genannt. Andere aber werden in einem Per-accidens-Satz von den Dingen ausgesagt, von denen sie eben ausgesagt werden, und diese werden »Akzidentien« und nicht »Eigentümlichkeiten« genannt; gemäß dieser Verwendungsweise von »Eigentümlichkeit« und »Akzidens« wird gerne zugegeben, daß sich Eigentümlichkeit und Akzidens unterscheiden.

Zweitens fragt es sich, ob eine Eigentümlichkeit ein Universale ist. Es scheint, daß nicht, weil sie nur von einem allein aussagbar ist, nämlich von der Art.

Respondetur concedendo, quod bene est praedicabile de uno solo adaequate, respectu cuius dicitur proprium, tamen est praedicabile de omnibus contentis sub illo, respectu quorum dicitur universale.

Tertio dubitatur, utrum isti termini *idem*, *diversum* dicantur propria huius termini *ens*. Et arguitur, quod non, quia non conveniunt sibi soli, de quolibet enim termino significative accepto est verificabile *idem* vel *diversum*.

Respondetur, quod immo, quia sunt verificabiles de isto termino *ens* adaequate seu convertibiliter et conveniunt illi soli A9rb per exclusionem terminorum, de quibus significative acceptis iste terminus *ens* non est verificabilis. Et verificantur de omni O15vb termino, de quo significative accepto hic terminus *ens* est verificabilis. Quia ergo haec est falsa »Chimaera est ens«, infero, quod chimaera nulli est idem nec ab aliquo diversa, nec valet consequentia »Non est alicui idem, igitur est ab aliquo diversa«, quia non esse idem est in plus quam esse diversum.

Cap. I.17 ⟨Capitulum septimum decimum de accidente⟩

Accidens est terminus universalis praedicabilis denominative de subiecto affirmative et negative successive praeter corruptionem illius, pro quo supponit subiectum. Verbi gratia, ly *album* potest vere affirmari de Sorte et postea vere negari de eo praeter hoc, quod res, pro qua supponit hic terminus *Sortes*, corrumpatur.

Per ly *praedicabilis denominative* accidens differt a genere, specie et differentia, per ly *affirmative et negative successive*

1 Respondetur] respondeo LO concedendo] om. O 3 illo] specie O quorum] cuius O 5 dicantur] L dicuntur AO 6 propria] respectu L Et] om. O 7 conveniunt] convenit L 8 vel] et LO 12 verificantur] O verificabilis A verificatur L 14 haec] LO om. A 15 nec²...diversa] LO om. A 17 est] esse add. A 20 et] vel O 21 ly] om. L 22 postea] post O negari] negare L de eo] L om. AO 23 pro...terminus] significata per istum terminum O 25 accidens] om. O 26 specie] LO om. A successive] etc. LO

Antwort: Ich gebe zu, daß sie sehr wohl nur von einem allein angemessen aussagbar ist, hinsichtlich dessen sie »Eigentümlichkeit« heißt, dennoch ist sie von allen Dingen aussagbar, die unter jenem Einen enthalten sind, und in Hinsicht auf diese wird sie »Universale« genannt.

Drittens fragt es sich, ob die Terme »identisch«, »verschieden« als Eigentümlichkeiten des Terms »Seiendes« zählen. Argument dagegen: Sie kommen ihm nicht allein zu, von jedem beliebigen Term in signifikativer Verwendung ist nämlich »identisch« oder »verschieden« verifizierbar.

Antwort: Im Gegenteil, sie sind vom Term »Seiendes« angemessen bzw. umkehrbar verifizierbar und kommen ihm allein zu durch Ausschluß der Terme, von denen in signifikativer Verwendung der Term »Seiendes« nicht verifizierbar ist. Und sie werden von jedem Term verifiziert, von dem in signifikativer Verwendung der Term »Seiendes« verifizierbar ist. Weil also der Satz »Eine Chimäre ist ein Seiendes« falsch ist, folgere ich, daß eine Chimäre mit keinem Ding identisch ist und von keinem Ding verschieden ist; und die Folgerung »Sie ist nicht identisch mit etwas, also ist sie von etwas verschieden« ist nicht gültig, weil nicht identisch zu sein in mehr Fällen vorkommt als verschieden zu sein.

Kapitel I.17: *Das Akzidens*

Ein Akzidens ist ein allgemeiner Term, der von einem Subjekt denominativ aussagbar ist, und zwar nacheinander bejahend und verneinend, ohne daß das zugrunde ginge, wofür das Subjekt supponiert. Z.B. kann der Ausdruck »weiß« von »Sokrates« wahr bejaht werden und nachher von ihm wahr verneint werden, ohne daß das Ding, für das der Term »Sokrates« supponiert, zugrunde ginge.

Durch den Ausdruck »denominativ aussagbar« unterscheidet sich das Akzidens von der Gattung, der Art und dem Unterschied. Durch den Ausdruck »nacheinander bejahend

differt a proprio, quia proprium non potest verificari de aliquo subiecto aliquando affirmative et postea negative praeter corruptionem subiecti. Et in ista definitione accidentis possunt suppleri istae particulae *non aequivocus incomplexus*, quae exprimebantur in definitionibus aliorum praedicabilium.

Diceres tamen, ista definitio accidentis non videtur esse bona, quia non convenit omni contento sub definito. Non enim convenit accidenti inseparabili, accidens enim inseparabile non potest vere negari de suo subiecto, respectu cuius dicitur accidens inseparabile, supposito, quod illud subiectum supponat pro aliquo. *Album* enim non potest vere negari de cygno nec *nigrum* de corvo.

Respondetur, quod quamvis hic terminus *album* non possit vere negari de cygno stante constantia subiecti nec hic terminus *nigrum* de corvo, tamen *album* potest vere negari de uno alio et similiter *nigrum*. Ad hoc enim, quod aliquis terminus dicatur de praedicabili accidentis, non oportet, quod de quocumque est verificabilis, quod de illo sit verificabilis affirmative et negative successive sine corruptione illius, pro quo supponit subiectum, sed sufficit, quod sit aliquis terminus, de quo sit verificabilis affirmative et negative successive sine corruptione illius, pro quo hoc supponit. Modo quamvis hic terminus *albus* non sit sic verificabilis de cygno, tamen est sic verificabilis de isto termino *paries* vel de isto termino *lignum* vel de aliquo alio. Et hoc sufficit ad hoc, quod sibi praedicta definitio accidentis conveniat.

1 aliquo] LO om. A 2 aliquando] om. LO affirmative] vere L om. O negative] vere negari L negari O 3 Et] om. LO possunt] LO potest A 4 istae particulae] LO om. A aequivocus] non add. O incomplexus] etc. add. A 6 Diceres tamen] diceres tu L sed diceres O ista] a! O definitio] definitur O accidentis] om. O esse] LO om. A 8 enim] vero O 9 vere] om. O suo] om. O 10 supposito] sup- om. L supponat] supponit O 11 cygno] z cino A cigno L signo O nec] LO etiam A 13 quod] om. LO possit] LO potest A 14 stante] LO con- add. A de add. s. del. A constantia] LO om. A subiecti] LO subiecto A hic terminus] LO om. A 17 dicatur] sit LO 19 negative] et add. L 20 subiectum] hoc LO sed…supponit] LO om. A 22 quo] L om. O hoc] LOPS subiec-

und verneinend« unterscheidet es sich von der Eigentümlichkeit, weil eine Eigentümlichkeit von einem Subjekt nicht zu irgendeiner Zeit bejahend verifiziert werden kann und nachher verneinend, ohne daß das Subjekt zugrunde ginge. Und in dieser Definition des Akzidens können die Teile »nicht mehrdeutiger, unverknüpfter« ergänzt werden, die in den Definitionen der anderen Prädikabilien ausdrücklich angeführt wurden.

Einwand: Diese Definition des Akzidens scheint nicht korrekt zu sein, weil sie nicht auf alles zutrifft, was im Definierten enthalten ist. Sie trifft nämlich nicht auf das untrennbare Akzidens zu, denn ein untrennbares Akzidens kann von seinem Subjekt, hinsichtlich dessen es »untrennbares Akzidens« heißt, nicht wahr verneint werden, vorausgesetzt, daß jenes Subjekt für etwas supponiert. »Weiß« kann nämlich von »Schwan« nicht wahr verneint werden und »schwarz« nicht von »Rabe«.

Antwort: Obwohl der Term »weiß« von »Schwan« nicht wahr verneint werden kann, sofern das Subjekt erfüllt ist, und der Term »schwarz« nicht von »Rabe«, so kann doch »weiß« von etwas anderem wahr verneint werden und ebenso »schwarz«. Dafür nämlich, daß ein Term als zum Prädikabile Akzidens gehörig zählt, ist es nicht erforderlich, daß er von allem, wovon er verifizierbar ist, nacheinander bejahend und verneinend verifizierbar ist ohne Untergang dessen, wofür das Subjekt supponiert. Vielmehr genügt es, daß es irgendeinen Term gibt, von dem er nacheinander bejahend und verneinend verifizierbar ist ohne Untergang dessen, wofür dieses (Subjekt) supponiert. Wenn nun auch der Term »weiß« nicht auf diese Weise von »Schwan« verifizierbar ist, so ist er doch auf diese Weise vom Term »Wand« verifizierbar oder vom Term »Holz« oder von irgendeinem anderen. Und das genügt dafür, daß die vorgenannte Definition des Akzidens auf ihn zutrifft.

tum X quamvis] licet O 23 sit] LO est A sic[1]] LO sicut A sic[2]] om. L
24 de[2]...termino[2]] LO om. A 26 accidentis] LO om. A

Et per hoc accidens inseparabile differt a proprio, quia quamvis accidens inseparabile de aliquo non possit affirmative et negative verificari successive, tamen bene potest de aliquo alio affirmative et negative verificari successive sine corruptione illius, pro quo supponit subiectum, de quo praedicatur. Proprium autem de nullo potest affirmative et negative verificari successive sine corruptione illius, pro quo subiectum supponit, de quo praedicatur, proprium enim non plus est separabile ab uno quam ab alio. Tamen quodlibet accidens, sive sit separabile sive inseparabile, quamvis sit inseparabile ab uno, tamen est separabile ab alio, et ob hoc praedicta definitione accidens potest definiri.

Et notandum est, quod ly *accidens* non capitur hic pro aliqua forma realiter inhaerente, sed capitur hic *accidens* pro L22ra termino mentali, vocali vel scripto, qui potest successive affirmative et negative verificari de aliquo sine corruptione illius, pro quo supponit subiectum, de quo quidem subiecto ille terminus est verificabilis. Nec capitur hic *subiectum* pro aliqua re, quae non est signum, quae quidem res est subiectum ali- O16ra cuius formae sibi realiter inhaerentis, sed capitur hic *subiectum* pro aliquo termino, de quo alius terminus est praedicabilis denominative.

A9va Accidens dividitur in accidens separabile et in accidens inseparabile. Accidens separabile ab aliquo subiecto est terminus universalis, qui est verificabilis de isto affirmative et nega-

2 possit] LO posset A 3 negative] et add. A successive] LO om. A bene] om. LO 4 alio...successive] LO om. A 5 de...praedicatur] respectu cuius dicitur accidens inseparabile O 6 Proprium...praedicatur] O om. AL 8 proprium enim] LO sed proprium A separabile] LO in- add. A 9 ab[2]] om. O Tamen... alio] LO om. A 10 sive] s- add. s. del. O inseparabile[1]] inseparabile add. O quamvis] L licet O inseparabile[2]] O in- om. L 11 separabile] O in- add. L et] hoc add. s. del. A definitione] definitio LO 12 accidens] accidentis L om. O definiri] sibi convenire LO 13 Et] om. O notandum] sciendum L Nota O est] L om. AO ly] O om. AL hic] om. O 14 accidens] om. O 15 affirmative] affirmari L de aliquo add. L 16 negative verificari] negari L aliquo] eodem L 18 verificabilis] praedicabilis L aliqua] om. O 19 alicuius formae] LO om. A 20 inhaerentis] O inhaerente A inhaerenti L hic] hici! = hice? A

Ein untrennbares Akzidens unterscheidet sich folgendermaßen von einer Eigentümlichkeit: Obwohl ein untrennbares Akzidens von etwas nicht nacheinander bejahend und verneinend verifiziert werden kann, so kann es doch sehr wohl von etwas anderem nacheinander bejahend und verneinend verifiziert werden ohne Untergang dessen, wofür das Subjekt supponiert, von dem es ausgesagt wird. Eine Eigentümlichkeit hingegen kann von keinem Ding nacheinander bejahend und verneinend verifiziert werden ohne Untergang dessen, wofür das Subjekt supponiert, von dem sie ausgesagt wird; eine Eigentümlichkeit ist nämlich ebensowenig von einem Ding trennbar wie von einem anderen. Von jedem Akzidens jedoch, sei es trennbar, sei es untrennbar, gilt: Obwohl es von einem Ding untrennbar ist, so ist es doch von einem anderen Ding trennbar, und deswegen kann das Akzidens durch die vorgenannte Definition definiert werden.

Ferner muß angemerkt werden, daß der Ausdruck »Akzidens« hier nicht für eine real inhärierende Form verwendet wird, sondern er wird hier für einen mentalen, gesprochenen oder geschriebenen Term verwendet, der nacheinander bejahend und verneinend von etwas verifiziert werden kann ohne Untergang dessen, wofür das Subjekt supponiert, von welchem Subjekt aber dieser Term verifizierbar ist. Auch wird »Subjekt« hier nicht für ein Ding verwendet, das kein Zeichen ist, welches Ding aber die Unterlage für eine Form ist, die ihm real inhäriert; vielmehr wird »Subjekt« hier für einen Term verwendet, von dem ein anderer Term denominativ aussagbar ist.

Das Akzidens wird in trennbares Akzidens und untrennbares Akzidens unterteilt. Ein Akzidens, das von einem Subjekt trennbar ist, ist ein allgemeiner Term, der von diesem (Subjekt) nacheinander bejahend und verneinend verifizierbar ist

21 praedicabilis] L verificabilis AO 23 accidens[1]] LO om. A in[2]] om. O accidens[2]] L om. AO 24 Accidens] om. O subiecto] LO om. A 25 universalis] L om. A aliquis O qui est] om. LO verificabilis] praedicabilis L isto] LO aliquo A et] LO vel A

tive successive sine corruptione illius, pro quo supponit illud, seu praeter hoc, quod hoc verbum *est* secundo adiacens de illo subiecto significative accepto desinat verificari. Et sic album dicitur accidens separabile ligni vel parietis.

Accidens autem inseparabile est, quod quamvis verificetur de aliquo affirmative, tamen non potest verificari de eodem negative sine corruptione illius, pro quo hoc supponit. Et ideo respectu illius dicitur accidens inseparabile, quamvis iste idem terminus vel sibi similis dicatur respectu aliorum terminorum accidens separabile, ut respectu illorum, de quibus potest successive affirmative et negative verificari sine corruptione illius, pro quo supponit subiectum. Sic enim est de isto termino *album*, qui respectu illius termini *cygnus* dicitur accidens inseparabile, respectu autem istius termini *paries* vel istius termini *lignum* dicitur accidens separabile.

Notandum, quod quamvis *album* dicatur accidens inseparabile cygni et sic *nigrum* dicitur accidens inseparabile corvi, tamen *album* potest abesse subiecto quantum ad intellectum definitivum et quidditativum, id est, quod in definitionibus istorum non oportet ponere subiectum, vel per definitionem quidditativam subiecti non possunt huiusmodi accidentia de suis subiectis demonstrari. Sic autem non est de proprio respectu sui subiecti.

1 sine corruptione] praeter corruptionem LO 4 ligni] LO cini = cygni! A 5 quamvis] licet O verificetur] L verificatur AO 6 verificari] affirmari L de eodem] om. O 8 idem] om. O 9 sibi] om. LO terminorum] LO om. A 10 illorum] aliorum terminorum L successive] LO om. A 12 album] L albus AO 13 cygnus] L cinum/tinum A signus O 14 autem] tamen O vel] etiam add. O istius termini[2]] LO om. A 15 dicitur accidens] LO om. A 16 quamvis] licet O dicatur] vocatur L dicitur O 17 cygni] respectu cigno O sic] similiter L om. O dicitur…inseparabile] LO om. A corvi] corvo LO 19 definitivum] definitum L 20 vel] AE12rLOSX quia P 22 demonstrari] *lectio incerta* O autem] om. O respectu] illius add. s. del. A 23 sui subiecti] LO suae speciei A subiecti] Sequitur ergo postquam dictum est de terminis secundae intentionis vel add. L

ohne Untergang dessen, wofür jenes (Subjekt) supponiert; bzw., ohne daß das Verb »ist« als zweiter Bestandteil (der Aussage, d. h. »existiert«) aufhört, von jenem Subjekt in signifikativer Verwendung verifiziert zu werden. Auf diese Weise zählt »weiß« als trennbares Akzidens von »Holz« oder »Wand«.

Ein untrennbares Akzidens hingegen ist ein solches, von dem gilt: Obwohl es von irgendeinem (Subjekt) bejahend verifiziert wird, so kann es doch nicht von demselben verneinend verifiziert werden ohne Untergang dessen, wofür dieses (Subjekt) supponiert. Deshalb wird es hinsichtlich dieses (Subjekts) »untrennbares Akzidens« genannt, obwohl derselbe Term oder ein ihm ähnlicher hinsichtlich anderer Terme »trennbares Akzidens« genannt wird, nämlich hinsichtlich jener Terme, von denen er nacheinander bejahend und verneinend verifiziert werden kann ohne Untergang dessen, wofür das Subjekt supponiert. So verhält es sich nämlich mit dem Term »weiß«, der hinsichtlich des Terms »Schwan« »untrennbares Akzidens« genannt wird, aber hinsichtlich des Terms »Wand« oder des Terms »Holz« »trennbares Akzidens« genannt wird.

Anmerkung: Obwohl »weiß« als untrennbares Akzidens von »Schwan« zählt und ebenso »schwarz« als untrennbares Akzidens von »Rabe« zählt, so kann »weiß« doch dem Subjekt fehlen, was den definierenden und wesentlichen Begriff anbelangt, d. h., daß man in den Definitionen dieser Terme das Subjekt nicht anführen muß oder daß durch die Wesensdefinition des Subjekts derartige Akzidentien nicht von ihren Subjekten bewiesen werden können. Dies ist aber bei der Eigentümlichkeit hinsichtlich ihres Subjekts nicht der Fall.

⟨PARS TERTIA DE TERMINIS PRIMAE INTENTIONIS VEL IMPOSITIONIS, I.18–25⟩

Cap. I.18 ⟨Capitulum duodevicesimum de termino *praedicamentum*⟩

Postquam dictum est de terminis secundae intentionis seu impositionis, nunc dicendum est de terminis primae intentionis seu impositionis, sicut sunt termini, qui vocantur decem praedicamenta seu decem generalissima.

Prius tamen videndum est, quot modis accipitur hoc nomen *praedicamentum*, et etiam, quot modis accipitur *esse in praedicamento*.

De primo sciendum est, quod *praedicamentum* accipitur uno modo pro tota coordinatione aliquorum terminorum ad invicem secundum superius et inferius. Et sic accipiendo *praedicamentum* dicimus coordinationem terminorum, qui convenienter possunt responderi ad interrogationem factam per *quid* de pronomine demonstrante aliquam substantiam, esse unum praedicamentum, scilicet praedicamentum substantiae. Et similiter coordinationem terminorum, qui convenienter possunt responderi ad interrogationem factam per *quantum*, esse unum aliud praedicamentum, scilicet praedicamentum quantitatis.

Secundo modo accipitur *praedicamentum* pro termino generalissimo illius coordinationis. Et sic accipiendo *praedicamentum* dicimus istum terminum *substantia* esse unum praedicamentum, quia inter terminos de praedicamento substantiae, qui faciunt unam coordinationem praedicamentalem, iste terminus *substantia* est generalissimus et communissimus. Et

6 dicendum est] restat dicendum O 7 seu] primae add. O sunt] isti add. O 9 Prius] om. L accipitur] dicitur L capitur O 10 etiam] similiter LO 12 De primo] primo modo L est] om. O 13 terminorum] om. LO 14 secundum] LO sicut A Et] LO om. A 16 per] quantum add. s. del. L 18 praedicamentum²] LO om. A 20 ad...factam] om. O esse] LO est A 21 unum] om. O praedicamentum²] LO om. A 23 termino] om. O 24 accipiendo praedicamentum] LO

TRAKTAT I, TEIL 3: DIE TERME ERSTER INTENTION ODER IMPOSITION (I.18–25)

Kapitel I.18: *Der Term »Prädikament«*

Nach den Ausführungen über die Terme zweiter Intention bzw. Imposition muß jetzt über die Terme erster Intention bzw. Imposition gesprochen werden, welcherart die Terme sind, die man »die zehn Prädikamente (Kategorien)« bzw. »die zehn allgemeinsten (Gattungen)« nennt.

Vorher ist jedoch zu untersuchen, auf wie viele Weisen das Nomen »Prädikament« verwendet wird, und ebenso, auf wie viele Weisen »in einem Prädikament sein« verwendet wird.

Bezüglich des ersten muß man wissen, daß »Prädikament« auf eine Weise für eine Gesamtanordnung gewisser Terme untereinander verwendet wird, und zwar gemäß der Über- und Unterordnung. Wenn man »Prädikament« so verwendet, sagen wir, daß die Anordnung der Terme, welche auf die Frage »Was (ist das)?« bezüglich eines Pronomens, das auf eine Substanz hinweist, angemessen zur Antwort gegeben werden können, *ein* Prädikament ist, nämlich das Prädikament der Substanz. Ebenso (sagen wir), daß die Anordnung der Terme, welche auf die Frage »Wie groß (ist das)?« angemessen zur Antwort gegeben werden können, ein anderes Prädikament ist, nämlich das Prädikament der Quantität.

Auf eine zweite Weise verwendet man »Prädikament« für den allgemeinsten Term einer solchen Anordnung. Wenn man »Prädikament« so verwendet, sagen wir, daß der Term »Substanz« ein Prädikament ist, weil unter den Termen des Prädikaments der Substanz, welche eine kategoriale Anordnung bilden, der Term »Substanz« der am meisten allgemeine und

om. A 26 quia] de ipso add. L 27 iste terminus] istius termini L 28 generalissimus et] om. LO

sic accipiendo *praedicamentum*, praedicamentum est quidam terminus incomplexus primae intentionis vel impositionis.

Ex his infero, quod aliquis terminus primae intentionis vel impositionis potest esse terminus communis ad terminum secundae intentionis vel impositionis materialiter acceptum. Nam hic terminus *qualitas* est terminus primae intentionis vel impositionis et est communis ad omnes terminos secundae intentionis vel impositionis materialiter vel simpliciter acceptos et etiam significative acceptos. Omnes enim termini secundae A9vb intentionis vel impositionis, qualitercumque accipiantur, sunt in praedicamento qualitatis.

Similiter *esse in praedicamento* accipitur duobus modis. Uno modo dicitur aliquid esse in aliquo praedicamento, de cuius O16rb pronomine demonstrante ipsum verificatur generalissimum illius praedicamenti. Et sic in praedicamento substantiae non est nisi substantia particularis, quae non est signum, ut Sortes vel Plato vel lignum vel lapis vel aliquid huiusmodi, quia solum de pronominibus demonstrantibus ista est verificabile generalissimum praedicamenti substantiae. Similiter sic accipiendo *esse in praedicamento* omnes termini, quicumque sint, sunt in praedicamento qualitatis et non in praedicamento substantiae, quia quilibet eorum sic se habet, quod de pronomine demonstrante ipsum non verificatur hoc nomen *substantia*, sed bene hic terminus *qualitas* vel aliquid huiusmodi.

1 praedicamentum[1]] LO om. A tunc add. L 2 vel] primae add. O 3 his] hoc LO 4 terminus] om. O 5 acceptum] O acceptus AL 6 terminus[2]] LO om. A intentionis vel] om. O 7 et...impositionis] om. L communis] communior O et superior add. O 8 vel[2]] et O acceptos] X acceptus AL captos O 9 et] LO om. A acceptos] O om. AX acceptus L 10 accipiantur] LO accipiuntur A 12 Similiter esse] Esse autem LO praedicamento] etiam add. L 13 aliquo] LO om. A 16 quae...signum] LO om. A 17 Plato vel] LO om. A lignum vel] om. O lapis vel] LO om. A aliquid] O aliquod AL 18 ista] AO illam LX est verificabile] esse verificabilem L verificabile] hoc add. O 19 generalissimum] substantiae add. s. del. A praedicamenti substantiae] substantia O 20 sint] O sunt A om. L 21 qualitatis] AX accidentis LO n- add. s. del. A non] nulli L 22 eorum] om. O 23 non...huiusmodi] AL verificatur supremum

gemeinsame ist. Wenn man »Prädikament« so verwendet, dann ist ein Prädikament ein gewisser unverknüpfter Term erster Intention oder Imposition.

Daraus folgere ich, daß ein Term erster Intention oder Imposition ein allgemeiner Term in bezug auf einen Term zweiter Intention oder Imposition in materialer Verwendung sein kann. Denn der Term »Qualität« ist ein Term erster Intention oder Imposition und er ist allgemein in bezug auf alle Terme zweiter Intention oder Imposition in materialer oder einfacher Verwendung und sogar in signifikativer Verwendung. Alle Terme zweiter Intention oder Imposition nämlich, auf welche Weise auch immer sie verwendet werden, sind im Prädikament der Qualität.

Der Ausdruck »in einem Prädikament sein« wird ebenfalls auf zwei Weisen verwendet: Auf eine Weise sagt man, daß etwas in irgendeinem Prädikament ist, wenn der allgemeinste (Term) jenes Prädikaments von einem Pronomen, das auf jenes Etwas hinweist, verifiziert wird. Auf diese Weise ist im Prädikament der Substanz jeweils nur eine partikuläre Substanz, die kein Zeichen ist, wie z. B. Sokrates oder Platon oder ein Holzstück oder ein Stein oder etwas derartiges; denn nur von Pronomina, die auf solche Dinge hinweisen, ist der allgemeinste Term des Prädikaments der Substanz verifizierbar. Ebenso sind gemäß dieser Verwendungsweise von »in einem Prädikament sein« alle Terme, welcher Art auch immer sie sein mögen, im Prädikament der Qualität und nicht im Prädikament der Substanz, weil jeder beliebige von ihnen sich so verhält, daß von einem Pronomen, das auf ihn hinweist, das Nomen »Substanz« nicht verifiziert wird, sehr wohl aber der

genus praedicamenti accidentis scilicet hic terminus qualitas et non hic terminus substantia O hoc nomen] hic terminus L 24 aliquid] om. L

Unde demonstrando istum terminum *homo* vel istum terminum *animal* falsum est, quod hoc sit substantia.

Secundo modo aliquid dicitur esse in aliquo praedicamento, de quo significative accepto verificatur generalissimum talis praedicamenti significative acceptum. Et sic accipiendo *esse in praedicamento* omnes illi termini dicuntur esse in praedicamento substantiae, qui possunt convenienter responderi ad interrogationem factam per *quid* de pronomine demonstrante aliquam substantiam, sicut sunt isti termini *homo*, *animal*. Cum enim quaeritur »Quid est hoc?« demonstrando Sortem, convenienter respondemus »Homo« vel »Animal«.

Illi autem termini dicuntur esse in praedicamento quantitatis, qui convenienter possunt responderi ad interrogationem factam per *quantum* vel per *quot* de substantia prima, ut sunt isti termini *bicubitum*, *tricubitum*, *duo*, *tria* etc. Cum enim quaeritur »Quantum est hoc?« demonstrando aliquod lignum vel aliquid huiusmodi, convenienter respondemus »Bicubitum« vel »Tricubitum«. Similiter, cum quaeritur »Quot sunt isti?« demonstrando aliquos homines vel equos, convenienter
L22rb respondemus »Duo« vel »Tres«.

Illi autem termini, qui possunt convenienter responderi ad interrogationem factam per *quale* de aliqua substantia, sunt in praedicamento qualitatis, nisi tunc essent differentiae essentiales substantiarum. Verbi gratia, ut sunt isti termini *album*, *nigrum*, *iustus*, *iniustus*. Cum enim quaeritur »Quale est hoc?«

1 istum terminum[2]] LO om. A 2 falsum] esset dicere add. s. del. A hoc] haec L iste terminus homo vel animal O 3 aliquo] LO om. A 4 talis] illius O 5 acceptum] LO accepti A Et] om. L 6 illi] om. O dicuntur…substantiae] om. O 9 substantiam] sunt in praedicamento substantiae add. O sunt] om. L animal] etc. add. L 10 quaeritur] quaerimus O hoc] homo L Sortes O demonstrando Sortem] om. O 12 praedicamento] substantiae add. O 14 quantum] LO quanto A substantia prima] pronomine demonstrante primam substantiam O 15 etc] om. O 16 quaeritur] quaerimus O 17 vel… huiusmodi] om. O aliquid] aliquod L respondemus] LO respondetur A 18 vel] om. LO Tricubitum] et add. O cum quaeritur] om. O 19 aliquos] L om. AO 20 Tres] tria L etc. add. L 23 essentiales] accidentales L 24 sub-

Term »Qualität« oder dergleichen. So ist es falsch, daß dies eine Substanz sei, wenn man auf den Term »Mensch« oder auf den Term »Lebewesen« hinweist.

Auf eine zweite Weise sagt man, daß etwas in irgendeinem Prädikament ist, wenn von ihm in signifikativer Verwendung der allgemeinste Term jenes Prädikaments in signifikativer Verwendung verifiziert wird. Gemäß dieser Verwendungsweise von »in einem Prädikament sein« sagt man, daß alle jene Terme im Prädikament der Substanz sind, welche auf die Frage »Was (ist das)?« bezüglich eines Pronomens, das auf eine Substanz hinweist, angemessen zur Antwort gegeben werden können, wie z. B. die Terme »Mensch«, »Lebewesen«. Wenn nämlich auf Sokrates hinweisend gefragt wird »Was ist das?«, antworten wir angemessen »Ein Mensch« oder »Ein Lebewesen«.

Hingegen sagt man, daß jene Terme im Prädikament der Quantität sind, welche auf die Frage »Wie groß?« oder »Wie viele?« bezüglich einer ersten Substanz angemessen zur Antwort gegeben werden können, wie z. B. die Terme »zwei Ellen lang«, »drei Ellen lang«, »zwei«, »drei« usw. Wenn nämlich auf ein Holzstück oder etwas derartiges hinweisend gefragt wird »Wie groß ist das?«, antworten wir angemessen »Zwei Ellen lang« oder »Drei Ellen lang«. Ebenso, wenn auf irgendwelche Menschen oder Pferde hinweisend gefragt wird »Wie viele sind das?«, antworten wir angemessen »Zwei« oder »Drei«.

Jene Terme aber sind im Prädikament der Qualität, welche auf die Frage »Wie beschaffen?« bezüglich einer Substanz angemessen zur Antwort gegeben werden können, es sei denn, sie sind wesentliche Unterschiede von Substanzen. Z. B. sind die Terme »weiß«, »schwarz«, »gerecht«, »ungerecht« von dieser Art: Wenn nämlich auf irgendein Holzstück hinweisend gefragt wird »Wie beschaffen ist das?«, antworten wir ange-

stantiarum] om. L 25 iustus iniustus] L etc. A iustum iniustum O quaeritur] quaerimus O

demonstrando aliquod lignum, convenienter respondemus »Album« vel »Nigrum«. Cum autem quaeritur »Quale est hoc?« demonstrando Sortem, convenienter respondemus »Iustum« vel »Iniustum«.

Sed illi termini, qui convenienter respondentur cum additione alicuius casus obliqui ad interrogationem factam per *quomodo se habet hoc ad illud* de pronomine demonstrante aliquam substantiam, sunt in praedicamento ad aliquid, ut sunt isti termini *pater*, *filius*, *dominus*, *servus*. Cum enim quaeritur »Quomodo se habet hoc ad illud?«, convenienter respondemus »Sicut filius ad patrem« vel »Sicut dominus ad servum«.

Sed illi termini, qui convenienter respondentur ad interrogationem factam per *quid agit* de pronomine demonstrante aliquam substantiam, sunt in praedicamento actionis, sicut A10ra sunt isti termini *scribit*, *legit*, *disputat*. Cum enim quaeritur »Quid agit hoc?« demonstrando Sortem, convenienter respondemus »Scribit« vel »Disputat«.

Sed illi termini, qui convenienter possunt responderi ad interrogationem factam per *quid patitur* de pronomine demonstrante aliquam substantiam, sunt in praedicamento passionis, ut sunt isti termini *verberatur*, *percutitur*, *secatur*, *punitur*. Cum enim quaeritur »Quid patitur Sortes?«, convenienter respondemus »Comburitur« vel »Percutitur«.

Sed illi termini, qui convenienter possunt responderi ad interrogationem factam per *ubi* de pronomine demonstrante aliquam substantiam, sunt in praedicamento ubi, ut sunt isti

1 aliquod] LO om. A 2 autem] LO enim A quaeritur] quaerimus O Quale] LO quid A 3 convenienter] enim add. L Iustum] O iustus AL 4 Iniustum] O iniustus AL 7 illud] convenienter respondemus sicut filius ad patrem add. O 8 sunt] sicut O 9 pater] et add. L quaeritur] quaerimus O 10 respondemus] respondetur L 11 Sicut[2]] O om. AL 13 convenienter] om. L respondentur] respondetur L 14 factam] de substantia O agit] illud add. L de…substantiam] om. O 16 disputat] L om. A etc. O enim] quaeri- add. s. del. A quaeritur] quaerimus O 17 demonstrando Sortem] om. O convenienter] om. L 18 vel] L om. AO Disputat] etc. O 19 ad…factam] om. L 20 quid] patur

messen »Weiß« oder »Schwarz«. Wenn aber auf Sokrates hinweisend gefragt wird »Wie beschaffen ist das?«, antworten wir angemessen »Gerecht« oder »Ungerecht«.

Jene Terme aber sind im Prädikament des In-bezug-auf-etwas (d. i. der Relation), welche auf die Frage »Auf welche Weise verhält sich das zu jenem?« bezüglich eines Pronomens, das auf eine Substanz hinweist, unter Hinzufügung eines abhängigen Falles angemessen zur Antwort gegeben werden, wie z. B. die Terme »Vater«, »Sohn«, »Herr«, »Knecht«. Wenn nämlich gefragt wird »Auf welche Weise verhält sich das zu jenem?«, antworten wir angemessen »Wie ein Sohn zum Vater« oder »Wie ein Herr zum Knecht«.

Jene Terme aber sind im Prädikament der Tätigkeit, welche auf die Frage »Was tut es?« bezüglich eines Pronomens, das auf eine Substanz hinweist, angemessen zur Antwort gegeben werden, wie z. B. die Terme »es schreibt«, »es liest«, »es disputiert«. Wenn nämlich auf Sokrates hinweisend gefragt wird »Was tut das?«, antworten wir angemessen »Es schreibt« oder »Es disputiert«.

Jene Terme aber sind im Prädikament des Erleidens, welche auf die Frage »Was erleidet es?« bezüglich eines Pronomens, das auf eine Substanz hinweist, angemessen zur Antwort gegeben werden können, wie z. B. die Terme »es wird gepeitscht«, »es wird geschlagen«, »es wird geschnitten«, »es wird bestraft«. Wenn nämlich gefragt wird »Was erleidet Sokrates?«, antworten wir angemessen »Er wird verbrannt« oder »Er wird geschlagen«.

Jene Terme aber sind im Prädikament des Wo, welche auf die Frage »Wo?« bezüglich eines Pronomens, das auf eine Substanz hinweist, angemessen zur Antwort gegeben werden

add. O 22 verberatur] vulneratur O percutitur] L om. A uritur O secatur] om. O punitur] L om. A etc. O 23 quaeritur] quaerimus O 24 Comburitur] om. O vel] om. L etc. O Percutitur] om. O punitur add. L 26 pronomine… substantiam] aliqua substantia O 27 sunt[2]] om. O

termini *in domo*, *in theatro*, *in campo*. Cum enim quaeritur »Ubi est hoc?«, convenienter respondemus »In vico« vel huiusmodi, propter quod isti termini *in vico* vel *in scholis* vel huiusmodi sunt in praedicamento ubi.

Sed illi termini, qui convenienter possunt responderi ad interrogationem factam per *quando* de aliqua substantia, sunt in praedicamento quando, ut sunt isti termini *hodie*, *heri*, *cras* etc. Cum enim quaeritur »Quando comedisti?«, convenienter respondemus »Hodie«. Et si quaeratur »Quando potabis?«, posses respondere »Cras«, propter quod isti termini *hodie*, *cras* sunt in praedicamento quando.

O16va De aliis autem duobus praedicamentis, puta de situ et habitu, deficiunt nobis propria quaesitiva de substantia propter penuriam nominum, ad quae termini dictorum duorum praedicamentorum possent convenienter responderi. Nihilominus sunt praedicamenta distincta ab aliis, eo quod habent distinctos modos praedicandi de substantia prima a modis praedicandi aliorum praedicamentorum, hoc enim, quod est *sedet* vel *stat*, habet distinctum modum praedicandi de substantia prima a modis praedicandi aliorum praedicamentorum, et similiter ly *armatus* et ly *calciatus*.

Et est sciendum, quod omnes illi termini, qui sunt verificabiles denominative de substantia prima et cum hoc significant situm partium ad invicem vel ordinationem partium ad invicem secundum situm, sunt in praedicamento situs seu positio-

1 in theatro] om. O in campo] om. L etc. add. O quaeritur] quaerimus O 2 vico] scholis L domo O vel...ubi] om. O huiusmodi] in domo etc. L 3 propter...huiusmodi] om. L in^2] solis add. s. del. A 6 per] LO de A de...substantia] om. L aliqua] O om. A 7 quando] convenienter? *ante corr. i.m.* O hodie] O om. AL cras etc] om. O 8 quaeritur] quaerimus O convenienter] om. L 9 respondemus] heri vel add. L Hodie] etc. add. L Et...Cras] om. LO 10 propter] hoc add. L propter...quando] om. O termini] heri add. L cras] om. L 12 autem] LO om. A puta] scilicet O de] om. LO 13 nobis] L om. AO propria] LO om. A quaesitiva] interrogativa LOX de substantia] LO om. A propter...nominum] om. O 14 nominum] hominum L duorum] om. O 15 possent] possunt LO convenienter] L om. AO 16 distinctos modos] L distinctum modum AO 17 a] ab O aliis add. O modis] LO modo A praedi-

können, wie z. B. die Terme »im Haus«, »im Theater«, »auf dem Feld«. Wenn nämlich gefragt wird »Wo ist das?«, antworten wir angemessen »Auf der Straße« oder dergleichen; deswegen sind die Terme »auf der Straße« oder »in den Schulen« oder dergleichen im Prädikament des Wo.

Jene Terme aber sind im Prädikament des Wann, welche auf die Frage »Wann?« bezüglich einer Substanz angemessen zur Antwort gegeben werden können, wie z. B. die Terme »heute«, »gestern«, »morgen« usw. Wenn nämlich gefragt wird »Wann hast du gegessen?«, antworten wir angemessen »Heute«. Und wenn gefragt würde »Wann wirst du trinken?«, könntest du antworten »Morgen«; deswegen sind die Terme »heute«, »morgen« im Prädikament des Wann.

Bezüglich der anderen zwei Prädikamente aber, nämlich bezüglich der Lage und dem Haben, fehlen uns wegen des Mangels an Wörtern eigene Fragewörter bezüglich einer Substanz, auf welche (Fragewörter) die Terme der genannten zwei Prädikamente angemessen zur Antwort gegeben werden könnten. Nichtsdestoweniger sind sie von den anderen verschiedene Prädikamente, weil sie Aussageweisen bezüglich einer ersten Substanz haben, die von den Aussageweisen der anderen Prädikamente verschieden sind. Der Ausdruck »es sitzt« oder »es steht« hat nämlich eine Aussageweise bezüglich einer ersten Substanz, die von den Aussageweisen der anderen Prädikamente verschieden ist, und ebenso der Ausdruck »bewaffnet« und der Ausdruck »beschuht«.

Man muß aber wissen, daß alle jene Terme im Prädikament der Lage bzw. der Stellung sind, die von einer ersten Substanz denominativ verifizierbar sind und darüber hinaus die Lage der Teile zueinander oder die Anordnung der Teile untereinan-

candi²] LO om. A 18 hoc...praedicamentorum] LO om. A 20 et similiter] LO sicut A 21 et ly] vel L 22 Et est] LO om. A verificabiles] praedicabiles L 23 significant] LO om. A 24 partium¹] partium add. A ordinationem] ordines L ordinem O 25 in] LO de A

nis, sicut est ly *sedet* et ly *stat*. Ly *sedet* enim significat aliquem ordinem alium partium ad invicem secundum situm quam hoc verbum *stat*. Cum enim dico »Sortes sedet«, significo partes ipsius Sortis, sicut caput et tibias etc., esse magis propinquas. Et quando dico »Sortes stat«, significo iterum alium ordinem partium Sortis ad invicem secundum situm, unde significo, quod caput Sortis et tibiae magis distant ab invicem. Et ergo isti termini *sedere*, *stare* et huiusmodi sunt in praedicamento positionis seu situs.

Sed illi termini, qui habent modum distinctum praedicandi a modis praedicandi aliorum praedicamentorum et cum hoc significant adiacentiam alicuius rei habitae, sunt in praedicamento habitus, ut sunt isti termini *armatus*, *calciatus* et huiusmodi.

Sic ergo sunt decem praedicamenta seu decem generalissima usitata propter hoc, quia sunt decem modi praedicandi distincti usitati. Et si sint plura praedicamenta, illa non sunt tamen usitata, sicut nec sunt plures modi praedicandi usitati.

Et notandum, quod sunt aliqui termini, qui describuntur per A10rb terminos duorum vel plurium praedicamentorum, ut sunt isti termini *currere*, *cenare*. Unde currere est idem quod velociter ambulare et cenare est idem quod de sero comedere. Ecce qualiter iste terminus *cenare* describitur per duos terminos, quorum unus est de praedicamento quando, scilicet hic terminus *sero*, et alius de praedicamento agere, scilicet *comedere*. Et

1 est] LO om. A et ly] LO om. A Ly sedet] O sedere AL enim] om. O aliquem] L aliquam A om. O 2 ordinem] L ordinationem A situm O alium] LO om. A secundum situm] om. O 3 significo] significat O 4 ipsius] om. O caput] LO pedes A tibias] LO manus A etc] om. LO propinquas] LO propinquos A 5 quando] cum O alium ordinem] aliam ordinationem O 6 Sortis] om. O secundum situm] LO om. A 7 tibiae] eius add. O ab invicem] om. LO 8 sedere] iacere add. L et huiusmodi] L om. A etc. O 10 illi] L om. A alii O 11 praedicandi] O om. AL cum hoc] tamen L 12 habitae] om. L 13 termini] LO om. A 15 seu] om. L id est O 16 quia] quod L distincti] LO distincta A 17 usitati] LO om. A sint] sunt O 18 sunt] om. O 19 Et notandum] nota O per terminos] om. O 20 vel plurium] praedicabilium vel L 21 termini] LO om. A 22 et] om. O de] om. LO sero] O cero AL 23 cenare]

der gemäß der Lage bezeichnen, wie z. B. der Ausdruck »es sitzt« und der Ausdruck »es steht«. Der Ausdruck »es sitzt« bezeichnet nämlich eine andere Anordnung der Teile untereinander gemäß der Lage als das Verb »es steht«. Wenn ich nämlich sage »Sokrates sitzt«, gebe ich an, daß die Teile des Sokrates, wie Kopf und Schienbeine usw., (einander) näher sind. Und wenn ich sage »Sokrates steht«, gebe ich wiederum eine andere Anordnung der Teile des Sokrates untereinander gemäß der Lage an, ich gebe nämlich an, daß der Kopf des Sokrates und die Schienbeine voneinander entfernter sind. Deshalb sind die Terme »sitzen«, »stehen« und dergleichen im Prädikament der Stellung bzw. der Lage.

Jene Terme aber sind im Prädikament des Habens, die eine Aussageweise haben, welche von den Aussageweisen der anderen Prädikamente verschieden ist, und darüber hinaus das Anliegen eines gehabten Dinges bezeichnen, wie z. B. die Terme »bewaffnet«, »beschuht« und dergleichen.

So gibt es also zehn Prädikamente bzw. zehn allgemeinste (Gattungen), die deshalb gebräuchlich sind, weil es zehn verschiedene Aussageweisen gibt, die gebräuchlich sind. Und wenn es mehr (als zehn) Prädikamente geben sollte, so sind diese doch nicht gebräuchlich, wie es auch nicht mehr (als zehn) gebräuchliche Aussageweisen gibt.

Zu beachten ist, daß es einige Terme gibt, die mit Termen aus zwei oder mehr Prädikamenten beschrieben werden, wie z. B. die Terme »laufen«, »dinieren«. So heißt »laufen« dasselbe wie »schnell gehen« und »dinieren« dasselbe wie »spät speisen«. Siehe, wie der Term »dinieren« mit zwei Termen beschrieben wird, von denen einer zum Prädikament des Wann gehört, nämlich der Term »spät«, und der andere zum Prädikament des Tuns, nämlich »speisen«. Bei solchen Ter-

f-/scilicet? add. O per] LO pro! A 24 scilicet] sicut est L hic terminus] om. O terminus] quando add. s. del. A 25 agere] actionis O scilicet] sicut est hic terminus L

de illis terminis est considerandum, quod debent reponi in illo praedicamento, in quo ponitur principalior pars descriptionis illorum terminorum. Et ex hoc dico, quod iste terminus *currere* ponitur in praedicamento actionis, eo quod hic terminus *ambulare*, qui est principalior pars descriptionis suae, ponitur in praedicamento actionis.

Deinde de ordine istorum praedicamentorum est notandum, quod hoc nomen *ens* significat substantiam et accidens non univoce, et ideo, quia hoc nomen *ens* non est univocum, ergo non potest esse genus. Et quia hic terminus *ens* per prius signi-
L22va ficat substantiam quam accidens, ideo inter praedicamenta substantia ponitur primum praedicamentum. Et quia substantia dividitur in substantiam corpoream et incorpoream et omnis substantia corporea est quanta, ideo praedicamentum substantiae sequitur praedicamentum quantitatis. Et quantitatem sequitur magnitudo, ergo aequalitas et inaequalitas, ergo praedicamentum quantitatis sequitur praedicamentum relationis, de quo sunt isti termini *aequale* et *inaequale*, *magnum* et *parvum*. Et quia ex inaequalitate agentis ad passum sequitur motus et actio unius rei in aliam, per quam acquiritur qualitas, ergo praedicamentum relationis sequitur praedicamentum qualitatis. Et quia actio et passio sunt quidam motus, qui proveniunt ex actione primarum qualitatum, ideo sequitur praedicamentum actionis et postea passionis. Et quia motus non fit nisi in tempore, ideo sequitur praedicamentum quando. Et quia motus localis, qui est principalior motus, non fit nisi in
O16vb loco, ideo sequitur praedicamentum ubi, eo quod praedicamentum ubi designat locum. Et quia differentiae loci sunt sursum

1 considerandum] sciendum O reponi] re- om. O 2 ponitur] LO re- add. A principalior] LO principaliter A 3 dico] est LO 4 eo…actionis] om. L 6 actionis] etc. add. O 7 Deinde] notandum est add. LO praedicamentorum] unde add. LO est] om. L 8 hoc] terminus add. s. del. L nomen] del. L 9 quia] LO om. A est] potest esse O ergo] om. O 15 Et] quia add. LO 16 ergo[1]] parvitas LO et] om. LO 17 praedicamentum quantitatis] quantitatem L praedicamentum[2]] ro- add. s. del. A 18 aequale] equa O et[1]] om. LO et[2]] X om. ALO 20 motus] virtus O qualitas] LO aequalitas A 22 qualitatis]

men muß man bedenken, daß sie zu dem Prädikament gerechnet werden müssen, zu welchem der grundlegendere Teil ihrer Beschreibung gehört. Deshalb sage ich, daß der Term »laufen« zum Prädikament der Tätigkeit gehört, weil der Term »gehen«, welcher der grundlegendere Teil seiner Beschreibung ist, zum Prädikament der Tätigkeit gehört.

Sodann ist bezüglich der Anordnung dieser Prädikamente anzumerken, daß das Nomen »Seiendes« die Substanz und das Akzidens nicht univok[23] bezeichnet, und weil das Nomen »Seiendes« nicht univok ist, kann es also keine Gattung sein. Und weil der Term »Seiendes« die Substanz (logisch) früher bezeichnet als das Akzidens, wird unter den Prädikamenten die Substanz als erstes Prädikament angeführt. Und weil die Substanz in die körperliche und die unkörperliche Substanz unterteilt wird und jede körperliche Substanz eine (räumliche) Größe hat, folgt dem Prädikament der Substanz das Prädikament der Quantität. Und der Quantität folgt die (numerische) Größe, somit die Gleichheit und die Ungleichheit, also folgt dem Prädikament der Quantität das Prädikament der Relation, zu dem die Terme »gleich« und »ungleich«, »groß« und »klein« gehören. Und weil aus der Ungleichheit des Tätigen und des Leidenden die Bewegung und die Tätigkeit eines Dinges in bezug auf ein anderes folgt, wodurch dieses eine Qualität erwirbt, folgt dem Prädikament der Relation das Prädikament der Qualität. Und weil die Tätigkeit und das Erleiden gewisse Bewegungen sind, welche aus der Tätigkeit der ersten Qualitäten hervorgehen, folgt das Prädikament der Tätigkeit und danach das des Erleidens. Und weil sich eine Bewegung nur in der Zeit ereignet, folgt das Prädikament des Wann. Und weil sich die Ortsbewegung, welche die grundlegendere Bewegung darstellt, nur im Ort (Raum) ereignet, folgt das Prädikament des Wo, weil das Prädikament des Wo den Ort angibt. Und weil die Unterschiede des Ortes »oben« und

ex quo actio add. s. del. O 25 fit] sunt O 26 motus^2] LO om. A 28 designat] LO desinat A sursum] sur- om. L

et deorsum, ideo sequitur praedicamentum situs, in quo ponuntur termini significantes ordinem partium ad invicem secundum situm, scilicet sursum vel deorsum, ante vel retro. Et quia una res adiacet alteri secundum istas differentias loci, ideo sequitur praedicamentum habitus, in quo sunt isti termini *armatus*, *calciatus* etc. Aliqui enim istorum habituum adiacent homini sursum, ut caputium, aliqui autem deorsum, ut sotulares. Et sic patet de numero praedicamentorum et de ordine ipsorum ad invicem.

Cap. I.19 ⟨Capitulum undevicesimum de praedicamento substantiae⟩

Nunc videndum est de terminis, qui ponuntur in praedicamento substantiae, de quo Aristoteles inter cetera praedicamenta primo determinat ponens primo istam divisionem, quod substantiarum alia est prima, alia est secunda. Per quam vult dicere, quod terminorum, qui ponuntur in praedicamento substantiae, quidam vocantur primae substantiae et quidam secundae substantiae. Verbi gratia de substantiis primis, ut sunt isti termini *Sortes*, *Plato*, *Brunellus*, exemplum de substantiis secundis, quae sunt genera et species in praedicamento substantiae, sicut sunt isti termini *homo*, *animal*. Inter quas substantias secundas Aristoteles dicit speciem magis esse substantiam quam genus, id est, species pluribus substat et est terminus minus communis quam genus. Substat enim generi et

13 Aristoteles] Aristoteles, Categoriae, Cap. 5, 2a11ss. 22 Aristoteles] Aristoteles, Categoriae, Cap. 5, 2b7ss.

1 et] LO om. A in…retro] LO om. A 3 scilicet] L secundum O deorsum] ideo sequitur praedicamentum situs in quo ponuntur termini significantes ordinem partium secundum situm secundum sursum et deorsum add. O vel[2]] L et O 4 adiacet] adiaceat O secundum] per O istas] LO om. A 6 etc] om. O 7 homini] LO om. A caputium] LO caputiatum A aliqui] alii L quidam O autem] LO om. A sotulares] LO calciatum A 9 ipsorum…invicem] etc. L om. O invicem] Sequitur ergo nunc add. L 13 quo] LO quibus A 15 est[1]] O om.

»unten« sind, folgt das Prädikament der Lage, in dem die Terme enthalten sind, welche die Anordnung der Teile untereinander gemäß der Lage bezeichnen, nämlich oben oder unten, vorn oder hinten. Und weil ein Ding einem anderen gemäß diesen Unterschieden des Orts anliegt, folgt das Prädikament des Habens, in dem die Terme »bewaffnet«, »beschuht« usw. vorkommen. Manche dieser gehabten Dinge nämlich liegen einem Menschen oben an, wie z. B. eine Kapuze, manche aber unten, wie z. B. Sandalen. Und auf diese Weise erhellt die Anzahl der Prädikamente und ihre Anordnung untereinander.

Kapitel I.19: *Das Prädikament der Substanz*

Nun sind die Terme zu untersuchen, die zum Prädikament der Substanz gezählt werden. Über dieses trifft Aristoteles vor den übrigen Prädikamenten als erstes seine Feststellungen, indem er zunächst die Unterteilung der Substanzen in erste und zweite einführt. Damit will er sagen, daß von den Termen, welche zum Prädikament der Substanz gehören, einige »erste Substanzen« und einige »zweite Substanzen« heißen. Beispiele für erste Substanzen sind die Terme »Sokrates«, »Platon«, »Brunellus«, Beispiele für zweite Substanzen, die Gattungen und Arten im Prädikament der Substanz sind, sind die Terme »Mensch«, »Lebewesen«. Unter diesen zweiten Substanzen ist gemäß Aristoteles die Art mehr Substanz als die Gattung, d. h., eine Art steht unter mehreren (Termen) und ist ein weniger allgemeiner Term als eine Gattung. Sie steht nämlich unter der Gattung und darüber hinaus steht sie unter allen anderen (Termen), unter welchen die Gattung steht; deshalb wird alles, was von der Gattung ausgesagt wird, auch von den Arten

AL est[2]] O om. AL quam] quod L 17 substantiae[2]] LO om. A quidam[2]] quaedam O 18 substantiae] LO om. A Verbi gratia] LO om. A 19 Brunellus] LO om. A exemplum] LO om. A 21 animal] etc. add. L 22 secundas] om. L substantiam] ge- add. A 23 substat] quam genus add. s. del. A quam genus add. O 24 quam genus] LO om. A

cum hoc substat omnibus aliis, quibus substat genus, et ideo omnia, quae praedicantur de genere, praedicantur etiam de A10va speciebus illius generis. Et sicut destructis omnibus speciebus alicuius generis destruitur illud genus, ita destructis omnibus substantiis primis destruuntur species et genera. Unde Aristoteles in *Praedicamentis* »Destructis primis substantiis impossibile est aliquid aliorum remanere«, quod non intelligitur de destructione reali, sed de destructione logicali ad istum sensum, quod ab omnibus substantiis primis sufficienter enumeratis negative ad quemcumque alium terminum negative est bona consequentia. Verbi gratia »Sortes non est, Plato non est, et sic de singulis hominibus, Brunellus non est, Gersehardus non est, et sic de singulis equis, hoc lignum non est, et sic de singulis, ergo nullus homo est, nullus equus est, nullum lignum est« etc.

Terminorum de praedicamento substantiae prima proprietas est, quod non sunt praedicabiles denominative de pronomine demonstrante aliquam substantiam, sed omnes, sive sint substantiae primae sive secundae, sunt praedicabiles essentialiter de pronomine demonstrante aliquam substantiam. Et hoc notat Aristoteles, cum dicit »Proprium est substantiae in subiecto non esse«, ita quod accipit *in subiecto non esse* pro *non denominative praedicari de pronomine demonstrante aliquam substantiam*. Et credo, quod illa proprietas sit proprie propria terminis de praedicamento substantiae, quia convenit omnibus terminis de praedicamento substantiae, convenit enim tam

5 Aristoteles] Aristoteles, Categoriae, Cap. 5, 2b5s. 21 Aristoteles] Aristoteles, Categoriae, Cap. 5, 3a7s.

1 substat[1]] O om. AL aliis] om. LO 2 omnia] om. O praedicantur[2]] om. O etiam] L om. A et O 3 speciebus[1]] specie LO sicut] L sic AO speciebus[2]… omnibus] om. L 5 destruuntur] et add. O 7 aliquid] aliquod LO de destructione] om. O 8 de destructione] LO om. A 9 ab] om. L 10 negative[2]] LO om. A 11 Plato non] nec Plato LO 12 Gersehardus…est[1]] L om. A Granehardus non est O 13 sic[2]] ita O 14 singulis] omnibus aliis add. L omnibus O aliis add. O nullum lignum] nulla capra L 15 est] et nullum quantum et nullum quale add. L nullum quantum est nullum quale est add. O etc] et sic de

dieser Gattung ausgesagt. Und wie durch die Vernichtung aller Arten irgendeiner Gattung auch diese Gattung vernichtet wird, so werden durch die Vernichtung aller ersten Substanzen auch die Arten und Gattungen vernichtet. Deshalb sagt Aristoteles in den *Kategorien* »Wenn die ersten Substanzen vernichtet sind, ist es unmöglich, daß etwas von den anderen Dingen verbleibt«, was nicht im Sinne einer realen Vernichtung gemeint ist, sondern im Sinne einer logischen Vernichtung, und zwar in dem Sinne, daß es eine gültige Folgerung darstellt, wenn man von allen ersten Substanzen, die auf verneinende Weise in hinreichender Anzahl aufgezählt sind, auf einen beliebigen anderen Term verneinend schließt. Z. B. »Sokrates ist nicht, Platon ist nicht, usw. für die einzelnen Menschen, Brunellus ist nicht, Gersehardus ist nicht, usw. für die einzelnen Pferde, dieses Holzstück ist nicht, usw. für die einzelnen (Holzstücke), also ist kein Mensch, ist kein Pferd, ist kein Holzstück« usw.

Die erste Eigentümlichkeit der Terme aus dem Prädikament der Substanz ist, daß sie nicht denominativ von einem Pronomen, das auf eine Substanz hinweist, aussagbar sind, sondern alle, ob es nun erste oder zweite Substanzen sind, von einem Pronomen, das auf eine Substanz hinweist, *wesentlich* aussagbar sind. Das hält Aristoteles mit der Aussage fest »Es ist der Substanz eigentümlich, nicht in einem Zugrundeliegenden zu sein«, so daß er »nicht in einem Zugrundeliegenden sein« verwendet für »nicht denominativ von einem Pronomen, das auf eine Substanz hinweist, ausgesagt werden«. Und ich bin der Ansicht, daß diese Eigentümlichkeit den Termen aus dem Prädikament der Substanz im eigentlichen Sinne eigentümlich ist, weil sie allen Termen aus dem Prädikament der Substanz zukommt. Sie kommt nämlich sowohl den ersten als auch den

singulis L 18 sed…substantiam] om. O sint] L sunt A substantiae] L om. A 21 notat] notavit LO dicit] dixit LO est substantiae] LO om. A 22 non[3]] om. O 24 propria] proprium O 25 quia] convenienter add. s. del. O quia… substantiae] om. L 26 enim] LO om. A

substantiis primis quam secundis, et nullis aliis convenit quam terminis de praedicamento substantiae. Nec enim substantiae primae nec secundae praedicantur denominative de pronomine demonstrante aliquam substantiam.

Secunda proprietas est univoce praedicari de primis substantiis, et ista proprietas non est proprie propria, quia non convenit primis substantiis, eo quod nihil potest proprie univoce praedicari, nisi sit terminus significativus multorum subordinatus uni conceptui essentiali, si sit terminus vocalis vel scriptus illorum multorum, vel sit ille conceptusmet. Et ideo ista proprietas non convenit primis substantiis, id est, terminis O17ra singularibus de praedicamento substantiae, eo quod non significant plura.

Et notanter dico *conceptui essentiali*, nam nullus terminus posset imponi ad significandum Sortem vel Platonem solum et non Ciceronem, si talis terminus subordinaretur conceptui essentiali Sortis vel Platonis.

L22vb Ista proprietas est proprie propria substantiis secundis accipiendo *univoce praedicari* proprie, ut dictum est. Unde hic terminus *album*, quamvis posset praedicari de pluribus subiectis secundum unum nomen et secundum unam rationem, non tamen pertinet nec pertineret ad definitionem quidditativam illorum nec subordinaretur conceptui essentiali illorum nec essetmet conceptus essentialis illorum.

Unde breviter potest distingui, quod praedicari univoce capitur dupliciter, uno modo large seu communiter, alio modo proprie. Praedicari univoce communiter seu large est praedi-

1 et...substantiae[1]] om. L convenit] terminis O 2 Nec] non O 7 nihil] non L proprie] L om. AO 9 uni] L om. AO conceptui] conceptu O si sit] et sic L 10 illorum multorum] om. O ideo] om. LO 14 Et] LO om. A conceptui] conceptu O 15 vel] et LO et add. O 16 si] LOPSX sed A terminus] conceptus O 17 vel] et LO 18 proprie] om. O 19 proprie] LO om. A 20 quamvis] licet O posset] possit LO subiectis] LO om. A 21 secundum[2]] L om. AO 22 nec pertineret] om. O 23 illorum[1]] om. L subordinaretur] LO subordinatur A illorum[2]] eorum O 24 essentialis] om. L 25 breviter] similiter L om. O 26 large seu] om. LO 27 proprie] unde add. O seu large] om. LO

zweiten Substanzen zu, aber sie kommt keinen anderen Termen als denen aus dem Prädikament der Substanz zu. Weder erste noch zweite Substanzen werden nämlich denominativ von einem Pronomen, das auf eine Substanz hinweist, ausgesagt.

Die zweite Eigentümlichkeit ist, von den ersten Substanzen univok ausgesagt zu werden, aber diese Eigentümlichkeit ist nicht im eigentlichen Sinne eigentümlich, weil sie nicht den ersten Substanzen zukommt. Nur ein solcher Term kann nämlich im eigentlichen Sinne univok ausgesagt werden, der viele Dinge bezeichnet und *einem* Wesensbegriff untergeordnet ist, falls es sich um einen gesprochenen oder geschriebenen Term (als Zeichen) jener vielen Dinge handelt, oder der dieser Begriff selbst ist. Deshalb kommt diese Eigentümlichkeit den ersten Substanzen nicht zu, d. h., den singulären Termen aus dem Prädikament der Substanz, weil sie ja nicht mehrere Dinge bezeichnen.

Und ich sage ausdrücklich »einem Wesensbegriff«, denn kein Term könnte eingesetzt werden, um nur Sokrates oder Platon zu bezeichnen, aber nicht Cicero, wenn ein solcher Term dem *Wesensbegriff* des Sokrates oder des Platon untergeordnet würde.

Diese Eigentümlichkeit ist im eigentlichen Sinne den zweiten Substanzen eigentümlich, wenn man »univok ausgesagt werden« im eigentlichen Sinne verwendet, wie ausgeführt. So gilt: Obwohl der Term »weiß« von mehreren Subjekten gemäß *einem* Namen und *einem* Begriff ausgesagt werden könnte, so gehört und gehörte er doch nicht zur Wesensdefinition jener Subjekte noch würde er dem Wesensbegriff jener Subjekte untergeordnet noch wäre er selbst der Wesensbegriff jener Subjekte.

So kann man, kurz gesagt, zwischen zwei Verwendungsweisen von »univok ausgesagt werden« unterscheiden, einer weiten bzw. allgemeinen und einer eigentlichen. Univok ausgesagt werden im allgemeinen bzw. weiten Sinne heißt von mehreren

cari de pluribus secundum unum nomen et secundum unam rationem, sive denominative sive essentialiter. Et sic termini concreti communes accidentales bene possunt praedicari uni- A10vb voce de substantiis primis, ex quo enim possunt praedicari denominative de eis. Et cum de quocumque praedicatur definitum vere, de illo praedicatur vere definitio illius, igitur ratio et definitio termini concreti accidentalis potest vere praedicari de substantiis primis, ut et suum definitum. Ita communiter non accipitur hic *univoce praedicari*.

Sed univoce praedicari de primis substantiis proprie est praedicari de eis secundum unum nomen et unam definitionem et hoc essentialiter et non denominative. Et sic accipitur hic et ut sic praedicari univoce de substantiis primis est proprietas proprie propria terminorum de praedicamento substantiae, qui vocantur secundae substantiae.

Tertia est proprietas: Terminorum de praedicamento substantiae, qui vocantur substantiae primae, proprium est significare hoc aliquid, id est, unum et non plura. Substantiarum autem secundarum proprium est significare quale quid, id est, plura et non unum. Terminus enim communis de praedicamento substantiae significat aliquid et cum hoc unum aliud, quod est tale, quale illud est, sicut hic terminus *homo* significat Sortem, qui est rationalis, et cum hoc Platonem, qui est talis, qualis est Sortes, quia est etiam rationalis. Et intelligendum est hoc de quali essentiali, ergo dicitur quale quid significare.

3 concreti] LO om. A communes] omnes O praedicari] praedicare L univoce] om. O 6 illo] eodem LO praedicatur] potest praedicari L potest verificari O vere[2]] om. LO 7 termini] om. L istius scilicet add. O accidentalis] non add. O potest] possunt O 8 ut] sicut L sic O 9 hic] om. O 11 unam] Z u-A om. LOPX eandem S 13 praedicari] de sub- add. s. del. O 14 proprie] dicta et proprie add. L 15 vocantur...substantiae] verificantur de substantiis primis O 16 est] om. LO 17 proprium] proprie O est...plura] LO om. A 19 significare] hoc add. s. del. A 20 enim] om. L 21 substantiae] sicut add. s. del. O unum] LO om. A 22 hic terminus] LO om. A 23 hoc] om. L significat add. O est[2]] etiam est rationalis et L 24 Sortes] ipse O quia] O qui AL etiam] LO om. A 25 essentiali] et add. O dicitur] om. O quid] quidem! L significare] om. LO

Dingen gemäß *einem* Namen und *einem* Begriff ausgesagt werden, sei es denominativ, sei es wesentlich. Somit können konkrete, allgemeine, akzidentelle Terme sehr wohl univok von ersten Substanzen ausgesagt werden, weil sie nämlich denominativ von ihnen ausgesagt werden können. Und weil von allem, wovon das Definierte wahr ausgesagt wird, auch die Definition des Definierten wahr ausgesagt wird, kann folglich der Begriff bzw. die Definition eines konkreten, akzidentellen Terms von ersten Substanzen wahr ausgesagt werden, wie auch das Definierte der Definition. So allgemein wird »univok ausgesagt werden« hier nicht verwendet.

Univok von ersten Substanzen ausgesagt werden im eigentlichen Sinne hingegen heißt von ihnen gemäß *einem* Namen und *einer* Definition ausgesagt werden, und zwar wesentlich und nicht denominativ. So wird der Begriff hier verwendet, und in diesem Sinne ist univok von ersten Substanzen ausgesagt zu werden eine Eigentümlichkeit, die jenen Termen aus dem Prädikament der Substanz im eigentlichen Sinne eigentümlich ist, welche »zweite Substanzen« genannt werden.

Dritte Eigentümlichkeit: Es ist jenen Termen aus dem Prädikament der Substanz, welche »erste Substanzen« heißen, eigen, ein Dieses-Etwas zu bezeichnen, d. h., ein Ding und nicht mehrere. Den zweiten Substanzen hingegen ist es eigen, ein Etwas-dergleichen zu bezeichnen, d. h., mehrere Dinge und nicht eines. Ein allgemeiner Term aus dem Prädikament der Substanz bezeichnet nämlich irgendein Ding und darüber hinaus auch ein anderes, das so ist, wie jenes ist; z. B. bezeichnet der Term »Mensch« Sokrates, der vernünftig ist, und darüber hinaus Platon, der so ist, wie Sokrates ist, weil er auch vernünftig ist. Und zwar ist dies im Sinne der wesentlichen Beschaffenheit zu verstehen, weshalb man sagt, daß solche Terme ein Etwas-dergleichen (d. i. Dinge von gleicher wesentlicher Beschaffenheit) bezeichnen.

Quarta proprietas est: Substantiae nihil est contrarium, id est, termini de praedicamento substantiae non praedicantur de aliquo vere modo affirmative et postea negative sine corruptione illius, pro quo supponit subiectum, de quo sunt verificabiles. Verbi gratia, si iste terminus *homo* praedicatur vere affirmative de Sorte, numquam verificabitur negative de eodem, nisi corrumpetur res, pro qua supponit ly *Sortes*. Sic autem non est de terminis communibus accidentalibus, unde hic terminus *album* potest modo vere affirmari de Sorte et postea vere negari sine corruptione illius, pro quo supponit ly *Sortes*.

Quinta proprietas est: Substantia non suscipit magis et minus, id est, termini de praedicamento substantiae non sunt verificabiles de aliquo cum hoc adverbio *magis* vel cum hoc adverbio *minus*, unde Sortes non est magis homo uno tempore quam alio.

Sed diceres: Tamen brutum est animatius arbore, ergo est magis animatum arbore. Ecce qualiter ly *animatum* praedicatur de bruto cum hoc adverbio *magis*. Respondetur, quando dicitur »Brutum est animatius arbore« non intelligitur, quod sit magis animatum, sed intelligitur, quod habet plures potentias animae quam arbor.

Sexta proprietas est: De terminis de praedicamento substantiae verificabiles sunt termini contrarii secundum mutationem illius, pro quo supponunt. Hoc notat Aristoteles, cum dicit
O17rb »Proprium est substantiae secundum sui mutationem esse

25 Aristoteles] Aristoteles, Categoriae, Cap. 5, 4a10–b19.

1 est[1]] om. O 2 praedicantur] ponuntur O 3 vere] LO om. A 5 si] om. LO homo] si add. LO vere] modo add. L et add. O 6 verificabitur] ALO vere add. A 7 corrumpetur] mutetur LO ly] hic terminus LO Sic] si! O 8 de] omnibus add. LO communibus] om. LO 9 modo] LO om. A affirmari] praedicari LO Sorte] affirmative add. L et? add. s. del. O affirmative add. O 10 vere negari] negative LO ly] hic terminus LO 12 est] om. O et] nec L 13 id est] LO om. A termini] autem add. A 14 cum[1]] mediate O magis] et add. s. del. A cum[2]…adverbio] om. O 15 homo] in add. O 16 quam] in add. LO 17 Tamen] dicitur quod add. L om. O animatius] animantius LO ergo…arbore]

Vierte Eigentümlichkeit: Einer Substanz ist nichts konträr, d. h., die Terme aus dem Prädikament der Substanz werden nicht von etwas jetzt bejahend und danach verneinend wahr ausgesagt ohne Untergang dessen, wofür das Subjekt supponiert, von dem sie verifizierbar sind. Z. B., wenn der Term »Mensch« von Sokrates bejahend wahr ausgesagt wird, dann wird er von diesem niemals verneinend verifiziert werden, ohne daß das Ding, für welches der Ausdruck »Sokrates« supponiert, zugrunde ginge. Dies ist aber bei den allgemeinen akzidentellen Termen nicht der Fall – so kann der Term »weiß« jetzt von Sokrates wahr bejaht werden und danach wahr verneint werden ohne Untergang dessen, wofür der Ausdruck »Sokrates« supponiert.

Fünfte Eigentümlichkeit: Eine Substanz nimmt kein Mehr und Weniger auf, d. h., die Terme aus dem Prädikament der Substanz sind nicht mit dem Adverb »mehr« oder mit dem Adverb »weniger« von etwas verifizierbar; so ist Sokrates nicht zu einer Zeit mehr Mensch als zu einer anderen.

Einwand: Dennoch ist ein Tier beseelter als ein Baum, also ist es mehr beseelt als ein Baum. Siehe, wie der Ausdruck »beseelt« von »Tier« mit dem Adverb »mehr« ausgesagt wird. – Antwort: Wenn es heißt »Ein Tier ist beseelter als ein Baum«, meint man damit nicht, daß es mehr beseelt sei, sondern man meint, daß es eine größere Anzahl von Seelenvermögen hat als ein Baum.

Sechste Eigentümlichkeit: Von den Termen aus dem Prädikament der Substanz sind konträre Terme gemäß der Veränderung dessen, wofür jene supponieren, verifizierbar. Das hält Aristoteles mit der Aussage fest »Es ist der Substanz eigen, gemäß ihrer Veränderung für Konträres empfänglich zu sein«. Obwohl nämlich von einer Ausdrucksfolge konträre Terme

om. L 18 ly] O om. A praedicatur] verificabatur O 20 animatius] animantius O quod] brutum add. L 21 animatum] arbore add. L intelligitur] LO om. A 23 est] om. O 25 quo] termini add. O supponunt] supponit L dicit] dixit L

susceptibilem contrariorum«. Unde quamvis de aliqua oratione verificabiles sunt termini contrarii successive, hoc tamen non est secundum propriam mutationem orationis, sed secundum mutationem rei significatae. Unde ab eo, quod res est vel non est, dicitur oratio vera vel falsa. Sed de terminis de praedicamento substantiae possunt verificari termini contrarii successive, secundum quod res mutatur de una qualitate in aliam. Verbi gratia, de Sorte possunt verificari successive isti termini *album*, *nigrum*, secundum quod res significata per istum terminum A11ra *Sortes* prius est nigra et postea alba vel e converso.

Ista proprietas non est proprie propria terminis de praedicamento substantiae, ut communiter creditur, non enim convenit omnibus terminis de praedicamento substantiae. De isto enim termino *deus*, qui ponitur in praedicamento substantiae, significative accepto non sunt verificabiles termini contrarii successive secundum mutationem propriam illius, pro quo supponit iste terminus *deus*, eo quod deus est omnino immutabilis. Tamen bene verum est, quod de isto termino *deus* significative accepto bene sunt verificabiles successive isti termini contrarii *creat*, *non creat*, sed hoc non est secundum mutationem dei, sed secundum mutationem aliarum rerum.

Ex isto infero, ex quo ista proprietas non est proprie propria substantiae, quod Ockham eam male assumpsit ad probandum quantitatem non esse rem distinctam a substantia. Arguit enim sic »Illud, quod secundum sui mutationem est susceptibile contrariorum, est substantia, quantitas est huiusmodi, ergo

23 Ockham] Guillelmus de Ockham, Summa logicae, Ps. I, Cap. 43, pp. 126s., lin. 117–130; cf. ibid., Cap. 44, p. 132, lin. 17–23.

1 susceptibilem] susceptibile L quamvis] licet O aliqua] LO alia A 3 secundum[1]] sui add. s. del. A propriam] Z proprii A om. LOPSX 5 terminis] termino L de[2]] praedicamentis substantiae add. s. del. A 10 prius] primo L et] LO om. A 12 non enim] O nec L non…substantiae] LO om. A 16 secundum] sui add. LO propriam] LO om. A 17 iste…deus[1]] om. LO 19 bene] LO om. A successive isti] LO om. A 20 contrarii] sicut add. A 22 isto] quo L infero] quod add. O est] om. O 23 Ockham] Z occham A occam L ockam O eam] hoc L om. O 24 quantitatem] esse add. s. del. A a substantia] LO om. A

nacheinander verifizierbar sind, so ist das doch nicht gemäß der eigenen Veränderung der Ausdrucksfolge der Fall, sondern gemäß der Veränderung des bezeichneten Dinges. Denn deshalb, weil das Ding ist oder nicht ist, heißt die Ausdrucksfolge »wahr« oder »falsch«.[24] Von den Termen aus dem Prädikament der Substanz hingegen können konträre Terme nacheinander verifiziert werden, und zwar gemäß der Tatsache, daß das (bezeichnete) Ding sich qualitativ verändert. Z. B.: Von »Sokrates« können die Terme »weiß«, »schwarz« nacheinander verifiziert werden, und zwar gemäß der Tatsache, daß das vom Term »Sokrates« bezeichnete Ding vorher schwarz ist und nachher weiß oder umgekehrt.

Diese Eigentümlichkeit ist den Termen aus dem Prädikament der Substanz nicht im eigentlichen Sinne eigentümlich, wie gemeinhin angenommen wird, sie kommt nämlich nicht allen Termen aus dem Prädikament der Substanz zu: Vom Term »Gott« nämlich, der zum Prädikament der Substanz gezählt wird, sind in signifikativer Verwendung keine konträren Terme nacheinander verifizierbar gemäß eigener Veränderung dessen, wofür der Term »Gott« supponiert, weil Gott völlig unveränderlich ist. Doch ist es sehr wohl wahr, daß vom Term »Gott« in signifikativer Verwendung die gegensätzlichen Terme »schafft«, »schafft nicht« durchaus nacheinander verifizierbar sind, aber dies ist nicht gemäß einer Veränderung Gottes der Fall, sondern gemäß einer Veränderung anderer Dinge.

Daraus folgere ich: Weil diese Eigentümlichkeit der Substanz nicht im eigentlichen Sinne eigentümlich ist, war Ockham schlecht beraten, sie zum Beweis dafür heranzuziehen, daß eine Quantität kein von einer Substanz verschiedenes Ding ist. Er argumentiert nämlich so »Das, was gemäß seiner Veränderung für Konträres empfänglich ist, ist eine Substanz, eine Quantität ist derartig, also« usw. Vom Obersatz sagt er, daß er bekannt sei[25], weil das im eigentlichen Sinne die Eigen-

etc.«. Maiorem dicit esse notam, quia hoc est proprie proprium substantiae. Breviter hoc non est verum, sicut patet ex iam dictis.

Sed diceres tu: Tamen Aristoteles in suis *Praedicamentis* dicit »Maxime autem proprium est substantiae secundum sui L23ra mutationem esse susceptibilem contrariorum«. Illud autem, quod est maxime proprium substantiae, est proprie proprium substantiae. Respondetur, quod Aristoteles non per hoc voluit dicere, quod secundum sui mutationem esse susceptibile contrariorum esset proprie proprium substantiae, sed voluit dicere, quod hoc esset proprium substantiae maximae, id est, substantiae primae. Inter omnes ergo proprietates substantiae positas proprietas prima est proprie propria proprietas.

Cap. I.20 ⟨Capitulum vicesimum de praedicamento quantitatis⟩

Sequitur de praedicamento quantitatis, circa quod sciendum est, quod aliqui termini dicuntur esse in praedicamento quantitatis per accidens, aliqui vero per se.

Termini, qui sunt in praedicamento quantitatis per accidens, sunt illi, qui sunt praedicabiles denominative de terminis, qui sunt in praedicamento quantitatis per se. Verbi gratia, ut est hic terminus *album* vel hic terminus *nigrum*, quilibet enim istorum terminorum est praedicabilis denominative de isto

4 Aristoteles] Aristoteles, Categoriae, Cap. 5, 4a10ss.

1 Maiorem] LO maior A dicit] LO dicitur A de se add. A esse notam] LO nota A quia] LO quod A hoc] O hic L om. A proprie] om. O 2 Breviter] videtur? L Sed O sicut…dictis] LO om. A 4 tu] L om. AO suis] om. LO 5 autem] proprie add. A 6 susceptibilem] susceptibile L 7 proprium[1]] est proprium add. s. del. A 8 per] ly add. L 9 susceptibile] LOX susceptibilem A contrariorum] om. L 10 substantiae] om. O dicere] om. O 11 hoc] LO om. A esset] proprie add. L 12 substantiae[2]] LO om. A 13 positas] O om. AL proprietas[1]] LO substantia A propria] om. L proprietas[2]] LO om. A Sequitur ergo de praedicamento quantitatis add. L aliud capitulum incipit add. i.m. O

tümlichkeit der Substanz ist. – Kurz gesagt, das ist nicht wahr, wie aus dem schon Gesagten erhellt.

Einwand: Dennoch sagt Aristoteles in seinen *Kategorien* »Am meisten aber ist es der Substanz eigentümlich, gemäß ihrer Veränderung für Konträres empfänglich zu sein«. Das aber, was der Substanz am meisten eigentümlich ist, ist der Substanz im eigentlichen Sinne eigentümlich. – Antwort: Damit wollte Aristoteles nicht sagen, daß es der Substanz im eigentlichen Sinne eigentümlich wäre, gemäß ihrer Veränderung für Konträres empfänglich zu sein, sondern er wollte sagen, daß dies der größten (d. i. wichtigsten) Substanz eigentümlich wäre, d. h., der ersten Substanz. – Unter allen angeführten Eigentümlichkeiten der Substanz ist also die erste Eigentümlichkeit die im eigentlichen Sinne (der Substanz) eigene Eigentümlichkeit.

Kapitel I.20: *Das Prädikament der Quantität*

Es folgt (das Kapitel) über das Prädikament der Quantität. Diesbezüglich muß man wissen, daß man von manchen Termen sagt, daß sie akzidentell zum Prädikament der Quantität gehören, von manchen aber, daß sie an sich dazu gehören.

Terme, die akzidentell zum Prädikament der Quantität gehören, sind solche, die denominativ von Termen aussagbar sind, welche an sich zum Prädikament der Quantität gehören. Wie z. B. der Term »weiß« oder der Term »schwarz«: Jeder von diesen Termen ist nämlich denominativ vom Term »zwei

17 est] om. LO 18 aliqui] alii LO vero] om. LO 19 Termini…sunt] illi termini dicuntur esse L 20 sunt illi] om. L 21 est] LO om. A 22 vel] LO et A hic terminus[2]] L om. AO 23 terminorum] L om. AO de] terminis qui sunt in praedicamento quantitatis per se sicut de add. L

termino *bicubitum* vel *tricubitum*, qui dicuntur esse in praedicamento quantitatis per se.

Illi autem termini dicuntur esse in praedicamento quantitatis per se, qui convenienter respondentur ad interrogationem factam per *quantum* vel per *quot* de substantia prima vel sunt abstracta talium terminorum vel praedicantur praedicatione essentiali de terminis, qui convenienter possunt responderi ad interrogationem factam per *quantum* vel per *quot* de substantia prima, vel de abstractis eorum. Verbi gratia de primo, sicut iste terminus *bipedale* vel iste terminus *tripedale*, dicitur enim esse in praedicamento quantitatis per se, quia convenienter respondetur etc. Cum enim quaeritur »Quantum est hoc?«, convenienter respondemus »Bipedale« vel »Tripedale«. Similiter isti termini *duo*, *tria*, etc. dicuntur esse in praedicamento quantitatis per se. Exemplum secundi, ut sunt isti termini *bipedalitas* vel *tripedalitas*, isti enim sunt in praedicamento A11rb quantitatis per se, non quod convenienter respondentur ad interrogationem factam per *quantum* de prima substantia, sed quia sunt abstracta illorum, qui convenienter respondentur ad interrogationem factam per *quantum* de prima substantia. Similiter isti termini *binarius*, *ternarius* dicuntur esse in prae- O17va dicamento quantitatis per se, non quod convenienter respondentur ad interrogationem factam per *quot*, sed quia sunt abstracta illorum, qui convenienter possunt responderi ad interrogationem factam per *quot*, sunt enim abstracta istorum terminorum *duo*, *tria*, *quattuor* etc. Exemplum tertii, ut sunt

1 termino] om. O vel] O om. AL tricubitum] d- add. s. del. A praedicamento] praedicamentis L 2 per] pro O 3 Illi…se] om. O esse] L om. A 4 respondentur] possunt responderi LO ad] per O 6 abstracta] illorum add. s. del. A 8 per²] om. O 9 de abstractis] LO abstracta A eorum] istorum O 10 vel] om. O iste terminus²] L om. AO enim] om. LO 11 esse] LO om. A 12 respondetur] om. O quaeritur] quaerimus O Quantum] quid L 13 respondemus] respondetur L pe- add. A vel] om. L Similiter] sicut sunt add. O 14 etc] om. L 15 sunt] LO om. A 16 vel] O om. AL 19 qui] L quae AO convenienter] enim add. L 20 per quantum] del. O 21 praedicamento] per se add. s. del. A 22 convenienter…per] praedicentur in quantum vel in LO

Ellen lang« oder »drei Ellen lang« aussagbar, welche Terme an sich zum Prädikament der Quantität gezählt werden.

Hingegen werden jene Terme an sich zum Prädikament der Quantität gezählt, die auf die Frage »Wie groß?« oder »Wie viele?« bezüglich einer ersten Substanz angemessen zur Antwort gegeben werden; oder die die abstrakten Formen solcher Terme sind; oder die mittels einer Wesensprädikation von Termen ausgesagt werden, welche auf die Frage »Wie groß?« oder »Wie viele?« bezüglich einer ersten Substanz angemessen zur Antwort gegeben werden können; oder von den abstrakten Formen solcher Terme. Beispiel für das erste: Der Term »zwei Fuß lang« oder der Term »drei Fuß lang« wird nämlich an sich zum Prädikament der Quantität gezählt, weil er angemessen zur Antwort gegeben wird usw. Wenn nämlich gefragt wird »Wie groß ist das?«, antworten wir angemessen »Zwei Fuß lang« oder »Drei Fuß lang«. Ebenso werden die Terme »zwei«, »drei« usw. an sich zum Prädikament der Quantität gezählt. Beispiel für das zweite: Die Terme »Zwei-Fuß-Länge« oder »Drei-Fuß-Länge« gehören nicht deshalb an sich zum Prädikament der Quantität, weil sie auf die Frage »Wie groß?« bezüglich einer ersten Substanz angemessen zur Antwort gegeben würden, sondern weil sie die abstrakten Formen von Termen sind, welche auf die Frage »Wie groß?« bezüglich einer ersten Substanz angemessen zur Antwort gegeben werden. Ebenso werden die Terme »die Zahl Zwei«, »die Zahl Drei« nicht deshalb an sich zum Prädikament der Quantität gezählt, weil sie auf die Frage »Wie viele?« angemessen zur Antwort gegeben würden, sondern weil sie die abstrakten Formen von Termen sind, welche auf die Frage »Wie viele?« angemessen zur Antwort gegeben werden können; sie sind nämlich die abstrakten Formen der Terme »zwei«, »drei«, »vier« usw. Beispiel für das dritte sind die Terme »so und so groß«, »Größe (Quantität)«, »Linie«, »Fläche«, »Körper«, »Zahl« und dergleichen. Aber diese Terme werden nicht deshalb an sich zum

23 per] quantum add. s. del. A 24 possunt responderi] respondentur LO
26 terminorum] L om. AO quattuor] LO om. A ut] ut add. A

isti termini *quantum*, *quantitas*, *linea*, *superficies*, *corpus*, *numerus* et huiusmodi. Modo isti termini non dicuntur esse in praedicamento quantitatis per se, eo quod praedicentur in quantum vel in quot de substantiis primis, sed ideo, quia praedicantur praedicatione essentiali de illis vel de eorum abstractis. Si enim dicitur »Bipedale est quantum«, »Bipedalitas est quantitas«, »Bipedalitas est linea«, »Bipedalitas est superficies«, »Bipedalitas est corpus«, est praedicatio essentialis. Similiter, si dicitur »Binarius est numerus«, »Binarius est quantitas«, est praedicatio essentialis. Sic ergo tripliciter aliquis terminus ponitur in praedicamento quantitatis per se, et sic similiter posset distingui de terminis ponendis in aliis praedicamentis.

Et notandum, quod sicut aliquid dicitur bipedale secundum longitudinem et aliquid bipedale secundum longitudinem et latitudinem et aliquid bipedale secundum longitudinem et latitudinem et profunditatem, sic aliqua bipedalitas est linea et aliqua superficies et aliqua corpus.

Ista distinctione posita est alia distinctio, quod terminorum, qui sunt in praedicamento quantitatis per se, quidam sunt, qui vocantur quantitates continuae, quidam vero discretae. Unde illi termini, qui significant aliquas res connotando unitatem et continuitatem illarum rerum et dimensionem aut mensuram, vocantur quantitates continuae, non quod illi termini sunt quantitates continuae, sed quia sunt in prima specie quantitatis, quae vocatur quantitas continua, sicut sunt isti termini *bipedale*, *tripedale*, *linea*, *superficies*, *corpus*.

1 linea] LO om. A 2 numerus] LO est! A huiusmodi] cetera O Modo isti] isti enim LO 3 praedicentur] LO praedicantur A 5 illis] LO eis A de[2]] LO om. A 6 dicitur] dicatur LO 7 Bipedalitas[2]] LO tri- A 8 Bipedalitas…corpus] etc. O corpus] ista add. A 9 dicitur] O dicatur AL Binarius[1]…numerus] LO om. A 10 Sic] om. L 12 posset] potest L disgui add. s. del. A terminis…in] LO om. A ponendis] L positis O 14 quod] om. L dicitur] pi- add. s. del. A 15 aliquid] aliud L longitudinem[2]…et[2]] LO om. A 16 aliquid] O aliud L et[2]] L om. O 17 et[1]] om. O sic] sicut L et aliqua] aliqua vero LO bipedalitas est add. L 18 et aliqua] aliqua vero LO bipedalitas est add. LO 20 per se] LO

Prädikament der Quantität gezählt, weil sie in bezug auf das Wie-groß oder in bezug auf das Wie-viele von ersten Substanzen ausgesagt würden, sondern deshalb, weil sie mittels einer Wesensprädikation von solchen Termen oder von deren abstrakten Formen ausgesagt werden. Wenn man nämlich sagt »Das zwei Fuß Lange ist größenmäßig bestimmt«, »Die Zwei-Fuß-Länge ist eine Quantität«, »Die Zwei-Fuß-Länge ist eine Linie«, »Die Zwei-Fuß-Länge ist eine Fläche«, »Die Zwei-Fuß-Länge ist ein Körper«, so liegt eine Wesensprädikation vor. Ebenso liegt eine Wesensprädikation vor, wenn man sagt »Die Zahl Zwei ist eine Zahl«, »Die Zahl Zwei ist eine Quantität«. So wird also ein Term auf dreifache Weise an sich zum Prädikament der Quantität gezählt, und auf ähnliche Weise könnte man bezüglich der Terme, die zu den anderen Prädikamenten zu zählen sind, Unterscheidungen treffen.

Anmerkung: Wie etwas gemäß der Länge »zwei Fuß lang« genannt wird, etwas gemäß der Länge und der Breite »zwei Fuß lang« genannt wird und etwas gemäß der Länge, Breite und Tiefe »zwei Fuß lang« genannt wird, so ist eine Zwei-Fuß-Länge eine Linie, eine eine Fläche und eine ein Körper.

Nach der Einführung dieser Unterscheidung lautet eine andere Unterscheidung: Von den Termen, die an sich zum Prädikament der Quantität gehören, heißen manche »kontinuierliche Quantitäten«, manche hingegen »diskrete (Quantitäten)«. So werden solche Terme »kontinuierliche Quantitäten« genannt, die irgendwelche Dinge bezeichnen und dabei die Einheit und Kontinuität dieser Dinge konnotieren sowie die Dimension bzw. das Maß; jene Terme werden aber nicht so genannt, weil sie kontinuierliche Quantitäten wären, sondern weil sie zur ersten Art der Quantität gehören, die »kontinuierliche Quantität« heißt, wie z. B. die Terme »zwei Fuß lang«, »drei Fuß lang«, »Linie«, »Fläche«, »Körper«.

om. A 21 quidam] alii O vero] om. O 23 illarum rerum] L ad invicem A illarum O aut] ac L autem O mensuram] mensurarum O 24 non...continuae] om. L 25 sed quia] secundum quod L prima] ista LO 27 bipedale] et add. L corpus] etc. O

Illi autem termini vocantur quantitates discretae, qui significant aliquas res non connotando unitatem vel continuitatem illarum rerum, sed discretionem, ut sunt isti termini *binarius*, *ternarius*, *numerus* etc. Ad hoc enim, quod aliqui homines sunt duo vel tres vel numerus binarius vel numerus ternarius, non oportet, quod sint simul, immo unus potest esse Parisius et alter in Magna Roma et tertius in Anglia. Et ideo dicit Aristoteles, quod non oportet, quod partes quantitatis discretae copulentur ad unum terminum communem.

Utrum autem numerus sit res distincta a rebus numeratis, de hoc non habet se intromittere logicus. Et similiter, utrum linea sit una res indivisibilis secundum latitudinem et profunditatem et divisibilis secundum longitudinem vel non, de istis iterum non habet se intromittere logicus, et similiter de superficie et corpore. Sed ad logicum pertinet considerare modos praedicandi terminorum, et ideo illos terminos, qui habent diversos modos praedicandi de rebus vel distinctos modos significandi, sive significent eandem rem sive plures, logicus ordinat in A11va diversis praedicamentis sive in diversis speciebus eiusdem praedicamenti.

Et ideo suppono, sicut communiter tenetur, quod ille terminus *linea* non significat rem distinctam a re significata per istum terminum *superficies* vel per istum terminum *corpus*. Adhuc, quia isti termini non significant eandem rem eodem modo, inde est, quod sunt termini specifice distincti in praedicamento quantitatis, quamvis bene sint eiusdem speciei subalternae. L23rb Unde isti termini *linea*, *superficies*, *corpus* bene signifi-

7 Aristoteles] Aristoteles, Categoriae, Cap. 6, 4b25s.

2 aliquas] om. O unitatem] unionem LO vel] nec O continuitatem] continuitates L continuationem? O 3 rerum] L om. AO discretionem] LPX distinctionem AO diserectionem S 4 ternarius] om. O numerus] LO om. A aliqui homines] om. L sunt] sint L 6 potest] posset O 7 in[1]] om. O Magna] om. LO Roma] Romae O tertius] alius L alter O in Anglia] Oxoniae O Et] LO om. A 8 copulentur] L copulantur AO 10 a] de L 11 Et] om. O utrum] si O 12 secundum] vel? O et profunditatem] LO om. A 13 vel non] om. LO de istis] L om. AO iterum] O om. AL 14 et similiter] LO om. A de] loco add. A

Hingegen werden solche Terme »diskrete Quantitäten« genannt, die irgendwelche Dinge bezeichnen und dabei nicht die Einheit oder Kontinuität dieser Dinge konnotieren, sondern deren Getrenntheit, wie z. B. die Terme »die Zahl Zwei«, »die Zahl Drei«, »Zahl« usw. Dafür nämlich, daß irgendwelche Menschen zwei oder drei oder die Zahl Zwei oder die Zahl Drei sind, ist es nicht erforderlich, daß sie zusammen sind, vielmehr kann der eine in Paris sein und der andere in Rom und der dritte in England. Deshalb sagt Aristoteles, daß es nicht erforderlich ist, daß sich die Teile einer diskreten Quantität mit einer gemeinsamen Grenze verbinden.

Ob aber eine Zahl ein von den gezählten Dingen verschiedenes Ding sei, darauf hat sich der Logiker nicht einzulassen. Ebenso, ob eine Linie ein Ding sei, das gemäß Breite und Tiefe unteilbar ist, aber teilbar gemäß der Länge, oder nicht, darauf hat sich der Logiker wiederum nicht einzulassen; ebenso hinsichtlich der Fläche und des Körpers. Sondern es ist Sache des Logikers, die Aussageweisen der Terme zu untersuchen, und deshalb ordnet der Logiker solche Terme, die verschiedene Aussageweisen oder verschiedene Bezeichnungsweisen in bezug auf Dinge haben, ob sie nun dasselbe Ding oder mehrere (verschiedene) Dinge bezeichnen, in verschiedene Prädikamente ein bzw. in verschiedene Arten desselben Prädikaments[26].

Deshalb nehme ich an, wie es gemeinhin vertreten wird, daß der Term »Linie« kein Ding bezeichnet, das von dem Ding verschieden ist, das vom Term »Fläche« oder vom Term »Körper« bezeichnet wird. Weil aber diese Terme dasselbe Ding nicht auf dieselbe Weise bezeichnen, sind sie noch immer der Art nach verschiedene Terme im Prädikament der Quantität, obwohl sie durchaus zur selben dazwischen liegenden Art gehören. So bezeichnen die Terme »Linie«, »Fläche«, »Kör-

superficie] similiter add. A **15** pertinet] oportet L **16** et] LO om. A illos terminos] illi termini LO diversos] distinctos LO **17** praedicandi] om. L de rebus] LO om. A vel] LO et A modos significandi] LO om. A **18** significent] significant O **21** suppono] supposito L communiter] om. O **22** significat] significet L **23** per...terminum[2]] LO om. A **25** sunt] sint O **26** sint] sunt O

cant eandem rem, sed tamen hic terminus *linea* significat istam rem connotando longitudinem, hic vero terminus *superficies* significat eandem rem connotando longitudinem et latitudinem, hic vero terminus *corpus* significat eandem rem connotando longitudinem, latitudinem et profunditatem.

Terminorum de praedicamento quantitatis prima proprietas est, quod non contrariantur inter se sic, quod significent con-O17vb trarias dispositiones, nam si Sortes modo est bicubitus et postea fiat tricubitus, tunc quantitas duorum cubitorum remanet et tunc non contrariantur, licet bene repugnet eis proprie simul verificari de eodem.

Secunda proprietas: Termini de praedicamento quantitatis non praedicantur aliquando cum hoc adverbio *magis* et aliquando cum hoc adverbio *minus*. Una enim res non est una vice magis bicubita quam alia vice, et sic nec numerus ternarius est magis numerus quam numerus binarius, quamvis bene sit maior numerus.

Tertia proprietas quantitatis est secundum eam aliqua aequalia vel inaequalia dici. Unde de omni quantitate est verum dicere, quod ipsa sit aequalis vel inaequalis alteri quantitati, et hoc, si sint eiusdem rationis. Et notanter dico »Si sint eiusdem rationis«, quia linea non est aequalis superficiei secundum latitudinem nec superficies aequalis corpori secundum profunditatem nec etiam inaequalis. Unde omnia, quae dicuntur aequalia vel inaequalia, sic dicuntur ratione quantitatis continuae vel discretae. Unde si duo puncta dicerentur aequalia duabus intelligentiis, hoc esset ratione numeri, quia utraque

1 istam] LO om. A 4 hic vero] LO et hic A iste add. O 7 contrariantur] contrarientur O significent] LO significant A 8 nam] nam add. O si] scilicet! L 9 fiat] om. O cubitorum] LO bi- add. A 10 tunc] sic L licet] sed O bene] vere L repugnet] repugnat LO eis] ei? L proprio add. L proprie] LO om. A 13 cum] LO de A et] om. O 14 est] in add. O 15 quam] in add. LO vice²] om. LOX et sic] om. LO nec] unus add. AO 16 numerus²] unus O 17 maior] LOX alter A 18 quantitatis] om. LO est] om. L secundum] scilicet L eam] eos LO aequalia] LO om. A 20 sit] est LO 21 Et...rationis] LO om. A Si sint] L om. O 22 est] om. O superficiei] superiori L 23 aequalis] L om. AO

per« sehr wohl dasselbe Ding, jedoch bezeichnet der Term »Linie« dieses Ding unter Konnotation der Länge, der Term »Fläche« hingegen bezeichnet dasselbe Ding unter Konnotation der Länge und Breite, der Term »Körper« hingegen bezeichnet dasselbe Ding unter Konnotation der Länge, Breite und Tiefe.

Die erste Eigentümlichkeit der Terme aus dem Prädikament der Quantität ist, daß sie nicht auf solche Weise einander entgegengesetzt sind, daß sie konträre Bestimmungen bezeichneten. Denn wenn Sokrates jetzt zwei Ellen lang ist und nachher drei Ellen lang wird, dann bleibt die Quantität von zwei Ellen und dann sind sie nicht entgegengesetzt, wenn es auch sehr wohl unvereinbar ist, daß sie im eigentlichen Sinne zugleich von demselben verifiziert werden.

Zweite Eigentümlichkeit: Terme aus dem Prädikament der Quantität werden nicht manchmal mit dem Adverb »mehr« und manchmal mit dem Adverb »weniger« ausgesagt. Ein Ding nämlich ist nicht das eine Mal mehr zwei Ellen lang als ein anderes Mal, und ebensowenig ist die Zahl Drei mehr Zahl als die Zahl Zwei, obwohl sie sehr wohl die größere Zahl ist.

Die dritte Eigentümlichkeit der Quantität ist, daß gemäß ihr irgendwelche Dinge »gleich« oder »ungleich« genannt werden. So ist es von jeder Quantität wahr zu sagen, daß sie einer anderen Quantität gleich oder ungleich ist, und zwar dann, wenn sie zur selben Art gehören. Ich sage ausdrücklich »Wenn sie zur selben Art gehören«, weil eine Linie einer Fläche gemäß der Breite nicht gleich ist und eine Fläche einem Körper gemäß der Tiefe nicht gleich ist und auch nicht ungleich. So werden alle Dinge, die »gleich« oder »ungleich« genannt werden, in Hinsicht auf die kontinuierliche oder die diskrete Quantität so genannt. Wenn also zwei Punkte zwei Geistwesen »gleich« genannt würden, so geschähe das in Hinsicht auf die Anzahl, weil beide Paare mit der Zahl Zwei identisch sind. Und wenn

24 inaequalis] LO inaequale A omnia] alia add. L 27 duabus…aequalis] om. L hoc] ratione n- add. s. del. O

sunt numerus binarius. Et si una albedo diceretur aequalis alteri, hoc similiter esset ratione numeri graduum, quia habent numerum graduum aequalem.

Istas proprietates intendebat Aristoteles in *Praedicamentis*, cum dixit quantitati nihil esse contrarium et quantitatem non suscipere magis nec minus et secundum quantitatem aliquid aequale vel inaequale dici. Et inter istas proprietates ista ultima proprietas est proprie propria terminis de isto praedicamento.

Sed diceres: In quo praedicamento est iste terminus *punctus* et similiter iste terminus *unitas*? Respondetur, quod quilibet istorum est in praedicamento quantitatis reductive. *Punctus* enim reducitur ad quantitatem continuam et *unitas* ad quanti-
A11vb tatem discretam.

Cap. I.21 ⟨Capitulum vicesimum primum de praedicamento ad aliquid⟩

Sequitur videre, qui termini sunt in praedicamento ad aliquid. Unde sciendum est, quod non omnis terminus, qui est verificabilis cum additione alicuius casus obliqui, est de isto praedicamento. Unde iam *album* esset de isto praedicamento ad aliquid ex eo, quod album dicitur albedine album, similiter albedo dicitur albi albedo, et tamen *albedo* non est de isto praedicamento ad aliquid. Similiter caput dicitur alicuius caput et manus alicuius manus et asinus alicuius asinus, et tamen isti

4 Aristoteles] Aristoteles, Categoriae, Cap. 6, 5b11–6a18; 6a19–25; 6a26–35.

1 una] om. O albedo] altitudo O 2 habent] habet L 4 intendebat] intelligebat L 5 esse] est LO et] LO om. A 6 suscipere] LO significare A neque add. O nec] LO et A aliquid] om. L 7 dici] dicitur L 8 proprietas] L om. AO 10 Sed] om. L 12 istorum] om. O 13 continuam] retinuam? L et unitas] unitas autem L quantitatem[2]] om. O 14 discretam] Sequitur ergo videre termini qui add. L 17 videre...aliquid] de praedicamento relationis O sunt] sint L 18 Unde] pro quo L circa quod O est[1]] om. O 20 de] in O ad aliquid]

eine Weiße einer anderen »gleich« genannt würde, so geschähe das ebenfalls in Hinsicht auf die Anzahl der Grade, weil sie eine gleiche Anzahl von Graden haben.

Diese Eigentümlichkeiten meinte Aristoteles in den *Kategorien*, als er sagte, daß der Quantität nichts konträr ist, daß die Quantität kein Mehr oder Weniger aufnimmt und daß gemäß der Quantität etwas »gleich« oder »ungleich« genannt wird. Und unter diesen Eigentümlichkeit ist die letzte Eigentümlichkeit den Termen aus diesem Prädikament im eigentlichen Sinne eigentümlich.

Einwurf: Zu welchem Prädikament gehört (eigentlich) der Term »Punkt« und ebenso der Term »Einheit«? – Antwort: Jeder dieser Terme gehört mittels Rückführung zum Prädikament der Quantität. »Punkt« wird nämlich auf die kontinuierliche Quantität zurückgeführt und »Einheit« auf die diskrete Quantität.

Kapitel I.21:
Das Prädikament des In-bezug-auf-etwas

Es folgt die Untersuchung, welche Terme zum Prädikament des In-bezug-auf-etwas gehören. So muß man wissen, daß nicht jeder Term, der in Verbindung mit irgendeinem abhängigen Fall verifizierbar ist, zu diesem Prädikament gehört. So würde schon »weiß« zu diesem Prädikament des In-bezug-auf-etwas gehören, weil ein weißes Ding »durch die Weiße weiß« genannt wird, ebenso heißt eine Weiße »Weiße eines weißen Dinges«, aber dennoch gehört »Weiße« nicht zu diesem Prädikament des In-bezug-auf-etwas. Ebenso sagt man, daß ein Kopf der Kopf von jemandem ist und eine Hand die Hand von jemandem und ein Esel der Esel von jemandem, und dennoch

LO om. A **21** similiter] sicut O **22** et] om. O **23** ad aliquid] om. LO Similiter] ly add. AL **24** manus[1]] dicitur add. O et[1]...asinus[2]] L om. AO

termini non dicuntur esse in praedicamento ad aliquid. Non ergo omnis terminus est de praedicamento ad aliquid, qui est verificabilis de aliquo cum additione alicuius casus obliqui.

Sed omnis ille terminus, cuius esse est ad aliquid se habere seu necessario exigit obliquum alterius termini in eius conceptu definitivo, est de isto praedicamento, ut sunt isti termini *servus*, *dominus*, *pater*, *filius* et consimiles. Unde in cuiuslibet istorum terminorum conceptu definitivo includitur obliquus alterius termini et propter hoc dicti termini collocantur in praedicamento ad aliquid. Et ad videndum de aliquo termino proposito, an sit in praedicamento ad aliquid, ut proposito isto termino *pater*, notandum est pro regula, quod si esse patrem est esse ad aliquid, respondendum est, quod iste terminus *pater* sit in praedicamento ad aliquid. Si vero esse patrem esset esse aliquale, tunc dicendum esset esse istum terminum *pater* in praedicamento qualitatis. Sed quia esse patrem non est esse aliquale, sed est esse ad aliquid, ideo iste terminus *pater* non est in praedicamento qualitatis, sed est in praedicamento ad aliquid. Sed quia esse album est esse aliquale, iste terminus *album* est in praedicamento qualitatis. Et quia esse bipedale est esse quantum, ergo hic terminus *bipedale* est in praedicamento quantitatis. Et quia esse hominem est esse aliquid, hic terminus *homo* est in praedicamento substantiae.

Sed diceres contra: Eadem ratione esse bipedale et similiter esse album et similiter esse patrem est esse aliquid, quare isti termini *album*, *bipedale*, *pater* debent esse in praedicamento

1 esse] Z om. ALO in] de LO 4 omnis] omnes O esse] est L 5 seu] LO om. A eius] LO cuius A conceptu] 2^{tii} (!) L 6 termini] om. O 7 consimiles] cetera L 9 propter] L per AO 10 de] L om. AO 12 termino] om. O est] LO om. A pro] quod O 14 sit] est LO esset] est O 15 tunc] om. O esset] LO est A pater] LO patrem A 16 qualitatis] quia add. s. del. A Sed] et L 17 est] om. LO ideo] om. LO non…sed] LO om. A 18 est^2] om. LO 19 aliquale] tunc dicendum esset illum terminum pater add. s. del. L 20 esse] LO omne A 21 ergo] om. LO 24 ratione] est add. A esse] om. O et similiter] om. O 25 et] om. O quare] LO quia A 26 bipedale] et add. L debent esse] sunt O

werden diese Terme nicht zum Prädikament des In-bezug-auf-etwas gezählt. Also gehört nicht jeder Term zum Prädikament des In-bezug-auf-etwas, der in Verbindung mit irgendeinem abhängigen Fall von etwas verifizierbar ist.

Hingegen gehört jeder solche Term, dessen Sein (Wesen, Begriff) darin besteht, sich auf etwas zu beziehen, bzw. der in seinem definierenden Begriff notwendigerweise den abhängigen Fall eines anderen Terms erfordert, zu diesem Prädikament, wie z. B. die Terme »Knecht«, »Herr«, »Vater«, »Sohn« und ähnliche. So ist im definierenden Begriff jedes dieser Terme ein abhängiger Fall eines anderen Terms enthalten, und deswegen werden die genannten Terme dem Prädikament des In-bezug-auf-etwas zugezählt. Um von irgendeinem vorliegenden Term, z. B. vom Term »Vater«, herauszufinden, ob er zum Prädikament des In-bezug-auf-etwas gehört, ist als Regel zu beachten: Wenn Vater zu sein darin besteht, in bezug auf etwas zu sein, so muß die Antwort lauten, daß der Term »Vater« zum Prädikament des In-bezug-auf-etwas gehört. Wenn aber Vater zu sein darin bestünde, irgendwie beschaffen zu sein, dann müßte man sagen, daß der Term »Vater« zum Prädikament der Qualität gehört. Weil aber Vater zu sein nicht darin besteht, irgendwie beschaffen zu sein, sondern darin besteht, in bezug auf etwas zu sein, gehört also der Term »Vater« nicht zum Prädikament der Qualität, sondern zum Prädikament des In-bezug-auf-etwas. Weil aber weiß zu sein darin besteht, irgendwie beschaffen zu sein, gehört der Term »weiß« zum Prädikament der Qualität. Und weil zwei Fuß lang zu sein darin besteht, irgendwie groß zu sein, gehört also der Term »zwei Fuß lang« zum Prädikament der Quantität. Und weil ein Mensch zu sein darin besteht, etwas zu sein, gehört der Term »Mensch« zum Prädikament der Substanz.

Einwand: Aus demselben Grund besteht zwei Fuß lang zu sein, ebenso weiß zu sein und ebenso Vater zu sein darin, etwas zu sein, weshalb die Terme »weiß«, »zwei Fuß lang«, »Vater« zum Prädikament der Substanz gehören sollten, ebenso wie der Term »Mensch«, wenn der Term »Mensch« deshalb zum

O18ra substantiae, sicut hic terminus *homo*, si hic terminus *homo* ponatur in praedicamento substantiae propter hoc, quod esse hominem est esse aliquid. Respondetur negando, quod esse bipedale sit esse aliquid et quod esse album sit esse aliquid et quod esse patrem sit esse aliquid, immo esse bipedale est esse quantum, esse album est esse quale, esse patrem est esse ad aliquid. Et dico ulterius, quamvis bipedale, album et similiter L23va pater sint aliquid, tamen nec esse bipedale est esse aliquid nec esse album est esse aliquid nec esse patrem est esse aliquid. A12ra Unde septimo *Metaphysicae* dicit Aristoteles »Non est idem album et esse album«.

Ulterius sciendum est, quod termini, qui connotant, quomodo una res se habet ad aliam vel ad se ipsam, sunt de isto praedicamento ad aliquid, quia in conceptu definitivo talium includitur obliquus alterius termini. Et notabiliter dixi »vel ad se ipsam« propter relativum identitatis, sicut est hic terminus *idem*, nam omne ens est sibi ipsi idem.

Et similiter termini abstracti talium terminorum possunt poni in praedicamento isto propter eorum concreta, quae sic se habent, sicut dictum est. Et propter hoc isti termini *virtus*, *vitium*, *prodigalitas*, *largitas* vel *liberalitas* possunt poni in isto praedicamento. Unde iste terminus *liberalis* praedicabilis est in quomodo se habet. Unde cum dicitur »Sortes est liberalis«, denotatur, qualiter Sortes se habet in distributione pecunia-

10 Aristoteles] Aristoteles, Metaphysica, VII.6, 1031a20s.

1 homo[2]] LO om. A 2 ponatur] ponitur LO esse add. L hoc] LO om. A 3 esse[2]] LO omne A 4 bipedale] est add. L sit[1]] L est AO aliquid[1]] aliud L et[2]...aliquid] LO etc. A 5 immo] pater bipedale add. s. del. A 6 quantum] et add. O quale] ali- add. L et add. O 7 quamvis] licet O p- add. s. del. O bipedale] sit aliquid et add. LO album] sit aliquid add. LO similiter] om. LO 8 sint] sit LO nec[1]] om. LO bipedale] LO album A non add. LO 9 album] LO bipedale A est[1]...aliquid[1]] LO om. A esse[4]] ad add. A 10 septimo] LO secundo? A dicit Aristoteles] om. L idem] esse add. A 11 esse] LO om. A 12 Ulterius] Item O sciendum] notandum O est] om. LO qui] convenient- add. s. del. L 13 ipsam] omnes add. LO 14 ad aliquid] om. LO quia] om. O 15 includitur] concluditur L alterius termini] LO om. A dixi] dico L

Prädikament der Substanz gezählt wird, weil ein Mensch zu sein darin besteht, etwas zu sein. – Antwort: Ich verneine, daß zwei Fuß lang zu sein darin bestünde, etwas zu sein, daß weiß zu sein darin bestünde, etwas zu sein, und daß Vater zu sein darin bestünde, etwas zu sein. Vielmehr besteht zwei Fuß lang zu sein darin, irgendwie groß zu sein, weiß zu sein darin, irgendwie beschaffen zu sein, und Vater zu sein darin, in bezug auf etwas zu sein. Ferner sage ich: Obwohl ein zwei Fuß langes Ding, ein weißes Ding und ebenso ein Vater etwas sind, so besteht doch weder zwei Fuß lang zu sein darin, etwas zu sein, noch weiß zu sein darin, etwas zu sein, noch Vater zu sein darin, etwas zu sein. So sagt Aristoteles im siebten Buch der *Metaphysik* »Weißes und weiß sein ist nicht dasselbe«.

Ferner muß man wissen, daß Terme, die konnotieren, auf welche Weise sich ein Ding zu einem anderen oder zu sich selbst verhält, zu diesem Prädikament des In-bezug-auf-etwas gehören, weil im definierenden Begriff solcher Terme ein abhängiger Fall eines anderen Terms enthalten ist. Und ich sagte ausdrücklich »oder zu sich selbst« wegen des Relativs der Identität, wie z. B. der Term »dasselbe (identisch)« eines ist; denn jedes Seiende ist mit sich selbst identisch.

Ebenso können die abstrakten Terme solcher Terme zu diesem Prädikament gezählt werden, und zwar wegen ihrer konkreten Formen, die sich auf die eben ausgeführte Weise verhalten. Deswegen können die Terme »Tugend«, »Laster«, »Verschwendungssucht«, »Freigebigkeit« oder »Großzügigkeit« zu diesem Prädikament gezählt werden. So ist der Term »freigebig« in bezug darauf aussagbar, auf welche Weise sich (das Subjekt) verhält; wenn man nämlich sagt »Sokrates ist freigebig«, gibt man an, auf welche Weise sich Sokrates hinsichtlich der Verteilung seines Geldes verhält, und ebenso,

vel] om. L aut O ad] a! O 16 est] LO om. A 17 nam...idem[2]] om. O omne ens] esse deus L 19 poni] re- add. LO 20 virtus] et add. L 21 prodigalitas] et add. L 23 quomodo] conclusione! L dicitur] L dico AO 24 denotatur] et significatur add. O qualiter] quomodo O pecuniarum] LO pecuniae A

rum, et ita similiter, cum dicitur »Sortes est prodigus«. Et ideo isti duo termini *liberalis* et *prodigus* sunt in praedicamento ad aliquid per se accipiendo esse in praedicamento ad aliquid per se, prout ille terminus dicitur esse in praedicamento ad aliquid per se, qui convenienter respondetur ad interrogationem factam per *quomodo se habet hoc ad illud* de substantia prima. Isti vero termini *liberalitas* et *prodigalitas* possunt dici esse in praedicamento ad aliquid, quia sunt abstracta istorum terminorum, qui convenienter possunt responderi ad interrogationem factam per *quomodo se habet hoc ad hoc* de prima substantia. Isti vero termini *virtus*, *vitium* possunt dici esse in praedicamento ad aliquid, quia sunt verificabiles praedicatione essentiali de abstractis istorum terminorum, qui convenienter respondentur ad interrogationem factam per *quomodo se habet hoc ad hoc* de prima substantia.

Relativorum quaedam dicuntur relativa aequiparantiae, alia vero relativa disparantiae. Relativa aequiparantiae sunt, quae non differunt nisi in casu et non in connotatione, sicut se habet simile ad simile, unde dicimus simile simili simile, aequale aequali aequale. Similter isti duo termini *frater*, *soror* bene possunt dici relativa aequiparantiae. Quamvis non nominentur eodem nomine, tamen quia neutrum eorum significat prioritatem vel superioritatem, etiam possunt dici relativa aequiparantiae. Sed relativa disparantiae differunt nomine et connotatione. Et illa, quae significant prioritatem vel superioritatem, dicuntur relativa superpositionis et eorum correlativa dicuntur

1 ita] om. L dicitur] LO dico A Et] ist- add. s. del. O 2 liberalis...prodigus] LO trsp. A et] LO om. A 3 ad...se] LO om. A 4 ille...dicitur] dicimus istum terminum LO esse] LO om. A aliquid] aliud L 5 per se] LO om. A interrogationem] fa- add. s. del. A 6 hoc...illud] X om. ALOPS hoc ad hoc E15r prima] om. O 7 Isti] ibi! L liberalitas...prodigalitas] LO trsp. A et] L om. AO esse] Z om. ALO in] de LO 9 ad...factam] LO om. A 10 hoc[1]...hoc[2]] E15r om. ALOPSX 11 esse] Z om. ALO in] de L 14 respondentur] possunt responderi L respondentur...substantia] etc. O 15 hoc[1]...hoc[2]] E15r om. ALOPSX 16 dicuntur] relati- add. s. del. A alia vero] et quaedam L quaedam vero O 17 relativa] om. LO disparantiae] disaequiparantiae LO quae] LO

wenn man sagt »Sokrates ist verschwenderisch«. Deshalb gehören die zwei Terme »freigebig« und »verschwenderisch« an sich zum Prädikament des In-bezug-auf-etwas, wobei »an sich zum Prädikament des In-bezug-auf-etwas gehören« so verwendet wird, daß ein solcher Term an sich zum Prädikament des In-bezug-auf-etwas gezählt wird, der auf die Frage »Auf welche Weise verhält sich das zu jenem?« bezüglich einer ersten Substanz angemessen zur Antwort gegeben wird. Hingegen können die Terme »Freigebigkeit« und »Verschwendungssucht« zum Prädikament des In-bezug-auf-etwas gezählt werden, weil sie abstrakte Formen von Termen sind, die auf die Frage »Auf welche Weise verhält sich das zu dem?« bezüglich einer ersten Substanz angemessen zur Antwort gegeben werden können. Die Terme »Tugend«, »Laster« aber können zum Prädikament des In-bezug-auf-etwas gezählt werden, weil sie mittels einer Wesensprädikation von den abstrakten Formen jener Terme aussagbar sind, die auf die Frage »Auf welche Weise verhält sich das zu dem?« bezüglich einer ersten Substanz angemessen zur Antwort gegeben werden.

Von den Relativausdrücken heißen manche »Relative der Gleichheit«, andere hingegen »Relative der Ungleichheit«. Relative der Gleichheit sind solche, die sich nur durch den Fall, aber nicht durch die Konnotation unterscheiden; so verhält sich z. B. »ähnlich« zu »ähnlich«, denn wir sagen, daß das Ähnliche dem Ähnlichen ähnlich ist, daß das Gleiche dem Gleichen gleich ist. Ebenso können die zwei Terme »Bruder«, »Schwester« durchaus »Relative der Gleichheit« genannt werden: Obwohl es verschiedene Nomina sind[27], so können sie doch auch »Relative der Gleichheit« genannt werden, weil keines von ihnen einen Vorrang oder eine Höherstellung bezeichnet. Aber Relative der Ungleichheit unterscheiden sich

qui A 19 simile[2]...aequali] LO om. A simile[3]...simile[4]] O simili simile simili L 20 duo] LO om. A bene] om. O 21 Quamvis] licet O nominentur] LO nominantur A 22 eorum] istorum L om. O 23 etiam] om. LO 24 disparantiae] disaequiparantiae LO dicuntur add. s. del. O 26 dicuntur[1]] LO possunt dici A superpositionis] superioris L

relativa suppositionis. Isto modo se habent ad invicem ista relativa *pater*, *filius*, *magister*, *discipulus*. Unde hic terminus A12rb *pater* vocatur relativum superpositionis et hic terminus *filius* vocatur relativum suppositionis, et similiter hic terminus *magister* est relativum superpositionis et hic terminus *discipulus* est relativum suppositionis etc.

Terminorum de praedicamento ad aliquid una proprietas est, quod inter se contrariantur isto modo, quod connotant dispositiones rerum contrarias et incompossibiles, saltem aliquo modo. Et ideo isti termini de isto genere non sunt ita proprie contrarii, sicut sunt termini de praedicamento qualitatis, quia termini de praedicamento qualitatis significant qualitates vere contrarias, sicut illi termini *album*, *nigrum*. Et ideo dicitur, quod in qualitate est motus et vera contrarietas, sed non in relatione.

Secunda proprietas est: Aliqui termini de praedicamento relationis praedicantur de substantiis primis aliquando cum hoc adverbio *magis*, aliquando cum hoc adverbio *minus*. Verbi gratia, si Sortes esset albus albedine trium graduum et Plato esset albus albedine unius gradus, Sortes esset similis Platoni, O18rb et si albedo Platonis intenderetur vel albedo Sortis remitteretur, Sortes et Plato essent magis similes, et prius unus erat minus similis alteri quam modo.

Istae duae proprietates non conveniunt omnibus terminis de praedicamento relationis. Unde iste terminus *duplum* est in praedicamento relationis, et tamen sibi non convenit prima

1 relativa] om. O Isto…superpositionis] om. O 2 pater] et add. L magister discipulus] L om. A 3 pater] unde hic terminus pater add. A et] ut O 4 vocatur] L om. A suppositionis] superpositionis L et] L om. O et…etc] LO om. A 5 est relativum[1]] L om. O superpositionis] O suppositionis L est relativum[2]] L om. O 6 etc] L om. O 7 de praedicamento] om. L 9 rerum] LO om. A et] om. LO saltem] om. L 10 Et] LO om. A 11 sunt] om. LO 12 quia] LO qui A termini…qualitatis] LO om. A 13 vere] O om. L contraria add. s. del. O vere…relatione] LO om. A 14 vera] O una L sed] L et O 16 est] om. L 17 praedicantur] ponuntur! O aliquando] Z om. ALOX 20 esset[1]] LO om. A esset[2]] LO est A 21 vel] L et A vel…remitteretur] stante

durch den Namen *und* die Konnotation. Jene, die einen Vorrang oder eine Höherstellung bezeichnen, heißen »Relative der Überordnung«, und ihre Korrelative heißen »Relative der Unterordnung«. Auf diese Weise verhalten sich die Relative »Vater«, »Sohn«, »Lehrer«, »Schüler« zueinander: So heißt der Term »Vater« »Relativ der Überordnung« und der Term »Sohn« heißt »Relativ der Unterordnung«, und ebenso ist der Term »Lehrer« ein Relativ der Überordnung und der Term »Schüler« ein Relativ der Unterordnung usw.

Eine Eigentümlichkeit der Terme aus dem Prädikament des In-bezug-auf-etwas ist, daß sie untereinander auf solche Weise konträr sind, daß sie konträre und unvereinbare Bestimmungen der Dinge konnotieren, zumindest auf irgendeine Weise. Deshalb sind die Terme aus dieser Gattung (Kategorie) nicht in dem strengen Sinne konträr, wie es die Terme aus dem Prädikament der Qualität sind, denn die Terme aus dem Prädikament der Qualität bezeichnen wahrhaft konträre *Qualitäten*, wie z. B. die Terme »weiß«, »schwarz«. Deshalb sagt man, daß es hinsichtlich der Qualität Bewegung und echte Kontrarietät gibt, aber nicht hinsichtlich der Relation.

Die zweite Eigentümlichkeit lautet: Einige Terme aus dem Prädikament der Relation werden manchmal mit dem Adverb »mehr«, manchmal mit dem Adverb »weniger« von ersten Substanzen ausgesagt. Z. B., wenn Sokrates durch eine Weiße von drei Graden weiß wäre und Platon durch eine Weiße von einem Grad weiß wäre, dann wäre Sokrates dem Platon ähnlich, und wenn die Weiße des Platon verstärkt würde oder die Weiße des Sokrates verringert würde, wären Sokrates und Platon (einander) mehr ähnlich, und vorher war einer dem anderen weniger ähnlich als jetzt.

Diese beiden Eigentümlichkeiten kommen nicht allen Termen aus dem Prädikament der Relation zu. So gehört der Term »doppelt« zum Prädikament der Relation, aber dennoch kommt ihm nicht die erste Eigentümlichkeit zu und auch nicht

albedine Sortis O 22 Sortes...Plato] ipsi O essent] fierent O 23 alteri] LO altero A 25 iste] est! O 26 et] LO om. A

proprietas nec etiam secunda, *duplum* enim non dicitur de aliquo secundum magis et minus.

Tertia proprietas est, quod relativa dicuntur ad convertentiam, id est, si hoc verbum *est* secundo adiacens praedicatur de aliquo relativo, et de suo correlativo. Ergo ista consequentia est bona »Pater est, ergo filius est«.

Et notandum est, quod hoc est verum de aliquibus in propositione de praesenti et de aliquibus in propositione de praeterito et de aliquibus in propositione de futuro. Unde non sequitur »Causatum est, ergo causa est«, sed bene sequitur »Ergo causa fuit«. Nec sequitur »Prius est, ergo posterius est«, sed bene sequitur »Ergo posterius erit«. Nec sequitur »Calefactibile est, ergo calefaciens est«, sed bene »erit vel potest esse«. Similiter nec sequitur »Scibile est, ergo scientia eius est«, sed bene sequitur »Ergo scientia eius erit vel potest esse«, et sic de aliis.

Quarta proprietas est: Relativa sunt simul natura. Exponitur, id est, naturali intelligentia, quia in conceptu termini relativi definitivo implicatur et includitur correlativum. Et ideo ipsa cointelliguntur, nec unum potest intelligi sine alio.

Quinta proprietas est: Relativa posita se ponunt et perempta se perimunt, id est, si esse verificatur affirmative de uno eorum personaliter sumpto, tunc etiam verificatur de alio affirmative personaliter accepto. Et si esse negative verificatur de uno personaliter accepto, et de alio. Unde in proposito perimere est

1 etiam] om. O 3 est] om. L quod] O om. AL convertentiam] convenientiam? O 4 adiacens] praedicant? add. s. del. A 5 aliquo...bona] uno correlativorum in aliqua propositione ab ista ad unam aliam in qua hoc verbum est secundo adiacens praedicatur de alio relativo est bona consequentia verbi gratia LO 7 Et] L om. AO est[1]] om. LO aliquibus] de? add. s. del. A in] om. L propositione] O propositionibus AL 8 et] L vel A om. O de[2]...propositione] LO om. A propositione] O propositionibus L 9 et] LO vel A de[1]...propositione] LO om. A Unde] LO om. A 12 bene] om. O sequitur Ergo] om. LO Nec] bene add. A Nec...esse] om. O 13 bene] om. L 14 eius] Z om. AO cuius L 15 sequitur] scibile est add. O eius] Z om. AO cuius L 17 est] om. O Exponitur] solet exponi LO 18 naturali] LO naturalis? A conceptu] consequentiam? L 19 definitivo] LO definitive? A correlativum] aliud relativum

die zweite, »doppelt« wird nämlich nicht gemäß Mehr und Weniger von etwas ausgesagt.

Die dritte Eigentümlichkeit ist, daß Relative gemäß Umkehrbarkeit ausgesagt werden, d. h., wenn das Verb »ist« als zweiter Bestandteil (des Satzes, d. i. als Existenzprädikat) von irgendeinem Relativ ausgesagt wird, dann auch von seinem Korrelativ. Also ist die Folgerung gültig »Ein Vater ist, also ist ein Sohn«.

Anzumerken ist, daß dies wahr ist von manchen (Relativen) in einem Satz im Präsens, von manchen in einem Satz im Präteritum und von manchen in einem Satz im Futur. So folgt nicht »Das Verursachte ist, also ist die Ursache«, aber sehr wohl folgt »Also war die Ursache«. Und es folgt nicht »Das Frühere ist, also ist das Spätere«, aber sehr wohl folgt »Also wird das Spätere sein«. Und es folgt nicht »Das Erwärmbare ist, also ist das Erwärmende«, aber sehr wohl »wird oder kann sein«. Ebenso folgt nicht »Das Wißbare ist, also ist das Wissen von ihm«, aber es folgt sehr wohl »Also wird oder kann das Wissen von ihm sein«; und so auch in anderen Fällen.

Die vierte Eigentümlichkeit lautet: Relative sind der Natur nach zugleich. Auslegung: D. h., dem natürlichen Verständnis nach, denn im definierenden Begriff eines relativen Terms ist das Korrelativ enthalten und eingeschlossen. Und deshalb werden sie zusammen begriffen und kann nicht das eine ohne das andere begriffen werden.

Die fünfte Eigentümlichkeit lautet: Die Setzung von Relativen bedingt die Setzung ihrer Korrelative und die Vernichtung von Relativen bedingt die Vernichtung ihrer Korrelative, d. h.: Wenn »sein« von einem von ihnen in personaler Verwendung bejahend verifiziert wird, dann wird es auch vom anderen in personaler Verwendung bejahend verifiziert. Und wenn »sein« von einem in personaler Verwendung verneinend verifiziert

LO 20 ipsa] simul add. LO cointelliguntur] co- om. L sine] absque L 21 est] O om. AL se] om. O possunt add. s. del. A 22 perimunt] pereunt L affirmative] om. O 23 verificatur] verificabitur O affirmative] om. LO 24 Et...accepto] om. LO verificatur] Z negabitur A 25 et...alio] om. O

idem quod negare, unde si nullus pater est, nullus filius est, et L23vb si nullum duplum est, nullum dimidium est. Et si duplum est, dimidium est, et si pater est, filius est. Et hoc est verum de aliquibus in praesenti et de aliquibus in praeterito et de aliqui- A12va bus in futuro vel in possibili, sicut dicebatur in tertia proprietate.

Sexta proprietas est: Si quis definite novit unum correlativorum, definite novit et reliquum. Ratio istius est, quod unum cadit in definitione alterius. Unde ly *pater* significat tantum, quantum ly *qui genuit filium*, et *filius*, *qui genitus est a patre*. Sed diceres: Si unum relativorum sic debet poni in definitione alterius et poneretur, tunc esset circulatio et petitio. Dicendum est, quod in talibus descriptionibus non est inconveniens, quod sit circulatio, immo oportet, ex quo in conceptu definitivo unius relativorum implicatur et includitur reliquum.

Cap. I.22 ⟨Capitulum vicesimum secundum de praedicamento qualitatis⟩

Sequitur de praedicamento qualitatis, circa quod primo sciendum est, quod omnes illi termini dicuntur esse in praedicamento qualitatis, qui convenienter possunt responderi ad interrogationem factam per *quale* de substantia prima vel sunt talium terminorum abstracta vel sunt praedicabiles praedicatione essentiali de illis terminis vel de eorum abstractis. Exemplum primi, ut sunt isti termini *album*, *nigrum*. Exemplum

1 est[1]] ergo add. A   et] om. O   2 si[1]] LO om. A   est[1]] ergo add. A   3 et…est[3]] om. O   4 in[1]] LO de A   et de[1]] L om. O   et[1]…praeterito] LO om. A   et[2]] O vel AL   de aliquibus[2]] om. L   5 in[1]] LO de A   in[2]] L de A om. O   7 Sexta] ultima LO   novit] LO noverit A   correlativorum] O cor- om. AL   8 definite] LO om. A   novit] LO noscit A   Ratio…est] om. L   quod] quia LO   9 tantum] eum O   10 quantum] sicut L unum? del. O ut corr. s.l. O   ly] om. LO   qui[2]] de? add. s. del. O   11 sic] LO om. A   debet] deberet O   12 et poneretur] om. O   circulatio] circulatione L   et petitio] om. O   14 oportet] quod add. L   15 reliquum] etc. add. L   18 quod] etc. Circa quod add. L   19 est] LO om. A   esse] LO om. A

wird, dann auch vom anderen. So bedeutet in diesem Zusammenhang »vernichten« dasselbe wie »verneinen«: Wenn also kein Vater ist, dann ist kein Sohn, und wenn kein Doppeltes ist, dann ist kein Halbes. Und wenn ein Doppeltes ist, dann ist ein Halbes, und wenn ein Vater ist, dann ist ein Sohn. Und das ist wahr von manchen (Relativen) im Präsens, von manchen im Präteritum und von manchen im Futur oder in der Möglichkeitsform, wie bei der dritten Eigentümlichkeit gesagt wurde.

Die sechste Eigentümlichkeit lautet: Wenn jemand eines von zwei Korrelativen eindeutig kennt, kennt er auch das andere eindeutig. Der Grund dafür ist, daß das eine zur Definition des anderen gehört: So bezeichnet der Ausdruck »Vater« soviel wie »einer, der einen Sohn zeugte« und »Sohn« »einer, der von einem Vater gezeugt wurde«. – Einwand: Wenn ein Relativ auf diese Weise in der Definition des anderen angeführt werden muß und auch so angeführt würde, dann läge ein (Definitions-) Zirkel und eine (Definitions-) Erschleichung vor. Dazu muß man sagen, daß in solchen Beschreibungen eine Zirkeldefinition nicht unangemessen ist, vielmehr ist sie erforderlich, weil im definierenden Begriff eines Relativs das andere enthalten und eingeschlossen ist.

Kapitel I.22: *Das Prädikament der Qualität*

Es folgt (das Kapitel) über das Prädikament der Qualität. Diesbezüglich muß man erstens wissen, daß alle jene Terme zum Prädikament der Qualität gezählt werden, die auf die Frage »Wie beschaffen (ist das)?« bezüglich einer ersten Substanz angemessen zur Antwort gegeben werden können oder die abstrakte Formen solcher Terme sind oder die mittels einer Wesensprädikation von jenen Termen oder von ihren abstrakten Formen aussagbar sind. Ein Beispiel für das erste sind die

20 qualitatis] om. O 21 per] pro L sunt] LO om. A 22 sunt] a- add. s. del. O praedicabilis add. s. del. O 23 de[2]] L om. AO

secundi, ut sunt isti termini *albedo*, *nigredo*. Exemplum tertii, ut sunt *quale*, *qualitas*. Omnes enim huiusmodi termini ponuntur in praedicamento qualitatis.

Notandum secundo, quod in isto praedicamento etiam possunt poni illi termini, qui praedicantur in qualiter, sicut sunt adverbia qualitatis, scilicet *bene*, *male*. Cum enim quaeritur »Qualiter est tibi?«, convenienter respondemus »Bene« vel »Male«.

Qualitatis quattuor sunt species. Prima species vocatur habitus et dispositio, secunda naturalis potentia vel impotentia, tertia passio vel passibilis qualitas, quarta vocatur forma vel circa aliquid constans figura.

Circa primam speciem dubitatur, quare nominetur diversis nominibus, et similiter potest dubitari de aliis. Secundo dubitatur, utrum habitus et dispositio sint diversae species.

Ad primum respondetur, quod in genere qualitatis reperitur esse intensum et remissum vel magis perfectum et minus perfectum,
O18va et cum magis et minus non diversificant speciem, una species qualitatis potest habere diversa nomina, unum pro qualitate intensa et perfecta, aliud vero pro qualitate imperfecta et remissa. Et isto modo prima species qualitatis vocatur habitus et dispositio, et ex hoc etiam patet ad secundum, videlicet, quod habitus et dispositio non sunt species diversae. Unde habitus est nomen qualitatum perfectarum et dispositio nomen qualitatum imperfectarum, et cum magis et minus non

1 isti termini] om. L 2 ut] om. O sunt] L om. AO Omnes…qualitatis] LO om. A 4 etiam] O om. AL 5 illi] om. O 6 scilicet] om. L sicut O ista add. O male] quale! L quaeritur] quaerimus O 7 tibi] ibi! L respondemus] O respondetur AL 9 species^{2}] om. LO 10 et] vel O secunda] naturalia? add. s. del. A naturalis] vel O 11 tertia] tertio L 13 nominetur] L nominatur AO diversis] duobus LO 14 nominibus] modis L similiter] LO sic A 15 et] est *ante corr.* A sint] sunt O 16 quod] quia L 17 et remissum] LO om. A vel] om. LO et^{2}] LO vel A 18 cum] om. O magis] est add. s. del. A diversificant] diversificentur L speciem] species O 19 diversa] duo LO 20 et perfecta] LO om. A 22 ex] per O videlicet] om. L 23 sunt] sint L diversae] distinctae O 24 Unde] modo/inde L cum add. LO est] sit LO nomen] LO om. A dispositio] fit! add. L 25 nomen] LO om. A cum] tamen L et^{2}] vel O

Terme »weiß«, »schwarz«, ein Beispiel für das zweite sind die Terme »Weiße«, »Schwärze«, ein Beispiel für das dritte sind (die Terme) »irgendwie beschaffen«, »Beschaffenheit (Qualität)«. Alle derartigen Terme nämlich werden zum Prädikament der Qualität gezählt.

Zweitens ist anzumerken, daß auch solche Terme zu diesem Prädikament gezählt werden können, die in bezug auf die Weise (wie etwas getan wird oder sich befindet) ausgesagt werden, wie z. B. die Adverbien der Qualität, nämlich »gut«, »schlecht«. Wenn nämlich gefragt wird »Wie geht es dir?«, antworten wir angemessen »Gut« oder »Schlecht«.

Es gibt vier Arten der Qualität: Die erste Art heißt »Haltung und Zustand«, die zweite »natürliches Vermögen oder Unvermögen«, die dritte »Widerfahrnis oder (von einem Sinnesorgan) aufnehmbare Qualität«[28], die vierte heißt »Form oder gleichbleibende äußere Gestalt von etwas«.

Bezüglich der ersten Art fragt es sich, weshalb sie mit verschiedenen Namen benannt wird, und die gleiche Frage kann man bezüglich der anderen Arten stellen. Zweitens fragt es sich, ob Haltung und Zustand verschiedene Arten sind.

Antwort auf das erste: In der Gattung (Kategorie) der Qualität gibt es ein Verstärkt- und ein Verringertsein bzw. ein mehr und weniger Vollkommensein, und da Mehr und Weniger eine Art nicht weiter (in Unterarten) unterteilen, kann *eine* Art der Qualität *verschiedene* Namen haben, den einen für die verstärkte und vollkommene Qualität, den anderen aber für die unvollkommene und verringerte Qualität. Demgemäß heißt die erste Art der Qualität »Haltung und Zustand«, und damit erhellt auch die Antwort auf das zweite, nämlich, daß Haltung und Zustand keine verschiedenen Arten sind. So ist »Haltung« der Name für die vollkommenen Qualitäten und »Zustand« der Name für die unvollkommenen Qualitäten, und da Mehr und Weniger eine Art nicht weiter unterteilen, folgt, daß die

diversificant speciem, sequitur nomina dictarum qualitatum non esse diversas species.

Et in ista prima specie qualitatis sunt isti termini, qui significant aliquam qualitatem vel aliquam dispositionem de difficili vel de facili esse mobilem a subiecto. Et ista qualitas, quae de A12vb difficili est mobilis a subiecto, vocatur habitus, ut scientia est de difficili separabilis a subiecto. Illa vero qualitas, quae est de facili mobilis a subiecto, vocatur dispositio, sicut sanitas, quae est de facili mobilis a suo subiecto.

Dubitatur hic: Videtur, quod scienta non sit de prima specie qualitatis ex eo, quod est de praedicamento relationis, dicitur enim relative ad scibile. Quod ergo non debeat dici esse de praedicamento qualitatis, patet per Aristotelem in *Praedicamentis* »Diversorum generum et non subalternatim positorum diversae sunt species et differentiae«. Respondetur, quod iste terminus *scientia*, prout significat unam qualitatem in anima connotando illam de difficili esse mobilem a subiecto, dicitur esse in praedicamento qualitatis et in prima specie. Prout autem hic terminus *scientia* significat talem qualitatem in ordine ad scibile, ponitur in praedicamento relationis, et sic patet, quod hic terminus *scientia* non eodem modo, sed diversimode sumptus, potest esse in diversis praedicamentis, nec hoc est contra auctoritatem Aristotelis allegatam.

Secunda species qualitatis est naturalis potentia vel impotentia, et omnes termini dicuntur esse in ista specie, qui sunt in praedicamento qualitatis et cum hoc significant naturalem

13 per Aristotelem] Aristoteles, Categoriae, Cap. 3, 1b16s.

1 speciem] species O nomina] LO nullam A 2 non] LO om. A 3 Et] LO om. A prima] LO om. A 4 vel…dispositionem] LO om. A 5 de[1]] mo- add. s. del. A a] de O ista] O ita AL illa *post corr.* L quae] om. O 6 ut] sanitas vel add. A scientia] vel sanitas add. LO est[2]] om. O 7 difficili] difficilis L separabilis] mobilis O a] de O quae] qui O de[2]] a L 8 mobilis] separabilis LO 9 est] esset L mobilis] separabilis LO suo] om. LO 10 hic] et add. A de] in O 11 de] in O 12 debeat] LO debet A dici] om. L vel add. O esse] LO om. A de] in O 14 Diversorum] genera add. s. del. A 15 diversae…differentiae] LO etc. A 18 et] hoc add. O 20 ponitur] dicitur LO 21 quod] qualiter LO

Namen der genannten Qualitäten keine verschiedenen Arten sind[29].

Zu dieser ersten Art der Qualität gehören die Terme, welche irgendeine Qualität oder irgendeine Beschaffenheit bezeichnen, die vom Zugrundeliegenden schwer oder leicht trennbar ist. Eine solche Qualität, die vom Zugrundeliegenden schwer trennbar ist, heißt »Haltung«, wie z. B. das Wissen vom Zugrundeliegenden schwer trennbar ist. Eine solche Qualität hingegen, die vom Zugrundeliegenden leicht trennbar ist, heißt »Zustand«, wie z. B. die Gesundheit, die von ihrem Zugrundeliegenden leicht trennbar ist.

Hier stellt sich ein Problem: Es scheint, daß das Wissen (bzw. die Wissenschaft) nicht zur ersten Art der Qualität gehört, und zwar deshalb, weil es zum Prädikament der Relation gehört, es wird nämlich relativ zum Wißbaren ausgesagt. Daß es also nicht zum Prädikament der Qualität gezählt werden sollte, erhellt durch Aristoteles in den *Kategorien*: »Verschiedene und nicht untereinander angeordnete Gattungen haben verschiedene Arten und Unterschiede«. – Antwort: Insofern der Term »Wissen« eine Qualität in der Seele bezeichnet und dabei konnotiert, daß diese vom Zugrundeliegenden schwer trennbar ist, wird er zum Prädikament der Qualität gezählt, und zwar zur ersten Art. Insofern der Term »Wissen« aber eine solche Qualität in Hinsicht auf das Wißbare bezeichnet, wird er zum Prädikament der Relation gezählt. Und so zeigt sich, daß der Term »Wissen« zu verschiedenen Prädikamenten gehören kann, zwar nicht in derselben, aber gemäß verschiedener Verwendungsweise, und das steht auch nicht der angeführten autoritativen Stelle bei Aristoteles entgegen.

Die zweite Art der Qualität ist das natürliche Vermögen oder Unvermögen, und alle jene Terme werden zu dieser Art gezählt, die zum Prädikament der Qualität gehören und darüber

terminus] substantia add. s. del. A modo] LO om. A 22 diversis] diversas L hoc] LO om. A 23 auctoritatem] intentionem L 24 Secunda] Ista? O est] vocatur LO

potentiam vel impotentiam aliquid facile faciendi vel patiendi, sicut sunt isti termini *durum*, *molle*. Iste enim terminus *durum* significat naturalem potentiam resistendi seu potestatem resistere dividenti, hic autem terminus *molle* significat modo opposito.

Dubitatur hic primo, quia potentia est de genere ad aliquid, eo quod dicitur relative ad actum, ideo non est de isto praedicamento per istam regulam »Diversorum generum« etc. Secundo, quia potentia non est aliud quam potens substantia, sicut materia vel forma, quae est principium transmutationis, ideo non est de isto praedicamento, sed de praedicamento substantiae. Tertio, quia ars, scientia, virtus dicuntur quaedam potentiae, et tamen sunt de prima specie qualitatis et non de ista. Quarto, quia contrarie opposita non sunt de eadem specie, sed bene sunt de eodem genere, ergo etiam videtur, quod privative opposita, sicut sunt naturalis potentia et naturalis impotentia, non debent esse de eadem specie, licet bene possint esse de eodem genere.

Ad primum respondetur, quod hoc nomen *potentia* non est de genere qualitatis, sed est de genere ad aliquid, et ergo cum dicitur, quod naturalis potentia vel impotentia sunt species qualitatis, intelligendum est, quod nomina praedicabilia in quale vel eorum abstracta, quae connotant posse agere vel posse pati, sunt de ista specie qualitatis, quae est secunda, ut sunt haec nomina *calefactivum*, *frigefactivum*, *calefactibile*, *frigefactibile*, *mobile* et universaliter omnia nomina verbalia

1 facile] om. L patiendi] LO difficile faciendi A 2 sunt] O om. AL durum[2]] durus O 3 seu…resistere] O om. A seu potenter resistere L 4 dividenti] LO dividendi A significat] om. LO modo] om. L 6 aliquid] aliud L 8 istam] om. LO regulam] prius allegatam add. L prius positam add. O 9 substantia] potentia L 10 vel] LO et A 11 ideo] et quae LO de[2]] om. O 12 ars] et add. L scientia] et add. LO 13 et[1]] LO om. A qualitatis] L om. AO 14 ista] conclusione add. L Quarto] om. L quia] om. LO contrarie] O om. AL de] eodem add. s. del. A 15 sed] licet O bene] sunt add. s. del. O sunt] L om. A sint O ergo] om. L 16 et naturalis] om. O 17 debent] debeant L esse[1]] LO dici A bene] om. LO possint] LO possunt A 20 est] LO om. A et] LO om. A

hinaus ein natürliches Vermögen oder Unvermögen bezeichnen, etwas leicht zu tun oder zu erleiden, welcherart z. B. die Terme »hart«, »weich« sind. Der Term »hart« bezeichnet nämlich das natürliche Vermögen des Widerstands bzw. die Macht, dem Zerteilenden zu widerstehen, der Term »weich« hingegen bezeichnet auf entgegengesetzte Weise.

Hier stellen sich Probleme, und zwar erstens: Das Vermögen gehört zur Gattung (Kategorie) des In-bezug-auf-etwas, weil es ja relativ zum Vollzug ausgesagt wird, somit gehört es nicht zu diesem Prädikament, gemäß der Regel »Verschiedene Gattungen« usw. (s. o.). Zweitens: Das Vermögen ist nichts anderes als die vermögende Substanz, wie die Materie oder die Form, die das Prinzip der Veränderung ist, somit gehört es nicht zu diesem Prädikament, sondern zum Prädikament der Substanz. Drittens: Kunst(fertigkeit), Wissen(schaft), Tugend werden jeweils eine Art von »Vermögen« genannt, und dennoch gehören sie zur ersten Art der Qualität und nicht zu dieser. Viertens: Konträr entgegengesetzte Dinge gehören nicht zur selben Art, gehören aber sehr wohl zur selben Gattung, also scheint es auch, daß privativ (im Sinne der Beraubung) entgegengesetzte Dinge, wie es das natürliche Vermögen und das natürliche Unvermögen sind, nicht zur selben Art gehören müssen, wenn sie auch sehr wohl zur selben Gattung gehören können.

Antwort auf das erste: Das Nomen »Vermögen« gehört nicht zur Gattung (Kategorie) der Qualität, sondern gehört zur Gattung des In-bezug-auf-etwas, und wenn es also heißt, daß natürliches Vermögen oder Unvermögen Arten der Qualität sind, so ist das so zu verstehen, daß in bezug auf das Wie aussagbare Nomina oder ihre abstrakten Formen, die ein Tun-Können oder ein Erleiden-Können konnotieren, zu dieser Art der Qualität gehören, nämlich zur zweiten, wie z. B. die Nomina »des Warmmachens fähig«, »des Kaltmachens fähig«,

22 praedicabilia] praedicativa L praedicantia O 24 ista] secunda add. O qualitatis] om. O quae…secunda] om. O 25 sunt] LO om. A haec nomina] om. O 26 frigefactibile] om. LO mobile] risibile divisibile add. L etc. O et risibile divisibile add. O universaliter] videtur! L uniformiter O

L24ra O18vb A13ra his consimilia et similiter eorum abstracta, ut sunt *mobilitas* et *activitas*, *risibilitas* etc.

Ad secundum, bene conceditur, quod illa res, quae est potentia, est substantia et est in praedicamento substantiae, quia de pronomine demonstrante ipsam verificatur generalissimum istius praedicamenti substantiae. Tamen cum hoc stat, quod hoc nomen *potentia* potest esse de alio genere.

Ad tertium respondetur, quod accipiendo hoc nomen *scientia*, prout significat qualitatem animae connotando ipsam esse de difficili mobilem a subiecto, est in prima specie qualitatis, sed accipiendo ly *scientia*, prout significat qualitatem animae connotando animam posse considerare mediate illa, sic est de secunda specie qualitatis. Et sic etiam potest dici de virtute, recte sicut potest dici de gravitate, *gravitas* enim, in quantum connotat posse moveri, est de ista secunda specie qualitatis.

Ad quartum respondetur, sicut dicitur in quinto *Metaphysicae*, *impotentia* potest capi uno modo pro eo, quod potest aliquid agere vel pati, sed cum difficultate, et sic nomina hoc connotantia, sicut sunt ista *molle*, *durum*, sunt de eadem specie cum illis, quae hoc significant cum facilitate, et differunt sicut perfectum et imperfectum. Secundo modo accipitur *impotentia* pro privatione, sicut *incorruptibile*, *immobile*. Et adhuc ista nomina sunt de ista specie, quia non correspondent eis alii

16 Metaphysicae] Aristoteles, Metaphysica, V.12, 1019a24ss.

1 similiter] LO om. A et activitas] L om. AO 2 risibilitas etc] LO om. A 3 conceditur] concedendum est LO 4 est²] om. O substantiae] accipiendo esse in praedicamento substantiae (om. L) de cuius add. LO quia de] om. LO 5 ipsam] Z ipsum ALO 6 istius] O om. AL 7 nomen] substantia add. s. del. A potest] sunt L 8 accipiendo] om. L 10 in] de LO 11 ly] hoc nomen LO 12 considerare] agere L illa] et add. L est] potest esse LO 13 qualitatis] om. L etiam] similiter LO potest] posset O 14 recte] OS recte?/ratione? ALP ratione E16rX potest] posset O enim] om. L 15 posse moveri] Z posse movere ALOP potentiam movendi E16rSX ista] L om. AO 16 dicitur] patet L in] om. O quinto] libro L Metaphysicae] quod add. A 18 agere] facere L sed] tamen LO hoc] om. O 19 connotantia] connotan- L sunt ista] LO om. A eadem] LO ista A 20 quae] LO qui A hoc] LO om. A facilitate] LO

»erwärmbar«, »kühlbar«, »beweglich« und überhaupt alle Verbalnomina, die diesen ähnlich sind, sowie ihre abstrakten Formen, wie z. B. »Beweglichkeit« und »Tätigkeit«, »Fähigkeit zum Lachen« usw.

Zum zweiten: Es wird durchaus zugegeben, daß das Ding, welches ein Vermögen ist, eine Substanz ist und zum Prädikament der Substanz gehört, weil von einem Pronomen, das auf dieses Ding hinweist, die allgemeinste (Gattung) des Prädikaments der Substanz verifiziert wird. Dennoch ist damit vereinbar, daß das Nomen »Vermögen« zu einer anderen Gattung (Kategorie) gehören kann.

Antwort auf das dritte: Wenn man das Nomen »Wissen« so verwendet, daß es eine Qualität der Seele bezeichnet und dabei konnotiert, daß diese vom Zugrundeliegenden schwer trennbar ist, gehört es zur ersten Art der Qualität. Wenn man aber den Ausdruck »Wissen« so verwendet, daß er eine Qualität der Seele bezeichnet und dabei konnotiert, daß die Seele mittels ihrer Betrachtungen anstellen kann, dann gehört er zur zweiten Art der Qualität. Ähnliches kann man auch über »Tugend« sagen und ebenso kann man von »Schwere« sprechen: »Schwere« gehört nämlich zu dieser zweiten Art der Qualität, insofern der Ausdruck das Bewegtwerden-Können konnotiert.

Antwort auf das vierte: Wie es im fünften Buch der *Metaphysik* heißt, kann »Unvermögen« auf eine Weise für das verwendet werden, was etwas tun oder erleiden kann, aber mit Mühe, und so gehören Nomina, die dies konnotieren, wie z. B. »weich«, »hart«, zur selben Art wie jene, die dies mit der (Konnotation der) Leichtigkeit bezeichnen, und sie unterscheiden sich wie Vollkommenes und Unvollkommenes. Auf eine zweite Weise wird »Unvermögen« für eine Beraubung verwendet, wie z. B. »unzerstörbar«, »unbeweglich«. Auch diese Nomina gehören zu dieser Art, weil ihnen keine anderen Begriffe entsprechen, sondern dieselben, jedoch auf verschiedene Weise, weil sie ihnen negativ entsprechen. Deshalb werden solche

difficultate A et] sed O 21 Secundo] alio LO 22 Et] LO om. A 23 quia] adhuc add. O correspondent] LO correspondentur A

conceptus, sed idem, diversimode tamen, quia negative. Et ideo illi termini dicuntur de ista specie secunda qualitatis reductive, non aliter reducendo, nisi removendo negationem vel sibi aequivalens. Et non est simile de contrariis oppositis, quia cuilibet eorum correspondet unus conceptus affirmativus.

Tertia species qualitatis vocatur passio vel passibilis qualitas. Unde omne nomen existens in praedicamento qualitatis significans qualitatem perceptibilem a sensu seu inferentem passionem sensui, ut sunt isti termini *album*, *nigrum*, *amarum*, *dulce*, est in ista tertia specie qualitatis.

Et notandum est, quod quando huiusmodi qualitas immutativa sensus est permanens, tunc vocatur qualitas passibilis, quando autem non est permanens, sed cito mutabilis, tunc vocatur passio.

Hic dubitatur, quia videtur, quod hi termini *molle*, *durum* sint in ista specie qualitatis, quia significant qualitates sensibiles, et tamen prius dicebatur, quod essent in secunda specie qualitatis.

Respondetur, quod sicut nomina possunt esse aequivoca quantum ad significatum, ita etiam quantum ad connotatum, et secundum hoc possunt esse in diversis speciebus. Et ideo, si *durum* connotat difficultatem aliquid dividendi, est in secunda specie qualitatis, sed si connotat posse immutare sensum, tunc est de tertia specie.

Sed contra: Posse immutare sensum est posse agere, ergo etiam videtur, quod nomina, quae connotant posse immutare sensum, sicut praedicta, sint in secunda specie qualitatis et non de tertia.

1 idem] Z eidem ALO 2 secunda] LO om. A qualitatis] O om. AL 3 nisi] quam O vel] LO et A 4 aequivalens] LO aequivalentes A simile] similiter L oppositis] L om. A positivis O quia] qui O 5 cuilibet] quilibet L eorum] istorum LO 7 in] de LO 8 perceptibilem] percepta L inferentem] Z inferendo A inferens LOX 9 sensui] sensum O amarum dulce] LO om. A 10 est] Z et sunt A sunt L est…qualitatis] om. O tertia] om. L qualitatis] om. L 11 est] om. LO 13 tunc] O om. AL 15 quia] O et A om. L 16 sint] L sunt AO in] de LO 17 et] LO om. A in] de LO 20 significatum] significata L etiam] L

Terme gemäß Rückführung zu dieser zweiten Art der Qualität gezählt, wobei die Rückführung in nichts anderem besteht als in der Entfernung der Negation oder ihrer Entsprechung. Bei konträr entgegengesetzten (Termen) ist dies aber nicht der Fall, weil jedem von ihnen ein bejahender Begriff entspricht.

Die dritte Art der Qualität heißt »Widerfahrnis oder aufnehmbare Qualität«. So gehört jedes Nomen zu dieser dritten Art der Qualität, das dem Prädikament der Qualität angehört und eine Qualität bezeichnet, die sinnlich wahrnehmbar ist bzw. die Affektion eines Sinnes bewirkt[30], wie z. B. die Terme »weiß«, »schwarz«, »bitter«, »süß«.

Anmerkung: Wenn eine solche Qualität, die ein Sinnesorgan verändern kann, beharrend ist, dann heißt sie »aufnehmbare Qualität«, wenn sie aber nicht beharrend ist, sondern schnell vorübergehend, dann heißt sie »Widerfahrnis«.

Hier stellt sich ein Problem: Es scheint, daß die Terme »weich«, »hart« zu dieser Art der Qualität gehören, weil sie wahrnehmbare Qualitäten bezeichnen, und dennoch hieß es früher, daß sie zur zweiten Art der Qualität gehören.

Antwort: Wie Nomina hinsichtlich des Bezeichneten äquivok sein können, so auch hinsichtlich des Mitbezeichneten, und demgemäß können sie zu verschiedenen Arten gehören. Deshalb gilt: Wenn »hart« die Schwierigkeit konnotiert, etwas zu zerteilen, gehört der Ausdruck zur zweiten Art der Qualität, wenn er aber das Vermögen konnotiert, ein Sinnesorgan zu verändern, dann gehört er zur dritten Art.

Einwand: Ein Sinnesorgan verändern können heißt tun (wirken) können, also scheint es auch, daß Nomina, welche das Vermögen konnotieren, ein Sinnesorgan zu verändern, wie z. B. die vorgenannten, zur zweiten Art der Qualität gehören und nicht zur dritten.

om. AO 21 in] de O 22 in] de O 23 connotat] ens add. L 24 specie] LO om. A 25 Posse] om. LO 26 etiam] om. LO 27 sicut praedicta] O om. AL sint] L sunt AO in] LO de A

Respondetur, quod verum est, quod nomina, quae connotant A13rb actiones naturales seu posse agere actione naturali, sunt bene de secunda specie qualitatis, sed tamen nomina, quae connotant actiones spirituales seu posse agere spiritualiter, ut est immutare sensum, bene sunt de ista tertia specie. Et ergo secunda et tertia species qualitatis bene sunt sub eodem genere subalterno. Et notandum est, quod isti termini *tenebrosum*, *obscurum* sunt de ista tertia specie qualitatis reductive.

Quarta species qualitatis vocatur forma vel circa aliquid constans figura. Unde sciendum est, quod omnia nomina figurarum, ut sunt ista *triangulus*, *quadrangulus* etc., et pertinentia O19ra ad hoc, sicut *triangulare*, *quadrangulare* vel *angulus*, *rectum*, *curvum* et consimilia, sunt de ista specie et continentur sub hoc nomine *figura*. Sed omnia alia, quae sunt in isto praedicamento et significant proportionem debitam vel indebitam, commensurationem vel incommensurationem vel aliquid consimile, sunt de ista specie et continentur sub hoc nomine *forma*, ut sunt isti termini *pulchrum*, *turpe*, *formosum* etc. Et ideo forma et figura sunt duae species sub genere subalterno innominato.

Terminorum, qui sunt de isto praedicamento, prima proprietas est, quod sunt contrarii seu quod eis aliquid est contrarium, id est, non possunt simul, licet successive, de eodem verificari, ut sunt isti termini *album*, *nigrum*, *iustum*, *iniustum*.

Secunda proprietas est, quod si unum contrariorum fuerit in praedicamento qualitatis, et reliquum. Patet, nam termini contrarii debent esse sub eodem genere.

2 naturales] materiales L naturali] materiali L tali O talia add. L 3 de] in L qualitatis] L om. AO 4 spiritualiter] actione spirituali LO 5 ista] om. O Et] LO om. A 6 sub] LO de A 7 Et] om. LO est] om. O 8 tertia] om. LO qualitatis] O om. AL 9 qualitatis] LO om. A vel] vel add. O aliquid] aliud L 10 est] LO om. A 11 sunt] LO om. A pertinentia] -tinena *ante corr.* O 12 triangulare] angulus LO vel add. O quadrangulare] angulare LO vel angulus] om. LO 13 de] in L 15 commensurationem] vel add. s. del. O 16 vel[1]...consimile] LO om. A 17 hoc] LO om. A forma] figura L sunt] est O isti] om. O 18 termini] L om. AO 19 sunt] sunt add. O duae] duo L innominato] LO immutato A et add. O 21 contrarii seu] om. L seu] O sed

Antwort: Es ist wahr, daß Nomina, welche natürliche Tätigkeiten bzw. das Vermögen, durch eine natürliche Tätigkeit zu wirken, konnotieren, durchaus zur zweiten Art der Qualität gehören. Aber dennoch gilt, daß Nomina, welche geistige Tätigkeiten bzw. das Vermögen, geistig zu wirken, wie z. B. ein Sinnesorgan zu verändern, konnotieren, sehr wohl zu dieser dritten Art gehören. Also fallen die zweite und die dritte Art der Qualität sehr wohl unter dieselbe dazwischen liegende Gattung. – Anzumerken ist, daß die Terme »finster«, »dunkel« mittels Rückführung zu dieser dritten Art der Qualität gehören.

Die vierte Art der Qualität heißt »Form oder gleichbleibende äußere Gestalt von etwas«. So muß man wissen, daß alle Namen von Gestalten, wie z. B. »Dreieck«, »Viereck« usw., und dazugehörige Terme, wie »dreieckig«, »viereckig« oder »Winkel«, »gerade«, »gebogen« und dergleichen, zu dieser Art gehören und unter das Nomen »Gestalt« fallen. Aber alle anderen (Nomina), die zu diesem Prädikament gehören und ein angemessenes oder unangemessenes Verhältnis, Gleichmäßigkeit oder Ungleichmäßigkeit oder etwas dergleichen bezeichnen, gehören zu dieser Art und fallen unter das Nomen »Form«, wie z. B. die Terme »schön«, »häßlich«, »wohlgestaltet« usw. Deshalb sind Form und Gestalt zwei Arten unter einer dazwischen liegenden Gattung, die keinen eigenen Namen hat.

Die erste Eigentümlichkeit von Termen, die zu diesem Prädikament gehören, ist, daß sie konträr sind bzw. daß ihnen etwas konträr ist, d. h., sie können nicht zugleich, wenn auch nacheinander, von demselben verifiziert werden, wie z. B. die Terme »weiß«, »schwarz«, »gerecht«, »ungerecht«.

Die zweite Eigentümlichkeit ist: Wenn einer von zwei konträren (Termen) zum Prädikament der Qualität gehört, dann auch der andere. Das ist klar, denn konträre Terme müssen unter dieselbe Gattung fallen.

(secundum?) A 22 id est] quia LO licet] sed L et O verificari] verificare O 23 iustum iniustum] LO om. A 24 est] om. O quod] om. LO unum] praedicamentorum add. s. del. A 26 sub] LO in A

Tertia proprietas: Termini de praedicamento qualitatis aliquando praedicantur de substantia prima cum hoc adverbio *magis* et aliquando cum hoc adverbio *minus* intelligendo non simul, sed successive, sicut Sortes est aliquando magis albus, aliquando vero minus albus. Et ista proprietas non convenit omnibus terminis istius praedicamenti, quia non convenit terminis de quarta specie qualitatis. Una enim superficies circularis non est magis circularis quam alia nec unus circulus est magis circulus una vice quam alia vice.

Quarta proprietas est, quod proprium est qualitati secundum eam simile vel dissimile dici, id est, isti termini *simile* vel *dissimile* non praedicantur de aliquo vel de aliquibus, nisi de quo vel de quibus verificatur terminus huius praedicamenti. Unde ad hoc, quod Sortes sit similis Platoni, oportet, quod ista sit vera »Sortes est albus et Plato est albus« vel aliquid tale.

Cap. I.23 ⟨Capitulum vicesimum tertium de praedicamento actionis⟩

Sequitur de praedicamento actionis. Unde verba, quae convenienter possunt responderi ad interrogationem factam per *quid* L24rb *facit* vel per *quid agit* de substantia prima, vel talium terminorum abstracta, quae praedicantur praedicatione essentiali de ipsis vel de ipsorum abstractis, sunt de praedicamento actionis, ut sunt isti termini *calefacere*, *calefactio*, *agere*, *actio*.

Et talium terminorum una proprietas est, quae solet poni sub his verbis »Proprium est actioni ex se inferre passionem«, quod

1 Termini…qualitatis] LO om. A 3 et] minus add. s. del. A adverbio] om. O 4 simul] coniunctim O successive] divisim LO 5 vero] LO om. A 6 praedicamenti] generis LO 7 qualitatis] om. LO 8 circularis^{2}] una vice add. L circulus] triangulus LO 9 circulus] A circularis *ante corr.* A triangulus LO vice^{2}] om. LO 10 est quod] L om. AO est^{2}] om. O secundum eam] LO om. A 11 dissimile^{1}] insimile L id est] et L vel^{2}] LO om. A 12 de^{2}] LO om. A 13 de] LO om. A verificatur terminus] verificantur termini LO 15 aliquid] aliquod O 18 verba] illi termini L quae] qui L 19 interrogationem] LO

Dritte Eigentümlichkeit: Terme aus dem Prädikament der Qualität werden manchmal mit dem Adverb »mehr« und manchmal mit dem Adverb »weniger« von einer ersten Substanz ausgesagt, nicht zugleich zwar, aber nacheinander, wie z. B. Sokrates zuweilen mehr weiß ist, zuweilen aber weniger weiß. Diese Eigentümlichkeit kommt nicht allen Termen dieses Prädikaments zu, weil sie den Termen aus der vierten Art der Qualität nicht zukommt. Eine kreisförmige Fläche nämlich ist nicht mehr kreisförmig als eine andere, und ein Kreis ist nicht das eine Mal mehr Kreis als das andere Mal.

Die vierte Eigentümlichkeit ist: Es ist der Qualität eigen, daß (etwas) in Hinsicht auf sie »ähnlich« oder »unähnlich« genannt wird, d. h., die Terme »ähnlich« oder »unähnlich« werden nur von einem Ding oder von Dingen ausgesagt, von dem oder von denen ein Term dieses Prädikaments verifiziert wird. So ist es dafür, daß Sokrates dem Platon ähnlich ist, erforderlich, daß der Satz »Sokrates ist weiß und Platon ist weiß« oder etwas dergleichen wahr ist.

Kapitel I.23:
Das Prädikament der Tätigkeit

Es folgt (das Kapitel) über das Prädikament der Tätigkeit. So gehören folgende Terme zum Prädikament der Tätigkeit: Verben, die auf die Frage »Was macht es?« oder »Was tut es?« bezüglich einer ersten Substanz angemessen zur Antwort gegeben werden können, oder die abstrakten Formen solcher Terme, die mittels einer Wesensprädikation von diesen oder von deren abstrakten Formen ausgesagt werden, wie z. B. die Terme »erwärmen«, »Erwärmung«, »tun«, »Tätigkeit«.

Eine Eigentümlichkeit solcher Terme pflegt mit folgenden Worten angeführt zu werden: »Es ist der Tätigkeit eigen, aus

quaestionem A 20 per] om. O agit] hoc! O de...prima] L om. AO 21 abstracta] vel add. LO 22 de[1]] L om. AO ipsorum] eorum LO de[2]] in L 23 calefacere] LO calefactibile A 24 Et] om. L 25 est actioni] et actione L

intelligitur sic, quod a propositione, in qua ponitur verbum de A13va genere actionis, ad unam aliam, in qua ponitur verbum de genere passionis, est bona consequentia, verbi gratia, »Sortes percutit Platonem, ergo Plato percutitur a Sorte«. Et hoc est, quod solet dici »Ab actione ad passionem est bona consequentia«, de quo postea plus dicetur.

Secunda proprietas est, quod termini de isto praedicamento sunt contrarii, id est, non praedicantur simul de eodem respectu eiusdem vere, licet bene successive, sicut sunt isti termini *calefacere*, *frigefacere*. Non enim idem potest simul calefacere et frigefacere.

Tertia proprietas: Termini de isto praedicamento sunt praedicabiles cum hoc adverbio *magis* et cum hoc adverbio *minus*. Unde unum calefacit plus quam aliud, aliud vero minus.

Utrum autem termini de praedicamento actionis et similiter passionis significent res distinctas a substantia et a qualitate, logicus non habet curare, sed hoc pertinet ad metaphysicum, ille enim considerat, quae res sunt actio et passio. Attamen credo, quod non significent res distinctas a substantia et qualitate, nam si calefactio erit alia res a calefaciente et a caliditate, vel ergo erit res causata vel non causata. Si dicitur, quod sit res non causata, hoc est falsum, quia non fuit perpetue et est, et O19rb ideo oportet, quod aliquando causabatur. Si autem dicitur,

6 postea] Talis locus non videtur inveniri in residuo opere isto nec in Alberti Quaestionibus circa Logicam vel in Artem veterem.

1 sic] a add. s. del. O quod] O om. AL a propositione] ad propositionem L 5 actione] activo L activa? O passionem] passivum LO 6 quo] qua L postea] post O plus] om. O dicetur] videbitur LO 7 est] LO om. A quod] O om. AL de…praedicamento] istius praedicamenti LO 8 praedicantur] possunt verificari LO respectu eiusdem] om. O 9 vere] om. LO licet] sed LO sunt] LO om. A 10 Non…frigefacere] LO om. A 14 aliud[2]…minus] om. L 15 autem] om. LO 16 passionis] LO om. A a[2]] L om. AO 18 considerat] habet considerare LO sunt] sit LO et] vel LO passio] etc. add. O Attamen] tamen L et tamen O 19 non] LO om. s. add. i.m. A 20 erit] esset LO res] a calefacto add. A a calefactione vel add. O a[1]] in L caliditate] L calefactione A calefacto O et a calefactione add. L 21 erit] esset LO dicitur] O dicatur A

sich heraus ein Erleiden zuzufügen«, was so zu verstehen ist, daß die Folgerung von einem Satz, in dem ein Verb aus der Tätigkeitsgattung (d. h. im Aktiv) vorkommt, auf einen anderen Satz, in dem ein Verb aus der Leidensgattung (d. h. im Passiv) vorkommt, gültig ist, z. B. »Sokrates schlägt Platon, also wird Platon von Sokrates geschlagen«. Dies ist es auch, was man so zu formulieren pflegt »Von der Tätigkeit zum Erleiden ist es eine gültige Folgerung«, worüber später mehr gesagt werden wird.

Die zweite Eigentümlichkeit ist, daß die Terme aus diesem Prädikament konträr sind, d. h., sie werden nicht zugleich von demselben hinsichtlich desselben wahr ausgesagt, wenn auch sehr wohl nacheinander, wie z. B. die Terme »erwärmen«, »kühlen«. Dasselbe kann nämlich nicht zugleich erwärmen und kühlen.

Dritte Eigentümlichkeit: Die Terme aus diesem Prädikament sind mit dem Adverb »mehr« und mit dem Adverb »weniger« aussagbar. So erwärmt ein Ding mehr als ein anderes, das andere aber weniger.

Ob aber die Terme aus dem Prädikament der Tätigkeit und ebenso des Erleidens Dinge bezeichnen, die von der Substanz und von der Qualität verschieden sind, hat den Logiker nicht zu kümmern, sondern das betrifft den Metaphysiker, dieser erwägt nämlich, welche Dinge die Tätigkeit und das Erleiden sind. Ich meine aber doch, daß sie keine von Substanz und Qualität verschiedenen Dinge bezeichnen, denn wenn die Erwärmung ein Ding wäre, das vom Erwärmenden und von der Wärme verschieden ist, wäre sie also ein verursachtes oder nicht verursachtes Ding. Wenn man sagt, daß sie ein nicht verursachtes Ding ist, so ist das falsch, weil sie nicht schon immer gewesen ist, aber jetzt ist; deshalb ist es notwendig, daß sie irgendwann verursacht wurde. Wenn man aber sagt, daß sie ein verursachtes Ding ist – und man kann nicht sagen, daß

dicitur…res[2]] om. L 22 est[1]] om. O et est] LO om. A et[2]] om. L 23 dicitur] LO dicatur A

quod sit res causata, et non potest dici, quod ab aliquo alio quam ab agente, sequitur, quod agens egit et produxit suam actionem, vel ergo mediante alia actione vel non. Si mediate alia actione, quaeritur iterum de illa. Si est producta mediate alia actione, sequitur processus in infinitum. Si non mediate alia actione, ergo etiam non produxit caliditatem in illo calefacto mediate calefactione distincta ab agente et a caliditate et a calefacto.

Cap. I.24 ⟨Capitulum vicesimum quartum de praedicamento passionis⟩

Sequitur de praedicamento passionis. Unde verba, quae convenienter possunt responderi ad interrogationem factam per *quid patitur*, sunt in praedicamento passionis, verbi gratia, sicut sunt isti termini *secatur*, *uritur*. Cum enim quaeritur »Quid patitur Sortes?«, convenienter potest responderi »Uritur« vel »Secatur«. Et talia verba dicuntur esse in isto praedicamento, et similiter eorum abstracta et similiter termini praedicabiles affirmative de ipsis praedicatione essentiali vel de eorum abstractis.

Et talium terminorum prima proprietas solet poni sub his verbis »Proprium est passioni inferri ex actione« intelligendo modo prius dicto.

Secunda proprietas solet poni sub his verbis »Passio non est in agente, sed in patiente«, id est, termini de praedicamento

22 prius] Cf. Cap. I.23.

1 quod²] L om. AO aliquo] L om. AO 2 quam] quod O ab] om. O et] producit add. s. del. A 3 vel¹] LO et A alia] ista L vel²...actione] LO om. A 4 quaeritur] LO quaerimus? A 6 actione] om. L etiam non] consimiliter nec LO illo calefacto] ligno LO 7 a] om. LO caliditate] Sequitur ergo de praedicamento passionis add. L et²] om. L 8 a] om. LOPSX calefacto] Z calefactione A om. L ligno OPSX 11 Sequitur] nunc add. L 12 responderi] respondere O 14 sunt...termini] est hoc verbum LO secatur] vel add. L 15 potest responderi] respondetur L 16 esse] LO om. A isto] om. L praedicamento]

sie von etwas anderem als vom Tätigen verursacht wurde –, folgt, daß das Tätige wirkte und seine Tätigkeit hervorbrachte, also entweder mittels einer anderen Tätigkeit oder nicht. Wenn mittels einer anderen Tätigkeit, wird in bezug auf diese wiederum dieselbe Frage gestellt: Wenn sie mittels einer anderen Tätigkeit hervorgebracht wurde, folgt ein Fortgang ins Unendliche. Wenn nicht mittels einer anderen Tätigkeit: Also erzeugte (das Tätige) auch nicht die Wärme in diesem Erwärmten mittels einer Erwärmung, die vom Tätigen, von der Wärme und vom Erwärmten verschieden ist.

Kapitel I.24: *Das Prädikament des Erleidens*

Es folgt (das Kapitel) über das Prädikament des Erleidens. So gehören die Verben, die auf die Frage »Was erleidet es?« angemessen zur Antwort gegeben werden können, zum Prädikament des Erleidens, wie z. B. die Terme »es wird geschnitten«, »es wird gebrannt«. Wenn nämlich gefragt wird »Was erleidet Sokrates?«, kann man angemessen antworten »Er wird gebrannt« oder »Er wird geschnitten«. Und solche Verben werden zu diesem Prädikament gezählt und ebenso ihre abstrakten Formen sowie die Terme, die von ihnen oder ihren abstrakten Formen mittels einer Wesensprädikation bejahend aussagbar sind.

Die erste Eigentümlichkeit solcher Terme wird gewöhnlich folgendermaßen formuliert: »Es ist dem Erleiden eigen, aus der Tätigkeit hervorzugehen«, im früher erläuterten Sinne.

Die zweite Eigentümlichkeit wird gewöhnlich folgendermaßen formuliert: »Das Erleiden ist nicht im Tätigen, sondern im Erleidenden«, d. h., Terme aus dem Prädikament des Erlei-

passionis add. L 17 et[1]] LO om. A similiter[2]] LO om. A termini] qui sunt add. LO 18 affirmative] om. LO de ipsis] om. O vel] LO et A 20 terminorum] est add. L prima] una LO proprietas] quae add. L 21 est passioni] passionem L 22 prius dicto] praedicto LO 23 solet poni] L est A om. O sub...verbis] om. O 24 de] qui sunt in L

passionis non sunt verificabiles denominative de agente ea ratione, qua dicitur agens, sed de passo. Verbi gratia, si ignis comburit lignum, non est dicendum, quod ignis comburitur, sed magis lignum.

Tertia proprietas: Termini de praedicamento passionis sunt contrarii, verbi gratia, sicut sunt isti termini *calefieri*, *frigefieri*.

A13vb Quarta proprietas: Termini de praedicamento passionis sunt verificabiles de primis substantiis aliquando cum hoc adverbio *magis* et aliquando cum hoc adverbio *minus*. Verbi gratia, dicimus enim bene aliquid plus calefieri vel frigefieri vel minus.

Cap. I.25 ⟨Capitulum vicesimum quintum de praedicamentis quando, ubi, situs, habitus⟩

Sicut prius dictum erat, illi termini dicuntur esse in praedicamento quando, qui convenienter possunt responderi ad interrogationem factam per *quando*, sicut sunt isti termini *heri*, *hodie*, *cras*, etc. Illi vero termini dicuntur esse in praedicamento ubi, qui convenienter possunt responderi ad interrogationem factam per *ubi*, ut sunt isti termini *in foro*, *in domo* etc. De aliis autem duobus praedicamentis non habemus interrogativa propria propter penuriam nominum. Nihilominus termini de istis duobus praedicamentis habent diversos modos praedicandi de primis substantiis a modis praedicandi aliorum praedicamentorum, ut prius dicebatur.

14 prius] Cf. Cap. I.18.   24 prius] Cf. Cap. I.18.

2 de] passio- add. s. del. O   passo] LO passione A   ignis] non add. s. del. A   6 verbi gratia] om. O   calefieri] et add. L   7 sunt] de praedicamento add. s. del. A   8 aliquando] om. LO   9 et] LO om. A   aliquando] om. O aliquando add. A   Verbi gratia] L om. AO   10 bene] L om. AO   plus] vel minus add. L et minus add. O   vel[1]] et O   frigefieri] etc. Sequitur ergo add. L   vel minus] om. LO   14 Sicut] om. L   erat] fuit O quod add. L   dicuntur] om. O   esse] om. L sunt O   in] de O   16 heri] O qr- del. A om. L   17 termini] O om. AL   esse] LO om. A   praedicamento] u- add. s. del. O   18 possunt…ubi] LO etc. A   19 sunt]

dens sind vom Tätigen nicht denominativ verifizierbar, und zwar aus dem Grund, weil es »Tätiges« heißt, sondern vom Erleidenden. Z. B., wenn ein Feuer ein Holzstück verbrennt, darf man nicht sagen, daß das Feuer verbrannt wird, sondern (verbrannt wird) vielmehr das Holzstück.

Dritte Eigentümlichkeit: Terme aus dem Prädikament des Erleidens sind konträr, wie z. B. die Terme »erwärmt werden«, »gekühlt werden«.

Vierte Eigentümlichkeit: Terme aus dem Prädikament des Erleidens sind von ersten Substanzen manchmal mit dem Adverb »mehr« und manchmal mit dem Adverb »weniger« verifizierbar. Z. B. sagen wir nämlich richtig, daß etwas mehr oder weniger erwärmt oder gekühlt wird.

Kapitel I.25:
Die Prädikamente des Wann, des Wo, der Lage, des Habens

Wie schon früher ausgeführt, werden solche Terme zum Prädikament des Wann gezählt, die auf die Frage »Wann?« angemessen zur Antwort gegeben werden können, wie z. B. die Terme »gestern«, »heute«, »morgen« usw. Hingegen werden solche Terme zum Prädikament des Wo gezählt, die auf die Frage »Wo?« angemessen zur Antwort gegeben werden können, wie z. B. die Terme »auf dem Marktplatz«, »im Haus« usw. Für die anderen zwei Prädikamente haben wir aber in Ermangelung von Namen keine eigenen Fragewörter. Nichtsdestoweniger haben die Terme aus diesen zwei Prädikamenten Aussageweisen von ersten Substanzen, die von den Aussageweisen der anderen Prädikamente verschieden sind, wie schon früher gesagt wurde.

LO om. A foro] scholis O domo] Roma O in scholis add. L etc] LO om. A aliis] LO his A 20 duobus] LO om. A 21 propria] propriam L propter] AL *lectio incerta* O 22 diversos] distinctos LO 23 praedicandi] O om. A praedicandis L

De praedicamento quando opinabantur quidam, quod termini de praedicamento quando significarent unam rem distinctam a substantia et a qualitate derelictam in re temporali ex adiacentia temporis, propter quam rem dixerunt rem formaliter fuisse vel esse vel fore.

Similiter dixerunt de terminis de praedicamento ubi, quod significarent quandam rem respectivam distinctam a substantia et qualitate procedentem ex circumscriptione loci. Unde ad hoc, quod aliqua res diceretur esse ubi, oportet, ut isti dixerunt, esse unam rem respectivam distinctam a loco et a locato, quae quidem res esset in una istarum rerum subiective, puta in locato, et in loco terminative.

Similiter dixerunt, quod termini de praedicamento positionis seu situs significarent quandam rem distinctam a substantia et qualitate inhaerentem ipsi rei sitae. Unde dixerunt, quod quando homo surgit, tunc acquiritur una res in ipso de novo, quae non erat in ipso, quando sedebat, et illam rem et similes dixerunt significari per terminos de praedicamento positionis.

Similiter dixerunt, quod termini de praedicamento habitus L24va significarent quandam rem distinctam a substantia et qualitate causatam ex adiacentia unius rei ad aliam, puta ex adiacentia et habitudine ad corpus illorum, quae circa corpus sunt.

Sed breviter, ista non sunt vera, nam si primum esset verum, scilicet, quod ex habitudine temporis ad rem temporalem dere-

1 quidam] Ad sequentia cf. Librum sex principiorum, Cap. 4, §33–47, pp. 42–45; Cap. 5, §48–59, pp. 45–48; Cap. 6, §60–68, pp. 48–51; Cap. 7, §69–78, pp. 51–53.

1 opinabantur] opinabatur O 2 unam] om. O rem] E16vLOPSX essentiam A 3 a[2]] L om. AO 5 vel[1]] om. O fore] factae! L 6 de terminis] om. L ubi] de illis terminis add. L 7 quandam] LO om. A 8 procedentem] proveniente O 9 aliqua…esse] LO aliqui termini dicuntur esse in praedicamento A esse] O om. L oportet] oporteret L dixerunt] dicunt LO 10 esse] LO om. A respectivam] LO esse A a[1]] et L a[2]] L om. AO 11 subiective] LO om. A 12 locato] LO loco A et] LO vel A loco] LO locato A terminative] ALOP relatio! E16v relative SX 13 de praedicamento] praedicamenti O 15 inhaerentem… qualitate] om. O dixerunt] L dicunt A 16 homo] non L surgit] surgeret L

In bezug auf das Prädikament des Wann meinten einige (Autoren)[31], daß die Terme aus dem Prädikament des Wann ein Ding[32] bezeichneten, das von der Substanz und von der Qualität verschieden ist und aufgrund des Kontakts mit der Zeit im zeitlichen Ding verblieben ist[33]; und sie sagten, daß durch dieses Ding ein Ding formal gewesen ist oder ist oder sein wird.

Ebenso sagten sie von den Termen aus dem Prädikament des Wo, daß sie ein gewisses bezügliches Ding bezeichneten, das von der Substanz und der Qualität verschieden ist und aus der Begrenzung des Ortes hervorgeht. So ist es dafür, daß ein Ding »irgendwo befindlich« genannt werden kann, gemäß diesen Autoren erforderlich, daß es ein bezügliches Ding gibt, das vom Ort und vom am Ort befindlichen Ding verschieden ist, welches Ding aber in einem dieser Dinge als seinem Zugrundeliegenden sei, nämlich im am Ort befindlichen Ding, im Ort aber als seinem Bezugspunkt[34].

Ebenso sagten sie, daß die Terme aus dem Prädikament der Stellung bzw. der Lage ein gewisses Ding bezeichneten, das von der Substanz und der Qualität verschieden ist und dem Ding, das die Lage hat, anhaftet. So sagten sie: Wenn sich ein Mensch erhebt, dann erwirbt er neu ein Ding in sich, das nicht in ihm war, als er saß. Dieses Ding und ähnliche werden gemäß ihnen von den Termen aus dem Prädikament der Stellung bezeichnet.

Ebenso sagten sie, daß die Terme aus dem Prädikament des Habens ein gewisses Ding bezeichneten, das von der Substanz und der Qualität verschieden ist und aus dem Anliegen eines Dinges an einem anderen hervorgegangen ist, nämlich aus dem Anliegen am und dem Verhältnis zum Körper jener Dinge, die sich um den Körper herum befinden.

Aber kurz gesagt, diese Behauptungen sind nicht wahr, denn wenn die erste wahr wäre, nämlich daß aus dem Verhältnis der

18 dixerunt] dicebant L 19 quod termini] de terminis L habitus] quod add. L 20 quandam] om. L 21 unius…adiacentia[2]] LO om. A 23 breviter] om. O 24 temporis] LO ipsorum A

linqueretur una res talis, qua formaliter res temporalis denotaretur, sicut illi opinabantur, sequeretur, quod in qualibet re O19va temporali, quae durasset per tempus quantumcumque modicum, essent infinitae tales res derelictae, et sic in tali re essent res actu infinitae non constituentes unum totum. Hoc autem est inconveniens. Consequentia tenet, quia in tali tempore quantumcumque modico, per quod illa res fuit, fuerunt infini- A14ra tae partes proportionales, ex quarum qualibet est derelicta una talis res, qua illa res temporalis denominatur. Et confirmatur, quia si destrueretur talis res, quam dicunt significari per terminos de praedicamento quando, qua formaliter res fuit, est vel erit, sicut calidum formaliter est calidum calore, adhuc non esset ita, quin illa res fuisset, quae denotatur ista re significata per terminos de praedicamento quando. Et si fuisset sine tali re derelicta vel posset fuisse, frustra poneretur talis res, quam dicunt significari per terminos de praedicamento quando, ex eo quod peccatum est fieri per plura, quod potest fieri per pauciora.

Nec secundum est verum, quod illi opinabantur, nam ponatur, quod aliquid sit in loco, puta A, et non moveatur localiter, sed quiescat, et destruatur illa res per aliquam potentiam, qua re illi dicunt illam rem, scilicet A, formaliter esse in loco, et non destruatur A nec locus eius. Quaero, utrum A maneat in eodem loco vel non. Si sic, frustra ponitur talis res superaddita di-

1 formaliter] LO om. A temporalis] temporales O denotaretur] denominaretur L denominantur O 2 sequeretur] sequitur L 5 constituentes] LO constituentem A totum] SX tertium AOP tertii L 6 tenet] est L 7 quantumcumque] termino add. s. del. A res] LO om. A 8 est] dereric-? add. s. del. O 9 qua] L quia A qua…res[2]] om. O temporalis] temporalia L denominatur] denominabimus L denominabatur O Et confirmatur] respondetur L 10 destrueretur] destruitur O dicunt] om. O 11 de praedicamento] praedicamenti O fuit] vel add. L 12 formaliter] om. O calore] calefactione O et add. L 13 ita] ALPX ista res O ista S quin] ALOP quando S quod in X illa res] ALPSX alia tali re O fuisset] ALPSX denominaretur O denotatur] A denominabatur LPSX etiam significaretur O ista…significata] om. O re] ASX res LP om. O 15 vel] om. L fuisse] LO esse A poneretur] ponerentur L ponitur O quam] quae L 16 dicunt] esse de praedicamento quando add. s. del. A significari]

Zeit zum zeitlichen Ding ein solches Ding verbliebe, durch welches das zeitliche Ding formal bestimmt würde[35], wie jene meinten, dann folgte, daß es in jedem zeitlichen Ding, das eine noch so kurze Zeit lang bestünde, unendlich viele solche verbliebenen Dinge gäbe, und so gäbe es in einem solchen Ding aktual unendlich viele Dinge, die nicht ein Ganzes bilden. Das ist aber ungereimt. Die Folgerung ist gültig, weil es in einer solchen Zeit, wie kurz auch immer sie sei, während der jenes Ding war, unendlich viele Bruchteile gab und aus jedem von diesen ein solches Ding verblieb, durch welches das zeitliche Ding bestimmt wird. Bekräftigung: Wenn ein solches Ding vernichtet würde, das gemäß ihnen von den Termen aus dem Prädikament des Wann bezeichnet wird und durch das ein Ding formal war, ist oder sein wird – gleichwie ein warmes Ding durch die Wärme formal warm ist –, wäre es noch immer nicht der Fall, daß jenes (zeitliche) Ding nicht gewesen wäre, welches durch das Ding bestimmt wird, das von den Termen aus dem Prädikament des Wann bezeichnet wird. Und wenn (das zeitliche Ding) ohne ein solches verbliebenes Ding gewesen wäre oder gewesen sein könnte, dann wäre die Annahme eines solchen Dinges umsonst, welches gemäß ihnen von den Termen aus dem Prädikament des Wann bezeichnet wird, weil es verfehlt ist, etwas mit mehr zu machen, was mit weniger gemacht werden kann.

Auch die zweite Behauptung von jenen ist nicht wahr, denn man nähme an, daß etwas, z. B. A, an einem Ort sei und sich nicht örtlich bewegte, sondern ruhte, und es möge durch irgendeine Macht jenes Ding vernichtet werden, durch das gemäß ihnen das Ding A formal am Ort ist, aber A möge nicht vernichtet werden und auch nicht sein Ort: Dann frage ich, ob A am selben Ort bleibt oder nicht. Wenn ja, dann ist die Annahme eines solchen zusätzlichen, vom Ort und vom am Ort

significare L 17 quod potest] quae possunt O 19 opinabantur] opinantur L 20 non] LO om. A 21 sed] LO si A qua re] O quare AL 23 Quaero] quaeritur LO maneat] LO moveat A

stincta a loco et a locato. Si autem dicatur, quod A non est in loco, in quo prius erat, et cum non sit in alio loco nec etiam aliud corpus sit in illo loco, sequitur aliquod esse corpus, quod non est in loco, et aliquem esse locum, in quo non est corpus, quorum quodlibet est inconveniens. Similiter sequeretur, quod A esset motum localiter, quod est contra casum. Consequentia tenet, ex quo fuit prius in aliquo loco et modo non est in illo nec etiam iste locus est motus localiter.

Similiter nec tertium est verum, nam ex quo est una res distincta a substantia et a qualitate, qua aliquis formaliter sedet vel stat, sicut illi opinabantur, tunc illa res potest destrui non destruendo illam rem, quae sedet vel stat, ipso manente sedente vel stante, scilicet ipso erecto vel non erecto. Et sic frustra poneretur talis res. Similiter potest argui contra quartum.

Non ergo ponendum est, quod termini de praedicamento quando et etiam de praedicamento ubi et etiam de praedicamento situs et etiam de praedicamento habitus et etiam de praedicamento actionis et etiam de praedicamento passionis et etiam de praedicamento ad aliquid et etiam de praedicamento quantitatis significent res distinctas a substantia et qualitate. De hoc tamen considerare non pertinet ad logicum, sed hoc pertinet ad scientiam altiorem. Nec valet consequentia »Termini de praedicamentis iam enumeratis non significant res distinctas a substantia et a qualitate, ergo praedicti termini

1 a[2]] L om. AO est] sit O 2 cum] tamen L sit] est L loco[2]] om. LO 3 aliud] om. L esse] om. L 5 est] esset L sequeretur] sequitur L 6 motum localiter] LO in non locatum A Consequentia] quam L 8 etiam] om. LO 9 est verum] valet LO 10 a[2]] L om. AO 11 opinabantur] opinantur L res] L om. AO 12 non] in! O ipso] non! L 13 scilicet…erecto[2]] om. L ipso] O illo A erecto[2]] O om. A Et] LO om. A 14 poneretur] LO ponitur A Similiter] simpliciter? L potest] posset O argui] similiter add. L contra] secunda? L 17 et[1]] LO om. A cetera add. O ubi…praedicamento[2]] om. O etiam[2]] L om. A 18 et[1]] LO om. A et[1]…habitus] Z om. AE17rLOPSX etiam[2]] L om. AO 19 et[1]] L om. A vel O etiam…praedicamento[2]] om. O et[2]] om. O 20 etiam[1]] L om. AO de[1]…praedicamento[2]] LO om. A et etiam] L om. O 21 significent] significant O 22 De…considerare] L om. A et de hoc O pertinet] oportet O considerare add.

Befindlichen verschiedenen Dinges umsonst. Wenn man aber sagte, daß A nicht an dem Ort ist, an dem es vorher war, und weil es nicht an einem anderen Ort ist und auch nicht ein anderer Körper an diesem Ort ist, folgt, daß es einen Körper gibt, der nicht an einem Ort ist, und daß es einen Ort gibt, an dem kein Körper ist, was alles ungereimt ist. Ebenso folgte, daß A sich örtlich bewegt hätte, was gegen die Annahme ist. Die Folgerung ist gültig, weil es vorher an einem Ort war und jetzt nicht an diesem ist und auch dieser Ort sich nicht örtlich bewegt hat.

Ebenso ist auch das dritte nicht wahr, denn weil es ein von Substanz und Qualität verschiedenes Ding ist, durch das jemand formal sitzt oder steht, wie jene meinten, so kann dieses Ding vernichtet werden, ohne daß das Ding, welches sitzt oder steht, vernichtet wird, wobei es aber sitzend oder stehend bleibt, nämlich je nachdem, ob es aufgerichtet ist oder nicht aufgerichtet ist. Und so würde man ein solches Ding umsonst annehmen. Auf ähnliche Weise kann man gegen das vierte argumentieren.

Man soll also nicht annehmen, daß die Terme aus dem Prädikament des Wann, aus dem Prädikament des Wo, aus dem Prädikament der Lage, aus dem Prädikament des Habens, aus dem Prädikament der Tätigkeit, aus dem Prädikament des Erleidens, aus dem Prädikament des In-bezug-auf-etwas und aus dem Prädikament der Quantität Dinge bezeichneten, die von Substanz und Qualität verschieden sind. Die Betrachtung darüber ist jedoch nicht Sache des Logikers, sondern das gehört zu einer höheren Wissenschaft. Aber diese Folgerung ist nicht gültig: »Die Terme aus den soeben aufgezählten Prädikamenten bezeichnen keine von Substanz und Qualität verschiedenen Dinge, also werden die vorgenannten Terme zum Prädi-

O hoc[2]] L om. AO **23** pertinet] om. O scientiam] om. O altiorem] superiorem O scilicet ad metaphysicum add. O valet] LO valuit A q- add. s. del. A **24** de] praedicamentos? add. s. del. A **25** a[2]] L om. AO praedicti...qualitatis] LO om. A

erunt de praedicamento substantiae vel qualitatis«. Unde quamvis omnes significent substantiam vel qualitatem, non tamen eodem modo. Prius enim dicebatur, quod termini eandem rem significantes bene possunt esse diversorum praedicamentorum. Unde penes distinctionem vel identitatem rerum significatarum non attenditur distinctio vel identitas praedica- A14rb mentorum. Unde solum res significatae per terminos de praedicamento substantiae et per primam et per tertiam speciem qualitatis ponuntur esse res distinctae. Et sic sunt unum praedicamentum cum dimidio, quorum significata dicuntur distingui a significatis alterius, scilicet praedicamentum substantiae et duae species qualitatis, scilicet prima et tertia, quae possunt dici dimidium praedicamentum qualitatis, si quattuor species qualitatis dicuntur esse integrum praedicamentum qualitatis, et hoc intelligendo de terminis abstractis primae et tertiae speciei qualitatis, ut sunt isti termini *scientia*, *albedo*.

3 Prius] Cf. Cap. I.20 et I.22.

2 significent] significant O 5 distinctionem] AOPSX divisionem L 6 attenditur] diversitas vel add. L 8 primam…speciem] *Sic et non* terminos de ... specie *legunt* AE17rLOPSX per^{2}] L om. AO speciem] LO species A 9 esse] tunc L 10 significata] unius add. LO dicuntur distingui] distinguitur L distinguuntur O 13 si] scilicet O 15 et hoc] LO om. A 16 sunt] LO om. A albedo] etc. add. L Explicit primus tractatus add. O

kament der Substanz oder der Qualität gehören«. Denn alle bezeichnen zwar eine Substanz oder eine Qualität, aber doch nicht auf dieselbe Weise. Es hieß nämlich schon früher, daß Terme, die dasselbe Ding bezeichnen, sehr wohl zu verschiedenen Prädikamenten gehören können. So wird die Verschiedenheit oder Identität der Prädikamente hinsichtlich der Verschiedenheit oder Identität der bezeichneten Dinge nicht beachtet. Daher werden nur die Dinge, die von den Termen aus dem Prädikament der Substanz und von (den Termen aus) der ersten und der dritten Art der Qualität bezeichnet werden, als verschiedene Dinge angenommen. Und so gibt es also eineinhalb Prädikamente, von denen gilt, daß sich die bezeichneten Dinge des einen von den bezeichneten Dingen des anderen (real) unterscheiden, nämlich das Prädikament der Substanz und zwei Arten der Qualität, nämlich die erste und die dritte, welche man »Hälfte« des Prädikaments der Qualität nennen kann, wenn die vier Arten der Qualität als ganzes Prädikament der Qualität gelten; und zwar ist das in bezug auf die *abstrakten* Terme der ersten und der dritten Art der Qualität gemeint, wie z. B. die Terme »Wissen«, »Weiße«.

⟨TRACTATUS SECUNDUS
DE PROPRIETATIBUS TERMINORUM⟩

Cap. II.1 ⟨Capitulum primum de suppositione in generali et de suppositione simplici⟩

Postquam dictum est de terminis incomplexis, modo dicendum est de proprietatibus talium terminorum et primo de supposi-
O19vb tione.

Unde suppositio, de qua hic intenditur, est acceptio seu usus termini categorematici, qui accipitur pro aliquo vel aliquibus in propositione. Unde terminum in aliqua propositione dico accipi pro illo, de cuius pronomine demonstrativo praedicatum in illa propositione denotatur verificari affirmative vel negative. Verbi gratia, ut hic dicendo »Homo est animal« vel dicendo »Homo est nomen«. In prima istarum hic terminus *homo* accipitur pro Sorte vel Platone, quia de pronomine demonstrativo Sortis vel Platonis ly *animal*, quod est praedicatum praedictae propositionis, denotatur verificari per praedictam propositionem, ut dicendo »Hoc est animal« demon-
L24vb strando per ly *hoc* Sortem vel Platonem vel alium hominem. Et similiter in propositione praedicta ly *animal* accipitur pro eisdem ex eo, quod per praedictam propositionem ly *animal* denotatur verificari affirmative de pronomine demonstrante Sortem vel Platonem. Similiter in ista propositione »Homo est nomen«. Ex isto sequitur, quod terminus non pro omni illo supponit in propositione, quod significat, eo quod non pro omni illo accipitur. Et propter hoc in ista propositione »Album

5 dicendum] videndum LO 9 qui] AX qua LPS quo O 10 terminum] APSX termini L terminos O in²...propositione²] alicuius propositionis LO 12 vel negative] LOPSX om. A 13 ut hic] om. LO 14 istarum] L om. AO 17 praedictae propositionis] LO om. A 19 vel²...Platonem] LO om. A Et] L om. O 21 ly] O hic L 23 propositione] O om. AL 24 isto] istis O sequitur] L om. S. add. s.l. A infero O 25 in propositione] om. O

TRAKTAT II:
DIE EIGENSCHAFTEN DER TERME

Kapitel II.1:
Die Supposition im allgemeinen und die einfache Supposition

Nach den Ausführungen über die unverknüpften Terme muß man jetzt über die Eigenschaften solcher Terme reden[36], und zwar erstens über die Supposition.

So ist die Supposition im hier gemeinten Sinne die Annahme bzw. Verwendung eines kategorematischen Terms, der in einem Satz für irgendein Ding oder irgendwelche Dinge verwendet wird. Und zwar sage ich, daß ein Term in einem Satz für das verwendet wird, von dem gilt: Der Satz gibt an, daß sein Prädikat von einem Pronomen, das darauf hinweist, bejahend oder verneinend verifiziert wird. Z. B., wenn man sagt »(Ein) Mensch ist ein Lebewesen« oder wenn man sagt »Mensch ist ein Nomen«: Im ersten dieser Sätze wird der Term »Mensch« für Sokrates oder Platon verwendet, weil der vorgenannte Satz angibt, daß der Ausdruck »Lebewesen«, der das Prädikat des vorgenannten Satzes ist, von einem Pronomen, das auf Sokrates oder Platon hinweist, verifiziert wird, wie wenn man sagt »Das ist ein Lebewesen«, wobei man mit dem Ausdruck »das« auf Sokrates oder Platon oder einen anderen Menschen hinweist. Ebenso wird im vorgenannten Satz der Ausdruck »Lebewesen« für dieselben Dinge verwendet, weil der vorgenannte Satz angibt, daß der Ausdruck »Lebewesen« von einem Pronomen, das auf Sokrates oder Platon hinweist, bejahend verifiziert wird. Nicht anders in dem Satz »Mensch ist ein Nomen«[37]. Daraus folgt, daß ein Term in einem Satz nicht (nur) für all das supponiert, was er bezeichnet, weil er nicht (nur) für all das verwendet wird. Deshalb supponiert der

currit« ly *album* non supponit pro albedine, sed pro re habente albedinem.

Suppositionum alia simplex, alia materialis, alia personalis. Alia divisio suppositionum personalium: alia discreta, alia communis. Alia divisio suppositionum personalium communium: alia determinata, alia confusa. Alia divisio suppositionum confusarum: alia confusa tantum, alia confusa et distributiva. Alia divisio suppositionum confusarum distributivarum: alia mobilis, alia immobilis.

Suppositio simplex est acceptio termini vocalis vel scripti, qui accipitur pro intentione animae, cui non imponitur ad significandum. Et notanter dico »termini vocalis vel scripti« ad designandum terminum mentalem non posse supponere simpliciter, sed materialiter vel personaliter. Si enim supponit pro se ipso in mente vel sibi simili in mente vel in voce vel in scripto, supponit materialiter, si autem pro re extra, cuius est naturalis similitudo, quam quidem rem significat terminus sibi subordinatus ex impositione, tunc supponit personaliter.

Similiter notanter dixi »cui non imponitur ad significandum«. Unde si terminus supponens pro intentione animae esset impositus ad significandum illam intentionem animae, tunc A14va non supponeret pro illa intentione animae simpliciter, sed personaliter, verbi gratia dicendo »Qualitas est intentio animae«.

Non ergo est dicendum suppositionem simplicem esse illam, qua terminus accipitur pro natura communi, ut quidam antiqui opinabantur. Non enim ponenda est talis natura communis, nisi tunc per naturam communem debemus intelligere conceptum repraesentativum plurium, quorum est similitudo

6 determinata] determinans L determinata...alia[1]] om. O 7 tantum] om. O confusa et] om. O et] om. L 8 Alia] LO om. A divisio] L om. AO 11 qui] O qua ALPSX 14 sed] vel add. O vel] simpliciter add. s. del. A 15 mente[1]] sibi? add. O sibi] om. LO in[3]] om. O 19 notanter] LO om. A 20 si] LO om. s. add. s.l. A 21 illam] om. O animae] LO om. A 22 intentione animae] LO om. A sed] vel L 23 gratia] sicut add. L animae] meae add. L 28 debemus] vellemus LO

Ausdruck »weißes (Ding)« in dem Satz »Ein weißes (Ding) läuft« nicht für eine Weiße, sondern für ein Ding, das Weiße hat.

Die Supposition zerfällt in einfache, materiale und personale. Die personale Supposition zerfällt in abgesonderte (einzelne) und gemeinsame (allgemeine). Die gemeinsame personale Supposition zerfällt in bestimmte und vermischte. Die vermischte Supposition zerfällt in nur vermischte sowie vermischte und verteilende. Die vermischte und verteilende Supposition zerfällt in bewegliche und unbewegliche[38].

Einfache Supposition[39] ist die Verwendung eines gesprochenen oder geschriebenen Terms, der für eine Vorstellung der Seele verwendet wird, zu deren Bezeichnung er nicht eingesetzt ist. Und ich sage ausdrücklich »eines gesprochenen oder geschriebenen Terms«, um anzugeben, daß ein mentaler Term nicht einfach supponieren kann, sondern (nur) material oder personal. Wenn er nämlich im Geist für sich selbst supponiert oder für etwas ihm Ähnliches im Geist, im Gesprochenen oder im Geschriebenen, dann supponiert er material; wenn aber für ein Außending, dessen natürliche Ähnlichkeit er ist, welches Ding aber der ihm untergeordnete Term aufgrund einer Einsetzung bezeichnet, dann supponiert er personal.

Ebenso sagte ich ausdrücklich »zu deren Bezeichnung er nicht eingesetzt ist«. Wenn nämlich ein Term, der für eine Vorstellung der Seele supponiert, zur Bezeichnung dieser Vorstellung der Seele eingesetzt wäre, dann supponierte er für diese Vorstellung der Seele nicht einfach, sondern personal, z. B., wenn man sagt »Qualität ist eine Vorstellung der Seele«[40].

Man darf also nicht sagen, daß einfache Supposition vorliegt, wenn ein Term für eine gemeinsame Natur verwendet wird, wie manche alte Autoren meinten[41]. Eine solche gemeinsame Natur darf man nämlich nicht annehmen, außer wenn wir unter einer gemeinsamen Natur einen Begriff verstehen sollen, der mehrere Dinge repräsentiert, von denen er eine natürliche

naturalis, cui quidem conceptui terminus supponens vocalis vel scriptus subordinatur in significando. Hac suppositione simplici supponunt termini subiecti in his propositionibus vocalibus vel scriptis »Homo est species«, »Animal est genus« et in consimilibus, in quibus termini secundae impositionis praedicantur de terminis primae impositionis non impositis ad significandum intentionem animae.

Diceret aliquis: Quomodo supponit subiectum istius propositionis »Homo est animal est propositio in mente Sortis«? Respondetur, quod si dicta propositio est propositio mentalis, tunc subiectum eius supponit materialiter. Si vero est propositio vocalis vel scripta, tunc eius subiectum, quod est hoc totum »Homo est animal«, supponit simpliciter pro intentione animae, quae est propositio mentalis, quae est in mente Sortis, puta pro ista mentali »Homo est animal«.

Sed diceres contra: Suppositio debetur termino et non propositioni, ergo videtur, quod ista propositio »Homo est animal«, quae est subiectum istius propositionis »Homo est animal est propositio in mente Sortis«, non supponat. Respondetur facili- O20ra ter per unam distinctionem termini prius positam. Unde capiendo large terminum pro quolibet illo, quod est extremum propositionis alicuius, puta subiectum vel praedicatum, propositio potest dici terminus. Et sic accipiendo terminum large suppositio est proprietas propositionis.

Similiter hac suppositione semper supponunt termini subiecti in propositionibus vocalibus vel scriptis respectu praedi-

20 prius] Cf. Cap. I.4.

2 in significando] ad significandum L Hac] om. L 3 supponunt] isti add. A subiecti] LO homo A in…propositionibus] LO in ista propositione A 4 vocalibus…scriptis] LO om. A species] animal in ista propositione add. A 5 consimilibus] LO singularibus A 8 Diceret] diceres LO aliquis] tu L om. O supponit] ALO del. A hic add. A istius propositionis] LO om. A 9 est[1]] species add. s. del. A 10 quod] om. L propositio[2]] om. O 11 eius] om. L vero] LO om. A propositio] L om. AO 12 eius] O propositionis A praedictae propositionis L 13 Homo] homo add. O intentione animae] una propositione mentali LO 14 quae[1]…mentalis] om. LO 16 contra] tamen L 19 in…Sortis] LO etc.

Ähnlichkeit ist, welchem Begriff aber der supponierende gesprochene oder geschriebene Term in seiner Zeichenfunktion untergeordnet wird. Gemäß dieser einfachen Supposition supponieren die Subjektterme in folgenden gesprochenen oder geschriebenen Sätzen »Mensch ist eine Art«, »Lebewesen ist eine Gattung« und in ähnlichen Sätzen, in denen Terme zweiter Imposition von Termen erster Imposition ausgesagt werden, die nicht zur Bezeichnung einer Vorstellung der Seele eingesetzt sind.

Einwurf: Auf welche Weise supponiert das Subjekt des Satzes »Mensch ist ein Lebewesen ist ein Satz im Geist des Sokrates«? Antwort: Wenn der genannte Satz ein mentaler Satz ist, dann supponiert sein Subjekt material. Wenn er aber ein gesprochener oder geschriebener Satz ist, dann supponiert sein Subjekt, nämlich der ganze Ausdruck »Mensch ist ein Lebewesen«, einfach für eine Vorstellung der Seele, die ein mentaler Satz ist, der im Geist des Sokrates ist, nämlich für den mentalen Satz »Mensch ist ein Lebewesen«.

Einwand: Supposition gehört zu einem Term und nicht zu einem Satz, also scheint es, daß der Satz »Mensch ist ein Lebewesen«, der das Subjekt des Satzes »Mensch ist ein Lebewesen ist ein Satz im Geist des Sokrates« ist, nicht supponiert. Die Antwort fällt leicht mit einer Unterscheidung von »Term«, die früher eingeführt wurde. Wenn man nämlich »Term« im weiten Sinne für all das verwendet, was Glied irgendeines Satzes ist, nämlich Subjekt oder Prädikat, kann man einen Satz »Term« nennen. Und gemäß dieser weiten Verwendung von »Term« ist Supposition (auch) eine Eigenschaft eines Satzes.

Ebenso supponieren immer gemäß dieser Supposition die Subjektterme in gesprochenen oder geschriebenen Sätzen in

A supponat] supponit O faciliter] LO similiter A 20 termini] LO om. A 22 alicuius] om. O puta] om. L propositio] om. L 24 propositionis] Z termini AE17vLOPSX 25 hac suppositione] per hanc suppositionem O semper] A om. LOPSX 26 in propositionibus] LOPSX propositionis A vocalibus] SX vocalis ALP vocales O scriptis] SX scripti ALOP

catorum convenientium eis pro conceptibus, in quantum illi conceptus sunt signa rerum, sicut sunt isti termini *species*, *genus* etc., et alii termini secundae impositionis. Illi enim non conveniunt conceptibus nec aliquibus terminis pro conceptibus, nisi in quantum illi conceptus sunt signa rerum.

Et notanter dico »in quantum sunt signa rerum«, nam aliter ista esset concedenda »Deus est in anima tua«, »Turris Nostrae Dominae est in anima tua«, eo quod esse in anima tua non potest competere subiectis praedictarum propositionum, nisi pro conceptibus, qui sunt similitudines rerum. Sed quia non convenit eis pro conceptibus, in quantum sunt signa rerum, praedictae propositiones non sunt concedendae, quia de virtute sermonis in dictis propositionibus subiecta non supponunt simpliciter, quod tamen oporteret, si dictae propositiones essent verae.

Sic ergo patet descriptio suppositionis simplicis et suppositionis in generali et ipsius divisio. Nunc restat videre de divisione suppositionis materialis.

Cap. II.2 ⟨Capitulum secundum de suppositione materiali⟩

Suppositio materialis est acceptio termini, qui accipitur pro se vel pro aliquo sibi simili vel etiam dissimili eodem modo vel aliter supponente, cui non imponitur ad significandum, nec illud, pro quo supponit, naturaliter proprie significat.

A14vb Exemplum primi, ut dicendo »Homo est disyllabum«. In ista enim propositione hic terminus *homo* supponit pro se ipso.

1 convenientium] cum add. A pro conceptibus] in proceptibus! O 2 sunt[2]] LO om. A termini] LO om. A species] et add. L 3 et…impositionis] LO om. A enim] autem L 6 dico] dixi L 7 Deus] AOP domus LSX Turris] ALOPX curia S Nostrae Dominae] ALOPS om. X 8 tua[1]] om. L tua[2]] om. LO 10 qui sunt] et LO similitudines] similitudinibus L similibus O 12 non] om. L 13 in…propositionibus] LO om. A 16 simplicis] in generali LO 17 in generali] divisio LO ipsius divisio] descriptio suppositionis simplicis L descriptionis simplicis etc. O Nunc…materialis] om. LO 20 qui] qua LO 21 aliquo]

Hinsicht auf Prädikate, die ihnen für Begriffe zukommen, insofern diese Begriffe Zeichen von Dingen sind, wie z. B. die Terme »Art«, »Gattung« usw. sowie andere Terme zweiter Imposition. Diese (Terme) nämlich kommen Begriffen und Termen für Begriffe nur zu, insofern diese Begriffe Zeichen von Dingen sind.

Und ich sage ausdrücklich »insofern sie Zeichen von Dingen sind«, denn sonst wäre der Satz zuzugeben »Gott ist in deiner Seele«, »Der Turm von Notre Dame ist in deiner Seele«, weil »ist in deiner Seele« den Subjekten der vorgenannten Sätze nur für Begriffe, die Ähnlichkeiten von Dingen sind, zukommen kann. Aber weil es ihnen nicht für Begriffe, insofern sie Zeichen von Dingen sind, zukommt, sind die vorgenannten Sätze nicht zuzugeben, denn dem Wortlaut nach supponieren die Subjekte in den genannten Sätzen nicht einfach, was aber erforderlich wäre, wenn die genannten Sätze wahr wären[42].

Damit ist also die Beschreibung der einfachen Supposition und der Supposition im allgemeinen sowie deren Einteilung klar. Nun bleibt (vor der Behandlung der personalen Supposition) noch übrig, die Einteilung der materialen Supposition zu untersuchen.

Kapitel II.2: *Die materiale Supposition*

Materiale Supposition ist die Verwendung eines Terms, der für sich (selbst) oder für etwas ihm Ähnliches oder auch Unähnliches, das auf dieselbe oder auf andere Weise supponiert, verwendet wird, zu dessen Bezeichnung er nicht eingesetzt ist, und er bezeichnet das, wofür er supponiert, auch nicht natürlich im eigentlichen Sinne.

Ein Beispiel für das erste wäre, wenn man sagte »Mensch ist einsilbig«: In diesem Satz nämlich supponiert der Term »Mensch« für sich selbst. Ein Beispiel für das zweite, wie er

alio O vel[2]...dissimili] om. O etiam] om. L 24 primi] om. L 25 enim] LO om. A

Exemplum secundi, qualiter supponit pro aliquo sibi simili, nam posito, quod Sortes dicat istam »Homo est disyllabum« et Plato dicat istam »Homo est terminus prolatus a Sorte«, tunc subiectum propositionis Platonis supponit materialiter pro subiecto propositionis Sortis, quod est sibi simile etiam supponens materialiter, nam tam subiectum propositionis Sortis quam etiam subiectum propositionis Platonis supponunt materialiter et sunt similia in voce. Et sicut exemplificatum est, qualiter terminus vocalis supponit materialiter pro sibi simili in voce eodem modo supponente, sic eodem modo etiam potest exemplificari de terminis scriptis et etiam mentalibus, et satis clarum est de se. Exemplum, qualiter terminus supponit mate- L25ra rialiter pro sibi dissimili, nam si dicatur »Animal praedicatur de homine«, iste terminus *homine* supponit pro isto termino *homo* posito in ista propositione »Homo est animal«, qui quidem terminus *homo* isti termino *homine* est dissimilis. Similiter, si in ista propositione »Sortem currere est verum« ista oratio *Sortem currere* supponeret pro ista propositione »Sortes currit«, ut sic supponeret materialiter pro sibi dissimili. Exemplum autem, qualiter terminus supponit materialiter pro sibi simili aliter supponente, nam si dicatur a Sorte ista »Homo est animal« et Plato dicat istam »Homo est terminus prolatus a Sorte«, tunc subiectum propositionis Platonis supponit materialiter pro subiecto propositionis Sortis supponente personaliter. Similiter, si dicatur »Amo est verbum«, iste terminus *amo* supponit materialiter pro isto termino *amo* posito in alia propositione, in qua est verbum, ut in ista »Amo deum«.

1 secundi] om. LO aliquo] LO om. A 3 dicat] LO om. A 5 supponens] supponente LO 6 propositionis] om. O 7 etiam…propositionis] L om. A subiectum O supponunt] supponit LO 8 similia] similes *ante corr. i.m.* O sicut] sic LO 10 sic] om. LO eodem[2]] consimili LO etiam] O om. AL 11 et[1]] LO om. A etiam] om. O 12 de se] LO dicere A 13 dissimili] dissimile O dicatur] dicam L 14 supponit pro] LO praedicatur de A 15 posito] positus O 17 si] O om. s. add. i.m. A om. L 18 supponeret] supponit O propositione] O om. AL 19 ut sic] om. LO supponeret] om. O materialiter] LO om. A pro] et O 21 supponente] supposito L si] om. LO dicatur…ista] dicat Sortes istam LO 24 pro-

für etwas ihm Ähnliches supponiert: Angenommen, daß Sokrates den Satz »Mensch ist einsilbig« sagt und Platon den Satz »Mensch ist ein von Sokrates geäußerter Term« sagt, dann supponiert das Subjekt des Satzes von Platon material für das Subjekt des Satzes von Sokrates, das ihm ähnlich ist und auch material supponiert, denn sowohl das Subjekt des Satzes von Sokrates als auch das Subjekt des Satzes von Platon supponieren material und sind phonetisch ähnlich. Und wie an diesem Beispiel gezeigt wurde, wie ein gesprochener Term für etwas ihm phonetisch Ähnliches, das auf dieselbe Weise supponiert, material supponiert, so kann man das auf dieselbe Weise für geschriebene und auch mentale Terme an Beispielen zeigen; das ist von selbst hinreichend klar. Ein Beispiel, wie ein Term für etwas ihm Unähnliches material supponiert: Wenn man sagt »Lebewesen wird von Mensch ausgesagt«, so supponiert der Term »(von) Mensch« für den Term »Mensch«, wie er in dem Satz »Mensch ist ein Lebewesen« vorkommt, welcher Term »Mensch« aber dem Term »(von) Mensch« unähnlich ist. Ebenso: Wenn in dem Satz »Daß Sokrates läuft ist wahr« die Ausdrucksfolge »daß Sokrates läuft« für den Satz »Sokrates läuft« supponierte, dann supponierte sie als solche material für etwas ihr Unähnliches. Ein Beispiel wiederum, wie ein Term für etwas ihm Ähnliches, das anders supponiert, material supponiert: Wenn Sokrates den Satz »Mensch ist ein Lebewesen« sagt und Platon den Satz »Mensch ist ein von Sokrates geäußerter Term« sagt, dann supponiert das Subjekt des Satzes von Platon material für das Subjekt des Satzes von Sokrates, welches personal supponiert. Ebenso: Wenn man sagt »Ich liebe ist ein Verb«, so supponiert der Term »ich liebe« material für den Term »ich liebe«, wie er in einem anderen Satz vorkommt, in dem er ein Verb ist, wie z. B. im Satz »Ich liebe Gott«.

positionis] om. O Platonis add. s. del. A 26 alia] aliqua LO propositione add. s. del. O propositione] oratione LO 27 in ista] om. O

Et notabiliter dicebatur »cui non imponitur ad significandum«, nam si esset impositus ad significandum illud, pro quo supponit, non supponeret materialiter pro illo, sed personaliter. Verbi gratia dicendo »Vox est monosyllabum«, subiectum istius propositionis supponit pro se, et quia est impositum ad significandum se, supponit pro se non materialiter, sed personaliter.

Et dicebatur ultimo »nec illud, pro quo supponit, naturaliter significat proprie« quoad terminos mentales, qui non significant aliquid ex impositione, sed naturaliter. Et significant O20rb aliqua naturaliter proprie, aliqua autem naturaliter communiter. Illud autem terminus mentalis dicitur significare proprie naturaliter, quod significatur ex impositione voluntaria per terminum ad placitum institutum subordinatum illi termino mentali. Et sic hic terminus mentalis *homo* significat Sortem et Platonem et hoc naturaliter proprie. Et quando terminus mentalis supponit pro aliquo tali, non supponit materialiter, sed personaliter.

Illud autem terminus mentalis dicitur significare naturaliter communiter, quod ab illo termino mentali significatur, sed non significatur per terminum ad placitum institutum illi termino mentali subordinatum. Et sic terminus mentalis significat se naturaliter communiter et terminos sibi similes. Et quando terminus mentalis pro tali supponit, quod non naturaliter proprie, sed naturaliter communiter significat, tunc supponit materialiter. Verbi gratia, si formaretur talis propositio in mente »Homo est terminus mentalis«, hic terminus *homo* sup- A15ra poneret materialiter, quia supponeret pro aliquo, quod natura-

1 imponitur] imponebatur O 3 supponeret] L supponit AO pro illo] LO om. A 5 pro] per O impositum] LO impositus A 6 pro] per O personaliter] simpliciter L 10 significant] LO significat A 11 naturaliter[1]] aliqua add. O autem] L om. AO naturaliter[2]] LO om. A communiter] LO *lectio incerta* A 12 Illud] ille! L autem] enim LO mentalis] om. O 13 voluntaria] LO om. A 14 terminum] vocalem add. A subordinatum] qui subordinatur L illi] praedicto LO 15 mentali] LO om. A 20 mentali] intelligi L 21 significatur]

Und es hieß ausdrücklich »zu dessen Bezeichnung er nicht eingesetzt ist«, denn wenn er eingesetzt wäre, um das zu bezeichnen, wofür er supponiert, dann supponierte er dafür nicht material, sondern personal. Z. B., wenn man sagt »Laut ist einsilbig«, so supponiert das Subjekt dieses Satzes für sich, und weil es eingesetzt ist, um sich zu bezeichnen, supponiert es für sich nicht material, sondern personal[43].

Und es hieß letztens »und er bezeichnet das, wofür er supponiert, auch nicht natürlich im eigentlichen Sinne« wegen der mentalen Terme, die etwas nicht aufgrund von Einsetzung, sondern natürlich bezeichnen. Und sie bezeichnen manche Dinge natürlich im eigentlichen Sinne, andere aber natürlich im allgemeinen Sinne. Und zwar sagt man, daß ein mentaler Term das natürlich im eigentlichen Sinne bezeichnet, was aufgrund einer willentlichen Einsetzung von dem konventional eingesetzten Term, der diesem mentalen Term untergeordnet ist, bezeichnet wird. So bezeichnet der mentale Term »Mensch« Sokrates und Platon, und zwar natürlich im eigentlichen Sinne. Und wenn ein mentaler Term für etwas derartiges supponiert, dann supponiert er nicht material, sondern personal.

Man sagt aber, daß ein mentaler Term das natürlich im allgemeinen Sinne bezeichnet, was von diesem mentalen Term bezeichnet wird, aber nicht durch den konventional eingesetzten Term, der diesem mentalen Term untergeordnet ist, bezeichnet wird. Auf diese Weise bezeichnet ein mentaler Term sich und ihm ähnliche Terme natürlich im allgemeinen Sinne. Und wenn ein mentaler Term für etwas supponiert, was er nicht natürlich im eigentlichen Sinne, sondern natürlich im allgemeinen Sinne bezeichnet, dann supponiert er material. Z. B., wenn man im Geist folgenden Satz bildete: »Mensch ist ein mentaler Term«, dann supponierte der Term »Mensch« material, weil er für etwas supponierte, was er natürlich im

O om. AL 25 naturaliter] LO om. A significat] sunt su- add. s. del. O 26 formaretur] LO formetur A talis] haec LO 27 supponeret] supponit L

liter communiter significat. Supponeret enim pro se vel pro sibi simili, et se ipsum non naturaliter proprie, sed naturaliter communiter significat, et etiam terminos sibi similes, eo quod ipse et termini sibi similes non significantur per terminum ad placitum institutum dicto termino mentali subordinatum. Sed si formaretur ista propositio in mente »Qualitas est terminus mentalis«, tunc certe ly *qualitas* supponeret personaliter, quamvis supponeret pro se vel pro sibi simili, quia se naturaliter proprie dicitur significare, eo quod terminus ad placitum institutus huic termino mentali *qualitas* subordinatus hoc idem ex impositione significat, pro quo ille terminus mentalis *qualitas* supponit in ista propositione »Qualitas est terminus mentalis«.

Cap. II.3 ⟨Capitulum tertium de suppositione personali⟩

Suppositio personalis est acceptio termini vocalis vel scripti pro illo, cui impositus est ad significandum, vel acceptio termini mentalis pro isto, quod naturaliter proprie significat. Exemplum primi, ut »Homo est animal«. Exemplum secundi, ut si aliquis formet in mente hanc propositionem »Homo est animal« vel istam »Qualitas est terminus mentalis«.

Suppositio personalis communis est acceptio termini communis pro quolibet supposito apponendo alias condiciones iam positas in definitione personalis suppositionis. Haec suppositio convenit terminis communibus significative acceptis.

1 significat] p- add. s. del. A pro[2]] L om. AO 2 simili] in voce add. O naturaliter[2]] LO om. A 3 et] LO om. A etiam] ceteros O 4 ipse] ipsi L et] sui add. s. del. O significantur] LO significant A 5 Sed] et O 6 ista] L om. A ipsa O propositio…mente] LO om. A 7 tunc] et sic L certe] om. O supponeret] materialiter add. s. del. O personaliter quamvis] LO om. A 8 supponeret] O om. AL pro[2]] LO om. A simili] simile O 9 terminus] vocalis add. A 10 mentali] om. O subordinatus] om. O 11 mentalis] scilicet add. O 12 mentalis] etc. Sequitur ergo modo add. L 15 scripti] etc. add. L 17 pro isto] LO om. A 19 formet] formaret LO 20 vel] formaret in mente (mea L om. O) add. LO 22 quolibet] pluribus L supposito] om. LO alias] aliquas O

allgemeinen Sinne bezeichnet. Er supponierte nämlich für sich oder für etwas ihm Ähnliches, aber sich selbst bezeichnet er nicht natürlich im eigentlichen Sinne, sondern natürlich im allgemeinen Sinne, und auch die ihm ähnlichen Terme, weil er und die ihm ähnlichen Terme nicht von dem konventional eingesetzten Term, der dem genannten mentalen Term untergeordnet ist, bezeichnet werden. Wenn aber der Satz »Qualität ist ein mentaler Term« im Geist gebildet würde, dann supponierte der Ausdruck »Qualität« gewiß personal, obwohl er für sich oder für ihm Ähnliches supponierte. Denn er bezeichnet sich natürlich im eigentlichen Sinne, weil der konventional eingesetzte Term, der dem mentalen Term »Qualität« untergeordnet ist, aufgrund von Einsetzung dasselbe bezeichnet, wofür der mentale Term »Qualität« in dem Satz »Qualität ist ein mentaler Term« supponiert.

Kapitel II.3: *Die personale Supposition*

Personale Supposition ist die Verwendung eines gesprochenen oder geschriebenen Terms für das, zu dessen Bezeichnung er eingesetzt ist, oder die Verwendung eines mentalen Terms für das, was er natürlich im eigentlichen Sinne bezeichnet. Ein Beispiel für das erste: »(Ein) Mensch ist ein Lebewesen«. Ein Beispiel für das zweite: Wenn jemand im Geist den Satz »(Ein) Mensch ist ein Lebewesen« oder den Satz »Qualität ist ein mentaler Term« bildet.

Allgemeine personale Supposition ist die Verwendung eines allgemeinen Terms für jedes beliebige Umfangselement, wobei die anderen Bedingungen hinzuzufügen wären, die schon in der Definition der personalen Supposition angeführt wurden. Diese Supposition kommt allgemeinen Termen in signifikativer Verwendung zu.

Suppositio personalis discreta est acceptio termini discreti vel termini communis cum pronomine demonstrativo pro uno solum apponendo alias condiciones positas in definitione personalis suppositionis. Haec suppositio convenit terminis singularibus et etiam terminis communibus sumptis cum pronomine demonstrativo significative acceptis.

Diceres tu: Quomodo in ista propositione »Homo est disyllabum« supponit ly *homo*? Et videtur, quod personaliter, nam supponit communiter, suppositio autem communis est membrum suppositionis personalis. Quod in praedicta propositione ly *homo* supponat communiter, patet, quia pro pluribus, videlicet pro se et sibi similibus. Respondetur, quod in praedicta propositione ly *homo* supponit materialiter, sicut potest patere ex prius dictis. Et quando dicebatur »Ly *homo* supponit communiter«, conceditur. Et quando dicebatur »suppositio communis« etc., dico, quod aliqua est suppositio communis, quae non est personalis, sed materialis. Et propter hoc notabiliter dixi »suppositio personalis communis« et non dixi »suppositio communis«.

Et diceres ultra: Quanta est ergo ista »Homo est disyllabum«? Dico, quod est indefinita.

Diceres ultra: Quomodo debet ergo universalificari? Dico, quod sic »Omne homo est disyllabum«. Unde in ista propositione »Homo est disyllabum« ly *homo* est nomen indeclinabile neutri generis per illam regulam »Dictio quaecumque fuerit tibi materialis, est neutri generis indeclinabile nomen«.

14 prius] Cf. Cap. II.2.

3 solum] tantum L cum! O condiciones] condicionis O positas] L ap- add. A om. O definitione] O descriptione AL 8 ly] hic terminus O Et] ut O personaliter] ia- add. s. del. A 9 membrum] suppositionis add. s. del. A 10 Quod…dictis] LO om. A 11 supponat] L supponit O 14 Et…conceditur] OX om. AL 15 Et…etc] LO om. A dicebatur] L dicitur O 18 dixi[1]] om. O suppositio[2]] LO om. A 20 ultra] om. L 21 est] om. LO 22 ultra] om. L tu O ergo] LO om. A 23 sic] dicendo add. L 24 ly] om. O nomen] om. LO 25 per] LO pro A 26 tibi] LO *lectio incerta* A nomen] positis! L

Diskrete personale Supposition ist die Verwendung eines diskreten (singulären) Terms oder eines allgemeinen Terms zusammen mit einem Demonstrativpronomen für ein Ding allein, unter Hinzufügung der anderen Bedingungen, die in der Definition der personalen Supposition angeführt sind. Diese Supposition kommt singulären Termen und auch allgemeinen Termen in Verbindung mit einem Demonstrativpronomen in signifikativer Verwendung zu.

Einwurf: Auf welche Weise supponiert der Ausdruck »Mensch« in dem Satz »Mensch ist einsilbig«? Es scheint, daß er personal supponiert, denn er supponiert allgemein, allgemeine Supposition ist aber ein (Einteilungs-) Glied der personalen Supposition. Daß im vorgenannten Satz der Ausdruck »Mensch« allgemein supponiert, ist klar, weil er für mehrere Dinge supponiert, nämlich für sich und ihm ähnliche (Terme). – Antwort: Im vorgenannten Satz supponiert der Ausdruck »Mensch« material, wie aus den früheren Ausführungen erhellen mag. Und wenn es hieß »Der Ausdruck ›Mensch‹ supponiert allgemein«, so wird das zugegeben. Und wenn es hieß »allgemeine Supposition« usw., so sage ich, daß es eine allgemeine Supposition gibt, die nicht personal ist, sondern material. Und deswegen sagte ich ausdrücklich »allgemeine personale Supposition« und nicht »allgemeine Supposition«.

Weiterer Einwurf: Welche Quantität hat also der Satz »Mensch ist einsilbig«? Ich antworte, daß er indefinit ist.

Weiterer Einwurf: Auf welche Weise muß er also zu einem universellen Satz gemacht werden? Ich antworte, daß dies so geht: »Jedes Mensch ist einsilbig«. So ist in dem Satz »Mensch ist einsilbig« der Ausdruck »Mensch« ein undeklinierbares Nomen sächlichen Geschlechts gemäß der Regel »Ein materiales Wort, welches auch immer du haben magst, ist ein undeklinierbares Nomen im Genus Neutrum«.

O20va Sed diceres: Si suppositio personalis communis esset acceptio termini communis pro quolibet, cui impositus est ad significandum vel quod naturaliter proprie significat, sequeretur, quod L25rb in ista propositione »Homo currit« ly *homo* supponeret pro quolibet homine, ex quo in dicta propositione ly *homo* supponit personaliter communiter. Respondetur concedendo, quod in praedicta propositione ly *homo* supponit pro quolibet homine, non tamen copulative, sed disiunctive. Et ideo aliquando terminus communis supponens personaliter communiter supponit A15rb pro quolibet suo significato disiunctive, ut hic »Homo currit«, aliquando vero copulative, ut hic »Omnis homo currit«. Et notanter dico »pro quolibet« et non »pro pluribus«, quia dicendo »Sol lucet« vel dicendo »Omnis sol lucet« ly *sol* supponit communiter, et tamen non supponit pro pluribus, vel dicendo etiam »Omnis phoenix est«.

Suppositio vero determinata est acceptio termini pro quolibet, quod significat ex impositione vel naturaliter proprie, sub quo virtute talis acceptionis licet fieri descensum ad sua singularia per propositionem disiunctivam. Eo modo supponit hic terminus *homo* in ista propositione »Homo currit«, quia iste terminus *homo* in dicta propositione supponit pro quolibet homine disiunctive, quem significat ex impositione. Nam ad veritatem istius »Homo currit« sufficit veritas istius disiunctivae »Iste homo currit vel iste homo currit« et sic de singulis.

Suppositio personalis confusa tantum est acceptio termini pro quolibet, quod significat ex impositione vel naturaliter proprie, sub quo virtute istius acceptionis licet fieri descensum

2 communis] LO om. A 3 vel] om. O quod[1]] illud O sequeretur] sequitur L 4 homo] supponeret add. s. del. A supponeret] supponit L 6 Respondetur] Respondendo L Respondeo O in] ista add. L 8 non tamen] sed tamen non supponit pro quolibet (homine L om. O) LO ideo] om. L 10 suo] suo add. A 11 vero] LO om. A 12 dico] om. O 13 vel] om. O dicendo] L om. AO 19 Eo] et O 20 quia] in add. s. del. A iste terminus] ly O 22 homine] om. LO quem] quod LO 23 istius[1]] LO ipsius A disiunctivae] om. L 24 singulis] aliis LO 26 quolibet] cuilibet L 27 acceptionis] Z propositionis A suppositionis LOPSX

Einwand: Wenn allgemeine personale Supposition die Verwendung eines allgemeinen Terms für jedes beliebige Ding wäre, zu dessen Bezeichnung er eingesetzt ist oder das er natürlich im eigentlichen Sinne bezeichnet, folgte, daß in dem Satz »(Ein) Mensch läuft« der Ausdruck »Mensch« für jeden beliebigen Menschen supponierte, weil in dem genannten Satz der Ausdruck »Mensch« allgemein personal supponiert. – Antwort: Ich gebe zu, daß in dem vorgenannten Satz der Ausdruck »Mensch« für jeden beliebigen Menschen supponiert, jedoch nicht kopulativ, sondern disjunktiv. So supponiert ein allgemeiner Term in allgemeiner personaler Supposition manchmal disjunktiv für jedes beliebige Ding, das er bezeichnet, wie hier »(Ein) Mensch läuft«, manchmal aber kopulativ, wie hier »Jeder Mensch läuft«. Und ich sage ausdrücklich »für jedes beliebige Ding« und nicht »für mehrere Dinge«, denn wenn man sagt »(Die) Sonne leuchtet« oder »Jede Sonne leuchtet«, supponiert der Ausdruck »Sonne« allgemein, und dennoch supponiert er nicht für mehrere Dinge; oder auch, wenn man sagt »Jeder Phönix ist«.

Determinierte Supposition hingegen ist die Verwendung eines Terms für jedes beliebige Ding, das er aufgrund von Einsetzung oder natürlich im eigentlichen Sinne bezeichnet, unter dem man aufgrund einer solchen Verwendung einen Abstieg zu seinen Einzelfällen mittels eines disjunktiven Satzes machen darf. Auf diese Weise supponiert der Term »Mensch« in dem Satz »(Ein) Mensch läuft«, weil der Terme »Mensch« in dem genannten Satz für jeden beliebigen Menschen, den er aufgrund von Einsetzung bezeichnet, disjunktiv supponiert. Denn für die Wahrheit des Satzes »(Ein) Mensch läuft« genügt die Wahrheit des disjunktiven Satzes »Dieser Mensch läuft oder dieser Mensch läuft« usw. für die einzelnen (Menschen).

Nur konfuse personale Supposition ist die Verwendung eines Terms für jedes beliebige Ding, das er aufgrund von Einsetzung oder natürlich im eigentlichen Sinne bezeichnet, unter dem man aufgrund dieser Verwendung einen Abstieg zu seinen

ad sua singularia per propositionem de disiuncto extremo et non per propositionem disiunctivam nec copulativam. Sic supponit praedicatum in ista propositione »Omnis homo est animal«, sub ipso enim licet fieri descensum ad eius supposita per propositionem de disiuncto extremo et non per propositionem disiunctivam nec copulativam. Unde bene sequitur »Omnis homo est animal, ergo omnis homo est illud vel illud animal«, ita quod hoc totum disiunctum *illud vel illud animal* est verificabile de isto termino *homo* sumpto cum distributione significative accepto.

Nec valet, quod aliqui addunt »vel copulatim«. Unde dicunt terminum supponere confuse tantum, quando accipitur pro illo, quod significat, et sub quo potest fieri descensus ad eius singularia disiunctim vel copulatim. Per ly *disiunctim* intelligunt, quod potest subsumi per propositionem de disiuncto extremo, per ly *copulatim* intelligunt, quod potest subsumi per propositionem de copulato extremo. Unde apponunt ly *copulatim* propter hoc, quia dicunt, quod in ista propositione »Sortes differt ab omni homine« ly *homine* supponit confuse tantum et tamen non potest fieri descensus per propositionem de disiuncto extremo. Unde non sequitur »Sortes differt ab omni

11 aliqui] Sententia sequens invenitur apud Thomam Manlevelt in ipsius Tractatu de suppositionibus, CA Q 271, fol. 45v.

1 disiuncto] vel copulato add. L vel de copulato add. i.m. S extremo] vel de copulativo extremo add. E18r 2 Sic] enim add. AO 4 sub...animal] om. O enim] L om. A 5 propositionem[2]] L om. A 7 illud[1]] LO hoc A animal add. A illud[2]] LO hoc A vel illud add. O 8 ita...accepto] om. E18r animal] etc. add. O est] LO om. A 9 sumpto...distributione] AOS om. LX om. S. add. i.m. P 10 accepto] ALOPSX om. E18r Similiter (secundum quosdam X om. EL) hac suppositione supponit ly (homine LX homo E) in ista (propositione EX om. L) »Omnis homo differt ab omni homine«, quia bene sequitur »(Omnis homo differt ab omni homine L om. EX), igitur omnis homo differt ab isto (homine E om. LX), (ab isto L om. EX) (et LX vel E) ab isto (homine LX om. E)«, neque valet consequentia »Omnis homo differt ab isto (homine E om. LX) et ab isto (homine LX om. E), igitur (omnis homo EX om. L) differt ab isto homine«, quia arguitur ab (una L uno EX) de (copulato LX copulativo E) extremo, ac si

Einzelfällen mittels eines Satzes mit disjunktem Satzglied machen darf, aber nicht mittels eines disjunktiven oder eines kopulativen Satzes. Derart supponiert das Prädikat in dem Satz »Jeder Mensch ist ein Lebewesen«, man darf nämlich unter diesem Prädikat einen Abstieg zu seinen Einzelfällen mittels eines Satzes mit disjunktem Satzglied machen, aber nicht mittels eines disjunktiven oder eines kopulativen Satzes. Es folgt nämlich sehr wohl »Jeder Mensch ist ein Lebewesen, also ist jeder Mensch dieses oder dieses Lebewesen«, so daß der ganze disjunkte Ausdruck »dieses oder dieses Lebewesen« von dem Term »Mensch« zusammen mit der Distribution in signifikativer Verwendung verifizierbar ist.

Es ist aber müßig, daß manche hinzufügen »oder auf kopulate Weise«[44]. So sagen sie, daß ein Term nur konfus supponiert, wenn er für das verwendet wird, was er bezeichnet, und unter ihm ein Abstieg zu seinen Einzelfällen auf disjunkte oder kopulate Weise gemacht werden kann. Mit dem Ausdruck »auf disjunkte Weise« meinen sie, daß er mittels eines Satzes mit disjunktem Satzglied untergeordnet werden kann, mit dem Ausdruck »auf kopulate Weise« meinen sie, daß er mittels eines Satzes mit kopulatem Satzglied untergeordnet werden kann. So fügen sie den Ausdruck »auf kopulate Weise« deswegen hinzu, weil sie sagen, daß in dem Satz »Sokrates unterscheidet sich von jedem Menschen« der Ausdruck »Menschen« nur konfus supponiert, aber dennoch kein Abstieg mittels eines Satzes mit disjunktem Satzglied gemacht werden kann. So folgt nicht »Sokrates unterscheidet sich von jedem Menschen, also unterscheidet sich Sokrates von diesem oder von diesem

(esset EX sit L) (una X om. EL) copulativa (etc. E om. LX) add. ELX 11 Nec... tantum] om. E18r copulatim] ALOS *lectio incerta* P copulativi X 14 disiunctim[1]] ALOPS disiunctivi X vel] co- add. A copulatim] ALOPS copulativi X disiunctim[2]] ALOPS disiunctivi X intelligunt] ALOPSX et bene add. O 15 disiuncto...de] APS om. LO 17 ly] LOPS om. A copulatim] AOPS totum L 19 supponit] supponat L et] LO om. A 20 tamen] om. O 21 sequitur] Sortes differunt? add. s. del. A

homine, ergo Sortes differt ab isto vel ab isto vel ab isto homine«, nam antecedens est verum et consequens falsum. Sortes enim est iste vel iste vel iste homo etc., ergo non differt ab isto vel ab isto homine. Et ideo dicunt, quod sub ly *homine* debet descendi copulatim sic »Sortes differt ab omni homine, ergo Sortes differt ab isto et ab isto et ab isto homine« et sic de singulis. Et hoc est verum, quia Sortes non est iste et iste homo et sic de singulis, nam si esset iste et iste homo et sic de singulis, tunc esset omnis homo, quod est falsum.

Breviter dico, quod non oportet addere in dicta descriptione suppositionis confusae tantum ly *copulatim*, et quando dicunt, quod in dicta propositione, scilicet »Sortes differt ab omni homine«, ly *homine* supponit confuse tantum, nego, immo dico, quod supponit determinate. Unde sub ly *homine* non A15va deberet descendi copulatim nec disiunctim virtute suae suppositionis, sed disiunctive, et sic descendendo bene descenditur. Unde in praedicta propositione ly *homine* bene supponit immobiliter, quia si dicatur »Sortes differt ab homine«, tunc ly O20vb *homine* supponit mobiliter virtute negationis inclusae in hoc verbo *differt*, quod praecedit ipsum. Et tunc alio mobilitante adveniente dicendo »Sortes differt ab omni homine«, ly *homine* immobilitatur per illam regulam »Quidquid mobilitat immobilitatum, immobilitat mobilitatum«, de qua regula post-

23 postea] Cf. Cap. II.6, regulam undecimam.

1 vel[2]...homine[2]] L etc. A homine O 3 iste[1]] homo add. A vel iste[1]] LO om. A etc] et L om. O 4 vel...isto] LO om. A homine[1]] etc. add. A ideo] LO ergo A homine[2]] non add. A 5 descendi] LO descendere A 6 isto[1]] homine add. A et[1]...isto[2]] om. O et[2]...homine] LO om. A homine] h- add. s. del. O et[3]... singulis] L etc. A om. O quia Sortes non est iste et iste et iste homo et sic de singulis add. L 7 quia...homo] om. L homo] O homines A 8 et[1]...singulis[1]] O om. AL iste[2]] et iste add. L et[3]...singulis[2]] etc. O 10 Breviter] om. O dicta] propositione add. s. del. LO descriptione] definitione O sive add. O 11 suppositionis] propositionis O 12 quod] Z om. ALOPSX dicta] ista O scilicet] si L om. O omni] isto *ante corr. s.l.* O 13 confuse] ne- add. s. del. O 14 dico quod] om. O supponit] confuse add. O 15 deberet] debet LO copulatim...disiunctim] disiunctim vel copulatim LO suae] L om. AO 16 descen-

oder von diesem Menschen«, denn der Vordersatz ist wahr und der Nachsatz falsch. Sokrates ist nämlich dieser oder dieser oder dieser Mensch usw., also unterscheidet er sich nicht von diesem oder von diesem Menschen. Und deshalb sagen sie, daß man unter dem Ausdruck »Menschen« auf kopulate Weise so absteigen muß »Sokrates unterscheidet sich von jedem Menschen, also unterscheidet sich Sokrates von diesem und von diesem und von diesem Menschen« usw. für die einzelnen (Menschen). Und das ist wahr, weil Sokrates nicht dieser und dieser Mensch, usw. für die einzelnen (Menschen), ist, denn wenn er dieser und dieser Mensch, usw. für die einzelnen (Menschen), wäre, dann wäre er jeder Mensch, was falsch ist.

Ich sage kurz, daß es nicht nötig ist, in der angeführten Beschreibung der nur konfusen Supposition den Ausdruck »auf kopulate Weise« hinzuzufügen. Und wenn sie sagen, daß in dem genannten Satz, nämlich »Sokrates unterscheidet sich von jedem Menschen«, der Ausdruck »Menschen« nur konfus supponiert, so verneine ich das, vielmehr sage ich, daß er determiniert supponiert. So darf man unter dem Ausdruck »Menschen« aufgrund seiner Supposition nicht auf kopulate oder auf disjunkte Weise absteigen, sondern (nur) disjunktiv, und wenn man so absteigt, steigt man richtig ab. So supponiert der Ausdruck »Menschen« im vorgenannten Satz durchaus unbeweglich[45], denn wenn man sagt »Sokrates unterscheidet sich von (einem) Menschen«, dann supponiert der Ausdruck »Menschen« beweglich aufgrund der Negation, die in dem Verb »unterscheidet sich« eingeschlossen ist, das ihm vorangeht. Und dann wird durch das Hinzutreten eines anderen, beweglich machenden Ausdrucks im Satz »Sokrates unterscheidet sich von jedem Menschen« der Ausdruck »Menschen« unbeweglich gemacht, gemäß der Regel »Alles was etwas unbeweglich Gemachtes beweglich macht, macht etwas be-

dendo] LO om. A 18 dicatur] dicitur O 20 ipsum] om. O 21 ly] iste terminus LO 22 Quidquid mobilitat] Omne mobilitans LO 23 de qua] om. L postea] LO om. A

ea videbitur. Et ergo, quamvis in illa propositione »Sortes differt ab omni homine« ly *homine* supponat immobiliter, propter hoc tamen non sequitur, quod supponat confuse tantum.

Cap. II.4 ⟨Capitulum quartum de suppositione confusa et distributiva⟩

Suppositio confusa et distributiva est acceptio termini vocalis vel scripti copulative pro quolibet vel quantolibet vel qualilibet singulo generum vel genere singulorum secundum exigentiam signi sibi appositi, cui est impositus ad significandum, vel acceptio termini mentalis pro quolibet etc., quod naturaliter proprie significat, sic quod sub ipso contingat descendere copulative ad ea, pro quibus supponit virtute dictae suppositionis.

Et notanter dico »pro quolibet« et non dico »pro pluribus«, nam in istis propositionibus »Omnis sol lucet«, »Omnis phoe- L25va nix est substantia« subiectum non supponit pro pluribus, et tamen supponit confuse et distributive virtute illius signi distributivi *omnis*.

Et notanter apposui »vel quantolibet« etc., nam aliqua sunt signa distributiva accidentium, ut ista *quantuslibet*, *qualislibet*, quae distribuunt pro quanto vel pro quali.

1 videbitur] videtur L 2 supponat] supponit LO 3 tamen] LO om. A suppo- nat] supponit O tantum] *Distinctionem capituli hic habent* AOX, *sed non* ELPS. 7 et] om. LO 8 copulative] AE18rLPSX om. O vel[2]] LOPX om. A et S quantolibet] vel quantalibet add. A vel[3]] ALPX et S vel qualilibet] etc. O qualilibet] X qualibet AP qualislibet LS etc. add. LP vel quotlibet add. S 9 singulo] AOP singulis L pro singulis SX geno- add. s. del. A 10 signi] om. O 11 quolibet] vel quantolibet add. LOP vel quantolibet vel quotlibet add. S vel pro quantolibet vel pro qualilibet add. X 12 significat] et add. L ipso] eo L isto O contingat] contingit L contingeret O 14 dico[2]] om. LO 15 Omnis[1]] om. s. add. i.m. O 16 substantia] om. L subiectum] subiecta L om. O supponit] supponunt LO 17 supponit] supponunt O et] om. LO distributive] mobiliter add. O distributivi] LOPSX om. A 19 vel] AOP cum L pro SX quantolibet] vel qualia add. O vel qualislibet add. S vel pro qualilibet add. X

weglich Gemachtes unbeweglich«, über welche Regel später gehandelt werden wird. Obwohl also in dem Satz »Sokrates unterscheidet sich von jedem Menschen« der Ausdruck »Menschen« unbeweglich supponiert, folgt deswegen dennoch nicht, daß er nur konfus supponiert.

Kapitel II.4: *Die konfuse und distributive Supposition*

Konfuse und distributive Supposition ist die Verwendung eines gesprochenen oder geschriebenen Terms auf kopulative Weise für jedes beliebige Einzelne oder ein beliebig großes oder ein beliebig beschaffenes Einzelnes von Gattungen oder – je nach Erfordernis des ihm hinzugefügten (Distributions-) Zeichens – für eine Gattung von Einzelnen[46], zu dessen bzw. deren Bezeichnung er eingesetzt ist; oder die Verwendung eines mentalen Terms für jedes beliebige usw., das bzw. die er natürlich im eigentlichen Sinne bezeichnet: Und zwar so, daß man unter diesem Term kopulativ zu den Dingen absteigen kann, für die er aufgrund der genannten Supposition supponiert.

Und ich sage ausdrücklich »für jedes beliebige« und nicht »für mehrere«, denn in den Sätzen »Jede Sonne leuchtet«, »Jeder Phönix ist eine Substanz« supponiert das Subjekt nicht für mehrere Dinge, aber dennoch supponiert es konfus und distributiv kraft des distributiven Zeichens »jeder«.

Und ich fügte ausdrücklich hinzu »oder ein beliebig großes« usw., denn manche Zeichen distribuieren in Hinsicht auf Akzidentien, wie z. B. die Zeichen »beliebig groß«, »beliebig beschaffen«, die hinsichtlich des quantitativ oder des qualitativ Bestimmten distribuieren.

20 signa] OSX om. AL om. s. add. i.m. P ut] sicut L scilicet O sunt add. L ista] isti termini L quantuslibet] quantolibet L vel add. L et add. O 21 pro²] om. O

Sed diceres: Nonne etiam distribuunt pro quolibet, verbi gratia dicendo »Qualislibet homo currit«? Respondetur, quod bene distribuunt pro quolibet, sed non pro quolibet singulo generum, sed pro quolibet genere singulorum. Et ista sunt signa distributiva universalia, quae distribuunt pro generibus singulorum et non pro singulis generum, et non hoc signum *omnis* vel *omne*. Sicut tamen aliqui crediderunt de hoc sophismate »Omne animal fuit in arca Noe«, concesserunt enim hoc sophisma supposito, quod de qualibet specie unum animal vel duo fuissent in arca Noe. Unde isto supposito dicunt sophisma esse verum et dicunt ly *omne* distribuere istum terminum *animal* pro singulis speciebus animalis et non pro quolibet individuo cuiuslibet speciei animalis.

Ex hoc infero, quod haec est falsa »Qualislibet homo currit«, nam sequitur »Ergo albus homo currit et niger homo currit« et sic de singulis speciebus coloris, et similiter sequitur »Ergo calidus homo currit et frigidus homo currit« et sic de aliis speciebus qualitatis inducendo. Modo quia sunt multae species qualitatis, quarum specierum nulla individua insunt alicui homini, ideo falsum est, quod qualislibet homo currit.

Secundo infero, quod haec est falsa »Quantuslibet homo
A15vb currit«, nam sequitur »Quantuslibet homo currit, ergo homo duorum pedum currit et homo trium pedum currit et homo centum pedum currit« etc. Modo hoc est falsum, quia nullus homo est tantus.

1 verbi gratia] O om. AL 3 pro[1]] qualislibet ideo pro add. L sed non] om. LO pro quolibet[2]] OPSX om. AL singulo] singulis L 4 sed] non add. O ista] ita L sunt] ista add. LO 5 signa] LO om. A distributiva] om. O 6 et[1]] om. L singulis] LOPSX singulo A 7 Sicut] LO sed A aliqui] alii L crediderunt] et male add. O 8 concesserunt] concedunt LO hoc] om. O 9 supposito] supom. O 10 fuissent] om. s. add. i.m. A fuerunt LO Unde] om. O 11 et] dicit? add. s. del. O ly] illud signum O 12 animal] LO om. s. add. i.m. A quolibet] om. O 13 animalis] et add. O 15 et[1]] O om. L et[1]...coloris] LO om. A homo currit[2]] L om. O et sic] L etc. O et inducendo add. O 16 singulis] L aliis O et] om. O similiter] om. LO sequitur] homo currit humidus add. L Ergo] om. L ideo O 17 et[1]] om. LO currit[2]] homo currit siccus add. LO 19 qualitatis] qualitatum O specierum] LO om. A nulla] nec L individua] om. L 20 ho-

Einwand: Distribuieren sie nicht auch hinsichtlich jedes beliebigen (Individuums), z. B., wenn man sagt »(Ein) beliebig beschaffener Mensch läuft«? – Antwort: Sie distribuieren durchaus für jedes beliebige, aber nicht für jedes beliebige Einzelne von Gattungen, sondern für jede beliebige Gattung von Einzelnen. Und diese (genannten Zeichen) sind allgemeine Distributionszeichen, die bezüglich Gattungen von Einzelnen und nicht bezüglich Einzelnen von Gattungen distribuieren, aber nicht das Zeichen »jeder«, »jede« oder »jedes«. Das meinten jedoch manche (Autoren) in bezug auf das Sophisma »Jedes Tier war auf der Arche Noah«, sie gaben nämlich dieses Sophisma unter der Voraussetzung zu, daß von jeder beliebigen Art ein oder zwei Tiere auf der Arche Noah waren. Dies vorausgesetzt, sagen sie, daß das Sophisma wahr ist und daß der Ausdruck »jedes« den Term »Tier« bezüglich der einzelnen Tier-Arten distribuiert, aber nicht bezüglich jedes beliebigen Exemplars jeder beliebigen Tier-Art.

Daraus folgere ich, daß der Satz »(Ein) beliebig beschaffener Mensch läuft« falsch ist, denn es folgt »Also läuft ein weißer Mensch und läuft ein schwarzer Mensch« usw. für die einzelnen Arten der Farbe, und ebenso folgt »Also läuft ein warmer Mensch und läuft ein kalter Mensch«, usw. in der Aufzählung der anderen Arten der Qualität. Weil es nun aber viele Arten der Qualität gibt, von welchen keine Individuen (Zustände) einem Menschen anhaften, ist es falsch, daß ein beliebig beschaffener Mensch läuft.

Zweitens folgere ich, daß der Satz »(Ein) beliebig großer Mensch läuft« falsch ist, denn es folgt »(Ein) beliebig großer Mensch läuft, also läuft ein zwei Fuß langer Mensch und läuft ein drei Fuß langer Mensch und läuft ein hundert Fuß langer Mensch« usw. Das ist aber falsch, weil kein Mensch so groß ist.

mini] homo L 21 Secundo] similiter LO sequitur et add. O 22 currit[2]] nam sequitur add. O 23 et[1]] om. O et[2]] om. LO 24 etc] om. LO Modo] om. L est] om. L

Tertio infero, quod non sequitur »Qualislibet homo currit, ergo istius coloris homo currit« demonstrando colorem equi, quia ly *qualitas*, quod includitur in ly *qualislibet*, supponit distributive pro generibus singulorum et non pro singulis generum. Unde supponit pro singulis speciebus qualitatis et non pro singulis qualitatibus illarum specierum.

Quarto infero, quod haec est falsa supposito, quod omnes homines mundi currerent, »Quotlibet homines currunt«, nam sequitur »Quotlibet homines currunt, ergo duo homines currunt et tres homines currunt« etc., et quocumque numero dato plures illo homines currunt, quod est falsum, ex eo quod non sunt infiniti homines in mundo.

O21ra Quinto infero, quod haec est vera »Quotlibet partes sunt in continuo«, quia duae partes sunt in continuo et tres partes sunt in continuo et quocumque numero dato plures partes sunt in continuo.

Sexto infero, quod in ista propositione »Infinitae partes sunt in continuo« ly *partes* stat confuse tantum et ly *numero* implicitum supponit confuse et distributive pro singulis speciebus numeri et non pro quolibet individuo numeri.

Ad habendum descriptionem suppositionis personalis distributivae mobilis non oportet nisi addere descriptioni suppositionis distributivae ly *uniformiter*, sic quod ly *uniformiter* sit determinatio huius verbi *descendere*. Et ad habendum descriptionem suppositionis personalis distributivae immobilis addatur praedictae descriptioni suppositionis confusae et distributivae ly *difformiter*, sic quod ly *difformiter* sit determinatio huius

3 includitur] est implicitum L est implicatum O qualislibet] qualiscumque L 4 pro[2]] g- add. s. del. A 5 speciebus] generibus O qualitatis] qualitatum LO et] sed LO 7 supposito] adhuc add. LO 8 homines[1]] LO om. s. add. i.m. A currerent] currant L currunt] O currerent A currit L 9 currunt[1]] currit L 10 currunt] currit L etc] et quattuor homines currunt L et quattuor O et[2]] LO om. A dato] dicto? O 11 quod[1]] modo hoc O eo quod] quo O 13 vera] falsa L concedenda O 14 quia...continuo] LO om. A et] L om. O 18 et] om. L 19 et] om. L 20 numeri[1]] Z numerorum AE18vLOPSX numeri[2]] A numerorum E18vLOPSX 21 Ad...descendere] LO om. A 24 Et] L om. A Et...de-

Drittens folgere ich, daß nicht folgt »Ein beliebig beschaffener Mensch läuft, also läuft ein Mensch mit dieser Farbe«, wobei man auf die Farbe eines Pferdes hinweist. Denn der Ausdruck »Qualität (Beschaffenheit)«, der in dem Ausdruck »beliebig beschaffen« enthalten ist, supponiert distributiv für Gattungen von Einzelnen und nicht für Einzelne von Gattungen. Und zwar supponiert er für die einzelnen Arten der Qualität und nicht für die einzelnen Qualitäten dieser Arten.

Viertens folgere ich, daß der Satz »Beliebig viele Menschen laufen« unter der Voraussetzung, daß alle Menschen der Welt laufen, falsch ist, denn es folgt »Beliebig viele Menschen laufen, also laufen zwei Menschen und laufen drei Menschen« usw., und welche Anzahl auch immer man angibt, es laufen mehr Menschen als diese (Anzahl angibt), was falsch ist, weil es nicht unendlich viele Menschen auf der Welt gibt.

Fünftens folgere ich, daß der Satz »Beliebig viele Teile sind im Kontinuum« wahr ist, weil zwei Teile im Kontinuum sind und drei Teile im Kontinuum sind, und welche Anzahl auch immer man angibt, es sind mehr Teile im Kontinuum.

Sechstens folgere ich, daß in dem Satz »Unendlich viele Teile sind im Kontinuum« der Ausdruck »Teile« nur konfus supponiert und der implizite Ausdruck »der Zahl nach« konfus und distributiv supponiert, nämlich für die einzelnen Arten der Zahl und nicht für jedes beliebige Individuum der Zahl[47].

Um die Beschreibung der beweglichen distributiven personalen Supposition zu erhalten, muß man der Beschreibung der distributiven Supposition nur den Ausdruck »gleichförmig« hinzufügen, so daß der Ausdruck »gleichförmig« eine Bestimmung des Verbs »absteigen« ist. Und um die Beschreibung der unbeweglichen distributiven personalen Supposition zu erhalten, füge man der vorgenannten Beschreibung der konfusen und distributiven Supposition den Ausdruck »verschiedenförmig« hinzu, so daß der Ausdruck »verschiedenförmig« eine Bestimmung des Verbs »absteigen« ist. Unter »gleichförmig

scendere[1]] om. O 25 personalis] om. L 26 suppositionis] L om. A confusae et] om. L

verbi *descendere*. Et intelligo per uniformiter descendere, quando omnes singulares sunt eiusdem qualitatis vocando qualitatem propositionis affirmationem vel negationem. Verbi gratia »Omnis homo currit«, sequitur enim »Ergo iste homo currit et iste homo currit« et sic de singulis. Ecce, qualiter omnes istae singulares sunt eiusdem qualitatis, quia omnes sunt affirmativae. Sed descendere difformiter voco, quando non omnes singulares sunt eiusdem qualitatis, verbi gratia dicendo »Omnis homo praeter Sortem currit«, sequitur enim »Ergo Plato currit et Sortes non currit, et Cicero currit et Sortes non currit« et sic de singulis. Ecce, qualiter omnes istae singulares non sunt eiusdem qualitatis. Et isto modo supponit subiectum propositionis exceptivae.

Cap. II.5 ⟨Capitulum quintum de modo supponendi terminorum in quibusdam propositionibus⟩

Pro maiore evidentia praedictorum dubitatur, quomodo supponant subiecta harum propositionum »Homo est species«, »Animal est genus«, »Homo est substantia secunda«, »Sortes est substantia prima«, »Substantia est genus generalissimum«. Et videtur primo, quod supponant materialiter vel simpliciter propter praedicata, quae sunt termini secundae impositionis trahentes subiecta dictarum propositionum ad supponendum materialiter vel simpliciter. Sed videtur, quod non, nam tunc dictae propositiones essent verae, quod est falsum propter hoc,

3 vel] et O 4 currit] om. L enim] LO om. A 5 et[1]...currit[2]] LO om. A 7 sunt] om. O affirmativae] Et habendo descriptionem suppositionis personalis distributivae immobilis addatur descriptioni personalis distributivae ly difformiter sic quod ly difformiter sit determinatio ly descendere add. O Sed] et O voco] est LO 8 verbi gratia] ut O 9 dicendo] LO om. A sequitur] LO om. A enim] L om. AO 10 et[2]] LO om. A 11 et...singulis] et Marcus currit et Sortes non currit L om. O omnes] om. L istae] om. O 13 exceptivae] *Nullam distinctionem capituli hic habent* ALOPSX 16 maiore] maiori LOPSX evidentia] declaratione LOPSX supponant] L supponit A supponunt

absteigen« verstehe ich, daß alle singulären Sätze dieselbe Qualität haben, wobei man die Bejahung oder Verneinung »Qualität eines Satzes« nennt. Z. B. »Jeder Mensch läuft«, es folgt nämlich »Also läuft dieser Mensch und läuft dieser Mensch« usw. für die einzelnen (Menschen). Siehe, wie alle diese singulären Sätze dieselbe Qualität haben, denn alle sind bejahend. – Aber von »verschiedenförmig absteigen« spreche ich dann, wenn nicht alle singulären Sätze dieselbe Qualität haben, z. B., wenn man sagt »Jeder Mensch außer Sokrates läuft«: Es folgt nämlich »Also läuft Platon und läuft Sokrates nicht, und läuft Cicero und läuft Sokrates nicht« usw. für die einzelnen (Menschen). Siehe, wie alle diese singulären Sätze nicht dieselbe Qualität haben[48]. Und auf diese Weise supponiert das Subjekt eines ausnehmenden Satzes.

Kapitel II.5:
Die Suppositionsweise der Terme in gewissen Sätzen

Zur weiteren Verdeutlichung der vorangehenden Ausführungen wird das Problem aufgeworfen, auf welche Weise die Subjekte der folgenden Sätze supponieren: »Mensch ist eine Art«, »Lebewesen ist eine Gattung«, »Mensch ist eine zweite Substanz«, »Sokrates ist eine erste Substanz«, »Substanz ist eine allgemeinste Gattung«. Und es scheint zunächst, daß sie material oder einfach supponieren, und zwar wegen der Prädikate, die Terme zweiter Imposition (Einsetzungs-Stufe) sind, die die Subjekte der genannten Sätze auf materiale oder einfache Supposition festlegen. Aber es scheint auch, daß dem nicht so ist, denn dann wären die genannten Sätze wahr, was deswe-

O 18 Homo…prima] LO om. A 19 Substantia…generalissimum] L om. AO 20 Et] om. L primo] L om. AO supponant] L om. A supponunt O 21 termini] LO om. A 22 trahentes] LO contrahentia A dictarum] prae- add. L harum O

quod earum contradictoriae sunt verae, videlicet »Nullus homo est species«, »Nullum animal est genus« etc.

Secundo dubitatur, qualiter supponant praedicata dictarum propositionum. Et videtur, quod si subiecta earum supponunt materialiter vel simpliciter, et etiam praedicata, si dictae propositiones concedantur esse verae, eo quod dictae propositiones A16ra sunt affirmativae, quarum subiecta et praedicata supponunt pro eadem re. Ergo si subiecta supponunt materialiter vel simpliciter, et praedicata, ut videtur. Sed probatur, quod supponunt personaliter, quia supponunt pro illis, pro quibus sunt imposita ad significandum.

Tertio dubitatur, quomodo supponat subiectum huius propositionis »Homo significat substantiam«, et posset de eius suppositione argui, ut arguebatur de suppositione istius termini L25vb *homo* positi in illa propositione »Homo est species«.

Quarto dubitatur de suppositione subiecti huius propositionis »Vox est sonus«, et videtur, quod supponat materialiter, quia pro se. Secundo videtur, quod personaliter, quia pro illo, pro quo erat impositum ad significandum.

Quinto dubitatur, quomodo supponat subiectum in illa propositione »Genus est universale«, et similiter praedicatum.

Sexto dubitatur, quomodo supponant subiectum et praedicatum in ista propositione »Qualitas est praedicamentum«.

Septimo, qualiter supponit subiectum istius propositionis »Vacuum non est«.

2 etc] L om. AO 3 supponant] supponunt O dictarum] istarum L prae- add. O 4 Et] LO om. A quod] om. L si] praedicata add. s. del. O earum] LO om. A 5 etiam…si] om. LO 6 concedantur] conceduntur O verae] quod etiam praedicata praedictarum propositionum supponunt materialiter vel simpliciter ex add. LO 8 eadem re] eodem LO 9 et] LO ergo A praedicata] imposita ad significandum add. s. del. O supponunt] supponant L 10 supponunt] om. O pro^2] om. L 11 imposita] impositi L 12 quomodo] qualiter LO supponat] L supponit AO 13 significat substantiam] LOPSX est substantia secunda A secundam add. X 14 arguebatur] LO om. A termini] subiecti add. O 15 positi] L om. AO 17 et] om. L supponat] L supponit A om. O 18 videtur] LO om. A 19 erat impositum] impositus est L impositum est O 20 quomodo] LO pro quo A supponat] L supponit AO propositione] LO om. A

gen falsch ist, weil ihre kontradiktorischen Sätze wahr sind, nämlich »Kein Mensch ist eine Art«, »Kein Lebewesen ist eine Gattung« usw.

Zweitens fragt es sich, auf welche Weise die Prädikate der genannten Sätze supponieren. Es scheint nämlich: Wenn ihre Subjekte material oder einfach supponieren, dann auch die Prädikate, wenn die genannten Sätze als wahr zugegeben werden, weil die genannten Sätze bejahend sind und die Subjekte und Prädikate bejahender Sätze für dasselbe Ding supponieren. Wenn also die Subjekte material oder einfach supponieren, dann auch die Prädikate, wie es scheint. – Beweis, daß sie personal supponieren: Sie supponieren nämlich für die Dinge, zu deren Bezeichnung sie eingesetzt sind.

Drittens fragt es sich, auf welche Weise das Subjekt des Satzes »Mensch bezeichnet eine Substanz« supponiert. Und man könnte bezüglich seiner Supposition so argumentieren, wie bezüglich der Supposition des Terms »Mensch« als Bestandteil des Satzes »Mensch ist eine Art« argumentiert wurde.

Viertens ist die Supposition des Subjekts des Satzes »(Ein) Laut ist ein Ton« fraglich, und es scheint, daß es material supponiert, weil es für sich (selbst steht). Zweitens scheint es (aber), daß es personal supponiert, weil es für das (steht), zu dessen Bezeichnung es eingesetzt wurde.

Fünftens fragt es sich, auf welche Weise das Subjekt in dem Satz »(Eine) Gattung ist ein Universale« supponiert sowie das Prädikat.

Sechstens fragt es sich, auf welche Weise Subjekt und Prädikat in dem Satz »Qualität ist ein Prädikament« supponieren.

Siebtens, wie das Subjekt des Satzes »Ein Vakuum existiert nicht« supponiert.

21 Genus] LO universale A universale] LO genus A similiter] quomodo add. L 22 dubitatur] L om. AO supponant] L supponit AO et praedicatum] LO om. A 23 in…propositione] hic L 24 Septimo…est] om. L qualiter] quomodo O propositionis] O om. A

Octavo, quomodo supponat subiectum istius propositionis »Tonitruum est sonus factus in nubibus«, similiter »Rosa est pulcherrimus florum« posito, quod nulla rosa esset.

Ad ista dubia respondetur. Ad primum dico, quod in istis »Homo est species«, »Animal est genus« etc. subiectum suppo-
O21rb nit materialiter vel simpliciter, praedicatum vero personaliter. Et causa huius est, nam in ista »Homo est species« ly *homo* supponit pro se vel pro intentione animae, et quia hic terminus *homo* non est impositus ad significandum se nec intentionem animae, ideo non supponit personaliter. Sed praedicatum supponit personaliter pro isto termino *homo* vocali vel scripto vel pro intentione animae, cui iste terminus *homo* subordinatur in significando, eo quod iste terminus *species* est impositus ad significandum istum terminum *homo* vocalem vel mentalem vel scriptum. Nam hic terminus *species* est impositus ad significandum omnes terminos, sive sint mentales, vocales vel scripti, praedicabiles de pluribus differentibus numero in eo, quod quid est. Sic etiam dico, quod in ista »Animal est genus« ly *animal* supponit materialiter vel simpliciter, ad quam suppositionem per istum terminum *genus* trahitur, qui est terminus secundae impositionis. Sed hic terminus *genus* in eadem propositione pro eisdem supponit personaliter, pro quibus hic terminus *animal* supponit materialiter vel simpliciter, eo quod hic terminus *genus* est impositus ad significandum ista vel est naturalis similitudo illorum, et hoc, si iste terminus *genus* sit terminus mentalis. Similiter dico de ista »Homo est substantia secunda«, quod hic terminus *homo* supponit materialiter vel

1 Octavo] septimo L quomodo] qualiter L supponat] L supponit AO propositionis] L om. AO 2 Tonitruum] tonitruus L factus] LO om. A 3 pulcherrimus] O pulcherrima AL posito] sup- add. O quod…esset] om. O esset] L est A 4 dubia] om. O istis] ista propositione L illa O 5 etc] L om. AO 6 vero] supponit add. L 7 Et] om. O causa] ratio LO huius est] om. O nam] quia O 8 pro^2] om. O quia] om. L 9 se] -met add. O nec] etiam! O 10 ideo…personaliter] X om. ALOPS 11 homo] om. O 12 pro] om. L terminus] om. L homo] om. LO 14 homo] vel add. O 15 Nam] L etiam A quia O 16 mentales] vel add. O 18 est^1] eo! L in] om. L 20 terminus] om. O

Achtens, auf welche Weise das Subjekt des Satzes »(Der) Donner ist ein in den Wolken erzeugter Ton« supponiert; ebenso »(Die) Rose ist die schönste der Blumen«, gesetzt, daß es keine Rose gäbe.

Antwort auf diese Zweifelsfälle: Zum ersten sage ich, daß in den Sätzen »Mensch ist eine Art«, »Lebewesen ist eine Gattung« usw. das Subjekt material oder einfach supponiert, das Prädikat hingegen personal. Und der Grund dafür ist, daß in dem Satz »Mensch ist eine Art« der Ausdruck »Mensch« für sich (selbst) oder für eine Vorstellung der Seele supponiert, und weil der Term »Mensch« nicht eingesetzt wurde, um sich oder eine Vorstellung der Seele zu bezeichnen, supponiert er nicht personal. Aber das Prädikat supponiert personal für den gesprochenen oder geschriebenen Term »Mensch« oder für die Vorstellung der Seele, der der Term »Mensch« in seiner Zeichenfunktion untergeordnet ist, weil der Term »Art« eingesetzt wurde, um den gesprochenen, mentalen oder geschriebenen Term »Mensch« zu bezeichnen. Denn der Term »Art« wurde eingesetzt, um alle Terme, seien es mentale, gesprochene oder geschriebene, zu bezeichnen, welche von mehreren Dingen, die sich der Zahl nach unterscheiden, in bezug auf das Wesen aussagbar sind. Dementsprechend sage ich auch, daß in dem Satz »Lebewesen ist eine Gattung« der Ausdruck »Lebewesen« material oder einfach supponiert, auf welche Supposition er durch den Ausdruck »Gattung« festgelegt wird, welcher ein Term zweiter Einsetzungsstufe ist. Aber der Term »Gattung« supponiert im selben Satz für dieselben Dinge personal, für welche der Term »Lebewesen« material oder einfach supponiert, weil der Term »Gattung« eingesetzt wurde, um diese Dinge zu bezeichnen, bzw. weil er eine natürliche Ähnlichkeit dieser Dinge ist, falls es sich beim Term »Gattung« um einen mentalen Term handelt. Ebenso sage ich bezüglich des Satzes »Mensch ist eine zweite Substanz«, daß der Term »Mensch«

21 secundae impositionis] LO secundo impositus A Sed] et O 24 ista] LO om. A 25 sit] est LO 26 dico] om. O de] in O 27 quod] LPSX quia A quod… terminus] om. O materialiter] et add. s. del. O

simpliciter, sed hic terminus *substantia secunda* supponit personaliter, nam hic terminus *substantia secunda* est terminus secundae impositionis vel intentionis et significat naturaliter vel ex impositione terminos, qui sunt repraesentativi plurium substantiarum indifferenter, ut est hic terminus *homo* vel hic terminus *animal*.

Sed diceres: Quomodo ergo supponit *homo* in ista propositione »Homo est substantia«? Dico, quod personaliter, quia cum iste terminus *substantia secunda* sit terminus secundae intentionis vel impositionis potens trahere istum terminum *homo* ad suppositionem materialem vel simplicem, tamen hic A16rb terminus *substantia*, cum sit terminus primae intentionis vel impositionis, non trahit istum terminum *homo* ad aliquam talem suppositionem. Et quia iste terminus *homo* est impositus ad significandum homines singulares, ideo respectu istius termini *substantia* supponit pro illis et hoc personaliter, quia quando terminus non trahitur specialiter ad suppositionem materialem vel simplicem per aliquod sibi adiunctum, semper prompti sumus accipere eum pro illo, quod significat, et tunc accipimus eum secundum suppositionem personalem. Et ergo ambae istae possunt concedi »Homo est substantia secunda« et »Homo est substantia«, secundum tamen aliam et aliam suppositionem. Prima enim potest concedi isto termino *homo* supponente materialiter vel simpliciter, secunda vero potest concedi ly *homo* supponente personaliter.

Similiter dicendum est, quod subiectum huius propositionis »Sortes est substantia prima« supponit materialiter vel simpli-

1 sed] et O hic terminus] om. O 2 nam] om. L quia O 4 terminos] om. O 5 est] LO om. A hic terminus[2]] L om. AO 7 ergo] om. O homo] hoc L propositione] L om. AO 8 quia] om. L 9 cum] quamvis LO 10 potens] potest O 11 ad] supponendum add. s. del. A suppositionem…ad] ASX om. LO om. s. add. i.m. P tamen] PX et non A cum S 14 talem suppositionem] talium suppositionum O Et] LO om. A 16 et hoc] om. O 17 specialiter] om. O 18 simplicem] personalem O aliquod] aliquid O semper] om. O 19 prompti sumus] promptissimum est L illo quod] illis quae LO 20 eum] LO om. A secundum…personalem] personaliter O Et] om. O 21 istae] om.

material oder einfach supponiert, aber der Term »zweite Substanz« personal supponiert, denn der Term »zweite Substanz« ist ein Term zweiter Einsetzungsstufe oder Vorstellungsstufe und bezeichnet natürlich oder aufgrund der Einsetzung Terme, die unterschiedslos mehrere Substanzen repräsentieren, welcherart z. B. der Term »Mensch« oder der Term »Lebewesen« ist.

Einwurf: Auf welche Weise supponiert also »Mensch« in dem Satz »Mensch ist eine Substanz«? Ich antworte, daß er personal supponiert, denn: Zwar ist der Term »zweite Substanz« ein Term zweiter Vorstellungs- oder Einsetzungsstufe, der den Term »Mensch« auf materiale oder einfache Supposition festzulegen vermag, aber weil der Term »Substanz« ein Term erster Vorstellungs- oder Einsetzungsstufe ist, legt er den Term »Mensch« nicht auf eine solche Supposition fest. Und weil der Term »Mensch« eingesetzt ist, um die einzelnen Menschen zu bezeichnen, supponiert er hinsichtlich des Terms »Substanz« für diese, und zwar personal, denn wenn ein Term nicht eigens durch etwas ihm Beigefügtes auf materiale oder einfache Supposition festgelegt wird, sind wir immer bereit, ihn für das zu nehmen, was er bezeichnet, und dann fassen wir ihn gemäß personaler Supposition auf. Also können diese beiden Sätze »Mensch ist eine zweite Substanz« und »Mensch ist eine Substanz« zugegeben werden, jedoch gemäß jeweils anderer Supposition. Der erste kann nämlich zugegeben werden, wenn der Term »Mensch« material oder einfach supponiert, der zweite hingegen kann zugegeben werden, wenn der Ausdruck »Mensch« personal supponiert.

Ebenso muß man sagen, daß das Subjekt des Satzes »Sokrates ist eine erste Substanz« material oder einfach supponiert,

L possunt concedi] sunt concedendae O Homo] currit add. L et] L om. AO 22 substantia] secunda add. s. del. O secundum] quantum ad L tamen] om. LO 23 Prima...personaliter] om. O 25 ly] isto termino L 26 dicendum... subiectum] om. O huius] istius L in ista O propositionis] om. LO 27 prima] ly Sortes add. LO vel simpliciter] om. LO

citer, sed ly *substantia prima* supponit personaliter, quia ly *substantia prima* est terminus secundae impositionis impositus ad significandum omnes terminos singulares, qui sunt repraesentativi substantiarum primarum. Similiter dicendo »Substantia est genus generalissimum«, dico, quod subiectum supponit materialiter vel simpliciter et praedicatum personaliter.

Et quando dicebatur »Si subiecta praedictarum propositionum supponerent materialiter vel simpliciter, tunc praedictae propositiones essent verae«, conceditur. Et quando dicebatur »earum contradictoriae sunt verae«, negatur. Et quando dicebatur »Ista ›Nullus homo est species‹ est vera«, conceditur, et quando ulterius dicebatur, quod ipsa est contradictoria istius »Homo est species«, negatur. Et causa est, quia subiecta istarum propositionum »Homo est species«, »Nullus homo est species« non supponunt pro eisdem. Hoc tamen oporteret, si dictae propositiones sibi invicem contradicerent.

Ad aliud argumentum, quo probabatur, quod praedicata istarum propositionum supponerent materialiter vel simpliciter, quia supponunt pro eisdem, pro quibus supponunt subiecta, concedo et dico, quod non est impossibile duos terminos supponere pro eisdem vel pro eodem, quorum unus supponit materialiter vel simpliciter et reliquus personaliter. Nam possibile est duos terminos supponere pro eodem, quorum unus est impositus ad significandum istud et reliquus non.

1 prima supponit] om. O quia] unde LO ly[2]] iste terminus LO 2 terminus] om. O secundae impositionis] LO om. A impositus…significandum] significans O 4 primarum] X om. ALOPS dicendo] in ista O 5 dico] dicendum est L om. O 6 et praedicatum] praedicatum vero LO 7 Et…conceditur] LOPSX om. A 8 supponerent] OS supponeret LP supponunt X praedictae propositiones] LPSX om. O 9 verae] LOPS falsae X conceditur] S concedendae L concedo O concedendo P negatur X dicebatur] dicitur O 10 dicebatur] L dicitur AO 11 Ista] LO om. A est species] LO etc. A conceditur] LO concedatur A 12 quando] LO cum A ulterius] L om. AO dicebatur] L dicitur AO quod] LO om. A 13 Et…est[2]] om. O causa] ratio L quia] subiectum add. s. del. A 14 propositionum] om. O 15 tamen] non add. O 17 probabatur] probatur O 18 istarum] praedictarum L dictarum O supponerent] supponeret L 19 subiecta] secunda add. L 21 supponere] supponeri O eodem]

aber der Ausdruck »erste Substanz« personal supponiert, weil der Ausdruck »erste Substanz« ein Term zweiter Einsetzungsstufe ist, der eingesetzt ist, um alle singulären Terme zu bezeichnen, welche erste Substanzen repräsentieren. Ebenso sage ich in bezug auf den Satz »Substanz ist eine allgemeinste Gattung«, daß das Subjekt material oder einfach supponiert und das Prädikat personal.

Und wenn es hieß »Wenn die Subjekte der vorgenannten Sätze material oder einfach supponierten, dann wären die vorgenannten Sätze wahr«, so wird das zugegeben. Und wenn es hieß »ihre kontradiktorischen Sätze sind wahr«, so wird das verneint. Und wenn es hieß »Der Satz ›Kein Mensch ist eine Art‹ ist wahr«, so wird das zugegeben, aber wenn es weiter hieß, daß er der kontradiktorische Gegensatz von »Mensch ist eine Art« ist, so wird das verneint. Und der Grund dafür ist, daß die Subjekte der Sätze »Mensch ist eine Art«, »Kein Mensch ist eine Art« nicht für dieselben Dinge supponieren. Das wäre aber erforderlich, wenn sich die genannten Sätze einander widersprächen.

Zum anderen Argument, durch das bewiesen wurde, daß die Prädikate dieser Sätze material oder einfach supponierten, weil sie für dieselben Dinge supponieren, für die die Subjekte supponieren: Ich gebe das zu und sage, daß es nicht unmöglich ist, daß zwei Terme für dieselben Dinge oder für dasselbe Ding supponieren, von denen der eine material oder einfach supponiert und der andere personal. Denn es ist möglich, daß zwei Terme für dasselbe supponieren, von denen der eine eingesetzt ist, um dieses zu bezeichnen, der andere aber nicht.

eidem O unus] unum LO 22 et reliquus] reliquus vero O Nam...non] om. O 23 terminos] significare et add. A unus] L unum A 24 impositus] L impositum A et reliquus] reliquus vero L

Adhuc diceres: Tu concedis istam »Sortes est substantia prima«. Contra: Omnis substantia prima est accidens, Sortes est substantia prima, ergo Sortes est accidens. Conclusio est falsa, ergo aliqua praemissarum, et non maior, ergo minor. Similiter contra hoc, quod dicebatur, quod homo est substantia secunda, arguitur sic: Omnis substantia secunda est accidens, homo est substantia secunda, ergo homo est accidens. Conclusio est falsa et discursus est bonus, quia in Darii, ergo aliqua O21va praemissarum, et non maior, ergo minor. Similiter: Omne genus generalissimum est accidens, substantia est genus generalissimum, igitur substantia est accidens. Conclusio est falsa et maior est vera, nam omne genus generalissimum est terminus mentalis vel vocalis vel scriptus et quilibet istorum est accidens. Ergo minor praedicti syllogismi erit falsa, videlicet, quod substantia est genus generalissimum.

Breviter, soluto uno istorum solvuntur et alia. Ad primum ergo, cum dicitur »Omnis substantia prima est accidens«, dico, quod subiectum illius propositionis potest supponere personaliter pro suis significatis dupliciter, vel enim pro suis significatis supponentibus personaliter vel pro suis significatis supponentibus materialiter. Secundum hoc dico, quod si subiectum dictae propositionis supponit pro suis significatis supponentibus L26ra materialiter, ipsa est vera et est eius sensus, quod omnis substantia prima est accidens, id est, de quolibet termino significato per istum terminum *substantia prima* materialiter accepto verificabilis est iste terminus *accidens*. Secundo dico, quod si

1 diceres] *lectio incerta* O istam] quod add. AL 3 est[3]] om. O 4 et] om. LO maior] O a A maioris L minor] LO b A 5 quod[1]] quando L dicebatur] dicitur O quod[2]] om. L homo] LO om. A 6 est...minor] LO etc. eodem modo ut prius A 8 est[1]] L om. O est[2]] L om. O 9 et] L om. O Similiter] Item L 10 substantia...accidens] LO etc. A 11 Conclusio...falsa] LP discursus est bonus SX Conclusio...generalissimum] LPSX om. AO 14 praedicti syllogismi] LS praedicti subiecti! P om. X erit] LPS est X 16 Breviter...alia] Ad ista dicendum O solvuntur...alia] patet solutio aliorum L Ad...ergo] om. O 17 cum] om. L Omnis] om. L 18 propositionis] om. L 19 suis[1]] supp- add. S. del. A dupliciter...significatis[2]] LO om. A 20 vel...materialiter] om. L

Weiterer Einwand: Du gibst den Satz »Sokrates ist eine erste Substanz« zu. Dagegen: Jede erste Substanz ist ein Akzidens, Sokrates ist eine erste Substanz, also ist Sokrates ein Akzidens. Der Schlußsatz ist falsch, also (auch) eine von den Prämissen, aber nicht die größere (der Obersatz), also die kleinere (der Untersatz). Ebenso wird gegen die Aussage, daß (der) Mensch eine zweite Substanz ist, folgendermaßen argumentiert: Jede zweite Substanz ist ein Akzidens, (der) Mensch ist eine zweite Substanz, also ist (der) Mensch ein Akzidens. Der Schlußsatz ist falsch, aber der Schluß ist gültig, weil in Darii, also ist eine der Prämissen falsch, aber nicht die größere, also die kleinere. Ebenso: Jede allgemeinste Gattung ist ein Akzidens, (die) Substanz ist eine allgemeinste Gattung, also ist (die) Substanz ein Akzidens. Der Schlußsatz ist falsch, aber der Obersatz ist wahr, denn jede allgemeinste Gattung ist ein mentaler, gesprochener oder geschriebener Term, und jeder solche ist ein Akzidens. Also wird der Untersatz des vorgenannten Syllogismus falsch sein, nämlich, daß (die) Substanz eine allgemeinste Gattung ist.

Kurz gesagt, wenn man eines dieser Argumente auflöst, sind auch die anderen aufgelöst. Ich sage also zum ersten, wenn es heißt »Jede erste Substanz ist ein Akzidens«, daß das Subjekt dieses Satzes auf zweifache Weise personal für seine bezeichneten Dinge supponieren kann, nämlich für seine bezeichneten Dinge, insofern diese personal supponieren, oder für seine bezeichneten Dinge, insofern diese material supponieren. Demgemäß sage ich: Wenn das Subjekt des genannten Satzes (personal) für seine bezeichneten Dinge supponiert, insofern diese material supponieren, dann ist der Satz wahr und sein Sinn ist, daß jede erste Substanz ein Akzidens ist, d. h., von jedem beliebigen Term in materialer Verwendung, der vom Term »erste Substanz« bezeichnet wird, ist der Term »Akzidens« verifizier-

supponentibus[2]] O om. A 21 quod] om. O 22 suis] om. O 23 ipsa] tunc O eius] L om. AO quod] om. LO 24 significato] significante O 25 prima] om. O 26 quod] om. O

A16va subiectum praedictae propositionis supponit personaliter pro suis significatis supponentibus personaliter, dicta propositio est falsa, nam tunc est sensus, omnis substantia prima est accidens, id est, de quolibet termino significato per istum terminum *substantia prima* personaliter accepto verificabilis est iste terminus *accidens*. Modo hoc est falsum, nam haec est falsa »Sortes est accidens« accipiendo ly *Sortes* significative. Similiter potest distingui de ista »Omnis substantia secunda est accidens« et similiter de ista »Omne genus generalissimum est accidens« et de consimilibus. Et per istam distinctionem patet, quid sit dicendum ad argumentum.

Ad tertium dubium dico, quod in ista propositione »Homo significat substantiam« ly *homo* supponit materialiter vel simpliciter, quia *significare substantiam* trahit istum terminum *homo* ad suppositionem materialem vel simplicem.

Ad quartum dico, quod in ista »Vox est sonus« ly *vox* supponit personaliter, quamvis supponat pro se. Unde quia hic terminus *vox* est impositus ad significandum se, supponit pro se personaliter et non materialiter. Unde non sequitur »Talis terminus supponit pro se, ergo supponit materialiter«.

Ad quintum dico, quod subiectum istius propositionis »Genus est universale« supponit personaliter, supponit enim pro istis terminis *animal*, *substantia*, *quantitas*, quibus hic terminus *genus* est impositus ad significandum. Unde quia hic terminus *genus* sit terminus secundae impositionis, ipse supponens pro terminis aliis, quibus est impositus ad significandum,

1 praedictae propositionis] eius O supponit] LO supponat A 2 dicta propositio] tunc O 3 nam tunc] quia O est[1]] esset L 4 id est] om. LO significato] significante O 5 accepto] accepta O 6 Modo...est[1]] quod O nam] quia O nam...falsa] om. L 7 ly] hunc terminum LO 9 similiter] L om. AO 10 de] L om. AO Et] om. L Et...argumentum] om. O 12 tertium] tertiam O dubium] om. LO propositione] om. O 17 supponat] LO supponit A pro] per O Unde] tamen L 19 personaliter...materialiter] non materialiter sed personaliter LO sequitur] valet O quamvis add. s. del. O consequentia add. O Talis terminus] om. O 20 supponit[1]] non add. s. del. A supponit[2]] personaliter add. s. del. A 21 dico] genus est universale dico add. L propositionis] L om.

bar. Zweitens sage ich: Wenn das Subjekt des vorgenannten Satzes personal für seine bezeichneten Dinge supponiert, insofern diese personal supponieren, dann ist der Satz falsch, denn dann ist (sein) Sinn: Jede erste Substanz ist ein Akzidens, d. h., von jedem beliebigen Term in personaler Verwendung, der vom Term »erste Substanz« bezeichnet wird, ist der Term »Akzidens« verifizierbar. Aber das ist falsch, denn der Satz »Sokrates ist ein Akzidens« ist falsch, wenn man den Ausdruck »Sokrates« signifikativ verwendet. Ebensolche Unterscheidungen kann man treffen bezüglich des Satzes »Jede zweite Substanz ist ein Akzidens« sowie bezüglich des Satzes »Jede allgemeinste Gattung ist ein Akzidens« und ähnlichen mehr. Und durch diese Unterscheidung erhellt, was man auf das Argument antworten muß.

Zum dritten Zweifelsfall sage ich, daß in dem Satz »Mensch bezeichnet eine Substanz« der Ausdruck »Mensch« material oder einfach supponiert, denn (der Ausdruck) »eine Substanz bezeichnen« legt den Term »Mensch« auf materiale oder einfache Supposition fest.

Zum vierten sage ich, daß in dem Satz »(Ein) Laut ist ein Ton« der Ausdruck »Laut« personal supponiert, obwohl er für sich (selbst) supponiert. Weil nämlich der Term »Laut« eingesetzt ist, um (auch) sich (selbst) zu bezeichnen, supponiert er für sich personal und nicht material. So folgt nicht »Der und der Term supponiert für sich, also supponiert er material«.

Zum fünften sage ich, daß das Subjekt des Satzes »(Eine) Gattung ist ein Universale« personal supponiert, es supponiert nämlich für die Terme »Lebewesen«, »Substanz«, »Quantität«, zu deren Bezeichnung der Term »Gattung« eingesetzt ist. Weil nämlich der Term »Gattung« ein Term zweiter Einsetzungsstufe ist, gilt: Wenn er für andere Terme supponiert, zu deren Bezeichnung er eingesetzt ist, dann supponiert er für

AO **22** supponit enim] om. O **23** quantitas] om. O hic...genus] om. O **24** quia] cum LO hic...genus[2]] om. O **25** terminus] L om. AO ipse] om. O **26** terminis] om. LO aliis] om. O

supponit pro illis personaliter. Similiter dico, quod praedicatum eiusdem propositionis etiam supponit personaliter, nam ly *universale* est terminus secundae impositionis impositus ad significandum terminos praedicabiles de pluribus. Et ergo, quando supponit pro talibus, supponit personaliter.

Ad sextum dico, quod subiectum istius propositionis »Qualitas est praedicamentum« supponit personaliter et sic praedicatum. Nam quamvis in dicta propositione ly *qualitas* supponat pro se, tamen hoc non est materialiter, sed personaliter, eo quod ly *qualitas* est impositum ad significandum omnes qualitates. Et cum iste terminusmet *qualitas* sit qualitas, sive sit terminus mentalis sive vocalis sive scriptus, etiam hic terminus *qualitas* est impositus ad significandum se, et per consequens supponens pro se supponit personaliter. Etiam cum hic terminus *praedicamentum* sit terminus secundae impositionis, ipse supponens pro aliquo generalissimo primae impositionis supponit pro illo personaliter, cum sit impositus ad significandum illud. Et ideo, cum in ista »Qualitas est praedicamentum« ly *praedicamentum* supponat pro isto generalissimo *qualitas*, sequitur istum terminum *praedicamentum* supponere pro illo personaliter.

Ad septimum: Quando dubitatur, qualiter supponat hic terminus *vacuum* in ista propositione »Vacuum non est«, dico, quod supponit personaliter. Cum diceretur »Pro quo supponit?«, dico, quod supponit pro illo, quod imaginative potest

1 supponit…significandum] om. L dico quod] om. O 2 etiam] om. O nam] quia O ly universale] etiam O 4 Et] om. O 5 quando] om. O supponit[2]] om. O 6 propositionis] om. O 7 praedicamentum] ly qualitas add. L sic] om. LO praedicatum] ly praedicamentum L quod add. s. del. O 8 Nam] quia O quamvis] om. L in…qualitas] om. O supponat] O supponit AL 9 pro] per O 10 ly] hic terminus LO qualitas] om. O impositum] impositus LO significandum] se est enim impositus ad significandum add. L 11 qualitas[1]] LO om. A 12 sive[1]] LO om. A sive[2]] L vel A sive scriptus] etc. O etiam] O et L etiam…personaliter] LO om. A 13 per…supponens] L om. O 14 pro] L per O Etiam] et LO hic…praedicamentum] L om. A ly praedicatum O 15 impositionis] intentionis O ipse] om. LO 16 aliquo generalissimo] termino O impositionis] L intentionis AO 18 illud…personaliter] om. O 19 supponat] L

diese personal. Ebenso sage ich, daß das Prädikat desselben Satzes auch personal supponiert, denn der Ausdruck »Universale« ist ein Term zweiter Einsetzungsstufe, der eingesetzt ist, um Terme zu bezeichnen, die von mehreren Dingen aussagbar sind. Wenn er also für solche (Terme) supponiert, dann supponiert er personal.

Zum sechsten sage ich, daß das Subjekt des Satzes »Qualität ist ein Prädikament« personal supponiert und ebenso das Prädikat. Denn obwohl in dem genannten Satz der Ausdruck »Qualität« für sich supponiert, so doch nicht auf materiale, sondern auf personale Weise, weil der Ausdruck »Qualität« eingesetzt ist, um alle Qualitäten zu bezeichnen. Und da der Term »Qualität« selbst eine Qualität ist, ob er nun ein mentaler, ein gesprochener oder ein geschriebener Term ist, ist der Term »Qualität« auch zur Bezeichnung seiner selbst eingesetzt, und folglich supponiert er personal, wenn er für sich supponiert. Ferner gilt: Da der Term »Prädikament« ein Term zweiter Einsetzungsstufe ist, supponiert er im Falle der Supposition für eine allgemeinste Gattung erster Einsetzungsstufe personal für diese, weil er zu deren Bezeichnung eingesetzt ist. Da also in dem Satz »Qualität ist ein Prädikament« der Ausdruck »Prädikament« für die allgemeinste Gattung »Qualität« supponiert, folgt, daß der Term »Prädikament« personal für diese supponiert.

Zum siebten: Wenn man fragt, wie der Term »Vakuum« in dem Satz »(Ein) Vakuum existiert nicht« supponiert, so sage ich, daß er personal supponiert. Und wenn es dann heißt »Wofür supponiert er?«, so sage ich, daß er für das supponiert, was

supponit A 20 terminum] om. L 22 septimum] dico add. A dico quod add. O Quando] cum L Quando...vacuum] om. O supponat] L supponit A 23 propositione] om. LO dico] om. O 24 quod] subiectum add. O supponit[1]] LO om. A Cum] et si L et quando O diceretur] dicitur O 25 supponit] om. O quod[2]] im-? add. s. del. O imaginative] AO imaginari E19VSX imaginare L imaginarie P

esse vacuum. Sed diceres »Ergo de pronomine demonstrante illud verificabilis est hic terminus *vacuum*«. Potest dici, quod verum est, sed non per propositionem de praesenti, sed per propositionem de possibili cum illa additione *imaginative*, A16vb verbi gratia dicendo »Hoc imaginative potest esse vacuum«.

Similiter dico: Posito, quod nullum tonitruum sit, tunc in ista propositione »Tonitruum est sonus factus in nubibus« ly *tonitruum* supponit personaliter et non supponit pro eo, quod est, sed pro illo, quod fuit vel quod potest esse. Et tunc de pronomine demonstrante illud non oportet istum terminum *tonitruum* verificari mediate hoc verbo *est*, sed sufficit, quod mediate hoc verbo *fuit* vel *erit* vel *potest esse*.

Sed diceres: In illa propositione »Tonitruum est sonus in nubibus factus« non ponitur aliquis terminus ampliativus, ergo videtur, si subiectum supponat pro aliquo, quod supponat pro aliquo, quod est.

Ad hoc respondetur, quod hoc non oportet. Unde quamvis in dicta propositione non ponatur aliquis terminus ampliativus, tamen subiectum eius supponit pro eo, quod fuit vel quod potest esse etc. Verum est tamen, quod pro tali non denotaretur O21vb supponere per propositionem, nisi in ea poneretur aliquis terminus ampliativus. Unde per propositionem saepe terminus denotatur pro aliquo supponere, pro quo non supponit, et etiam saepe pro aliquo supponit, pro quo non denotatur supponere per propositionem. Verbi gratia dicendo »Adam est

1 demonstrante] demonstrativo L 2 verificabilis] verificabile L hic terminus] ly O Potest dici] dico O 3 non] om. S. add. i.m. A per propositionem[1]] LO pro propositione A praesenti] ALOPS om. E19v inesse X 4 possibili] possibile L imaginative] A imaginari E19vX imaginare LS imaginarie OP 5 verbi gratia] L om. A ut O dicendo] LO om. A Hoc] OSX om. A homo LP imaginative] Z om. A imaginare LS imaginarie OP imaginari E19vX 6 dico] om. LO 7 factus] om. LO ly] om. L 8 supponit[2]] om. O 9 pro illo] pro eo L om. O quod[2]] om. LO tunc] om. L etiam O 11 verificari] verificare L 13 propositione] L om. AO 14 factus] O om. AL aliquis] om. O 15 videtur] om. O quod add. L supponat[1]] L supponit AO pro[1]...quod] om. O supponat[2]] L supponit AO 17 Ad hoc] om. O hoc[2]] om. O Unde] LO om. A in] de O 18 ponatur] ponitur L 19 eius] LO om. A supponit] potest supponere LO

einbildungsmäßig ein Vakuum sein kann. Einwand: Also ist von einem Pronomen, das darauf hinweist, der Term »Vakuum« verifizierbar. Dazu kann man sagen, daß dies wahr ist, aber nicht mit einem Satz im Präsens, sondern mit einem Satz der Möglichkeit nebst dem Zusatz »einbildungsmäßig«, z. B., wenn man formuliert »Das kann einbildungsmäßig ein Vakuum sein«[49].

Ebenso sage ich: Angenommen, daß es keinen Donner gibt, dann supponiert in dem Satz »(Der) Donner ist ein in den Wolken erzeugter Ton« der Ausdruck »Donner« personal, und zwar supponiert er nicht für etwas, das ist, sondern für etwas, das war oder das sein kann. Und dann muß von einem Pronomen, das darauf hinweist, der Term »Donner« nicht mittels des Verbs »ist« verifiziert werden, sondern es genügt, daß er mittels des Verbs »war« oder »wird sein« oder »kann sein« verifiziert wird.

Einwand: In dem Satz »(Der) Donner ist ein in den Wolken erzeugter Ton« kommt kein erweiternder Term vor, also scheint es, daß wenn das Subjekt für etwas supponiert, es für etwas supponiert, das ist.

Die Antwort darauf lautet, daß dies nicht erforderlich ist. Obwohl nämlich in dem genannten Satz kein erweiternder Term vorkommt, so supponiert sein Subjekt doch für das, was war oder was sein kann usw. Gleichwohl ist es wahr, daß durch einen Satz nur dann angegeben wird, daß (das Subjekt) für etwas derartiges supponiert, wenn in ihm ein erweiternder Term vorkommt. So wird durch einen Satz oft angegeben, daß ein Term für etwas supponiert, wofür er nicht supponiert, und (ein Term) supponiert auch oft für etwas, während durch den Satz nicht angegeben wird, daß er dafür supponiert. Z. B.,

quod²] L om. AO 20 etc] om. LO Verum] om. O est] L om. AO quod] L om. AO pro] eo denotatur add. s. del. A non] LO om. A denotaretur] LO denotatur A 21 nisi] LO ubi A aliquis] L om. AO 23 denotatur] denominatur L et] LO om. A 24 etiam] om. O denotatur] denominatur L 25 Verbi gratia] ut O dicendo] om. LO

homo« vel dicendo »Antichristus est homo«, utrobique subiectum supponit pro aliquo, pro quo non denotatur supponere per propositionem. Unde in prima subiectum supponit pro eo, quod fuit, et cum per propositionem, cum sit de praesenti et in ea non ponatur terminus ampliativus, denotatur supponere pro eo, quod est, propositio propter hoc est falsa. Et similiter in ista »Antichristus est homo« subiectum supponit pro eo, quod erit, quamvis per propositionem denotetur supponere pro eo, quod est. Unde per propositionem denotatur, quod aliquid, quod est Antichristus, est homo, modo hoc est falsum.

Finaliter ergo dico, quod terminus in propositione non denotatur supponere pro eo, quod fuit vel erit vel potest esse vel intelligi vel imaginari, nisi in tali propositione ponatur aliquis terminus ampliativus. Cum hoc tamen stat, quod terminus potest supponere in propositione pro aliquo, quod fuit vel erit vel potest esse vel intelligi vel imaginari, absque hoc, quod in ea ponatur terminus ampliativus.

Et sic dico, quod in ista »Tonitruum est sonus factus in nubibus« subiectum supponit personaliter pro eo, quod fuit vel erit vel potest esse, sed quia per propositionem denotatur supponere pro eo, quod est, cum sit de praesenti sine termino
L26rb ampliativo, praedicta propositio est falsa supposito, quod nullum tonitruum sit. Similiter diceretur de ista »Rosa est pulcherrimus florum« supposito, quod nulla rosa sit.

1 vel] om. O dicendo] L om. AO utrobique] utriusque LO propositionis add. L 2 aliquo] eo O pro quo] quod O denotatur] denominatur L per propositionem] in propositione O 3 Unde] om. O prima] enim add. O 4 cum[1]] LO non A et[2]] om. O 5 ea] LO secunda A ponatur] LO ponitur A denotatur] denominatur L 6 est[1]] et add. LO propositio] L om. AO propter hoc] ideo O Et] LO om. A in ista] om. O 8 per propositionem] LO in propositione A denotetur] LO denotatur A 9 Unde…homo] om. O 10 modo hoc] ideo O falsum] falsa O 11 Finaliter ergo] unde O 12 potest…vel[3]] om. O 13 nisi] absque hoc quod O tali] ista O aliquis] L om. AO 14 ampliativus] et add. O tamen] L om. AO 15 aliquo] eo O 16 vel[1]…imaginari] LO etc. A vel[2]] O om. L 17 ea] ista propositione L ista O ponatur] LO ponitur A 18 Et] L om. AO sic] sicut O quod…ista] om. L factus] E19VSX om. ALOP 20 esse] etc. O 22 propositio] om. O supposito] sup- om. O 23 diceretur] dicetur? L dicitur

wenn es heißt »Adam ist ein Mensch« oder wenn es heißt »Der Antichrist ist ein Mensch«, so supponiert das Subjekt in beiden Fällen für etwas, aber vom Satz wird nicht angegeben, daß es dafür supponiert. So supponiert im ersten Satz das Subjekt für das, was war, und da durch den Satz, der ja im Präsens ist und keinen erweiternden Term enthält, angegeben wird, daß es für das supponiert, was ist, ist der Satz dementsprechend falsch. Ebenso supponiert in dem Satz »Der Antichrist ist ein Mensch« das Subjekt für das, was sein wird, obwohl durch den Satz angegeben wird, daß es für das supponiert, was ist. So wird durch den Satz angegeben, daß etwas, was der Antichrist ist, ein Mensch ist, aber das ist falsch.

Ich sage also abschließend, daß ein Term in einem Satz nur dann ausgewiesen ist, für das zu supponieren, was war oder sein wird oder sein kann oder vorgestellt oder eingebildet werden kann, wenn in dem entsprechenden Satz ein erweiternder Term vorkommt. Damit ist jedoch vereinbar, daß ein Term in einem Satz für etwas supponieren kann, das war oder sein wird oder sein kann oder vorgestellt oder eingebildet werden kann, ohne daß in dem Satz ein erweiternder Term vorkommt.

Demgemäß sage ich, daß in dem Satz »(Der) Donner ist ein in den Wolken erzeugter Ton« das Subjekt personal für das supponiert, was war oder sein wird oder sein kann. Aber weil durch den Satz angegeben wird, daß es für das supponiert, was ist, insofern er ein Satz im Präsens ohne erweiternden Term ist, ist der vorgenannte Satz falsch unter der Voraussetzung, daß es (jetzt) keinen Donner gibt. Nicht anders würde die Antwort lauten bezüglich des Satzes »(Die) Rose ist die schönste der Blumen«, vorausgesetzt, daß es keine Rose gibt.

O de ista] om. O 24 pulcherrimus] pulcherrima L supposito] sup- om. LO sit] esset LO - *Distinctionem capituli hic habent* ALPSX, *sed non* O

Cap. II.6 ⟨Capitulum sextum de regulis de suppositionibus terminorum⟩

Nunc ponendae sunt regulae de suppositionibus terminorum. Quarum prima est ista: Cuiuslibet propositionis singularis subiectum supponit discrete, ut istius »Sortes currit« vel »Iste homo currit«.

Secunda regula est: In omni propositione indefinita subiectum supponit determinate, ut in ista »Homo est animal«, »Homo currit«, »Homo non est animal«. Et tenendo, sicut prius dicebatur, quod quaedam est suppositio materialis dis-
A17ra creta et quaedam determinata recte sicut de personali, concedendum est, quod istae regulae sunt generales tam de terminis supponentibus materialiter quam de terminis supponentibus personaliter.

Tertia regula est: In omni propositione particulari subiectum supponit determinate, sicut subiectum propositionis indefinitae, ut dicendo »Quidam homo est animal«, »Quidam homo non est animal«.

Quarta regula: Omnis terminus communis sequens signum universale affirmativum immediate sine praepositione negationis supponit confuse et distributive. Verbi gratia dicendo »Omnis homo currit«, ly *homo* supponit confuse et distributive. Et notanter dico »sine praepositione negationis«, nam si dicatur »Non omnis homo currit«, ly *homo* non supponit confuse et

10 prius] Cf. Cap. II.3.

3 de suppositionibus] suppositionum O terminorum] etc. L om. O 4 Quarum] om. O ista] quod O 5 ut istius] sic hic L sicut hic O Sortes currit] LO om. A vel] L om. AO hic add. L Iste] om. L 7 est] om. LO omni] om. L 8 in ista] om. LO 9 Homo currit] om. LO tenendo] tenente L 10 dicebatur] retinebatur L recitatur O suppositio] de- add. s. del. O materialis] om. O 11 determinata] et add. O concedendum] dicendum O 12 est] sed O regulae] om. O sunt] sint L de] pro LO 13 quam] etiam add. O de] pro LO supponentibus[2]] si- add. s. del. A 15 est] om. LO In...particulari] cuiuslibet propositionis singularis L cuiuslibet propositionis particularis O 16 subiectum] O om. A etiam L propositionis indefinitae] LO indefinita A 17 dicendo]

Kapitel II.6:
Die Regeln betreffend die Suppositionen der Terme

Nun sind Regeln betreffend die Suppositionen der Terme aufzustellen. – Die erste davon lautet: Das Subjekt jedes singulären Satzes supponiert diskret, wie z. B. des Satzes »Sokrates läuft« oder »Dieser Mensch läuft«.

Regel 2: In jedem indefiniten Satz supponiert das Subjekt determiniert, wie z. B. in dem Satz »Mensch ist ein Lebewesen«, »Mensch läuft«, »Mensch ist nicht ein Lebewesen«. Und wenn man gemäß dem früher Gesagten annimmt, daß es ebenso wie bei der personalen Supposition auch eine diskrete und eine determinierte materiale Supposition gibt, muß man einräumen, daß diese Regeln allgemein sind und gleichermaßen für material supponierende Terme wie für personal supponierende Terme gelten.

Regel 3: In jedem partikulären Satz supponiert das Subjekt determiniert, gleichwie das Subjekt eines indefiniten Satzes, wie wenn man sagt »Ein gewisser (irgendein) Mensch ist ein Lebewesen«, »Ein gewisser (irgendein) Mensch ist nicht ein Lebewesen«.

Regel 4: Jeder allgemeine Term, der einem bejahenden Universal-Zeichen unmittelbar folgt, wobei keine Negation vorangeht, supponiert konfus und distributiv. Z. B., wenn man sagt »Jeder Mensch läuft«, so supponiert der Ausdruck »Mensch« konfus und distributiv. Und ich sage ausdrücklich »wobei keine Negation vorangeht«, denn wenn man sagt »Nicht jeder Mensch läuft«, supponiert der Ausdruck »Mensch« nicht kon-

om. O 19 communis] LO om. A 20 affirmativum] LO affirmative A praepositione] pro- LO 21 et] om. LO Verbi gratia] L ut O Verbi...distributive] LO om. A dicendo] L om. O 22 et] Z om. LOX 23 dico] om. O praepositione] pro- LO nam] quia O 24 confuse] LOX om. A et] Z om. ALOX

distributive, quamvis immediate sequatur signum universale affirmativum.

Quinta regula: Negatio terminum communem sequentem, sive mediate sive immediate, confundit confuse et distributive. Et ergo cuiuslibet propositionis negativae, cuiuscumque fuerit quantitatis, sive singularis sive particularis etc., praedicatum supponit confuse et distributive, nisi tunc praedicatum sit terminus singularis et etiam nisi aliquod aliud syncategorema impediat. Verbi gratia de illa »Nullus homo est asinus«, tam ly *homo* quam ly *asinus* supponunt confuse et distributive.

Et notanter dixi, quod propositionis negativae praedicatum supponit confuse et distributive, nisi praedicatum sit terminus singularis. Nam dicendo »Sortes non est Plato«, quamvis sit propositio negativa, tamen eius praedicatum non supponit confuse et distributive, quia non est terminus confundibilis, ex quo est terminus singularis.

Similiter notanter dixi »nisi aliquod aliud syncategorema impediat«, nam quamvis in ista »Sortes non est homo« ly *homo* supponat confuse et distributive, tamen non sic supponit in ista »Sortes non est omnis homo« propter istud syncategorema *omnis* adveniens isti termino *homo*. Inveniens ipsum supponentem mobiliter facit eum stare immobiliter, per illam regulam O22ra »Omne mobilitans immobilitatum« etc. Tamen bene verum est, quod in ista propositione »Sortes non est omnis homo« ly *homo* non est totum praedicatum, sed pars eius, et praedicatum est hoc totum *omnis homo*.

1 sequatur] sequitur L 4 mediate] sive mediate add. L immediate] supponit add. O et] om. LO 5 Et] om. O 6 sive[1]...etc] om. O etc] L om. A 7 et] om. LO tunc] om. O sit] LO fuerit A 8 etiam] L om. AO aliquod] om. O 9 Verbi gratia] ut O de] om. O illa] regula L om. O asinus] LO animal A ly] om. O 10 ly] om. O asinus] LO animal A supponunt] supponit L et] om. LO 11 negativae] sub- add. s. del. A 12 et] om. LO praedicatum] om. L terminus O terminus] om. O 13 sit] om. O 14 eius] LO om. A 15 et] om. LO confundibilis] AOPS constetubilis L distribuibilis X ex quo] quia O 17 aliud] om.O 18 impediat] impediatur O nam] quia O 19 supponat] LO supponit A et] om. LO 20 istud] hoc LO quod add. L 21 supponentem] LO suppo-

fus und distributiv, obwohl er einem bejahenden Universal-Zeichen unmittelbar folgt.

Regel 5: Eine Negation verteilt[50] einen allgemeinen Term, der ihr entweder mittelbar oder unmittelbar nachfolgt, konfus und distributiv. Also supponiert das Prädikat jedes negativen Satzes, welche Quantität auch immer er haben mag, ob singulär oder ob partikulär usw., konfus und distributiv, außer wenn das Prädikat ein singulärer Term ist und außer wenn ein anderes Synkategorema hemmt. Z. B. supponieren in dem Satz »Kein Mensch ist ein Esel« sowohl der Ausdruck »Mensch« als auch der Ausdruck »Esel« konfus und distributiv.

Und ich sagte ausdrücklich, daß das Prädikat eines negativen Satzes konfus und distributiv supponiert, außer wenn das Prädikat ein singulärer Term ist. Denn im Falle des Satzes »Sokrates ist nicht Platon« supponiert das Prädikat nicht konfus und distributiv, obwohl er ein negativer Satz ist, weil (das Prädikat) kein verteilbarer Term ist, da es ja ein singulärer Term ist.

Ebenso sagte ich ausdrücklich »außer wenn ein anderes Synkategorema hemmt«, denn obwohl in dem Satz »Sokrates ist nicht ein Mensch« der Ausdruck »Mensch« konfus und distributiv supponiert, so supponiert er doch nicht so in dem Satz »Sokrates ist nicht jeder Mensch«, und zwar wegen des Synkategoremas »jeder«, das zum Term »Mensch« hinzukommt. Und es bewirkt, daß dieser unbeweglich steht, weil er ohne das Synkategorema beweglich supponierte, gemäß der Regel »Alles was etwas unbeweglich Gemachtes beweglich macht« usw. Dennoch ist es durchaus wahr, daß in dem Satz »Sokrates ist nicht jeder Mensch« der Ausdruck »Mensch« nicht das ganze Prädikat ist, sondern nur ein Teil davon; das Prädikat ist nämlich der ganze Ausdruck »jeder Mensch«.

nente A 22 eum] ipsum LO 23 immobilitatum] OX om. A immobilitatur LP immediatum S etc] om. L Tamen] verumtamen LO bene...quod] om. O 25 et] sed LO

Ex isto sequitur, quod in omni propositione particulari negativa praedicatum supponit confuse et distributive, nisi aliquod aliud syncategorema impediat. Verbi gratia, ut dicendo »Quidam homo non est asinus«, in ista enim propositione sub ly *asinus* licet bene fieri descensum ad eius supposita copulative. Et propter istam causam dicunt antiqui, quod particularis negativa non convertitur simpliciter, nam si sic, tunc ex vero sequeretur falsum, quod est contra Aristotelem secundo *Priorum*. Consequentia tenet arguendo sic »Animal non est homo, ergo homo non est animal«. Prima est vera et secunda falsa. Quod prima sit vera, patet, quia eius subiectum, scilicet ly *animal*, supponit determinate, et ideo sub eo potest fieri descensus ad eius supposita disiunctive isto modo »Animal non est homo, ergo istud animal non est homo vel istud animal non est homo« etc. Et ista est una disiunctiva, cuius plures partes A17rb sunt verae, et per consequens ista disiunctiva est vera, cum ad veritatem disiunctivae sufficiat unam partem esse veram. Et per consequens haec est vera »Animal non est homo«, est enim vera pro asino et pro equo et pro pluribus aliis. Sed quod ista non sit vera »Homo non est animal«, patet, quia per regulam praedicatum supponit confuse et distributive et per consequens sub ipso valet descendere copulative isto modo »Ergo homo non est istud animal et homo non est istud animal« et sic de singulis. Modo hoc est falsum pro animali, quod est homo.

8 Aristotelem] Aristoteles, Analytica priora, II.2, 53b7s.

1 negativa] subiectum s- add. s. del. A 2 et] om. LO aliquod] LO om. A 3 aliud] om. O Verbi gratia] om. O ut] om. L sicut O 4 enim] om. L ly] isto termino LO 5 bene] L om. AO descensum] descensus L supposita] singularia O 6 Et] LO om. A causam] dicunt? add. s. del. O antiqui] E20r aliqui ALOPSX 7 convertitur] AE20rOPSX convertatur L simpliciter] X om. AE20rLOPS si] LO om. A ex] om. O vero] SX veris AE20rLOP 8 secundo] LPSX primo A om. O Priorum] om. O 9 tenet] patet ex hoc L 10 vera] est add. s. del. A et] om. O falsa] sed add. O 11 scilicet] sicut O 12 et] LO om. A potest] dicitur L debet O 13 isto] LO secundo A 15 ista] om. O una] LO om. A 16 ista] distributiva est vera add. s. del. O 17 sufficiat] LO sufficit A 19 pro[2]] L om. AO pro[3]] om. O Sed] et L 20 quia] om. LO regulam] prae-

Daraus folgt, daß in jedem negativen partikulären Satz das Prädikat konfus und distributiv supponiert, wenn nicht ein anderes Synkategorema hemmt. Z. B., wenn man sagt »Ein gewisser (irgendein) Mensch ist nicht ein Esel«: In diesem Satz nämlich kann man unter dem Ausdruck »Esel« durchaus auf kopulative Weise einen Abstieg zu seinen Umfangselementen machen. Und aus diesem Grund sagen die alten (Autoren), daß ein negativer partikulärer Satz sich nicht einfach umkehren läßt[51], denn wenn dem so wäre, dann folgte aus Wahrem Falsches, was im Widerspruch steht zu Aristoteles im zweiten Buch der *Ersten Analytiken*. Die Folgerung ist gültig, wenn man so argumentiert: »(Ein) Lebewesen ist nicht ein Mensch, also ist (ein) Mensch nicht ein Lebewesen«; der erste Satz ist wahr und der zweite falsch. Daß der erste wahr ist, ist klar, weil sein Subjekt, nämlich der Ausdruck »Lebewesen«, determiniert supponiert; deshalb kann man unter ihm auf disjunktive Weise einen Abstieg zu seinen Umfangselementen machen, und zwar folgendermaßen »(Ein) Lebewesen ist nicht ein Mensch, also ist dieses Lebewesen nicht ein Mensch oder ist dieses Lebewesen nicht ein Mensch« usw. Und dieser Satz ist ein disjunktiver, von dem mehrere Teile wahr sind, und folglich ist dieser disjunktive Satz wahr, da es ja für die Wahrheit eines disjunktiven Satzes genügt, daß ein Teil wahr ist. Und folglich ist der Satz »(Ein) Lebewesen ist nicht ein Mensch« wahr, er ist nämlich wahr für den Esel und für das Pferd und für mehrere andere (Lebewesen). Daß aber der Satz »(Ein) Mensch ist nicht ein Lebewesen« nicht wahr ist, ist klar, weil gemäß der Regel das Prädikat konfus und distributiv supponiert; folglich kann man unter dem Prädikat auf kopulative Weise absteigen, und zwar so »Also ist (ein) Mensch nicht dieses Lebewesen und ist (ein) Mensch nicht dieses Lebewesen« usw. für die einzelnen (Lebewesen). Das ist aber falsch für (das) Lebewesen Mensch.

dictam quia add. L 21 et[1]] om. LO 22 ipso] eo L 23 homo] om. L animal[2]] et non est istud animal add. L 24 Modo hoc] quod O pro…homo] om. O

Sexta regula: Terminus confunditur distributive per negationem infinitantem ipsum. Sequitur enim »Asinus est non homo, ergo asinus non est Sortes et asinus non est Plato« et sic de singulis.

Septima regula: Per relativum diversitatis confunditur terminus sequens ipsum distributive. Verbi gratia dicendo »Asinus est alius ab homine«, sequitur enim »Ergo asinus est alius a Sorte et est alius a Platone« et sic de aliis. Et hoc est propter hoc, quod relativum diversitatis includit negationem.

Et notabiliter dixi »terminus sequens ipsum«, quia terminum praecedentem se non confundit confuse et distributive. Et propter hoc bene conceditur ista »Sortes ab homine est alius« et non ista »Sortes est alius ab homine«. Unde negatio vel L26va terminus includens negationem non confundit terminum praecedentem, sed sequentem. Et ergo non valet consequentia »Sortes homo non est, ergo Sortes non est homo«. Unde antecedens est verum et consequens falsum. Sortes enim Plato, qui est homo, non est, ergo Sortes homo non est, et tamen falsum est Sortem non esse hominem.

Ex ista regula patet, quod etiam ista consequentia non valet »Sortes est alius a Platone, ergo Sortes est alius ab homine«. Arguitur enim a negatione inferioris ad negationem superioris, et talis consequentia non valet. Si enim aliquod inferius negatur ab aliquo, non oportet, quod ergo superius negatur ab eodem. Non enim sequitur »Homo non est asinus, ergo homo

1 regula] om. O distributive] disiunctive O 3 non est[1]] ALS trsp. OPX et[1]] L om. AO asinus[2]] om. O non est[2]] ALS trsp. OPX 4 singulis] aliis O 5 Per] quod L confunditur] confundit L terminus sequens] terminum sequentem L 6 distributive] disiunctive O Verbi gratia] ut O dicendo] om. O 7 alius[1]] aliud LO enim] om. LO asinus] om. LO alius[2]] aliud O 8 est[1]] L om. AO alius a] om. O aliis] singulis LO 10 notabiliter] om. O dixi] dico O terminum praecedentem] terminus praecedens O 11 se] ipsum L om. O et] om. LO Et] om. O 12 propter hoc] ideo O bene] om. O alius] O aliud AL 13 est] ad add. s. del. A alius] O aliud AL 14 terminus] vel terminus add. L 15 Et] om. O 16 homo[1]] LOPSX homini A est[1]] ALOPSX idem add. A Unde] om. O 17 Plato] LOPSX Platoni A 18 est[2]] ALOPSX idem add. A 19 Sortem…hominem] Sortes non est homo LOPX quod Sortes non est homo S 20 ista regula]

Regel 6: Ein Term wird durch eine Negation, die ihn unbegrenzt macht, distributiv verteilt. Es folgt nämlich »(Ein) Esel ist ein Nicht-Mensch, also ist (ein) Esel nicht Sokrates und ist (ein) Esel nicht Platon« usw. für die einzelnen (Menschen).

Regel 7: Durch ein Relativ der Verschiedenheit wird ein Term, der ihm folgt, distributiv verteilt. Z. B., wenn man sagt »(Ein) Esel ist verschieden von einem Menschen«, es folgt nämlich »Also ist (ein) Esel verschieden von Sokrates und ist verschieden von Platon« usw. für die anderen (Menschen). Und das ist deswegen der Fall, weil das Relativ der Verschiedenheit eine Negation einschließt.

Und ich sagte ausdrücklich »Term, der ihm folgt«, weil (ein Relativ) einen ihm vorangehenden Term nicht konfus und distributiv verteilt. Deswegen wird der Satz »Sokrates ist von einem Menschen verschieden« sehr wohl zugegeben, aber nicht der Satz »Sokrates ist verschieden von einem Menschen«. Denn eine Negation oder ein Term, der eine Negation einschließt, verteilt nicht einen vorangehenden Term, sondern einen nachfolgenden. Also ist die Folgerung nicht gültig »Sokrates ein Mensch nicht ist, also ist Sokrates nicht ein Mensch«. Denn der Vordersatz ist wahr und der Nachsatz falsch. Sokrates nämlich Platon, der ein Mensch ist, nicht ist, also ist Sokrates ein Mensch nicht, aber dennoch ist es falsch, daß Sokrates nicht ein Mensch ist[52].

Aus dieser Regel erhellt, daß auch diese Folgerung nicht gültig ist: »Sokrates ist verschieden von Platon, also ist Sokrates verschieden von einem Menschen«. Es wird nämlich von der Negation des Untergeordneten auf die Negation des Übergeordneten argumentiert, und eine solche Folgerung ist nicht gültig. Wenn nämlich etwas Untergeordnetes von etwas verneint wird, so muß deshalb nicht (auch) das Übergeordnete davon verneint werden. Es folgt nämlich nicht »(Ein) Mensch ist nicht ein Esel, also ist (ein) Mensch nicht ein Lebewesen«.

isto O etiam] L om. AO 22 Arguitur enim] quia arguitur O a] LO ad A
24 ab[1]] de O quod ergo] LO trsp. A ab eodem] de eo O

non est animal«. Verumtamen ista consequentia bene valeret »Sortes est alius a Platone, ergo Sortes ab homine est alius«. Ibi enim arguitur ab inferiori ad superius negatione non praecedente superius.

Sed diceres: Si Sortes ab homine esset alius, ergo Sortes esset alius ab homine. Nego consequentiam, arguitur enim a termino stante determinate ad eundem stantem confuse et distributive, et tunc non valet consequentia.

Ex isto etiam sequitur, quod multum differt dicere »Proprium est substantiae in subiecto non esse« et dicere »Proprium est substantiae non esse in subiecto«. Unde primum est falsum et secundum est verum, nam in subiecto non esse non est proprium substantiae, quia convenit etiam accidenti. Quodlibet enim accidens in subiecto non est, albedo enim, quae est in isto pariete, in subiecto non est, puta in Sorte. Cum hoc tamen stat, quod quodlibet accidens est in subiecto.

Octava regula est: Terminus includens negationem confundit terminum sequentem se confuse et distributive. Et ergo in
A17va ista »Sortes differt ab homine« praedicatum supponit confuse et distributive propter hoc, quod hic terminus *differt* includit negationem. Et ergo, quamvis bene concedatur, quod Sortes ab homine differt, tamen negatur, quod Sortes differt ab homine.
O22rb Similiter, quia hoc verbum *caret* includit negationem, quia carere aliquo est non habere illud, propter hoc etiam terminum

1 Verumtamen] sed O consequentia] om. O bene] om. O valeret] valet LO 2 alius[1]] O aliud AL homine] alius add. s. del. O alius[2]] O aliud AL Ibi enim] quia ibi O 3 ab] ad! O inferiori] superiori O superius] inferius O 5 Sed diceres] om. L esset[1]] est LO alius] O aliud AL esset[2]] est LO 6 alius] O aliud AL Nego] negatur O consequentiam] consequentia O 7 stantem] stante L confuse] om. O et] om. LO 8 et] LO om. A 9 etiam] om. O multum] om. O 10 est] om. L 11 Unde] LO om. A 12 est] L om. AO nam] quia O 13 quia convenit] convenit enim LO etiam] O om. AL Quodlibet enim] quod enim L unde quodlibet O 14 quae est] om. O 15 in[3]] om. O Sorte] et add. L 16 tamen] bene O est…subiecto] AO in subiecto est LPSX 17 est] L om. AO 18 et] om. LO Et] om. O in ista] om. L 20 et] om. LO distributive] et ergo in ista Sortes differt ab homine praedicatum supponit confuse et

Gleichwohl wäre folgende Folgerung durchaus gültig: »Sokrates ist verschieden von Platon, also ist Sokrates von einem Menschen verschieden«. Hier wird nämlich vom Untergeordneten auf das Übergeordnete argumentiert, wobei die Negation dem Übergeordneten aber nicht vorangeht.

Einwand: Wenn Sokrates von einem Menschen verschieden wäre, dann wäre Sokrates verschieden von einem Menschen. – Ich lehne die Folgerung ab, denn es wird von einem Term in determinierter Supposition auf denselben in konfuser und distributiver Supposition argumentiert; dann ist die Folgerung aber nicht gültig.

Daraus folgt auch, daß es einen großen Unterschied macht, zu sagen »Der Substanz ist es eigentümlich, in einem Zugrundeliegenden nicht zu sein«, und zu sagen »Der Substanz ist es eigentümlich, nicht in einem Zugrundeliegenden zu sein«. Das erste ist nämlich falsch und das zweite ist wahr, denn in einem Zugrundeliegenden nicht zu sein ist der Substanz nicht eigentümlich, weil es auch dem Akzidens zukommt. Jedes beliebige Akzidens nämlich ist in einem Zugrundeliegenden nicht, die Weiße nämlich, die in dieser Wand ist, ist in einem Zugrundeliegenden nicht, z. B. in Sokrates. Damit ist gleichwohl vereinbar, daß jedes Akzidens in einem Zugrundeliegenden ist.

Regel 8: Ein Term, der eine Negation einschließt, verteilt einen ihm folgenden Term konfus und distributiv. Also supponiert in dem Satz »Sokrates unterscheidet sich von einem Menschen« das Prädikat konfus und distributiv, und zwar (eben) deswegen, weil der Term »unterscheidet sich« eine Negation einschließt. Obwohl also sehr wohl zugegeben wird, daß Sokrates von einem Menschen sich unterscheidet, so wird doch verneint, daß Sokrates sich unterscheidet von einem Menschen. Ebenso gilt: Weil das Verb »entbehrt« eine Negation einschließt, weil ja etwas entbehren heißt das nämliche nicht haben, verteilt es deswegen ebenfalls einen ihm folgenden Term konfus und distributiv. Aus diesem Grund wird der

distributive add. A quod] quia L **21** Et] om. LO **22** quod] om. L **23** Similiter] et L quia[1]] om. O caret] careo L includit] includit add. O

sequentem se confundit confuse et distributive. Et propter hoc negatur ista »Materia caret forma«, sed bene conceditur ista »Materia forma caret«, materia enim Sortis forma caret Platonis. Nec sequitur »Materia forma caret, ergo materia caret forma«, arguitur enim a termino stante determinate ad terminum consimilem stantem confuse et distributive.

Nona regula est ista: Syncategoremata, quibus fit comparatio aequalitatis, ut sunt ista *sicut*, *quemadmodum* etc., confundunt terminos sequentes se distributive, semper intelligendo, nisi aliud syncategorema impediat, de quo videbitur postea. Et ratio huius est, quia talia syncategoremata includunt negationem cadentem super illum terminum sequentem. Verbi gratia »Sortes est ita fortis, sicut est aliquis homo mundi« valet istam copulativam »Sortes est fortis et aliquis homo est fortis et Sortes non est magis fortis aliquo homine nec est minus fortis aliquo homine«.

Et idem probatur ex communi modo loquendi, quia nisi ista dictio *sicut* confunderet terminum sequentem distributive, sequeretur, quod unus homo modicum sapiens esset ita sapiens sicut aliquis homo mundi, tamen hoc communiter reputatur falsum. Consequentia tenet, quia esset ita sapiens sicut alter aequalis sibi in sapientia. Ideo liceret bene descendere, quod iste homo esset ita sapiens sicut iste vel iste aliquis homo mundi etc.

Ex isto sequitur, quod haec est falsa »Aristoteles fuit ita sapiens sicut aliquis homo mundi«, quia iste terminus *aliquis*

10 postea] Vide hic infra regulam undecimam.

1 se] om. O et] om. LO Et…hoc] ideo O 2 sed] et O bene] L om. AO ista[2]] om. O 3 Materia] forma O caret add. s. del. O forma[1]] materia O 4 Nec] vel L 5 arguitur enim] quia arguitur O terminum] L om. AO 6 consimilem] eundem O stantem] stante L et] om. LO 7 est ista] om. LO quibus] per qui! L per quae O est add. s. del. A fit] om. L 8 sunt] LO om. A etc] etiam de aliis L et similia O 9 se] om. LO 10 aliud] aliquod O de…postea] om. O Et] om. LO 12 sequentem] om. LOPSX Verbi gratia] ut O 13 est[2]] L om. AO mundi] om. O 14 aliquis] om. O 15 aliquo homine] LO om. A est[2]] L om. AO 16 aliquo homine] om. O 17 Et] om. O 18 distributive] om. O 19 sequere-

Satz »Eine Materie entbehrt einer Form« verneint, aber der Satz »Eine Materie einer Form entbehrt« wird sehr wohl zugegeben[53], die Materie des Sokrates nämlich der Form des Platon entbehrt. Und es folgt nicht »Eine Materie einer Form entbehrt, also entbehrt eine Materie einer Form«, es wird nämlich von einem Term in determinierter Supposition auf einen gleichen Term in konfuser und distributiver Supposition argumentiert.

Regel 9: Synkategorematische Ausdrücke, mit denen ein Gleichheitsvergleich gemacht wird, wie z. B. die Ausdrücke »gleichwie«, »so wie« usw., verteilen ihnen folgende Terme distributiv, wobei dies immer unter der Bedingung zu verstehen ist: falls nicht ein anderes Synkategorema hemmt, worüber später gehandelt werden wird. Und der Grund dafür ist, daß solche synkategorematischen Ausdrücke eine Negation einschließen, die sich auf den nachfolgenden Term bezieht. Z. B. ist der Satz »Sokrates ist so stark, wie irgendein Mensch der Welt ist« äquivalent mit dem kopulativen Satz »Sokrates ist stark und irgendein Mensch ist stark und Sokrates ist nicht stärker als irgendein Mensch und ist nicht weniger stark als irgendein Mensch«.

Dasselbe wird aus der gängigen Redeweise bewiesen: Wenn das Wort »gleichwie« den nachfolgenden Term nicht distributiv verteilte, folgte, daß ein mäßig gescheiter Mensch so gescheit wäre wie irgendein Mensch der Welt; das wird aber gemeinhin für falsch gehalten. Die Folgerung ist gültig, weil er so gescheit wäre wie ein anderer, der ihm bezüglich der Gescheitheit gleich ist. Deshalb könnte man durchaus folgendermaßen absteigen: Dieser Mensch ist so gescheit wie dieser oder jener irgendein Mensch der Welt usw.

Daraus folgt, daß der Satz »Aristoteles war so gescheit wie irgendein Mensch der Welt« falsch ist, weil der Term »irgend-

tur] sequitur L 20 tamen…reputatur] quod est O communiter] om. L 21 alter] aliquis L 22 sibi] suo? O liceret] O licet AL bene] om. O 23 iste[2]] homo add. A vel] ille add. s. del. A sicut add. A 24 etc] om. LO 25 haec] LO hoc A 26 quia] om. L aliquis[2]] om. O

homo per regulam supponit confuse et distributive, et ideo licet descendere, quod Aristoteles fuit ita sapiens sicut iste aliquis homo mundi, demonstrato uno homine minus sapiente. Secundo sequitur hanc esse falsam »Leo est ita fortis sicut aliquod animal mundi«, quia tunc esset ita fortis sicut una musca. Nec valet dicere, quod sit ita fortis et adhuc plus et per consequens ita fortis, quia non sequitur »Est ita fortis et adhuc plus, ergo est ita fortis«, quod patet, quia istud syncategorema *ita* dicit aequalitatem. Tertio, quia tunc albior Sorte esset ita albus sicut Sortes. Et turris Nostrae Dominae esset ita magna sicut sua medietas. Omnia enim ista sunt absurda. Quarto sequitur, hanc esse falsam »Samson fuit ita fortis sicut homines«, quia A17vb ad istam sequitur, quod ipse fuit ita fortis sicut ipsemet cum omnibus aliis hominibus. Sequitur enim »Fuit ita fortis sicut homines, ergo fuit ita fortis sicut isti homines, quorum ipse est pars, et isti homines et isti homines«.

Decima regula: Syncategoremata, per quae fiunt comparationes secundum excessum, sicut est dictio ista *quam* et comparativus gradus includens istam dictionem *quam* et etiam superlativus gradus, confundunt terminos sequentes se determinantes eorum dependentias confuse et distributive, sicut dicendo »Sortes est fortior homine«.

Et dico notabiliter »eorum dependentias determinantes«, quia si non, hoc non oporteret, verbi gratia »Velocius est aliquod animal quam Plato«. Hic enim ly *animal* non stat confuse

1 per regulam] om. L et[1]] om. LO et ideo] unde L et O 2 iste] vel iste add. O aliquis] L om. A 3 uno] om. O homine] om. LO Secundo sequitur] sequitur etiam L similiter O 4 hanc…falsam] haec est falsa O sicut] aliud a- add. s. del. O aliquod] LO aliquid A aliud add. A 5 mundi] O om. AL tunc] om. O 6 dicere] dicto L et[2]] nec O 8 quod patet] L om. A quia patet O istud] om. O 9 dicit] vincit O Tertio] secundo LO tunc] LO om. A Sorte] LP Sortes A Sor OSX 10 turris] crater L ita] magis? add. s. del. O magna] magnus O 11 Omnia…absurda] quod falsum est O enim] L om. A Quarto] tertio LO sequitur] L om. A sequeretur O 12 hanc…falsam] quod haec esset falsa O 13 istam] ipsam L sicut ipsemet] om. O ipsemet] ipse L 15 ergo] om. O fuit…fortis] L om. AO isti] iste O 16 isti homines[2]] sic de singulis LO 17 Syncategoremata] syncategorema L fiunt comparationes] fit comparatio

ein Mensch« gemäß der Regel konfus und distributiv supponiert, und deshalb kann man so absteigen: Aristoteles war so gescheit wie dieser irgendein Mensch der Welt, wobei man auf einen weniger gescheiten Menschen hinweist. Zweitens folgt, daß der Satz »(Der) Löwe ist so stark wie irgendein Tier der Welt« falsch ist, weil (der Löwe) dann so stark wäre wie eine Fliege. Und es ändert auch nichts, zu sagen, daß er so stark ist und noch stärker und folglich so stark ist, weil nicht folgt »Er ist so stark und noch stärker, also ist er so stark«; das ist klar, weil das Synkategorema »so« Gleichheit bedeutet. Drittens: Dann wäre etwas Weißeres als Sokrates so weiß wie Sokrates. Und der Turm von Notre Dame wäre so groß wie seine Hälfte. All das ist ungereimt. Viertens folgt, daß der Satz »Samson war so stark wie Menschen« falsch ist, weil aus ihm folgt, daß er so stark war wie er selbst zusammen mit allen anderen Menschen. Es folgt nämlich »Er war so stark wie Menschen, also war er so stark wie diese Menschen, von denen er ein Teil ist, und diese Menschen und diese Menschen«.

Regel 10: Synkategorematische Ausdrücke, mit denen Vergleiche hinsichtlich des Übertreffens gemacht werden, wie z. B. das Wort »als« und der Komparativ, der das Wort »als« einschließt, und auch der Superlativ, verteilen die Terme, die ihnen nachfolgen und ihre Abhängigkeiten bestimmen, konfus und distributiv, wie wenn man sagt »Sokrates ist stärker als ein Mensch«.

Und ich sage ausdrücklich »die ihre Abhängigkeiten bestimmen«, weil wenn dies nicht der Fall wäre, wäre diese (Art der Supposition) nicht zwingend, z. B. »Schneller ist irgendein Tier als Platon«. Hier supponiert der Ausdruck »Tier« nämlich

LO 18 est] om. O quam] quaeque L 19 gradus] om. O istam…quam] eam LO etiam] L om. AO 20 gradus] om. LO confundunt] terminis? add. s. del. A se] L om. AO determinantes] de- om. L determinatos O 21 dependentias] dependentiam O et] om. LO sicut] L bene A ut O dicendo] om. O 23 notabiliter] om. O dependentias] dependentiam O determinantes] de- om. LO 24 oporteret] oportet L quod add. s. del. O verbi gratia] ut O 25 animal[1]] LO om. A Hic enim] om. O animal[2]] Plato L

et distributive, quamvis sequatur istum comparativum *velocius*. Et ratio huius est, quia isti termini includunt negationem cuiuslibet aliorum respectu praedicati comparativi gradus, ut dicendo »Sortes est fortior homine«, exponitur enim sic »Sortes est fortis et homo est fortis et nullus homo alius a Sorte est ita fortis sicut Sortes«. Exemplum de superlativo: »Aiax fuit fortissimus Troianorum«, exponitur enim sic »Aiax fuit fortis et Troiani fuerunt fortes et nullus eorum alius ab Aiace fuit ita fortis sicut Aiax«.

Ex ista regula sequitur posito, quod Sortes sit debilior Platone et fortior Cicerone, quod ista est neganda »Sortes est fortior homine«, quia ad eam sequitur »Ergo Sortes est fortior Platone«, quod est falsum per casum. Consequentia tenet, quia ly *homine* supponit confuse et distributive. Secundo sequitur, quod omnes istae sunt falsae »Vergilius fuit doctissimus poetarum«, quia ly *poetarum* supponit confuse et distributive, et ergo sequitur, quod fuit doctissimus istorum duorum poetarum L26vb et istorum trium et sic de aliis, quod est falsum, quia isti termini O22va numerales tenentur copulative. Similiter ista est falsa »Vergilius fuit doctior aliquo poetarum«, quia sequeretur, quod ipse fuit magis doctus quam ipsemet. Sed bene concedendum est, quod ipse fuit poetarum doctissimus, similiter, quod ipse fuit aliquo poetarum doctior.

1 et] om. LO comparativum] terminum L velocius] qui est comparativus add. L 2 Et] om. LO huius] regulae L om. O 3 respectu] om. L comparativi add. s. del. A respectu add. O comparativi] comparativus L 4 dicendo] om. O enim] om. O 5 homo^{2}] est ita fortis sicut Sortes add. s. del. O alius] O om. AL 6 superlativo] enim? add. s. del. A Aiax] Z ayax A ayas L agax O fuit] LO est A 7 Troianorum] troyarum L enim] L om. AO fortis] for O 8 fuerunt] erant LO alius] om. L ab] LO a A 9 fortis] for O sicut] ita L 10 Ex... regula] om. O 11 quod] om. LO 12 eam] ipsam L sequitur] sequeretur L Ergo] om. L 13 falsum per] etiam! L contra O 14 et] om. LO 15 omnes] om. O istae] tales LO doctissimus] dominus O 16 et^{1}] om. LO et ergo] quia O 17 quod] igitur O doctissimus] dominus O 18 et^{1}] om. L aliis] singulis L est] fuit L 19 copulative] ALPX collective OS est falsa] om. L 20 doctior] Z doctissimus AE20VLPSX doctius O aliquo] om. O istorum add. L sequeretur] sequitur LO 21 bene] LOPS tamen A 22 ipse] om. O similiter...doctior] LP

nicht konfus und distributiv, obwohl er dem Komparativ »schneller« nachfolgt. Und der Grund dafür ist, daß diese Terme eine Negation jedes anderen Dinges in Hinsicht auf das Prädikat des Komparativs einschließen, wie wenn man sagt »Sokrates ist stärker als ein Mensch«: Das wird nämlich so analysiert »Sokrates ist stark und ein Mensch ist stark und kein von Sokrates verschiedener Mensch ist so stark wie Sokrates«. Ein Beispiel für einen Superlativ: »Ajax war der stärkste der Trojaner«, das wird nämlich so analysiert »Ajax war stark und die Trojaner waren stark und keiner von ihnen, der von Ajax verschieden war, war so stark wie Ajax«.

Aus dieser Regel folgt unter der Annahme, daß Sokrates schwächer ist als Platon und stärker als Cicero, daß der Satz »Sokrates ist stärker als ein Mensch« verneint werden muß, weil aus ihm folgt »Also ist Sokrates stärker als Platon«, was gemäß dem angenommenen Fall falsch ist. Die Folgerung ist gültig, weil der Ausdruck »als ein Mensch« konfus und distributiv supponiert. Zweitens folgt, daß alle derartigen Sätze falsch sind: »Vergil war der gelehrteste der Dichter«, weil der Ausdruck »der Dichter« konfus und distributiv supponiert; somit folgt, daß er der gelehrteste von diesen zwei Dichtern war und von diesen drei usw. für die anderen (Dichter), was falsch ist, weil diese Zahlterme kopulativ verwendet werden. Ebenso ist der Satz falsch »Vergil war gelehrter als irgendeiner von den Dichtern«, weil dann folgte, daß er gelehrter war als er selbst. Hingegen muß man sehr wohl zugeben, daß er von den Dichtern der gelehrteste war, ebenso, daß er als irgendeiner von den Dichtern gelehrter war.

om. AOS 23 doctior] Z om. AOS doctissimus E20VLPX Sequitur ergo Nunc add. L Hic est defectus in una regula quae scripta est in fine libri ultimo filio! circa tale signum add. i.m. P

Undecima regula est: Quidquid mobilitat immobilitatum, immobilitat mobilitatum, id est, quodcumque syncategorema vel terminus habens vim confundendi sequentem terminum confuse et distributive, qui terminus non sic supponeret absente tali syncategoremate, tale syncategorema adveniens termino iam stanti mobiliter facit ipsum stare immobiliter. Verbi gratia in ista propositione »Omnis homo currit« ly *homo* supponit confuse et distributive, et quia haec negatio *non* habet etiam virtutem confundendi confuse et distributive aliquem terminum sequentem stantem immobiliter, ergo si haec negatio *non* una cum isto syncategoremate *omnis* praeponatur huic termino *homo*, hic terminus *homo* stabit immobiliter. Et propter hoc in ista propositione »Non omnis homo currit« ly *homo* supponit immobiliter.

Ista regula intelligitur non solum de termino posito a parte subiecti, sed etiam de termino a parte praedicati posito, et propter hoc in ista propositione »Sortes differt ab omni homine« vel in ista »Sortes non est omnis homo« ly *homo* vel ly A18ra *homine* supponit immobiliter propter hoc, quod duo syncategoremata sibi praeponuntur, quorum quodlibet, si ipsum solum sibi apponatur, confunderet terminum confuse et distributive.

1 Undecima…impedit] AOSX om. L om. S. add. *in fine codicis* P est] APX om. O quod S ista add. X Quidquid] AOPSX im- add. s. del. S 2 quodcumque] AOP quandocumque S quodlibet X 3 vel terminus] AOP om. SX sequentem] AOPSX se add. SX 4 et] A om. OPSX qui] AOPSX quidem add. X terminus] APSX om. O absente] AOPSX -senti add. i.m. P 5 syncategoremate] AOPSX si add. OPSX tale] AOSX tali P adveniens] AX advenit OP adveniat S tali add. X 6 stanti] APX stante OS ipsum] ASX istum O illum P Verbi gratia] APSX ut O 7 propositione] APSX om. O ly] A om. O hic terminus PSX 8 et[1]] A om. OPSX et[2]] AOSX esse! P haec] AX om. O hoc P ista S negatio] AOSX negative P 9 etiam] AOP om. SX et] A om. OPSX aliquem] AP om. OSX 10 terminum…immobiliter] AOP om. SX sequentem] P om. AO 11 non] APSX om. O omnis] OPSX om. A praeponatur] A praeponitur OS proponitur? P addatur X 12 hic…homo[2]] PSX om. A tunc O Et…hoc] APSX ideo O 13 propositione] APSX om. O ly] AOPSX o- add. s. del. A 14 supponit] AOPS stat X 15 Ista… immobiliter] OPSX om. A 16 sed] OSX verum P de termino] PSX om. O posito] SX om. OP et…hoc] P ideo O sicut SX 17 propositione] PSX om. O

Regel 11: Alles was etwas unbeweglich Gemachtes beweglich macht, macht etwas beweglich Gemachtes unbeweglich. D. h.: Von jedem synkategorematischen Ausdruck oder (jedem) Term, der die Kraft hat, einen nachfolgenden Term konfus und distributiv zu verteilen, welcher (nachfolgende) Term nicht so supponierte, wenn ein solches Synkategorema fehlte, gilt: Wenn ein solches Synkategorema zu einem beweglich supponierenden Term hinzutritt, bewirkt es, daß dieser unbeweglich supponiert. Z. B. supponiert in dem Satz »Jeder Mensch läuft« der Ausdruck »Mensch« konfus und distributiv, und weil die Negation »nicht« auch die Kraft hat, einen unbeweglich supponierenden nachfolgenden Term konfus und distributiv zu verteilen, folgt: Wenn die Negation »nicht« zusammen mit dem Synkategorema »jeder« dem Term »Mensch« vorangestellt wird, dann wird der Term »Mensch« unbeweglich supponieren. Und deswegen supponiert in dem Satz »Nicht jeder Mensch läuft« der Ausdruck »Mensch« unbeweglich.

Diese Regel ist nicht nur für Terme, die an Subjektstelle stehen, gemeint, sondern auch für Terme, die an Prädikatstelle stehen. Und deswegen supponiert in dem Satz »Sokrates unterscheidet sich von jedem Menschen« oder in dem Satz »Sokrates ist nicht jeder Mensch« der Ausdruck »Mensch« bzw. der Ausdruck »Menschen« unbeweglich, eben aus dem Grund, daß ihm zwei synkategorematische Ausdrücke vorangestellt sind, von denen jeder einen Term konfus und distributiv verteilte, wenn er diesem allein hinzugefügt wäre. Deswegen ist folgende Folgerung nicht gültig: »Sokrates unterscheidet sich von jedem

18 vel[1]...ista] PSX om. O vel[2]] OPS et X 19 homine] OPS specie X supponit] OPS supponunt X immobiliter] OPSX sive determinate add. S propter... praeponuntur] APSX om. O duo] APS secundum X syncategoremata] APS syncategorema X 20 praeponuntur] APS praeponitur X Sequitur de suppositione confusa tantum add. S quorum...distributive] AP om. OSX si] A se P ipsum] A ipsius P 21 apponatur] A proponeretur P confunderet] AP praedictum add. P et] A om. P

Propter quod ista consequentia non valet »Sortes differt ab omni homine, ergo Sortes differt ab homine«. Arguitur enim a termino stante immobiliter ad eundem stantem mobiliter, et ideo ista est vera »Sortes differt ab omni homine« et ista falsa »Sortes differt ab homine«. Primum patet, nam Sortes est et omnis homo est et Sortes non est omnis homo, ergo Sortes differt ab omni homine. Secundum patet, nam si Sortes differet ab homine, tunc differet a se ipso, quod falsum est, quod apparet ex eo, quod ly *homine* supponit confuse et distributive.

Similiter propter hoc ista consequentia non valet »Sortes est ita sapiens sicut omnis homo mundi, ergo Sortes est ita sapiens sicut homo mundi«. Per regulam enim iam positam in ista »Sortes est ita sapiens sicut omnis homo mundi« ly *homo mundi* supponit immobiliter et in secunda ly *homo mundi* supponit mobiliter per unam regulam prius positam. Et etiam prima est vera et secunda falsa. Sortes enim, qui remisse est sapiens, est ita sapiens sicut omnis homo mundi. Patet, quia Sortes est aliqualiter sapiens et non omnis homo mundi est ita sapiens sicut Sortes posito, quod aliquis homo sit minus sapiens eo nec omnis homo est sapientior eo, ergo ipse est ita sapiens sicut omnis homo mundi. Secundum patet, nam si esset ita sapiens sicut homo mundi, tunc esset ita sapiens sicut iste homo mundi demonstrato aliquo magis sapiente.

15 prius] Vide hic supra regulam nonam.

1 Propter quod] AP ideo O   Propter…impedit] AOP om. SX   2 Arguitur enim] AP quia arguitur O   3 stante] AOP determinate add. O   eundem] AP terminum O   4 ideo] A om. O etiam P   ista¹] AP prima O etiam add. O   Sortes…homine] AP om. O   ista²] AP secunda O   5 Sortes¹…homine] AP om. O   Primum] OP prima A   nam] AP quia O   7 omni] AP om. s. add. s.l. O   nam] AP quia O   differet] A differt OP   8 ab] AOP omni? add. s. del. P   tunc] AOP Sortes add. P   differet] A differt OP   quod apparet] A consequentia tenet OP   9 et] A om. OP   10 propter hoc] AP om. O   12 enim] AP om. O   iam] AP om. O   positam] AP dictam O   13 omnis] AO om. P   14 mundi¹] OP om. A   in] AO om. P   secunda] A ista O illa P Sortes est ita sapiens sicut homo mundi add. OP   mundi²] AP om. O   15 per…positam] AP om. O   prius] A iam P   etiam] AP om. O   16 est¹] AO om. P   et] AO om. P   17 omnis] AO om. P   quia] AO nam P   18 mundi…

Menschen, also unterscheidet sich Sokrates von einem Menschen«. Es wird nämlich von einem unbeweglich supponierenden Term auf denselben in beweglicher Supposition argumentiert; deshalb ist der Satz »Sokrates unterscheidet sich von jedem Menschen« wahr, aber der Satz »Sokrates unterscheidet sich von einem Menschen« falsch. Das erste ist klar, denn Sokrates ist und jeder Mensch ist und Sokrates ist nicht jeder Mensch, also unterscheidet sich Sokrates von jedem Menschen. Das zweite ist klar, denn wenn sich Sokrates unterschiede von einem Menschen, dann unterschiede er sich von sich selbst, was falsch ist, was daraus erhellt, daß der Ausdruck »einem Menschen« konfus und distributiv supponiert.

Ebenso ist aus diesem Grund die Folgerung nicht gültig »Sokrates ist so gescheit wie jeder Mensch der Welt, also ist Sokrates so gescheit wie ein Mensch der Welt«. Gemäß der soeben aufgestellten Regel nämlich supponiert in dem Satz »Sokrates ist so gescheit wie jeder Mensch der Welt« der Ausdruck »Mensch der Welt« unbeweglich, aber im zweiten Satz supponiert der Ausdruck »Mensch der Welt« beweglich, gemäß einer früher aufgestellten Regel. Ferner ist der erste Satz wahr und der zweite falsch. Sokrates nämlich, der mäßig gescheit ist, ist so gescheit wie jeder Mensch der Welt. Das ist klar, weil Sokrates so und so gescheit ist und nicht jeder Mensch der Welt so gescheit ist wie Sokrates, gesetzt, daß irgendein Mensch weniger gescheit ist als er und nicht jeder Mensch gescheiter ist als er; also ist er so gescheit wie jeder Mensch der Welt. Das zweite ist klar, denn wenn er so gescheit wäre wie ein Mensch der Welt, dann wäre er so gescheit wie dieser Mensch der Welt, wobei man auf einen gescheiteren Menschen hinweist.

homo] AP om. O 20 eo[1]] AOP quod add. A ipse] OP om. A 21 mundi] AO om. P nam] AP quia O

Similiter propter hoc solet concedi ista »Animal, quod est debilius musca, est ita forte sicut omne animal mundi, et tamen animal, quod est debilius musca, non est ita forte sicut animal aliquod mundi«. Prima patet supposito, quod sit aliquod animal debilius musca, et ulterius, quod sit unum animal, quod sit debilius illo, tunc enim animal debilius musca est aliqualiter forte et omne animal mundi est aliqualiter forte et non omne animal est ita forte sicut illud nec fortius per casum, ergo illud animal, puta A, quod est debilius musca, est ita forte sicut omne animal mundi. Quod autem haec sit falsa »Animal, quod est debilius musca, est ita forte sicut aliquod animal mundi«, patet, nam tunc animal, quod est debilius musca, esset ita forte sicut hoc animal demonstrando leonem. Consequens est falsum, consequentia tenet ex eo, quod ly *sicut* per unam regulam prius positam confundit terminum sequentem confuse et distributive. Propter hoc etiam ista propositio solet concedi »A materia caret omni forma, et tamen A materia non caret aliqua forma«. Unde quia A materia non habet omnem formam, A
A18rb materia caret omni forma, et quia falsum est, quod A materia non habet aliquam formam, concedendum est, quod A materia non caret aliqua forma. Unde, sicut dicebatur, hoc verbum *caret* includit hanc negationem *non*, quae habet virtutem mobilitandi terminum sequentem, quando nullum aliud syncategorema impedit.

15 prius] Vide hic supra regulam nonam. 21 dicebatur] Vide hic supra regulam octavam.

1 propter hoc] AP om. O solet concedi] AP conceditur O 2 debilius] AO debilior P musca] AOP non add. P forte] AO fortis P 3 forte] AP fortis O 4 supposito] AP sup- om. O 5 ulterius] AP om. O quod[1]] Z om. AOP unum…quod[2]] P una alia quae A aliquod animal O sit[2]] AP om. O 6 debilius[1]] OP debilior A 7 forte[2]] AO fortis P 8 nec fortius] AP om. O illud[2]] OP omne A 10 omne…terminum] *Hic defectum materialem habet* P autem] A om. O sit] A est O 11 debilius] mundi add. s. del. A 13 demonstrando] A demonstrato O leonem] Z bovem A leone O est] A om. O 14 unam] A om. O 15 prius positam] A om. O et] AP om. O distributive] AOP et add. P 16 etiam] A om. OP propositio] AP om. O solet concedi] AP conceditur O 17 aliqua] AOP

Ebenso wird aus diesem Grund gewöhnlich der Satz zugegeben »Ein Tier, das schwächer ist als eine Fliege, ist so stark wie jedes Tier der Welt, und dennoch ist ein Tier, das schwächer ist als eine Fliege, nicht so stark wie irgendein Tier der Welt«. Der erste Satz ist klar, vorausgesetzt, daß es ein Tier gibt, das schwächer ist als eine Fliege, und ferner, daß es ein Tier gibt, das schwächer ist als jenes. Dann ist nämlich ein Tier, das schwächer ist als eine Fliege, so und so stark und jedes Tier der Welt ist so und so stark und nicht jedes Tier der Welt ist so stark wie jenes und auch nicht stärker, gemäß Annahme, also gilt: Jenes Tier, sagen wir A, das schwächer ist als eine Fliege, ist so stark wie jedes Tier der Welt. Daß aber der folgende Satz falsch ist: »Ein Tier, das schwächer ist als eine Fliege, ist so stark wie irgendein Tier der Welt«, ist klar, denn dann wäre ein Tier, das schwächer ist als eine Fliege, so stark wie dieses Tier, wobei man auf einen Löwen hinweist. Der Nachsatz ist falsch, und die Folgerung ist deshalb gültig, weil der Ausdruck »wie« gemäß einer früher aufgestellten Regel den folgenden Term konfus und distributiv verteilt. Deswegen wird gewöhnlich auch der folgende Satz zugegeben: »Die Materie A entbehrt jeder Form, und dennoch entbehrt die Materie A nicht irgendeiner Form«. Weil nämlich die Materie A nicht jede Form hat, entbehrt die Materie A jeder Form, und weil es falsch ist, daß die Materie A nicht irgendeine Form hat, muß man zugeben, daß die Materie A nicht entbehrt irgendeiner Form. Denn, wie schon gesagt wurde, das Verb »entbehrt« schließt die Negation »nicht« ein, die die Kraft hat, den folgenden Term beweglich zu machen, wenn kein anderes Synkategorema hemmt.

aliqua add. A 18 Unde] AP om. O 20 materia] AOP habet aliquam formam et per consequens concedendum est quod a materia add. OP 21 dicebatur] AP dicitur O 22 hanc] A om. O illam P non] AP om. O quae] AO quia P habet...mobilitandi] AP confundit O mobilitandi] A includendi? P 23 terminum sequentem] AP om. O quando nullum] A nisi O quando non P 24 impedit] AP impediat O Patientia Unica add. O

Cap. II.7 ⟨Capitulum septimum de regulis de suppositione confusa tantum⟩

Nunc ponendae sunt regulae de suppositione confusa tantum. Quarum prima est haec: Cuiuslibet propositionis universalis affirmativae, cuius praedicatum est terminus communis, praedicatum supponit confuse tantum. Verbi gratia dicendo »Om- O22vb nis homo est animal«, ly *animal* supponit confuse tantum, eo quod sub ipso non potest fieri sumptio seu descensus per propositionem copulativam vel disiunctivam, sed bene per propositionem de disiuncto extremo, ut prius dicebatur.

Secunda regula est: Cuiuslibet propositionis exclusivae affirmativae subiectum supponit confuse tantum. Verbi gratia dicendo »Tantum animal est homo«, ly *animal* supponit confuse tantum. Et ratio huius est, nam haec »Tantum animal est homo« convertitur in unam universalem affirmativam, sicut in istam »Omnis homo est animal«, in qua ly *animal* supponit confuse tantum per regulam praecedentem, ergo supponit sic in ista »Tantum animal est homo«.

Tertia regula est: Omnis terminus aequivalens orationi compositae ex signo universali affirmativo et termino communi confundit terminum communem expressum sequentem se in propositione confuse tantum. Verbi gratia dicendo »Semper erit homo« vel »Semper fuit homo«. Hoc enim syncategorema *semper*, sicut prius dicebatur, aequivalet isti orationi *omni*

10 prius] Cf. Cap. II.3. 24 prius] Sed hoc non dicebatur in ullo loco praecedenti. Cf. autem Alberti Quaestiones circa Logicam, Qu. 16, p. 226s., §291; p. 231, §298.3.

3 tantum] etc. add. L 4 Quarum] om. O est] Cuis- add. s. del. A haec] L om. AO 6 Verbi gratia] ut O dicendo] om. O 8 sub] om. O ipso] eo L om. O potest] contingit O fieri...descensus] descendere O sumptio] sub add. L 9 vel] neque L nec O bene] L om. AO 10 ut...dicebatur] om. O 11 est] om. LO 12 supponit] subiectum! L Verbi gratia] L ut O Verbi...homo] LO om. A 13 Tantum] L om. s. add. i.m. O ly...tantum] L om. AO 14 Et] om. O huius est] om. O nam] quia O 15 unam] LO om. A sicut] et L ut O 16 ly] om. O 17 per...praecedentem] om. O 19 est] L om. AO 20 signo] L syncate-

Kapitel II.7: *Die Regeln der nur konfusen Supposition*

Nun sind Regeln bezüglich der nur konfusen Supposition aufzustellen. – Die erste davon ist folgende: Das Prädikat jedes bejahenden allgemeinen Satzes, sofern dessen Prädikat ein allgemeiner Term ist, supponiert nur konfus. Z. B., wenn man sagt »Jeder Mensch ist ein Lebewesen«, so supponiert der Ausdruck »Lebewesen« nur konfus, weil unter ihm keine Unterordnung bzw. kein Abstieg mittels eines kopulativen oder eines disjunktiven Satzes gemacht werden kann, aber sehr wohl mittels eines Satzes mit disjunktem Satzglied, wie schon früher gesagt wurde.

Regel 2: Das Subjekt jedes bejahenden ausschließenden Satzes supponiert nur konfus. Z. B., wenn man sagt »Nur ein Lebewesen ist ein Mensch«, so supponiert der Ausdruck »Lebewesen« nur konfus. Und der Grund dafür ist, daß der Satz »Nur ein Lebewesen ist ein Mensch« in einen bejahenden allgemeinen Satz umgekehrt wird, wie z. B. in diesen »Jeder Mensch ist ein Lebewesen«, in dem der Ausdruck »Lebewesen« gemäß der vorangehenden Regel nur konfus supponiert; also supponiert er auch so in dem Satz »Nur ein Lebewesen ist ein Mensch«.

Regel 3: Jeder Term, der einer Ausdrucksfolge äquivalent ist, die aus einem bejahenden Universal-Zeichen und einem allgemeinen Term zusammengesetzt ist, verteilt den expliziten allgemeinen Term, der ihm im Satz folgt, nur konfus. Z. B., wenn man sagt »Immer wird ein Mensch sein« oder »Immer war ein Mensch«: Das Synkategorema »immer« nämlich ist, wie schon früher gesagt wurde, der Ausdrucksfolge »zu jeder Zeit« äquivalent, weshalb in dem Satz »Immer war ein Mensch« der Ausdruck »Mensch« (ebenso) nur konfus suppo-

goremate AO affirmativo] LO om. A 21 terminum] sequentem expressum add. s. del. A 22 Verbi gratia] ut O dicendo] L om. AO 23 vel] LO om. A homo[2]] vel aliquod semper homo fuit vel semper homo erit add. O Hoc... homo] LO om. A enim] L om. O 24 sicut...dicebatur] L om. O isti] L uni O orationi] compositae scilicet add. O

tempore, igitur in ista propositione »Semper fuit homo« ly *homo* supponit confuse tantum sicut in ista »Omni tempore fuit homo«. Et similiter praedicatum istius »Ubique est corpus«, ly *corpus* supponit confuse tantum, sicut in ista »In omni loco est corpus«. Similiter in ista »Semper fuit aliqua dies« ly *aliqua dies* supponit confuse tantum, sicut in ista »Omni tempore fuit aliqua dies«. Similiter in ista »Cuiuslibet contradictionis altera pars est vera« ly *altera pars* supponit confuse tantum, sed hoc est per primam regulam de suppositione confusa tantum.

Et ideo ad habendum contradictorias propositionum dictarum oportet facere praedictos terminos supponentes confuse tantum supponere distributive, et ideo contradictoria istius »Semper fuit aliquis homo« est haec »Aliquando non fuit aliquis homo«. Similiter contradictoria istius »Ubique est corpus« est ista »Alicubi non est corpus«. Similiter contradictoria istius »Semper fuit aliqua dies« est ista »Aliquando non fuit aliqua dies«. Sed cavendum est de ista »Semper aliqua dies fuit«. Unde eius contradictoria non est haec »Aliquando aliqua dies non fuit«, nam in secunda ly *aliqua dies* supponit non distributive, et etiam non supponit distributive in prima. Modo regula est, sicut iam dictum est in quaestione, quod terminus supponens in una propositione non distributive in eius contradictoria debet supponere distributive, et hoc, si tales termini sint distribuibiles. Ideo contradictoria istius »Semper aliqua dies fuit« non est haec »Aliquando aliqua dies non fuit«, sed haec »Ali-

22 in quaestione] Albertus de Saxonia, Quaestiones circa Logicam, Qu. 17, p. 241, § 315. Cf. e. g. etiam hic principium istius sectionis.

1 igitur] L et O 3 Et…dies] om. O similiter] L sic A 5 Similiter…ista] L om. A 6 sicut…dies] L om. A 9 sed…tantum] LP om. AO est] P om. L 11 Et] om. O ad habendum] in habendo LO propositionum dictarum] istarum O 12 facere] om. L praedictos] istos O supponentes] stantem L stantes O 13 tantum] facere add. LO dis- add. s. del. A supponere] stare LO et] om. O 14 aliquis[1]] om. O haec] ly L 15 contradictoria istius] om. O est] fuit L 16 ista] contradictoria add. O Similiter] LO sic A contradictoria istius] om. O 17 est ista] om. O 18 de] om. O 20 nam] quia O ly] om. L 21 et etiam]

niert wie in dem Satz »Zu jeder Zeit war ein Mensch«. Ebenso das Prädikat des Satzes »Überall ist ein Körper«: Der Ausdruck »Körper« supponiert (ebenso) nur konfus wie in dem Satz »An jedem Ort ist ein Körper«. Ebenso supponiert in dem Satz »Immer war ein Tag« der Ausdruck »ein Tag« (ebenso) nur konfus wie in dem Satz »Zu jeder Zeit war ein Tag«. Ebenso supponiert in dem Satz »Von einem jeden Widerspruch der eine Teil ist wahr« der Ausdruck »der eine Teil« nur konfus, aber das ist der Fall gemäß der ersten Regel betreffend die nur konfuse Supposition.

Deshalb muß man zur Erzeugung der kontradiktorischen Gegensätze der genannten Sätze dafür sorgen, daß die vorgenannten Terme, die nur konfus supponieren, distributiv supponieren, und deshalb ist der kontradiktorische Gegensatz des Satzes »Immer war ein Mensch« der Satz »Irgendeinmal war nicht ein Mensch«. Ebenso ist der Gegensatz des Satzes »Überall ist ein Körper« der Satz »Irgendwo ist nicht ein Körper«. Ebenso ist der Gegensatz des Satzes »Immer war ein Tag« der Satz »Irgendeinmal war nicht ein Tag«. Aber aufpassen muß man beim Satz »Immer ein Tag war«. Sein Gegensatz ist nämlich nicht der Satz »Irgendeinmal ein Tag war nicht«, denn im zweiten Satz supponiert der Ausdruck »ein Tag« nicht distributiv, und auch im ersten Satz supponiert er nicht distributiv. Nun lautet die Regel aber, wie schon in einer Frage gesagt wurde, daß ein Term, der in einem Satz nicht distributiv supponiert, in dessen kontradiktorischem Satz distributiv supponieren muß, sofern die betreffenden Terme überhaupt distribuierbar sind. Deshalb ist der kontradiktorische Satz des Satzes »Immer ein Tag war« nicht der Satz »Irgendeinmal ein Tag war nicht«, sondern der Satz »Irgendeinmal nicht ein Tag

LO trsp. A non] no- add. s. del. O non…distributive] LO om. A supponit] s- add. s. del. O Modo] et ideo O 22 sicut. … PSU31rbW31raX om. AO sicut prius dicebatur B18va sicut dictum … b in quaestione] P om. AE21rLM19vbOSU31rbW31raX in conclusione?/quaestione? B18va quod] sicut L 24 hoc si] cum hoc O sint] sunt O 25 Ideo] om. O 26 non[1]…haec[1]] om. O fuit] non est add. O

A18va quando non aliqua dies fuit«, et tunc ly *aliqua dies* supponit distributive in secunda et supponit non distributive in prima. Eodem modo contradictoria istius »Cuiuslibet contradictionis altera pars est vera« non est haec »Alicuius contradictionis altera pars non est vera«, quia est vera cum alia, sed haec »Alicuius contradictionis non altera pars est vera«.

Dubitatur hic de ista »Semper aliqua dies fuit«, utrum sit vera, et videtur, quod sic, »Omni tempore aliqua dies fuit, ergo semper aliqua dies fuit«. Consequentia tenet, quia una valet tantum quantum alia. Antecedens patet, quia non est nec fuit aliquod tempus, quin in illo tempore aliqua dies fuit. Sed probatur, quod sit falsa: »Semper aliqua dies non fuit, ergo falsum est, quod semper aliqua dies fuit«. Consequentia tenet, quia ista »Semper aliqua dies non fuit« aequivalet isti »Numquam aliqua dies fuit«, quod patet per regulam aequipollentiarum. Nam ista »Semper aliqua dies fuit« contrariatur isti »Numquam aliqua dies fuit«, ergo ista »Semper aliqua dies non fuit« aequipollet isti »Numquam aliqua dies fuit«, eo quod negatio postposita facit aequipollere contrario. Sed modo ista »Numquam aliqua dies fuit« non potest stare in veritate cum ista »Semper aliqua dies fuit«, eo quod contraria non possunt simul esse vera, et per consequens nec ista sibi aequivalens »Semper aliqua dies non fuit«. Sed quod ista sit vera »Semper aliqua dies non fuit«, probatur, quia semper dies crastina non fuit, igitur semper aliqua dies non fuit.

Respondetur concedendo, quod semper aliqua dies fuit, et negatur consequentia »Semper aliqua dies non fuit, ergo falsum est, quod semper aliqua dies fuit«. Unde sicut non sequi-

1 tunc] om. O 2 supponit] LO om. A 3 Eodem…vera] om. O 4 non…vera[1]] om. L 5 vera[2]] una L sed] scilicet L 6 contradictionis] dictionis L 7 hic] L om. AO utrum] an O 8 et] om. O fuit] om. O ergo…fuit] om. L 10 quia] nam L nec] non add. L 11 aliquod tempus] om. L in] om. O Sed] om. LO probatur…falsa] falsitas probatur L 12 dies] LO om. A 13 Consequentia… quod] om. O 14 aequivalet] aequipollet L 16 Nam] quia O 17 ergo…fuit] LOPS om. A 18 dies] LOPS non add. L 19 contrario] LS contraria AOP 20 aliqua] LO om. A stare] stari L 22 aequivalens] aequipollens L 23 Sed…

war«, und dann supponiert der Ausdruck »ein Tag« distributiv im zweiten Satz und supponiert nicht distributiv im ersten Satz. Ebenso ist der kontradiktorische Satz des Satzes »Von einem jeden Widerspruch der eine Teil ist wahr« nicht der Satz »Von irgendeinem Widerspruch der eine Teil ist nicht wahr«, weil er zusammen mit dem anderen wahr ist, sondern der Satz »Von irgendeinem Widerspruch nicht der eine Teil ist wahr«.

Hier fragt es sich bezüglich des Satzes »Immer ein Tag war«, ob er wahr ist, und es scheint, daß dem so ist: »Zu jeder Zeit ein Tag war, also immer ein Tag war«. Die Folgerung ist gültig, weil der eine Satz mit dem anderen äquivalent ist. Der Vordersatz ist klar, weil es keine Zeit gibt noch gab, ohne daß zu dieser Zeit ein Tag war. – Beweis, daß (jener Satz) falsch ist: »Immer ein Tag war nicht, also ist es falsch, daß immer ein Tag war«. Die Folgerung ist gültig, weil der Satz »Immer ein Tag war nicht« äquivalent ist mit dem Satz »Niemals ein Tag war«, was durch die Regel der gleichwertigen Sätze einleuchtet. Denn der Satz »Immer ein Tag war« ist konträr zum Satz »Niemals ein Tag war«, also ist der Satz »Immer ein Tag war nicht« gleichwertig mit dem Satz »Niemals ein Tag war«, weil eine nachgestellte Negation Gleichwertigkeit mit dem konträren Gegensatz bewirkt. Nun kann aber der Satz »Niemals ein Tag war« nicht zusammen mit dem Satz »Immer ein Tag war« wahr sein, weil konträre Sätze nicht zugleich wahr sein können, und folglich auch nicht der ihm äquivalente Satz »Immer ein Tag war nicht«. Daß aber der Satz »Immer ein Tag war nicht« wahr ist, wird bewiesen: Immer der morgige Tag war nicht, also immer ein Tag war nicht.

Antwort: Es wird zugegeben, daß immer ein Tag war, aber die Folgerung abgelehnt »Immer ein Tag war nicht, also ist es falsch, daß immer ein Tag war«. Wie nämlich nicht folgt »Von

probatur] om. L 25 igitur…fuit] LO om. A igitur semper aliqua dies non fuit add. L 26 dies] non add. L 27 consequentia] LO ista A 28 quod] om. O dies] om. O

tur »Cuiuslibet contradictionis altera pars non est vera, ergo falsum est, quod cuiuslibet contradictionis altera pars est vera«, quia simul stant in veritate, ita etiam in proposito.

Et quando dicebatur »Ista ›Semper aliqua dies non fuit‹ aequivalet isti ›Numquam aliqua dies fuit‹«, negatur, sicut nec haec »Cuiuslibet contradictionis altera pars non est vera« aequivalet isti »Nullius contradictionis altera pars est vera«. Et quando dicitur »Negatio postposita facit aequipollere suo contrario«, verum est, si immediate ponitur post terminum O23ra distributum, sed sic non est in ista »Semper aliqua dies non fuit« nec in ista »Cuiuslibet contradictionis altera pars non est vera«. Unde clarum est de secunda, quod ista negatio *non* non ponitur immediate post istum terminum *contradictionis*, mediat enim ly *altera pars*. Similiter idem clarum est de ista »Semper aliqua dies non fuit«, si resolvatur in istam »Omni tempore aliqua dies non fuit«. Patet enim, quod ista negatio *non* non ponitur immediate post terminum distributum, puta ly *tempore*, quod tamen oporteret, si deberet facere aequivalere contrario. Et ergo bene concedo, quod ista »Semper non aliqua dies fuit« aequivalet isti »Numquam aliqua dies fuit«, sed prima est falsa, sicut et secunda. Sic etiam ista »Cuiuslibet L27ra | A18vb contradictionis non altera pars est vera« aequivalet isti »Nullius contradictionis altera pars est vera« et non ista »Cuiuslibet contradictionis altera pars non est vera«, eo quod ibi illa negatio *non* non ponitur immediate post terminum distributum. Et

1 non] om. s. add. s.l. O 2 pars] om. O 3 quia] unde LO etiam] similiter L om. O 4 Et] om. O quando dicebatur] quando dicitur? O ostenditur? O non] om. s. add. s.l. O 5 aequivalet] aequipollet LO Numquam] om. L negatur] nego LO nec haec] hic O 6 Cuiuslibet…Nullius] om. L pars] est vera add. s. del. O 7 aequivalet] aequipollet O 8 facit…contrario] LO aequipollet etc. A 9 est] est add. A 10 aliqua] semper aliqua add. O 12 non[1]] om. L non[2]] om. LO 13 immediate] im- om. O 15 Omni tempore] semper O 16 non] om. O 17 non[2]] om. L ponitur] prae- add. O 18 oporteret] LO oportet A deberet] fc? add. O aequivalere] aequipollere L 19 contrario] L contraria AO Et] om. LO bene] om. O non…dies[1]] ALPSX aliqua dies non O 20 aequivalet] aequipollet L aequivaleret O 21 et] om. LO Sic etiam] sicut O 22 non] ALPSX om. O pars] non add. s. del. O vera] bene add. LO

einem jeden Widerspruch der eine Teil ist nicht wahr, also ist es falsch, daß von einem jeden Widerspruch der eine Teil wahr ist«, weil sie zugleich wahr sind, so ist es auch im vorliegenden Fall.

Und wenn es hieß »Der Satz ›Immer ein Tag war nicht‹ ist äquivalent mit dem Satz ›Niemals ein Tag war‹«, so wird das verneint, wie ja auch nicht der Satz »Von einem jeden Widerspruch der eine Teil ist nicht wahr« äquivalent ist mit dem Satz »Von keinem Widerspruch der eine Teil ist wahr«. Und wenn es heißt »Eine nachgestellte Negation bewirkt Gleichwertigkeit mit seinem konträren Gegensatz«, so ist wahr, wenn die Negation unmittelbar nach dem distribuierten Term gesetzt wird, aber dies ist nicht der Fall in dem Satz »Immer ein Tag nicht war« und auch nicht in dem Satz »Von einem jeden Widerspruch der eine Teil nicht ist wahr«. Denn beim zweiten Satz ist es klar, daß die Negation »nicht« nicht unmittelbar nach dem Term »Widerspruch« steht, es steht nämlich der Ausdruck »der eine Teil« dazwischen. Dasselbe ist ebenfalls klar beim Satz »Immer ein Tag nicht war«, wenn man ihn auflöst in den Satz »Zu jeder Zeit ein Tag nicht war«. (Dann) ist es nämlich offenkundig, daß die Negation »nicht« nicht unmittelbar nach dem distribuierten Term steht, nämlich dem Ausdruck »Zeit«, was jedoch erforderlich wäre, wenn sie Äquivalenz mit dem konträren Gegensatz bewirken sollte. Somit gebe ich durchaus zu, daß der Satz »Immer nicht ein Tag war« äquivalent ist mit dem Satz »Niemals ein Tag war«, aber der erste Satz ist falsch, wie auch der zweite. So ist auch der Satz »Von einem jeden Widerspruch nicht der eine Teil ist wahr« äquivalent mit dem Satz »Von keinem Widerspruch der eine Teil ist wahr«, aber nicht der Satz »Von einem jeden Widerspruch der eine Teil nicht ist wahr«, weil hier die Negation »nicht« nicht unmittelbar nach dem distribuierten Term

aequivalet] aequipollet L aequipolleret O 24 non est] trsp. O ibi] in ista L in isto O illa negatio] ly LO 25 Et...aequivalent] etc. O

etiam, quia in ista »Semper aliqua dies non fuit« ly *aliqua dies* supponit non distributive, in ista vero »Numquam aliqua dies fuit« supponit distributive, ergo istae non aequivalent.

Diceres tu: Si ista esset vera »Semper aliqua dies non fuit«, tunc et haec esset vera »Aliquo tempore aliqua dies non fuit«. Concedo.

Sed diceres contra: Eius contradictoria est vera, scilicet »Omni tempore aliqua dies fuit«, ergo ipsa est falsa. Consequentia tenet per legem contradictoriarum »Si una est vera, reliqua est falsa«.

Dico, quod ista non est eius contradictoria, nam in ista »Aliquo tempore aliqua dies non fuit« ly *aliqua dies* supponit determinate et in ista »Omni tempore aliqua dies fuit« non supponit distributive, quod tamen oporteret, si dictae propositiones contradicerent.

Sed diceres: Probo, quod sit eius contradictoria, nam contradictoria istius »Aliquo tempore aliqua dies non fuit« est »Non aliquo tempore aliqua dies non fuit«, eo quod vere fit contradictio, quando negatio praeponitur toti propositioni. Sed ista »Non aliquo tempore aliqua dies non fuit« aequivalet isti »Nullo tempore aliqua dies non fuit« ex eo, quod *non aliquo* et *nullo* aequipollent. Et ulterius ista »Nullo tempore aliqua dies non fuit« aequivalet isti »Omni tempore aliqua dies fuit« per istam regulam »Negatio postposita facit aequipollere suo contrario«. Cum ergo ista »Nullo tempore aliqua dies fuit« sit contraria isti »Omni tempore aliqua dies fuit«, sequitur istam »Nullo tempore aliqua dies non fuit« aequipollere isti »Omni

3 non] ASX om. LP aequivalent] aequipollent L s- (sed? si?) add. L 4 tu] om. LO esset] est LO 5 tunc] om. O et] etiam L om. O esset] est LO Aliquo] tunc et haec esset vera aliquo add. A tempore] haec est vera add. O 7 contra] om. O 8 ipsa] LO ista A Consequentia tenet] om. O 9 contradictoriarum...falsa] om. O 10 reliqua...falsa] L etc. A 11 Dico] dicendo L nam] quia O 13 fuit] om. O supponit] stat LO 14 tamen] om. O oporteret] LO oportet A dictae propositiones] om. O 16 Sed] haec add. L diceres] LO om. A contra add. O nam] quia O 17 est...fuit] om. L 18 non] APSX om. S. add. s.l. O fit] sit O 19 toti] om. O 20 aequivalet] aequipollet LO 21 ex...aequi-

steht. Und außerdem gilt: Weil in dem Satz »Immer ein Tag nicht war« der Ausdruck »ein Tag« nicht distributiv supponiert, während er in dem Satz »Niemals ein Tag war« distributiv supponiert, sind diese Sätze folglich nicht äquivalent.

Einwand: Wenn der Satz »Immer ein Tag nicht war« wahr wäre, dann wäre auch der Satz »Zu irgendeiner Zeit ein Tag nicht war« wahr. Das gebe ich zu.

Einwand dagegen: Sein kontradiktorischer Satz ist wahr, nämlich »Zu jeder Zeit ein Tag war«, also ist er falsch. Die Folgerung ist gültig aufgrund des Gesetzes der kontradiktorischen Sätze »Wenn der eine wahr ist, ist der andere falsch«.

Antwort: Dieser Satz ist nicht sein kontradiktorischer Satz, denn in dem Satz »Zu irgendeiner Zeit ein Tag nicht war« supponiert der Ausdruck »ein Tag« determiniert und in dem Satz »Zu jeder Zeit ein Tag war« supponiert er nicht distributiv, was jedoch erforderlich wäre, wenn sich die genannten Sätze widersprächen.

Einwand: Ich beweise, daß er sein kontradiktorischer Satz ist, denn der kontradiktorische Satz des Satzes »Zu irgendeiner Zeit ein Tag nicht war« ist »Nicht zu irgendeiner Zeit ein Tag nicht war«, weil ein Widerspruch recht eigentlich entsteht, wenn eine Negation dem ganzen Satz vorangestellt wird. Aber der Satz »Nicht zu irgendeiner Zeit ein Tag nicht war« ist äquivalent mit dem Satz »Zu keiner Zeit ein Tag nicht war«, weil »nicht zu irgendeiner« und »zu keiner« gleichwertig sind. Und ferner ist der Satz »Zu keiner Zeit ein Tag nicht war« äquivalent mit dem Satz »Zu jeder Zeit ein Tag war«, gemäß der Regel »Eine nachgestellte Negation bewirkt Gleichwertigkeit mit seinem konträren Gegensatz«. Da also der Satz »Zu keiner Zeit ein Tag war« konträr ist zum Satz »Zu jeder Zeit ein Tag war«, folgt, daß der Satz »Zu keiner Zeit ein Tag nicht

pollent] LO om. A non aliquo] O trsp. L 23 aequivalet] aequipollet LO tempore] tempore add. O 24 suo] L om. AO contrario] L contraria AO 26 fuit] om. O sequitur…fuit] om. L istam] ista O 27 Nullo] non O dies] fuit add. s. del. A

tempore aliqua dies fuit«. Et etiam maxime, quia in ista »Nullo tempore aliqua dies non fuit« ly *non* immediate sequitur terminum distributum. In ista enim »Nullo tempore aliqua dies non fuit« non solum ly *tempore* distribuitur, verum etiam ly *aliqua dies*.

Respondetur breviter negando istud, quod ista »Nullo tempore aliqua dies non fuit« aequivalet isti »Omni tempore aliqua dies fuit«. Unde in prima ly *aliqua dies* supponit distributive, in secunda vero non, quod tamen oporteret, si deberent aequivalere. Et quando dicebatur »Negatio postposita« etc., hoc bene conceditur, quando immediate ponitur post terminum subiectum distributum, sic quod illa negatio feratur ad verbum et cum hoc praecedat omne illud, quod se tenet ex parte praedicati. Modo sic non est in proposito, unde cum dicitur »Nullo tempore aliqua dies non fuit«, ecce qualiter ly *aliqua dies* mediat inter istam negationem *non* et istum terminum *tempore*, qui solum ponitur subiectum propositionis prae-
A19ra dictae. Et ideo isti »Omni tempore aliqua dies fuit« non aequivalet ista »Nullo tempore aliqua dies non fuit«, sed bene sibi aequivalet ista »Nullo tempore non aliqua dies fuit«. Ad habendum ergo aequivalentem istius »Nullo tempore aliqua dies non fuit« oportet videre, qualiter tam ly *tempore* quam ly *aliqua dies* supponant, quod sic etiam supponant in sibi aequivalente. Supponunt enim distributive, ideo potest esse eius

1 etiam] om. O quia] om. L 2 non[1]] om. s. add. s. l. LO 4 etiam] est L 5 dies] om. O 6 breviter] L om. AO istud] cum dicitur add. LO 7 aequivalet] aequipollet LO 9 vero] om. LO tamen] non! O deberent] deberet L 10 aequivalere] aequipollere LO quando] LO bene A dicebatur] dicitur O 11 hoc bene] om. O terminum] LO om. A 12 illa] ipsa L om. O feratur] LO fertur? A 13 hoc] quod add. O 14 Modo] om. O 15 qualiter] om. L ly] om. O 16 istum terminum] LO li A 17 qui] quia L propositionis praedictae] in ista propositione O 18 Et] om. O isti] om. L ista O aequivalet] aequipollet L 19 ista] isti LO nullo tempore aliqua dies fuit non aequipollet isti add. L tempore] non add. s. del. A dies] fuit add. s. del. A non] om. O sed…fuit] om. O sibi] A om. LPS 20 aequivalet] AS aequipolleret LP ista] AP isti LS habendum] ALP habendam S 21 aequivalentem] A aequipollentem LP aequivalentiam S 22 non] APS om. s. add. s.l. L oportet] ALP oporteret S

war« gleichwertig ist mit dem Satz »Zu jeder Zeit ein Tag war«. Und auch aus dem stärksten Grund, weil (nämlich) in dem Satz »Zu keiner Zeit ein Tag nicht war« der Ausdruck »nicht« dem distribuierten Term unmittelbar folgt. In dem Satz »Zu keiner Zeit ein Tag nicht war« wird nämlich nicht nur der Ausdruck »Zeit« distribuiert, sondern auch der Ausdruck »ein Tag«.

Kurze Antwort: Ich verneine den Punkt, daß der Satz »Zu keiner Zeit ein Tag nicht war« äquivalent ist mit dem Satz »Zu jeder Zeit ein Tag war«. Denn im ersten Satz supponiert der Ausdruck »ein Tag« distributiv, im zweiten aber nicht, was jedoch erforderlich wäre, wenn sie äquivalent sein sollten. Und wenn es hieß »Eine nachgestellte Negation« usw., so wird das durchaus zugegeben, wenn sie unmittelbar nach dem distribuierten Subjektterm steht, so daß diese Negation sich auf das Verb bezieht und darüber hinaus all dem vorangeht, was auf seiten des Prädikats vorkommt. Dies ist aber nicht der Fall im vorliegenden Beispiel, wenn es nämlich heißt »Zu keiner Zeit ein Tag nicht war«: Siehe, wie der Ausdruck »ein Tag« zwischen der Negation »nicht« und dem Term »Zeit« steht, welch letzterer allein das Subjekt des vorgenannten Satzes bildet. Deshalb ist dem Satz »Zu jeder Zeit ein Tag war« nicht der Satz »Zu keiner Zeit ein Tag nicht war« äquivalent, aber sehr wohl ist ihm der Satz »Zu keiner Zeit nicht ein Tag war« äquivalent. Um also den äquivalenten Satz des Satzes »Zu keiner Zeit ein Tag nicht war« zu erhalten, muß man schauen, auf welche Weise sowohl der Ausdruck »Zeit« als auch der Ausdruck »ein Tag« supponieren, und daß sie auch so im ihm äquivalenten Satz supponieren. Sie supponieren nämlich distributiv, weshalb sein äquivalenter Satz der

tam] AP om. L tamen S ly[1]] ALP om. S 23 dies] ALPS fuit add. A supponant[1]] LP supponunt A supponat S etiam] A om. LS om. s. add. s.l. P supponant[2]] LP supponunt A supponat S sibi] LPS om. A aequivalente] AS aequipollente LP 24 Supponunt] APS supponit L ideo potest] potest enim L ideo potest *post corr.* P potest ergo S esse] ALS om. s. add. s.l. P

aequivalens ista »Omni tempore omnis dies fuit«. Modo ista est falsa, sicut ista »Nullo tempore aliqua dies non fuit«, et sic ulterius ista est falsa »Non aliquo tempore aliqua dies non fuit«, et per consequens haec est vera »Aliquo tempore aliqua dies non fuit«, quae est contradictoria istius »Non aliquo tempore aliqua dies non fuit«.

Quarta regula est: Ista verba habent vim confundendi terminos sequentes se confuse tantum, scilicet *appeto*, *desidero*, *promitto*, *opto*, *requiro*, *teneor*, *debeo* et similia. Propter hoc in ista propositione »Debeo tibi denarium« ly *denarium* supponit confuse tantum, et similiter in ista »Promitto tibi denarium«, et similiter in ista »Appeto vinum« ly *vinum* supponit confuse tantum, et similiter in ista »Ad levandum lapidem requiritur potentia« ly *potentia* supponit confuse tantum, similiter in ista »Ad equitandum requiritur equus« ly *equus* supponit confuse tantum. Propter hoc omnes istae consequentiae non valent O23rb »Debeo tibi denarium, ergo denarium tibi debeo«, »Promitto tibi equum, ergo equum tibi promitto«, »Appeto vinum, ergo vinum appeto«, »Ad levandum lapidem requiritur potentia, ergo potentia requiritur ad levandum lapidem«. In omnibus enim istis arguitur a termino stante confuse tantum ad eundem stantem determinate, et tunc consequentia non valet. Et similiter in omnibus his consequentiis contradictorium consequentis potest stare cum antecedente. Unde cum ista »Promitto tibi equum« potest stare »Nullum equum tibi promitto«.

1 aequivalens] aequipollens L ista[1]] A om. LPS 2 et…consequens] APS om. L sic] A ita P ergo S 4 et…consequens] AS om. P 5 fuit] ALPS cum add. s. del. A quae] APS quod L 7 Quarta] alia L om. O est] L om. AO habent] habentia L 8 sequentes] O om. A supponentes L 9 promitto] LO om. A opto] apto L om. O requiro] om. O teneor] LOPSX teneo A debeo] om. O Propter hoc] ideo O 10 propositione] om. O 11 similiter] LO sic A ista] appeto vinum add. s. del. A et[2]…tantum] om. O 12 similiter] LPS sic A ly…tantum] LPS om. A 13 levandum lapidem] LPS aedificationem A 14 potentia[1]] LPS lapis A ly…tantum] LPS om. A similiter…ista] LP om. A similiter ista S 15 ly…tantum] LPS om. AO 16 Propter hoc] ideo O omnes] om. O valent] valet O 17 Debeo] teneor LO debeo] teneor LO Promitto…promitto] om. O 18 promitto] etc. add. A Appeto…appeto] L om. AO 19 Ad…lapidem] LO

Satz »Zu jeder Zeit jeder Tag war« sein mag. Dieser Satz ist aber falsch, ebenso wie der Satz »Zu keiner Zeit ein Tag nicht war«, und so ist weiters auch der Satz »Nicht zu irgendeiner Zeit ein Tag nicht war« falsch, und folglich ist der Satz »Zu irgendeiner Zeit ein Tag nicht war« wahr, welcher der kontradiktorische Satz des Satzes »Nicht zu irgendeiner Zeit ein Tag nicht war« ist.

Regel 4: Folgende Verben haben die Kraft, ihnen nachfolgende Terme nur konfus zu verteilen, nämlich »ich begehre«, »ich sehne mich«, »ich verspreche«, »ich wünsche«, »ich verlange«, »ich bin verpflichtet«, »ich schulde« und ähnliche. Deswegen supponiert in dem Satz »Ich schulde dir einen Denar« (d.i. eine Münze) der Ausdruck »Denar« nur konfus, und ebenso in dem Satz »Ich verspreche dir einen Denar«. Ebenso supponiert in dem Satz »Ich begehre Wein« der Ausdruck »Wein« nur konfus, ebenso supponiert in dem Satz »Um einen Stein zu heben, braucht man eine Kraft« der Ausdruck »Kraft« nur konfus, ebenso supponiert in dem Satz »Zum Reiten braucht man ein Pferd« der Ausdruck »Pferd« nur konfus. Deswegen sind alle folgenden Folgerungen nicht gültig: »Ich schulde dir einen Denar, also einen Denar schulde ich dir«, »Ich verspreche dir ein Pferd, also ein Pferd verspreche ich dir«, »Ich begehre Wein, also Wein begehre ich«, »Um einen Stein zu heben, braucht man eine Kraft, also eine Kraft braucht man, um einen Stein zu heben«. In allen diesen Folgerungen wird nämlich von einem Term in nur konfuser Supposition auf denselben in determinierter Supposition argumentiert, und dann ist die Folgerung nicht gültig. Ebenso kann in allen diesen Folgerungen der kontradiktorische Gegensatz des Nachsatzes zusammen mit dem Vordersatz wahr sein. So kann zusammen mit dem Satz »Ich verspreche dir ein Pferd« der Satz »Kein Pferd verspreche ich dir« wahr sein.

om. A levandum] LO a add. O 20 levandum] LO a add. O 21 enim] om. O eundem] terminum L 22 stantem] stante L et tunc] ideo O consequentia] om. O Et similiter] quia O 23 omnibus] om. O consequentiis] om. O 24 Unde] ut O 25 stare] quod add. LO equum[2]] et add. O

Sed aliquis diceret: Posito, quod Sortes Platoni promittat equum et det sibi A equum. Tunc arguitur sic: Vel Sortes dedit Platoni illud, quod sibi promisit, vel non dedit sibi illud, quod sibi promisit. Si dicatur primum, ergo A equum sibi promisit et per consequens promittendo sibi equum aliquem equum sibi promisit. Si autem dicatur secundum, ergo Sortes adhuc Platoni tenetur in promisso, tunc si centum vel mille equos sibi daret, non satisfaceret promisso.

Respondetur, quod Sortes dando Platoni A equum non dat sibi illud, quod sibi promisit, quia numquam A equum sibi promisit per casum nec aliquid sibi promisit. Unde Sortes promittendo Platoni equum nihil Platoni promisit, quamvis bene Platoni promisit aliquid. Et quando ulterius dicebatur »Ergo adhuc tenetur sibi in promisso«, negatur, nam in dando sibi A equum satisfacit promisso, quamvis sibi A equum non promisit. Tamen si non dedisset sibi A equum nec aliquem alium, adhuc teneretur sibi in promisso, quamvis in nullo sibi teneretur. Et sic possibile est, quod aliquis alteri debeat ali- L27rb quid, et tamen nihil sibi debeat. Sic similiter »Ego indigeo oculo ad videndum, et tamen nullo oculo ad videndum indi- A19rb geo«, non enim dextro indigeo ad videndum, quia sinistro possum videre, nec sinistro indigeo ad videndum, quia dextro possum videre. Verum est tamen, quod si non haberem nisi unum oculum, tunc oculo indigerem ad videndum.

1 Sed] si L aliquis] om. O diceret] diceres O Posito] ponatur LO Platoni] tibi L 2 det sibi] sit O equum[2]] om. O sic] om. O Sortes] Plato L dedit] LOPSX det A 3 Platoni] Sor L equum vel add. L dedit…promisit[1]] LOPS om. AX illud[2]] LPS om. O 4 sibi[1]] LOP ei S dicatur] om. O quod secundum add. S. del. A et…promisit] LOPS om. A 5 sibi[1]] LOPS aliquem add. LP a add. S aliquem equum] OPS om. L 6 autem] L om. AO dicatur secundum] non dedit (sibi illud om. O) quod sibi promisit LO ergo] LO om. A Sortes] LO om. A 7 tunc] et sic L ideo O 10 sibi[1]] LO om. A illud] om. O equum] om. O 11 per casum] om. L ex casu O aliquid] OPX aliquod A aliquem alium LS 13 Platoni] LO om. A ulterius] om. O dicebatur] L dicitur AO 14 Ergo… nam] LO om. A nam] L quia O in[2]] om. L a O dando] enim add. L 15 sibi[1]] om. O quamvis] -vis om. O sibi[2]] LO om. A 16 nec] vel L 17 in promisso] om. L sibi[2]] om. O 18 aliquid] LO om. A 19 tamen] sibi add. L Sic] om. O

Einwand: Angenommen, daß Sokrates verspricht, dem Platon ein Pferd (zu geben), und ihm das Pferd A gibt. Dann wird so argumentiert: Entweder gab Sokrates Platon das, was er ihm versprochen hat, oder er gab ihm nicht das, was er ihm versprochen hat. Wenn man das erste sagt: Also hat er ihm das Pferd A versprochen und folglich hat er im Versprechen, ihm ein Pferd zu geben, ihm irgendein (bestimmtes) Pferd versprochen. Wenn man aber das zweite sagt: Also ist Sokrates dem Platon noch immer hinsichtlich des Versprochenen verpflichtet, und dann würde er das Versprochene nicht erfüllen, auch wenn er ihm hundert oder tausend Pferde gäbe.

Antwort: Indem Sokrates dem Platon das Pferd A gibt, gibt er ihm nicht das, was er ihm versprochen hat, weil er ihm niemals das Pferd A versprochen hat, gemäß der Annahme, und er ihm nicht etwas versprochen hat. Denn Sokrates hat im Versprechen, dem Platon ein Pferd zu geben, dem Platon nichts versprochen, obwohl er sehr wohl dem Platon versprochen hat etwas. Und wenn es weiters hieß »Also ist er ihm noch immer hinsichtlich des Versprochenen verpflichtet«, so wird das verneint, denn indem er ihm das Pferd A gibt, erfüllt er das Versprochene, obwohl er ihm das Pferd A nicht versprochen hat. Allerdings: Wenn er ihm das Pferd A nicht gegeben hätte und auch kein anderes, wäre er ihm noch immer hinsichtlich des Versprochenen verpflichtet, obwohl er ihm hinsichtlich keines Dinges verpflichtet ist. Und so ist es möglich, daß jemand einem anderen schuldet etwas, und dennoch nichts ihm schuldet. So gilt ebenso: »Ich brauche ein Auge zum Sehen, und dennoch kein Auge zum Sehen brauche ich«, das rechte nämlich brauche ich nicht zum Sehen, weil ich mit dem linken sehen kann, und das linke brauche ich nicht zum Sehen, weil ich mit dem rechten sehen kann. Gleichwohl gilt: Wenn ich nur ein Auge hätte, dann ein Auge brauchte ich zum Sehen.

20 et...indigeo] LO om. A 21 ad videndum] LO om. A 22 videre] similiter add. O ad videndum] LO om. A 23 possum] possim L Verum est] om. O quod] om. LO nisi unum] LOPS om. A 24 tunc] uno add. L

Sic etiam termini aeqivalentes his habent virtutem confundendi terminos sequentes se confuse tantum, sicut est ly *necesse*. Unde si dico sic »Necesse est me habere oculum, si debeo videre«, ly *oculum* supponit confuse tantum, et propter hoc non valet consequentia »Necesse est me habere oculum, si debeo videre, ergo oculum necesse est me habere, si debeo videre«. Arguitur enim a termino stante confuse tantum ad eundem stantem determinate. Unde ex praecedentibus patet, quod in ista »Oculum necesse est me habere, si debeo videre« ly *oculum* supponit determinate.

Notandum, quod aliqui ponunt pro regula, quod huiusmodi adverbia, scilicet *bis*, *ter*, *quater* etc., habent vim confundendi terminos sequentes se confuse tantum. Propter quod ipsi dicunt, quod in ista propositione »Bis comedi panem« ly *panem* supponat confuse tantum, propter quod concedunt istam »Bis comedi panem«, et tamen negant istam »Panem comedi bis«, propter hoc, quod nullum panem comedi bis.

Sed hoc non valet, si proprie velimus loqui. Unde sicut inferius patebit diffusius, ista coniunctio copulativa *et* tenta copulative seu collective numquam confundit terminum sequentem se confuse tantum, quamvis bene tenta disiunctive vel divisive. Unde in ista propositione »Materia et forma sunt composi-

8 ex praecedentibus] Cf. e. g. Cap. II.6, regulam secundam. 18 inferius] Videtur referri ad residuum huius capituli.

1 Sic etiam] similiter O termini] L om. A isti O virtutem] vim O confundendi] terminum add. s. del. A 2 se...tantum] om. O est ly] om. O necesse] necessario L 3 sic] om. O 4 et...hoc] ideo O propter] semper L 6 ergo... videre] om. L si...videre] etc. O 7 Arguitur...determinate] propter dictam causam O enim] om. L confuse] et distributive add. s. del. A tantum add. s.l. A 8 Unde] ut L Unde...determinate] om. O 11 quod[1]] om. O etiam add. L pro] una add. L quod[2]] om. O huiusmodi] ista L 12 scilicet] O om. AL quater] om. O 13 se] om. O Propter quod] ideo O ipsi] om. O 14 propositione] om. O 15 supponat] L supponit AO propter quod] et O istam... panem] eam O 16 tamen] om. LO 17 propter hoc] PSX propter quod A eo O propter...bis] om. L 18 Sed] om. O si] quia O proprie] debemus loqui add. s. del. A proprie...diffusius] om. O velimus] volumus L inferius] postea L

So haben auch Terme, die diesen äquivalent sind, die Kraft, ihnen nachfolgende Terme nur konfus zu verteilen, wie z. B. der Ausdruck »notwendig (müssen)«. Wenn ich nämlich sage »Ich muß ein Auge haben, wenn ich sehen soll«, so supponiert der Ausdruck »Auge« nur konfus, und deswegen ist die Folgerung nicht gültig: »Ich muß ein Auge haben, wenn ich sehen soll, also ein Auge muß ich haben, wenn ich sehen soll«. Es wird nämlich von einem Term in nur konfuser Supposition auf denselben Term in determinierter Supposition argumentiert. Aufgrund des Vorangehenden ist nämlich klar, daß in dem Satz »Ein Auge muß ich haben, wenn ich sehen soll« der Ausdruck »Auge« determiniert supponiert.

Anzumerken ist, daß manche (Autoren) als Regel aufstellen, daß derartige Adverbien, nämlich »zweimal«, »dreimal«, »viermal« usw., die Kraft haben, ihnen nachfolgende Terme nur konfus zu verteilen. Deswegen sagen sie, daß in dem Satz »Zweimal habe ich Brot gegessen« der Ausdruck »Brot« nur konfus supponiert, weswegen sie den Satz »Zweimal habe ich Brot gegessen« zugeben, aber dennoch den Satz »Brot habe ich zweimal gegessen« verneinen, und zwar deshalb, weil kein Brot ich zweimal gegessen habe.

Aber das ist nicht richtig, wenn wir im eigentlichen Sinne sprechen wollen. Denn wie weiter unten ausführlicher klar werden wird, verteilt die kopulative Konjunktion »und« in kopulativer bzw. zusammenfassender Verwendung niemals einen ihr nachfolgenden Term nur konfus, wenn auch sehr wohl in disjunktiver bzw. teilender Verwendung. So supponiert das Prädikat in dem Satz »Materie und Form sind ein

19 patebit] videtur L diffusius] L om. A coniunctio] AS om. E21vLOPX copulativa] OSX om. A copula E21vLP 20 seu] AE21vLPSX et O collective] E21vLOPSX copulatim A numquam] non O 21 se] om. O confuse] et distributive add. s. del. A disiunctive] E21vLOSX om. AP vel] S om. AE21vLOPX divisive] APS om. E21vLOX 22 propositione] om. O

tum«, quia ista copulativa coniunctio *et* tenetur copulative seu collective, illud praedicatum non supponit confuse tantum, sed determinate. Et ideo, quia in istis syncategorematibus *bis*, *ter*, *quater* includitur ista coniunctio *et* tenta collective et non divisive, inde est, quod praedicatum huius propositionis »Bis comedi panem« et istius »Ter potavi vinum« non supponit confuse tantum, sed determinate. Unde dicere »Bis comedi panem« valet tantum dicere sicut »Ista et ista vice comedi panem« demonstrando duas vices, in quibus comedi panem. Sed in ista »Ista et ista vice comedi panem« ly *panem* non supponit confuse tantum, sed determinate, quare et nec in ista »Bis comedi panem« supponit confuse tantum, sed determinate. Secundum hoc omnes istae essent negandae »Bis comedi panem«, »Ter potavi vinum«, »Triplex est opinio« etc., eo quod nullum panem comedi bis nec aliquod vinum potavi ter nec aliqua opinio est triplex. Si tamen placet, potest dici, quod praedicti termini confundunt terminos sequentes se confuse tantum, sed tamen hoc non est proprie loquendo.

Cap. II.8 ⟨Capitulum octavum de suppositione relativorum⟩

O23va Nunc dicendum est de suppositione relativorum. Et accipitur
A19va hic relativum, prout sit rei antelatae recordativum. Et primo

1 quia ista] om. O copulativa] E21vLPX copula AO om. S coniunctio] LS om. AE21vOPX et] E21vOPS om. AX etc. L copulative] E21vLPSX copulatim A om. O seu] AE21vLPX vel S om. O 2 collective] E21vLOPX copulative A copulatim S 3 Et] om. O ideo] ALOP unde E21vSX quia] LOPSX om. AE21v 4 quater] etc. O ista] om. O tenta] LO om. A collective] E21vLOP copulative ASX et[2]...divisive] ALP om. O et non disiunctive E21vSX et add. A 5 inde...quod] ideo O praedicatum] praedicata O huius] cuiusmodi L huiusmodi O propositionis] propositionum O 6 et istius] om. L et...panem] om. O potavi] bibi L supponit] supponunt L 8 dicere] om. O ista] bina L vice] vicem O 9 Sed...panem[1]] om. L 10 ista[1]] in add. O et] in add. O 11 sed determinate] om. O quare] quia *ante corr.* O et] L om. O et...determinate] LO etc. A 12 supponit...determinate] L om. O 13 Secundum hoc] O om. A

Zusammengesetztes« nicht nur konfus, sondern determiniert, weil die kopulative Konjunktion »und« kopulativ bzw. zusammenfassend verwendet wird. Und weil in den synkategorematischen Ausdrücken »zweimal«, »dreimal«, »viermal« die Konjunktion »und« in zusammenfassender und nicht in teilender Verwendung eingeschlossen ist, folgt, daß das Prädikat des Satzes »Zweimal habe ich Brot gegessen« und des Satzes »Dreimal habe ich Wein getrunken« nicht nur konfus supponiert, sondern determiniert. Denn die Aussage »Zweimal habe ich Brot gegessen« ist gleichwertig mit der Aussage »Dieses und dieses Mal habe ich Brot gegessen«, wobei man auf zwei Male hinweist, zu denen ich Brot gegessen habe. Aber in dem Satz »Dieses und dieses Mal habe ich Brot gegessen« supponiert der Ausdruck »Brot« nicht nur konfus, sondern determiniert, weshalb er auch in dem Satz »Zweimal habe ich Brot gegessen« nicht nur konfus supponiert, sondern determiniert. Demgemäß wären alle diese Sätze zu verneinen: »Zweimal habe ich Brot gegessen«, »Dreimal habe ich Wein getrunken«, »Dreifach ist die Meinung« usw., weil ich kein Brot zweimal gegessen habe und keinen Wein dreimal getrunken habe und keine Meinung dreifach ist. Wenn es jedoch beliebt, kann man sagen, daß die vorgenannten Terme ihnen nachfolgende Terme nur konfus verteilen, aber das ist doch nicht die eigentliche Redeweise.

Kapitel II.8: *Die Supposition der Relative*

Nun ist über die Supposition der Relative zu sprechen. Und zwar wird hier »Relativ« so verwendet, daß es die Wiederauf-

sed adhuc L omnes] om. O 14 Ter...vinum] om. O Triplex] eorum L opinio] E22rLOPX oppositio AS etc] et consimiles LO 15 aliquod...nec[2]] om. LO 16 opinio] E22rLOPX oppositio AS est] om. L Si...placet] LPS sed cum hoc A si enim placet E22r si tamen placeret X Si...loquendo] om. O quod... termini] om. L 18 tamen] L om. A loquendo] locutum L sequitur ergo nunc add. L 21 Nunc] om. O 22 sit] est LO Et...relativorum] om. O

ponam distinctiones relativorum. Unde quoddam est relativum substantiae, quoddam est relativum accidentis. Relativum accidentis est, ut *tantus*, *talis* etc. Relativorum substantiae quaedam sunt relativa identitatis, quaedam vero diversitatis. Relativum diversitatis est, sicut *aliud*, *reliquum* etc. Relativorum identitatis quaedam sunt reciproca, ut *se*, *sui*, quaedam non reciproca, ut *ille*, *ipse*, *idem* et huiusmodi. Et est differentia inter ea, quia relativa non reciproca numquam sumuntur cum suo antecedente in eadem categorica, si referant principalia subiecta, sed reciproca bene, possumus enim dicere »Omnis homo videt se«, »Omnis homo diligit asinum suum«. Et notanter dixi de relativo non reciproco »si referat principale subiectum«, si enim non referret principale subiectum, sed aliquem terminum obliquum positum in subiecto, tunc posset poni in eadem categorica cum suo antecedente, verbi gratia »Asinus matris tuae diligit eam«. Alia distinctio relativorum reciprocorum: Quaedam dicuntur relativa reciproca non possessiva, sicut hoc relativum *se*, quaedam vero dicuntur relativa reciproca possessiva, sicut hoc relativum *suus*. Alia distinctio: Quandoque relativum ponitur in propositione categorica, quandoque vero ponitur in propositione hypothetica. Exemplum primi, dicendo »Sortes, qui currit, disputat«. Exemplum secundi, dicendo »Sortes currit et ille disputat«.

1 Unde] et O 2 substantiae] et add. L est relativum] om. LO 3 est] om. O ut] om. L tantus] LO tantum A 4 relativa] om. O vero] om. O 5 Relativum] relativa L nam O est] sunt LO aliud] om. O etc] om. L Relativorum] relativa LO 6 sui] suus LOS 7 non reciproca] trsp. L ipse] iste L om. O et add. L et huiusmodi] om. O est…ea] differunt O 8 ea] talis add. L 9 categorica] LOPSX clausula A referant] inferant O 10 Omnis] om. O 11 notanter] om. O 13 referret] L refert A referat O 14 terminum] om. L obliquum] LO om. A 15 verbi gratia] ut O 16 tuae] suae L Alia distinctio] om. O 17 relativa…non] om. O 18 hoc relativum] om. O relativum] reciprocum add. L se] suus O quaedam vero possessiva add. s. del. A quaedam] alia O vero] om. O dicuntur…reciproca] L om. A dicuntur reciproca non O 19 sicut] est add. L hoc relativum] om. O suus] se O Alia distinctio] om. O 21 quandoque] LO aliquando A vero] L om. AO ponitur] om. LO 22 dicendo] om. O 23 dicendo] om. O

nahme der früheren Erwähnung eines Dinges meint[54]. Und zunächst werde ich Unterscheidungen der Relative einführen: Es gibt nämlich ein Relativ der Substanz und ein Relativ des Akzidens[55]. Ein Relativ des Akzidens ist z. B. »so groß«, »so beschaffen« usw. Von den Relativen der Substanz sind manche Relative der Identität, manche hingegen der Verschiedenheit. Ein Relativ der Verschiedenheit ist z. B. »das andere«, »das übrige« usw. Von den Relativen der Identität sind manche wechselseitig, wie »sich«, »seiner«, manche nicht wechselseitig, wie »jener«, »er selbst«, »derselbe« u. dgl. Und es besteht ein Unterschied zwischen ihnen, weil die nicht wechselseitigen Relative niemals im selben kategorischen Satz zusammen mit ihrem vorangehenden Term angeführt werden, wenn sie sich auf die Hauptsubjekte beziehen, die wechselseitigen aber sehr wohl; wir können nämlich sagen »Jeder Mensch sieht sich«, »Jeder Mensch liebt seinen Esel«. Und ich sagte hinsichtlich des nicht wechselseitigen Relativs ausdrücklich »wenn es sich auf das Hauptsubjekt bezieht«, wenn es sich nämlich nicht auf das Hauptsubjekt bezöge, sondern auf einen Term in einem abhängigen Fall, der im Subjekt vorkommt, dann könnte es im selben kategorischen Satz zusammen mit seinem vorangehenden Term angeführt werden, z. B. »Der Esel deiner Mutter liebt sie«. – Eine weitere Unterscheidung bezüglich der wechselseitigen Relative: Manche heißen »nicht besitzanzeigende wechselseitige Relative«, wie z. B. das Relativ »sich«, manche hingegen heißen »besitzanzeigende wechselseitige Relative«, wie z. B. das Relativ »sein«. – Und noch eine Unterscheidung: Manchmal kommt ein Relativ in einem kategorischen Satz vor, manchmal hingegen kommt es in einem hypothetischen Satz (Satzverknüpfung) vor. Ein Beispiel für das erste: »Sokrates, der läuft, disputiert«. Ein Beispiel für das zweite: »Sokrates läuft und er disputiert«.

Istis distinctionibus positis sit primo ista regula: Propositio affirmativa categorica, in qua ponitur terminus relativus, aequipollet uni copulativae, sicut hic »Sortes, qui currit, disputat« valet istam copulativam »Sortes currit et Sortes disputat«.

Secunda regula: Propositio categorica negativa, in qua ponitur terminus relativus, aequivalet uni disiunctivae, verbi gratia ista »Sortes, qui currit, non disputat« valet istam »Sortes non currit vel Sortes non disputat«. Et ergo talis duas habet causas veritatis, quarum quaelibet de se sola sufficit ad veritatem illius. Unde ista »Sortes, qui currit, non disputat« est vera, vel quia Sortes non currit vel quia Sortes non disputat. Unde ex quo per primam regulam affirmativa talis aequivalet uni copulativae, sequitur, quod negativa sibi contradictoria aequipollet disiunctivae compositae ex contradictoriis partibus copulativae, L27va eo quod copulativa et disiunctiva ex contradictoriis partibus contradicunt.

Ex prima regula sequitur, quod ista consequentia est bona »Sortes, qui currit, disputat, ergo Sortes currit«. Et similiter ista est bona »Sortes, qui currit, disputat, ergo Sortes disputat«, eo quod a copulativa ad quamlibet eius partem est consequentia bona. Cum ergo per primam regulam ista »Sortes, qui currit, disputat« valet istam copulativam »Sortes currit et Sortes disputat«, ergo quicquid sequitur ad unam, et ad aliam.

Ex secunda regula sequitur, quod ista consequentia non valet »Sortes, qui currit, non disputat, ergo Sortes non dispu-

1 Istis…primo] om. O ista] prima O regula] est add. O 3 aequipollet] aequivalet O hic] om. O qui…disputat] currit qui disputat L 4 copulativam] om. LO Sortes[2]] ille O 6 aequivalet] aequipollet L verbi gratia] ideo O sicut add. L 7 valet…disputat] om. LO 8 Et ergo] om. O talis] APSX tales L om. O relativus add. A 9 de] om. LO ad veritatem] pro veritate LO 10 Sortes] Sortes add. L currit non] trsp. L 11 quia[1]] vel quia add. A Unde] LPSX quia A om. O 12 talis] universalis L om. O aequivalet] aequipollet LO uni] L om. AO 13 aequipollet] aequivalet LO 14 partibus] AS partium LOP 15 ex] om. L de O contradictoriis] contradictionis L partibus] copulativae add. O 17 quod ista] istam O consequentia] quandoque! O est bona] valere O 18 currit[2]] disputat L similiter] om. O 19 ista] istam O est bona] om. O disputat[2]] currit L 20 ad] LO a *ante corr. s.l.* A 21 ista] om. L Sortes] currit

Nach der Vorstellung dieser Unterscheidungen laute die erste Regel: Ein bejahender kategorischer Satz, in dem ein relativer Term vorkommt, ist mit einem kopulativen Satz gleichwertig, wie z. B. hier: »Sokrates, der läuft, disputiert« ist gleichwertig mit dem kopulativen Satz »Sokrates läuft und Sokrates disputiert«.

Regel 2: Ein verneinender kategorischer Satz, in dem ein relativer Term vorkommt, ist mit einem disjunktiven Satz äquivalent, z. B. ist der Satz »Sokrates, der läuft, disputiert nicht« gleichwertig mit dem Satz »Sokrates läuft nicht oder Sokrates disputiert nicht«. Folglich hat ein solcher Satz zwei Wahrheitsgründe, von welchen jeder für sich allein für die Wahrheit dieses Satzes genügt. So ist der Satz »Sokrates, der läuft, disputiert nicht« wahr, entweder weil Sokrates nicht läuft oder weil Sokrates nicht disputiert. Weil gemäß der ersten Regel ein solcher bejahender Satz mit einem kopulativen Satz äquivalent ist, folgt, daß der verneinende, ihm kontradiktorisch entgegengesetzte Satz mit einem disjunktiven Satz gleichwertig ist, welcher aus den kontradiktorischen Teilen des kopulativen Satzes zusammengesetzt ist, weil ja ein kopulativer und ein disjunktiver Satz aus kontradiktorischen Teilen einander widersprechen.

Aus der ersten Regel folgt, daß diese Folgerung gültig ist: »Sokrates, der läuft, disputiert, also läuft Sokrates«. Und ebenso ist diese gültig: »Sokrates, der läuft, disputiert, also disputiert Sokrates«, weil ja von einem kopulativen Satz auf jeden seiner Teile eine gültige Folgerung vorliegt. Weil also gemäß der ersten Regel der Satz »Sokrates, der läuft, disputiert« gleichwertig ist mit dem kopulativen Satz »Sokrates läuft und Sokrates disputiert«, gilt: Alles was aus dem einen folgt, folgt auch aus dem anderen.

Aus der zweiten Regel folgt, daß diese Folgerung nicht gültig ist: »Sokrates, der läuft, disputiert nicht, also disputiert Sokra-

add. s. del. A 23 ergo] om. L quicquid…aliam] sequitur L om. O 25 valet] quod add. s. del. O

A19vb tat«, eo quod a disiunctiva ad alteram eius partem non est consequentia bona, sed bene e converso. Propter hoc etiam non sequitur »Chimaera, quae currit, non movetur, ergo chimaera currit« nec etiam sequitur »Quodlibet ens, quod est, non est, ergo quodlibet ens non est«. Antecedens enim est verum et consequens est falsum, haec enim est vera »Quodlibet ens, quod est, non est«, sicut ista est vera »Omnis homo animal non est«. Potest enim sic argui »Sortes, quod est, non est, Plato, quod est, non est, lignum, quod est, non est, lapis, quod est, non est, et sic de singulis, ergo quodlibet ens, quod est, non est«. Consequentia tenet. Antecedens probatur, quia Sortes Plato non est et Plato est, ergo Sortes, quod est, non est, lignum lapis non est et lapis est, ergo lignum, quod est, non est, et sic ulterius.

Iuxta hoc etiam posset proponi illud sophisma »Caesar, qui currit, non legit«. Probatur, quia aequivalet uni disiunctivae per secundam regulam, cuius una pars est vera, ergo ipsa tota est vera. Secundo: Eius contradictoria est falsa, ergo ipsum est verum. Consequentia tenet. Antecedens probatur, nam eius contradictoria est »Caesar, qui currit, legit«, modo haec est falsa. Tertio: Nullum currens est Caesar, qui legit, ergo per conversionem nullus Caesar, qui legit, est currens, ergo haec est vera »Caesar, qui currit, non legit«. Quarto: Caesar non legit, qui currit, quia Caesar non est legens, qui currit, ergo

1 quod] ad add. s. del. A est] valet O 2 bona] om. O bene] L om. AO converso] contra O Propter hoc] ideo O etiam] tibi! L om. O non sequitur] om. L c- add. s. del. O 3 ergo] nec add. L 4 nec] om. O etiam] et L om. O ens] est O est[1]] LO om. s. add. i.m. A 5 enim] om. O 6 est[1]] om. LO haec] hoc L vera] verum L ens] om. O 7 est vera] L om. AO Omnis] animal add. s. del. O 8 Potest enim] et posset L et potest O sic] om. O 9 lignum…est[4]] om. O lapis…est[1]] L om. AO 10 et…singulis] L om. A etc. O ens] om. LO 11 Consequentia tenet] LO om. A quia] L om. AO 12 et…est[2]] L om. AO Sortes] LO om. A 13 et[1]…est[2]] LO om. A lignum] lignum add. L et[2]… ulterius] om. O 14 ulterius] de singulis L 15 Iuxta] circa O hoc] quod L etiam] om. LO posset proponi] potest pomi! L est O illud] hoc L om. O Caesar] LOPSX Sortes A 16 aequivalet] aequipollet O 17 secundam] om. LO cuius] LO om. A una] altera LO ergo] om. L ipsa…vera] om. O 18 Se-

tes nicht«, weil ja von einem disjunktiven Satz auf einen seiner Teile keine gültige Folgerung vorliegt, aber sehr wohl umgekehrt. Deswegen folgt auch nicht »Die Chimäre, die läuft, bewegt sich nicht, also läuft die Chimäre«, ferner folgt auch nicht »Jedes Seiende, was ist, nicht ist, also ist jedes Seiende nicht«. Der Vordersatz nämlich ist wahr und der Nachsatz ist falsch, der Satz »Jedes Seiende, was ist, nicht ist« ist nämlich wahr, ebenso wie der Satz »Jeder Mensch ein Lebewesen nicht ist« wahr ist. Man kann nämlich so argumentieren: »Sokrates, was ist, nicht ist; Platon, was ist, nicht ist; ein Holzstück, was ist, nicht ist; ein Stein, was ist, nicht ist« usw. für die einzelnen (Seienden), »also jedes Seiende, was ist, nicht ist«. Die Folgerung ist gültig. Der Vordersatz wird bewiesen, denn Sokrates Platon nicht ist und Platon ist, also Sokrates, was ist, nicht ist; ein Holzstück ein Stein nicht ist und ein Stein ist, also ein Holzstück, was ist, nicht ist, usw.

In diesem Zusammenhang könnte man auch das Sophisma vorbringen »Cäsar, der läuft, liest nicht«[56]. Beweis (für seine Wahrheit): Es ist gemäß der zweiten Regel mit einem disjunktiven Satz äquivalent, und ein Teil davon ist wahr[57], also ist der ganze Satz wahr. Zweitens: Sein kontradiktorischer Satz ist falsch, also ist es selbst wahr. Die Folgerung ist gültig. Der Vordersatz wird bewiesen, denn sein kontradiktorischer Satz ist »Cäsar, der läuft, liest«, dieser ist nun aber falsch[58]. Drittens: Kein Laufendes ist Cäsar, der liest, also gilt gemäß Umkehrung: Kein Cäsar, der liest, ist ein Laufendes; also ist der Satz wahr »Cäsar, der läuft, liest nicht«. Viertens: Cäsar liest

cundo] nam add. L ipsum] O ipsa AL est[3]] om. O 19 verum] O vera AL tenet] et add. O probatur] patet LO nam] quia O 20 Caesar] LO Sortes A 21 currens] currit O Caesar] LO Sortes A 22 Caesar] LO Sortes A qui] om. s. add. s.l. O legit] qui add. O ergo…vera] vel sic ergo LO 23 Caesar[1]] LO Sortes A currit] legit LO legit] est currens L est currit O Quarto] quarta O Quarto…legit] quarto ... quinto ... *argumenta* trsp. LO Caesar[2]] LO Sortes A 24 Caesar] LO Sortes A

etiam Caesar, qui currit, non legit. Quinto, quia isti aequivalent *qui currit* et *currens*, modo haec est vera »Caesar currens non legit«, eo quod nullum legens est Caesar currens, ergo etiam haec est vera »Caesar, qui currit, non legit«.

O23vb Improbatur: Si haec esset vera, tunc similiter haec esset vera »Antichristus, qui fuit, non est« et illa similiter »Caesar, qui erit, non fuit«, sed hoc est falsum, nam si Antichristus, qui fuit, non est, tunc Antichristus fuit et ipse non est. Modo hoc est falsum, eo quod Antichristus non fuit. Secundo, nam si Caesar, qui currit, non legit, tunc Caesar, qui est currens, non legit, sed hoc est falsum, eo quod Caesar non est currens. Tertio, nam simili modo esset concedendum, quod Caesar, qui est albus musicus, non legit. Quarto sequeretur, quod haec esset concedenda »Caesar, qui non legit, currit«, sed hoc est falsum. Consequentia tenet, quia aequipollet sophismati, ut videtur. Falsitas patet, nam si Caesar, qui non legit, curreret, tunc Caesar non legens curreret, quod est falsum, eo quod non est, ut pono.

Breviter respondetur concedendo sophisma et similiter conceditur ista »Chimaera, quae currit, non movetur« et similes, nam ex secunda regula ista »Chimaera, quae currit, non movetur« aequivalet uni disiunctivae compositae ex duabus contradictoriis partium huius copulativae »Chimaera currit et chi-

1 etiam] O om. A et L Caesar] LO Sortes A quia] nam L om. O isti] LS istae APX ista O aequivalent] aequipollent L 2 Caesar] LO Sortes A 3 eo quod] quia LO Caesar] L Sortes A om. O 4 etiam] om. LO haec…legit] om. O Caesar] PS Sortes A om. L 5 haec[1]] L om. AO esset[1]] LO est A vera[1]] verum O Caesar qui currit non legit add. L tunc] O om. AL esset[2]] LO est A 6 illa] LO om. A similiter] L om. AO qui[2]] f- add. s. del. A fuit non erit add. s. del. O 7 fuit[1]] LOPSX est A sed] et L om. O hoc] quod O est] om. O nam] quia LO qui] LO om. A fuit[2]] et modo add. A 8 est[3]] om. O 9 nam] quia O Caesar] LO Sortes A 10 Caesar] LO Sortes A 11 est[1]] om. O Caesar] LO Sortes A nam] om. O 12 esset] est L quod] s- add. s. del. A 13 musicus] grammaticus add. LO sequeretur] LO sequitur A 14 Caesar] LO Sortes A non] currit add. s. del. O sed] om. O hoc] quod O est] om. O 15 aequipollet] aequivalet L videtur] patet O 16 patet] om. O nam] quia O Caesar[1]] LO Sortes A Caesar[2]] LO Sortes A 17 curreret] currit O est[1]] om. O pono] suppono L supponunt O 18 Breviter] L om. AO respondetur] om. L respon-

nicht, der läuft, weil Cäsar nicht ein Lesender ist, der läuft, also gilt auch: Cäsar, der läuft, liest nicht. Fünftens: Die Terme »der läuft« und »laufend« sind äquivalent, nun ist aber der Satz wahr »Der laufende Cäsar liest nicht«, weil kein Lesendes der laufende Cäsar ist, also ist auch der Satz wahr »Cäsar, der läuft, liest nicht«.

Beweis (für seine Falschheit): Wenn dieser Satz wahr wäre, dann wäre ebenso der Satz »Der Antichrist, der war, ist nicht« wahr und ebenso der Satz »Cäsar, der sein wird, war nicht«, aber das ist falsch, denn wenn der Antichrist, der war, nicht ist, dann war der Antichrist und ist er nicht. Das ist aber falsch, weil der Antichrist nicht war. Zweitens: Wenn Cäsar, der läuft, nicht liest, dann gilt: Cäsar, der ein Laufender ist, liest nicht, aber das ist falsch, weil Cäsar kein Laufender ist. Drittens: Auf ähnliche Weise müßte man zugeben, daß Cäsar, der ein weißer Musiker ist, nicht liest. Viertens folgte, daß der Satz »Cäsar, der nicht liest, läuft« zuzugeben wäre, aber das ist falsch. Die Folgerung ist gültig, weil (dieser Satz) mit dem Sophisma gleichwertig ist, wie es scheint. Die Falschheit (dieses Satzes) ist klar, denn wenn Cäsar, der nicht liest, liefe, dann liefe der nicht lesende Cäsar, was falsch ist, weil er nicht ist, wie ich annehme.

Kurze Antwort: Das Sophisma wird zugegeben und ebenso wird der Satz zugegeben »Die Chimäre, die läuft, bewegt sich nicht« u. ä., denn aufgrund der zweiten Regel ist der Satz »Die Chimäre, die läuft, bewegt sich nicht« äquivalent mit einem disjunktiven Satz, der aus den zwei kontradiktorischen Gegensätzen der Teile des kopulativen Satzes »Die Chimäre läuft und die Chimäre bewegt sich« zusammengesetzt ist; und für

deo O concedendo] concedo L et] om. O similiter] consimili modo L 20 nam] quia O ex secunda] de tertia L om. O regula] om. O ista] LO om. A 21 aequivalet] aequipollet O uni] om. O 22 partium] om. LO Chimaera] quae add. s. del. O et] vel L

maera movetur«, ad cuius disiunctivae veritatem sufficit unam partem esse veram.

Cum ergo dicebatur »Eodem modo ista esset concedenda ›Antichristus, qui fuit, non est‹«, concedo et nego consequentiam »Ergo Antichristus fuit«. Et sic conceditur, quod Caesar, qui erit, non fuit, nec ex hoc sequitur, quod Caesar erit. Ad aliam: Conceditur, quod Caesar, qui est currens, non legit, quia est mere negativa, nec ex hoc sequitur, quod Caesar est currens. Hoc tamen sequeretur bene, si esset affirmativa. Ad
A20ra aliam: Conceditur, quod Caesar, qui est albus musicus, non legit, ista enim est mere negativa, ex qua non sequitur aliqua affirmativa. Non enim sequitur, quod Caesar sit musicus, nec quod Caesar sit albus. Ad aliam dico, quod ista »Caesar, qui non legit, currit« non aequivalet isti »Caesar, qui currit, non legit«. Unde ista »Caesar, qui non legit, currit« est affirmativa de subiecto infinito, valet enim istam »Caesar non legens est currens«. Ista autem mere est negativa »Caesar, qui currit, non legit«.

Cap. II.9 ⟨Capitulum nonum de hoc, pro quo supponunt relativa⟩

Istis visis videndum est, an relativum supponit pro eodem vel pro eisdem, pro quo vel quibus supponit suum antecedens. Et sit de hoc prima regula, quod relativa accidentis non supponunt pro illis, pro quibus supponunt eorum antecedentia, sed

3 dicebatur] L dubitatur A dicitur O Eodem modo] LO utrum A esset] est L vera add. s. del. A 5 Et] om. O sic] similiter LO 6 nec] om. L hoc] cum/tamen add. L 7 aliam] aliud LO Caesar] LO Sortes A currens] currit LO 8 mere] una L om. O ex hoc] om. O Caesar] LO Sortes A currens] currit L 9 bene] om. O 10 Conceditur] concedatur L musicus] grammaticus add. LO 11 mere] vera L om. O qua] quo O aliqua] om. L 12 Non] nec LO enim] om. O 13 Caesar[1]] om. O albus] grammaticus LO etc. add. LO Caesar[2]] LO Sortes A 14 aequivalet] aequipollet LO Caesar] LO Sortes A 15 Caesar] LO Sortes A 16 Caesar] LO Sortes A 17 mere] vere L om. O

die Wahrheit diese disjunktiven Satzes genügt es, daß ein Teil wahr ist.

Wenn es also hieß »Auf dieselbe Weise müßte man den Satz ›Der Antichrist, der war, ist nicht‹ zugeben«, so gebe ich das zu und lehne die Folgerung ab »Also war der Antichrist«. Ebenso wird zugegeben, daß Cäsar, der sein wird, nicht war, aber daraus folgt nicht, daß Cäsar sein wird. – Zum anderen Argument: Es wird zugegeben, daß Cäsar, der ein Laufender ist, nicht liest, weil das ein rein negativer Satz ist; und daraus folgt nicht, daß Cäsar ein Laufender ist. Das folgte jedoch sehr wohl, wenn es ein affirmativer Satz wäre. – Zum anderen Argument: Es wird zugegeben, daß Cäsar, der ein weißer Musiker ist, nicht liest, dieser Satz ist nämlich rein negativ, und aus ihm folgt kein affirmativer Satz. Es folgt nämlich nicht, daß Cäsar ein Musiker ist, und nicht, daß Cäsar weiß ist. – Zum anderen Argument sage ich, daß der Satz »Cäsar, der nicht liest, läuft« nicht äquivalent ist mit dem Satz »Cäsar, der läuft, liest nicht«. Denn der Satz »Cäsar, der nicht liest, läuft« ist affirmativ mit einem unbegrenzten Subjekt, er ist nämlich gleichwertig mit dem Satz »Der nicht lesende Cäsar ist ein Laufender«. Aber der Satz »Cäsar, der läuft, liest nicht« ist rein negativ.

Kapitel II.9: *Wofür die Relative supponieren*

Nach der Kenntnisnahme dieser Dinge ist zu untersuchen, ob ein Relativ für dasselbe Ding oder für dieselben Dinge supponiert, für das oder die sein vorangehender Term supponiert. Und die diesbezüglich erste Regel laute: Relative des Akzidens supponieren nicht für die Dinge, für welche ihre vorangehen-

Caesar] LO Sortes A 21 Istis] *Distinctionem capituli hic habet* A, *sed non* LOPSX Istis...antecedens] om. O relativum] pro eo add. A et suum antecedens add. L supponit] supponunt L 22 pro[1]] L om. A pro[2]...antecedens] om. L Et] om. O 23 sit] est O hoc] relativis O prima] om. O quod] om. L accidentis] accidentium LO 24 antecedentia] LO accidentia A

bene pro simili vel aequali. Verbi gratia dicendo »Sortes est bicubitus et tantus est Plato«, hoc relativum accidentis *tantus* non supponit pro Sorte, sed pro Platone, qui est aequalis Sorti. Similiter dicendo »Sortes est albus et talis est Cicero«, ly *talis* non supponit pro Sorte, sed pro Cicerone, qui est similis Sorti.

Secunda regula: Relativum diversitatis non supponit pro eo, pro quo supponit suum antecedens. Verbi gratia, sicut dicendo »Aliqua pars contradictionis est vera et reliqua est falsa«, similiter »Homo est animal et aliud ab homine est non homo«. In qualibet enim istarum relativum non supponit pro eo, pro quo supponit suum antecedens.

Tertia regula: Relativum identitatis non reciprocum non supponit pro alio, quam pro quo supponit suum antecedens, nam aliter non esset identitas in relatione. Verbi gratia, sicut dicendo »Sortes currit et idem movetur«.

Quarta regula: Relativum identitatis reciprocum, quod est non possessivum, non supponit pro alio, quam pro quo supponit suum antecedens. Verbi gratia dicendo »Sortes videt se«.

Quinta regula: Relativum identitatis reciprocum, si est possessivum, tunc supponit pro aliquo importato per terminum, cui additur, quod est possessio rei significatae per suum antecedens, et non supponit pro suo antecedente. Verbi gratia, sicut
L27vb dicendo »Sortes equitat equum suum« ly *suum* non supponit pro Sorte, sed pro equo Sortis.

Sexta regula: Semper loco relativi, cuius antecedens est terminus singularis, licitum est ponere terminum consimilem suo

1 bene] om. O Verbi gratia] ut O dicendo] om. O 2 Plato] ibi add. O hoc relativum] om. O accidentis] om. LO 5 non] om. O Sorte...pro^{2}] om. O qui...similis] simili LO 6 eo] isto L 7 supponit] om. O Verbi gratia] ut O sicut dicendo] om. O 8 contradictionis] contradictoria O 9 similiter] ut O in ista add. L homine] illo L 10 In...antecedens] om. O 12 Tertia] om. O 14 nam aliter] aliter enim O Verbi...movetur] om. O sicut] L om. A 15 idem] A ille LPS ipse X 16 est non] L trsp. AO 17 alio] LO aliquo A 18 Verbi gratia] ut O dicendo] L om. AO 20 tunc] om. O 21 quod] LO quae A est] scilicet est add. O 22 Verbi...antecedenti] om. O sicut] L om. A

den Terme supponieren, aber durchaus für Ähnliches oder Gleiches. Z. B., wenn man sagt »Sokrates ist zwei Ellen lang und so groß ist Platon«, so supponiert das Relativ des Akzidens »so groß« nicht für Sokrates, sondern für Platon, der dem Sokrates gleich ist. Ebenso, wenn man sagt »Sokrates ist weiß und so beschaffen ist Cicero«, so supponiert der Ausdruck »so beschaffen« nicht für Sokrates, sondern für Cicero, der dem Sokrates ähnlich ist.

Regel 2: Ein Relativ der Verschiedenheit supponiert nicht für das, wofür sein vorangehender Term supponiert. Z. B., wenn man sagt »Ein Teil eines Widerspruchs ist wahr und der andere ist falsch«, ebenso »(Ein) Mensch ist ein Lebewesen und etwas von einem Menschen Verschiedenes ist ein Nicht-Mensch«. In jedem von diesen Sätzen nämlich supponiert das Relativ nicht für das, wofür sein vorangehender Term supponiert.

Regel 3: Ein nicht wechselseitiges Relativ der Identität supponiert nicht für etwas anderes als das, wofür sein vorangehender Term supponiert, denn sonst gäbe es keine Identität in der Beziehung. Z. B., wenn man sagt »Sokrates läuft und derselbe bewegt sich«.

Regel 4: Ein wechselseitiges Relativ der Identität, das nicht besitzanzeigend ist, supponiert nicht für etwas anderes als das, wofür sein vorangehender Term supponiert. Z. B., wenn man sagt »Sokrates sieht sich«.

Regel 5: Wenn ein wechselseitiges Relativ der Identität besitzanzeigend ist, dann supponiert es für etwas, das vom Term eingeführt (bedeutet) wird, dem es hinzugefügt ist, und das einen Besitz des von seinem vorangehenden Term bezeichneten Dinges darstellt; aber es supponiert nicht für sein vorangehendes (Ding). Z. B., wenn man sagt »Sokrates reitet sein Pferd«, so supponiert der Ausdruck »sein« nicht für Sokrates, sondern für das Pferd des Sokrates.

Regel 6: Es ist immer erlaubt, anstelle eines Relativs, dessen Vorangehendes ein singulärer Term ist, einen Term zu setzen,

antecedenti manente eadem veritate, quae prius. Et ergo idem est dicere quoad veritatem vel falsitatem »Sortes currit et Sortes disputat«, sicut est dicere »Sortes currit et ille disputat«.

Septima regula: Si antecedens est terminus communis, non est licitum terminum consimilem ponere loco relativi suo antecedenti. Unde non est idem dicere »Homo currit et homo disputat« et dicere »Homo currit et ille disputat«, nam prima existente vera, secunda potest esse falsa. Si enim unus homo curreret et unus alius disputaret, verum esset dicere »Homo currit et homo disputat«, et tamen falsum esset dicere »Homo
O24ra currit et ille disputat«, eo quod alius homo currit et alius homo
A20rb disputat.

Cap. II.10 ⟨Capitulum decimum de regulis de modo supponendi relativorum⟩

De modo supponendi relativorum sit prima regula: Relativum accidentis et relativum diversitatis non habent omnino eandem suppositionem sicut sua antecedentia, immo variantur modi supponendi secundum variationem syncategorematum eis praepositorum. Verbi gratia dicendo »Corvus est niger et quilibet Aethiops est talis« ly *talis* supponit confuse tantum et suum antecedens, scilicet *corvus*, supponit determinate.

Secunda regula: Relativum identitatis supponit eodem modo sicut suum antecedens, et hoc, si teneatur relative. Patet, nam

1 antecedenti] antecedente L veritate] LOPSX qualitate A prius] primo L est add. O 2 vel falsitatem] L om. A et falsitatem O 3 est dicere] L om. A dicere O 4 est] LO sit A 5 ponere] LO poni A 6 dicere] LO om. A 7 Homo] l- add. s. del. A et[2]] idem disputat vel add. A 8 vera] om. O potest esse] om. O enim] LO om. A 9 curreret] currit O alius] tamen L cum alio O disputaret] L disputet A disputat O semper add. O 10 dicere] LO quod A 11 homo[2]] LO om. A 12 disputat] etc. Sequitur enim de modo supponendi relativorum add. L 15 *Distinctionem capituli hic habet* ALPSX, *sed non* O De…sit] om. O prima] alia O Relativum] relativa LO 16 accidentis] accidentium LO relativum] relativa LO omnino] om. L 17 antecedentia] accidentia L

der seinem Vorangehenden gleich ist, wobei der Wahrheitswert gleich bleibt wie vorher. Also sind die folgenden Aussagen hinsichtlich der Wahrheit oder der Falschheit gleichwertig: »Sokrates läuft und Sokrates disputiert« und »Sokrates läuft und er disputiert«.

Regel 7: Wenn das Vorangehende ein allgemeiner Term ist, dann ist es nicht erlaubt, anstelle des Relativs einen Term zu setzen, der seinem Vorangehenden gleich ist. Denn es ist nicht dasselbe, zu sagen »(Ein) Mensch läuft und (ein) Mensch disputiert« und zu sagen »(Ein) Mensch läuft und er disputiert«, denn im Falle der Wahrheit des ersten Satzes kann der zweite falsch sein. Wenn nämlich ein Mensch liefe und ein anderer disputierte, wäre die Aussage wahr »(Ein) Mensch läuft und (ein) Mensch disputiert«, aber dennoch wäre die Aussage falsch »(Ein) Mensch läuft und er disputiert«, weil ein anderer Mensch läuft und ein anderer Mensch disputiert.

Kapitel II.10:
Die Regeln betreffend die Suppositionsweise der Relative

Die erste Regel betreffend die Suppositionsweise der Relative laute: Ein Relativ des Akzidens und ein Relativ der Verschiedenheit haben durchaus nicht dieselbe Supposition wie ihre vorangehenden Terme, ja es verändern sich sogar die Suppositionsweisen gemäß den synkategorematischen Ausdrücken, die ihnen vorangestellt sind. Z. B., wenn man sagt »(Ein) Rabe ist schwarz und jeder Äthiopier ist so beschaffen«, so supponiert der Ausdruck »so beschaffen« nur konfus und sein vorangehender Term, nämlich »Rabe«, supponiert determiniert.

Regel 2: Ein Relativ der Identität supponiert auf dieselbe Weise wie sein vorangehender Term, aber nur, wenn es auch

18 variationem] varietatem LO 19 Verbi gratia] ut O dicendo] om. O quilibet] cuilibet L 20 ly talis] relativum L suum] om. O 21 scilicet… supponit] om. O determinate] etc. add. L 22 Secunda] tertia O 23 antecedens] accidens L Patet] haec add. L nam] quia O

si haberet alium modum supponendi, hoc maxime esset virtute negationis praecedentis. Modo hoc est falsum, nam posito, quod Sortes currit et Plato non currit, ista est vera »Aliquis homo currit et Plato non est ille«, eo quod sua contradictoria sit falsa, scilicet »Nullus homo currit vel Plato est ille«, quod non esset, si illud relativum *ille* supponeret confuse et distributive ratione negationis, quia esset sensus, quod Plato non esset ille homo nec ille homo et sic de singulis.

Sed diceres contra: Dicendo »Omnis homo videt se« vel dicendo »Omnis homo diligit se«, hoc relativum *se*, si supponeret eodem modo sicut suum antecedens, tunc supponeret confuse et distributive, et tunc esset sensus istius »Omnis homo videt se«, quod omnis homo videt omnem hominem. Modo hoc est falsum, quod omnis homo videt Platonem.

Pro responsione istius est notandum, quod aliquando distributio unius termini cadit supra distributionem alterius, sicut si diceretur »Omnis homo videt omnem hominem«, potest inferri »Ergo omnis homo videt Sortem et similiter Platonem« et sic de singulis, et similiter potest inferri »Ergo Sortes videt omnem hominem«, ita quod in terminis absolutis tota distributio unius termini cadit super quodlibet suppositum alterius termini etiam per se sumptum. Ergo sequitur »Omnis homo videt omnem hominem, ergo omnis homo videt Sortem«. Sed in distributione antecedentis et sui relativi tota distributio relativi non cadit super quodlibet suppositum sui antecedentis, sed singillatim quaelibet pars super quamlibet partem sibi corre-

1 esset] fieret LO virtute] verificare! O 2 Modo] om. O est] om. O nam] quia O 3 currit[1]] currat L et] non add. s. del. A currit[2]] om. LO 5 sit] est L om. O currit] currat L vel] igitur L et O 6 illud] LO om. A et] om. LO 7 ratione] virtute LO sensus] sensu L Plato] LO om. A esset[2]] est O 8 homo[2]] om. LO 9 Dicendo] om. LO 10 si] om. s. add. s.l. O supponeret] L supponit A 11 antecedens] accidens L 12 et[1]] om. LO istius] Z om. ALOPSX 13 videt[1]] diligit LO videt[2]] diligit LO Modo] om. O 14 est] om. O quod… Platonem] A quia homo non diligit inimicum suum LOPSX 15 Pro…istius] om. O est notandum] nota O quod] om. O 17 diceretur] dicerem L hominem] et tunc add. L 18 similiter] LO om. A 19 singulis] aliis LO et] om. O

relativ verwendet wird. Das ist klar, denn wenn es eine andere Suppositionsweise hätte, so wäre das am ehesten wegen einer vorangehenden Negation der Fall. Das ist nun aber falsch, denn angenommen, daß Sokrates läuft und Platon nicht läuft, dann ist der Satz wahr »Irgendein Mensch läuft und Platon ist nicht jener«, weil sein kontradiktorischer Satz falsch ist, nämlich »Kein Mensch läuft oder Platon ist jener«, was nicht der Fall wäre, wenn das Relativ »jener« aufgrund der Negation konfus und distributiv supponierte, weil dann der Sinn wäre: Platon ist nicht jener Mensch und nicht jener Mensch usw. für die einzelnen (Menschen).

Einwand: Wenn man sagt »Jeder Mensch sieht sich« oder »Jeder Mensch liebt sich«, dann supponierte das Relativ »sich« konfus und distributiv, wenn es auf dieselbe Weise wie sein vorangehender Term supponierte, und dann wäre der Sinn des Satzes »Jeder Mensch sieht sich«, daß jeder Mensch jeden Menschen sieht. Das ist aber falsch, daß jeder Mensch Platon sieht.

Für die Antwort darauf ist festzuhalten, daß manchmal die Verteilung eines Terms sich auf die Verteilung eines anderen Terms bezieht. Z. B., wenn man sagte »Jeder Mensch sieht jeden Menschen«, so kann man folgern »Also sieht jeder Mensch Sokrates und ebenso Platon« usw. für die einzelnen (Menschen), und ebenso kann man folgern »Also sieht Sokrates jeden Menschen«, so daß bei absoluten (nicht-relativen) Termen sich die ganze Verteilung des einen Terms auf jedes Umfangselement – auch für sich genommen – des anderen Terms bezieht. Also folgt »Jeder Mensch sieht jeden Menschen, also sieht jeder Mensch Sokrates«. Aber bei der Verteilung des vorangehenden Terms und seines Relativs ist es nicht der Fall, daß sich die ganze Verteilung des Relativs auf jedes Umfangselement seines vorangehenden Terms bezieht, sondern nur einzelweise jeder Teil auf jeden ihm entsprechenden Teil. Und

20 ita] A dico ergo LPSX dico O in] om. O 21 termini[1]] LO om. A 22 etiam] om. L et O videt] vadet! L Sortem add. s. del. L 25 quodlibet] om. O 26 super] LO sumpta A correspondentem] corresponsionem! O

spondentem solum. Et ideo non sequitur »Omnis homo videt se, ergo omnis homo videt Sortem et omnis homo videt Platonem«, sed sequitur solum reddendo singula singulis »Ergo Sortes videt se et Plato videt se« etc. Per hoc patet ad argumentum.

Similiter in suppositione determinata est differentia, nam terminus sumptus determinate supponit indifferenter pro omnibus suis suppositis, ut dicebatur prius. Dico ergo, si duo termini supponant determinate in aliqua propositione, tunc in terminis absolutis uterque terminus supponit indifferenter pro omnibus suis suppositis. Hoc est dictum per modum disiunc- A20va tionis, sed non indifferenter referendo quodlibet suppositum unius ad quodlibet suppositum alterius. Unde tam relativum quam antecedens, utrumque eorum bene supponit pro suis suppositis indifferenter, sed non referendo indifferenter quodlibet ad quodlibet, sed singillatim et determinate quodlibet suppositum relativi ad quodlibet suppositum sibi correspondens in antecedente. Quod patet, quia propter indifferentem suppositionem utriusque termini bene sequitur »Sortes videt Sortem, ergo homo videt se« vel etiam »Plato videt Platonem, ergo homo videt se« et sic de aliis. Sequitur etiam »Homo videt se, ergo Sortes videt Sortem vel Plato videt Platonem« et sic de aliis. Sed propter determinatam relationem suppositorum termini relativi ad supposita antecedentis sibi correspondentia

8 prius] Cf. Cap. II.3.

1 Et] om. O 2 et] similiter add. L similiter O 3 solum] in O reddendo] reddenda L singula] om. O Ergo] om. O 4 se^{1}] Sor(tem) add. LO videt^{2}] om. LO se^{2}] Platonem L Plato del. O plura add. O etc] et Cicero Ciceronem et sic de singulis L om. O Per hoc] et sic L Per…argumentum] om. O 7 sumptus] supponens LO 8 ut…prius] om. O prius] primo L Dico] om. O duo] om. O 9 supponant] supponunt O 10 absolutis] LO abstractis A terminus] LO om. A 11 dictum] om. O modum] medium O disiunctionis] ASX distinctionis L definitionis? O distinctionis *ante corr.* P 12 indifferenter] om. O referendo] inferendo O scilicet add. O 14 bene] om. L 15 referendo] inferendo O 16 et determinate] ad determinabile L 17 relativi…suppositum^{2}] LO om. A sibi] igitur! O 18 quia] L om. AO propter] LO om. A

deshalb folgt nicht »Jeder Mensch sieht sich, also sieht jeder Mensch Sokrates und sieht jeder Mensch Platon«, sondern es folgt nur, indem man die einzelnen (Elemente) zueinander in Beziehung setzt: »Also sieht Sokrates sich und sieht Platon sich« usw. Damit erhellt die Antwort auf das Argument.

Ebenso gibt es einen Unterschied bei der determinierten Supposition, denn ein Term in determinierter Verwendung supponiert unterschiedslos für alle seine Umfangselemente, wie schon früher gesagt wurde. Ich sage also: Wenn zwei Terme in einem Satz determiniert supponieren, dann gilt für absolute (nicht-relative) Terme, daß beide Terme unterschiedslos für alle ihre Umfangselemente supponieren. Und zwar auf disjunktive Weise, aber nicht, indem man unterschiedslos jedes Umfangselement des einen (Terms) zu jedem Umfangselement des anderen in Beziehung setzt. So gilt sowohl für das Relativ als auch für seinen vorangehenden Term, daß beide von ihnen zwar unterschiedslos für ihre Umfangselemente supponieren, aber nicht, indem man unterschiedslos jedes (Umfangselement des einen Terms) zu jedem (Umfangselement des anderen Terms) in Beziehung setzt, sondern es wird einzelweise und bestimmt jedes Umfangselement des Relativs auf jedes Element, das ihm im Umfang des vorangehenden Terms entspricht, bezogen. Das ist klar, denn wegen der unterschiedslosen Supposition beider Terme folgt korrekt »Sokrates sieht Sokrates, also sieht ein Mensch sich« oder auch »Platon sieht Platon, also sieht ein Mensch sich« usw. für die anderen (Menschen). Es folgt auch »(Ein) Mensch sieht sich, also sieht Sokrates Sokrates oder sieht Platon Platon« usw. für die anderen (Menschen). Aber wegen der bestimmten Beziehung der Umfangselemente eines relativen Terms zu den ihnen entsprechenden Umfangselementen des vorangehenden Terms folgt nicht

20 homo] LOPSX Sortes A vel...se] om. L 21 homo] OPSX Plato A et...aliis] om. O etiam] LO enim A 22 vel] et O videt[2]] om. L Platonem] vel Cicero Ciceronem add. L om. O et sic] etiam O de aliis] L om. AO 23 Sed] LO om. A sequitur add. s. del. O determinatam] determinationem! O suppositorum] suppositionis L suppositarum O

non sequitur »Sortes videt Platonem, ergo homo videt se«, sed tamen bene sequitur »Ergo homo videt hominem«.

Tertia regula est: Si antecedens distributum ponitur in una propositione et relativum suum in alia, ita quod distributio unius non cadit supra distributionem alterius, tunc non esset inconveniens loco relativi ponere suum antecedens distributum. Verbi gratia »Omnis homo currit et ipse comedit«, haec enim valet istam »Omnis homo currit et omnis homo comedit«, et sic »Omnis homo currit et suus asinus comedit« valet istam O24rb »Omnis homo currit et cuiuslibet hominis asinus comedit«.

Et cavendum est ibi de mutatione suppositionum, non enim idem est dicere »Omnis homo currit et suus asinus comedit« et dicere »Omnis homo currit et asinus suus comedit«, nam prima valet istam »Omnis homo currit et cuiuslibet hominis asinus comedit« et secunda valet istam »Omnis homo currit et asinus cuiuslibet hominis comedit«. Modo prima potest esse vera secunda existente falsa, eo forte, quod nullus est asinus cuiuslibet hominis. Unde in ista »Omnis homo currit et suus asinus comedit« ly *asinus* supponit confuse tantum ratione signi universalis, quod implicatur in hoc relativo *suus* praecedente istum terminum *asinus* immediate, quod patet in resolutione propositionis. In alia autem, scilicet »Omnis homo currit et asinus suus comedit«, ly *asinus* supponit determinate, quod iterum patet in resolutione dictae propositionis. Unde ista »Omnis homo currit et suus asinus comedit« resolvitur in illam L28ra »Omnis homo currit et cuiuslibet hominis asinus comedit«, ista autem »Omnis homo currit et asinus suus comedit« resolvitur

1 homo] om. O sed] om. O 2 tamen] LO om. A sequitur] LO om. A Sortes videt Platonem add. LO 3 est] om. LO ponitur] in add. s. del. A 4 suum] ponitur add. O 5 unius] om. O cadit] cadet L 7 Verbi gratia] ut O haec] hoc *ante corr.* O 8 istam] om. LO omnis…et] om. O 9 et sic] similiter L comedit] L comedis *ante corr.* A haec enim add. L 11 ibi] O om. AL 12 et[1]] om. L 13 suus] om. L 15 et secunda] secunda autem L valet] LO om. A et[2]] om. L 16 hominis] currit vel add. A currit add. O 17 secunda] autem add. L forte quod] trsp. L quia forte O 20 quod implicatur] implicite L impliciti O praecedente] SX praecedentem A praecedentis LOP 21 asinus]

»Sokrates sieht Platon, also sieht ein Mensch sich«, jedoch folgt sehr wohl »Also sieht ein Mensch einen Menschen«.

Regel 3: Wenn der distribuierte vorangehende Term in einem Satz steht und sein Relativ in einem anderen, so daß sich die Distribution des einen nicht auf die Distribution des anderen bezieht, dann wäre es nicht ungereimt, anstelle des Relativs seinen distribuierten vorangehenden Term zu setzen. Z. B. »Jeder Mensch läuft und er ißt«, dieser Satz ist nämlich äquivalent mit diesem »Jeder Mensch läuft und jeder Mensch ißt«, und so ist auch »Jeder Mensch läuft und sein Esel frißt« äquivalent mit »Jeder Mensch läuft und von einem jeden Menschen (ein) Esel frißt«.

Aber hier muß man auf die Veränderung der Suppositionen aufpassen, es ist nämlich nicht dasselbe, zu sagen »Jeder Mensch läuft und sein Esel frißt« und zu sagen »Jeder Mensch läuft und (ein) Esel von ihm frißt«, denn der erste Satz ist äquivalent mit »Jeder Mensch läuft und von einem jeden Menschen (ein) Esel frißt«, aber der zweite ist äquivalent mit »Jeder Mensch läuft und (ein) Esel eines jeden Menschen frißt«. Nun kann aber der erste wahr sein, während der zweite falsch ist, etwa deshalb, weil es keinen Esel gibt, der jedem Menschen gehört. So supponiert in dem Satz »Jeder Mensch läuft und sein Esel frißt« der Ausdruck »Esel« nur konfus, und zwar aufgrund des Universal-Zeichens, das im Relativ »sein« impliziert ist, welches dem Term »Esel« unmittelbar vorangeht, was bei der Auflösung (Analyse) des Satzes klar wird. Im anderen Satz aber, nämlich »Jeder Mensch läuft und (ein) Esel von ihm frißt«, supponiert der Ausdruck »Esel« determiniert, was wiederum bei der Analyse des genannten Satzes erhellt. Denn der Satz »Jeder Mensch läuft und sein Esel frißt« wird aufgelöst in den Satz »Jeder Mensch läuft und von einem jeden Menschen (ein) Esel frißt«, der Satz hingegen »Jeder Mensch läuft und (ein) Esel von ihm frißt« wird aufgelöst in den Satz

om. O immediate] mediate LO quod] et L 22 alia] alias! O scilicet...comedit] LO om. A 23 asinus suus] L trsp. O supponit] stat L 24 iterum] L om. AO Unde...comedit] LO om. A 25 suus asinus] L trsp. O resolvitur] L om. O

in istam »Omnis homo currit et asinus cuiuslibet hominis comedit«.

Dubitatur hic, quod debuisset fuisse dictum prius circa distributionem, quam facit signum universale affirmativum, qualiter in ista »Quilibet asinus hominis currit« ly *hominis* supponit, et in ista »Cuiuslibet hominis asinus currit«, qualiter ly *asinus* supponit.

Breviter respondetur, quod in prima, videlicet »Quilibet asinus hominis currit«, ly *hominis* supponit distributive, sicut ly *asinus*, et in ista similiter »Quilibet hominis asinus currit«, et in secunda ly *asinus* supponit confuse tantum. Et ratio huius est, quia cum dicitur »Cuiuslibet hominis asinus currit«, ly *cuiuslibet* construitur solum cum ly *hominis*, sed quando dici-
A20vb tur »Quilibet asinus hominis currit«, ly *quilibet* construitur cum isto toto *asinus hominis*, et ergo etiam hoc totum distribuit. Ex quo solvuntur ista sophismata, de quibus dictum est in illa quaestione, utrum obliquus possit esse subiectum propositionis.

Adhuc dubitatur et hoc circa illam regulam, quod relativum supponit eodem modo sicut suum antecedens, utrum ista sit vera »Omnis homo est animal et Sortes est illud«.

Breviter respondeo, quod sic, nam in ista propositione ly *animal* supponit confuse tantum, ex quo sequitur hoc signum

3 prius] Cf. Cap. II.4 et partem praecedentem capituli praesentis. 17 in…quaestione] Albertus de Saxonia, Quaestiones circa Logicam, Qu. 7, pp. 128–154. Cf. eiusdem Quaestiones in Artem veterem, Qu. III.6, pp. 514–524, §801–823, et praecipue Qu. III.7, pp. 524–534, §824–848, praesertim §833–846.

3 quod] A de quo LP de quoddam dicto de quo S de quoddam dicto X quod…affirmativum] om. O debuisset] hic add. L 4 signum] L om. A 5 qualiter] quomodo O hominis^2] asinus O 6 supponit] supponat O et] om. L qualiter] om. LO 7 supponit] supponat O 8 Breviter] om. O prima] ista O videlicet] L om. AO Quilibet…currit] LO om. A 9 sicut] in add. A 10 ly] om. O Quilibet] cuiuslibet L hominis asinus] LO trsp. A et^2] sed O et^2… secunda] om. L 11 secunda] ista O cuiuslibet hominis asinus currit add. O Et] om. O huius est] om. O 13 solum] om. O 14 currit] om. O ly] om. L

»Jeder Mensch läuft und (ein) Esel eines jeden Menschen frißt«.

Hier fragt es sich, was früher hätte gesagt werden sollen bezüglich der Verteilung, die ein bejahendes Universal-Zeichen bewirkt: Auf welche Weise supponiert der Ausdruck »eines Menschen« in dem Satz »Jeder Esel eines Menschen läuft« und auf welche Weise supponiert der Ausdruck »Esel« in dem Satz »Von einem jeden Menschen (ein) Esel läuft«?

Kurze Antwort: Im ersten Satz, nämlich »Jeder Esel eines Menschen läuft«, supponiert der Ausdruck »eines Menschen« distributiv, wie auch der Ausdruck »Esel«, und ebenso in dem Satz »Jeder eines Menschen Esel läuft«; aber im zweiten Satz supponiert der Ausdruck »Esel« nur konfus. Und der Grund dafür ist: Wenn es heißt »Von einem jeden Menschen (ein) Esel läuft«, so wird der Ausdruck »von einem jeden« nur mit dem Ausdruck »Menschen« verbunden, aber wenn es heißt »Jeder Esel eines Menschen läuft«, wird der Ausdruck »jeder« mit dem ganzen Ausdruck »Esel eines Menschen« verbunden, und folglich wird auch dieser ganze Ausdruck distribuiert. Damit werden jene Sophismen gelöst, über die in der Frage, ob ein Term in einem abhängigen Fall Subjekt eines Satzes sein kann, gesprochen wurde.

Ferner fragt es sich, und zwar bezüglich der Regel, daß ein Relativ auf dieselbe Weise supponiert wie sein vorangehender Term, ob der Satz wahr ist »Jeder Mensch ist ein Lebewesen und Sokrates ist jenes«.

Ich antworte kurz »ja«, denn in diesem Satz supponiert der Ausdruck »Lebewesen« nur konfus, weil er dem (Distributi-

15 isto] om. O toto] termino add. L ly add. O asinus hominis] O trsp. AL et] om. O etiam] L om. AO hoc] om. O 16 Ex quo] et ex hoc L Ex...propositionis] om. O ista] etiam aliqua L est] erat L 17 possit] L potest A 19 Adhuc] om. O et hoc] om. L et...antecedens] om. O 20 utrum] an O 22 Breviter] om. O respondeo] respondetur O sic] est vera L nam] quia O in...ly] om. O 23 ex...mediate] om. O signum] syncategorema L

omnis mediate, et per consequens per regulam suum relativum supponit confuse tantum, scilicet ly *illud*. Propter quod sensus dictae propositionis est, quod omnis homo est animal et Sortes est illud, id est, omnis homo est animal et Sortes est illud vel illud etc. Unde posito, quod non essent nisi tria animalia, scilicet A, B, C, tunc ista »Omnis homo est animal et A est illud« significat, quod omnis homo est animal et A est A vel B vel C.

Sed diceres: Probo, quod haec sit falsa »Omnis homo est animal et Sortes est illud«, nam sequitur »Plato est animal et Sortes est illud«, modo hoc est falsum.

Respondetur concedendo, quod Plato est animal et Sortes est illud, nam ex quo in ista propositione ly *animal* supponit determinate, et cum relativum supponit eodem modo sicut suum antecedens per regulam, sequitur hoc relativum *illud* in praedicta propositione etiam supponere determinate, et per consequens sensus dictae propositionis est: Plato est animal et Sortes est illud, id est, Plato est animal, quod est Sortes, vel Plato est animal, quod est Cicero, vel Plato est animal, quod est Plato, etc. Modo manifestum est, quod iste sensus est verus. Unde breviter, dicere »Plato est animal et Sortes est illud« valet tantum, ac si diceretur »Plato est animal et Sortes est animal«. Et ulterius dico, quod in ista »Sortes est animal« ly *animal*, quamvis solum verificetur de Sorte vel pro Sorte, nihilominus supponit pro Sorte et pro aliis disiunctive.

1 mediate] L immediate A 2 scilicet…illud] L om. AO Propter quod] ideo O 3 dictae propositionis] om. O quod] LO om. A 4 id…illud[2]] om. L 5 scilicet] L om. A 7 significat] significatur L et…C] ALOPX quod est a vel quod est b vel quod est c S A[1]] ALPX om. O est[2]] ALOPX vel add. X 8 Probo] LO probatio A haec] om. O sit] est L Omnis…illud] om. O 9 nam] L ergo AO 10 modo…falsum] om. O 11 Plato] L Sortes AO Sortes] L Plato AO 12 nam] quia O in…propositione] L om. AO ly] hoc antecedens L antecedens O 13 cum] tamen L supponit] supponat O 14 per regulam] om. O sequitur] similiter add. LO in…propositione] L om. AO 15 etiam] om. LO determinate] personaliter O per consequens] om. O 16 dictae propositionis] om. O est[1]] erit O Plato] L Sortes AO Sortes] L Plato AO 17 id est] LO quod A Sortes est animal et add. A Plato[1]] Sortes O est[5]…est[1]] LO vel A 18 vel…Plato[2]] LO om. A 19 etc] om. LO manifestum…quod] om. O 20 breviter]

ons-) Zeichen »jeder« mittelbar folgt, und folglich supponiert sein Relativ, nämlich der Ausdruck »jenes«, gemäß der Regel (ebenfalls) nur konfus. Demgemäß lautet der Sinn des genannten Satzes: Jeder Mensch ist ein Lebewesen und Sokrates ist jenes, d. h., jeder Mensch ist ein Lebewesen und Sokrates ist jenes oder jenes usw. Denn angenommen, daß es nur drei Lebewesen gäbe, nämlich A, B, C, dann bezeichnet der Satz »Jeder Mensch ist ein Lebewesen und A ist jenes«, daß jeder Mensch ein Lebewesen ist und A A oder B oder C ist.

Einwand: Ich beweise, daß der Satz »Jeder Mensch ist ein Lebewesen und Sokrates ist jenes« falsch ist, denn es folgt »Platon ist ein Lebewesen und Sokrates ist jenes«; das ist aber falsch.

Antwort: Ich gebe zu, daß Platon ein Lebewesen ist und Sokrates jenes ist, denn weil in diesem Satz der Ausdruck »Lebewesen« determiniert supponiert – und da ja das Relativ gemäß der Regel auf dieselbe Weise supponiert wie sein vorangehender Term – folgt, daß auch das Relativ »jenes« im vorgenannten Satz determiniert supponiert, und folglich ist der Sinn des genannten Satzes: Platon ist ein Lebewesen und Sokrates ist jenes, d. h., Platon ist das Lebewesen, das Sokrates ist, oder Platon ist das Lebewesen, das Cicero ist, oder Platon ist das Lebewesen, das Platon ist, usw. Es liegt aber auf der Hand, daß dieser Sinn wahr ist. Denn kurz gesagt, die Aussage »Platon ist ein Lebewesen und Sokrates ist jenes« kommt der Aussage gleich »Platon ist ein Lebewesen und Sokrates ist ein Lebewesen«. Ferner sage ich, daß in dem Satz »Sokrates ist ein Lebewesen« der Ausdruck »Lebewesen«, obwohl er allein von Sokrates oder für Sokrates verifiziert wird, nichtsdestoweniger für Sokrates und für die anderen (Lebewesen) auf disjunktive Weise supponiert.

om. O 21 tantum] dicere add. L ac...diceretur] dicere sicut O Plato] Sortes O Sortes] Plato O 22 animal[2]] LO om. A 23 solum] om. O verificetur] LO verificatur A vel] L om. AO nihilominus] tamen add. L 24 pro[2]] om. LO disiunctive] distributive L

Aliter potest dici negando consequentiam »Omnis homo est animal et Sortes est illud, ergo Plato est animal et Sortes est illud«, quia in prima ly *animal* supponit confuse tantum, in secunda vero supponit determinate. Et quamvis in secunda ly *animal* supponat determinate et disiunctive pro omnibus hominibus, tamen verificatur solum pro Sorte. Sed modo relativum non supponit pro alio quam pro illo, pro quo verificatur suum antecedens. Ergo in ista »Plato est animal et Sortes est illud« ly *illud* non supponit nisi pro Sorte, et per consequens ista propositio est falsa »Plato est animal et Sortes est illud«, ista existente vera »Omnis homo est animal et Sortes est illud«.

Ulterius dubitatur de veritate istius »Aliquid est et quodlibet est illud«.

Breviter respondetur, quod est falsa, nam per secundam regulam positam de modo supponendi relativorum in ista A21ra propositione hoc relativum *illud* supponit eodem modo ut suum antecedens, scilicet ly *aliquid*, et cum in dicta propositione ly *aliquid* supponit determinate, sensus dictae propositionis est: Aliquid est et quodlibet est illud, id est, aliquid est et O24va quodlibet est illud demonstrando lapidem, vel quodlibet est illud demonstrando asinum, et sic ulterius. Modo hoc est falsum, quia quocumque demonstrato falsum est dicere, quod quodlibet sit illud.

Quarto dubitatur de ista »Necesse est aliquid esse, quod non necesse est esse«.

1 negando] secundam add. L 2 et[1]] LO om. A illud] p- add. s. del. A 3 in[2]… vero] et in alia O 4 supponit] om. O Et…determinate] om. L 5 supponat] O supponit A et] L om. AO 6 tamen] om. L modo] om. O 7 pro[3]] de O suum] om. O 9 nisi] LO om. A ista] illa L propositio] L om. AO 10 falsa] scilicet ista add. L scilicet add. O ista existente] L et ista O ista…illud] LO om. A etc. add. L 12 Ulterius] om. O veritate istius] ista O Aliquid] aliquis homo O 14 Breviter] om. O respondetur] respondeo O nam] quia O per…relativorum] om. O secundam] L om. A 16 propositione] om. O hoc relativum] ly O ut suum] sicut eius L ut…scilicet] om. O 17 cum] tamen L cum… propositione] om. O 18 supponit] confuse tantum add. s. del. A dictae propositionis] eius O 19 Aliquid] LO aliquod A 20 lapidem] hominem LO 21 Modo] sed L et *ante corr.* L est] sed L om. O 22 quia] LO om. A de add.

Anders kann man antworten, indem man die Folgerung ablehnt »Jeder Mensch ist ein Lebewesen und Sokrates ist jenes, also ist Platon ein Lebewesen und ist Sokrates jenes«, weil im ersten Satz der Ausdruck »Lebewesen« nur konfus supponiert, im zweiten aber determiniert supponiert. Und obwohl im zweiten Satz der Ausdruck »Lebewesen« determiniert und disjunktiv für alle Menschen supponiert, so wird er doch allein für Sokrates verifiziert. Nun supponiert aber das Relativ nicht für etwas anderes als für das, wofür sein vorangehender Term verifiziert wird. Also supponiert der Ausdruck »jenes« in dem Satz »Platon ist ein Lebewesen und Sokrates ist jenes« nur für Sokrates, und folglich ist der Satz »Platon ist ein Lebewesen und Sokrates ist jenes« falsch, während der Satz »Jeder Mensch ist ein Lebewesen und Sokrates ist jenes« wahr ist.

Weiters wird die Frage nach dem Wahrheitswert des Satzes »Etwas ist und jedes (Ding) ist jenes« aufgeworfen.

Kurze Antwort: Der Satz ist falsch, denn gemäß der zweiten Regel, die bezüglich der Suppositionsweise der Relative aufgestellt wurde, supponiert das Relativ »jenes« in diesem Satz auf dieselbe Weise wie sein vorangehender Term, nämlich der Ausdruck »etwas«. Und da in dem genannten Satz der Ausdruck »etwas« determiniert supponiert, lautet der Sinn des genannten Satzes: Etwas ist und jedes ist jenes, d. h., etwas ist und jedes ist jenes, wobei man auf einen Stein hinweist; oder jedes ist jenes, wobei man auf einen Esel hinweist, usw. Das ist aber falsch, denn worauf auch immer man hinweist, die Aussage ist falsch, daß jedes jenes sei.

Viertens wird die Frage (nach dem Wahrheitswert) des Satzes »Es muß etwas sein, das nicht sein muß« aufgeworfen.

L demonstrato] demonstrativo L dicere] om. LO 23 sit] L est AO
24 Quarto] ulterius L om. O est] esse add. s. del. A

Breviter dico, quod sit vera, nam hic ly *aliquid* supponit confuse tantum ratione ly *necesse*, et ergo per regulam eius relativum sic supponit. Propter quod sensus dictae propositionis est: Necesse est aliquid esse et illud vel illud non necesse est esse, sic quod secunda pars copulativae sit de disiuncto extremo vel subiecto. Similiter de ista »Ad videndum requiritur oculus, qui non requiritur ad videndum«, unde sensus est: Ad videndum requiritur oculus et ille vel ille non requiritur ad videndum. Et similiter potest concedi »Ad videndum requiritur oculus, qui requiritur ad videndum«, nam ad videndum requiritur oculus et ille vel ille etc. requiritur ad videndum. Nec ex hoc sequitur, quod aliquis oculus requiratur ad videndum, nam secunda pars dictae copulativae non erat disiunctiva, sed de disiuncto extremo. Consimili modo potest concedi »Necesse est me uti cibo, si debeo vivere, quo non est necesse me uti«. Et similiter potest concedi »Iam incipit aliqua pars esse pertransita, quae immediate post hoc instans secundum se totam erit pertranseunda«. Verbi gratia posito, quod BC spatium debeat pertransiri ab A mobili, sic quod A mobile in praesenti instanti, puta D, incipiat pertransire BC spatium, tunc in praesenti instanti verum est dicere »Iam incipit aliqua pars esse pertransita BC spatii, quae immediate post hoc instans secundum se totam erit pertranseunda«. Prima pars patet, nam in praesenti instanti non est aliqua pars BC spatii pertransita et immediate post hoc instans erit aliqua pars BC

1 Breviter] om. O sit] L est AO nam] quia O hic] om. LO 2 ly] illius syncategorematis L syncategorematis O ergo] similiter O similiter add. L 3 sic supponit] om. O Propter quod] ideo O dictae propositionis] eius O 5 quod] quia L sit] una add. LO disiuncto] extremo add. s. del. L extremo vel] om. LO 6 de] est LO 7 qui…oculus] om. L 8 non] om. L 9 Et] om. O similiter] sic L potest concedi] conceditur O 10 qui] non add. A nam] quia O 11 etc] om. LO 12 requiratur] LO requiritur A 13 nam] quia O secunda] LO om. A dictae] om. O 14 extremo] subiecto LO Consimili modo] similiter LO potest concedi] conceditur O 15 cibo] oculo O vivere] videre O 16 Et] om. LO potest concedi] conceditur O 17 pertransita] pertranseunda L instans] om. LO 18 totam] tota O erit] est LO Verbi gratia] ut O BC] cb L bd O 19 debeat] LO debeant A pertransiri] pertransire O ab] LO om. A 20 puta] sint in

Ich antworte kurz, daß er wahr ist, denn hier supponiert der Ausdruck »etwas« aufgrund des Ausdrucks »muß« nur konfus, und somit supponiert gemäß der Regel sein Relativ auch so. Deswegen ist der Sinn des genannten Satzes: Es muß etwas sein und dieses oder dieses muß nicht sein, so daß der zweite Teil des kopulativen Satzes ein disjunktes Satzglied bzw. Subjekt hat. Ebenso beim Satz »Zum Sehen braucht man ein Auge, das man zum Sehen nicht braucht«, der Sinn ist nämlich: Zum Sehen braucht man ein Auge und dieses oder dieses braucht man nicht zum Sehen. Und ebenso kann man zugeben »Zum Sehen braucht man ein Auge, das man zum Sehen braucht«, denn zum Sehen braucht man ein Auge und dieses oder dieses usw. braucht man zum Sehen. Und daraus folgt nicht, daß irgendein Auge man zum Sehen braucht, denn der zweite Teil des genannten kopulativen Satzes war kein disjunktiver Satz, sondern ein Satz mit einem disjunkten Satzglied. Auf gleiche Weise kann man zugeben »Ich muß Nahrung genießen, wenn ich leben soll, die ich nicht genießen muß«. Und ebenso kann man zugeben »Schon beginnt ein Teil durchquert zu sein, der unmittelbar nach diesem Zeitpunkt als ganzer wird durchquert werden müssen«. Angenommen z. B., daß der Raum BC vom beweglichen Ding A durchquert werden soll, so daß das bewegliche Ding A zum gegenwärtigen Zeitpunkt, nämlich D, beginnt, den Raum BC zu durchqueren, dann ist im gegenwärtigen Zeitpunkt die Aussage wahr »Schon beginnt ein Teil des Raums BC durchquert zu sein, der unmittelbar nach diesem Zeitpunkt als ganzer wird durchquert werden müssen«. Der erste Teil ist klar, denn zum gegenwärtigen Zeitpunkt ist (noch) kein Teil des Raums BC durchquert und unmittelbar nach diesem Zeitpunkt wird ein

pertranseundo! add. O D] b L om. O BC] c L bd O 22 pars] om. O BC] hoc L bd O spatium add. s. del. A spatii] spatium O instans] om. LO 23 erit] est LO Prima pars] primum L 24 nam] quia O BC] c L bd O 25 et] etiam L BC] PSX ab A c L bd O

spatii pertranseunda. Et secunda pars patet, nam ex quo hoc relativum *quae* supponit confuse tantum sicut suum antecedens, scilicet *pars*, sensus dictae propositionis est: Iam incipit aliqua pars esse pertransita et illa vel illa secundum se totam immediate post hoc erit pertranseunda, eo quod immediate post hoc BC spatii sunt multae partes adhuc secundum se totas pertranseundae. Similiter potest concedi ista »Iam incipit aliqua pars esse calida, quae non desinit esse frigida«, et declarari potest suo modo ut praecedentes. Similiter concedi potest ista »Iam incipit aliquid moveri, quod immediate post hoc A21rb quiescet«, posito enim, quod Sortes nunc incipiat moveri et Plato continue quiescat, verum est dicere »Iam incipt aliquid L28rb moveri, quod immediate post hoc quiescet«, nam sensus est »Iam incipit aliquid moveri et illud vel illud etc. immediate post hoc quiescet«, et hoc est verum, ex quo positum est, quod Plato quiescit. Sed modo ad veritatem istius »Et illud vel illud etc. immediate post hoc quiescet« sufficit, quod aliquid immediate post hoc quiescat. Et ita valde multae propositiones consimiles possunt concedi, quae tamen prima facie non videntur debere concedi, et ex eo multa solvuntur sophismata.

Deinde de isto relativo *idem* est sciendum, quod ipsum proprie non est relativum ad aliquod antecedens, sed potius ad aliquem terminum sequentem se secundum constructionem grammaticalem. Verbi gratia dicendo »Sortes est idem ho-

1 pertranseunda] Z pertransiunda A pertransita LOPX pertransienda S Et] om. O nam] om. O 2 suum] eius L om. O 3 dictae propositionis] om. O 4 esse] om. L illa[2]] vel ista etc. add. L 5 immediate[1]] om. L erit] A est LOPSX 6 BC] bd O adhuc] et sunt O 7 potest concedi] conceditur O ista] om. L iste O Iam] nam! L 8 et] om. O declarari potest] declaratur LO 9 suo] eodem O ut praecedentes] sicut praecedens L om. O concedi potest] conceditur O 10 ista] O om. AL aliquid] aliquis O moveri] del. O moveri/mori? add. O quod] qui O non add. O 11 quiescet] quiescit L enim] om. O nunc] om. L incipiat] incipiet L inciperet O moveri] movere L 12 quiescat] S quiesceret AOPX quiescet L est] om. O dicere] L om. AO 13 moveri] et add. A nam] om. L quia O 14 vel illud] per illos O etc] om. LO 15 et] sed O quo…est[2]] posito O quod…quiescit] om. O 16 modo] non! L Et] vel O 17 etc] vel illud L om. O quiescet] O quiescat A quiescit L

Teil des Raums BC durchquert werden müssen. Der zweite Teil ist ebenfalls klar, denn weil das Relativ »der« ebenso nur konfus supponiert wie sein vorangehender Term, nämlich »Teil«, lautet der Sinn des genannten Satzes: Schon beginnt ein Teil durchquert zu sein und dieser oder dieser wird als ganzer unmittelbar danach durchquert werden müssen, weil es unmittelbar danach viele Teile des Raums BC gibt, die erst noch als ganze durchquert werden müssen. Ebenso kann man den Satz zugeben »Schon beginnt ein Teil warm zu sein, der nicht aufhört kalt zu sein« und auf entsprechende Weise erklären wie die vorangehenden (Sätze). Ebenso kann man den Satz zugeben »Schon beginnt etwas sich zu bewegen, das unmittelbar danach ruhen wird«, angenommen nämlich, daß Sokrates jetzt beginnt sich zu bewegen und Platon andauernd ruht, so ist die Aussage wahr »Schon beginnt etwas sich zu bewegen, das unmittelbar danach ruhen wird«, denn der Sinn ist »Schon beginnt etwas sich zu bewegen und dieses oder dieses usw. wird unmittelbar danach ruhen«, und das ist wahr, weil angenommen wurde, daß Platon ruht. Für die Wahrheit des Satzes »Und dieses oder dieses usw. wird unmittelbar danach ruhen« genügt es nun aber, daß etwas unmittelbar danach ruht. Und auf diese Weise können sehr viele ähnliche Sätze zugegeben werden, die jedoch auf den ersten Blick scheinbar nicht zugegeben werden dürfen; damit werden viele Sophismen gelöst.

Sodann muß man bezüglich des Relativs »dasselbe (identisch)« wissen, daß es eigentlich nicht auf etwas Vorangehendes bezüglich ist, sondern eher auf einen Term, der ihm gemäß der grammatischen Konstruktion nachfolgt. Z. B., wenn man sagt »Sokrates ist identisch mit einem Menschen«, so ist hier

sufficit] LO supponit A quod] hoc add. A 18 post hoc] LO om. A valde] valide L om. O 19 consimiles] LO om. A quae] om. L videntur] om. L 20 debere] debentur L eo] hoc LO solvuntur] sumuntur L 21 Deinde] Specialiter L Nota O de isto] hoc O relativo] relativum O est...proprie] om. O 22 est] aliud add. L aliquod] regula patet add. s. del. L antecedens] om. L 23 se] ipsum LO secundum] sed O 24 Verbi gratia] ut O dicendo] L om. AO

mini«, ibi *idem* non est relativum ad Sortem, sed ad hominem. Et non est vis, si aliquando fiat ordo praeposterus, verbi gratia dicendo »Homini est idem Sortes«, ibi enim *idem* refertur ad hominem, sicut prius. Dicendum est ergo, quod hoc relativum *idem* cum termino, ad quem refertur, supponit pro eodem, pro quo supponit ille terminus. Unde istae aequivalent »Sortes est idem homini« et »Sortes est homo«, similiter et istae »Sortes non est idem asino« et »Sortes non est asinus«. Sed tamen cavendum est de suppositione dicendo »Homini Sortes non est idem« et dicendo »Sortes non est idem homini«: Nam in prima ly *homini* stat determinate et propositio est vera, in secunda vero propter negationem praepositam stat confuse et distributive et propositio est falsa.

Sed diceres: Quomodo resolveres istam »Omnis idem Sorti O24vb est Sortes«? Non enim sic »Omnis Sortes est Sortes«, eo quod termino singulari non potest convenienter addi signum universale.

Respondetur, quod debet resolvi sic »Omnis res, quae est Sortes, est Sortes«, nam in ista »Omnis idem Sorti est Sortes« oportet exprimi vel subintelligi unum substantivum, puta ly *homo* vel *res* vel consimile.

De hoc relativo *idem* solet poni hoc sophisma »Aliquod enuntiabile est falsum et idem necessario est verum«. Et patet statim, nam sophisma est una copulativa, cuius ambae partes sunt verae. Prima enim est vera, quia multa sunt enuntiabilia falsa, et secunda pars similiter patet, quia omne idem necessa-

2 Et] LO om. A praeposterus] praeposterius O verbi gratia] ut O 3 dicendo] O om. AL ad hominem] om. O 4 quod] om. L 5 eodem] illo L 6 supponit] om. O aequivalent] aequipollent L 7 et[2]] om. LO istae] aequipollent add. L aequivalent add. O 8 Sed] et L tamen] om. O 10 et…vero] om. O dicendo] om. L 12 praepositam] positam L confuse et] om. LO 14 resolveres] resolves L 15 quod] terminus singularis add. O 16 universale] ALOPSX affirmativum add. AOPS negativum vel affirmativum add. X 18 sic] quod add. O res] terminus O quae] qui O 20 exprimi] exprimo O subintelligi] O sub- om. AL puta li re add. s. del. O 21 homo vel] om. O 22 De…hoc[2]] deinde est O 23 Et] om. O 24 statim] om. O nam] quia O sophisma] om. O 25 Prima

»identisch« nicht auf Sokrates bezüglich, sondern auf einen Menschen. Und es hat keinen Einfluß, wenn manchmal eine umgekehrte Anordnung vorkommt, wenn man z. B. sagt »Mit einem Menschen identisch ist Sokrates«, hier bezieht sich nämlich »identisch« ebenso auf einen Menschen, wie vorher. Man muß also sagen, daß das Relativ »identisch« mitsamt dem Term, auf den es sich bezieht, für dasselbe supponiert, wofür dieser Term supponiert. So sind folgende Sätze äquivalent: »Sokrates ist mit einem Menschen identisch« und »Sokrates ist ein Mensch« sowie auch »Sokrates ist nicht identisch mit einem Esel« und »Sokrates ist kein Esel«. Aber dennoch muß man bezüglich der Supposition aufpassen, wenn es heißt »Mit einem Menschen ist Sokrates nicht identisch« und wenn es heißt »Sokrates ist nicht identisch mit einem Menschen«: Denn im ersten Satz supponiert der Ausdruck »mit einem Menschen« determiniert und der Satz ist wahr, im zweiten Satz hingegen supponiert er wegen der vorangestellten Negation konfus und distributiv und der Satz ist falsch.

Einwurf: Wie würdest du den Satz »Jeder mit Sokrates Identische ist Sokrates« auflösen? Sicherlich nicht so »Jeder Sokrates ist Sokrates«, weil man ja einem singulären Term nicht gut ein Universal-Zeichen hinzufügen kann.

Antwort: Man muß ihn so auflösen »Jedes Ding, das Sokrates ist, ist Sokrates«, denn in dem Satz »Jeder mit Sokrates Identische ist Sokrates« muß man ein Substantiv ausdrücken bzw. mitverstehen, nämlich den Ausdruck »Mensch« oder »Ding« o. ä.

Bezüglich des Relativs »identisch« pflegt man das Sophisma vorzubringen: »Ein Aussageinhalt ist falsch und ein mit Notwendigem Identisches ist wahr«[59]. Und (seine Wahrheit) leuchtet sofort ein, denn das Sophisma ist ein kopulativer Satz, dessen beide Teile wahr sind. Der erste Teil ist nämlich wahr, weil es viele falsche Aussageinhalte gibt, und der zweite Teil leuchtet ebenfalls ein, weil jedes mit Notwendigem Identische

enim] LO nam prima A quia] nam L 26 pars] om. O patet] om. O quia] quod L

rio est verum, ergo idem necessario est verum, ergo aliquod enuntiabile est falsum et idem necessario est verum.

Respondetur breviter concedendo sophisma. Unde ly *idem* non est relativum ad *enuntiabile*, sed ad *necessario*, nec in sophismate proposito ly *necessario* est adverbium, sed nomen dativi casus. Et sic finis suppositionum adest.

Cap. II.11 ⟨Capitulum undecimum de ampliatione⟩

Dicto de suppositione nunc restat dicere de ampliatione. Unde ampliatio est acceptio alicuius termini pro aliquo vel pro aliquibus ultra hoc, quod actualiter est, pro quo vel pro quibus A21va accipi denotatur per propositionem, in qua ponitur.

De qua dantur aliquae regulae, quarum prima est: Omnis terminus supponens respectu verbi de praeterito ampliatur ad supponendum pro eo, quod fuit. Verbi gratia dicendo »Album fuit nigrum«, in ista propositione ly *album* non solum accipitur pro eo, quod est album, sed etiam pro eo, quod fuit album. Unde ista »Album fuit nigrum« valet tantum »Illud, quod est album vel fuit album, fuit nigrum«. Similiter ista »Omne animal fuit in arca Noe« significat, quod omne, quod est animal vel fuit animal, fuit in arca Noe. Sic ista »Virgo fuit mulier« significat, quod quae est virgo vel fuit virgo, fuit mulier, et

1 idem…ergo[2]] LOP om. ASX aliquod…verum] LOPSX sophisma A 2 idem] LPSX id O necessario] OPSX necesse L 3 breviter] om. O Unde] quia O ly] LO om. A 4 necessario] necessarium LO 5 proposito] om. LO 6 dativi] ablativi O casus] etc. Sequitur ergo add. L Ampliatio add. O Et…adest] om. LO 8 Dicto…Unde] om. O nunc] L om. A dicere] L dicendum A 9 alicuius] om. O pro[1]…aliquibus] om. s. add. i.m. O pro[2]] L om. AO 10 est] om. L pro[2]] L om. AO 11 accipi] accepi O 12 dantur] sunt O aliquae] om. O quarum] om. O prima] quod add. O est] om. O Omnis terminus] omne verbum L 13 de praeterito] praeteriti temporis O 14 Verbi gratia] ut O dicendo] L om. AO 15 propositione] om. O 16 eo[1]] hiis O scilicet add. L quod est] quae sunt O album[1]] om. O etiam] om. O eo[2]] hiis O quod[2]…album[2]] quae fuerunt alba O 17 ista…nigrum] om. O valet tantum] significat quod LO 18 vel] et O illud quod add. L quod illud quod add. O Similiter]

wahr ist – also ist ein mit Notwendigem Identisches wahr; also ist ein Aussageinhalt falsch und ist ein mit Notwendigem Identisches wahr.

Kurze Antwort: Ich gebe das Sophisma zu. Denn der Ausdruck »identisch« ist nicht auf »Aussageinhalt« bezüglich, sondern auf »Notwendigem«, und im vorliegenden Sophisma ist der Ausdruck »Notwendigem« nicht Adverb (»notwendigerweise«), sondern ein Nomen im Dativ. – Und damit sind wir am Ende der Suppositionen angelangt.

Kapitel II.11: *Die Ampliation*

Nach den Ausführungen über die Supposition steht nun noch an, über die Ampliation (Erweiterung) zu reden. So ist die Ampliation die Verwendung eines Terms für irgendein Ding oder für irgendwelche Dinge über das wirklich Existierende hinaus, wobei der Satz, in dem er vorkommt, angibt, daß der Term für dieses Ding oder für diese Dinge verwendet wird.

Bezüglich dieser (Erweiterung) gibt es einige Regeln, von denen die erste lautet: Jeder Term, der in Hinsicht auf ein Verb im Präteritum supponiert, wird zur Supposition für das, was war, erweitert. Z. B., wenn man sagt »Ein weißes (Ding) war schwarz«: In diesem Satz wird der Ausdruck »weißes (Ding)« nicht allein für das verwendet, was weiß ist, sondern auch für das, was weiß war. So bedeutet der Satz »Ein weißes (Ding) war schwarz« soviel wie »Das, was weiß ist oder weiß war, war schwarz«. Ebenso bezeichnet der Satz »Jedes Tier war auf der Arche Noah«, daß alles, was ein Tier ist oder ein Tier war, auf der Arche Noah war. So bezeichnet der Satz »Eine Jungfrau war eine Ehefrau«, daß eine, die eine Jungfrau ist oder

in add. O 19 significat…Noe] om. O omne] animal add. L animal] om. L 20 vel] omne animal quod add. L animal] om. L Sic] Similiter LO in add. LO mulier] om. L 21 quae] om. O virgo[1]] LO om. A vel] quae add. L mulier] om. O et…talis] om. L ideo haec O

ergo talis est concedenda, nam mater tua, quae fuit virgo, fuit mulier. Et propter hoc etiam ista est concedenda »Praeteritum fuit futurum«, nam ipsa significat, quod illud, quod est praeteritum, vel illud, quod fuit praeteritum, fuit futurum. Modo hoc est verum, nam Adam fuit praeteritus et Adam fuit futurus, heri enim Adam fuit praeteritus et ante eius productionem fuit futurus. Et sic ista est concedenda »Puer fuit senex«, quia significat, quod ille, qui est puer vel qui fuit puer, fuit senex. Hoc est verum, nam tu, qui es centum annorum, fuisti senex et fuisti puer. Et sic de consimilibus.

Secunda regula est: Terminus supponens respectu verbi de futuro ampliatur ad supponendum pro eo, quod erit, ut hic »Homo generabitur«, »Homo erit albus«, »Homo erit niger« et consimiles. Unde in qualibet istarum subiectum supponit pro eo, quod est, vel pro eo, quod erit. Et ergo, cum dicitur »Homo generabitur«, sensus est, quod qui est homo vel qui erit homo, generabitur, modo hoc est verum. Et sic suo modo est de aliis, propter quod istae sunt concedendae »Mulier erit virgo«, quia ipsa significat, quod quae est mulier vel quae erit mulier, erit virgo, quod est verum, nam forte cras nascetur una, quae erit mulier et quae erit virgo, quamvis prius erit virgo quam mulier. Similiter haec est concedenda »Senex erit puer«, nam qui

1 concedenda] virgo fuit mulier add. O nam] quia O quae] om. O virgo] et add. O 2 Et] L om. AO propter hoc] om. O etiam] similiter O 3 fuit] est O nam] ipsa significat quod illud quod est praeteritum fuit futurum nam add. L nam…verum] LPSX om. A nam…consimilibus] ALPSX om. O 4 illud] LPS om. X Modo] LPS om. X 5 nam] APSX om. L et] ante add. s. del. L fuit[2]…et] APSX om. L 6 eius] ASX om. LP 7 sic] simili modo L ista] om. L est] L esset A quia…consimilibus] LPSX om. A 8 est…qui[2]] SX om. L est puer P fuit puer] LSX om. P 9 tu] PSX om. L es] PSX est L 10 fuisti] LPX om. S 11 est] om. LO 12 hic] om. O 13 Homo[2]] album L albus] nigrum L album O Homo[3]…niger] om. LO et…Unde] om. O 14 in] et O istarum] ista L 15 est] erit O pro eo] om. L erit] est O Et] om. O 16 generabitur] hoc verum est similiter add. L sensus] stare! *pro* secundae add. L quod] homo L homo[1]] om. L qui[2]] om. L quod O homo generabitur] om. L 17 modo[1]] O om. s. add. s.l. P et X modo[1]…verum] OPX om. ALS est[1]] OX et s.l. P verum] similiter sensus secundae est homo qui est vel erit add. P Et…aliis] A (et LPX

eine Jungfrau war, eine Ehefrau war, und somit ist der Satz zuzugeben, denn deine Mutter, die eine Jungfrau war, war eine Ehefrau. Und deswegen muß man auch den Satz zugeben »(Etwas) Vergangenes war zukünftig«, denn er bezeichnet, daß das, was vergangen ist, oder das, was vergangen war, zukünftig war. Aber das ist wahr, denn Adam war vergangen und Adam war zukünftig, gestern nämlich war Adam vergangen und vor seiner Zeugung war er zukünftig. Und so muß man den Satz zugeben »Ein Knabe war ein Greis«, weil er bezeichnet, daß einer, der ein Knabe ist oder der ein Knabe war, ein Greis war. Das ist wahr, denn du, der du hundert Jahre alt bist, warst ein Greis und warst ein Knabe. Usw. für ähnliche Fälle.

Regel 2: Ein Term, der in Hinsicht auf ein Verb im Futur supponiert, wird zur Supposition für das, was sein wird, erweitert, wie hier »Ein Mensch wird gezeugt werden«, »Ein Mensch wird weiß sein«, »Ein Mensch wird schwarz sein« u. ä. So supponiert in jedem dieser Sätze das Subjekt für das, was ist, oder für das, was sein wird. Wenn es also heißt »Ein Mensch wird gezeugt werden«, lautet der Sinn, daß einer, der ein Mensch ist oder der ein Mensch sein wird, gezeugt werden wird, aber das ist wahr. Und so verhält es sich auf ihre Weise auch mit den anderen Sätzen, weswegen die folgenden Sätze zuzugeben sind: »Eine Ehefrau wird eine Jungfrau sein«, weil er bezeichnet, daß eine, die eine Ehefrau ist oder die eine Ehefrau sein wird, eine Jungfrau sein wird, was wahr ist, denn vielleicht wird morgen eine geboren, die eine Ehefrau sein wird und die eine Jungfrau sein wird, wenn sie auch eher eine Jungfrau sein wird als eine Ehefrau. Ebenso ist der Satz zuzu-

om. S) similiter sensus (tertiae LP secundae SX) est quod (illud quod S om. LPX) est album vel (quod S om. LPX) erit album erit nigrum (et hoc est verum S om. LPX) LPSX om. O **18** propter quod] propter hoc L ideo O istae] praedictae propositiones L ista O sunt concedendae] conceditur O quia] nam L **19** ipsa] L om. AO quod] vel add. L mulier[1]] om. O vel…mulier[2]] om. L **20** quod] L et hoc O quod…verum] LO om. A nam] quia O nascetur] nasceretur L **21** quae…prius] om. L **22** est] erit L nam] quia O

est vel qui erit senex, erit puer. Antichristus enim, qui erit senex, erit puer. Similiter haec est concedenda »Praeteritum erit futurum«, nam quod est vel quod erit praeteritum, erit futurum. Similiter haec est concedenda »Caecus erit videns«, nam qui est vel erit caecus, erit videns. Similiter est concedendum, quod haec est necessaria »Omnis homo erit« supposito, quod non sit ultimum instans rei permanentis in esse. Unde haec est necessaria »Omnis homo, qui est vel erit, erit« et sic de consimilibus.

Sed advertendum est, quod talis ampliatio terminorum aliquando determinatur per determinationes pertinentes ad certum tempus, ut *heri*, *nunc*, *hodie* et huiusmodi, sed etiam differenter, quia si istae determinationes determinent verbum, puta copulam, tunc termini supponant vel pro praesentibus suppositis vel pro suppositis illius temporis, ad quod determinatio illa determinat. Verbi gratia dicendo »Omnis homo curret cras«, sensus est aut, quod omnis homo, qui nunc est, curret cras, aut quod omnis homo, qui erit cras, curret cras, ita quod L28va *homo* in tali propositione non potest supponere pro omnibus, qui erunt in toto tempore futuro, sed pro praesentibus vel pro A21vb illis, qui erunt cras. Sed si determinatio talis ponatur non ad copulam, sed ad extremum propositionis, tunc illud extremum

1 qui[1]] O om. AL puer] Antichristus erit puer add. L Antichristus…puer] LOP om. ASX enim…senex] O om. L om. s. add. i.m. P 2 Similiter] quoddam add. O haec…concedenda] om. O Praeteritum] OS futurum ALPX 3 futurum] OS praeteritum ALPX nam…futurum] LPSX om. AO est] praeteritum add. s. del. S quod[2]] SX om. LP praeteritum] S futurum LPX 4 futurum] S praeteritum LPX Similiter] L sed A om. O haec…concedenda] om. O est] erit L 5 nam] quia O nam…videns] om. L erit[2]] vide- add. s. del. O vel est add. O est[2]…quod] om. O 6 haec…necessaria] om. L necessaria] concedenda O 7 in esse] om. O 8 vel] esse! L omnis homo qui add. LO et…consimilibus] om. O 10 Sed] om. LO advertendum est] Nota O terminorum] om. O 11 determinatur] de- om. O determinationes] determinationem O 12 huiusmodi] cetera O sed…differenter] om. O etiam] om. L 13 quia si] et O determinent] determinant LO 14 termini] isti L supponant] L supponerent A supponunt O praesentibus] pluribus L 15 suppositis[1]] om. L vel…suppositis[2]] om. O pro] L om. A quod] Z quae AE25vLOPSX 16 Verbi gratia]

geben »Ein Greis wird ein Knabe sein«, denn einer, der ein Greis ist oder der ein Greis sein wird, wird ein Knabe sein. Der Antichrist nämlich, der ein Greis sein wird, wird ein Knabe sein. Ebenso ist der Satz zuzugeben »(Etwas) Vergangenes wird zukünftig sein«, denn etwas, das vergangen ist oder das vergangen sein wird, wird zukünftig sein. Ebenso ist der Satz zuzugeben »Ein Blinder wird sehend sein«, denn einer, der blind ist oder sein wird, wird sehend sein. Ebenso muß man zugeben, daß der Satz »Jeder Mensch wird sein« notwendig ist, vorausgesetzt, daß es keinen letzten Zeitpunkt eines im Sein beharrenden Dinges gibt. So ist der Satz notwendig »Jeder Mensch, der ist oder sein wird, wird sein«, usw. für ähnliche Fälle.

Zu beachten ist aber, daß eine solche Erweiterung der Terme manchmal mit Bestimmungen erfolgt, die eine bestimmte Zeit betreffen, wie »gestern«, »jetzt«, »heute« u. dgl., aber auch auf verschiedene Weise, denn wenn diese Bestimmungen das Verb, nämlich die Kopula, bestimmen, dann supponieren die Terme entweder für die gegenwärtigen Umfangselemente oder für die Umfangselemente jener Zeit, auf welche jene Bestimmung festlegt. Z. B. ist der Sinn der Aussage »Jeder Mensch wird morgen laufen« entweder, daß jeder Mensch, der jetzt ist, morgen laufen wird, oder, daß jeder Mensch, der morgen sein wird, morgen laufen wird, so daß der Ausdruck »Mensch« in einem solchen Satz nicht für alle (Menschen) supponieren kann, die in der ganzen zukünftigen Zeit sein werden, sondern (nur) für die gegenwärtigen oder für diejenigen, die morgen sein werden. Aber wenn eine solche Bestimmung nicht bei der Kopula steht, sondern bei einem Satzglied, dann supponiert dieses Satzglied genau für die Dinge, auf welche sich jene

ut O dicendo] L si dicatur A om. O curret] O currit AL **17** aut] autem L om. O est[2]] om. O **18** quod[1]] L om. AO cras[2]] om. O curret] currit O **19** tali] ista O **20** qui] quae L sed] vel L vel add. O **21** illis] aliis O qui] quae L si] ly! L **22** propositionis] L om. AO illud] om. O

propositionis supponit praecise pro his, ad quae spectat illa determinatio. Verbi gratia dicendo »Omnis homo futurus curret« vel »Omnis homo praesens curret« vel »Omnis homo, quem heri vidi, curret«.

Tertia regula: Omnis terminus supponens respectu istius verbi *potest* ampliatur ad supponendum pro eo, quod potest esse, ut hic »Album potest esse nigrum«, significat enim, quod O25ra illud, quod est album vel potest esse album, potest esse nigrum. Similiter dicendo »Creans potest esse deus«, significat enim, quod qui est creans vel potest esse creans, potest esse deus. Et ideo istae propositiones solent concedi »Mulier potest esse virgo«, »Caecus potest esse videns«, »Praeteritum potest esse futurum«, »Futurum potest esse praeteritum«. Similiter solet concedi »Calidissimum potest esse calidius«, significat enim, quod illud, quod est vel potest esse calidissimum, potest esse calidius, et hoc est verum, posito enim, quod hoc lignum habeat caliditatem duorum graduum, tunc hoc lignum est vel potest esse calidissimum et hoc idem lignum potest esse calidius, quia potest esse quattuor graduum, quamvis modo non sit nisi duorum graduum. Ergo quod est vel potest esse calidissimum, potest esse calidius, et per consequens calidissimum potest esse calidius. Eadem ratione frigidissimum potest esse frigidius. Sic supremum potest esse altius, et infimum potest esse inferius, plenissimum potest esse plenius, pessimum potest esse peius, optimum potest esse melius.

1 propositionis] LO om. A illa] LO om. A 2 Verbi gratia] ut O dicendo] om. O 3 curret[1]] currit LO curret[2]] X curreret? A currit LO cucurrit P om. S 4 curret] OPX currit ALS 5 Omnis] om. O respectu] ratione L istius] O huiusmodi AL 6 verbi] termini LO ad supponendum] om. L 7 esse[1]] ad supponendum add. L hic] hoc O significat...nigrum] om. L 8 album[1]] O om. A potest[2]] om. O 9 Similiter dicendo] om. O enim] om. O 10 creans[2]] deus L vel add. L deus] creans L Et] om. O 11 istae] illa O propositiones] om. O solent concedi] conceditur O 13 Similiter...concedi] om. O solet] L solent A 14 Calidissimum] calidum L calidius] calidus L significat... calidius] LOPSX om. A 15 illud quod] LPSX om. O est] LOPSX calidissimum add. X vel] LOPSX illud quod add. LP quod add. SX calidissimum] OPSX calidum L 16 est] potest esse O enim] om. O lignum] LO om. A 17 tunc]

Bestimmung bezieht. Z. B., wenn es heißt »Jeder zukünftige Mensch wird laufen« oder »Jeder gegenwärtige Mensch wird laufen« oder »Jeder Mensch, den ich gestern gesehen habe, wird laufen«.

Regel 3: Jeder Term, der in Hinsicht auf das Verb »kann« supponiert, wird zur Supposition für das, was sein kann, erweitert, wie z. B. hier »Ein weißes (Ding) kann schwarz sein«: Dieser Satz bezeichnet nämlich, daß das, was weiß ist oder weiß sein kann, schwarz sein kann. Ebenso, wenn man sagt »Ein Schaffender kann Gott sein«, der Satz bezeichnet nämlich, daß einer, der ein Schaffender ist oder ein Schaffender sein kann, Gott sein kann. Deshalb pflegt man die folgenden Sätze zuzugeben »Eine Ehefrau kann eine Jungfrau sein«, »Ein Blinder kann sehend sein«, »Etwas Vergangenes kann zukünftig sein«, »Etwas Zukünftiges kann vergangen sein«. Ebenso pflegt man den Satz zuzugeben »Das Wärmste kann wärmer sein«, er bezeichnet nämlich, daß das, was das Wärmste ist oder sein kann, wärmer sein kann, und das ist wahr: Gesetzt nämlich, daß dieses Holzstück eine Wärme von zwei Graden hat, dann ist dieses Holzstück das wärmste oder kann es sein und kann ebendieses Holzstück wärmer sein, weil es vier Grade haben kann, obwohl es jetzt nur zwei Grade hat. Also gilt: Etwas, das das Wärmste ist oder sein kann, kann wärmer sein, und folglich kann das Wärmste wärmer sein. Aus demselben Grund kann das Kälteste kälter sein. Demgemäß kann das Höchste höher sein, kann das Niedrigste niedriger sein, kann das Vollste voller sein, kann das Schlechteste schlechter sein, kann das Beste besser sein.

om. LO lignum] enim L est] quod est add. O 18 idem] L om. AO 19 quia] igitur add. O 20 graduum] om. LO calidissimum] calidum L 22 Eadem ratione] Similiter O frigidissimum] frigidum L 23 Sic] similiter L et O supremum...altius] om. L et] om. LO infimum...melius] om. O 24 inferius] et etiam add. L

Quarta regula: Terminus supponens respectu huius verbi *contingit* ampliatur ad supponendum pro eo, quod est vel contingit esse. Patet dicendo »A contingit esse B«, per istam enim propositionem denotatur, quod illud, quod est A vel contingit esse A, contingit esse B, et haec est sententia Aristotelis in primo *Priorum*.

Quinta regula: Terminus, qui subicitur in aliqua propositione respectu participii praeteriti temporis, quamvis copula illius propositionis sit praesentis temporis, ampliatur ad supponendum pro eo, quod fuit. Unde solet dici »Praedicato alicuius propositionis de praesenti existente de praeterito subiectum ampliatur ultra tempus verbi«. Verbi gratia »Aliquis homo est mortuus«, in ista enim propositione subiectum supponit pro eo, quod est vel fuit homo.

Sexta regula est: In propositione adhuc copula existente de praesenti praedicato autem existente de futuro subiectum ampliatur ad supponendum pro eo, quod erit. Verbi gratia dicendo »Aliquis homo est generandus«, per istam propositionem denotatur, quod qui est homo vel qui erit homo, est generandus.

Septima regula est ista: In propositione existente de copula praesentis temporis praedicato includente hoc verbum *potest*, ut sunt nomina verbalia terminantia in *-bilis* vel in *-bile*, subiectum ampliatur ad supponendum pro eo, quod potest esse. Verbi gratia »Homo est generabilis«, significat enim, quod qui A22ra est homo vel potest esse homo, est generabilis. Unde ista »Homo est generabilis« valet istam »Homo potest generari«, in

5 Aristotelis] Aristoteles, Analytica priora, I.13, 32b26–30.

1 huius verbi] li O 4 enim propositionem] omni propositioni! L est] sit L 5 haec] hoc O sententia] scientia L 6 in] om. O 7 regula] omnis add. O 8 quamvis] -vis om. O 10 Praedicato] praedicativa? L 11 de praesenti] LO om. A existente] existenti L 12 Verbi] exempli L Verbi gratia] ut O 13 mortuus] aliquis homo est corruptus add. LO in...propositione] L om. AO subiectum...homo] om. O 15 est] L om. AO copula] copulam! L 16 praesenti] praedicato existente vero de praesenti add. L autem] vero L om. O subiectum] solum! O 17 Verbi gratia] ut O 18 dicendo] L om. AO

Regel 4: Ein Term, der in Hinsicht auf das Verb »ist faktisch«[60] supponiert, wird zur Supposition für das, was ist oder faktisch ist, erweitert. Das erhellt bei der Aussage »Ein A ist faktisch ein B«, durch diesen Satz wird nämlich angegeben, daß das, was ein A ist oder faktisch ein A ist, faktisch ein B ist; und das ist die Ansicht des Aristoteles im ersten Buch der *Ersten Analytiken*.

Regel 5: Ein Term, der in einem Satz hinsichtlich eines Partizips der Vergangenheit an Subjektstelle gesetzt wird, während die Kopula dieses Satzes Tempus Präsens hat, wird zur Supposition für das, was war, erweitert. So pflegt man zu sagen »Wenn das Prädikat eines Satzes im Präsens Vergangenheitsform hat, dann wird das Subjekt über die Zeitform des Verbs hinaus erweitert«. Z. B. »Irgendein Mensch ist tot«: In diesem Satz nämlich supponiert das Subjekt für das, was ein Mensch ist oder war.

Regel 6: In einem Satz, in dem die Kopula wiederum im Präsens ist, das Prädikat aber im Futur, wird das Subjekt zur Supposition für das, was sein wird, erweitert. Z. B. wird durch den Satz »Irgendein Mensch ist ein zu zeugender (wird gezeugt werden)« angegeben, daß einer, der ein Mensch ist oder der ein Mensch sein wird, gezeugt werden wird.

Regel 7: In einem Satz, in dem die Kopula Tempus Präsens hat und das Prädikat das Verb »kann« einschließt, wie z. B. Verbalnomina, die auf »-bar« enden, wird das Subjekt zur Supposition für das, was sein kann, erweitert. Z. B. »Ein Mensch ist zeugbar«, dieser Satz bezeichnet nämlich, daß einer, der ein Mensch ist oder ein Mensch sein kann, zeugbar ist. So ist der Satz »Ein Mensch ist zeugbar« äquivalent mit dem Satz »Ein Mensch kann gezeugt werden«, in welchem der

istam] vero add. L propositionem] om. O 19 qui²] LO om. A 21 est ista] L om. AO In] L om. AO de copula] copulativa! L 22 praedicato] termino add. L 23 sunt] om. O terminantia] L terminativa A om. O in²] LO om. A 25 Verbi gratia] ut O significat…generabilis] om. L 27 valet istam] om. L

qua ly *homo* per tertiam regulam ampliatur ad supponendum pro eo, quod potest esse. Et propter hoc, quia hoc nomen *risibile* terminatur in *-bile* et valet tantum quantum *quod potest ridere*, haec est neganda »Omne risibile est homo«, valet enim istam »Omne, quod potest ridere, est homo«. Modo hoc est falsum, nam Antichristus est vel potest esse ridens, et tamen Antichristus non est homo.

Ex ista regula sequitur istas esse concedendas »Genitum est generabile«, »Corruptum est corruptibile«. Prima enim significat, quod illud, quod est vel potest esse genitum, est generabile, et hoc est verum, nam Antichristus est vel potest esse genitus et Antichristus est generabilis. Secunda autem significat, quod illud, quod est vel potest esse corruptum, est corruptibile, modo hoc iterum est verum, nam Antichristus est vel potest esse corruptus et Antichristus est corruptibilis.

Octava regula: Omnia verba adhuc ipsis praesentis temporis existentibus, quae sic se habent, quod habent naturam transeundi ita bene super rem praeteritam vel futuram vel possibilem sicut praesentem, sunt ampliativa terminorum ad omne tempus praesens, praeteritum vel futurum, ut sunt ista verba *intelligo*, *cognosco*, *appeto* et huiusmodi. Et causa est, quia res potest intelligi sine aliqua differentia temporis vel abstracte ab omni loco et tempore. Et tunc, quando res sic intelligitur, ita bene intelligitur res, quae fuit vel erit vel potest esse, sicut res, quae est. Unde si habeo conceptum communem in mente mea, a quo sumitur hoc nomen *homo*, indifferenter intelligo omnes homines praesentes, praeteritos et futuros. Et ideo, quia ista

1 per…regulam] om. O 2 Et] om. O propter hoc] ideo O hoc nomen] ly O 3 terminatur…et] om. O quod] om. L 4 haec] enim add. O enim] om. L 5 quod] est vel add. LO ridere] esse ridens L 6 nam] om. L quia O 8 sequitur] om. O istas] has L illa O esse] est O concedendas] concedenda O 9 est] con- add. O enim] om. O 10 quod[1]] LO om. A 11 hoc] om. L nam] quia O et[2]] igitur O 12 autem] om. LO 14 modo] et L iterum] om. LO nam] quia O est[2]] est add. O 16 regula] est quod add. L 18 ita bene] om. LO rem] ita add. LO 20 vel] et L sunt] om. O ista] om. L verba] om. LO 21 cognosco] sic add. s. del. O appeto] scio manifesto L scio significo O et huiusmodi] om.

Ausdruck »Mensch« gemäß der dritten Regel zur Supposition für das, was sein kann, erweitert wird. Und aus diesem Grund, weil nämlich das Nomen »erheiterbar« auf »-bar« endet und soviel bedeutet wie »was lachen kann«, muß der Satz »Jedes Erheiterbare ist ein Mensch« abgelehnt werden, er ist nämlich äquivalent mit dem Satz »Alles, was lachen kann, ist ein Mensch«. Das ist aber falsch, denn der Antichrist ist lachend oder kann lachend sein, und dennoch ist der Antichrist kein Mensch.

Aus dieser Regel folgt, daß die Sätze »Ein Gezeugtes ist zeugbar«, »Ein Vernichtetes ist vernichtbar« zuzugeben sind. Der erste bezeichnet nämlich, daß das, was gezeugt ist oder sein kann, zeugbar ist, und das ist wahr, denn der Antichrist ist gezeugt oder kann gezeugt sein und der Antichrist ist zeugbar. Der zweite aber bezeichnet, daß das, was vernichtet ist oder sein kann, vernichtbar ist, aber das ist wiederum wahr, denn der Antichrist ist vernichtet oder kann vernichtet sein und der Antichrist ist vernichtbar.

Regel 8: Alle Verben – weiterhin angenommen, daß sie Tempus Präsens haben –, die sich so verhalten, daß sie sich ihrer Natur nach ebenso gut auf ein vergangenes, zukünftiges oder mögliches Ding beziehen wie auf ein gegenwärtiges, erweitern die Terme auf jede gegenwärtige, vergangene oder zukünftige Zeit, wie z. B. die Verben »ich stelle vor«, »ich erkenne«, »ich begehre« u. dgl. Und der Grund dafür ist, daß ein Ding ohne irgendeinen Zeitunterschied bzw. abgetrennt von jedem Ort und jeder Zeit vorgestellt werden kann. Und dann, wenn ein Ding so vorgestellt wird, wird ebenso gut ein Ding, das war oder sein wird oder sein kann, vorgestellt wie ein Ding, das ist. Denn wenn ich in meinem Geist den allgemeinen Begriff habe, dem das Nomen »Mensch« entspricht, stelle ich unterschiedslos alle gegenwärtigen, vergangenen und zukünftigen Menschen vor. Weil also diese Verben sich ihrer Natur nach ebenso

o causa] ratio LO est] huius add. L 22 vel] videlicet LO 23 sic] ita O intelligitur] tunc add. O 24 bene] quod L vel[2]] quae add. O res[2]] om. O 27 Et] om. O ista verba] isti L

verba habent naturam transeundi ita bene super rem praeteri- O25rb tam vel futuram sicut super rem praesentem, ergo etiam habent naturam ampliandi accusativum, in quem transeunt, ad supponendum pro praesentibus, praeteritis vel futuris. Et non ita est de aliis verbis, quorum actus indiget transire super rem praesentem, ut sunt *comedere* et *bibere*. Et ergo, quia actus comedendi indiget transire super rem praesentem, ista consequentia est bona »Ego comedo panem, ergo panis est« et sic »Ego bibo vinum, ergo vinum est«. Sed quia actus istius verbi *intelligo* non indiget transire super rem praesentem, sed potest transire super rem futuram vel praeteritam, non sequitur »Intelligo rosam, ergo rosa est«, nam in antecedente ly *rosa* non solum supponit pro eo, quod est, sed etiam pro eo, quod fuit vel erit vel potest esse.

Et sciendum, quod sicut huiusmodi verba activa se habent L28vb ad accusativos quoad ampliationem, ita se habent eorum passiva ad sua subiecta. Unde sicut in ista »Intelligo rosam« iste accusativus *rosam* ampliatur, ita in ista »Rosa intelligitur« iste nominativus *rosa* similiter ampliatur. Talem vim etiam habet hoc verbum *supponit*, unde cum dicimus »Talis terminus supponit pro aliquo«, ly *aliquo* ampliatur ad supponendum pro A22rb eo, quod est vel fuit vel erit vel potest esse vel potest intelligi. Et ergo ista consequentia non valet »Talis terminus supponit pro aliquo, ergo supponit pro aliquo, quod est«. Simili modo, cum dicitur »Iste terminus *Antichristus* significat aliquid«, ly

1 habent] secundum/duplicem? add. O bene] om. LO 2 rem] LO om. A ergo] LO et non A huiusmodi verba add. L etiam] om. LO 4 pro] priteritis? add. s. del. O praesentibus] om. LO futuris] sicut pro praesentibus add. LO non] LO ideo! A 5 quorum] quarum O actus] accusativus L 6 sunt] om. O et] LO om. A bibere] huius(modi) O et huiusmodi add. L Et] om. O ergo] om. LO 7 rem] LO om. A 8 Ego] om. LO et...est] om. O sic] similiter L 9 Ego] om. L 11 rem] om. O non sequitur] ista consequentia non valet LO 12 nam] quia O ly] hic terminus LO 13 sed] LO vel A etiam] X om. ALO quod[2]] est vel add. LO 15 sciendum] nota O quod] om. O activa] om. O habent] quo add. O 16 accusativos] Z actiones APSX activos? LO ampliationem] ampliationes? L 17 sua] eorum LO subiecta] OPS supposita A substantiva L nominativos X in ista] om. O 18 rosam] rosa L om. O iste] om. O

gut auf ein vergangenes oder zukünftiges Ding beziehen wie auf ein gegenwärtiges Ding, erweitern sie ihrer Natur nach folglich auch den Akkusativ, auf den sie sich beziehen, zur Supposition für gegenwärtige, vergangene oder zukünftige Dinge. Das ist aber nicht der Fall bei anderen Verben, wo die Tätigkeit den Bezug auf ein gegenwärtiges Ding erfordert, wie z. B. »essen« und »trinken«. Weil also die Tätigkeit des Essens den Bezug auf ein gegenwärtiges Ding erfordert, ist die Folgerung gültig »Ich esse ein Brot, also ist ein Brot«, und so gilt auch »Ich trinke einen Wein, also ist ein Wein«. Aber weil die Tätigkeit des Verbs »ich stelle vor« nicht den Bezug auf ein gegenwärtiges Ding erfordert, sondern sich auf ein zukünftiges oder ein vergangenes Ding beziehen kann, folgt nicht »Ich stelle eine Rose vor, also ist eine Rose«, denn im Vordersatz supponiert der Ausdruck »Rose« nicht nur für das, was ist, sondern auch für das, was war oder sein wird oder sein kann.

Man muß auch Folgendes wissen: Wie sich solche aktiven Verben zu den Akkusativen hinsichtlich der Erweiterung verhalten, so verhalten sich ihre passiven Formen zu ihren Subjekten. Wie nämlich in dem Satz »Ich stelle eine Rose vor« der Akkusativ »Rose« erweitert wird, so wird in dem Satz »Eine Rose wird vorgestellt« der Nominativ »Rose« ebenfalls erweitert. Eine solche Kraft hat auch das Verb »supponiert«, denn wenn wir sagen »Ein solcher Term supponiert für etwas«, wird der Ausdruck »etwas« erweitert zur Supposition für das, was ist oder war oder sein wird oder sein kann oder vorgestellt werden kann. Demnach ist die Folgerung nicht gültig »Ein solcher Term supponiert für etwas, also supponiert er für etwas, das ist«. Auf ähnliche Weise wird in der Aussage »Der Term ›Antichrist‹ bezeichnet etwas« der Ausdruck »et-

19 nominativus] O accusativus A nerativus! L rosa] om. O similiter] om. O Talem…habet] et O 20 unde] om. L cum] om. LO dicimus] enim add. L tale verbum supponit add. s. del. O 21 aliquo[2]] aliquid O 22 quod] quod add. A est vel] om. O vel[2]…intelligi] om. O vel[4]…intelligi] om. L 23 Et] om. O ista] talis O 24 supponit] om. O est] significat add. s. del. A Simili modo] similiter O 25 Iste terminus] LO om. A ly] si L

aliquid per hoc verbum *significat* ampliatur ad supponendum pro eo, quod est vel erit vel fuit vel potest esse. Ex his sequitur, quod non semper est consequentia bona ab *est* tertio adiacente ad *est* secundum adiacens. Unde hoc deficit in praedicatis ampliativis, non enim sequitur »Homo est mortuus, ergo homo est«, nec sequitur »Homo est generandus, ergo homo est«, nec sequitur »Rosa est intelligibilis, ergo rosa est«.

Nona regula: Cuiuscumque propositionis de necessario in sensu diviso subiectum ampliatur ad supponendum pro eo, quod est vel potest esse. Verbi gratia »Omne B necesse est esse A« valet istam »Omne, quod est vel potest esse B, necesse est esse A«. Similiter ista »Omne creans de necessitate est deus« valet istam »Omne, quod est vel potest esse creans, de necessitate est deus«. Et ratio huius est, nam ista »Omne creans de necessitate est deus« aequivalet isti »Nullum creans potest non esse deus«, ut videbitur, sed in secunda subiectum ampliatur, igitur in prima. Quod in secunda subiectum ampliatur, patet per unam regulam prius datam, videlicet, quod in propositione, in qua ponitur hoc verbum *potest*, subiectum ampliatur ad supponendum pro eo, quod est vel potest esse. Similiter ista »Nullum creans potest non esse deus« contradicit isti »Aliquod creans potest non esse deus«, sed in ista subiectum ampliatur per regulam datam, ergo etiam in alia. Consequentia tenet, quia subiectum debet stare ita ample in una contradictoriarum sicut in alia.

16 videbitur] Cf. Cap. IV.5. 18 prius] Cf. hic supra regulam tertiam.

1 per…significat] om. O ad supponendum] om. O 2 vel[1]…esse] etc. O his] isto O 4 secundum] secundo O 5 ampliativis] ampliatis O non…sequitur] L om. A unde non sequitur O mortuus] est add. s. del. O ergo] enim add. A 6 nec sequitur[1]] simili modo L nec[1]…est[2]] om. O nec[2]…est[2]] L om. A 8 necessario] LO necesse A 10 Verbi gratia] ut O Omne B] om. O 11 A… ista] om. O valet istam] hoc enim valet dicere L 14 Et] om. O huius est] om. O nam] quia O 15 aequivalet] aequipollet L creans] de add. s. del. O 16 deus] om. L ut…esse] om. O videbitur] videtur L postea add. L sed… Quod] L om. A 17 patet] L om. A 18 datam] positam L videlicet…esse] L om. A 21 non] om. L isti] om. O 22 deus] vel aliquod creans non potest

was« durch das Verb »bezeichnet« erweitert zur Supposition für das, was ist oder sein wird oder war oder sein kann. Daraus folgt, daß nicht immer eine Folgerung von »ist« als dritter Bestandteil (des Satzes) auf »ist« als zweiter Bestandteil gültig ist. Denn das gilt nicht bei erweiternden Prädikaten, es folgt nämlich nicht »Ein Mensch ist tot, also ist ein Mensch«, noch folgt »Ein Mensch wird gezeugt werden, also ist ein Mensch«, noch folgt »Eine Rose ist vorstellbar, also ist eine Rose«.

Regel 9: Das Subjekt eines jeden Satzes über Notwendiges im geteilten Sinn[61] wird erweitert zur Supposition für das, was ist oder sein kann. Z. B. »Jedes B muß ein A sein« ist äquivalent mit »Alles, was ein B ist oder sein kann, muß ein A sein«. Ebenso ist der Satz »Jedes Schaffende ist mit Notwendigkeit Gott« äquivalent mit »Alles, was ein Schaffendes ist oder sein kann, ist mit Notwendigkeit Gott«. Und der Grund dafür ist: Der Satz »Jedes Schaffende ist mit Notwendigkeit Gott« ist äquivalent mit dem Satz »Kein Schaffendes kann nicht Gott sein«, wie man noch sehen wird, aber im zweiten Satz wird das Subjekt erweitert, also auch im ersten. Daß im zweiten Satz das Subjekt erweitert wird, erhellt durch eine schon früher angegebene Regel, nämlich, daß in einem Satz, in dem das Verb »kann« vorkommt, das Subjekt erweitert wird zur Supposition für das, was ist oder sein kann. Ebenso widerspricht der Satz »Kein Schaffendes kann nicht Gott sein« dem Satz »Irgendein Schaffendes kann nicht Gott sein«, aber in diesem wird das Subjekt gemäß der angegebenen Regel erweitert, also auch im anderen. Die Folgerung ist gültig, weil das Subjekt in einem von zwei kontradiktorischen Sätzen gleich weit supponieren muß wie im anderen.

esse deus add. A sed] LO om. A ista...ampliatur] LO istis subiecta amplian-tur A **23** datam] prius positam L unam O etiam] om. L et O et add. A **24** contradictoriarum] contra! O **25** sicut] et O

Ex ista regula sequitur, quod haec est vera »Omne creans de necessitate est deus« adhuc posito, quod deus non creet, et supposito cum hoc, quod nihil possit creare nisi deus. Unde quamvis deus non creet, adhuc omne, quod est vel potest esse creans, de necessitate est deus. Ergo quamvis deus non creet, adhuc est verum, quod omne creans de necessitate est deus. Consequentia tenet ex eo, quod ista »Omne creans de necessitate est deus« valet istam per regulam »Omne, quod est vel potest esse creans, de necessitate est deus«. Patet etiam ex alio, quod praedicta propositio est vera stante casu, nam eius contradictoria est falsa, videlicet »Aliquod creans potest non esse deus«, ex eo, quod valet istam »Aliquid, quod est vel potest esse creans, potest non esse deus«, modo hoc est contra casum. Quod autem ista »Quoddam creans potest non esse deus« sit contradictoria illius »Omne creans de necessitate est deus«, patet, nam est contradictoria illius »Nullum creans potest non esse deus«, sed ista aequipollet isti »Omne creans de necessitate est deus«. Ergo similiter contradictoria illius »Omne creans de necessitate est deus« est ista »Aliquod creans potest non esse deus«. Sic ergo patet praedictam propositionem in praedicto casu esse veram.

Sequitur secundo istam consequentiam non valere »Omne creans de necessitate est deus, ergo omne creans est deus«, supposito enim, quod deus non crearet, haec adhuc esset vera »Omne creans de necessitate est deus«, sed tamen haec esset

1 ista regula] isto O haec] om. O Omne creans] om. s. add. i.m. O 2 adhuc] om. O creet] LO creat A et] a L 3 cum hoc] om. O possit] posset L potest O Unde] LOPSX om. A 4 deus] actu add. S creet] LOPSX creat A ergo add. S adhuc] verum est quia add. L adhuc…deus[1]] ALOPX om. S 5 Ergo] LPS om. AX unde O quamvis…creet] LOP om. ASX 6 adhuc] LPS om. AOX est[1]…deus] LOPS om. AX 7 Consequentia…eo] LOPSX om. A quod] OPSX quia AL ista…deus] LOPSX om. A 8 per regulam] LPSX om. AO secundam add. S 9 de…est] ASX potest esse LO de necessitate potest esse P Patet etiam] Similiter patet L eius veritas add. A Patet…non] om. O 10 quod…casu] L om. A 12 Aliquid] L aliquod A quod[2]] om. L 14 Quod…pars] LPSX om. A 15 est] est add. P 17 isti] PSX om. L 19 est[1]] SX potest esse LP ista] LS om. PX Aliquod] PSX om. L 22 Sequitur] om. s. add. s.l. P 23 deus[2]] de necessi-

Aus dieser Regel folgt, daß der Satz »Jedes Schaffende ist mit Notwendigkeit Gott« wahr ist, noch immer angenommen, daß Gott nicht schaffe, und darüber hinaus vorausgesetzt, daß nur Gott schaffen könne. Denn wenn auch Gott nicht schafft, so ist noch immer alles, was ein Schaffendes ist oder sein kann, mit Notwendigkeit Gott. Obschon Gott also nicht schafft, ist es noch immer wahr, daß jedes Schaffende mit Notwendigkeit Gott ist. Die Folgerung ist deshalb gültig, weil der Satz »Jedes Schaffende ist mit Notwendigkeit Gott« gemäß der Regel äquivalent ist mit dem Satz »Alles, was ein Schaffendes ist oder sein kann, ist mit Notwendigkeit Gott«. Daß der vorgenannte Satz unter Beibehaltung der Annahme wahr ist, erhellt auch aus einem anderen Grund, denn sein kontradiktorischer Satz ist falsch, nämlich »Irgendein Schaffendes kann nicht Gott sein«, weil er äquivalent ist mit dem Satz »Etwas, was ein Schaffendes ist oder sein kann, kann nicht Gott sein«, aber das ist gegen die Fallannahme. Daß aber der Satz »Irgendein Schaffendes kann nicht Gott sein« der kontradiktorische Satz von »Jedes Schaffende ist mit Notwendigkeit Gott« ist, ist klar, denn er ist der kontradiktorische Satz von »Kein Schaffendes kann nicht Gott sein«, aber dieser ist gleichwertig mit »Jedes Schaffende ist mit Notwendigkeit Gott«. Also ist ebenso der kontradiktorische Satz von »Jedes Schaffende ist mit Notwendigkeit Gott« der Satz »Irgendein Schaffendes kann nicht Gott sein«. Somit ist also klar, daß der vorgenannte Satz im vorgenannten Fall wahr ist.

Zweitens folgt, daß folgende Folgerung nicht gültig ist »Jedes Schaffende ist mit Notwendigkeit Gott, also ist jedes Schaffende Gott«, denn vorausgesetzt, daß Gott nicht schüfe, so wäre der Satz »Jedes Schaffende ist mit Notwendigkeit Gott« noch immer wahr, der Satz »Jedes Schaffende ist Gott«

tate add. S 24 deus] actu add. S crearet] LPX creat S haec] PSX om. L esset] LPX est S 25 tamen] L tunc PSX

falsa »Omne creans est deus« ex eo, quod nullum creans tunc esset deus. Et esset fallacia consequentis, quia ex disiuncto concluditur altera pars. Similiter non sequitur »Quendam planetam lucentem super nostrum hemisphaerium necesse est non esse solem, ergo quidam planeta lucens super nostrum hemisphaerium non est sol«, nam posito, quod solus sol modo luceat super nostrum hemisphaerium, antecedens est verum et consequens est falsum. Quod consequens sit falsum, patet de se, et quod antecedens sit verum, patet, quia quendam planetam, qui est vel potest esse lucens super hemisphaerium nostrum, necesse est non esse solem, ut lunam vel Mercurium vel aliquem alium planetarum. Et propter consimilem ampliationem similiter ista consequentia non valet »Omne currens est homo, ergo omne currens potest esse homo«. Nam posito, quod nullum animal currit nisi homo, haec est vera »Omne currens est homo«, ut patet de se, ista tamen existente falsa »Omne currens potest esse homo«, nam ipsa significat, quod omne, quod est vel potest esse currens, potest esse homo, modo hoc A22va est falsum, quia asinus potest esse currens et tamen asinus non potest esse homo. Similiter non sequitur »Omnis planeta lucens super hemisphaerium nostrum est sol, ergo omnis planeta lucens super nostrum hemisphaerium potest esse sol«. Antecedens enim est verum et consequens falsum, eo quod luna est vel potest esse planeta lucens super hemisphaerium nostrum, et tamen luna non potest esse sol.

Sed diceres contra: Probo, quod ista consequentia sit bona »Omne currens est homo, ergo omne currens potest esse

1 deus] de necessitate add. S tunc] LPX om. S 2 esset[1]] PSX esse L Et… consequentis] LPS et causa falsitatis consequentiae est X consequentis] LS consequentia P quia] LPX ex eo quod S ex] LPX in S 3 Similiter] LPSX unde A non add. s. del. P 5 super…hemisphaerium] LPSX etc. A 6 sol[1]] quia ibi a disiuncto concluditur alia pars disiuncti add. A nam…et] LPSX om. A modo] PSX om. L 8 consequens[2]] LPS om. X 9 antecedens] consequens L 11 ut] nec L vel[1]] nec L vel[2]] nec L 12 alium] LP aliorum AX talium S 13 similiter] LP om. ASX 15 currit] AL curreret PS currat X nisi homo] AX praeter hominem LPS est] A esset LPSX 16 de se] LPSX om. A 17 nam…

wäre jedoch falsch, weil dann kein Schaffendes Gott wäre. Und es läge ein Fehlschluß des Nachfolgenden vor, weil aus einem disjunkten Ausdruck ein Teil geschlossen wird. Ebenso folgt nicht »Irgendein Planet, der über unserer Hemisphäre leuchtet, muß nicht die Sonne sein, also ist irgendein Planet, der über unserer Hemisphäre leuchtet, nicht die Sonne«, denn angenommen, daß jetzt allein die Sonne über unserer Hemisphäre leuchtet, so ist der Vordersatz wahr und der Nachsatz falsch. Daß der Nachsatz falsch ist, leuchtet von selbst ein, und daß der Vordersatz wahr ist, ist klar, weil irgendein Planet, der über unserer Hemisphäre leuchtend ist oder sein kann, nicht die Sonne sein muß, wie z. B. der Mond oder der Merkur oder irgendein anderer von den Planeten. Und wegen einer ähnlichen Erweiterung ist auch die folgende Folgerung nicht gültig »Jedes Laufende ist ein Mensch, also kann jedes Laufende ein Mensch sein«. Gesetzt nämlich, daß kein Lebewesen läuft außer einem Menschen, so ist der Satz wahr »Jedes Laufende ist ein Mensch«, wie von selbst erhellt, während der Satz falsch ist »Jedes Laufende kann ein Mensch sein«, denn er bezeichnet, daß alles, was laufend ist oder sein kann, ein Mensch sein kann; aber das ist falsch, weil ein Esel laufend sein kann, aber dennoch kann ein Esel nicht ein Mensch sein. Ebenso folgt nicht »Jeder Planet, der über unserer Hemisphäre leuchtet, ist die Sonne, also kann jeder Planet, der über unserer Hemisphäre leuchtet, die Sonne sein«. Der Vordersatz ist nämlich wahr und der Nachsatz falsch, weil der Mond ein Planet, der über unserer Hemisphäre leuchtet, ist oder sein kann, aber dennoch kann der Mond nicht die Sonne sein.

Einwand: Ich beweise, daß die Folgerung gültig ist »Jedes Laufende ist ein Mensch, also kann jedes Laufende ein Mensch sein«, und zwar deshalb, weil der kontradiktorische Gegensatz

homo] APSX om. L   ipsa] APS ista X   omne quod] AX om. S add. s.l. P om. S 19 asinus[2]] LPSX om. A   22 lucens…hemisphaerium] LPSX etc. A   24 planeta] LPSX om. A   25 et…luna] LPSX quae tamen A   26 Probo] LPX probatio A videtur S   27 currens[1]] currit L   currens[2]] currit L

homo«, ex eo, quod contradictorium consequentis repugnat antecedenti. Contradictorium enim consequentis est »Quoddam currens potest non esse homo«, ad quod sequitur »Ergo quoddam currens non est homo«, quae repugnat isti »Omne currens est homo«.

Respondetur negando illam consequentiam »Quoddam currens potest non esse homo, ergo quoddam currens non est homo«, eo quod arguitur a magis amplo ad minus amplum affirmative, in prima enim subiectum ampliatur, in secunda vero non.

Circa huiusmodi propositiones, in quibus ponuntur huiusmodi termini ampliativi, bene caute procedendum est quoad earum conversiones. Unde observandum est pro regula in conversione talium, quod sicut subiectum erat ampliatum in convertenda, quod sic etiam amplietur in convertente, cum ipsum sit praedicatum. Et talem ampliationem oportet fieri per disiunctionem, verbi gratia »Aliquis homo est generandus« debet converti sic »Aliquod generandum est vel erit homo«, »Aliquis homo est mortuus« convertitur »Aliquod mortuum est vel fuit homo«. De quibus conversionibus dictarum propositionum, quarum subiecta ampliantur, diffusius tractabitur postea.

Dubitatur, qualiter propositiones, in quibus subiecta L29ra ampliantur, debeant exponi, utrum per propositionem disiunctivam vel per propositionem categoricam de disiuncto subiecto. Verbi gratia dicendo »Aliquis homo est mortuus«, dubitatur,

21 postea] Cf. Cap. IV.4.

2 antecedenti] ALSX antecedente P enim] ALPS om. X 3 currens] currit L potest non] ALPX trsp. S quod] AX quam LPS Ergo] LPSX om. A 4 currens] currit L 5 currens] currit L 6 illam] LPSX om. A consequentiam] ALPS om. X quod add. s.l. P quod add. S 7 currens[1]] currit L 8 homo] non sequitur add. X a] termino add. S ad] terminum add. S 11 huiusmodi[1]] illas L om. O ponuntur] ponitur O huiusmodi[2]] om. O 12 termini] om. L terminus O ampliativi] ampliativus O bene…Unde] om. O 14 subiectum] om. L ampliatum] LO amplum A 15 quod] et L amplietur] ampliatur O 17 disiunctionem] L disiunctivam A verbi gratia] ut O 18 debet] deberet L sic] L

des Nachsatzes mit dem Vordersatz unvereinbar ist. Der kontradiktorische Gegensatz des Nachsatzes ist nämlich »Irgendein Laufendes kann nicht ein Mensch sein«, woraus folgt »Also ist irgendein Laufendes nicht ein Mensch«, und dieser Satz ist unvereinbar mit »Jedes Laufende ist ein Mensch«.

Antwort: Die Folgerung »Irgendein Laufendes kann nicht ein Mensch sein, also ist irgendein Laufendes nicht ein Mensch« wird abgelehnt, weil von einem weiteren (Term) auf einen weniger weiten bejahend argumentiert wird, im ersten Satz wird das Subjekt nämlich erweitert, im zweiten aber nicht.

Bei solchen Sätzen, in denen derartige erweiternde Terme vorkommen, muß man bezüglich ihrer Umkehrungen recht vorsichtig vorgehen. So muß man bei der Umkehrung solcher Sätze als Regel beachten: Wie das Subjekt im umzukehrenden Satz erweitert war, so möge es auch im umkehrenden Satz erweitert werden, wenn es Prädikat ist. Und eine solche Erweiterung muß mit einer Disjunktion gemacht werden, z. B. muß »Irgendein Mensch wird gezeugt werden« so umgekehrt werden »Etwas, das gezeugt werden wird, ist ein Mensch oder wird ein Mensch sein«, »Irgendein Mensch ist tot« wird umgekehrt »Irgendein Totes ist oder war ein Mensch«. Über die Umkehrungen der genannten Sätze, deren Subjekte erweitert werden, wird später ausführlicher gehandelt werden.

Es fragt sich, auf welche Weise Sätze, in denen die Subjekte erweitert werden, ausgelegt werden sollen, ob mittels eines disjunktiven Satzes oder mittels eines kategorischen Satzes mit einem disjunkten Subjekt. Z. B. fragt es sich bei der Aussage »Irgendein Mensch ist tot«, ob sie mittels eines disjunktiven

om. AO Aliquod] aliud! L aliquid O 19 convertitur] om. L igitur O 20 vel] erit homo add. s. del. A De] LO in A dictarum] trium add. O 21 diffusius] om. O tractabitur] videbitur O postea] secundo add. E26vLPS 23 Dubitatur] Z notandum est AE26vLPSX notandum O quod add. E qualiter] utrum O praedictae add. LO in quibus] quarum L subiecta] sic add. L 24 debeant] LO debent A utrum] om. O 25 per propositionem] om. O 26 Verbi gratia] ut O dicendo] L om. AO

utrum debeat exponi per disiunctivam isto modo »Aliquis, qui est homo, est mortuus vel aliquis, qui fuit homo, est mortuus« vel debeat exponi per propositionem categoricam de disiuncto subiecto, scilicet »Aliquis, qui est vel fuit homo, est mortuus«.

Breviter, aliqui exponunt dictas propositiones per propositiones disiunctivas, aliqui vero per propositiones categoricas de subiecto disiuncto. Sed probatur, quod non debeant exponi per propositiones disiunctivas, nam si sic, duo contradictoria essent simul vera, nam istae essent simul verae »Nullum creans O25va potest esse deus«, »Quoddam creans potest esse deus«, quae sunt contradictoriae. Prima enim esset vera, quia exponeretur per disiunctivam, cuius altera pars esset vera, videlicet »Nullum, quod est creans, potest esse deus vel nullum, quod potest esse creans, potest esse deus«, modo prima istarum est vera, eo quod est negativa, cuius subiectum pro nullo supponit, quod est. Similiter secunda est vera, quia exponitur etiam per unam disiunctivam, cuius altera pars est vera, scilicet per istam »Quoddam, quod est creans, potest esse deus vel quoddam, quod potest esse creans, potest esse deus«, modo istius altera pars est vera.

Respondeo breviter, quod propositiones tales, quarum subiecta sunt ampliata, si sunt universales, debent exponi per copulativas, si vero sunt alterius quantitatis, debent exponi per

1 debeat] debet O per…categoricam] om. O 3 debeat exponi] L om. A propositionem] om. L categoricam] L om. A 4 scilicet] verbi gratia sicut L 5 Breviter aliqui] om. O exponunt] dicunt exponere L propositiones[1]] om. O propositiones[2]] L om. AO 6 disiunctivas] disiunctivam O aliqui] alia! O vero] om. O propositiones] om. O categoricas] categoricam O categoricas…disiuncto] LO om. s. add. i.m. A 7 Sed] om. O probatur] probo O debeant] L debent A debet O 8 propositiones] L om. AO disiunctivas] disiunctivam O nam] quia O si] om. O duo] om. LO 9 creans] de add. s. del. O 10 Quoddam] quidam O quae…contradictoriae] LOX om. A 11 contradictoriae] OX contradictoria L esset] est O exponeretur] LO exponitur A 12 esset] est O 13 quod[1]] om. L creans] quod add. L quod[2]] om. L 14 eo quod] quia O vere? add. s. del. O 15 est] om. O 16 secunda] ista LO vera] quoddam creans potest esse deus add. LO quia] ex eo quod L eo quod O 17 scilicet…vera] AOPS om. LX 18 Quoddam] APS om. O quoddam] APS om. O 21 Re-

Satzes folgendermaßen ausgelegt werden soll »Einer, der ein Mensch ist, ist tot oder einer, der ein Mensch war, ist tot«; oder ob sie mittels eines kategorischen Satzes mit einem disjunkten Subjekt ausgelegt werden soll, nämlich »Einer, der ein Mensch ist oder war, ist tot«.

Kurz gesagt: Manche legen die genannten Sätze mittels disjunktiver Sätze aus, manche hingegen mittels kategorischer Sätze mit einem disjunkten Subjekt. Es wird aber bewiesen, daß sie nicht mittels disjunktiver Sätze ausgelegt werden dürfen, denn wenn man auf diese Weise auslegt, dann wären zwei kontradiktorische Sätze zugleich wahr, denn folgende Sätze wären zugleich wahr »Kein Schaffendes kann Gott sein«, »Irgendein Schaffendes kann Gott sein«, welche kontradiktorisch sind. Der erste wäre nämlich wahr, weil er mittels eines disjunktiven Satzes ausgelegt würde, von dem ein Teil wahr wäre, nämlich »Nichts, was schaffend ist, kann Gott sein oder nichts, was schaffend sein kann, kann Gott sein«; der erste dieser Sätze ist aber wahr, weil er ein verneinender Satz ist, dessen Subjekt für nichts supponiert, was ist. Ebenso ist der zweite wahr, weil er auch mittels eines disjunktiven Satzes ausgelegt wird, von dem ein Teil wahr ist, nämlich mittels des Satzes »Etwas, das schaffend ist, kann Gott sein oder etwas, das schaffend sein kann, kann Gott sein«; der zweite Teil dieses Satzes ist nun aber wahr.

Ich antworte kurz: Wenn solche Sätze, deren Subjekte erweitert sind, universal sind, müssen sie mittels kopulativer Sätze ausgelegt werden, wenn sie aber eine andere Quantität haben, müssen sie mittels disjunktiver Sätze ausgelegt werden. Damit

spondeo] A potest responderi LPS dico O posset responderi X breviter] ALPSX om. O tales] talium L om. O 23 vero] om. O sunt] LO sint A debent exponi] om. O

A22vb disiunctivas. Ex hoc faciliter respondetur ad argumentum. Et sciendum, quod si propositiones universales, in quibus ponitur aliquis terminus ampliativus, exponuntur per propositionem copulativam, tunc ista non esset concedenda »Omne creans de necessitate est deus«, quia exponeretur per unam copulativam, cuius altera pars esset falsa, scilicet ista »Omne, quod est creans, de necessitate est deus«, modo haec est falsa supposito, quod deus non creet.

Diceres: Quomodo ergo finaliter est dicendum, videlicet, an tales propositiones debeant exponi per propositiones disiunctivas vel categoricas de subiectis disiunctis? Respondetur, quod omnes indifferenter rationabiliter debent exponi per propositiones categoricas de subiectis disiunctis. Unde ex quo in omnibus talibus propositionibus est unum subiectum simplex et unum praedicatum et una copula, rationabile est, quod dictae propositiones non per hypotheticas, sed per categoricas propositiones, quamvis de subiectis disiunctis, exponantur.

Item notandum, quod ampliatio terminorum in propositione bene tollitur aliquando per istam additionem *quod est*. Unde quamvis in ista »Album fuit nigrum« subiectum supponat ample pro eo, quod est vel fuit, si tamen dicatur »Quod est album, fuit nigrum«, ista ampliatio tollatur. Sic quamvis in ista »Senex erit puer« ly *senex* supponit pro eo, quod est vel erit

1 disiunctivas] ALPSX disiunctivam O secunda enim exponitur per unam disiunctivam cuius altera pars est vera videlicet per istam quoddam quod est creans potest esse deus vel quoddam quod potest esse creans potest esse deus modo illius altera pars est vera add. L Ex hoc] sed ex distinctione posita L Ex…argumentum] om. O 2 sciendum] nota O quod] om. O 3 exponuntur] exponitur L propositionem] LO om. A ampliativam add. L 5 quia] ex eo quod L eo quod O 6 scilicet ista] illa enim L Omne] om. L 7 haec] hoc O est[2]] om. O falsa] falsum O 8 non] om. O creet] LO creat A 9 Diceres] enim add. L finaliter…disiunctis] debet exponi O videlicet] L om. A 10 debeant] L debent A 11 vel] et L Respondetur] dico O 12 rationabiliter] totaliter L rationabiliter…exponi] om. O propositiones] om. O de add. s. del. A 14 talibus] illis O 15 rationabile] retinabile L est] videtur O 16 non] exponuntur add. A per[2]] LO om. A propositiones[2]] L om. AO 17 exponantur] exponatur L 18 Item] om. O notandum] Nota O quod] om. O in propositione] om. O

läßt sich leicht auf das Argument antworten. Aber man muß wissen, daß wenn universale Sätze, in denen ein erweiternder Term vorkommt, mittels eines kopulativen Satzes ausgelegt werden, dann der Satz »Jedes Schaffende ist mit Notwendigkeit Gott« nicht zugegeben werden dürfte, weil er mittels eines kopulativen Satzes ausgelegt würde, von dem ein Teil falsch wäre, nämlich dieser »Alles, was schaffend ist, ist mit Notwendigkeit Gott«; dieser Satz ist aber falsch, vorausgesetzt, daß Gott nicht schaffe.

Einwurf: Wie ist das also abschließend zu beantworten, nämlich, ob solche Sätze mittels disjunktiver Sätze oder kategorischer Sätze mit disjunkten Subjekten ausgelegt werden sollen? – Antwort: Alle sollen zweckmäßigerweise unterschiedslos mittels kategorischer Sätze mit disjunkten Subjekten ausgelegt werden. Denn weil es in allen solchen Sätzen ein einfaches Subjekt, ein Prädikat und eine Kopula gibt, ist es zweckmäßig, daß die genannten Sätze nicht mittels hypothetischer, sondern mittels kategorischer Sätze – wenn auch mit disjunkten Subjekten – ausgelegt werden.

Ferner ist anzumerken, daß die Erweiterung von Termen in einem Satz sehr wohl manchmal aufgehoben wird, und zwar durch die Hinzufügung von »was ist«. Obschon nämlich in dem Satz »Ein weißes (Ding) war schwarz« das Subjekt weit supponiert für das, was ist oder war, so wird diese Erweiterung dennoch aufgehoben, wenn es heißt »Was weiß ist, war schwarz«. Ebenso: Obschon in dem Satz »Ein Greis wird ein Knabe sein« der Ausdruck »Greis« für das supponiert, was ein Greis ist oder sein wird, so wird die vorgenannte Erweiterung

19 bene] om. O tollitur] impeditur L additionem] scilicet add. L secundum! add. O 20 supponat] L supponit AO 21 ample] om. L pro] hiis add. s. del. O vel fuit] ly potest esse! L dicatur] dicitur O 22 ista[1]] ibi O tollatur] Z tollitur ALOPSX Sic] similiter LO quamvis] om. O 23 Senex...dicatur] om. O erit[1]] fuit L ly] terminus add. L vel] ly L

senex, tamen si dicatur »Quod est senex, erit puer«, praedicta ampliatio tollatur.

Decima regula est: Quando non ponitur terminus ampliativus in aliqua propositione, tunc subiectum illius propositionis non ampliatur, sed per propositionem illam solum denotatur subiectum supponere pro eo, quod est, vel in illius propositionis contradictoria, ut dicendo »Homo est animal«. Et ratio huius patet ex dictis.

Cap. II.12 ⟨Capitulum duodecimum de appellatione⟩

Sequitur de appellatione. Unde appellatio est proprietas praedicati, solemus enim dicere praedicatum appellare suam formam in ordine ad verbum, quod est copula illius propositionis. Unde praedicatum appellare suam propriam formam est ipsum sub eadem forma seu sub eadem voce, si sit terminus vocalis, sub qua est praedicatum in propositione, in qua appellat suam formam, esse verificabile in propositione de praesenti de pronomine demonstrante illud, pro quo supponit subiectum illius propositionis, cuius est pars.

De qua appellatione dantur tales regulae, quarum prima est: In propositione de praesenti praedicatum appellat suam propriam formam, id est, ad veritatem illius propositionis de praesenti requiritur, quod ipsummet praedicatum in propria forma verificetur, si propositio formetur, de pronomine demonstrante rem, pro qua subiectum illius propositionis supponit. Verbi

8 ex dictis] Cf. praecipue principium capituli praesentis.

1 senex[1]] L om. A tamen] cum add. L praedicta] om. LO 2 tollatur] Z tollitur ALOPSX 3 est] om. LO 5 illam] om. L solum] LPX om. AOS 6 subiectum] AO om. LPSX in] om. L propositionis] LO om. A 7 ut] om. L dicendo] om. O Et…dictis] De isto dictum est prius etc.? O 8 huius] est add. S. del. A patet] ALPSX ex dictis] LX *ante corr.* P superius data A ex praecedentibus S *post corr. i.m.* P etc. Sequitur ergo de appellatione unde appellatio add. L 10 Sequitur…Unde] om. O 11 enim] om. L 13 propriam] om. LO 14 seu] se! O si sit] LO sicut A 15 qua[1]] aliquod add. A est] Z om. ALOPSX

dennoch aufgehoben, wenn es heißt »Was ein Greis ist, wird ein Knabe sein«.

Regel 10: Wenn in einem Satz kein erweiternder Term vorkommt, dann wird das Subjekt dieses Satzes nicht erweitert, sondern durch diesen Satz wird nur angegeben, daß das Subjekt für das supponiert, was ist, oder daß das Subjekt im kontradiktorischen Satz jenes Satzes auf diese Weise supponiert, wie z. B. in der Aussage »Ein Mensch ist ein Lebewesen«. Und der Grund dafür erhellt aus dem Gesagten.

Kapitel II.12: *Die Appellation*

Es folgt (das Kapitel) über die Appellation: Die Appellation (Benennung) ist eine Eigenschaft des Prädikats, wir pflegen nämlich zu sagen, daß das Prädikat in bezug auf das Verb, welches die Kopula des Satzes ist, seine Form benennt[62]. Daß das Prädikat seine eigentliche Form benennt, heißt: Es ist in derselben Form bzw. in derselben phonetischen Erscheinungsweise, falls es ein gesprochener Term ist, in welcher es in dem Satz, in dem es seine Form benennt, als Prädikat vorkommt, in einem Satz im Präsens von einem Pronomen verifizierbar, welches auf das hinweist, wofür das Subjekt des Satzes, dessen Teil (das Prädikat) ist, supponiert.

Bezüglich dieser Appellation gibt es folgende Regeln, die erste davon lautet: In einem Satz im Präsens benennt das Prädikat seine eigentliche Form, d. h., für die Wahrheit dieses Satzes im Präsens ist Folgendes erforderlich, falls ein entsprechender Satz gebildet würde: Das Prädikat selbst in der eigentlichen Form wird von einem Pronomen verifiziert, welches auf ein Ding hinweist, für das das Subjekt jenes (Ausgangs-) Satzes

praedicatum] ALOPS praedicatur X 16 verificabile] verificabilem O 18 illius] om. LO 19 De...quarum] om. O tales] L om. A quarum] L om. A prima] regula add. O praedicatum add. s. del. O est] om. O 20 propriam] L om. AO 22 ipsummet] -met om. L 23 verificetur] L om. A formetur] formatur L 24 Verbi gratia] ut O

gratia, ad veritatem istius »Homo est animal« requiritur, quod haec sit vera »Hoc est animal«, si formetur, demonstrando per ly *hoc* illud, pro quo supponit subiectum in ista propositione »Homo est animal«.

Secunda regula: In propositione de praeterito praedicatum sequens verbum appellat suam formam, id est, ad veritatem talis propositionis requiritur, quod eius praedicatum in propria forma fuerit aliquando verificabile in propositione de praesenti de pronomine demonstrante illud, pro quo supponit subiectum A23ra illius propositionis de praeterito. Verbi gratia, ad veritatem istius »Album fuit nigrum« requiritur, quod haec aliquando fuisset vera, si fuisset formata, »Hoc est nigrum« demonstrando per ly *hoc* illud, pro quo supponit subiectum istius propositionis »Album fuit nigrum«.

Et sciendum est, quod subiectum non sic appellat suam formam, nam ad veritatem istius »Album fuit nigrum« posito, O25vb quod aliqua res sit modo alba, quae prius erat nigra, non requiritur, quod iste terminus *album* subiciatur in propria forma in propositione de praesenti respectu istius termini *nigrum*, quia numquam haec fuit vera »Album est nigrum«. Sed sufficit, quod pronomen demonstrativum ponatur loco illius. Unde sufficit, quod haec aliquando fuit vera »Hoc est nigrum« demonstrando per ly *hoc* illud, pro quo supponit subiectum illius propositionis »Album fuit nigrum«.

Ex isto sequitur, quod ista consequentia non valet »Album videbatur a Sorte, ergo Sortes vidit album«. Posito enim, quod Sortes numquam vidisset aliquod album et quod heri vidisset

2 Hoc] haec L est animal] trsp. L 3 quo] qua O subiectum] om. O propositione] om. O 6 id est] et L 7 propositionis] om. O eius] illius O 8 fuerit] LO fuit A 10 propositionis] om. O Verbi gratia] ut O 12 fuisset[1]] fuerit L formata] album est nigrum vel add. A 13 hoc] subiectum add. s. del. A 14 propositionis] om. O 15 sciendum…quod] om. O est] om. L 17 res] quae add. O modo] om. L 19 praesenti] tempore add. s. del. L verbi add. s. del. O 21 illius] termini? add. s.l. O 22 haec] om. L fuit] LO erat A album fuit add. L 23 illud] om. O 24 propositionis] om. LO fuit] est L 25 Ex…quod] et ideo O isto] enim add. A 26 vidit] O videt ALPS videbat X enim] om. O 27 aliquod] L om. AO

supponiert. Z. B.: Für die Wahrheit des Satzes »Ein Mensch ist ein Lebewesen« ist es erforderlich, daß der Satz »Das ist ein Lebewesen« wahr ist, falls er gebildet wird, wobei man mit dem Ausdruck »das« auf das hinweist, wofür das Subjekt in dem Satz »Ein Mensch ist ein Lebewesen« supponiert.

Regel 2: In einem Satz im Präteritum benennt das Prädikat seine Form, wenn es dem Verb nachfolgt, d. h., für die Wahrheit eines solchen Satzes ist es erforderlich, daß sein Prädikat in der eigentlichen Form irgendeinmal in einem Satz im Präsens von einem Pronomen verifizierbar war, welches auf das hinweist, wofür das Subjekt jenes Satzes im Präteritum supponiert. Z. B.: Für die Wahrheit des Satzes »Ein weißes (Ding) war schwarz« ist es erforderlich, daß irgendeinmal der Satz »Das ist schwarz« wahr gewesen wäre, falls er gebildet worden wäre, wobei sich der Ausdruck »das« auf das bezieht, wofür das Subjekt des Satzes »Ein weißes (Ding) war schwarz« supponiert.

Festzuhalten ist, daß das Subjekt nicht auf diese Weise seine Form benennt, denn für die Wahrheit des Satzes »Ein weißes (Ding) war schwarz« ist es unter der Annahme, daß ein Ding jetzt weiß ist, das vorher schwarz war, nicht erforderlich, daß der Term »weißes (Ding)« in der eigentlichen Form in einem Satz im Präsens hinsichtlich des Terms »schwarz« an Subjektstelle gesetzt würde, denn der Satz »Ein weißes (Ding) ist schwarz« war niemals wahr. Sondern es genügt, daß an seiner Stelle ein Demonstrativpronomen angeführt wird. So genügt es, daß irgendeinmal der Satz »Das ist schwarz« wahr war, wobei sich der Ausdruck »das« auf das bezieht, wofür das Subjekt des Satzes »Ein weißes (Ding) war schwarz« supponiert.

Daraus folgt, daß die Folgerung »Ein weißes Ding wurde von Sokrates gesehen, also sah Sokrates ein weißes Ding« nicht gültig ist. Gesetzt nämlich, daß Sokrates niemals etwas Weißes gesehen habe und daß er gestern Platon gesehen habe, der zu

Platonem, qui tunc fuisset niger et modo sit albus, tunc haec L29rb modo esset vera »Album videbatur a Sorte«, nam per casum Plato videbatur a Sorte et Plato est albus, ergo album videbatur a Sorte. Et tamen haec est falsa »Sortes vidit album«, eo quod numquam haec fuit vera »Hoc videt album« demonstrando per ly *hoc* Sortem. Similiter infertur posito, quod heri emisses crudas carnes modo coctas, ista nullum haberet sensum verum »Tu emisti carnes coctas«, sed bene esset illa vera »Carnes coctas tu emisti«. Sequitur etiam, quod haec est falsa »Tu potasti heri«, nam tunc oportet istam aliquando fuisse veram »Tu potas heri«, et numquam haec erat vera. Similiter etiam haec est falsa »Tu vixisti decem annis«, quod patet, quia si esset vera, tunc oportuisset istam aliquando fuisse veram de praesenti »Tu vivis decem annis«, modo haec numquam erat vera. Similiter sequitur, quod haec est falsa »Dies hesterna fuit heri«, nam tunc oportet istam aliquando fuisse veram »Hoc est heri« demonstrando per ly *hoc* illud, pro quo supponit subiectum illius propositionis »Dies hesterna fuit heri«.

Sed ad habendum propositiones veras praeponantur illi termini verbo de praeterito, qui prius postponebantur, dicendo sic »Decem annis tu vixisti«, »Heri tu potasti«, »Dies hesterna heri fuit«. Unde ad veritatem non requiritur istius, quod haec heri fuisset vera »Dies hesterna est«, sed sufficit, quod haec

1 fuisset] LO erat A et] quamvis LO sit] esset L haec] om. L 2 modo] om. LO esset] LO est A nam] quia O per casum] om. O 3 videbatur[1]] videtur O ergo] Sor add. O album…Sorte] LO etc. A 4 Et] LO om. A vidit] LO videt A 5 fuit] L erat A erit O 6 infertur] om. O 7 emisses] emissem O carnes] et add. AE27rLOP et sint modo decoctae add. S et modo sint coctae add. X nullum] non L haberet] LO habet A 8 bene] om. O 9 tu] O om. AL Sequitur] O Similiter A om. L etiam] et L quod] LO om. A haec] non add. s.l. O est] sit LO falsa] vera O 10 Tu…vera] *Ista duo exempla* trsp. LO tunc] om. O oportet] oportuisset LO 11 et] sed LO erat] LO erit A 12 etiam] sequitur L om. O haec] non add. O est] LO esset A falsa] vera O Tu] vi-? add. s. del. O annis] LO annos A quod] om. O 13 si…vera] om. L tunc] om. O oportuisset] LO oportet A fuisse] om. L de praesenti] om. O 14 vivis] per add. s. del. O annis] annos L 15 sequitur quod] om. O hesterna] externa O 16 nam] quia O tunc] L om. AO oportet] oportuisset LO aliquando] LO om.

der Zeit schwarz gewesen sei und jetzt weiß sei, dann wäre jetzt der Satz wahr »Ein weißes Ding wurde von Sokrates gesehen«, denn gemäß der Annahme wurde Platon von Sokrates gesehen und ist Platon weiß, also wurde ein weißes Ding von Sokrates gesehen. Aber dennoch ist der Satz falsch »Sokrates sah ein weißes Ding«, weil der Satz »Das sieht ein weißes Ding« niemals wahr war, wobei sich der Ausdruck »das« auf Sokrates bezieht. Ebenso folgt: Angenommen, daß du gestern rohes Fleisch gekauft habest, das aber jetzt gekocht sei, so hätte der Satz »Du hast gekochtes Fleisch gekauft« keinen wahren Sinn, aber der Satz »Gekochtes Fleisch hast du gekauft« wäre sehr wohl wahr. Es folgt auch, daß der Satz »Du hast gestern getrunken« falsch ist, denn dann muß irgendeinmal der Satz »Du trinkst gestern« wahr gewesen sein, aber dieser Satz war niemals wahr. Ferner ist auch der Satz »Du hast zehn Jahre lang gelebt« falsch, was klar ist, denn wenn er wahr wäre, dann müßte irgendeinmal der Satz im Präsens »Du lebst zehn Jahre lang« wahr gewesen sein, aber dieser Satz war niemals wahr. Ebenso folgt, daß der Satz »Der gestrige Tag war gestern« falsch ist, denn sonst muß der Satz »Das ist gestern« irgendeinmal wahr gewesen sein, wobei sich der Ausdruck »das« auf das bezieht, wofür das Subjekt des Satzes »Der gestrige Tag war gestern« supponiert.

Um aber wahre Sätze zu erhalten, mögen jene Terme dem Verb im Präteritum vorangestellt werden, die vorher nachgestellt wurden, indem man so formuliert: »Zehn Jahre lang hast du gelebt«, »Gestern hast du getrunken«, »Der gestrige Tag gestern war«. Denn für die Wahrheit des letzteren Satzes ist es nicht erforderlich, daß der Satz »Der gestrige Tag ist« gestern

A fuisse] scilicet add. O veram] om. O 17 illud...heri] LO diem hesternam A 18 propositionis] L om. O hesterna] L externa O 19 habendum] habendas O praeponantur] pro- L 20 prius] LO om. A postponebantur] LO postponuntur A dicendo sic] ut O 21 annis] annos L tu[1]] vi-? add. s. del. O hesterna] externa O 22 Unde] om. L istius] om. O 23 hesterna] externa O haec] om. L

heri fuisset vera, si fuisset formata, »Hoc est« demonstrando per ly *hoc* illud, pro quo supponit ly *dies hesterna* in ista propositione »Dies hesterna heri fuit«.

Tertia regula est: In omni propositione de futuro praedicatum sequens verbum appellat suam formam, id est, in eadem forma erit aliquando verificabile in propositione de praesenti de pronomine demonstrante illud, pro quo supponit subiectum illius propositionis de futuro. Verbi gratia dicendo »Album erit nigrum«, ad hoc enim, quod haec sit vera, requiritur, quod haec aliquando erit vera de praesenti, si formabitur, »Hoc est nigrum« demonstrando per ly *hoc* illud, pro quo supponit subiectum illius propositionis »Album erit nigrum«. Similiter A23rb dicendo »Puer erit senex«, ad veritatem eius non requiritur, quod haec aliquando erit vera »Puer est senex«, quia subiectum non appellat suam formam, sed sufficit, quod haec aliquando erit vera, si formabitur, »Hoc est senex« demonstrando per ly *hoc* illud, pro quo supponit subiectum illius propositionis »Puer erit senex«. Ex isto est, quod tales propositiones et consimiles solent concedi »Album erit, quando non erit album«, »Pater erit, quando non erit pater«, »Pater erit, quando non habebit filium«, »Album erit, quando nullam habebit albedinem« et sic de aliis.

Ex isto infero, quod istae sunt falsae »Sortes potabit cras«, »Sortes erit cras«, »Dies crastinus erit cras«. Ad veritatem

1 heri] om. O fuisset[2]] om. O 2 ly[1]] om. L illud] om. L hesterna] externa O ista] om. L propositione] heri add. LO 3 hesterna] L om. A externa O heri] om. LO 4 est] om. LO 5 id est] O om. A scilicet L quod add. O 7 illud] aliquid L 8 Verbi gratia] ut O dicendo] om. O 9 enim] ad hoc enim add. O 10 haec] LO hoc A erit] O erat A fuit L sit X praesenti] album add. s. del. O formabitur] LO formetur A 11 per…hoc] om. LO illud] om. O 13 eius] illius L om. O 14 erit] sit LO 15 sufficit] requiritur LO 16 erit] O sit AX est L formabitur] LO formetur A 17 illud] om. O subiectum] hic terminus puer LO illius propositionis] in illa LO 18 est] patet O tales propositiones] illae LO et consimiles] om. O 19 solent concedi] conceduntur O Album…album] AO om. E27vLPSX erit[1]] AO nigrum add. A quando] AO ipse add. O 20 Pater[1]] AE27vLOPS puer X quando[1]] AE27vLOPSX ipse add. LPX pater] AE27vLOPS puer X non[2]] AS nullum E27vLOPX 21 quando] AE27vLPSX quod! O

wahr gewesen wäre, sondern es genügt, daß der Satz »Das ist« gestern wahr gewesen wäre, wenn er gebildet worden wäre, wobei sich der Ausdruck »das« auf das bezieht, wofür der Ausdruck »der gestrige Tag« in dem Satz »Der gestrige Tag gestern war« supponiert.

Regel 3: In jedem Satz im Futur benennt das Prädikat seine Form, wenn es dem Verb nachfolgt, d. h., es wird in derselben Form irgendeinmal in einem Satz im Präsens von einem Pronomen verifizierbar sein, welches auf das hinweist, wofür das Subjekt des Satzes im Futur supponiert. Z. B., wenn es heißt »Ein weißes (Ding) wird schwarz sein«: Dafür nämlich, daß dieser Satz wahr ist, ist es erforderlich, daß folgender Satz im Präsens irgendeinmal wahr sein wird, wenn er gebildet werden wird, »Das ist schwarz«, wobei sich der Ausdruck »das« auf das bezieht, wofür das Subjekt des Satzes »Ein weißes (Ding) wird schwarz sein« supponiert. Ebenso, wenn es heißt »Ein Knabe wird ein Greis sein«: Für die Wahrheit dieses Satzes ist es nicht erforderlich, daß der Satz »Ein Knabe ist ein Greis« irgendeinmal wahr sein wird, weil das Subjekt nicht seine Form benennt, sondern es genügt, daß folgender Satz irgendeinmal wahr sein wird, wenn er gebildet werden wird, »Das ist ein Greis«, wobei sich der Ausdruck »das« auf das bezieht, wofür das Subjekt des Satzes »Ein Knabe wird ein Greis ein« supponiert. Das ist der Grund, weshalb man solche und ähnliche Sätze zuzugeben pflegt: »Ein weißes Ding wird sein, wann es nicht sein wird weiß«, »Ein Vater wird sein, wann er nicht sein wird ein Vater«, »Ein Vater wird sein, wann er nicht haben wird einen Sohn«, »Ein weißes Ding wird sein, wann es nicht haben wird eine Weiße«, usw. für die anderen (Fälle).

Daraus folgere ich, daß folgende Sätze falsch sind: »Sokrates wird trinken morgen«, »Sokrates wird sein morgen«, »Der

nullam] ALOPSX nullum! E27v habebit albedinem] E27vLPX trsp. A habent! albedinem O habet albedinem S 22 et…aliis] om. LO 23 Ex isto] om. O quod…falsae] hanc esse falsam L quod ista est falsa O Sortes…cras] om. L cras] similiter ista add. O 24 cras[1]] similiter haec est falsa add. L et ista add. O crastinus] crastina LO cras[2]] et consimiles add. L

enim primae requiritur, quod aliquando haec erit vera de praesenti »Hoc potat cras« demonstrando per ly *hoc* Sortem. Ad veritatem secundae requiritur etiam, quod haec aliquando erit vera de praesenti »Hoc est cras« demonstrando iterum per ly *hoc* Sortem. Modo patet, quod quaelibet istarum est falsa. Similiter ad veritatem tertiae requiritur, quod haec aliquando erit vera de praesenti »Hoc est cras« demonstrando per ly *hoc* illud, pro quo supponit subiectum illius propositionis »Dies crastinus erit cras«. Istae tamen bene conceduntur »Cras Sor-
O26ra tes potabit«, »Cras Sortes erit«, »Dies crastinus cras erit«.

Similiter haec est concedenda »Iustus damnabitur iuste«, sed tamen haec est neganda »Iuste damnabitur iustus«. Primum patet, nam si aliquis esset modo iustus et cras furaretur aliquid et post cras suspenderetur pro illo furto, tunc iam verum esset dicere »Iustus damnabitur iuste«, eo quod post cras ista de praesenti erit vera, si formaretur, »Hoc damnatur iuste« demonstrando per ly *hoc* illud, pro quo supponit subiectum huius propositionis »Iustus damnabitur iuste«. Secundum patet, quia numquam haec erit vera »Iuste damnatur iustus«, quod tamen oporteret, si haec esset vera »Iuste damnabitur iustus«, eo quod praedicatum appellat suam formam.

1 enim] LO om. A erit] OX fuit A esset L 2 Hoc…praesenti] om. L 3 etiam] om. O aliquando] O om. A 4 erit] O sit A iterum] O om. ALX per ly] om. O 5 Sortem…hoc] LOX om. A quaelibet istarum] OX haec L 6 Similiter] OX om. L tertiae] X secundae L tertii O haec] OX om. L 7 demonstrando…hoc] LX om. O 8 illud…cras] om. O 9 crastinus] crastina L cras] illa L bene] om. O conceduntur] concedantur L cra-? add. s. del. O Cras Sortes] trsp. O Cras…potabit] om. L 10 Cras…erit[1]] LO om. A similiter add. L Dies crastinus] A crastina dies E27vLOPS dies crastina X 11 Similiter] sequitur quod add. L damnabitur] dapnatur O 12 tamen] om. O Iuste] LO iustus A damnabitur] dampnatur O iustus] illius cuius L 13 nam] quia O cras] forte add. O furaretur] LO furatur A aliquid] aliquod O 14 pro…furto] om. L illo] om. O furto] furtu O iam] om. L 15 damnabitur] ALO dampnatur *ante corr.* O de praesenti] LO om. A 16 erit] posset esse L esset O si formaretur] LO om. A Hoc] hic LO damnatur] LO damnabitur A iuste] iustus O 17 hoc] hic L illud] idem O 18 propositionis] LO om. A damnabitur] damnatur LO Secundum] sed quod haec sit neganda iuste damnatur iustus (ex eo L om. O)

morgige Tag wird sein morgen«. Für die Wahrheit des ersten ist es nämlich erforderlich, daß irgendeinmal der Satz im Präsens »Das trinkt morgen« wahr sein wird, wobei sich der Ausdruck »das« auf Sokrates bezieht. Für die Wahrheit des zweiten ist es auch erforderlich, daß irgendeinmal der Satz im Präsens »Das ist morgen« wahr sein wird, wobei sich der Ausdruck »das« wiederum auf Sokrates bezieht. Nun ist aber klar, daß jeder dieser Sätze falsch ist. Ebenso ist es für die Wahrheit des dritten erforderlich, daß irgendeinmal der Satz im Präsens »Das ist morgen« wahr sein wird, wobei sich der Ausdruck »das« auf das bezieht, wofür das Subjekt des Satzes »Der morgige Tag wird sein morgen« supponiert. Die folgenden Sätze werden jedoch sehr wohl zugegeben: »Morgen Sokrates wird trinken«, »Morgen Sokrates wird sein«, »Der morgige Tag morgen wird sein«.

Ebenso ist der Satz »Ein Gerechter wird verurteilt werden gerecht« zuzugeben, aber dennoch ist der Satz »Gerecht wird verurteilt werden ein Gerechter« abzulehnen. Das erste ist klar, denn wenn einer jetzt gerecht wäre und morgen etwas stähle und übermorgen für diesen Diebstahl gehängt würde, dann wäre jetzt die Aussage wahr »Ein Gerechter wird verurteilt werden gerecht«, weil übermorgen der Satz im Präsens »Das wird verurteilt gerecht« wahr sein wird, wenn er gebildet wird, wobei sich der Ausdruck »das« auf das bezieht, wofür das Subjekt des Satzes »Ein Gerechter wird verurteilt werden gerecht« supponiert. Das zweite ist klar, weil der Satz »Gerecht wird verurteilt ein Gerechter« niemals wahr sein wird, was jedoch erforderlich wäre, wenn der Satz »Gerecht wird verurteilt werden ein Gerechter« wahr wäre, weil ja das Prädikat seine Form benennt.

LO patet…iustus] om. L quia] quod add. A 19 erit] est O damnatur] O damnabitur A 20 oporteret] oportet L Iuste] LO iustus A damnabitur] damnatur LO eo] om. L 21 suam] om. L

Quarta regula est: Praedicatum sequens hoc verbum *potest* appellat suam formam, verbi gratia dicendo »Album potest esse nigrum«, id est, ad veritatem istius propositionis requiritur, quod hic modus *possibile* est verificabilis de propositione, in qua praedicatur praedicatum dictae propositionis in propria forma de pronomine demonstrante illud, pro quo supponit subiectum dictae propositionis. Verbi gratia, ad veritatem istius propositionis »Album potest esse nigrum« requiritur, quod haec propositio »Hoc est nigrum« sit possibilis demonstrando per ly *hoc* illud, pro quo supponit subiectum illius propositionis »Album potest esse nigrum«. Sic autem non est de subiecto. Unde ad veritatem dictae propositionis non oportet eius subiectum in propria forma subici in propositione respectu praedicati praedictae propositionis, de qua verificabilis est hic modus *possibile*. Verbi gratia, ad veritatem istius »Album potest esse nigrum« non requiritur, quod haec propositio »Album est nigrum« sit possibilis. Et ideo solemus dicere praedicatum appellare suam formam et non subiectum.

Et ergo, si diceretur sic: »Album potest esse nigrum« ponatur in esse dicendo »Album est nigrum«, et nullum debet sequi impossibile. Breviter dico, quod ista »Album potest esse ni-
L29va grum« non debet poni in esse per istam »Album est nigrum«, sed per istam »Hoc est nigrum« demonstrando per ly *hoc* illud, pro quo supponit subiectum istius propositionis »Album potest esse nigrum«. Et certe, si sic ponitur in esse, tunc nullum sequi-

1 est] om. LO 2 verbi gratia] ut O dicendo] om. O 3 id est] om. L propositionis] L om. AO 4 quod] om. L possibile] praedicabile L est] sit LO verificabilis] vere praedicabilis LO vere praedicabile *ante corr.* O de] LO in A 5 in²...propositionis] om. L 7 Verbi gratia] ut O 8 istius] om. O propositionis] om. LO 10 illud] om. O 11 propositionis] LO om. A autem] quod *ante corr. s.l.* O 12 Unde] LO om. A 13 eius] om. O 14 propositionis] in qua vel add. O 15 hic] hoc O terminus add. s. del. A Verbi gratia] ut O 17 est] fit L sit] est L possibilis] praedicabilis L Et] om. O ideo] etiam L solemus dicere] dicimus O 19 Et ergo] AE27vLP sed O ergo SX etiam add. ELS si diceretur] AE27vLPSX diceres O sic] A si E27vLOPX om. S 20 dicendo] AE27vLPSX aliquod O et] AE27vLOPS om. X 21 Breviter] AE27vLPSX om. O dico quod] O om. AE27vLPS respondetur quod X 22 debet] sic add. O in

Regel 4: Ein Prädikat benennt seine Form, wenn es dem Verb »kann« nachfolgt, z. B., wenn es heißt »Ein weißes (Ding) kann schwarz sein«. D. h.: Für die Wahrheit dieses Satzes ist es erforderlich, daß der Modalausdruck »möglich« von einem Satz verifizierbar ist, in dem das Prädikat des genannten Satzes in der eigentlichen Form von einem Pronomen ausgesagt wird, welches auf das hinweist, wofür das Subjekt des genannten Satzes supponiert. Z. B.: Für die Wahrheit des Satzes »Ein weißes (Ding) kann schwarz sein« ist es erforderlich, daß der Satz »Das ist schwarz« möglich ist, wobei sich der Ausdruck »das« auf das bezieht, wofür das Subjekt des Satzes »Ein weißes (Ding) kann schwarz sein« supponiert. So verhält es sich aber nicht mit dem Subjekt: Für die Wahrheit des genannten Satzes ist es nicht erforderlich, sein Subjekt in der eigentlichen Form in einem (assertorischen) Satz hinsichtlich des Prädikats des vorgenannten Satzes an Subjektstelle zu setzen, von welchem Satz (dann) der Modalausdruck »möglich« verifizierbar ist. Z. B.: Für die Wahrheit des Satzes »Ein weißes (Ding) kann schwarz sein« ist es nicht erforderlich, daß der Satz »Ein weißes (Ding) ist schwarz« möglich ist. Und deshalb pflegen wir zu sagen, daß das Prädikat seine Form benennt, aber nicht das Subjekt.

Wenn man also Folgendes sagte: »Ein weißes (Ding) kann schwarz sein« soll mit der Aussage »Ein weißes (Ding) ist schwarz« in assertorische Form gebracht werden, aber es darf (ja anderseits aus Möglichem) nichts Unmögliches folgen[63]. So antworte ich kurz: Der Satz »Ein weißes (Ding) kann schwarz sein« darf nicht mittels des Satzes »Ein weißes (Ding) ist schwarz« in assertorische Form gebracht werden, sondern (nur) mittels des Satzes »Das ist schwarz«, wobei sich der Ausdruck »das« auf das bezieht, wofür das Subjekt des Satzes »Ein weißes (Ding) kann schwarz sein« supponiert. Und wenn man ihn so in assertorische Form bringt, dann folgt gewiß

esse] om. L 23 istam] dicendo add. L hoc] om. O 24 supponit] om. O propositionis] om. L 25 certe] LPSX om. AE27VO ponitur] O ponatur AE27V LPX exponitur S tunc] ALPS om. E27VOX nullum] AOX non E27VLPS

tur impossibile. Simili modo possunt poni regulae de isto modo A23va *contingit* et de isto modo *necesse*, et clarum est ex iam posita regula.

Quinta regula ponitur ab aliquibus, quod respectu verborum activorum vel passivorum, quae possunt transire non solum in dictionem substantivam seu in rem substantive designatam nec solum in dictionem adiectivam seu in rem adiective designatam, sed etiam in complexionem ipsarum, cuiusmodi sunt ista verba *cognosco*, *intelligo*, *scio*, et huiusmodi, dictio adiectiva sequens verbum non solum appellat suam formam, sed etiam appellat complexionem eius ad dictionem substantivam, sed si ipsa praecedat verbum, tunc non appellat illam complexionem, sed suam formam tantum. Verbi gratia »Deum trinum et unum cognovit Aristoteles« secundum hoc est concedenda, nam sensus est »Hoc cognovit Aristoteles« demonstrando per ly *hoc* illud, pro quo supponit subiectum dictae propositionis, scilicet deum, qui est trinus et unus. De illo enim demonstravit Aristoteles plures conclusiones in duodecimo *Metaphysicae*. Sed ista est falsa »Deum cognovit Aristoteles trinum et unum«, quia sensus est, quod Aristoteles cognovit deum esse trinum et unum, et hoc est falsum, nam Aristoteles non cognovit, quod deus est trinus et unus. Similiter, si tu cognoscis Sortem et Sortes est veniens et tu non scis eum venire, ista est vera »Sor-

18 Aristoteles] Aristoteles, Metaphysica, XII.6–10, 1071b3–1076a4.

1 impossibile] OX inconveniens A aliquod impossibile E27vLPS Simili modo] Similiter O possunt poni] LPX potest poni AS dicendum est O poni] secunda add. A regulae] LPX om. AOS isto] om. O modo[2]] om. LO 2 contingit] contingens L et[1]...modo] om. L et aliis modis O necesse] om. O et[2]...regula] om. O clarum est] LPX clara est A patet S ex] ista add. L posita] dicta L 4 ab aliquibus] ALPSX om. O 5 non] noli! L 8 etiam] LO om. A complexionem] complexione L ipsarum] istarum L cuiusmodi sunt] om. L et! O 9 ista] om. L verba] om. LO cognosco] OPSX cogito A om. L intelligo scio] AOPSX om. L et] om. L 10 sed] om. O 11 etiam] om. LO appellat] appellant L om. O 12 ipsa] L om. AO praecedat] praecedit O 13 Verbi gratia] et! O 14 et] om. O secundum hoc] sed haec L 16 illud...scilicet] om. LO 17 unus] et vivus add. L enim] tamen L 18 plures] in add. s. del. A conclu-

nichts Unmögliches. – Auf ähnliche Weise können Regeln bezüglich des Modalausdrucks »ist faktisch« und bezüglich des Modalausdrucks »notwendig (muß)« aufgestellt werden; (die Ausführung derselben) erhellt aus der soeben aufgestellten Regel.

Eine fünfte Regel wird von manchen (Autoren) aufgestellt, und zwar in Hinsicht auf aktive oder passive Verben, die sich nicht allein auf ein substantivisches Wort bzw. auf ein substantivisch bezeichnetes Ding beziehen können und nicht allein auf ein adjektivisches Wort bzw. auf ein adjektivisch bezeichnetes Ding, sondern auch auf die Verbindung von diesen, welcherart die Verben »ich erkenne«, »ich stelle vor«, »ich weiß (bzw. kenne)« u. dgl. sind. (Die Regel lautet nun:) Ein adjektivisches Wort, das einem solchen Verb nachfolgt, benennt nicht nur seine Form, sondern benennt auch seine Verbindung mit dem substantivischen Wort; aber wenn es dem Verb vorangeht, dann benennt es diese Verbindung nicht, sondern nur seine Form. Z. B. ist demgemäß der Satz »Den dreieinigen Gott erkannte Aristoteles« zuzugeben, denn sein Sinn ist »Das erkannte Aristoteles«, wobei sich der Ausdruck »das« auf das bezieht, wofür das Subjekt des genannten Satzes supponiert, nämlich auf Gott, der dreieinig ist. In bezug auf diesen bewies Aristoteles nämlich mehrere Thesen im zwölften Buch der *Metaphysik*. Aber der Satz »Gott erkannte Aristoteles den (bzw. als) dreieinigen« ist falsch, denn der Sinn ist, daß Aristoteles erkannte, daß Gott dreieinig ist, aber das ist falsch, denn Aristoteles erkannte nicht, daß Gott dreieinig ist. Ebenso: Wenn du Sokrates kennst und Sokrates sich nähert, aber du nicht weißt, daß er sich nähert, dann ist der Satz wahr »Den sich nähernden Sokrates kennst du«, aber dennoch ist der Satz falsch »Sokrates kennst du den (bzw. als) sich nähernden« oder

siones] con-os! L in] om. O duodecimo] -o om. O **19** unum] similiter ista Aristoteles cognovit deum trinum et unum add. O **21** et] modo L sed modo O nam] quia O **22** et[1] om. L Similiter...veniens] om. O **23** Sortem venientem] Sor veniente L

tem venientem cognoscis«, et tamen ista est falsa »Sortem cognoscis venientem« vel etiam ista »Tu cognoscis Sortem venientem«, sensus enim est, quod tu cognoscis Sortem esse venientem seu quod tu cognoscis, quod Sortes est veniens. Similiter posito, quod aliquis lapis esset calidus et hoc lateret te, haec esset concedenda »Calidum scis esse lapidem« ex eo, quod hoc, demonstrando lapidem calidum, scis esse lapidem. Sed tamen haec esset neganda »Lapidem scis esse calidum«, eo quod hoc, demonstrando lapidem calidum, non scis esse calidum, latet enim te per casum, an hoc sit calidum. Similiter concedendum est posito, quod haec propositio »Deus est« sit A, quamvis hoc lateat te, »A scis esse verum«, nam ad veritatem eius sufficit, quod haec sit vera »Hoc scis esse verum«, demonstrando per ly *hoc* illud, pro quo supponit subiectum istius propositionis »A scis esse verum«. Modo verum est, quod hoc scis esse verum, nam istam propositionem »Deus est« scis esse veram, et pro ista supponit iste terminus A in ista propositione »A scis esse verum«. Et cum hoc concedendum est, quod nul- O26rb lum verum scis esse A, quia istam »Deus est« non scis esse A per casum, et ista »Deus est« est omne A per casum, ergo si illud verum »Deus est« tu non scis esse A, tunc sequitur, quod nullum verum tu scis esse A. Et sic finis adest appellationis.

1 et] L om. A 3 est] L esset A esse] om. L 4 quod[1]] om. L 5 esset] O sit A est L lateret] LO lateat A 6 te] quod add. A ex eo] PX ex hoc L eo O ex eo *post corr.* S ex…lapidem[2]] LOPSX om. A 7 demonstrando] LOPSX per ly hoc add. X 8 esset] est L 9 calidum[2]] non add. s. del. O 10 latet] iacet! O 11 concedendum] concedenda O est[1]] esset LO 12 hoc] haec L om. O 13 haec…vera] om. LO scis] scias LO 14 per…hoc] om. LO 15 propositionis] om. O Modo] hoc add. LO hoc] a O 17 ista[2]] secunda L propositione] om. O 18 quod] om. L 20 et] LO om. A est omne] om. L per casum[2]] LO om. A si] scis add. L 21 verum] est add. L tu] om. LO sequitur quod] om. LO 22 tu] om. LO A] etc. Sequitur ergo postquam add. L Et…appellationis] om. LO appellationis] Z ampliationis A

auch der Satz »Du kennst den sich nähernden Sokrates«, der Sinn ist nämlich, daß du erkennst, daß Sokrates sich nähert[64]. Ebenso: Angenommen, daß ein Stein warm wäre und dir dies unbekannt wäre, dann wäre der Satz zuzugeben »Von dem warmen Ding weißt du, daß es ein Stein ist«, weil du von dem – unter Hinweis auf den warmen Stein – weißt, daß es ein Stein ist. Aber dennoch wäre der Satz abzulehnen »Von dem Stein weißt du, daß er warm ist«, weil du von dem – unter Hinweis auf den warmen Stein – nicht weißt, daß es warm ist, es ist dir nämlich gemäß der Annahme unbekannt, ob das warm ist. Ebenso: Angenommen, daß der Satz »Gott ist« A sei, aber dir dies unbekannt sei, dann muß man zugeben »Von A weißt du, daß es wahr ist«, denn für die Wahrheit dieses Satzes genügt es, daß der Satz wahr ist »Von dem weißt du, daß es wahr ist«, wobei sich der Ausdruck »von dem« auf das bezieht, wofür das Subjekt des Satzes »Von A weißt du, daß es wahr ist« supponiert. Nun ist es aber wahr, daß du von dem weißt, daß es wahr ist, denn von dem Satz »Gott ist« weißt du, daß er wahr ist, und für diesen supponiert der Term »A« in dem Satz »Von A weißt du, daß es wahr ist«. Und darüber hinaus muß man zugeben, daß du von keinem Wahren weißt, daß es A ist, weil du von dem Satz »Gott ist« nicht weißt, daß er A ist, gemäß der Annahme; aber der Satz »Gott ist« ist jedes A, gemäß der Annahme, also: Wenn du von diesem Wahren »Gott ist« nicht weißt, daß es A ist, dann folgt, daß du von keinem Wahren weißt, daß es A ist. – Und damit sind wir am Ende der Appellation angelangt.

⟨TRACTATUS TERTIUS DE PROPOSITIONIBUS⟩

Cap. III.1 ⟨Capitulum primum de divisione propositionum⟩

Postquam dictum est de terminis et de proprietatibus terminorum tam primae quam secundae intentionis, nunc restat dicere de propositionibus, quae ex terminis componuntur.

Unde propositionum quaedam sunt categoricae, quaedam hypotheticae, quaedam autem categoricae voce aequivalentes tamen hypotheticis in significando, ut sunt propositiones exclu-
A23vb sivae, exceptivae, reduplicativae et etiam aliae.

Item propositionum categoricarum, quae non aeqivalent hypotheticis in significando, sicuti est ista »Homo est animal« et consimiles, quaedam dicuntur propositiones de inesse sive de simplici inhaerentia, quaedam vero modales seu de inhaerentia modificata. Exemplum primi, ut »Homo est animal«, haec enim dicitur de simplici inhaerentia, quia per eam denotatur praedicatum inesse subiecto simpliciter et sine additione non denotando, an insit sibi necessario vel contingenter vel aliquo modo huiusmodi. Et propter hoc etiam ista »Hominem esse animal est necesse« proprie debet dici propositio de inesse seu de inhaerentia simplici, quia per eam praedicatum, puta ly

3 Postquam…componuntur] ALPSX om. O est] ALSX om. P de[2]] ALS om. PX terminis add. *sed corrigit in* terminorum? L terminorum] APSX om. L 4 primae] ASX secundae LP secundae] ASX primae LP intentionis] ALPSX seu impositionis add. SX dicere] LX dicendum APS 5 ex] LPSX de A 6 Unde] om. O sunt] om. L 7 aequivalentes] aequipollentes L 8 tamen] SX om. A cum LO cum/tamen? P cum add. s. del. O sunt propositiones] om. O 9 et] om. L consimiles add. s. del. A etiam] om. O aliae] sunt add. LO 10 Item] om. LO propositionum categoricarum] propositiones categoricae O 11 est[1]] L om. AO ista] om. O animal] propositionum add. O 12 et consimiles] om. O propositiones] L om. AO 13 vero] om. O modales] naturales! L seu] sine? L de[2]] om. L 15 enim] om. O dicitur] est L 16 praedicatum inesse] quod praedicatum inest L et] om. LO 17 denotando] LO demonstrando A necessario] necesse O contingenter] contingenti L vel[2]…huius-

TRAKTAT III: DIE SÄTZE

Kapitel III.1: *Die Einteilung der Sätze*

Nach den Ausführungen über die Terme und über die Eigenschaften der Terme sowohl erster als auch zweiter Intention steht nun an, über die Sätze zu sprechen, die sich (ja) aus Termen zusammensetzen.

So sind von den Sätzen manche kategorisch, manche hypothetisch, manche aber kategorisch der Oberflächenstruktur nach, während sie im Bezeichnen (der eigentlichen Bedeutung, der »Tiefenstruktur« nach) mit hypothetischen Sätzen äquivalent sind, wie z. B. die ausschließenden, die ausnehmenden, die verdoppelnden und auch noch andere Sätze.

Ferner: Von den kategorischen Sätzen, die der Bedeutung nach nicht mit hypothetischen Sätzen äquivalent sind, wie z. B. der Satz »(Ein) Mensch ist ein Lebewesen« u. ä., heißen manche »Sätze über das In-Sein« bzw. »über die einfache Anhaftung«, manche hingegen »modale (Sätze)« bzw. »über die modifizierte Anhaftung«. Ein Beispiel für das erste wäre »(Ein) Mensch ist ein Lebewesen«, dieser Satz heißt nämlich »über die einfache Anhaftung«, weil durch ihn angegeben wird, daß das Prädikat auf einfache Weise und ohne Hinzufügung an dem Subjekt ist, d. h., ohne anzugeben, ob es notwendigerweise oder faktischerweise oder auf irgendeine derartige Weise an ihm ist. Und deswegen muß auch der Satz »Daß (ein) Mensch ein Lebewesen ist, ist notwendig« im eigentlichen Sinne als Satz über das In-Sein bzw. über die einfache Anhaftung bestimmt werden, weil durch ihn angegeben wird, daß

modi] etc. O 18 Et] om. O propter hoc] ideo O etiam] om. O 19 animal] om. L debet dici] differt! L propositio] O om. A a propositione! L 20 seu] propositione! add. L quia…eam] quarum tam! L ly] om. O

necesse, denotatur inesse subiecto simpliciter sine additione non denotando, an insit sibi necessario vel contingenter vel aliquo modo huiusmodi. Exemplum de propositione modali: »Homo necessario est animal«. Hic enim praedicatum non denotatur inesse subiecto simpliciter, sed cum specificatione, denotatur enim per praedictam propositionem praedicatum necessario inesse subiecto, quare non est de inesse seu de simplici inhaerentia, sed propositio modalis seu de inhaerentia modificata nominatur.

Item propositionum categoricarum de simplici inhaerentia quaedam sunt de subiectis ampliatis, ut sunt tales »Homo est mortuus«, »Antichristus est futurus«, quaedam vero de subiectis non ampliatis, sicut sunt tales »Homo est animal«, »Animal est corpus« etc.

Item propositionum categoricarum de simplici inhaerentia de subiectis ampliatis quaedam sunt de praesenti, ut »Homo est mortuus«, quaedam de praeterito, ut »Homo fuit albus«, quaedam vero de futuro, ut »Homo generabitur«.

Item propositionum categoricarum quaedam sunt de *est* secundo adiacente, ut »Homo est«, quaedam vero de *est* tertio L29vb adiacente, ut »Homo est animal«.

Item propositionum categoricarum quaedam sunt de extremis incomplexis, ut »Homo est animal«, quaedam vero de extremis complexis, ut »Homo vel asinus est homo vel asinus«.

1 denotatur inesse] inest L subiecto] om. O 2 denotando] LO demonstrando A contingenter vel] om. LO 3 propositione] om. O 4 necessario] necesse L Hic] LO hoc A enim] autem L 5 inesse] necesse! L specificatione] suppositione L 6 enim] om. L praedictam] om. LO 7 subiecto] om. O est] om. LO inesse[2]...de[2]] om. LO 8 sed...nominatur] om. O propositio] L om. A 10 Item...etc] om. O 11 subiectis] subiecto L ampliatis] PSX ampliativis A ampliante? L sunt tales] L in ista A 12 Antichristus...futurus] LPSX om. A 13 ampliatis] PSX ampliativis AL sunt tales] L om. A Animal...etc] L om. A etc. P homo non est animal S lapis est substantia etc. X 15 Item] om. O 16 subiectis ampliatis] OPSX terminis ampliativis A subiecto ampliato L ut... mortuus] AO om. LPSX 17 quaedam...praeterito] ALOPX om. S. add. i.m. S ut...albus] AO om. LPSX albus] Z om. AO 18 vero] LP om. AOSX futuro] Exemplum primi (ut X om. LPS) homo est mortuus exemplum secundi (ut X

das Prädikat, nämlich der Ausdruck »notwendig«, auf einfache Weise, ohne Hinzufügung an dem Subjekt ist, ohne anzugeben, ob es notwendigerweise oder faktischerweise oder auf irgendeine derartige Weise an ihm ist. – Ein Beispiel für einen modalen Satz: »(Ein) Mensch ist notwendigerweise ein Lebewesen«. Hier wird nämlich nicht angegeben, daß das Prädikat auf einfache Weise an dem Subjekt ist, sondern mit einer näheren Bestimmung, es wird nämlich durch den vorgenannten Satz angegeben, daß das Prädikat notwendigerweise an dem Subjekt ist, weshalb er kein Satz über das In-Sein bzw. über die einfache Anhaftung ist, sondern er wird »modaler Satz« bzw. »(Satz) über die modifizierte Anhaftung« genannt.

Ferner: Von den kategorischen Sätzen über die einfache Anhaftung haben manche erweiterte Subjekte, wie z. B. Sätze folgender Art »(Ein) Mensch ist tot«, »Der Antichrist ist zukünftig«, manche hingegen haben nicht erweiterte Subjekte, wie z. B. Sätze folgender Art »(Ein) Mensch ist ein Lebewesen«, »(Ein) Lebewesen ist ein Körper« usw.

Ferner: Von den kategorischen Sätzen über die einfache Anhaftung mit erweiterten Subjekten sind manche im Präsens, wie »(Ein) Mensch ist tot«, manche im Präteritum, wie »(Ein) Mensch war weiß«, manche aber im Futur, wie »(Ein) Mensch wird gezeugt werden«.

Ferner: Von den kategorischen Sätzen haben manche das »ist« als zweiten Bestandteil, wie »(Ein) Mensch ist«, manche aber haben das »ist« als dritten Bestandteil, wie »(Ein) Mensch ist ein Lebewesen«.

Ferner: Von den kategorischen Sätzen haben manche unverknüpfte Satzglieder, wie »(Ein) Mensch ist ein Lebewesen«, manche aber verknüpfte Satzglieder, wie »(Ein) Mensch oder (ein) Esel ist (ein) Mensch oder (ein) Esel«.

om. LPS) homo fuit (LPSX mortuus add. S albus add. X) exemplum tertii add. LPSX ut] AOX om. LPS generabitur] AOPSX generat L 20 vero] om. O est[2]] om. O 21 adiacente] om. O animal] mortuus O 23 ut…animal] om. LO vero] om. O 24 extremis] om. O complexis] exemplum primi ut homo est animal exemplum secundi add. L Homo] LOPSX Sortes A

Item propositionum categoricarum de extremis complexis quaedam sunt tales sine interpositione alicuius coniunctionis vel adverbii, quaedam vero de extremis complexis cum interpositione alicuius istorum.

Item illarum de extremis complexis sine interpositione alicuius quaedam sunt de extremis complexis ex substantivo et adiectivo, ut dicendo »Homo albus currit«, quaedam vero ex recto et obliquo, sicut »Filius Sortis currit«, et hoc aliquando recto praecedente obliquum, ut »Filius Sortis currit«, aliquando obliquo praecedente rectum, ut »Sortis filius currit«. Adhuc universaliter quaedam sunt de extremis complexis ex determinatione et determinabili, ut dicendo »Currens velociter est disputans acriter«.

Item propositionum de extremis complexis cum interpositione coniunctionis vel adverbii quaedam sunt de extremo disiuncto, quaedam de extremo copulato, quaedam de condicionato, quaedam de locali, quaedam de temporali, quaedam de causali. Exemplum primi »Sortes vel asinus currit«, exemplum secundi »Duo et tria sunt quinque«, exemplum tertii »Omnis propositio, si est impossibilis, non est concedenda«, exemplum quarti »Sortes, ubi currebat, disputabat«, exemplum quinti »Nullum animal, dum dormit, vigilat«, exemplum sexti »Omnis homo, quia est sensibilis, est animal«.

1 propositionum] LO om. A extremis] om. L 2 quaedam…tales] LO om. A interpositione] interpretatione! L alicuius] om. O 3 vero] L om. AO de…complexis] ASX tales LP om. O complexis] SX om. A interpositione] impositione L 5 illarum] quae sunt LO de…complexis] om. LO alicuius] L om. AO 6 ex] et L de O substantivo] subiecto LO et] om. L 7 adiectivo] adiecto L dicendo] om. O quaedam] haec L vero] om. L est? O 8 sicut…currit] om. O et hoc] ut haec L aliquando] LO om. A 9 recto] recte L obliquum] om. O ut…currit] L om. AO aliquando] ex add. L 10 rectum] recto L om. O ut…currit] om. O Sortis filius] hominis asinus L 11 Adhuc universaliter] ALOPX Item S quaedam sunt] S om. ALOPX ex] et L 12 determinatione] determinative L dicendo] om. O Currens] currere L 13 est] et L 14 propositionum] propositiones LO 15 extremo] extremis L 16 extremo] om. O de²] om. LO condicionato] condicionata O 17 quaedam¹] de add. L de¹] O om. AL locali] ALOPSX extremo add. LPS de²] S om. ALO 18 de] OS om. AL

Ferner: Von den kategorischen Sätzen mit verknüpften Satzgliedern haben manche solche Satzglieder ohne Einschiebung einer Konjunktion oder eines Adverbs, manche aber haben verknüpfte Satzglieder mit Einschiebung eines solchen Ausdrucks.

Ferner: Von den Sätzen mit verknüpften Satzgliedern ohne Einschiebung irgendeines (Ausdrucks) haben manche verknüpfte Satzglieder, die aus einem Substantiv und einem Adjektiv bestehen, wie wenn man sagt »(Ein) weißer Mensch läuft«, manche aber (Satzglieder), die aus einem geraden und einem schiefen Fall bestehen, wie z. B. »(Der) Sohn des Sokrates läuft«; und zwar geht manchmal der gerade Fall dem schiefen voran, wie »(Der) Sohn des Sokrates läuft«, manchmal (hingegen) geht der schiefe Fall dem geraden voran, wie »Des Sokrates Sohn läuft«. Außerdem, um wieder zur Haupteinteilung zurückzukehren: Manche (von diesen Sätzen) haben verknüpfte Satzglieder, die aus einer Bestimmung und einem Bestimmbaren bestehen, wie wenn man sagt »(Ein) schnell Laufender ist ein scharfsinnig Disputierender«.

Ferner: Von den Sätzen mit verknüpften Satzgliedern nebst Einschiebung einer Konjunktion oder eines Adverbs haben manche ein disjunktes Satzglied, manche ein kopulates Satzglied, manche ein konditionales, manche ein lokales, manche ein temporales, manche ein kausales. Ein Beispiel für das erste »Sokrates oder ein Esel läuft«, ein Beispiel für das zweite »Zwei und drei sind fünf«, ein Beispiel für das dritte »Jeder Satz, wenn er unmöglich ist, darf nicht zugegeben werden«, ein Beispiel für das vierte »Sokrates, wo er lief, disputierte«, ein Beispiel für das fünfte »Kein Lebewesen, während es schläft, wacht«, ein Beispiel für das sechste »Jeder Mensch, weil er sinnenbegabt ist, ist ein Lebewesen«[65].

exemplum] om. O 19 exemplum] om. O 20 impossibilis] possibilis L 21 exemplum[1]] om. O Sortes ubi] trsp. LO currebat] currit L ibi add. L disputabat] disputat L exemplum[2]] om. O 22 exemplum] om. O 23 Omnis] om. LO homo] Sortes L homo quia] trsp. LO

Cap. III.2 ⟨Capitulum secundum de propositionibus categoricis⟩

A24ra Istis divisionibus propositionum positis in generali primo videndum est in speciali de propositionibus categoricis, secundo de hypotheticis, tertio de aeqivalentibus hypotheticis in significando. Quantum ad primum, videndum est primo de categoricis de inesse, secundo de modalibus.

Quantum ad primum, sciendum est, quod propositio categorica est, quae habet subiectum, praedicatum et copulam principales partes sui, ut dicendo »Homo est animal«.

Contra diceres: Multae sunt propositiones habentes solum subiectum et praedicatum sine copula, ut dicendo »Homo currit«, ergo videtur, quod non omnis propositio categorica habeat subiectum, praedicatum et copulam.

Respondetur, quod licet non habet copulam explicite, tamen habet implicite, quia omnis propositio categorica habet subiectum, praedicatum et copulam implicite vel explicite. Unde in illa »Homo currit« hoc verbum *currit* includit copulam, similiter omne verbum adiectivum includit in se suum participium praesentis temporis et copulam, quod patet in resolvendo dicendo »Homo est currens«. Verum est tamen, quod aliqui dicunt propositionem categoricam solum habere duas partes

3 Istis] *Nullam distinctionem capituli hic habet* ALOPSX Istis…primo] om. O positis] praemissis L in generali] L om. A videndum] dicendum O 4 est] L om. AO speciali] LO generali A propositionibus categoricis] illis O secundo…modalibus] om. O 5 in significando] om. L 6 videndum] om. L 8 Quantum…primum] pro primo L et primo O sciendum est] nota O est] L om. A propositio] om. O 9 est] om. L subiectum] et add. LO et…animal] om. L etc. O 11 diceres] om. O 12 sine copula] LO om. A dicendo] L om. AO 13 ergo] etiam add. L ergo…copulam] om. O categorica] L om. A 14 habeat] L habet A subiectum] et add. L 15 Respondetur] Respondeo O quod] AOPSX om. L licet] PX quamvis S licet…implicite] PSX om. A licet haec copula non explicite tamen implicite tenetur L implicite habet ibi copulam in isto verbo currit O habet] PS habeant X 16 habet[1]] PS habent X copulam add. X quia] S om. A quia…explicite] AS om. LOPX categorica] S om. A subiectum…et] A om. S 17 implicite…explicite] A trsp. S Unde hoc

Kapitel III.2: *Die kategorischen Sätze*

Nach der Vorstellung der Einteilungen der Sätze im allgemeinen sind im besonderen zu untersuchen: erstens die kategorischen Sätze, zweitens die hypothetischen, drittens diejenigen, die der Bedeutung nach mit hypothetischen Sätzen äquivalent sind. Was das erste anbelangt, so sind erstens die assertorischen kategorischen Sätze zu untersuchen, zweitens die modalen.

Was das erste anbelangt, so muß man wissen, daß ein kategorischer Satz ein solcher ist, der Subjekt, Prädikat und Kopula als seine Hauptteile hat, wie wenn man sagt »(Ein) Mensch ist ein Lebewesen«.

Einwand: Es gibt viele Sätze, die nur ein Subjekt und ein Prädikat ohne Kopula haben, wie wenn man sagt »(Ein) Mensch läuft«, also scheint es, daß nicht jeder kategorische Satz Subjekt, Prädikat und Kopula hat.

Antwort: Obschon (der genannte Beispielsatz) nicht explizit eine Kopula hat, so hat er sie doch implizit, weil jeder kategorische Satz Subjekt, Prädikat und Kopula auf implizite oder explizite Weise hat. So schließt in dem Satz »(Ein) Mensch läuft« das Verb »läuft« die Kopula ein, ebenso schließt jedes adjektivische Verb sein Partizip Präsens und die Kopula in sich ein, was klar wird, wenn man den Satz auflöst in die Aussage »(Ein) Mensch ist laufend«. Es stimmt aber, daß manche sagen, ein kategorischer Satz habe nur zwei Hauptteile, nämlich Subjekt und Prädikat. So sagen sie, daß das, was dem

verbum est add. s. del. S Modo quamvis praedicta propositio non habet copulam explicite tamen habet implicite. Nam hoc verbum est add. S Unde...copulam] om. O in...currit[1]] om. L 18 includit copulam] om. L similiter] LOP et S et simpliciter X quia add. O similiter...copulam] LOPSX om. A 19 adiectivum] LPS om. O activum X suum] PS om. LOX 20 quod... currens] in (qua L quae O) tale verbum resolvitur (dicendo L ut O) currit id est (est O om. L) currens LO 21 Homo est] currit id est L currens] dicendo add. A Verum...quod] om. O

principales, puta subiectum et praedicatum. Unde dicunt illud, quod praecedit verbum, esse subiectum, et si ipsum verbum nihil aliud sequitur, tunc illud verbum solum esse praedicatum, ut dicendo »Homo est«. Si autem sequitur aliquid ipsum verbum, hoc dicunt una cum ipso verbo esse praedicatum, ut in ista »Homo est animal«, dicunt enim, quod praedicatum istius est hoc totum *est animal*. Sed breviter, hoc non valet, nam tunc hic non esset conversio »Homo est animal, ergo animal est homo«, eo quod de subiecto non fieret praedicatum nec de praedicato subiectum. Nam secundum illos in ista O26va »Homo est animal« hoc totum *est animal* est praedicatum et ly *homo* est subiectum, et in ista »Animal est homo« ly *animal* est subiectum et hoc totum *est homo* est praedicatum. Et ergo in secunda minus subicitur quam in prima praedicabatur et plus praedicatur in secunda quam subiciebatur in prima. Et ergo melius est dicere, quod propositio categorica est, quae habet subiectum, praedicatum et copulam principales partes sui.

Sed adhuc dubitatur de ista »Omnis legens et disputans est magister et baccalarius«, utrum sit categorica. Respondetur, quod sic, sed non est categorica de extremis incomplexis, sed bene est de extremis complexis, est enim tam de subiecto quam de praedicato copulato.

Propositionum categoricarum alia est universalis, alia particularis, alia indefinita, alia singularis. Propositio universalis est, in qua subicitur terminus communis signo universali deter-

1 Unde] tamen L 2 ipsum verbum] LO om. A 3 aliud] LO om. A tunc] dicunt L illud] ipsummet L om. O esse] est O 4 dicendo] om. O autem] om. O aliquid] aliud? L ipsum verbum] L om. A verbum O 5 hoc] tunc O dicunt] verbum O ipso] L om. A eo O verbo] quod sequitur ipsum O esse] est O 6 in ista] om. LO dicunt…quod] om. LO 7 istius] om. LO Sed breviter] om. O 8 nam] quia LO hic] om. O ergo] LO om. A 10 nec] et L de…subiectum] e converso LO Nam] quia O illos] illud O in…animal[1]] om. LO 12 est[1]] L om. AO ista] et add. O ly] LO om. A 13 hoc totum] ly LO est[1]] om. LO Et…prima] quia hic plus praedicatur in prima (quam L quod O) (subicitur L subiciatur O) in secunda (et e converso L om. O) LO 15 Et] om. LO 16 melius…dicere] dicendum est O quod…habet] propositionem categoricam habere O 17 subiectum] et add. LO 18 Sed] L om. AO adhuc] om.

Verb vorangeht, das Subjekt sei, und wenn dem Verb nichts anderes folgt, daß dann das Verb allein das Prädikat sei, wie wenn es heißt »(Ein) Mensch ist«. Wenn aber dem Verb etwas folgt, dann sagen sie, daß dies zusammen mit dem Verb das Prädikat sei, wie z. B. in dem Satz »(Ein) Mensch ist ein Lebewesen«, sie sagen nämlich, daß das Prädikat dieses Satzes der ganze Ausdruck »ist ein Lebewesen« ist. – Aber kurz gesagt, das ist nicht richtig, denn dann läge hier keine Umkehrung vor »(Ein) Mensch ist ein Lebewesen, also ist (ein) Lebewesen ein Mensch«, weil aus dem Subjekt nicht das Prädikat würde und aus dem Prädikat nicht das Subjekt. Denn gemäß den (genannten Autoren) ist in dem Satz »(Ein) Mensch ist ein Lebewesen« der ganze Ausdruck »ist ein Lebewesen« das Prädikat und ist der Ausdruck »Mensch« Subjekt, aber in dem Satz »(Ein) Lebewesen ist ein Mensch« ist der Ausdruck »Lebewesen« Subjekt und ist der ganze Ausdruck »ist ein Mensch« Prädikat. Also wird im zweiten Satz weniger an Subjektstelle gesetzt als im ersten Satz an Prädikatstelle gesetzt wurde und im zweiten Satz wird mehr an Prädikatstelle gesetzt als im ersten Satz an Subjektstelle gesetzt wurde. Also ist es besser zu sagen, daß ein kategorischer Satz ein solcher ist, der Subjekt, Prädikat und Kopula als seine Hauptteile hat.

Aber es fragt sich ferner in bezug auf den Satz »Jeder Lesende und Disputierende ist ein Magister und ein Bakkalar«, ob er kategorisch ist. – Antwort: Ja, aber er ist kein kategorischer Satz mit unverknüpften Satzgliedern, vielmehr einer mit verknüpften Satzgliedern, er hat nämlich sowohl ein kopulates Subjekt als auch ein kopulates Prädikat.

Von den kategorischen Sätzen sind manche universal, manche partikulär, manche indefinit, manche singulär. Ein universaler Satz ist ein solcher, in dem ein allgemeiner Term, der durch ein Universal-Zeichen bestimmt ist, an Subjektstelle

O et] LO est A 20 est categorica] LO om. A 21 bene est] om. LO de[2]] om. L 22 de] om. O copulato] toto! L 23 est] om. LO 24 alia[1]...singularis] etc. LO Propositio] om. O 25 est] illa add. L terminus...animal] etc. O

minatus, ut dicendo »Omnis homo est animal« vel dicendo »Nullus homo est animal«. Propositio particularis est, in qua subicitur terminus communis signo particulari determinatus, ut dicendo »Quidam homo currit« vel dicendo »Quidam homo non currit«. Propositio indefinita est, in qua subicitur terminus communis sine signo universali vel etiam particulari, ut dicendo »Homo currit«. Quid sit terminus communis, dictum est prius. Propositio singularis est, in qua subicitur terminus communis cum pronomine demonstrativo vel terminus singularis, ut dicendo »Hic homo est animal« vel dicendo »Sortes est animal«.

Et ergo istae propositiones non sunt singulares »Sortes vel Plato currit«, »Iste homo vel asinus est homo«. In prima enim subicitur hoc totum *Sortes vel Plato*, modo hoc non est terminus singularis, eo quod est verificabile de pluribus, ut de Sorte
A24rb et Platone, Sortes enim est Sortes vel Plato, et Plato est Sortes vel Plato. Similiter hoc totum *homo vel asinus*, quamvis ly *homo* sumatur cum pronomine demonstrativo, tamen est verificabile de pluribus, scilicet tam de homine quam de asino. Ex quo sequitur istos syllogismos non esse expositorios »Sortes vel Plato est Sortes, Sortes vel Plato est Plato, ergo Plato est Sortes«, eo quod medium non est terminus singularis, vel consimiles.

Dubitatur de ista »Alter istorum currit«, quanta sit, utrum universalis vel particularis. Secundo dubitatur, quanta sit

8 prius] Cf. Cap. I.10.

1 dicendo[1]] om. L dicendo[2]] L om. A 2 Propositio…prius] om. O 3 terminus] particularis add. L 4 vel dicendo] L om. A 5 Propositio] L om. A est] illa add. L 6 etiam] L om. A ut] om. L 8 Propositio] om. O est] illa add. L communis…terminus] om. O 10 ut…animal] om. O dicendo[1]] ut dicendo add. L est animal[1]] currit L dicendo[2]] om. L est animal[2]] currit L 12 propositiones] L om. AO 13 currit] scilicet add. O 15 verificabile] inverificabile L ut] videtur (veraciter L om. O) enim tam LO 16 et[1]] quam LO de add. L Plato[1]] similiter Sortes est Plato vel Sortes add. L et[2]] om. L sic O Plato[2]] enim add. L 18 sumatur] A demonstratur L demonstretur OPSX cum] A om. LOPSX tamen] L om. AO 19 scilicet] LO om. A 20 quo] isto O 21 Sortes[1]]

gesetzt wird, wie wenn man sagt »Jeder Mensch ist ein Lebewesen« oder »Kein Mensch ist ein Lebewesen«. Ein partikulärer Satz ist ein solcher, in dem ein allgemeiner Term, der durch ein Partikulär-Zeichen bestimmt ist, an Subjektstelle gesetzt wird, wie wenn man sagt »Irgendein Mensch läuft« oder »Irgendein Mensch läuft nicht«. Ein indefiniter Satz ist ein solcher, in dem ein allgemeiner Term sowohl ohne Universal- als auch ohne Partikulär-Zeichen an Subjektstelle gesetzt wird, wie wenn man sagt »Mensch läuft«. Was ein allgemeiner Term ist, wurde schon früher gesagt. Ein singulärer Satz ist ein solcher, in dem ein allgemeiner Term mit einem Demonstrativpronomen oder ein singulärer Term an Subjektstelle gesetzt wird, wie wenn man sagt »Dieser Mensch ist ein Lebewesen« oder »Sokrates ist ein Lebewesen«.

Also sind die folgenden Sätze nicht singulär: »Sokrates oder Platon läuft«, »Dieser Mensch oder ein Esel ist ein Mensch«. Im ersten nämlich wird der ganze Ausdruck »Sokrates oder Platon« an Subjektstelle gesetzt, aber dieser ist kein singulärer Term, weil er von mehreren (Dingen) verifizierbar ist, nämlich von Sokrates und Platon, Sokrates ist nämlich Sokrates oder Platon, und Platon ist Sokrates oder Platon. Ebenso: Zwar wird der Ausdruck »Mensch« mit einem Demonstrativpronomen angeführt, aber trotzdem ist der ganze Ausdruck »Mensch oder Esel« von mehreren (Dingen) verifizierbar, nämlich sowohl von einem Menschen als auch von einem Esel. Daraus folgt, daß Syllogismen folgender Art nicht herausstellend[66] sind: »Sokrates oder Platon ist Sokrates, Sokrates oder Platon ist Platon, also ist Platon Sokrates«, weil der Mittelterm kein singulärer Term ist, o. ä.

Es fragt sich in bezug auf den Satz »Der eine von diesen (zweien) läuft«, welche Quantität er hat, ob er universal oder partikulär ist. Zweitens fragt es sich, welche Quantität der

Plato LO Sortes[2]] om. L Plato[3]] Sortes LO 22 vel] et L vel consimiles] om. O 24 de] quanta sit O istorum] eorum O quanta...particularis] om. O 25 particularis] etc. add. L dubitatur] om. O

secunda pars istius copulativae »Homo currit et ille disputat«. Tertio dubitatur, quanta sit secunda pars istius copulativae »Sortes currit et ille disputat«. Quarto dubitatur, quanta sit ista »Homo est species« et sic ista »Animal est genus«. Quinto dubitatur, quanta sit ista »Non omnis homo currit« vel ista »Non nullus homo currit«. Sexto dubitatur, quanta sit ista »Omnis homo est terminus communis signo universali determinatus«. Septimo dubitatur, quanta sit ista »Non quidam homo currit«.

Ad primum respondetur, quod est particularis. Sed tunc diceres: Qualiter ergo universalis habetur? Dico, quod sic dicendo »Uterque istorum currit«. Sed diceres contra: Signum universale non debet addi pronomini demonstrativo. Respondetur, quod verum est, quando pronomen demonstrativum ponitur in numero singulari, cum tamen ponitur in numero plurali, bene licitum est sibi addi signum universale.

Ad secundum dico, quod secunda pars istius copulativae »Homo currit et ille disputat« est indefinita. Prius enim dicebatur, quod relativum identitatis supponit eodem modo sicut suum antecedens. Et cum in praedicta propositione ly *homo* supponat pro pluribus hominibus disiunctive, etiam suum relativum supponit pro pluribus disiunctive, et per consequens secunda pars dictae copulativae est propositio indefinita, ex quo subiectum eius supponit pro pluribus disiunctive.

18 Prius] Cf. Cap. II.10, reg. 2.

1 Homo] Sortes L 2 dubitatur] L om. AO quanta...pars] de secunda parte O copulativae] om. L 3 Quarto] quarta L dubitatur] L om. AO quanta... ista[1]] de isto O 4 et...ista[2]] om. LO Animal...genus] om. O Quinto...determinatus] *Ista exempla* trsp. LO 5 dubitatur] L om. AO quanta sit] de O vel ista] om. LO 6 Non...currit] om. L dubitatur] L om. AO quanta sit] de O 7 Omnis] om. L communis] LO om. A signo...determinatus] om. O 8 dubitatur] L om. AO quanta sit] de O 10 respondetur] dico O est] sit L Sed tunc] om. O 11 ergo] tunc L om. O universalis habetur] universalizatur LO 12 dicendo] om. LO 13 debet] deberet L pronomini] pronomine LO 14 quod] om. O quando] cum LO 15 cum tamen] sed cum O 16 bene] O om. AL licitum est] licet O sibi...universale] om. O 17 quod] om. O copulati-

zweite Teil des kopulativen Satzes »(Ein) Mensch läuft und er disputiert« hat. Drittens fragt es sich, welche Quantität der zweite Teil des kopulativen Satzes »Sokrates läuft und er disputiert« hat. Viertens fragt es sich, welche Quantität der Satz »Mensch ist eine Art« sowie der Satz »Lebewesen ist eine Gattung« hat. Fünftens fragt es sich, welche Quantität der Satz »Nicht jeder Mensch läuft« oder der Satz »Nicht kein Mensch läuft« hat. Sechstens fragt es sich, welche Quantität der Satz »Jeder Mensch ist ein allgemeiner Term, der durch ein Universal-Zeichen bestimmt ist« hat. Siebtens fragt es sich, welche Quantität der Satz »Nicht irgendein Mensch läuft« hat.

Antwort auf das erste (Problem): (Dieser Satz) ist partikulär. Weiterer Einwurf: Auf welche Weise macht man ihn also zu einem universalen Satz? Ich antworte, daß dies folgendermaßen geht: »Jeder von diesen (zweien) läuft«. Einwand: Ein Universal-Zeichen darf nicht einem Demonstrativpronomen hinzugefügt werden. Antwort: Das ist richtig, wenn das Demonstrativpronomen im Singular steht, wenn es jedoch im Plural steht, ist es durchaus zulässig, ihm ein Universal-Zeichen hinzuzufügen.

Auf das zweite antworte ich: Der zweite Teil des kopulativen Satzes »(Ein) Mensch läuft und er disputiert« ist indefinit. Schon früher hieß es nämlich, daß ein Relativ der Identität auf dieselbe Weise supponiert wie sein vorangehender Term. Und da im vorgenannten Satz der Ausdruck »Mensch« auf disjunktive Weise für mehrere Menschen supponiert, supponiert auch sein Relativ auf disjunktive Weise für mehrere (Menschen), und folglich ist der zweite Teil des genannten kopulativen Satzes deshalb ein indefiniter Satz, weil sein Subjekt auf disjunktive Weise für mehrere (Dinge) supponiert.

vae] om. O 18 est indefinita] LO om. A Prius...dicebatur] om. O 19 quod] quia O 20 praedicta propositione] antecedente O ly] om. O 21 supponat] L supponit AO hominibus] LO om. A disiunctive] distributive L etiam] ideo O suum] eius L om. O 22 et...disiunctive] om. O 23 est...copulativae] om. L 24 disiunctive] Z om. ALOSX hominibus P

Ad tertium dico, quod secunda pars istius copulativae »Sortes currit et ille disputat« est propositio singularis, eo quod subiectum eius supponit discrete, sicut supponit subiectum primae partis.

Ad quartum dico, quod omnes tales sunt indefinitae, ex quo subiectum vel subiecta talium supponunt pro pluribus. Subiectum enim istius »Homo est species« non solum supponit pro se, sed etiam pro sibi similibus in voce vel in scripto vel in mente, L30ra et eius universalis, sicut pluries dictum est, est ista »Omne homo est species«.

Ad quintum dico, quod ista »Non omnis homo currit« est propositio particularis, nam *non omnis* tantum valet quantum *quidam non*, ut post patebit. Et ergo sicut ista est particularis »Quidam homo non currit«, ita etiam ista »Non omnis homo currit«. Similiter sicut ista est particularis »Quidam homo currit«, ita ista »Non nullus homo currit«, quae sibi aequipollet. Et si diceretur: Cum in ista »Non omnis homo currit« subicitur terminus communis signo universali determinatus, ergo videtur, quod sit universalis. Bene conceditur, si in ea subicitur terminus communis signo universali determinatus sine praepositione negationis.

Ad sextum dico, quod ista propositio est indefinita nec eius subiectum est ly *homo*, sed hoc totum *omnis homo*, et hoc A24va totum supponit materialiter in dicta propositione non solum

9 pluries] Cf. e. g. Cap. I.14. 13 post] Videtur referri ad Cap. IV.2, regulam decimam.

1 copulativae] om. O 2 propositio] om. O 3 eius] LO hius! A supponit[2]] om. O 4 primae partis] antecedentis eius O 5 ex quo] eo quod O 6 subiectum vel] om. LO talium] om. O Subiectum] solum! L 8 etiam] om. L sibi] LO om. A 9 eius] est O sicut...est[1]] LP om. AOS sicut prius dictum est X ista] X iste A haec S om. LOP 11 Ad...homo] *Istas responsiones* trsp. LO quod ista] om. O 12 propositio] om. O particularis] est et add. O nam] quia O non omnis] om. O quantum] om. O 13 quidam] homo add. O non] nam! L currit similiter ista non nullus etc. add. O ut...patebit] om. O post] postea L patebit] apparebit L Et] om. L Et...aequipollet] om. O 14 etiam] L om. A homo[2]] non add. L 15 Similiter...currit[2]] S om. S. add. i.m. P om. ALOX

Zum dritten sage ich: Der zweite Teil des kopulativen Satzes »Sokrates läuft und er disputiert« ist ein singulärer Satz, weil sein Subjekt diskret supponiert, auf welche Weise auch das Subjekt des ersten Teils supponiert.

Zum vierten sage ich: Alle solchen Sätze sind indefinit, weil das Subjekt bzw. die Subjekte solcher Sätze für mehrere (Dinge) supponieren. Das Subjekt des Satzes »Mensch ist eine Art« supponiert nämlich nicht nur für sich (selbst), sondern auch für die ihm ähnlichen (Terme) auf der Ebene der gesprochenen, geschriebenen oder mentalen Sprache; und sein universaler Satz lautet, wie schon mehrmals gesagt wurde: »Jedes Mensch ist eine Art«.

Zum fünften sage ich: Der Satz »Nicht jeder Mensch läuft« ist ein partikulärer Satz, denn »nicht jeder« bedeutet gleich viel wie »irgendeiner nicht«, wie später klar werden wird. Wie also der Satz »Irgendein Mensch läuft nicht« partikulär ist, so auch der Satz »Nicht jeder Mensch läuft«. Ebenso: Wie der Satz »Irgendein Mensch läuft« partikulär ist, so auch der Satz »Nicht kein Mensch läuft«, welcher mit ihm gleichwertig ist. Und wenn es hieße: Da in dem Satz »Nicht jeder Mensch läuft« ein allgemeiner Term, der durch ein Universal-Zeichen bestimmt ist, an Subjektstelle gesetzt wird, so scheint es, daß er universal ist. So wird dies durchaus zugegeben, wenn nur in ihm ein allgemeiner Term, der durch ein Universal-Zeichen bestimmt ist, *ohne* Voranstellung einer Negation an Subjektstelle gesetzt wird.

Zum sechsten sage ich: Dieser Satz ist indefinit, und sein Subjekt ist nicht der Ausdruck »Mensch«, sondern der ganze Ausdruck »jeder Mensch«. Und dieser ganze Ausdruck supponiert im genannten Satz material nicht nur für sich (selbst),

16 aequipollet] aequipollent L 17 diceretur] dicitur O Cum] om. LO 19 videtur quod] om. O sit] est O 20 subicitur] subicetur L subiceretur O signo…determinatus] LO om. A 21 praepositione] propositione L negationis] vel postpositione add. O 22 sextum] sextam L quod] om. O ista propositio] illud O est] ind- add. s. del. O nec] et L 23 subiectum] LO om. A 24 totum] LO om. A in…propositione] om. O

pro se, verum etiam pro sibi similibus in voce vel in scripto vel in mente. Similiter est de ista »Omnis homo est totum in quantitate«, accipiendo *totum in quantitate* pro aggregato ex termino communi et signo universali. Et similiter est dicendum de ista »Nullus homo est terminus communis signo universali determinatus«, quod etiam est indefinita et affirmativa et eius subiectum est non solum ly *homo*, sed hoc totum aggregatum *nullus homo*.

Ad septimum dico, quod ista »Non quidam homo currit« est universalis, quia aequivalet isti »Nullus homo currit«. Sed diceres: Tamen in ea subicitur terminus communis signo particulari determinatus, ergo videtur, quod sit particularis. Bene concederetur, si non praeponeretur negatio.

Adhuc dubitatur, quid faciat signum particulare, ex quo in propositione indefinita terminus communis subiectus sine signo supponit pro tot suppositis sicut in propositione particulari. Idem enim est iudicium de istis »Homo currit« et »Aliquis homo currit«.

Respondetur, quod terminus communis sine signo acceptus potest supponere aliquando personaliter pro suis suppositis, ut dicendo »Homo currit«, aliquando autem materialiter vel
O26vb simpliciter, ut dicendo »Homo est species«. Modo ad propositum dico, quod signum particulare determinat terminum, cui adiungitur, ad supponendum personaliter pro suis suppositis, propter quod ista est vera »Homo est species« et ista est falsa

1 verum etiam] L sed AO similibus] simili LO vel[1]] LO om. A vel[2]…mente] etc. O 2 Similiter…homo] et sic de consimilibus O ista] isto L 3 in quantitate] L om. A 4 et] a! L Et] L om. A dicendum] L om. A de ista] om. L 6 quod…homo] L om. A 9 septimum] septimam L quod ista] om. O 10 aequivalet isti] valet istam LO Sed…negatio] om. O 12 particularis] dico unde add. L 13 concederetur] L conceditur A praeponeretur] proponeretur L 14 Adhuc] om. O faciat] LO facit A 15 indefinita] vel add. A subiectus] om. O sine] sine add. A 16 supponit] L supponet A 17 iudicium] OPSX individuum A om. L et] om. LO 19 communis] LO om. A signo] communis add. A 20 aliquando] quandoque O suis] so- add. s. del. A 21 dicendo] om. O aliquando] potest supponere add. L autem] om. LO 22 dicendo] om. O Modo] tunc LO ad propositum] om. O 23 particulare] LO particularis A

sondern auch für die ihm ähnlichen (Terme) auf der Ebene der gesprochenen, geschriebenen oder mentalen Sprache. Das gleiche ist der Fall beim Satz »Jeder Mensch ist ein Ganzes der Quantität nach«, wenn man »Ganzes der Quantität nach« für einen zusammengesetzten Ausdruck verwendet, der aus einem allgemeinen Term und einem Universal-Zeichen besteht. Ebenso muß man hinsichtlich des Satzes »Kein Mensch ist ein allgemeiner Term, der durch ein Universal-Zeichen bestimmt ist« sagen, daß er ebenfalls indefinit und bejahend ist und daß sein Subjekt nicht allein der Ausdruck »Mensch« ist, sondern der ganze zusammengesetzte Ausdruck »kein Mensch«.

Zum siebten sage ich: Der Satz »Nicht irgendein Mensch läuft« ist universal, weil er mit dem Satz »Kein Mensch läuft« äquivalent ist. Einwand: Dennoch wird in ihm ein allgemeiner Term, der durch ein Partikulär-Zeichen bestimmt ist, an Subjektstelle gesetzt, also scheint es, daß der partikulär ist. Das würde sehr wohl zugegeben, wenn nicht eine Negation vorangestellt wäre.

Ferner wird das Problem aufgeworfen, was ein Partikulär-Zeichen bewirkt, weil ja in einem indefiniten Satz der allgemeine Term an Subjektstelle ohne (Distributions-) Zeichen für ebenso viele Umfangselemente supponiert wie in einem partikulären Satz. Es besteht nämlich kein Unterschied zwischen den Sätzen »Mensch läuft« und »Irgendein Mensch läuft«.

Antwort: Ein allgemeiner Term, der ohne (Distributions-) Zeichen verwendet wird, kann manchmal personal für seine Umfangselemente supponieren, wie wenn man sagt »Mensch läuft«, manchmal aber material oder einfach, wie wenn man sagt »Mensch ist eine Art«. Zum vorliegenden Problem sage ich nun, daß ein Partikulär-Zeichen den Term, dem es hinzugefügt wird, zur personalen Supposition für seine Umfangselemente bestimmt, weswegen der Satz »Mensch ist eine Art« wahr ist, aber der Satz »Irgendein Mensch ist eine Art« falsch

24 personaliter] LO om. A 25 propter quod] ideo O et] etiam? add. O est[3]] L om. AO

»Aliquis homo est species«. Sic ergo patet, quid faciat signum particulare. Unde propositio dicitur indefinita ratione termini, nam terminus communis sine signo indefinite vel indeterminate se habet ad supponendum personaliter, simpliciter vel materialiter. Respectu enim unius praedicati supponit materialiter vel simpliciter, ut dicendo »Homo est species«, respectu vero alterius supponit personaliter, ut dicendo »Homo est animal«. Sed non est sic de termino communi signo particulari determinato.

Finaliter ergo patet omnem propositionem categoricam esse universalem vel indefinitam vel particularem vel singularem. Unde in quacumque propositione categorica vel subicitur terminus communis vel singularis. Si singularis, sic est propositio singularis. Si vero terminus communis, hoc est dupliciter: Vel cum pronomine demonstrativo, et sic iterum est singularis. Vel sine pronomine demonstrativo, et tunc vel sine signo, et sic est indefinita. Vel cum signo, et hoc vel universali, et sic est universalis, vel particulari, et sic est particularis.

Item propositionum alia est affirmativa, alia negativa. Propositio affirmativa est illa, in qua formale illius propositionis manet affirmatum. Propositio vero negativa est illa, in qua formale propositionis negatur. Et per formale propositionis categoricae intelligo copulam verbalem, et per formale in propositione hypothetica intelligo notam hypotheticae. Et ergo est, quod istae propositiones dicuntur affirmativae »Sortes non

1 ergo] om. LO 3 communis] O om. AL vel] id est LO 4 se] om. L personaliter…materialiter] materialiter vel personaliter LO 5 Respectu] ratione LO enim] om. O 6 dicendo] L om. AO 7 vero] om. O supponit] om. O dicendo] om. O 9 determinato] determinatus L 11 vel indefinitam] LO om. A vel[2]] L om. AO particularem] O particularis! AL vel singularem] LO etc. A 13 est] esse O 14 Si] sive L vero] L om. A enim O hoc…dupliciter] om. LO 15 demonstrativo] LO om. A et] om. LO singularis] singulare O 16 pronomine] om. O pronomine…sine[2]] om. L demonstrativo] O om. A et[2]] om. L 17 et[1]] vel add. O vel] P om. AO est L et[2]…universalis] om. LO 18 particulari] LO particularis A si universali sic est universalis si particulari add. L et] om. LO 19 propositionum] categoricarum add. A est] om. LO Propositio] om. O 20 est illa] om. O qua] propositionis add. s. del. O illius] om. O 21 Pro-

ist. So ist also klar, was ein Partikulär-Zeichen bewirkt: Ein Satz wird nämlich aufgrund des Terms »indefinit« genannt, denn ein allgemeiner Term ohne (Distributions-) Zeichen verhält sich unbeschränkt bzw. unbestimmt zur personalen, einfachen oder materialen Supposition. In bezug auf das eine Prädikat supponiert er nämlich material oder einfach, wie wenn man sagt »Mensch ist eine Art«, in bezug auf ein anderes hingegen supponiert er personal, wie wenn man sagt »Mensch ist ein Lebewesen«. Dies ist aber nicht der Fall bei einem allgemeinen Term, der durch ein Partikulär-Zeichen bestimmte ist.

Es ist also abschließend klar, daß jeder kategorische Satz universal oder indefinit oder partikulär oder singulär ist. Denn in jedem kategorischen Satz wird entweder ein allgemeiner oder ein singulärer Term an Subjektstelle gesetzt. Wenn ein singulärer (Term), dann ist es ein singulärer Satz. Wenn aber ein allgemeiner Term, so gibt es zwei Weisen: Entweder mit einem Demonstrativpronomen, dann ist der Satz wiederum singulär. Oder ohne Demonstrativpronomen, und zwar entweder ohne (Distributions-) Zeichen, dann ist der Satz indefinit. Oder mit einem (Distributions-) Zeichen, und zwar entweder mit einem Universal-Zeichen, dann ist der Satz universal; oder mit einem Partikulär-Zeichen, dann ist der Satz partikulär.

Ferner gibt es bejahende und verneinende Sätze. Ein bejahender Satz ist ein solcher, in dem der formale Bestandteil des Satzes bejaht bleibt. Ein verneinender Satz hingegen ist ein solcher, in dem der formale Bestandteil des Satzes verneint wird. Und ich verstehe unter dem formalen Bestandteil eines kategorischen Satzes die verbale Kopula, unter dem formalen Bestandteil in einem hypothetischen Satz hingegen verstehe ich das Verknüpfungszeichen. Aus diesem Grund heißen die folgenden Sätze »bejahend«: »Sokrates läuft nicht und Platon

positio] om. O vero] L om. AO est illa] L dicitur A om. O 22 propositionis[1]] LO om. A negatur] LOPSX manet negatum A 23 copulam] om. L et] om. LO formale] autem add. L 24 Et] om. O est quod] om. LO 25 propositiones] om. O non] om. L

currit et Plato non disputat«, »Si Sortes non movetur, Sortes non currit«, istae vero dicuntur negativae »Non Sortes currit et Plato disputat«, »Non si Sortes currit, Sortes movetur«. Similiter, quamvis in ista »Homo animal non est« praedicatum non negetur eo modo quo in ista »Homo non est animal«, quia tamen ista negatio *non* praecedit hoc verbum *est* in dicta propositione, ipsa dicitur negativa et non affirmativa, nam hoc verbum *est* est formale praedictae propositionis.

Cap. III.3 ⟨Capitulum tertium de signis reddentibus propositionem universalem vel particularem⟩

Sequitur de signis reddentibus propositionem universalem vel particularem. Unde sic accipiendo signum, signum est syncategorema denotans expresse modum supponendi termini sequen-
A24vb tis. Et talium signorum quaedam sunt universalia et quaedam particularia. Signum universale dicitur, per quod denotatur terminus communis, cui additur, stare pro quolibet suo supposito per modum copulationis, pro quo aptus natus est distribui per illud signum simpliciter, ut dicendo »Omnis homo currit«. Vel ad certam restrictionem in oratione expressam, ut dicendo »Omnis homo praeter Sortem currit« vel dicendo »Istorum duorum uterque currit«. Signum autem particulare est, per

1 Plato] LO Sortes A movetur] LO currit A Sortes[2]] om. O 2 currit[1]] LO movetur A vero] om. O dicuntur] LO om. A et] om. O 3 Plato] LO Sortes A 4 quamvis] om. O Homo] est animal add. L 5 non] om. L 6 tamen] LO cum A non] om. O in…propositione] om. O 7 ipsa] L om. AO et] L si A et… affirmativa] om. O nam] quia O 8 praedictae] LO om. A propositionis] Sequitur add. L etc. add. O 11 Sequitur] Tractandum? O reddentibus… signum[1]] om. O 12 signum[2]] LO om. A 13 denotans] LO demonstrans A expresse] OPSX om. AL termini sequentis] OPSX om. A termini sequenter L 14 universalia] expresse add. A et] om. LO quaedam[2]] vero add. L 15 dicitur] terminus add. L per] pro! L 16 communis] om. O additur] adiungitur L suo] om. O 17 pro quo] ALOPSX prout E29r distribui] distribuere L 18 simpliciter] E29rLOPSX om. A ut] om. L dicendo] om. O 19 Vel…homo] AOPSX om. L expressam] APX expressa OS dicendo] om. O 20 vel] om. L

disputiert nicht«, »Wenn Sokrates sich nicht bewegt, läuft Sokrates nicht«; die folgenden hingegen heißen »verneinend«: »Nicht Sokrates läuft und Platon disputiert«, »Nicht wenn Sokrates läuft, bewegt sich Sokrates«. Ebenso: Obschon in dem Satz »(Ein) Mensch ein Lebewesen nicht ist« das Prädikat nicht auf die Weise verneint wird wie in dem Satz »(Ein) Mensch ist nicht ein Lebewesen«, so gilt dennoch: Weil die Negation »nicht« in dem genannten Satz dem Verb »ist« vorangeht, wird dieser »verneinend« und nicht »bejahend« genannt, denn das Verb »ist« ist der formale Bestandteil des vorgenannten Satzes.

Kapitel III.3:
Die Zeichen, die einen Satz zu einem universalen oder zu einem partikulären machen

Es folgt (das Kapitel) über die Zeichen, die einen Satz zu einem universalen oder zu einem partikulären machen. Gemäß dieser Verwendung von »Zeichen« ist ein Zeichen ein Synkategorema, das ausdrücklich die Suppositionsweise des nachfolgenden Terms angibt. Von solchen Zeichen sind manche universal und manche partikulär. »Universal-Zeichen« heißt (ein solches Zeichen), durch das angegeben wird, daß der allgemeine Term, dem es hinzugefügt wird, gemäß einer »und«-Verknüpfung für jedes seiner Umfangselemente steht, für welchen Umfang eben die uneingeschränkte Verteilung des Terms durch jenes Zeichen in Frage kommt, wie wenn man sagt »Jeder Mensch läuft«. Oder (die Verteilung erfolgt) gemäß einer bestimmten Einschränkung, die in der Rede (im Satz) ausdrücklich genannt ist, wie wenn man sagt »Jeder Mensch außer Sokrates läuft« oder »Von diesen zweien jeder läuft«. Ein Partikulär-Zeichen hingegen ist ein solches, durch das angegeben wird,

dicendo] om. LO   Istorum...uterque] *Istum ordinem dictionum unanime habent* AE29rLOPSX   21 autem] om. O

quod denotatur terminus communis stare pro quolibet suo supposito per modum disiunctionis seu indifferentiae, ut dicendo »Quidam homo currit«.

Et notanter dico de signo universali »per modum copulationis«, nam dicendo »Omnis homo currit« sequitur formaliter »Ergo iste homo currit et iste homo currit« et sic de singulis. De signo autem particulari dixi »per modum disiunctionis«. Quod pro quolibet, patet, quia dicendo »Aliquis homo currit« sequitur »Ergo Sortes currit vel Plato currit vel Cicero currit« et sic de singulis, quod non esset, nisi iste terminus *homo* supponeret pro omnibus istis. Verum est tamen, quod hoc est disiunctive, et ergo ad veritatem istius »Aliquis homo currit« requiritur et sufficit, quod de aliquo homine verum est dicere, quod currat, sive quod una istarum singularium sit vera, quae est pars disiunctivae istius »Sortes currit vel Plato currit« et sic de aliis, eo quod ad veritatem disiunctivae sufficit unam partem esse veram. Et propter hoc aliqui crediderunt, quod in propositione particulari subiectum supponeret pro uno solo
L30rb supposito, sed tamen hoc est falsum.

Item signorum particularium quaedam dicuntur signa particularia accidentium, ut sunt ista *aliquantum*, *aliquale*, *aliquando* etc. Alia sunt signa particularia substantiae, ut sunt haec *quidam*, *aliquis* etc.

1 communis] LO om. A suo] om. O 2 seu indifferentiae] AOPS om. LX dicendo] om. O 4 Et] tunc O notanter] E29rX om. ALOPS 6 homo[1]] om. O et[1]] om. L 7 De...particulari] Sed particulare O autem] L om. A dixi] facit O (quod denotat LPS per quod denotatur X) terminum communem (cui PSX tantum! L) adiungitur stare pro quolibet (suo PSX om. L) supposito add. LPSX supponere add. O 8 Quod] APSX et E29rL om. O pro] LOPS de A per E29r om. X quolibet] E29rLOPS qualibet A om. X patet] AE29rLPSX om. O quia] ut O 9 sequitur] om. L vel[2]...currit[3]] LO om. A 13 homine] LO om. A verum...dicere] sit verum LO 14 currat] currit L istarum] om. L 15 currit[1]] om. L 16 aliis] singulis LO 17 Et] om. O crediderunt] credunt O 19 supposito] LO om. A sed] LO om. A tamen] om. O 20 Item] om. O signa particularia] om. O 21 accidentium] substantiae LO sunt ista] om. O aliquantum] Z aliquantulum A aliquantum...aliquando] aliquis quidem! L aliquis quidam O 22 etc] om. O Alia sunt] quaedam vero dicuntur L quaedam O

daß der allgemeine Term gemäß einer »oder«-Verknüpfung bzw. einer unterschiedslosen Verknüpfung für jedes seiner Umfangselemente steht, wie wenn man sagt »Irgendein Mensch läuft«.

Und ich sage ausdrücklich beim Universal-Zeichen »gemäß einer ›und‹-Verknüpfung«, denn wenn es heißt »Jeder Mensch läuft«, folgt formal »Also läuft dieser Mensch und läuft dieser Mensch« usw. für die einzelnen (Menschen). Beim Partikulär-Zeichen aber sagte ich »gemäß einer ›oder‹-Verknüpfung«. Daß (aber der allgemeine Term auch in diesem Fall) für jedes (seiner Umfangselemente steht), ist klar, denn wenn es heißt »Irgendein Mensch läuft«, folgt »Also läuft Sokrates oder läuft Platon oder läuft Cicero« usw. für die einzelnen (Menschen), was nicht der Fall wäre, wenn der Term »Mensch« nicht für alle diese (Umfangselemente) supponierte. Gleichwohl ist es richtig, daß dies auf disjunktive Weise geschieht, und somit ist es für die Wahrheit des Satzes »Irgendein Mensch läuft« notwendig und hinreichend, daß es von irgendeinem Menschen wahr ist zu sagen, daß er läuft, bzw. daß einer von den singulären Sätzen wahr ist, der ein Teil des disjunktiven Satzes »Sokrates läuft oder Platon läuft«, usw. für die anderen (Menschen), ist, weil es für die Wahrheit eines disjunktiven Satzes genügt, daß ein Teil wahr ist. Und deswegen glaubten manche, daß in einem partikulären Satz das Subjekt nur für ein Umfangselement supponierte, aber das ist falsch.

Ferner: Von den Partikulär-Zeichen heißen manche »Partikulär-Zeichen der Akzidentien«, wie z. B. die folgenden »irgendwie groß«, »irgendwie beschaffen«, »irgendeinmal« usw. Andere sind Partikulär-Zeichen der Substanz, wie z. B. »ein gewisser«, »irgendeiner« usw.

signa particularia] om. O   substantiae] accidentis LO   sunt[2]] L om. AO
23 haec] om. O   quidam…etc] aliquantum aliquale alicubi LO

Item signorum universalium quaedam dicuntur distributiva substantiae, quaedam distributiva accidentium. Unde notandum, quod signa distributiva substantiae dicuntur, non quia solummodo distribuunt terminos de praedicamento substantiae, nam bene dicitur »Omne album est coloratum«, et tamen ly *omne* est signum distributivum substantiae. Sed dicuntur signa distributiva substantiae, quia non consignificant aliquod O27ra accidens seu aliquam dispositionem accidentalem in distribuendo, ut sunt ista signa *omnis*, *nullus*, *quilibet*, *nemo* etc. Sed signa distributiva accidentium dicuntur, quia in distribuendo consignificant dispositionem accidentalem, ut quantitatem vel qualitatem vel quando vel ubi etc., sicut sunt ista *quantumcumque*, *qualiscumque*, *qualislibet*, *ubique*, *ubicumque*, *quotienscumque* etc.

Et notandum, quod talia signa aequivalent uni orationi integrae in significando, unde dicendo »Qualelibet currit« est tantum dicere, ut si diceretur »De qualibet specie qualitatis aliquam qualitatem habens currit«. Similiter dicendo »Quantumcumque currit« valet tantum dicere, ut si diceretur »De omni specie quantitatis aliquam quantitatem habens currit«. Et de istis prius dicebatur, quod habent virtutem distribuendi non solum pro singulis generum, sed etiam pro generibus singulorum.

Item signorum distributivorum substantiae alia sunt distributiva pro partibus integralibus, alia sunt distributiva pro

21 prius] Cf. Cap. II.4.

1 Item] om. O quaedam] quae L 2 distributiva] L om. AO accidentium] accidentis L Unde…distributiva] om. O 3 dicuntur] om. L non quia] trsp. O 5 nam] LO ita A dicitur] dicatur L 6 est] LO om. A signum] LO om. A 7 signa] om. O substantiae] om. L consignificant] significant L 9 sunt] om. O signa] om. O 10 Sed] om. O accidentium] LO accidentis A dinr- add. s. del. O quia] non add. A 11 quantitatem] LO quantitates A 12 qualitatem] LO qualitates A vel^{3}] et L sicut…etc] LO om. A sunt ista] L om. O 13 qualiscumque] L quacumque O qualislibet] O qualibet L qualelibet add. O 14 etc] L om. O 15 notandum quod] om. O 16 unde] ut LO Qualelibet] qualibet LO currit] currit add. L est] om. O 17 tantum] autem L dicere]

Ferner: Von den Universal-Zeichen heißen manche »Verteilungszeichen der Substanz«, manche »Verteilungszeichen der Akzidentien«. So ist anzumerken, daß man nicht deshalb von Verteilungszeichen der Substanz spricht, weil sie nur Terme aus dem Prädikament der Substanz verteilten, denn man sagt sehr wohl »Jedes weiße (Ding) ist farbig«, und dennoch ist der Ausdruck »jedes« ein Verteilungszeichen der Substanz. Sondern man spricht von Verteilungszeichen der Substanz, weil sie in ihrer Verteilungsfunktion kein Akzidens bzw. keine akzidentelle Bestimmung mitbezeichnen, wie z. B. die folgenden Zeichen »jeder«, »keiner«, »jeder beliebige«, »niemand« usw. Aber von Verteilungszeichen der Akzidentien spricht man, weil sie in ihrer Verteilungsfunktion eine akzidentelle Bestimmung mitbezeichnen, wie z. B. eine Quantität oder eine Qualität oder ein Wann oder ein Wo usw., wie z. B. die folgenden (Zeichen) »wie groß auch immer«, »wie beschaffen auch immer«, »beliebig beschaffen«, »überall«, »wo auch immer«, »so oft auch immer« usw.

Festzuhalten ist, daß solche Zeichen mit einer ganzen Ausdrucksfolge bedeutungsgleich sind, denn die Aussage »Ein beliebig beschaffenes (Ding) läuft« bedeutet gleich viel wie die Aussage »Ein Ding, das von jeder beliebigen Art der Qualität irgendeine Qualität hat, läuft«. Ebenso ist die Aussage »Ein wie großes Ding auch immer läuft« gleichbedeutend mit der Aussage »Ein Ding, das von jeder Art der Quantität irgendeine Quantität hat, läuft«. Und hinsichtlich dieser (Zeichen) wurde früher gesagt, daß sie die Kraft haben, nicht nur für Einzelne von Gattungen zu verteilen, sondern auch für Gattungen von Einzelnen[67].

Ferner: Von den Verteilungszeichen der Substanz verteilen die einen für integrale Teile, die anderen verteilen für subjekti-

valet O quod add. L si diceretur] om. O qualibet] omni LO 18 currit] currentem O Similiter dicendo] om. O 19 valet...diceretur] om. O tantum] om. L ut...diceretur] om. L 21 Et] om. L de...quod] talia O 22 solum] om. LO etiam] om. LO 24 Item] om. O distributivorum] distributorum O substantiae] om. O 25 sunt] L om. AO distributiva] om. O

partibus subiectivis. Exemplum primi, ut est hoc signum *totus*, unde cum tenetur syncategorematice, valet istam orationem *quaelibet pars*. Et secundum hoc solet concedi hoc sophisma »Totus Sortes est minor Sorte«, valet enim istam »Quaelibet pars integralis Sortis est minor Sorte«, et hoc verum est. Similiter solet concedi ista »Totus Sortes non est aequalis Sorti« A25ra propter eandem causam. Exemplum secundi, ut sunt ista signa universalia *omnis*, *nullus*, *quilibet*, *unusquisque* etc.

Et illorum adhuc aliqua non possunt addi aliquo termino communi nisi in nominativo casu, sicut sunt ista *omnis*, *quilibet*. Aliqua autem solent indifferenter addi termino nominativi casus et etiam genetivi casus pluralis numeri, ut est hoc syncategorema *unusquisque*. Et adhuc aliqua istorum distribuunt terminum indifferenter pro suppositis sexus masculini et feminini, ut est hoc signum *omnis*. Aliqua vero solum pro suppositis sexus masculini, et inde est, quod illa solet concedi »Quilibet homo est unus homo« et ista negari »Omnis homo est unus homo«, eo quod mulier non est unus homo, sed una homo.

Item signorum distributivorum substantiae pro partibus subiectivis quaedam distribuunt pro omnibus, ut sunt ista *omnis*, *nullus* et similia, quaedam pro aliquibus, ut ista *uterque*, *neuter* et similia.

Et notandum, quod talia signa tam substantiae quam accidentium, quandoque sumuntur materialiter, ut dicendo »Omnis est signum universale distributivum substantiae«, »Qualeli-

1 est] L om. AO hoc signum] om. O 2 unde] LO om. A 3 quaelibet] quolibet! L Et] om. O hoc sophisma] ista O 4 valet enim] valet L quia valet O 5 integralis] LO om. A 6 solet concedi] conceditur O 7 propter] per L propter...causam] om. O causam] rationem L sunt] om. O ista] significat add. s. del. O signa] LO om. A 8 universalia] om. O nullus] om. LO quilibet unusquisque] LO om. A etc] om. LO 9 adhuc] om. O aliquo] L om. AO 10 nominativo] recto O casu] om. LO sunt] om. O ista] om. LO 11 termino] recto add. s. del. O nominativi casus] recti O 12 et etiam] L trsp. A et O casus[2]] L om. AO est] om. O 13 Et] om. L 14 terminum] om. L et...masculini] om. O 15 est] L om. A 16 et...quod] ideo O illa] om. L solet concedi] conceditur O 17 ista] possunt add. L negari] negatur O 19 Item] om. O tam add. A 20 quaedam] quae L distribuunt] quaedam distribuunt add. O

ve (zugrunde liegende, untergeordnete) Teile[68]. Ein Beispiel für das erste ist das Zeichen »ganz«, denn wenn es synkategorematisch verwendet wird, ist es mit der Ausdrucksfolge »jeder beliebige Teil« äquivalent. Demgemäß wird üblicherweise das Sophisma »Der ganze Sokrates ist kleiner als Sokrates« zugegeben, es ist nämlich gleichbedeutend mit dem Satz »Jeder beliebige integrale Teil des Sokrates ist kleiner als Sokrates«, und das ist wahr. Ebenso pflegt man den Satz zuzugeben »Der ganze Sokrates ist dem Sokrates nicht gleich«, aus demselben Grund. – Ein Beispiel für das zweite sind die Universal-Zeichen »jeder«, »keiner«, »jeder beliebige«, »jeder einzelne« usw.

Außerdem können manche von diesen (Zeichen) einem allgemeinen Term nur im Nominativ hinzugefügt werden, wie z. B. diese »jeder«, »jeder beliebige«. Manche pflegen aber unterschiedslos einem Term im Nominativ und auch im Genetiv Plural hinzugefügt zu werden, wie z. B. das Synkategorema »jeder einzelne«. Außerdem verteilen manche von diesen (Zeichen) einen Term unterschiedslos für Umfangselemente männlichen und weiblichen Geschlechts, wie z. B. das Zeichen »jede(r)«[69]. Manche aber nur für Umfangselemente männlichen Geschlechts, und aus diesem Grund pflegt man den Satz »Jeder Mensch ist ein Mensch« zuzugeben und den Satz »Jede(r) Mensch ist ein Mensch« abzulehnen, weil eine Frau nicht ein Mensch ist, sondern eine Mensch.

Ferner: Von den Verteilungszeichen der Substanz für subjektive Teile verteilen manche für alle (Teile), wie z. B. »jeder«, »keiner« u. ä., manche (hingegen) für einige, wie z. B. »jeder von beiden«, »keiner von beiden« u. ä.

Festzuhalten ist, daß solche Zeichen sowohl der Substanz als auch der Akzidentien manchmal material verwendet werden, wie wenn es heißt »Jeder ist ein allgemeines Verteilungszeichen der Substanz«, »Wie auch immer beschaffen ist ein Vertei-

sunt] L om. AO ista...ista] om. L 21 et similia] quilibet O quaedam] quidam O ista] om. O 22 et similia] om. LO 23 Et] om. LO notandum quod] Nota O accidentium] accidentis LO 24 quandoque] LO quando A dicendo] om. O 25 universale] om. LO Qualelibet] qualibet L

bet est signum distributivum accidentis«, »Aliquid est signum particulare substantiae«, »Aliqualis est signum particulare accidentis«. Et quando sic sumuntur, non reddunt propositionem particularem vel universalem, sed propositionem indefinitam, nec tunc sunt dispositiones subiecti, sed sunt met subiecta, nec sic de eis intelligitur descriptio signi data in principio huius capituli.

Aliquando autem talia signa accipiuntur significative, et tunc possunt sumi aliquando syncategorematice, aliquando vero categorematice. Syncategorematice, quando sunt dispositiones subiectorum, sicut dicendo »Omnis homo currit«, »Quidam homo currit«, »Aliquis homo currit«, »Qualelibet currit«, »Aliquale currit«, et tunc faciunt propositiones universales vel particulares et sunt signa quantitatum propositionum. Categorematice vero capiuntur, quando sunt met subiecta vel praedicata vel partes subiectorum vel praedicatorum, quamquam denotent modum supponendi partis subiecti vel praedicati. Sicut dicendo »Sortes est omnis homo« ly *omnis* est pars praedicati, quamvis denotet modum supponendi alterius partis, scilicet istius termini *homo*, qui etiam est pars praedicati, ex quo totum praedicatum est ly *omnis homo*.

Ulterius notandum, quod talia signa distributiva quandoque sumuntur in numero singulari, sicut dicendo »Omnis homo currit«, quandoque in numero plurali, sicut dicendo »Omnes homines currunt«. Et quando sumuntur in numero plurali,

1 Aliquid] L aliquis O Aliquid...accidentis] LO etc. A 2 Aliqualis] L aliqualia O 3 accidentis] L accidentium O propositionem] LO om. A 4 vel] neque LO propositionem] L om. AO 5 sunt[2]] LO om. A 6 sic] om. L de eis] LO om. A signi] de eis add. A in...capituli] om. O 7 capituli] LPSX tractatus A 8 Aliquando] Quandoque O autem] L om. AO talia] om. O signa] L om. AO 9 sumi] teneri LO 10 vero] om. O 11 subiectorum] substantivorum L dicendo] om. O Quidam...currit[1]] L om. A Quidam...currit] etc. O 13 faciunt] reddunt O 16 quamquam] quamvis LO 17 denotent] LO denotant A 18 dicendo] om. O 20 etiam] LO om. A 22 Ulterius] om. O notandum quod] Nota O talia] L om. O talia...quaestione] LOPSX om. A 23 sicut...currit] L om. O 24 numero] L om. O dicendo] L om. O 25 currunt] PSX currit LO quando...plurali] LPSX om. O plurali] PSX singulari L *ante corr. i.m.* P

lungszeichen des Akzidens«, »Etwas ist ein Partikulär-Zeichen der Substanz«, »Irgendwie beschaffen ist ein Partikulär-Zeichen des Akzidens«. Und wenn sie so verwendet werden, machen sie einen Satz nicht zu einem partikulären oder einem universalen, sondern zu einem indefiniten Satz, und dann sind sie auch keine Bestimmungen des Subjekts, sondern sind selbst die Subjekte. Und im Sinne dieser (materialen) Verwendungsweise von Verteilungszeichen darf auch nicht die Beschreibung von »Zeichen« aufgefaßt werden, die am Anfang dieses Kapitels vorgelegt wurde.

Manchmal aber werden solche Zeichen signifikativ verwendet, und dann können sie manchmal synkategorematisch verwendet werden, manchmal hingegen kategorematisch. Und zwar synkategorematisch, wenn sie Bestimmungen der Subjekte sind, wie wenn es heißt »Jeder Mensch läuft«, »Ein gewisser Mensch läuft«, »Irgendein Mensch läuft«, »Ein beliebig beschaffenes (Ding) läuft«, »Ein irgendwie beschaffenes (Ding) läuft«, und dann machen sie universale oder partikuläre Sätze und sind Zeichen der Quantitäten der Sätze. Kategorematisch werden sie hingegen verwendet, wenn sie selbst die Subjekte oder die Prädikate oder Teile der Subjekte oder der Prädikate sind, obschon sie die Suppositionsweise eines Teils des Subjekts oder des Prädikats angeben. Z. B., wenn es heißt »Sokrates ist jeder Mensch«, so ist der Ausdruck »jeder« Teil des Prädikats, obwohl er die Suppositionsweise des anderen Teils, nämlich des Terms »Mensch«, angibt, welcher auch Teil des Prädikats ist, weil das ganze Prädikat der Ausdruck »jeder Mensch« ist.

Weiters ist anzumerken, daß solche Verteilungszeichen manchmal im Singular verwendet werden, z. B., wenn es heißt »Jeder Mensch läuft«, manchmal (aber) im Plural, z. B., wenn

aliquando sumuntur distributive, aliquando collective, de quo videbitur in quaestione.

Ulterius notandum est, quod hoc syncategorema *totum*, quando ponitur a parte subiecti, tunc de virtute sermonis solet accipi syncategorematice et tunc aequivalet isti orationi *quaelibet pars*. Quando vero ponitur a parte praedicati, solet teneri categorematice, et tunc valet idem, quod *perfectum ex partibus*. Et secundum hoc solet concedi ista »In oculo meo est totum, quod est in mundo« posito, quod in eo sit una festuca, illa enim est unum totum, quod est in mundo, quia est unum totum perfectum ex partibus. Et secundum hoc solet negari ista »Totum, quod est in mundo, est in oculo meo«, valet enim istam »Quodlibet, quod est in mundo, est in oculo meo«, modo hoc est falsum.

Sic etiam ly *in infinitum*, quando ponitur a parte subiecti, A25rb tunc tenetur syncategorematice et valet tantum quantum ista oratio *in quotlibet partes*. Quando vero ponitur a parte praedicati, tenetur categorematice et est idem quod *in aliquid, quod est infinitum*. Et secundum hoc intelligentes solent concedere O27rb istam »In infinitum continuum est divisibile« et negare istam L30va »Continuum est divisibile in infinitum«. Prima enim significat

2 in quaestione] Videtur referri ad Alberti de Saxonia Quaestiones circa Logicam, Qu. 22, pp. 279–304, praesertim art. 2, pp. 282–294. Sed ista distinctio »distributive vs. collective« ibi non invenitur, immo in eiusdem Sophismatibus, Ps. I, Soph. 4, fol. a5vb–6rb.

1 aliquando[1]] L quandoque O sumuntur] L om. O distributive] E29vLOP disiunctive S divisive X aliquando[2]] L quandoque O de...quaestione] E29vLPS om. O de quo videbitur alias X 2 videbitur] E29vPS videtur L 3 Ulterius...quod] L om. AO totum] totus LO 4 de...sermonis] om. O solet accipi] tenetur O 5 quaelibet] quilibet! O 6 vero] om. O solet teneri] tenetur O sin- add. s. del. O 7 valet] dicere add. A 8 Et] om. O solet concedi] conceditur O ista] E29vSX om. ALOP 9 in eo] OPS om. A in ea L in oculo tuo X 10 quia] ex eo quod L eo quod O totum[2]] LO om. A 11 secundum hoc] LO om. A solet negari] negatur O ista] O om. A hoc L 12 valet...meo] om. L 13 Quodlibet...mundo] AE29vOPS quaelibet pars mundi X modo hoc] quae O 14 falsum] falsa O 15 Sic etiam] Similiter O in] Z om. ALOPSX quando]

es heißt »Alle Menschen laufen«. Und wenn sie im Plural verwendet werden, werden sie manchmal im verteilenden Sinne verwendet, manchmal im zusammenfassenden Sinne, worüber man in einer Frage (mehr) sehen wird.

Weiters ist anzumerken, daß das Synkategorema »ganz«, wenn es auf Subjektseite steht, dem Wortlaut nach synkategorematisch aufgefaßt zu werden pflegt, und dann ist es äquivalent mit der Ausdrucksfolge »jeder beliebige Teil«. Wenn es aber auf Prädikatseite steht, pflegt es kategorematisch aufgefaßt zu werden, und dann ist es gleichbedeutend mit »vollendet aus Teilen«. Demgemäß wird gewöhnlich der Satz »In meinem Auge ist ein Ganzes, das es auf der Welt gibt« zugegeben, angenommen, daß in ihm ein Grashalm sei, dieser ist nämlich ein Ganzes, das es auf der Welt gibt, weil er ein aus Teilen vollendetes Ganzes ist. Und demgemäß wird gewöhnlich der Satz »Das Ganze, was es auf der Welt gibt, ist in meinem Auge« abgelehnt, er ist nämlich gleichbedeutend mit dem Satz »Alles, was es auf der Welt gibt, ist in meinem Auge«, das ist nun aber falsch.

So gilt auch für den Ausdruck »ins Unendliche«: Wenn er auf Subjektseite steht, dann wird er synkategorematisch verwendet und ist gleichbedeutend mit der Ausdrucksfolge »in beliebig viele Teile«. Wenn er aber auf Prädikatseite steht, wird er kategorematisch verwendet und bedeutet das gleiche wie »in etwas, das unendlich ist«. Demgemäß pflegen die Kenner den Satz »Ins Unendliche ist ein Kontinuum teilbar« zuzugeben und den Satz »Ein Kontinuum ist teilbar ins Unendliche« abzulehnen. Der erste bedeutet nämlich so viel wie der

quandoque L quando ponitur] om. O parte] ante scilicet add. O 16 tunc] L om. AO ista] S del. A om. LOPX 17 oratio] Z om. ALOPSX in…partes] LOP in quotlibet parte A quaelibet pars S quotlibet partes X partes] L parte A Quando…ponitur] sed O 18 aliquid] aliquod LO 19 Et…hoc] ideo O intelligentes] intelligens L om. O solent] solet L solent concedere] conceditur O 20 istam[1]] L om. A ista O In] om. L infinitum] con- add. O et] etiam add. L negare] negatur O istam[2]] L om. A ista O 21 in] om. L enim] om. O

tantum quantum ista »In quotlibet partes continuum est divisibile«, modo hoc est verum, nam in duas partes continuum est divisibile et in tres continuum est divisibile et in quattuor et in centum et sic semper ulterius. Sed secunda valet istam »Continuum est divisibile in aliquid, quod est infinitum«, modo hoc est falsum, nam quodlibet, in quod continuum dividitur, est finitum.

Cap. III.4 ⟨Capitulum quartum de hoc, quae propositionum habeat plures causas veritatis⟩

Nunc restat videre, quae propositionum habeat plures causas veritatis, utrum propositio de termino distributo vel propositio de termino non distributo. Pro quo praemitto primo, quod propositio vera est illa, quae qualitercumque significat, ita est. Propositio autem falsa est illa, quae non qualitercumque significat, ita est.

Secundo praemitto, quod per causam veritatis alicuius propositionis intelligo illud, quod sufficit ad veritatem illius propositionis. Verbi gratia, ex quo ad veritatem illius propositionis »Homo currit« sufficeret, quod Sortes curreret, et similiter sufficeret, quod Plato curreret, et sic de aliis, Sortem currere est causa veritatis istius propositionis »Homo currit« et similiter Platonem currere est causa veritatis eiusdem et sic de aliis. Sed quia ad veritatem istius propositionis »Omnis homo currit«

1 tantum] om. O ista] LO om. A 2 modo] Z om. A modo…verum] om. LO partes] LO om. A 3 continuum…divisibile^{2}] om. LO et^{2}…quattuor] LOPSX om. A quattuor] et isto modo hoc est verum add. L et^{3}…centum] OP om. ALSX 4 centum] (et O modo P) hoc est verum add. OP et…ulterius] SX etc. A om. LOP semper] X om. S ulterius] modo hoc est verum add. SX secunda] ista continuum est indivisibile! in infinitum L ista O valet istam] om. O 5 aliquid] SX aliquod ALO aliquot P est^{2}] in add. L infinitum] na- add. S. del. A 6 nam] quia O quod] quot O dividitur] dicitur! L est^{2}] esse! L 7 finitum] Sequitur ergo videre quae propositiones habent plures causas add. L 10 Nunc] om. LO restat videre] Dicendum O habeat] habent L 11 veri-

Satz »In beliebig viele Teile ist ein Kontinuum teilbar«, das ist aber wahr, denn in zwei Teile ist ein Kontinuum teilbar und in drei ist ein Kontinuum teilbar und in vier und in hundert und immer so weiter. Aber der zweite ist gleichbedeutend mit dem Satz »Ein Kontinuum ist teilbar in etwas, das unendlich ist«, aber das ist falsch, denn alles, in was ein Kontinuum geteilt wird, ist endlich.

Kapitel III.4: *Welcher Satz mehr Wahrheitsgründe hat*

Nun steht die Untersuchung an, welcher Satz mehr Wahrheitsgründe hat, ob ein Satz mit einem verteilten Term oder ein Satz mit einem nicht verteilten Term. Dafür schicke ich erstens voraus, daß ein wahrer Satz ein solcher ist, von dem gilt: Wie auch immer er bezeichnet, so ist es. Ein falscher Satz hingegen ist ein solcher, von dem nicht gilt: Wie auch immer er bezeichnet, so ist es.

Zweitens schicke ich voraus: Unter dem Wahrheitsgrund eines Satzes verstehe ich das, was für die Wahrheit dieses Satzes genügt. Z. B.: Weil es für die Wahrheit des Satzes »(Ein) Mensch läuft« genügte, daß Sokrates liefe, und es ebenso genügte, daß Platon liefe, usw. für die anderen (Menschen), ist *daß Sokrates läuft* ein Wahrheitsgrund des Satzes »(Ein) Mensch läuft« und ebenso ist *daß Platon läuft* ein Wahrheitsgrund desselben usw. für die anderen (Menschen). Aber weil es für die Wahrheit des Satzes »Jeder Mensch läuft« nicht genüg-

tatis] om. L propositio[2]] L om. AO 12 Pro quo] et ad hoc videndum L et O 13 est[1]] dicitur LO 14 Propositio…est] ALPSX om. O autem] LPSX om. A illa] AX om. LPS significat] ALPX significatur per eam S 16 quod] om. L causam] LO causas A 17 intelligo] intelligendo L 18 Verbi gratia] ut O ex quo] om. O propositionis] om. O 19 et…quod] vel L 20 sufficeret] om. O et…aliis] etc. L om. O 21 Homo currit] om. O et] om. L 22 est…eiusdem] LO om. A veritatis] O om. L eiusdem] LO et similiter Cyceronem currere add. L aliis] singulis LO 23 propositionis] om. O

non sufficeret, quod solus Sortes curreret, dico, quod Sortem currere non est causa veritatis istius propositionis »Omnis homo currit«, et similiter diceretur de Platone et sic de singulis.

Tunc ad propositum dico, quod omnis propositio de aliquo termino communi non distributo aut sibi consimilis in forma habet vel habere potest plures causas veritatis quam propositio de eodem termino communi distributo ceteris paribus, quia propositio de termino non distributo habet ex parte illius termini tot causas veritatis vel habere potest aut sibi consimilis in forma, pro quot ille terminus supponit. Verbi gratia, si dico »Homo currit«, haec esset vera, si solus Sortes curreret, similiter esset vera, si solus Plato curreret, et sic de aliis, et non minus esset vera, si omnes simul currerent. Sed illa de termino distributo ex parte illius termini non potest habere nisi unam causam veritatis, scilicet, quod pro omnibus simul sit ita, non solum pro uno vel pro duobus.

Et dico »ipsa vel sibi similis in forma«, quia ista »Homo est asinus« nullam potest habere causam veritatis, cum non possit esse vera, sed bene alia sibi similis in forma, ut ista »Asinus est animal«. Et sic ex forma propositionis non repugnat, quin quaelibet de termino non distributo possit habere plures causas veritatis quam illa de termino distributo ceteris paribus. Sed repugnat ex forma propositionis, quod illa de termino distributo habeat plures causas.

Consimili modo dico de terminis non distributis, quod propositio de termino communi confuse supponenti habet plures

1 non] solum add. O Sortes curreret] homo currit L dico quod] ideo O 2 propositionis] om. O 3 et[1]] om. O Platone] et Cycerone add. L 4 Tunc] om. O quod] om. O aliquo] L om. AO 5 communi] et add. A aut] et L 7 communi] LO om. A distributo] diffinito L paribus] similiter (per- L om. O) manentibus LO 8 termini] LO om. A 10 quot] quo LO Verbi gratia] ut O si] similiter L 11 esset] est O similiter...vera] O om. AL 12 si...curreret] LO om. A et[1]...aliis] om. LO 13 esset vera] om. LO si] sed L simul] LO om. A Sed] de add. L 14 termini] om. O 15 simul] LP om. AOSX sit] AOSX verificatur LP ista verificabilis add. S 16 pro[2]] om. LO 18 possit] potest L 19 in forma] LO om. A 20 Et] om. O quin] quoniam? L 21 possit] posset L

te, daß allein Sokrates liefe, sage ich, daß *daß Sokrates läuft* kein Wahrheitsgrund des Satzes »Jeder Mensch läuft« ist, und das gleiche gälte von Platon usw. für die einzelnen (Menschen).

Sodann antworte ich auf die vorliegende Frage: Jeder Satz mit einem nicht verteilten allgemeinen Term oder ein ihm der Form nach gleicher (Satz) hat – oder kann haben – mehr Wahrheitsgründe als ein Satz, der denselben allgemeinen Term, aber mit Verteilung hat, während das übrige gleich ist. Denn ein Satz mit einem nicht verteilten Term oder ein ihm der Form nach gleicher (Satz) hat aufgrund dieses Terms so viele Wahrheitsgründe – oder kann sie haben –, wie dieser Term Umfangselemente hat. Z. B.: Wenn ich sage »(Ein) Mensch läuft«, so wäre dieser Satz wahr, wenn allein Sokrates liefe, ebenso wäre er wahr, wenn allein Platon liefe, usw. für die anderen (Menschen), und er wäre ebenso wahr, wenn alle (Menschen) zusammen liefen. Aber der Satz mit dem verteilten Term kann aufgrund dieses Terms nur einen Wahrheitsgrund haben, nämlich, daß es für alle (Umfangselemente) zusammen so sei, nicht bloß für eines oder für zwei.

Und ich sage deshalb »er oder ein ihm der Form nach gleicher (Satz)«, weil der Satz »(Ein) Mensch ist ein Esel« keinen Wahrheitsgrund haben kann, da er nicht wahr sein kann, aber sehr wohl ein anderer (Satz), der ihm der Form nach gleich ist, wie z. B. der Satz »(Ein) Esel ist ein Lebewesen«. Und so steht es aufgrund der Satzform nicht entgegen, daß jeder (Satz) mit einem nicht verteilten Term mehr Wahrheitsgründe haben kann als derjenige, der unter sonst gleichen Umständen diesen Term mit Verteilung hat. Hingegen ist es aufgrund der Satzform unmöglich, daß der Satz mit dem verteilten Term mehr (Wahrheits-) Gründe hat.

Auf ähnliche Weise sage ich in bezug auf die nicht verteilten Terme, daß ein Satz mit einem allgemeinen Term in konfuser

22 paribus] partibus! L 24 causas] O om. AL 25 Consimili modo] consimiliter O terminis] termino L distributis] distributo L 26 supponenti] supponente L

causas veritatis quam propositio de eodem termino determinate supponenti in respectu termini distributi, per cuius distri- A25va butionem confunditur, id est, non repugnat sibi ex forma propositionis habere plures, sed e converso repugnat. Verbi gratia, videamus differentiam inter istas »Omne B est A« et »A est omne B«. Constat, quod ista »A est omne B« habet ex parte istius termini *A* tot causas veritatis ad sensum dictum, quot sunt A, quia esset vera, si hoc A esset omne B, et similiter, si hoc aliud A esset omne B, et sic de aliis. Sed ista »Omne B est A« similiter habet tot causas veritatis, quia esset vera, si omne B esset hoc A, et similiter, si omne B esset illud aliud A, et sic de aliis. Sed adhuc habet aliam causam veritatis, scilicet, quod hoc B est hoc A et illud aliud B est illud aliud A et illud tertium B est illud tertium A et sic de singulis. Et sic patet, quod ista est vera »Omnis homo est animal« ista existente falsa »Animal est omnis homo«.

Ulterius dico, quod si ambo termini sunt non distributive, sed determinate supponentes, tunc sunt plures causae veritatis, quam si unus sit distributus et alter sine distributione confusus. Patet, quia omnis causa veritatis sufficiens ad hoc, quod ista sit vera »Omne B est A«, sufficeret ad hoc, quod ista esset vera »B est A«, sed non e converso.

1 termino] om. O confus- add. s. del. A 2 supponenti] supponente LO 4 repugnat] repungnant L ut add. O 5 videamus] ergo add. L istas] illa L illam O B] a O A[1]] b O et] om. L A est] om. L 7 istius] ipsius O tot add. s. del. O termini] X om. ALOPS ad] LO d! A 8 et] O om. AL 9 hoc] om. O A] et! L esset] esse L Sed] et L B[2]] a O 10 A] b O causas] verif- add. s. del. A quia] quod L 11 B[1]] a O A[1]] b O similiter] LO om. A B[2]] a O aliud] LO om. A A[2]] b O 12 scilicet] om. O quod] ASX quia LOP 13 B[1]] a O A[1]] b O illud[1]] LO om. A B[2]] om. L a O aliud[2]] LO om. A et est illud aliud et est illud tertium b est illud tertium b add. L A[2]] om. L b O vel aliud a add. A et[2]...A] PS om. ALOX 14 singulis] aliis LO 15 est[1]] sit L vera] secundo modo? add. O on-? add. s. del. O 17 Ulterius dico] Nota O quod] om. LO sunt] LO sint A 18 sed] LO om. A 19 si unus] om. O distributione] distributo L 20 omnis causa] omnes causae O sufficiens] supponens L est add. L 21 B] a O A] b O esset] sit LO 22 B] a O A] b O converso] Sequitur ergo modo de propositionibus modalibus add. L

Supposition mehr Wahrheitsgründe hat als ein Satz mit demselben Term in determinierter Supposition in Hinsicht auf einen verteilten Term, durch dessen Verteilung (jener Term) zur konfusen Supposition gebracht wird; d. h., es steht ihm aufgrund der Satzform nicht entgegen, mehr (Wahrheitsgründe) zu haben, aber umgekehrt ist es unmöglich. Sehen wir uns z. B. den Unterschied zwischen den Sätzen »Jedes B ist ein A« und »(Ein) A ist jedes B« an: Es steht fest, daß der Satz »(Ein) A ist jedes B« aufgrund des Terms »A« so viele Wahrheitsgründe im genannten Sinne hat, wie viele A es gibt, denn er wäre wahr, wenn dieses A jedes B wäre, und ebenso, wenn dieses andere A jedes B wäre, usw. für die anderen (A-Dinge). Aber der Satz »Jedes B ist ein A« hat ebenso viele Wahrheitsgründe, denn er wäre wahr, wenn jedes B dieses A wäre, und ebenso, wenn jedes B jenes andere A wäre, usw. für die anderen (A-Dinge). Aber außerdem hat er einen anderen Wahrheitsgrund, nämlich, daß dieses B dieses A ist und jenes andere B jenes andere A ist und jenes dritte B jenes dritte A ist, usw. für die einzelnen (B- und A-Dinge). Und so ist es klar, daß der Satz »Jeder Mensch ist ein Lebewesen« wahr ist, während der Satz »(Ein) Lebewesen ist jeder Mensch« falsch ist.

Weiters sage ich: Wenn zwei Terme nicht distributiv, sondern determiniert supponieren, dann gibt es mehr Wahrheitsgründe, als wenn der eine verteilt ist und der andere ohne Verteilung konfuse Supposition hat. Das ist klar, denn jeder Wahrheitsgrund, der dafür genügt, daß der Satz »Jedes B ist ein A« wahr ist, genügte (auch) dafür, daß der Satz »(Ein) B ist ein A« wahr wäre, aber nicht umgekehrt.

Cap. III.5 ⟨Capitulum quintum de propositionibus modalibus⟩

O27va Sequitur de propositionibus modalibus. Unde propositionum modalium quaedam dicuntur modales reputatae ab omnibus modales, quaedam vero dicuntur modales non reputatae ab omnibus modales. Exemplum primi, ut sunt propositiones, in quibus copula verbalis aliquo istorum modorum determinatur *possibile*, *impossibile*, *contingens*, *necessarium*, *verum* et *falsum*, ut dicendo »Sortem possibile est currere«, »Sortem impossibile est esse asinum«, »Sortem contingens est currere«, »Hominem necesse est esse animal«, »Homo vere est animal«, »Homo false est asinus«. Propositiones vero modales non reputatae ab omnibus modales dicuntur illae, in quibus copula verbalis determinatur aliquo istorum modorum *scitum*, *creditum*, *opinatum* et huiusmodi, ut dicendo »Omnem hominem scitum est a me esse animal«, »Omnem hominem creditum est a me esse album« et sic de aliis.

Unde ad hoc, quod propositio dicatur vere modalis, requiritur, quod copula verbalis determinetur et specificetur aliquo modorum habentium vim determinandi copulam ratione compositionis. Et ergo propositiones, quarum copulae verbales non L30vb sunt sic specificatae et determinatae, dicuntur de inesse seu de simplici inhaerentia et numquam dicuntur modales.

Circa hoc dubitatur de istis et consimilibus »Hominem esse animal est possibile«, »Hominem esse animal est necesse«,

3 propositionum modalium] om. O 4 quaedam] AE30rLOPSX sunt (propositiones OS om. ELP) modales quae add. ELOPS dicuntur] E30rLOPS sunt AX 5 vero] om. L dicuntur] sunt L om. O modales[2]] L om. AO non…omnibus] E30rLOPSX ab omnibus non reputatae A 6 sunt] om. O propositiones] istae O 8 et] om. LO 9 dicendo] om. O 10 est[1]] currere vel Sortem impossibile est add. L asinum] etc.? exemplum secundi add. O Sortem…asinus] om. O contingens] currere L currere] contingens L Hominem…animal[1]] om. L 11 necesse] SX necessario AP vere] om. L 12 Propositiones vero] om. O modales] LO om. A 13 modales] om. O illae] L om. A illi! O copula] om. L 14 verbalis] om. O creditum] reditum! L 15 et huiusmodi] om. L etc. O ut]

Kapitel III.5: *Die modalen Sätze*

Es folgt (das Kapitel) über die modalen Sätze. So heißen manche von den modalen Sätzen »Modalsätze, welche von allen für modal gehalten werden«, manche hingegen heißen »Modalsätze, welche nicht von allen für modal gehalten werden«. Ein Beispiel für das erste sind Sätze, in denen die verbale Kopula durch einen der folgenden Modalausdrücke bestimmt wird: »möglich«, »unmöglich«, »kontingent«, »notwendig«, »wahr« und »falsch«, wie wenn es heißt »Für Sokrates ist es möglich, zu laufen«, »Für Sokrates ist es unmöglich, ein Esel zu sein«, »Für Sokrates ist es angängig, zu laufen«, »Für einen Menschen ist es notwendig, ein Lebewesen zu sein«, »Ein Mensch ist wahrerweise ein Lebewesen«, »Ein Mensch ist falscherweise ein Esel«[70]. – Modale Sätze hingegen, die nicht von allen für modal gehalten werden, heißen solche, in denen die verbale Kopula durch einen der folgenden Modalausdrücke bestimmt wird: »gewußt«, »geglaubt«, »gemeint« u. dgl., wie wenn es heißt »Von jedem Mensch wird von mir gewußt, daß er ein Lebewesen ist«, »Von jedem Menschen wird von mir geglaubt, daß er weiß ist« usw. für die anderen (Modalausdrücke).

So ist es dafür, daß ein Satz als echter Modalsatz gezählt wird, erforderlich, daß die verbale Kopula durch einen Modalausdruck bestimmt und spezifiziert wird, der die Kraft hat, die Kopula in Hinsicht auf die Zusammensetzung zu bestimmen. Und folglich werden Sätze, deren verbale Kopulae nicht auf diese Weise spezifiziert und bestimmt sind, als (Sätze) über das In-Sein bzw. über die einfache Anhaftung gezählt und niemals als modale (Sätze).

Diesbezüglich fragt es sich, ob die folgenden und ähnliche Sätze modal oder assertorisch sind: »Daß ein Mensch ein Lebe-

verbi gratia L dicendo] om. O 16 Omnem...album] om. O 17 album] animal L et...aliis] om. L etc. O 21 Et] om. O 22 specificatae et] om. L 23 et...modales] om. S. add. *fortasse infra lineam* O numquam] non L 24 Circa hoc] om. O istis] ista LO et] sibi add. LO Hominem...possibile] om. LO

»Hominem esse asinum est impossibile«, »Contingens est Sortem esse album«, utrum sint modales vel de inesse.

Breviter respondetur, quod proprie loquendo sunt de inesse et non modales, nam in eis praedicatum simpliciter designatur A25vb inesse subiecto sine aliqua specificatione et modificatione illius inhaerentiae, ut enim patet clare, nulla determinatio ponitur ad copulam dictarum propositionum, ergo proprie debent dici de inesse. Si tamen diceretur »Hominem esse animal de necessitate est necessarium«, tunc certe esset propositio modalis, quia tunc inhaerentia praedicati ad subiectum specificaretur per appositionem huius modi *de necessitate* ad copulam verbalem.

Finaliter ergo proprie loquendo propositiones divisae, in quibus ponitur aliquis dictorum modorum, dicuntur propositiones modales, propositiones vero compositae dicuntur de inesse. Verumtamen utendo ly *propositio modalis* extense et communiter omnes propositiones dicuntur modales, in quibus ponitur aliquis istorum modorum sive ad verbum sive alio modo, quamvis solum proprie illae dicuntur modales, in quibus ponitur aliquis dictorum modorum ad copulam verbalem.

Unde communiter solet distingui, quod huiusmodi propositionum, in quibus ponitur aliquis dictorum modorum, quaedam sunt divisae et quaedam sunt compositae seu quaedam

1 impossibile] ho- add. s. del. A Contingens…album] om. O 2 esse album] currere L 3 Breviter] om. LO respondetur] dico O proprie loquendo] om. LO sunt] sint L 4 nam] quia O in eis] om. O designatur] de add. L 5 specificatione] modificatione L significatione O et] seu L modificatione] determinatione L 6 enim] L om. AO clare] om. O nulla] L nam! A nulla… propositionum] om. O 7 proprie] om. O debent] debet O 8 diceretur] dicerem O quod add. A animal] est necesse add. s. del. O 9 tunc certe] ista O esset] LO est A propositio] L om. AO 10 tunc] L om. AO specificaretur] specialiter? L specificatur O 11 appositionem] propositionem L huius] om. O de necessitate] om. O 12 Finaliter] signantur! L om. O ergo] unde O proprie loquendo] om. O 13 ponitur] om. L propositiones] L om. AO 14 propositiones] om. L divisae! O vero] om. L compositae] positae! L om. O 15 ly…modalis] LO propositione modali A 16 propositiones] LO om. A in] om. L 17 ponitur] componitur L istorum] praedictorum L ad verbum] adverbium! L 18 proprie] om. LO in quibus] ubi O 19 aliquis…modorum]

wesen ist, ist möglich«, »Daß ein Mensch ein Lebewesen ist, ist notwendig«, »Daß ein Mensch ein Esel ist, ist unmöglich«, »Kontingent ist es, daß Sokrates weiß ist«[71].

Kurze Antwort: Im eigentlichen Sinne sind sie assertorisch und nicht modal, denn in ihnen wird angegeben, daß das Prädikat einfach an dem Subjekt ist, ohne irgendeine Spezifikation und Modifikation dieser Anhaftung, wie nämlich klar zutage liegt, steht keine Bestimmung bei der Kopula der genannten Sätze; also müssen sie im eigentlichen Sinne als assertorische gezählt werden. Wenn es aber hieße »Daß ein Mensch ein Lebewesen ist, ist mit Notwendigkeit notwendig«, dann läge gewiß ein modaler Satz vor, weil dann die Anhaftung des Prädikats am Subjekt spezifiziert würde durch die Hinzufügung des Modalausdrucks »mit Notwendigkeit« zur verbalen Kopula.

Abschließend (sage ich) also: Im eigentlichen Sinne werden geteilte Sätze, in denen irgendeiner der genannten Modalausdrücke vorkommt, »modale Sätze« genannt, zusammengesetzte Sätze hingegen werden »über das In-Sein (assertorisch)« genannt. Gleichwohl gilt: Wenn man den Ausdruck »Modalsatz« im weiten und alltäglichen Sinne gebraucht, dann heißen alle Sätze »modal«, in denen irgendeiner von diesen Modalausdrücken vorkommt, sei es beim Verb, sei es auf andere Weise, obwohl im eigentlichen Sinne nur jene (Sätze) »modal« genannt werden, in denen irgendeiner der genannten Modalausdrücke bei der verbalen Kopula steht.

So pflegt man gemeinhin zu unterscheiden, daß von solchen Sätzen, in denen irgendeiner der genannten Modalausdrücke vorkommt, manche geteilt sind und manche zusammengesetzt sind bzw. manche »mit geteiltem Sinn« und manche »mit

modus O verbalem] L om. AO 20 communiter] LO om. A propositionum] Z propositiones ALOPSX propositiones om. s. add. i.m. E30r 21 aliquis… modorum] aliqua dictio de inesse L 22 et] om. O sunt[2]] L om. AO seu… composito] om. O

dicuntur de sensu diviso et quaedam de sensu composito. Propositiones modales compositae dicuntur, in quibus modus subicitur et dictum praedicatur vel e converso. Et voco modos illos terminos *possibile*, *impossibile* etc., et voco dictum totum illud, quod ponitur in propositione praeter modum et copulam et negationem propositionis et signa aut aliquas determinationes modorum vel copulae. Verbi gratia dicendo »Sortem currere est possibile«, in ista enim ly *Sortem currere* est subiectum et est dictum et ly *possibile* est modus et est praedicatum. Similiter dicendo »Possibile est Sortem currere«, *possibile* est subiectum et *Sortem currere* est praedicatum. Et quaelibet istarum dicitur composita. Breviter, quando modus praeponitur toti dicto vel postponitur, dicitur propositio composita seu de sensu composito.

Propositiones autem modales divisae dicuntur, in quibus una pars dicti subicitur et alia praedicatur et modus se tenet ex parte copulae. Verbi gratia »Hominem possibile est currere«, »Homo de necessitate est animal«, ecce qualiter hic modus mediat inter partes dicti dividendo eas ab invicem, quare huiusmodi propositiones dicuntur divisae, quia modus dividit partes dicti.

1 de[1]] in L et] L om. A quaedam] L aliae A de[2]] in L Propositiones modales] om. O 3 vel] et L voco] coco! L 4 terminos] contingens add. O impossibile] om. O etc] om. L voco] O om. A coco! L 5 quod...propositione] om. L in] oratione add. s. del. A modum] motionem? L et] vel L 6 et[1]] ad L negationem] LP negationes AOSX propositionis] LOP propositionum AS om. X aut] autem! L 7 Verbi gratia] ut O dicendo] om. O 8 in...composita] om. O 9 ly] L om. A praedicatum est add. L possibile] et add. L et[3]... praedicatum] om. L 11 Sortem currere] dictum L quaelibet] breviter L 12 composita] esse add. L Breviter] vel O praeponitur] ponitur L 13 toti] ceteri L dicto] propositioni O vel...composito] om. O postponitur] toti dicto add. L composita seu] L om. A 14 de] in L composito] *28 lineas sequentes* del. *et incipit tunc de novo* L 15 Propositiones] propositio O autem] om. O modales] modalis O divisae] divisa O dicuntur] om. L est O quibus] qua O 16 alia] pars add. s. del. A ex] a LO 17 Verbi gratia] ut O possibile] LO impossibile A 18 Homo...animal] om. LO ecce qualiter] om. O hic] om. L ibi O 19 mediat inter] dividit O dicti] in add. s. del. O divi-

zusammengesetztem Sinn« heißen. »Zusammengesetzte« Modalsätze heißen solche, in denen der Modalausdruck an Subjektstelle und das Ausgesagte an Prädikatstelle gesetzt wird oder umgekehrt. Und zwar nenne ich »Modalausdrücke« die Terme »möglich«, »unmöglich« usw., aber »Ausgesagtes« nenne ich all das, was im Satz vorkommt außer dem Modalausdruck, der Kopula, der Satznegation, den (Verteilungs-) Zeichen oder irgendwelchen Bestimmungen der Modalausdrücke oder der Kopula. Z. B., wenn es heißt »Daß Sokrates läuft, ist möglich«: In diesem Satz nämlich ist der Ausdruck »daß Sokrates läuft« das Subjekt und das Ausgesagte, aber der Ausdruck »möglich« ist der Modalausdruck und das Prädikat. Ebenso, wenn es heißt »Möglich ist es, daß Sokrates läuft«, so ist »möglich« das Subjekt und »daß Sokrates läuft« das Prädikat. Und jeder von diesen (zwei genannten Sätzen) heißt »zusammengesetzt«. Kurz gesagt: Wenn der Modalausdruck dem ganzen Ausgesagten vorangestellt oder nachgestellt wird, heißt der Satz »zusammengesetzt« bzw. »mit zusammengesetztem Sinn«.

Aber »geteilte« Modalsätze heißen solche, in denen ein Teil des Ausgesagten an Subjektstelle und der andere an Prädikatstelle gesetzt wird und der Modalausdruck sich auf seiten der Kopula hält. Z. B. »Für einen Menschen ist es möglich, zu laufen«, »Ein Mensch ist mit Notwendigkeit ein Lebewesen«: Siehe, wie hier der Modalausdruck zwischen den Teilen des Ausgesagten steht und sie voneinander trennt, weshalb solche Sätze »geteilt« heißen, weil eben der Modalausdruck die Teile des Ausgesagten trennt.

dendo...invicem] om. O quare] L qualiter A igitur O 20 huiusmodi propositiones] om. O dicuntur] vocatur O divisae] in sensu diviso O quia...dicti] om. O

Et notandum, quod hi modi quandoque sumuntur nominaliter, ut dicendo »Hominem possibile est currere«, quandoque verbaliter, ut dicendo »Homo potest currere«, quandoque adverbialiter, ut dicendo »Homo possibiliter currit«.

Sciendum, quod ad veritatem propositionum modalium compositarum requiritur illum modum esse verificabilem de propositione correspondente dicto illius propositionis compositae. Verbi gratia »Hominem currere est possibile«, ad veritatem istius requiritur, quod ista propositio »Homo currit« sit possibilis, quae correspondet isti dicto *hominem currere*. Ad veritatem autem propositionis modalis de sensu diviso hoc non requiritur, sed sufficit, quod modus illius propositionis sit verificabilis de propositione composita ex pronomine demon- A26ra strante illud, pro quo supponit subiectum propositionis dicto correspondentis, et praedicato illius eiusdem propositionis in propria forma sumpto. Verbi gratia, ad veritatem istius propo- L31ra sitionis »Album possibile est esse nigrum« non requiritur, quod ista propositio sit possibilis »Album est nigrum«, sed sufficit, quod haec propositio »Hoc est nigrum« sit possibilis demonstrando per ly *hoc* illud, pro quo supponit hic terminus *album*, qui est subiectum istius propositionis »Album est nigrum«, O27vb quae correspondet dicto istius propositionis »Album possibile est esse nigrum«.

Ex isto sequitur, quod quamvis impossibile sit me videre omnem stellam, tamen omnem stellam possibile est me videre,

1 Et] L om. AO notandum] Nota O quod] om. O si add. A hi] huiusmodi LO quandoque] LO om. A 2 ut] LO om. A dicendo] om. O quandoque] aliquando LO 3 dicendo] L om. AO Homo potest] LOPSX contingit hominem A homo possibiliter *ante corr. i.m.* P quandoque] aliquando O quandoque… currit] om. L 4 dicendo] om. O Homo] om. O currit] etc. add. O 5 Sciendum quod] om. O ad] *Distinctionem capituli hic habet solum* O 6 compositarum] L om. A in sensu composito O illum] om. L 8 Verbi gratia] ut O currere…possibile] possibile est currere L 11 autem] om. LO propositionis] om. O modalis] O om. AL de] in LO 12 sufficit] requiritur L om. O 13 pronomine] propositione O 15 et] vel L illius] om. LO 16 propria] prima! L sumpto] O om. A sumpta L Verbi gratia] ut O propositionis] L om. AO 17 possibile est] potest L nigrum] requiritur quod ista propositio album

Festzuhalten ist, daß diese Modalausdrücke manchmal auf nominale Weise verwendet werden, wie wenn man sagt »Für einen Menschen ist es möglich, zu laufen«, manchmal auf verbale Weise, wie wenn man sagt »Ein Mensch kann laufen«, manchmal auf adverbiale Weise, wie wenn man sagt »Ein Mensch möglicherweise läuft«.

Wissen muß man (nun), daß es für die Wahrheit der zusammengesetzten Modalsätze erforderlich ist, daß der Modalausdruck von einem Satz, der dem Ausgesagten jenes zusammengesetzten Satzes entspricht, verifizierbar ist. Z. B. »Daß ein Mensch läuft, ist möglich«: Für die Wahrheit dieses Satzes ist es erforderlich, daß der Satz »Ein Mensch läuft« möglich ist, welcher Satz dem Ausgesagten »daß ein Mensch läuft« entspricht. Für die Wahrheit eines Modalsatzes mit geteiltem Sinn hingegen ist dies nicht erforderlich, sondern es genügt, daß der Modalausdruck dieses Satzes von einem Satz verifizierbar ist, welcher zusammengesetzt ist aus einem Pronomen, das auf das hinweist, wofür das Subjekt des dem Ausgesagten entsprechenden Satzes supponiert, und dem Prädikat ebendesselben Satzes, und zwar (das Prädikat) in der eigentlichen Form genommen. Z. B.: Für die Wahrheit des Satzes »Für ein weißes Ding ist es möglich, schwarz zu sein« ist es nicht erforderlich, daß der Satz »Ein weißes Ding ist schwarz« möglich sei, sondern es genügt, daß der Satz »Das ist schwarz« möglich ist, wobei sich der Ausdruck »das« auf das bezieht, wofür der Term »weißes Ding« supponiert, welcher Subjekt des Satzes »Ein weißes Ding ist schwarz« ist, welcher dem Ausgesagten des Satzes »Für ein weißes Ding ist es möglich, schwarz zu sein« entspricht.

Daraus folgt: Obwohl es unmöglich ist, daß ich jeden Stern sehe, so ist es doch für jeden Stern möglich, daß ich ihn sehe,

potest esse nigrum sit possibilis add. s. del. L non…sed] om. L 18 sufficit] requiritur L om. O 20 illud] om. O 21 qui] quod L subiectum] LO om. A falsum *ante corr.* L 24 quod] om. L 25 tamen] possibile add. s. del. O

nam quacumque stella demonstrata, de illa est verum dicere, illam me videre est possibile. Ex isto etiam ulterius patet, quod ista »Omnem stellam possibile est me videre« non debet poni in esse per istam »Omnem stellam video«, quia ista est impossibilis, sed debet poni in esse per unam copulativam habentem multas singulares, quarum quaelibet est possibilis, sic scilicet »Istam stellam video et istam stellam video« et sic de singulis. Modo ista copulativa est possibilis ex eo, quod quaelibet eius pars est possibilis.

Ex hoc etiam sequitur istam esse concedendam »Quodlibet corpus possibile est hic non esse« et istam negandam »Quodlibet corpus non esse hic est possibile«. Prima enim est in sensu diviso vera et secunda in sensu composito falsa. Secunda enim significat, quod haec propositio »Quodlibet corpus non est hic« sit possibilis, modo hoc est falsum, nam tunc vacuum esse hic esset possibile. Similiter sequitur istam divisam esse veram »Antichristus, antequam erit generatus, potest esse corruptus«, et tamen hanc compositam esse negandam »Antichristum, antequam erit generatus, esse corruptum est possibile«, hoc enim est falsum, quia haec »Antichristus, antequam erit generatus, est corruptus« non est possibilis.

Similiter sequitur de aliis modis istam divisam esse concedendam »A scio esse verum« et hanc compositam esse negandam »Scio A esse verum« posito casu, quod ista propositio

1 de illa] L om. AO est...dicere] LO om. A 2 illam] om. O me...possibile] LOPSX possibile est me videre A Ex isto] om. O isto] his L etiam] L enim A et O ulterius] L om. AO 3 ista] istam L 5 in esse] LO om. A habentem] habentes *ante corr.* O 6 est] LO sit A sic] om. O 7 et^2...singulis] LO etc. A 8 ista copulativa] LOPS istius copulativae AX quaelibet pars add. P est... quod] LOPS om. AX possibilis] LOPS scilicet istam stellam video et istam stellam video et sic de singulis modo ista copulativa est possibilis add. O patet add. S eius] LOS om. AX om. s. add. s.l. P 9 possibilis] ALOPS vera X 10 Ex...sequitur] Ideo O istam...concedendam] ista est concedenda O concedendam] co- add. s. del. A 11 istam negandam] ista neganda O 12 est^1] om. L est^2] om. O 13 vera] vero L Secunda enim] et O 15 est] om. O nam] quia O 17 generatus] AOX genitus LP om. S 18 et] om. L tamen] om. O compositam] om. O negandam] falsam O Antichristum] LO antichri-

denn auf welchen Stern auch immer hingewiesen wird, es ist wahr, von ihm zu sagen: Daß ich ihn sehe, ist möglich. Daraus erhellt weiters auch, daß der Satz »Für jeden Stern ist es möglich, daß ich ihn sehe« nicht mittels des Satzes »Jeden Stern sehe ich« in assertorische Form gebracht werden darf, weil dieser unmöglich ist; sondern er muß in assertorische Form gebracht werden mittels eines kopulativen Satzes, der viele singuläre Sätze hat, von denen jeder möglich ist, nämlich so: »Diesen Stern sehe ich und diesen Stern sehe ich« usw. für die einzelnen (Sterne). Dieser kopulative Satz ist nun aber möglich, weil jeder seiner Teile möglich ist.

Daraus folgt auch, daß der Satz »Für jeden Körper ist es möglich, hier nicht zu sein« zugegeben werden muß und daß der Satz »Daß jeder Körper nicht hier ist, ist möglich« abgelehnt werden muß. Der erste nämlich ist (als) im geteilten Sinn wahr und der zweite (als) im zusammengesetzten Sinn falsch. Der zweite bezeichnet nämlich, daß der Satz »Jeder Körper ist nicht hier« möglich sei, aber das ist falsch, denn sonst wäre es möglich, daß hier ein Vakuum ist. Ebenso folgt, daß der geteilte Satz »Der Antichrist, bevor er gezeugt sein wird, kann vernichtet sein« wahr ist, aber dennoch der zusammengesetzte Satz abzulehnen ist »Daß der Antichrist, bevor er gezeugt sein wird, vernichtet ist, ist möglich«, das ist nämlich falsch, weil der Satz »Der Antichrist, bevor er gezeugt sein wird, ist vernichtet« nicht möglich ist.

Ebenso folgt hinsichtlich der anderen Modalausdrücke, daß der geteilte Satz »Von A weiß ich, daß es wahr ist« zuzugeben ist und daß der zusammengesetzte Satz »Ich weiß, daß A wahr ist« abzulehnen ist, unter der Annahme, daß der Satz »Gott

stus A 19 generatus] genitus L esse] om. L corruptum] tunc add. L hoc… falsum] om. O 20 Antichristus] antichristum O Antichristus antequam] trsp. L erit] LO sit A generatus] genitus L 21 est[1]] X erit ALOPS 22 de… modis] AL om. O primo add. A primam add. L divisam] om. O 23 A] et L esse verum] est veram L compositam] om. O esse negandam] L om. A esse falsum O 24 casu] LO om. A

»Deus est« sit A et hoc lateat me. Tunc A scirem esse verum, et tamen non scirem A esse verum. Primum patet, nam istam »Deus est« scio esse veram et haec est A per casum, ergo A scio esse verum. Secundum patet, eo quod nihil scio esse A posito, quod nihil aliud sit A quam ista propositio »Deus est«.

Dubitatur de quantitate propositionum modalium. Breviter ad quod respondetur, quod propositiones modales divisae sunt eiusdem quantitatis, cuius sunt propositiones correspondentes ipsarum dictis. Verbi gratia, haec propositio »Omnem hominem possibile est esse animal« est universalis, sicut est propositio correspondens eius dicto, quae est haec »Omnis homo est animal«. Similiter ista »Quendam hominem possibile est esse animal« est particularis, ut ista »Quidam homo est animal«. Sed sic non est de propositionibus compositis. Unde ista »Omnem hominem esse animal est possibile« non est universalis,
A26rb quamvis propositio correspondens eius dicto sit universalis, sed est propositio indefinita. Et ratio huius est, nam hoc totum *omnem hominem esse animal* est subiectum, et quia illud non distribuitur, propositio non est universalis. Sed quia illud totum supponit materialiter pro ista propositione »Omnis homo est animal« et quacumque sibi simili in voce vel in scripto vel in mente disiunctive, ipsa est indefinita. Et quia ipsa significat, quod ista propositio »Omnis homo est animal« sit possibilis, eius universalis erit haec »Omnis propositio ›Omnis homo est

1 sit] esset LO lateat] lateret L iaceret O 2 non…A] a non scirem L Primum] prima L istam] om. L 3 scio[1]] scirem LO haec] istam deus L ista deus est O per casum] LO om. A scio[2]] scirem L 4 Secundum patet] sed tamen non scirem quod a esset verum L et tamen non scirem quod a esse verum O nihil] aliud add. O 5 aliud] O om. AL sit] esset L ista propositio] om. LO 6 Dubitatur] dico O de] *Distinctionem capituli hic habet solum* O Breviter…respondetur] om. O 7 ad quod] L om. A propositiones] om. O modales] LO om. A divisae] divisim L 8 cuius] -modi add. O 9 ipsarum] suis LO Verbi gratia] ut O haec] LO om. A enim add. L propositio] L om. AO 10 sicut] corresponde-? add. s. del. O est propositio] om. O 11 haec] om. O 12 Similiter…animal[2]] om. O 13 animal[2]] et sic de aliis add. L 14 Sed] et L propositionibus] propositis L om. O compositis] om. L Unde] quia O ista] istam *ante corr.* L Omnem] om. O 16 eius] om. L 17 est[1]] om. L

ist« A sei und mir dies unbekannt sei. Dann von A wüßte ich, daß es wahr ist, und dennoch wüßte ich nicht, daß A wahr ist. Das erste ist klar, denn von dem Satz »Gott ist« weiß ich, daß er wahr ist, und dieser ist A gemäß der Annahme, also: Von A weiß ich, daß es wahr ist. Das zweite ist klar, weil ich von nichts weiß, daß es A ist, gesetzt, daß nichts anderes A sei als der Satz »Gott ist«.

Es erhebt sich die Frage nach der Quantität der Modalsätze. Darauf wird kurz geantwortet, daß geteilte Modalsätze dieselbe Quantität haben wie die Sätze, die ihren Ausgesagten entsprechen. Z. B. ist der Satz »Für jeden Menschen ist es möglich, ein Lebewesen zu sein« ebenso universal, wie es der seinem Ausgesagten entsprechende Satz ist, nämlich der Satz »Jeder Mensch ist ein Lebewesen«. Ebenso ist der Satz »Für irgendeinen Menschen ist es möglich, ein Lebewesen zu sein« (gleichermaßen) partikulär wie der Satz »Irgendein Mensch ist ein Lebewesen«. Aber dies ist nicht der Fall bei den zusammengesetzten Sätzen: So ist der Satz »Daß jeder Mensch ein Lebewesen ist, ist möglich« nicht universal, obwohl der seinem Ausgesagten entsprechende Satz universal ist, sondern er ist ein indefiniter Satz. Und der Grund dafür ist, daß der ganze Ausdruck »daß jeder Mensch ein Lebewesen ist« das Subjekt ist, und weil dieses nicht verteilt wird, ist der Satz nicht universal. Aber weil der ganze Ausdruck auf disjunktive Weise für den Satz »Jeder Mensch ist ein Lebewesen« sowie (für) jeden ihm ähnlichen Satz auf der Ebene der gesprochenen, geschriebenen oder mentalen Sprache material supponiert, ist er indefinit. Und weil er bezeichnet, daß der Satz »Jeder Mensch ist ein Lebewesen« möglich ist, wird sein universaler Satz der folgende sein: »Jeder Satz ›Jeder Mensch ist ein Lebewesen‹ ist möglich« oder auch »Jedes *daß jeder Mensch ein*

propositio] om. O Et...est[2]] om. O nam] non! L quia O 18 omnem...esse] LO omnis homo est A 19 propositio] propositionem O est] erit *ante corr. i.m.* O totum] idem LO 20 propositione] om. L propositio O 21 simili] disimili! O 22 disiunctive] AX om. LOPS ipsa[1]] ideo O ipsa[2]] om. O 23 ista] om. O est animal] om. L 24 haec] LO om. A Omnis[1]] om. L

animal‹ est possibilis« vel ista »Omne omnem hominem esse animal est possibile«. Sed de ista »Nullum hominem esse asinum est possibile« dico, quod si hoc totum *nullum hominem esse asinum* capiatur totum simul et supponat materialiter pro ista propositione vel sibi simili »Nullus homo est asinus«, dico, quod etiam est propositio indefinita, et est affirmativa et est vera et significat, quod haec propositio vel sibi consimilis »Nullus homo est asinus« sit possibilis, modo hoc est verum. Si autem ly *nullum* capiatur significative et residuum capiatur materialiter pro ista propositione vel sibi consimili »Homo est asinus«, tunc est propositio universalis et est negativa et est vera et tunc significat tantum quantum haec »Nihil, quod est hominem esse asinum, est possibile« vel quantum haec »Nulla propositio ›Homo est asinus‹ est possibilis«.

Deinde dubitatur de qualitate propositionum modalium. Breviter de propositionibus compositis dicendum est sicut de illis de inesse, eo quod, sicut dicebatur, proprie loquendo propositiones compositae debent dici de inesse seu de inhaerentia simplici. Unde ista est affirmativa »Hominem currere est possibile« et sic ista »Nullum hominem esse asinum est impossibile«, et hoc, si hoc totum *nullum hominem esse asinum* capiatur pro subiecto. Unde in ipsa ly *impossibile*, quod est praedicatum, praedicatur affirmative de isto toto *nullum hominem*

O28ra

17 dicebatur] Cf. Cap. III.1.

1 vel] et O ista] istam L istius O Omne] om. L 2 animal] LO del. A asinum A asinum] LO animal A 3 possibile] im-! add. O quod] om. O hoc] licet L nullum] a- add. s. del. A 4 totum] om. LO supponat] supponit O 5 vel... simili] LO om. A 6 est^{1}] LO om. A propositio] L om. AO et^{1}] LO om. A est^{2}] L om. AO affirmativa] LO vera A est^{3}] L om. AO 7 vera] L affirmativa A falsa O 8 possibilis] im- add. O est^{2}] om. O verum] falsum O Si] quia O 9 nullum] nomen! L capiatur^{1}] L om. A capitur O significative] signo L capiatur^{2}] om. O 11 propositio] om. O et est^{1}] L om. AO et^{2}...vera] L om. A et vera O 12 tunc] om. O 13 vel] ut L Nulla] LO ista! A 14 est possibilis] om. L 15 Deinde dubitatur] om. O qualitate] quantitate L propositionum] om. O modalium] compositarum add. O 16 Breviter...compositis] om. O dicendum] LO dictum A est] recte add. L 17 illis] ista L sicut dicebatur]

Lebewesen ist ist möglich«[72]. Aber in bezug auf den Satz »Daß kein Mensch ein Esel ist, ist möglich« sage ich: Wenn der ganze Ausdruck »daß kein Mensch ein Esel ist« als Einheit aufgefaßt wird und material für den Satz »Kein Mensch ist ein Esel« oder einen diesem ähnlichen supponiert, so ist er ebenfalls ein indefiniter Satz, und zwar ist er dann bejahend und wahr und bezeichnet, daß der Satz »Kein Mensch ist ein Esel« oder ein ihm ähnlicher möglich ist, das ist nun aber wahr. Wenn aber der Ausdruck »kein« signifikativ aufgefaßt wird und der Rest als material für den Satz »(Ein) Mensch ist ein Esel« oder einen diesem ähnlichen supponierend aufgefaßt wird, dann ist es ein universaler Satz, und zwar ist dieser verneinend und wahr, und dann bedeutet (jener Satz) soviel wie der Satz »Nichts, was *daß ein Mensch ein Esel ist* ist, ist möglich«[73] oder wie der Satz »Kein Satz ›(Ein) Mensch ist ein Esel‹ ist möglich«.

Sodann erhebt sich die Frage nach der Qualität der Modalsätze. Kurze Antwort: Über die zusammengesetzten Sätze ist das gleiche zu sagen wie über die assertorischen Sätze, weil ja, wie schon gesagt wurde, die zusammengesetzten Sätze im eigentlichen Sinne als Sätze über das In-Sein bzw. über die einfache Anhaftung gezählt werden müssen. So ist der Satz »Daß ein Mensch läuft, ist möglich« bejahend und ebenso der Satz »Daß kein Mensch ein Esel ist, ist unmöglich«, und zwar dann, wenn der ganze Ausdruck »daß kein Mensch ein Esel ist« als Subjekt aufgefaßt wird. So wird in diesem Satz der Ausdruck »unmöglich«, der das Prädikat ist, bejahend von dem ganzen Ausdruck »daß kein Mensch ein Esel ist« ausge-

om. O 18 seu…simplici] om. O 20 et sic] similiter LO est] esse L 22 pro] toto? add. s. del. O in] om. L ipsa] ista nullum hominem (esse L om. O) asinum est impossibile LO quod…praedicatum] LO om. A 23 toto] LOPSX termino A

esse asinum, et ideo, quamvis ipsa sit de subiecto negativo, tamen ipsa est mere affirmativa.

Verumtamen, si *nullum* caperetur seorsum et significative et residuum, puta ly *hominem esse asinum*, materialiter caperetur, tunc esset negativa, nam sensus eius esset »Nihil, quod est hominem esse asinum, est impossibile«, et in isto sensu esset falsa. Falsum enim est, quod nihil, quod est hominem esse asinum, est impossibile, immo aliquid, quod est hominem esse asinum, est impossibile, nam hominem esse asinum est impossibile. In primo autem sensu, scilicet, quando hoc totum *nullum hominem esse asinum* sit subiectum supponens materialiter, tunc etiam est falsa, nam tunc sensus eius est, quod haec propositio »Nullus homo est asinus« est impossibilis, et hoc est falsum.

Dubitatur de qualitate propositionum modalium divisarum. Sciendum est, quod quaedam sunt simpliciter affirmativae, in quibus nulla ponitur negatio, ut dicendo »Hominem possibile est esse album«. Aliae vero sunt negativae et sunt duplices, quia quaedam sunt, in quibus negatio fertur ad modum, quia praecedit ipsum, ut dicendo »Nullum hominem possibile est esse asinum«. Aliae autem sunt, in quibus negatio non fertur ad modum, sed sequitur ipsum, ut dicendo »Hominem possibile est non esse album«.

L31rb Sed verum est, quod aliqui dubitant, utrum illae, in quibus negatio sequitur modum, debeant dici simpliciter affirmativae vel simpliciter negativae, sicut est ista »Hominem possibile est

1 et] om. O ipsa] om. O negativo] negativa O 2 ipsa] om. O est] sit L mere] om. LO 3 Verumtamen] verum est tamen LO quod add. L caperetur] L capitur AO seorsum] sursum L et[1]] om. LO 4 puta] om. LO ly] LO om. A caperetur] LO capitur A dicendum esset quod add. LO 5 tunc] haec O haec add. L esset[1]] esse O negativa] nullum hominem esse asinum est impossibile add. LO Nihil] nullum L 6 hominem] homo O 7 nihil] nullum L esse] l- add. s. del. A 8 immo] LOPSX eo quod A 9 nam…impossibile[2]] LPSX om. AO 10 autem] enim L scilicet] est falsa LO hoc totum] om. O nullum] nihil O 11 sit] est LO supponens…falsa] om. LO 12 eius] L om. AO 15 Dubitatur] om. LO qualitate] autem add. L propositionum] om. O 16 Sciendum

sagt, und deshalb ist er ein rein bejahender Satz, obwohl er ein negatives Subjekt hat.

Gleichwohl gilt: Wenn (der Ausdruck) »kein« als abgetrennt und signifikativ aufgefaßt würde und der Rest, nämlich der Ausdruck »daß (ein) Mensch ein Esel ist«, material aufgefaßt würde, dann wäre der Satz verneinend, denn sein Sinn wäre »Nichts, was *daß ein Mensch ein Esel ist* ist, ist unmöglich«[74], und in diesem Sinn wäre er falsch. Es ist nämlich falsch, daß nichts, was *daß ein Mensch ein Esel ist* ist, unmöglich ist, vielmehr ist etwas, was *daß ein Mensch ein Esel ist* ist, unmöglich, denn daß ein Mensch ein Esel ist, ist unmöglich. Im ersten Sinn aber, nämlich, wenn der ganze Ausdruck »daß kein Mensch ein Esel ist« das Subjekt in materialer Supposition ist, ist er auch falsch, denn dann ist sein Sinn, daß der Satz »Kein Mensch ist ein Esel« unmöglich ist, und das ist falsch.

(Sodann) erhebt sich die Frage nach der Qualität der geteilten Modalsätze. (Dazu) muß man wissen, daß manche schlechthin bejahend sind, (nämlich die,) in denen keine Negation vorkommt, wie wenn es heißt »Für einen Menschen ist es möglich, weiß zu sein«. Andere hingegen sind verneinend, und zwar auf zweifache Weise: Es gibt manche, in denen sich die Negation auf den Modalausdruck bezieht, weil sie ihm vorangeht, wie wenn es heißt »Für keinen Menschen ist es möglich, ein Esel zu sein«. Es gibt aber (auch) andere, in denen sich die Negation nicht auf den Modalausdruck bezieht, sondern ihm nachfolgt, wie wenn es heißt »Für einen Menschen ist es möglich, nicht weiß zu sein«.

Aber es stimmt, daß manche im Zweifel sind, ob jene (geteilten Modalsätze), in denen die Negation dem Modalausdruck nachfolgt, »schlechthin bejahend« oder »schlechthin verneinend« genannt werden sollen, wie z. B. der Satz »Für einen

est] nota O 17 dicendo] om. O 19 quia[1]] om. LO sunt] om. LO 20 ipsum] illum LO dicendo] om. LO possibile est] om. L 21 autem] L om. AO 22 ipsum] om. O dicendo] om. O 23 album] asinum LO 24 verum…quod] L om. AO illae] in illis LO 25 debeant] LO debent A 26 simpliciter] om. O est[1]] L om. AO ista] LO istae A

A26va non esse album« et consimiles. Breviter respondetur, quod huiusmodi propositiones sunt negativae. Unde dico hanc simpliciter esse negativam »Hominem possibile est non esse album«. Patet, quia aequivalet uni, quae manifeste est negativa, scilicet isti »Hominem non necesse est esse album«. Et ex alio, nam haec est vera »Chimaeram possibile est non esse asinum«, quae tamen non esset vera, si esset affirmativa, eo quod affirmativa est falsa, cuius subiectum pro nullo supponit.

Ulterius dico, quod illae propositiones, in quibus ponitur duplex negatio, una ad modum, alia ad praedicatum, sicut hic »B non est possibile non esse A« vel »B non est necesse non esse A«, sunt affirmativae, quia aequivalent aliquibus manifeste affirmativis. Haec enim »B non est possibile non esse A« aequivalet isti »B necesse est esse A«, quae est pure affirmativa, et ista »Nullum B necesse est non esse A« aequivalet isti »Omne B possibile est esse A«, quae iterum est pure affirmativa.

Cap. III.6 ⟨Capitulum sextum de propositionibus hypotheticis⟩

Sequitur de propositionibus hypotheticis. Unde propositio hypothetica dicitur, quae habet plures categoricas et notam vel notas hypotheticae principales partes sui. Unde aliqua hypothetica bene potest esse ex pluribus quam ex duabus categoricis, quia potest esse ex tribus vel ex quattuor et non ex tot, quin

1 et consimiles] om. LO Breviter] om. O 2 huiusmodi] LO om. A propositiones] L om. AO 3 esse[1]] O om. AL 4 Patet] om. O aequivalet] aequipollet O 5 esse] om. L Et] om. O 6 nam] quia O haec] haec add. O 9 Ulterius] et O propositiones] om. O 11 B[2]] E30vLOPSX om. A est[2]] LO esse A 12 aliquibus] LO om. A manifeste affirmativis] LO trsp. A 13 affirmativis] affirmativae O est possibile] A potest E30vLOPS trsp. X 14 necesse est] trsp. L 15 Nullum B] *Loco* b non *unanime habent* AE30vLOPSX necesse est] LO trsp. A 16 possibile est] X potest AE30vLOP necesse potest S quae…affirmativa] om. O pure] L om. A affirmativa] Sequitur ergo textus add. L 20 propositionibus

Menschen ist es möglich, nicht weiß zu sein« u. ä. – Kurze Antwort: Derartige Sätze sind verneinend. So sage ich, daß der Satz »Für einen Menschen ist es möglich, nicht weiß zu sein« schlechthin verneinend ist. Das ist klar, denn er ist mit einem Satz äquivalent, welcher offenkundig verneinend ist, nämlich mit dem Satz »Für einen Menschen ist es nicht notwendig, weiß zu sein«. Und (es erhellt auch) aus einem anderen Grund, denn der Satz »Für eine Chimäre ist es möglich, nicht ein Esel zu sein« ist wahr, welcher jedoch nicht wahr wäre, wenn er bejahend wäre, weil ein bejahender Satz falsch ist, dessen Subjekt für kein (existierendes Ding) supponiert.

Weiters sage ich: Jene Sätze, in denen eine zweifache Negation vorkommt, die eine beim Modalausdruck, die andere beim Prädikat, wie z. B. hier »Für ein B ist es nicht möglich, nicht ein A zu sein« oder »Für ein B ist es nicht notwendig, nicht ein A zu sein«, sind bejahend, weil sie mit offenkundig bejahenden Sätzen äquivalent sind. Der Satz nämlich »Für ein B ist es nicht möglich, nicht ein A zu sein« ist mit dem Satz »Für ein B ist es notwendig, ein A zu sein« äquivalent, welcher rein bejahend ist, und der Satz »Für kein B ist es notwendig, nicht ein A zu sein« ist äquivalent mit dem Satz »Für jedes B ist es möglich, ein A zu sein«, welcher wiederum rein bejahend ist.

Kapitel III.6: *Die hypothetischen Sätze*

Es folgt (das Kapitel) über die hypothetischen Sätze[75]. So heißt »hypothetischer Satz« ein solcher, der mehrere kategorische Sätze und ein oder mehrere Verknüpfungszeichen als seine Hauptteile hat. So kann ein hypothetischer Satz durchaus aus mehr als aus zwei kategorischen Sätzen bestehen, weil er aus drei bestehen kann oder aus vier, und es gibt keine Anzahl, die

hypotheticis] hypothetica propositione O Unde] et O propositio hypothetica] om. O 21 dicitur] est O plures] LO principales A 22 aliqua] om. O 23 bene] om. O ex²] L om. AO 24 quia] unde L quia…esse] om. O esse] est add. L ex¹] vel O ex²] om. O quin] plures add. s. del. O

ex pluribus. Unde scriptum in uno magno libro potest esse una propositio hypothetica.

Similiter, quandoque propositiones hypotheticae sunt compositae ex duabus categoricis, quandoque autem ex pluribus mediantibus pluribus copulis vel coniunctionibus, quandoque diversimode, ita quod prima coniungitur cum secunda per copulationem et secunda cum tertia per disiunctionem vel condicionem, et sic de aliis modis. Et sic quandoque nescitur, quomodo capi debeat, vel tamquam disunctiva vel tamquam copulativa, sicut est de ista »Omnes homines sunt asini vel homines et asini sunt asini«.

Propositionum hypotheticarum aliquae dicuntur copulativae, aliquae disiunctivae, aliquae condicionales, aliquae causales, aliquae temporales, aliquae locales. Copulativae autem dicuntur compositae ex pluribus categoricis mediate ista coniunctione *et*, sicut ista »Sortes currit et Plato disputat«. Disiunctivae autem sunt compositae ex pluribus categoricis mediate ista coniunctione *vel*, ut »Sortes currit vel Plato disputat«. Condicionales autem sunt compositae ex pluribus categoricis mediate ista coniunctione *si*, ut »Si Sortes currit, Sortes movetur«. Causales autem sunt compositae ex pluribus categoricis mediate ista coniunctione causali *quia*, ut »Dies fit, quia sol oritur«, »Scholares proficiunt, quia magister legit«. Temporales autem sunt compositae ex pluribus categoricis mediate

1 scriptum] est add. L una] LO om. A 2 hypothetica] om. L 3 Similiter] simpliciter L quandoque] om. O 4 autem] LO om. A 5 copulis] copulativis L coniunctionibus] S disiunctionibus AE30vLOPX disiunctivis vel mediate copulativis add. S quandoque] quando L 7 copulationem] copulam O et… condicionem] om. O 8 sic[1]] sic/sit add. A de aliis] L variis AO sic[2]] secundum hoc LO quandoque] quando L 9 quomodo] om. L capi debeat] capiendae sunt O tamquam[1]] in qua O disunctiva] disiunctivae LO tamquam[2]] om. O 10 copulativa] copulativae LO de] om. O 11 homines] vel homines add. A et] LO om. s. add. s.l. A 12 Propositionum] om. O aliquae] quaedam O dicuntur] sunt L om. O 13 aliquae[1]] L aliae A quaedam O aliquae[2]…locales] etc. O aliquae[3]] L aliae A causales] et add. A 14 aliquae[1]] L aliae A aliquae locales] LPSX om. A Copulativae] copulativa O autem] LO om. A 15 mediate] mediate add. O 16 sicut] scilicet L ista] si! L om. O

nicht überschritten werden könnte. So kann das in einem dicken Buch Geschriebene ein (einziger) hypothetischer Satz sein.

Ebenso: Manchmal sind hypothetische Sätze aus zwei kategorischen Sätzen zusammengesetzt, manchmal aber aus mehr (als zwei) vermittels mehrerer Kopulae bzw. Bindewörter. (Und zwar) manchmal auf verschiedene Weise, so daß der erste (kategorische Satz) mit dem zweiten mittels einer Kopulation verknüpft wird und der zweite mit dem dritten mittels einer Disjunktion oder einer Kondition, usw. für die anderen Weisen (der Satzverknüpfung). Und so weiß man manchmal nicht, auf welche Weise (der hypothetische Satz) aufgefaßt werden soll, entweder als disjunktiver oder als kopulativer Satz, wie es z. B. bei folgendem Satz der Fall ist: »Alle Menschen sind Esel oder Menschen und Esel sind Esel«.

Die Arten von hypothetischen Sätzen sind folgende: kopulative, disjunktive, konditionale, kausale, temporale, lokale. »Kopulative Sätze« aber heißen diejenigen, welche aus mehreren kategorischen Sätzen mittels des Bindeworts »und« zusammengesetzt sind, wie z. B. der Satz »Sokrates läuft und Platon disputiert«. Disjunktive Sätze hingegen sind aus mehreren kategorischen Sätzen mittels des Bindeworts »oder« zusammengesetzt, wie z. B. »Sokrates läuft oder Platon disputiert«. Konditionale Sätze wiederum sind aus mehreren kategorischen Sätzen mittels des Bindeworts »wenn« zusammengesetzt, wie z. B. »Wenn Sokrates läuft, bewegt sich Sokrates«. Kausale Sätze wiederum sind aus mehreren kategorischen Sätzen mittels des kausalen Bindeworts »weil« zusammengesetzt, wie z. B. »Der Tag entsteht, weil die Sonne aufgeht«, »Die Studenten machen Fortschritte, weil der Professor liest«. Temporale Sätze wiederum sind aus mehreren kategorischen Sätzen mit-

17 autem] L om. A autem sunt] om. O ex...disputat] om. O 19 autem] L om. A 20 ista] L om. A 21 autem] L om. A 22 mediate] L et A causali] om. L ut] est ista add. L 23 Scholares...legit] LPSX om. A proficiunt] LPS per- X 24 autem] L om. A mediate] L et A

isto adverbio *quando*, sicut »Adam fuit, quando Noe fuit«. Locales vero sunt compositae ex pluribus categoricis mediate isto adverbio *ubi*, ut »Sortes currit, ubi Plato disputat«.

Ad veritatem copulativae requiritur, quod utraque pars eius sit vera. Unde ista copulativa »Deus est et homo est asinus« significat aliter, quam suae categoricae significant, quia significat, quod sic sit copulative, sicut suae categoricae significant. Unde sibi correspondet distincta intentio et conceptus ab intentione suarum categoricarum, et ideo est, quod quicumque dicit O28rb istam »Deus est et homo est asinus«, dicit simpliciter falsum et non dicit verum, quia mentalis sibi correspondens est simpliciter falsa. Ad falsitatem copulativae sufficit unam eius partem esse falsam.

Ad hoc autem, quod propositio copulativa sit possibilis, requiritur, quod una pars sit alteri compossibilis, et non sufficit A26vb utramque eius partem esse possibilem, nam istius copulativae »Rex sedet et nullus rex sedet« quaelibet categorica est possibilis, et tamen copulativa est impossibilis, eo quod est composita ex partibus sibi invicem contradicentibus. Ad hoc autem, quod copulativa sit impossibilis, non requiritur utramque partem esse impossibilem nec requiritur aliquam partem eius esse impossibilem, sed sufficit, quod eius partes sint incompossibiles. Sed si partes eius non essent incompossibiles seu non essent contradicentes, tunc ad eius impossibilitatem sufficeret unam eius partem esse impossibilem. Ad hoc autem, quod copulativa sit scita, requiritur quamlibet eius partem esse scitam. Ad hoc

1 sicut] ista add. L 2 mediate] L et A 3 isto adverbio] ista coniunctione L ut] ista add. L currit] L disputat A disputat] L currit A 4 requiritur] LO om. A eius] LO om. A 5 copulativa] om. O 6 suae] sine L significant] significat L quia...significant] om. O significat[2]] L significant A 7 suae] sine L 8 intentio] AS intellectu! L in collectivo! O intellectio PX ab] a L intentione] intellectione LO 9 et] om. O 10 istam] om. L 11 simpliciter] om. O 12 copulativae] LO eius A eius] LO om. A 14 hoc...possibilis] possibilitatem O 15 requiritur...et] X om. ALOPS 16 nam] quia O 17 et] om. O categorica] categoricae L 19 autem] L om. AO 20 requiritur] LOPSX exnactur? A 23 Sed] O om. s. add. i.l. A Sed...incompossibiles] om. L non[2]] etiam L

tels des Adverbs »wann« zusammengesetzt, wie z. B. »Adam war, wann Noah war«. Lokale Sätze aber sind aus mehreren kategorischen Sätzen mittels des Adverbs »wo« zusammengesetzt, wie z. B. »Sokrates läuft, wo Platon disputiert«.

Für die Wahrheit eines kopulativen Satzes ist es erforderlich, daß beide Teile von ihm wahr sind[76]. So bezeichnet der kopulative Satz »Gott ist und (ein) Mensch ist ein Esel« anders, als seine kategorischen Sätze bezeichnen, weil er bezeichnet, daß es auf kopulative Weise so sei, wie seine kategorischen Sätze bezeichnen. So entspricht ihm eine Vorstellung bzw. ein Begriff, die von der Vorstellung seiner kategorischen Sätze verschieden ist, und das ist der Grund dafür, daß jeder, der den Satz »Gott ist und (ein) Mensch ist ein Esel« äußert, etwas schlechthin Falsches und nicht etwas Wahres äußert; denn der diesem entsprechende mentale Satz ist schlechthin falsch. – Für die Falschheit eines kopulativen Satzes genügt es, daß ein Teil von ihm falsch ist.

Dafür aber, daß ein kopulativer Satz möglich ist, ist es erforderlich, daß ein Teil mit dem anderen vereinbar[77] ist, und es genügt nicht, daß beide Teile von ihm (je für sich) möglich sind. Denn jeder kategorische Satz des kopulativen Satzes »Der König sitzt und kein König sitzt« ist möglich, und dennoch ist der kopulative Satz unmöglich, weil er aus Teilen zusammengesetzt ist, die sich einander widersprechen. Dafür aber, daß ein kopulativer Satz unmöglich ist, ist es nicht erforderlich, daß beide Teile unmöglich sind, und es ist auch nicht erforderlich, daß irgendein Teil von ihm unmöglich ist, sondern es genügt, daß seine Teile unvereinbar sind. Aber wenn seine Teile nicht unvereinbar wären bzw. nicht (einander) widersprechend wären, dann genügte es für seine Unmöglichkeit, daß ein Teil von ihm unmöglich ist. Dafür aber, daß ein kopulativer Satz gewußt ist, ist es erforderlich, daß jeder Teil von ihm gewußt ist. Dafür aber, daß er zweifelhaft ist, genügt es, daß ein Teil von ihm zweifelhaft ist. Dafür nämlich, daß der

essent[2]] om. L **24** tunc] tamen L eius] om. L sufficeret] sufficit L **25** eius] om. O **26** quamlibet] LO utramque A

autem, quod sit dubia, sufficit unam eius partem esse dubiam. Ad hoc enim, quod ista sit dubia »Deus est et rex sedet«, non requiritur quamlibet eius partem esse dubiam, sed sufficit unam partem eius esse dubiam. Ad hoc autem, quod aliqua copulativa ab aliquo sit concedenda, non sufficit utramque eius partem ab illo esse concedendam. Unde in casu quaelibet pars alicuius copulativae est concedenda, et tamen copulativa est neganda. Nam sit ita in rei veritate, quod Sortes currat et Plato sedeat, tunc ponatur tibi ista »Plato currit«, tunc ipsa est a te concedenda, postquam est tibi posita, et etiam ista est concedenda a te »Sortes currit«, cum sit vera et impertinens posito. Et sic ambae partes istius copulativae »Sortes currit et Plato currit« sunt a te concedendae, et tamen copulativa est a te neganda, quia est falsa et impertinens posito.

Notandum est hic, quod propositioni copulativae contradicit disiunctiva composita ex contradictoriis partium copulativae. L31va Unde contradictoria istius »Sortes currit et Plato disputat« est »Sortes non currit vel Plato non disputat«. Et ratio huius est, nam istis conveniunt lex et natura contradictoriarum propositionum.

Ad veritatem autem disiunctivae affirmativae sufficit unam eius partem esse veram, quia a qualibet parte disiunctivae affirmativae ad disiunctivam, cuius ipsa est pars, est consequentia bona. Sequitur enim »A est, ergo A est vel B est«, modo hoc non esset, nisi ad veritatem disiunctivae affirmati-

1 autem] om. O 2 Ad...dubiam] LO om. A enim] O autem L ista] O om. L 3 esse] esse add. O 4 autem] om. O aliqua] L om. AO 5 ab aliquo] aliquo modo L om. O 6 eius] om. LO ab illo] L om. AO 8 Nam] quia O ita] quod add. O currat] O currit AL 9 sedeat] non currat L tunc[1]] om. L et O ponatur] pro- add. L ista] om. O tunc[2]] om. O ipsa] ista LO 10 postquam...te] LO om. A ista est] L om. O 11 cum] non! O 12 posito] positae O sic] L om. A similiter O 13 est] om. L a te[2]] LO om. A 14 quia est] cum sit LO posito] positae L 15 Notandum] Nota O est...quod] om. O 18 vel] et O Et] om. O huius] om. O est] om. L 19 nam] quia O istis] istius L conveniunt] convenit LO et natura] om. O contradictoriarum] contradictoriae L propositionum] propositionis L om. O 21 autem] om. LO 22 eius] om. LO qualibet] eius add. s. del. A 23 affirmativae] om. LO disiunctivam] AE31rLOPSX

Satz »Gott ist und der König sitzt« zweifelhaft ist, ist es nicht erforderlich, daß jeder Teil von ihm zweifelhaft ist, sondern es genügt, daß ein Teil von ihm zweifelhaft ist. Dafür aber, daß ein kopulativer Satz von jemandem zugegeben werden muß, genügt es nicht, daß jeder von seinen beiden Teilen von jenem zugegeben werden muß. So kann es vorkommen, daß jeder Teil eines kopulativen Satzes zugegeben werden muß, aber der kopulative Satz dennoch abgelehnt werden muß, denn angenommen, daß es in Wirklichkeit so sei, daß Sokrates läuft und Platon sitzt: Dann setze[78] man dir den Satz »Platon läuft« – dann muß dieser von dir zugegeben werden, nachdem er dir gesetzt wurde, und auch der Satz »Sokrates läuft« muß von dir zugegeben werden, da er wahr und vom Gesetzten (logisch) unabhängig[79] ist. Und so müssen beide Teile des kopulativen Satzes »Sokrates läuft und Platon läuft« von dir zugegeben werden, aber dennoch muß der kopulative Satz von dir abgelehnt werden, weil er falsch und vom Gesetzten unabhängig ist.

Hier ist anzumerken, daß einem kopulativen Satz ein disjunktiver Satz widerspricht, welcher aus den kontradiktorischen Gegensätzen der Teile des kopulativen Satzes zusammengesetzt ist. So ist der kontradiktorische Satz des Satzes »Sokrates läuft und Platon disputiert« »Sokrates läuft nicht oder Platon disputiert nicht«. Und der Grund dafür ist, daß diese Sätze dem Gesetz und dem Wesen der kontradiktorischen Sätze genügen.

Für die Wahrheit eines bejahenden disjunktiven Satzes wiederum genügt es, daß ein Teil von ihm wahr ist, weil von jedem Teil eines bejahenden disjunktiven Satzes auf den disjunktiven Satz, dessen Teil er ist, eine gültige Folgerung vorliegt. Es folgt nämlich »A ist, also ist A oder ist B«, das wäre nun aber nicht der Fall, wenn es für die Wahrheit eines beja-

affirmativam add. ELPX   ipsa] LO om. A   **24** enim] om. O   est[2]] om. L
25 nisi] verum L   affirmativae] Z om. AE31rLOPSX

vae sufficeret unam partem esse veram, aliter enim in consequentia bona ex vero sequeretur aliud quam verum, modo hoc est falsum.

Et notabiliter dico »ad veritatem disiunctivae affirmativae«, nam ad veritatem disiunctivae negativae non sufficit unam partem esse veram. Verbi gratia, ad veritatem istius »Non tu curris vel tu non curris« non sufficit veritas unius eius partis. Patet, nam disiunctiva negativa aequipollet uni copulativae, ad cuius veritatem requiritur quamlibet eius partem esse veram. Patet, quia negativa disiunctiva contradicit disiunctivae affirmativae, modo contradictorium disiunctivae est copulativa ex contradictoriis partium disiunctivae composita. Ergo propositio contradicens disiunctivae affirmativae aequipollet uni copulativae, ergo ista »Non tu curris vel tu non curris« valet istam »Tu non curris et tu curris«, modo ista est falsa, quia est una copulativa composita ex contradictoriis. Nec etiam a qualibet parte disiunctivae negativae ad disiunctivam A27ra negativam est bona consequentia. Patet, nam non sequitur »Tu curris, ergo non tu curris vel tu non curris«. Patet, quia sequitur »Tu curris, ergo tu curris vel tu non curris«, ergo non sequitur »Tu curris, ergo non tu curris vel tu non curris«, quia ad idem non sequuntur contradictoria, sed modo istae contradicunt »Tu curris vel tu non curris« et »Non tu curris vel tu non curris«.

1 partem] unam add. O 2 vero] LO veris A aliud…verum] LO falsum A modo hoc] LPSX quod non A et O 3 est] APSX om. LO falsum] LPSX verum A om. O 4 disiunctivae] om. O 5 nam] quia O disiunctivae] om. O 6 Verbi gratia] ut O 7 curris[1]] currit LO tu] om. LO curris[2]] currit L non[2]] om. L eius] LO om. A 8 Patet] om. O Patet nam] trsp. L aequipollet] aequivalet LO 9 eius] L om. AO 10 negativa disiunctiva] LOPSX om. A contradicit] LOPSX contradicunt A disiunctivae affirmativae] LOPSX affirmativa et negativa A 11 disiunctivae] om. O 13 aequipollet] aequivalet LO 14 curris[1]] currit L curris[2]] currit L 15 curris[1]] currit L curris[2]] currit L 16 est] om. O una] om. LO 17 a] om. L negativae] E31rLPSX om. AO 18 nam non] non enim LO 19 curris[1]] currit L curris[2]] currit L curris[3]] currit L Patet] om. O 20 curris[1]] currit L ergo[1]…curris[2]] om. O curris[2]] currit L tu[2]] om. LO ergo[2]…curris[2]] LOPS om. AX 21 curris[1]] OP currit LS curris[2]] OP currit

henden disjunktiven Satzes nicht genügte, daß ein Teil wahr ist, sonst folgte nämlich in einer gültigen Folgerung aus Wahrem etwas anderes als Wahres, aber das ist falsch.

Und ich sage ausdrücklich »für die Wahrheit eines bejahenden disjunktiven Satzes«, denn für die Wahrheit eines verneinenden disjunktiven Satzes genügt es nicht, daß ein Teil wahr ist. Z. B., für die Wahrheit des Satzes »Nicht: Du läufst oder du läufst nicht« genügt nicht die Wahrheit eines Teiles von ihm. Das ist klar, denn ein verneinender disjunktiver Satz ist einem kopulativen Satz gleichwertig, für dessen Wahrheit es erforderlich ist, daß jeder Teil von ihm wahr ist. Das ist klar, denn ein verneinender disjunktiver Satz widerspricht dem bejahenden disjunktiven Satz, der kontradiktorische Gegensatz eines disjunktiven Satzes ist nun aber ein kopulativer Satz, der aus den kontradiktorischen Gegensätzen der Teile des disjunktiven Satzes zusammengesetzt ist. Also ist ein Satz, der einem bejahenden disjunktiven Satz widerspricht, einem kopulativen Satz gleichwertig, also ist der Satz »Nicht: Du läufst oder du läufst nicht« dem Satz »Du läufst nicht und du läufst« gleichwertig, dieser ist nun aber falsch, weil er ein kopulativer Satz ist, der aus kontradiktorischen Sätzen zusammengesetzt ist. Und es ist auch nicht der Fall, daß von jedem Teil eines verneinenden disjunktiven Satzes auf den verneinenden disjunktiven Satz eine gültige Folgerung vorliegt. Das ist klar, denn es folgt nicht »Du läufst, also nicht: Du läufst oder du läufst nicht«. Das ist klar, denn es folgt »Du läufst, also läufst du oder läufst du nicht«, also folgt nicht »Du läufst, also nicht: Du läufst oder du läufst nicht«, weil aus demselben nichts folgt, das einander kontradiktorisch entgegengesetzt ist; die Sätze »Du läufst oder du läufst nicht« und »Nicht: Du läufst oder du läufst nicht« widersprechen nun aber einander.

LS vel...curris[3]] S om. ALOX om. s. add. i.m. P curris[3]] P currit S quia... non] A om. LOSX om. s. add. i.m. P 22 sequuntur contradictoria] i.m. P sequitur vel sequitur contradictorium A om. LOSX sed] om. O 23 curris[1]] currit L curris[2]] currit LO et] om. LO curris[3]] currit L vel[2]] om. L 24 curris] currit L

Ad necessitatem disiunctivae semper intelligendo de disiunctiva affirmativa requiritur, quod altera eius pars sit necessaria, ut »Sortes currit vel deus est«. Vel potest esse necessaria, si neutra eius pars sit necessaria, sed contingens, dum tamen partes eius sibi invicem contradicant, ut dicendo »Rex sedet vel nullus rex sedet«. Ad possibilitatem vero disiunctivae sufficit alteram partem esse possibilem, quia si disiunctiva est possibilis, ipsa potest esse vera et non sine altera eius parte. Ad impossibilitatem autem disiunctivae requiritur, quod utraque eius pars sit impossibilis, quia disiunctiva est consequens ad O28va utramque eius partem. Modo si consequens est impossibile, antecedens est impossibile, ergo si disiunctiva est impossibilis, oportet quamlibet eius partem esse impossibilem.

Ad hoc autem, quod sit scita, sufficit alteram partem esse scitam. Unde ista est scita »Caelum movetur vel rex Hispaniae dormit«. Etiam disiunctiva potest esse scita posito, quod nulla pars eius esset scita, dum tamen eius partes contradicerent. Unde ista est scita »Rex sedet vel nullus rex sedet«. Ad hoc autem, quod sit dubia, oportet utramque eius partem esse dubiam, vel quod contradicant dubie, unde si contradictio non sit manifesta, tunc disiunctiva non est certa, sed dubia.

Ad veritatem autem propositionis condicionalis, dicunt aliqui, requiritur, quod antecedens non possit esse verum, nisi consequens sit verum. Hoc non valet, nam antecedens potest esse verum consequente non existente, ergo antecedens propo-

1 de] om. O disiunctiva] om. LO 2 affirmativa] affirmativo L affirmativae O eius] om. O 4 sed contingens] LO om. A 5 contradicant] LO contradicunt A ut] verbi gratia sicut L dicendo] om. O 6 possibilitatem] partem! L vero] om. O 7 possibilem] ut add. O 8 parte] igitur etc. add. L 9 autem disiunctivae] om. O 10 eius] om. O 11 eius] sui O est] LO sit A 14 autem] om. O scita] SX certa ALOP certus E31v 15 scitam] SX certam AE31vLOP scita] SX certa ALOP certius E31v Caelum] totum O 16 Etiam] vel L aut O disiunctiva] om. LO scita] S certa AE31vLOP om. X posito] om. LO 17 scita] SX certa AE31vLOP dum] dummodo L 18 scita] SX certa AE31vLOP vel] non sedet add. s. del. A 19 autem] om. O sit] sunt L eius] om. LO 20 contradicant…unde] LO om. A 21 sit] est O disiunctiva] om. O 22 autem] om.

Für die Notwendigkeit eines disjunktiven Satzes – (dies im folgenden) immer im Sinne eines bejahenden disjunktiven Satzes verstanden – ist es erforderlich, daß zumindest ein Teil von ihm notwendig ist, wie z. B. »Sokrates läuft oder Gott ist«. Oder (ein disjunktiver Satz) kann (auch) notwendig sein, wenn kein Teil von ihm notwendig ist, sondern (jeder Teil) kontingent (ist), wofern nur seine Teile einander widersprechen, wie wenn es heißt »Der König sitzt oder kein König sitzt«. – Für die Möglichkeit eines disjunktiven Satzes hingegen genügt es, daß zumindest ein Teil möglich ist, denn wenn ein disjunktiver Satz möglich ist, kann er wahr sein, aber nicht ohne (die Wahrheit) zumindest eines Teils von ihm. – Für die Unmöglichkeit eines disjunktiven Satzes aber ist es erforderlich, daß beide Teile von ihm unmöglich sind, weil ein disjunktiver Satz der Nachsatz zu beiden Teilen von ihm ist. Wenn nun aber der Nachsatz unmöglich ist, ist (auch) der Vordersatz unmöglich, also gilt: Wenn ein disjunktiver Satz unmöglich ist, muß jeder Teil von ihm unmöglich sein.

Dafür aber, daß (ein disjunktiver Satz) gewußt ist, genügt es, daß zumindest ein Teil gewußt ist. So ist der Satz gewußt: »Der Himmel bewegt sich oder der König von Spanien schläft«. Ein disjunktiver Satz kann auch in dem Fall gewußt sein, daß kein Teil von ihm gewußt ist, wofern nur seine Teile einander widersprechen. So ist der Satz gewußt: »Der König sitzt oder kein König sitzt«. – Dafür aber, daß er zweifelhaft ist, ist es nötig, daß beide Teile von ihm zweifelhaft sind oder daß sie einander auf zweifelhafte Weise widersprechen; wenn nämlich der Widerspruch nicht offenkundig ist, dann ist der disjunktive Satz nicht gewiß, sondern zweifelhaft.

Für die Wahrheit eines konditionalen Satzes wiederum ist es erforderlich, so sagen (jedenfalls) manche[80], daß der Vordersatz nur wahr sein könne, wenn der Nachsatz wahr sei. (Aber) das stimmt nicht, denn der Vordersatz kann wahr sein, während

LO propositionis] om. O dicunt aliqui] secundum aliquos O 23 possit] LO potest A 24 Hoc] haec L nam] quia O 25 propositionis] om. LO

sitionis condicionalis verae potest esse verum consequente non existente vero. Ergo alii volentes hoc corrigere dicunt, quod ad veritatem condicionalis requiritur, quod antecedens non possit esse verum, nisi consequens, si formaretur, sit verum. Breviter, istud adhuc non valet, nam tunc sequeretur, quod ista condicionalis esset vera »Si nulla propositio est negativa, nullus homo currit«, sed hoc est falsum. Falsitas patet, quia oppositum consequentis non interimit antecedens. Consequentia tenet, quia impossibile est antecedens esse verum, ergo impossibile est antecedens esse verum consequente existente falso. Consequentia tenet et antecedens probatur, quia si antecedens posset esse verum, hoc esset, vel quando esset vel quando non esset. Non secundum, quia quando non est, non est verum. Nec etiam primum, quia quandocumque ipsum est, tunc aliqua propositio est negativa, ex quo ipsummet est propositio negativa. Sed ipsum significat, quod nulla propositio est negativa, ergo quandocumque ipsum est, ipsum est falsum. Aliter ergo dicendum est, quod ad veritatem condicionalis requiritur, quod impossibile est, qualitercumque significat antecedens A27rb esse, quin qualitercumque significat consequens sit, si formaretur. Ad falsitatem autem eius requiritur oppositum illius, quod requiritur ad eius veritatem, scilicet, quod possit esse ita, sicut significat antecedens, et tamen non sit ita, sicut significat consequens.

Ad necessitatem autem condicionalis hoc idem requiritur, quod requiritur ad sui veritatem, et ad eius impossibilitatem

1 verae] LO om. A potest] posset O 2 vero] LO falso A Ergo] om. O volentes…corrigere] om. O ad…condicionalis] om. O 3 possit] LO potest A 4 formaretur] formetur L Breviter] om. O 5 adhuc] L om. A etiam O nam] quia O tunc] LO om. A sequeretur] sequitur O 7 homo] A asinus LOPSX currit] ALOP est SX sed] om. O 9 tenet] patet LO esse] est O 10 falso] falsa O 11 tenet] patet O et] om. LO antecedens[1]] consequentia O 12 posset] LO possit A hoc esset] om. LO vel[1]] LO om. A 13 quia] nam L quando add. s. del. A 14 etiam] O om. AL quia] nam L tunc] est add. A 15 est[1]] O om. AL negativa] est add. L ex quo] quia O 16 est] O om. AL negativa[2]] est add. AL 17 Aliter] L om. AO 18 ergo] autem L dicendum est] dico O condicio-

der Nachsatz nicht existiert, also (gilt auch): Der Vordersatz eines wahren Konditionalsatzes kann wahr sein, obwohl der Nachsatz nicht wahr ist. Also sagen andere, die das berichtigen wollen, daß es für die Wahrheit eines Konditionalsatzes erforderlich ist, daß der Vordersatz nicht wahr sein könne, wenn der Nachsatz nicht wahr sei, wenn er gebildet werden sollte. Kurz gesagt, dies stimmt noch immer nicht, denn dann folgte, daß der Konditionalsatz »Wenn kein Satz negativ ist, läuft kein Mensch« wahr wäre, aber das ist falsch. Die Falschheit ist klar, weil der Gegensatz des Nachsatzes den Vordersatz nicht aufhebt. Die Folgerung ist gültig, weil es unmöglich ist, daß der Vordersatz wahr ist, also ist es (auch) unmöglich, daß der Vordersatz wahr ist, wenn der Nachsatz falsch ist. Die Folgerung ist gültig, und der Vordersatz wird bewiesen: Denn wenn der Vordersatz wahr sein könnte, so wäre das der Fall entweder, wann er existierte, oder, wann er nicht existierte. Das zweite trifft nicht zu, denn wann er nicht existiert, ist er (auch) nicht wahr. Aber auch das erste trifft nicht zu, denn wann auch immer er existiert, dann ist ein Satz negativ, weil er selbst ein negativer Satz ist. Aber er bezeichnet, daß kein Satz negativ ist, also gilt: Wann auch immer er existiert, ist er falsch. – Man muß dies also anders formulieren, und zwar so: Für die Wahrheit eines Konditionalsatzes ist es erforderlich, daß es unmöglich ist, daß es (so) ist, wie auch immer der Vordersatz bezeichnet, ohne daß es (so) ist, wie auch immer der Nachsatz bezeichnet, wenn er gebildet werden sollte. – Für seine Falschheit aber ist das Gegenteil von dem erforderlich, was für seine Wahrheit erforderlich ist, nämlich, daß es so sein könne, wie der Vordersatz bezeichnet, und dennoch nicht so sei, wie der Nachsatz bezeichnet.

Für die Notwendigkeit eines Konditionalsatzes wiederum ist dasselbe erforderlich, was für seine Wahrheit erforderlich ist,

nalis] condicionalem L 20 consequens] sic add. O formaretur] formatur L 21 autem] tunc L om. O eius] LO om. A 22 eius] L om. AO 23 sit] possit esse O 25 autem] L om. AO condicionalis] om. O hoc] om. LO idem] om. O 26 sui] eius LO et] L om. AO eius] om. LO

sufficit idem, quod ad eius falsitatem sufficit, eo quod omnis condicionalis vera est necessaria et omnis falsa est impossibilis.

Ad hoc autem, quod ipsa sit scita, requiritur, quod sciatur, quod impossibile est sic esse, sicut significat antecedens, quin sic sit, ut significat consequens. Ad hoc autem, quod sit dubia, sufficit, quod hoc dubitetur.

Ad veritatem causalis requiritur, quod sic esse, sicut significatur per antecedens, sit causa, quare sic est, sicut significatur per consequens. Et ideo ista causalis est vera »Dies est, quia sol lucet« et ista est falsa »Sol lucet, quia tu scribis«, quamvis utraque pars eius sit vera, et hoc ideo, quia te scribere non est causa, quare sol lucet. Ad falsitatem autem eius sufficit, quod sic esse, sicut significatur per antecedens, non sit causa, quare sic est, sicut significatur per consequens. Ad veritatem autem causalis negativae, si negatio praeponitur toti causali affirmativae, non requiritur ad sui veritatem, quod utraque eius pars sit vera aut etiam altera, sed sufficit, quod sic esse, sicut significatur per antecedens, non sit causa, quare sic est, sicut significatur per consequens. Unde haec est vera »Non chimaera est, quia hircocervus est«. Si vero negatio ponatur post primam categoricam et feratur immediate ad coniunctionem causalem, tunc ad veritatem talis causalis requiritur, quod prima pars sit L31vb vera et quod sic esse, sicut secunda significat, non sit causa, quare sic est, sicut significat ipsa. Et ideo haec est falsa »Chi-

3 autem] om. O ipsa] om. O 4 impossibile] possibile L 5 autem] om. O 6 dubitetur] LO dubitatur A 8 sic est] sit ita L 9 Et] om. O 10 est] L om. AO Sol lucet] LOPS dies est AX 11 utraque] uterque! O hoc] om. L te scribere] Z solem lucere ALOPSX 12 sol lucet] Z tu scribis ALOPSX autem] L om. AO 13 significatur per] significat LO sit] LO est A 14 est] L esse A sit O significatur per] significat LO autem] om. O 15 praeponitur] LO praeponatur A affirmativae] negativae L tunc add. LO 16 requiritur] non requiritur add. A eius] om. O 17 vera] L om. A aut…altera] om. L quod] om. L 18 quare] quod L est] O sit AL 19 Unde] L videlicet A quia O est[1]] est add. O 20 hircocervus] X tonitruus A icucervus L yrusservus O ircocervus P hycocervus S vero] om. O 21 feratur] addatur L 22 talis] L om. AO causalis] O om. A causatur! L 23 quod] L om. AO sicut] significat add. s. del. O

und für seine Unmöglichkeit genügt dasselbe, was für seine Falschheit genügt, weil jeder wahre Konditionalsatz notwendig ist und jeder falsche unmöglich ist.

Dafür aber, daß er gewußt ist, ist es erforderlich, daß (Folgendes) gewußt wird: Es ist unmöglich, daß es so ist, wie der Vordersatz bezeichnet, ohne daß es so ist, wie der Nachsatz bezeichnet. – Dafür aber, daß er zweifelhaft ist, genügt es, daß dies bezweifelt wird.

Für die Wahrheit eines Kausalsatzes ist es erforderlich, daß das So-Sein, wie es vom Vordersatz bezeichnet wird, die Ursache ist, weshalb es so ist, wie vom Nachsatz bezeichnet wird[81]. Deshalb ist der Kausalsatz »Es ist Tag, weil die Sonne scheint« wahr, aber dieser falsch »Die Sonne scheint, weil du schreibst«, wenn auch beide Teile von ihm wahr sind, und zwar deshalb, weil daß du schreibst nicht die Ursache ist, weshalb die Sonne scheint. – Für seine Falschheit aber genügt es, daß das So-Sein, wie es vom Vordersatz bezeichnet wird, nicht die Ursache ist, weshalb es so ist, wie vom Nachsatz bezeichnet wird. – Für die Wahrheit eines negativen Kausalsatzes wiederum gilt: Wenn die Negation dem ganzen bejahenden Kausalsatz vorangestellt wird, dann ist es für seine Wahrheit nicht erforderlich, daß beide Teile von ihm wahr sind oder auch nur einer, sondern es genügt, daß das So-Sein, wie es vom Vordersatz bezeichnet wird, nicht die Ursache ist, weshalb es so ist, wie vom Nachsatz bezeichnet wird. So ist der Satz wahr: »Nicht: Eine Chimäre ist, weil ein Bockhirsch ist«. Wenn hingegen die Negation nach dem ersten kategorischen Satz steht und sich unmittelbar auf die Kausal-Konjunktion bezieht, dann ist es für die Wahrheit eines solchen Kausalsatzes erforderlich, daß der erste Teil wahr ist und daß das So-Sein, wie es der zweite (Teil) bezeichnet, nicht die Ursache ist, weshalb es so ist, wie er (nämlich der erste Teil) bezeichnet. Und deshalb ist der Satz »Eine Chimäre ist, nicht weil ein Bock-

secunda] A ipsa LOP prima SX 24 est[1]] sit LO ipsa] A secunda LOPSX Et] om. O est[2]] om. L falsa] non add. O

maera est, non quia hircocervus est«, quia affirmat primam partem esse veram et non est ita.

Ad necessitatem autem eius requiritur, quod utraque pars sit necessaria et quod antecedens sit necessario causa consequentis ad intellectum praedictum, videlicet, quod sic esse, sicut significat antecedens, necessario sit causa sic esse, sicut significat consequens. Et ergo haec est necessaria secundum Philosophum »Ignis movetur circulariter, quia sphaera lunae movetur circulariter«. Ad possibilitatem eius requiritur, quod utraque pars sit compossibilis alteri et quod antecedens possit esse O28vb causa consequentis semper ad intellectum dictum. Et ideo ista est possibilis »Antichristus erit animal, quia erit sensibilis« et ista non est possibilis »Sortes est risibilis, quia Plato est risibilis«, quia antecedens non potest esse causa consequentis. Ad impossibilitatem eius sufficit, quod partes eius sint incompossibiles, ut »Sortes est, quia Sortes non est«, vel quod antecedens non possit esse causa consequentis, ut »Sortes est risibilis, quia Plato est risibilis«.

Ad hoc autem, quod sit scita, requiritur, quod hoc sciatur, quod requiritur ad eius veritatem. Et ad hoc, quod sit dubia, requiritur, quod hoc dubitetur.

De temporali autem sciendum est, quod etiam potest fieri per A27va alia adverbia quam per hoc adverbium *quando*, potest enim fieri per haec adverbia *olim* et *tunc* et *postquam* et *antequam* etc. Ad veritatem autem temporalis non sufficit, quod partes

7 Philosophum] Cf. Aristotelem, De caelo, II.7, 289a26–32; Meteorologica, I.4, 341b13s.

3 autem] om. LO 5 videlicet…consequens] LOPSX om. A 6 significat[1]] LOPX significatur per S antecedens…significat[2]] LPSX om. O necessario] PX necessarium L om. S 7 Et] om. O haec] hoc L Philosophum] Aristotelem O 9 possibilitatem] partem! L 10 compossibilis] possibilis L alteri] LO om. A 11 semper] LO om. A Et] om. O 12 Antichristus erit] homo est L erit[2]] est L 15 eius[1]] om. LO sint] sunt L 16 ut] unde L Sortes[2]] LO om. A 19 autem] om. O quod[2]] ad add. L 20 quod[1]] quid L Et…hoc] om. O 21 dubitetur] LO dubitatur A 22 De…etiam] temporalis O autem] L etiam A 23 alia] aliqua L quam] ut O hoc] om. LO adverbium] om. O potest…

hirsch ist« falsch, weil er bejaht, daß der erste Teil wahr ist, aber das ist nicht der Fall.

Für seine Notwendigkeit aber ist es erforderlich, daß beide Teile notwendig sind und daß der Vordersatz notwendigerweise die Ursache des Nachsatzes ist, und zwar im vorgenannten Sinne, nämlich, daß das So-Sein, wie es der Vordersatz bezeichnet, notwendigerweise die Ursache des So-Seins ist, wie es der Nachsatz bezeichnet. Also ist der folgende Satz gemäß dem Philosophen (Aristoteles) notwendig: »Das Feuer bewegt sich kreisförmig, weil sich die Mondsphäre kreisförmig bewegt«. – Für seine Möglichkeit ist es erforderlich, daß jeder Teil mit dem anderen vereinbar ist und daß der Vordersatz die Ursache des Nachsatzes sein kann, immer im genannten Sinne. Deshalb ist der Satz »Der Antichrist wird ein Lebewesen sein, weil er sinnenbegabt sein wird« möglich, aber folgender Satz ist nicht möglich: »Sokrates ist des Lachens fähig, weil Platon des Lachens fähig ist«, denn der Vordersatz kann nicht die Ursache des Nachsatzes sein. – Für seine Unmöglichkeit genügt es, daß seine Teile unvereinbar sind, wie z. B. »Sokrates ist, weil Sokrates nicht ist«, oder daß der Vordersatz nicht die Ursache des Nachsatzes sein kann, wie z. B. »Sokrates ist des Lachens fähig, weil Platon des Lachens fähig ist«.

Dafür aber, daß er gewußt ist, ist es erforderlich, daß das gewußt wird, was für seine Wahrheit erforderlich ist. – Und dafür, daß er zweifelhaft ist, ist es erforderlich, daß dies bezweifelt wird.

Bezüglich des Temporalsatzes aber muß man wissen, daß er auch mit anderen Adverbien als mit dem Adverb »wann« gebildet werden kann, er kann nämlich gebildet werden mit den Adverbien »einst«, »dann«, »nachdem«, »bevor« usw. Für die Wahrheit eines Temporalsatzes aber genügt es nicht, daß seine Teile für dieselbe Zeit wahr sind. Das ist klar, denn sonst wäre der Satz »Adam war, wann Noah war« wahr. Das ist

adverbia] om. O enim] om. L 24 haec adverbia] hoc adverbium L et[1]] L om. AO tunc] LO om. A et[2]] L om. AO et[3]] L om. AO 25 etc] om. O autem] L om. AO temporalis] temporalem! L eius O

eius pro eodem tempore sint verae. Patet, quia tunc haec esset vera »Adam fuit, quando Noe fuit«. Patet, quia eius partes pro eodem tempore sunt verae, iam enim haec est vera »Adam fuit« et sic ista »Noe fuit«. Sed ad veritatem temporalis, cuius nulla pars est universalis de praeterito vel futuro, in qua ponitur adverbium denotans simultatem temporis, requiritur, quod in eodem tempore ita sit, sicut significant categoricae illius temporalis, pro quo illa temporalis denotat sic esse. Et ideo haec est vera »Elias praedicabit, quando Antichristus praedicabit«. Ubi autem ponitur adverbium denotans ordinem, non requiritur, quod sic sit in eodem tempore, sicut suae categoricae significant, ut hic »Noe fuit, postquam Adam fuit«. Et notabiliter dico »cuius nulla pars est universalis de praeterito vel futuro« propter istam »Omnis homo generabatur, quando non omnis homo generabatur«, similiter propter illam »Omnis homo morietur, quando non omnis homo morietur«. Sensus est ex dictis. Ad falsitatem autem eius requiritur oppositum illius, quod dictum est, et quid requiratur ad eius necessitatem et possibilitatem, etiam faciliter patet ex dictis.

De locali autem sciendum est, quod quaedam sunt, in quibus ponuntur adverbia non denotantia motum, et quaedam sunt, in quibus ponuntur adverbia denotantia motum. Ad veritatem autem primarum requiritur, quod ita fiat in eodem loco, ut suae categoricae significant, et hoc, si est affirmativa, si autem negativa, quod non. Verbi gratia »Sortes dormit, ubi Plato

1 verae] vera L 2 vera] patet add. s. del. A quando] LO quia A Patet] om. O quia] quod L 3 tempore] non add. L est] esset L 4 et] om. O sic] similiter LO ista] om. L 6 simultatem] siletatem! L simulaatem! O 7 sit sicut] om. O 8 quo] LO qua A Et] om. O Et…praedicabit[2]] *Istam propositionem ratione scripturae unanime sic habent* AE31VLOPSX 9 est] om. L quando] quia L 11 suae] LO om. A 12 hic] om. O 13 cuius] quod L 14 Omnis] m- add. s. del. O generabatur] generatur L movetur O quando] quia L 15 generabatur] movetur O similiter…illam] L om. AO Omnis…morietur[2]] om. O 16 morietur[1]] movetur L quando] quia L homo[2]] non! L morietur[2]] moritur L Sensus…dictis] om. LO 17 Ad…dictis] LO om. A autem] L om. O eius] L om. O illius] illius add. O 18 et[1]…dictis] L alia patent O 20 autem] L om. AO sciendum est] nota O 21 denotantia] denominantia L et]

klar, weil seine Teile für dieselbe Zeit wahr sind, jetzt nämlich ist der Satz »Adam war« wahr und ebenso der Satz »Noah war«. Sondern für die Wahrheit eines Temporalsatzes, von dem kein Teil ein universaler Satz im Präteritum oder Futur ist und in dem ein Adverb vorkommt, das die Gleichzeitigkeit angibt, ist es erforderlich, daß es zur selben Zeit so ist, wie die kategorischen Sätze dieses Temporalsatzes bezeichnen, für welche (Zeit) der Temporalsatz angibt, daß es so ist. Und deshalb ist der Satz wahr: »Elias wird predigen, wann der Antichrist predigen wird«[82]. Wo aber ein Adverb vorkommt, das eine Abfolge angibt, ist es nicht erforderlich, daß es zur selben Zeit so sei, wie seine kategorischen Sätze bezeichnen, wie z. B. hier »Noah war, nachdem Adam war«. Und ich sage ausdrücklich »von dem kein Teil ein universaler Satz im Präteritum oder Futur ist« wegen des Satzes »Jeder Mensch wurde gezeugt, wann nicht jeder Mensch gezeugt wurde«, ebenso wegen des Satzes »Jeder Mensch wird sterben, wann nicht jeder Mensch sterben wird«. Der Sinn ergibt sich aus dem Gesagten. – Für seine Falschheit aber ist das Gegenteil von dem erforderlich, was (zu seiner Wahrheit) gesagt wurde, und was für seine Notwendigkeit und Möglichkeit erforderlich ist, erhellt ebenfalls leicht aus dem Gesagten.

Bezüglich des Lokalsatzes aber muß man wissen, daß es solche (Lokalsätze) gibt, in denen Adverbien vorkommen, die keine Bewegung angeben, und daß es solche gibt, in denen Adverbien vorkommen, die eine Bewegung angeben. Für die Wahrheit der ersten aber ist es erforderlich, daß es am selben Ort so geschieht, wie ihre kategorischen Sätze bezeichnen, und zwar, wenn es sich um einen bejahenden Satz handelt; wenn es sich aber um einen verneinenden Satz handelt, (dann ist es erforderlich,) daß dies nicht der Fall ist. Z. B. »Sokrates schläft,

om. LO quaedam] autem add. L sunt] LO om. A 22 in…adverbia] om. L denotantia] denominantia L 23 autem] om. O fiat] fiant L loco] quod add. L 24 et] si add. s. del. O affirmativa] quod add. L autem] om. LO 25 non] est add. L Verbi gratia] L ut O Verbi…vigilat[1]] LO om. A

vigilat«, »Non Sortes dormit, ubi Plato vigilat«. Sed est sciendum, quod in eodem loco dicitur vel in proprio loco vel in loco communi, et in loco dicitur vel in loco per se vel in loco per accidens. Modo impossibile est, quod duo simul sint per se in eodem loco proprio, ergo oportet intelligere hoc, quod dictum est, in eodem loco communi. Et ideo bene conceditur ista »Sortes dormit, ubi Plato vigilat« non de loco proprio, sed de loco communi. Similiter bene conceditur, quod Sortes est, ubi eius albedo est, intelligendo, quod Sortes est per se in illo loco, in quo sua albedo est per accidens.

Sed ad veritatem localis, in qua ponitur adverbium denotans motum, aliquando sufficit, quod sit idem terminus ad quem, ut »Sortes vadit Romam, quo vadit Plato«. Ad veritatem illius non requiritur, quod vadant per eundem locum, sed quod vadant ad eundem terminum. Aliquando non requiritur, quod sit idem terminus ad quem utriusque, sed requiritur, quod terminus ad quem unius sit terminus a quo alterius, verbi gratia »Sortes vadit ad Romam, unde revertitur Plato«. Ad falsitatem autem eius sufficit oppositum illius, quod requiritur ad veritatem eius. Quid autem requiratur ad necessitatem et ad possibilitatem eius etc., faciliter potest patere ex dictis.

1 Non…vigilat[2]] O om. AL Sed] om. O est] om. L est sciendum] Nota O 2 proprio] eodem L loco[2]] proprie add. L in[3]…communi] communiter L loco[3]] O om. A 3 et…communi] LO om. A in loco[3]] L om. O 4 simul] sunt add. s. del. O 5 proprio] O proprie? L hoc] O om. L 6 communi] O communium L Et] om. O bene] om. O ista] O om. AL 7 non…communi] de loco communi non (autem L om. O) (de O et L) loco (proprio O proprie L) LO 8 bene] L om. AO conceditur] om. O quod] om. O 9 Sortes…se] om. LO in quo] ubi L est Sortes per se add. LO 10 sua] eius LO est] LO om. A 11 Sed] om. LO veritatem] autem add. L localis] om. O 12 aliquando…sed] LO om. A 13 Plato] vadit add. L Ad…illius] L om. O 14 sed] O similiter L quod vadant[2]] L om. O 15 Aliquando] et add. L quod sit] O om. L 16 quem] et add. L requiritur] om. O et aliquando sufficit add. A 17 unius] fit? add. s. del. O alterius] ulterius L verbi gratia] ut O 18 ad] om. LO 19 autem] L om. AO eius] om. O illius] LO om. A 20 eius] X illius A om. LOPS Quid…dictis] alia de possibilitate etc. patent O et…etc] L om. A 21 potest patere] patet L ex] his add. L dictis] quae dicta sunt Sequitur ergo de add. L

wo Platon wacht«, »Nicht: Sokrates schläft, wo Platon wacht«. Man muß aber wissen, daß »am selben Ort« entweder meint »am eigenen Ort« oder »am gemeinsamen Ort« und »am Ort« entweder meint »im wesentlichen Sinne am Ort« oder »im beiläufigen Sinne am Ort«. Es ist nun aber unmöglich, daß zwei (Dinge bzw. Körper) zugleich am selben eigenen Ort im wesentlichen Sinne sind, also muß man das Gesagte im Sinne von »am selben gemeinsamen Ort« verstehen. Deshalb wird der Satz »Sokrates schläft, wo Platon wacht« sehr wohl zugegeben, aber nicht bezüglich des eigenen Ortes, sondern bezüglich des gemeinsamen Ortes. Ebenso wird sehr wohl zugegeben, daß Sokrates ist, wo seine Weiße ist, wenn man es so versteht, daß Sokrates im wesentlichen Sinne an dem Ort ist, an dem seine Weiße im beiläufigen Sinne ist.

Aber für die Wahrheit eines Lokalsatzes, in dem ein Adverb vorkommt, das eine Bewegung angibt, genügt es manchmal, daß der Zielort identisch ist, wie z. B. »Sokrates geht nach Rom, wohin Platon geht«. Für die Wahrheit dieses Satzes ist es nicht erforderlich, daß sie denselben Ort (Weg) entlang gehen, sondern (es genügt,) daß sie zum selben Ziel gehen. Manchmal ist es nicht erforderlich, daß der Zielort von beiden identisch ist, sondern es ist erforderlich, daß der Zielort des einen der Ausgangsort des anderen ist, z. B. »Sokrates geht nach Rom, woher Platon zurückkehrt«. – Für seine Falschheit aber genügt das Gegenteil von dem, was für seine Wahrheit erforderlich ist. Was aber für seine Notwendigkeit und Möglichkeit usw. erforderlich ist, kann aus dem Gesagten leicht erhellen.

Cap. III.7 ⟨Capitulum septimum de propositionibus aequivalentibus hypotheticis in significando et primo de exclusivis⟩

Sequitur de propositionibus aequivalentibus hypotheticis in significando, sicut sunt propositiones, in quibus ponuntur dictiones exceptivae, exclusivae, reduplicativae vel ista dictio *incipit* vel ista dictio *desinit* vel aliquod huiusmodi. Et primo videndum est de exclusivis. Unde propositio exclusiva est, in qua ponitur aliqua dictio exclusiva, sicut *tantum*, *solus*, *unicus* [A27vb] et huiusmodi. Unde sciendum est de ista dictione *solus*, quod aliquando tenetur categorematice, et tunc denotat privationem societatis, ut si diceretur »Solus Sortes currit« et significaretur per eam, quod nullus curreret cum eo, vel si diceretur »Solus Sortes cecidit« vel »Sortes cecidit solus«. Sed si teneretur syncategorematice, tunc significaretur praedicatum verificari de subiecto et removeri a quolibet alio, et tunc esset sensus »Solus Sortes currit«, id est, »Sortes currit et nihil aliud a Sorte currit«. Notandum secundo, quod hoc nomen *unicus* denotat [O29ra] exclusionem solum in illa specie, de qua specie est subiectum [L32ra] propositionis, in qua ponitur hoc nomen *unicus*. Verbi gratia »Unicus Sortes est in domo«, ista est vera supposito, quod nullus homo nisi Sortes sit in domo, quamvis multa alia animalia sint in illa domo. Similiter hoc nomen *unicus* denotat exclu-

4 Sequitur…sunt] om. O 5 in…dictiones] om. O 6 exceptivae] vel add. A reduplicativae] LO om. A vel] et O in quibus ponitur add. O ista dictio] om. O 7 vel[1]] om. O ista dictio] om. LO desinit] aequivalent hypotheticis in significando add. O vel[2]] et L om. O aliquod] om. LO huiusmodi] om. O Et…exclusivis] om. O 8 est[2]] dicitur L 9 solus] et add. A solum add. L unicus] LO om. A 10 et] vel L om. O huiusmodi] om. O Unde] om. O sciendum est] Nota O de] om. O ista dictione] ly O quod] om. O 11 categorematice] aliquando syncategorematice add. O et] categorematice O 12 si diceretur] om. O et] ibi O significaretur] significatur O 13 per eam] L om. AO curreret] currat O vel…solus] om. O 14 cecidit[1]] comedit L cecidit[2]] comedit L Sed] om. O teneretur] tenetur LO 15 tunc] om. O significaretur] significat LO 16 a] de O et[2]] om. O esset] est LO 17 id est] S om. ALOPX Sortes currit[2]] L om. AO 18 Notandum] sciendum L Notandum…nomen]

Kapitel III.7:
Die Sätze, die der Bedeutung nach mit hypothetischen Sätzen äquivalent sind, und erstens die ausschließenden Sätze

Es folgt (das Kapitel) über die Sätze, die der Bedeutung nach mit hypothetischen Sätzen äquivalent sind, wie z. B. die Sätze, in denen ausnehmende, ausschließende, verdoppelnde Wörter oder das Wort »fängt an« oder das Wort »hört auf« oder etwas dergleichen vorkommen. Und zuerst sind die ausschließenden Sätze zu untersuchen. So ist ein ausschließender Satz ein solcher, in dem ein ausschließendes Wort vorkommt, wie z. B. »nur«, »allein«, »einzig« u. dgl. So muß man bezüglich des Wortes »allein« wissen, daß es manchmal kategorematisch verwendet wird, und dann bezeichnet es das Fehlen der Gemeinschaft, wie wenn man sagte »Allein Sokrates läuft« und mit diesem Satz bezeichnet würde, daß kein (Mensch) mit ihm läuft; oder wenn man sagte »Allein Sokrates fiel« oder »Sokrates fiel allein«. Aber wenn es synkategorematisch verwendet würde, dann würde bezeichnet, daß das Prädikat vom Subjekt verifiziert wird und jedem anderen abgesprochen wird, und dann wäre der Sinn: »Allein Sokrates läuft«, d. h. »Sokrates läuft und nichts, was von Sokrates verschieden ist, läuft«. Zweitens ist anzumerken, daß das Nomen »einzig« die Ausschließung nur in jener Art bezeichnet, aus welcher Art das Subjekt des Satzes stammt, in welchem das Nomen »einzig« vorkommt. Z. B. »Einzig Sokrates ist im Haus«: Dieser Satz ist wahr, vorausgesetzt, daß kein Mensch außer Sokrates im Haus sei, obschon viele andere Lebewesen in diesem Haus sein mögen. Ebenso bezeichnet das Nomen »einzig« die Ausschließung

om. O denotat] om. O solum add. L 19 specie[1]] scilicet L specie[2]] om. L 20 propositionis] om. LO Verbi gratia] ut O 21 Sortes] LO homo A ista] om. LO 22 homo] LO om. A animalia] L om. AO 23 sint] LO sunt A domo] om. O hoc nomen] ly O exclusionem] exclusionis *ante corr.* A

sionem multitudinis in specie. Verbi gratia posito, quod multi homines currant, haec est falsa »Unicus homo currit«, quamvis haec bene sit vera »Unus homo currit« et similiter ista »Tantum unus homo currit«, eo quod omne currens est unus homo, posito tamen, quod nulla alia animalia praeter homines currant.

Isto viso, scilicet de ista dictione *solus* et de ista dictione *unicus*, dicendum est de ista dictione exclusiva *tantum* et similiter de ista dictione *solum* et de propositionibus, in quibus ponuntur. Unde istae duae dictiones *tantum* et *solum* sunt dictiones exclusivae magis communes, et quantum ad hoc pono primo quasdam distinctiones, secundo regulas, ex quibus solvuntur aliqua sophismata.

Prima distinctio est: Haec dictio *tantum* potest addi subiecto vel praedicato vel copulae. Exemplum primi »Tantum homo est animal«, exemplum secundi »Homo est tantum animal« et »Homo est animal tantum«, exemplum tertii »Sortes tantum est comedens«.

Secunda distinctio est, quod subiectum, cui potest addi dictio exclusiva, potest esse terminus communis, ut »Tantum homo currit«, vel terminus discretus, ut »Tantum Sortes currit«, vel singularis numeri, ut dictum est, vel pluralis numeri, ut »Tantum homines sunt risibiles«, vel potest esse nomen collectivum, ut »Tantum exercitus est rotundus«. Et sic potest distingui de praedicato.

1 in] ista add. lo specie] om. l Verbi gratia] ut o 2 currant] currerent l currunt o est] esset l 3 bene] om. lo sit] esset l est o Unus] unicus l et…currit] om. o Tantum] om. l 4 eo] posito tamen l currens] quod currit l 5 tamen] om. l alia] om. l animalia] l om. ao currant] o current a currit l 7 Isto…ponuntur] om. o scilicet] l om. a et] similiter l 9 dictione] l om. a de^{2}] om. l 10 Unde] Nota o duae] l om. ao et] om. lo solum] solus o 11 dictiones] om. o et…sophismata] om. o 12 quasdam] om. l solvuntur] solventur l 13 aliqua] om. l 14 Prima…est] unde o est] hoc add. l Haec dictio] li o 15 vel^{1}] lo om. a vel^{2}] lo et a 16 est animal] currit l Homo] l Sortes a Homo…animal^{2}] om. o est tantum] trsp. l et] om. lo 17 Homo] lo Sortes a tantum est] trsp. l 19 Secunda…est] Nota o est] om. l quod] om. o 21 vel^{1}] lo et a terminus] om. o terminus…ut]

der Vielheit in der Art. Z. B.: Gesetzt, daß viele Menschen laufen, so ist der Satz falsch »Ein einziger Mensch läuft«, obwohl der Satz »Ein Mensch läuft« sehr wohl wahr ist und ebenso der Satz »Nur ein Mensch läuft«, weil jedes laufende (Ding) ein Mensch ist, und angenommen, daß keine anderen Lebewesen als Menschen laufen.

Nach dieser Untersuchung, nämlich über das Wort »allein« und über das Wort »einzig«, muß über das ausschließende Wort »nur« und ebenso über das Wort »bloß« gesprochen werden sowie über die Sätze, in denen sie vorkommen. So sind die zwei Wörter »nur« und »bloß« ziemlich gebräuchliche ausschließende Wörter, und insofern stelle ich erstens einige Unterscheidungen auf und zweitens Regeln, aufgrund deren einige Sophismen gelöst werden.

Die erste Unterscheidung lautet: Das Wort »nur« kann dem Subjekt oder dem Prädikat oder der Kopula hinzugefügt werden. Ein Beispiel für das erste: »Nur ein Mensch ist ein Lebewesen«, ein Beispiel für das zweite: »Ein Mensch ist nur ein Lebewesen« und »Ein Mensch ist ein Lebewesen nur«, ein Beispiel für das dritte: »Sokrates nur ist essend (ißt nur)«.

Zweite Unterscheidung: Das Subjekt, dem ein ausschließendes Wort hinzugefügt werden kann, kann ein allgemeiner Term sein, wie z. B. »Nur ein Mensch läuft«, oder ein diskreter (singulärer) Term, wie z. B. »Nur Sokrates läuft«, oder (ein allgemeiner Term) im Singular, wie im angeführten Beispiel, oder im Plural, wie z. B. »Nur Menschen sind des Lachens fähig«, oder es kann (auch) ein Sammelname sein, wie z. B. »Nur ein Heer ist rund«. Und auf diese Weise kann (auch) beim Prädikat unterschieden werden.

om. L 22 singularis...vel] om. L ut[1]...est] om. O pluralis] O pluraris! A plureis! L 23 vel] aliter L nomen] om. O 24 ut] sic L rotundus] iocundus L Et sic] ita consimiliter O potest distingui] om. O

Tertia distinctio, quod subiectum potest esse rectus vel obliquus et potest esse simplex vel compositum, puta copulatum vel disiunctum. Exemplum primi »Tantum Sortes currit«, exemplum secundi »Tantum Sortis asinus currit«, exemplum tertii »Tantum materia et forma sunt compositum« vel »Tantum homo vel asinus est homo«.

Quarta distinctio, quod etiam potest coniungi cum aliis syncategorematibus, sicut dicendo »Tantum omnis homo A28ra currit« vel »Tantum nullus homo currit«, et cum negatione praeposita vel postposita.

Quinta distinctio, quod terminus, cui additur, potest esse absolutus, ut dicendo »Tantum homo est«, vel connotativus, ut dicendo »Tantum album est«.

Sexta distinctio est, quod potest addi termino significanti rem divisibilem, ut »Tantum homo est«, vel rem indivisibilem, ut »Tantum anima est«, vel homogeneam, ut »Tantum aqua est«, vel heterogeneam, ut »Tantum homo est«.

Et sit prima regula, quod si dictio exclusiva additur subiecto, tunc propositio exponitur per unam copulativam propositio-

1 Tertia…quod] Item O subiectum] S om. ALOP terminus cui potest addi ly tantum X 2 et…esse] om. LO simplex] similiter! L 3 vel] et L primi] ut add. O 4 Sortis] Sor LO currit add. L 5 et] vel O 6 homo[1]] om. O 7 Quarta…quod] Item O etiam] L om. AO 8 syncategorematibus] singularibus! L dicendo] om. O 9 negatione] negatio! L 11 Quinta] alia O 12 dicendo] om. O connotativus] connotativo L 13 dicendo] om. O est] Nota, quod terminus absolutus est vel dicitur, qui per se significat et non dependet ab aliquo vel adiacet aliquo per modum accidentis, sicut huiusmodi termini homo, substantia, lapis, angelus, etc. Vel terminus (del.: autem) absolutus est, qui significat unam rem tantum et non plures. Terminus autem abstractus dicitur, qui etiam significat unam rem tantum, ut albedo. Terminus connotativus (om.: dicitur), qui significat plures res et qui per se stare non potest et dependet, id est adiacet, ab aliquo accidente, ut album significat albedinem et subiectum, in quo est illa albedo. Secundo, terminus connotativus dicitur, qui significat duo, ut pater, quamvis enim pater non dependet ab aliquo accidente, tamen quia (add.: significat) non significat unam rem, sed duo, dicitur terminus connotativus, quia pater est relativum ad filium, quia si pater non esset, filius non esset, et e converso add. S 14 Sexta…quod] Item

Dritte Unterscheidung: Das Subjekt kann im unabhängigen Fall oder in einem abhängigen Fall sein und es kann einfach oder zusammengesetzt sein, nämlich mittels »und« oder »oder« zusammengesetzt. Ein Beispiel für das erste: »Nur Sokrates läuft«, ein Beispiel für das zweite: »Nur des Sokrates Esel läuft«, ein Beispiel für das dritte: »Nur Materie und Form sind ein Zusammengesetztes« oder »Nur ein Mensch oder ein Esel ist ein Mensch«.

Vierte Unterscheidung: (Das ausschließende Wort) kann auch mit anderen synkategorematischen Ausdrücken verbunden werden, wie wenn es heißt »Nur jeder Mensch läuft« oder »Nur kein Mensch läuft«, und (es kann auch) mit vorangestellter oder nachgestellter Negation (vorkommen).

Fünfte Unterscheidung: Der Term, dem (das ausschließende Wort) hinzugefügt wird, kann absolut[83] sein, wie wenn es heißt »Nur ein Mensch ist«, oder konnotativ, wie wenn es heißt »Nur ein weißes (Ding) ist«.

Sechste Unterscheidung: (Das ausschließende Wort) kann einem Term hinzugefügt werden, der ein teilbares Ding bezeichnet, wie z. B. »Nur ein Mensch ist«, oder ein unteilbares Ding, wie z. B. »Nur eine Seele ist«, oder (ein teilbares Ding) mit gleichartigen Teilen, wie z. B. »Nur ein Wasser ist«, oder mit verschiedenartigen Teilen, wie z. B. »Nur ein Mensch ist«.

Die erste Regel laute: Wenn das ausschließende Wort dem Subjekt hinzugefügt wird, dann wird der Satz mit einem kopulativen Satz ausgelegt, der aus einem bejahenden und einem

O est] L om. A significanti] significante LO 15 divisibilem] visibilem! L vel indivisibilem add. O rem[2]] om. LO 17 heterogeneam] etrogenia L est[2]] Nota, quod res eutrogenia est, cuius partes non habent praedicationem totius, ut lapis, capra, totum (!) substantia homo, quia si abscideretur manus vel pes vel caput, de illa parte non esset verum dicere, quia (!) esset homo, et sic de aliis. Nota, quod res homogenia dicitur illa, cuius partes habent praedicationem totius, ut aqua, de qualibet enim parte aquae verum est dicere, quod ibi est aqua liquida vel dulcis vel amara add. S 18 Et] om. LO sit prima] om. O regula] talis add. L quod] ut L om. O additur] O addatur AL 19 propositionem...est] L om. AO

nem, quae est ex una affirmativa et alia negativa cum hoc relativo diversitatis *aliud*. Et illa copulativa dicitur exponens illius exclusivae et una illarum sequitur ad aliam. Verbi gratia »Tantum homo currit« exponitur sic »Homo currit et nihil aliud ab homine currit«.

Ex isto sequitur, quod quaelibet categorica, quae est pars exponentis exclusivae, sequitur ad exclusivam propter hoc, quod quaelibet pars copulativae sequitur ad illam copulativam, cuius pars est. Idem esset, si subiectum esset terminus connotativus, sicut si esset terminus absolutus, verbi gratia »Tantum album currit« exponitur sic »Album currit et nihil aliud ab albo currit«. Vel collectivus, ut si diceretur »Tantum populus currit«, exponitur enim sic »Populus currit et nihil aliud a populo currit«. Vel etiam si esset obliquus, ut »Tantum Sortis asinus currit«, exponitur enim sic »Sortis asinus currit et nihil aliud a Sortis asino currit«, ita quod in utraque manet obliquus in eadem forma. Et conformiter, si sit pluralis numeri, debet manere in exponente pluralis numeri, verbi gratia »Tantum duo homines currunt« debet exponi sic »Duo homines currunt et nulla alia animalia a duobus hominibus currunt«. Cum hoc tamen bene stat, quod aliquid aliud a duobus hominibus currat, videlicet unus homo. Et conformiter dicendum est, si subiectum sit disiunctum vel copulatum.

1 cum] om. O 3 Verbi gratia] ut O 4 sic] LO om. A nihil] nec L 7 exponentis] LO om. A propter…est] LO om. A 8 illam] L om. O 9 subiectum] LO terminus A terminus] LO om. A 10 connotativus] connotans L terminus] L om. AO verbi gratia] ut O sicut dicendo add. L 11 sic] LO om. A Album] LO albus A nihil] nec L 12 aliud] LO om. A ut] om. L si diceretur] om. O Tantum] ppo- add. s. del. A 13 enim] tantum! L om. O 14 etiam…esset] om. O si] SX om. ALP obliquus] exponitur add. L ut] sic L dicendo add. L 15 Sortis[1]] om. s. add. s.l. L est add. O currit[1]] om. O enim] L om. AO Sortis[2]] est add. O 16 nihil] nec L 17 conformiter] consimiliter O pluralis] LO plurraris! A 18 exponente] exponenti L pluralis] L plurraris A pluralis numeri] in plurali O verbi gratia] ut O 19 currunt] currit LO debet… currunt[1]] om. O 20 currunt[1]] currit L animalia] X om. ALOPS currunt[2]] currit O 21 Cum…currat] om. O bene] tantum L 22 currat] L om. A Et] L om. AO 23 disiunctum] distinctum L coniunctum O copulatum] etc. add. O

verneinenden Satz mit dem Relativ der Verschiedenheit »verschieden« besteht. Und dieser kopulative Satz heißt »auslegender Satz« des ausschließenden Satzes, und der eine von ihnen folgt aus dem anderen. Z. B. wird »Nur ein Mensch läuft« so ausgelegt »Ein Mensch läuft und nichts, was von einem Menschen verschieden ist, läuft«.

Daraus folgt, daß jeder kategorische Satz, der Teil des auslegenden Satzes des ausschließenden Satzes ist, aus dem ausschließenden Satz folgt, und zwar deshalb, weil jeder Teil eines kopulativen Satzes aus dem kopulativen Satz folgt, dessen Teil er ist. Und dies wäre ebenso der Fall, wenn das Subjekt ein konnotativer Term wäre, wie wenn es ein absoluter Term wäre, z. B. wird »Nur ein weißes (Ding) läuft« so ausgelegt »Ein weißes (Ding) läuft und nichts, was von einem weißen Ding verschieden ist, läuft«. Oder wenn es ein Sammelterm wäre, wie wenn es hieße »Nur ein Volk läuft«, dieser Satz wird nämlich so ausgelegt: »Ein Volk läuft und nichts, was von einem Volk verschieden ist, läuft«. Oder auch, wenn es ein Term in einem abhängigen Fall wäre, wie z. B. »Nur des Sokrates Esel läuft«, dieser Satz wird nämlich so ausgelegt: »Des Sokrates Esel läuft und nichts, was von des Sokrates Esel verschieden ist, läuft«, so daß in beiden Sätzen der Term im abhängigen Fall dieselbe Form behält. Und gleichermaßen muß der Term, wenn er im Plural ist, im auslegenden Satz im Plural bleiben, z. B. muß »Nur zwei Menschen laufen« so ausgelegt werden »Zwei Menschen laufen und keine Lebewesen, die von zwei Menschen verschieden sind, laufen«. Damit ist jedoch sehr wohl vereinbar, daß etwas, das von zwei Menschen verschieden ist, läuft, nämlich (z. B.) ein Mensch. Und dem Entsprechendes muß man auch sagen, wenn das Subjekt mittels »oder« oder »und« zusammengesetzt ist.

Secunda regula est: Si dictio exclusiva addatur praedicato, propositio exponenda est similiter, verbi gratia »Sortes est tantum animal« debet exponi sic »Sortes est animal et Sortes non est aliud quam animal«. Sed advertendum est, quod si subiectum talis propositionis, in qua dictio exclusiva additur praedicato, est terminus communis sine signo universali, tunc subiectum secundae categoricae exponentis debet esse relativum, ut si dicatur »Homo videt Brunellum tantum«, debet enim exponi sic »Homo videt Brunellum et ille non videt aliud quam Brunellum«. Unde si exponeretur »Homo videt Brunellum et homo non videt aliud quam Brunellum«, exponens illa esset vera et exclusiva falsa, posito enim, quod Sortes videat Brunellum et cum hoc aliqua alia et Plato nihil videat et non sint plures homines quam illi duo, tunc haec est falsa »Homo O29rb videt Brunellum tantum« ex eo, quod neque Sortes neque Plato videt Brunellum tantum, et tamen haec est vera pro Sorte »Homo videt Brunellum« et similiter ista »Homo non videt aliud a Brunello« pro Platone.

Tertia regula est: Si dictio exclusiva additur praedicato et praedicatum est terminus connotativus, tunc illa propositio habet exponi dupliciter, scilicet proprie et improprie. Verbi gratia »Sortes est tantum albus« improprie exponitur sic »Sortes est albus et non denominatur alio accidente«, et sic exponendo haec esset falsa »Sortes est tantum albus« supposito, quod Sortes sit grammaticus, musicus, logicus. Proprie autem

1 Secunda] om. O est] om. LO 2 propositio] Z om. ALOPSX verbi gratia] ut O 3 debet...sic] om. O sic] om. L 4 non est] trsp. O Sed...est[2]] Nota O quod] L om. AO 6 sine] sig- *ante corr.* L 7 secundae] O supponit A secundo L exponentis] LO exponentes A debet] LO debent A relativum] verbi gratia add. L 8 debet...sic] L om. AO 9 Homo...Brunellum] LO om. A ille] LOPSX ipse A videt[2]] vidit L 10 si] homo add. s. del. O 11 quam Brunellum] a Brunello LO illa] om. LO 12 enim] om. O 13 hoc] om. O aliqua] om. O non] modo O 14 homines] LO om. A est] om. L 15 ex...tantum] LO om. A 16 tamen] LO tantum A haec] hoc L est] sit O 17 et] om. O 19 Tertia] om. O regula] LO om. A est] L om. AO additur] O addatur AL 20 praedicatum] eius add. LO 21 Verbi gratia] ut O 22 improprie] enim add. L sic] om. O

Regel 2: Wenn das ausschließende Wort dem Prädikat hinzugefügt wird, muß der Satz gleich ausgelegt werden, z. B. muß »Sokrates ist nur ein Lebewesen« so ausgelegt werden »Sokrates ist ein Lebewesen und Sokrates ist nichts anderes als ein Lebewesen«. Aber achtgeben muß man auf Folgendes: Wenn das Subjekt eines solchen Satzes, in dem das ausschließende Wort dem Prädikat hinzugefügt wird, ein allgemeiner Term ohne Universal-Zeichen ist, dann muß das Subjekt des zweiten kategorischen Satzes des auslegenden Satzes ein Relativ sein, z. B., wenn es hieße »(Ein) Mensch sieht Brunellus nur«: Dieser Satz muß nämlich so ausgelegt werden »(Ein) Mensch sieht Brunellus und er sieht nichts anderes als Brunellus«. Wenn man nämlich so auslegte »(Ein) Mensch sieht Brunellus und (ein) Mensch sieht nichts anderes als Brunellus«, dann wäre dieser auslegende Satz wahr und der ausschließende Satz falsch, gesetzt nämlich, daß Sokrates Brunellus sehe und darüber hinaus einige andere Dinge und Platon nichts sehe und es nicht mehr Menschen gebe als diese zwei, dann ist der Satz »(Ein) Mensch sieht Brunellus nur« falsch, weil weder Sokrates noch Platon nur Brunellus sieht, und dennoch ist der Satz »(Ein) Mensch sieht Brunellus« von Sokrates wahr und ebenso der Satz »(Ein) Mensch sieht nichts von Brunellus Verschiedenes« von Platon.

Regel 3: Wenn das ausschließende Wort dem Prädikat hinzugefügt wird und das Prädikat ein konnotativer Term ist, dann muß der Satz auf zweifache Weise ausgelegt werden, nämlich auf eigentliche und auf uneigentliche Weise. Z. B. wird »Sokrates ist nur weiß« uneigentlich so ausgelegt »Sokrates ist weiß und wird nicht durch ein anderes Akzidens bestimmt«, und gemäß dieser Auslegung wäre der Satz »Sokrates ist nur weiß« unter der Voraussetzung falsch, daß Sokrates ein Grammatiker, ein Musiker, ein Logiker ist. Im eigentlichen

23 et[2]] om. O **24** Sortes] LO homo A albus] album O **25** sit] om. L musicus] om. LO logicus] et rhetoricus add. L autem] om. O

debet exponi sic »Sortes est tantum albus, id est, Sortes est albus et Sortes non est aliud ab albo«, et secundum hoc supposito, quod Sortes sit albus, logicus, musicus, adhuc ista esset A28rb concedenda »Sortes est tantum albus«, quia Sortes est albus et L32rb Sortes non est aliud ab albo. Similiter haec esset concedenda »Sortes est tantum grammaticus«, quamvis enim Sortes sit logicus, tamen ille logicus est grammaticus ex eo, quod idem Sortes est grammaticus et logicus.

Quarta regula: Quando dictio exclusiva additur utrique, videlicet tam subiecto quam praedicato, tunc exponenda est secundum primam regulam exponendo primum syncategorema, videlicet, quod ponitur a parte subiecti, alio remanente integro. Verbi gratia dicendo »Tantum Sortes est tantum animal«, debet enim sic exponi »Sortes est tantum animal et nihil aliud a Sorte est tantum animal«, et tunc ultra quaelibet categorica huius copulativae exponentis ulterius est exponenda per secundam regulam.

Quinta regula: Quando dictio exclusiva additur copulae, tunc exponenda est quasi sic, sicut quando additur praedicato. Verbi gratia, sicut ista »Sortes tantum est comedens« debet exponi sic »Sortes est comedens et Sortes non est denominatus alio accidente« vel sic »Sortes est comedens et Sortes non est aliud a comedente«.

Sexta regula: Si negatio praecedit dictionem exclusivam, tunc illa propositio exponenda est per unam disiunctivam,

1 debet exponi] exponitur O sic] om. O id est] om. O 2 Sortes] om. LO albo] albus L et[2]] om. O 3 sit] est A om. L albus] LO om. A logicus] LO om. A musicus] rhetoricus L etc. O adhuc] om. O ista] LO om. A 4 quia…albo] LO om. A 5 Sortes] O om. L haec] om. L esset] O est AL concedenda] concedendum L 6 enim] etiam L om. O Sortes[2]] om. LO sit] om. O 7 logicus[1]] et add. L ex…logicus] LO om. A quod] O quia L 8 et] L om. O 9 Quarta] om. O Quando] om. O additur] addita O 10 videlicet] vel O tunc] om. O 12 videlicet] om. L quod] om. O ponitur] est positum L om. O 13 Verbi gratia] ut O dicendo] om. O animal] om. L 14 debet enim] om. O sic] om. L exponi] exponitur O 15 tunc] om. O 16 exponenda] LO om. A 18 Quinta] om. O Quando] om. O additur] addita O copulae] copulativae L 19 tunc] L om. AO quasi] om. LO sic] om. O 20 Verbi gratia] ut O sicut]

Sinne aber muß der Satz so ausgelegt werden »Sokrates ist nur weiß, d. h., Sokrates ist weiß und Sokrates ist nichts von einem weißen Ding Verschiedenes«, und demgemäß wäre der Satz »Sokrates ist nur weiß« unter der Voraussetzung, daß Sokrates weiß, ein Logiker, ein Musiker ist, noch immer zuzugeben, weil Sokrates weiß ist und Sokrates nichts von einem weißen Ding Verschiedenes ist. Ebenso wäre der Satz zuzugeben »Sokrates ist nur ein Grammatiker«, obwohl nämlich Sokrates ein Logiker ist, so ist doch dieser Logiker ein Grammatiker, weil derselbe Sokrates ein Grammatiker und ein Logiker ist.

Regel 4: Wenn das ausschließende Wort beiden hinzugefügt wird, nämlich sowohl dem Subjekt als auch dem Prädikat, dann ist (der Satz) gemäß der ersten Regel auszulegen, indem man das erste Synkategorema auslegt, nämlich dasjenige, welches auf Subjekt-Seite steht, während das andere unverändert bleibt. Z. B., wenn es heißt »Nur Sokrates ist nur ein Lebewesen«: Dieser Satz muß nämlich so ausgelegt werden »Sokrates ist nur ein Lebewesen und nichts von Sokrates Verschiedenes ist nur ein Lebewesen«, und dann muß weiters jeder kategorische Satz dieses auslegenden kopulativen Satzes gemäß der zweiten Regel ausgelegt werden.

Regel 5: Wenn das ausschließende Wort der Kopula hinzugefügt wird, dann muß (der Satz) ebenso ausgelegt werden, wie wenn es dem Prädikat hinzugefügt wird. Z. B. muß der Satz »Sokrates nur ist essend« so ausgelegt werden »Sokrates ist essend und Sokrates ist nicht durch ein anderes Akzidens bestimmt« oder so »Sokrates ist essend und Sokrates ist nichts von einem Essenden Verschiedenes«.

Regel 6: Wenn eine Negation dem ausschließenden Wort vorangeht, dann muß der Satz mit einem disjunktiven Satz ausgelegt werden, und zwar ist das der Fall, wenn der aus-

om. LO ista] om. O tantum est] trsp. O debet…sic] id est O **21** sic] om. L denominatus] O denominativus L denominatus…est[2]] LO om. A **24** Sexta] om. O **25** tunc] om. O propositio] om. O est] om. O

unde hoc est, quando exclusiva est negativa negando exclusionem. Verbi gratia »Non tantum Sortes currit« exponenda est sic »Sortes non currit vel aliquid aliud a Sorte currit«. Et eodem modo dicendum est de ista »Sortes non tantum currit«. Et ergo ex ista »Non tantum Sortes currit« non sequitur ista »Sortes non currit«, eo quod a disiunctiva ad alteram partem eius non est bona consequentia, nisi tunc hoc esset cum destructione alterius partis. Ista regula patet, quia ista »Non tantum Sortes currit« contradicit isti affirmativae »Tantum Sortes currit«, ergo exponens unius debet contradicere exponenti alterius, et cum exponens affirmativae sit una copulativa, exponens negativae debet esse una disiunctiva composita ex contradictoriis partibus illius copulativae.

Septima regula: Ab exclusiva affirmativa in rectis ad universalem de terminis transpositis est bona consequentia. Unde bene sequitur »Tantum animal est homo, ergo omnis homo est animal«. Ista regula patet statim per expositionem, nam si animal est homo et nihil aliud ab animali est homo, sequitur, quod omnis homo est animal, et e converso, ergo tantum animal est homo. Consequentia tenet, quia ex opposito contradictorio consequentis etc. Ex ista regula sequitur hanc esse veram »Omne, quod fuit, est«, similiter istam »Omne, quod erit, est«, similiter hanc »Omne, quod potest esse, est«. Patet, nam tantum ens est, quod fuit, ergo omne, quod fuit, est ens. Consequentia tenet per regulam. Antecedens patet, nam ens est,

1 est[1]] quod add. A est[2]] LO om. A 2 Verbi gratia] ut O exponenda…sic] id est O 3 Sortes non] LO trsp. A Et] in L om. O eodem modo] similiter O 4 dicendum est] om. O Et] om. O 5 Sortes non] L trsp. A 6 non] om. s. add. i.m.? O 7 tunc] LO om. A hoc] haec L esset] vera add. s. del. O 8 Ista] secunda O 10 debet] deberet L 11 affirmativae] affirmatur O 12 negativae] om. O una] LO om. A composita] om. O ex] partibus add. LO 13 contradictoriis] contradicentibus LO illius] om. LO 14 Septima] om. O 15 de] in LO 16 Tantum] aa- add. s. del. A 17 statim] om. O nam] quia O 19 et…converso] LO om. A 20 contradictorio] LO om. A 21 ista regula] isto LO 22 istam] O om. AL 23 similiter hanc] L et sic A et O Patet] LO om. A nam] quia O 24 ens[1]] eius! L 25 regulam] rationem L

schließende Satz ein negativer Satz ist, der die Ausschließung verneint. Z. B. »Nicht nur Sokrates läuft« muß so ausgelegt werden »Sokrates läuft nicht oder etwas von Sokrates Verschiedenes läuft«. Und dasselbe ist zum Satz »Sokrates nicht nur läuft« zu sagen. Also gilt: Aus dem Satz »Nicht nur Sokrates läuft« folgt nicht der Satz »Sokrates läuft nicht«, weil von einem disjunktiven Satz auf einen Teil von ihm keine gültige Folgerung vorliegt, außer dann, wenn dies mit der Verneinung des anderen Teils erfolgte. Diese Regel ist klar, denn der Satz »Nicht nur Sokrates läuft« widerspricht dem bejahenden Satz »Nur Sokrates läuft«, also muß der auslegende Satz des einen dem auslegenden Satz des anderen widersprechen, und da der auslegende Satz des bejahenden Satzes ein kopulativer Satz ist, muß der auslegende Satz des verneinenden Satzes ein disjunktiver Satz sein, der aus den kontradiktorischen Gegensätzen der Teile des kopulativen Satzes zusammengesetzt ist.

Regel 7: Von einem bejahenden ausschließenden Satz mit Termen im Nominativ auf einen universalen Satz mit umgestellten Termen liegt eine gültige Folgerung vor. So folgt sehr wohl »Nur ein Lebewesen ist ein Mensch, also ist jeder Mensch ein Lebewesen«. Diese Regel erhellt sogleich durch die Auslegung, denn wenn ein Lebewesen ein Mensch ist und nichts von einem Lebewesen Verschiedenes ein Mensch ist, so folgt, daß jeder Mensch ein Lebewesen ist; und umgekehrt: Also nur ein Lebewesen ist ein Mensch. Die Folgerung ist gültig, weil aus dem kontradiktorischen Gegensatz des Nachsatzes usw. Aus dieser Regel folgt, daß der Satz »Alles, was war, ist« wahr ist, ebenso der Satz »Alles, was sein wird, ist«, ebenso der Satz »Alles, was sein kann, ist«[84]. Das ist klar, denn nur ein Seiendes ist, das war, also: Alles, das war, ist ein Seiendes. Die Folgerung ist gültig aufgrund der Regel. Der Vordersatz ist klar, denn ein Seiendes ist, das war, und nichts von

quod fuit, et nihil aliud ab ente est, quod fuit. Sic similiter probentur aliae.

Sed diceres: Si omne, quod fuit, est, et cum Adam fuit, sequitur, quod Adam est. Breviter, discursus non valet, eo quod subiectum maioris non praedicatur vere in minori, quod tamen oporteret, quia dictus syllogismus apparenter est in prima figura. Subiectum enim maioris est ly *ens, quod fuit*, unde ly *omne* includit ly *ens* et ergo deberet sic argui »Omne ens, quod fuit, est, Adam est ens, quod fuit, ergo Adam est«. Et tunc minor est falsa.

Ex ista septima regula sequitur etiam, quod non valet syllogismus in prima figura, ubi minor est exclusiva. Unde non sequitur »Omnis homo est substantia, tantum animal est homo, ergo tantum animal est substantia«, sicut nec valet iste O29va »Omnis homo est substantia, omnis homo est animal, ergo omnis substantia est animal«. Et etiam propter hoc, quia in prima figura minore existente negativa nihil sequitur, sed exclusiva exponitur per unam copulativam, cuius altera pars est negativa. Similiter propter hoc in secunda figura ex puris affirmativis bene sequitur conclusio, quando minor est exclusiva, ut hic »Omne risibile est homo, tantum animal est homo, A28va ergo tantum animal est risibile«. Non oportet enim nisi transponere praemissas et convertere minorem et conclusionem, et fiet primus modus primae figurae.

Breviter, in ista regula dixi notanter »ab exclusiva affirmativa«, quia nisi sit affirmativa, non sequitur. Non enim sequitur »Tantum non homo non est animal, ergo omne animal est

1 Sic similiter] simili modo LO 2 probentur] L probarentur A probantur O 3 diceres] dicitur L omne] ens est add. O est] om. O et] LO om. A cum] tamen L sequitur quod] om. O 4 Breviter] dico O 5 in] de O 6 syllogismus] discursus LO 7 enim] autem L ly[1]] si O 8 ly] om. O argui] dici L 9 Et] om. LO 11 Ex...regula] et O etiam] L om. AO 12 ubi] in qua LO 14 valet] sequitur O iste] O ista AL 16 Et...hoc] om. O etiam] om. L quia] om. L 18 per] negativam videlicet per add. L 20 bene] nihil del. O conclusio] om. L 21 ut] unde L hic] om. O tantum] al-? add. s. del. O 23 et[3]] om. O 24 fiet] stat L constat O primus] et add. s. del. O 25 Breviter] similiter O

einem Seienden Verschiedenes ist, das war. So möge man auch die anderen (Sätze) beweisen.

Einwand: Wenn alles, was war, ist, und da Adam war, folgt, daß Adam ist. – Kurz gesagt, der Schluß ist nicht gültig, weil das Subjekt des Obersatzes im Untersatz nicht wahr ausgesagt wird, was jedoch erforderlich wäre, weil der genannte Syllogismus offenkundig in der ersten Figur ist. Das Subjekt des Obersatzes ist nämlich der Ausdruck »(ein) Seiendes, das war«, denn der Ausdruck »jedes« schließt den Ausdruck »Seiendes« ein, und folglich müßte man so argumentieren »Jedes Seiende, das war, ist; Adam ist ein Seiendes, das war; also ist Adam«. Dann ist aber der Untersatz falsch.

Aus dieser siebten Regel folgt auch, daß ein Syllogismus in der ersten Figur nicht gültig ist, wenn der Untersatz ein ausschließender Satz ist. So folgt nicht »Jeder Mensch ist eine Substanz, nur ein Lebewesen ist ein Mensch, also ist nur ein Lebewesen eine Substanz«, wie auch dieser (Syllogismus) nicht gültig ist »Jeder Mensch ist eine Substanz, jeder Mensch ist ein Lebewesen, also ist jede Substanz ein Lebewesen«. Sowie auch aus dem Grunde, daß in der ersten Figur nichts folgt, wenn der Untersatz negativ ist, aber ein ausschließender Satz ja mittels eines kopulativen Satz ausgelegt wird, von dem der eine Teil ein negativer Satz ist. Ebenso folgt deswegen in der zweiten Figur aus rein bejahenden (Prämissen) sehr wohl eine Konklusion, wenn der Untersatz ein ausschließender Satz ist, wie z. B. hier »Jedes des Lachens fähige (Wesen) ist ein Mensch, nur ein Lebewesen ist ein Mensch, also ist nur ein Lebewesen des Lachens fähig«. Man muß nämlich nur die Prämissen umstellen sowie den Untersatz und die Konklusion umkehren, und es wird der erste Modus der ersten Figur entstehen.

Kurz gesagt, in dieser Regel sagte ich ausdrücklich »von einem bejahenden ausschließenden Satz«, denn wenn er nicht bejahend ist, so folgt (das in der Regel Gesagte) nicht. Es folgt nämlich nicht »Nur ein Nicht-Mensch ist nicht ein Lebewesen,

ista] L om. AO dixi] LO dicitur A notanter] LO om. A 27 non est] trsp. O animal[2]] non add. A est non] trsp. L

non homo« vel »ergo omne animal non est homo«. Similiter notabiliter dixi »in rectis«, quia si in obliquis, tunc non sequitur. Non enim sequitur »Cuiuslibet hominis est asinus, ergo tantum asinus est hominis«, posito enim, quod quilibet homo habeat asinum et bovem, antecedens est verum et consequens falsum. Nec etiam sequitur e converso »Tantum asinus est hominis, ergo cuiuslibet hominis est asinus«, quia antecedens potest esse verum et consequens falsum supposito, quod nullus homo habeat asinum nisi Sortes et Sortes non habeat nisi unum asinum et nihil aliud.

Octava regula: Quando dictio exclusiva additur termino significanti totum integrale, tunc propositio, in qua ponitur, potest exponi proprie et improprie. Verbi gratia »Tantum domus est alba« exponitur sic proprie »Domus est alba et nihil aliud a domo est album«. Modo haec copulativa est falsa et impossibilis, nam si domus est alba, tunc aliqua eius pars est alba, ut paries vel aliqua alia pars, et illa est alia a domo. Improprie exponitur sic »Domus est alba et nihil aliud a domo, quod non est eius pars, est album«, et in isto sensu dicta propositio est possibilis.

Nona regula: Quando dictio exclusiva in aliqua propositione additur termino significanti numerum, illa potest exponi et proprie et improprie. Verbi gratia »Tantum tres homines sunt hic intus« proprie exponitur sic »Tres homines sunt hic intus et
L32va nulli alii a tribus hominibus sunt hic intus«, et sic exponendo dicta propositio est impossibilis. Si enim tres homines sunt hic

1 vel] nec sequitur tantum non homo (est non animal del. O) non est animal O vel...homo^{2}] om. L 2 notabiliter] om. O dixi] om. L si] om. LO tunc] om. LO 3 enim] tantum L Cuiuslibet] tantum O 4 asinus] LO hominis A hominis] O asinus A cuiuslibet L 5 bovem] om. L 6 Nec] LO non A etiam] om. LO 10 asinum] om. O aliud] om. O 11 Octava] om. O 12 significanti] significante LO 13 Verbi gratia] ut O 14 exponitur...alba^{2}] LO om. A proprie] L om. O 15 falsa et] om. LO 16 nam] quia O 17 vel] et O aliqua] om. O pars] LO om. A alia^{2}] est add. s. del. A 18 sic] om. O 19 eius] LO om. A in] om. O 21 Nona] om. O Quando] aliqua add. L exclusiva] additur add. O 22 significanti] significante LO et] om. LO 24 proprie] proprie add.

also ist jedes Lebewesen ein Nicht-Mensch« oder »also ist jedes Lebewesen kein Mensch«. Ebenso sagte ich ausdrücklich »mit Termen im Nominativ«, denn wenn mit Termen in einem abhängigen Fall, dann folgt es nicht. Es folgt nämlich nicht »Einem jeden Menschen gehört ein Esel, also: Nur ein Esel gehört einem Menschen«, gesetzt nämlich, daß jeder Mensch einen Esel und ein Rind habe, so ist der Vordersatz wahr und der Nachsatz falsch. Und es folgt auch nicht umgekehrt »Nur ein Esel gehört einem Menschen, also: Einem jeden Menschen gehört ein Esel«, weil der Vordersatz wahr sein kann und der Nachsatz falsch, unter der Voraussetzung, daß kein Mensch einen Esel habe außer Sokrates und Sokrates nur einen Esel habe und nichts anderes.

Regel 8: Wenn das ausschließende Wort einem Term hinzugefügt wird, der ein integrales Ganzes bezeichnet, dann kann der Satz, in dem es vorkommt, auf eigentliche und auf uneigentliche Weise ausgelegt werden. Z. B. wird »Nur ein Haus ist weiß« auf eigentliche Weise so ausgelegt »Ein Haus ist weiß und nichts von einem Haus Verschiedenes ist weiß«. Dieser kopulative Satz ist nun aber falsch und unmöglich, denn wenn ein Haus weiß ist, dann ist irgendein Teil von ihm weiß, wie z. B. die Wand oder irgendein anderer Teil, und dieser ist vom Haus verschieden. Auf uneigentliche Weise wird (jener Satz) so ausgelegt »Ein Haus ist weiß und nichts von einem Haus Verschiedenes, das nicht ein Teil von ihm ist, ist weiß«, und in diesem Sinn ist der genannte Satz möglich.

Regel 9: Wenn das ausschließende Wort in einem Satz einem Term, der eine Zahl bezeichnet, hinzugefügt wird, dann kann dieser Satz auf eigentliche und auf uneigentliche Weise ausgelegt werden. Z. B. wird »Nur drei Menschen sind hier drinnen« auf eigentliche Weise so ausgelegt »Drei Menschen sind hier drinnen und keine von drei Menschen Verschiedenen sind hier drinnen«, aber gemäß dieser Auslegung ist der genannte Satz unmöglich. Wenn nämlich drei Menschen hier drinnen sind,

L hic[2]] LO om. A **25** hominibus] LO om. A hic] LO om. A intus] om. L et] om. L exponendo] LO om. A **26** dicta] om. O hic] LO om. A

intus, tunc duo homines sunt hic intus, et illi sunt alii a tribus, eo quod duo homines non sunt tres homines. Improprie autem exponitur sic »Tantum tres homines sunt hic intus, id est, tres homines sunt hic intus et non plures«. Et hoc est illud, quod solet communiter dici: Quando dictio exclusiva ponitur circa terminum significantem numerum, tunc illa propositio potest exponi gratia alienitatis vel gratia pluralitatis.

Decima regula est: Quando dictio exclusiva additur termino communi distributo habenti plura supposita, ut dicendo »Tantum omnis homo est risibilis«, tunc illa propositio potest exponi proprie et improprie. Proprie sic »Omnis homo est risibilis et nihil aliud ab omni homine est risibile«, et sic dicta propositio est falsa supposito, quod istius termini *homo* sint plura supposita. Improprie autem exponitur sic »Omnis homo est risibilis et nihil aliud ab homine est risibile«, et sic praedicta propositio est vera.

Tunc sit sophisma »Tantum Sortes movetur in ista schola« posito, quod Sortes moveatur in ista schola et nihil aliud a Sorte moveatur in ista schola. Tunc probatur sophisma: Sortes movetur in ista schola et nihil aliud a Sorte, quod non est pars Sortis, movetur in ista schola, ergo tantum Sortes movetur in ista schola. In oppositum arguitur: Si Sortes movetur in ista schola, tunc pars eius movetur in ista schola, et si sic, aliud a

1 tunc] om. O homines] LO om. A hic] LO om. A et] sunt! L sed O illi] duo homines LO 2 eo quod] ex quo L autem exponitur] om. O 3 hic] LO om. A 4 hic] LO om. A illud] om. O 5 exclusiva] LO om. A 6 terminum] LO dictionem A significantem] LO significativam A illa propositio] om. LO 7 exponi] tunc potest exponi add. L alienitatis vel] om. L gratia[2]] om. LO pluralitatis] Regula add. s. del. O 8 Decima] om. O est] om. O 9 distributo] distributivo L habenti] habente LO dicendo] om. O 11 improprie] s- add. s. del. O sic] sicut O 12 homine] homini O homine add. A et] om. O dicta propositio] om. O 13 sint] LO sunt A 14 autem] LO om. A exponitur] L om. AO 15 et[2]...vera] LO om. A 17 Tunc sit] om. O sit] L est A Sortes] AO homo LPSX ista schola] A taberna LOPSX 18 moveatur] movetur O schola] taberna LO aliud] AE33vLOPSX quod non sit pars Sortis add. ALPSX nisi hoc sit pars Sortis add. E a Sorte] O om. AE33vLPSX quod non sit pars Sortis add. O 19 ista] om. LO schola] taberna LO 20 ista] om. LO schola] taberna

dann sind zwei Menschen hier drinnen, und diese sind verschieden von drei, weil zwei Menschen nicht drei Menschen sind. Im uneigentlichen Sinne aber wird er so ausgelegt »Nur drei Menschen sind hier drinnen, d. h., drei Menschen sind hier drinnen und nicht mehr«. Und das ist der Punkt, den man gemeinhin so auszudrücken pflegt: Wenn das ausschließende Wort bei einem Term steht, welcher eine Zahl bezeichnet, dann kann dieser Satz im Sinne der Verschiedenheit oder im Sinne der Mehrheit ausgelegt werden.

Regel 10: Wenn das ausschließende Wort einem verteilten allgemeinen Term, der mehrere Umfangselemente hat, hinzugefügt wird, wie wenn man sagt »Nur jeder Mensch ist des Lachens fähig«, dann kann dieser Satz auf eigentliche und auf uneigentliche Weise ausgelegt werden. Auf eigentliche Weise so »Jeder Mensch ist des Lachens fähig und nichts von jedem Menschen Verschiedenes ist des Lachens fähig«, und auf diese Weise ist der genannte Satz falsch, unter der Voraussetzung, daß der Term »Mensch« mehrere Umfangselemente hat. Im uneigentlichen Sinne aber wird er so ausgelegt »Jeder Mensch ist des Lachens fähig und nichts von einem Menschen Verschiedenes ist des Lachens fähig«, und auf diese Weise ist der vorgenannte Satz wahr.

Dann sei das Sophisma »Nur Sokrates bewegt sich in dieser Schule« vorgelegt. Unter der Annahme, daß Sokrates sich in dieser Schule bewegt und nichts von Sokrates Verschiedenes sich in dieser Schule bewegt, wird das Sophisma folgendermaßen bewiesen: Sokrates bewegt sich in dieser Schule und nichts von Sokrates Verschiedenes, das kein Teil von Sokrates ist, bewegt sich in dieser Schule, also: Nur Sokrates bewegt sich in dieser Schule. – Argument für das Gegenteil: Wenn sich Sokrates in dieser Schule bewegt, dann bewegt sich ein Teil von ihm in dieser Schule, und wenn dem so ist, dann bewegt sich etwas

LO a Sorte] LO om. A est] sit LO 21 schola] taberna LO tantum…schola] LOPSX etc. A Sortes] Sortes add. O 22 schola] Z taberna LOSX taberna om. S. add. i.m. P In] om. O 23 schola[1]] taberna LO tunc] om. O eius] Sortis LO schola[2]] taberna LO et] etc. L a Sorte] om. O

Sorte movetur in ista schola, et sic non tantum Sortes movetur in ista schola.

Respondetur breviter, quod haec propositio »Tantum Sortes movetur in ista schola« est impossibilis secundum expositionem eius propriam, secundum quam arguebatur per secundum O29vb argumentum. Nihilominus est possibilis secundum eius expositionem impropriam, secundum quam arguebatur per primum argumentum.

Dico ulterius, quod haec dictio *tantum* secundum expositio- A28vb nem eius propriam non potest addi terminis concretis faciendo exclusivam affirmativam possibilem, concretis quidem, quorum abstracta significant rem distinctam a significato concreti, et hoc cum hoc verbo *est* secundo adiacente. Unde haec non est possibilis »Tantum album est«, quia sequitur »Tantum album est, ergo album est« et »Album est, ergo albedo est« et ultra »Ergo non tantum album est«.

Secundo dico, quod nec potest addi termino significanti totum essentiale vel integrale faciendo exclusivam affirmativam possibilem et hoc cum hoc verbo *est* secundo adiacente. Ergo haec est impossibilis »Tantum homo est«, nam sequitur »Homo est, ergo anima eius est« et sequitur »Anima eius est, ergo non tantum homo est«. Et hoc intelligendum est secundum expositionem propriam propositionis exclusivae.

1 schola] taberna LO et] si L si add. O movetur[2]...schola] LOPX etc. AS 2 schola] Z taberna LOPX 3 breviter] om. LO 4 schola] taberna LO 5 quam] quod LO arguebatur per] probat O 6 Nihilominus] tamen O est possibilis] om. O eius] om. LO 7 quam] om. LO arguebatur] argueretur L om. O per] om. O 8 argumentum] non est impossibilis add. O 9 Dico ulterius] Nota O quod] om. O 10 potest] debet L faciendo...concretis] om. O 11 exclusivam] Z categoricam AE33VLPSX 13 et hoc] adhuc L hoc[2]] om. L est[1]] om. O 14 quia...est[1]] om. O 15 album...ergo[2]] LO om. A et ultra] om. O 17 nec] non LO significanti] significante LO 18 essentiale] integrale LO integrale] essentiale L contrahibile O exclusivam] Z categoricam AE33VLOPSX 19 et hoc] om. LO 20 Tantum] om. S. add. i.m. O nam] quia O sequitur] tantum add. A sequitur...ergo] om. O 22 hoc] haec L intelligendum est] debet intelligi LO 23 propriam] eius add. O propositionis] LOPSX dictionis A

von Sokrates Verschiedenes in dieser Schule, und so bewegt sich nicht nur Sokrates in dieser Schule.

Kurze Antwort: Der Satz »Nur Sokrates bewegt sich in dieser Schule« ist unmöglich gemäß seiner eigentlichen Auslegung, gemäß welcher mit dem zweiten Argument argumentiert wurde. Nichtsdestoweniger ist er möglich gemäß seiner uneigentlichen Auslegung, gemäß welcher mit dem ersten Argument argumentiert wurde.

Weiters sage ich: Das Wort »nur« kann gemäß seiner eigentlichen Auslegung keinen konkreten Termen hinzugefügt werden, wenn ein möglicher bejahender ausschließender Satz herauskommen soll, und zwar mit dem Verb »ist« als zweitem Bestandteil (Existenzprädikat); wenigstens nicht solchen konkreten Termen, deren abstrakte Formen ein Ding bezeichnen, das vom Bezeichneten des konkreten Terms verschieden ist. So ist der Satz »Nur ein weißes Ding ist« nicht möglich, denn es folgt »Nur ein weißes Ding ist, also ist ein weißes Ding« und »Ein weißes Ding ist, also ist eine Weiße« und darüber hinaus »Also ist nicht nur ein weißes Ding«.

Zweitens sage ich: Es kann auch keinem Term hinzugefügt werden, der ein wesentliches oder ein integrales Ganzes bezeichnet, wenn ein möglicher bejahender ausschließender Satz herauskommen soll, und zwar mit dem Verb »ist« als zweitem Bestandteil. Also ist der Satz »Nur ein Mensch ist« unmöglich, denn es folgt »Ein Mensch ist, also ist seine Seele« und es folgt »Seine Seele ist, also ist nicht nur ein Mensch«. Und dies ist gemäß der eigentlichen Auslegung eines ausschließenden Satzes zu verstehen.

Drittens sage ich: Es kann auch keinem Term hinzugefügt werden, der ein Ding mit gleichartigen Teilen bezeichnet, und

Tertio dico, quod nec potest addi termino significanti rem homogeneam, et ideo haec est falsa »Tantum haec albedo est« et similiter »Tantum haec aqua est«.

Quarto dico, quod nec potest addi termino relativo, ad quem quidem sequitur de praesenti suum correlativum. Et ergo haec est impossibilis »Tantum pater est«, si enim tantum pater est, tunc pater est, et si pater est, tunc filius est, et si filius est, aliud a patre est, et per consequens non tantum pater est.

Quinto dico, quod nec potest addi termino numerali ultra binarium. Unde haec non est possibilis »Tantum tria sunt«, sequitur enim »Tantum tria sunt, ergo tria sunt, ergo duo sunt«, et sic alia a tribus sunt et per consequens non tantum tria sunt.

Sexto dico, quod nec potest addi termino collectivo, semper intelligendo faciendo exclusivam affirmativam possibilem de hoc verbo *est* secundo adiacente. Et ideo haec est impossibilis »Tantum populus est«.

Verum est tamen, quod cum hoc verbo *est* tertio adiacente bene potest addi. Unde bene potest addi etiam dictis terminis faciendo propositionem affirmativam exclusivam possibilem de hoc verbo *est* tertio adiacente. Unde haec est bene possibilis »Tantum homo est grammaticus« et similes.

Et notandum ulterius pro regula, quod quando praedicatum alicuius propositionis exclusivae affirmativae potest convenire termino significanti partem vel accidenti connotato per subiectum, tunc illa propositio est impossibilis. Verbi gratia dicendo

1 nec] LO non A significanti] significante LO 2 est[1]] om. L haec[2]] om. L hoc O 3 et] om. LO 4 nec] non LO 5 quidem] om. LO 6 est[2]] om. L si] sequitur L tantum] om. O 7 tunc[1]...est[1]] om. L si[1]] potest add. s. del. O tunc[2]] L om. AO est[3]] om. O si[2]] L om. AO aliud] L alius AO 8 est[1]] L om. AO et... consequens] ergo O 9 Quinto] et O nec] non O addi] om. O termino] significanti add. s. del. A 10 tria] tres O 11 sunt[1]] sunt add. O ergo[2]] et si tria sunt O 12 sic] ultra LO alia...sunt[2]] om. L et[2]] om. L ultra add. O per consequens] ergo LO 14 nec] L non AO 15 de...verbo] LO om. A 16 adiacente] secundo add. O Et] om. O 19 Unde...addi[2]] LOP om. AE33VX unde bene additur S etiam] A om. E33VLOPSX terminis] om. LO 20 exclusivam]

deshalb ist der Satz »Nur diese Weiße ist« falsch und ebenso »Nur dieses Wasser ist«.

Viertens sage ich: Es kann auch keinem relativen Term hinzugefügt werden, wenigstens nicht einem solchen, aus dem sein Korrelativ im Präsens folgt. Und somit ist der Satz »Nur ein Vater ist« unmöglich, wenn nämlich nur ein Vater ist, dann ist ein Vater, und wenn ein Vater ist, dann ist ein Sohn, und wenn ein Sohn ist, dann ist etwas von einem Vater Verschiedenes, und folglich ist nicht nur ein Vater.

Fünftens sage ich: Es kann auch keinem Zahlterm größer als »zwei« hinzugefügt werden. So ist der Satz »Nur drei sind« nicht möglich, es folgt nämlich »Nur drei sind, also sind drei, also sind zwei«, und so gibt es Dinge, die von drei Dingen verschieden sind, und folglich sind nicht nur drei.

Sechstens sage ich: Es kann auch keinem Sammelterm hinzugefügt werden, immer in dem Sinne, daß ein möglicher bejahender ausschließender Satz mit dem Verb »ist« als zweitem Bestandteil herauskommen soll. Und deshalb ist der Satz »Nur ein Volk ist« unmöglich.

Es stimmt jedoch, daß (das Wort »nur« in einem Satz) mit dem Verb »ist« als drittem Bestandteil (Kopula) sehr wohl hinzugefügt werden kann. So kann es sehr wohl auch den genannten Termen hinzugefügt werden, wobei ein möglicher bejahender ausschließender Satz mit dem Verb »ist« als drittem Bestandteil herauskommt. So ist der Satz »Nur ein Mensch ist ein Grammatiker« u. ä. sehr wohl möglich.

Weiters ist als Regel festzuhalten: Wenn das Prädikat eines bejahenden ausschließenden Satzes auf einen Term zutreffen kann, der einen Teil oder ein Akzidens bezeichnet, welcher bzw. welches vom Subjekt konnotiert wird, dann ist dieser Satz unmöglich. Z. B., wenn es heißt »Nur ein Mensch bewegt

z categoricam AE33v om. LOPSX 21 de…adiacente] LO om. A bene] om. O 23 Et] LO om. A notandum] nota O ulterius] om. LO pro] quod L 24 potest] ponitur L 25 significanti] significante LO accidenti] ALOSX accidens? del. P accidens add. i.m. P connotato] L significato A connotante O 26 tunc] om. O Verbi gratia] ut O dicendo] om. L

»Tantum homo movetur«, hoc praedicatum *movetur* non solum est verificabile de homine, verum etiam de parte hominis vel etiam de accidente hominis, et ergo haec non est possibilis »Tantum homo movetur« nec etiam ista »Tantum album movetur«. Sed quando praedicatum est tale, quod non est verificabile de parte subiecti nec etiam de accidente subiecti, tunc etiam propositio exclusiva affirmativa bene est possibilis, cuius est illud praedicatum, ut dicendo »Tantum homo currit« vel »Tantum homo est grammaticus«.

Aliud sophisma »Tantum unum est«. Probatur: Unum est et nihil aliud ab uno est, ergo tantum unum est. Secundo, tantum ens est, ergo tantum unum est. Consequentia tenet, quia ens et unum convertuntur. Tertio, omne ens est unum, ergo tantum unum est ens, et per consequens tantum unum est. Antecedens patet, quia non est aliquod ens, quin ipsum sit unum. Et consequentia tenet ab universali ad exclusivam etc. In oppositum arguitur, nam hoc est contra Aristotelem in primo *Physicorum*, ubi disputat contra Parmenidem et Melissum, qui posuerunt et convenerunt, quod tantum unum est ens.

Respondetur, quod sophisma secundum expositionem eius propriam est verum, sed secundum expositionem eius impropriam est falsum. Et ita tamen concesserunt antiqui, scilicet Parmenides et Melissus, et ad istum sensum eos improbat Aristoteles.

17 Aristotelem] Aristoteles, Physica, I.2–3, 184b15–187a11.

1 homo] Johannes L 3 etiam de] om. LO accidente] accidenti O et] L om. AO 4 etiam] om. O 5 quando] om. L est[1]] om. L 7 etiam] om. LO propositio] LO om. A affirmativa] LO om. A 8 illud] istum L ut] verbi gratia L dicendo] om. O 9 vel] LO om. A 10 Aliud sophisma] om. O Probatur] tantum add. O 11 Secundo…etc] *Ista duo argumenta* trsp. LO tantum[2]] unum add. A est add. s. del. A 12 Consequentia] quam! L et] est *ante corr. s.l.* O 13 ergo] LO quia A 15 est] aliud add. s. del. O aliquod] aliquid L sit] om. L Et] om. LO 16 etc] om. O In] om. O 17 arguitur] probatur O nam] non! L nam…contra] per O in] L om. AO 18 ubi disputat] om. O disputat] L disputans A Parmenidem] Memedem L posuerunt et] AE34rLPSX om. O 19 convenerunt] L concesserunt AE34rOPSX 20 Respondetur quod] om. O

sich«, so ist das Prädikat »bewegt sich« nicht nur von einem Menschen verifizierbar, sondern auch von einem Teil eines Menschen oder auch von einem Akzidens eines Menschen, und somit ist der Satz »Nur ein Mensch bewegt sich« nicht möglich und auch nicht der Satz »Nur ein weißes Ding bewegt sich«. Aber wenn das Prädikat ein solches ist, das nicht von einem Teil des Subjekts verifizierbar ist und auch nicht von einem Akzidens des Subjekts, dann ist auch der bejahende ausschließende Satz sehr wohl möglich, zu dem jenes Prädikat gehört, wie wenn es heißt »Nur ein Mensch läuft« oder »Nur ein Mensch ist ein Grammatiker«.

Ein anderes Sophisma, »Nur eines ist«. Beweis: Eines ist und nichts von einem (Einen) Verschiedenes ist, also: Nur eines ist. Zweitens: Nur ein Seiendes ist, also: Nur eines ist. Die Folgerung ist gültig, weil Seiendes und Eines umkehrbar (austauschbar) sind. Drittens: Jedes Seiende ist eines, also ist nur (ein) Eines ein Seiendes, und folglich: Nur eines ist. Der Vordersatz ist klar, denn es gibt kein Seiendes, ohne daß es (ein) Eines wäre. Und die Folgerung ist gültig (aufgrund der Regel 7) »Von einem universalen Satz auf einen ausschließenden Satz« usw. – Argument für das Gegenteil: Das ist gegen Aristoteles im ersten Buch der *Physik*, wo er gegen Parmenides und Melissos disputiert, die übereinstimmend annahmen, daß das Seiende nur eines ist[85].

Antwort: Das Sophisma ist gemäß seiner eigentlichen Auslegung wahr, aber gemäß seiner uneigentlichen Auslegung ist es falsch. Dennoch haben es die Alten, nämlich Parmenides und Melissos, in diesem (uneigentlichen) Sinne zugegeben, und in bezug auf diesen Sinn widerlegt sie Aristoteles.

21 sed] et LO secundum...eius] om. O 22 est] om. O Et...Melissus] om. O 23 Melissus] Melissi L et^2] om. O sensum] intellectum LO 24 Aristoteles] in primo Physicorum etc. add. O

A29ra *Aliud sophisma* »Tantum pater est«. Probatur, quod sit possibile, nam posito, quod essent infiniti homines, quorum quilibet esset pater unius et filius alterius, et nulla alia essent in L32vb mundo, tunc probatur sophisma sic: Pater est et nihil aliud a patre est, ergo tantum pater est. In oppositum arguitur ex dictis, quia dictio exclusiva faciendo propositionem affirmativam possibilem non potest addi termino relativo, ad quem sequitur suum correlativum de praesenti. Sed nunc est ita, quod hic terminus *pater* est terminus relativus, ad quem sequi- O30ra tur correlativum suum de praesenti, ergo etc.

Respondetur breviter, quod aliqua propositio potest esse impossibilis tripliciter. Quaedam est impossibilis de forma, ut illa, quae implicat contradictionem, sicut est ista »Sortes est et Sortes non est«, et cuius contradictoria est necessaria, ut est ista »Sortes est vel Sortes non est«. Alia est impossibilis non de forma, sed de materia, id est, propter significationem terminorum, sicut ista »Tantum pater est«, si enim dicitur »Tantum deus est«, non est propositio impossiblis. Tertio modo propositio dicitur impossibilis, non quod includat contradictionem de forma vel de significato, sed quia non potest esse sic naturaliter, sicut ipsa significat, et sic impossibile est, quod aliquid moveatur velocius caelo. Et illud impossibile Commentator, primo *Caeli*, vocat *impossibile falsum*.

22 Commentator] Averroes, In De caelo, lib. I, comm. 119, fol. 78v, ad locum 281b2–18.

1 Aliud sophisma] om. O Probatur] pro L 2 nam] non! L om. O infiniti] infinite L 3 filius] pater L 4 probatur sophisma] om. O sic] om. L a] per- add. s. del. O 5 est[1]] LO om. A tantum…est[2]] L etc. A om. O etc. add. L In… arguitur] Improbatur O 7 possibilem] LO om. A relativo] om. LO 8 suum] om. L 9 hic terminus] om. O est] relativum add. s. del. A relativus] om. O 10 ergo] om. L etc] L om. AO 11 breviter] L om. A similiter O aliqua] om. LO 12 impossibilis[1]] simpliciter add. L tripliciter] dupliciter *ante corr. s.l.* O 13 illa] om. O est[1]] L om. AO 14 cuius] Z eius A illius E34rLOPSX est[3]] L om. AO 15 vel] idem! L 17 dicitur] diceretur L 19 includat] LO includit A 20 de] om. O naturaliter] LO materialiter A 21 ipsa] propositio LO 22 mo-

Ein anderes Sophisma, »Nur ein Vater ist«. Beweis für die Möglichkeit: Gesetzt, daß es unendlich viele Menschen gäbe, von denen jeder Vater von einem und Sohn von einem anderen wäre und es keine anderen Dinge auf der Welt gäbe, so wird das Sophisma folgendermaßen bewiesen: Ein Vater ist und nichts von einem Vater Verschiedenes ist, also: Nur ein Vater ist. – Für das Gegenteil wird aufgrund der bisherigen Ausführungen argumentiert, denn ein ausschließendes Wort kann nicht einem relativen Term hinzugefügt werden, aus dem sein Korrelativ im Präsens folgt, wenn ein möglicher bejahender Satz herauskommen soll. Nun ist es aber so, daß der Term »Vater« ein relativer Term ist, aus dem sein Korrelativ im Präsens folgt, also usw.

Kurze Antwort: Ein Satz kann auf dreifache Weise unmöglich sein. Manche Sätze sind der Form nach unmöglich, wie z. B. ein solcher, der einen Widerspruch einschließt, etwa der Satz »Sokrates ist und Sokrates ist nicht«, und dessen kontradiktorischer Satz notwendig ist, wie z. B. der Satz »Sokrates ist oder Sokrates ist nicht«. Andere sind nicht der Form nach, sondern der Materie nach unmöglich, d. h., wegen der Bedeutung der Terme, wie z. B. der Satz »Nur (ein) Vater ist«; wenn man nämlich sagt »Nur Gott ist«, dann liegt kein unmöglicher Satz vor. Auf eine dritte Weise heißt ein Satz »unmöglich«, nicht weil er einen Widerspruch hinsichtlich der Form oder hinsichtlich der Bedeutung einschlösse, sondern weil es auf natürliche Weise nicht so sein kann, wie er bezeichnet, und in diesem Sinne ist es unmöglich, daß sich etwas schneller bewegt als der Himmel. Und dieses Unmögliche nennt der (Aristoteles-) Kommentator (d. i. Averroes) im ersten Buch *Über den Himmel* »unmögliches Falsches«.

veatur] LO movetur A illud] est add. AO Commentator…falsum] LOPSX om. A 23 impossibile] OX probabile? L possibile PS

Alia distinctio: Quaedam sunt relativa, ad quae sequuntur sua correlativa de praesenti, ut *pater*, *simile* etc. Alia sunt relativa, ad quae non sequuntur sua correlativa de praesenti, sed de praeterito vel de futuro vel de possibili, ut ista *posterius*, *prius*, *scibile*. Non enim sequitur »Posterius est, ergo prius est«, sed bene sequitur »Ergo prius fuit«. Similiter non sequitur »Prius est, ergo posterius est«, sed bene sequitur »Ergo posterius erit«. Similiter non sequitur »Scibile est, ergo scientia eius est«, sed bene sequitur »Ergo scientia eius potest esse«.

Alia distinctio, quod relativorum primo modo dictorum quaedam dicuntur relativa aequiparantiae, sicut est hoc relativum *simile*. Quaedam vero relativa disparantiae, sicut hoc relativum *pater*, *dominus*.

Tunc sit prima conclusio: Si haec dictio *tantum* termino relativo disparantiae additur cum ly *est* secundo adiacente, non facit propositionem impossibilem de forma. Unde haec non est impossibilis de forma »Tantum pater est« propter hoc, quod haec non est impossibilis »Tantum deus est«. Secundo dico, quod facit propositionem impossibilem de materia, et ergo haec est impossibilis de materia »Tantum pater est«. Tertio dico, quod si additur termino relativo aequiparantiae, non propter hoc redditur propositio impossibilis. Unde haec non est impossibilis »Tantum simile est«, posito enim, quod modo omnia essent similia, tunc haec esset vera »Tantum

1 Alia distinctio] om. O ad] a! O sequuntur] corl- add. s. del. O 2 sua] om. LO simile] LO om. A etc] om. O sunt] om. O 3 relativa] L om. AO sua] eorum LO 4 de[2]] om. LO de[3]] om. LO ista] om. LO posterius] prius L 5 prius[1]] terius! L scibile] om. L enim] om. L prius[2]] prima L 6 Similiter] LO sic A 7 Prius...sequitur] om. O sequitur] prius est add. L 8 Similiter... sequitur] om. L scientia] LO scitum A 9 eius[1]] L om. AO eius[2]] LO om. A esse] vel scientia est est! igitur scibile est etc. add. O 10 Alia distinctio] om. O quod] om. LO relativorum] cor- add. O primo modo] LO prius A 11 relativa] om. O est] om. LO hoc relativum] om. O 12 simile] scibile L vero] om. O relativa] om. LO disparantiae] disquiparantiae LO hoc relativum] om. O 13 dominus] O om. AL 14 Tunc] om. L sit...conclusio] dico O prima] om. L termino] LO om. A 15 disparantiae] disquiparantiae LO additur] LO addatur A ly] verbo LO 17 est[2]] LO om. A 19 quod] fict? add. s.

Eine andere Unterscheidung: Es gibt Relative, aus denen ihre Korrelative im Präsens folgen, wie »Vater«, »ähnlich« usw. Es gibt (aber auch) andere Relative, aus denen ihre Korrelative nicht im Präsens folgen, sondern im Präteritum oder im Futur oder in der Möglichkeitsform, wie z. B. die (Relative) »später«, »früher«, »wißbar«. Es folgt nämlich nicht »Das Spätere ist, also ist das Frühere«, aber sehr wohl folgt »Also war das Frühere«. Ebenso folgt nicht »Das Frühere ist, also ist das Spätere«, aber sehr wohl folgt »Also wird das Spätere sein«. Ebenso folgt nicht »Das Wißbare ist, also ist das Wissen von ihm«, aber sehr wohl folgt »Also kann das Wissen von ihm sein«.

Eine andere Unterscheidung: Von den Relativen im ersten Sinne heißen manche »Relative der Gleichheit«, wie z. B. das Relativ »ähnlich«. Manche hingegen »Relative der Ungleichheit«, wie z. B. das Relativ »Vater«, »Herr«[86].

Sodann laute die erste These: Wenn das Wort »nur« einem Relativterm der Ungleichheit mit dem Ausdruck »ist« als zweitem Bestandteil (Existenzprädikat) hinzugefügt wird, so entsteht kein der Form nach unmöglicher Satz. So ist der Satz »Nur ein Vater ist« deswegen nicht der Form nach unmöglich, weil der Satz »Nur Gott ist« nicht unmöglich ist. Zweitens sage ich: Es entsteht ein der Materie nach unmöglicher Satz, und somit ist der Satz »Nur ein Vater ist« der Materie nach unmöglich. Drittens sage ich: Wenn es einem Relativterm der Gleichheit hinzugefügt wird, so wird der Satz deswegen nicht zu einem unmöglichen. So ist der Satz »Nur ein Ähnliches ist« nicht unmöglich, gesetzt nämlich, daß jetzt alle Dinge ähnlich wären, dann wäre der Satz »Nur ein Ähnliches ist« wahr.

del. O propositionem] om. O et] om. O 20 haec est] om. O de materia] om. LO 21 quod] om. O additur] LO addatur A termino] om. LO 22 propter] ex LO redditur] additur L propositio] LO om. A 23 Tantum] tantem! L simile] scibile L est²] om. L enim] om. O 24 modo] om. LO similia] scibilia L tunc] L om. AO haec…vera] om. O

simile est«. Quarto dico, quod si dictio exclusiva additur termino relativo secundo modo dicto, non facit propositionem impossibilem primo modo vel secundo modo. Haec enim non est impossibilis »Tantum prius est« vel »Tantum posterius est«. Quinto dico, quod bene ut sic facit propositionem impossibilem tertio modo.

Per hoc dico ad sophisma, quod est impossibile accipiendo impossibile secundo modo. Nihilominus est possibile, prout ly *possibile* opponitur impossibili primo et tertio modis dicto.

Aliud sophisma »Sortes tantum est asinus«. Probatur primo, quod sophisma sit falsum, nam si Sortes tantum esset asinus, A29rb tunc Sortes esset asinus, quod est falsum. In oppositum arguitur: Contradictorium sophismatis est falsum, ergo sophisma est verum. Antecedens probatur, nam contradictorium sophismatis est »Sortes tantum non est asinus«, modo hoc est falsum, eo quod aliquid aliud a Sorte, puta Plato, non est asinus.

Breviter respondetur, quod sophisma est falsum, et ulterius dico, quod contradictorium sophismatis non est »Sortes tantum non est asinus«, sed contradictorium sophismatis est »Non tantum Sortes est asinus« vel »Non Sortes tantum est asinus«. Modo hoc est verum, quare relinquitur sophisma esse falsum.

Aliud sophisma: Posito, quod Sortes sciat septem artes liberales et Plato sciat solum tres et Cicero solum quattuor et non sint plures homines in mundo quam isti tres, tunc sit sophisma

1 simile] scibile L quod] om. O additur] LO addatur A termino] om. LO 2 propositionem] om. O 3 modo[1]] om. LO Haec…impossibilis] ut O 4 Tantum[1]…est[2]] LOPSX om. A prius] SX primum LP pater O est[2]] OPSX om. L vel] S om. ALOPX 5 propositionem] om. LO 7 dico] quod add. s. del. O quod] sophisma add. L 8 secundo] AX tertio LOPS modo] vel add. L Nihilominus] tamen O possibile] impossibile L prout] ut O ly] LO om. A 9 opponitur] exponitur L primo] modo add. L tertio] X secundo ALOPS modis] modo LO 10 Aliud sophisma] om. O sophisma] sequitur add. L Sortes tantum] trsp. L primo] om. LO 11 sophisma] L om. AO si] sic O 12 tunc…asinus] om. LO arguitur] om. O 13 falsum…est[1]] om. L sophisma] ipsum O est[2]] om. O 14 nam] om. O 15 Sortes] non add. s. del. O 16 aliquid] animal! L om. O aliud] O om. AL a] et! L Sorte] Sor LO puta] om. O 17 Breviter] om. LO respondetur] dico O ulterius] om. O 18 dico] O dicitur

Viertens sage ich: Wenn ein ausschließendes Wort einem Relativterm im zweiten Sinne hinzugefügt wird, so entsteht kein Satz, der auf die erste Weise oder auf die zweite Weise unmöglich ist. Der Satz nämlich »Nur das Frühere ist« oder »Nur das Spätere ist« ist nicht unmöglich. Fünftens sage ich: Sehr wohl entsteht in diesem Fall (aber) ein unmöglicher Satz auf die dritte Weise.

Damit antworte ich auf das Sophisma: Es ist unmöglich, wenn man »unmöglich« auf die zweite Weise verwendet. Nichtsdestoweniger ist es möglich, insofern der Ausdruck »möglich« dem Unmöglichen im ersten und dritten Sinne entgegengesetzt ist.

Ein anderes Sophisma, »Sokrates nur ist ein Esel«. Erstens wird bewiesen, daß das Sophisma falsch ist, denn wenn Sokrates nur wäre ein Esel, dann wäre Sokrates ein Esel, was falsch ist. – Argument für das Gegenteil: Der kontradiktorische Gegensatz des Sophismas ist falsch, also ist das Sophisma wahr. Der Vordersatz wird bewiesen, denn der kontradiktorische Gegensatz des Sophismas lautet »Sokrates nur nicht ist ein Esel«, aber das ist falsch, weil etwas von Sokrates Verschiedenes, nämlich (z. B.) Platon, nicht ist ein Esel.

Kurze Antwort: Das Sophisma ist falsch. Und weiters sage ich, daß der kontradiktorische Gegensatz des Sophismas nicht lautet »Sokrates nur nicht ist ein Esel«, sondern der kontradiktorische Gegensatz des Sophismas lautet »Nicht: Nur Sokrates ist ein Esel« oder »Nicht: Sokrates nur ist ein Esel«. Aber das ist wahr, weshalb (nur) übrigbleibt, daß das Sophisma falsch ist.

Ein anderes Sophisma: Gesetzt, daß Sokrates die sieben freien Künste wisse (kenne) und Platon nur drei wisse und Cicero nur vier und es nicht mehr Menschen auf der Welt gebe als diese drei, dann laute das Sophisma »Nur Sokrates weiß die

AL sophismatis] LO om. A Sortes tantum] trsp. L 19 sed…asinus[1]] om. L contradictorium…est[2]] ista O 20 Sortes tantum] trsp. O 21 Modo] om. L est] om. L quare…falsum] etc. O esse] om. L 22 Aliud] om. O 23 solum[1]] om. L solum[2]] LO om. A 24 sint] om. O quam…tres] LO om. A

»Tantum Sortes scit septem artes liberales«. Probatur: Sortes scit septem artes liberales et nullus alius a Sorte scit septem artes liberales, ergo sophisma verum. In oppositum arguitur: Alii a Sorte sciunt septem artes liberales, ergo sophisma falsum. Consequentia tenet. Antecedens probatur per casum, quia Plato et Cicero sciunt septem artes liberales, nam unus eorum scit tres et alter quattuor.

Respondetur, quod sophisma est verum, nec valet instantia, quia a singulari numero non debet fieri exceptio nisi secundum numerum singularem. Unde quamvis Plato et Cicero sint alii a
O30rb Sorte, non tamen sunt alius a Sorte.

Aliud sophisma: Posito, quod Sortes et Plato currant et nullus alius, tunc sit sophisma »Tantum alter istorum currit« demonstratis istis duobus. Probatur: Alter istorum currit et nullus alius ab altero istorum currit, ergo sophisma. In oppositum arguitur: Tantum alter istorum currit, ergo alius non currit, quod est contra casum.

Respondetur, quod si haec dictio *alter* accipitur pro signo particulari, tunc sophisma est verum. Si vero accipitur pro dictione significante numerum vel principium numeri, videlicet pro uno, sic secundum usum improprium, prout excluditur maior multitudo uno, propositio est falsa, nam est sensus, quod unus istorum currit et non ambo.

Aliud sophisma »Tantum homo currit, ergo tantum homo movetur«. Probatur, nam arguitur ab inferiori ad superius affirmative. In oppositum arguitur: Antecedens potest esse

1 scit] sit! O Probatur…liberales] om. L 2 scit[1]] sit! O scit[2]] SX sit! L scit[2]…liberales] LSX etc. A om. OP 3 sophisma] etc. O verum] LPSX om. AO In] om. O 4 sophisma falsum] non tantum Sortes scit septem artes liberales LO 5 per casum] om. LO 7 alter] alius LO quattuor] et ergo etc. add. L igitur add. O 8 Respondetur] Respondeo O est] LO sit A 9 a] in L exceptio] om. O 10 quamvis] et add. O 11 alius] A aliud LOPSX 12 Aliud] om. O currant] currit O nullus alius] A nulla alia LOPX nulli alii S animalia add. X 14 Probatur] propter L 15 currit] (et L om. OPSX) nec (aliquid LPSX om. O) aliud ab altero (istorum LPSX om. O) (currit LSX om. OP) add. LOPSX ergo] ALPS om. OX sophisma] A etc. LOPS om. X In] om. O 17 contra casum] LO

sieben freien Künste«. Beweis: Sokrates weiß die sieben freien Künste und keiner, der von Sokrates verschieden ist, weiß die sieben freien Künste, also ist das Sophisma wahr. – Argument für das Gegenteil: Andere als Sokrates wissen die sieben freien Künste, also ist das Sophisma falsch. Die Folgerung ist gültig. Der Vordersatz wird durch die Fallannahme bewiesen, daß Platon und Cicero die sieben freien Künste wissen, denn der eine von ihnen weiß drei und der andere vier.

Antwort: Das Sophisma ist wahr, und das Gegenbeispiel ist nicht gültig, denn vom Singular darf eine Ausnahme nur gemäß dem Singular gemacht werden. Obwohl nämlich Platon und Cicero andere als Sokrates sind, so sind sie doch nicht ein anderer als Sokrates.

Ein anderes Sophisma: Gesetzt, daß Sokrates und Platon laufen und kein anderer, dann laute das Sophisma »Nur der eine von diesen läuft«, wobei auf diese beiden hingewiesen werde. Beweis: Der eine von diesen läuft und kein anderer als der eine von diesen läuft, also (gilt) das Sophisma. – Argument für das Gegenteil: Nur der eine von diesen läuft, also läuft der andere nicht, was der Annahme entgegensteht.

Antwort: Wenn das Wort »der eine« als Partikulär-Zeichen verwendet wird, dann ist das Sophisma wahr. Wenn es hingegen als Wort verwendet wird, das eine Zahl bzw. den Ursprung der Zahl bezeichnet, nämlich als »Eins«, so ist der Satz falsch gemäß uneigentlichem Gebrauch, insofern eine Vielheit größer als Eins ausgeschlossen wird; denn der Sinn ist (dann), daß einer von diesen läuft, aber nicht beide.

Ein anderes Sophisma, »Nur ein Mensch läuft, also bewegt sich nur ein Mensch«. Beweis: Es wird bejahend vom Untergeordneten auf das Übergeordnete argumentiert. – Argument für das Gegenteil: Der Vordersatz kann wahr sein, während der

falsum A 18 Respondetur] Nota O quod] om. O 19 particulari] singulari L tunc] O om. AL vero] om. O accipitur] om. LO 20 vel...numeri] LO om. A 21 sic] OP si L om. SX sic...improprium] LOPSX om. A 22 uno] OPSX una AL nam] quia O 23 istorum] eorum O 24 Aliud sophisma] om. O 25 nam] hic L quia O arguitur] om. O 26 In...arguitur] Improbatur O

verum consequente existente falso, ergo etc. Assumptum probatur: Posito, quod homo curreret et nihil aliud ab homine curreret et equus moveretur, quamvis non curreret, haec esset vera »Tantum homo currit« ista existente falsa »Tantum homo movetur«.

Respondetur, quod sophisma est falsum, quia in una parte exponentis, puta in negativa, est processus ab inferiori ad superius negative.

Aliud sophisma »Tantum homo currit, ergo tantum animal currit«. Videtur, quod non sit verum sicut praecedens propter similem rationem. Breviter respondetur, quod bene conceditur sophisma, quia exponens unius sequitur ad exponentem alterius, nam aliud ab homine est in plus quam aliud ab animali. Et ergo, si dicatur »Nullum aliud ab homine, ergo nullum aliud ab animali«, erit bona consequentia, quia arguitur a superiori ad inferius negative.

Aliud sophisma »Tantum deum esse deum est necessarium«. Probatur: Haec est necessaria »Tantum deus est deus«, ergo sophisma. Consequentia tenet, nam sicut sequitur »Haec est A29va vera ›Sortes currit‹, ergo Sortem currere est verum«, ita in proposito. Antecedens patet de se, eo quod haec est necessaria »Deus est deus« et nihil aliud a deo est deus. Secundo, deum L33ra esse deum est necessarium et non aliud a deum esse deum est necessarium, ergo etc. In oppositum arguitur: Hominem esse animal est necessarium, hominem esse animal est aliud a deum

1 ergo etc] om. O probatur] patet LO 3 et] quod add. LO quamvis] et LO esset] LO est A 4 ista existente] et ista esset O 6 Respondetur] dico O quod] om. O est] esse O 7 exponentis] om. LO in] om. LO negativa] expositione add. L exponente add. O 9 Aliud sophisma] om. O 10 Videtur…verum] Improbatur istud O verum] vera L propter…rationem] om. O 11 Breviter] om. LO respondetur quod] LO om. A conceditur sophisma] sequitur tantum homo currit ergo (tantum O om. L) animal currit LO 14 Et] om. O 15 animali] et add. L erit] est LO arguitur] L om. AO a…inferius] AE34vLOPX ab inferiori ad superius S 17 Aliud sophisma] om. O deum[2]] ASX om. LOP 18 Haec] hoc O necessaria] necessarium O deus[2]] om. O ergo…deus[1]] om. L 19 sophisma] deum tantum esse deum est necessarium O nam] quia O Haec…vera] om. O 20 Sortem currere] Sor currit O 21 de se] om. O est]

Nachsatz falsch ist, also usw. Beweis für die Annahme: Gesetzt, daß ein Mensch liefe und nichts anderes als ein Mensch liefe und ein Pferd sich bewegte, obwohl es nicht liefe, so wäre der Satz »Nur ein Mensch läuft« wahr, während der Satz »Nur ein Mensch bewegt sich« falsch wäre.

Antwort: Das Sophisma ist falsch, weil in einem Teil des auslegenden Satzes, nämlich im negativen, ein Schluß auf negative Weise vom Untergeordneten auf das Übergeordnete vorkommt.

Ein anderes Sophisma, »Nur ein Mensch läuft, also läuft nur ein Lebewesen«. Es scheint, daß es ebenso wie das vorangehende nicht wahr ist, und zwar aus ähnlichem Grunde. – Kurze Antwort: Das Sophisma wird sehr wohl zugegeben, weil der auslegende Satz des einen (Teils) aus dem auslegenden Satz des anderen (Teils) folgt, denn »verschieden von einem Menschen« trifft auf mehr Dinge zu als »verschieden von einem Lebewesen«. Wenn es also heißt »Kein von einem Menschen verschiedenes (Ding), also kein von einem Lebewesen verschiedenes (Ding)«, wird eine gültige Folgerung vorliegen, weil auf negative Weise vom Übergeordneten auf das Untergeordnete argumentiert wird[87].

Ein anderes Sophisma, »Nur daß Gott Gott ist ist notwendig«[88]. Beweis: Der Satz »Nur Gott ist Gott« ist notwendig, also (gilt) das Sophisma. Die Folgerung ist gültig, denn wie folgt »Der Satz ›Sokrates läuft‹ ist wahr, also ist *daß Sokrates läuft* wahr«, so auch im vorliegenden Fall. Der Vordersatz leuchtet von selbst ein, weil der Satz »Gott ist Gott« notwendig ist und nichts von Gott Verschiedenes Gott ist. Zweitens, *daß Gott Gott ist* ist notwendig und nichts von *daß Gott Gott ist* Verschiedenes ist notwendig, also usw. – Argument für das Gegenteil: *Daß ein Mensch ein Lebewesen ist* ist notwendig, *daß ein Mensch ein Lebewesen ist* ist verschieden von *daß Gott*

om. O 23 est[1]] om. O deum[2]] z deo ALOPS om. X deum? *post corr.* O 24 In] om. O arguitur] probatur O

esse deum, ergo aliud a deum esse deum est necessarium et per consequens non tantum deum esse deum est necessarium. Secundo sequitur »Tantum deum esse deum est necessarium, ergo omne necessarium est deum esse deum«. Consequens est falsum, ut patet de se. Consequentia tenet per regulam prius positam »Ab exclusiva ad universalem« etc.

Breviter respondetur, quod sophisma, si est de subiecto exclusivo, est verum, sed tunc non est propositio exclusiva et tunc significat, quod ista propositio »Tantum deus est deus« est necessaria, et hoc est verum. Si sophisma vero capitur, prout est propositio exclusiva, tunc est falsum, nam ut sic significat, quod deum esse deum est necessarium et nihil aliud quam deum esse deum est necessarium, modo hoc est falsum. Et secundum dicta rationes procedunt.

Aliud sophisma »Ad solum Sortem currere sequitur hominem currere«. Probatur: Ad istam »Solus Sortes currit« sequitur ista »Homo currit«, ergo ad solum Sortem currere sequitur hominem currere. Secundo, ad solum Sortem currere sequitur Sortem currere, eo quod ab exclusiva ad suum praeiacens est bona consequentia. Et ultra, ad Sortem currere sequitur hominem currere, ergo de primo ad ultimum, ad solum Sortem currere sequitur hominem currere. Consequentia tenet per istam regulam »Quando ad aliquod antecedens sequitur consequens, quidquid sequitur ad consequens, sequitur ad antece-

5 prius] Cf. regulam septimam huius capituli.

1 ergo…deum[3]] LO om. A et…consequens] LO ergo A 2 deum[2]] esse deum add. O 3 sequitur] si LO 4 omne] om. O Consequens] conclusio O est[2]] om. O 5 falsum] falsa O ut…se] om. LO prius positam] om. LO 6 ad…etc] LO om. A 7 Breviter] om. LO respondetur] dico O quod] subiectum est add. s. del. O si] om. O 8 exclusivo] sophisma add. L quod add. O 9 tunc] tantum L 10 sophisma] LO om. A vero] om. O capitur] O capiatur AL 11 prout] ut O est[1]] LO sit A propositio] om. O tunc] sic LO sophisma add. L nam] quia O 12 quod] om. O est] sit LO nihil] om. O aliud] ad O a *post corr.* O 13 quam] a LO modo] et O 14 Et] om. L Et…procedunt] om. O dicta] hoc L procedunt] valent L 15 Aliud sophisma] L om. AO 17 ista] om. LO Homo currit] hominem currere L ergo…currere[1]] LO etc. A currere] L currit

Gott ist, also ist etwas von *daß Gott Gott ist* Verschiedenes notwendig, und folglich ist nicht nur *daß Gott Gott ist* notwendig. Zweitens folgt »Nur *daß Gott Gott ist* ist notwendig, also: Jedes Notwendige ist *daß Gott Gott ist*«. Der Nachsatz ist falsch, wie von selbst einleuchtet. Die Folgerung ist gültig aufgrund der früher aufgestellten Regel (Nr. 7) »Von einem ausschließenden Satz auf einen universalen Satz« usw.

Kurze Antwort: Wenn das Sophisma ein ausschließendes Subjekt hat, dann ist es wahr, aber dann ist es kein ausschließender Satz und dann bezeichnet es, daß der Satz »Nur Gott ist Gott« notwendig ist, und das ist wahr. Wenn das Sophisma hingegen im Sinne eines ausschließenden Satzes aufgefaßt wird, dann ist es falsch, denn in diesem Sinne bezeichnet es das Folgende: *Daß Gott Gott ist* ist notwendig und nichts anderes als *daß Gott Gott ist* ist notwendig, aber das ist falsch. Und entsprechend diesen Ausführungen gehen (auch) die (Eingangs-) Argumente vor.

Ein anderes Sophisma, »Aus allein daß Sokrates läuft folgt, daß ein Mensch läuft«[89]. Beweis: Aus dem Satz »Allein Sokrates läuft« folgt der Satz »Ein Mensch läuft«, also: Aus *daß allein Sokrates läuft* folgt, daß ein Mensch läuft. Zweitens: Aus *daß allein Sokrates läuft* folgt, daß Sokrates läuft, weil von einem ausschließenden Satz auf sein Vorgängiges[90] eine gültige Folgerung vorliegt. Und weiter: Aus *daß Sokrates läuft* folgt, daß ein Mensch läuft, also vom ersten bis zum letzten, aus *daß allein Sokrates läuft* folgt, daß ein Mensch läuft. Die Folgerung ist gültig gemäß der Regel »Wenn aus einem Vordersatz ein Nachsatz folgt, so gilt: Was auch immer aus dem Nachsatz folgt, folgt (auch) aus dem Vordersatz«. – Argument für das

O **18** currere[2]] sequitur! O **19** Sortem] hominem L suum praeiacens] suam (partem O om. L) praeiacentem LO **20** ad] solum add. L Sortem currere] Sor currit O hominem] Sor L **21** currere] currit O de] a LO primo] prima L **22** currere[1]] currit O currere[2]] currit O per] secundum L **23** istam] om. O Quando] quo! L aliquod] L om. AO **24** quidquid...antecedens] LO etc. A

O30va dens«. In oppositum arguitur: Ad Platonem currere sequitur hominem currere, ergo ad aliud quam ad Sortem currere sequitur hominem currere, et per consequens non ad solum Sortem currere sequitur hominem currere.

Respondetur, quod sophisma potest esse propositio de subiecto exclusivo, et sic sophisma est verum, nam tunc significat, quod ad istam »Solus Sortes currit« sequitur ista »Homo currit«. Vel potest esse exclusiva, et sic ipsum est falsum, nam tunc significat, quod ad Sortem currere sequitur hominem currere et quod ad nihil aliud quam ad Sortem currere sequitur hominem currere, modo hoc est falsum, ut arguebatur, igitur etc. Rationes iterum vadunt.

Aliud sophisma »Solus Sortes incipit currere«. Posito, quod Sortes currat et multi homines alii, qui omnes praeter Sortem desinant currere, et Sortes ultra currat, tunc arguitur sic: Solus Sortes nunc currit et solus Sortes ante hoc non currebat, ergo solus Sortes incipit currere. Sed contra arguitur: Si solus Sortes incipit currere, tunc Sortes incipit currere, modo hoc est falsum, quia Sortes immediate ante hoc currebat et immediate post hoc curret. Sed consequentia probatur, nam ab exclusiva ad eius praeiacentem est bona consequentia.

Respondetur, quod sophisma potest habere istum sensum et expositionem »Sortes incipit currere et nullus alius a Sorte incipit currere«, et sic est falsum, ut arguebat ratio in contra-

1 In…arguitur] Improbatur O 2 ad[1]] om. O quam ad] a LO currere[2]] currit O 3 currere] currit O Sortem currere] Sor currit L 4 sequitur…currere[2]] LO om. A currere[2]] L currit O 5 Respondetur] LO dicitur A propositio] L om. AO 6 et] om. O sophisma] om. O nam] quia O tunc] om. O 8 ipsum] om. O falsum] falsa O nam] quia O 9 tunc] om. O sequitur…currere[1]] LO om. A 10 currere[1]] L currit O quod] om. LO ad[1]] om. L quam] a LO ad[2]] SX om. ALOP currere[2]] om. O 11 currere] currit O non add. s. del. O ut arguebatur] om. O igitur…vadunt] L om. AO 13 Aliud sophisma] om. O currere] probatur add. O 14 currat] currit LO et] om. L homines] LO om. A praeter Sortem] LO om. A 15 desinant] desinunt L et] solus add. O Sortes] tunc currit add. s. del. O ultra] ulterius LO currat] currit O arguitur] om. O sic] LO om. A 16 nunc] non L 17 Sortes[1]] nunc add. O Sed…arguitur] Improbatur O arguitur] L om. A 18 currere[1]] currit O tunc] O om. A ergo L

Gegenteil: Aus *daß Platon läuft* folgt, daß ein Mensch läuft, also: Aus etwas anderem als aus *daß Sokrates läuft* folgt, daß ein Mensch läuft, und folglich: Nicht allein aus *daß Sokrates läuft* folgt, daß ein Mensch läuft.

Antwort: Das Sophisma kann ein Satz mit einem ausschließenden Subjekt sein, und auf diese Weise ist das Sophisma wahr, denn dann bezeichnet es, daß aus dem Satz »Allein Sokrates läuft« der Satz »Ein Mensch läuft« folgt. Oder es kann ein ausschließender Satz sein, und auf diese Weise ist es falsch, denn dann bezeichnet es: Aus *daß Sokrates läuft* folgt, daß ein Mensch läuft, und aus nichts anderem als aus *daß Sokrates läuft* folgt, daß ein Mensch läuft, aber das ist falsch, wie (schon eingangs) argumentiert wurde, also usw. Die (Eingangs-) Argumente gehen wiederum (demgemäß vor).

Ein anderes Sophisma, »Allein Sokrates beginnt zu laufen«. Gesetzt, daß Sokrates liefe und viele andere Menschen, die alle außer Sokrates aufhören zu laufen, und Sokrates weiterhin liefe, dann wird so argumentiert: Allein Sokrates läuft jetzt und allein Sokrates lief nicht vor diesem (Zeitpunkt), also beginnt allein Sokrates zu laufen. – Aber dagegen wird (so) argumentiert: Wenn allein Sokrates zu laufen beginnt, dann beginnt Sokrates zu laufen, aber das ist falsch, weil Sokrates unmittelbar davor lief und unmittelbar danach laufen wird. Die Folgerung wird aber dadurch bewiesen, daß von einem ausschließenden Satz auf seinen vorgängigen Satz eine gültige Folgerung vorliegt.

Antwort: Das Sophisma kann folgenden Sinn und (folgende) Auslegung haben: »Sokrates beginnt zu laufen und kein von Sokrates Verschiedener beginnt zu laufen«, und auf diese Weise ist es falsch, wie das Argument für das Gegenteil zeigte.

currere[2]] currit O modo] om. LO hoc] consequens LO est] om. O 19 quia] (ex L om. O) eo quod LO immediate[1]] L om. AO 20 Sed...consequentia] LO om. A nam] L quia O 22 sophisma] ista solus Sortes incipit currere LO et] ad L 23 expositionem] quod add. LO incipit] incipiat LO Sorte] a Sorte add. O 24 incipit] incipiat LO currere] currit O falsum] falsa L om. O arguebat] arguebatur L ratio] ideo! L

rium. Alium sensum potest habere, quod hoc praedicatum *currit* incipiat esse verum de hoc toto *solus Sortes*, et ille sensus est verus, sicut arguebat prima ratio.

Aliud sophisma »Solus Sortes videt se«. Posito, quod Sortes videat se et cum hoc alii homines videant eum et nullus alius a Sorte videat se, tunc probatur sophisma: Sortes videt se et nullus alius a Sorte videt se, ergo sophisma verum. Sed contra arguitur: Hoc relativum *se* non supponit nisi pro Sorte, ergo istae aequivalent »Solus Sortes videt se« et »Solus Sortes videt Sortem«. Sed ista secunda est falsa, eo quod alii a Sorte vident Sortem.

A29vb Respondetur, quod si ly *se* refert subiectum expressum tantum, scilicet Sortem, sophisma est falsum, ut haec est falsa »Solus Sortes videt Sortem«. Sed si refert subiectum expressum et subiectum intellectum, hoc est, si referat ambo subiecta duarum propositionum exponentium dictam propositionem, tunc sophisma est verum, nam tunc exponitur sic »Sortes videt se et nullus alius a Sorte videt se«.

Aliud sophisma »Solis tribus sola duo sunt pauciora«. Probatur: Tribus sola duo sunt pauciora et non aliis a tribus sola duo sunt pauciora, ergo sophisma. Sed contra: Si sic, ergo solis tribus duo sunt pauciora, sed hoc est falsum, quia aliis a tribus, puta quattuor, duo sunt pauciora.

1 hoc] om. L 2 currit] O cursus A currere L incipiat] LO potest A Sortes] currit add. L 3 arguebat] argutum est O prima ratio] primo O 4 Aliud sophisma] om. O 6 sophisma] om. LO 7 a Sorte] LO om. A ergo] om. O sophisma verum] solus Sortes videt se L om. O Sed…arguitur] Improbatur O contra] in contrarium L 8 arguitur] L om. A Hoc] om. O 9 aequivalent] aequipollent LO se] LO Sortem A 10 Sortem] LO se A ista] L om. AO secunda] LO prima A 12 ly] SX om. ALOP se] om. L refert] LO referat A subiectum] sub! O expressum] in- add. O 13 sophisma…falsum] om. L ut] sequitur L 14 refert] LO referat A expressum] ao-? add. s. del. O 15 est] om. O referat] referant L 16 duarum] L om. AO 17 tunc[1]] LO om. A nam] et O sic] L om. AO 19 Aliud sophisma] om. O Solis…duo] AS solum duo solum tria L Sola duo solis tribus OP solum duo solum tribus X Probatur] om. LO 20 Tribus…pauciora] om. O sola[1]] solum L aliis] aliis add. A sola[2]] solum L duo[2]] om. O 21 ergo sophisma] om. L sophisma] solis tribus sola duo

Es kann (aber auch) den anderen Sinn haben, daß das Prädikat »läuft« beginnt, von dem ganzen Ausdruck »allein Sokrates« wahr zu sein, und dieser Sinn ist wahr, wie das erste (Eingangs-) Argument zeigte.

Ein anderes Sophisma, »Allein Sokrates sieht sich«. Gesetzt, daß Sokrates sich sehe und darüber hinaus andere Menschen ihn sehen und kein von Sokrates verschiedener (Mensch) sich sehe, dann wird das Sophisma (so) bewiesen: Sokrates sieht sich und kein von Sokrates verschiedener (Mensch) sieht sich, also ist das Sophisma wahr. – Aber dagegen wird (so) argumentiert: Das Relativ »sich« supponiert nur für Sokrates, also sind die folgenden Sätze äquivalent »Allein Sokrates sieht sich« und »Allein Sokrates sieht Sokrates«. Aber dieser zweite Satz ist falsch, weil von Sokrates verschiedene (Menschen) Sokrates sehen.

Antwort: Wenn der Ausdruck »sich« sich nur auf das explizite Subjekt bezieht, nämlich auf »Sokrates«, dann ist das Sophisma falsch, wie (auch) der Satz »Allein Sokrates sieht Sokrates« falsch ist. Aber wenn er sich auf das explizite und auf das implizite Subjekt bezieht, d. h., wenn er sich auf beide Subjekte der zwei Sätze bezieht, welche den genannten Satz auslegen, dann ist das Sophisma wahr, denn dann wird es so ausgelegt: »Sokrates sieht sich und kein von Sokrates verschiedener (Mensch) sieht sich«.

Ein anderes Sophisma, »Als allein drei sind allein zwei weniger«. Beweis: Als drei sind allein zwei weniger und als keine von drei verschiedene (Dinge) sind allein zwei weniger, also (gilt) das Sophisma. – Aber dagegen: Wenn dem so ist, dann als allein drei sind zwei weniger, aber das ist falsch, weil als von drei verschiedene (Dinge), nämlich als (z. B.) vier, zwei weniger sind.

sunt pauciora O Sed contra] Improbatur O sic] sic add. O solis] solum L
22 tribus duo] trsp. L sed] om. L sed...pauciora] om. O

Breviter respondetur, quod sophisma est verum, et negatur consequentia »Ergo solis tribus duo sunt pauciora«, illa enim non est praeiacens sophismatis, sed ista »Tribus sola duo sunt pauciora«, et ista est vera.

Cap. III.8 ⟨Capitulum octavum de propositionibus exceptivis⟩

Sequitur de propositionibus exceptivis. Et primo ponendae sunt aliquae distinctiones et notabilia, secundo regulae, tertio sophismata. Unde propositio exceptiva est, in qua ponitur dictio exceptiva, cuiusmodi sunt *praeter*, *praeterquam*, *nisi* etc., ut dicendo »Omnis homo praeter Sortem currit«.

Et sciendum, quod ista dictio *praeter* uno modo potest teneri proprie et tunc est dictio exceptiva. Alio modo improprie et hoc tripliciter, scilicet negative, additive et subtractive. Negative, ut dicendo »Sortes praeter Platonem currit«, id est, Sortes currit et Plato non currit cum eo. Quando enim negative tenetur, negat associationem pro loco vel pro tempore. Sed additive tenetur, cum dicitur »Sortes debet solvere decem libras praeter expensas«, id est, debet solvere decem libras et cum hoc expensae sunt addendae. Sed subtractive tenetur, cum dicitur »Sortes debet solvere decem libras praeter hoc, quod solvit«, id est, illud, quod solvit, debet subtrahi et defalcari, sicut cum dicitur

1 Breviter] L om. AO 2 solis] solum L tribus duo] O trsp. L duo…pauciora] LO etc. A illa] hoc LO 3 ista] praeiacens sophismatis L solis add. O sola] solum L om. O 4 pauciora] Sequitur ergo de propositionibus exceptivis add. L et…vera] om. LO 7 propositionibus] om. O exceptivis] exceptiva O Et… sophismata] om. O 8 aliquae] L om. A 9 propositio] om. O ponitur] LO om. A haec add. O 10 exceptiva…sunt] om. O praeterquam] et add. O nisi] LO om. A etc] om. O 11 ut…currit] om. O 12 Et…quod] om. O 13 et[2]… tripliciter] om. O 14 scilicet…subtractive] LO om. A additive] O subtractive L adiective add. L et] O om. L subtractive] O additive L 15 dicendo] om. LO 16 enim] om. L 17 associationem] O associative A affirmationem L vel] et L pro[2]] L om. AO 18 cum dicitur] L communiter ut A ut O 19 expensas… hoc] om. O 20 subtractive] PSX substantive A subiective L cum dicitur] L

Kurze Antwort: Das Sophisma ist wahr, und die Folgerung »Dann als allein drei sind zwei weniger« wird abgelehnt, dieser Satz ist nämlich nicht der vorgängige Satz des Sophismas, sondern der Satz »Als drei sind allein zwei weniger«, und dieser ist wahr.

Kapitel III.8: *Die ausnehmenden Sätze*

Es folgt (das Kapitel) über die ausnehmenden Sätze. Und erstens sind einige Unterscheidungen und beachtenswerte Dinge vorzubringen, zweitens Regeln, drittens Sophismen. So ist ein ausnehmender Satz ein solcher, in dem ein ausnehmendes Wort vorkommt, welcherart »ausgenommen«, »außer«, »wenn nicht (außer)«[91] usw. sind, wie wenn man sagt »Jeder Mensch außer Sokrates läuft«.

Und man muß wissen, daß das Wort »außer« auf eine Weise im eigentlichen Sinne verwendet werden kann, und dann ist es ein ausnehmendes Wort. Auf eine andere Weise im uneigentlichen Sinne, und zwar dreifach, nämlich negativ, additiv und subtraktiv. Negativ, wie wenn es heißt »Sokrates außer Platon läuft«, d. h., Sokrates läuft und Platon läuft nicht mit ihm. Wenn es nämlich negativ verwendet wird, verneint es die Gemeinschaft für den Ort oder für die Zeit. Aber additiv wird es verwendet, wenn man sagt »Sokrates muß zehn Pfund außer den Spesen zahlen«, d. h., er muß zehn Pfund zahlen und darüber hinaus sind die Spesen dazuzuzählen. Aber subtraktiv wird es verwendet, wenn man sagt »Sokrates muß zehn Pfund zahlen außer dem, was er schon gezahlt hat«, d. h., das, was er schon gezahlt hat, muß subtrahiert und abgezogen werden, wie

sicut A 21 est] quod add. L et add. O 22 illud] om. O quod solvit] om. LO subtrahi] om. L et] om. L vel O defalcari] E36rLOPSX resaltari A sicut… dicitur] L vel sic A similiter in ista O

»Quattuor praeter unum sunt tria«. Et nota, quod quando O30vb haec dictio *praeter* tenetur proprie, tunc denotat exceptionem partis subiectivae a suo toto.

L33rb Alia distinctio, quod ad exceptivam requiruntur quattuor termini et etiam quattuor condiciones. Primo subiectum principale, a quo fit exceptio. Secundo dictio exceptiva, per quam denotatur actus excipiendi. Tertio pars extra capta, id est excepta. Quarto praedicatum, respectu cuius fit exceptio. Hoc enim patet in ista »Omnis homo praeter Sortem currit«, ly *homo* dicitur subiectum principale, a quo fit exceptio, ly *praeter* dicitur dictio exceptiva, ly *Sortem* dicitur pars extra capta, ly *currit* dicitur praedicatum, respectu cuius fit exceptio. Prima condicio est, quod subiectum sit terminus communis habens plura supposita. Secunda condicio, quod praedicetur de excepto et quod exceptum sit in minus. Unde improprie diceretur »Omnis homo praeter asinum currit« vel »Omnis homo praeter animal currit«. Tertia condicio est, quod praedicetur de aliis quam de excepto vel de exceptis et hoc in propositione affirmativa, quia alias a nullo fieret exceptio. Quarta condicio, quod subiectum capiatur cum signo universali, et ergo haec est impropria »Homo praeter Sortem currit«.

Deinde notandum de veritate propositionis exceptivae. Unde A30ra ad veritatem affirmativae exceptivae requiritur, quod praedicatum non insit excepto, sed insit omni alteri ab excepto con-

1 Quattuor] LO decem A nota] notandum L om. O quod] om. LO 2 haec dictio] om. LO tunc] om. O 3 subiectivae] ALPSX om. O 4 Alia distinctio] om. O quod] L om. AO requiruntur] requiritur O 5 etiam] L om. AO condiciones] contradictiones! L 7 actus] arcus! L extra…est] LO om. A excepta] LO exceptiva A 8 Hoc…ista] ut O 9 ly] om. O 10 ly…exceptio] om. L 11 dicitur[1]] est O dicitur[2]] dictio extra capta vel add. O 12 dicitur] est O 13 sit] LO est A 14 condicio] om. O de] subiecto add. s. del. A 15 quod] om. LO improprie] om. s. add. i.m. L diceretur] dicitur L 17 Tertia] tertio L est] om. LO 18 de[1]] om. O de[2]] om. O propositione] om. LO affirmativa] affirmativis L 19 quia] om. L Quarta] quarto O condicio] om. LO 20 capiatur] LO capitur A signo] subiecto O et] om. O 22 Deinde…Unde] om. O propositionis] dictionis L 23 veritatem] om. L affirmativae exceptivae] exceptivam affirmativam L 24 sed] et LO alteri] altero LO subiecto add. A

wenn es heißt »Vier außer (weniger) einem sind drei«. Und beachte: Wenn das Wort »außer« im eigentlichen Sinne verwendet wird, dann bezeichnet es die Ausnahme eines subjektiven (untergeordneten, logischen) Teils von seinem Ganzen.

Eine andere Unterscheidung: Für einen ausnehmenden Satz sind vier Terme und auch vier Bedingungen erforderlich. Erstens das Hauptsubjekt, von dem die Ausnahme erfolgt. Zweitens das ausnehmende Wort, mit dem der Vollzug des Ausnehmens angegeben wird. Drittens der außerhalb gehaltene Teil, d. h. der ausgenommene (Teil). Viertens das Prädikat, hinsichtlich dessen die Ausnahme erfolgt. Das wird nämlich klar (z. B.) an diesem Satz »Jeder Mensch außer Sokrates läuft«: Der Ausdruck »Mensch« heißt »Hauptsubjekt, von dem die Ausnahme erfolgt«, der Ausdruck »außer« heißt »ausnehmendes Wort«, der Ausdruck »Sokrates« heißt »außerhalb gehaltener Teil«, der Ausdruck »läuft« heißt »Prädikat, hinsichtlich dessen die Ausnahme erfolgt«. – Die erste Bedingung lautet, daß das Subjekt ein allgemeiner Term ist, der mehrere Umfangselemente hat. Die zweite Bedingung, daß vom Ausgenommenen ausgesagt wird und daß das Ausgenommene in Unterzahl ist. So wären die folgenden Aussagen uneigentlich: »Jeder Mensch außer einem Esel läuft« oder »Jeder Mensch außer einem Lebewesen läuft«. Die dritte Bedingung lautet, daß (auch) von anderen Dingen als vom ausgenommenen Ding oder den ausgenommenen Dingen ausgesagt wird, und zwar in einem bejahenden Satz, denn sonst erfolgte von nichts die Ausnahme. Die vierte Bedingung, daß das Subjekt mit einem Universal-Zeichen versehen wird, und somit ist der Satz »(Ein) Mensch außer Sokrates läuft« uneigentlich.

Sodann ist zur Wahrheit eines ausnehmenden Satzes Folgendes anzumerken: Für die Wahrheit eines bejahenden ausnehmenden Satzes ist es erforderlich, daß das Prädikat dem Ausgenommenen nicht zukommt, aber jedem vom Ausgenommenen verschiedenen Ding zukommt, das unter das Subjekt fällt

tento sub subiecto seu sub illo, a quo fit exceptio, sicut patet de ista »Omnis homo praeter Sortem currit«. Unde ista exponitur sic »Sortes non currit et omnis homo alius a Sorte currit«. Sed ad veritatem propositionis exceptivae negativae requiritur e contra, quod praedicatum insit excepto et nulli alteri contento sub eo, a quo fit exceptio, ut patet de ista »Nullus homo praeter Sortem currit«. Exponitur sic »Sortes currit et omnis homo alius a Sorte non currit«. Et ex hoc patet, quod quaelibet exceptiva aequipollet in significando uni copulativae compositae ex una affirmativa et alia negativa, diversimode tamen, ut iam patuit exponendo exceptivam affirmativam et exponendo exceptivam negativam.

Ulterius notandum, quod cuiuslibet exceptivae est aliqua categorica praeiacens. Unde praeiacens istius »Omnis homo praeter Sortem currit« est ista »Omnis homo currit«, dempta enim dictione exceptiva et parte extra capta residuum dicitur praeiacens exceptivae.

Ulterius sciendum, quod copulativa composita ex duabus categoricis, cui copulativae propositio exceptiva aequivalet in significando, dicitur exponens exceptivae.

Ulterius sciendum, quod propositio exclusiva potest fieri exceptiva, sed non e converso. Verbi gratia, de exclusiva affirmativa fit exceptiva negativa, in qua subicitur terminus transcendens, ut dicendo »Tantum ens est substantia«, »Nulla res praeter ens est substantia«, »Tantum animal est homo«,

1 subiecto] LOPX ipso A om. S seu] subiecto add. P seu...illo] LPX om. AO eo S a] sub L a...currit[2]] om. O patet de] L om. A 3 omnis] a- add. s. del. A Sorte] non add. s. del. L Sed] om. O Sed...currit] om. L 4 propositionis exceptivae] om. O 5 excepto] subiecto O 6 sub] PSX om. A ab O eo] OPSX subiecto A patet...ista] om. O 7 omnis] OPSX nullus A homo] O om. A 8 Sorte] currit add. O non] OPSX om. A Et] om. LO ex hoc] ex quo L sic O 9 aequipollet] aequivalet LO uni] LO om. A 11 patuit] patet L exponendo[2]] om. LO 12 exceptivam] om. O 13 Ulterius] om. O notandum] Nota O cuiuslibet] quaelibet L 16 enim] om. L exceptiva] praeter add. L parte] dictione L 18 Ulterius] om. O sciendum] notandum L Nota O quod] om. O composita] exposita L 20 exponens] in significando add. s. del. O 21 Ulterius] om. O sciendum] notandum L Nota O quod] om. O propositio] dictio

bzw. unter das, von dem die Ausnahme erfolgt, wie z. B. bezüglich des Satzes »Jeder Mensch außer Sokrates läuft« erhellt: Dieser wird nämlich so ausgelegt »Sokrates läuft nicht und jeder von Sokrates verschiedene Mensch läuft«. Aber für die Wahrheit eines verneinenden ausnehmenden Satzes ist es im Gegenteil erforderlich, daß das Prädikat dem Ausgenommenen zukommt und keinem anderen Ding, das unter das fällt, von dem die Ausnahme erfolgt, wie bezüglich des Satzes »Kein Mensch außer Sokrates läuft« erhellt, (der) so ausgelegt wird: »Sokrates läuft und jeder von Sokrates verschiedene Mensch läuft nicht«. Daraus erhellt, daß jeder ausnehmende Satz der Bedeutung nach mit einem kopulativen Satz gleichwertig ist, welcher aus einem bejahenden und einem verneinenden Satz zusammengesetzt ist, jedoch auf verschiedene Weise, wie schon bei der Auslegung eines bejahenden ausnehmenden Satzes und bei der Auslegung eines verneinenden ausnehmenden Satzes klar wurde.

Weiters ist festzuhalten, daß jeder ausnehmende Satz einen vorgängigen kategorischen Satz hat. So ist der vorgängige Satz des Satzes »Jeder Mensch außer Sokrates läuft« der Satz »Jeder Mensch läuft«, wenn nämlich das ausnehmende Wort und der außerhalb gehaltene Teil entfernt sind, heißt der Rest »vorgängiger Satz« des ausnehmenden Satzes.

Weiters muß man wissen, daß der aus zwei kategorischen Sätzen zusammengesetzte kopulative Satz, mit welchem kopulativen Satz der ausnehmende Satz bedeutungsgleich ist, »auslegender Satz« des ausnehmenden Satzes heißt.

Weiters muß man wissen, daß ein ausschließender Satz zu einem ausnehmenden gemacht werden kann, aber nicht umgekehrt. Z. B.: Aus einem bejahenden ausschließenden Satz wird ein verneinender ausnehmender Satz, in dem ein transzendenter Term[92] an Subjektstelle steht, wie wenn es heißt »Nur ein Seiendes ist eine Substanz« – »Kein Ding außer einem Seienden ist eine Substanz«; »Nur ein Lebewesen ist ein Mensch« –

L om. O 22 non] semper add. L Verbi gratia] ut O 24 dicendo] dicitur L om. O

»Nulla res praeter animal est homo«. Ex hoc patet, sicut prius dicebatur de exclusivis, quod dictio exclusiva non potest addi aliquibus terminis, nisi faciat propositionem impossibilem, ut dicendo »Tantum album est«, »Tantum pater est«, ita etiam est de dictionibus exceptivis, quod aliquibus terminis non possunt addi, nisi faciant propositionem impossibilem, ut haec est impossibilis »Nihil praeter hominem est« et ista »Nihil praeter album est« etc.

Quantum ad secundum, sit prima regula: Propositio in toto falsa vel in toto vera non potest falsificari aut verificari per exceptionem. Et dico »in toto«, id est, pro quolibet eius supposito, ut est ista »Omnis homo est lapis« et ista »Omnis homo est animal«, prima dicitur in toto falsa, secunda dicitur in toto vera.

Secunda regula est: Sub subiecto propositionis exceptivae, ut dicendo »Omnis homo praeter Sortem currit«, contingit sic descendere »Ergo iste homo, si est alius a Sorte, currit et Sortes non currit, et iste homo, si est alius a Sorte, currit et Sortes non currit« et sic de singulis.

Tertia regula est: Sub subiecto propositionis exceptivae non O31ra debet fieri descensus cum exceptione. Unde non sequitur »Omnis homo praeter Sortem currit, ergo Plato praeter Sortem currit«, quia omnis talis singularis vel particularis improprie dicitur exceptiva, et adhuc, si proprie esset exceptiva, non valeret consequentia.

1 prius] Cf. Cap. III.7, apud sophisma primum.

1 hoc] quo O sicut…exclusivis] om. O 3 aliquibus terminis] aliquo termino O faciat…nisi] om. L 4 etiam] om. O 5 de] dictionibus add. s. del. O 6 ut] unde LO 7 impossibilis] nec add. s. del. O et ista] LO om. A 8 album] patrem LO etc] om. LO 9 Quantum…secundum] Nunc ponendae sunt regulae et O *Distinctionem capituli hic habet solum* O sit] est O regula] quod add. O in] LOPSX pro A 10 in] LOPSX pro A aut] autem L per exceptionem] om. L 11 in] LO pro A id est] vel L 12 est[1]] om. O et ista] om. O 13 in[1]] LO pro A dicitur[2]] om. LO in[2]] LO pro A 15 regula] om. L est] O om. AL ut] LO om. A 16 dicendo] om. O sic] om. L 17 descendere] om. LO est] LO sit A alius] aliud O 18 est] LO sit A Sortes] iste homo O 19 et…singulis]

»Kein Ding außer einem Lebewesen ist ein Mensch«. Daraus erhellt: Wie schon früher bezüglich der ausschließenden Sätze gesagt wurde, daß ein ausschließendes Wort manchen Termen nicht hinzugefügt werden kann, ohne daß es einen unmöglichen Satz erzeugt, wie wenn es heißt »Nur ein weißes Ding ist«, »Nur ein Vater ist«, so ist es auch bei den ausnehmenden Wörtern der Fall, daß sie manchen Termen nicht hinzugefügt werden können, ohne daß sie einen unmöglichen Satz erzeugen, wie z. B. der folgende Satz unmöglich ist »Nichts außer einem Menschen ist« und der Satz »Nichts außer einem weißen Ding ist« usw.

Was das zweite anbelangt, so laute die erste Regel: Ein gänzlich falscher oder ein gänzlich wahrer Satz kann durch eine Ausnahme nicht wahr gemacht werden oder falsch gemacht werden. Und ich sage »gänzlich«, d. h., für jedes seiner Umfangselemente, wie z. B. der Satz »Jeder Mensch ist ein Stein« und der Satz »Jeder Mensch ist ein Lebewesen«; der erste Satz heißt »gänzlich falsch«, der zweite heißt »gänzlich wahr«.

Regel 2: Unter dem Subjekt eines ausnehmenden Satzes, wie wenn es heißt »Jeder Mensch außer Sokrates läuft«, kann man so absteigen: »Also läuft dieser Mensch, wenn er von Sokrates verschieden ist, und läuft Sokrates nicht; und läuft dieser Mensch, wenn er von Sokrates verschieden ist, und läuft Sokrates nicht« usw. für die einzelnen (Menschen).

Regel 3: Unter dem Subjekt eines ausnehmenden Satzes darf man keinen Abstieg mit der Ausnahme machen. So folgt nicht »Jeder Mensch außer Sokrates läuft, also läuft Platon außer Sokrates«, weil jeder derartige singuläre oder partikuläre Satz (nur) im uneigentlichen Sinne »ausnehmend« heißt; und außerdem wäre die Folgerung nicht gültig, (auch) wenn (der singuläre Satz) im eigentlichen Sinne ausnehmend wäre.

X om. ALOP etc. S 20 Tertia] om. O est] om. LO propositionis] om. O 21 cum] sub L 22 praeter Sortem[2]] om. O 24 exceptiva[1]] APSX exceptivae LO adhuc] hoc L exceptiva[2]] exceptivae O 25 valeret] valet O

A30rb Quarta regula: Ad affirmativam exceptivam sequitur particularis affirmativa et similiter particularis negativa. Unde ad istam »Omnis homo praeter Sortem currit« sequitur ista »Quidam homo currit« et sic ista »Quidam homo non currit«. Et ad propositionem negativam exceptivam sequitur particularis affirmativa, ut ad istam »Nullus homo praeter Sortem currit« sequitur haec »Quidam homo currit«, sed non sequitur negativa nisi gratia materiae. Unde possibile est, quod omnis homo currat et nullus homo praeter Sortem currat, quia non esset homo nisi Sortes. Et ista omnia intelligenda sunt, quando fit exceptio a subiecto propositionis.

Quinta regula: Numquam fit exceptio nisi a toto universali vel a toto communi, sicut si esset totum in modo. Unde si dicatur »Decem praeter quinque sunt quinque«, ly *praeter* non teneretur exceptive, quia improprie, et sequeretur, quod quinque non essent quinque, sed ly *praeter* in dicta propositione tenetur subtractive. Et si obiciatur, tamen potest dici »Totus Sortes praeter digitum est albus«. Dicendum est, quod ista est impropria, nisi ly *totus* teneatur syncategorematice, ita quod aequivaleat huic *quaelibet pars*, et tunc fit ibi exceptio ab illo termino communi *pars*.

Sexta regula: Ab inferiori excepto ad superius exceptum non valet consequentia. Unde non sequitur »Omne animal praeter Sortem currit, ergo omne animal praeter hominem currit«.

1 Quarta] om. O 2 similiter] LO om. A Unde] ut O 3 Quidam] quidem! L 4 sic ista] om. LO Et] sed LO 5 propositionem] LO om. A 6 affirmativa] negativa O 7 haec] ista add. O Quidam] om. L aliquis O negativa] negative LO 9 currat[1]] currit LO currat[2]] currit L om. O quia] si LO 10 intelligenda] LO intellectiva A sunt] LO sciunt A 12 Quinta] om. O regula] nisi ex add. s. del. O Numquam] non L ex nisi add. s. del. O fit] om. O nisi] om. L 13 a] om. L in] mundo add. s. del. A Unde] O sicut A ergo L dicatur] L dicam A dicitur O 14 praeter[1]] sunt quinque add. s. del. O praeter add. O praeter[2]] L quinque A 15 teneretur] tenetur LO quia] esset add. LO improprie] Z impropria ALOPSX sequeretur] sequitur O quod] LO om. A 16 praeter] quinque O in…propositione] om. O 17 subtractive] abstractive L obiciatur] obicitur LO tamen] LO tunc A 18 est[2]] L om. AO 19 teneatur] LO

Regel 4: Aus einem bejahenden ausnehmenden Satz folgt ein bejahender partikulärer Satz und ebenso ein verneinender partikulärer Satz. So folgt aus dem Satz »Jeder Mensch außer Sokrates läuft« der Satz »Irgendein Mensch läuft« sowie der Satz »Irgendein Mensch läuft nicht«. Und aus einem verneinenden ausnehmenden Satz folgt ein bejahender partikulärer Satz, wie z. B. aus dem Satz »Kein Mensch außer Sokrates läuft« der Satz »Irgendein Mensch läuft« folgt; aber es folgt kein verneinender Satz, außer aufgrund der Materie. So ist es möglich, daß jeder Mensch läuft und kein Mensch außer Sokrates läuft, weil es keinen Menschen außer Sokrates gibt. Und all das ist in dem Sinne zu verstehen, daß die Ausnahme vom Subjekt des Satzes erfolgt.

Regel 5: Eine Ausnahme erfolgt nur von einem allgemeinen Ganzen oder von einem gemeinsamen Ganzen, so z. B. (erfolgt sie nicht), wenn es sich um ein Ganzes hinsichtlich der Art und Weise[93] handelte. Wenn man nämlich sagte »Zehn außer (weniger) fünf sind fünf«, so würde der Ausdruck »außer« nicht ausnehmend verwendet, weil auf uneigentliche Weise, und es folgte, daß fünf nicht fünf wären; sondern der Ausdruck »außer« wird in dem genannten Satz subtraktiv verwendet. Und wenn man einwendete: Dennoch kann man sagen »Der ganze Sokrates außer einem Finger ist weiß«. So ist darauf zu antworten, daß dieser Satz uneigentlich ist, außer der Ausdruck »der ganze« würde synkategorematisch verwendet, so daß er mit der (Ausdrucksfolge) »jeder Teil« äquivalent wäre; und in diesem Fall erfolgt dort die Ausnahme von diesem allgemeinen Term »Teil«.

Regel 6: Die Folgerung von einem ausgenommenen Untergeordneten auf ein ausgenommenes Übergeordnetes ist nicht gültig. So folgt nicht »Jedes Lebewesen außer Sokrates läuft, also läuft jedes Lebewesen außer einem Menschen«.

tenetur A 20 aequivaleat] LO aequipollet A 21 termino] om. LO communi] quod est add. O 22 Sexta] om. O 23 Unde...sequitur] ut sic L ut non valet O

Septima regula: Si praeiacens exceptivae est vera, exceptiva est falsa. Unde si haec est vera »Omnis homo currit«, haec est falsa »Omnis homo praeter Sortem currit«.

Octava regula: Quando haec dictio *praeter* ponitur cum duplici multitudine, ut hic »Omnis homo videt omnem hominem praeter Sortem«, tunc illius propositionis potest esse unus sensus, quod omnis homo excepto Sorte videt omnem hominem, ita quod Sortes non videt omnem hominem. Alius sensus potest esse, quod omnis homo videt omnem hominem excepto Sorte, sic quod Sortes non videtur ab aliquo homine.

Quantum ad tertium, sit primum sophisma »Omnis homo videt omnem hominem praeter se«. Ponatur, quod nullus homo videat se, sed videat quemlibet alium a se, tunc probatur sophisma sic: Iste homo videt omnem hominem alium a se et iste homo et sic de singulis, ergo omnis homo videt omnem hominem praeter se. In oppositum arguitur, quia relativum supponit pro tot, pro quot supponit suum antecedens, ergo in ista »Omnis homo videt omnem hominem praeter se« hoc relativum *se* supponit pro tot, pro quot supponit ly *homo*, et ergo sensus sophismatis videtur esse, quod omnis homo videt omnem hominem praeter omnem hominem. Sed modo hic tot excipiuntur, quot supponuntur, sed quando in aliqua proposi-
L33va tione exceptiva tot excipiuntur, quot supponuntur, vel e converso, propositio est falsa.

1 Septima] om. O 2 Unde] ut O 4 Octava] om. O ponitur] om. L cum] LOPSX in A 5 multitudine] multitudo L hic] L om. AO 7 videt] o- add. s. del. A 8 videt] videat L 9 potest esse] est L om. O hominem] LO om. A 10 non videtur] videatur non L 11 Quantum…sophisma] om. O 12 se] Sortem L homo] om. LO 13 probatur] propter? L sophisma] omnis add. s. del. O 14 sic] om. LO alium] Z om. AE36VLOPSX add. s.l.? P 15 homo[1]] O om. AL omnis…se] L etc. A om. O 16 In…arguitur] Improbatur O arguitur] om. L quia] om. LO 17 pro[1]] quo add. s. del. O pro quot] LO sicut A in] om. L 19 se] om. L ly] om. O et] om. LO 20 sensus…esse] videtur quod sensus sophismatis (sit O om. L) LO videt] videat L 21 praeter…hominem[2]] om. L Sed] om. O hic] LO om. A 22 supponuntur] excipiuntur O propositione] om. LO 23 excipiuntur] supponuntur O supponuntur] excipiuntur O vel] et L vel…converso] om. O 24 falsa] et e converso add. O

Regel 7: Wenn der vorgängige Satz eines ausnehmenden Satzes wahr ist, dann ist der ausnehmende Satz falsch. Wenn nämlich der Satz »Jeder Mensch läuft« wahr ist, so ist der Satz »Jeder Mensch außer Sokrates läuft« falsch.

Regel 8: Wenn das Wort »außer« zusammen mit einer zweifachen Vielheit (»Quantifikation«) vorkommt, wie z. B. hier »Jeder Mensch sieht jeden Menschen außer Sokrates«, dann kann dieser Satz den einen Sinn haben, daß jeder Mensch ausgenommen Sokrates jeden Menschen sieht, so daß Sokrates nicht jeden Menschen sieht. (Und er kann) den anderen Sinn haben, daß jeder Mensch jeden Menschen ausgenommen Sokrates sieht, so daß Sokrates von keinem Menschen gesehen wird.

Was das dritte anbelangt, so laute das erste Sophisma »Jeder Mensch sieht jeden Menschen außer sich (selber)«. Man nehme an, daß kein Mensch sich sieht, aber jeden von ihm verschiedenen (Menschen) sieht, dann wird das Sophisma so bewiesen: Dieser Mensch sieht jeden von ihm verschiedenen Menschen, und dieser Mensch, usw. für die einzelnen (Menschen), also sieht jeder Mensch jeden Menschen außer sich. – Argument für das Gegenteil: Ein Relativ supponiert für gleich viele Dinge wie sein Vorangehendes, also supponiert in dem Satz »Jeder Mensch sieht jeden Menschen außer sich« das Relativ »sich« für gleich viele Dinge wie der Ausdruck »Mensch«; und somit scheint der Sinn des Sophismas zu sein, daß jeder Mensch jeden Menschen außer jedem Menschen sieht. Hier werden nun aber gleich viele Dinge ausgenommen, wie supponiert werden, aber wenn in einem ausnehmenden Satz gleich viele Dinge ausgenommen werden, wie supponiert werden, oder umgekehrt, dann ist der Satz falsch.

Respondetur ad sophisma, quod est verum in casu posito. Et ulterius dico, quod licet relativum supponat pro tot, pro quot supponit suum antecedens, hoc tamen est singillatim referendo singula singulis, videlicet supposita relativi ad supposita antecedentis sibi correspondentia, ut dictum erat in capitulo de suppositione relativorum. Et ex hoc patet ad secundum argumentum.

Aliud sophisma »Omnis homo praeter Sortem excipitur«. Ponatur, quod non sint in mundo nisi tres homines, scilicet Sortes, Cicero et Plato, et ponatur, quod Sortes currat et Cicero A30va et Plato non currant, tunc dicatur »Omnis homo praeter Ciceronem et Platonem currit«. Isto posito probatur sophisma: Omnis homo praeter Sortem ab actu currendi excipitur, ergo O31rb sophisma. Secundo, in dicta propositione haec est falsa »Omnis homo excipitur«, et non nisi pro Sorte, ergo omnis homo praeter Sortem excipitur. Tertio, Sortes ab actu currendi non excipitur et omnis alius homo a Sorte ab actu currendi excipitur, ergo omnis homo praeter Sortem ab actu currendi excipitur, et per consequens sophisma. In oppositum arguitur, nam in ista propositione »Omnis homo praeter Ciceronem et Platonem currit« Cicero et Plato excipiuntur, et in sophismate, cum dicitur »Omnis homo praeter Sortem excipitur«, Sortes excipitur, ergo omnis homo excipitur, ergo falsum est, quod omnis homo praeter Sortem excipitur. Secundo, si sophisma est ve-

5 dictum erat] Cf. Cap. II.10, apud regulam secundam.

1 Respondetur] om. O ad] quod L om. O quod] om. LO in] om. LO Et] om. L 2 ulterius] om. O quod] O om. AL licet] om. O supponat] SX referat A supponit LOP pro quot] sicut O 3 supponit] om. LO suum] LO om. A tamen] LO tantum A singillatim] sigillatum! L 4 singula] LO om. A supposita[1]] relativis add. s. del. O 5 sibi] sic L correspondentia] etc. add. O ut… argumentum] om. O in capitulo] om. L 6 ex hoc] sic L secundum] L om. A argumentum] om. L 8 Aliud sophisma] om. O Sortem] currit add. L 9 Ponatur] LO posito A scilicet] L om. AO 10 et[1]] om. O ponatur] om. O currat] SX currit ALOP 11 currant] currit O dicatur] dicitur L sic O 12 sophisma] quia add. L 13 homo] om. L ab] ali! O currendi] exce- add. s. del. O 14 sophisma] omnis homo praeter Sortem excipitur LO haec] om. L

Antwort auf das Sophisma: Es ist wahr unter der Fallannahme. Und weiters sage ich: Wenn auch ein Relativ für gleich viele Dinge supponiert wie sein Vorangehendes, so geschieht das doch einzelweise, indem man die einzelnen (Elemente) zueinander in Beziehung setzt, nämlich die Umfangselemente des Relativs zu den ihnen entsprechenden Umfangselementen des vorangehenden Terms, wie (schon) im Kapitel über die (Regeln der) Supposition der Relative gesagt wurde[94]. Daraus erhellt (die Antwort) auf das zweite Argument.

Ein anderes Sophisma, »Jeder Mensch außer Sokrates wird ausgenommen«. Man nehme an, daß es nur drei Menschen auf der Welt gibt, nämlich Sokrates, Cicero und Platon, und man nehme an, daß Sokrates läuft und Cicero sowie Platon nicht laufen, (und) dann sage man »Jeder Mensch außer Cicero und Platon läuft«. Dies angenommen, wird das Sophisma (so) bewiesen: Jeder Mensch außer Sokrates wird vom Akt des Laufens ausgenommen, also (gilt) das Sophisma. Zweitens: Im genannten Satz (Sophisma) ist der (vorgängige) Satz »Jeder Mensch wird ausgenommen« falsch, aber nur für Sokrates, also wird jeder Mensch außer Sokrates ausgenommen. Drittens: Sokrates wird vom Akt des Laufens nicht ausgenommen, aber jeder von Sokrates verschiedene Mensch wird vom Akt des Laufens ausgenommen, also wird jeder Mensch außer Sokrates vom Akt des Laufens ausgenommen, und folglich (gilt) das Sophisma. – Argument für das Gegenteil: In dem Satz »Jeder Mensch außer Cicero und Platon läuft« werden Cicero und Platon ausgenommen, und im Sophisma, wenn es heißt »Jeder Mensch außer Sokrates wird ausgenommen«, wird Sokrates ausgenommen, also wird jeder Mensch ausgenommen, also ist es falsch, daß jeder Mensch außer Sokrates ausgenommen wird. Zweitens: Wenn das Sophisma wahr ist, dann

15 homo[1]] ab actu currendi add. LOPSX et...excipitur[2]] om. L 17 currendi] om. O excipitur] et add. L 18 et...sophisma] om. O 19 sophisma] omnis praeter Sortem etiam excipitur L In...arguitur] Improbatur O nam] quia O 20 propositione] om. LO et] om. O 21 Plato] Sortes O et[2]] om. L 22 Sortes excipitur] om. LO 23 ergo[1]...excipitur] om. O 24 est] esset L om. O

rum, tunc Sortes non excipitur, et in sophismate Sortes excipitur, ergo si sophisma est verum, ipsum est falsum.

Respondetur, quod sophisma est falsum et impossibile, ut patet per improbationem. Sed contra: Sit B ista propositio »Omnis homo praeter Ciceronem et Platonem currit«, tunc sic: Omnis homo praeter Sortem excipitur in B, ergo omnis homo praeter Sortem excipitur. Breviter respondetur negando consequentiam, immo ratione negationis inclusae in hoc verbo *excipitur* est fallacia consequentis ab inferiori ad superius negative. Unde non sequitur »Excipitur a currere, ergo excipitur ab agere«, sic etiam non sequitur »Omnis homo praeter Sortem excipitur in B, ergo omnis homo praeter Sortem excipitur«. Ad rationes dico, quod non sequitur »Omnis homo praeter Sortem excipitur ab isto actu, ergo omnis homo praeter Sortem excipitur«. Ad secundam dico, quod immo ista est vera »Omnis homo excipitur«, quia quilibet homo excipitur vel in sophismate vel in B propositione. Et propter hoc dico, quod exponentes non sunt verae, quia illa est falsa »Sortes non excipitur«. Tertia in ordine soluta est per solutionem primae. Aliter autem dicunt alii, quod sophisma est verum et quod Sortes non excipitur, quia excipi ab exceptione non est excipi. Modo in proposito Sortes excipitur ab exceptione.

Aliud sophisma »Quodlibet prolatum praeter unum est verum«. Sint enim tria prolata, scilicet »Deus est«, »Homo est

1 excipitur[1]] exciperetur L et] om. LO 2 est[1]] om. O ipsum] sophisma O est[2]] om. LO 3 Respondetur] Respondeo O et…improbationem] om. O 4 B] om. L li! O propositio] LO om. A 5 sic] tunc sic add. O 6 Sortem] O om. A Platonem et Ciceronem L in B] om. L omnis…Sortem] Sortes L 7 praeter] soo- add. s. del. O Breviter] om. O respondetur] dico O 9 inferiori] LO inferius A 10 Unde] om. O Excipitur] excipiatur L currere] curruntur L excipitur] reciperitur! L 11 agere] L aggere A 12 excipitur[1]] excipiuntur L Sortem] etiam add. L excipitur[2]] excipiuntur L 13 rationes] rationem primam O praeter Sortem] om. O 14 actu] scilicet (a L om. O) cursu add. LO 15 secundam] X secundum AO tertiam L immo] om. LO 16 homo[2]] om. L vel] om. LO 17 Et] om. O propter hoc] ideo O 19 Tertia…ordine] ad secundum dico quod L alia O Aliter] om. O autem] L om. AO 20 est] sit O 21 excipi[1]] excepi L exceptione] exceptive! O est] om. L in proposito] om.

wird Sokrates nicht ausgenommen, aber im Sophisma wird Sokrates ausgenommen, also gilt: Wenn das Sophisma wahr ist, dann ist es falsch.

Antwort: Das Sophisma ist falsch und unmöglich, wie durch den Gegenbeweis erhellt. – Einwand: Es sei B der Satz »Jeder Mensch außer Cicero und Platon läuft«, dann wird so argumentiert: Jeder Mensch außer Sokrates wird ausgenommen in B, also wird jeder Mensch außer Sokrates ausgenommen. – Kurze Antwort: Die Folgerung wird abgelehnt, ja es liegt sogar aufgrund der Negation, die in dem Verb »wird ausgenommen« eingeschlossen ist, ein Fehlschluß des Nachfolgenden vor, nämlich ein negativer Schluß vom Untergeordneten auf das Übergeordnete. So folgt nicht »Es wird ausgenommen vom Laufen, also wird es ausgenommen vom Tätigsein«, und so folgt auch nicht »Jeder Mensch außer Sokrates wird ausgenommen in B, also wird jeder Mensch außer Sokrates ausgenommen«. – Zu den Argumenten sage ich: Es folgt nicht »Jeder Mensch außer Sokrates wird ausgenommen von diesem Akt, also: Jeder Mensch außer Sokrates wird ausgenommen«. Zu zweiten sage ich: Im Gegenteil, der Satz »Jeder Mensch wird ausgenommen« ist wahr, weil jeder Mensch ausgenommen wird, entweder im Sophisma oder im Satz B. Und deswegen sage ich, daß die auslegenden Sätze nicht wahr sind, weil der Satz »Sokrates wird nicht ausgenommen« falsch ist. Das dritte (Argument) in der Reihe wurde (schon) durch die Auflösung des ersten gelöst. – Andere aber antworten anders (auf das Sophisma, nämlich), daß das Sophisma wahr ist und daß Sokrates nicht ausgenommen wird, weil das Ausgenommenwerden von der Ausnahme kein Ausgenommenwerden ist. Im vorliegenden Fall wird Sokrates nun aber von der Ausnahme ausgenommen.

Ein anderes Sophisma, »Jede Äußerung außer einer ist wahr«. Es gebe nämlich drei Äußerungen, nämlich »Gott ist«,

L 22 exceptione] exceptive! O 23 Aliud sophisma] om. s. add. i.m. O unum] SX verum ALOP 24 Sint] sunt L scilicet] sicut O est[1]] et L om. s. add. s.l. O est[2]] et L om. s. add. s.l. O

animal«, »Quodlibet prolatum praeter unum est verum«, et sit illud tertium prolatum sophisma. Probatur sophisma sic: Vel ipsum est verum vel ipsum est falsum. Si verum, habetur propositum, si falsum, ipsum erit verum. Probatur, quia cum alia prolata praeter ipsum sint vera, et si ipsum sit falsum, ergo ita erit, quod ipso excepto quodlibet prolatum est verum, et si ita est, cum ipsum hoc significat, patet, quod ipsum est verum. Contra arguitur: Si sophisma est verum, tunc quodlibet prolatum erit verum, et sic praeiacens exceptivae, quae est sophisma, est vera, et per consequens sophisma erit falsum. Dicebatur enim prius, quod ista exceptiva est falsa, cuius praeiacens est vera.

Respondetur, quod sophisma est falsum, quia significat se ipsum esse falsum. Et quando dicebatur »Ergo ita est, quod A30vb excepto uno prolato, scilicet sophismate, quodlibet aliud prolatum est verum«, conceditur. »Et hoc sophisma significat«, concedatur. »Ergo sophisma est verum«, negatur consequentia, quia quamvis hoc significet, tamen etiam significat aliud, quia in significando hoc significat se esse verum. Sed hoc est falsum ex eo, quod ad ipsum esse verum sequitur ipsum esse falsum, igitur ipsum est falsum, de quo videbimus plus in insolubilibus.

Aliud sophisma »Decem praeter quinque sunt quinque«. Probatur: Haec est falsa »Decem sunt quinque« et non est falsa

11 prius] Cf. regulam septimam huius capituli. 21 in insolubilibus] Cf. Tr. VI/1, praecipue Cap. VI.1 et VI.2.

1 animal] est? add. s.l. O unum] SX verum ALOP et...sophisma[1]] LO om. A 2 Probatur...sic] LO om. A sic] O om. L Vel...verum[1]] LO om. A 3 ipsum est[2]] om. LO 4 ipsum] om. O verum] falsum L cum] om. L 5 sint] verum add. s. del. O ipsum[2]] ipsa L sit] fuit L est O falsum] falsa L 6 ipso] illo L ipse O est] LO erit A si] om. L 7 est[1]] et add. LO patet quod] om. LO 8 Contra arguitur] Improbatur O Si] om. s. add. s.l. O est] esset L 9 erit] ita L quae] om. O sophisma] sola! L 10 vera] LO verum A erit] om. LO Dicebatur] dictum est LO 11 prius] ex primis L om. O quod] om. O 13 est] om. O se] quod L 14 Et] om. s. add. s.l. O quando] tunc add. L igitur add. O dicebatur] dicitur LO Ergo] quod L cum O ita] ista! O est] uno add. s.

»(Ein) Mensch ist ein Lebewesen«, »Jede Äußerung außer einer ist wahr«, und diese dritte Äußerung sei das Sophisma. Das Sophisma wird so bewiesen: Entweder ist es falsch oder ist es wahr. Wenn wahr, dann ist das Beweisziel schon erreicht. Wenn falsch, dann wird es wahr sein. Beweis: Da die anderen Äußerungen außer ihm wahr sind, und wenn es selbst falsch ist, wird es also der Fall sein, daß mit Ausnahme von ihm jede Äußerung wahr ist, und wenn dem so ist, ist es klar, daß es wahr ist, da es dies ja bezeichnet. – Argument dagegen: Wenn das Sophisma wahr ist, dann wird jede Äußerung wahr sein, und somit ist der vorgängige Satz des ausnehmenden Satzes, welcher das Sophisma ist, wahr, und folglich wird das Sophisma falsch sein. Es hieß nämlich früher, daß ein ausnehmender Satz falsch ist, dessen vorgängiger Satz wahr ist.

Antwort: Das Sophisma ist falsch, weil es bezeichnet, daß es selbst falsch ist. Und wenn es hieß »Also ist es der Fall, daß mit Ausnahme von einer Äußerung, nämlich dem Sophisma, jede andere Äußerung wahr ist«, so wird das zugegeben. »Und das bezeichnet das Sophisma« sei (ebenfalls) zugegeben. »Also ist das Sophisma wahr«: Diese Folgerung wird abgelehnt, denn obwohl es das bezeichnet, so bezeichnet es doch auch etwas anderes, denn indem es das bezeichnet, bezeichnet es, daß es wahr ist. Aber das ist falsch, weil aus seinem Wahrsein folgt, daß es falsch ist, also ist es falsch. Darüber werden wir in den (Kapiteln VI.1–3 über die) Unlösbaren mehr sehen.

Ein anderes Sophisma, »Zehn außer fünf sind fünf«. Beweis: Der Satz »Zehn sind fünf« ist falsch, und zwar ist er für keine

del. O **15** scilicet sophismate] om. LO aliud] om. LO **16** verum] et add. s. del. O conceditur] om. LO sophisma] sola! L **17** concedatur] LO om. A Ergo] et hoc O sophisma] LO om. A est verum] significat O **18** significet] LO significat A **19** in] L om. O in…hoc[1]] LO om. A **20** esse[2]] est L **21** igitur… falsum[2]] LO om. A est] L om. O de quo] prout O videbimus] videbitur LO plus] om. O in] om. O **22** insolubilibus] quaestionibus L **23** Aliud sophisma] om. O **24** est falsa[2]] LO om. A

pro aliis nisi pro quinque, ergo illis exceptis haec exceptiva erit vera »Decem praeter quinque sunt quinque«. Improbatur: Si haec est vera, tunc haec est falsa »Quinque sunt quinque«. Sequitur enim, si haec est vera »Omnis homo praeter Sortem currit«, tunc haec est falsa »Sortes currit«.

Respondetur, quod propositio non est exceptiva, scilicet sophisma, quia in propositione ly *praeter* non tenetur exceptive, sed subtractive, quia non excipitur hic pars subiectiva a O31va suo toto universali, sed pars quantitativa a suo toto. Et ergo dico, quod ipsum est verum, et est sensus »Decem praeter quinque sunt quinque«, id est, si a decem removentur quinque, manent quinque. Et quando dicitur »Si sophisma est verum, haec est falsa ›Quinque sunt quinque‹«, verum esset, si sophisma esset propositio exceptiva, sed sic non est.

Aliud sophisma: Posito, quod sint tres homines et non plures, scilicet Sortes, Plato et Cicero, et solus Sortes currat, tunc sophisma sit istud »Omnis homo praeter Platonem et Ciceronem currit«. Probatur, quod sit falsum, quia plura excipiuntur quam supponuntur, et tunc sophisma est exceptiva falsa. Sed contra: Cicero et Plato non currunt et quilibet alius ab eis currit, ergo sophisma.

Respondetur, quod sophisma est verum. Et quando dicitur »Tunc exceptiva est falsa, quando plura excipiuntur quam supponuntur«, breviter hoc intelligendum est, quando plura excipiuntur quam supponuntur in praeiacente exceptivae, sed

1 pro aliis] om. LO haec] L om. AO exceptiva] LO om. A 3 haec[1]] hoc L om. O est[1]] esset LO vera] verum L haec[2]] om. L est[2]] esset L om. O 4 Sequitur enim] om. L 5 tunc] LPSX quod A om. O est] om. L 6 Respondetur] Respondeo O propositio] sophisma LO est] propositio add. LO li add. s. del. O scilicet sophisma] om. LO 7 propositione] proposito O 8 sed] divisive sive add. A hic] LO haec A 9 sed…toto[2]] om. L Et] om. O 10 dico quod] om. O ipsum] LO om. A est[1]] om. O et] sic add. L 11 removentur] LO removetur A quinque[3]] om. L 12 manent] LO remanet A quinque] om. s. add. s.l. O est] esset LO verum…est] om. O 13 est] esset L esset] Z est ALOPSX 14 esset] est L est] igitur etc. add. LO 15 Aliud] om. O 16 scilicet] om. L currat] currit O 17 sophisma sit] trsp. L istud] om. LO 18 sit] om. O 19 supponuntur] supponantur O et] quando sic est add. L et…falsa] om.

anderen als fünf falsch, wenn man also diese ausnimmt, wird der ausnehmende Satz »Zehn außer fünf sind fünf« wahr sein. – Widerlegung: Wenn dieser Satz wahr ist, dann ist der Satz »Fünf sind fünf« falsch. Es folgt nämlich: Wenn der Satz »Jeder Mensch außer Sokrates läuft« wahr ist, dann ist der Satz »Sokrates läuft« falsch.

Antwort: Der Satz ist kein ausnehmender, nämlich das Sophisma, weil in diesem Satz der Ausdruck »außer« nicht ausnehmend verwendet wird, sondern subtraktiv, weil hier nicht ein untergeordneter Teil von seinem allgemeinen Ganzen ausgenommen wird, sondern ein quantitativer Teil von seinem Ganzen. Also antworte ich, daß das Sophisma wahr ist und der Sinn lautet: »Zehn außer fünf sind fünf«, d. h., wenn von zehn fünf weggenommen werden, bleiben fünf übrig. – Und wenn es heißt »Wenn das Sophisma wahr ist, dann ist der Satz ›Fünf sind fünf‹ falsch«, so wäre das nur wahr, wenn das Sophisma ein ausnehmender Satz wäre, aber das ist ja nicht der Fall.

Ein anderes Sophisma: Angenommen, daß es drei Menschen gebe und nicht mehr, nämlich Sokrates, Platon und Cicero, und allein Sokrates laufe, dann laute das Sophisma folgendermaßen: »Jeder Mensch außer Platon und Cicero läuft«. Beweis für seine Falschheit: Es werden mehr Dinge ausgenommen als supponiert, und folglich ist das Sophisma ein falscher ausnehmender Satz. – Argument dagegen: Cicero und Platon laufen nicht und jeder von ihnen verschiedene (Mensch) läuft, also (gilt) das Sophisma.

Antwort: Das Sophisma ist wahr. Und wenn es heißt »Dann ist ein ausnehmender Satz falsch, wann mehr Dinge ausgenommen werden als supponiert werden«, so muß man das kurz gesagt so verstehen: »wann mehr Dinge ausgenommen werden, als im vorgängigen Satz des ausnehmenden Satzes suppo-

O sophisma] om. L est exceptiva] trsp. L Sed contra] Improbatur O 20 currunt] currit O alius] om. LO eis] eo L 21 sophisma] omnis homo praeter Ciceronem et Platonem currit LO 22 dicitur] quod ibi add. O 23 Tunc...quando] om. O quam supponuntur] om. O 24 supponuntur] supponantur L breviter] igitur O dico quod add. O est] om. L

sic non est in proposito. Sed contra: »Nullus sol praeter istum solem lucet«. Hic tot excipiuntur, quot supponuntur in praeiacente, L33vb ergo videtur, quod sit falsa, quod tamen est falsum. Respondetur, quod hic in praeiacente plura supponuntur et hoc aptitudinaliter, quam excipiuntur, licet non actualiter. Et qualiter hoc sit intelligendum, scilicet aptitudinaliter et actualiter, dicebatur in tractatu de praedicabilibus.

Aliud sophisma »Omne enuntiabile praeter verum est falsum«. Probatur: Haec est falsa »Omne enuntiabile est falsum«, et non nisi propter verum, et ergo excepto vero, verum est, quod omne enuntiabile est falsum, ergo omne enuntiabile praeter verum est falsum. Secundo, omne enuntiabile aliud a vero est falsum, ergo sophisma verum. Consequentia tenet de se, antecedens patet, eo quod omne enuntiabile vel est verum vel falsum. In oppositum arguitur: Omne enuntiabile praeter verum est falsum, ergo omne enuntiabile, si est aliud a vero, est falsum. Consequens est falsum. Consequentia tenet, quia idem est, sequitur enim »Omnis homo praeter Sortem currit, ergo A31ra omnis homo, si est alius a Sorte, currit«. Falsitas consequentis probatur sic arguendo: Omne enuntiabile, si est aliud a vero, est falsum, sed hoc enuntiabile »Deus est« est enuntiabile, si est aliud a vero, ergo hoc enuntiabile »Deus est« est falsum.

Respondetur, quod sophisma est verum. Ad rationem, concedo consequentiam. Ad improbationem consequentis dico,

7 dicebatur] Cf. Tr. I/2, Cap. I.10 et I.13.

2 excipiuntur] supponuntur LO supponuntur] excipiuntur LO 3 falsa] falsum O tamen] om. O est falsum] non est verum O 4 Respondetur] Respondeo O hic] L om. AO praeiacente] praeiacenti L 5 aptitudinaliter] LO aptitudina? A excipiuntur] excipitur O actualiter] etc. add. O Et... praedicabilibus] om. O 8 Aliud sophisma] om. O 10 non] (est O om. L) instantia add. LO propter verum] pro vero LO pro uno *ante corr.* O et[2]] L om. AO vero] om. s. add. s.l. O 11 ergo...falsum] LO om. A 12 aliud] om. LO 13 vero] uno *ante corr.* O ergo...verum] om. L de se] om. O 14 eo quod] quia L om. O vel] L om. AO 15 In...arguitur] probatur L Improbatur O 16 verum] unum *ante corr.* O a] falso add. s. del. A 17 Consequens] quod L 19 est] om. s. add. s.l. O 21 hoc] om. O est[4]] om. L 22 hoc] omne

niert werden«, aber dies ist im vorliegenden Beispiel nicht der Fall. – Einwand: »Keine Sonne außer dieser Sonne scheint«. Hier werden gleich viele Dinge ausgenommen, wie im vorgängigen Satz supponiert werden, also scheint es, daß dieser Satz falsch ist, was jedoch falsch ist. – Antwort: Hier werden im vorgängigen Satz mehr Dinge supponiert, als (im ausnehmenden Satz) ausgenommen werden, und zwar der Eignung nach (supponiert), wenn auch nicht der Wirklichkeit nach. Und wie das zu verstehen ist, nämlich der Eignung nach und der Wirklichkeit nach, wurde im Traktat über die Prädikabilien gesagt[95].

Ein anderes Sophisma, »Jedes Aussagbare außer einem wahren ist falsch«. Beweis: Der Satz »Jedes Aussagbare ist falsch« ist falsch, aber nur wegen eines wahren, also ist es mit Ausnahme eines wahren wahr, daß jedes Aussagbare falsch ist, also ist jedes Aussagbare außer einem wahren falsch. Zweitens: Jedes von einem wahren verschiedene Aussagebare ist falsch, also ist das Sophisma wahr. Die Folgerung hält von selbst, der Vordersatz ist klar, weil jedes Aussagbare entweder wahr oder falsch ist. – Argument für das Gegenteil: Jedes Aussagbare außer einem wahren ist falsch, also ist jedes Aussagbare, wenn es von einem wahren verschieden ist, falsch. Der Nachsatz ist (aber) falsch. Die Folgerung ist gültig, weil (Vordersatz und Nachsatz) dasselbe besagen, es folgt nämlich »Jeder Mensch außer Sokrates läuft, also läuft jeder Mensch, wenn er von Sokrates verschieden ist«. Die Falschheit des Nachsatzes wird folgendermaßen bewiesen: Jedes Aussagbare, wenn es von einem wahren verschieden ist, ist falsch, aber das Aussagbare »Gott ist« ist ein Aussagbares, wenn es von einem wahren verschieden ist, also ist das Aussagbare »Gott ist« falsch.

Antwort: Das Sophisma ist wahr. Zum Argument (dagegen): Ich gebe die Folgerung zu. Zur Widerlegung des Nachsatzes sage ich: Der Satz »Jedes Aussagbare, wenn es von einem

LO Deus est] si est verum LO 23 est] om. O rationem] rationes L 24 improbationem] probationem LO

quod ista »Omne enuntiabile, si est aliud a vero, est falsum« potest esse condicionalis, et sic est vera et sic discursus non valet, vel de condicionato extremo, et sic est falsa et discursus est bonus.

Cap. III.9 ⟨Capitulum nonum de propositionibus reduplicativis⟩

Sequitur de propositionibus reduplicativis. Et primo videndum est, quomodo fiunt, secundo, quid requiritur ad veritatem earum inferendo quaedam corollaria. De primo sciendum est, quod haec dictio *in quantum* aliquando est adverbium quantitatis, ut distinguitur contra ly *in tantum*, et eodem modo ly *secundum quot*. Aliquando autem est coniunctio et facit propositionem reduplicativam, sicut hic »Homo est sensibilis in quantum animal« vel »Homo est sensibilis secundum quod animal«.

Secundo notandum, quod ly *in quantum* aliquando tenetur concomitative, aliquando autem tenetur cum hoc causaliter, ut dicendo »Ignis in quantum calidus est calefactivus«. Hic enim tenetur et concomitative et causaliter, nam si ignis est calidus, ignis est calefactivus, et quia ignis est calidus, ignis est calefactivus.

Tertio notandum, quod propositio reduplicativa quandoque est affirmativa, ut dicendo »Homo est sensibilis in quantum

1 est falsum] LO etc. A 2 esse] vel add. O condicionalis] disiunctiva LO sic[2]] om. L 3 vel] om. L condicionato] disiuncto LO sic] om. O 4 est] L fuit A om. O bonus] Sequitur ergo de propositionibus reduplicativis etc. add. L 7 propositionibus] om. O videndum] om. L dicendum O 8 est] de add. O requiritur] requiratur O 9 inferendo…corollaria] om. L quaedam] om. O De] om. LO primo] cum/con- add. L sciendum] notandum L est] om. LO 10 quantitatis] om. L 11 ut] et L et tunc O et] om. O eodem modo] secundum hoc L ly secundum] trsp. O 12 quot] om. O autem] O om. AL et] est! O 13 hic] om. L sensibilis] risibilis L 16 notandum] nota O quod] om. O in quantum] om. O 17 concomitative] concomiative L aliquando] et L

wahren verschieden ist, ist falsch« kann ein Konditionalsatz sein, und in diesem Sinne ist er wahr, aber in diesem Sinne ist der Schluß nicht gültig. Oder er kann ein Satz mit einem konditionierten Satzglied sein, aber in diesem Sinne ist er falsch und der Schluß ist gültig.

Kapitel III.9: *Die verdoppelnden Sätze*

Es folgt (das Kapitel) über die verdoppelnden Sätze[96]. Erstens ist zu untersuchen, auf welche Weise sie gebildet werden, zweitens, was für ihre Wahrheit erforderlich ist, wobei einige Zusatzthesen gefolgert werden. Bezüglich des ersten muß man wissen, daß das Wort »in (Hinsicht auf) wie groß« manchmal ein Adverb der Quantität ist, so daß es das Gegenstück zum Ausdruck »in (Hinsicht auf) so groß« ist, und ebenso der Ausdruck »gemäß wie vielen«[97]. Manchmal aber ist es ein Bindewort und erzeugt einen verdoppelnden Satz, wie z. B. hier »(Ein) Mensch ist sinnenbegabt, insofern (er) ein Lebewesen (ist)« oder »(Ein) Mensch ist sinnenbegabt gemäß (der Tatsache), daß (er) ein Lebewesen (ist)«.

Zweitens ist anzumerken, daß der Ausdruck »insofern« manchmal im begleitenden Sinne verwendet wird, manchmal aber darüber hinaus (auch) im kausalen Sinne verwendet wird, wie wenn es heißt »(Ein) Feuer, insofern es heiß ist, kann erhitzen«. Hier wird er nämlich sowohl im begleitenden als auch im kausalen Sinne verwendet, denn wenn das Feuer heiß ist, kann das Feuer erhitzen, und weil das Feuer heiß ist, kann das Feuer erhitzen.

Drittens ist anzumerken, daß ein verdoppelnder Satz manchmal bejahend ist, wie wenn es heißt »(Ein) Mensch ist sinnenbegabt, insofern er ein Lebewesen ist«, manchmal hingegen

autem] om. O 18 dicendo] om. O 19 et[1]] L om. AO concomitative] comitative L nam] quia O 20 et...calefactivus[2]] om. L 22 notandum] sciendum LO quod] om. L quandoque] aliquando L 23 dicendo] om. O

animal«, quandoque vero negativa negatione praecedente reduplicationem et verbum principale, ut hic »Homo non in quantum animal est sensibilis«, aliquando autem negatione interposita inter reduplicationem et verbum principale, ut dicendo »Homo in quantum animal non est sensibilis« vel »Homo in quantum homo non est asinus«.

O31vb Quarto sciendum est, quod aliquando est aliqua propositio reduplicativa, in qua sunt tres termini dissimiles, ut hic »Homo in quantum animal est sensibilis«. Ecce tres terminos dissimiles *homo*, *animal*, *sensibilis*. Aliquando autem sunt duo termini dissimiles et tertius est similis uni illorum, ut dicendo »Homo in quantum homo est risibilis«. Aliquando autem omnes termini sunt similes, ut dicendo »Ens in quantum ens est ens«.

Tunc discurrendo per ordinem sit ista gratia exempli »Homo in quantum animal est sensibilis« de tribus terminis dissimilibus. Dico, quod ad veritatem istius requiritur veritas unius copulativae compositae ex quattuor propositionibus, verbi gratia istius copulativae »Homo est animal et homo est sensibilis et omne animal est sensibile et si aliquid est animal, illud est sensibile«. Et conformiter dicendum est de aliis reduplicativis consimilibus. Et si reduplicativa esset universalis, tunc etiam primae duae categoricae dictae copulativae deberent esse universales. Propter defectum primae categoricae ista est falsa »Homo in quantum asinus est animal«. Unde haec est falsa »Homo est asinus«, et tamen requireretur ipsam esse veram ad

1 quandoque] aliquando L vero] L om. AO negativa] om. L negative O praecedente] praeposita O 2 reduplicationem] reduplicatum O ut] verbi gratia L hic] om. LO 3 autem] om. O 5 dicendo] om. LO 7 sciendum] notandum O est[1]] om. LO 8 tres] om. L terminus! O hic] om. O 9 Ecce… sensibilis[2]] om. O tres] om. L 10 autem] L om. AO termini] LO om. A 11 est] etiam! O dicendo] om. O 12 autem] om. O omnes termini] LO om. A 13 dicendo] L om. AO 14 discurrendo] distribuendo L discurro O ista] om. L gratia exempli] signa! L 15 sensibilis] sensibile LO 16 unius] om. L 17 verbi gratia] ut O 18 istius copulativae] LO ut A et] LO om. A homo] omne! L 19 omne] homo! L animal est] trsp. L aliquid est] est aliud L 20 Et] om. L Ita O conformiter] loquendo add. L 22 primae] LO om. A duae] praedictae add. L dictae] om. L deberent] L debent A debeant O

verneinend, wobei die Negation der Verdoppelung und dem Hauptverb vorangeht, wie z. B. hier »(Ein) Mensch, nicht insofern er ein Lebewesen ist, ist sinnenbegabt«, manchmal aber mit Einschiebung der Negation zwischen Verdoppelung und Hauptverb, wie wenn es heißt »(Ein) Mensch, insofern er ein Lebewesen ist, ist nicht sinnenbegabt« oder »(Ein) Mensch, insofern er ein Mensch ist, ist kein Esel«.

Viertens muß man wissen, daß manchmal ein verdoppelnder Satz vorliegt, in dem drei unähnliche Terme vorkommen, wie hier »(Ein) Mensch, insofern er ein Lebewesen ist, ist sinnenbegabt«: Siehe die drei unähnlichen Terme »Mensch«, »Lebewesen«, »sinnenbegabt«. Manchmal aber gibt es zwei unähnliche Terme und der dritte ist einem von diesen ähnlich, wie wenn es heißt »(Ein) Mensch, insofern er ein Mensch ist, ist des Lachens fähig«. Manchmal aber sind alle Terme ähnlich, wie wenn es heißt »(Ein) Seiendes, insofern es ein Seiendes (seiend) ist, ist ein Seiendes (seiend)«.

Sodann, um der Reihe nach vorzugehen, sei der Satz »Ein Mensch, insofern er ein Lebewesen ist, ist sinnenbegabt« das Beispiel (für einen verdoppelnden Satz) mit drei unähnlichen Termen. Ich sage, daß für die Wahrheit eines solchen Satzes die Wahrheit eines kopulativen Satzes erforderlich ist, welcher aus vier Sätzen zusammengesetzt ist, z. B. dieses kopulativen Satzes: »Ein Mensch ist ein Lebewesen, und ein Mensch ist sinnenbegabt, und jedes Lebewesen ist sinnenbegabt, und wenn etwas ein Lebewesen ist, dann ist es sinnenbegabt«[98]. Und Dementsprechendes ist auch bezüglich der anderen verdoppelnden Sätze gleicher Form zu sagen. Und wenn der verdoppelnde Satz universal wäre, dann müßten auch die ersten zwei kategorischen Sätze des genannten kopulativen Satzes universal sein. – Wegen eines Defekts[99] des ersten kategorischen Satzes ist der Satz »Ein Mensch, insofern er ein Esel ist, ist ein Lebewesen«. So ist der Satz »Ein Mensch ist ein

23 categoricae] LO om. A est] om. O 24 animal] et add. L Unde] quia LO
25 requireretur] LO requiritur A

A31rb hoc, quod dicta reduplicativa esset vera. Propter defectum secundae haec est falsa »Homo in quantum animal est indivisibilis«, quia haec est falsa »Homo est indivisibilis«. Propter defectum tertiae haec est falsa »Homo in quantum animal est homo«, quia haec est falsa »Omne animal est homo«. Propter autem defectum quartae haec est falsa »Homo in quantum homo vigilat« supposito adhuc, quod omnis homo vigilet, quia haec est falsa »Si aliquid est homo, illud vigilat«.

Ad veritatem autem reduplicativae, in qua omnes termini sunt similes, ut in ista »Ens in quantum ens est ens«, dico: Propter coincidentiam propositionum solum habet tres exponentes seu unam copulativam exponentem compositam ex tribus propositionibus. Unde ad veritatem istius »Ens in quantum ens est ens« requiritur et sufficit, quod ens sit ens et quod omne ens sit ens et quod si aliquid est ens, quod illud sit ens.

Sed obicitur, nam secundum hoc haec esset vera »Ens in quantum ens est ens«, sed hoc videtur esse falsum. Aut enim ens in quantum ens est substantia aut ens in quantum ens est accidens. Nullum istorum, ergo etc.

Breviter respondetur, quod ens in quantum ens est ens, et negatur, quod ens in quantum ens est substantia vel ens in quantum ens est accidens. Unde ista disiunctiva est falsa, eo quod quaelibet eius pars est falsa. Sed bene conceditur »Ens in

1 esset vera] om. L secundae] secundo L **2** indivisibilis] divisibilis L **4** tertiae] quia add. L animal] homo L homo *ante corr. i.m.* O **5** homo[1]] animal L Omne] om. L **6** autem] om. LO quartae] quia add. L falsa] omnis add. L **7** vigilet] vigilat L quia…vigilat] om. L **8** aliquid] O aliquis A illud] O ille A **9** autem] om. LO qua] AE37rLOPSX non add. LOPS **10** similes] AE37rX dissimiles LOPS in[1]] Z om. AE37rLOPSX ista] A om. E37rLOPSX dico] Z om. AE37rLOPSX **11** propositionum] E37rLOPSX om. A solum habet] ALOPSX requiritur et sufficit E37r tres…copulativam] ALOPSX veritas unius copulativae E37r **12** exponentem] A om. E37r pro una exponente LOPSX compositam] OSX om. A compositae E37r composita LP **13** propositionibus] AE37rLOPSX categoricis add. A **14** sit] est L quod[2]] om. O **15** omne] omnes *ante corr.* O sit[1]] LO est A quod[1]] om. LO aliquid] aliud L quod add. L est] sit L quod[2]] om. L illud] om. LO sit[2]] est L **16** Sed] si add. L obicitur] obiceretur L subicitur O nam] quia LO sequitur quod add.

Esel« falsch, jedoch wäre seine Wahrheit dafür erforderlich, daß der genannte verdoppelnde Satz wahr wäre. Wegen eines Defekts des zweiten Satzes ist der Satz »Ein Mensch, insofern er ein Lebewesen ist, ist unteilbar«, weil der Satz »Ein Mensch ist unteilbar« falsch ist. Wegen eines Defekts des dritten Satzes ist der Satz »Ein Mensch, insofern er ein Lebewesen ist, ist ein Mensch« falsch, weil der Satz »Jedes Lebewesen ist ein Mensch« falsch ist. Wegen eines Defekts des vierten Satzes aber ist der Satz »Ein Mensch, insofern er ein Mensch ist, wacht« falsch, auch unter der Voraussetzung, daß jeder Mensch wache, weil der Satz »Wenn etwas ein Mensch ist, dann wacht es« falsch ist.

Zur Wahrheit eines verdoppelnden Satzes aber, in dem alle Terme ähnlich sind, wie in dem Satz »Ein Seiendes, insofern es seiend ist, ist seiend«, sage ich: Wegen der Übereinstimmung der Sätze hat er nur drei auslegende Sätze bzw. einen auslegenden kopulativen Satz, der aus drei Sätzen zusammengesetzt ist. So ist es für die Wahrheit des Satzes »Ein Seiende, insofern es seiend ist, ist seiend« notwendig und hinreichend, daß ein Seiendes seiend ist und daß jedes Seiende seiend ist und daß, wenn etwas ein Seiendes ist, es seiend ist.

Einwand: Demgemäß wäre der Satz »Ein Seiendes, insofern es seiend ist, ist seiend« wahr, aber das scheint falsch zu sein. Entweder nämlich ist ein Seiendes, insofern es seiend ist, eine Substanz oder ist ein Seiendes, insofern es seiend ist, ein Akzidens. Nichts davon (trifft aber zu), also usw.

Kurze Antwort: Ein Seiendes, insofern es seiend ist, ist seiend, aber es wird abgelehnt, daß ein Seiendes, insofern es seiend ist, eine Substanz ist oder ein Seiendes, insofern es seiend ist, ein Akzidens ist. Denn dieser disjunktive Satz ist falsch, weil jeder Teil von ihm falsch ist. Aber sehr wohl wird

O secundum hoc] sequeretur quod L 17 videtur] om. O esse] L om. AO 18 ens[2]] LO om. A aut] L vel AO quantum[2]] est add. A 19 Nullum…accidens] om. L etc] om. O 20 Breviter] om. O 21 quod] ergo add. O est] sit O 22 est[1]] sit O 23 quod] tota disiunctiva est falsa quia add. A eius] LO om. A bene] om. O conceditur] concedendum est LO quod add. L

quantum ens est ens, ergo ens in quantum ens est substantia vel accidens«, illa enim de disiuncto extremo est vera.

Ad veritatem autem reduplicativae, in qua sunt duo termini similes, sicut ad veritatem istius »Homo in quantum homo est risibilis«, etiam requiritur veritas unius copulativae compositae ex quattuor propositionibus. Unde ad veritatem eius requiritur, quod homo sit homo et quod homo sit risibilis et quod omnis homo sit risibilis et si aliquid est homo, quod illud sit risibile.

Et notandum, quod quando ly *in quantum* tenetur causaliter, tunc cum omnibus his, quae dicta sunt, requiritur adhuc, quod causalis sit vera, in qua reduplicatum denotatur esse causa rei L34ra significatae per praedicatum, sicut ad veritatem istius »Ignis in quantum ignis est calefactivus« cum praedictis requiritur, quod ista causalis sit vera »Quia ignis est ignis, ignis est calefactivus«.

Adhuc notandum, quod quandoque ly *in quantum* tenetur improprie ponendo unam orationem loco plurium causa brevitatis, sicut hic »Ens in quantum ens est subiectum *Metaphysicae*«. Nec etiam oportet, quod exponatur sicut prius, quando tenetur proprie, sed tenetur loco istius, quod passiones ibi probatae de subiectis conclusionum demonstratarum et probatarum conveniunt omni enti secundum quod est ens, ita quod O32ra quodlibet secundum quod est ens est idem vel diversum vel

2 extremo] bene add. O 3 autem] om. LO in qua] ubi LO 4 similes] dissimiles LO sicut] om. L 5 etiam] om. O compositae] om. LO 6 propositionibus] partibus L eius] illius L 7 quod[2]] om. L 8 aliquid] aliud! L est] LO sit A illud] ipsum LO 10 notandum quod] om. LO 11 cum] om. L his] om. L dicta] LO dictae A 12 rei] nisi! L 13 per] prae! L sicut] om. O 14 ignis] ALPSX calidus O calefactivus] OX *post corr. i.m.* P calidus ALS *ante corr.* P 15 calefactivus] LOPX calidus AS 17 Adhuc] et LO notandum] nota LO quandoque] aliquando L in quantum] aliquando! L 18 orationem] rationem! L brevitatis] sermcuter?! L 19 Metaphysicae] in metaphysica L universale in quantum universale est subiectum in Porphyrio add. O 20 etiam] om. L tunc O 22 demonstratarum] demonstrativarum? L et] om. O probatarum] proprietarum! L 23 conveniunt] convenit LO omni] enim

zugegeben: »Ein Seiendes, insofern es seiend ist, ist seiend, also ist ein Seiendes, insofern es seiend ist, eine Substanz oder ein Akzidens«; dieser Satz mit einem disjunkten Satzglied ist nämlich wahr.

Für die Wahrheit eines verdoppelnden Satzes aber, in dem zwei ähnliche Terme vorkommen, wie z. B. für die Wahrheit des Satzes »Ein Mensch, insofern er ein Mensch ist, ist des Lachens fähig«, ist auch die Wahrheit eines kopulativen Satzes erforderlich, welcher aus vier Sätzen zusammengesetzt ist. So ist es für seine Wahrheit erforderlich, daß ein Mensch ein Mensch ist und daß ein Mensch des Lachens fähig ist und daß jeder Mensch des Lachens fähig ist und daß, wenn etwas ein Mensch ist, es des Lachens fähig ist.

Anzumerken ist: Wenn der Ausdruck »insofern« im kausalen Sinne verwendet wird, dann ist es nebst all dem, was (schon) gesagt wurde, noch dazu erforderlich, daß ein Kausalsatz wahr ist, in dem angegeben wird, daß das Verdoppelte die Ursache des Dinges ist, welches vom Prädikat bezeichnet wird; wie es z. B. für die Wahrheit des Satzes »Ein Feuer, insofern es ein Feuer ist, kann erhitzen« nebst dem schon Gesagten erforderlich ist, daß der Kausalsatz »Weil ein Feuer ein Feuer ist, kann ein Feuer erhitzen« wahr ist.

Außerdem ist anzumerken, daß der Ausdruck »insofern« manchmal auf uneigentliche Weise verwendet wird, indem der Kürze halber eine Ausdrucksfolge anstelle von mehreren angeführt wird, wie z. B. hier »Das Seiende, insofern es seiend ist, ist der Gegenstand der *Metaphysik* (des Aristoteles)«. Und es ist auch nicht nötig, daß er wie vorher ausgelegt wird, als er im eigentlichen Sinne verwendet wurde, sondern er wird (hier) anstelle der (Aussage) verwendet, daß die Eigenschaften, die dort (in der *Metaphysik*) von den Subjekten der dargelegten und bewiesenen Schlußsätze bewiesen werden, jedem Seienden zukommen, insofern es ein Seiendes ist, so daß jedes beliebige

L enti] *lectio incerta* L est autem? L est] om. LO quod[2]] quaelibet add. s. del. O **24** est[2]] est add. O vel[1]] om. L vel[2]] om. LO

unum vel multa. Illae autem sunt passiones ipsius entis et sunt passiones probatae in *Metaphysica* de subiectis conclusionum probatarum ibidem.

Ex praedictis patet, quod ista est vera »Aliqua in quantum conveniunt differunt« et ista similiter »Aliqua in quantum differunt conveniunt«, et hoc tenendo ly *in quantum* concomitative. Si enim aliqua conveniunt, tunc sunt aliqua, et si sunt aliqua, sunt plura, et si sunt plura, tunc differunt, ergo de primo ad ultimum, si aliqua conveniunt, differunt. Sed si ly *in* A31va *quantum* tenetur causaliter, tunc dictae propositiones sunt falsae, quia non ideo aliqua conveniunt, quia differunt, nec ideo aliqua differunt, quia conveniunt.

Sciendum, quod quando negatio praecedit reduplicationem et verbum principale, fit propositio contradictoria reduplicativae, et tunc illius sunt quattuor causae veritatis et aequipollet uni disiunctivae ex quattuor propositionibus constitutae. Verbi gratia »Nulla chimaera in quantum corpus est alba« potest esse vera, aut quia nulla chimaera est corpus, aut quia nulla chimaera est alba, aut quia non omne corpus est album, aut quia non, si aliquid est corpus, illud est album. Et quacumque istarum existente vera, sive sit prima sive secunda sive tertia sive quarta, semper tota reduplicativa est vera.

Item sciendum, quando negatio reduplicationi postponitur non impediendo eam, ut hic »Sortes in quantum homo non est

2 in Metaphysica] Aristoteles, Metaphysica, e. g. X.3, 1054a20–1055a2.

1 vel] et L multa] multum LO ipsius] om. LO 2 probatae] prolatae L conclusionum] conclusionem L 3 probatarum] prolatarum L 4 in quantum] secundum quod O 5 ista] om. L similiter] om. LO 8 tunc] om. O de] a LO 9 aliqua] quae add. L Sed] et L ly] LO om. A 10 tunc] O om. AL sunt] essent LO 11 non] om. O aliqua] om. O quia[2]] qua L 12 differunt] conveniunt O quia] qua L conveniunt] differunt O 13 Sciendum] et nota LO 14 principale] vel add. ALOP s. om. SX fit] AOPSX sit L 15 et[1]] L om. AO aequipollet] aequivalet LO 16 constitutae] om. LO Verbi gratia] ut LO 17 chimaera] est add. L alba] alia L 18 aut[1]] om. L 19 omne] est O 20 non] omne corpus est album add. L Et] LO ex A 21 sit] L om. AO sive[3]… quarta] etc. O 22 semper] LO om. A 23 Item] om. LO sciendum] Nota LO

(Ding), insofern es ein Seiendes ist, identisch oder verschieden oder eines oder viele ist. Das sind aber die Eigenschaften des Seienden an sich und es sind die Eigenschaften, welche in der *Metaphysik* von den Subjekten der ebenda bewiesenen Schlußsätze bewiesen werden.

Aus den vorangehenden Ausführungen erhellt, daß der Satz »Einige Dinge, insofern sie übereinstimmen, unterscheiden sich« wahr ist und ebenso der Satz »Einige Dinge, insofern sie sich unterscheiden, stimmen überein«, und zwar gemäß Auffassung des Ausdrucks »insofern« im begleitenden Sinn. Wenn nämlich einige Dinge übereinstimmen, dann gibt es einige Dinge, und wenn es einige Dinge gibt, gibt es mehrere Dinge, und wenn es mehrere Dinge gibt, dann unterscheiden sie sich, also vom ersten bis zum letzten: Wenn einige Dinge übereinstimmen, unterscheiden sie sich. Aber wenn der Ausdruck »insofern« im kausalen Sinne verstanden wird, dann sind die genannten Sätze falsch, weil einige Dinge nicht deshalb übereinstimmen, weil sie sich unterscheiden, und sich einige Dinge nicht deshalb unterscheiden, weil sie übereinstimmen.

Festzuhalten ist: Wenn eine Negation der Verdoppelung und dem Hauptverb vorangeht, entsteht der kontradiktorische Satz des verdoppelnden Satzes, und dann hat dieser vier Wahrheitsgründe und ist gleichwertig mit einem disjunktiven Satz, der aus vier Sätzen zusammengestellt ist. Z. B. kann (der Satz) »Keine Chimäre, insofern sie ein Körper ist, ist weiß« wahr sein, entweder weil keine Chimäre ein Körper ist, oder weil keine Chimäre weiß ist, oder weil nicht jeder Körper weiß ist, oder weil nicht gilt, daß wenn etwas ein Körper ist, es weiß ist. Und welcher von diesen Sätzen auch immer wahr ist, sei es der erste oder der zweite oder der dritte oder der vierte, stets ist der ganze verdoppelnde Satz wahr.

Ferner muß man wissen: Wenn eine Negation der Verdoppelung nachgestellt wird und diese somit nicht hemmt, wie z. B. hier »Sokrates, insofern er ein Mensch ist, ist kein Esel«,

postponitur] LO postposita A 24 impediendo] LOPX interponendo A impedit S hic] haec L om. O

asinus«, tunc si dictio reduplicativa tenetur concomitative, exponitur sic »Sortes est homo et Sortes non est asinus et nullus homo est asinus et si aliquid est homo, illud non est asinus«. Si tamen tenetur causaliter, oportet addere, quod ideo non est asinus, quia est homo. Ex isto patet, quod istae non contradicunt »Sortes in quantum homo est albus«, »Sortes in quantum homo non est albus«, quia quaelibet est falsa posito, quod Sortes sit albus. Sed ad eius contradictoriam faciendam oportet praeponere negationem reduplicationi et verbo principali, et ergo contradictorium istius »Sortes in quantum homo est albus« est »Sortes non in quantum homo est albus«.

Ulterius est notandum, quod ad hoc, quod reduplicativa sit possibilis vel impossibilis, vel quod sit dubia vel scita vel credita vel opinata, requiritur hoc, quod requirebatur ad possibilitatem vel impossibilitatem etc. propositionis copulativae, et quae sint illa, dictum fuit prius.

Cap. III.10 ⟨Capitulum decimum de propositionibus, in quibus ponuntur ista verba *incipit* et *desinit*⟩

Sequitur de propositionibus, in quibus ponuntur ista verba *incipit* et *desinit*, quales sunt istae »Sortes incipit esse«, »Sortes desinit esse«. Et sciendum, quod tales propositiones, in quibus ponitur hoc verbum *incipit*, ab aliquibus solent exponi

16 prius] Cf. Cap. III.6.

1 dictio] dico! L 2 exponitur] componitur O et[1]] Z om. ALOPSX et[2]] S om. ALOPX 3 asinus[2]] et add. LO 4 tamen] cum hoc L tenetur] teneatur LO quod] non add. A non] OPSX om. S. add. s.l. L aliquid A 5 quia] quod L 8 albus] om. L eius] om. LO contradictoriam] contradictionem LO 9 reduplicationi] LPSX reduplicativae A reduplicatum O et[2]] om. LO 11 est[1]] om. L Sortes non] LO trsp. A quantum] est add. L 12 Ulterius] om. LO est notandum] Nota LO quod[1]] om. LO sit] LO est A 13 vel[1]] L om. AO impossibilis] om. O vel[2]...sit] LO om. A sit] L om. O vel[3]] LO om. A vel[4]] LO om. A 14 requiritur] ad add. O requirebatur] requiritur LO 15 etc] om. L 16 sint] sunt L fuit] est LO prius] om. O Sequitur ergo add. L 19 Sequitur]

dann gilt: Wenn das verdoppelnde Wort im begleitenden Sinn verstanden wird, wird (dieser Satz) so ausgelegt: »Sokrates ist ein Mensch, und Sokrates ist kein Esel, und kein Mensch ist ein Esel, und wenn etwas ein Mensch ist, ist es kein Esel«. Wenn es jedoch im kausalen Sinne verstanden wird, muß man hinzufügen, daß er deshalb kein Esel ist, weil er ein Mensch ist. – Daraus erhellt, daß sich die folgenden Sätze nicht widersprechen: »Sokrates, insofern er ein Mensch ist, ist weiß«, »Sokrates, insofern er ein Mensch ist, ist nicht weiß«, weil jeder falsch ist unter der Annahme, daß Sokrates weiß ist. Sondern um seinen kontradiktorischen Satz zu erzeugen, muß man die Negation der Verdoppelung und dem Hauptverb voranstellen, und somit lautet der kontradiktorische Gegensatz des Satzes »Sokrates, insofern er ein Mensch ist, ist weiß«: »Sokrates, nicht insofern er ein Mensch ist, ist weiß«.

Weiters ist anzumerken: Dafür, daß ein verdoppelnder Satz möglich oder unmöglich ist oder daß er zweifelhaft oder gewußt oder für wahr gehalten oder geglaubt ist, ist das erforderlich, was erforderlich war für die Möglichkeit oder Unmöglichkeit usw. eines kopulativen Satzes, und was das ist, ist (schon) früher (im Kap. III.6) gesagt worden.

Kapitel III.10:
Die Sätze, in denen die Verben »fängt an« und »hört auf« vorkommen

Es folgt (das Kapitel) über die Sätze, in denen die Verben »fängt an« und »hört auf« vorkommen, welcherart die Sätze »Sokrates fängt an zu sein«, »Sokrates hört auf zu sein« sind. Man muß wissen, daß solche Sätze, in denen das Verb »fängt an« vorkommt, von manchen (Autoren) auf zweifache Weise

om. O ponuntur] ponitur LO aliquod add. LO ista verba] istorum verborum LO 20 et] om. O istae] om. LO 21 sciendum] nota L propositiones] L om. AO 22 hoc verbum] om. O solent] LO solet A

dupliciter secundum exigentiam terminorum positorum in huiusmodi propositionibus. Unde uno modo exponuntur per positionem de praesenti et remotionem de praeterito cum additione istius syncategorematis *immediate*. Verbi gratia »Sortes incipit esse« exponitur sic »Sortes nunc est et immediate ante hoc non fuit«. Per positionem de praesenti intelligitur propositio affirmativa de praesenti et per remotionem de praeterito intelligitur propositio negativa de praeterito. Secundo modo solent exponi per remotionem de praesenti et positionem de futuro cum additione istius syncategorematis *immediate*, verbi gratia »Sortes incipit esse albus«, id est, »Sortes nunc non est albus et immediate post hoc erit albus«.

Similiter propositio, in qua ponitur hoc verbum *desinit*, exponitur per unam negativam de praesenti et affirmativam de praeterito, ut »Sortes desinit esse«, id est, »Sortes nunc non est et immediate ante hoc fuit«. Et quia nullius rei nec permanentis nec successivae datur ultimum instans sui esse, sed bene primum instans sui non esse, ideo propositio, in qua ponitur hoc verbum *desinit*, solet exponi per remotionem de praesenti A31vb | et positionem de praeterito. Et sic *desinit* uniformiter tam de O32rb rebus permanentibus quam de successivis exponitur. Sed quia aliquarum rerum datur primum instans sui esse, aliquarum autem datur ultimum instans sui non esse, ideo *incipit* aliquando exponitur per positionem de praesenti et remotionem de praeterito, aliquando autem per remotionem de praesenti et positionem de futuro.

2 huiusmodi] LO ipsis A 4 Verbi gratia] ut LO Sortes...esse] LO om. A 5 exponitur sic] L om. AO est] om. O et] ipse add. O 6 hoc] om. O non] nunc! L de praesenti] om. L intelligitur] notetur/vocetur L 7 et] om. LO per] LO om. A 8 propositio] LO om. A 9 solent exponi] LO exponitur A et] per add. O 11 id est] PSX om. AO et L Sortes[2]] om. O est[2]] om. O 12 et] ipse add. L post] per! O 13 hoc verbum] om. O 16 fuit] erat LO Et] om. O nec] om. O permanentis] permanentia O 17 sui] O *post corr.* L sive A sic *ante corr.* L bene] LO om. A 18 instans] bene add. A ideo] om. LO 19 hoc verbum] om. LO 20 et] per add. O 21 de] om. L 23 instans sui] om. L sui] esse add. s. del. A ideo] sequitur ergo L ergo O aliquando] om. L 24 exponitur] aliquando add. O et...praeterito] om. O 25 autem] om. O

ausgelegt zu werden pflegen, und zwar gemäß dem Erfordernis der Terme, die in derartigen Sätzen vorkommen. So werden sie auf eine Weise mit einer Setzung (Bejahung) im Präsens und einer Beseitigung (Verneinung) im Präteritum nebst Hinzufügung des Synkategoremas »unmittelbar« ausgelegt. Z. B. wird »Sokrates beginnt zu sein« so ausgelegt: »Sokrates ist jetzt und unmittelbar davor war er nicht«. Unter »Setzung im Präsens« versteht man einen bejahenden Satz im Präsens, und unter »Beseitigung im Präteritum« versteht man einen verneinenden Satz im Präteritum. Auf eine zweite Weise pflegen sie mit einer Beseitigung im Präsens und einer Setzung im Futur nebst Hinzufügung des Synkategoremas »unmittelbar« ausgelegt zu werden, z. B. »Sokrates fängt an, weiß zu sein«, d. h., »Sokrates ist jetzt nicht weiß und unmittelbar danach wird er weiß sein«.

Ebenso wird ein Satz, in dem das Verb »hört auf« vorkommt, mit einem verneinenden Satz im Präsens und einem bejahenden Satz im Präteritum ausgelegt, wie z. B. »Sokrates hört auf zu sein«, d. h., »Sokrates ist jetzt nicht und unmittelbar davor war er«. Und weil es von keinem Ding, weder von einem beharrenden noch von einem verlaufenden[100], einen letzten Zeitpunkt seines Seins gibt, aber sehr wohl einen ersten Zeitpunkt seines Nichtseins, pflegt deshalb ein Satz, in dem das Verb »hört auf« vorkommt, mit einer Beseitigung im Präsens und einer Setzung im Präteritum ausgelegt zu werden. Und demgemäß wird »hört auf« sowohl in bezug auf beharrende als auch in bezug auf verlaufende Dinge einheitlich ausgelegt. Aber weil es von manchen Dingen einen ersten Zeitpunkt ihres Seins gibt, von manchen Dingen aber einen letzten Zeitpunkt ihres Nichtseins gibt, wird »fängt an« deshalb manchmal mit einer Setzung im Präsens und einer Beseitigung im Präteritum ausgelegt, manchmal aber mit einer Beseitigung im Präsens und einer Setzung im Futur.

Unde isti de ista opinione circa hoc ponunt regulas: Prima est, quod de rebus, quarum est dare primum instans sui esse, *incipit* exponitur per positionem de praesenti et remotionem de praeterito. Alia regula: De rebus, quarum non datur primum instans sui esse, sed ultimum instans sui non esse, *incipit* exponitur per remotionem de praesenti et positionem de futuro. Et ergo, quia est dare primum instans esse Sortis, nam esse Sortis acquiritur totum simul, haec »Sortes incipit esse« exponitur sic »Sortes nunc est et immediate ante hoc non erat«. Et quia non est dare primum instans esse albedinis nec albedo acquiritur tota simul, sed partialiter et gradualiter, ista »Sortes incipit esse albus« exponitur »Sortes nunc non est albus et immediate post hoc erit albus«.

Et notandum, quod isti de ista expositione imaginantur, quod instans sit una res indivisibilis in tempore, et ideo quando dicunt »Nunc non est et immediate post hoc erit« et »Nunc est
L34rb et immediate ante hoc non fuit«, per ly *nunc* intelligunt unam rem indivisibilem in tempore et similiter per ly *hoc* demonstrant illam.

Sed quia communiter talia indivisibilia, sicut punctus, instans, negantur, de quo magis pertinet considerare ad metaphysicum quam ad logicum, alii aliter dicunt, quod eodem modo *incipit* et *desinit* debent exponi in rebus permanentibus et in successivis, id est, tam de rebus, quarum esse acquiritur simul sive impartibiliter, quam etiam de rebus, quarum esse acquiritur partibiliter. Unde uniformiter isti exponunt *incipit*

1 de…hoc] LO om. A Prima] una L 2 sui] om. LO 3 et] per add. A 5 sui[1]] om. LO instans[2]] L om. A sui[2]] om. LO 8 totum] LO om. A haec] hoc O esse add. s. del. O sic] om. O 9 et] ipse add. O 10 dare] LO om. A esse] LO om. A 11 partialiter et] LO om. A Sortes] sic! L 12 exponitur] om. L nunc] LO om. A et] ipse add. LO immediate] om. L ante add. s. del. A 13 erit] erat! L 14 notandum] nota LO 15 et] om. O ideo] ratio! L 16 et[2]] L om. A vel O 17 et] om. L 18 et] om. LO 20 communiter] om. L talia indivisibilia] talis indivisibilis L 21 negantur] om. L negant O 22 aliter] autem L 23 rebus] L om. AO 24 in] O om. AL successivis] successus! L id est] LO om. A 25 impartibiliter] partibiliter L 26 isti] om. L

So stellen die Vertreter dieser Meinung diesbezüglich (folgende) Regeln auf: Die erste lautet, daß in bezug auf Dinge, von denen es einen ersten Zeitpunkt ihres Seins geben muß, »fängt an« mit einer Setzung im Präsens und einer Beseitigung im Präteritum ausgelegt wird. – Eine andere Regel: In bezug auf Dinge, von denen es keinen ersten Zeitpunkt ihres Seins gibt, aber einen letzten Zeitpunkt ihres Nichtseins, wird »fängt an« mit einer Beseitigung im Präsens und einer Setzung im Futur ausgelegt. Und weil es also einen ersten Zeitpunkt des Seins von Sokrates geben muß, denn das Sein von Sokrates wird als ganzes auf einmal erworben, wird der Satz »Sokrates fängt an zu sein« so ausgelegt: »Sokrates ist jetzt und unmittelbar davor war er nicht«. Und weil es keinen ersten Zeitpunkt des Seins einer Weiße geben kann, noch eine Weiße als ganze auf einmal erworben wird, sondern teilweise und gradweise, wird der Satz »Sokrates beginnt, weiß zu sein« (folgendermaßen) ausgelegt: »Sokrates ist jetzt nicht weiß und unmittelbar danach wird er weiß sein«.

Anzumerken ist, daß die Vertreter dieser Auslegung sich vorstellen, daß ein Zeitpunkt ein Ding ist, das der Zeit nach unteilbar ist, und deshalb verstehen sie – wenn sie sagen »Jetzt ist es nicht und unmittelbar danach wird es sein« und »Jetzt ist es und unmittelbar davor war es nicht« – unter dem Ausdruck »jetzt« ein der Zeit nach unteilbares Ding und ebenso weisen sie mit dem Ausdruck »das« (d. i. »da-« in »danach« und »davor«) auf dieses Ding hin.

Aber weil gemeinhin solche unteilbaren Dinge, wie z. B. ein Punkt, ein Zeitpunkt, abgelehnt werden, worüber Betrachtungen anzustellen eher dem Metaphysiker als dem Logiker obliegt, behaupten andere im Gegensatz dazu, daß »fängt an« und »hört auf« bezüglich der beharrenden und bezüglich der verlaufenden Dinge auf dieselbe Weise ausgelegt werden müssen, d. h., sowohl bezüglich der Dinge, deren Sein auf einmal bzw. auf unteilbare Weise erworben wird, als auch bezüglich der Dinge, deren Sein auf teilbare Weise erworben wird. So legen diese (Autoren) »fängt an« hier wie dort einheitlich mit

hic et ibi per positionem de praesenti et remotionem de praeterito et *desinit* per remotionem de praesenti et positionem de praeterito. Verbi gratia »Sortes incipit esse« exponunt sic »Sortes nunc est et immediate ante hoc non erat«, similiter »Sortes incipit esse albus« exponunt sic »Sortes nunc est albus et immediate ante hoc non erat albus«, similiter »Sortes desinit esse«: »Sortes nunc non est et immediate ante hoc fuit«, similiter »Sortes desinit esse albus«: »Sortes nunc non est albus et immediate ante hoc fuit albus«. Et per ly *nunc* et per ly *hoc* non intelligunt nec demonstrant aliquam rem indivisibilem in tempore, sed unum tempus. Unde cum dicitur »Sortes nunc est et immediate ante hoc non erat«, per ly *nunc* intelligunt tempus immediatum tempori, in cuius nulla parte Sortes erat, et idem tempus demonstrant per ly *hoc*. Et ergo, quando dicitur »Immediate ante hoc Sortes non erat«, per ly *hoc* volunt A33ra demonstrare totum tempus, per quod Sortes fuit, quod est immediatum tempori, per quod Sortes non fuit. Et conformiter, quando dicitur »Sortes nunc est albus et immediate ante hoc non erat albus«, per ly *nunc* et *hoc* intelligunt et demonstrant totum tempus, per quod Sortes fuit albus, quod immediatum est tempori, per quod Sortes non fuit albus. Similiter de *desinit*, cum dicitur »Sortes desinit esse«, id est, »Sortes nunc non est et immediate ante hoc erat«, per ly *nunc* et *hoc* intelligunt et demonstrant tempus, in quo Sortes non est, postquam fuit, O32va quod est immediatum tempori, in quo Sortes fuit.

1 hic] hoc L et[1]] O om. A etiam L 2 et[1]...praeterito] LO om. A 3 Verbi gratia] ut LO exponunt] omnes add. L eam add. O 4 et] ipse add. AL ante] post L erat] erit L 5 exponunt] exponitur L sic] LO eam A 6 hoc] ipse add. LO 7 Sortes...esse] om. L fuit] erat O similiter] O sic A 8 albus[1]] album O et] ipse add. L 9 fuit] erat LO Et] om. L 10 intelligunt...demonstrant] LO trsp. A 11 cum] om. LO dicitur] ubi! add. L 12 et] ipse add. ALO immediate] om. L 14 tempus] LO om. A ergo] LO om. A 15 Sortes] om. L demonstrare] denominare L 16 quod[2]] et O quod[2]...fuit] om. L 18 quando] cum LO et] ipse add. L 19 intelligunt] intelligens O 21 de] om. LO 22 non] om. L 23 et[1]] ipse add. L erat] tamen? add. s. del. O intelligunt] intelligens O 24 Sortes] LO res A 25 Sortes] om. L

einer Setzung im Präsens und einer Beseitigung im Präteritum aus und »hört auf« mit einer Beseitigung im Präsens und einer Setzung im Präteritum. Z. B. legen sie »Sokrates fängt an zu sein« so aus: »Sokrates ist jetzt und unmittelbar davor war er nicht«, ebenso legen sie »Sokrates fängt an, weiß zu sein« so aus: »Sokrates ist jetzt weiß und unmittelbar davor war er nicht weiß«, ebenso »Sokrates hört auf zu sein«: »Sokrates ist jetzt nicht und unmittelbar davor war er«, ebenso »Sokrates hört auf, weiß zu sein«: »Sokrates ist jetzt nicht weiß und unmittelbar davor war er weiß«. Und unter dem Ausdruck »jetzt« und unter dem Ausdruck »das« (d. i. »da-« in »davor«) verstehen sie nicht ein der Zeit nach unteilbares Ding, noch weisen sie auf ein solches hin, sondern eine Zeit(spanne). So verstehen sie, wenn es heißt »Sokrates ist jetzt und unmittelbar davor war er nicht«, unter dem Ausdruck »jetzt« die Zeit, die unmittelbar angrenzt an die Zeit, von der gilt, daß Sokrates in (zu) keinem Teil von ihr war, und auf dieselbe Zeit weisen sie mit dem Ausdruck »das« (d. i. »da-« in »davor«) hin. Wenn es also heißt »Unmittelbar davor war Sokrates nicht«, wollen sie mit dem Ausdruck »das« (d. i. »da-« in »davor«) auf die ganze Zeit hinweisen, während welcher Sokrates war, welche unmittelbar angrenzt an die Zeit, während welcher Sokrates nicht war. Und wenn es heißt »Sokrates ist jetzt weiß und unmittelbar davor war er nicht weiß«, meinen sie dementsprechend mit den Ausdrücken »jetzt« und »das« (d. i. »da-« in »davor«) – und weisen mit diesen hin auf – die ganze Zeit, während welcher Sokrates weiß war, welche unmittelbar angrenzt an die Zeit, während welcher Sokrates nicht weiß war. – Ebenso bei »hört auf«: Wenn es heißt »Sokrates hört auf zu sein«, d. h., »Sokrates ist jetzt nicht und unmittelbar davor war er«, so meinen sie mit den Ausdrücken »jetzt« und »das« (d. i. »da-« in »davor«) – und weisen mit diesen hin auf – die Zeit, zu der Sokrates nicht ist, nachdem er war, welche unmittelbar angrenzt an die Zeit, zu der Sokrates war.

Sed breviter, ista expositio non videtur bene tuta, nam secundum istam expositionem oportet concedere, quod quamdiu aliqua res generabilis et corruptibilis esset, tamdiu inciperet esse. Et sic iam haec esset concedenda »Sortes incipit esse« adhuc posito, quod Sortes fuit per septem annos, nam Sortes nunc est et immediate ante hoc non fuit demonstrando per ly *hoc* praecise tempus, per quod fuit, puta septem annos. Modo contra consuetum modum loquendi est concedere tales propositiones, eo quod incipere esse est de novo esse, sed de novo esse est non diu fuisse. Sed Sortes, qui fuit per septem annos, satis diu fuit. Similiter iuxta expositionem dictam iam haec esset concedenda »Adam desinit esse«, nam Adam nunc non est et immediate ante hoc erat demonstrando per ly *hoc* totum tempus, per quod Adam non fuit, postquam fuit, immo in perpetuum esset verum dicere »Adam desinit esse«. Modo hoc videtur esse contra consuetum modum loquendi, eo quod desinere esse est de novo non esse. Nec contra istam expositionem potest fortius argui quam per testes, unde per testimonia hominum, si quis diceret »Est modo verum, quod Adam desinit esse?«, omnes dicerent, quod non, et forte multi apponerent, quod diu est, quod desiit esse.

Et ergo est alius modus, qui ceteris videtur esse melior et probabilior, exponendi propositiones de *incipit* et *desinit*. Pro quo sciendum, quod sicut quaedam sunt adverbia temporis de praeterito, ut *heri*, et aliqua de futuro, ut *cras*, ita aliqua sunt,

1 Sed breviter] om. LO bene tuta] esse bona L bona O nam] quia LO 2 oportet] oporteret O 3 res] esset add. A generabilis] generat L esset] LO om. A quod add. O 5 Sortes[1]] LO om. A fuit] fuerit O septem] centum LO nam] quia LO 7 praecise] praeteritum L quod] quot O puta] quam O septem] centum LO 8 consuetum] communem O propositiones] om. L 9 est] om. L 10 septem] centum LO 11 iam] om. LO 12 nam] quia LO 13 hoc[1]] Adam add. L erat] fuit O 14 non] O om. AL postquam] non add. O postquam fuit] om. L 16 videtur esse] esset O 17 expositionem] LO opinionem A 18 testimonia] testimonium LO 19 Est] esse L 20 omnes] ens! L et] immo LO forte...apponerent] om. O multi] om. L 21 quod[1]] om. LO desiit] Z desinit AOPSX desinunt L 22 Et] om. LO melior] comparatior L et probabilior] om. LO 23 de] in quibus ponitur O Pro quo] unde LO 24 quod]

Aber kurz gesagt, diese Auslegung scheint nicht gut abgesichert zu sein, denn gemäß dieser Auslegung muß man zugeben, daß ein erzeugbares und vergängliches Ding solange anfinge zu sein, als es wäre. Und so wäre jetzt der Satz »Sokrates fängt an zu sein« (auch) unter der Annahme, daß Sokrates (schon) sieben Jahre lang war, noch immer zuzugeben, denn Sokrates ist jetzt und unmittelbar davor war er nicht, wobei sich der Ausdruck »das« (d. i. »da-« in »davor«) genau auf die Zeit bezieht, während welcher er war, nämlich auf sieben Jahre. Es steht nun aber dem üblichen Sprachgebrauch entgegen, solche Sätze zuzugeben, weil anfangen zu sein neu sein heißt, aber neu sein heißt (noch) nicht lange gewesen sein. Aber Sokrates, der sieben Jahre lang war, ist (schon) recht lange gewesen. – Ebenso müßte man gemäß der genannten Auslegung jetzt den Satz zugeben: »Adam hört auf zu sein«, denn Adam ist jetzt nicht und unmittelbar davor war er, wobei sich der Ausdruck »das« (d. i. »da-« in »davor«) auf die ganze Zeit bezieht, während welcher Adam nicht war, nachdem er war; ja die Aussage »Adam hört auf zu sein« wäre sogar für immer wahr. Aber das steht offenbar dem üblichen Sprachgebrauch entgegen, weil aufhören zu sein neu nicht sein heißt. – Aber gegen diese Auslegung kann man nicht stärker argumentieren als mit Zeugen. Wenn jemand fragte »Ist es jetzt wahr, daß Adam aufhört zu sein?«, so antworteten nach den Zeugnissen der Menschen alle »Nein«, und vielleicht fügten viele hinzu, daß es lange her ist, daß er aufgehört hat zu sein[101].

Also steht eine andere Auslegungsweise für Sätze mit »fängt an« und »hört auf« zu Gebote, die besser und annehmbarer zu sein scheint als die anderen. Diesbezüglich muß man wissen, daß es ebenso, wie es Temporaladverbien in bezug auf die Vergangenheit gibt, wie »gestern«, und solche in bezug auf die

LO om. A sicut] om. O quaedam] LO quidam A sunt] LO dicunt A 25 sunt] om. L

quae consignificant tempus breve, sicut *nuper*, *statim*, *modo* et consimilia, alia consignificant tempus longum, ut ista *diu*, *olim*, *quondam* etc. Secundo sciendum est, quod nihil prohibet talia adverbia quandoque includi in aliquibus verbis. Unde sicut hoc adverbium *frequenter* includitur in isto verbo *lectito*, quia *lectito* est idem quod *frequenter lego*, ita et huiusmodi adverbia *nuper*, *statim* et similia possunt includi in aliquibus verbis.

Istis notatis dico primo, quod sic est de istis verbis *incipit* et *desinit*, quia in eis includuntur adverbia consignificantia tempus breve. Unde *incipit* idem est quod *hoc est et ante nuper non erat* vel *non diu ante non erat*, similiter *desinit* tantum valet sicut *hoc est et statim post non erit*. Et isto modo exponenda sunt ista verba *incipit* et *desinit* vel propositiones, in quibus ponuntur. Patet hoc primo ex communi modo et usu loquendi, unde idem est incipere esse sicut de novo esse vel
A32rb noviter esse, modo esse de novo vel noviter esse non est aliud, nisi modo esse et nuper ante non fuisse. Similiter desinere esse non est aliud, quam cessare, et non est aliud, quam statim post non esse. Item incipere idem est quod principiare vel principium habere, unde solemus dicere, quando de aliqua re habemus unum modicum factum, »Ecce principium huius«. Et ergo, quando modicum duravit aliqua res, tunc est principium essendi illius rei et tunc illa res incipit esse. Et quia sermo non

1 quae] LO et A consignificant] sunt consignificantia L tempus] om. O modo] LO om. A 2 consignificant] LO et significant A ista] LO om. A 3 etc] om. LO Secundo] om. LO sciendum est] Nota L Notandum O quod] om. LO 4 adverbia] verba *ante corr. i.m.* O quandoque] quando L aliquando O includi] includuntur L in] om. L Unde] ut O 6 lectito] LO om. A ita] LO om. A et] L om. AO huiusmodi] LO cuiusmodi A 7 statim] LO olim A et similia] om. LO 9 Istis notatis] hiis visis L Ideo O verbis] L om. A terminis O et] L om. AO 10 quia] quod LO includuntur] includunt L tempus] pars? *ante corr. i.m.* L 11 Unde] ut O quod] L per A om. O est add. L hoc] iam L om. O est[2]] om. L 12 non[1]] hoc L vel…erat[2]] E38rLOPSX om. A ante] O om. E38rLPSX non[3]] Z om. E38rLOPSX 13 sicut] L om. AO est] in! O statim] illam! L post] om. O hoc add. L 14 verba] de add. O et] L om. A vel O 15 et usu] L om. AO 16 esse[2]] LO om. A 17 modo…esse[3]] om. L est] esse

Zukunft, wie »morgen«, auch welche gibt, die eine kurze Zeitspanne mitbezeichnen, wie z. B. »neulich«, »sogleich«, »gerade« u. ä.; andere (hingegen) bezeichnen eine lange Zeitspanne mit, wie diese: »lange«, »vor Zeiten«, »einst« usw. – Zweitens muß man wissen, daß nichts hindert, daß solche Adverbien mitunter in gewissen Verben enthalten sind. Wie nämlich das Adverb »häufig« im Verb »eifrig lesen«[102] enthalten ist, weil »eifrig lesen« dasselbe bedeutet wie »häufig lesen«, so können auch derartige Adverbien wie »neulich«, »sogleich« u. ä. in gewissen Verben enthalten sein.

Nach diesen Anmerkungen sage ich erstens, daß dies der Fall ist bei den Verben »fängt an« und »hört auf«, denn in ihnen sind Adverbien enthalten, die eine kurze Zeitspanne mitbezeichnen. So bedeutet »(das) fängt an« dasselbe wie »das ist und (bis) vor kurzem war es nicht« oder »nicht lange vorher war es nicht«, ebenso bedeutet »(das) hört auf« gleichviel wie »das ist und sogleich danach wird es nicht sein«. Und auf diese Weise müssen die Verben »fängt an« und »hört auf« bzw. die Sätze, in denen sie vorkommen, ausgelegt werden. Das erhellt erstens aus dem allgemeinen Sprachgebrauch, denn anfangen zu sein heißt dasselbe wie neu sein oder neulich (seit kurzem) sein, aber neu sein oder neulich sein heißt nichts anderes als jetzt sein und kurz davor nicht gewesen sein. Ebenso heißt aufhören zu sein nichts anderes als vergehen (schwinden), und (dies) heißt nichts anderes als bald danach nicht sein. Ferner heißt anfangen dasselbe wie einen Anfang nehmen oder einen Anfang haben, wir pflegen nämlich zu sagen, wenn wir von irgendeinem Ding eine kleine Zeitspanne seines Vorhandenseins kennen[103]: »Siehe den Anfang von dem da«. Wenn also irgendein Ding eine erst geringe Dauer hat, dann ist (dies) der Anfang des Seins dieses Dinges und dann fängt dieses Ding an

add. O 18 fuisse] fuit O Similiter...esse] om. L esse²] om. O 19 quam¹] nisi O non²...aliud²] est idem O quam²] sicut O 20 incipere] LO om. A quod] LO quam A principiare] principium facere L principare O 21 de...quando] om. O habemus] est L 22 unum] om. L Ecce] L esse A 23 aliqua] om. L 24 et] O om. AL res] LO om. A quia] primo add. L non? add. s. del. L

habet virtutem nisi ex usu loquendi, sequitur, quod haec est propria expositio huius verbi *incipit* et similiter *desinit*.

Secundo dico, quod semper tales propositiones debent exponi per affirmativam seu affirmationem de praesenti. Patet, quando enim res nondum est, non dicimus, quod incipit esse, quamvis bene aliquando dicimus, quod statim incipiet esse. Unde quando homo quiescit, non incipit moveri, ergo quando O32vb homo non movetur, non debemus dicere, quod incipit moveri, sed hoc debemus dicere, quando movetur et non diu fuit motus. Et ergo ista »Sortes incipit moveri« debet sic exponi »Sortes nunc movetur et non est diu, quod non movebatur«. Similiter, quando aliquid non est, non dicimus, quod desinit esse, sed quod iam desiit esse, sicut dicimus, quando homo non est, quod homo est mortuus. Sed quando aliqua res est et statim post hoc non erit, tunc proprie desinit esse. Et ergo semper *desinit* exponendum est per positionem de praesenti et remotionem de futuro cum ista additione *statim post hoc*. Et *incipit* semper est exponendum per positionem de praesenti et remo- L34va tionem de praeterito cum ista additione *nuper ante hoc*.

Tertio dico, quod non aliter exponendum est *incipit* et *desinit* de permanentibus quam de successivis, sed utrobique eodem modo.

Quarto dico, quod omne, quod incipit, prius incipiebat et prius erat, et quod omne, quod desinit, adhuc desinet et adhuc erit. Et ita ponit Aristoteles in sexto et in octavo *Physicorum*,

25 Aristoteles] Aristoteles, Physica, VI.6, 236b32ss., vide etiam totum residuum capituli; VIII.1, 251a17–20.

1 virtutem] vigorem LO ex] de L 2 similiter] om. L 3 Secundo] LO unde A 4 affirmativam] om. O seu] L om. AO affirmationem] LO om. A 5 nondum] O numdum A non L incipit] LO incepit A esse] om. L 6 quamvis…esse] LOPSX om. A aliquando] O ante LPS om. X quod] Z om. LOPSX 7 Unde] om. LO 8 quod incipit] hominem incipere LO 9 dicere] LO om. A motus] in motu LO 10 sic] L om. AO 11 nunc] non! L et] immediate ante hoc non movebatur et add. O non^{2}] om. L om. s. add. s.l. O 12 aliquid] LO aliquis A quod] aliquid add. L 13 desiit] desinerat L desinit O 14 quod] om. L 15 hoc] om. L 17 ista] om. L hoc] om. L 18 semper] om. L 20 Tertio]

zu sein. Und weil die Sprache ihre Kraft (Gültigkeit) nur aus dem Sprachgebrauch bezieht, folgt, daß dies die eigentliche Auslegung des Verbs »fängt an« sowie (des Verbs) »hört auf« ist.

Zweitens sage ich: Solche Sätze müssen immer mit einem bejahenden Satz bzw. einer Bejahung im Präsens ausgelegt werden. Das ist klar, wann ein Ding nämlich noch nicht ist, sagen wir nicht, daß es anfängt zu sein, obschon wir manchmal durchaus sagen, daß es sogleich anfangen wird zu sein. Wann nämlich ein Mensch ruht, fängt er nicht an sich zu bewegen, wann also ein Mensch sich nicht bewegt, dürfen wir nicht sagen, daß er anfängt sich zu bewegen, sondern das sollen wir sagen, wann er sich bewegt und sich noch nicht lange bewegt hat. Also muß der Satz »Sokrates fängt an sich zu bewegen« so ausgelegt werden: »Sokrates bewegt sich jetzt und es ist noch nicht lange her, daß er sich nicht bewegte«. – Ebenso: Wann etwas nicht ist, sagen wir nicht, daß es aufhört zu sein, sondern daß es schon aufgehört hat zu sein, wie wir z. B. sagen, wann ein Mensch nicht ist, daß (dieser) Mensch tot ist. Aber wann ein Ding ist und bald danach nicht sein wird, dann hört es im eigentlichen Sinne auf zu sein. Also muß »hört auf« immer mit einer Setzung (Bejahung) im Präsens und einer Beseitigung (Verneinung) im Futur nebst Hinzufügung von »bald danach« ausgelegt werden. Und »fängt an« muß immer mit einer Setzung im Präsens und einer Beseitigung im Präteritum nebst Hinzufügung von »kurz davor« ausgelegt werden.

Drittens sage ich: »Fängt an« und »hört auf« dürfen in bezug auf beharrende Dinge nicht anders ausgelegt werden als in bezug auf verlaufende Dinge, sondern (die Auslegung muß) in beiden Fällen auf dieselbe Weise (erfolgen).

Viertens sage ich: Alles, was anfängt, fing früher an und war früher, und alles, was aufhört, wird noch aufhören und wird noch sein. Und so formuliert es Aristoteles im sechsten und achten Buch der *Physik*, und zwar deshalb, weil ins Unendli-

secundo L 21 de[1]] in LO quam] et L quantum O de[2]] in LO sed] in add. L 23 quod[1]] om. O prius] LO om. A 24 quod[1]] om. LO 25 Et] om. O

et illud est propter hoc, quod in infinitum est tempus divisibile et non est dare primam partem temporis nec etiam ultimam. Et propter hoc dicit Aristoteles sexto *Physicorum* »Omne, quod movetur, prius movebatur et post movebitur«.

Sed dubitatur, quantum tempus requiratur ad hoc, quod aliquid incipiat esse, et quamdiu ista est vera »Sortes incipit esse«, et eodem modo de »desinit« et consimilibus. Pro quo dico quinto, quod tale tempus non est praecisum, sicut etiam consignificatum huius adverbii *nuper* non est praecisum nec aliorum adverbiorum, ut sunt ista *modo*, *iam*, *in continenti*, *in instanti*, capiendo *instans* pro parvo tempore.

Sexto dico, quod secundum durationes rerum et periodos oportet aliter et aliter accipere unum tempus. Unde diutius dicimus unam civitatem incipere esse quam unam domum, et tamen possibile est ambae simul incipere esse. Et ergo secundum quod durationes rerum sunt maiores, secundum hoc illae res diutius incipiunt esse, et secundum quod durationes rerum sunt minores, secundum hoc illae res per minus tempus incipiunt esse. Unde quia periodus hominis est maior quam periodus unius canis, homo incipit esse diutius quam canis. Unde si canis viveret per viginti annos, esset sibi bene magnum tempus, sed tamen non esset magnum tempus homini, et ergo periodus hominis est maior quam periodus canis. Ex isto patet,

3 Aristoteles] Aristoteles, Physica, VI.6, 236b32ss.

1 propter] om. O sexto] LO octavo A in²] om. LO octavo] LO sexto A 2 et] ideo add. L temporis] LO temporum A etiam] om. L Et] om. O 3 propter hoc] ideo LO 4 post] hoc add. LOPSX 5 Sed] om. LO tempus] LO om. A requiratur] L requiritur AO 6 aliquid] LO aliquis A quamdiu] est? add. s. del. O 7 et¹] om. LO de] E38rOPSX om. AL et²] AE38rLOPSX in add. X Pro quo] om. LO 8 quinto] om. LO 9 consignificatum] LOPSX con- om. A nec] est add. L etiam add. O 10 aliorum] verborum add. s. del. O iam] LO om. A continenti] coniuncti O et hoc add. L in²] hoc add. O 11 parvo] uno L 12 Sexto] om. LO dico] Nota LO quod] om. L durationes] O durationem AL et] om. L periodos] E38rP periodorum A poriodes! L periodos? O peryados S periodus X 13 oportet] om. L unum] illud LO tempus] est add. L 14 dicimus] om. L incipere] om. L 15 tamen] LO cum/com- A ambae] Z

che die Zeit teilbar ist und es keinen ersten Teil der Zeit geben kann und auch keinen letzten. Deshalb sagt Aristoteles im sechsten Buch der *Physik*: »Alles, was sich bewegt, bewegte sich (schon) vorher und wird sich (noch) nachher bewegen«.

Es fragt sich aber, eine wie lange Zeitspanne dafür erforderlich ist, daß etwas anfängt zu sein, und wie lange der Satz »Sokrates fängt an zu sein« wahr ist, ebenso bezüglich (des Verbs) »hört auf« und ähnlicher (Sätze wie des vorgenannten). – Dazu sage ich fünftens: Eine solche Zeitspanne ist nicht genau (festgelegt), wie auch das Mitbezeichnete des Adverbs »neulich« und auch der anderen (Temporal-) Adverbien nicht genau festgelegt ist, wie z. B. von »gerade«, »jetzt«, »im folgenden (anschließend)«, »im Augenblick«, wobei »Augenblick« für eine kurze Zeitspanne verwendet wird.

Sechstens sage ich: Eine Zeitspanne muß man gemäß der Dauer der Dinge und (gemäß) deren Fristen je anders auffassen. So sagen wir, daß eine Stadt länger anfängt zu sein als ein Haus, und dennoch ist es möglich, daß beide zugleich anfangen zu sein. Insofern also die Dauer der Dinge länger ist, fangen diese Dinge dementsprechend länger an zu sein, und insofern die Dauer der Dinge kürzer ist, fangen diese Dinge dementsprechend in einer kürzeren Zeitspanne an zu sein. So (gilt z. B.): Weil die (Lebens-) Frist eines Menschen länger ist als die Frist eines Hundes, beginnt ein Mensch länger zu sein als ein Hund. Wenn nämlich ein Hund zwanzig Jahre lang lebte, wäre das für ihn eine recht lange Zeit, jedoch wäre das für einen Menschen keine lange Zeit, und somit ist die Frist eines Menschen länger als die Frist eines Hundes. Daraus erhellt,

ambo ALOPX ambae? S simul] LO om. A esse] om. L Et] L om. AO ergo secundum] LO om. A 16 quod] om. L durationes] durantes L 17 diutius… res] LO om. A 19 quia] quod L periodus[2]] om. L 20 unius] om. O Unde] ut O 21 sibi] om. O bene] om. LO tempus] LO om. A 22 sed] et LO tempus] LO om. A homini] hominis L et] om. LO 23 hominis] om. L periodus[2]] om. LO patet] sequitur LO

quod aliquae res simul incipiunt esse, et tamen de una diutius verum est dicere, quod incipit esse, quam de alia, ut patet per communem usum loquendi.

A32va Ultimo dico, quod quia huiusmodi verba *incipit* et *desinit* includunt negationem longi temporis, ideo non valet consequentia ab inferiori ad superius cum aliquo eorum. Unde non sequitur »Sortes incipit esse albus, ergo Sortes incipit esse coloratus«, nec sequitur »Sortes incipit esse homo, igitur incipit esse«, nec sequitur »Incipit esse in isto tempore, igitur incipit esse«. Plura solent hic fieri sophismata circa hoc verbum *incipit* et hoc verbum *desinit*, de quibus alibi tractabitur, et ideo ad praesens supersedeo.

Cap. III.11 ⟨Capitulum undecimum de oppositione propositionum⟩

Postquam dictum est de terminis et proprietatibus terminorum et propositionibus, nunc dicendum est de proprietatibus et habitudinibus propositionum ad invicem, sicut sunt oppositio, conversio, aequipollentia et huiusmodi. In isto capitulo dicendum est de oppositione propositionum, sed quia conversiones et aequipollentiae sunt quaedam consequentiae, ergo de eis

11 alibi] Albertus de Saxonia, Sophismata, Ps. II, fol. i8ra–l3ra.

1 incipiunt] LO incipiant A et] LO quod A una] dicimus add. s. del. A diutius] dicimus L 2 esse] L om. A alia] aliqua L ut…loquendi] LO om. A per] L ex O 3 communem] L communi O usum] L modo O 4 Ultimo] om. LO dico] Nota LO quod quia] om. LO huiusmodi verba] om. L et] om. O 5 includunt] negatio? add. s. del. O ideo] O om. A ymmo L consequentia] quando L 6 eorum] arguitur add. L Unde…sequitur] LO ut A 7 Sortes[2]] om. LO esse[2]] om. O 8 nec…esse] LOPSX et sic de similibus A Sortes] O om. L 10 esse] Sequitur ergo add. L Plura] BSU enim add. S et plura W Plura… supersedeo] B31rbS24vaU58vbW53va om. AE38rLOPX Ista patent de se etc. M34rb hic] B om. SUW sophismata] BSU om. W circa] BS de UW hoc verbum] S om. BUW 11 hoc verbum] S om. BUW alibi] B alias SU aliis W tractabitur] B tractavi SU in hoc tractatu W in principio istius libri add. S et

daß manche Dinge zugleich anfangen zu sein, und es dennoch von dem einen Ding länger wahr ist zu sagen, daß es anfängt zu sein, als von dem anderen, wie (auch) durch den allgemeinen Sprachgebrauch erhellt.

Zuletzt sage ich: Weil derartige Verben (wie) »fängt an« und »hört auf« die Negation einer langen Zeitspanne einschließen, ist deshalb eine Folgerung vom Untergeordneten auf das Übergeordnete mit irgendeinem von diesen Verben nicht gültig. So folgt nicht »Sokrates fängt an, weiß zu sein, also fängt Sokrates an, farbig zu sein«, und es folgt nicht »Sokrates fängt an, ein Mensch zu sein, also fängt er an zu sein«, und es folgt nicht »Er fängt an zu sein zu dieser Zeit, also fängt er an zu sein«. – Bezüglich des Verbs »fängt an« und des Verbs »hört auf« pflegt man hier etliche Sophismen zu entwickeln, über welche anderswo gehandelt werden wird[104]; deshalb übergehe ich sie vorderhand.

Kapitel III.11: *Der Gegensatz der Sätze*

Nachdem über die Terme, die Eigenschaften der Terme und die Sätze gesprochen wurde, sind jetzt die Eigenschaften und die Verhältnisse der Sätze zueinander zu besprechen, wie z. B. der Gegensatz, die Umkehrung, die Gleichwertigkeit u. dgl. In diesem Kapitel muß über den Gegensatz der Sätze gesprochen werden, aber weil die Umkehrungen und die Gleichwertigkeiten gewisse Folgerungen sind, wird deshalb über sie zusam-

ideo] bs igitur u om. w 12 ad praesens] b de eis dractare! s om. uw supersedeo] buw dimitto s etc. add. bw et sic est finis istius lectionis add. u 15 Postquam…est] dicto lo terminorum] eorum lo 16 et^{1}…nunc] om. o propositionibus] etc. add. l proprietatibus et] lo om. a 17 oppositio] opposito! l 18 conversio] et add. lo et huiusmodi] om. lo In…capitulo] Et primo lo dicendum est] om. lo 19 sed] et lo 20 quaedam] om. lo de eis] s om. alopx

O33ra una cum aliis consequentiis in sequentibus capitulis determinabitur.

De illis quantum ad praesens capitulum primo supponendum est, quod propositionum participantium utroque termino et eodem ordine, id est, propositionum de consimili subiecto et consimili praedicato, quaedam dicuntur esse in materia naturali, quaedam in materia contingenti et quaedam in materia remota. Et capitur hic materia pro partibus integrantibus aliquod totum, unde subiectum et praedicatum dicuntur materia propositionis. Illae propositiones dicuntur esse in materia naturali, quae sic se habent, quod praedicatum significat idem quod subiectum et non potest vere negative praedicari de ipso, sicut est propositio, in qua superius praedicatur de suo inferiori vel definitio de suo definito vel pars definitionis de suo definito vel idem de se ipso. Illa autem propositio dicitur esse in materia contingenti, cuius praedicatum potest contingenter de subiecto affirmative vel negative verificari. Illa propositio dicitur esse in materia remota, cuius praedicatum nullo modo potest affirmative verificari de subiecto. Exemplum primi, ut »Homo est animal«, exemplum secundi, ut »Homo currit«, exemplum tertii, ut »Homo est asinus«.

Isto viso sit prima regula: Omnis propositio categorica negativa impossibilis est in materia naturali. Patet, quia quaelibet talis contradicit propositioni categoricae affirmativae necessariae, quae per regulam sequentem est in materia naturali. Sed modo propositiones contradictoriae sunt de eadem materia ex

1 determinabitur] Cf. Tr. IV, praecipue partem primam.

1 consequentiis] LO om. A sequentibus capitulis] sequenti LO 3 De…quantum] om. LO capitulum primo] om. LO supponendum est] suppono LO 5 et[1]] LO om. A id est] in! O 6 consimili] LO om. A esse] LO om. A 7 materia[1]] LO om. A et] LO om. A materia[2]] LO om. A 8 integrantibus] integralibus L 9 aliquod] dicendo L dicuntur] in add. L 10 Illae] quia LO esse] om. LO 11 quae…habent] om. O significat] signat L idem] id L 12 ipso] illo subiecto LO 13 superius] inferius O inferiori] superiori O 14 vel[2]] LO et A suo[2]] L om. AO 15 autem] om. LO esse] LO om. A 16 praedicatum] subiectum L subiecto] praedicato L 17 vel] LO et A Illa] alia L 19 verificari]

men mit den anderen Folgerungen in den folgenden Kapiteln (von Tr. IV) abgehandelt werden.

Was den Inhalt des gegenwärtigen Kapitels anbelangt, so ist erstens vorauszusetzen: Von (solchen) Sätzen, welche die gleichen Satzglieder und dieselbe Anordnung (von diesen) aufweisen, d. h., von Sätzen mit gleichem Subjekt und gleichem Prädikat, heißen manche »in natürlicher Materie«, manche »in kontingenter Materie« und manche »in entfernter Materie«. Und »Materie« wird hier verwendet für Teile, die ein Ganzes vervollständigen; so heißen Subjekt und Prädikat »Materie des Satzes«. – Jene Sätze heißen (nun) »in natürlicher Materie«, welche sich so verhalten, daß das Prädikat dasselbe bezeichnet wie das Subjekt und nicht negativ wahr von diesem ausgesagt werden kann, welcherart z. B. ein Satz ist, in dem ein Übergeordnetes von seinem Untergeordneten ausgesagt wird, oder eine Definition von ihrem Definierten, oder ein Teil einer Definition von deren Definiertem, oder dasselbe von sich selbst. Ein solcher Satz heißt aber »in kontingenter Materie«, dessen Prädikat kontingent (faktischerweise) vom Subjekt bejahend oder verneinend verifiziert werden kann. Ein solcher Satz heißt (schließlich) »in entfernter Materie«, dessen Prädikat keinesfalls bejahend vom Subjekt verifiziert werden kann. Ein Beispiel für das erste: »Ein Mensch ist ein Lebewesen«, ein Beispiel für das zweite: »Ein Mensch läuft«, ein Beispiel für das dritte: »Ein Mensch ist ein Esel«.

Dies festgehalten, laute nun die erste Regel: Jeder unmögliche verneinende kategorische Satz ist in natürlicher Materie. Das ist klar, weil jeder solche Satz einem notwendigen bejahenden kategorischen Satz widerspricht, welcher gemäß folgender Regel in natürlicher Materie ist. Nun gehören aber

praedicari L 22 Isto viso] Et LO sit] est LO prima] om. L Omnis...animal] *Primam et secundam regulam* trsp. LO 23 Patet] om. O quaelibet talis] omni tali L omnis talis O 24 contradicit] om. L propositioni] propositione L necessariae] necessaria L est add. L 25 quae] LO quia A sequentem] primam LO 26 modo] om. L de...sunt] LO om. A

eo, quod propositiones contradictoriae sunt ex eisdem terminis, puta subiecto et praedicato, sed modo subiectum et praedicatum dicuntur materia propositionis.

Secunda regula: Omnis propositio categorica affirmativa necessaria est in materia naturali. Patet, quia in omni tali praedicatum significat idem quod subiectum et non potest de subiecto negative verificari, ut »Homo est animal«.

Tertia regula: Omnis propositio affirmativa impossibilis est in materia remota, sicut ista »Homo est asinus«, et similiter eius contradictoria, quae est negativa necessaria. Patet, quia in illis propositionibus praedicatum nullo modo potest vere affirmari de subiecto.

Quarta regula: Omnis propositio contingens est in materia contingenti et similiter eius contradictoria. Patet ex praecedentibus.

Quinta regula: Universaliter omnis propositio negativa est in eadem materia cum sua affirmativa et omnis convertens cum sua conversa.

Et notandum, quod nihil refert, si propositio sit vera vel falsa, ad hoc, quod sit in materia naturali vel in aliqua alia, si praedictae condiciones observentur. Ex isto patet, quod illa regula »Omnis propositio, quae est in materia naturali, est necessaria« est falsa, nam ista propositio »Nullus homo est animal« est in naturali materia, eo quod eius contradictoria est in materia naturali, et tamen ipsa non est necessaria. Secundo sequitur, quod propositio necessaria potest esse in materia remota. Patet de ista »Homo non est asinus«, quae est in eadem materia qua ista »Homo est asinus« et est necessaria, eo

14 ex praecedentibus] Vide sectionem ante regulam primam.

1 ex] de LO 2 puta] de add. O 3 materia] materiae L 4 propositio] LO om. A 7 ut] ALO ista add. A 9 ista] om. LO et similiter] sequitur! L similiter] O sic A 14 praecedentibus] praecedenti LO 16 Universaliter] LO om. A 17 convertens] LO conversa A 18 conversa] LO convertente A 19 Et] om. LO notandum] Nota LO quod] om. LO refert] LO differt A 20 alia] aliarum materiarum LO 21 observentur] observantur L isto patet] quo sequitur LO

kontradiktorische Sätze zur selben Materie, weil kontradiktorische Sätze aus denselben Termen bestehen, nämlich Subjekt und Prädikat; aber Subjekt und Prädikat heißen eben »Materie des Satzes«.

Regel 2: Jeder notwendige bejahende kategorische Satz ist in natürlicher Materie. Das ist klar, denn in jedem solchen Satz bezeichnet das Prädikat dasselbe wie das Subjekt und kann nicht vom Subjekt verneinend verifiziert werden, wie z. B. »Ein Mensch ist ein Lebewesen«.

Regel 3: Jeder unmögliche bejahende Satz ist in entfernter Materie, wie z. B. der Satz »Ein Mensch ist ein Esel«, und ebenso sein kontradiktorischer Satz, welcher ein notwendiger verneinender Satz ist. Das ist klar, denn in diesen Sätzen kann das Prädikat keinesfalls vom Subjekt wahr bejaht werden.

Regel 4: Jeder kontingente (faktische) Satz ist in kontingenter Materie und ebenso sein kontradiktorischer Satz. Das erhellt aus dem Vorangehenden.

Regel 5: Ganz allgemein ist jeder verneinende Satz in derselben Materie wie sein bejahender Satz und jeder umkehrende Satz wie sein umgekehrter Satz.

Anzumerken ist, daß es dafür, daß ein Satz in natürlicher oder in irgendeiner anderen Materie ist, nichts ausmacht, ob er wahr oder falsch ist, wenn (nur) die vorgenannten Bedingungen erfüllt werden. Daraus erhellt, daß die Regel »Jeder Satz, der in natürlicher Materie ist, ist notwendig« falsch ist, denn der Satz »Kein Mensch ist ein Lebewesen« ist in natürlicher Materie, weil sein kontradiktorischer Satz in natürlicher Materie ist, aber dennoch ist er nicht notwendig. – (Daraus) folgt zweitens, daß ein notwendiger Satz in entfernter Materie sein kann. Das erhellt beim Satz »Ein Mensch ist kein Esel«, der in derselben Materie ist wie der Satz »Ein Mensch ist ein Esel«

illa] om. LO 22 regula] om. O est falsa quod add. L Omnis] LO om. A quae est] om. LO 23 est falsa] om. LO nam] quia O propositio] om. LO 24 materia] -li add. s. del. A eo…naturali] LO om. A 25 non] om. L 27 de ista] ut L om. O 28 qua] cum LO ista] omnis add. L affirmativa omnis add. O

quod eius contradictoria est impossibilis. Ex quo ulterius patet, quod falsa est illa regula, quam alii ponunt, »Omnis propositio A32vb in materia remota est impossibilis«, immo necessaria potest esse in materia remota, non tamen necessaria affirmativa, sed bene negativa.

Item propositionum participantium utroque termino quaedam sunt contrariae, quaedam contradictoriae, quaedam subcontrariae, quaedam subalternae. Contrariae sunt universalis affirmativa et universalis negativa. Contradictoriae sunt universalis affirmativa et particularis negativa et universalis negativa et particularis affirmativa. Subcontrariae sunt particularis affirmativa et particularis negativa. Subalternae sunt L34vb universalis affirmativa et particularis affirmativa et universalis negativa et particularis negativa.

Et notandum, quod quamvis universalis affirmativa et universalis negativa sint contrariae, non tamen oportet omnes O33rb propositiones contrarias se sic habere, quod ambae sint universales. Unde, sicut statim videbitur, istae propositiones sunt contrariae »Omnis homo currit«, »Iste homo non currit«, et tamen non se habent sic, quod ambae sint universales. Similiter non oportet, quod omnes propositiones contradictoriae sic se habeant, quod una sit universalis et alia particularis, nam propositio copulativa contradicit propositioni disiunctivae compositae ex contradictoriis partium copulativae, et tamen

18 videbitur] Vide dubium in fine huius capituli.

1 contradictoria] puta omnis homo est asinus add. LO quo] sequitur add. s. del. A ulterius] om. LO patet] ista add. L 2 illa] om. L alii] aliqui LO ponunt] quod add. LO 4 remota] sed add. LO tamen] om. L necessaria] LO om. A 5 bene] LO om. A 6 Item] LO om. A 7 sunt] quaedam add. O contrariae] contradictoriae L contradictoriae] subcontrariae L quod add. O subcontrariae] contradictoriae L 9 affirmativa] LO negativa A negativa] LO affirmativa A Contradictoriae…negativa] *Istas duas propositiones* trsp. L 10 affirmativa] negativa L negativa] affirmativa L et[2]] om. O universalis…affirmativa] O e converso A parti-! L 11 sunt] L om. AO 12 sunt] om. O 13 affirmativa[1]] om. L negativa] om. L 15 Et] om. L notandum] Nota LO quod] O om. AL 16 sint] sunt L oportet] quod add. LO 17 contrarias] quae

und notwendig ist, weil sein kontradiktorischer Satz unmöglich ist. – Daraus erhellt weiters, daß folgende Regel, welche andere (Autoren) aufstellen, falsch ist: »Jeder Satz in entfernter Materie ist unmöglich«; vielmehr kann ein notwendiger Satz in entfernter Materie sein, jedoch nicht ein bejahender notwendiger Satz, sondern eben ein verneinender.

Ferner: Von den Sätzen, welche die gleichen Satzglieder aufweisen, sind manche konträr, manche kontradiktorisch, manche subkonträr, manche subaltern. Konträr sind der bejahende Universalsatz und der verneinende Universalsatz. Kontradiktorisch sind der bejahende Universalsatz und der verneinende Partikulärsatz sowie der verneinende Universalsatz und der bejahende Partikulärsatz. Subkonträr sind der bejahende Partikulärsatz und der verneinende Partikulärsatz. Subaltern sind der bejahende Universalsatz und der bejahende Partikulärsatz sowie der verneinende Universalsatz und der verneinende Partikulärsatz.

Anzumerken ist: Obschon der bejahende Universalsatz und der verneinende Universalsatz konträr sind, so müssen sich doch nicht alle konträren Sätze so verhalten, daß beide allgemein sind. Denn, wie man sogleich sehen wird, die folgenden Sätze sind konträr: »Jeder Mensch läuft«, »Dieser Mensch läuft nicht«, und dennoch verhalten sie sich nicht so, daß beide allgemein sind. Ebenso ist es nicht zwingend, daß alle kontradiktorischen Sätze sich so verhalten, daß der eine allgemein und der andere partikulär ist, denn ein kopulativer Satz widerspricht einem disjunktiven Satz, welcher aus den kontradikto-

sunt contrariae LO quae add. L sic] LO om. A habere] habeant LO 18 sicut...videbitur] om. LO propositiones] om. O 19 et] LO om. A 20 sint] sunt O 21 propositiones] quae sunt add. LO 22 nam] si add. A 23 propositioni] LO om. A 24 et] am- add. s. del. O

ambae non sunt alicuius quantitatis. Propositiones enim hypotheticae non sunt alicuius quantitatis, ut prius dicebatur.

De propositionibus contradictoriis talis datur regula, quod si una est vera, reliqua est falsa, et e converso. Unde propositiones contradictoriae non possunt simul esse verae nec simul falsae in aliqua materia, et hoc est unum commune principium in omni scientia.

Secunda regula de propositionibus contrariis: Si una est vera, reliqua est falsa, sed non e converso. Unde non possunt simul esse verae in contingenti materia, sed bene possunt esse simul falsae. Unde istae sunt simul falsae »Omnis homo currit«, »Nullus homo currit« posito, quod Sortes curreret et alii homines quiescerent.

Diceres tu: Nonne possunt simul esse falsae in materia naturali? Dico, quod sic, unde istae sunt simul falsae et sunt contrariae et cum hoc in naturali materia »Omne animal est homo«, »Nullum animal est homo«.

Sed diceres: Tamen auctor *Summularum* dicit contraria non posse simul esse falsa in naturali materia. Respondetur, quod hoc debet intelligi, quando idem praedicatur de se ipso vel superius de inferiori, sive quando est praedicatio directa. Modo sic non est in proposito dicendo »Omne animal est homo«, hic inferius praedicatur de superiori.

2 prius] Cf. Cap. III.6, sed ibi hoc non explicite dicebatur nec in ullo loco praecedenti. Cf. autem Alberti Quaestiones circa Logicam, Qu. 23, art. 2, p. 307, §444.1. 18 auctor] Petrus Hispanus, Tractatus, Tr. I, Cap. 14, p. 7, lin. 14–16.

1 sunt] LO sint A enim] tamen L 2 ut] unde O prius] om. LO dicebatur] dictum est LO 3 propositionibus] om. LO talis] om. LO datur] est LO quod] om. LO si] om. L 4 est[1]] et *ante corr.* L propositiones contradictoriae] om. LO 5 esse] verum add. s. del. A simul[2]] om. L 8 Secunda] alia O propositionibus] om. LO contrariis] quod add. LO 9 sed] et LO 10 possunt…simul] LO om. A 11 Unde] ut LO istae…falsae[2]] om. LO 12 curreret] currit LO et…quiescerent] om. LO 14 tu] om. LO materia] LO om. A 16 et] om. L cum hoc] om. LO 18 Sed] om. O Tamen] om. LO auctor] O actor A auctorum! L dicit] quod add. LO contraria] contrariae O 19 posse] possunt

rischen Sätzen zu den Teilen des kopulativen Satzes zusammengesetzt ist, und dennoch haben beide keine Quantität. Hypothetische Sätze haben nämlich keine Quantität, wie (schon) früher gesagt wurde.

Bezüglich der kontradiktorischen Sätze gibt es folgende Regel: Wenn der eine wahr ist, ist der andere falsch, und umgekehrt. So können kontradiktorische Sätze nicht zugleich wahr sein und nicht zugleich falsch, und zwar in keiner Materie. Und das ist ein gemeinsames Prinzip in jeder Wissenschaft.

Zweite Regel bezüglich der konträren Sätze: Wenn der eine wahr ist, ist der andere falsch, aber nicht umgekehrt. So können sie in kontingenter Materie nicht zugleich wahr sein, aber sehr wohl können sie zugleich falsch sein. So sind die folgenden Sätze zugleich falsch: »Jeder Mensch läuft«, »Kein Mensch läuft«, gesetzt, daß Sokrates liefe und die anderen Menschen ruhten.

Einwurf: Können sie nicht in natürlicher Materie zugleich falsch sein? – Ich antworte »Ja«, denn die folgenden Sätze sind zugleich falsch und sind konträr sowie darüber hinaus in natürlicher Materie: »Jedes Lebewesen ist ein Mensch«, »Kein Lebewesen ist ein Mensch«.

Einwand: Dennoch sagt der Verfasser der *Summulae* (Petrus Hispanus), daß konträre Sätze in natürlicher Materie nicht zugleich falsch sein können. – Antwort: Das muß man so verstehen, (daß dies nur dann der Fall ist,) wenn dasselbe von sich selbst ausgesagt wird oder ein Übergeordnetes vom Untergeordneten bzw. wenn eine direkte Prädikation vorliegt[105]. Dies ist nun aber im vorliegenden Beispiel nicht der Fall, wenn es heißt »Jedes Lebewesen ist ein Mensch«, hier wird (nämlich) ein Untergeordnetes vom Übergeordneten ausgesagt.

LO falsa] falsae O Respondetur] dico LO 20 hoc] L om. AO quando] quod L praedicatur] probatur! L vel] ut O 22 dicendo...superiori] LO om. A Omne] O om. L

Tertia regula de subcontrariis: Si una est falsa, reliqua est vera, sed non e converso, quia non sequitur in subcontrariis, si una est vera, quod reliqua sit falsa. Possunt enim simul ambae esse verae in contingenti materia, ut dicendo »Quidam homo est albus«, »Quidam homo non est albus«. Unde quando contrariae sunt simul falsae, tunc subcontrariae sunt simul verae, et ergo duae subcontrariae in materia naturali, quando est praedicatio directa, vel in materia remota non possunt simul esse verae, sed bene in contingenti materia.

Quarta regula subalternarum: Si universalis est vera, particularis est vera, sed non e converso. Verumtamen in materia naturali, si particularis est vera, universalis est vera, unde si haec est vera »Quidam homo est animal«, haec erit vera »Omnis homo est animal«.

Ex prima istarum regularum aliae tamquam per unum principium A33ra possunt probari. Unde si contrariae essent simul verae, cum ad negativam contrariam sequitur negativa subalterna, statim duae contradictoriae essent simul verae, quod est contra primam regulam. Item, si subcontrariae essent simul falsae, tunc patet statim, si affirmativa est falsa, subalternans affirmativa erit falsa, quae contradicit alteri subcontrariae, et sic contradictoriae essent simul falsae, quod iterum est contra primam regulam. Ecce, qualiter per primam regulam secunda et tertia demonstrantur.

1 Tertia] om. O de] LO in A se! add. L subcontrariis] contrariis L 2 sed] et LO in subcontrariis] LO om. A quod add. L 3 quod] om. LO sit] esset L om. O falsa] immo add. L unde add. O enim] om. LO ambae] om. LO 4 in... materia] X om. ALOPS dicendo] om. LO 6 tunc] om. L 7 et] om. LO duae] L duo A om. O subcontrariae] LO subcontraria A 9 bene] tantum L 10 Quarta] Alia L om. O subalternarum] subalternatorum O 11 sed] et LO Verumtamen] tamen LO 13 Quidam] L om. AO erit] est LO 15 per] de L om. O unum principium] principio naturali L 16 Unde] quia LO 17 cum] tunc L 18 duae] duo L 19 essent] possunt esse O 20 statim] om. LO est] LO sit A 21 erit] est L subcontrariae] LS *post corr.* P contrariae A subcontradictoriae O *ante corr.* P subalternae X 22 quod...demonstrantur] A om. LOSX om. S. add. i.m. P 23 regulam[2]] A om. P

Dritte Regel bezüglich der subkonträren Sätze: Wenn der eine falsch ist, ist der andere wahr, aber nicht umgekehrt, weil im Falle von subkonträren Sätzen nicht folgt: Wenn der eine wahr ist, ist der andere falsch. Sie können nämlich in kontingenter Materie beide zugleich wahr sein, wie wenn es heißt »Irgendein Mensch ist weiß«, »Irgendein Mensch ist nicht weiß«. Wann nämlich konträre Sätze zugleich falsch sind, dann sind die subkonträren Sätze zugleich wahr, und somit können zwei subkonträre Sätze in natürlicher Materie, wenn eine direkte Prädikation vorliegt, oder in entfernter Materie nicht zugleich wahr sein, aber sehr wohl in kontingenter Materie.

Vierte Regel für die subalternen Sätze: Wenn der Universalsatz wahr ist, ist der Partikulärsatz wahr, aber nicht umgekehrt. Gleichwohl (gilt) in natürlicher Materie: Wenn der Partikulärsatz wahr ist, ist der Universalsatz wahr, denn wenn der Satz »Irgendein Mensch ist ein Lebewesen« wahr ist, dann wird (auch) der Satz »Jeder Mensch ist ein Lebewesen« wahr sein.

Aus der ersten dieser Regeln können – gleichwie mit einem Prinzip – (zwei) andere bewiesen werden. Wenn nämlich konträre Sätze zugleich wahr wären: Da aus dem konträren verneinenden Satz der subalterne verneinende Satz folgt, wären sogleich zwei kontradiktorische Sätze zugleich wahr[106], was gegen die erste Regel ist. Ferner: Wenn subkonträre Sätze zugleich falsch wären, dann erhellt sogleich: Wenn der bejahende Satz falsch ist, wird der bejahende subalternierende Satz falsch sein, welcher dem anderen subkonträren Satz widerspricht, und somit wären kontradiktorische Sätze zugleich falsch[107], was wiederum gegen die erste Regel ist. Siehe, wie mit der ersten Regel die zweite und die dritte Regel bewiesen werden.

Dubitatur, qualiter se habeant istae »Omnis homo currit«, »Iste homo non currit«. Respondetur, quod sunt contrariae, quia participant utroque termino et non possunt simul esse verae, sed bene possunt simul esse falsae. Assumptum patet, nam posito, quod Sortes curreret et omnes alii quiescerent, tunc ambae sunt falsae. Ex isto patet, quod non oportet, si aliquae propositiones sunt contrariae, quod ambae sint universales, immo una potest esse universalis et alia singularis vel particularis, ut patet de istis.

Ulterius notandum, quod ad faciendum contradictionem pro regula observandum est, quod terminus, qui in affirmativa supponit confuse et distributive, in negativa supponat determinate, et terminus, qui in affirmativa supponit confuse tantum, in negativa supponat confuse et distributive, ut patet in istis »Omnis homo est animal«, »Quidam homo non est animal«.

1 habeant] LO habent A istae] om. L 3 quia] et L 4 bene] om. L possunt] O om. AL simul esse] LO om. A 5 nam] om. LO quiescerent] quiescant LO 6 tunc…falsae] ista esset falsa iste homo non currit demonstrando Sortem similiter haec esset falsa omnis homo currit LO oportet] quod add. LO 7 sunt] sint O 8 immo] unde L sicut patet de istis add. LO et] om. O singularis vel] om. LO 9 ut…istis] om. LO 10 Ulterius…quod] om. LO 11 est] om. L terminus] quod add. s. del. O qui] est add. LO in] om. O 12 et] X om. ALOPS distributive…confuse] LO om. A in] L et O supponat] O supponit L 14 supponat] O supponit AL confuse et] om. LO ut] exemplum LO 15 animal[2]] Sequitur quartus liber add. L explicit ista pars tractatus add. O

Hier stellt sich die Frage, wie sich die Sätze »Jeder Mensch läuft«, »Dieser Mensch läuft nicht« (zueinander) verhalten. – Antwort: Sie sind konträr, weil sie die gleichen Satzglieder aufweisen und nicht zugleich wahr sein können, aber sehr wohl zugleich falsch sein können. Die Annahme ist klar, denn gesetzt, daß Sokrates liefe und alle anderen (Menschen) ruhten, dann sind beide (Sätze) falsch. Daraus erhellt: Wenn irgendwelche Sätze konträr sind, müssen nicht beide allgemein sein, vielmehr kann der eine universal sein und der andere singulär oder partikulär, wie an diesen (angeführten Sätzen) erhellt.

Weiters ist anzumerken: Um eine Kontradiktion herzustellen, muß man als Regel beachten, daß der Term, der im bejahenden Satz konfus und distributiv supponiert, im verneinenden Satz determiniert supponiert, und der Term, der im bejahenden Satz nur konfus supponiert, im verneinenden Satz konfus und distributiv supponiert, wie bei folgenden Sätzen erhellt: »Jeder Mensch ist ein Lebewesen«, »Irgendein Mensch ist nicht ein Lebewesen«.

⟨TRACTATUS QUARTUS DE CONSEQUENTIIS⟩

⟨PARS PRIMA DE CONSEQUENTIIS SIMPLICIBUS, IV.1–6⟩

Cap. IV.1 ⟨Capitulum primum de partibus, definitione et speciebus consequentiae⟩

O33va Tractandum est nunc de consequentiis et primo videndum est, quid sit antecedens et consequens et nota consequentiae et quid sit consequentia et quomodo dividitur. Secundo ponendae sunt regulae de consequentiis simplicibus. Tertio ponendae sunt regulae de consequentiis syllogisticis.

Quantum ad primum dicunt aliqui, quod illa propositio sit antecedens ad aliam, quam impossibile est esse veram alia non existente vera, et illa consequens ad reliquam, quam impossibile est non esse veram alia existente vera. Sed breviter, istud non valet, nam ista »Omnis homo est animal« est antecedens ad istam »Aliquis homo est animal«, et tamen prima potest esse vera secunda non existente vera, nam prima potest esse secunda non existente, et per consequens secunda non existente vera prima potest esse vera.

Ergo dicunt alii illam propositionem esse antecedens ad aliam, quam impossibile est esse veram alia non existente vera, si formetur, et illam esse consequens ad aliam, quam impossibile est non esse veram, si formetur, nisi alia sit falsa, si forme-

5 Tractandum est] Tractando LO nunc] om. LO et] om. O 6 et[1]] quid add. L consequentiae] consequentis L 7 dividitur] dicitur LO Secundo] ALOPSX quoad nunc add. A 8 Tertio] LO secundo A ponendae…regulae] om. LO 10 Quantum…primum] de primo LO sit] dicitur esse L dicitur O 11 quam] qua O 12 illa] LO ita A est add. LO ad reliquam] LO om. A quam] LO quando A 13 veram] L verum A breviter] om. LO 14 nam] quia LO ista] om. O 16 vera[1]] LO om. A non] om. L vera[2]…existente[1]] om. O nam] quia L 17 et…vera[2]] LO om. A 19 Ergo] om. O alii] LO aliqui A antecedens] antecedentem LO 21 et…formetur] om. L consequens] consequentem O

TRAKTAT IV: DIE FOLGERUNGEN

TRAKTAT IV, TEIL I: DIE EINFACHEN FOLGERUNGEN, IV.1–6

Kapitel IV.1: *Bestandteile, Begriff und Arten der Folgerung*

Nun muß über die Folgerungen gehandelt werden[108]. Erstens ist zu untersuchen, was ein Vordersatz und ein Nachsatz und ein Folgerungszeichen ist, was eine Folgerung ist und in welche Arten sie zerfällt. Zweitens sind Regeln bezüglich der einfachen Folgerungen aufzustellen. Drittens sind Regeln bezüglich der syllogistischen Folgerungen aufzustellen.

Was das erste anbelangt, so sagen manche[109], daß ein solcher Satz Vordersatz in bezug auf einen anderen ist, von dem gilt: Es ist unmöglich, daß er wahr ist, wenn der andere nicht wahr ist. Und daß ein solcher Satz Nachsatz in bezug auf einen anderen ist, von dem gilt: Es ist unmöglich, daß er nicht wahr ist, wenn der andere wahr ist. Aber kurz gesagt, diese Bestimmung ist nicht zutreffend, denn der Satz »Jeder Mensch ist ein Lebewesen« ist Vordersatz in bezug auf den Satz »Irgendein Mensch ist ein Lebewesen«, und dennoch kann der erste Satz wahr sein, wenn der zweite Satz nicht wahr ist; denn der erste kann sein, wenn der zweite nicht existiert, und folglich kann der erste wahr sein, wenn der zweite nicht wahr ist.

Deshalb sagen andere: Ein solcher Satz ist Vordersatz in bezug auf einen anderen, von dem gilt: Es ist unmöglich, daß er wahr ist, wenn der andere nicht wahr ist, falls er gebildet würde. Und ein solcher Satz ist Nachsatz in bezug auf einen anderen, von dem gilt: Es ist unmöglich, daß er nicht wahr ist,

22 veram] O om. s. add. i.m. P falsam A om. E39rSX falsa] A vera LOPS om. E39rX

tur. Sed breviter, istud adhuc non sufficit, nam ista propositio »Nulla propositio est negativa« non est antecedens ad istam »Nullus homo est asinus«, et tamen impossibile est eam esse veram alia non existente vera, si formetur. Unde impossibile est illam esse veram »Nulla propositio est negativa«, et per consequens impossibile est eam esse veram alia non existente vera, si formetur. Quod autem dicta propositio non sit antecedens ad istam »Nullus homo est asinus«, patet, nam ex opposito contradictorio istius »Nullus homo est asinus« vel saltem istius »Nullus homo currit« non infertur oppositum istius »Nulla propositio est negativa«. Non enim sequitur »Aliquis homo est asinus, ergo aliqua propositio est negativa«, similiter
L35ra nec sequitur »Aliquis homo currit, ergo aliqua propositio est negativa«, quod tamen oporteret, si ad istam propositionem »Nulla propositio est negativa« sequeretur ista »Nullus homo est asinus« vel illa »Nullus homo currit« tamquam consequens ad suum antecedens. Quod autem impossibile sit istam esse
A33rb veram »Nulla propositio est negativa«, patet, quia nec potest esse vera, quando est, nec potest esse vera, quando non est. Non enim, quando est, nam quando est, aliqua propositio negativa est, eo quod ipsamet est negativa. Sed ipsa significat nullam propositionem negativam esse, ergo quando ipsa est, aliter est, quam per eam significatur, et per consequens, quando est, non est vera. Nec potest dici, quod sit vera, quando non est, nam ad hoc, quod propositio sit vera, requiritur ipsam esse.

Ergo aliter dicendum est, quod illa propositio dicitur antecedens ad aliam, quae sic se habet ad eam, quod impossibile est, qualitercumque est significabile per eam stante impositione

1 Sed breviter] om. LO adhuc] etiam L om. O sufficit] valet O nam] quia LO propositio] om. L 3 Nullus] non O 4 Unde…formetur] LO om. A 5 illam] L eam O 7 formetur] O forme-! L sit] LO est A 8 nam] quia O 9 contradictorio] contradictorie L 10 istius[1]] om. L 11 negativa] similiter nec sequitur aliquis homo currit igitur aliqua propositio est negativa add. O Aliquis] om. O 14 istam] praedicatum! L praedictam O propositionem] propositionis! L scilicet add. O 15 sequeretur] X sequitur ALO 16 illa] LO

falls er gebildet würde, außer der andere ist falsch, falls er gebildet würde. Aber kurz gesagt, das ist noch immer nicht hinreichend, denn der Satz »Kein Satz ist negativ« ist nicht Vordersatz in bezug auf den Satz »Kein Mensch ist ein Esel«, und dennoch ist es unmöglich, daß er wahr ist, wenn der andere nicht wahr ist, falls er gebildet würde. So ist es unmöglich, daß der Satz »Kein Satz ist negativ« wahr ist, und folglich ist es unmöglich, daß er wahr ist, wenn der andere nicht wahr ist, falls er gebildet würde. Daß aber der genannte Satz nicht Vordersatz in bezug auf den Satz »Kein Mensch ist ein Esel« ist, ist klar, denn aus dem kontradiktorischen Gegensatz des Satzes »Kein Mensch ist ein Esel« oder wenigstens des Satzes »Kein Mensch läuft« folgt nicht der Gegensatz des Satzes »Kein Satz ist negativ«. Es folgt nämlich nicht »Irgendein Mensch ist ein Esel, also ist irgendein Satz negativ«, ebenso folgt nicht »Irgendein Mensch läuft, also ist irgendein Satz negativ«, was jedoch erforderlich wäre, wenn aus dem Satz »Kein Satz ist negativ« der Satz »Kein Mensch ist ein Esel« oder der Satz »Kein Mensch läuft« wie ein Nachsatz aus seinem Vordersatz folgen würde. Daß es aber unmöglich ist, daß der Satz »Kein Satz ist negativ« wahr ist, ist klar, weil er weder wahr sein kann, wenn er ist, noch wahr sein kann, wenn er nicht ist: Nämlich nicht, wenn er ist, denn wenn er ist, dann gibt es einen negativen Satz, weil er selbst negativ ist. Aber er bezeichnet, daß es keinen negativen Satz gibt, also gilt: Wenn er ist, dann ist es anders, als von ihm bezeichnet wird, und folglich ist er nicht wahr, wenn er ist. Und man kann auch nicht sagen, daß er wahr ist, wenn er nicht ist, denn dafür, daß ein Satz wahr ist, ist es notwendig, daß er ist.

Also muß man das anders formulieren, und zwar so: Ein solcher Satz heißt »Vordersatz« in bezug auf einen anderen, der sich zu diesem so verhält, daß es unmöglich ist, daß es so

om. A 17 esse] om. L 19 potest...vera[2]] L om. AO 20 nam] quia O 21 negativa est] trsp. O Sed] et O significat] signat L 22 ipsa] L om. AO 25 nam] quia O 26 esse] ergo etc. add. L 27 dicendum est] dico O propositio] om. O 29 eam] eorum O

terminorum, sic esse, quin qualitercumque alia significat, sic sit. Ex quo sequitur ulterius, quod ista propositio »Omnis propositio est affirmativa« est antecedens ad istam »Nulla propositio est negativa«, quamvis possibile sit antecedens esse verum non obstante, quod impossibile sit, quod consequens sit verum.

Sed diceres contra: Si consequens impossibile est esse verum, tunc consequens est impossibile, et sic ex possibili sequitur impossibile, quod est falsum.

Respondetur negando istam consequentiam »Consequens impossibile est esse verum, ergo consequens est impossibile«. Unde multa sunt possibilia, quae tamen impossibile est esse vera. Unde propositio dicitur possibilis, per quam significatur, qualiter possibile est esse. Modo sic est de ista »Nulla propositio est negativa«, sic enim potest esse, quod nulla propositio est, ergo etiam sic potest esse, quod nulla propositio est negativa. Sed propositio, quam possibile est esse veram, est illa, quae significat, qualiter possibile est esse, et quando sic est, O33vb ipsam non repugnat esse. Modo sic non est de ista »Nulla propositio est negativa«. Unde quando sic est vel sic erit, sicut per eam significatur, tunc ipsam repugnat esse.

Et hoc est illud, quod quondam consuetum erat dici sub his verbis »Propositiones, quarum actus exercitus repugnat actui significato, impossibile est esse veras, quamvis possibile sit sic esse, sicut per eas significatur«. Similiter ista existens in mente Sortis »Sortes non est« est possibilis, quia eius contradictoria non est necessaria, videlicet »Sortes est«, et tamen impossibile est eam esse veram. Quando enim ipsa est, ipsa est falsa,

1 esse] om. L quin] quot?! L 2 quo] isto LO ulterius] om. LO propositio] om. LO 5 impossibile…sit^{2}] consequens impossibile (sit L est O) esse LO 7 diceres] L om. AO est] LO sit A 8 tunc consequens] et consequentia! O et] tunc add. L 9 est] om. O 10 Respondetur] dico O quod add. O istam] om. L 11 consequens] consequentia! O 12 multa] *post corr. i.m.* O intellecta? *ante corr.* O 13 Unde] quia O 14 qualiter] quod L 16 etiam] LO om. A sic] O si A om. L est^{2}] sit O 17 quam] propositionem add. L 18 significat] signat L qualiter] sicut L 19 ipsam] LPX ipsa AS *lectio incerta* O sibi add. A esse]

ist, wie auch immer durch ihn bei gleichbleibender Bedeutung der Terme bezeichenbar ist, ohne daß es so ist, wie auch immer der andere bezeichnet. Daraus folgt ferner, daß der Satz »Jeder Satz ist affirmativ« Vordersatz ist in bezug auf den Satz »Kein Satz ist negativ«, obwohl es trotz der Unmöglichkeit, daß der Nachsatz wahr ist, möglich ist, daß der Vordersatz wahr ist.

Einwand: Wenn es unmöglich ist, daß der Nachsatz wahr ist, dann ist der Nachsatz unmöglich, und somit folgt aus Möglichem Unmögliches, was falsch ist.

Antwort: Die Folgerung »Es ist unmöglich, daß der Nachsatz wahr ist, also ist der Nachsatz unmöglich« wird abgelehnt. So gibt es viel Mögliches, für das es dennoch unmöglich ist, wahr zu sein. So heißt ein Satz »möglich«, durch den bezeichnet wird, wie es möglicherweise ist. Das ist aber beim Satz »Kein Satz ist negativ« der Fall: Es kann nämlich so sein, daß kein Satz ist, also kann es auch so sein, daß kein Satz negativ ist. Aber ein Satz, der möglicherweise wahr ist, ist ein solcher, von dem gilt: Er bezeichnet, wie es möglicherweise ist, und wenn es so ist, dann ist es damit nicht unvereinbar, daß er ist. Dies ist aber nicht der Fall beim Satz »Kein Satz ist negativ«: Wenn es so ist oder so sein wird, wie durch ihn bezeichnet wird, dann ist es damit unvereinbar, daß er ist.

Das ist der Punkt, den man einst mit den Worten zu formulieren pflegte »Es ist unmöglich, daß Sätze wahr sind, deren vollzogener Akt mit dem bezeichneten Akt unvereinbar ist, obwohl es möglicherweise so ist, wie durch sie bezeichnet wird«[110]. Ebenso gilt: Der Satz »Sokrates ist nicht« im Geiste des Sokrates ist möglich, weil sein kontradiktorischer Gegensatz nicht notwendig ist, nämlich »Sokrates ist«, und dennoch ist es unmöglich, daß er wahr ist. Wenn er nämlich ist, dann ist

LOPSX om. A 20 est²] om. O 21 ipsam] ipsa L 22 est] LO om. A illud] om. L hoc O quod] om. O 23 verbis] quod add. L Propositiones] propositio O actui] LO actu A 24 possibile] LPSX sic AO sit] ALPSX possit O sic] X om. ALOPS 25 esse] LOPSX om. A Similiter] sequitur L 27 videlicet] si! O tamen] om. L 28 Quando] quamdiu LO enim] om. L ipsa²] om. O

quando autem non est, ipsa non est vera, nam quamdiu ipsa est, Sortes est, ex quo ponitur esse in mente Sortis, et quamdiu Sortes est, ipsa est falsa. Unde finaliter concedo, quod aliquod possibile impossibile est esse verum, aliud enim est dicere aliquid possibile esse et ipsum possibile esse verum. Sic ergo patet, quid intelligendum sit per antecedens et consequens.

Nota autem consequentiae dicitur coniunctio copulans antecedens cum consequente, per quam designatur antecedens esse antecedens et consequens esse consequens, ut est ista coniunctio *si* vel *ergo* vel aliqua alicui istarum aequivalens. Et differunt istae duae coniunctiones *si* et *ergo*, quia ly *ergo* significat, quod propositio immediate sequens est consequens, et ly *si* significat, quod propositio immediate sequens est antecedens et quod alia est consequens. Exemplum primi »Homo est animal, ergo homo est substantia«, exemplum secundi »Homo est substantia, si homo est animal«. Quamvis enim in ista condicionali »Homo est substantia« primo loco ponatur, tamen non propter hoc dicitur antecedens, sed alia, puta »Homo est animal«, dicitur antecedens, et hoc denotat ista coniunctio *si*, quae eam immediate praecedit.

Consequentia autem est propositio hypothetica composita ex antecedente et consequente et nota consequentiae significans antecedens esse antecedens et consequens esse consequens. Ex quo sequitur, quod omnis consequentia est bona et nulla est consequentia mala. Patet, nam si aliqua propositio condiciona-

1 ipsa[1]] L om. AO nam] unde O quamdiu] Sortes est add. s. del. A ipsa[2]] om. O 2 ponitur] potest L quamdiu] LO quando A 5 esse[1]] est L possibile[2]] om. L esse[2]] est L Sic] om. L ergo] om. O 6 intelligendum] om. O per] om. O 7 coniunctio] ALOPX communiter E39VS copulativa add. AELOPSX 8 consequente] vel add. A per…consequens[2]] om. L 9 est] om. O ista] hic! L 11 duae] O om. AL si…ergo[1]] L om. AO 12 immediate] eam add. LO et] sed L 13 propositio] eam add. A immediate] eam add. LO sequens] sequentem L 14 quod] quia O est[1]] LO sit A 15 homo] O om. AL 16 enim] L om. AO 17 tamen non] L tamen A trsp. O 18 hoc] non add. A 19 dicitur antecedens] L om. A est antecedens O 21 autem] om. O composita] L om. AO 22 significans] A denotans LPSX designans O 23 esse[2]] O om. AL Ex quo] om. O

er falsch, wenn er aber nicht ist, dann ist er nicht wahr; denn solange er ist, ist auch Sokrates, weil die Annahme lautet, daß er im Geiste des Sokrates ist, und solange Sokrates ist, ist er falsch. Ich gebe also abschließend zu, daß es (in gewissen Fällen) unmöglich ist, daß etwas Mögliches wahr ist, es heißt nämlich etwas anderes, daß etwas möglich ist und daß es möglicherweise wahr ist. – So ist es also klar, was man unter »Vordersatz« und »Nachsatz« zu verstehen hat.

»Folgerungszeichen« aber heißt ein Bindewort, das den Vordersatz mit dem Nachsatz verknüpft und durch das angegeben wird, daß der Vordersatz Vordersatz ist und der Nachsatz Nachsatz ist, wie z. B. das Bindewort »wenn« oder »also« oder irgendein anderes, das einem von diesen gleichwertig ist. Die zwei Bindewörter »wenn« und »also« unterscheiden sich aber, weil der Ausdruck »also« bezeichnet, daß der unmittelbar folgende Satz der Nachsatz ist, und der Ausdruck »wenn« bezeichnet, daß der unmittelbar folgende Satz der Vordersatz ist und daß der andere der Nachsatz ist. Ein Beispiel für das erste: »Ein Mensch ist ein Lebewesen, also ist ein Mensch eine Substanz«, ein Beispiel für das zweite: »Ein Mensch ist eine Substanz, wenn ein Mensch ein Lebewesen ist« – obwohl nämlich in diesem Bedingungssatz »Ein Mensch ist eine Substanz« an erste Stelle gesetzt wird, wird dieser Satz deswegen doch nicht »Vordersatz« genannt, sondern der andere, nämlich »Ein Mensch ist ein Lebewesen«, heißt »Vordersatz«, und das zeigt das Bindewort »wenn« an, das ihm unmittelbar vorangeht.

Eine Folgerung aber ist ein hypothetischer Satz (eine Satzverknüpfung), der aus einem Vordersatz, einem Nachsatz und einem Folgerungszeichen zusammengesetzt ist und der bezeichnet, daß der Vordersatz Vordersatz ist und der Nachsatz Nachsatz ist. Daraus folgt, daß jede Folgerung gültig ist und es keine ungültige Folgerung gibt. Das ist klar, denn wenn es

24 sequitur] infertur L Infero O et] om. O 25 consequentia] om. O Patet] om. O nam] quia O

lis est, per quam significatur antecedens esse antecedens et consequens esse consequens, et si ita est, tunc est consequentia, si autem significatur per eam antecedens esse antecedens et consequens esse consequens, et non est ita, tunc non est consequentia ex eo, quod non est composita ex antecedente et consequente, eo quod illud, quod designatur esse antecedens non est antecedens ad illud, ad quod designatur esse antecedens, nec reliquum est consequens ad ipsum. Propter quod dico, quod A33va non magis est ibi consequentia »Homo currit, ergo homo disputat« quam hic »Adam vel homo mortuus est homo«.

Sed diceres: Tamen communiter dicimus, quod ista consequentia est mala, et ad hoc sequitur, quod ipsa est consequentia et non est bona. Respondemus, quod per hoc, quando dicimus sic, intelligimus hoc non esse consequentiam, quamvis tamen hoc exprimamus improprie per istam orationem »Ista consequentia est mala«. Et ad istum intellectum amplius intendo uti istis orationibus »Talis consequentia est mala«, »Consequentia talis est falsa«, »Talis consequentia non valet« etc.

Consequentiarum alia dicitur formalis et alia materialis. Consequentia formalis dicitur illa, cui omnis propositio similis in forma, quae si formaretur, esset bona consequentia, ut hic »Quoddam B est A, ergo quoddam A est B«. Sed consequentia materialis dicitur, cui non omnis similis in forma esset bona consequentia vel, sicut communiter dicitur, quae non tenet in omnibus terminis forma consimili retenta, ut hic »Homo currit, ergo animal currit«, quia in his terminis non valeret »Homo

2 et] LO om. A 3 significatur…et] LO om. A 5 est] LO om. A consequente] et ex add. L 6 illud quod] om. L est] om. O 7 antecedens[1]] et add. L illud] LO id A 8 quod[1]] hoc O quod[2]] illa add. L haec add. O 9 ibi] om. LO homo] om. L 10 hic] quod L haec? del. O 11 dicimus] dicitur O quod] L om. AO 12 et] om. L hoc] Z ipsam A quam LPSX illam O ipsa] illa LO 13 Respondemus] Respondetur L Respondeo O quando] quod O 14 sic] om. L 15 hoc] om. O exprimamus] exprimimus O improprie] et add. L 16 amplius] LO etiam A 17 istis] terminis et add. L orationibus] ordinibus! L 18 Talis… valet] om. O 19 etc] om. LO 20 Consequentiarum] *Distinctionem capituli*

einen Bedingungssatz gibt, durch den bezeichnet wird, daß der Vordersatz Vordersatz ist und der Nachsatz Nachsatz ist, und wenn es so ist, dann ist er eine Folgerung. Wenn aber durch ihn bezeichnet wird, daß der Vordersatz Vordersatz ist und der Nachsatz Nachsatz ist, und es nicht so ist, dann ist er keine Folgerung, weil er nicht aus Vordersatz und Nachsatz zusammengesetzt ist; denn das, was als Vordersatz angegeben wird, ist nicht Vordersatz in bezug auf das, hinsichtlich dessen es als Vordersatz angegeben wird, und der Rest ist auch nicht Nachsatz in bezug auf jenes. Deshalb sage ich, daß hier nicht mehr eine Folgerung vorliegt: »Ein Mensch läuft, also disputiert ein Mensch«, als hier: »Adam oder ein toter Mensch ist ein Mensch«.

Einwand: Dennoch sagen wir gemeinhin, daß diese (oder jene) Folgerung ungültig ist, und daraus folgt, daß sie eine Folgerung ist und nicht gültig ist. – Antwort: Wenn wir so reden, meinen wir damit, daß das keine Folgerung ist, wenn wir dies auch im uneigentlichen Sinne mit dem Satz »Diese Folgerung ist ungültig« ausdrücken. Und ich habe vor, im weiteren die Sätze »Eine solche Folgerung ist ungültig«, »Eine solche Folgerung ist falsch«, »Eine solche Folgerung ist nicht gültig« usw. in diesem Sinne zu verwenden.

Eine Art von Folgerungen heißt »formal«, eine andere »material«. »Formale Folgerung« heißt eine solche, wenn jeder Satz, der ihr der Form nach ähnlich ist, eine gültige Folgerung wäre, wenn er gebildet würde, wie z. B. hier: »Irgendein B ist ein A, also ist irgendein A ein B«. »Materiale Folgerung« hingegen heißt eine solche, wenn nicht jeder (Satz), der ihr der Form nach ähnlich ist, eine gültige Folgerung wäre (wenn er gebildet würde), oder, wie man gemeinhin sagt: (Eine materiale Folgerung ist eine solche,) die bei gleichbleibender Form nicht mit allen Termen gilt, wie z. B. hier: »Ein Mensch läuft,

hic habet solum O et] om. LO 21 propositio] est add. L 22 si] L om. AO hic] haec L om. O 23 Quoddam] quod est LO quoddam] quod est LO Sed] om. O 25 vel] LO et A sicut...dicitur] om. O 26 forma] formata L consimili] sibi O retenta] consequentia L hic] L om. AO 27 valeret] valet LO

currit, ergo lignum currit«. Et prout hic loquitur de forma et de materia, per materiam propositionis vel consequentiae intelliguntur termini pure categorematici, ut sunt subiecta et praedicata circumscriptis syncategorematibus sibi appositis, per quae O34ra ipsa coniunguntur aut distribuuntur aut ad certum modum suppositionis trahuntur. Sed ad formam dicitur pertinere totum residuum, videlicet copulae tam categoricarum quam L35rb hypotheticarum, similiter negationes et signa et ordo dictorum ad invicem et modi significandi pertinentes ad quantitatem propositionis, ut est discretio et communitas etc. Verbi gratia de praedictis, propter diversas copulas modalium et de inesse propositiones modales dicuntur esse alterius formae a propositionibus de inesse. Et propter negationes et signa propositiones negativae dicuntur esse alterius formae quam affirmativae, et similiter propositiones particulares dicuntur esse alterius formae ab universalibus. Et propter communitatem et discretionem terminorum propositiones singulares dicuntur esse alterius formae a propositionibus indefinitis. Propter diversum autem ordinem istae sunt diversae formae »Omnis homo est animal« et »Animal est omnis homo«, et similiter istae consequentiae »Omne B est A, ergo quoddam A est B« et »Omne B est A, ergo quoddam B est A«. Item propter relationem istae sunt diversae formae »Homo currit et homo non currit«,

1 prout] ut O hic] loquimur vel add. A loquitur] loquamur O de^{2}] om. LO 2 intelliguntur] intelligens O 3 pure] ca^{thi} add. O sunt] om. O subiecta et] om. L 4 sibi appositis] si apponitur! L 5 ipsa] om. L distribuuntur] LPSX disiunguntur A destribuunt O 6 trahuntur] trahunt O dicitur] dicetur L totum] LO illud A 7 videlicet] unde LO copulae] copula L 8 hypotheticarum] dicuntur pertinere ad formam propositionis add. LO 10 propositionis] LO om. A discretio] LOPSX distributio A et] L om. A etc] et consimilia LO Verbi gratia] ut O 11 de praedictis] om. O propter] LO per A 12 esse] LO om. A propositionibus] modalibus add. s. del. O 13 Et] om. LO negationes] autem add. LO et] etiam L signa] et add. L 14 negativae] affirmativae LO esse] LO om. A quam affirmativae] a (propositionibus L om. O) negativis LO 15 similiter] LO sic A particulares] universales LO esse] LO om. A 16 ab universalibus] a (propositionibus L om. O) particularibus LO Et] LO etiam A discretionem] LO distributionem A 17 singulares] LO particulares A esse] LO

also läuft ein Lebewesen«, denn mit diesen Termen wäre sie nicht gültig: »Ein Mensch läuft, also läuft ein Holzstück«. Und so wie hier von Form und Materie gesprochen wird, sind mit der Materie eines Satzes oder einer Folgerung die rein kategorematischen Terme gemeint, nämlich die Subjekte und Prädikate unter Absehung der synkategorematischen Ausdrücke, die ihnen hinzugefügt sind und durch die sie verbunden werden oder verteilt werden oder auf eine bestimmte Suppositionsweise festgelegt werden. Aber zur Form gehört der ganze Rest, nämlich die Kopulae sowohl der kategorischen als auch der hypothetischen Sätze, ebenso die Negationen und die (Distributions-) Zeichen sowie die Anordnung der genannten Ausdrücke untereinander und die Bezeichnungsweisen, die zur Quantität eines Satzes gehören, wie z. B. die Absonderung (Singularität) und die Gemeinschaft (Universalität) usw. Beispiele für das Vorgenannte: Wegen der verschiedenen Kopulae von modalen und assertorischen Sätzen haben die modalen Sätze eine andere Form als die assertorischen Sätze. Und wegen der Negationen und Zeichen haben die negativen Sätze eine andere Form als die affirmativen und ebenso haben die partikulären Sätze eine andere Form als die universalen. Und wegen der Gemeinschaft und Absonderung der Terme haben die singulären Sätze eine andere Form als (z. B.) die indefiniten Sätze. Hingegen haben diese Sätze wegen einer verschiedenen Anordnung eine verschiedene Form: »Jeder Mensch ist ein Lebewesen« und »Ein Lebewesen ist jeder Mensch«, ebenso die Folgerungen »Jedes B ist ein A, also ist irgendein A ein B« und »Jedes B ist ein A, also ist irgendein B ein A«. Ferner: Wegen der Beziehung haben die folgenden Sätze eine verschiedene Form, »Ein Mensch läuft und ein Mensch läuft nicht«,

om. A **18** a] LO ab A propositionibus] LO om. A diversum] sensum et add. L **19** autem] O om. AL sunt] LO om. A diversae] alterius et alterius LO **20** et[2]] L om. AO **21** A[2]] b LO B[2]] a LO et...A[2]] om. L B[3]] a O **22** A[1]] b O B] a O A[2]] b O Item] L om. AO istae] haec LO **23** sunt...formae] om. LO currit[2]] est alterius (et alterius L om. O) formae ab ista add. LO

»Homo currit et ipse non currit«, propter quod secunda ex sua forma est impossibilis, prima vero non.

Alia divisio consequentiarum materialium: Quaedam sunt, quae vocantur consequentiae simpliciter, aliae sunt, quae vocantur consequentiae ut nunc. Consequentiae simpliciter vocantur consequentiae, quae simpliciter loquendo sunt bonae et sic se habent, quod non est possibile sic esse, ut significat antecedens, quin sit sic, ut significat consequens.

Consequentiae autem ut nunc vocantur, quae simpliciter loquendo non sunt bonae, quia possibile est sic esse, sicut significat antecedens, sine hoc, quod sit sic, ut significat consequens, sed sunt bonae ut nunc, quia impossibile est rebus omnino se habentibus, ut nunc se habent, sic esse, sicut significat antecedens, quin sit sic, ut significat consequens. Et istis consequentiis vulgariter saepe utimur, verbi gratia, si dicamus »Sortes currit, ergo magister in artibus currit« supposito, quod Sortes sit magister in artibus, et ista consequentia reducitur ad consequentiam formalem per additionem alicuius propositionis verae, non tamen necessariae, vel aliquarum verarum, non tamen necessariarum, ut »Sortes currit, Sortes est magister in artibus, ergo magister in artibus currit«. Contra istam conse- A33vb quentiam ut nunc aliqui arguunt volentes nullam esse consequentiam ut nunc, quia aliter, ut dicunt, ex possibili sequeretur impossibile. Et illa ratio erit una instantia contra sextam regulam ponendam et ibi solvetur.

25 ibi] Vide Cap. IV.2, in fine regulae sextae.

1 propter] hoc add. A 3 divisio] LO distinctio A consequentiarum] om. O Quaedam] aliae O sunt] consequentiae add. L 4 quae vocantur[1]] om. O sunt quae] L om. AO 5 vocantur consequentiae] om. O 6 vocantur consequentiae] om. LO simpliciter] om. O loquendo] om. LO 7 sic[1]] om. O 8 sit] om. L 9 Consequentiae] LO consequentia A autem] om. O vocantur] L vocatur AO 10 sunt bonae] LO est bona A 12 sunt bonae] LO est bona A omnino] omnimode L om. O 13 se habentibus] OPSX constantibus A habentibus L nunc] sic add. L se habent] LOPSX om. A sic] om. L sicut] om. O 14 Et] de add. O 15 vulgariter] OP wlgaliter AL vulgares SX utimur] OPS *post corr.* AL utimus *ante corr.* AL vocantur X verbi gratia] ut add. L ut O si

»Ein Mensch läuft und er läuft nicht«, weswegen der zweite Satz aufgrund seiner Form unmöglich ist, der erste aber nicht.

Eine weitere Einteilung der materialen Folgerungen: Manche heißen »schlechthin (gültige) Folgerungen«, andere heißen »temporär[111] (gültige) Folgerungen«. »Schlechthin gültige Folgerungen« heißen solche Folgerungen, die im unbedingten Sinne gültig sind und sich so verhalten, daß es nicht möglich ist, daß es so ist, wie der Vordersatz bezeichnet, ohne daß es so ist, wie der Nachsatz bezeichnet.

»Temporär gültige Folgerungen« hingegen heißen solche, die im unbedingten Sinne nicht gültig sind, weil es möglich ist, daß es so ist, wie der Vordersatz bezeichnet, ohne daß es so ist, wie der Nachsatz bezeichnet; sondern sie sind temporär gültig, weil es unter der Voraussetzung, daß sich die Dinge ganz und gar so verhalten, wie sie sich jetzt verhalten, unmöglich ist, daß es so ist, wie der Vordersatz bezeichnet, ohne daß es so ist, wie der Nachsatz bezeichnet. Diese Folgerungen verwenden wir oft im alltäglichen Gebrauch, z. B. wenn wir sagen »Sokrates läuft, also läuft ein Meister in den Künsten«, vorausgesetzt, daß Sokrates ein Meister in den Künsten ist; und eine solche Folgerung wird auf eine formale Folgerung zurückgeführt, indem man einen wahren, jedoch nicht notwendigen Satz hinzufügt oder wahre, jedoch nicht notwendige Sätze, wie z. B. »Sokrates läuft, Sokrates ist ein Meister in den Künsten, also läuft ein Meister in den Künsten«. Gegen diese temporär gültige Folgerung argumentieren manche und behaupten, daß es keine temporär gültige Folgerung gibt, denn sonst folgte aus Möglichem Unmögliches, wie sie sagen. Dieses Argument wird ein Gegenbeispiel gegen die sechste der jetzt dann aufzustellenden Regeln sein und wird dort beantwortet werden.

dicamus] om. O Sortes] om. L 17 consequentia] LO om. A 18 per] propter L 19 verae] vero L necessariae] necessaria est L aliquarum] categoricarum add. O verarum] notarum L 20 ut] verbi gratia L 21 magister…currit] etc. L Contra…solvetur] om. O 22 aliqui] L om. A 23 ut[2]] ipsi L sequeretur] sequitur L 24 erit] de add. L 25 ponendam] L om. A et] om. L sic? add. A solvetur] Sequitur ergo ad secundum et ponendae sunt regulae add. L

Cap. IV.2 ⟨Capitulum secundum de regulis circa consequentias simplices⟩

Quantum ad secundum restat ponere regulas circa consequentias simplices, quarum prima est ista: Ad propositionem impossibilem sequitur quaelibet alia. Probatur ex quid nominis antecedentis et consequentis posito in primo capitulo, nam aliqua propositione existente impossibili impossibile est sic esse, sicut ipsa significat, non existente sic, sicut quaecumque alia propositio significat. Ergo propositio impossibilis est antecedens ad quamcumque aliam propositionem, et per consequens ad propositionem impossibilem sequitur quaecumque alia, et hoc est, quod communiter solet dici »Ad impossibile sequitur quodlibet«. Ideo sequitur »Homo est asinus, ergo homo currit«, nam ex quo antecedens est impossibile, ergo non existente sic, sicut significat consequens, impossibile est sic esse, sicut significat antecedens.

Secunda regula: Ad quamlibet propositionem sequitur propositio necessaria. Probatur iterum per quid nominis antecedentis et consequentis, nam impossibile est non esse sic, sicut significat propositio necessaria, ergo etiam impossibile est non esse sic, sicut significat propositio necessaria existente sic, sicut significat quaecumque alia. Et per consequens propositio necessaria consequens est ad quamcumque aliam. Ex quo sequitur istam consequentiam esse bonam »Homo currit, ergo asi-

3 Quantum] *Nullam distinctionem capituli hic habet* A Quantum...quarum] om. O restat ponere] L ponendum est A circa] ad L 4 est] regula O ista] L om. AO propositionem impossibilem] impossibile O 6 posito] Z positi ALOPS positae X in...capitulo] om. O nam] quia O 8 ipsa] om. O propositio] om. LO 9 propositio] om. O 10 quamcumque] quaecumque! O propositionem[1]] om. O 11 quaecumque] quaelibet L et...est] om. O 12 quod] ut O solet dici] dicitur O quodlibet] quaecumque alia O 13 Ideo] Ex quo LO sequitur] infertur L ergo] est! L nam] om. L quia O 14 ergo] LO om. A sicut] LO ut A 15 consequens] LO om. A significat[2]] LO om. A 16 antecedens] LO consequens A 17 Secunda regula] A-! O propositio] om. O 18 iterum] om. O antecedentis...consequentis] etc. O 19 nam] quia O 20 necessaria] illa add. L etiam] L om. AO 21 necessaria] non add. LOPSX 22 signifi-

Kapitel IV.2:
Die Regeln in bezug auf die einfachen Folgerungen

Was das zweite anbelangt, so steht nun an, Regeln in bezug auf die einfachen Folgerungen aufzustellen; die erste davon lautet wie folgt: Aus einem unmöglichen Satz folgt jeder beliebige andere Satz. Der Beweis dafür erfolgt aus der Namensdefinition des Vordersatzes und des Nachsatzes, die im ersten Kapitel vorgebracht wurde: Denn wenn ein Satz unmöglich ist, ist es unmöglich, daß es so ist, wie er bezeichnet, ohne daß es so ist, wie ein beliebiger anderer Satz bezeichnet. Also ist ein unmöglicher Satz Vordersatz zu jedem beliebigen anderen Satz, und folglich folgt aus einem unmöglichen Satz jeder beliebige andere Satz, und das ist der Punkt, der gemeinhin so formuliert zu werden pflegt: »Aus Unmöglichem folgt Beliebiges«. Daher folgt »Ein Mensch ist ein Esel, also läuft ein Mensch«, denn weil der Vordersatz unmöglich ist, gilt: Wenn es nicht so ist, wie der Nachsatz bezeichnet, ist es unmöglich, daß es so ist, wie der Vordersatz bezeichnet.

Regel 2: Aus jedem beliebigen Satz folgt ein notwendiger Satz. Der Beweis erfolgt wiederum aus der Namensdefinition des Vordersatzes und des Nachsatzes, denn es ist unmöglich, daß es nicht so ist, wie ein notwendiger Satz bezeichnet, also ist es auch unmöglich, daß es nicht so ist, wie ein notwendiger Satz bezeichnet, wenn es so ist, wie ein beliebiger anderer Satz bezeichnet. Und folglich ist ein notwendiger Satz Nachsatz zu jedem beliebigen anderen Satz. Daraus folgt, daß die Folgerung »Ein Mensch läuft, also ist ein Esel ein Lebewesen« oder »Ein Mensch läuft, also ist Gott« gültig ist, wenn man mit

cat] om. O quaecumque] quaelibet LO 23 quamcumque] quamlibet L quo] isto O sequitur] infertur L quod add. L 24 istam…bonam] ista consequentia est bona L ergo add. L

nus est animal« vel »Homo currit, ergo deus est« supponendo cum Aristotele, quod haec sit necessaria »Asinus est animal«.

Tertia regula: Ad quamlibet propositionem sequitur quaecumque alia, cuius contradictoria non potest simul stare cum ipsa, et ad nullam propositionem sequitur alia, cuius contradictoria potest simul stare cum ipsa. Et intelligo per propositionem O34rb stare cum alia sic esse, sicut significatur per unam, stare cum sic esse, sicut significatur per aliam. Et per oppositum per propositionem non stare cum alia intelligo sic esse, sicut significatur per unam, non stare cum sic esse, sicut significatur per reliquam.

Prima pars regulae patet, nam ponamus, quod impossibile sit cum propositione A stare propositionem B, tunc dico, quod ad A sequitur contradictorium ipsius B, scilicet non B. Patet, quia vel A non potest stare, et sic est impossibilis, ergo ad eam sequitur quodlibet per primam regulam. Vel A potest stare, et tunc necesse est stante A stare B vel non B, quia semper cuiuslibet contradictionis altera pars est vera. Sed impossibile est stante A stare B, ut positum est, ergo necesse est stante A stare non B. Et per consequens impossibile est stante A non stare non B, ergo ad A sequitur non B. Secunda pars regulae probatur, quia si simul stant A et non B, tunc sequitur, quod A stante non stat B. Cum ergo B et non B non stent simul, ergo possibile est stante A stare non B. Ergo ad A non sequitur B.

Quarta regula: Omnis consequentiae bonae ad contradictorium consequentis sequitur contradictorium antecedentis.

2 cum Aristotele] Cf. Aristotelem, Analytica priora, I.11, 31b6s.

1 vel] om. L 2 cum Aristotele] om. O 3 Tertia regula] A-! O sequitur] alia add. s. del. A quaecumque] quaelibet L 4 potest] LO possunt *ante corr.* A 5 et...ipsa] om. O 6 simul] L om. A intelligo] intelligendo L per] quod L 7 unam...per[1]] om. L 8 per[2]] om. L per[3]] om. LO 9 propositionem] om. L cum alia] om. L 11 reliquam] aliam LO 12 nam] quia O ponamus] ponatur O 14 ipsius] illius L 16 et tunc] LO ergo A 19 ut positum] LO om. A est[1]] L om. AO est[2]] om. L 20 A] om. O non[2]] om. L 21 non[1]] om. s. add. s.l. L regulae] patet add. s. del. A 22 tunc] om. LO sequitur] constat LO quod]

Aristoteles voraussetzt, daß der Satz »Ein Esel ist ein Lebewesen« notwendig ist.

Regel 3: Aus jedem Satz folgt ein beliebiger anderer Satz, dessen kontradiktorischer Satz nicht zusammen mit jenem stehen (wahr sein) kann, und aus keinem Satz folgt ein anderer, dessen kontradiktorischer Satz zusammen mit jenem stehen (wahr sein) kann. Und ich verstehe darunter, daß ein Satz mit einem anderen steht, Folgendes: Daß es so ist, wie von dem einen bezeichnet wird, steht zusammen damit, daß es so ist, wie vom anderen bezeichnet wird. Und im Gegensatz dazu verstehe ich darunter, daß ein Satz nicht mit einem anderen steht: Daß es so ist, wie von dem einen bezeichnet wird, steht nicht zusammen damit, daß es so ist, wie vom anderen bezeichnet wird[112].

Der erste Teil der Regel ist klar, denn nehmen wir an, daß es unmöglich ist, daß Satz B mit Satz A steht, dann sage ich, daß aus A der kontradiktorische Gegensatz von B folgt, nämlich Nicht-B. Das ist klar, denn entweder kann A nicht stehen, dann ist er unmöglich, also folgt aus ihm Beliebiges, gemäß der ersten Regel. Oder A kann stehen, und dann ist es notwendig, daß bei stehendem A B oder Nicht-B steht, weil von jedem Widerspruch gilt, daß immer ein Teil von ihm wahr ist. Aber es ist unmöglich, daß bei stehendem A B steht, wie angenommen wurde, also ist es notwendig, daß bei stehendem A Nicht-B steht. Und folglich ist es unmöglich, daß bei stehendem A Nicht-B nicht steht, also folgt aus A Nicht-B. – Der zweite Teil der Regel wird (so) bewiesen: Wenn A und Nicht-B zusammen stehen, dann folgt, daß bei stehendem A B nicht steht. Da also B und Nicht-B nicht zusammen stehen, ist es folglich möglich, daß bei stehendem A Nicht-B steht. Also folgt B nicht aus A.

Regel 4: Von jeder gültigen Folgerung gilt, daß aus dem kontradiktorischen Gegensatz des Nachsatzes der kontradiktorische Gegensatz des Vordersatzes folgt. Das ist klar, denn

tunc add. L 23 stat] L sequitur A sta! O stent] LO sunt A 24 stare non] L trsp. AO 25 Quarta regula] om. O Omnis] ALPS omnes OX

Patet, nam ponatur ad A sequi B, dico, quod ad non B sequitur non A, quia vel sic est vel possibile est simul cum non B stare A per praecedentem regulam. Sed necesse est stante A stare B per casum, ergo simul stabunt B et non B, quod est impossibile per commune principium »Impossibile est duo contradictoria simul stare«. Eodem modo probaretur, quod omnis propositio per modum consequentiae formata est bona consequentia, si ad contradictorium illius, quod denotatur esse consequens, A34ra sequitur contradictorium illius, quod denotatur esse antecedens.

Quinta regula: Si ad A sequitur B et ad B sequitur C, tunc C L35va sequitur ad A, et ad quodcumque sequitur B, ad illud sequitur C, et quicquid non sequitur ad A, non sequitur ad B, et ad quodcumque non sequitur C, ad illud non sequitur B. Et hoc est illud, quod communiter solet dici »Omnis consequentiae bonae quicquid sequitur ad consequens, sequitur ad antecedens, et ad quodcumque sequitur antecedens, ad illud sequitur consequens illius antecedentis, et quidquid non sequitur ad antecedens, non sequitur ad consequens, et ad quodcumque non sequitur consequens, ad illud non sequitur antecedens«.

Ista regula quattuor habet partes, prima pars est »Si ad A sequitur B et ad B sequitur C, tunc ad A sequitur C«. Nam si ad A sequitur B, tunc si ita est, sicut A significat, ita etiam est, sicut significat B, per quid nominis antecedentis et consequentis. Et cum ad B sequitur C, si ita est, sicut significat B, etiam ita est, sicut significat C. Ergo si ita est, sicut significat A, ita est, sicut significat C, et per consequens ad A sequitur C, quod

1 Patet] om. O nam] quia O ponatur] ponitur O quod add. O ad[1]] om. L om. s. add. s.l. O 3 regulam] om. LO 4 per casum] om. LO est] om. O 5 per] et L duo] om. O 6 stare] quia add. O 7 est] esset L consequentia] LO om. A 11 Quinta regula] om. O C[1]] et add. L 12 ad[2]] et ad add. L B] c O ad illud] LO om. A 13 C] b O 14 Et] om. O 15 illud] om. LO quod communiter] LO commune A solet dici] L dictum A dicitur O consequentiae] sic add. O 16 consequens] antecedens *ante corr. i.m.* O ad[2]] consequens add. s. del. O 17 antecedens] consequens L 18 consequens] antecedens L illius...antecedens] LO om. A 20 ad illud] O om. L 21 pars] LO om. A 22 tunc...C[2]] om.

man nehme an, daß aus A B folgt, (dann) sage ich, daß aus Nicht-B Nicht-A folgt, denn entweder ist es so oder ist es möglich, daß A zusammen mit Nicht-B steht, gemäß der vorangehenden Regel. Aber es ist notwendig, daß bei stehendem A B steht, gemäß der Annahme, also werden B und Nicht-B zusammen stehen, was unmöglich ist gemäß dem allgemeinen Prinzip »Es ist unmöglich, daß zwei kontradiktorisch entgegengesetzte (Sätze) zusammen stehen«. – Auf dieselbe Weise möge man beweisen, daß jeder Satz, der nach Art einer Folgerung gebildet ist, eine gültige Folgerung ist, wenn aus dem kontradiktorischen Gegensatz dessen, was als Nachsatz angegeben wird, der kontradiktorische Gegensatz dessen folgt, was als Vordersatz angegeben wird.

Regel 5: Wenn aus A B folgt und aus B C folgt, dann folgt C aus A, und woraus immer B folgt, daraus folgt C, und was immer aus A nicht folgt, folgt nicht aus B, und woraus immer C nicht folgt, daraus folgt nicht B. Und das ist der Punkt, der gemeinhin so ausgedrückt zu werden pflegt: »Von jeder gültigen Folgerung gilt: Was immer aus dem Nachsatz folgt, folgt aus dem Vordersatz, und woraus immer der Vordersatz folgt, daraus folgt der Nachsatz dieses Vordersatzes, und was immer aus dem Vordersatz nicht folgt, folgt nicht aus dem Nachsatz, und woraus immer der Nachsatz nicht folgt, daraus folgt nicht der Vordersatz«.

Diese Regel hat vier Teile, der erste Teil lautet »Wenn aus A B folgt und aus B C folgt, dann folgt C aus A«. (Beweis:) Wenn aus A B folgt, dann gilt: Wenn es so ist, wie A bezeichnet, ist es auch so, wie B bezeichnet, gemäß der Namensdefinition des Vordersatzes und des Nachsatzes. Und da aus B C folgt, gilt: Wenn es so ist, wie B bezeichnet, ist es auch so, wie C bezeichnet. Also: Wenn es so ist, wie A bezeichnet, ist es so, wie C bezeichnet, und folglich folgt C aus A, was zu beweisen war. –

L si] scilicet! O 23 etiam] om. L est[2]] erit O 24 sicut] LO ut A 25 etiam] L om. AO 26 sicut[1]] LO ut A sicut[2]] LO ut A 27 significat] LO om. A

erat probandum. Secunda pars probatur, nam ad quodcumque sequitur B, non potest stare, nisi stet B. Et cum B non possit stare, nisi stet C, sequitur, quod ad quodcumque sequitur B, ad illud sequitur C. Et per B stare intelligo sic esse, sicut B significat. Tertia pars patet, nam ponamus, quod D non sequitur ad A, et tamen B sequitur ad A. Probo, quod D non sequitur etiam ad B, nam ex quo D non sequitur ad A, A potest stare non stante D. Et quia quando A stat, B stat, sequitur, quod similiter B potest stare non stante D. Et per consequens D non sequitur ad B, quod erat probandum. Quarta pars probatur, nam sit, quod C sequitur ad B et non sequitur ad D, tunc etiam B non sequitur ad D. Probatur, nam ex quo C non sequitur ad D, tunc stante C potest stare non D per tertiam regulam. Et cum ad B sequitur C, stante C necesse est stare B. Et ergo, quando necesse est stare B, potest stare non D, et per consequens omnino ad D non sequitur B, quod fuit probandum.

Sexta regula: Impossibile est ex veris sequi falsum, similiter impossibile est ex possibli sequi impossibile, similiter impossi-
O34va bile est ex necessario sequi non necessarium.

Prima pars patet ex quid nominis antecedentis et consequentis, nam si ita est, sicut significat antecedens, etiam ita est, sicut significat consequens, et per consequens, si antecedens est verum, consequens est verum et non falsum. Secunda pars patet, nam si ita potest esse, sicut significat antecedens, tunc etiam potest esse ita, sicut significat consequens, et per consequens, si antecedens est possibile, et consequens. Tertia pars

1 probatur] patet LO ad] LO om. A 2 possit] potest L 3 nisi…C] om. L quod] om. LO 4 Et] om. LO B^{1}] ly L 5 nam] om. O D] b L 6 tamen] om. LO sequitur^{1}] sequatur L 7 etiam] LO om. A nam] quia O D] om. O 8 quia] Z om. ALOPSX quod] om. L 9 similiter] LO om. A per consequens] om. L 10 probatur] patet LO 11 nam] quia O sequitur^{1}] sequatur L sequitur^{2}] sequatur L 12 nam] quia O C] sequitur ad b et add. A 14 B^{1}] c LO b *ante corr.* O C^{1}] b LO C^{2}] LO b A B^{2}] LO c A Et] L om. A Et…B] om. O 16 omnino] A per quartam regulam E40vLOPSX D] A b E40vLOPSX B] Z d AE40vLOPSX fuit] erat LO 17 Sexta regula] om. O 18 impossibile^{1}] om. LO est] om. O possibli] impossibili L possibile O sequi] om. O similiter] L

Beweis für den zweiten Teil: Woraus immer B folgt, das kann nicht stehen, ohne daß B steht. Und da B nicht stehen kann, ohne daß C steht, folgt, daß woraus immer B folgt, daraus C folgt. Und darunter, daß B steht, verstehe ich, daß es so ist, wie B bezeichnet. – Der dritte Teil ist klar, denn nehmen wir an, daß D nicht aus A folgt, aber dennoch B aus A folgt. (Dann) beweise ich, daß D auch nicht aus B folgt, denn weil D nicht aus A folgt, kann A stehen, wenn D nicht steht. Und weil B steht, wenn A steht, folgt, daß ebenso B stehen kann, wenn D nicht steht. Und folglich folgt D nicht aus B, was zu beweisen war. – Beweis für den vierten Teil: Es sei der Fall, daß C aus B folgt und nicht aus D folgt, dann folgt auch B nicht aus D. Beweis: Weil C nicht aus D folgt, so kann bei stehendem C Nicht-D stehen, gemäß der dritten Regel. Und da aus B C folgt, ist es bei stehendem C notwendig, daß B steht. Also gilt: Wenn es notwendig ist, daß B steht, kann Nicht-D stehen, und folglich gilt überhaupt: Aus D folgt nicht B, was zu beweisen war.

Regel 6: Es ist unmöglich, daß aus Wahrem Falsches folgt, ebenso ist es unmöglich, daß aus Möglichem Unmögliches folgt, ebenso ist es unmöglich, daß aus Notwendigem Nicht-Notwendiges folgt.

Der erste Teil erhellt aus der Namensdefinition des Vordersatzes und des Nachsatzes, denn wenn es so ist, wie der Vordersatz bezeichnet, ist es auch so, wie der Nachsatz bezeichnet, und folglich: Wenn der Vordersatz wahr ist, ist der Nachsatz wahr und nicht falsch. – Der zweite Teil ist klar, denn wenn es so sein kann, wie der Vordersatz bezeichnet, dann kann es auch so sein, wie der Nachsatz bezeichnet, und folglich: Wenn der Vordersatz möglich ist, ist es auch der Nachsatz. – Der

sic A et O impossibile est[2]] om. O 19 necessario] necessariis L sequi] om. O 20 pars] om. O 21 nam] quia O etiam] LO et A 23 Secunda pars] secundum O 24 nam] om. O tunc] om. O 25 etiam] L om. A ita] sic O per consequens] pars L v- add. L 26 et] om. O consequens] erit possibile add. O Tertia pars] tertium O

patet, nam si ita necesse est esse, sicut significat antecedens, tunc etiam ita necesse est esse, sicut significat consequens, et per consequens, si antecedens est necessarium, et consequens.

Ex ista regula sequitur, quod si consequens alicuius consequentiae sit falsum, tunc et antecedens sit falsum. Similiter, si consequens alicuius consequentiae sit impossibile, tunc antecedens est impossibile. Similiter, si consequens alicuius consequentiae sit non necessarium, et antecedens. Et notanter dico »Si consequens non est possibile« et non dico »Si consequens non est possibile esse verum«, nam hic »Omnis propositio est A34rb affirmativa, ergo nulla propositio est negativa« antecedens est possibile et etiam possibile est esse verum, et consequens, quamvis sit possibile, tamen ipsum impossibile est esse verum, ut prius dicebatur. Tamen his non obstantibus ex falsis bene sequitur verum et ex impossibili possibile et ex non necessario necessarium. Primum patet per Aristotelem in secundo *Priorum*, similiter primum una cum secundo possunt imaginari, tertium autem patet per secundam regulam.

Sed diceret hic aliquis: Videtur, quod ex possibili potest sequi impossibile, sic arguendo »Omne currens est asinus, omnis homo est currens, ergo omnis homo est asinus«. Consequens est impossibile et antecedens est possibile, ut patet, haec enim est possibilis »Omne currens est asinus«, possibile enim

14 prius] Cf. Cap. IV.1. 16 per Aristotelem] Aristoteles, Analytica priora, II.2, 53b8.

1 nam] quia O necesse] LO necessario A 2 tunc] LO om. A etiam] L om. AO necesse] LO necessario A 4 ista regula] isto O quod] om. O 5 sit[1]] est LO falsum[1]] falsa O tunc] L quod A om. O et] om. LO sit[2]] est LO 6 consequentiae] om. O sit] est LO tunc] om. LO 8 sit] est LO et] om. L antecedens] non est necessarium add. L 9 et] om. L 10 nam] quia O hic] LO haec A 12 et[1]] LO om. A possibile[2]] consequens L est] LO om. A esse verum] possibile L et[2]] etiam add. A et consequens] om. L 14 prius] om. O dicebatur] dictum est O Tamen] om. O falsis] falso L bene sequitur] potest sequi LO 15 et[1]] LO om. A impossibili] potest sequi add. L necessario] potest sequi add. L 16 per Aristotelem] LO om. A in] L om. AO secundo] LO primo A Priorum] LO posteriorum A 17 similiter] L et O similiter…regulam] LO om.

dritte Teil ist klar, denn wenn es notwendig ist, daß es so ist, wie der Vordersatz bezeichnet, dann ist es auch notwendig, daß es so ist, wie der Nachsatz bezeichnet, und folglich: Wenn der Vordersatz notwendig ist, ist es auch der Nachsatz.

Aus dieser Regel folgt: Wenn der Nachsatz irgendeiner Folgerung falsch ist, dann ist auch der Vordersatz falsch. Ebenso: Wenn der Nachsatz irgendeiner Folgerung unmöglich ist, dann ist (auch) der Vordersatz unmöglich. Ebenso: Wenn der Nachsatz irgendeiner Folgerung nicht notwendig ist, dann ist es auch der Vordersatz. – Und ich sage ausdrücklich »Wenn der Nachsatz nicht möglich ist« und sage nicht »Wenn es für den Nachsatz nicht möglich ist, wahr zu sein«, denn in dem Beispiel »Jeder Satz ist bejahend, also ist kein Satz verneinend« ist der Vordersatz möglich und ist es für ihn auch möglich, wahr zu sein; dennoch ist es für den Nachsatz, obschon er möglich ist, unmöglich, wahr zu sein, wie schon früher gesagt wurde. – Unbeschadet dessen gilt dennoch: Aus Falschem folgt sehr wohl Wahres und aus Unmöglichem Mögliches und aus Nicht-Notwendigem Notwendiges. Das erste erhellt durch Aristoteles im zweiten Buch der *Ersten Analytiken*, ebenso kann man sich das erste sowie das zweite vorstellen, das dritte aber erhellt durch die zweite Regel.

Einwurf: Es scheint, daß aus Möglichem Unmögliches folgen kann, wenn man so argumentiert: »Jedes Laufende ist ein Esel, jeder Mensch ist laufend, also ist jeder Mensch ein Esel«. Der Nachsatz ist unmöglich und der Vordersatz ist möglich, wie einleuchtet: Der Satz »Jedes Laufende ist ein Esel« ist nämlich möglich, es ist nämlich möglich, daß nichts außer einem Esel

A possunt imaginari] LPSX patent per regulam primam O 18 tertium autem] L et tertium O patet] L om. O regulam] L om. O 19 Sed] L om. AO diceret] diceres O hic aliquis] om. O quod] om. L possibili] impossibili L potest] om. LO 20 sequi] sequitur O impossibile] possibile L sic] ut O arguendo] om. O Omne currens] omnis currit L 21 currens] currit L omnis[2]...asinus] om. L 22 impossibile] possibile L et] O om. AL antecedens] antecedente L est[2]] om. LO possibile] impossibile L ut] om. LO haec enim] nam haec L quia haec O 23 currens] currit L

est, quod nihil currat nisi asinus. Similiter haec est possibilis »Omnis homo est currens«, ut patet de se, ergo etc.

Respondetur negando, quod antecedens dictae consequentiae sit possibile, eo quod antecedens dictae consequentiae est una propositio copulativa composita ex maiore et minore et illa coniunctione copulativa *et*, videlicet haec »Omne currens est asinus et omnis homo est currens«. Modo haec copulativa est impossibilis, non quia aliqua eius pars sit impossibilis, sed quia eius partes sunt incompossibiles. Modo sicut prius dicebatur in tractatu de propositionibus, ad impossibilitatem copulativae sufficit eius partes esse incompossibiles.

Septima regula: Si ad A cum aliqua necessaria sibi apposita vel aliquibus necessariis sibi appositis sequitur B, tunc B sequitur ad A solum. Probatur, nam vel B est necessarium vel non est necessarium. Si est necessarium, tunc sequitur ad A solum per secundam regulam, quia necessarium sequitur ad quodlibet. Si autem B non est necessarium, vel ergo A est possibile vel impossibile. Si dicitur, quod A sit impossibile, tunc iterum ad A solum sequitur B, sicut sequitur ad A cum necessaria sibi apposita per primam regulam, scilicet »Ex impossibili sequitur quodlibet«. Si autem dicitur, quod A sit possibile, tunc vel stante A impossibile est B non stare vel stante A possibile est B non stare. Si primum, tunc ad A solum sequitur B, sicut sequitur ad A cum aliqua necessaria sibi apposita, per quid nominis antecedentis et consequentis. Si

9 prius] Cf. Cap. III.6.

1 currat] O currit AL 2 est currens] LO currit A de…etc] om. O 3 Respondetur] Respondeo O negando] om. O consequentiae] non add. O 4 sit] est O antecedens…consequentiae] om. O 5 propositio] L om. AO 6 copulativa] LO om. A haec] om. LO currens] est add. s. del. O 8 quia[1]] quod L aliqua eius] LO om. A pars…impossibilis[2]] LO partes sunt impossibiles A quia[2]] O om. A quod L 9 eius] LO om. A sicut…propositionibus] om. O 10 propositionibus] hypotheticis add. A 11 sufficit] sequitur L 12 Septima regula] om. O cum] om. O necessaria] om. O 13 aliquibus] LO quibusdam A 14 nam] L om. A quia O 15 est necessarium[1]] LO om. A est[2]] LO om. A 16 solum] om. O secundam] unam O 17 non est] LO trsp. A 18 impossibile[1]] LO non possibile

laufe. Ebenso ist der Satz »Jeder Mensch ist laufend« möglich, wie von selbst einleuchtet, also usw.

Antwort: Ich verneine, daß der Vordersatz der genannten Folgerung möglich ist, weil der Vordersatz der genannten Folgerung ein kopulativer Satz ist, der aus dem Obersatz und dem Untersatz sowie der kopulativen Konjunktion »und« zusammengesetzt ist, nämlich der Satz »Jedes Laufende ist ein Esel und jeder Mensch ist laufend«. Dieser kopulative Satz ist nun aber unmöglich, nicht weil ein Teil von ihm unmöglich wäre, sondern weil seine Teile miteinander unvereinbar sind. Wie aber schon früher im Traktat über die Sätze gesagt wurde, genügt es für die Unmöglichkeit eines kopulativen Satzes, daß seine Teile unvereinbar sind.

Regel 7: Wenn aus A zusammen mit einem diesem hinzugefügten notwendigen Satz – oder (zusammen mit) einigen diesem hinzugefügten notwendigen Sätzen – B folgt, dann folgt B (auch) aus A allein. Beweis: Entweder ist B notwendig oder es ist nicht notwendig. Wenn es notwendig ist, dann folgt es aus A allein, gemäß der zweiten Regel, daß Notwendiges aus Beliebigem folgt. Wenn aber B nicht notwendig ist, so ist A entweder möglich oder unmöglich. Wenn man sagt, daß A unmöglich ist, dann folgt B wiederum aus A allein, gleichwie es aus A zusammen mit einem diesem hinzugefügten notwendigen Satz folgt, gemäß der ersten Regel, nämlich »Aus Unmöglichem folgt Beliebiges«. Wenn man aber sagt, daß A möglich ist, dann gilt: Entweder ist es bei stehendem A unmöglich, daß B nicht steht, oder es ist bei stehendem A möglich, daß B nicht steht. Wenn das erste, dann folgt B aus A allein, gleichwie es aus A zusammen mit einem diesem hinzugefügten notwendigen Satz folgt, gemäß der Namensdefinition des Vordersatzes

A dicitur] dicatur L quod] dicitur add. s. del. A A] L om. AO 19 iterum] LO totum! A solum] LO om. A sicut] LO ergo A sequitur[2]] om. L cum] om. O 20 necessaria] necessario L apposita] apposito L scilicet] Z si A om. LOPS quia X 21 autem] om. O dicitur] O dicatur AL

autem dicitur, quod stante A possibile est B non stare, ergo stante A necesse est stare A et necessarium sibi appositum, cum impossibile sit necessarium non stare et cum impossibile sit A stante A non stare. Et per consequens ad A stare seu ad sic esse, sicut significatur per A, necesse est sic esse, sicut significatur per A et necessarium sibi appositum. Ergo ad A sequitur A cum necessaria sibi apposita, et cum ad A et necessariam sibi appositam sequatur B per positum, sequitur per primam partem quintae regulae, quod ad A solum sequitur B, quod L35vb erat probandum. Erat enim prima pars quintae regulae »Quic- O34vb quid sequitur ad consequens, sequitur ad antecedens«. Ex ista regula sequitur, quod sicut ad istam »Sortes est homo« una cum aliqua necessaria sibi apposita sequitur ista »Sortes est animal«, ita ad istam solam »Sortes est homo« sequitur ista »Sortes est animal«.

Octava regula: Quaelibet consequentia talis est formalis »Sortes est et Sortes non est, ergo baculus stat in angulo«. Probatur, nam sequitur in consequentia formali »Sortes est et Sortes non est, ergo Sortes est« a tota copulativa ad alteram A34va eius partem. Similiter sequitur »Sortes est et Sortes non est, ergo Sortes non est«, iterum a tota copulativa ad alteram eius partem. Et ultra sequitur »Sortes est, ergo Sortes est vel baculus stat in angulo«. Ista consequentia tenet, nam quaelibet propositio infert unam disiunctivam formaliter, cuius ipsa est pars. Et tunc ultra »Sortes est vel baculus stat in angulo«, sed

1 autem] om. O dicitur] O dicatur AL ergo] LPX contra AOS 2 necessarium] necessariam L appositum] oppositam L apposita O -m? add. s. del. O 3 cum[1]] tamen L sit] est LO et] om. L 4 sit] est O 6 et] om. L appositum] oppositam L appositam O sequitur] esse add. L 7 cum[1]] et L ad] LO ex A et[2]] om. L necessariam] O necessaria AL 8 appositam] O apposita AL sequatur] sequitur O sequitur] om. O primam] regulam add. s. del. O 9 quod[1]] et O 10 regulae] quod add. L 11 sequitur[1]...antecedens] LO etc. A ista regula] LO isto A 13 aliqua] om. L ista O 16 Octava regula] om. O 17 est[2]] verbi gratia add. L baculus] bacularius L 18 Probatur] consequentia add. A nam] quia O in] om. O 19 tota] om. L 20 Similiter] LO sic A 21 iterum...partem] L om. AO 22 ultra] ulterius L sequitur] om. O baculus]

und des Nachsatzes. Wenn man aber sagt, daß es bei stehendem A möglich ist, daß B nicht steht, so ist es bei stehendem A notwendig, daß A und ein ihm hinzugefügtes Notwendiges stehen, weil es unmöglich ist, daß ein Notwendiges nicht steht, und weil es unmöglich ist, daß bei stehendem A A nicht steht. Und folglich gilt: Infolge dessen, daß A steht, bzw. infolge dessen, daß es so ist, wie von A bezeichnet wird, ist es notwendig, daß es so ist, wie von A und einem ihm hinzugefügten Notwendigen bezeichnet wird. Also folgt aus A A zusammen mit einem ihm hinzugefügten notwendigen Satz, und weil aus A und einem ihm hinzugefügten notwendigen Satz gemäß der Annahme B folgt, folgt gemäß dem ersten Teil der fünften Regel, daß B aus A allein folgt, was zu beweisen war. Der erste Teil der fünften Regel lautete nämlich »Was immer aus dem Nachsatz folgt, folgt (auch) aus dem Vordersatz«. – Aus dieser Regel folgt: Wie aus dem Satz »Sokrates ist ein Mensch« zusammen mit einem ihm hinzugefügten notwendigen Satz der Satz »Sokrates ist ein Lebewesen« folgt, so folgt der Satz »Sokrates ist ein Lebewesen« aus dem Satz »Sokrates ist ein Mensch« allein.

Regel 8: Jeder Folgerung der folgenden Art ist formal: »Sokrates ist und Sokrates ist nicht, also steht der Stock in der Ecke«. Beweis: Es folgt in einer formalen Folgerung »Sokrates ist und Sokrates ist nicht, also ist Sokrates«, (nämlich) von einem ganzen kopulativen Satz auf einen Teil von ihm. Ebenso folgt »Sokrates ist und Sokrates ist nicht, also ist Sokrates nicht«, wiederum von einem ganzen kopulativen Satz auf einen Teil von ihm. Und ferner folgt »Sokrates ist, also ist Sokrates oder steht der Stock in der Ecke«. Diese Folgerung ist gültig, denn aus jedem Satz folgt formal ein disjunktiver Satz, von dem er ein Teil ist. Und dann weiter »Sokrates ist oder der Stock steht in der Ecke«, aber gemäß dem zweiten Teil des vorgenannten kopulativen Satzes ist Sokrates nicht, also steht

bacularius L 23 Ista] om. L nam] quia O 25 Et] LO om. A tunc] om. O vel…angulo] et Sortes non est b L sed…angulo] LO om. A

per secundam partem praedictae copulativae Sortes non est, ergo baculus stat in angulo. Ista consequentia tenet, nam a disiunctiva cum destructione unius eius partis ad alteram partem est consequentia formalis, quia omnis propositio sibi similis in forma, si formaretur, esset consequentia bona. Ista regula solet poni sub his verbis »Ad omnem copulativam ex duabus contradictoriis compositam sequitur quaelibet alia in consequentia formali«.

Nona regula: Si A et B sunt duae propositiones et omnis causa veritatis unius est causa veritatis alterius, tunc A et B mutuo se consequuntur. Et si nulla sit causa veritatis ipsius A, quin sit causa veritatis ipsius B, quamvis aliqua sit causa veritatis ipsius B, quae non est causa veritatis ipsius A, tunc ad A sequitur B et ad B non sequitur A.

Ista regula tres habet partes. Prima patet, nam si omnis causa veritatis ipsius A est causa veritatis ipsius B et e converso, tunc si ita est, sicut significat A, ita etiam est, sicut significat B, et per consequens ad A sequitur B et e converso, ex quo omnis causa veritatis ipsius A est causa veritatis ipsius B. Secunda pars patet, nam si omnis causa veritatis ipsius A sit causa veritatis ipsius B et non e converso, tunc si ita est, sicut significat A, etiam ita est, sicut significat B, et per consequens ad A sequitur B per quid nominis antecedentis et consequentis. Tertia pars patet, nam si aliqua est causa veritatis ipsius B, quae non est causa veritatis ipsius A, sic potest esse, sicut significat B, non existente sic, sicut significat A, et per consequens B non est antecedens ad A per quid nominis anteceden-

1 partem] O om. L praedictae] L om. O 2 baculus] O bacularius L Ista] om. LO nam] quia O a] O om. A ad L 3 disiunctiva] disiunctivam L destructione] LO distributione A eius] LO om. A alteram] aliam LO 4 partem] om. LO 6 omnem] LO unam A 7 duabus] duobus O in] om. LO 8 formali] formalis L 9 Nona regula] om. O sunt] LO sint A 10 alterius] ulterius *ante corr.* L 11 si] sit O 13 est] sit L ipsius[2]] om. O 15 Prima] LO om. A nam] quia O 16 causa veritatis[1]] LO veritas A ipsius[1]] om. O est] sit L ipsius[2]] om. O 17 sicut[1]] LO quod A 19 veritatis[1]] om. L ipsius[1]] om. LO A] b LO veritatis[2]] om. s. add. s.l. L ipsius[2]] om. O B] a LO 20 nam] quia O ipsius]

der Stock in der Ecke. Diese Folgerung ist gültig, denn von einem disjunktiven Satz mit der Vernichtung (Verneinung) eines Teils von ihm auf den anderen Teil liegt eine formale Folgerung vor, weil jeder Satz, der ihr der Form nach ähnlich ist, eine gültige Folgerung wäre, wenn er gebildet würde. – Diese Regel wird gewöhnlich in folgender Formulierung aufgestellt: »Aus jedem kopulativen Satz, der aus zwei kontradiktorischen Sätzen zusammengesetzt ist, folgt ein beliebiger anderer Satz in einer formalen Folgerung«.

Regel 9: Wenn A und B zwei Sätze sind und jeder Wahrheitsgrund des einen ein Wahrheitsgrund des anderen ist, dann folgen A und B wechselseitig auseinander. Und wenn es keinen Wahrheitsgrund von A gibt, der nicht Wahrheitsgrund von B ist, obschon es einen Wahrheitsgrund von B gibt, der kein Wahrheitsgrund von A ist, dann folgt B aus A und folgt A nicht aus B.

Diese Regel hat drei Teile: Der erste ist klar, denn wenn jeder Wahrheitsgrund von A ein Wahrheitsgrund von B ist und umgekehrt, dann gilt: Wenn es so ist, wie A bezeichnet, ist es auch so, wie B bezeichnet, und folglich folgt B aus A und umgekehrt, weil ja jeder Wahrheitsgrund von A ein Wahrheitsgrund von B ist. – Der zweite Teil ist klar, denn wenn jeder Wahrheitsgrund von A ein Wahrheitsgrund von B ist, aber nicht umgekehrt, dann gilt: Wenn es so ist, wie A bezeichnet, ist es auch so, wie B bezeichnet, und folglich folgt B aus A, gemäß der Namensdefinition des Vordersatzes und des Nachsatzes. – Der dritte Teil ist klar, denn wenn es einen Wahrheitsgrund von B gibt, der kein Wahrheitsgrund von A ist, kann es so sein, wie B bezeichnet, ohne daß es so ist, wie A bezeichnet, und folglich ist B nicht Vordersatz zu A, gemäß der Namensdefinition des Vordersatzes und des Nachsatzes. Was

om. O **21** non] sic add. L est sic add. O tunc] sic add. L **22** etiam] O tunc A et L et…B] LO om. A **24** nam] om. O ipsius] om. O **25** ipsius] om. O sic] sicut L sicut] sic L **26** sicut] LO ut A significat[2]] om. O consequens] con-/cum? add. s. del. O **27** A] patet add. L

tis et consequentis. Quid intelligendum sit per causam veritatis propositionis, dictum est in tractatu de propositionibus. Ista regula solet dici sub his verbis »Quotienscumque duarum propositionum causae veritatis sunt eaedem et aequales numero, illae mutuo se ad invicem consequuntur. Et si sint duae propositiones, quae sic se habent, quod omnes causae veritatis unius, puta ipsius A, sunt causae veritatis alterius, puta ipsius B, sed non e converso, tunc illa, quae habet plures causas veritatis, sequitur ad illam, quae habet pauciores, sed non e converso«.

Decima regula: Si A et B sunt duae propositiones eiusdem qualitatis et de eisdem terminis eodem modo supponentibus et de eadem copula, mutuo se consequuntur in consequentia formali. Et capio hic idem pro omnino consimili. Ista regula patet, quia per praecedentem regulam propositiones, quarum causae veritatis sunt eaedem et aequales numero, mutuo se consequuntur. Sed si A et B sunt duae propositiones eiusdem qualitatis et de eisdem terminis eodem modo supponentibus et eadem copula, habent easdem causas veritatis suae et aequales numero, ergo etc. Minor patet, eo quod causae veritatis unius propositionis ab alia non possunt diversificari nisi ex parte terminorum, scilicet quia sunt diversi vel quia aliter supponunt in una et aliter in alia, vel ex parte copulae, quia copula est O35ra diversa, vel ex parte qualitatis, quae reduci potest ad copulam, si negatio negans sit determinatio copulae.

2 dictum est] Cf. Cap. III.4.

1 Quid…propositionibus] om. O 2 de propositionibus] propositionis L 3 dici] poni L his] LO aliis A Quotienscumque] quandocumque L 4 eaedem] eadem L 5 ad] om. L si] om. L sint] sunt L 6 omnes causae] omnis causa L 7 unius] propositionis add. O ipsius[1]] om. O puta[2]] LO ut A 9 illam…pauciores] LO aliam A sed] L om. A et O non] LO nisi! A 11 Decima regula] om. O A] ab *ante corr.* O sunt] L sint AO eiusdem] eaedem O quantitatis add. s. del. A 12 eisdem] eiusdem L 13 de] LO om. A in] L om. AO 14 Et] hoc add. L capio] capitur LO hic] O om. AL 15 quia] om. O regulam propositiones] om. O 16 causae] esse! L eaedem] eadem L eodem O 17 sunt] LO om. A duae] L om. AO propositiones] sunt add. A 18 et[1]] LO

unter dem Wahrheitsgrund eines Satzes zu verstehen ist, wurde im Traktat über die Sätze gesagt. – Diese Regel wird gewöhnlich folgendermaßen formuliert: »Immer wenn die Wahrheitsgründe von zwei Sätzen dieselben sind und die gleiche Anzahl haben, dann folgen diese (Sätze) wechselseitig auseinander. Und wenn zwei Sätze vorliegen, die sich so verhalten, daß alle Wahrheitsgründe des einen, z. B. von A, Wahrheitsgründe des anderen sind, z. B. von B, aber nicht umgekehrt, dann folgt der Satz (B), der mehr Wahrheitsgründe hat, aus dem Satz (A), der weniger hat, aber nicht umgekehrt«.

Regel 10: Wenn A und B zwei Sätze sind, die dieselbe Qualität und dieselben Terme, die auf dieselbe Weise supponieren, sowie dieselbe Kopula haben, dann folgen sie wechselseitig auseinander in einer formalen Folgerung. Und verwende hier »dasselbe« für »ganz und gar ähnlich«. Diese Regel ist klar, denn gemäß der vorangehenden Regel folgen Sätze, deren Wahrheitsgründe dieselben sind und die gleiche Anzahl haben, wechselseitig auseinander. Aber wenn A und B zwei Sätze sind, die dieselbe Qualität und dieselben Terme, die auf dieselbe Weise supponieren, sowie dieselbe Kopula haben, haben sie dieselben Wahrheitsgründe in gleicher Anzahl, also usw. Der Untersatz ist klar, weil sich die Wahrheitsgründe eines Satzes von (denen) eines anderen Satzes nur hinsichtlich der Terme unterscheiden können, nämlich weil (diese) verschieden sind oder weil (diese) in dem einen Satz anders supponieren als in dem anderen Satz, oder hinsichtlich der Kopula, weil die Kopula verschieden ist, oder hinsichtlich der Qualität, die auf die Kopula zurückgeführt werden kann, wenn die Satznegation[113] eine Bestimmung der Kopula ist.

om. A 19 veritatis] om. O suae] om. LO 20 numero] LO om. A sive? add. s. del. O suae veritatis add. LO ergo] LO om. A etc] L om. AO Minor] O b A om. L eo quod] quia L causae] esse! L 21 ab alia] ad aliam LO nisi] vel add. O ex…terminorum] LO per terminos A 22 scilicet] om. LO vel] ex parte terminorum add. LO 24 reduci] reducit O potest] L posset A voce! O ad…copulae] om. O

Ex illa conclusione sequitur, quod ista consequentia sit bona A34vb »Sortes non currit, ergo non Sortes currit«, supponendo ly *non* utrobique stare negative. Patet, quia istae duae propositiones sunt eiusdem qualitatis, quia ambae sunt negativae, et sunt de eisdem terminis eodem modo supponentibus et sunt de eadem copula. Sequitur secundo, quod ista est bona consequentia iuxta unam regulam aequipollentiarum »Omnis homo non currit, ergo nullus homo currit«. Patet, quia istae propositiones sunt eiusdem qualitatis, quia ambae negativae, et sunt de eisdem terminis eodem modo supponentibus, quia utrobique tam subiectum quam praedicatum supponit confuse et distributive, et sunt de eadem copula. Sequitur tertio, quod ista est bona consequentia et formalis iuxta unam aliam regulam aequipollentiarum »Non omnis homo currit, ergo quidam homo non currit«. Similiter patet, sicut praecedens. Sequitur quarto, quod ista consequentia est bona iuxta unam aliam regulam aequipollentiarum »Non omnis homo non currit, ergo quidam homo currit«, similiter »Non nullus homo non currit, ergo quidam homo non currit«, quia antecedens et consequens sunt de eisdem terminis etc. Ecce, qualiter omnes aequipollentiae propositionum de inesse tenent per istam regulam.

Et notabiliter dixi »de eisdem terminis eodem modo supponentibus«, unde non sequitur »Cuiuslibet contradictionis altera pars non est vera, ergo nullius contradictionis altera pars est vera« propter hoc, quod non est omnino identitas suppositionis

1 illa] isto L conclusione] om. LO sit] est LO 2 supponendo] sumendo LO ly] illam negationem L negationem O 3 utrobique] ubique L stare] om. LO Patet] om. O 4 sunt[2]] L om. AO et sunt] om. L 5 sunt] L om. AO de] om. O 6 Sequitur…quod] Et O 7 unam] L una! A om. O 8 Patet] om. O propositiones] om. O 9 et] de eadem copula et add. O sunt de] om. O de] eadem copula et add. L 11 confuse] tantum add. s. del. O et] om. LO 12 et… copula] om. LO tertio] om. O ista] O om. AL 13 consequentia] om. O iuxta] per O unam] om. O aequipollentiarum] consequentiarum O 14 homo[1]] ALOPSX non add. AL 15 non] OPSX om. AL Similiter…praecedens] om. LO Sequitur…quod] om. L et O 16 ista…currit[1]] om. L consequentia] om. O iuxta…aequipollentiarum] om. O 17 non] OPSX om. A 18 homo[1]] AOPSX non add. A similiter] PSX sic A *lectio incerta* L om. O non] om. L 20 etc] et L

Aus dieser These folgt, daß die folgende Folgerung gültig ist: »Sokrates läuft nicht, also (gilt) nicht: Sokrates läuft«, unter der Voraussetzung, daß der Ausdruck »nicht« in beiden Fällen als Satznegation fungiert. Das ist klar, denn diese zwei Sätze haben dieselbe Qualität, weil beide verneinend sind, und haben dieselben Terme, die auf dieselbe Weise supponieren, und haben dieselbe Kopula. – Zweitens folgt, daß die folgende Folgerung gemäß einer Regel der Gleichwertigkeiten gültig ist: »Jeder Mensch läuft nicht, also läuft kein Mensch«. Das ist klar, denn diese Sätze haben dieselbe Qualität, weil beide verneinend sind, und haben dieselben Terme, die auf dieselbe Weise supponieren, weil in beiden Fällen sowohl das Subjekt als auch das Prädikat konfus und distributiv supponieren, und haben dieselbe Kopula. – Drittens folgt, daß die folgende Folgerung gemäß einer anderen Regel der Gleichwertigkeiten gültig und formal ist: »Nicht jeder Mensch läuft, also läuft irgendein Mensch nicht«. Das erhellt auf die gleiche Weise wie das Vorangehende. – Viertens folgt, daß die folgende Folgerung gemäß einer anderen Regel der Gleichwertigkeiten gültig ist: »Nicht jeder Mensch läuft nicht, also läuft irgendein Mensch«, ebenso »Nicht kein Mensch läuft nicht, also läuft irgendein Mensch nicht«, weil der Vordersatz und der Nachsatz dieselben Terme haben usw. – Siehe, wie alle Gleichwertigkeiten von assertorischen Sätzen auf dieser Regel beruhen.

Und ich sagte ausdrücklich »(haben) dieselben Terme, die auf dieselbe Weise supponieren«, denn es folgt nicht »Von einem jeden Widerspruch der eine Teil ist nicht wahr, also: Von keinem Widerspruch der eine Teil ist wahr«, und zwar deswegen, weil keine völlige Identität der Supposition der

Ecce qualiter] sic O aequipollentiae] A consequentiae LOPS propositiones X 21 propositionum] ALOS propositionis P om. X tenent] LO tenet A 22 Et] L om. AO 24 non] om. O pars²] non add. s. del. A 25 propter hoc] om. O quod] quia LO

terminorum in una et in alia. Unde ly *altera pars* in prima supponit confuse tantum, in secunda autem confuse et distributive, ut patet per regulas positas in tractatu de suppositionibus. Verumtamen bene sequitur »Cuiuslibet contradictionis non altera pars est vera, ergo nullius contradictionis altera pars est vera«, nam tunc omnes termini in una supponunt sicut in L36ra alia. Similiter propter idem illae non aequipollent nec se consequuntur »Omnis homo vel asinus non currit, ergo nullus homo vel asinus currit«, eo quod in prima ly *asinus* supponit non distributive, sed in secunda supponit distributive. Verumtamen istae bene consequuntur se »Omnis homo vel nullus asinus currit, ergo nullus homo vel asinus currit«. Similiter nec istae aequivalent »Cuiuslibet hominis asinus non currit« et »Nullius hominis asinus currit«, sed istae bene aequipollent »Cuiuslibet hominis nullus asinus currit« et »Nullius hominis asinus currit«.

Similiter per dictam regulam tenent aequipollentiae in propositionibus modalibus. Unde istae aequivalent »Omne B necesse est esse A« et »Nullum B non necesse est esse A«, similiter istae »Nullum B possibile est esse A«, »Omne B non possibile est esse A«, et sic de aliis.

Similiter per dictam regulam tenent omnes conversiones simplices. Unde sequitur formaliter »Nullus homo est currens, ergo nullum currens est homo«. Patet, quia sunt de eisdem

3 in…suppositionibus] Cf. Cap. II.7, apud regulam tertiam; Cap. II.6, regulam quintam.

1 terminorum] LO om. A quia add. s. del. O alia] altera L Unde] quia O 2 autem] L om. AO et] om. LO 3 ut…suppositionibus] om. O positas] om. L 4 Verumtamen] unde O contradictionis] et add. L 6 nam] quia O 7 Similiter] om. O idem] hoc O consequuntur] consequentur L 9 asinus[1]] non add. L eo] ex quo L 10 sed] om. O supponit] LO om. A Verumtamen] tamen O 11 bene] om. O consequuntur] consequentur L se] LO om. A asinus] homo L 12 Similiter] om. O 13 aequivalent] aequipollent LO et] igitur L om. O 14 sed…currit] LO om. A bene aequipollent] L om. O 15 et] z igitur L om. O 17 dictam] om. O in] de O propositionibus] LO om. A 18 aequivalent] aequipollent LO 19 et] igitur L om. O Nullum…A] om. L

Terme in dem einen und in dem anderen Satz vorliegt. So supponiert der Ausdruck »der eine Teil« im ersten Satz nur konfus, im zweiten aber konfus und distributiv, wie aus den Regeln erhellt, die im Traktat über die Suppositionen aufgestellt wurden. Jedoch folgt sehr wohl »Von einem jeden Widerspruch nicht der eine Teil ist wahr, also: Von keinem Widerspruch der eine Teil ist wahr«, denn dann supponieren alle Terme in dem einen Satz gleichwie in dem anderen Satz. Ebenso sind aus demselben Grund die folgenden Sätze nicht gleichwertig noch folgen sie auseinander: »Jeder Mensch oder (ein) Esel läuft nicht, also läuft kein Mensch oder Esel«, weil im ersten Satz der Ausdruck »Esel« nicht distributiv supponiert, aber im zweiten Satz distributiv supponiert. Jedoch folgen diese Sätze sehr wohl auseinander: »Jeder Mensch oder kein Esel läuft, also läuft kein Mensch oder Esel«. Ebensowenig sind diese Sätze äquivalent »Von einem jeden Menschen (ein) Esel läuft nicht« und »Von keinem Menschen (ein) Esel läuft«, aber diese Sätze sind sehr wohl gleichwertig: »Von einem jeden Menschen kein Esel läuft« und »Von keinem Menschen (ein) Esel läuft«.

Ebenso beruhen die Gleichwertigkeiten bei den modalen Sätzen auf der genannten Regel: So sind die folgenden Sätze äquivalent »Für jedes B ist es notwendig, ein A zu sein« und »Für kein B ist es nicht notwendig, ein A zu sein«, ebenso die Sätze »Für kein B ist es möglich, ein A zu sein«, »Für jedes B ist es nicht möglich, ein A zu sein«, usw. für die anderen (Modalausdrücke).

Ebenso beruhen alle einfachen Umkehrungen auf der genannten Regel: So folgt formal »Kein Mensch ist laufend, also ist kein Laufendes ein Mensch«. Das ist klar, denn (Vordersatz und Nachsatz) haben dieselben Terme, die auf dieselbe Weise

non] om. O 20 similiter] O sic A istae] om. O A] igitur add. O non] plus add. s. del. L 21 et...aliis] L om. AO 22 Similiter] om. O 23 Unde] quia O est currens] currit LO 24 currens] currit L Patet] om. O

terminis eodem modo supponentibus et de eadem copula et sunt eiusdem qualitatis.

Undecima regula: Ab omni propositione de termino distributo ad aliam de eodem termino non distributo est bona consequentia aliis similiter manentibus et hoc in consequentia formali, sed non e converso. Patet ex secunda et tertia parte nonae regulae, quia propositio de termino non distributo habet plures causas suae veritatis quam illa de eodem termino distributo ceteris paribus, ut patuit in tractatu de propositionibus. Sed per secundam partem nonae regulae, si duae propositiones A35ra habent easdem causas veritatis non aequales numero, tunc ad illam, quae habet pauciores, sequitur illa, quae habet plures, sed non e converso, per tertiam partem eiusdem regulae.

Ex ista regula tenent omnes consequentiae per subalternationem et omnes conversiones propositionum universalium in particulares. Unde sequitur formaliter »Omnis homo est animal, ergo quidam homo est animal«, similiter sequitur, quod ista consequentia est bona »Nullius hominis asinus currit, ergo omnis hominis quidam asinus non currit«, sed non e converso.

Duodecima regula: Ad nullam propositionem de aliquo termino stante confuse tantum per distributionem termini praecedentis sequitur propositio de illo termino stante determi-O35rb nate non remota distributione, sed bene sequitur remota distributione. Verbi gratia, non enim sequitur »Omnis homo est animal, ergo animal est omnis homo«. Ista regula probatur per nonam regulam, ut praecedens.

9 patuit] Cf. Cap. III.4.

1 terminis] et add. A 2 sunt] LO om. A 3 Undecima] om. O Ab…propositione] ad omnem propositionem LO 4 ad aliam] sequitur alia LO eodem] LO om. A est…consequentia] om. LO 5 in] L om. AO 6 sed] LO et A 7 non] LO om. A 8 suae] L om. AO illa] om. LO eodem] LO om. A 9 ceteris] prioribus add. L ut…propositionibus] om. O 11 easdem] eadem L veritatis] et add. L sed add. O tunc] om. L 12 habet[1]] om. O pauciores] pauciora L 14 Ex… regula] et per istam regulam L per subalternationem] LO subalternantes A 15 universalium] universales L 17 quidam homo] quoddam animal L animal] homo L 18 ista] regula add. L 19 quidam] aliquis LO 20 Duode-

supponieren, und dieselbe Kopula und haben (auch) dieselbe Qualität.

Regel 11: Von jedem Satz mit einem verteilten Term auf einen anderen Satz mit demselben, aber nicht verteilten Term, während die anderen (Teile) gleich bleiben, liegt eine gültige Folgerung vor, und zwar in einer formalen Folgerung, aber nicht umgekehrt. Das erhellt aus dem zweiten und dritten Teil der neunten Regel, weil ein Satz mit einem nicht verteilten Term mehr Gründe für seine Wahrheit hat als ein Satz mit demselben, aber verteilten Term, während das übrige gleich ist, wie im Traktat über die Sätze klar wurde. Aber gemäß dem zweiten Teil der neunten Regel gilt: Wenn zwei Sätze dieselben Wahrheitsgründe haben, aber nicht in gleicher Anzahl, dann folgt aus dem Satz, der weniger (Wahrheitsgründe) hat, der Satz, der mehr hat, aber nicht umgekehrt, gemäß dem dritten Teil derselben Regel.

Auf dieser Regel beruhen alle Folgerungen mittels Subalternation und alle Umkehrungen universaler Sätze in partikuläre. So folgt formal »Jeder Mensch ist ein Lebewesen, also ist irgendein Mensch ein Lebewesen«, ebenso folgt, daß die Folgerung »Von keinem Menschen (ein) Esel läuft, also: Von einem jeden Menschen irgendein Esel läuft nicht« gültig ist; aber nicht umgekehrt.

Regel 12: Aus keinem Satz mit einem Term, der infolge der Verteilung eines vorangehenden Terms nur konfus supponiert, folgt ein Satz mit jenem Term in determinierter Supposition, wenn die Verteilung nicht entfernt ist, aber sehr wohl folgt (ein solcher Satz), wenn die Verteilung entfernt ist. Es folgt nämlich z. B. nicht »Jeder Mensch ist ein Lebewesen, also: Ein Lebewesen ist jeder Mensch«. Diese Regel wird mittels der neunten Regel bewiesen, wie die vorangehende.

cima] secunda L om. O aliquo] L om. AO 21 stante] supponente LO 22 stante] supponente LO 23 sed...distributione[2]] om. L sequitur] O om. A 24 Verbi gratia] ut O enim] L om. AO 25 homo] LO om. A 26 regulam... praecedens] om. O

Ex isto sequitur, quod non est bona consequentia »Cuiuslibet hominis asinus currit, ergo asinus cuiuslibet hominis currit«, nec sequitur »Cuiuslibet contradictionis altera pars est vera, ergo altera pars cuiuslibet contradictionis est vera«. Sed bene sequitur »Cuiuslibet hominis asinus currit, igitur asinus hominis currit«, similiter bene sequitur »Cuiuslibet contradictionis altera pars est vera, ergo altera pars contradictionis est vera«, similiter bene sequitur »Omnis homo est animal, ergo animal est homo«. Et ergo dixi »quando removetur distributio vel distribuens, bene sequitur«.

Tertia decima regula est: Nulla talis consequentia est formalis »B fuit A, ergo quod est B, fuit A«, sed bene valet e converso, scilicet »Quod est B, fuit A, ergo B fuit A«, et hoc, quando propositio non est universalis. Patet, quia iste modus loquendi, scilicet »B fuit A«, ponit ampliationem subiecti, ille autem modus loquendi »Quod est B, fuit A« non ponit ampliationem subiecti, sed restringit suppositionem subiecti pro eo, quod est, per ly *quod est*, et ergo prima habet plures causas veritatis quam secunda. Sed modo a propositione habente plures causas veritatis ad propositionem habentem pauciores non valet consequentia per tertiam partem nonae regulae, sed a propositione habente pauciores causas veritatis ad propositionem habentem plures bene valet consequentia. Modo ista »B fuit A« habet plures causas suae veritatis quam ista »Quod est B, fuit A«, quia in ista »B fuit A« subiectum ampliatur ad

1 non] om. L 4 cuiuslibet] om. O Sed...sequitur] similiter O 5 Cuiuslibet... sequitur] L om. AO 7 pars[2]] cuiuslibet add. L 9 Et...sequitur] om. O removetur] ammoveretur L 10 vel...sequitur] L om. A 11 Tertia decima] om. O est[1]] L om. AO Nulla...formalis] nullae tales consequentiae sunt formales LO 12 est] fuit *ante corr. s.l.* O valet] LO om. A 14 est] fuerit L Patet] om. L 15 scilicet...loquendi] om. O ponit] permittit L 16 ponit] permittit LO ampliationem subiecti] LO om. A 17 restringit] S restringitur AE41vLOPX sub- add. s. del. O suppositionem subiecti] E41vS suppositio subiecti ALOP subiectum suppositioni X 18 et] om. O ergo] conclusio L 19 veritatis] om. L Sed] om. L a...habente] ad propositionem habentis! O 20 habentem] habente! O 21 partem] om. O 22 a...consequentia] LO e converso A 23 ha-

Daraus folgt, daß dies keine gültige Folgerung ist: »Von einem jeden Menschen (ein) Esel läuft, also läuft (ein) Esel eines jeden Menschen«, und es folgt nicht: »Von einem jeden Widerspruch der eine Teil ist wahr, also: Der eine Teil von einem jeden Widerspruch ist wahr«. Aber sehr wohl folgt: »Von einem jeden Menschen (ein) Esel läuft, also läuft ein Esel eines Menschen«, ebenso folgt sehr wohl: »Von einem jeden Widerspruch der eine Teil ist wahr, also: Der eine Teil eines Widerspruchs ist wahr«, ebenso folgt sehr wohl: »Jeder Mensch ist ein Lebewesen, also: Ein Lebewesen ist ein Mensch«. – Und deshalb sagte ich »wenn die Verteilung oder das Verteilende entfernt wird, folgt es sehr wohl«.

Regel 13: Keine Folgerung der folgenden Art ist formal: »Ein B war ein A, also: Was ein B ist, war ein A«, aber umgekehrt ist (die Folgerung) sehr wohl gültig, nämlich »Was ein B ist, war ein A, also: Ein B war ein A«; und zwar gilt dies, wenn der Satz nicht universal ist. Das ist klar, denn diese Redeweise, nämlich »Ein B war ein A«, bedingt eine Erweiterung des Subjekts, jene Redeweise hingegen »Was ein B ist, war ein A« bedingt keine Erweiterung des Subjekts, sondern beschränkt die Supposition des Subjekts auf das, was ist, und zwar durch den Ausdruck »was ist«; und folglich hat der erste Satz mehr Wahrheitsgründe als der zweite. Nun ist aber gemäß dem dritten Teil der neunten Regel die Folgerung von einem Satz, der mehr Wahrheitsgründe hat, auf einen Satz, der weniger hat, nicht gültig, aber von einem Satz, der weniger Wahrheitsgründe hat, auf einen Satz, der mehr hat, ist die Folgerung sehr wohl gültig. Aber der Satz »Ein B war ein A« hat mehr Gründe für seine Wahrheit als der Satz »Was ein B ist, war ein A«, weil in dem Satz »Ein B war ein A« das Subjekt durch das Verb »war« auf Vergangenes erweitert wird, wie im Kapitel

bentem] L habentes! O consequentia] O om. L **24** suae] O om. AL **25** A[1]] LO om. A unde add. LO in] om. O

praeterita per hoc verbum *fuit*, ut patuit in capitulo de ampliationibus. Ergo si »Quod fuit B, fuit A« est verum, haec est vera »B fuit A«, etiam si »Quod est B, fuit A« est verum, haec est vera »B fuit A«. Sed ista »Quod est B, fuit A«, ex quo subiectum eius est restrictum ad praesentia, non sufficit ad eius veritatem, quod illud, quod fuit B, fuit A. Hoc tamen sufficeret ad veritatem istius »B fuit A«, ergo non valet consequentia »B fuit A, ergo quod est B, fuit A«, sed bene e converso valet »Quod est B, fuit A, ergo B fuit A«. Ex isto sequitur, quod non valet ista consequentia »Animal fuit in arca Noe, ergo quod est animal, fuit in arca Noe«, similiter non valet consequentia »Album fuit nigrum, ergo quod est album, fuit nigrum«, nam antecedens est verum et consequens falsum posito, quod iam non esset aliquod album.

Quarta decima regula: Nullae tales consequentiae sunt formales »B erit A, ergo quod est B, erit A«, sed bene e converso, scilicet »Quod est B, erit A, ergo B erit A«. Probatur sicut praecedens. Similiter nullae tales consequentiae sunt bonae »B
A35rb potest esse A, ergo quod est B, potest esse A«, sed bene e converso. Probatur sicut praecedens. Et universaliter, quandocumque subiectum ampliatur et non est propositio universalis, nullae tales consequentiae sunt bonae nec valent gratia formae »B fuit A, ergo quod est B, fuit A«. Patet, quia quando propositio non universalis est, propositio, cuius subiectum ampliatur, habet plures causas veritatis quam illa, cuius subiectum non ampliatur, sed restringitur ad praesentia. Sed per nonam regu-

1 patuit] Cf. Cap. II.11, regulam primam.

1 praeterita] praeteritam!/-um? L ut…ampliationibus] om. O patuit] patet L 2 B] a L A] b L 3 A[1]] om. L haec] LO hoc A 4 vera] LO verum A Sed] sicut L 5 eius[1]] non add. O sufficit] supponit L 8 valet] L om. AO 9 Quod…A[2]] LO om. A isto] quo O 10 consequentia] om. O ergo…Noe] om. L 11 consequentia] om. O 12 fuit[1]] est L ergo] om. L nam] quia O 13 est] esset LO 14 non] nec! L nihil O aliquod] om. LO 15 Quarta decima] om. O 16 bene] om. O 18 Similiter nullae] Nec O consequentiae] om. LO sunt bonae] valent O 19 bene] valet add. O 20 Probatur…praecedens] L om. AO quandocumque] quando O 22 nullae] nec O nec valent] om. O valent] valet

über die Erweiterungen klar wurde. Wenn also »Was ein B war, war ein A« wahr ist, dann ist der Satz »Ein B war ein A« wahr, und auch wenn »Was ein B ist, war ein A« wahr ist, ist der Satz »Ein B war ein A« wahr. Aber weil das Subjekt des Satzes »Was ein B ist, war ein A« auf Gegenwärtiges beschränkt ist, genügt für seine Wahrheit nicht, daß das, was ein B war, ein A war. Das genügte jedoch für die Wahrheit des Satzes »Ein B war ein A«, also ist diese Folgerung nicht gültig: »Ein B war ein A, also: Was ein B ist, war ein A«, aber sehr wohl gilt umgekehrt: »Was ein B ist, war ein A, also: Ein B war ein A«. – Daraus folgt, daß diese Folgerung nicht gültig ist: »Ein Lebewesen war auf der Arche Noah, also: Was ein Lebewesen ist, war auf der Arche Noah«, ebenso ist die Folgerung nicht gültig: »Ein weißes Ding war schwarz, also: Was ein weißes Ding ist, war schwarz«, denn der Vordersatz ist wahr und der Nachsatz falsch unter der Annahme, daß es jetzt kein weißes Ding gäbe.

Regel 14: Keine Folgerungen der folgenden Art sind formal: »Ein B wird ein A sein, also: Was ein B ist, wird ein A sein«, aber sehr wohl umgekehrt, nämlich »Was ein B ist, wird ein A sein, also: Ein B wird ein A sein«. (Diese Regel) wird wie die vorangehende bewiesen. – Ebenso sind keine Folgerungen der folgenden Art gültig: »Ein B kann ein A sein, also: Was ein B ist, kann ein A sein«, aber sehr wohl umgekehrt. (Diese Regel) wird (ebenfalls) wie die vorangehende bewiesen. – Und ganz allgemein gilt: Immer wenn das Subjekt erweitert wird und der Satz nicht universal ist, sind keine Folgerungen der folgenden Art gültig noch gelten sie aufgrund der Form: »Ein B war ein A, also: Was ein B ist, war ein A«. Das ist klar, denn wenn ein Satz nicht universal ist, dann hat der Satz, dessen Subjekt erweitert wird, mehr Wahrheitsgründe als der Satz, dessen Subjekt nicht erweitert wird, sondern auf Gegenwärtiges be-

L gratia formae] O om. AL 23 fuit[1]] A est LOPS om. X fuit[2]] A est LOPS om. X 24 non...est] LO om. A propositio] O om. AL 25 illa] propositio LO 26 Sed] et O

lam a propositione habente plures causas suae veritatis ad propositionem habentem pauciores non valet consequentia, sed bene e converso valet. Ex hoc sequitur, quod non valet illa consequentia »Homo est mortuus, ergo qui est homo, est mortuus«, sed bene e converso valet, scilicet »Qui est homo, est mortuus, ergo homo est mortuus«. Unde bene ista »Homo est mortuus« habet plures causas suae veritatis quam ista »Qui est homo, est mortuus«, et eadem causa veritatis illius »Qui est homo, est mortuus« est causa veritatis istius »Homo est mor- L36rb tuus«. Ergo bene sequitur »Qui est homo, est mortuus, ergo homo est mortuus«, sed non e converso.

Quinta decima regula: Omnes tales consequentiae non valent, quando propositiones sunt universales affirmativae, »Omne A est B, ergo omne, quod est A, est B«, nec e converso, scilicet »Omne, quod est A, est B, igitur omne A est B«. Patet, nam quaelibet earum potest habere unam causam suae verita- O35va tis, quae non est causa veritatis alterius, ergo unius ad aliam non est bona consequentia, nec e converso. Tenet consequentia per nonam regulam. Assumptum probatur, nam in ista »Omne A est B« non prohibetur ampliatio subiecti, sed in ista »Omne, quod est A, est B« prohibetur ampliatio subiecti per ly *quod est*. Ergo in prima subiectum distribuitur pro pluribus quam in secunda, et per consequens habet aliquam causam veritatis, quam non habet secunda, et per consequens consequentia non valet. Verbi gratia, non enim sequitur »Omnis homo est mor-

1 suae] L om. AO ad…pauciores] LO etc. A 2 habentem] L habentes O 3 bene] LO om. A valet[1]] O om. AL Ex hoc] om. O hoc] quo L valet[2]] est bona O 4 consequentia] om. O Homo] non add. s. del. O qui] O quod AL mortuus[2]] LO mortuum A 5 bene] L om. AO valet…mortuus[2]] LO om. A scilicet] O om. L Qui] O quod L est[2]] L om. O 6 Unde…mortuus] om. L bene] om. O 7 suae] om. LO Qui] quod L 8 et…mortuus] LO om. A veritatis] O om. L Qui] O quod L 9 est mortuus[1]] O om. L istius] om. L 11 sed] LO et A 12 Quinta decima] om. O valent] videlicet add. L 14 nec…converso] om. L 15 scilicet…B[2]] O om. AL 16 nam] quia O suae] om. O 17 quae] quia L aliam] alia! O 18 nec] non L 19 nonam] om. O regulam] om. L nam] quia O in] om. L 20 sed…subiecti] om. L 21 A] b O B] a O 22 Ergo] om. L 23 et…secunda] om. L consequens] non add. A veritatis] O

schränkt wird. Aber gemäß der neunten Regel ist die Folgerung von einem Satz, der mehr Gründe für seine Wahrheit hat, auf einen Satz, der weniger hat, nicht gültig, aber umgekehrt ist sie sehr wohl gültig. – Daraus folgt, daß diese Folgerung nicht gültig ist: »Ein Mensch ist tot, also: Wer ein Mensch ist, ist tot«, aber umgekehrt ist sie sehr wohl gültig, nämlich: »Wer ein Mensch ist, ist tot, also: Ein Mensch ist tot«. So hat der Satz »Ein Mensch ist tot« durchaus mehr Gründe für seine Wahrheit als der Satz »Wer ein Mensch ist, ist tot«, und der nämliche Wahrheitsgrund des Satzes »Wer ein Mensch ist, ist tot« ist (auch) ein Wahrheitsgrund des Satzes »Ein Mensch ist tot«. Also folgt sehr wohl: »Wer ein Mensch ist, ist tot, also: Ein Mensch ist tot«, aber nicht umgekehrt.

Regel 15: Alle Folgerungen der folgenden Art sind nicht gültig, wenn die Sätze bejahende Universalsätze sind: »Jedes A ist ein B, also: Alles, was ein A ist, ist ein B«, und auch nicht umgekehrt, nämlich: »Alles, was ein A ist, ist ein B, also: Jedes A ist ein B«. Das ist klar, denn jeder von ihnen kann einen Grund für seine Wahrheit haben, der kein Wahrheitsgrund des anderen ist, also ist die Folgerung von einem auf den anderen nicht gültig, und auch nicht umgekehrt. Die Folgerung ist gültig aufgrund der neunten Regel. Beweis für die Annahme: In dem Satz »Jedes A ist ein B« wird die Erweiterung des Subjekts nicht verhindert, aber in dem Satz »Alles, was ein A ist, ist ein B« wird die Erweiterung des Subjekts durch den Ausdruck »was ist« verhindert. Also wird das Subjekt im ersten Satz für mehr Dinge verteilt als im zweiten, und folglich hat (der erste Satz) einen Wahrheitsgrund, den der zweite nicht hat, und folglich ist die Folgerung nicht gültig. Es folgt nämlich z. B. nicht »Jeder Mensch ist tot, also: Jeder Mensch, der

om. A 24 non[1]] om. O habet] in add. A secunda] alia O et per] LO om. A consequens] L om. AO 25 Verbi gratia] L si ergo A ut O enim] L om. AO

tuus, ergo omnis homo, qui est, est mortuus«. Similiter ista »Omne B est A« potest habere aliquam causam veritatis, quam non habet ista »Omne, quod est B, est A«, nam posito, quod nullum esset B, adhuc haec posset esse vera »Omne B est A«, si praedicatum esset terminus ampliativus, et tamen ista esset falsa »Omne, quod est B, est A«. Posito enim, quod nulla rosa esset, adhuc haec esset vera »Omnis rosa est intelligibilis«, et tamen ista esset falsa »Omne, quod est rosa, est intelligible«. Et sciendum, quod suppono hic omnes istas esse exponendas non per propositiones disiunctivas, sed per propositiones de disiuncto extremo. Unde ista »Omne B est A« debet exponi, si praedicatum terminus sit ampliativus, in istam »Omne, quod est vel fuit vel erit vel potest esse B, est A«, et hoc secundum exigentiam termini ampliativi.

Finaliter illae consequentiae non valent »Omne A est B, ergo omne, quod est A, est B«, »Omne, quod est A, est B, ergo omne A est B«. Verbi gratia non sequitur »Omnis rosa est intelligibilis, ergo omne, quod est rosa, est intelligibile«, posito enim, quod nulla rosa sit, antecedens est verum et consequens falsum. Similiter non sequitur »Omnis homo, qui est, est baptizatus, ergo omnis homo est baptizatus«, posito enim, quod omnes homines, qui modo sunt, sint baptizati, et ante istos plures non fuerint baptizati, qui modo non sunt, antecedens est verum et consequens falsum. Quod antecedens sit verum, patet per casum, quod consequens sit falsum, patet, nam ratione istius

1 omnis…est[1]] LPS qui est omnis homo A homo (om. s. add. i.m.: qui) O omnis qui est homo X Similiter] LO sed A 3 ista] LO om. A Omne] om. L nam] quia O 4 haec] om. O posset] potest L 5 esset[1]] erit L tamen] tunc L ista] om. O esset[2]] esse *ante corr.* L erit *post corr.* L 6 Posito] posita L enim] om. O 7 adhuc] om. O haec] LO om. A 8 esset] om. O intelligible] LO om. A Et] LO om. A 9 sciendum] LO intelligendum A suppono hic] om. O istas] om. L istae O esse exponendas] sunt exponendae O 10 propositiones[1]] om. O per propositiones[2]] LO om. A 11 B] a LO A] b LO exponi] sic add. L 12 praedicatum] X om. ALOP subiectum S istam] illa LO propositione add. L 13 erit] est L B] a L om. O est[2]] AOS fuit L vel fuit P om. X vel fuit vel erit add. A vel erit vel potest esse add. LP vel fuit vel erit vel potest esse add. O est A] om. X A] b L est b add. O 14 ampliativi] Sexta decima regula add. LPSX Regula

ist, ist tot«. Ebenso kann der Satz »Jedes B ist ein A« einen Wahrheitsgrund haben, den der Satz »Alles, was ein B ist, ist ein A« nicht hat, denn angenommen, daß es kein B gäbe, so könnte der Satz »Jedes B ist ein A« noch immer wahr sein, wenn das Prädikat ein erweiternder Term wäre, und dennoch wäre der Satz »Alles, was ein B ist, ist ein A« falsch. Gesetzt nämlich, daß es keine Rose gäbe, so wäre der Satz »Jede Rose ist vorstellbar« noch immer wahr, und dennoch wäre der Satz »Alles, was eine Rose ist, ist vorstellbar« falsch. – Festzuhalten ist: Ich setze hier voraus, daß alle diese Sätze nicht mit disjunktiven Sätzen auszulegen sind, sondern mit Sätzen mit einem disjunkten Satzglied. So muß der Satz »Jedes B ist ein A«, wenn das Prädikat ein erweiternder Term ist, zu folgendem Satz ausgelegt werden: »Alles, was ein B ist oder war oder sein wird oder sein kann, ist ein A«, und zwar gemäß dem Erfordernis des erweiternden Terms.

Abschließend (sage ich): Diese Folgerungen sind nicht gültig: »Jedes A ist ein B, also: Alles, was ein A ist, ist ein B«, »Alles, was ein A ist, ist ein B, also: Jedes A ist ein B«. Z. B. folgt nicht »Jede Rose ist vorstellbar, also: Alles, was eine Rose ist, ist vorstellbar«, gesetzt nämlich, daß es keine Rose gebe, so ist der Vordersatz wahr und der Nachsatz falsch. Ebenso folgt nicht »Jeder Mensch, der ist, ist getauft, also: Jeder Mensch ist getauft«, gesetzt nämlich, daß alle Menschen, die jetzt sind, getauft seien, und vor diesen etliche nicht getauft gewesen seien, die jetzt nicht sind, so ist der Vordersatz wahr und der Nachsatz falsch. Daß der Vordersatz wahr ist, erhellt aus der An-

add. O 15 Finaliter] AX si naturaliter! LP om. O formaliter S 16 Omne…B] om. L 17 Verbi gratia] L universaliter ergo A unde O 20 Similiter non] nec O Omnis] LO om. A est[2]] om. L 21 ergo] igitur add. O enim] L om. AO 22 modo] om. L sunt] sint O sint] LO sunt A modo add. L ante] om. L plures] qui add. L non] om. O 23 fuerint] O fuerunt AL sunt] sint O 24 Quod…patet] om. O 25 nam] quia O

termini *baptizatus* significat, quod omnis homo, qui est vel fuit, est baptizatus, modo hoc est falsum, quia Adam est vel fuit homo, et tamen Adam non est baptizatus. Similiter non sequitur »Omnis planeta, qui est lucens super nostrum hemisphaerium, est sol, ergo omnis planeta lucens super nostrum hemisphaerium potest esse sol«, antecedens enim iam est verum et consequens falsum ex eo, quod ipsum ratione istius verbi *potest*, sicut iam supra dictum est in tractatu de suppositionibus
A35va de terminis ampliativis, significat, quod omnis planeta, qui est vel potest esse lucens supra nostrum hemisphaerium, potest esse sol. Modo hoc est falsum, quia luna est vel potest esse planeta lucens supra nostrum hemisphaerium, et tamen luna non potest esse sol.

Sexta decima regula: Nullae tales consequentiae sunt formales »Nullum, quod est B, est A, ergo nullum B est A«, scilicet quando propositiones sunt negativae universales, sed bene valent consequentiae e converso. Non enim sequitur »Nullus homo, qui est, est mortuus, ergo nullus homo est mortuus«, prima enim habet aliquam causam veritatis, quam non habet secunda. Ad veritatem enim primae sufficit, quod nullus homo sit praesens vel quod nullus sit homo vivens praesentaliter, qui sit mortuus, sed hoc non sufficit ad veritatem secundae, nam ad veritatem secundae requiritur, quod nullus sit homo nec fuerit, qui sit mortuus. Omnis autem causa veritatis secundae est causa veritatis primae, ergo a prima ad secundam non valet

8 supra] Cf. Cap. II.11, regulam tertiam.

1 baptizatus] qui add. L significat] LX significaret? A homo] om. O vel] et L **2** est[1]] sit O modo] om. O est[2]] om. O quia...baptizatus] om. O **3** Adam] om. L est] L fuit A non[2]] om. O **4** qui est] om. O **5** est] LO potest esse A **6** sol] Sor! O enim] om. O iam] LO om. A **8** sicut] secundum quod L sicut...ampliativis] om. O iam supra] om. L tractatu] om. L de suppositionibus] Z de propositionibus A om. E42rX propositionibus L **9** de...ampliativis] E42rLX om. A quod] iam add. A **10** potest[2]] esse? add. s. del. O potest esse[2]] est L **11** Modo hoc] quod LO **12** planeta] LO om. A lucens] nr- add. s. del. O **13** potest esse] est L **14** Sexta decima] Septima decima L om. O tales] om. L consequentiae] om. O **15** nullum] quod est add. L B[2]] a L

nahme; daß der Nachsatz falsch ist, ist klar, denn aufgrund des Terms »getauft« bezeichnet er, daß jeder Mensch, der ist oder war, getauft ist, das ist nun aber falsch, denn Adam ist oder war ein Mensch, und dennoch ist Adam nicht getauft. Ebenso folgt nicht »Jeder Planet, der über unserer Hemisphäre leuchtet, ist die Sonne, also: Jeder Planet, der über unserer Hemisphäre leuchtet, kann die Sonne sein«, der Vordersatz nämlich ist jetzt wahr und der Nachsatz ist deshalb falsch, weil er aufgrund des Verbs »kann« – wie schon oben, im Traktat über die Suppositionen, über die erweiternden Terme gesagt wurde – bezeichnet, daß jeder Planet, der über unserer Hemisphäre leuchtend ist oder sein kann, die Sonne sein kann. Aber das ist falsch, weil der Mond ein Planet ist oder sein kann, der über unserer Hemisphäre leuchtet, aber der Mond dennoch nicht die Sonne sein kann.

Regel 16: Keine Folgerungen der folgenden Art sind formal: »Nichts, was ein B ist, ist ein A, also: Kein B ist ein A«, nämlich wenn die Sätze verneinende Universalsätze sind, aber sehr wohl sind die umgekehrten Folgerungen gültig. Es folgt nämlich nicht »Kein Mensch, der ist, ist tot, also: Kein Mensch ist tot«, der erste Satz hat nämlich einen Wahrheitsgrund, den der zweite nicht hat. Für die Wahrheit des ersten genügt es nämlich, daß kein Mensch gegenwärtig ist oder daß es keinen gegenwärtig lebenden Menschen gibt, der tot ist, aber das genügt nicht für die Wahrheit des zweiten, denn für die Wahrheit des zweiten ist es erforderlich, daß es keinen Menschen gibt noch gab, der tot ist. Aber jeder Wahrheitsgrund des zweiten Satzes ist ein Wahrheitsgrund des ersten, also ist die Folgerung vom ersten auf den zweiten Satz nicht gültig, aber sehr wohl umge-

est[3]] potest esse L A[2]] b L 16 quando] quod L bene valent] om. O 17 valent] valet L consequentiae] om. LO e converso] LO om. A sicut hic add. LO 20 enim] O autem A om. L primae] primo L homo…nullus] om. L 21 sit[1]] homo add. O vel] Z om. ALO quod…homo] om. O nullus] Z nullo? A praesentaliter] om. L qui] quin! O 22 hoc] homo! O nam] L sed A quia O 23 ad…secundae] LO om. A nec] vel L quin *ante corr. i.m.* O 24 fuerit] O fuit AL qui] quin O 25 est] LO et A a] LO ad A

consequentia, sed bene e converso. Nam per nonam regulam, quando sunt duae propositiones sic se habentes, quod omnis causa veritatis unius sit causa veritatis alterius, sed non e converso, ab illa ad aliam est consequentia bona, sed non e converso.

Septima decima regula est: In quibuscumque propositionibus de subiectis simplicibus, in quibus non ponitur aliquis terminus ampliativus, tales consequentiae sunt bonae, sicut illae »Omne B est A, ergo omne, quod est B, est A« et e con-
O35vb verso, similiter »Quod est B, est A, ergo B est A« et e converso, praeterquam in terminis divinis. Unde non sequitur »Quod est pater, est filius in divinis, ergo pater est filius in divinis« propter hoc, quod in divinis una et eadem res simplex est trinitas et indivisa unitas. Sed in omnibus aliis propositionibus de subiectis simplicibus, ubi non ponitur aliquis terminus ampliativus, tales consequentiae sunt bonae, ut »Omne, quod est B, est A, ergo omne B est A«, similiter »Omne B est A, ergo omne, quod est B, est A«, et similiter sic est in negativis. Et ratio huius est, nam per decimam regulam propositiones eiusdem qualitatis et de eisdem terminis eodem modo supponentibus et de eadem copula mutuo se consequuntur, sed sic est de praedictis propositionibus. Ex eo, quod in nulla earum ponitur aliquis terminus ampliativus, ideo termini non denotantur supponere pro aliis in una quam in alia.

1 bene] om. O Nam] om. O 2 propositiones] quae add. O habentes] habent O omnis] LO omnino! A 3 sit] L est AO sed…converso] Z om. ALOPSX 4 illa] una illarum LO aliam] alteram O sed] et O 6 Septima decima] Duodevicesima L om. O est] om. LO In] LO om. A propositionibus] propositis! O 7 simplicibus] L singularibus AO aliquis] om. O 8 tales] L om. A istae O consequentiae] LO om. A bonae] LO verae A 9 illae] om. LO omne] OPSX om. AE42vL quod…ergo] AOPSX om. E42vL et] similiter add. A 10 similiter] O sic A Quod] AOS *lectio incerta* P omne quod X et…converso] ALOPSX om. E42v 11 in] dividuis add. s. del. A terminis] O om. A termino L divinis] individuis! L Unde] om. O 12 pater est[1]] vel potest esse! L filius[1]] in add. s. del. L in divinis[1]] om. O in divinis[2]] om. O propter…quod] quia O 13 hoc] L om. A in divinis] individuis! L om. O est add. L una] unica L simplex] LO singulariter! A est] O ex A et L trinitas] LO pater

kehrt. Denn gemäß der neunten Regel (gilt ja): Wenn sich zwei Sätze so verhalten, daß jeder Wahrheitsgrund des einen ein Wahrheitsgrund des anderen ist, aber nicht umgekehrt, so ist die Folgerung von diesem (letzteren mit weniger Wahrheitsgründen) auf den anderen gültig, aber nicht umgekehrt.

Regel 17: Solche Folgerungen, die aus beliebigen Sätzen mit einfachen Subjekten, in denen kein erweiternder Term vorkommt, bestehen, sind gültig, wie z. B. diese: »Jedes B ist ein A, also: Alles, was ein B ist, ist ein A« und umgekehrt, ebenso: »Was ein B ist, ist ein A, also: Ein B ist ein A« und umgekehrt, außer (bei Sätzen) mit Termen, welche die göttlichen Verhältnisse betreffen. So folgt nicht »Was der Vater ist, ist der Sohn im Göttlichen, also: Der Vater ist der Sohn im Göttlichen«, und zwar deswegen, weil im Göttlichen ein und dasselbe einfache Ding (zugleich) eine Dreiheit und eine ungeteilte Einheit ist[114]. Aber mit allen anderen Sätzen mit einfachen Subjekten, in denen kein erweiternder Term vorkommt, sind solche Folgerungen gültig, wie »Alles, was ein B ist, ist ein A, also: Jedes B ist ein A«, ebenso »Jedes B ist ein A, also: Alles, was ein B ist, ist ein A«; und ebenso ist das bei verneinenden Sätzen der Fall. Und der Grund dafür ist, daß gemäß der zehnten Regel Sätze, die dieselbe Qualität und dieselben Terme, die auf dieselbe Weise supponieren, sowie dieselbe Kopula haben, wechselseitig auseinander folgen, aber dies ist bei den vorgenannten Sätzen der Fall. Weil in keinem von ihnen ein erweiternder Term vorkommt, so wird von den Termen nicht angegeben, daß sie in dem einen Satz für andere Dinge supponieren als in dem anderen.

A **14** indivisa] indivise L propositionibus...consequentiae] om. O **15** simplicibus] L singularibus A ubi] in quibus L **16** sunt bonae] valet O ut] L om. A ut...alia] om. O B] a L A] b L **17** B[1]] a L A[1]] b L similiter] L sic A **18** est[3]] om. L Et] om. L **20** eodem...copula] L etc. A de[2]] SX om. LP **21** sic] L si A praedictis propositionibus] L istis A **22** Ex eo] L om. A earum] L om. A aliquis] om. L **23** ideo] om. L denotantur] X denotant A denotantes LPS

Et notanter dixi »de subiectis simplicibus«. Unde ista consequentia non valet »Omne animal vel lignum est animal, ergo omne, quod est animal vel lignum, est animal«, unde prima est vera et in ea non distribuitur nisi ly *animal*, secunda autem est falsa et in ea distribuitur tam ly *animal* quam ly *lignum*.

Cap. IV.3 ⟨Capitulum tertium de consequentiis formalibus unius categoricae de inesse ad aliam⟩

Visum est de consequentiis in generali, videndum est autem in speciali de consequentiis formalibus unius categoricae de inesse ad aliam, pro quibus sit prima regula, et est: Negativa conversio per contrapositionem non est consequentia formalis. Et vocatur conversio per contrapositionem, quando de subiecto fit praedicatum et e converso manente eadem qualitate et quantitate, sed terminis finitis mutatis in terminos infinitos. Patet regula, quia non sequitur »Omnis homo est ens, ergo omne non ens est non homo«, similiter non sequitur »Quaedam chimaera non est homo, ergo quidam non homo non est non chimaera«. Patet, quia sic est, sicut significat ista »Omnis homo est ens«, non existente sic, sicut significat ista »Omne non ens est non homo«, quia est una affirmativa, cuius subiectum pro nullo supponit, et per consequens, sicut dicebatur in tractatu de terminis, ipsa est falsa. Et ergo per quid nominis

22 dicebatur] Cf. Cap. I.6, »quarto dico«.

1 simplicibus] L singularibus AO Unde] quia O consequentia] om. O 3 unde] quia O 4 nisi] om. O animal] antecedens! L est] om. O 5 lignum] Sequitur ergo de consequentiis in speciali add. L 9 Visum…generali] om. O est[1]] om. L videndum] Dicendum O est[2]] om. O autem] om. LO 10 formalibus…regula] om. O 11 et est] quod L prima regula add. O Negativa] om. O 12 consequentia] bona nec add. L 13 conversio] consequentia O 15 terminos] om. L 16 regula] om. O ens] LO om. A 17 similiter…sequitur] om. O similiter…homo] om. L 18 quidam] om. O non[3]] O om. A 19 Patet] om. O 20 ens] quia sic est sicut significat ista omnis homo est ens add. A ex-

Und ich sagte ausdrücklich »mit einfachen Subjekten«. Denn diese Folgerung ist nicht gültig: »Jedes Lebewesen oder (ein) Holzstück ist ein Lebewesen, also: Alles, was ein Lebewesen oder ein Holzstück ist, ist ein Lebewesen«, der erste Satz ist nämlich wahr und in ihm wird nur der Ausdruck »Lebewesen« verteilt, der zweite aber ist falsch und in ihm wird sowohl der Ausdruck »Lebewesen« als auch der Ausdruck »Holzstück« verteilt.

Kapitel IV.3:
Die formalen Folgerungen von einem assertorischen kategorischen Satz auf einen anderen

Nach der Untersuchung über die Folgerungen im allgemeinen muß ferner im besonderen eine Untersuchung über die formalen Folgerungen von einem assertorischen kategorischen Satz auf einen anderen angestellt werden. Die erste Regel für solche Folgerungen laute: Eine verneinende Umkehrung mittels Entgegenstellung ist keine formale Folgerung. Und eine Umkehrung heißt »mittels Entgegenstellung«, wenn aus dem Subjekt das Prädikat wird und umgekehrt und dabei dieselbe Qualität und Quantität erhalten bleibt, aber die begrenzten Terme zu unbegrenzten Termen verändert sind. Die Regel ist klar, denn es folgt nicht »Jeder Mensch ist ein Seiendes, also: Jedes Nicht-Seiende ist ein Nicht-Mensch«, ebenso folgt nicht »Irgendeine Chimäre ist kein Mensch, also: Irgendein Nicht-Mensch ist keine Nicht-Chimäre«. Das ist klar, denn es ist so, wie der Satz »Jeder Mensch ist ein Seiendes« bezeichnet, während es nicht so ist, wie der Satz »Jedes Nicht-Seiende ist ein Nicht-Mensch« bezeichnet, weil dieser ein bejahender Satz ist, dessen Subjekt für nichts supponiert; und folglich ist er falsch, wie schon im Traktat über die Terme gesagt wurde. Und somit

istente] existentis O 22 sicut...ipsa] om. O 23 de terminis] Z de propositionibus AE42VLPS primo capitulo de verbo X Et] om. LO

antecedentis et consequentis prima non est antecedens ad A35vb secundam. Similiter ita est, sicut ista significat »Quaedam L36va chimaera non est homo«, quia est negativa, cuius subiectum pro nullo supponit, non existente sic, sicut ista significat »Quidam non homo non est non chimaera«, eo quod sic est, sicut sua contradictoria significat, videlicet »Omnis non homo est non chimaera«. Verum est tamen, quod conversio per contrapositionem bene est consequentia formalis ex hac hypothesi sive suppositione, scilicet quod quilibet terminorum pro aliquo supponit.

Secunda regula: A propositione negativa de praedicato finito ad propositionem affirmativam de praedicato infinito ceteris paribus non est consequentia formalis. Patet, quia non sequitur »Chimaera non est homo, ergo chimaera est non homo«, nam sic est, sicut significat prima, non existente sic, sicut significat secunda, ergo per quid nominis antecedentis et consequentis prima non est antecedens ad secundam.

Tertia regula: A propositione negativa de praedicato finito ad propositionem affirmativam de praedicato infinito est consequentia formalis ex hac hypothesi, videlicet quod quilibet terminorum pro aliquo supponat. Patet, nam si B est, oportet, quod sit A vel aliud ab A, et si non est A, ipsum est aliud ab A, et si non est aliud ab A, ipsum est A.

Quarta regula: Ab affirmativa de praedicato finito ad negativam de praedicato infinito ceteris manentibus eisdem est consequentia formalis. Verbi gratia »Omne A est B, ergo nullum A

3 quia] quae LO 4 existente] existentis O Quidam] om. L 5 non^{3}] om. LO 6 sua] om. L eius O videlicet] L om. A videlicet…supponit] om. O 7 est] L et A conversio] L inversio A 8 bene] L om. A 9 scilicet] om. L 11 Secunda] om. O propositione] om. O 12 propositionem] om. O ceteris] terminis L na- add. s. del. O 13 paribus] manentibus LO consequentia] hypothetica! O Patet] om. O quia non] om. L 14 chimaera] non add. L homo^{2}] patet add. L nam] quia O 17 prima] enim add. L secundam] secundum O 18 Tertia] om. O propositione] om. O 19 propositionem] L om. AO praedicato] om. O 20 ex] LOPSX cum A videlicet] LO om. A 21 Patet] om. O nam] quia O oportet] om. L 22 ipsum] om. LO A^{4}] om. L 23 non] est add. s. del. A

ist gemäß der Namensdefinition des Vordersatzes und des Nachsatzes der erste Satz nicht Vordersatz zum zweiten. Ebenso ist es so, wie der Satz »Irgendeine Chimäre ist kein Mensch« bezeichnet, weil dieser ein verneinender Satz ist, dessen Subjekt für nichts supponiert, während es nicht so ist, wie der Satz »Irgendein Nicht-Mensch ist keine Nicht-Chimäre« bezeichnet, weil es so ist, wie dessen kontradiktorischer Satz bezeichnet, nämlich »Jeder Nicht-Mensch ist eine Nicht-Chimäre«. – Jedoch ist es richtig, daß eine Umkehrung mittels Entgegenstellung sehr wohl eine formale Folgerung ist unter folgender Annahme bzw. Voraussetzung, nämlich daß jeder der (beteiligten) Terme für etwas supponiert.

Regel 2: Von einem verneinenden Satz mit einem begrenzten Prädikat auf einen bejahenden Satz mit einem unbegrenzten Prädikat, während das übrige gleich bleibt, liegt keine formale Folgerung vor. Das ist klar, denn es folgt nicht »Eine Chimäre ist kein Mensch, also: Eine Chimäre ist ein Nicht-Mensch«, denn es ist so, wie der erste Satz bezeichnet, während es nicht so ist, wie der zweite Satz bezeichnet; also ist gemäß der Namensdefinition des Vordersatzes und des Nachsatzes der erste Satz nicht Vordersatz zum zweiten.

Regel 3: Von einem verneinenden Satz mit einem begrenzten Prädikat auf einen bejahenden Satz mit einem unbegrenzten Prädikat liegt eine formale Folgerung vor unter folgender Annahme, nämlich daß jeder der (beteiligten) Terme für etwas supponiert. Das ist klar, denn wenn ein B ist, dann muß es der Fall sein, daß es (entweder) mit A identisch oder von A verschieden ist, und dann gilt: Wenn es nicht mit A identisch ist, ist es von A verschieden, und wenn es nicht von A verschieden ist, ist es identisch mit A[115].

Regel 4: Von einem bejahenden Satz mit einem begrenzten Prädikat auf einen verneinenden Satz mit einem unbegrenzten Prädikat, während das übrige gleich bleibt, liegt eine formale Folgerung vor. Z. B. »Jedes A ist ein B, also: Kein A ist ein

24 Quarta] om. O de...finito] om. O 26 formalis] universaliter add. L Verbi gratia] ut O gratia] ergo! L

est non B«. Patet, quia contradictorium consequentis non potest stare cum antecedente, ergo per tertiam regulam capituli secundi est consequentia bona. Assumptum patet, nam contradictorium illius consequentis est »Quoddam A est non B«, ad quam per tertiam regulam capituli secundi sequitur »Ergo quoddam A non est B«, quae repugnat isti »Omne A est B«.

Quinta regula: Ab universali affirmativa, in qua non ponitur aliquis terminus ampliativus, ad particularem affirmativam terminis transpositis est consequentia formalis, sub illo modo loquendi »Omne A est B, ergo quoddam B est A«. Per transpositionem terminorum intelligo, quod de subiecto fiat praedicatum et e converso. Patet regula, quia contradictorium consequentis non potest stare cum antecedente et non est reperire instantiam in aliquibus terminis, ergo etc. Per istam regulam tenent omnes conversiones propositionum universalium affirmativarum de inesse, in quibus non ponitur terminus ampliativus.

Sexta regula: Ab omni propositione particulari affirmativa vel indefinita affirmativa, in qua non ponitur aliquis terminus ampliativus, ad particularem affirmativam vel indefinitam affirmativam terminis transpositis est consequentia formalis,
O37ra sub illo modo loquendi »Quoddam A est B, ergo quoddam B est A«. Per tertiam regulam secundi capituli patet una cum quid nominis consequentiae formalis.

2 capituli secundi] om. O 3 nam] quia O 4 illius] L om. AO 5 capituli… sequitur] om. O secundi] A istius E42v huius LPSX 6 B^{1}] om. O quae] quod O 7 Quinta] om. O Ab] in L omni propositione add. L qua] LO quae! A ponitur] praedicatur L 8 aliquis] om. LO affirmativam] in add. L de add. O 9 consequentia] bona et add. O 10 ergo] et L B^{2}] a L A^{2}] b L 12 quia] per L 13 non^{1}] om. L est] potest O reperire] reperiri LO 14 instantiam] instantia LO terminis] LO om. A etc] om. LO 15 conversiones] omnem?! add. A universalium] LO om. A affirmativarum] affirmativorum L 18 Sexta] om. O Ab…indefinita] SX ad omnem (propositionem AO om. LP) particularem (affirmativam OP om. AL) vel indefinitam ALOP 19 affirmativa] S om. X 20 affirmativam] om. L 21 affirmativam] LO om. A terminis transpositis] om. L consequentia] bona et add. L formalis] de terminis transpositis add. L 22 illo] verte folium sequens et vide in principio alterius folii add. i.m. O

Nicht-B«. Das ist klar, denn der kontradiktorische Gegensatz des Nachsatzes kann nicht zusammen mit dem Vordersatz stehen, also liegt gemäß der dritten Regel des zweiten Kapitels eine gültige Folgerung vor. Die Annahme ist klar, denn der kontradiktorische Gegensatz jenes Nachsatzes lautet »Irgendein A ist ein Nicht-B«, aus welchem Satz gemäß der dritten Regel des zweiten Kapitels folgt »Also: Irgendein A ist kein B«, welcher Satz dem Satz »Jedes A ist ein B« widerspricht.

Regel 5: Von einem bejahenden Universalsatz, in dem kein erweiternder Term vorkommt, auf einen bejahenden Partikulärsatz mit umgestellten Termen liegt eine formale Folgerung vor, und zwar gemäß einem solchen Schema »Jedes A ist ein B, also: Irgendein B ist ein A«. Unter einer Umstellung der Terme verstehe ich, daß aus dem Subjekt das Prädikat wird und umgekehrt. Die Regel ist klar, denn der kontradiktorische Gegensatz des Nachsatzes kann nicht zusammen mit dem Vordersatz stehen und es findet sich kein Gegenbeispiel mit irgendwelchen Termen, also usw. – Auf dieser Regel beruhen alle Umkehrungen von assertorischen bejahenden Universalsätzen, in denen kein erweiternder Term vorkommt.

Regel 6: Von jedem bejahenden partikulären oder bejahenden indefiniten Satz, in dem kein erweiternder Term vorkommt, auf einen bejahenden partikulären oder einen bejahenden indefiniten Satz mit umgestellten Termen liegt eine formale Folgerung vor, und zwar gemäß einem solchen Schema »Irgendein A ist ein B, also: Irgendein B ist ein A«. (Diese Regel) erhellt durch die dritte Regel des zweiten Kapitels zusammen mit der Namensdefinition der formalen Folgerung.

id est folia 36 et 37 transponenda sunt in O Quoddam] quod L 23 A] probatur add. LO tertiam] AOS omnem? E43r nonam LX istam P secundi capituli] Z om. ALOPS universalem E43rX patet] om. LO

Septima regula: A singulari affirmativa, in qua non ponitur aliquis terminus ampliativus, ad singularem affirmativam et ad indefinitam affirmativam, si praedicatum est terminus communis, et ad particularem affirmativam terminis transpositis est consequentia formalis, sub isto modo loquendi »Hoc A est B, ergo hoc B est A« vel »B est A« vel »aliquod B est A«. Probatur ex quid nominis consequentiae formalis.

Octava regula: Ab universali negativa, in qua non ponitur aliquis terminus ampliativus et quae est negativa de consueto modo loquendi, ad universalem negativam terminis transpositis est consequentia bona. Per universalem negativam de con- A36ra sueto modo loquendi intelligo universalem negativam, ubi negatio ponitur ante praedicatum, ut hic »Nullus homo est animal« vel »Omnis homo non est animal«. Per negativam autem de modo loquendi inconsueto intelligo illam, ubi negatio non ponitur ante praedicatum, sed post praedicatum, ut hic »Omnis homo animal non est«. Exemplum regulae »Nullus homo est lapis, ergo nullus lapis est homo«. Patet per decimam regulam secundi capituli.

Nona regula: Ab universali negativa de modo loquendi consueto ad particularem negativam de modo loquendi consueto terminis transpositis est bona consequentia. Verbi gratia »Nullus homo est lapis, ergo quidam lapis non est homo«. Patet per nonam regulam secundi capituli una cum adiutorio regulae immediate praecedentis.

Decima regula: Ab universali negativa de modo loquendi inconsueto ad universalem negativam terminis transpositis non

1 Septima] om. O 2 aliquis] om. LO 3 ad] om. O affirmativam] LO om. A est] L sit AO 4 affirmativam] in add. L 6 est[1]] hoc add. O est[2]] hoc add. LOPSX vel[1]] est add. s. del. O vel[2]] ergo LO aliquod] ad! O 7 ex] per O 8 Octava] om. O universali] affir- add. s. del. O qua] LO quae! A 11 consequentia] consequentiam! O 12 universalem negativam] om. O ubi] in qua L 13 ante] ad L hic] om. LO 14 vel] om. O Omnis] nullus L 15 autem] om. O modo] om. O loquendi] om. LO inconsueto] consueto L illam] om. LO 16 praedicatum[2]] L om. AO hic] om. LO 17 regulae] LO *lectio incerta* A 18 nullus] p- add. s. del. A Patet] L om. A Patet…capituli] om. O decimam]

Regel 7: Von einem bejahenden singulären Satz, in dem kein erweiternder Term vorkommt, auf einen bejahenden singulären Satz und – falls das Prädikat ein allgemeiner Term ist – auf einen bejahenden indefiniten sowie auf einen bejahenden partikulären Satz mit umgestellten Termen liegt eine formale Folgerung vor, und zwar gemäß einem solchen Schema »Dieses A ist B, also: Dieses B ist A« oder »B ist A« oder »Irgendein B ist A«. Der Beweis erfolgt aus der Namensdefinition der formalen Folgerung.

Regel 8: Von einem verneinenden Universalsatz, in dem kein erweiternder Term vorkommt und der im üblichen Sinne verneinend ist, auf einen verneinenden Universalsatz mit umgestellten Termen liegt eine gültige Folgerung vor. Unter einem verneinenden Universalsatz im üblichen Sinne verstehe ich einen verneinenden Universalsatz, in dem die Negation vor dem Prädikat steht, wie hier »Kein Mensch ist ein Lebewesen« oder »Jeder Mensch ist kein Lebewesen«. Aber unter einem verneinenden Satz im unüblichen Sinne verstehe ich einen solchen, in dem die Negation nicht vor dem Prädikat steht, sondern hinter dem Prädikat, wie hier »Jeder Mensch ein Lebewesen nicht ist«. Ein Beispiel für die Regel: »Kein Mensch ist ein Stein, also: Kein Stein ist ein Mensch«. (Die Regel) erhellt aus der zehnten Regel des zweiten Kapitels.

Regel 9: Von einem verneinenden Universalsatz im üblichen Sinne auf einen verneinenden Partikulärsatz im üblichen Sinne mit umgestellten Termen liegt eine gültige Folgerung vor. Z. B. »Kein Mensch ist ein Stein, also: Irgendein Stein ist kein Mensch«. Erhellt aus der neunten Regel des zweiten Kapitels nebst Beiziehung der unmittelbar vorangehenden Regel.

Regel 10: Von einem verneinenden Universalsatz im unüblichen Sinne auf einen verneinenden Universalsatz mit umge-

ALPX sextam E43r nonam S 20 Nona] om. O 22 Verbi gratia] ut O 23 lapis[2]] homo O homo[2]] lapis O 24 Patet...praecedentis] om. O nonam] X quintam AE43rLPS secundi] ALPSX tertii E43r 25 regulae] L prae-? A 26 Decima] om. O 27 inconsueto] consueto L

valet consequentia. Patet, quia non sequitur »Omnis homo animal non est, ergo nullum animal homo est« vel »ergo omne animal homo non est«, ut patet per secundam partem undecimae regulae secundi capituli, scilicet »A propositione de termino non distributo ad propositionem de eodem termino distributo non est consequentia formalis«. Modo sic est in proposito »Omnis homo animal non est«, hic enim ille terminus *animal* non distribuitur, sed in illa »Nullum animal homo est« vel in ista »Omne animal homo non est« ille terminus *animal* distribuitur, ergo etc.

Undecima regula: Ab universali negativa de modo loquendi inconsueto ad particularem negativam etiam de modo loquendi inconsueto terminis transpositis est consequentia formalis. Verbi gratia »Omnis homo animal non est, ergo aliquod animal homo non est«. Probari potest per quid nominis antecedentis et consequentis, etiam per tertiam regulam secundi capituli.

Duodecima regula: A particulari negativa vel indefinita negativa de modo loquendi consueto ad particularem negativam vel indefinitam negativam terminis transpositis non est consequentia formalis. Patet, quia reperitur instantia in aliquibus terminis, non enim sequitur »Quoddam animal non est homo, ergo quidam homo non est animal«. Probatur per secundam partem undecimae regulae secundi capituli.

1 valet] est bona LO 2 ergo¹] igitur add. O animal²] est add. O est²] om. LO ergo²] om. L 3 homo] om. L ut] om. LO patet] om. O undecimae] AE43r OPX duodecimae L quartae S 4 secundi capituli] Z om. AE43rLOPSX scilicet…formalis] om. O 5 eodem] om. L 6 sic] non add. L in proposito] hic L om. O 7 hic enim] om. O 8 illa] LO prima A homo] non add. L in ista] om. L 9 non] om. L ille terminus] li O 10 ergo etc] om. O 11 Undecima] om. O 12 etiam] om. LO 14 Verbi gratia] ut O ergo…est] om. L 15 Probari potest] patet O antecedentis] om. L 16 etiam] et similiter L etiam…capituli] om. O tertiam] ALS tertiam decimam E43rX secundam P secundi] E43rLPSX quarti! A 18 Duodecima] om. O vel] et L 19 de] om. O 20 negativam] om. L 21 consequentia] bona nec add. O Patet] om. O reperitur] requiritur L invenitur O instantia] inst- add. s. del. A in…terminis] om. O aliquibus]

stellten Termen ist die Folgerung nicht gültig. Das ist klar, denn es folgt nicht »Jeder Mensch ein Lebewesen nicht ist, also: Kein Lebewesen ein Mensch ist« oder »also: Jedes Lebewesen ein Mensch nicht ist«, wie aus dem zweiten Teil der elften Regel des zweiten Kapitels erhellt, nämlich »Von einem Satz mit einem nicht verteilten Term auf einen Satz mit demselben, aber verteilten Term liegt keine formale Folgerung vor«. Aber dies ist der Fall im vorliegenden Beispiel »Jeder Mensch ein Lebewesen nicht ist«, hier wird nämlich der Term »Lebewesen« nicht verteilt, aber in dem Satz »Kein Lebewesen ein Mensch ist« oder in dem Satz »Jedes Lebewesen ein Mensch nicht ist« wird der Term »Lebewesen« verteilt, also usw.

Regel 11: Von einem verneinenden Universalsatz im unüblichen Sinne auf einen verneinenden Partikulärsatz, ebenfalls im unüblichen Sinne, mit umgestellten Termen liegt eine formale Folgerung vor. Z. B. »Jeder Mensch ein Lebewesen nicht ist, also: Irgendein Lebewesen ein Mensch nicht ist«. (Diese Regel) kann man beweisen mit der Namensdefinition des Vordersatzes und des Nachsatzes, außerdem mit der dritten Regel des zweiten Kapitels.

Regel 12: Von einem verneinenden partikulären oder einem verneinenden indefiniten Satz im üblichen Sinne auf einen verneinenden partikulären oder einen verneinenden indefiniten Satz mit umgestellten Termen liegt keine formale Folgerung vor. Das ist klar, denn es findet sich ein Gegenbeispiel mit so manchen Termen, es folgt nämlich nicht »Irgendein Lebewesen ist kein Mensch, also: Irgendein Mensch ist kein Lebewesen«. Der Beweis erfolgt mit dem zweiten Teil der elften Regel des zweiten Kapitels.

om. L 22 non enim] ut non O 23 secundam] E43rLOPSX tertiam A 24 undecimae] AE43rLOPX secundae S secundi capituli] AE43rLPSX om. O

Tertia decima regula: Ad particularem negativam de modo loquendi inconsueto sequitur particularis negativa etiam de modo loquendi inconsueto terminis transpositis in consequentia formali. Verbi gratia dicendo »Quoddam animal homo non est«, sequitur formaliter »Ergo quidam homo animal non est«. Patet per quid nominis antecedentis et consequentis et similiter consequentiae formalis et similiter per decimam regulam. Et similiter sic esset de indefinita negativa de modo loquendi inconsueto.

Quarta decima regula est: A singulari negativa ad singularem negativam vel indefinitam vel particularem vel universalem terminis transpositis est bona consequentia. Verbi gratia dicendo »Sortes non est Plato«, sequitur »Ergo Plato non est Sortes«, similiter »Sortes non est asinus, ergo asinus non est Sortes« et similiter »Quidam asinus non est Sortes«, similiter »Nullus asinus est Sortes«. Potest probari per decimam regulam una cum prima parte nonae regulae secundi capituli.

Sic ergo visum est per has regulas, qualiter possunt converti propositiones categoricae de inesse, in quibus non ponitur aliquis terminus ampliativus.

Cap. IV.4 ⟨Capitulum quartum de propositionum conversione, in quibus ponitur terminus ampliativus⟩

Nunc videndum est de propositionum conversione, in quibus ponitur terminus ampliativus, pro quo sit prima regula: A

1 Tertia decima] om. O 2 loquendi] supponendi L etiam] om. LO 3 loquendi] supponendi L om. O inconsueto] in add. O in] L est A om. O 4 formali] LO formalis A Verbi gratia] ut O dicendo] om. O 5 formaliter] om. O 6 et^{2}…inconsueto] om. O 7 decimam] AE43rLPX nonam S 10 Quarta decima] om. O est] L om. AO 11 vel^{1}] LO om. A vel^{2}] LO om. A 12 Verbi gratia] om. L ut O 13 dicendo] om. LO sequitur] om. LO 14 similiter] L sequitur A om. O 15 et] om. LO similiter^{1}] om. O Quidam…Sortes^{2}] LO om. A similiter^{2}] L om. AO 16 Nullus…Sortes] om. O Potest probari] patet O

Regel 13: Aus einem verneinenden Partikularsatz im unüblichen Sinne folgt ein verneinender Partikularsatz, ebenfalls im unüblichen Sinne, mit umgestellten Termen in einer formalen Folgerung. Wenn es z. B. heißt »Irgendein Lebewesen ein Mensch nicht ist«, so folgt formal »Also: Irgendein Mensch ein Lebewesen nicht ist«. Das erhellt aus der Namensdefinition des Vordersatzes und des Nachsatzes sowie der formalen Folgerung, ebenso aus der zehnten Regel (dieses Kapitels). Und das wäre ebenso der Fall bei einem verneinenden indefiniten Satz im unüblichen Sinne.

Regel 14: Von einem verneinenden singulären Satz auf einen verneinenden singulären, indefiniten, partikulären oder universalen Satz mit umgestellten Termen liegt eine gültige Folgerung vor. Wenn es z. B. heißt »Sokrates ist nicht Platon«, so folgt »Also: Platon ist nicht Sokrates«; ebenso »Sokrates ist kein Esel, also: (Ein) Esel ist nicht Sokrates«, und ebenso (folgt daraus) »Irgendein Esel ist nicht Sokrates« sowie auch »Kein Esel ist Sokrates«. (Diese Regel) kann man beweisen mit der zehnten Regel (dieses Kapitels) zusammen mit dem ersten Teil der neunten Regel des zweiten Kapitels.

So ist mit diesen Regeln also gezeigt, wie assertorische kategorische Sätze, in denen kein erweiternder Term vorkommt, umgekehrt werden können.

Kapitel IV.4: *Die Umkehrung von Sätzen, in denen ein erweiternder Term vorkommt*

Nun ist die Umkehrung von Sätzen, in denen ein erweiternder Term vorkommt, zu untersuchen. Dafür laute die erste Regel:

decimam] OS septuagesimam! A primam E43rLPX 17 una...capituli] om. O nonae] S undecimae AE43rLPX 18 Sic...ampliativus] om. O 20 aliquis] om. L ampliativus] Sequitur ergo add. L 24 Nunc] om. O videndum est] restat videre L Dicendum est O 25 pro...sit] om. O regula] est add. O

A36rb propositione affirmativa, cuius subiectum non est ampliatum, quamvis sit terminus ampliativus, ad affirmativam terminis L36vb transpositis est bona consequentia iuxta conversionem propositionum affirmativarum, hoc est, ab universali affirmativa ad O37rb particularem et ab indefinita ad indefinitam etc., et sic suo modo debent intelligi regulae sequentes. Verbi gratia, sequitur enim »Mortuum est homo, ergo homo est mortuus« recte eodem modo, sicut si subiectum non esset terminus ampliativus. Similiter »Intelligibile est rosa, ergo rosa est intelligibilis«, similiter »Generandum est homo, ergo homo est generandus«. Et ratio huius est, quia omnis causa veritatis primae est causa veritatis secundae, eo quod arguitur affirmative a minus amplo ad magis amplum. In prima enim praedicatum stabat solum pro praesentibus, et illud idem est subiectum in secunda, in qua indifferenter stat pro praesentibus et praeteritis.

Secunda regula: A propositione negativa, in qua subiectum non est ampliatum, sed terminus ampliativus, ad negativam de terminis transpositis non est bona consequentia, eo modo, quo esset, si subiectum non esset terminus ampliativus. Verbi gratia, non enim sequitur »Nullum mortuum est homo, ergo nullus homo est mortuus«. Et ratio huius est, nam non valent consequentiae negative a minus amplo ad magis amplum, eo quod est aliqua causa veritatis primae, quae non est causa veritatis secundae. Et recte sicut ab inferiori ad superius negative non valet consequentia, ita a minus amplo ad magis amplum negative non valet consequentia. Unde in ista »Nullum

1 est] sit L 2 sit] LO om. A 4 affirmativa] om. L 5 et[2]] om. O suo] eodem L 6 Verbi gratia] ut O viortuum add. s. del. O sequitur enim] om. O 7 recte…Similiter] om. O 8 si] om. L subiectum] terminus L terminus] om. L 10 similiter] om. O Generandum] O generandus AL 11 Et] om. O huius] om. O est[1]] om. LO omnis] om. O 12 a] et L 13 stabat] statum O solum] solummodo L 14 est] X erat A erit LO 15 et] vel O 16 Secunda] om. O 18 est bona] valet O consequentia] om. O eo] quod add. O 19 Verbi gratia] L om. AO 20 non enim] unde non O sequitur] om. L 21 Et] om. O huius est] om. O nam] quia O valent] valet LO 22 consequentiae] consequentia LO 24 Et] om. LO recte] om. O 25 amplum] om. O 26 negative] om. L

Von einem bejahenden Satz, dessen Subjekt nicht erweitert ist, obgleich es ein erweiternder Term ist, auf einen bejahenden Satz mit umgestellten Termen liegt eine gültige Folgerung vor, und zwar gemäß der Umkehrung bejahender Sätze, d. h., von einem bejahenden Universalsatz auf einen partikulären Satz und von einem indefiniten Satz auf einen indefiniten Satz usw., und so muß man auch die folgenden Regeln auf die jeweilige Weise verstehen. Z. B.: Es folgt nämlich »Ein Totes ist ein Mensch, also ist ein Mensch tot«, gerade so, wie wenn das Subjekt kein erweiternder Term wäre. Ebenso »Ein Vorstellbares ist eine Rose, also ist eine Rose vorstellbar«, ebenso »Ein zu Zeugendes ist ein Mensch, also ist ein Mensch zu zeugen«. Und der Grund dafür ist, daß jeder Wahrheitsgrund des ersten Satzes ein Wahrheitsgrund des zweiten Satzes ist, weil bejahend vom weniger Erweiterten auf das mehr Erweiterte argumentiert wird. Im ersten Satz nämlich stand das Prädikat allein für gegenwärtige Dinge, und ebendasselbe ist Subjekt im zweiten Satz, in dem es gleichermaßen für gegenwärtige und vergangene Dinge steht.

Regel 2: Von einem verneinenden Satz, in dem das Subjekt nicht erweitert, aber ein erweiternder Term ist, auf einen verneinenden Satz mit umgestellten Termen liegt keine gültige Folgerung vor, so, wie es der Fall wäre, wenn das Subjekt kein erweiternder Term wäre. Z. B.: Es folgt nämlich nicht »Kein Totes ist ein Mensch, also ist kein Mensch tot«. Und der Grund dafür ist, daß Folgerungen, die verneinend vom weniger Erweiterten auf das mehr Erweiterte schließen, nicht gültig sind, weil es einen Wahrheitsgrund des ersten Satzes gibt, der kein Wahrheitsgrund des zweiten Satzes ist. Und gerade wie eine Folgerung auf verneinende Weise vom Untergeordneten auf das Übergeordnete nicht gültig ist, so ist auch eine Folgerung auf verneinende Weise vom weniger Erweiterten auf das

mortuum est homo« ly *homo* non ampliatur, quia, sicut dicebatur in capitulo de ampliationibus, subiectum non ampliat praedicatum, quamvis subiectum sit terminus ampliativus, sed praedicatum restringitur ad tempus verbi. Sed in ista »Nullus homo est mortuus« ly *homo* ampliatur, ergo etc.

Tertia regula: A propositione affirmativa, in qua subiectum ampliatur per praedicatum, ad affirmativam de terminis transpositis non est bona consequentia. Patet, non enim sequitur »Homo est mortuus, ergo mortuum est homo«. Patet, quia aliqua est causa veritatis primae, quae non est causa veritatis secundae, eo quod arguitur a termino magis amplo sine distributione ad minus amplum affirmative, et tunc consequentia non valet, sicut nec valet consequentia a superiori non distributo ad inferius.

Quarta regula: A propositione affirmativa, cuius subiectum est ampliatum per praedicatum, ad affirmativam de terminis transpositis est bona consequentia, eo modo, quo esset, si subiectum non esset ampliatum per praedicatum, dum tamen praedicatum secundae amplietur, sicut erat ampliatum subiectum primae, et ista ampliatio debet fieri per disiunctionem. Verbi gratia, bene enim sequitur »Homo est mortuus, ergo mortuum est vel fuit homo«, »Homo est generandus, ergo generandum est vel erit homo«, »Rosa est intelligibilis, ergo

1 dicebatur] Sed in Cap. II.11 hoc non dicebatur expresse; cf. autem Cap. II.12 de appellationibus, apud regulam secundam. Ampliatio enim subiecti, appellatio vero praedicati proprietas est.

1 ly] om. L sicut…ampliationibus] om. O 2 in capitulo] om. L de ampliationibus] AE43VLPSX ampliat] subiectum add. s. del. A 4 Sed] sicut L in] enim L 5 ampliatur] ampliat O ergo etc] om. O 6 Tertia] L secunda A om. O A] ab O propositione] om. O 8 est bona] valet O Patet] L om. AO non enim] quia non O 9 Patet] om. O 11 termino] L om. AO sine distributione] sive distributive?! O 12 et tunc] om. L 13 nec] non L consequentia] om. LO non²] O om. A om. s. add. s.l. L distributo] LO om. A 14 inferius] non distributive add. A 15 Quarta] om. O A] ab O propositione] om. O 16 affirmativam] non add. A de] L om. AO terminis transpositis] LO om. A 17 consequentia] terminis transpositis add. A eo] quod add. O 18 non] om.

mehr Erweiterte nicht gültig. So wird in dem Satz »Kein Totes ist ein Mensch« der Ausdruck »Mensch« nicht erweitert, weil – wie im Kapitel über die Erweiterungen gesagt wurde – das Subjekt das Prädikat nicht erweitert, wenn auch das Subjekt ein erweiternder Term sein mag, sondern das Prädikat auf die Zeitform des Verbs beschränkt wird. Aber in dem Satz »Kein Mensch ist tot« wird der Ausdruck »Mensch« erweitert, also usw.

Regel 3: Von einem bejahenden Satz, in dem das Subjekt durch das Prädikat erweitert wird, auf einen bejahenden Satz mit umgestellten Termen liegt keine gültige Folgerung vor. Das ist klar, es folgt nämlich nicht »Ein Mensch ist tot, also ist ein Totes ein Mensch«. Das ist klar, denn es gibt einen Wahrheitsgrund des ersten Satzes, der kein Wahrheitsgrund des zweiten Satzes ist, weil von einem mehr erweiterten Term ohne Verteilung auf einen weniger erweiterten Term bejahend argumentiert wird; und dann ist die Folgerung nicht gültig, so wie auch eine Folgerung von einem nicht verteilten Übergeordneten auf das Untergeordnete nicht gültig ist.

Regel 4: Von einem bejahenden Satz, dessen Subjekt durch das Prädikat erweitert ist, auf einen bejahenden Satz mit umgestellten Termen liegt eine gültige Folgerung vor, so, wie es der Fall wäre, wenn das Subjekt nicht durch das Prädikat erweitert wäre, wofern nur das Prädikat des zweiten Satzes (so) erweitert wird, wie das Subjekt des ersten Satzes erweitert war; und diese Erweiterung muß mittels einer Disjunktion gemacht werden. Z. B.: Es folgt nämlich sehr wohl »Ein Mensch ist tot, also: Ein Totes ist oder war ein Mensch«, »Ein Mensch ist zu zeugen, also: Ein zu Zeugendes ist (ein Mensch) oder wird ein Mensch sein«, »Eine Rose ist vorstellbar, also:

L dum] cum L 19 amplietur] LO ampliatur A 20 et ista] O et ita A tunc L disiunctionem] diversionem! O 21 Verbi gratia] ut O bene...sequitur] om. LO enim] Z om. A mortuus] (bene enim L om. O) sequitur add. LO 23 Rosa...rosa] om. LO

intelligibile est vel potest esse rosa«, et ratio huius est, quia causa veritatis primae est causa veritatis secundae.

Quinta regula: A propositione negativa, in qua subiectum est terminus ampliativus, ad negativam de terminis transpositis est bona consequentia, dum praedicatum primae propositionis, quod non erat ampliatum, sic restringatur in subiecto alterius, quod pro eodem et non pro pluri supponat, quam pro quo supponit in prima. Verbi gratia »Nullum mortuum est homo, ergo nihil, quod est homo, est mortuum«, ecce, qualiter in consequente ly *homo* restringitur ad praesentia, sicut erat restrictum in prima per copulam praesentis temporis, dum erat praedicatum. Et ratio regulae est, quia omnis causa veritatis primae est causa veritatis secundae, eo quod sunt propositiones eiusdem qualitatis et de eisdem terminis eodem modo supponentibus et de eadem copula.

A36va Sexta regula est ista: A propositione negativa, cuius subiectum est ampliatum per praedicatum et non est ampliativum, ad negativam terminis transpositis est bona consequentia, eo modo, quo esset, si subiectum non esset ampliatum. Verbi gratia »Nullus homo est mortuus, ergo nullum mortuum est homo«, patet, quia sunt propositiones eiusdem qualitatis et de eisdem terminis eodem modo supponentibus et de eadem copula.

Septima regula: A propositionibus affirmativis de praeterito vel de futuro ad affirmativas de praeterito vel de futuro terminis transpositis est bona consequentia eodem modo, ac si essent de praesenti, dum tamen subiecto consequentis addatur ista dictio *quod* cum verbo illius propositionis et ponatur pro co-

1 et…est[2]] om. O 3 Quinta regula] om. O 4 de] om. LO 6 sic] om. O restringatur] restringitur L 7 quod] ut LO pluri] pluribus L 8 supponit] supponunt O Verbi gratia] ut O 9 nihil] om. L homo] non add. L ecce… copula] om. O 10 consequente] secunda L 12 regulae] huius L 14 eiusdem] consimilis L veritatis add. s. del. L eodem…copula] L etc. A 15 de] Z om. L 16 Sexta] om. O est ista] L om. AO propositione] om. O 17 per praedicatum] LO om. A 18 ad] per L 19 modo] quod est add. s. del. O Verbi gratia] ut O 20 Nullus] LO non A 21 patet] om. O propositiones] om. LO et…

Ein Vorstellbares ist (eine Rose) oder kann eine Rose sein«; und der Grund dafür ist, daß ein Wahrheitsgrund des ersten Satzes ein Wahrheitsgrund des zweiten Satzes ist.

Regel 5: Von einem verneinenden Satz, in dem das Subjekt ein erweiternder Term ist, auf einen verneinenden Satz mit umgestellten Termen liegt eine gültige Folgerung vor, wofern nur das Prädikat des ersten Satzes, das nicht erweitert war, als Subjekt des zweiten Satzes so eingeschränkt wird, daß es für dasselbe und nicht für mehr supponiert, als es im ersten Satz supponiert. Z. B. »Kein Totes ist ein Mensch, also: Nichts, was ein Mensch ist, ist tot«; siehe, wie im Nachsatz der Ausdruck »Mensch« auf Gegenwärtiges eingeschränkt wird, gleichwie er im ersten Satz durch die Kopula im Präsens eingeschränkt war, als er noch Prädikat war. Und der Grund für die Regel ist, daß jeder Wahrheitsgrund des ersten Satzes ein Wahrheitsgrund des zweiten Satzes ist, weil es Sätze sind, die dieselbe Qualität und dieselben Terme, die auf dieselbe Weise supponieren, sowie dieselbe Kopula haben.

Regel 6: Von einem verneinenden Satz, dessen Subjekt durch das Prädikat erweitert ist, aber kein erweiternder Term ist, auf einen verneinenden Satz mit umgestellten Termen liegt eine gültige Folgerung vor, so, wie es der Fall wäre, wenn das Subjekt nicht erweitert wäre. Z. B. »Kein Mensch ist tot, also: Kein Totes ist ein Mensch«. Das ist klar, weil es Sätze sind, die dieselbe Qualität und dieselben Terme, die auf dieselbe Weise supponieren, sowie dieselbe Kopula haben.

Regel 7: Von bejahenden Sätzen im Präteritum oder im Futur auf bejahende Sätze im Präteritum oder im Futur mit umgestellten Termen liegt eine gültige Folgerung vor, so, als ob sie im Präsens wären, wofern nur dem Subjekt des Nachsatzes das Wort »was« mit dem Verb des (Vorder-) Satzes hinzugefügt wird und als Kopula des Nachsatzes das Verb des

terminis] LO etc. A 22 eodem...copula] L om. AO 24 Septima regula] om. O 25 vel[1]] et L de[1]] om. LO de[3]] om. LO 26 eodem] om. L eo O ac] quo L essent] esset L 27 subiecto] LO subiectum A 28 ponatur] LO ponitur A copula add. s. del. A

pula consequentis verbum praedictae propositionis cum dis- O37va iunctione eius ab hoc verbo est. Verbi gratia »Album fuit nigrum, ergo quod fuit nigrum, est vel fuit album«, similiter »Album erit nigrum, ergo quod erit nigrum, est vel erit album«, »Videns erit caecus, ergo qui erit caecus, est vel erit videns«, »Puer erit senex, ergo qui erit senex, est vel erit puer«, »Omne album erit nigrum, ergo quoddam, quod erit nigrum, est vel erit album«. Similiter sic valet consequentia a negativis ad negativas de praeterito vel futuro. Verbi gratia »Nullum album fuit nigrum, ergo nullum, quod fuit nigrum, est vel fuit album«, similiter »Nullus senex erit puer, ergo nullus, qui erit puer, est vel erit senex«. Et ratio regulae est, quia causa veritatis unius est causa veritatis alterius, et similiter ista regula probatur per undecimam regulam secundi capituli.

Octava regula: Si fuerit aliqua propositio, cuius subiectum est explicitum et praedicatum cum copula est implicitum in eodem verbo, tunc, si potest exprimi praedicatum cum copula, exprimatur, quo facto fiat conversio secundum regulas praedictas. Verbi gratia »Homo currit, id est, homo est currens«, »Homo curret, id est, homo erit currens«, »Homo cucurrit, id est, homo fuit currens«.

Si autem propter defectum vocum in grammatica vel forte ex condicione significationis non est possibile fieri talis explicatio salvata eadem sententia, sicut dicendo »Homo fit«, »Homo amatur«, quia talis verbi non est participium praesentis tempo-

1 consequentis] om. L 2 eius] illius L Verbi gratia] ut O 3 fuit[1]] erit L fuit[2]] erit L similiter] om. O 4 erit[1]] LO fuit A erit[2]] LO est A erit[3]] LO fuit A 5 qui] quod O est add. s. del. O erit[3]] cae- add. s. del. A 6 erit[3]] fuit L 7 erit[1]] O fuit A est L ergo] om. O quoddam] om. L nigrum[2]] album L 8 album] nigrum L consequentia] ar-? add. s. del. O negativis] negativa L 9 Verbi gratia] ut O 11 similiter] om. O 12 erit] fuit L Et] om. O regulae est] om. O 13 est…alterius] etc. O et] om. L et…capituli] om. O 14 undecimam] Z decimam AE43VLPSX 15 Octava] om. O fuerit aliqua] om. O subiectum…et] om. L 16 praedicatum] fuerit add. A cum] LO in A est[2]] L om. A fuerit O in] O om. A cum L 17 eodem verbo] LO om. A 18 fiat] stat L 19 Verbi gratia] ut LO homo…currens] trsp. L 20 curret] currens L cucurrit] currit L 22 Si] *Sequens propositio perlonga continuatur infra apud »tunc*

vorgenannten Satzes nebst disjunktiver Verknüpfung dieses Verbs mit dem Verb »ist« gesetzt wird. Z. B. »Ein Weißes war schwarz, also: Was schwarz war, ist oder war weiß«, ebenso »Ein Weißes wird schwarz sein, also: Was schwarz sein wird, ist (weiß) oder wird weiß sein«, »Ein Sehender wird blind sein, also: Einer, der blind sein wird, ist (sehend) oder wird sehend sein«, »Ein Knabe wird ein Greis sein, also: Einer, der ein Greis sein wird, ist (ein Knabe) oder wird ein Knabe sein«, »Jedes Weiße wird schwarz sein, also: Etwas, was schwarz sein wird, ist (weiß) oder wird weiß sein«. – Ebenso ist die Folgerung von verneinenden Sätzen auf verneinende Sätze im Präteritum oder Futur gültig. Z. B. »Kein Weißes war schwarz, also: Nichts, was schwarz war, ist oder war weiß«, ebenso »Kein Greis wird ein Knabe sein, also: Keiner, der ein Knabe sein wird, ist (ein Greis) oder wird ein Greis sein«. – Und der Grund für die Regel ist, daß der Wahrheitsgrund des einen Satzes der Wahrheitsgrund des anderen Satzes ist; ebenso wird diese Regel mit der elften Regel des zweiten Kapitels bewiesen.

Regel 8: Wenn ein Satz vorkommt, dessen Subjekt explizit ist, aber das Prädikat nebst Kopula im selben Verb implizit enthalten ist, dann (gehe man so vor): Wenn das Prädikat mit der Kopula explizit gemacht werden kann, dann mache man es explizit und hernach mache man die Umkehrung gemäß den vorgenannten Regeln. Z. B. »Ein Mensch läuft, d. h., ein Mensch ist laufend«, »Ein Mensch wird laufen, d. h., ein Mensch wird laufend sein«, »Ein Mensch lief, d. h., ein Mensch war laufend«.

Wenn es aber wegen eines grammatisch bedingten Mangels an Wörtern oder vielleicht aufgrund einer Bedeutungsbedingung nicht möglich ist, eine solche Ausformulierung unter Bewahrung desselben Inhalts durchzuführen: Z. B., wenn es heißt »Ein Mensch entsteht«, »Ein Mensch wird geliebt«, denn

ergo« Z forte] om. O 23 condicione] divisione L est] scite add. L est possibile] Z est possibilis ALOP posset SX fieri] om. L explicatio] implicatio L 24 dicendo] om. O Homo²] om. O

ris, ut possit fieri convenienter talis explicatio vel resolutio, si enim dicatur »Homo est factus«, »Homo est amatus«, dubium est, an illae aequipolleant primis, nam ponentes differentiam inter istas et primas dicunt, quod in primo instanti amoris homo amatur et nondum est amatus, et quod fit, non est, sicut dicit Aristoteles »Quod fit, non est factum«: Tunc ergo debet propositio converti per additionem in subiecto convertentis huius pronominis *quod* cum illo verbo et per additionem huius copulae *est*. Et si sit praedicatum ampliativum, debet cum praedictis poni disiunctio in praedicato propositionis convertentis, ut dicendo »Homo amatur, ergo quod amatur, est homo«, »Rosa intelligitur, ergo quod intelligitur, est vel erit vel fuit vel potest esse rosa«. Et quia ista verba *fit*, *incipit*, *generatur* significant, quod res est et ante non fuit, vel quod non est et postea erit, et ista verba *desinit*, *terminatur* et cetera consimilia L37ra significant, quod res est et postea non erit, vel quod res non est et ante fuit, ergo propositiones de illis verbis debent sic converti »A fit, ergo quod fit, est vel erit A«, »A incipit esse, ergo quod incipit esse, est vel erit A«, »A corrumpitur, ergo quod corrumpitur, est vel fuit A«, »A desinit esse, ergo quod desinit esse, est vel fuit A«. Et si sit praedicatum post hoc verbum *fit*, ut dicendo »Album fit nigrum«, secure debet sic converti

6 Aristoteles] Aristoteles, Physica, VIII.8, 263b26s., et fortasse aliis locis (ut De caelo, I.12, 283b13s.).

1 ut] nec LO possit] potest LO talis] om. O explicatio vel] om. LO 3 illae] illi LO aequipolleant] aequivalent L aequivaleant O primis] primo L prima O 4 istas] primam O primas] istam O quod] quia L in] om. L 6 Aristoteles] ergo add. O Quod fit] LO om. A 7 convertentis] convertenti L 8 pronominis] sermonis L 9 ampliativum] P ampliatum ALOSX ampliatur E44r 10 disiunctio] disiunctive LO 11 dicendo] om. O 12 est] rosa add. A 13 fuit] rosa add. L rosa] LO om. A fit] om. L incipit] intelligitur L 14 significant] significant add. A res] quod add. L et^{1}] om. L 15 terminatur] corrumpitur LO et^{2}...consimilia] om. L cetera] om. O 17 ante] non add. L illis] talibus L 18 quod] om. O 19 A^{2}...desinit] om. O 20 A^{2}...A] om. L 21 Et] sic add. L 22 ut] L om. A secure] om. L debet...converti] convertenda est L

ein solches Verb hat kein Partizip Präsens, so daß eine solche Ausformulierung oder Auflösung angemessen durchgeführt werden könnte. Wenn man nämlich sagte »Ein Mensch ist entstanden«, »Ein Mensch ist geliebt«, ist es fraglich, ob diese Sätze mit den ersteren gleichwertig sind, denn diejenigen (Autoren), die einen Unterschied zwischen diesen Sätzen und den ersteren annehmen, sagen, daß zum ersten Zeitpunkt der Liebe ein Mensch geliebt wird, aber noch nicht geliebt ist, und was entsteht, ist (noch) nicht, wie Aristoteles sagt: »Was entsteht, ist nicht entstanden« (sprich: was im Entstehen begriffen ist, ist noch nicht vollends entstanden). – (Wenn dies nicht möglich ist, sage ich:) Dann muß folglich der Satz umgekehrt werden, indem man im Subjektausdruck des umkehrenden Satzes das Pronomen »(etwas,) das« nebst jenem Verb hinzufügt sowie die Kopula »ist« hinzufügt. Und wenn das Prädikat erweiternd ist, muß außer dem schon Angegebenen noch eine Disjunktion im Prädikat des umkehrenden Satzes angebracht werden, wie in den Formulierungen »Ein Mensch wird geliebt, also: Etwas, das geliebt wird, ist ein Mensch«, »Eine Rose wird vorgestellt, also: Etwas, das vorgestellt wird, ist oder wird sein oder war oder kann sein eine Rose«. Und weil die Verben »wird (entsteht)«, »fängt an«, »wird erzeugt« bezeichnen, daß das (betreffende) Ding ist und vorher nicht war oder daß es nicht ist und nachher sein wird, und die Verben »hört auf«, »wird beendigt« u. ä. bezeichnen, daß das Ding ist und nachher nicht sein wird oder daß das Ding nicht ist und vorher war, müssen Sätze mit diesen Verben demnach folgendermaßen umgekehrt werden: »A wird, also: Etwas, das wird, ist oder wird sein A«, »A fängt an zu sein, also: Etwas, das anfängt zu sein, ist oder wird sein A«, »A wird vernichtet (geht zugrunde), also: Etwas, das vernichtet wird, ist oder war A«, »A hört auf zu sein, also: Etwas, das aufhört zu sein, ist oder war A«. Und wenn hinter dem Verb »wird« ein Prädikat erscheint, wie wenn es heißt »Ein Weißes wird schwarz«, muß (der Satz) unbesorgt so umgekehrt

»Ergo quod fit nigrum, est vel fuit album«, similiter de incipit et desinit.

A36vb Nona regula: Si fuerit aliqua propositio de *est* secundo adiacente, debet resolvi, si volumus eam convertere, in *est* tertium adiacens et in hoc participium *ens* singularis numeri et *entia* pluralis numeri sub disiunctione, et tunc debet converti secundum regulas prius dictas. Verbi gratia, ut dicendo »Sortes est«, volens convertere eam debet resolvi in istam »Sortes est ens vel entia«, et ista tunc debet converti secundum regulas prius dictas in istam »Ens vel entia est vel sunt Sortes«.

Et notanter dixi »in ly *ens* vel *entia*«, quia aliter non esset consequentia formalis. Unde non sequitur »Exercitus est, ergo exercitus est ens«, nullum enim unum ens est exercitus, sed bene sequitur »Exercitus est, ergo exercitus est ens vel entia«. Similiter non sequitur »Numerus est, ergo numerus est ens«, nam sic est, sicut significat antecedens, non existente sic, sicut significat consequens. Tamen gratia materiae, si appareat, quod subiectum supponat pro aliquo ente uno, potest converti »Sortes est, ergo ens est Sortes« et resolvi sic »Sortes est ens«. Et si appareat, quod subiectum pro nullo uno supponat, sed
O37vb solum collective pro pluribus, quae non sunt aliquod unum, potest converti sic »Populus est, ergo entia sunt populus« et similiter ista »Populus est« potest resolvi in istam »Populus est

1 Ergo] om. L 2 desinit] desit! L 3 Nona] om. O fuerit] fuit O est] L esse A om. O 4 volumus] velimus O tertium] L tertio AO 5 in] LO om. A ens] eius! L et[2]] LO vel A 6 disiunctione] disiunctive O et] om. L debet] L om. AO converti] convertere O 7 prius] priores L om. O dictas] datas LO Verbi gratia] om. O ut] LO om. A dicendo] om. O est] id est add. O 8 volens… eam] L om. AO debet…istam] om. O resolvi] L converti A resolvendo add. A 9 et…tunc] id est L ista] O om. A prius] om. O 10 dictas] datas LO in] a- add. s. del. O in istam] om. L istam] ista O 11 notanter] om. O dixi] dico LO in] quantum L ly] LO om. A quia] vel O 12 Unde] quia L 13 nullum… ens] om. O unum] ALSX om. P ens[2]] ALPX om. S. add. i.m. S sed…entia] LPSX om. A 14 sequitur] SX om. LP exercitus] LPX ens S ens] LPX om. S entia] LPSX sunt add. S 15 numerus] om. O 16 nam] quia O existente] existentis! O 17 Tamen] quamvis L gratia materiae] AO om. LPSX si] sic L appareat] O apponat A apparebat L 18 quod subiectum] trsp. L aliquo ente]

werden: »Also: Etwas, das schwarz wird, ist oder war weiß«, ebenso bei »fängt an« und »hört auf«.

Regel 9: Wenn ein Satz mit »ist« als zweitem Bestandteil vorkommt, muß er, wenn wir ihn umkehren wollen, aufgelöst werden in (einen Satz mit) »ist« als drittem Bestandteil sowie mit dem Partizip »Seiendes« im Singular und »Seiende« im Plural in Form einer Disjunktion, und dann muß er gemäß den früher angeführten Regeln umgekehrt werden. Z. B., wenn es heißt »Sokrates ist«: Wenn man diesen Satz umkehren will, muß man ihn auflösen in den Satz »Sokrates ist ein Seiendes oder Seiende«, und dieser muß dann gemäß den früher angeführten Regeln umgekehrt werden in den Satz »Ein Seiendes oder Seiende ist oder sind Sokrates«.

Und ich sagte ausdrücklich »in (einen Satz mit) dem Ausdruck ›Seiendes‹ oder ›Seiende‹«, weil sonst keine formale Folgerung vorläge. So folgt nicht »Ein Heer ist, also ist ein Heer ein Seiendes«, kein einzelnes Seiendes nämlich ist ein Heer, aber sehr wohl folgt »Ein Heer ist, also ist ein Heer ein Seiendes oder Seiende«. Ebenso folgt nicht »Eine Zahl ist, also ist eine Zahl ein Seiendes«, denn es ist so, wie der Vordersatz bezeichnet, während es nicht so ist, wie der Nachsatz bezeichnet. Wenn es jedoch wegen der Materie (des Satzes) so erscheint, daß das Subjekt für ein einzelnes Seiendes supponiert, kann er (so) umgekehrt werden »Sokrates ist, also ist ein Seiendes Sokrates« und so aufgelöst werden »Sokrates ist ein Seiendes«. Und wenn es so erscheint, daß das Subjekt für kein einzelnes (Seiendes) supponiert, sondern nur auf zusammenfassende Weise für mehrere, welche kein einzelnes (Seiendes) sind, kann (der Satz) so umgekehrt werden »Ein Volk ist, also sind Seiende ein Volk« und ebenso kann der Satz »Ein Volk ist« in den Satz »Ein Volk ist Seiende« aufgelöst werden. Aber das

om. L ente] enti O potest] tamen add. L **19** sic] in istam LO **20** si] LO om. A appareat] LO apperiat! A subiectum] LO om. A pro nullo] non pro L **21** solum] om. O collective] LOP copulative ASX **22** populus] om. L et... entia] om. O **23** potest...istam] om. L Populus[2]...entia] ergo entia sunt populi L

entia«. Sed hoc non est consequentia formali, sed consequentia formali istam »Sortes est« debemus convertere in istam »Ens vel entia est vel sunt Sortes« et istam »Numerus est« in istam »Ens vel entia est vel sunt numerus«. Probari potest per quid nominis antecedentis et consequentis et consequentiae formalis.

Ex his sequitur, quod ista consequentia non valet de forma »A est, ergo A est ens« nec ista »A est, ergo ens est A«. Patet, nam non sequitur »Exercitus est, ergo exercitus est ens« nec sequitur »Ergo ens est exercitus«, antecedente enim existente vero consequens est falsum. Secundo sequitur istam consequentiam non esse formalem »A et B sunt, ergo A et B sunt entia«, nam deus et creator sunt, et tamen deus et creator non sunt entia, sed unum ens omnino simplex et indivisibile. Tertio sequitur istas consequentias esse formales »A est, ergo A est ens vel entia«, »A et B sunt, ergo A et B sunt ens vel entia«.

Et quia iam dicebatur de conversione istius »Exercitus est«, dubitatur de conversione istius »Exercitus est rotundus«. Si dicatur, quod debeat converti in istam »Rotundus est exercitus«, hoc non valet, quia adiectivum secundum grammaticos se solo non reddit suppositum, nisi substantivetur. Si autem dicatur, quod debeat converti in istam »Aliquod rotundum est exercitus«, hoc iterum non valet, quia nullum ens est exercitus et per consequens nullum rotundum est exercitus. Si autem dicatur, quod debeat converti in istam »Rotunda sunt exerci-

1 hoc] haec O formali] formalis LO sed] in add. O 2 formali] formalis L est add. L istam[1]] om. L ista O debemus convertere] debet sic converti O 3 et istam] om. LO in istam] ergo L om. O 7 his] hoc O consequentia] om. O 8 est[2]...ergo[2]] LO om. A ens[1]] L entia O Patet] om. O 9 nam] quia O nec... exercitus] LO om. A 10 antecedente enim] nam antecedente L 11 Secundo] om. O 13 nam] unde O et[2]] om. O deus[2]...creator[2]] om. O 14 ens] est O omnino] om. L simplex] O om. AL et] om. L est O Tertio] Et O 15 istas] istam O consequentias] om. O formales] formalem O ergo...est[2]] om. O A[2]] L om. A 17 quia...est] om. O conversione] L convertente A 18 de] ista L istius] om. L Si] se solo add. s. del. O secundum grammaticos add. O 19 debeat converti] om. O 20 hoc] om. O 21 solo] LO solum A nisi] LO om. A substantivetur] LS sub(s)tantialiter? A substantive OP substantivum X Si

erfolgt nicht in einer formalen Folgerung, sondern in einer formalen Folgerung müssen wir den Satz »Sokrates ist« umkehren in den Satz »Ein Seiendes oder Seiende ist oder sind Sokrates« und den Satz »Eine Zahl ist« in den Satz »Ein Seiendes oder Seiende ist oder sind Zahlen«. – Das kann man beweisen mit der Namensdefinition des Vordersatzes und des Nachsatzes sowie der formalen Folgerung.

Daraus folgt, daß die folgende Folgerung nicht der Form nach gültig ist: »A ist, also ist A ein Seiendes«, und auch nicht diese »A ist, also ist ein Seiendes A«. Das ist klar, denn es folgt nicht »Ein Heer ist, also ist ein Heer ein Seiendes« und es folgt nicht »Also ist ein Seiendes ein Heer«, während nämlich der Vordersatz wahr ist, ist der Nachsatz falsch. – Zweitens folgt, daß die folgende Folgerung nicht formal ist: »A und B sind, also sind A und B Seiende«, denn Gott und der Schöpfer sind, und dennoch sind Gott und der Schöpfer nicht Seiende, sondern ein Seiendes, welches völlig einfach und unteilbar ist. – Drittens folgt, daß die folgenden Folgerungen formal sind: »A ist, also ist A ein Seiendes oder Seiende«, »A und B sind, also sind A und B ein Seiendes oder Seiende«.

Und weil soeben über die Umkehrung des Satzes »Ein Heer ist« gesprochen wurde, erhebt sich die Frage nach der Umkehrung des Satzes »Ein Heer ist rund«. Wenn man sagte, daß er in den Satz »Rund ist ein Heer« umgekehrt werden solle, so ist das nicht richtig, weil gemäß den Grammatikern ein Adjektiv für sich allein keine Unterlage (für ein Prädikat, also kein Subjekt) abgibt, wenn es nicht substantiviert wird. Wenn man aber sagte, daß er in den Satz »Etwas Rundes ist ein Heer« umgekehrt werden solle, so ist das wiederum nicht richtig, weil kein Seiendes ein Heer ist und folglich kein Rundes ein Heer ist. Wenn man aber sagte, daß er in den Satz »Runde (Dinge) sind ein Heer« umgekehrt werden solle, so ist das wiederum

autem] igitur si O 22 debeat converti] convertitur O 23 hoc] om. O iterum] L om. AO quia] ex eo quod L eo quod O 24 autem] om. O 25 debeat] debet O

tus«, hoc etiam non est verum, nam non solum rotunda, immo etiam oblonga et valde diversarum figurarum sunt exercitus.

Breviter respondetur, quod ista et similes sibi debent converti in istam »Exercitus rotundus est exercitus«, sic quod in subiecto convertentis exprimatur unum substantivum cum illo adiectivo.

Decima regula: Si est aliqua propositio, cuius praedicatum est explicitum, subiectum vero cum copula est implicitum in verbo, tunc debet fieri explicatio, ut verbum habeat subiectum, quod reddat sibi suppositum, quo facto fiat conversio secundum regulas praedictas. Ut dicendo »Decet te benefacere«, resolvatur sic »Decens est te benefacere«, similiter »Taedet animam meam vitae meae«, id est, »Taedens animam meam est vita mea« vel »aliquid vitae meae«, similiter »Paenitet me A37ra fecisse hominem«, id est, »Paenitens est me fecisse hominem«. Et debet converti secundum regulas prius dictas.

Circa praedictas conversiones propositionum oportet videre et cavere, ne etiam propter mutationem generum grammaticalium fiat error. Verbi gratia, non enim sequitur »Nullus homo est mulier, ergo nulla mulier est homo«, nam in prima ly *homo* restringitur ad genus masculinum et non sic in secunda. Et ergo in praedicato convertentis debet poni aliquod restrictivum illius praedicati ad illud, ad quod restringebatur in subiecto

1 hoc etiam] om. O etiam] iterum L est verum] valet LO nam] quia LO non[2]...rotunda] LO om. A immo] L om. AO 2 valde] om. O 3 Breviter] om. LO ista...sibi] om. O similes] similis L debent] debet L om. O converti] convertitur O 4 Exercitus] est add. L 5 convertentis] consequentis L substantivum] L subiectum AO 7 Decima] om. O est] LO om. A cuius] om. L 8 vero] uno O in] O *lectio incerta* A cum L 9 subiectum] LX om. AO 10 quod] et L secundum] per O 11 regulas] regulam O praedictas] om. L datas O nunc add. s. del. O Ut] verbi gratia L dicendo] om. O 12 resolvatur] LO resolvitur A sic] om. O 13 id est] OX om. AL Taedens] est add. A Taedens...meae] om. L animam meam[2]] PSX anima mea A animam O 14 est] PSX om. A in O vita mea] OSX vitae meae A vita me P aliquid] OPX om. A aliquod S vitae meae] OPSX vita mea A similiter] A om. LPSX igitur O Paenitet...hominem[2]] A om. LOPSX 16 Et...dictas] om. O debet converti] convertatur L dictas] positas L 17 Circa...videre] om. O oportet] L potest

nicht wahr, denn nicht nur runde (Dinge), sondern auch längliche sowie Dinge mit den verschiedenartigsten Gestalten sind ein Heer.

Kurze Antwort: Dieser Satz und ihm ähnliche müssen in den Satz »Ein rundes Heer ist ein Heer« umgekehrt werden, so daß im Subjektausdruck des umkehrenden Satzes nebst jenem Adjektiv ein Substantiv explizit angeführt wird.

Regel 10: Wenn ein Satz vorliegt, dessen Prädikat explizit ist, dessen Subjekt hingegen mitsamt der Kopula implizit im Verb enthalten ist, dann muß man eine Ausformulierung vornehmen, so daß das Verb ein Subjekt erhält, das ihm als (Aussage-) Unterlage dient; hernach führe man die Umkehrung gemäß den vorgenannten Regeln durch. Wenn es z. B. heißt »Es ziemt sich, daß du wohltätig bist«, so löse man so auf: »Geziemend ist (es), daß du wohltätig bist«, ebenso »Es ekelt meine Seele mein Leben an«, d. h., »Meine Seele anekelnd ist mein Leben« oder »etwas an meinem Leben«, ebenso »Es verdrießt, daß ich den Menschen geschaffen habe«, d. h. »Verdrießlich ist (es), daß ich den Menschen geschaffen habe«[116]. Und (dann) muß die Umkehrung gemäß den früher angeführten Regeln erfolgen.

Im Zusammenhang mit den vorgenannten Umkehrungen von Sätzen muß man darauf achten und sich hüten, daß nicht auch wegen einer Veränderung der grammatischen Geschlechter ein Fehler passiert. Z. B.: Es folgt nämlich nicht »Kein Mensch ist eine Frau, also ist keine Frau ein Mensch«, denn im ersten Satz wird der Ausdruck »Mensch« auf das männliche Geschlecht eingeschränkt, aber nicht so im zweiten Satz. Und folglich muß im Prädikat des umkehrenden Satzes etwas angeführt werden, das dieses Prädikat darauf einschränkt, worauf

A 18 et] Sed O etiam] O om. AL generum] LO om. A 19 Verbi gratia] ut O non...sequitur] om. O Nullus] LO om. A 20 nam] om. O 21 restringitur] restringe(tur!)batur L ad] masculinos scilicet ad add. O Et] om. LO 22 convertentis] consequentis L aliquod] aliquid O 23 illud] idem O ad quod] LO in quo A restringebatur] LO restringitur A

propositionis convertendae. Et ergo convertendo istam »Nullus homo est mulier« debet dici »Nulla mulier est aliquis homo«, et tunc convertens est vera, sicut conversa. Unde ly *homo* in convertente per ly *aliquis* restringitur ad genus masculinum. Similiter si subiectum propositionis convertendae supponit materialiter vel simpliciter, sicut hic »Homo est species«, tunc etiam in praedicato propositionis convertentis debet poni aliquod restrictivum restringens illum terminum ad eandem suppositionem, qua supposuit, cum erat subiectum propositionis convertendae. Et ergo ista »Homo est species« non debet converti in istam »Species est homo«, sed in istam »Species est terminus *homo*« vel in istam »Species est ly *homo*«.

Circa conversionem propositionum de obliquis sciendum est, quod duplex est opinio. Una est, quae ponit, quod si ante verbum ponatur solus obliquus, quod ille obliquus est subiectum propositionis. Verbi gratia »Regis interest benefacere populo«, »In muro est lapis«, haec dictio *regis* et haec dictio *muro* sunt
O36ra subiecta praedictarum propositionum. Si autem ante verbum ponatur rectus cum obliquo, hoc est dupliciter, quia vel obliquus praecedit rectum vel e converso. Si obliquus praecedit rectum, adhuc ille obliquus solum est subiectum, ut si dicatur »Hominis asinus currit«, haec dictio *hominis* solum est subiectum. Sed si rectus praecedit obliquum, ut dicendo »Asinus

1 Et] om. O convertendo] LO convertens A 2 dici] LO converti A aliquis] om. L 3 et…masculinum] om. O ly] L om. A 4 in convertente] om. L 6 hic] om. O 7 etiam] om. O 8 illum] om. O 9 qua] quia L 10 Et] om. O non… homo] om. O 11 sed] L om. A convertitur O in istam[2]] LO om. A 12 vel… homo[2]] om. O in istam] L om. A 13 Circa…propositionum] om. O conversionem] conversiones L sciendum] Nota O est] om. LO 14 quod[1]…opinio] om. O Una…ponit] aliqui dicunt O 15 quod…obliquus[2]] LO om. A 16 propositionis] om. O Verbi gratia] ut O benefacere] propulo add. s. del. O 17 haec dictio[1]] li O haec dictio[2]] li O 18 subiecta] reverte duo folia et vide in tali singno! add. i.m. O praedictarum propositionum] om. O autem] om. O 19 ponatur] ponitur O est] LO om. A dupliciter] dubitanter! L quia] om. O quia vel] trsp. L 20 e converso] rectus (praecedit L om. O) obliquum LO praecedit[2]] LO om. A 21 rectum] L om. AO adhuc] tunc O ille obliquus] om. O solum] in add. A son? add. s. del. O si dicatur] om. O 22 haec dictio] li O

es als Subjekt des umzukehrenden Satzes eingeschränkt wurde. Somit muß man als Umkehrung des Satzes »Kein Mensch ist eine Frau« die Formulierung »Keine Frau ist irgendein Mensch« wählen, und dann ist der umkehrende Satz ebenso wahr wie der umgekehrte. Denn der Ausdruck »Mensch« wird im umkehrenden Satz durch den Ausdruck »irgendein« auf das männliche Geschlecht eingeschränkt. – Ebenso, wenn das Subjekt des umzukehrenden Satzes material oder einfach supponiert, wie z. B. hier »Mensch ist eine Art«, dann muß auch im Prädikat des umkehrenden Satzes etwas Einschränkendes angeführt werden, das diesen Term auf dieselbe Supposition einschränkt, gemäß welcher er supponierte, als er Subjekt des umzukehrenden Satzes war. Demnach darf der Satz »Mensch ist eine Art« nicht in den Satz »(Eine) Art ist ein Mensch« umgekehrt werden, sondern (muß) in den Satz »(Eine) Art ist der Term ›Mensch‹« oder in den Satz »(Eine) Art ist der Ausdruck ›Mensch‹« (umgekehrt werden).

In bezug auf die Umkehrung von Sätzen mit Termen in einem abhängigen Fall[117] muß man wissen, daß es (dazu) zwei Auffassungen gibt. Die eine nimmt an, daß – wenn vor dem Verb nur ein schiefer Term steht – dieser schiefe Term das Subjekt des Satzes ist. Z. B. »Dem König liegt es daran, dem Volk wohlzutun«, »In der Mauer ist ein Stein«, so sind (gemäß dieser Auffassung) das Wort »dem König« und das Wort »der Mauer« die Subjekte der vorgenannten Sätze. Wenn aber vor dem Verb ein gerader Term zusammen mit einem schiefen Term steht, so gibt es zwei Möglichkeiten dafür, denn entweder geht der schiefe Term dem geraden voran oder umgekehrt. Wenn der schiefe Term dem geraden vorangeht, so ist noch immer dieser schiefe Term allein das Subjekt; wie wenn es hieße »Eines Menschen Esel läuft«, so ist das Wort »eines Menschen« allein das Subjekt. Aber wenn der gerade Term dem schiefen vorangeht, wie wenn es heißt »(Ein) Esel eines Menschen läuft«, dann ist der ganze aus geradem und schiefem

23 Sed] om. O praecedit] LO praecedat A obliquum...hominis] om. O Asinus hominis] trsp. L

hominis currit«, tunc totum aggregatum ex recto et obliquo est subiectum, puta hoc totum *asinus hominis*. Alia opinio ponit, quod obliquus numquam solitarie potest esse subiectum, sed semper rectus est, aut expressus aut subintellectus, vel aggregatum ex recto et obliquo.

Modo secundum primam opinionem diceretur, quod propositio, in qua subicitur terminus obliquus, debet resolvi in propositionem de subiecto recto per additionem huius relativi *cuius* vel *ad quem* vel *a quo* vel *in quo* vel aliquid huiusmodi. L37rb Et hoc facto fiat conversio secundum regulas prius dictas. Verbi gratia »In muro est lapis« id est »Murus est, in quo est lapis«, et convertatur in istam »Aliquid, in quo est lapis, est murus«, similiter »Omnem equum Sortes est videns« id est »Omnis equus est, quem Sortes est videns« et convertatur in istam »Aliquid, quod Sortes est videns, est equus«, similiter »Cuiuslibet contradictionis altera pars est vera« id est »Omnis contradictio est, cuius altera pars est vera« et convertatur in istam »Ergo aliquid, cuius altera pars est vera, est contradictio«, similiter »Cuiuslibet hominis asinus currit« id est »Quilibet homo est, cuius asinus currit« et convertatur in istam »Ergo aliquid, cuius asinus currit, est homo«, similiter »Asinus Sortis currit« convertatur in istam »Currens est asinus Sortis«, nam secundum primam opinionem hoc totum *asinus Sortis* erat subiectum propositionis convertendae. Et sic habentur conversiones propositionum de obliquis iuxta primam opinio-

2 Alia opinio] aliquando O ponit] posuit L dicunt O 3 numquam] non O solum possit esse subiectum add. s. del. O solitarie] solus O 4 semper] om. O est] om. LO aut[1]] L om. AO 5 et] vel L 6 Modo] non L om. O primam opinionem] primum O diceretur] dicitur O 7 subicitur] LOX poneretur A 9 ad quem] LX aliquid A ad quid O aliquid] X om. AO aliquod L 10 fiat] LX fieret A om. O secundum] per O prius] om. O dictas] datas LO 11 Verbi gratia] ut O In] om. O 12 convertatur] LX convertitur AO in istam] om. L Aliquid] O aliquis A aliquod LX 14 quem] quam! O convertatur] LOX convertitur A 15 Aliquid] OX aliquis A aliquod L Sortes] LX om. AO Sortes est] X trsp. L similiter] cum add. s. del. A 17 et] om. O convertatur] LX convertitur AO in istam] om. LO 18 aliquid] aliquod L 20 et] om. O convertatur] LX convertitur AO in istam] om. LO 21 aliquid] Z aliquis/ali-

Term zusammengesetzte Ausdruck das Subjekt, nämlich der ganze Ausdruck »(ein) Esel eines Menschen«. – Die andere Auffassung nimmt an, daß ein schiefer Term niemals für sich allein Subjekt sein kann, sondern immer ist ein gerader Term (das Subjekt), entweder ausdrücklich oder mitverstanden, oder ein aus einem geraden und einem schiefen Term zusammengesetzter Ausdruck.

Gemäß der ersten Auffassung würde man nun aber sagen, daß ein Satz, in dem ein schiefer Term an Subjektstelle steht, in einen Satz mit einem geraden Subjekt aufgelöst werden muß nebst Hinzufügung des Relativs »dessen«, »zu dem«, »von dem«, »in dem« o. dgl. Und hernach führe man die Umkehrung gemäß den früher angeführten Regeln durch. Z. B. »In der Mauer ist ein Stein« d. h. »Eine Mauer ist (es), in der ein Stein ist«, und (diesen letzteren Satz) kehre man um in den Satz »Etwas, in dem ein Stein ist, ist eine Mauer«; ebenso »Jedes Pferd Sokrates ist sehend« d. h. »Jedes Pferd ist (es), das Sokrates sehend ist«, und (diesen letzteren Satz) kehre man um in den Satz »Etwas, das Sokrates sehend ist, ist ein Pferd«; ebenso »Von einem jeden Widerspruch der eine Teil ist wahr« d. h. »Jeder Widerspruch ist (es), von dem der eine Teil wahr ist«, und (diesen letzteren Satz) kehre man um in den Satz »Also: Etwas, von dem der eine Teil wahr ist, ist ein Widerspruch«; ebenso »Von einem jeden Menschen (ein) Esel läuft«, d. h. »Jeder Mensch ist (es), von dem ein Esel läuft«, und (diesen letzteren Satz) kehre man um in den Satz »Also: Etwas, von dem ein Esel läuft, ist ein Mensch«; ebenso kehre man »Ein Esel des Sokrates läuft« um in den Satz »Ein Laufendes ist ein Esel des Sokrates«, denn gemäß der ersten Auffassung war der ganze Ausdruck »ein Esel des Sokrates« das Subjekt des umzukehrenden Satzes. Und auf diese Weise erhält man die Umkehrungen von Sätzen im schiefen Termen gemäß der ersten Auffassung. Die zweite Auffassung aber gäbe sehr wohl

quid? A om. LOPSX currit] om. O similiter] om. O 22 convertatur] LX convertitur AO in istam] om. O Currens] LX currit A 23 nam] LX iam A quia O 24 convertendae] convertente L Et…opinionem] om. O

nem. Secunda autem opinio bene concederet, quod illae sunt bonae consequentiae, quae nunc dictae sunt, sed non sunt conversiones, quia non fit de subiecto praedicatum. Sicut etiam esset bona consequentia »Hominis asinus currit, ergo currens est hominis asinus«, et tamen secunda opinio diceret istam non esse conversionem bonam, quia secundum illam non fieret hic de subiecto praedicatum et e converso. Unde non oportet om-
A37rb nem veram consequentiam, in qua fit transpositio aliquarum dictionum, esse conversionem.

Iuxta autem secundam opinionem convertendo propositiones de obliquis sciendum est, quod si solus obliquus praecedit verbum et illud verbum praecise sit copula, tunc supplendus est rectus a parte ante et ille obliquus potest construi a parte post, ut dicendo »Hominis est asinus« id est »Aliquid est hominis asinus«, vel potest construi cum illo recto subintellecto tamquam determinatio ante verbum, ut »Hominis est asinus« id est »Aliquid hominis est asinus« vel »Possessio hominis est asinus«, et tunc illa convertenda est secundum regulas praedictas. Si autem solus obliquus praecedit verbum et verbum non solum sit copula, sed implicet illud, cum quo obliquus construitur, tunc debet fieri explicatio, verbi gratia »Equum videt Sortes« id est »Equum videns est Sortes«, et convertatur »Ergo Sortes est equum videns«. Similiter »Regis interest benefacere populo«, fingatur participium de *interest* et dicatur »Regis

1 Secunda] AE44vLPX Alia O secundum S autem] L om. AO opinio] AE44vLOPX istam opinionem S bene] om. O concederet] ALOPX concederetur S 2 nunc] om. L 3 Sicut] ut O bene add. O etiam] om. O bene add. L 4 Hominis asinus] LOX trsp. A currens] currit L 5 secunda] Z prima AE44vLOPSX opinio] om. O non esse] LO om. A 6 conversionem] om. O esse add. A illam] A primam opinionem E44vLPSX primam O non] nec L 7 subiecto] praedicato L praedicatum] subiectum L et...converso] om. L 8 veram] bonam LOX 9 esse conversionem] OX om. A esse bonam L 10 autem] om. O convertendo] convertendae L propositiones] propositionem O 11 est] om. O si] om. L 12 tunc] LO om. A supplendus] AO supponendus LX 14 dicendo] om. O Aliquid] aliquod L est hominis] LO trsp. A 15 potest...vel] om. L 16 tamquam] O tantum quam A 18 et] om. L illa] om. L est] LO om. A praedictas] prius datas L datas O 19 autem] om. O solus] LO solum A

zu, daß die soeben angeführten Folgerungen gültig sind, aber (meinte, daß) es sich dabei um keine Umkehrungen handelt, weil aus dem Subjekt nicht das Prädikat wird. Wie z. B. auch (hier) eine gültige Folgerung vorläge: »Von einem Menschen ein Esel läuft, also: Ein Laufendes ist von einem Menschen ein Esel«, aber dennoch würde die zweite Auffassung sagen, daß diese (Folgerung) keine gültige Umkehrung ist, weil gemäß dieser (zweiten) Auffassung hier nicht aus dem Subjekt das Prädikat würde und umgekehrt. So muß es nicht der Fall sein, daß jede wahre Folgerung, in der eine Umstellung einiger Wörter erfolgt, eine Umkehrung ist.

Gemäß der zweiten Auffassung hingegen muß man bei der Umkehrung von Sätzen mit schiefen Termen Folgendes beachten: Wenn der schiefe Term allein dem Verb vorangeht und genau dieses Verb die Kopula ist, dann muß ein gerader Term im (der Kopula) vorangehenden Teil ergänzt werden und der schiefe Term kann mit dem (der Kopula) nachfolgenden Teil verbunden werden, wie in dieser Formulierung »Eines Menschen ist ein Esel (Einem Menschen gehört ein Esel)« d. h. »Etwas ist von einem Menschen ein Esel«; oder (der schiefe Term) kann als Bestimmung vor dem Verb mit dem mitverstandenen geraden Term grammatisch verbunden werden, wie »Eines Menschen ist ein Esel« d. h. »Etwas eines Menschen ist ein Esel« oder »Ein Besitz eines Menschen ist ein Esel«, und dann muß dieser Satz gemäß den vorgenannten Regeln umgekehrt werden. – Wenn aber der schiefe Term allein dem Verb vorangeht und das Verb nicht allein die Kopula ist, sondern das impliziert, mit dem der schiefe Term grammatisch verbunden ist, dann muß man eine Ausformulierung vornehmen, z. B. »Ein Pferd sieht Sokrates« d. h. »Ein Pferd sehend ist Sokrates«; und (diesen letzteren Satz) kehre man (so) um: »Also: Sokrates ist ein Pferd sehend«. Ebenso »Dem König liegt dar-

praecedit] LOX praecedat A 20 illud] verbum L terminum OX obliquus] om. L 21 verbi gratia] ut O 22 id est] et L convertatur] LO convertitur A 24 fingatur] LO significatur A participium] LO per terminum A et dicatur] ut O

interens est benefacere populo« et convertatur »Ergo benefacere populo est regis interens«. Deinde, si rectus cum obliquo praecedat verbum, hoc est dupliciter: Vel obliquus construitur cum illo recto tamquam eius determinatio, ut dicendo »Sortis asinus currit« vel dicendo »Asinus Sortis currit«, et tunc totum aggregatum ex recto et obliquo est subiectum, et convertitur »Sortis asinus currit, ergo currens est Sortis asinus« vel »Asi-
O36rb nus Sortis currit, ergo currens est asinus Sortis«. Et si negatio totum distribuens praecedit, debet etiam totum distribui in convertente, sicut dicendo »Nullius hominis asinus currit, ergo nullum currens est hominis asinus«. Si autem propositio sit affirmativa et sit distributio in subiecto confundens praedicatum, non tamen distributive, tunc in convertendo debet auferri signum distributivum, sicut fit in conversione affirmativae universalis de terminis rectis, verbi gratia »Hominis quilibet asinus currit« convertitur »Ergo currens est hominis aliquis asinus«. Si autem rectus cum obliquo praecedat verbum et obliquus non construatur cum recto, sed cum termino posito a parte praedicati, ut dicendo »Equum homo est videns« vel etiam »Homo equum est videns«, constat, quod ly *equum* non construitur cum ly *homo*, sed cum ly *videns*, et tunc secundum istam opinionem secundam solus rectus est subiectum et obli-

1 convertatur] L convertitur AO 2 regis interens] LO trsp. A Deinde] om. O cum] om. O 3 praecedat] praecedit O est] om. O Vel] quia add. AO 4 illo] om. L eius] LO om. A dicendo] om. O 5 asinus] LO om. A dicendo] L om. AO et] om. LO 6 ex…obliquo] om. O est] L esset A erit O convertitur] convertetur L 8 currens] currit L 9 distribuens] om. O praecedit] L praecedat AO totum add. s. del. A etiam] LO om. A 10 convertente] LO convertenda A dicendo] om. O 11 autem] om. O 12 et sit] LOX tunc A distributio] AOX de distributivo L 13 tamen] LOX cum A distributive] LOX distributione A auferri] LOX affirmari A 14 fit] LX et A om. O conversione] convertente LO 15 universalis] LOX om. A terminis rectis] LX *lectio incerta* A verbi gratia] ut O 16 convertitur] om. L currens] currit L aliquis] LOX om. A 17 praecedat] L praecedit A 18 cum^{1}] n- add. s. del. A termino] verbo L 19 dicendo] om. O homo est] trsp. L 20 etiam] L om. AO 21 cum ly^{2}] om. O tunc] LO cum A 22 istam…secundam] illud O solus] solum *ante corr.* O

an, dem Volk wohlzutun«, man erfinde ein Partizip von »es liegt daran« und formuliere »Dem König am Herzen liegend ist (es), dem Volk wohlzutun« und kehre (schließlich) um »Also: Dem Volk wohlzutun ist dem König am Herzen liegend«. – Sodann: Wenn der gerade mitsamt dem schiefen Term dem Verb vorangeht, kommt das auf zwei Weisen vor: Entweder wird der schiefe Term mit dem geraden als wie dessen Bestimmung verbunden, wie wenn man sagt »Von Sokrates (ein) Esel läuft« oder wenn man sagt »(Ein) Esel des Sokrates läuft«, und dann ist der ganze aus geradem und schiefem Term zusammengesetzte Ausdruck das Subjekt und (der Satz) wird (so) umgekehrt: »Von Sokrates (ein) Esel läuft, also: Ein Laufendes ist von Sokrates (ein) Esel« oder »(Ein) Esel des Sokrates läuft, also: Ein Laufendes ist (ein) Esel des Sokrates«. Und wenn eine das Ganze verteilende Negation vorangeht, muß auch im umkehrenden Satz das Ganze verteilt werden, indem man z. B. sagt »Von keinem Menschen (ein) Esel läuft, also: Kein Laufendes ist von einem Menschen (ein) Esel«. Wenn aber der Satz bejahend ist und eine Verteilung im Subjekt statthat, die (auch) das Prädikat verteilt, jedoch nicht distributiv, dann muß man bei der Umkehrung das Verteilungszeichen entfernen, wie es (ja) auch bei der Umkehrung eines bejahenden Universalsatzes mit geraden Termen geschieht, z. B. wird »Von einem Menschen jeder Esel läuft« (so) umgekehrt: »Also: Ein Laufendes ist von einem Menschen irgendein Esel«. Wenn aber der gerade Term mitsamt dem schiefen dem Verb vorangeht und der schiefe Term nicht mit dem geraden grammatisch verbunden ist, sondern mit einem Term, der auf Prädikatseite steht. Wenn es z. B. heißt »Ein Pferd ein Mensch ist sehend« oder auch »Ein Mensch ein Pferd ist sehend«, so steht es fest, daß der Ausdruck »ein Pferd« nicht mit dem Ausdruck »ein Mensch« verbunden ist, sondern mit dem Ausdruck »sehend«, und dann ist gemäß dieser zweiten Auffassung der gerade Term allein das Subjekt und der schiefe Term ist Teil des

quus est pars praedicati, aliter enim non posset vere dici, quid esset subiectum in ista »Homo equum est videns«. Nec obstat, si ille obliquus praecedat verbum, quia, cum sit determinatio praedicati, habet conexionem cum eo et fit ex eis unus terminus. Et ergo ista propositio »Equum homo est videns« convertitur in istam »Videns equum est homo«, et si sit negatio praecedens distribuens omnia, tunc etiam omnia debent distribui in convertente, ut dicendo »Nullum equum homo est videns« debet converti »Ergo nullum videns equum est homo«. Et si esset signum affirmativum confundens praedicatum sine distributione, deberet sicut in aliis auferri signum distributivum in convertente, verbi gratia »Omnem equum homo est videns, ergo videns equum est homo«. Quae autem istarum opinionum sit vera, non spectat ad propositum, quia in proposito sufficit, quod utroque dictorum modorum sint consequentiae bonae, quae dictae sunt.

Ulterius sciendum est de conversione propositionum aequivalentium hypotheticis, sicut sunt exclusivae et exceptivae et reduplicativae. Unde huiusmodi propositiones primo sunt resolvendae in suas exponentes et postea secundum exigentiam exponentium convertendae sunt. Verbi gratia, ista propositio A37va exclusiva »Tantum animal est homo« valet istam »Animal est homo et nihil aliud ab animali est homo«, et ideo convertitur »Homo est animal et nullus homo est alius ab animali«. Et

1 est] LO om. A pars praedicati] LO praedicatum A enim] om. L vere] LO om. A quid] LOX quod A 3 praecedat] praecedit L quia] LO om. A sit] LO om. A 4 eo] ex *ante corr.* L ex] LO de A 5 Et] om. L propositio] om. LO Equum homo] trsp. L convertitur] convertetur L 6 sit] om. LO praecedens] praecedit L praecederet O 7 omnia[1]] LO omnis A debent] deberent O 8 dicendo] om. O 10 affirmativum] L affirmative AO 11 deberet] deberent L auferri] LO afformari! A in[2]] om. O 12 convertente] consequente L verbi gratia] ut O verbi...homo] AO om. LX 13 videns equum] O trsp. A Quae... sunt] om. O autem] om. L 14 sit] L est A non] L nom! A propositum] propositionem L quia] sed LX in proposito] om. LX 15 dictorum] om. L 17 Ulterius] om. O sciendum] considerandum L Nota O est] L om. AO de conversione] ad convertendum O propositionum...sunt] om. O 18 exclusivae] exclusivas O et[1]] om. LO exceptivae] exceptivas O et reduplicativae]

Prädikats; sonst könnte man nämlich nicht recht bestimmen, was das Subjekt in dem Satz »Ein Mensch ein Pferd ist sehend« sei. Und es hindert auch nicht, wenn dieser schiefe Term dem Verb vorangeht, denn er hat eine Verbindung mit dem Prädikat, da er ja eine Bestimmung von ihm ist, und aus diesen (beiden Ausdrücken) wird (nach der Umkehrung) ein Term. Demnach wird der Satz »Ein Pferd ein Mensch ist sehend« in den Satz »Ein Pferd sehend ist ein Mensch« umgekehrt; und wenn eine Negation vorangeht, die alles verteilt, dann muß auch im umkehrenden Satz alles verteilt werden, z. B. muß man den Satz »Kein Pferd ein Mensch ist sehend« (so) umkehren: »Also: Kein ein Pferd Sehendes ist ein Mensch«. Und wenn ein bejahendes (Verteilungs-) Zeichen vorkäme, das das Prädikat nur konfus verteilt[118], müßte ebenso wie in den anderen (Fällen) das Verteilungszeichen im umkehrenden Satz entfernt werden, z. B. »Jedes Pferd ein Mensch ist sehend, also: Ein Pferd sehend ist ein Mensch«. – Aber welche von diesen Auffassungen wahr ist, ist für den vorliegenden Zusammenhang nicht von Belang, denn in diesem genügt es, daß auf beide der genannten Weisen die angeführten Folgerungen gültig sind.

Weiters ist bezüglich der Umkehrung von Sätzen, die mit hypothetischen Sätzen äquivalent sind, welcherart die ausschließenden, ausnehmenden und verdoppelnden Sätze sind, Folgendes festzuhalten: Derartige Sätze müssen zuerst in ihre auslegenden Sätze aufgelöst werden und müssen danach gemäß dem Erfordernis der auslegenden Sätze umgekehrt werden. Z. B.: Der ausschließende Satz »Nur ein Lebewesen ist ein Mensch« ist gleichwertig dem Satz »Ein Lebewesen ist ein Mensch und nichts von einem Lebewesen Verschiedenes ist ein Mensch«, und deshalb wird er (so) umgekehrt: »Ein Mensch ist ein Lebewesen und kein Mensch ist von einem Lebewesen

etc. L et reduplicativas O 19 Unde…propositiones] quae O sunt resolvendae] debent resolvi O 21 exponentium] om. L sunt] O om. AL Verbi gratia] ut O ista…exclusiva] om. O 23 et^{2}] L om. AO 24 homo] om. L alius] aliud LO Et] LO om. A

quia haec copulativa aequivalet uni universali affirmativae, scilicet illi »Omnis homo est animal«, ergo solet dici, quod ista »Tantum animal est homo« convertitur in istam »Omnis homo est animal«. Unde solet dici, quod ab exclusiva ad universalem de terminis transpositis est bona consequentia et e converso. Similiter ista propositio »Omnis homo praeter Sortem currit«, quae est una exceptiva, valet istam »Sortes non currit et omnis homo alius a Sorte currit«, et ergo convertitur »Currens non est Sortes et quoddam currens est homo alius a Sorte«. Simili modo propositiones reduplicativae resolvantur in exponentes suas et secundum exigentiam istarum convertantur.

Verumtamen, si quis velit convertere exceptivas sine tali resolutione, ut ista »Omnis homo praeter Sortem currit« potest converti non in exceptivam, sed in unam particularem, ubi subiectum est participium cum ista oratione *quod non est Sortes*. Verbi gratia »Omnis homo praeter Sortem currit, ergo quoddam currens, quod non est Sortes, est homo«. Similiter, si L37va quis reduplicativam velit convertere etiam sine tali resolutione, sicut istam »Omnis homo in quantum sensibilis est animal«, potest etiam eam convertere in istam »Quod in quantum sensibile est animal, est homo«.

1 quia] similiter L copulativa] exclusiva L uni] om. O 2 animal] et add. A 3 animal] homo L homo[1]] animal L 4 solet…converso] om. O 5 et…converso] om. L 6 propositio] L om. AO 7 quae…exceptiva] om. O exceptiva] et add. L 8 et] om. O 9 currens] currit L Simili modo] similiter O 10 propositiones] om. O resolvantur] L resolvuntur AO 11 suas…convertantur] om. O 12 Verumtamen] tamen O velit] vult O exceptivas] exceptivam L exceptivae O 13 ista] om. L istam O 14 converti] eam convertere LO Sortes currit add. A unam] LO om. A 16 Verbi gratia] ut O ergo] om. O 17 si quis] om. O 18 velit] om. O etiam] om. O tali] om. LO sicut] O scilicet A ad L 19 istam] om. O sensibilis] sensibile L 20 potest…istam] om. O etiam] om. L in istam] sic L Quod] LOX illud A sensibile est] trsp. L 21 homo] Sequitur ergo de consequentiis simplicibus propositionum modalium add. L

verschieden«. Und weil dieser kopulative Satz mit einem bejahenden Universalsatz äquivalent ist, nämlich mit diesem »Jeder Mensch ist ein Lebewesen«, so pflegt man zu sagen, daß der Satz »Nur ein Lebewesen ist ein Mensch« in den Satz »Jeder Mensch ist ein Lebewesen« umgekehrt wird. So pflegt man zu sagen, daß von einem ausschließenden Satz auf einen Universalsatz mit umgestellten Termen eine gültige Folgerung vorliegt und umgekehrt. – Ebenso ist der Satz »Jeder Mensch außer Sokrates läuft«, der ein ausnehmender Satz ist, gleichwertig dem Satz »Sokrates läuft nicht und jeder von Sokrates verschiedene Mensch läuft«, und demnach wird er (so) umgekehrt: »Ein Laufendes ist nicht Sokrates und irgendein Laufendes ist ein von Sokrates verschiedener Mensch«. – Auf ähnliche Weise mögen verdoppelnde Sätze in ihre auslegenden Sätze aufgelöst werden und gemäß dem Erfordernis derselben umgekehrt werden.

Gleichwohl, wenn jemand ausnehmende Sätze ohne eine solche Auflösung umkehren möchte: Z. B. kann der Satz »Jeder Mensch außer Sokrates läuft« nicht in einen ausnehmenden, sondern in einen partikulären Satz umgekehrt werden, in welchem ein Partizip nebst der Ausdrucksfolge »das nicht Sokrates ist« das Subjekt bildet. Z. B. »Jeder Mensch außer Sokrates läuft, also: Irgendein Laufendes, das nicht Sokrates ist, ist ein Mensch«. – Ebenso: Wenn jemand auch einen verdoppelnden Satz ohne eine solche Auflösung umkehren möchte, wie z. B. den Satz »Jeder Mensch, insofern er sinnenbegabt ist, ist ein Lebewesen«, so kann er auch diesen in den Satz umkehren: »Was insofern sinnenbegabt ein Lebewesen ist, ist ein Mensch«.

Cap. IV.5 ⟨Capitulum quintum de consequentiis simplicibus propositionum modalium⟩

Postquam visum est de consequentiis simplicibus propositionum de inesse, nunc videndum est de consequentiis simplicibus propositionum modalium. Et primo ponam aliquas suppositiones, secundo ponam aliquas regulas. Prima suppositio est, quod necesse esse et impossibile non esse aequipollent. Quicquid enim necesse est esse, impossibile est non esse, et e converso, sicut de se patet.

Secunda suppositio est, quod necesse non esse et impossibile esse aequipollent. Patet: Si A necesse est non esse, tunc A impossibile est esse, et etiam e converso.

Tertia suppositio est: Impossibile et non possibile aequipollent. [O36va] In isto enim termino *impossibile* implicatur negatio, et ergo istae aequipollent »B impossibile est esse A« et »B non possibile est esse A«.

Quarta suppositio est: Universalis affirmativa contradicit particulari negativae, ita quod in negativa negatio feratur ad modum. Verbi gratia »Omne B possibile est esse A«, »Quoddam B non possibile est esse A«, similiter »Nullum B potest esse A«, »Quoddam B potest esse A«, similiter »Omne B necesse est esse A«, »Quoddam B non necesse est esse A«, similiter »Nullum B necesse est esse A«, »Quoddam B necesse est esse A«, et sic de aliis.

Quinta suppositio: Propositiones modales aliquando possunt poni sine aliqua restrictione subiecti. Verbi gratia, si dicam »B

3 Postquam...nunc] om. O simplicibus] LX singularis! A 4 est] om. O simplicibus] LOX om. A 5 Et...regulas] om. O 6 ponam aliquas] om. L regulas] propositionum add. A Prima...est] primo suppono O est] om. L 7 necesse] est add. L et] est *ante corr. s.l.* O Quicquid...patet] om. O 9 patet] clarum est L 10 Secunda suppositio] secundo O est] om. LO necesse] est add. ALO esse add. s. del. O esse] est O et] om. LO impossibile] est add. ALO 11 aequipollent] om. O Patet] om. O A^{1}] om. O necesse] necesse add. O A^{2}] om. LO 12 est] a add. L etiam] om. LO 13 Tertia suppositio] tertio suppono O est] om. LO aequipollent] quia add. O

Kapitel IV.5: *Die einfachen Folgerungen der modalen Sätze*

Nachdem die einfachen Folgerungen der assertorischen Sätze untersucht wurden, müssen jetzt die einfachen Folgerungen der modalen Sätze untersucht werden. Und erstens werde ich einige Voraussetzungen anführen, zweitens werde ich einige Regeln aufstellen. – Die erste Voraussetzung lautet: Notwendig sein und unmöglich nicht sein sind gleichwertig. Für was immer es nämlich notwendig ist zu sein, (für das) ist es unmöglich nicht zu sein, und umgekehrt, wie von selbst erhellt.

Zweite Voraussetzung: Notwendig nicht sein und unmöglich sein sind gleichwertig. Das ist klar: Wenn es für A notwendig ist nicht zu sein, dann ist es für A unmöglich zu sein, und auch umgekehrt.

Dritte Voraussetzung: Unmöglich und nicht möglich sind gleichwertig. In dem Term »unmöglich« ist nämlich eine Negation enthalten, und demnach sind die Sätze »Für B ist es unmöglich, ein A zu sein« und »Für B ist es nicht möglich, ein A zu sein« gleichwertig.

Vierte Voraussetzung: Ein bejahender Universalsatz widerspricht einem verneinenden Partikulärsatz, so daß im verneinenden Satz die Negation sich auf den Modalausdruck bezieht. Z. B. »Für jedes B ist es möglich, ein A zu sein«, »Für irgendein B ist es nicht möglich, ein A zu sein«; ebenso »Kein B kann ein A sein«, »Irgendein B kann ein A sein«; ebenso »Für jedes B ist es notwendig, ein A zu sein«, »Für irgendein B ist es nicht notwendig, ein A zu sein«; ebenso »Für kein B ist es notwendig, ein A zu sein«, »Für irgendein B ist es notwendig, ein A zu sein«; usw. für die anderen (Modalausdrücke).

Fünfte Voraussetzung: Modale Sätze können manchmal ohne eine Einschränkung des Subjekts formuliert sein. Wenn

14 enim] om. LO et ergo] om. O 15 istae] istae add. O B[1]] LO d A impossibile est] trsp. L et] om. L B[2]] LO d A 17 suppositio] LO om. A est] om. LO 18 in] LO om. A 19 Verbi gratia] ut O 21 A[1]] et add. A similiter] con-? add. A 22 similiter…A] om. L 24 sic] ita L 26 poni] X proponi ALO Verbi gratia] ut O si dicam] om. O

potest esse A«, tunc *B* supponat indifferenter pro illis, quae sunt vel possunt esse B. Aliquando autem possunt poni cum restrictione subiecti, sicut dicendo »Quod est B, potest esse A«, et tunc *B* solum supponit pro praesentibus, vel dicendo »Quod fuit B, potest esse A«, et tunc *B* supponit solum pro praeteritis, et consimili modo potest dici de futuro. Similiter potest dici »Quod potest esse B, necesse est esse A« vel »Quod est B, necesse est esse A« vel »Quod fuit B, necesse est esse A« vel »Quod erit B, necesse est esse A«. Vel absolute sine restrictione dicendo »B necesse est esse A«, et sic de aliis propositionibus.

Nunc ponendae sunt regulae, primo de modalibus divisis, et sit prima regula: Propositiones de impossibili et de possibili de consimilibus subiectis et praedicatis mutuo se consequuntur
A37vb per aequipollentiam dictis earum se habentibus similiter et modis earum habentibus se dissimiliter. Per modos et dicta se habere similiter intelligo, quando utrobique est affirmatum dictum vel negatum, similiter et modus, et per dicta et modos se habere dissimiliter intelligo, quando dictum unius est affirmatum et dictum alterius est negatum, et similiter modus. Verbi gratia istae duae propositiones »Sortes potest currere« et »Sortes impossibile est currere«, habent se similiter tam quoad dictum quam quoad modum, sed illae duae »Sortes non possi-

1 tunc] om. O supponat] supponit LO indifferenter] indnter *ante corr.* O quae] L qui A 2 esse] similiter add. L B] om. L autem] om. LO poni] X proponi ALO 3 sicut] verbi gratia L dicendo] si dicam L om. O est] om. L 4 et] om. O praesentibus] b add. O 5 et] om. LO B[2]] L om. AO 6 et…futuro] vel dicendo quod erit b potest esse a tunc supponit solum pro futuris L similiter de suo O 7 Quod[1]] b add. s. del. O 8 Quod…vel[2]] om. L 10 propositionibus] om. LO 11 Nunc…regulae] Quantum ad secundum L om. O sit prima regula et add. L primo…prima] om. O divisis] quod add. L et…regula] om. L 12 de[2]] om. LO 13 se] om. LO 14 per] LO pro! A 15 earum…se[1]] L om. AO Per] et L modos] modum O et dicta] om. L dicta] dictum O 16 quando] quod L est affirmatum] affirmatur O 17 vel] utrobique add. O negatum] negatur O et modus] de modo O et[2]] om. L et[2]…modus] om. O dicta] praedicta! L autem add. L 18 dissimiliter] L differenter? A quando] quod L est] et L 19 est] om. L modus] quando modus in una est affirmatus et in reliqua negatus L 20 Verbi gratia] ut O gratia] dicendo add. A istae…

ich z. B. sagte »Ein B kann ein A sein«, dann supponierte »B« unterschiedslos für die Dinge, die B sind oder B sein können. Manchmal aber können sie mit einer Einschränkung des Subjekts formuliert sein, z. B. wenn es heißt »Was ein B ist, kann ein A sein«, und dann supponiert »B« nur für gegenwärtige Dinge; oder wenn es heißt »Was ein B war, kann ein A sein«, und dann supponiert »B« nur für vergangene Dinge; und Ähnliches kann man bezüglich des Futurs sagen. Ebenso kann man sagen: »Für das, was ein B sein kann, ist es notwendig, ein A zu sein« oder »Für das, was ein B ist, ist es notwendig, ein A zu sein« oder »Für das, was ein B war, ist es notwendig, ein A zu sein« oder »Für das, was ein B sein wird, ist es notwendig, ein A zu sein«. Oder (eben) auf unbedingte Weise ohne Einschränkung, indem man sagt »Für ein B ist es notwendig, ein A zu sein«, usw. für die anderen (angeführten) Sätze.

Nun müssen Regeln aufgestellt werden, und zwar zuerst für die geteilten Modalsätze, und die erste Regel laute: Sätze über Unmögliches und über Mögliches mit gleichen Subjekten und Prädikaten folgen gemäß der Gleichwertigkeit wechselseitig auseinander, wenn sich ihre Ausgesagten ähnlich verhalten und sich ihre Modalausdrücke unähnlich verhalten[119]. Darunter, daß sich die Modalausdrücke und die Ausgesagten ähnlich verhalten, verstehe ich, daß in beiden Sätzen das Ausgesagte bejaht oder verneint ist, ebenso auch der Modalausdruck, und darunter, daß sich die Ausgesagten und die Modalausdrücke unähnlich verhalten, verstehe ich, daß das Ausgesagte des einen Satzes bejaht ist und das Ausgesagte des anderen Satzes verneint ist und ebenso der Modalausdruck. Z. B.: Die zwei Sätze »Sokrates kann laufen« und »Für Sokrates ist es unmöglich zu laufen« verhalten sich ähnlich sowohl hinsichtlich des Ausgesagten als auch hinsichtlich des Modalausdrucks, aber die zwei Sätze »Für Sokrates ist es nicht möglich, nicht zu

propositiones] om. O currere] currit L et] om. LO 21 currere] currit LO habent] habet O quoad] ad L in O 22 dictum] dicto O quoad] ad L in O modum] modo O sed...dictum] LO om. A duae] L om. O

bile est non currere«, »Sortes impossibile est currere«, habent se dissimiliter tam quoad modum quam quoad dictum. Sed istae duae »Sortes non possibile est currere«, »Sortes impossibile est currere« habent se dissimiliter quoad modum, similiter autem quoad dictum, sed illae »Sortes possibile est non currere«, »Sortes possibile est currere« habent se similiter quoad modum, dissimiliter vero quoad dictum. Exemplum de regula: Sequitur enim »A impossibile est esse B, ergo A non possibile est esse B«. Probatur, nam per tertiam suppositionem impossibile et non possibile idem sunt, ergo si A impossibile est esse B, A non possibile est esse B, et e converso.

Iuxta illam regulam illae aequipollent »Omne A impossibile est esse B«, »Nullum A possibile est esse B«, in prima enim nec negatur modus nec dictum, in secunda autem negatur modus et non dictum. Similiter iuxta istam regulam illae aequipollent »Nullum A possibile est esse B«, »Omne A non possibile est esse B«, et similiter istae »Omne A non possibile est non esse B« et »Omne A impossibile est non esse B« vel »Nullum A possibile est non esse B«, similiter illae »Nullum A impossibile est esse B«, »Omne A possibile est esse B«.

Secunda regula: Propositiones de impossibili et de necessario de consimilibus subiectis et praedicatis per aequipollentiam mutuo se consequuntur modis habentibus se similiter et dictis dissimiliter. Verbi gratia, sequitur enim »A impossibile est non esse B, ergo A necesse est esse B«, similiter sequitur »A necesse

1 non] L om. O currere[1]] L currit O currere[2]] L currit O 2 tam…dictum] L om. O Sed…B[2]] om. O 3 duae] L om. A 5 sed…dictum] om. L 9 Probatur…B] om. L tertiam] S secundam A om. LOPX 12 aequipollent] aequivalent L 14 in…dictum] om. L 16 est[2]…B[2]] om. L 19 illae] ista L 20 possibile] L impossibile A 21 Secunda] om. O de[2]] om. LO 22 per aequipollentiam] om. O 24 Verbi gratia] ut O enim] om. O

laufen«, »Für Sokrates ist es unmöglich zu laufen« verhalten sich unähnlich sowohl hinsichtlich des Modalausdrucks als auch hinsichtlich des Ausgesagten. Aber die zwei Sätze »Für Sokrates ist es nicht möglich zu laufen«, »Für Sokrates ist es unmöglich zu laufen« verhalten sich unähnlich hinsichtlich des Modalausdrucks, ähnlich hingegen hinsichtlich des Ausgesagten; aber die zwei Sätze »Für Sokrates ist es möglich, nicht zu laufen«, »Für Sokrates ist es möglich zu laufen« verhalten sich ähnlich hinsichtlich des Modalausdrucks, unähnlich hingegen hinsichtlich des Ausgesagten. – Ein Beispiel für die Regel: Es folgt nämlich »Für ein A ist es unmöglich, ein B zu sein, also: Für ein A ist es nicht möglich, ein B zu sein«. Beweis: Gemäß der dritten Voraussetzung bedeuten »unmöglich« und »nicht möglich« dasselbe, also gilt: Wenn es für ein A unmöglich ist, ein B zu sein, dann ist es für ein A nicht möglich, ein B zu sein, und umgekehrt.

Gemäß dieser Regel sind die folgenden Sätze gleichwertig: »Für jedes A ist es unmöglich, ein B zu sein«, »Für kein A ist es möglich, ein B zu sein«, im ersten Satz nämlich ist weder der Modalausdruck noch das Ausgesagte verneint, im zweiten Satz hingegen ist der Modalausdruck verneint, aber nicht das Ausgesagte. – Ebenso sind gemäß dieser Regel die folgenden Sätze gleichwertig: »Für kein A ist es möglich, ein B zu sein«, »Für jedes A ist es nicht möglich, ein B zu sein«, und ebenso die folgenden: »Für jedes A ist es nicht möglich, nicht ein B zu sein« und »Für jedes A ist es unmöglich, nicht ein B zu sein« oder »Für kein A ist es möglich, nicht ein B zu sein«, ebenso die folgenden: »Für kein A ist es unmöglich, ein B zu sein«, »Für jedes A ist es möglich, ein B zu sein«.

Regel 2: Sätze über Unmögliches und über Notwendiges mit gleichen Subjekten und Prädikaten folgen gemäß der Gleichwertigkeit wechselseitig auseinander, wenn sich die Modalausdrücke ähnlich verhalten und die Ausgesagten unähnlich. Z. B.: Es folgt nämlich »Für ein A ist es unmöglich, nicht ein B zu sein, also: Für ein A ist es notwendig, ein B zu sein«, ebenso folgt »Für ein A ist es notwendig, nicht ein B zu sein, also: Für

est non esse B, ergo A impossibile est esse B«. Probatur per primam et secundam suppositionem, nam impossibile non esse et necesse esse aequipollent et necesse non esse et impossibile esse aequipollent.

Iuxta istam regulam istae aequipollent »Omne A necesse est esse B« et »Omne A impossibile est non esse B«, similiter istae »Nullum A necesse est esse B« et »Nullum A impossibile est non esse B«, similiter istae »Omne A non necesse est esse B« et »Omne A non impossibile est non esse B«, similiter istae »Omne A necesse est non esse B« et »Omne A impossibile est esse B«, similiter istae »Nullum A non necesse est non esse B« et »Nullum A impossibile est esse B«.

Tertia regula: Propositiones de possibili et de necessario de consimilibus subiectis et praedicatis mutuo se consequuntur per aequipollentiam dictis et modis se habentibus dissimiliter. Verbi gratia »A necesse est esse B, ergo A non possibile est non esse B«, similiter »A possibile est esse B, ergo A non necesse est non esse B«. Probatur, nam per secundam regulam sequitur »A necesse est esse B, ergo A impossibile est non esse B«, sed ad istam »A impossibile est non esse B« sequitur ista »A non possibile est non esse B« per primam regulam. Ergo per istam regulam »Quidquid sequitur ad consequens, sequitur ad antecedens« ad istam »A necesse est esse B« sequitur ista »A non possibile est non esse B«. Illae tres regulae possunt retineri per
A38ra istos tres versus »Pos impos aequipol dic simi, sed modo dissi.

2 nam] quia O 3 necesse[1]] non add. O esse[1]] est *ante corr.* O aequipollent] aequivalent O impossibile] non add. L non add. s. del. O 4 aequipollent] aequivalent O 5 aequipollent] aequivalent O 6 et] om. O 8 esse[2]] om. O 9 non[1]] om. L non[2]] om. O 10 Omne[2]] nullum L 11 non[1]] om. LO est] om. O 13 Tertia] om. O Propositiones] om. O possibili] impossibili O de[2]] om. O de[3]] om. O 14 mutuo se] om. O 15 per aequipollentiam] om. O dissimiliter] difformiter L 16 Verbi gratia] ut O possibile] necesse L 17 B[1]] ergo a impossibile est non esse b add. L similiter] sequitur L A[1]] non add. L est[1]] non add. L ergo…B] om. L non] om. O 18 nam] om. O regulam] om. L 19 sed…B] om. L 20 ista] om. O A[2]] om. L 21 Ergo] om. O 22 regulam] om. O antecedens] ergo add. L 23 ista] om. O 24 tres] om. O possunt retineri] habentur O 25 istos] om. O tres] om. LO Pos impos] Possin poss!

ein A ist es unmöglich, ein B zu sein«. Das wird mit der ersten und der zweiten Voraussetzung bewiesen, denn »unmöglich nicht sein« und » notwendig sein« sind gleichwertig sowie »notwendig nicht sein« und »unmöglich sein« sind gleichwertig.

Gemäß dieser Regel sind die folgenden Sätze gleichwertig: »Für jedes A ist es notwendig, ein B zu sein« und »Für jedes A ist es unmöglich, nicht ein B zu sein«, ebenso diese: »Für kein A ist es notwendig, ein B zu sein« und »Für kein A ist es unmöglich, nicht ein B zu sein«, ebenso diese: »Für jedes A ist es nicht notwendig, ein B zu sein« und »Für jedes A ist es nicht unmöglich, nicht ein B zu sein«, ebenso diese: »Für jedes A ist es notwendig, nicht ein B zu sein« und »Für jedes A ist es unmöglich, ein B zu sein«, ebenso diese: »Für kein A ist es nicht notwendig, nicht ein B zu sein« und »Für kein A ist es unmöglich, ein B zu sein«.

Regel 3: Sätze über Mögliches und über Notwendiges mit gleichen Subjekten und Prädikaten folgen gemäß der Gleichwertigkeit wechselseitig auseinander, wenn sich die Ausgesagten und die Modalausdrücke unähnlich verhalten. Z. B.: »Für ein A ist es notwendig, ein B zu sein, also: Für ein A ist es nicht möglich, nicht ein B zu sein«, ebenso »Für ein A ist es möglich, ein B zu sein, also: Für ein A ist es nicht notwendig, nicht ein B zu sein«. Beweis: Gemäß der zweiten Regel folgt »Für ein A ist es notwendig, ein B zu sein, also: Für ein A ist es unmöglich, nicht ein B zu sein«, aber aus dem Satz »Für ein A ist es unmöglich, nicht ein B zu sein« folgt der Satz »Für ein A ist es nicht möglich, nicht ein B zu sein«, gemäß der ersten Regel. Also folgt gemäß der Regel »Alles was aus dem Nachsatz folgt, folgt (auch) aus dem Vordersatz« aus dem Satz »Für ein A ist es notwendig, ein B zu sein« der Satz »Für ein A ist es nicht möglich, nicht ein B zu sein«. – Diese drei Regeln kann man sich merken mit Hilfe dieser drei Verse[120]: »Möglich und unmöglich sind gleichwertig bei ähnlichen Ausgesagten, aber

O Pos...dissi] LOX *Istum primum versum tertio loco habet* A dic] om. L dicit O simi] LO sim A dissi] dissis O

O36vb Impos necesse dic dissi, sed modo simi. Posses atque neces dictoque modo quoque dissi«, primus versus deservit primae regulae, secundus secundae regulae, tertius tertiae regulae.

Quarta regula: In omni propositione de necessario de sensu diviso subiectum ampliatur ad supponendum pro his, quae sunt vel possunt esse. Unde in ista »A necesse est esse B« subiectum supponit pro eo, quod est vel potest esse A, et ergo ipsa est exponenda »A necesse est esse B, id est, quod est vel potest esse A, necesse est esse B«. Probatur, nam ista »B potest non esse A« contradicit isti »Nullum B potest non esse A«, quae aequipollet isti per tertiam regulam »Omne B necesse est esse A«. Et cum in propositionibus sibi invicem contradicentibus et L37vb aequivalentibus subiecta debeant stare aequaliter ample, sequitur, quod si in ista »B potest non esse A« subiectum ampliatur ad supponendum pro eo, quod est vel potest esse, sicut communiter conceditur, similiter sic erit in ista sibi contradicente »Nullum B potest non esse A«. Et cum ista »Nullum B potest non esse A« aequipolleat per tertiam regulam isti »Omne B necesse est esse A«, sequitur, quod similiter in ista »Omne B necesse est esse A« subiectum supponit pro eo, quod est vel potest esse B, et similiter in ista indefinita »B necesse est esse A«.

Ex ista regula sequitur posito, quod deus non crearet, adhuc istam esse veram »Creans de necessitate est deus«, nam valet

1 Impos] inpo LO necesse] necessario LO dissi] LOX disti A Posses] LOPS potes A pos X 2 quoque] quo O primus…regulae³] om. O versus] versiculus L 3 secundus] L secundo A regulae²] om. L regulae³] om. L 4 Quarta] om. O propositione de] om. O necessario de] om. L de²] in O 5 ampliatur] est ampliatum L ad supponendum] om. L quae] LO qui A 6 Unde] ut O in] om. O est] om. O 7 eo] illo L est vel] LO om. A et] om. LO ipsa] om. O 8 A…B] LO om. A id est] Z om. AOPX ergo LS 9 A] LO omne/esse A necesse est] trsp. L esse²] om. L Probatur] ponitur! L nam] quia O potest] LO om. A potest non] trsp. O 10 A¹] om. O isti] LO om. A A²] quia L 11 aequipollet] aequivalet O 14 quod] LO om. A si] om. O in ista] LO om. A ampliatur] LO amplietur A 16 similiter] om. L erit] enim L sibi] om. L 17 Et…A] om. LO 18 aequipolleat] aequivaleat O per…regulam] om. LO 19 A] per tertiam regulam (et O om. L) add. LO in] LO om. A 20 supponit] supponat L

unähnlichen Modalausdrücken. Unmöglich und notwendig bei unähnlichen Ausgesagten, aber ähnlichen Modalausdrücken. Möglich und notwendig bei unähnlichen Ausgesagten und Modalausdrücken«; der erste Vers dient (als Merkhilfe) für die erste Regel, der zweite für die zweite Regel, der dritte für die dritte Regel.

Regel 4: In jedem Satz über Notwendiges im geteilten Sinn wird das Subjekt erweitert auf die Supposition für die Dinge, die sind oder sein können. So supponiert in dem Satz »Für ein A ist es notwendig, ein B zu sein« das Subjekt für das, was ein A ist oder ein A sein kann, und demnach muß er (so) ausgelegt werden: »Für ein A ist es notwendig, ein B zu sein, d. h.: Für etwas, was ein A ist oder ein A sein kann, ist es notwendig, ein B zu sein«. Beweis: Der Satz »Ein B kann nicht ein A sein«[121] widerspricht dem Satz »Kein B kann nicht ein A sein«, welcher gemäß der dritten Regel gleichwertig ist mit dem Satz »Für jedes B ist es notwendig, ein A zu sein«. Und da in einander widersprechenden und äquivalenten Sätzen die Subjekte gleich weit supponieren müssen, folgt: Wenn in dem Satz »Ein B kann nicht ein A sein« das Subjekt erweitert wird auf die Supposition für das, was ist oder sein kann, wie gemeinhin zugegeben wird, wird dies ebenso in dem ihm widersprechenden Satz »Kein B kann nicht ein A sein« der Fall sein. Und da der Satz »Kein B kann nicht ein A sein« gemäß der dritten Regel mit dem Satz »Für jedes B ist es notwendig, ein A zu sein« gleichwertig ist, folgt, daß ebenso in dem Satz »Für jedes B ist es notwendig, ein A zu sein« das Subjekt für das supponiert, was ein B ist oder sein kann, sowie auch in dem indefiniten Satz »Für (ein) B ist es notwendig, (ein) A zu sein«.

Aus dieser Regel folgt unter der Annahme, daß Gott nicht schüfe, daß der Satz »Ein Schaffendes ist mit Notwendigkeit Gott« noch immer wahr ist, denn er ist gleichwertig mit dem

21 B¹] a O et per tertiam et sequitur quod similiter in ista omne b necesse est esse a subiectum supponit pro eo quod est vel potest esse b add. O et] om. LO ista indefinita] LO istam indefinitam A necesse est] potest LO 23 Ex] Et O ista regula] LO illo A 24 veram] cre-? add. s. del. A nam] quia LO

istam »Quod est vel potest esse creans, de necessitate est deus«, et hoc est verum, quamvis deus actu non creet. Similiter sequitur istam esse veram »Omne creans de necessitate est deus« posito adhuc, quod deus non crearet, et hoc supposito, quod omnes propositiones, in quibus subiecta ampliantur, indifferenter debeant exponi per categoricas de disiunctis subiectis et non per hypotheticas, quod credo verius esse dicendum. Unde secundum hoc ista »Omne creans de necessitate est deus« valet istam »Omne, quod est vel potest esse creans, de necessitate est deus«, modo hoc est verum posito adhuc, quod deus non creet. Si autem diceretur, sicut aliqui dicunt, quod propositiones de subiectis ampliatis debeant exponi per hypotheticas, universales quidem per copulativas, particulares vero et indefinitae et singulares per disiunctivas, tunc haec esset falsa, quando deus non crearet, »Omne creans de necessitate est deus« ex eo, quod deberet exponi per unam copulativam, cuius altera pars esset falsa. Et ista esset vera »Quoddam creans necesse est non esse deum«, eo quod haberet exponi per unam disiunctivam, cuius una pars esset vera.

Sequitur ulterius, quod ista consequentia non valet »A necesse est esse B, ergo A est B«, sicut nec ista »A potest esse B, ergo A est B«, nam ista potest esse vera »Quod est vel potest esse A, necesse est esse B« sine hoc, quod ista sit vera »A est B«. Similiter sequitur, quod ista consequentia non valet »Creans de necessitate est deus, ergo creans est deus«, nam

2 et] om. L deus] LO om. A sequitur] om. O 3 istam...veram] ista est vera O 4 adhuc] om. O crearet] creet O similiter sequitur istam esse veram omne creans de necessitate est deus positer! (ponitur?) add. O et hoc] adhuc L 6 debeant] LO debent A disiunctis] ampliatis L 7 esse] LO om. A 10 modo] et L adhuc] om. O adhuc quod] trsp. L deus[2]] LO om. A non] creat add. s. del. O creet] creat O 11 Si] sed O autem] tamen LO 12 debeant] LO debent A universales quidem] LO om. A 13 copulativas] universales per disiunctivas add. A vero] om. L et[1]] LO om. A indefinitae] indefinitas L 14 per disiunctivas] LO om. A esset] LO est A 15 crearet] LO creat A ex eo] L om. A eo O 16 deberet] habeat L 17 necesse] de necessitate O 19 una] altera O esset] esse L 20 Sequitur] om. O 21 sicut...B] LOX om. A B[3]] LX om. O 22 A] LOX b *ante corr. i.m.* O 24 Similiter] sicut O

Satz »Etwas, was schaffend ist oder sein kann, ist mit Notwendigkeit Gott«, und das ist wahr, wenn auch Gott in Wirklichkeit nicht schaffen sollte. Ebenso folgt, daß der Satz »Jedes Schaffende ist mit Notwendigkeit Gott« wahr ist, noch immer angenommen, daß Gott nicht schüfe, und vorausgesetzt, daß alle Sätze, in denen die Subjekte erweitert werden, unterschiedslos mittels kategorischer Sätze mit disjunkten Subjekten ausgelegt werden müssen, und nicht mittels hypothetischer Sätze, welche Auffassung ich für wahrer halte. So ist demgemäß der Satz »Jedes Schaffende ist mit Notwendigkeit Gott« gleichwertig mit dem Satz »Alles, was schaffend ist oder sein kann, ist mit Notwendigkeit Gott«, das ist nun aber wahr, noch immer angenommen, daß Gott nicht schaffe. – Wenn man aber sagte, wie ja manche (Autoren) sagen, daß Sätze mit erweiterten Subjekten mittels hypothetischer Sätze ausgelegt werden müßten, und zwar die universalen mittels kopulativer Sätze, die partikulären hingegen sowie die indefiniten und die singulären mittels disjunktiver Sätze, dann wäre der Satz »Jedes Schaffende ist mit Notwendigkeit Gott« falsch, wenn Gott nicht schüfe, weil er mittels eines kopulativen Satzes ausgelegt werden müßte, von dem der eine Teil falsch wäre. Und der Satz »Für irgendein Schaffendes ist es notwendig, nicht Gott zu sein« wäre wahr, weil er mittels eines disjunktiven Satzes ausgelegt werden müßte, von dem ein Teil wahr wäre.

Weiters folgt, daß die Folgerung »Für (ein) A ist es notwendig, (ein) B zu sein, also: (Ein) A ist (ein) B« nicht gültig ist, wie auch nicht die Folgerung »(Ein) A kann (ein) B sein, also: (Ein) A ist (ein) B«, denn der Satz »Für etwas, was ein A ist oder sein kann, ist es notwendig, ein B zu sein« kann wahr sein, ohne daß der Satz »(Ein) A ist (ein) B« wahr ist. – Ebenso folgt, daß die Folgerung »Ein Schaffendes ist mit Notwendigkeit Gott, also: Ein Schaffendes ist Gott« nicht gültig ist, denn, wie

sicut dictum est, supposito adhuc, quod deus non crearet, haec esset vera »Creans de necessitate est deus«, et tamen haec esset falsa »Creans est deus«, eo quod est una affirmativa, cuius subiectum pro nullo supponit.

Quinta regula: Ad nullam propositionem affirmativam de necessario, si subiectum non sit restrictum per ly *quod est*, sequitur aliqua de inesse nec e converso, semper intelligendo in consequentia formali. Verbi gratia, ad istam »A necesse est esse B« non sequitur ista »A est B«, nec sequitur »A est B, ergo A necesse est esse B«. Et notabiliter dico »si subiectum non sit A38rb restrictum«, si enim in ista de necessario subiectum esset re- O38ra strictum, tunc ad eam bene sequeretur aliqua de inesse, bene enim sequitur »Quod est A, necesse est esse B, ergo A est B«.

Prima pars regulae patet, nam in ista de necessario subiectum ampliatur per praecedentem regulam, in ista autem de inesse non. Etiam, sicut dicebatur in corollario praecedentis conclusionis, non sequitur »Omne creans de necessitate est deus, ergo creans est deus«, nam ex disiuncto infertur altera pars affirmative. Prima enim valet »Omne, quod est vel potest esse creans, de necessitate est deus«, ex qua infertur ista »Creans est deus«, ad quam sequitur ista »Quod est creans, est deus«, ex quo in ea non ponitur aliquis terminus ampliativus subiecti. Similiter secunda pars regulae patet, nam non sequitur »Omnis homo currit, ergo omnem hominem necesse est currere«.

1 adhuc] om. LO crearet] adhuc add. LO 2 tamen] tunc O 3 est^{2}] esset LO 5 Quinta regula] om. O Ad] Aad! O propositionem] om. O affirmativam] LO om. A 7 aliqua] om. L nec] LO et A semper…formali] om. O in] de L 8 Verbi gratia] ut O 9 non] OX om. AL ista] om. O nec…B^{3}] om. L A^{3}] om. O 10 B] om. O 11 si…restrictum^{2}] om. L esset] verte folium sequens et invenies add. i.m. O 12 tunc] LO om. A eam] LO esse! A sequeretur] PS sequitur AE46rLOX 14 regulae] L om. AO nam] quia O 15 ista] LO secunda A 16 Etiam] correlaria L om. O sicut dicebatur] LO si diceretur A 17 conclusionis] propositionis L 18 ergo] omne add. AO nam] quia O infertur] LO inferebatur A 19 affirmative] LPX affirmativa AOS valet] om. L 20 infertur] inferebatur L ista] om. L 21 Creans] de add. s. del. O 22 aliquis] om.

schon gesagt wurde: Weiterhin vorausgesetzt, daß Gott nicht schüfe, so wäre der Satz »Ein Schaffendes ist mit Notwendigkeit Gott« wahr, aber dennoch wäre der Satz »Ein Schaffendes ist Gott« falsch, weil er ein bejahender Satz ist, dessen Subjekt für nichts supponiert.

Regel 5: Aus keinem bejahenden Satz über Notwendiges, wenn das Subjekt nicht durch den Ausdruck »was ist« eingeschränkt ist, folgt ein assertorischer Satz, und auch nicht umgekehrt, wobei immer gemeint ist: in einer formalen Folgerung. Z. B.: Aus dem Satz »Für ein A ist es notwendig, ein B zu sein« folgt nicht der Satz »Ein A ist ein B«, und es folgt auch nicht »Ein A ist ein B, also: Für ein A ist es notwendig, ein B zu sein«. – Und ich sage ausdrücklich »wenn das Subjekt nicht eingeschränkt ist«: Wenn nämlich in dem Satz über Notwendiges das Subjekt eingeschränkt wäre, dann folgte aus ihm sehr wohl ein assertorischer Satz, es folgt nämlich sehr wohl »Für etwas, was ein A ist, ist es notwendig, ein B zu sein, also: Ein A ist ein B«.

Der erste Teil der Regel ist klar, denn in dem Satz über Notwendiges wird gemäß der vorangehenden Regel das Subjekt erweitert, in dem assertorischen Satz aber nicht. Auch folgt ja nicht, wie in einer Zusatzthese zur vorangehenden These (Regel) gesagt wurde: »Jedes Schaffende ist mit Notwendigkeit Gott, also: Ein Schaffendes ist Gott«, denn es wird aus einem disjunkten Ausdruck auf bejahende Weise der eine Teil gefolgert. Der erste Satz nämlich ist gleichwertig mit (dem Satz) »Alles, was schaffend ist oder sein kann, ist mit Notwendigkeit Gott«, aus welchem der Satz »Ein Schaffendes ist Gott« gefolgert wird, aus welchem (wiederum) der Satz »Etwas, das schaffend ist, ist Gott« folgt, weil in ihm kein Term vorkommt, der das Subjekt erweitert. – Ebenso ist der zweite Teil der Regel klar, denn es folgt nicht »Jeder Mensch läuft, also: Für jeden Menschen ist es notwendig zu laufen«.

O 23 Similiter] om. LO regulae] LO om. A conclusionis add. L non] om. O
25 currere] currit O

Sexta regula: Ad particularem negativam de necessario non sequitur aliqua de inesse, et voco negativam de necessario de modo affirmato et de dicto negato. Patet, non enim sequitur »Quendam planetam lucentem supra hemisphaerium nostrum necesse est non esse solem, ergo planeta lucens supra hemisphaerium nostrum non est sol«, nam posito, quod solus sol modo luceat supra hemisphaerium nostrum, tunc haec adhuc est vera »Quendam planetam lucentem supra hemisphaerium nostrum necesse est non esse solem« ista existente falsa »Planeta lucens supra hemisphaerium nostrum non est sol«. Quod secunda sit falsa, patet per casum, et quod prima sit vera, patet, quia per quartam regulam ipsa significat, quod planeta, qui est vel potest esse lucens supra hemisphaerium nostrum, necesse est non esse solem, et hoc est verum, quia luna est vel potest esse lucens supra nostrum hemisphaerium, et illam necesse est non esse solem.

Septima regula: Ad propositionem universalem negativam de necessario dato, quod subiectum non sit restrictum adhuc per ly *quod est*, bene sequitur aliqua de inesse, et iterum intelligo per negativam de necessario, in qua modus non negatur, sed dictum. Verbi gratia, ad istam »Omne B necesse est non esse A« bene sequitur »Ergo nullum B est A«. Patet, nam si subiectum pro aliquo supponit, tunc in prima distribuitur pro omnibus, pro quibus distribuitur in secunda, et cum hoc forte pro pluribus, ergo si prima est vera pro omni, et secunda. Si autem subiectum in neutra supponit pro aliquo, tunc eadem est

1 Sexta] om. O regula] nec add. L particularem] particulare L de necessario] LO om. A non] om. LO 2 voco] capio L 3 de] om. L 4 Quendam] LO quemlibet A 6 non…sol[1]] LO om. A nam] quia O 7 modo] om. L luceat] LO lucet A tunc] om. O 8 Quendam] quandam O 9 falsa] quidam add. A 10 non] om. s. add. s.l. O 11 secunda] L ista AO casum] L capitulum! A et] sed LO 12 quia] om. L regulam] nam add. L ipsa] ista O 14 et] sed O hoc] om. O quia] nam L 15 illam] illa O non add. L 16 non] om. L 17 Septima] om. O propositionem] om. O universalem] SX om. ALOP 18 non] adhuc add. A adhuc] om. O 19 per…est] LO om. A 20 in qua] per quam O 21 Verbi gratia] ut O 22 si] om. O 23 supponit] L supponat AO 24 forte]

Regel 6: Aus einem verneinenden Partikulärsatz über Notwendiges folgt kein assertorischer Satz, und zwar nenne ich einen verneinenden Satz über Notwendiges einen solchen mit einem bejahten Modalausdruck und mit einem verneinten Ausgesagten. Das ist klar: Es folgt nämlich nicht »Für irgendeinen Planeten, der über unserer Hemisphäre leuchtet, ist es notwendig, nicht die Sonne zu sein, also: Ein Planet, der über unserer Hemisphäre leuchtet, ist nicht die Sonne«, denn angenommen, daß jetzt allein die Sonne über unserer Hemisphäre leuchtete, dann ist der Satz »Für irgendeinen Planeten, der über unserer Hemisphäre leuchtet, ist es notwendig, nicht die Sonne zu sein« noch immer wahr, während der Satz »Ein Planet, der über unserer Hemisphäre leuchtet, ist nicht die Sonne« falsch ist. Daß der zweite Satz falsch ist, erhellt aus der Fallannahme, und daß der erste Satz wahr ist, ist klar, denn gemäß der vierten Regel bezeichnet er, daß es für einen Planeten, der über unserer Hemisphäre leuchtend ist oder sein kann, notwendig ist, nicht die Sonne zu sein, und das ist wahr, weil der Mond über unserer Hemisphäre leuchtend ist oder sein kann, und für ihn ist es notwendig, nicht die Sonne zu sein.

Regel 7: Aus einem verneinenden Universalsatz über Notwendiges – weiterhin angenommen, daß das Subjekt nicht durch den Ausdruck »was ist« eingeschränkt ist – folgt sehr wohl ein assertorischer Satz, und wiederum meine ich mit einem verneinenden Satz über Notwendiges einen solchen, in dem der Modalausdruck nicht verneint ist, aber das Ausgesagte schon. Z. B.: Aus dem Satz »Für jedes B ist es notwendig, nicht ein A zu sein« folgt sehr wohl »Also: Kein B ist ein A«. Das ist klar, denn wenn das Subjekt für etwas supponiert, dann wird es im ersten Satz auf alle (Umfangselemente) verteilt, auf welche es im zweiten Satz verteilt wird, und vielleicht darüber hinaus auf noch mehr, also: Wenn der erste Satz für jedes (Umfangselement) wahr ist, dann auch der zweite. – Wenn aber das Subjekt in beiden Sätzen für nichts supponiert,

formaliter! O **25** pro[1]] per! O pro omni] LOX om. A **26** in] negativa add. s. del. O supponit] O supponat AL

causa veritatis utriusque, et per consequens neutra est vera sine alia. Si autem subiectum supponit pro aliquo in prima et pro nullo in secunda, tunc secunda erit vera, sive prima sit vera sive non, et ergo si prima sit vera, non potest esse vera, nisi secunda sit vera, et per consequens secunda sequitur ad primam.

Octava regula: Ad nullam propositionem universalem de possibili subiecto non restricto per ly *quod est* sequitur aliqua de inesse. Verbi gratia, non enim sequitur »Omne album potest esse nigrum, ergo album est nigrum«, nam prima est vera et secunda falsa. Prima enim significat, quod omne, quod est vel potest esse album, potest esse nigrum, et hoc est verum. Quod autem secunda sit falsa, patet de se. Similiter nec sequitur particulariter »Quoddam album potest esse nigrum, ergo album est nigrum«, nec indefinite propter consimilem rationem. Similiter non sequitur »Omne currens potest non esse currens, L38ra ergo currens non est currens«, quia iterum prima existente vera secunda est falsa, sicut patet de se.

Nona regula: Ad omnem propositionem affirmativam de inesse sequitur particularis affirmativa de possibili, et intelligo de affirmativa et de dicto et de modo affirmato. Verbi gratia, A38va sequitur enim »Omne A est B, ergo quoddam A potest esse B«. Patet, nam ex opposito contradictorio consequentis, scilicet O38rb »Nullum A potest esse B«, sequitur per aequipollentiam »Omne A necesse est non esse B« per tertiam regulam huius capituli, et ad illam »Omne A necesse est non esse B« per septi-

1 est] erit LO vera] causa O 2 supponit] O supponat AL 4 non[1]] secunda L falsa O et] om. O sit] erit L vera[3]] S om. ALPX verum O 5 nisi] LOPSX quin A sit vera] LO om. A 7 Octava] om. O nullam] AOS negativam LP om. X propositionem] om. O universalem] X om. ALOPS 8 est] non add. L 9 Verbi gratia] ut O enim] L om. AO 10 nam] quia O et secunda] secunda autem L secunda O 13 autem] L om. AO de se] om. O nec] non L 15 rationem] rectum! L om. O 16 Similiter] LO simile A non[1]] LO om. A currens[1]] currit LO potest] esse currens add. s. del. A currens[2]] currit LO 17 currens[1]] currit LO iterum] om. O existente] existante L om. O 18 est] om. O sicut...se] om. O patet] clarum est L 19 Nona] om. O propositionem] om. O 20 intelligo]

dann haben beide denselben Wahrheitsgrund, und folglich ist keiner wahr ohne den anderen. – Wenn aber das Subjekt im ersten Satz für etwas supponiert und im zweiten Satz für nichts, dann wird der zweite Satz wahr sein, ob nun der erste Satz wahr ist oder nicht, und somit gilt: Wenn der erste Satz wahr ist, kann er nur wahr sein, wenn der zweite Satz wahr ist, und folglich folgt der zweite Satz aus dem ersten.

Regel 8: Aus keinem Universalsatz über Mögliches, wenn das Subjekt nicht durch den Ausdruck »was ist« eingeschränkt ist, folgt ein assertorischer Satz. Z. B.: Es folgt nämlich nicht »Jedes Weiße kann schwarz sein, also: Ein Weißes ist schwarz«, denn der erste Satz ist wahr und der zweite falsch. Der erste bezeichnet nämlich, daß alles, was weiß ist oder sein kann, schwarz sein kann, und das ist wahr. Daß aber der zweite Satz falsch ist, erhellt von selbst. Ebenso folgt auch nicht auf partikuläre Weise »Irgendein Weißes kann schwarz sein, also: Ein Weißes ist schwarz«, und auch nicht auf indefinite Weise aus dem gleichen Grund. Ebenso folgt nicht »Jedes Laufende kann nicht laufend sein, also: Ein Laufendes ist nicht laufend«, weil wiederum der zweite Satz falsch ist, während der erste wahr ist, wie von selbst erhellt.

Regel 9: Aus jedem bejahenden assertorischen Satz folgt ein bejahender Partikulärsatz über Mögliches, und ich meine mit (letzterem) »bejahend«: sowohl mit bejahtem Ausgesagten als auch mit bejahtem Modalausdruck. Z. B.: Es folgt nämlich »Jedes A ist ein B, also: Irgendein A kann ein B sein«. Das ist klar, denn aus dem kontradiktorischen Gegensatz des Nachsatzes, nämlich (aus) »Kein A kann ein B sein«, folgt mittels Gleichwertigkeit »Für jedes A ist es notwendig, nicht ein B zu sein« gemäß der dritten Regel dieses Kapitels, und aus dem Satz »Für jedes A ist es notwendig, nicht ein B zu sein« folgt

per li add. A **21** et[1]] om. LO et[2]] om. L de[3]] om. LO Verbi gratia] om. L ut O **22** enim] om. O Omne] esse! L quoddam] LO quod est A **23** Patet] om. O contradictorio] om. O **25** necesse est] trsp. O tertiam] om. O huius capituli] om. O

mam regulam huius capituli sequitur »Nullum A est B«, ad quam ulterius sequitur »Quoddam A non est B« per subalternationem, quae repugnat antecedenti, scilicet »Omne A est B«, ergo prima consequentia erat bona.

Et notabiliter dixi »sequitur particularis affirmativa« etc. propter hoc, quod quamvis ad universalem affirmativam de inesse bene sequatur particularis affirmativa de possibili, tamen ad eam non sequitur universalis affirmativa de possibili. Unde non sequitur »Omne currens est homo, ergo omne currens potest esse homo«, nam posito, quod solus homo curreret, antecedens esset verum et consequens falsum, nam consequens significat, quod omne, quod est vel potest esse currens, potest esse homo, modo hoc est falsum, nam posito, quod solus homo curreret, adhuc asinus esset vel posset esse currens, et tamen asinus non potest esse homo.

Decima regula: Ad omnem affirmativam de possibili sequitur particularis affirmativa de possibili terminis transpositis, verbi gratia »B potest esse A, ergo quoddam A potest esse B«. Patet, nam si B potest esse A, signetur illud B et sit C, tunc arguitur expositorie »Hoc C potest esse B, hoc idem C potest esse A, ergo quod potest esse A, potest esse B«, ad quod sequitur ulterius »Ergo A potest esse B«.

Undecima regula: Ad nullam negativam de possibili sequitur negativa de possibili terminis transpositis, et semper loquor de negativa, ubi negatio fertur ad dictum et non ad modum. Verbi gratia, non enim sequitur »Omnis deus potest non esse creans,

1 huius capituli] om. O 3 quae] quod O antecedenti] antecedente O est] fuit L 4 erat] est L 5 etc] LO om. A 6 quod] om. L 7 bene] om. O sequatur] sequitur LO 9 Unde non] non enim LO currens[2]] currit L 10 nam] quia O quod] unus add. A curreret] currit LO 11 esset] LO est A 12 potest esse[2]] L est A om. O 13 homo[1]] om. O modo] sed L nam] iam O posito quod] quamvis LO homo[2]] Sortes L 14 curreret] currat L vel] et L posset] potest L et] LO om. A 15 potest] LO posset A 16 Decima] om. O 17 affirmativa] om. O de possibili] om. L possibili] de add. O 18 verbi gratia] ut O quoddam] L om. AO 19 et] quod O 20 C[1]] b *ante corr. i.m.* O 21 A[2]] est b vel add. L est vel add. OPSX 22 ulterius] o- add. s. del. O 23 Undecima] om. O

gemäß der siebten Regel dieses Kapitels »Kein A ist ein B«, aus welchem Satz weiters folgt »Irgendein A ist nicht ein B« gemäß Subalternation, welcher Satz im Widerspruch steht zum Vordersatz, nämlich (zu) »Jedes A ist ein B«; also war die erste Folgerung gültig.

Und ich sagte ausdrücklich »folgt ein bejahender Partikulärsatz« usw., und zwar deswegen: Obschon aus einem bejahenden assertorischen Universalsatz sehr wohl ein bejahender Partikulärsatz über Mögliches folgt, so folgt aus ihm dennoch nicht ein bejahender Universalsatz über Mögliches. So folgt nicht »Jedes Laufende ist ein Mensch, also: Jedes Laufende kann ein Mensch sein«, denn gesetzt, daß nur ein Mensch liefe, so wäre der Vordersatz wahr und der Nachsatz falsch, denn der Nachsatz bezeichnet, daß alles, was laufend ist oder sein kann, ein Mensch sein kann, aber das ist falsch, denn gesetzt, daß nur ein Mensch liefe, so gälte von einem Esel noch immer, daß er laufend ist oder sein kann, und dennoch kann ein Esel nicht ein Mensch sein.

Regel 10: Aus jedem bejahenden Satz über Mögliches folgt ein bejahender Partikulärsatz über Mögliches mit umgestellten Termen, z. B. »Ein B kann ein A sein, also: Irgendein A kann ein B sein«. Das ist klar, denn wenn ein B ein A sein kann, so bezeichne man dieses B, und zwar mit »C«; dann argumentiert man herausstellend[122] (so): »Dieses C kann ein B sein, ebendieses C kann ein A sein, also: Was ein A sein kann, kann ein B sein«, woraus weiters folgt »Also kann ein A ein B sein«.

Regel 11: Aus keinem verneinenden Satz über Mögliches folgt ein verneinender Satz über Mögliches mit umgestellten Termen, und ich spreche immer von einem verneinenden Satz, in dem sich die Negation auf das Ausgesagte bezieht und nicht auf den Modalausdruck. Z. B.: Es folgt nämlich nicht »Jeder

negativam] propositionem O 24 negativa] alia LO possibili] LO impossibili A de add. A semper] om. O 25 ad^2] om. O Verbi gratia] om. O 26 non enim] et non O non^1...sequitur] om. L

ergo creans potest non esse deus«, prima enim est vera et secunda falsa. Quod prima sit vera, patet, quia deus potest non creare. Quod autem secunda sit falsa, patet, quia significat, quod illud, quod est vel potest esse creans, potest non esse deus, modo hoc est falsum, eo quod nec illud, quod est creans, nec illud, quod potest esse creans, potest non esse deus.

Duodecima regula: Ad nullam propositionem de necessario sequitur alia propositio de necessario terminis transpositis, praeterquam ad universalem negativam, ad quam terminis transpositis ab universali negativa est bona consequentia. Prima pars patet, nam non sequitur »Omnem creantem necesse est esse deum, ergo omnem deum necesse est esse creantem«, prima enim est vera et secunda falsa. Quod prima sit vera, patet ex dictis, quod secunda sit falsa, patet, nam deus non de necessitate est creans, sed contingenter. Similiter non sequitur »Quoddam animal necesse est non esse hominem, ergo quendam hominem necesse est non esse animal«, nam prima est vera et secunda falsa. Secunda pars regulae patet, nam bene sequitur »Omne A necesse est non esse B, ergo omne B necesse est non esse A«, nam ex opposito contradictorio consequentis, scilicet »Quoddam B potest esse A«, sequitur oppositum antecedentis, scilicet »Quoddam A potest esse B«, per decimam regulam, ergo prima consequentia erat bona. Sed tamen sciendum, quod omnis propositio affirmativa de necessario potest converti secundum resolutionem convertentis per ly *quod*.

1 potest non] trsp. L non] om. O est] LO potest esse A et] om. O 3 autem] L om. AO 4 esse[1]] deus add. s. del. A 5 modo] eo quod O hoc] LO haec A est[1]] om. O falsum] LO falsa A creans] om. L 7 Duodecima] om. O propositionem] om. O negativam add. LPS 8 alia] LOPSX aliqua A propositio] om. LO necessario] de add. AL 9 praeterquam] praeter L ad[1]] om. L quam ad add. O ad quam] ALOP om. S a qua X 10 ab…negativa] Z ad universalem negativam ALOPSX 11 pars] om. O nam] quia LO non] om. O sequitur] om. L 13 enim est] om. O et secunda] secunda existente L secunda O Quod…falsa] om. L 14 patet[1]] quia add. O ex…quod] om. O sit falsa] om. O nam] quia O 16 animal] non add. A ergo] i-(gitur) O 17 nam] om. LO est[2]] om. O 18 et secunda] secunda autem L secunda O regulae] LO om. A patet] om. L nam] quia O bene] om. O 19 A] non add. A 20 nam] quia O contradicto-

Gott kann nicht schaffend sein, also: Ein Schaffendes kann nicht Gott sein«, der erste Satz ist nämlich wahr, der zweite aber falsch. Daß der erste wahr ist, ist klar, denn Gott kann nicht schaffen. Daß aber der zweite falsch ist, ist klar, weil er bezeichnet, daß das, was schaffend ist oder sein kann, nicht Gott sein kann, aber das ist falsch, weil weder das, was schaffend ist, noch das, was schaffend sein kann, nicht Gott sein kann.

Regel 12: Aus keinem Satz über Notwendiges folgt ein anderer Satz über Notwendiges mit umgestellten Termen, mit Ausnahme (der Folgerung) auf einen verneinenden Universalsatz, auf welchen mit umgestellten Termen von einem verneinenden Universalsatz aus eine gültige Folgerung vorliegt. Der erste Teil ist klar, denn es folgt nicht »Für jeden Schaffenden ist es notwendig, Gott zu sein, also: Für jeden Gott ist es notwendig, schaffend zu sein«, der erste Satz ist nämlich wahr und der zweite falsch. Daß der erste wahr ist, erhellt aus dem Gesagten; daß der zweite falsch ist, ist klar, denn Gott ist nicht mit Notwendigkeit schaffend, sondern faktischerweise. Ebenso folgt nicht »Für irgendein Lebewesen ist es notwendig, nicht ein Mensch zu sein, also: Für irgendeinen Menschen ist es notwendig, nicht ein Lebewesen zu sein«, denn der erste Satz ist wahr und der zweite falsch. – Der zweite Teil der Regel ist klar, denn es folgt sehr wohl »Für jedes A ist es notwendig, nicht ein B zu sein, also: Für jedes B ist es notwendig, nicht ein A zu sein«, denn aus dem kontradiktorischen Gegensatz des Nachsatzes, nämlich (aus) »Irgendein B kann ein A sein«, folgt der Gegensatz des Vordersatzes, nämlich »Irgendein A kann ein B sein«, gemäß der zehnten Regel, also war die erste Folgerung gültig. – Aber dennoch ist festzuhalten, daß jeder bejahende Satz über Notwendiges gemäß der Auflösung[123] des umkehrenden Satzes mit dem Ausdruck »(etwas,) das« umge-

rio] om. LO 22 per...regulam] om. O 23 consequentia] om. O Sed tamen] om. O 24 quod] om. O affirmativa] vera L 25 secundum] scilicet O resolutionem] *Sic loco* restrictionem *unanime habent* AE46VLOPSX per...quod] AS om. E46VLOPX ly] S om. A

Verbi gratia, sequitur enim »Creantem necesse est esse deum, ergo quod necesse est esse deum, est vel potest esse creans«.

Tertia decima regula: Ad omnem propositionem de contingenti ad utrumlibet habentem modum affirmatum sine transpositione terminorum sequitur alia de contingenti ad utrumlibet oppositae qualitatis etiam de modo affirmato. Hoc est illud, quod solet dici propositionem de contingenti ad utrumlibet posse converti in oppositam qualitatem. Patet per quid nominis contingentis ad utrumlibet, dicitur enim contingens ad utrumlibet, quia potest sic esse et potest sic non esse. Propter quod sequitur »Omne B contingit esse A, ergo omne B contin-
A38vb git non esse A« et e converso, similiter »Quoddam B contingit esse A, ergo quoddam B contingit non esse A«. Sed si esset de
O38va modo negato, tunc ad eam non sequeretur alia oppositae qualitatis, non enim sequitur »B non contingit esse A, ergo B contingit esse A«, propter quod notanter dixi »ad habentem modum affirmatum sequitur alia oppositae qualitatis etiam de modo affirmato«, quamvis de dicto negato.

Quarta decima regula: Ad nullam propositionem de contingenti ad utrumlibet sequitur alia de contingenti ad utrumlibet terminis transpositis, et semper intelligo de consequentia formali. Patet, nam non sequitur »Deum contingit esse creantem, ergo creantem contingit esse deum«, quia prima est vera, sicut

1 Verbi gratia] ut O enim] om. O 2 creans] LO deus A 3 Tertia decima] om. O propositionem] om. O 4 utrumlibet] LO utralibet A modum] nomen! L sine] in! L 5 utrumlibet] LO utralibet A 6 etiam] et L illud] L om. AO 7 solet dici] dicitur O dici] ad add. L ad utrumlibet] LO om. A 8 posse] OPSX om. A possit L Patet] LO om. A 9 utrumlibet] LO utralibet A dicitur… utrumlibet] L om. AO 10 et] vel L 11 ergo] non add. L contingit non] trsp. L 12 et…converso] om. L 13 B] non add. L contingit non] trsp. O 14 tunc] om. O sequeretur] sequitur LO 15 B[2]] n- add. s. del. A 16 A] nec e converso add. A nec sequitur b contingit esse a igitur b non contingit esse a add. O propter quod] et L ideo O notanter dixi] L om. A dixi O ad] om. O 17 sequitur] sequatur add. A etiam] et O habente add. O de] om. O 18 modo affirmato] modum affirmatum O quamvis] LO quod? A de] LO om. A 19 Quarta decima] om. O propositionem] om. O 20 utrumlibet[1]] LO utralibet A de add. AO 21 et] LX om. O et…formali] LOX om. A intelligo de]

kehrt werden kann. Es folgt nämlich z. B. »Für einen Schaffenden ist es notwendig, Gott zu sein, also: Etwas, für das es notwendig ist, Gott zu sein, ist schaffend oder kann schaffend sein«.

Regel 13: Aus jedem Satz über Kontingentes[124], der einen bejahten Modalausdruck hat, folgt ohne Umstellung der Terme ein anderer Satz über Kontingentes mit entgegengesetzter Qualität und ebenfalls mit einem bejahten Modalausdruck. Das ist der Punkt, der so ausgedrückt zu werden pflegt, daß ein Satz über Kontingentes in die entgegengesetzte Qualität umgekehrt werden kann. Das erhellt aus der Namensdefinition des Kontingenten, etwas heißt nämlich »kontingent«, weil es so sein kann und nicht so sein kann. Deswegen folgt »Für jedes B ist es kontingent, ein A zu sein, also: Für jedes B ist es kontingent, nicht ein A zu sein« und umgekehrt, ebenso »Für irgendein B ist es kontingent, ein A zu sein, also: Für irgendein B ist es kontingent, nicht ein A zu sein«. – Aber wenn (der Satz) einen verneinten Modalausdruck hätte, dann folgte aus ihm nicht ein anderer Satz mit entgegengesetzter Qualität, es folgt nämlich nicht »Für ein B ist es nicht kontingent, ein A zu sein, also: Für ein B ist es kontingent, ein A zu sein«, weswegen ich ausdrücklich sagte »aus (einem kontingenten Satz), der einen bejahten Modalausdruck hat, folgt ein anderer mit entgegengesetzter Qualität, ebenfalls mit einem bejahten Modalausdruck«, wenn auch mit einem verneinten Ausgesagten (falls das Ausgesagte des ersten Satzes bejaht war, und umgekehrt).

Regel 14: Aus keinem Satz über Kontingentes folgt ein anderer Satz über Kontingentes mit umgestellten Termen, und ich verstehe das immer hinsichtlich einer formalen Folgerung. Das ist klar, denn es folgt nicht »Für Gott ist es kontingent, schaffend zu sein, also: Für einen Schaffenden ist es kontingent, Gott zu sein«, weil der erste Satz wahr ist, wie von selbst er-

LX om. O 22 Patet] om. O nam] quia O 23 quia…vera] LO om. A prima] L om. O sicut patet] om. O

patet de se, secunda autem falsa, ex eo quod omnem creantem necesse est esse deum, sicut prius dicebatur. Et si ita est de affirmativa, ita etiam erit de negativa, quia per praecedentem regulam affirmativa de contingenti ad utrumlibet et negativa de contingenti ad utrumlibet mutuo se consequuntur.

Quinta decima regula est: Ad omnem propositionem de contingenti ad utrumlibet habentem modum affirmatum sequitur alia de possibili terminis transpositis. Patet, quia ad omnem de contingenti habentem modum affirmatum sequitur alia de possibili, ad quam quidem de possibili sequitur alia de possibili terminis transpositis, ergo cum quidquid sequitur ad consequens, sequitur et ad antecedens, de primo ad ultimum, ad propositionem de contingenti ad utrumlibet habentem modum affirmatum sequitur alia de possibili terminis transpositis.

Notandum est, quod propositiones de impossibili aequivalent propositionibus de necessario de dicto negato, ergo non oportet specialiter dicere de illis de impossibili, sed pro eis sufficit illud, quod dictum est de propositionibus de necessario de dicto negato.

2 prius] Cf. Cap. II.11, apud regulam nonam.

1 de se] L om. AO secunda…dicebatur] LO om. A autem] L est O 2 sicut…dicebatur] L om. O 3 etiam] om. O 4 utrumlibet] LO utralibet A et negativa] LO ad negativam A 5 de…utrumlibet] LO om. A 6 Quinta decima] om. O est] L om. AO propositionem] om. O 7 contingenti] contingenter L 8 possibili] de add. O quia] nam L 9 alia] aliqua O 11 terminis] de terminis O ergo] et LO quidquid] LO quid A 12 et] om. LO antecedens] ergo add. L de] a LO ad propositionem] de propositione L 13 de] om. L 14 sequitur…transpositis] LO etc. A alia] L una O 15 Notandum] Nota O est] L om. AO quod] quia O propositiones] propositionem O impossibili] AO possibili LX aequivalent] aequivalet O 17 dicere…illis] om. L impossibili] AO possibili LX pro eis] om. O eis] illis L 18 sufficit] sufficiat L illud] L om. AO quod dictum] trsp. L est] LO om. A de propositionibus] L om. AO necessario] ALO et add. A 19 de] om. O negato] Sequitur ergo etc. add. L

hellt, der zweite aber falsch, weil es für jeden Schaffenden notwendig ist, Gott zu sein, wie schon früher gesagt wurde. Und wenn dies bei einem bejahenden Satz der Fall ist, wird es auch bei einem verneinenden Satz der Fall sein, weil gemäß der vorangehenden Regel ein bejahender Satz über Kontingentes und ein verneinender Satz über Kontingentes wechselseitig auseinander folgen.

Regel 15: Aus jedem Satz über Kontingentes, der einen bejahten Modalausdruck hat, folgt ein anderer Satz über Mögliches mit umgestellten Termen. Das ist klar, denn aus jedem Satz über Kontingentes, der einen bejahten Modalausdruck hat, folgt ein anderer Satz über Mögliches, aus welchem Satz über Mögliches ja ein anderer Satz über Mögliches mit umgestellten Termen folgt, also gilt, da ja alles, was aus dem Nachsatz folgt, auch aus dem Vordersatz folgt: Vom ersten bis zum letzten, aus einem Satz über Kontingentes, der einen bejahten Modalausdruck hat, folgt ein anderer Satz über Mögliches mit umgestellten Termen.

Anzumerken ist, daß Sätze über Unmögliches mit Sätzen über Notwendiges mit verneintem Ausgesagten äquivalent sind, also muß man nicht eigens über die Sätze über Unmögliches reden, sondern für diese genügt das, was über die Sätze über Notwendiges mit verneintem Ausgesagten gesagt wurde.

Cap. IV.6 ⟨Capitulum sextum de consequentiis propositionum modalium in sensu composito⟩

Nunc dicendum est de propositionibus modalibus, quae dicuntur modales in sensu composito, quoad consequentias earum ad invicem. Et sit prima regula: In omnibus modalibus, in L38rb quibus dictum subicitur, a particulari ad universalem sine transpositione terminorum est bona consequentia. Verbi gratia, bene enim sequitur »Quaedam propositio ›B est A‹ est possibilis, ergo omnis propositio ›B est A‹ est possibilis«. Ratio huius est, quia omnium talium propositionum »B est A« una significat, quidquid alia significat et qualitercumque alia significat, ergo si est, sicut una significat, sic est, sicut quaelibet alia significat, et si non, non, ergo si una est vera, alia est vera. Et similiter de possibilitate et necessitate et de aliis modis. Et sicut est bona consequentia a particulari ad universalem, ita est bona consequentia a singulari ad universalem, nam haec propositio non potest esse vera »Haec propositio ›B est A‹ est possibilis«, quin ista sit vera »Omnis propositio ›B est A‹ est possibilis«. Similiter hoc idem patet de negativis, nam si quaedam propositio »B est A« non est possibilis, sequitur, quod nulla propositio »B est A« est possibilis, nam huius propositionis »›B est A‹ non est possibilis« causae veritatis sunt, aut quia nulla est propositio »B est A«, et sic subiectum pro nullo supponit, sed propositio negativa est vera, cuius subiectum pro nullo supponit, aut quia est quaedam propositio »B est A«, sed illa non est possibi-

3 Nunc…est] om. O dicendum] sciendum L propositionibus] om. O modalibus] L om. A quae…modales] om. O 4 quoad…prima] om. O 5 regula] ista quod add. L quod add. O omnibus] propositionibus L 7 transpositione] dispositione L Verbi gratia] ut O 8 bene enim] om. O 9 Ratio…est[1]] om. O 10 omnium] oppositum L propositionum] om. O 12 sic] om. L sicut[2]] LO qualiter A quaelibet] LOPS om. AX alia] AS om. LPX del.? O 13 et…non[2]] om. L ergo] LO et A Et] om. O 14 de[2]] L om. AO 15 est…consequentia] om. O 16 a] de O nam] quia O propositio] om. O 17 Haec] OX om. AL propositio] om. L 18 propositio] est vera add. L 19 hoc…patet] om. O negativis] negativa L nam] quia O si] sequitur L quaedam] quidam! L

Kapitel IV.6:
Die Folgerungen der modalen Sätze im zusammengesetzten Sinn

Nun muß über die Modalsätze gesprochen werden, die »Modalsätze im zusammengesetzten Sinn« heißen, und zwar hinsichtlich ihrer wechselseitigen Folgerungen. Die erste Regel laute: Für alle Modalsätze, in denen das Ausgesagte an Subjektstelle steht, gilt: Vom Partikulärsatz auf den Universalsatz ohne Umstellung der Terme liegt eine gültige Folgerung vor. Z. B.: Es folgt nämlich sehr wohl »Irgendein Satz ›B ist A‹ ist möglich, also: Jeder Satz ›B ist A‹ ist möglich«. Der Grund dafür ist, daß von allen Sätzen der Form »B ist A« einer bezeichnet, was immer ein anderer bezeichnet und wie immer ein anderer bezeichnet, also gilt: Wenn es (so) ist, wie einer bezeichnet, dann ist es so, wie jeder beliebige andere bezeichnet, und wenn nicht, dann nicht, also gilt: Wenn einer wahr ist, ist auch ein (beliebiger) anderer wahr. Und ebenso hinsichtlich der Möglichkeit, der Notwendigkeit und der anderen Modalitäten. – Und wie eine gültige Folgerung von einem Partikulärsatz auf einen Universalsatz vorliegt, so liegt auch eine gültige Folgerung von einem singulären Satz auf einen Universalsatz vor, denn der Satz »Dieser Satz ›B ist A‹ ist möglich« kann nicht wahr sein, ohne daß der Satz »Jeder Satz ›B ist A‹ ist möglich« wahr ist. – Ebenso ist dieser Punkt klar hinsichtlich der verneinenden Sätze, denn wenn irgendein Satz »B ist A« nicht möglich ist, folgt, daß kein Satz »B ist A« möglich ist, denn die Wahrheitsgründe des Satzes »›B ist A‹ ist nicht möglich« lauten: Entweder gibt es keinen Satz »B ist A«, und somit supponiert das Subjekt für nichts, aber ein verneinender Satz ist wahr, dessen Subjekt für nichts supponiert; oder es gibt einen Satz »B ist A«, aber dieser ist nicht möglich. Aus dem

20 sequitur quod] LOPS om. A ergo X 21 nam] quia O 22 aut] a L quia] quod L nullum add. s. del. L est[2]] om. L 23 supponit] om. L sed...supponit] om. LO 25 quaedam] quodam! L

lis. Modo ad primam istarum causarum non sequitur solum, quod quaedam talis non est possibilis, immo etiam, quod nulla talis est possibilis, et habetur propositum. Similiter ad secundam causam veritatis sequitur, quod nulla talis est possibilis, cum omnis causa veritatis unius sit causa veritatis alterius et cuiuslibet, si sint plures.

Secunda regula: Omnis propositio modalis composita universalis affirmativa, in qua dictum subicitur, convertitur non simpliciter, sed per accidens. Verbi gratia, non enim sequitur, si omnis propositio »B est A« est possibilis, quod omne possibile sit propositio »B est A«, sed bene sequitur »Omnis propositio ›B est A‹ est possibilis, ergo quoddam possibile est propositio ›B est A‹«. Patet, quia ex opposito consequentis etc. A39ra

Tertia regula: Omnes propositiones modales compositae praeter universalem affirmativam, in quibus dictum subicitur, convertuntur simpliciter. Patet primo de propositione particulari affirmativa, nam bene sequitur »Quaedam propositio ›B est A‹ est possibilis, ergo quoddam possibile est propositio ›B est A‹«. O38vb Hoc potest probari, sicut probatur in illis de inesse, per syllogismum expositorium. Similiter patet de universali negativa, bene enim sequitur »Nulla propositio ›B est A‹ est possibilis, ergo nullum possibile est propositio ›B est A‹«. Patet, quia utrobique est eadem suppositio terminorum et non est ibi ampliatio. Similiter patet de particulari negativa, bene enim sequitur »Quaedam propositio ›B est A‹ non est possibilis, ergo quoddam possibile non est propositio ›B est A‹«. Quod patet, nam sequitur per primam regulam »Quaedam propositio ›B est

2 quaedam] quodam! L etiam] om. LO quod[2]...possibilis] om. L 3 secundam] tertiam L 5 cum] LO et A 6 cuiuslibet] LO e converso A 7 Secunda] om. O composita] componitur L 9 Verbi gratia] om. O 10 si] om. L quod] ergo L 11 sed...A] om. L 12 quoddam] omne L est[3]] sit L 13 Patet] om. O 14 Tertia] om. O propositiones] om. O 15 affirmativam] om. L quibus] X qua ALOP quo S 16 propositione] L om. AO 17 nam] non! L ut O bene sequitur] om. O Quaedam] quoddam L B...ergo] om. L 18 possibile est] om. L 19 Hoc...probari] om. O in] de L 21 bene] om. O bene enim] quia bene L 22 nullum] propositio? add. s. del. O Patet] om. O 23 ibi] om. O

ersten dieser Gründe folgt nun aber nicht nur, daß irgendein Satz dieser Form nicht möglich ist, sondern auch, daß kein Satz dieser Form möglich ist, und so hat man das Beweisziel erreicht. Ebenso folgt aus dem zweiten Wahrheitsgrund, daß kein Satz dieser Form möglich ist, da jeder Wahrheitsgrund des einen Satzes (dieser Form) ein Wahrheitsgrund des anderen ist sowie jedes beliebigen (Satzes dieser Form), falls es mehrere gibt.

Regel 2: Jeder bejahende universale zusammengesetzte Modalsatz, in dem das Ausgesagte an Subjektstelle steht, wird nicht einfach umgekehrt, sondern akzidentell. Es folgt nämlich z. B. nicht: Wenn jeder Satz »B ist A« möglich ist, dann ist jedes Mögliche ein Satz »B ist A«; aber sehr wohl folgt: Jeder Satz »B ist A« ist möglich, also ist irgendein Mögliches ein Satz »B ist A«. Das ist klar, denn aus dem Gegensatz des Nachsatzes usw.

Regel 3: Alle zusammengesetzten Modalsätze mit Ausnahme des bejahenden Universalsatzes, in denen das Ausgesagte an Subjektstelle steht, werden einfach umgekehrt. Das ist klar, und zwar erstens hinsichtlich des bejahenden Partikulärsatzes, denn es folg sehr wohl »Irgendein Satz ›B ist A‹ ist möglich, also ist irgendein Mögliches ein Satz ›B ist A‹«. Das kann man mit einem herausstellenden Syllogismus beweisen, wie man es (auch) bei den assertorischen Sätzen beweist. Ebenso ist es klar hinsichtlich des verneinenden Universalsatzes, es folgt nämlich sehr wohl »Kein Satz ›B ist A‹ ist möglich, also ist kein Mögliches ein Satz ›B ist A‹«. Das ist klar, weil in beiden Sätzen dieselbe Supposition der Terme vorliegt und es hier keine Erweiterung gibt. Ebenso ist es klar hinsichtlich des verneinenden Partikulärsatzes, es folgt nämlich sehr wohl »Irgendein Satz ›B ist A‹ ist nicht möglich, also ist irgendein Mögliches nicht ein Satz ›B ist A‹«. Was klar ist, denn es folgt gemäß der ersten Regel »Irgendein Satz ›B ist A‹ ist nicht möglich, also ist

24 bene] om. O bene enim] quia bene L 26 quoddam] LO om. A Quod] L om. AO patet] om. O 27 nam] igitur L quia O

A‹ non est possibilis, ergo nulla propositio ›B est A‹ est possibilis«, ad quam ulterius sequitur per conversionem »Ergo quoddam possibile non est propositio ›B est A‹«, ergo a primo ad ultimum ad istam »Quaedam propositio ›B est A‹ non est possibilis« sequitur »Quoddam possibile non est propositio ›B est A‹« per istam regulam »Quidquid sequitur ad consequens, sequitur ad antecedens«. Similiter de singularibus patet per idem. Et notabiliter dixi in regula »in qua dictum subicitur«, nam si modus subicitur, particularis negativa non sic convertitur, sicut dicit regula statim sequens.

Quarta regula: Omnis propositio modalis composita, in qua modus subicitur, convertitur simpliciter praeter particularem negativam, quae non convertitur. Ista regula manifesta est quantum ad omnes propositiones, videlicet tam universales quam particulares etc., sicut in illis de inesse praeterquam in universali affirmativa, quae quidem universalis affirmativa in sensu composito, in qua modus subicitur, convertitur in unam particularem, ad quam quidem particularem per primam regulam huius capituli sequitur universalis. Ergo per illam regulam »Quicquid sequitur ad consequens, sequitur ad antecedens« ad universalem affirmativam compositam, in qua modus subicitur, sequitur universalis affirmativa terminis transpositis. Verbi gratia »Omne possibile est propositio ›A est B‹«, ad istam sequitur »Ergo quaedam propositio ›A est B‹ est possibilis«, ad quam per primam regulam sequitur »Ergo omnis propositio ›A est B‹ est possibilis«, ergo a primo ad ultimum ad istam »Omne possibile est propositio ›A est B‹« sequitur »Omnis propositio ›A est B‹ est possibilis«.

1 ergo…possibilis[2]] om. LO 2 ulterius] om. O 4 Quaedam] est L A] om. L 5 Quoddam] quod L possibile] impossibile L 7 Similiter] LO om. A 8 in[1]] per L regula] OX illa A illam L 9 nam] quia O subicitur] subiceretur L convertitur] converteretur LO 10 sicut…sequens] om. O dicit] diceret L ista add. L 11 Quarta] om. O propositio] om. O 13 Ista regula] ita secunda! L om. O manifesta est] patet O 15 etc] LPSX om. AO in[1]] de L in[2]…affirmativa[1]] universalem affirmativam L 16 affirmativa[2]] quae add. O in…composito] LO om. A 17 composito] O composita L 18 ad] LO et A quidem] om. O

kein Satz ›B ist A‹ möglich«, aus welch (letzterem Satz) gemäß Umkehrung weiters folgt »Also ist irgendein Mögliches nicht ein Satz ›B ist A‹«, also gilt vom ersten bis zum letzten: Aus dem Satz »Irgendein Satz ›B ist A‹ ist nicht möglich« folgt »Irgendein Mögliches ist nicht ein Satz ›B ist A‹« gemäß der Regel »Alles, was aus dem Nachsatz folgt, folgt (auch) aus dem Vordersatz«. Ebenso ist es hinsichtlich der singulären Sätze aus demselben Grund klar. – Und ich sagte in der Regel ausdrücklich »in dem das Ausgesagte an Subjektstelle steht«, denn wenn der Modalausdruck an Subjektstelle steht, wird der verneinende Partikulärsatz nicht so umgekehrt, wie die sogleich folgende Regel ausführt.

Regel 4: Jeder zusammengesetzte Modalsatz, in dem der Modalausdruck an Subjektstelle steht, wird einfach umgekehrt, mit Ausnahme des verneinenden Partikulärsatzes, der (gar) nicht umgekehrt wird. Diese Regel ist hinsichtlich aller Sätze, nämlich sowohl hinsichtlich der universalen als auch hinsichtlich der partikulären usw., ebenso offenkundig wie bei den assertorischen Sätzen, außer beim bejahenden Universalsatz; und zwar wird ein bejahender Universalsatz im zusammengesetzten Sinn, in dem der Modalausdruck an Subjektstelle steht, in einen Partikulärsatz umgekehrt, aus welchem Partikulärsatz ja gemäß der ersten Regel dieses Kapitels der Universalsatz folgt. Also gilt gemäß der Regel »Alles, was aus dem Nachsatz folgt, folgt (auch) aus dem Vordersatz«: Aus einem bejahenden zusammengesetzten Universalsatz, in dem der Modalausdruck an Subjektstelle steht, folgt ein bejahender Universalsatz mit umgestellten Termen. Z. B. »Jedes Mögliche ist ein Satz ›A ist B‹«, aus diesem Satz folgt »Also ist irgendein Satz ›A ist B‹ möglich«, aus welchem gemäß der ersten Regel folgt »Also ist jeder Satz ›A ist B‹ möglich«, also gilt vom ersten bis zum letzten: Aus dem Satz »Jedes Mögliche ist ein Satz ›A ist B‹« folgt »Jeder Satz ›A ist B‹ ist möglich«.

19 huius capituli] om. O 22 affirmativa] de/in? add. O 23 Verbi gratia] ut O 27 ad istam] om. L istam] omnis add. s. del. O 28 possibilis] ponens! O

Quinta regula: Omnis propositio modalis affirmativa composita de vero, similiter de possibili et de necessario, convertitur quantum ad dictum, sicut propositio correspondens dicto per se convertitur. Verbi gratia »Possibile est quendam hominem currere« convertitur quantum ad dictum in istam »Possibile est quoddam currens esse hominem«, similiter ista »Necesse est deum esse iustum« convertitur in istam »Necesse est quoddam iustum esse deum«, et similiter ista »Nullum hominem esse asinum est verum« convertitur in istam »Nullum asinum esse hominem est verum«. Et huiusmodi conversiones probantur per sextam regulam secundi capituli huius, scilicet »Si antecedens est verum, consequens est verum, si antecedens est possibile, consequens est possibile, si antecedens est necesse, consequens est necesse« posito, quod simul formentur.

Sexta regula: Omne dictum particulare convertitur in universale, in particulari composita affirmativa de falso vel de impossibili, sed non universale in particulare. Item dictum universale negativum et particulare affirmativum convertuntur simpliciter, sed universale affirmativum non convertitur. Haec omnia tenent ideo, quia si consequens sit falsum vel impossibile, oportet etiam, quod antecedens, et non est necesse e converso, quia ex falso bene sequitur verum et ex impossibili bene sequitur possibile.

Septima regula: Omne dictum in propositione de contingenti composita et affirmativa convertitur secundum oppositam

1 Quinta] om. O propositio] om. O 2 similiter] LO et A et] O similiter AL de[3]] om. O 3 propositio] con- add. s. del. O 4 convertitur] convertetur O sicut add. L Verbi gratia] ut O 5 convertitur] O *lectio incerta* A convertetur L 6 quoddam] quendam L ista] O om. AL 7 in] om. O Necesse est] om. O quoddam iustum] quendam deum L necesse est add. O 8 deum] iustum L et] om. LO ista] istam O 9 convertitur...verum] LO om. A 10 Et] L om. AO probantur] probabantur L 11 huius] LO om. A 12 est[2]] LO erit A si... formentur] LO om. A 13 consequens[2]...necesse] L etc. O 15 Sexta] om. O 16 particulari] participium! L de[2]] L om. AO 17 particulare] particularis L Item] idem L 18 convertuntur] convertitur O 19 non convertitur] om. L 20 ideo] LO om. A quia] om. O sit] est LO vel] et LO 21 oportet...antecedens] om. L etiam quod] om. O antecedens] esse falsum vel impossibile

Regel 5: Jeder bejahende zusammengesetzte Modalsatz über Wahres, ebenso über Mögliches und über Notwendiges, wird hinsichtlich des Ausgesagten so umgekehrt, wie der dem Ausgesagten entsprechende Satz für sich umgekehrt wird. Z. B. wird »Es ist möglich, daß irgendein Mensch läuft« hinsichtlich des Ausgesagten in den Satz »Es ist möglich, daß irgendein Laufendes ein Mensch ist« umgekehrt, ebenso wird der Satz »Es ist notwendig, daß Gott gerecht ist« in den Satz »Es ist notwendig, daß irgendein Gerechtes Gott ist« umgekehrt, und ebenso wird der Satz »Daß kein Mensch ein Esel ist, ist wahr« umgekehrt in den Satz »Daß kein Esel ein Mensch ist, ist wahr«. – Und derartige Umkehrungen werden mit der sechsten Regel des zweiten Kapitels dieses Traktats bewiesen, nämlich »Wenn der Vordersatz wahr ist, ist der Nachsatz wahr; wenn der Vordersatz möglich ist, ist der Nachsatz möglich; wenn der Vordersatz notwendig ist, ist der Nachsatz notwendig«, gesetzt, daß sie zugleich gebildet werden.

Regel 6: Bei einem bejahenden zusammengesetzten Partikulärsatz über Falsches oder über Unmögliches wird jedes partikuläre Ausgesagte in ein universales umgekehrt, aber nicht ein universales (Ausgesagtes) in ein partikuläres. Ferner werden ein verneinendes universales und ein bejahendes partikuläres Ausgesagtes einfach umgekehrt, aber ein bejahendes universales (Ausgesagtes) wird (gar) nicht umgekehrt. All das gilt deshalb, weil wenn der Nachsatz falsch oder unmöglich ist, muß es auch der Vordersatz sein, aber umgekehrt muß es nicht gelten, weil aus Falschem sehr wohl Wahres folgt und aus Unmöglichem sehr wohl Mögliches folgt.

Regel 7: Jedes Ausgesagte in einem zusammengesetzten und bejahenden Satz über Kontingentes wird gemäß der entgegen-

add. O est necesse] LO om. A 22 bene...possibile] LO etc. A et] O om. L 23 bene sequitur] L om. O 24 Septima] om. O de] om. L 25 composita] LO hypothetica A convertitur] convertuntur L oppositam] aliquam O

qualitatem in dictum contradictorium, non contrarium. Unde A39rb sensus huius propositionis »Contingens est ad utrumlibet B esse A« est, quod ista »B est A« potest esse vera et potest esse falsa, ergo etiam oportet esse huiusmodi suam contradictoriam, cum contradictoriae propositiones non sunt simul verae nec simul falsae. Sed de contrariis non est ita, licet enim haec possit esse vera et falsa »Omne intelligens est deus«, tamen ista non L38va potest esse vera »Nullum intelligens est deus«, et ergo non sequitur »Contingens est omne intelligens esse deum, ergo O39ra contingens est nullum intelligens esse deum«.

Octava regula: Ad omnem propositionem de vero compositam et affirmativam sequitur suum dictum et e converso, et ad omnem talem de necessario sequitur suum dictum et sequitur propositio de vero et de possibli et non e converso, et ad omnem talem de vero sequitur illa de possibili et non e converso, et ad omnem propositionem sequitur propositio de possibili, cuius ipsa est dictum, et non e converso, et ad omnem talem de contingenti sequitur illa de possibili et non e converso. Ista regula plures habet partes et sunt per se manifestae ex eo, quod omnis propositio necessaria est possibilis et vera et non e converso, etiam omnis propositio vera et omnis contingens est possibilis et non e converso, et etiam bene sequitur »B est A, ergo possibile est B esse A« et non e converso, sequitur etiam »B est A, ergo verum est B esse A«.

Nona regula: Si propositio de necessario composita et affirmativa sit vera, quicquid sequitur ad eius dictum, est necessarium, et ita de possibili, quicquid sequitur ad eius dictum, est possibile, et ita de vero, quicquid sequitur ad eius dictum, est

1 contradictorium] et add. O 2 B] om. O 3 est[1]] om. L 4 etiam] om. O 5 contradictoriae propositiones] LO contradictio propositionis?! A 6 simul] om. L Sed] LO et A de] om. O possit] O posset AL 7 et falsa] om. O deus] et add. L tamen…deus] LO om. A 8 et] om. O 9 omne] LO esse A 10 nullum] non O deum] dicendum! O 11 Octava] om. O 12 et[1]] om. L e…et] om. L 14 de[2]] om. L 16 omnem] LO om. A propositio] LO illa A 17 ipsa] om. L 20 propositio] om. O non…et] om. L 21 propositio] O om. A omnis contingens] trsp. O 22 etiam] L om. AO B] O a AL A] O b AL 23 B] O a AL

gesetzten Qualität in das kontradiktorische Ausgesagte umgekehrt, nicht in das konträre. So lautet der Sinn des Satzes »Es ist kontingent, daß ein B ein A ist«, daß der Satz »Ein B ist ein A« wahr sein kann und falsch sein kann, also muß auch sein kontradiktorischer Satz derartig sein, da kontradiktorische Sätze nicht zugleich wahr und nicht zugleich falsch sind. Aber bei konträren Sätzen ist dies nicht der Fall: Obgleich nämlich der Satz »Jedes Verstandeswesen ist Gott« wahr und falsch sein kann, so kann der Satz »Kein Verstandeswesen ist Gott« doch nicht wahr sein, und demnach folgt nicht: »Es ist kontingent, daß jedes Verstandeswesen Gott ist, also ist es kontingent, daß kein Verstandeswesen Gott ist«.

Regel 8: Aus jedem zusammengesetzten und bejahenden Satz über Wahres folgt sein Ausgesagtes und umgekehrt; und aus jedem solchen Satz über Notwendiges folgt sein Ausgesagtes und folgt ein Satz über Wahres und über Mögliches, aber nicht umgekehrt; und aus jedem solchen Satz über Wahres folgt der Satz über Mögliches, aber nicht umgekehrt; und aus jedem Satz folgt ein Satz über Mögliches, dessen Ausgesagtes jener bildet, aber nicht umgekehrt; und aus jedem solchen Satz über Kontingentes folgt der Satz über Mögliches, aber nicht umgekehrt. Diese Regel hat etliche Teile, und diese sind je für sich offenkundig, weil jeder notwendige Satz möglich und wahr ist, aber nicht umgekehrt; ferner jeder wahre Satz und jeder kontingente Satz möglich ist, aber nicht umgekehrt; und ferner sehr wohl folgt »Ein B ist ein A, also ist es möglich, daß ein B ein A ist«, aber nicht umgekehrt; überdies folgt »Ein B ist ein A, also ist es wahr, daß ein B ein A ist«.

Regel 9: Wenn ein zusammengesetzter und bejahender Satz über Notwendiges wahr ist, dann gilt: Alles, was aus seinem Ausgesagten folgt, ist notwendig; und ebenso (bei einem solchen Satz) über Mögliches: Alles, was aus seinem Ausgesagten folgt, ist möglich; und ebenso (bei einem solchen Satz) über

A] O b AL etiam] enim O **24** B[1]] a L A[1]] b L B[2]] a L A[2]] b L **25** Nona] om. O et] om. O **27** ita] LO etiam A **28** quicquid...verum[1]] om. L ad... verum[1]] O etc. A

verum, per illam regulam »Si antecedens est verum, consequens est verum, et si antecedens est possibile, consequens est possibile, et si antecedens est necessarium, consequens est necessarium«.

Decima regula: Ad nullam propositionem compositam affirmativam de possibili sequitur aliqua divisa de possibili de modo affirmato nec e converso, praeterquam ad compositam de dicto affirmato sequitur particularis affirmativa divisa. Ista exceptio est manifesta, quia si haec est possibilis »B est A«, sequitur manifeste, quod illud B potest esse A. Tamen, licet haec sit possibilis »Omne currens est equus«, non sequitur, quod omne currens potest esse equus, quia asinus forte currit vel potest esse currens, asinus tamen non potest esse equus. E converso autem manifestum est, quod nihil sequitur, quia licet omne dormiens possit esse vigilans, tamen haec non est possibilis »Omne dormiens est vigilans«. Similiter negative, quia licet omnis stella zodiaci lucens supra nostrum hemisphaerium possit non lucere supra nostrum hemisphaerium, tamen haec non est possibilis »Omnis stella zodiaci lucens supra hemisphaerium nostrum non lucet supra hemisphaerium nostrum«. Et e converso, licet haec sit possibilis »Nullum creans est deus«, tamen haec non est possibilis »Omnem creantem possibile est non esse deum« ex eo, quod omnem creantem necesse est esse deum.

Undecima regula: Ad nullam propositionem compositam affirmativam de necessario sequitur alia divisa de necessario

2 et] om. O antecedens est] LO om. A consequens...necessarium] LO etc. A 3 et] L om. O 4 necessarium] etc. add. O 5 Decima] om. O nullam] negativam L propositionem] L om. AO affirmativam] LO om. A 6 aliqua] LO alia A possibili[2]] possibile O 7 affirmato] LOPSX negato A e converso] LO om. A ad] LO om. A 8 affirmativa] LOPSX negativa A Ista] Z prima ALPS primo O om. X 9 exceptio] acceptio L haec] sic L possibilis] ita add. L 12 currens] currit L potest] possit O forte...vel] om. O 13 esse currens] currit L currere O asinus] et O 14 autem] LO tamen A manifestum] nullum! L quod] L quia AO quia] om. L 15 omne] omnis L possit] O posset A potest L haec] hoc O 16 Omne] om. LO est] possit esse L Similiter...deum] AOS om.

Wahres: Alles, was aus seinem Ausgesagten folgt, ist wahr. Und zwar (gilt all das) gemäß der Regel »Wenn der Vordersatz wahr ist, ist der Nachsatz wahr; und wenn der Vordersatz möglich ist, ist der Nachsatz möglich; und wenn der Vordersatz notwendig ist, ist der Nachsatz notwendig«.

Regel 10: Aus keinem bejahenden zusammengesetzten Satz über Mögliches folgt ein geteilter Satz über Mögliches mit einem bejahten Modalausdruck, und auch nicht umgekehrt, mit folgender Ausnahme: Aus einem zusammengesetzten Satz mit einem bejahten Ausgesagten folgt ein bejahender geteilter Partikulärsatz. Diese Ausnahme liegt auf der Hand, denn wenn der Satz »Ein B ist ein A« möglich ist, folgt offenkundig, daß dieses B ein A sein kann. Jedoch: Obgleich der Satz »Jedes Laufende ist ein Pferd« möglich ist, folgt nicht, daß jedes Laufende ein Pferd sein kann, weil vielleicht ein Esel läuft oder laufend sein kann, jedoch kann ein Esel nicht ein Pferd sein. Umgekehrt liegt es aber auf der Hand, daß nichts folgt, denn wenn auch jedes Schlafende wachend sein kann, so ist der Satz »Jedes Schlafende ist wachend« doch nicht möglich. – Ebenso auf verneinende Weise: Wenn auch jeder Tierkreisstern, der über unserer Hemisphäre leuchtet, nicht über unserer Hemisphäre leuchten kann, so ist folgender Satz doch nicht möglich: »Jeder Tierkreisstern, der über unserer Hemisphäre leuchtet, leuchtet nicht über unserer Hemisphäre«. Und umgekehrt: Wenn auch der Satz »Kein Schaffendes ist Gott« möglich ist, so ist der Satz »Für jeden Schaffenden ist es möglich, nicht Gott zu sein« doch nicht möglich, weil es für jeden Schaffenden notwendig ist, Gott zu sein.

Regel 11: Aus keinem bejahenden zusammengesetzten Satz über Notwendiges folgt ein anderer, geteilter Satz über Not-

LPX 17 omnis] AS om. O zodiaci lucens] OS trsp. A nostrum] AS om. O 18 supra] Z super OS supra…hemisphaerium] OS om. A 19 non] AS om. O Omnis] S om. AO lucens…non] AS om. O 21 Et] A similiter OS e…licet] AO trsp. S sit] OS est A 22 possibilis] A vera OS Omnem] S om. AO 25 Undecima] om. O regula] sicut add. A nullam] LOPSX unam A 26 alia] de po- add. s. del. O de[2]] om. O

de modo affirmato nec e converso, praeterquam ad universalem negativam divisam sequitur composita de dicto negato. Illa exceptio probatur, quia ad hanc esse possibilem »B est A« sequitur, quod B potest esse A, per praecedentem regulam, ergo per quartam regulam secundi capituli sequitur »Nullum B potest esse A, ergo haec non est possibilis ›B est A‹«, ergo per aequipollentiam sequitur »Omne B necesse est non esse A, ergo haec non est possibilis ›B est A‹«, ad quam sequitur, quod sua contradictoria est necessaria, quia omnis impossibilis habet contradictoriam necessariam. Sequitur ergo hanc esse necessariam »Nullum B est A«. Finaliter ergo ad istam »Omne B necesse est non esse A« sequitur ista »Necesse est nullum B esse A«.

Prima pars regulae patet, quia licet secundum Aristotelem haec sit necessaria »Omnis equus est animal«, tamen nullum equum necesse est esse animal, ex quo omnis equus potest non esse et per consequens potest non esse animal. Et similiter e
A39va conversο, licet omnem creantem necesse sit esse deum, tamen haec non est necessaria »Creans est deus«. Et ita etiam, licet sit necessarium nullum dormiens vigilare, tamen nullum dormiens necesse est vigilare. De particulari etiam negativa mani-
O39rb festum est, quod non sequitur »Quoddam currens necesse est non esse equum, ergo haec est necessaria ›Currens non est equus‹«. Quia posito, quod tantum homo currit, prima est vera et secunda falsa.

14 Aristotelem] Aristoteles, Analytica priora, I.11, 31b6s.

2 negato] si add. A 3 Illa] SX prima ALOP exceptio] acceptio L esse possibilem] LOPSX possibile est A est] LOPSX esse A 4 regulam] AE47VO conclusionem LPSX 5 quartam] AE47VLOPSX regulam] AE47VLPSX om. O secundi] AE47VLOPX primi S capituli] AE47VLOPSX 9 est] sit L quia] quod O 11 Finaliter] formaliter O ad istam] LO om. A 12 ista] nullum add. A 14 regulae] LO conclusionis A licet] LO sed! A 16 esse] om. L ex] om. O quo] eo quod LO 17 Et] L om. AO similiter] licet add. s. del. L 18 sit] est O 19 etiam] om. O 20 dormiens[1]] dormientem L tamen] non necesse est nullum dormiens vigilare add. s. del. O dormiens[2]] dormientem L 21 De] et L etiam] LO manifestum A manifestum est] LO om. A 22 quod] LO quin A

wendiges mit einem bejahten Modalausdruck, und auch nicht umgekehrt, mit folgender Ausnahme: Aus einem geteilten verneinenden Universalsatz folgt ein zusammengesetzter Satz mit einem verneinten Ausgesagten. Beweis für diese Ausnahme: Daraus, daß der Satz »Ein B ist ein A« möglich ist, folgt, daß ein B ein A sein kann, gemäß der vorangehenden Regel, also folgt gemäß der vierten Regel des zweiten Kapitels »Kein B kann ein A sein, also ist der Satz ›Ein B ist ein A‹ nicht möglich«, also folgt gemäß der Gleichwertigkeit »Für jedes B ist es notwendig, nicht ein A zu sein, also ist der Satz ›Ein B ist ein A‹ nicht möglich«, aus welchem folgt, daß sein kontradiktorischer Satz notwendig ist, weil jeder unmögliche Satz einen notwendigen kontradiktorischen Satz hat. Also folgt, daß der Satz »Kein B ist ein A« notwendig ist. Abschließend gilt also: Aus dem Satz »Für jedes B ist es notwendig, nicht ein A zu sein« folgt der Satz »Es ist notwendig, daß kein B ein A ist«.

Der erste Teil der Regel ist klar, denn obgleich gemäß Aristoteles der Satz »Jedes Pferd ist ein Lebewesen« notwendig ist, so ist es doch für kein Pferd notwendig, ein Lebewesen zu sein, weil jedes Pferd nicht sein kann und folglich nicht ein Lebewesen sein kann. Und ebenso umgekehrt: Obgleich es für jeden Schaffenden notwendig ist, Gott zu sein, so ist doch der Satz »Ein Schaffender ist Gott« nicht notwendig. Und ebenso: Obgleich es notwendig ist, daß kein Schlafendes wacht, so ist es doch für kein Schlafendes notwendig zu wachen. – Bezüglich eines verneinenden Partikulärsatzes ist es auch offenkundig, daß nicht folgt »Für irgendein Laufendes ist es notwendig, nicht ein Pferd zu sein, also ist der Satz ›Ein Laufendes ist nicht ein Pferd‹ notwendig«. Denn gesetzt, daß nur ein Mensch läuft, so ist der erste Satz wahr und der zweite falsch.

Quoddam] X *lectio incerta* A quendam LOPS currens] X creantem A currentem LOPS est[2]] om. L 23 non esse] LO trsp. A equum] et? add. O Currens] currit L non[2]] om. L 24 Quia] L om. AO 25 et] om. LO secunda] autem add. L

Haec ergo de consequentiis formalibus simplicibus dicta ad praesens sufficiant.

⟨PARS SECUNDA DE CONSEQUENTIIS SYLLOGISTICIS, IV.7–17⟩

Cap. IV.7 ⟨Capitulum septimum de consequentiis syllogisticis in generali⟩

Postquam visum est de consequentiis formalibus simplicibus, nunc videndum est de consequentiis formalibus syllogisticis. Et sit prima suppositio, quod ad cuiuslibet consequentiae syllogisticae seu ad syllogismi constitutionem requiruntur tres termini, unus, qui vocatur maior extremitas, alius, qui vocatur minor extremitas, tertius, qui vocatur medium, in quo extremitates combinantur, propter quam combinationem sequitur coniunctio et combinatio extremitatum inter se affirmative vel negative. Ex isto sequitur, quod ad syllogismum requiruntur duae propositiones, quae dicuntur vel vocantur praemissae, in quarum una medium coniungitur cum una extremitate et in alia cum alia extremitate, quarum praemissarum una vocatur maior, alia vero minor. Et extremitas seu terminus sumptus cum medio in praemissa prima vocatur maior extremitas et terminus sumptus in secunda praemissa cum medio vocatur minor extremitas. Sunt ergo tres termini, videlicet maior extremitas, minor extremitas et medium, et duae praemissae. Propo-

1 Haec] hoc O ergo] autem L om. O formalibus] om. O simplicibus] LO singularibus A dicta...praesens] L om. AO **2** sufficiant] sufficiat O Sequitur ergo de consequentiis simplicibus! syllogisticis add. L **6** simplicibus] LO singularibus A **7** nunc] om. O formalibus] OX om. A simplicibus L **8** quod] L om. AO **9** ad] om. LO **10** alius qui] L alia quae A et alter O vocatur²] om. O **11** extremitas] om. O tertius qui] L tertia quae A et tertius O vocatur] om. O **12** combinantur] LO coniunguntur A **13** coniunctio] A conclusio LS om. OX cum medio P et] om. O **15** dicuntur vel] om. LO in...extremitate] om. O **16** coniungitur] coniuncatur! L una²] alia add. L **17** alia¹] praemissa add. L extremitate] L om. A praemissarum] om. O una] prima L **18** ma-

Diese Ausführungen über die einfachen formalen Folgerungen mögen also vorderhand genügen.

TRAKTAT IV, TEIL 2: DIE SYLLOGISTISCHEN FOLGERUNGEN, IV.7–17

Kapitel IV.7: *Die syllogistischen Folgerungen im allgemeinen*

Nachdem die einfachen formalen Folgerungen untersucht worden sind, müssen jetzt die syllogistischen formalen Folgerungen untersucht werden. Die erste Voraussetzung laute: Für die Bildung einer syllogistischen Folgerung bzw. eines Syllogismus[125] sind drei Terme erforderlich: Einer, der »größerer Außenterm« heißt, ein anderer, der »kleinerer Außenterm« heißt[126], (und) ein dritter, der »Mittelterm« heißt, in dem die Außenterme verbunden werden, wegen welcher Verbindung eine bejahende oder verneinende Verknüpfung und Verbindung der Außenterme untereinander erfolgt. Daraus folgt, daß für einen Syllogismus zwei Sätze erforderlich sind, die »Prämissen« (vorausgeschickte Sätze) genannt werden oder heißen; und zwar wird der Mittelterm in der einen von diesen (Prämissen) mit dem einen Außenterm verknüpft und in der anderen mit dem anderen Außenterm, und die eine von diesen Prämissen heißt »die größere«, die andere aber »die kleinere«. Und derjenige Außenterm bzw. derjenige Term, der in der ersten Prämisse mit dem Mittelterm angeführt wird, heißt »größerer Außenterm«, und derjenige Term, der in der zweiten Prämisse mit dem Mittelterm angeführt wird, heißt »kleinerer Außenterm«. Es gibt also drei Terme, nämlich den größeren Außen-

ior] praemissa add. O alia] secunda LO vero] L om. AO 19 maior…vocatur] om. O 20 praemissa] L om. A 21 Sunt] OX sed! L Sunt…extremitas] LOX om. A extremitas[2]] et add. O 22 minor extremitas] O etc. LX et medium] om. LX duae] dicuntur L Propositio] LOX om. A

sitio autem, quae sequitur ex tali combinatione extremitatum ad invicem, vocatur conclusio, et in ea una extremitatum debet affirmative vel negative de alia praedicari, nec in ea debet poni ille terminus, qui est medium combinationis extremitatum. Et si in tali conclusione maior extremitas praedicatur de minori, conclusio est directa, si vero e converso, conclusio est indirecta. Verbi gratia »Omne animal est substantia, omnis homo est animal, ergo omnis homo est substantia«, ly *substantia* est maior extremitas et ly *homo* est minor extremitas et ly *animal* medium, et in conclusione praedicatur maior extremitas de
L38vb minori, nec in ea ponitur ly *animal*, quod erat medium praedicti syllogismi. Exemplum de conclusione indirecta »Omne animal est substantia, omnis homo est animal, ergo quaedam substantia est homo«.

Secunda suppositio: Combinatio extremitatum per medium potest fieri quattuor modis. Primo modo, quod medium subiciatur in prima praemissa et praedicetur in secunda. Secundo modo, quod medium praedicetur in utraque praemissarum. Tertio modo, quod medium subiciatur in utraque praemissarum. Quarto modo, quod medium praedicetur in prima praemissa et subiciatur in secunda. Et secundum hoc sunt quattuor figurae syllogismorum. Figura enim syllogistica nihil aliud est, nisi ordinatio medii ad extremitates in praemissis secundum subiectionem et praedicationem.

1 autem] OX om. AL extremitatum] combinatum L 2 extremitatum] extremitas L 3 alia] altera LO praedicari] LOX verificari A 5 minori] minore L 6 vero] om. O conclusio[2]] om. LO indirecta] exempla patent add. O 7 Verbi…homo] om. O 8 omnis…substantia[1]] L etc. A 9 est] L om. A extremitas[2]] L om. A 10 et] qualiter L ecce X conclusione] praedicti syllogismi add. LX 11 minori] minore L 16 medium] LO om. A 17 praemissa] LO om. A 18 modo] om. O praedicetur] LOX subiciatur A 19 modo] L om. AO medium] L om. AO praemissarum] LO om. A 20 Quarto] quarta O modo] L om. AO medium] LO om. A praedicetur] LO praedicatur A praemissa] L om. AO 22 syllogismorum] om. L syllogistica] LO om. A nihil] non *post corr.* L non O nisi *ante corr.* L aliud] om. LO

term, den kleineren Außenterm und den Mittelterm, und zwei Prämissen. Der Satz aber, der aus einer solchen Verbindung der Außenterme miteinander folgt, heißt »Konklusion« (abschließender Satz, Schlußsatz), und in ihm muß der eine Außenterm bejahend oder verneinend von dem anderen ausgesagt werden, und in ihm darf derjenige Term nicht vorkommen, welcher als Mittel für die Verbindung der Außenterme dient. Und wenn in einer solchen Konklusion der größere Außenterm vom kleineren ausgesagt wird, dann ist die Konklusion direkt, wenn aber umgekehrt, dann ist die Konklusion indirekt. Z. B. »Jedes Lebewesen ist eine Substanz, jeder Mensch ist ein Lebewesen, also ist jeder Mensch eine Substanz«: Der Ausdruck »Substanz« ist der größere Außenterm, der Ausdruck »Mensch« ist der kleinere Außenterm und der Ausdruck »Lebewesen« der Mittelterm, und in der Konklusion wird der größere Außenterm vom kleineren ausgesagt, und in ihr kommt auch nicht der Term »Lebewesen« vor, welcher der Mittelterm des vorgenannten Syllogismus war. Ein Beispiel für eine indirekte Konklusion: »Jedes Lebewesen ist eine Substanz, jeder Mensch ist ein Lebewesen, also ist irgendeine Substanz ein Mensch«.

Zweite Voraussetzung: Die Verbindung der Außenterme mittels des Mittelterms kann auf vier Weisen erfolgen: Auf eine erste Weise (so), daß der Mittelterm in der ersten Prämisse an Subjektstelle steht und in der zweiten an Prädikatstelle. Auf eine zweite Weise (so), daß der Mittelterm in beiden Prämissen an Prädikatstelle steht. Auf eine dritte Weise (so), daß der Mittelterm in beiden Prämissen an Subjektstelle steht. Auf eine vierte Weise (so), daß der Mittelterm in der ersten Prämisse an Prädikatstelle steht und in der zweiten an Subjektstelle. Und demgemäß gibt es vier Figuren (Gestalten) der Syllogismen. Eine syllogistische Figur ist nämlich nichts anderes als die Stellung des Mittelterms zu den Außentermen in den Prämissen hinsichtlich der Subjektstelle und der Prädikatstelle.

Sed notandum est, quod quarta figura non differt a prima nisi secundum transpositionem praemissarum, quae nihil facit ad aliam conclusionem inferendam vel non inferendam, sed solum facit, quod conclusio illata, si esset directa in prima figura, esset indirecta in quarta et e converso. Et ergo pro syllogismis de prima figura et de quarta figura sufficit determinatio solum de syllogismis de prima figura.

Tertia suppositio, quod syllogismi affirmativi tenent per istud principium »Quicumque termini divisim alicui tertio sic combinantur et coniunguntur, quod unus illorum affirmative de illo termino sumpto cum illa oratione *omne, quod est* verificatur, et alius etiam isti termino affirmative combinatur, quamvis non ipso sumpto cum illa oratione *omne, quod est*, illi termini de se invicem affirmative verificantur«. Et ita debet intelligi illa regula »Quaecumque uni et eidem sunt eadem, inter se sunt eadem«. Verbi gratia, si hic terminus *substantia*
A39vb verificatur affirmative de isto termino *animal* sumpto cum ista oratione *omne, quod est*, dicendo »Omne, quod est animal, est substantia«, et ulterius iste terminus *homo* combinatur affirmative eidem termino, quamvis non sumpto cum ista oratione *omne, quod est*, ut dicendo »Homo est animal«, sequitur hos terminos *homo* et *substantia* de se invicem affirmative verificari, ut dicendo »Homo est substantia«.

1 notandum est] nota O 2 secundum transpositionem] transpositione L terminorum add. L praemissarum] LO terminorum A 3 ad] om. O aliam] LO om. A conclusionem] LO combinationem A 4 si] om. O 5 figura] quod add. LO Et] om. O ergo] conclusio L 6 de[1]] in L prima] quarta L figura[1]] om. L de[2]] om. LO quarta] prima L figura[2]] LO om. A sufficit] LO sufficiat A determinatio] determinare LO 7 solum] om. O de[2]] in O prima] quarta *ante corr. s.l.* O 8 quod] L om. AO tenent] LO tenet A 9 principium] medium *ante corr. i.m.* O divisim] LO divisi AX tertio] termino L sic] om. L 10 illorum] om. L eorum O affirmative] affirmativo L affirmatur? O 11 illo termino] LO alio A oratione] om. L omne] et add. O quod est] om. O verificatur…est] LOX om. A 12 alius] S aliud LPX alii? O affirmative] X affirmativo L *lectio incerta* O 13 quamvis] L quod O omne] O omni L est] O om. L 15 sunt] om. O 17 affirmative] om. L sumpto] sumpta L 18 quod[1]] ut add. L est[1]] om. L dicendo] ut O 19 et] hic add. L combinatur] LO

Aber anzumerken ist, daß die vierte Figur sich von der ersten nur gemäß einer Umstellung der Prämissen unterscheidet, welche (Umstellung) nicht bewirkt, daß eine andere Konklusion gefolgert wird oder nicht gefolgert wird, sondern sie bewirkt nur, daß die gefolgerte Konklusion, wenn sie in der ersten Figur direkt wäre, in der vierten Figur indirekt wäre, und umgekehrt. Und demnach genügt für die Syllogismen der ersten Figur und der vierten Figur allein die Bestimmung (d. h. Aufstellung von Thesen, Regeln usw.) hinsichtlich der Syllogismen der ersten Figur.

Dritte Voraussetzung: Bejahende Syllogismen gelten aufgrund des folgenden Prinzips: Welche (zwei) Terme immer getrennt mit irgendeinem dritten (Term) so verbunden und verknüpft werden, daß der eine von ihnen bejahend von diesem (dritten) Term, welcher mit der Ausdrucksfolge »alles, was ist« angeführt ist, verifiziert wird, und auch der andere bejahend mit diesem (dritten) Term verbunden wird, wobei dieser nunmehr aber nicht mit der Ausdrucksfolge »alles, was ist« angeführt ist, so werden diese (zwei) Terme bejahend voneinander verifiziert. Und auf diese Weise muß man die Regel verstehen: »Welche Dinge immer mit ein und demselben identisch sind, sind (auch) untereinander identisch«. Z. B.: Wenn der Term »Substanz« bejahend vom Term »Lebewesen« zusammen mit der Ausdrucksfolge »alles, was ist« verifiziert wird, indem man sagt »Alles, was ein Lebewesen ist, ist eine Substanz«, und weiters der Term »Mensch« bejahend mit demselben Term verbunden wird, der aber nunmehr nicht in die Ausdrucksfolge »alles, was ist« eingebettet ist, wie wenn man sagt »Ein Mensch ist ein Lebewesen«, so folgt, daß die Terme »Mensch« und »Substanz« bejahend voneinander verifiziert werden, wie wenn man sagt »Ein Mensch ist eine Substanz«.

combinetur A affirmative] om. L 20 eidem] eodem L 21 dicendo] dicendum L 22 et] O om. A est L 23 dicendo] om. O

Et notanter appono »cum ista oratione *omne, quod est*«, nam dato, quod duo termini alicui tertio adhuc distributo affirma- O39va tive combinarentur sine hoc, quod aliquis illorum terminorum esset verificabilis affirmative de illo termino sumpto cum ista oratione *omne, quod est*, non oporteret illos duos terminos de se invicem verificari affirmative. Verbi gratia, nam quamvis in divinis ista sit vera »Ille deus est pater« et similiter ista sit vera »Ille deus est filius«, tamen haereticum est et falsum, quod in divinis filius sit pater. Unde nullus istorum terminorum, scilicet *filius*, *pater*, est verificabilis de isto termino *deus* sumpto cum ista oratione *omne, quod est*, unde quamvis ista sit vera »Iste deus est pater«, tamen haec est falsa »Omne, quod est deus, est pater«. Similiter, quamvis ista sit vera »Iste deus est filius«, tamen falsum est, quod omne, quod est deus, sit filius.

Ex isto sequitur, quod ad hoc, quod syllogismus expositorius sit bonus, requiritur, quod una extremitatum sit verificabilis affirmative de medio sumpto cum ista oratione *omne, quod est*. Ulterius sequitur, quod ille syllogismus non est formalis »Sortes est homo, Sortes est albus, ergo album est homo«, quia non tenet consimilis forma in omnibus terminis. Non enim tenet in terminis divinis, non enim sequitur »Iste deus est pater, iste deus est filius, ergo filius est pater«. Sed in istis inferioribus, ubi una res numero non est plures res numero, communiter formando syllogismos expositorios terminis discretis non appo-

1 est] supposito add. L 2 affirmative] X om. A affirmativo L *lectio incerta* O 3 combinarentur] *lectio incerta* O 4 esset] debet esse L verificabilis] universalis L sumpto] sumpta! L 5 oporteret] oportet L 6 verificari] praedicari L verificari add. L affirmative] LO om. A nam] quia O 7 Ille] LPS om. AX igitur O sit vera[2]] LO om. A 8 Ille] LOPS om. AX tamen] hoc add. O et falsum] om. O in divinis] om. O 9 sit] est L nullus] om. O scilicet] L om. AO 10 pater] LO om. A isto termino] ly LO ille add. LOPS sumpto] P om. A sumpta LX sumptus OS sumptus add. S 12 est[3]] iste add. ALOPS 13 ista… vera] om. LO deus[2]] fu-? add. s. del. O est[2]] sit O 14 est[2]] iste add. ALOPS sit] L est A 15 isto] quo LO ad…quod[2]] om. L 16 bonus] quia add. L sit[2]] LO est A 19 ergo] LO ita A so- add. s. del. O 20 consimilis forma] om. O terminis] consimilibus add. O Non enim] quia non O tenet[2]…enim] L om. AO 22 filius[2]] ille deus O Sed] similiter L quia add. O istis] om. O 23 ubi] X

Und ich füge ausdrücklich hinzu »mit der Ausdrucksfolge ›alles, was ist‹«, denn angenommen, daß zwei Terme mit irgendeinem dritten, noch dazu verteilten (Term) bejahend verbunden würden, ohne daß einer jener (zwei) Terme von diesem (dritten) Term in Verbindung mit der Ausdrucksfolge »alles, was ist« bejahend verifizierbar wäre, dann müßte es nicht unbedingt der Fall sein, daß diese zwei Terme bejahend voneinander verifiziert werden. Z. B.: Obgleich in bezug auf die göttlichen Verhältnisse der Satz »Dieser Gott ist ein Vater« wahr ist und ebenso der Satz »Dieser Gott ist ein Sohn« wahr ist, so ist es doch häretisch und falsch, daß im Göttlichen ein Sohn ein Vater ist[127]. So ist keiner von diesen Termen, nämlich »Sohn«, »Vater«, vom Term »Gott« in Verbindung mit der Ausdrucksfolge »alles, was ist« verifizierbar, denn obgleich der Satz »Dieser Gott ist ein Vater« wahr ist, so ist doch der Satz »Alles, was (ein) Gott ist, ist ein Vater« falsch. Ebenso: Obgleich der Satz »Dieser Gott ist ein Sohn« wahr ist, so ist es doch falsch, daß alles, was ein Gott ist, ein Sohn ist.

Daraus folgt, daß es dafür, daß ein herausstellender Syllogismus gültig ist, erforderlich ist, daß einer von den Außentermen vom (singulären) Mittelterm in Verbindung mit der Ausdrucksfolge »alles, was ist« bejahend verifizierbar ist. – Weiters folgt, daß dieser Syllogismus nicht formal ist: »Sokrates ist ein Mensch, Sokrates ist weiß, also ist ein Weißes ein Mensch«, weil die gleiche Form nicht mit allen Termen gültig ist. Sie ist nämlich nicht gültig mit Termen, die das Göttliche betreffen, es folgt nämlich nicht »Dieser Gott ist ein Vater, dieser Gott ist ein Sohn, also ist ein Sohn ein Vater«. Aber in bezug auf die niedrigeren (d. h. nicht-göttlichen) Dinge, wo ein Ding, das der Zahl nach eines ist, nicht (zugleich) der Zahl nach mehrere Dinge ist, fügen wir bei der Bildung von herausstellenden Syllogismen den diskreten (singulären) Termen im allgemeinen

om. ALOPS res numero²] LO om. A numero²] consimiliter? add. s. del. O
24 terminis] modis L apponimus] apponamus L

nimus istam orationem *omne, quod est*. Et ergo dicimus in istis inferioribus istam consequentiam non valere »Sortes est homo, Sortes est albus, igitur album est homo«, verumtamen in veritate istius »Sortes est homo« ad istam de omni »Omne, quod est Sortes, est homo« est consequentia bona.

Quarta suppositio: Syllogismi negativi tenent per illud principium »Quicumque duo termini sic combinantur alicui tertio, quod unus eorum verificetur negative de illo sumpto cum ista oratione *nihil, quod est*, et alter combinetur eidem affirmative, illi duo termini negative de se invicem verificantur«. Et ita debet intelligi illa regula »Quorumcumque duorum unum est idem alicui, cui reliquum non est idem, illa non sunt inter se idem«. Et inde est, quod ad concludendum propositionem negativam oportet unam praemissarum esse affirmativam et aliam negativam. Ex praecedenti autem suppositione sequitur, quod ad concludendum propositionem affirmativam oportet ambas praemissas esse affirmativas. Propositio enim affirmativa significat identitatem et propositio negativa non identitatem. Verbi gratia de suppositione, si ille terminus *substantia* verificetur negative de illo termino *qualitas* sumpto cum ista oratione *nihil, quod est*, sic dicendo »Nihil, quod est qualitas, est substantia«, et ille terminus *albedo* combinetur eidem termino affirmative, dicendo »Albedo est qualitas«, necesse est

1 istam orationem] ista oratione L istis] om. O 2 consequentiam] om. O non] LS om. AOPX valere] tenere O 3 album...homo] LO etc. A verumtamen] verum O in veritate] ALS in virtute E48vOPX in add. s. del. O 4 istius] AE48vLOPSX ab ista add. E Sortes...homo] AE48vLOPX trsp. S quia ab ista add. X omni] AE48vLOPX inesse S Omne] E48vLOPX om. AS 5 est homo] ALOPSX om. E48v 6 principium] om. L 7 sic] LO om. A 8 eorum...sumpto] illorum de alio negative sumpto verificatur O verificetur] verificatur LO 9 alter] altero L combinetur] combinatur LO 10 illi duo] LO illae duae A termini] LO om. A 12 cui reliquum] LO cum reliquo A non sunt] trsp. L 13 Et...est] om. O inde] idem L est quod] trsp. L ad] om. L concludendum] LO excludendum A 15 praecedenti] praecedente L prima O autem] om. LO 16 concludendum] LO excludendum A 17 enim] L om. AO 18 et] om. LO propositio] O om. AL negativa] autem add. L 19 ille] esse! O 20 verificetur] verificatur LO sumpto] sumpta L ista oratione] illo termino

nicht die Ausdrucksfolge »alles, was ist« hinzu. Und daher sagen wir in bezug auf diese niedrigeren Dinge, daß die Folgerung »Sokrates ist ein Mensch, Sokrates ist weiß, also ist ein Weißes ein Mensch« nicht gültig ist; gleichwohl liegt in Wahrheit vom Satz »Sokrates ist ein Mensch« auf den Satz über alles »Alles, was Sokrates ist, ist ein Mensch« eine gültige Folgerung vor.

Vierte Voraussetzung: Verneinende Syllogismen gelten aufgrund des folgenden Prinzips: Welche zwei Terme immer mit irgendeinem dritten (Term) so verbunden werden, daß der eine von ihnen von jenem (dritten) in Verbindung mit der Ausdrucksfolge »nichts, was ist« verneinend verifiziert wird und der andere mit demselben (nämlich dem dritten) bejahend verbunden wird, so werden diese zwei Terme verneinend voneinander verifiziert. Und auf diese Weise muß man die Regel verstehen: »Von welchen zwei Dingen immer das eine mit einem Ding identisch ist, mit dem das andere nicht identisch ist, diese (zwei Dinge) sind nicht untereinander identisch«. Und daher kommt es, daß für den Schluß auf einen verneinenden Satz eine der Prämissen bejahend und die andere verneinend sein muß. Aus der vorangehenden Voraussetzung hingegen folgt, daß für den Schluß auf einen bejahenden Satz beide Prämissen bejahend sein müssen. Ein bejahender Satz bezeichnet nämlich eine Identität und ein verneinender Satz eine Nicht-Identität. Ein Beispiel für diese (vierte) Voraussetzung: Wenn der Term »Substanz« vom Term »Qualität« in Verbindung mit der Ausdrucksfolge »nichts, was ist« verneinend verifiziert wird, indem man so formuliert »Nichts, was eine Qualität ist, ist eine Substanz«, und der Term »Weiße« mit demselben Term bejahend verbunden wird, indem man formuliert »Eine Weiße ist eine Qualität«, dann ist es notwen-

O 21 sic] sicut LO 22 combinetur] combinatur LO termino] L om. AO
23 affirmative] sicut add. L necesse est] oportet O est[2]] et L

illos duos terminos *albedo* et *substantia* de se invicem negative verificari, dicendo »Albedo non est substantia«.

Et notabiliter dico »cum ista oratione *nihil, quod est*«, nam datis duobus terminis, quorum nullus verificatur negative de tertio sumpto cum ista oratione *nihil, quod est*, quamvis bene A40ra sine illa oratione, non oportet illos terminos duos de se invicem negative verificari. Unde quamvis nullus pater sit filius et quamvis deus sit pater, tamen non sequitur deum non esse filium. Sed bene sequitur »Nihil, quod est pater, est filius, deus est pater, ergo deus non est filius«, sed quia maior praemissa O39vb est falsa, non mirum est, quod conclusio sit falsa.

Tunc sit prima regula: Nulli syllogismi sunt formales sine L39ra hac additione *quod est* cum ly *omne* vel ly *nihil*. Unde iste syllogismus non est formalis »Omne animal est substantia, omnis homo est animal, ergo omnis homo est substantia«, quia invenitur in aliis terminis instantia, non enim sequitur »Omnis deus est pater, omnis filius est deus, ergo omnis filius est pater«, nam praemissae sunt verae et conclusio est haeretica. Bene tamen sequitur »Omne, quod est deus, est pater, filius est deus, ergo filius est pater«, sed quia maior est falsa, non mirum, quod conclusio sit falsa. Similiter iste syllogismus non est formalis »Nullum animal est lapis, omnis homo est animal, ergo nullus homo est lapis«, quia invenitur instantia in aliis terminis, non enim sequitur »Nullus pater est filius, omnis

1 duos] om. O invicem] om. O 3 dico] quod add. s. del. O nam] namque L 4 nullus] APX unus LOS 5 tertio] termino L 6 oratione] LO om. A oportet] LO oporteret A duos] LO om. A 7 nullus] LO om. A sit] non add. A filius] om. L 8 quamvis] om. L pater] AO filius LPSX deum] AO filium LPS patrem X non[2]] LO om. A 9 filium] AO deum LPSX Sed] om. L 10 praemissa] praemissarum L 11 est[1]] sit L est[2]] L om. AO quod] L si AO sit] est O falsa[2]] Sequitur ergo modo add. L etc. add. O 12 Tunc] *Distinctionem capituli hic habent* E48vLOPSX Tunc…regula] AO Nunc ponendae sunt regulae de consequentiis formalibus syllogisticis quarum prima sit ista (quod ELPS om. X) E48vLPSX 13 est] vel add. L ly[2]] om. LO 16 in…terminis] LO om. A 17 filius[1]] LOPSX deus A deus[2]] LOPSX filius A omnis[2]…pater[2]] ALPSX om. O 18 nam] om. O est] om. O haeretica] falsa O 20 filius…pater] ALSX om. OP sed] ergo L maior] om. O non mirum] om. O 21 quod] LPS si

dig, daß die zwei Terme »Weiße« und »Substanz« verneinend voneinander verifiziert werden, indem man formuliert »Eine Weiße ist keine Substanz«.

Und ich sage ausdrücklich »mit der Ausdrucksfolge ›nichts, was ist‹«, denn gegeben zwei Terme, von denen keiner von einem dritten in Verbindung mit der Ausdrucksfolge »nichts, was ist«, wenn auch sehr wohl ohne diese Ausdrucksfolge, verneinend verifiziert wird, dann muß es nicht unbedingt der Fall sein, daß jene zwei Terme verneinend voneinander verifiziert werden. Denn obgleich kein Vater ein Sohn ist und obgleich Gott ein Vater ist, so folgt doch nicht, daß Gott kein Sohn ist. Aber sehr wohl folgt »Nichts, was ein Vater ist, ist ein Sohn, Gott ist ein Vater, also ist Gott kein Sohn«; aber weil die größere Prämisse falsch ist, ist es kein Wunder, daß die Konklusion falsch ist.

Sodann laute die erste Regel: Keine Syllogismen sind formal ohne die Hinzufügung von »was ist« mitsamt dem Ausdruck »alles« oder dem Ausdruck »nichts«. So ist dieser Syllogismus nicht formal: »Jedes Lebewesen ist eine Substanz, jeder Mensch ist ein Lebewesen, also ist jeder Mensch eine Substanz«, weil sich ein Gegenbeispiel mit anderen Termen findet; es folgt nämlich nicht »Jeder Gott ist ein Vater, jeder Sohn ist ein Gott, also ist jeder Sohn ein Vater«, denn die Prämissen sind wahr, aber die Konklusion ist häretisch. Sehr wohl folgt jedoch »Alles, was ein Gott ist, ist ein Vater, ein Sohn ist ein Gott, also ist ein Sohn ein Vater«, aber weil die größere (Prämisse) falsch ist, ist es kein Wunder, daß die Konklusion falsch ist. Ebenso ist dieser Syllogismus nicht formal: »Kein Lebewesen ist ein Stein, jeder Mensch ist ein Lebewesen, also ist kein Mensch ein Stein«, weil sich ein Gegenbeispiel mit anderen Termen findet; es folgt nämlich nicht »Kein Vater ist ein Sohn, jeder Gott ist ein Vater, also ist kein Gott ein Sohn«, denn die

AX igitur O conclusio] minor L sit falsa] om. O syllogismus] om. L 23 nullus…lapis] om. O 24 omnis] pater est add. s. del. A

deus est pater, ergo nullus deus est filius«, nam praemissae sunt verae et conclusio est falsa. Bene tamen sequitur »Nihil, quod est pater, est filius, omnis deus est pater, ergo nullus deus est filius«, sed quia maior est falsa, non mirum, quod conclusio sit falsa. Haec enim est falsa »Nihil, quod est pater, est filius«, eo quod eius contradictoria est vera, scilicet »Aliquid, quod est pater, est filius«, nam essentia divina est aliquid, quod est pater, et illa eadem est filius. Si quis tamen illos syllogismos et consequentias vellet vocare formales, contra quos vel quas non reperitur instantia nisi in terminis divinis, posset concedere syllogismos esse formales sine praedicta additione. Et secundum hoc isti syllogismi deberent dici formales »Omnis homo est animal, Sortes est homo, ergo Sortes est animal«, »Nullum animal est lapis, omnis homo est animal, ergo nullus homo est lapis«.

Secunda regula: Ex puris negativis non fit bonus syllogismus, in quo nullus terminorum variatur penes finitum et infinitum. Et ratio est, quia ille non potest regulari per aliquod dictorum duorum principiorum. Secundum enim primum principium requiritur, quod ambae praemissae essent affirmativae, secundum autem secundum principium requiritur, quod una praemissarum esset affirmativa et alia negativa. Unde non sequitur »Nullus lapis est risibilis, nullus homo est lapis, ergo nullus homo est risibilis«. Et notanter dico »in quo nullus terminorum variatur penes finitum et infinitum«, nam si fieret

1 nullus...filius] om. O nam] om. O nam...filius] om. L 2 sunt] om. O et] om. O est] O om. A 3 nullus...filius] om. O deus^{2}] PSX pater A 4 sed quia] om. O non mirum] om. O quod] igitur O 5 sit] L om. A potest esse! O Haec...filius] om. L Haec...filius] om. O 6 eo quod] ex eo quia L scilicet] om. L 8 tamen] om. O et consequentias] om. O 9 vel quas] om. O 10 reperitur] requiritur L invenitur O 11 esse...dici] om. L 12 hoc] om. O deberent] debent O 13 Sortes^{2}...animal^{2}] om. O Nullum...lapis] LOX om. A 14 omnis] OX nullus L ergo...lapis] LX etc. O 17 terminorum] LO terminus A penes] LO secundum A et] vel L 18 Et] om. LO est] om. LO regulari] LO reperiri A per] penes LO aliquod] aliquem O 19 dictorum] illorum L modorum add. O principiorum] iam dictorum add. L enim primum] om. O 20 requiritur] LO regularetur A praemissae] X om. ALO essent] sint L

Prämissen sind wahr, aber die Konklusion ist falsch. Sehr wohl folgt jedoch »Nichts, was ein Vater ist, ist ein Sohn, jeder Gott ist ein Vater, also ist kein Gott ein Sohn«, aber weil die größere (Prämisse) falsch ist, ist es kein Wunder, daß die Konklusion falsch ist. Der Satz »Nichts, was ein Vater ist, ist ein Sohn« ist nämlich falsch, weil sein kontradiktorischer Satz wahr ist, nämlich »Etwas, was ein Vater ist, ist ein Sohn«, denn das göttliche Wesen (Substanz) ist etwas, was ein Vater ist, und ebendasselbe ist ein Sohn. – Wenn jedoch jemand diejenigen Syllogismen und Folgerungen »formal« nennen möchte, gegen welche sich nur ein Gegenbeispiel mit Termen, die das Göttliche betreffen, findet, so könnte er zugeben, daß Syllogismen ohne die vorgenannte Hinzufügung formal sind. Und demgemäß müßten die folgenden Syllogismen »formal« genannt werden: »Jeder Mensch ist ein Lebewesen, Sokrates ist ein Mensch, also ist Sokrates ein Lebewesen«, »Kein Lebewesen ist ein Stein, jeder Mensch ist ein Lebewesen, also ist kein Mensch ein Stein«.

Regel 2: Aus lauter verneinenden Sätzen entsteht kein gültiger Syllogismus, sofern kein Term hinsichtlich der Begrenztheit und der Unbegrenztheit verändert wird. Und der Grund dafür ist, daß ein solcher (Syllogismus) mit keinem von den genannten zwei Prinzipien geregelt werden kann. Gemäß dem ersten Prinzip ist es nämlich erforderlich, daß beide Prämissen bejahend sind, gemäß dem zweiten Prinzip ist es aber erforderlich, daß eine der Prämissen bejahend ist und die andere verneinend. So folgt nicht »Kein Stein ist des Lachens fähig, kein Mensch ist ein Stein, also ist kein Mensch des Lachens fähig«. – Und ich sage ausdrücklich »in dem (sofern) kein Term hinsichtlich der Begrenztheit und der Unbegrenztheit verändert wird«, denn wenn eine solche Veränderung erfolgte, dann

21 secundum autem] sed secundum O principium] L om. AO requiritur] LO regularetur A 22 praemissarum] L om. AO 24 homo] lapis L notanter] om. O 25 terminorum] LO terminus A et] vel L

talis variatio, tunc ex puris negativis bene posset sequi aliqua conclusio, verbi gratia, bene enim sequitur »Nullum B est A, nullum C est non B, ergo nullum C est A«.

Tertia regula: Ex puris particularibus vel indefinitis non fit bonus syllogismus. Patet, quia nec affirmativa nec negativa conclusio sequitur. Non affirmativa, quia oporteret, quod ille teneret per principium syllogismorum affirmativorum, sed hoc non posset, quia tunc oporteret, quod in tali syllogismo una extremitatum verificaretur de medio sumpto cum illa oratione *omne, quod est*, sed hoc non fieret, si ambae praemissae essent particulares vel indefinitae. Nec etiam negativa, quia oporteret, quod ille teneret per principium syllogismorum negativorum, sed hoc non posset, quia tunc oporteret, quod in tali syllogismo una extremitatum verificaretur de medio sumpto cum ista oratione *nihil, quod est*, sed hoc non fieret, si ambae praemissae essent indefinitae vel particulares.

Et sciendum, quod cum dicebatur in principiis syllogismorum, quod oporteret unam extremitatum verificari de medio sumpto cum ista oratione *omne, quod est* vel *nihil, quod est*, intelligebatur in syllogismis concludentibus conclusionem veram, sed in syllogismis concludentibus conclusionem falsam sufficit, quod una extremitatum denotetur verificari de medio
A40rb sumpto cum ista oratione *omne, quod est* vel *nihil, quod est*.

17 dicebatur] Vide tertiam et quartam suppositionem huius capituli.

2 enim] om. L 3 C^{1}] g L C^{2}...A] etc. L 4 puris] LO pluribus A 5 Patet quia] om. O affirmativa] A affirmativis L affirmativus OPS affirmares X negativa] A negativis L negativus OPS negares X patet quod add. O 6 conclusio sequitur] Z om. ALOPSX Non affirmativa] om. L affirmativa] A affirmativus OPS affirmares X oporteret] O oportet AL ille] LPSX om. AO 7 teneret] OP tenerent A teneat LX tenet S 8 posset] LX om. AO potest PS tali] om. O 9 verificaretur] PX verificetur A variaretur L verificatur O affirmaretur S oratione] dictione L 10 fieret] fit L 11 etiam] LO om. A negativa] A negativus LPS negativos O negantes X oporteret] oportet L 12 ille] ALOPS om. X teneret] P tenerent AO teneant L tenent S om. X per] LO om. A 13 non] om. L posset] Z om. AOPX potest L est S tunc] om. L oporteret] oportet L in... syllogismo] LO om. A 14 verificaretur] variaretur L verificatur O 15 nihil]

könnte aus lauter verneinenden Sätzen sehr wohl eine Konklusion folgen, z. B. folgt nämlich sehr wohl »Kein B ist ein A, kein C ist ein Nicht-B, also ist kein C ein A«.

Regel 3: Aus lauter partikulären oder indefiniten Sätzen entsteht kein gültiger Syllogismus. Das ist klar, denn es folgt weder eine bejahende noch eine verneinende Konklusion. Keine bejahende, weil es erforderlich wäre, daß dieser (Syllogismus) gemäß dem Prinzip der bejahenden Syllogismen gälte, aber das kann nicht der Fall sein, weil es für einen solchen Syllogismus erforderlich wäre, daß einer der Außenterme vom Mittelterm in Verbindung mit der Ausdrucksfolge »alles, was ist« verifiziert wird; aber das erfolgte (ja) nicht, wenn beide Prämissen partikulär oder indefinit wären. Und auch keine verneinende (Konklusion folgt), weil es erforderlich wäre, daß dieser (Syllogismus) gemäß dem Prinzip der verneinenden Syllogismen gälte, aber das kann nicht der Fall sein, weil es für einen solchen Syllogismus erforderlich wäre, daß einer der Außenterme vom Mittelterm in Verbindung mit der Ausdrucksfolge »nichts, was ist« verifiziert wird; aber das erfolgte (ja) nicht, wenn beide Prämissen indefinit oder partikulär wären.

Festzuhalten ist: Wenn es am Anfang der (Abhandlung über die) Syllogismen hieß, daß einer der Außenterme vom Mittelterm in Verbindung mit der Ausdrucksfolge »alles, was ist« oder »nichts, was ist« verifiziert werden müsse, so war gemeint »in Syllogismen, die eine wahre Konklusion ergeben«, aber in Syllogismen, die eine falsche Konklusion ergeben, genügt es, daß von einem der Außenterme (nur) angegeben wird, daß er vom Mittelterm in Verbindung mit der Ausdrucksfolge »alles, was ist« oder »nichts, was ist« verifiziert werde.

omne *ante corr. i.m.* O 17 Et] om. O sciendum] Notandum O cum] quando L dicebatur] dicetur O 18 unam] una O 19 sumpto] L om. AO 20 intelligebatur] intelligitur O intelligebatur...est[2]] om. L 21 in syllogismis] OX om. A 22 denotetur] OX denotatur A 23 sumpto] OX om. A vel] animal! O

Diceret aliquis contra istam regulam, nam bene sequitur »B est A et C est illud idem B, ergo C est A«. Respondendum est, quod non est syllogismus formalis, nam non sequitur »Deus est pater et filius est idem deus, ergo filius est pater«. Verumtamen, si syllogismos istos volumus vocare formales, contra quos O40ra non reperitur instantia nisi in terminis divinis, sicut etiam prius dicebatur, tunc dico, quod praedictus syllogismus est formalis, et tunc in ista regula oportet addere, quod ex puris particularibus vel indefinitis nihil sequitur, nisi in minori propositione medium sumatur cum relativo identitatis, sicut fiebat in dicto syllogismo.

Quarta regula: Omnis syllogismi boni ex utraque praemissarum cum contradictorio conclusionis sequitur contradictorium alterius praemissae. Pro quo sciendum est, quod in syllogismo neutra praemissarum dicitur antecedens, sed copulativa composita ex eis dicitur totale antecedens. Isto supposito, si aliquis syllogismus est bonus, tunc ex contradictorio conclusionis, quae dicitur consequens, sequitur per quartam regulam secundi capituli huius contradictorium illius copulativae, quae dicitur antecedens, cuius contradictorium est una disiunctiva composita ex contradictoriis praemissarum. Et praemissa, quae cum contradictorio conclusionis accipitur, interimit unam partem illius disiunctivae, eo quod praemissa accepta cum contradictorio conclusionis contradicit uni parti illius disiunctivae. Ergo oportet alteram partem sequi, eo quod disiunctiva

7 prius] Scilicet apud primam regulam huius capituli.

1 istam regulam] LO om. A 2 C[1]] LO si? A illud] om. O C[2]] O b A C[2]...A[2]] etc. LX Respondendum est] Respondetur LO 3 syllogismus] LO om. A 4 pater[1]] om. L filius[1]] pater L filius[2]...pater[2]] A etc. LPSX om. O Verumtamen] sequitur add. A 6 nisi] praeterquam LO terminis] LO om. A etiam... quod] om. O 7 prius] om. L dicebatur] dictum est L est] potest esse O 8 et] om. L ista] om. LO regula] LO om. A addere] addi L ex] est O puris] LO pluribus A 9 minori] minore L propositione] L om. A medio O 10 medium] LOPSX cum medio A cum relativo] LOPSX relativum A 12 boni] et add. L praemissarum] praemissa LO 14 Pro quo] om. O sciendum] notandum LO est] om. LO 15 dicitur] om. L copulativa] om. L 16 totale] om. L 19 huius]

Einwand gegen diese Regel: Es folgt sehr wohl »B ist A und C ist ebendieses B, also: C ist A«. – Antwort: Das ist kein formaler Syllogismus, denn es folgt nicht »Gott ist (der) Vater und (der) Sohn ist derselbe Gott, also: Der Sohn ist der Vater«. Gleichwohl, wenn wir diejenigen Syllogismen »formal« nennen wollen, gegen welche sich nur ein Gegenbeispiel mit Termen, die das Göttliche betreffen, findet – wie auch schon früher gesagt wurde –, dann sage ich, daß der vorgenannte Syllogismus formal ist; und dann muß man in dieser Regel hinzufügen, daß aus lauter partikulären oder indefiniten (Prämissen) nichts folgt, wofern nicht im kleineren Satz der Mittelterm in Verbindung mit einem Relativ der Identität erscheint, wie es im genannten Syllogismus geschah.

Regel 4: Von jedem gültigen Syllogismus gilt, daß aus jeder der beiden Prämissen zusammen mit dem kontradiktorischen Gegensatz der Konklusion der kontradiktorische Gegensatz der anderen Prämisse folgt. Dazu ist festzuhalten, daß in einem Syllogismus keine der beiden Prämissen »Vordersatz« heißt, sondern als gesamter Vordersatz wird der kopulative Satz, der aus ihnen zusammengesetzt ist, bezeichnet. Dies vorausgesetzt, gilt: Wenn ein Syllogismus gültig ist, dann folgt aus dem kontradiktorischen Gegensatz der Konklusion, die »Nachsatz« heißt, gemäß der vierten Regel des zweiten Kapitels dieses (Traktats IV) der kontradiktorische Gegensatz des kopulativen Satzes, der »Vordersatz« heißt; und der kontradiktorische Gegensatz von diesem ist ein disjunktiver Satz, der aus den kontradiktorischen Gegensätzen der Prämissen zusammengesetzt ist. Und die Prämisse, die mit dem kontradiktorischen Gegensatz der Konklusion zusammengefaßt wird, hebt einen Teil des disjunktiven Satzes auf, weil die mit dem kontradiktorischen Gegensatz der Konklusion zusammengefaßte Prämisse einem Teil des disjunktiven Satzes widerspricht. Also muß der

L *lectio incerta* A om. O contradictorium] contradictoria L 20 contradictorium] contradictoria LO 21 composita] om. LO 22 quae...praemissa] om. L 23 partem] om. O praemissa] composita add. A 24 parti] om. L

non dicitur vera, nisi una eius pars sit vera. Verbi gratia, si hic syllogismus est bonus »Omne animal est substantia, omnis homo est animal, ergo omnis homo est substantia«, tunc contradictorium conclusionis, scilicet »Aliquis homo non est substantia«, infert istam disiunctivam contradictoriam antecedenti, scilicet »Quoddam animal non est substantia vel quidam homo non est animal«. Si igitur sumatur una praemissarum praedicti syllogismi cum ista »Aliquis homo non est substantia«, sit igitur ista praemissa »Omnis homo est animal«, infert contradictorium alterius praemissae, scilicet »Aliquod animal non est substantia«. Unde a disiunctiva cum destructione unius eius partis ad alteram partem eius est bona consequentia. Cum ergo contradictorium illius conclusionis inferat oppositum copulativae, quae dicitur antecedens, quod quidem oppositum est una disiunctiva composita ex contradictoriis partium illius copulativae, sequitur, quod illud contradictorium conclusionis cum destructione unius partis illius disiunctivae infert aliam partem. Et quando contradictorium conclusionis sumitur cum altera praemissarum, tunc sumitur cum destructione unius partis illius disiunctivae, eo quod partes illius disiunctivae et praemissae mutuo se perimunt et sibi invicem contradicunt.

Quinta regula: Omnis syllogismus est bonus, ex cuius aliqua praemissarum cum contradictorio conclusionis sequitur contradictorium alterius praemissae. Patet, nam si ex contradicto-

1 eius] L om. AO Verbi gratia] om. O 2 est[1]] LO sit A 3 omnis...substantia] L etc. AO 4 non] om. L 7 Si] LO similiter A igitur] LO ista A 9 sit] si L igitur] praemissa cum add. L praemissa] O om. AL infert] infertur LO 10 alterius] om. O 11 Unde] tunc L a] om. LO destructione] distributione L 12 eius[1]] LO om. A ad...eius[2]] om. LO eius[2]] partis add. A 13 Cum] LO et A illius] O om. AL inferat] infert LO 15 est] cum L 16 illius] om. O copulativae] LO om. A et add. O illud] LO om. A 18 partem] om. LO sumitur] LO sequitur A 19 cum[1]] LO quod A altera] LOPSX aliqua A praemissarum] mutuo se interimunt et contradicunt add. O tunc...illius[1]] om. O destructione] L distributione A 20 partes] partes add. O 21 perimunt] interimunt LO sibi invicem] om. LO 23 Quinta] om. O ex] om. L est O 25 nam] quia O

andere Teil folgen, weil ein disjunktiver Satz nur dann »wahr« genannt wird, wenn (zumindest) ein Teil von ihm wahr ist. Z. B.: Wenn dieser Syllogismus gültig ist: »Jedes Lebewesen ist eine Substanz, jeder Mensch ist ein Lebewesen, also ist jeder Mensch eine Substanz«, dann folgert der kontradiktorische Gegensatz der Konklusion, nämlich »Irgendein Mensch ist keine Substanz«, den disjunktiven Satz, der im kontradiktorischen Widerspruch zum Vordersatz steht, nämlich »Irgendein Lebewesen ist keine Substanz oder irgendein Mensch ist kein Lebewesen«. Wenn also eine der Prämissen des vorgenannten Syllogismus mit dem Satz »Irgendein Mensch ist keine Substanz« zusammengefaßt wird, sagen wir also die Prämisse »Jeder Mensch ist ein Lebewesen«, dann folgert sie den kontradiktorischen Gegensatz der anderen Prämisse, nämlich »Irgendein Lebewesen ist keine Substanz«. Denn von einem disjunktiven Satz zusammen mit der Vernichtung (Negation) eines Teils von ihm auf den anderen Teil von ihm liegt eine gültige Folgerung vor. Da also der kontradiktorische Gegensatz jener Konklusion den Gegensatz des kopulativen Satzes folgert, welcher »Vordersatz« heißt, welcher Gegensatz aber ein disjunktiver Satz ist, der aus den kontradiktorischen Gegensätzen der Teile des kopulativen Satzes zusammengesetzt ist, so folgt, daß der kontradiktorische Gegensatz der Konklusion zusammen mit der Negation des einen Teils des disjunktiven Satzes den anderen Teil (desselben) folgert. Und wenn der kontradiktorische Gegensatz der Konklusion mit der einen von den Prämissen zusammengefaßt wird, dann wird er mit der Negation eines Teils des disjunktiven Satzes zusammengefaßt, weil die Teile des disjunktiven Satzes und die Prämissen sich gegenseitig aufheben und einander widersprechen.

Regel 5: Jeder Syllogismus ist gültig, wenn aus irgendeiner seiner Prämissen zusammen mit dem kontradiktorischen Gegensatz der Konklusion der kontradiktorische Gegensatz der anderen Prämisse folgt. Das ist klar, denn wenn aus dem kon-

rio conclusionis cum una praemissarum sequitur oppositum alterius praemissae, tunc cum contradictorio conclusionis non potest stare copulativa composita ex maiore et minore, quae dicitur antecedens respectu conclusionis primae. Ideo ex contradictorio consequentis infertur oppositum antecedentis, et per consequens consequentia erat bona.

L39rb Sexta regula: In qualibet figura syllogistica sunt sedecim combinationes combinando universalem et particularem, affirmativam et negativam in duabus praemissis. Nam vel ambae sunt universales vel ambae sunt particulares vel maior universalis et minor particularis vel e converso. Et quilibet illorum quattuor modorum dividitur in quattuor, quia vel ambae sunt affirmativae vel ambae sunt negativae vel maior est affirmativa et minor negativa vel e converso. Illae combinationes patent cuilibet intuenti et volenti in qualibet figura eas formare.

Septima regula: In qualibet figurarum syllogismorum ad A40va minus quattuor istarum combinationum sunt inutiles, tales scilicet, quae fiunt ex ambabus negativis. Ex puris enim negativis nihil sequitur per secundam regulam huius capituli. Similiter, in qualibet figurarum est ille modus inutilis, qui est ex ambabus particularibus affirmativis. Ex puris enim particularibus nihil sequitur per tertiam regulam huius capituli.

O40rb Octava regula: Si maior fuerit particularis in prima figura, sive affirmativa sive negativa, et minor universalis affirma-

1 conclusionis] sequitur contradictorium alterius add. L una] O altera A aliqua L 3 stare] dari O 4 primae] LSX om. AO primo P Ideo] om. LX 8 combinationes] LPSX conclusiones A coniugationes O combinando] om. L universalem] APSX universale E49rLO particularem] APSX particulare E49rLO per add. AX affirmativam] APSX affirmativum E49rLO 9 negativam] ASX negativum E49rLOP 10 ambae] om. O sunt[2]] om. LO 11 vel] et L illorum] *numerum illegibilem* add. s. del. A 12 sunt] LO om. A 13 sunt] O om. AL est] O om. AL 14 et] LO vel A minor] maior L vel] et L combinationes] LOX conclusiones A 15 cuilibet] quilibet L intuenti et] L om. AO eas] eos O formare] facere LO 18 quattuor istarum] E49rLOPSX istorum quatuor A combinationum] E49rPSX coniugationum AO combinationes L inutiles] E49rOP modi A utiles LOX tales] om. LO 21 figurarum] figura L

traditorischen Gegensatz der Konklusion zusammen mit einer der Prämissen der Gegensatz der anderen Prämisse folgt, dann kann der kopulative Satz, der aus der größeren und der kleineren (Prämisse) zusammengesetzt ist und der »Vordersatz« in bezug auf die ursprüngliche Konklusion heißt, nicht zusammen mit dem kontradiktorischen Gegensatz der Konklusion stehen (wahr sein). Deshalb wird aus dem kontradiktorischen Gegensatz des Nachsatzes der Gegensatz des Vordersatzes gefolgert, und folglich war die Folgerung gültig.

Regel 6: In jeder syllogistischen Figur gibt es sechzehn Verbindungen durch die Verbindung eines universalen und eines partikulären Satzes sowie eines bejahenden und eines verneinenden Satzes in zwei Prämissen. Denn entweder sind beide (Prämissen) universal oder sind beide partikulär oder (ist) die größere (Prämisse) universal und die kleinere partikulär oder umgekehrt. Und jeder dieser vier Modi unterteilt sich (wiederum) in vier (Verbindungsweisen, Modi), weil entweder beide (Prämissen) bejahend sind oder beide verneinend sind oder die größere bejahend ist und die kleinere verneinend oder umgekehrt. Diese Verbindungen leuchten jedem ein, der sie erwägt und willens ist, sie in jeder Figur herzustellen.

Regel 7: In jeder Figur der Syllogismen sind zumindest vier von diesen Verbindungen unbrauchbar, nämlich diejenigen, welche sich ergeben, wenn beide (Prämissen) verneinend sind. Aus lauter verneinenden Sätzen folgt nämlich nichts, gemäß der zweiten Regel dieses Kapitels. Ebenso ist in jeder Figur derjenige Modus unbrauchbar, welcher aus zwei bejahenden Partikulärsätzen besteht. Aus lauter partikulären Sätzen folgt nämlich nichts, gemäß der dritten Regel dieses Kapitels.

Regel 8: Wenn die größere Prämisse in der ersten Figur ein Partikulärsatz sein sollte, sei es bejahend, sei es verneinend, und die kleinere ein bejahender Universalsatz, so ist der Syllo-

est[2]] om. L 22 affirmativis] affirmative L enim] LO om. A particularibus[2]] negativis L 23 per...capituli] om. O tertiam] L secundam A 25 universalis] om. O

tiva, non valet syllogismus. Et ratio est, quia medium non distribuitur, quod tamen oporteret, si syllogismus deberet esse bonus, per ista enim duo principia prius dicta, per quae tenent boni syllogismi. Similiter patet, quod ad hoc, quod aliquis syllogismus sit bonus, oportet, quod ad minus in aliqua praemissarum medium distribuatur. Similiter, si maior sit particularis negativa et minor particularis affirmativa in prima figura, non valet syllogismus. Patet, quia iterum medium non distribuitur.

Nona regula: In prima figura novem coniugationes et combinationes sunt utiles et designantur per hos terminos *Barabara*, *Celarent*, *Darii*, *Ferio*, *Baralipton*, *Celantes*, *Dabitis*, *Fapesmo*, *Frisesomorum*, et quattuor de istis concludunt directe, aliae vero indirecte. Et sunt quinque aliae et possunt reduci ad alias quattuor directe concludentes per conversionem vel per transpositionem praemissarum.

Et notandum, quod quicumque illorum modorum utilium concludit aliquam conclusionem, concludit etiam illam, quae ad eam sequitur. Unde concludens universalem concludit etiam particularem, quae ad eam sequitur. Et ergo, sicut Barbara concludit universalem affirmativam, ita etiam concludit particularem affirmativam, et sicut in Celarent concluditur universalis negativa, ita etiam ex eisdem praemissis potest

3 prius] Vide tertiam et quartam suppositionem huius capituli.

1 Et] om. L 3 enim] O om. AL duo] LO om. A principia] principaliter! L prius] om. O per[2]...syllogismi] om. O 4 boni] om. L Similiter] om. L Similiter...distribuatur] om. O 5 oportet] requiritur L 6 particularis] affirmativa et b- add. s. del. O 7 affirmativa] LOX negativa A in...figura] om. O 8 syllogismus] Iterum add. O Patet] LO om. A quia] quot! O iterum] om. O non[2]] om. L 10 novem] LO aliae A aliquae P om. SX 19 *ante corr.* O coniugationes] coniugationem! O combinationes] combinationem! O 11 hos terminos] hoc versus O terminos] dari add. L Barabara] b O 12 Celarent] ce O etc. add. A Darii] L om. A da O Ferio] LO om. A Baralipton] L om. AO Celantes...Frisesomorum] Z om. ALOPSX 13 de istis] illorum O directe] et add. O aliae] alii L 14 vero] L om. AO Et] LOPSX qui A aliae] P om. A alii LOSX et] LO qui A reduci] duci O alias] Z om. AO alios LPSX 15 quattuor]

gismus nicht gültig. Und der Grund dafür ist, daß der Mittelterm nicht verteilt wird, was jedoch erforderlich wäre, wenn der Syllogismus gültig sein sollte, nämlich aufgrund der zwei früher angeführten Prinzipien, von denen die Gültigkeit der Syllogismen abhängt. Ebenso ist klar, daß es für die Gültigkeit eines Syllogismus erforderlich ist, daß der Mittelterm zumindest in einer der Prämissen verteilt wird. Ebenso: Wenn in der ersten Figur die größere Prämisse ein verneinender Partikulärsatz ist und die kleinere ein bejahender Partikulärsatz, so ist der Syllogismus nicht gültig. Das ist klar, weil wiederum der Mittelterm nicht verteilt wird.

Regel 9: In der ersten Figur sind neun Verknüpfungen und Verbindungen brauchbar. Diese werden mit folgenden Termen bezeichnet: Barbara, Celarent, Darii, Ferio, Baralipton, Celantes, Dabitis, Fapesmo, Frisesomorum; vier davon schließen direkt, die anderen hingegen indirekt. Die anderen sind (also) fünf an der Zahl und können auf diejenigen vier, welche direkt schließen, mittels Umkehrung oder mittels Umstellung der Prämissen zurückgeführt werden.

Anzumerken ist: Welcher von diesen brauchbaren Modi auch immer eine Konklusion ergibt, ergibt auch den (Satz), der aus dieser (Konklusion) folgt. So ergibt ein einen Universalsatz schließender (Modus) auch den Partikulärsatz, der aus diesem (Universalsatz) folgt. Und somit gilt: Wie Barbara einen bejahenden Universalsatz schließt, so schließt er auch einen bejahenden Partikulärsatz, und wie in Celarent ein verneinender Universalsatz geschlossen wird, so kann auch aus denselben

in quarto modo add. L per conversionem] LO om. A vel] et L per[2]] om. L **17** Et] om. L quicumque] quilibet L **18** concludit[1]] LO concludunt A etiam] LO et A illam] LO eam A **19** concludens] LO concludentes A **20** etiam] om. O quae...sequitur] eius L om. O sicut] in add. O **21** concludit[1]] concluditur O etiam] LO om. A **22** concluditur] LO concludit A **23** universalis negativa] LO universalem negativam A etiam] L om. AO ex...praemissis] om. O potest] LO posset A

concludi particularis negativa. Et ergo possemus habere duo nomina, scilicet *Barbari* et *Celaro*, sicut habemus illa duo nomina *Barbara* et *Celarent*.

Decima regula: In secunda figura solum sunt quattuor coniugationes utiles concludentes directe formando conclusionem secundum modum loquendi consuetum, et illae possunt designari per illas quattuor dictiones *Cesare*, *Camestres*, *Festino*, *Baroco*, et duae utiles concludentes indirecte, quae possunt designari per istas duas dictiones *Cifeno* et *Robaco*. Et probantur per reductionem ad Festino et Baroco per solam transpositionem praemissarum. Si quae aliae fuerint combinationes in secunda figura, puta ex puris affirmativis vel ex puris negativis, non sunt utiles ad inferendam conclusionem formatam secundum modum loquendi consuetum.

Undecima regula: In tertia figura sunt sex coniugationes utiles concludentes directe et designantur per istas dictiones *Darapti*, *Felapton*, *Disamis*, *Datisi*, *Bocardo*, *Ferison*, et tres indirecte, quae possunt designari per istas dictiones *Lafepton*, *Carbodo*, *Rifeson*, et reducuntur ad Felapton, Bocardo, Ferison per solam transpositionem praemissarum.

Pro intellectu istorum est sciendum, quod per A intelligitur universalis affirmativa, per E universalis negativa, per I particularis affirmativa, per O particularis negativa, et ergo ista

1 Et] etc. L possemus] LO possumus A habere] aliqualiter L 2 scilicet] O om. AL et] om. O Celaro] colari! L illa duo] LO om. A 3 nomina] O om. AL et] om. O 4 coniugationes] combinationes L 5 concludentes] concludentem! O 6 illae] L illa A isti O designari] designare O 7 quattuor] LO om. A Cesare] LO cesaris A Festino Baroco] Z etc. AOPSX om. L 8 duae] duo O indirecte] directe O quae] om. O 9 designari] designare O Cifeno] Z cyfeno A bifano L differio O bifeno PS stifevo X et] om. O Robaco] ALX robago O rebaco P cegano S Et] LO om. A probantur] LO probatur A 10 Festino] ferion O per[2] et L solam] solum O 11 Si...fuerint] sed aliquae sunt L fuerint] sint O aliae add. O 12 vel] LO et A ex[2]] LO om. A pingitur? add. S. del. O negativis] om. O etc. add. A quae add. L 13 utiles] in secunda figura add. LO formatam] LO om. A 15 tertia] secunda L coniugationes] LO coniunctiones A con- add. L 16 concludentes] om. O 17 Darapti] etc. add. LPSX Felapton] AO om. LPSX etc. add. AO Disamis...Ferison] Z om.

Prämissen ein verneinender Partikulärsatz geschlossen werden. Und somit können wir auch zwei Namen, nämlich »Barbari« und »Celaro«, einführen, in Anlehnung an die zwei vorliegenden Namen »Barbara« und »Celarent«.

Regel 10: In der zweiten Figur gibt es nur vier brauchbare Verknüpfungen, die direkt schließen und eine Konklusion im üblichen Sinne erzeugen. Diese können mit den folgenden vier Wörtern bezeichnet werden: Cesare, Camestres, Festino, Baroco. Und es gibt zwei brauchbare (Verknüpfungen), die indirekt schließen; diese kann man mit den zwei Wörtern »Cifeno« und »Robaco« bezeichnen. Bewiesen werden sie durch Rückführung auf Festino und Baroco mittels bloßer Umstellung der Prämissen. Wenn es irgendwelche anderen Verbindungen in der zweiten Figur geben sollte, nämlich aus lauter bejahenden oder aus lauter verneinenden Sätzen, so sind sie nicht brauchbar zur Folgerung einer im üblichen Sinne gebildeten Konklusion.

Regel 11: In der dritten Figur gibt es sechs brauchbare Verknüpfungen, die direkt schließen. Diese werden mit den folgenden Wörtern bezeichnet: Darapti, Felapton, Disamis, Datisi, Bocardo, Ferison. Sowie drei indirekt schließende, die man mit den Wörtern »Lafepton«, »Carbodo«, »Rifeson« bezeichnen kann; sie werden durch bloße Umstellung der Prämissen auf Felapton, Bocardo, Ferison zurückgeführt.

Zum Verständnis dieser Ausführungen muß man wissen, daß mit A der bejahende Universalsatz gemeint ist, mit E der verneinende Universalsatz, mit I der bejahende Partikulärsatz,

ALOPSX 18 quae] et LO designari] LO signari A designare *ante corr.* O dictiones] et possunt vocari add. L Lafepton] X felapton AO bfaton! L lefaton P levaton S 19 Carbodo] A carbaco LP barbodo O carbaton S carbrodo X Rifeson] X *lectio incerta* A lifaton L rifedon O lifato P lefato S Felapton] et add. O Bocardo] et add. O Bocardo Ferison] etc. L 20 solam] solum O 21 est] om. O sciendum] notandum O 22 affirmativa] et add. O negativa] et add. O 23 affirmativa] et add. O ista dictio] L om. AO

dictio *Barbara* significat tam maiorem quam minorem esse universalem affirmativam et similiter conclusionem. Exempla praedictorum non formantur, alibi enim inveniuntur, puta in *Summulis*.

Duodecima regula: Termini ampliativi aliquando impediunt conclusionem universalem directam. Patet, nam quamvis omnis equus meus sit iturus Romam et omnis equus sit meus, tamen non sequitur, quod omnis equus sit iturus Romam, nam casu possibili posito praemissis existentibus veris conclusio esset falsa. Nam posito, quod omnis equus, qui est vel erit A40vb meus, sit iturus Romam et quod iam omnis equus sit meus et quod cras generabuntur multi equi, qui non erunt mei nec ibunt Romam, conclusio est falsa praemissis existentibus veris. Similiter non sequitur »Nullum vivum est mortuum, omnis equus est vivus, ergo nullus equus est mortuus«. Conclusio est falsa, nam plures equui sunt mortui, et tamen praemissae sunt verae.

Tertia decima regula: Si cuiuslibet praemissae et conclusionis subiectum sumatur cum hac additione *quod est*, tunc termini ampliativi non impediunt praedictas conclusiones universales syllogismorum. Verbi gratia »Omne, quod est A, est B, omne, quod est C, est A, ergo omne, quod est C, est B«. Similiter »Nullum, quod est A, est B, omne, quod est C, est A, ergo nullum, quod est C, est B«. Sic enim bene sequitur »Omnis O40va equus, qui est meus, est iturus Romam, omnis equus, qui est,

3 in Summulis] Petrus Hispanus, Tractatus, Tr. IV, Cap. 6–11, pp. 46–51. Ad »Barbara, Clarent« etc. cf. ibid., Cap. 13, pp. 52s.

1 minorem] et conclusionem add. L 2 universalem] om. L et…conclusionem] om. L etc. O conclusionem] per add. A Exempla…Summulis] om. O 3 non] E49v om. ALPSX formantur] AE49vLP om. SX si placeant add. A enim] om. L puta…Summulis] A om. E49vLPSX 6 universalem] LO om. A nam] om. L quia O 7 omnis[2]…et[1]] om. O meus[2]] et add. L 8 tamen] L om. A nam] om. L 9 possibili] om. L posito] supposito L 10 esset] erit L Nam posito] posito enim L equus] om. L 11 meus[1]] equus add. L iam] OX *lectio incerta* A illam! L 12 cras] LX iam A om. O generabuntur] generantur O multi] om. O equi] om. LO erunt] LOX erant A 13 est falsa] probatur L

mit O der verneinende Partikulärsatz. Und demnach bezeichnet das Wort »Barbara«, daß sowohl die größere als auch die kleinere Prämisse ein Universalsatz ist und ebenso die Konklusion. Beispiele für das Vorangehende werden nicht formuliert, solche finden sich nämlich anderswo, namentlich in den *Summulae* (des Petrus Hispanus)[128].

Regel 12: Erweiternde Terme verhindern manchmal eine direkte universale Konklusion. Das ist klar, denn obgleich jedes meiner Pferde nach Rom gehen wird und jedes Pferd meines ist, so folgt doch nicht, daß jedes Pferd nach Rom gehen wird, denn man kann einen möglichen Fall annehmen, so daß trotz wahrer Prämissen die Konklusion falsch ist. Denn gesetzt, daß jedes Pferd, das meines ist oder sein wird, nach Rom gehen wird und daß jetzt jedes Pferd meines ist und daß morgen viele Pferde entstehen werden, die nicht meine sein werden und nicht nach Rom gehen werden, so ist die Konklusion falsch, während die Prämissen wahr sind. Ebenso folgt nicht »Kein Lebendiges ist tot, jedes Pferd ist lebendig, also ist kein Pferd tot«. Die Konklusion ist falsch, denn etliche Pferde sind tot, und dennoch sind die Prämissen wahr.

Regel 13: Wenn das Subjekt jeder Prämisse und der Konklusion mit der Hinzufügung »was ist« versehen wird, dann verhindern erweiternde Terme nicht die vorgenannten universalen Konklusionen der Syllogismen. Z. B. »Alles, was ein A ist, ist ein B; alles, was ein C ist, ist ein A; also: Alles, was ein C ist, ist ein B«. Ebenso »Nichts, was ein A ist, ist ein B; alles, was ein C ist, ist ein A; also: Nichts, was ein C ist, ist ein B«. So folgt nämlich sehr wohl »Jedes Pferd, das meines ist, wird nach

14 Similiter] LX om. O Similiter...verae] LOX om. A 15 est[3]] X om. LO 16 nam] L quia OX tamen] LX om. O 18 Tertia...regula] om. O conclusionis] LO *lectio incerta* A 19 additione] AOPSX dictione L omne add. O tunc] L om. AO 20 praedictas] E49vLOPSX om. A conclusiones] LPSX coniugationes AO coniunctiones E49v universales] X om. A utiles E49vLOPS 21 syllogismorum] E49vLOPSX om. A 22 A] b O ergo...B] etc. O Similiter...B] LPSX om. AO 23 B] et add. S 24 nullum...B] S etc. LP nullum etc. X enim] om. L 25 qui est[2]] A om. LOPSX

est meus, ergo omnis equus, qui est, est iturus Romam«. Similiter bene sequitur »Nullum, quod est vivum, est mortuum, omnis equus, qui est, est vivus, ergo nullus equus, qui est, est mortuus«. Et ratio regulae est, quia per ly *quod est* tollitur ampliatio.

Cap. IV.8 ⟨Capitulum octavum de syllogismis ex terminis obliquis⟩

Propter syllogismos ex terminis obliquis praemittam primo aliquas suppositiones. Prima est, quod aliquando aggregatum ex recto et obliquo unica distributione distribuitur, sicut hic L39va »Quilibet hominis asinus currit«. Non enim solum distribuitur ly *hominis* nec solum ly *asinus*, sed hoc totum *hominis asinus*, et ergo in syllogizando non debet fieri sumptio sub ly *asinus* nec etiam sub ly *hominis*, sed sub isto toto *hominis asinus*. Ideo non sequitur »Quilibet hominis asinus currit, Brunellus est asinus, ergo Brunellus currit«, posito enim, quod Brunellus non esset asinus alicuius hominis, sed esset asinus liber, praemissae essent verae et conclusio posset esse falsa, quia praemissis existentibus veris Brunellus posset dormire. Similiter non sequitur »Quilibet hominis asinus currit, Sortes est homo, ergo Sortis asinus currit«, posito enim, quod Sortes non haberet asinum aliquem, praemissae essent verae et conclusio falsa.

1 qui est] om. O est[2]] ALOPSX meus add. LPSX Similiter…mortuus] om. O 3 qui est[1]] Z om. ALPSX est[3]] ALPSX mortuus add. S vivus add. X 4 mortuus] ALPX vivus S Et] LO om. A regulae] conclusionis O 5 ampliatio] etc. Sequitur ergo propter syllogismos add. L 8 ex] de L terminis] om. O praemittam] praemitto LO primo aliquas] om. O 11 hominis asinus] trsp. LO Non] nec LO solum] subiectum! L distribuitur] ergo? add. A 12 hominis[1]] asinus LO solum] LO om. A asinus[1]] hominis LO hominis asinus] trsp. LO 13 et] om. O in] om. LO syllogizando] subeundo? L 14 etiam] L om. AO hominis asinus] trsp. LO 15 Ideo] unde LO hominis asinus] trsp. L 17 esset[1]] sit L asinus[2]] L om. AO 18 conclusio] falsa add. s. del. A posset esse] om. O quia…dormire] om. O 19 Similiter…currit] LOX et sic de consimilibus A 20 hominis asinus] X trsp. LO ergo…currit] LX om. O

Rom gehen; jedes Pferd, das ist, ist meines; also: Jedes Pferd, das ist, wird nach Rom gehen«. Ebenso folgt sehr wohl »Nichts, was lebendig ist, ist tot; jedes Pferd, das ist, ist lebendig; also: Kein Pferd, das ist, ist tot«. Und der Grund für die Regel ist, daß mit dem Ausdruck »was ist« die Erweiterung aufgehoben wird.

Kapitel IV.8:
Die Syllogismen aus Termen in einem abhängigen Fall

Was die Syllogismen aus schiefen Termen anbelangt, so werde ich zunächst einige Voraussetzungen vorausschicken. Die erste lautet: Manchmal wird die Zusammensetzung aus einem geraden und einem schiefen Term durch eine einzige Verteilung verteilt, wie z. B. hier »Jeder eines Menschen Esel läuft«: Es wird nämlich nicht allein der Ausdruck »eines Menschen« verteilt und nicht allein der Ausdruck »Esel«, sondern der ganze Ausdruck »eines Menschen Esel«, und somit darf beim Syllogisieren keine Unterordnung unter den Ausdruck »Esel« noch auch unter den Ausdruck »eines Menschen« vorgenommen werden, sondern (nur) unter den ganzen Ausdruck »eines Menschen Esel«. Deshalb folgt nicht »Jeder eines Menschen Esel läuft, Brunellus ist ein Esel, also läuft Brunellus«, gesetzt nämlich, daß Brunellus kein Esel irgendeines Menschen wäre, sondern ein freier Esel wäre, so wären die Prämissen wahr und die Konklusion könnte falsch sein, weil Brunellus schlafen könnte, während die Prämissen wahr sind. Ebenso folgt nicht »Jeder eines Menschen Esel läuft, Sokrates ist ein Mensch, also läuft von Sokrates (ein) Esel«, gesetzt nämlich, daß Sokrates keinen Esel hätte, so wären die Prämissen wahr und die Kon-

Bene tamen sequitur »Quilibet hominis asinus currit, Brunellus est hominis asinus, ergo Brunellus currit«.

Secunda suppositio: Aliquando solus obliquus distribuitur, ut quando signum distribuens est eiusdem casus cum obliquo. Verbi gratia dicendo »Cuiuslibet hominis asinus currit«, hic enim ly *hominis* solum distribuitur et non ly *asinus* nec hoc aggregatum *hominis asinus*. Ideo non sequitur »Cuiuslibet hominis asinus currit, Brunellus est asinus, ergo Brunellus currit« nec sequitur »Cuiuslibet hominis asinus currit, Brunellus est hominis asinus, ergo Brunellus currit«, sed bene sequitur »Cuiuslibet hominis asinus currit, Sortes est homo, ergo Sortis asinus currit«. Ex isto patet, quod ille syllogismus non est bonus »Cuiuslibet contradictionis altera pars est vera, haec propositio ›Homo est asinus‹ est contradictionis altera pars, ergo ipsa est vera«.

Tertia suppositio: Aliquando etiam solus rectus et non obliquus distribuitur et hoc, quando obliquus praecedit syncategorema distribuens rectum, verbi gratia dicendo »Hominis quilibet asinus currit«. Et quando sic sit, in syllogizando non debet fieri sumptio sub obliquo, sed solum sub recto.

Quarta suppositio: Cum syllogizamus ex obliquis, non oportet, quod maior vel minor extremitas sit subiectum vel praedicatum alicuius praemissae, nec oportet, quod medium syllogisticum sit subiectum vel praedicatum in maiori propositione. Unde aliquando valet syllogismus ex obliquis, ubi medium syllogisticum nec est subiectum nec praedicatum in maiori

1 Bene…currit] LX om. O hominis asinus] L trsp. X 2 hominis asinus] L trsp. X Brunellus currit] X etc. L 4 ut] LOX unde A distribuens] om. L eiusdem] eaedem! O 5 hic] ly L 6 enim] LO om. A ly[1]] om. L et non] nec O 7 aggregatum] totum L Ideo] et ergo LO 8 Brunellus[1]…currit] om. O Brunellus currit] etc. L 10 Brunellus currit] etc. L 14 propositio] est as- add. s. del. O contradictionis] propositionis O 15 ipsa…vera] etc. L 16 etiam] om. L 17 distribuitur] diffinitur! L et hoc] ut LO quando] om. O 18 verbi gratia] et L ut O dicendo] LO om. A quilibet] cuiuslibet O 19 Et] etiam L sic] etiam add. O sit] fit L om. O etiam add. L syllogizando] solo! O 20 fieri] sim-? add. s. del. O solum] om. LO 21 Cum] vel L quando O

klusion falsch. Sehr wohl folgt jedoch »Jeder eines Menschen Esel läuft, Brunellus ist eines Menschen Esel, also läuft Brunellus«.

Zweite Voraussetzung: Manchmal wird allein der schiefe Term verteilt, z. B. wenn das Verteilungszeichen denselben Fall hat wie der schiefe Term. Z. B., wenn es heißt »Von einem jeden Menschen (ein) Esel läuft«: Hier wird nämlich allein der Ausdruck »(von einem) Menschen« verteilt und nicht der Ausdruck »Esel« noch auch der zusammengesetzte Ausdruck »(von einem) Menschen (ein) Esel«. Deshalb folgt nicht »Von einem jeden Menschen (ein) Esel läuft, Brunellus ist ein Esel, also läuft Brunellus«, noch folgt »Von einem jeden Menschen (ein) Esel läuft, Brunellus ist von einem Menschen ein Esel, also läuft Brunellus«, aber sehr wohl folgt »Von einem jeden Menschen (ein) Esel läuft, Sokrates ist ein Mensch, also läuft von Sokrates ein Esel«. – Daraus erhellt, daß folgender Syllogismus nicht gültig ist: »Von einem jeden Widerspruch der eine Teil ist wahr, der Satz ›Ein Mensch ist ein Esel‹ ist von einem Widerspruch der eine Teil, also ist er wahr«.

Dritte Voraussetzung: Manchmal wird auch allein der gerade Term und nicht der schiefe verteilt, und zwar dann, wenn der schiefe Term dem Synkategorema vorangeht, welches den geraden Term verteilt, z. B., wenn es heißt »Eines Menschen jeder Esel läuft«. Und wenn das der Fall ist, dann darf beim Syllogisieren keine Unterordnung unter den schiefen Term vorgenommen werden, sondern nur unter den geraden Term.

Vierte Voraussetzung: Wenn wir aus schiefen Termen syllogisieren, muß es nicht der Fall sein, daß der größere oder der kleinere Außenterm Subjekt oder Prädikat einer Prämisse ist, noch muß es der Fall sein, daß der syllogistische Mittelterm Subjekt oder Prädikat im größeren Satz ist. So ist manchmal ein Syllogismus aus schiefen Termen gültig, in dem der syllo-

syllogizamus] LX syllogismis AO 23 syllogisticum] om. O 24 in...propositione] maioris L 25 ex obliquis] om. O ubi] quod L quando O 26 nec[1]] non L nec[2]] vel L maiori] maiore L

propositione nec pars subiecti nec pars praedicati et similiter maior extremitas et similiter minor extremitas non est subiectum vel praedicatum in praemissis. Verbi gratia, nam bonus est syllogismus »Homo omnem equum est videns, Brunellus est equus, ergo homo Brunellum est videns«, in isto enim syllogismo iste terminus *equum* est medium et iste terminus *Brunellus* est minor extremitas, quae cum illo medio coniungebatur in minori propositione, et totum residuum est maior extremitas, scilicet aggregatum ex istis terminis *videns* et *homo*. Isti enim termini *videns* et *homo* coniungebantur in maiori propositione cum dicto medio, et propter hoc in conclusione coniungebantur cum minori extremitate, et sic medium non erat subiectum maioris nec praedicatum. Similiter patet, quod nullus istorum A41ra terminorum, qui dicuntur maior et minor extremitas, est totale subiectum vel totale praedicatum conclusionis, scilicet istius »Homo Brunellum est videns«, quia ly *Brunellum*, quamvis ponatur ante copulam, tamen debet construi a parte praedicati, nec est impossibile, quod pars praedicati praecedat copulam.

Et ut hoc magis videatur, fiat talis syllogismus in secunda figura »Nullum equum videns est homo, omnem asinum videns est homo«, potest inferri duplex conclusio, una scilicet »Igitur nullum asinum videns est equum videns«, et tunc *homo* esset medium. Vel potest inferri ista conclusio »Ergo nullus asinus est equus«, et tunc medium esset hoc totum *videns est homo*. Ergo manifestum est, quod non oportet semper medium O40vb esse totale subiectum vel totale praedicatum, cum secundum hanc duplicem conclusionem sit aliud et aliud medium.

1 propositione] om. L propositio! O et] om. L 2 extremitas[2]] om. LO 3 vel] nec O in] ALOPSX conclusione (nec X om. LS) in add. LSX 5 homo Brunellum] trsp. LO 6 terminus[2]] om. O 7 illo] LO om. A coniungebatur] LO con- om. A 8 minori] minore L 10 maiori] maiore L 11 dicto] om. O coniungebantur] -batur L con- om. O 13 Similiter] LOX scilicet A quod] LO quia A 16 Brunellum[2]] Brunellus L 20 equum] est add. s. del. O videns[1]] homo L homo] videns L omnem] om. O asinum] LO equum A 22 Igitur] O om. AL 23 esset] erit LO conclusio] LO om. A 25 est] om. O

gistische Mittelterm weder Subjekt noch Prädikat im größeren Satz sowie weder Teil des Subjekts noch Teil des Prädikats ist und ebenso der größere Außenterm sowie der kleinere Außenterm nicht Subjekt oder Prädikat in den Prämissen ist. Z. B. ist dieser Syllogismus gültig: »Ein Mensch jedes Pferd ist sehend, Brunellus ist ein Pferd, also: Ein Mensch den Brunellus ist sehend«, in diesem Syllogismus ist nämlich der Term »Pferd« der Mittelterm und der Term »Brunellus« ist der kleinere Außenterm, welcher mit jenem Mittelterm im kleineren Satz verknüpft wurde, und der ganze Rest ist der größere Außenterm, nämlich die Zusammensetzung aus den Termen »sehend« und »Mensch«. Die Terme »sehend« und »Mensch« wurden nämlich im größeren Satz mit dem genannten Mittelterm verknüpft, und deswegen wurden sie in der Konklusion mit dem kleineren Außenterm verknüpft; und somit war der Mittelterm nicht Subjekt der größeren Prämisse und auch nicht Prädikat. Ebenso ist klar, daß keiner von den Termen, die »größerer« und »kleinerer Außenterm« heißen, das gesamte Subjekt oder das gesamte Prädikat der Konklusion ist, nämlich des Satzes »Ein Mensch den Brunellus ist sehend«, weil der Ausdruck »den Brunellus« (mit dem Term) auf Prädikatseite verbunden werden muß, obschon er vor der Kopula steht; es ist eben nicht unmöglich, daß ein Teil des Prädikats der Kopula vorangeht.

Damit man das besser begreife, sei folgender Syllogismus in der zweiten Figur (als Beispiel) formuliert: »Kein Pferd sehend ist ein Mensch, jeden Esel sehend ist ein Mensch«, so kann eine zweifache Konklusion gefolgert werden, nämlich die eine »Also: Kein einen Esel Sehendes ist ein ein Pferd Sehendes«, und dann wäre »Mensch« der Mittelterm. Oder man kann die Konklusion folgern: »Also: Kein Esel ist ein Pferd«, und dann wäre der Mittelterm der ganze Ausdruck »sehend ist ein Mensch«. Also liegt es auf der Hand, daß der Mittelterm nicht immer das gesamte Subjekt oder das gesamte Prädikat sein muß, da ja gemäß dieser doppelten Konklusion ein jeweils anderer Mittelterm erscheint.

Ulterius dico, quod omnis terminus distributus in maiore, sub quo accipitur aliquis terminus in minore, debet dici medium syllogisticum, sive ille terminus distributus sit totale subiectum maioris vel totale praedicatum aut pars subiecti aut pars praedicati.

Ulterius dico, quod isti syllogismi, ubi non subsumitur sub totali subiecto, sed sub parte subiecti, non sunt proprie in aliqua trium figurarum, si volumus vocare figuras modo prius dicto. Si tamen volumus primam figuram vocare, quando terminus distributus in maiore est praedicatum minoris, et proportionaliter de aliis figuris, tunc praedicti syllogismi proprie possunt poni in aliqua trium figurarum.

Tunc sit una regula: Ex omni propositione de termino distributo, sive ille terminus distributus sit obliquus sive rectus, una cum alia, in qua sumitur aliquis terminus sub illo termino distributo, est bonus syllogismus, sive ille terminus distributus sit subiectum sive pars subiecti. Verbi gratia, optime sequitur »Cuiuslibet hominis asinus currit, Sortes est homo, ergo Sortis asinus currit«, sicut »Asinus cuiuslibet hominis currit, Sortes est homo, ergo asinus Sortis currit«. Similiter »Quilibet hominis asinus currit, Brunellus est hominis asinus, ergo Brunellus currit«, similiter »Omnem asinum homo videt, Brunellus est asinus, ergo Brunellum homo videt«, similiter »Homo omnem asinum videt, Brunellus est asinus, igitur homo Brunellum videt«. Similiter negative »Nullius hominis asinus currit, Sortes est homo, ergo Sortis asinus non currit«, similiter »Nullus

8 prius] Cf. Cap. IV.7, secundam suppositionem.

1 in] LO om. A maiore] L maiori AO 2 minore] minori O 4 praedicatum] minoris add. L 5 pars] om. L 6 sub] LO om. A 9 dicto] dictas LO volumus] LO velimus? A quando] LOX *lectio incerta* A 10 in] LO om. A maiore] maiori O propositione add. LO praedicatum] medium O mai- add. s. del. A et…figuris] A om. LOPSX 11 tunc] tamen *ante corr. i.m.* O 12 trium] praedictarum L figurarum] praedictarum add. O 13 una] om. LO de] ex O 16 bonus syllogismus] LO bona consequentia A distributus] LOX om. A 17 optime] om. LO 19 sicut] LPX similiter O sicut…currit] LOPX om. AS 20 asinus Sortis] Z trsp. LOPX hominis asinus] AS trsp. LOPX *signa correctio-*

Weiters sage ich: Jeder in der größeren Prämisse verteilte Term, unter den ein Term in der kleineren Prämisse untergeordnet wird, muß als syllogistischer Mittelterm angesprochen werden, ob nun dieser verteilte Term das gesamte Subjekt der größeren Prämisse oder das gesamte Prädikat oder ein Teil des Subjekts oder ein Teil des Prädikats ist.

Weiters sage ich: Diejenigen Syllogismen, in denen nicht unter das gesamte Subjekt untergeordnet wird, sondern unter einen Teil des Subjekts, sind nicht im eigentlichen Sinne in einer der drei Figuren, wenn wir den Ausdruck »Figuren« im früher genannten Sinne verwenden wollen. Wenn wir jedoch dann von der ersten Figur sprechen wollen, wenn der in der größeren Prämisse verteilte Term das Prädikat der kleineren Prämisse ist, und entsprechend bezüglich der anderen Figuren, dann können die vorgenannten Syllogismen im eigentlichen Sinne einer der drei Figuren zugehören.

Sodann laute eine Regel: Aus jedem Satz mit einem verteilten Term, ob nun dieser verteilte Term ein schiefer oder ein gerader Term sei, zusammen mit einem anderen Satz, in dem ein Term unter diesen verteilten Term untergeordnet wird, liegt ein gültiger Syllogismus vor, ob nun der verteilte Term Subjekt oder Teil des Subjekts ist. Z. B. folgt bestens »Von einem jeden Menschen (ein) Esel läuft, Sokrates ist ein Mensch, also läuft von Sokrates ein Esel«, wie auch »Ein Esel eines jeden Menschen läuft, Sokrates ist ein Mensch, also läuft ein Esel des Sokrates«. Ebenso »Jeder eines Menschen Esel läuft, Brunellus ist eines Menschen Esel, also läuft Brunellus«, ebenso »Jeden Esel ein Mensch sieht, Brunellus ist ein Esel, also sieht den Brunellus ein Mensch«, ebenso »Ein Mensch jeden Esel sieht, Brunellus ist ein Esel, also sieht ein Mensch den Brunellus«. Ebenso auf verneinende Weise »Von keinem Menschen (ein) Esel läuft, Sokrates ist ein Mensch, also: Von Sokrates ein Esel läuft nicht«, ebenso »Kein Esel eines Menschen läuft, Brunellus ist ein Esel eines Menschen, also läuft

nis add. S 21 hominis asinus] A trsp. LOSX hominis om. P asinus[2]] hominis add. A 23 similiter…videt] O om. ALPSX 24 homo Brunellum] Z trsp. O

asinus hominis currit, Brunellus est asinus hominis, ergo Brunellus non currit«. Omnes isti syllogismi tenent et regulantur per dici de omni vel per dici de nullo seu per ista duo principia prius posita, per quae dicebantur teneri syllogismi affirmativi et negativi.

Ex ista regula patet, quomodo debet argui ex istis »Omnis propositio vel eius contradictoria est vera«, »Omne animal et differens ab illo sunt duo animalia«, »Cuiuslibet contradictionis altera pars est vera«, et sic de consimilibus.

Cap. IV.9 ⟨Capitulum nonum de syllogismis ex propositionibus hypotheticis relativis⟩

Ad videndum autem, qualiter sit syllogizandum ex propositionibus hypotheticis relativis, sit prima regula: Ex propositione relativa hypothetica de termino distributivo alicuius praedicamenti in prima eius categorica et relativo in secunda eius categorica una cum una, in qua sumitur sub illo distributivo aliquid respectu eius, quod ei attribuebatur, potest concludi illud, quod relativo attribuitur. Verbi gratia »Quicquid emisti, illud comedisti, crudum emisti, ergo crudum comedisti«, similiter »Quantumcumque tu vides, tantum ego video, bicubitum tu L39vb vides, ergo bicubitum ego video«, similiter »Qualiscumque est Sortes, talis est Plato, albus est Sortes, ergo albus est Plato«, similiter »Quandocumque fuit Sortes, tunc fuit Plato, sed heri

4 prius] Cf. Cap. IV.7, tertiam et quartam suppositionem.

1 asinus hominis[2]] trsp. L 2 regulantur] regulative L 3 omni] s- add. s. del. O vel] et L per[2]] om. LO dici[2]] om. O nullo] Sequitur ergo add. L etc. add. PX seu…negativi] AO om. LPSX 4 teneri] O om. A 6 Ex…consimilibus] AOS om. LPX quomodo] A qualiter OS ex istis] AO om. S 7 vera] similiter add. S et] OS est A 8 illo] AO eo S animalia] similiter add. S 9 sic] AS om. O de] AS ex O multis add. S consimilibus] etc. add. S 12 autem] LX om. AO ex] LOX in A 13 regula] LOX regulam! A 14 hypothetica] om. L de termino] X de ALOPS et E50r distributivo] A distributiva E50rO distributo? L distributo PSX hypothetica add. L praedicamenti] E50rO praedicati ALPSX 15 et] eius add.

Brunellus nicht«. – Alle diese Syllogismen sind gültig und werden geregelt durch die Aussage über jedes oder durch die Aussage über keines bzw. durch die zwei früher angeführten Prinzipien, von denen es hieß, daß aufgrund von ihnen die bejahenden und die verneinenden Syllogismen gültig sind.

Aus dieser Regel erhellt, wie man aus den folgenden Sätzen argumentieren muß: »Jeder Satz oder sein kontradiktorischer Satz ist wahr«, »Jedes Lebewesen und ein von diesem verschiedenes sind zwei Lebewesen«, »Von einem jeden Widerspruch der eine Teil ist wahr«, usw. für ähnliche (Sätze).

Kapitel IV.9:
Die Syllogismen aus relativen hypothetischen Sätzen

Zur Erläuterung aber, wie man aus relativen hypothetischen Sätzen syllogisieren muß, laute die erste Regel: Aus einem relativen hypothetischen Satz mit einem Term, der über irgendein Prädikament (Kategorie) verteilt, in seinem ersten kategorischen Satz und einem Relativ in seinem zweiten kategorischen Satz zusammen mit einem Satz, in dem etwas unter jenen verteilenden Term untergeordnet wird, und zwar hinsichtlich dessen, was diesem zugeschrieben wurde, kann man das schließen, was dem Relativ zugeschrieben wird. Z. B. »Alles, was du (an Lebensmitteln) gekauft hast, das hast du gegessen; Rohes hast du gekauft; also hast du Rohes gegessen«, ebenso »Ein wie großes Ding immer du siehst, ein so großes Ding sehe ich; ein zwei Ellen langes Ding siehst du; also sehe ich ein zwei Ellen langes Ding«, ebenso »Wie beschaffen immer Sokrates ist, so beschaffen ist Platon; weiß ist Sokrates; also: Weiß ist Platon«, ebenso »Wann immer Sokrates war,

LO relativo] relativa? O eius[2]] om. LO 16 una[2]] alia L qua] quo L distributivo] distributo LO 17 eius] cuius O ei] omni? O 18 attribuitur] A attribuebatur LOPSX illud] LO om. A 20 tu[1]] LO om. A 21 vides] tantum add. L Qualiscumque] qualiter- O est] sit? *ante corr.* L 23 Quandocumque] quacumque! L sed] LO om. A

fuit Sortes, ergo heri fuit Plato«, similiter »Ubicumque est Sortes, ibi est Plato, in scholis est Sortes, ergo in scholis est Plato«.

Secunda regula: In tali modo arguendi, scilicet per distributiva praedicamentorum et eorum relativa, non licet sub distributivo unius praedicamenti sumere terminum alterius praedicamenti, praeterquam sub distributivo praedicamenti substantiae, sub illo enim possunt sumi termini aliorum praedicamentorum, nisi tunc ampliatio impediat. Verbi gratia, qualiter A41rb ampliatio impedit, non enim sequitur »Quicquid tu vidisti, hoc modo vides, album tu vidisti, ergo album modo vides«, posito O41ra enim, quod heri vidisses Sortem album, qui modo est niger, et adhuc modo eum videres, praemissae essent verae et conclusio falsa. Similiter non sequitur »Quicquid mihi dedisti, hoc habeo, bovem macrum mihi dedisti, ergo bovem macrum habeo«, posito enim, quod ante mensem mihi dedisses bovem macrum, qui modo impinguatus est, et quod nullum alium bovem haberem quam illum, praemissae essent verae et conclusio falsa. Similiter non sequitur »Quicquid emi a te, est in cellario meo, vinum dulce emi a te, ergo vinum dulce est in cellario meo«, posito enim, quod illud vinum, quod ante mensem emi a te, fuisset dulce et modo esset vinum acetosum, praemissae essent verae conclusione existente falsa. Quando tamen non est ampliatio, bene valet, bene enim sequitur »Quicquid tu mihi das,

2 in scholis[1]] hic LO in scholis[2]] hic LO 4 Secunda regula] A om. LOPSX tali] enim add. LPSX modo] LOPSX medio A scilicet] om. O distributiva] LOS disiunctiva! A distributa P distributionem X 5 praedicamentorum] praedicamentarum! L 6 sumere] AOPSX contineri L 7 praeterquam] ASX quam LOP distributivo] distributo L 10 sequitur] del. O posito quod Sor heri vidisses? album qui modo esset niger add. s. del. O tu] om. O hoc] O om. AL 11 tu] L om. AO 12 quod] Sor add. O Sortem] om. O est] LPX esset AO sit S 13 modo] om. LO eum] ipsum L videres] videns O 16 enim] LO om. A mensem] LO om. A macrum] qui tunc fuisset macer LO 17 qui] et LO impinguatus] inpigratus O est] sit L om. O quod] LO om. A alium] om. O 18 et conclusio] conclusio autem O 19 non sequitur] om. L cellario meo] E50vSX cavea mea A canna mea O cellario LP 20 a te] om. O cellario meo] E50vLPSX cavea mea A canna mea O 21 posito] ALPSX om. O enim] LPS om.

dann war Platon; aber gestern war Sokrates; also: Gestern war Platon«, ebenso »Wo immer Sokrates ist, dort ist Platon; in den Schulen ist Sokrates; also: In den Schulen ist Platon«.

Regel 2: In einer solchen Argumentationsweise, nämlich mittels Termen, die über Prädikamente verteilen, und ihren Relativen, ist es nicht zulässig, unter einen Term, der über ein Prädikament verteilt, einen Term eines anderen Prädikaments unterzuordnen, außer unter einen Term, der über das Prädikament der Substanz verteilt, unter einen solchen können nämlich die Terme der anderen Prädikamente untergeordnet werden, wofern nicht eine Erweiterung dies verhindert. Ein Beispiel dafür, wie eine Erweiterung hindert: Es folgt nämlich nicht »Alles, was du gesehen hast, das siehst du jetzt; ein weißes Ding hast du gesehen; also siehst du jetzt ein weißes Ding«, gesetzt nämlich, daß du gestern den weißen Sokrates gesehen hättest, der jetzt schwarz ist, und du ihn jetzt noch immer sähest, so wären die Prämissen wahr und die Konklusion falsch. Ebenso folgt nicht »Alles, was du mir gegeben hast, das habe ich; ein mageres Rind hast du mir gegeben; also habe ich ein mageres Rind«, gesetzt nämlich, daß du mir vor einem Monat ein mageres Rind gegeben hättest, das inzwischen Fett angelegt hat, und daß ich kein anderes Rind hätte als dieses, so wären die Prämissen wahr und die Konklusion falsch. Ebenso folgt nicht »Alles, was ich von dir gekauft habe, ist in meinem Keller; süßen Wein habe ich von dir gekauft; also ist süßer Wein in meinem Keller«, gesetzt nämlich, daß der Wein, den ich vor einem Monat von dir gekauft habe, süß gewesen wäre und jetzt ein Essig wäre, so wären die Prämissen wahr und die Konklusion falsch. – Wenn jedoch keine Erweiterung vorliegt, gilt (die Regel) sehr wohl, es folgt nämlich sehr wohl »Alles,

AOX quod[1]...falsa] ASX etc. LP om. O a te] AS om. X 22 dulce] ASX quando emi a te add. SX vinum] A om. SX acetosum] ASX tunc add. X essent] SX possunt esse A 23 conclusione existente] A et conclusio (esset S om. X) SX 24 bene valet] LPSX om. A bene tenet O enim] om. LO sequitur] b- add. s. del. O tu] LO om. A mihi das] A vides LOPSX

hoc habeo, sed bovem macrum tu mihi das, ergo bovem macrum habeo«, et sic de similibus. Similiter, si ampliatio amovetur per additionem huius orationis *quod est*, iterum bene sequitur »Quicquid est, quod heri tu vidisti, hoc modo vides, sed album est, quod tu vidisti, ergo album est, quod tu modo vides«.

Ratio autem, quare sub distributivo praedicamenti substantiae possunt sumi termini aliorum praedicamentorum et sub distributivis aliorum praedicamentorum non licet sumere terminos de aliis praedicamentis, est ista, quia illud relativum substantiae *illud* designat identitatem simpliciter, relativa autem aliorum praedicamentorum, scilicet *talis*, *tantus*, etc., non significant identitatem simpliciter, sed solum similitudinem vel aequalitatem vel aliquid huiusmodi. Et propositio affirmativa, per quam sumitur sub distributivo substantiae, designat etiam identitatem simpliciter eius, pro quo supponit subiectum, ad illud, pro quo supponit praedicatum, de quocumque praedicamento sint termini. Propter hoc autem, quod sub distributivo aliorum praedicamentorum a praedicamento substantiae non licet sumere terminos aliorum praedicamentorum, ille syllogismus non valet »Qualecumque currit, tale

1 hoc habeo] A (hoc OPS om. L) Plato videt LOPS ego video X sed] LO om. A bovem macrum[1]] A album LOPSX tu] LO om. A mihi das] A vides LOPSX bovem[2]...habeo] A etc. LPS album videt Plato O album ego video X 2 et... similibus] om. LO Similiter] omni? add. s. del. O amovetur] ammoveretur LO 3 additionem] om. LO huius orationis] ly L om. O est] LOPSX om. A iterum] om. O bene] enim add. A sequitur] sequeretur L bene enim sequitur add. O 4 heri] om. LO tu] LO om. A hoc] O om. AL 5 album[1]] f- add. s. del. A est quod[1]] AOPSX om. L tu[1]] om. O est quod[2]] LPSX om. A om. s. add. i.m. O tu[2]] LP om. AOSX 7 quare] LO quaris! A quia *ante corr.* O praedicamenti] L om. AO substantiae] in substantiae add. A 9 distributivis] distributivo L distributivos! O praedicamentorum] LO om. A 10 de...praedicamentis] LOPS aliorum AX ista] LO om. A 11 illud] ALPS om. OX designat] significat O simpliciter] AOPSX om. L 12 praedicamentorum] LO om. A scilicet] sicut (sunt L om. O) ista LO talis] LOPSX qualis A et add. LO tantus] LOPSX quantus A 13 simpliciter] sicut relativum substantiae add. L 14 aliquid] LO aliquod A 15 per] om. O 16 etiam] LO et A eius] cuius O pro] per! L

was du mir gibst, das habe ich, aber ein mageres Rind gibst du mir, also habe ich ein mageres Rind«, usw. für ähnliche (Beispiele). Ebenso: Wenn die Erweiterung durch die Hinzufügung der Ausdrucksfolge »was ist« beseitigt wird, folgt wiederum sehr wohl »Wie immer beschaffen das ist, was du gestern gesehen hast, das siehst du jetzt, aber weiß ist das, was du gesehen hast, also ist das weiß, was du jetzt siehst«.

Der Grund dafür aber, weshalb unter einen Term, der über das Prädikament der Substanz verteilt, Terme der anderen Prädikamente untergeordnet werden können, aber unter die Terme, die über die anderen (nämlich akzidentellen) Prädikamente verteilen, keine Terme aus anderen Prädikamenten untergeordnet werden dürfen, ist folgender: Das Relativ der Substanz »jenes (es)« bezeichnet eine unbedingte Identität, die Relative der anderen Prädikamente hingegen, nämlich »so beschaffen«, »so groß« usw., bezeichnen keine unbedingte Identität, sondern nur eine Ähnlichkeit oder Gleichheit oder etwas dergleichen. Und ein bejahender Satz, mit dem eine Unterordnung unter einen Term, der über die Substanz (-Kategorie) verteilt, erfolgt, bezeichnet ebenfalls eine unbedingte Identität von dem, wofür das Subjekt supponiert, mit dem, wofür das Prädikat supponiert, aus welchem Prädikament auch immer die Terme sein mögen. Aus dem Grund aber, daß unter einen Term, der über andere Prädikamente als das Prädikament der Substanz verteilt, keine Terme aus anderen Prädikamenten untergeordnet werden dürfen, ist der folgende Syllogismus nicht gültig: »Ein wie immer beschaffenes Ding läuft, ein so beschaffenes Ding disputiert; ein zwei Ellen langes Ding läuft; also disputiert ein zwei Ellen langes Ding«, hier

17 de] alio add. A   19 distributivo] AO distributo E50vLS distributione PX   a] AE50vLOPX et S distributivo de add. A distributo add. EL distributivo add. O distributione add. PSX *Has additiones delendas esse vel dicendum esse* »alio a distributivo praedicamenti substantiae« *censet* Z   praedicamento] AE50v praedicamenti LOPSX   21 ille] isti L   syllogismus] syllogismi L similiter O non] om. L   valet] valent LO

disputat, bicubitum currit, ergo bicubitum disputat«, hic enim mutatur quale in quantum, nec iste syllogismus »Quantumcumque Sortes videt, tantum Plato videt, sed album Sortes videt, ergo album Plato videt«, posito enim, quod illud, quod Sortes videt, sit bicubitum et sit album, et illud, quod Plato videt, sit bicubitum et sit nigrum, tunc praemissae sunt verae et conclusio falsa. Et sic in isto syllogismo mutatur quantum in quale, id est, sub distributivo praedicamenti quantitatis sumitur terminus de praedicamento qualitatis.

Cap. IV.10 ⟨Capitulum decimum de syllogismis medio variato penes finitum et infinitum⟩

Ad videndum autem, qualiter sit syllogizandum medio variato penes finitum et infinitum, sit prima regula: Nisi ampliatio impediat modum arguendi in prima figura valet syllogismus ex ambabus affirmativis ad concludendum conclusionem negativam universalem vel particularem, directam vel indirectam, secundum modum loquendi consuetum vel secundum modum loquendi inconsuetum, variato medio penes finitum et infinitum et hoc obtento, quod medium in una praemissarum distribuatur. Verbi gratia, bene enim sequitur »Omne animal est substantia, omnis lapis est non animal, ergo omnis lapis substantia non est«, patet, quia ex opposito conclusionis contradictorio et ex maiore sequitur oppositum minoris. Oppositum

1 bicubitum disputat] LO etc. A hic] ibi O 2 quale] quali O quid! add. L iste] valent add. O syllogismus] L om. AO Quantumcumque] LPSX quantum A quamcumque O 3 sed] om. LO 4 album Plato] trsp. L 5 et¹] om. O sit²] L om. AO 6 et] om. O sit²] om. LO tunc] L om. AO 7 Et sic] L similiter A et fit O mutatur] mutatio O quantum] quanti O 8 id est] et hoc L est? add. L distributivo] distributo L quantitatis] LOSX qualitatis AP 9 de praedicamento] praedicamenti L qualitatis] ALOPX quantitatis S Sequitur ergo etc. add. L 12 autem] om. O 13 sit] om. O 14 modum] LPX om. AO medium S loquendi add. L arguendi] LPSX om. AO prima] LPSX omni AO 17 secundum²…loquendi] om. O 18 et] vel L 19 obtento] om. L distribuatur] distribuebatur L distribuitur O 20 enim] om. O 23 et] L om. AO ex] om. L

wird nämlich etwas qualitativ Bestimmtes in etwas quantitativ Bestimmtes verändert. Und auch der folgende Syllogismus (ist nicht gültig): »Wieviel auch immer Sokrates sieht, soviel sieht Platon, aber ein weißes Ding sieht Sokrates, also sieht Platon ein weißes Ding«, gesetzt nämlich, daß das, was Sokrates sieht, zwei Ellen lang sei und weiß sei, und das, was Platon sieht, zwei Ellen lang sei und schwarz sei, dann sind die Prämissen wahr und die Konklusion (ist) falsch. Und so wird in diesem Syllogismus etwas quantitativ Bestimmtes in etwas qualitativ Bestimmtes verändert, d. h., unter einen Term, der über das Prädikament der Quantität verteilt, wird ein Term aus dem Prädikament der Qualität untergeordnet.

Kapitel IV.10: *Die Syllogismen mit einem Mittelterm, der hinsichtlich der Begrenztheit und der Unbegrenztheit verändert ist*

Zur Erläuterung aber, wie man bei einer Veränderung des Mittelterms hinsichtlich der Begrenztheit und der Unbegrenztheit syllogisieren muß, laute die erste Regel: Wofern nicht eine Erweiterung die Argumentationsweise in der ersten Figur verhindert, ist ein Syllogismus aus zwei bejahenden Prämissen geeignet zum Schluß auf eine verneinende universale oder partikuläre, direkte oder indirekte Konklusion – gemäß dem üblichen Sinne (einer Verneinung) oder (auch) gemäß dem unüblichen Sinne –, wenn der Mittelterm hinsichtlich der Begrenztheit und der Unbegrenztheit verändert wird und die Bedingung erfüllt ist, daß der Mittelterm in einer der Prämissen verteilt wird. Z. B. folgt nämlich sehr wohl »Jedes Lebewesen ist eine Substanz, jeder Stein ist ein Nicht-Lebewesen, also: Jeder Stein eine Substanz nicht ist«; das ist klar, weil aus dem kontradiktorischen Gegensatz der Konklusion und aus der größeren Prämisse der Gegensatz der kleineren Prämisse folgt.

enim contradictorium conclusionis est »Quidam lapis omnis substantia est«, ad quam sequitur per conversionem »Omnis substantia est lapis«, tunc sic »Omnis substantia est lapis, omne animal est substantia, ergo omne animal est lapis«, ad quam sequitur per conversionem »Quidam lapis est animal«, quae repugnat isti »Omnis lapis est non animal«, quae erat minor. Dico etiam, quod in praedicto syllogismo poterat concludi conclusio indirecta, scilicet »Quaedam substantia non est lapis«, patet iterum, quia ex opposito contradictorio illius et maiore posset inferri oppositum minoris, sicut prius.

O41rb Similiter in secunda figura est bonus syllogismus »Omne
A41va animal est substantia, omnis albedo est non substantia, ergo nulla albedo est animal«, patet, quia ad istam minorem »Omnis albedo est non substantia« sequitur haec »Nulla albedo est substantia«, et tunc est syllogismus bonus sine variatione medii penes finitum et infinitum.

Similiter in tertia figura est bonus syllogismus »Omne accidens est ens, omne non accidens est substantia, ergo quaedam substantia ens non est«, patet, quia contradictorium conclusionis est »Omnis substantia omne ens est«, ad quam sequitur »Omne ens est omnis substantia«, tunc sic »Omne ens est omnis substantia, omne accidens est ens, ergo omne accidens est omnis substantia«. Ecce, qualiter ex opposito conclusionis cum maiore infertur ista »Omne accidens est omnis substantia«, quae repugnat primae minori, scilicet »Omne non accidens est substantia«.

1 lapis] est substantia add. s. del. O **2** ad…lapis[1]] LO om. A **4** omne[2]…lapis] etc. LO **7** Dico] dicit O in praedicto] LO indirecte A **10** posset] patet! L inferri] LO inferre A **11** in] LO neque! A bonus] bonus add. O **13** patet] LO om. A istam] om. L minorem] si! add. L **14** haec] ergo O **16** et] vel L **18** non] om. s. add. i.m. O est[2]] non add. s. del. O **19** patet] L om. AO **20** est[1]] LO om. A omne] om. O ens est] trsp. O sequitur] quod add. L **21** Omne[1]] LO quaedam! A **25** primae minori] om. L isti O scilicet] om. LO non] LO enim! A

Der kontradiktorische Gegensatz der Konklusion lautet nämlich »Irgendein Stein jede Substanz ist«, aus welchem Satz mittels Umkehrung folgt »Jede Substanz ist ein Stein«, dann (läuft das Argument) so: »Jede Substanz ist ein Stein, jedes Lebewesen ist ein Substanz, also: Jedes Lebewesen ist ein Stein«, aus welch (letzterem Satz) mittels Umkehrung folgt »Irgendein Stein ist ein Lebewesen«, welcher Satz dem Satz »Jeder Stein ist ein Nicht-Lebewesen« widerspricht, welcher die kleinere Prämisse war. – Ich sage auch, daß man im vorgenannten Syllogismus eine indirekte Konklusion schließen konnte, nämlich »Irgendeine Substanz ist nicht ein Stein«; das ist wiederum klar, weil ebenso wie vorher aus dem kontradiktorischen Gegensatz dieser (indirekten Konklusion) und der größeren Prämisse der Gegensatz der kleineren Prämisse gefolgert werden könnte.

Ebenso ist in der zweiten Figur (der folgende) ein gültiger Syllogismus: »Jedes Lebewesen ist eine Substanz, jede Weiße ist eine Nicht-Substanz, also ist keine Weiße ein Lebewesen«. Das ist klar, weil aus der kleineren Prämisse »Jede Weiße ist eine Nicht-Substanz« der Satz »Keine Weiße ist eine Substanz« folgt, und dann liegt ohne Veränderung des Mittelterms hinsichtlich der Begrenztheit und der Unbegrenztheit ein gültiger Syllogismus vor.

Ebenso ist in der dritten Figur (der folgende) ein gültiger Syllogismus: »Jedes Akzidens ist ein Seiendes, jedes Nicht-Akzidens ist eine Substanz, also: Irgendeine Substanz ein Seiendes nicht ist«. Das ist klar, weil der kontradiktorische Gegensatz der Konklusion lautet »Jede Substanz jedes Seiende ist«, aus welchem (Satz) folgt »Jedes Seiende ist jede Substanz«, dann (läuft das Argument) so: »Jedes Seiende ist jede Substanz, jedes Akzidens ist ein Seiendes, also: Jedes Akzidens ist jede Substanz«. Siehe, wie aus dem Gegensatz der Konklusion mitsamt der größeren Prämisse der Satz »Jedes Akzidens ist jede Substanz« gefolgert wird, welcher im Widerspruch steht zur ersten kleineren Prämisse, nämlich »Jedes Nicht-Akzidens ist eine Substanz«.

Secunda regula: In omni figura ex ambabus negativis variato medio penes finitum et infinitum valet syllogismus ad concludendum conclusionem negativam universalem vel particularem, directam vel indirectam, vel unam de modo loquendi consueto vel inconsueto pro tanto, quod saltem in una praemissarum medium distribuatur. Patet primo in prima figura, nam bonus est syllogismus »Nullum animal est lapis, nullus homo est non animal, ergo nullus homo est lapis«, quia ex opposito conclusionis cum maiore sequitur oppositum minoris sic »Nullum animal est lapis, quidam homo est lapis, ergo quidam
L40ra homo non est animal«, quae repugnat isti »Nullus homo est non animal«. Supposito enim, quod aliquis homo sit, sequitur »Nullus homo est non animal, ergo omnis homo est animal«, quae contradicit isti »Quidam homo non est animal«. Similiter bene sequitur »Nullum non animal est homo, lapis est non animal, ergo lapis non est homo«. Isto enim modo arguendi saepe utitur, saepe enim arguimus »Quod non est animal, non est homo, lapis non est animal, ergo lapis non est homo«, qui modus arguendi non valet de forma, sed maior intelligitur sumi universaliter, et sic valet istam »Nullum non animal est homo«.

Similiter in secunda figura ille syllogismus est bonus »Nullus lapis est animal, nullus homo est non animal, ergo nullus homo est lapis«, si enim convertatur maior, redibit prima figura.

Similiter in tertia figura ille est bonus syllogismus »Nullum animal est lapis, nullum non animal est homo, ergo nullus

3 negativam] vel add. LO vel] LO om. A particularem] vel add. LO 4 unam] LOPSX indefinitam A 5 vel] unam de modo loquendi add. L pro tanto] LPSX optento A contento O 6 distribuatur] SX distribuitur ALOP primo] om. O nam add. L nam] om. L nam…syllogismus] om. O 8 animal] LO lapis A 9 cum] et LO 10 est lapis[2]] non est animal L 11 animal] lapis L quae] LO qui A 12 enim] om. LO sequitur] enim add. L 13 est non] trsp. L 14 quae] cui LO isti] ista LO Similiter…homo] om. O 15 est non] trsp. L 16 enim] om. L arguendi] L arguendo A 19 sed] nisi L intelligitur] intelligatur L sumi] om. L 20 et] si add. L 22 ille] om. O 23 est[1]] om. O 24 si…figura] om. O convertatur] convertitur L maior] d- add. s. del. A 25 figura… syllogismus] om. O ille] L om. A 26 nullus…lapis] LOX etc. A

Regel 2: In jeder Figur aus zwei verneinenden Prämissen mit einem Mittelterm, der hinsichtlich der Begrenztheit und der Unbegrenztheit verändert ist, ist ein Syllogismus geeignet zum Schluß auf eine verneinende universale oder partikuläre, direkte oder indirekte Konklusion oder auf eine (verneinende Konklusion) im üblichen oder im unüblichen Sinne, sofern zumindest in einer der Prämissen der Mittelterm verteilt wird. Das ist klar, und zwar erstens in der ersten Figur, denn folgender Syllogismus ist gültig: »Kein Lebewesen ist ein Stein, kein Mensch ist ein Nicht-Lebewesen, also ist kein Mensch ein Stein«, weil aus dem Gegensatz der Konklusion mitsamt der größeren Prämisse der Gegensatz der kleineren Prämisse folgt, und zwar so: »Kein Lebewesen ist ein Stein, irgendein Mensch ist ein Stein, also: Irgendein Mensch ist kein Lebewesen«, welch (letzterer Satz) dem Satz »Kein Mensch ist ein Nicht-Lebewesen« widerspricht. Vorausgesetzt nämlich, daß es einen Menschen gibt, folgt »Kein Mensch ist ein Nicht-Lebewesen, also ist jeder Mensch ein Lebewesen«, welch (letzterer Satz) dem Satz »Irgendein Mensch ist kein Lebewesen« widerspricht. – Ebenso folgt sehr wohl »Kein Nicht-Lebewesen ist ein Mensch, ein Stein ist ein Nicht-Lebewesen, also ist ein Stein kein Mensch«. Diese Argumentationsweise wird nämlich oft verwendet, oft argumentieren wir nämlich »Was kein Lebewesen ist, ist kein Mensch; ein Stein ist kein Lebewesen; also ist ein Stein kein Mensch«, welche Argumentationsweise nicht aufgrund der Form gültig ist, sondern die größere Prämisse wird im universalen Sinne verstanden, und so ist sie gleichwertig mit »Kein Nicht-Lebewesen ist ein Mensch«.

Ebenso ist in der zweiten Figur der folgende Syllogismus gültig: »Kein Stein ist ein Lebewesen, kein Mensch ist ein Nicht-Lebewesen, also ist kein Mensch ein Stein«. Wenn nämlich die größere Prämisse umgekehrt wird, wird sich die erste Figur einstellen.

Ebenso ist in der dritten Figur der folgende ein gültiger Syllogismus: »Kein Lebewesen ist ein Stein, kein Nicht-Lebewesen ist ein Mensch, also ist kein Mensch ein Stein« – man

homo est lapis«, convertatur minor et redibit prima figura, scilicet »Nullum animal est lapis, nullus homo est non animal, ergo nullus homo est lapis«.

Rationes istarum duarum regularum possunt assignari, et ratio primae regulae est, nam pro quocumque supponit terminus finitus, pro eo non supponit terminus infinitus, et pro quocumque non supponit terminus finitus, pro eo supponit terminus infinitus, et e converso. Ergo necesse est ea dici non eadem, quibus affirmative coniungitur terminus finitus et infinitus. Propter quod ex affirmativis in praedicta dispositione potest sequi negativa, et quando dicitur »Ex affirmativa non sequitur nisi affirmativa«, intelligitur, dum medium non sit variatum penes finitum et infinitum.

Ratio autem secundae regulae est, quia vel uterque terminorum, per quos coniunguntur negative terminus finitus et terminus infinitus, supponit pro aliquo, vel unus eorum supponit pro aliquo et alter pro nullo. Si aliquis eorum pro nullo supponit, tunc manifestum est, quod conclusio negativa erit vera. Si autem uterque eorum supponit pro aliquo, tunc impossibile est, A41vb quod pro eodem negentur terminus finitus et terminus infinitus, ergo necesse est eos supponere pro diversis. Et sic adhuc patet, quod conclusio negativa erit vera.

1 convertatur…lapis] om. O et] enim? L 2 scilicet] si L 3 nullus…lapis] X etc. ALPS Similiter add. L 4 Rationes] L ratione A Rationes…infinitum] om. O possunt] L posset A assignari] L as- om. A et] prima add. L 5 ratio] L propositionis A regulae] L rationis A est] L om. A 6 pro[1]] illo add. s. del. A eo] illo L 7 finitus] infinitus L eo] illo L 8 infinitus] finitus L et…converso] om. L ea] ista L 9 eadem] L eodem modo A quibus] L terminus A 10 infinitus] et add. A affirmativis] una affirmativa L 12 sit variatum] variatur L 13 et] vel L 14 Ratio] LO variatio! A autem secundae] om. O est] om. O vel] LO verbum! A 15 coniunguntur] coniungitur L et…infinitus] om. O terminus[2]] L om. A 16 eorum] LO om. A 17 alter] reliquus LO eorum] LO istorum A supponit] om. O 18 manifestum…quod] om. O erit] est O Si] LO seu A 19 autem] om. O eorum] L istorum A om. O supponit] LO supponat A 20 terminus[2]] L om. AO 21 eos] L eis A om. O Et…vera] om. O 22 patet quod] om. L vera] LPSX affirmativa A Sequitur ergo de syllogismis ex propositionibus modalibus add. L

kehre die kleinere Prämisse um und es wird sich die erste Figur einstellen, nämlich »Kein Lebewesen ist ein Stein, kein Mensch ist ein Nicht-Lebewesen, also ist kein Mensch ein Stein«.

Die Gründe für diese zwei Regeln kann man angeben, und zwar lautet der Grund für die erste Regel: Wofür auch immer ein begrenzter Term supponiert, dafür supponiert der unbegrenzte Term nicht, und wofür auch immer ein begrenzter Term nicht supponiert, dafür supponiert der unbegrenzte Term, und umgekehrt. Also ist es notwendig, daß diejenigen (Ausdrücke) nicht identisch sind[129], mit welchen ein begrenzter und ein unbegrenzter Term bejahend verknüpft werden. Deswegen kann aus bejahenden Sätzen mit der vorgenannten Beschaffenheit ein verneinender Satz folgen, und wenn es heißt »Aus einem bejahenden Satz folgt nur ein bejahender Satz«, so meint man: Wofern der Mittelterm nicht hinsichtlich der Begrenztheit und der Unbegrenztheit verändert ist.

Der Grund für die zweite Regel aber lautet: Entweder supponieren beide Terme, durch die ein begrenzter Term und ein unbegrenzter Term verneinend verknüpft werden, für etwas, oder der eine von ihnen supponiert für etwas und der andere für nichts. Wenn einer von ihnen für nichts supponiert, dann liegt es auf der Hand, daß die verneinende Konklusion wahr sein wird. Wenn aber beide von ihnen für etwas supponieren, dann ist es unmöglich, daß der begrenzte Term und der unbegrenzte Term hinsichtlich desselben verneint werden, also ist es notwendig, daß sie für verschiedene Dinge supponieren. Und so ist es auch in diesem Fall klar, daß die verneinende Konklusion wahr sein wird.

Cap. IV.11 ⟨Capitulum undecimum de syllogismis ex ambabus modalibus⟩

Postquam visum est de syllogismis ex propositionibus de inesse, dicendum est modo de syllogismis ex ambabus propositionibus modalibus, et sequitur de syllogismis ex una modali et alia de inesse. Et sit prima regula: Tam maiore quam minore existente de possibili non oportet conclusionem esse possibilem. Verbi gratia »Omne currens esse hominem est possibile, omnem asinum esse currentem est possibile, ergo omnem asinum esse hominem est possibile«, patet praemissas esse veras et conclusionem falsam, posito enim, quod nihil curreret nisi homo, haec esset vera »Omne currens est homo«, sed possibile est, quod nihil currat nisi homo, ergo verum est, quod omne currens esse hominem est possibile. Et similiter omnem asinum esse currentem est possibile non obstante, quod omne currens sit homo.

Ratio regulae est, quia nulla praemissarum est totale antecedens respectu conclusionis, sed totale antecedens est copulativa composita ex ambabus praemissis. Et quamvis in praedicto syllogismo quaelibet praemissarum fuerit vera, tamen quia ista »Omne currens est homo« est incompossibilis isti »Omnis asinus est currens«, copulativa composita ex ambabus praemissis erat falsa, et ergo non mirum, si conclusio erat falsa.

Secunda regula: Ex ambabus praemissis de contingenti non sequitur conclusio contingens. Patet, nam non sequitur »Omne currens esse hominem est contingens, omnem asinum esse

3 Postquam...inesse] om. O visum] dictum L 4 inesse] etc. Nunc add. L dicendum] Videndum O modo] om. LO syllogismis] aliis L ambabus] om. L propositionibus] LO om. A 5 et[1]...inesse] om. O sequitur] similiter L 6 sit] est O 7 de] om. LO possibilem] LOPS de possibili AX 8 Verbi gratia] ut O currens] currit L omnem] omne O 9 currentem] currit LO 10 patet...et] om. O 11 conclusionem falsam] conclusio falsa O enim] om. O curreret] currit LO 12 haec...homo] om. O esset] est L Omne] L om. A currens] currit L 13 currat] SX curreret A currit LP 14 currens] currit L Et] L om. A Et...falsa[2]] om. O 15 currentem] currit L currens] currit L 17 regulae]

Kapitel IV.11:
Die Syllogismen aus zwei modalen Prämissen

Nach der Untersuchung über die Syllogismen aus assertorischen Sätzen muß jetzt über die Syllogismen aus zwei modalen Sätzen gesprochen werden und danach (Kap. IV.14–16) über die Syllogismen aus einem modalen und einem assertorischen Satz[130]. Und die erste Regel laute: Wenn sowohl die größere als auch die kleinere Prämisse möglich sind, muß die Konklusion nicht (auch) möglich sein. Z. B. »Daß jedes Laufende ein Mensch ist, ist möglich; daß jeder Esel laufend ist, ist möglich; also: Daß jeder Esel ein Mensch ist, ist möglich«, es ist klar, daß die Prämissen wahr sind und die Konklusion falsch ist, gesetzt nämlich, daß nur ein Mensch liefe, so wäre der Satz »Jedes Laufende ist ein Mensch« wahr, aber es ist möglich, daß nur ein Mensch läuft, also ist es wahr, daß *daß jedes Laufende ein Mensch ist* möglich ist. Und ebenso ist *daß jeder Esel laufend ist* möglich, unbeschadet der (angenommenen) Tatsache, daß jedes laufende ein Mensch ist.

Der Grund für die Regel lautet: Keine der Prämissen ist der gesamte Vordersatz in Hinsicht auf die Konklusion, sondern der gesamte Vordersatz ist ein kopulativer Satz, der aus beiden Prämissen zusammengesetzt ist. Und obschon im vorgenannten Syllogismus jede der Prämissen wahr gewesen ist, so war doch der kopulative Satz, der aus beiden Prämissen zusammengesetzt ist, falsch, weil der Satz »Jedes Laufende ist ein Mensch« mit dem Satz »Jeder Esel ist laufend« unvereinbar ist; und somit ist es kein Wunder, wenn die Konklusion falsch war.

Regel 2: Aus zwei Prämissen über Kontingentes folgt nicht eine kontingente Konklusion. Das ist klar, denn es folgt nicht »Daß jedes Laufende ein Mensch ist, ist kontingent; daß jeder

conclusionis L 18 sed] est L copulativa] L copula! A 19 composita] L om. A 21 incompossibilis] L impossibilis A et add. A 22 currens] currit L composita] L om. A 24 Secunda] om. O de contingenti] LPSX contingentibus AO 25 Patet nam] ut O Omne currens] L omnem currentem A omne currit O

currentem est contingens, ergo omnem asinum esse hominem est contingens«, praemissae enim sunt verae et conclusio falsa. Similiter non sequitur »Omne currens esse animal est contingens, omnem hominem esse currentem est contingens, ergo omnem hominem esse animal est contingens«, praemissae enim sunt verae et conclusio falsa, haec enim non est contingens »Omnis homo est animal«, sed est necessaria, necessarium autem non est contingens, necessarium enim est, quod non potest esse falsum, contingens autem est, quod potest esse falsum.

Tertia regula: Ex ambabus praemissis necessariis sequitur conclusio necessaria. Verbi gratia »Omne animal esse substantiam est necesse, omnem hominem esse animal est necesse, ergo omnem hominem esse substantiam est necesse«. Et ratio huius est, quia ambabus praemissis existentibus necessariis copulativa composita ex illis est necessaria, quae quidem copulativa dicitur totale antecedens respectu conclusionis. Sed ex antece-O41va dente necessario non sequitur nisi conclusio necessaria, patet per sextam regulam positam in secundo capitulo huius.

Quarta regula: Ex ambabus praemissis veris sequitur conclusio vera. Patet, quia ex ambabus praemissis veris constituitur copulativa vera, quae dicitur totale antecedens respectu conclusionis, ex vero autem non sequitur nisi verum, iterum ex secundo capitulo huius.

Quinta regula: Non oportet, si praemissae sint scitae, quod conclusio sit scita. Patet, quia non sequitur »Omne animal esse substantiam est scitum a Sorte, omnem hominem esse animal

23 iterum] Cf. Cap. IV.2, sextam regulam.

1 currentem] currit O 2 praemissae…falsa] om. L praemissae…falsum] om. O 3 currens] currit L 5 enim] L om. A 7 Omnis…animal] om. L est[2]] L om. A 8 enim] autem L 9 contingens…falsum] L om. A 12 Verbi gratia] L bene ergo A ut O 13 est[1]] esse O 14 substantiam] animal L Et] om. O huius] om. O 15 quia] ex add. A existentibus] LO existentis! A necessariis] cum add. L 16 illis] eis LO quae] quod L quidem copulativa] om. O 17 totale] esse? O respectu…huius] LOPSX om. A 18 non] LPSX om. O nisi] LPSX om. O necessaria] LPSX vera O patet…huius] LPSX om. O 19 sextam]

Esel läuft, ist kontingent; also: Daß jeder Esel ein Mensch ist, ist kontingent«, die Prämissen sind nämlich wahr und die Konklusion (ist) falsch. Ebenso folgt nicht »Daß jedes Laufende ein Lebewesen ist, ist kontingent; daß jeder Mensch laufend ist, ist kontingent; also: Daß jeder Mensch ein Lebewesen ist, ist kontingent«, die Prämissen sind nämlich wahr und die Konklusion (ist) falsch, der Satz »Jeder Mensch ist ein Lebewesen« ist nämlich nicht kontingent, sondern ist notwendig; ein Notwendiges ist aber nicht kontingent, ein Notwendiges ist nämlich etwas, das nicht falsch sein kann, ein Kontingentes aber ist etwas, das falsch sein kann.

Regel 3: Aus zwei notwendigen Prämissen folgt eine notwendige Konklusion. Z. B. »Daß jedes Lebewesen eine Substanz ist, ist notwendig; daß jeder Mensch ein Lebewesen ist, ist notwendig; also: Daß jeder Mensch eine Substanz ist, ist notwendig«. Und der Grund dafür ist: Wenn beide Prämissen notwendig sind, dann ist der aus diesen zusammengesetzte kopulative Satz notwendig, welcher kopulative Satz eben »gesamter Vordersatz« in Hinsicht auf die Konklusion heißt. Aber aus einem notwendigen Vordersatz folgt nur eine notwendige Konklusion, (wie) durch die sechste Regel erhellt, die im zweiten Kapitel dieses (Traktats) aufgestellt wurde.

Regel 4: Aus zwei wahren Prämissen folgt eine wahre Konklusion. Das ist klar, weil aus zwei wahren Prämissen ein wahrer kopulativer Satz gebildet wird, welcher »gesamter Vordersatz« in Hinsicht auf die Konklusion heißt; aus Wahrem folgt aber nur Wahres, wiederum gemäß (der sechsten Regel in) dem zweiten Kapitel dieses (Traktats).

Regel 5: Wenn die Prämissen gewußt sind, muß die Konklusion nicht gewußt sein. Das ist klar, denn es folgt nicht »Daß jedes Lebewesen eine Substanz ist, ist von Sokrates gewußt; daß jeder Mensch ein Lebewesen ist, ist von Sokrates gewußt;

z unam LPS quintam X 21 Patet] om. O veris] om. O constituitur] LO sequitur A 22 quae...conclusionis] om. O 23 autem] LO enim A non] om. O nisi] om. O iterum] etiam L iterum...huius] om. O 24 huius] L om. A 25 oportet] quod add. AL 26 Patet] om. O Omne] om. O

est scitum a Sorte, ergo omnem hominem esse substantiam est scitum a Sorte«, quia quamvis omne animal esse substantiam sciatur a Sorte et etiam omnem hominem esse animal sciatur a Sorte, tamen Sortes potest non advertere de illa »Omnis homo est substantia« et similiter potest dubitare, an consequentia sit bona, vel saltem potest non advertere, et in illo casu praemissae essent verae et conclusio esset falsa.

Sexta regula: Non oportet, si praemissae sint dubiae, quod conclusio sit dubia. Patet, nam ex praemissis dubiis constituitur una copulativa dubia, quae dicitur totale antecedens respectu conclusionis, modo non oportet, si antecedens sit dubium, quod consequens sit dubium. Ex quo enim propositio A42ra necessaria sequitur ad quodlibet, sicut dicebatur in secundo capitulo huius, possibile est, quod sit aliqua propositio necessaria scita et non dubia, cuius tamen antecedens sit dubium.

Istae sex regulae positae sint quantum ad generationem syllogismorum ex propositionibus modalibus compositis.

Cap. IV.12 ⟨Capitulum duodecimum de generatione syllogismorum ex ambabus modalibus divisis⟩

Restat nunc dicere de generatione syllogismorum ex ambabus modalibus, non tamen compositis, sed divisis. Et est sciendum, quod illud, quod dicetur de propositionibus de possibili et de necessario, intelligendum est de propositionibus habentibus

13 dicebatur] Cf. Cap. IV.2, secundam regulam.

2 quamvis] forte LO omne...tamen] om. O 3 et...Sorte] om. L 4 de illa] illam O 5 et...falsa] om. O 6 vel...advertere] om. L 7 esset] om. L 8 oportet] quod add. LO 9 Patet] om. O ex add. A nam] quia O 10 una copulativa] conclusio O dubia] om. LX totale] L om. AO 11 oportet] quod add. L 12 consequens] conclusio LO dubium] dubia LO unde add. L Ex quo] quia O enim] om. LO 13 quodlibet] igitur add. O sicut...huius] om. O 14 sit] LO om. s. add. s.l. A 15 tamen] om. O sit] O est AL 16 Istae...compositis] om. O sint] L sunt A 17 compositis] Sequitur ergo modo etc. add. L 20 Re-

also: Daß jeder Mensch eine Substanz ist, ist von Sokrates gewußt«, weil wenn auch *daß jedes Lebewesen eine Substanz ist* von Sokrates gewußt wird und auch *daß jeder Mensch ein Lebewesen ist* von Sokrates gewußt wird, so kann Sokrates doch bezüglich des Satzes »Jeder Mensch ist ein Lebewesen« nicht aufmerksam sein und ebenso kann er zweifeln, ob die Folgerung gültig ist, oder zumindest kann er (diesbezüglich) nicht aufmerksam sein; und in diesem Fall wären die Prämissen wahr und die Konklusion wäre falsch.

Regel 6: Wenn die Prämissen zweifelhaft sind, muß die Konklusion nicht zweifelhaft sein. Das ist klar, denn aus zweifelhaften Prämissen wird ein zweifelhafter kopulativer Satz gebildet, der »gesamter Vordersatz« in Hinsicht auf die Konklusion heißt; nun muß es aber nicht der Fall sein, daß der Nachsatz zweifelhaft ist, wenn der Vordersatz zweifelhaft ist. Weil nämlich ein notwendiger Satz aus Beliebigem folgt, wie es im zweiten Kapitel dieses (Traktats, Regel 2) hieß, ist es möglich, daß es einen gewußten und nicht zweifelhaften notwendigen Satz gibt, dessen Vordersatz dennoch zweifelhaft ist.

Diese sechs Regeln seien in bezug auf die Erzeugung von Syllogismen aus zusammengesetzten Modalsätzen aufgestellt.

Kapitel IV.12:
Die Erzeugung von Syllogismen aus zwei geteilten modalen Prämissen

Es steht nun an, über die Erzeugung von Syllogismen aus zwei modalen Prämissen zu sprechen, nunmehr aber nicht aus zusammengesetzten, sondern aus geteilten. Festzuhalten ist, daß das, was über Sätze über Mögliches und über Notwendiges gesagt werden wird, von solchen Sätzen zu verstehen ist,

stat...dicere] om. O 21 non...sed] om. O Et est] om. O est] om. L 22 quod[1]...negatum] om. O dicetur] dicebatur L de[3]] L om. A

L40rb modum affirmatum, quamvis aliquae earum habeant dictum negatum.

Sit ergo prima regula: Ex duabus propositionibus de possibili divisis subiecto non restricto per ly *quod est* in prima figura sequitur conclusio de possibili praeterquam in Celantes, qui concludit indirecte. Patet, nam sequitur »Omne B potest esse A, omne C potest esse B, ergo omne C potest esse A«. Similiter negative proportionaliter potest argui in prima figura, et manifeste tenent syllogismi, si explicite exprimantur praemissae, syllogismi quidem affirmativi per dici de omni, syllogismi autem negativi per dici de nullo. Verbi gratia, si sic dicatur »Omne, quod est vel potest esse B, potest esse A, omne, quod est vel potest esse C, potest esse B, ergo omne quod est vel potest esse C, potest esse A«. Similiter proportionaliter de negativis.

Sed diceres contra: Non sequitur »Omne currens potest esse equus, omnis homo potest esse currens, ergo omnis homo potest esse equus«, quia praemissis existentibus veris conclusio est falsa. Respondetur, quod non ambae praemissae sunt verae et discursus est optimus, regulatur enim per dici de omni. Sed quod non ambae praemissae sint verae, patet, nam maior est falsa, eo quod significat, quod omne, quod est vel potest esse currens, potest esse equus, modo hoc est falsum.

Quod autem Celantes non valeat ex ambabus de possibili, patet, nam non sequitur »Omnem deum possibile est non esse creantem, omnem primam causam possibile est esse deum,

1 habeant] L habent A 3 Sit ergo] pro O regula] quod add. O duabus] ambabus O propositionibus] divisis add. s. del. A 4 non] nec L restricto] restrictio L figura] om. O 5 praeterquam] LO om. A qui] LPSX quae AO 6 Patet] om. O nam] quia O 7 omne[2]] om. O A[2]] d O 8 proportionaliter] om. O et] in/im- add. L 10 syllogismi quidem] LOSX om. A syllogismi quidam! P affirmativi] PX affirmativ(a)e ALS affir- O syllogismi[2]] LPSX om. AO 11 autem] LPSX et A om. O negativi] PX negativ(a)e ALOS Verbi gratia] ut O si] om. O dicatur] dicitur O 13 C] b O B] c O omne] LO om. A 14 proportionaliter] om. LO 15 negativis] negativa L 16 Sed] ALPX si S Sed… dicebatur] ALPSX om. O Non sequitur] LPSX om. A currens] currit L

die einen bejahten Modalausdruck haben, wenn auch einige von ihnen ein verneintes Ausgesagtes haben mögen.

Die erste Regel laute also: Aus zwei geteilten Sätzen über Mögliches mit einem Subjekt, das nicht mit dem Ausdruck »was ist« eingeschränkt ist, folgt in der ersten Figur eine Konklusion über Mögliches, außer in Celantes, welcher (Modus) indirekt schließt. Das ist klar, denn es folgt »Jedes B kann ein A sein, jedes C kann ein B sein, also kann jedes C ein A sein«. Ebenso kann entsprechend auf verneinende Weise in der ersten Figur argumentiert werden, und die Syllogismen sind offenkundig gültig, wenn die Prämissen explizit ausformuliert werden, und zwar (gelten) die bejahenden Syllogismen aufgrund der Aussage über jedes, die verneinenden Syllogismen hingegen aufgrund der Aussage über keines. Z. B., wenn man so formulierte: »Alles, was ein B ist oder sein kann, kann ein A sein; alles, was ein C ist oder sein kann, kann ein B sein; also: Alles, was ein C ist oder sein kann, kann ein A sein«. Ebenso verhältnisgleich bei verneinenden Sätzen.

Einwand: Es folgt nicht »Jedes Laufende kann ein Pferd sein, jeder Mensch kann laufend sein, also kann jeder Mensch ein Pferd sein«, weil bei wahren Prämissen die Konklusion falsch ist. – Antwort: Nicht beide Prämissen sind wahr und der Schluß ist tadellos gültig, er wird nämlich durch die Aussage über jedes geregelt. Aber daß nicht beide Prämissen wahr sind, ist klar, denn die größere Prämisse ist falsch, weil sie bezeichnet, daß alles, was laufend ist oder sein kann, ein Pferd sein kann, aber das ist falsch.

Daß aber Celantes aus zwei Prämissen über Mögliches nicht gültig ist, ist klar, denn es folgt nicht »Für jeden Gott ist es möglich, nicht schaffend zu sein; für jede erste Ursache ist es

17 currens] om. L 18 quia…falsa] APSX om. L est[2]] APX sequitur S 19 non] ALPS om. X praemissae] non add. X 20 optimus] A bonus LPSX regulatur] APX regulariter LS 21 non] LPSX om. A praemissae] non add. A sint] APSX sunt L 22 vel] LPSX quod A 24 autem] in add. SX

ergo«, concludendo indirecte conclusio est falsa, videlicet »Omnem creantem possibile est non esse primam causam«, ex quo omne creans necesse est esse primam causam, sicut prius dicebatur.

Secunda regula: Ex ambabus praemissis de possibili non valet syllogismus in secunda figura ad concludendum conclusionem de possibili. Patet, nam non sequitur »Omnem primam causam possibile est non esse creantem, omnem deum possibile est esse creantem, ergo omnem deum possibile est non esse primam causam«. Et consimiliter posset instari in aliis modis.

Tertia regula: Omnes modi tertiae figurae ambabus praemissis existentibus de possibili, semper intelligendo in sensu diviso, valent ad concludendum conclusionem de possibili. Omnes enim possunt probari per syllogismos expositorios aut per impossibile, quia semper ex opposito conclusionis et minore fieret bonus syllogismus in prima figura ad concludendum oppositum maioris, sicut potest patere volenti formare syllogismos.

Quarta regula: Si prohibetur ampliatio per ly *quod est*, in prima figura non valet syllogismus ex ambabus praemissis de possibili. Instatur enim sic posito, quod luna modo sit totaliter eclipsata, tunc arguitur »Omne, quod est lucens, potest esse aliud a luna, sed omnis luna potest esse lucens, ergo omnis luna

3 prius] Non videtur dictum esse prius sub his verbis, sed cf. e. g. Cap. II.11, apud regulam nonam; Cap. IV.5, regulam quartam decimam.

1 concludendo] APSX concludo L indirecte] APSX indirecta L conclusio] APSX conclusione L est] APSX et L 2 non] LPSX om. A primam causam] ALSX deum P ex…dicebatur] APSX om. L 3 quo] A eo quod PSX primam causam] ASX deum P sicut…dicebatur] A om. PSX 5 praemissis] L om. AO 6 conclusionem] LO om. A 7 Patet] om. O nam] ut O 8 creantem] et add. LO 10 Et] om. O posset] potest L om. O instari] L instare A om. O in] de O modis] primae figurae add. A 11 Omnes…figurae] A ex L in tertia figura OPSX ex add. PSX 12 existentibus] A om. LOPSX semper…diviso] A om. LOPSX 13 valent] LOPSX valet A syllogismi add. LOPSX conclusionem] om. O Omnes enim] et LO 14 possunt] potest L posset O syllogismos…per²] A om. LOPSX 15 opposito] opposita O et minore] AX minoris LOPS 16 figura]

möglich, Gott zu sein; also:« – wenn man nun indirekt schließt, ist die Konklusion falsch, nämlich – »Für jeden Schaffenden ist es möglich, nicht die erste Ursache zu sein«, weil es für jedes Schaffende notwendig ist, die erste Ursache zu sein, wie (schon) früher gesagt wurde.

Regel 2: Aus zwei Prämissen über Mögliches ist ein Syllogismus in der zweiten Figur nicht geeignet zum Schluß auf eine Konklusion über Mögliches. Das ist klar, denn es folgt nicht »Für jede erste Ursache ist es möglich, nicht schaffend zu sein; für jeden Gott ist es möglich, schaffend zu sein; also: Für jeden Gott ist es möglich, nicht die erste Ursache zu sein«. Und auf gleiche Weise könnte man Gegenbeispiele in den anderen Modi formulieren.

Regel 3: Alle Modi der dritten Figur mit beiden Prämissen über Mögliches, immer gemeint im geteilten Sinn, sind geeignet zum Schluß auf eine Konklusion über Mögliches. Alle (diese Modi) können nämlich mittels herausstellender Syllogismen oder mittels des Unmöglichen bewiesen werden, weil immer aus dem Gegensatz der Konklusion und der kleineren Prämisse ein gültiger Syllogismus in der ersten Figur entstünde, um den Gegensatz der größeren Prämisse zu schließen, wie (jedem) klar werden kann, der willens ist, die (entsprechenden) Syllogismen zu bilden.

Regel 4: Wenn eine Erweiterung mit dem Ausdruck »was ist« verhindert wird, so ist ein Syllogismus aus beiden Prämissen über Mögliches in der ersten Figur nicht gültig. Es gibt nämlich folgendes Gegenbeispiel: Unter der Annahme, daß der Mond gerade vollständig verfinstert ist, argumentiert man so »Alles, was leuchtend ist, kann vom Mond verschieden sein; aber jeder Mond kann leuchtend sein; also: Jeder Mond kann

LO figuris A 17 oppositum maioris] A maiorem LOPSX sicut...syllogismos] A om. LOPSX 19 prohibetur] LO prohibeatur A ly] LO om. A 20 ex ambabus] om. O praemissis] Z om. ALOPSX 21 Instatur] instantia L sic] sit L nam add. L modo] nunc O 22 arguitur] sic add. L est] om. O

A42rb potest esse aliud a luna«. Patet, quia praemissae sunt verae et conclusio falsa. Similiter eodem casu posito arguitur contra secundum modum sic »Omne, quod est lucens, potest non esse luna, omnis infimus planetarum potest esse lucens, ergo omnis infimus planetarum potest non esse luna«, patet, quia praemissae sunt verae et conclusio falsa.

Quinta regula: Ex ambabus praemissis de necessario in prima figura sequitur conclusio de necessario. Et notandum, quod huiusmodi regulae non debent intelligi in omnibus sedecim combinationibus, quae possunt fieri in figuris, sed in illis combinationibus, in quibus dicebantur valere syllogismi de inesse, et hoc quoad conclusiones directas et positas secundum O41vb modum loquendi consuetum. Et notanter dico »quoad conclusiones directas«, nam in Baralipton ex ambabus de necessario non valet syllogismus ad concludendum conclusionem indirectam de necessario, non enim sequitur »Omnem deum necesse est esse iustum, omnem creantem necesse est esse deum, ergo«, concludendo indirecte, scilicet »Quoddam iustum necesse est esse creantem«. Patet, quod conclusio sit falsa, et praemissae sunt verae.

Exemplum de regula, bene enim sequitur »Omne B necesse est esse A, omne C necesse est esse B, ergo omne C necesse est esse A«. Similiter bene sequitur »Omne B necesse est non esse A, omne C necesse est esse B, ergo omne C necesse est non esse A«. Similiter potest exemplificari de modis particularibus

11 dicebantur] Cf. Cap. IV.7–10, praecipue partem regularum in Cap. IV.7.

1 Patet quia] om. LO sunt] om. O 2 eodem] modo add. LX casu] om. O 3 secundum] LOX tertium A sic] om. O 4 infimus] inferius L omnis[2]] omne L 5 infimus] inferius L patet quia] om. O quia] L quod A 6 sunt] om. O 8 conclusio] necessaria add. s. del. A notandum] nota O 9 quod] om. O sedecim] om. LOX 10 possunt] LO posset A sed] debent intelligi add. LO nisi add. L in[2]] de O 11 dicebantur] LOX dicerentur A 12 hoc] quod add. s. del. O et[2]] LOPS om. AX secundum] ad? *ante corr. s.l.* O 14 nam…indirectam] A om. LOPSX in] Z om. A 15 syllogismus] non valet add. A 16 de] est! O non] nam! O 17 ergo] patet quod LO 18 concludendo] concludo L scilicet] si L ergo add. LO Quoddam] PSX quendam ALO 19 Patet quod] om. LO conclu-

vom Mond verschieden sein«. (Daß dieser Syllogismus nicht gültig ist,) ist klar, weil die Prämissen wahr sind und die Konklusion falsch (ist). Ebenso wird unter derselben Fallannahme gegen den zweiten Modus folgendermaßen argumentiert: »Alles, was leuchtend ist, kann nicht der Mond sein; jeder unterste Planet kann leuchtend sein; also: Jeder unterste Planet kann nicht der Mond sein«; (daß dieser Syllogismus nicht gültig ist,) ist klar, weil die Prämissen wahr sind und die Konklusion falsch (ist).

Regel 5: Aus zwei Prämissen über Notwendiges folgt in der ersten Figur eine Konklusion über Notwendiges. – Anzumerken ist, daß derartige Regeln nicht so verstanden werden dürfen, daß sie für alle sechzehn Verbindungen gälten, die in den Figuren hergestellt werden können, sondern sie gelten für diejenigen Verbindungen, von denen es hieß, daß in ihnen die assertorischen Syllogismen gültig sind, und zwar in Hinsicht auf Konklusionen, die direkt sind und gemäß dem üblichen Sinn formuliert sind. Und ich sage ausdrücklich »in Hinsicht auf direkte Konklusionen«, denn in Baralipton ist ein Syllogismus aus zwei Prämissen über Notwendiges nicht geeignet, um eine indirekte Konklusion über Notwendiges zu schließen, es folgt nämlich nicht »Für jeden Gott ist es notwendig, gerecht zu sein; für jeden Schaffenden ist es notwendig, Gott zu sein; also:« – um nun indirekt zu schließen, nämlich – »Für irgendein Gerechtes ist es notwendig, ein Schaffender zu sein«. Es ist klar, daß die Konklusion falsch ist, aber die Prämissen sind wahr.

Ein Beispiel für die Regel: Es folgt nämlich sehr wohl »Für jedes B ist es notwendig, ein A zu sein; für jedes C ist es notwendig, ein B zu sein; also: Für jedes C ist es notwendig, ein A zu sein«. Ebenso folgt sehr wohl »Für jedes B ist es notwendig, kein A zu sein; für jedes C ist es notwendig, ein B zu sein; also: Für jedes C ist es notwendig, kein A zu sein«. Ebenso kann

sio] enim add. LO sit] est LO 21 enim] om. O B] est a add. L 22 C[1]] b L necesse[1]...esse[2]] est LO B] c L omne C[2]] om. L est[3]] c add. L 23 Similiter...A] om. O

primae figurae. Et tenent huiusmodi syllogismi manifeste per dici de omni et per dici de nullo et hoc, si praemissae explicite exprimantur per disiunctionem huius verbi *est* ab hoc verbo *potest*. Verbi gratia »Omne, quod est vel potest esse B, necesse est esse A, omne, quod est vel potest esse C, necesse est esse B, ergo omne, quod est vel potest esse C, necesse est esse A«.

Sexta regula: In secunda figura ex ambabus praemissis de necessario subiecto non restricto per ly *quod est* sequitur conclusio de necessario. Verbi gratia »Omne B necesse est non esse A, omne C necesse est esse A, ergo omne C necesse est non esse B«, patet, quia convertendo maiorem simpliciter fit Celarent, verbi gratia »Omne A necesse est non esse B, omne C necesse est esse A, ergo omne C necesse est non esse B«. Et si arguitur in Camestres, per conversionem minoris et per transpositionem praemissarum concluditur directe convertens conclusionis. Verbi gratia, si primo arguitur sic »Omne B necesse est esse A, omne C necesse est non esse A, ergo omne C necesse est non esse B«, convertatur minor et fiat transpositio praemissarum et arguitur sic »Omne A necesse est non esse C, omne B necesse est esse A«, sequitur »Ergo omne B necesse est non esse C«, quae est convertens conclusionis syllogismi prioris, et conformiter exemplificetur de aliis modis secundae figurae. Et Cesare et Festino et Camestres probantur per conversionem, Baroco autem per impossibile.

Septima regula: In omnibus modis tertiae figurae ex ambabus praemissis de necessario sequitur conclusio de necessario.

2 per] om. L 3 disiunctionem] ALOS dissolutionem P divisionem X ab] ad LO verbo] verbum LO 4 esse] a add. s. del. O B…esse[2]] om. L 6 esse[1]] necesse add. s. del. O C…A] etc. L 7 praemissis] L om. AO 9 Verbi gratia] ut O 10 est[1]] essa add. s. del. O 11 quia] om. O 12 verbi gratia] ut O 13 omne…B] etc. L 14 per[2]] om. O 16 Verbi gratia] ut O primo] om. O sic] om. O 20 est[1]] non add. s. del. L sequitur] om. L 21 et] om. O 22 exemplificetur] LO *lectio incerta* A Et] om. L Et…impossibile] om. O Cesare] autem add. L 23 Festino et] L om. A 25 tertiae] secundae L

man Beispiele für die partikulären Modi der ersten Figur formulieren. Und derartige Syllogismen sind offenkundig aufgrund der Aussage über jedes und aufgrund der Aussage über keines gültig, und zwar dann, wenn die Prämissen mittels einer »oder«-Verknüpfung des Verbs »ist« mit dem Verb »kann« explizit ausformuliert werden. Z. B. »Für alles, was ein B ist oder sein kann, ist es notwendig, ein A zu sein; für alles, was ein C ist oder sein kann, ist es notwendig, ein B zu sein; also: Für alles, was ein C ist oder sein kann, ist es notwendig, ein A zu sein«.

Regel 6: In der zweiten Figur folgt aus zwei Prämissen über Notwendiges mit einem Subjekt, das nicht mit dem Ausdruck »was ist« eingeschränkt ist, eine Konklusion über Notwendiges. Z. B. »Für jedes B ist es notwendig, kein A zu sein; für jedes C ist es notwendig, ein A zu sein; also: Für jedes C ist es notwendig, kein B zu sein«. Das ist klar, weil wenn man die größere Prämisse einfach umkehrt, entsteht Celarent, z. B. »Für jedes A ist es notwendig, kein B zu sein; für jedes C ist es notwendig, ein A zu sein; also: Für jedes C ist es notwendig, kein B zu sein«. Und wenn man in Camestres argumentiert, wird durch Umkehrung der kleineren Prämisse und durch Umstellung der Prämissen der umkehrende Satz der Konklusion direkt geschlossen. Z. B., wenn man zuerst so argumentiert: »Für jedes B ist es notwendig, ein A zu sein; für jedes C ist es notwendig, kein A zu sein; also: Für jedes C ist es notwendig, kein B zu sein«, so kehre man die kleinere Prämisse um und nehme man eine Umstellung der Prämissen vor, und das Argument lautet so: »Für jedes A ist es notwendig, kein C zu sein; für jedes B ist es notwendig, ein A zu sein« und es folgt »Also: Für jedes B ist es notwendig, kein C zu sein«, welch (letzterer Satz) der umkehrende Satz der Konklusion des ersten Syllogismus ist; und entsprechend möge man Beispiele für die anderen Modi der zweiten Figur formulieren. Cesare, Festino und Camestres werden mittels Umkehrung bewiesen, Baroco hingegen mittels des Unmöglichen.

Regel 7: In allen Modi der dritten Figur folgt aus zwei Prä-

Sequitur enim »Omne B necesse est non esse A, omne B necesse est esse C, ergo quoddam C necesse est non esse A«. Proportionaliter exemplificetur de aliis modis, et omnes possunt probari per syllogismum expositorium et per impossibile, quia ex opposito conclusionis et minore fiat bonus syllogismus in prima figura ad inferendum oppositum maioris. Sic ergo patet, qualiter non prohibita ampliatione in tribus figuris potest argui ex ambabus de possibili et similiter de necessario.

Octava regula: Nec primus nec secundus nec tertius modus A42va secundae figurae valent ex ambabus praemissis de necessario ad concludendum conclusionem de necessario subiecto restricto per ly *quod est* seu ampliatione prohibita. Posito enim, quod deus modo non sit creans, non sequitur »Omne, quod est creans, necesse est non esse deum, omnem primam causam necesse est esse deum, ergo omnem primam causam necesse est non esse creantem«, praemissae enim sunt verae et conclusio falsa. Similiter in secundo modo secundae figurae non sequitur »Omne, quod est planeta lucens super nostrum hemisphae- L40va rium, necesse est esse solem, omne, quod est planeta lucens sub nostro hemisphaerio necesse est non esse solem, ergo omne, quod est planeta lucens sub nostro hemisphaerio necesse est non esse planetam lucentem super nostrum hemisphaerium«, nam praemissae sunt verae et conclusio falsa. Quod praemissae sunt verae, patet posito, quod nullus planeta modo luceat

1 Sequitur enim] ut O 2 est[1]] non add. L 3 Proportionaliter] conformiter O exemplificetur] LO exemplificatur A possunt probari] probantur O 4 per[1]] LO pro! A syllogismum] om. O 5 minore] minoris LO fiat] fiet LO 6 Sic... necessario] om. O 7 figuris] *lectio incerta* L 8 similiter] ambabus L 9 secundus nec] om. O 10 valent] LO valet A praemissis] om. L 11 de necessario] LO necessariam A 12 enim] om. s. add. s.l. L 13 quod est] om. O 15 est[1]] non add. s. del. L omnem] L omne! A om. O 16 esse creantem] creare L 17 secundae figurae] om. O 18 planeta] A om. LOPSX super... hemisphaerium] LOPSX sub nostro hemisphaerio A 19 solem] et add. O sub...hemisphaerio] LPSX super nostrum hemisphaerium A nostrum hemisphaerium O 21 planeta] AOPSX om. L sub...hemisphaerio] LPSX supra nostrum hemisphaerium AO est[2]] necesse add. O pla- add. s. del. O 22 non] om. O super...hemisphaerium] LPS sub hemisphaerio nostro A s n e O super

missen über Notwendiges eine Konklusion über Notwendiges. Es folgt nämlich »Für jedes B ist es notwendig, kein A zu sein; für jedes B ist es notwendig, ein C zu sein; also: Für irgendein C ist es notwendig, kein A zu sein«. Entsprechend möge man Beispiele für die anderen Modi formulieren, und alle können mittels eines herausstellenden Syllogismus und mittels des Unmöglichen bewiesen werden, weil aus dem Gegensatz der Konklusion und der kleineren Prämisse ein gültiger Syllogismus in der ersten Figur entsteht, um den Gegensatz der größeren Prämisse zu folgern. – So erhellt also, wie man ohne Verhinderung einer Erweiterung in den drei Figuren aus zwei Prämissen über Mögliches und ebenso über Notwendiges argumentieren kann.

Regel 8: Weder der erste noch der zweite noch der dritte Modus der zweiten Figur aus zwei Prämissen über Notwendiges sind geeignet, um eine Konklusion über Notwendiges mit einem Subjekt, das mit dem Ausdruck »was ist« eingeschränkt ist, bzw. mit unterbundener Erweiterung zu schließen. Gesetzt nämlich, daß Gott gerade nicht schaffend ist, so folgt nicht »Für alles, was schaffend ist, ist es notwendig, nicht Gott zu sein; für jede erste Ursache ist es notwendig, Gott zu sein; also: Für jede erste Ursache ist es notwendig, nicht schaffend zu sein«, die Prämissen sind nämlich wahr und die Konklusion (ist) falsch. – Ebenso folgt im zweiten Modus der zweiten Figur nicht »Für alles, was ein über unserer Hemisphäre leuchtender Planet ist, ist es notwendig, die Sonne zu sein; für alles, was ein unter unserer Hemisphäre leuchtender Planet ist, ist es notwendig, nicht die Sonne zu sein; also: Für alles, was ein unter unserer Hemisphäre leuchtender Planet ist, ist es notwendig, nicht ein über unserer Hemisphäre leuchtender Planet zu sein«, denn die Prämissen sind wahr und die Konklusion (ist) falsch. Daß die Prämissen wahr sind, erhellt unter der Annah-

etc. X 23 nam] L quia O nam...solem] LOPSX om. A Quod...patet] LPSX om. O 24 sunt] LPS sint X patet] nam add. L quia add. S modo] LPSX om. O

super nostrum hemisphaerium praeter solem. Quod autem conclusio sit falsa, patet, quia omnis planeta lucens sub nostro hemisphaerio aliquando lucebit super nostrum hemisphaerium, ergo omnis planeta iam lucens sub nostro hemisphaerio potest esse lucens super nostrum hemisphaerium. Falsum est ergo, quod omnem planetam lucentem sub nostro hemisphaerio necesse est non lucere super nostrum hemisphaerium. Similiter non sequitur in tertio modo secundae figurae »Omne, quod est creans, necesse est non esse deum, quandam primam causam necesse est esse deum, ergo quandam primam causam necesse est non esse creantem«.

Sic ergo modo dictum sit de generatione uniformi syllogismorum ex ambabus de possibili et similiter ex ambabus de necessario in tribus figuris.

Cap. IV.13 ⟨Capitulum tertium decimum de generatione syllogismorum difformi seu mixta ex ambabus praemissis modalibus de diversis modis⟩

Nunc dicendum est de generatione syllogismorum difformi seu mixta, et primo ex ambabus praemissis existentibus modalibus, O42ra quamvis de diversis modis, deinde de generatione syllogismorum difformi ex una de inesse et alia modali. Et sit prima regula: In prima figura ex duabus praemissis una existente de necessario, quaecumque illa sit, sive maior sive minor, et alia existente de possibili valet syllogismus ad concludendum conclusionem de tali modo, qualis modi est maior. Patet, nam si

1 nostrum] LPSX om. O Quod…hemisphaerium] LPSX om. AO 2 omnis] LPS om. X 4 omnis] X iam LPS iam] X om. LPS 6 quod] LPS om. X lucentem] LPS lucente X 8 tertio] secundo L secundae] LO om. A figurae] L om. AO 10 est] non add. s. del. L 12 Sic…figuris] om. O sit] est L 13 et] om. L 14 figuris] Sequitur ergo modo de generatione syllogismorum add. L 18 Nunc] om. O dicendum est] restat dicere L Videndum O difformi] de formi! L seu…primo] om. O 20 quamvis] om. O deinde…modali] om. O syllogismorum] L om. A 21 sit] est O 22 In…figura] X om. ALOPS 24 ex-

me, daß gerade kein Planet außer der Sonne über unserer Hemisphäre leuchtet. Daß aber die Konklusion falsch ist, ist klar, weil jeder unter unserer Hemisphäre leuchtender Planet irgendeinmal über unserer Hemisphäre leuchten wird, also gilt: Jeder Planet, der jetzt unter unserer Hemisphäre leuchtet, kann über unserer Hemisphäre leuchtend sein. Falsch ist es also, daß es für jeden unter unserer Hemisphäre leuchtenden Planeten notwendig ist, nicht über unserer Hemisphäre zu leuchten. – Ebenso folgt im dritten Modus der zweiten Figur nicht »Für alles, was schaffend ist, ist es notwendig, nicht Gott zu sein; für irgendeine erste Ursache ist es notwendig, Gott zu sein; also: Für irgendeine erste Ursache ist es notwendig, nicht schaffend zu sein«.

Nur soviel sei gesagt über die einheitliche Erzeugung von Syllogismen aus zwei Prämissen über Mögliches und ebenso aus zwei Prämissen über Notwendiges in den drei Figuren.

Kapitel IV.13:
Die uneinheitliche bzw. gemischte Erzeugung von Syllogismen aus zwei modalen Prämissen mit verschiedenen Modalausdrücken

Nun ist über die uneinheitliche bzw. gemischte Erzeugung von Syllogismen zu sprechen, und zwar erstens aus Prämissen, die beide modale Sätze sind, wenn auch mit verschiedenen Modalausdrücken, sodann über die uneinheitliche Erzeugung von Syllogismen aus einer assertorischen und einer modalen (Prämisse). Und die erste Regel laute: In der ersten Figur ist ein Syllogismus aus zwei Prämissen, wobei die eine über Notwendiges geht, einerlei, ob es sich dabei um die größere oder die kleinere Prämisse handelt, und die andere über Mögliches geht, geeignet, um eine Konklusion mit dem gleichen Modalausdruck, den die größere Prämisse hat, zu schließen. Das ist

istente] om. L existens O concludendum] LOX om. A conclusionem] om. LOX 25 modi] modus O nam] quia O

maior explicite exprimatur per disiunctionem huius verbi *est* ab hoc verbo *potest*, tunc si maior est de modo possibili, manifeste erit sumptio sub distributione maioris, si autem minor sit de necessario, adhuc idem redibit, quia ad illam de necessario sequitur illa de possibili.

Secunda regula: In secunda figura ex una de necessario, quaecumque illa sit, et alia de possibili valet syllogismus ad concludendum conclusionem de necessario. Patet, quia ex minore et opposito conclusionis infertur oppositum maioris, quod patet, si formentur exempla.

Tertia regula: In tertia figura ex duabus praemissis una de necessario, quaecumque ista sit, sive maior sive minor, et alia de possibili valet syllogismus ad concludendum conclusionem talis modi, qualis est maior. Probari potest expositorie et per impossibile, nam ex opposito minoris et conclusione infertur oppositum maioris. Patet volenti formare syllogismos.

Sic ergo dictum sit, qualiter in tribus figuris valent syllogismi mixti ex una de necessario et alia de possibili.

Cap. IV.14 ⟨Capitulum quartum decimum de generatione mixta syllogismorum ex una modali et alia de inesse⟩

Restat nunc dicere de generatione mixta syllogismorum ex una modali et alia de inesse, et primo de generatione syllogismorum

1 explicite] om. O huius…est] om. L 2 ab] ad O verbo] verbum O est] erit O modo] om. LO manifeste] manifesta LO 3 distributione] distributive! LO minor] LOX maior A 6 In…figura] om. O 8 concludendum] LO om. A conclusionem] om. O Patet] LO om. A 9 opposito] opposita O maioris] minoris O 10 quod] LX om. AO patet…exempla] om. O 12 quaecumque…sit] LO om. A maior] LOX maiore A minor] LOX minore A 13 concludendum] LO om. A 14 modi] modus O 15 nam] Z om. A nam…syllogismos] A om. LOPSX 18 mixti] LO om. A possibili] Sequitur ergo add. L 22 nunc] om. O mixta] om. O una] ALOPSX de add. AL 23 et²…inesse] om. O syllogismorum] L om. A

klar, denn wenn die größere Prämisse explizit ausformuliert wird mittels einer disjunktiven Verknüpfung des Verbs »ist« mit dem Verb »kann«, dann gilt: Wenn die größere Prämisse den Modalausdruck »möglich« hat, wird offenkundig eine Unterordnung unter die Verteilung der größeren Prämisse stattfinden, wenn aber die kleinere Prämisse über Notwendiges geht, wird sich wiederum dasselbe ergeben, weil aus dem Satz über Notwendiges der Satz über Mögliches folgt.

Regel 2: In der zweiten Figur ist ein Syllogismus aus einer Prämisse über Notwendiges, einerlei, welche es ist, und der anderen über Mögliches geeignet, um eine Konklusion über Notwendiges zu schließen. Das ist klar, weil aus der kleineren Prämisse und dem Gegensatz der Konklusion der Gegensatz der größeren Prämisse gefolgert wird, was erhellt, wenn man Beispiele formuliert.

Regel 3: In der dritten Figur ist ein Syllogismus aus zwei Prämissen, und zwar der einen über Notwendiges, einerlei, ob es sich dabei um die größere oder die kleinere Prämisse handelt, und der anderen über Mögliches, geeignet, um eine Konklusion mit dem gleichen Modalausdruck, den die größere Prämisse hat, zu schließen. Das kann man herausstellend und mittels des Unmöglichen beweisen, denn aus dem Gegensatz der kleineren Prämisse und (aus) der Konklusion wird der Gegensatz der größeren Prämisse gefolgert.

Das sei also dazu gesagt, auf welche Weise gemischte Syllogismen aus einer (Prämisse) über Notwendiges und der anderen über Mögliches in den drei Figuren gültig sind.

Kapitel IV.14:
Die gemischte Erzeugung von Syllogismen aus einer modalen und einer assertorischen Prämisse

Nun steht an, über die gemischte Erzeugung von Syllogismen aus einer modalen und einer assertorischen (Prämisse) zu sprechen, und erstens über die gemischte Erzeugung von Syllogis-

mixta ex una de possibili et alia de inesse. Et sit prima regula: Modi primae figurae valent ex una de possibili et alia de inesse, si maior sit de possibili, et hoc ad concludendum conclusionem de possibili, et intelligo de modis perfectis et directis. Patet regula, si enim maior explicite exprimatur, minor sumetur evidenter sub distributione maioris. Verbi gratia »Omne, quod est vel potest esse B, potest esse A, omne C est B, ergo omne, quod est C, potest esse A«, ita quod conclusionem debemus restringere per ly *quod est* prohibendo ampliationem, aliter enim plus inferretur in conclusione, quam esset acceptum in minore. Verum est tamen, quod hoc non oportet in modis particularibus propter hoc, quod particularis vera pro uno est vera simpliciter.

A42vb Secunda regula: In prima figura ex maiore de inesse et minore de possibili non valet syllogismus. Patet, nam non sequitur »Omne currens est equus, omnis homo potest esse currens, ergo omnis homo potest esse equus«, nec etiam sequitur ista de inesse, scilicet quod omnis homo sit equus, conclusio enim est falsa praemissis existentibus veris. Per hoc patet, quod primus modus non valet nec etiam secundus valet, quod ostenditur sic: Posito enim, quod luna sit totaliter eclipsata, non sequitur »Nullum lucens est luna, omnis infimus planetarum potest esse lucens, ergo nullus infimus planetarum potest esse luna«, patet enim, quod praemissae sunt verae conclusione existente falsa. Similiter non sequitur »Nullum creans est deus, omnis prima causa potest esse creans, ergo nulla prima causa potest esse

4 Patet regula] om. O 5 explicite] om. O sumetur] LOPSX sumitur A 6 distributione] APSX distributive LO Verbi gratia] ut O 8 quod[2]] ad O 9 restringere] intelligere L ly] LO om. A prohibendo ampliationem] om. O 10 enim] om. O 11 minore] LOS maiore A minori PX Verum est] om. O quod] om. O 12 propter…simpliciter] om. O 13 simpliciter] singularis! L 14 ex] LO de A et] LO in A 15 Patet] om. O nam] ut O 16 currens[1]] currit LO esse] om. O currens[2]] currit LO 17 etiam] om. O 18 scilicet] om. LO est] v- add. s. del. L 20 etiam] om. O valet[2]] L om. AO quod…sic] om. O 21 Posito enim] quia posito O totaliter] om. O 22 planetarum] LO planeta A 23 planetarum] LO planeta A patet…quod] om. O 24 praemissae] enim add. O sunt] possunt esse O 25 Similiter non] nec O creans] d- add. s. del. O

men aus einer (Prämisse) über Mögliches und einer assertorischen (Prämisse). Und die erste Regel laute: Die Modi der ersten Figur aus einer (Prämisse) über Mögliches und einer assertorischen (Prämisse), wenn die größere (Prämisse) über Mögliches geht, sind gültig, und zwar zum Schluß auf eine Konklusion über Mögliches, und ich meine das in bezug auf die vollkommenen und direkten Modi. Die Regel ist klar, wenn nämlich die größere Prämisse explizit ausformuliert wird, wird die kleinere Prämisse augenscheinlich unter die Verteilung der größeren untergeordnet. Z. B. »Alles, was ein B ist oder sein kann, kann ein A sein; jedes C ist ein B; also: Alles, was ein C ist, kann ein A sein«, so daß wir die Konklusion mit dem Ausdruck »was ist« zur Verhinderung einer Erweiterung einschränken müssen, sonst würde nämlich in der Konklusion mehr gefolgert, als in der kleineren Prämisse angenommen wurde. Es ist jedoch wahr, daß dies in partikulären Modi nicht der Fall sein muß, und zwar deswegen, weil ein wahrer partikulärer Satz für ein Ding (allein) ohne weiteres wahr ist.

Regel 2: In der ersten Figur ist ein Syllogismus aus einer assertorischen größeren Prämisse und einer kleineren Prämisse über Mögliches nicht gültig. Das ist klar, denn es folgt nicht »Jedes Laufende ist ein Pferd, jeder Mensch kann laufend sein, also kann jeder Mensch ein Pferd sein«, und es folgt auch nicht der assertorische Satz, nämlich »Jeder Mensch ist ein Pferd«, die Konklusion ist nämlich falsch, während die Prämissen wahr sind. Damit erhellt, daß der erste Modus nicht gültig ist und auch der zweite nicht gültig ist, was folgendermaßen gezeigt wird: Gesetzt nämlich, daß der Mond vollständig verfinstert ist, so folgt nicht »Kein Leuchtendes ist der Mond, jeder unterste Planet kann leuchtend sein, also: Kein unterster Planet kann der Mond sein«, es ist nämlich klar, daß die Prämissen wahr sind, während die Konklusion falsch ist. Ebenso folgt nicht »Kein Schaffendes ist Gott, jede erste Ursache kann schaffend sein, , also: Keine erste Ursache kann Gott sein«, die

deus«, conclusio est falsa et praemissae sunt verae posito, quod modo deus non creet.

Tertia regula: Ex maiore de inesse simpliciter, id est, ex maiore de inesse, quae est necessaria, et minore de possibili in prima figura bene valet syllogismus ad concludendum conclusionem de possibili. Probatur, quia ex opposito conclusionis et minore sequitur maiorem de inesse non esse necessariam. Verbi gratia »Omne animal est substantia, omnem hominem possibile est esse animal, ergo omnem hominem possibile est esse substantiam«, tunc arguitur ex opposito conclusionis et minore sic »Quendam hominem necesse est non esse substantiam, omnis homo potest esse animal, ergo quoddam animal necesse est non esse substantiam«. Iste syllogismus est bonus per tertiam regulam praecedentis capituli, et conclusio eius interimit necessitatem maioris prioris syllogismi, si enim quoddam animal necesse est non esse substantiam, haec non est necessaria »Omne animal est substantia«.

Quarta regula: In secunda figura non valet syllogismus ex una de inesse et alia de possibili, sive maior sit de inesse et minor de possibili sive e converso. Et patet hoc instando contra omnes modos secundae figurae in istis terminis *lucere*, *luna*, *infimus planeta*, et sit *lucere* medium. Non enim sequitur »Omnem lunam possibile est non esse lucentem, omnis infimus planeta est lucens«, posito enim sic esse, non sequitur »Ergo omnem infimum planetam possibile est non esse lunam«. Similiter non sequitur »Omnem lunam possibile est non esse lucentem, nullus infimus planeta est lucens, ergo omnem infimum

O42rb | L40vb

1 est] om. LO sunt] om. O 3 id…necessaria] om. O 5 bene] om. O 6 quia] om. O et] cum L 7 minore] minoris O maiorem] LOPSX maioris A de inesse] A om. LOPSX non esse] LOPX et A esse S 8 Verbi gratia] ut O 11 sic] sicut O hominem] LO om. A non] om. L 13 Iste…capituli] AE52vLPSX om. O 14 tertiam] AE52vLPX secundam S et…substantia] A om. LOPSX 20 patet] potest LO ostendi add. O hoc] om. O ostendi add. L 21 in…terminis] et sint termini LO 23 possibile] LOX necesse A non] omne add. s. del. O 24 planeta] LO planetarum A posito] ponatur LO enim] om. L sic] ita L Ergo] LO om. A 25 planetam] LO planetarum A est] *lectio incerta* O 26 lunam] om. L non[2]] AOPS om. LX 27 omnem] om. O infimum] infimam O

Konklusion ist falsch und die Prämissen sind wahr unter der Annahme, daß Gott gerade nicht schafft.

Regel 3: Aus einer schlechthin assertorischen größeren Prämisse, d. h., aus einer assertorischen größeren Prämisse, die notwendig ist[131], und einer kleineren Prämisse über Mögliches ist ein Syllogismus in der ersten Figur sehr wohl geeignet zum Schluß auf eine Konklusion über Mögliches. Beweis: Aus dem Gegensatz der Konklusion und (aus) der kleineren Prämisse folgt, daß die assertorische größere Prämisse nicht notwendig ist. Z. B. »Jedes Lebewesen ist eine Substanz; für jeden Menschen ist es möglich, ein Lebewesen zu sein; also: Für jeden Menschen ist es möglich, eine Substanz zu sein«, dann argumentiert man aus dem Gegensatz der Konklusion und der kleineren Prämisse so: »Für irgendeinen Menschen ist es notwendig, keine Substanz zu sein; jeder Mensch kann ein Lebewesen sein; also: Für irgendein Lebewesen ist es notwendig, keine Substanz zu sein«. Dieser Syllogismus ist gültig gemäß der dritten Regel des vorangehenden Kapitels, und seine Konklusion hebt die Notwendigkeit der größeren Prämisse des ersten Syllogismus auf, wenn es nämlich für irgendein Lebewesen notwendig ist, keine Substanz zu sein, dann ist der Satz »Jedes Lebewesen ist eine Substanz« nicht notwendig.

Regel 4: In der zweiten Figur ist ein Syllogismus aus einer assertorischen Prämisse und einer Prämisse über Mögliches nicht gültig, ob nun die größere Prämisse assertorisch ist und die kleinere über Mögliches geht oder umgekehrt. Das erhellt, indem man gegen alle Modi der zweiten Figur Gegenbeispiele mit den Termen »leuchten«, »Mond«, »unterster Planet« formuliert, und »leuchten« sei der Mittelterm. Es folgt nämlich nicht »Für jeden Mond ist es möglich, nicht leuchtend zu sein; jeder unterste Planet ist leuchtend«, gesetzt nämlich, daß dies der Fall sei, so folgt nicht »Also: Für jeden untersten Planeten ist es möglich, nicht der Mond zu sein«. Ebenso folgt nicht »Für jeden Mond ist es möglich, nicht leuchtend zu sein; kein unterster Planet ist leuchtend; also: Für jeden untersten Planeten ist es möglich, nicht der Mond zu sein«. Es steht fest, daß

planetam possibile est non esse lunam«. Constat, quod praemissae istorum paralogismorum sunt verae et conclusiones falsae. Et similiter potest argui in modis particularibus et consimili modo potest argui, si maior esset de inesse et minor de possibili.

Quinta regula: In secunda figura ex maiore de inesse simpliciter et minore de possibili valet syllogismus ad concludendum conclusionem de possibili et semper intelligendo per propositionem de inesse simpliciter propositionem de inesse, quae est necessaria. Patet regula, quia in huiusmodi dispositione praemissarum in secunda figura omnes modi possunt probari per impossibile. Primo in Cesare ex opposito conclusionis et minore infertur maiorem de inesse non esse necessariam, quod est contra hypothesim, hypothesis enim est, quod maior sit necessaria. Verbi gratia, sit primus syllogismus in Cesare »Nullus lapis est animal, omnem asinum possibile est esse animal, ergo omnem asinum possibile est non esse lapidem«, tunc fiet secundus syllogismus ex oppositio conclusionis et minore primi syllogismi sic »Quendam asinum necesse est esse lapidem, omnem asinum possibile est esse animal, ergo quoddam animal necesse est esse lapidem«. Iste syllogismus est bonus per tertiam regulam praecedentis capituli, et conclusio eius interimit necessitatem maioris prioris syllogismi, quare prior syllogismus erat bonus, similiter in Camestres. Et cum in modis particula-

2 istorum paralogismorum] A om. LOPSX conclusiones] conclusio O 3 falsae] falsa O Et] om. LO similiter] consimili modo LO potest argui] om. O particularibus] LO particularis! A et...possibili] A om. LOPSX 6 ex] de O inesse] et add. L 7 valet] consequentia add. s. del. L concludendum] LO om. A 8 conclusionem] LO conclusiones A et...necessaria] om. O semper] om. L intelligendo] intelligo L 9 quae...necessaria] necessariam L 10 regula] om. O in] om. L praemissarum] om. LO 11 modi] secundae figurae add. A 12 Primo] quia LO 13 infertur] LO inferri A de inesse] om. LO non esse] LO om. A quod] LO quae A 15 Verbi gratia] ut O 17 fiet] AS fiat LOPX 18 primi syllogismi] LO om. A 19 sic] sicut O 21 Iste] om. O per...capituli] om. O 22 et] om. L eius] om. O 23 necessitatem] aliorum add. s. del. A prioris...modo] AE53r om. LOPSX syllogismi] AE53r et est ex opposito con-

die Prämissen dieser Fehlschlüsse wahr sind und die Konklusionen falsch. Und auf ähnliche Weise kann man in den partikulären Modi argumentieren und auf gleiche Weise kann man argumentieren, wenn die größere Prämisse assertorisch ist und die kleinere über Mögliches geht.

Regel 5: In der zweiten Figur ist ein Syllogismus aus einer schlechthin assertorischen größeren Prämisse und einer kleineren Prämisse über Mögliches geeignet, um auf eine Konklusion über Mögliches zu schließen; und unter einem schlechthin assertorischen Satz wird immer ein assertorischer Satz, der notwendig ist, verstanden. Die Regel ist klar, weil bei einer derartigen Beschaffenheit der Prämissen in der zweiten Figur alle Modi mittels des Unmöglichen bewiesen werden können. Erstens wird in Cesare aus dem Gegensatz der Konklusion und der kleineren Prämisse gefolgert, daß die assertorische größere Prämisse nicht notwendig ist, was gegen die Annahme ist, die Annahme lautet nämlich, daß die größere Prämisse notwendig ist. Z. B., es laute der erste Syllogismus in Cesare »Kein Stein ist ein Lebewesen; für jeden Esel ist es möglich, ein Lebewesen zu sein; also: Für jeden Esel ist es möglich, kein Stein zu sein«, dann wird der zweite Syllogismus aus dem Gegensatz der Konklusion und der kleineren Prämisse des ersten Syllogismus folgendermaßen hervorgehen: »Für irgendeinen Esel ist es notwendig, ein Stein zu sein; für jeden Esel ist es möglich, ein Lebewesen zu sein; also: Für irgendein Lebewesen ist es notwendig, ein Stein zu sein«. Dieser Syllogismus ist gültig gemäß der dritten Regel des vorangehenden Kapitels, und seine Konklusion hebt die Notwendigkeit der größeren Prämisse des ersten Syllogismus auf, weshalb der erste Syllogismus gültig war; ebenso in Camestres. Und da in den parti-

clusionis cum minore prioris syllogismi add. E prior] A primus E53r 24 in²] AE53r hoc add. A

A43ra ribus secundae figurae possunt formari syllogismi proportionaliter et probari simili modo, formentur ab eo, cui placuerit.

Sexta regula: In secunda figura ex maiore de possibili et minore de inesse supposito adhuc, quod sit de inesse simpliciter, non valet syllogismus. Et potest proportionaliter probari sicut praecedens, quia possunt dari termini, in quibus praemissis existentibus veris conclusio est falsa. Et de omnibus in fine capituli.

Septima regula: In tertia figura semper valent syllogismi ex una de possibili et alia de inesse in modis affirmativis et hoc, si illa de possibili sit universalis, ad concludendum conclusionem de possibili. Ista regula quantum ad Darapti et Datisi probatur per conversionem minoris et fiet prima figura. Et si minor sit universalis de possibili, probatur per conversionem maioris et conclusionis et transpositionem praemissarum.

Octava regula: In tertia figura ex una de possibili et alia de inesse in modis negativis valet syllogismus ad concludendum conclusionem negativam, si maior sit universalis de possibili, et aliter non. Prima pars regulae probatur quantum ad Ferison et Felapton per conversionem minoris, nam sic fiet prima figura. Secunda pars regulae declaratur, scilicet, si maior sit universalis negativa et sit de inesse, quamvis minor sit universalis de possibili, quod non sequitur conclusio de possibili. Non enim

1 secundae figurae] E53r om. A formari] E53r formare A 2 formentur…placuerit] E53r om. ALOPSX 3 secunda] LOPSX ista A 4 supposito…inesse^{2}] om. L adhuc] om. O sit] sint O 5 Et…praecedens] patet L om. O 6 dari] dare O 7 Et…capituli] A om. BELMOPSUWX de omnibus] *lectio incerta* A 9 valent] LOPSX valet A syllogismi] LOPSX syllogismus A 10 inesse] et add. LOPSX 12 Datisi] darii O 13 et…maioris] AE53rLOPS om. X figura] AE53rLOPS secunda pars regulae declaratur scilicet *per homoeoteleutum ut videtur* add. A darapti autem et dysamis add. E53r Et] LOPS quod A om. E53r si] ALOPS sit E53r 14 probatur] LOPS om. A probantur E53r conversionem] AE53rLOPS minoris add. s. del. E et] AE53rLOPX om. S 17 concludendum] LO om. A 18 conclusionem] om. O universalis] possibilis! L 19 aliter] alia LO regulae] om. O probatur] patet *ante corr.* L quantum] quo O 20 nam] quia O 21 regulae] om. O declaratur] L probatur AO si] quod O 22 nega-

kulären Modi der zweiten Figur die Syllogismen auf entsprechende Weise gebildet werden und auf ähnliche Weise bewiesen werden können, möge sie einer bilden, der Gefallen daran hat.

Regel 6: In der zweiten Figur ist ein Syllogismus aus einer größeren Prämisse über Mögliches und einer assertorischen kleineren Prämisse, weiterhin vorausgesetzt, daß sie schlechthin assertorisch ist, nicht gültig. Und (diese Regel) kann man auf entsprechende Weise wie die vorangehende beweisen, weil es Terme geben kann, in denen bei wahren Prämissen die Konklusion falsch ist. Über all das am Ende des Kapitels (mehr).

Regel 7: In der dritten Figur sind Syllogismen aus einer Prämisse über Mögliches und einer assertorischen Prämisse in den bejahenden Modi, und zwar, wenn der Satz über Mögliches universal ist, immer geeignet zum Schluß auf eine Konklusion über Mögliches. Diese Regel wird hinsichtlich Darapti und Datisi mittels Umkehrung der kleineren Prämisse bewiesen, dann wird nämlich die erste Figur hervorgehen. Und wenn die kleinere Prämisse ein Universalsatz über Mögliches ist, beweist man mittels Umkehrung der größeren Prämisse und der Konklusion und Umstellung der Prämissen.

Regel 8: In der dritten Figur ist ein Syllogismus aus einer Prämisse über Mögliches und einer assertorischen Prämisse in den verneinenden Modi geeignet zum Schluß auf eine verneinende Konklusion, wenn die größere Prämisse ein Universalsatz über Mögliches ist, sonst aber nicht. Der erste Teil der Regel wird hinsichtlich Ferison und Felapton mittels Umkehrung der kleineren Prämisse bewiesen, denn auf diese Weise wird die erste Figur hervorgehen. Der zweite Teil der Regel wird erläutert, nämlich: Wenn die größere Prämisse ein verneinender Universalsatz ist und assertorisch ist, folgt keine Konklusion über Mögliches, obschon die kleinere Prämisse ein

tiva et] om. O   inesse] et add. LO   minor] om. O   universalis] LO om. A
23 quod] LO om. A

sequitur »Nullum creans est deus, omne creans potest esse prima causa, ergo prima causa potest non esse deus«.

Nona regula: Numquam in tertia figura ex una de possibili et alia de inesse valet syllogismus gratia formae, quando universalis est de inesse et particularis de possibili. Patet, nam non sequitur »Omne currens est equus, quoddam currens potest esse homo, ergo quidam homo potest esse equus«, posito enim, quod nihil curreret nisi equus, maior esset vera et similiter minor propter ampliationem subiecti, quia valet istam »Quiddam, quod est vel potest esse currens, potest esse homo«, et hoc est verum, conclusio tamen est falsa. Et transponantur praemissae et habebitur Disamis, qui etiam non valet. Similiter nec Bocardo, posito enim, quod solus sol luceat super nostrum hemisphaerium, tunc fiat syllogismus sic »Quidam planeta lucens supra nostrum hemisphaerium potest non esse sol«, haec est vera adhuc casu stante propter ampliationem, et »Omnis planeta lucens supra nostrum hemisphaerium est planeta lucidissimus« per casum, et tamen conclusio est falsa, quod planeta lucidissimus potest non esse sol. Similiter Ferison non valet, nam posito, quod luna totaliter sit eclipsata, tunc arguitur sic »Nullum lucens est luna, quoddam lucens potest esse infimus planetarum«, haec est vera propter ampliationem subiecti, et conclusio est falsa dicens, quod infimus planetarum potest non esse luna.

Ratio regulae est, quia in illa de inesse medium distribuitur solum pro his, quae sunt, et particularis de possibili potest esse

5 et] AO vel LPSX Patet] om. O nam] quia LO 6 currens[1]] currit LO currens[2]] currit LO 7 quidam...equus] om. L etc. OX 8 nihil] nullus LO curreret] currit O similiter] om. LO 9 minor] vera add. L Quiddam] Z quoddam A quaedam L om. PS omne X 10 quod] APSX om. L et] homo add. s. del. A 11 Et...valet] A om. LOPSX 12 Disamis] Z datisi A nec] A non LOPSX valet add. LOPSX 13 Bocardo] A om. LOPSX posito] AO ponendo LPSX enim] om. LO 14 sic] om. LO 16 adhuc...stante] om. LO et] LO om. A 17 planeta[2]] om. L 18 lucidissimus] ALPSX lucens O et] LO om. A quod...sol] A om. LOPSX 19 non valet] potest non valere LO 20 nam] tunc LO arguitur] om. LO 21 quoddam] quod O 22 propter] per L 23 conclusio] om. O est] O om.

Universalsatz über Mögliches ist. Es folgt nämlich nicht »Kein Schaffendes ist Gott, jedes Schaffende kann die erste Ursache sein, also kann die erste Ursache nicht Gott sein«.

Regel 9: Niemals ist ein Syllogismus in der dritten Figur aus einer Prämisse über Mögliches und einer assertorischen Prämisse gültig aufgrund der Form, wenn der Universalsatz assertorisch ist und der Partikulärsatz über Mögliches geht. Das ist klar, denn es folgt nicht »Jedes Laufende ist ein Pferd, irgendein Laufendes kann ein Mensch sein, also kann irgendein Mensch ein Pferd sein«, gesetzt nämlich, daß nichts außer einem Pferd liefe, so wäre die größere Prämisse wahr und ebenso die kleinere wegen der Erweiterung des Subjekts, weil sie mit dem Satz »Etwas, das laufend ist oder sein kann, kann ein Mensch sein« gleichwertig ist, und das ist wahr; die Konklusion ist jedoch falsch. Und wenn man die Prämissen umstellt, wird man Disamis erhalten, welcher (Modus) auch nicht gültig ist. Und ebenso nicht Bocardo, gesetzt nämlich, daß nur die Sonne über unserer Hemisphäre leuchte, dann bilde man folgendermaßen einen Syllogismus: »Irgendein über unserer Hemisphäre leuchtender Planet kann nicht die Sonne sein«, dieser Satz ist wegen der Erweiterung wahr, auch wenn die gemachte Annahme weiterhin gilt, und »Jeder über unserer Hemisphäre leuchtende Planet ist der allerhellste Planet« gemäß Annahme, und dennoch ist die Konklusion falsch, daß der allerhellste Planet nicht die Sonne sein kann. Ebenso ist Ferison nicht gültig, denn gesetzt, daß der Mond vollständig verfinstert sei, so argumentiert man folgendermaßen: »Kein Leuchtendes ist der Mond, irgendein Leuchtendes kann der unterste Planet sein«, dieser (letztere) Satz ist wahr wegen der Erweiterung des Subjekts, und die Konklusion ist falsch, die besagt, daß der unterste Planet nicht der Mond sein kann.

Der Grund für die Regel lautet, daß im assertorischen Satz der Mittelterm nur hinsichtlich existierender Dinge verteilt wird, aber ein Partikulärsatz über Mögliches wahr sein kann

AL dicens] quae dicit LO quod] om. LO 24 non] LO nam! A luna] lucens O
25 regulae] om. LO est] om. O

vera pro eo, quod non est, licet non sit vera pro aliquo, quod est. Ergo medium in maiore et in minore pro nullo eodem verificatur, et ita non est in eo bona conexio extremitatum.

Decima regula: In tertia figura semper ex una de inesse simpliciter et una de possibili valet syllogismus ad concludendum conclusionem de possibili, quaecumque praemissarum sit de inesse simpliciter vel de possibili. Et iterum memento, quod per propositionem de inesse simpliciter intelligitur necessaria. Ista regula patet quantum ad illos modos, qui dicti sunt valere propositione existente de inesse accipiendo de inesse communiter, prout extendit se ad de inesse simpliciter et ad de inesse ut nunc. Si ergo loco illius de inesse ponitur una de inesse simpliciter, non minus sequitur conclusio. Sed quantum ad Felapton A43rb et Datisi et Ferison, si habent minorem de possibili, dico, quod reducuntur ad primam figuram per conversionem minoris, in qua quidem prima figura sequebatur conclusio de possibili una praemissarum existente de inesse simpliciter et alia de possibili. Similiter Disamis, si habet maiorem de possibili, reducitur ad primam figuram per conversionem maioris et conclusionis et transpositionem praemissarum. Sed Bocardo per impossibile probatur et primo, si maior sit de possibili, nam tunc ex opposito conclusionis et maiore sequitur minorem non esse necessa-

9 dicti] Cf. Cap. IV.7–10, praecipue partem regularum in Cap. IV.7.

1 non[1]] om. O aliquo] eo LO 2 in[2]] om. LO 3 verificatur] verificantur L et…extremitatum] A om. LOPSX 5 una] alia LO concludendum] LO om. A 7 de[2]] LO om. A Et…necessaria] A om. LOPSX 9 Ista] om. O illos] om. O modos] LO om. A sunt] ALOPSX Sequitur nunc add. L etc. add. OPX valere… illam] AB41ra-bE53vU84va-85raW72ra-b om. LMOPSX 10 existente] ABUW om. E inesse[1]] simpliciter add. B accipiendo…inesse[2]] ABEU om. W communiter] ABEW om. U 11 et] ABE vel UW 12 loco] BUW om. AE illius] AEUW unius B ponitur] A ponatur BEUW 13 sequitur] BUW sequeretur AE conclusio] A illud quod sequebatur BEUW 14 Datisi] AEW datesi! B disamis U 15 per] ABEW et! U 16 prima] ABEW om. U 17 et alia] A alia vero BEU alia W existente add. BEU de inesse! add. W 18 Disamis] ABU usenus! E dystantis! W reducitur] ABEW reducuntur U 19 conclusionis] ABUW minoris

hinsichtlich dessen, was nicht existiert, auch wenn er nicht in Hinsicht auf etwas Existierendes wahr sein sollte. Also wird der Mittelterm in der größeren und in der kleineren Prämisse nicht für dasselbe verifiziert, und somit liegt in einem (solchen Syllogismus) keine gültige Verknüpfung der Außenterme vor.

Regel 10: In der dritten Figur ist ein Syllogismus aus einer schlechthin assertorischen Prämisse und einer Prämisse über Mögliches immer geeignet zum Schluß auf eine Konklusion über Mögliches, einerlei, welche Prämisse die schlechthin assertorische ist und welche über Mögliches geht. Und man erinnere sich wiederum daran, daß mit einem schlechthin assertorischen Satz ein notwendiger Satz gemeint ist. Diese Regel ist klar hinsichtlich derjenigen Modi, von denen gesagt wurde, daß sie mit einem assertorischen Satz gültig sind, wenn man »assertorisch« im allgemeinen Sinne verwendet, wonach dieser Ausdruck »schlechthin assertorisch« und »bedingt assertorisch«[132] umfaßt. Wenn man also anstelle des assertorischen Satzes einen schlechthin assertorischen Satz setzt, folgt die Konklusion ebenso. – Aber hinsichtlich Felapton, Datisi und Ferison, wenn sie eine kleinere Prämisse über Mögliches haben, sage ich, daß sie mittels Umkehrung der kleineren Prämisse auf die erste Figur zurückgeführt werden, in welcher ersten Figur ja eine Konklusion über Mögliches folgte, wenn eine der Prämissen schlechthin assertorisch war und die andere über Mögliches ging. – Ebenso Disamis: Wenn (dieser Modus) eine größere Prämisse über Mögliches hat, wird er mittels Umkehrung der größeren Prämisse und der Konklusion sowie Umstellung der Prämissen auf die erste Figur zurückgeführt. – Aber Bocardo wird mittels des Unmöglichen bewiesen, und zwar erstens, wenn die größere Prämisse über Mögliches geht, denn dann folgt aus dem Gegensatz der Konklusion und der größeren Prämisse, daß die kleinere Prämisse nicht notwendig ist. Z. B. laute der erste Syllogismus folgendermaßen: »Irgendein

E 20 et] per add. U 21 et] A om. BEUW maior sit] ABEW arguatur sic! U
22 maiore] AEUW minore B minorem] AUW maiorem BE

riam. Verbi gratia, fiat primus syllogismus sic »Quidam asinus potest non esse homo, omnis asinus est animal, ergo quoddam animal potest non esse homo«, fiat autem secundus syllogismus ex opposito conclusionis et maiore sic »Omne animal necesse est esse hominem, quidam asinus potest non esse homo, igitur quendam asinum necesse est non esse animal«, conclusio non potest stare cum necessitate minoris prioris syllogismi, igitur primus syllogismus erat bonus. Si vero in Bocardo maior esset de inesse simpliciter et minor de possibili, tunc probaretur ille syllogismus per impossibile inferendo ex opposito conclusionis et minore non necessitatem maioris, sicut potest patere formanti syllogismos.

Sic ergo dictum sit de syllogismis mixtis ex una de possibili et alia de inesse.

Tamen pro sexta regula potest esse exemplum contra Cesare, nam »Omnem gradum zodiaci possibile est non esse supra nostrum hemisphaerium, omnis gradus zodiaci existens supra nostrum hemisphaerium est gradus zodiaci«, tamen non sequitur »Igitur omnem gradum zodiaci existentem super nostrum hemisphaerium possibile est non esse gradum zodiaci«, praemissae enim sunt verae et conclusio falsa, nec etiam sequitur illa de inesse »Omnis gradus zodiaci existens supra nostrum hemisphaerium non est gradus zodiaci«. Similiter instatur contra Camestres, nam »Omnem gradum zodiaci possibile est

1 Verbi gratia] ABEU om. W fiat] enim add. EUW sic] BEUW om. A 3 autem] ABEU om. W syllogismus] sic add. BEUW 4 maiore] ABEU minore W sic] AU om. BEW 5 est] non add. s. del. U esse hominem] ABEU animal! W 8 primus] ABEU prior W esset] AW sit B est EU 9 probaretur] ABUW probantur E ille syllogismus] AUW om. B illi syllogismi E 11 necessitatem] AEUW necessitate! B sicut...syllogismos] AEUW om. B potest] AUW patet! E 13 sit] BEUW est A syllogismis] ABUW consequentiis E 15 Tamen] ABEW om. U pro] ABEU per! W sexta] AEUW ista! B regula] ABEU regulam! W contra Cesare] Z om. ABEUW 16 nam] ABEU om. W non sequitur add. ABEU 17 existens] AEUW om. B 18 nostrum...zodiaci] AEUW etc. B zodiaci] super nostrum hemisphaerium add. AEUW sequitur] ABEU sequatur W conclusio add. E 19 Igitur] AEUW om. B existentem] Z om. ABEUW super...hemisphaerium] AEUW om. B 20 non] AUW om. E 21 enim] AEU om. W et] EUW

Esel kann kein Mensch sein, jeder Esel ist ein Lebewesen, also kann irgendein Lebewesen kein Mensch sein«, der zweite Syllogismus werde aber aus dem Gegensatz der Konklusion und der größeren Prämisse folgendermaßen gebildet: »Für jedes Lebewesen ist es notwendig, ein Mensch zu sein; irgendein Esel kann kein Mensch sein; also: Für irgendeinen Esel ist es notwendig, kein Lebewesen zu sein«; die Konklusion kann nicht (zusammen) mit der Notwendigkeit der kleineren Prämisse des ersten Syllogismus stehen (wahr sein), also war der erste Syllogismus gültig. Wenn hingegen in Bocardo die größere Prämisse schlechthin assertorisch wäre und die kleinere Prämisse über Mögliches ginge, dann würde ein solcher Syllogismus mittels des Unmöglichen bewiesen werden, indem man aus dem Gegensatz der Konklusion und der kleineren Prämisse die Nicht-Notwendigkeit der größeren Prämisse folgerte, wie jedem klar werden kann, der die (entsprechenden) Syllogismen bildet.

Soviel sei also gesagt über die gemischten Syllogismen aus einer Prämisse über Mögliches und einer assertorischen Prämisse.

Doch was die sechste Regel anbelangt, so kann man ein Beispiel gegen Cesare vorbringen: »Für jeden Grad des Tierkreises ist es möglich, nicht über unserer Hemisphäre zu sein; jeder über unserer Hemisphäre stehende Grad des Tierkreises ist ein Grad des Tierkreises«, aber dennoch folgt nicht »Also ist es für jeden über unserer Hemisphäre stehenden Grad des Tierkreises möglich, kein Grad des Tierkreises zu sein«, die Prämissen sind nämlich wahr und die Konklusion (ist) falsch; und es folgt auch nicht der assertorische Satz »Jeder über unserer Hemisphäre stehende Grad des Tierkreises ist kein Grad des Tierkreises«. – Ebenso gibt es ein Gegenbeispiel gegen Camestres: »Für jeden Grad des Tierkreises ist es mög-

om. A 22 existens] Z om. AEUW 23 non] ABUW om. s. add. s.l.? E instatur] ABEU instantur! W 24 Omnem] AEUW om. B

esse supra nostrum hemisphaerium, nullus gradus zodiaci existens sub nostro hemisphaerio est super nostrum hemisphaerium«, tamen non sequitur »Igitur omnem gradum zodiaci existentem sub nostro hemisphaerio possibile est non esse gradum zodiaci«, praemissae enim sunt verae et conclusio falsa, et maior est de possibili et minor de inesse in secunda figura. Consimili modo potest exemplificari de modis particularibus. Et illud exemplum dimissum est circa sextam regulam huius capituli et referatur ad illam.

Cap. IV.15 ⟨Capitulum quintum decimum de generatione syllogismorum mixta ex una de necessario et alia de inesse⟩

O42va Nunc restat dicere de generatione syllogismorum mixta ex una de necessario et alia de inesse, et sit prima regula: Minore existente de necessario et maiore existente de inesse accipiendo de inesse communiter in prima figura non valet syllogismus ad concludendum conclusionem de necessario nec etiam ad concludendum conclusionem de inesse praeterquam in Celarent. Celarent enim in huiusmodi dispositione valet bene ad concludendum conclusionem de inesse, licet non valeat ad concludendum conclusionem de necessario. Ista regula patet primo quan-

1 esse...hemisphaerium] AEUW etc. B 2 existens] BEUW om. A sub] ABW super! EU nostro hemisphaerio] ABUW nostrum hemisphaerium E est] AEUW om. B gradus zodiaci add. s. del. E super...hemisphaerium] AEUW etc. B 3 tamen] AU om. BEW sequitur] conclusio add. E Igitur] ABEW om. U 4 existentem] AEU existente! W existentem...zodiaci] AEUW etc. B sub] EW supra A super U nostro hemisphaerio] EW nostrum hemisphaerium AU 6 est] AEUW om. B in...figura] EUW om. AB 7 potest exemplificari] AEUW om. B de] AEUW in B 8 est] A erat BEU om. W circa] EUW om. A iuxta B sextam] BEUW quartam A 9 et...illam] AEW om. B et refferebatur! ad eam U 13 Nunc] L om. AO dicere] LO om. A generatione] A om. LOPSX syllogismorum] A syllogismis LOPSX mixta] Z om. A mixtis LOPSX 14 de[1]] inesse add. s. del. O sit] est O Minore] Z minori A maiore LOPSX 15 necessario] A inesse LOPSX necessario add. OP maiore] Z maiori A minore LOPSX existen-

lich, über unserer Hemisphäre zu stehen; kein unter unserer Hemisphäre stehender Grad des Tierkreises ist über unserer Hemisphäre«, aber dennoch folgt nicht »Also ist es für jeden unter unserer Hemisphäre stehenden Grad des Tierkreises möglich, kein Grad des Tierkreises zu sein«, die Prämissen sind nämlich wahr und die Konklusion (ist) falsch, und die größere Prämisse geht über Mögliches und die kleinere ist assertorisch in der zweiten Figur. Auf ähnliche Weise kann man Beispiele für die partikulären Modi entwickeln. – Dieses Beispiel wurde bei der sechsten Regel dieses Kapitels ausgelassen und möge auf diese Regel bezogen werden.

Kapitel IV.15: *Die gemischte Erzeugung von Syllogismen aus einer Prämisse über Notwendiges und einer assertorischen Prämisse*

Nun steht an, über die gemischte Erzeugung von Syllogismen aus einer Prämisse über Notwendiges und einer assertorischen Prämisse zu sprechen, und die erste Regel laute: Wenn die kleinere Prämisse über Notwendiges geht und die größere assertorisch ist, wobei »assertorisch« im allgemeinen Sinne verwendet wird, ist ein Syllogismus in der ersten Figur nicht geeignet zum Schluß auf eine Konklusion über Notwendiges und auch nicht zum Schluß auf eine assertorische Konklusion, außer in Celarent. Celarent mit einer derartigen Beschaffenheit ist nämlich sehr wohl geeignet zum Schluß auf eine assertorische Konklusion, obzwar (auch dieser Modus) nicht geeignet ist zum Schluß auf eine Konklusion über Notwendiges. Diese

te[2]] LPS om. AOX inesse] AOP necessario LSX accipiendo…inesse] LOPSX om. A 16 de] LOPS om. X 17 concludendum[1]] LO om. A conclusionem] om. O etiam] om. O ad…conclusionem] om. L concludendum[2]] O om. A quod add. s. del. O 19 enim] LO om. A dispositione] A discursu LOPX distribuitur S concludendum] LO om. A 20 conclusionem] om. O concludendum] LO om. A 21 Ista] om. O primo] om. O quantum ad] de LO

tum ad Barbara, non enim sequitur »Omnis deus est creans, omnis prima causa de necessitate est deus, ergo omnis prima causa de necessitate est creans«, conclusio enim est falsa praemissis existentibus veris posito, quod deus modo creet. Similiter patet, quod non sequitur »Nullus deus est creans, omnis prima causa de necessitate est deus, igitur omnem primam causam necesse est non esse creantem«, nam praemissae possunt esse verae conclusione existente falsa posito, quod deus non creet. Proportionaliter exemplificatur de modis particularibus. Sic ergo patet, quare non sequitur conclusio de necessario, dum maior est de inesse et minor de necessario. Quod autem in Barbara non sequitur conclusio de inesse ex maiore de inesse et minore de necessario, patet, nam non sequitur »Omnis deus est
A43va iustus, omne creans de necessitate est deus, ergo omne creans est iustum«, nam maior est vera et similiter minor propter ampliationem subiecti posito adhuc, quod deus non creet, et conclusio falsa in isto casu. Proportionaliter in Darii. Quod autem in Ferio non sequitur etiam conclusio de inesse ex maiore de inesse et minore de necessario, patet, nam ponamus, quod luna iam non luceat, tunc arguitur sic »Nullus infimus planetarum est alius a luna, quoddam lucens de necessitate est infimus planetarum«, non sequitur »Ergo quoddam lucens non est aliud a luna«, conclusio est falsa posito, quod aliquid luceat

3 enim] om. O 4 modo] PSX non! AL om. O creet] A crearet LOPSX 7 nam] om. LO praemissae] enim add. LO 8 posito] enim add. L 9 creet] LOPX creat A crearet S Proportionaliter...necessario] om. LO 10 quare] Z qualiter AE54r om. LOPSX *Hic »quare« sed in fine capituli »qualiter« rectum esse censet* Z 11 dum] neque etiam L nec si O est] sit LO Quod...necessario] om. LO 12 de[1]] necessario add. s. del. A 13 nam...sequitur] om. L quia O 14 iustus] bonus LO creans[2]] de necessitate add. LO 15 iustum] bonum L bonus O nam] A om. BEUW nam...sequitur] AB41rbE54rU85rb-vaW72va-b om. LMOPSX 16 non] AEUW nihil B 17 in[1]] ABEU et! W isto] BEU om. A iste! W Proportionaliter...Darii] AEUW om. B 18 Ferio] AEUW ferison B sequitur] ABW sequatur EU etiam] AEW om. BU 19 nam] ABW modo E quia U ponamus...sic] ABEW non sequitur U 20 luceat] ABW lucebat E arguitur] ABW arguatur E 21 planetarum] ABUW planeta E alius] BUW aliud A alia E quoddam] ABUW aliquid E 22 non sequitur] ABEW om. U conclusio add. E

Regel ist klar, erstens hinsichtlich Barbara: Es folgt nämlich nicht »Jeder Gott ist schaffend, jede erste Ursache ist mit Notwendigkeit Gott, also ist jede erste Ursache mit Notwendigkeit schaffend«, die Konklusion ist nämlich falsch, obwohl die Prämissen wahr sind unter der Annahme, daß Gott gerade schaffe. Ebenso ist klar, daß nicht folgt »Kein Gott ist schaffend, jede erste Ursache ist mit Notwendigkeit Gott, also ist es für jede erste Ursache notwendig, nicht schaffend zu sein«, denn die Prämissen können wahr sein, während die Konklusion falsch ist, gesetzt, daß Gott nicht schaffe. Auf entsprechende Weise macht man Beispiele für die partikulären Modi. So ist also klar, weshalb keine Konklusion über Notwendiges folgt, wenn die größere Prämisse assertorisch ist und die kleinere über Notwendiges geht. Daß aber in Barbara aus einer assertorischen größeren Prämisse und einer kleineren Prämisse über Notwendiges keine assertorische Konklusion folgt, ist klar, denn es folgt nicht »Jeder Gott ist gerecht, jedes Schaffende ist mit Notwendigkeit Gott, also ist jedes Schaffende gerecht«, denn die größere Prämisse ist wahr und ebenso die kleinere wegen der Erweiterung des Subjekts, noch immer angenommen, daß Gott nicht schaffe, aber die Konklusion ist in diesem Fall falsch. Auf entsprechende Weise in Darii. – Daß aber in Ferio aus einer assertorischen größeren Prämisse und einer kleineren Prämisse über Notwendiges auch keine assertorische Konklusion folgt, ist klar, denn nehmen wir an, daß der Mond jetzt nicht leuchte, dann argumentiert man so: »Kein unterster Planet ist vom Mond verschieden, irgendein Leuchtendes ist mit Notwendigkeit der unterste Planet«, so folgt nicht »Also ist irgendein Leuchtendes nicht vom Mond verschieden«; die Konklusion ist falsch unter der Annahme, daß etwas leuchtet, aber nicht der Mond, und die größere Prämisse ist wahr und

non[2]] ABUW om. E 23 luna] praemissae enim sunt verae et add. U conclusio] AEUW ergo B enim semper add. E enim add. W posito] enim add. W aliquid…luna] ABEW iam luna non luceat sed aliquid aliud U

et non luna, et maior est vera et minor etiam propter ampliationem subiecti. Licet enim iam nullum lucens esset luna, adhuc esset haec vera »Quoddam lucens de necessitate est luna«, nam valet istam »Quiddam, quod est vel potest esse lucens, de necessitate est luna«. Sed quod in Celarent ex maiore de inesse et minore de necessario sequitur conclusio de inesse, patet, nam sequitur »Nullum B est A, omne C de necessitate est B, ergo nullum C est A«. Patet, nam ad istam »Nullum B est A« ex prius dictis sequitur ista »Nullum, quod est B, est A«, et ad istam »Omne C de necessitate est B« sequitur ista »Omne, quod est vel potest esse C, de necessitate est B«, et hoc propter ampliationem subiecti. Sed ad istas sequitur ista »Nullum C est A«, ergo etiam sequebatur ad primas per istam regulam »Quicquid sequitur ad consequens, sequitur ad antecedens«. Advertendum est etiam, quod si maior est de inesse et minor de necessario, in prima figura subiecto minoris restricto per ly *quod est* in omnibus modis directis sequitur conclusio de inesse, sed non de necessario, minore enim non sic restricta nisi in Celarent non sequitur.

Secunda regula: Ex maiore de necessario et minore de inesse in prima figura est bonus syllogismus ad concludendum conclusionem particularem. Patet, nam si maior, quae est de ne-

9 prius] Cf. Cap. IV.2, regulam sextam decimam.

1 et[2]] AEW om. BU maior] enim add. U vera] per casum add. E ut notum est de se add. U et[3]] ABEU om. W etiam] A om. B est vera EU similiter W 2 enim] ABW om. EU esset] ABEW est U 3 adhuc] ABEW ad! U haec] ABEW om. U 4 nam...luna] AEU om. BW istam] AU ista E Quiddam] Z quoddam AE aliquid U 5 in Celarent] AEUW intelligeret de! B 6 sequitur] A sequatur BEUW de inesse[2]] BEU de necessitate A *ante corr.* E om. W 7 B] ABUW c E de? add. s. del.? E 8 Nullum...istam] ABEU om. W 9 B[2]] ABU c E 10 ista] omne quod est c et add. E 11 vel] ABEU b! W et hoc] ABEW om. U 12 istas] AEUW istam B nullum (BEW nihil U) quod est b est a et omne quod est vel potest esse c de necessitate est b add. BEUW 13 etiam] BEUW tunc A sequebatur] ista add. s. del. E primas] ABW praemissas E primam U duas (BEW dicens! U) videlicet (BEW si! U) nullum b est a omne c de necessitate est b add. BEUW istam] BEUW primam A 14 antecedens] etc. add. A 15 est[1]] ABUW

die kleinere auch wegen der Erweiterung des Subjekts. Wenn auch nämlich jetzt kein Leuchtendes der Mond wäre, so wäre der Satz »Irgendein Leuchtendes ist mit Notwendigkeit der Mond« doch noch immer wahr, denn er ist gleichwertig mit dem Satz »Etwas, das leuchtend ist oder sein kann, ist mit Notwendigkeit der Mond«. – Aber daß in Celarent aus einer assertorischen größeren Prämisse und einer kleineren Prämisse über Notwendiges eine assertorische Konklusion folgt, ist klar, denn es folgt: »Kein B ist ein A, jedes C ist mit Notwendigkeit ein B, also ist kein C ein A«. Das ist klar, denn aus dem Satz »Kein B ist ein A« folgt aufgrund des früher Gesagten der Satz »Nichts, was ein B ist, ist ein A«, und aus dem Satz »Jedes C ist mit Notwendigkeit ein B« folgt der Satz »Alles, was ein C ist oder sein kann, ist mit Notwendigkeit ein B«, und zwar wegen der Erweiterung des Subjekts. Aber aus diesen Sätzen folgt der Satz »Kein C ist ein A«, also folgte er auch aus den ersten Sätzen gemäß der Regel »Alles, was aus dem Nachsatz folgt, folgt (auch) aus dem Vordersatz«. – Beachten muß man auch: Wenn die größere Prämisse assertorisch ist und die kleinere über Notwendiges geht, folgt in der ersten Figur in allen direkten Modi, wenn das Subjekt der kleineren Prämisse mit dem Ausdruck »was ist« eingeschränkt ist, eine assertorische Konklusion, aber keine Konklusion über Notwendiges; wenn die kleinere Prämisse nämlich nicht so eingeschränkt ist, folgt (eine assertorische Konklusion) nur in Celarent.

Regel 2: Aus einer größeren Prämisse über Notwendiges und einer assertorischen kleineren Prämisse liegt in der ersten Figur ein gültiger Syllogismus vor zum Schluß auf eine partikuläre Konklusion. Das ist klar, denn wenn die größere Prä-

om. E etiam] BEU om. AW est[2]] AEW sit BU 16 in…figura] AEUW om. B subiecto minoris] Z om. AB et minor est EUW restricto] A restricta BEUW 17 directis] EUW dictis A primae figurae B primae figurae add. EUW sequitur] bene add. EUW 18 sed] AEUW et B minore enim] AE sed minore B minore U minore vero W non[2]] ABU om. EW sic] AEUW om. B restricta] ABEU restricto! W 21 conclusionem] LO om. A 22 particularem] O particularis! AL nam] quia O

cessario, explicite exprimatur, erit syllogismus per evidentem sumptionem sub distributione maioris. Verbi gratia »Omne, quod est vel potest esse B, de necessitate est A, omne C est B, ergo quoddam C de necessitate est A«, similiter de Celarent.

Et notanter dixi in regula »ad concludendum conclusionem particularem«, quia praedicti modi non valerent ad concludendum conclusionem universalem. Patet, nam non sequitur L41ra »Omnis infimus planeta de necessitate est luna, omne lucens supra nostrum hemisphaerium est infimus planeta«, ponatur sic esse, »Ergo omne lucens supra nostrum hemisphaerium de necessitate est luna«, conclusio enim est falsa et praemissae sunt verae. Nam conclusio valet illam propter ampliationem sui subiecti »Omne, quod est vel potest esse lucens supra nostrum hemisphaerium, de necessitate est luna«, modo hoc est falsum, nam sol est vel potest esse lucens supra nostrum hemisphaerium, et tamen sol non est nec potest esse luna nec etiam de necessitate est luna. Verumtamen, si conclusio restringeretur per ly *quod est*, bene sequeretur conclusio universalis de necessario de subiecto restricto per ly *quod est*, similiter bene sequeretur conclusio universalis de inesse. Similiter conclusione non restricta per ly *quod est* non sequitur in Celarent »Omnem solem necesse est non esse lunam, omne lucens super nostrum hemisphaerium est sol«, ponatur sic esse, »Ergo omne lucens supra nostrum hemisphaerium necesse est non esse lunam«. Patet, quod conclusio est falsa propter ampliationem sui subiecti, quod patet, si explicite exprimatur, et tamen prae-

1 explicite] om. L exprimatur] explicatur L evidentem] *lectio incerta* O 5 in regula] LO om. A concludendum] LO om. A 6 particularem] O particularis! AL praedicti modi] LOX praedicto modo A valerent] valent LO concludendum] LO om. A 7 conclusionem] particularis add. s. del. L 8 est] erit O 9 ponatur] LO ponitur A 10 de…est[1]] LO trsp. A 11 enim] om. L 12 Nam] om. L conclusio] enim add. L illam] L tantum AO 13 sui] LO om. A lucens] LO om. A 15 est vel] LO om. A 16 et] LO om. A sol] LO om. A nec[1]…esse] om. LO etiam] L om. A in! O 17 Verumtamen] L tamen A verum est tamen O 18 ly] LO hoc A sequeretur] L sequitur AO de necessario] LO om. A scilicet add. L 19 bene] LO om. A 20 sequeretur] X sequitur ALO 21 per…

misse, die über Notwendiges geht, explizit ausformuliert wird, wird sich ein Syllogismus durch augenscheinliche Unterordnung unter die Verteilung der größeren Prämisse ergeben. Z. B. »Alles, was ein B ist oder sein kann, ist mit Notwendigkeit ein A; jedes C ist ein B; also ist irgendein C mit Notwendigkeit ein A«, ebenso bezüglich Celarent.

Und ich sagte in der Regel ausdrücklich »zum Schluß auf eine partikuläre Konklusion«, weil die vorgenannten Modi nicht geeignet wären, um auf eine universale Konklusion zu schließen. Das ist klar, denn es folgt nicht »Jeder unterste Planet ist mit Notwendigkeit der Mond; jedes über unserer Hemisphäre Leuchtende ist der unterste Planet«, man nehme an, daß dies der Fall sei, »Also ist jedes über unserer Hemisphäre Leuchtende der Mond«, die Konklusion ist nämlich falsch und die Prämissen sind wahr. Denn die Konklusion ist wegen der Erweiterung ihres Subjekts gleichwertig mit dem Satz »Alles, was über unserer Hemisphäre leuchtend ist oder sein kann, ist mit Notwendigkeit der Mond«, aber das ist falsch, denn die Sonne ist über unserer Hemisphäre leuchtend oder kann es sein, aber dennoch ist die Sonne nicht der Mond noch kann sie es sein noch ist sie auch mit Notwendigkeit der Mond. Gleichwohl, wenn die Konklusion mit dem Ausdruck »was ist« eingeschränkt würde, folgte sehr wohl eine universale Konklusion über Notwendiges mit einem Subjekt, das mit dem Ausdruck »was ist« eingeschränkt ist, ebenso folgte sehr wohl eine assertorische universale Konklusion. – Ebenso folgt nicht in Celarent ohne Einschränkung der Konklusion mit dem Ausdruck »was ist«: »Für jede Sonne ist es notwendig, nicht der Mond zu sein; jedes über unserer Hemisphäre Leuchtende ist die Sonne«, man nehme an, daß dies der Fall sei, »Also ist es für jedes über unserer Hemisphäre Leuchtende notwendig, nicht der Mond zu sein«. Es ist klar, daß die Konklusion wegen der Erweiterung ihres Subjekts falsch ist, was erhellt, wenn man sie explizit ausformuliert, und dennoch sind

sequitur] LO om. A non[2]] L nam! O 23 ponatur…esse] LOX om. A 26 exprimatur] LO exprimeretur A

missae sunt verae casu posito, verum est tamen, quod conclusio bene esset vera, si restringeretur per ly *quod est*. Similiter bene sequitur conclusio universalis de inesse.

A43vb Tertia regula: In secunda figura Cesare et Festino valent ad concludendum conclusionem de necessario, si maior, quae est universalis negativa, de necessario sit sine prohibitione ampliationis. Patet, nam tales syllogismi probantur per conversionem maioris, fiet enim sic prima figura, in qua talis conclusio sequebatur, tamen oportet, quod in tali conclusione prohibeatur ampliatio subiecti per ly *quod est*.

Quarta regula: In secunda figura Camestres et Baroco non valent supposito adhuc, quod negativa sit de necessario et affirmativa de inesse. Patet, nam posito, quod solus sol luceat modo super nostrum hemisphaerium, non sequitur »Omnis O42vb planeta lucens super nostrum hemisphaerium est sol, omnem lunam necesse est non esse solem«, conclusio est falsa dicens »Omnem lunam necesse est non esse planetam lucentem super hemisphaerium nostrum«.

Quinta regula: Loquendo semper de propositione de inesse communiter in secunda figura non valet syllogismus ex una de necessario et alia de inesse, si affirmativa sit de necessario, ad concludendum conclusionem de necessario. Patet instando contra Cesare et Festino: »Nullum creans est deus«, ponatur sic esse, »Omnis prima causa de necessitate est deus«, non sequitur »Ergo omnem primam causam necesse est non esse creantem«, proportionaliter de Festino. Similiter probatur regula quantum ad Camestres et Baroco instando contra istos

1 casu posito] om. LO verum est] om. L quod] om. L 2 esset] potest esse L restringeretur] restringetur L Similiter] LO sic A 4 regula] syllogismus add. LX figura] scilicet in add. L et] LO om. A valent] valet LX concludendum] LO om. A 5 si] LO sive A maior…est] LO om. A 6 negativa] LO om. A 9 tali] om. LO 11 figura] in add. L 12 valent] valet L 16 conclusio…dicens] ergo sequitur conclusio falsa scilicet L 17 Omnem] L om. AO necesse est] om. O 19 Loquendo] om. L 21 si] LO sit A 22 Patet] nam add. L 23 ponatur] LO ponitur A 24 sic] ita L in O deus] ergo add. s. del. A 25 sequitur] om. O Ergo] conclusio L 26 proportionaliter…Festino] LO om. A 27 Baroco] in add. O

die Prämissen wahr im angenommenen Fall; jedoch stimmt es, daß die Konklusion sehr wohl wahr wäre, wenn sie mit dem Ausdruck »was ist« eingeschränkt würde. Ebenso folgt sehr wohl eine assertorische universale Konklusion.

Regel 3: In der zweiten Figur sind Cesare und Festino geeignet zum Schluß auf eine Konklusion über Notwendiges, wenn die größere Prämisse, die (ja) ein verneinender Universalsatz ist, ohne Verhinderung der Erweiterung über Notwendiges geht. Das ist klar, denn solche Syllogismen werden mittels Umkehrung der größeren Prämisse bewiesen, auf welche Weise nämlich die erste Figur entstehen wird, in welcher eine solche Konklusion folgte; dennoch ist es erforderlich, daß in einer solchen Konklusion die Erweiterung des Subjekts mit dem Ausdruck »was ist« verhindert wird.

Regel 4: In der zweiten Figur sind Camestres und Baroco nicht geeignet (zum Schluß auf eine Konklusion über Notwendiges), weiterhin vorausgesetzt, daß der verneinende Satz über Notwendiges geht und der bejahende assertorisch ist. Das ist klar, denn angenommen, daß nur die Sonne jetzt über unserer Hemisphäre leuchte, so folgt nicht »Jeder über unserer Hemisphäre leuchtende Planet ist die Sonne, für jeden Mond ist es notwendig, nicht die Sonne zu sein« – die Konklusion ist (nämlich) falsch, die besagt »Für jeden Mond ist es notwendig, kein über unserer Hemisphäre leuchtender Planet zu sein«.

Regel 5: Immer in bezug auf einen assertorischen Satz im allgemeinen Sinne gemeint, ist ein Syllogismus aus einer Prämisse über Notwendiges und einer assertorischen Prämisse in der zweiten Figur nicht geeignet zum Schluß auf eine Konklusion über Notwendiges, wenn der bejahende Satz über Notwendiges geht. Das erhellt, indem man Beispiele gegen Cesare und Festino formuliert: »Kein Schaffendes ist Gott«, man nehme an, daß dies der Fall sei, »Jede erste Ursache ist mit Notwendigkeit Gott«, so folgt nicht »Also ist es für jede erste Ursache notwendig, nicht schaffend zu sein«; auf entsprechende Weise bezüglich Festino. – Ebenso wird die Regel hinsichtlich Camestres und Baroco bewiesen, indem man

modos affirmativa existente de necessario »Omnis luna de necessitate est infimus planeta, nulla luna lucens est infimus planeta«, ponatur, quod luna totaliter sit eclipsata, conclusio est falsa dicens »Ergo omnem lunam lucentem necesse est non esse lunam«. Patet falsitas conclusionis, si explicite exprimatur sic »Omne, quod est vel potest esse luna lucens, necesse est non esse lunam«, modo hoc est falsum, nam luna quamvis sit eclipsata, tamen est vel potest esse lucens, et falsum est, quod necesse sit eam non esse lunam.

Sexta regula: In tertia figura semper ex maiore universali de necessario et minore de inesse est bonus syllogismus ad concludendum conclusionem de necessario. Sic ergo in ista tertia figura isti quattuor modi Darapti, Felapton, Datisi et Ferison sunt boni ad concludendum conclusionem de necessario maiore existente de necessario et minore de inesse. Possunt enim probari per syllogismum expositorium et similiter, quia ex opposito conclusionis et minore infertur oppositum maioris, sicut bene patebit volenti formare syllogismos.

Septima regula: In tertia figura, si maior sit de inesse et minor de necessario, numquam gratia formae sequitur conclusio de necessario intelligendo directe. Contra enim modos affirmativos arguitur sic »Omnis deus est creans«, ponatur sic esse, »Omnis deus de necessitate est prima causa«, non sequitur »Ergo prima causa de necessitate est creans«, conclusio

1 modos] X om. ALO 2 infimus[1]] LO om. A planeta] planetarum L 3 ponatur] LO ponitur A luna] om. L 4 dicens] scilicet L Ergo] L om. AO lucentem] LOPSX esse A est[2]] esse add. s. del. A 5 lunam] LOPSX lucentem A falsitas conclusionis] L om. A quod conclusio est falsa O exprimatur] ponatur LO 6 sic] O om. AL Omne…lunam] LO om. A luna] L planeta O 7 sit] L om. O 8 tamen] O om. L 9 sit] O est L 10 ex] om. L 11 minore] minori L concludendum] LO om. A 12 ista] L om. AO 13 Darapti] darapton L Felapton] LO felapti A et] om. LO 14 sunt boni] om. O concludendum] LO om. A necessario] et add. A 16 et similiter] om. L 17 et] cum L 18 bene] L om. AO patebit] O patet A potest L volenti] intuenti L formare] facere O formare syllogismos] om. L 20 gratia formae] de forma L sequitur] conclusio add. O 21 Contra] LPSX secundum O Contra…verae] LOPSX etc. A enim] LPSX om. O 22 sic[2]] O ita LPSX 23 sequitur] LOPSX conclusio add. O

Beispiele gegen diese Modi formuliert, wobei der bejahende Satz über Notwendiges geht: »Jeder Mond ist mit Notwendigkeit ein unterster Planet, kein leuchtender Mond ist ein unterster Planet«, man nehme an, daß der Mond vollständig verfinstert sei, so ist die Konklusion falsch, die besagt »Also ist es für jeden leuchtenden Mond notwendig, kein Mond zu sein«. Die Falschheit der Konklusion erhellt, wenn sie folgendermaßen explizit ausformuliert wird: »Für alles, was ein leuchtender Mond ist oder sein kann, ist es notwendig, kein Mond zu sein«, das ist nun aber falsch, denn obschon der Mond verfinstert ist, so ist er doch leuchtend oder kann es sein; und es ist falsch, daß es für ihn notwendig ist, kein Mond zu sein[133].

Regel 6: In der dritten Figur liegt immer ein gültiger Syllogismus aus einer universalen größeren Prämisse über Notwendiges und einer assertorischen kleineren Prämisse vor, um auf eine Konklusion über Notwendiges zu schließen. So sind also in dieser dritten Figur die vier Modi Darapti, Felapton, Datisi und Ferison geeignet zum Schluß auf eine Konklusion über Notwendiges, wenn die größere Prämisse über Notwendiges geht und die kleinere assertorisch ist. (Diese Modi) können nämlich mittels eines herausstellenden Syllogismus bewiesen werden und ebenso, weil aus dem Gegensatz der Konklusion und (aus) der kleineren Prämisse der Gegensatz der größeren Prämisse gefolgert wird, wie jedem völlig einleuchten wird, der willens ist, die (entsprechenden) Syllogismen zu bilden.

Regel 7: In der dritten Figur folgt niemals aufgrund der Form eine Konklusion über Notwendiges im direkten Sinne, wenn die größere Prämisse assertorisch ist und die kleinere über Notwendiges geht. Gegen die bejahenden Modi argumentiert man nämlich so: »Jeder Gott ist schaffend«, man nehme an, daß dies der Fall sei, »Jeder Gott ist mit Notwendigkeit die erste Ursache«, so folgt nicht »Also ist die erste Ursache mit Notwendigkeit schaffend«, die Konklusion ist nämlich falsch

enim est falsa et praemissae sunt verae. Similiter contra negativos arguitur sic »Nullum creans est deus«, ponatur ita esse, »Omne creans de necessitate est prima causa«, non sequitur »Ergo prima causa de necessitate non est deus«, conclusio est falsa et praemissae sunt verae.

Octava regula: In tertia figura, si maior sit particularis de necessario et minor de inesse, non sequitur conclusio de necessario. Probatur instando primo contra Disamis: Posito, quod luna non luceat, sed sit totaliter eclipsata, arguitur sic »Quoddam lucens necesse est esse lunam«, ista est vera propter ampliationem subiecti, tunc ultra »Omne lucens est aliud a luna« per casum, non sequitur, quod aliud a luna de necessitate sit luna. Instatur contra Bocardo: Posito enim, quod modo nihil luceat nisi corpora caelestia, cras tamen fiat ignis, qui tunc lucebit, tunc isto casu posito haec est vera »Quoddam lucens necesse est non esse corpus caeleste« propter ampliationem subiecti, et ultra »Omne lucens est corpus caeleste« per casum, non sequitur »Ergo corpus caeleste necesse est non esse corpus caeleste«.

Sic ergo visum est in isto capitulo, qualiter valent et qualiter non valent syllogismi mixti in tribus figuris ex una de necessario et alia de inesse accipiendo de inesse communiter, prout se extendit ad de inesse ut nunc et ad de inesse simpliciter.

1 enim] O om. LPSX sunt] LOSX om. s. add. s.l. P negativos] LOPS negativas X 2 Nullum creans] LPSX nullus deus O deus] LPSX creans O 3 Omne] SX omnis LOP creans] LSX deus OP est add. P non sequitur] LPSX om. O 4 Ergo] LOPSX omnis add. LPS prima causa] LOSX om. P non est] LPSX trsp. O deus] LSX creans OP est[2]] SX om. LOP 5 sunt] LOSX om. P 6 de necessario] LO necessaria A 7 non…necessario[2]] LO om. A 9 non luceat] om. O sed] modo O totaliter] ex toto L sic] LO om. A 10 propter] per L 11 subiecti] LO om. A 12 quod] omne add. A sit] est L 13 Instatur] enim add. L Posito] enim? quod add. s. del. A enim] om. LO modo] om. L 14 caelestia] LPSX supercaelestia AO fiat] LO fiet A ignis] novus sol vel planeta L tunc] LO om. A 15 isto] om. L posito] tunc add. O 16 corpus] LO chorus! A 17 subiecti] LO om. A et] om. O ultra] L om. AO 20 in…capitulo] modo L qualiter[1]] AE54vO quare LPSX qualiter[2]] A om. E54vLOPX quare S 21 valent] LO om. A mixti] om. O figuris] mixtis add. O 23 ad[1]…simpliciter] LO ut dictum est

und die Prämissen sind wahr. – Ebenso argumentiert man gegen die verneinenden (Modi) folgendermaßen: »Kein Schaffendes ist Gott«, man nehme an, daß dies der Fall sei, »Jedes Schaffende ist mit Notwendigkeit die erste Ursache«, so folgt nicht »Also ist die erste Ursache mit Notwendigkeit nicht Gott«, die Konklusion ist falsch und die Prämissen sind wahr.

Regel 8: In der dritten Figur folgt keine Konklusion über Notwendiges, wenn die größere Prämisse ein partikulärer Satz über Notwendiges und die kleinere assertorisch ist. Der Beweis erfolgt erstens mit einem Beispiel gegen Disamis: Gesetzt, daß der Mond nicht leuchte, sondern vollständig verfinstert sei, so argumentiert man folgendermaßen: »Für irgendein Leuchtendes ist es notwendig, der Mond zu sein«, dieser Satz ist wahr wegen der Erweiterung des Subjekts, dann weiter: »Jedes Leuchtende ist vom Mond verschieden«, gemäß Fallannahme, so folgt nicht, daß etwas vom Mond Verschiedenes mit Notwendigkeit der Mond sei. – Ein Gegenbeispiel gegen Bocardo: Gesetzt nämlich, daß gerade nichts leuchte außer den Himmelskörpern, morgen jedoch ein Feuer entstehe, das dann leuchten wird, dann ist gemäß dieser Fallannahme der Satz »Für irgendein Leuchtendes ist es notwendig, kein Himmelskörper zu sein« wahr wegen der Erweiterung des Subjekts, und weiter »Jedes Leuchtende ist ein Himmelskörper« gemäß Fallannahme, so folgt nicht »Also ist es für einen Himmelskörper notwendig, kein Himmelskörper zu sein«.

So wurde also in diesem Kapitel untersucht, auf welche Weise in den drei Figuren die gemischten Syllogismen aus einer Prämisse über Notwendiges und einer assertorischen Prämisse gültig sind und auf welche Weise sie nicht gültig sind, wobei »assertorisch« im allgemeinen Sinne verwendet wird, wonach dieser Begriff »bedingt assertorisch« und »schlechthin assertorisch« umfaßt.

A et] L om. O simpliciter] Sequitur ergo nunc de generatione syllogismorum mixta in tribus add. L etc. add. O

Cap. IV.16 ⟨Capitulum sextum decimum de generatione syllogismorum mixta in tribus figuris ex una de necessario et alia de inesse simpliciter⟩

A44ra Restat nunc dicere de generatione syllogismorum mixta in tribus figuris ex una de necessario et alia de inesse simpliciter, O43ra id est, quod illa de inesse sit necessaria. Et sit prima regula: Ex una de inesse simpliciter et alia de necessario valet syllogismus ad concludendum conclusionem de necessario tam in prima quam in secunda figura, quaecumque praemissarum sit de necessario vel de inesse. Quantum ad primam figuram patet primo, quod maiore existente de necessario et minore de inesse simpliciter sequitur conclusio de necessario, nam posito adhuc, quod minor esset de inesse ut nunc et maior de necessario, adhuc conclusio de necessario sequeretur, sicut prius dicebatur. Modo non minus sequitur, si minor sit de inesse simplici- L41rb ter. Et patet etiam ex alio, quia ex opposito conclusionis et maiore sequitur minorem non esse necessariam, sicut potest patere volenti formare syllogismos. Si autem maior sit de inesse simpliciter et minor de necessario, adhuc est bonus syllogismus in prima figura. Verbi gratia supposito, quod haec sit de inesse simpliciter »Omne B est A«, tunc arguitur sic »Omne B est A, omne C de necessitate est B, ergo omne C de necessitate est A«, quia ex opposito conclusionis et minore sequitur non solum haec conclusio »Quoddam B potest non esse A«, quae interimit

14 prius] Cf. Cap. IV.15, regulam secundam.

4 nunc] om. LO 6 id est] et supposito L supposito add. O necessaria] simpliciter add. O 7 simpliciter] LO om. A 8 concludendum] L om. AO 9 quam] quod! O 10 vel…inesse] LO om. A Quantum…necessario] LOX om. A 11 quod] LX om. O 12 nam] OX om. AL posito…sequeretur] AOX om. L adhuc] AX om. O 13 esset] OX sit A de necessario add. s. del. O maior] sit add. A 14 de] OX del. A necessario] OX necessaria A sequeretur] sequitur OX 18 volenti formare] formanti L 20 prima] secunda O supposito] posito L 23 sequitur non] trsp. O

Kapitel IV.16:
Die gemischte Erzeugung von Syllogismen in den drei Figuren aus einer Prämisse über Notwendiges und einer schlechthin assertorischen Prämisse

Es steht nun an, über die gemischte Erzeugung von Syllogismen in den drei Figuren aus einer Prämisse über Notwendiges und einer schlechthin assertorischen Prämisse zu sprechen, d. h., daß der assertorische Satz notwendig ist. Und die erste Regel laute: Aus einer schlechthin assertorischen Prämisse und einer Prämisse über Notwendiges ist ein Syllogismus zum Schluß auf eine Konklusion über Notwendiges sowohl in der ersten als auch in der zweiten Figur geeignet, einerlei, welche der Prämissen über Notwendiges geht oder assertorisch ist. Was die erste Figur anbelangt, so ist erstens klar, daß eine Konklusion über Notwendiges folgt, wenn die größere Prämisse über Notwendiges geht und die kleinere schlechthin assertorisch ist, denn auch unter der Annahme, daß die kleinere Prämisse bedingt assertorisch ist und die größere über Notwendiges geht, folgte noch immer eine Konklusion über Notwendiges, wie (schon) früher gesagt wurde. Nun folgt sie aber ebenso, wenn die kleinere Prämisse schlechthin assertorisch ist. Und das erhellt auch aus einem anderen Grund, denn aus dem Gegensatz der Konklusion und der größeren Prämisse folgt, daß die kleinere Prämisse nicht notwendig ist, wie demjenigen einleuchten kann, der willens ist, die (entsprechenden) Syllogismen zu bilden. – Wenn aber die größere Prämisse schlechthin assertorisch ist und die kleinere über Notwendiges geht, so liegt noch immer ein gültiger Syllogismus in der ersten Figur vor. Z. B.: Unter der Voraussetzung, daß der Satz »Jedes B ist ein A« schlechthin assertorisch sei, argumentiert man dann so: »Jedes B ist ein A, jedes C ist mit Notwendigkeit ein B, also ist jedes C mit Notwendigkeit ein A«, weil aus dem Gegensatz der Konklusion und der kleineren Prämisse nicht nur die Konklusion »Irgendein B kann kein A sein« folgt, welche die Notwendigkeit der größeren Prämisse aufhebt, sondern auch diese

necessitatem maioris, sed etiam haec »Ergo quoddam, quod de necessitate est B, potest non esse A«, sicut faciliter potest videri per syllogismum expositorium. Similiter in Celarent est bonus syllogismus sic arguendo »Nullum B est A« posito, quod illa de inesse sit necessaria, »Omne C de necessitate est B, ergo omne C necesse est non esse A«, quia ex opposito conclusionis et minore sequitur »Ergo quoddam, quod de necessitate est B, potest esse A«, et ista conclusio non stat cum necessitate maioris.

Deinde praedicta regula patet quoad secundam figuram et primo, si maior sit de necessario et minor de inesse simpliciter, quia Festino et Cesare reducuntur ad primam figuram per conversionem maioris, universalis enim negativa de necessario convertitur simpliciter. Sed omnes quattuor modi secundae figurae simul probari possunt per impossibile, quia ex maiore et opposito conclusionis sequitur conclusio, quae interimit necessitatem minoris. Si autem maior sit de inesse et minor de necessario, tunc Cesare et Festino sicut prius reducuntur ad primam figuram per conversionem maioris, sed Camestres per conversionem minoris et conclusionis et transpositionem praemissarum, sed Baroco cum omnibus praedictis per impossibile, nam ex minore et opposito conclusionis sequitur una conclusio, quae interimit necessitatem maioris.

Secunda regula: Ex maiore de necessario et minore de inesse simpliciter in tertia figura in omnibus modis valet syllogismus ad concludendum conclusionem de necessario. Probatur primo,

1 haec] hoc L Ergo] conclusio O quod] LO quoddam A a *ante corr. s.l.* O 2 est] a add. s. del. O videri] LOPS induci A patere X 4 posito] supposito L 5 ergo] om. L omne] necesse add. O 8 et] LO om. A maioris] cum maiore O 10 regula] LO conclusio A 11 si] om. L maior sit] trsp. L simpliciter] LPSX om. AO 12 Cesare] LOX celarent A 13 de necessario] om. LX 14 Sed] et O secundae] primae O 16 interimit] interimerit LO 17 necessitatem] conclusionis add. s. del. A autem] LO om. A 18 tunc] LO modo A 19 sed] cami- add. s. del. O sed...minoris] om. L 21 sed] et O omnibus] praemissis add. s. del. L 22 et] cum O 25 in¹...figura] om. LO modis] tertiae figurae add. O syllogismus] tertiae figurae add. L 26 concludendum] LO om. A Probatur] patet LO

(Konklusion folgt) »Also: Etwas, das mit Notwendigkeit ein B ist, kann kein A sein«, wie man leicht mittels eines herausstellenden Syllogismus sehen kann. – Ebenso liegt in Celarent ein gültiger Syllogismus vor, wenn man so argumentiert: »Kein B ist ein A«, angenommen, daß dieser assertorische Satz notwendig sei, »Jedes C ist mit Notwendigkeit ein B, also ist es für jedes C notwendig, kein A zu sein«, weil aus dem Gegensatz der Konklusion und der kleineren Prämisse folgt »Also: Etwas, das mit Notwendigkeit ein B ist, kann ein A sein«, und diese Konklusion steht nicht (d. h. kann nicht wahr sein zusammen) mit der Notwendigkeit der größeren Prämisse.

Sodann erhellt die vorgenannte Regel hinsichtlich der zweiten Figur, und zwar erstens, wenn die größere Prämisse über Notwendiges geht und die kleinere schlechthin assertorisch ist, denn Festino und Cesare werden mittels Umkehrung der größeren Prämisse auf die erste Figur zurückgeführt, ein verneinender Universalsatz über Notwendiges wird nämlich einfach umgekehrt. Aber alle vier Modi der zweiten Figur können zusammen mittels des Unmöglichen bewiesen werden, weil aus der größeren Prämisse und dem Gegensatz der Konklusion eine Konklusion folgt, die die Notwendigkeit der kleineren Prämisse aufhebt. – Wenn aber die größere Prämisse assertorisch ist und die kleinere über Notwendiges geht, dann werden Cesare und Festino wie früher mittels Umkehrung der größeren Prämisse auf die erste Figur zurückgeführt, aber Camestres mittels Umkehrung der kleineren Prämisse und der Konklusion sowie Umstellung der Prämissen, Baroco hingegen nebst allem Vorerwähnten mittels des Unmöglichen, denn aus der kleineren Prämisse und dem Gegensatz der Konklusion folgt eine Konklusion, die die Notwendigkeit der größeren Prämisse aufhebt.

Regel 2: Aus einer größeren Prämisse über Notwendiges und einer schlechthin assertorischen kleineren Prämisse ist ein Syllogismus in der dritten Figur in allen Modi geeignet zum Schluß auf eine Konklusion über Notwendiges. Das wird er-

si maior sit universalis, nam sicut prius dictum est, in tertia figura maiore existente universali de necessario et minore de inesse accipiendo de inesse communiter sequitur conclusio de necessario, ergo non minus minore existente de inesse simpliciter. Si autem in tertia figura maior sit particularis de necessario supposito, quod minor sit de inesse simpliciter, etiam sequitur conclusio de necessario. Probari potest per impossibile, quia ex opposito conclusionis et maiore sequitur una conclusio, quae interimit necessitatem minoris.

Tertia regula: Si in tertia figura maior sit de inesse simpliciter et minor sit de necessario, non sequitur conclusio de necessario. Patet primo instando in modis affirmativis tertiae figurae, nam non sequitur »Omnis gradus zodiaci elevatus super O43rb nostrum horizontem est elevatus super nostrum hemisphaerium et omnis gradus zodiaci elevatus super nostrum horizontem de necessitate est gradus zodiaci, ergo aliquis gradus zo- A44rb diaci de necessitate est elevatus super nostrum hemisphaerium«. Patet, quod conclusio sit falsa, et minor est vera et similiter maior est vera et necessaria seu de inesse simpliciter. Similiter instatur contra modos negativos, quia non sequitur »Nullus gradus zodiaci existens sub nostro hemisphaerio est super nostrum hemisphaerium, omnem gradum zodiaci existentem sub nostro hemisphaerio necesse est esse gradum zodiaci, ergo quendam gradum zodiaci necesse est non esse super nostrum hemisphaerium«. Patet, quod conclusio sit falsa

1 prius] Cf. Cap. IV.15, regulam sextam.

1 sicut] LO om. A in] prima figura add. s. del. O tertia figura] om. L 2 universali] LOX om. A 4 ergo…simpliciter] LO om. A 5 maior] minor O particularis] et add. L 6 etiam] AO om. LPSX 11 sit] L om. AO non] om. L 12 instando] instandis L tertiae figurae] LO om. A 14 horizontem] LOX hemisphaerium A nostrum[2]] LO om. A hemisphaerium] LOX horizontem A 15 elevatus] LO om. A horizontem] ALX hemisphaerium O 16 aliquis] LOX omnis A 17 super] ri-? add. s. del. O 18 sit] est LOX minor…simpliciter] AO praemissae sunt verae LX 19 est] de add. O vera et] Z om. AO 21 zodiaci] om. O existens] LO existente A 22 zodiaci] om. O 24 ergo] quodam add. s. del. A 25 sit] est LOX

stens bewiesen, wenn die größere Prämisse universal ist, denn wie früher gesagt wurde, folgt in der dritten Figur eine Konklusion über Notwendiges, wenn die größere Prämisse ein Universalsatz über Notwendiges und die kleinere assertorisch ist, wobei »assertorisch« im allgemeinen Sinne verwendet wird, also (folgt jene Konklusion) ebenso, wenn die kleinere Prämisse schlechthin assertorisch ist. – Wenn aber in der dritten Figur die größere Prämisse ein Partikulärsatz über Notwendiges ist, folgt unter der Voraussetzung, daß die kleinere Prämisse schlechthin assertorisch ist, auch eine Konklusion über Notwendiges. Das kann man mittels des Unmöglichen beweisen, weil aus dem Gegensatz der Konklusion und der größeren Prämisse eine Konklusion folgt, die die Notwendigkeit der kleineren Prämisse aufhebt.

Regel 3: Wenn in der dritten Figur die größere Prämisse schlechthin assertorisch ist und die kleinere über Notwendiges geht, folgt keine Konklusion über Notwendiges. Das erhellt erstens, wenn man Gegenbeispiele in den bejahenden Modi der dritten Figur entwickelt, denn es folgt nicht »Jeder Grad des Tierkreises, der über unserem Horizont steht, steht über unserer Hemisphäre; und jeder Grad des Tierkreises, der über unserem Horizont steht, ist mit Notwendigkeit ein Grad des Tierkreises; also: Irgendein Grad des Tierkreises steht mit Notwendigkeit über unserer Hemisphäre«. Es ist klar, daß die Konklusion falsch ist, aber die kleinere Prämisse ist wahr und ebenso ist die größere Prämisse wahr sowie notwendig bzw. schlechthin assertorisch. – Ebenso gibt es Beispiele gegen die verneinenden Modi, weil nicht folgt »Kein Grad des Tierkreises, der unter unserer Hemisphäre ist, ist über unserer Hemisphäre; für jeden Grad des Tierkreises, der unter unserer Hemisphäre ist, ist es notwendig, ein Grad des Tierkreises zu sein; also: Für irgendeinen Grad des Tierkreises ist es notwendig, nicht über unserer Hemisphäre zu sein«. Es ist klar, daß die

et minor vera et maior vera et necessaria sive de inesse simpliciter.

Cap. IV.17 ⟨Capitulum septimum decimum de syllogismis de contingenti⟩

Pro syllogismis de contingenti sit prima regula: Cum in aliquo syllogismo ex aliqua de possibili de modo affirmato una cum aliqua alia sequitur aliqua conclusio, illa eadem conclusio sequitur, si loco illius de possibili ponatur una de contingenti, sive affirmativa sive negativa, de modo affirmato. Et ratio huius est, quia illa de possibili sequitur ad illam de contingenti, sed quicquid sequitur ad consequens cum aliquo assumpto, sequitur ad antecedens illius consequentis eodem coassumpto.

Secunda regula: Ad quascumque praemissas non sequitur conclusio de possibili de modo affirmato, ad illas non sequitur conclusio de contingenti de modo affirmato. Patet, quia possibile sequitur ad contingens, sed ad quaecumque non sequitur consequens, nec ad illa sequitur antecedens, ergo etc.

Tertia regula: Ad omnes praemissas, ad quas sequitur conclusio de necessario de modo affirmato, ad illas easdem sequitur conclusio de contingenti de modo negato. Verbi gratia, ad quascumque praemissas sequitur ista »Omne C necesse est esse A«, ad easdem sequitur ista »Nullum C contingit esse A«. Et ratio huius est, quia ad istam »Omne C necesse est esse A« sequitur ista »Nullum C contingit esse A«, si enim C necessario

1 minor…vera[2]] praemissae sunt verae LOX vera et[2]] Z om. A et[3]] maior est add. LOX necessaria sive] om. LOX simpliciter] etc. add. LX 6 ex aliqua] om. L ex aliquo O de[2]] A et LOPSX 7 aliqua[1]] om. LO 8 si loco] sillogismo! L 10 huius] LO om. A est] om. L 12 coassumpto] A assumpto LOPS sumpto X 15 quia] LO om. A 16 ad[2]] quaeque add. s. del. A 17 nec] om. L illa] non add. L etc] om. LO 19 illas] om. LO 20 conclusio] propositio O de[2]] om. LO modo] om. L 21 praemissas] om. L C] non add. O 22 ad easdem] om. L Nullum] nulla! L Et…A] om. L 23 huius] O om. A 24 ista] O om. A necessario est] LOPS necesse est esse AX

Konklusion falsch ist, aber die kleinere Prämisse wahr und die größere wahr sowie notwendig bzw. schlechthin assertorisch.

Kapitel IV.17: *Die Syllogismen über Kontingentes*

Für die Syllogismen über Kontingentes laute die erste Regel: Da in irgendeinem Syllogismus aus irgendeinem Satz über Mögliches mit einem bejahten Modalausdruck zusammen mit irgendeinem anderen Satz irgendeine Konklusion folgt, so folgt ebendiese Konklusion (auch dann), wenn man anstelle des Satzes über Mögliches einen Satz über Kontingentes setzt, sei er bejahend, sei er verneinend, (aber) mit einem bejahten Modalausdruck. Und der Grund dafür ist, daß der Satz über Mögliches aus dem Satz über Kontingentes folgt; aber alles, was aus einem Nachsatz nebst irgendeiner Annahme folgt, folgt (auch) aus dem Vordersatz dieses Nachsatzes, wenn (wiederum) dasselbe mitangenommen wird.

Regel 2: Aus welchen Prämissen auch immer keine Konklusion über Mögliches mit einem bejahten Modalausdruck folgt, aus diesen folgt (auch) keine Konklusion über Kontingentes mit einem bejahten Modalausdruck. Das ist klar, weil das Mögliche aus dem Kontingenten folgt, aber woraus auch immer ein Nachsatz nicht folgt, daraus folgt auch nicht (sein) Vordersatz, also usw.

Regel 3: Aus allen Prämissen, aus denen eine Konklusion über Notwendiges mit einem bejahten Modalausdruck folgt, folgt auch eine Konklusion über Kontingentes mit einem verneinten Modalausdruck. Z. B.: Aus welchen Prämissen auch immer der Satz »Für jedes C ist es notwendig, ein A zu sein« folgt, aus ebendiesen folgt (auch) der Satz »Für kein C ist es kontingent, ein A zu sein«. Und der Grund dafür ist, daß aus dem Satz »Für jedes C ist es notwendig, ein A zu sein« der Satz »Für kein C ist es kontingent, ein A zu sein« folgt, wenn nämlich ein C notwendigerweise ein A ist, dann ist es nicht

est A, tunc non contingenter est A, sed modo ad quamcumque sequitur antecedens, ad eandem sequitur consequens.

Quarta regula: Si maior sit de contingenti, sive sit de modo affirmato sive negato, et minor sit de necessario vel de possibili vel de contingenti, sequitur conclusio de contingenti tam in prima figura quam in tertia. Ista regula quantum ad primam figuram patet per dici de omni et per dici de nullo, sed quantum ad tertiam figuram probatur per syllogismos expositorios et similiter per impossibile. Si quis velit exempla formare, faciliter potest.

Quinta regula: Maiore existente de contingenti et minore de inesse simpliciter in prima figura valet syllogismus ad concludendum conclusionem de contingenti particularem, sed non universalem. Prima pars regulae patet, nam si maior explicite exponitur, manifesta est sumptio sub subiecto maioris distributo. Verbi gratia »Omne, quod est vel contingit esse B, contingit esse A, omne C est B, ergo quoddam C contingit esse A«, et possit etiam sequi conclusio universalis subiecto restricto per ly *quod est* dicendo »Ergo omne, quod est C, contingit esse A«. Secunda pars patet, quia non sequitur »Omnem hominem
L41va contingit ridere, omne currens est homo«, ponatur ita esse, »Ergo omne currens contingit ridere«. Quod conclusio est falsa, patet, si explicite ponatur sic »Omne, quod est vel contingit esse currens, contingit ridere«, et tamen praemissae erant verae. Similiter non sequitur »Nullum equum contingit ridere,

1 tunc] LO om. A quamcumque] quaecumque LO 2 eandem] eadem LO 3 sit^{2}] om. L modo] LO om. A 4 sit] LO om. A de^{2}] LO om. A 6 Ista regula] om. L 7 figuram] om. L et] vel O per^{2}] om. LO dici^{2}] om. O sed] 4 add. s. del. O 8 probatur] patet LO 9 et] om. O velit] probare vel add. L exempla] om. L 10 faciliter] om. LO potest] O om. AL 11 minore] minori L 12 simpliciter] LPS om. AOX concludendum] L om. AO 13 non] ad add. A 14 regulae] L om. AO maior] LO om. A 15 exponitur] A ponatur LOPSX est] erit LO distributo] describendo! O 16 B] LO a A 17 A^{1}] LO b A omne] LO om. A 18 et…A] LO om. A possit] L posset O 21 ridere] ALO videre *ante corr. s.l.* O currens] currit LO homo] ergo add. A ita] in O 22 ridere] patet add. LO Quod] LO om. A est] LO om. A 23 falsa] et hoc add. LO patet] om. L 24 et] LO om. A erant] LO essent A

kontingenterweise ein A; aus welchem Satz auch immer nun aber ein Vordersatz folgt, aus ebendiesem Satz folgt (auch sein) Nachsatz.

Regel 4: Wenn die größere Prämisse über Kontingentes geht, sei es mit bejahtem Modalausdruck, sei es mit verneintem, und die kleinere Prämisse über Notwendiges oder über Mögliches oder über Kontingentes geht, so folgt eine Konklusion über Kontingentes sowohl in der ersten Figur als auch in der dritten. Diese Regel erhellt hinsichtlich der ersten Figur durch die Aussage über jedes und durch die Aussage über keines, aber hinsichtlich der dritten Figur wird sie bewiesen mittels herausstellender Syllogismen und ebenso mittels des Unmöglichen. Wenn jemand Beispiele formulieren möchte, so kann er das leicht machen.

Regel 5: Wenn die größere Prämisse über Kontingentes geht und die kleinere schlechthin assertorisch ist, so ist ein Syllogismus in der ersten Figur geeignet zum Schluß auf eine partikuläre Konklusion über Kontingentes, aber nicht auf eine universale. Der erste Teil der Regel ist klar, denn wenn die größere Prämisse explizit ausgelegt wird, liegt die Unterordnung unter das verteilte Subjekt der größeren Prämisse auf der Hand. Z. B. »Für alles, was ein B ist oder kontingent ein B ist, ist es kontingent, ein A zu sein; jedes C ist ein B; also: Für irgendein C ist es kontingent, ein A zu sein«; und es mag auch eine universale Konklusion folgen, wenn nur das Subjekt mit dem Ausdruck »was ist« eingeschränkt ist, in solcher Formulierung: »Also: Für alles, was ein C ist, ist es kontingent, ein A zu sein«. – Der zweite Teil (der Regel) ist klar, weil nicht folgt »Für jeden Menschen ist es kontingent, zu lachen; jedes Laufende ist ein Mensch«, man nehme an, daß dies der Fall sei, »Also: Für jedes Laufende ist es kontingent, zu lachen«. Daß die Konklusion falsch ist, erhellt, wenn man sie explizit so formuliert: »Für alles, was laufend ist oder kontingent laufend ist, ist es kontingent, zu lachen«; und dennoch waren die Prämissen wahr. Ebenso folgt nicht »Für kein Pferd ist es kontingent, zu

omne currens est equus«, ponatur ita esse, »Ergo nullum O43va currens contingit ridere«, praemissae sunt verae et conclusio est falsa, eo quod aliquod currens contingit ridere adhuc posito, quod omne currens sit equus, quamvis enim omne currens sit equus, adhuc aliquid, quod est vel contingit esse currens, contingit ridere.

Sexta regula: Maiore existente de contingenti et ea existente universali et minore existente de inesse in tertia figura sequitur conclusio de contingenti. Patet, quia omnes modi tertiae figurae habentes maiorem universalem per conversionem minoris, si ponitur de inesse, reducuntur ad primam figuram, sed prima figura valet in huiusmodi commixtione ad concludendum conclusionem de contingenti, sicut dicit praecedens regula, ergo etc.

A44va Septima regula: In tertia figura maiore existente particulari de contingenti et minore de inesse non sequitur conclusio de contingenti. Patet, quia non sequitur »Quoddam currens contingit ridere, omne currens est equus«, ponatur sic esse, »Ergo quendam equum contingit ridere«, immo nullum equum contingit ridere.

Octava regula: Numquam in secunda figura sequitur conclusio de contingenti de modo affirmato. Patet, nam in secunda figura utraque praemissarum existente de necessario non sequitur »Omnis luna de necessitate est planeta, omnem lapidem necesse est non esse planetam, ergo omnem lapidem contingit non esse lunam«, conclusio enim est falsa et praemissae sunt verae, quia omnem lapidem necesse est non esse lunam, et per

1 ponatur] LO ponitur A ita] in O nullum] LO non omne A 2 est] L om. AO 3 currens] currit L 4 currens[1]] currit L currens[2]] currit L sit[2]] esset LO 5 adhuc] LO ad A aliquid] om. L aliquod O 7 et…existente[2]] LO om. A 8 existente] L om. AO 9 tertiae] secundae O 11 ponitur] LO ponatur A de] LPS om. AOX prima figura] LO ille A 12 commixtione] com- om. LO concludendum] X om. ALO 13 dicit] dixit LO regula] om. O 14 ergo etc] om. L etc] om. O 15 particulari] LO om. A 16 de contingenti[1]] om. O 18 currens] currit L ponatur] LO ponitur A 22 secunda] LO tertia A 23 praemissarum] om. L de necessario] necessaria O 25 esse] lapidem add. s. del. A 26 lunam] APSX planetam LO sunt] L om. AO 27 omnem] LPSX om. AO

lachen; jedes Laufende ist ein Pferd«, man nehme an, daß dies der Fall sei, »Also: Für kein Laufendes ist es kontingent, zu lachen«. Die Prämissen sind wahr und die Konklusion ist falsch, weil es für irgendein Laufendes kontingent ist, zu lachen, weiterhin angenommen, daß jedes Laufende ein Pferd sei; obzwar nämlich jedes Laufende ein Pferd ist, so ist es (doch) noch immer für etwas, das laufend ist oder kontingent laufend ist, kontingent, zu lachen.

Regel 6: Wenn die größere Prämisse über Kontingentes geht sowie universal ist und die kleinere Prämisse assertorisch ist, folgt in der dritten Figur eine Konklusion über Kontingentes. Das ist klar, weil alle Modi der dritten Figur, die eine universale größere Prämisse haben, mittels Umkehrung der kleineren Prämisse, wenn diese in assertorischer Form erscheint, auf die erste Figur zurückgeführt werden; aber die erste Figur ist in einer solchen Zusammenstellung geeignet zum Schluß auf eine Konklusion über Kontingentes, wie die vorangehende Regel festhält, also usw.

Regel 7: In der dritten Figur folgt keine Konklusion über Kontingentes, wenn die größere Prämisse ein Partikulärsatz über Kontingentes und die kleinere assertorisch ist. Das ist klar, weil nicht folgt »Für irgendein Laufendes ist es kontingent, zu lachen; jedes Laufende ist ein Pferd«, man nehme an, daß dies der Fall sei, »Also: Für irgendein Pferd ist es kontingent, zu lachen«; vielmehr ist es für kein Pferd kontingent, zu lachen.

Regel 8: Niemals folgt in der zweiten Figur eine Konklusion über Kontingentes mit einem bejahten Modalausdruck. Das ist klar, denn wenn beide Prämissen über Notwendiges gehen, folgt in der zweiten Figur nicht: »Jeder Mond ist mit Notwendigkeit ein Planet; für jeden Stein ist es notwendig, kein Planet zu sein; also: Für jeden Stein ist es kontingent, kein Mond zu sein«, die Konklusion ist nämlich falsch und die Prämissen sind wahr, weil es für jeden Stein notwendig ist, kein Mond zu sein, und folglich ist es für einen Stein nicht kontigent, kein

consequens lapidem non contingit non esse lunam. Et etiam, si lapidem contingeret non esse lunam, tunc etiam lapidem contingeret esse lunam, eo quod ad illam de contingenti de dicto negato, modo tamen affirmato, sequitur illa de contingenti de dicto affirmato et e converso. Modo in secunda figura, si ambae praemissae essent de inesse vel de possibili, adhuc non sequeretur ex eis conclusio de contingenti de modo affirmato, quod patere potest, si loco praemissarum de necessario praedicti syllogismi poneremus propositiones de inesse vel propositiones de possibli. Similiter, si ambae praemissae in secunda figura essent de contingenti, adhuc non sequeretur conclusio de contingenti de modo affirmato. Non enim sequitur »Omnem equum contingit esse currentem, omnem hominem contingit non currere, ergo omnem hominem contingit non esse equum«, conclusio enim est falsa et praemissae sunt verae. Quod conclusio sit falsa, patet, quia omnis homo de necessitate non est equus, non ergo contingenter.

Nona regula: Nec in prima nec in tertia figura etiam valet syllogismus ad concludendum conclusionem de contingenti de modo affirmato, nisi tunc maior sit de contingenti et de modo affirmato. Posito enim, quod minor esset de contingenti et de modo affirmato et non maior, non sequitur conclusio de contingenti de modo affirmato, nec in prima nec in tertia figura. Patet quantum ad primam figuram, nam non sequitur »Omne creans est deus, omnem primam causam contingit creare, ergo omnem primam causam contingit esse deum«. Similiter non

1 etiam] ergo L 2 non] om. O etiam] LO om. A 3 lunam] LO om. A 4 modo...affirmato] LO om. A contingenti] modo affirmato L et add. L 5 dicto affirmato] contingenti L e converso] LO om. A Modo] AE55VLOPSX sicut prius dicebatur (similiter E om. A) add. AE similiter add. O 7 ex eis] LO om. A contingenti] LO possibili A 8 si] de! O 9 poneremus] ponerentur LO vel propositiones] LO om. A 10 Similiter] LO om. A 15 enim est] LO om. A praemissae] enim add. L sunt] LO om. A 16 sit] est O est] LO om. A 17 non ergo] trsp. L contingenter] contingit O 18 etiam] om. LO 19 concludendum] L om. AO 20 sit] similiter add. s. del. L 21 Posito] adhuc add. s. del. A et] om. LO 22 sequitur] sequeretur O 23 nec[1]...figura] LO om. A 25 creare] ALPSX esse creantem O 26 non] LO nec A

Mond zu sein. Und selbst wenn es für einen Stein kontingent wäre, kein Mond zu sein, dann wäre es für einen Stein auch kontingent, ein Mond zu sein, weil aus dem Satz über Kontingentes mit einem verneinten Ausgesagten, jedoch (mit) einem bejahten Modalausdruck, der Satz über Kontingentes mit einem bejahten Ausgesagten folgt, und umgekehrt. Nun gilt aber: Auch wenn beide Prämissen assertorisch wären oder über Mögliches gingen, folgte in der zweiten Figur aus ihnen noch immer keine Konklusion über Kontingentes mit einem bejahten Modalausdruck, was einleuchten kann, wenn wir anstelle der Prämissen über Notwendiges des vorgenannten Syllogismus assertorische Sätze oder Sätze über Mögliches setzen wollten. – Ebenso, wenn beide Prämissen in der zweiten Figur über Kontingentes gingen, folgte noch immer keine Konklusion über Kontingentes mit einem bejahten Modalausdruck. Es folgt nämlich nicht »Für jedes Pferd ist es kontingent, laufend zu sein; für jeden Menschen ist es kontingent, nicht zu laufen; also: Für jeden Menschen ist es kontingent, kein Pferd zu sein«, die Konklusion ist nämlich falsch und die Prämissen sind wahr. Daß die Konklusion falsch ist, ist klar, weil jeder Mensch mit Notwendigkeit kein Pferd ist, somit nicht kontingenterweise.

Regel 9: Weder in der ersten noch auch in der dritten Figur ist ein Syllogismus geeignet zum Schluß auf eine Konklusion über Kontingentes mit einem bejahten Modalausdruck, außer wenn die größere Prämisse über Kontingentes geht und einen bejahten Modalausdruck hat. Gesetzt nämlich, daß die kleinere Prämisse über Kontingentes ginge und einen bejahten Modalausdruck hätte und nicht die größere Prämisse, so folgt keine Konklusion über Kontingentes mit einem bejahten Modalausdruck, weder in der ersten noch in der dritten Figur. Hinsichtlich der ersten Figur ist das klar, denn es folgt nicht »Jedes Schaffende ist Gott; für jede erste Ursache ist es kontingent, zu schaffen; also: Für jede erste Ursache ist es kontin-

sequitur »Nullum currens est lapis, omnem hominem contingit currere, ergo omnem hominem contingit non esse lapidem«. In istis enim syllogismis conclusionibus existentibus falsis praemissae sunt verae. Similiter nec in tertia figura sequitur »Omnis planeta carens lumine est luna«, ponatur sic esse, »Omnem planetam carentem lumine contingit esse sub nostro hemisphaerio, ergo quoddam existens sub nostro hemisphaerio contingit non esse lunam«, praemissae sunt verae, sed conclusio falsa. Quod autem conclusio sit falsa, patet, quia nihil contingit esse lunam, nec enim lunam contingit esse lunam nec aliquid aliud a luna contingit esse lunam. Idem esset, si maior esset de necessario vel de possibili, sicut quod est de inesse. Similiter non sequitur »Nullus planeta carens lumine est sol, O43vb omnem planetam carentem lumine contingit esse lunam, ergo lunam contingit non esse solem«, conclusio est falsa et praemissae sunt verae.

Haec ergo dicta de consequentiis formalibus in generali et in speciali et simplicibus et syllogisticis uniformis et difformis generationis ad praesens sufficiant.

4 figura] on- add. s. del. A 5 ponatur] L ponitur AO sic] ita L 8 sed] et LO 9 Quod…falsa[2]] LO om. A 10 nec enim] LO quia nec A contingit…lunam[3]] LO om. A 11 aliquid] L om. AO lunam] Illud add. O esset] LOPS patet A etiam X 12 sicut] *lectio incerta* O quod est] LOPS om. A quando est X inesse] necessario O 15 non] A om. LOPSX est] LO om. A 16 sunt] LO om. A 17 dicta] sunt add. L formalibus] simplicibus add. A et] LO vel A 18 et[1]] in add. O et[1]…et[2]] LOPSX om. A syllogisticis] LOPS syllogistici! A syllogismis X et add. O difformis] deformis L 19 generationis] LOPX om. A generationibus S sufficiant] LPSX sufficiat AO tractatus de locis deficit hic sed require eum in fine libri add. i.m. A etc. add. OX

gent, Gott zu sein«. Ebenso folgt nicht »Kein Laufendes ist ein Stein; für jeden Menschen ist es kontingent, zu laufen; also: Für jeden Menschen ist es kontingent, kein Stein zu sein«. In diesen Syllogismen nämlich sind die Prämissen wahr, während die Konklusionen falsch sind. – Ebenso folgt auch nicht in der dritten Figur: »Jeder Planet, dem es an Licht ermangelt, ist der Mond«, man nehme an, daß dies der Fall sei, »Für jeden Planeten, dem es an Licht ermangelt, ist es kontingent, unter unserer Hemisphäre zu sein; also: Für irgendein unter unserer Hemisphäre Seiendes ist es kontingent, nicht der Mond zu sein«, die Prämissen sind wahr, aber die Konklusion (ist) falsch. Daß aber die Konklusion falsch ist, ist klar, weil es für nichts kontingent ist, der Mond zu sein, es ist nämlich weder für den Mond kontingent, der Mond zu sein, noch ist es für etwas vom Mond Verschiedenes kontingent, der Mond zu sein. Dasselbe wäre der Fall, wenn die größere Prämisse über Notwendiges oder über Mögliches ginge, was (wie oben) bei einer assertorischen größeren Prämisse der Fall ist. Ebenso folgt nicht »Kein Planet, dem es an Licht ermangelt, ist die Sonne; für jeden Planeten, dem es an Licht ermangelt, ist es kontingent, der Mond zu sein; also: Für den Mond ist es kontingent, nicht die Sonne zu sein«, die Konklusion ist falsch und die Prämissen sind wahr.

Diese Ausführungen über die formalen Folgerungen im allgemeinen und im besonderen sowie die einfachen und die syllogistischen (Folgerungen) einheitlicher und uneinheitlicher Erzeugung mögen also für jetzt genügen.

⟨PARS TERTIA DE CONSEQUENTIIS DIALECTICIS, IV.18–26⟩

Cap. IV.18 ⟨Capitulum duodevicesimum de locis dialecticis in generali⟩

A91ra S33ra Tractaturus de locis dialecticis primo ponam quasdam divisiones et descriptiones generales, secundo prosequar in speciali de tribus generibus loci differentiae maximae. Quantum ad primum sit prima divisio: Locorum alius dicitur locus maxima, alius dicitur locus differentia maximae. Secunda divisio: Locorum differentia maximae alius intrinsecus, alius extrinsecus et alius medius.

Et tunc sit prima descriptio: Locus maxima dicitur regula confirmativa consequentiae formatae, sicut est ista regula »Quidquid est praedicabile affirmative de specie, illud etiam est praedicabile de genere affirmative«, per quam probamus illam consequentiam fore bonam »Homo currit, ergo animal currit«.

Secunda descriptio: Locus differentiae maximae est terminus vel termini, ex quo vel ex quibus componitur talis maxima, verificabilis vel verificabiles de terminis positis in antecedente et consequente consequentiae per illam maximam confirmandae. Sicut sunt isti termini *genus*, *species*, ex quibus componitur ista maxima »Quidquid est verificabile affirmative de specie, est verificabile etiam de genere affirmative«, qui quidem termini sunt verificabiles de terminis positis in ista consequentia »Homo currit, ergo animal currit«, unus eorum de termino inferente posito in antecedente, puta de isto termino

4 Tractaturus] Tractando L primo] om. L quasdam] om. L aliquas S 5 prosequar] L prosequitur AS 6 tribus] LS omnibus A 8 dicitur] L om. AS locus] S om. AL 9 et] om. L 11 Et] S om. AL 12 confirmativa] S affirmativa A confirmata L formatae] S probativae AL 13 illud] S om. AL etiam... affirmative] LS om. A 14 probamus] LS probaremus A 15 fore] S esse AL 19 vel verificabiles] om. L 20 per] om. L illam] LS om. A confirmandae] LS confirmativae A 23 verificabile] praedicabile L 26 termino[1]] inferendo add. s. del. S

TRAKTAT IV, TEIL 3: DIE DIALEKTISCHEN FOLGERUNGEN, IV.18–26

Kapitel IV.18: *Die dialektischen Örter im allgemeinen*

Zur Abhandlung über die dialektischen Örter[134] werde ich erstens einige allgemeine Einteilungen und Beschreibungen anführen, zweitens werde ich im besonderen weitere Ausführungen über die drei Gattungen des Ortes (im Sinne) des Unterschieds der größten (d. i. stärksten, nämlich Regel, »Maxime«) vorbringen. Was das erste anbelangt, so laute die erste Einteilung: Von den Örtern heißt die eine Art »Ort im Sinne der stärksten Regel«, die andere Art heißt »Ort im Sinne des Unterschieds der stärksten Regel«. – Zweite Einteilung: Von den Örtern im Sinne des Unterschieds der stärksten Regel (heißt) eine Art »innerer«, eine zweite »äußerer« und eine dritte »mittlerer (Ort)«.

Sodann laute die erste Beschreibung: »Ort im Sinne der stärksten Regel« heißt eine Regel, die eine vorliegende Folgerung bestätigt, wie z. B. die Regel »Alles, was bejahend von einer Art aussagbar ist, das ist auch von der Gattung bejahend aussagbar«, mit der wir beweisen, daß die folgende Folgerung gültig sein wird: »Ein Mensch läuft, also läuft ein Lebewesen«.

Zweite Beschreibung: Ein Ort im Sinne des Unterschieds der stärksten Regel ist ein Term oder (mehrere) Terme, aus dem oder aus denen sich eine solche stärkste Regel zusammensetzt und der oder die von den Termen verifizierbar ist oder sind, welche im Vordersatz und Nachsatz der Folgerung vorkommen, welche mit dieser stärksten Regel bestätigt werden soll. Derart sind z. B. die Terme »Gattung«, »Art«, aus denen sich die stärkste Regel »Alles, was bejahend von einer Art verifizierbar ist, ist auch von der Gattung bejahend verifizierbar« zusammensetzt, welche Terme eben von den Termen verifizierbar sind, die in der Folgerung »Ein Mensch läuft, also läuft ein Lebewesen« vorkommen; und zwar der eine von ihnen vom folgernden Term, der im Vordersatz steht, nämlich vom

homo, alius de termino illato, puta de isto termino *animal* posito in consequente, ut »Homo est species« et »Animal est genus«.

Iuxta illud patet solutio duorum dubiorum, unum est, quid intenditur, cum formatur aliqua consequentia, quod quaeratur »Unde locus?«. Secundum dubium est, quid intenditur, cum quaeritur »Da maximam!«.

L41vb Dico, quod per primum intenditur, quis terminorum positorum in maxima confirmativa talis consequentiae sit verificabilis de termino inferente consequentiae formatae.

Unde sciendum, quod terminus inferens dicitur terminus positus in antecedente, terminus autem illatus ponitur in consequente. Sed tamen non quicumque terminus positus in antecedente nec quicumque terminus positus in consequente, sed solum ille terminus dicitur inferens, ratione cuius tale antecedens est antecedens ad tale consequens, et ille illatus, ratione cuius tale consequens est consequens ad tale antecedens. Sicut in ista consequentia »Homo currit, ergo animal currit«, iste terminus *homo* dicitur inferens et iste terminus *animal* dicitur A91rb illatus. Et ideo, cum quaeritur de ista consequentia »Unde locus?«, respondetur »A specie« propter hoc, quod in regula confirmativa dictae consequentiae ponitur hic terminus *species*, qui est verificabilis de isto termino *homo*, qui in dicta consequentia est terminus inferens.

Unde sicut dicunt auctores, locus debet denominari a termino inferente, quod tamen sane debet intelligi. Unde oportet, ut hoc intelligatur sic »a termino inferente«, id est, »ab aliquo termino, qui est verificabilis de termino inferente«, aliter enim,

2 et] L om. AS 4 duorum] duarum L dubiorum] S om. A dubitationum L unum] una L 5 cum...consequentia] LS om. A aliqua] S una L quod] LS quando A quaeratur] S quaeritur AL 6 Secundum] secunda L dubium] S om. A dubitatio L est] om. LS cum] dum S 7 quaeritur] dicitur L Da maximam] de maxima L 8 primum] primam quaestionem L vel per primam positionem add. S 15 terminus] om. L 16 est] dicitur L antecedens] LS om. A ille] LS terminus A 19 dicitur[1]] LS est A iste terminus] LS om. A dicitur[2]] LS est terminus A 21 propter...quod] quia L regula] LX ista AS 22 confir-

Term »Mensch«, der andere vom gefolgerten Term, nämlich vom Term »Lebewesen«, der im Nachsatz steht, wie »Mensch ist eine Art« und »Lebewesen ist eine Gattung«.

Demgemäß erhellt die Lösung von zwei Problemen, und zwar lautet das eine: Was beabsichtigt man mit der Frage »Woher der Ort?«[135], wenn irgendeine Folgerung formuliert wird? Das zweite Problem lautet: Was beabsichtigt man mit dem Wunsch »Gib die stärkste Regel!«?

Ich antworte: Mit dem ersten beabsichtigt man (die Frage), welcher von den Termen, die in der stärksten Regel vorkommen, welche eine solche Folgerung bestätigt, vom folgernden Term der vorliegenden Folgerung verifizierbar ist.

So muß man wissen, daß »folgernder Term« der Term heißt, der im Vordersatz steht, der gefolgerte Term aber steht im Nachsatz. Aber dennoch nicht jeder beliebige im Vordersatz stehende Term und auch nicht jeder beliebige im Nachsatz stehende Term, sondern nur derjenige Term heißt »folgernd«, aufgrund dessen ein solcher Vordersatz Vordersatz zu einem solchen Nachsatz ist, und derjenige »gefolgert«, aufgrund dessen ein solcher Nachsatz Nachsatz zu einem solchen Vordersatz ist. Z. B. heißt in der Folgerung »Ein Mensch läuft, also läuft ein Lebewesen« der Term »Mensch« »folgernd« und der Term »Lebewesen« heißt »gefolgert«. Wenn also in bezug auf diese Folgerung gefragt wird »Woher der Ort?«, so antwortet man »Von der Art«, und zwar deswegen, weil in der bestätigenden Regel der genannten Folgerung der Term »Art« vorkommt, der vom Term »Mensch« verifizierbar ist, welcher in der genannten Folgerung der folgernde Term ist.

Denn wie die (einschlägigen) Autoren sagen[136], muß der Ort nach dem folgernden Term benannt werden, was man jedoch richtig verstehen muß. Das muß man nämlich so verstehen: »Nach dem folgernden Term«, d. h., »nach einem Term, der vom folgernden Term verifizierbar ist«, sonst müßte nämlich,

mativa] LX consequentia A affirmativa S ponitur causa add. S 25 auctores] LS doctores A 26 oportet] LS apparet? A 27 ut] quod L a] et L 28 qui… verificabilis] verificabili LS enim…diceretur] LS tamen dicerentur A

cum diceretur »Homo currit, ergo animal currit«, oporteret dici locus ab homine et non a specie, quod tamen est falsum. Notandum tamen, quod non a quocumque termino verificabili de termino inferente debet denominari locus, sed solum a termino verificabili de termino inferente in habitudine ad terminum illatum. Et ideo, quia istius termini *homo* ad istum terminum *animal* est habitudo tamquam speciei ad genus, ideo argumentum ab homine ad animal vocatur locus a specie. Tamen verum est, quod etiam aliquando denominatur locus a termino non solum verificabili de termino inferente, sed indifferenter tam de termino inferente quam etiam illato, sicut patet de loco a simili, de loco a contrariis et de loco a relative oppositis.

Ad secundum dubium dico, quod cum quaeritur »Da maximam!«, nihil intelligitur nisi »Da regulam compositam ex terminis verificabilibus de terminis scilicet inferente et illato!«, quae quidem regula confirmativa sit talis consequentiae formatae.

Ex dictis sequitur primo, quod omnis terminus, qui convenienter respondetur, cum quaeritur »Unde locus?«, oportet esse terminus secundae impositionis. Patet hoc, quia oportet esse terminus verificabilis de termino inferente in habitudine ad terminum illatum vel de ambobus simul ea ratione, qua taliter est significativus, et talis terminus vocatur terminus secundae impositionis.

Ex quo ulterius sequitur, quod non est aliquis locus a causa ad effectum nec a toto integrali ad suam partem nec e con-

1 oporteret] deberet L debet S 2 et] LS id est A non] ALSX locus add. ASX 3 tamen] om. S 4 a] de LS 6 quia] consequens S 7 ideo] tunc L tamen S argumentum] arguitur L 8 Tamen] Verum- add. S 9 etiam] S om. AL denominatur] vocatur S a…solum] LSX non solum a termino trsp. A 10 verificabili] verificabile S indifferenter] LS etiam A verificabili add. L 11 tam] LS om. A inferente] L om. A illato S quam etiam] S om. A quam L illato] inferente S 12 simili] et add. L et] similiter L 13 secundum dubium] secundam dubitationem LS quod] L om. AS 14 nihil] non aliud LS 15 scilicet] LS om. A et] termino add. A 16 confirmativa] affirmativa S 18 primo] cum quaeritur add. S 19 respondetur] etc. add. A oportet] debet L 20 im-

wenn es hieße »Ein Mensch läuft, also läuft ein Lebewesen«, der Ort »vom Menschen« und nicht »von der Art« genannt werden, was jedoch falsch ist. Dennoch ist anzumerken, daß der Ort nicht nach jedem Term, der vom folgernden Term verifizierbar ist, benannt werden darf, sondern nur nach dem Term, der vom folgernden Term im Verhältnis zum gefolgerten Term verifizierbar ist. Weil also der Term »Mensch« ein Verhältnis zum Term »Lebewesen« wie eine Art zur Gattung hat, heißt folglich das Argument vom Menschen auf das Lebewesen »Ort von der Art«. Dennoch ist es richtig, daß manchmal der Ort auch nach einem Term benannt wird, der nicht nur vom folgernden Term verifizierbar ist, sondern gleichermaßen sowohl vom folgernden als auch vom gefolgerten Term, wie bezüglich des Orts vom Ähnlichen, des Orts von den Konträren und des Orts von den relativ Entgegengesetzten erhellt.

Zum zweiten Problem sage ich: Wenn verlangt wird »Gib die stärkste Regel!«, so meint man nur »Gib die Regel, die aus den Termen zusammengesetzt ist, welche von den (relevanten) Termen verifizierbar sind, nämlich dem folgernden und dem gefolgerten (Term)!«, welche Regel eben eine solche Folgerung wie die in Frage stehende bestätigt.

Aus dem Gesagten folgt erstens, daß jeder Term, der auf die Frage »Woher der Ort?« angemessen zur Antwort gegeben wird, ein Term zweiter Imposition (Einsetzung) sein muß. Das ist klar, weil es ein Term sein muß, der vom folgernden Term im Verhältnis zum gefolgerten Term oder von beiden zusammen verifizierbar ist, und zwar aus dem Grund, daß er eine solche Bedeutung hat, und ein solcher Term heißt (eben) »Term zweiter Imposition«.

Daraus folgt weiters, daß es keinen Ort von einer Ursache auf die Wirkung und keinen von einem integralen Ganzen auf seinen Teil noch auch umgekehrt gibt, aber sehr wohl vom

positionis] LS im- om. A oportet] debet L 21 terminus verificabilis] LS terminum verificabilem A in habitudine] LS om. A 22 illatum] habente habitudinem? add. A 23 taliter] ante? S est] signum add. L talis terminus] LS tales A vocatur] LS vocamus A terminus²] LS terminos A

verso, sed bene a nomine causae ad nomen effectus vel a nomine totius integralis ad nomen suae partis.

Sequitur tertio, quod omnes regulae confirmativae consequentiarum dialecticarum debent esse compositae ex terminis secundae impositionis propter hoc, quod debent esse A91va compositae ex terminis verificabilibus de terminis scilicet inferente et illato. Protestor tamen, quod si in posterum contingat, quod denominem aliquem locum non a termino secundae impositionis vel ponam aliquam maximam compositam non ex terminis secundae impositionis, verbi gratia, ut si denominarem aliquem locum a toto integrali ad suam partem, quod hoc debet exponi, sicut iam dictum est. Et similiter, si ponerem talem maximam »Posito toto integrali ponitur et eius pars«, debet sic intelligi »Si de nomine totius integralis verificatur hoc verbum S33rb *est*, hoc etiam verificabitur de nomine suae partis«. Similiter, si contingit me ponere talem maximam »Posita causa ponitur et eius effectus«, sic debet intelligi »Si de nomine causae verificatur hoc verbum *est*, etiam verificabitur de nomine effectus talis causae«.

Tertia descriptio: Locus intrinsecus dicuntur termini maximae sive regulae confirmativae consequentiae, cuius quidem consequentiae termini scilicet inferens et illatus supponunt pro eodem convertibiliter vel de uno istorum verificatur esse in alio aliquo modorum essendi in, sicut est locus a definitione ad

3 tertio] LS etiam A confirmativae] L affirmativae AS 4 debent] LS oportet A compositae] LS compositas A verificabilibus terminis add. S ex] de S 5 secundae…terminis[1]] om. L propter…quod] S quia A compositae] com- om. S 6 ex…terminis[2]] om. S de] de add. A 7 quod[1]] om. S contingat] L continguat A contingit S quod denominem] Z denominari ASX quod denominam! L 8 a termino] LS ad terminos A 9 ponam] im- add. L 10 impositionis] ALX intentionis S verbi gratia] LS om. A denominarem] denominem L 11 quod] S et A om. L 12 sicut] secundum illud quod L secundum hoc ut S 13 sic] LS om. A 14 totius] LS totus A integralis] LS om. A hoc verbum] LS om. A 15 hoc] om. LS verificabitur] S verificatur AL 16 Posita] positam L et] LS om. A 17 eius] S om. AL effectus] c-tus! L sic] om. LS 18 verificabitur] LS om. A 20 Locus intrinsecus] loci intrinseci S termini] sive add. S

Namen einer Ursache auf den Namen der Wirkung oder vom Namen eines integralen Ganzen auf den Namen seines Teils.

Drittens folgt, daß alle Bestätigungsregeln für dialektische Folgerungen aus Termen zweiter Imposition zusammengesetzt sein müssen, und zwar deswegen, weil sie aus Termen zusammengesetzt sein müssen, die von den (relevanten) Termen verifizierbar sind, nämlich dem folgernden und dem gefolgerten (Term). Ich erkläre jedoch: Wenn es sich im folgenden ergeben sollte, daß ich irgendeinen Ort nicht nach einem Term zweiter Imposition benenne oder irgendeine stärkste Regel aufstelle, die nicht aus Termen zweiter Imposition zusammengesetzt ist, z. B., wenn ich einen Ort »vom integralen Ganzen auf seinen Teil« nennen sollte, so muß das so ausgelegt werden, wie gerade gesagt wurde. Und ebenso, wenn ich eine solche stärkste Regel aufstellen sollte wie »Wenn ein integrales Ganzes gesetzt ist, so wird auch sein Teil gesetzt«, so muß man das so verstehen: »Wenn vom Namen eines integralen Ganzen das Verb ›ist‹ verifiziert wird, so wird dieses auch vom Namen seines Teils verifiziert werden«. Ebenso, wenn es sich ergibt, daß ich eine solche stärkste Regel aufstelle wie »Wenn die Ursache gesetzt ist, so wird auch ihre Wirkung gesetzt«, so muß man das so verstehen: »Wenn vom Namen einer Ursache das Verb ›ist‹ verifiziert wird, so wird es auch vom Namen der Wirkung einer solchen Ursache verifiziert werden«.

Dritte Beschreibung: »Innerer Ort« heißen die Terme der stärksten Regel bzw. der Bestätigungsregel für eine Folgerung, und zwar für eine solche Folgerung, deren Terme, nämlich der folgernde und der gefolgerte, umkehrbar für dasselbe supponieren, oder von deren Termen gilt, daß von einem von ihnen verifiziert wird, im anderen zu sein, auf irgendeine Weise des In-Seins, wie z. B. der Ort von der Definition auf das Definier-

maximae] L om. A del. S maximi add. S 22 termini] LS terminus A 23 alio] aliquo L 24 aliquo] aliorum L est] LS om. A

definitum, similiter locus a causa ad effectum, sed proprie loquendo locus a nomine causae ad nomen effectus.

Quarta descriptio: Locus extrinsecus dicuntur termini maximae sive regulae confirmativae consequentiae, cuius quidem consequentiae termini scilicet inferens et illatus non supponunt pro eodem nec significant idem nec de uno illorum verificatur esse in alio aliquo modorum essendi in, sicut est locus a contrariis.

Quinta descriptio: Locus medius dicuntur termini maximae sive regulae confirmativae consequentiae, cuius quidem consequentiae termini scilicet inferens et illatus non supponunt pro eodem, sed bene significant idem, sicut est locus a coniugatis, qualis est hic »Album est coloratum, ergo albedo est color«. Unde isti termini *album* et *albedo* non supponunt pro eodem, sed bene significant idem, quia uterque dictorum terminorum significat albedinem, licet unus eorum in recto et alter in obliquo.

Secundum istam descriptionem oportet ponere locum a relative oppositis et similiter locum a privative oppositis et similiter locum a contradictoriis esse locum medium et non extrinsecum, quia termini relative oppositi, sicut sunt isti termini *pater* et *filius*, significant idem, sed non supponunt pro A91vb eodem. Unde nisi significarent idem, unus eorum non poneretur in definitione exprimente quid nominis alterius. Similiter termini privative oppositi, sicut sunt isti termini *caecum*, *vi-*

1 proprie] proprius L 2 locus] om. LS 4 quidem] LS om. A 5 termini] L om. A terminus S scilicet…supponunt] LS om. A non] S nec L 6 nec[1]] LS ut A significant] LS significet A nec[2]] LS ut A illorum] S om. A eorum L verificatur] eorum add. A 7 in[1]] om. S alio] Z om. AS aliquo L aliquo] alio L essendi] om. L est] LS om. A 9 maximae] LS om. A 11 termini] L terminus AS scilicet] L om. AS 12 est] LS om. A 13 qualis…hic] LS om. A 15 sed] licet L bene] S om. AL significant] significent L idem] om. L dictorum] eorum L 16 licet] LS sed A eorum] L om. AS 18 Secundum] AL Sed S istam descriptionem] LS ista descriptione A locum] LS terminum A 19 relative] AL relatione S a] om. S 20 similiter] LS om. A 21 quia] et ex eo quod L ex eo quod S termini[1]] om. L relative] relativi LS sicut…termini[2]] LS ut A

te, ebenso der Ort von der Ursache auf die Wirkung – aber in der eigentlichen Redeweise: der Ort vom Namen der Ursache auf den Namen der Wirkung.

Vierte Beschreibung: »Äußerer Ort« heißen die Terme der stärksten Regel bzw. der Bestätigungsregel für eine Folgerung, und zwar für eine solche Folgerung, deren Terme, nämlich der folgernde und der gefolgerte, nicht für dasselbe supponieren und nicht dasselbe bezeichnen, und von deren Termen nicht gilt, daß von einem von ihnen verifiziert wird, im anderen zu sein, auf irgendeine Weise des In-Seins, wie z. B. der Ort von den Konträren.

Fünfte Beschreibung: »Mittlerer Ort« heißen die Terme der stärksten Regel bzw. der Bestätigungsregel für eine Folgerung, und zwar für eine solche Folgerung, deren Terme, nämlich der folgernde und der gefolgerte, nicht für dasselbe supponieren, aber sehr wohl dasselbe bezeichnen, wie z. B. der Ort von den Verbundenen[137], wie er hier vorliegt: »Ein Weißes ist farbig, also ist eine Weiße eine Farbe«. Denn die Terme »Weißes« und »Weiße« supponieren nicht für dasselbe, aber bezeichnen sehr wohl dasselbe, weil beide genannten Terme eine Weiße bezeichnen, wenn auch der eine von ihnen auf direkte und der andere auf indirekte Weise[138].

Gemäß dieser Beschreibung muß man den Ort von den relativ Entgegengesetzten, ebenso den Ort von den privativ (beraubend) Entgegengesetzten und ebenso den Ort von den Kontradiktorischen zu den mittleren und nicht zu den äußeren Örtern zählen, weil relativ entgegengesetzte Terme, wie z. B. die Terme »Vater« und »Sohn«, dasselbe bezeichnen, aber nicht für dasselbe supponieren. Denn wenn sie nicht dasselbe bezeichneten, würde der eine von ihnen nicht in der Namensdefinition des anderen vorkommen. Ebenso bezeichnen die privativ entgegengesetzten Terme, wie z. B. die Terme »blind«,

22 sed] S et AL 24 exprimente] LS om. A 25 sunt...termini[2]] LS om. A caecum] LS caecus A

dens, similiter *lux* et *tenebrae*, bene significant idem, licet non supponant pro eodem. Quod non supponunt pro eodem, hoc patet clare, sed quod significant idem, patet, quia terminus privativus definitur definitione exprimente quid nominis per terminum sibi oppositum. Similiter termini contradictorii, sicut sunt isti termini *ens* et *non ens*, non supponunt pro eodem, et
L42ra hoc certum est, bene tamen significant idem, quia unus eorum significat affirmative illud, quod alter eorum significat negative. Nec est mirandum, quare isti tres loci ab oppositis ponuntur loci medii et non extrinseci, licet auctor *Summularum* eos dicat esse locos extrinsecos, quia Marcus Tullius Cicero non posuit nisi unicum locum extrinsecum, scilicet locum ab auctoritate. Unde secundum quod aliae et aliae descriptiones terminorum praemittuntur tamquam principia, oportet ponere secundum alias descriptiones aliquos locos esse extrinsecos, quos secundum alias descriptiones oportet ponere locos medios.

Dictae ergo quinque descriptiones praemissae sunt in ista scientia tamquam principia.

Cap. IV.19 ⟨Capitulum undevicesimum de locis intrinsecis et primo de locis a substantia⟩

Quantum ad secundum principale prosequendum est in speciali de tribus differentiis seu generibus loci differentiae maxi-

10 auctor] Petrus Hispanus, Tractatus, Tr. V, Cap. 27, p. 71, lin. 4s. 11 Cicero] M. Tullius Cicero, Topica, Cap. 2, §8; Cap. 4, §24; Cap. 19–20, §72–78.

1 similiter…tenebrae] S om. A lux et tenebra L licet] sed S 2 supponant] supponunt LS Quod…eodem[2]] LS om. A hoc…clare] clarum est L 3 clare] S om. A quod] non add. L significant] LS significent A quia] ex eo quod LS 6 sunt…termini] LS om. A 7 certum] clarum LS bene] LS om. A quia] quod add. L unus] quod add. S 8 illud quod] om. L et S eorum] L om. A istorum S significat[2]] L om. AS 9 Nec…mirandum] Et est notandum S quare] de isto quod LS loci] LS termini A 11 esse locos] LS om. A Marcus] et add. A Cicero] Z om. ALSX 12 posuit] LS ponuntur A nisi] ad add. A unicum] S

»sehend«, ebenso »Licht« und »Dunkel«, sehr wohl dasselbe, obgleich sie nicht für dasselbe supponieren. Daß sie nicht für dasselbe supponieren, das liegt klar zutage, aber daß sie dasselbe bezeichnen, ist klar, weil ein privativer Term durch eine Namensdefinition mittels des ihm entgegengesetzten Terms definiert wird. Ebenso supponieren die kontradiktorischen Terme, wie z. B. die Terme »Seiendes« und »Nicht-Seiendes«, nicht für dasselbe, das ist gewiß, jedoch bezeichnen sie sehr wohl dasselbe, weil der eine von ihnen dasjenige bejahend bezeichnet, was der andere von ihnen verneinend bezeichnet. Und man soll sich nicht wundern, warum diese drei Örter von den Entgegengesetzten zu den mittleren und nicht zu den äußeren Örtern gezählt werden, obgleich der Verfasser der *Summulae* (Petrus Hispanus) sagt, daß sie äußere Örter sind, denn Marcus Tullius Cicero zählte nur einen einzigen äußeren Ort auf, nämlich den Ort von der Autorität[139]. Denn insofern je verschiedene Beschreibungen der (betreffenden) Terme gleichsam als Prinzipien vorausgeschickt werden, muß man gemäß den einen Beschreibungen manche Örter zu den äußeren zählen, welche man gemäß den anderen Beschreibungen zu den mittleren Örtern zählen muß.

Die fünf vorgebrachten Beschreibungen wurden also in dieser Wissenschaft gleichsam als Prinzipien vorausgeschickt.

Kapitel IV.19:
Die inneren Örter und erstens die Örter von der Substanz

Was den zweiten Hauptteil anbelangt, so ist im besonderen fortzufahren (mit der Abhandlung) über die drei Unterschiede

unum AL 13 terminorum] LS om. A 14 praemittuntur] AL ponuntur S 15 alias] L om. ASX aliquos] Z alios ASX om. L 16 quos] quas L locos] LS om. A 18 Dictae] ALX Item S praemissae] LS om. A 19 principia] Sequitur ergo etc. add. L etc. add. S 23 differentiis seu] LSX om. A

mae, et primo de loco intrinseco, secundo de extrinseco, tertio de medio, sicut etiam procedit auctor *Summularum*. Quantum ad primum sciendum est, quod locorum intrinsecorum quidam vocantur loci a substantia et quidam vocantur loci a concomitantibus substantiam. Primo ergo dicendum est de locis a substantia, deinde de locis a concomitantibus substantiam.

Unde locus a substantia est locus intrinsecus, qui est termini maximae confirmativae consequentiae, cuius consequentiae termini scilicet inferens et illatus supponunt pro eodem convertibiliter seu unus eorum denotatur esse in alio aliquo modorum essendi in. Huius autem loci plures sunt species, scilicet locus a definitione ad definitum, secundus est e converso, tertius est a descriptione ad descriptum, quartus est e converso, quintus est ab interpretatione ad interpretatum, sextus est e converso, septimus est ab uno synonymorum ad aliud, octavus est e converso, nonus est a differentia constitutiva speciei ad suam speciem, decimus est e converso, undecimus est a subiecto ad eius propriam passionem, duodecimus est e converso. Et defi-
A92ra nitiones horum satis patent ex dictis.

Sed pro exemplo dictorum notandum est, quod locus a definitione quattuor habet argumenta et quattuor maximas, quia definitio vel praedicatur vel subicitur. Si praedicatur, hoc est

2 auctor] Petrus Hispanus, Tractatus, Tr. V, Cap. 4, p. 59, lin. 22s.; cf. ibid., pp. 60–71, 71–76, 76–78.

1 secundo…extrinseco] LS om. A de[2]] loco add. L tertio] LS quam A 2 etiam] L om. A et S 4 substantia…a[2]] om. L et] S om. A concomitantibus] communicantibus S 5 Primo] prius L ergo] om. LS 6 deinde] secundo L concomitantibus] communicantibus S 7 intrinsecus] extrinsecus L 8 cuius] huius S consequentiae[2]] om. LS 9 termini] LS terminus A eodem] ALSX et add. AX 10 seu…in] om. L esse] inesse S alio] om. S aliquo] S om. A modorum] modo S 11 scilicet] om. L 12 est[2]] LS om. A 13 est[1]] LS om. A est[2]] LS om. A 14 est] LS om. A 15 est[1]] LS om. A locus add. L synonymorum] LS *lectio incerta* A est[2]…est] LS om. A 16 est] locus add. L 17 decimus] LS nonus A est[1]] LS om. A undecimus] LS decimus A est[2]…subiecto] S om. A est locus a substantia L 18 duodecimus] LS undecimus A est] LS om. A Et] om. L 19 horum] volenti considerare vel add. L satis] om. S patent]

bzw. Gattungen des Ortes (im Sinne) des Unterschieds der stärksten Regel, und zwar erstens über den inneren Ort, zweitens über den äußeren, drittens über den mittleren, wie auch der Verfasser der *Summulae* (Petrus Hispanus) vorgeht. Was das erste anbelangt, so muß man wissen, daß von den inneren Örtern eine Art »Örter von der Substanz« heißt und eine Art »Örter von den Begleiterscheinungen der Substanz«[140] heißt. Zuerst muß also über die Örter von der Substanz gesprochen werden, hierauf über die Örter von den Begleiterscheinungen der Substanz.

So ist der Ort von der Substanz ein innerer Ort, der die Terme der stärksten Regel ist, die eine Folgerung bestätigt, und zwar eine solche Folgerung, deren Terme, nämlich der folgernde und der gefolgerte, umkehrbar für dasselbe supponieren bzw. von deren Termen angegeben wird, daß der eine von ihnen im anderen ist, auf irgendeine Weise des In-Seins. Dieser Ort hat aber mehrere Arten, nämlich: der (erste) Ort (lautet) von der Definition auf das Definierte, der zweite lautet umgekehrt; der dritte lautet von der Beschreibung auf das Beschriebene, der vierte lautet umgekehrt; der fünfte lautet von der Auslegung auf das Ausgelegte, der sechste lautet umgekehrt; der siebte lautet von einem synonymen Ausdruck auf den anderen, der achte lautet umgekehrt; der neunte lautet vom artbildenden Unterschied auf seine Art, der zehnte lautet umgekehrt; der elfte lautet vom Subjekt auf seine charakteristische Eigenschaft, der zwölfte lautet umgekehrt. Und die Definitionen dieser (Örter) erhellen hinlänglich aus dem Gesagten.

Aber als ein Beispiel für die genannten (zwölf Örter) ist anzumerken, daß der Ort von der Definition vier Argumente und vier stärkste Regeln hat, weil die Definition entweder an Prädikatstelle oder an Subjektstelle steht. Wenn sie an Prädi-

patet LS 20 exemplo] L exemplis ASX dictorum] dico L tertio add. L notandum] sciendum L est] LS om. A 21 maximas] vel add. L 22 vel[1]] S om. AL est] LS om. A

dupliciter, quia vel in propositione affirmativa, ut »Sortes est animal rationale, ergo Sortes est homo«, vel in propositione negativa, ut »Lapis non est animal rationale, ergo lapis non est homo«. Si subicitur, vel in propositione affirmativa, ut »Animal rationale est risibile, ergo homo est risibilis«, vel in propositione negativa, ut »Animal rationale non est hinnibile, ergo homo non est hinnibilis«. Primum argumentum tenet per illam maximam »De quocumque verificatur definitio, de eodem verificatur definitum«. Secundum argumentum tenet per illam maximam »A quocumque removetur definitio, ab eodem removetur definitum«. Tertium argumentum tenet per illam maximam »Quidquid verificatur de definitione, verificatur de definito«. Quartum argumentum tenet per illam maximam »Quidquid removetur a definitione, removetur a definito«. Proportionaliter est dicendum et exemplificandum de aliis locis a substantia.

S33va Contra locum a definitione dubitatur, quia non sequitur »Animal rationale mortale est definitio, ergo homo est definitio«, et tamen arguitur a definitione ad definitum. Secundo, quia non sequitur »Animal rationale est medium demonstrationis, ergo homo est medium demonstrationis«. Tertio, quia non sequitur »Sortes Platonem ignorat esse animal rationale, ergo Sortes Platonem ignorat esse hominem«. Quarto dubitatur contra locum a definito, quia non sequitur »Sortes Platonem scit esse hominem, ergo Sortes Platonem scit esse animal rationale«, quia aliquis de aliquo potest scire, quod sit homo, et

1 quia] om. S Sortes…ut] LS om. A 3 animal] ab! L rationale] om. S. add. i.m. S 8 De quocumque] X quidquid ALS verificatur] ALX praedicatur S definitio] X de definitione ALS de eodem] X om. ALS 9 verificatur] LSX et A definitum] X de definito ALS 10 ab] de S removetur[2]] suum add. A 11 argumentum] om. L 12 definitione…de[2]] LSX om. A definito] etc. add. A 13 argumentum] om. L 14 a[1]] SX de AL removetur[2]…definito] LS etc. AX 15 et exemplificandum] LS om. A aliis] duobus add. L 17 Contra] LSX circa A 18 mortale] om. LSX 21 non sequitur] om. L 23 esse] animal add. S. del. L 25 scit[1]] sit L scit[2]] sit L 26 quia] unde LS aliquo] alio LS sit] scit L

katstelle steht, so kommt das auf zweierlei Weise vor, weil entweder in einem bejahenden Satz, wie »Sokrates ist ein vernunftbegabtes Lebewesen, also ist Sokrates ein Mensch«, oder in einem verneinenden Satz, wie »Ein Stein ist kein vernunftbegabtes Lebewesen, also ist ein Stein kein Mensch«. Wenn sie an Subjektstelle steht, so entweder in einem bejahenden Satz, wie »Ein vernunftbegabtes Lebewesen ist des Lachens fähig, also ist ein Mensch des Lachens fähig«, oder in einem verneinenden Satz, wie »Ein vernunftbegabtes Lebewesen ist nicht des Wieherns fähig, also ist ein Mensch nicht des Wieherns fähig«. – Das erste Argument ist aufgrund dieser stärksten Regel gültig: »Wovon immer eine Definition verifiziert wird, davon wird auch das Definierte verifiziert«. Das zweite Argument ist aufgrund dieser stärksten Regel gültig: »Wovon immer eine Definition entfernt (verneint) wird, davon wird auch das Definierte verneint«. Das dritte Argument ist aufgrund dieser stärksten Regel gültig: »Alles, was von einer Definition verifiziert wird, wird auch vom Definierten verifiziert«. Das vierte Argument ist aufgrund dieser stärksten Regel gültig: »Alles, was von einer Definition verneint wird, wird auch vom Definierten verneint«. – Auf entsprechende Weise sind Ausführungen und Beispiele hinsichtlich der anderen Örter von der Substanz vorzubringen.

Gegen den Ort von der Definition wird ein Einwand erhoben, weil nicht folgt »Sterbliches vernunftbegabtes Lebewesen ist eine Definition, also ist (ein) Mensch eine Definition«, aber dennoch wird von der Definition auf das Definierte argumentiert. – Zweitens, weil nicht folgt »Vernunftbegabtes Lebewesen ist der Mittelterm eines Beweises, also ist (ein) Mensch der Mittelterm eines Beweises«. – Drittens, weil nicht folgt »Von Platon weiß Sokrates nicht, daß er ein vernunftbegabtes Lebewesen ist, also: Von Platon weiß Sokrates nicht, daß er ein Mensch ist«. – Viertens wird ein Einwand gegen den Ort vom Definierten erhoben, weil nicht folgt »Von Platon weiß Sokrates, daß er ein Mensch ist, also: Von Platon weiß Sokrates, daß er ein vernunftbegabtes Lebewesen ist«, weil jemand von

tamen non scit de eo, quod sit animal rationale, quia non scit definitionem hominis. Quinto dubitatur contra locum a synonymis, quia non sequitur »Homo currit, ergo homines currunt«, et tamen arguitur ab uno synonymo ad aliud synonymum, quia *homo* et *homines* videntur esse synonyma, quia eandem rem significant secundum eandem rationem. Sexto dubitatur contra locum a propria passione ad eius subiectum, quia non sequitur »Risibile est demonstrabile de homine, ergo homo est demonstrabilis de homine«, secundo, quia non sequitur »Antichristus est risibilis, ergo Anitchristus est homo«, quia antecedens est verum et consequens falsum. Quod antecedens sit verum, patet, quia Antichristus potest ridere, modo idem est risibile et quod potest ridere.

A92rb Ad ista respondetur: Ad primum dico, quod cum dicitur consequentiam valere a definitione ad definitum, debet intelligi de definitione et definito supponentibus personaliter. Nunc autem in consequentia prima et secunda, quibus facta est instantia dicta, supponunt simpliciter vel materialiter, et sic soluta est prima et secunda obiectio. Ad tertiam et ad quartam dico, quod locus a definitione ad definitum vel e converso non tenet cum istis verbis *scio*, *ignoro* et consimilibus, et hoc, cum definitio et definitum ponuntur a parte praedicati, et hoc bene probavit tertia et quarta obiectio et non plus. Bene tamen concedo, quod locus a definitione ad definitum vel e converso tenet cum istis verbis *scio*, *ignoro*, etc., cum ponuntur definitio

1 scit[1]] sic/sit L rationale] etc. add. A propter hoc add. L quia] propter hoc quod S forte add. LS 2 dubitatur] arguitur L synonymis] synonymo LS 3 currunt] currit L 4 ab] a LS uno] om. LS aliud] om. LS 5 quia[2]] propter hoc quod LS 6 secundum…rationem] om. LS 8 de] ab S 10 quia] LS om. A 14 dico quod] om. L 15 consequentiam] non add. L debet…de] om. L 16 de] S om. A 17 secunda] in add. LS 18 dicta] LS om. A supponunt] de terminis stantibus S sic] ex hoc LS 19 prima] ratio add. S et secunda] om. L ad] LS om. A 21 cum[1]] in L scio] et add. AL et hoc] LS om. A cum[2]] dum L 22 bene] om. LS 23 probavit] probat L et[2]…plus] om. L non plus] bene S Bene] om. S 25 istis] dictis L scio ignoro] om. L etc] et hoc L ergo? add. S

jemandem wissen kann, daß er ein Mensch ist, aber dennoch von ihm nicht weiß, daß er ein vernunftbegabtes Lebewesen ist, weil er die Definition des Menschen nicht kennt. – Fünftens wird ein Einwand gegen den Ort von den synonymen Ausdrücken erhoben, weil nicht folgt »Ein Mensch läuft, also laufen Menschen«, aber dennoch wird von einem synonymen Ausdruck auf den anderen synonymen Ausdruck argumentiert, weil »Mensch« und »Menschen« synonyme Ausdrücke zu sein scheinen, weil sie dasselbe Ding gemäß demselben Begriff bezeichnen. – Sechstens wird ein Einwand gegen den Ort von der charakteristischen Eigenschaft auf ihr Subjekt erhoben, weil nicht folgt »Des Lachens fähig ist vom Menschen beweisbar, also ist Mensch vom Menschen beweisbar«; zweitens, weil nicht folgt »Der Antichrist ist des Lachens fähig, also ist der Antichrist ein Mensch«, weil der Vordersatz wahr ist und der Nachsatz falsch. Daß der Vordersatz wahr ist, ist klar, weil der Antichrist lachen kann, »des Lachens fähig« und »was lachen kann« bedeutet nun aber dasselbe.

Antwort auf diese Einwände: Zum ersten sage ich: Wenn es heißt, daß eine Folgerung von einer Definition auf das Definierte gültig ist, so muß man das hinsichtlich einer Definition und eines Definierten in personaler Supposition verstehen. Nun supponieren (Definition und Definiertes) aber in der ersten und zweiten Folgerung, mit denen das genannte Gegenbeispiel formuliert wurde, einfach oder material, und damit ist der erste und der zweite Einwand aufgelöst. – Zum dritten und zum vierten sage ich: Der Ort von der Definition auf das Definierte oder umgekehrt ist nicht gültig mit den Verben »ich weiß«, »ich weiß nicht« u. ä., und zwar (dann nicht), wenn die Definition und das Definierte auf Prädikatseite stehen; und das bewiesen der dritte und der vierte Einwand trefflich, aber (auch) nicht mehr. Jedoch gebe ich sehr wohl zu, daß der Ort von der Definition auf das Definierte oder umgekehrt mit den Verben »ich weiß«, »ich weiß nicht« usw. gültig ist, wenn die Definition und das Definierte auf Subjektseite stehen. Denn obgleich nicht folgt »Von Sokrates weiß ich nicht, daß er ein

et definitum a parte subiecti. Unde licet non sequatur »Sortem ignoro esse animal rationale, ergo Sortem ignoro esse hominem«, tamen bene sequitur »Animal rationale ignoro esse Sortem, ergo hominem ignoro esse Sortem«. Similiter licet non sequatur »Sortem scio esse hominem, ergo Sortem scio esse animal rationale«, tamen bene sequitur »Hominem scio esse Sortem, ergo animal rationale scio esse Sortem«, quod bene potest probari per syllogismum expositorium sic arguendo »Istum hominem scio esse Sortem, iste homo est animal rationale, ergo animal rationale scio esse Sortem«. Ad quintam: Nego, quod *homo* et *homines* sunt termini synonymi, quia licet significent idem, tamen non eodem modo, quia hic terminus L42rb *homo* significat singulariter, hic autem terminus *homines* significat pluraliter.

Sed diceres: Si diversitas modorum significandi faceret, quod termini non essent synonymi, tunc isti termini *lapis* et *petra* non essent synonymi propter hoc, quod habent diversos modos significandi, nam unus est unius generis et alter alterius.

Dicendum est, quod diversitas modi significandi est duplex, quaedam, quae impedit praedicationem unius termini de alio, et ista etiam impedit synonymitatem, sicut est diversitas numeri. Alia est diversitas modi significandi, quae non impedit praedicationem unius de alio, sicut est diversitas generis, et de ista etiam dicitur, quod non impedit synonymitatem. Sic ergo

4 licet] om. S 5 sequatur] L sequitur AS 7 bene] LS om. A 8 potest probari] L possum probare A posset probari S 10 quintam] LS secundum A 11 Nego] negatur L 12 idem] om. L 13 hic autem] et hic L 15 modorum] S modi AL 16 essent] om. L tunc] nec add. L lapis] homo L et] LS om. A 17 non] om. L essent] termini add. L 18 significandi] praedicandi L est] LS om. A et] S om. AL 19 est[1]] LS om. A 21 ista] iste L etiam] om. S synonymitatem] S synominationem A synonyma L est] LS om. A 23 de[2]] LS om. A 24 etiam] S om. AL dicitur] S differentia! A dico L quod] LS om. A synonymitatem] LS synominationem A Sic] est add. A

vernunftbegabtes Lebewesen ist, also: Von Sokrates weiß ich nicht, daß er ein Mensch ist«, so folgt doch sehr wohl »Von einem vernunftbegabten Lebewesen weiß ich nicht, daß es Sokrates ist, also: Von einem Menschen weiß ich nicht, daß er Sokrates ist«. Ebenso, obgleich nicht folgt »Von Sokrates weiß ich, daß er ein Mensch ist, also: Von Sokrates weiß ich, daß er ein vernunftbegabtes Lebewesen ist«, so folgt doch sehr wohl »Von einem Menschen weiß ich, daß er Sokrates ist, also: Von einem vernunftbegabten Lebewesen weiß ich, daß es Sokrates ist«, was man mit einem herausstellenden Syllogismus trefflich beweisen kann, indem man so argumentiert: »Von diesem Menschen weiß ich, daß er Sokrates ist; dieser Mensch ist ein vernunftbegabtes Lebewesen; also: Von einem vernunftbegabten Lebewesen weiß ich, daß es Sokrates ist«. – Zum fünften: Ich verneine, daß »Mensch« und »Menschen« synonyme Terme sind, denn obgleich sie dasselbe bezeichnen, so doch nicht auf dieselbe Weise, weil der Term »Mensch« gemäß dem Singular bezeichnet, der Term »Menschen« aber gemäß dem Plural bezeichnet.

Einwand: Wenn die Verschiedenheit der Bezeichnungsweisen bewirkte, daß (irgendwelche) Terme nicht synonym sind, dann wären die Terme »Stein« und »Felsen« nicht synonym, und zwar (eben) deswegen, weil sie verschiedene Bezeichnungsweisen haben, denn der eine hat dieses grammatische Geschlecht und der andere jenes[141].

(Dazu) muß man sagen, daß es zwei Arten von Verschiedenheit der Bezeichnungsweise gibt: Es gibt eine Art, welche die Prädikation des einen Terms vom anderen verhindert, und diese verhindert auch die Synonymität, wie z. B. die Verschiedenheit der grammatischen Zahl. Es gibt (aber auch) eine andere Art von Verschiedenheit der Bezeichnungsweise, welche die Prädikation des einen (Terms) vom anderen nicht verhindert, wie z. B. die Verschiedenheit des grammatischen Geschlechts, und von dieser heißt es auch, daß sie die Synonymität nicht verhindert. So verhindert also eine Art von Ver-

aliqua diversitas modi significandi impedit synonymitatem et A92va aliqua non, et sic patet ad obiectionem.

Ad sextam dico proportionaliter, sicut dicebatur ad primam et ad secundam, scilicet, cum dicitur locum a propria passione ad suum subiectum valere vel e converso, debet intelligi de terminis supponentibus personaliter, qualiter non est in obiectione praesenti. Ad aliam dico, quod si vocamus omne illud risibile, quod potest ridere, tunc ly *risibile* non est propria passio hominis ex eo, quod ut sic esse risibile est in plus quam homo, qualiter non debet esse de subiecto et eius propria passione, quia unum eorum non debet se habere in plus quam reliquum, sed debent se habere aequaliter et convertibiliter. Et ut sic accipiendo risibile, bene concedo Antichristum esse risibilem, nec ut sic accipiendo risibile arguitur a propria passione ad eius subiectum, cum arguitur »Antichristus est risibilis, ergo Antichristus est homo«. Nihilominus, si risibile accipitur solum pro illo, quod est, et non pro isto, quod potest esse, tunc bene concedo, quod risibile est propria passio hominis. Et secundum istam acceptionem huius termini *risibile* nego, quod Antichristus sit risibilis, sed ut sic bene concedo, quod arguitur a propria passione ad eius subiectum, cum arguitur »Antichristus est risibilis, ergo Antichristus est homo«, sed tunc antecedens est falsum et etiam consequens.

1 significandi] quae add. A synonymitatem] LS synominationem A 2 sic] ex hoc LS 3 sextam] LX aliam AS dico] quod add. L dicebatur] om. L 4 ad] S om. AL scilicet] om. L dicitur] dicit L 5 intelligi] intelligere S de] LS om. A 6 in…praesenti] obiectio praesens L 7 quod] S om. AL 8 ly] LS om. A 9 quod] LS quia A ut] nec L esse] S om. AL 12 sed…convertibiliter] LS om. AX debent] L debet S aequaliter] S consimili modo L 13 ut] LS om. A bene…risibile] om. L concedo] conceditur S 14 risibilem] risibile S 15 eius] suum S subiectum] et add. L 17 solum] L om. AS et…esse] AX et potest ridere L vel potest ridere S 18 tunc] sic LS 20 sit] LS est A sed] LS et A 21 a] si L 22 tunc] om. LS 23 et…consequens] om. LX igitur etc. S

schiedenheit der Bezeichnungsweise die Synonymität und eine Art nicht, und damit erhellt (die Antwort) auf den Einwand.

Auf den sechsten (Einwand) antworte ich auf entsprechende Weise, wie auf den ersten und auf den zweiten geantwortet wurde, nämlich: Wenn es heißt, daß der Ort von der charakteristischen Eigenschaft auf ihr Subjekt gültig ist oder umgekehrt, so muß man das in bezug auf Terme in personaler Supposition verstehen, was im vorliegenden Einwand (eben) nicht der Fall ist (nämlich, daß die Terme personale Supposition haben). – Zum anderen (Argument des sechsten Einwands) sage ich: Wenn wir all das »des Lachens fähig« nennen, was lachen kann, dann ist der Ausdruck »des Lachens fähig« keine charakteristische Eigenschaft des Menschen, weil des Lachens fähig zu sein in diesem Sinne auf mehr Dinge zutrifft als auf den Menschen (allein), was nicht der Fall sein darf bei einem Subjekt und seiner charakteristischen Eigenschaft, weil das eine von ihnen sich nicht an mehr Dingen finden darf als das andere, sondern sie müssen in gleicher Anzahl und umkehrbar vorkommen. Und wenn man »des Lachens fähig« in diesem Sinne verwendet, gebe ich sehr wohl zu, daß der Antichrist des Lachens fähig ist; gemäß dieser Verwendungsweise von »des Lachens fähig« wird aber nicht von einer charakteristischen Eigenschaft auf ihr Subjekt argumentiert, wenn man argumentiert »Der Antichrist ist des Lachens fähig, also ist der Antichrist ein Mensch«. Nichtsdestoweniger: Wenn »des Lachens fähig« nur für das, was ist, verwendet wird und nicht für das, was sein kann, dann gebe ich sehr wohl zu, daß des Lachens fähig (zu sein) eine charakteristische Eigenschaft des Menschen ist. Und gemäß dieser Verwendung des Terms »des Lachens fähig« verneine ich, daß der Antichrist des Lachens fähig ist, aber in diesem Sinne gebe ich sehr wohl zu, daß von einer charakteristischen Eigenschaft auf ihr Subjekt argumentiert wird, wenn man argumentiert »Der Antichrist ist des Lachens fähig, also ist der Antichrist ein Mensch«; aber dann ist der Vordersatz falsch und auch der Nachsatz.

Cap. IV.20 ⟨Capitulum vicesimum de locis a concomitantibus substantiam⟩

Sequitur de locis a concomitantibus substantiam. Unde loci a concomitantibus substantiam dicuntur termini maximarum seu regularum confirmativarum consequentiarum, quarum quidem consequentiarum termini, scilicet inferentes et illati, sic se habent, quod unus eorum designatur inesse alteri aliquo modorum essendi in. Et ideo sciendum, quod secundum diver-
S33vb sos modos essendi in diversi sunt loci a concomitantibus substantiam, et quia est aliquis modus essendi in totius in suis partibus et aliquis est modus essendi in partium in suo toto et aliquis est modus essendi in effectus in sua causa et aliquis est modus essendi in causae in suo effectu, et ideo sunt aliqui loci a concomitantibus substantiam, qui vocantur loci a toto ad suam partem et qui vocantur a parte ad suum totum, qui diversificantur secundum diversitatem totorum et partium. Alii vocantur a causa ad suum effectum et e converso, et illi diversificantur secundum diversitatem causarum et effectuum. Primo autem determinandum est de locis a toto ad suam partem et a parte ad suum totum, deinde de locis a causa ad suum effectum et ab effectu ad suam causam.

Quantum ad primum dicendum est primo de toto. Unde quoddam dicitur totum universale, quoddam dicitur totum

3 concomitantibus] communicantibus S 4 concomitantibus] communicantibus S 6 scilicet] LS om. A 7 eorum] illorum S designatur] LS designat A alteri] in add. A aliquo] de quo L 8 modorum] LS modo A Et] LS om. A 9 modos] significandi add. L concomitantibus] communicantibus S 10 totius…in[1]] LS om. A 11 in[1]] del. L partibus add. s. del. L partium in] om. S in suo] om. L suo] S om. A et[2]] similiter add. L 12 effectus] LS effectuum A sua] LS om. A 13 et] om. L 14 qui] quidem add. S 15 et] om. S quidam add. L qui[1]] quidem add. S vocantur] LS vocentur A suum] LS om. A 17 suum] Z om. ALSX et[1]] AX alii LS alii add. X e converso] ab effectu ad causam L illi] ista S diversificantur] diversificant S 18 diversitatem] totorum et partium add. s. del. A Primo] prius L 19 determinandum] declarandum S 20 ad[2]] et S suum[2]] Z om. ALSX 21 et] ALSX de locis add.

Kapitel IV.20:
Die Örter von den Begleiterscheinungen der Substanz

Es folgt (das Kapitel) über die Örter von den Begleiterscheinungen der Substanz. So heißen »Örter von den Begleiterscheinungen der Substanz« die Terme von stärksten Regeln bzw. von Bestätigungsregeln für Folgerungen, und zwar für solche Folgerungen, deren Terme, nämlich der folgernde und der gefolgerte, sich so verhalten, daß gemäß Angabe (der involvierten Sätze) der eine von ihnen in dem anderen ist, auf irgendeine Weise des In-Seins. Und deshalb muß man wissen, daß es gemäß den verschiedenen Weisen des In-Seins verschiedene Örter von den Begleiterscheinungen der Substanz gibt; und weil es eine Weise des In-Seins eines Ganzen in seinen Teilen gibt und es eine Weise des In-Seins von Teilen in ihrem Ganzen gibt und es eine Weise des In-Seins einer Wirkung in ihrer Ursache gibt und es eine Weise des In-Seins einer Ursache in ihrer Wirkung gibt: Deshalb gibt es eine Art von Örtern von den Begleiterscheinungen der Substanz, welche »Örter von einem Ganzen auf seinen Teil« heißen und welche »von einem Teil auf sein Ganzes« heißen, und diese werden gemäß der Verschiedenheit der Ganzen und der Teile weiter unterteilt. Und es gibt eine andere Art von Örtern, welche »von einer Ursache auf ihre Wirkung« heißen und umgekehrt, und diese werden gemäß der Verschiedenheit der Ursachen und der Wirkungen weiter unterteilt. Zuerst sind aber Bestimmungen zu treffen hinsichtlich der Örter von einem Ganzen auf seinen Teil und von einem Teil auf sein Ganzes, hernach hinsichtlich der Örter von einer Ursache auf ihre Wirkung und von einer Wirkung auf ihre Ursache.

Was das erste anbelangt, so muß erstens über das Ganze gesprochen werden: So heißt eine Art des Ganzen »universales (logisches) Ganzes«, eine Art heißt »integrales (quantitatives)

A suam] S om. AL 22 est] LS om. A est add. S 23 dicitur[1]] esse add. LS universale] et add. AL dicitur totum[2]] S om. A dicitur esse totum L

integrale, quoddam totum in quantitate, quoddam totum in A92vb loco, quoddam totum in modo, quoddam totum in tempore. Et proportionaliter tot modis dicitur pars, unde quaedam vocatur pars totius universalis, quaedam totius integralis, quaedam totius in quantitate, quaedam totius in loco, quaedam totius in modo, quaedam totius in tempore.

Totum universale dicitur terminus communis respectu inferiorum suorum, suum inferius autem dicitur pars subiectiva sive pars totius universalis, sicut hic terminus *animal* dicitur totum universale respectu huius termini *homo*, hic autem terminus *homo* dicitur pars subiectiva. Et ideo, si arguitur »Homo currit, ergo animal currit«, dicitur argui a parte subiectiva ad suum totum universale.

Totum autem integrale dicitur quoddam compositum ex partibus habentibus quantitatem, et pars eius dicitur pars integralis, sicut domus dicitur totum integrale, paries autem vel tectum dicitur pars integralis.

Totum in quantitate dicitur terminus communis signo universali determinatus, sicut cum dicitur *omnis homo*, sed pars totius in quantitate dicitur terminus singularis sub eo contentus, sicut est iste terminus *Sortes* vel iste terminus *Plato*, vel etiam terminus communis cum pronomine demonstrativo, sicut est ly *iste homo* vel *iste lapis*.

Totum in modo dicitur dictio sumpta sine determinatione respectu alterius sumptae cum determinatione, sicut est ly

1 integrale] et add. ALS totum[2]] L om. AS 2 totum[1]] L om. AS totum[2]] L om. AS 3 vocatur] vocantur L 4 pars] partes L universalis] et add. L quaedam[2]...quantitate] LS om. A 5 quaedam[2]...modo] L om. AS 7 inferiorum suorum] sui inferius L sui inferioris S 8 suum] LS om. A 9 hic terminus] LS om. A 10 hic...terminus] LS et A 11 dicitur] LS om. A 12 dicitur argui] S arguitur A dicitur argumentum L 14 compositum] oppositum! L 15 pars[2]] LS om. A 16 autem vel] LS et A 17 tectum] totum! L dicitur] LS dicuntur A pars integralis] LS partes integrales A 20 dicitur] LS est A 21 est] om. LS Sortes] homo L vel[1]] LS et A iste terminus[2]] L om. AS 22 etiam] LS om. A iste add. L 23 ly] LS om. A lapis] homo L 25 sumptae] sumpti S sumptae...determinatione] om. L determinatione] determinato S

Ganzes«, eine Art »Ganzes hinsichtlich der (logischen) Quantität«, eine Art »Ganzes hinsichtlich des Orts«, eine Art »Ganzes hinsichtlich der Art und Weise«, eine Art »Ganzes hinsichtlich der Zeit«. Und auf dementsprechend viele Weisen wird auch »Teil« benannt: So heißt eine Art »Teil eines universalen Ganzen«, eine Art »(Teil) eines integralen Ganzen«, eine Art »(Teil) eines Ganzen hinsichtlich der (logischen) Quantität«, eine Art »(Teil) eines Ganzen hinsichtlich des Orts«, eine Art »(Teil) eines Ganzen hinsichtlich der Art und Weise«, eine Art »(Teil) eines Ganzen hinsichtlich der Zeit«.

»Universales Ganzes« heißt ein allgemeiner Term in Hinsicht auf seine (in der kategorialen Hierarchie) untergeordneten (Terme), sein Untergeordnetes aber heißt »subjektiver (darunter liegender, untergeordneter) Teil« bzw. »Teil eines universalen Ganzen«; z. B. heißt der Term »Lebewesen« »universales Ganzes« in Hinsicht auf den Term »Mensch«, der Term »Mensch« aber heißt »untergeordneter Teil«. Wenn man also argumentiert »Ein Mensch läuft, also läuft ein Lebewesen«, so heißt das Argument »von einem untergeordneten Teil auf sein universales Ganzes«.

»Integrales Ganzes« aber heißt etwas aus Teilen, welche eine Quantität (Größe, Ausdehnung) haben, Zusammengesetztes, und sein Teil heißt »integraler Teil«; z. B. heißt ein Haus »integrales Ganzes«, eine Wand aber oder das Dach heißt »integraler Teil«.

»Ganzes hinsichtlich der Quantität« heißt ein allgemeiner Term, der durch ein Universalzeichen bestimmt ist, z. B., wenn man sagt »jeder Mensch«, aber »Teil eines Ganzen hinsichtlich der Quantität« heißt ein singulärer Term, der unter ihn fällt, wie z. B. der Term »Sokrates« oder der Term »Platon« oder auch ein allgemeiner Term in Verbindung mit einem Demonstrativpronomen, wie z. B. der Ausdruck »dieser Mensch« oder »dieser Stein«.

»Ganzes hinsichtlich der Art und Weise« heißt ein Wort, das ohne Bestimmung angeführt ist, in Hinsicht auf einen anderen

homo respectu istius termini, qui est *homo albus*, et similiter sicut est ly *homo albus* respectu huius, quod est *homo albus secundum dentes*. Pars autem in modo dicitur dictio sumpta cum determinatione addita, sicut est ly *homo albus* respectu ly *homo*, et sicut est ly *homo albus secundum dentes* respectu istius termini *homo albus*. Et de isto toto in modo verificatur, quod pars est maior suo toto.

Totum in tempore dicitur dictio comprehendens omne tempus adverbialiter, sicut est haec dictio *semper* et haec dictio *numquam*, pars autem in tempore dicitur dictio comprehendens unum tempus adverbialiter, sicut est haec dictio *nunc* vel *tunc* etc.

Totum in loco dicitur dictio comprehendens adverbialiter omnem locum, sicut est haec dictio *ubique*, sed pars in loco dictio dicitur comprehendens adverbialiter unum locum, sicut est haec dictio *hic* vel *ibi*, etc.

Istis descriptionibus visis dicendum est primo de locis a concomitantibus substantiam a toto ad partem et e converso. Et est sciendum, quod talis loci sunt duodecim species. Una est a toto universali ad suam partem subiectivam, secunda est e converso, tertia est a nomine totius integralis ad nomen suae partis, quarta est e converso, quinta est a toto in quantitate ad suam partem vel partes, sexta est e converso, septima est a toto
A93ra in modo ad suam partem, octava est e converso, nona est a toto

1 istius…est] S om. A istius quod est L albus] homo est totum add. A et] L om. AS similiter…dentes] LS om. A 4 addita] om. L ly[1]] homo add. s. del. A 5 homo[1]] et sicut est ly homo albus respectu ly homo add. L et…albus] LS om. A est] L om. S 6 istius termini] S ly L homo] L om. S Et] om. LS in modo] LS om. A verificatur] LS invenitur? A 7 toto] et parte! L 8 Totum] om. L tempore] parte S dicitur] LS est A 9 sicut…dictio[1]] LS ut A et… dictio[2]] LS om. A 10 autem] L om. AS 11 sicut…dictio] ut L est] S om. A vel] om. LS 12 etc] LS om. A 13 dicitur] L est AS 14 est] LS om. A 15 dictio…comprehendens] om. L adverbialiter] LS om. A 16 est] S om. AL haec dictio] om. L hic vel] hic L om. S ibi] ubi S 17 Istis] LS om. A 18 et… converso] L et e contra S etc. A 19 Et] LS om. A talis] tales S loci] om. L est[2]] om. L 20 suam] L om. AS 21 converso] contra L est] S om. AL nomen] modum! L 22 est[2]] om. L quantitate] modo L 23 suam] suas L

(Ausdruck), der mit einer Bestimmung angeführt ist, wie z. B. der Ausdruck »Mensch« in Hinsicht auf den Term »weißer Mensch« sowie z. B. der Ausdruck »weißer Mensch« in Hinsicht auf den (Ausdruck) »bezüglich der Zähne weißer Mensch«. »Teil hinsichtlich der Art und Weise« aber heißt ein Wort, das mit einer zusätzlichen Bestimmung angeführt ist, wie z. B. der Ausdruck »weißer Mensch« in Hinsicht auf den Ausdruck »Mensch« sowie z. B. der Ausdruck »bezüglich der Zähne weißer Mensch« in Hinsicht auf den Term »weißer Mensch«. Und von diesem Ganzen hinsichtlich der Art und Weise ist es wahr, daß ein Teil größer ist als sein Ganzes.

»Ganzes hinsichtlich der Zeit« heißt ein Wort, das adverbial jede Zeit umfaßt, wie z. B. das Wort »immer« und das Wort »nie(mals)«, »Teil hinsichtlich der Zeit« aber heißt ein Wort, das adverbial (nur) eine Zeit umfaßt, wie z. B. das Wort »jetzt« oder »damals« usw.

»Ganzes hinsichtlich des Orts« heißt ein Wort, das adverbial jeden Ort umfaßt, wie z. B. das Wort »überall«, aber »Teil hinsichtlich des Orts« heißt ein Wort, das adverbial (nur) einen Ort umfaßt, wie z. B. das Wort »hier« oder »dort« usw.

Nach der Vorstellung dieser Beschreibungen muß erstens über die Örter von den Begleiterscheinungen der Substanz »von einem Ganzen auf seinen Teil« und umgekehrt gesprochen werden. Und man muß wissen, daß es zwölf Arten eines solchen Ortes gibt: Die eine lautet von einem universalen Ganzen auf seinen untergeordneten Teil, die zweite lautet umgekehrt; die dritte lautet vom Namen eines integralen Ganzen auf den Namen seines Teils, die vierte lautet umgekehrt; die fünfte lautet von einem Ganzen hinsichtlich der Quantität auf seinen Teil oder (seine) Teile, die sechste lautet umgekehrt; die siebte lautet von einem Ganzen hinsichtlich der Art und Weise auf seinen Teil, die achte lautet umgekehrt; die neunte lautet

partem] om. L vel partes] S om. A partes L sexta] octava L est[1]] om. L septima] nona L est[2]] Z om. ALSX 24 modo] tempore L suam partem] suas partes L octava] decima L est[1]] om. L nona] undecima L est[2]] om. LS

in tempore ad suam partem, decima est e converso, undecima est a toto in loco ad suam partem, duodecima est e converso. Descriptiones harum specierum satis patent ex praedictis.

Iuxta locum a toto universali ad suam partem est una regula sive maxima constans, scilicet: A negatione totius universalis ad negationem suae partis subiectivae praedicando utrobique est bona consequentia. Bene enim sequitur »Lapis non est animal, ergo lapis non est homo«.

Iuxta eundem locum sunt tres regulae sive maximae inconstantes, quarum prima est ista: A toto universali ad suam partem subiectivam affirmative subiciendo utrobique et toto universali sumpto sine distributione non valet consequentia. Propter hanc regulam non sequitur »Animal currit, ergo homo currit«. Secunda regula inconstans est: A toto universali sumpto sine distributione ad suam partem subiectivam nega-
L42va tive subiciendo utrobique non valet consequentia. Propter hoc non sequitur »Animal non est risibile, ergo homo non est risibilis«. Tertia regula sive maxima inconstans est: A toto universali ad suam partem subiectivam affirmative praedicando utrobique non valet consequentia. Propter hoc non sequitur »Asinus est animal, ergo asinus est homo«. Et intelligendo per regulam constantem regulam affirmativam, per quam tenent aliquae consequentiae, et per regulam inconstantem intelligendo regulam negativam, per quam non tenent aliquae consequentiae. Et est sciendum, quod amplius circa alios locos non ponam nisi regulas constantes.

1 tempore] loco L decima] duodecima L undecima…converso] om. L 2 est[1]] om. S a] S ad A 3 harum] L horum A *lectio incerta* S specierum] L om. AS 4 una] S om. AL 5 scilicet] LS quod A 6 utrobique] utrumque LSX 7 Lapis] homo L 8 lapis] homo L 9 sunt] LS sive! A inconstantes] LS non constantes A 10 ista] om. L universali] integrali L 11 affirmative] affirmativam L utrobique] S utrumque AL et] aut a L autem a S ut a X 13 Propter] per L 14 inconstans est] trsp. S 16 utrobique] Z utrumque ALSX 17 risibilis] risibile S 18 regula sive] om. L sive] est S est] L om. AS 19 affirmative] affirmativam L 20 utrobique] Z utrumque ALSX 21 Et] om. S intelligendo] intelligo L 22 per] propter LS 23 et] LS om. A intelligendo] om. L 25 est] om. L alios] LX aliquos A illos S

von einem Ganzen hinsichtlich der Zeit auf seinen Teil, die zehnte lautet umgekehrt; die elfte lautet von einem Ganzen hinsichtlich des Orts auf seinen Teil, die zwölfte lautet umgekehrt. Die Beschreibungen dieser Arten erhellen hinlänglich aus dem oben Gesagten.

In bezug auf den Ort von einem universalen Ganzen auf seinen Teil gibt es eine feste (bejahende) Regel bzw. Maxime, nämlich: Von der Verneinung eines universalen Ganzen auf die Verneinung seines untergeordneten Teils liegt eine gültige Folgerung vor, wenn beide jeweils an Prädikatstelle stehen. Es folgt nämlich sehr wohl »Ein Stein ist kein Lebewesen, also ist ein Stein kein Mensch«.

In bezug auf denselben Ort gibt es drei schwankende (verneinende) Regeln bzw. Maximen, von denen die erste folgendermaßen lautet: Von einem universalen Ganzen auf seinen untergeordneten Teil ist eine bejahende Folgerung nicht gültig, wenn beide jeweils an Subjektstelle stehen und das universale Ganze ohne Verteilung angeführt ist. Aufgrund dieser Regel folgt nicht »Ein Lebewesen läuft, also läuft ein Mensch«. – Die zweite schwankende Regel lautet: Von einem universalen Ganzen, das ohne Verteilung angeführt ist, auf seinen untergeordneten Teil ist eine verneinende Folgerung nicht gültig, wenn beide jeweils an Subjektstelle stehen. Deswegen folgt nicht »Ein Lebewesen ist nicht des Lachens fähig, also ist ein Mensch nicht des Lachens fähig«. – Die dritte schwankende Regel bzw. Maxime lautet: Von einem universalen Ganzen auf seinen untergeordneten Teil ist eine bejahende Folgerung nicht gültig, wenn beide jeweils an Prädikatstelle stehen. Deswegen folgt nicht »Ein Esel ist ein Lebewesen, also ist ein Esel ein Mensch«. – Dabei ist unter einer festen Regel eine bejahende Regel zu verstehen, aufgrund deren gewisse Folgerungen gültig sind, und unter einer schwankenden Regel eine verneinende Regel zu verstehen, aufgrund deren gewisse Folgerungen nicht gültig sind. Und es ist festzuhalten, daß ich im Weiteren bezüglich der anderen Örter nur (mehr) feste Regeln aufstellen werde.

Sed diceret aliquis: Videtur utique, quod valet consequentia arguendo a toto universali ad suam partem subiectivam affirmative subiciendo utrobique, sicut bene sequitur »Ens est, ergo substantia est«. Nam ex opposito consequentis, scilicet »Nulla substantia est«, sequitur oppositum antecedentis, scilicet »Nullum ens est«. Secundo, nam bene sequitur »Numerus est, ergo binarius est«, nam etiam ex opposito consequentis sequitur S34ra oppositum antecedentis, bene enim sequitur »Nullus binarius est, ergo nullus numerus est«.

Respondetur, quod dictae consequentiae sunt bonae, sed non sunt bonae ex eo, quod arguitur a toto universali ad suam partem subiectivam, sed ideo, quia arguitur ab effectu ad suam causam vel proprius loquendo a nomine effectus ad nomen A93rb suae causae. Unde binarius est causa ipsius numeri et similiter substantia ipsius entis.

Iuxta locum a parte subiectiva ad suum totum universale sunt tres regulae sive maximae constantes. Prima est: A parte subiectiva ad suum totum universale affirmative subiciendo utrobique est bona consequentia. Propter istam regulam bene sequitur »Homo currit, ergo animal currit«. Secunda regula est ista: A parte subiectiva ad suum totum universale affirmative praedicando utrobique est bona consequentia. Propter istam regulam bene sequitur »Sortes est homo, ergo Sortes est animal«. Tertia regula: A parte subiectiva ad suum totum universale negative subiciendo utrobique est bona consequentia,

1 diceret aliquis] S om. A diceres L utique quod] trsp. L 2 subiectivam] affirmativam add. S 3 utrobique] Z utrumque ALSX 4 Nam] S quia AL 5 sequitur] infertur L 7 nam] quia L etiam] S om. AL sequitur] infertur L bene add. L 8 bene…sequitur] verbi gratia sicut L enim] S om. A binarius] ly maius! L 9 nullus numerus] numerus non L 10 sunt bonae] om. L sed] S etc. A om. L non…bonae] LS om. A 12 sed…causam] LS om. A ideo] om. L 13 proprius] LSX proprie A loquendo] locus! S a nomine] ad nomen L a…effectus] effectus a nomine S nomen…causae] suam causam L 14 Unde] quia L binarius…similiter] om. L 15 substantia…entis] ens est causa substantiae L ipsius] istius S 16 ad…universale] om. L 17 constantes] om. L 19 utrobique] Z utrumque ALSX Propter…regulam] LS sicut A 20 est ista] om. L 21 suum totum] unum L 22 utrobique] Z utrumque ALSX

Einwand: Es scheint durchaus, daß eine Folgerung in Form eines bejahenden Arguments von einem universalen Ganzen auf seinen zugrundeliegenden Teil, wenn beide jeweils an Subjektstelle stehen, gültig ist, wie z. B. sehr wohl folgt »Ein Seiendes ist (existiert), also ist eine Substanz«. Denn aus dem Gegensatz des Nachsatzes, nämlich »Keine Substanz ist«, folgt der Gegensatz des Vordersatzes, nämlich »Kein Seiendes ist«. – Zweitens: Es folgt sehr wohl »Eine Zahl ist, also ist eine Zwei«, denn auch (hier) folgt aus dem Gegensatz des Nachsatzes der Gegensatz des Vordersatzes, es folgt nämlich sehr wohl »Keine Zwei ist, also ist keine Zahl«.

Antwort: Die genannten Folgerungen sind gültig, aber sie sind nicht deshalb gültig, weil von einem universalen Ganzen auf seinen untergeordneten Teil argumentiert wird, sondern deshalb, weil von einer Wirkung auf ihre Ursache argumentiert wird, oder im eigentlicheren Sinne gesprochen: vom Namen einer Wirkung auf den Namen ihrer Ursache. So ist die Zwei die Ursache der Zahl selbst und ebenso die Substanz des Seienden selbst.

In bezug auf den Ort von einem untergeordneten Teil auf sein universales Ganzes gibt es drei feste Regeln bzw. Maximen. Die erste lautet: Von einem untergeordneten Teil auf sein universales Ganzes ist eine bejahende Folgerung gültig, wenn beide jeweils an Subjektstelle stehen. Aufgrund dieser Regel folgt sehr wohl »Ein Mensch läuft, also läuft ein Lebewesen«. – Die zweite Regel lautet folgendermaßen: Von einem untergeordneten Teil auf sein universales Ganzes ist eine bejahende Folgerung gültig, wenn beide jeweils an Prädikatstelle stehen. Aufgrund dieser Regel folgt sehr wohl »Sokrates ist ein Mensch, also ist Sokrates ein Lebewesen«. – Dritte Regel: Von einem untergeordneten Teil auf sein universales Ganzes ist eine verneinende Folgerung gültig, wenn beide jeweils an

Propter…regulam] LS sicut A   23 sequitur] conceditur S   24 suum] LS om. A
25 negative] om. L   subiciendo] subiective! L   utrobique] Z utrumque ALSX

supposito tamen, quod pars subiectiva pro aliquo supponat. Propter istam regulam bene sequitur »Asinus non est homo, ergo animal non est homo«. Et notanter dico »supposito, quod pars subiectiva pro aliquo supponat«. Unde posito, quod pars subiectiva pro nullo supponeret, tunc non valeret talis consequentia, posito enim, quod nullus asinus esset, non sequitur »Asinus non est homo, ergo animal non est homo«.

Contra secundam regulam dubitatur, quia non sequitur »Sortes incipit esse albus, ergo Sortes incipit esse coloratus». Secundo, quia non sequitur »Sortes differt ab asino, ergo Sortes differt ab animali«. Et tamen utrobique arguitur a parte subiectiva ad suum totum universale affirmative praedicando utrobique.

Respondetur, quod praedicta regula debet intelligi, quod non dicto modo arguitur cum aliqua dictione includente negationem, modo dictae dictiones *differt* et *incipit* includunt negationem, sicut patet exponendo propositiones, in quibus ponuntur.

Iuxta locum a nomine totius integralis ad nomen suae partis est sciendum, quod non tenet respectu cuiuscumque praedicati, quia non sequitur »Domus valet centum libras, ergo paries valet centum libras« nec sequitur »Domus est composita ex tecto et fundamento, ergo paries est compositus ex tecto et fundamento«. Nihilominus valet respectu huius verbi *est*.

Adhuc iuxta eundem locum sunt duae regulae constantes, quarum prima est: A nomine totius integralis ad nomen suae

2 istam regulam] LS hoc A 3 ergo] asinus non est animal add. s. del. A asinus add. s. del. S est] asinus add. s. del. A supposito] LS sup- om. A 5 supponeret] supponat LS valeret] valet LS 6 posito] sup- add. L posito…quod] LS si A non sequitur] LS om. A 8 secundam] L illam ASX 9 Sortes[1]] non add. A Sortes[2]] LS non A 12 affirmative praedicando] om. L 13 utrobique] Z utrumque ALSX 14 praedicta] S prima AX om. L 15 arguitur] arguatur S aliqua] LS om. A 16 dictae] istae L differt…incipit] incipit desinit L negationem] negationes L 17 sicut] si(ngulari)e? L exponendo] LS exemplariter ponendo A 18 locum] LS nomen A a nomine] L om. AS totius] ipsius! S nomen…partis] suam partem L 19 est] om. L 22 paries] tectum L compositus] compositum L tecto[2]…fundamento] eisdem L 23 Nihilominus] bene tamen L valet] recte add. S 24 eundem] istum LS

Subjektstelle stehen, jedoch (nur) unter der Voraussetzung, daß der untergeordnete Teil für etwas supponiert. Aufgrund dieser Regel folgt sehr wohl »Ein Esel ist kein Mensch, also ist (irgendein) Lebewesen kein Mensch«. – Und ich sage ausdrücklich »unter der Voraussetzung, daß der untergeordnete Teil für etwas supponiert«. Denn angenommen, daß der untergeordnete Teil für nichts supponierte, dann wäre eine solche Folgerung nicht gültig; gesetzt nämlich, daß es keinen Esel gäbe, so folgt nicht »Ein Esel ist kein Mensch, also ist (irgendein) Lebewesen kein Mensch«.

Gegen die zweite Regel wird ein Einwand erhoben, weil nicht folgt »Sokrates fängt an, weiß zu sein, also fängt Sokrates an, farbig zu sein«. Zweitens, weil nicht folgt »Sokrates unterscheidet sich von einem Esel, also unterscheidet sich Sokrates von einem Lebewesen«. Und dennoch wird in beiden Fällen von einem untergeordneten Teil auf sein universales Ganzes bejahend argumentiert und beide stehen jeweils an Prädikatstelle.

Antwort: Die vorgenannte Regel muß man (so) verstehen, daß (eben) nicht auf die genannte Weise mit irgendeinem Wort argumentiert wird, welches eine Negation einschließt; die genannten Wörter »unterscheidet sich« und »fängt an« schließen nun aber eine Negation ein, wie bei der Auslegung der Sätze, in denen sie vorkommen, erhellt.

In bezug auf den Ort vom Namen eines integralen Ganzen auf den Namen seines Teils muß man wissen, daß er nicht in Hinsicht auf jedes beliebige Prädikat gültig ist, weil (z. B.) nicht folgt »Das Haus ist hundert Pfund wert, also ist eine Wand hundert Pfund wert« und nicht folgt »Das Haus setzt sich aus Dach und Fundament zusammen, also setzt sich eine Wand aus Dach und Fundament zusammen«. Nichtsdestoweniger ist er in Hinsicht auf das Verb »ist« gültig.

Sodann gibt es in bezug auf denselben Ort zwei feste Regeln, von denen die erste lautet: Vom Namen eines integralen Gan-

partis respectu huius verbi *est* affirmative subiciendo utrobique est bona consequentia. Propter istam regulam bene sequitur »Domus est, ergo paries est«. Sed illud debet intelligi de parte, sine qua tale totum non potest esse, unde si non esset A93va talis pars, non valeret talis consequentia a toto ad partem, quia non sequitur »Homo est, ergo manus est«, quia homo bene potest esse sine manu. Sed bene sequitur »Homo est, ergo cor est«, quia homo sine corde non potest esse. Secunda regula sive maxima: A nomine totius integralis ad nomen suae partis respectu huius verbi *est* praedicando utrobique antecedente existente affirmativo et consequente existente negativo bene valet consequentia. Propter istam regulam bene sequitur »Illud est domus« demonstrata aliqua domo »Ergo illud non est paries«. Similiter bene sequitur »Sortes est homo, ergo Sortes non est caput«.

Iuxta locum a nomine partis integralis ad nomen totius integralis sunt tres regulae constantes, prima est: A nomine partis integralis, sine qua totum non potest esse, respectu huius verbi *est* negative ad nomen totius integralis subiciendo utrobique bona est consequentia. Propter istam regulam bene sequitur »Cor hominis non est, ergo homo non est«, »Caput hominis non est, ergo homo non est«. Sed sic non esset de parte totius integralis, sine qua totum integrale potest esse, quia non sequitur »Manus non est, ergo homo non est«. Secunda regula est: A

1 affirmative] om. L utrobique] Z utrumque ALSX 2 istam regulam] LS hoc A 3 illud] idem L de parte] om. L 4 tale] om. L si…esset] LS om. A 5 talis pars] sic L pars] S om. A valeret] valet L 6 bene] S om. AL 7 cor] LX corpus AS 8 quia…esse] LX om. A quia nullus homo sine corpore est S sive maxima] om. L 9 integralis] S om. AL 10 utrobique] Z utrumque ALS utroque X tamen add. A 11 existente[2]] L om. AS 12 bene sequitur] LS valet ista consequentia A Illud…domus] LS domus est A illud domus est X 13 demonstrata…domo] AX demonstrando aliquem domum L demonstrato (*post corr.* demonstrando *ante corr.*) aliquo domo S illud] LS ipsa A illa domus X 14 Similiter] illud add. L bene sequitur] LS om. A 17 sunt] LS sint A est] S om. AL 18 integralis] ad add. s. del. A 19 subiciendo] subiective! L utrobique] Z utrumque ASX ad utrumque L 20 istam regulam] LS hoc A 21 Cor] LSX Sortes A hominis[1]] S om. ALX Caput…est[2]] ASX om. L hominis[2]] S om.

zen auf den Namen seines Teils in Hinsicht auf das Verb »ist« ist eine bejahende Folgerung gültig, wenn beide jeweils an Subjektstelle stehen. Aufgrund dieser Regel folgt sehr wohl »Ein Haus ist, also ist eine Wand«. Aber das muß man bezüglich eines Teils verstehen, ohne welchen ein solches Ganzes nicht sein kann; wenn es sich nämlich nicht um einen derartigen Teil handelte, wäre eine solche Folgerung von einem Ganzen auf einen Teil nicht gültig, weil nicht folgt »Ein Mensch ist, also ist eine Hand«, denn ein Mensch kann durchaus sein, ohne eine Hand (zu haben). Aber sehr wohl folgt »Ein Mensch ist, also ist ein Herz«, weil ein Mensch ohne Herz nicht sein kann. – Zweite Regel bzw. Maxime: Vom Namen eines integralen Ganzen auf den Namen seines Teils in Hinsicht auf das Verb »ist« ist eine Folgerung sehr wohl gültig, wenn beide jeweils an Prädikatstelle stehen sowie der Vordersatz bejahend ist und der Nachsatz verneinend ist. Aufgrund dieser Regel folgt sehr wohl »Dies ist ein Haus«, wobei man auf irgendein Haus hinweist, »Also ist dies keine Wand«. Ebenso folgt sehr wohl »Sokrates ist ein Mensch, also ist Sokrates kein Kopf«.

In bezug auf den Ort vom Namen eines integralen Teils auf den Namen des integralen Ganzen gibt es drei feste Regeln, die erste lautet: Vom Namen eines integralen Teils, ohne den das Ganze nicht sein kann, auf den Namen des integralen Ganzen in Hinsicht auf das Verb »ist« ist eine verneinende Folgerung gültig, wenn beide jeweils an Subjektstelle stehen. Aufgrund dieser Regel folgt sehr wohl »Kein Menschenherz ist, also ist kein Mensch«, »Kein Menschenkopf ist, also ist kein Mensch«. Aber das wäre nicht der Fall bezüglich eines Teils eines integralen Ganzen, ohne den das integrale Ganze sein kann, weil nicht folgt »Keine Hand ist, also ist kein Mensch«. – Die zweite Regel lautet: Vom Namen eines Teils eines integralen Gan-

AX 22 parte] nomine partis L 23 integralis] ad nomen totius integralis praedicando utrumque add. s. del. L integrale] non add. S quia] sicut L 24 Manus] paries LS homo] domus LS est[3]] om. LS

nomine partis totius integralis ad nomen totius integralis praedicando utrobique respectu huius verbi *est* antecedente existente affirmativo et consequente existente negativo bene valet consequentia. Propter istam regulam bene sequitur »Hoc est paries, ergo hoc non est domus«. Similiter bene sequitur »Hoc est cor, ergo hoc non est homo«. Et ista regula habet veritatem de toto heterogeneo, id est, de toto, cuius partes non recipiunt praedicationem totius, id est, partes, de quibus non est verificabile nomen totius, sicut sunt partes hominis et partes domus. Unde caput hominis non est homo nec paries est domus. Tertia regula sive maxima est: A nomine partis totius homogenei ad nomen totius bene valet consequentia affirmative subiciendo utrobique. Nam bene sequitur »Ista medietas aquae est, ergo aqua est«, similiter bene sequitur »Ista medietas aquae est liquida, ergo aqua est liquida«. Unde sciendum, quod totum homogeneum dicitur, cuius partes recipiunt praedicationem totius, sicut est aqua vel ignis. Quaelibet enim pars integralis aquae est aqua et quaelibet pars integralis ignis est ignis.

Ad istum locum reducitur locus a nomine collectivo ad nomen suae partis affirmative respectu huius verbi *est*. Unde bene sequitur »Populus est, ergo homo est«, et debet istud A93vb intelligi, quando tale totum non potest esse sine tali parte. Ideo bene sequitur »Exercitus est, ergo homo est«, sed quia bene exercitus potest esse sine equo, ideo non sequitur »Exercitus est, ergo equus est«, quamvis equi sint aliquando partes exercitus. Similiter ad eundem locum reducitur locus a nomine nu-

1 nomen] partis add. L 2 utrobique] Z utrumque ALSX 5 hoc] haec S bene sequitur] LS om. A 6 cor] LS corpus A Et] S om. AL 7 id…toto^2] LS om. A recipiunt] LS retinent A 8 id est] LSX vel illud est A partes] Z partibus AS om. L de partibus X 9 partes^2] LSX om. A 10 est^2] LS om. A 11 regula] a nomine partis add. S sive maxima] LSX om. A est] om. LSX homogenei] LS om. AX 12 affirmative] ALSX et negative add. LX 13 utrobique] Z utrumque ALSX Nam] S unde AL Ista] LS nulla A 14 aqua] non add. A bene] LS om. A 15 totum] nomen S 16 homogeneum] LS etherogeneum A dicitur] est L recipiunt] LS retinent A 17 sicut] illud L vel] LS om. A enim] LS om. A 22 tale] LS illud A tali] illa LS 23 quia] S li! A quod L bene^2] S om. AL 24 ideo] unde S

zen auf den Namen des integralen Ganzen in Hinsicht auf das Verb »ist« ist eine Folgerung sehr wohl gültig, wenn beide jeweils an Prädikatstelle stehen sowie der Vordersatz bejahend ist und der Nachsatz verneinend ist. Aufgrund dieser Regel folgt sehr wohl »Dies ist eine Wand, also ist dies kein Haus«. Ebenso folgt sehr wohl »Dies ist ein (Menschen-) Herz, also ist dies kein Mensch«. Und diese Regel ist (nur) wahr bezüglich eines heterogenen Ganzen, d. h. bezüglich eines Ganzen, dessen Teile nicht die Aussage des Ganzen zulassen, d. h. Teile, von denen der Name des Ganzen nicht verifizierbar ist, wie z. B. die Teile eines Menschen und die Teile eines Hauses. Denn ein Menschenkopf ist kein Mensch und eine Wand ist kein Haus. – Die dritte Regel bzw. Maxime lautet: Vom Namen eines Teils eines homogenen Ganzen auf den Namen des Ganzen ist eine bejahende Folgerung sehr wohl gültig, wenn beide jeweils an Subjektstelle stehen. Denn es folgt sehr wohl »Diese Wasserhälfte ist, also gibt es Wasser«, ebenso folgt sehr wohl »Diese Wasserhälfte ist flüssig, also ist Wasser flüssig«[142]. – So muß man wissen, daß »homogenes Ganzes« (ein solches Ganzes) heißt, dessen Teile die Aussage des Ganzen zulassen, wie z. B. Wasser oder Feuer. Jeder beliebige integrale Teil des Wassers ist nämlich Wasser und jeder beliebige integrale Teil des Feuers ist Feuer.

Auf diesen Ort wird der Ort von einem Sammelnamen auf den Namen seines Teils zurückgeführt, wenn bejahend in Hinsicht auf das Verb »ist« (argumentiert wird). So folgt sehr wohl »Ein Volk ist, also ist ein Mensch«, und man muß das (wiederum) bezüglich eines solchen Ganzen verstehen, das nicht ohne einen solchen Teil sein kann. Deshalb folgt sehr wohl »Ein Heer ist, also ist ein Mensch«, aber weil es durchaus ein Heer ohne Pferd geben kann, so folgt nicht »Ein Heer ist, also ist ein Pferd«, obgleich Pferde gelegentlich Teile eines Heeres sind. – Ebenso wird auf ebendiesen Ort der Ort von

S34rb merali ad nomen suae partis. Unde bene sequitur »Tria sunt, ergo duo sunt«.

Sed notandum est, quod hoc non valet respectu cuiuscumque praedicati, sed solum respectu huius verbi *est*, quando praedicatur secundo adiacens. Unde licet bene sequitur »Exercitus est, ergo homo est«, tamen non sequitur »Exercitus est homines, ergo homo est homines«. Similiter non sequitur »Quattuor sunt duplum ad duo, ergo duo sunt duplum ad duo«, sed bene sequitur »Quattuor sunt, ergo duo sunt«.

Iuxta locum a toto in quantitate ad eius partem sunt duae regulae constantes, prima est: Arguendo a toto in quantitate ad quamlibet eius partem affirmative est bona consequentia. L42vb Propter istam regulam bene sequitur »Omnis homo currit, ergo Sortes currit«. Secunda regula: A toto in quantitate ad quamlibet eius partem negative est bona consequentia. Propter istam regulam bene sequitur »Nullus homo currit, ergo Sortes non currit«.

Sed est sciendum, quod prima regula non est vera nisi supposita constantia totius et partis in quantitate. Unde si nullus esset Sortes, non sequeretur »Omnis homo currit, ergo Sortes currit«, similiter, si nullus esset homo, non sequeretur »Omne animal currit, ergo omnis homo currit«. Sed ad veritatem secundae regulae hoc non requiritur propter hoc, quod in tali consequentia tam antecedens quam consequens sunt negativa. Modo ad veritatem negativae non requiritur, quod termini pro aliquo supponant, licet requiratur ad veritatem affirmativae.

2 sunt] LS om. A 3 est] S om. AL valet] tenet L cuiuscumque…respectu] om. L 4 verbi] tertii adiacentis add. L est] om. L quando…adiacens] sed secundi adiacentis L 5 Exercitus…sequitur] S om. AL 8 sed…sunt^{2}] LS om. A 9 sunt^{2}] S om. L 10 ad] quamlibet add. A eius] suam LS sunt] LS sint A 13 istam regulam] LS hoc A bene] LS om. A 14 Sortes] LS aliquis homo A 15 eius] LS om. A 16 bene] LS om. A 18 est^{1}] LS om. A 19 totius…partis] totius partis L totius S partis X 20 sequeretur] sequitur S 21 currit] ad veritatem secundae regulae add. s. del. S similiter…currit^{2}] del. S sequeretur] L sequitur AS 22 omnis] SX om. AL 23 regulae] om. S hoc non] om. S requiritur] non semper add. S 24 sunt negativa] A est negativum LSX et pro

einem Zahlnamen auf den Namen seines Teils zurückgeführt. So folgt sehr wohl »Drei sind, also sind zwei«.

Aber festzuhalten ist, daß dies nicht in Hinsicht auf jedes beliebige Prädikat gilt, sondern nur in Hinsicht auf das Verb »ist«, wenn es als zweiter (Satz-) Bestandteil ausgesagt wird. Denn wenn auch sehr wohl folgt »Ein Heer ist, also ist ein Mensch«, so folgt doch nicht »Ein Heer ist Menschen, also: Ein Mensch ist Menschen«. Ebenso folgt nicht »Vier sind das Doppelte von zwei, also: Zwei sind das Doppelte von zwei«, aber sehr wohl folgt »Vier sind, also sind zwei«.

In bezug auf den Ort von einem Ganzen hinsichtlich der (logischen) Quantität auf seinen Teil gibt es zwei feste Regeln, die erste lautet: Ein bejahendes Argument von einem Ganzen hinsichtlich der Quantität auf jeden beliebigen seiner Teile ist eine gültige Folgerung. Aufgrund dieser Regel folgt sehr wohl »Jeder Mensch läuft, also läuft Sokrates«. – Zweite Regel: Ein verneinendes (Argument) von einem Ganzen hinsichtlich der Quantität auf jeden beliebigen seiner Teile ist eine gültige Folgerung. Aufgrund dieser Regel folgt sehr wohl »Kein Mensch läuft, also läuft Sokrates nicht«.

Aber festzuhalten ist, daß die erste Regel nur dann wahr ist, wenn die Beständigkeit (Nicht-Leerheit, Erfülltheit) des Ganzen und des Teils hinsichtlich der Quantität vorausgesetzt ist. Denn wenn es keinen Sokrates gäbe, folgte nicht »Jeder Mensch läuft, also läuft Sokrates«, ebenso, wenn es keinen Menschen gäbe, folgte nicht »Jedes Lebewesen läuft, also läuft jeder Mensch«. Aber für die Wahrheit der zweiten Regel ist das nicht erforderlich, und zwar deswegen, weil in einer solchen Folgerung sowohl der Vordersatz als auch der Nachsatz verneinend sind. Für die Wahrheit eines verneinenden Satzes ist es nun aber nicht erforderlich, daß die Terme für etwas supponieren, obgleich dies für die Wahrheit eines bejahenden

nullo possunt supponere add. S 25 termini] om. L 26 supponant] supponat L licet] convenienter add. L hoc add. X licet…affirmativae] LSX om. A

Unde si nullus esset Sortes, adhuc bene sequeretur »Nullus homo currit, ergo Sortes non currit«, similiter si nullus homo esset, adhuc bene sequeretur »Nullum animal currit, ergo nullus homo currit«.

Sed dubitatur contra primam regulam, quia non sequitur »Omnis homo est totum in quantitate, ergo Sortes est totum in quantitate«. Similiter non sequitur »Omnis homo est unus homo, ergo Berta est unus homo«, quia antecedente existente vero consequens est falsum. Quod antecedens sit verum, patet, quia quilibet homo est unus homo. Sed quod consequens sit falsum, patet propter incongruitatem eius, licet haec bene sit A94ra vera »Berta est una homo«. Tertio, quia non sequitur »Omnem mulam esse sterilem est scitum a me, ergo B mulam esse sterilem est scitum a me«, possum enim dubitare B mulam esse in rerum natura vel esse sterilem. Quarto, quia non sequitur »Omnem hominem esse animal est necessarium, ergo Sortem esse animal est necessarium«, et tamen videtur hic argui a toto in quantitate ad suam partem. Quinto, quia non sequitur »Omnis homo alicuius villae est Parisius, ergo iste homo alicuius villae est Parisius« demonstrato aliquo homine, qui est in Roma.

Ad istas dico, quod non arguitur a toto in quantitate ad suas partes propter hoc, quod quando sic arguitur, etiam antecedens debet esse propositio universalis. Modo sic non est de ista »Omnis homo est totum in quantitate« pro tanto, quod in ista

1 Sortes] minor! L bene] om. L 2 similiter…sequeretur] LS et A 7 unus] nullus! L 8 ergo] om. L Berta] ALX Pertha S vel Gureta? vel Meceta? add. S 10 Sed] LS om. A 11 licet] quod L bene] LS om. A 12 Berta] ALX Meceta? S quia] om. L Omnem] LS nullum A mulam] S nulam? L mulam… est] LS est scibile scitum A 13 me] LS te A B] S om. L B…est] LS nullum est scibile A mulam[2]] S nulam? L 14 B mulam] S nulla b? A b nulam? L in… natura] om. L 15 vel esse] S om. AL sterilem] LS om. A 16 necessarium] LS necesse A 17 hic] L om. AS toto in] om. L 18 quia] om. L 19 homo[1]] LS om. A 20 demonstrato] X dempto A demonstrando LS aliquo] aliquem L homine] om. L in Roma] S Romae AL 22 istas] S ista ALX suas partes] suam partem L 23 propter…quod] quia L hoc] propter hoc add. A

Satzes erforderlich ist. Denn wenn es keinen Sokrates gäbe, folgte noch immer sehr wohl »Kein Mensch läuft, also läuft Sokrates nicht«, ebenso, wenn es keinen Menschen gäbe, folgte noch immer sehr wohl »Kein Lebewesen läuft, also läuft kein Mensch«.

Aber gegen die erste Regel wird ein Einwand erhoben, weil nicht folgt »Jeder Mensch ist ein Ganzes hinsichtlich der Quantität, also ist Sokrates ein Ganzes hinsichtlich der Quantität«. – Ebenso folgt nicht »Jeder Mensch ist ein Mensch, also ist Berta ein Mensch«[143], weil trotz wahrem Vordersatz der Nachsatz falsch ist. Daß der Vordersatz wahr ist, ist klar, weil jeder beliebige Mensch *ein* Mensch ist. Aber daß der Nachsatz falsch ist, ist klar wegen seiner (grammatischen) Inkongruenz, obgleich der Satz »Berta ist *eine* Mensch« sehr wohl wahr ist. – Drittens, weil nicht folgt »Daß jedes (weibliche) Maultier unfruchtbar ist, ist von mir gewußt; also: Daß das (weibliche) Maultier B unfruchtbar ist, ist von mir gewußt«, ich kann nämlich bezweifeln, daß es das Maultier B in der Wirklichkeit gibt oder daß es unfruchtbar ist. – Viertens, weil nicht folgt »Daß jeder Mensch ein Lebewesen ist, ist notwendig; also: Daß Sokrates ein Lebewesen ist, ist notwendig«, und dennoch scheint hier ein Argument von einem Ganzen hinsichtlich der Quantität auf seinen Teil vorzuliegen. – Fünftens, weil nicht folgt »Jeder Mensch aus irgendeiner Stadt ist in Paris, also: Dieser Mensch aus irgendeiner Stadt ist in Paris«, wobei man auf irgendeinen Menschen hinweist, der in Rom ist.

Auf diese Einwände antworte ich, daß (in ihnen) nicht von einem Ganzen hinsichtlich der Quantität auf seine Teile argumentiert wird, und zwar deswegen (nicht), weil bei einem solchen Argument auch der Vordersatz ein Universalsatz sein muß. Dies ist nun aber nicht der Fall beim Satz »Jeder Mensch ist ein Ganzes hinsichtlich der Quantität«, und zwar insofern

quando] om. s. add. i.m. S etiam] S propositio A om. L 24 propositio] LS om. A de] in L 25 pro...quod] propter hoc quia S

propositione hic terminus *homo* non supponit personaliter, sed materialiter. Sed diceres tu: Quanta ergo est ista »Omnis homo est totum in quantitate«, postquam non est universalis? Dico, quod est indefinita, quia aequivalet istam in significando »Talis oratio *omnis homo* est totum in quantitate«, sed ista est indefinita, ergo et prior. Sed diceres: Quae est universalis illius indefinitae? Dico, quod ista »Quaelibet talis oratio *omnis homo* est totum in quantitate«.

Ad secundam dico, quod bene sequitur »Omnis homo etc.«, et quando dicitur »Antecedens est verum«, dico immo, quod antecedens est falsum. Et quando dicebatur »Quilibet homo est unus homo, ergo omnis homo est unus homo«, negatur consequentia, et ratio negationis est, quia hoc syncategorema *quilibet* distribuit illum terminum *homo* solum pro viris, quorum quilibet est unus homo, et illud syncategorema *omnis* distribuit istum terminum *homo* tam pro viris quam pro feminis. Modo nulla femina est unus homo. Sed diceres: Si haec est falsa »Omnis homo est unus homo«, tunc eius contradictoria est vera, scilicet »Aliquis homo non est unus homo«, modo hoc est falsum, quia quilibet homo est unus homo. Respondetur, quod contradictoria eius est vera, sed certe haec non est ista »Aliquis homo non est unus homo«, quia ista est contradictoria istius »Quilibet homo est unus homo«, sed contradictoria eius est ista »Aliquis vel aliqua homo non est unus homo«, quae est

1 non] LS om. A personaliter sed] LS om. A 2 materialiter] vel simpliciter add. S tu] om. LS ergo] L om. AS 3 postquam] S om. A ex quo L non… universalis] LS om. A 4 aequivalet] valet LSX istam] LS huic orationi A istam orationem X in…oratio] LS om. A 5 sed ista] S quae A modo ista L 6 ergo…prior] S om. AL diceres] LS om. A 8 est…quantitate] LS etc. A 9 Omnis…dicitur] LS om. A 10 dicitur] S dicebatur L immo] LS om. A 11 dicebatur] dicitur L 12 est[2]…homo[3]] LS etc. A 13 negationis] S om. AL 14 quilibet] LS *post corr.* s.l. A omnis *ante corr.* A viris] LS masculis A quorum…homo] LS om. A 15 et] sic L 16 istum…tam] LS om. A quam] LS et A feminis] LS mulieribus A 17 nulla] S non quaelibet! AL 19 est[1]] LS esset A scilicet] om. S modo] om. L 20 quia] ex eo quod LS homo[2]] Sed quod consequens est falsum patet add. A 21 certe haec] LS om. A 22 non]

(nicht), als in diesem Satz der Term »Mensch« nicht personal supponiert, sondern material. – Einwand: Welche Quantität hat also der Satz »Jeder Mensch ist ein Ganzes hinsichtlich der Quantität«, nachdem er nicht universal ist? – Ich antworte, daß er indefinit ist, weil er der Bedeutung nach mit folgendem Satz äquivalent ist: »(Eine) solche Ausdrucksfolge ›jeder Mensch‹ ist ein Ganzes hinsichtlich der Quantität«, aber dieser Satz ist indefinit, also auch der erste. – Einwurf: Wie lautet der Universalsatz zu diesem indefiniten Satz? – Ich antworte, daß er so lautet: »Jede solche Ausdrucksfolge ›jeder Mensch‹ ist ein Ganzes hinsichtlich der Quantität«.

Zum zweiten (Haupteinwand) sage ich, daß sehr wohl folgt »Jeder Mensch« usw., und wenn es heißt »Der Vordersatz ist wahr«, so sage ich im Gegenteil, daß der Vordersatz falsch ist. Und wenn es hieß »Jeder beliebige Mensch ist ein Mensch, also ist jeder Mensch ein Mensch«, so wird die Folgerung abgelehnt, und der Grund für die Ablehnung ist, daß der synkategorematische Ausdruck »jeder beliebige« den Term »Mensch« nur in bezug auf Männer verteilt, von denen jeder *ein* Mensch ist, aber der synkategorematische Ausdruck »jede(r)« verteilt den Term »Mensch« sowohl in bezug auf Männer als auch in bezug auf Frauen. Nun ist aber keine Frau *ein* Mensch[144]. – Einwand: Wenn der Satz »Jeder Mensch ist ein Mensch« falsch ist, dann ist sein kontradiktorischer Satz wahr, nämlich »Irgendein Mensch ist nicht ein Mensch«, aber das ist falsch, weil jeder beliebige Mensch ein Mensch ist. – Antwort: Sein kontradiktorischer Satz ist (zwar) wahr, aber das ist gewiß nicht der Satz »Irgendein Mensch ist nicht ein Mensch«, weil dieser der kontradiktorische Satz zu »Jeder beliebige Mensch ist ein Mensch« ist; sondern sein kontradiktorischer Satz lautet »Irgendein oder irgendeine Mensch ist nicht ein Mensch«,

LS om. S. add. s.l. A contradictoria…homo[2]] LS falsa A **23** contradictoria… est[1]] om. LS **24** ista] LS om. A quae…vera] om. L quae…homo[1]] om. S

vera, quia Berta est aliquis vel aliqua homo, et tamen non est unus homo, sed una homo.

Ad tertiam et ad quartam similiter dico, quod ibi non arguitur a toto in quantitate ad suam partem, postquam anteceden- A94rb tia non sunt universalia. Sed diceres: Quanta ergo sunt antecedentia? Dico, quod sunt indefinita. Unde haec est indefinita »Omnem mulam esse sterilem est scitum a me«, quia valet istam »Talis propositio ›Omnis mula est sterilis‹ est scita a me«. Similiter ista »Omnem hominem esse animal est necessarium« est indefinita, quia valet istam in significando »Talis propositio ›Omnis homo est animal‹ est necessaria«. Modo clarum est, quod tales propositiones sunt indefinitae. Et universalis primae est ista »Omnis talis propositio ›Omnis mula est sterilis‹ est scita a me« vel ista proprie loquendo est »Omne omnem mulam esse sterilem est scitum a me«, quae significat tantum, quod de quocumque dicto materialiter accepto verificatur ly *omnem mulam esse sterilem*, illud est scitum a me. S34va Similiter ista est indefinita »Omnem hominem esse animal est necessarium«, quia valet istam »Talis propositio ›Omnis homo est animal‹ est necessaria« vel istam »Tale dictum omnem hominem esse animal est necessarium«. Et eius universalis est ista »Quaelibet talis propositio ›Omnis homo est animal‹ est necessaria« vel ista »Omne omnem hominem esse animal est necessarium«.

Ad quintam dico, quod bene valet consequentia, sed antecedens est falsum, quia significat, quod de quocumque verifica-

1 tamen] ita L 2 sed…homo^{2}] om. L homo^{2}] S om. A 4 postquam] S pro tanto? quia A om. L antecedentia…universalia] om. L 6 sunt] om. L Unde…indefinita^{2}] LS om. A 7 mulam] nulam? L sterilem] LS scibilem! A scitum] LS scitis! A 8 istam] ista L mula] nula? L sterilis] LS scibilis A scita] LS scibilis A 9 me] igitur? add. S 10 est indefinita] LS om. A in significando] S om. AL 12 tales] istae L 13 primae] S prima AL Omnis^{2}] S om. AL mula] nula? L 14 est sterilis] om. L sterilis] S scibilis A me] etc. add. L ista] LS om. A est^{3}] S om. AL Omne] L om. ASX 15 mulam] nulam? L sterilem] LS scibilem A scitum] LX scitis! A scitam S quae] LS hoc A 16 de] LS in A dicto] om. L verificatur] LS om. A 17 omnem] S om. A omne

welcher wahr ist, weil Berta irgendein oder irgendeine Mensch ist, aber dennoch nicht ein Mensch ist, sondern eine Mensch.

Zum dritten und vierten (Haupteinwand) sage ich ebenso, daß dort nicht von einem Ganzen hinsichtlich der Quantität auf seinen Teil argumentiert wird, nachdem die Vordersätze nicht universal sind. – Einwurf: Welche Quantität haben also die Vordersätze? – Ich antworte, daß sie indefinit sind. So ist der Satz »Daß jedes (weibliche) Maultier unfruchtbar ist, ist von mir gewußt« indefinit, weil er mit folgendem Satz gleichbedeutend ist: »(Ein) solcher Satz ›Jedes (weibliche) Maultier ist unfruchtbar‹ ist von mir gewußt«. Ebenso ist der Satz »Daß jeder Mensch ein Lebewesen ist, ist notwendig« indefinit, weil er mit folgendem Satz gleichbedeutend ist: »(Ein) solcher Satz ›Jeder Mensch ist ein Lebewesen‹ ist notwendig«. Es ist aber klar, daß derartige Sätze indefinit sind. Und der universale Satz des ersten lautet »Jeder solche Satz ›Jedes (weibliche) Maultier ist unfruchtbar‹ ist von mir gewußt« oder im eigentlichen Sinne lautet er »Jedes *daß jedes Maultier unfruchtbar ist* ist von mir gewußt«, welcher gleich viel bedeutet wie: Von welchem Ausgesagten in materialer Verwendung auch immer der Ausdruck »daß jedes Maultier unfruchtbar ist« verifiziert wird, dieses (Ausgesagte) ist von mir gewußt. Ebenso ist der Satz »Daß jeder Mensch ein Lebewesen ist, ist notwendig« indefinit, weil er gleichbedeutend ist mit dem Satz »(Ein) solcher Satz ›Jeder Mensch ist ein Lebewesen‹ ist notwendig« oder mit dem Satz »(Ein) solches Ausgesagtes *daß jeder Mensch ein Lebewesen ist* ist notwendig«. Und sein universaler Satz lautet »Jeder solche Satz ›Jeder Mensch ist ein Lebewesen‹ ist notwendig« oder lautet »Jedes *daß jeder Mensch ein Lebewesen ist* ist notwendig«.

Zum fünften (Haupteinwand) sage ich, daß die Folgerung sehr wohl gültig ist, aber der Vordersatz falsch ist, weil er

L mulam] S homo A nulam? L sterilem] LS scibilem A illud] LS om. A 22 ista] L om. AS Omnis] om. S 23 necessaria] necessarium S vel ista] L quae valet istam A vel istam S Omne] L om. AS 25 quintam] LS quintum A sed] similiter L

tur hoc totum *homo alicuius villae*, de isto verificatur esse Parisius, modo hoc est falsum. Quando enim subiectum alicuius propositionis est compositum ex recto et obliquo recto praecedente obliquum, si utrumque praecedat signum distribuens, utrumque eorum distribuitur, sicut hic »Omnis homo alicuius villae est Parisius« non solum rectus stat distributive, sed etiam obliquus. Modo sic non esset obliquo praecedente rectum, sicut hic »Cuiuslibet hominis asinus currit«, nam ibi solum ly *hominis* distribuitur et non hoc totum *hominis asinus*.

Iuxta locum a parte vel a partibus totius in quantitate est sciendum, quod non valet consequentia a parte totius in quantitate ad suum totum in quantitate, ubi terminus communis habet plura supposita, quia non sequitur »Sortes currit, ergo omnis homo currit«. Iuxta ergo hunc locum sunt duae regulae constantes, prima est: A parte totius in quantitate ad suum totum in quantitate termino communi non habente nisi unum suppositum valet consequentia tam affirmative quam negative. Quia bene sequitur »Ille sol movetur, ergo omnis sol movetur«, similiter bene sequitur »Ille sol non movetur, ergo omnis sol non movetur«. Secunda regula: A partibus totius in
A94va quantitate simul sumptis ad totum in quantitate valet consequentia tam affirmative quam negative. Unde bene sequitur »Sortes currit et Plato currit et sic de singulis, ergo omnis homo currit«, ita quod ly *et sic de singulis* sumatur loco omnium aliarum partium totius in quantitate, quia nimis prolixum esset

1 totum] omnis add. S homo] om. L villae] quod add. L isto] LS eodem A verificatur] AS hoc praedicatum add. A verificetur L 2 Quando] cum L 4 si…distribuitur] et signo universali praecedente utrumque L et signo universali praecedente utramque S 5 hic] om. L 7 Modo] S Sed A om. L 8 nam ibi] LS om. A 9 ly] LS om. A 10 a[2]] LS om. A totius] LS om. A 12 suum] LS om. A ubi] verbi gratia nisi L 14 sunt] LS sint A 15 est] LS om. A suum] LS om. A 18 Ille] Z om. ALSX sol[1]] Sor(tes) L sol[1]…sequitur] om. S movetur[1]] L currit A oritur X movetur[2]] Z currit A movebitur L oritur X 19 similiter…movetur] om. L movetur] SX currit A 20 non] om. S movetur] SX currit A 22 Unde] LS quia A 23 et[1]] LS om. A 24 quod] ly Sortes et add. S et] om. S sumatur] sumitur S omnium] om. LS 25 totius…quantitate] om. LS

bedeutet, daß wovon auch immer der ganze Ausdruck »Mensch irgendeiner Stadt« verifiziert wird, davon »in Paris sein« verifiziert wird, aber das ist falsch. Wenn nämlich das Subjekt eines Satzes aus einem geraden und einem schiefen Term zusammengesetzt ist und der gerade Term dem schiefen vorangeht, so gilt: Wenn ein Verteilungszeichen beiden vorangeht, dann wird jeder von ihnen verteilt, wie z. B. (eben) hier »Jeder Mensch aus irgendeiner Stadt ist in Paris« nicht nur der gerade Term distributive Supposition hat, sondern auch der schiefe Term. Das wäre aber nicht der Fall, wenn der schiefe Term dem geraden vorangeht, wie z. B. hier »Von einem jeden Menschen (ein) Esel läuft«, denn dort wird nur der Ausdruck »Menschen« verteilt und nicht der ganze Ausdruck »Menschen Esel«.

In bezug auf den Ort von einem Teil oder von den Teilen eines Ganzen hinsichtlich der Quantität muß man wissen, daß eine Folgerung von einem Teil eines Ganzen hinsichtlich der Quantität auf sein Ganzes hinsichtlich der Quantität nicht gültig ist, wenn der allgemeine Term mehrere Umfangselemente hat, weil nicht folgt »Sokrates läuft, also läuft jeder Mensch«. – In bezug auf diesen Ort also gibt es zwei feste Regeln, die erste lautet: Von einem Teil eines Ganzen hinsichtlich der Quantität auf sein Ganzes hinsichtlich der Quantität ist sowohl eine bejahende als auch eine verneinende Folgerung gültig, wenn der allgemeine Term nur ein Umfangselement hat. Denn es folgt sehr wohl »Diese Sonne bewegt sich, also bewegt sich jede Sonne«, ebenso folgt sehr wohl »Diese Sonne bewegt sich nicht, also bewegt sich jede Sonne nicht«[145]. – Zweite Regel: Von den zusammen angeführten Teilen eines Ganzen hinsichtlich der Quantität auf das Ganze hinsichtlich der Quantität ist sowohl eine bejahende als auch eine verneinende Folgerung gültig. So folgt sehr wohl »Sokrates läuft und Platon läuft usw. für die einzelnen (Menschen), also läuft jeder Mensch«, so daß der Ausdruck »usw. für die einzelnen (Menschen)« anstelle aller anderen Teile des Ganzen hinsichtlich der Quantität angeführt wird, weil es allzu weitschweifig wäre,

omnes exprimere. Similiter bene sequitur »Sortes non currit et Plato non currit et sic de singulis aliis, ergo nullus homo currit«.

Contra secundam regulam dubitatur, quia non sequitur »Sortem esse in ista domo est possibile et Platonem esse in ista domo est possibile et sic de singulis, ergo omnem hominem esse in ista domo est possibile«, quaelibet enim pars antecedentis est vera et consequens est falsum, eo quod ista domus non est capax omnium hominum. Secundo, quia non sequitur »Illud corpus non esse in isto loco est possibile et illud corpus non esse in isto loco est possibile et sic de aliis, ergo omne corpus non esse in loco isto est possibile«, quia iterum quaelibet pars antecedentis est vera et consequens est falsum, quia si omne corpus non esse in loco illo esset possibile, tunc nullum corpus esse in loco illo esset possibile, et sic possibile esset istum locum esse vacuum, quod est inconveniens. Tertio, quia non sequitur »Sortem esse hominem est contingens et Platonem esse hominem est contingens et sic de singulis, ergo omnem hominem esse hominem est contingens«, antecedens est verum et consequens falsum, quia omnem hominem esse hominem non est contingens, sed necessarium. Propter istas obiectiones videtur, quod secunda regula non sit vera, quia in istis omnibus obiectionibus videtur argui a partibus totius in quantitate simul sumptis ad suum totum in quantitate, et tamen consequentiae non valent.

Ad istas: Ad primam dico, quod ibi non arguitur a partibus totius in quantitate ad totum in quantitate, quia istae proposi-

1 omnes] LS omnis A bene] LS om. A et] LS om. A 2 aliis] om. LS 4 secundam] LS istam A 5 et] LS om. A 6 et...possibile] LS etc. A 7 enim] LS om. A 10 possibile] et sic de singulis add. s. del. S et] LS om. A illud] LS hoc A non[2]] LS om. s. add. s.l. A 11 est...aliis] om. S aliis] singulis L omne] LS om. A 12 isto] LS om. A quia iterum] LS om. A quaelibet] enim add. A 13 et...est[2]] consequens autem L si] sic L 14 esse[1]] LS esset A illo] LS om. A tunc...locum] LS om. A 15 istum locum] S quod iste locus L esse vacuum] esset vacuus L 16 quod...inconveniens] om. L 17 et] LS om. A 19 et] om. L 21 sed] immo L obiectiones] argumentationes L 22 secunda]

alle zu nennen. Ebenso folgt sehr wohl »Sokrates läuft nicht und Platon läuft nicht usw. für die einzelnen anderen (Menschen), also läuft kein Mensch«.

Gegen die zweite Regel wird ein Einwand erhoben, weil nicht folgt »Daß Sokrates in diesem Haus ist, ist möglich; und daß Platon in diesem Haus ist, ist möglich; usw. für die einzelnen (Menschen); also: Daß jeder Mensch in diesem Haus ist, ist möglich«; jeder Teil des Vordersatzes ist nämlich wahr und der Nachsatz ist falsch, weil dieses Haus nicht alle Menschen fassen kann. – Zweitens, weil nicht folgt »Daß dieser Körper nicht an diesem Ort ist, ist möglich; und daß jener Körper nicht an (eben)diesem Ort ist, ist möglich; usw. für die anderen (Körper); also: Daß jeder Körper nicht an diesem Ort ist, ist möglich«, weil wiederum jeder Teil des Vordersatzes wahr ist und der Nachsatz falsch ist, weil wenn es möglich wäre, daß jeder Körper nicht an diesem Ort ist, dann wäre es möglich, daß kein Körper an diesem Ort ist, und somit wäre es möglich, daß dieser Ort ein Vakuum ist, was ungereimt ist. – Drittens, weil nicht folgt »Daß Sokrates ein Mensch ist, ist kontingent; und daß Platon ein Mensch ist, ist kontingent; usw. für die einzelnen (Menschen); also: Daß jeder Mensch ein Mensch ist, ist kontingent«; der Vordersatz ist wahr und der Nachsatz falsch, weil es nicht kontingent, sondern notwendig ist, daß jeder Mensch ein Mensch ist. – Aufgrund dieser Einwände scheint es, daß die zweite Regel nicht wahr ist, weil in all diesen Einwänden ein Argument von den zusammen angeführten Teilen eines Ganzen hinsichtlich der Quantität auf ihr Ganzes hinsichtlich der Quantität vorzuliegen scheint, aber dennoch sind die Folgerungen nicht gültig.

(Antwort) auf diese (Einwände): Zum ersten sage ich, daß dort nicht von den Teilen eines Ganzen hinsichtlich der Quan-

LS ista A obiectionibus] om. L 23 videtur argui] arguitur L totius] LS om. A 24 suum] LS om. A in quantitate] om. L consequentiae] consequentia L 25 valent] valet L 26 Ad[1]] LS om. AX istas] Z om. AX ista LS primam] LS primum AX 27 quia] et L

tiones »Sortem esse in ista domo est possibile etc.« non sunt singulares huius »Omnem hominem esse in ista domo est possibile« propter hoc, quia nec istae sunt singulares nec ista est universalis. Unde tam istae quam ista sunt propositiones indefinitae, unde dico, quod ista est indefinita »Sortem esse in ista domo est possibile« propter hoc, quod in dicta propositione L43ra subiectum, scilicet *Sortem esse in ista domo*, supponit pro se et sibi simili in voce vel in mente vel in scripto disiunctive. Similiter dico istam esse indefinitam »Omnem hominem esse in ista domo est possibile« propter eandem rationem.

Sed diceres: Quae ergo est singularis huius »Sortem esse in ista domo est possibile«? Dico, quod ista »Hoc Sortem esse in A94vb ista domo est possibile« demonstrando per ly *hoc* tale determinatum dictum mentale vel vocale vel scriptum. Similiter dico, quod singularis istius »Omnem hominem esse in ista domo est possibile« est ista »Hoc omnem hominem esse in ista domo est possibile«.

Sed diceres tu: Quam ergo universalem inferunt istae singulares »Hoc Sortem esse in ista domo est possibile« et »Illud Sortem esse in ista domo est possibile« et sic de singulis? Dico, quod inferunt istam universalem »Omne Sortem esse in ista domo est possibile«. Adhuc diceres: Quam universalem inferunt istae singulares »Hoc Sortem esse in ista domo est possibile«, »Illud Platonem esse in ista domo est possibile«, etc.? Dico, quod istam »Quaelibet istarum est possibilis ›Sortes est in ista domo‹ et ›Plato est in ista domo‹ etc.«. Sed diceres: Si quaelibet istarum est possibilis »Sortes est in ista domo«,

1 etc] om. LS 3 propter...universalis] LS om. A quia] quod L ista est] S om. L 4 universalis] S universales L ista] istae L propositiones] LS om. A 5 quod...indefinita] S istam esse indefinitam AL 7 ista] LS om. A et] LS vel A 8 sibi simili] LS similibus A voce] LS intentione A scripto] LS specie? A disiunctive] LS distributive A cum ista add. A 10 possibile] propter hoc quod in dicta propositione subiectum scilicet Sortem esse in ista domo add. A 11 Sed] LS Si A 12 Hoc] LS hunc! A 13 demonstrando] tenendo S hoc] LS hunc! A 15 quod] est add. A 16 est[1]...possibile] LS om. A omnem] L om. S 18 tu] S om. AL Quam...diceres] LS om. A 19 et...singulis] L om. S 21 infe-

tität auf das Ganze hinsichtlich der Quantität argumentiert wird, weil die Sätze »Daß Sokrates in diesem Haus ist, ist möglich« usw. nicht die singulären Sätze des Satzes »Daß jeder Mensch in diesem Haus ist, ist möglich« sind, und zwar deswegen, weil weder jene singulär sind noch dieser universal ist. Denn sowohl jene als auch dieser sind indefinite Sätze, ich sage nämlich, daß der Satz »Daß Sokrates in diesem Haus ist, ist möglich« deswegen indefinit ist, weil in dem genannten Satz das Subjekt, nämlich »daß Sokrates in diesem Haus ist«, für sich und ihm Ähnliches in der gesprochenen, mentalen oder geschriebenen Sprache auf disjunktive Weise supponiert. Ebenso sage ich, daß der Satz »Daß jeder Mensch in diesem Haus ist, ist möglich« aus demselben Grund indefinit ist.

Einwurf: Wie lautet also der singuläre Satz des Satzes »Daß Sokrates in diesem Haus ist, ist möglich«? – Ich antworte, daß er so lautet »Dieses *daß Sokrates in diesem Haus ist* ist möglich«, wobei man sich mit dem Ausdruck »dieses« auf ein bestimmtes geschriebenes, gesprochenes oder mentales Ausgesagtes dieser Art bezieht. Ebenso sage ich, daß der singuläre Satz des Satzes »Daß jeder Mensch in diesem Haus ist, ist möglich« so lautet »Dieses *daß jeder Mensch in diesem Haus ist* ist möglich«.

Einwurf: Welchen Universalsatz folgern also die singulären Sätze »Dieses *daß Sokrates in diesem Haus ist* ist möglich« und »Jenes *daß Sokrates in diesem Haus ist* ist möglich« usw. für die einzelnen (Vorkommnisse dieses Ausgesagten)? – Ich antworte, daß sie diesen Universalsatz folgern: »Jedes *daß Sokrates in diesem Haus ist* ist möglich«. – Weiterer Einwurf: Welchen Universalsatz folgern diese singulären Sätze: »Dieses *daß Sokrates in diesem Haus ist* ist möglich«, »Jenes *daß Platon in diesem Haus ist* ist möglich« usw.? – Ich antworte, daß sie diesen folgern: »Jeder von diesen (Sätzen) ist möglich ›So-

runt] L om. S Omne] Z omnem LS 22 diceres] L dico S inferunt] LS infert A 23 istae] S om. AL singulares] LS om. A Hoc] LS hunc A 24 Illud] LS hunc A etc] LS om. A 25 istam] LS om. A 26 et] S om. AL etc] L om. AS diceres] LS tunc A

»Plato est in ista domo« etc., quare tunc haec non est possibilis »Omnis homo est in ista domo«? Respondetur, quod hoc est ideo, quia licet quaelibet istarum dictarum propositionum sit possibilis, tamen non omnes sunt compossibiles. Modo ex incompossibilitate singularium bene arguitur impossibilitas universalis, licet ex impossibilitate universalis non arguatur S34vb incompossibilitas singularium nec etiam impossibilitas. Unde dico, licet forte aliquibus appareat esse mirabile, quod bene aliqua propositio universalis est impossibilis, cuius tamen quaelibet singularis est possibilis et cum hoc quaelibet cuilibet compossibilis, verbi gratia ista »In omnes partes continuum est divisum«. Unde haec est impossibilis propter hoc, quod numquam contingit divisum esse continuum in omnes suas partes. Et tamen quaelibet eius singularis est possibilis, haec enim est possibilis »In duas partes continuum est divisum«, similiter haec »In tres partes continuum est divisum« et similiter haec »In quattuor partes continuum est divisum«, etc. Numquam enim devenietur ad aliquam singularem impossibilem, et etiam quaelibet dictarum singularium cuilibet dictarum est compossibilis, unde primae duae sunt compossibiles, primae tres, primae quattuor, et sic ultra. Proportionaliter respondeatur ad alias duas obiectiones.

1 etc] X om. ALS tunc] LS om. A 2 quod] om. S 3 quia] LS quod A istarum] S om. AL sit] est S 4 compossibiles] com- om. L Modo] LS et A 5 incompossibilitate] LS compossibilitate A bene] LS om. A arguitur] AL sequitur S impossibilitas] Z compossibilitas AS incompossibilitas LX 6 universalis[1]] quia add. S licet] AS vel L impossibilitate] L possibilitate A incompossibilitate S minus possibilitate X arguatur] AL arguitur SX 7 incompossibilitas] LS compossibilitas A minus possibilitas X nec etiam] LS om. AX impossibilitas] Z om. AX incompossibilitas L in-! S 8 forte] LSX om. A aliquibus] LS aliis A alicui X appareat] apparet L esse] S bene A om. L bene] LS om. A 9 tamen] om. s. add. i.m. S 10 possibilis] im- add. s. del. A et…possibilis] om. L cuilibet] cuiuslibet S 11 ista] S om. A 13 suas] S om. A 14 haec…possibilis] LS om. A 15 similiter haec] S om. AL 16 In…divisum] om. L haec[2]] om. S 17 etc] S om. A et sic de singulis L 18 devenietur] L devenitur AS etiam] om. L 19 dictarum singularium] LS om. A cuilibet] om. LS dicta-

krates ist in diesem Haus‹ und ›Platon ist in diesem Haus‹ usw.«. – Einwurf: Wenn jeder von den Sätzen »Sokrates ist in diesem Haus«, »Platon ist in diesem Haus« usw. möglich ist, warum ist dann der Satz »Jeder Mensch ist in diesem Haus« nicht möglich? – Antwort: Das ist deshalb der Fall, weil obzwar jeder der genannten Sätze möglich ist, sie dennoch nicht alle zusammen vereinbar sind. Aus der Unvereinbarkeit der singulären Sätze wird nun aber sehr wohl die Unmöglichkeit des Universalsatzes begründet, wenn auch aus der Unmöglichkeit des Universalsatzes nicht die Unvereinbarkeit und auch nicht die Unmöglichkeit der singulären Sätze begründet wird. So sage ich, mag es auch vielleicht manchen sonderbar vorkommen: Es gibt sehr wohl einen unmöglichen Universalsatz, von dem dennoch jeder singuläre Satz möglich ist und darüber hinaus jeder mit jedem vereinbar ist, z. B. den Satz »In alle Teile ist ein Kontinuum geteilt«. Dieser Satz ist nämlich deswegen unmöglich, weil es sich niemals ergibt, daß ein Kontinuum in alle seine Teile geteilt ist. Und dennoch ist jeder von seinen singulären Sätzen möglich, folgender Satz ist nämlich möglich: »In zwei Teile ist ein Kontinuum geteilt«, ebenso dieser: »In drei Teile ist ein Kontinuum geteilt«, und ebenso dieser: »In vier Teile ist ein Kontinuum geteilt«, usw. Niemals nämlich wird man zu irgendeinem unmöglichen singulären Satz gelangen, und es ist auch jeder der genannten singulären Sätze mit jedem der genannten vereinbar, denn die ersten zwei sind vereinbar, die ersten drei, die ersten vier, usw. – Auf entsprechende Weise möge man auf die zwei anderen Einwände antworten.

rum[2]] om. LS 20 primae tres] LS et prima tertiae A 21 primae quattuor] LS et secunda quartae A et…ultra] LS om. A etc. add. S

Cap. IV.21 ⟨Capitulum vicesimum primum de loco a toto in modo ad suam partem⟩

Sequitur de loco a toto in modo ad suam partem, circa quem est una maxima constans, scilicet: A toto in modo ad suam partem negative est bona consequentia praedicando utrobique. Secundum hoc tenet ista consequentia »Sortes non est homo, ergo Sortes non est homo albus«.

Iuxta autem locum a parte in modo ad suum totum sunt plures regulae sive maximae constantes, prima est: A parte in modo ad suum totum affirmative est bona consequentia subi- A95ra ciendo utrobique. Bene enim sequitur »Homo albus currit, ergo homo currit«. Secunda maxima: A parte in modo ad suum totum affirmative praedicando utrobique est bona consequentia. Bene enim sequitur »Sortes est homo albus, ergo Sortes est homo«, similiter bene sequitur »Sortes currit velociter, ergo Sortes currit«.

Sed dubitatur hic primo contra locum a toto in modo ad suam partem, quia non sequitur »Sortes non est homo, ergo Sortes non est homo mortuus«. Unde possibile est antecedente existente vero consequens esse falsum. Secundo, quia non sequitur »Chimaera non est ens, ergo chimaera non est ens opinabile«. Tertio, quia non sequitur »Aethiops est albus secundum dentes, ergo Aethiops est albus«. Quarto, quia non sequitur »Vellem esse in luto pro decem marcis, ergo vellem esse in luto«. Quinto, quia non sequitur »Facio te hominem musicum, ergo facio te hominem«.

3 quem] L quam AS 4 constans] LS inconstans A scilicet] LS quod A 5 utrobique] Z utrumque ALSX 6 hoc] LS quem A tenet…consequentia] LS tenent istae consequentiae A 8 autem] L om. AS locum…parte] partem L 9 regulae sive] S om. AL constantes] AL om. S prima] una LSX 11 utrobique] Z utrumque ALS utraque X 13 utrobique] Z utrumque ALS utraque X 14 Sortes[1]…sequitur] om. L 15 bene] S om. A 17 hic] om. L a toto] om. L 19 antecedente…vero] AX antecedens esse verum LS 20 consequens…falsum] AX consequente existente falso LS quia] similiter S 24 decem] AX centum LS 26 musicum] ASX mutum L te] esse add. A

Kapitel IV.21:
Der Ort von einem Ganzen hinsichtlich der Art und Weise auf seinen Teil (und umgekehrt)

Es folgt (das Kapitel) über den Ort von einem Ganzen hinsichtlich der Art und Weise auf seinen Teil, in bezug auf welchen es eine feste Maxime gibt, nämlich: Von einem Ganzen hinsichtlich der Art und Weise auf seinen Teil ist eine verneinende Folgerung gültig, wenn beide jeweils an Prädikatstelle stehen. Demgemäß ist diese Folgerung gültig: »Sokrates ist kein Mensch, also ist Sokrates kein weißer Mensch«.

In bezug aber auf den Ort von einem Teil hinsichtlich der Art und Weise auf sein Ganzes gibt es mehrere feste Regeln bzw. Maximen, die erste lautet: Von einem Teil hinsichtlich der Art und Weise auf sein Ganzes ist eine bejahende Folgerung gültig, wenn beide jeweils an Subjektstelle stehen. Es folgt nämlich sehr wohl »Ein weißer Mensch läuft, also läuft ein Mensch«. – Zweite Maxime: Von einem Teil hinsichtlich der Art und Weise auf sein Ganzes ist eine bejahende Folgerung gültig, wenn beide jeweils an Prädikatstelle stehen. Es folgt nämlich sehr wohl »Sokrates ist ein weißer Mensch, also ist Sokrates ein Mensch«, ebenso folgt sehr wohl »Sokrates läuft schnell, also läuft Sokrates«.

Hier wird aber ein Einwand erhoben, und zwar erstens gegen den Ort von einem Ganzen hinsichtlich der Art und Weise auf seinen Teil, weil nicht folgt »Sokrates ist kein Mensch, also ist Sokrates kein toter Mensch«. Denn es ist möglich, daß trotz wahrem Vordersatz der Nachsatz falsch ist. – Zweitens, weil nicht folgt »Eine Chimäre ist kein Seiendes, also ist eine Chimäre kein vorstellbares Seiendes«. – Drittens, weil nicht folgt »Ein Äthiopier ist weiß in bezug auf die Zähne, also ist ein Äthiopier weiß«. – Viertens, weil nicht folgt »Ich möchte mich für zehn Mark im Dreck suhlen, also möchte ich mich im Dreck suhlen«. – Fünftens, weil nicht folgt »Ich mache dich zu einem musikalischen Menschen, also mache ich dich zu einem Menschen«.

Pro solutione dictarum dubitationum exceptis duabus ultimis est sciendum, quod aliquando de parte in modo, scilicet de aggregato ex determinatione et determinabili, est verificabilis utraque pars, aliquando autem una tantum, aliquando vero neutra. Exemplum primi, sicut de ly *homo albus* est verificabile tam ly *homo* quam ly *albus*. Exemplum secundi, ut de ly *homo mortuus* est verificabile ly *mortuus* et non ly *homo*. Exemplum tertii, sicut de ly *albus secundum dentes* nec est verificabile ly *albus* nec ly *dentes*. Modo dico, quod dicti loci bene valent eo modo, quo dictum est, accipiendo partem in modo pro aggregato ex determinatione et determinabili, de quo est verificabilis utraque eius pars. Et ex hoc patet ad obiectiones, quia in dictis obiectionibus bene arguitur de partibus in modo, de quibus utraque eius pars non est verificabilis, sed tantum una vel neutra.

Tunc ad alias duas obiectiones respondetur, quod etiam dicti loci bene valent eo modo, quo dictum est, hoc supposito, quod
A95rb non arguatur cum verbis significantibus actum voluntatis vel actum transeuntem in rem extra. Unde si arguitur cum talibus, non oportet, quod valeant, qualiter est in ultimis duabus obiectionibus.

1 dictarum] istarum LS dubitationum] dubitationem! L duabus] om. L 2 de[2]] LS ex A 4 autem] om. S vero] autem L om. S 5 sicut] om. S 6 tam] de add. A quam] de add. A ut] sciendum S de ly] LS om. A 7 est] ibi solum add. A verificabile] de add. A ly[1]] om. L non] de add. A 8 sicut] L om. AS de] LS om. A ly] homo add. S nec] LS non A verificabile] de add. A 9 nec] de add. A ly[2]] secundum add. S dico] LSX dicitur A dicti] eidem L 10 eo] ALX eodem S accipiendo] excipiendo L partem] et totum add. s. del. A 11 pro] ALSX toto add. A 12 Et] S om. AL 13 partibus] parte LS quarum un- add. s. del. A 14 quibus] quo L qua S 16 Tunc] om. LS alias duas] ultimas L quod etiam] trsp. L etiam] LS non A dicti] obiectiones add. s. del. A 17 bene] LS om. A valent] valet L eo] eodem S supposito] LS dico A 18 arguatur] arguitur L generaliter add. L voluntatis] LS om. A actum[2]] LS voluntatem A 19 cum] in S 20 non…valeant] non valet argumentatio L oportet] oporteat S valeant] valeat S qualiter] ut L est] LS arguebatur A factum est X obiectionibus] om. L etcetera quae? sunt? formatae? add. A

Zu Auflösung der genannten Einwände mit Ausnahme der letzten zwei muß man wissen, daß manchmal von einem Teil hinsichtlich der Art und Weise, nämlich von einem aus einer Bestimmung und einem Bestimmbaren zusammengesetzten Ausdruck, beide Teile verifizierbar sind, manchmal aber nur einer, manchmal hingegen keiner. Ein Beispiel für das erste: Vom Ausdruck »weißer Mensch« ist sowohl der Ausdruck »Mensch« als auch der Ausdruck »weiß« verifizierbar. Ein Beispiel für das zweite: Vom Ausdruck »toter Mensch« ist der Ausdruck »tot« verifizierbar, aber nicht der Ausdruck »Mensch«. Ein Beispiel für das dritte: Vom Ausdruck »weiß in bezug auf die Zähne« ist weder der Ausdruck »weiß« noch der Ausdruck »Zähne« verifizierbar. Nun sage ich aber, daß die genannten Örter sehr wohl gültig sind auf die Weise, wie ich es ausgeführt habe, wenn man unter einem Teil hinsichtlich der Art und Weise einen Ausdruck versteht, der aus einer Bestimmung und einem Bestimmbaren zusammengesetzt ist und von dem beide seiner Teile verifizierbar sind. Und daraus erhellt (die Antwort) auf die Einwände, weil in den genannten Einwänden sehr wohl in bezug auf Teile hinsichtlich der Art und Weise argumentiert wird, von denen nicht beide ihrer Teile verifizierbar sind, sondern nur einer oder gar keiner.

Sodann lautet die Antwort auf die zwei anderen Einwände wiederum, daß die genannten Örter sehr wohl gültig sind auf die Weise, wie ich es ausgeführt habe, und zwar unter der Voraussetzung, daß nicht mit Verben argumentiert wird, die einen Willensakt oder einen Akt, der sich auf ein Außending richtet, bezeichnen. Denn wenn mit solchen (Verben) argumentiert wird, müssen (die Örter) nicht gültig sein, wie es bei den letzten zwei Einwänden der Fall ist.

Cap. IV.22 ⟨Capitulum vicesimum secundum de loco a toto in tempore ad suam partem et e converso⟩

Sequitur de loco a toto in tempore ad suam partem et e converso. Pro quibus est sciendum, quod proportionaliter tenent sicut locus a toto in quantitate ad suas partes et e converso. Unde bene sequitur »Semper fuit homo, ergo heri fuit homo et ante heri fuit homo etc.«, sed non sequitur »Heri fuit homo, ergo semper fuit homo«, sed bene sequitur »Heri fuit homo et ante heri fuit homo etc., ergo semper fuit homo«. Similiter bene sequitur »Deus est ubique, ergo deus est hic et deus est ibi et sic de singulis«, sed non sequitur »Deus est hic, ergo deus est ubique«, sed bene sequitur »Deus est hic et ibi et sic de aliis, ergo deus est ubique«.

Deinde ad locum a toto ad suam partem et e contra quidam addunt locum a toto copulato ad suam partem et e contra et locum a toto disiuncto ad suam partem et e contra. Et vocant totum copulatum propositionem copulativam et totum disiunctum propositionem disiunctivam, et partem totius copulati partem copulativae et partem totius disiuncti partem disiunctivae. Circa locum a toto copulato ad suam partem ponunt unam regulam constantem, scilicet: A toto copulato ad quamlibet eius partem est bona consequentia. Bene enim sequitur »Sortes currit et Plato disputat, ergo Sortes currit«, similiter

3 converso] contra LS de loco a toto in loco ad suam partem et e converso add. A 4 quod] ALSX iste locus add. LS tenent] AX tenet LS 5 converso] contra LS 7 ante heri] LS pridie A fuit[1]...etc] om. L 9 etc] et sic de singulis L semper...homo[2]] etc. L 10 hic] etiam bene sequitur deus est hic add. L et[1]...singulis] LS om. A 11 singulis] ergo etc. add. LS sed...ubique] om. S sed...ubique] om. L 12 sed bene] similiter S et[2]...aliis] etc. S 14 Deinde] dividendo L ad[1]] S om. A autem L locum] LS loco A et...contra] S om. AL quidam] LS aliqui A dicunt add. s. del. L 15 et[1]...contra] om. LS 16 et... contra] om. L Et vocant] connotant L 17 et...disiunctivam] LS om. A 18 copulati] S om. A copulativi L 19 partem[1]] LS om. A copulativae] vocant totum add. A disiuncti] S om. A disunctivae L partem[3]] LS om. A disiunctivae] vocant add. A totam add. s. del. A disiunctivam partem add. A 20 ad...

Kapitel IV.22:
Der Ort von einem Ganzen hinsichtlich der Zeit auf seinen Teil und umgekehrt

Es folgt (das Kapitel) über den Ort von einem Ganzen hinsichtlich der Zeit auf seinen Teil und umgekehrt. Bezüglich dieser (beiden Örter) ist festzuhalten, daß sie auf entsprechende Weise gelten wie der Ort von einem Ganzen hinsichtlich der (logischen) Quantität auf seine Teile und umgekehrt. So folgt sehr wohl »Immer war ein Mensch, also: Gestern war ein Mensch und vorgestern war ein Mensch« usw., aber es folgt nicht »Gestern war ein Mensch, also: Immer war ein Mensch«; aber es folgt sehr wohl »Gestern war ein Mensch und vorgestern war ein Mensch usw., also: Immer war ein Mensch«. Ebenso folgt sehr wohl »Gott ist überall, also: Gott ist hier und Gott ist dort« usw. für die einzelnen (Orte), aber es folgt nicht »Gott ist hier, also: Gott ist überall«; aber sehr wohl folgt »Gott ist hier und (Gott ist) dort usw. für die anderen (Orte), also: Gott ist überall«.

Sodann (ist festzuhalten): Zum Ort von einem Ganzen auf seinen Teil und umgekehrt fügen manche (Autoren folgende Örter) hinzu: den Ort von einem kopulaten Ganzen auf seinen Teil und umgekehrt sowie den Ort von einem disjunkten Ganzen auf seinen Teil und umgekehrt. Und sie nennen »kopulates Ganzes« einen kopulativen Satz und »disjunktes Ganzes« einen disjunktiven Satz sowie »Teil eines kopulaten Ganzen« einen Teil eines kopulativen Satzes und »Teil eines disjunkten Ganzen« einen Teil eines disjunktiven Satzes. Bezüglich des Ortes von einem kopulaten Ganzen auf seinen Teil stellen sie eine feste Regel auf, nämlich: Von einem kopulaten Ganzen auf jeden beliebigen seiner Teile liegt eine gültige Folgerung vor. Sehr wohl folgt nämlich »Sokrates läuft und Platon dispu-

partem] LS om. A 21 scilicet] LS om. A quamlibet] LS quemlibet A 22 eius] suam L est bona] valet LS 23 similiter] LS et A

»Ergo Plato disputat«. Iuxta locum a partibus totius copulati ad totum suum copulatum ponunt unam regulam constantem, scilicet: Ab omnibus partibus totius copulati simul sumptis ad suum totum copulatum bene valet consequentia et aliter non. Unde bene sequitur »Sortes currit, Plato disputat, ergo Sortes S35ra currit et Plato disputat«, sed non sequitur »Sortes currit, ergo Sortes currit et Plato disputat«. Iuxta locum a toto disiuncto non ponitur aliqua regula constans ex eo, quod ab ipso ad L43rb nullam eius partem valet consequentia. Non enim sequitur »Sortes currit vel Plato disputat, ergo Sortes currit« nec sequitur »Ergo Plato disputat«. Sed iuxta locum a parte totius disiuncti ad totum disiunctum bene ponunt unam regulam constantem, A95va scilicet, quod a parte talis totius ad suum totum est bona consequentia, quia bene sequitur »Sortes currit, ergo Sortes currit vel Plato disputat«.

Sed breviter dico, quod tales consequentiae non debent computari inter dialecticas et materiales consequentias, quia dictae consequentiae sunt formales, tenent enim in quibuscumque terminis. Unde ita bene sequitur »A est et B est, ergo A est«, sicut sequitur »Sortes currit et Plato disputat, ergo Sortes currit«, quia utrobique ex opposito consequentis infertur oppositum antecedentis. Similiter ita bene sequitur »A est, ergo A est vel B est«, sicut sequitur »Sortes currit, ergo Sortes currit vel Plato disputat«, quia utrobique ex opposito consequentis infertur oppositum antecedentis.

1 disputat] sed non sequitur »Sortes currit, ergo Sortes currit et Plato disputat« add. S locum] totum S copulati] copulativi L 2 totum] om. L 3 scilicet] LS om. A simul] LS ad invices A 4 copulatum] L om. AS 5 bene] om. L currit] et add. s. del. A et add. LS 8 regula] om. L ipso] L ista A ipsa S 9 nullam] LS unam A partem] non add. A 10 nec…disputat] LS om. A 12 ad…disiunctum] AL om. S bene] LS om. A unam] LS om. A 13 quod] AL om. S suum] ipsum L est bona] bene valet LS 14 bene] LS om. A 16 dico] AX videtur mihi L apparet mihi S debent] ALX debeant S 17 dialecticas…consequentias] LSX locos dialecticos A et] om. L quia] postquam L 19 Unde] S quia AL ita] S om. A in ista L bene] LS om. A 20 est] etc. add. L sicut] sed diceres! L 21 currit] currit add. A utrobique] in utraque LS infertur] LS sequitur A 22 Similiter…antecedentis] LS om. A sequitur] om. L

tiert, also läuft Sokrates«, ebenso »Also disputiert Platon«. – Bezüglich des Ortes von den Teilen eines kopulaten Ganzen auf ihr kopulates Ganzes stellen sie (ebenfalls) eine feste Regel auf, nämlich: Von allen zusammen angeführten Teilen eines kopulaten Ganzen auf ihr kopulates Ganzes ist eine Folgerung sehr wohl gültig, aber sonst nicht. So folgt sehr wohl »Sokrates läuft, Platon disputiert, also: Sokrates läuft und Platon disputiert«, aber es folgt nicht »Sokrates läuft, also: Sokrates läuft und Platon disputiert«. – Bezüglich des Ortes von einem disjunkten Ganzen (auf seinen Teil) wird (von ihnen) deshalb keine feste Regel aufgestellt, weil von ihm auf keinen seiner Teile eine gültige Folgerung vorliegt. Es folgt nämlich nicht »Sokrates läuft oder Platon disputiert, also läuft Sokrates« und es folgt auch nicht »Also disputiert Platon«. – Aber bezüglich des Ortes von einem Teil eines disjunkten Ganzen auf das disjunkte Ganze stellen sie sehr wohl eine feste Regel auf, nämlich: Von einem Teil eines solchen Ganzen auf sein Ganzes liegt eine gültige Folgerung vor, weil sehr wohl folgt »Sokrates läuft, also: Sokrates läuft oder Platon disputiert«.

Aber (dazu) sage ich kurz, daß solche Folgerungen nicht zu den dialektischen und materialen Folgerungen gezählt werden sollen, weil die genannten Folgerungen formal sind, sie sind nämlich mit beliebigen Termen gültig. So folgt ebenso wohl »A ist und B ist, also ist A«, wie folgt »Sokrates läuft und Platon disputiert, also läuft Sokrates«, weil in beiden Fällen aus dem Gegensatz des Nachsatzes der Gegensatz des Vordersatzes gefolgert wird. Ebenso: Gleich gut folgt »A ist, also ist A oder ist B«, wie folgt »Sokrates läuft, also läuft Sokrates oder disputiert Platon«, weil in beiden Fällen aus dem Gegensatz des Nachsatzes der Gegensatz des Vordersatzes gefolgert wird.

Similiter quidam ad locum a toto ad suam partem addunt locum a nomine collectivo ad nomen suae partis, similiter locum a nomine numerali ad nomen suae partis. Et hoc bene factum est, quia omnes tales loci sunt loci intrinseci, de quibus est sermo praesens. Unde dicti loci possunt reduci ad locum a nomine totius integralis ad nomen suae partis, sicut prius dictum est. Similiter ad locum a parte ad totum addunt locum a singulari ad pluralem, et iterum hoc est bene factum. Talis enim reducitur ad locum a nomine partis integralis ad nomen sui totius. Iuxta quem locum potest poni talis maxima: Si singulare de singulari et plurale de plurali. Propter quam bene sequitur »Homo est animal, ergo homines sunt animalia«.

Sed contra hoc diceres, quia non sequitur »Sol est substantia, ergo soles sunt substantiae«. Secundo, quia non sequitur »Omnis homo est caecus vel videns, ergo omnes homines sunt caeci vel videntes«, nam posito, quod non essent nisi tres homines, quorum duo essent videntes et unus esset caecus, antecedens esset verum et consequens falsum. Tertio, quia non sequitur »Hominis est asinus, ergo hominum sunt asini«, posito enim, quod non esset nisi unus asinus, qui esset alicuius hominis vel hominum, antecedens esset verum et consequens falsum.

Ad ista respondetur, quod dicta regula debet intelligi, quando utrumque extremorum consequentis supponit pro aliquo, et quando nulla pars praedicati, si sit disiunctum, ipsius

6 prius] Cf. Cap. IV.20, apud locum pertinentem.

1 Similiter] LSX sed A quidam] aliqui? L toto] collectivo add. s. del. A suam] LS om. A 2 nomine] LS toto A 3 nomine] om. S 4 loci[1]] S om. AL intrinseci] LSX om. A 5 est] ALX erat S praesens] ALX prius S 6 nomine] ALX toto S totius integralis] LX integrali A om. S prius] om. L 7 est] erat L ad[1]...totum] LSX om. A a[2]] ALX om. S 8 singulari] L plurali A singularem? S nomine singularis X pluralem] L singulare A plurale SX et e converso add. A Talis] LS tale A 9 nomine] suae add. A 10 sui] L om. A suae S quem locum] S quod AL Si] Sortes! L 11 singulari] singulare L quam] LS quod A 13 hoc diceres] LS om. A 14 quia] LS om. A 17 essent] caeci et a- add. s. del. A unus] S alius AL esset] LS om. A 18 esset] est L 19 asinus] LS asinum A enim] om. L 20 qui...hominum] LS om. A 22 Ad...respondetur] S ad pri-

Ebenso fügen manche (Autoren) zum Ort von einem Ganzen auf seinen Teil den Ort von einem Sammelnamen auf den Namen seines Teils hinzu, ebenso den Ort von einem Zahlnamen auf den Namen seines Teils. Und dies ist recht getan, weil alle derartigen Örter innere Örter sind, von denen (ja) gegenwärtig die Rede ist. So können die genannten Örter auf den Ort vom Namen eines integralen Ganzen auf den Namen seines Teils zurückgeführt werden, wie früher gesagt wurde. – Ebenso fügen sie zum Ort von einem Teil auf das Ganze den Ort von einem Singular auf den Plural hinzu, und dies ist wiederum recht getan. Ein derartiger (Ort) wird nämlich auf den Ort vom Namen eines integralen Teils auf den Namen seines Ganzen zurückgeführt. Bezüglich dieses Orts kann man eine solche Maxime aufstellen: Wenn ein Singular von einem Singular (aussagbar ist), dann auch der Plural vom Plural. Aufgrund dieser (Maxime) folgt sehr wohl »Ein Mensch ist ein Lebewesen, also: Menschen sind Lebewesen«.

Aber dagegen wird ein Einwand erhoben, weil nicht folgt »(Die) Sonne ist eine Substanz, also sind Sonnen Substanzen«. – Zweitens, weil nicht folgt »Jeder Mensch ist blind oder sehend, also sind alle Menschen blind oder sehend«, denn gesetzt, daß es nur drei Menschen gäbe, von denen zwei sehend wären und einer blind wäre, so wäre der Vordersatz wahr und der Nachsatz falsch. – Drittens, weil nicht folgt »Einem Menschen gehört ein Esel, also: Menschen gehören Esel«, gesetzt nämlich, daß es nur einen Esel gäbe, der irgendeinem Menschen oder (irgendwelchen) Menschen gehörte, so wäre der Vordersatz wahr und der Nachsatz falsch.

Antwort auf diese (Einwände): Die genannte Regel muß so verstanden werden, (daß sie nur dann gilt,) wenn beide Satzglieder des Nachsatzes für etwas supponieren; und wenn kein Teil des Prädikats des Vordersatzes, falls es ein disjunkter

mum dico ALX ad primum dico add. S dicta] om. L 23 extremorum] LS extremum AX consequentis] AX om. LS 24 nulla] X utraque A neutrum LS pars praedicati] AX om. LS si sit] LX fit? A sit S

antecedentis est verificabilis de subiecto per accidens, et etiam, quando arguitur in recto et non in obliquo. Modo prima istarum condicionum deficit in prima obiectione, cum arguitur »Sol est substantia, ergo soles sunt substantiae«, unde subiectum consequentis, scilicet ly *soles*, pro nullo supponit. Secunda autem condicio deficit in secunda obiectione, cum arguitur »Omnis homo est caecus vel videns, ergo omnes homines sunt caeci vel videntes«, patet, quia ly *caecus* est verificabile de homine per accidens. Tertia autem condicio deficit in tertia obiectione, cum arguitur »Hominis est asinus, ergo hominum sunt asini«, patet, quia subiecta antecedentis et consequentis
A95vb sunt obliqui et non recti.

Cap. IV.23 ⟨Capitulum vicesimum tertium de locis a nominibus causarum ad nomina effectuum et e contra⟩

Sequitur de locis a nominibus causarum ad nomina effectuum et e contra et sunt principaliter octo, scilicet tales: Unus est a nomine causae efficientis ad nomen sui effectus, secundus est e contra, tertius est a nomine causae materialis ad nomen sui effectus, quartus est e converso, quintus est a nomine causae formalis ad nomen sui effectus, sextus est e converso, septimus

1 antecedentis] LSX consequentis A est verificabilis] AX est verificabile L et verificabile S per] secundum? L accidens] antecedens! L et] om. L etiam] LS om. A 2 quando] quin L in[1]] cum L Modo] ALX Nam S 3 condicionum] ALX contradictionum S obiectione] ALX om. S cum] quando L 4 unde] LS om. AX 5 ly] L om. AS supponit] supponunt L 6 condicio] ALX om. S in… obiectione] AX in ea obiectione L contradicto S 7 Omnis] LS om. AX vel… caecus] om. L ergo…videntes] AX etc. S omnes] Z om. AX 8 patet] S om. ALX quia…caecus] ASX om. L verificabile] ALS verificabilis X 9 Tertia… deficit] ALX om. S tertia] autem add. S 10 cum…patet] LSX om. A hominum…asini] LX etc. S 11 quia] AX quod LS subiecta] LSX subiectum A 12 obliqui] LSX in obliquo A recti] LSX in recto A et sit finis istius capituli add. A etc. add. L 17 octo] hic L scilicet] S om. AL est] om. S 18 efficien-

Ausdruck sein sollte, vom Subjekt bloß beiläufig (und nicht wesentlich) verifizierbar ist; und wenn ferner mit geraden und nicht mit schiefen Termen argumentiert wird. Nun wird aber die erste dieser Bedingungen im ersten Einwand verletzt, wenn argumentiert wird »(Die) Sonne ist eine Substanz, also sind Sonnen Substanzen«, denn das Subjekt des Nachsatzes, nämlich der Ausdruck »Sonnen«, supponiert für nichts. Die zweite Bedingung aber wird im zweiten Einwand verletzt, wenn argumentiert wird »Jeder Mensch ist blind oder sehend, also sind alle Menschen blind oder sehend«; das ist klar, weil der Ausdruck »blind« von »Mensch« bloß zufällig verifizierbar ist. Die dritte Bedingung aber wird im dritten Einwand verletzt, wenn argumentiert wird »Einem Menschen gehört ein Esel, also: Menschen gehören Esel«; das ist klar, weil die Subjekte des Vordersatzes und des Nachsatzes schiefe Terme sind und keine geraden.

Kapitel IV.23:
Die Örter von den Namen von Ursachen auf die Namen der Wirkungen und umgekehrt

Es folgt (das Kapitel) über die Örter von den Namen von Ursachen auf die Namen der Wirkungen und umgekehrt, und es gibt hauptsächlich acht, nämlich die folgenden: Der eine lautet vom Namen einer Wirkursache auf den Namen ihrer Wirkung, der zweite lautet umgekehrt; der dritte lautet vom Namen einer Stoffursache auf den Namen ihrer Wirkung, der vierte lautet umgekehrt; der fünfte lautet vom Namen einer Formursache auf den Namen ihrer Wirkung, der sechste lautet

tis] effectus L 19 contra] converso L et add. L est] LS om. A materialis] numeralis L 20 est[1]] LS om. A est[2]] S om. AL 21 est] LS om. A

est a nomine causae finalis ad nomen sui effectus, octavus est e converso.

Iuxta primum sit una regula constans, scilicet: A nomine causae efficientis ad nomen sui effectus est bona consequentia cum istis terminis *bonum*, *malum*, intelligendo hoc de bono et malo non morali, sed artis vel artificis, antecedente existente de praesenti et consequente existente de futuro, unde aliter non valeret. Unde bene sequitur »Domificator est bonus, ergo domus erit bona«, similiter bene sequitur »Domificator est malus, ergo domus erit mala«, sed non sequitur »Domificator est homo, ergo domus erit homo« nec sequitur »Domificator est bonus, ergo domus est bona«, quia potest esse domificans, et tamen domus non est, sed erit.

Sed diceres: Videtur, quod non sequatur »Domificator est bonus, ergo domus erit bona«, quia forte domus non complebitur. Dico, quod in tali casu talis non erit domificans, sed bene faciens monstrum in arte domificatoria. Unde sicut homo generatus sine pedibus vel sine manibus dicitur monstrum respectu aliorum hominum, ita domus incompleta, quae non complebitur, potest dici monstrum respectu aliarum domorum.

Iuxta locum a nomine effectus causae efficientis ad nomen suae causae similiter est una regula constans, scilicet: A nomine effectus causae efficientis ad nomen suae causae cum istis terminis *bonum* et *malum* antecedente existente de praesenti et

1 est[1]] LS om. A causae] formalis ad add. s. del. A est[2]] LS om. A 3 scilicet] S om. AL 5 bonum malum] LSX bonus malus A hoc] LSX om. A 6 morali] S morum AX moris L artificis] ASX artificii L antecedente] ALSX consequente *ante corr.* S 7 aliter] LSX taliter A 8 bene] LS om. A est] LS erit A 9 bene sequitur] LS om. A Domificator] domificans L domificatus S 10 sed…homo[2]] om. L Domificator] domificans S 11 Domificator] domificans LS est[2]] ergo L 12 est] erit L potest…domificans] ALX om. S et…sed] A quando adhuc domus non est licet LX adhuc non est domus licet S 14 diceres] quia add. L Videtur quod] LS om. A sequatur] LS sequitur A Domificator] domificans LS 16 quod] om. S talis] LS om. A erit] erat L bene] LS om. A 17 domificatoria] SX domificatorum A domificativa L sicut] LS om. A 18 sine[2]] LS om. A manibus] brachiis LS 19 quae…complebitur] S om. AL 20 domorum] LS om. A 21 nomine] causae efficientis add. s. del. A

umgekehrt; der siebte lautet vom Namen einer Zweckursache auf den Namen ihrer Wirkung, der achte lautet umgekehrt.

In bezug auf den ersten (Ort) gibt es eine feste Regel, nämlich: Vom Namen einer Wirkursache auf den Namen ihrer Wirkung liegt eine gültige Folgerung vor, und zwar mit den Termen »gut«, »schlecht«, wobei damit nicht das moralisch Gute und Schlechte gemeint ist, sondern das des Handwerks oder des Handwerkers, und wenn der Vordersatz im Präsens ist und der Nachsatz im Futur; denn sonst wäre (die Folgerung) nicht gültig. So folgt sehr wohl »Der Hausbaumeister ist gut, also wird das Haus gut sein«, ebenso folgt sehr wohl »Der Hausbaumeister ist schlecht, also wird das Haus schlecht sein«, aber es folgt nicht »Der Hausbaumeister ist ein Mensch, also wird das Haus ein Mensch sein« und es folgt auch nicht »Der Hausbaumeister ist gut, also ist das Haus gut«, weil der Hausbaumeister existieren kann, und das Haus dennoch (noch) nicht existiert, sondern (erst) existieren wird.

Einwand: Es scheint, daß nicht folgt »Der Hausbaumeister ist gut, also wird das Haus gut sein«, weil das Haus vielleicht nicht fertiggestellt werden wird. – Ich antworte, daß in einem solchen Fall eine solche (Wirkursache) kein Hausbaumeister sein wird, sondern vielmehr ein Erzeuger einer Mißgeburt in der Hausbaukunst. Denn wie ein Mensch, der ohne Füße oder ohne Hände geboren wurde, in Hinsicht auf die anderen Menschen »Mißgeburt« genannt wird, so kann auch ein unvollständiges Haus, das nicht fertiggestellt werden wird, in Hinsicht auf die anderen Häuser »Mißgeburt« genannt werden.

In bezug auf den Ort vom Namen einer Wirkung einer Wirkursache auf den Namen ihrer Ursache gibt es ebenfalls eine feste Regel, nämlich: Vom Namen einer Wirkung einer Wirkursache auf den Namen ihrer Ursache liegt eine gültige Folgerung vor, und zwar mit den Termen »gut« und »schlecht«, wenn der Vordersatz im Präsens ist und der Nach-

22 suae causae] LS causae efficientis A est] sit LS scilicet] LS om. A 23 effectus] LS om. A causae efficientis] om. s. add. i.m. S suae] partis add. s. del. L causae[2]] efficientis add. A istis] om. S 24 et[1]] om. L

consequente existente de praeterito est bona consequentia. Unde bene sequitur »Domus est bona, ergo domificans fuit S35rb bonus«, licet non sequatur »Domus est bona, ergo domificans est bonus«, quia forte domificans est mortuus. Similiter bene sequitur »Domus est mala, ergo domificator fuit malus«, intelligendo tamen non malitiam morum, sed artis. Et notanter dixi »cum istis terminis *bonum* et *malum*«, quia respectu aliorum A96ra non tenent, unde non sequitur »Domus est composita ex tecto et fundamento, ergo domificans fuit compositus ex tecto et fundamento«.

Dubitatur hic contra istum locum, quia non sequitur »Domus est mala, ergo domificans fuit malus«, quia forte faciendo domum non habuit bonam materiam, unde posset facere bonam domum, et tunc causa malae domus non esset malitia artificis, sed magis malitia materiae. Secundo, nam possibile est, quod domificans sit valde bonus in sua arte et forte non adhibeat diligentiam in faciendo domum, tunc in isto casu domus iterum esset mala domificatore existente bono in sua arte. Tertio, quia non sequitur ostensa una domo iam antiqua et ruinosa »Ista domus est mala, ergo domificans fuit malus«.

Ad ista dico, quod ad hoc, quod dictus locus valeat, requiritur, quod artifex habuit bonam materiam, et similiter, quod materia artificis vel effectus non sit vilificata propter antiquita-

1 consequente] consequenti L existente] om. S est…consequentia] LS om. A 2 bene] LS om. A domificans] domificator L fuit] erat L 3 licet] S sed AL sequatur] S sequitur AL 4 bene] S om. AL 5 domificator] domificans LS intelligendo…artis] LS om. A 6 morum] S moris L dixi] dico S 7 terminis] ALSX bonus malus vel add. S et] ALX om. S aliorum] LS aliarum A 8 tenent] valet L teneret X unde] quia LS tecto] pariete add. A 9 ex… fundamento] LS etc. A 10 fundamento] Similiter add. S 11 hic] LS om. A 12 faciendo domum] S om. A faciente domum L 13 unde…domum] S om. A de qua potuit facere domum bonam L 14 tunc] LS sic A causa] AL causae S malae] LS malitiae A esset] AS arguit L malitia] S causa malitiae A malitiam L 15 artificis] LS artis A magis] om. L malitia] malitiam L 16 sit] om. L et] om. LS 17 adhibeat] LS adhibet A diligentiam] AL curam S in faciendo] AL ad faciendam S tunc] L om. A et S 18 iterum] om. L esset] potest esse L domificatore] domificatori L 19 Tertio] om. L quia] S om. A nam L

satz im Präteritum. So folgt sehr wohl »Das Haus ist gut, also war der Hausbaumeister gut«, wenn auch nicht folgt »Das Haus ist gut, also ist der Hausbaumeister gut«, weil der Hausbaumeister vielleicht schon tot ist. Ebenso folgt sehr wohl »Das Haus ist schlecht, also war der Hausbaumeister schlecht«, wobei jedoch nicht die Schlechtigkeit des Charakters, sondern des Handwerks gemeint ist. – Und ich sagte ausdrücklich »mit den Termen ›gut‹ und ›schlecht‹«, weil (die Folgerungen) in Hinsicht auf andere Terme nicht gültig sind, denn es folgt nicht »Das Haus ist aus Dach und Fundament zusammengesetzt, also war der Hausbaumeister aus Dach und Fundament zusammengesetzt«.

Hier wird ein Einwand gegen diesen Ort erhoben, weil nicht folgt »Das Haus ist schlecht, also war der Hausbaumeister schlecht«, weil dieser vielleicht beim Bauen des Hauses kein gutes Baumaterial zur Verfügung hatte, aus dem er ein gutes Haus hätte herstellen können; und in diesem Fall wäre die Ursache für das schlechte Haus nicht die Schlechtigkeit des Handwerkers, sondern vielmehr die Schlechtigkeit des Baumaterials. – Zweitens: Es ist möglich, daß der Hausbaumeister in seiner Kunst sehr gut ist, aber vielleicht beim Bauen des Hauses keine Sorgfalt walten läßt; in diesem Fall wäre dann das Haus wiederum schlecht, obwohl der Hausbaumeister in seiner Kunst gut ist. – Drittens, weil nicht folgt, wenn man auf ein schon altes und verfallenes Haus hinweist, »Dieses Haus ist schlecht, also war der Hausbaumeister schlecht«.

Zu diesen Einwänden sage ich: Dafür, daß der genannte Ort gültig ist, ist es erforderlich, daß der Handwerker ein gutes Material zur Verfügung hatte, und ebenso, daß das Material oder die Wirkung des Handwerkers nicht durch Veraltung

iam] LS om. A 20 et ruinosa] S om. A et vili L domificans] domificator L 21 dictus] iste L 22 artifex] artifices L habuit] habent L habeat S similiter] L sic A simpliciter S quod[2]] LS om. A 23 materia…effectus] om. L vel effectus] S om. A sit] LS fuit A vilificata] AS vilis L

tem. Et ex hoc patet ad primam et ad ultimam obiectionem. Similiter requiritur, quod artifex in operando adhibeat diligentiam, et ex hoc solvitur secunda obiectio.

Iuxta locum a nomine causae materialis ad nomen sui effectus est sciendum, quod in artificialibus duplex est materia, una L43va est permanens, alia vero transiens. Materia permanens dicitur, quae nec amittit nomen nec rationem, cum ingreditur in effectum, sicut se habet ferrum respectu cultelli. Unde ferrum obtinet tam nomen quam rationem eius, cum ex eo fit gladius vel cultellus. Materia vero transiens dicitur, quae tam nomen quam rationem amittit, cum ingreditur in effectum, sicut farina, cum ex ea fit panis.

Ista distinctione sic posita sit prima regula constans, scilicet: A nomine causae materialis permanentis ad nomen sui effectus negative respectu huius verbi *est* bene valet consequentia. Unde bene sequitur »Ferrum non est, ergo cultellus non est«, similiter »Ferrum non est, ergo arma ferrea non sunt«, et accipitur hic *ferrum*, prout extendit se ad chalybem et ad quamcumque aliam materiam, ex qua fieri potest cultellus. Et dixi »negative«, quia affirmative non tenet, unde non sequitur A96rb »Ferrum est, ergo cultellus est«. Et dixi »respectu huius verbi *est*«, quia respectu aliorum praedicatorum iterum non teneret, quia non sequitur »Ferrum non est res artificialis, ergo cultel-

1 ex hoc] S sic A propter hoc L primam] LS ultimam A ad[2]] AL om. S ultimam] LS primam A obiectionem] LS om. A 2 operando] operatione L 3 ex hoc] LS sic A obiectio] AS ratio L 4 causae] integralis add. s. del. L 5 in] AL om. S artificialibus] artificio L est[2]] LS om. A 6 est] S om. AL alia vero] S altera A et alia L Materia] vero add. A dicitur] est L 7 amittit] LS dividit A rationem] LS definitionem A cum] LS tamen A ingreditur] ingredietur L in] S om. AL 8 cultelli] L cutelli AS 9 rationem] LS definitionem A eius] L om. AS cum] ingreditur effectum vel quando add. L gladius vel] LS om. A 10 cultellus] L cutellus AS 11 rationem] LS definitionem A amittit] LS dimittit A cum…effectum] LS om. A in] S om. L 12 ex ea] LS qua A 13 sic] L om. AS posita] fit add. L sit] sic L regula] ista add. A scilicet] S om. AL 14 A] LS de A causae] om. L 15 bene] S aliquando A om. L 16 bene] LS om. A cultellus] L cutellus AS 17 similiter] LS om. A accipitur] S capio A capitur L 18 hic] LS om. A quamcumque] LS quemcumque A

wertlos geworden ist. Und daraus erhellt (die Antwort) auf den ersten und auf den letzten Einwand. – Ebenso ist es erforderlich, daß der Handwerker bei seiner Tätigkeit Sorgfalt walten läßt, und damit wird der zweite Einwand aufgelöst.

In bezug auf den Ort vom Namen einer Stoffursache auf den Namen ihrer Wirkung ist festzuhalten, daß es im Handwerksbereich ein Material von zweierlei Art gibt, nämlich eines, das bleibt, und eines, das vergeht. »Bleibendes Material« wird ein solches genannt, das weder den Namen noch den Begriff einbüßt, wenn es in die Wirkung eingeht, wie sich z. B. das Eisen hinsichtlich eines Messerchens verhält. Denn das Eisen behält sowohl seinen Namen als auch seinen Begriff bei, wenn aus ihm ein Schwert oder ein Messerchen gemacht wird. »Vergehendes Material« hingegen heißt ein solches, das sowohl den Namen als auch den Begriff einbüßt, wenn es in die Wirkung eingeht, wie z. B. das Mehl, wenn aus ihm Brot gemacht wird.

Nach der Anführung dieser Unterscheidung laute nun die erste feste Regel folgendermaßen: Vom Namen einer Stoffursache im Sinne eines bleibenden Materials auf den Namen ihrer Wirkung ist eine verneinende Folgerung hinsichtlich des Verbs »ist« (bzw. »es gibt«) sehr wohl gültig. So folgt sehr wohl »Es gibt kein Eisen, also gibt es kein Messerchen«, ebenso »Es gibt kein Eisen, also gibt es keine eisernen Waffen«; und zwar wird (der Ausdruck) »Eisen« hier so verwendet, daß er sich auf Stahl und auf ein beliebiges anderes Material, aus dem ein Messerchen gemacht werden kann, bezieht. Und ich sagte »verneinende«, weil eine bejahende (Folgerung) nicht gültig ist, denn es folgt nicht »Es gibt Eisen, also gibt es ein Messerchen«. Und ich sagte »hinsichtlich des Verbs ›ist‹«, weil (eine Folgerung) hinsichtlich anderer Prädikate wiederum nicht gültig wäre, weil nicht folgt »Ein Eisen ist kein künstliches Ding, also ist ein Messerchen kein künstliches Ding«. Ich sagte

19 aliam] om. L materiam] LS om. A cultellus] L cutellus AS 20 tenet] LS valet A unde] quia LS 21 est[1]] om. L cultellus] L cutellus AS dixi] dico S huius verbi] LS de A 22 iterum] S om. AL teneret] S valet A tenet L 23 cultellus] L cutellus AS

lus non est res artificialis«. Dixi etiam »a nomine causae materialis permanentis«, quia a nomine causae materialis transeuntis non valeret dicto modo consequentia, quia non sequitur »Farina non est, ergo panis non est«.

Secunda regula: Tam a nomine causae materialis permanentis quam a nomine causae materialis transeuntis ad nomen sui effectus affirmative cum hoc verbo *potest esse* est bona consequentia. Unde bene sequitur »Ferrum est, ergo cultellus potest esse«, et hoc supposita constantia artificis, scilicet, quod sit artifex, qui possit facere cultellum ex ferro. Similiter bene sequitur »Farina est, ergo panis potest esse«, et hoc supposita constantia artificis, scilicet, quod sit artifex, qui possit facere panem ex farina. Et ex hoc solveretur talis dubitatio, quia ex hoc non sequeretur »Lapides ad aedificandum turrim attingentem caelum sunt, ergo talis turris potest esse«, quod est falsum, quia non est artifex, qui talem turrim possit aedificare.

Iuxta locum a nomine effectus causae materialis ad nomen talis causae sit prima regula constans, scilicet: A nomine effectus causae materialis permanentis ad nomen talis causae affirmative est bona consequentia respectu huius verbi *est*. Unde bene sequitur »Cultellus est, ergo ferrum est«, licet non sequatur respectu alterius praedicati, quia non sequitur »Cultellus

1 res] om. L etiam] S om. A enim L materialis] LS artificialis A 2 permanentis...materialis] om. L 3 dicto modo] AX dicta LS 5 Tam] LS om. A 7 esse] om. LS 8 Unde bene] LS quia A cultellus] L cutellus AS 9 esse] farina est ergo panis potest esse add. A similiter bene sequitur »Farina est, ergo panis potest esse« add. LSX supposita] Z supposito ASX supponit L constantia] AS constantiam L cum constantia X scilicet...farina] LS om. A quod] aliquis add. L 10 possit] S potest L cultellum] L cutellum S Similiter...facere] S et L 11 supposita] Z supposito S 12 possit] Z posset S 13 Et] om. LS solveretur] LS sequitur solutio A dubitatio] LS dubitationis A ex hoc[2]] LS om. AX 14 non] AX om. LS sequeretur] S sequitur ALX Lapides] SX lapis A lapidem L aedificandum] LS aedificationem A turrim] LS turris A attingentem] S attingentis A contingentem L 15 sunt] LS est A non sequitur add. A turris...non] LS om. A 16 possit] SX potest AL aedificare] etc. add. A 17 materialis] permanentis add. A 18 talis causae] LS causae materialis A prima] LS om. A scilicet] S om. AL effectus] om. L 19 talis] LS om.

auch »vom Namen einer Stoffursache im Sinne eines bleibenden Materials«, weil vom Namen einer Stoffursache im Sinne eines vergehenden Materials eine Folgerung auf die (in der Regel) genannte Weise nicht gültig wäre, weil nicht folgt »Es gibt kein Mehl, also gibt es kein Brot«.

Zweite Regel: Sowohl vom Namen einer Stoffursache im Sinne eines bleibenden Materials als auch vom Namen einer Stoffursache im Sinne eines vergehenden Materials auf den Namen ihrer Wirkung ist eine bejahende Folgerung mit dem Verb »kann sein« gültig. So folgt sehr wohl »Es gibt Eisen, also kann es ein Messerchen geben«, und zwar unter der Voraussetzung des Vorhandenseins eines (einschlägigen) Handwerkers, nämlich (unter der Voraussetzung), daß es einen Handwerker gibt, der aus Eisen ein Messerchen herstellen kann. Ebenso folgt sehr wohl »Es gibt Mehl, also kann es Brot geben«, und zwar (wiederum) unter der Voraussetzung des Vorhandenseins eines (einschlägigen) Handwerkers, nämlich (unter der Voraussetzung), daß es einen Handwerker gibt, der aus Mehl Brot herstellen kann. Und damit mag man den folgenden Einwand auflösen, weil aufgrund dessen nicht folgte »Es gibt Steine zur Errichtung eines Turms, der an den Himmel heranreicht, also kann es einen solchen Turm geben«; das ist (nämlich deshalb) falsch, weil es keinen Handwerker gibt, der einen solchen Turm errichten kann.

In bezug auf den Ort vom Namen einer Wirkung einer Stoffursache auf den Namen einer solchen Ursache laute die erste feste Regel folgendermaßen: Vom Namen einer Wirkung einer Stoffursache im Sinne eines bleibenden Materials auf den Namen einer solchen Ursache ist eine bejahende Folgerung hinsichtlich des Verbs »ist« gültig. So folgt sehr wohl »Es gibt ein Messerchen, also gibt es Eisen«, obgleich hinsichtlich eines anderen Prädikats nichts folgte, weil nicht folgt »Ein Messer-

A 20 Unde...est[2]] LS om. A 21 Cultellus] L cutellus S sequatur] sequitur L 22 Cultellus] L cutellus AS

est quid artificiale, ergo ferrum est quid artificiale«. Secunda regula est: A nomine effectus causae materialis transeuntis ad nomen talis causae affirmative est bona consequentia antecedente existente de praesenti et consequente existente de praeterito de hoc verbo *fuit* sine additione. Unde bene sequitur »Panis est, ergo farina fuit«, licet non sequatur »Panis est, ergo farina est«. Et notanter dico »de hoc verbo *fuit* sine additione«, quia si aliud praedicatum esset ei additum, saltem ab isto praedicato eius non valeret consequentia, quia non sequitur S35va »Panis est compositus ex aqua et farina, ergo farina fuit composita ex aqua et farina«.

Iuxta locum a nomine causae formalis ad nomen sui effectus est prima regula: Arguendo a nomine causae formalis ad nomen sui effectus affirmative respectu huius verbi *est* est bona consequentia. Verbi gratia, bene enim sequitur »Albedo est, ergo album est«. Secunda regula: A nomine causae formalis ad nomen sui effectus negative respectu huius verbi *est* est bona consequentia, quia bene sequitur »Albedo non est, ergo album non est«. Et notanter dico »respectu huius verbi *est*«, quia non sequitur »Albedo est color, ergo album est color«, sed bene A96va sequitur »Albedo est color, ergo album est coloratum«, sed hoc est virtute alterius loci, scilicet loci a coniugatis, de quo postea videbitur.

Iuxta locum a nomine effectus causae formalis ad nomen suae causae sunt etiam duae regulae, prima est: A nomine effectus causae formalis ad nomen suae causae respectu huius

22 postea] Cf. Cap. IV.26, apud locum pertinentem.

1 quid artificiale[1]] LS corruptibile A ergo…artificiale[2]] om. L quid artificiale[2]] S corruptibile A 2 est] om. LS effectus] LS om. A 3 antecedente…additione] LSX om. A 5 sine additione] X sibi addito L om. S Unde] S quia A Unde…additione] om. L 7 notanter] S om. A de…fuit] S om. A sine additione] sibi addito S 8 aliud] LS aliquod A ei] sibi L additum] adiunctum add. S 9 eius] L est AX ens S valeret] LS esset bona A 10 fuit] est LSX 13 est] S sit AL 14 affirmative] LS negative A est bona] S valet A bene valet L 15 Verbi…enim] S quia A unde bene L 16 A] causa add. S 17 huius verbi] LS om. A est[1]] negative add. L est bona] bene valet LS 18 bene] S

chen ist etwas Künstliches, also ist Eisen etwas Künstliches«. – Die zweite Regel lautet: Vom Namen einer Wirkung einer Stoffursache im Sinne eines vergehenden Materials auf den Namen einer solchen Ursache ist eine bejahende Folgerung gültig, wenn der Vordersatz im Präsens ist und der Nachsatz im Präteritum mit dem Verb »war« ohne Hinzufügung. So folgt sehr wohl »Es gibt Brot, also gab es Mehl«, wenn auch nicht folgt »Es gibt Brot, also gibt es Mehl«. – Und ich sage ausdrücklich »mit dem Verb ›war‹ ohne Hinzufügung«, weil wenn diesem (Verb) ein anderes Prädikat hinzugefügt wäre, so wäre eine Folgerung zumindest von diesem Prädikat von ihr aus nicht gültig, weil nicht folgt »Brot setzt sich aus Wasser und Mehl zusammen, also setzte sich Mehl aus Wasser und Mehl zusammen«.

In bezug auf den Ort vom Namen einer Formursache auf den Namen ihrer Wirkung lautet die erste Regel: Ein bejahendes Argument vom Namen einer Formursache auf den Namen ihrer Wirkung hinsichtlich des Verbs »ist« ist eine gültige Folgerung. Z. B. folgt nämlich sehr wohl »Es gibt eine Weiße, also gibt es ein weißes Ding«. – Zweite Regel: Vom Namen einer Formursache auf den Namen ihrer Wirkung ist eine verneinende Folgerung hinsichtlich des Verbs »ist« gültig, weil sehr wohl folgt »Es gibt keine Weiße, also gibt es kein weißes Ding«. – Und ich sage ausdrücklich »hinsichtlich des Verbs ›ist‹«, weil nicht folgt »Eine Weiße ist eine Farbe, also ist ein weißes Ding eine Farbe«, aber sehr wohl folgt »Eine Weiße ist eine Farbe, also ist ein weißes Ding farbig«; aber das ist aufgrund eines anderen Orts der Fall, nämlich des Orts von den Verbundenen, über den man später mehr erfahren wird.

In bezug auf den Ort vom Namen einer Wirkung einer Formursache auf den Namen ihrer Ursache gibt es auch zwei Regeln, die erste lautet: Vom Namen einer Wirkung einer Formursache auf den Namen ihrer Ursache ist eine bejahende

om. A non L 19 dico] LS om. A 20 est[2]] coloratum add. s. del. A 22 est] de L om. S postea] LS om. A 23 videbitur] LS dicetur A 25 suae] LS talis A sunt] LS sint A etiam] S om. AL est] LS om. A 26 ad…causae[2]] om. L

verbi *est* affirmative est bona consequentia, bene enim sequitur »Album est, ergo albedo est«. Secunda regula: A nomine effectus causae formalis ad nomen talis causae negative respectu huius verbi *est* est bona consequentia, quia bene sequitur »Album non est, ergo albedo non est«.

Sed diceres contra, nam non sequitur »Homo non est, ergo anima rationalis non est«, nam posito, quod nullus homo esset, adhuc anima rationalis esset propter hoc, quod anima rationalis ponitur esse perpetua. Respondetur, quod illud, quod dictum est, debet intelligi de effectu respectu ad eius causam formalem non separabilem cum eius permanentia ab effectu, sicut est albedo respectu albi et nigredo respectu nigri et forma substantialis equi respectu equi. Modo non sic est de anima rationali respectu hominis, quia ipsa cum eius permanentia est separabilis ab eius effectu, scilicet ab homine.

Iuxta locum a nomine causae finalis ad nomen sui effectus est sciendum, quod per effectum causae finalis non intelligo aliud nisi ordinatum in finem, sicut potatio alicuius medicinae ordinatur in sanitatem, et sanitas dicitur causa finalis, potatio autem medicinae dicitur eius effectus. Secundo sciendum, quod aliquando causam finalem et eius effectum non repugnat simul esse, sicut est de virtute et felicitate, felicitas enim est causa finalis virtutis, virtus vero dicitur eius effectus, et bene sunt simul. Aliquando autem repugnat causam finalem et eius

1 est bona] bene valet L bene enim] S unde A quia bene L 3 negative] LS om. A 4 est bona] bene valet LS quia bene] S unde A unde bene L 6 diceres] L om. AS ergo] etiam add. L 7 anima rationalis] LS animal rationale A nullus homo] S homo non A unus homo L 8 propter...quod] LS quia A anima rationalis[2]] LS om. A 9 esse] LS om. A quod[2]...est] LS om. A 10 respectu ad] et LS causam...separabilem] forma non separabili L causa formalis non separabilis S 11 eius] LS om. A 12 nigredo...et[2]] LS om. A 13 respectu equi] S om. AL Modo] LS om. A 14 ipsa] S ista AL 16 sui] LS om. A 17 per] LS om. A non] nihil S 18 in] om. S sicut] L sic A sed S alicuius...sanitatem] om. L 19 in] S ad A potatio autem] LS et potatio A 20 medicinae] in ordine L om. S 21 causam] tamen L 23 virtutis] om. LS virtus vero] S et virtus L virtus...simul] LS om. A dicitur] S om. L 24 autem] S om. A enim L bene add. L finalem] LS esse A eius] S suum AL

Folgerung hinsichtlich des Verbs »ist« gültig, es folgt nämlich sehr wohl »Es gibt ein weißes Ding, also gibt es eine Weiße«. – Zweite Regel: Vom Namen einer Wirkung einer Formursache auf den Namen einer solchen Ursache ist eine verneinende Folgerung hinsichtlich des Verbs »ist« gültig, weil sehr wohl folgt »Es gibt kein weißes Ding, also gibt es keine Weiße«.

Einwand dagegen: Es folgt nicht »Es gibt keinen Menschen, also gibt es keine Vernunftseele«, denn gesetzt, daß es keinen Menschen gäbe, so gäbe es noch immer eine Vernunftseele, und zwar deswegen, weil die Vernunftseele als immerwährend angenommen wird. – Antwort: Das Gesagte muß man bezüglich einer (solchen) Wirkung in Hinsicht auf ihre Formursache verstehen, von der gilt, daß die Formursache mitsamt ihrer Fortdauer nicht von ihr (nämlich der Wirkung) trennbar ist, wie es z. B. bei der Weiße in Hinsicht auf das weiße Ding der Fall ist und bei der Schwärze in Hinsicht auf das schwarze Ding und bei der Wesensform des Pferds in Hinsicht auf das Pferd. Aber nicht der Fall ist dies bei der Vernunftseele in Hinsicht auf den Menschen, weil sie mitsamt ihrer Fortdauer trennbar ist von ihrer Wirkung, nämlich vom Menschen.

In bezug auf den Ort vom Namen einer Zweckursache auf den Namen ihrer Wirkung ist festzuhalten, daß ich unter der Wirkung einer Zweckursache nichts anderes verstehe als das auf den Zweck Gerichtete, wie z. B. das Trinken irgendeiner Medizin auf die Gesundheit abzielt, und die Gesundheit wird »Zweckursache« genannt, das Trinken der Medizin aber wird ihre »Wirkung« genannt. – Zweitens ist festzuhalten, daß es manchmal nicht unvereinbar ist, daß die Zweckursache und ihre Wirkung zugleich sind (existieren, bestehen), wie es z. B. bei der Tugend und der Glückseligkeit der Fall ist, die Glückseligkeit ist nämlich die Zweckursache der Tugend, die Tugend hingegen wird ihre »Wirkung« genannt, und sie bestehen durchaus zugleich. Manchmal aber ist es unvereinbar, daß die

effectum simul esse, sicut est de potatione medicinae propter sanitatem acquirendam et de sanitate.

Tunc sit prima regula: A nomine causae finalis ad nomen sui effectus affirmative cum istis terminis *bonum*, *malum* tam antecedente quam consequente existente de praesenti, dum causa finalis et eius effectus simul sunt, est bona consequentia. Unde bene sequitur »Felicitas est bona, ergo virtus est bona«. Secunda regula: A nomine causae finalis ad nomen sui effectus, quibus regugnat simul esse, affirmative cum istis terminis *bonum* et *malum* et hoc antecedente existente de praesenti et consequente existente de praeterito est bona consequentia. Unde bene sequitur »Sanitas Sortis est bona, ergo medicina, quam potavit Sortes, fuit bona«, licet non sequatur »Ergo medicina, quam Sortes potavit, est bona«. Proportionaliter posset exemplificari, si argueretur cum isto termino *malum*.

Sed diceres contra, nam non sequitur »Dare pauperibus est bonum, ergo furari est vel fuit bonum«, et tamen hic arguitur a causa finali ad eius effectum, quia saepe aliquis aliquid furatur, ut possit illud dare pauperibus. Respondetur, quod iste locus bene tenet, scilicet a causa finali ad eius effectum, dum tamen effectus causae finalis debito modo fiat, sed sic non est
A96vb de furari etc.

Iuxta locum a nomine effectus causae finalis ad nomen suae causae sit ista regula: A nomine effectus causae finalis ad nomen suae causae cum istis terminis *bonum* et *malum* est bona consequentia affirmative antecedente existente de praesenti et

1 simul esse] LS om. A est de] LS om. A potatione] LS potatio A propter sanitatem] LS om. A 2 acquirendam] S om. AL de sanitate] S sanitas A de sanitatem L 3 Tunc sit] LS om. A 5 dum] LS tunc A 6 et] e converso add. A 7 bene] S om. AL 9 affirmative] om. L terminis] om. L 10 et[1]] om. LS 11 existente] om. L 12 bene] LS om. A 13 Sortes] est bona add. A licet…bona] LS om. A 14 Proportionaliter…cum] LS sic exemplificatur de A 15 posset] S potest L 16 diceres] om. S nam…sequitur] om. L sequitur] furari add. s. del. A 17 tamen] cum L hic] LS om. A 18 eius] LS om. A aliquid] S om. AL 19 possit] AL posset S illud] S om. AL 20 tenet] est L scilicet] S om. L scilicet…effectum] LS om. A dum tamen] LS cum A

Zweckursache und ihre Wirkung zugleich bestehen, wie es z. B. beim Trinken der Medizin um der (Wieder-) Erlangung der Gesundheit willen und bei der Gesundheit der Fall ist.

Sodann laute die erste Regel: Vom Namen einer Zweckursache auf den Namen ihrer Ursache ist eine bejahende Folgerung mit den Termen »gut«, »schlecht« gültig, wenn sowohl der Vordersatz als auch der Nachsatz im Präsens sind, wofern nur die Zweckursache und ihre Wirkung zugleich bestehen. So folgt sehr wohl »Die Glückseligkeit ist gut, also ist die Tugend gut«. – Zweite Regel: Vom Namen einer Zweckursache auf den Namen ihrer Wirkung, deren gleichzeitige Existenz unvereinbar ist, ist eine bejahende Folgerung mit den Termen »gut« und »schlecht« gültig, und zwar wenn der Vordersatz im Präsens ist und der Nachsatz im Präteritum ist. So folgt sehr wohl »Die Gesundheit des Sokrates ist gut, also war die Medizin, die Sokrates getrunken hat, gut«, wenn auch nicht folgt »Also ist die Medizin, die Sokrates getrunken hat, gut«. Auf entsprechende Weise könnte man Beispiele formulieren, wenn mit dem Term »schlecht« argumentiert würde.

Einwand dagegen: Es folgt nicht »Den Armen zu geben ist gut, also ist oder war es gut zu stehlen«, und dennoch wird hier von einer Zweckursache auf ihre Wirkung argumentiert, weil oft jemand etwas stiehlt, damit er es den Armen geben kann. – Antwort: Dieser Ort ist sehr wohl gültig, nämlich von einer Zweckursache auf ihre Wirkung, jedoch nur dann, wenn die Wirkung der Zweckursache auf gebührende Weise entsteht; aber das ist beim Stehlen nicht der Fall usw.

In bezug auf den Ort vom Namen einer Wirkung einer Zweckursache auf den Namen ihrer Ursache laute eine Regel folgendermaßen: Vom Namen einer Wirkung einer Zweckursache auf den Namen ihrer Ursache ist eine bejahende Folgerung mit den Termen »gut« und »schlecht« gültig, wenn der Vordersatz im Präsens ist und der Nachsatz im Futur ist. So

21 causae finalis] L om. AS finalis] ad nomen add. L sed] Z om. ALSX
22 etc] AX om. LS 24 ista] LS om. A 25 et] om. LS 26 et] LS om. A

consequente existente de futuro. Unde bene sequitur »Virtus est bona, ergo felicitas erit bona«, similiter bene sequitur »Me- L43vb dicina, quam Sortes potat, est bona, ergo sanitas Sortis erit bona«. Et ista regula debet intelligi: Supposito, quod ordinata in finem attingant suum finem, ad quem ordinantur.

Cap. IV.24 ⟨Capitulum vicesimum quartum de quibusdam aliis locis intrinsecis⟩

Sequitur de quibusdam aliis locis intrinsecis, de quibus non ita manifeste apparet, quod sint loci intrinseci, sicut de praedictis locis, scilicet de loco a generatione ad generatum et e converso, et de loco a corruptione ad corruptum et e converso, et de loco ab usibus, et de loco a communiter accidentibus.

Iuxta primum sit prima regula: Cuius generatio est vel fuit S35vb vel erit bona, ipsum est vel fuit vel erit bonum, et e converso. Et propter hoc sequitur »Generatio Sortis est bona, ergo Sortes erit bonus«, similiter sequitur »Sortes erit bonus, ergo generatio Sortis est vel fuit vel erit bona«. Secunda regula: Cuius generatio est vel fuit vel erit mala, ipsum est vel fuit vel erit malum, et e converso. Et propter hoc bene sequitur »Generatio Antichristi est mala, ergo Antichristus erit malus«, similiter »Antichristus erit malus, ergo generatio Antichristi est vel fuit vel erit mala«.

Iuxta locum a corruptione ad corruptum vel e converso sit prima regula: Cuius corruptio est bona, ipsum fuit malum,

1 existente] S om. AL 2 erit] LS est A Medicina] medicinam L 3 potat] LS potavit A 4 ista regula] S illud AL 5 in] ad S attingant] X attingunt A contigat L contingant S ad] S in L ad…ordinantur] LS etc. A ordinantur] S ordinatur L 8 aliis] om. S 9 quod] qui S sicut] S om. A scilicet L de…locis] LS om. A 10 generatione] nomine L 11 et[1]] LS om. A corruptione] LS *lectio incerta* A et[2]…converso] S om. AL et[3]] LS om. A 12 et] LS om. A a] om. L 13 prima] ista S 14 ipsum] LS talis A 15 Et] S om. L Et…sequitur] LS om. A sequitur] Sortes erit bonus ergo add. L Sortis] LS *lectio incerta* A est] erat L bona] generatio Sortis erit bona add. L 16 erit[1]] LSX est A sequitur]

folgt sehr wohl »Die Tugend ist gut, also wird die Glückseligkeit gut sein«, ebenso folgt sehr wohl »Die Medizin, die Sokrates trinkt, ist gut, also wird die Gesundheit des Sokrates gut sein«. Und diese Regel muß man unter der Voraussetzung verstehen, daß die auf einen Zweck gerichteten Dinge ihren Zweck, auf den sie abzielen, (auch) erreichen.

Kapitel IV.24: *Einige andere innere Örter*

Es folgt (das Kapitel) über einige andere innere Örter, bei denen es nicht so klar wie bei den vorerwähnten Örtern auf der Hand liegt, daß sie innere Örter sind, nämlich über den Ort vom Entstehen auf das Entstandene und umgekehrt, über den Ort vom Vergehen auf das Vergangene und umgekehrt, über den Ort von den Benutzungen sowie über den Ort von den gemeinschaftlich vorkommenden Akzidentien.

In bezug auf den ersten (dieser Örter) laute die erste Regel: Wessen Entstehen gut ist oder war oder sein wird, das ist oder war gut oder wird gut sein, und umgekehrt. Und deswegen folgt »Das Entstehen des Sokrates ist gut, also wird Sokrates gut sein«, ebenso folgt »Sokrates wird gut sein, also ist oder war das Entstehen des Sokrates gut oder wird es gut sein«. – Zweite Regel: Wessen Entstehen schlecht ist oder war oder sein wird, das ist oder war schlecht oder wird schlecht sein, und umgekehrt. Und deswegen folgt sehr wohl »Das Entstehen des Antichristen ist schlecht, also wird der Antichrist schlecht sein«, ebenso »Der Antichrist wird schlecht sein, also ist oder war das Entstehen des Antichristen schlecht oder wird es schlecht sein«.

In bezug auf den Ort vom Vergehen auf das Vergangene oder umgekehrt laute die erste Regel: Wessen Vergehen gut ist,

LS om. A erit[2]] LS est AX 17 fuit vel] om. L 18 mala] malum S 19 Et] S om. AL bene] S om. AL 20 est] erit L erit] LS est A malus] et e converso add. A 21 Antichristus...mala] LS om. A erit] L est S 22 vel erit] S om. L 24 prima] L ista AS

similiter, quod est malum, eius corruptio erit bona. Propter hoc sequitur »Corruptio latronis est bona, ergo latro fuit malus«, similiter sequitur »Latro est malus, ergo corruptio latronis erit bona«.

Iuxta illam regulam dubitatur, quia non sequitur »Mors Christi seu corruptio Christi fuit bona, ergo Christus fuit malus«. Respondetur: Ad hoc, quod ista regula sit vera, oportet subiungi »Cuius corruptio est bona et non iniuste illata, ipsum fuit malum«. Modo licet mors Christi fuit bona, cum fuit sibi iniuste illata, propter hoc non sequitur Christum fuisse malum.

Secunda regula: Cuius corruptio est mala, ipsum fuit bonum, et e converso, si aliquid est bonum, eius corruptio erit mala. Unde bene sequitur »Corruptio Sortis est mala, ergo Sortes fuit bonus«, similiter sequitur »Sortes est bonus, ergo corruptio Sortis erit mala«.

Iuxta locum ab usibus est sciendum, quod usus non est operatio rei, qua quis utitur, sed est operatio utentis. Unde equita-
A97ra tio non est operatio equi, sed equitantis, ita quod in ordine ad equitantem dicitur operatio, in ordine autem ad equum dicitur usus. Secundo sciendum, quod dicitur locus ab usibus et non dicitur locus ab usu, quia sicut ex una operatione bona vel mala alicuius hominis non possumus dicere vel arguere istum hominem esse bonum vel malum, sed bene ex pluribus, sic ex uno usu bono vel malo alicuius rei non possumus arguere istam rem, qua quis utitur, esse bonam vel malam.

1 est] est add. A erit] X est ALS Propter hoc] LS sic A hoc] S quod L 2 est] S fuit AL malus] bonus L 3 Latro…bona] LSX e converso A erit] X est LS 6 seu…Christi[2]] L om. AX sine corruptione Christi S 7 Respondetur] quod add. L quod ista] om. LS regula] quod add. S oportet] LS debet AX 8 subiungi] S intelligi ALX 9 Modo] LS om. A licet] ly! S fuit[2]…cum] LS om. A cum] S tamen L fuit sibi] S ei fuerat A fuit ei L 10 illata] et add. L propter hoc] LS om. A 11 est] fuit L bonum] LS malum A 12 et…mala] LSX om. A si] LX sicut S aliquid] aliquod L erit] Z est LSX 13 est] fuit L 14 bonus[1]] LS malus A similiter…mala] LS om. A 15 Sortis] L eius S erit] S fuit L 16 est[1]] om. S operatio] ex L 17 rei] S om. A eo L utentis] vincentis L equitatio] operatio L equitare S 18 operatio] om. L sed] est add. L 19 in…autem] LS et in ordine A autem] S vel! L ad equum] equi S 21 dicitur locus] S om. AL

das war schlecht, ebenso: Was schlecht ist, dessen Vergehen wird gut sein. Deswegen folgt »Das Vergehen des Räubers ist gut, also war der Räuber schlecht«, ebenso folgt »Der Räuber ist schlecht, also wird das Vergehen des Räubers gut sein«.

In bezug auf diese Regel wird ein Einwand erhoben, weil nicht folgt »Der Tod Christi bzw. das Vergehen Christi war gut, also war Christus schlecht«. – Antwort: Damit diese Regel (uneingeschränkt) wahr ist, muß man mitverstehen »Wessen Vergehen gut und nicht auf ungerechte Weise herbeigeführt ist, das war schlecht«. Obgleich nun aber der Tod Christi gut war, so folgt deshalb nicht, daß Christus schlecht gewesen ist, weil ihm (der Tod) auf ungerechte Weise zugefügt wurde.

Zweite Regel: Wessen Vergehen schlecht ist, das war gut, und umgekehrt: Wenn etwas gut ist, dann wird sein Vergehen schlecht sein. So folgt sehr wohl »Das Vergehen des Sokrates ist schlecht, also war Sokrates gut«, ebenso folgt »Sokrates ist gut, also wird das Vergehen des Sokrates schlecht sein«.

In bezug auf den Ort von den Benutzungen ist festzuhalten, daß die Benutzung keine Tätigkeit des Dinges ist, das jemand benutzt, sondern eine Tätigkeit des Benutzers ist. So ist das Reiten keine Tätigkeit des Pferdes, sondern des Reiters, so daß es in Hinsicht auf den Reiter »Tätigkeit« heißt, in Hinsicht auf das Pferd aber »Benutzung« heißt. – Zweitens ist festzuhalten, daß es »Ort von den Benutzungen« heißt und nicht »Ort von der Benutzung« heißt, und zwar deshalb: Wie wir aufgrund einer guten oder schlechten Handlung eines Menschen nicht sagen oder begründen können, daß dieser Mensch gut oder schlecht ist, aber sehr wohl aufgrund mehrerer (Handlungen von ihm), so können wir auch aus einer guten oder schlechten Benutzung irgendeines Dinges nicht begründen, daß dieses Ding, das (da) jemand benutzt, gut oder schlecht ist.

sicut] LS illud A ex] ab S 22 dicere vel] S om. A dicere...possumus] om. L 23 sic] sicut S 24 uno] S om. A rei] S om. A 25 vel] esse add. L

Et sic iuxta locum dictum datur talis regula: Cuius usus est bonus, ipsum est bonum, et similiter, cuius usus est malus, ipsum est malum. Propter hoc bene sequitur »Equitare est bonum, ergo equus est bonus«, et similiter »Equitare est malum, ergo equus est malus«. Et nota, quod hoc debet intelligi de proprio usu rei, in quem res est ordinata. Et propter hoc non sequitur supposito, quod aliquis percutiat aliquem cum psalterio, »Percussio ista est mala, ergo psalterium est malum«, quia percussio non est proprius usus psalterii. Et ulterius nota, quod semper denominationes praedictorum locorum sunt *locus a nomine generationis ad nomen generati*, *locus a nomine generati ad nomen generationis*, et sic de aliis. Unde hoc intelligo, cum dico »locus a generatione« vel »locus a generato« etc., et hoc in principio protestabar.

Iuxta locum a communiter accidentibus est sciendum, quod communiter accidentia sunt duplicia. Quaedam sunt, quae sibi communicantur in eodem subiecto aliquando et non semper, ut aliquando comptus est adulter et aliquando non. Et secundum ista fit locus sophisticus et non dialecticus. Sed alia sunt communiter accidentia, quorum unum sequitur ad reliquum, licet non e converso, ita quod hoc accidat ut in pluribus vel ut semper, sicut ad paenitere sequitur peccasse.

Et iuxta talia communiter accidentia sit talis regula: A posteriori ad prius est bona consequentia, sequitur enim »Sortes

14 in principio] Cf. Cap. IV.18, apud secundam descriptionem in fine.

1 sic] sit S locum] om. L datur] est L om. S usus] om. L 2 bonus] bonum L et] om. S 4 et] om. LS 5 nota] S sciendum AL 6 Et] S om. AL 7 supposito] om. L 8 ista] LS om. A 9 percussio] S percutere AL proprius] S proprie AL Et] om. S nota] om. L 10 semper] LX propter AS denominationes] SX denominationem AL praedictorum] istorum S 11 nomen] generis add. L generati[1]] et add. L locus…generationis] LS et e converso A 13 vel…generato] LS om. A locus[2]] S om. L etc] S om. AL 14 hoc] LS sic A in] LSX a A principio] hoc add. A protestabar] SX protestabatur A protestebar L 16 sunt[2]] om. LS sibi] LS om. AX 17 et] aliquando non et add. L non semper] LS aliquando non A ut] unde LS 18 comptus] A temptus? *ante corr.* L comptus? *post. corr.* L tempus S petrus X adulter] ab ulter! S 19 fit] sit

Und demgemäß gibt es in bezug auf den genannten Ort folgende Regel: Wessen Benutzung gut ist, das ist gut, und ebenso: Wessen Benutzung schlecht ist, das ist schlecht. Aufgrund dessen folgt sehr wohl »Reiten ist gut, also ist ein Pferd gut«, und ebenso »Reiten ist schlecht, also ist ein Pferd schlecht«. – Und beachte: Das muß man hinsichtlich der eigentlichen Benutzung eines Dinges verstehen, für welche das Ding bestimmt ist. Und deswegen folgt nicht – angenommen, daß jemand jemanden mit einem Psalter verhaute – »Diese Verhauung ist schlecht, also ist der Psalter schlecht«, weil eine Verhauung nicht die eigentliche Benutzung eines Psalters ist. – Und weiters beachte, daß die Benennungen der vorgenannten Örter immer lauten »Ort vom Namen eines Entstehens auf den Namen des Entstandenen«, »Ort vom Namen eines Entstandenen auf den Namen des Entstehens« usw. für die anderen (Örter). So meine ich das, wenn ich sage »Ort vom Entstehen« oder »Ort vom Entstandenen« usw.; und das habe ich (schon) am Anfang erklärt.

In bezug auf den Ort von den gemeinschaftlich vorkommenden Akzidentien ist festzuhalten, daß es gemeinschaftlich vorkommende Akzidentien auf zweierlei Weise gibt: Es gibt solche, die sich manchmal, aber nicht immer im selben Subjekt vereinigen, wie z. B. ein Geschniegelter manchmal ein Ehebrecher ist und manchmal nicht[146]. Und gemäß diesen (nur gelegentlich gemeinschaftlich vorkommenden Akzidentien) entsteht ein sophistischer Ort[147], aber kein dialektischer. Aber es gibt auch andere gemeinschaftlich vorkommende Akzidentien, von denen das eine aus dem anderen folgt, wenn auch nicht umgekehrt, so daß dies in der Mehrzahl der Fälle oder immer zutrifft, wie z. B. aus bereuen gesündigt haben folgt.

Und in bezug auf solche gemeinschaftlich vorkommenden Akzidentien (der zweiten Art) gibt es folgende Regel: Vom

LSX sophisticus] LSX syllogisticus A Sed] om. S alia] LS aliter A sunt] S dicuntur AL 20 unum] non add. s. del. L reliquum] LS aliud A 21 hoc] S om. AL accidat] accidit LS ut¹] LS om. A vel] LS et A ut²] S non A om. L 22 ad] a S peccasse] ALX peccare S 24 sequitur enim] verbi gratia LS

paenitet, ergo deliquit«, et hoc affirmative, sed negative arguendum est a priori ad posterius, verbi gratia bene sequitur »Sortes non deliquit, ergo Sortes non paenitet«.

Sed contra diceres: Dominus dixit »Paenitet me fecisse hominem«, et tamen hoc non deliquit. Secundo, nam Sortes potest paenitere de peccato alterius. Tertio, nam aliqui paenitent, quod non peccaverunt, unde aliquis aliquando paenitet, quod non commisit adulterium cum tali muliere in tali tempore, A97rb quando fuit cum ea. Respondetur, quod in dictis casibus non est paenitentia, sed bene assimilantur paenitentiae.

Sciendum circa dictos locos quattuor, quod licet in eis inclusio terminorum non sit ita manifesta sicut in aliis locis intrinsecis, sicut a concomitantibus substantiam, tamen possunt reduci ad locum a nomine causae finalis ad nomen sui effectus et ad locum a nomine effectus causae finalis ad nomen causae finalis. Et hoc facto apparebit in eis aliqua inclusio terminorum et cum hoc apparebit, qualiter sunt loci intrinseci. Unde sciendum, quod generatum potest dici causa finalis generationis et generatio potest dici effectus, in quem generatum ordinatur, quia generatio fit propter generatum. Proportionaliter dicatur de loco a corruptione. Similiter usus potest dici causa finalis rei, qua quis utitur, ut equus est propter equitare. Similiter

1 arguendum est] L om. AX arguendo est S 2 priori] S priore ALX verbi…sequitur] S om. A verbi gratia L 3 deliquit] delinquit L Sortes[2]] S om. AL 4 Sed…diceres] L contra A Sed diceres S 5 hoc] S om. AL deliquit] LS delinquit A nam] LS om. A 6 peccato alterius] S peccatis aliorum A peccatis alterius L nam] S om. AL 7 quod[1]] L qui AS 8 muliere] om. L in…tempore] LS om. A 9 quando…ea] cum fuit apud eam L cum erat apud eam S quod] om. S dictis] istis LS 10 bene] S om. AL assimilantur] LS assimilatur AX 11 dictos] dictiones L locos] S modos AL 12 aliis] Z om. ALSX 13 concomitantibus] communicantibus S reduci] om. L 14 ad[2]…finalis[2]] om. L ad locum[2]] om. S 15 ad…finalis[2]] S etc. A 16 facto] LSX parte/parce A in…apparebit] SX om. AL 17 hoc] X om. S sunt] sint L loci] om. L intrinseci] intrinsecis L sciendum quod] LS om. A 18 finalis] om. L generationis] LS om. A 19 generatio] eius add. A potest dici] LS om. A effectus] eius add. L in…ordinatur] LS om. A generatum] S generatio L 20 quia generatio] et sic

Späteren auf das Frühere liegt eine gültige Folgerung vor, es folgt nämlich »Sokrates bereut, also hat Sokrates gefehlt«, und zwar bejahend, aber verneinend muß man vom Früheren auf das Spätere argumentieren, z. B. folgt sehr wohl »Sokrates hat nicht gefehlt, also bereut Sokrates nicht«.

Aber dagegen werden Einwände vorgebracht: Der Herr sagte »Es reut mich, den Menschen gemacht zu haben« (Gen 6,7), aber dennoch hat er das (nämlich die Erschaffung des Menschen) nicht verschuldet. – Zweitens: Sokrates kann bezüglich der Sünde eines anderen bereuen. – Drittens: Manche bereuen, daß sie nicht gesündigt haben, so bereut manchmal jemand, daß er keinen Ehebruch mit einer bestimmten Frau zu einer bestimmten Zeit begangen hat, als er mit ihr zusammen war. – Antwort: In den genannten Fällen liegt keine (echte) Reue vor, aber (diese Fälle) sind der Reue sehr wohl angeglichen.

Bezüglich der vier genannten Örter ist festzuhalten: Obgleich bei ihnen der Einschluß der Terme nicht so offenkundig ist wie bei den anderen inneren Örtern, wie z. B. (beim Ort) von den Begleiterscheinungen der Substanz, so können sie dennoch auf den Ort vom Namen einer Zweckursache auf den Namen ihrer Wirkung und auf den Ort vom Namen einer Wirkung einer Zweckursache auf den Namen der Zweckursache zurückgeführt werden. Und nach der Durchführung (dieser Zurückführung) wird sich bei ihnen ein Einschluß der Terme zeigen und darüber hinaus wird sich zeigen, auf welche Weise (bzw. weshalb) sie innere Örter sind. So muß man wissen, daß das Entstandene die Zweckursache des Entstehens genannt werden kann und das Entstehen die Wirkung genannt werden kann, auf die das Entstandene abzielt, weil das Entstehen wegen des Entstandenen geschieht. Auf entsprechende Weise möge man dies bezüglich des Orts vom Vergehen ausführen. – Ebenso kann die Benutzung die Zweckursache des Dinges, das jemand benutzt, genannt werden, wie es z. B. das

L et S fit] om. L Proportionaliter dicatur] LS sic dicitur A 22 ut] unde LS est] LS om. A

S36ra unum accidentium communiter potest dici quodammodo causa finalis alterius, ut paenitere est propter peccasse. Hoc considerato patet, quomodo in istis locis est aliqualis inclusio terminorum, propter quam inclusionem dicuntur loci intrinseci.

Cap. IV.25 ⟨Capitulum vicesimum quintum de locis extrinsecis⟩

Sequitur de locis extrinsecis. Unde quidam dicitur locus extrinsecus a contrariis, quidam a disparatis, quidam a maiori, quidam a minori, quidam a simili, quidam a proportione et quidam ab auctoritate.

Iuxta primum sunt tres regulae constantes, prima est: Ab L44ra affirmatione unius contrariorum de aliquo subiecto ad negationem alterius de eodem subiecto est bona consequentia. Unde bene sequitur »Sortes est albus, ergo Sortes non est niger«.

Sed diceres contra, quia non sequitur »Sortes fuit albus, ergo Sortes non fuit niger«. Respondetur, quod regula debet intelligi tam antecedente quam consequente existente de praesenti, et sic patet ad obiectionem. Adhuc diceret aliquis: Videtur, quod non sequatur »Sortes est albus, ergo Sortes non est niger«, quia possibile est aliquid simul esse album et nigrum. Nam ponatur, quod A sit lignum, cuius una medietas sit alba et alia nigra, et una eius medietas sit B et alia C. Ponatur deinde, quod omne illud sit album, cuius maior pars sit alba secundum se et quod-

1 communiter] S om. AL 2 alterius] ALX alicuius S 3 patet] apparet S istis] dictis LS 4 inclusionem] LS om. A 7 dicitur] vocatur L vocantur *ante corr.* S vocatur *post corr.* S locus] om. L 8 quidam[1]...disparatis] LS om. AX disparatis] S desperatis! L maiori] LS maiore AX 9 minori] LS minore A om. X simili] et add. S et] om. L 13 subiecto] S om. AL 14 bene] LS om. A Sortes[2]] S om. AL 15 contra] LS om. A quia] S om. A nam L 16 Sortes] om. L debet intelligi] LS intelligitur A 17 tam] de add. LS existente] LS om. A et sic] ex hoc L et ex hoc S 18 obiectionem] S instantiam AL diceret aliquis] LS diceres A Videtur quod] S om. A nam L 19 sequatur] S sequitur AL Sortes[2]] om. L 20 ponatur] S posito A ponitur L 21 lignum] S scutum A

Pferd wegen des Reitens gibt. – Ebenso kann das eine von gemeinschaftlich vorkommenden Akzidentien gewissermaßen die Zweckursache des anderen genannt werden, wie es z. B. das Bereuen wegen des Gesündigthabens gibt. – Nach dieser Betrachtung ist es klar, auf welche Weise es bei diesen Örtern einen gewissen Einschluß der Terme gibt, und wegen dieses Einschlusses werden sie »innere Örter« genannt.

Kapitel IV.25: *Die äußeren Örter*

Es folgt (das Kapitel) über die äußeren Örter. So heißt eine Art von diesen »äußerer Ort von den Konträren«, eine Art »von den Verschiedenen«, eine Art »vom Größeren«, eine Art »vom Kleineren«, eine Art »vom Ähnlichen«, eine Art »vom Verhältnis« und eine Art »von der Autorität«.

In bezug auf den ersten (dieser Örter) gibt es drei feste Regeln, die erste lautet: Von der Bejahung des einen von zwei konträren (Ausdrücken) von irgendeinem Subjekt auf die Verneinung des anderen von ebendiesem Subjekt liegt eine gültige Folgerung vor. So folgt sehr wohl »Sokrates ist weiß, also ist Sokrates nicht schwarz«.

Einwand dagegen: Es folgt nicht »Sokrates war weiß, also war Sokrates nicht schwarz«. – Antwort: Die Regel muß man so verstehen, daß sowohl der Vordersatz als auch der Nachsatz im Präsens sind, und damit erhellt (die Antwort) auf den Einwand. – Weiterer Einwand: Es scheint, daß nicht folgt »Sokrates ist weiß, also ist Sokrates nicht schwarz«, weil es möglich ist, daß etwas zugleich weiß und schwarz ist. Denn man nehme an, daß A ein Holzstück sei, dessen eine Hälfte weiß ist und die andere schwarz, und die eine seiner Hälften sei B und die andere C. Sodann nehme man an, daß all das weiß sei, dessen größerer Teil an sich und an jedem seiner (Unterteile) weiß ist.

aliquod lignum LX una] om. LS 22 eius medietas] LS om. A alia] LS altera A Ponatur] ponitur L 23 illud] hoc LS maior] LS aliqua A quodlibet] LX quolibet AS

libet sui. Tunc arguitur sic »A est nigrum et similiter A est album, ergo A est album et nigrum«. Consequentia tenet, antecedens probatur, quia maior pars est alba, ergo A est album. Consequentia tenet, antecedens probatur, nam capiatur medietas B alba cum medietate ipsius C, tunc hoc totum aggregatum est maior pars ipsius A et est album, quia maior eius pars est alba, scilicet B, ergo A est album. Similiter probatur, quod A sit nigrum, nam capiatur C medietas nigra cum medietate ipsius B, tunc hoc aggregatum ex C et medietate ipsius B est maior pars ipsius A et est nigrum, quia maior eius pars, scilicet C, est nigra, ergo A est nigrum.

Respondetur, quod in dicto casu A nec est album nec est A97va nigrum, sed tamen bene est album et nigrum, prout ista propositio est de copulato praedicato. Et quando arguitur »Maior pars ipsius A est alba«, bene concedo, sed non est alba secundum se et quodlibet sui. Propter hoc non concluditur, quod A sit album, quia ad hoc, quod aliquid dicatur album esse propter hoc, quod maior pars sit alba, requiritur maiorem eius partem esse albam secundum se et quodlibet sui. Modo licet aggregatum ex B cum medietate ipsius C sit maior pars ipsius A, tamen illud totum aggregatum non est album secundum se et quodlibet sui propter hoc, quod B est album et medietas ipsius C est nigra.

Sed diceres: Probo, quod A, cuius una medietas est alba et alia nigra, sit album vel nigrum, quia est coloratum, cum sit

1 Tunc] ALX causa! S et] LS om. A similiter] AL om. S A est^{2}] AS om. L 2 A] om. L illud quod S 3 antecedens] AL maior S quia...probatur] S om. AL 4 nam] S om. A quia L 5 medietate] medietato! L ipsius] om. S hoc] om. L totum] S om. AL 6 pars] om. S ipsius A] S om. AL et] LS om. s. add. s.l. A album] alba L scilicet a add. L eius] LS om. A 7 scilicet] puta LS 9 ex...B^{2}] LS om. A ipsius^{2}] S om. L 10 ipsius] LS illius A quia...pars^{2}] LS om. A 11 scilicet C] om. L est nigra] LS om. A et add. L 12 in] om. L est^{2}] S om. AL 13 tamen] S om. AL bene] LS om. A ista] LS om. A 14 praedicato] LS extremo A Et] S sed AL arguitur] arguebatur L 15 ipsius] L istius AS A] LS om. A concedo] S conceditur A concedatur L sed non] LS non autem A 16 quodlibet] quolibet S Propter hoc] LS et sic A concluditur] LS sequitur A 17 sit] LS est A ad hoc] LS adhuc A esse] LS om. A 18 pars] LS om. A

Dann läuft das Argument so: »A ist schwarz und A ist ebenfalls weiß, also ist A weiß und schwarz«. Die Folgerung ist gültig, der Vordersatz wird bewiesen: Der größere Teil (von A) ist weiß, also ist A weiß. Die Folgerung ist gültig, der Vordersatz wird bewiesen: Man nehme die weiße Hälfte B zusammen mit der Hälfte von C, dann ist diese ganze Zusammensetzung (von Teilen) der größere Teil von A, und dieser ist weiß, weil sein größerer Teil weiß ist, nämlich B; also ist A weiß. Ebenso wird bewiesen, daß A schwarz ist: Man nehme die schwarze Hälfte C zusammen mit der Hälfte von B, dann ist diese Zusammensetzung aus C und der Hälfte von B der größere Teil von A, und dieser ist schwarz, weil sein größerer Teil, nämlich C, schwarz ist; also ist A schwarz.

Antwort: In dem angeführten Fall ist A weder weiß noch ist es schwarz, aber dennoch ist es sehr wohl weiß und schwarz, insofern dieser Satz ein kopulates Prädikat hat. Und wenn argumentiert wird »Der größere Teil von A ist weiß«, so gebe ich das durchaus zu, aber er ist nicht an sich und an jedem seiner (Unterteile) weiß. Deswegen folgt nicht, daß A weiß ist, weil es dafür, daß etwas aus dem Grund »weiß« genannt wird, daß der größere Teil (von ihm) weiß ist, erforderlich ist, daß sein größerer Teil an sich und an jedem seiner (Unterteile) weiß ist. Obgleich nun aber die Zusammensetzung aus B mit der Hälfte von C der größere Teil von A ist, so ist diese ganze Zusammensetzung doch nicht an sich und an jedem ihrer (Unterteile) weiß, und zwar deswegen, weil B weiß ist und die Hälfte von C schwarz ist.

Einwand: Ich beweise, daß A, dessen eine Hälfte weiß ist und die andere schwarz, weiß oder schwarz ist, weil es ein Farbiges ist, insofern es ein Körper ist. Jeder Körper ist näm-

eius] S om. AL 20 ex] a add. s. del. S cum] S et AL ipsius[1]] Z om. ALSX ipsius[2]] L istius AS 21 totum] S om. AL 22 propter…quod] LS quia A album] alba L 23 ipsius] Z om. ALSX C] AX eius L om. S est] sit L 24 diceres] LS om. A cuius una] S una eius A eius L 25 vel] LS et A

corpus. Omne enim corpus est coloratum, sed A non est coloratum aliquo colore medio, ut patet de se, ergo aliquo colore extremo, scilicet, qui est albedo vel nigredo. Respondetur, quod A non est coloratum, licet bene sit colorata. Et quando dicitur »Omne corpus est coloratum«, nego istam, modo ista est bene vera »Omne corpus est coloratum vel colorata«.

Secunda regula: A negatione unius contrariorum de aliquo subiecto ad affirmationem alterius de eodem est bona consequentia. Unde bene sequitur »Sortes non est sanus, ergo Sortes est aeger«.

Sed diceres contra: Posito, quod Sortes non sit, tunc Sortes non est sanus, non tamen propter hoc sequitur, quod Sortes est aeger. Secundo, quia non sequitur »Sortes non est albus, ergo Sortes est niger«, quia potest esse medio colore coloratus. Tertio, quia non sequitur »Lapis non est iustus, ergo lapis est iniustus«. Quarto, quia non sequitur »Puer non est virtuosus, ergo puer est vitiosus«. Respondetur, quod regula debet intelligi cum constantia subiecti et de contrariis immediatis et de subiecto apto nato recipere talia contraria et pro tempore aptitudinis. Et sic patent solutiones volenti considerare.

Tertia regula: Si sint plures contrarietates, si unum extremum unius contrarietatis est verificabile de extremo alterius contrarietatis, tunc etiam reliquum de reliquo est verificabile. Unde bene sequitur »Iniustitia est vitium, ergo iustitia est virtus«.

1 Omne…coloratum[1]] LS om. A enim] L autem S A] Z om. ALSX 2 aliquo[1]] L om. AS ut…se] LS om. A aliquo[2]] LS om. A 3 scilicet] S om. AL vel] LS et A 4 A non] LS aliquando A licet] LS et sic A sit] LS om. A colorata] LS coloratum A dicitur] dicit S 5 coloratum] medio add. L nego istam] LS om. A modo…vera] licet bene L licet S 6 est] sit LS 9 bene] LS om. A Sortes[2]] LS om. A 11 contra] LS om. A Sortes[1]] om. L sit] aeger add. L Sortes[2]] LS om. A 12 non[2]…Sortes] S et tamen non A non tamen propter hoc L 16 iniustus] in- om. L 17 puer] om. L 18 cum…et[1]] S om. ALX et[2]] S om. AL 19 contraria] om. S 20 sic] per hoc S patent] patet S solutiones…considerare] ad obiectiones S 21 contrarietates] LS contrarietas A et add. AL unum] LS om. A 22 unius] om. L 23 contrarietatis] om. L etiam] et S est verificabile] LS om. A 24 Unde bene] LS sic A

lich ein Farbiges, aber A ist kein Farbiges aufgrund einer mittleren Farbe, wie von selbst erhellt, also aufgrund einer äußersten Farbe, nämlich aufgrund der Weiße oder der Schwärze. – Antwort: A ist kein Farbiges, wenn es auch sehr wohl Farbige ist. Und wenn es heißt »Jeder Körper ist ein Farbiges«, so verneine ich diesen Satz, aber der folgende ist sehr wohl wahr: »Jeder Körper ist ein Farbiges oder Farbige«[148].

Zweite Regel: Von der Verneinung des einen von zwei konträren (Ausdrücken) von irgendeinem Subjekt auf die Bejahung des anderen von ebendiesem (Subjekt) liegt eine gültige Folgerung vor. So folgt sehr wohl »Sokrates ist nicht gesund, also ist Sokrates krank«.

Einwand dagegen: Angenommen, daß Sokrates nicht sei, dann ist Sokrates nicht gesund, jedoch folgt deswegen nicht, daß Sokrates krank ist. – Zweitens, weil nicht folgt »Sokrates ist nicht weiß, also ist Sokrates schwarz«, weil er aufgrund einer mittleren Farbe farbig sein kann. – Drittens, weil nicht folgt »Ein Stein ist nicht gerecht, also ist ein Stein ungerecht«. – Viertens, weil nicht folgt »Ein Knabe ist nicht tugendhaft, also ist ein Knabe lasterhaft«. – Antwort: Die Regel muß man unter der Bedingung der Beständigkeit (Nicht-Leerheit) des Subjekts verstehen und in bezug auf unmittelbar konträre (Terme) sowie in bezug auf ein Subjekt, das geeignet ist, solche konträren (Prädikate) anzunehmen, und für die Zeit der Eignung. Und damit sind die Auflösungen (der Einwände) für jeden klar, der sie erwägen möchte.

Dritte Regel: Wenn mehrere konträre Gegensätze vorliegen, so gilt: Wenn ein Extrem des einen konträren Gegensatzes von einem Extrem des anderen konträren Gegensatzes verifizierbar ist, dann ist auch das andere vom anderen verifizierbar. So folgt sehr wohl »Die Ungerechtigkeit ist ein Laster, also ist die Gerechtigkeit eine Tugend«.

Sed diceres contra, quia non sequitur »Prodigalitas est vitium, ergo illiberalitas est virtus«, et tamen illiberalitas et prodigalitas sunt contraria sicut virtus et vitium. Respondetur, quod regula debet intelligi de contrariis, in quibus non est medium, sed sic non est de prodigalitate et illiberalitate, quia inter prodigalitatem et illiberalitatem medium est, puta liberalitas, ut patet in quarto *Ethicorum*.

Iuxta locum a disparatis sunt duae regulae constantes, quarum prima est: Ab affirmatione unius speciei specialissimae ad A97vb negationem alterius de eodem est bona consequentia. Bene S36rb enim sequitur »Sortes est homo, ergo Sortes non est asinus«, »Iste color est albedo, ergo non est nigredo«.

Sed diceres, tamen non sequitur »Sortes est pater, ergo Sortes non est filius«. Secundo, quia non sequitur »Lac est album, ergo non est dulce«. Respondetur, quod debet intelligi regula quantum ad terminos mere absolutos et non connotativos, quales non sunt termini positi in obiectionibus. Unde *pater* et *filius* sunt correlativi et non absoluti, sed *album* et *dulce*, licet non sunt termini correlativi seu relativi, tamen sunt termini connotativi.

Secunda regula est: Ab affirmatione unius generis de aliquo ad negationem alicuius alterius generis sibi non subalternatim L44rb positi de eodem est bona consequentia. Unde bene sequitur

7 Ethicorum] Aristoteles, Ethica Nicomachea, IV.1, 1119b22–28.

1 diceres] LS om. A quia…sequitur] S om. AL vitium] non sequitur add. A 2 illiberalitas[1]] il- om. L et[1]] LS cum A illiberalitas[2]] il- om. L 3 sunt] LS sint A 4 debet intelligi] est intelligenda L de contrariis] LS om. A in quibus] inter quae L 5 sed] S et A om. L sic] qualiter L illiberalitate] S avaritia A il- om. L quia] nam L 6 prodigalitatem…illiberalitatem] LS ista A puta] S pura! A scilicet L 7 ut patet] LS om. A in] L om. AS Ethicorum] patet hoc etc. add. A 8 disparatis] desperatis! L quarum] S om. AL 10 Bene enim] LS quia A 11 homo] om. S. add. i.m. S ergo] ergo add. S Sortes[2]] om. L 13 diceres] LSX om. A tamen] L om. AX nam S Sortes[2]] om. L 14 quia] S om. AL 16 quantum] quod S terminos] LS terminum A mere] S om. AL absolutos] LS absolutis! A connotativos] LS connotativum A 18 correlativi] LS correlativa A absoluti] LS absoluta A 19 correlativi seu] L om. AS

Einwand dagegen: Es folgt nicht »Die Verschwendungssucht ist ein Laster, also ist die Knausrigkeit eine Tugend«, aber dennoch sind die Knausrigkeit und die Verschwendungssucht ebenso konträr wie die Tugend und das Laster. – Antwort: Die Regel muß man in bezug auf konträre (Terme) verstehen, bei denen es kein Mittleres gibt, aber das ist hinsichtlich der Verschwendungssucht und der Knausrigkeit nicht der Fall, weil es zwischen der Verschwendungssucht und der Knausrigkeit ein Mittleres gibt, nämlich die Freigebigkeit, wie im vierten Buch der *Ethik* (des Aristoteles) erhellt.

In bezug auf den Ort von den Verschiedenen gibt es zwei feste Regeln, von denen die erste lautet: Von der Bejahung einer besondersten Art auf die Verneinung einer anderen von demselben (Subjekt) liegt eine gültige Folgerung vor. Sehr wohl folgt nämlich »Sokrates ist ein Mensch, also ist Sokrates kein Esel«, »Diese Farbe ist eine Weiße, also ist sie keine Schwärze«.

Einwand: Dennoch folgt nicht »Sokrates ist ein Vater, also ist Sokrates kein Sohn«. – Zweitens, weil nicht folgt »Die Milch ist weiß, also ist sie nicht süß«. – Antwort: Die Regel muß man in bezug auf rein absolute und nicht konnotative Terme verstehen, aber die in den Einwänden angeführten Terme sind nicht von dieser Art. So sind »Vater« und »Sohn« korrelative und keine absoluten Terme, hingegen sind »weiß« und »süß« zwar keine korrelativen bzw. relativen Terme, aber dennoch sind sie konnotative Terme.

Die zweite Regel lautet: Von der Bejahung einer Gattung von irgendeinem (Subjekt) auf die Verneinung einer anderen Gattung, die jener (in der kategorialen Hierarchie) weder unter- noch übergeordnet ist[149], von ebendiesem (Subjekt) liegt

termini²] LS om. A 20 connotativi] secunda regula ab affirmatione positi de eodem est bona consequentia unde bene sequitur Sortes est substantia ergo non est quantitas add. s. del. L 21 est] L om. AS Ab...aliquo] LS om. A 22 alicuius] om. LS alterius] LS om. A sibi] LS om. A subalternatim] LSX subalternatis A

»Sortes est substantia, ergo Sortes non est qualitas«, similiter sequitur »Sortes est animal, ergo Sortes non est albedo«.

Sed diceres contra, nam non sequitur »Sortes est substantia, ergo Sortes non est quantitas«, postquam omnis substantia extensa istis temporibus ponitur esse quantitas. Respondetur, quod regula debet intelligi de generibus, quorum universaliter unum negatur de alio, modo sic non est de substantia et quantitate etc.

Iuxta locum a maiori sit ista regula: Si illud, quod magis videtur inesse, non inest, nec illud, quod minus. Et propter hoc bene sequitur »Rex cum sua potentia non potest expugnare castrum, ergo nec miles«.

Iuxta locum a minori sit ista regula: Si illud, quod minus videtur inesse, inest, et illud, quod magis. Unde bene sequitur »Miles cum sua potentia potest expugnare castrum, ergo et rex«.

Et notandum, quod dicti loci non valent nisi comparentur maius et minus ad invicem quantum ad proprietatem, in qua maius excedit minus. Et ideo non sequitur »Rex non potest potare unam quartam vini, ergo nec miles«, quia quantum ad potationem rex non est maior milite nec potentior. Propter hoc etiam non sequitur »Equus non potest intrare parvum foramen, ergo nec mus«, nec sequitur »Mus potest, ergo equus potest« propter eandem rationem.

1 Sortes²] S om. AL qualitas] X quantitas ALS 2 sequitur] LS om. A Sortes²] S om. AL 4 Sortes] S om. AL substantia] est add. L 5 istis temporibus] LSX om. A ponitur] S ponatur AL 7 negatur] LX verificatur AS 8 etc] om. LS 9 maiori] LS maiore A ista] S om. A prima L 10 minus] negative add. X Et propter] LS unde A 13 minori] LS minore A sit...regula] LS om. A 14 Unde] LS sic A 15 cum...potentia] AL om. SX et] SX om. AL 17 comparentur] S comparando AL 18 maius] ALX magis S et] S ad AL ad invicem] LS om. A 19 maius] ALX magis S excedit] SX exedit? A extendit L Et] LS om. A non²] om. S 20 potare] AL portare SX unam] om. L quartam] ALX 4-le S 21 potationem] A potare L portare SX est...milite] S exedit militem A dicitur maior milite L nec potentior] LS om. A Propter...non¹] S nec A propterea etiam non L 22 potest intrare] ALX intrat S 23 nec²...potest] LS om. A 24 rationem] S causam ALX

eine gültige Folgerung vor. So folgt sehr wohl »Sokrates ist eine Substanz, also ist Sokrates keine Qualität«, ebenso folgt »Sokrates ist ein Lebewesen, also ist Sokrates keine Weiße«.

Einwand dagegen: Es folgt nicht »Sokrates ist eine Substanz, also ist Sokrates keine Quantität«, nachdem ja in diesen Zeiten von jeder ausgedehnten Substanz angenommen wird, daß sie eine Quantität ist. – Antwort: Die Regel muß man in bezug auf Gattungen verstehen, von denen die eine von der anderen allgemein verneint wird; das ist nun aber bei der Substanz und der Quantität nicht der Fall[150], usw.

In bezug auf den Ort vom Größeren gibt es diese Regel: Wenn das, was mehr zuzukommen scheint, nicht zukommt, dann auch nicht das, was weniger (zuzukommen scheint). Und aus diesem Grund folgt sehr wohl »Der König mit seiner Macht kann die Burg nicht einnehmen, also auch nicht ein Ritter«.

In bezug auf den Ort vom Kleineren gibt es diese Regel: Wenn das, was weniger zuzukommen scheint, zukommt, dann auch das, was mehr (zuzukommen scheint). So folgt sehr wohl »Ein Ritter mit seiner Macht kann die Burg einnehmen, also auch der König«.

Anzumerken ist, daß die (beiden zuletzt) genannten Örter nur dann gültig sind, wenn das Größere und das Kleinere hinsichtlich derjenigen Eigenschaft miteinander verglichen werden, bezüglich welcher das Größere das Kleinere übertrifft. Und deshalb folgt nicht »Der König kann nicht ein Viertel Wein trinken, also auch nicht ein Ritter«, weil hinsichtlich des Trinkens der König nicht größer (bedeutender) ist als ein Ritter und auch nicht mächtiger. Deshalb folgt auch nicht »Ein Pferd kann nicht durch ein kleines Loch eintreten, also auch nicht eine Maus«, und es folgt auch nicht »Eine Maus kann (eintreten), also kann ein Pferd (eintreten)«, aus demselben Grund.

Iuxta locum a simili sit talis regula: De similibus simile est iudicium. Iuxta quod sequitur »Risibile inest homini tamquam proprium, ergo hinnibile inest equo tamquam proprium«.

Iuxta locum a proportione sit talis regula: De proportionalibus A98ra idem est iudicium. Iuxta quem locum sequitur »Rector navis non est eligendus sorte, sed arte, ergo rector scholae eligendus est non sorte, sed arte«.

Et est sciendum, quod locus a simili et locus a proportione sic differunt, quia quando arguitur dialectice per locum a simili, arguitur per ly *inest*, sed per locum a proportione arguitur per hoc verbum *est*, licet confirmetur consequentia per propositionem, in qua ponitur hoc verbum *habet*. Unde per locum a simili arguitur sic »Risibile inest homini ut proprium, ergo hinnibile inest equo ut proprium«, ecce qualiter arguitur per ly *inest*. Sed per locum a proportione arguitur sic »Rector navis non est eligendus sorte, sed arte, ergo rector scholae non est eligendus sorte, sed arte«, nam sicut se habet rector navis ad navem, ita se habet rector scholae ad scholam. Sed quando arguitur syllogistice, tunc arguitur utrobique per verbum habitudinis, scilicet per hoc verbum *habet*. Exemplum de loco a simili: »Sicut se habet risibile ad hominem, sic se habet hinni-

1 talis] LS om. A 2 Iuxta quod] S om. A propter hoc L sequitur] enim add. A om. L inest] LS est proprium A tamquam proprium] S om. A ut proprium L 3 inest] LS om. A tamquam proprium] S om. A ut proprium L 4 talis] LS om. A proportionalibus] proportionibus LSX 5 idem] ALX simile S navis] maius L 6 scholae] Z scholarum A scholarium LSX 8 locus[2]] S om. AL 9 quia] S om. AL dialectice] quia add. L 10 arguitur[2]] om. S 11 est] LS om. A consequentia] LSX materia A per[2]] LS om. AX 12 hoc] LS om. A 14 qualiter] quomodo LS arguitur] om. L 15 ly] quod add. LS Sed] LS om. A 16 ergo] nec add. A neque add. L scholae] Z scholarum A scholarium LSX non[2]...arte] SX om. AL 17 nam] S quia AL sicut] sic L rector navis] LS nauta A 18 ita...habet] S sic A sicut se habet L scholae] A scholarium LSX scholam] Z scholas A scholares LSX quando] cum S 19 arguitur[2]] AL potest argui S om. X per...scilicet] S om. ALX 20 hoc] ALX om. S 21 se habet[2]] LS om. A

In bezug auf den Ort vom Ähnlichen gibt es folgende Regel: Über ähnliche Dinge lautet das Urteil ähnlich. Demgemäß folgt »Des Lachens fähig kommt dem Menschen als Eigentümlichkeit zu, also kommt des Wieherns fähig dem Pferd als Eigentümlichkeit zu«.

In bezug auf den Ort vom Verhältnis gibt es folgende Regel: Über Dinge, die in einem Verhältnis zueinander stehen, lautet das Urteil gleich. Gemäß diesem Ort folgt »Der Leiter eines Schiffes soll nicht durch das Los, sondern wegen der Fertigkeit (Befähigung) ausgewählt werden; also soll der Leiter einer Schule nicht durch das Los, sondern wegen der Befähigung ausgewählt werden«.

Festzuhalten ist, daß sich der Ort vom Ähnlichen und der Ort vom Verhältnis in Folgendem unterscheiden: Wenn man dialektisch mit dem Ort vom Ähnlichen argumentiert, argumentiert man mittels des Ausdrucks »ist in/an« (inhäriert, kommt zu, usw.), aber mit dem Ort vom Verhältnis argumentiert man mittels des Verbs »ist«[151], obgleich die Folgerung durch einen Satz bekräftigt wird, in welchem das Verb »verhält sich« vorkommt. So wird mit dem Ort vom Ähnlichen folgendermaßen argumentiert: »Des Lachens fähig kommt dem Menschen als Eigentümlichkeit zu, also kommt des Wieherns fähig dem Pferd als Eigentümlichkeit zu« – siehe, wie (hier) mittels des Ausdrucks »kommt zu« argumentiert wird. Aber mit dem Ort vom Verhältnis argumentiert man folgendermaßen: »Der Leiter eines Schiffes soll nicht durch das Los, sondern wegen der Befähigung ausgewählt werden; also soll der Leiter einer Schule nicht durch das Los, sondern wegen der Befähigung ausgewählt werden«, denn wie sich der Leiter eines Schiffes zum Schiff verhält, so verhält sich der Leiter einer Schule zur Schule. – Aber wenn man syllogistisch argumentiert, dann wird in beiden Fällen (nämlich den genannten Örtern) mittels eines Verhältnisverbs argumentiert, nämlich mittels des Verbs »verhält sich«. Ein Beispiel für den Ort vom Ähnlichen: »Wie sich des Lachens fähig zum Menschen verhält, so verhält sich des Wieherns fähig zum Pferd; aber des

bile ad equum, sed risibile se habet ad hominem ut proprium, ergo hinnibile se habet ad equum ut proprium«. Exemplum de loco a proportione: »Sicut se habet rector navis ad navem, ita se habet rector scholae ad scholam, sed rector navis habet sic se ad navem, quod non est eligendus sorte, sed arte, ergo rector scholae habet sic se ad scholam, quod non eligendus est sorte, sed arte«. Ita quod breviter locus a simili et locus a proportione modicum differunt.

Iuxta locum ab auctoritate est sciendum, quod magis proprie diceretur locus ab auctore vel locus a nomine auctoris quam locus ab auctoritate, quia cum arguitur »Aristoteles dicit caelum esse volubile, ergo caelum est volubile«, magis arguitur a nomine auctoris ad auctoritatem quam ab auctoritate. Unde si argueretur ab auctoritate, videretur esse petitio principii.

Iuxta quem locum ponitur talis regula: Unicuique experto in sua facultate credendum est. Et est notandum, quod tenet affirmative et non negative, unde non sequitur »Aristoteles non dicit caelum esse volubile, ergo caelum non est volubile«.

Cap. IV.26 ⟨Capitulum vicesimum sextum de locis mediis⟩

Sequitur de locis mediis. Unde quidam vocatur locus a contra-
A98rb dictoriis, quidam a privative oppositis, quidam a relative oppo-

2 hinnibile] sic add. L equum] hominem S ut proprium] om. L 3 ita] S sic AL 4 se habet] LS om. A scholae] Z scholarum A scholarium LSX scholam] Z scholares ALSX rector²] rector add. L habet²...arte] LSX etc. ut prius A 5 ergo...arte] SX om. AL 6 scholae] Z scholarium SX scholam] Z scholares SX 7 simili] LS proportione A locus²] S om. AL proportione] LS simili A 8 modicum] parum LS 10 auctore] S actore A autore L locus²] S om. AL 12 volubile¹] LS mobile A ergo...volubile²] om. L volubile²] S mobile A 13 ad auctoritatem] LS om. A quam] arguatur add. L Unde] LS quia A 14 argueretur] LS arguitur A videretur] LS videtur A principii] principium L 15 talis] S om. AL regula] In add. s. del. L 16 facultate] LSX scientia A est notandum] S om. A non negandum! L quod] LS om. A 17 et] om. S unde] LS quia A 18 dicit] hoc add. A 20 vocatur] LS vocantur A locus] LS om. A contradictoriis] LS contradictorio? A 21 privative] privatione LS

Lachens fähig verhält sich zum Menschen wie eine Eigentümlichkeit; also verhält sich des Wieherns fähig zum Pferd wie eine Eigentümlichkeit«. Ein Beispiel für den Ort vom Verhältnis: »Wie sich der Leiter eines Schiffes zum Schiff verhält, so verhält sich der Leiter einer Schule zur Schule; aber der Leiter eines Schiffes verhält sich so zum Schiff, daß er nicht durch das Los, sondern wegen der Befähigung ausgewählt werden soll; also verhält sich der Leiter einer Schule so zur Schule, daß er nicht durch das Los, sondern wegen der Befähigung ausgewählt werden soll«. – Somit unterscheiden sich, kurz gesagt, der Ort vom Ähnlichen und der Ort vom Verhältnis nur wenig.

In bezug auf den Ort von der Autorität ist festzuhalten, daß er im eigentlichen Sinne eher »Ort vom Verfasser« oder »Ort vom Namen des Verfassers« heißen sollte als »Ort von der Autorität«, denn wenn man argumentiert »Aristoteles sagt, daß sich der Himmel kreisend bewegt, also bewegt sich der Himmel kreisend«, so wird eher vom Namen des Verfassers auf die Autorität argumentiert als von der Autorität[152]. Wenn man also von der Autorität argumentierte, dürfte eine Bitte um den Grund (d. h. Erschleichung des Beweisgrundes) vorliegen.

In bezug auf diesen Ort wird folgende Regel aufgestellt: Jedem einzelnen Fachmann muß man auf seinem Gebiet glauben. Aber anzumerken ist, daß dies bejahend, aber nicht verneinend gilt, denn es folgt nicht »Aristoteles sagt nicht, daß sich der Himmel kreisend bewegt, also bewegt sich der Himmel nicht kreisend«.

Kapitel IV.26: *Die mittleren Örter*

Es folgt (das Kapitel) über die mittleren Örter. So heißt eine Art davon »Ort von den kontradiktorisch (Entgegengesetzten)«, eine Art »von den privativ Entgegengesetzten«, eine Art

sitis, quidam a coniugatis, quidam a principalibus, quidam a casibus. Et primi tres loci debent poni loci medii, licet auctor S36va *Summularum* dicat eos esse locos extrinsecos, ut dictum est prius.

Iuxta primum locum est sciendum, quod duplicia sunt contradictoria, quaedam dicuntur complexa, quaedam incom- L44va plexa. Complexa, ut »Sortes currit«, »Sortes non currit«, »Omnis homo currit«, »Aliquis homo non currit«, incomplexa, ut *ens*, *non ens*, *homo*, *non homo*.

Tunc iuxta locum a contradictoriis complexis sit ista regula: Ab uno contradictoriorum complexorum ad reliquum praeposita sibi ista negatione *non* est bona consequentia. Per hoc sequitur »Sortes currit, ergo non Sortes non currit«, similiter bene sequitur »Sortes non currit, ergo non Sortes currit«. Et potest dici, quod tales consequentiae non debent computari inter consequentias dialecticas, postquam sunt consequentiae formales tenentes in quibuscumque terminis.

Et ideo iuxta locum a contradictoriis incomplexis, de quo debet esse praesens sermo, sit prima regula: Ab affirmativa de praedicato infinito ad negativam de praedicato finito est bona consequentia. Sequitur enim »Sortes est non albus, ergo Sortes non est albus«.

2 auctor] Petrus Hispanus, Tractatus, Tr. V, Cap. 27, p. 71, lin. 4s.; cf. ibid., pp. 71–73. 4 prius] Cf. Cap. IV.18, in fine.

1 coniugatis] contingat! L 2 Et] quod LS om. X loci[1]] ALX om. S debent poni] LX dicuntur esse A debeant poni S 3 dicat] LSX ponat A eos] ALX tres S esse locos] LSX om. A ut] LSX om. A 5 est] om. S 6 quaedam[1]] LSX quaedem! A dicuntur] S om. ALX 7 ut] LS om. A Omnis…currit[2]] LX om. AS 8 ut] LS om. A 9 homo[1]…homo[2]] LSX om. A 10 Tunc] L om. AS ista] LS om. A 11 contradictoriorum] X contrariorum AL contradictorio S complexorum] L complexarum A complexo S om. X 12 sibi] L om. AS Per hoc] L ut AS 13 sequitur] AL om. S non[1]] ASX om. L non[2]] LSX om. A similiter… currit[2]] LSX om. A 14 bene] S om. LX 16 postquam…tenentes] LSX quia tenent formaliter A 17 quibuscumque] AX quibusdam LS 18 Et ideo] LSX om. A de…sermo] LSX om. A quo…esse] LS quibus est X 19 sit] LSX est A

»von den relativ Entgegengesetzten«, eine Art »von den Verbundenen (d. i. konkreten Ausdrücken)«, eine Art »von den Ursprünglichen (d. i. abstrakten Ausdrücken)«, eine Art »von den Fällen (d. i. Adverbien zu den vorgenannten Ausdrücken)«. Und die ersten drei Örter müssen zu den mittleren Örtern gezählt werden, obgleich der Verfasser der *Summulae* (Petrus Hispanus) sagt, daß sie äußere Örter sind, wie schon früher gesagt wurde.

In bezug auf den ersten Ort ist festzuhalten, daß es kontradiktorisch Entgegengesetztes auf zweierlei Weise gibt, nämlich als Verknüpftes und als Unverknüpftes. Verknüpftes, wie z. B. »Sokrates läuft« – »Sokrates läuft nicht«, »Jeder Mensch läuft« – »Irgendein Mensch läuft nicht«; Unverknüpftes, wie z. B. »Seiendes« – »Nicht-Seiendes«, »Mensch« – »Nicht-Mensch«.

Sodann gibt es in bezug auf den Ort von den verknüpften kontradiktorisch Entgegengesetzten folgende Regel: Von dem einen von verknüpften kontradiktorisch Entgegengesetzten auf das andere liegt eine gültige Folgerung vor, wenn diesem (anderen) die Negation »nicht« vorangestellt wird. Deswegen folgt »Sokrates läuft, also nicht: Sokrates läuft nicht«, ebenso folgt sehr wohl »Sokrates läuft nicht, also nicht: Sokrates läuft«. – Und man kann sagen, daß solche Folgerungen nicht zu den dialektischen Folgerungen gezählt werden sollen, nachdem sie ja formale Folgerungen sind, die mit beliebigen Termen gelten.

Und deshalb laute die erste Regel in bezug auf den Ort von den unverknüpften kontradiktorisch Entgegengesetzten, über welchen im vorliegenden Zusammenhang (ausschließlich) gesprochen werden soll: Von einem bejahenden Satz mit einem unbegrenzten Prädikat auf einen verneinenden Satz mit einem begrenzten Prädikat liegt eine gültige Folgerung vor. Es folgt nämlich »Sokrates ist nicht-weiß, also ist Sokrates nicht weiß«.

affirmativa] affirmatione L 20 negativam] negationem L 21 Sequitur enim] S sequitur A verbi gratia L

Sed contra diceres, nam non sequitur »Sortes videt non hominem, ergo Sortes non videt hominem«, nam posito, quod Sortes simul videat hominem et asinum, tunc Sortes simul videt hominem et non hominem, quia asinus est non homo. Secundo, quia non sequitur »Platonis est non asinus, ergo Platonis non est asinus«, posito enim, quod Plato haberet simul capram et asinum, tunc Platonis esset asinus et etiam non asinus. Tertio, quia non sequitur »Sortes fuit non albus, ergo Sortes non fuit albus«. Respondetur, quod regula debet intelligi non de propositionibus de obliquis, sed de rectis, et similiter de propositionibus de praesenti et non de propositionibus de praeterito vel de futuro. Et ex hoc patet ad obiectiones.

Secunda regula: Ab affirmativa de praedicato finito ad negativam de praedicato infinito est bona consequentia. Unde bene sequitur »Sortes est albus, ergo Sortes non est non albus«. Contra istam regulam posset obici et possunt solvi obiectiones ut prius.

Tertia regula: A negativa de praedicato finito ad affirmativam de praedicato infinito supposita constantia subiecti est bona consequentia. Unde bene sequitur »Sortes non est albus, ergo Sortes est non albus«. Et dico notanter »supposita constantia subiecti«, quia ista non supposita non sequitur. Si enim Sortes non esset, tunc Sortes non esset albus, et tamen non sequeretur propter hoc, quod Sortes esset non albus.

Quarta regula: A negativa de praedicato infinito ad affirmativam de praedicato finito est bona consequentia et semper

1 nam] LS om. A 3 Sortes[1]] LS om. A Sortes[2]] LS om. A 4 quia] cum LS est] sit LS 6 enim] S om. AL simul] LS om. A 7 etiam] S om. AL 8 quia] LS om. A 10 non...propositionibus] S de propositionibus non AL de[2]] om. S et] L om. AS 11 et] sed L propositionibus de[2]] L om. AS 12 praeterito] praeteritis L vel] ALX et S de] LS om. AX Et ex] S per A ex L patet ad] S solutae sunt A patent L 13 Ab...regula] LSX om. A 14 praedicato] LS om. X est bona] S bene valet L valet X bene] LS om. X 16 Contra...prius] LS om. X posset] S possunt L possunt solvi] S solvuntur L 20 Unde bene] om. S sequitur] enim add. S 21 supposita] om. S 22 ista] S om. LX ista...supposita] LSX om. A non[1]] LX om. S enim] LS om. A 23 tunc] S om. AL esset[2]] LS est A

Einwand dagegen: Es folgt nicht »Sokrates sieht einen Nicht-Menschen, also sieht Sokrates nicht einen Menschen«, denn gesetzt, daß Sokrates zugleich einen Menschen und einen Esel sehe, so sieht Sokrates zugleich einen Menschen und einen Nicht-Menschen, weil ein Esel ein Nicht-Mensch ist. – Zweitens, weil nicht folgt »Dem Platon gehört ein Nicht-Esel, also gehört dem Platon nicht ein Esel«, gesetzt nämlich, daß Platon zugleich eine Ziege und einen Esel besäße, so gehörte dem Platon ein Esel und auch ein Nicht-Esel. – Drittens, weil nicht folgt »Sokrates war nicht-weiß, also war Sokrates nicht weiß«. – Antwort: Die Regel muß man so verstehen, daß sie sich nicht auf Sätze mit schiefen Termen bezieht, sondern (auf Sätze) mit geraden Termen, und ebenso auf Sätze im Präsens und nicht auf Sätze im Präteritum oder im Futur. Und daraus erhellt (die Antwort) auf dic Einwändc.

Zweite Regel: Von einem bejahenden Satz mit einem begrenzten Prädikat auf einen verneinenden Satz mit einem unbegrenzten Prädikat liegt eine gültige Folgerung vor. So folgt sehr wohl »Sokrates ist weiß, also ist Sokrates nicht nicht-weiß«. – Gegen diese Regel könnte man Einwände vorbringen, und diese Einwände können wie früher (bei der ersten Regel) aufgelöst werden.

Dritte Regel: Von einem verneinenden Satz mit einem begrenzten Prädikat auf einen bejahenden Satz mit einem unbegrenzten Prädikat liegt unter Voraussetzung der Beständigkeit (Nicht-Leerheit) des Subjekts eine gültige Folgerung vor. So folgt sehr wohl »Sokrates ist nicht weiß, also ist Sokrates nicht-weiß«. – Und ich sage ausdrücklich »unter Voraussetzung der Beständigkeit des Subjekts«, denn wenn diese nicht vorausgesetzt ist, folgt (der Nachsatz) nicht. Wenn nämlich Sokrates nicht wäre (existierte), dann wäre Sokrates nicht weiß, aber dennoch folgte deswegen nicht, daß Sokrates nicht-weiß wäre.

Vierte Regel: Von einem verneinenden Satz mit einem unbegrenzten Prädikat auf einen bejahenden Satz mit einem be-

et] L om. AS tamen...hoc] LS om. A 24 sequeretur] S om. L quod] S ergo A om. L esset] LS om. A 25 Quarta] LS tertia A 26 et] S om. AL

supposita constantia subiecti. Unde bene sequitur »Sortes non est non iustus, ergo Sortes est iustus«, et hoc, si Sortes sit.

Sed dubitatur: Videtur enim, adhuc posito, quod Sortes non A98va sit, valere consequentiam dictam, quia si Sortes non sit, adhuc Sortes videtur esse iustus vel non iustus, nam de quolibet termino est verificabilis aliquis terminus vel contradictorius ei. Respondetur, quod si Sortes non esset, neque Sortes esset iustus nec Sortes esset non iustus, et quando dicebatur »de quolibet termino etc.«, hoc est verum de quolibet termino supponente pro aliquo.

Sed diceres: Si Sortes non esset, nonne haec esset vera »Sortes est Sortes«? Dico, quod non, quia esset una affirmativa, cuius subiectum pro nullo supponit, et quaelibet talis est falsa. Sed diceres: Ibi idem praedicatur de se ipso, ergo videtur, quod sit vera per Boethium. Respondetur, quod hoc non sufficit, sed oportet etiam subiectum pro aliquo supponere.

Iuxta locum a privative oppositis sit prima regula: Ab affirmatione habitus ad negationem privationis est bona consequentia. Unde bene sequitur »Sortes est videns, ergo Sortes non est caecus«.

Secunda regula: Ab affirmatione privationis ad negationem habitus est bona consequentia. Unde bene sequitur »Sortes est caecus, ergo Sortes non est videns«.

15 per Boethium] Boethius, In librum De interpretatione, PL, 64, col. 387C–D (ed. 1a) et col. 628B–C (ed. 2a).

1 non est] ALX trsp. S 2 iustus[2]] LS iniustus A et hoc] LX om. AS si...sit] ALX om. S 3 enim] S om. AL posito] LS om. A quod] si add. A 4 sit[1]] LS esset A adhuc add. A valere] L *post corr.* S valeret A *ante corr.* S consequentiam dictam] LS dicta consequentia A quia si] quia posito quod L nam posito quod S 5 Sortes] LS om. A 6 aliquis...ei] LSX alter contradictoriorum A vel] eius add. X ei] S om. LX 7 neque...esset[2]] L adhuc non esset A om. S non esset X 8 Sortes esset] LS om. AX non iustus] LSX iniustus A et] LS om. A quolibet termino] S quocumque terminorum A quocumque termino L 9 hoc] om. S verum] om. L de...termino[2]] S om. A de quocumque termino L 10 aliquo] sed non oportet hoc de termino non supponente add. L 11 esset[1]] foret L nonne] me! L esset[2]] esse L 12 Sortes] om. S una] S om. AL

grenzten Prädikat liegt eine gültige Folgerung vor, immer unter Voraussetzung der Beständigkeit des Subjekts. So folgt sehr wohl »Sokrates ist nicht nicht-gerecht, also ist Sokrates gerecht«, und zwar (nur dann), wenn Sokrates existiert.

Aber hier stellt sich ein Problem: Es scheint nämlich, daß die genannte Folgerung auch unter der Annahme, daß Sokrates nicht existiert, gültig ist, weil (auch) wenn Sokrates nicht ist, Sokrates noch immer gerecht oder nicht-gerecht zu sein scheint, denn von jedem beliebigen Term ist irgendein Term oder der diesem kontradiktorisch entgegengesetzte Term verifizierbar.

Antwort: Wenn Sokrates nicht existierte, so wäre Sokrates weder gerecht noch wäre Sokrates nicht-gerecht, und wenn es hieß »von jedem beliebigen Term« usw., so ist das (nur) wahr von jedem beliebigen Term, der für etwas supponiert. – Einwand: Wenn Sokrates nicht existierte, wäre dann nicht der Satz »Sokrates ist Sokrates« wahr? – Ich antworte »Nein«, weil das ein bejahender Satz wäre, dessen Subjekt für nichts supponiert, und jeder solche Satz ist falsch. – Einwand: Dort wird dasselbe von sich selbst ausgesagt, also scheint es gemäß Boethius, daß (dieser Satz) wahr ist. – Antwort: Das genügt nicht, sondern es ist auch erforderlich, daß das Subjekt für etwas supponiert.

In bezug auf den Ort von den privativ Entgegengesetzten laute die erste Regel: Von der Bejahung des Habens (bzw. des Besitzes) auf die Verneinung der Beraubung (bzw. des Mangels) liegt eine gültige Folgerung vor. So folgt sehr wohl »Sokrates ist sehend, also ist Sokrates nicht blind«.

Zweite Regel: Von der Bejahung des Mangels auf die Verneinung des Habens liegt eine gültige Folgerung vor. So folgt sehr wohl »Sokrates ist blind, also ist Sokrates nicht sehend«.

13 supponit] supponeret L quaelibet talis] LS sic A 14 diceres] LS dicis A Ibi] LS om. A videtur…sit] LS est A 15 sed] LS quia A videtur add. s. del. L 16 etiam] S om. AL 17 privative] AL supponentis add. s. del. L privatione S 19 bene] LS om. A 21 ad…privationis] om. L 22 bene] S om. A 23 Sortes] S om. A

Tertia regula: A negatione habitus ad affirmationem privationis circa subiectum aptum natum et pro tempore aptitudinis supposita constantia subiecti est bona consequentia. Unde bene sequitur »Sortes non est videns et est aptus natus videre pro isto tempore, ergo est caecus«. Et notanter dico »circa subiectum aptum natum« propter hoc, quia non sequitur »Lapis non est videns, ergo lapis est caecus«, cum lapis non sit aptus natus esse videns. Similiter notanter dico »pro tempore aptitudinis seu debito«, quia licet catulus ante novem dies non videat, non tamen propter hoc dicitur esse caecus. Et notanter L44vb dico »supposita constantia subiecti«, quia si Sortes non esset, licet esset verum dicere, quod Sortes non esset videns, non tamen propter hoc esset verum dicere, quod Sortes esset caecus.

Quarta regula: A negatione privationis ad affirmationem habitus est bona consequentia servatis dictis condicionibus in priori regula. Et ideo bene sequitur »Sortes non est caecus, ergo Sortes est videns«, licet non sequatur »Lapis non est caecus, ergo lapis est videns«, nec sequitur »Catulus ante novem dies non est caecus, ergo est videns«.

Iuxta locum a relative oppositis est sciendum, quod quaedam relativa sunt, in quorum descriptionibus ponitur hoc verbum *est*, sicut est hoc relativum *pater* vel hoc relativum S36vb *filius*. Unde dicitur pater, cuius est filius vel filia, et dicitur filius, cuius est pater vel mater. Alia sunt relativa, in quorum

5 isto] LS nullo! A 6 propter hoc] LS om. A 7 est[1]] non est add. L lapis[1]] S om. AL cum] S om. A quia L lapis[2]] L om. AS non[2]...videns] LS om. A sit] S est L 8 notanter] LS om. A 9 seu] LS om. AX catulus] SX canis A cactus! L novem] LSX decem A 10 non] om. L esse] S om. AL 11 dico] om. L licet... dicere] LS verum esset A 12 verum] esset add. L Sortes] LS om. A 13 dicere] S om. AL Sortes] LS om. A 16 dictis] ALS om. X in...regula] LSX om. A dictis add. LX 17 Et ideo] LSX ut A 18 Sortes] LS om. A licet...sequatur] LS sed non sequitur A 19 lapis] LS om. A sequitur] LS om. A novem] LSX decem A 21 est...quod] Z om. ALSX quaedam] LS quae A quidam X 22 relativa] Z om. ALSX 23 verbum est] inesse L est[2]] S om. AL hoc relativum[1]] LS om. A hoc relativum[2]] LS om. A 24 dicitur[1]] LS est A cuius] eius L vel

Dritte Regel: Von der Verneinung des Habens auf die Bejahung des Mangels liegt in bezug auf ein Subjekt, das geeignet ist (die betreffende Fähigkeit zu besitzen), und für die Zeit der Eignung unter Voraussetzung der Beständigkeit (Nicht-Leerheit) des Subjekts eine gültige Folgerung vor. So folgt sehr wohl »Sokrates ist nicht sehend und ist für diese Zeit geeignet zum Sehen, also ist er blind«. – Und ich sage ausdrücklich »in bezug auf ein Subjekt, das geeignet ist«, und zwar deswegen, weil nicht folgt »Ein Stein ist nicht sehend, also ist ein Stein blind«, da ein Stein nicht dafür geeignet ist, sehend zu sein. Ebenso sage ich ausdrücklich »für die Zeit der Eignung bzw. die gebührende (bzw. rechte Zeit)«, denn obgleich ein Welpe vor (einem Alter von) neun Tagen nicht sieht, so wird er deswegen doch nicht »blind« genannt. Und ich sage (ferner) ausdrücklich »unter Voraussetzung der Beständigkeit des Subjekts«, weil wenn Sokrates nicht existierte, so gälte: Obgleich die Aussage, daß Sokrates nicht sehend ist, wahr ist, so ist deswegen doch nicht (auch) die Aussage, daß Sokrates blind ist, wahr.

Vierte Regel: Von der Verneinung des Mangels auf die Bejahung des Habens liegt eine gültige Folgerung vor, wenn die in der vorangehenden Regel genannten Bedingungen erfüllt sind. Und deswegen folgt sehr wohl »Sokrates ist nicht blind, also ist Sokrates sehend«, wenn auch nicht folgt »Ein Stein ist nicht blind, also ist ein Stein sehend« und nicht folgt »Ein Welpe ist vor neun Tagen nicht blind, also ist er sehend«.

In bezug auf den Ort von den relativ Entgegengesetzten ist festzuhalten, daß es eine Art von Relativen gibt, in deren Beschreibungen das Verb »ist« (hier: hat) vorkommt, wie z. B. das Relativ »Vater« oder das Relativ »Sohn«. So heißt »Vater« (ein Mann), der einen Sohn oder eine Tochter hat, und »Sohn« heißt (ein Mann), der einen Vater oder eine Mutter hat. Und es gibt eine andere Art von Relativen, in deren Beschreibungen

filia] LS om. A et] unde L dicitur[2]] LS om. A **25** cuius] illius L Alia] LS aliqua AX

descriptionibus ponitur hoc verbum *potest*. Unde dicitur scibile, cuius potest esse scientia. Relativa primo modo dicta possunt dici relativa secundum esse, relativa autem secundo modo dicta possunt dici relativa secundum dici.

Tunc sit prima regula: Ab uno relativorum ad reliquum respectu huius verbi *est* est bona consequentia tam affirmative A98vb quam negative. Unde bene sequitur »Duplum est, ergo dimidium est«, similiter »Duplum non est, ergo dimidium non est«. Et notanter dico »respectu huius verbi *est*«, quia non respectu quorumcumque aliorum praedicatorum valet talis consequentia, quia non sequitur »Duplum est pedalis quantitas, ergo dimidium est pedalis quantitas«.

Sed diceres contra, non enim sequitur »Pater est, ergo filius est«, quia potest esse pater, qui non habet filium, sed filiam. Similiter non sequitur »Filius est, ergo pater est«, quia potest esse filius, qui non habet patrem, sed matrem. Respondetur, quod *pater* et *filius* non sunt correlativa nec etiam *mater* et *filius* nec etiam *mater* et *filia*, sed hoc totum disiunctum *pater vel mater* ex una parte et hoc totum disiunctum *filius vel filia* ex alia parte.

Iuxta relativa secundum dici sit ista regula: Ab uno ad aliud est bona consequentia respectu huius verbi *potest*. Nam bene sequitur »Scibile est, ergo scientia eius potest esse«, licet non sequatur »Scibile est, ergo scientia eius est«, nam dicit Aristote-

24 Aristoteles] Aristoteles, Categoriae, Cap. 7, 7b31ss.

1 hoc verbum] LS om. A Unde] om. L dicitur] est L 2 Relativa...dici[2]] LSX om. A 3 dici] S vocari L nominari X esse] dicta add. X 4 dici[1]] S vocari L nominari X 5 Tunc sit] LSX om. A relativorum] secundum rem add. L 7 bene] LS om. A 8 similiter] S et AL 10 aliorum] LS om. A 11 pedalis] ALX bedalis? S quantitas] S quantitatis ALX 12 pedalis] ALX bibedalis S bi- del. S quantitas] S quantitatis ALX 13 Sed diceres] diceretur S contra] S om. AL non enim] S quod non A quia L sequitur] om. L 15 ergo...est[2]] LS om. A quia potest] potest enim L 16 matrem] patrem! L 17 etiam] LS om. A 18 etiam] LS om. A sed] om. L 19 ex] LS ab A hoc...disiunctum] LSX om. A totum] LX om. S 20 ex] LS ab A alia] altera L parte] om. L 21 relativa] regulam! L sit] LSX est A 22 bene] L om. AS 23 scientia] est ergo scientia

das Verb »kann (sein)« vorkommt. So heißt »Wißbares« (etwas), von dem es ein Wissen geben kann. Relative der ersten Art kann man »Relative gemäß dem Sein« nennen, Relative der zweiten Art hingegen kann man »Relative gemäß der Benennung« nennen.

Sodann laute die erste Regel: Von einem Relativ auf das andere liegt in Hinsicht auf das Verb »ist« (existiert, es gibt) eine gültige Folgerung vor, und zwar sowohl bejahend als auch verneinend. So folgt sehr wohl »Ein Doppeltes ist, also ist eine Hälfte«, ebenso »Ein Doppeltes ist nicht, also ist eine Hälfte nicht«. – Und ich sage ausdrücklich »in Hinsicht auf das Verb ›ist‹«, weil eine solche Folgerung nicht in Hinsicht auf beliebige andere Prädikate gültig ist, denn es folgt nicht »Doppelt ist eine Fußgröße, also ist eine Hälfte eine Fußgröße«.

Einwand dagegen: Es folgt nämlich nicht »Ein Vater ist, also ist ein Sohn«, weil es einen Vater geben kann, der keinen Sohn hat, sondern eine Tochter. Ebenso folgt nicht »Ein Sohn ist, also ist ein Vater«, weil es einen Sohn geben kann, der keinen Vater hat, sondern eine Mutter. – Antwort: »Vater« und »Sohn« sind keine Korrelative und auch nicht »Mutter« und »Sohn« sowie auch nicht »Mutter« und »Tochter« (usw.), sondern der ganze disjunkte Ausdruck »Vater oder Mutter« einerseits und der ganze disjunkte Ausdruck »Sohn oder Tochter« anderseits.

In bezug auf die Relative gemäß der Benennung gibt es diese Regel: Von einem auf das andere liegt in Hinsicht auf das Verb »kann« eine gültige Folgerung vor. Denn sehr wohl folgt »Ein Wißbares ist, also kann ein Wissen von ihm sein«, wenn auch nicht folgt »Ein Wißbares ist, also ist ein Wissen von ihm«;

add. L eius] LS om. A 24 Scibile est] LS om. A scientia] alius! L eius] S om. AL

les in *Praedicamentis*, quod quadratura circuli sit scibilis, non tamen scita.

Iuxta locum a coniugatis est sciendum, quod coniugatum est idem, quod concretum, sed principale est idem, quod abstractum, et casus est adverbium alicui eorum correspondens. Unde ly *iustum* dicitur coniugatum et ly *iustitia* dicitur principale et ly *iuste* dicitur casus.

Tunc iuxta locum a coniugatis sit prima regula: Ab affirmatione coniugati de coniugato ad affirmationem principalis de principali est bona consequentia. Sequitur enim »Album est coloratum, ergo albedo est color«.

Sed contra diceres: Non sequitur »Album est dulce, ergo albedo est dulcedo«, nam antecedens est verum de lacte et consequens falsum. Respondetur, quod regula debet intelligi, si coniugata sint ordinata secundum superius et inferius, et similiter principalia, sicut hic »Album est coloratum, ergo albedo est color«. Sed sic non est in obiectione facta, quia nec album nec dulce nec albedo nec dulcedo habent se secundum superius et inferius.

Secunda regula: A negatione coniugati universali de coniugato ad negationem universalem principalis de principali est bona consequentia. Et ista regula tenet tam in terminis substantialibus quam accidentalibus, et tam in accidentalibus ordinatis secundum superius et inferius quam etiam in non ordinatis secundum superius et inferius. Unde bene sequitur

1 circuli] potest add. s. del. S sit] LS est A fit add. L non…scita] LS et tamen de eo non est scientia etc. etc. A et tamen non est scita X 2 tamen] scientia add. s. del. S 3 quod coniugatum] om. L 5 alicui eorum] LS hoorum! A alicui illorum X 6 ly[1]] LS om. A dicitur[1]] LS est A esse add. L et[1]] S om. AL ly[2]] LS om. A dicitur[2]] LS om. A 7 ly] LS om. A dicitur] LS om. A 8 Tunc] S om. A Item L iuxta] circa L sit] LS est A 9 coniugati] om. S 10 Album] LSX iustum A 11 coloratum] LSX virtuosus A albedo] LSX iustitia A color] LSX virtus A 12 diceres] quia add. L dulce] dulcedo S 14 regula] LS ista A si] quando S 15 sint ordinata] ordinantur LS 17 Sed] S et AL 18 habent se] LS sunt A secundum] S om. A sicut L 20 negatione] coniugata add. L 21 universalem] universalis L 22 regula] consequentia L tam] om. L 23 accidentalibus[1]] a correspondentibus! L et…accidentalibus[2]] LS om. A in] L om. S

denn Aristoteles sagt in den *Kategorien*, daß die Quadratur des Kreises wißbar ist, jedoch nicht gewußt[153].

In bezug auf den Ort von den Verbundenen ist festzuhalten, daß »Verbundenes« dasselbe bedeutet wie »konkretes (Wort)«[154], »Ursprüngliches« hingegen bedeutet dasselbe wie »abstraktes (Wort)« und »Fall« meint ein Adverb, das irgendeinem von jenen entspricht. So heißt der Ausdruck »gerecht« »das Verbundene«, der Ausdruck »Gerechtigkeit« heißt »das Ursprüngliche« und der Ausdruck »auf gerechte Weise« heißt »der Fall«.

Sodann laute in bezug auf den Ort von den Verbundenen die erste Regel: Von der Bejahung eines Verbundenen von einem Verbundenen auf die Bejahung des Ursprünglichen vom Ursprünglichen liegt eine gültige Folgerung vor. Es folgt nämlich »Ein Weißes ist farbig, also ist eine Weiße eine Farbe«.

Einwand dagegen: Es folgt nicht »Ein Weißes ist süß, also ist eine Weiße eine Süße«, denn der Vordersatz ist wahr von der Milch und der Nachsatz ist falsch. – Antwort: Die Regel muß man so verstehen: Wenn die Verbundenen gemäß höher und tiefer (in der kategorialen Hierarchie) angeordnet sind und ebenso die Ursprünglichen, wie z. B. hier »Ein Weißes ist farbig, also ist eine Weiße eine Farbe«. Aber dies ist im vorgebrachten Einwand nicht der Fall, weil sich weder »weiß« und »süß« noch »Weiße« und »Süße« gemäß Über- und Unterordnung verhalten.

Zweite Regel: Von der universalen Verneinung eines Verbundenen von einem Verbundenen auf die universale Verneinung des Ursprünglichen vom Ursprünglichen liegt eine gültige Folgerung vor. Und diese Regel gilt gleichermaßen in bezug auf substantielle und akzidentelle Terme sowie gleichermaßen in bezug auf akzidentelle Terme, die einander über- und untergeordnet sind, und solche, die nicht einander über- und unter-

accidentalibus[2]] S accidentibus L in add. S 24 secundum...inferius] AS om. L quam...inferius] LS om. A

A99ra »Nullus homo est asinus, ergo nulla humanitas est asinitas«, similiter bene sequitur »Nullum album est coloratum, ergo nulla albedo est color«, similiter bene sequitur »Nullum album est dulce, ergo nulla albedo est dulcedo«.

Iuxta locum a principalibus sit ista regula: Ab affirmatione unius principalis de alio ad affirmationem coniugati de coniugato est bona consequentia, similiter casus de casu. Bene enim sequitur »Iustitia est virtus, ergo iustum est virtuosum«, et similiter »Iuste factum est, ergo virtuose factum est«.

Iuxta locum a casibus sit ista regula: Si casus de casu, et coniugatum de coniugato. Nam bene sequitur »Quod iuste fit, virtuose fit, ergo iustum est virtuosum«.

De loco autem a divisione, quem ponit auctor *Summularum* inter medios locos, supersedeo, quia puto, quod non inter dialecticos locos debeat computari, cum super ipsum fundetur consequentia formalis. Unde est consequentia formalis, cum L45ra arguitur a disiunctiva cum destructione unius partis ad aliam, postquam non contingit reperire terminos, quin in eis consimili forma arguendi retenta valeant semper consequentiae.

13 auctor] Petrus Hispanus, Tractatus, Tr. V, Cap. 37, p. 76, lin. 4s.; cf. ibid., Cap. 40, p. 77, lin. 1–24.

2 bene] L om. AS sequitur] LS om. A 3 bene] L om. AS sequitur] LS om. A 6 de[1]] aliquo add. A 7 consequentia] et add. L casus…casu] *Sic unanime habent* ALSX Bene enim] LS unde A 8 iustum] LSX iustus A virtuosum] LSX virtuosus A et] LS om. A 9 est[1]] ALSX virtuose factum add. AL ergo] LSX om. A virtuose…est[2]] SX om. A quod iuste fit virtuose fit L 11 Nam] non! S 13 autem] om. LS ponit] posuit S 17 disiunctiva] unius? add. s. del. A 18 eis] valeat add. S consimili] consimilis S 19 arguendi] om. L retenta…consequentiae] retenta valeat etc. L om. S valeant] X valent A consequentiae] Et sit finis locorum dialecticorum. Hic expliciunt loci dialectici scripti per Iohannem de Cergiaco clericum Suessionensis dioecesis quos compilavit Albertus et finiti sunt prima die Martii anno 1374°. Deo gratias add. A

geordnet sind. So folgt sehr wohl »Kein Mensch ist ein Esel, also ist keine Menschheit eine Eselheit«, ebenso folgt sehr wohl »Kein Weißes ist farbig, also ist keine Weiße eine Farbe«, ebenso folgt sehr wohl »Kein Weißes ist süß, also ist keine Weiße eine Süße«.

In bezug auf den Ort von den Ursprünglichen gibt es diese Regel: Von der Bejahung des einen Ursprünglichen vom anderen auf die Bejahung des Verbundenen vom Verbundenen liegt eine gültige Folgerung vor, ebenso des Falles vom Fall[155]. Sehr wohl folgt nämlich »Die Gerechtigkeit ist eine Tugend, also ist ein Gerechtes tugendhaft«, und ebenso »Gerecht wurde es getan, also wurde es tugendhaft getan«.

In bezug auf den Ort von den Fällen gibt es diese Regel: Wenn ein Fall von einem Fall (ausgesagt wird), dann auch das Verbundene vom Verbundenen. Denn sehr wohl folgt »Was gerecht getan wird, wird tugendhaft getan; also ist ein Gerechtes tugendhaft«.

Den Ort von der Einteilung aber, den der Verfasser der *Summulae* (Petrus Hispanus) unter den mittleren Örtern anführt, übergehe ich, weil ich dafürhalte, daß er nicht zu den dialektischen Örtern gezählt werden soll, da ja auf ihm eine formale Folgerung gründet. So ist es eine formale Folgerung, wenn man von einem disjunktiven Satz nebst der Zerstörung (Negation) des einen Teils auf den anderen (Teil) argumentiert, nachdem es ja nicht gelingt, (irgendwelche) Terme zu finden, ohne daß mit diesen unter Beibehaltung der gleichen Schlußform die Folgerungen stets gültig wären.

⟨TRACTATUS QUINTUS DE FALLACIIS⟩

Cap. V.1 ⟨Capitulum primum de descriptionibus quid nominis aliquorum terminorum⟩

A44va Postquam dictum est de consequentiis, nunc dicendum est de his argumentationibus, quae apparent esse consequentiae et non sunt. Et huiusmodi argumentationes solent vocari paralogismi et generant deceptionem et fallaciam in anima. Et primo ponendae sunt descriptiones quid nominis aliquorum terminorum in generali, deinde prosequendum est de huiusmodi argumentationibus in speciali.

Quantum ad primum sciendum est, quod fallacia dicitur deceptio seu assensus erroneus, quo assentimus et credimus, quod aliquis processus ratiocinativus valeat, qui non valet ad concludendum illud, quod per ipsum concludi intenditur. Talis autem processus ratiocinativus vocatur paralogismus, et quidam talium paralogismorum vocatur syllogismus sophisticus, quidam vero elenchus sophisticus. Syllogismus sophisticus vocatur ille processus ratiocinativus, qui apparet concludere aliquid, quod tamen non concludit. Elenchus autem sophisticus vocatur ille processus ratiocinativus, qui videtur concludere A44vb aliquam propositionem contradicere alicui propositioni, cui tamen non contradicit.

4 est[1]] LO om. A 5 his] LO om. A 6 solent vocari] vocantur LO 7 generant] solent generare L solent generatione! O seu add. O et[2]] seu L et fallaciam] om. O anima] animo O primo] LO prima! A 8 terminorum] LOPSX nominum A 11 est] O om. AL 12 erroneus] ortoneus? L credimus] concedimus L 13 aliquis] om. s. add. i.m.? L processus] valet add. s.l. L ratiocinativus] PX rationativus AOS ratiotivus L valeat] om. L 14 quod] om. O ipsum] LO illud A 15 autem] om. L ratiocinativus] X om. A ratiotivus L rationativus O 16 vocatur] L vocantur AO syllogismus] A paralogismus LOPS om. X 17 vero] autem LO elenchus] elenchicus L sophisticus[1]] A paralogismus LOPS om. X Syllogismus] paralogismus LO 18 vocatur] est LO ratiocinati-

TRAKTAT V: DIE TRUGSCHLÜSSE

Kapitel V.1: *Die Namensdefinitionen einiger Terme*

Nachdem über die Folgerungen gesprochen wurde, muß jetzt über diejenigen Argumente gesprochen werden, die Folgerungen zu sein scheinen, aber keine sind. Und derartige Argumente werden gewöhnlich »Paralogismen« (»falsche Rechnungen«, Fehlschlüsse) genannt und sie erzeugen eine Täuschung und einen Trug in der Seele. Erstens müssen im allgemeinen Namensbeschreibungen (d. i. Namensdefinitionen) einiger Terme angeführt werden, hierauf ist im besonderen (mit der Abhandlung) über derartige Argumente fortzufahren.

Was das erste anbelangt, so muß man wissen, daß »Fehlurteil«[156] eine Täuschung bzw. eine irrige Zustimmung genannt wird, durch die wir zustimmen und glauben, daß ein Schlußfolgerungsvorgang gültig sei, welcher (aber) nicht geeignet ist zum Schluß auf das, was durch ihn zu schließen beabsichtigt wird. Ein solcher Schlußfolgerungsvorgang aber heißt »Paralogismus« (Fehlschluß), und eine Art von solchen Fehlschlüssen heißt »sophistischer Syllogismus«, eine Art hingegen »sophistische Widerlegung«[157]. »Sophistischer Syllogismus« heißt ein solcher Schlußfolgerungsvorgang, der etwas zu schließen scheint, was er jedoch nicht schließt. »Sophistische Widerlegung« hingegen heißt ein solcher Schlußfolgerungsvorgang, der zu schließen scheint, daß irgendein Satz irgendeinem Satz widerspricht, welchem er jedoch nicht widerspricht.

vus] X rationativus AO ratiotivus L 19 quod] et LO Elenchus] elencicus L autem] O om. AL sophisticus] om. L 20 ratiocinativus] X rationativus AO ratiotivus L concludere] om. s. add. i.m. L 21 contradicere] LOP contradicentem ASX propositioni] LOPSX om. A 22 cui] OPSX quae A et L

Et est notandum, quod talium paralogismorum solet duplex causa assignari, una, quae vocatur causa apparentiae bonitatis talis paralogismi, et alia, quae vocatur causa defectus bonitatis talis paralogismi. Causa apparentiae est illa, propter quam creditur, quod talis processus ratiocinativus valeat ad concludendum illud, quod per ipsum concludi intenditur. Causa autem defectus bonitatis eiusdem est illa, qua ille processus ratiocinativus deficit ad concludendum illud, quod per ipsum concludi intenditur, et qua nota apparet illum processum ratiocinativum non valere.

Fallaciarum autem tredecim sunt species, id est, maximus numerus terminorum non communicantium in significando significantium fallacias est numerus tredenarius, et earum sex vocantur fallaciae in dictione, septem vero vocantur fallaciae extra dictionem. Fallaciae in dictione sunt fallacia aequivocationis, fallacia amphiboliae, fallacia compositionis, fallacia divisionis, fallacia accentus, fallacia figurae dictionis. Fallaciae autem extra dictionem sunt fallacia accidentis, fallacia secundum quid et simpliciter, fallacia ignorantiae elenchi, fallacia petitionis principii, fallacia consequentis, fallacia secundum non causam ut causam, fallacia secundum plures interrogationes ut unam.

1 est...quod] LO om. A 3 talis] syllogismi vel add. L et alia] alia vero LO quae vocatur] om. L bonitatis...paralogismi] LOX om. A 4 paralogismi] OX syllogismi L illa] LOPSX illud A propter] AOPSX per L quam] LOPSX quod A 5 creditur] AOPSX conceditur L aliquid add. s. del. O quod] LOPSX om. A ratiocinativus] X rationativus AO ratiotivus L valeat] LOPSX valere A 6 quod...ipsum] per ipsum quod O 7 autem] O om. AL bonitatis eiusdem] LO om. A processus] defectus *ante corr. i.m.* L 8 ratiocinativus] X rationativus ALO ipsum] LO illud A 9 et] LOPX in A propter S qua] ALOPX quod S nota] OP om. AS del. L ratione X ratiocinativum] X rationativum AO ratiotivum L 11 autem] O om. AL 12 numerus] om. O non] del. s. add. i.m. L communicantium] incidentium L co- add. i.m. L coincidentium O in significando] om. O 14 vocantur[1]] flle- add. s. del. O septem] fallaciae? *ante corr. i.m.* L septem vero] et septem LO vocantur fallaciae[2]] om. LO 15 Fallaciae] fallacia L enim add. A sunt] est L fallacia] LX om. A fallaciae O aequivocationis] OX aequivocatio A aequivoca L 16 fallacia[1]] LX om. AO amphiboliae]

Anzumerken ist, daß man für solche Fehlschlüsse eine zweifache Ursache anzugeben pflegt, und zwar eine, die »Ursache des Anscheins von Gültigkeit« eines solchen Fehlschlusses heißt, und eine andere, die »Ursache des Mangels an Gültigkeit« eines solchen Fehlschlusses heißt. Die Ursache des Anscheins ist diejenige, aufgrund welcher man glaubt, daß ein solcher Schlußfolgerungsvorgang geeignet sei zum Schluß auf das, was durch ihn zu schließen beabsichtigt wird. Die Ursache des Mangels an Gültigkeit desselben aber ist diejenige, aufgrund welcher jener Schlußfolgerungsvorgang fehlgeht beim Schluß auf das, was durch ihn zu schließen beabsichtigt wird, und nach deren Kenntnisnahme es einleuchtet, daß jener Schlußfolgerungsvorgang nicht gültig ist.

Von den Fehlurteilen aber gibt es dreizehn Arten, d. h., die größte Anzahl von Termen, die in der Bedeutung nicht übereinstimmen und Fehlurteile bezeichnen, ist die Zahl Dreizehn, und sechs von ihnen heißen »Fehlurteile im Wort« (sprachabhängige Fehlurteile), sieben hingegen heißen »Fehlurteile außerhalb des Wortes« (sprachunabhängige Fehlurteile). Die sprachabhängigen Fehlurteile sind: das Fehlurteil der Äquivokation (semantischen Mehrdeutigkeit), das Fehlurteil der Amphibolie (syntaktischen Mehrdeutigkeit), das Fehlurteil der Zusammensetzung, das Fehlurteil der Trennung, das Fehlurteil der Betonung, das Fehlurteil der (grammatischen) Wortgestalt. Die sprachunabhängigen Fehlurteile aber sind: das Fehlurteil des Akzidens, das Fehlurteil des Bedingten und Unbedingten, das Fehlurteil der Unkenntnis der Widerlegung, das Fehlurteil der Bitte um den Grund (d. h. der Erschleichung des Beweisgrundes), das Fehlurteil des Nachfolgenden, das Fehlurteil gemäß einer Nicht-Ursache als Ursache, das Fehlurteil gemäß mehreren Fragen als einer.

LO amphibolia A amphibologiae X fallacia[2]...dictionis] LOX etc. A 17 divisionis] dictionis *ante corr. i.m.* L 18 fallacia[1]] LOX fallaciae A fallacia[2]] OX fallaciae A om. L 19 et] ad X fallacia[1]...unam] LOX etc. A 20 principii] OX principium L 21 non...causam[2]] LO causam ut non causam X ut causam] om. s. add. i.m. L

Fallaciae in dictione propter hoc dicuntur in dictione, quia sunt deceptiones non provenientes nisi ex processibus ratiocinativis, qui non possent fieri, nisi essent dictiones seu signa ad placitum instituta. Fallaciae autem extra dictionem dicuntur extra dictionem propter hoc, quia sunt ex processibus ratiocinativis provenientes, qui possent fieri, si non essent signa ad placitum instituta, cum quo tamen bene stat, quod etiam possent fieri in signis ad placitum institutis.

Notandum, quod proprie loquendo nulla fallacia est in dic-
O44ra tione, eo quod fallacia est deceptio, qua aliquis decipitur, ipsa autem deceptio non est nisi in intellectu, cum sit actus ipsius. Nihilominus ad intellectum praedictum bene dicuntur fallaciae aliquae fallaciae in dictione, scilicet, quia non proveniunt nisi ex processibus ratiocinativis, qui non possent fieri, nisi essent dictiones et signa ad placitum instituta. Ex hoc sequitur dictum unius esse falsum, qui dicit omnes fallacias esse in dictione proprie loquendo et nullam esse extra dictionem. Unde contra illum ego dico, quod proprie loquendo omnes fallaciae sunt extra dictionem et nullae in dictione.

Deinde notandum est, quod processus ratiocinativi, ex quibus proveniunt dictae fallaciae, sicut iam dicebatur, communi nomine vocantur paralogismi et sunt instrumenta disputationum sophisticarum, quae per huiusmodi instrumenta intendunt quinque fines, quos Aristoteles in primo *Elenchorum*

24 Aristoteles] Aristoteles, De sophisticis elenchis, Cap. 3, 165b12–22.

1 Fallaciae] fallacia L 2 ratiocinativis] X rationativis AO ratiotivis L 3 possent] possunt L seu signa] om. L 4 instituta] institutae L Fallaciae… instituta] A om. LOPSX 5 extra…hoc] Z om. A ratiocinativis] Z rationativus A 6 qui] Z quae A 7 quo] illo LX tamen] etiam LOX etiam] om. LOX possent fieri] possunt fieri LO fiant X 8 in] cum LX 10 aliquis] om. O decipitur] decipimur O ipsa] ista LO 11 actus] A accidens LOPSX ipsius] intellectus LOX 13 fallaciae] L om. AO scilicet] om. L proveniunt] LO provenit A nisi] LO om. A 14 ratiocinativis] X rationativis AO rationatis L qui] quia L possent] possunt LO 15 et] LO om. A sequitur] sequitur add. A 17 nullam esse] LOX non A contra…ego] om. LX ipsum O 18 quod] om. O omnes add. s. del. A 19 dictionem] dictiones L nullae] nulla LO proprie

Die sprachabhängigen Fehlurteile heißen deswegen »sprachabhängig«, weil sie Täuschungen sind, die nur aus solchen Schlußfolgerungsvorgängen hervorgehen, die nicht gemacht werden könnten, wenn es keine Wörter bzw. konventional eingesetzte Zeichen gäbe. Die sprachunabhängigen Fehlurteile aber heißen deshalb »sprachunabhängig«, weil sie aus Schlußfolgerungsvorgängen hervorgehen, die (auch) gemacht werden könnten, wenn es keine konventional eingesetzten Zeichen gäbe, womit aber sehr wohl vereinbar ist, daß sie auch mit konventional eingesetzten Zeichen gemacht werden könnten.

Anzumerken ist, daß es im eigentlichen Sinne kein sprachabhängiges Fehlurteil gibt, weil ein Fehlurteil eine Täuschung ist, durch die jemand getäuscht wird; diese Täuschung aber ist nur im Verstand, da sie ein Akt desselben ist. Nichtsdestoweniger werden gemäß dem vorgenannten Verständnis sehr wohl manche Fehlurteile »sprachabhängige Fehlurteile« genannt, nämlich (gemäß dem Verständnis), daß sie nur aus (solchen) Schlußfolgerungsvorgängen hervorgehen, die nicht gemacht werden könnten, wenn es keine Wörter und konventional eingesetzten Zeichen gäbe. – Daraus folgt, daß die Aussage eines (gewissen Autors) falsch ist, welcher sagt, daß im eigentlichen Sinne alle Fehlurteile sprachabhängig seien und keines sprachunabhängig sei. Denn im Gegensatz zu diesem (Autor) sage ich, daß im eigentlichen Sinne alle Fehlurteile sprachunabhängig sind und es keine sprachabhängigen gibt.

Sodann ist festzuhalten, daß die Schlußfolgerungsvorgänge, aus denen die genannten Fehlurteile hervorgehen, mit einem gängigen Namen »Paralogismen« (Fehlschlüsse) genannt werden, wie schon gesagt wurde, und Werkzeuge (Hilfsmittel) für die Disputationen der Sophisten sind, die mit derartigen Hilfsmitteln fünf Ziele verfolgen, die Aristoteles im ersten Buch der *Widerlegungen* »fünf Grenzen« nennt; zu diesen Zielen näm-

(loquendo O om. L) est add. LO 20 est] O om. AL ratiocinativi] X rationativus AO om. L ex] Z om. ALOX 22 disputationum sophisticarum] LOX disputationis sophisticae A 23 quae] X qui ALO 24 quinque] om. s. add. i.m. L in primo] LO in prima A in quinto *ante corr. i.m.* L

vocat quinque metas, ad quos quidem fines disputans sophistice intendit ducere suum respondentem. Et illorum finium seu metarum unus vocatur redargutio, alius vocatur falsum, tertius vocatur inopinabile, quartus vocatur soloecismus, quintus [L45rb] vocatur nugatio. Unde aliquis disputans sophistice cum aliquo intendit eum ducere per huiusmodi instrumenta, quae vocantur paralogismi, ad aliquam istarum metarum.

Deinde notandum, quod illorum paralogismorum quidam proprie dicuntur in dictione, quidam vero extra dictionem, et sunt similiter tredecim species paralogismorum, saltem secundum aliquam divisionem, sicut sunt tredecim species fallaciarum. Sunt enim sex species paralogismorum in dictione et septem extra dictionem. Isti enim paralogismi dicuntur in dictione, qui non possent fieri, nisi essent signa ad placitum instituta, illi autem paralogismi dicuntur extra dictionem, qui possent fieri supposito adhuc, quod nulla essent signa ad placitum instituta.

Sic ergo visum est, quid sit fallacia, et quid sit syllogismus sophisticus, et quid sit elenchus sophisticus, et quot sint species fallaciarum et similiter paralogismorum, et quare aliquae vocantur fallaciae in dictione et aliquae extra dictionem, et similiter hoc idem de paralogismis, et quot sint metae, et etiam, quid vocatur causa apparentiae et quid causa defectus paralogismi.

1 quinque] om. s. add. i.m. L ad] et L ad…fines] om. s. add. i.m. L 2 suum] om. LO 3 seu] L se! O seu metarum] LO om. A vocatur[1]] de add. s. del. O alius] secundus LO vocatur[2]] LO om. A 4 tertius…nugatio] LO om. A inopinabile…vocatur[2]] L om. O quintus] L quartus O 5 Unde] cum add. L aliquis] L om. AO 7 aliquam] aliquem L istarum] O om. A istorum L metarum] paralogismorum L 8 illorum] huiusmodi LO paralogismorum] paralogismi LO quidam] vero add. A 9 dictione] et add. O vero] om. LO 10 paralogismorum] om. LO 11 divisionem] dictionem O 13 dictionem] dictiones L Isti enim] LO om. A paralogismi] om. O 14 possent] possunt L 15 illi] OX om. L illi…instituta] OX om. A om. s. add. i.m. L dicuntur] OX om. L 16 possent] X possunt LO adhuc quod] LX trsp. O nulla] X non LO 18 Sic] Hic O quid[2]] quod O sit[2]] L om. AO syllogismus] paralogismus L 19 et[1]] LO om. A sit] O om. AL sophisticus[2]] om. L sint] L sunt AO species] LO om. A

lich beabsichtigt ein sophistisch Disputierender seinen Gegner (»Antworter«) hinzuführen. Und von diesen Zielen bzw. Grenzen heißt das eine »die Widerlegung«, das zweite heißt »das Falsche«, das dritte heißt »das Unglaubliche«, das vierte heißt »der Solözismus« (Verstoß gegen die Regeln der Sprache), das fünfte heißt »das Geschwätz«. So beabsichtigt jemand, der mit jemandem sophistisch disputiert, diesen mit derartigen Hilfsmitteln, die »Paralogismen« heißen, zu irgendeiner dieser »Grenzen« zu führen.

Sodann ist anzumerken, daß von diesen Fehlschlüssen im eigentlichen Sinne manche »sprachabhängig« genannt werden, manche hingegen »sprachunabhängig«, und es gibt ebenso dreizehn Arten von Fehlschlüssen, zumindest gemäß einer bestimmten Einteilung, wie es dreizehn Arten von Fehlurteilen gibt. Es gibt nämlich sechs Arten von sprachabhängigen Fehlschlüssen und sieben (Arten von) sprachunabhängigen. Diejenigen Fehlschlüsse nämlich heißen »sprachabhängig«, die nicht gemacht werden könnten, wenn es keine konventional eingesetzten Zeichen gäbe, während diejenigen Fehlschlüsse »sprachunabhängig« heißen, die auch noch unter der Voraussetzung, daß es keine konventional eingesetzten Zeichen gäbe, gemacht werden könnten.

So hat man also gesehen, was ein Fehlurteil ist, was ein sophistischer Syllogismus ist, was eine sophistische Widerlegung ist und wie viele Arten von Fehlurteilen sowie von Fehlschlüssen es gibt; und weshalb manche Fehlurteile »sprachabhängig« heißen und manche »sprachunabhängig« sowie dasselbe in bezug auf die Fehlschlüsse; und wie viele »Grenzen« (sophistische Argumentationsziele) es gibt; und außerdem, was »Ursache des Anscheins« und was »Ursache des Mangels« eines Fehlschlusses heißt.

20 similiter] LO om. A aliquae] LO aliqua A 21 fallaciae] L om. AO 22 similiter] LO om. A et[1]] LO om. A sint] LO sunt A et[2]] LO om. A etiam] L om. AO 23 quid[1]] quae O causa[1]] L causae A quid[2]] L om. A quae O causa[2]] L om. AO paralogismi] etc. Sequitur ergo add. L

Cap. V.2 ⟨Capitulum secundum de paralogismis in dictione et primo de paralogismis aequivocationis⟩

Viso in generali, videndum est de paralogismis in speciali, et primo de paralogismis in dictione, deinde de paralogismis extra dictionem. Et primo de paralogismis generantibus deceptionem, quae quidem deceptio vocatur fallacia aequivocationis.

Circa quod sciendum est primo, quid sit fallacia aequivocationis et quid paralogismus aequivocationis, et quae sit causa apparentiae et defectus bonitatis paralogismorum aequivocationis. Secundo videndum est, qualiter sit respondendum ad A45ra tales paralogismos. Tertio videndum est, quot sint modi, quibus possunt fieri tales paralogismi aequivocationis.

Quantum ad primum sciendum est, quod fallacia aequivocationis est deceptio proveniens ex processu ratiocinativo apparenter bono ex identitate termini vocalis vel scripti, qui non est bonus propter diversitatem conceptuum, quibus ille terminus subordinatur in significando. Verbi gratia, sic arguendo »Omnis canis currit, sidus caeleste est canis, ergo sidus caeleste currit«. Videtur enim, quod hic processus sit bonus propter identitatem vocis istius termini *canis* in maiore et in minore, O44rb sed non est bonus propter diversitatem, quia distinctis conceptibus subordinatur in significando hic terminus *canis* in maiore et in minore. Modo fallacia tali modo causata per huiusmodi

4 Viso] Viis! visis L His visis O in speciali] om. LO et…paralogismis[1]] om. O 7 quidem] quidam! L 8 quod] quam LO sciendum] notandum L videndum O est] LO om. A 9 et[1]…aequivocationis] om. L et[2]] LO om. A quae] LO quid A sit] L om. A 10 bonitatis] L bonorum! A paralogismorum] fallaciae add. L 11 est] om. L 12 paralogismos] LO om. A est] O om. AL sint] LO sunt A 14 Quantum ad] Quoad L est] L om. AO 15 proveniens] perveniens L ratiocinativo] X rationativo AO ratiotivo L apparenter] apparenti L 16 identitate] identitati O 17 quibus] quo O 21 vocis] O om. ALPSX canis] et non est bonus? add. A in[2]] O om. AL 22 sed…bonus] L om. A et non bonus O propter diversitatem] om. LO diversitatem] quod distinctis conceptibus subordinatur in significando add. A 23 subordinatur…minore] om. s. add. i.m. L in significando] O om. A om. s. add. i.m. L hic…canis]

Kapitel V.2:
Die sprachabhängigen Fehlschlüsse und erstens die Fehlschlüsse der Äquivokation

Nach dieser allgemeinen Untersuchung ist über die Fehlschlüsse im besonderen zu handeln, und zwar zuerst über die sprachabhängigen Fehlschlüsse, hernach über die sprachunabhängigen Fehlschlüsse. Und erstens über die Fehlschlüsse, die eine Täuschung erzeugen, welche »Fehlurteil der Äquivokation« (»Gleichbenennung«, semantischen Mehrdeutigkeit) heißt.

Diesbezüglich ist erstens festzuhalten, was ein Fehlurteil der Äquivokation und was ein Fehlschluß der Äquivokation ist sowie was die Ursache des Anscheins von und des Mangels an Gültigkeit der Fehlschlüsse der Äquivokation ist. Zweitens ist zu erwägen, wie man auf solche Fehlschlüsse antworten muß. Drittens ist zu untersuchen, wie viele Weisen es gibt, auf denen solche Fehlschlüsse der Äquivokation gemacht werden können.

Was das erste anbelangt, so muß man wissen, daß ein Fehlurteil der Äquivokation eine Täuschung ist, die aus einem Schlußfolgerungsvorgang hervorgeht, welcher aufgrund der Identität eines gesprochenen oder geschriebenen Terms scheinbar gültig ist, welcher (aber) wegen der Verschiedenheit der Begriffe, denen jener Term in seiner Zeichenfunktion untergeordnet ist, nicht gültig ist. Z. B., wenn man so argumentiert: »Jeder Hund läuft, ein Sternbild ist ein Hund, also läuft ein Sternbild«. Es scheint nämlich, daß dieser (Argumentations-) Vorgang wegen der phonetischen (und graphemischen) Identität des Terms »Hund« in der größeren und in der kleineren (Prämisse) gültig sei, aber er ist nicht gültig wegen der (Bedeutungs-) Verschiedenheit, weil der Term »Hund« in der größeren und in der kleineren Prämisse in seiner Zeichenfunktion verschiedenen Begriffen untergeordnet ist. Ein Fehlurteil, das auf solche Weise durch einen derartigen Fehlschluß verursacht

om. L maiore] maiori O 24 in] O om. AL minore] minori O Modo fallacia] om. s. add. i.m. L tali modo] talis LO

paralogismum vocatur fallacia aequivocationis et talis paralogismus vocatur paralogismus aequivocationis. Ex isto statim patet, quod causa apparentiae bonitatis talium paralogismorum aequivocationis est identitas termini vocalis vel scripti, causa autem defectus bonitatis talium paralogismorum est diversitas conceptuum, quibus talis terminus subordinatur in significando.

Quantum ad secundum est sciendum, quod aliqui dicunt, quod respondendo ad huiusmodi paralogismos debeat responderi per distinctionem, sicut Ockham et socii eius, scilicet, quod posita aliqua propositione, in qua ponitur una dictio, qua contingit diversimode uti in propositione, est distinguenda, eo quod contingit illa dictione uti sic vel sic. Sed contra illum et socios suos volo probare illam conclusionem, quod nulla propositio est distinguenda, sed quod quaelibet propositio simpliciter est concedenda, neganda vel dubitanda, et si sic, tunc non est respondendum ad paralogismos praedictae fallaciae per distinctionem.

Praedictam conclusionem probo sic: Omnis propositio vel est vera vel falsa. Sed si est vera et scitur esse vera, est concedenda. Et si est falsa et scitur esse falsa, est neganda. Sed si est vera et non scitur esse vera vel si est falsa et non scitur esse falsa, tunc est dubitanda. Secundo ad idem: Quaelibet propositio vel significat, sicut est, et nullo modo aliter, quam est, vel

10 Ockham] Guillelmus de Ockham, Summa logicae, Ps. III, Tr. IV, Cap. 2, p. 753, lin. 40–46.

1 vocatur…aequivocationis] LO om. A 2 statim] om. L 3 talium] om. LO 5 bonitatis…paralogismorum] LO om. A 6 diversitas] pluralitas LO talis… subordinatur] huiusmodi termini subordinantur LO 8 est] L om. AO quod] quia O 9 huiusmodi] om. LO paralogismos] aequivocationis add. LO debeat] LO debet A 10 sicut…eius] A om. LOPSX 11 propositione] distinctione del. L oratione *post corr. i.m.* L 12 in propositione] LO om. A 13 Sed] LO om. A illum…suos] A istos LOPS Occham et socios eius X 15 quod] LO simpliciter? A simpliciter] om. LO 16 concedenda] vel add. L neganda] simpliciter add. L dubitanda] simpliciter add. O et] similiter? add. s. del. O et…tunc] LO nec! A tunc] sic add. O non] om. O sic add. L 17 paralogis-

ist, heißt nun aber »Fehlurteil der Äquivokation«, und ein solcher Fehlschluß heißt »Fehlschluß der Äquivokation«. Daraus erhellt sogleich, daß die Ursache des Anscheins von Gültigkeit solcher Fehlschlüsse der Äquivokation die Identität eines gesprochenen oder geschriebenen Terms ist; die Ursache des Mangels an Gültigkeit solcher Fehlschlüsse hingegen ist die Verschiedenheit der Begriffe, denen der betreffende Term in seiner Zeichenfunktion untergeordnet ist.

Was das zweite anbelangt, so ist festzuhalten, daß manche (Autoren) sagen, daß man als Reaktion auf derartige Fehlschlüsse mit einer Unterscheidung antworten muß, wie z. B. Ockham und seine Anhänger, nämlich: Wenn ein Satz vorliegt, in dem ein Wort vorkommt, welches (aufgrund der Sprachgegebenheiten) in einem Satz auf verschiedene Weise verwendet werden kann, so ist (jener Satz) zu unterscheiden, weil jenes Wort so oder so verwendet werden kann. Aber gegen diesen (Autor) und seine Anhänger möchte ich die These beweisen, daß kein Satz unterschieden werden soll, sondern daß jeder Satz einfach zugegeben, abgelehnt oder bezweifelt werden soll[158]; und wenn das zutrifft, dann muß man auf die Fehlschlüsse des vorgenannten Fehlurteils nicht mit einer Unterscheidung antworten.

Die vorgenannte These beweise ich folgendermaßen: Jeder Satz ist entweder wahr oder falsch. Aber wenn er wahr ist und seine Wahrheit bekannt ist, dann ist er zuzugeben. Und wenn er falsch ist und seine Falschheit bekannt ist, dann ist er abzulehnen. Aber wenn er wahr ist und seine Wahrheit nicht bekannt ist oder wenn er falsch ist und seine Falschheit nicht bekannt ist, dann ist er zu bezweifeln. – Zweitens zum selben: Jeder Satz bezeichnet entweder so, wie es (in der Wirklichkeit

mos] syllogismos O fallaciae] primo modo add. i.m. L per distinctionem] om. LO 19 vel] O *lectio incerta* A om. L 20 falsa] vel dubia add. L Sed] om. L probo O scitur] O sciatur A scita L 21 Et si] Si autem L scitur] O sciatur A scita L 22 vera[1]...falsa] dubia scita esse dubia L scitur[1]] O sciatur A vera[2]] est dubitanda add. O vel] et similiter O scitur[2]] O sciatur A 23 tunc] L om. AO 24 et] vel *ante corr. i.m.* O

significat aliqualiter aliter, quam est, quamvis partim significet taliter, qualiter est. Si primo modo, sic est vera, et si hoc scitur, est concedenda, sed si non scitur, est dubitanda. Sed si secundo modo, est falsa, tunc iterum, si hoc scitur, est neganda, si nescitur, est dubitanda. Ex eo, quod ad veritatem propositionis requiritur, quod nullo modo significet aliter, quam est, et ad falsitatem propositionis sufficit, quod significet aliqualiter L45va aliter, quam est, non obstante, quod significet et aliqualiter taliter, qualiter est. Tertio: Si aliqua propositio esset distinguenda, hoc esset illa, quae haberet plures sensus. Tunc sic: Vel ergo illa propositio significat illos plures sensus copulative vel disiunctive. Si copulative, vel ergo ambo sunt veri vel ambo sunt falsi vel unus est verus et alter falsus. Si ambo sunt veri, tunc ipsa est vera, et si hoc scitur, tunc ipsa est concedenda. Si ambo sunt falsi, tunc ipsa est falsa, et si hoc scitur, ipsa est neganda. Si autem unus est verus et alter falsus, adhuc ipsa est falsa, cum ad falsitatem copulativae sufficiat unam partem esse falsam. Et iterum, si hoc scitur, ipsa est neganda, si autem dubitatur, ipsa est dubitanda. Et per consequens vel ipsa est simpliciter concedenda vel simpliciter neganda vel dubitanda. Si autem dicatur, quod aliqua propositio habens plures sensus significet eos disiunctive, tunc iterum, vel ambo sunt veri vel ambo sunt falsi vel unus est verus et alter falsus.

1 significat] aliter? add. A aliqualiter] om. L quamvis] partem add. L significet] O *lectio incerta* A om. L **2** est^{1}] et add. O sic] L om. AO si] LO om. A scitur] LO sciatur A **3** sed] et LO si^{1}] LO om. A scitur] LO sciatur A Sed] O om. AL secundo] secundum O **4** modo] om. LO est falsa] om. LO tunc] om. O si^{1}] O om. A sic L scitur] LO sciatur A nescitur] LO non sciatur A **5** Ex eo] LO et? A ad] LO om. A **6** et...est] LO om. A **7** propositionis] L om. O **8** aliter] esse add. L non...est] om. O et] om. L **9** esset] est O **10** haberet] posset habere O Tunc sic] LO om. A **11** plures] om. LO sensus] secundum est! L copula? add. A copulative] LO *lectio incerta* A **12** disiunctive] LO distributive A Si] LO om. A copulative] LO collective? A ergo] LO om. A veri] verae L **13** ambo^{1}] ambae L om. O sunt^{1}] om. LO falsi] falsae L vel... falsus] LO om. A sunt^{2}] LO om. A **14** tunc^{1}] LO om. A et...concedenda] LO om. A hoc] O om. L **15** sunt] O om. AL tunc] L om. AO scitur] LO sciatur A **16** ipsa] LO om. A Si autem] LO *lectio incerta* A **17** ipsa] LO om. A sufficiat]

der Fall) ist, und auf keine Weise anders, als es ist; oder er bezeichnet irgendwie anders, als es ist, obgleich er (möglicherweise) zum Teil (auch) so bezeichnet, wie es ist. Wenn auf die erste Weise, so ist er wahr, und wenn das bekannt ist, dann ist er zuzugeben, aber wenn es nicht bekannt ist, ist er zu bezweifeln. Aber wenn auf die zweite Weise, so ist er falsch, und dann gilt wiederum: Wenn das bekannt ist, ist er abzulehnen; wenn es nicht bekannt ist, ist er zu bezweifeln. Und zwar ist das deshalb so, weil es für die Wahrheit eines Satzes erforderlich ist, daß er auf keine Weise anders bezeichnet, als es ist, und es für die Falschheit eines Satzes genügt, daß er irgendwie anders bezeichnet, als es ist, unbeschadet, daß er irgendwie auch so bezeichnen mag, wie es ist. – Drittens: Wenn irgendein Satz zu unterscheiden wäre, so wäre das ein solcher, der mehrere Sinne hat. Dann (argumentiere ich) so: Entweder bezeichnet dieser Satz also diese mehreren Sinne auf kopulative Weise oder auf disjunktive Weise. Wenn auf kopulative Weise: Entweder sind also beide wahr oder sind beide falsch oder ist der eine wahr und der andere falsch[159]. Wenn beide Sinne wahr sind, dann ist der Satz wahr, und wenn das bekannt ist, dann ist er zuzugeben. Wenn beide Sinne falsch sind, dann ist der Satz falsch, und wenn das bekannt ist, dann ist er abzulehnen. Wenn aber der eine Sinn wahr ist und der andere falsch, dann ist der Satz wiederum falsch, da es für die Falschheit eines kopulativen Satzes genügt, daß ein Teil (von ihm) falsch ist. Und wiederum gilt: Wenn das bekannt ist, dann ist der Satz abzulehnen, wenn es aber zweifelhaft ist, dann ist er zu bezweifeln. Und folglich ist der Satz entweder einfach zuzugeben oder einfach abzulehnen oder (einfach) zu bezweifeln[160]. – Wenn man aber sagte, daß ein Satz, der mehrere Sinne hat, diese auf disjunktive Weise bezeichnet, dann gilt wiederum: Entweder sind beide

sufficit L unam] alteram L 18 iterum] h- add. s. del. A scitur] LO sciatur A ipsa] LO om. A 19 autem] praedicta add. L ipsa] LO om. A vel] LO om. A 20 est] om. L simpliciter[2]] om. LO 22 plures] partes? *ante corr. i.m.* L duos O significet] significat L eos] illos LO disiunctive] LO distributive A 23 sunt[1]] LO om. A sunt[2]] L om. AO vel[2]...falsus] LO om. A

Si dicatur, quod ambo sunt veri, tunc illa propositio est vera, et si hoc scitur, ipsa est concedenda, et si dubitatur, an aliquis istorum sensuum sit verus, est dubitanda. Si autem ambo isti sensus sunt falsi, ipsa est falsa, et si hoc scitur, ipsa est O44va neganda. Si autem unus istorum sensuum est verus et alter falsus, adhuc ipsa est vera, cum ad veritatem disiunctivae sufficiat unam partem esse veram, et si hoc scitur, ipsa est concedenda, et si dubitatur, est dubitanda.

Sed contra diceret aliquis: Ista propositio »Omnes homines sunt asini vel homines et asini sunt asini« sic se habet, quod ad A45rb eam non potest responderi nisi sub distinctione. Si enim proponatur tibi et si tu neges eam, contra: Ipsa est una copulativa, cuius ambae partes sunt verae, ergo ipsa est vera et per consequens non neganda. Assumptum patet, quia prima eius pars est vera, scilicet »Omnes homines sunt asini vel homines«, et similiter ista est vera »Asini sunt asini«, sed illae duae propositiones copulantur ad invicem per illam coniunctionem copulativam *et*, et quia ambae sunt verae, ideo ipsae constituunt unam copulativam veram, et per consequens negando praedictam propositionem male respondetur. Si autem concedis praedictam propositionem, contra: Praedicta propositio est una disiunctiva, cuius ambae partes sunt falsae, ergo etc. Assumptum probatur, nam prima eius pars, scilicet »Omnes homines sunt asini«, est falsa, et similiter secunda pars, scilicet »Homines et asini sunt asini«, est falsa, et istae duae partes copulan-

1 illa propositio] ipsa L et] om. O 2 scitur] LO sciatur A ipsa] LO om. A 3 sensuum] LO om. A sit] est LO isti] LO ille A 4 ipsa[1]…et] om. O scitur] LO sciatur A ipsa[2]] LO om. A 5 istorum] LO om. A sensuum] O om. AL 6 adhuc] om. LO ipsa] LO om. A cum] quia LO sufficiat] sufficit LO 7 unam] alteram LO si] om. s. add. s.l. L scitur] LO sciatur A ipsa] LO om. A 8 et si] si vero LO dubitatur] LO dubitetur A 10 asini[3]] si add. L habet] habent L 11 distinctione] disiunctione O 12 si] LO om. A tu] om. LO neges] X negas ALO eam] OX om. AL Ipsa] om. O 14 prima eius] LO om. A 15 vera] om. O scilicet] LO si enim? A et] om. LO 16 similiter] om. O est vera] LO om. A asini] vel homines add. s. del. L propositiones] partes LO 17 coniunctionem] om. O copulativam] O om. AL 18 ambae] partes add. L ideo] om. LO ipsae] ipsi L constituunt] L constituens A constituent O 19 praedictam] om.

wahr oder sind beide falsch oder ist der eine wahr und der andere falsch. Wenn man sagte, daß beide wahr sind, dann ist der Satz wahr, und wenn das bekannt ist, dann ist er zuzugeben; und wenn es zweifelhaft ist, ob irgendeiner dieser Sinne wahr ist, dann ist er zu bezweifeln. Wenn aber beide diese Sinne falsch sind, dann ist der Satz falsch, und wenn das bekannt ist, dann ist er abzulehnen. Wenn aber der eine von diesen Sinnen wahr ist und der andere falsch, dann ist der Satz wiederum wahr, da es für die Wahrheit eines disjunktiven Satzes genügt, daß ein Teil (von ihm) wahr ist; und wenn das bekannt ist, dann ist er zuzugeben, und wenn es zweifelhaft ist, ist er zu bezweifeln.

Aber dagegen wird ein Einwand erhoben: Der Satz »Alle Menschen sind Esel oder Menschen und Esel sind Esel« verhält sich so, daß man auf ihn nur mittels einer Unterscheidung antworten kann. Wenn er dir nämlich vorgelegt würde und wenn du ihn ablehntest, dann dagegen: Er ist ein kopulativer Satz, von dem beide Teile wahr sind, also ist er wahr und folglich darf er nicht abgelehnt werden. Die Annahme ist klar, weil sein erster Teil wahr ist, nämlich »Alle Menschen sind Esel oder Menschen«, und ebenso ist der Satz »Esel sind Esel« wahr; aber diese zwei Sätze werden mittels der kopulativen Konjunktion »und« miteinander verknüpft, und weil beide wahr sind, so bilden sie (zusammen) einen wahren kopulativen Satz, und folglich antwortet man schlecht, wenn man den vorgenannten Satz ablehnt. Wenn du aber den vorgenannten Satz zugibst, dann dagegen: Der vorgenannte Satz ist ein disjunktiver, von dem beide Teile falsch sind, also usw. Die Annahme wird bewiesen, denn sein erster Teil, nämlich »Alle Menschen sind Esel«, ist falsch und der zweite Teil, nämlich »Menschen und Esel sind Esel«, ist ebenso falsch, und diese beiden Teile werden mittels der disjunktiven Konjunktion

O 20 concedis] LOX concedas A 21 propositio] om. L una] vera! L 23 eius] LO om. A 24 et] om. LO secunda] LO illa A pars] O om. AL est falsa add. O scilicet] LO om. A 25 est falsa] L om. AO et[2]] sed LO istae…partes] LO om. A

tur ad invicem per illam disiunctivam coniunctionem *vel*, et quia ambae sunt falsae, constituunt unam disiunctivam falsam, et per consequens concedendo praedictam propositionem male respondetur. Similiter ponatur, quod tu scias, qualiter ista propositio significat: Tu non potes eam dubitare, si tu scis, quod est copulativa, vel etiam, si tu scis, quod est disiunctiva.

Breviter respondetur, quod ad praedictam propositionem respondendum est sine distinctione, immo ipsa est simpliciter concedenda vel neganda vel dubitanda. Nam quia ipsa significat duos sensus, unum in quantum reputatur copulativa, et alium in quantum reputatur disiunctiva, et cum unus illorum sit verus et alius falsus, tunc si significat ambos illos sensus copulative, est falsa, et si hoc scitur, est neganda, si autem hoc dubitatur, est dubitanda. Si autem significat illos duos sensus disiunctive, cum unus illorum sit verus, puta ille in quantum reputatur copulativa, est vera, et si hoc scitur, ipsa est concedenda, cum ad veritatem disiunctivae sufficiat unam partem esse veram. Si autem hoc dubitatur, ipsa est dubitanda.

Finaliter ergo, omnis propositio vel est concedenda vel neganda vel dubitanda et non distinguenda, nisi tunc hoc fiat propter addiscentes vel assedentes. Saepe enim, ne assedentes credant respondentem sibi contradicere, ipse distinguit, similiter magister volens docere suos discipulos distinguit, ut ostendat eis, qualiter auctores hoc vel illud intellexerunt. Dico ergo aliter, quod respondendo ad paralogismos huius fallaciae ali-

1 illam] cop- add. s. del. O disiunctivam] om. LO coniunctionem] del. L disiunctionem *post corr. i.m.* L 2 constituunt] L constituendo? A constituent O unam] L om. AO 4 tu] om. LO 5 ista] praedicta L potes] potest! L 7 Breviter] om. LO respondetur] LO respondeo? A quod] om. L 8 respondendum] om. L est[1]] O om. AL immo] Z om. ALOX ipsa] ipsam LOX est[2]] om. LO 9 concedenda] concedendo LO neganda] negando LO dubitanda] dubitando LO 10 reputatur] est O et alium] alium vero LO 11 cum] tunc si L 12 alius] alter LO 13 est falsa] om. LO scitur] LO sciatur A est[2]] falsa et add. LO hoc[2]] O *lectio incerta* A om. L 14 autem] vero O 15 disiunctive] et add. LO 16 copulativa] del. L disiunctiva *post corr. i.m.* L est vera] om. LO scitur] LO sciatur A ipsa] LO om. A est[2]] vera et add. LO 17 sufficiat] sufficit L 18 hoc] om. O est] om. O 19 omnis…similiter] LO om. A vel[1]] O

»oder« miteinander verknüpft; und weil beide falsch sind, bilden sie (zusammen) einen falschen disjunktiven Satz, und folglich antwortet man schlecht, wenn man den vorgenannten Satz zugibt. Ebenso nehme man an, daß du weißt, auf welche Weise dieser Satz bezeichnet, (dann gilt:) Du kannst ihn nicht bezweifeln, wenn du weißt, daß er ein kopulativer Satz ist, oder auch, wenn du weißt, daß er ein disjunktiver Satz ist.

Kurze Antwort: Auf den vorgenannten Satz muß man ohne Unterscheidung antworten, er ist vielmehr einfach zuzugeben oder abzulehnen oder zu bezweifeln. Denn weil er zwei Sinne bezeichnet, den einen, insofern er als kopulativer Satz gilt, und den anderen, insofern er als disjunktiver Satz gilt, und da einer von diesen wahr ist und der andere falsch, so gilt: Wenn er beide diese Sinne auf kopulative Weise bezeichnet, dann ist er falsch, und wenn das bekannt ist, dann ist er abzulehnen, wenn das aber zweifelhaft ist, dann ist er zu bezweifeln. Wenn er aber diese zwei Sinne auf disjunktive Weise bezeichnet, dann ist er wahr, da einer von ihnen wahr ist, nämlich der, insofern er als kopulativer Satz gilt, und wenn das bekannt ist, ist er zuzugeben, da es für die Wahrheit eines disjunktiven Satzes genügt, daß ein Teil (von ihm) wahr ist. Wenn das aber zweifelhaft ist, dann ist er zu bezweifeln.

Abschließend (sage ich) also: Jeder Satz soll entweder zugegeben oder abgelehnt oder bezweifelt werden, aber nicht unterschieden werden, außer wenn das wegen der Studenten oder Beisitzer gemacht wird. Oft unterscheidet nämlich der Antworter[161], damit die Beisitzer nicht glauben, daß er sich widerspricht, ebenso unterscheidet der Magister, der seinen Schülern etwas beibringen möchte, um diesen zu zeigen, auf welche Weise die (auszulegenden) Autoren dieses oder jenes gemeint haben. Ich sage also anders (als Ockham z. B.), daß man als Antwort auf die Fehlschlüsse dieses Fehlurteils (der Äquivoka-

om. L 21 assedentes[1]] OPS ascendentes L assistentes X assedentes[2]] OPS ascendentes L om. X 22 similiter...distinguit] om. O 23 suos] L om. A 24 eis] L illis? A om. O illud] hoc L intellexerunt] intelligerunt O 25 aliter] om. L

qua praemissarum est neganda vel dubitanda vel negandus est L45vb discursus. Sed tamen ex superabundanti possumus dicere causam negationis vel possumus distinguere propter addiscentes vel assedentes, licet hoc non sit necessarium, et sic intendo propter addiscentes facere in processu.

Quantum ad tertium sciendum est, quod tres sunt modi, quibus possunt fieri paralogismi facientes fallaciam aequivocationis. O44vb Primus modus est, cum fit aliquis paralogismus ex eo, quod aliqua dictio ponitur in aliqua praemissarum illius paralogismi, quae significat plura aeque primo et sic significat unum, ac si non significaret reliquum, et sic imposita est ad significandum unum, ac si non esset imposita ad significandum reliquum, qualiter est de ista dictione *canis*. Iste enim terminus *canis* significat sua significata aeque primo et sic significat unum, ac si non significaret reliquum. Et huiusmodi dictiones, quae taliter significant plura, vocantur aequivoca a casu.

Secundus modus est, quando aliqua dictio significat plura, unum tamen principaliter et aliud secundario, et significat illud aliud secundum quandam transpositionem et metaphorice. Et primum illorum dicitur significare ex impositione principali, secundum vero ex impositione secundaria, sicut hic terminus *homo* primo impositus est ad significandum hominem verum, deinde impositus est ad significandum hominem depictum. Et tales termini vocantur aequivoca a consilio.

Tertius modus contingit ex eo, quod aliqua dictio se sola posita significat unum et ex coniunctione cum alia significat

1 negandus est] om. LOX 2 superabundanti] LOX *lectio incerta* A dicere] om. O 3 causam] LOX causas A 4 assedentes] LOPS *lectio incerta* A astantes X licet…processu] LO *lectio incerta* A 6 est] om. O 9 illius] LO alicuius A 10 quae] LO om. A primo] om. O et] ac L sic] Z om. ALOX 11 sic] LO om. A 14 canis] equus L sic] LO om. A 16 taliter] totaliter O plura] primo L 19 et] om. L 20 Et] om. LO illorum] LO om. A significare] significatum L 21 vero] om. O 22 primo] LO prius? A 23 deinde] significat? idem? hominem verum et depictum add. s. del.? A impositus est] om. L 24 tales] LO illi A a consilio] consimili modo L 25 se] om. O 26 et] L om. AO

tion) eine von den Prämissen ablehnen oder bezweifeln muß oder den Schluß ablehnen muß. Aber dennoch können wir aus purem Überfluß den Grund der Ablehnung nennen oder können wir wegen der Hörer in Lehrveranstaltungen oder bei Disputationen unterscheiden, obgleich das nicht notwendig ist; und ich beabsichtige, wegen der Studenten im weiteren Verlauf (der Abhandlung) so vorzugehen.

Was das dritte anbelangt, so muß man wissen, daß es drei Weisen gibt, auf denen die Fehlschlüsse gemacht werden können, welche ein Fehlurteil der Äquivokation bewirken. Die erste Weise liegt vor, wenn ein Fehlschluß deshalb entsteht, weil in einer der Prämissen des Fehlschlusses ein Wort vorkommt, welches mehrere (Arten von Dingen) gleichermaßen primär bezeichnet und eine (Art davon) so bezeichnet, als ob es die andere nicht bezeichnete, und so zur Bezeichnung der einen (Art davon) eingesetzt wurde, als ob es nicht zur Bezeichnung der anderen eingesetzt worden wäre, wie es beim Wort »Hund« der Fall ist. Der Term »Hund« nämlich bezeichnet seine Signifikate gleichermaßen primär und bezeichnet eine Art davon so, als ob er die andere nicht bezeichnete. Und derartige Wörter, die auf diese Weise mehrere Arten von Dingen bezeichnen, heißen »äquivoke Ausdrücke durch Zufall«.

Die zweite Weise liegt vor, wenn ein Wort mehrere Arten von Dingen bezeichnet, jedoch eine davon auf ursprüngliche Weise und die andere sekundär, und wenn es diese andere Art gemäß einer gewissen Übertragung und metaphorisch bezeichnet. Und die erste Art von diesen Dingen bezeichnet es aufgrund der ursprünglichen Einsetzung, die zweite Art hingegen aufgrund einer zweiten Einsetzung, wie z. B. der Term »Mensch« zuerst eingesetzt wurde, um einen wirklichen Menschen zu bezeichnen, und hernach eingesetzt wurde, um einen gemalten Menschen zu bezeichnen. Und solche Terme heißen »äquivoke Ausdrücke durch Beschluß«.

Die dritte Weise kommt deshalb vor, weil irgendein allein stehendes Wort (nur) eine Art von Dingen bezeichnet, aber aufgrund einer Verbindung mit einem anderen Wort mehrere

plura, sicut est de ista dictione *album*, quae in ista propositione »Album est coloratum« significat hoc, quod est album, sed ex coniunctione eius cum ista dictione *fuit*, sicut in ista propositione »Album fuit coloratum«, significat illud, quod est vel fuit album. Similiter dicendo »Homo est species«, ista dictio *homo*, antequam sibi addebatur hoc praedicatum *species*, significabat A45va Sortem vel Platonem etc., sed quando additur sibi hoc praedicatum *species*, potest supponere pro conceptu animae.

Penes primum modum fiunt huiusmodi paralogismi »Omnis canis currit, caeleste sidus est canis, ergo caeleste sidus currit«, similiter »Quicquid est in vase, est liquor, color est in vase, ergo color est liquor«, similiter »Sortes est filius Platonis, Sortes est filius Ciceronis, ergo filius Platonis est filius Ciceronis«, similiter »Quicquid est, comedit, lapis est, ergo lapis comedit«, similiter »Quicumque discunt, sunt scholares, magistri discunt, ergo magistri sunt scholares«, similiter »Quicquid est de monte marmoreo, est terra vel lapis, Sortes est de monte marmoreo, ergo Sortes est terra vel lapis«. Similiter aliqui dicunt huiusmodi paralogismos esse de primo modo huius fallaciae »Quicumque sunt episcopi, sunt homines, asini sunt episcopi, ergo asini sunt homines«, similiter »Quicumque sunt domini, habent servos, asini sunt domini, ergo asini habent servos«.

Primus enim illorum paralogismorum non valet et deficit in hoc, quod ille terminus *canis* in maiore supponit pro animali latrabili et in minore pro caelesti sidere. Secundus non valet,

1 propositione] L om. A dictione O 2 album…est] om. O sed ex] L *lectio incerta* A 3 sicut…propositione] L dicendo A 4 fuit[2]] LO *lectio incerta* A 5 species] significat add. A homo] nomen! L 6 sibi] om. LO addebatur] LO adderetur? A praedicatum] nomen LO significabat] O *lectio incerta* A significat L 7 quando additur] LOX postquam addebatur A hoc] nomen species vel hoc add. L praedicatum] nomen O 10 caeleste[2]…currit[2]] LO etc. A 12 color…liquor] trsp. L Platonis] et add. O 13 ergo…Ciceronis[2]] om. L filius[2]] ci- add. s. del. A 16 ergo] nostri? add. s. del. O 17 marmoreo[1]] SX del. A marmorum L martirum OP Sortes] monachus O marmoreo[2]] X del. A marmorum L martirum OP marmorea S 18 Sortes] monachus O est] de add. A huiusmodi] istos LO 19 esse] om. L 20 homines] A sacerdotes LOPSX 21 asini] om. L homines] A sacerdotes LOPX sacer etc. S 22 servos[1]] sed add.

Arten von Dingen bezeichnet, wie es z. B. beim Wort »weiß(es Ding)« der Fall ist, welches im Satz »Ein weißes Ding ist farbig« das bezeichnet, was weiß ist, aber aufgrund seiner Verbindung mit dem Wort »war«, wie in dem Satz »Ein weißes Ding war farbig«, bezeichnet es das, was weiß ist oder war. Ebenso, wenn es heißt »Mensch ist eine Art«: Bevor ihm das Prädikat »Art« hinzugefügt wurde, bezeichnete das Wort »Mensch« Sokrates oder Platon usw., aber wenn ihm das Prädikat »Art« hinzugefügt wird, kann es (gemäß einfacher Supposition) für einen Begriff der Seele supponieren.

Gemäß der ersten Weise werden die folgenden Fehlschlüsse gemacht: »Jeder Hund läuft, ein Sternbild ist ein Hund, also läuft ein Sternbild«, ebenso »Alles, was im Gefäß ist, ist eine Flüssigkeit, eine Farbe ist im (am) Gefäß, also ist eine Farbe eine Flüssigkeit«[162], ebenso »Sokrates ist (heißt) ein Sohn des Platon, Sokrates ist (heißt) ein Sohn des Cicero, also ist ein Sohn des Platon ein Sohn des Cicero«, ebenso »Alles, was ist (lebt), nimmt Nahrung auf, ein Stein ist (existiert), also nimmt ein Stein Nahrung auf«, ebenso »Alle, die lernen, sind Studenten, die Magister (Professoren) lernen (lehren), also sind die Professoren Studenten«, ebenso »Alles, was von einem marmornen Berg kommt, ist Erde oder Stein, Sokrates kommt von einem marmornen Berg, also ist Sokrates Erde oder Stein«. – Ebenso sagen manche (Autoren), daß die folgenden Fehlschlüsse zur ersten Weise dieses Fehlurteils gehören: »Alle, die Bischöfe sind, sind Menschen, Esel sind Bischöfe (bzw. sind eines Bischofs), also sind Esel Menschen«[163], ebenso »Alle, die Herren sind, haben Knechte, Esel sind Herren (bzw. sind eines Herrn), also haben Esel Knechte«.

Der erste dieser Fehlschlüsse nämlich ist nicht gültig und ist insofern mangelhaft, als der Term »Hund« in der größeren Prämisse für ein des Bellens fähiges Tier supponiert und in der kleineren Prämisse für ein Sternbild. Der zweite ist nicht gül-

o 23 Primus] LO primum A enim] LO om. A 24 maiore] Z maiori ALOX
25 et] om. LO minore] LO minori A autem add. L caelesti] caeleste LO

quia in maiore capitur *esse in* sicut locatum in suo loco, in minore vero capitur *esse in* sicut accidens in suo subiecto. Ex isto patet, quod huiusmodi paralogismi non fiunt solum ratione dictionum categorematicarum, verum etiam ratione dictionum syncategorematicarum. Tertius etiam non valet, quia in maiore accipitur ly *est* pro *vivit* et in minore pro *existit*. Quartus etiam non valet, quia in maiore capitur ly *discunt* pro *scientiam recipiunt* et in minore pro *scientiam tradunt*. Similiter quintus non valet, quia non pro eodem capitur ly *Sortes* in utraque praemissarum. Similiter sextus non valet, quia ly *de* in maiore O45ra dicit circumstantiam causae materialis, in minore autem dicit circumstantiam loci. Ad alios duos dicitur, quod non valent, eo quod istae dictiones *episcopi* et *domini* in maiore sunt nominativi casus et in minore sunt genetivi casus.

Penes secundum modum huius fallaciae fiunt tales paralogismi »Omnis homo est risibilis, homo depictus est homo, ergo homo depictus est risibilis«, similiter »Omnis homo componi- L46ra tur ex anima et corpore, homo depictus est homo, ergo etc.«, similiter »Quicquid currit, habet pedes, aqua currit, ergo aqua habet pedes«, similiter »Omne ens est substantia, accidens est ens, ergo etc.«, similiter »Omnis forma distinguitur ab eo, cuius

1 in[1]] ar- add. s. del. O maiore] L maiori AO et? add. s. del. A suo] LO om. A loco] et add. A 2 minore] minori LO vero] autem LO capitur] LO om. A esse] L om. AO in[1]] LO om. A suo] LO om. A 4 dictionum[1]] OX om. A dictorum L categorematicarum] syn- add. L etiam] tamen L 5 syncategorematicarum] syn- om. L etiam] om. L maiore] L maiori AO 6 ly] LO om. A vivit] Z comedit LO comedere AX et] om. LO minore] L minori AO autem add. LO capitur add. O etiam] similiter add. A 7 maiore] L maiori AO ly] L om. AO 8 recipiunt] recipere L et] om. LO minore] L minori AO autem add. L capitur add. O tradunt] tradere L Similiter…quia] ad (quintum L aliud O) dico quod LO 9 ly] om. LO 10 sextus] ille LO valet] quidquid est de monte (marmorum L martirum O) etc. add. LO quia] nam LO maiore] Z maiori A una praemissarum puta in prima LOX 11 minore] Z minori A secunda LOX autem] LOX om. A 12 duos] res! L dicitur] respondetur LO valent] valet L 13 istae dictiones] ista dictio LO et] ista dictio add. LO maiore] maiori L sunt] est O 14 et] om. L minore] minori L autem add. L sunt] om. O 15 huius fallaciae] LO om. A 16 Omnis] LO om. A depictus] LO de- om. A

tig, weil in der größeren Prämisse »in sein« in dem Sinne verwendet wird, wie ein lokalisiertes Ding in (an) seinem Ort ist, in der kleineren Prämisse hingegen wird »in sein« in dem Sinne verwendet, wie ein Akzidens in (an) seinem Zugrundeliegenden ist. Daraus erhellt, daß derartige Fehlschlüsse nicht nur aufgrund der kategorematischen Wörter entstehen, sondern auch aufgrund der synkategorematischen Wörter. Auch der dritte ist nicht gültig, weil in der größeren Prämisse der Ausdruck »ist« für »lebt« verwendet wird und in der kleineren für »existiert«. Auch der vierte ist nicht gültig, weil in der größeren Prämisse der Ausdruck »sie lernen« für »sie nehmen eine Wissenschaft auf« verwendet wird und in der kleineren für »sie vermitteln eine Wissenschaft«[164]. Ebenso ist der fünfte nicht gültig, weil der Ausdruck »Sokrates« nicht in beiden Prämissen für dasselbe verwendet wird. Ebenso ist der sechste nicht gültig, weil der Ausdruck »von« in der größeren Prämisse einen Umstand der Stoffursache meint, in der kleineren Prämisse meint er aber einen Umstand des Ortes. Auf die anderen zwei wird geantwortet, daß sie deshalb nicht gültig sind, weil die Wörter »Bischöfe« und »Herren« in der größeren Prämisse im Nominativ sind und in der kleineren im Genetiv sind.

Gemäß der zweiten Weise dieses Fehlurteils werden die folgenden Fehlschlüsse gemacht: »Jeder Mensch ist des Lachens fähig, ein gemalter Mensch ist ein Mensch, also ist ein gemalter Mensch des Lachens fähig«, ebenso »Jeder Mensch setzt sich aus Seele und Körper zusammen, ein gemalter Mensch ist ein Mensch, also« usw., ebenso »Alles, was läuft, hat Füße, ein Wasser läuft (fließt), also hat ein Wasser Füße«, ebenso »Jedes Seiende ist eine Substanz, ein Akzidens ist ein Seiendes, also« usw., ebenso »Jede Form unterscheidet sich von dem, wovon sie die Form ist, eine Gestalt ist eine Form,

17 homo depictus] om. L depictus] O de- om. A est] est add. A similiter... etc] *Istud exemplum tertio loco habet* L 18 depictus] LO de- om. A ergo] om. LO 19 similiter...pedes] *Istud exemplum secundo loco habet* L aqua^{2}... pedes] O etc. AL 21 similiter...etc] om. L

est forma, figura est forma, ergo etc.«, similiter »Omnis dualitas est numerus, hoc continuum est dualitas, ergo hoc continuum est numerus«, similiter »Omnis pes est pars animalis, pes pontis est pes, ergo pes pontis est pars animalis«, similiter »Omne sanum est animal, urina est sana, ergo urina est animal«. Omnes isti paralogismi peccant, eo quod medium in una praemissarum significat unum principaliter et in alia significat aliud secundario et secundum quandam transpositionem et metaphoram.

Circa tertium modum huius fallaciae sit prima regula: Quando extremum propositionis alicuius est dictio primae impositionis sine signo universali et aliud extremum est dictio secundae impositionis, tunc talis propositio propter addiscentes est distinguenda penes tertium modum huius fallaciae, eo quod dictio primae impositionis potest supponere materialiter vel simpliciter vel personaliter. Et ex hoc patet, quid debeat dici ad istum paralogismum »Rationale est differentia hominis, rationale est idem homini, ergo idem homini est differentia hominis«, in prima enim praemissarum ly *rationale* supponit materialiter vel simpliciter et in secunda personaliter. Sine distinctione etiam potest dici, quod praedictus discursus non valet, eo quod est ex puris indefinitis.

Secunda regula: Quando aliquis terminus primae impositionis ponitur cum signo universali vel particulari in aliqua propositione in neutro genere respectu alicuius termini secundae impositionis, talis propositio tunc propter addiscentes est di-

2 hoc[2]...numerus] O etc. AL 4 pes[3]...animalis] O etc. AL 5 urina[2]...animal[2]] etc. L 6 isti] huiusmodi LO peccant] deficiunt LO eo quod] quia L 7 unum] om. L significat aliud] om. L 8 aliud] secundo vel? add. A et add. O secundario] LOX secundarie A transpositionem] LOX translationem A transumptionem PS 10 tertium] L secundum A huius fallaciae] LO om. A 12 impositionis] intentionis L et] om. L aliud] ad! L dictio] dictione! L 14 huius fallaciae] LO om. A 15 vel] LO om. A 16 hoc] eo O quid] qualiter LO debeat] debet L dici] responderi L 18 ergo] est *ante corr. i.m.* L 19 praemissarum] om. LO 20 et] om. LO secunda] autem add. LO personaliter] vel add. L 21 etiam] om. LO potest] posset O dici] responderi LO ad

also« usw.[165], ebenso »Jede Zweiheit ist eine Zahl, dieses Kontinuum ist eine Zweiheit, also ist dieses Kontinuum eine Zahl«, ebenso »Jeder Fuß ist ein Teil eines Lebewesens, ein Fuß (Pfeiler) einer Brücke ist ein Fuß, also ist ein Fuß einer Brücke ein Teil eines Lebewesens«, ebenso »Jedes Gesunde ist ein Lebewesen, der Harn ist gesund, also ist der Harn ein Lebewesen«. – Alle diese Fehlschlüsse gehen deshalb fehl, weil der Mittelterm in einer der Prämissen eine Art von Dingen auf ursprüngliche Weise bezeichnet und er in der anderen Prämisse eine andere Art von Dingen auf sekundäre Weise sowie gemäß einer gewissen Übertragung und Metapher bezeichnet.

Bezüglich der dritten Weise dieses Fehlurteils laute eine erste Regel: Wenn ein Satzglied irgendeines Satzes ein Wort erster Einsetzungsstufe ist und nicht von einem Universalzeichen bestimmt wird und das andere Satzglied ein Wort zweiter Einsetzungsstufe ist, dann muß der betreffende Satz wegen der Studenten gemäß der dritten Weise dieses Fehlurteils unterschieden werden, weil das Wort erster Einsetzungsstufe material, einfach oder personal supponieren kann. Und daraus erhellt, was man auf den folgenden Fehlschluß antworten muß: »Vernunftbegabt ist der (Art-) Unterschied des Menschen, (das) Vernunftbegabte ist identisch mit dem Menschen, also ist das mit dem Menschen Identische der Unterschied des Menschen«, in der ersten Prämisse nämlich supponiert der Ausdruck »vernunftbegabt« material oder einfach und in der zweiten personal. Ohne Unterscheidung kann man auch antworten, daß der vorgenannte Schluß nicht gültig ist, weil er aus lauter indefiniten Sätzen besteht.

Zweite Regel: Wenn ein Term erster Einsetzungsstufe mitsamt einem Universal- oder Partikulärzeichen im Neutrum in einem Satz hinsichtlich eines Terms zweiter Einsetzungsstufe vorkommt, dann muß der betreffende Satz wegen der Studenten unterschieden werden, weil ein solcher Term (erster

praedictos discursus add. O praedictus] om. L 22 est] om. L indefinitis] etc. add. L 24 in...propositione] LO om. A 25 alicuius] alterius L termini] om. L 26 est] in! L

stinguenda, eo quod talis terminus potest supponere materialiter vel simpliciter vel personaliter. Et notanter dico »in neutro A45vb genere«, quia si in aliquo alio, ut si diceretur »Omnis homo est species«, statim appareret, quod ista propositio est falsa et non oportet distinguere, sed negare. Sed quando ponitur in neutro genere, tunc maior est latens, sicut si diceretur »Omne animal est nomen« vel »Omne homo est species«. Secundum hoc patet, quomodo debeat solvi ille paralogismus »Omne animal est nomen, animal rationale est animal, ergo animal rationale est nomen«, similiter »Omne bene est adverbium, deus est bene, ergo deus est adverbium«.

Tertia regula: Quando aliquis terminus subicitur respectu alicuius verbi vel participii praeteriti temporis in aliqua propositione, ista propositio est propter addiscentes distinguenda, eo quod subiectum seu ille terminus potest supponere pro eo, quod est, vel pro eo, quod fuit. Verbi gratia »Album fuit nigrum«, unus sensus potest esse »Quod est album, fuit nigrum«, alius potest sensus esse »Quod est vel fuit album, fuit nigrum«, ita quod ista propositio »Album fuit nigrum« habeat duos sensus disiunctive, unum unius categoricae de subiecto sim- O45rb plici, alium unius categoricae de disiuncto subiecto. Et secundum hoc potest solvi ille paralogismus »Nullum vivum est mortuum, omnis homo est vivus, ergo nullus homo est mortuus«, nam in prima praemissarum vel ly *vivum* supponit pro eo, quod est vivum, et tunc maior est vera, sed non debet concludi »Ergo nullus homo est mortuus«, sed debet concludi

1 potest supponere] supponit LO 2 vel[1]] O om. AL 3 aliquo] L om. AO si[2]] LO sic A 4 appareret] O diceretur A apparet L ista] om. O propositio] L om. AO est] L esset AO fallacia add. s. del. O 5 oportet] valet L oporteret O 6 latens] L latentia AOP vera S declaranda X si] LO om. A 7 hoc] illam regulam LO 8 quomodo] qualiter LO debeat] debet L ille] om. O 9 nomen] homo L omne add. O ergo] omne add. O animal[3]...nomen] LO etc. A 10 similiter...adverbium] om. L 11 deus...adverbium] O etc. A 13 participii] participium! L 14 ista propositio] om. L est] in! L 15 subiectum seu] LO om. A 16 pro...quod[2]] om. L 17 unus...nigrum] om. L 19 fuit nigrum] om. L 20 de...simplici] LOX sinplicis! A 22 ille] huiusmodi LO 24 nam] om.

Stufe) material, einfach oder personal supponieren kann. Und ich sage ausdrücklich »im Neutrum«, weil wenn (das Distributionszeichen) ein anderes grammatisches Geschlecht hätte, wie wenn es hieße »Jeder Mensch ist eine Art«, so zeigte sich sogleich, daß der Satz falsch ist, und man muß ihn nicht unterscheiden, sondern ablehnen. Aber wenn (das Distributionszeichen) im Neutrum steht, dann ist der Sinn der größeren Prämisse nicht offenkundig[166], wie wenn es hieße »Jedes Lebewesen ist ein Nomen« oder »Jedes Mensch ist eine Art«. Demgemäß erhellt, auf welche Weise der folgende Fehlschluß aufgelöst werden muß: »Jedes Lebewesen ist ein Nomen, ein vernunftbegabtes Lebewesen ist ein Lebewesen, also ist ein vernunftbegabtes Lebewesen ein Nomen«, ebenso »Jedes gut ist ein Adverb, Gott ist gut (handelnd), also ist Gott ein Adverb«.

Dritte Regel: Wenn ein Term in einem Satz hinsichtlich eines Verbs oder Partizips im Präteritum an Subjektstelle steht, dann muß der betreffende Satz wegen der Studenten unterschieden werden, weil das Subjekt bzw. jener Term für das supponieren kann, was ist, oder für das, was war. Z. B. »Ein weißes Ding war schwarz«: Der eine Sinn kann lauten »Was weiß ist, war schwarz«, der andere Sinn kann lauten »Was weiß ist oder war, war schwarz«, so daß der Satz »Ein weißes Ding war schwarz« auf disjunktive Weise zwei Sinne hat, den einen als kategorischen Satz mit einem einfachen Subjekt, den anderen als kategorischen Satz mit einem disjunkten Subjekt. Und demgemäß kann man folgenden Fehlschluß auflösen: »Kein Lebendiges ist tot, jeder Mensch ist lebendig, also ist kein Mensch tot«, denn in der ersten Prämisse supponiert der Ausdruck »lebendig« entweder für das, was lebendig ist, und dann ist die größere Prämisse wahr, aber man darf nicht schließen »Also ist kein Mensch tot«, sondern man muß schließen »Also ist kein Mensch, der ist, tot«; oder der Ausdruck

O nam…mortuus] om. L prima] enim add. O vel] om. O 25 tunc] sic O sed] et sic O debet] deberet O 26 debet] L om. A deberet O concludi] LO om. A

»Ergo nullus homo, qui est, est mortuus«. Vel ly *vivum* supponit pro eo, quod est vel fuit vivum, et tunc est sensus: De quocumque verificatur hoc disiunctum esse vel fuisse vivum, ab eodem removetur esse mortuum. Et sic maior est falsa, quia de Adam verificatur esse vel fuisse vivum, et tamen ab eo non removetur esse mortuum. Et sic discursus erat bonus et bene concludebatur, sed maior erat falsa.

Quarta regula: Quando in aliqua propositione subicitur aliquis terminus respectu verbi vel participii de futuro, ista propositio propter addiscentes est distinguenda penes istum tertium modum huius fallaciae, eo quod iste terminus in ista propositione potest supponere pro eo, quod est, vel pro eo, quod erit. Verbi gratia »Puer erit senex« potest exponi vel »Qui est puer, erit senex« vel »Qui est vel erit puer, erit senex«, similiter de ista »Aliquis homo est generandus«. Et secundum hoc potest solvi huiusmodi paralogismus »Nullus homo, qui est, generabitur, omnis homo est homo, qui est, igitur nullus homo generabitur«, si enim subiectum in conclusione supponit pro eo, quod est, tunc conclusio est vera et discursus est bonus, L46rb si vero subiectum supponit pro eo, quod est vel erit, tunc conclusio est falsa et discursus non valet ex eo, quod subiectum conclusionis supponit amplius, quam supponit subiectum maioris. Similiter secundum hoc solvitur iste paralogismus »Nullus senex erit puer, Antichristus erit senex, ergo Antichristus non erit puer«, in maiore enim ly *senex* vel supponit pro eo, quod est senex, et tunc maior est vera et discursus non

1 est[2]] om. L Vel] si autem LO v- add. s. del. O ly vivum] LO om. A 2 vivum] om. LO et] om. LO 4 eodem] eo LO esse] om. LO 5 eo] LO eodem A 6 erat] erit O 7 erat] est O 10 istum] LO om. A 11 ista] LO praedicta A 13 gratia] dicendo add. O potest…senex[1]] om. L potest…senex[2]] om. O 14 vel[1]] et L 15 de ista] om. L Et] L om. AO 17 generabitur] LO generatur A homo[2]] LO om. A qui est] om. LO 18 generabitur] LO generatur A supponit] supponat O 19 conclusio] om. O 20 vero] autem LO subiectum] O om. AL supponit] LO om. A tunc] om. L 22 supponit[2]] om. L supponebat O 23 maioris] minoris O Sed add. s. del. O secundum hoc] LO om. A iste] huiusmodi LO 24 Antichristus[2]…puer] LO etc. A 25 maiore] L maiori AO enim] om. L vel] om. L 26 senex] LO om. A tunc] sic LO

»lebendig« supponiert für das, was lebendig ist oder war, und dann lautet der Sinn: Wovon auch immer der disjunkte Ausdruck »lebendig sein oder gewesen sein« verifiziert wird, davon wird der Ausdruck »tot sein« entfernt (verneint). Und in diesem Sinne ist die größere Prämisse falsch, weil von Adam »lebendig sein oder gewesen sein« verifiziert wird, aber dennoch wird von ihm »tot sein« nicht verneint. Und so war der Schluß gültig und die Konklusion wurde richtig gezogen, aber die größere Prämisse war falsch.

Vierte Regel: Wenn in einem Satz ein Term hinsichtlich eines Verbs oder Partizips im Futur an Subjektstelle steht, dann muß der betreffende Satz wegen der Studenten gemäß dieser dritten Weise dieses Fehlurteils unterschieden werden, weil jener Term in diesem Satz für das supponieren kann, was ist, oder für das, was sein wird. Z. B. kann »Ein Knabe wird ein Greis sein« entweder ausgelegt werden als »Einer, der ein Knabe ist, wird ein Greis sein« oder als »Einer, der ein Knabe ist oder sein wird, wird ein Greis sein«, ebenso bezüglich des Satzes »Ein Mensch wird gezeugt werden«. Und demgemäß kann man den folgenden Fehlschluß auflösen: »Kein Mensch, der ist, wird gezeugt werden; jeder Mensch ist ein Mensch, der ist; also wird kein Mensch gezeugt werden«, wenn nämlich das Subjekt in der Konklusion für das supponiert, was ist, dann ist die Konklusion wahr und der Schluß ist gültig, wenn aber das Subjekt für das supponiert, was ist oder sein wird, dann ist die Konklusion falsch und der Schluß ist deshalb nicht gültig, weil das Subjekt der Konklusion für einen weiteren Bereich supponiert als das Subjekt der größeren Prämisse. Ebenso wird demgemäß der folgende Fehlschluß aufgelöst: »Kein Greis wird ein Knabe sein, der Antichrist wird ein Greis sein, also wird der Antichrist kein Knabe sein«, in der größeren Prämisse supponiert nämlich der Ausdruck »Greis« entweder für das, was ein Greis ist, und dann ist die größere Prämisse wahr, aber der Schluß ist nicht gültig; oder er supponiert für das, was ein

valet, vel supponit pro eo, quod est vel erit senex, et tunc maior est falsa et discursus est bonus. Similiter secundum hoc solvitur iste paralogismus »Nulla mulier erit virgo, mater Antichristi erit mulier, ergo mater Antichristi non erit virgo«.

Quinta regula est: Quando aliquis terminus subicitur in aliqua propositione de contingenti in sensu diviso, ista propositio est distinguenda propter addiscentes penes istum modum, eo quod iste terminus potest supponere pro eo, quod est, vel pro eo, quod est vel contingit esse. Ista est sententia Aristotelis in primo *Priorum*, unde Aristoteles dicit, quod propositio, in qua ponitur hoc verbum *contingit*, sumpta in sensu diviso, habet exponi per *contingit* vel per *contingit contingit*. Verbi A46ra gratia »Album contingit esse nigrum«, id est, quod est album, contingit esse nigrum, vel quod contingit esse album, contingit esse nigrum. Et secundum hoc solvitur iste paralogismus »Nullum praeteritum contingit esse futurum, Antichristum contingit esse praeteritum, ergo Antichristum non contingit esse futurum«, unde maior solet distingui, eo quod potest exponi sic »Nullum, quod est praeteritum, contingit esse futurum«, et sic maior est vera et processus non valet, vel potest exponi »Nullum, quod est vel contingit esse praeteritum, contingit esse futurum«, et sic maior est falsa, sicut patet de Antichristo, quem contingit esse praeteritum et etiam contingit esse futu- O45va rum, et de pluribus aliis. Et sub isto sensu concedo istam »Praeteritum contingit non esse praeteritum«, quod enim est

9 Aristotelis] Aristoteles, Analytica priora, I.13, 32b26–30.

1 vel[1]] si autem LO senex] LO om. A et tunc] om. LO 2 secundum…solvitur] LO om. A 3 iste paralogismus] LO ista A 5 est] L om. AO 8 iste] om. L 9 est vel] om. L Ista] LO ita A sententia] r- add. s. del. A 10 unde] ubi LO Aristoteles] om. LO 11 sumpta] A om. LPSX supple O 12 habet] debet L vel…contingit[3]] om. L 14 esse[1]] album contingit esse add. L contingit esse[2]] est L esse[2]] contingit add. A 15 iste] huiusmodi L 18 solet] potest LO eo… exponi] om. L sic] L om. AO 20 maior] LO om. A et…valet] LO om. A potest exponi] LO om. A Nullum] nihil LO 21 est vel] LO om. A 22 et…aliis] om. L maior] O om. A 23 quem…futurum] PSX om. AO contingit esse[2]] PS om. X 24 de] O om. A pluribus] multis O aliis] quem contingit esse praeter-

Greis ist oder sein wird, und dann ist die größere Prämisse falsch, aber der Schluß ist gültig. Ebenso wird demgemäß der folgende Fehlschluß aufgelöst: »Keine Frau wird eine Jungfrau sein, die Mutter des Antichristen wird eine Frau sein, also wird die Mutter des Antichristen keine Jungfrau sein«.

Fünfte Regel: Wenn ein Term in einem Satz über Kontingentes im geteilten Sinn an Subjektstelle steht, dann muß der betreffende Satz wegen der Studenten gemäß dieser Weise (der Äquivokation) unterschieden werden, weil jener Term entweder für das supponieren kann, was ist, oder für das, was ist oder zu sein vermag[167]. Dies ist die Ansicht des Aristoteles im ersten Buch der *Ersten (Analytiken)*, Aristoteles sagt nämlich, daß ein Satz, in dem das Verb »vermag« vorkommt und der im geteilten Sinn formuliert ist, mit »vermag« oder mit »vermag vermag« ausgelegt werden muß. Z. B. »Ein weißes Ding vermag schwarz zu sein«, d. h., was weiß ist, vermag schwarz zu sein, oder was weiß zu sein vermag, vermag schwarz zu sein. Und demgemäß wird der folgende Fehlschluß aufgelöst: »Kein Vergangenes vermag zukünftig zu sein, der Antichrist vermag vergangen zu sein, also vermag der Antichrist nicht zukünftig zu sein«, denn die größere Prämisse pflegt man zu unterscheiden, weil sie (entweder) so ausgelegt werden kann: »Nichts, was vergangen ist, vermag zukünftig zu sein«, und in diesem Sinne ist die größere Prämisse wahr und der Schluß ist nicht gültig; oder (die größere Prämisse) kann (so) ausgelegt werden: »Nichts, was vergangen ist oder vergangen zu sein vermag, vermag zukünftig zu sein«, und in diesem Sinne ist die größere Prämisse falsch, wie bezüglich des Antichristen, der vergangen zu sein vermag und auch zukünftig zu sein vermag, und bezüglich etlicher anderer Dinge erhellt. Und gemäß diesem Sinn gebe ich den Satz »Ein Vergangenes vermag, nicht vergangen zu sein« zu, was nämlich

itum et etiam contingit esse futurum add. O   sub isto] LO *lectio incerta* (circa?) A   sensu] LO sensum A   **25** contingit] esse futurum add. s. del. O   quod...praeteritum²] LOS om. A   enim] OS non L

vel contingit esse praeteritum, contingit non esse praeteritum, quia contingit ipsum numquam esse vel fuisse.

Sexta regula: Quando aliquis terminus subicitur in aliqua propositione respectu huius verbi *potest*, tunc ista propositio est distinguenda penes illum tertium modum, eo quod iste terminus potest supponere pro eo, quod est, vel pro eo, quod est vel potest esse, sicut in ista »Album potest esse nigrum«, similiter in ista »Mulier potest esse virgo«, similiter in ista »Senex potest esse puer«. Et secundum hoc possunt solvi huiusmodi paralogismi »Nulla mulier potest esse virgo, mater Antichristi potest esse mulier, ergo mater Antichristi non potest esse virgo«, maior potest distingui, eo quod subiectum eius potest supponere pro eo, quod est mulier, et sic est vera et discursus non valet, vel pro eo, quod est vel potest esse mulier, et sic est falsa et discursus est bonus. Similiter iste »Nullus senex potest esse puer, Antichristus potest esse senex, ergo Antichristus non potest esse puer«, similiter iste »Nullus salvatus potest damnari, Sortes potest esse salvatus, ergo Sortes non potest damnari«. Subiectum enim maioris vel supponit pro eo, quod est salvatum, et sic maior est vera et discursus non valet, sed si deberet valere, deberet dici »Sortes est salvatus« in minore. Vel subiectum supponit pro eo, quod est vel potest esse salvatum, et sic maior est falsa, nam de multis verificatur esse vel posse esse salvatus, a quibus tamen non removetur posse damnari.

2 contingit] esse add. L ipsum] om. O esse] om. L 5 tertium] om. O iste terminus] LO om. A 6 pro^{2}…vel] om. L 7 est vel] O om. A 8 in ista^{1}] O om. AL in ista^{2}] O om. AL 13 mulier] om. L 14 vel^{1}] si autem LO subiectum maioris supponat add. O est vel] om. L 15 et sic] maior LO est^{2}] om. L Similiter iste] iste enim L 17 Antichristus] S om. A Antichristus…puer] etc. LO non valet add. L iste] O om. AL 18 Sortes^{2}] OS om. L Sortes^{2}…damnari] LOS etc. A 20 quod] qui O salvatum] L om. A salvatus O maior] LO om. A 21 sed si] si enim LO deberet valere] valeret LO in minore] om. L minore] minori O 22 subiectum] LO om. A supponit] potest supponere O 23 salvatum] L om. A salvatus O maior] LO om. A multis] istis L esse] est LO 24 posse^{1}] potest LO a] de L quibus] quo O 25 damnari] etc. Sequitur add. L etc. add. O

vergangen ist oder vergangen zu sein vermag, vermag, nicht vergangen zu sein, weil es vermag, niemals zu sein oder gewesen zu sein.

Sechste Regel: Wenn ein Term in einem Satz hinsichtlich des Verbs »kann« an Subjektstelle steht, dann muß der betreffende Satz gemäß dieser dritten Weise (der Äquivokation) unterschieden werden[168], weil jener Term für das supponieren kann, was ist, oder für das, was ist oder sein kann, wie z. B. in dem Satz »Ein weißes Ding kann schwarz sein«, ebenso in dem Satz »Eine Frau kann eine Jungfrau sein«, ebenso in dem Satz »Ein Greis kann ein Knabe sein«. Und demgemäß können derartige Fehlschlüsse aufgelöst werden: »Keine Frau kann eine Jungfrau sein, die Mutter des Antichristen kann eine Frau sein, also kann die Mutter des Antichristen keine Jungfrau sein« – die größere Prämisse kann unterschieden werden, weil ihr Subjekt für das supponieren kann, was eine Frau ist, und in diesem Fall ist sie wahr und der Schluß ist nicht gültig; oder für das, was eine Frau ist oder sein kann, und in diesem Fall ist sie falsch und der Schluß ist gültig. Ebenso dieser (Fehlschluß): »Kein Greis kann ein Knabe sein, der Antichrist kann ein Greis sein, also kann der Antichrist kein Knabe sein«, ebenso dieser »Kein Erlöster kann verdammt werden, Sokrates kann erlöst sein, also kann Sokrates nicht verdammt werden«. Das Subjekt der größeren Prämisse supponiert nämlich entweder für das, was erlöst ist, und in diesem Sinn ist die größere Prämisse wahr und der Schluß ist nicht gültig; aber wenn er gültig sein sollte, müßte es in der kleineren Prämisse heißen »Sokrates ist erlöst«. Oder das Subjekt (der größeren Prämisse) supponiert für das, was erlöst ist oder sein kann, und in diesem Sinn ist die größere Prämisse falsch, denn von vielen (Menschen) wird »erlöst sein oder sein können« verifiziert, von denen dennoch nicht »verdammt werden können« entfernt (verneint) wird.

Cap. V.3 ⟨Capitulum tertium de fallacia amphiboliae⟩

Sequitur de fallacia amphiboliae. Et primo videndum est, quid sit fallacia amphiboliae, secundo, quae sit causa apparentiae et causa defectus bonitatis paralogismorum fallaciae amphiboliae, tertio videndum est de modis paralogismorum huius fallaciae.

Quantum ad primum sciendum est, quod fallacia amphiboliae est deceptio proveniens ex multiplicitate significationis alicuius orationis ad placitum institutae sine hoc, quod aliqua dictio multiplex in huiusmodi oratione ponatur. Nam quando fieret deceptio ex multiplicitate significationis alicuius orationis propter hoc, quod in illa oratione poneretur aliqua dictio multiplex, tunc esset fallacia aequivocationis et non fallacia amphiboliae.

Et ex hoc patet secundum, scilicet, quod causa apparentiae paralogismorum fallaciae amphiboliae est identitas in essendo talis orationis positae in aliquo paralogismo. Causa autem defectus bonitatis est multiplicitas significationis eiusdem orationis.

Quantum ad tertium sciendum est, quod primus modus paralogismorum fallaciae amphiboliae est ex eo, quod aliqua oratio ad placitum instituta aeque primo est correspondens distinctis conceptibus, id est, orationibus mentalibus non aequivalentibus in significando, non propter aliquam dictionem aequivocam existentem in illa oratione ad placitum instituta,

2 Et] LO om. A 3 secundo] et LO quae] S quid ALOPX sit[2]] LO om. A et] quid sit add. L 4 causa] LO om. A fallaciae] om. O 5 tertio] secundo LO huius fallaciae] LO om. A 7 sciendum] videndum L est] om. O 8 deceptio] LO defectus A proveniens] perveniens L multiplicitate] multitudine L significationis] O om. AL 9 institutae] instituta L 11 multiplicitate] multitudine LO significationis] significationum L 12 aliqua] O om. AL 13 tunc] LO om. A esset] LO est A fallacia[2]] LO om. A 15 Et] om. LO secundum scilicet] om. LO 17 autem] LO om. A 18 bonitatis] L om. AO multiplicitas] multitudo LO 20 tertium] secundum LO est] om. O 21 paralogismorum] LO om. A ex] LO om. A 22 est] LO om. A correspondens] dis-! add. A 23 conceptibus…est] om. LO mentalibus] ALO et add. A 24 dictionem] distinctionem! L

Kapitel V.3: *Der Trugschluß der Amphibolie*

Es folgt (das Kapitel) über das Fehlurteil der Amphibolie (»Zweideutigkeit«, syntaktischen Mehrdeutigkeit). Und erstens ist zu untersuchen, was das Fehlurteil der Amphibolie ist, zweitens, was die Ursache des Anscheins von und die Ursache des Mangels an Gültigkeit der Fehlschlüsse des Fehlurteils der Amphibolie ist, drittens müssen die (Erscheinungs-) Weisen der Fehlschlüsse dieses Fehlurteils untersucht werden.

Was das erste anbelangt, so muß man wissen, daß das Fehlurteil der Amphibolie eine Täuschung ist, die aus der Mehrdeutigkeit einer konventional eingesetzten Ausdrucksfolge hervorgeht, und zwar ohne daß in der betreffenden Ausdrucksfolge ein mehrdeutiges Wort vorkäme. Denn wenn eine Täuschung aus der Mehrdeutigkeit einer Ausdrucksfolge deshalb entstünde, weil in dieser Ausdrucksfolge ein mehrdeutiges Wort vorkäme, dann läge ein Fehlurteil der Äquivokation und kein Fehlurteil der Amphibolie vor.

Und daraus erhellt (auch schon) das zweite, nämlich, daß die Ursache des Anscheins der Fehlschlüsse des Fehlurteils der Amphibolie die Erscheinungsidentität[169] einer solchen Ausdrucksfolge ist, wie sie in einem Fehlschluß (dieser Art) vorkommt. Die Ursache des Mangels an Gültigkeit aber ist die Mehrdeutigkeit ebendieser Ausdrucksfolge.

Was das dritte anbelangt, so ist festzuhalten, daß die erste Weise der Fehlschlüsse des Fehlurteils der Amphibolie daraus hervorgeht, daß eine konventional eingesetzte Ausdrucksfolge verschiedenen Begriffen, d. h. nicht bedeutungsgleichen mentalen Sätzen, gleich primär entspricht, aber nicht wegen eines äquivoken Wortes, das in dieser konventional eingesetzten Ausdrucksfolge vorkäme, wie es z. B. bei der Ausdrucksfolge »Ich höre, daß die Griechen die Trojaner besiegt haben« oder

L46va sicut est de ista oratione »Audio Graecos vicisse Troianos« vel O45vb de ista »Dico te Aiacem Troianos vincere posse«. Prima enim significat uno modo, quod audio, quod Graeci vicerunt Troianos, alio modo, quod audio, quod Troiani vicerunt Graecos. A46rb Similiter secunda habet duos sensus, unus est »Dico, quod tu Aiax vinces Troianos«, secundus est »Dico, quod Troiani vincent te Aiacem«.

Et quantum ad istum primum modum sit prima regula: Quando aliqua nomina eiusdem casus sequuntur aliquod verbum vel praecedunt, quod quidem verbum potest utrumque solum regere, et inter illa nomina ponitur verbum infinitivi modi, talis propositio habet duos sensus et est distinguenda propter addiscentes vel propter aliquam huiusmodi causam penes primum modum huius fallaciae, sicut dicebatur de ista oratione »Audio Graecos vicisse Troianos«. Et similiter de ista »Dico terram creasse deum«, unde unus sensus eius est »Dico, quod terra creavit deum«, et iste est falsus, alius sensus eius est »Dico, quod deus creavit terram«, et iste sensus est verus. Et secundum hoc potest solvi hic paralogismus »Quoscumque vellem me accipere, vellem, quod ipsi acciperent me, sed inimicos vellem me accipere, ergo vellem, quod inimici me acciperent«. Minor est distinguenda, eo quod ipsa significat uno modo, quod ego vellem, quod ego acciperem inimicos, alio

1 de[1]] in LO Troianos] X Romanos ALOPS vel] similiter L si! O de[2]] L om. AO 2 te] om. L Aiacem] O agacem A ayanos! L Troianos] O romanos A troyacem! L posse] unde add. LO enim] om. LO 3 uno…quod[1]] om. LO audio quod] LO om. A Troianos] X romanos ALO 4 alio…quod[1]] similiter significat LO audio quod] LO om. A Troiani] X romani ALO 5 Similiter secunda] LO secunda autem A est] aiax? per te? add. s. del. A Dico] LO om. A 6 Aiax] O agax? A ayaus! L vinces] romanos add. s. del. O Troianos] O Romanos AL est] om. L Dico] LO om. A Troiani] LO romani A vincent] L vincerent A vicent O 8 modum] om. O 11 solum] O om. AX subiectum LPS nomina] LO om. A 12 propositio] Z om. ALOPSX 13 propter[1]…causam] LO om. A vel] Z et ALOX aliquam] O om. L 14 sicut] primo L dicebatur] dicetur L de ista] om. O 15 oratione] L om. AO Audio] ad! L vicisse Troianos] LOX etc. A Troianos] X romanos LO Et] om. LO de ista] om. L 16 unde] L om. AO eius] LO om. A Dico[2]] LO om. A 17 est[1]] om. L alius] LO

bei dieser »Ich sage, daß du (bzw. dich) Ajax die Trojaner besiegen kannst (bzw. können)« der Fall ist[170]. Der erste (Satz) nämlich bezeichnet auf eine Weise, daß ich höre, daß die Griechen (Nom.) die Trojaner (Akk.) besiegt haben, auf andere Weise, daß ich höre, daß die Trojaner (Nom.) die Griechen (Akk.) besiegt haben. Ebenso hat der zweite (Satz) zwei Sinne, der eine lautet »Ich sage, daß du Ajax die Trojaner besiegen wirst«, der zweite lautet »Ich sage, daß die Trojaner dich Ajax besiegen werden«.

Und was diese erste Weise anbelangt, so laute die erste Regel: Wenn irgendwelche (zwei) Nomina im selben Fall einem Verb folgen oder vorangehen, und zwar einem Verb, das jedes dieser Nomina für sich allein genommen regieren kann, und zwischen jenen Nomina ein Verb im Infinitiv steht, so hat ein solcher Satz zwei Sinne und muß wegen der Studenten oder wegen irgendeines derartigen Grundes (der Didaktik) gemäß der ersten Weise dieses Fehlurteils unterschieden werden, wie z. B. (schon) in bezug auf die Ausdrucksfolge »Ich höre, daß die Griechen die Trojaner besiegt haben« gesagt wurde. Und ebenso ist es beim Satz »Ich sage, daß die Erde Gott geschaffen hat«: Denn ein Sinn von ihm lautet »Ich sage, daß die Erde (Nom.) Gott (Akk.) geschaffen hat«, und dieser ist falsch, der andere Sinn von ihm lautet »Ich sage, daß Gott (Nom.) die Erde (Akk.) geschaffen hat«, und dieser Sinn ist wahr. Und demgemäß kann man den folgenden Fehlschluß auflösen: »Von welchen (Menschen) auch immer ich wollte, daß sie mich fangen, ich wollte, daß sie mich fingen; aber von meinen Feinden wollte ich, daß sie mich fangen (bzw. daß ich sie fange); also wollte ich, daß meine Feinde mich fingen«[171]. Die kleinere Prämisse muß unterschieden werden, weil sie auf die eine

lectio incerta A sensus...est²] LO om. A eius] L om. O 18 Dico] Z om. ALOPSX quod] om. L sensus] om. LO 19 hic] huiusmodi L 21 vellem²... acciperent] LO etc. A 22 eo quod] quia L ipsa...quod¹] LO om. A 23 ego²] om. O ego²...inimicos] inimici me acciperent L acciperem] me add. A

modo, quod ego vellem, quod inimici acciperent me. Primus sensus est verus et secundus est falsus, quod sic possit distingui, quod ly *me* potest construi a parte ante respectu huius verbi *accipere* vel a parte post, secundum quod ly *me* potest regi ab hoc verbo *vellem* vel ly *inimicos*.

Secunda regula: Quando est aliqua oratio, in qua ponuntur duo ablativi in designatione consequentiae, tunc talis potest distingui penes istum modum huius fallaciae, eo quod potest esse causalis, condicionalis vel temporalis vel saltem aequivalere his. Sicut est de ista »Nullo homine currente tu es asinus«, potest enim esse unus sensus »Quia nullus homo currit, tu es asinus«, alius sensus potest esse »Si nullus homo currit, tu es asinus«, tertius potest esse »Dum nullus homo currit, tu es asinus«, et omnes isti sensus sunt falsi.

Tertia regula: Quando dictum alicuius propositionis exclusivae subicitur respectu alicuius modi, talis potest distingui penes istum modum huius fallaciae, eo quod potest esse exclusiva vel de subiecto exclusivo, sicut ista »Tantum deum esse deum est verum«. Habet enim primo istum sensum »Tantum haec est vera ›Deus est deus‹«, et sic est falsa, quia plures sunt verae quam »Deus est deus«, similiter potest habere istum sensum »Haec est vera ›Tantum deus est deus‹«, et sic ista propositio »Tantum deum esse deum est verum« est vera. Quantum ad primum sensum debet sic exponi »Tantum deum esse deum est verum, id est, deum esse deum est verum et nihil

1 ego…quod[2]] LO om. A inimici…me] acciperem inimicos L 2 sensus] modus L verus] falsus L est[2]] om. LO falsus] verus L quod] et L possit] O posset? A potest L distingui] est ex eo O 3 ante] LO om. A respectu] L om. A cum O huius verbi] hoc verbo O 5 ab] a L hoc] om. L ly] LO om. A 6 regula] om. O ponuntur] ponitur O 7 tunc] om. LO 8 penes] LO iuxta A istum] primum LO huius fallaciae] LO om. A 9 esse] om. O causalis] vel add. O causalis condicionalis] LO trsp. A 10 est] om. O 11 enim] O om. AL unus] om. LO Quia] O quod A dum L 12 alius] secundus L sensus] om. LO potest esse] O est A om. L 13 tertius] alius O tertius…asinus] om. L 14 sensus] LO om. A 17 istum] primum LO huius fallaciae] LO om. A 18 exclusivo] exclusum L ista] LO om. A 20 sic] ista add. O plures] L plura AO 21 verae] X om. A vera LO Deus…deus] deum esse deum LO 22 ista…

Weise bezeichnet, daß ich wollte, daß ich meine Feinde finge, auf die andere Weise (aber), daß ich wollte, daß meine Feinde mich fingen. Der erste Sinn ist wahr und der zweite ist falsch, was man so unterscheiden kann, daß der Ausdruck »mich (bzw. ich)« hinsichtlich des Verbs »fangen« vor demselben grammatisch verbunden werden kann oder hinter demselben, wonach der Ausdruck »mich (bzw. ich)« vom Verb »ich wollte« oder vom Ausdruck »meine Feinde« regiert werden kann.

Zweite Regel: Wenn eine Ausdrucksfolge vorliegt, in der zwei Ablative zur Angabe einer Folge vorkommen, dann kann eine solche Ausdrucksfolge gemäß dieser Weise dieses Fehlurteils unterschieden werden, weil sie ein kausaler, ein konditionaler oder ein temporaler Satz sein kann oder zumindest mit solchen äquivalent sein kann. Das ist z. B. der Fall beim Satz »Im Falle, daß kein Mensch läuft, bist du ein Esel«[172], der eine Sinn kann nämlich lauten »Weil kein Mensch läuft, bist du ein Esel«, der andere Sinn kann lauten »Wenn kein Mensch läuft, bist du ein Esel«, der dritte (Sinn) kann lauten »Während kein Mensch läuft, bist du ein Esel«; und alle diese Sinne sind falsch.

Dritte Regel: Wenn das Ausgesagte eines ausschließenden Satzes hinsichtlich irgendeines Modalausdrucks an Subjektstelle steht, dann kann ein solcher Satz gemäß dieser Weise dieses Fehlurteils unterschieden werden, weil er ein ausschließender Satz oder ein Satz mit einem ausschließenden Subjekt sein kann, wie z. B. der Satz »Nur daß (bzw. Daß nur) Gott Gott ist, ist wahr«. Er hat nämlich erstens den Sinn »Nur der Satz ›Gott ist Gott‹ ist wahr«, und in diesem Sinn ist er falsch, weil mehr Sätze wahr sind als (nur) der Satz »Gott ist Gott«; ebenso kann er den Sinn »Der Satz ›Nur Gott ist Gott‹ ist wahr« haben, und in diesem Sinn ist der Satz »Daß nur Gott Gott ist, ist wahr« wahr. Bezüglich des ersten Sinnes muß er so ausgelegt werden: »Nur daß Gott Gott ist, ist wahr, d. h., daß

verum] om. O 23 est verum] L om. A est vera] om. L 24 sic] O om. AL Tantum…est²] LO om. A

aliud a deum esse deum est verum«, et secunda exponentium est falsa. Sed quantum ad secundum sensum debet sic exponi »Tantum deum esse deum est verum, id est, deum esse deum est verum et nihil aliud a deo est deus«, et sic ambae exponentes sunt verae.

Quarta regula: Quando in aliqua propositione ponitur modus cum dicto, illa propositio potest distingui penes istum modum huius fallaciae, eo quod potest denotare modum competere toti propositioni, cuius est dictum, vel propositioni de inesse, in qua subicitur pronomen demonstrativum vel proprium nomen O46ra alicuius supponens pro significato subiecti talis propositionis talis dicti respectu eiusdem praedicati mediante hoc verbo *est* praesentis temporis. Sicut est de ista »Contingit tacentem loqui«, unus sensus potest esse »Haec est contingens ›Tacens loquitur‹«, alius sensus est autem »Haec est contingens ›Hic loquitur‹«, demonstrando illum, qui tacet. Primus sensus est falsus, secundus autem est verus. Secundum hoc etiam distinguitur illa »Possibile est sedentem ambulare«, »Possibile est non scribentem scribere«, quae etiam possunt distingui penes sensum compositum et divisum, et non est impossibile, quod in aliquo processu ratiocinativo assignentur plures defectus. Verumtamen sciendum, quod apud scientem, quid tales propositiones significent de virtute sermonis, praedictae propositiones non essent distinguendae, sed simpliciter negandae. Ista enim propositio »Contingit tacentem loqui« de virtute sermo-

1 a] quam L et] LO ex A secundo add. A secunda] similiter L 2 Sed] secundum L quantum ad] LO secundum A sic] om. O 3 Tantum…est[2]] LO om. A 4 nihil] om. O est deus] Z esse deum ALOSX om. P est verum add. ALOSX 6 ponitur] X accipitur ALO 7 propositio] L om. AO istum] primum LO 8 huius fallaciae] LO om. A modum] rectum L 10 pronomen] dencc-? add. s. del. O 11 supponens] ASX suppositionis! LOP subiecti] vel add. L 12 eiusdem] LO om. A verbo] LO verbum! A 13 praesentis temporis] LO om. A 15 sensus] om. L quod add. O est[1]] om. O autem] L om. AO 16 qui] prius add. A tacet] LO tacebat A 17 autem] LO om. A est] L om. AO etiam] LO om. A 18 Possibile[1]…sedentem] LO sedentem possibile est A 19 etiam] LO non! A 20 sensum] om. O et[1]] vel LO et[2]] ergo L impossibile] possibile L 21 ratiocinativo] X rationativo AO ratiotivo L assignentur] LOX assignantur

Gott Gott ist, ist wahr, und nichts anderes als *daß Gott Gott ist* ist wahr«, und der zweite der auslegenden Sätze ist falsch. Aber bezüglich des zweiten Sinnes muß er so ausgelegt werden: »Daß nur Gott Gott ist, ist wahr, d. h., daß Gott Gott ist, ist wahr, und nichts anderes als Gott ist Gott«, und so sind beide auslegenden Sätze wahr.

Vierte Regel: Wenn in einem Satz ein Modalausdruck mitsamt einem Ausgesagten vorkommt, so kann dieser Satz gemäß dieser Weise dieses Fehlurteils unterschieden werden, weil er angeben kann, daß der Modalausdruck sich auf den ganzen Satz, welcher dem Ausgesagten entspricht, bezieht oder auf einen assertorischen Satz, in dem ein Demonstrativpronomen oder ein Eigenname von jemandem, das bzw. der für das Bezeichnete des Subjekts des Satzes, welcher dem Ausgesagten entspricht, supponiert, in Hinsicht auf dasselbe Prädikat mittels des Verbs »ist« im Präsens an Subjektstelle gesetzt ist. Das ist z. B. beim Satz »Es ist möglich (kontingent), daß ein Schweigender spricht« der Fall, der eine Sinn kann lauten »Der Satz ›Ein Schweigender spricht‹ ist kontingent«, der andere Sinn lautet aber »Der Satz ›Dieser spricht‹ ist kontingent«, wobei man auf jemanden hinweist, der schweigt. Der erste Sinn ist falsch, der zweite aber ist wahr. Demgemäß wird auch folgender Satz unterschieden: »Es ist möglich, daß ein Sitzender geht« (sowie dieser) »Es ist möglich, daß ein nicht Schreibender schreibt«, welche Sätze auch gemäß dem zusammengesetzten und dem geteilten Sinn unterschieden werden können, und es ist nicht unmöglich, daß in einem bestimmten Schlußfolgerungsvorgang mehrere Mängel festgestellt werden. – Gleichwohl muß man festhalten, daß für jemanden, der wüßte, was solche Sätze dem Wortlaut nach bezeichnen, die vorgenannten Sätze nicht zu unterscheiden, sondern einfach abzulehnen wären. Der Satz »Es ist möglich (kontingent), daß

A 22 Verumtamen] unde tamen L scientem] LO scientes A tales] huiusmodi LO 23 significent] OX *lectio incerta* A significant L de…sermonis] om. L praedictae propositiones] om. LO 24 negandae] sed quia add. A quia add. O 25 enim] X om. ALOPS propositio] om. LO

nis, cum sit in sensu composito, significat, quod haec propositio »Tacens loquitur« sit contingens, modo hoc est falsum.

Quinta regula: Quando dictum alicuius propositionis ponitur A46va cum aliquo modo mediante aliquo verbo bis sumpto significante actum humanum, potest distingui, eo quod tale dictum potest supponere pro propositione, cuius est dictum, vel pro aliqua propositione antecedente ad propositionem illius dicti. L46vb Verbi gratia »Quicumque dicit te esse animal, dicit verum«, unde unus sensus est »Quicumque dicit istam propositionem ›Tu es animal‹, dicit verum«, et sic praedicta propositio est vera, alius sensus est »Quicumque dicit aliquam propositionem antecedentem ad istam ›Tu es animal‹, dicit verum«, et hoc est falsum, nam qui dicit te esse asinum, dicit aliquam propositionem antecedentem ad illam »Tu es animal«, et tamen non dicit verum. Secundum hoc solvitur iste paralogismus »Quicumque dicit te esse animal, dicit verum, sed quicumque dicit te esse asinum, dicit te esse animal, ergo quicumque dicit te esse asinum, dicit verum«. Verumtamen sciendum est, quod ista propositio de virtute sermonis »Quicumque dicit te esse animal, dicit verum« potest negari, quia *te esse animal* est una oratio infinitiva, quae nec est vera nec falsa, et ergo dicens te esse animal nec dicit verum nec dicit falsum.

Sexta regula: Quando ponitur aliquis modus in aliqua propositione mediante aliquo verbo cum hac dictione *quod*, talis potest distingui penes primum modum huius fallaciae. Sicut ista »Possibile est, quod album sit nigrum«, »Scio, quod omnis

1 cum] tamen L 2 sit] LO est A 3 ponitur] LO om. A 4 aliquo[2]] modo mediate aliquo add. A 6 pro aliqua] LO om. A 9 unde] O om. A modo L est] O potest esse AL quod add. L 10 sic] LO om. A praedicta] LO ista A 12 Tu es] AS homo est LOPX et] modo L 13 aliquam] unam LO propositionem] LO om. A 14 illam] homo est animal dicit verum add. s. del. L animal] vel homo est animal add. O 15 verum] sed add. L solvitur] om. L 16 sed] X similiter A om. LO 17 quicumque…verum] LO etc. A 18 Verumtamen] unde L sciendum] verum L om. O est] L om. AO quod] om. O propositio] L om. AO 19 Quicumque] qui L 20 dicit verum] LO est vera A quia] ex eo quod LO una] L om. AO 21 quae] et ideo L et O 22 nec[1]] non L dicit[2]] om. LO 23 in] cum O 24 aliquo] om. O 25 penes…fallaciae] LO om. A 26 sit] est O

ein Schweigender spricht« nämlich bezeichnet dem Wortlaut nach, da er im zusammengesetzten Sinn formuliert ist, daß der Satz »Ein Schweigender spricht« kontingent ist, aber das ist falsch.

Fünfte Regel: Wenn ein Ausgesagtes, das irgendeinem Satz entspricht, mitsamt einem Modalausdruck angeführt wird, und zwar mittels eines doppelt vorkommenden Verbs, das eine menschliche Handlung bezeichnet, so kann (der betreffende Satz) unterschieden werden, weil ein solches Ausgesagtes für den Satz, dem es entspricht, supponieren kann oder für irgendeinen Vordersatz zum Satz, dem das Ausgesagte entspricht. Z. B. »Wer immer sagt, daß du ein Lebewesen bist, sagt etwas Wahres«: So lautet der eine Sinn »Wer immer den Satz ›Du bist ein Lebewesen‹ sagt, sagt etwas Wahres«, und in diesem Sinn ist der vorgenannte Satz wahr; der andere Sinn lautet »Wer immer irgendeinen Vordersatz zum Satz ›Du bist ein Lebewesen‹ sagt, sagt etwas Wahres«, und das ist falsch, denn wer sagt, daß du ein Esel bist, sagt einen Vordersatz zum Satz »Du bist ein Lebewesen«, aber dennoch sagt er nichts Wahres. Demgemäß wird folgender Fehlschluß aufgelöst: »Wer immer sagt, daß du ein Lebewesen bist, sagt etwas Wahres; aber wer immer sagt, daß du ein Esel bist, sagt, daß du ein Lebewesen bist; also: Wer immer sagt, daß du ein Esel bist, sagt etwas Wahres«. – Gleichwohl ist festzuhalten, daß der Satz »Wer immer sagt, daß du ein Lebewesen bist, sagt etwas Wahres« dem Wortlaut nach abgelehnt werden kann, weil »daß du ein Lebewesen bist« ein Infinitivsatz ist[173], der weder wahr noch falsch ist, und somit einer, der sagt, daß du ein Lebewesen bist, weder etwas Wahres noch etwas Falsches sagt.

Sechste Regel: Wenn ein Modalausdruck in einem Satz mittels eines Verbs nebst dem Wort »daß« angeführt wird, so kann der betreffende Satz gemäß der ersten Weise dieses Fehlurteils unterschieden werden. Wie z. B. der Satz »Es ist möglich, daß ein weißes Ding schwarz ist«, »Ich weiß, daß jeder

homo est animal«, unde prima uno modo significat, quod haec est possibilis »Album est nigrum«, alio modo significat, quod haec est possibilis »Hoc est nigrum« demonstrando per ly *hoc* illud, quod modo est album. Secundae autem propositionis unus sensus est »Haec est a me scita ›Omnis homo est animal‹«, alius sensus est »Scio, quod Sortes est animal et quod Plato est animal et sic de singulis et non est aliquis homo, quin sciam, quod ipse est animal«, et iste sensus est falsus, quia cum Sortes non est mihi praesens, dubium est mihi, an Sortes sit animal, quia dubium est mihi, an Sortes sit in rerum natura, et per consequens non scio, quod ipse est animal. Verumtamen apud scientem et de virtute sermonis praedictae propositiones non debent distingui.

Septima regula: Quando illa coniunctio *vel* in aliqua propositione ponitur inter plures terminos, talis propositio potest
O46rb distingui, eo quod potest esse disiunctiva vel potest esse de disiuncto extremo. Sicut est de istis »Omnis propositio vel eius contradictoria est vera«, et similiter »Omnis homo est sanus vel aeger«. Unde communiter dicitur, quod si prima intelligitur esse de disiuncto extremo, significat, quod de quocumque praedicatur ly *propositio vel eius contradictoria*, de isto praedicatur ly *verum*, et sub isto sensu est falsa, nam de illa propositione »Homo est asinus« praedicatur ly *propositio vel eius contradictoria*, et tamen non praedicatur de ea ly *vera*, nam quamvis ista propositio »Homo est asinus« sit propositio vel

1 unde] LO om. A   uno] LO primo A   2 alio…nigrum] om. L   significat] om. O   3 per ly] om. O   4 illud] om. LO   album] sensus add. A   autem…sensus] LO om. A   5 est[1]] uno modo add. A   6 sensus] LO om. A   et] om. O   quod[2]] om. LO   7 et[1]…singulis] om. LO   8 sciam] ego scio O   sensus] LO om. A   quia] nam LO   9 mihi[1]] modo L   praesens] prius! L   Sortes[2]] LO om. A   10 Sortes] LO om. A   in…natura] LO om. A   11 ipse] Sor O   12 et] om. L   praedictae] huiusmodi LO   14 propositione] L oratione AO   15 talis] LO om. A   propositio] S om. ALOPX   16 potest esse[2]] LO om. A   17 Sicut] LO *lectio incerta* A   est] O *lectio incerta* A om. L   istis] ista LOX propositione add. LOX   18 et] vel L om. O   similiter] ista L   19 dicitur] solet dici LO   quod] LO om. A   si prima] trsp. LO   20 esse] om. L quod sit O   21 ly] om. O   eius] contraria? add. s. del. A   22 ly] om. (s. add. i.m.?) O   sub] in LO ista add. s. del. O   illa] isto! O

Mensch ein Lebewesen ist«: So bezeichnet der erste auf die eine Weise, daß der Satz »Ein weißes Ding ist schwarz« möglich ist, auf die andere Weise bezeichnet er, daß der Satz »Dies ist schwarz« möglich ist, wobei sich der Ausdruck »dies« auf das bezieht, was jetzt weiß ist. Der eine Sinn des zweiten Satzes aber lautet »Der Satz ›Jeder Mensch ist ein Lebewesen‹ ist von mir gewußt«, der andere Sinn lautet »Ich weiß, daß Sokrates ein Lebewesen ist und daß Platon ein Lebewesen ist usw. für die einzelnen (Menschen), und es gibt keinen Menschen, von dem ich nicht wüßte, daß er ein Lebewesen ist«, und dieser Sinn ist falsch, denn da Sokrates mir nicht gegenwärtig ist, ist es mir zweifelhaft, ob Sokrates ein Lebewesen ist, weil es mir zweifelhaft ist, ob es Sokrates in der Wirklichkeit gibt; und folglich weiß ich nicht, daß er ein Lebewesen ist. – Gleichwohl müssen die vorgenannten Sätze für einen Kundigen und dem Wortlaut nach nicht unterschieden werden.

Siebte Regel: Wenn die Konjunktion »oder« in einem Satz zwischen mehreren Termen angeführt wird, so kann der betreffende Satz unterschieden werden, weil er ein disjunktiver Satz sein kann oder ein Satz mit einem disjunkten Satzglied sein kann. Wie es z. B. bei den folgenden Sätzen der Fall ist: »Jeder Satz oder sein kontradiktorischer Satz ist wahr« sowie »Jeder Mensch ist gesund oder krank«. So sagt man gemeinhin: Wenn der erste Satz als einer mit einem disjunkten Satzglied aufgefaßt wird, so bezeichnet er, daß wovon auch immer der Ausdruck »ein Satz oder sein kontradiktorischer Satz« ausgesagt wird, davon der Ausdruck »wahr« ausgesagt wird; und in diesem Sinne ist er falsch, denn von dem Satz »Ein Mensch ist ein Esel« wird der Ausdruck »ein Satz oder sein kontradiktorischer Satz« ausgesagt, aber dennoch wird von ihm nicht der Ausdruck »wahr« ausgesagt, denn obwohl der Satz »Ein Mensch ist ein Esel« ein Satz oder sein kontradikto-

23 praedicatur] OPSX verificatur A praedicatur…asinus] OPSX om. L
24 et…contradictoria] OPSX om. A nam] OPX unde S

eius contradictoria, tamen ista propositio »Homo est asinus« non est vera. Sed si capitur in sensu, in quo est disiunctiva, tunc significat, quod omnis propositio est vera vel omnis propositionis contradictoria est vera, et sic iterum est falsa. Et sic secundum communiter loquentes ipsa est falsa, sive sit disiunctiva sive sit de disiuncto extremo.

Sed tamen ego dico contra, quod si praedicta propositio est de disiuncto extremo, quod ipsa est vera, nam sic est una categorica universalis, cuius omnes singulares sunt verae, quacumque enim propositione demonstrata de ipsa verum est dicere, quod ipsa vel eius contradictoria est vera. Nec ipsa significat, sicut communiter loquentes dicunt, quod de quocumque verificatur ly *propositio vel eius contradictoria*, quod de eo verificatur ly *verum*, sed ipsa significat, quod de quocumque verificatur ly *propositio*, de illo est verum dicere, quod ipsum vel eius contradictorium est verum.

Sed diceres contra »Omnis propositio vel eius contradictoria est vera, haec propositio ›Homo est asinus‹ est propositio vel eius contradictoria, ergo ›Homo est asinus‹ est propositio vera«, conclusio est falsa, ergo aliqua praemissarum, non minor, ergo maior, quae est propositio, quam tu concedis, ergo male. Respondetur concedendo, quod conclusio praedictae argumentationis est falsa, sed nego consequentiam »Conclusio est falsa, ergo aliqua praemissarum«, sed oportet addere »Conclusio est falsa et discursus est bonus, ergo aliqua praemissarum est falsa«. Sed modo nego, quod praedictus discursus sit

1 ista…asinus] LOPSX ipsa A 3 propositionis] propositio L 6 sit] LO om. A sic add. O 7 contra] om. LO propositio] propositione L est] sit O 8 quod] om. LX ipsa] sic O 10 enim] LO om. A de ipsa] LOX om. A 12 sicut] secundum L quod] om. O verificatur] om. O 13 ly] LO om. A eo] illa L illo O verificatur] verificetur L praedicetur O 14 ipsa] LO om. A verificatur] praedicatur O 15 propositio] quod add. O ipsum] haec L hoc O 16 contradictorium] contradictoria L verum] vera L 17 Sed…contra] LO si A 18 haec propositio] LO om. A 19 Homo…asinus] LO om. A propositio] O om. AL 20 ergo…praemissarum] LO om. A 21 quae] L et maior O quae…propositio] LO om. A concedis] LO dicis A 22 male] etc. LO Respondetur]

rischer Satz ist, so ist der Satz »Ein Mensch ist ein Esel« doch nicht wahr. Aber wenn er im Sinne eines disjunktiven Satzes aufgefaßt wird, dann bezeichnet er, daß jeder Satz wahr ist oder eines jeden Satzes kontradiktorischer Satz wahr ist, und in diesem Sinne ist er wiederum falsch. Und somit ist er gemäß den Vertretern der gewöhnlichen Auffassung falsch, ob er nun ein disjunktiver Satz ist oder ein disjunktes Satzglied hat.

Aber dennoch halte ich dagegen: Wenn der vorgenannte Satz ein disjunktes Satzglied hat, dann ist er wahr, denn in diesem Sinne ist er ein kategorischer Universalsatz, von dem alle singulären Sätze wahr sind; auf welchen Satz auch immer man nämlich hinweist, es ist wahr, von ihm zu sagen, daß er oder sein kontradiktorischer Satz wahr ist. Und er bezeichnet auch nicht, wie die Vertreter der gewöhnlichen Auffassung sagen, daß wovon auch immer der Ausdruck »ein Satz oder sein kontradiktorischer Satz« verifiziert, davon der Ausdruck »wahr« verifiziert wird, sondern er bezeichnet: Wovon auch immer der Ausdruck »ein Satz« verifiziert wird, davon ist es wahr zu sagen, daß es oder sein kontradiktorischer Gegensatz wahr ist.

Einwand: »Jeder Satz oder sein kontradiktorischer Satz ist wahr, der Satz ›Ein Mensch ist ein Esel‹ ist ein Satz oder sein kontradiktorischer Satz, also ist ›Ein Mensch ist ein Esel‹ ein wahrer Satz«, die Konklusion ist falsch, also (auch) eine von den Prämissen, aber nicht die kleinere, also die größere, welche der Satz ist, den du zugibst, also schlecht[174]. – Antwort: Ich gebe zu, daß die Konklusion der vorgenannten Argumentation falsch ist, aber ich lehne die Folgerung »Die Konklusion ist falsch, also (auch) eine von den Prämissen« ab, sondern man muß hinzufügen »Die Konklusion ist falsch und der Schluß ist gültig, also ist eine von den Prämissen falsch«. Ich verneine

Respondeo LO quod add. s. del. O concedendo] LO om. A conclusio] LO om. A praedictae argumentationis] om. LO 23 sed] et O consequentiam] LO istam A 24 addere] apponere LO Conclusio…falsa] LO om. A 25 ergo… falsa] LO om. A 26 est falsa] L etc. O praedictus] LO om. A sit] LO est A

bonus, eo quod plus praedicatur in minore, quam distribuebatur in maiore. In maiore enim solum distribuitur ly *propositio*, in minore autem praedicatur hoc totum *propositio vel eius contradictoria*. Et ergo ille discursus bene valeret »Omnis A46vb propositio vel eius contradictoria est vera, ›Homo est asinus‹ est propositio, ergo ›Homo est asinus‹ vel eius contradictoria est vera«, et tunc discursus est bonus et praemissae sunt verae et conclusio similiter est vera. Et sciendum est, quod ego ponam differentiam inter has duas propositiones »Omnis propositio vel eius contradictoria est vera«, »Omne, quod est propositio vel eius contradictorium, est verum«. Primam enim de virtute sermonis concedo simpliciter, secundam autem nego, secunda enim significat et non prima, quod de quocumque verificatur ly *propositio vel eius contradictoria*, de illo verifica- L47ra tur ly *verum*, modo hoc est falsum, sicut dictum est.

Octava regula: Quando haec coniunctio *et* ponitur inter duos terminos, tunc solet distingui illa propositio, quia vel est copulativa vel de copulato extremo. Verbi gratia »Sortes et Plato sunt unus homo«, si capitur ut copulativa, ipsa est concedenda, nam sensus est, quod Sortes est unus homo et Plato est unus O46va homo, et hoc est verum. Si autem capitur, ut est de copulato extremo, sicut de vi vocis solet capi, ipsa est falsa, nam Sortes et Plato non sunt unus homo, sed plures homines.

1 praedicatur] praedicabatur O minore] z minori ALOX distribuebatur] distribuatur LX 2 maiore[1]] z maiori ALOX maiore[2]] z maiori ALOX enim] LO autem A distribuitur] distribuebatur O 3 minore] z minori ALOX autem] om. L praedicatur] praedicabatur O propositio…contradictoria] L *lectio incerta* A 4 bene] LO non! A 6 propositio] vel eius contradictoria add. A Homo…asinus] ipsa LO 7 tunc] LO tamen? A discursus…et[2]] LO om. A 8 est vera] LO om. A est[2]] om. LO ego] om. LO ponam] AS pono LOPX 9 duas] L om. AO 12 simpliciter] X similiter A om. LOPS autem] om. L nego] nam add. A 13 secunda…quod] LO om. A et…prima] L om. O 14 verificatur[1]] praedicatur LO ly] LO om. A verificatur[2]] praedicatur LO vere add. O 15 modo] OX om. AL hoc…falsum] LOX om. A est[2]] ergo etc. add. O 16 duos] om. LO 17 tunc] L om. AO quia] om. LO vel] quod add. O est] possit esse L sit O 18 vel] quod sit add. O 19 homo] haec add. L capitur] capiatur O ut] LO tantum? A ipsa] LO om. A est] vera add. s. del. A

nun aber, daß der vorgenannte Schluß gültig ist, weil in der kleineren Prämisse mehr ausgesagt wird, als in der größeren Prämisse verteilt wurde. In der größeren Prämisse wird nämlich nur der Ausdruck »ein Satz« verteilt, in der kleineren aber wird der ganze Ausdruck »ein Satz oder sein kontradiktorischer Satz« ausgesagt. Und demnach wäre der folgende Schluß sehr wohl gültig: »Jeder Satz oder sein kontradiktorischer Satz ist wahr, ›Ein Mensch ist ein Esel‹ ist ein Satz, also ist (der Satz) ›Ein Mensch ist ein Esel‹ oder sein kontradiktorischer Satz wahr«, und dann ist der Schluß gültig und die Prämissen sind wahr und die Konklusion ist ebenso wahr. – Festzuhalten ist, daß ich einen Unterschied zwischen den folgenden zwei Sätzen mache: »Jeder Satz oder sein kontradiktorischer Satz ist wahr«, »Alles, was ein Satz oder sein kontradiktorischer Gegensatz ist, ist wahr«. Den ersten nämlich gebe ich dem Wortlaut nach einfach zu, den zweiten aber verneine ich, der zweite nämlich bezeichnet – und nicht der erste –, daß wovon auch immer der Ausdruck »ein Satz oder sein kontradiktorischer Satz« verifiziert wird, davon der Ausdruck »wahr« verifiziert wird; das ist nun aber falsch, wie schon gesagt wurde.

Achte Regel: Wenn die Konjunktion »und« zwischen zwei Termen steht, dann pflegt man den betreffenden Satz zu unterscheiden, weil er entweder ein kopulativer Satz oder ein Satz mit einem kopulaten Satzglied ist. Z. B. »Sokrates und Platon sind ein Mensch«: Wenn (dieser Satz) als kopulativer Satz aufgefaßt wird, dann ist er zuzugeben, denn der Sinn lautet, daß Sokrates ein Mensch ist und Platon ein Mensch ist, und das ist wahr. Wenn er aber als Satz mit einem kopulaten Satzglied aufgefaßt wird, wie er dem Wortlaut nach aufgefaßt zu werden pflegt, dann ist er falsch, denn Sokrates und Platon sind nicht ein Mensch, sondern mehrere Menschen.

20 sensus est] ipsa significat LO 21 et...verum] LO om. A Si] LO similiter? A capitur] capiatur O ut est] LO quod sit A 22 solet] debet LO est] LO erit? A nam] quia O 23 sed...homines] om. LO

Nona regula: Quando ista coniunctio *si* in aliqua propositione ponitur inter duos terminos, illa propositio potest distingui, quia vel sit condicionalis vel de condicionato extremo. Sicut est illa »Omne animal, si est rationale, est homo«: Unus sensus potest esse »Si omne animal est rationale, omne animal est homo«, alius sensus secundum communiter loquentes est »De quocumque verificatur ly *animal, si est rationale*, de illo verificatur ly *homo*«. Secundum autem veritatem significat, quod de quocumque verificatur ly *animal*, de illo verum est dicere, quod ipsum, si est rationale, est homo. Similiter ista »Omnis propositio, si est impossibilis, non est concedenda«. Et secundum hoc potest solvi iste paralogismus »Omnis propositio, si est impossibilis, non est concedenda, haec propositio ›Deus est‹ est propositio, si est impossibilis, ergo haec propositio ›Deus est‹ non est concedenda«. Breviter, secundum communiter loquentes diceretur, quod si maior est condicionalis, tunc est vera et discursus non valet ex eo, quod ex hypothetica condicionali non est taliter syllogizandum. Si autem est de condicionato extremo, maior est falsa et discursus est bonus. Sed ego dico, quod si est de condicionato extremo, ipsa adhuc est vera et discursus non valet, sed iste bene valeret »Omnis propositio, si est impossibilis, non est concedenda, haec propositio ›Deus est‹ est propositio, ergo ista propositio ›Deus est‹, si est impossibilis, non est concedenda«. Et ratio, quare discursus primus non valet, est, quod plus praedicatur in minore, quam distribuitur in maiore.

1 in…propositione] LO om. A 2 duos] LO om. A 3 quia vel] L trsp. AO vel[2]] quia sit add. O 4 est[1]] L om. AO 6 est[1]] potest esse L sensus] LO om. A secundum] om. L est[2]] L om. AO 9 verificatur] LO dicitur A illo] ipso O 10 ista] LO om. A 11 Omnis propositio] LO om. A 13 non] om. L 14 est[2]] om. LO haec…est[1]] L om. O haec…concedenda] LO etc. A 16 diceretur] dicitur L est] LO sit A 17 tunc] LO om. A ex[1]…syllogizandum] LO om. A 18 de] condicionali seu add. O 19 est[2]] LO om. A 20 ego] LO om. A quod] LO om. A de] ex L ipsa] LO om. A adhuc] om. LO 21 iste] ista L valeret] LO valet A 22 haec…concedenda] om. L 23 ista] om. O 24 ratio] est add. L 25 est] om. L quod] quia LO in…maiore] LOPSX etc. A minore] Z minori

Neunte Regel: Wenn die Konjunktion »wenn« in einem Satz zwischen zwei Termen steht, dann kann der betreffende Satz unterschieden werden, weil er entweder ein Konditionalsatz oder ein Satz mit einem konditionalen Satzglied ist. Wie z. B. der Satz »Jedes Lebewesen, wenn es vernunftbegabt ist, ist ein Mensch«: Der eine Sinn kann lauten »Wenn jedes Lebewesen vernunftbegabt ist, dann ist jedes Lebewesen ein Mensch«, der andere Sinn lautet gemäß den Vertretern der gewöhnlichen Auffassung »Wovon auch immer der Ausdruck ›ein Lebewesen, wenn es vernunftbegabt ist‹ verifiziert wird, davon wird der Ausdruck ›ein Mensch‹ verifiziert«. In Wirklichkeit bezeichnet er aber: Wovon auch immer der Ausdruck »ein Lebewesen« verifiziert wird, davon ist es wahr zu sagen, daß es, wenn es vernunftbegabt ist, ein Mensch ist. Ebenso der Satz »Kein Satz, wenn er unmöglich ist, darf zugegeben werden«. Und demgemäß kann man den folgenden Fehlschluß auflösen: »Kein Satz, wenn er unmöglich ist, darf zugegeben werden; der Satz ›Gott ist‹ ist ein Satz, wenn er unmöglich ist; also darf der Satz ›Gott ist‹ nicht zugegeben werden«. Kurz gesagt, gemäß den Vertretern der gewöhnlichen Auffassung würde es heißen: Wenn die größere Prämisse ein Konditionalsatz ist, dann ist sie wahr und der Schluß ist nicht gültig, weil aus einem hypothetischen Konditionalsatz nicht so syllogisiert werden darf. Wenn die größere Prämisse aber ein Satz mit einem konditionalen Satzglied ist, ist sie falsch und der Schluß ist gültig. – Ich aber sage: Wenn sie ein Satz mit einem konditionalen Satzglied ist, ist sie ebenfalls wahr und der Schluß ist nicht gültig, aber dieser wäre sehr wohl gültig: »Kein Satz, wenn er unmöglich ist, darf zugegeben werden; der Satz ›Gott ist‹ ist ein Satz; also darf der Satz ›Gott ist‹, wenn er unmöglich ist, nicht zugegeben werden«. Und der Grund, weshalb der erste Schluß nicht gültig ist, lautet, daß in der kleineren Prämisse mehr ausgesagt wird, als in der größeren Prämisse verteilt wird.

LOPSX 26 distribuitur] PS distribuatur LX subiciebatur O maiore] Z maiori LOPSX

Decima regula: Quando haec dictio *quia* ponitur inter duos terminos in aliqua propositione, tunc talis propositio potest distingui, eo quod potest esse causalis vel de causali extremo. Sicut ista »Omne animal, quia est sensibile, est substantia«, unus sensus, in quantum est causalis, est »Quia omne animal est sensibile, omne animal est substantia«, et ille sensus est falsus, quia causa, quare animal est substantia, non est, quia ipsum est sensibile, sed quia per se existit. Alius sensus solet dici ab aliquibus iste, in quantum est de causali extremo, »Omne, quod est animal, quia est sensibile, est substantia«, non quod aliquod animal sit substantia, quia est sensibile, sed quia est sensibile, est animal, et iste sensus est verus, nam de quocumque animali verum est dicere »Hoc, quod est animal, quia est sensibile, est substantia«, ita quod hoc totum *animal, quia est sensibile* est subiectum. Et capitur hic ly *sensibile* pro sensitivo, aliter falsum esset.

Undecima regula: Quando adverbium temporis ponitur inter duos terminos in aliqua propositione, tunc illa potest distingui, quia vel est temporalis vel de temporali extremo. Sicut est de ista propositione »Nullum animal, dum dormit, vigilat«, si est temporalis, significat, quod nullum animal vigilat, dum ipsum dormit, et ille sensus est verus. Alius sensus ponitur ab aliquibus, quando est de temporali extremo, quod de quocumque verificatur ly *animal, dum dormit*, ab eodem removetur ly

2 in…propositione] om. O 4 ista] quia add. LOPS quia] om. LOPS sensibile] omne animal add. LOPSX 5 sensus] est videlicet add. LO est^{2}] om. LO 6 sensus] LO om. A 7 est^{1}] sensibile add. s. del. O 8 ipsum] om. LO non add. A existit] subsistit L 9 extremo] quod add. s. del. O 10 animal] X sensibile ALOPS quia] LOPSX om. A ipsum add. S sensibile] X animal ALOPS ipsum add. LOPSX 11 animal] Z sensibile ALOPSX substantia] LOPS animal AX sensibile] Z substantia AX animal LOPS 12 quia] A quod LOPSX sensibile] ALOPS animal X quia add. LOPSX nam] quia LO 13 animali] LOPSX tali A quod] AOP om. LSX 15 est^{2}] sit L Et] LO om. A capitur] capiatur O hic] LO om. A ly] om. LO 17 temporis] temporale LO 18 tunc] om. LO 19 quia vel] Z trsp. ALOPSX est^{2}…propositione] hic LO 21 animal] dum add. LPSX vigilat] Z dormit ALOPSX dum] AO om. LPSX ipsum] A om. LOPSX 22 dormit] Z vigilat ALOPSX ponitur…aliquibus] est LO 23 quando] si L extremo]

Zehnte Regel: Wenn das Wort »weil« in einem Satz zwischen zwei Termen steht, dann kann der betreffende Satz unterschieden werden, weil er ein Kausalsatz oder ein Satz mit einem kausalen Satzglied sein kann. Wie z. B. der Satz »Jedes Lebewesen, weil es sinnenbegabt ist, ist eine Substanz«: Der eine Sinn als Kausalsatz lautet »Weil jedes Lebewesen sinnenbegabt ist, ist jedes Lebewesen eine Substanz«, und dieser Sinn ist falsch, weil die Ursache dafür, daß ein Lebewesen eine Substanz ist, nicht ist, daß es sinnenbegabt ist, sondern daß es für sich (unabhängig) existiert. Der andere Sinn als Satz mit einem kausalen Satzglied wird von manchen (Autoren) gewöhnlich so formuliert: »Alles, was ein Lebewesen ist, weil es sinnenbegabt ist, ist eine Substanz« – das heißt nicht, daß ein Lebewesen eine Substanz wäre, weil es sinnenbegabt ist, sondern weil es sinnenbegabt ist, ist es ein Lebewesen; und dieser Sinn ist wahr, denn von jedem beliebigen Lebewesen ist es wahr zu sagen »Dieses da, das ein Lebewesen ist, weil es sinnenbegabt ist, ist eine Substanz«, so daß der ganze Ausdruck »ein Lebewesen, weil es sinnenbegabt ist« das Subjekt ist. Und hier wird der Ausdruck »sensibel (sinnenbegabt)« für »sensitiv (empfindungsfähig)« verwendet, sonst wäre (das Gesagte) falsch.

Elfte Regel: Wenn ein Temporaladverb in einem Satz zwischen zwei Termen steht, dann kann der betreffende Satz unterschieden werden, weil er entweder ein Temporalsatz oder ein Satz mit einem temporalen Satzglied ist. Wie es z. B. bei folgendem Satz der Fall ist »Kein Lebewesen, während es schläft, wacht«: Wenn er ein Temporalsatz ist, bezeichnet er, daß kein Lebewesen wacht, während es schläft, und dieser Sinn ist wahr. Der andere Sinn als Satz mit einem temporalen Satzglied wird von manchen (Autoren) so formuliert: Wovon auch immer der Ausdruck »ein Lebewesen, während es schläft« verifiziert wird, davon wird der Ausdruck »wacht«

(qui O om. L) solet (dici L dari O) ab aliquibus add. LO quod] om. LO **24** ly[1]] LO om. A ly[2]] LO om. A

vigilat. Et secundum hoc hunc solvunt paralogismum »Nullum animal, dum dormit, vigilat, omnis homo est animal, dum dormit, ergo nullus homo vigilat«. Dicunt enim, quod si maior est temporalis, ipsa est vera, sed tunc discursus non valet, si A47ra vero est de temporali extremo, tunc ipsa non est vera et discursus est bonus. Sed tamen ego dico, quod in utroque sensu ipsa O46vb est vera, in sensu enim, in quo est de temporali extremo, est vera, quia significat, quod de nullo animali verificatur ly *dum dormit, vigilat*, et secundum hoc ego solverem praedictum paralogismum dicendo discursum non valere, eo quod plus praedicatur in minore, quam deberet praedicari. Deberet enim sic argui »Nullum animal, dum dormit, vigilat, omnis homo est animal, ergo nullus homo, dum dormit, vigilat«, et tunc arguitur vere in Celarent, sed prius arguebatur apparenter. Et pono differentiam inter istas propositiones »Nullum animal, dum dormit, vigilat« et »Nullum, quod est animal, dum dormit, vigilat«, quia prima existente vera secunda est falsa, eo quod aliquid est animal, dum dormit, quod tamen vigilat, Sortes enim est animal, dum dormit, et tamen Sortes iam scribens vigilat. Verum est tamen, quod aliqui negant, quod Sortes, dum vigilat, sit animal, dum dormit.

Secundus modus amphiboliae contingit ex eo, quod aliqua oratio significat plura, unum ex impositione primaria, aliud vero transumptive sive metaphorice, sicut ista oratio »Iste vendit oleum« vel ista oratio »Lupus est in fabula«. Sensus

1 hunc] om. O solvunt] LO solvo A 3 Dicunt] om. L enim] om. LO aliqui add. A quod] om. LO 4 est[1]] LO sit A ipsa] om. LO sed tunc] et LO 5 est[1]] LO sit A tunc ipsa] om. LO non…vera] est falsa LO discursus] non add. s. del. A 6 tamen] breviter LO ego] om. LO utroque] ALOX neutro PS sensu] om. O ipsa] om. LO 7 est[3]…quia] om. LO 9 secundum] cum L ego] LO om. A 11 praedicatur] praedicabatur O praedicatur add. A minore] minori LO deberet] debeat L deberet praedicari] subiciebatur in maiori O Deberet] oportet L enim] LO om. A 12 Nullum] LO omne A omnis…vigilat] om. L 13 dum dormit] trsp. O 15 differentiam] differentias O 16 et] LO om. A 17 quia] LO immo A 18 aliquid est] LO est aliquod A dormit] om. O tamen] om. O 19 iam scribens] LO om. A 21 sit] est O 22 ex] LO om. A 23 prima-

entfernt (verneint). Und demgemäß lösen sie folgenden Fehlschluß auf: »Kein Lebewesen, während es schläft, wacht; jeder Mensch ist ein Lebewesen, während er (bzw. es) schläft; also wacht kein Mensch«. Sie sagen nämlich: Wenn die größere Prämisse ein Temporalsatz ist, so ist sie wahr, aber dann ist der Schluß nicht gültig; wenn sie aber ein Satz mit einem temporalen Satzglied ist, dann ist sie nicht wahr und der Schluß ist gültig. – Aber ich sage dementgegen, daß dieser Satz in beiden Sinnen wahr ist, im Sinn als Satz mit einem temporalen Satzglied nämlich ist er wahr, weil er bezeichnet, daß von keinem Lebewesen der Ausdruck »während es schläft, wacht es« verifiziert wird, und demgemäß würde ich den vorgenannten Fehlschluß mit der Erwiderung auflösen, daß der Schluß nicht gültig ist, weil in der kleineren Prämisse mehr ausgesagt wird, als ausgesagt werden sollte. Man müßte nämlich so argumentieren: »Kein Lebewesen, während es schläft, wacht; jeder Mensch ist ein Lebewesen; also wacht kein Mensch, während er schläft«, und dann wird gehörig in Celarent argumentiert, aber vorher wurde nur scheinbar argumentiert. Und ich mache einen Unterschied zwischen den Sätzen »Kein Lebewesen, während es schläft, wacht« und »Nichts, was ein Lebewesen ist, während es schläft, wacht«, denn während der erste wahr ist, ist der zweite falsch, weil etwas ein Lebewesen ist, während es schläft, das dennoch wacht, Sokrates ist nämlich ein Lebewesen, während er (bzw. es) schläft, und dennoch wacht der jetzt schreibende Sokrates. Jedoch ist es richtig, daß manche (Autoren) verneinen, daß Sokrates, während er wacht, ein Lebewesen, während es schläft, ist.

Die zweite Weise der Amphibolie ergibt sich daraus, daß eine Ausdrucksfolge mehrere Bedeutungen hat, und zwar eine aufgrund der primären Einsetzung, eine andere aber aufgrund einer Übertragung bzw. Metapher, wie z. B. die Ausdrucksfolge »Dieser da verkauft Öl« oder die Ausdrucksfolge »Der Wolf

ria] LO om. A aliud] alius L aliud vero] et aliud O 24 sive] et LO 25 ista] LO iste A oratio] L om. AO

enim primae potest esse, quod iste vendit liquorem talem, qui vocatur oleum, alius sensus est, quod iste dat verba adulatoria et mollia et nihil sequitur. Secunda autem significat ex impositione primaria, quod illud animal, quod vocatur lupus, sit in sermone seu in fabula, alius sensus est, quod inimicus accedit. Iste modus pluries contingit in dictis philosophorum et theologorum, et causa, quare aliqua oratio accipitur sic transumptive, est consuetudo vel voluntas utentium ista oratione isto modo, et etiam aliquando huius causa est brevitas vel ornatus loquendi. Et accidit iste modus, ut plurimum, quando in aliquibus propositionibus nomina verbalia ponuntur loco partici-
L47rb piorum eorundem, etiam quando abstracta a nominibus vel a pronominibus vel ab adverbiis vel a coniunctionibus vel a praepositionibus vel ab interiectionibus vel aliquando a pluribus dictionibus simul sumptis loco earundem ponuntur, sicut in exemplis ponendis patebit. Et ergo omnes tales propositiones, in quibus talia abstracta ponuntur, possunt distingui, eo quod possunt accipi in sensu, quem videntur facere et causare ex vi vocis, et sicut sonant, vel pro illis propositionibus, in quibus talia participia vel adverbia vel consimilia, loco quorum talia ponuntur, manifeste exprimuntur.

Et secundum hoc possunt solvi talia sophismata »Quicquid est in alio, est distinctum ab isto, sed calefactio est in calefactivo vel in calefaciente, ergo calefactio est distincta a calefa-

2 est] O om. AL   iste] talis LO   3 et mollia] O om. AL   et[2]...sequitur] LO om. A   4 animal] LO om. A   5 seu...fabula] LO om. A   est] O om. AL   accedit] O accedat A incipit L   6 Iste] isto O   7 causa] LO om. A   quare] quod L   aliqua] LO talis A   accipitur] aliquando add. O   8 vel] et LO   voluntas] sic add. A   utentium] LO dicentium A   isto modo] om. L   9 etiam] LO om. A   huius] om. LO   vel] et LO   ornatus] modus add. L   10 Et] aliquando add. A   modus] L om. A   ut] in add. A   quando] quod O   aliquibus] LO aliqua A   11 propositionibus] L propositione A orationibus O   verbalia] LO om. A   12 eorundem] LO om. A   etiam] et LO   13 vel[1]...praepositionibus] LO om. A   a[1]] O om. L   14 ab] om. O   15 loco] aliorum add. s. del. A   earundem] eorundem L   16 Et] om. O   omnes...propositiones] in omnibus talibus propositionibus LO   17 possunt] potest L   18 quem] quod O   20 talia] om. LO parcip- add. s. del. A   vel adverbia] om. LO   21 talia] tales L om. O   manifeste] LO om. A

ist (kommt vor) im Märchen«. Der eine Sinn des ersten Satzes kann nämlich lauten, daß dieser da eine solche Flüssigkeit verkauft, die »Öl« heißt, der andere Sinn lautet, daß dieser da schmeichlerische und geschmeidige Worte von sich gibt und nichts folgt. Der zweite Satz aber bezeichnet aufgrund der primären Einsetzung, daß das Lebewesen, welches »Wolf« heißt, in der Unterhaltung bzw. im Märchen vorkommt, der andere Sinn lautet, daß ein Feind herankommt. Diese Weise begegnet häufig in den Aussagen der Philosophen und Theologen, und der Grund, weshalb eine Ausdrucksfolge aufgrund einer solchen Übertragung verwendet wird, ist die Gewohnheit oder der Wille derjenigen, die diese Ausdrucksfolge auf diese Weise verwenden, und manchmal ist der Grund dafür auch die Kürze oder der Schmuck der Rede. Und diese Weise ergibt sich in den meisten Fällen, wenn in irgendwelchen Sätzen nominalisierte Verben anstelle der Partizipien von diesen (Verben) angeführt werden, auch wenn abstrakte Formen von Nomina, von Pronomina, von Adverbien, von Konjunktionen, von Präpositionen, von Interjektionen oder manchmal auch von mehreren Wörtern zusammen genommen anstelle ebendieser Wörter angeführt werden, wie sich in den noch vorzubringenden Beispielen zeigen wird. Und demnach können alle derartigen Sätze, in denen solche abstrakte Ausdrücke vorkommen, unterschieden werden, weil sie in dem Sinne, den sie aufgrund des Wortlauts zu machen und hervorzurufen scheinen, und wie sie lauten aufgefaßt werden können oder (aber) für diejenigen Sätze, in denen derartige Partizipien oder Adverbien o. ä., an deren Stelle solche (abstrakten Ausdrücke) angeführt sind, explizit zum Ausdruck gebracht werden.

Und demgemäß können die folgenden Sophismen aufgelöst werden: »Alles, was in einem anderen ist, ist von diesem verschieden; aber die Erwärmung ist im Erwärmungsfähigen oder im Erwärmenden; also ist die Erwärmung vom Erwärmenden

22 sophismata] X om. ALOPS 23 isto] LO alio A calefactivo…in] A om. LOPSX 24 calefactio] LOPSX om. A distincta] LOPSX distinctus A ab ea add. s. del. O a calefaciente] LOPSX ab eo A

ciente vel a calefactivo«, similiter »Quicquid est in mobili, distinguitur ab ipso mobili, sed motus est in mobili, ergo motus distinguitur a mobili«, similiter »Quicquid est in Sorte, distinguitur ab ipso Sorte, Sorteitas est in Sorte, ergo Sorteitas distinguitur a Sorte«, similiter »Perseitas est in propositione et veritas, ergo distinguuntur a propositione«. Unde cum dicitur »Calefactio est in calefaciente«, potest distingui, quia vel capitur in sensu proprio, et sic significat, quod calefactio est una res distincta a calefaciente vel a calefactivo existens in ipso ad modum, ad quem albedo est in albo, et sic ista est falsa »Calefactio est in calefaciente vel in calefactivo«. Alio modo potest O47ra capi in sensu improprio, et tunc significat, quod calefactio denominative praedicatur de calefaciente vel de calefactivo, verbi gratia »Calefaciens calefacit«, similiter »Calefactivum calefacit«, ille enim sensus est verus, et simili modo de aliis. In sensu enim proprio sunt falsae, sicut ista »Motus est in mobili«, »Sorteitas est in Sorte«, et sic de aliis, in improprio autem sensu sunt verae, unde ista »Motus est in mobili« ad talem sensum est vera, quod ly *motus* est praedicabilis de mobili illo modo »Mobile movetur«, et sic de aliis.

Penes etiam istum secundum modum possunt distingui tales, ubi actus exercitus ponitur pro actu significato vel e converso, sicut hic »Definitio et definitum sunt idem«, hic enim ly *sunt*,

1 vel…calefactivo] SX om. A et a calefactione L vel calefactione OP est] om. O mobili] LO mobile A 2 ipso mobili] illo LO sed] om. LO motus^{1}] LO metus! A motus^{2}] L om. O motus^{2}…mobili] LO etc. A 3 a mobili] O ab illo L 4 ab ipso] a LO Sorteitas^{1}] LOX Sortenitas A Sorteitas^{2}…Sorte] OS etc. ALP Sorteitas etc. X humanitas est in Sorte ergo humanitas distinguitur a Sorte add. O 5 similiter…propositione] LOPX om. AS Perseitas] LOP veritas X est] OPX om. L veritas] LOP falsitas X est in propositione add. X 6 ergo] OPX om. L distinguuntur] O distinguitur LPX a propositione] O ab ea LP etc. X cum dicitur] aliter L 7 est…calefaciente] LO etc. A potest distingui] LOPSX om. A quia] Z om. ALOPSX vel] quod add. LOPX quia add. S 8 sic] om. O significat] accipitur LO 9 a^{2}] om. O 11 in^{2}] om. O 13 denominative] denominate L vel…calefactivo] LO om. A de^{2}] L om. O 14 similiter] enim add. A 15 calefacit] calefecit L et add. LO enim] om. LO 16 enim] om. O ista] modus est add. S. del. A 17 Sorteitas] LO Sortenitas A autem] LO om.

oder vom Erwärmungsfähigen verschieden«, ebenso »Alles, was in einem beweglichen Ding ist, unterscheidet sich vom beweglichen Ding; aber die Bewegung ist im beweglichen Ding; also unterscheidet sich die Bewegung vom beweglichen Ding«, ebenso »Alles, was in Sokrates ist, unterscheidet sich von Sokrates; die Sokratesheit ist in Sokrates; also unterscheidet sich die Sokratesheit von Sokrates«[175], ebenso »Die Per-se-heit und die Wahrheit sind in einem Satz, also unterscheiden sie sich vom Satz«[176]. So kann man die Aussage »Die Erwärmung ist im Erwärmenden« unterscheiden, weil sie entweder im eigentlichen Sinne gemeint ist, und so bezeichnet sie, daß die Erwärmung ein Ding ist, das vom Erwärmenden oder vom Erwärmungsfähigen verschieden ist und in diesem auf dieselbe Weise existiert, auf die eine Weiße in einem weißen Ding ist; und in diesem Sinn ist der Satz »Die Erwärmung ist im Erwärmenden oder im Erwärmungsfähigen« falsch. Auf andere Weise kann er im uneigentlichen Sinne aufgefaßt werden, und dann bezeichnet er, daß »Erwärmung« von »Erwärmendes« oder von »Erwärmungsfähiges« denominativ ausgesagt wird[177], z. B. »Das Erwärmende erwärmt«, ebenso »Das Erwärmungsfähige erwärmt«; dieser Sinn ist nämlich wahr, und auf ähnliche Weise bei den anderen (Beispielen): Im eigentlichen Sinne sind sie nämlich falsch, wie z. B. der Satz »Die Bewegung ist im Beweglichen«, »Die Sokratesheit ist in Sokrates« usw. für die anderen (Beispiele), im uneigentlichen Sinne hingegen sind sie wahr, denn der Satz »Die Bewegung ist im Beweglichen« ist in dem Sinne wahr, daß der Ausdruck »Bewegung« von »Bewegliches« auf die folgende Weise aussagbar ist: »Ein Bewegliches bewegt sich«; usw. für die anderen (Beispiele).

Gemäß dieser zweiten Weise können auch solche (Sätze) unterschieden werden, in denen ein vollzogener Akt (der Prädikation) für einen bezeichneten Akt oder umgekehrt angeführt wird, wie z. B. hier: »Eine Definition und das Definierte

A 19 quod] quia L illo] LO secundo A 21 secundum] LO om. A 22 significato] X signato ALO vel] et L 23 et] om. s. add. s.l. O ly] idem add. s. del. O

scilicet actus exercitus, ponitur pro ly *significant*, videlicet pro actu significato. Et ergo ista »Definitio et definitum sunt idem« in sensu proprio est falsa, eo quod definitio est una integra oratio et definitum est unus terminus incomplexus, huiusmodi autem non sunt idem. Sed in sensu improprio est vera, videli- A47rb cet in quantum sumitur loco istius »Definitio et definitum significant idem«, modo hoc est verum, nam haec definitio *animal rationale* et hoc definitum *homo* significant idem. Et similiter ista »Aliqua distincta sunt idem realiter«, si accipitur proprie, sicut sonat, est falsa, sed si improprie, in quantum actus exercitus accipitur pro actu significato, est vera, et tunc est sensus »De aliquibus distinctis seu de habentibus definitiones distinctas praedicatur hoc praedicatum *idem realiter*«. Verbi gratia, sicut est de Sorte et de albo, Sortes enim et album sunt idem seu una res posito, quod Sortes sit albus, nihilominus Sortes et album habent descriptiones distinctas. Similiter istius »Substantia praedicatur de substantia extra animam« unus sensus potest esse, quod aliqua substantia, sicut Sortes vel Plato, praedicatur de substantia extra animam, modo hoc est falsum, eo quod nulla substantia potest ingredi propositionem. Alius sensus est, quod ista propositio est vera »Substantia extra animam est substantia«, in qua tamen nulla substantia extra animam praedicatur nec subicitur, sed bene signum substantiae extra animam.

1 ly] LO om. A significant] OX significatur A significat L videlicet] om. O pro[2]] LO om. A 2 significato] X signato ALO ergo] om. L sunt idem] om. L 4 et] om. LO definitum] autem add. LO unus] om. LO 6 sumitur] accipitur LO 8 hoc definitum] om. LO Et] om. LO 9 similiter] sequitur O ista] om. O distincta] LO om. A realiter] om. LOX distincta add. A 10 sed] om. LO si] autem add. L in quantum] ita quod LO 11 accipitur] accipiatur O significato] X signato ALO 12 seu…distinctas] om. LO 14 est] L om. AO de Sorte] Sor O de[2]] om. LO 16 album] X Sortes albus APS albus LO 18 potest esse] est LO quod] qua! L vel] O om. A et L 19 Plato] LO om. A 20 eo quod] ex eo quia L quod] quia L potest ingredi] LO ingreditur A 21 quod] om. LO propositio] LO om. A Substantia] ai- (animam) add. L 23 signum] extra add. s. del. O

sind dasselbe (identisch)«. Hier steht nämlich der Ausdruck »sind«, d. h. ein vollzogener Akt (der Prädikation), für den Ausdruck »bezeichnen«, d. h. für einen bezeichneten Akt (der Prädikation). Und somit ist der Satz »Eine Definition und das Definierte sind dasselbe (identisch)« im eigentlichen Sinne falsch, weil eine Definition eine vollständige Ausdrucksfolge ist und ein Definiertes ein unverknüpfter (einfacher) Term ist; derartige (Ausdrücke) sind aber nicht identisch. Aber im uneigentlichen Sinne ist er wahr, nämlich insofern er anstelle des Satzes »Eine Definition und das Definierte bezeichnen dasselbe« angeführt wird; das ist nun aber wahr, denn die Definition »vernunftbegabtes Lebewesen« und das Definierte »Mensch« bezeichnen dasselbe. Und ebenso der Satz »Einige verschiedene Dinge sind real identisch«: Wenn er im eigentlichen Sinne aufgefaßt wird, (nämlich so,) wie er lautet, dann ist er falsch, aber wenn im uneigentlichen Sinne, (nämlich) insofern der vollzogene Akt für einen bezeichneten Akt aufgefaßt wird, so ist er wahr und dann lautet der Sinn »Von einigen verschiedenen Dingen bzw. von (einigen) Dingen, die verschiedene Definitionen haben, wird das Prädikat ›real identisch‹ ausgesagt«. Das ist z. B. der Fall bei Sokrates und bei einem weißen Ding, Sokrates und ein weißes Ding sind nämlich identisch bzw. ein Ding unter der Annahme, daß Sokrates weiß ist; nichtsdestoweniger haben Sokrates und ein weißes Ding verschiedene Beschreibungen (Definitionen). Ebenso kann ein Sinn des Satzes »Substanz wird ausgesagt von einer Substanz außerhalb der Seele« lauten, daß eine Substanz, wie z. B. Sokrates oder Platon, von einer Substanz außerhalb der Seele ausgesagt wird; das ist nun aber falsch, weil keine Substanz in einen Satz eingehen kann. Der andere Sinn lautet, daß der Satz »Eine Substanz außerhalb der Seele ist eine Substanz« wahr ist, in dem jedoch keine Substanz außerhalb der Seele an Prädikatstelle steht und auch nicht an Subjektstelle, aber sehr wohl ein Zeichen für eine Substanz außerhalb der Seele.

Similiter penes istum secundum modum possunt distingui tales »Color est obiectum primum visus«, »Homo est per se primo risibilis« et consimiles. Unde ista »Color est primum obiectum visus« in sensu proprio est falsa ex eo, quod nullus color est primum obiectum visus. Sed in sensu improprio, scilicet de actu significato, est vera, videlicet »De colore praedicatur hoc praedicatum *primum obiectum visus*«, et ista de actu significato est vera nec sibi correspondet ista de actu exercito »Color est primum obiectum visus«, sed sibi correspondet ista de actu exercito »Omnis color est visibilis«. Similiter ista »Homo est per se primo risibilis« in sensu proprio est falsa, sed in sensu improprio est vera, in quantum ponitur pro ista »De homine praedicatur hoc praedicatum *per se primo risibile*«, et tunc habet istam correspondentem de actu exercito »Omnis homo est risibilis«, et non istam »Homo est per se primo risibilis«.

Similiter penes istum secundum modum solet distingui ista »Privatio est in materia« et similiter illa »Privatio est principium per accidens transmutationis naturalis«, similiter ista »Potentia materiae ad B formam corrumpitur in adventu B formae«, similiter ista »Ens naturale distinguitur ab ente artificiali«. Unde prima in sensu proprio est falsa, eo quod privatio non est aliqua res distincta a materia, quae sit in ipsa, in sensu
O47rb autem transumptivo est vera et stat loco istius propositionis »De illo termino *materia* significative accepto verificatur iste

1 secundum] LO om. A 2 tales] om. O primum] LOX proprium A visus] et ista add. A Homo] LO om. A 3 primo] om. L et consimiles] O om. AL Unde…risibilis] LOPS om. A 5 improprio] LOS proprio P 6 de] LOP in S significato] Z signato LOPS 7 et…vera] OPS *sed deleri posse censet* Z et…visus] OPS om. L 8 significato] Z signato OPS vera] et add. O exercito] OS exercitu P 9 sibi correspondet] O om. LPS 10 de…exercito] O om. LPS Omnis] LPS om. O 11 est[1]] primo add. s. del. O risibilis] LOS visibilis P proprio] propositio add. L sed] et L 12 ponitur] om. O 13 risibile] risibilis L 17 secundum] L om. AO 18 et] om. LO 19 naturalis] AOPSX materiae L similiter ista] om. O 20 materiae] non add. L a add. O ad…formam] om. LO corrumpitur] adveniente add. s. del. O B[2]] om. L 21 ente] om. LO artificiali] arteficiali O 23 ipsa] illa LO 24 autem] transp- add. s. del. O

Ebenso können gemäß dieser zweiten Weise die folgenden Sätze unterschieden werden: »(Eine) Farbe ist das erste (eigentümliche) Objekt des Gesichtssinnes«, »(Ein) Mensch ist durch sich selbst zuerst[178] des Lachens fähig« u. ä. Denn der Satz »(Eine) Farbe ist das erste Objekt des Gesichtssinnes« ist im eigentlichen Sinne falsch, weil keine Farbe das erste Objekt des Gesichtssinnes ist. Aber im uneigentlichen Sinne, nämlich als bezeichneter Akt, ist er wahr, nämlich »Von ›Farbe‹ wird das Prädikat ›erstes Objekt des Gesichtssinnes‹ ausgesagt«; und dieser Satz mit einem bezeichneten Akt (der Prädikation) ist (wie gesagt) wahr und es entspricht ihm nicht der (vorgenannte) Satz mit einem vollzogenen Akt »(Eine) Farbe ist das erste Objekt des Gesichtssinnes«, sondern ihm entspricht der Satz mit einem vollzogenen Akt »Jede Farbe ist sichtbar«. Ebenso ist der Satz »(Ein) Mensch ist durch sich selbst zuerst des Lachens fähig« im eigentlichen Sinne falsch, aber im uneigentlichen Sinne ist er wahr, insofern er für den Satz »Von ›Mensch‹ wird das Prädikat ›durch sich selbst zuerst des Lachens fähig‹ ausgesagt« steht, und dann hat er als entsprechenden Satz mit einem vollzogenen Akt diesen »Jeder Mensch ist des Lachens fähig«, und nicht diesen »(Ein) Mensch ist durch sich selbst zuerst des Lachens fähig«.

Ebenso pflegt man gemäß dieser zweiten Weise den Satz »(Eine) Privation (Beraubung, Mangel) ist in der Materie« zu unterscheiden, und ebenso den Satz »(Eine) Privation ist ein beiläufiges Prinzip einer natürlichen Veränderung«, ebenso den Satz »Das Vermögen einer Materie zur (Aufnahme der) Form B vergeht, sobald die Form B erscheint«, ebenso der Satz »(Ein) natürliches Seiendes unterscheidet sich von einem künstlichen Seienden«. So ist der erste Satz im eigentlichen Sinne falsch, weil eine Privation kein von der Materie verschiedenes Ding ist, das in dieser wäre, im übertragenen Sinn hingegen ist er wahr und steht anstelle des Satzes »Vom Term ›Materie‹ in signifikativer Verwendung wird der Term ›Priva-

transumptivo] transumpto L transumptive O propositionis] LO om. A
25 materia] om. O

terminus *privatio*«, et ille actus significatus debet tunc sic exerceri »Materia est privata vel non informata tali vel tali forma«. Secunda autem propositio in sensu proprio est falsa, in sensu autem improprio est vera et sic stat loco istius »De privatione verificatur esse principium per accidens transmutationis naturalis«, et ille actus significatus debet sic exerceri »Haec est per accidens ›Materia non est informata tali vel tali forma, scilicet A vel B‹«. Similiter tertia in sensu proprio est falsa, in sensu autem improprio est vera et stat loco istius »De isto termino *materia* significative accepto desinit verificari hoc praedicatum *potentia ad B formam*, quod prius de isto termino
L47va *materia* ante generationem B formae verificabatur«, nam ante generationem B formae haec erat vera »Materia est in potentia ad B formam generandam«, post generationem autem B formae ista desinet esse vera. Quarta autem similiter in sensu proprio est falsa, nam eadem res potest esse artificialis et naturalis, sicut demonstrando unum lapidem, in quo sculpta est una imago, puta Caesaris vel regis. In sensu vero improprio est vera, et tunc stat loco istius »Res non fit naturalis per artificium, similiter res non fit artificialis per naturam«, et ita intelligit Aristoteles in secundo *Physicorum*, quando dicit »Entium quaedam fiunt a natura, quaedam ab arte«, hoc est, per naturam fit, quod aliqua res dicitur naturalis, per artem autem fit, quod aliqua res dicitur artificialis.

Consimiliter penes istum secundum modum amphiboliae solent distingui illae propositiones »Maximus numerus praedi-

21 Aristoteles] Aristoteles, Physica, II.1, 192b8–23.

1 significatus] X signatus ALO 2 tali[1]] L om. A talis! O 4 est] LO om. A sic] L om. A tunc O 5 verificatur] LO videtur! A 6 significatus] Z signatus A om. LOX 7 informata] LO in- om. A vel] LO de A 8 vel] et L tertia] LO est a! A falsa] et add. O 9 autem] om. O 11 praedicatum] nomen LO prius] proprius O 13 Materia] nihil! L potentia] LO potentiam *ante corr.* A 14 ad] LO in A 15 desinet] desinit LO autem] L om. AO 17 sicut] om. O unum] LO om. A sculpta] LO scupta A 18 puta…regis] om. L Caesaris vel] om. O vero] om. O 19 fit] L om. A sit O 20 fit] est O artificialis] naturalis L intelligit] intellexit O 21 quando] cum L dicit] dixit O Entium] et enim L 23 fit[1]]

tion‹ verifiziert«; und dieser bezeichnete Akt muß dann so vollzogen werden: »(Irgendeine) Materie ist dieser oder jener Form beraubt oder nicht beformt durch diese oder jene Form«. Der zweite Satz wiederum ist im eigentlichen Sinne falsch, im uneigentlichen Sinne aber ist er wahr und in diesem Sinne steht er anstelle des Satzes »Von ›Privation‹ wird ›beiläufiges Prinzip einer natürlichen Veränderung sein‹ verifiziert«; und dieser bezeichnete Akt muß so vollzogen werden: »Der Satz ›(Eine) Materie ist nicht beformt durch diese oder jene Form, nämlich A oder B‹ ist eine akzidentelle (nicht wesentliche) Aussage«. Ebenso ist der dritte Satz im eigentlichen Sinne falsch, im uneigentlichen Sinne aber ist er wahr und steht anstelle des Satzes »Vom Term ›Materie‹ in signifikativer Verwendung hört das Prädikat ›Vermögen zur Form B‹ auf verifiziert zu werden, das vor dem Entstehen der Form B vom Term ›Materie‹ verifiziert wurde«, denn vor dem Entstehen der Form B war der Satz »(Diese) Materie hat das Vermögen zur (Aufnahme der) Form B, die erst entstehen wird« wahr, aber nach dem Entstehen der Form B wird dieser Satz aufhören, wahr zu sein. Der vierte Satz wiederum ist ebenso im eigentlichen Sinne falsch, denn dasselbe Ding kann künstlich und natürlich sein, z. B. wenn man auf einen Stein hinweist, in den ein Bild gemeißelt ist, nämlich von Cäsar oder dem König. Im uneigentlichen Sinne hingegen ist er wahr und dann steht er anstelle des Satzes »Ein Ding wird nicht natürlich durch das Handwerk, ebenso wird ein Ding nicht künstlich durch die Natur«; und so meint das Aristoteles im zweiten Buch der *Physik*, wenn er sagt »Von den Seienden entstehen manche von Natur, manche von Kunst«, d. h., durch die Natur geschieht es, daß irgendein Ding »natürlich« genannt wird, durch das Handwerk hingegen geschieht es, daß irgendein Ding »künstlich« genannt wird.

Gleichermaßen werden gemäß dieser zweiten Weise der Amphibolie gewöhnlich die folgenden Sätze unterschieden:

simul! L dicitur] est O 24 dicitur] est O 25 Consimiliter] om. L secundum] LO om. A amphiboliae] om. O 26 numerus] numerorum O

camentorum est numerus denarius«, similiter »Maximus numerus principiorum naturalium est numerus ternarius«, similiter »Maximus numerus praedicabilium est numerus quinarius«. In sensu enim proprio, quem faciunt istae propositiones, ipsae sunt falsae, in sensu autem improprio, et sicut intelligunt eas auctores, sunt verae. Et prima tunc stat loco istius »Maximus numerus praedicamentorum non communicantium in significando est numerus denarius«, similiter sensus secundae est »Maximus numerus terminorum significantium principia naturalia non communicantium in significando est numerus ternarius« et similiter de tertia, cum quo tamen stat, quod plures possunt esse communicantes in significando.

A47va Similiter penes istum secundum modum solvuntur huiusmodi paralogismi »Quaecumque sunt ab invicem separabilia, realiter distinguuntur, homo et homo albus sunt huiusmodi, ergo etc.«, similiter »Motus et mobile sunt huiusmodi, ergo etc.«, similiter »Anima alio modo vult, alio modo intelligit, ergo in anima est aliqua res, per quam vult, alia autem, per quam intelligit«, similiter »Sortes se alio modo habet, quando stat, et alio modo, quando sedet, ergo aliqua res est in Sorte, quando stat, et alia, quando sedet«. Ad primum solet dici, quod ista »Quaecumque sunt ab invicem separabilia« etc. in sensu proprio est vera, in sensu autem improprio et transumptivo est falsa, nam tunc stat loco istius »Illi termini non signifi- O47va cant idem, qui sic se habent, quod aliquando de uno eorum verificatur esse et existere et de alio non«. Modo hoc est fal-

1 numerus[1]] om. LO denarius] binarius! L 2 numerus] om. LO similiter… quinarius] LOPSX om. A 3 numerus[2]] Z om. LOPSX quinarius] OPSX binarius! L 4 istae] O huiusmodi A istae propositiones] om. L 5 ipsae] om. LO falsae] fallaciae *ante corr.* O autem] enim O 6 eas] LO om. A prima] primo O 7 praedicamentorum] principiorum L 8 numerus] om. O denarius] binarius! L similiter] om. LO sensus] autem add. LO secundae] secundus O 9 Maximus] O om. AL 11 et] LPSX om. O et…tertia] LOPSX om. A quo] qua L 12 esse] ALOPSX et hoc add. AO 13 solvuntur] subintelliguntur L 14 Quaecumque] LO quicumque A 16 ergo etc[2]] om. LO 17 alio[1]] uno L vult] et add. O 18 aliqua] alia LO alia autem] et alia LO 20 aliqua] alia LO

»Die größte Anzahl der Prädikamente ist die Zahl Zehn«, ebenso »Die größte Anzahl der natürlichen Prinzipen ist die Zahl Drei«, ebenso »Die größte Anzahl der Prädikabilien ist die Zahl Fünf«. Im eigentlichen Sinne nämlich, den diese Sätze (beim Hörer) hervorrufen, sind sie falsch, im uneigentlichen Sinne aber und wie sie die Verfasser meinen sind sie wahr. Und der erste Satz steht dann anstelle des Satzes »Die größte Anzahl der Prädikamente, die in ihrer Bedeutung nicht übereinstimmen, ist die Zahl Zehn«, ebenso lautet der Sinn des zweiten Satzes »Die größte Anzahl der Terme, die natürliche Prinzipien bezeichnen und in ihrer Bedeutung nicht übereinstimmen, ist die Zahl Drei«, und ebenso beim dritten Satz; damit ist jedoch vereinbar, daß es mehr geben kann, die in der Bedeutung übereinstimmen.

Ebenso werden gemäß dieser zweiten Weise die folgenden Fehlschlüsse aufgelöst: »Was auch immer voneinander trennbar ist, ist real verschieden; ein Mensch und ein weißer Mensch sind derartig; also usw.«, ebenso »Eine Bewegung und ein Bewegliches sind derartig, also usw.«, ebenso »Die Seele will und begreift auf jeweils andere Weise; also gibt es in der Seele ein Ding, mit dem sie will, ein anderes aber, mit dem sie begreift«, ebenso »Sokrates verhält sich auf jeweils andere Weise, wenn er steht und wenn er sitzt; also gibt es ein Ding in Sokrates, wenn er steht, und ein anderes, wenn er sitzt«. Zum ersten (Fehlschluß) wird gewöhnlich gesagt, daß der Satz »Was auch immer voneinander trennbar ist« usw. im eigentlichen Sinne wahr ist, im uneigentlichen und übertragenen Sinne aber falsch ist, denn dann steht er anstelle des Satzes »Diejenigen Terme bezeichnen nicht dasselbe, die sich so verhalten, daß manchmal von dem einen von ihnen ›sein und existieren‹ verifiziert wird und vom anderen nicht«. Das ist (im gegenständlichen Fall) nun aber falsch, denn manchmal wird vom

22 sunt...separabilia] LO om. A etc] X om. LO 23 sensu[1]] om. O est] sunt L vera] et add. L autem] om. L et transumptivo] LX om. A et transumptive O 24 est] sunt L nam] sunt? add. s. del. O tunc] sunt add. L Illi] OX om. AL significant] significat L 25 eorum] LO om. A eodem *ante corr. s.l.* O

sum, nam aliquando de illo termino *homo* significative accepto verificatur esse et existere, quando de illo termino *homo albus* non verificatur esse et existere non obstante, quod *homo* et *homo albus* idem significent et pro eodem supponant. Unde haec aliquando est vera »Homo est«, quando haec est falsa »Homo albus est«, unde supposito, quod nullus homo sit albus, prima est vera et secunda falsa. Et conformiter dicatur de motu et mobili. Sed ad aliam »Anima alio modo etc.« respondetur, quod haec in sensu proprio est falsa, in sensu autem improprio et transumptivo est vera, et tunc stat loco istius »Anima diversimode operatur«. Et si dicatur »Quid est animam diversimode operari?«, dicendum est, quod nulla res est, sed est modus rei, qui in istis temporibus modernis solet vocari significabile complexe. Sed Ockham dicit, quod *diversimodeitas* est unum abstractum fictum et non plus significat quam hoc vocabulum *buf*, *baff*. Contra hoc alibi visum est. Ad aliam »Sortes alio modo se habet etc.«, haec in sensu proprio est falsa, in sensu vero improprio et transumptivo est vera, et tunc stat loco istius »Partes Sortis aliter se habent, quando Sortes stat, et aliter, quando Sortes sedet«, quia quando sedet, tunc aliquae partes eius sunt sibi invicem propinquiores, quam

14 Ockham] Guillelmus de Ockham, Summa logicae, Ps. III, Tr. IV, Cap. 6, p. 782, lin. 306–310. 16 alibi] Albertus de Saxonia, loco mihi ignoto (an in Quaestionibus circa De anima adhuc incertae traditionis?).

2 homo] om. O albus] album L 3 non[1]] om. L 4 significent] LO significet A supponant] supponent L supponunt O 5 quando] quando add. A 6 albus est] trsp. L 7 et] om. O secunda] vero add. O dicatur] LO dubitatur A 8 Sed] L om. AO aliam] L alia AO Anima...etc] om. LO 9 falsa] scilicet anima (uno L alio O) modo (vult O om. L) etc. add. LO 10 et[1]] transp- add. s. del. O transumptivo] L transumptive AO 11 Et] om. L sed O dicatur] diceretur LO 12 est[1]] om. O quod] animam etc. add. A res est] trsp. O 13 est] LO om. A modus] motus! L qui] LOX quod A quia PS in] LPSX om. AO temporibus] AOP partibus E61r temporalibus LS operationibus X modernis] A om. E61rLOPSX 14 complexe] ALOPX *lectio incerta* S complexum *post corr.* S dicit] AX dixi! L dixit OPS quod] om. L diversimodeitas] E61rOS diversis (diversio?) modis A diversimode ex eis L diversimodietas P illud

Term »ein Mensch« in signifikativer Verwendung »sein und existieren« verifiziert, wann vom Term »ein weißer Mensch« »sein und existieren« nicht verifiziert wird, unbeschadet, daß »ein Mensch« und »ein weißer Mensch« dasselbe bezeichnen und für dasselbe supponieren. So ist manchmal der Satz »Ein Mensch ist« wahr, wann der Satz »Ein weißer Mensch ist« falsch ist, denn angenommen, daß kein Mensch weiß sei, so ist der erste Satz wahr und der zweite falsch. Und dementsprechend möge man auf das Beispiel mit der Bewegung und dem Beweglichen antworten. – Aber auf den anderen Satz, »Die Seele (will) auf eine Weise« usw., wird geantwortet, daß dieser Satz im eigentlichen Sinne falsch ist, im uneigentlichen und übertragenen Sinne aber wahr ist, und dann steht er anstelle des Satzes »Die Seele ist auf verschiedene Weise tätig«. Und wenn man fragte »Was ist das, daß die Seele auf verschiedene Weise tätig ist?«, so ist zu antworten, daß dies kein Ding ist, sondern eine Dingweise, die man in der jetzigen Zeit »(nur) verknüpft Bezeichenbares« zu nennen pflegt[179]. Aber Ockham sagt, daß (der Ausdruck) »Auf-verschiedene-Weise-(Tätig-)keit« ein Scheinabstraktum ist und nicht mehr bezeichnet als das Wort »buf« (oder) »baff«. Dagegen habe ich anderswo Überlegungen vorgebracht. – Zum anderen Satz, »Sokrates verhält sich auf eine Weise« usw.: Dieser Satz ist im eigentlichen Sinne falsch, im uneigentlichen und übertragenen Sinne hingegen ist er wahr, und dann steht er anstelle des Satzes »Die Teile des Sokrates verhalten sich anders, wann Sokrates steht, und anders, wann Sokrates sitzt«, denn wann er sitzt, dann sind einige Teile von ihm einander näher, als wann er steht. Jedoch erwirbt Sokrates, wann er steht oder wann er

diversimode operari X **15** est] esse L fictum] fixum L non] om. L **16** buf] AOPX bu LS baff] A om. LOPSX Contra] AE61rOP sed LS de X **17** alio modo] LO om. A se habet] O om. AL **18** falsa] et add. O vero] autem O improprio et] LO om. A transumptivo] transumptive O **19** istius] LO istis A Sortes] om. L **20** et aliter] quam O aliter] om. L Sortes] O om. AL tunc] O om. AL **21** eius] suae L om. O sibi invicem] om. L

quando stat. Nulla tamen res nova, quae sit substantia vel accidens, acquiritur Sorti, quando stat vel quando sedet, quam prius non habuit, nisi quod Sortes est in alio loco, quando stat, quam quando sedet, non tamen oportet, quod sit in loco totaliter alio.

Tertius modus amphiboliae provenit ex eo, quod aliqua propositio per se posita aliquem sensum non habet, quem verisimiliter haberet, si cum alia poneretur, sicut est de ista oratione »Scit saeculum«. Si enim per se ponitur, significat, quod saeculum aliquid scit, sed quando dicitur »Sortes videt Platonem et scit saeculum«, tunc illa oratio videtur habere aliquem sensum, quem non videbatur habere, quando non coniungebatur isti orationi »Sortes videt Platonem«. Et frequenter iste modus accidit in oratione, in qua ponitur pronomen relativum. Pronomen illud enim sine additione alterius orationis non est relativum, sed demonstrativum, ex adiunctione autem alterius orationis est relativum.

Penes istum modum fiunt tales paralogismi »Mulier damnavit, quae salvavit, ergo eadem mulier damnavit et salvavit«, quod est falsum, quia Eva damnavit, Maria autem salvavit. Similiter »Asinus est animal et illud est homo, ergo idem animal est asinus et homo«. Similiter »Aliquis sedens est homo et ille currit, ergo sedens currit«. Similiter »Promitto tibi denarium et illum tibi promitto, ergo denarium tibi promitto«, consequens potest esse falsum antecedente existente vero, quia

1 stat] et e converso add. A et add. L sed add. O Nulla] non aliqua LO quae…accidens] om. LO 2 Sorti] in Sorte L 3 prius] LO primo A non] om. L quod] hoc L loco] scitu! L 4 sit] L om. AO totaliter] OPSX terminaliter? A om. L 5 alio] A aliter LOPSX 6 amphiboliae] est et add. O provenit] proveniet L ex] LO om. A 8 verisimiliter haberet] videretur habere L est] om. O de…oratione] LO haec oratio A 9 Scit] sit! O enim] LO om. A ponitur] LO sumatur A 10 aliquid scit] OSX scit aliter A aliquis scit LP 11 scit] videt O illa] talis O 12 quando non] antequam LOX 13 frequenter] semper O 14 ponitur] proverbium? add. s. del. A proprium nomen et add. L 15 illud] relativum L additione] adiunctione LO 16 demonstrativum] sed add. LO adiunctione] coniunctione O 17 autem] om. LO alterius] termini add. s. del. A est] erit L 18 Penes…paralogismi] sicut hic L sicut O Mulier] quae add.

sitzt, kein neues Ding, das eine Substanz oder ein Akzidens wäre und das er vorher nicht gehabt hätte, außer daß Sokrates an einem anderen Ort ist (d. h. ein anderes Raumstück einnimmt), wann er steht, als wann er sitzt; es ist jedoch nicht erforderlich, daß er sich an einem völlig verschiedenen Ort befindet.

Die dritte Weise der Amphibolie geht daraus hervor, daß irgendein Satz, der für sich (allein) angeführt ist, irgendeinen Sinn nicht hat, den er wahrscheinlich hätte, wenn er zusammen mit einem anderen Satz angeführt wäre, wie es z. B. bei der Ausdrucksfolge »Es kennt das Zeitalter« der Fall ist. Wenn (dieser Satz) nämlich für sich (allein) angeführt ist, bezeichnet er, daß das Zeitalter etwas kennt, aber wenn es heißt »Sokrates sieht Platon und kennt das Zeitalter«, dann scheint diese Ausdrucksfolge einen Sinn zu haben, den sie nicht zu haben schien, als sie nicht mit der Ausdrucksfolge »Sokrates sieht Platon« verbunden wurde. Und diese (dritte) Weise begegnet häufig in einer Ausdrucksfolge, in der ein Relativpronomen vorkommt: Ein solches Pronomen ist nämlich ohne Hinzufügung einer anderen Ausdrucksfolge nicht bezüglich, sondern hinweisend, aber infolge der Beifügung einer anderen Ausdrucksfolge ist es (dann) bezüglich.

Gemäß dieser Weise werden die folgenden Fehlschlüsse gemacht: »(Eine) Frau hat verdammt, die erlöst hat, also hat dieselbe Frau verdammt und erlöst«, was falsch ist, weil Eva verdammt hat, Maria aber erlöst hat. Ebenso »Ein Esel ist ein Lebewesen und dieses ist ein Mensch, also ist dasselbe Lebewesen ein Esel und ein Mensch«. Ebenso »Ein Sitzender ist ein Mensch und dieser läuft, also läuft ein Sitzender«. Ebenso »Ich verspreche dir einen Denar und diesen verspreche ich dir, also einen Denar verspreche ich dir«, der Nachsatz kann falsch

s. del. O 21 Similiter…homo[1]] LO om. A animal[2]] L asinus O 22 asinus] L animal O et[2]…currit[2]] LO om. A 25 quia] ex eo quod L eo quod O

potest sic esse, quod promitto tibi denarium, et tamen nullum denarium tibi promitto. Similiter »Aliquid est et omne ens est illud, ergo aliquid est omne ens«, quod est falsum. Similiter »Aliqua propositio est vera et quaelibet necessaria est illa, ergo aliqua propositio est quaelibet propositio necessaria«. Similiter »Sortes, qui intelligit, videt lapidem, ergo Sortes videt lapidem, qui intelligit, ergo lapis intelligit«. Similiter »Sortes videt lapi- O47vb dem, qui videt se, ergo lapis videt se«, antecedens patet posito, L47vb quod Sortes videat se et lapidem.

Pro solutione istorum sciendum est, quod duplex solet dici relatio, quaedam enim vocatur relatio simplex, alia personalis, vel aliter, quaedam vocatur relatio vocalis, alia realis. Relatio A47vb simplex vocatur, quando relativum refert suum antecedens secundum vocem. Relatio autem personalis vocatur, quando relativum refert significatum antecedentis et hoc idem significat, pro quo antecedens verificabatur. Verbi gratia »Mulier damnavit, quae salvavit«, si est relatio simplex, tunc sensus est »Mulier damnavit et mulier salvavit«, et est vera. Si autem est relatio personalis, tunc est falsa, et est sensus »Mulier damnavit et illa eadem mulier salvavit«. Ex hoc potest dici ad omnia praeterquam ad illud »Sortes videt lapidem, qui videt se«, unde si ly *qui* refert lapidem, propositio est falsa, sed tamen consequentia valeret, si autem ly *qui* refert hoc antecedens

1 quod] om. O tamen] om. LO 3 ens] L om. AOPSX falsum] L om. AOPSX 4 ergo…necessaria] A om. LOPSX 5 propositio[2]] vera add. A 6 Sortes[2]] qui L 7 qui[1]] om. L lapis] lapidem L 9 videat] L videret A videt O 10 istorum] LO om. A est] om. O solet dici] est LO 11 relatio[2]] om. L alia] et quaedam LO 12 alia] et quaedam LO realis] relatio add. L 13 relativum] relatio L suum] O om. AL 14 autem] vero O vocatur] LO est A 15 relativum] L om. AO significat] significatum O 16 verificabatur] LOPSX verificatur A 17 damnavit] salvavit O salvavit] damnavit O tunc] LO om. A sensus…et] om. O 18 mulier] S om. ALOPX autem] L om. A 19 sensus] mulier quae damnavit salvavit id est add. LO Mulier] quae add. L 20 et] om. L illa] salvavit add. s. del. A mulier] S om. ALOPX salvavit] modo hoc est falsum add. LOPSX Ex hoc] quia O qui vult intueri add. LOPSX potest] de se add. LS dici] A respondere LS dicere OPX omnia] A alias LOPSX 21 praeterquam] A nec L praeter OPSX ad] AL om. OPSX illud] A illam LOPSX 22 re-

sein, während der Vordersatz wahr ist, weil es der Fall sein kann, daß ich dir verspreche einen Denar, und dennoch keinen Denar dir verspreche. Ebenso »Etwas ist und jedes Seiende ist dieses, also ist etwas jedes Seiende«, was falsch ist. Ebenso »Irgendein Satz ist wahr und jeder notwendige Satz ist dieser, also ist irgendein Satz jeder notwendige Satz«. Ebenso »Sokrates, der versteht (Verstand hat), sieht einen Stein, also: Sokrates sieht einen Stein, der versteht; also: Ein Stein versteht«. Ebenso »Sokrates sieht einen Stein, der sich sieht, also sieht sich ein Stein«, der Vordersatz ist klar unter der Annahme, daß Sokrates sich und einen Stein sieht.

Zur Lösung dieser Fehlschlüsse muß man wissen, daß der Name »Relation« auf zweierlei Weise verwendet zu werden pflegt, die eine Art von Relation heißt nämlich »einfache Relation«, die andere »personale Relation«, oder mit anderen Worten: Die eine Art heißt »sprachliche Relation«, die andere »wirkliche Relation«. Eine Relation heißt »einfach«, wenn das Relativ sich gemäß der Wortgestalt auf seinen vorangehenden Term bezieht. Eine Relation heißt hingegen »personal«, wenn das Relativ sich auf das Bezeichnete des vorangehenden Terms bezieht und ebendas bezeichnet, wofür der vorangehende Term verifiziert wurde. Z. B. »(Eine) Frau hat verdammt, die erlöst hat«: Wenn es sich um eine einfache Relation handelt, dann lautet der Sinn »(Eine) Frau hat verdammt und (eine) Frau hat erlöst«, und der Satz ist wahr. Wenn es sich aber um eine personale Relation handelt, dann ist er falsch, und der Sinn lautet »(Eine) Frau hat verdammt und ebendiese Frau hat erlöst«. Damit kann man auf alle (Beispiele) antworten, außer auf dieses »Sokrates sieht einen Stein, der sich sieht«: Wenn sich nämlich der Ausdruck »der« auf »Stein« bezieht, dann ist der Satz falsch, aber dennoch wäre die Folge-

fert] LO referat A lapidem] A hoc antecedens Sortes LOPSX falsa] A vera LOPSX sed...valeret] A nec ex hoc sequitur quod lapis videt se LOPSX 23 consequentia] Z conclusum A si...conclusio] om. X ly qui] LO om. A refert] LO referat A hic ad add. L hoc...Sortes] A lapidem LOPS antecedens] Z subiectum A

Sortes, propositio est vera nec sequitur conclusio. Ex eodem fundamento possunt solvi plures paralogismi, de quibus propter brevitatem nunc supersedeo.

Cap. V.4 ⟨Capitulum quartum de fallacia compositionis et divisionis⟩

Sequitur de fallacia compositionis et divisionis. Et primo videndum est, quid sit fallacia compositionis et divisionis, secundo, quae sit causa apparentiae et defectus bonitatis paralogismorum fallaciae compositionis et divisionis, tertio videndum est, quot et qui sunt modi huius fallaciae.

Quantum ad primum sciendum est primo, quod ubicumque aliquae dictiones ex una parte faciunt unum sensum et ex alia parte positae faciunt alium sensum, oratio, in qua ponitur aliqua dictionum talium, potest distingui propter addiscentes penes sensum compositum et divisum. Verbi gratia »Quicquid vivit semper est«, quia si ly *semper* refertur ad partem orationis positam ante se, scilicet ly *vivit*, sensus est »Quicquid vivit semper, illud est«. Si autem refertur ad hoc verbum *est* seu ad illam partem orationis, quam ly *semper* praecedit, tunc est sensus »Quicquid vivit, illud semper est«. Primus sensus est verus et secundus est falsus. Et cum refertur ad partem orationis, cum qua magis apte construitur, dicitur facere sensum compositum, cum autem refertur ad illam dictionem, cum qua minus apte construitur, dicitur facere sensum divisum. Et cum

1 vera] A falsa LOPS nec...conclusio] A et tunc consequentia bene valeret ergo lapis videt se LOPS 2 fundamento] om. L plures] aliquando add. O paralogismi] autem add. A propter brevitatem] om. LO 3 supersedeo] transeo LO etc. add. L 8 quae] quid L paralogismorum] huius add. L 9 compositionis...divisionis] om. L 10 est] LO om. A 11 est] LO om. A ubicumque] quando LO 13 sensum] L om. AO 16 quia] L om. AO si] LO om. A refertur] LO referatur A 18 refertur] O referatur AL hoc] om. L 19 orationis] LO om. A ly] haec dictio LO 20 vivit] semper est add. s. del. A illud] LOX om. A semper est] LOX trsp. A 21 est] O om. AL cum] tamen! L

rung gültig; wenn sich aber der Ausdruck »der« auf den vorangehenden Term »Sokrates« bezieht, dann ist der Satz wahr und die Konklusion folgt nicht. Auf derselben Grundlage können etliche Fehlschlüsse aufgelöst werden, die ich jetzt der Kürze halber übergehe.

Kapitel V.4:
Der Trugschluß der Zusammensetzung und der Trennung

Es folgt (das Kapitel) über das Fehlurteil der Zusammensetzung und der Trennung. Und erstens ist zu untersuchen, was das Fehlurteil der Zusammensetzung und der Trennung ist, zweitens, was die Ursache des Anscheins von und des Mangels an Gültigkeit der Fehlschlüsse des Fehlurteils der Zusammensetzung und der Trennung ist, drittens ist zu untersuchen, wie viele Weisen dieses Fehlurteils es gibt und welche es sind.

Was das erste anbelangt, so ist erstens festzuhalten: Wo auch immer irgendwelche Wörter auf der einen Seite (eines Satzes) einen Sinn ergeben, aber einen anderen Sinn ergeben, wenn sie auf der anderen Seite stehen, gilt: Die Ausdrucksfolge, in der irgendeines von solchen Wörtern vorkommt, kann wegen der Studenten gemäß dem zusammengesetzten und dem geteilten Sinn unterschieden werden. Z. B. »Alles was lebt immer ist«, denn wenn der Ausdruck »immer« auf das vor ihm stehende Wort bezogen wird, nämlich auf den Ausdruck »lebt«, dann lautet der Sinn »Alles, was immer lebt, das ist«. Wenn er aber auf das Verb »ist« bezogen wird bzw. auf das Wort, dem der Ausdruck »immer« vorangeht, dann lautet der Sinn »Alles, was lebt, das ist immer«. Der erste Sinn ist wahr und der zweite ist falsch. Und wenn (der fragliche Ausdruck) auf das Wort bezogen wird, mit dem er passender verbunden wird, sagt man, daß er einen zusammengesetzten Sinn ergibt, wenn er

refertur] LO referatur A partem orationis] illam dictionem LO 22 apte] aperte L sensum] divisum add. s. del. A 23 cum[1]] tamen! L refertur] LO referatur A dictionem] LO om. A 24 apte] aperte L cum] tamen! L

in ista oratione »Quicquid vivit semper est« hoc verbum *est* sit magis principale quam hoc verbum *vivit*, ergo hoc adverbium *semper* magis apte refertur ad hoc verbum *est* quam ad hoc verbum *vivit*, et per consequens, cum refertur ad hoc verbum *est*, dicitur facere sensum compositum, cum autem refertur ad hoc verbum *vivit*, dicitur facere sensum divisum.

Notandum est secundo, quod simul determinandum est, sicut Aristotelesmet fecit, de fallacia compositionis et divisionis, eo quod omnis syllogismus peccans per compositionem solvitur per divisionem et e converso. Et ergo fallacia compositionis et divisionis est deceptio proveniens ex identitate dictionum in diversis orationibus positarum, quae tamen ad diversa referri possunt in una et in alia in ordinatione constructionis. Fallacia autem compositionis est deceptio proveniens ex identitate dictionum positarum in oratione composita et divisa, propter quarum identitatem credimus aliquam propositionem, O48ra quae est vera in sensu diviso, esse veram in sensu composito. Fallacia autem divisionis est deceptio proveniens ex identitate dictionum positarum in oratione divisa et composita, propter quam identitatem credimus aliquam propositionem, quae est vera in sensu composito, esse veram in sensu diviso.

Quantum ad secundum dico, quod causa apparentiae fallaciae compositionis et divisionis est identitas dictionum positarum in oratione composita et divisa, propter enim talem identi-

8 Aristotelesmet] Aristoteles, De sophisticis elenchis, Cap. 20, 177a33–b34.

1 sit] LX est A cum O 2 ergo…vivit] LO om. A 3 apte] O aperte L construitur sive add. O 4 verbum[1]] fuit? add. s. del. O cum] tamen! L refertur] LO referatur A verbum[2]] LO om. A 5 dicitur] dicit O refertur] L om. AO 6 dicitur] dicit O 7 Notandum] sciendum L est[1]] L om. AO 8 Aristotelesmet] -met om. LO 9 per compositionem] contra fallaciam compositionis LO 10 solvitur] dis- add. LO divisionem] fallaciam divisionis O ergo] ideo LO 12 in] cum L 13 in[3]] AOPX om. LS ordinatione] LOPX ordine A oratione S constructionis] LOPSX conclusionis A 14 autem] vero O 16 identitatem] identitatum L 19 propter] LO per A 20 credimus] illam orationem add. s. del. O 21 sensu[1]] in sensu add. A 22 apparentiae] huius add. L 23 positarum] LO om. A

aber auf das Wort bezogen wird, mit dem er weniger passend verbunden wird, sagt man, daß er einen geteilten Sinn ergibt. Und da in der Ausdrucksfolge »Alles was lebt immer ist« das Verb »ist« grundlegender ist als das Verb »lebt«, wird demnach das Adverb »immer« passender auf das Verb »ist« bezogen als auf das Verb »lebt«, und folglich sagt man, daß es einen zusammengesetzten Sinn ergibt, wenn es auf das Verb »ist« bezogen wird; wenn es aber auf das Verb »lebt« bezogen wird, sagt man, daß es einen geteilten Sinn ergibt.

Zweitens ist anzumerken, daß man über das Fehlurteil der Zusammensetzung und (das) der Trennung zusammen Bestimmungen treffen muß, wie es (auch schon) Aristoteles selbst machte, weil jeder Syllogismus, der wegen einer Zusammensetzung fehlerhaft ist, mit einer Trennung aufgelöst (bzw. richtiggestellt) wird, und umgekehrt. Und demnach ist das Fehlurteil der Zusammensetzung und der Trennung eine Täuschung, die aus der Identität von Wörten hervorgeht, welche in verschiedenen Ausdrucksfolgen vorkommen, welche jedoch in der einen und in der anderen (Ausdruckfolge) hinsichtlich der (grammatischen) Konstruktionsanordnung auf Verschiedenes bezogen werden können. Das Fehlurteil der Zusammensetzung aber ist eine Täuschung, die aus der Identität von Wörtern hervorgeht, welche in einer zusammengesetzten und geteilten Ausdrucksfolge vorkommen, wegen deren Identität wir glauben, daß ein Satz, der im geteilten Sinne wahr ist, (auch) im zusammengesetzten Sinne wahr sei. Das Fehlurteil der Trennung wiederum ist eine Täuschung, die aus der Identität von Wörtern hervorgeht, welche in einer geteilten und zusammengesetzten Ausdrucksfolge vorkommen, wegen welcher Identität wird glauben, daß ein Satz, der im zusammengesetzten Sinne wahr ist, (auch) im geteilten Sinne wahr sei.

Was das zweite anbelangt, so sage ich: Die Ursache des Anscheins des Fehlurteils der Zusammensetzung und der Trennung ist die Identität der Wörter, die in einer zusammengesetzten und geteilten Ausdrucksfolge vorkommen, wegen

tatem dictionum apparet nobis, quod oratio composita et divisa idem significent. Causa autem defectus bonitatis est diversitas constructivae ordinationis earundem, sicut patuit in ista »Quicquid vivit semper est«. Et sciendum est, quod quando aliqua oratio creditur esse vera in sensu composito, quae est vera in sensu diviso, est fallacia compositionis, quando autem e converso, est fallacia divisionis. Et ergo paralogismus peccans per compositionem solvitur per divisionem et e converso.

A48ra Quantum ad tertium dico, quod fallaciae compositionis et divisionis sunt tres modi. Primus est ex eo, quod aliqua oratio respectu alicuius modi potest esse composita vel divisa, sicut est ista »Sedentem possibile est ambulare«. Si capitur in sensu composito, est falsa, nam tunc sensus est »Haec propositio est possibilis ›Sedens ambulat‹«, et hoc est falsum, in sensu autem diviso est vera, nam tunc sensus est »Ista est possibilis ›Ille ambulat‹« demonstrando illummet, qui sedet. Verum est tamen, quod praedicta propositio de virtute sermonis non debet distingui, sed quod distinguitur, hoc est propter illos, qui nesciunt, quando aliqua talis propositio est in sensu composito vel in sensu diviso. Unde si quis scit, quando aliqua propositio est in sensu composito vel in sensu diviso, statim ista propositione proposita »Possibile est sedentem ambulare« sine distinctione negat, et illam »Sedentem possibile est ambulare« simpliciter concedit. Unde si quis scit, quod quando aliquis modus potens reddere propositionem modalem ponitur ante totam

2 significent] OX significant A significet L bonitatis] L om. AO 3 constructivae] constructione L earundem] earum L patuit] patet L 4 sciendum] notandum LO est[2]] om. LO 5 esse vera] LO om. A 6 fallacia] O falsa! AL 8 per[1]] contra L 9 compositionis] compositae? add. s. del. O 10 Primus…ex] LO om. A est] L om. O 11 vel divisa] om. LX 12 est[1]] L om. AO 13 composito] tunc add. O tunc] LO om. A 14 autem] om. O 15 tunc] LO om. A sensus est] significat LO quod add. LO 16 illummet] -met om. LO 17 praedicta] LO om. A debet] deberet LO 18 sed] *lectio incerta* L est] fit LO illos] addiscentes O 19 aliqua] LO om. A 20 in sensu] O om. AL 21 vel] LO et A in sensu[2]] O om. AL propositione] oratione O 22 proposita] LO pro- om. A Possibile…sedentem] trsp. O 23 Sedentem] LO praecedentem! A est] est add. A simpliciter] sine distinctione L similiter! O 24 concedit] LO concedo

einer solchen Identität der Wörter kommt es uns nämlich vor, daß eine zusammengesetzte und geteilte Ausdrucksfolge dasselbe bezeichneten. Die Ursache des Mangels an Gültigkeit aber ist die Verschiedenheit der Konstruktionsanordnung dieser Wörter, wie schon beim Satz »Alles was lebt immer ist« erhellte. – Festzuhalten ist: Wenn man von einer Ausdrucksfolge glaubt, daß sie im zusammengesetzten Sinne wahr ist, welche (jedoch) im geteilten Sinne wahr ist, dann liegt ein Fehlurteil der Zusammensetzung vor, wenn aber umgekehrt, dann liegt ein Fehlurteil der Trennung vor. Und demnach wird ein Fehlschluß, der wegen einer Zusammensetzung fehlerhaft ist, mit einer Trennung richtiggestellt, und umgekehrt.

Was das dritte anbelangt, so sage ich, daß es drei Weisen des Fehlurteils der Zusammensetzung und der Trennung gibt. Die erste ergibt sich daraus, daß eine Ausdrucksfolge hinsichtlich eines Modalausdrucks zusammengesetzt oder geteilt sein kann, wie z. B. der Satz »Für einen Sitzenden ist es möglich, zu gehen«. Wenn er im zusammengesetzten Sinn aufgefaßt wird, ist er falsch, denn dann lautet der Sinn »Der Satz ›Ein Sitzender geht‹ ist möglich«, und das ist falsch; im geteilten Sinne aber ist er wahr, denn dann lautet der Sinn »Der Satz ›Dieser geht‹ ist möglich«, wobei man auf ebenden hinweist, der sitzt. Es stimmt jedoch, daß der vorgenannte Satz dem Wortlaut nach (eigentlich) nicht unterschieden werden muß, aber daß er unterschieden wird, das geschieht wegen derjenigen, die nicht wissen, wann irgendein Satz dieser Art einen zusammengesetzten Sinn oder einen geteilten Sinn hat. Wenn nämlich jemand weiß, wann ein Satz einen zusammengesetzten oder einen geteilten Sinn hat, so lehnt er ihn sogleich ohne Unterscheidung ab, wenn der Satz »Es ist möglich, daß ein Sitzender geht« vorgebracht wird, und den Satz »Für einen Sitzenden ist es möglich, zu gehen« gibt er einfach zu. Denn wenn jemand weiß, daß wann ein Modalausdruck, der einen Satz zu einem

A scit] sit O quod] om. O quando] om. L 25 potens] potest L modalem] si add. L totam] om. O

propositionem vel totum dictum vel ponitur post totam propositionem, reddit sensum compositum, et quando ponitur in medio dicti seu dividit partes dicti ab invicem, reddit sensum divisum, non taliter distinguit istam propositionem »Sedentem possibile est ambulare«, sicut dictum est, sed statim videt, quod est divisa et capienda in sensu diviso. Et quando aliquis diceret, quod illa propositio »Sedentem possibile est ambulare« aeque primo significaret de virtute sermonis, quod haec propositio est possibilis »Sedens ambulat« et quod haec est possibilis »Ille ambulat« demonstrando illum, qui sedet, hoc negatur. Et etiam, si ita esset, adhuc praedicta propositio, videlicet »Sedentem L48ra possibile est ambulare«, simpliciter esset neganda, eo quod partim significaret taliter, qualiter esset, et partim significaret aliter, quam esset.

Penes illum modum fiunt tales paralogismi »Aeternum possibile est non esse, ergo possibile est aeternum non esse«, similiter »Necessarium est futurum esse futurum, ergo futurum necesse est esse futurum«, similiter »Aliquod contingens esse verum est necessarium, ergo aliquod contingens necesse est esse verum«, similiter »Omnem hominem esse animal est necesse, ergo omnem hominem necesse est esse animal«. Breviter, prima consequentia non valet, quia arguitur a sensu diviso vero ad sensum compositum falsum. Sed secunda non valet, quia arguitur a sensu composito vero ad sensum divisum falsum, O48rb et propter hoc idem non valet tertia consequentia nec

1 ponitur] om. LO 3 reddit] LO om. A propositionem divisam seu add. O 4 non] nam! L propositionem] L om. AO 5 sicut...est[2]] LO om. A sed] LO et A videt] concedit L 6 capienda] capiendo L Et] ac O quando] si LO 8 propositio] O om. AL 9 et...ambulat] om. O quod] om. L 10 Ille] sedens add. A 11 etiam] O tunc A tamen L adhuc add. AO ita] sic L adhuc] L tunc AO videlicet] possibile est add. OX videlicet...ambulare] om. L 12 possibile est] om. OX ambulare] O etc. A esset] LO est A 13 partim[1]] partem L partim[2]] partem L significaret[2]] L om. AO 15 fiunt] sunt O tales paralogismi] A talia sophismata LOPSX 18 necesse] LO om. A Aliquod] aliquid L contingens] est verum add. A 19 verum] necessarium L necessarium] verum L aliquod] OSX om. A aliquid L 20 hominem] necesse add. L necesse] verum L 21 Breviter] om. LO 22 prima] enim add. LO quia] ex eo

modalen machen kann, vor dem ganzen Satz oder dem ganzen Ausgesagten steht oder hinter dem ganzen Satz steht, dies einen zusammengesetzten Sinn ergibt, und wann er inmitten des Ausgesagten steht bzw. die Teile des Ausgesagten voneinander trennt, dies einen geteilten Sinn ergibt, dann unterscheidet er den Satz »Für einen Sitzenden ist es möglich, zu gehen« nicht auf die Weise, wie ausgeführt wurde, sondern sieht sogleich, daß er geteilt ist und im geteilten Sinne aufgefaßt werden muß. – Und wenn jemand sagte, daß der Satz »Für einen Sitzenden ist es möglich, zu gehen« dem Wortlaut nach gleich primär bezeichnet, daß der Satz »Ein Sitzender geht« möglich ist und daß der Satz »Dieser geht« – unter Hinweis auf den, der sitzt – möglich ist, so wird das verneint. Und auch wenn dem so wäre, so wäre der vorgenannte Satz, nämlich »Für einen Sitzenden ist es möglich, zu gehen«, noch immer einfach abzulehnen, weil er teils so bezeichnete, wie es ist, und teils anders bezeichnete, als es ist[180].

Gemäß dieser Weise werden die folgenden Fehlschlüsse gemacht: »Für ein Ewiges ist es möglich, nicht zu sein; also ist es möglich, daß ein Ewiges nicht ist«, ebenso »Es ist notwendig, daß ein Zukünftiges zukünftig ist; also ist es für ein Zukünftiges notwendig, zukünftig zu sein«, ebenso »Daß irgendein Kontingentes wahr ist, ist notwendig; also ist es für irgendein (bzw. etwas) Kontingentes notwendig, wahr zu sein«, ebenso »Daß jeder Mensch ein Lebewesen ist, ist notwendig; also ist es für jeden Menschen notwendig, ein Lebewesen zu sein«. – Kurz gesagt, die erste Folgerung ist nicht gültig, weil vom wahren geteilten Sinn auf den falschen zusammengesetzten Sinn argumentiert wird. Aber die zweite ist nicht gültig, weil vom wahren zusammengesetzten Sinn auf den falschen geteilten Sinn argumentiert wird, und wegen desselben Grundes ist die dritte Folgerung nicht gültig und auch nicht die vierte. –

quod L eo quod O diviso] composito O 23 vero] om. O compositum] divisum O falsum] om. O Sed...falsum] LO om. A 24 vero] om. s. add. s.l. O 25 hoc] om. O idem] etiam L consequentia] om. LO nec] et O

quarta. Similiter solet fieri illud sophisma »Album possibile est esse nigrum, ergo possibile est album esse nigrum«, non sequitur, quia prima est divisa et vera, sed secunda est composita et falsa. Sed forte aliquis vellet probare, quod haec esset vera »Album esse nigrum est possibile« sic arguendo »Hoc esse nigrum est possibile, hoc est album, ergo album esse nigrum est possibile«. Respondetur, quod discursus non valet, quia plus est subiectum maioris quam minoris, subiectum enim maioris est hoc totum *hoc esse nigrum*, subiectum autem minoris est solum ly *hoc*. Consimili ratione nec hic discursus valet »Omnem hominem esse animal est necesse, Sortes est homo, ergo Sortem esse animal est necesse«, nam plus est subiectum maioris quam minoris, nam hoc totum *omnem hominem esse animal* est subiectum maioris, sed subiectum minoris est solum ly *Sortes*. Nec etiam haec est universalis »Omnem hominem esse animal est necesse«, sed est indefinita, sicut patet in tractatu de propositionibus.

Secundus modus fallaciae compositionis et divisionis committitur ex eo, quod aliqua propositio ratione alicuius coniunctionis vel adverbii accipitur aliquando in sensu categorico, aliquando autem in sensu hypothetico. Et tales propositiones, cum accipiuntur in sensu categorico, dicuntur compositae, cum autem accipiuntur in sensu hypothetico, dicuntur divisae.

16 patet] Cf. Cap. III.5.

1 illud] ALOP om. SX sophisma] Z om. ALOPS paralogismi X 2 nigrum[1]] est necessarium add. A ergo…nigrum[2]] om. P est] quod add. A esse[2]] LOSX sit A non] LO bene! A 3 quia] LO quod A sed secunda] secunda autem LO est[2]] om. LO 4 Sed] si L esset] esse O 6 hoc…album[1]] LO om. A 9 hoc[2]] LO homo! A autem] vero L enim O 11 Sortes…homo] LO om. A 14 maioris] om. O ly] om. L 15 Sortes] L homo A hoc O igitur add. L est] LO om. A 16 sed…indefinita] om. O est[2]] L om. A patet] patuit L 18 Secundus] secundae! L 19 ex] LO om. A propositio] oratio O ratione] LPSX respectu AO coniunctionis] LOSX *post corr.* P conclusionis A 20 accipitur] LO creatur? A sensu] compo- add. s. del. A categorico] et add. O 21 autem] L om. AO 23 accipiuntur] LO om. A dicuntur] dicuntur add. L divisae] LO in sensu categorico diviso A

Ebenso pflegt man das folgende Sophisma zu formulieren: »Für ein weißes Ding ist es möglich, schwarz zu sein; also ist es möglich, daß ein weißes Ding schwarz ist«, das folgt (aber) nicht, weil der erste Satz geteilt und wahr ist, der zweite hingegen zusammengesetzt und falsch ist. – Aber vielleicht wollte jemand beweisen, daß der Satz »Daß ein weißes Ding schwarz ist, ist möglich« wahr ist, indem er so argumentiert: »Daß dies schwarz ist, ist möglich; dies ist weiß; also ist es möglich, daß ein weißes Ding schwarz ist«. Antwort: Der Schluß ist nicht gültig, weil mehr als Subjekt der größeren Prämisse erscheint als der kleineren, das Subjekt der größeren Prämisse ist nämlich der ganze Ausdruck »daß dies schwarz ist«, daß Subjekt der kleineren Prämisse hingegen ist nur der Ausdruck »dies«. – Aus dem gleichen Grund ist auch der folgende Schluß nicht gültig: »Daß jeder Mensch ein Lebewesen ist, ist notwendig; Sokrates ist ein Mensch; also ist es notwendig, daß Sokrates ein Lebewesen ist«, denn mehr erscheint als Subjekt der größeren Prämisse als der kleineren, der ganze Ausdruck »daß jeder Mensch ein Lebewesen ist« ist nämlich das Subjekt der größeren Prämisse, das Subjekt der kleineren hingegen ist nur der Ausdruck »Sokrates«. Und der Satz »Daß jeder Mensch ein Lebewesen ist, ist notwendig« ist auch kein Universalsatz, sondern ein indefiniter Satz, wie im Traktat über die Sätze erhellt.

Die zweite Weise des Fehlurteils der Zusammensetzung und der Trennung ergibt sich daraus, daß[181] ein Satz aufgrund einer Konjunktion oder eines Adverbs manchmal im kategorischen Sinn, manchmal aber im hypothetischen Sin aufgefaßt wird. Und solche Sätze heißen »zusammengesetzt«, wenn sie im kategorischen Sinn aufgefaßt werden, wenn sie aber im hypothetischen Sinn aufgefaßt werden, heißen sie »geteilt (getrennt)«.

Iuxta istum modum solvuntur sophismata talia »A et B sunt A48rb aequalia, et tamen A non est aequale B«, similiter »A et B sunt homines, et tamen A non est homo et B non est homo«, similiter »Sortes et Plato incipiunt scribere, et tamen Sortes non incipit scribere«, et consimilia. Primum patet, nam posito, quod A sit tertia pars unius totius et B sit duae tertiae eiusdem, tunc sic: A et B sunt hoc demonstrando per ly *hoc* totum, cuius A et B sunt partes, ergo A et B sunt duae medietates aequales, eo quod illud totum est duae medietates aequales, et per consequens A et B sunt aequalia, ex quo sunt aliqua, quae sunt aequalia. Et quod A non sit aequale B, patet, quia una tertia non est aequalis duabus tertiis. Secundum patet posito, quod A significet duas medietates duorum hominum, scilicet superiores, et B significet duas medietates, scilicet inferiores, eorundem. Tunc verum est, quod A et B sunt duo homines, et tamen A non est homo et B non est homo, quia duae medietates inferiores duorum hominum non sunt homo, nec duae medietates superiores duorum hominum sunt homo, sed illae quattuor medietates bene sunt homines, et quia A et B sunt illae quattuor medietates, verum est, quod A et B sunt homines. Tertium etiam patet, nam posito, quod Sortes scribat et diu ante hoc scripserit et Plato modo de novo scribat, tunc verum est, quod Sortes et Plato incipiunt scribere, quia modo verum est, quod Sortes et Plato scribunt, et immediate ante hoc erat falsum, quod Sortes et Plato scriberent. Similiter probaretur, quod iam incipit esse omne, quod est, posito, quod instans praesens sit primum instans Sortis vel alicuius alterius rei de novo genitae,

1 istum] LO primum A 2 non…B[1]] LOPSX et b non sunt aequalia A 3 et[2]] nec O non[2]…homo[2]] om. LO 5 et consimilia] om. LO consimilia] Z consimiles A 6 tertia] LO secunda A tertiae] respectu! L eiusdem] sic add. s. del. O 7 sic] LO om. A ly] LO om. A 8 duae] LO om. A medietates] dietates! O 9 eo…aequales] om. L duae] O suae A 10 sunt[1]] aequales add. s. del. A duo add. L 12 est] LO om. A aequalis] LO aequale A patet] q- add. s. del. O posito] LO ponendo A 13 scilicet] et O superiores] inferiores LO 14 significet] LO sic A duas] LO duae A medietates] LO medietatem A scilicet] om. O inferiores] superiores LO eorundem] LO om. A 16 et] nec L non[2]] om. L

Gemäß dieser Weise werden die folgenden Sophismen aufgelöst: »A und B sind gleich, und dennoch ist A nicht gleich B«, ebenso »A und B sind Menschen, und dennoch ist A kein Mensch und ist B kein Mensch«, ebenso »Sokrates und Platon fangen an zu schreiben, und dennoch fängt Sokrates nicht an zu schreiben« u. ä. – Das erste (Sophisma) ist klar, denn angenommen, daß A ein Drittel eines Ganzen sei und B zwei Drittel desselben (Ganzen) sei, dann (argumentiert man) so: A und B sind das, wobei sich der Ausdruck »das« auf das Ganze bezieht, von dem A und B die Teile sind, also sind A und B zwei gleiche Hälften, weil dieses Ganze zwei gleiche Hälften ist, und folglich sind A und B gleich, weil sie Dinge sind, die gleich sind. Und daß A nicht gleich B ist, ist klar, weil ein Drittel nicht zwei Dritteln gleich ist. – Das zweite ist klar unter der Annahme, daß »A« zwei Hälften von zwei Menschen bezeichnet, nämlich die oberen, und »B« zwei Hälften derselben (zwei Menschen) bezeichnet, nämlich die unteren. Dann ist es wahr, daß A und B zwei Menschen sind, und dennoch A kein Mensch ist und B kein Mensch ist, weil die zwei unteren Hälften von zwei Menschen kein Mensch sind und auch die zwei oberen Hälften von zwei Menschen kein Mensch sind. Aber diese vier Hälften sind sehr wohl Menschen, und weil A und B diese vier Hälften sind, ist es wahr, daß A und B Menschen sind. – Auch das dritte ist klar, denn angenommen, daß Sokrates (jetzt) schreibe und (schon) lange vor dem jetzigen Zeitpunkt geschrieben habe und Platon gerade neu schreibe, dann ist es wahr, daß Sokrates und Platon anfangen zu schreiben, weil es jetzt wahr ist, daß Sokrates und Platon schreiben, und es unmittelbar vor diesem Zeitpunkt falsch war, daß Sokrates und Platon schreiben. Ebenso würde man beweisen, daß jetzt alles, was ist, zu sein anfängt, gesetzt, daß der gegenwärtige Zeitpunkt der erste Zeitpunkt des Sokrates oder eines anderen

quia...homines] A om. LOPSX medietates] d- add. s. del. A 18 hominum] Z om. A 21 etiam] L om. AO nam] om. O hoc] L om. AO 22 scripserit] scripsit O modo] om. L 23 modo] om. O quod] LO om. A 26 omne] om. O sit] esse L esset O 27 alicuius alterius] LO trsp. A novo] generandae novo add. A

tunc verum est dicere, quod iam est omne, quod est, et immediate ante hoc non erat omne, quod est, ergo sequitur, quod modo incipit esse omne, quod est.

Et breviter, de virtute sermonis omnia ista possunt concedi, verumtamen propter ignorantes et addiscentes potest dici, quod si ista »A et B sunt aequalia« capitur tamquam copulativa, tunc haec est falsa »A et B sunt aequalia et A non est O48va aequale B«, si autem accipitur in sensu composito, ita quod haec »A et B sunt aequalia« capiatur sic, quod sit de extremo copulato et non copulativa, praedicta propositio est concedenda. Ad secundum »A et B sunt homines«, si capitur tamquam copulativa et non de extremo copulato, ipsa est falsa, et tunc dicitur capi in sensu diviso. Si vero capitur tamquam categorica de copulato extremo, ipsa dicitur capi in sensu composito et est vera. Ad tertium, conceditur, quod »Sortes et Plato etc.«, si est de copulato extremo, est vera, si autem est copulativa, negatur. Primo modo dicitur composita, secundo modo dicitur divisa.

1 dicere] L om. AO est[2]] incipit esse L 2 ergo] modo add. O 3 modo] non! L esse] om. O omne] om. L 4 Et] om. LO breviter] similiter O omnia] LO om. A possunt] L potest A possent O 5 verumtamen] nihilominus LO ignorantes et] om. LO potest] concedi sive add. O 6 capitur] LSW capiar! A capiatur BEOPUX tamquam] ABELOPSUX in qua W 7 tunc] O om. ABELPSUWX haec] ABLOPSUWX ipsa E A[1]...B] ALOPSUWX om. BE 8 si...aequalia] BLOPSUX om. A accipitur] LPX capiatur BU capitur ESW accipiatur O in...capiatur] BLOPSUX om. EW 9 haec] tota copulativa add. BOPSUX copulativa add. L aequalia] et a non est aequale b add. BLOPSUX capiatur] ABOPSUX capitur L sic...sit] ABLOPSUWX tamquam E 10 et non] ABLOPSUWX om. E copulativa] Z de extremo copulativo AOPUW de extremitate copulativa B om. E de extremo copulato L de extremo copulativa S de extremo copulative X et ita add. B 11 secundum] LPSWX secundam AO aliam BE istam U sunt] duo add. B homines] ABELOPSUWX et (tamen BSU om. ALOPWX) (neutrum ASUW nullum B neuter LOPX) (eorum LOPWX om. AU illorum BS) est homo add. ABLOPSUWX capitur] AELPW capiatur BOSU accipiatur X tamquam] ABELOPSUX in qua W 12 copulativa] ABELOPSX copulativa?/tota? U categorica W et non] S om. ABELOPUWX de...copulato] LOS de extremo copulativo ABPU om. EX de extremo (et non add. s. del.) composito W ipsa] AELOPSUWX

neu entstandenen Dinges sei: Dann ist es wahr zu sagen, daß jetzt alles, was ist, ist, und unmittelbar davor war nicht alles, was ist, also folgt, daß alles, was ist, gerade anfängt zu sein.

Kurz gesagt, dem Wortlaut nach können alle diese (Sophismen) zugegeben werden, gleichwohl kann man wegen der Laien und der Studenten sagen: Wenn der Satz »A und B sind gleich« als kopulativer Satz aufgefaßt wird, dann ist der Satz »A und B sind gleich, und A ist nicht gleich B« falsch, wenn er aber im zusammengesetzten Sinn aufgefaßt wird, so daß der Satz »A und B sind gleich« so aufgefaßt wird, daß er ein kopulates Satzglied hat und kein kopulativer Satz ist, dann ist der vorgenannte Satz zuzugeben. – Zum zweiten, »A und B sind Menschen«: Wenn (dieser Satz) als kopulativer Satz und nicht als Satz mit einem kopulaten Satzglied aufgefaßt wird, dann ist er falsch und dann sagt man, daß er im geteilten Sinn aufgefaßt wird. Wenn er hingegen als kategorischer Satz mit einem kopulaten Satzglied aufgefaßt wird, sagt man, daß er im zusammengesetzten Sinn aufgefaßt wird, und dann ist er wahr. – Zum dritten: Es wird zugegeben, daß (der Satz) »Sokrates und Platon« usw. wahr ist, wenn er ein kopulates Satzglied hat, wenn er aber ein kopulativer Satz ist, wird er abgelehnt. Auf die erste Weise heißt er »zusammengesetzt«, auf die zweite Weise heißt er »geteilt«.

om. B 13 dicitur capi] ABLOPSWX capitur E dicitur quod capitur U capitur] AELPSW capiatur BOUX tamquam] ABLOPSUW ut est E om. X 14 categorica] Z copulativa ABOPSUW om. EX tota! (copulativa?) L ipsa] ALOPSUWX om. B tunc E dicitur capi] LOPSUW dicitur AW dicitur esse B capitur E in…composito] BELOPSUX composita AW 15 et[1]] tunc add. EU est] BELOPSUWX om. A tertium] LPUWX tertiam ABEOS etc. add. U conceditur quod] ABLOPSUWX scilicet E 16 etc] ABELOPSWX om. U extremo] AW subiecto BELOPSUX est vera] AW om. BLOPUX conceditur ES autem] ABELOPUX om. SW est[3]] BLOPSUWX om. AE copulativa] Z de copulativo subiecto ABLOPSU de subiecto *et del. dictionem sequentem* E de subiecto copulato W de subiecto copulative X 17 dicitur composita] ABLOPSUWX est in sensu composito E 18 dicitur divisa] ABOPUX est in sensu diviso E divisa LSW

Penes etiam istum modum possunt distingui istae propositiones »Omnis numerus est par vel impar«, »Omnis propositio, si est impossibilis, non est concedenda«, et consimiles, de quibus dicebatur in capitulo amphiboliae, ergo de illis non nunc. Penes etiam istum modum solvitur istud sophisma »Quicquid est alteri tantumdem et amplius, est sibi tantumdem, et quicquid est alteri tantumdem et amplius, est sibi amplius, ergo quicquid est alteri tantumdem, est sibi amplius«. Breviter, si maior capitur in sensu composito, est falsa, sed si capitur in sensu diviso seu in sensu hypothetico, est vera, et tunc discursus non valet. Et in sensu diviso negatur, quod aliquid sit alteri tantumdem et amplius, quia esset sensus »Aliquid est alteri tantumdem et illud idem est sibi amplius«, et hoc est falsum, eo A48va quod nihil est alteri maius et aequale. Sed diceres: Probatur, quod in sensu diviso seu hypothetico haec sit vera »Aliquid est alteri tantumdem et amplius«, quia homo suae materiae est tantumdem et est maior quam sua materia, cum omne totum sit maius sua parte, ergo etc. Respondetur concedendo, quod homo est suae materiae tantumdem, et quando dicitur, quod est maior quam sua materia, negatur, et cum probatur »Omne totum est maius sua parte«, istam nego, sed bene concedo L48rb istam »Omne totum sua parte est maius« propter hoc, quod ly *parte* in prima supponit confuse et distributive ratione istius

4 dicebatur] Cf. Cap. V.3.

1 etiam] om. L istae] LO om. A propositiones] L om. AO 2 numerus] ALOPSX vel add. OX 3 et consimiles] Z om. A et (de LOSX om. P) consimilibus LOPSX 4 capitulo] fallacia LO ergo...nunc] A om. LOPSX 6 et[1]] etiam L 7 quicquid] X quod ALO 8 alteri] alterius! O tantumdem] X amplius ALO amplius] X tantumdem ALO Breviter] similiter O 9 capitur[1]] capiatur O composito] ipsa add. S est...hypothetico] ALOPS om. X si] maior add. S capitur[2]] LS om. A capiatur OP 10 seu] aut L in sensu] AP om. LOS hypothetico] AOPS composito L et] sed O 11 Et] AO sed PX Et...negatur] AOPX om. LS sensu] AOP om. X alteri] LOPSX om. A 12 et] om. L amplius] hoc negatur in sensu diviso add. LS sensus] quod add. LOPSX est] A esse L esset OPSX 13 illud] LOPSX om. A est[1]] APX esset LOS 14 maius] ALPSX amplius O aequale] ALPSX tantumdem O 15 diviso] LOPSX composito A hypothe-

Gemäß dieser Weise können ferner die folgenden Sätze unterschieden werden: »Jede Zahl ist gerade oder ungerade«, »Jeder Satz, wenn er unmöglich ist, darf nicht zugegeben werden« u. ä., über welche im Kapitel zur Amphibolie gesprochen wurde; also muß über diese Sätze jetzt nichts mehr gesagt werden. – Gemäß dieser Weise wird ferner das folgende Sophisma aufgelöst: »Alles, was ebensogroß wie ein anderes und größer ist, ist ebensogroß wie dieses; und alles, was ebensogroß wie ein anderes und größer ist, ist größer als dieses; also: Alles, was ebensogroß ist wie ein anderes, ist größer als dieses«. – Kurze Antwort: Wenn die größere Prämisse im zusammengesetzten Sinn aufgefaßt wird, ist sie falsch, aber wenn sie im geteilten Sinn bzw. im hypothetischen Sinn aufgefaßt wird, ist sie wahr, aber dann ist der Schluß nicht gültig. Und im geteilten Sinn wird verneint, daß etwas ebensogroß wie und größer als ein anderes sei, weil der Sinn lautete: »Etwas ist ebensogroß wie ein anderes und ebendieses (etwas) ist größer als dieses (andere)«; und das ist falsch, weil nichts größer ist als ein anderes und (zugleich) diesem gleich ist. – Einwand: Es wird bewiesen, daß der Satz »Etwas ist ebensogroß wie ein anderes und größer« im geteilten bzw. hypothetischen Sinn wahr ist, weil ein Mensch ebensogroß ist wie seine Materie und größer ist als seine Materie, da jedes Ganze größer ist als sein Teil, also usw. – Antwort: Ich gebe zu, daß ein Mensch ebensogroß ist wie seine Materie, und wenn es heißt, daß er größer ist als seine Materie, so wird das verneint, und wenn als Beweis angeführt wird »Jedes Ganze ist größer als sein Teil«, so lehne ich diesen Satz ab, aber ich gebe sehr wohl den folgenden zu: »Jedes Ganze als sein Teil ist größer«, und zwar deswegen, weil der Ausdruck »Teil« im ersten Satz aufgrund des vorangehenden

tico] LOPS diviso A composito X sit] est LO Aliquid] quid L 16 et amplius] om. L suae materiae] LOPX suo modo A suo! medietate S 17 tantumdem] et amplius add. LS quam…materia] ALPSX om. O 18 ergo] om. LO etc] om. L Respondetur…parte] om. L 19 quando] cum O 20 est…probatur] om. O 21 est] sit O istam] LO om. A 22 istam] L om. AO est] LO om. A quod] quia L ly] om. L 23 confuse et] X om. AO confuse LPS

comparativi gradus *maius* praecedentis, in secunda autem non. Aliter potest dici concedendo istam »Omne totum est maius sua parte« loquendo de partibus quantitativis et integralibus, non autem essentialibus, et quia materia hominis est pars essentialis hominis, homo non est maior quam sua materia.

Tertius modus huius fallaciae committitur ex eo, quod in aliquibus propositionibus aliqua dictio ex diversa coniunctione diversis dictionibus eiusdem propositionis diversos causat sensus, sicut est de ista »Quicquid vivit semper est«, similiter de ista »Quicquid Sortes scit nunc didicit«. Et secundum hoc propositiones istae aliquando dicuntur accipi in sensu composito, aliquando vero in sensu diviso. Unde istae propositiones dicuntur capi in sensu composito, quando illa dictio, quae cum diversis dictionibus potest construi, construitur cum illa dictione, cum qua magis apte est construenda. Tunc vero dicuntur sumi in sensu diviso, quando construitur cum illa dictione, cum qua minus apte est construenda. Et illae propositiones possunt sic distingui propter ignorantes, tamen bene verum est, quod de virtute sermonis illae propositiones non essent distinguendae, sed essent simpliciter concedendae vel negandae vel dubitandae secundum sensum, quem faciunt, quando talis dictio cum dictione, cum qua magis apte esset construenda, O48vb construitur. Si tamen esset aliqua propositio, in qua illa dictio aeque apte construeretur cum qualibet, cum qua posset construi, adhuc de virtute sermonis ipsa esset vera vel falsa, et per

1 gradus] OP om. ALSX 2 potest] posset O 3 quantitativis] partitis L 4 materia] LO om. A 6 ex] LO om. A 7 propositionibus] dictionibus L coniunctione] vel add. O 8 eiusdem] om. O 9 de] LO om. A 10 Sortes] om. O nunc] ALOPS non X didicit] LOPSX addiscit A Et] sed LO 12 aliquando…composito] om. L vero] autem O 13 quando] LO quae A illa] om. LO 14 dictionibus] om. L dictione] LO om. A 15 apte] aperte L vero] om. O dicuntur] A dicitur LPSX est O 16 sumi] om. O diviso] composito O quando] dicuntur add. s. del. A vero add. O illa…cum] om. O 17 apte] aperte L dicitur in sensu diviso add. O est construenda] om. O 18 propter ignorantes] LPSX om. AO est] om. O 19 de] de add. O essent] LO sunt A 20 essent] om. LO vel[1]] LO om. A 21 quando] quod L 22 dictio] ALOX magis apte add. OX magis aperte add. L cum[1]…cum[2]] LOX om. A magis apte] Z om. ALOX

Komparativs »größer« konfus und distributiv supponiert, im zweiten aber nicht. Anders kann man antworten, indem man den Satz »Jedes Ganze ist größer als sein Teil« zugibt, wenn von quantitativen und integralen, nicht aber von wesentlichen Teilen die Rede ist, und weil die Materie eines Menschen ein wesentlicher Teil dieses Menschen ist, ist ein Mensch nicht größer als seine Materie.

Die dritte Weise dieses Fehlurteils ergibt sich daraus, daß in manchen Sätzen ein Wort aufgrund einer verschiedenen Verbindung mit verschiedenen Wörtern des betreffenden Satzes verschiedene Sinne bewirkt, wie es z. B. der Fall ist beim Satz »Alles was lebt immer ist«, ebenso beim Satz »Alles was Sokrates weiß jetzt hat er gelernt«. Und demgemäß sagt man, daß diese Sätze manchmal im zusammengesetzten Sinn aufgefaßt werden, manchmal aber im geteilten Sinn. So sagt man, daß diese Sätze im zusammengesetzten Sinn aufgefaßt werden, wenn das Wort, das mit verschiedenen Wörtern grammatisch verbunden werden kann, mit dem Wort verbunden wird, mit welchem es passender zu verbinden ist. Hingegen sagt man dann, daß sie im geteilten Sinn aufgefaßt werden, wenn (jenes Wort) mit dem Wort verbunden wird, mit welchem es weniger passend zu verbinden ist. Und diese Sätze können wegen der Laien auf diese Weise unterschieden werden, jedoch ist es sehr wohl richtig, daß diese Sätze dem Wortlaut nach nicht unterschieden werden müßten, sondern einfach zugegeben, abgelehnt oder bezweifelt werden sollten, und zwar gemäß dem Sinn, den sie ergeben, wenn das betreffende Wort mit dem Wort, mit welchem es passender zu verbinden ist, verbunden wird. Wenn jedoch ein Satz vorläge, in dem das betreffende Wort gleich passend mit jedem Wort verbunden würde, mit welchem es verbunden werden kann, so wäre dieser Satz dem Wortlaut nach noch immer wahr oder falsch, und folglich wäre

23 construitur] AX construeretur LO 24 apte] aperte L cum[1]] OPSX a A cum[1]...qua] AOPSX om. L cum[2]] OPSX a A posset construi] Z construeretur AOPSX 25 ipsa] illa LO falsa] ALOPSX vel dubia add. X

consequens esset concedenda vel neganda vel dubitanda, sicut prius probabatur, secundum quod illos duos sensus significaret copulative vel disiunctive.

Penes istum modum distinguitur illa propositio »Quadraginta virorum centum dimisit divus Achilles«, unde si ly *virorum* refertur ad ly *centum*, ipsa est vera, et est sensus »Quadraginta viros de centum dimisit Achilles«, sed si ly *virorum* refertur ad ly *quadraginta*, ipsa est falsa, et est sensus »Centum viros de quadraginta dimisit Achilles«. Similiter penes istum modum solet distingui ista »Sortes vidit baculo Platonem percussum«, unde si ly *baculo* refertur ad ly *vidit*, propositio est falsa, quia Sortes oculo et non baculo vidit, quod Plato percutiebatur, sed si ly *baculo* refertur ad ly *percussum*, propositio est vera, quia Sortes vidit, quod Plato baculo et non oculo percutiebatur. Secundum hoc patet, qualiter debeat solvi hic paralogismus »Quocumque vidisti Sortem percussum, illo Sortes percussus est, sed oculo vidisti Sortem percussum, ergo oculo Sortes percussus est«. Similiter penes istum modum solet distingui illa propositio »Ego posui te servum entem liberum«, eo quod ly *entem* potest referri ad hoc, quod est servum, vel ad hoc, quod est liberum. Si enim refertur ad hoc, quod est servum, sensus est »Ego posui te, qui eras servus, liberum«, sed si

2 prius] Cf. Cap. V.2, »quantum ad secundum«.

1 esset] om. LO concedenda] om. L vel[1]] O om. AL sicut…probabatur] A om. LOPSX 2 illos duos] A ambos istos LOPSX 4 Quadraginta] AE63rLOPSX 5 dimisit] A reliquit LOX relinquit E63rPS dimisit add. A divus] Z dives! E63rLPSX om. AO 6 refertur] LO referatur A ly] om. LO centum] A quadraginta E63rLOPSX centum? *post corr.?* P ipsa] secunda! O 7 de] ALOPX et S dimisit] A reliquit E63rLOS relinquit P etc. X sed] LO om. A refertur] LO referatur A 8 ly] om. O quadraginta] A centum E63rLOPSX ipsa] O om. AL et] est! L 9 de quadraginta] E63rX om. ALOPS dimisit] A reliquit E63rLOPSX Achilles] AE63rLOPSX de quadraginta add. ALOPS 10 solet distingui] distinguitur LO ista] LO om. A vidit] P videt ALOSX percussum] LOPSX percuso! A 11 ly[1]] O om. AL refertur] LO referatur A vidit] OP videt ALSX propositio] LOPSX haec A 12 vidit] OP videt ALSX percutiebatur] LOSX percussiatur A perciebatur P 13 ly[1]] LO om. A refertur] LO referatur A

er zuzugeben, abzulehnen oder zu bezweifeln, wie früher bewiesen wurde, insofern er diese zwei Sinne auf kopulative oder auf disjunktive Weise bezeichnete.

Gemäß dieser Weise wird der folgende Satz unterschieden: »Vierzig von den Männern hundert entsandte der göttliche Achilles«[182]: Denn wenn der Ausdruck »von den Männern« auf den Ausdruck »hundert« bezogen wird, dann ist der Satz wahr und der Sinn lautet »Vierzig Männer von hundert entsandte Achilles«, aber wenn der Ausdruck »von den Männern« auf den Ausdruck »vierzig« bezogen wird, dann ist er falsch und der Sinn lautet »Hundert Männer von vierzig entsandte Achilles«. – Ebenso pflegt man gemäß dieser Weise den folgenden Satz zu unterscheiden: »Sokrates sah mit einem Stock den Platon, der verhauen wurde«[183]: Denn wenn der Ausdruck »mit einem Stock« auf den Ausdruck »sah« bezogen wird, dann ist der Satz falsch, weil Sokrates mit einem Auge und nicht mit einem Stock sah, daß Platon verhauen wurde, aber wenn der Ausdruck »mit einem Stock« auf den Ausdruck »der verhauen wurde« bezogen wird, dann ist der Satz wahr, weil Sokrates sah, daß Platon mit einem Stock und nicht mit einem Auge verhauen wurde. Demgemäß erhellt, wie man den folgenden Fehlschluß auflösen muß: »Womit auch immer du sahst den Sokrates, der verhauen wurde, damit wurde Sokrates verhauen; aber mit einem Auge sahst du den Sokrates, der verhauen wurde; also wurde Sokrates mit einem Auge verhauen«. – Ebenso pflegt man gemäß dieser Weise den folgenden Satz zu unterscheiden: »Ich ließ dich, der du ein Sklave warst, frei«[184], weil sich der Ausdruck »warst« auf »Sklave« oder auf »frei« beziehen kann. Wenn er sich nämlich auf »Sklave« bezieht, lautet der Sinn »Ich ließ dich, der du ein Sklave warst,

percussum] LOPSX percusso A propositio] LO om. A 14 vidit] OPX videt ALS et] sed LO 15 debeat] O debet AL 16 percussum] dico add. A 17 Sortes] om. O sed] ol- add. s. del. O 18 Sortes] prae- add. s. del. O modum] LO om. A 19 propositio] O om. AL entem] O emtem! A existentem L 20 ly] om. L entem] existentem L 21 enim] LO om. A refertur] LO referatur A servum] LO liberum A 22 Ego] poss- add. s. del. O eras] Z erat A est LO es PSX

refertur ad *liberum*, sensus est »Ego posui te, qui eras liber, servum«. Similiter penes istum modum solet distingui ista »Quicquid vivit semper est«, similiter ista »Quicquid aliquis scit nunc didicit«. Similiter penes hunc modum potest dinstingui haec »Impossibile est aliud quam asinum te genuisse«. Unde ly *aliud* potest construi cum hoc verbo *est*, et sic est vera et est sensus »Aliud est impossibile quam asinum te genuisse«, nam hominem esse lapidem est aliud impossibile quam asinum te genuisse. Secundo modo ly *aliud* potest construi cum illo, quod est quam, et tunc est falsa et est sensus »Haec est impossibilis ›Alia res quam asinus genuit te‹«, modo hoc est falsum. Similiter penes istum modum potest distingui illa »Nullum verum profertur a Sorte, quin sit necessarium«. Unde si ille terminus *necessarium* construitur post illud verbum *sit*, tunc propositio est falsa, quia tunc significat, quod nullum verum profertur a Sorte, quin illud verum sit necessarium, modo hoc est falsum posito, quod dicat istam veram »Homo currit«. Si autem ille terminus *necessarium* construitur ante hoc verbum *sit*, tunc propositio est vera et est sensus »Nullum verum profertur a Sorte, quin necessarium sit«, et hoc est verum, quia nullum verum profertur a Sorte, quin deus sit, qui est quoddam [A48vb] necessarium. Similiter penes istum modum solet distingui ista »Helena peperit decies decem filios«. Unde ly *decies* potest construi cum illo verbo *peperit*, et tunc est vera posito, quod

1 refertur] LO om. A liberum] LO servum A est] et? add. s. del. O qui… liber] liberum O eras] est L 2 solet] potest L 3 Quicquid[1]…didicit] APSX om. LO ista] P om. ASX Quicquid[2]] PSX quod A 4 didicit] PSX addiscit A Similiter…haec] PS om. ALO Similiter ista X potest] P solet S 6 sic] LO om. A 9 Secundo] alio LO ly] si! O 10 et[1]] om. O tunc] haec add. L 11 Alia res] aliud ens L 12 penes…distingui] LO om. A 13 Sorte] te L quin] illud add. L 14 construitur] Z construatur A refertur LSX referatur O profertur P 15 propositio] om. LO tunc] L om. AO 16 Sorte] te LO 17 quod] aliquis add. LO istam] LO istac A veram] LO om. A 18 necessarium] refertur et add. O construitur] LOSX construatur AP verbum] primum! L 20 Sorte] te L quin] nisi L 21 a Sorte] O om. A a te L quin…necessarium] A (nisi L quin PX) (deus qui LP aliquid quod X) est quoddam necessarium sit LPX quin deus est quod quidem necessarium sit O quam deus qui est maximum necessarium S

frei«, aber wenn er sich auf »frei« bezieht, lautet der Sinn »Ich machte dich, der du frei warst, zum Sklaven«. – Ebenso pflegt man gemäß dieser Weise den Satz »Alles was lebt immer ist« zu unterscheiden, ebenso den Satz »Alles was jemand weiß jetzt hat er gelernt«. Ebenso kann man gemäß dieser Weise den folgenden Satz unterscheiden: »Es ist unmöglich, daß etwas anderes als ein Esel dich gezeugt hat«[185]. Denn der Ausdruck »(etwas) anderes« kann mit dem Verb »ist« verbunden werden, und auf diese Weise ist der Satz wahr und der Sinn lautet »Ein anderes Unmögliches gibt es als (das), daß ein Esel dich gezeugt hat«, denn *daß ein Mensch ein Stein ist* ist ein anderes Unmögliches als *daß ein Esel dich gezeugt hat.* Auf eine zweite Weise kann der Ausdruck »(etwas) anderes« mit »als« verbunden werden, und dann ist der Satz falsch und der Sinn lautet »Der Satz ›Ein anderes Ding als ein Esel hat dich gezeugt‹ ist unmöglich«; das ist nun aber falsch. – Ebenso kann man gemäß dieser Weise den folgenden Satz unterscheiden: »Kein Wahres wird von Sokrates geäußert, das nicht notwendig wäre (bzw.: ohne daß es etwas Notwendiges gäbe)«. Denn wenn der Term »notwendig« hinter dem Verb »wäre« (grammatisch) verbunden wird, dann ist der Satz falsch, weil er dann bezeichnet, daß kein Wahres von Sokrates geäußert wird, ohne daß dieses Wahre notwendig sei, aber das ist falsch unter der Annahme, daß er den wahren Satz »Ein Mensch läuft« ausspricht. Wenn aber der Term »notwendig« vor dem Verb »wäre (gäbe)« verbunden wird, dann ist der Satz wahr und der Sinn lautet »Kein Wahres wird von Sokrates geäußert, ohne daß es ein Notwendiges gäbe«; und das ist wahr, weil kein Wahres von Sokrates geäußert wird, ohne daß es Gott gäbe, der etwas Notwendiges ist. – Ebenso pflegt man gemäß dieser Weise den folgenden Satz zu unterscheiden: »Helena gebar zehnmal zehn Söhne«. So kann der Ausdruck »zehnmal« mit dem Verb »gebar« verbunden werden, und dann ist der

22 penes…ista] LO om. A 23 peperit] peperis O Unde] si add. L 24 et] om. L tunc] sic O

Helena peperit per decem vices decem filios sic, quod pro una vice unum et pro alia vice alium. Si autem construitur cum illo termino *decem*, tunc est falsa et est sensus »Helena peperit centum filios«, ex eo quod decies decem sunt centum. Et semper illae propositiones in sensu proprio et magis apto et communi dicuntur capi in sensu composito, in alio autem dicuntur
O49ra capi in sensu diviso.

Cap. V.5 ⟨Capitulum quintum de fallacia accentus⟩

Sequitur de fallacia accentus. Circa quam primo videndum est, quid sit fallacia accentus, secundo, quae sit causa apparentiae et defectus bonitatis paralogismorum huius fallaciae, tertio videndum est, quot et qui sunt modi huius fallaciae.

Quantum ad primum est sciendum, quod fallacia accentus est deceptio proveniens ex eo, quod una dictio secundum materiam, id est secundum litteras et syllabas, sub diversis accentibus plura significat.

Quantum ad secundum sciendum est, quod causa apparentiae paralogismorum huius fallaciae est unitas dictionis secundum materiam, id est secundum litteras et syllabas. Causa autem defectus seu non existentiae bonitatis ipsorum est diversitas significatorum illius dictionis prolatae sub diversis accentibus.

1 peperit] pepereat L sic add. A per…vices] om. L decem vicibus O decem^{2}] LO peperit! A pro] om. O 2 vice^{2}] L om. AO construitur] LO construatur A 3 termino] verbo! L falsa] quod add. L et…sensus] om. L peperit] peperat L 4 ex…centum^{2}] LO om. A decies decem] O trsp. L 5 propositiones] LO om. A apto] apte L et communi] in uno L 6 alio] LO alia A dicuntur capi^{2}] om. L 7 diviso] Et sic sequitur etc. add. L 10 quae] X quid ALOPS sit^{2}] LO om. A apparentiae] bonitatis add. L 11 et] quid add. A bonitatis] om. LO huius fallaciae] LO om. A tertio] modo add. L 12 videndum est] L om. AO 13 est] L om. AO fallacia…quod] om. L accentus] om. O 14 ex] om. O materiam] O materias A 15 id est] O et A 17 est] O om. A apparentiae] bonitatis add. A 18 unitas] dictionum add. s. del. S dictionis] LOPSX dictionum A 19 id est] LO et A 20 defectus] bonitatis add. L existentiae] O

Satz wahr unter der Annahme, daß Helena zehn Mal zehn Söhne in dem Sinne gebar, daß sie ein Mal einen gebar und ein anderes Mal einen anderen (usw.). Wenn (der Ausdruck »zehnmal«) aber mit dem Term »zehn« verbunden wird, dann ist der Satz falsch und der Sinn lautet »Helena gebar hundert Söhne«, weil zehnmal zehn hundert sind. – Und immer sagt man von diesen Sätzen im eigentlichen, passenderen und gewöhnlichen Sinn, daß sie im zusammengesetzten Sinn aufgefaßt werden, im anderen Sinn aber sagt man, daß sie im geteilten Sinn aufgefaßt werden.

Kapitel V.5: *Der Trugschluß der Betonung*

Es folgt (das Kapitel) über das Fehlurteil der Betonung. Diesbezüglich muß erstens untersucht werden, was das Fehlurteil der Betonung ist, zweitens, was die Ursache des Anscheins von und des Mangels an Gültigkeit der Fehlschlüsse dieses Fehlurteils ist, drittens ist zu untersuchen, wie viele und welche Weisen dieses Fehlurteils es gibt.

Was das erste anbelangt, so muß man wissen, daß ein Fehlurteil der Betonung eine Täuschung ist, die daraus hervorgeht, daß ein gemäß der Materie, d. h. gemäß den Buchstaben und Silben, identisches Wort unter verschiedenen Betonungen mehrere Bedeutungen hat.

Was das zweite anbelangt, so muß man wissen, daß die Ursache des Anscheins der Fehlschlüsse dieses Fehlurteils in der Einheit eines Wortes gemäß der Materie, d. h. gemäß den Buchstaben und Silben, liegt. Die Ursache des Mangels an bzw. des Nichtbestehens der Gültigkeit derselben aber liegt in der Verschiedenheit der Bedeutungen dieses Wortes, das unter verschiedenen Betonungen ausgesprochen wird.

existentio! A existente L bonitatis] PSX om. ALO ipsorum] A praedictorum paralogismorum LOPX paralogismorum huius fallaciae S

Quantum ad tertium dico, quod sunt tres modi principales L48va huius fallaciae. Primus modus attenditur penes accentum gravem vel acutum, secundus attenditur penes hoc, quod aliqua dictio profertur cum aspiratione vel sine aspiratione, tertius attenditur penes hoc, quod plures dictiones possunt esse una dictio vel una oratio.

Primus modus subdividitur, quia aliquando paralogismi peccantes penes primum modum huius fallaciae peccant penes hoc, quod altera syllaba corripitur vel producitur, aliquando autem penes hoc, quod prima syllaba alicuius dictionis corripitur vel producitur. Exemplum primi »Quoscumque iustum est pendere, iustum est poenam pati, sed iustos viros iustum est pendere, ergo iustos viros iustum est poenam pati«, unde ly *pendere* vel est altera longa vel est altera brevis. Si primum, maior est vera, et si conformiter sumitur in minore, minor est falsa et discursus est bonus. Si autem sumitur difformiter in maiore et in minore, ita quod in maiore est altera longa et in minore est altera brevis, praemissae sunt verae et discursus non valet. Unde ista dictio *pendere* potest esse secundae coniugationis et sic est altera longa, et tunc significat poenam pati patibuli, vel potest esse tertiae coniugationis, et sic est altera brevis et significat idem, quod sententiare poenam illi, qui meruit, puta furi, et hoc pertinet ad iudicem, qui est iustus homo et iuste iudicans. Exemplum secundi »Omnis populus est

1 principales] O om. ALPSX 2 modus] LO om. A attenditur] LPSX accentuatur A om. O 3 vel] OPX et ALS secundus] autem add. L aliqua] LO illa A 5 attenditur] aliquando add. A 7 quia] LO quando A 8 penes^{1}] circa L penes^{2}] secundum L 10 penes hoc] om. O quod] aliqua add. O 11 Quoscumque] LOPSX quemcumque A 12 poenam] penas L sed] LO om. A viros] om. LO iustum^{2}] iuste L 13 viros] om. LO poenam] penas L ly] om. LO 14 est^{2}] om. LO 15 sumitur] LO sumatur A minore] Z minori ALO 16 est] LO om. A sumitur] L sumatur sumuntur O 17 maiore^{1}] Z maiori ALO minore] Z minori ALO maiore^{2}] Z maiori ALO 18 minore] minori LO est] om. LO 20 sic est] LO om. A tunc] om. LO significat] quod add. O 21 patibuli] LOX patibulo A potest esse] LO om. A 22 idem] LO illud A sententiare] sententiari L 23 ad iudicem] LO iudici A est] inquantum? add. s. del. A 24 homo]

Was das dritte anbelangt, so sage ich, daß es drei Hauptweisen dieses Fehlurteils gibt: Die erste Weise betrifft[186] den Gravis oder den Akut (den »schweren« oder den »scharfen« Akzent), die zweite betrifft den Umstand, daß ein Wort mit Behauchung oder ohne Behauchung (d. i. mit oder ohne H-Laut) ausgesprochen wird, die dritte betrifft den Umstand, daß mehrere Wörter ein Wort oder eine Ausdrucksfolge sein können.

Die erste Weise wird weiter unterteilt, weil manchmal die Fehlschlüsse, die gemäß der ersten Weise dieses Fehlurteils fehlerhaft sind, insofern fehlerhaft sind, als die zweite Silbe verkürzt oder ausgedehnt wird (d. h. kurz oder lang ausgesprochen wird), manchmal aber insofern, als die erste Silbe eines Wortes verkürzt oder ausgedehnt wird. Ein Beispiel für das erste: »Für welche (Männer) auch immer es gerecht ist zu hängen, (für die) ist es gerecht, (diese) Strafe zu erleiden; aber für gerechte Männer ist es gerecht zu urteilen (bzw. zu hängen); also ist es für gerechte Männer gerecht, (diese) Strafe (des Hängens) zu erleiden«; denn der Ausdruck »pendere« (hängen bzw. abwägen/urteilen) hat entweder eine lange zweite Silbe oder eine kurze zweite Silbe. Wenn das erste, dann ist die größere Prämisse wahr, und wenn (der Ausdruck »pendere«) in der kleineren Prämisse auf dieselbe Weise aufgefaßt wird, dann ist die kleinere Prämisse falsch und der Schluß ist gültig. Wenn (der Ausdruck »pendere«) aber in der größeren und in der kleineren Prämisse auf verschiedene Weise aufgefaßt wird, so daß er in der größeren Prämisse eine lange zweite Silbe hat und in der kleineren eine kurze zweite Silbe, dann sind die Prämissen wahr und der Schluß ist nicht gültig. Denn das Wort »pendere« kann zur zweiten Konjugation gehören, und demgemäß hat es eine lange zweite Silbe und dann bedeutet es »die Strafe des Galgens erleiden«; oder es kann zur dritten Konjugation gehören, und demgemäß hat es eine kurze zweite Silbe und bedeutet dasselbe wie »denjenigen zu einer Strafe verurteilen, der es verdient«, nämlich den Dieb, und das ist

LOX homini A iudicans] iudicatus L secundi] LO secundum modi primi A populus] homo L

arbor, aliqua gens est populus, ergo aliqua gens est arbor«, hic fit deceptio, eo quod ista dictio *populus* potest esse prima longa vel prima brevis. Si est prima longa, tunc significat arborem, et tunc maior est vera, et si conformiter sumitur in minore, minor est falsa. Quando autem est prima brevis, tunc significat gentem, et si sic sumitur in maiore, ipsa est falsa. Et sic breviter, quando haec dictio *populus* capitur uniformiter in praemissis, discursus est bonus, sed tunc una praemissarum est falsa, quando autem sumitur difformiter, praemissae possunt esse verae, et discursus non valet. Sed ille primus modus huius fallaciae magis aptus est ad decipiendum in scripto quam in voce. Et quoad secundum eius membrum, etiam est bene aptus ad decipiendum in voce, quando aliquis velociter profert istam dictionem *populus*. Et notandum, quod quia non omnes logici sunt boni grammatici, tales orationes »Populus est gens«, »Populus est arbor« distinguuntur penes fallaciam aequivocationis, eo quod ista dictio *populus* significat diversa et est aequivoca.

Penes secundum modum principalem solet fieri talis paralo-
O49rb gismus »Quicquid hamatur, hamo capitur, sed mulier amatur,
A49ra ergo mulier hamo capitur«, hic fit deceptio, quia haec dictio
hamatur profertur cum aspiratione vel sine aspiratione. Si cum
aspiratione, maior est vera, et si sumitur consimiliter in mi-

3 tunc] om. LO 4 sumitur] LO sumatur A minore] minori LO minor] LO om. A 5 autem] populus add. O tunc] om. LO gentem] O gentes A gente! L 6 et] sic add. L si] LO om. A sumitur] LO sumatur A maiore] Z maiori ALO ipsa] maior LO Et…breviter] ita quod LO 7 quando] si L in praemissis] LO om. A 8 sed] et LO tunc] om. LO 10 Sed] L om. AO 12 Et] ALO similiter add. AL quoad] LO ad A eius] om. LO 14 notandum] sciendum LO non] om. L 16 distinguuntur] distinguitur L 17 significat] plura add. L est aequivoca] aequivoce L aequivoca] O aequivocum A 19 principalem] principale! O talis] LO om. A 20 sed] L om. AO mulier] A vinum LOPSX 21 mulier] A vinum LOPSX quia] ex eo quod LO 23 maior…vera] om. O si] similiter L sumitur] L sumatur A om. O consimiliter] om. L minore] Z minori ALO

Sache eines Richters, der ein gerechter Mensch ist und gerecht urteilt. – Ein Beispiel für das zweite: »Jede Pappel (populus) ist ein Baum; ein Stamm ist ein Volk (populus); also ist ein (Volks-) Stamm ein Baum« – hier entsteht eine Täuschung, weil das Wort »populus« (Pappel bzw. Volk) eine lange erste Silbe haben kann oder eine kurze erste Silbe. Wenn es eine lange erste Silbe hat, dann bezeichnet es einen Baum, und dann ist die größere Prämisse wahr; und wenn es auf dieselbe Weise in der kleineren Prämisse aufgefaßt wird, dann ist die kleinere Prämisse falsch. Wenn es aber eine kurze erste Silbe hat, dann bezeichnet es einen Stamm (ein Volk), und wenn es in der größeren Prämisse in diesem Sinne verstanden wird, dann ist sie falsch. Und somit ergibt sich kurz gesagt: Wenn das Wort »populus« in den Prämissen auf die gleiche Weise aufgefaßt wird, dann ist der Schluß gültig, aber dann ist eine der Prämissen falsch; wenn es aber auf verschiedene Weise aufgefaßt wird, können die Prämissen wahr sein, aber der Schluß ist nicht gültig. – Aber diese erste Weise dieses Fehlurteils ist eher geeignet zur Täuschung in der geschriebenen als in der gesprochenen Sprache. Hinsichtlich ihres zweiten Glieds ist sie aber sehr wohl auch geeignet zur Täuschung in der gesprochenen Sprache, wenn jemand (z. B.) das Wort »populus« schnell spricht. – Anzumerken ist: Weil nicht alle Logiker auch gute Grammatiker sind, werden derartige Ausdrucksfolgen wie »Ein Volk (populus) ist ein Stamm«, »Eine Pappel (populus) ist ein Baum« gemäß dem Fehlurteil der Äquivokation unterschieden, weil das Wort »populus« verschiedene Bedeutungen hat und äquivok ist.

Gemäß der zweiten Hauptweise pflegt man den folgenden Fehlschluß zu formulieren: »Alles, was gehakt (geangelt) wird (hamatur), wird mit einem Haken gefangen; aber eine Frau wird geliebt (amatur); also wird eine Frau mit einem Haken gefangen« – hier entsteht eine Täuschung, weil das Wort »(h)amatur« mit Behauchung oder ohne Behauchung ausgesprochen wird. Wenn mit Behauchung, dann ist die größere Prämisse wahr, und wenn es auf die gleiche Weise in der klei-

nore, ipsa est falsa. Si autem in una praemissarum profertur cum aspiratione et in alia sine aspiratione, praemissae possunt ambae esse verae, et tunc discursus non valet. Et paralogismi penes istum modum magis decipiunt in voce quam in scripto.

Penes tertium modum peccat iste paralogismus »Quicquid deus creavit invite, creavit involuntarie, sed vinum deus creavit in vite, ergo vinum deus creavit involuntarie«, similiter »Tu es, qui es, sed quies est requies, ergo tu es requies«. Unde in primo paralogismo fit deceptio ex eo, quod ly *invite* potest esse dictio vel oratio. Si est dictio, tunc est adverbium, et si sic sumitur in maiore, maior est vera, et si conformiter sumitur in minore, minor est falsa. Si autem ly *in vite* est oratio, tunc *in* est praepositio deserviens ablativo casui, et si sic accipitur, maior est falsa et minor est vera. Et similiter de secundo, ly *quies* potest esse dictio vel oratio, si dictio, sic maior est falsa et minor vera. Si duae dictiones, scilicet hoc pronomen *qui* et hoc verbum *es*, sic maior est vera et minor est falsa. Et notandum est, quod huiusmodi paralogismi bene sunt apti ad decipiendum in voce, quando huiusmodi dictiones proferuntur velociter sine punctuatione, sed non sunt ita apti ad decipiendum in scripto, et hoc, si scriptor sumat bonam orthographiam.

1 ipsa] minor LO praemissarum] X om. A praemissatur! L praemissa O profertur] LO proferatur? A 2 sine] non O aspiratione[2]] L om. AO 3 ambae] O om. AL 4 magis] plus O 5 peccat] peccant L iste] tales L talis O paralogismus] paralogismi L 6 creavit[1]] creat L creavit[2]] creat L involuntarie] sine voluntate L sed] om. O deus[2]] om. O creavit[3]] creat L 7 deus] om. LO creavit] creat L involuntarie] sine voluntate L 8 sed] O om. AL 9 ex eo] LO om. A ly] om. L potest] possit O 10 est[1]] L om. AO tunc] O sic AL si] om. L 11 sumitur[1]] LO sumatur A maiore] maiori O sumitur[2]] LO sumatur A 12 minore] minori O minor] LO om. A in[2]] om. O 13 si] quando L 14 est[2]] om. L Et] O om. AL de secundo] om. LO 15 esse] una add. LO vel oratio] om. LO si dictio] et LO 16 Si] vel LO scilicet…es] om. LO 17 sic] et si sic accipitur LO est[2]] L om. AO Et] L om. AO 18 est] O om. AL 19 dictiones] LOPSX voces A 20 sine punctuatione] AOPS sive possunt ratione! L om. X ita] om. L apti] OP aptae ALSX natae add. S 21 et hoc] om. L sumat] A servat LSX servet OP bonam] AOPX veram LS orthographiam] etc. rustert sequitur hermanne add. L

neren Prämisse aufgefaßt wird, dann ist diese falsch. Wenn es aber in der einen Prämisse mit Behauchung ausgesprochen wird und in der anderen ohne Behauchung, können beide Prämissen wahr sein, aber dann ist der Schluß nicht gültig. – Und die Fehlschlüsse gemäß dieser Weise täuschen eher in der gesprochenen Sprache als in der geschriebenen.

Gemäß der dritten Weise ist der folgende Fehlschluß fehlerhaft: »Alles, was Gott unfreiwillig (invite) schuf, schuf er ohne freien Willen (involuntarie); aber den Wein schuf Gott im Rebstock (in vite); also schuf Gott den Wein ohne freien Willen«, ebenso »Du bist, der du bist (qui es); aber die Ruhe (quies) ist Erholung (requies); also bist du Erholung«. So entsteht im ersten Fehlschluß deshalb eine Täuschung, weil der Ausdruck »invite« ein (einzelnes) Wort oder eine Ausdrucksfolge sein kann. Wenn er ein Wort ist, dann ist er ein Adverb, und wenn er in der größeren Prämisse so aufgefaßt wird, dann ist die größere Prämisse wahr, und wenn er in der kleineren Prämisse auf die gleiche Weise aufgefaßt wird, dann ist die kleinere Prämisse falsch. Wenn der Ausdruck »in vite« aber eine Ausdrucksfolge ist, dann ist »in« eine Präposition, die den Ablativ verlangt, und wenn er so verwendet wird, dann ist die größere Prämisse falsch und ist die kleinere wahr. Und ebenso beim zweiten Beispiel: Der Ausdruck »quies« kann ein (einzelnes) Wort oder eine Ausdrucksfolge sein, wenn ein Wort (nämlich »Ruhe«), dann ist die größere Prämisse falsch und die kleinere wahr. Wenn zwei Wörter, nämlich das Pronomen »qui« (der) und das Verb »es« (du bist), dann ist die größere Prämisse wahr und ist die kleinere falsch. – Anzumerken ist, daß derartige Fehlschlüsse zur Täuschung in der gesprochenen Sprache gut geeignet sind, wenn derartige Wörter schnell (und) ohne Unterbrechung ausgesprochen werden; aber nicht so (gut) sind sie geeignet zur Täuschung in der geschriebenen Sprache, und zwar (besonders dann nicht), wenn sich der Schreiber einer guten Rechtschreibung befleißigt.

Cap. V.6 ⟨Capitulum sextum de fallacia figurae dictionis⟩

Sequitur de fallacia figurae dictionis. Circa quam primo videndum est, quid sit fallacia figurae dictionis, secundo, quae sit causa apparentiae et defectus bonitatis paralogismorum huius fallaciae, tertio videndum est, quot et qui sunt modi huius fallaciae.

Quantum ad primum est sciendum, quod fallacia figurae dictionis est deceptio proveniens ex aliquali similitudine dictionum.

Quantum ad secundum est sciendum, quod causa apparentiae paralogismorum huius fallaciae est similitudo dictionis ad dictionem. Causa autem defectus ipsorum seu non existentiae L48vb bonitatis talium est diversitas significatorum vel modorum significandi vel accidentium grammaticalium istarum dictionum, et capiendum est ly *significatum* satis large.

Quantum ad tertium dico, quod quattuor sunt modi huius fallaciae. Primus est, quando fit defectus in modo arguendi propter diversitatem accidentium grammaticalium diversarum dictionum. Et talis modus arguendi aut frequenter aut semper ducit ad soloecismum, ut si sic arguitur »Omne album est coloratum, omnis homo est albus, ergo omnis homo est coloratum«, creditur enim, quod talis conclusio debeat inferri propter hoc, quod hic infertur taliter »Omne album est coloratum, omne lignum est album, ergo omne lignum est coloratum«. Consimilis defectus esset, si sic argueretur »Omnis substantia est colorata, papa est substantia, ergo papa est colorata«, ecce,

3 quae] LO quit! A 4 bonitatis] om. O 5 videndum] LO om. A est] L om. AO 7 est] L om. AO 10 est] L om. AO 11 paralogismorum] om. O huius fallaciae] LO om. A 12 ipsorum] om. LO existentiae] est add. A 13 bonitatis] LO om. A talium] paralogismorum huius fallaciae LO significatorum] LO signorum A 14 istarum] diversarum LO 15 est] LO om. A ly] om. O significatum] significatorum L 16 dico] sciendum est L sciendum O 19 Et] LO om. A 20 ducit] deducit L ut] LO cum A si] LO om. A sic] om. O 22 enim] ergo L propter hoc] ex eo O 23 hic] LO om. A taliter] talis LO 24 omne[1]] om. L omne[2]] om. L 25 esset] ac add. O 26 colorata[1]] sed add. O ecce] om. L

Kapitel V.6: *Der Trugschluß der Wortgestalt*

Es folgt (das Kapitel) über das Fehlurteil der (grammatischen) Wortgestalt. Diesbezüglich ist erstens zu untersuchen, was das Fehlurteil der Wortgestalt ist, zweitens, was die Ursache des Anscheins von und des Mangels an Gültigkeit der Fehlschlüsse dieses Fehlurteils ist, drittens ist zu untersuchen, wie viele und welche Weisen dieses Fehlurteils es gibt.

Was das erste anbelangt, so muß man wissen, daß das Fehlurteil der Wortgestalt eine Täuschung ist, die aus einer gewissen Ähnlichkeit von Wörtern hervorgeht.

Was das zweite anbelangt, so muß man wissen, daß die Ursache des Anscheins der Fehlschlüsse dieses Fehlurteils die Ähnlichkeit eines Wortes mit einem (anderen) Wort ist. Die Ursache des Mangels derselben aber bzw. (die Ursache) des Nichtbestehens der Gültigkeit von solchen (Fehlschlüssen) ist die Verschiedenheit der Bedeutungen oder der Bezeichnungsweisen oder der grammatikalischen Beschaffenheiten dieser Wörter; und der Ausdruck »Bedeutung« muß hinreichend weit aufgefaßt werden.

Was das dritte anbelangt, so sage ich, daß es vier Weisen dieses Fehlurteils gibt. Die erste liegt vor, wenn wegen der Verschiedenheit der grammatikalischen Beschaffenheiten verschiedener Wörter ein Mangel in der Argumentationsweise auftritt. Und eine solche Argumentationsweise führt entweder häufig oder immer zu einem Solözismus (grammatischen Regelverstoß), wie wenn man so argumentiert[187] »Jedes Weiße ist ein farbiges, jeder Mensch ist weiß, also ist jeder Mensch ein farbiges (statt: ein farbiger)« – man glaubt nämlich, daß eine solche Konklusion deshalb gefolgert werden solle, weil hier auf solche Weise gefolgert wird: »Jedes Weiße ist ein farbiges, jedes Holzstück ist weiß, also ist jedes Holzstück ein farbiges«. Der gleiche Mangel läge vor, wenn man so argumentierte: »Jede Substanz ist eine farbige, der Papst ist eine Substanz,

qualiter conclusio est vitiosa iterum, et creditur, quod debeat inferri ex praemissis illis, sicut infertur »Omnis substantia est colorata, capra est substantia, ergo capra est colorata«.

O49va Secundus modus huius fallaciae est, quando ex similitudine terminorum in uno modo arguendi creditur esse idem modus arguendi in aliis, qui tamen termini diversa habent significata accipiendo ly *significatum* large. Penes istum modum peccant tales modi arguendi »Calefacere est agere, ergo videre est agere«, causa enim apparentiae istius consequentiae est similitudo illarum dictionum *calefacere* et *videre*, quae consimiliter terminantur, causa autem non existentiae est diversitas significatorum. Similiter idem esset, si argueretur sic »Musa est femini generis, ergo papa est femini generis«, propter similem terminationem huius termini *papa* et illius termini *musa* creditur enim, quod sicut antecedens est verum, quod etiam consequens sit verum. Similiter ille discursus est bonus »Sortes dedit Platoni bovem et Sortes non habuit bovem, ergo Sortes dedit Platoni, quod non habuit«, et si propter hoc creditur, quod ille discursus etiam sit bonus »Sortes non habuit bovem pinguem, Sortes dedit Platoni bovem, ergo Sortes dedit Platoni, quod A49rb non habuit«, committitur huiusmodi fallacia, unde primo existente bono secundus non valet. Sed diceres »Quare primus est bonus et secundus non valet?«. Respondetur, quod ideo,

1 qualiter] om. LO 2 illis] LO om. A infertur] LO om. A 3 capra[2]] om. L 4 huius fallaciae] LO om. A 6 in] de L qui] cum add. A 7 significatum] significata L large] larege! O istum] quem LO 8 Calefacere] calefactio O videre] LOPSX vivere A 9 enim] O autem A om. LPSX 10 illarum dictionum] LOPSX illorum terminorum A calefacere…terminantur] LOPSX om. A et] LOPSX agere add. s. del. OS quae] OPSX quia L 11 causa] cum! L 12 idem] om. L 13 generis[1]] ergo! L 14 huius…musa] AO ipsorum LP istarum S om. X illius termini] O om. A creditur] ALS et creditur OPX 15 enim] S om. ALOPX quod[1]] LOPSX et propter hoc A sicut] OPX om. A si LS est] OPX sit ALS quod[2]] OSX et P quod[2]…verum] OPSX om. AL etiam] OPSX sic consequens sit add. P 16 sit verum] PSX om. O Similiter] ALOPSX sicut add. AOPSX 17 et…bovem] om. L 18 et] om. O si] Z sic PSX om. AO 19 etiam] P om. AOSX 20 bovem] bovem pinguem add. A pinguem add. E64rLOPSX *sed delendum esse censet* Z Sortes[2]] L om. AO Platoni[2]] L om. AO 21 committi-

also ist der Papst eine farbige (statt: ein farbiger)« – siehe, wie die Konklusion wiederum mangelhaft ist, und man glaubt, daß sie aus jenen Prämissen so gefolgert werden soll, wie man folgert »Jede Substanz ist eine farbige, eine Ziege ist eine Substanz, also ist eine Ziege eine farbige«.

Die zweite Weise dieses Fehlurteils liegt vor, wenn aufgrund der Ähnlichkeit von Termen in einer Argumentationsweise geglaubt wird, daß dieselbe Argumentationsweise auch mit anderen Termen vorliegt, welche Terme jedoch verschiedene Bedeutungen haben, bei weiter Verwendung von »Bedeutung«. Gemäß dieser Weise sind solche Argumentationsweisen fehlerhaft: »Erwärmen heißt tun, also heißt sehen tun« – die Ursache des Anscheins dieser Folgerung ist nämlich die Ähnlichkeit der Wörter »erwärmen« und »sehen«, die gleiche Endungen haben, die Ursache des Nichtbestehens (der Gültigkeit) aber ist die Verschiedenheit der Bedeutungen. Ebenso wäre dasselbe der Fall, wenn man so argumentierte: »›Muse‹ hat feminines Geschlecht, also hat ›Papst‹ (papa) feminines Geschlecht« – wegen der ähnlichen Endung des Terms »papa« und des Terms »musa« glaubt man nämlich, daß ebenso wie der Vordersatz wahr ist, auch der Nachsatz wahr sei. Ebenso ist der folgende Schluß gültig: »Sokrates gab dem Platon ein Rind und Sokrates hatte kein Rind, also gab Sokrates dem Platon, was er nicht hatte«, und wenn man deswegen glaubt, daß auch der folgende Schluß gültig sei: »Sokrates hatte kein fettes Rind, Sokrates gab dem Platon ein Rind, also gab Sokrates dem Platon, was er nicht hatte«, so begeht man einen Trugschluß dieser Art, denn während der erste Schluß gültig ist, ist der zweite nicht gültig. – Einwurf: Warum ist der erste Schluß gültig und der zweite nicht gültig? Antwort: Das ist deshalb so, weil der erste von einem notwendigen Mittel (Schlußprinzip) abhängt, nämlich von »Jedes Rind ist ein Rind«, der zweite

tur…fallacia] LO consimiliter haec est falsa A primo] LO prima A 22 bono] LS vera A vero OPX secundus] sensus! L 23 secundus] sensus! L valet] om. L ideo] LOPS ratio A om. X est add. A

quia primus tenet per medium necessarium, scilicet »Omnis bos est bos«, secundus autem tenet per medium contingens, scilicet »Omnis bos est pinguis«. Similiter bene sequitur »Sortes nunc non est albus et Sortes cras erit albus, ergo Sortes cras habebit aliquam rem, quam modo non habet«, et si propter hoc creditur, quod sequatur »Sortes nunc non est bicubitus et Sortes erit cras bicubitus, ergo Sortes habebit cras aliquam rem, quam modo non habet«, committitur huiusmodi fallacia. Unde primus modus arguendi tenet per hoc, quod omnis qualitas de tertia specie qualitatis est res distincta a substantia, secundus autem deficit propter hoc, quod quantitas non distinguitur a substantia.

Tertius modus fit ex eo, quod aliquae dictiones in uno ordine sitae creduntur habere eundem modum significandi in alio ordine sitae, ut si arguatur sic »Omnis homo est animal, ergo animal est omnis homo«, nam si creditur, quod sicut una istarum propositionum est vera, quod tunc reliqua sit vera propter hoc, quod iidem termini ponuntur in una et in alia, committitur tertius modus huius fallaciae. Penes istum modum peccant omnes paralogismi, in quibus arguitur a termino stante confuse tantum ad eundem stantem determinate, vel in quibus arguitur a termino stante determinate ad eundem stantem confuse et distributive. Ista ergo consequentia peccat penes istum modum huius fallaciae »Omni parte continui aliqua est minor, ergo aliqua omni parte est minor«, similiter »Omni parte continui aliqua est maior, ergo aliqua omni parte est maior«, similiter

1 scilicet] om. O 2 tenet] LO om. A 3 scilicet] LO om. A sequitur] similiter bene sequitur add. O 4 Sortes[1]] om. O cras[2]] om. LO 6 nunc] LO om. A 7 Sortes[1]] om. L cras[2]] om. L 8 committitur…fallacia] LO concluditur haec est falsa A 9 tenet] LO non valet A per hoc] om. O 10 qualitatis] om. O substantia] subiecto L 11 secundus…substantia] LO om. A 12 substantia] O subiecto L 13 ex] LO om. A 14 sitae] OX scitae! AL significandi] sicut add. L 15 sitae] OX scitae! A om. L arguatur] argueretur L arguitur O sic] L om. AO 16 creditur] LO credatur A quod] quia O istarum] LO om. A 17 est] sit L tunc] L om. AO sit vera] LO om. A 18 iidem] LO eidem A et] qui ponuntur L 19 tertius modus] LO om. A 20 omnes] tales L paralogismi] syllogis-

hingegen von einem kontingenten (bloß faktischen) Mittel abhängt, nämlich von »Jedes Rind ist fett«. – Ebenso folgt sehr wohl »Sokrates ist jetzt nicht weiß und Sokrates wird morgen weiß sein, also wird Sokrates morgen ein Ding (in/an sich) haben, das er jetzt nicht hat«, und wenn man deswegen glaubt, daß folgte »Sokrates ist jetzt nicht zwei Ellen lang und Sokrates wird morgen zwei Ellen lang sein, also wird Sokrates morgen ein Ding (in/an sich) haben, das er jetzt nicht hat«, so begeht man einen Trugschluß dieser Art. So hängt die erste Argumentationsweise davon ab, daß jede Qualität aus der dritten Art der Qualität ein Ding ist, das von der (Träger-) Substanz verschieden ist, die zweite aber ist deshalb mangelhaft, weil eine Quantität nicht von der Substanz verschieden ist[188].

Die dritte Weise ergibt sich daraus, daß man glaubt, daß irgendwelche Wörter in einer bestimmten Anordnung auch in einer anderen Anordnung dieselbe Bezeichnungsweise haben, wie wenn man so argumentierte: »Jeder Mensch ist ein Lebewesen, also ist ein Lebewesen jeder Mensch«: Denn wenn man glaubt, daß ebenso wie einer von diesen Sätzen wahr ist, so auch der andere deshalb wahr ist, weil dieselben Terme in dem einen und in dem anderen Satz vorkommen, begeht man die dritte Weise dieses Trugschlusses. – Gemäß dieser Weise sind alle Fehlschlüsse mangelhaft, in denen von einem Term in nur konfuser Supposition auf denselben Term in determinierter Supposition argumentiert wird oder in denen von einem Term in determinierter Supposition auf denselben Term in konfuser und distributiver Supposition argumentiert wird. Demnach ist die folgende Folgerung gemäß dieser Weise dieses Fehlurteils mangelhaft: »Als jeder Teil eines Kontinuums irgendein (Teil) ist kleiner, also ist irgendein (Teil) als jeder Teil kleiner«, ebenso »Als jeder Teil eines Kontinuums irgendein (Teil) ist größer, also ist irgendein (Teil) als jeder Teil größer«, ebenso »Immer

mi O arguitur] om. O confuse…stante] LOPSX om. A 21 quibus] L quo OPSX 22 et] om. LO 23 istum] tertium LO 24 huius fallaciae] LO om. A continui] con- add. L 26 aliqua[2]] est add. L est[2]] om. L

»Semper fuit aliquis homo, ergo aliquis homo fuit semper«, et sic de aliis. In his enim consequentiis arguitur a termino stante confuse tantum ad eundem stantem determinate.

Quartus modus committitur ex hoc, quod unum praedicamentum mutatur in aliud, id est ex hoc, quod sub termino distributo per distributivum unius praedicamenti accipitur terminus alterius praedicamenti. Et secundum illum modum variantur paralogismi primo mutando quid in quale, verbi gratia »Quicquid heri fuit hic intus, hodie est hic intus, sed O49vb album heri fuit hic intus, ergo album hodie est hic intus«. Possibile est, quod conclusio sit falsa praemissis existentibus veris, ut si Sortes, qui fuit heri albus, fuit hic intus, et ille idem modo sit hic intus, sed modo non sit albus, sed niger, conclusio est falsa et praemissae sunt verae. Propter quod discursus praedictus est negandus propter mutationem quid in quale, quia sub ly *quicquid*, quod est distributivum substantiae, non debebat sumi terminus connotativus, sed terminus absolutus, sicut dicendo »Sed homo fuit heri hic intus, ergo homo est hodie hic intus«, et tunc consequentia fuisset bona. Similiter peccat ille paralogismus »Quidquid est auditum a Sorte, est prolatum a Platone, sed falsum est auditum a Sorte, ergo falsum est prolatum a Platone«, conclusio est falsa et praemissae sunt verae posito, quod Plato proferat istam propositionem »Homo non est asinus« et Sortes non audiat istam negationem *non*. Similiter non sequitur »Sortes nunc non est albus et Sortes

1 et…aliis] om. L 2 de] pluribus add. O aliis] consimilibus add. O enim] om. L 4 hoc] LO eo A 5 id est] OPSX vel A om. L sub termino] superiori L 6 distributivum] A distributionem LOPSX 7 praedicamenti] LO om. A 8 primo] LOPSX om. A 9 hodie] om. O sed] LO om. A 12 si] om. O fuit[1]] L erat AO heri] om. O fuit[2]] L esset A erat O idem] om. L 13 sed[1]] et L 14 sunt] LO om. A Propter] ALOPSX hoc add. PS quod] ALOPS hoc X 15 praedictus] praemissus O propter mutationem] LOPX quia (ibi S om. A) mutatur AS 16 quod] quid L distributivum] ALOPSX praedicamenti add. LS 17 debebat] deberet L sumi] om. L 18 Sed] om. L ergo…intus] LO om. A 20 Quidquid est] LO om. A 21 sed] LO om. A a[2]] p- add. s. del. A 22 conclusio] oratio L et] om. L 23 sunt] LO om. A 25 non[2]] LO nec A Sortes[2]] om. L

war ein Mensch, also war ein Mensch immer« usw. für die anderen (hier üblichen Beispiele). In diesen Folgerungen wird nämlich von einem Term in nur konfuser Supposition auf denselben Term in determinierter Supposition argumentiert.

Die vierte Weise ergibt sich daraus, daß ein Prädikament (Kategorie) in ein anderes verändert wird, d. h. daraus, daß einem Term, der durch ein Verteilungszeichen eines bestimmten Prädikaments verteilt ist, ein Term eines anderen Prädikaments untergeordnet wird. Und gemäß dieser Weise variieren die Fehlschlüsse, erstens, indem ein Was (eine Substanz) in ein Wie (eine Qualität) verändert wird, z. B. »Alles, was gestern hier drinnen war, ist heute hier drinnen; aber ein Weißes war gestern hier drinnen; also ist ein Weißes heute hier drinnen«. Es ist möglich, daß die Konklusion falsch ist, obwohl die Prämissen wahr sind, wie wenn Sokrates, der gestern weiß war, hier drinnen war, und ebenderselbe jetzt hier drinnen ist, aber jetzt nicht weiß ist, sondern schwarz – dann ist die Konklusion falsch und die Prämissen sind wahr. Deswegen ist der vorgenannte Schluß aufgrund der Veränderung eines Was in ein Wie abzulehnen, weil dem Ausdruck »alles was«, der ein Verteilungszeichen der Substanz ist[189], kein konnotativer Term untergeordnet werden darf, sondern (nur) ein absoluter Term, wie z. B. in der Formulierung »Aber ein Mensch war gestern hier drinnen, also ist ein Mensch heute hier drinnen«, und dann wäre die Folgerung gültig gewesen. Auf ähnliche Weise ist der folgende Fehlschluß mangelhaft: »Alles, was von Sokrates gehört wurde, wurde von Platon ausgesprochen; aber ein Falsches wurde von Sokrates gehört; also wurde ein Falsches von Platon ausgesprochen« – die Konklusion ist falsch und die Prämissen sind wahr unter der Annahme, daß Platon den Satz »Ein Mensch ist nicht ein Esel« ausspricht und Sokrates die Negation »nicht« nicht hört. Ebenso folgt nicht »Sokrates ist jetzt nicht weiß und Sokrates wird morgen weiß sein, also wird Sokrates morgen etwas anderes (bzw. ein anderes Ding) sein,

cras erit albus, ergo Sortes cras erit aliud, quam modo est« propter hoc, quod ibi arguitur a quali ad quid, nihilominus bene sequitur »Sortes nunc non est albus et Sortes cras erit albus, ergo Sortes erit cras talis, qualis modo non est«.

Cap. V.7 ⟨Capitulum septimum de fallaciis extra dictionem et primo de fallacia accidentis⟩

Sequitur de fallaciis extra dictionem et primo de fallacia accidentis. Circa quam primo videndum est, quid sit fallacia accidentis, secundo, quae sit causa apparentiae et defectus bonitatis paralogismorum huius fallaciae, tertio videndum est, quot et qui sunt modi huius fallaciae.

Quantum ad primum est sciendum, quod fallacia accidentis est deceptio proveniens ex eo, quod distincta extrema propter aliquam coniunctionem eorum cum aliquo tertio creduntur coniungi inter se. Et hoc est tam ex parte terminorum mentalium quam vocalium et scriptorum, propter quod fallacia accidentis vocatur fallacia extra dictionem, quia si nulla essent signa ad placitum instituta, adhuc haec fallacia haberet fieri, quia posset fieri in terminis mentalibus, et sicut prius dicebatur, tales fallaciae dicuntur extra dictionem. Verbi gratia »Omnis homo est animal, omnis asinus est animal, ergo omnis asinus est homo«, si propter hoc, quod ille terminus *animal* est verificabilis de illo termino *homo* et similiter de illo termino

19 prius] Cf. Cap. V.1.

1 cras[2]] om. L aliud] ALPSX om. O quam] APX quod LOS modo] ALOPSX non add. LOPS 2 ibi] LO om. A 4 est] sequitur ergo de fallacia extra dictionem add. L 7 fallaciis] fallacia O accidentis] LO accentus A 8 accidentis] LO accentus A 9 secundo] et L quae] L quid A quod O sit] LO om. A bonitatis] om. O 10 tertio…fallaciae] om. O videndum est] L om. A 11 sunt] sint L 12 Quantum ad] Circa L est] L om. AO accidentis] LO accentus A 14 aliquam] LO om. A eorum] om. LO cum] in LO 15 hoc] haec L tam add. O est] LO om. A mentalium] vocalium L 16 quam] OPS om. ALX vocalium] mentalium L et] AL quam S quod] hoc LO 17 si] LO om.

als er jetzt ist«, und zwar deswegen (nicht), weil dort von einem Wie (einer Qualität) auf ein Was (eine Substanz) argumentiert wird; nichtsdestoweniger folgt sehr wohl »Sokrates ist jetzt nicht weiß und Sokrates wird morgen weiß sein, also wird Sokrates morgen so sein, wie er jetzt nicht ist«.

Kapitel V.7:
Die sprachunabhängigen Trugschlüsse und erstens der Trugschluß des Akzidens

Es folgt (die Abhandlung) über die sprachunabhängigen Trugschlüsse und erstens (das Kapitel) über den Trugschluß des Akzidens. Diesbezüglich ist erstens zu untersuchen, was das Fehlurteil des Akzidens ist, zweitens, was die Ursache des Anscheins von und des Mangels an Gültigkeit der Fehlschlüsse dieses Fehlurteils ist, drittens ist zu untersuchen, wie viele und welche Weisen dieses Fehlurteils es gibt.

Was das erste anbelangt, so muß man wissen, daß das Fehlurteil des Akzidens eine Täuschung ist, die daraus hervorgeht, daß man glaubt, daß getrennte Satzglieder aufgrund irgendeiner Verbindung von ihnen mit einem dritten (Term) sich auch untereinander vereinigen. Und das ist sowohl auf der Ebene der mentalen Terme als auch auf der (Ebene) der gesprochenen und geschriebenen Terme der Fall, weswegen das Fehlurteil des Akzidens »sprachunabhängiges Fehlurteil« heißt, denn auch wenn es keine konventional eingesetzten Zeichen gäbe, könnte es dieses Fehlurteil noch immer geben[190], weil es mit mentalen Termen gemacht werden könnte; und wie schon früher gesagt wurde, werden solche Fehlurteile »außerhalb des Wortes (sprachunabhängig)« genannt. Z. B. »Jeder Mensch ist ein Lebewesen, jeder Esel ist ein Lebewesen, also ist jeder Esel

A essent] esset L 18 signa] significatio L instituta] om. L haec fallacia] LO om. A 19 posset] potest L et] om. L 20 fallaciae] om. O Verbi gratia] om. LO 21 omnis[1]] om. L est[2]] om. L asinus[2]] LOPS homo AX 22 est[1]] om. L homo] LOPS asinus AX si] scilicet L

asinus, creditur ergo, quod ille terminus *homo* et ille terminus *asinus* de se invicem verificentur, est fallacia accidentis. Aliud exemplum »Homo est alter a Corisco, Coriscus est homo, ergo A49va Coriscus est alter a Corisco«. Aliud exemplum »Ab homine Coriscus est alter, Coriscus est homo, ergo a Corisco Coriscus est alter«.

Quantum ad secundum est sciendum, quod causa apparentiae huiusmodi paralogismorum est coniunctio aliquorum duorum extremorum in aliquo tertio, hoc enim est causa, quare decipimur per paralogismos huius fallaciae, quia cum videmus unum terminum praedicari de alio affirmative vel negative, credimus, quod quicquid praedicatur de uno, praedicetur de alio, vel de quocumque praedicatur unus eorum, de eodem praedicetur et reliquus. Causa autem defectus seu non existentiae bonitatis paralogismorum huius fallaciae est, quia quamvis unus terminus verificetur de alio, non est necesse, quod quicquid verificatur de uno eorum, quod hoc etiam verificetur de reliquo, vel non est necesse eodem modo dici de reliquo, quo unus eorum dicitur de alio.

Quantum ad tertium est sciendum, quod duo sunt modi huius fallaciae. Primus modus est ex eo, quod quando aliqui duo termini subiciuntur in praemissis respectu unius medii,

1 creditur] LO credatur A quod? add. A 2 verificentur] LO verificantur? A et add. L 3 alter] aliud O Corisco] L Corusco AO Coriscus] L Choruscus A Coruscus O 4 Coriscus] L Coruscus AO alter] aliud O Corisco] L Chorusco A Corusco O Aliud…alter] om. O 5 Coriscus[1]] L Choruscus A Coriscus[2]] L Coruscus A Corisco] L Chorusco A Coriscus[3]] L Choruscus A 7 est] L om. AO sciendum] sciendum est add. L 8 huiusmodi] om. LO paralogismorum] huius fallaciae add. LO est] est add. O coniunctio] LO coniuncto! A aliquorum] LO om. A 9 extremorum] om. LO hoc] haec LO 10 decipimur] O decipitur A decipiunt L cum] quando L 12 praedicetur] LO praedicatur A 13 unus] LO unum A eodem] LO illo A 14 praedicetur] L praedicatur AO et] L om. AO reliquus] L reliquum A alius O seu] vel L causa add. L seu…fallaciae] om. O non existentiae] trsp. L 15 huius fallaciae] L om. A quia] om. L 16 verificetur] LO verificatur A 17 verificatur] LO praedicatur A eorum] O illorum AL quod…etiam] LO om. A verificetur] LO verificatur A 18 reliquo[1]] alio LO vel…alio] *Corruptum esse videtur, sed vide secundam*

ein Mensch«: Wenn aufgrund dessen, daß der Term »Lebewesen« vom Term »Mensch« und ebenso vom Term »Esel« verifizierbar ist, geglaubt wird, daß der Term »Mensch« und der Term »Esel« voneinander verifiziert würden, so ist das ein Fehlurteil des Akzidens. Ein anderes Beispiel: »Ein Mensch ist von Koriskus verschieden, Koriskus ist ein Mensch, also ist Koriskus von Koriskus verschieden«. Ein anderes Beispiel: »Von einem Menschen ist Koriskus verschieden, Koriskus ist ein Mensch, also: Von Koriskus ist Koriskus verschieden«.

Was das zweite anbelangt, so muß man wissen, daß die Ursache des Anscheins derartiger Fehlschlüsse die Verbindung irgendwelcher zwei Satzglieder mit irgendeinem dritten (Term) ist, das ist nämlich der Grund, weshalb wir durch die Fehlschlüsse dieses Fehlurteils getäuscht werden. Denn wenn wir sehen, daß ein Term von einem anderen bejahend oder verneinend ausgesagt wird, glauben wir, daß alles was von dem einen ausgesagt wird, auch vom anderen ausgesagt werde, oder wovon immer der eine von ihnen ausgesagt wird, davon auch der andere ausgesagt werde. Die Ursache des Mangels an bzw. des Nichtbestehens der Gültigkeit der Fehlschlüsse dieses Fehlurteils hingegen liegt darin, daß obwohl ein Term von einem anderen verifiziert wird, es nicht der Fall sein muß, daß alles was von dem einen von ihnen verifiziert wird, dies auch vom anderen verifiziert wird, oder es nicht der Fall sein muß, daß von allem, wovon der eine von ihnen ausgesagt wird, auch der andere ausgesagt wird[191].

Was das dritte anbelangt, so ist festzuhalten, daß es zwei Weisen dieses Fehlurteils gibt. Die erste Weise ergibt sich daraus, daß wenn irgendwelche zwei Terme in den Prämissen hinsichtlich eines Mittelterms an Subjektstelle stehen, man

partem causae apparentiae! Z eodem modo] ALOPSX om. E64v quo add. s. del. S reliquo²] AE64vLOPS alio X quo] PX quomodo ALS licet E64v aut O 19 unus eorum] ALOPSX om. E64v dicitur] LOPX dicatur AE64vS alio] AE64vLOS altero PX 20 est] L om. AO 21 modus] O om. AL ex…quod] LO om. A aliqui…termini] L aliqua duo AO

creduntur propter hoc de se invicem praedicari in conclusione. Et paralogismi peccantes penes istum modum sunt omnes in secunda figura, sed in nullo modo secundae figurae, et possunt etiam esse in prima figura per conversionem minoris simplici- O50ra ter. Verbi gratia, sicut prius arguebatur »Omnis homo est animal, omnis asinus est animal, ergo omnis asinus est homo«, iste paralogismus est in secunda figura, sed non in aliquo modo secundae figurae. Aliud exemplum est »Homo est alter a Corisco, Coriscus est homo, ergo Coriscus est alter a Corisco«, hic paralogismus est in prima figura, sed non in aliquo modo primae figurae, et potest fieri in secunda figura per conversionem simplicem, ut si arguatur sic convertendo maiorem simpliciter »Alter a Corisco est homo, Coriscus est homo, ergo Coriscus est alter a Corisco«, hic arguitur in secunda figura, sed non in aliquo modo secundae figurae.

Et sciendum, quod penes istum modum fallaciae accidentis peccant omnes coniugationes inutiles uniformes, de quibus Aristoteles locutus est in primo *Priorum*. Notandum est secundo, quod pro diversis paralogismis huius fallaciae huius primi modi oportet alias et alias regulas assignari. Unde hic est fallacia accidentis »Veniens cognoscitur a te, Coriscus est veniens, ergo Coriscus cognoscitur a te«, hic est paralogismus primi modi huius fallaciae, et ex praemissis non sequitur conclusio formaliter per illam regulam »Maiore existente indefi-

18 Aristoteles] Aristoteles, Analytica priora, I.4–7, 25b26–29b28, praecipue Cap. 7, 29a19ss.

1 praedicari] verificari O 2 Et] LO om. A penes] contra O 3 et] LO om. A 4 per] propter LO 5 arguebatur] L om. AO 6 omnis[1]...homo] LO etc. A 7 paralogismus] LO syllogismus A 8 est[1]] om. LO Corisco] L Chorusco A Corusco O 9 Coriscus[1]] L Coruscus O Coriscus[1]...Corisco] LO etc. A Coriscus[2]] L Coruscus O Corisco] L Corusco O 10 sed] et L 11 per] propter O 12 arguatur] arguitur O sic] om. L simpliciter] LO om. A 13 Corisco] L Chorusco A Corusco O Coriscus[1]] L Choruscus A Coruscus O Coriscus[2]] L Choruscus A Coruscus O 14 Corisco] L Chorusco A Corusco O sed] et LO 15 secundae figurae] L om. AO 17 uniformes] LO om. A 18 Notandum] sciendum L est[2]] O om. AL 19 pro] om. O huius[2]] om. LO 20 assignari]

deshalb glaubt, daß sie in der Konklusion voneinander ausgesagt werden. Und die Fehlschlüsse, die gemäß dieser Weise mangelhaft sind, sind alle in der zweiten Figur, aber in keinem Modus der zweiten Figur; und sie können durch einfache Umkehrung der kleineren Prämisse auch in der ersten Figur sein. Z. B., wie schon oben argumentiert wurde: »Jeder Mensch ist ein Lebewesen, jeder Esel ist ein Lebewesen, also ist jeder Esel ein Mensch« – dieser Fehlschluß ist in der zweiten Figur, aber in keinem Modus der zweiten Figur. Ein anderes Beispiel lautet: »Ein Mensch ist verschieden von Koriskus, Koriskus ist ein Mensch, also ist Koriskus verschieden von Koriskus« – dieser Fehlschluß ist in der ersten Figur, aber in keinem Modus der ersten Figur; und er kann durch einfache Umkehrung auch in der zweiten Figur gemacht werden, wie wenn man mit einfacher Umkehrung der größeren Prämisse so argumentierte: »Verschieden von Koriskus ist ein Mensch, Koriskus ist ein Mensch, also ist Koriskus verschieden von Koriskus« – hier wird in der zweiten Figur argumentiert, aber in keinem Modus der zweiten Figur.

Festzuhalten ist, daß gemäß dieser Weise des Fehlurteils des Akzidens alle gleichförmigen unbrauchbaren Verbindungen mangelhaft sind, von denen Aristoteles im ersten Buch der *Ersten (Analytiken)* gesprochen hat. Zweitens ist anzumerken, daß man für die verschiedenen Fehlschlüsse dieses Fehlurteils gemäß dieser ersten Weise je andere Regeln angeben muß. So liegt hier ein Fehlurteil des Akzidens vor: »Der Herankommende wird von dir gekannt, Koriskus ist der Herankommende, also wird Koriskus von dir gekannt« – hier liegt ein Fehlschluß der ersten Weise dieses Fehlurteils vor, und aus den Prämissen folgt die Konklusion nicht formal, gemäß der Regel »Wenn die größere Prämisse indefinit oder partikulär ist, folgt in der ersten Figur die Konklusion nicht formal aus den Prä-

LOPSX assignare A 21 Coriscus] L Choruscus A Coruscus O 22 Coriscus] L Choruscus A Coruscus O hic...paralogismus] ex paralogismo L 24 indefinita] LO indefinite A

nita vel particulari in prima figura non sequitur conclusio formaliter ex praemissis«. Unde si in praedicto paralogismo maior esset universalis, forma arguendi esset bona, ut si sic argueretur »Omnis veniens cognoscitur a te, Coriscus est veniens, ergo Coriscus cognoscitur a te«. Sed pro defectu istius paralogismi »Omnis homo est animal, omnis asinus est animal, ergo omnis asinus est homo« oportet aliam regulam assignare, videlicet »Ex praemissis puris affirmativis in secunda figura non sequitur conclusio«. Et ita pro diversis oportet dare diversas regulas, sine quibus regulis non potest sciri universaliter, quando est fallacia accidentis et quando non.

Secundus modus huius fallaciae committitur ex eo, quod quando duo praedicata praedicantur de aliquo divisim in praemissis, creduntur propter hoc de eodem debere praedicari coniunctim, sicut hic »Ille canis est tuus, ille canis est pater, ergo ille canis est tuus pater«. Et non tantum contingit sic arguere affirmative, verum etiam negative, unde hic est fallacia accidentis »Ille non est albus, ille est monachus, ergo ille non est albus monachus«, similiter »Hoc non est tuum, hoc est opus, ergo hoc non est tuum opus«.

Et sciendum est, quod non semper, quando sic arguitur, est fallacia accidentis, verbi gratia, bene enim sequitur »Ille homo est animal, ille homo est albus, ergo ille homo est album animal«, similiter bene sequitur »Sortes est rationalis, Sortes est animal, ergo Sortes est animal rationale«. In istis enim non est

1 non] nihil! L 3 arguendi] LO om. A ut] similiter? add. s. del. O 4 Coriscus] L Coruscus AO 5 Coriscus] L Coruscus O Coriscus…te] LO etc. A pro defectu] propter defectum L 7 omnis…homo] etc. L regulam] primam! L assignare] A assignari LOPSX 8 videlicet] quod add. L praemissis] om. LO puris] LO om. A 9 non] nihil LO conclusio] om. LO 10 sciri] LO scire A universaliter] AS virtualiter LPX uniter! O 12 ex] LO om. A 13 de aliquo] LO om. A 14 debere] LOPSX om. A 15 Ille] LO iste A canis[1]] canus! L tuus] et add. L 16 tuus pater] LOP trsp. ASX tantum] L tamen AO 17 arguere] om. L hic] sic L 18 albus] et add. O ille[1]] non add. A ille[2]] om. O 19 similiter] LOPX om. S similiter…opus[2]] LOPSX om. A tuum] LOPSX opus add. S et add. X hoc] LOPSX opus add. L est[3]] LOPS om. X 20 opus[1]] OPSX tuum L tuum opus] LOX trsp. P opus S 21 Et] om. LO est[1]] LO om. A 22 verbi] vera! L

missen«. Denn wenn im vorgenannten Fehlschluß die größere Prämisse universal wäre, wäre die Argumentationsform gültig, wie wenn man so argumentierte: »Jeder Herankommende wird von dir gekannt, Koriskus ist ein Herankommender, also wird Koriskus von dir gekannt«. – Aber bezüglich des Mangels des Fehlschlusses »Jeder Mensch ist ein Lebewesen, jeder Esel ist ein Lebewesen, also ist jeder Esel ein Mensch« muß man eine andere Regel angeben, nämlich »Aus lauter bejahenden Prämissen folgt in der zweiten Figur keine Konklusion«. – Und somit muß man für verschiedene (Fehlschlüsse) verschiedene Regeln angeben, ohne welche Regeln man nicht allgemein wissen kann, wann ein Fehlurteil des Akzidens vorliegt und wann nicht.

Die zweite Weise dieses Fehlurteils ergibt sich daraus, daß wenn zwei Prädikate von irgendeinem (Term) in den Prämissen getrennt ausgesagt werden, man deshalb glaubt, daß sie von demselben verknüpft ausgesagt werden müssen, wie z. B. hier »Dieser Hund ist deiner, dieser Hund ist ein Vater, also ist dieser Hund dein Vater«. Und so kann man nicht nur bejahend argumentieren, sondern auch verneinend, denn hier liegt ein Fehlurteil des Akzidens vor: »Dieser ist nicht weiß, dieser ist ein Mönch, also ist dieser kein weißer Mönch (d. h. kein Zisterzienser)«, ebenso »Dies ist nicht deines, dies ist ein Werk, also ist dies nicht dein Werk«.

Und festzuhalten ist, daß nicht immer, wenn so argumentiert wird, ein Fehlurteil des Akzidens vorliegt, z. B. folgt nämlich sehr wohl »Dieser Mensch ist ein Lebewesen, dieser Mensch ist weiß, also ist dieser Mensch ein weißes Lebewesen«, ebenso folgt sehr wohl »Sokrates ist vernunftbegabt, Sokrates ist ein Lebewesen, also ist Sokrates ein vernunftbegabtes Lebewesen«. In diesen (Syllogismen) nämlich liegt kein Fehlurteil des

homo] om. L 23 homo est[1]] trsp. L homo[2]] om. L album animal] ALS trsp. OPX 24 similiter] etiam add. L bene] LO om. A est[2]] ratio- add. s. del. A

fallacia accidentis, et ideo ad cognoscendum, quando est fallacia accidentis et quando non, oportet cognoscere, in quibus praedicatis liceat ex divisis inferre coniunctum, et an talis oratio, quae sic infertur, sit propria. Unde quando oratio esset impropria, accideret fallacia accidentis, sicut hic »Sortes est homo, Sortes est animal, ergo Sortes est homo animal«.

A49vb Sciendum, quod si aliquis crederet istum paralogismum esse bonum »Ille canis est pater, ille canis est tuus, ergo ille canis est pater tuus« propter hoc, quod hic discursus est bonus »Ille L49rb homo est animal, ille homo est rationalis, ergo ille homo est animal rationale«, deciperetur per fallaciam figurae dictionis. Sed si aliquis crederet discursum praedictum esse bonum propter hoc, quod aliqua duo praedicata, quae verificantur de O50rb aliquo divisim, deberent de eodem verificari coniunctim, deciperetur per fallaciam accidentis. Ex quo infero, quod idem paralogismus potest peccare penes fallaciam figurae dictionis et penes fallaciam accidentis et etiam penes alias fallacias, tamen propter diversas causas apparentiae, propter quas praedictus discursus potest apparere esse bonus.

Cap. V.8 ⟨Capitulum octavum de fallacia consequentis⟩

Sequitur de fallacia consequentis. Circa quam videndum est primo, quid sit fallacia consequentis, secundo videndum est, quae sit causa apparentiae et defectus bonitatis paralogismo-

1 est] contingit LO 3 praedicatis] praedicamentis O ex divisis] LO om. A coniunctum] L coniunctim AOPSX et] LO om. A 4 sic] LO om. A oratio[2]] om. LO esset] LO sit A 8 ille[2]…tuus] LO etc. A 9 hoc] om. L discursus] Z om. A paralogismus LOPSX 11 deciperetur] S decipitur A deciperetur…fallaciam] fieret fallacia LO 12 crederet] LO diceret A discursum] paralogismum L 13 hoc] LO om. A aliqua] LO om. A quae] om. LO verificantur] L verificatur A verificarentur O 14 de] al- add. s. del. O 16 paralogismus] discursus LO peccare] accidere LO penes] circa LO 17 penes[1]] om. O fallacias] om. LO 18 tamen] om. L 19 esse] O om. AL bonus] sequitur de fallacia consequentis add. L 21 Circa quam] et O videndum] LO sciendum A 22 fallacia conse-

Akzidens vor, und deshalb muß man zur Feststellung, wann ein Fehlurteil des Akzidens vorliegt und wann nicht, prüfen, bei welchen Prädikaten es zulässig ist, aus den getrennten Termen den verknüpften Ausdruck zu folgern, und ob eine solche Ausdrucksfolge, die auf diese Weise gefolgert wird, passend ist. Denn wenn die Ausdrucksfolge unpassend wäre, ergäbe sich ein Fehlurteil des Akzidens, wie z. B. hier: »Sokrates ist ein Mensch, Sokrates ist ein Lebewesen, also ist Sokrates ein Mensch Lebewesen«.

Festzuhalten ist, daß wenn jemand glaubte, daß der Fehlschluß »Dieser Hund ist ein Vater, dieser Hund ist deiner, also ist dieser Hund dein Vater« deswegen gültig sei, weil dieser Schluß gültig ist: »Dieser Mensch ist ein Lebewesen, dieser Mensch ist vernunftbegabt, also ist dieser Mensch ein vernunftbegabtes Lebewesen«, so würde er durch ein Fehlurteil der Wortgestalt getäuscht. Aber wenn jemand glaubte, daß der vorgenannte Schluß deshalb gültig sei, weil irgendwelche zwei Prädikate, die von irgendeinem (Term) getrennt verifiziert werden, von demselben (Term) verknüpft verifiziert werden müßten, so würde er durch ein Fehlurteil des Akzidens getäuscht. – Daraus folgere ich, daß derselbe Fehlschluß gemäß dem Fehlurteil der Wortgestalt und gemäß dem Fehlurteil des Akzidens sowie (gegebenenfalls) auch gemäß anderen Fehlurteilen mangelhaft sein kann, jedoch gemäß verschiedenen Ursachen des Anscheins, aufgrund welcher der betreffende Schluß als gültig erscheinen kann.

Kapitel V.8: *Der Trugschluß des Nachfolgenden*

Es folgt (das Kapitel) über den Trugschluß des Nachfolgenden. Diesbezüglich ist erstens zu untersuchen, was das Fehlurteil des Nachfolgenden ist, zweitens ist zu untersuchen, was die Ursache des Anscheins von und des Mangels an Gültigkeit der

quentis] L om. AO videndum est] O om. AL 23 quae] O quid AL sit] LO om. A bonitatis] om. LO

rum huius fallaciae, tertio videndum est, quot et qui sunt modi huius fallaciae.

Quantum ad primum sciendum est, quod fallacia consequentis est deceptio proveniens ex identitate apparenti antecedentis et consequentis. Unde quando creditur, quod antecedens sequatur ad consequens, sicut consequens sequitur ad antecedens, tunc committitur fallacia consequentis.

Quantum ad secundum sciendum est, quod causa apparentiae paralogismorum huius fallaciae est apparens identitas antecedentis et consequentis, propter enim apparentem identitatem antecedentis et consequentis creditur, quod sicut consequens sequitur ad antecedens, quod sic e converso antecedens sequatur ad consequens. Causa autem defectus est diversitas eorundem, et ergo in ista fallacia requiritur una bona consequentia et una mala, quae tamen apparet esse bona. Et sic ista fallacia provenit ex eo, quod credimus aliquam consequentiam converti, quae tamen non convertitur.

Quantum ad tertium sciendum est, quod tres sunt modi huius fallaciae. Primus contingit, quando arguitur a positione consequentis ad positionem antecedentis, ut si quis argueret sic »Animal est, ergo homo est« vel sic »Omnis homo currit, ergo omne animal currit«. In istis enim est fallacia consequentis primi modi, quia arguitur a positione consequentis ad positionem antecedentis, nam animal esse est consequens ad hominem esse, ergo quando arguitur »Animal est, ergo homo est«,

1 videndum est] LO om. A sunt] sint L 2 huius fallaciae] LO om. A 3 est] L om. AO 4 apparenti] apparente L 6 sequitur] om. LO 7 tunc] O om. AL committitur] huiusmodi add. LO consequentis] om. LO 8 Quantum... secundum] secundo O est] O om. AL 9 paralogismorum] syllogismorum O huius fallaciae] om. O 10 enim] om. LO 11 consequentis] et consequenter add. O 12 quod] non add. L e converso] om. L etiam O antecedens[2]] consequens O 13 sequatur] sequitur O consequens] antecedens O 14 eorundem] O earundem AL verbi gratia add. L requiritur] quod add. O 15 ista] iste! O 16 ex...quod] LOPSX quando cum! A aliquam] LO om. A 17 tamen] LO om. A 18 est] L om. AO 20 argueret] arguet L sic] L om. AO 21 vel sic] LO et si quis argueret A 23 consequentis] antecedentis L 24 antecedentis]

Fehlschlüsse dieses Fehlurteils ist, drittens ist zu untersuchen, wie viele und welche Weisen dieses Fehlurteils es gibt.

Was das erste anbelangt, so muß man wissen, daß das Fehlurteil des Nachfolgenden eine Täuschung ist, die aus der scheinbaren Identität eines Vordersatzes und eines Nachsatzes hervorgeht. Denn wenn man glaubt, daß ein Vordersatz aus dem Nachsatz ebenso folge, wie der Nachsatz aus dem Vordersatz folgt, dann begeht man ein Fehlurteil des Nachfolgenden.

Was das zweite anbelangt, so muß man wissen, daß die Ursache des Anscheins der Fehlschlüsse dieses Fehlurteils die scheinbare Identität eines Vordersatzes und eines Nachsatzes ist; wegen der scheinbaren Identität eines Vordersatzes und eines Nachsatzes glaubt man nämlich, daß ebenso wie der Nachsatz aus dem Vordersatz folgt, auch umgekehrt der Vordersatz aus dem Nachsatz folge. Die Ursache des Mangels aber ist die Verschiedenheit derselben, und folglich ist bei diesem Fehlurteil eine gültige und eine ungültige Folgerung erforderlich, welch letztere jedoch gültig zu sein scheint. Und somit geht dieses Fehlurteil daraus hervor, daß wir glauben, daß irgendeine Folgerung sich umkehren läßt, die sich jedoch nicht umkehren läßt.

Was das dritte anbelangt, so muß man wissen, daß es drei Weisen dieses Fehlurteils gibt: Die erste liegt vor, wenn man von der Setzung (Bejahung) des Nachsatzes auf die Setzung des Vordersatzes argumentiert, wie wenn jemand folgendermaßen argumentierte »Ein Lebewesen ist, also ist ein Mensch« oder folgendermaßen »Jeder Mensch läuft, also läuft jedes Lebewesen«. In diesen (Folgerungen) liegt nämlich ein Fehlurteil des Nachfolgenden der ersten Weise vor, weil von der Setzung des Nachsatzes auf die Setzung des Vordersatzes argumentiert wird, denn *daß ein Lebewesen ist* folgt aus *daß ein Mensch ist*; wenn man also argumentiert »Ein Lebewesen

consequentis L nam] omne add. O nam…antecedentis] om. L 25 esse] om. O ergo[1]] ideo O Animal] homo O homo] animal O

arguitur a positione consequentis ad positionem antecedentis. Et similiter omnem hominem currere est consequens ad omne animal currere, ergo quando arguitur »Omnis homo currit, ergo omne animal currit«, arguitur a positione consequentis ad positionem antecedentis. Similiter, quando arguitur ab inferiori distributo ad superius distributum affirmative, committitur huiusmodi fallacia in primo modo, sicut hic »Omnis homo currit, ergo omne animal currit«. Similiter, quando arguitur a superiori non distributo ad inferius distributum affirmative, committitur huiusmodi fallacia, sicut hic »Animal currit, ergo omnis homo currit«. Similiter, quando arguitur a termino stante confuse tantum ad consimilem stantem determinate, committitur primus modus huius fallaciae, sicut hic »Omnis homo est animal, ergo animal est omnis homo«, sequitur enim bene e converso »Animal est omnis homo, ergo omnis homo est animal«.

Penes istum modum peccant tales consequentiae »Omni parte continui est aliqua pars continui maior, ergo aliqua pars continui est omni parte continui maior«, bene enim sequitur e converso. Similiter »Inter omne instans futurum et hoc instans praesens erit aliquod tempus medium, ergo aliquod tempus medium erit inter hoc instans praesens et omne instans futurum«, sequitur enim bene e converso. Et in omnibus istis consequentiis praedicatum in antecedente supponit confuse tantum, quia sequitur signum universale affirmativum mediate, et

1 a positione] ad positionem O ad positionem] a positione *post corr.* O 2 Et] om. LO est consequens] SX om. A est antecedens LOP 3 ergo] om. L Omnis…currit] om. O 4 consequentis] antecedentis L 5 antecedentis] consequentis L ad add. s. del. A ab…distributo] LO ad superius distributum A 6 ad…distributum] LO a inferiori distributo A 7 huiusmodi] huius O in…modo] et primus modus huius fallaciae LO 8 Similiter] etiam LO 9 non] cum! L affirmative] om. LO 10 huiusmodi] L hic A huius O 12 ad] et L consimilem] eundem O stantem] statem! O 14 sequitur] LO similiter A 15 bene] sequitur add. A omnis[1]] om. LO 18 continui[2]] om. LO 19 est] maior add. O omni] aliqua L continui add. s. del. O continui[2]] est add. A 20 instans[1]] tempus O et…praesens] om. O 21 aliquod[1]] aliud L aliquod[2]] aliud L 22 instans[1]] tempus O instans[2]] tempus O 23 Et] om. LO 24 prae-

ist, also ist ein Mensch«, argumentiert man von der Setzung des Nachsatzes auf die Setzung des Vordersatzes. Und ebenso folgt *daß jeder Mensch läuft* aus *daß jedes Lebewesen läuft*, wenn man also argumentiert »Jeder Mensch läuft, also läuft jedes Lebewesen«, argumentiert man von der Setzung des Nachsatzes auf die Setzung des Vordersatzes. Ebenso begeht man ein derartiges Fehlurteil gemäß der ersten Weise, wenn man von einem verteilten untergeordneten Term auf den verteilten übergeordneten Term bejahend argumentiert, wie z. B. hier »Jeder Mensch läuft, also läuft jedes Lebewesen«. Ebenso begeht man ein derartiges Fehlurteil, wenn man von einem nicht verteilten übergeordneten Term auf einen verteilten untergeordneten Term bejahend argumentiert, wie z. B. hier »(Ein) Lebewesen läuft, also läuft jeder Mensch«. Ebenso begeht man die erste Weise dieses Fehlurteils, wenn man von einem Term in nur konfuser Supposition auf den gleichen Term in determinierter Supposition argumentiert, wie z. B. hier »Jeder Mensch ist ein Lebewesen, also ist ein Lebewesen jeder Mensch«; es folgt nämlich sehr wohl umgekehrt »Ein Lebewesen ist jeder Mensch, also ist jeder Mensch ein Lebewesen«.

Gemäß dieser Weise sind die folgenden Folgerungen mangelhaft: »Als jeder Teil eines Kontinuums ist irgendein Teil dieses Kontinuums größer, also ist irgendein Teil des Kontinuums als jeder Teil des Kontinuums größer«, es folgt nämlich sehr wohl umgekehrt. Ebenso »Zwischen jedem zukünftigen Zeitpunkt und dem gegenwärtigen Zeitpunkt wird es eine Zwischen-Zeit(spanne) geben, also wird es eine Zwischen-Zeitspanne zwischen dem gegenwärtigen Zeitpunkt und jedem zukünftigen Zeitpunkt geben«, es folgt nämlich sehr wohl umgekehrt. Und in allen diesen Folgerungen supponiert das Prädikat im Vordersatz nur konfus, weil es einem bejahenden Universalzei-

dicatum] A subiectum LOPSX in antecedente] antecedentis LO 25 mediate] AOPSX immediate L

in consequente stat determinate, quia nullum syncategorema praecedit confusivum. Similiter hic »Omnem asinum videt homo, ergo homo videt omnem asinum« committitur huius O50va fallaciae primus modus, bene enim sequitur e converso. Unde supposito, quod unus homo videat unum asinum et unus alius homo videat unum alium asinum et sic de aliis, verum est, quod omnem asinum videt homo, et tamen falsum est, quod A50ra homo videat omnem asinum, eo quod nullus homo videt omnem asinum.

Secundus modus huius fallaciae contingit, quando arguitur a destructione antecedentis ad destructionem consequentis, verbi gratia »Nullus homo currit, ergo nullum animal currit«, similiter »Asinus non est homo, ergo asinus non est animal«. Ad secundum modum reducuntur omnes paralogismi, in quibus arguitur ab inferiori ad superius negative, sicut hic »Sortes differt a Platone, ergo Sortes differt ab homine« et consimiles. Penes istum modum peccat paralogismus Melissi, quo voluit probare mundum non habere principium, arguebat enim sic »Omne factum habet principium, ergo quod non est factum, non habet principium«, ecce hic arguitur a destructione seu negatione antecedentis ad destructionem consequentis. Et tunc arguebat ultra »Quod non est factum, non habet principium, sed mundus non est factus, ergo mundus non habet principium«, maior est falsa, et si probat, sicut probavit »Quod est factum, habet principium, ergo quod non est factum, non habet principium«, negatur consequentia, committitur enim

17 Melissi] Apud Aristotelem, De sophisticis elenchis, Cap. 6, 168b35–40; Cap. 28, 181a27–30.

1 stat] LO om. A quia] om. L 2 praecedit] APSX est ibi L sequitur O 4 enim] om. O Unde] om. L 5 videat] videret L videt O 6 videat] videret L unum] O om. AL est] esset LO 7 videt] videret L 10 contingit] est LO 11 destructione] OPSX distributione AL destructionem] OPSX distributionem AL 12 similiter] L om. AO 13 asinus] om. O Ad…modum] LO et illo modo A 14 secundum] L istum O 15 hic] LO om. A 16 Sortes] om. L 17 quo] qui L 20 ecce] om. LO hic arguitur] LO om. A destructione…negatione] LOPSX distributione A 21 antecedentis] om. O destructionem] LOPSX distributio-

chen mittelbar folgt, und im Nachsatz supponiert es determiniert, weil kein konfus verteilendes Synkategorema vorangeht. Ebenso wird hier »Jeden Esel sieht ein Mensch, also sieht ein Mensch jeden Esel« die erste Weise dieses Fehlurteils begangen, es folgt nämlich sehr wohl umgekehrt. Denn angenommen, daß ein Mensch einen Esel sehe und ein anderer Mensch einen anderen Esel sehe usw. für die anderen (Menschen und Esel), so ist es wahr, daß jeden Esel ein Mensch sieht, und dennoch ist es falsch, daß ein Mensch jeden Esel sehe, weil kein Mensch jeden Esel sieht.

Die zweite Weise dieses Fehlurteils ergibt sich, wenn man von der Vernichtung (Verneinung) des Vordersatzes auf die Verneinung des Nachsatzes argumentiert, z. B. »Kein Mensch läuft, also läuft kein Lebewesen«, ebenso »Ein Esel ist kein Mensch, also ist ein Esel kein Lebewesen«. Auf die zweite Weise werden alle Fehlschlüsse zurückgeführt, in denen verneinend von einem untergeordneten Term auf den übergeordneten Term argumentiert wird, wie z. B. hier »Sokrates unterscheidet sich von Platon, also unterscheidet sich Sokrates von einem Menschen« u. ä. Gemäß dieser Weise ist der Fehlschluß des Melissos mangelhaft, mit dem er beweisen wollte, daß die Welt keinen Anfang habe[192]; er argumentierte nämlich so: »Jedes Entstandene hat einen Anfang, also hat etwas, das nicht entstanden ist, keinen Anfang« – siehe, hier wird von der Vernichtung bzw. Verneinung des Vordersatzes auf die Verneinung des Nachsatzes argumentiert. Und dann argumentierte er weiter »Was nicht entstanden ist, hat keinen Anfang, aber die Welt ist nicht entstanden, also hat die Welt keinen Anfang« – die größere Prämisse ist falsch, und wenn er sie beweist, wie er sie bewiesen hat, (nämlich) »Was entstanden ist, hat einen Anfang, also: Was nicht entstanden ist, hat keinen Anfang«, so wird die Folgerung abgelehnt, es wird nämlich ein Fehlurteil

nem A seu negationem add. S consequentis] negative add. A 23 sed] om. O mundus[2]] om. L 24 si] sic L Quod] non add. s. del. O 26 consequentia] quia add. LO enim] om. LO

fallacia consequentis, eo quod arguitur a negatione antecedentis ad negationem consequentis.

Tertius modus huius fallaciae contingit ex eo, quod arguitur a singularibus non sufficienter enumeratis ad universalem, vel ex eo, quod arguitur a propositionibus indefinitis alicuius universalis sufficienter enumeratis ad illam universalem. Exemplum primi, sicut si argueretur »Sortes habet pedes, Brunellus habet pedes«, et sic semper sumendo unum animal de una specie animalis, »Ergo omne animal habet pedes«. Exemplum secundi »Bos fuit in arca Noe, capra fuit in arca Noe, homo fuit in arca Noe«, et sic de aliis speciebus animalis, »Ergo
L49va omne animal fuit in arca Noe«.

Ad illum modum reducuntur omnes paralogismi, ubi arguitur a propositione, quae habet duas causas veritatis, ad illam, quae non habet nisi unam causam veritatis. Et per hoc solvitur hoc sophisma »Tu continue comedis ferrum«. Probatur: »Tu non desinis comedere ferrum, ergo tu continue comedis ferrum«. Negatur consequentia, quia antecedens habet duas causas veritatis, videlicet, quia vel numquam comedisti ferrum, vel quia continue comedis ferrum, et alia non habet nisi secundam illarum causarum.

Notandum, quod ubicumque est dispositio propositionum in figura, si sit ibi fallacia consequentis, etiam est ibi fallacia accidentis, sed non e converso. Unde hic est fallacia consequentis »Homo est animal, asinus est animal, ergo asinus est homo«, utraque praemissa sequitur ex conclusione et non e converso, et est ibi fallacia accidentis, sicut patet per praedicta.

27 praedicta] Cf. Cap. V.7.

3 ex] LO om. A 4 non sufficienter] insufficienter LO 5 ex eo] LO ideo A 6 enumeratis] e- om. O illam] om. O 7 sicut] om. L argueretur] arguitur L sic add. L 9 Ergo] om. L 10 capra...Noe] om. L 13 omnes] LO om. A 15 unam] unam add. L causam veritatis] LO om. A Et] om. L 16 Tu[1]] L om. AO Probatur] quia add. O Tu[2]] om. O 19 videlicet] LO om. A nam add. O vel] om. LO ferrum] LO om. A 20 comedis] comedisti L alia] secunda LO 21 secundam] unam L causarum] causam L 22 quod] om. L 24 acci-

des Nachfolgenden begangen, weil von der Verneinung des Vordersatzes auf die Verneinung des Nachsatzes argumentiert wird.

Die dritte Weise dieses Fehlurteils ergibt sich daraus, daß von nicht hinreichend aufgezählten singulären Sätzen auf den universalen Satz argumentiert wird, oder daraus, daß von den hinreichend aufgezählten indefiniten Sätzen eines Universalsatzes auf diesen Universalsatz argumentiert wird. Ein Beispiel für das erste wäre, wenn man so argumentierte: »(Der Mensch) Sokrates hat Füße, (der Esel) Brunellus hat Füße« usw., indem man immer ein Lebewesen aus einer Art von Lebewesen anführt, »Also hat jedes Lebewesen Füße«. Ein Beispiel für das zweite: »(Ein) Rind war auf der Arche Noah, (eine) Ziege war auf der Arche Noah, (ein) Mensch war auf der Arche Noah«, usw. für die einzelnen Arten von Lebewesen, »Also war jedes Lebewesen auf der Arche Noah«.

Auf diese Weise werden alle Fehlschlüsse zurückgeführt, in denen von einem Satz, der zwei Wahrheitsgründe hat, auf den (Satz) argumentiert wird, der nur einen Wahrheitsgrund hat. Und damit wird das folgende Sophisma aufgelöst: »Du ißt ununterbrochen Eisen«. Beweis: »Du hörst nicht auf, Eisen zu essen, also ißt du ununterbrochen Eisen«. (Antwort:) Die Folgerung wird abgelehnt, weil der Vordersatz zwei Wahrheitsgründe hat, nämlich, daß du entweder niemals Eisen gegessen hast oder daß du ununterbrochen Eisen ißt, und der andere (Satz, nämlich der Nachsatz) hat nur den zweiten von diesen (Wahrheits-) Gründen.

Anzumerken ist: Überall, wo es eine Anordnung von Sätzen in einer (syllogistischen) Figur gibt, dort gilt: Wenn ein Fehlurteil des Nachfolgenden vorliegt, dann liegt auch ein Fehlurteil des Akzidens vor, aber nicht umgekehrt. So liegt hier ein Fehlurteil des Nachfolgenden vor: »(Ein) Mensch ist ein Lebewesen, (ein) Esel ist ein Lebewesen, also ist ein Esel ein Mensch« – jede der beiden Prämissen folgt aus der Konklusion, aber

dentis] antecedentis L 26 praemissa] praemissae L sequitur] sequuntur L et] sed L 27 accidentis] antecedentis L per praedicta] ex praedictis LO

Et ergo dicit Aristoteles in primo *Elenchorum*, quod consequens est pars accidentis, et propter hoc statim post fallaciam O50vb accidentis ponitur fallacia consequentis.

Cap. V.9 ⟨Capitulum nonum de fallacia a secundum quid ad simpliciter⟩

Sequitur de fallacia a secundum quid ad simpliciter. Circa quam primo videndum est, quid sit fallacia a secundum quid ad simpliciter, secundo videndum, quae sit causa apparentiae et defectus bonitatis paralogismorum huius fallaciae, tertio videndum est, quot et qui sunt modi huius fallaciae.

Quantum ad primum dico, quod fallacia a secundum quid ad simpliciter est deceptio proveniens ex similitudine dicti secundum quid ad dictum simpliciter. Et notandum est, quid sit dictum secundum quid et quid dictum simpliciter. Unde dictum simpliciter est terminus sumptus sine illo, cum quo sumitur terminus, respectu cuius dicitur dictum simpliciter. Dictum vero secundum quid est terminus sumptus cum aliquo addito, cum quo non sumebatur terminus, respectu cuius dicitur dictum secundum quid. Verbi gratia *homo*, *homo albus*: *Homo* dicitur dictum simpliciter, sed ly *homo albus* dicitur dictum secundum quid. Similiter *homo albus*, *homo albus secundum pedem*, ly *homo albus* dicitur dictum simpliciter

1 Aristoteles] Aristoteles, De sophisticis elenchis, Cap. 6, 168b27.

1 ergo] ideo O in…Elenchorum] LO om. A primo] et- add. s. del. O 2 accidentis] PX antecedentis AE65VLOS fallaciam] consequentis posuit fallaciam accidentis add. s. del. O 3 ponitur] posuit LO fallacia] fallaciam LO consequentis] Sequitur ergo de fallacia secundum quid add. L 6 a] OX om. AL 7 est] om. O fallacia…simpliciter] om. O a] X om. AL 8 ad simpliciter] om. L videndum] O om. AL quae] OX quid AL 9 bonitatis] om. LO 10 est] om. O 11 dico] est sciendum L a] OX om. AL 13 Et] LO om. A notandum] nota O est] om. LO 14 quid[2]] O om. AL dictum[2]] LO om. A 16 dictum] terminus L 19 homo[1]] om. L 20 Homo] om. L 21 homo albus[1]] O om. AL

nicht umgekehrt; und es liegt hier (außerdem) ein Fehlurteil des Akzidens vor, wie aus den obigen Ausführungen erhellt. Und deshalb sagt Aristoteles im ersten Buch der *Widerlegungen*, daß das Nachfolgende ein Teil des Akzidens ist; und deswegen wird gleich nach dem Fehlurteil des Akzidens das Fehlurteil des Nachfolgenden angeführt.

Kapitel V.9:
Der Trugschluß vom Bedingten auf das Unbedingte

Es folgt (das Kapitel) über den Trugschluß vom Bedingten auf das Unbedingte. Diesbezüglich ist erstens zu untersuchen, was das Fehlurteil vom Bedingten auf das Unbedingte ist, zweitens ist zu untersuchen, was die Ursache des Anscheins von und des Mangels an Gültigkeit der Fehlschlüsse dieses Fehlurteils ist, drittens ist zu untersuchen, wie viele und welche Weisen dieses Fehlurteils es gibt.

Was das erste anbelangt, so sage ich, daß das Fehlurteil vom Bedingten auf das Unbedingte eine Täuschung ist, die aus der Ähnlichkeit einer bedingten Äußerung mit einer unbedingten Äußerung hervorgeht. – Festzuhalten ist, was eine bedingte Äußerung und was eine unbedingte Äußerung ist: Eine unbedingte Äußerung ist nämlich ein Term, der ohne dasjenige angeführt ist, mit dem der Term angeführt wird, in bezug auf welchen er »unbedingte Äußerung« heißt. Eine bedingte Äußerung hingegen ist ein Term, der mit einer Hinzufügung angeführt ist, mit welcher derjenige Term nicht angeführt wurde, in bezug auf den er »bedingte Äußerung« heißt. Z. B. »Mensch«, »weißer Mensch«: »Mensch« wird »unbedingte Äußerung« genannt, aber der Ausdruck »weißer Mensch« wird »bedingte Äußerung« genannt. Ebenso »weißer Mensch«, »weißer Mensch hinsichtlich des Fußes«: Der Ausdruck »weißer Mensch« heißt »unbedingte Äußerung« in bezug auf den

respectu ly *homo albus secundum pedem*, ita quod determinatio addita uni semper reddit dictum secundum quid respectu praecedentis.

Quantum ad secundum dico, quod causa apparentiae paralogismorum huius fallaciae est similitudo dicti secundum quid ad dictum simpliciter. Unde quia in dicto secundum quid implicatur dictum simpliciter tamquam pars eius integralis, ergo faciliter creditur, quod ad unum sequatur reliquum. Causa autem defectus bonitatis est diversitas illorum dictorum, videlicet dicti simpliciter et dicti secundum quid.

A50rb Quantum ad tertium dico, quod sunt duo modi principales huius fallaciae. Primus est, cum arguitur ab hoc verbo *est* tertio adiacente ad *est* secundo adiacens affirmative vel ab *est* tertio adiacente ad *est* secundo adiacens negative. Exemplum primi »Antichristus est cognoscibilis, ergo Antichristus est«, exemplum secundi »Sortes existens non est producibilis, ergo Sortes existens non est«.

Secundus modus est, quando arguitur ab *est* tertio adiacente sumpto cum determinatione ad ipsum sumptum simpliciter. Verbi gratia »Sortes est perfectus latro, ergo Sortes est perfectus«, »Sortes est albus monachus, ergo Sortes est albus«, »Sortes est bonus scriptor, ergo Sortes est bonus«, »Sortes est homo mortuus, ergo Sortes est homo«. Verumtamen, quamvis ad unam partem sit fallacia a secundum quid ad simpliciter, non tamen semper arguendo ad aliam est huiusmodi fallacia. Unde quamvis sit et contingat haec fallacia sic arguendo »Sortes est homo mortuus, ergo Sortes est homo«, tamen non contingit haec fallacia sic arguendo »Sortes est homo mortuus, ergo

1 respectu] et et! O pedem] dicitur dictum secundum quid add. O 2 respectu] om. L 5 dicti] om. O 8 ad] om. L 9 bonitatis] L om. AO dictorum] LOPSX terminorum A 12 hoc verbo] L om. AO 13 secundo] secundum L adiacens] adiacente O 14 secundo] secundum L 16 exemplum secundi] om. LO existens] est *ante corr.* L 18 est[1]] om. LO 21 Sortes[1]...albus[2]] LOPSX om. A 22 scriptor] A faber L sutor OPS fur X Sortes[2]...homo] OPSX om. AL 23 ergo] OSX est! P 24 a] OX om. AL secundum] ad add. s. del. L 25 tamen]

Ausdruck »weißer Mensch hinsichtlich des Fußes«, so daß eine Bestimmung, die einem Term hinzugefügt wird, immer eine bedingte Äußerung in bezug auf den vorgängigen Term ergibt.

Was das zweite anbelangt, so sage ich, daß die Ursache des Anscheins der Fehlschlüsse dieses Fehlurteils die Ähnlichkeit einer bedingten Äußerung mit der unbedingten Äußerung ist. Denn weil in einer bedingten Äußerung die unbedingte Äußerung gleichsam als ein integraler Teil von jener enthalten ist, glaubt man folglich leicht, daß aus der einen die andere folge. Die Ursache des Mangels an Gültigkeit hingegen ist die Verschiedenheit dieser Äußerungen, nämlich der unbedingten Äußerung und der bedingten Äußerung.

Was das dritte anbelangt, so sage ich, daß es zwei Hauptweisen dieses Fehlurteils gibt: Die erste liegt vor, wenn vom Verb »ist« als drittem (Satz-) Bestandteil bejahend auf »ist« als zweitem Bestandteil argumentiert wird oder von »ist« als drittem Bestandteil verneinend auf »ist« als zweitem Bestandteil. Ein Beispiel für das erste: »Der Antichrist ist erkennbar, also ist der Antichrist«, ein Beispiel für das zweite: »Der existierende Sokrates ist nicht erzeugbar, also ist der existierende Sokrates nicht«.

Die zweite Weise liegt vor, wenn von »ist« als drittem Bestandteil, der zusammen mit einer Bestimmung angeführt ist, auf das einfach angeführte »ist« argumentiert wird[193]. Z. B. »Sokrates ist ein tüchtiger Räuber, also ist Sokrates tüchtig«, »Sokrates ist ein weißer Mönch (Zisterzienser), also ist Sokrates weiß«, »Sokrates ist ein guter Schreiber, also ist Sokrates gut«, »Sokrates ist ein toter Mensch, also ist Sokrates ein Mensch«. Gleichwohl gilt: Wenn auch (der Schluß) auf den einen Teil ein Fehlurteil vom Bedingten auf das Unbedingte ist, so liegt doch nicht immer ein derartiges Fehlurteil vor, wenn man auf den anderen (Teil) argumentiert. Denn obgleich dieses Fehlurteil vorliegt bzw. sich ergibt, wenn man so argumentiert »Sokrates ist ein toter Mensch, also ist Sokrates ein

om. L aliam] eius add. s. del. A huiusmodi] huius! O 26 sit et] om. L contingat] contingit L haec] huius! O 27 mortuus] avarus L

Sortes est mortuus«. Ergo ad sciendum, ad quam partem arguendo committitur huiusmodi fallacia et ad quam non, oportet videre, quae illarum partium sit verificabilis de subiecto et quae non. Et cum arguitur ad illam, quae est verificabilis de subiecto, non committitur huiusmodi fallacia, si arguitur ad aliam, tunc committitur huiusmodi fallacia. Verbi gratia illa existente vera »Sortes est homo mortuus«, ly *homo* non est verificabile de ly *Sortes*, sed bene ly *mortuus* est verificabile de ly *Sortes*, unde ista existente vera »Sortes est homo mortuus« haec est falsa »Sortes est homo«, sed illa est vera »Sortes est mortuus«. Et ergo, cum arguitur »Sortes est homo mortuus, ergo Sortes est homo«, committitur huiusmodi fallacia, cum O51ra autem arguitur »Sortes est homo mortuus, ergo Sortes est mortuus«, non committitur huiusmodi fallacia. Sed scire hoc, quae illarum partium sit verificabilis de illo subiecto et quae non, ad logicum non pertinet praecise, sed pertinet ad scientem logicam et alias particulares scientias.

Cap. V.10 ⟨Capitulum decimum de fallacia ignorantiae elenchi⟩

Sequitur de fallacia ignorantiae elenchi. Circa quam primo videndum est, quid sit, secundo, quae sit causa apparentiae et defectus bonitatis paralogismorum huius fallaciae, tertio, quot et qui sunt modi huius fallaciae.

1 mortuus] homo L Ergo] om. L 2 huiusmodi] haec L 4 cum] om. O de] illo add. A 5 si…fallacia] om. O arguitur] L om. A 6 tunc] L om. A 7 ly…mortuus] LOPSX om. A 8 verificabile[1]] Z verificabilis LOPSX ly[1]] LP om. OSX verificabile[2]] OPS verificabilis LX 9 ly] Z om. LOPSX 10 homo] Sortes add. s. del. A sed…fallacia] AO om. LPSX est[3]] O om. A est[4]] homo add. s. del. O 12 homo…est[2]] O om. A 13 arguitur] Z om. O 14 huiusmodi fallacia] om. O hoc] om. L 15 subiecto] om. O 16 sed] etiam add. L pertinet[2]] om. LO ad[2]] alium add. L logicum et add. O scientem] LO scientiam A 17 logicam et] om. LO particulares] E66rO *lectio incerta* A om. LPSX 20 primo] LO om. A 21 videndum] LO sciendum A secundo] secundus! L 22 bonitatis] om. LO paralogismorum] om. O 23 sunt] sint L

Mensch«, so ergibt sich dieses Fehlurteil doch nicht, wenn man so argumentiert »Sokrates ist ein toter Mensch, also ist Sokrates tot«. Um zu wissen, auf welchen Teil das Argument ein derartiges Fehlurteil nach sich zieht und auf welchen nicht, muß man also prüfen, welcher von diesen Teilen vom Subjekt verifizierbar ist und welcher nicht. Und wenn man auf den Teil argumentiert, welcher vom Subjekt verifizierbar ist, begeht man nicht ein derartiges Fehlurteil, wenn man (aber) auf den anderen Teil argumentiert, dann begeht man ein derartiges Fehlurteil. Z. B.: Wenn der Satz »Sokrates ist ein toter Mensch« wahr ist, dann ist der Ausdruck »Mensch« vom Ausdruck »Sokrates« nicht verifizierbar, aber sehr wohl ist der Ausdruck »tot« vom Ausdruck »Sokrates« verifizierbar; so ist, wenn der Satz »Sokrates ist ein toter Mensch« wahr ist, der Satz »Sokrates ist ein Mensch« falsch, aber der Satz »Sokrates ist tot« ist wahr. Wenn man also argumentiert »Sokrates ist ein toter Mensch, also ist Sokrates ein Mensch«, begeht man ein derartiges Fehlurteil, wenn man hingegen argumentiert »Sokrates ist ein toter Mensch, also ist Sokrates tot«, begeht man kein derartiges Fehlurteil. – Aber das Wissen darüber, welcher von diesen Teilen von diesem Subjekt verifizierbar ist und welcher nicht, ist nicht ausschließlich Sache des Logikers, sondern Sache eines in der Logik und in anderen Einzelwissenschaften Kundigen.

Kapitel V.10:
Der Trugschluß der Unkenntnis der Widerlegung

Es folgt (das Kapitel) über das Fehlurteil der Unkenntnis der Widerlegung. Diesbezüglich ist erstens zu untersuchen, was es ist, zweitens, was die Ursache des Anscheins von und des Mangels an Gültigkeit der Fehlschlüsse dieses Fehlurteils ist, drittens, wie viele und welche Weisen dieses Fehlurteils es gibt.

Quantum ad primum sciendum est primo, quid sit elenchus. Unde elenchus est syllogismus concludens contradictorium conclusionis concessae a respondente, et ergo, si est aliquis paralogismus, qui videtur concludere contradictorium conclusionis concessae a respondente, et tamen non concludit, et respondens concedit conclusionem illius paralogismi esse contradictorium conclusionis ab eo concessae, propter talem paralogismum committitur huiusmodi fallacia.

Unde fallacia ignorantiae elenchi est deceptio proveniens ex requisitorum defectu ad bonitatem syllogismi et ad veram contradictionem. Unde omnia requisita ad bonum syllogismum et ad veram contradictionem requiruntur ad elenchum, et ergo, quando aliquid istorum deficit, contingit fallacia ignorantiae L49vb elenchi. Et ideo, quamvis aliae fallaciae attendantur penes defectum syllogismi sicut et ignorantia elenchi, tamen quia fallacia ignorantiae elenchi una cum hoc attenditur penes defectum alicuius membri requisiti ad veram contradictionem, inde est, quod haec fallacia distinguitur ab aliis.

Quantum ad secundum sciendum est, quod causa apparentiae paralogismorum huius fallaciae est ex eo, quod aliqua requisita ad verum elenchum observantur, quamvis non omnia. Causa autem defectus est, quod aliqua requisita ad verum elenchum omittuntur.

Quantum ad tertium sciendum est, quod quattuor sunt modi huius fallaciae. Primus est ex eo, quod non arguitur ad idem, secundus est ex eo, quod non arguitur secundum idem, tertius

1 est] LO om. A primo] om. L 2 contradictorium] contradictionem L 3 est] om. L 6 concedit] LO concedat A contradictorium] contradictoriam L 10 defectu] deceptu! L bonitatem] LO veritatem A veram] verum O 11 contradictionem] contradictorium O 13 quando] quod L aliquid] S aliquod ALOPX deficit] requiritur add. s. del. L contingit] committitur L 14 attendantur] LO attenduntur A 15 defectum] et add. O sicut et] et similiter O ignorantia] ignorantiae LO 18 haec] huiusmodi L huius! O 19 est] LO om. A 20 ex] LO om. A ex add. O 22 autem] L om. AO est] eo add. A 24 est] L om. AO 25 ex] LO om. A 26 est] LO om. A ex eo] O om. AL non] ad add. L arguitur] LO ad! A

Was das erste anbelangt, so muß man erstens wissen, was eine Widerlegung ist: Und zwar ist eine Widerlegung ein Syllogismus, der den kontradiktorischen Gegensatz einer Konklusion schließt, die vom Antworter zugegeben wurde, und somit gilt: Wenn ein Fehlschluß vorliegt, der den kontradiktorischen Gegensatz einer vom Antworter zugegebenen Konklusion zu schließen scheint, den er jedoch nicht schließt, und der Antworter zugibt, daß die Konklusion dieses Fehlschlusses der kontradiktorische Gegensatz der von ihm zugegebenen Konklusion ist, dann wird aufgrund eines solchen Fehlschlusses ein derartiges Fehlurteil begangen.

So ist also ein Fehlurteil der Unkenntnis der Widerlegung eine Täuschung, die aus der Nichterfüllung der Bedingungen für die Gültigkeit eines Syllogismus und für einen wirklichen Widerspruch hervorgeht. So sind alle Bedingungen für einen gültigen Syllogismus und für einen wirklichen Widerspruch zu einer Widerlegung erforderlich, und demnach ergibt sich ein Fehlurteil der Unkenntnis der Widerlegung, wenn eine von diesen Bedingungen nicht erfüllt ist. Deshalb gilt: Obgleich andere Fehlurteile ebenso aufgrund eines Mangels des Syllogismus begangen werden[194], wie es auch bei der Unkenntnis der Widerlegung der Fall ist, so unterscheidet sich dieses Fehlurteil dennoch von den anderen, weil das Fehlurteil der Unkenntnis der Widerlegung darüber hinaus aufgrund der Nichterfüllung irgendeiner Teilbedingung für einen wirklichen Widerspruch begangen wird.

Was das zweite anbelangt, so muß man wissen, daß die Ursache des Anscheins der Fehlschlüsse dieses Fehlurteils darin besteht, daß zwar einige Bedingungen für eine wirkliche Widerlegung erfüllt werden, aber eben nicht alle. Die Ursache des Mangels hingegen ist, daß die eine oder andere Bedingung für eine wirkliche Widerlegung nicht erfüllt wird.

Was das dritte anbelangt, so muß man wissen, daß es vier Weisen dieses Fehlurteils gibt: Die erste besteht darin, daß nicht in bezug auf dasselbe argumentiert wird, die zweite besteht darin, daß nicht gemäß demselben argumentiert wird,

est ex eo, quod non arguitur similiter, quartus est ex eo, quod non arguitur ad idem tempus. Exemplum primi, si sic arguatur »Quattuor sunt duplum ad duo et non sunt duplum ad tria, ergo sunt duplum et non sunt duplum«. Exemplum secundi »A est duplum ad B secundum longitudinem et A non est duplum ad B secundum latitudinem, ergo A est duplum ad B et A non est duplum ad B«. Exemplum tertii »Sortes currit contingenter et Sortes non currit necessario, ergo Sortes currit et non currit«. Exemplum quarti »Sortes erit albus in A tempore et Sortes non erit albus in B tempore, ergo Sortes erit albus et non albus«. Et non valent paralogismi propter omissionem istarum particularum *ad idem* etc.

Cap. V.11 ⟨Capitulum undecimum de fallacia petitionis principii⟩

Sequitur de fallacia petitionis principii. Circa quam primo videndum est, quid sit, secundo, quae sit causa apparentiae et
A50va defectus bonitatis paralogismorum huius fallaciae, tertio videndum est, quot et qui sunt modi huius fallaciae.

Quantum ad primum sciendum est, quod fallacia petitionis principii est deceptio proveniens ex apparenti diversitate in
O51rb notitia inferentis et illati. Unde quando illatum est aeque notum sicut inferens, committitur petitio principii.

1 est^{1}] LO om. A ex eo^{1}] O om. AL similiter] simpliciter L est ex^{2}] LO om. A 2 ad] secundum L si…arguatur] om. L 3 sunt^{2}] LO om. A 4 sunt^{2}] LO om. A 5 A] L om. AO 6 A^{1}] LO om. A ad B^{2}] L om. AO A^{2}] L om. AO 7 est] LO om. A ad B] LO om. A 8 Sortes^{1}] L om. AO 9 erit] est L et] om. L Sortes^{2}] LO om. A 10 erit^{1}] est L erit^{2}] est L non] erit add. A Et…etc] A om. LOPSX 16 est] LO om. A quae] LO quid A et defectus] om. L 17 bonitatis] bonitatis add. A bonitatis…fallaciae] om. O videndum est] LO om. A 18 quot…modi] de modis LO 19 sciendum…quod] LO om. A 21 Unde… principii] LOPSX om. A 22 petitio] LOP fallacia petitionis SX

die dritte besteht darin, daß nicht ähnlich argumentiert wird, die vierte besteht darin, daß nicht in bezug auf dieselbe Zeit argumentiert wird. Ein Beispiel für das erste wäre, wenn man so argumentierte: »Vier sind das Doppelte von zwei und sind nicht das Doppelte von drei, also sind sie ein Doppeltes und sind sie kein Doppeltes«. Ein Beispiel für das zweite: »A ist das Doppelte von B gemäß der Länge und A ist nicht das Doppelte von B gemäß der Breite, also ist A das Doppelte von B und ist A nicht das Doppelte von B«. Ein Beispiel für das dritte: »Sokrates läuft faktischerweise und Sokrates läuft nicht notwendigerweise, also läuft Sokrates und läuft er nicht«. Ein Beispiel für das vierte: »Sokrates wird zur Zeit A weiß sein und Sokrates wird zur Zeit B nicht weiß sein, also wird Sokrates weiß und nicht weiß sein«. – Und (diese) Fehlschlüsse sind nicht gültig wegen der Nichterfüllung der Teilbedingungen (für einen echten Widerspruch) »in bezug auf dasselbe« usw.[195]

Kapitel V.11:
Der Trugschluß der Erschleichung des Beweisgrundes

Es folgt (das Kapitel) über das Fehlurteil der Bitte um den Grund (Erschleichung des Beweisgrundes). Diesbezüglich ist erstens zu untersuchen, was es ist, zweitens, was die Ursache des Anscheins von und des Mangels an Gültigkeit der Fehlschlüsse dieses Fehlurteils ist, drittens ist zu untersuchen, wie viele und welche Weisen dieses Fehlurteils es gibt.

Was das erste anbelangt, so muß man wissen, daß das Fehlurteil der Erschleichung des Beweisgrundes eine Täuschung ist, die aus der scheinbaren Verschiedenheit in der Kenntnis des Folgernden und des Gefolgerten hervorgeht. Denn wenn das Gefolgerte gleich bekannt ist wie das Folgernde, wird eine Erschleichung des Beweisgrundes begangen.

Quantum ad secundum: Causa apparentiae est apparens diversitas in notitia inferentis et illati. Causa autem defectus paralogismorum huius fallaciae est identitas evidentiae inferentis et illati seu antecedentis et consequentis.

Quantum ad tertium sciendum, quod tres sunt modi huius fallaciae. Unus est, quando unus terminus synonymus sumitur ad probandum aliquod praedicatum de alio termino synonymo, verbi gratia, si sic arguatur »Marcus currit, ergo Tullius currit«. Et debet responderi ad paralogismos huius fallaciae non negando consequentiam, sed negando probationem dicendo, quod antecedens non sit magis notum quam consequens. Secundus modus committitur, quando arguitur a definitione exprimente quid nominis ad definitum, sicut hic »Ignis est productivus caloris, ergo ignis est calefactivus«. Tertius modus committitur, quando arguitur ab una convertibili propositione ad aliam, quarum neutra est prior vel notior alia, sicut hic »Nullus musicus est grammaticus, ergo nullus grammaticus est musicus«.

Cap. V.12 ⟨Capitulum duodecimum de fallacia secundum non causam ut causam⟩

Sequitur de fallacia secundum non causam ut causam. Pro qua sciendum, quod opponens, qui nititur decipere respondentem, aliquando inter praemissas paralogismi interponit aliquam propositionem, quae apparet esse causa conclusionis falsae, et tamen non est, quia ipsa amota adhuc aequaliter inferretur

1 Quantum…secundum] om. LO Causa] autem add. L Causa…illati] om. O apparens] om. L 2 illati] unde quando illatum est aequivocum! sicut inferens committitur (fallacia del. A) petitio principii add. A 3 paralogismorum…fallaciae] L om. AO 4 seu] om. L 6 Unus est] primus committitur L quando] quod L 7 aliquod] aliud L 8 arguatur] arguitur L 10 probationem] AS *lectio incerta* L probabilitatem! OPX 11 sit] L est AO 13 hic] om. LO 15 propositione] LO om. A 16 neutra] una non LO vel] nec LO 21 Pro

Zum zweiten: Die Ursache des Anscheins ist die scheinbare Verschiedenheit in der Kenntnis des Folgernden und des Gefolgerten. Die Ursache des Mangels der Fehlschlüsse dieses Fehlurteils hingegen ist die Identität der Einsichtigkeit des Folgernden und des Gefolgerten bzw. des Vordersatzes und des Nachsatzes.

Hinsichtlich des dritten muß man wissen, daß es drei Weisen dieses Fehlurteils gibt: Die eine liegt vor, wenn ein synonymer Term verwendet wird, um irgendein Prädikat von dem anderen synonymen Term zu beweisen, z. B., wenn man so argumentierte »Markus läuft, also läuft Tullius«. Und man muß auf die Fehlschlüsse dieses Fehlurteils antworten, nicht indem man die Folgerung ablehnt, sondern indem man die Begründung ablehnt mit der Feststellung, daß der Vordersatz nicht besser bekannt sei als der Nachsatz. – Die zweite Weise wird begangen, wenn von einer Definition, die die Wortbedeutung angibt, auf das Definierte argumentiert wird, wie z. B. hier »Das Feuer erzeugt Wärme, also ist das Feuer erwärmend«. – Die dritte Weise wird begangen, wenn man von einem umkehrbaren Satz auf den anderen argumentiert, von denen der eine nicht früher oder bekannter[196] ist als der andere, wie z. B. hier »Kein Musiker ist ein Grammatiker, also ist kein Grammatiker ein Musiker«.

Kapitel V.12:
Der Trugschluß gemäß einer Nicht-Ursache als Ursache

Es folgt (das Kapitel) über den Trugschluß gemäß einer Nicht-Ursache als Ursache. Diesbezüglich muß man wissen, daß ein Vorbringer, der den Antworter[197] zu täuschen trachtet, gelegentlich zwischen die Prämissen eines Fehlschlusses einen Satz einschiebt, der die Ursache für die falsche Konklusion zu sein scheint, es aber nicht ist, weil nach seiner Entfernung noch

qua] LOPS et primo A pro quo X 22 nititur] conatur LO 25 amota] a nota! L inferretur] infertur O

conclusio falsa vere vel apparenter. Et ergo, si respondens propter falsitatem conclusionis illatae interimit illam praemissam, ipse decipitur per istam fallaciam. Et est sciendum, quod illa propositio debet habere aliquam convenientiam cum illis praemissis ad hoc, quod videatur esse illativa conclusionis.

Et ergo fallacia secundum non causam ut causam est deceptio proveniens ex convenientia alicuius propositionis interpositae, quae non est illativa conclusionis, cum praemissis illativis conclusionis, cuius quidem conclusionis falsitas creditur inferri ex falsitate illius propositionis, et ex falsitate illius conclusionis creditur inferri falsitas illius propositionis assumptae.

Causa autem apparentiae paralogismorum huius fallaciae est convenientia talis propositionis cum altera praemissarum. Causa autem non existentiae seu defectus bonitatis est disconvenientia talis propositionis cum altera praemissarum inferendo. Verbi gratia, si respondens concedat istam »Anima et vita sunt idem« et opponens arguat sic: Anima et vita sunt idem per te, mors et vita contrariantur et mors contrariatur generationi, ergo vita contrariatur corruptioni. Conclusio est falsa, ergo ista propositio est falsa »Anima et vita sunt idem«. Hic est fallacia secundum non causam ut causam, quia ista conclusio »Vita est contraria corruptioni« non minus sequitur sine illa »Anima et vita sunt idem realiter«, sive fuerit vera sive falsa. Quando ergo accipitur una propositio superflua ad illationem alicuius conclusionis, quae apparet esse causa falsi-

1 falsa] AE66vLOPSX vel add. AO et add. LPSX vere] E66vOPS vera ALX vel] AE66vO et LPSX ergo] ideo LO 2 falsitatem] firmitatem O interimit] L interimat AO illam] ipsam O 3 est] om. LO 4 illa] om. L 6 ergo] om. L ideo O 7 interpositae] LPSX om. AO 8 praemissis] AO aliqua praemissarum LPS om. X illativis] quae sunt illativae L 9 conclusionis[1]] om. L cuius…conclusionis[2]] om. O conclusionis[2]] AE66v propositionis interpositae LPSX falsitas] firmitas O 10 falsitate[1]] firmitate O illius propositionis] AE66vO conclusionis LPSX et…propositionis] AE66v om. LOPSX conclusionis] Z propositionis AE66v 11 illius] A alterius E66v assumptae] AE66vO om. LPSX 12 paralogismorum] om. O 14 non…seu] om. LO bonitatis] Z om. ALOPSX disconvenientia] inconvenientia L 15 altera] LOPSX aliqua A 16 Verbi gratia] ut L istam] aliam add. L 17 et[1]…idem] om. L arguat] arguit O sic] O om. A

immer auf die gleiche Weise die falsche Konklusion wirklich oder scheinbar gefolgert würde. Wenn der Antworter also wegen der Falschheit der gefolgerten Konklusion jene Prämisse beseitigt, so wird er im Sinne dieses Fehlurteils getäuscht. Und festzuhalten ist, daß jener Satz eine gewisse Übereinstimmung mit den Prämissen haben muß, damit er den Anschein erwecken kann, der Folgerungsgrund der Konklusion zu sein.

Demnach ist ein Fehlurteil gemäß einer Nicht-Ursache als Ursache eine Täuschung, die hervorgeht aus der Übereinstimmung eines eingeschobenen Satzes, der nicht der Folgerungsgrund der Konklusion ist, mit den Prämissen, die die Konklusion folgern, wobei geglaubt wird, daß die Falschheit dieser Konklusion aus der Falschheit jenes Satzes gefolgert wird, und geglaubt wird, daß aus der Falschheit dieser Konklusion die Falschheit jenes hinzugenommenen Satzes gefolgert wird.

Die Ursache des Anscheins der Fehlschlüsse dieses Fehlurteils aber ist die Übereinstimmung eines solchen Satzes mit einer von den Prämissen. Die Ursache des Nichtbestehens der bzw. des Mangels an Gültigkeit hingegen ist die Nichtübereinstimmung eines solchen Satzes mit einer von den Prämissen, die (die Konklusion) folgern. Z. B., wenn der Antworter den Satz »Die Seele und das Leben sind identisch« zugibt und der Vorbringer folgendermaßen argumentiert: Die Seele und das Leben sind nach dir identisch, der Tod und das Leben sind entgegengesetzt und der Tod ist dem Entstehen entgegengesetzt, also ist das Leben dem Vergehen entgegengesetzt. Die Konklusion ist falsch, also ist der Satz »Die Seele und das Leben sind identisch« falsch. – Hier liegt ein Fehlurteil gemäß einer Nicht-Ursache als Ursache vor, weil die Konklusion »Das Leben ist dem Vergehen entgegengesetzt« ohne den Satz »Die Seele und das Leben sind real identisch«, ob er nun wahr oder falsch sein mag, ebenso folgt. Wenn also ein Satz verwendet wird, der für die Folgerung einer Konklusion überflüssig

18 et^{2}...contrariatur] om. L 19 generationi] et add. O ergo] LO et A 20 ergo] ita/ista add. L propositio] L om. AO 21 est] committitur L 22 Vita] om. L sequitur] sequeretur O 23 sine] ex LO 25 alicuius] om. L

tatis conclusionis, et propter hoc ex falsitate conclusionis concluditur falsitas illius propositionis assumptae, committitur O51va huiusmodi fallacia. Et solet ista fallacia fieri in syllogismis ducentibus ad impossibile vel ad falsum, vel secundum veritatem vel opinionem respondentis.

Et ad istam fallaciam reducuntur paralogismi, ubi ex praemissis possibilibus incompossibilibus infertur aliqua conclusio falsa, ex cuius falsitate vel impossibilitate infertur falsitas vel impossibilitas alicuius praemissarum. Verbi gratia »Omne currens est asinus, omnis homo est currens, ergo omnis homo est asinus«, si respondens concedat istam »Conclusio huius discursus est impossibilis, ergo aliqua praemissarum«, tunc fallatur fallacia, quae vocatur fallacia secundum non causam ut causam. Et ergo debet dici »Conclusio est impossibilis, ergo praemissae sunt incompossibiles«, et hoc conceditur in prae- L50ra dicto discursu.

Cap. V.13 ⟨Capitulum tertium decimum de fallacia secundum plures interrogationes ut unam⟩

Sequitur de fallacia secundum plures interrogationes ut unam. A50vb Unde haec fallacia est deceptio proveniens ex eo, quod plures interrogationes reputamus ut unam et assignamus eis unam responsionem, quando debemus eis assignare plures. Unde quando opponens proponit respondenti plures propositiones, ad quas debet respondere non una responsione, sed pluribus, ita quod, si respondeat unica responsione, opponens statim

2 assumptae] et add. L 3 ista fallacia] om. L in syllogismis] om. L 4 vel[2]] LO om. A 6 Et] LO om. A praemissis] propositionibus LO 7 possibilibus] com- add. L incompossibilibus] pluribus! L cum add. AO 8 falsitas] possibilitas! L 9 praemissarum] praemissae O 10 currens[1]] currit L est currens] currit L 11 concedat] concedit LO istam] om. O Conclusio] conclusionem LO huius] O om. A huiusmodi L 13 fallatur] Z fallitur A fiet L erit OPSX fallacia[2]] om. LO 16 discursu] etc. add. O 20 haec] huiusmodi L om. O 21 reputamus] LO repetamus A et] si add. L eis] om. L 22 debemus] LOPSX

ist und der die Ursache für die Falschheit der Konklusion zu sein scheint, und deshalb aus der Falschheit der Konklusion die Falschheit jenes hinzugenommenen Satzes geschlossen wird, so wird ein derartiges Fehlurteil begangen. Und dieses Fehlurteil ergibt sich gewöhnlich bei Syllogismen, die zu etwas Unmöglichem oder zu etwas Falschem führen, sei es gemäß der Wahrheit, sei es nach Ansicht des Antworters.

Auf dieses Fehlurteil werden diejenigen Fehlschlüsse zurückgeführt, in denen aus unvereinbaren (aber je für sich) möglichen Prämissen eine falsche Konklusion gefolgert wird, aus deren Falschheit oder Unmöglichkeit die Falschheit oder Unmöglichkeit einer von den Prämissen gefolgert wird. Z. B. »Jedes Laufende ist ein Esel, jeder Mensch ist ein Laufender, also ist jeder Mensch ein Esel«: Wenn der Antworter den Satz »Die Konklusion dieses Schlusses ist unmöglich, also auch eine von den Prämissen« zugibt, dann wird er durch ein Fehlurteil getäuscht, das »Fehlurteil gemäß einer Nicht-Ursache als Ursache« heißt. Also muß man antworten: »Die Konklusion ist unmöglich, also sind die Prämissen unvereinbar«, und das wird im Falle des vorgenannten Schlusses zugegeben.

Kapitel V.13:
Der Trugschluß gemäß mehreren Fragen als einer

Es folgt (das Kapitel) über das Fehlurteil gemäß mehreren Fragen als einer. Und zwar ist dieses Fehlurteil eine Täuschung, die daraus hervorgeht, daß wir mehrere Fragen für eine halten und auf sie (nur) eine Antwort geben, wenn wir auf sie mehrere Antworten geben sollen. Denn wenn der Vorbringer dem Antworter mehrere Sätze vorlegt, auf welche dieser nicht mit einer Antwort, sondern mit mehreren antworten soll, so daß, wenn er mit einer einzigen Antwort antworten sollte, der Vorbringer sogleich gegen ihn argumentierte und ihn zu

deberemus A eis] om. LO 23 proponit] OX proponitur A opponit L 25 si] sic L respondeat] respondetur LO

arguet contra ipsum ducendo eum ad redargutionem veram vel apparentem, committitur huiusmodi fallacia.

Causa autem apparentiae, quare apparet respondenti, quod sit una interrogatio et debeat dare unam responsionem, est unitas modi interrogandi. Causa autem, quare non debeat dare unam responsionem, est pluralitas interrogatorum.

Primus modus huius fallaciae contingit, quando opponens petit, quod sibi respondeatur unica responsione ad interrogationem factam, in qua plures termini in numero singulari mediate aliqua coniunctione ponuntur, ut si demonstrares Sortem et Brunellum et diceres respondenti »Est hic homo et est hic homo?«. Si respondens dicat, quod sic, arguitur vere, quod Sortes est homo et Brunellus est homo, si autem respondens dicat, quod non, tunc arguitur apparenter et non vere »Ergo Sortes non est homo et Brunellus non est homo«. Ergo respondens volens hoc praecavere respondendo debet dicere »Sortes est homo et Brunellus non est homo«.

Secundus modus huius fallaciae contingit, quando plura subiciuntur vel praedicantur in numero plurali, ut demonstrato uno homine caeco et uno vidente et petatur »Suntne isti caeci?«. Si respondens dicat, quod sic, tunc arguitur vere contra ipsum, quod ipse videns est caecus, si autem dicat, quod non, tunc concluditur sophistice et apparenter, quod neuter istorum est caecus. Notandum est, quod quando respondens dicit »Non sunt caeci«, bene dicit et bene respondet, et ergo

1 arguet] argueret O statim add. O ipsum] eum O ducendo] re- add. LO eum] ipsum LO redargutionem] LOPSX contradictionem A 3 autem] LO om. A apparet] appareat L 4 unam] unicam O 5 debeat] debet O 6 responsionem] om. O 7 contingit] committitur L quando] ex eo quod L 8 respondeatur] LO respondeat A 11 et[2] si add. A diceres] LO dicas A respondenti] L om. AO et[3]] O om. AL 12 homo] et brunellus add. L Si] et O dicat] dicit L dicas O quod[1]] LO om. A arguitur vere] et opponens arguat contra eum vere O 13 respondens] LO om. A 14 dicat] respondeat LO tunc] om. LO arguitur] arguitur add. O Ergo] quod O 15 et] LO nec A non[2]...homo[2]] LO om. A 16 respondendo] respondere L dicere] directe L om. O 18 huius fallaciae] om. L contingit] est L 19 numero] X om. ALOPS 20 uno[2]] LO alio A isti] LO om. A 21 Si] et O enim add. L dicat] respondet L respondeat O quod] LO

einer wirklichen oder scheinbaren Widerlegung triebe, dann wird ein derartiges Fehlurteil begangen.

Die Ursache des Anscheins aber, weshalb es dem Antworter dünkt, daß (nur) eine Frage vorliege und er (nur) eine Antwort geben solle, ist die Einheit der Frageweise. Der Grund hingegen, weshalb er nicht eine (einzige) Antwort geben soll, ist die Vielheit der Fragen.

Die erste Weise dieses Fehlurteils ergibt sich, wenn der Vorbringer bittet, daß ihm auf die gestellte Frage mit einer einzigen Antwort geantwortet werden möge, in welcher Frage mehrere Terme im Singular, die mit einer Konjunktion verknüpft sind, vorkommen, wie wenn du auf (den Menschen) Sokrates und auf (den Esel) Brunellus hinwiesest und zum Antworter sagtest: »Ist dieser ein Mensch und ist dieser ein Mensch?«. Wenn der Antworter »Ja« sagt, dann argumentiert man wahrheitsgemäß (dagegen), daß (also) Sokrates ein Mensch ist und Brunellus ein Mensch ist; wenn der Antworter aber »Nein« sagt, dann argumentiert man scheinbar und nicht wahrheitsgemäß (dagegen): »Also ist Sokrates kein Mensch und ist Brunellus kein Mensch«. Also muß der Antworter, wenn er das vermeiden will, zur Antwort geben: »Sokrates ist ein Mensch und Brunellus ist kein Mensch«[198].

Die zweite Weise dieses Fehlurteils ergibt sich, wenn mehrere (Ausdrücke) im Plural an Subjektstelle oder an Prädikatstelle stehen, wie wenn man unter Hinweis auf einen blinden und auf einen sehenden Menschen fragte »Sind diese blind?«. Wenn der Antworter »Ja« sagt, dann argumentiert man wahrheitsgemäß gegen ihn, daß (also) auch der Sehende blind ist; wenn er aber »Nein« sagt, dann schließt man sophistisch und scheinbar, daß (also) keiner von diesen blind ist. – Anzumerken ist: Wenn der Antworter sagt »Sie sind nicht blind«, so spricht er richtig und antwortet gut, und folglich kann gegen ihn nur

om. A tunc] om. L contra ipsum] LO om. A 22 ipse] om. LO autem] L om. AO dicat] dicit L 24 istorum] eorum LO est[2]] om. LO quod] om. L 25 dicit[1]] quod add. O bene[2]] LO om. A et[2]] om. L

non arguitur contra ipsum nisi sophistice. Unde ista »Isti non sunt caeci« habet duas causas veritatis, vel quia neuter eorum est caecus, vel quia alter eorum est caecus, quamvis alter eo-O51vb rum sit videns. Et ergo, si opponens arguat contra »Isti non sunt caeci, ergo neuter eorum est caecus«, arguitur sophistice et neganda est consequentia, committitur enim sic arguendo fallacia consequentis.

Sic ergo sit expeditum de terminis et de proprietatibus terminorum et de propositionibus et de proprietatibus earum et etiam de argumentationibus. Sequitur de insolubilibus.

1 contra ipsum] L om. A contra eum O 2 eorum] LO om. A 3 vel…caecus[2]] om. L alter[1]] non add. A eorum[1]] O om. A 4 Isti] sunt add. s. del. O 5 est caecus] videt O 6 consequentia] et add. A 7 consequentis] LOPSX om. A 8 sit] APSX est L om. O de[2]] A om. OPSX de[2]…de[2]] AOPSX om. L proprietatibus] OPSX propositionibus! A 9 de[1]] Z om. AOPSX de[2]] A om. OPSX 10 etiam] O om. ALPSX de[1]] O om. ALPSX Sequitur…insolubilibus] A om. LOPS etc. X

sophistisch argumentiert werden. Denn der Satz »Diese sind nicht blind« hat zwei Wahrheitsgründe, (nämlich) entweder daß keiner von ihnen blind ist oder daß der eine von ihnen blind ist, obgleich der andere von ihnen sehend ist. Wenn also der Vorbringer dagegen argumentiert »Diese sind nicht blind, also ist keiner von ihnen blind«, so ist das ein sophistisches Argument und ist die Folgerung abzulehnen, indem man nämlich so argumentiert, begeht man ein Fehlurteil des Nachfolgenden.

Damit sei also (die Abhandlung) über die Terme (Tr. I) und über die Eigenschaften der Terme (Tr. II), über die Sätze und über die Eigenschaften von ihnen (Tr. III) sowie über die Argumentationen (Tr. IV-V) erledigt. Es folgt (die Abhandlung) über die Unlösbaren (Tr. VI/1).

⟨TRACTATUS SEXTUS
DE INSOLUBILIBUS ET DE OBLIGATIONIBUS⟩

⟨PARS PRIMA DE INSOLUBILIBUS, VI.1–3⟩

Cap. VI.1 ⟨Capitulum primum de fundamentis solvendi insolubilia⟩

Nunc restat solvere insolubilia. Et dicuntur insolubilia, non quia nullo modo possint solvi, sed quia solvere est difficile. Et quantum ad hoc volo ponere primo aliquas descriptiones, secundo aliquas suppositiones, tertio aliquas conclusiones, quarto exemplariter aliqua insolubilia et solutiones eorum, ex quorum solutionibus patebit faciliter consideranti, qualiter, si aliqua alia formentur, possint solvi.

Quantum ad primum sit prima descriptio: Propositio vera est, quae qualitercumque significat, ita est. Secunda descriptio est: Propositio falsa est, quae non qualitercumque significat, ita est. Tertia descriptio est: Propositio possibilis est, quae qualitercumque significat, ita potest esse. Quarta descriptio est: Propositio necessaria est, quae qualitercumque significat, ita necesse est esse.

Quantum ad secundum sit prima suppositio: Omnis propositio vel est affirmativa vel negativa. Secunda suppositio: Omnem propositionem affirmativam esse veram est idem esse, pro

6 Et...insolubilia^{2}] om. LO 7 quia^{1}] quod L possint] O possunt AL Et] quia add. O 10 quarto] tertio L exemplariter] OPSX exemplaria A explicent L 11 solutionibus] solutione L patebit] patet L apparebit O 12 formentur] LO formarentur A possint] LO possent A 13 prima] ALPS om. O 14 quae] ALOS om. P Secunda...est^{1}] A om. LOPS 15 Propositio] ALOPS autem add. LPS non] AOPS om. L 16 est^{1}] et potest esse add. A Tertia] AO secunda LPS est^{2}] S om. ALOP quae] AOPS om. L 17 Quarta] AO tertia LPS descriptio] LOPS om. A est] A om. LOPS 18 est] ALOP om. S ita] ALOP om. S 20 suppositio] ALOPS quod add. L est quod add. P 21 vel^{1}] O om. ALPSX est] ALOS om. P

TRAKTAT VI: DIE UNLÖSBAREN UND DIE VERPFLICHTUNGEN

TRAKTAT VI, TEIL I: DIE UNLÖSBAREN, VI.1–3

Kapitel VI.1: *Die Grundlagen zur Lösung der Unlösbaren*

Nun steht an, die Unlösbaren zu lösen. Sie heißen nicht deshalb »Unlösbare«, weil sie gar nicht gelöst werden könnten, sondern weil es schwierig ist, (sie) zu lösen. Und zu diesem Zweck will ich erstens einige Beschreibungen vorbringen, zweitens einige Voraussetzungen, drittens einige Thesen, viertens beispielhaft einige Unlösbare und ihre Lösungen. Aus den Lösungen dieser Unlösbaren wird es dann einem, der sich damit beschäftigt, leicht erhellen, auf welche Weise gegebenenfalls auch andere Unlösbare gelöst werden könnten.

Was das erste anbelangt, so laute die erste Beschreibung[199]: Ein wahrer Satz ist ein solcher, von dem gilt: Wie auch immer er bezeichnet, so ist es (in der Wirklichkeit). Zweite Beschreibung: Ein falscher Satz ist ein solcher, von dem nicht gilt: Wie auch immer er bezeichnet, so ist es. Dritte Beschreibung: Ein möglicher Satz ist ein solcher, von dem gilt: Wie auch immer er bezeichnet, so kann es sein. Vierte Beschreibung: Ein notwendiger Satz ist ein solcher, von dem gilt: Wie auch immer er bezeichnet, so muß es sein.

Was das zweite anbelangt, so laute die erste Voraussetzung: Jeder Satz ist entweder bejahend oder verneinend. Zweite Voraussetzung: Für jeden bejahenden Satz gilt: Daß er wahr

vel[2]] ALOP aut S Secunda] ALP secundo OS suppositio] A om. LOPS 22 affirmativam] AOPS negativam L veram] AOPS om. L est] ALOP et S

quo supponit eius subiectum et praedicatum, et e converso. Et ipsam esse falsam est non idem esse, pro quo supponit eius subiectum et praedicatum, et e converso. Tertia suppositio: Omnem propositionem negativam esse veram est non esse idem, pro quo supponit eius subiectum et praedicatum, et e converso. Et ipsam esse falsam est esse idem, pro quo supponit eius subiectum et praedicatum, et e converso. Quarta suppositio: Omnis propositio affirmativa significat idem esse, pro quo supponit eius subiectum et praedicatum, et hoc ostendit nobis manifeste copula in ea affirmata. Quinta suppositio: Omnis propositio negativa significat non idem esse, pro quo supponit eius subiectum et praedicatum, et hoc ostendit nobis manifeste A51ra copula in ea negata. Sexta suppositio: Impossibile est eandem propositionem esse veram et falsam.

Quantum ad tertium sit prima conclusio: Omnis propositio affirmativa significat se esse veram. Probatur: Omnis propositio affirmativa significat idem esse, pro quo supponit eius subiectum et praedicatum, per quartam suppositionem. Sed omnem propositionem affirmativam esse veram est idem esse, pro quo supponit eius subiectum et praedicatum, et e converso, per secundam suppositionem. Ergo omnis propositio affirmativa significat se esse veram.

Secunda conclusio: Omnis propositio negativa significat se esse veram. Probatur: Omnis propositio negativa significat non esse idem, pro quo supponit eius subiectum et praedicatum, per quintam suppositionem. Sed omnem propositionem negativam esse veram est non esse idem, pro quo supponit eius sub-

1 eius] LOPS om. A Et] OP om. ALS 2 ipsam] OPS illam AL eius] O om. ALPS 3 et[2]...converso] LOPS om. A Tertia] AL tertio OS om. P suppositio] AS om. LOP 4 Omnem...praedicatum] AO om. LPS 5 eius] X om. AO et[2]... converso] O om. ALPS 6 Et...converso] AX om. LOPS 7 eius] Z om. AX et[2]... converso] A om. X Quarta suppositio] AOP om. LS 9 eius] LPS om. AO nobis] LOPS om. A 10 copula...affirmata] ALPS in ea affirmatio copulae O Quinta] AOP quarta LS 12 ostendit] ALOP erit S nobis] LP om. AOS manifeste] ALPS om. O 13 negata] AOPS negativa L Sexta] AOP quinta LS Impossibile] ALOS om. P 14 propositionem] ALOPS non add. i.m. P 17 eius] om. O

ist, heißt, daß es dasselbe ist, wofür sein Subjekt und Prädikat supponieren, und umgekehrt. Und daß er falsch ist, heißt, daß es nicht dasselbe ist, wofür sein Subjekt und Prädikat supponieren, und umgekehrt. Dritte Voraussetzung: Für jeden verneinenden Satz gilt: Daß er wahr ist, heißt, daß es nicht dasselbe ist, wofür sein Subjekt und Prädikat supponieren, und umgekehrt. Und daß er falsch ist, heißt, daß es dasselbe ist, wofür sein Subjekt und Prädikat supponieren, und umgekehrt. Vierte Voraussetzung: Jeder bejahende Satz bezeichnet, daß es dasselbe ist, wofür sein Subjekt und Prädikat supponieren, und das zeigt uns deutlich die bejahte Kopula in ihm. Fünfte Voraussetzung: Jeder verneinende Satz bezeichnet, daß es nicht dasselbe ist, wofür sein Subjekt und Prädikat supponieren, und das zeigt uns deutlich die verneinte Kopula in ihm. Sechste Voraussetzung: Es ist unmöglich, daß derselbe Satz wahr und falsch ist.

Was das dritte anbelangt, so laute die erste These: Jeder bejahende Satz bezeichnet, daß er wahr ist. Beweis: Jeder bejahende Satz bezeichnet, daß es dasselbe ist, wofür sein Subjekt und Prädikat supponieren, gemäß vierter Voraussetzung. Aber für jeden bejahenden Satz gilt: Daß er wahr ist, heißt, daß es dasselbe ist, wofür sein Subjekt und Prädikat supponieren, und umgekehrt, gemäß zweiter Voraussetzung. Also bezeichnet jeder bejahende Satz, daß er wahr ist.

Zweite These: Jeder verneinende Satz bezeichnet, daß er wahr ist. Beweis: Jeder verneinende Satz bezeichnet, daß es nicht dasselbe ist, wofür sein Subjekt und Prädikat supponieren, gemäß fünfter Voraussetzung. Aber für jeden verneinenden Satz gilt: Daß er wahr ist, heißt, daß es nicht dasselbe ist,

19 est] LO et A 20 eius] L om. AO et²...converso] OPS om. AL 21 suppositionem] et e converso add. L omnis] LO om. A propositio] LO om. A 23 negativa] L negativam A om. s. add. i.m. O 24 Probatur] quia add. LO propositio] om. O 25 supponit] supponunt O eius] LO om. A praedicatum] et e converso add. O 26 quintam] tertiam L omnem] O om. AL 27 subiectum] om. L

iectum et praedicatum, et e converso, per tertiam suppositionem. Ergo omnis propositio negativa significat se esse veram.

Tertia conclusio: Omnis propositio mundi significat se esse veram. Probatur: Omnis propositio mundi vel est affirmativa vel negativa per primam suppositionem. Sed omnis propositio affirmativa significat se esse veram per primam conclusionem et omnis propositio negativa significat se esse veram per secundam conclusionem. Ergo omnis propositio mundi significat se esse veram, quod fuit probandum.

Quarta conclusio: Omnis propositio affirmativa significans L50rb se esse veram et se esse falsam est falsa. Probatur, nam sequitur »Propositio affirmativa significat se esse veram et significat se esse falsam, ergo significat idem esse, pro quo supponit eius subiectum et praedicatum, et significat non esse idem, pro quo supponit eius subiectum et praedicatum«, ista consequentia O52ra tenet per secundam suppositionem. Et ultra »Significat idem esse, pro quo supponit eius subiectum et praedicatum, et significat non esse idem, pro quo supponit eius subiectum et praedicatum, ergo non qualitercumque ipsa significat, ita est«. Ista consequentia tenet, quia non potest simul ita esse, quod idem sit, pro quo supponit eius subiectum et praedicatum, et quod non idem sit, pro quo supponit eius subiectum et praedicatum. Et ultra »Non qualitercumque significat, ita est, ergo est falsa«, ista consequentia tenet per secundam descriptionem. Finaliter ergo, si aliqua propositio affirmativa significat se esse veram et se esse falsam, ipsa est falsa.

Quinta conclusio: Omnis propositio negativa significans se esse veram et se esse falsam est falsa. Probatur, nam si proposi-

1 et^{2}...converso] LO om. A 2 propositio] LO om. A 4 Probatur] quia add. L nam add. O vel] O om. AL 6 affirmativa] mundi L primam...per] om. L 7 propositio] O om. A per...conclusionem] om. O 8 Ergo...probandum] LO etc. A 9 fuit] L erat O 10 significans] ALOS significat P 11 se esse^{2}] LOPS om. A est falsa] ALOS om. P Probatur] AOS probo LP 12 significat^{2}...esse^{1}] LOP om. A se esse S 13 eius] LPS om. AO 14 et^{2}...praedicatum] AL om. OPS significat] A om. L esse] A est L 15 ista...praedicatum] LOPS om. A 16 secundam] LOPS primam *ante corr.* O 17 eius] OPS om. L et^{2}...praedicatum]

wofür sein Subjekt und Prädikat supponieren, und umgekehrt, gemäß dritter Voraussetzung. Also bezeichnet jeder verneinende Satz, daß er wahr ist.

Dritte These: Jeder Satz der Welt[200] bezeichnet, daß er wahr ist. Beweis: Jeder Satz der Welt ist entweder bejahend oder verneinend, gemäß erster Voraussetzung. Aber jeder bejahende Satz bezeichnet, daß er wahr ist, gemäß erster These, und jeder verneinende Satz bezeichnet, daß er wahr ist, gemäß zweiter These. Also bezeichnet jeder Satz der Welt, daß er wahr ist, was zu beweisen war.

Vierte These: Jeder bejahende Satz, der bezeichnet, daß er wahr ist und daß er falsch ist, ist falsch. Beweis: Es folgt nämlich »Ein bejahender Satz bezeichnet, daß er wahr ist, und bezeichnet, daß er falsch ist, also bezeichnet er, daß es dasselbe ist, wofür sein Subjekt und Prädikat supponieren, und bezeichnet er, daß es nicht dasselbe ist, wofür sein Subjekt und Prädikat supponieren«; diese Folgerung ist gültig aufgrund der zweiten Voraussetzung. Und weiter »Er bezeichnet, daß es dasselbe ist, wofür sein Subjekt und Prädikat supponieren, und bezeichnet, daß es nicht dasselbe ist, wofür sein Subjekt und Prädikat supponieren, also gilt nicht: Wie auch immer er bezeichnet, so ist es«. Diese Folgerung ist gültig, weil es nicht zugleich so sein kann, daß es dasselbe ist, wofür sein Subjekt und Prädikat supponieren, und daß es nicht dasselbe ist, wofür sein Subjekt und Prädikat supponieren. Und weiter »Es gilt nicht: Wie auch immer bezeichnet, so ist es. Also ist er falsch«; diese Folgerung ist gültig aufgrund der zweiten Beschreibung. Somit folgt abschließend: Wenn ein bejahender Satz bezeichnet, daß er wahr ist und daß er falsch ist, dann ist er falsch.

Fünfte These: Jeder verneinende Satz, der bezeichnet, daß er wahr ist und daß er falsch ist, ist falsch. Beweis: Wenn nämlich

OPS om. AL 18 eius] OS om. P 19 ipsa] A om. LOPS significat] ALPS om. O est] ig- add. s. del. A 21 quod] om. LO 22 sit] om. O pro...praedicatum] om. O eius] om. L 23 Et ultra] ergo L 24 ista] om. LO 25 aliqua] om. L propositio] est add. L significat] om. O 26 se esse] LO om. A 28 se esse] LO om. A Probatur] patet LO quia add. L

tio negativa significat se esse veram et se esse falsam, tunc ipsa significat non esse idem, pro quo subiectum et praedicatum eius supponit, et esse idem, pro quo supponit eius subiectum et praedicatum, per tertiam suppositionem. Et cum non possit ita esse, scilicet, quod non idem sit, pro quo supponit eius subiectum et praedicatum, et quod idem sit, pro quo supponit eius subiectum et praedicatum, sequitur, quod non qualitercumque significat, ita est, et per consequens est falsa per secundam descriptionem. Et hoc erat intentum.

Sexta conclusio: Omnis propositio significans se esse veram et se esse falsam est falsa. Probatur sic: Omnis propositio vel est affirmativa vel negativa per primam suppositionem. Si est affirmativa et significat se esse veram et se esse falsam, est falsa per quartam conclusionem. Et si est negativa et significat se esse veram et se esse falsam, est falsa per quintam conclusionem. Ergo omnis propositio significans se esse veram et se esse falsam est falsa, quod fuit probandum. Et confirmatur: Impossibile est eandem propositionem esse veram et falsam per sextam suppositionem. Ergo, si aliqua propositio significat se esse veram et falsam, tunc non qualitercumque significat, ita est, et per consequens per secundam descriptionem ipsa est falsa.

Septima conclusio: Omni propositioni copulativae contradicit una disiunctiva composita ex partibus contradicentibus partibus illius copulativae. Verbi gratia »Sortes currit et Sortes non disputat«, eius contradictoria est »Sortes non currit vel Sortes disputat«. Probatur, quia istis convenit lex et natura

1 ipsa] om. LO 2 significat non] trsp. L non] idem add. s. del. O 3 supponit[1]] LO supponunt A et[1]...praedicatum] om. O 4 suppositionem] om. O cum] OX quod A tamen L possit] potest L 5 scilicet] om. LO pro...praedicatum] LO om. A 6 quod] om. LO eius] S om. ALOPX 7 subiectum...praedicatum] etc. L 8 est[2]] erit L 9 Et hoc] quod O intentum] probandum O 11 se esse] LO om. A Probatur...falsa] ALSX om. OP sic] L om. ASX Omnis... suppositionem] A om. LSX vel] Z om. A 13 esse[1]] falsam add. A se esse[2]] L om. A 14 quartam] unam L est] LO sit A 15 se esse[2]] LO om. A per] propter O 16 omnis...probandum] LO etc. A se esse[2]] O om. L 17 fuit] L erat O confirmatur] consimiliter LO 18 et] esse add. O sextam] secundam L

ein verneinender Satz bezeichnet, daß er wahr ist und daß er falsch ist, dann bezeichnet er, daß es nicht dasselbe ist, wofür sein Subjekt und Prädikat supponieren, und daß es dasselbe ist, wofür sein Subjekt und Prädikat supponieren, gemäß dritter Voraussetzung. Und da es nicht so sein kann, nämlich, daß es nicht dasselbe ist, wofür sein Subjekt und Prädikat supponieren, und daß es dasselbe ist, wofür sein Subjekt und Prädikat supponieren, folgt, daß nicht gilt: Wie auch immer er bezeichnet, so ist es. Und folglich ist er falsch, gemäß zweiter Beschreibung. Und das war die (Beweis-) Absicht.

Sechste These: Jeder Satz (überhaupt), der bezeichnet, daß er wahr ist und daß er falsch ist, ist falsch. Beweis: Jeder Satz ist entweder bejahend oder verneinend, gemäß erster Voraussetzung. Wenn er bejahend ist und bezeichnet, daß er wahr ist und daß er falsch ist, dann ist er gemäß vierter These falsch. Und wenn er verneinend ist und bezeichnet, daß er wahr ist und daß er falsch ist, dann ist er gemäß fünfter These falsch. Also ist jeder Satz, der bezeichnet, daß er wahr ist und daß er falsch ist, falsch, was zu beweisen war. Bekräftigung: Es ist unmöglich, daß derselbe Satz wahr und falsch ist, gemäß sechster Voraussetzung. Wenn also ein Satz bezeichnet, daß er wahr und falsch ist, dann gilt nicht: Wie auch immer er bezeichnet, so ist es. Und folglich ist er gemäß zweiter Beschreibung falsch.

Siebte These: Jedem kopulativen Satz widerspricht ein disjunktiver Satz, der aus Teilen zusammengesetzt ist, die den Teilen jenes kopulativen Satzes widersprechen. Z. B. »Sokrates läuft und Sokrates disputiert nicht«, der kontradiktorische Satz dazu lautet »Sokrates läuft nicht oder Sokrates disputiert«. Beweis: Diese Sätze unterliegen dem Gesetz und der

20 et[1]] esse add. O non] quacumque? add. s. del. O qualitercumque] quacumque! L est add. s. del. L 21 descriptionem] OX suppositionem AL 22 Septima] LO sexta A 23 partibus] om. L 24 illius] om. O Sortes[1]] non add. s. del. O Sortes[2]] Plato L om. O 25 non[1]] om. L est] etiam add. L Sortes non] trsp. O non[2]] om. L vel] et L 26 Sortes] Plato L non add. L Probatur] patet O

propositionum contradictoriarum, videlicet, quod si una est vera, reliqua est falsa, et e converso, et non possunt simul esse verae nec simul falsae, et earum categoricae sunt de consimilibus subiectis et de consimilibus praedicatis, et causa falsitatis unius est sufficiens causa veritatis alterius, et e converso. Patet, nam causa veritatis praedictae copulativae est ambas eius partes esse veras, sed ambas partes praedictae copulativae esse veras est ambas partes praedictae disiunctivae esse falsas, cum partes copulativae contradicant partibus disiunctivae. Ergo causa veritatis copulativae est sufficiens causa falsitatis disiunctivae, similiter causa falsitatis copulativae est sufficiens causa veritatis disiunctivae, nam causa falsitatis copulativae est ambas eius partes esse falsas vel unam partem eius esse
A51rb falsam, cum ad falsitatem copulativae sufficiat unam partem eius esse falsam. Sed ad ambas partes copulativae esse falsas vel ad unam eius partem esse falsam sequitur ambas partes disiunctivae esse veras vel unam eius partem esse veram, cum partes copulativae contradicant partibus disiunctivae. Et cum ad veritatem disiunctivae sufficiat unam eius partem esse veram, sufficienter ad falsitatem copulativae sequitur veritas disiunctivae compositae ex partibus contradicentibus partibus copulativae. Consimili modo potest deduci, quod sic est e converso.

1 propositionum] LO om. A quod] om. LO est] LO sit A 2 est] LO sit A et non] nec O 3 nec] et L simul] om. LO earum] eorum O 4 de consimilibus] O om. AL 5 veritatis] falsitatis L 6 veritatis] om. O eius] O om. AL 7 praedictae] LO prae- om. A 8 praedictae] om. O cum] unde L 9 contradicant] O contradicunt AL 11 copulativae] disiunctivae L 12 disiunctivae] copulativae L nam causa falsitatis copulativae est sufficiens causa veritatis disiunctivae add. A causa falsitatis] falsitas O 13 eius[1]] O om. AL partem…falsam] LO om. A 14 cum] PS et A tamen L quia X cum…falsam] ALPSX om. O sufficiat] P sufficit ALSX 15 eius] LPSX om. A Sed] si add. A ad] om. L 16 vel] om. L ad] quod O eius partem] L om. AO esse falsam] LO om. A 17 disiunctivae] copulativae L veras] falsas L vel…converso] AOPSX om. L eius] X om. AOS disiunctivae P partem] PSX om. AO esse veram] OPSX om. A 18 cum] OPSX om. A 19 eius] OSX om. AP 20 sufficienter] AOP ergo

Natur der kontradiktorischen Sätze, nämlich: Wenn der eine wahr ist, ist der andere falsch, und umgekehrt, und sie können nicht zugleich wahr sein und nicht zugleich falsch, und ihre kategorischen (Teilsätze) haben gleiche Subjekte und gleiche Prädikate, und ein Falschheitsgrund des einen ist ein hinreichender Wahrheitsgrund des anderen, und umgekehrt. Das ist klar, denn der Wahrheitsgrund des vorgenannten kopulativen Satzes ist, daß beide Teile von ihm wahr sind, aber daß beide Teile des vorgenannten kopulativen Satzes wahr sind, heißt, daß beide Teile des vorgenannten disjunktiven Satzes falsch sind, weil die Teile des kopulativen Satzes den Teilen des disjunktiven Satzes widersprechen. Also ist der Wahrheitsgrund des kopulativen Satzes ein hinreichender Falschheitsgrund des disjunktiven Satzes. Ebenso ist der Falschheitsgrund des kopulativen Satzes ein hinreichender Wahrheitsgrund des disjunktiven Satzes, denn der Falschheitsgrund des kopulativen Satzes ist, daß beide Teile von ihm falsch sind oder daß ein Teil von ihm falsch ist, weil es für die Falschheit eines kopulativen Satzes genügt, daß ein Teil von ihm falsch ist. Aber daraus, daß beide Teile des kopulativen Satzes falsch sind oder daß ein Teil von ihm falsch ist, folgt, daß beide Teile des disjunktiven Satzes wahr sind oder daß ein Teil von ihm wahr ist, weil die Teile des kopulativen Satzes den Teilen des disjunktiven Satzes widersprechen. Und weil es für die Wahrheit eines disjunktiven Satzes genügt, daß ein Teil von ihm wahr ist, folgt aus der Falschheit des kopulativen Satzes hinreichend die Wahrheit des disjunktiven Satzes, der aus Teilen zusammengesetzt ist, die den Teilen des kopulativen Satzes widersprechen. Auf ganz ähnliche Weise kann man ableiten, daß auch das Umgekehrte der Fall ist[201].

sufficit quod S ergo X sequitur] AOSX om. P 21 compositae] A constitutae OPSX partibus[2]] OPSX om. A 22 sic] AOPX om. S est] AOPX sit S

Cap. VI.2 ⟨Capitulum secundum de insolubilibus pertinentibus ad veritatem et falsitatem propositionum⟩

Quantum ad quartum propono primo illud insolubile commune »Ego dico falsum« supposito, quod nihil aliud ego dicam, nisi istam propositionem »Ego dico falsum«. Et quaeritur, utrum propositio a me prolata sit vera vel falsa. Si dicitur, O52rb quod sit vera, contra: Ergo qualitercumque ipsa significat, ita est, et cum ipsa significet me dicere falsum, ergo taliter est, quod ego dico falsum, et cum nihil aliud dicam quam istam propositionem »Ego dico falsum«, sequitur ipsam esse falsam, et per consequens non est vera, cuius oppositum tu dicis. Istae consequentiae factae patent ex descriptionibus. Si autem dicis, quod sit falsa, contra: Igitur taliter est, qualiter ipsa significat, scilicet se esse falsam, et si est taliter, qualiter ipsa significat, sequitur ipsam esse veram, et per consequens non est falsa, cuius oppositum tu dicis. Si autem tu dicis, quod sit simul vera et falsa, hoc est contra sextam suppositionem.

Respondetur, quod praedicta propositio est falsa. Patet, quia per tertiam conclusionem de generali significatione propositionum significat se esse veram, sed ad ipsam esse veram sequitur ipsam esse falsam, et per consequens per sextam conclusionem

13 ex descriptionibus] Cf. Cap. VI.1, »quantum ad primum«. 18 sextam suppositionem] Cf. Cap. VI.1, »quantum ad secundum«. 20 tertiam conclusionem] Cf. Cap. VI.1, »quantum ad tertium«. Ad ista fundamenta ex Cap. VI.1, sc. descriptiones, suppositiones et conclusiones, saepius refertur in sequentibus.

4 Quantum] *Nullam distinctionem capituli hic habet* ALOPSX, *rubricam habet* X propono] pono O primo] LO om. A commune] om. LO 5 ego] om. LO 6 propositionem] om. O quaeritur] quaeratur? L 7 dicitur] LO dicatur A 8 ipsa] L om. AO 9 cum] tamen L significet] significat L taliter] ita O 10 quod] qualiter L quam] nisi LO 11 ipsam] illam propositionem LO falsam] ego dico falsum add. LO 12 est vera] veram O 13 patent] patet L descriptionibus] Z suppositionibus ALOPSX *Quia folium deest* om. E autem] LO om. A dicis] dicas O 14 contra] tunc sic LO Igitur] LO om. A taliter…

Kapitel VI.2:
Unlösbare, welche die Wahrheit und die Falschheit von Sätzen betreffen

Was das vierte anbelangt, so bringe ich als erstes das allgemein bekannte Unlösbare »Ich sage Falsches« vor[202], wobei vorausgesetzt ist, daß ich nichts anderes sage als den Satz »Ich sage Falsches«. Und es fragt sich, ob der von mir geäußerte Satz wahr oder falsch ist. Wenn man sagt, daß er wahr ist, dann wird folgendermaßen dagegen argumentiert: Also gilt: Wie auch immer er bezeichnet, so ist es. Und da er bezeichnet, daß ich Falsches sage, ist es also so, daß ich Falsches sage, und da ich nichts anderes sage als den Satz »Ich sage Falsches«, folgt, daß er falsch ist, und folglich ist er nicht wahr. Du behauptest aber das Gegenteil davon. Die vorgebrachten Folgerungen erhellen aus den Beschreibungen. – Wenn du aber sagst, daß er falsch ist, dann wird folgendermaßen dagegen argumentiert: Also ist es so, wie er bezeichnet, nämlich, daß er falsch ist. Und wenn es so ist, wie er bezeichnet, folgt, daß er wahr ist, und folglich ist er nicht falsch. Du behauptest aber das Gegenteil davon. – Wenn du aber sagst, daß er zugleich wahr und falsch ist, dann ist das im Widerspruch mit der sechsten Voraussetzung.

Antwort: Der vorgenannte Satz ist falsch. Das ist klar, denn gemäß der dritten These betreffend die allgemeine Bezeichnung der Sätze bezeichnet er, daß er wahr ist. Aber aus seiner Wahrheit folgt seine Falschheit, und folglich ist er gemäß der

qualiter] est aliter quam L ipsa] om. O 15 scilicet] quia significat O esse add. s. del. A scilicet…significat] om. L taliter…significat] O ita est A 16 sequitur] om. O ipsam] L se A ipsam…veram] ipsa est vera O est falsa] S falsam APX om. E esse falsam L falsa O 17 tu[2]] om. LO 18 falsa] simul add. A sextam] OX secundam A unam L 19 praedicta propositio] LO om. A Patet] LO om. A 20 generali significatione] generari significationem! L propositionum] LO om. A 21 significat] sequitur LO se] ipsam LO sed] LO et A ad] om. O 22 ipsam] ipsum! O et…falsam] om. L

ipsa est falsa. Quod autem ad ipsam esse veram sequitur ipsam esse falsam, patet, nam sequitur: Ipsa est vera, ergo cum sit affirmativa, subiectum et praedicatum supponunt pro eodem per secundam suppositionem. Et ultra: Subiectum et praedicatum supponunt pro eodem, ergo ly *ego* et ly *dico falsum* supponunt pro eodem, ergo idem est ego et dicens falsum, et per consequens ego sum dicens falsum. Et cum nihil aliud dicam quam dictam propositionem, sequitur ipsam esse falsam, si ipsa est vera, ergo ad ipsam esse veram sequitur ipsam esse falsam, quod erat probandum, et per consequens est falsa.

L50va Et cum dicebatur »Si ipsa est falsa, cum ipsa significat se esse falsam, taliter est, qualiter ipsa significat«, concedo, et cum ulterius dicitur »Ergo ipsa est vera«, nego consequentiam. Unde quamvis sit taliter, qualiter ipsa significat, tamen non qualitercumque ipsa significat, ita est, quod tamen oporteret ad hoc, quod esset vera, ut patet per descriptionem propositionis verae. Unde ad hoc, quod propositio sit vera, non sufficit, quod taliter sit, qualiter ipsa significat, sed requiritur, quod qualitercumque ipsa significat, ita sit. Unde ista propositio »Homo est asinus« est falsa, et tamen taliter est, qualiter ipsa significat, quia significat hominem esse, et taliter est, sed quia cum hoc significat aliter, quam est, ideo ipsa est falsa. Similiter est in proposito: Ista propositio »Ego dico falsum«, quamvis taliter sit, qualiter ipsa significat, quia ipsa significat se esse

1 ipsa] O om. A 2 patet] probatur LO Ipsa] om. LO ergo] om. L et O 3 affirmativa] ALOPSX significat idem esse pro quo supponit add. A praedicatum] ALOPSX et ipsa add. A 4 per…suppositionem] LOPSX om. A Et…eodem] LOPSX om. A 5 dico] A dicens LOPSX om. E supponunt[2]] LOPSX supponit A 6 ergo…falsum] om. L ego] PSX om. A ego…falsum] om. O 7 ego] dico add. s. del. A cum] om. O 8 quam] nisi L ipsam] praedictam propositionem LO falsam] et add. O 10 quod…probandum] om. L 11 dicebatur] dicebitur L ipsa[1]] L om. AO est] et! L falsa] et add. O cum[2]…significat] LO contra etc. A ipsa[2]] L om. O 12 concedo] O concedendo L concedo…vera] LO om. A 13 nego consequentiam] LO negatur consequentia A 15 ipsa] om. LO significat] ip- add. s. del. A 16 ad…vera] LO om. A 17 propositio] LO om. A sit vera] LO trsp. A 18 quod[1]…sit] LO sic esse A ipsa] LO om. A 19 ipsa] om. LO 20 et] LO om. A 21 taliter] ita O quia[2]] LO om. A 22 quam] qualiter O

sechsten These falsch. Daß aber aus seiner Wahrheit seine Falschheit folgt, ist klar, denn es folgt: Er ist wahr, also gilt, da er ja bejahend ist, daß Subjekt und Prädikat für dasselbe supponieren, gemäß zweiter Voraussetzung. Und weiter: Subjekt und Prädikat supponieren für dasselbe, also supponieren der Ausdruck »ich« und der Ausdruck »sage Falsches« für dasselbe, also sind ich und ein Falsches Sagender identisch, und folglich bin ich ein Falsches Sagender. Und weil ich nichts anderes sage als den genannten Satz, folgt, daß er falsch ist, wenn er wahr ist. Also folgt aus seiner Wahrheit seine Falschheit, was zu beweisen war, und folglich ist er falsch.

Und wenn es hieß »Wenn er falsch ist, dann ist es so, wie er bezeichnet, weil er bezeichnet, daß er falsch ist«, so gebe ich das zu. Aber wenn es ferner hieß »Also ist er wahr«, so lehne ich die Folgerung ab. Denn obwohl es so ist, wie er bezeichnet, so gilt doch nicht: Wie auch immer er bezeichnet, so ist es. Das wäre jedoch für seine Wahrheit erforderlich, wie durch die Beschreibung eines wahren Satzes erhellt. So ist es für die Wahrheit eines Satzes nicht hinreichend, daß es so ist, wie er bezeichnet, sondern es ist notwendig, daß es so ist, wie auch immer er bezeichnet. So ist der Satz »Ein Mensch ist ein Esel« falsch, und dennoch ist es so, wie er bezeichnet, weil er bezeichnet, daß ein Mensch ist, und so ist es; aber weil er darüber hinaus auch anders bezeichnet, als es ist, ist er falsch. Ebenso verhält es sich im vorliegenden Fall des Satzes »Ich sage Falsches«: Obwohl es so ist, wie er bezeichnet, weil er bezeichnet, daß er falsch ist, so gilt doch nicht: Wie auch immer er

est[1]] om. O ideo] ergo L om. O ipsa] LO om. A Similiter est] sed L sic recte O 23 Ista] om. L propositio] O om. AL dico falsum] LO etc. A 24 qualiter] sicut LO ipsa[1]] om. L ipsa[2]] LO om. A

falsam, non tamen qualitercumque significat, ita est, quia significat se esse veram, et taliter non est, ergo etc.

Unde imaginandum est sic de veritate propositionis, sicut de qualitate summa, nam quam cito remittitur, tam cito desinit esse summa et incipit esse remissa, ita est in proposito posito, quod aliqua propositio sit vera, quam cito significat aliqualiter aliter, quam est, quamvis cum hoc adhuc significet taliter, qualiter est, ipsa desinit esse vera et incipit esse falsa non obstante, quod adhuc multo haberet de veritate plus quam de falsitate. Similiter potest imaginari de veritate et falsitate, sicut de puro et impuro, sicut enim per cuiuscumque contrarii adventum purum fit impurum, ita propositio vera fit falsa, quam cito significat aliqualiter aliter, quam est.

O52va Sed diceret aliquis: Tu dicis, quod haec sit falsa »Ego dico falsum«, quae est ergo eius contradictoria? Si dicis, quod ista »Ego non dico falsum«, contra: Vocetur ergo ista »Ego dico falsum« A et ista »Ego non dico falsum« B, tunc sic: A significat A esse falsum et B significat B non esse falsum, ergo A et B non contradicunt. Consequentia tenet, quia contradictio debet esse affirmatio et negatio eiusdem de eodem, sed sic non est in proposito, ergo etc.

Si autem dicis, quod eius contradictoria sit ista »Ego non dixi falsum«, ut aliqui dicunt, hoc non valet, nam prima erat falsa et secunda significat eam non fuisse falsam, ergo secunda est falsa, et per consequens secunda primae omnino non con-

1 falsam] et taliter est (et L om. O) add. LO ita est] LO om. A quia significat] enim L significat enim O 2 ergo etc] om. L 3 sic] om. LO propositionis] propositionum LO 4 remittitur] refertur? L tam cito] LO om. A 5 summa] om. L remissa] et add. L est] L om. AO posito] om. L 6 aliqualiter…quam] taliter qualiter L 7 adhuc] om. LO significet] significat O 9 quod adhuc] O trsp. ALPSX multo] LOPSX multum A de[2]] om. O 10 et] de add. A 11 enim] om. L cuiuscumque…adventum] LOX quoddam adiunctum A cuiuscumque consequentiam! adventum P cuiuscumque contrarium adventum S 12 ita] LO sic A 13 significat] significat add. L aliqualiter] om. L 14 diceret] LO diceres! A sit] LO est A 15 ergo] om. L dicis] dicas L quod] LO om. A 16 contra…B] LO om. A 18 B[1]] LO c A B[2]] LO c A B[3]] LO c A 20 esse] om. L 22 dicis] LSX dicatur AO dicas P eius] istius ego dico falsum L istius O

bezeichnet, so ist es. Denn er bezeichnet (auch), daß er wahr ist, und so ist es nicht; also usw.

Das Verhalten der Wahrheit eines Satzes muß man sich so vorstellen wie das einer höchstgradigen Qualität: Sobald sie verringert wird, hört sie auf, höchstgradig zu sein, und beginnt, verringert zu sein. So ist es auch im vorliegenden Fall: Angenommen, daß ein Satz wahr sei, dann gilt: Sobald er irgendwie anders bezeichnet, als es ist – wenn er auch darüber hinaus noch immer so bezeichnet, wie es ist –, hört er auf, wahr zu sein, und beginnt, falsch zu sein, unbeschadet, daß er noch immer viel mehr an Wahrheit als an Falschheit besitzen mag. Ebenso kann man sich das Verhalten der Wahrheit und der Falschheit vorstellen wie das des Reinen und des Unreinen: Wie nämlich das Reine durch das Hinzukommen von irgend etwas Gegensätzlichem unrein wird, so wird ein wahrer Satz falsch, sobald er irgendwie anders bezeichnet, als es ist.

Einwand: Du sagst, daß der Satz »Ich sage Falsches« falsch ist, was ist also der kontradiktorische Gegensatz dazu? Wenn du sagst, daß es der Satz »Ich sage nicht Falsches« ist, dann argumentiere ich so dagegen: Es heiße also der Satz »Ich sage Falsches« A und der Satz »Ich sage nicht Falsches« B, dann läuft das Argument so: A bezeichnet, daß A falsch ist, und B bezeichnet, daß B nicht falsch ist, also sind A und B nicht kontradiktorisch. Die Folgerung ist gültig, denn ein Widerspruch muß die Bejahung und die Verneinung desselben von demselben sein; dies ist aber im Vorliegenden nicht der Fall, also usw.

Wenn du aber sagst, daß sein kontradiktorischer Gegensatz der Satz »Ich sagte nicht Falsches« ist, wie manche sagen, so gilt das nicht, denn der erste war falsch und der zweite bezeichnet, daß jener nicht falsch war, also ist der zweite falsch; und folglich widerspricht der zweite dem ersten überhaupt

23 dixi] dico L aliqui] tamen? add. L dicunt] om. L nam] quia L 24 eam] ipsam L non] esse falsam add. s. del. O 25 omnino] L om. AO

tradicit, aliter enim duae contradictoriae essent simul falsae. Secundo, istae contradicunt »Ego dixi falsum«, »Ego non dixi falsum«, sed ista »Ego dixi falsum« non aequipollet isti »Ego dico falsum«, ergo isti »Ego dico falsum« non contradicit ista »Ego non dixi falsum«.

Breviter aliis modis distinguendis dimissis ego dico, quod A51va quia ipsa significat se esse veram et se esse falsam, eius contradictoria potest esse ista »Non ego dico falsum«, prout ista negatio *non* refertur super istam propositionem totam »Ego dico falsum«, et tunc ista »Non ego dico falsum« significat, quod non est ita, sicut ista significat »Ego dico falsum«. Et cum ista »Ego dico falsum« significet me dicere verum et me dicere falsum, ergo ista »Non ego dico falsum« significat me non dicere verum vel me non dicere falsum, eo quod per ultimam conclusionem contradictoria copulativae est una disiunctiva composita ex partibus contradicentibus partibus talis copulativae.

Aliud insolubile: »Propositio, quam ego profero, est similis propositioni, quam profert Plato«. Posito, quod Plato proferat unam propositionem falsam et nullam aliam, puta »Homo est asinus«, et sit ista B, et propositio, quam ego profero, sit ista et nulla alia »Propositio, quam ego profero, est similis propositioni, quam profert Plato«, et sit ista A. Tunc quaeritur, utrum A sit verum vel falsum. Si dicis, quod A sit verum, contra: A est simile B, sed B est falsum, ergo A est falsum, et si sic, ipsum non est verum, cuius oppositum tu dicis. Si dicis, quod A sit

1 duae] L om. A duo O contradictoriae] contradictoria O falsae] falsa O 3 aequipollet] aequivalet O 4 dico[1]] dixi L isti] istae L 6 Breviter] APS similiter? L om. O de add. LP aliis…ego] LOPS om. A distinguendis] L om. OS dicendis P dimissis] LPS obmissis O ego] O om. LPS 7 quia] om. L ipsa] LPX *lectio incerta* (prima?) A om. OS significat] om. L se[1]] ipsam add. O se esse[2]] OPS om. A esse L 8 potest esse] LOPSX est A Non ego] trsp. L prout… falsum[2]] LOPS om. A 10 tunc] O tamen LS cum P significat] enim add. A 11 Et] AOP ergo LS ergo add. OP 12 cum] tamen! L significet] AL significat OPS 13 ergo] LS om. AOP 15 contradictoria] contradicunt! L 16 talis] om. L 17 copulativae] etc. add. L 18 insolubile] sit illud O ego] om. LO 20 et…

nicht, sonst wären nämlich zwei kontradiktorische Sätze zugleich falsch. Zweitens: Die Sätze »Ich sagte Falsches« und »Ich sagte nicht Falsches« widersprechen sich, aber der Satz »Ich sagte Falsches« ist nicht gleichwertig mit dem Satz »Ich sage Falsches«, also widerspricht dem Satz »Ich sage Falsches« nicht der Satz »Ich sagte nicht Falsches«.

Unter Auslassung anderer Unterscheidungsweisen antworte ich kurz: Weil er bezeichnet, daß er wahr ist und daß er falsch ist, mag sein kontradiktorischer Gegensatz der Satz »Nicht ich sage Falsches« sein, wobei sich die Negation »nicht« auf den ganzen Satz »Ich sage Falsches« bezieht. Und dann bezeichnet der Satz »Nicht: Ich sage Falsches«, daß es nicht so ist, wie der Satz »Ich sage Falsches« bezeichnet. Und da der Satz »Ich sage Falsches« bezeichnet, daß ich Wahres sage und daß ich Falsches sage, bezeichnet also der Satz »Nicht: Ich sage Falsches«, daß ich nicht Wahres sage oder daß ich nicht Falsches sage, weil gemäß der letzten These der kontradiktorische Gegensatz eines kopulativen Satzes ein disjunktiver Satz ist, der aus Teilen zusammengesetzt ist, die den Teilen des betreffenden kopulativen Satzes widersprechen.

Ein anderes Unlösbares: »Der Satz, den ich äußere, ist ähnlich dem Satz, den Platon äußert«. Gesetzt, daß Platon einen falschen Satz äußert und keinen anderen, nämlich »Ein Mensch ist ein Esel«, und dieser sei B, und (daß) der Satz, den ich äußere, der folgende und kein anderer ist: »Der Satz, den ich äußere, ist ähnlich dem Satz, den Platon äußert«, und dieser sei A. Dann fragt es sich, ob A wahr oder falsch ist. Wenn du sagst, daß A wahr ist, dann dagegen: A ist ähnlich B, aber B ist falsch, also ist A falsch, und wenn dem so ist, ist es (A) nicht wahr, und du behauptest das Gegenteil davon. Wenn du

aliam] LO om. A **21** quam…quam] om. L et[3]] A om. OPSX **22** nulla] OPSX non A ego] om. O **24** verum[1]] LO vera A falsum] LO falsa A dicis] dicas O A[2]] om. L sit[2]] est LO contra] ergo LO **25** simile] similis L si] om. L sic] ergo add. O **26** verum] fieri?! L dicis[2]] dicas O A] om. L

falsum, et cum B sit falsum, contra: A est simile B, sed hoc A enuntiat, ergo taliter est, qualiter A enuntiat, ergo A est verum et per consequens non falsum, cuius oppositum tu dicis. Si autem dicis, quod A sit simul verum et falsum, hoc est contra sextam suppositionem.

Respondetur, quod A est falsum, quia significat se esse verum et ad ipsum esse verum sequitur ipsum esse falsum, ergo cum significet se esse verum et ex consequenti se esse falsum, sequitur, quod ipsum est falsum, per sextam conclusionem. Cum enim A sit propositio affirmativa, significat idem esse, pro quo supponit eius subiectum et praedicatum, ut patet per quartam suppositionem. Sed ad esse idem, pro quo eius subiectum et praedicatum supponit, sequitur ipsum esse falsum stante casu, ergo etc. Et cum dicebatur »Si A est falsum, ergo est simile B«, concedo. Et cum ulterius dicebatur »Ergo taliter est, qualiter A enuntiat«, concedo, »Ergo est verum«, negatur consequentia, quamvis bene sequatur »Qualitercumque A O52vb significat, ita est, ergo A est verum«. Modo antecedens est falsum propter hoc, quod A significat se esse verum et se esse falsum et non est taliter totaliter, ita quod A sit verum, igitur etc. Et ideo, quia praedicta propositio aequivalet uni copulativae, contradictoria eius erit una disiunctiva composita ex partibus contradicentibus partibus talis copulativae.

Aliud insolubile est: »Haec propositio est falsa« posito, quod L50vb per ly *haec* demonstretur istamet propositio et vocetur B. Tunc

1 cum] LOPSX quod A B[1]] ly! L contra] A om. LOPSX 3 et…consequens] LO ergo A 4 autem] OPS om. AX nunc L dicis] dicas O falsum] et add. L 5 suppositionem] LO conclusionem A 7 ipsum[1]] LO ipsam A verum] LO veram A ipsum[2]] LO ipsam A falsum] LO falsam A 8 significet] O significat AL esse[1]] verium? add. s. del. O verum] LO veram A ex consequenti] existente! L se[2]] om. L falsum] LO falsam A 9 est falsum] om. O per… conclusionem] LO om. A 11 eius] LO om. A ut patet] om. LO 12 ad] om. LO eius] L om. AO 13 supponit] LO supponunt A 14 stante casu] LO om. A ergo etc] om. L dicebatur] LO dicitur A 15 B] *lectio incerta* (hoc?) L cum] quando L 16 A] om. L Ergo] et? add. L 17 A] autem! L 18 ita] talis L taliter O A] om. L Modo] LOPSX tunc A est falsum] LOS negatur A falsum P non est evrum X 19 A] om. L 20 et] A sed LOPSX taliter] A om. LOPSX

sagst, daß A falsch ist, dann folgendermaßen dagegen, da ja B falsch ist: A ist ähnlich B, aber das drückt A aus, also ist es so, wie A ausdrückt, also ist A wahr und folglich nicht falsch, und du behauptest das Gegenteil davon. Wenn du aber sagst, daß A zugleich wahr und falsch ist, so steht das der sechsten Voraussetzung entgegen.

Antwort: A ist falsch, weil es bezeichnet, daß es wahr ist, und aus seinem Wahrsein folgt sein Falschsein, also: Da es bezeichnet, daß es wahr ist, und folglich, daß es falsch ist, folgt, daß es falsch ist, gemäß der sechsten These. Da nämlich A ein bejahender Satz ist, bezeichnet es, daß es dasselbe ist, wofür sein Subjekt und Prädikat supponieren, wie aus der vierten Voraussetzung erhellt. Aber daraus, daß es dasselbe ist, wofür sein Subjekt und Prädikat supponieren, folgt, daß es unter der gemachten Fallannahme falsch ist, also usw. Und wenn es hieß »Wenn A falsch ist, dann ist es ähnlich B«, so gebe ich das zu. Und wenn es weiter hieß »Also ist es so, wie A ausdrückt«, so gebe ich das zu, »Also ist es wahr« – (diese) Folgerung wird abgelehnt, wenn auch sehr wohl folgte »Wie auch immer A bezeichnet, so ist es, also ist A wahr«. Der Vordersatz ist nun aber deshalb falsch, weil A bezeichnet, daß es wahr ist und daß es falsch ist, und das ist nicht vollständig der Fall, so daß A wahr wäre, also usw. Weil also der vorgenannte Satz mit einem kopulativen Satz äquivalent ist, wird sein kontradiktorischer Satz ein disjunktiver Satz sein, der aus Teilen zusammengesetzt ist, welche den Teilen des betreffenden kopulativen Satzes widersprechen.

Ein anderes Unlösbares lautet: »Dieser Satz ist falsch«, gesetzt, daß sich der Ausdruck »dieser« auf ebendiesen Satz bezieht, und er heiße B. Dann fragt es sich, ob der Satz B wahr

totaliter...verum] LOPSX om. A A] OPSX om. L significat add. S 21 etc] L om. AO quia] LOPSX om. A praedicta] praedicto! O copulativae] et add. A 22 una] om. L 23 partibus[2]] APSX om. LO talis] LOPSX om. A 24 insolubile est] sit illud O est[1]] om. L falsa] quod? add. s. del. O 25 per] om. L haec] om. L demonstretur] demonstraretur L istamet] istammet L propositio] om. L vocetur] ista propositio add. O B] ly! L Tunc] O om. AL

quaeritur, utrum ista propositio B sit vera vel falsa. Si vera, ergo qualitercumque significat, ita est, sed ipsa significat se esse falsam, ergo taliter est, et per consequens est falsa et non vera, cuius oppositum tu dicis. Si autem dicis, quod sit falsa, et cum ipsa significat se esse falsam, ergo taliter est, qualiter ipsa significat, et per consequens est vera et non falsa, cuius oppositum tu dicis.

Respondetur, quod est falsa, quia sicut patet, ipsa significat se esse falsam, et cum per tertiam conclusionem omnis propositio significat se esse veram, sequitur, quod haec propositio significat se esse veram et se esse falsam, et per consequens per sextam conclusionem ipsa est falsa. Et cum dicebatur »Si est falsa, et cum significat se esse falsam, taliter est, qualiter ipsa significat«, concedo, nec propter hoc ipsa est vera, quia non qualitercumque ipsa significat, ita est.

Sed diceres: Tu dicis, quod B propositio sit falsa, contra: Sit A ista propositio consimilis B »Haec propositio est falsa«, et per ly *haec* positum in A demonstretur ipsum B, tunc sic: Si B est falsum, tunc A est verum, quia A enuntiat B esse falsum. Et ultra, si A est verum, sequitur B esse verum propter hoc, quod A et B sunt propositiones omnino consimiles, sunt enim consimilium subiectorum, copularum et praedicatorum, et cum hoc subiectum et praedicatum unius supponunt pro eodem, pro quo supponunt subiectum et praedicatum alterius, utrobique enim supponunt pro B propositione.

1 quaeritur] LO quaeratur? A ista propositio] LO om. A 2 ipsa] dubitate! L 4 oppositum] tamen add. L autem…sit] om. L dicis[2]] O dicas A sit] vera add. s. del. O falsa] arguitur add. L et cum] aliter est quam L 5 ergo] et L om. O taliter] non add. L ipsa[2]] om. L 6 et[1]…consequens] LO ergo A 8 est…quia] LO om. A patet] partem! L 9 falsam] falsa L et] om. L 11 significat] LO significet A esse[2]] veram et se esse add. O 12 sextam] -tam om. O cum] tamen! L dicebatur] LO dicitur A 13 cum] tamen L ly similiter! add. L est] om. L ipsa] O om. AL 14 nec] et O propter] per L ipsa] non add. O non] om. L 15 ipsa] om. LO 16 Sed diceres] om. L propositio sit] trsp. L sit] LO est A 18 per…haec] om. L in A] om. L demonstretur] demonstratum L ipsum] O om. AL B[1]] ly! L tunc sic] sint sicut! L 19 A[2]] om. O B] hic?! L 20 B esse] quod b est O verum[2]] et add. O 21 sunt[2]…

oder falsch ist. Wenn wahr, also ist es so, wie auch immer er bezeichnet, aber er bezeichnet, daß er falsch ist, also ist es so, und folglich ist er falsch und nicht wahr, und du behauptest das Gegenteil davon. Wenn du aber sagst, daß er falsch ist, (dann folgt,) da er ja bezeichnet, daß er falsch ist: Also ist es so, wie er bezeichnet, und folglich ist er wahr und nicht falsch, und du behauptest das Gegenteil davon.

Antwort: Er ist falsch, weil er offenkundig bezeichnet, daß er falsch ist, und da gemäß der dritten These jeder Satz bezeichnet, daß er wahr ist, folgt, daß dieser Satz bezeichnet, daß er wahr ist und daß er falsch ist, und folglich ist er gemäß der sechsten These falsch. Und wenn es hieß »Wenn er falsch ist, (dann folgt,) da er ja bezeichnet, daß er falsch ist: (Also) ist es so, wie er bezeichnet«, so gebe ich das zu, aber deswegen ist er nicht (schon) wahr, weil es nicht so ist, wie *auch immer* er bezeichnet.

Einwand: Du sagst, daß der Satz B falsch ist, aber dagegen: Es sei A der dem B gleiche Satz »Dieser Satz ist falsch«, und der in A stehende Ausdruck »dieser« beziehe sich auf B, dann wird so argumentiert: Wenn B falsch ist, dann ist A wahr, weil A ausdrückt, daß B falsch ist. Und weiter: Wenn A wahr ist, folgt, daß B wahr ist, und zwar deswegen, weil A und B (zwei) völlig gleiche Sätze sind, sie haben nämlich die gleichen Subjekte, Kopulae und Prädikate, und darüber hinaus supponieren das Subjekt und das Prädikat des einen für dasselbe, wofür das Subjekt und das Prädikat des anderen supponieren, in beiden Fällen supponieren sie nämlich für den Satz B.

consimiles] om. O enim] de add. L 22 consimilium] consimili L subiectorum] praedicato L consimilium add. A copularum] subiecto L praedicatorum] copula L cum hoc] tamen L 23 et praedicatum] om. L 24 supponunt] supponit L utrobique...propositione] om. L

Respondetur, quod A est verum et B falsum, et dico non esse impossibile, quod sint duae propositiones omnino consimiles, quarum termini unius supponunt pro eodem, pro quo supponunt termini alterius, et tamen unam earum esse veram et aliam falsam propter hoc, quod una falsificat se et alia non. Adhuc diceres tu: Tu dicis, quod B sit falsum, ergo eius contradictorium erit verum, scilicet »Haec propositio non est falsa« A51vb demonstrando per ly *haec* B propositionem, et sit ista C, tunc sic: C est verum, sed C significat B non esse falsum, ergo B non est falsum, cuius oppositum tu dicis. Respondetur, quod C non est contradictorium B propter hoc, quod ambae sunt falsae. Ex quo infero, quod possibile est duas propositiones esse singulares, unam affirmativam et aliam negativam, de consimilibus subiectis et praedicatis et copulis, quarum extrema supponunt pro eodem, quae tamen non contradicunt. Patet de istis »Haec propositio est falsa«, »Haec propositio non est falsa« demonstrando utrobique per ly *haec* primam propositionem.

Sed diceres: Quae est ergo contradictoria praedictae propositionis? Respondetur, quod ista »Haec propositio non est vera vel haec propositio non est falsa« demonstrando per ly *haec* utrobique B propositionem. Et ratio huius est, quia B propositio aequivalet uni copulativae, scilicet »Haec propositio est vera et haec propositio est falsa«, modo per ultimam conclusionem contradictoria copulativae est una disiunctiva composita ex partibus contradicentibus partibus illius copulativae.

2 propositiones] om. L consimiles] et add. A 3 quarum] quorum L unius] om. L pro^{2}…alterius] om. L 5 propter…non] om. L alia] mo- add. s. del. O 6 diceres] om. L tu] om. LO 7 erit] est LO scilicet] sed! L 8 per…haec] LO om. A tunc] c add. s. del. O 9 sic] sed add. s. del. A C^{1}] om. L C^{2}] om. L non add. A ergo…falsum] om. L B^{2}] OPSX C A non^{2}] OPSX om. A 11 est] sit O B] om. L 12 esse] L om. AO 13 et] om. O 14 copulis] et add. O 15 quae] et LO contradicunt] contradicent L 17 utrobique] om. LO haec] O hoc! AL in prima add. LO primam] et per ly hoc in secunda secundam add. L et in secunda eandem primam add. O propositionem] om. LO 18 ergo] eius add. O contradictoria] contradicerent! L propositionis] propositiones L 19 quod] L om. A ista] om. L haec O est add. O 20 haec^{2}] hoc L 21 propositionem] om. L ratio huius] haec LO propositio] om. L 22 aequivalet]

Antwort: A ist wahr und B falsch, und ich sage (weiters), daß es nicht unmöglich ist, daß es zwei völlig gleiche Sätze gibt, von denen gilt, daß die Terme des einen für dasselbe supponieren, wofür die Terme des anderen supponieren, und daß dennoch der eine von ihnen wahr ist und der andere falsch, und zwar deswegen, weil der eine sich falsifiziert und der andere nicht. – Weiterer Einwand: Du sagst, daß B falsch ist, also wird sein kontradiktorischer Gegensatz wahr sein, nämlich »Dieser Satz ist nicht falsch«, wobei sich der Ausdruck »dieser« auf den Satz B bezieht, und es sei dieser (kontradiktorische Satz zu B) C, dann wird so argumentiert: C ist wahr, aber C bezeichnet, daß B nicht falsch ist, also ist B nicht falsch, und du behauptest das Gegenteil davon. – Antwort: C ist nicht der kontradiktorische Gegensatz von B, und zwar deswegen, weil beide falsch sind. Daraus folgere ich, daß es möglich ist, daß es zwei singuläre Sätze gibt, einen bejahenden und einen verneinenden, mit gleichen Subjekten, Prädikaten und Kopulae, deren Satzglieder für dasselbe supponieren, und die sich dennoch nicht widersprechen. Das erhellt bei den Sätzen »Dieser Satz ist falsch«, »Dieser Satz ist nicht falsch«, wobei sich der Ausdruck »dieser« in beiden Fällen auf den ersten Satz bezieht.

Einwurf: Wie lautet also der kontradiktorische Satz des vorgenannten Satzes? Antwort: Er lautet folgendermaßen: »Dieser Satz ist nicht wahr oder dieser Satz ist nicht falsch«, wobei sich der Ausdruck »dieser« in beiden Fällen auf den Satz B bezieht. Und der Grund dafür ist, daß der Satz B mit einem kopulativen Satz äquivalent ist, nämlich »Dieser Satz ist wahr und dieser Satz ist falsch«, gemäß der letzten These ist nun aber der kontradiktorische Satz eines kopulativen Satzes ein disjunktiver Satz, der aus Teilen zusammengesetzt ist, welche den Teilen jenes kopulativen Satzes widersprechen.

aequipollet O scilicet] si! L 24 contradictoria] contradicerent! L contradictorium O composita...copulativae] LO etc. A 25 partibus[2]] L om. O

Sed adhuc diceres: Si B propositio est falsa, ergo idem est, pro quo supponunt eius subiectum et praedicatum, propter hoc, quod ly *falsa* est eius praedicatum. Et ultra, si est idem, pro quo supponit eius subiectum et praedicatum, cum ipsa sit affirmativa, sequitur ipsam esse veram, eo quod omnis propositio affirmativa est vera, quae sic se habet, quod idem est, pro quo supponunt eius subiectum et praedicatum. Respondetur concedendo, nisi tunc talis propositio habeat significationes
O53ra repugnantes, qualiter est in proposito. Ista enim »Haec propositio est falsa« de significatione formali, cum sit affirmativa, significat idem esse, pro quo supponunt eius subiectum et praedicatum, de significatione autem materiali, scilicet ratione istius termini *falsa* supponentis pro ipsamet propositione, ista propositio significat se esse falsam et per consequens non esse idem, pro quo supponunt eius subiectum et praedicatum. Et cum hoc sit propositionem affirmativam esse falsam, ideo, quia significatio eius formalis dissonat et repugnat significationi eius materiali, ipsa est falsa non obstante, quod idem sit, pro quo supponit eius subiectum et praedicatum.

Adhuc diceres: Estne possibilis? Respondetur, quod non, quia non qualitercumque ipsa significat, ita potest esse. Significat enim se esse veram et se esse falsam, et impossibile est sic esse, quando enim ipsa est, sic non est, et similiter quando ipsa non est, sic non est, quando enim non est, nec est vera nec falsa.

1 Sed] LO om. A diceres] dictiones! L propositio est] trsp. L 2 supponunt] supponit LO eius] om. L praedicatum] et add. O propter…praedicatum] om. O 3 falsa] propter hoc quod li falsa add. A 4 quo] qua L praedicatum] et add. L 5 propositio] LO om. A 6 idem est] om. O 7 quo] eodem O supponunt] supponit L 8 concedendo] concedendum est L nisi] et L propositio] LO om. A habeat] O habet AL 9 Ista] ita! L 10 formali] LO principali A cum sit] tamen sicut! L 11 idem esse] quod idem sit LO supponunt] supponit LO 12 scilicet] om. O 13 falsa] falsum LO supponentis…propositione] LO om. A ipsamet] O -met om. L ista propositio] om. LO 14 esse[2]] est L 15 supponunt] supponit LO Et] LO om. A 16 cum] tamen L hoc] tamen add. A sit] LO stat A esse] om. L falsam] ALOPSX et add. ALOPX ideo] OPSX ratio huius est A non L 17 significationi] significatione L 18 falsa] et add.

Weiterer Einwand: Wenn der Satz B falsch ist, ist es also dasselbe, wofür sein Subjekt und Prädikat supponieren, und zwar deswegen, weil der Ausdruck »falsch« sein Prädikat ist. Und weiter: Wenn es dasselbe ist, wofür sein Subjekt und Prädikat suppponieren, folgt, da er ja bejahend ist, daß er wahr ist, weil jeder bejahende Satz wahr ist, der sich so verhält, daß es dasselbe ist, wofür sein Subjekt und Prädikat supponieren. – Antwort: Ich gebe das zu, es sei denn, ein solcher Satz hat unvereinbare Bezeichnungen (Bedeutungen), wie es beim vorliegenden Beispiel der Fall ist. Der Satz »Dieser Satz ist falsch« bezeichnet nämlich gemäß formaler Bezeichnung, da er bejahend ist, daß es dasselbe ist, wofür sein Subjekt und Prädikat supponieren, gemäß materialer Bezeichnung aber, nämlich aufgrund des Terms »falsch«, der für diesen Satz selbst supponiert, bezeichnet der Satz, daß er falsch ist, und folglich, daß es nicht dasselbe ist, wofür sein Subjekt und Prädikat supponieren. Und da dies heißt, daß ein bejahender Satz falsch ist, so gilt: Weil seine formale Bezeichnung mit seiner materialen Bezeichnung nicht übereinstimmt und nicht vereinbar ist, ist er falsch, unbeschadet, daß es dasselbe ist, wofür sein Subjekt und Prädikat supponieren.

Weiterer Einwurf: Ist er möglich? – Antwort: Nein, weil es nicht so sein kann, wie auch immer er bezeichnet. Er bezeichnet nämlich, daß er wahr ist und daß er falsch ist, und es ist unmöglich, daß es so ist; wann er nämlich ist (existiert), ist es nicht so, und ebenso wann er nicht ist, ist es nicht so, wann er nämlich nicht ist, ist er weder wahr noch falsch.

L sit] sicut! L 19 supponit] om. L 21 quia] ALOSX om. P non] LOS om. APX ipsa] APX om. LOS significat] ALOPSX non add. AX ita] OPSX sic A om. L 22 se²] om. L 23 et] etiam O similiter] om. LO 24 sic] significat! L quando…falsa] LO om. A

Adhuc diceres: Immo videtur, quod haec propositio sit vera »Haec propositio est falsa«, quia omnino sic est, sicut ipsa significat. Probatur, quia de significatione eius formali significat idem esse, pro quo supponunt eius subiectum et praedicatum, et ita est, si dicitur esse falsa, et de significatione eius L51ra materiali, scilicet ratione ly *falsa*, significat se esse falsam, et ita est. Respondetur, quod capiendo utramque significationem seorsum ab alia circumscribendo reflexionem unius super aliam, bene esset ita, ut utraque significatione significat. Sed istae significationes alio modo se habent in dicta propositione, nam significatio eius materialis reflectitur super formalem interimendo eam. De significatione enim formali significat esse idem, pro quo supponunt eius subiectum et praedicatum, sed de significatione materiali significat se esse falsam. Modo ista non sunt compossibilia, quod idem sit, pro quo supponit eius subiectum et praedicatum, et quod ipsa sit falsa. Sequitur dictam propositionem esse falsam nec esse omnino, qualiter ipsa significat.

Aliud insolubile est: Ponatur, quod Sortes dicat istam propositionem »Plato dicit falsum« et Plato dicat istam »Sortes dicit verum«. Isto casu posito quaeritur, utrum propositio dicta a Sorte sit vera vel falsa. Si dicatur, quod ipsa sit vera, et cum ipsa significet Platonem dicere falsum, ita est, quod Plato dicit falsum, et cum Plato dicit Sortem dicere verum, falsum est, quod Sortes dicit verum, ergo si Sortes dicit verum, Sortes dicit falsum. Si autem dicatur, quod propositio Sortis sit falsa, tunc

1 videtur] LO uterque! A 2 est[1]] sit L sic] om. L ita O 3 significatione] materiali add. s. del. O eius] om. LO 4 quo] L om. A supponunt] supponit LO eius] O om. AL 5 et[1]...falsa] A om. LOPSX dicitur] Z dicatur A et[2]] om. L eius] om. O 6 scilicet] O om. A etc.? L ly] istius termini LO falsa] falsum LO se] om. L falsam] falsum L 7 Respondetur] dicendum L 8 circumscribendo] distribuendo! L 9 bene esset] et est L significat] significatur L significaretur O 11 eius] O om. AL materialis] naturali! L 12 interimendo] -imando L eam] causam! L enim] O om. A in-! L 13 supponunt] supponit LO eius] L om. AO sed] LOS om. P sed...praedicatum] LOPS om. A 15 sit] OPS sicut! L eius...praedicatum] OS om. L etc. P 16 quod] LOPS cum A

Weiterer Einwand: Es scheint vielmehr, daß der Satz »Dieser Satz ist falsch« wahr ist, weil es ganz und gar so ist, wie er bezeichnet. Beweis: Gemäß seiner formalen Bezeichnung bezeichnet er, daß es dasselbe ist, wofür sein Subjekt und Prädikat supponieren, und so ist es (auch), wenn es heißt, daß er falsch ist; und gemäß seiner materialen Bezeichnung, nämlich aufgrund des Ausdrucks »falsch«, bezeichnet er, daß er falsch ist, und so ist es (auch). – Antwort: Wenn man jede der beiden Bezeichnungen unabhängig von der anderen auffaßt und vom Bezug der einen auf die andere absieht, wäre es sehr wohl so, wie er gemäß jeder der beiden Bezeichnungen bezeichnet. Aber diese Bezeichnungen verhalten sich im genannten Satz auf andere Weise, denn seine materiale Bezeichnung bezieht sich auf die formale und hebt sie auf. Gemäß formaler Bezeichnung bezeichnet er nämlich, daß es dasselbe ist, wofür sein Subjekt und Prädikat supponieren, aber gemäß materialer Bezeichnung bezeichnet er, daß er falsch ist. Dies ist nun aber nicht vereinbar, (nämlich) daß es dasselbe ist, wofür sein Subjekt und Prädikat supponieren, und daß er falsch ist. (Somit) folgt, daß der genannte Satz faslch ist und daß es nicht ganz und gar so ist, wie er bezeichnet.

Ein anderes Unlösbares lautet: Gesetzt, daß Sokrates den Satz »Platon sagt Falsches« sagt und Platon den Satz »Sokrates sagt Wahres« sagt. Unter dieser Fallannahme fragt es sich, ob der von Sokrates gesagte Satz wahr oder falsch ist. Wenn man sagt, daß er wahr ist, (folgt,) da er ja bezeichnet, daß Platon Falsches sagt: (Also) ist es so, daß Platon Falsches sagt, und da Platon sagt, daß Sokrates Wahres sagt, ist es falsch, daß Sokrates Wahres sagt, also: Wenn Sokrates Wahres sagt, sagt Sokrates Falsches. Wenn man aber sagte, daß der Satz des

Sequitur] sequeretur O 17 dictam] perdictam! L nec…significat] etc. L 19 insolubile est] sit illud O est] et add. L propositionem] L om. AO 20 dicat istam] om. L 21 verum] falsum L Isto…posito] LO om. A propositio dicta] trsp. O 22 dicatur] dicitur O ipsa] LO om. A et cum] tunc L 23 significet] significat LO falsum] et add. O ita est] et L 24 falsum[1]] LO verum A et…falsum] om. L cum] O quod A 26 dicatur] dicitur L

contradictoria eius erit vera, scilicet »Plato non dicit falsum«, et cum Plato dicit Sortem dicere verum, sequitur, quod non est falsum, quod Sortes dicit verum, ergo si falsum est, quod Sortes dicit verum, non est falsum, quod Sortes dicit verum.

Respondetur, quod propositio Sortis est falsa, quia significat se esse veram per tertiam conclusionem et significat se esse falsam, eo quod significat propositionem Platonis esse falsam, quae significat ipsam esse veram. Nec contradictoria eius est ista »Plato non dicit falsum«, sed ista »Non Plato dicit falsum«, quae aequivalet uni disiunctivae compositae ex partibus
A52ra contradicentibus partibus copulativae aequivalentis isti »Plato dicit falsum«.

Aliud insolubile est: Ponatur, quod non sint nisi tres propositiones in mundo, scilicet istae »Homo est asinus«, »Deus non est« et »Omnis propositio est falsa«, et sit prima A, secunda B et tertia C. Tunc quaeritur, utrum C sit verum vel falsum. Si dicatur, quod sit verum, tunc sic: Tunc est ita, sicut ipsa significat, sed significat, quod omnis propositio est falsa, ergo sic est, quod omnis propositio est falsa, sed C est propositio, ergo sic est, quod C est propositio falsa. Ergo si C est verum, C est falsum. Si autem dicatur, quod C sit falsum, et cum etiam A et B sint falsa, sequitur, quod sic est, quod omnis propositio est
O53rb falsa, cum A, B, C sint omnes propositiones mundi per casum. Et ultra, sic est, quod omnis propositio est falsa, sed hoc C significat, ergo taliter est, qualiter C significat, et per consequens C est verum. Ergo si C est falsum, C est verum.

1 erit] est O 2 cum] tamen L Sortem…verum] Sortes dicit falsum L 3 falsum est] Plato dicit L 4 verum[1]…est] om. L 7 eo quod] ex eo quia L 8 quae] b! L ipsam] Platonem! L eius] LO istius A 9 sed…falsum[2]] om. LO 10 quae] quia L compositae] composito L 11 aequivalentis] LO -valentem A 13 insolubile est] sit illud O est] om. L non] om. O sint] fiunt! L 14 Homo] ALPX aliquis homo O om. S est] albus! L Deus] APX esse! L aliquis homo O om. S 15 et[1]] om. LO 16 et] om. LO sit] significat! L 17 dicatur] dicis L tunc sic] LO om. A est ita] sic est LO ipsa] c LO 18 sed] c add. L quod] om. L est] sit O sic…quod] LO om. A 19 sed…falsum[1]] om. L 20 sic] c! O verum] propositio falsa O 21 falsum[1]] propositio vera O

Sokrates falsch sei, dann wird sein kontradiktorischer Satz wahr sein, nämlich »Platon sagt nicht Falsches«, und da Platon sagt, daß Sokrates Wahres sagt, folgt, daß es nicht falsch ist, daß Sokrates Wahres sagt, also: Wenn es falsch ist, daß Sokrates Wahres sagt, ist es nicht falsch, daß Sokrates Wahres sagt.

Antwort: Der Satz des Sokrates ist falsch, weil er bezeichnet, daß er wahr ist, gemäß der dritten These, und bezeichnet, daß er falsch ist, weil er bezeichnet, daß der Satz des Platon falsch ist, welcher bezeichnet, daß er (nämlich der Satz des Sokrates) wahr ist. Und sein kontradiktorischer Satz ist auch nicht der Satz »Platon sagt nicht Falsches«, sondern der Satz »Nicht: Platon sagt Falsches«, welcher mit einem disjunktiven Satz äquivalent ist, der aus Teilen zusammengesetzt ist, die den Teilen des kopulativen Satzes widersprechen, der mit dem Satz »Platon sagt Falsches« äquivalent ist.

Ein anderes Unlösbares lautet: Gesetzt, daß es nur drei Sätze auf der Welt gäbe, nämlich die folgenden: »Ein Mensch ist ein Esel«, »Gott ist nicht« und »Jeder Satz ist falsch«, und es sei der erste A, der zweite B und der dritte C. Dann fragt es sich, ob C wahr oder falsch ist. Wenn man sagte, daß es (nämlich C) wahr sei, dann wird so argumentiert: Dann ist es so, wie er (nämlich der Satz C) bezeichnet, aber er bezeichnet, daß jeder Satz falsch ist, also ist es so, daß jeder Satz falsch ist, aber C ist ein Satz, also ist es so, daß C ein falscher Satz ist. Also: Wenn C wahr ist, ist C falsch. Wenn man aber sagte, daß C falsch sei, so folgt, da ja auch A und B falsch sind, daß es so ist, daß jeder Satz falsch ist, da A, B, C gemäß Fallannahme alle Sätze der Welt sind. Und weiter: Es ist so, daß jeder Satz falsch ist, aber das bezeichnet C, also ist es so, wie C bezeichnet, und folglich ist C wahr. Also: Wenn C falsch ist, ist C wahr.

dicatur] diceres L sit] LO est A falsum[2]] falsa LO cum etiam] omnis! L **22** sint] LO sunt A falsa] Z falsae ALOPX om. S sequitur...est[1]] tunc est vera L quod[2]...verum[2]] om. L **23** sint] O sunt A **24** sed] et O **25** taliter] sic O est] O om. A **26** verum[1]] vera O Ergo] et O est[2]] vera add. s. del. O falsum] Z verum A falsa OP om. S vera X verum[2]] Z falsum A vera OP om. S falsa X

Respondetur, quod C est falsum, et ratio huius est, quia significat se esse verum et expresse se esse falsum, et per consequens est falsum per sextam conclusionem. Et cum dicebatur »Si C est falsum, ergo omnis propositio est falsa«, concedo, et cum ulterius dicitur »Ergo sic est, qualiter C significat«, concedo, sed tamen non qualitercumque C significat, sic est, quia significat se esse verum et se esse falsum, et sic non est, ergo etc. In hoc enim, quod significat se esse falsum, bene est taliter, qualiter significat, in hoc autem, quod significat se esse verum, est aliter.

Sed diceres »Estne possibile, quod ipsa sit vera?«. Dico, quod non. Diceres contra: Sic potest esse, quod omnis propositio est falsa, quia forte cras non erunt nisi istae duae »Homo est asinus« et »Deus non est«. Et sequitur, sic potest esse, quod omnis propositio est falsa, ergo haec propositio est possibilis »Omnis propositio est falsa«, et ultra, ipsa est possibilis, ergo potest esse vera.

Respondetur negando istam consequentiam »Ipsa est possibilis, ergo potest esse vera«. Ad hoc enim, quod propositio sit possibilis, non requiritur, quod possit esse vera, sed sufficit, quod sic possit esse, sicut ipsa significat. Unde haec propositio »Nulla propositio est negativa« est possibilis, et tamen impossibile est eam esse veram, nec enim quando est, nec quando non est, sicut patet consideranti. Similiter nec ad hoc, quod aliqua propositio sit necessaria, sufficit, quod quotienscumque formatur, sit vera, quia sic haec esset necessaria »Aliqua pro-

1 quod] quia L C est] omne! L et…est[2]] om. L 2 se[1]] om. L verum] veram LO expresse] ex consequenti L expresse…esse[2]] om. O se[2]] c L falsum] falsam O et[2]…falsum] concedo! L 3 falsum] falsa O sextam] -tam om. O dicebatur] LO dicitur A 4 falsum] falsa LO concedo] O om. AL 5 ulterius] alterius! L Ergo] quod LO qualiter] ut L concedo] concedendo O concedo…sic] om. L 6 sed] om. O C] om. O sic] ita O 7 se[1]] c O se[2]] c LO est] esse L 8 etc] tamen hoc est quod significat L om. O In…aliter] om. L quod] sit add. s. del. O falsum] verum *ante corr. i.m.* O 10 est] APX significat O om. S aliter] AOPX om. S quam est add. O 11 Sed…non] om. L Estne] X -ne om. AOP om. S ipsa] om. O 12 Diceres] LO om. A contra] om. L propositio] om.

Antwort: C ist falsch, und der Grund dafür ist, daß es bezeichnet, daß es wahr ist, und ausdrücklich (bezeichnet), daß es falsch ist, und folglich ist es falsch, gemäß der sechsten These. Und wenn es hieß »Wenn C falsch ist, dann ist jeder Satz falsch«, so gebe ich das zu, und wenn es weiters heißt »Also ist es so, wie C bezeichnet«, so gebe ich das (auch) zu, aber dennoch ist es nicht so, wie auch immer C bezeichnet, weil es bezeichnet, daß es wahr ist und daß es falsch ist, aber so ist es nicht, also usw. In der Hinsicht nämlich, daß es bezeichnet, daß es falsch ist, ist es sehr wohl so, wie es bezeichnet, in der Hinsicht aber, daß es bezeichnet, daß es wahr ist, ist es anders (als es bezeichnet).

Einwurf: Ist es möglich, daß er (nämlich der Satz C) wahr ist? Ich antworte »Nein«. – Einwand dagegen: Es kann so sein, daß jeder Satz falsch ist, weil es vielleicht morgen nur die zwei Sätze »Ein Mensch ist ein Esel« und »Gott ist nicht« geben wird. Und es folgt: Es kann so sein, daß jeder Satz falsch ist, also ist der Satz »Jeder Satz ist falsch« möglich; und weiter: Er ist möglich, also kann er wahr sein.

Antwort: Ich lehne die Folgerung »Er ist möglich, also kann er wahr sein« ab. Dafür nämlich, daß ein Satz möglich ist, ist es nicht erforderlich, daß er wahr sein kann, sondern es genügt, daß es so sein kann, wie er bezeichnet. So ist der Satz »Kein Satz ist verneinend« möglich, aber dennoch ist es unmöglich, daß er wahr ist, nämlich weder wann er ist (existiert), noch wann er nicht ist, wie (jedem) einleuchtet, der es erwägt. Ebenso genügt es dafür, daß ein Satz notwendig ist, nicht, daß er wahr ist, so oft er gebildet wird[203], denn so wäre der Satz »Ir-

O 13 erunt] essent O istae] O om. AL duae] falsae L Homo...falsa] om. L 14 et] O om. A Et] sic add. O sequitur] sequeretur O sic] quod O 15 est[1]] sit O propositio[2]] L om. AO 16 propositio] homo est! L et] om. L ipsa] LO om. A 18 istam] om. L Ipsa] O ista A Ipsa...vera] om. L 19 Ad...enim] ex eo L sit...est] om. L 21 sic] O om. A esse] sg- add. s. del. O propositio] O om. A 23 nec[1]...est] OX om. A 24 sicut...consideranti] LOX om. A quod...haec] om. L 25 necessaria] requiritur add. s. del. O sufficit] OPX requiritur A quotienscumque] quando- O 26 formatur] formetur O sic] aliter O

positio est particularis«, quia quotienscumque formatur, ipsa est vera, cum ipsamet sit particularis. Sed quod non sit necessaria, patet, quia eius contradictoria non est impossibilis, scilicet »Nulla propositio est particularis«. Sed ad hoc, quod aliqua propositio sit necessaria, requiritur et sufficit, quod impossibile sit aliter esse, quam ipsa significat.

Dubitatur, an ista consequentia sit bona »Omnis propositio est affirmativa, ergo nulla est negativa«. Et arguitur primo, quod non, nam possibile est antecedens istius consequentiae esse verum, et impossibile est eius consequens esse verum, ergo consequentia non valet. Probatur assumptum, nam possibile est istam esse veram »Omnis propositio est affirmativa«, hoc clarum est de se, nam possibile est, quod solum ista sit in mundo »Omnis propositio est affirmativa«. Sed quod impossibile sit istam esse veram »Nulla propositio est negativa«, patet, nam si possibile esset ipsam esse veram, hoc esset, quando esset vel quando non esset. Non, quando non esset, quia ad hoc, quod aliqua propositio sit vera, requiritur, quod ipsa sit. Nec etiam, quando est, nam quandocumque ipsa est, ipsa est falsa, eo quod quandocumque ipsa est, aliqua propositio est negativa, quia ipsa est et ipsa est negativa. In oppositum arguitur sic: Oppositum consequentis interimit antecedens, ergo consequentia est bona. Consequentia tenet, antecedens probatur, nam oppositum consequentis est »Aliqua propositio est negativa«, et ad illam sequitur »Aliqua propositio non est

1 ipsa] L om. AO 2 ipsamet] -met om. L Sed] om. L 3 eius...particularis] om. L 4 Sed] om. L 6 sit] est LO ipsa] om. L ipse! O 8 est[2]] om. L primo] om. O 9 nam] quia O istius consequentiae] om. LO 10 eius] om. LO consequens] consequentiam L verum[2]] veram L 11 Probatur] probo LO 13 clarum] notum LO possibile est] E81r posito! ALOPX om. *quia hic habet aliqua folia vacua* S 14 propositio] om. L quod] om. LO 15 sit] om. L est O patet] om. LO 16 esset[1]] est O ipsam] eam LO 17 esset[1]] idem add. L vel...esset[3]] om. L quia] nam LO 18 aliqua] om. O propositio] L om. A quod[2]...sit[2]] ipsam esse LO 19 Nec...est[1]] om. L ipsa[1]] ista propositio nulla propositio est negativa L est[2]] tunc L 20 quandocumque] om. O ipsa] met O aliqua] una O propositio est] om. O 21 quia] ergo O ipsa[1]] quando O et] om. O ipsa[2]] aliqua O In] Ad L arguitur] om. L 22 sic] nam L om. O 23 Conse-

gendein Satz ist partikulär« notwendig, weil er wahr ist, so oft er gebildet wird, da er selbst partikulär ist. Aber daß er nicht notwendig ist, ist klar, weil sein kontradiktorischer Satz nicht unmöglich ist, nämlich »Kein Satz ist partikulär«. Sondern dafür, daß ein Satz notwendig ist, ist es erforderlich und genügt es, daß es unmöglich ist, daß es anders ist, als er bezeichnet.

Hier wird das Problem aufgeworfen, ob die Folgerung »Jeder Satz ist bejahend, also ist kein (Satz) verneinend« gültig ist. Und erstens wird dafür argumentiert, daß sie nicht gültig ist: Denn es ist möglich, daß der Vordersatz dieser Folgerung wahr ist, aber es ist unmöglich, daß ihr Nachsatz wahr ist, also ist die Folgerung nicht gültig. Beweis für die Annahme: Es ist möglich, daß der Satz »Jeder Satz ist bejahend« wahr ist, das versteht sich von selbst, denn es ist möglich, daß es nur den Satz »Jeder Satz ist bejahend« auf der Welt gibt. Aber daß es unmöglich ist, daß der Satz »Kein Satz ist verneinend« wahr ist, ist klar, denn wenn es möglich wäre, daß er wahr ist, so wäre das der Fall, wann er wäre (existierte) oder wann er nicht wäre. Nicht, wann er nicht wäre, weil es dafür, daß ein Satz wahr ist, erforderlich ist, daß er ist. Und auch nicht, wann er ist, denn wann immer er ist, ist er falsch, und zwar deshalb, weil wann immer er ist, irgendein Satz verneinend ist, weil er selbst ist und er selbst verneinend ist. – Für das Gegenteil wird so argumentiert: Der Gegensatz des Nachsatzes hebt den Vordersatz auf, also ist die Folgerung gültig. (Diese) Folgerung ist gültig, der Vordersatz wird bewiesen, denn der Gegensatz des Nachsatzes lautet »Irgendein Satz ist verneinend«, und aus diesem Satz folgt »Irgendein Satz ist nicht bejahend«, welcher

quentia tenet] om. L probatur] patet O 24 nam] quia L 25 Aliqua…affirmativa] aliquam propositionem non esse affirmativam O propositio] est negativa et ad illam sequitur aliqua propositio add. A

affirmativa«, quae repugnat contradictorie isti »Omnis propositio est affirmativa«, ergo etc.

Respondetur, quod consequentia est bona. Et quando dicebatur »Possibile est antecedens esse verum, et impossibile est consequens esse verum«, concedo. Et cum dicebatur »Ergo consequentia non valet«, negatur consequentia, quia ad hoc, quod aliqua consequentia valeat, requiritur et sufficit, quod impossibile sit sic esse, sicut significat antecedens, quin sit sic, O53va sicut significat consequens, et sic est in proposito. Unde si ita est, sicut ista propositio significat »Omnis propositio est affirmativa«, tunc sic est, sicut est significabile per istam »Nulla L51rb propositio est negativa«. Concedo tamen bene, quod in consequentia praedicta actus exercitus consequentis repugnat actui significato antecedentis, sed actus significatus consequentis A52rb non repugnat actui significato antecedentis, sed necessario sequitur ad ipsum. Per actum exercitum alicuius propositionis debemus intelligere actum essendi vel non essendi propositionis, et quaecumque exiguntur ad esse vel non esse propositionis, ad actum exercitum dicimus pertinere. Actum autem significatum propositionis vocamus esse ita vel non esse ita, ut propositio significat. Et ideo, quando possibile est propositionem esse et simul esse ita, sicut propositio significat, tunc actus exercitus et actus significatus non repugnant, si autem possibile est ita esse, sicut propositio significat, et tamen non sit possibile propositionem esse, tunc actus exercitus dissonat et repugnat actui significato.

1 contradictorie] om. L 2 etc] om. O 3 dicebatur] dicitur LO 4 antecedens...verum] LO etc. A et] tamen add. L 5 dicebatur] dicitur LO 6 negatur] nego O consequentia[2]] om. LO 7 consequentia] LO propositio A valeat] LO valet A requiritur] sequitur! L 8 quin] quando! L 9 consequens] consequentia! L et] unde LO Unde] quia L ita] sic L 10 propositio[1]] O om. AL affirmativa] et add. L 11 est significabile] illa significat L 12 quod] om. L in] consequente add. L 13 exercitus consequentis] om. L 14 significatus] eius add. L 15 sed] actus signatus consequentis non repugnat actui significato consequentis (antecedentis *post corr.*) sed add. L 16 ad ipsum] om. L 17 actum] eenss add. s. del. O 18 et] om. L quaecumque] exo add. s. del. O

Satz dem Satz »Jeder Satz ist bejahend« kontradiktorisch widerspricht, also usw.

Antwort: Die Folgerung ist gültig. Und wenn es hieß »Es ist möglich, daß der Vordersatz wahr ist, aber es ist unmöglich, daß der Nachsatz wahr ist«, so gebe ich das zu. Und wenn es hieß »Also ist die Folgerung nicht gültig«, so wird die Folgerung abgelehnt, weil es dafür, daß eine Folgerung gültig ist, erforderlich ist und genügt, daß es unmöglich ist, daß es so ist, wie der Vordersatz bezeichnet, ohne daß es so ist, wie der Nachsatz bezeichnet, und das trifft im vorliegenden Fall zu. Denn wenn es so ist, wie der Satz »Jeder Satz ist bejahend« bezeichnet, dann ist es so, wie durch den Satz »Kein Satz ist verneinend« bezeichenbar ist. Ich gebe jedoch sehr wohl zu, daß in der vorgenannten Folgerung der vollzogene Akt des Nachsatzes dem bezeichneten Akt des Vordersatzes widerstreitet, aber der bezeichnete Akt des Nachsatzes widerstreitet nicht dem bezeichneten Akt des Vordersatzes, sondern folgt notwendigerweise aus ihm. Unter dem vollzogenen Akt eines Satzes müssen wir den Akt des Seins oder des Nichtseins eines Satzes verstehen, und alles was zum Sein oder Nichtsein eines Satzes erforderlich ist, zählen wir als zum vollzogenen Akt gehörend. Bezeichneten Akt eines Satzes hingegen nennen wir das Sosein oder das Nichtsosein, wie es der Satz bezeichnet. Und deshalb gilt: Wenn es möglich ist, daß ein Satz ist und daß es zugleich so ist, wie dieser Satz bezeichnet, dann sind der vollzogene Akt und der bezeichnete Akt nicht unvereinbar; wenn es aber möglich ist, daß es so ist, wie der Satz bezeichnet, es aber dennoch nicht möglich ist, daß der Satz ist (existiert), dann stimmt der vollzogene Akt mit dem bezeichneten Akt nicht überein und widerstreitet ihm.

exiguntur] exiuntur L exigiuntur O non] ad add. LO 19 exercitum…pertinere] om. L significatum] significat! L 20 ita¹] esse add. L 21 Et] LO om. A quando] -cumque add. O 22 simul] similis! L om. O tunc] om. L 23 repugnant] repugnat L 24 ita] LO om. A tamen] LO cum hoc A hoc add. L sit] est L 25 propositionem] sic add. L et repugnat] om. O

Circa istam solutionem infero primo, quod ad hoc, quod aliqua consequentia sit bona, non requiritur antecedens non posse esse verum consequente non existente vero. Haec enim consequentia est bona »Omnis homo est animal, ergo homo est animal«, et tamen antecedens potest esse verum consequente non existente vero, quia consequens potest non esse antecedente existente, sed quando consequens non est, ipsum non est verum, igitur etc. Secundo infero, quod aliqua consequentia est bona, ubi tamen, si antecedens est verum, consequens est falsum, ut patet in dicta consequentia, scilicet »Omnis propositio est affirmativa, ergo nulla propositio est negativa«. Tertio infero, quod aliqua consequentia est bona, ubi antecedens potest esse verum et consequens impossibile est esse verum, quamvis tamen consequens sit possibile, ut patet de praedicta consequentia. Et ergo non sequitur »Haec propositio ›Omnis propositio est affirmativa‹ est vera, ergo haec propositio ›Nulla propositio est negativa‹ est vera«, sed bene sequitur »Si ita est, sicut significatur per istam ›Omnis propositio est affirmativa‹, tunc ita est, sicut est significabile per istam ›Nulla propositio est negativa‹«. Et simile est de ista »Nihil demonstratur, ergo hoc non demonstratur« demonstrando Sortem, ubi, si antecedens est verum, impossibile est consequens esse verum, quia nec, quando est, nec, quando non est, et quamvis consequens repugnat antecedenti quantum ad actum exercitum, non tamen repugnat ei quantum ad actum significatum. Unde si ita est, sicut significatur per antecedens, impossibile est, quin ita sit,

2 consequentia] om. L 3 consequente…vero] sine hoc quod consequens sit verum LO Haec enim] nam haec L nam hic O est bona add. LO 4 est bona] om. LO 5 et] LO om. A 6 non[1]] om. LO existente] essente! add. L vero] falso LO potest non] trsp. O antecedente] non add. s. del. A 7 ipsum] O om. AL non[2]] modo! L 8 igitur] L om. AO etc] om. O 9 si] om. O 10 dicta] ista O consequentia] propositione O scilicet] LPX si A om. OS Omnis] diceres! L 11 ergo] LO om. A propositio] om. O 12 consequentia] om. O 13 potest esse] est O 14 tamen] antecedens potest esse verum et add. L sit possibile] impossibile est esse verum L praedicta consequentia] ista omnis propositio est affirmativa (ergo non! est negativa O om. L) LO 15 Et…negativa] AE81v

Bezüglich dieser Lösung folgere ich erstens, daß es dafür, daß eine Folgerung gültig ist, nicht erforderlich ist, daß der Vordersatz nicht wahr sein kann, wenn der Nachsatz nicht wahr ist. Die Folgerung »Jeder Mensch ist ein Lebewesen, also ist ein Mensch ein Lebewesen« ist nämlich gültig, und dennoch kann der Vordersatz wahr sein, wenn der Nachsatz nicht wahr ist, weil der Nachsatz nicht sein (existieren) kann, wenn der Vordersatz existiert, aber wann der Nachsatz nicht ist, ist er nicht wahr, also usw. – Zweitens folgere ich, daß irgendeine Folgerung gültig ist, von der dennoch gilt: wenn der Vordersatz wahr ist, ist der Nachsatz falsch, wie bei der genannten Folgerung erhellt, nämlich »Jeder Satz ist bejahend, also ist kein Satz verneinend«. – Drittens folgere ich, daß irgendeine Folgerung gültig ist, in der der Vordersatz wahr sein kann und es für den Nachsatz unmöglich ist, daß er wahr ist, obgleich der Nachsatz dennoch möglich ist, wie bezüglich der vorgenannten Folgerung erhellt. Und somit folgt nicht »Der Satz ›Jeder Satz ist bejahend‹ ist wahr, also ist der Satz ›Kein Satz ist verneinend‹ wahr«, aber sehr wohl folgt »Wenn es so ist, wie vom Satz ›Jeder Satz ist bejahend‹ bezeichnet wird, dann ist es so, wie vom Satz ›Kein Satz ist verneinend‹ bezeichenbar ist«. Und ähnlich ist es bei der Folgerung »Auf nichts wird hingewiesen, also wird auf das nicht hingewiesen«, wobei man auf Sokrates hinweist, von der gilt: wenn der Vordersatz wahr ist, ist es unmöglich, daß der Nachsatz wahr ist, weil er weder wann er ist, noch wann er nicht ist (wahr sein kann); aber obwohl der Nachsatz dem Vordersatz hinsichtlich des vollzogenen Aktes widerstreitet, so widerstreitet er ihm dennoch nicht hinsichtlich des bezeichneten Aktes. Denn wenn es so ist, wie vom Vordersatz bezeichnet wird, ist es unmöglich, daß es

om. LOPSX **17** est[3]] et? add. s. del.? A **18** significatur] A est significabile E81v **19** est significabile] E81v significatur A Nulla] A omnis E81v **20** Et] om. LO simile est] etiam O Nihil…singulis] om. L **21** demonstrando] demonstrato O **22** quia…est[2]] OX om. A **25** repugnat ei] O om. A Unde… consequens] OPSX om. A **26** significatur per] E81v significat OPS consignificat! X

sicut est significabile per consequens. Similiter est de ista consequentia »Haec propositio est singularis et ista et ista et sic de singulis, ergo omnis propositio est singularis«. Ista consequentia est optima, quamvis tamen impossibile sit consequens esse verum, quando antecedens est verum, sed est bona consequentia, eo quod quandocumque sic est, sicut significatur per antecedens, impossibile est, quin sit sic, sicut est significabile per consequens, supple »sine nova impositione terminorum«.

Aliud insolubile est: Ponatur, quod Sortes dicat Platonem dicere falsum et Plato dicat Ciceronem dicere falsum et Cicero dicat Sortem dicere falsum. Tunc quaero, an Sortes dicat verum vel falsum. Si Sortes dicit verum, tunc Plato dicit falsum, et si Plato dicit falsum, Cicero dicit verum, et si Cicero dicit verum, Sortes dicit falsum, ergo si Sortes dicit verum, Sortes dicit falsum. Si autem dicatur, quod Sortes dicit falsum, ergo Plato dicit verum, et si Plato dicit verum, Cicero dicit falsum, et si Cicero dicit falsum, Sortes dicit verum, ergo si Sortes dicit O53vb falsum, Sortes dicit verum.

Respondetur, quod Sortes dicit falsum. Et quando dicebatur »Ergo Plato dicit verum«, negatur consequentia, quia Sortes non propter hoc dicit falsum, quod solum dicit Platonem dicere falsum, sed propter hoc, quod dicendo Platonem dicere falsum dicit Ciceronem dicere verum, et dicendo Ciceronem dicere verum dicit se dicere falsum. Modo omnis dicens aliquam propositionem, per quam dicit se dicere falsum, in dicendo

1 est significabile] E81v significatur O significat PSX per] E81vO om. PSX 2 et[1]...ista[2]] om. O de] singillis add. s. del. O 3 Ista] LO om. A 4 optima] bona LO quamvis] quod nisi! L tamen] LO om. A sit] est L 5 verum[2]] om. O consequentia] om. LO 6 eo quod] nam O eo...sit] om. L significatur] est significabile O antecedens add. s. del. A 7 sic] ita L sicut] significatur per consequens add. s. del. O est significabile] E81vOPSX signifcatur A est simile! L 8 supple] om. L 9 est] om. LO Platonem] Platoni! LO 10 dicere[1]] dicit L dicat] O dicit AL et[2]...falsum] LOX om. A 11 Sortem dicere] OX Sor dicit L quaero] quaeritur LO an] utrum L Sortes...falsum] om. L dicat[2]] dicit O 13 et[1]...falsum] OX om. A si[2]] LO om. A 15 dicatur] dicitur L 16 Plato[1]] Sor L si...verum[2]] si sic L om. O 17 Sortes[1]...verum] om. L si[2]] sed! L 18 falsum] ergo add. L 19 dicebatur] LO dicitur A ita add. L 21 dicit falsum] om.

nicht so ist, wie vom Nachsatz bezeichenbar ist. Ebenso ist es bezüglich der Folgerung »Dieser Satz ist singulär und dieser und dieser usw. für die einzelnen (singulären Sätze), also ist jeder Satz singulär«. Diese Folgerung ist völlig gültig, obgleich es dennoch unmöglich ist, daß der Nachsatz wahr ist, wenn der Vordersatz wahr ist; aber es ist eine gültige Folgerung, weil gilt: Wann immer es so ist, wie vom Vordersatz bezeichnet wird, ist es unmöglich, daß es nicht so ist, wie vom Nachsatz bezeichenbar ist, ergänze »ohne neue Einsetzung der Terme«.

Ein anderes Unlösbares lautet: Gesetzt, daß Sokrates sagt, daß Platon Falsches sagt, und Platon sagt, daß Cicero Falsches sagt, und Cicero sagt, daß Sokrates Falsches sagt. Dann frage ich, ob Sokrates Wahres oder Falsches sagt. Wenn Sokrates Wahres sagt, dann sagt Platon Falsches, und wenn Platon Falsches sagt, sagt Cicero Wahres, und wenn Cicero Wahres sagt, sagt Sokrates Falsches, also: Wenn Sokrates Wahres sagt, sagt Sokrates Falsches. Wenn man aber sagte, daß Sokrates Falsches sagt: Also sagt Platon Wahres, und wenn Platon Wahres sagt, sagt Cicero Falsches, und wenn Cicero Falsches sagt, sagt Sokrates Wahres, also: Wenn Sokrates Falsches sagt, sagt Sokrates Wahres.

Antwort: Sokrates sagt Falsches. Und wenn es hieß »Also sagt Platon Wahres«, so wird die Folgerung abgelehnt, weil Sokrates nicht deshalb Falsches sagt, weil er nur sagt, daß Platon Falsches sagt, sondern deshalb, weil er mit der Aussage, daß Platon Falsches sagt, (auch) sagt, daß Cicero Wahres sagt, und mit der Aussage, daß Cicero Wahres sagt, sagt er (auch), daß er (nämlich Sokrates selbst) Falsches sagt. Nun sagt aber jeder, der einen Satz sagt, mit dem er sagt, daß er Falsches

L quod] LO quia A dicit[2]] om. L dicat O 22 sed…falsum[2]] om. L 23 et dicendo] om. L dicere verum[2]] vero certe! L 24 se] om. L Modo…apparere] om. L omnis] O om. A aliquam] om. O 25 in] O om. A

illam propositionem dicit falsum, prout ex dictis faciliter potest apparere. Unde Sortes in illo casu bene mediate dicit se dicere falsum.

Unde sciendum, quod aliquae propositiones possunt asserere se esse falsas vel se non esse veras quattuor modis. Uno modo per se ipsas absque aliis propositionibus concurrentibus, ut si ego dicerem istam »Ego dico falsum« et nullam aliam, vel posito, quod ista esset scripta in papyro »Omnis propositio scripta in papyro est falsa«. Secundo modo aliquae propositiones possunt asserere se esse falsas vel se non esse veras, eo quod ipsae asserunt alias propositiones esse falsas, quae asserunt ipsas esse veras. Verbi gratia, ut si Sortes dicat istam »Plato dicit falsum« et nullam aliam, et Plato dicat istam »Sortes dicit verum« et nullam aliam, vel si ista sit scripta in papyro »Omnis propositio scripta in pergameno est falsa«, et ista scripta in pergameno »Omnis propositio scripta in papyro est vera«. Tertio modo aliquae propositiones asserunt se esse falsas vel se non esse veras ex hoc, quod asserunt aliquas propositiones esse veras, quae ipsas asserunt esse falsas. Verbi gratia, ut si Sortes dicat istam »Plato dicit verum« et nullam
A52va aliam, et Plato dicat istam »Sortes dicit falsum« et nullam aliam, vel si sit ista scripta in papyro »Omnis propositio scripta in pergameno est vera«, et ista scripta in pergameno »Omnis propositio scripta in papyro est falsa«. Prima enim asserit se esse falsam, eo quod asserit secundam esse veram, quae asserit eam esse falsam. Hoc fit aliquando bene remote, ut potest

1 ex dictis] Cf. Cap. VI.1 et etiam partem praecedentem huius capituli.

1 potest apparere] patet O 2 mediate] pro modico! L 4 asserere se] OP trsp. ALS se affirmare X 5 non] LOSX om. A solum! P 6 propositionibus] et add. L concurrentibus] correspondentibus L ut] unde L 7 dicerem] dicam O Ego…papyro] om. L 8 papyro] est falsa add. O 9 modo] om. L 10 possunt asserere] asserunt L asserere se] L trsp. AOPS se affirmare X vel…veras] om. O eo] ex hoc L propter hoc O 11 propositiones esse] LO om. A 12 dicat] dicit LO 13 et[1]…aliam] om. L dicat] O om. A dicit L 15 pergameno] papiro LO est] sit L 16 scripta[1]] sit L om. O scripta[2]] om. L in[2]] pario add. s. del. O 18 vel…veras] om. O aliquas] alias L 19 ipsas] se LO 20 dicat] dicit L

sagt, etwas Falsches, indem er diesen Satz sagt, wie aus dem Gesagten leicht erhellen kann. So sagt Sokrates unter dieser Fallannahme sehr wohl *mittelbar*, daß er Falsches sagt.

So muß man wissen, daß irgendwelche Sätze auf vier Weisen behaupten können, daß sie falsch sind oder daß sie nicht wahr sind: Auf eine Weise durch sich selbst ohne Mitwirkung anderer Sätze, wie wenn ich den Satz »Ich sage Falsches« sagte und keinen anderen, oder angenommen, daß der Satz »Jeder auf Papier geschriebene Satz ist falsch« auf Papier geschrieben wäre. Auf eine zweite Weise können Sätze behaupten, daß sie falsch sind oder daß sie nicht wahr sind, weil sie behaupten, daß andere Sätze falsch sind, welche behaupten, daß sie (nämlich die ersteren) wahr sind. Z. B., wenn Sokrates den Satz »Platon sagt Falsches« sagte und keinen anderen und Platon den Satz »Sokrates sagt Wahres« sagte und keinen anderen, oder wenn der Satz »Jeder auf Pergament geschriebene Satz ist falsch« auf Papier geschrieben wäre und der Satz »Jeder auf Papier geschriebene Satz ist wahr« auf Pergament geschrieben wäre. Auf eine dritte Weise behaupten Sätze, daß sie falsch sind oder daß sie nicht wahr sind, dadurch, daß sie behaupten, daß Sätze wahr sind, welche behaupten, daß sie (nämlich die ersteren) falsch sind. Z. B., wenn Sokrates den Satz »Platon sagt Wahres« sagte und keinen anderen und Platon den Satz »Sokrates sagt Falsches« sagte und keinen anderen, oder wenn der Satz »Jeder auf Pergament geschriebene Satz ist wahr« auf Papier geschrieben wäre und der Satz »Jeder auf Papier geschriebene Satz ist falsch« auf Pergament geschrieben wäre. Der erste Satz nämlich behauptet sich als falsch, weil er behauptet, daß der zweite Satz wahr ist, welcher behauptet, daß er (nämlich der erste) falsch ist. Dies kommt mitunter auf recht entfernte Weise vor (d. h. vermittelt über mehrere Zwischen-

istam] O om. AL Plato] Sor L 21 dicat] O om. A dicit L istam] ipsam! L om. O nullam aliam] Plato dicit verum L 22 vel] O et A vel...proposito] om. L si] Z om. AE84ROS sic PX 23 pergameno[1]] papiro O et] sit add. O pergameno[2]] papiro O 24 papyro] pergameno O enim] om. O 26 eam] se O Hoc fit] et accidit O remote] mediate O potest patere] patet O

patere in insolubili proposito. Quarto modo aliquae propositiones asserunt se esse falsas, eo quod asserunt aliquas propositiones esse falsas, quae eis omnino sunt consimiles in causis veritatis et falsitatis. Verbi gratia, sit ista propositio sola scripta in L51va papyro »Propositio scripta in pergameno est falsa«, et sit alia scripta sola in pergameno dicens »Propositio scripta in papyro est falsa«, constat, quod utraque earum asserit se esse falsam, eo quod asserit unam esse falsam, quae est omnino sibi similis in causis veritatis et falsitatis. Nulla enim posset assignari causa, quare una magis esset vera vel falsa quam alia.

Aliud insolubile: Dicat Sortes istam »Deus est« et Plato istam »Solus Sortes dicit verum«, et non sint plures locutores in mundo. Tunc quaeritur, utrum Plato dicit verum vel falsum. Si dicatur, quod dicit verum, contra: Nam si Plato dicit verum, ergo ita est, quod Sortes dicit verum et nullus alius a Sorte dicit verum ex eo, quod Plato dicit solum Sortem dicere verum. Et ultra, nullus alius a Sorte dicit verum, sed Plato est alius a Sorte, ergo Plato non dicit verum, quod fuit probandum. Si autem dicas, quod Plato dicit falsum, et cum non sint plures locutores in mundo quam Sortes et Plato per casum, et cum Sortes dicat verum, sequitur, quod Sortes dicit verum et quod nullus alius a Sorte dicit verum. Ex quo ulterius sequitur, quod O54ra solus Sortes dicit verum, tunc ultra, solus Sortes dicit verum,

1 insolubili] sophismate O modo] om. LO aliquae] LO om. A 2 se] om. L falsas] falsae L eo] ex hoc LO aliquas] alias L alias add. O propositiones] LO om. A 3 quae eis] quibus! L omnino] om. L causis...falsitatis] falsitate et veritate L 4 et] aut O sit] si LO 5 papyro] sit add. L scripta] om. L et... falsa] om. O sit] propositio L 6 scripta[1]...dicens] LPSX e converso A pergameno] medio add. L 7 quod] cum O utraque] uterque! L 8 quod] una add. L unam] se L 9 in] om. L causis] causa O enim] tamen add. L posset] potest L possit O 10 causa] ratio L esset] est L vel falsa] om. LO alia] (et L vel O) quare una magis (esset O om. L) falsa quam alia add. LO 11 Dicat] quilibet homo excepto Sorte deus est et dicat omnis homo praeter me dicit verum et add. L Sortes] dicit add. L 12 sint] sunt L plures] alii LO locutores] loquentes LO 13 in mundo] om. O utrum] an L vel O dicit] diceret L 14 Si...est] om. L dicit[1]] om. O 15 quod] et L 16 ex...verum] LSX om. AOP Sortem dicere] SX Sor dicit L Et] SX tunc L 17 alius[1]...Sorte] S Sor L a Sor

glieder), wie man beim vorliegenden Unlösbaren sehen kann. Auf eine vierte Weise behaupten Sätze, daß sie falsch sind, weil sie behaupten, daß irgendwelche Sätze falsch sind, welche ihnen bezüglich der Wahrheits- und Falschheitsgründe völlig gleich sind. Z. B. sei nur der Satz »Der auf Pergament geschriebene Satz ist falsch« auf Papier geschrieben und sei nur ein anderer Satz auf Pergament geschrieben, der lautet »Der auf Papier geschriebene Satz ist falsch« – dann steht es fest, daß jeder von ihnen behauptet, daß er falsch ist, weil er behauptet, daß ein Satz falsch ist, welcher ihm bezüglich der Wahrheits- und Falschheitsgründe völlig ähnlich ist. Man könnte nämlich keinen Grund angeben, weshalb der eine eher wahr oder falsch wäre als der andere.

Ein anderes Unlösbares: Es sage Sokrates den Satz »Gott ist« und Platon den Satz »Nur Sokrates sagt Wahres« und es gebe nicht mehr Sprecher auf der Welt (als Sokrates und Platon). Dann fragt es sich, ob Platon Wahres oder Falsches sagt. Wenn man sagt, daß er Wahres sagt, dann dagegen: Wenn Platon Wahres sagt, dann ist es so, daß Sokrates Wahres sagt und kein anderer als Sokrates Wahres sagt, weil Platon sagt, daß nur Sokrates Wahres sagt. Und weiter: Kein anderer als Sokrates sagt Wahres, aber Platon ist ein anderer als Sokrates, also sagt Platon nicht Wahres, was zu beweisen war. Wenn du aber sagst, daß Platon Falsches sagt, so folgt, da es ja gemäß Fallannahme nicht mehr Sprecher auf der Welt gibt als Sokrates und Platon und da ja Sokrates Wahres sagt, daß Sokrates Wahres sagt und daß kein anderer als Sokrates Wahres sagt. Woraus weiters folgt, daß nur Sokrates Wahres sagt, und dann

X sed...verum] LOPSX ergo Plato non dicit verum quia Plato est alius a Sorte A alius[2]] OPSX asinus! L 18 quod fuit] LOPSX et hoc erat A 19 dicas] dicis L cum] tunc L non] omnes! L 20 locutores] loquentes LO in mundo] om. LO per casum] om. L et cum] tamen L 21 dicat] L dicit AO quod[2]] LPSX om. AO 22 alius] om. L quo] tunc add. O ulterius] LO ultra A 23 Sortes[1]] om. L tunc] et L solus[2]] solus add. A

sed Plato dicit solum Sortem dicere verum, ergo Plato dicit verum et per consequens non dicit falsum, quod erat probandum.

Respondetur, quod Plato dicit falsum, eo quod dicit unam propositionem, quae significat propositionem Sortis esse veram et nullam aliam et per consequens significat se non esse veram. Sed quaecumque propositio significat se non esse veram, est falsa per sextam conclusionem, ergo propositio Platonis est falsa. Ad argumentum, cum dicitur »Ergo sic est casu stante, quod Sortes dicit verum et nullus alius a Sorte dicit verum«, concedo, et cum ulterius arguitur »Ergo verum est, quod solus Sortes dicit verum«, negatur consequentia. Sed contra diceret aliquis »Ibi arguitur ab exponentibus ad expositam«. Nego, quia ista »Solus Sortes dicit verum« prolata a Platone non significat solum, quod Sortes dicat verum et quod nullus alius a Sorte dicat verum, sed cum hoc significat, quod Plato dicit falsum. Et ergo, cum arguitur »Sortes dicit verum et nullus alius a Sorte dicit verum, ergo solus Sortes dicit verum«, committitur fallacia consequentis, quia bene sequitur e converso. Et similiter est fallacia a secundum quid ad simpliciter, et hoc stante casu posito in principio.

Aliud insolubile est: Sint solum tres propositiones in mundo, scilicet »Homo est animal«, »Deus est«, »Omnis propositio praeter exceptivam est vera«, et sit prima A, secunda B, tertia C. Tunc quaeritur, utrum C sit verum vel falsum. Si dicatur,

1 sed] et L solum] om. O Sortem dicere] Sor dicit L Plato[2]] LO Sortes A 2 verum…dicit[1]] om. L dicit] om. O 4 Respondetur] Respondeo O eo quod] quia LO 5 significat] dicit O 6 veram] verum L 7 Sed] LO et A propositio] quae add. O 8 propositio…falsa] LOPSX om. AE84v 9 Ad argumentum] AE84v om. LOPS Et X cum dicitur] A quando probatur E84v om. LOPS cum arguitur X dicitur] (propositio A om. E) Platonis est falsa add. AE84v sic] sicut L casu] asinus! L 10 quod] ergo L a Sorte] om. LO dicit verum[2]] LO om. A 11 et…arguitur] om. O arguitur] L arguebatur A solus] om. O 12 verum] om. L 13 Ibi] om. L ab] L ex A Nego] om. O 14 quia ista] quod ibi L 15 quod[1]] om. L dicat] dicit LO et] sed etiam O quod[2]] LO om. A 16 a Sorte] praeter Sortem L dicat] dicit L sed] et O cum] tamen! L dicit] verum sed tamen! hoc significat quod Plato dicit add. L 17 et…verum[2]] om.

weiter: Nur Sokrates sagt Wahres, aber Platon sagt, daß nur Sokrates Wahres sagt, also sagt Platon Wahres und folglich sagt er nicht Falsches, was zu beweisen war.

Antwort: Platon sagt Falsches, weil er einen Satz sagt, der bezeichnet, daß der Satz des Sokrates wahr ist und kein anderer, und der folglich bezeichnet, daß er (selbst) nicht wahr ist. Aber jeder Satz, der bezeichnet, daß er nicht wahr ist, ist falsch, gemäß der sechsten These, also ist der Satz des Platon falsch. Zum Argument: Wenn es heißt »Also ist es unter der gemachten Fallannahme so, daß Sokrates Wahres sagt und kein anderer als Sokrates Wahres sagt«, so gebe ich das zu, und wenn weiters argumentiert wird »Also ist es wahr, daß nur Sokrates Wahres sagt«, so wird die Folgerung abgelehnt. – Aber dagegen wird ein Einwand vorgebracht: Dort wird ja von den auslegenden Sätzen auf den ausgelegten Satz argumentiert. – Das verneine ich, weil der von Platon geäußerte Satz »Nur Sokrates sagt Wahres« nicht nur bezeichnet, daß Sokrates Wahres sagt und daß kein anderer als Sokrates Wahres sagt, sondern darüber hinaus bezeichnet, daß Platon Falsches sagt. Somit begeht man ein Fehlurteil des Nachfolgenden, wenn man argumentiert »Sokrates sagt Wahres und kein anderer als Sokrates sagt Wahres, also sagt nur Sokrates Wahres«, weil es sehr wohl umgekehrt folgt. Und ebenso liegt ein Fehlurteil vom Bedingten auf das Unbedingte vor, und zwar unter der Fallannahme, die am Anfang (dieses Unlösbaren) gemacht wurde.

Ein anderes Unlösbares lautet: Es gebe nur drei Sätze auf der Welt, nämlich »Ein Mensch ist ein Lebewesen«, »Gott ist«, »Jeder Satz außer einem ausnehmenden ist wahr«, und es sei der erste A, der zweite B, der dritte C. Dann fragt es sich, ob C wahr oder falsch ist. Wenn man sagt, daß es wahr ist, dann

L 19 quia...converso] om. LO 20 Et...est] sequitur etiam L et etiam O a] O om. AL ad] et L 22 est] om. LO solum] tantum O 23 scilicet] om. O animal] LOX om. A 24 et] O om. AL sit] sicut L A] et L B] et L 25 C[1]] et L Tunc] O om. AL quaeritur] potest quaeri L dicatur] dicitur LO

quod sit verum, tunc eius exponentes sunt verae, scilicet »Omnis propositio, si est alia ab exceptiva, est vera« et »Exceptiva non est vera«, ergo haec est vera »Exceptiva non est vera«, et nulla est alia exceptiva quam C, ergo C non est verum. Si autem dicatur, quod C sit falsum, hoc erit, vel quia alia ab exceptiva non est vera, vel quia exceptiva est vera. Non potest dici primum, quia quaelibet illarum, quae non est exceptiva, est vera. Ergo secundum, scilicet, quod exceptiva est vera, et per consequens, si est falsa, ipsa est vera, quod videtur esse inconveniens.

Respondetur, quod ipsa est falsa, quia significat se esse falsam, significat enim omnem aliam propositionem ab exceptiva esse veram et exceptivam non esse veram, et cum nulla alia exceptiva sit quam ipsa, significat se non esse veram, et per consequens est falsa. Et quando dicebatur »Si ipsa est falsa etc.«, dico, quod ipsa est falsa, non quia alia ab exceptiva non sit vera, sed quia ipsa significat se esse veram et non esse veram.

Aliud insolubile est: Dicat quilibet homo excepto Sorte
A52vb »Deus est«, et Sortes dicat »Omnis homo praeter me dicit verum«. Breviter dico, quod in isto casu Sortes dicit falsum, quia dicit unam propositionem, quae significat se esse veram et se esse falsam, ut potest patere intuenti.

1 scilicet] quod add. LO 2 est^{2}...Exceptiva] om. L 3 vera^{2}] et add. O est^{3}] O erit A et] sed L 4 est^{2}] om. O verum] vera LO si vera quod est probandum add. L quod erat probandum add. O 5 autem] alia! L dicatur] dicitur L quod] quam! L C] LO om. A sit] est L falsum] Z falsa ALOPSX hoc erit] om. L vel] om. LO ab] om. L 6 vel...vera^{2}] om. L est^{2}] erit O potest dici] LO om. A 7 primum] primo L quae add. s. del. O quaelibet] aliqua L illarum] earum O quae] tamen add. L 8 Ergo...vera^{2}] om. L 9 falsa] vera O ipsa] LO om. A vera] falsa O quod] quia L quod...inconveniens] om. O esse] L om. A 11 falsa] vera L 12 omnem] om. O omnem...veram^{1}] quod alia exceptiva est vera L propositionem] om. O ab] exclusiva add. s. del. O 13 et^{1}] etiam add. L et^{2}...veram] OPSX om. AL alia] PSX om. O 14 quam ipsa] SX om. O quod ipsa P significat] PX sequitur quod significat O sequitur S se] OPX ipsam S 15 est falsa^{1}] esse falsam L Si...falsa^{2}] LOPSX om. A ipsa] LOPS om. X 16 etc] OPSX vel quando A om. L dico...falsa] om. L ipsa]

sind seine auslegenden Sätze wahr, nämlich »Jeder Satz, wenn er von einem ausnehmenden Satz verschieden ist, ist wahr« und »Ein ausnehmender Satz ist nicht wahr«, also ist der Satz »Ein ausnehmender Satz ist nicht wahr« wahr, und es gibt keinen anderen ausnehmenden Satz als C, also ist C nicht wahr. Wenn man aber sagt, daß C falsch ist, so wird das der Fall sein, entweder weil ein von einem ausnehmenden Satz verschiedener Satz nicht wahr ist oder weil ein ausnehmender Satz wahr ist. Das erste kann man nicht sagen, weil jeder von jenen Sätzen, der nicht ausnehmend ist, wahr ist. Also das zweite, nämlich, daß ein ausnehmender Satz wahr ist, und folglich gilt: Wenn er falsch ist, ist er wahr, was offenbar ungereimt ist.

Antwort: Er (nämlich der Satz C) ist falsch, weil er bezeichnet, daß er falsch ist; er bezeichnet nämlich, daß jeder Satz, der von einem ausnehmenden Satz verschieden ist, wahr ist und daß ein ausnehmender Satz nicht wahr ist, und da es keinen anderen ausnehmenden Satz gibt als ihn, bezeichnet er, daß er nicht wahr ist, und folglich ist er falsch. Und wenn es hieß »Wenn er falsch ist« usw., so sage ich, daß er nicht deshalb falsch ist, weil ein von einem ausnehmenden Satz verschiedener Satz nicht wahr ist, sondern weil er bezeichnet, daß er wahr ist und nicht wahr ist.

Ein anderes Unlösbares lautet: Es sage jeder Mensch ausgenommen Sokrates »Gott ist« und Sokrates sage »Jeder Mensch außer mir sagt Wahres«. – Ich antworte kurz, daß in diesem Fall Sokrates Falsches sagt, weil er einen Satz sagt, der bezeichnet, daß er wahr ist und daß er falsch ist, wie (jedem) einleuchten kann, der es erwägt.

O om. A non[1]] modo! L ab] om. L non[2]] AE84v om. LOPSX 17 sed] et L ideo add. LO ipsa] om. O esse veram[2]] est vera O 19 est] om. LO 20 Sortes] om. L me] LO om. A 21 Breviter] om. O Sortes dicit] LO insolubile est A 22 quia] et O dicit] LO significat A quae] om. L significat] dicit LO 23 se esse] LO om. A potest patere] patet L intuenti] LO om. A

Aliud insolubile est: Dicat Sortes »Deus est« et Plato dicat »Homo est animal« et Cicero dicat »Homo est asinus« et Martinus dicat »Tot dicunt verum, quot falsum«, et sit prima A, secunda B, tertia C, quarta D. Tunc quaeritur, utrum D sit verum vel falsum. Si dicatur, quod sit verum, ergo ita est, quod duo dicta sunt vera et duo dicta sunt falsa, sed clarum est, quod duo dicta prima sunt vera, ergo alia duo dicta sunt falsa, quorum unum est D. Ergo si D est verum, sequitur, quod D est falsum. Si autem dicatur, quod D sit falsum, et cum etiam C sit falsum, sequitur, quod duo dicta sunt falsa, et praecise tot sunt vera. Ergo tot sunt vera, quot sunt falsa, ergo tot dicunt verum, quot dicunt falsum. Et ultra, tot dicunt verum, quot
O54rb dicunt falsum, ergo taliter est, qualiter D significat, et per consequens D est verum et per consequens D non est falsum, quod erat probandum.

Respondetur, quod D est falsum. Et cum dicitur »Ergo tot dicunt verum, quot falsum«, concedo. Et cum ulterius arguebatur »Ergo taliter est, qualiter D significat«, concedo. Et cum ulterius dicebatur »Ergo D est verum«, negatur consequentia, sicut enim dicebatur prius, ad hoc, quod aliqua propositio sit vera, non sufficit taliter esse, qualiter per eam significatur, sed requiritur, quod qualitercumque per eam significatur, taliter
L51vb sit. Sed sic non est de D propositione, ergo non est vera.

20 prius] Cf. Cap. VI.1, primas duas descriptiones, et saepius.

1 est^{1}] om. LO Dicat] dicit L est^{2}] om. L dicat] O om. AL 2 dicat] O om. A dicit L Martinus] Plato L Marcus O 3 Tot] quod L quot falsum] om. L 5 dicatur] dicitur L sit] LO om. A ita…quod^{2}] om. L 6 et…vera] om. L dicta sunt^{2}] O om. A 7 dicta^{2}] LO om. A sunt^{2}] vera add. s. del. A 8 unum] una L est^{1}] ipsa add. L Ergo] et L si] dicitur quod add. L dicatur quod add. O D^{2}] om. O est^{2}] sit LO D^{3}] om. LO est^{3}] sit LO 9 Si…falsum^{2}] om. L D] om. O sit^{1}] O est A cum] tamen L etiam] ipsa add. L sit^{2}] est O 10 dicta] om. L et] om. L praecise] tunc add. s. del. L 11 Ergo…vera^{2}] om. LO sunt^{2}] om. O tot^{2}] quod L 12 quot^{1}] tot L Et…falsum] om. L 13 dicunt] O om. A quod dicunt add. O 14 D^{1}…D^{2}] om. O 16 cum dicitur] quando dicunt O 17 verum] falsum O falsum] verum O et add. s. del. O Et] LO om. A ulterius] om. LO arguebatur] dicitur LO 18 Ergo] quod L est]

Ein anderes Unlösbares lautet: Es sage Sokrates »Gott ist« und Platon sage »Ein Mensch ist ein Lebewesen« und Cicero sage »Ein Mensch ist ein Esel« und Martin sage »So viele sagen Wahres, wie viele Falsches sagen«; und es sei der erste (Satz) A, der zweite B, der dritte C, der vierte D. Dann fragt es sich, ob D wahr oder falsch ist. Wenn man sagt, daß es wahr ist: Also ist es so, daß zwei Aussagen wahr sind und zwei Aussagen falsch sind, aber es ist klar, daß die ersten zwei Aussagen wahr sind, also sind die anderen zwei Aussagen falsch, von denen eine D ist. Also: Wenn D wahr ist, folgt, daß D falsch ist. Wenn man aber sagt, daß D falsch ist, so folgt, da ja auch C falsch ist, daß zwei Aussagen falsch sind, und genau so viele sind wahr. Also sind so viele (Aussagen) wahr, wie viele falsch sind, also sagen so viele (Sprecher) Wahres, wie viele Falsches sagen. Und weiter: So viele sagen Wahres, wie viele Falsches sagen, also ist es so, wie D bezeichnet, und folglich ist D wahr und folglich ist D nicht falsch, was zu beweisen war.

Antwort: D ist falsch. Und wenn es heißt »Also sagen so viele Wahres, wie viele Falsches (sagen)«, so gebe ich das zu. Und wenn weiters argumentiert wurde »Also ist es so, wie D bezeichnet«, so gebe ich das (auch) zu. Und wenn es weiters hieß »Also ist D wahr«, so wird die Folgerung abgelehnt, wie nämlich (schon) früher gesagt wurde: Dafür, daß ein Satz wahr ist, genügt es nicht, daß es so ist, wie von ihm bezeichnet wird, sondern es ist erforderlich, daß es so ist, wie *auch immer* von ihm bezeichnet wird[204]. Aber das ist nicht der Fall beim Satz D, also ist er nicht wahr.

haec! L D] b L ipsum O 19 dicebatur] dicitur LO Ergo...verum] om. O 20 prius] om. LO 21 taliter esse] quod taliter est LO per...significatur] ipsa significat L eam] ipsam O 22 per...significatur] significat L significatur] quod add. A taliter] ita LO 23 de...propositione] in proposito O D] PS ista AX om. L non²...vera] Z om. AOPX etc. LS

Aliud insolubile est: »Deus est et aliqua copulativa est falsa«, et sit ista copulativa A et prima eius pars sit B et alia C, et sic sit, quod nulla alia copulativa sit in mundo quam ista. Tunc quaeritur, utrum A sit verum vel falsum. Si dicatur, quod A sit verum, et cum ad veritatem copulativae requiritur utramque partem esse veram, sequitur quamlibet partem ipsius A esse veram, et per consequens sequitur C eius partem esse veram. Tunc ultra, C est verum, ergo qualiter C significat, ita est. Sed C significat A esse falsum, ergo taliter est, quod A est falsum. Ergo si A est verum, A est falsum. Si autem dicatur, quod A sit falsum, contra: Nam cum ad falsitatem copulativae sufficiat unam eius partem esse falsam, et cum prima pars, puta B, non sit falsa, sequitur, quod si A sit falsum, C sit falsum. Sed probo, quod non, nam si A est falsum, tunc, cum C significet A esse falsum, taliter est, qualiter C significat, et per consequens C est verum.

Respondetur, quod A copulativa est falsa. Et quando dicebatur »Ergo vel B vel C est falsum«, concedo. Et quando arguebatur »B non est falsum«, concedo. Et cum ulterius dicebatur »Ergo C est falsum«, concedo. Et quando dicitur »Si C est falsum, A est falsum«, concedo. Et cum ulterius dicitur »Si A est falsum, taliter est, qualiter C significat«, concedo. Et cum ulterius dicitur »Ergo C est verum«, negatur consequentia, unde non qualitercumque C significat, taliter est, significat enim se esse verum et se esse falsum.

1 est[1]] om. LO aliqua] OPSX om. AL 2 et[1]] om. LO sit[1]] sicut! L ista] LO om. A A] om. L et[2]] om. L sit[2]] LO om. A et[3]] om. LO alia] secunda LO et sic] om. L 3 Tunc quaeritur] rectus! (respondens?) regitur! L 4 verum] vera LO falsum] falsa LO Si] sed L A[2]] L om. A 5 et] tunc L cum] O om. AL requiritur] LO oportet A 6 quamlibet] quodlibet L partem[2]] om. L ipsius] om. O A] om. L 7 C] om. L partem] partes L veram[2]] veras L 8 Tunc] et O C[1]... verum] om. O qualiter] -cumque add. LO ita est] om. L 9 quod] et L A[2]] ipsum O 10 Ergo...falsum] om. L dicatur] dicitur L A[3]] om. L sit] L est AO 11 contra Nam] om. O cum] tunc L ad...copulativae] om. L sufficiat] requiritur LO 12 eius] L om. AO cum] tamen L puta] deus est scilicet add. O 13 sit[1]] est O sit[2]] LO est A falsum[1]] quod add. AO C] b L 14 si] cum O tunc cum] et LO significet] significat LO 15 C] ipsum O 17 copulativa]

Ein anderes Unlösbares lautet: »Gott ist und irgendein kopulativer Satz ist falsch«, und es sei dieser kopulative Satz A und sein erster Teil sei B und der andere C, und es sei der Fall, daß es keinen anderen kopulativen Satz auf der Welt gibt als diesen. Dann fragt es sich, ob A wahr oder falsch ist. Wenn man sagt, daß A wahr ist, so folgt, da es ja für die Wahrheit eines kopulativen Satzes erforderlich ist, daß beide Teile wahr sind, daß jeder Teil von A wahr ist, und folglich folgt, daß sein Teil C wahr ist. Dann weiter: C ist wahr, also ist es so, wie C bezeichnet. Aber C bezeichnet, daß A falsch ist, also ist es so, daß A falsch ist. Also: Wenn A wahr ist, dann ist A falsch. Wenn man aber sagt, daß A falsch ist, dann dagegen: Da es ja für die Falschheit eines kopulativen Satzes genügt, daß ein Teil von ihm falsch ist, und da ja der erste Teil, nämlich B, nicht falsch ist, folgt, daß wenn A falsch ist, C falsch ist. Ich beweise aber, daß dem nicht so ist: Denn wenn A falsch ist, dann ist es so, wie C bezeichnet, da ja C bezeichnet, daß A falsch ist; und folglich ist C wahr.

Antwort: Der kopulative Satz A ist falsch. Und wenn es hieß »Also ist entweder B oder C falsch«, so gebe ich das zu. Und wenn argumentiert wurde »B ist nicht falsch«, so gebe ich das (auch) zu. Und wenn es weiters hieß »Also ist C falsch«, so gebe ich das (wiederum) zu. Und wenn es heißt »Wenn C falsch ist, ist A falsch«, so gebe ich das (ebenfalls) zu. Und wenn es weiters heißt »Wenn A falsch ist, dann ist es so, wie C bezeichnet«, so gebe ich das (ebenfalls) zu. Aber wenn es weiters heißt »Also ist C wahr«, so wird die Folgerung abgelehnt, denn es ist nicht so, wie *auch immer* C bezeichnet; es bezeichnet nämlich, daß es wahr ist und daß es falsch ist.

copulative! L Et quando] cum ergo L et cum O 18 Ergo] om. L B] c LO C] d L b O Et quando] O aliquando! L Et...dicebatur] LO om. A arguebatur] L arguitur O 19 dicebatur] L dicitur O 20 Ergo...concedo] O om. AL Et] om. L quando dicitur] om. LO Si C] sic! L 21 ulterius] L om. A ultra O 22 falsum] ergo add. LO 23 ulterius] L om. AO Ergo] O om. AL negatur consequentia] nego consequentiam O 24 significat[1]] ita add. s. del. A taliter] ita O 25 verum] veram L se[2]] sic L falsum] falsam L

Aliud insolubile est: »Homo est asinus vel aliqua disiunctiva est falsa«, et sit ista disiunctiva proposita in mundo et nulla alia et vocetur A, et prima eius pars vocetur B et secunda C. Tunc quaeritur, vel A est verum vel falsum. Si est verum, ergo una eius pars est vera, cum ad veritatem disiunctivae sufficiat unam eius partem esse veram. Sed non potest dici, quod B, ut clarum est. Relinquitur ergo, quod C. Tunc sic: C est verum, ergo aliqua disiunctiva est falsa, sed non alia ab A, ergo A est falsum. Ergo si A est verum, A est falsum. Si autem dicatur, quod A sit falsum, ergo ambae eius partes sunt falsae, quia ad A53ra falsitatem disiunctivae requiritur ambas partes esse falsas, et per consequens C est falsum. Sed probo, quod non, quia si C est falsum, et cum B etiam sit falsum, sequitur, quod A est falsum, et per consequens sequitur aliquam disiunctivam esse falsam. Tunc sic: Aliqua disiunctiva est falsa, ergo taliter est, qualiter C significat, et ultra, ergo C est verum.

Breviter dicitur, quod A est falsum. Et cum dicitur »Ergo ambae eius partes sunt falsae«, concedo. Et cum dicitur ulterius »Si C est falsum, A est falsum«, concedo. Et cum ulterius dicitur »Ergo taliter est, qualiter C significat«, concedo. Et cum ulterius dicitur »Ergo C est verum«, negatur consequentia, quamvis enim taliter sit, qualiter C significat, non tamen O54va qualitercumque C significat, taliter est. Significat enim de directa eius significatione A esse falsum et de secundaria eius significatione se esse falsum, et per consequens, cum omnis

1 est[1]] om. LO 2 et[1]] om. LO ista] una L proposita] om. LO nulla...et[1]] om. L 3 vocetur[1]] vocatur O et[2]] tunc L eius] LO om. A vocetur[2]] vocatur O et[3]] om. LO 4 Tunc quaeritur] om. L vel[2]] a est add. L Si] b! add. L est[2]] LO om. A 5 sufficiat] O requiritur A sequitur L 6 eius] om. O Sed] LO secundum! A ut] om. LO 7 Relinquitur] requiritur O ergo] illud si dicitur add. L C[2]] om. O verum] vera L 8 sed] et O non] est add. L ab A] a! b! a L A[2]] om. L 9 falsum[1]] falsa L Ergo] om. L verum] falsum O A[2]] b! L falsum[2]] verum O dicatur] dicitur O 10 sit] est O ergo] sequitur quod LO sunt] sint L quia...falsum] om. L 12 C[2]] om. L 13 est[1]] esset L cum] om. O B] ly! L sit] L est AO quod...est[2]] a esse LO 14 falsum] falsam O 15 Aliqua] LO aliquae! A 16 qualiter] d add. s. del. O 17 Breviter] om. LO dicitur[1]] respondetur LO cum] ulterius add. LO 19 ulterius] L om. AO 20 dici-

Ein anderes Unlösbares lautet: »Ein Mensch ist ein Esel oder irgendein disjunktiver Satz ist falsch«, und es gebe diesen vorgelegten disjunktiven Satz auf der Welt und keinen anderen, und er heiße A und sein erster Teil heiße B und der zweite C. Dann fragt es sich: Entweder ist A wahr oder falsch. Wenn es wahr ist, dann ist ein Teil von ihm wahr, da es für die Wahrheit eines disjunktiven Satzes genügt, daß ein Teil von ihm wahr ist. Aber man kann nicht sagen, daß B (der wahre Teil ist), wie klar ist. Es bleibt also übrig, daß C (der wahre Teil ist). Dann so: C ist wahr, also ist irgendein disjunktiver Satz falsch, aber kein anderer als A, also ist A falsch. Also: Wenn A wahr ist, ist A falsch. Wenn man aber sagt, daß A falsch ist: Also sind beide Teile von ihm falsch, weil es für die Falschheit eines disjunktiven Satzes erforderlich ist, daß beide Teile falsch sind, und folglich ist C falsch. Aber ich beweise, daß dem nicht so ist, denn wenn C falsch ist, folgt, da ja auch B falsch ist, daß A falsch ist, und folglich folgt, daß ein disjunktiver Satz falsch ist. Dann so: Ein disjunktiver Satz ist falsch, also ist es so, wie C bezeichnet, und weiter: Also ist C wahr.

Kurze Antwort: A ist falsch. Und wenn es heißt »Also sind beide Teile von ihm falsch«, so gebe ich das zu. Und wenn es weiters heißt »Wenn C falsch ist, ist A falsch«, so gebe ich das (auch) zu. Und wenn es weiters heißt »Also ist es so, wie C bezeichnet«, so gebe ich das (ebenfalls) zu. Und wenn es weiters heißt »Also ist C wahr«, so wird die Folgerung abgelehnt: Obgleich es nämlich so ist, wie C bezeichnet, so ist es dennoch nicht so, wie *auch immer* C bezeichnet. Es bezeichnet nämlich gemäß seiner direkten Bezeichnung, daß A falsch ist, und gemäß seiner sekundären Bezeichnung, daß es (nämlich C selbst) falsch ist; und folglich gilt, da ja jeder Satz bezeichnet,

tur] dicebatur O qualiter...significat] LO om. A C] O om. L 21 ulterius] LO om. A dicitur] dicebatur L negatur consequentia] nego consequentiam O 22 non tamen] cum non O 23 C] se! L taliter] ita O de] om. L 24 directa] directam L significatione] significationem L de...et] om. L eius significatione[2]] O om. A 25 cum] tamen L

propositio significet se esse veram, ut prius dicebatur, C significat se esse verum et se esse falsum, et per consequens est falsum.

Dubitatur, nam dictum est, quod haec copulativa sit falsa »Deus est et aliqua copulativa est falsa«. Contra, nam si sic, sequeretur, quod eius contradictoria esset vera, et hoc est falsum. Consequentia tenet, falsitas probatur, nam eius contradictoria secundum praedicta videtur esse ista »Nullus deus est vel nulla copulativa est falsa«, modo ista est falsa, eo quod ambae eius partes sunt falsae.

Respondetur, quod ista non est eius contradictoria, sed ad acquirendum eius contradictoriam videamus primo, cui aequipollet ista »Deus est et aliqua copulativa est falsa« posito, quod nulla alia sit copulativa. Et breviter, quia ista copulativa significat se esse falsam, vocetur A propositio nomine, sequitur, quod valebit istam »Deus est et aliqua copulativa est falsa et A non est falsa«. Ergo secundum hoc oportet sumere contradictoriam eius, et erit ista »Nullus deus est vel nulla copulativa est falsa vel A est falsa«, modo ista est vera, quia est una disiunctiva, cuius altera pars est vera, videlicet »Nulla copulativa est falsa vel A est falsa«.

Aliud insolubile est: »Si deus est, aliqua condicionalis est falsa«, et sit ista condicionalis in mundo et nulla alia et sit ista A, et eius antecedens sit B et eius consequens sit C. Tunc quae-

1 prius] Cf. Cap. VI.1, tertiam conclusionem. 8 praedicta] Cf. e. g. Cap. VI.1, septimam conclusionem.

1 significet] O significans A significat L veram] et se esse falsam sit falsa add. A dicebatur] et sic? add. A 2 verum] veram LO se esse[2]] O om. A c esse L falsum] falsam LO et[2]…consequens] LO sequitur quod A 3 falsum] falsa LO 4 Dubitatur] om. L quod] in add. L haec] ista LO sit] O est AL 5 et… copulativa] om. L aliqua] O copli-? A 6 esset] LO sit A et] sed LO falsum] superfluum! L 8 secundum praedicta] om. L 9 vel] et O copulativa] LO disiunctiva A est[1]] videtur esse L 10 eius] LO om. A 11 non] ratio! L eius] cuius! L ad] om. LO 12 acquirendum] A accurandum? L accipiendum OPSX eius] cuius! L contradictoriam] O contradictoria AL videamus] videmus L primo] prima L cui] om. L illa add. O aequipollet] aequivalet

daß er wahr ist, wie (schon) früher gesagt wurde: C bezeichnet, daß es wahr ist und daß es falsch ist, und folglich ist es falsch.

Hier wird ein Problem aufgeworfen, denn es wurde gesagt, daß der kopulative Satz »Gott ist und irgendein kopulativer Satz ist falsch« falsch ist. Dagegen: Wenn dem so wäre, folgte, daß sein kontradiktorischer Satz wahr wäre, und das ist falsch. Die Folgerung ist gültig, die Falschheit wird bewiesen, denn sein kontradiktorischer Satz scheint gemäß den vorangehenden Ausführungen der folgende Satz zu sein: »Kein Gott ist oder kein kopulativer Satz ist falsch«; dieser ist nun aber falsch, weil beide Teile von ihm falsch sind.

Antwort: Dieser Satz ist nicht sein kontradiktorischer Satz, sondern um seinen kontradiktorischen Satz zu erhalten, wollen wir zunächst überlegen, welchem Satz der Satz »Gott ist und irgendein kopulativer Satz ist falsch« unter der Annahme, daß es keinen anderen kopulativen Satz gibt, gleichwertig ist. Kurz gesagt: Weil dieser kopulative Satz – er heiße »Satz A« mit Namen – bezeichnet, daß er falsch ist, folgt, daß er dem folgenden Satz gleichwertig sein wird: »Gott ist und irgendein kopulativer Satz ist falsch und A ist nicht falsch«. Demgemäß muß man also seinen kontradiktorischen Satz wählen, und dieser wird so lauten: »Kein Gott ist oder kein kopulativer Satz ist falsch oder A ist falsch«; dieser Satz ist nun aber wahr, weil er ein disjunktiver Satz ist, von dem der eine Teil wahr ist, nämlich »Kein kopulativer Satz ist falsch oder A ist falsch«.

Ein anderes Unlösbares lautet: »Wenn Gott ist, ist irgendein Konditionalsatz falsch«, und es gebe diesen Konditionalsatz auf der Welt und keinen anderen, und es sei dieser A und sein Vordersatz sei B und sein Nachsatz sei C. Dann fragt es sich,

LO 13 ista] istae L Deus...et] om. L 14 breviter] om. LO 15 propositio] propositione L nomine] ALOPS negativa X 16 et[1]] om. L aliqua] E85rX om. ALOPS 17 secundum] sed! L hoc] om. L 18 vel] et O 21 falsa[2]] modo ista est vera quia est una disiunctiva cuius altera pars est vera si! nulla copulativa est falsa vel alia! est falsa add. L 22 est[1]] om. LO 23 et[1]] O om. AL nulla] non O ista[2]] L om. AO 24 et eius[1]] LO cuius A eius[2]] LO om. A

ritur, an A sit verum vel falsum. Si dicatur, quod A sit verum, ergo si ita est, sicut significat B, etiam ita est, sicut significat C, hoc enim requiritur ad veritatem condicionalis. Sed ita est, sicut significat B, clarum est de se, ergo etiam ita est, sicut significat C, ergo C est verum. Et ultra, C est verum, sed C significat A esse falsum, ergo A est falsum. Ergo si A est ve-
L52ra rum, A est falsum. Si autem dicatur, quod A sit falsum, tunc sic: Si A est falsum, impossibile est B esse verum, nisi C sit verum, ergo si A est falsum, A est verum. Consequentia tenet, quia ad veritatem ipsius A sufficit, quod B non possit esse verum sine C vel quod non possit ita esse, sicut significatur per B, quin sit sic, sicut significatur per C. Antecedens probatur, nam si A est falsum, C est verum, ergo si A est falsum, B non est verum, nisi C sit verum. Consequentia tenet, antecedens probatur, nam si A est falsum, sic est, sicut C significat, quia C significat A esse falsum. Et si sic, sequitur C esse verum.

Respondetur, quod A est falsum. Et quando dicebatur finaliter »Ergo ita est, sicut C significat«, concedo. Et cum ulterius dicebatur »Ergo C est verum«, negatur consequentia, quia C significans A esse falsum significat se ipsum esse falsum, et cum etiam significat se ipsum esse verum per unam de conclusionibus prius positis, sequitur, quod C significat se esse verum et se esse falsum, et per consequens per unam aliam conclusio-

22 prius] Cf. Cap. VI.1, primam vel tertiam conclusionem.

1 A[1]] L om. A sit[1]] est L vel] an O A[2]] LO om. A 2 si] om. O etiam] LOP om. A 4 B] ly! L de se] dicere! L ergo] A om. LOP etiam] et L 5 C[1]] se! L et add. O et ultra add. P ergo…verum[1]] AOP om. L ultra] ergo add. LP 6 si] om. L verum] et add. L 7 dicatur] LO dicitur A sit] LO est A 10 quia] nam L om. P ipsius] LOP istius A sufficit] ALP requiritur O possit] potest L 11 possit] potest L ita] om. L sic O sicut] c add. L significatur] significat L 12 quin] quando! L sit] om. L sic] sg- add. s. del. O sicut] om. L sicut…C] om. L significatur] significaretur L per C] om. L per se! O 13 C…falsum] ALP om. O 15 falsum] c est falsum add. L sic est] tunc (del.: sit) sic O C[2]] L om. A 16 C esse] quod c est L 17 A] om. O Et] respondetur quod! L dicebatur] LO dicitur A 18 ulterius] LO om. A 19 dicebatur] LO dicitur A Ergo] LOP om. A 20 significans] AP significat LO esse[1]] est L falsum[1]] et in

ob A wahr oder falsch ist. Wenn man sagt, daß A wahr ist, so gilt: Wenn es so ist, wie B bezeichnet, dann ist es auch so, wie C bezeichnet, das ist nämlich für die Wahrheit eines Konditionalsatzes erforderlich. Aber es ist so, wie B bezeichnet, wie sich von selbst versteht, also ist es auch so, wie C bezeichnet, also ist C wahr. Und weiter: C ist wahr, aber C bezeichnet, daß A falsch ist, also ist A falsch. Also: Wenn A wahr ist, ist A falsch. Wenn man aber sagt, daß A falsch ist, dann so: Wenn A falsch ist, ist es unmöglich, daß B wahr ist, wenn C nicht wahr ist, also: Wenn A falsch ist, ist A wahr. Die Folgerung ist gültig, weil es für die Wahrheit von A genügt, daß B nicht wahr sein kann ohne C oder daß es nicht so sein kann, wie von B bezeichnet wird, ohne daß es so ist, wie von C bezeichnet wird. Der Vordersatz wird bewiesen, denn wenn A falsch ist, ist C wahr, also wenn A falsch ist, ist B nicht wahr, wenn C nicht wahr ist. Die Folgerung ist gültig, der Vordersatz wird bewiesen, denn wenn A falsch ist, ist es so, wie C bezeichnet, weil C bezeichnet, daß A falsch ist. Und wenn dem so ist, folgt, daß C wahr ist.

Antwort: A ist falsch. Und wenn es abschließend hieß »Also ist es so, wie C bezeichnet«, so gebe ich das zu. Und wenn es weiters hieß »Also ist C wahr«, so wird die Folgerung abgelehnt, weil C, indem es bezeichnet, daß A falsch ist, bezeichnet, daß es selbst falsch ist, und da es auch bezeichnet, daß es selbst wahr ist, gemäß einer von den früher aufgestellten Thesen, folgt, daß C bezeichnet, daß es wahr ist und daß es falsch ist; und folglich ist es gemäß einer anderen früher aufgestellten

hoc add. O   ipsum] AP ipsam LO   esse[2]] ALO om. P   falsum[2]] falsam O 21 cum etiam] A per consequens LOP   significat] etiam add. P   se ipsum] A C L se etiam O se P   verum] veram O   unam…conclusionibus] A conclusionem L om. O consequentiam P   22 positis] A positam LP dicta O   C] L om. AOP significat] LOP significet A   verum] veram O   23 se esse] OP om. A C esse L falsum] falsam O   consequens] et add. L   aliam] P om. ALO   conclusionem] ALO consequentiam P

nem prius positam est falsum. Unde quamvis taliter sit, qualiter C significat, tamen non qualitercumque C significat, ita est, quod tamen requireretur ad hoc, quod C esset verum.

Aliud insolubile est: »Deus est, ergo ista consequentia non valet«, sit ista consequentia A et eius antecedens sit B et consequens eius sit C, et per ly *ista* demonstretur consequentia proposita. Tunc propono A consequentiam et quaero, an A consequentia valeat vel non. Si dicatur, quod valet, et cum antecedens sit verum, sequitur consequens esse verum. Et si conse- A53rb | O54vb quens est verum, tunc sic est, sicut consequens significat. Sed consequens significat A consequentiam non valere, ergo A consequentia non valet. Ergo si A consequentia valet, A consequentia non valet. Si autem dicatur, quod A consequentia non valet, contra: Si A consequentia non valet, possibile est B esse verum C existente falso, sed hoc est falsum. Quod probo sic, nam si A non valet, tunc C est verum, ergo A valet, quia B non est verum, nisi C sit verum. Ergo si A non valet, A valet. Antecedens patet, nam si A non valet, sic est, sicut C significat, quia C significat A non valere, et per consequens C est verum. Prima consequentia patet, nam ad hoc, quod A valeat, sufficit B non posse esse verum sine C, si formetur. Ultima consequentia tenet de primo ad ultimum.

Respondetur, quod A consequentia non valet. Et cum finaliter dicebatur »Ergo C est verum«, negatur consequentia. Et si diceretur »Si A non valet, taliter est, qualiter C significat«,

1 prius] Cf. Cap. VI.1, quartam vel sextam conclusionem.

1 falsum] falsa O taliter] ita O 2 C[1]] om. O ita est] LO om. A taliter est P 3 quod[1]] et cum O requireretur] OP requiritur A requiretur L esset] LP sit A esse O 4 est[1]] om. LO est[2]] om. L 5 sit[1]] om. L eius] cuius! L sit[2]] LO om. A 6 eius sit] LO om. A et] om. L demonstretur] A demonstraretur L demonstratur OP proposita] proposito! O 7 A[1]] om. L an] a enim! L 8 valeat] O valet AL vel] an O non] et add. O 9 Et] om. L 10 est[1]] L sit AO tunc] om. L Sed...significat] om. O 11 consequens] consequentia L consequentiam... valere] om. L A consequentia] nulla! L 12 Ergo...verum] om. L 15 Quod] O om. A quam! P 16 verum] AOS falsum P A valet] O sic non valet A illa non valebit P si ista non valet S quia] O om. APS B] AOS om. P 17 nisi] OPS ubi

These falsch. Denn obgleich es so ist, wie C bezeichnet, so ist es dennoch nicht so, wie *auch immer* C bezeichnet, was jedoch dafür erforderlich wäre, daß C wahr ist.

Ein anderes Unlösbares lautet: »Gott ist, also ist diese Folgerung nicht gültig«, diese Folgerung sei A und ihr Vordersatz sei B und ihre Nachsatz sei C, und der Ausdruck »diese« beziehe sich auf die vorliegende Folgerung. Dann bringe ich die Folgerung A vor und frage, ob die Folgerung A gültig ist oder nicht. Wenn man sagt, daß sie gültig ist, so folgt, da ja der Vordersatz wahr ist, daß der Nachsatz wahr ist. Und wenn der Nachsatz wahr ist, ann ist es so, wie der Nachsatz bezeichnet. Aber der Nachsatz bezeichnet, daß die Folgerung A nicht gültig ist, also ist die Folgerung A nicht gültig. Also: Wenn die Folgerung A gültig ist, ist die Folgerung A nicht gültig. Wenn man aber sagt, daß die Folgerung A nicht gültig ist, dann dagegen: Wenn die Folgerung A nicht gültig ist, ist es möglich, daß B wahr ist, wenn C falsch ist, aber das ist falsch. Was ich folgendermaßen beweise: Wenn A nicht gültig ist, dann ist C wahr, also ist A gültig, weil B nicht wahr ist, wenn C nicht wahr ist. Also: Wenn A nicht gültig ist, ist A gültig. Der Vordersatz ist klar, denn wenn A nicht gültig ist, ist es so, wie C bezeichnet, weil C bezeichnet, daß A nicht gültig ist, und folglich ist C wahr. Die erste Folgerung ist klar, denn dafür, daß A gültig ist, genügt es, daß B nicht wahr sein kann ohne C, wenn es (nämlich C) gebildet wird. Die letzte Folgerung ist gültig vom ersten bis zum letzten (Schritt).

Antwort: Die Folgerung A ist nicht gültig. Und wenn es abschließend hieß »Also ist C wahr«, so wird die Folgerung abgelehnt. Und wenn man sagte »Wenn A nicht gültig ist, dann ist es so, wie C bezeichnet«, so gebe ich das zu, aber es ist

A 19 C[1]] O om. A C[2]] O om. A verum] vera O 20 patet] tenet O A] om. L non add. O 21 sine] sed! L 22 de] a L 23 cum] tamen! L finaliter] LOPS om. A ulterius add. s. del.? O 24 Ergo C] LOPS sic A consequentia] LOPS om. A 25 A non] ALOP antecedens! S qualiter…significat] LOPS etc. A C] L b O

concedo, sed non qualitercumque C significat, ita est. Et ergo non sequitur »Taliter est, qualiter C significat, ergo C est verum«, et ibi fuit vis argumenti.

Cap. VI.3 ⟨Capitulum tertium de insolubilibus, quae oriuntur ex actibus nostris interioribus⟩

Nunc videndum est de insolubilibus, quae oriuntur ex actibus nostris interioribus, sicut sunt decipi, errare, fingere, scire, dubitare, etc. Et sit primo istud insolubile: Posito, quod in mente Sortis sit ista »Sortes decipitur« et nulla alia, et sit A, et Sortes credat istam propositionem esse veram. Tunc quaeritur, utrum Sortes credendo A propositionem esse veram decipiatur vel non. Si dicitur, quod Sortes decipitur, sequitur, quod A est falsum, aliter enim credendo A esse verum non deciperetur. Et ultra, haec est falsa »Sortes decipitur«, ergo Sortes non decipitur. Ergo si Sortes decipitur credendo A esse verum, Sortes non decipitur. Si autem dicitur, quod Sortes credendo A esse verum non decipitur, sequitur, quod A est verum, et ultra, ergo Sortes decipitur. Ergo si Sortes non decipitur, Sortes decipitur.

Solvitur dicendo, quod Sortes credendo A esse verum decipitur. Et quando dicitur »Ergo A est verum«, negatur consequentia, quia A non solum significat, quod Sortes decipitur, sed significat, quod Sortes decipitur et quod Sortes non decipitur, modo hoc est falsum, et per consequens A est falsum, eo

1 ita est] LOPS om. A Et] om. L 2 verum] bene facit *litteris textualibus* add. L 3 et...argumenti] A om. LOPS 6 Nunc] Aunc! L 7 nostris] communis! L interioribus] interiectionibus! L sunt] om. LO decipi] decipere L 8 Et] LO tunc? A sit] sicut! L primo] LO ergo A 10 credat] OX credit A credidit L propositionem] LO om. A 11 A] istam O propositionem] om. L esse veram] om. O veram] verum L decipiatur] X decipitur AO accipitur! L 12 non] decipiatur add. L Sortes] LO om. A decipitur] decipiatur L A] om. O 13 Et ultra] om. L 14 Sortes[1]] om. L 15 Ergo] et per consequens LO credendo] tradendo! L A] om. L 16 dicitur] O dicatur AL 17 sequitur] LO ergo A quod] O om. AL est] esse L ultra] a (esse L est O) verum add. LO 18 Ergo...

nicht so, wie *auch immer* C bezeichnet. Und somit folgt nicht »Es ist so, wie C bezeichnet, also ist C wahr«, aber in diesem Punkt lag die Stärke des Arguments.

Kapitel VI.3:
Unlösbare, welche aus unseren inneren Akten entstehen

Nun müssen die Unlösbaren untersucht werden, die aus unseren inneren Akten entstehen (d. h., die durch mentale Akte bedingt sind), wie z. B. sich täuschen, sich irren, vorgeben, wissen, zweifeln, usw. Und erstens sei dieses Unlösbare vorgelegt: Angenommen, daß im Geist des Sokrates der (mentale) Satz »Sokrates täuscht sich« vorkomme und kein anderer, und er sei A, und Sokrates glaube, daß dieser Satz wahr sei. Dann fragt es sich, ob Sokrates sich im Glauben, daß der Satz A wahr sei, täuscht oder nicht. Wenn man sagt, daß Sokrates sich täuscht, dann folgt, daß A falsch ist, sonst würde er sich nämlich im Glauben, daß A wahr sei, nicht täuschen. Und weiter: Der Satz »Sokrates täuscht sich« ist falsch, also täuscht sich Sokrates nicht. Also: Wenn Sokrates sich im Glauben, daß A wahr sei, täuscht, täuscht sich Sokrates nicht.Wenn man aber sagt, daß Sokrates sich im Glauben, daß A wahr sei, nicht täuscht, dann folgt, daß A wahr ist, und weiter: Also täuscht sich Sokrates. Also: Wenn Sokrates sich nicht täuscht, täuscht sich Sokrates.

Lösung: Sokrates täuscht sich im Glauben, daß A wahr sei. Und wenn es heißt »Also ist A wahr«, so wird die Folgerung abgelehnt, weil A nicht nur bezeichnet, daß Sokrates sich täuscht, sondern bezeichnet, daß Sokrates sich täuscht und daß Sokrates sich nicht täuscht; das ist nun aber falsch, und folglich ist A falsch, weil es nicht so ist, wie auch immer A bezeich-

decipitur] om. L non] OX om. A Sortes[2]] non add. A **19** Solvitur dicendo] Respondetur O **20** negatur] non valet L **21** A] om. L **22** quod[2]] om. L **23** modo] et LO et...falsum[2]] LO om. A A] O om. L eo quod] L ideo A ex quo O

quod non qualitercumque A significat, ita est. Similiter sit ista in mente Sortis »Sortes errat«, et sit errare falsum credere esse verum vel verum credere esse falsum, et solvitur et arguitur simili modo, ut prius de *decipitur*.

Aliud insolubile est: »Sortes fingit se esse sophistam« posito, quod fingere sit ostendere se esse talem, qualis non est, et sophista sit, qui ostendit se esse talem, qualis non est. Tunc sic: Sortes, qui non est sophista, potest se ostendere esse sophistam per conversationem eius cum sophistis vel per aliquod huiusmodi. Sed quia talis non est, sequitur, quod fingit se esse sophistam per descriptionem quid nominis *fingere* et per descriptionem quid nominis *sophista*.

In oppositum arguitur: Propositio implicat contradictionem, ergo etc. Consequentia tenet, antecedens probatur, quia si Sortes fingit se esse sophistam, vel ergo fingendo se esse sophistam est sophista vel non. Si est sophista, tunc non fingit se esse sophistam, quia si aliquis est vere talis, qualem se ostendit esse talem, non fingit per descriptionem quid nominis *fingere*.
O55ra Si autem dicatur, quod ipse non sit sophista, sequitur, quod ipse non est talis, qualem se ostendit, ostendit enim se esse sophistam. Et ultra: Si non est talis, qualem se ostendit, tunc ipse est sophista per descriptionem quid nominis istius termini *sophista*. Ergo qualitercumque dicatur, videtur sequi repugnans.

1 A] om. O ita] taliter LO Similiter] simili modo LO 2 Sortis] om. L et] Sortes add. L et...falsum] LOPSX om. A sit] LOPS scit! X 3 verum¹] OPS falsum LX verum²] OPSX falsum L et¹] si O 4 prius] ista LO de decipitur] Sortes decipietur L Sortes decipitur O etc. add. L 5 est] om. LO 6 sit] sicut! L est] om. O sophista] sophistam L 7 sit] si O sit...ostendit] om. L qui] quis O esse] L om. AO 9 conversationem] conversionem! L cum] tamen! L sophistis] sophista L per aliquod] pro quodlibet! L 10 non est] om. L 11 quid] huius O descriptionem²] om. O 12 nominis] huius termini add. O 13 arguitur] LO om. A quia add. O Propositio] AS primum L positio O posito P contradictionem] A om. LOPS 14 etc] om. L probatur] LO patet A 15 vel...ratio] AOPS om. L 16 non¹] non add. O 17 est] OPS esset A talis] A aliqualis OPS qualem] A ipse OPS ostendit] A ostendens OPS non add. P 18 esse] OPS se A fingit] patet add. OP quia add. S 19 ipse] PSX s- del. A om.

net. – Ebenso komme im Geist des Sokrates der Satz »Sokrates irrt sich« vor, und sich irren heiße von etwas Falschem glauben, daß es wahr sei, oder von etwas Wahrem glauben, daß es falsch sei; dann argumentiert man und löst diesen Fall auf ähnliche Weise, wie vorhin hinsichtlich »täuscht sich«.

Ein anderes Unlösbares lautet: »Sokrates gibt vor, daß er ein Sophist ist«, wobei angenommen wird, daß vorgeben heißt sich geben als ein solcher, welcher man nicht ist, und ein Sophist sei einer, der sich als ein solcher gibt, welcher er nicht ist. Dann so: Sokrates, der kein Sophist ist, kann sich als ein Sophist geben, und zwar durch seinen Umgang mit Sophisten oder durch etwas dergleichen. Aber weil er kein solcher ist, folgt, daß er vorgibt, daß er ein Sophist ist, gemäß der Namensdefinition von »vorgeben« und gemäß der Namensdefinition von »Sophist«.

Argument für das Gegenteil: Der Satz schließt einen Widerspruch ein, also usw.[205] Die Folgerung ist gültig, der Vordersatz wird bewiesen: Wenn Sokrates vorgibt, daß er ein Sophist ist, dann ist er also im Vorgeben, ein Sophist zu sein, entweder ein Sophist oder nicht. Wenn er ein Sophist ist, dann gibt er nicht vor, daß er ein Sophist ist, denn wenn jemand wirklich ein solcher ist, als welcher er sich gibt, gibt er nicht vor, gemäß der Namensdefinition von »vorgeben«. Wenn man aber sagt, daß er kein Sophist ist, folgt, daß er nicht ein solcher ist, als welcher er sich gibt, er gibt sich nämlich als ein Sophist. Und weiter: Wenn er nicht ein solcher ist, als welcher er sich gibt, dann ist er ein Sophist, gemäß der Namensdefinition des Terms »Sophist«. Also scheint etwas Widersprüchliches zu folgen, wie auch immer man (auf die Ausgangsfrage dieses Arguments, ob Sokrates ein Sophist ist oder nicht) antwortet.

O sequitur] sequitur add. A 20 ipse] O om. A est] om. O talis] qualis add. s. del. O ostendit^2...ostendit] OPS om. A 21 qualem] ipse add. O tunc] A om. OPS 22 est] OPS om. A descriptionem] APS om. O istius...sophista] OPS sophistae A 23 repugnans] AS repugnantia O expungnans P

Respondetur, quod impossibile est Sortem se fingere esse sophistam praesupposito quid nominis istorum terminorum, sicut ratio in oppositum satis probat. Et quando dicebatur »Sortes, qui non est sophista, potest se ostendere esse sophistam«, nego, immo si Sortes primo non est sophista, quam cito se ostendit esse sophistam, tam cito est sophista.

Aliud insolubile est: »Possibile est Sortem scire se errare« posito, quod errare sit falso assentire vel non dissentire vel L52rb credere falsum esse verum vel e converso. Et probatur: Sortem errare est possibile, ergo Sortem scire se errare est possibile. Antecedens clarum est, consequentia patet, nam aliter esset aliqua propositio scibilis a Platone, quam impossibile esset A53va notificare Platonem Sorti. Clarum est enim, quod ista »Sortes errat« est scibilis a Platone, et si non esset scibilis a Sorte, Plato non posset eam Sorti notificare.

In oppositum arguitur: Sortem scire se errare implicat contradictionem, ergo est impossibile. Consequentia tenet, antecedens probatur, sequitur enim »Sortes scit se errare, ergo Sortes errat«, ex quo nihil scitur nisi verum. Similiter sequitur »Sortes scit se errare, ergo Sortes non errat«. Probatur, quia si scit se errare, ergo scit se falso assentire vel non dissentire, et si scit se falso assentire, ipse scit, quod illud, cui assentit, sit falsum, et si scit, tunc illi non assentit et per consequens non errat. Et simi-

1 se] OPS om. A 2 praesupposito] AOP praesupposita S quid nominis] A significato O significatio P significatione S istorum] A om. OPS 3 in] LOP post A *lectio incerta* S satis] LPS om. A bene O quando] LO cum A dicebatur] O dicitur AL quod add. O 4 est] currit! L sophista] sophistam L potest... ostendere] LOPSX etc. A esse sophistam] OPX om. AL sophistam S 5 nego immo] ALPS om. O primo] LOPS om. A quam cito] AOPS quam? tantum L 6 tam cito] OPS om. A et talis cito L est] om. L 7 est[1]] om. O Possibile est] om. L 8 quod errare] om. L falso] false L non...vel[2]] LOPSX om. A dissentire] OPSX distinguere? L 9 vel] ergo dicatur add. L e converso] verum esse vel falsum LO Et] L om. AO 10 errare[2]] erraret L 11 clarum est] non tenet! L notum est O patet] om. L tenet O nam] non! L 12 a Platone] om. L quam] quae L impossibile] impossibilis L esset] est O 13 ista] istas! L 14 est] om. L Sorte] Sorti O 15 eam] causam! L 16 arguitur] om. L 18 Sortes[2]] om. O 19 sequitur] om. L 20 Sortes] om. O Sortes...ergo] om.

Antwort: Es ist unmöglich, daß Sokrates vorgibt, daß er ein Sophist ist, unter Voraussetzung der Namensdefinitionen der betreffenden Terme, wie das Argument für das Gegenteil hinlänglich beweist. Und wenn es hieß »Sokrates, der kein Sophist ist, kann sich als ein Sophist geben«, so verneine ich das, vielmehr gilt: Wenn auch Sokrates zunächst kein Sophist ist – sobald er sich als ein Sophist gibt, ist er auch schon ein Sophist.

Ein anderes Unlösbares lautet: »Es ist möglich, daß Sokrates weiß, daß er sich irrt«, gesetzt, daß sich irren heißt etwas Falschem zustimmen oder nicht widersprechen oder glauben, daß etwas Falsches wahr sei, oder umgekehrt. Beweis: Daß sich Sokrates irrt, ist möglich, also: Daß Sokrates weiß, daß er sich irrt, ist möglich. Der Vordersatz ist klar, die Folgerung leuchtet ein, denn sonst gäbe es einen Satz, der von Platon wißbar ist, für den es aber unmöglich wäre, daß Platon ihn dem Sokrates zur Kenntnis bringt. Es ist nämlich klar, daß der Satz »Sokrates irrt sich« von Platon wißbar ist, und wenn er nicht auch von Sokrates wißbar wäre, könnte Platon ihn nicht dem Sokrates zur Kenntnis bringen.

Argument für das Gegenteil: Daß Sokrates weiß, daß er sich irrt, schließt einen Widerspruch ein, also ist es unmöglich. Die Folgerung ist gültig, der Vordersatz wird bewiesen: Es folgt nämlich »Sokrates weiß, daß er sich irrt, also irrt sich Sokrates«, weil nur etwas Wahres gewußt wird. Ebenso folgt »Sokrates weiß, daß er sich irrt, also irrt sich Sokrates nicht« – Beweis: Wenn er weiß, daß er sich irrt, dann weiß er, daß er etwas Falschem zustimmt oder nicht widerspricht, und wenn er weiß, daß er etwas Falschem zustimmt, dann weiß er, daß das, dem er zustimmt, falsch ist, und wenn er das weiß, dann stimmt er diesem nicht zu, und folglich irrt er sich nicht. Und

L quia] OSX consequentia A quod P **21** scit[1]] sit! O vel non] LPX et vero A om. OS dissentire] ALPX om. OS scit[2]] sit/sic! LO se[2]] om. L **22** falso] falsum L quod illud] om. L quod O sit] esse L est O **23** scit] sit/sic! LO hoc add. O illi] ille L Et] om. LO

liter, si Sortes scit se vero dissentire, ipse scit, quod hoc est verum, cui dissentit, et per consequens sibi non dissentit, ergo non errat. Ergo si Sortes scit se errare, non errat. Secundo, si Sortes scit se errare, sit ergo, quod in iudicando A esse faciendum erret et sciat se sic iudicando errare. Et sit illud iudicium erroneum, quo iudicat A esse faciendum, B. Tunc sic: Sortes scit se errare iudicando, quod A est faciendum, ergo Sortes scit, quod B iudicium, quo iudicat A esse faciendum, est erroneum. Tunc sic: Sortes scit, quod B iudicium est erroneum, ergo Sortes scit, quod aliter est, quam per B iudicium iudicat. Sed per B iudicium iudicat, quod A est faciendum, ergo ipse scit, quod A non est faciendum. Ergo si Sortes scit se errare iudicando A esse faciendum iudicio B erroneo, simul iudicat, quod A est faciendum, et hoc mediate B iudicio erroneo, et quod A non est faciendum, scilicet mediate scientia, quam habet de hoc, quod B iudicium est erroneum. Et per consequens iudicia contraria erunt in eodem, sed hoc est impossibile, quare impossibile est Sortem scire se errare.

Respondetur, quod impossibile est Sortem scire se errare. Et cum dicebatur »Sortem errare est possibile«, admitto. Et cum dicitur »Ergo possibile est Sortem scire se errare«, negatur consequentia. Et ulterius concedo, quod aliqua propositio est scibilis a Platone, quam impossibile est Platonem notificare Sorti. Unde concedo, quod si Sortes errat et Plato hoc sciat, quod Plato non potest notificare Sorti, quod Sortes errat, sed

1 Sortes…ipse] om. L quod hoc] om. L est] LO scit! A 2 dissentit[1]] assentit L sibi…ergo] om. L ergo] et per consequens O 3 Ergo…errat[2]] A om. LOPSX 4 scit] A sciret LOPSX sit] AOPS sciret L scit X quod in] A om. LOPSX 5 sciat] sciret L sic] om. L in add. A iudicando] a add. A Et sit] sicut L 6 erroneum] esset cavendum! L iudicat] esse add. s. del. O A] et! L faciendum] causa! L B] PX om. ALO et b S Tunc sic] om. L Tunc…faciendum] om. O 7 se] esse! L Sortes] om. L 8 quod] om. L quo] LPX quod A A] PX om. A et L 9 sic] sicut L scit] iudic- add. s. del. A ergo Sortes] om. L 10 quod] om. L est] LOPSX sit A iudicium] esse add. s. del. A iudicat] LOPSX iudicatum est A 11 iudicat] LO iudicabat A quod…est] om. L ipse…si] om. L 13 iudicio] iudicio add. O erroneo] erraneo L simul…erroneo] om. L 14 et[2]] om. O 15 scientia] scientiam L quam] quod! L 16 est] om.

ebenso: Wenn Sokrates weiß, daß er etwas Wahrem widerspricht, dann weiß er, daß das wahr ist, dem er widerspricht, und folglich widerspricht er diesem nicht, also irrt er sich nicht. Also: Wenn Sokrates weiß, daß er sich irrt, irrt er sich nicht. – Zweitens: Wenn Sokrates weiß, daß er sich irrt, so nehme man also an, daß er sich im Urteil, daß A getan werden müsse, irre und wisse, daß er sich in diesem Urteil irrt. Und es sei dieses irrige Urteil, durch das er urteilt, daß A getan werden müsse, B. Dann so: Sokrates weiß, daß er sich im Urteil, daß A getan werden muß, irrt, also weiß Sokrates, daß das Urteil B, durch das er urteilt, daß A getan werden müsse, irrig ist. Dann so: Sokrates weiß, daß das Urteil B irrig ist, also weiß Sokrates, daß es anders ist, als er mit dem Urteil B urteilt. Aber mit dem Urteil B urteilt er, daß A getan werden muß, also weiß er, daß A nicht getan werden darf. Also: Wenn Sokrates weiß, daß er sich im Urteil, daß A getan werden muß, durch das irrige Urteil B irrt, dann urteilt er zugleich, daß A getan werden muß, und zwar mittels des irrigen Urteils B, und daß A nicht getan werden darf, nämlich mittels des Wissens, daß er darüber hat, daß das Urteil B irrig ist. Und folglich werden gegensätzliche Urteile im selben (Urteilenden) sein, aber das ist unmöglich, weshalb es unmöglich ist, daß Sokrates weiß, daß er sich irrt.

Antwort: Es ist unmöglich, daß Sokrates weiß, daß er sich irrt. Und wenn es hieß »Daß Sokrates sich irrt, ist möglich«, so lasse ich das zu. Und wenn es heißt »Also ist es möglich, daß Sokrates weiß, daß er sich irrt«, so wird die Folgerung abgelehnt. Und weiters gebe ich zu, daß irgendein Satz von Platon wißbar ist, für den es unmöglich ist, daß Platon ihn dem Sokrates zur Kenntnis bringt. So gebe ich zu, daß wenn Sokrates sich irrt und Platon das weiß, Platon dem Sokrates nicht zur Kenntnis bringen kann, daß Sokrates sich irrt, aber sehr wohl

L Et...errare] LOPSX om. A 17 quare] OPSX qualiter L 18 errare] OPSX om. L 19 quod] om. L Et cum] tamen L Et...dicebatur] om. O 20 dicebatur] L dicatur A errare...possibile] possibile est errare L 21 possibile...errare] LO Sortem etc. A 22 consequentia] LO om. A 23 quam...Sorti] LO etc. A scilicet quod errat add. O 24 Unde...errat] om. LO 25 sed] tamen L

bene potest sibi notificare, quod Sortes prius erravit. Ergo bene possibile est Sortem scire se errasse, quamvis impossibile sit Sortem scire se errare.

Aliud insolubile est: Posito, quod ista propositio »Rex sedet vel propositio disiunctiva scripta in isto folio est Sorti dubia« O55rb sit scripta in isto folio et nulla alia, et posito, quod lateat Sortem, an rex sedeat vel non sedeat, et ulterius posito, quod Sortes sit doctissimus in omni arte et inspiciat istam propositionem scriptam in isto folio. Tunc quaeritur, an ista propositio sit scita a Sorte esse vera vel scita a Sorte esse falsa vel sit Sorti dubia. Non potest dici, quod Sortes sciat eam esse falsam, nam tunc sequeretur, quod Sortes sciret utramque eius partem esse falsam, sed hoc est falsum, ut patet, quia non scit primam partem esse falsam per casum, quia prima pars est Sorti dubia per casum. Nec potest dici, quod Sortes sciat praedictam propositionem esse veram, quia ad minus sciret unam partem disiunctivae praedictae esse veram, sed non primam partem per casum, ergo secundam. Sed probo, quod non, quia si sciret secundam partem esse veram, tunc secunda pars esset vera, cum nihil scitur nisi verum. Et ultra, si secunda pars est vera, tunc taliter est, qualiter per eam significatur, sed per eam significatur, quod praedicta propositio est Sorti dubia. Ergo sic

1 sibi notificare] tantum (sibi O om. L) dicere et arguere LO Sortes] ALO sequitur X scit quod add. ALOX *sed delendum esse censet* Z prius] om. LOX **2** errasse] errare L sit] scit! L est O **4** est] om. LO **5** propositio] om. L disiunctiva] om. O Sorti] sit add. s. del. O dubia] et add. L **6** sit] sicut! L illa add. L et^{2}] om. L **7** an] om. L sedeat^{1}] LO sedet A sedeat^{2}] LO sedet A et] om. LO **8** inspiciat] incipiat! L **9** scriptam] om. LO an…propositio] om. O **10** sit^{1}] scit! L scita^{2}…esse^{2}] LO om. A **11** dici] primum add. s. del. O sciat] LO scit A eam] om. L **12** tunc] si sic LO eius] LO om. A **13** sed…quia] om. L ut] falsitas O **14** partem] O om. A falsam] AOX nec veram add. AO **15** per casum] LO om. A potest] LO posset A Sortes] LO om. A praedictam] LO om. A **16** quia] nam si (sic O sicut! L) (sequeretur quod O om. L) LO **17** praedictae] om. O veram] LO falsam A partem] LO om. A **18** quia] nam LO **19** secunda…vera] LOX sciret secundam partem esse veris! A esset] O esse L est X **20** cum] tamen L Et ultra] om. L si] O quia A sed L se-

kann er ihm zur Kenntnis bringen, daß Sokrates sich früher geirrt hat. Also ist es sehr wohl möglich, daß Sokrates weiß, daß er sich geirrt hat, obgleich es unmöglich ist, daß Sokrates weiß, daß er sich irrt.

Ein anderes Unlösbares lautet: Gesetzt, daß der Satz »Der König sitzt oder der auf diesem Blatt geschriebene disjunktive Satz ist dem Sokrates zweifelhaft« auf diesem Blatt geschrieben sei und kein anderer, und gesetzt, daß es dem Sokrates unbekannt sei, ob der König sitzt oder nicht sitzt[206], und weiters gesetzt, daß Sokrates in jeder Kunst (d. h. Wissenschaftsdisziplin) hochgelehrt sei und den auf diesem Blatt geschriebenen Satz inspiziere. Dann fragt es sich, ob Sokrates von diesem Satz weiß, daß er wahr ist, oder Sokrates von ihm weiß, daß er falsch ist, oder dieser Satz dem Sokrates zweifelhaft ist. Man kann nicht sagen, daß Sokrates wisse, daß er falsch ist, denn dann folgte, daß Sokrates wüßte, daß beide Teile von ihm falsch sind, aber das ist falsch, wie daraus erhellt, daß er gemäß Fallannahme nicht weiß, daß der erste Teil falsch ist, weil der erste Teil gemäß Fallannahme dem Sokrates zweifelhaft ist. Und man kann auch nicht sagen, daß Sokrates wisse, daß der vorgenannte Satz wahr ist, denn dann wüßte er zumindest, daß ein Teil des vorgenannten disjunktiven Satzes wahr ist, aber nicht den ersten Teil gemäß Fallannahme, also den zweiten. Aber ich beweise, daß dem nicht so ist: Wenn er wüßte, daß der zweite Teil wahr ist, dann wäre der zweite Teil wahr, da nur etwas Wahres gewußt wird. Und weiter: Wenn der zweite Teil wahr ist, dann ist es so, wie durch ihn bezeichnet wird, aber durch ihn wird bezeichnet, daß der vorgenannte Satz dem Sokrates zweifelhaft ist. Also ist es so, daß der genannte disjunktive Satz dem Sokrates zweifelhaft ist, und

cunda...vera] LO nihil scitur nisi verum A 21 tunc] LO om. A sed...significatur] scilicet L 22 significatur] per add. s. del. O est] om. L sic est] scit L

est, quod dicta propositio disiunctiva est Sorti dubia, et per consequens non scitur a Sorte esse vera, quod fuit probandum.

Si autem dicitur, quod praedicta propositio disiunctiva sit Sorti dubia, tunc Sortes scit eam esse dubiam sibi, cum sit A53vb doctissimus in omni arte, immo parum expertus considerans de aliqua propositione bene sciret et statim diceret, an illa propo- L52va sitio esset sibi dubia vel non. Tunc ultra: Sortes scit istam propositionem esse sibi dubiam, ergo Sortes scit, quod taliter est, qualiter secunda eius pars significat. Sed si scit hoc, tunc scit secundam partem huius disiunctivae esse veram, et si scit, quod secunda pars huius disiunctivae est vera, tunc scit totam disiunctivam esse veram, et per consequens praedicta disiunctiva non est Sorti dubia, quod fuit probandum.

Respondetur, quod ista propositio est Sorti dubia. Et quando dicebatur »Ergo Sortes scit, quod taliter est, qualiter secunda eius pars significat«, nego. Unde dico, quod secunda pars dictae disiunctivae significat non solum, quod ista disiunctiva sit Sorti dubia, verum etiam, quod ista disiunctiva non sit Sorti dubia. Unde de directa eius significatione significat, quod praedicta disiunctiva sit Sorti dubia, sed per combinationem praedictam et consecutive significat, quod praedicta disiunctiva non sit Sorti dubia, hoc enim sequitur ad ipsam in casu posito. Et ideo secunda pars praedictae disiunctivae est falsa, si accipitur, prout est una propositio per se. Et cum Sortes sit doctissimus in omni arte, ipse scit, quod secunda pars praedic-

1 quod] ut L propositio] om. O disiunctiva] L om. AO est[2]...consequens] om. L 2 consequens] praedicta propositio add. O scitur] sequitur! L fuit] erat LO 3 dicitur] LO dicatur A propositio] om. O disiunctiva] LO om. A 4 cum] tunc L 5 parum] om. LO de...propositione] propositionem L 6 statim] om. LO an] LO quod A 7 vel non] om. L 8 propositionem] LO om. A esse] om. L Sortes...quod] om. O 9 eius] om. L Sed] et LO si] om. L scit] sit L 10 scit[1]] sic L huius] eius! L esse] om. L veram] vera L scit[2]] sic L 11 huius] om. L disiunctivae] disiunctus! add. L tunc] O ergo A et L totam...veram] per illos! L quod ista tota disiunctiva est vera O 13 fuit] erat O 14 ista] praedicta O propositio] disiunctiva O 15 quod] om. L est] om. L secunda...pars[1]] om. L 16 eius] om. O secunda] disiunctiva add. s. del. O dictae] om. O 18 sit] scit! LO 20 praedicta] illa L 21 et consecutive] om.

folglich weiß Sokrates von ihm nicht, daß er wahr ist, was zu beweisen war.

Wenn man aber sagt, daß der vorgenannte disjunktive Satz dem Sokrates zweifelhaft ist, dann weiß Sokrates, daß er ihm zweifelhaft ist, da er ja in jeder Wissenschaft hochgelehrt ist, ja sogar ein wenig Erfahrener (in den Wissenschaften), der irgendeinen Satz überlegt, wüßte sehr wohl und sagte sogleich, ob ihm dieser Satz zweifelhaft ist oder nicht. Dann weiter: Sokrates weiß, daß ihm dieser Satz zweifelhaft ist, also weiß Sokrates, daß es so ist, wie dessen zweiter Teil bezeichnet. Aber wenn er das weiß, dann weiß er, daß der zweite Teil dieses disjunktiven Satzes wahr ist, und wenn er weiß, daß der zweite Teil dieses disjunktiven Satzes wahr ist, dann weiß er, daß der ganze disjunktive Satz wahr ist, und folglich ist der vorgenannte disjunktive Satz dem Sokrates nicht zweifelhaft, was zu beweisen war.

Antwort: Dieser Satz ist dem Sokrates zweifelhaft. Und wenn es hieß »Also weiß Sokrates, daß es so ist, wie dessen zweiter Teil bezeichnet«, so verneine ich das. Ich sage nämlich, daß der zweite Teil des genannten disjunktiven Satzes nicht nur bezeichnet, daß dieser disjunktive Satz dem Sokrates zweifelhaft ist, sondern auch, daß dieser disjunktive Satz dem Sokrates nicht zweifelhaft ist. Denn gemäß seiner direkten Bezeichnung bezeichnet er, daß der vorgenannte disjunktive Satz dem Sokrates zweifelhaft ist, aber durch die vorgenannte Verbindung (nämlich mit dem Satz »Der König sitzt«) und nachfolgend bezeichnet er, daß der vorgenannte disjunktive Satz dem Sokrates nicht zweifelhaft ist, das folgt nämlich aus ihm im gesetzten Fall. Und deshalb ist der zweite Teil des vorgenannten disjunktiven Satzes falsch, wenn man ihn so auffaßt, daß er ein Satz für sich ist. Und da Sokrates in jeder Wissenschaft hochgelehrt ist, weiß er, daß der zweite Teil des

L et consequentem O praedicta] LO ista A 22 hoc] om. L enim sequitur] trsp. L in] cum LO 24 prout] ut LO Et] ut L sit] est L 25 praedictae] LO istius A

tae disiunctivae est falsa, et cum prima eius pars sit Sorti dubia per casum, sequitur praedictam disiunctivam esse Sorti dubiam.

Sed diceret aliquis contra: Si praedicta disiunctiva esset Sorti dubia, sequeretur stante casu praedicto, quod sua contradictoria etiam esset Sorti dubia. Patet, non enim potest scire unam partem contradictionis esse veram et dubitare aliam. Falsitas patet, quia contradictoria praedictae disiunctivae est »Nullus O55va rex sedet et nulla propositio disiunctiva scripta in isto folio est Sorti dubia«, modo Sortes scit istam esse falsam, quia scit secundam eius partem esse falsam. Ad falsitatem autem copulativae sufficit unam partem esse falsam, et ad hoc, quod sciatur copulativa esse falsa, sufficit, quod una eius pars sciatur esse falsa. Secundo, secunda pars praedictae copulativae contradicit secundae parti praedictae disiunctivae, sed secunda pars huius copulativae est falsa, ergo secunda pars praedictae disiunctivae fuit vera, cuius oppositum dictum est.

Respondetur, quod contradictoria praedictae disiunctivae debet Sorti esse dubia. Sed ulterius dico, quod non bene sumpta est illa contradictoria dictae disiunctivae. Pro quo primo sciendum, quod secunda pars disiunctivae significat vel significare potest aliquo casu posito se esse falsam. Licet non significaret hoc immediate, tamen hoc significat consecutive

1 disiunctivae] copulativae O cum] tamen L prima] sequitur! L sit] quod scit! L Sorti] om. O 4 Sed] LO om. A diceret aliquis] om. LO contra] quia add. A 5 sequeretur] quod add. LO quod] om. LO sua] eius LO 6 Sorti] om. O dubia] falsitas add. L 7 veram] solam! L dubitare] dubitante! L aliam] est! falsam add. O 8 quia] nam L disiunctivae] om. O est] enim add. L 9 propositio] om. LO disiunctiva] LO om. A 10 scit[2]] sit O 11 eius] L om. AO partem] om. O falsam] om. L Ad] om. L falsitatem] similitudinem! L autem] om. LO copulativae] accidentivae! L 12 unam] alteram O et] O om. L et…falsa] LOPSX om. A 13 copulativa] O tota LPSX falsa] OPSX vera L 14 Secundo] OPSX om. AL pars] ly! add. L praedictae] L om. A istius O copulativae] LOPSX disiunctivae A contradicit] quam dicit! L 15 parti] parte O praedictae] L om. A praedicti O disiunctivae] LOPSX copulativae A 16 huius] om. O est falsa] om. L praedictae] L om. AO 17 disiunctivae] est vera add. s. del. A fuit] est O 18 praedictae] praedicti O 20 illa] om. L eius

vorgenannten disjunktiven Satzes falsch ist, und da (ferner) dessen erster Teil dem Sokrates gemäß Fallannahme zweifelhaft ist, folgt, daß der vorgenannte disjunktive Satz dem Sokrates zweifelhaft ist.

Einwand dagegen: Wenn der vorgenannte disjunktive Satz dem Sokrates zweifelhaft wäre, folgte unter der vorgenannten Fallannahme, daß auch sein kontradiktorischer Satz dem Sokrates zweifelhaft ist. Das ist klar, er kann nämlich nicht wissen, daß der eine Teil eines Widerspruchs wahr ist, und den anderen bezweifeln. Die Falschheit ist klar, weil der kontradiktorische Satz des vorgenannten disjunktiven Satzes lautet »Kein König sitzt und kein auf diesem Blatt geschriebener disjunktiver Satz ist dem Sokrates zweifelhaft«; nun weiß aber Sokrates, daß dieser Satz falsch ist, weil er weiß, daß dessen zweiter Teil falsch ist. Für die Falschheit eines kopulativen Satzes aber genügt es, daß ein Teil falsch ist, und dafür, daß von einem kopulativen Satz gewußt wird, daß er falsch ist, genügt es, daß von einem Teil von ihm gewußt wird, daß er falsch ist. – Zweitens: Der zweite Teil des vorgenannten kopulativen Satzes widerspricht dem zweiten Teil des vorgenannten disjunktiven Satzes, aber der zweite Teil dieses kopulativen Satzes ist falsch, also war der zweite Teil des vorgenannten disjunktiven Satzes wahr; aber das Gegenteil davon wurde behauptet.

Antwort: Der kontradiktorische Satz des vorgenannten disjunktiven Satzes muß dem Sokrates zweifelhaft sein. Aber weiters sage ich, daß jener kontradiktorische Satz des genannten disjunktiven Satzes nicht gut gewählt ist. Dafür muß man erstens wissen, daß der zweite Teil des disjunktiven Satzes bezeichnet oder unter irgendeiner Fallannahme bezeichnen kann, daß er falsch ist. Obgleich er das nicht unmittelbar bezeichnet, so bezeichnet er das gemäß dem gesetzten Fall doch

O dictae disiunctivae] om. O 21 primo] om. L quod] om. L secunda pars] pars praedictae O 23 significaret] L significat A om. O hoc[2]] O cum/con- A om. L consecutive] per consuetudinem! L

secundum casum positum, sicut apparuit, et ergo reflexive significat se esse veram vel saltem se non esse falsam. Propter quod, si ponamus, quod secunda pars dictae disiunctivae sit D, oportet accipere aequipollentem illius disiunctivae talem »Rex sedet vel propositio disiunctiva scripta in isto folio est Sorti dubia et D est vera remota reflexione«. Et secundum hoc oportet sumere contradictoriam praedictae disiunctivae et erit ista »Nullus rex sedet et nulla propositio disiunctiva scripta in isto folio est Sorti dubia vel D non est vera«. Et ex hoc patet ad instantias, quia ista propositio, quae est accepta pro contradictoria dictae disiunctivae, est ita dubia Sorti, sicut disiunctiva, cui contradicit. Patet, nam Sortes scit secundam partem eius esse veram, quia secunda eius pars est una disiunctiva, cuius ipse scit ultimam partem esse veram, sed dubitat de prima parte praedictae copulativae et per consequens de tota copulativa, cum ad hoc, quod tota copulativa sit dubia, sufficit unam partem esse dubiam. Similiter ad secundam dico, quod non bene sumebatur contradictoria secundae partis disiunctivae, sicut faciliter apparet ex praedictis.

Aliud insolubile: Posito, quod Sortes sit talis condicionis, quod non velit invadere Platonem, si Plato non invadit eum, et Sortes velit invadere Platonem, si Plato invadit eum. Et Plato

1 secundum...positum] sed casu posito L secundum causam positam O sicut apparuit] LOX om. A reflexive] O reflective A superflexive L 2 saltem] ALOPSX falsam! E87r se[2]] AOX om. E87rLPS non] E87r om. ALOPSX esse[2]] ALOPSX om. E87r 3 ponamus] ponatur O secunda] praedicta O pars] om. L dictae] om. O D] diceres! L dubia O 4 aequipollentem] aequivalentem LO illius...talem] isti tali disiunctivae L Rex...disiunctivae] om. L 5 propositio] om. O disiunctiva] O om. A scripta] scripto! O 6 reflexione] O reflectione A 7 erit] est O 8 Nullus] om. O disiunctiva] Z om. AE87rLOPSX 9 vel D] tu diceres! L Et] om. L ex] per LO 10 instantias] instantiam L quia] quia add. A pro] quo add. L 11 dictae] illius O ita] L ista A 12 cui] om. L eius] om. L 13 eius] om. L cuius] ipsa add. s. del. O 16 cum] tamen L tota] LO om. A copulativa] a! L sit dubia] LO om. A 17 esse] veram add. s. del. O ad] termini! L secundam] aliam L 18 sumebatur] sine vinclo! L 19 faciliter] LO om. A apparet] patet LO praedictis] A dictis L iam dictis OPSX similiter etiam apparet per casum add. S 20 Aliud insolubile] *Istud*

nachfolgend, wie sich schon (in der Hauptantwort) zeigte; und demnach bezeichnet er rückbezüglich[207], daß er wahr ist, oder zumindest, daß er nicht falsch ist. Deswegen muß man – wenn wir annehmen, daß der zweite Teil des genannten disjunktiven Satzes D sei – den gleichwertigen Satz dieses disjunktiven Satzes folgendermaßen formulieren: »Der König sitzt oder der auf diesem Blatt geschriebene disjunktive Satz ist dem Sokrates zweifelhaft und D ist wahr ohne Selbstbezug«. Und demgemäß muß man den kontradiktorischen Satz des vorgenannten disjunktiven Satzes wählen, und er wird so lauten: »Kein König sitzt und kein auf diesem Blatt geschriebener disjunktiver Satz ist dem Sokrates zweifelhaft oder D ist nicht wahr«. – Und daraus erhellt (die Antwort) auf die Einwände, denn dieser Satz, der (nunmehr) als kontradiktorischer Satz des genannten disjunktiven Satzes gebilligt wurde, ist dem Sokrates ebenso zweifelhaft wie der disjunktive Satz, dem er widerspricht. Das ist klar, denn Sokrates weiß, daß dessen zweiter Teil wahr ist, weil dessen zweiter Teil ein disjunktiver Satz ist, von dem er weiß, daß dessen letzter Teil wahr ist, aber er ist im Zweifel über den ersten Teil des vorgenannten kopulativen Satzes und folglich über den ganzen kopulativen Satz, da es ja dafür, daß der ganze kopulative Satz zweifelhaft ist, genügt, daß ein Teil zweifelhaft ist. Ebenso antworte ich auf den zweiten (Einwand), daß der kontradiktorische Satz des zweiten Teils des disjunktiven Satzes nicht gut gewählt wurde, wie aus dem eben Gesagten leicht einleuchtet.

Ein anderes Unlösbares: Gesetzt, daß Sokrates in einer solchen Verfassung sei, daß er Platon nicht angreifen will, wenn Platon ihn nicht angreift, und Sokrates Platon angreifen will, wenn Platon ihn angreift. Und Platon sei in einer solchen

ultimum insolubile non habet A, *sed* E87rLOPSX insolubile] OPS impossibile! L sit istud add. P Posito] OPS praedicato! L sit] PS sicut! L scit! O condicionis] OPS contradictionis! L 21 invadit] LOX invadat PS eum] et Plato sit talis condicionis quod non velit invadere add. s. del. S et...eum] S om. E87rLOPXY

sit talis condicionis, quod non velit invadere Sortem, si Sortes vult invadere eum, sed si Sortes non vult invadere eum, ipse vult invadere Sortem. Tunc quaeritur, vel Sortes invadit Platonem vel non. Si non, ergo Plato vult invadere Sortem per casum. L52vb Et ultra, Plato vult invadere Sortem, ergo Sortes vult invadere Platonem per casum. Ergo si Sortes non vult invadere Platonem, Sortes vult invadere Platonem. Si autem dicatur, quod Sortes velit invadere Platonem, ergo per casum Plato non vult invadere Sortem. Et ultra, Plato non vult invadere Sortem, ergo per casum Sortes non vult invadere Platonem. Ergo si Sortes vult invadere Platonem, non vult invadere Platonem.

Consimile est posito, quod Sortes non velit comedere, nisi quando Plato vult comedere, et Plato non velit comedere, nisi quando Sortes non vult comedere. Tunc quaeritur, an Sortes O55vb velit comedere vel non. Si vult comedere, ergo Plato non vult comedere. Et ultra, si Plato non vult comedere, Sortes non vult comedere per casum. Ergo si Sortes vult comedere, non vult comedere. Si autem non vult comedere, ergo Plato vult comedere per casum. Et ultra, si Plato vult comedere, Sortes vult comedere per casum. Ergo si Sortes non vult comedere, vult comedere.

Respondetur, quod quilibet istorum casuum est impossibilis, et ideo non mirum, si sequitur contradictio. Nihilominus quaelibet pars casus est possibilis, quamvis tamen alteri non sit compossibilis.

1 si] LOS et P 2 vult invadere[1]] PSX non invadit L invadit O eum[2]] OPS Platonem L Sortes vult add. s. del. O ipse…Sortem] OPS om. L 3 quaeritur] LOX quia PS quia add. L 4 non[1]] OPS om. L Sortem] ergo Sortes vult invadere Platonem add. S 5 Sortem] OPS om. L 6 Platonem] LOS om. P Ergo… Platonem[2]] OPS om. L Sortes] PS om. O 7 dicatur] OPS dicitur L 8 velit] OPS vult L 9 Et…Sortem[2]] OPS om. L 10 per casum] OPS om. L Ergo…Platonem[2]] OPS om. L 11 si] PS sunt! O Sortes] S om. OP 12 Consimile] OP simile L consimiliter S posito] LOP possibile S velit] OS vult LP nisi] Plato add. s. del. O 13 velit] O vult LPS 14 non] E87rOP om. LSX vult] LS velit OP an] LPS si O 15 velit] OPS vult L vel…comedere[2]] OPS om. L non[2]] S om. E87rOP 16 non[1]] S om. E87rOP 17 comedere[2]] Sortes add. OP 18 autem] PS om. O 19 Et] OPS om. L si] OPS quod L Sortes…casum] OPS om. L 20 co-

Verfassung, daß er Sokrates nicht angreifen will, wenn Sokrates ihn angreifen will, aber wenn Sokrates ihn nicht angreifen will, dann will er Sokrates angreifen[208]. Dann fragt es sich: Entweder greift Sokrates Platon an oder nicht. Wenn nicht, so will Platon gemäß Fallannahme Sokrates angreifen. Und weiter: Platon will Sokrates angreifen, also will Sokrates gemäß Fallannahme Platon angreifen. Also: Wenn Sokrates Platon nicht angreifen will, will Sokrates Platon angreifen. Wenn man aber sagt, daß Sokrates Platon angreifen will, so will Platon gemäß Fallannahme Sokrates nicht angreifen. Und weiter: Platon will Sokrates nicht angreifen, also will Sokrates gemäß Fallannahme Platon nicht angreifen. Also: Wenn Sokrates Platon angreifen will, will er Platon nicht angreifen.

Ein ganz ähnlicher Fall liegt vor unter der Annahme, daß Sokrates nur essen will, wann Platon essen will, und Platon nur essen will, wann Sokrates nicht essen will. Dann fragt es sich, ob Sokrates essen will oder nicht. Wenn er essen will, so will Platon nicht essen. Und weiter: Wenn Platon nicht essen will, dann will Sokrates gemäß Fallannahme nicht essen. Also: Wenn Sokrates essen will, will er nicht essen. Wenn er aber nicht essen will, so will Platon gemäß Fallannahme essen. Und weiter: Wenn Platon essen will, will Sokrates gemäß Fallannahme essen. Also: Wenn Sokrates nicht essen will, will er essen.

Antwort: Jede von diesen Fallannahmen ist unmöglich, und deshalb ist es kein Wunder, wenn ein Widerspruch folgt. Nichtsdestoweniger ist jeder Teil der (jeweiligen) Fallannahme (für sich) möglich, obschon er jedoch mit dem anderen (Teil) nicht vereinbar ist.

medere[2]] Plato non add. L Sortes add. OP 21 comedere] et e converso add. L 23 contradictio] OPS contradictionem L quaelibet] OS quilibet LP 24 casus] OPS om. L quamvis] LOP licet S alteri] PS alicui L alter O non] LOP om. S 25 compossibilis] OP impossibilis L incompossibilis S etc. add. O et sic est finis add. S

⟨PARS SECUNDA DE OBLIGATIONIBUS, VI.4–12⟩

Cap. VI.4 ⟨Capitulum quartum de descriptionibus quorundam terminorum spectantium ad istam artem⟩

Nunc restat tractare de obligationibus. Et primo ponendae sunt quaedam descriptiones quorundam terminorum spectantium ad istam artem, secundo quaedam regulae, tertio tractandum est in speciali de speciebus obligationum.

A54ra Quantum ad primum sit prima descriptio: Obligatio, prout hic sumitur, est oratio composita ex signis obligationis et obligato. Verbi gratia, dicat opponens respondenti »Pono tibi istam ›Tu sedes‹«, ista tota oratio »Pono tibi istam ›Tu sedes‹« vocatur obligatio et ly *pono tibi istam* vocatur signa obligationis et ly *tu sedes* vocatur obligatum.

Secunda descriptio: Obligatum dicitur secunda pars obligationis vel oppositum depositi, ad quod concedendum infra tempus obligationis mediate obligatione et admissione respondens obligatur. Et dico »oppositum depositi«, quia si opponens dicat respondenti »Depono tibi istam ›Tu sedes‹« et respondens admitteret, esset obligatus ad sustinendum eius oppositam, scilicet »Tu non sedes«. Et tunc, cum ista »Tu sedes« esset deposita, eius opposita esset posita et obligata. Et dico »infra tempus obligationis«, quia post tempus obligationis

5 tractare] LO om. A 6 quaedam] aliquae L om. O 7 istam artem] istum terminum partem! L 9 prima] om. L 10 sumitur] LO praemittitur A composita] praeposita! L obligato] sylogistica! L 11 Verbi gratia] LO om. A dicat] dat L opponens] respondens L respondenti] opponenti L Pono] LO propono A tibi] om. L 12 Tu sedes[1]] LO om. A oratio] est add. L Pono… istam] LO om. A vocatur obligatio] LO om. A 13 ly] LO om. A vocatur] vocantur O obligatio add. A et[2]] om. L 15 Secunda…Obligatum] om. L secunda] altera LO 16 oppositum depositi] obligatum L depositi] et add. O quod] om. L quot! O infra] ultra L 17 admissione] divisionem! L 18 Et… obligata] *Istud primum »dico« secundo loco habet* A depositi] de oppositi! L 19 dicat] dicit L Depono] pono L et] hanc L 20 admitteret] LO sustineret A esset] LO eam A oppositam] oppositum O 21 scilicet…sedes[1]] om. L

TRAKTAT VI, TEIL 2: DIE VERPFLICHTUNGEN, VI.4–12

Kapitel VI.4: *Beschreibungen gewisser Terme, die sich auf diese Kunst beziehen*

Nun bleibt noch übrig, über die Verpflichtungen zu handeln[209]. Und erstens müssen einige Beschreibungen gewisser Terme, die sich auf diese Kunst (Wissenschaft bzw. Disziplin, nämlich der Logik) beziehen, angeführt werden, zweitens einige Regeln, drittens muß im besonderen über die Arten der Verpflichtungen gehandelt werden.

Was das erste anbelangt, so laute die erste Beschreibung: Eine Verpflichtung, so wie (dieser Term) hier verwendet wird, ist eine Ausdrucksfolge, die aus den Verpflichtungszeichen und dem Verpflichteten zusammengesetzt ist. Z. B. sage der Vorbringer zum Antworter »Ich setze dir den Satz ›Du sitzt‹«, so heißt die ganze Ausdrucksfolge »Ich setze dir den Satz ›Du sitzt‹« »die Verpflichtung«, der Ausdruck »Ich setze dir den Satz« heißt »die Verpflichtungszeichen« und der Ausdruck »Du sitzt« heißt »das Verpflichtete«[210].

Zweite Beschreibung: »Das Verpflichtete« nennt man den zweiten Teil der Verpflichtung oder den Gegensatz des Abgesetzten, zu dessen Zugeständnis innerhalb der Verpflichtungszeit der Antworter mittels der Verpflichtung und der Zulassung verpflichtet wird. Und ich sage »Gegensatz des Abgesetzten«, weil wenn der Vorbringer zum Antworter sagt »Ich setze dir den Satz ab ›Du sitzt‹« und der Antworter das zuließe, so wäre er verpflichtet, den entgegengesetzten Satz von diesem aufrechtzuerhalten (d. h.: als wahr anzunehmen), nämlich »Du sitzt nicht«. Und dann wäre, da ja der Satz »Du sitzt« abgesetzt wäre, sein entgegengesetzter Satz gesetzt und verpflichtet. Und ich sage »innerhalb der Verpflichtungszeit«, weil nach

tunc] O om. A tunc...deposita] om. L 22 posita] LO om. A et] O om. AL Et...facta] *Istud secundum »dico« primo loco habet* A

respondens non amplius obligatus est ad sustinendum obligatum, nisi nova obligatione et admissione facta.

Tertia descriptio: Tempus obligationis dicitur totum illud tempus, a cuius principio aliquis est obligatus manente eadem disputatione ad sustinendum obligatum, donec opponens dicat »Cedat tempus« vel ponat respondenti repugnans obligato praecedenti. Omne aliud tempus vocatur tempus non obligationis.

Quarta descriptio: Pertinens alicui dicitur, quod ad ipsum sequitur vel sibi repugnat. Verbi gratia, sicut ista »Animal currit« est pertinens isti »Homo currit«, quia sequitur ad ipsam, similiter ista »Nullum animal currit« est pertinens isti »Homo currit«, quia sibi repugnat.

Quinta descriptio: Impertinens alicui dicitur, quod nec sequitur ad ipsum nec sibi repugnat. Ut ista »Tu sedes« est impertinens isti »Sortes scribit«, quia nec ad eam sequitur nec sibi repugnat.

Sexta descriptio: Pertinens obligationi tantum dicitur, quod cum non est obligatum, non est sequens ad aliud quam ad obligationem vel ad illud, quod sequitur ad ipsam, nec est repugnans alteri quam obligationi, vel consequens ad repugnans eidem. Quicquid enim est pertinens consequenti, est pertinens ac antecedenti, quia omne sequens vel repugnans consequenti sequitur vel repugnat antecedenti. Similiter omne
O56ra sequens ad repugnans antecedenti est repugnans antecedenti. Verbi gratia, dicat opponens respondenti »Pono tibi istam ›Tu

2 nisi] LO non A nova] om. L et] ly! L admissione] ad indictione autem! L 4 a...principio] alicuius principii! L manente] manifeste! L eadem] om. L 5 disputatione] dispositione! L donec] quousque LO dicat] om. L 6 Cedat] sedat! L tempus] obligationis add. L vel] om. L ponat] E68rLOPSX opponat A om. Y 10 ista] om. L 12 pertinens] im- add. s.l. L isti...currit] ei O 13 sibi repugnat] repugnans O 14 dicitur] illud add. L quod] quia O 15 sibi] ei O 16 nec[1]] non L eam] ipsam L 18 Sexta] regula add. L 19 cum] tamen L est[2]] om. L ad[2]] om. L 20 ad[1]] om. L ad[2]] LO om. A ipsam] LO ipsum A est repugnans] LO repugnat A 21 alteri] alicuius L vel] per L ad] om. L 22 eidem] idem L pertinens] im- add. s. del. O 23 ac] om.

(Ablauf) der Verpflichtungszeit der Antworter nicht länger verpflichtet ist, das Verpflichtete aufrechtzuerhalten, wenn nicht eine neue Verpflichtung und Zulassung vollzogen wurde.

Dritte Beschreibung: »Verpflichtungszeit« heißt die ganze Zeit(spanne), von deren Anfang an jemand in einer einheitlichen Disputation verpflichtet ist, das Verpflichtete aufrechtzuerhalten, bis daß der Vorbringer sagt »Die Zeit ist um!« oder dem Antworter (einen Satz) setzt, der dem vorangehenden Verpflichteten widerspricht[211]. Jede andere Zeit heißt »Zeit der Nicht-Verpflichtung«.

Vierte Beschreibung: »Einschlägig« für (d. i. logisch abhängig von) etwas heißt, was aus diesem folgt oder diesem widerspricht. Z. B. ist der Satz »Ein Lebewesen läuft« für den Satz »Ein Mensch läuft« einschlägig, weil er aus diesem folgt, ebenso ist der Satz »Kein Lebewesen läuft« einschlägig für den Satz »Ein Mensch läuft«, weil er diesem widerspricht.

Fünfte Beschreibung: »Uneinschlägig« für (d. i. logisch unabhängig von) etwas heißt, was weder aus diesem folgt noch diesem widerspricht. Wie z. B. der Satz »Du sitzt« für den Satz »Sokrates schreibt« uneinschlägig ist, weil er weder aus diesem folgt noch diesem widerspricht.

Sechste Beschreibung: »Einschlägig nur für die Verpflichtung« heißt, was – wenn es nicht verpflichtet ist – aus nichts anderem folgt als aus der Verpflichtung oder aus dem, was aus dieser folgt, und nichts anderem widerspricht als der Verpflichtung oder aus etwas folgt, was derselben widerspricht. Alles nämlich, was für den Nachsatz einschlägig ist, ist auch für den Vordersatz einschlägig, weil alles, was aus dem Nachsatz folgt oder ihm widerspricht, aus dem Vordersatz folgt oder ihm widerspricht. Ebenso widerspricht alles dem Vordersatz, was aus etwas folgt, das dem Vordersatz widerspricht. Z. B. sage der Vorbringer zum Antworter »Ich setze dir den Satz

L et O sequens] LO consequens A repugnans] repugnandum L 24 omne] omnis L 25 antecedenti[1]] consequenti L est] sequitur L 26 dicat] dicit L respondenti] vel? L om. O

es Romae‹«, tunc ista »Aliquid est tibi positum« dicitur pertinens obligationi tantum et non obligato nec admissioni. Sequitur enim »Pono tibi istam ›Tu es Romae‹, ergo aliquid est tibi positum«, sed non sequitur »Tu es Romae, ergo aliquid est tibi positum« nec sequitur »Tu admittis istam ›Tu es Romae‹, ergo aliquid est tibi positum«. Similiter est de ista »Nihil est tibi positum« quantum ad repugnantiam.

Et notanter dixi »cum non est obligatum«, quoniam si ponerem tibi istam »Aliquid est tibi positum«, tunc ista »Aliquid est tibi positum« non esset pertinens obligationi tantum, sed etiam L53ra obligato, et similiter ista »Nihil est tibi positum«, quia in tali casu ista »Aliquid est tibi positum« sequitur ad obligationem et ad obligatum. Quod ad obligationem, patet, et quod etiam ad obligatum, patet, quia ipsa est obligata et ipsamet sequitur ad se ipsam, sequitur enim »Aliquid est tibi positum, ergo aliquid est tibi positum«. Similiter ista »Nihil est tibi positum« in casu posito repugnat obligationi et obligato.

Septima descriptio: Pertinens obligationi et admissioni simul dicitur, quod nec solum est pertinens obligationi nec solum admissioni, sed ambabus simul. Verbi gratia, dicat opponens respondenti »Pono tibi istam ›Tu es Romae‹« et respondens admittat, deinde opponens proponat respondenti istam »Tu es obligatus«, certe respondens habet eam concedere tamquam A54rb pertinentem et sequentem ad obligationem et admissionem simul. Sequitur enim bene »Pono tibi istam ›Tu es Romae‹, et

1 tunc] O om. A tu! L 2 obligationi] obligationis L non] nec O obligato] obligationi O nec] et non L admissioni] admissionem L 3 Romae] et add. s. del.? O 4 sed…positum] LO om. A 6 Similiter…positum] om. L est de] om. O 8 non] O enim! A quoniam] propter hoc O 10 etiam] om. L 11 obligato] LO obligate! A ista] om. L quia] O om. A quod L 13 ad^{1}] om. L obligatum] obligat! L et] om. LO ad obligatum^{2}] obligant! L 14 ipsa] LO ipsummet A obligata] LO obligatum A ipsamet] LO -met om. A 15 se] om. O enim] om. L 16 ista] LO om. A 17 posito] praedicto L 18 Septima] regula add. L descriptio] descriptioni *ante corr.* A admissioni] admissionem L simul] om. L 19 dicitur] sequitur! L obligationi] ad obligationem L 20 admissioni] admissionem L ambabus] Z ambobus A obligationi et admissioni LO simul] similiter L 21 et] om. L respondens] consequens! L 22 admittat] admitto L

›Du bist in Rom‹«, dann sagt man, daß der Satz »Etwas ist dir gesetzt« nur für die Verpflichtung einschlägig ist, aber nicht für das Verpflichtete und auch nicht für die Zulassung. Es folgt nämlich »Ich setze dir den Satz ›Du bist in Rom‹, also ist dir etwas gesetzt«, aber es folgt nicht »Du bist in Rom, also ist dir etwas gesetzt« und es folgt nicht »Du läßt den Satz ›Du bist in Rom‹ zu, also ist dir etwas gesetzt«. Ebenso ist es hinsichtlich des Satzes »Nichts ist dir gesetzt«, was den Widerspruch anbelangt.

Und ich sagte ausdrücklich »wenn es nicht verpflichtet ist«, weil ja gilt: Wenn ich dir den Satz »Etwas ist dir gesetzt« setzte, dann wäre der Satz »Etwas ist dir gesetzt« nicht nur für die Verpflichtung einschlägig, sondern auch für das Verpflichtete, und ebenso der Satz »Nichts ist dir gesetzt«, weil in einem solchen Fall der Satz »Etwas ist dir gesetzt« aus der Verpflichtung und aus dem Verpflichteten folgt. Daß aus der Verpflichtung, ist klar, und daß auch aus dem Verpflichteten, leuchtet daraus ein, daß dieser Satz verpflichtet ist und er selbst folgt aus ihm selbst, es folgt nämlich »Etwas ist dir gesetzt, also ist dir etwas gesetzt«. Ebenso widerspricht der Satz »Nichts ist dir gesetzt« im angenommenen Fall der Verpflichtung und dem Verpflichteten.

Siebte Beschreibung: »Einschlägig für die Verpflichtung und die Zulassung zusammen« heißt, was weder allein für die Verpflichtung einschlägig ist noch allein für die Zulassung, sondern für beide zusammen. Z. B. sage der Vorbringer zum Antworter »Ich setze dir den Satz ›Du bist in Rom‹« und der Antworter lasse es zu, sodann setze der Vorbringer dem Antworter den Satz »Du bist verpflichtet« vor, so muß der Antworter diesen gewiß zugeben, insofern er einschlägig ist und aus der Verpflichtung und der Zulassung zusammen folgt. Es folgt nämlich sehr wohl »Ich setze dir den Satz ›Du bist in Rom‹, und du läßt ihn zu, also bist du verpflichtet«. Man sagt

eam add. L istam] LO om. A 23 certe] L om. AO 24 sequentem] sequens L ad] L om. AO 25 simul] similiter L bene] tu add. s. del. O

tu eam admittis, ergo tu es obligatus«. Dicitur ergo pertinens obligationi et admissioni simul, nulli tamen earum seorsum, quia non sequitur »Pono tibi istam ›Tu es Romae‹, ergo tu es obligatus«, quia tu non es obligatus solum propter obligationem factam, sed postquam tu admisisti obligatum. Nec etiam sequitur »Tu admittis istam ›Tu es Romae‹, ergo tu es obligatus«, quia sine quacumque obligatione facta, si tu velles, posses eam admittere, et tunc propter admissionem eius non esses obligatus. Nec etiam ista »Tu es obligatus« repugnat obligationi nec etiam repugnat admissioni, ut clarum est de se.

Octava descriptio est: Pertinens obligato tantum dicitur, quod non est sequens ad aliud quam ad obligatum vel sibi repugnans nec repugnans alteri quam obligato vel sequenti ad ipsum. Verbi gratia, dicat opponens respondenti »Pono tibi, quod tu sis Romae«, et respondens admittat, tunc ista »Tu non es Parisius« dicitur pertinens obligato tantum et non obligationi nec admissioni. Primum patet, quia bene sequitur »Tu es Romae, ergo tu non es Parisius«, secundum patet, quia non sequitur »Pono tibi istam ›Tu es Romae‹, ergo tu non es Parisius«, quia propter meam positionem non sequitur te esse Parisius vel te non esse Parisius. Similiter non sequitur »Tu admittis istam ›Tu es Romae‹, ergo tu non es Parisius«, quia propter tuam admissionem non sequitur te esse Parisius vel te non esse Parisius. Proportionaliter exemplificetur quantum ad

1 eam] om. L admittis] admittas O ergo[2]] est add. L pertinens] impertinens! L 2 admissioni] admissionem L simul] LO om. A earum] eorum O 4 quia…obligatus[2]] om. O tu] om. L es] est L propter] LO per A 5 tu] O om. AL 6 istam] LO om. A 7 tu] O om. AL 8 et tunc] om. L esses] esse L 9 ista] om. L Tu] non add. A repugnat] repugnans L 10 etiam] om. O repugnat] L om. AO clarum est] patet O 11 Octava] regula add. L est] om. LO obligato] obligatio L tantum] tamen! L dicitur] LO est A 12 non] nec LO ad obligatum] obligat! L 13 alteri] om. L quam] LO quod A sequenti] sequente L 14 opponens respondenti] del. O respondens opponenti add. O tibi] istam add. A 15 sis] LO scis! A admittat] LO admitteret A 16 tantum] Z om. ALOPSX et non] nec L 18 secundum] sed! L 20 meam] O primam A om. L positionem] positum L 21 te] om. LO 23 tuam] om. L te[1]…Parisius] X

also, daß (jener Satz »Du bist verpflichtet«) für die Verpflichtung und die Zulassung zusammen einschlägig ist, jedoch keiner von ihnen getrennt, weil nicht folgt »Ich setze dir den Satz ›Du bist in Rom‹, also bist du verpflichtet«, weil du nicht allein aufgrund des Vollzugs einer Verpflichtung verpflichtet bist, sondern erst, nachdem du das Verpflichtete zugelassen hast. Und es folgt auch nicht »Du läßt den Satz ›Du bist in Rom‹ zu, also bist du verpflichtet«, weil du ihn, wenn du wolltest, ohne jeden Vollzug einer Verpflichtung zulassen könntest, und dann wärst du nicht schon aufgrund seiner Zulassung verpflichtet. Und der Satz »Du bist verpflichtet« widerspricht auch nicht der Verpflichtung (allein) und widerspricht auch nicht der Zulassung (allein), wie sich von selbst versteht.

Achte Beschreibung: »Einschlägig nur für das Verpflichtete« heißt, was aus nichts anderem folgt als aus dem Verpflichteten oder aus etwas, was diesem widerspricht, und nichts anderem widerspricht als dem Verpflichteten oder etwas, was aus diesem folgt. Z. B. sage der Vorbringer zum Antworter »Ich setze dir, daß du in Rom seist«[212] und der Antworter lasse es zu, dann sagt man, daß der Satz »Du bist nicht in Paris« nur für das Verpflichtete einschlägig ist, aber nicht für die Verpflichtung und nicht für die Zulassung. Das erste ist klar, weil sehr wohl folgt »Du bist in Rom, also bist du nicht in Paris«, das zweite ist klar, weil nicht folgt »Ich setze dir den Satz ›Du bist in Rom‹, also bist du nicht in Paris«, weil aufgrund meiner Setzung nicht folgt, daß du in Paris bist oder daß du nicht in Paris bist. Ebenso folgt nicht »Du läßt den Satz ›Du bist in Rom‹ zu, also bist du nicht in Paris«, weil aufgrund deiner Zulassung nicht folgt, daß du in Paris bist oder daß du nicht in Paris bist. Auf entsprechende Weise möge man Beispiele hinsichtlich des gemäß dem Widerspruch Einschlägigen ausfüh-

om. ALOPS vel] Z om. ALOPSX te^2...Parisius] ALOPS om. X 24 Proportionaliter] similiter O exemplificetur] L extranitur? A exercetur O

repugnans pertinens, sicut exemplificatum est de pertinente sequenti.

Nona descriptio: Pertinens obligato et bene concesso vel bene concessis vel bene negato vel bene negatis simul dicitur, quod ad ea simul sequitur vel eis simul repugnat et non est
O56rb sequens vel repugnans obligationi tantum nec admissioni tantum nec eis simul nec obligato tantum nec concessis tantum, sed est sequens vel repugnans obligato et concesso vel concessis, negato vel negatis simul. Verbi gratia, dicat opponens respondenti »Pono tibi, quod istae duae propositiones ›Homo est asinus‹ et ›Deus est‹ convertantur«, tunc ista propositio »Haec est vera ›Homo est asinus‹« non est pertinens obligationi, quia non sequitur »Pono tibi, quod praedictae duae propositiones convertantur, ergo haec est vera ›Homo est asinus‹«, nec etiam sibi repugnat, sicut patet de se. Nec etiam est pertinens admissioni, quia non sequitur »Tu admittis, quod praedictae propositiones convertantur, ergo haec est vera ›Homo est asinus‹«, nec etiam admissioni repugnat, ut patet de se. Nec etiam est pertinens obligationi et admissioni simul, quia non sequitur »Pono tibi, quod dictae duae propositiones
L53rb convertantur, et tu hoc admittis, ergo haec est vera ›Homo est asinus‹«, nec etiam eis repugnat simul, ut patet de se. Nec etiam est pertinens obligato seorsum, quia non sequitur »Illae duae propositiones ›Deus est‹ et ›Homo est asinus‹ convertun-

1 exemplificatum est] exemplificant L exercitum est O pertinente] pertinenti LO 2 sequenti] LPSX praecedenti A consequenti O 3 et] LO om. A 4 bene[1]] om. L vel bene[1]] om. O bene[3]] om. L 5 simul[1]] bene L eis] LO ad ea A est] om. O 6 tantum] cum! L nec] om. L vel O admissioni] admissionem L 7 tantum[1]] tamen! L eis] istis L tantum[2]...obligato] om. L 8 et] PSX s.l. O vel AO om. L concesso] OX concessis A concessae L 9 concessis] concesso L 10 tibi] istam add. A propositiones] om. O 11 est[2]] om. L 12 Haec...vera] om. L asinus] sit vera add. L 14 propositiones] LO om. A ergo] et L est[1]] LO om. A 15 sibi...pertinens] L om. AO 16 admissioni] admissionem L admissioni...etiam] om. O 17 convertantur] L convertuntur A ergo] om. L 18 etiam] X om. ALO admissioni] OX eis A admissionem L 19 se] ut/nec? add. s. del. A etiam] LO om. A 20 duae] LO om. A 21 convertantur] LO convertuntur A hoc] LO om. A ergo] ergo add. O 23 est] om. O Illae duae]

ren, wie gerade hinsichtlich des gemäß der Folge Einschlägigen vorgeführt wurde.

Neunte Beschreibung: »Einschlägig für das Verpflichtete und für den richtig zugegebenen Satz oder für die richtig zugegebenen Sätze oder für den richtig abgelehnten Satz oder für die richtig abgelehnten Sätze zusammen« heißt, was aus diesen zusammen folgt oder diesen zusammen widerspricht, aber nicht folgt aus oder widerspricht: nur der Verpflichtung oder nur der Zulassung oder diesen zusammen, oder nur dem Verpflichteten oder nur den zugegebenen Sätzen; sondern was folgt aus oder widerspricht dem Verpflichteten und dem zugegebenen Satz oder den zugegebenen Sätzen, dem abgelehnten Satz oder den abgelehnten Sätzen zusammen. Z. B. sage der Vorbringer zum Antworter »Ich setze dir, daß die zwei Sätze ›Ein Mensch ist ein Esel‹ und ›Gott ist‹ umgekehrt werden (d. h. hier: austauschbar sind)«, dann ist der Satz »Der Satz ›Ein Mensch ist ein Esel‹ ist wahr« nicht einschlägig für die Verpflichtung, weil nicht folgt »Ich setze dir, daß die zwei vorgenannten Sätze austauschbar sind, also ist der Satz ›Ein Mensch ist ein Esel‹ wahr«, und er widerspricht ihr auch nicht, wie sich von selbst versteht. Und er ist auch nicht einschlägig für die Zulassung, weil nicht folgt »Du läßt zu, daß die vorgenannten Sätze austauschbar sind, also ist der Satz ›Ein Mensch ist ein Esel‹ wahr«, und er widerspricht der Zulassung auch nicht, wie sich von selbst versteht. Und er ist auch nicht einschlägig für die Verpflichtung und die Zulassung zusammen, weil nicht folgt »Ich setze dir, daß die zwei genannten Sätze austauschbar sind, und du läßt das zu, also ist der Satz ›Ein Mensch ist ein Esel‹ wahr«, und er widerspricht ihnen zusammen auch nicht, wie sich von selbst versteht. Und er ist auch nicht einschlägig für das Verpflichtete allein, weil nicht folgt »Die zwei Sätze ›Gott ist‹ und ›Ein Mensch ist ein Esel‹ sind

LO *lectio incerta* (haec/duae?) A 24 propositiones] om. O Deus...asinus] LO om. A convertuntur] convertantur L

tur, ergo haec est vera ›Homo est asinus‹«. Sed haec propositio bene est pertinens obligato et bene concesso, quia bene sequitur »Istae duae convertuntur ›Deus est‹ et ›Homo est asinus‹ et ista est vera ›Deus est‹, ergo ista est vera ›Homo est asinus‹«.

Ex hoc infero, quod aliquando una propositio in uno loco proposita est impertinens et in alio loco proposita est pertinens. Verbi gratia, si ego tibi sedenti pono istam »Tu es Romae«, et tu admittis eam, deinde propono tibi istam copulativam »Tu sedes et tu es Romae«, ipsa est impertinens, quia non sequitur nec repugnat posito nec adhuc alicui concesso. Quod non repugnat alicui talium, patet de se, et quod etiam non sequitur, patet, quia non sequitur »Tu es Romae, ergo tu sedes et tu es Romae«, quia antecedens potest esse verum consequente existente falso, posses enim esse Romae et non sedere. Sed si prius propono tibi istam »Tu sedes«, est admittenda, quia vera et impertinens, ad quam respondendum est secundum sui qualitatem, sicut postea apparebit, deinde propono tibi istam copulativam »Tu sedes et tu es Romae«, certe ista copulativa est concedenda, quia pertinens posito et concesso. Quamvis
A54va enim non sit pertinens posito tantum nec pertinens concesso tantum, tamen est pertinens posito et concesso simul, quia sequitur »Tu es Romae et tu sedes, ergo tu es Romae et tu sedes«.

17 postea] Cf. Cap. VI.5, regulam quartam.

1 propositio] est vera homo est asinus et add. L homo est asinus add. O 2 est] om. L concesso] concessae L bene[3]] om. LO 4 est[1]] om. L ergo] et add. O est vera[2]] om. O 5 hoc] quo O una] aliqua LO 6 proposita[1]] posita L et] om. O loco] vero O proposita est[2]] om. LO 7 ego] se- add. s. del. O pono] L posui A ponam P et…Romae] om. L 8 admittis] admittas O propono] proponam O 9 quia] si L 10 posito…repugnat[2]] om. L 11 alicui] concesse patet add. s. del. A et] om. LO sequitur] L sequatur AO 12 tu es] sedes! L 13 potest] posset O 14 non sedere] stare L sedere] sed stare add. O si] om. L 15 propono] L proponam AO sedes] L esses sedere A sedens O 16 et] ad add. L secundum] quod L sui] suam L 17 qualitatem] et add. O sicut… apparebit] om. O apparebit] esse add. L propono] proponam L 18 copulativam] om. O certe] certa L om. O 20 enim] om. L sit] sicut! L tantum]

austauschbar, also ist der Satz ›Ein Mensch ist ein Esel‹ wahr«. Aber dieser Satz ist sehr wohl einschlägig für das Verpflichtete und das richtig Zugegebene (zusammen), weil sehr wohl folgt »Die zwei Sätze ›Gott ist‹ und ›Ein Mensch ist ein Esel‹ sind austauschbar, und der Satz ›Gott ist‹ ist wahr, also ist der Satz ›Ein Mensch ist ein Esel‹ wahr«.

Daraus folgere ich, daß manchmal ein Satz, der an einer Stelle vorgesetzt ist, uneinschlägig ist, der aber einschlägig ist, wenn er an anderer Stelle vorgesetzt ist. Z. B.: Wenn ich dir, der du sitzt, den Satz »Du bist in Rom« setze und du ihn zuläßt und ich dir hierauf den kopulativen Satz »Du sitzt und du bist in Rom« vorsetze, so ist dieser uneinschlägig, weil er weder folgt aus noch widerspricht dem Gesetzten oder etwas bisher Zugegebenem. Daß er nichts davon widerspricht, versteht sich von selbst, und daß er auch nicht folgt, ist klar, weil nicht folgt »Du bist in Rom, also sitzt du und bist du in Rom«, weil der Vordersatz wahr sein kann, wenn der Nachsatz falsch ist, du könntest nämlich in Rom sein und nicht sitzen. Aber wenn ich dir vorher den Satz »Du sitzt« vorsetze, so ist er zuzulassen, weil wahr und uneinschlägig, und auf einen (uneinschlägigen Satz) muß man gemäß seiner Qualität[213] antworten, wie sich später zeigen wird; sodann setze ich dir den kopulativen Satz »Du sitzt und du bist in Rom« vor: Dieser kopulative Satz ist gewiß zuzugeben, weil einschlägig für das Gesetzte und das Zugegebene (zusammen). Obgleich er nämlich nicht einschlägig ist nur für das Gesetzte und nicht einschlägig ist nur für das Zugegebene, so ist er doch einschlägig für das Gesetzte und das Zugegebene zusammen, weil folgt »Du bist in Rom und du sitzt, also bist du in Rom und sitzt du«.

tamen! L nec] haec! L pertinens[2]] L om. AO 21 quia] om. LO 22 sequitur] enim add. O et[1]] LO om. A

Ex hoc ulterius concluditur eandem propositionem in uno loco propositam esse concedendam et in alio loco esse negandam. Ita scilicet, si ponatur tibi ista »Tu es Romae« et tu eam admittas, et deinde proponatur tibi ista »Tu sedes«, ipsa est impertinens in isto loco. Sed si prius immediate post positum proponatur tibi ista copulativa »Tu es Romae et tu sedes«, et si negas istam, et deinde proponatur tibi ista »Tu sedes«, tunc ista »Tu sedes« est pertinens non posito tantum nec negato tantum, sed posito et negato simul. Si enim tu es Romae, et si non est ita, sicut haec copulativa significat »Tu sedes et tu es Romae«, sequitur non esse ita, sicut haec significat »Tu sedes«, O56va et ita ista »Tu sedes« repugnat obligato et bene negato, quia eius oppositum sequitur ex posito et bene negato.

Et ex hoc ulterius concluditur illud argumentum esse insufficiens, quo solet probari, quod in aliquo casu aliqua copulativa est neganda, cuius quaelibet pars est concedenda. Solet enim argui sic: Sit, quod in rei veritate sedeas, et ponatur tibi, quod sis Romae, et tu admittas istam tibi positam, deinde proponatur tibi ista »Tu sedes«, concedenda est, quia vera est et impertinens posito, nec enim sequitur nec repugnat ei, sicut patet de se. Deinde proponatur tibi ista copulativa »Tu sedes et tu es Romae«, est neganda, quia falsa et impertinens posito. Ergo aliqua copulativa est neganda, cuius quaelibet pars est conce-

1 hoc] quo O concluditur] quod add. O eandem] unam O 2 propositam] LO positam A esse concedendam] est concedenda O loco esse] L om. AO negandam] neganda/-dam? O 3 scilicet] Z similiter AE68VLOPSX ponatur] ponitur L tibi] currit! L tu] O om. AL 4 admittas] O admittis AL et] L om. AO proponatur] ponatur L 5 impertinens] et add. L si] om. L 6 proponatur] LO proponeretur A tibi] LO om. A si] LO tunc A 7 negas] LO negares A et] om. O tibi] LO om. A 8 pertinens] LSX impertinens AOP posito] posita L 9 Si] L scilicet A *lectio incerta* O enim] LO isti! A si] om. O 10 sedes] es! L 12 obligato] ALOPSX 13 sequitur] et add. L posito] OX obligato AS opposito LP et] om. L 14 Et] L om. AO hoc] quo O 15 solet] sedet! L 16 neganda] LO falsa A cuius quaelibet] cuiuslibet L 17 sic] sicut L si add. A Sit] om. L tibi] ista L ista add. O quod sis] tu es O 18 admittas] admittis L istam] om. L positam] et add. O deinde] om. L 19 concedenda est] L admittenda est A

Daraus wird weiters geschlossen, daß derselbe Satz zugegeben werden muß, wenn er an einer Stelle vorgesetzt ist, und abgelehnt werden muß, wenn er an anderer Stelle (vorgesetzt ist). So nämlich: Wenn dir der Satz »Du bist in Rom« gesetzt wird und du ihn zuläßt und dir hierauf der Satz »Du sitzt« vorgesetzt wird, so ist dieser an dieser Stelle uneinschlägig. Aber wenn dir vorher, unmittelbar nach dem Gesetzten, der kopulative Satz »Du bist in Rom und du sitzt« vorgesetzt wird und wenn du diesen ablehnst und dir sodann der Satz »Du sitzt« vorgesetzt wird, dann ist der Satz »Du sitzt« einschlägig, und zwar nicht für das Gesetzte allein und nicht für das Abgelehnte allein, sondern für das Gesetzte und das Abgelehnte zusammen. Wenn du nämlich in Rom bist und wenn es nicht so ist, wie der kopulative Satz »Du sitzt und du bist in Rom« bezeichnet, folgt, daß es nicht so ist, wie der Satz »Du sitzt« bezeichnet; und somit widerspricht der Satz »Du sitzt« dem Verpflichteten und dem richtig Abgelehnten, weil sein Gegensatz aus dem Gesetzten und dem richtig Abgelehnten folgt.

Und daraus wird weiters geschlossen, daß jenes Argument unzulänglich ist, mit dem man zu beweisen pflegt, daß unter einer gewissen Fallannahme ein kopulativer Satz abzulehnen ist, von dem jeder Teil zuzugeben ist. Man pflegt nämlich so zu argumentieren: Es sei angenommen, daß du in Wirklichkeit sitzt, und es werde dir gesetzt, daß du in Rom bist, und du lassest diesen dir gesetzten Satz zu; sodann werde dir der Satz »Du sitzt« vorgesetzt: Dieser muß zugegeben werden, weil er wahr und uneinschlägig für das Gesetzte ist, er folgt nämlich weder daraus noch widerspricht er ihm, wie sich von selbst versteht. Sodann werde dir der kopulative Satz »Du sitzt und du bist in Rom« vorgesetzt: Dieser muß abgelehnt werden, weil falsch und uneinschlägig für das Gesetzte. Also muß ein gewisser kopulativer Satz abgelehnt werden, von dem jeder Teil zugegeben werden muß, nämlich ein kopulativer Satz, der

om. O 20 posito...se] LOPSX om. A ei] LOPS om. X 21 tibi ista] om. L 23 cuius quaelibet] cuiuslibet L

denda, puta copulativa composita ex posito falso et impertinente vero.

Breviter, illud argumentum non concludit, quia quamvis dicta copulativa sit impertinens posito seorsum et etiam impertinens concesso seorsum, tamen ipsa est pertinens posito et concesso simul, et ergo post concessionem positi et post concessionem alterius eius partis ipsa non est neganda, sed concedenda. Respondens enim non solum debet sustinere positum, sed etiam concessum, et ergo sequens ex aliquo eorum vel ambobus simul debet concedere et sic repugnans alicui eorum vel ambobus simul debet negare, et hoc, si sit notum sibi hoc esse repugnans vel sequens.

Cap. VI.5 ⟨Capitulum quintum de regulis huius artis⟩

Quantum ad secundum sit prima regula: Obligatum et ab L53va aliquo admissum et eidem in tempore obligationis propositum est ab eo concedendum. Notanter dico »obligatum« et non »positum«, quia ista regula non extendit se solum ad istam speciem obligationis, quae vocatur positio, verum etiam ad alias. Et dico »ab aliquo admissum«, nam posito, quod poneretur tibi ista »Tu es Romae« et tu eam non admitteres et postea tibi proponeretur, non esses obligatus ad concedendum ipsam. Et notanter dico »eidem«, quia si poneretur tibi ista »Tu es

1 composita] opposita L ex] hoc add. L posito falso] posita falsa L impertinente] impertinenti LO 3 Breviter] om. O 4 etiam] LO om. A impertinens[2]] pertinens L 5 concesso] concessae L tamen] in! L ipsa] L om. A 6 concesso] concessae L 7 eius] om. L 8 Respondens] consequens! L non] om. L 9 sed] et L concessum] concessis L 10 debet] LOPSX oportet A sic] om. LO alicui] LO alteri A 11 simul] L om. AO negare] negative? L notum] OPSX necessario A notat L sibi] si L hoc[2]] LO om. A 14 Quantum] *Nullam distinctionem capituli hic habent* AELO *ex* AELOPSX secundum] tertium L Obligatum] obligant! L et] *Unanime habent* AE69rLOPSXY *sed potius deletum esset* Z 15 admissum] obmissio! L 16 ab eo] om. O obligatum] obligant! L 17 positum] posito L quia] ut LO extendit] ostendit L extendat O 18 obligationis] om. O verum] sed O 19 admissum] obmissis L nam] LO

aus einem falschen Gesetzten und einem wahren Uneinschlägigen zusammengesetzt ist.

Kurz gesagt, dieses Argument ist nicht schlüssig, denn obwohl der genannte kopulative Satz uneinschlägig für das Gesetzte allein und auch uneinschlägig für das Zugegebene allein ist, so ist er doch einschlägig für das Gesetzte und das Zugegebene zusammen, und somit darf er nach der Billigung des Gesetzten und nach der Billigung des einen Teils von ihm nicht abgelehnt werden, sondern muß zugegeben werden. Der Antworter muß nämlich nicht nur das Gesetzte aufrechterhalten, sondern auch das Zugegebene, und somit muß er zugeben, was aus einem davon oder aus beiden zusammen folgt, und ebenso muß er ablehnen, was einem davon oder beiden zusammen widerspricht, und zwar, wenn es ihm bekannt ist, daß dies widerspricht oder folgt.

Kapitel VI.5: *Die Regeln dieser Kunst*

Was das zweite anbelangt, so laute die erste Regel: Ein Verpflichtetes, das von jemandem zugelassen wurde und demselben während der Verpflichtungszeit vorgesetzt wird, muß von diesem zugegeben werden. Ich sage ausdrücklich »Verpflichtetes« und nicht »Gesetztes«, weil diese Regel sich nicht nur auf diejenige Art der Verpflichtung erstreckt, die »Setzung« heißt, sondern auch auf die anderen (Arten der Verpflichtung). Und ich sage »das von jemandem zugelassen wurde«, denn angenommen, daß dir der Satz »Du bist in Rom« gesetzt würde und du ihn nicht zuließest und er dir später vorgesetzt würde, so wärest du nicht verpflichtet, ihn zuzugeben. Und ich sage ausdrücklich »demselben«, denn wenn dir der Satz »Du bist in

om. A 20 tu] L si A om. O postea] O iterum A si L 21 tibi] L om. A proponeretur] LO proponatur A esses] esse! L ipsam] eam O 22 notanter] LO om. A eidem] ei O si poneretur] supponeretur! L

Romae« et nulli alteri, et Sorti poneretur ista »›Homo est asinus‹ et ›Deus est‹ convertuntur« et nulli alteri, tunc si proponeretur tibi ista »›Homo est asinus‹ et ›Deus est‹ convertuntur«, non esses obligatus ad concedendum ipsam, quia ista non erat tibi posita, sed uni alteri, scilicet Sorti. Similiter esset, si tibi posita proponeretur Sorti. Et notanter dico »in tempore obligationis«, quia exspirante tempore obligationis non plus teneris obligatum a te admissum concedere.

Notandum est, quod aliqui in dicta regula, sicut Burlaeus et alii, apponunt hoc membrum »sub forma positi vel obligati propositum«, nam dicunt, si *Marcus* et *Tullius* sint nomina synonyma et ponatur tibi ista »Marcus currit«, quam admittas, et deinde proponatur tibi ista »Tullius currit«, tu non habes eam concedere, quamvis sit tibi posita, propter hoc, quod non est tibi sub forma positi proposita. Breviter, apparet mihi, quod quamvis ponatur illa »Marcus currit«, quod non propter
O56vb hoc ponitur ista »Tullius currit«, sunt enim diversae proposi-
A54vb tiones, et ideo, si postea proponeretur tibi ista »Tullius currit«, non proponeretur tibi posita, sed bene sequens ex posito. Et ideo, si dubitares, quod *Marcus* et *Tullius* essent nomina synonyma, cum proponeretur tibi ista »Tullius currit«, haberes respondere dubie, sed si scires, quod *Marcus* et *Tullius* essent

9 Burlaeus] Gualterus Burley, Tractatus de obligationibus, Cap. C.1.a, p. 46, lin. 24; cf. sequentia ibid., usque ad p. 47, lin. 3.

1 Sorti] Z Sortes! A Sor LO poneretur] LO ponatur A 2 convertuntur] convertitur O proponeretur] O proponitur A praeponeretur L 4 ipsam] et notanter dico eidem add. A ista] om. LO erat] LO est A 5 tibi[1]] et! L sed] et L bene add. O Similiter] simile L 7 teneris] teneret L 8 obligatum] LO obligato? A ad add. s. del. A admissum] commissum! L 9 est] om. LO dicta] in praedicta regula add. L Burlaeus] A Berrley? L Duverrley? O Burli P Burlei S om. X 10 apponunt] ponunt L hoc membrum] om. O positi] petiti! O vel] et O 11 nam dicunt] om. L si] ut L *lectio incerta* O et] om. LO Tullius] om. O sint] fuit L nomina] om. L 12 et] om. L et add. O ponatur] O proponitur A apponatur L Marcus] et add. s. del. O quam] et O admittas] admittis L 13 et] LO om. A tu] O om. AL 15 Breviter] om. O 16 quamvis] om. L cum O ponatur] Z proponatur A praeponitur L ponitur O illa] LO isti A 17 hoc]

Rom« gesetzt würde und keinem anderen und dem Sokrates der Satz »‹Ein Mensch ist ein Esel‹ und ›Gott ist‹ sind austauschbar« gesetzt würde und keinem anderen, dann gilt: Wenn dir der Satz »‹Ein Mensch ist ein Esel‹ und ›Gott ist‹ sind austauschbar« vorgesetzt würde, so wärest du nicht verpflichtet, ihn zuzugeben, weil dieser Satz nicht dir gesetzt worden war, sondern einem anderen, nämlich Sokrates. Ebenso wäre es, wenn der dir gesetzte Satz dem Sokrates vorgesetzt würde. Und ich sage ausdrücklich »während der Verpflichtungszeit«, weil du nach Ablauf der Verpflichtungszeit nicht länger gebunden bist, das von dir zugelassene Verpflichtete zuzugeben.

Anzumerken ist, daß manche (Autoren), wie z. B. Burley und andere, in der genannten Regel den Bestandteil »(das ...) *unter der Form des Gesetzten oder des Verpflichteten* vorgesetzt wird« hinzufügen[214], denn sie sagen: Wenn »Markus« und »Tullius« synonyme Namen sind und dir der Satz »Markus läuft« gesetzt wird, den du zuläßt, und dir hierauf der Satz »Tullius läuft« vorgesetzt wird, so mußt du ihn nicht zugeben, obwohl er dir gesetzt ist, und zwar deswegen, weil er dir nicht unter der Form des Gesetzten vorgesetzt ist. – Kurz gesagt, mir scheint: Obgleich der Satz »Markus läuft« gesetzt wird, so wird deshalb nicht (auch) der Satz »Tullius läuft« gesetzt, es sind nämlich verschiedene Sätze, und deshalb gilt: Wenn dir später der Satz »Tullius läuft« vorgesetzt würde, würde dir nicht der gesetzte Satz vorgesetzt, aber sehr wohl einer, der aus dem Gesetzten folgt. Und deshalb gilt: Wenn du bezweifeltest, daß »Markus« und »Tullius« synonyme Namen sind, müßtest du zweifelnd antworten, wenn dir der Satz »Tullius läuft« vorgesetzt würde, aber wenn du wüßtest, daß »Markus« und »Tullius« synonyme Namen sind, müßtest du sehr wohl zuge-

LO om. A ista] om. L 18 proponeretur] O proponatur A imponeretur! L tibi] om. L 19 proponeretur] O proposita A praeponeretur L posita] proposita O bene] non! L 20 ideo] ergo O si...currere] si dubitares ... si scires ... trsp. LO dubitares] LO dubitaret A Marcus...Tullius] ipsi L ipsa O nomina] O om. AL 21 cum] et L om. O 22 sed] et LO

nomina synonyma, bene haberes concedere Tullium currere tamquam sequens ex posito, scilicet ad Marcum currere. Ex his patet, quod frustra additur »sub forma positi vel obligati propositum«.

Secunda regula: Omne sequens ex obligato admisso vel concesso vel concessis cum obligato vel opposito bene negati vel bene negatorum scitum esse tale in tempore obligationis est concedendum. Notanter dicitur »obligato« et similiter »admisso« propter causas dictas in praecedenti regula. Et notanter dicitur »concesso vel concessis cum obligato«, quia respondens ita tenetur sustinere illud, quod sequitur ex concesso cum obligato vel ex concessis una cum eodem, sicut teneretur sustinere ea, quae sequuntur ex obligato solum, et ita similiter tenetur sequens sustinere ex obligato, sicut teneretur sustinere obligatum. Similiter notanter dicitur »vel opposito bene negati vel bene negatorum«, quia respondens ita tenetur sequens sustinere ex obligato et opposito vel oppositis illius, quod vel quae bene negat, sicut illud, quod sequitur ex obligato solum. Quicumque enim teneretur sustinere aliquod antecedens, teneretur sustinere consequens. Similiter notanter dicitur »scitum esse tale«, quia si nescitur esse tale, non oportet, ut concedatur.

1 haberes concedere] concederes L 2 tamquam] ad add. O ex posito] om. LO scilicet] om. LO ad] et L 3 patet] apparet mihi LO frustra additur] frustratur! L vel] et O propositum] LO etc. A 5 Secunda regula] Sed arguitur! L admisso] et add. O 6 cum obligato] vel negato L vel[2]] LO om. A opposito] composito L vel add. L 7 bene] L om. AO negatorum] negato L esse] in add. s. del. A tale] om. L est] O esset A esse L 8 dicitur] dico L cum add. L et] om. L 9 dictas] praedictas L in...regula] om. L praecedenti] praecedente O 10 dicitur] dico L 11 tenetur] teneretur L sustinere] LO om. A sequitur] sequeretur L cum] LO et A 12 vel...concessis] LO om. A ex] L om. O una cum] LO unam! A teneretur] tenetur O sustinere] LO om. A 13 ea] ista LO ita] om. L 14 tenetur] O teneretur AL sustinere[1]] tenere O teneretur] tenetur LO 15 notanter] z bene A cum LOX opposito] appositi L bene] vel L 16 tenetur] O teneretur AL sequens] respondere vel add. O 17 et] LO vel A opposito] apposito L vel oppositis] om. LO vel quae] om. LO 18 bene] LO om. A negat] vel oppositis negatorum si plura (sint L sunt O) negata add. LO illud] aliud L 19 Quicumque] LO quae- A teneretur[1]]

ben, daß Tullius läuft, und zwar insofern dies aus dem Gesetzten folgt, nämlich daraus, daß Markus läuft. Daraus erhellt, daß (der Regelbestandteil) »das unter der Form des Gesetzten oder des Verpflichteten vorgesetzt wird« grundlos hinzugefügt wird.

Regel 2: Alles, was aus einem zugelassenen Verpflichteten oder (aus) einem (richtig) zugegebenen Satz oder (richtig) zugegebenen Sätzen zusammen mit dem Verpflichteten oder (aus) dem Gegensatz eines richtig abgelehnten Satzes oder richtig abgelehnter Sätze (zusammen mit dem Verpflichteten) folgt und als solches bekannt ist, muß während der Verpflichtungszeit zugegeben werden. Es heißt ausdrücklich »(aus) einem Verpflichteten« und ebenso »zugelassenen« wegen der Gründe, die in der vorangehenden Regel angeführt wurden. Und es heißt ausdrücklich »(aus) einem (richtig) zugegebenen Satz oder (richtig) zugegebenen Sätzen zusammen mit dem Verpflichteten«, weil der Antworter ebenso gebunden ist, das aufrechtzuerhalten, was aus einem (richtig) zugegebenen Satz mitsamt dem Verpflichteten oder aus (richtig) zugegebenen Sätzen zusammen mit demselben (nämlich dem Verpflichteten) folgt, wie er gebunden wäre, das aufrechtzuerhalten, was aus dem Verpflichteten allein folgt, und ebenso ist er gebunden, das aus dem Verpflichteten Folgende aufrechtzuerhalten, wie er gebunden wäre, das Verpflichtete aufrechtzuerhalten. Ebenso heißt es ausdrücklich »oder (aus) dem Gegensatz eines richtig abgelehnten Satzes oder richtig abgelehnter Sätze«, weil der Antworter ebenso gebunden ist, das aufrechtzuerhalten, was aus dem Verpflichteten und dem Gegensatz oder den Gegensätzen dessen, was er richtig ablehnt, folgt, wie das, was aus dem Verpflichteten allein folgt. Jeder nämlich, der gebunden wäre, irgendeinen Vordersatz aufrechtzuerhalten, wäre auch

tenetur LO aliquod] aliquid L antecedens] consequens L teneretur[2]] est igitur! L tenetur O 20 sustinere] et add. O consequens…concedatur] om. L dicitur] dixi O 21 ut] quod O

Verbi gratia, si ponatur respondenti, quod Marcus currat, et deinde proponatur sibi ista »Tullius currit«, et ipse non sciat, quod *Marcus* et *Tullius* sunt nomina synonyma, non oportet respondentem concedere istam »Tullius currit«, quamvis sit sequens ex posito, propter hoc, quod latet respondentem, quod est sequens. Et ideo potest ad eam respondere dubie, quousque sciat, quod est sequens et quod *Marcus* et *Tullius* sunt nomina synonyma.

Exempla istorum membrorum istius regulae possunt poni, de primo, scilicet quod omne sequens ex obligato admisso in tempore obligationis est concedendum, quia si ponatur alicui ista »Antichristus est albus« et ipse eam admittat, deinde proponatur sibi ista »Antichristus est coloratus«, ipse habet eam concedere L53vb tamquam sequentem ex obligato, sequitur enim »Antichristus est albus, ergo Antichristus est coloratus«.

Similiter, omne sequens ex obligato admisso cum bene concesso est concedendum. Verbi gratia, si ponatur alicui ista »›Deus est‹ et ›Homo est asinus‹ convertuntur« et ipse eam admittat, deinde proponatur sibi ista »Haec est vera ›Deus est‹«, tunc ipsa est ab eo concedenda, quia vera et impertinens obligato. Et deinde proponatur sibi ista »Haec est vera ›Homo est asinus‹«, ista est ab eo concedenda non tamquam sequens ex obligato solum, sed ex obligato cum bene concesso. Sequitur enim bene »›Homo est asinus‹ et ›Deus est‹ convertuntur et haec est vera ›Deus est‹, ergo haec est vera ›Homo est asinus‹«.

1 respondenti] antecedenti! L currat] tenetur! L et] LO om. A 2 deinde] inde O proponatur] prae- L ponatur O sibi] O om. A sub L non sciat] nesciat LO 3 sunt] sint O nomina] O om. AL 5 latet] latat! L 6 respondere] LO responderi A 7 quod[1]] quid L Marcus...Tullius] om. LO nomina] LO om. A 9 istorum] om. LO istius regulae] LO om. A possunt] LOX possent A de...quod] O om. A de primo si L 10 omne] antecedens! L admisso] admissis L in] om. L 11 est...quia] om. L 12 eam] om. L admittat] admittit O 13 eam] LO om. A 14 sequentem] om. O 16 omne] omnis L admisso] LO etc. A 17 est] sed! L ista] om. L 18 convertuntur] LO om. A et[2]] a! L eam] est a! L 19 admittat] admittit LO Deus...vera] LOX om. A 20 tunc] Z om. LOX ipsa] X ipse! L om. O est[2]] O sed! L 21 Et] L om. O Haec] L om. O 22 ab eo] LO om. A 23 cum] LO et A 24 bene] om. L

gebunden, den Nachsatz aufrechtzuerhalten. Ebenso heißt es ausdrücklich »als solches bekannt«, weil wenn es nicht als solches bekannt ist, ist es nicht nötig, daß man es zugibt. Z. B.: Wenn dem Antworter gesetzt wird, daß Markus läuft, und ihm hierauf der Satz »Tullius läuft« vorgesetzt wird und er nicht weiß, daß »Markus« und »Tullius« synonyme Namen sind, muß der Antworter den Satz »Tullius läuft« nicht zugeben, obwohl er aus dem Gesetzten folgt, und zwar deswegen, weil es dem Antworter unbekannt ist, daß (jener Satz aus dem Gesetzten) folgt. Und deshalb kann er auf ihn zweifelnd antworten, bis daß er weiß, daß (jener Satz) folgt und daß »Markus« und »Tullius« synonyme Namen sind.

Beispiele für die Bestandteile dieser Regel kann man anführen, und zwar in bezug auf den ersten (Bestandteil), nämlich daß alles, was aus einem zugelassenen Verpflichteten folgt, während der Verpflichtungszeit zugegeben werden muß: Wenn jemandem der Satz »Der Antichrist ist weiß« gesetzt wird und er ihn zuläßt und ihm hierauf der Satz »Der Antichrist ist farbig« vorgesetzt wird, so muß er ihn als aus dem Verpflichteten folgend zugeben, es folgt nämlich »Der Antichrist ist weiß, also ist der Antichrist farbig«.

Ebenso: Alles, was aus einem zugelassenen Verpflichteten zusammen mit einem richtig zugegebenen Satz folgt, muß zugegeben werden. Z. B.: Wenn jemandem der Satz »›Gott ist‹ und ›Ein Mensch ist ein Esel‹ sind austauschbar« gesetzt wird und er ihn zuläßt und ihm hierauf der Satz »Der Satz ›Gott ist‹ ist wahr« vorgesetzt wird, dann muß dieser von ihm zugegeben werden, weil wahr und für das Verpflichtete uneinschlägig. Sodann werde ihm der Satz »Der Satz ›Ein Mensch ist ein Esel‹ ist wahr« vorgesetzt: Dieser muß von ihm zugegeben werden, und zwar nicht als aus dem Verpflichteten allein Folgendes, sondern (als) aus dem Verpflichteten zusammen mit einem richtig Zugegebenen (Folgendes). Es folgt nämlich sehr wohl »›Ein Mensch ist ein Esel‹ und ›Gott ist‹ sind austauschbar und der Satz ›Gott ist‹ ist wahr, also ist der Satz ›Ein Mensch ist ein Esel‹ wahr«.

Similiter sequens ex obligato admisso cum concessis est concedendum. Verbi gratia, si ponatur alicui ista »Antichristus est coloratus« et ipse eam admittat, deinde proponatur sibi ista »Antichristus non est albus«, ipse habet eam concedere, quia O57ra vera et impertinens obligato. Similiter, si proponatur sibi ista »Antichristus non est niger«, ipse habet eam concedere iterum, quia vera et impertinens tam obligato quam concesso quam ambobus simul. Deinde, si proponatur sibi ista »Antichristus est medio colore coloratus«, ipse habet eam concedere tamquam sequentem ex obligato et bene concessis, sequitur enim »Antichristus est coloratus et non est albus nec niger, ergo medio colore est coloratus«.

A55ra Similiter sequens ex obligato admisso et opposito bene negati est concedendum, ut si ponatur alicui ista »›Homo est asinus‹ et ›Deus est‹ convertuntur« et ipse eam admittat, deinde proponatur sibi ista »Haec propositio est vera ›Homo est asinus‹«, ipse habet eam negare, quia falsa et impertinens. Deinde, si proponatur sibi ista »›Deus est‹ non est propositio vera«, ipse habet eam concedere tamquam sequentem ex obligato admisso et opposito bene negati, sequitur enim »›Deus est‹ et ›Homo est asinus‹ convertuntur, sed haec non est vera ›Homo est asinus‹, ergo nec ista est vera ›Deus est‹«.

Similiter sequens ex obligato admisso et oppositis bene negatorum est concedendum, semper intelligendo in tempore obligationis propositum, ut si ponatur alicui ista »Antichristus est

1 est] sed! L 2 concedendum] LO concedenda A ista] om. L 3 admittat] admittit L sibi] O om. AL ista] om. L 4 ipse] LO om. A concedere] ALO iterum add. A 5 et] om. L impertinens] non pertinens L proponatur] LO ponatur A sibi] O om. AL ista] LO om. A 6 ipse] L om. AO iterum quia] trsp. L 7 quam concesso] admisso O 8 ista] om. O 9 medio] meo! L ipse] om. O ipse…coloratus] om. L 10 sequentem] O sequens A et] cum O 13 et] bene add. s. del. O opposito] O apposito! AL negati] om. L 14 ut] verbi gratia LO ista] X om. ALO 15 convertuntur] convertantur O eam] L om. AO 16 propositio] L om. AO 17 quia] quod L si] om. O 18 ipse] LO om. A 19 sequentem] sequens L admisso] obmisso L 20 negati] negato L 22 est vera] L om. AO 23 ex] om. L oppositis] om. O 24 concedendum] conce-

Ebenso: (Alles,) was aus einem zugelassenen Verpflichteten zusammen mit (richtig) zugegebenen Sätzen folgt, muß zugegeben werden. Z. B.: Wenn jemandem der Satz »Der Antichrist ist farbig« gesetzt wird und er ihn zuläßt und ihm hierauf der Satz »Der Antichrist ist nicht weiß« vorgesetzt wird, so muß er diesen zugeben, weil wahr und für das Verpflichtete uneinschlägig. Ebenso, wenn ihm der Satz »Der Antichrist ist nicht schwarz« vorgesetzt wird, muß er diesen wiederum zugeben, weil wahr und uneinschlägig sowohl für das Verpflichtete als auch für das Zugegebene als auch für beides zusammen. Wenn ihm sodann der Satz »Der Antichrist ist durch eine mittlere Farbe farbig« vorgesetzt wird, muß er ihn als aus dem Verpflichteten und richtig zugegebenen Sätzen Folgendes zugeben, es folgt nämlich »Der Antichrist ist farbig und er ist weder weiß noch schwarz, also ist er durch eine mittlere Farbe farbig«.

Ebenso: (Alles,) was aus einem zugelassenen Verpflichteten und dem Gegensatz eines richtig abgelehnten (Satzes) folgt, muß zugegeben werden, wie z. B.: Wenn jemandem der Satz »‹Ein Mensch ist ein Esel› und ›Gott ist‹ sind austauschbar« gesetzt wird und er ihn zuläßt und ihm hierauf der Satz »Der Satz ›Ein Mensch ist ein Esel‹ ist wahr« vorgesetzt wird, so muß er ihn ablehnen, weil falsch und uneinschlägig. Wenn ihm sodann der Satz »‹Gott ist‹ ist kein wahrer Satz« vorgesetzt wird, so muß er ihn zugeben, und zwar als aus dem zugelassenen Verpflichteten und dem Gegensatz des richtig Abgelehnten folgend, es folgt nämlich »‹Gott ist‹ und ›Ein Mensch ist ein Esel‹ sind austauschbar, aber der Satz ›Ein Mensch ist ein Esel‹ ist nicht wahr, also ist auch der Satz ›Gott ist‹ nicht wahr«.

Ebenso: (Alles,) was aus einem zugelassenen Verpflichteten und den Gegensätzen von richtig abgelehnten (Sätzen) folgt, muß zugegeben werden, wobei immer gemeint ist, sofern es während der Verpflichtungszeit vorgesetzt wird, wie z. B.:

denda L semper…propositum] LO om. A 25 ut] verbi gratia LO si] om. LO ponatur] proponatur O

coloratus«, et ipse eam admittat, deinde proponatur sibi ista »Antichristus est albus«, neganda est, quia falsa et impertinens. Deinde proponatur sibi ista »Antichristus est niger«, similiter neganda, quia falsa et impertinens. Deinde proponatur sibi ista »Antichristus est medio colore coloratus«, concedenda est tamquam sequens ex obligato admisso et oppositis bene negatorum. Sequitur enim »Antichristus est coloratus et non est albus nec niger, ergo est medio colore coloratus«.

Tertia regula: Omne repugnans obligato cum concesso vel concessis vel cum opposito bene negati vel oppositis bene negatorum scitum esse tale in tempore obligationis est negandum. Exempla formentur proportionaliter sicut formata sunt apud secundam regulam.

Quarta regula: Ad omne impertinens respondendum est in tempore obligationis secundum sui qualitatem, quam habet ad nos, id est, si est verum, scitum esse verum, est concedendum, et si est falsum, scitum esse falsum, est negandum, et si est dubium, dubitandum. Verbi gratia, si ponatur tibi ista »Tu es Romae« et tu eam admittas, deinde proponatur tibi ista »Homo est animal« vel ista »Tu scribis«, ista est a te concedenda, quia vera et impertinens, nec enim sequens ex obligato nec repugnans eidem. Consimili modo exemplificetur de falso et de dubio.

1 eam] LO om. A admittat] O admittit A admittam! L deinde] om. O ista] om. O 2 est[2]] om. L 3 proponatur] prae- L sibi] LO om. A niger…est] om. L 4 neganda] O negatur A quia…impertinens] O om. A proponatur sibi] O om. A 5 medio] media! L colore] colorum L 6 admisso] et misso! L et] ex add. LO 7 bene…regulam] om. L 9 cum] O om. A 10 cum] X om. AO bene[1]] O om. A 12 formentur] X formantur AO proportionaliter] probabiliter! O formata sunt] O om. A 13 apud] iuxta O secundam] primam O 14 respondendum] visum! L 15 secundum] sed! L sui] om. L ad nos] om. L 16 est[2]] om. L scitum] sicut! L 17 et[1]] om. L est[1]] om. L scitum] Sor! L est[3]] om. O 19 tu] L om. AO eam] LO om. A admittas] admittis L tibi] LO om. A 20 vel] et O ista[1]] LO om. A Tu scribis] AE70rLOPSX om. Y ista[2]] om. LO a te] LO om. A 21 ex obligato] om. L 22 eidem] om. L Consimili modo] consimiliter O exemplificetur] L -ficatur A exercetur O 23 de] om. LO

Wenn jemandem der Satz »Der Antichrist ist farbig« gesetzt wird und er ihn zuläßt und ihm hierauf der Satz »Der Antichrist ist weiß« vorgesetzt wird, so ist er abzulehnen, weil falsch und uneinschlägig. Sodann werde ihm der Satz »Der Antichrist ist schwarz« vorgesetzt – ist ebenfalls abzulehnen, weil falsch und uneinschlägig. Sodann werde ihm der Satz »Der Antichrist ist durch eine mittlere Farbe farbig« vorgesetzt: Dieser ist zuzugeben, und zwar als aus dem zugelassenen Verpflichteten und den Gegensätzen der richtig abgelehnten Sätze Folgendes. Es folgt nämlich »Der Antichrist ist farbig und er ist weder weiß noch schwarz, also ist er durch eine mittlere Farbe farbig«.

Regel 3: Alles, was einem (zugelassenen) Verpflichteten zusammen mit einem (richtig) Zugegebenen oder (mehreren richtig) Zugegebenen oder zusammen mit dem Gegensatz eines richtig Abgelehnten oder den Gegensätzen (mehrerer) richtig Abgelehnter widerspricht und als solches bekannt ist, muß während der Verpflichtungszeit abgelehnt werden. Beispiele mögen auf entsprechende Weise formuliert werden, wie sie bei der zweiten Regel formuliert wurden.

Regel 4: Auf jedes Uneinschlägige muß während der Verpflichtungszeit gemäß seiner Qualität, die es für uns hat, geantwortet werden, d. h.: Wenn es wahr und als wahr bekannt ist, ist es zuzugeben; und wenn es falsch und als falsch bekannt ist, ist es abzulehnen; und wenn es zweifelhaft ist, ist es zu bezweifeln. Z. B.: Wenn dir der Satz »Du bist in Rom« gesetzt wird und du ihn zuläßt und dir hierauf der Satz »Ein Mensch ist ein Lebewesen« oder der Satz »Du schreibst«[215] vorgesetzt wird, so muß dieser von dir zugegeben werden, weil wahr und uneinschlägig, er folgt nämlich weder aus dem Verpflichteten noch widerspricht er diesem. Auf gleiche Weise möge man Beispiele in bezug auf das Falsche und in bezug auf das Zweifelhafte formulieren.

Quinta regula: Eadem propositio infra idem tempus obligationis in uno loco proposita est impertinens et in alio loco proposita est pertinens. Verbi gratia, ponatur tibi ista »Tu es Romae«, et eam admittas, deinde proponatur tibi ista »Tu scribis«, concedenda est, quia vera et impertinens. Sed si prius proponeretur tibi ista copulativa »Tu scribis et tu es Romae«, esset neganda, quia falsa et impertinens, et si postea proponeretur tibi ista »Tu scribis«, esset neganda, quia pertinens repugnans opposito bene negati una cum obligato admisso. Sic ergo ista »Tu scribis«, cum ante praedictam copulativam proponebatur, erat impertinens, cum autem post praedictam copulativam proponebatur, erat pertinens.

Aliud exemplum, nam ponatur alicui, quod »Homo est asinus« et »Deus est« convertantur, et ipse admittat, tunc quaeli- O57rb bet istarum »›Homo est asinsus‹ est propositio vera«, »›Deus est‹ est propositio vera« est impertinens. Et ideo, si statim post admissionem obligati proponatur eidem ista »›Deus est‹ est propositio vera«, ipsa est concedenda, quia vera et impertinens, et si post hoc proponatur ista »›Homo est asinus‹ est propositio vera«, est pertinens, quae tamen, si ante istam »›Deus est‹ est propositio vera« fuisset proposita immediate post admissionem obligati, fuisset impertinens. Quod autem modo sit pertinens, patet, quia sequitur ex obligato una cum concesso impertinenti obligato, sequitur enim »›Deus est‹ et

1 infra] in O idem] om. O tempus] tempore O obligationis] LO om. A 2 proposita est^{2}] om. O 3 ponatur] LO proponatur A 4 admittas] admittis LO tibi ista] om. L 6 proponeretur] O proponatur A proponetur L tibi] O om. AL 7 neganda quia] LO om. A et^{2}] L sed A si] om. L proponeretur] O proponatur A proponetur L 8 tibi ista] LO om. A esset] esse L 9 Sic] sicut L 10 cum...impertinens] om. L ante] O autem A praedictam copulativam] O praedicta copulativa A proponebatur] O esset proposita A 11 impertinens...erat] om. O cum] tamen L post...copulativam] L om. A 13 exemplum] postponi ista add. L nam] om. LO ponatur] potest poni O 14 convertantur] convertuntur LO et^{2}] om. L admittat] LO admittit A 15 istarum] istalibet! L 16 est^{3}] om. L 18 ipsa est] LO om. A et] om. L 20 est] et L si] om. L ante] autem! L istam] O illa L istam...vera] LO om. A 21 proposita]

Regel 5: Derselbe Satz ist innerhalb derselben Verpflichtungszeit als an einer Stelle vorgesetzt uneinschlägig und als an anderer Stelle vorgesetzt einschlägig. Z. B.: Es werde dir der Satz »Du bist in Rom« gesetzt und du lassest ihn zu und hierauf werde dir der Satz »Du schreibst« vorgesetzt, so ist dieser zuzugeben, weil wahr und uneinschlägig. Aber wenn dir vorher der kopulative Satz »Du schreibst und du bist in Rom« vorgesetzt würde, so wäre er abzulehnen, weil falsch und uneinschlägig, und wenn dir danach der Satz »Du schreibst« vorgesetzt würde, so wäre er abzulehnen, weil einschlägig, und zwar dem Gegensatz eines richtig Abgelehnten zusammen mit dem zugelassenen Verpflichteten widersprechend. Auf diese Weise also war der Satz »Du schreibst«, als er vor dem vorgenannten kopulativen Satz vorgesetzt wurde, uneinschlägig, als er aber nach dem vorgenannten kopulativen Satz vorgesetzt wurde, war er einschlägig.

Ein anderes Beispiel: Es werde jemandem gesetzt, daß »Ein Mensch ist ein Esel« und »Gott ist« austauschbar sind, und er lasse das zu, dann ist jeder von diesen Sätzen »‹Ein Mensch ist ein Esel› ist ein wahrer Satz«, »‹Gott ist› ist ein wahrer Satz« uneinschlägig. Und deshalb gilt: Wenn sogleich nach der Zulassung des Verpflichteten demselben (Antworter) der Satz »‹Gott ist› ist ein wahrer Satz« vorgesetzt wird, so ist dieser zuzugeben, weil wahr und uneinschlägig, und wenn danach der Satz »‹Ein Mensch ist ein Esel› ist ein wahrer Satz« vorgesetzt wird, so ist er einschlägig, welcher Satz jedoch uneinschlägig gewesen wäre, wenn er vor dem Satz »‹Gott ist› ist ein wahrer Satz« unmittelbar nach der Zulassung des Verpflichteten vorgesetzt worden wäre. Daß er aber jetzt einschlägig ist, ist klar, weil er aus dem Verpflichteten zusammen mit einem Zugegebenen, das für das Verpflichtete uneinschlägig ist, folgt,

LO formata A 22 obligati] LO om. A autem] om. LO 23 pertinens] sequens O patet…vera[2]] om. L 24 est] om. O

›Homo est asinus‹ convertuntur, sed haec propositio ›Deus est‹ est vera, ergo haec propositio ›Homo est asinus‹ est vera«.

Sexta regula: Durante tempore obligationis non est certificanda quaecumque quaestio. Nam sit rei veritas, quod solus Sortes loquatur, et ponatur alicui, quod Sortes tacet, et admit- A55rb tat, deinde proponatur sibi ista »Aliquis homo loquitur«, concedenda est, quia vera et impertinens. Quod sit vera, patet ex casu, quod sit impertinens, patet, quia non sequitur »Sortes tacet, ergo aliquis homo loquitur«. Deinde, cum talis concedit istam »Aliquis homo loquitur«, quaeratur ab eo »Quis est iste homo, qui loquitur?«, si dicat »Sortes«, tunc concedit repugnans obligato admisso, si dicat »Plato« vel »Cicero«, tunc concedit falsum et impertinens.

Ex isto sequitur, quod propositio particularis vel indefinita alicubi est concedenda, ubi tamen nulla eius singularis est concedenda. Quia, ut iam dictum est, haec est concedenda ab L54ra obligato modo dicto »Aliquis homo loquitur«, et tamen nulla eius singularis est concedenda, nam si aliqua conceditur, oportet concedere vel repugnans posito vel falsum impertinens, quorum quodlibet est inconveniens in hac arte.

Septima regula: Ad quod sequuntur contradictoria, non est admittendum. Verbi gratia, ut si poneretur tibi, quod A sit omne, quod non est A, hoc non haberes admittere, quia hoc admisso oporteret te concedere, quod si A esset A, tunc A non esset A, et si A non esset A, quod A esset A, ex eo quod ista

1 sed] et O propositio] om. O 2 propositio] om. O 3 tempore] tempus L est] potest esse L 4 quaestio] quaero! L Nam] non! L rei] regi! L 5 tacet] taceat LO admittat] eam add. O 6 sibi] sed! L 7 est] LO om. A ex casu] per casum L 8 patet] ex casu add. s. del. A 9 homo] om. L cum] tamen! L talis] animal! L 10 quaeratur] LO quaeras A eo] ipso O 11 si] sed L dicat] O dicit A dicatur L Sortes…dicat] om. L 12 dicat] om. O tunc] LO om. A 13 concedit] conceditur L falsum] falsa L et] L om. AO 14 isto] LO eo A 15 alicubi] O alicui AL ubi] O cuius A ubi…concedenda[2]] om. L eius] O om. A 16 iam] O om. A est[1]] O om. A ab] AE70rO ex LPSX aliquo add. O 17 modo…arte] om. L 18 conceditur] concedatur O 19 posito] om. O 21 regula] quod add. L Ad] om. s. add. s.l. L sequuntur contradictoria] instare L est] oportet L 22 ut] L om. AO poneretur] O proponeretur A

es folgt nämlich »‹Gott ist‹ und ›Ein Mensch ist ein Esel‹ sind austauschbar, aber der Satz ›Gott ist‹ ist wahr, also ist der Satz ›Ein Mensch ist ein Esel‹ wahr«.

Regel 6: Während der Verpflichtungszeit darf man sich keiner wie immer gearteten Frage vergewissern. Denn es sei der Fall, daß nur Sokrates spricht, und es werde jemandem gesetzt, daß Sokrates schweigt, und er lasse es zu und hierauf werde ihm der Satz »Irgendein Mensch spricht« vorgesetzt, so ist er zuzugeben, weil wahr und uneinschlägig. Daß er wahr ist, erhellt aus der Fallannahme, daß er uneinschlägig ist, ist klar, weil nicht folgt »Sokrates schweigt, also spricht irgendein Mensch«. Sodann: Wenn der besagte (Antworter) den Satz »Irgendein Mensch spricht« zugibt, so frage man ihn »Wer ist der Mensch, der spricht?« – wenn er antwortet »Sokrates«, dann gibt er etwas zu, was dem zugelassenen Verpflichteten widerspricht, wenn er antwortet »Platon« oder »Cicero«, dann gibt er etwas Falsches und Uneinschlägiges zu.

Daraus folgt: Ein partikulärer oder indefiniter Satz muß an irgendeiner Stelle (der Disputation) zugegeben werden, an welcher Stelle jedoch kein singulärer Satz von ihm zugegeben werden darf. Denn, wie schon gesagt wurde, der Satz »Irgendein Mensch spricht« muß auf die genannte Weise vom Verpflichteten (d.i. vom Antworter) zugegeben werden, aber dennoch darf kein singulärer Satz davon zugegeben werden, denn wenn irgendeiner zugegeben wird, muß man entweder etwas dem Gesetzten Widersprechendes oder etwas falsches Uneinschlägiges zugeben, und all das ist in dieser Kunst (Wissenschaft) ungereimt.

Regel 7: Woraus Widersprüchliches folgt, darf nicht zugelassen werden. Z. B.: Wenn dir gesetzt würde, daß A alles ist, was nicht A ist, so dürftest du das nicht zulassen, weil wenn du das zuläßt, mußt du zugeben, daß wenn A A wäre, dann A nicht A wäre, und wenn A nicht A wäre, daß A A wäre, weil diese

praepon(er?)etur L tibi] om. O 24 admisso] om. O oporteret] oportet L te] tibi L quod] a add. O si A] om. L A^{2}] LO om. A tunc] quod O tunc...A^{1}] om. L A^{3}] O om. A 25 ex eo] L ea! A ex...A^{9}] ALPSX om. O

sequuntur ad positum, scilicet quod A sit omne, quod non est A. Nam si A est A, A non est A, et si A non est A, A est A, ex quo A est omne, quod non est A.

Octava regula: Possibili obligato et admisso, licet falso, non propter hoc est negandum necessarium per se nec est concedendum impossibile per se. Pro intellectu istius regulae et sequentis oportet scire, quid vocatur necessarium per se et quid necessarium per accidens et similiter impossibile per se et impossibile per accidens.

Unde necessarium per se dicitur necessarium quoad omnem differentiam temporis, verbi gratia, quod sic se habet, quod qualitercumque significat, sic est et ab aeterno fuit et in aeternum erit nec potest aliter esse. Isto modo haec »Deus est« est necessaria per se. Sed necessarium per accidens dicitur non quoad omnem, sed quoad aliquam differentiam temporis, ut quod sic se habet, quod qualitercumque significat, taliter est et taliter in aeternum erit et non potest aliter esse nec fore, licet aliquando aliter fuit. Isto modo haec est necessaria »Adam fuit« et quaelibet propositio vera de praeterito, et tale vocatur necessarium per accidens. Impossibile per se dicitur, quod est impossibile quoad omnem differentiam temporis, scilicet, quod
O57va sic se habet, quod qualitercumque significat, impossibile est sic esse, sic fuisse, sic fore. Isto modo dicimus istam esse impossibilem »Deus non est«. Impossibile vero per accidens dicitur, quod est impossibile non quoad omnem differentiam temporis, sed quoad aliquam, scilicet, quod sic se habet, quod qualiter-

1 sequuntur] ALPS sequitur X scilicet quod] Z nam si AE70rLPSX 2 Nam] Z tunc AE70vPSX om. L A[2]] AX om. LPS A[4]] PSX om. AL A[5]] LPSX om. A A[6]] APSX om. L A[8]] PSX om. AL ex...A[2]] ALOPSX 4 Possibili] possibile L et] *Unanime habent* AE70vLOPSX *sed non* Y *quod melius esse videtur* Z licet] om. L non] nam! L 5 hoc] LO om. A est[1]] LO sequitur esse A nec...se] LO om. A 6 Pro intellectu] per intellectum L 7 sequentis] con- add. L quid[1]] quod L quid[2]] om. LO 8 accidens] antecedens! L impossibile] im- om. L 10 quoad omnem] quod eadem! L 12 est et] om. L 13 nec] nisi! L et non O potest] esse add. L haec] O om. AL est[2]] om. L 14 necessaria] hoc intelligendo add. L et hoc necessaria add. O Sed] om. LO necessarium] Necessaria

(Aussagen) aus dem Gesetzten folgen, nämlich daß A alles ist, was nicht A ist. Denn wenn A A ist, ist A nicht A, und wenn A nicht A ist, ist A A, weil A alles ist, was nicht A ist.

Regel 8: Wenn ein mögliches Verpflichtetes zugelassen wurde, obgleich es falsch ist, so darf man deswegen nicht etwas schlechthin Notwendiges ablehnen oder etwas schlechthin Unmögliches zugeben. Für das Verständnis dieser und der folgenden Regel muß man wissen, was »schlechthin Notwendiges« genannt wird und was »bedingt Notwendiges« sowie »schlechthin Unmögliches« und »bedingt Unmögliches«[216].

So wird »schlechthin Notwendiges« ein Notwendiges genannt, insofern es jeden Zeitabschnitt[217] betrifft, z. B., was sich so verhält: Wie auch immer es bezeichnet, so ist es und war es von Ewigkeit her und wird es sein in alle Ewigkeit und kann es nicht anders sein. Auf diese Weise ist der Satz »Gott ist« schlechthin notwendig. Aber »bedingt Notwendiges« wird (ein Notwendiges) genannt, nicht insofern es jeden, sondern insofern es irgendeinen Zeitabschnitt betrifft, wie z. B., was sich so verhält: Wie auch immer es bezeichnet, so ist es und so wird es in alle Ewigkeit sein und kann es weder jetzt noch in Zukunft anders sein, obgleich es irgendeinmal anders war. Auf diese Weise ist der Satz »Adam war« notwendig und (überhaupt) jeder wahre Satz über die Vergangenheit, und ein solches (Notwendiges) heißt »bedingt Notwendiges«. »Schlechthin Unmögliches« wird genannt, was hinsichtlich jedes Zeitabschnitts unmöglich ist, nämlich, was sich so verhält: Wie auch immer es bezeichnet, es ist unmöglich, daß es so ist, daß es so war, daß es so sein wird. Auf diese Weise sagen wir, daß der Satz »Gott ist nicht« unmöglich ist. »Bedingt Unmögliches« hingegen wird genannt, was nicht hinsichtlich jedes Zeitabschnitts, sondern hinsichtlich irgendeines (Zeitabschnitts) unmöglich ist, nämlich, was sich so verhält: Wie auch immer

O vere! add. L vero add. O non] nam! L 15 omnem] eundem L 16 se] LO om. A qualitercumque] ipsa add. L et] LO etiam A 17 potest] om. L aliter] taliter L nec…accidens] LO om. A 20 per^2…Romae] om. L 22 impossibile est] O om. A est add. O 23 istam…dicimus] om. O

cumque significat, impossibile est sic esse vel fuisse, sed possibile est sic fore, eo modo, quo dicimus propositionem falsam de praeterito esse impossibilem. Isto modo dicimus hanc esse impossibilem »Ego fui Romae«, est enim una falsa de praeterito. Et de tali impossibili solet concedi, quod impossibile potest esse verum, immo aliquando erit necessarium, unde licet haec modo sit impossibilis »Ego fui Romae«, tamen si irem et reverterer, haec amplius esset necessaria »Ego fui Romae«.

Nona regula: Obligato possibili et admisso, licet falso, non est inconveniens concedere impossibile per accidens vel negare necessarium per accidens. Et hoc fit aliquando isto modo, quod positum sit impossibile vel quod concessum sit impossibile vel quod sequens ex concesso cum alio sit impossibile.

Exemplum primi, sit ita in rei veritate, quod tu numquam respondisti ad deum esse, et ponatur tibi ista »Tu numquam respondisti ad deum esse«, ista est admittenda, quia vera, immo necessaria per accidens, eo quod sit una vera de praeterito. Deinde proponatur tibi ista »Deus est«, tu habes eam concedere, quia vera et impertinens. Postea proponatur tibi ista »Tu respondisti ad deum esse«, est neganda, quia repugnans posito a te admisso, licet sit necessaria per accidens. Deinde proponatur tibi illa »Tu numquam respondisti ad deum esse«, est a te concedenda, quia posita et admissa, licet

3 esse[2]] om. O 5 solet] OPSX potest A quod] est add. A 7 modo sit] OPSX est A Romae] et add. O 8 amplius] OSX om. AP esset] ASX est O om. P Ego... Romae] OSX om. AP 9 possibili] possibile L et] *Unanime habent* AE70vLOPS *sed non* XY *quod melius esse videtur* Z falso] falsum L 10 inconveniens] enim conveniens! L negare] negative! L 11 fit] LO sit A aliquando] LO aliter A 13 quod] om. O ex] cum O concesso] vel add. O cum alio] om. L 14 rei] ALOX om. PS 15 respondisti] LOPSX respondenti! A deum] AOPSX eum! L et...esse] ALPSX om. O ponatur] LPSX ponitur A Tu] LPSX om. A 16 respondisti] LPSX respondenti! A deum] APSX eum! L est] AOPSX om. L quia vera] APSX quia negativa L om. O 17 sit] A est LOPSX 18 proponatur] LOPX proponitur A ponatur S eam] LOPSX om. A 19 vera] AOPSX negativa! L Postea] A post hoc LOPSX proponatur] LOPSX proponitur A tibi] LOPSX om. A 20 respondisti] LOPSX respondenti! A deum esse] AOPSX dictum L est] ALOPS om. X 21 posito...repugnans] LOPSX om. A a te] OPSX ad eo! L

es bezeichnet, es ist unmöglich, daß es so ist oder war, aber es ist möglich, daß es so sein wird, in dem Sinne, wie wir sagen, daß ein falscher Satz über die Vergangenheit unmöglich ist. Auf diese Weise sagen wir, daß der Satz »Ich war in Rom« unmöglich ist, er ist nämlich ein falscher Satz über die Vergangenheit[218]. Und in bezug auf ein solches Unmögliches pflegt man zuzugeben, daß ein Unmögliches wahr sein kann, ja sogar irgendwann notwendig sein wird; denn obschon der Satz »Ich war in Rom« jetzt unmöglich ist, so wäre doch – wenn ich (nach Rom) ginge und wieder zurückkehrte – der Satz »Ich war in Rom« fortan notwendig.

Regel 9: Wenn ein mögliches Verpflichtetes zugelassen wurde, obgleich es falsch ist, dann ist es nicht ungereimt, ein bedingt Unmögliches zuzugeben oder ein bedingt Notwendiges abzulehnen. Und das geschieht manchmal auf diese Weise, daß das Gesetzte unmöglich ist oder daß ein Zugegebenes unmöglich ist oder daß ein aus einem Zugegebenen zusammen mit etwas anderem Folgendes unmöglich ist.

Ein Beispiel für das erste: Es sei der Fall, daß du niemals darauf geantwortet hast, daß Gott ist, und es werde dir der Satz »Du hast niemals darauf geantwortet, daß Gott ist« gesetzt, so muß dieser zugelassen werden, weil wahr, ja sogar bedingt notwendig, weil er ein wahrer Satz über die Vergangenheit ist. Sodann werde dir der Satz »Gott ist« vorgesetzt: Du mußt ihn zugeben, weil wahr und uneinschlägig. Danach werde dir der Satz »Du hast darauf geantwortet, daß Gott ist« vorgesetzt: Er muß abgelehnt werden, weil er dem von dir zugelassenen Gesetzten widerspricht, obgleich er bedingt notwendig ist. Sodann werde dir der Satz »Du hast niemals darauf geantwortet, daß Gott ist« vorgesetzt: Dieser muß von dir

licet] OPSX om. L 22 Tu] O tamen L om. PSX 23 deum] OPSX eum L esse] LOSX om. P a te] LPSX om. O posita] LPSX posito O licet] OPSX om. L

sit impossibilis per accidens. Sic ergo patet, qualiter positum, quod primo erat necessarium per accidens, factum est impossibile per accidens.

Exemplum secundi, nam ponatur tibi te esse Romae et admittas, deinde proponatur tibi ista »Tu numquam respondisti ad deum esse«, est concedenda a te, quia vera et impertinens. Deinde proponatur tibi ista »Deus est«, est concedenda, quia vera et impertinens. Qua concessa proponatur tibi ista »Tu respondisti ad deum esse«, est neganda, quia repugnans concesso, et tamen est necessaria per accidens, quia est una vera de praeterito. Ergo eius opposita est concedenda, scilicet »Tu numquam respondisti ad deum esse«, quae facta est impossibilis per accidens. Sic ergo concessum factum est impossibile per accidens.

Exemplum tertii, nam ponatur tibi te sedere et admittas, deinde proponatur tibi illa »Te sedere et te numquam respondisse ad deum esse sunt similia«, haec debet concedi, quia vera et impertinens. Deinde proponatur tibi ista »Deus est«, tu habes eam concedere, quia vera et impertinens. Deinde propo-
A55va natur tibi ista »Tu numquam respondisti ad deum esse«, ipsa est concedenda, et tamen ipsa facta est impossibilis, postquam erat vera, ex uno concesso cum altero. Quod sit concedenda, patet, nam tu concessisti »Te sedere et te numquam respon-

1 sit] OPSX sicut L impossibilis] OPSX impossibile L Sic] LSX Si P Sic… accidens] LPSX om. O qualiter] PSX -cumque add. L positum quod] PSX om. L 2 erat] LPX erit S 4 admittas] OPSX admittis L eam add. L 5 tibi] OPSX om. L Tu] X om. LOPS 6 deum] OPSX eum L esse…esse] OPSX om. L 7 Deinde…impertinens] PSX om. O proponatur] PS ponatur X 8 proponatur] OPS ponatur X ista] PSX om. O 9 repugnans] LOPS repugnat X concesso] AOPX admisso L concessae? S 10 tamen] AOPSX om. L necessaria] AOPSX necessarium L est[2]] AOPSX esse L una] AOPS om. LX 11 eius] ALOPS om. X scilicet] AOPSX si L Tu] S om. ALOPX 12 numquam] res- add. s. del. A respondisti] LOPSX respondenti A deum] AOPSX eum L quae] ALOPX quo S facta] LOPX om. A facto S est] ALOSX om. P etiam add. A 13 Sic…accidens] LOPS om. AX factum] OPS se! L per accidens[2]] OPS om. L 15 nam] LOP om. A te…tibi] AOP om. L et] tu add. O 16 proponatur] OP proponitur A illa] L om. AOP et] ALP est! O te] AOP om. L 17 deum] AOP eum! L haec]

zugegeben werden, weil gesetzt und zugelassen, obgleich er bedingt unmöglich ist. – So erhellt also, wie ein Gesetztes, das zuerst bedingt notwendig war, bedingt unmöglich gemacht wurde.

Ein Beispiel für das zweite: Es werde dir gesetzt, daß du in Rom bist, und du lassest es zu, hierauf werde dir der Satz »Du hast niemals darauf geantwortet, daß Gott ist« vorgesetzt: Dieser muß von dir zugegeben werden, weil wahr und uneinschlägig. Sodann werde dir der Satz »Gott ist« vorgesetzt: Er ist zuzugeben, weil wahr und uneinschlägig. Nachdem dieser zugegeben ist, werde dir der Satz »Du hast darauf geantwortet, daß Gott ist« vorgesetzt: Er ist abzulehnen, weil er einem Zugegebenen widerspricht, und dennoch ist er bedingt notwendig, weil er ein wahrer Satz über die Vergangenheit ist. Also muß sein Gegensatz zugegeben werden, nämlich »Du hast niemals darauf geantwortet, daß Gott ist«, welcher Satz bedingt unmöglich gemacht wurde. So wurde also ein Zugegebenes bedingt unmöglich gemacht.

Ein Beispiel für das dritte: Es werde dir gesetzt, daß du sitzt, und du lassest es zu, hierauf werde dir der Satz »Daß du sitzt und daß du niemals darauf geantwortet hast, daß Gott ist, sind ähnlich (nämlich hinsichtlich des Wahrheitswerts)« vorgesetzt: Dieser Satz muß zugegeben werden, weil wahr und uneinschlägig. Sodann werde dir der Satz »Gott ist« vorgesetzt: Du mußt ihn zugeben, weil wahr und uneinschlägig. Sodann werde dir der Satz »Du hast niemals darauf geantwortet, daß Gott ist« vorgesetzt: Er muß zugegeben werden, und dennoch ist er aufgrund des einen Zugegebenen zusammen mit dem anderen unmöglich gemacht worden, nachdem er (zunächst) wahr war. Daß er zugegeben werden muß, ist klar, denn du hast (den

ALO hoc P 18 impertinens] haec debet concedi add. A tibi] LOP om. A 19 eam] LOP om. A et] AOP om. L proponatur] LOP proponitur A 20 Tu] AOP om. L deum] AOP domino! L 21 et...concedenda] om. L est[2]] AO om. P 22 erat] OP erit A vera] quia add. P uno] AOPX opposito S 23 concessisti] quod add. OP respondisse] AOP respondisti L

disse ad deum esse sunt similia« et tu concessisti hanc »Deus est« et similiter istam »Tu sedes«, quia posita, ergo etiam habes concedere, quod tu numquam respondisti ad deum esse. Sed quod facta sit impossibilis ex uno concesso cum altero, patet, quia quando proposui tibi istam »Te numquam respondisse ad deum esse et te sedere sunt similia«, adhuc haec tantum »Tu numquam respondisti ad deum esse« erat vera, et postea, postquam proposui tibi istam »Deus est« et eam concessisti, facta erat impossibilis per accidens, scilicet »Tu numquam respondisti ad deum esse«.

Contra regulam diceres: Possibile non obligat ad impossibile, ergo postquam non sunt concessa nisi possibilia, videtur, quod O57vb propter hoc nullum impossibile sit concedendum. Respondetur, quod immo regula est vera et fundatur super his duobus, quorum primum est, quod si aliquid sit concessum in aliquo tempore obligationis, semper est concedendum, cum proponitur durante tempore obligationis. Secundum est, quod aliquid, quod in uno loco est possibile, immo necessarium per accidens, et concessum, in alio loco est impossibile. Et ideo, ex quo prius erat concessum, postea, quandocumque proponitur durante eodem tempore obligationis, est concedendum. Quod autem idem in uno loco sit necessarium et in alio loco impossibile,

1 ad deum] AOP et eum! L sunt] X esse A essent LOP tu] AOP tunc L 2 similiter] A in! L om. O etiam P ergo] LOP et A 3 concedere] hanc add. LOP quod] AO om. LP tu] LP om. AO 4 sit] ALO est P impossibilis] AOP possibilis L cum u- add. s. del. O uno] AOP una L opposito S vero X cum] ALO et P 5 quando] ALOX non P proposui] AOP proponitur L istam] OP om. A ista L Te] Z tu ALOPSX *Ommissio per homoeoteleutum hic habet* E71r *Totam probationem exempli* om. Y respondisse] Z respondisti ALOPSX om. E71rY 6 deum] AOP dominum L et…esse] AOP om. L te] concedere add. A haec] AP om. O tantum] A om. OP 7 Tu] OP om. A esse] OP om. A erat vera] AP vera est L om. O et] AOP om. L 8 postquam] ALO numquam! P proposui] AOP proponitur L istam] AOP ista L 9 scilicet] AOP om. L Tu] OP quod A om. L 10 deum] AOP dominum L 11 diceres] LOP om. A 12 sunt] ALO est P nisi] LOP non A videtur quod] AOP videbitur esse L 13 hoc] LOP om. A nullum] AOP nomen! L sit] LOPSX fuit A quod] AO om. L om. s. add. s.l. P 14 est…et] LOPSX om. A his] AOP om. L duobus] AOP duos L quorum] LOP

Satz) »Daß du sitzt und daß du niemals darauf geantwortet hast, daß Gott ist, sind ähnlich« zugegeben und du hast den Satz »Gott ist« und ebenso den Satz »Du sitzt«, weil gesetzt, zugegeben, also mußt du auch zugeben, daß du niemals darauf geantwortet hast, daß Gott ist. Aber daß er aufgrund des einen Zugegebenen zusammen mit dem anderen unmöglich gemacht wurde, ist klar, denn als ich dir den Satz »Daß du niemals darauf geantwortet hast, daß Gott ist, und daß du sitzt sind ähnlich« vorsetzte, war bis dahin nur der Satz »Du hast niemals darauf geantwortet, daß Gott ist« wahr, und nachher, nachdem ich dir den Satz »Gott ist« vorgesetzt hatte und du ihn zugelassen hattest, wurde er bedingt unmöglich gemacht, nämlich (der Satz) »Du hast niemals darauf geantwortet, daß Gott ist«.

Einwand gegen die Regel: Etwas Mögliches verpflichtet nicht zu etwas Unmöglichem, also scheint es, nachdem nur Mögliches zugegeben wurde, daß deswegen kein Unmögliches zugegeben werden muß. – Antwort: Im Gegenteil, die Regel ist wahr und gründet sich auf die folgenden beiden (Prinzipien), von denen das erste lautet: Wenn etwas zu irgendeinem Verpflichtungszeitpunkt zugegeben wurde, muß es immer zugegeben werden, wenn es während der Verpflichtungszeit vorgesetzt wird. Das zweite lautet: Etwas, das an einer Stelle (der Disputation) möglich ist, ja sogar bedingt notwendig (ist), und zugegeben wurde, ist an anderer Stelle unmöglich. Und deshalb gilt: Weil es vorher zugegeben worden war, muß es (auch) nachher zugegeben werden, wann immer es während derselben Verpflichtungszeit vorgesetzt wird. Daß aber dasselbe an einer Stelle notwendig ist und an anderer Stelle unmöglich, ist klar, denn es sei der Fall (sowie dir gesetzt und von dir zuge-

om. A 15 aliquid] AOP aliquod L 16 cum] AOP tamen! L 17 obligationis] AOP obligatis L 18 quod] AOP om. L 19 et] AO om. LP alio] LOP omni A 20 proponitur] PX proponatur A ponitur L om. O 22 et] AOP ergo L alio] AOP ista! L loco^2] O om. ALP impossibile] AOP im- om. L

patet, quia sit rei veritas, quod numquam respondisti ad deum esse, tunc haec est necessaria »Tu numquam respondisti ad deum esse«, cum sit una de praeterito vera. Deinde proponatur tibi ista »Deus est« et tu eam concedas, hoc facto haec amplius est impossibilis »Tu numquam respondisti ad deum esse«, quia L54rb est una falsa de praeterito. Et tamen, si in eodem tempore obligationis tibi proponitur, est a te concedenda, postquam eam prius concessisti, quando adhuc fuit vera et necessaria per accidens. Ergo quando dicebas »Possibile non obligat etc.«, dico, quod immo, et hoc cum aliquibus actibus respondentis.

Cap. VI.6 ⟨Capitulum sextum de speciebus obligationis et primo de impositione⟩

Quantum ad tertium restat videre de speciebus obligationis. Unde sciendum est, quod sex consueverunt poni species obligationis, scilicet impositio, positio, depositio, petitio, sit verum, dubitatio.

Quarum sufficientia potest capi, pro quo prius sciendum est, quid sit obligare ad actum et quid ad habitum. Unde obligare ad actum est facere obligationem, in qua exprimitur actus exercendus a respondente circa obligatum. Verbi gratia, ut si opponens diceret »Peto te respondere affirmative ad primum

1 rei veritas] AE71rLOPSX verum Y et tibi positum necnon a te admissum *supplendum esse videtur* Z ad deum] AOP a domino! L 2 Tu] L om. AOP respondisti] AOP respondenti! L 3 deum] AOP dominum L cum] AOP tamen! L una] L una/vera? A vera OP praeterito] LOP praesenti A vera] L om. AOP proponatur] LOP proponitur A 4 tibi] OP om. AL ista] AOP om. L tu] LOP om. A concedas] AOP concedis L haec] ALO om. P 5 deum] AOP dominum L 6 tamen] ALO cum P si] AO om. L sic/sit P 7 obligationis] AOP obligata L etc. add. L tibi] AOP om. L proponitur] A proponatur LOP a te] LOP om. A 9 Ergo] LOP et A etc. et add. O dicebas] A dicebatur LOP non] X numquam LOPSY om. AE71r obligat] LOPSXY om. AE71r etc] AOP et L 10 et] AOP ad L hoc] huc? L quod add. L respondentis] AOP respondendum est L etc. add. L Sor currit et Plato currit ergo tu es asinus add. O 13 Quantum…tertium] L om. A Nunc O 14 est] om. LO 15 impositio positio] LO trsp. A depositio]

lassen), daß du niemals darauf geantwortet hast, daß Gott ist, dann ist der Satz »Du hast niemals darauf geantwortet, daß Gott ist« notwendig, da er ein wahrer Satz über die Vergangenheit ist. Sodann werde dir der Satz »Gott ist« vorgesetzt und du gebest ihn zu: Wenn dies geschehen ist, ist der Satz »Du hast niemals darauf geantwortet, daß Gott ist« fortan unmöglich, weil er ein falscher Satz über die Vergangenheit ist. Und dennoch muß er von dir zugegeben werden, wenn er dir in derselben Verpflichtungszeit vorgesetzt wird, nachdem du ihn (ja als gesetzt) vorher zugegeben hast, als er noch wahr und bedingt notwendig war. Wenn du also sagtest »Etwas Mögliches verpflichtet nicht« usw., so antworte ich »Im Gegenteil«, und zwar (ergibt sich dies) mit gewissen Handlungen des Antworters.

Kapitel VI.6:
Die Arten der Verpflichtung und erstens die Einsetzung

Was das dritte anbelangt, so steht nun an, die Arten der Verpflichtung durchzugehen. So muß man wissen, daß man sechs Arten der Verpflichtung aufzuzählen pflegt, nämlich: Einsetzung, Setzung, Absetzung, Bitte, Es-sei-wahr, Zweifel (bzw. Bezweifelung).

Daß diese Anzahl hinreichend ist, kann man (aus Gründen) einsehen, wofür zunächst einmal festzuhalten ist, was es heißt, zu einer Handlung und zu einer Haltung (bzw. Einstellung) zu verpflichten. So heißt zu einer Handlung verpflichten eine Verpflichtung machen, in der die Handlung (explizit) ausgedrückt wird, die vom Antworter in bezug auf das Verpflichtete ausgeführt werden muß. Wie z. B., wenn der Vorbringer (zum Antworter) sagte »Ich bitte, daß du auf das erste, was von mir

om. L 16 dubitatio] dubitatur L 17 capi] sumi LO est] O om. AL 20 exercendus] om. L circa] contra quam L obligatum] obligat L ut…diceret] om. O 21 opponens] om. L diceret] dicerem L

proponendum a me« vel si diceret »Peto te tacere ad primum proponendum a me et non respondere«. Obligare vero ad habitum est facere obligationem, in qua non exprimitur aliquis actus exercendus a respondente circa obligatum, ut si dicerem »Pono tibi istam ›Tu es Romae‹«.

Secundo sciendum, quod actuum quidam dicitur incomplexus, ut est respondere vel tacere, et quidam complexus, ut est te scire te currere, te dubitare te respondere, etc. Tunc sic: Omnis obligatio vel obligat ad actum vel ad habitum. Si ad actum, hoc est dupliciter, vel ad actum incomplexum, sic est petitio, vel ad actum complexum, sic est sit verum. Verbi gratia, ut si opponens peteret a respondente »Peto te respondere affirmative ad primum proponendum a me«, hoc sit exemplum de petitione. Exemplum de sit verum, ut si opponens dicat respondenti »Sit verum te scire te respondere«. Si autem obligat ad habitum, vel ergo cadens super complexum vel incomplexum indifferenter, sic est impositio, vel super complexum solum, et hoc est tripliciter: Vel ad sustinendum pro vero, et sic est positio. Vel ad sustinendum pro falso, et sic est depositio. Vel ad sustinendum pro dubio, et sic est dubitatio. Sic ergo sunt sex species obligationis, de quarum numero quattuor magis sunt in usu, scilicet impositio, positio, depositio, petitio.

1 proponendum] pro- om. L diceret] diceres L dicerem O 2 proponendum… me] etc. O respondere] Sed add. L 3 non] LO om. A aliquis] LO om. A 4 circa] contra L ut] unde L dicerem] diceres L 6 sciendum] notandum L incomplexus] implexus! L 7 ut¹] L sic? A sicut O est¹] om. L vel] om. L tacere] placere! L est²] om. L 8 etc] et L sic] om. L 10 est¹] L om. AO 11 sit] om. L 12 ut] LO om. A peteret] diceret L a respondente] om. L 13 sit] est O 14 de¹] haec! L de²] te! L sit] scit! L si] scio! L opponens] pavens! L dicat] O dicit A dixi! L 15 te²] om. O autem obligat] LO om. A 16 habitum] idem add. L vel¹] *lectio incerta* L cadens] cadit L cadat O super] supra L complexum] incomplexum LO vel²] super add. L incomplexum] plexum! L complexum O 17 indifferenter] om. L 18 est] O om. AL Vel] et L hoc add. A et²] om. LO 19 et] om. LO depositio] dispositio! L 20 dubio] dubia L et] om. LO ergo] etiam L 21 numero] om. LO 22 magis] om. L

vorgesetzt werden wird, bejahend antwortest« oder wenn er sagte »Ich bitte, daß du zum ersten, was von mir vorgesetzt werden wird, schweigst und nicht darauf antwortest«. Zu einer Haltung verpflichten hingegen heißt eine Verpflichtung machen, in der keine Handlung ausgedrückt wird, die vom Antworter in bezug auf das Verpflichtete ausgeführt werden soll, wie wenn ich sagte »Ich setze dir den Satz ›Du bist in Rom‹«.

Zweitens ist festzuhalten, daß eine Art von Handlungen »unverknüpft« heißt, wie z. B. antworten oder schweigen, und eine Art »verknüpft«, wie z. B. daß du weißt, daß du läufst; daß du bezweifelst, daß du antwortest[219], usw. Dann so: Jede Verpflichtung verpflichtet entweder zu einer Handlung oder zu einer Haltung. Wenn zu einer Handlung, so gibt es zwei Möglichkeiten: Entweder zu einer unverknüpften Handlung, dann handelt es sich um die Bitte; oder zu einer verknüpften Handlung, dann handelt es sich um das Es-sei-wahr. Z. B., wenn der Vorbringer vom Antworter erbäte »Ich bitte, daß du auf das erste, was von mir vorgesetzt werden wird, bejahend antwortest«, so ist das ein Beispiel für die Bitte. Ein Beispiel für das Es-sei-wahr: Wenn der Vorbringer zum Antworter sagt »Es sei wahr, daß du weißt, daß du antwortest«. – Wenn (die Verpflichtung) aber zu einer Haltung verpflichtet, so entweder gleichermaßen Verknüpftes und Unverknüpftes betreffend, dann handelt es sich um die Einsetzung; oder nur Verknüpftes betreffend, dann gibt es drei Möglichkeiten: Entweder (die Verpflichtung verpflichtet) dazu, etwas als wahr aufrechtzuerhalten, dann handelt es sich um die Setzung. Oder dazu, etwas als falsch aufrechtzuerhalten, dann handelt es sich um die Absetzung. Oder dazu, etwas als zweifelhaft aufrechtzuerhalten, dann handelt es sich um den Zweifel (bzw. die Bezweifelung). – Somit ergeben sich also sechs Arten der Verpflichtung, von denen vier gebräuchlicher sind, nämlich: Einsetzung, Setzung, Absetzung, Bitte.

Et quia impositio, ut hic sumitur, est obligatio, mediate qua complexum vel incomplexum complexe vel incomplexe imponitur ad significandum ad talem significationem infra tempus O58ra obligationis suscipiendam, et quia significationes complexorum et incomplexorum in disputationibus debent praesupponi, ergo inter ceteras species obligationis primo dicendum est de impositione.

Circa quam sciendum est, quod potest fieri mediate com- A55vb plexo vel incomplexo, mediate complexo congruo vel incongruo, mediate complexo congruo, quod est propositio vel non est propositio, et de quolibet istorum videbitur consequenter.

Circa istam speciem obligationis primo videndum est de aliquibus propositionibus, quae sunt concedendae circa istam speciem. Secundo ponam unam regulam observandam circa istam speciem obligationis, tertio ponam sophismata circa istam speciem obligationis.

Quantum ad primum, circa istam speciem obligationis concedendum est, quod A est aliquid, et tamen nihil est A, ut si A imponitur ad significandum tantum, quantum haec oratio *omnis homo*, haec est concedenda »A est aliquid«, ut ista »Omnis homo est aliquid«, et similiter ista »Nihil est A«, sicut ista »Nihil est omnis homo«.

Secundo concedendum est, quod A est B et nullum B est A, ut si A imponitur ad significandum tantum, quantum haec

1 ut] s- add. s. del. A qua] om. L 2 complexum…incomplexum] LO om. A imponitur] AE71rPSX ponuntur L ponitur O om. Y 3 significandum] AE71rLOSXY designandum P ad[2]] AE71rPS om. LOXY infra] in qua! L 4 suscipiendam] E71r sustinendum APX sustinenda L sustinendam OS om. Y 5 et] vel L disputationibus] dispositionibus L debent] dicunt! L praesupponi] LO prae- om. A 8 Circa] contra! L quam] primo add. O est] om. LO complexo] complexe L 9 incomplexo] incomplexe L complexo] LO om. A vel[2]] quod est! L incongruo] congruo O 10 mediate…congruo] om. L complexo] O om. A vel] quod add. O vel…propositio] om. L 11 est] O om. A et] om. LO quolibet] quibus L istorum] LO om. A videbitur] videtur L 12 Circa] contra! L est] om. L de…propositionibus] om. O 13 circa] contra! L 14 observandam] om. L circa] contra! L 15 obligationis] OPSX om. AL tertio] OPSX ex quo L tertio…obligationis] LOPSX om. A circa] OPS contra! L

Und weil die Einsetzung, wie sie hier verstanden wird, eine Verpflichtung ist, mittels welcher etwas Verknüpftes oder Unverknüpftes auf verknüpfte oder unverknüpfte Weise zur Bezeichnung eingesetzt wird, um eine solche (willkürlich festgelegte) Bezeichnung (Bedeutung) innerhalb der Verpflichtungszeit anzunehmen[220], und weil die Bedeutungen der verknüpften und unverknüpften Ausdrücke in den Disputationen vorausgesetzt werden müssen, so muß von allen Arten der Verpflichtung die Einsetzung als erste erörtert werden.

Diesbezüglich ist festzuhalten, daß (eine Einsetzung) mittels eines verknüpften oder unverknüpften Ausdrucks gemacht werden kann; mittels eines kongruenten (d. h. grammatisch wohlgeformten) oder inkongruenten verknüpften Ausdrucks; mittels eines kongruenten verknüpften Ausdrucks, der ein Satz ist oder kein Satz ist; und alle diese Möglichkeiten werden der Reihe nach behandelt werden.

In bezug auf diese Art der Verpflichtung sind erstens einige Sätze zu erörtern, die man bei dieser Art (der Verpflichtung) zugeben muß. Zweitens werde ich eine Regel aufstellen, die bei dieser Art der Verpflichtung befolgt werden muß. Drittens werde ich Sophismen anführen, die diese Art der Verpflichtung betreffen.

Was das erste anbelangt, so muß man bei dieser Art der Verpflichtung zugeben, daß A etwas ist, und dennoch nichts A ist, wie z. B.: Wenn A eingesetzt wird, um das gleiche zu bedeuten wie die Ausdrucksfolge »jeder Mensch«, so muß der Satz »A ist etwas« ebenso zugegeben werden wie der Satz »Jeder Mensch ist etwas« sowie der Satz »Nichts ist A« ebenso wie der Satz »Nichts ist jeder Mensch«.

Zweitens muß man zugeben, daß A B ist, aber kein B A ist, wie z. B.: Wenn A eingesetzt wird, um das gleiche zu bedeuten

etc. X 16 istam speciem] LPS eam O om. X obligationis] S om. LOPX 17 circa] OPSX contra! L 19 imponitur] poneretur L imponeretur O 20 est[1]] esset LO ut] patet add. s. del. O 21 similiter] etiam L cum hoc O ista[1]] om. O Nihil] haec! L 24 imponitur] imponeretur LO

oratio *omnis homo*, et B tantum, quantum haec oratio *aliquis homo*, tunc patet hanc esse veram »A est B« et hanc esse falsam »B est A«, sicut ista est vera »Omnis homo est aliquis homo« et ista est falsa »Aliquis homo est omnis homo«.

Tertio concedendum est, quod A et B convertuntur, et tamen L54va nec A est B nec B est A. Patet, quia si A imponitur ad significandum tantum, quantum haec oratio *omnis homo*, et similiter B, patet propositum.

Quarto concedendum est, quod A est B, et tamen B existente impossibile est A esse, ut si A imponatur ad significandum tantum, quantum haec oratio *quilibet hominum*, et B tantum, quantum haec oratio *unus solus homo*, tunc ista est concedenda »A est B«, ut ista »Quilibet hominum est unus solus homo«, et tamen, si B est, impossibile est A esse, sicut si solum unus homo est, impossibile est, quod quilibet hominum sit.

Quinto concedendum est, quod A videt B, et tamen B non videtur ab A. Nam si hic terminus A imponatur ad significandum tantum, quantum haec oratio *omnis homo*, et B tantum, quantum haec oratio *aliquis homo*, et cum hoc ponatur, quod omnis homo videat se ipsum et nullum alium, tunc sicut haec est concedenda »Omnis homo videt aliquem hominem« et haec neganda »Aliquis homo videtur ab omni homine«, ita haec est concedenda »A videt B« et haec neganda »B videtur ab A«.

Quantum ad secundum, regula observanda circa istam speciem obligationis sit ista, quod numquam impositio est admit-

1 et] est! L tantum…homo] om. L 2 tunc] om. O esse[2]] LO om. A 3 sicut] quod L 4 est[1]] om. LO 5 et tamen] igitur cum! L 6 quia] LOX om. APS imponitur] OPS imponatur ALX 8 propositum] AOPX per oppositum L per positum S 9 Quarto] et L tamen] om. L 10 esse] patet add. L ut] et L imponatur] ALX imponeretur OPS 11 hominum] homo L 12 oratio] tantum add. O unus] LO om. A homo] LO om. A 13 A…ista] om. O ista] concedenda add. L hominum] homo L est[2]] tantum add. O unus solus] LO solum unus A 14 solum] solus O 15 quod…sit] LO quemlibet hominem esse A hominum] O homo L 16 Quinto] hinto! L concedendum est] concedendo L tamen] cum! L 17 si] scilicet! L imponatur] imponeretur LO 18 et] om. L B] in add. O 19 cum] tamen! L hoc] om. L ponatur] poneretur LO 20 videat] videret L videt O sicut] si O 22 homo] om. L omni] om. L est] esset

wie die Ausdrucksfolge »jeder Mensch«, und B eingesetzt wird, um das gleiche zu bedeuten wie die Ausdrucksfolge »irgendein Mensch«, dann ist es klar, daß der Satz »A ist B« wahr ist und daß der Satz »B ist A« falsch ist, ebenso wie der Satz »Jeder Mensch ist irgendein Mensch« wahr ist und der Satz »Irgendein Mensch ist jeder Mensch« falsch ist.

Drittens muß man zugeben, daß A und B austauschbar sind, und dennoch weder A B ist noch B A ist. Das ist klar, denn wenn A eingesetzt wird, um das gleiche zu bedeuten wie die Ausdrucksfolge »jeder Mensch«, und ebenso B, erhellt das Behauptete.

Viertens muß man zugeben, daß A B ist, und es dennoch unmöglich ist, daß A ist, wenn B existiert, wie z. B.: Wenn A eingesetzt wird, um das gleiche zu bedeuten wie die Ausdrucksfolge »jeder von den Menschen«, und B eingesetzt wird, um das gleiche zu bedeuten wie die Ausdrucksfolge »nur *ein* Mensch«, dann ist der Satz »A ist B« ebenso zuzugeben wie der Satz »Jeder von den Menschen ist nur ein Mensch«, und dennoch gilt: Wenn B ist, ist es unmöglich, daß A ist, ebenso wie es unmöglich ist, daß jeder von den Menschen ist, wenn nur ein Mensch ist.

Fünftens muß man zugeben, daß A B sieht, und dennoch B nicht von A gesehen wird. Denn wenn der Term »A« eingesetzt wird, um das gleiche zu bedeuten wie die Ausdrucksfolge »jeder Mensch«, und B eingesetzt wird, um das gleiche zu bedeuten wie die Ausdrucksfolge »irgendein Mensch«, und darüber hinaus angenommen wird, daß jeder Mensch sich selbst sehe und keinen anderen, dann gilt: Ebenso wie der Satz »Jeder Mensch sieht irgendeinen Menschen« zuzugeben und der Satz »Irgendein Mensch wird von jedem Menschen gesehen« abzulehnen ist, so ist auch der Satz »A sieht B« zuzugeben und der Satz »B wird von A gesehen« abzulehnen.

Was das zweite anbelangt, so laute die Regel, die bei dieser Art der Verpflichtung befolgt werden muß, folgendermaßen:

O 24 secundum] istam? L regula observanda] regulam observandam L 25 quod numquam] quaecumque! L est] a add. L

tenda, ubi significatio illius, quod imponitur, dependet ex veritate vel falsitate propositionis, in qua ponitur. Est enim e converso, scilicet, quod veritas et falsitas dependent ex significatione terminorum impositorum.

Quantum ad tertium, circa incomplexum incomplexe impositum ponatur tale exemplum: Significet A asinum in propositione vera et hominem in propositione falsa et hoc disiunctum homo vel non homo in propositione dubia. Tunc proponatur tibi ista »Homo est A«, vel concedis vel negas vel dubitas. Si concedis, et bene respondes, tunc talis propositio est vera et per consequens per impositionem factam A significat asinum, et sic, si concedis hominem esse A, concedis hominem esse asinum. Si negas, et bene respondes, tunc talis propositio est falsa »Homo est A«, et si sic, tunc per impositionem factam haec est falsa »Homo est homo«, quia impositum est, quod in propositione falsa A significet hominem. Si autem respondes ipsam O58rb dubitando, tunc per impositionem factam A significat hominem vel non hominem, et per consequens haec est tibi dubia »Homo est homo vel non homo«. Haec omnia sunt inconvenientia. Solvitur faciliter per regulam positam, quod talis impositio non est admittenda propter hoc, quod ibi significatio illius, quod imponitur, dependet ex veritate vel falsitate, concessione vel negatione vel dubitatione propositionis.

1 dependet…ponitur] AOPSX om. L 2 vel] OPSX et A 3 converso] contrario L dependent] dependet LO ex] om. L significatione] significative L 4 terminorum] O om. ALPSX 5 circa] tunc! L incomplexum] incomplexo L incomplexe] om. L impositum] im- om. L 6 ponatur] LO ponitur A Significet] significat O 7 vera…propositione] om. L et[1]] b add. O propositione] O propositionem! A et[2]] ad L disiunctum] desinit! L 8 proponatur] LO proponitur A 9 tibi] LO om. A concedis] LO concedas A 10 et[1]] tunc L tunc] OPS om. A tunc…contradictoria] om. L 11 significat] O significet A et sic] OPS om. A 12 si concedis] A concedendo OPS 13 propositio] om. O 14 Homo… A] om. O 15 impositum] im- om. O 16 significet] significat O 17 tunc] cum add. O significat] O significet A 20 per…positam] PS om. A per regulam O 21 ibi significatio] PX in significatione A ibi significatum O significatio S 22 vel falsitate] OPS om. A concessione…propositionis] OPSX propositionis concessive negative vel dubitative A 23 vel[1]] OPX om. S

Niemals darf eine Einsetzung zugelassen werden, bei der die Bedeutung dessen, was eingesetzt wird, von der Wahrheit oder der Falschheit des Satzes, in dem es (nämlich das, was eingesetzt wird) vorkommt, abhängt. Denn es verhält sich (vielmehr) umgekehrt, nämlich, daß die Wahrheit und die Falschheit (der Sätze) von der Bedeutung der eingesetzten Terme abhängen.

Was das dritte anbelangt, so sei für ein unverknüpft eingesetztes Unverknüpftes das folgende Beispiel angeführt: Es bezeichne A einen Esel in einem wahren Satz, einen Menschen in einem falschen Satz und den disjunkten Gegenstand Mensch oder Nicht-Mensch in einem zweifelhaften Satz. Dann werde dir der Satz »Ein Mensch ist A« vorgesetzt: Entweder gibst du ihn zu oder lehnst du ihn ab oder bezweifelst du ihn. Wenn du ihn zugibst, antwortest du zwar richtig[221], aber dann ist der betreffende Satz wahr, und folglich bezeichnet A gemäß der vorgenommenen Einsetzung einen Esel, und so gilt: Wenn du zugibst, daß ein Mensch A ist, dann gibst du zu, daß ein Mensch ein Esel ist. Wenn du ihn ablehnst, antwortest du zwar richtig, aber dann ist der betreffende Satz »Ein Mensch ist A« falsch, und wenn dem so ist, dann ist der Satz »Ein Mensch ist ein Mensch« gemäß der vorgenommenen Einsetzung falsch, weil eingesetzt wurde, daß A in einem falschen Satz einen Menschen bezeichnet. Wenn du aber mit der Bezweiflung dieses Satzes antwortest, dann bezeichnet A gemäß der vorgenommenen Einsetzung einen Menschen oder Nicht-Menschen, und folglich ist dir der Satz »Ein Mensch ist ein Mensch oder Nicht-Mensch« zweifelhaft. All das ist ungereimt. – Die Auflösung erfolgt leicht mit der aufgestellten Regel, daß eine solche Einsetzung nicht zugelassen werden darf, und zwar deswegen, weil hier die Bedeutung dessen, was eingesetzt wird, von der Wahrheit oder der Falschheit sowie der Billigung, der Ablehnung oder der Bezweiflung eines Satzes abhängt.

Aliud exemplum: Significet A omne, quod non est A, tunc vel tu es A vel tu non es A. Si tu es A, et cum A significet omne, quod non est A, sequitur, quod tu non es A, et sic, si tu es A, tu non es A. Si autem tu non es A, et cum omne, quod non est A, sit A, sequitur te esse A, et sic, si tu non es A, tu es A. Solvitur, quod talis impositio non est admittenda iuxta septimam regulam propter hoc, quod respondens admittens talem impositionem non potest respondere, nisi oporteat eum concedere contradictoria.

A56ra *Aliud exemplum* de incomplexo complexe imposito: Imponatur, quod A significet tantum, quantum haec oratio »Deus est«, deinde proponatur A, vel concedis vel negas vel dubitas. Si concedis, et bene respondes, sequitur A esse verum et ulterius sequitur A esse propositionem indicativam et ulterius sequitur A habere subiectum et praedicatum et copulam, quod videtur esse falsum. Si autem negas, contra: Tu negas, quod convertitur cum vero necessario, ergo male respondes. Consequentia tenet et antecedens probatur, nam A convertitur cum ista »Deus est« per impositionem factam, eo quod significat praecise tantum, quantum ista »Deus est«, sed ista »Deus est« est necessaria, ergo etc. Si dubitas, contra: Tu dubitas, quod scis converti cum vero necessario, ergo male respondes.

Aliqui respondent admittentes impositionem et ulterius dicunt, quod cum A proponitur, quod ipsum nec est conceden-

1 omne] illud add. O vel] OPSX om. A 2 tu[2]] om. O tu[3]] non add. O A[3]] om. O omne] illud add. O 4 Si…A[4]] OPS om. A et] S om. OP 5 te esse] PS quod tu es O et sic] P ergo O et si sic S tu[1]] PS om. O 6 septimam] OPS quintam A 7 propter] OP per A propono! S talem] PS tales A om. O 8 oporteat] OPS oportet A 10 complexe] complexo L Imponatur] O imponitur AL posito add. O 11 A] om. O significet] in add. O est] om. L 12 proponatur] LO proponitur A A] om. L concedis] conceditur L a add. O negas] negatur L a add. O dubitas] dubitatur L a add. LO 13 concedis] a add. s. del. O respondes] respondens L 14 propositionem] d- add. s. del. O 15 et[2]] a add. L copulam] copulativam L 16 autem] LO om. A negas[1]] a add. L contra] om. L quod convertitur] contra! L 17 necessario] retro! L respondes] O om. A respondens L 18 et] om. O nam] omnis! L 19 significat] LO significet A praecise] q- add. A 20 quantum] sicut L est[3]] om. L 21 ergo] modo add. L dubitas[1]]

Ein anderes Beispiel: Es bezeichne A alles, was nicht A ist, dann bist du entweder A oder du bist nicht A. Wenn du A bist, dann folgt – da ja A alles bezeichnet, was nicht A ist –, daß du nicht A bist, und somit gilt: Wenn du A bist, bist du nicht A. Wenn du aber nicht A bist, folgt – da ja alles, was nicht A ist, A ist –, daß du A bist, und somit gilt: Wenn du nicht A bist, bist du A. – Auflösung: Eine solche Einsetzung darf gemäß der siebten Regel (von Kap. VI.5) nicht zugelassen werden, und zwar deswegen, weil ein Antworter, der eine solche Einsetzung zuläßt, nur antworten kann, indem er Widersprüchliches zugeben muß.

Ein anderes Beispiel für ein verknüpft eingesetztes Unverknüpftes: Es werde eingesetzt, daß A das gleiche bezeichnet wie die Ausdrucksfolge »Gott ist«, hierauf werde (dir) A vorgesetzt: Entweder gibst du es zu oder lehnst du es ab oder bezweifelst du es. Wenn du es zugibst, antwortest du zwar richtig, aber dann folgt, daß A wahr ist, und weiters folgt, daß A ein Indikativsatz ist, und weiters folgt, daß A ein Subjekt, ein Prädikat und eine Kopula hat, was offenbar falsch ist. Wenn du es aber ablehnst, dann dagegen: Du lehnst ab, was mit einem notwendig Wahren[222] austauschbar ist, also antwortest du schlecht. Die Folgerung ist gültig, und der Vordersatz wird bewiesen: A ist gemäß der vorgenommenen Einsetzung austauschbar mit dem Satz »Gott ist«, weil es genau das gleiche bezeichnet wie der Satz »Gott ist«, aber der Satz »Gott ist« ist notwendig, also usw. Wenn du es bezweifelst, dann dagegen: Du bezweifelst etwas, von dem du weißt, daß es mit einem notwendig Wahren austauschbar ist, also antwortest du schlecht.

Manche (Autoren) antworten (auf dieses Beispiel), indem sie die Einsetzung zulassen, und weiters sagen sie: Wenn A vorge-

a add. LO Tu…quod] LO om. A 22 cum] tamen! L vero] LO om. A necessario] nego! L 23 Aliqui] OPSX Solvitur A alii L respondent] LOPSX istud A admittentes] LOPSX admittendo A et] om. L 24 cum] tamen! L ipsum] ipsa L concedendum] concedenda L

dum nec negandum nec dubitandum propter hoc, quod nec est verum nec falsum. Et cum arguitur »A convertitur cum ista ›Deus est‹«, negant, et cum arguitur »A significat praecise tantum, sicut ista ›Deus est‹, ergo A convertitur cum ista ›Deus est‹«, concedunt antecedens, sed negant consequentiam et dicunt, quod si consequentia deberet valere, oporteret addi in antecedente, quod A esset propositio seu quod A esset complexum, modo hoc est falsum.

Breviter istud non valet, nam quod signa ad placitum instituta sint vera vel falsa, non habent ex se, sed hoc habent ex eorum impositione. Unde ly *Deus est* ante impositionem ita modicum erat verum vel falsum, sicut *buf*, *baf*, et ideo, si A imponeretur ad significandum tantum, quantum haec oratio »Deus est«, tunc ita subordinaretur uni propositioni mentali verae et necessariae, sicut ista propositio vocalis vel scripta »Deus est«. Et tunc ita deberet dici verum vel falsum, sicut ista »Deus est«, eo quod signum ad placitum institutum non dicitur verum vel falsum, nisi quia subordinatur in significando uni signo naturali mentali vero vel falso. Dico ergo, quod cum proponitur A, ipsum est concedendum, et quando dicitur »Ergo est propositio«, concedo formaliter vel correspondenter. Et sic ulterius dico, licet A non habeat subiectum, praedicatum
L54vb neque copulam formaliter, habet tamen ipsa correspondenter

1 negandum] neganda L dubitandum] dubitanda L propter hoc] ex eo O quod] a add. O nec[3]] non L 2 A...A] LO om. A cum[2]] O tamen! L 3 negant] O negat L A] L om. A 4 tantum...est] LO etc. A A] L om. O 5 sed] L et AO 6 quod] L om. AO 7 seu] sequeretur enim! L complexum] LO oppositum A 8 modo] LO om. A est] LO om. A 9 Breviter] et L om. O nam] ita! L signa] O significat AL instituta] om. L 10 sint] sunt L vel falsa] LO om. A falsa] hoc add. O habent[1]] habet L se] eo L sed] quod L habent[2]] habet L ex[2]] om. L 11 impositione] impositio L Unde...ideo] om. L 12 buf] bu O f- add. A baf] ba O 13 imponeretur] LO imponitur A ad significandum] om. O 14 est] om. L ita] L om. A ista O subordinaretur] LO sub- om. A 15 necessariae] necessitate! L vocalis] vocatur! L vel scripta] LO om. A 16 ita] E72rO ista ALPX om. S deberet] L debet AO verum] vera L falsum] falsa L 17 dicitur] ex eo add. O 18 quia] quod L in significando] om. O uni] uno L 19 naturali] LO om. A vel] regula! L falso] falsorum! L ergo] ego L cum]

setzt wird, dann darf es weder zugegeben noch abgelehnt noch bezweifelt werden, und zwar deswegen, weil es weder wahr noch falsch ist. Und wenn argumentiert wird »A ist mit dem Satz ›Gott ist‹ austauschbar«, so lehnen sie das ab, und wenn argumentiert wird »A bezeichnet genau das gleiche wie der Satz ›Gott ist‹, also ist A mit dem Satz ›Gott ist‹ austauschbar«, so geben sie den Vordersatz zu, aber lehnen die Folgerung ab und sagen: Wenn die Folgerung gültig sein sollte, müßte man im Vordersatz hinzufügen, daß A ein Satz ist bzw. daß A ein Verknüpftes ist, aber das ist falsch.

Kurz gesagt, diese Auffassung ist nicht richtig, denn daß konventional eingesetzte Zeichen wahr oder falsch sind, kommt ihnen nicht von selbst zu, sondern das kommt ihnen aufgrund ihrer Einsetzung zu. So war der Ausdruck »Gott ist« vor der Einsetzung ebenso wenig wahr oder falsch wie »buf«, »baf«, und deshalb gilt: Wenn A eingesetzt würde, um das gleiche zu bezeichnen wie die Ausdrucksfolge »Gott ist«, dann würde es ebenso einem wahren und notwendigen mentalen Satz untergeordnet werden wie der gesprochene oder geschriebene Satz »Gott ist«. Und dann müßte es ebenso »wahr« oder »falsch« genannt werden wie der Satz »Gott ist«, weil ein konventional eingesetztes Zeichen nur »wahr« oder »falsch« genannt wird, weil es in seiner Zeichenfunktion einem wahren oder falschen mentalen, natürlichen Zeichen untergeordnet wird. Ich sage also: Wenn A vorgesetzt wird, ist es zuzugeben, und wenn es heißt »Also ist es ein Satz«, so gebe ich das in dem Sinne zu, daß es dies der Form (der Einsetzung) nach oder in Entsprechung (zur Einsetzung) ist. Und demnach sage ich weiters: Obgleich A der Form (des Ausdrucks) nach kein Subjekt, kein Prädikat und keine Kopula hat, so hat es diese (Tei-

tamen! L 20 A] om. s. add. s.l. O ipsum] ipsa L concedendum] concedenda L quando] cum O 22 Et] a L dico] dicere L licet] quod L habeat] habet L subiectum] et add. L 23 neque] vel O ipsa] ista LO

propter hoc, quod correspondet uni propositioni mentali ha-
O58va benti ista.

Aliud exemplum, et hoc circa impositionem dependentem. Unde impositio dependens dicitur, quae dependet ab aliquo actu utentis, circa quam notanda est una regula, quod impositio dependens non est admittenda nisi sub condicione. Exemplum ergo sit tale: Sit A nomen tuum, si primum, quod tibi proponitur, sit falsum, et sit nomen alterius et non tui, si primum, quod tibi proponitur, sit verum. Deinde propono tibi istam »Tu es A«, et quaeritur, an tu es A vel tu non es A. Si dicitur, quod tu es A, ergo primum tibi propositum est falsum, et per consequens A non est nomen tuum, ergo tu non es A. Ergo si tu es A, tu non es A. Si autem dicas, quod tu non es A, tunc propositum tibi primum est verum, ergo A est nomen tuum, et per consequens tu es A. Ergo si tu non es A, tu es A.

Solvitur, quod talis impositio non debet admitti nisi sub hac condicione, quod A esse nomen tuum stet cum primo tibi proposito vel quod A non esse nomen tuum stet cum primo tibi proposito. Modo A esse nomen tuum et A non esse nomen tuum non stant simul, quorum unum in casu praedicto oportet esse primum propositum et aliud oportet esse illud, ex quo deducta sunt inconvenientia praedicta.

1 quod] quia L correspondet] correspondenter L 2 ista] istam L 3 circa… dependentem] om. L 4 impositio] propositio L dependens] praecedens L dicitur quae] om. L 5 utentis] *Unanime habent* AE72rLOPSXY quam] quod L notanda] L notandum AO est] LO om. A una regula] LO om. A 6 condicione] dictione L 7 sit] si L nomen tuum] nullum tamen! L quod] om. L tibi] O om. AL 8 proponitur] L proponetur A propono O falsum] LO verum A nomen] nullum L et[2]…tui] LO om. A primum] LO illud A 9 quod] LO om. A tibi proponitur] O proponetur A interponitur L verum] OX falsum AL et sit nullum alterius et quod interponitur sit verum add. L 10 quaeritur] LO quaeratur A an] a enim L tu[1]] om. L A[2]] om. L vel] et L non add. s. del. A tu[2]] addit! L om. O 11 dicitur] dicatur L 12 et] om. L nomen] nullum! L ergo] et L 13 Ergo…A[3]] om. L 14 tibi] O om. A a me L est[1]] non est L nomen] nullum! L 15 et…consequens] L ergo AO tu[2]] L om. AO 16 quod] LOPSX quia A talis] O om. AL impositio] in primo! L 17 condicione] dictione L nomen] nullum! L stet] sed! L cum] tamen! L tibi] om. L propo-

le) doch auf entsprechende Weise, und zwar deswegen, weil es einem mentalen Satz entspricht, der diese (Teile) hat.

Ein anderes Beispiel, und zwar für eine abhängige Einsetzung: »Abhängige Einsetzung« wird nämlich eine solche genannt, die von irgendeiner Handlung des (Zeichen-) Verwenders[223] abhängt; diesbezüglich ist eine Regel festzuhalten, (nämlich) daß eine abhängige Einsetzung nur unter einer Bedingung zugelassen werden darf. – Das Beispiel laute also folgendermaßen: Es sei A dein Name, wenn das erste, was dir vorgesetzt wird, falsch ist, und es (nämlich A) sei der Name eines anderen und nicht deiner, wenn das erste, was dir vorgesetzt wird, wahr ist. Hierauf setze ich dir den Satz »Du bist A« vor, dann fragt es sich, ob du A bist oder du nicht A bist. Wenn man sagt, daß du A bist, so ist das erste dir Vorgesetzte falsch, und folglich ist A nicht dein Name, also bist du nicht A. Also: Wenn du A bist, bist du nicht A. Wenn du aber sagst, daß du nicht A bist, dann ist das erste dir Vorgesetzte wahr, also ist A dein Name, und folglich bist du A. Also: Wenn du nicht A bist, bist du A.

Auflösung: Eine solche Einsetzung darf nur unter der Bedingung zugelassen werden, daß (die Annahme,) daß A dein Name ist, zusammen mit dem ersten dir Vorgesetzten steht (d. i. wahr ist bzw. sein kann), oder daß (die Annahme,) daß A nicht dein Name ist, zusammen mit dem ersten dir Vorgesetzten steht. Nun stehen aber (die Annahmen,) daß A dein Name ist und daß A nicht dein Name ist, nicht zugleich, von denen die eine im vorgenannten Fall das erste Vorgesetzte sein muß und die andere dasjenige sein muß, aus dem die vorgenannten Ungereimtheiten abgeleitet wurden.

sito] O posito AL 18 vel…proposito] PSX om. ALO esse] SX esset P primo] PX a S 19 Modo…praedicta] om. L 20 oportet esse] OPS erit A debet esse X 21 et aliud] OPSX aliud autem/vero? A illud] APSX om. O

Aliud exemplum: Sit A primum instans, in quo proponitur tibi falsum, deinde propono tibi istam »A est«, aut concedis aut negas. Si concedis, et A est primum instans, in quo proponitur tibi falsum, ergo hoc est falsum »A est«, et si sic, A non est. Ergo si A est, A non est. Si autem negas, igitur hoc est falsum »A est«, et si hoc est falsum »A est«, sequitur per impositionem factam, quod A est. Ergo si A non est, A est.

Respondetur, quod talis impositio non debet admitti nisi sub hac condicione, quod A non esse stet cum primo proponendo a me, modo ista non stant simul »A est« et »A non est«. Plura A56rb sophismata similia possent fieri, quorum solutiones patent secundum praedicta.

De complexo complexe imposito ponatur tale exemplum: Imponatur, quod haec oratio incongrua »Hominem est« significet tantum praecise, sicut ista »Deus est«. Deinde propono tibi istam »Hominem est«. Si concedis et bene respondes, sequitur hanc orationem »Hominem est« esse veram, et per consequens sequitur complexum incongruum esse verum, quod est falsum. Si negas vel dubitas, contra: Tu negas vel dubitas convertibile cum vero necessario, quod scis esse convertibile cum ipso, ergo male respondes. Consequentia tenet de se, antecedens patet per impositionem factam.

Iterum respondet hic unus, quod cum proponitur »Hominem est«, quod haec non est concedenda nec neganda nec dubi-

1 instans] esse alius! L proponitur] AX proponetur LOP ponatur S 2 propono] proponatur O tibi istam] om. O concedis] concedas L 3 et] om. L primum] illud LO 4 tibi] om. O hoc] haec O sic] ergo add. O 5 est¹] et L autem] L om. AO igitur] LO om. A 6 est²] om. L falsum] b? add. s. del. A est³] igitur add. O 7 non] om. O A³] non add. O est³] om. L 8 impositio] im- om. L 9 esse] om. L stet] O stat AL 10 Plura] falsa! L 11 similia] L om. AO possent] possunt LO patent] possunt considerari L consideranti add. O 12 secundum] sed! L om. O 13 complexe] incomplexo L imposito] impositis L ponatur] LO ponitur A 14 Imponatur] om. L Hominem] omnem L est] esse O 15 Deinde] hominem L 16 istam] om. LO d- add. s. del. A 17 orationem] omnem! L Hominem est] om. LO 18 complexum] O om. AL incongruum] incongruam L 19 dubitas¹] dubita O contra...dubitas²] om. L 20 convertibile¹] convertibili L cum] tunc! L vero] et add. L scis] sis L

Ein anderes Beispiel: Es sei A der erste Augenblick, in dem dir etwas Falsches vorgesetzt wird, hierauf setze ich dir den Satz »A ist« vor – entweder gibst du ihn zu oder lehnst du ihn ab. Wenn du ihn zugibst – und A ist ja der erste Augenblick, in dem dir etwas Falsches vorgesetzt wird –, so ist also »A ist« falsch, und wenn dem so ist, dann ist A nicht. Also: Wenn A ist, ist A nicht. Wenn du ihn aber ablehnst, so ist also »A ist« falsch, und wenn »A ist« falsch ist, folgt gemäß der vorgenommenen Einsetzung, daß A ist. Also: Wenn A nicht ist, ist A.

Antwort: Eine solche Einsetzung darf nur unter der Bedingung zugelassen werden, daß (die Annahme,) daß A nicht ist, zusammen mit dem ersten von mir Vorzusetzenden steht (d. h. wahr sein kann), aber »A ist« und »A ist nicht« stehen nicht zugleich. – Etliche ähnliche Sophismen könnten formuliert werden, deren Auflösungen gemäß dem eben Gesagten erhellen.

Für ein verknüpft eingesetztes Verknüpftes sei das folgende Beispiel angeführt: Es werde eingesetzt, daß die inkongruente Ausdrucksfolge »Einen Menschen ist« genau das gleiche bezeichne wie der Satz »Gott ist«. Hierauf setze ich dir den Satz »Einen Menschen ist« vor: Wenn du ihn zugibst, antwortest du zwar richtig, aber es folgt, daß die Ausdrucksfolge »Einen Menschen ist« wahr ist, und folglich folgt, daß ein inkongruentes Verknüpftes wahr ist, was falsch ist. Wenn du ihn ablehnst oder bezweifelst, dann dagegen: Du lehnst ab oder bezweifelst etwas mit einem notwendig Wahren Austauschbares, von dem du weißt, daß es damit austauschbar ist, also antwortest du schlecht. Die Folgerung versteht sich von selbst, der Vordersatz ist klar aufgrund der vorgenommenen Einsetzung.

Wiederum antwortet hier einer, daß wenn »Einen Menschen ist« vorgesetzt wird, diese (Ausdrucksfolge) weder zugegeben noch abgelehnt noch bezweifelt werden darf, und zwar deswe-

convertibile[2]] convertibili L 21 respondes] respondens LO de se] LO om. A 22 impositionem] impositum L factam] falsum L 23 Iterum] tamen add. L respondet] dicit L hic] hoc L unus] ALOPSX quod] LO om. A cum] tamen! L 24 haec non] nulla L nec O

tanda propter hoc, quod est oratio incongrua, quae nec est vera nec falsa. Et cum arguitur »Ipsa significat praecise tantum, quantum ista ›Deus est‹, quae est concedenda, ergo ipsa est concedenda«, negat consequentiam, sed concedit antecedens. Et ulterius dicit, quod si consequentia deberet valere, oporteret dicere in antecedente, quod ipsa significat praecise tantum, quantum ista »Deus est«, et cum hoc est oratio congrua. Modo alterum istorum sibi deficeret.

Breviter, istud non valet propter hoc, quod ly *hominem* de se non habet, quod sit accusativi casus, sed per accidens, scilicet per hoc, quod correspondet conceptui accusativi casus. Unde si in principio ly *hominem* fuisset subordinatum conceptui, cui O58vb modo subordinatus est hic terminus *homo*, et e converso hic terminus *homo*, cui hic terminus *hominem*, tunc modo *hominem* esset nominativi casus et *homo* esset accusativi casus. Et pari ratione, cum adhuc sit ad placitum, posset imponi ad correspondendum conceptui nominativo, et tunc significabit suum significatum nominative. Et per consequens, cum ista »Hominem est« est imposita ad significandum praecise tantum, quantum haec oratio »Deus est«, ipsa est concedenda, cum proponitur scienti talem impositionem, sicut ista »Deus est«. Et cum dicebatur »Ergo haec est vera ›Hominem est‹«, concedo. Et pro illo, quod ulterius dicebatur, dico negando

1 propter…novo] om. L quod] AOPSX ista add. A est oratio] OPS trsp. A est omnino X 2 nec] est vera nec add. A 3 quantum] sicut O est concedenda^{2}] om. O 4 negat] negant O sed] et O 5 Et] OPSX om. A deberet] PS debeat A om. O debet X valere] valeret O 6 dicere] APSX addi O antecedente] scilicet add. O 7 ista] haec oratio O cum] O om. A est^{2}] sit O 8 deficeret] deficit O 9 Breviter] om. O hominem] est add. O 10 non habet] om. O 11 per hoc] O om. A 12 ly] hic terminus O fuisset] esset O subordinatum] subordinatus O huic add. O 13 subordinatus] subordinatum *ante corr.* A subordinatus est] subordinatur O hic^{2}…hominem] om. O 14 tunc modo] iste terminus O 15 esset^{2}] O om. A casus^{2}] O om. A 16 ratione] om. O posset] potest O 17 nominativo] nominativi casus O 19 Hominem] O homo A est^{2}] O om. A 20 est^{2}] O esset A 21 cum] O et A scienti] X a sciente AOPS 22 est^{2}] O esset A 23 concedo] admitto O Et] O om. A

gen, weil sie eine inkongruente Ausdrucksfolge ist, die weder wahr noch falsch ist. Und wenn argumentiert wird »Sie bezeichnet genau das gleiche wie der Satz ›Gott ist‹, der zugegeben werden muß, also muß sie zugegeben werden«, so lehnt er die Folgerung ab, aber gibt den Vordersatz zu. Und weiters sagt er: Wenn die Folgerung gültig sein sollte, müßte man im Vordersatz sagen, daß sie genau das gleiche bezeichnet wie der Satz »Gott ist« und darüber hinaus eine kongruente Ausdrucksfolge ist; die zweite dieser Bedingungen erfülle sie (nämlich jene Ausdrucksfolge) nun aber nicht, (also sei die Folgerung nicht gültig).

Kurz gesagt, diese Auffassung ist deshalb nicht richtig, weil der Ausdruck »einen Menschen« nicht von sich aus die Eigenschaft hat, ein Akkusativ zu sein, sondern von etwas anderem her, nämlich davon, daß er einem Begriff im Akkusativ entspricht. Denn wenn der Ausdruck »einen Menschen« ursprünglich dem Begriff untergeordnet worden wäre, dem jetzt der Term »Mensch« untergeordnet ist, und umgekehrt der Term »Mensch« (dem Begriff untergeordnet worden wäre), dem (jetzt) der Term »einen Menschen« (untergeordnet ist), dann wäre jetzt »einen Menschen« im Nominativ und »Mensch« wäre im Akkusativ. Und aus dem gleichen Grund könnte er, weil er ja nach wie vor ein konventionales (Zeichen) ist, eingesetzt werden, um einem nominativischen Begriff zu entsprechen, und in diesem Fall wird er sein Bezeichnetes auf nominativische Weise bezeichnen. Und folglich gilt: Da die (Ausdrucksfolge) »Einen Menschen ist« (im gegenwärtigen Beispiel) eingesetzt ist, um genau das gleiche wie die Ausdrucksfolge »Gott ist« zu bezeichnen, muß sie zugegeben werden, wenn sie einem vorgesetzt wird, der die betreffende Einsetzung kennt, ebenso wie der Satz »Gott ist«. Und wenn es hieß »Also ist die (Ausdrucksfolge) ›Einen Menschen ist‹ wahr«, so gebe ich das zu. Und auf das, was des weiteren gesagt wurde, antworte ich, indem ich verneine, daß die Aus-

hanc esse incongruam »Hominem est«, saltem respectu talis significati, ad quod ipsa est imposita ad significandum de novo.

Aliud exemplum: Significet ista oratio infinitiva *deum esse* tantum, quantum haec oratio »Deus est«, tunc propono tibi istam »Deum esse«. Si concedis, concedis orationem infinitivam, oratio autem infinitiva nec est vera nec est falsa. Si autem negas vel dubitas, contra: Tu negas vel dubitas convertibile scitum a te esse convertibile cum vero et necessario.

Iterum respondet iste admittendo impositionem, et cum proponitur, dicit nec ipsam esse concedendam nec negandam nec dubitandam propter hoc, quod cum non sit propositio indicativa, nec est vera nec falsa. Et quando arguitur »Est convertibile cum vero, ergo verum«, negat consequentiam, sed concedit antecedens, et ulterius dicit, quod si consequentia deberet valere, opporteret addere in antecedente »Est convertibile cum vero et est propositio indicativa«, modo altera pars est falsa.

Breviter, hoc non valet, nam postquam est convertibilis cum vero et necessario, ad ipsam respondendum est, sicut ad veram et necessariam. Aliter ergo dico, quod cum proponitur, ipsa est concedenda. Et ulterius dico, quod ipsa est vera, non tamen respectu illius significati, respectu cuius est oratio infinitiva,

1 Hominem] homo O saltem] OPSX om. A 2 ipsa] O om. A est] sunt O 4 Significet] significat L infinitiva] tantum add. O deum esse] dictum est! L 5 oratio] om. LO 6 istam] om. O Deum esse] LO deus est A concedis[2]] om. L infinitivam] O infinitam A infinitiva L 7 autem[1]] infi-/nisi add. s. del. A est[2]] om. LO autem[2]] om. LO 8 contra] L om. AO Tu] tunc O convertibile] AE72vLP consimile O *locus illegibilis* S om. X 9 scitum…esse] om. L a] O om. A convertibile] O om. AL vero] vera L necessario] nec dicitur! L male respondens add. L 10 iste] illud L 11 dicit] dico L ipsam] LO illam A 12 cum] om. O non] om. L propositio] LO oratio A 13 nec[1]] non O Et] LO om. A quando] cum LO arguitur] con- add. s. del. O 14 ergo verum] LO etc. A negat consequentiam] nec valet consequentia L sed] LO et A 16 opporteret] oportet L addere] non add. L antecedente] antecedenti L Est] ex! L 17 modo] et L 19 Breviter] om. O non] om. L 20 et] om. O necessario] om. L respondendum] om. L 21 et] ad add. L Aliter] et L ergo] LO om. A est]

drucksfolge »Einen Menschen ist« inkongruent sei, zumindest in Hinsicht auf ein solches Bezeichnetes, zu dessen Bezeichnung sie (im gegenwärtigen Beispiel) neu eingesetzt ist.

Ein anderes Beispiel: Es bezeichne die (im Lateinischen) infinitivische Ausdrucksfolge »daß Gott ist« das gleiche wie die Ausdrucksfolge »Gott ist«, dann setze ich dir die (Ausdrucksfolge) »Daß Gott ist« vor. Wenn du sie zugibst, dann gibst du eine infinitivische Ausdrucksfolge zu, eine infinitivische Ausdrucksfolge ist aber weder wahr noch falsch. Wenn du sie aber ablehnst oder bezweifelst, dann dagegen: Du lehnst ab oder bezweifelst etwas mit einem Wahren und Notwendigen Austauschbares, von dem du weißt, daß es damit austauschbar ist.

Wiederum antwortet dieser (besagte Autor), indem er die Einsetzung zuläßt, und wenn (das Eingesetzte) vorgesetzt wird, sagt er, daß sie (nämlich die eingesetzte Ausdrucksfolge) weder zugegeben noch abgelehnt noch bezweifelt werden darf, und zwar deswegen, weil sie weder wahr noch falsch ist, insofern sie kein indikativischer Satz ist. Und wenn argumentiert wird »Es (nämlich das Eingesetzte) ist mit einem Wahren austauschbar, also (ist es) wahr«, so lehnt er die Folgerung ab, aber gibt den Vordersatz zu, und weiters sagt er: Wenn die Folgerung gültig sein sollte, müßte man im Vordersatz hinzufügen »Es ist mit einem Wahren austauschbar und ist ein indikativischer Satz«, aber der zweite Teil ist (laut diesem Autor) falsch.

Kurz gesagt, diese Auffassung ist nicht richtig, denn nachdem (die eingesetzte Ausdrucksfolge) mit einem Wahren und Notwendigen austauschbar ist, muß man auf sie antworten wie auf einen wahren und notwendigen (Satz). Ich antworte also anders (auf dieses Beispiel): Wenn (die eingesetzte Ausdrucksfolge) vorgesetzt wird, dann muß sie zugegeben werden. Und weiters sage ich, daß sie wahr ist, jedoch nicht in Hinsicht auf dasjenige Bezeichnete, in Hinsicht auf welches sie eine

ALOPX vera et add. A 22 Et] LO om. A ipsa] L om. AO 23 respectu[1]] regula! L significati] O om. A significat L oratio] non L infinitiva] AP indicativa LO infinita X

sed respectu illius, ad quod de novo est imposita ad significandum.

Aliud exemplum: Fiat talis impositio, quod A significat alteram istarum »Deus est« et »Homo est asinus«, et de veritate significet tantum, quantum ista »Deus est«, et scias, quod L55ra significet alteram istarum, lateat tamen te, quam earum. Tunc propono tibi istam »A est verum«. Si concedis, arguo sic: A est verum, sed A est ista propositio »Homo est asinus«, ergo ista est vera »Homo est asinus«. Ista consequentia est bona, scita a te esse bona, et maior est a te concessa et minor est tibi dubia, ergo conclusio non est a te neganda. Si negas »A est verum«, A56va tunc arguo sic: A non est verum, sed A est ista »Deus est«, ergo ista »Deus est« non est vera. Consequentia iterum est bona, scita a te esse bona, et maior est a te concessa et minor est tibi dubia, ergo conclusio non est a te neganda. Si respondes dubitando A esse verum, tunc arguitur sic: Istam »Deus est« scis esse veram, sed ista »Deus est« est A, ergo A scis esse verum. Et ultra, ergo scis »A est verum«, et si sic, non dubitas »A est verum«.

Respondetur concedendo maiorem, sed dubitando minorem, et propter hoc etiam habes dubitare conclusionem. Unde habes dubitare, an scias A esse verum, et posito adhuc, quod A scias esse verum, non propter hoc scires A esse verum. Unde licet in

1 respectu] regula! L imposita] impositus L est add. s. del. O 3 Fiat] fiet L talis] LO om. A significat] significet L 4 et[1]] om. L de] in LO rei add. O 5 quod] quod add. O 6 istarum] om. L lateat] placet! L tamen] om. L 8 propositio] om. LO est[2]] om. L ergo ista] om. L 9 Homo…asinus] om. L Ista] om. LO est bona] om. L 10 esse…te] om. L maior] O a A minor] O b A est[2]] O om. A 11 a te] OPX om. A neganda] LOPX concedenda A A] et! L om. O est[2]] esse LO 13 ista] LO om. A iterum] om. LO 14 maior] O a A om. L est[1]] om. L concessa] concesso L minor] LO b A est[2]] LO om. A 15 Si respondes] X Respondetur AO si respondis! L Si respondeas PS 16 A] et L verum] sed add. O tunc] O om. A tunc…verum] om. L sic] O om. A Istam] istam add. A 18 ultra] ulterius L scis] OPSX sis L scis…sic] LOPSX om. A est[1]] L esse OPSX A[2]…verum] om. L est[2]] A esse OPSX 20 maiorem] om. L sed] et L dubitando] optando! L dubitatur O minorem] minor O 21 habes[1]] L habeo A debet O dubitare] dubitari O conclusionem] conclusio O 22 et…

infinitivische Ausdrucksfolge ist, sondern in Hinsicht auf dasjenige (Bezeichnete), zu dessen Bezeichnung sie (im gegenwärtigen Beispiel) neu eingesetzt ist.

Ein anderes Beispiel: Es werde die folgende Einsetzung vorgenommen, daß A den einen von den Sätzen »Gott ist« und »Ein Mensch ist ein Esel« bezeichnet, und in Wirklichkeit bezeichne (A) das gleiche wie der Satz »Gott ist« und wissest du, daß (A) den einen von diesen Sätzen bezeichnet, es sei dir jedoch unbekannt, welchen von ihnen. Dann setze ich dir den Satz »A ist wahr« vor. Wenn du ihn zugibst, argumentiere ich so: A ist wahr, aber A ist der Satz »Ein Mensch ist ein Esel«, also ist der Satz »Ein Mensch ist ein Esel« wahr. Diese Folgerung ist gültig und von dir als gültig gewußt, und die größere Prämisse ist von dir zugegeben, aber die kleinere Prämisse ist dir zweifelhaft, also darfst du die Konklusion nicht ablehnen. Wenn du »A ist wahr« ablehnst, dann argumentiere ich so: A ist nicht wahr, aber A ist der Satz »Gott ist«, also ist der Satz »Gott ist« nicht wahr. Die Folgerung ist wiederum gültig und von dir als gültig gewußt, und die größere Prämisse ist von dir zugegeben, aber die kleinere Prämisse ist dir zweifelhaft, also darfst du die Konklusion nicht ablehnen. Wenn du antwortest, indem du bezweifelst, daß A wahr ist, dann wird so argumentiert: Vom Satz »Gott ist« weißt du, daß er wahr ist, aber der Satz »Gott ist« ist A, also: Von A weißt du, daß es wahr ist. Und weiter: Also weißt du »A ist wahr«, und wenn dem so ist, bezweifelst du »A ist wahr« nicht.

Antwort: Die größere Prämisse wird zugegeben, aber die kleinere bezweifelt, und deswegen mußt du auch die Konklusion bezweifeln. Denn du mußt bezweifeln, ob du weißt, daß A wahr ist, und sogar unter der Annahme, daß du von A weißt, daß es wahr ist, weißt du deshalb nicht auch, daß A wahr ist. Denn obgleich du im vorgenannten Fall nicht weißt, daß A

verum[2]] om. O A scias] LPSX trsp. A scias[2]] LPSX scire? A 23 A...verum[2]] LPSX quod a scis esse verum A

casu praedicto non scias A esse verum, verumtamen in rei veritate ita est, quod A scis esse verum, licet hoc lateat te.

O59ra *Aliud exemplum:* Fiat talis impositio, quod A significat alteram istarum »Rex sedet« et »Nullus rex sedet« et veram solam de istis, et hoc tu scias et hoc lateat te, quae istarum sit vera. Tunc propono tibi istam »A est verum«. Si concedis, et non haberes eam concedere, nisi A esset a te scitum, sequitur, quod tu scis A esse verum. Sed probo, quod non, quia nullum A scis esse verum, ergo non scis, quod A est verum. Si autem negas vel dubitas, contra: Tu scis, quod altera istarum est vera, postquam contradicunt demonstratis istis duabus »Rex sedet« et »Nullus rex sedet«, et cum hoc scis, quod illa, quae de istis est vera, est A, ergo tu scis, quod A est verum.

Respondeo, quod A scis esse verum. Et cum arguitur »Nullum A scis esse verum, ergo non scis A esse verum«, negatur consequentia propter hoc, quod arguitur a sensu diviso ad sensum compositum, qui sunt sibi invicem impertinentes. Unde in casu praedicto concedas A te scire esse verum et neges te scire A esse verum.

1 A…verum] O quod a (scis ALPS scias X) esse verum ALPSX verumtamen] tamen LO rei] om. L 2 scis] scias L te] om. L 3 significat] significet LO 4 et[1]] om. LO Nullus rex] rex non O veram] LOPS unam A una X solam] L solum APSX significat O 5 scias] scis L et hoc[2]] om. LO te] tamen add. LO 6 Tunc] om. LO verum] vera O 7 haberes] APSX habet L habes O eam] A hoc LOPSX nisi] LOPSX cum A A] X nihil A hoc LOP haec S esset] LPSX sit AO scitum] AOPX sciendum L scita S quod] ALOPSX haec est vera add. A 8 tu] om. L A[1]] et L Sed…verum[2]] AOPSX om. L quia] AOP om. SX 9 quod…est] APSX a esse O autem] at L 10 quod] om. L istarum] om. L postquam] LPSX post O postquam…sedet] LOPSX om. A 11 istis] OPSX om. L et] X om. LOPS 12 cum] om. L quod illa] om. L 13 est[1]] et L ergo…verum] LOPSX om. A 14 Respondeo] A om. L Respondeas OPSX quod…verum] A om. L quod scis a esse verum OPS quod scis quod a est verum X 15 scis esse] AOPSX est L non…verum[2]] PS etc. A scis et esse verum L a non scis esse verum OX 16 propter hoc] LOSX om. A propter P secundum? add. L quod] LOPSX quia A ad sensum] AOPSX om. L 17 qui] LOPSX quare A invicem] AOPSX inesse! L impertinentes] ALPSX pertinentes O 18 in] eodem add. X concedas] ALPS concedis OX A…verum] Z te scire a esse verum

wahr ist, so ist es doch in der Wirklichkeit der Fall, daß du von A weißt, daß es wahr ist, wenn dir das auch nicht bekannt ist[224].

Ein anderes Beispiel: Es werde die folgende Einsetzung vorgenommen, daß A den einen von den Sätzen »Der König sitzt« und »Kein König sitzt« bezeichnet, und zwar nur den wahren davon, und das wissest du, aber es sei dir unbekannt, welcher von diesen wahr ist. Dann setze ich dir den Satz »A ist wahr« vor. Wenn du ihn zugibst, so folgt, da du ihn ja nur zugeben dürftest, wenn A von dir gewußt wäre, daß du weißt, daß A wahr ist. Aber ich beweise, daß dies nicht der Fall ist: Von keinem A weißt du, daß es wahr ist, also weißt du nicht, daß A wahr ist. Wenn du ihn aber ablehnst oder bezweifelst, dann dagegen: Du weißt, daß der eine von diesen Sätzen – wobei man auf die beiden Sätze »Der König sitzt« und »Kein König sitzt« hinweist – wahr ist, nachdem sie sich ja widersprechen, und darüber hinaus weißt du, daß derjenige Satz, der von diesen (beiden) wahr ist, A ist, also weißt du, daß A wahr ist.

Antwort: Von A weißt du, daß es wahr ist. Und wenn argumentiert wird »Von keinem A weißt du, daß es wahr ist, also weißt du nicht, daß A wahr ist«, so wird die Folgerung abgelehnt, und zwar deswegen, weil vom geteilten Sinn auf den zusammengesetzten Sinn argumentiert wird, welche Sinne voneinander logisch unabhängig (»uneinschlägig«) sind. So mögest du im vorgenannten Fall zugeben, daß du von A weißt, daß es wahr ist, und ablehnen, daß du weißt, daß A wahr ist.

AE73rLOPSXY neges] Z negas ALOPSX 19 te...verum] O a te scire esse verum ALPSXY a te scire verum E73r scire] a add. s.l. P

Cap. VI.7 ⟨Capitulum septimum de positione et primo de positione simplici⟩

Sequitur de alia specie obligationis, quae vocatur positio. Et sciendum est, quod duplex est positio, quaedam vocatur simplex et quaedam composita. Positio simplex dicitur, quando ponitur propositio categorica, positio vero composita dicitur, quando ponitur propositio hypothetica. Et si ponitur propositio copulativa, dicitur positio coniuncta, si disiunctiva, dicitur positio indeterminata, si condicionalis, dicitur positio dependens. Primo videndum est de positione simplici, secundo de composita.

Circa positionem observanda est talis regula: Possibile, licet falsum, non repugnans obligationi nec admissioni nec his simul est admittendum.

Tunc sit primo tale exemplum: Pono tibi istam »Nihil est tibi positum«. Si admittis, deinde propono tibi istam »Aliquid est tibi positum«. Si concedis, contra: Tu concedis formaliter repugnans posito, ergo male respondes. Si negas, contra: Ego posui tibi istam »Nihil est tibi positum«, sed ista »Nihil est tibi positum« est aliquid, ergo aliquid est tibi positum.

Respondetur secundum regulam positam, quod talis positio non est admittenda, quia positum repugnat obligationi, eo quod eius contradictorium est formaliter sequens ex obligatione, scilicet ista »Aliquid est tibi positum«, sicut iam dicebatur.

24 dicebatur] Cf. Cap. VI.4, sextam descriptionem.

4 sciendum] notandum LO est[1]] L om. AO positio] om. L 5 et] om. O quando] proponitur add. s. del. O 6 ponitur] LO proponitur A positio] propositio! L vero] vera! L om. O dicitur] LO vocatur A 7 ponitur[1]] LO proponitur A ponitur[2]] LO proponitur A una add. O 8 positio] propositio! L om. O coniuncta] OPS composita A coniunctiva LX si] om. L 9 indeterminata] indeterminate L 10 simplici] LO simplice A et add. O secundo… composita] om. LO 12 positionem] quam L talis] ista LO licet] dicet! L 15 primo] primum LO tale] om. LO 16 Si…positum] om. L admittis] admittas O 17 contra] L om. AO Tu] L om. AO 19 tibi positum[1]] interposi-

Kapitel VI.7:
Die Setzung und erstens die einfache Setzung

Es folgt (das Kapitel) über eine andere Art der Verpflichtung, die »Setzung« heißt. Und festzuhalten ist, daß es die Setzung auf zweierlei Weise gibt, eine Art heißt »einfach« und die andere »zusammengesetzt«. Von einer einfachen Setzung spricht man, wenn ein kategorischer Satz gesetzt wird, von einer zusammengesetzten Setzung hingegen spricht man, wenn ein hypothetischer Satz gesetzt wird. Und wenn ein kopulativer Satz gesetzt wird, dann heißt das »verbundene Setzung«, wenn ein disjunktiver Satz, dann heißt das »unbestimmte Setzung«, wenn ein konditionaler Satz, dann heißt das »abhängige Setzung«. Erstens muß die einfache Setzung erörtert werden, zweitens die zusammengesetzte.

In bezug auf die Setzung muß man die folgende Regel befolgen: Etwas Mögliches, obschon Falsches, das der Verpflichtung oder der Zulassung oder beiden zusammen nicht widerspricht, muß zugelassen werden.

Dann sei erstens das folgende Beispiel vorgebracht: Ich setze dir den Satz »Nichts ist dir gesetzt«. Wenn du ihn zuläßt, so setze ich dir hierauf den Satz »Etwas ist dir gesetzt« vor. Wenn du ihn zugibst, dann dagegen: Du gibst etwas dem Gesetzten formal Widersprechendes zu, also antwortest du schlecht. Wenn du ihn ablehnst, dann dagegen: Ich habe dir den Satz »Nichts ist dir gesetzt« gesetzt, aber der Satz »Nichts ist dir gesetzt« ist etwas, also ist dir etwas gesetzt.

Die Antwort erfolgt gemäß der aufgestellten Regel, daß eine solche Setzung nicht zugelassen werden darf, weil das Gesetzte mit der Verpflichtung unvereinbar ist, denn sein kontradiktorischer Gegensatz folgt formal aus der Verpflichtung, nämlich der Satz »Etwas ist dir gesetzt«, wie schon (im Kap. VI.4, sechste Beschreibung) gesagt wurde.

tum! L Nihil[2]...positum[1]] LO om. A 20 aliquid[2]...positum[2]] LO etc. A 21 Respondetur...admissioni] om. L regulam] iam add. O 24 dicebatur] declarabatur O

Aliud exemplum: Pono tibi istam »Tu nihil admittis«, si admittis, propono tibi istam »Tu aliquid admittis«. Si concedis, concedis repugnans posito, ergo male respondes. Si negas, contra: Tu admittis istam »Tu nihil admittis«, sed ista est aliquid, ergo aliquid admittis. Solvitur, quod talis positio non est admittenda, quia repugnat admissioni.

Aliud exemplum: Pono tibi istam »Tu non es«, si admittis, propono tibi istam »Tu aliquid admittis«. Si negas, contra: Ego posui tibi istam »Tu non es« et eam admittis et ipsa est aliquid, ergo aliquid admittis. Si concedis, propono tibi istam »Tu es«, si concedis, contra: Tu concedis repugnans posito, ergo male respondes. Si negas, contra: Tu negas sequens ex concesso, ergo iterum male respondes. Sequitur enim »Tu aliquid admittis, O59rb ergo tu es«. Solvitur, quod talis positio non est admittenda, quia repugnat admissioni.

Aliud exemplum: Pono tibi istam »Tu non es obligatus«, si admittis, deinde propono tibi istam »Tu es obligatus«. Si concedis, contra: Tu concedis repugnans posito, ergo male respondes. L55rb | A56vb Si negas, contra: Ego posui tibi istam »Tu non es obligatus« et tu eam admisisti, ergo tu es obligatus. Solvitur, quod talis positio non est admittenda, quia repugnat obligationi et admissioni simul propter hoc, quod eius contradictorium,

1 si admittis] APSX deinde O 2 propono] OPSX propona! A Tu] O om. APSX aliquid] OPSX aliquis! A 3 respondes] OPSX om. A 4 Tu[2]] O om. APSX 5 aliquid admittis] OPSX etc. A 6 quia] OPSX quae A 7 admittis] LO admittas A 8 aliquid] om. L 9 tibi] LO om. A admittis] admittas O 10 aliquid admittis] LO etc. A propono] pono L istam] om. O 11 si] om. L contra] om. O Tu] LO om. A 12 respondes] L om. AO contra] L om. AO sequens] consequens L ex concesso] excessu! L 13 respondes] L om. AO aliquid] OPX om. ALS admittis] admittes L 15 admissioni] OPSX admissionem AL 16 non] om. L si] sed L 18 contra] om. LO Tu] om. LO concedis] om. L respondes] L om. AO 19 es] est O 20 tu[1]] om. O eam] O illam AL tu[2]] om. O 21 talis] om. LO positio] pars! L quia] ex eo quod O non add. L obligationi…admissioni] O trsp. PSX positioni et admissioni A admissionem ad obligationem L 22 simul] OPSX om. A somul! L contradictorium] contradictio L

Ein anderes Beispiel: Ich setze dir den Satz »Du läßt nichts zu« – wenn du ihn zuläßt, so setze ich dir den Satz »Du läßt etwas zu« vor. Wenn du ihn zugibst, dann gibst du etwas mit dem Gesetzten Unvereinbares zu, also antwortest du schlecht. Wenn du ihn ablehnst, dann dagegen: Du läßt den Satz »Du läßt nichts zu« zu, aber dieser Satz ist etwas, also läßt du etwas zu. – Auflösung: Eine solche Setzung darf nicht zugelassen werden, weil sie mit der Zulassung unvereinbar ist.

Ein anderes Beispiel: Ich setze dir den Satz »Du bist nicht« – wenn du ihn zuläßt, so setze ich dir den Satz »Du läßt etwas zu« vor. Wenn du ihn ablehnst, dann dagegen: Ich habe dir den Satz »Du bist nicht« gesetzt, und du läßt ihn zu, und er ist etwas, also läßt du etwas zu. Wenn du ihn zugibst, so setze ich dir den Satz »Du bist« vor, wenn du ihn zugibst, dann dagegen: Du gibst etwas mit dem Gesetzten Unvereinbares zu, also antwortest du schlecht. Wenn du ihn ablehnst, dann dagegen: Du lehnst etwas aus einem Zugegebenen Folgendes ab, also antwortest du wiederum schlecht. Es folgt nämlich »Du läßt etwas zu, also bist du«. – Auflösung: Eine solche Setzung darf nicht zugelassen werden, weil sie mit der Zulassung unvereinbar ist.

Ein anderes Beispiel: Ich setze dir den Satz »Du bist nicht verpflichtet« – wenn du ihn zuläßt, so setze ich dir hierauf den Satz »Du bist verpflichtet« vor. Wenn du ihn zugibst, dann dagegen: Du gibst etwas dem Gesetzten Widersprechendes zu, also antwortest du schlecht. Wenn du ihn ablehnst, dann dagegen: Ich habe dir den Satz »Du bist nicht verpflichtet« gesetzt, und du hast ihn zugelassen, also bist du verpflichtet. – Auflösung: Eine solche Setzung darf nicht zugelassen werden, weil sie mit der Verpflichtung und der Zulassung zusammen unvereinbar ist, und zwar deswegen, weil ihr kontradiktorischer

scilicet »Tu es obligatus«, sequitur formaliter ex obligatione et admissione, sicut iam deductum est.

Aliter potest responderi ad ista, quia si placet, potestis admittere praedictas positiones, quae tamen, si postea vel earum contradictoria vobis proponantur, respondeatis ad eas secundum earum qualitates, ac si nulla obligatio esset facta. Sed tunc oportet modificare illam regulam »Omne obligatum et admissum in tempore obligationis est concedendum«, oportet addere »Si non sit repugnans obligationi vel admissioni vel his simul«. Et tunc regula iam posita potest poni universalior, scilicet »Omne positum possibile, licet falsum, est admittendum«. Et ideo, si velles stare in ista regula, et poneretur tibi ista »Tu non es«, esset admittenda, et si tunc postea proponeretur tibi ista »Tu aliquid admittis«, deberes eam negare propter hoc, quod eius contradictorium est sequens ex tibi posito et a te admisso. Sequitur enim formaliter »Tu non es, ergo tu nihil admittis«. Similiter, si poneretur tibi ista »Nihil est tibi positum« et eam admittis secundum istam regulam, quae est universalior, deinde proponitur tibi ista »Aliquid est tibi positum«, est neganda. Et cum arguitur »Ego posui tibi istam ›Nihil est tibi positum‹, ergo aliquid est tibi positum«, concedas consequentiam et neges antecedens. Similiter, si ponatur tibi ista »Tu non es obligatus« et eam admittis, deinde proponatur tibi ista »Tu es obligatus«, nega eam. Et si arguitur »Ego

2 iam] Cf. Cap. VI.4, septimam descriptionem.

1 scilicet] si L sequitur] est sequens LO obligatione] obligatum! L et] ex add. L 2 iam] LOX om. A deductum] ALO dictum X 3 ad ista] AOP om. L quia] AO om. LP si placet] ALP om. O potestis...mentiri] AOPSX om. L 4 praedictas] O om. A dictas P positiones] AO propositiones P 5 vobis] AP om. O proponantur] O proponerentur A proponatur P ad eas] OP om. A 6 qualitates] OP qualitatem A 7 tunc] OPSX tamen A 10 iam posita] P om. AO universalior] OP universaliter A 12 poneretur] Z pro- add. AOPSX 13 tunc] A om. OP 14 deberes] P debes AO eam] A illam O illam om. s. add. s.l. P 15 contradictorium] A contradictoria OP 16 tu] P om. AO 17 poneretur] O pro- add. AP 18 et] AOP si add. OP 19 deinde] AOP si add. OP proponitur] OP proponatur A 21 Nihil...positum[2]] OP etc. A concedas] OP concedo

Gegensatz, nämlich »Du bist verpflichtet«, formal aus der Verpflichtung und der Zulassung folgt, wie schon (im Kap. VI.4, siebte Beschreibung) abgeleitet wurde.

Man kann auch anders auf diese Beispiele antworten, denn wenn es beliebt, könnt ihr die vorgenannten Setzungen zulassen, jedoch möget ihr auf sie – wenn sie oder ihre kontradiktorischen Gegensätze euch nachher vorgesetzt werden sollten – gemäß ihren Qualitäten antworten, als ob keine Verpflichtung durchgeführt worden wäre. Aber dann muß man jene Regel »Jedes zugelassene Verpflichtete muß während der Verpflichtungszeit zugegeben werden« entsprechend abändern, man muß (nämlich) hinzufügen »Wenn es nicht der Verpflichtung oder der Zulassung oder beiden zusammen widerspricht«. Und dann kann die schon (eingangs dieses Kapitels VI.7) aufgestellte Regel allgemeiner formuliert werden, nämlich »Jedes mögliche Gesetzte, mag es auch falsch sein, muß zugelassen werden«. Wenn du an dieser Regel festhalten möchtest und dir der Satz »Du bist nicht« vorgesetzt würde, so wäre dieser demnach zuzulassen, und wenn dir dann nachher der Satz »Du läßt etwas zu« vorgesetzt würde, müßtest du ihn ablehnen, und zwar deshalb, weil sein kontraditorischer Gegensatz aus dem dir gesetzten und von dir zugelassenen (Satz) folgt. Es folgt nämlich formal »Du bist nicht, also läßt du nichts zu«. – Ebenso: Wenn dir der Satz »Nichts ist dir gesetzt« gesetzt würde und (wenn) du ihn gemäß dieser neuen, allgemeineren Regel zuläßt und dir hierauf der Satz »Etwas ist dir gesetzt« vorgesetzt wird, so ist er abzulehnen. Und wenn argumentiert wird »Ich habe dir den Satz ›Nichts ist dir gesetzt‹ gesetzt, also ist dir etwas gesetzt«, mögest du die Folgerung zugeben und den Vordersatz ablehnen. – Ebenso: Wenn dir der Satz »Du bist nicht verpflichtet« gesetzt wird und du ihn zuläßt und dir hierauf der Satz »Du bist verpflichtet« vorgesetzt wird – dann lehne ihn ab! Und wenn argumentiert wird »Ich habe dir den

A 22 neges] Z negas O nego A nega P ponatur] A ponitur O proponitur P 23 admittis] AOP et si add. OP proponatur] AO proponitur P 24 tibi] OP om. A nega] OP nego A eam] O istam A Et] OP om. A

posui tibi istam ›Tu non es obligatus‹ et tu eam admisisti, ergo tu es obligatus«, concede consequentiam et nega antecedens. Similiter, si ista tibi ponitur »Tu nihil admittis« et eam admittis, deinde proponitur tibi ista »Tu aliquid admittis«, nega. Et si arguitur »Tu admittis istam ›Nihil admittis‹, ergo aliquid admittis«, concede consequentiam et nega antecedens. Ex hoc sequitur, quod obligatum durante tempore obligationis convenienter respondendo oportet saepe mentiri.

Aliud exemplum: Pono tibi istam »Tu differs a chimaera«, si admittis, deinde propono tibi istam »Chimaera est«. Si concedis, concedis impossibile, ergo male respondes. Si negas, negas sequens ex tibi posito et admisso. Consequentia tenet, antecedens probatur, nam sequitur »Tu differs a chimaera, ergo differentia est inter te et chimaeram«, et ultra »Differentia est inter te et chimaeram, ergo chimaera est«. Respondetur, quod haec non est admittenda »Tu differs a chimaera« propter hoc, quod est impossibilis, sequitur enim ex ea impossibile, scilicet »Chimaera est«, sicut deductum est.

Aliud exemplum: Pono tibi istam »Aliqua res non est«, si admittis, propono tibi istam »Omnis res est«. Si concedis,
O59va contra: Tu concedis repugnans posito et admisso, ergo male. Consequentia tenet et antecedens probatur, quia istae repugnant »Omnis res est« et »Aliqua res non est«. Si negas, negas necessarium per se, ergo male. Consequentia tenet, antecedens

1 tibi…obligatus] OP etc. A 2 concede] O concedo A concendere! P et] AP sed O nega] OP nego A 3 Similiter] OP sic A ponitur] OP proponatur A Tu] O om. AP admittis^{2}] AOP et add. P 4 proponitur] O proponatur A om. P tibi] AO om. P Tu] O om. AP nega] OP negas A 5 arguitur] O arguatur A admittis^{1}] admittas O istam…admittis] OP etc. A 6 concede] OP concedo A nega] OP nego A 7 obligatum] APSX obligate O stat add. A durante] AOPS durans X in add. O 9 Pono…istam] LO om. A differs] diceres! LO a] est add. L si admittis] om. O 10 deinde] LO om. A 11 concedis] om. L respondes] L om. AO Si…admisso] om. L 12 tibi] om. O 13 differs] diceres! LO a] om. L 14 differentia] differentiam L est^{1}] om. L Differentia…chimaeram] LO om. A est^{2}] del.? O 15 chimaeram] est add. O 16 differs] diceres! LO 17 quod] quia L ea] LO eo A scilicet] LO sicut A 18 deductum] declaratum? O est^{2}] fuit L 20 istam] om. O 21 Tu] LO om. A et] om. L admisso] admitto L

Satz ›Du bist nicht verpflichtet‹ gesetzt und du hast ihn zugelassen, also bist du verpflichtet« – dann gib die Folgerung zu und lehne den Vordersatz ab! – Ebenso: Wenn dir der Satz »Du läßt nichts zu« gesetzt wird und du ihn zuläßt und dir hierauf der Satz »Du läßt etwas zu« vorgesetzt wird – dann lehne ihn ab! Und wenn argumentiert wird »Du läßt den Satz ›Du läßt nichts zu‹ zu, also läßt du etwas zu« – dann gib die Folgerung zu und lehne den Vordersatz ab! – Daraus folgt, daß der Verpflichtete (d. i. der Antworter) während der Verpflichtungszeit oft lügen muß, um angemessen zu antworten.

Ein anderes Beispiel: Ich setze dir den Satz »Du bist von einer Chimäre verschieden«, wenn du ihn zuläßt, setze ich dir hierauf den Satz »Es gibt eine Chimäre« vor. Wenn du ihn zugibst, gibst du etwas Unmögliches zu, also antwortest du schlecht. Wenn du ihn ablehnst, lehnst du etwas ab, das aus dem dir Gesetzten und (von dir) Zugelassenen folgt. Die Folgerung ist gültig, der Vordersatz wird bewiesen, denn es folgt »Du bist von einer Chimäre verschieden, also besteht ein Unterschied zwischen dir und einer Chimäre«, und weiter: »Es besteht ein Unterschied zwischen dir und einer Chimäre, also gibt es eine Chimäre«. – Antwort: Der Satz »Du bist von einer Chimäre verschieden« darf deshalb nicht zugelassen werden, weil er unmöglich ist, denn es folgt aus ihm etwas Unmögliches, nämlich »Es gibt eine Chimäre«, wie (im Beispiel) abgeleitet wurde.

Ein anderes Beispiel: Ich setze dir den Satz »Irgendein Ding ist nicht«, wenn du ihn zuläßt, so setze ich dir den Satz »Jedes Ding ist« vor. Wenn du ihn zugibst, dann dagegen: Du gibst etwas zu, das dem Gesetzten und Zugelassenen widerspricht, also (antwortest du) schlecht. Die Folgerung ist gültig, und der Vordersatz wird bewiesen, denn die Sätze »Jedes Ding ist« und »Irgendein Ding ist nicht« widersprechen sich. Wenn du ihn ablehnst, lehnst du etwas schlechthin Notwendiges ab, also

22 et] L om. AO probatur] patet L del.? O patet add. O 23 et] O om. AL Aliqua...est[1]] om. L

probatur, quia si aliqua res est, tantum una res est vel plures res sunt, sed si tantum una res est vel plures res sunt, omnis res est. Sed ita est et necessarium est, quod aliqua res est, ergo necessarium est, quod tantum una res est vel plures res sunt. Et per consequens necessarium est, quod omnis res est. Respondetur, quod ista non est admittenda »Aliqua res non est« propter hoc, quod ipsa est impossibilis, eo quod eius contradictoria est necessaria, scilicet »Omnis res est«.

Aliud exemplum est: Pono tibi istam »Omnis homo currit«, si eam admittis, propono tibi istam »Tu curris«. Si concedis, concedis falsum non sequens, ergo male respondes. Consequentia tenet, antecedens probatur, quia non sequitur »Omnis homo currit, ergo tu curris«, quia si tu non esses, antecedens esset verum et consequens falsum. Deinde, si negas, propono tibi istam »Tu es homo«, si concedis, tu concedis repugnans, A57ra ergo iterum male. Consequentia tenet et antecedens probatur, quia eius contradictorium est sequens cum opposito negati, quia sequitur »Omnis homo currit et tu non curris, ergo tu non es homo«. Ad idem, si concedis istam »Tu es homo«, deinde propono tibi istam »Tu curris«. Si concedis, idem concessisti et negasti in eodem tempore obligationis, ergo male. Si negas, contra: Negas sequens ex posito et concesso, ergo male. Consequentia tenet, antecedens probatur, nam sequitur »Omnis homo currit et tu es homo, ergo tu curris«, prima est tibi posita et secunda est a te concessa.

Respondetur admittendo positum, et quando proponitur »Tu curris«, neganda est, quia falsa non sequens, sicut dictum est.

3 Sed] si L quod...est[4]] om. L 4 tantum] om. L res[2]] om. L 5 est[1]] LO om. A 9 Aliud...impertinens] AOPSX om. L est] om. O 10 eam] O om. A tibi] O om. A curris] currit O 11 falsum] OPSX om. A 14 esset] O est A 15 istam] O om. A tu] om. O 16 iterum] om. O et] om. O 17 cum] O ex A 18 et] om. O 19 es[1]] O est A deinde] O om. A 20 concessisti] OPSX concedisti A 21 eodem] OPSX om. A 22 posito] OPSX opposito A 24 et] om. O 25 est] O om. A 26 quando] cum O proponitur] tibi ista add. O Tu] O om. A 27 falsa...quia] OPSX om. A

(antwortest du) schlecht. Die Folgerung ist gültig, der Vordersatz wird bewiesen, denn wenn irgendein Ding ist, dann ist nur ein Ding oder sind mehrere Dinge, aber wenn nur ein Ding ist oder mehrere Dinge sind, dann ist jedes Ding. Es ist nun aber der Fall und es ist sogar notwendig, daß irgendein Ding ist, also ist es notwendig, daß nur ein Ding ist oder mehrere Dinge sind. Und folglich ist es notwendig, daß jedes Ding ist. – Antwort: Der Satz »Irgendein Ding ist nicht« darf deshalb nicht zugelassen werden, weil er unmöglich ist, denn sein kontradiktorischer Satz ist notwendig, nämlich »Jedes Ding ist«.

Ein anderes Beispiel lautet: Ich setze dir den Satz »Jeder Mensch läuft«, wenn du ihn zuläßt, so setze ich dir den Satz »Du läufst« vor. Wenn du ihn zugibst, gibst du etwas Falsches zu, das nicht (aus dem Gesetzten) folgt, also antwortest du schlecht. Die Folgerung ist gültig, der Vordersatz wird bewiesen, denn es folgt nicht »Jeder Mensch läuft, also läufst du«, weil wenn du nicht wärest, wäre der Vordersatz wahr und der Nachsatz falsch. Sodann: Wenn du ihn ablehnst, setze ich dir den Satz »Du bist ein Mensch« vor – wenn du ihn zugibst, gibst du etwas Unvereinbares zu, also (antwortest du) wiederum schlecht. Die Folgerung ist gültig, und der Vordersatz wird bewiesen, denn sein kontradiktorischer Gegensatz folgt zusammen mit dem Gegensatz des Abgelehnten, weil folgt »Jeder Mensch läuft und du läufst nicht, also bist du kein Mensch«. Zum selben (Punkt): Wenn du den Satz »Du bist ein Mensch« zugibst, so setze ich dir hierauf den Satz »Du läufst« vor. Wenn du ihn zugibst, hast du dasselbe während derselben Verpflichtungszeit zugegeben und abgelehnt, also (antwortest du) schlecht. Wenn du ihn ablehnst, dann dagegen: Du lehnst etwas ab, das aus dem Gesetzten und einem Zugegebenen folgt, also (antwortest du) schlecht. Die Folgerung ist gültig, der Vordersatz wird bewiesen, denn es folgt »Jeder Mensch läuft und du bist ein Mensch, also läufst du« – der erste Satz ist dir gesetzt und der zweite ist von dir zugegeben.

Antwort: Das Gesetzte wird zugelassen, und wenn (der Satz) »du läufst« vorgesetzt wird, so ist er abzulehnen, weil er ein

Deinde, quando proponitur ista »Tu es homo«, neganda est, quia eius contradictoria sequens est cum opposito bene negati. Nihilominus, si immediate post positum proponeretur ista »Tu es homo«, ipsa esset concedenda, quia vera et impertinens posito, et si post hoc proponeretur ista »Tu curris«, esset concedenda, quia licet falsa, tamen possibilis et ex posito sequens et bene concesso. Sequitur enim formaliter »Omnis homo currit et tu es homo, ergo tu curris«. Ex hoc iterum patet unam propositionem in uno loco propositam esse concedendam, quae, si in alio loco proponeretur, esset neganda et e converso, propter hoc, quod in uno loco est pertinens et in alio loco impertinens.

Aliud exemplum: Pono tibi istam »Tu es Romae«, si admittis, deinde propono tibi istam »Tu es Romae«, concedenda est, quia posita. Deinde propono tibi istam »Tu loqueris«, concedenda est, quia vera et impertinens, deinde istam »Tu es Romae et tu loqueris«. Si concedis, contra: Concedis falsum non sequens ex posito, ergo male, ut videtur. Non enim sequitur »Tu es Romae, ergo tu es Romae et tu loqueris«. Si negas, negas sequens ex posito et concesso et ergo male. Respondetur admittendo istam »Tu es Romae« et similiter concedendo istam »Tu loqueris« et sic istam copulativam »Tu es Romae et tu loqueris«. Et cum arguitur »Ipsa est falsa non sequens ex posito«, concedo, »Ergo neganda est«, nego consequentiam,

2 contradictoria] contradictorium O cum] OPSX ex A 3 si] OPSX om. A proponeretur] OPSX tibi add. OX proponeretur…curris] OPSX om. A 4 ipsa] PSX om. O esset] OP erit S est X 5 hoc] PSX om. O esset] neganda add. s. del. O 9 propositam] positam O quae si] et O 10 loco…esset] om. O neganda] negandam O et…converso] om. O propter…impertinens] OPSX om. A 11 est] X esset OPS 12 istam] LO om. A Romae] et add. O 14 propono] om. L tibi] O om. AL 15 est] LO om. A istam] talia L Romae] om. O 16 contra] L om. AO Concedis] om. O 17 male…copulativam] om. O 18 ergo…Romae²] concedenda est! L 19 negas] om. L et¹…et²] om. L 20 concedendo] Z om. AE74rLX 21 sic] A similiter E74rLX concedo add. i.m. E copulativam] E74rL om. AX es] LO om. A 22 tu] om. O ex posito] O etc. A ex opposito L 23 concedo] concedenda L Ergo…est] LO antecedens et A

falscher nicht folgender (Satz) ist, wie (eingangs des Beispiels) gesagt wurde. Sodann, wenn der Satz »Du bist ein Mensch« vorgesetzt wird, so ist er abzulehnen, weil sein kontradiktorischer Satz (aus dem Gesetzten) zusammen mit dem Gegensatz des Abgelehnten folgt. Nichtsdestoweniger gilt: Wenn unmittelbar nach dem Gesetzten der Satz »Du bist ein Mensch« vorgesetzt würde, so wäre er zuzugeben, weil wahr und uneinschlägig für das Gesetzte; und wenn danach der Satz »Du läufst« vorgesetzt würde, so wäre er zuzugeben, denn obzwar falsch, so ist er doch möglich und folgt aus dem Gesetzten und einem richtig Zugegebenen. Es folgt nämlich formal »Jeder Mensch läuft und du bist ein Mensch, also läufst du«. – Daraus erhellt abermals, daß ein Satz, der an einer Stelle vorgesetzt ist, zugegeben werden muß, welcher abzulehnen wäre, wenn er an anderer Stelle vorgesetzt würde, und umgekehrt, und zwar deswegen, weil er an der einen Stelle einschlägig ist und an der anderen Stelle uneinschlägig.

Ein anderes Beispiel: Ich setze dir den Satz »Du bist in Rom«, wenn du ihn zuläßt, setze ich dir hierauf den Satz »Du bist in Rom« vor – er muß zugegeben werden, weil gesetzt. Sodann setze ich dir den Satz »Du sprichst« vor – er muß zugegeben werden, weil wahr und uneinschlägig; sodann den Satz »Du bist in Rom und du sprichst«: Wenn du ihn zugibst, dann dagegen: Du gibst etwas Falsches zu, das nicht aus dem Gesetzten folgt, also (antwortest du) schlecht, wie es scheint. Es folgt nämlich nicht »Du bist in Rom, also bist du in Rom und sprichst du«. Wenn du ihn ablehnst, lehnst du etwas ab, das aus dem Gesetzten und einem Zugegebenen folgt, und somit (antwortest du) schlecht. – Antwort: Der Satz »Du bist in Rom« wird zugelassen und ebenso wird der Satz »Du sprichst« sowie der kopulative Satz »Du bist in Rom und du sprichst« zugegeben. Und wenn argumentiert wird »Er (nämlich der kopulative Satz) ist falsch und folgt nicht aus dem Gesetzten«, so gebe ich das zu; »Also muß er abgelehnt werden« – diese

quia licet non sit sequens ex posito, tamen est sequens ex posito et bene concesso, sicut deductum est.

Aliud exemplum: Pono tibi istam »Tu es Romae«, si admittis, propono tibi istam copulativam »Tu es Romae et tu loqueris«. Si concedis, concedis falsum non sequens, ergo male. Si negas, deinde propono tibi istam »Tu loqueris«, si concedis, concedis O59vb repugnans posito cum opposito bene negati, ergo male respondes. Consequentia tenet, antecedens probatur, quia eius contradictorium est sequens ex posito et opposito bene negati, sequitur enim »Tu es Romae et tu non es Romae vel tu non loqueris, ergo tu non loqueris«, et tenet consequentia a disiunctiva cum opposito unius partis ad alteram partem. Respondetur admittendo positum et negando istam copulativam »Tu es Romae et tu loqueris«. Deinde, cum proponitur ista »Tu loqueris«, neganda est, sicut deductum est. Ex hoc iterum, sicut ex sophismate praecedenti, patet unam propositionem in uno loco propositam esse concedendam, quae si in alio loco proponeretur, esset neganda, et e converso, propter hoc, quod in uno loco proposita potest esse pertinens et in alio impertinens.

Aliud exemplum: Pono tibi istam »Nullus homo currit praeter Sortem et Platonem«, si admittis, deinde propono tibi istam »Tantum alter istorum currit« demonstratis Sorte et Platone. Si concedis, contra: Uterque istorum currit, ergo non tantum

1 tamen] om. L 2 deductum] dictum L est] igitur etc. add. O 4 copulativam] LO om. A 5 Si[1]...impertinens] AOPSX sicut prius! L Si negas] SX om. AOP 6 si concedis] OPSX om. A 7 ergo male] OPSX om. A respondes] S om. AOPX 8 quia...negati] OPSX om. A 10 non[2]] om. O 11 et] om. O 12 opposito] PS negatione A opposita O destructione X unius] alterius O alteram] aliam O partem] om. O 13 admittendo] OPSX negando A positum] APSX om. O istam] om. O copulativam] OPSX consequentiam A 14 tu] non add. A loqueris[1]] etc. add. A proponitur] AOPSX tibi add. A Tu] AOPSX non add. A 15 est[1]] O om. A est[2]] ergo etc. add. A sicut ex] PSX et O sicut[2]...praecedenti] OPSX om. A 16 praecedenti] SX praecedente OP 17 propositam] om. O quae si] OPS et A si X loco...esset] OPSX om. A 18 neganda] OPSX negandam A 20 istam] quod LO homo] LO om. A 21 admittis] si admittis add. A deinde] LO om. A 23 istorum] terminorum! L ergo...currit[1]] om. O

Folgerung lehne ich ab, denn obgleich er nicht aus dem Gesetzten folgt, so folgt er doch aus dem Gesetzten und einem richtig Zugegebenen, wie abgeleitet wurde.

Ein anderes Beispiel: Ich setze dir den Satz »Du bist in Rom«, wenn du ihn zuläßt, so setze ich dir den kopulativen Satz »Du bist in Rom und du sprichst« vor: Wenn du ihn zugibst, gibst du etwas Falsches zu, das nicht (aus dem Gesetzten) folgt, also (antwortest du) schlecht. Wenn du ihn ablehnst, setze ich dir hierauf den Satz »Du sprichst« vor: Wenn du ihn zugibst, gibst du etwas zu, das dem Gesetzten zusammen mit dem Gegensatz eines richtig Abgelehnten widerspricht, also antwortest du schlecht. Die Folgerung ist gültig, der Vordersatz wird bewiesen, denn sein kontradiktorischer Gegensatz folgt aus dem Gesetzten und dem Gegensatz eines richtig Abgelehnten, es folgt nämlich »Du bist in Rom und du bist nicht in Rom oder du sprichst nicht, also sprichst du nicht«, und die Folgerung von einem disjunktiven Satz zusammen mit dem Gegensatz des einen Teils auf den anderen Teil ist gültig. – Antwort: Das Gesetzte wird zugegeben und der kopulative Satz »Du bist in Rom und du sprichst« wird abgelehnt. Sodann, wenn der Satz »Du sprichst« vorgesetzt wird, muß er abgelehnt werden, wie (im Beispiel) abgeleitet wurde. – Daraus erhellt wiederum, wie auch schon aus dem vorangehenden Sophisma, daß ein an einer Stelle vorgesetzter Satz zugegeben werden muß, der abgelehnt werden müßte, wenn er an anderer Stelle vorgesetzt würde, und umgekehrt, und zwar deswegen, weil er an einer Stelle vorgesetzt einschlägig sein kann und an anderer Stelle uneinschlägig.

Ein anderes Beispiel: Ich setze dir den Satz »Kein Mensch läuft außer Sokrates und Platon«, wenn du ihn zuläßt, so setze ich dir hierauf den Satz »Nur der eine von diesen läuft« vor, unter Hinweis auf Sokrates und Platon. Wenn du ihn zugibst, dann dagegen: Jeder von diesen beiden läuft, also läuft nicht nur der eine von diesen. Wenn du ihn ablehnst, dann dagegen:

alter istorum currit. Si negas, contra: Alter istorum currit et nihil aliud ab altero istorum currit, ergo tantum alter istorum currit. Consequentia tenet per locum ab exponentibus ad expositam, antecedens patet per positum. Respondetur admittendo positum, deinde cum proponitur »Tantum alter istorum currit«, concedendum est. Et cum arguitur »Uterque istorum currit, ergo non tantum alter istorum currit«, neganda est consequentia propter hoc, quod uterque istorum est alter istorum, et ideo bene stant simul »Uterque istorum currit«, »Tantum alter istorum currit«.

A57rb *Aliud exemplum:* Sit rei veritas, quod non sint nisi tres homines, Sortes, Plato et Cicero, quorum nullus currat. Tunc pono tibi istam »Omnis homo currit«, admittenda est, quia possibilis, licet falsa. Deinde propono tibi istam »Sortes currit«, neganda est, quia falsa non sequens formaliter ex posito. Deinde propono tibi istam »Plato currit«, similiter neganda est pari ratione. Deinde propono tibi istam »Cicero currit«, si negas, contra: Tu concessisti universalem et negasti quamlibet eius singularem, ergo male, ut videtur. Si concedis, concedis falsum non sequens, ergo male. Respondetur non esse inconveniens in ista arte concedere universalem et negare quamlibet eius singularem propter hoc, quod nulla singularis est sequens formaliter ad suam universalem.

1 currit[1]] om. L currit[2]] om. O et...currit] om. L 2 tantum...currit] O etc. A 3 per locum] A om. OPSX 4 per] PX om. AOS positum] APX om. OS 6 istorum] ergo add. s. del. O 7 non...currit[2]] O etc. A 8 istorum[1]] om. O 9 currit] ergo O Tantum] ist- add. s. del. A 11 exemplum] pono tibi add. L Sit] si L rei] om. L 12 Sortes] et add. L et] om. O quorum] quarum! L currat] PSX currit ALO Tunc] LPSX om. AO pono...Deinde] om. L 13 istam] nu- add. s. del. A Omnis] omnis add. s. del. O admittenda] OPX concedenda A admitte S 14 Sortes currit] LO om. A 15 falsa] ALOPSX et impertinens quia add. O non] est add. O ex posito] A om. LOPSX 16 tibi] LO om. A est] om. O pari ratione] quia falsa non sequens LO 17 tibi] LO om. A 18 contra] L om. AO Tu] L om. AO concessisti] prius add. O 19 singularem] LO singulare A ut videtur] LO om. A concedis[2]] om. L 20 Respondetur] quod add. LO esse] est LO 21 ista] om. L arte] obligatoria add. L 22 singularis] singularium LO sequens] se habens! L formaliter] LO om. A

Der eine von diesen läuft und nichts anderes als der eine von diesen läuft, also läuft nur der eine diesen. Die Folgerung ist gültig gemäß dem Ort (d. h. hier: Schlußprinzip) von den auslegenden Sätzen auf den ausgelegten Satz, der Vordersatz ist klar durch das Gesetzte. – Antwort: Das Gesetzte wird zugelassen; wenn hierauf »Nur der eine von diesen läuft« vorgesetzt wird, muß man es zugeben. Und wenn argumentiert wird »Jeder von diesen beiden läuft, also läuft nicht nur der eine von diesen«, so muß man die Folgerung deshalb ablehnen, weil jeder von diesen einer von diesen ist, und deshalb stehen die Sätze »Jeder von diesen läuft«, »Nur der eine von diesen läuft« sehr wohl zugleich (d. h.: sind zugleich wahr).

Ein anderes Beispiel: Es sei der Fall, daß es nur drei Menschen gebe, Sokrates, Platon und Cicero, von denen keiner laufe. Dann setze ich dir den Satz »Jeder Mensch läuft« – er muß zugegeben werden, weil möglich, obzwar falsch. Hierauf setze ich dir den Satz »Sokrates läuft« vor – er muß abgelehnt werden, weil falsch und nicht aus dem Gesetzten formal folgend. Sodann setze ich dir den Satz »Platon läuft« vor – er muß aus dem gleichen Grund ebenfalls abgelehnt werden. Sodann setze ich dir den Satz »Cicero läuft« vor – wenn du ihn ablehnst, dann dagegen: Du hast einen universalen Satz zugegeben und hast jeden singulären Satz von ihm abgelehnt, also (antwortest du) schlecht, wie es scheint. Wenn du ihn (aber) zugibst, dann gibst du etwas Falsches zu, das nicht (aus dem Gesetzten) folgt, also (antwortest du) schlecht. – Antwort: Es ist in dieser Kunst (Disziplin) nicht ungereimt, einen universalen Satz zuzugeben und jeden singulären Satz von ihm abzulehnen, und zwar deswegen, weil kein singulärer Satz aus seinem universalen Satz formal folgt.

Alii aliter respondent admittendo positum et negando omnes singulares praeter ultimam propter hoc, quia licet nulla illarum nec etiam ultima sit sequens ex posito, tamen ultima est se- L55va quens ex posito et concessis. Nam stante, quod non sint nisi tres homines, Sortes, Plato et Cicero, tunc sequitur »Omnis homo currit et Sortes non currit et Plato non currit, ergo Cicero currit«. Nihilominus, si singularis, quae fuit modo tibi ultimo proposita, fuisset tibi in primo loco vel in secundo proposita, ipsa tunc fuisset impertinens et neganda, et tunc una alia, quae fuisset tibi ultimo loco proposita, fuisset pertinens et concedenda.

Aliud exemplum: Sit rei veritas, quod non sint nisi tres homines in mundo, Sortes, Plato et Cicero, et quod solus Sortes loquatur. Tunc pono tibi istam »Sortes tacet«, admittenda est, quia possibilis, licet falsa. Deinde propono tibi istam »Aliquis homo loquitur«, concedenda est, quia vera et impertinens. Deinde propono tibi istam »Sortes loquitur«, neganda est, quia repugnans posito. Deinde propono tibi istam »Plato loquitur«, neganda est, quia falsa et non sequens formaliter. Deinde istam »Cicero loquitur«, similiter neganda est, quia falsa et non O60ra sequens. Et si sic, videtur aliquam particularem vel indefinitam esse concedendam, et tamen quamlibet eius singularem esse negandam. Breviter respondetur hoc non esse inconve-

1 Alii] om. L respondent] O respondet A om. L omnes] LO om. A 2 praeter] et add. A propter hoc] LO om. A illarum] A aliarum LPSX aliorum O sicut sequens add. L sit sequens add. OPSX 3 ex posito] LOPSX om. A ultima[2]] A om. LOPSX 4 concessis] concesso L Nam] non L stante] favente L sint] fiunt L 5 Sortes...Cicero] LO om. A et] L om. O tunc] om. LO 6 et[1]... currit[2]] om. O et[2]] LO nec A Plato] Cicero LO non[2]] LO om. A Cicero] Plato LO non add. L 7 si] PSX om. AO scilicet L singularis] ista LO quae] om. L fuit] est O modo] hoc modo L tibi] fuit add. O ultimo] ultima O 8 tibi] LO om. A in[1]] om. LO primo] prima L in[2]] om. LO secundo] secunda L proposita[2]] praeposita L esset pertinens et concedenda add. O 9 ipsa] LO om. A tunc[1]] om. O neganda] me-! L tunc[2]] LO om. A 10 tibi] L om. AO loco] *lectio incerta* (licia?) L proposita] posita L fuisset[2]] Z erit A esset LOPSX 13 et[1]] om. LO 14 loquatur] loquitur L pono] Z pro- add. ALOPSX istam] solus add. O tacet] tunc add. L admittenda] admonstranda?! L 16 et] om.

Andere (Autoren) antworten anders, indem sie das Gesetzte zulassen und alle singulären Sätze mit Ausnahme des letzten ablehnen, nämlich deswegen, weil zwar keiner von diesen (singulären Sätzen), nicht einmal der letzte, aus dem Gesetzten folgt, aber doch der letzte aus dem Gesetzten und den zugegebenen Sätzen folgt. Denn angenommen, daß es nur drei Menschen gebe, Sokrates, Platon und Cicero, dann folgt »Jeder Mensch läuft, und Sokrates läuft nicht, und Platon läuft nicht, also läuft Cicero«. Nichtsdestoweniger gilt: Wenn der singuläre Satz, der dir jetzt zuletzt vorgesetzt wurde, dir an erster oder zweiter Stelle vorgesetzt worden wäre, dann wäre er uneinschlägig und (deshalb) abzulehnen gewesen, und dann wäre ein anderer (singulärer Satz), der dir an letzter Stelle vorgesetzt worden wäre, einschlägig und (deshalb) zuzugeben gewesen.

Ein anderes Beispiel: Es sei der Fall, daß es nur drei Menschen auf der Welt gebe, Sokrates, Platon und Cicero, und daß allein Sokrates spreche. Dann setze ich dir den Satz »Sokrates schweigt« – er muß zugelassen werden, weil möglich, obzwar falsch. Sodann setze ich dir den Satz »Irgendein Mensch spricht« vor – er muß zugegeben werden, weil wahr und uneinschlägig. Sodann setze ich dir den Satz »Sokrates spricht« vor – er muß abgelehnt werden, weil er dem Gesetzten widerspricht. Sodann setze ich dir den Satz »Platon spricht« vor – er muß abgelehnt werden, weil falsch und nicht (aus dem Gesetzten) formal folgend. Sodann den Satz »Cicero spricht« – er muß ebenfalls abgelehnt werden, weil falsch und nicht folgend. Und wenn dem so ist, muß offenbar ein partikulärer oder indefiniter Satz zugegeben werden, aber dennoch jeder singuläre Satz von ihm abgelehnt werden. – Kurze Antwort: Das ist in dieser Kunst (Disziplin) nicht ungereimt, denn wie aus der

L 18 repugnans] repugnaret L posito] om. O 19 et] om. O formaliter] LO om. A istam] LO om. A 20 Cicero] non add. AO similiter] L om. AO est] etiam add. O et] om. LO non sequens] OPSX sequens A consequens L 21 si] LOPSX om. A vel] et L 22 tamen] om. L singularem] Z partem AE74vLOX singularis Y 23 Breviter] om. LO respondetur] quod add. L esse[2]] est L inconveniens] in- om. L

niens in hac arte, quia sicut patet ex deductione facta, una est neganda tamquam repugnans posito et aliae negandae sunt tamquam falsae et impertinentes posito.

Aliud exemplum: Pono tibi istam »›Homo est asinus‹ est tibi positum et a te admissum«, admittenda est, quia possibilis et forte vera, deinde propono tibi istam »Homo est asinus«. Si concedis, concedis impossibile, ergo male. Si negas, contra: Omne tibi positum et a te admissum est a te concedendum, »Homo est asinus« est tibi positum et a te admissum, ergo »Homo est asinus« est a te concedendum. Maior est vera, scita a te esse vera, et minor est tibi posita et a te admissa, et discursus est bonus, scitus a te esse bonus, ergo conclusio a te est concedenda. Respondetur concedendo conclusionem. Unde concedo istam »›Homo est asinus‹ est a me concedendum«, sicut concessi istam »›Homo est asinus‹ est mihi positum et a me admissum«, utraque enim earum est possibilis. Cum hoc tamen stat, quod si proponatur mihi ista »Homo est asinus«, negando eam bene respondeo.

Aliud exemplum: Pono tibi istam »›Tibi concluditur‹ et ›Tu nescis tibi concludi‹ sunt similia«, et per similia intelligo similia in veritate vel falsitate, admittenda est, quia possibilis. Qua admissa propono tibi istam »Tibi concluditur«. Si concedis, concedis falsum non sequens ex tibi posito, ergo male. Non enim sequitur »›Tibi concluditur‹ et ›Tu nescis tibi concludi‹ sunt similia, ergo tibi concluditur«. Si autem negas eam, scilicet »Tibi concluditur«, deinde propono tibi istam »Tu nescis

1 arte] parte! L 2 neganda] negativa! L tamquam] LOPSX quia A et] LO om. A negandae sunt] LO om. A 3 et] om. O posito] LO om. A 4 Aliud…respondeo] AOPSX om. L 5 et²…vera] OPSX om. A 8 et] ad add. s. del. O a te²] X om. AOPS 10 Homo…asinus] OPSX om. A 12 a te¹] om. O 14 est²] OPSX esse A ad add. s. del. A me] OPSX te A concedendum] OPS concedendam A concedenda X 15 concessi] concessisti O 17 proponatur] proposueris O ista] istam O asinus] quod add. O 19 Tu nescis] nescio L 20 et] om. L per similia] om. O intelligo] intelligendo L 21 vel] LOPS et AX in add. L 22 Tibi] om. L concedis] conceditur L 23 concedis] om. O tibi] LO om. A 25 eam] LOPSX om. A scilicet] OPSX si! L scilicet…concluditur] LOPSX om. A 26 Tibi] OPSX currit! L propono] proponam O

vorgeführten Ableitung erhellt, muß der eine als unvereinbar mit dem Gesetzten abgelehnt werden und die anderen müssen als falsch und für das Gesetzte uneinschlägig abgelehnt werden.

Ein anderes Beispiel: Ich setze dir den Satz »‹Ein Mensch ist ein Esel› ist dir gesetzt und von dir zugelassen« – er muß zugelassen werden, weil möglich und vielleicht sogar wahr; hierauf setze ich dir den Satz »Ein Mensch ist ein Esel« vor: Wenn du ihn zugibst, gibst du etwas Unmögliches zu, also (antwortest du) schlecht. Wenn du ihn ablehnst, dann dagegen: Alles, was dir gesetzt und von dir zugelassen ist, muß von dir zugegeben werden, »Ein Mensch ist ein Esel« ist dir gesetzt und von dir zugelassen, also muß »Ein Mensch ist ein Esel« von dir zugegeben werden. Die größere Prämisse ist wahr und dir als wahr bekannt, und die kleinere Prämisse ist dir gesetzt und von dir zugelassen, und der Schluß ist gültig und dir als gültig bekannt, also muß die Konklusion von dir zugegeben werden. – Antwort: Die Konklusion wird zugegeben. So gebe ich den Satz »‹Ein Mensch ist ein Esel› muß von mir zugegeben werden« zu, wie ich auch den Satz »‹Ein Mensch ist ein Esel› ist mir gesetzt und von mir zugelassen« zugegeben habe, beide sind nämlich möglich. Damit ist aber dennoch vereinbar: Wenn mir der Satz »Ein Mensch ist ein Esel« vorgesetzt wird, antworte ich richtig, wenn ich ihn ablehne.

Ein anderes Beispiel: Ich setze dir den Satz »‹Dir wird ein Beweis geführt›[225] und ›Du weißt nicht, daß dir ein Beweis geführt wird‹ sind ähnlich«, und unter »ähnlich« verstehe ich ähnlich in bezug auf die Wahrheit oder die Falschheit, – er muß zugelassen werden, weil möglich. Nach seiner Zulassung setze ich dir den Satz »Dir wird ein Beweis geführt« vor: Wenn du ihn zugibst, gibst du etwas Falsches zu, das nicht aus dem dir Gesetzten folgt, also (antwortest du) schlecht. Es folgt nämlich nicht »‹Dir wird ein Beweis geführt‹ und ›Du weißt nicht, daß dir ein Beweis geführt wird‹ sind ähnlich, also wird dir ein Beweis geführt«. Wenn du ihn aber ablehnst, nämlich den Satz »Dir wird ein Beweis geführt«, so setze ich dir hierauf den Satz

tibi concludi«, istam etiam habes negare, quia negasti istam »Tibi concluditur«, quam concessisti esse similem isti »Tu A57va nescis tibi concludi«, ergo ex quo negasti unam, debes negare aliam. Deinde propono tibi istam »Tu scis tibi concludi«, concedi debet, quia eius contradictoria negata est, scilicet »Tu nescis tibi concludi«. Deinde propono tibi istam »Tibi concluditur«, si concedis, contra: Concessisti idem et negasti, ergo male tu respondes. Si negas, negas formaliter sequens ex concesso, ergo male. Sequitur enim »Tu scis tibi concludi, ergo tibi concluditur«.

Solvitur admittendo positum. Deinde, cum proponitur ista »Tibi concluditur«, concedenda est, et cum dicitur »est falsa et non sequens«, nego hoc, quia licet sit falsa, tamen est sequens ex posito. Sequitur enim »›Tibi concluditur‹ et ›Tu nescis tibi concludi‹ sunt similia, ergo tibi concluditur« propter hoc, quod tibi concludi et te nescire tibi concludi non possunt esse similia nisi in veritate propter hoc, quod habent se sicut consequens et oppositum antecedentis. Patet hoc, nam ista »Tibi concluditur« est consequens ad istam »Tu scis tibi concludi«, sequitur enim »Tu scis tibi concludi, ergo tibi concluditur«, modo ista »Tu nescis tibi concludi« est oppositum istius antecedentis »Tu scis tibi concludi«. Et quia consequens et oppositum antecedentis non possunt esse similia nisi in veritate, et quia tibi concludi et te nescire tibi concludi habent se sicut consequens

1 negare] negative! L negasti] negavisti O 2 concessisti] AE75rLOX om. Y *sed potius exspectandum fuisset* admisisti Z similem] et? add. L 3 ergo] L om. A ergo...concludi] om. O 4 propono] L pono A concedi debet] concedenda est L 5 scilicet] om. L 6 propono] LO proponitur A istam] LO ista A Tibi] om. L 7 contra] LO om. A Concessisti] LOPSX concedis A negasti] LOSX negas A negavisti P etc. add. L 8 tu respondes] L om. AO negas[2]] om. L 9 enim] om. L 11 admittendo] admittenda L 12 cum] quando LO dicitur] dicebatur LO et[2]] L om. AO 13 sequens[1]] LO sequitur A nego] LO negatur A hoc] LO om. A est...posito] non est sic sed aliter! L 14 Sequitur...impossibile] AOPSX om. L 16 tibi[1]...quod] om. O similia] PSX similes A 21 istius] om. O 23 et...veritate] OPSX om. A

»Du weißt nicht, daß dir ein Beweis geführt wird« vor: Diesen mußt du ebenfalls ablehnen, weil du den Satz »Dir wird ein Beweis geführt« abgelehnt hast, den du als dem Satz »Du weißt nicht, daß dir ein Beweis geführt wird« ähnlich zugelassen hast, also gilt: Weil du den einen abgelehnt hast, mußt du (auch) den anderen ablehnen. Sodann setze ich dir den Satz »Du weißt, daß dir ein Beweis geführt wird« vor – er muß zugegeben werden, weil sein kontradiktorischer Satz abgelehnt worden ist, nämlich »Du weißt nicht, daß dir ein Beweis geführt wird«. Sodann setze ich dir den Satz »Dir wird ein Beweis geführt« vor – wenn du ihn zugibst, dann dagegen: Du hast dasselbe zugegeben und abgelehnt, also antwortest du schlecht. Wenn du ihn ablehnst, lehnst du etwas ab, das aus einem Zugegebenen formal folgt, also (antwortest du) schlecht. Es folgt nämlich »Du weißt, daß dir ein Beweis geführt wird, also wird dir ein Beweis geführt«.

Auflösung: Das Gesetzte wird zugelassen. Wenn hierauf der Satz »Dir wird ein Beweis geführt« vorgesetzt wird, so muß er zugegeben werden, und wenn es heißt »er ist falsch und folgt nicht (aus dem Gesetzten)«, so verneine ich das, denn obgleich er falsch ist, so folgt er doch aus dem Gesetzten. Es folgt nämlich »‹Dir wird ein Beweis geführt‹ und ›Du weißt nicht, daß dir ein Beweis geführt wird‹ sind ähnlich, also wird dir ein Beweis geführt«, und zwar deswegen, weil daß dir ein Beweis geführt wird und daß du nicht weißt, daß dir ein Beweis geführt wird, nur hinsichtlich der Wahrheit ähnlich sein können, und zwar deshalb, weil sie sich wie Nachsatz und Gegensatz des Vordersatzes verhalten. Das ist klar, denn der Satz »Dir wird ein Beweis geführt« ist der Nachsatz zum Satz »Du weißt, daß dir ein Beweis geführt wird«, es folgt nämlich »Du weißt, daß dir ein Beweis geführt wird, also wird dir ein Beweis geführt«, der Satz »Du weißt nicht, daß dir ein Beweis geführt wird« ist nun aber der Gegensatz des Vordersatzes »Du weißt, daß dir ein Beweis geführt wird«. Und weil Nachsatz und Gegensatz des Vordersatzes nur hinsichtlich der Wahrheit ähnlich sein können und weil daß dir ein Beweis

et oppositum antecedentis, sequitur, quod ipsa non possunt esse similia nisi in veritate. Et ideo quodcumque eorum tibi proponitur facta tali obligatione, est a te concedendum. Quod autem consequens et oppositum antecedentis non possunt esse similia nisi in veritate, patet, quia si possent esse similia in falsitate, tunc consequens esset falsum et oppositum antecedentis esset falsum. Sed quando consequens est falsum, antecedens est falsum, ergo si consequens et oppositum antecedentis essent similia in falsitate, contradictoria essent simul falsa, O60rb scilicet antecedens et eius contradictorium, quod est impossibile.

Aliud exemplum est: Pono tibi, quod consequens et oppositum antecedentis sunt similia, si admittis, propono tibi istam »Homo est hinnibilis«, neganda est, quia falsa et impertinens. Deinde propono tibi istam »Nullus homo est equus«, si concedis, contra: Ipsa est similis isti »Homo est hinnibilis«, quam negasti, ergo est neganda. Assumptum probatur, quia istae »Homo est hinnibilis« et »Nullus homo est equus« se habent sicut consequens et oppositum antecedentis, sequitur enim »Homo est equus, ergo homo est hinnibilis«, sed oppositum antecedentis est »Nullus homo est equus«. Si negas, ergo concedis eius contradictorium, scilicet »Homo est equus«, et sic concedis impossibile propter possibile positum.

Respondetur admittendo positum. Et cum proponitur »Homo est hinnibilis«, nego, quia falsa et impertinens. Deinde cum proponitur ista »Nullus homo est equus«, concedo. Et quando dicebatur »›Homo est hinnibilis‹ et ›Nullus homo est

2 ideo] ergo O 3 Quod…impossibile] OPSX om. A 5 nisi…veritate] OPS in falsitate X quia] OPS nam X si…falsitate] OPS om. X possent] PS possunt O similia[2]] OP om. S 7 esset falsum] O similiter PSX quando] O si PSX 9 simul] OSX similia P 10 eius] OPS suum X 12 Aliud…etc] AOPSX om. L est] om. O tibi] OPSX om. A istam add. OX 13 propono] OPSX pono A 14 est[2]] om. O falsa] OPSX falsum A 17 est] O om. A 22 contradictorium] contradictoriam O scilicet] O sicut A 24 Respondetur] Respondeo O 25 Deinde cum] OPSX et quando A 26 ista] OPSX om. A

geführt wird und daß du nicht weißt, daß dir ein Beweis geführt wird, sich wie Nachsatz und Gegensatz des Vordersatzes verhalten, folgt, daß sie nur hinsichtlich der Wahrheit ähnlich sein können. Und deshalb gilt: Was auch immer davon dir vorgesetzt wird, nachdem eine solche Verpflichtung vollzogen wurde, muß von dir zugegeben werden. – Daß aber Nachsatz und Gegensatz des Vordersatzes nur hinsichtlich der Wahrheit ähnlich sein können, ist klar, denn wenn sie hinsichtlich der Falschheit ähnlich sein könnten, dann wäre der Nachsatz falsch und wäre der Gegensatz des Vordersatzes falsch. Aber wenn der Nachsatz falsch ist, ist der Vordersatz falsch, also: Wenn Nachsatz und Gegensatz des Vordersatzes hinsichtlich der Falschheit ähnlich wären, wären kontradiktorische Gegensätze zugleich falsch, nämlich der Vordersatz und sein kontradiktorischer Gegensatz, was unmöglich ist.

Ein anderes Beispiel lautet: Ich setze dir, daß Nachsatz und Gegensatz des Vordersatzes ähnlich sind, wenn du es zuläßt, so setze ich dir den Satz »Ein Mensch ist des Wieherns fähig« vor – er ist abzulehnen, weil falsch und uneinschlägig. Sodann setze ich dir den Satz »Kein Mensch ist ein Pferd« vor – wenn du ihn zugibst, dann dagegen: Er ist dem Satz »Ein Mensch ist des Wieherns fähig« ähnlich, den du abgelehnt hast, also muß er abgelehnt werden. Die Annahme wird bewiesen, denn die Sätze »Ein Mensch ist des Wieherns fähig« und »Kein Mensch ist ein Pferd« verhalten sich wie Nachsatz und Gegensatz des Vordersatzes, es folgt nämlich »Ein Mensch ist ein Pferd, also ist ein Mensch des Wieherns fähig«, aber der Gegensatz des Vordersatzes lautet »Kein Mensch ist ein Pferd«. Wenn du ihn ablehnst: Also gibst du seinen kontradiktorischen Gegensatz zu, nämlich »Ein Mensch ist ein Pferd«, und somit gibst du aufgrund eines möglichen Gesetzten etwas Unmögliches zu.

Antwort: Das Gesetzte wird zugelassen. Und wenn (der Satz) »Ein Mensch ist des Wieherns fähig« vorgesetzt wird, so lehne ich ihn ab, weil falsch und uneinschlägig. Wenn sodann der Satz »Kein Mensch ist ein Pferd« vorgesetzt wird, so gebe ich ihn zu. Und wenn es hieß »‹Ein Mensch ist des Wieherns fä-

equus‹ sunt similia«, nego. Et quando dicebatur, quod habent se sicut consequens et oppositum antecedentis, dico, quod etiam habent se sicut antecedens et oppositum consequentis, quae non possunt esse similia nisi in falsitate. Unde sicut sequitur »Homo est equus, ergo homo est hinnibilis«, ita sequitur »Homo est hinnibilis, ergo homo est equus«. Et cum dicebatur prius in sophismate praecedenti »Consequens et oppositum antecedentis non possunt esse similia nisi in veritate«, intelligebatur de antecedente et consequente, inter quae non sit consequentia mutua, sed inter illa »Homo est equus« et »Homo est hinnibilis« est consequentia mutua, ergo etc.

Aliud exemplum: Sit rei veritas, quod nullum grammaticum sit, deinde pono tibi istam »Nullum grammaticum esse et deum esse conceduntur ab aliquo grammatico esse similia«. Si admittis, deinde propono tibi istam »Nullum grammaticum est«, est concedenda, quia vera per casum et impertinens. Deinde propono tibi istam »Deum esse conceditur ab aliquo grammatico«, similiter debet concedi propter hoc, quod suum simile est concessum. Deinde propono tibi istam »Aliquod grammaticum est«, si concedis, et prius concessisti eius oppositum, ergo male. Si negas, negas sequens, ergo iterum male, sequitur enim »Deum esse conceditur ab aliquo grammatico, ergo aliquod grammaticum est«.

1 quod] A om. OPSX habent...antecedentis] OPSX bene etc. A 3 etiam] APSX om. O antecedens] APSX consequens O consequentis] APSX antecedentis O 4 nisi] OPSX om. A 5 ergo] O et A ita...equus] OPSX ergo simile etc. A 6 cum] quando O dicebatur] OPSX dicitur A 7 prius] OPSX om. A praecedenti] SX om. A praecedente OP 8 non...veritate] OPSX etc. A similia] OPX simul vera! S intelligebatur] O intelligitur APSX 9 inter quae] ubi O sit] est O 10 sed...etc] OPSX om. A et] PS om. OX 12 Aliud...argumentum] AE75v OPSXY om. L quod...sit] AE75vOPS quod nullum generatum sit X nullum grammaticum esse Y *et sic suo modo in toto hoc exemplo habent* AEOPSXY 13 pono] propono O 14 conceduntur] conceditur O grammatico] om. O similia] OPSX con- add. A 15 admittis] APSX concedis O tibi istam] OPSX om. A 16 est[1]] OPSX esse A concedenda] OPSX concedendum A vera] AOPSX est add. S per casum] PSX om. AO impertinens] per casum add. O 17 tibi] OPSX om. A Deum...istam] E75vOPSX om. A *simili modo istum locum habet* Y

hig‹ und ›Kein Mensch ist ein Pferd‹ sind ähnlich«, so verneine ich das. Und wenn es hieß, daß sie sich wie Nachsatz und Gegensatz des Vordersatzes verhalten, so sage ich, daß sie sich auch wie Vordersatz und Gegensatz des Nachsatzes verhalten, die nur hinsichtlich der Falschheit ähnlich sein können. Denn wie folgt »Ein Mensch ist ein Pferd, also ist ein Mensch des Wieherns fähig«, so folgt auch »Ein Mensch ist des Wieherns fähig, also ist ein Mensch ein Pferd«. Und wenn vorher im vorangehenden Sophisma gesagt wurde »Nachsatz und Gegensatz des Vordersatzes können nur hinsichtlich der Wahrheit ähnlich sein«, so war das in bezug auf Vordersätze und Nachsätze gemeint, zwischen denen es keine wechselseitige Folgerungsbeziehung gibt; aber zwischen dem Satz »Ein Mensch ist ein Pferd« und (dem Satz) »Ein Mensch ist des Wieherns fähig« gibt es eine wechselseitige Folgerungsbeziehung, also usw.

Ein anderes Beispiel: Es sei der Fall, daß es kein gelehrtes Wesen gebe[226], dann setze ich dir den Satz »Daß es kein gelehrtes Wesen gibt und daß es Gott gibt werden von einem gelehrten Wesen als ähnlich anerkannt«. Wenn du ihn zuläßt, so setze ich dir hierauf den Satz »Es gibt kein gelehrtes Wesen« vor – er muß zugegeben werden, weil wahr gemäß der Fallannahme und uneinschlägig. Sodann setze ich dir den Satz »Daß es Gott gibt, wird von einem gelehrten Wesen anerkannt« vor – er muß ebenso zugegeben werden, und zwar deshalb, weil sein Ähnliches zugegeben wurde. Sodann setze ich dir den Satz »Es gibt ein gelehrtes Wesen« vor: Wenn du ihn zugibst, und vorher hast du seinen Gegensatz zugegeben, so (antwortest du) schlecht. Wenn du ihn ablehnst, lehnst du etwas (aus einem Zugegebenen) Folgendes ab, also (antwortest du) wiederum schlecht, es folgt nämlich »Daß es Gott gibt, wird von einem gelehrten Wesen anerkannt, also gibt es ein gelehrtes Wesen«.

18 grammatico] E75vOPSY generato X 20 oppositum] oppositam O 21 ergo²] OPSX et A iterum] A om. OPSX

Pro solutione istius sciendum est, quod antecedens et oppositum consequentis non possunt esse similia nisi in falsitate, si enim essent similia in veritate, antecedens et oppositum consequentis essent simul vera, sed si antecedens est verum, consequens est verum. Ergo si antecedens et oppositum consequentis essent similia in veritate, tunc consequens et eius oppositum essent simul vera, quod est impossibile. Tunc ad propositum: Ex quo ergo »Nullum grammaticum est« et »Deum esse conceditur ab aliquo grammatico« habent se sicut antecedens et oppositum consequentis, ipsa non possunt esse similia nisi in falsitate, et ideo, cum ponuntur esse similia, quodcumque eorum primo proponitur, est negandum tamquam pertinens repugnans, eo quod eius contradictorium est sequens. Quod autem »Nullum grammaticum est« et »Deum esse conceditur ab aliquo grammatico« habeant se sicut antecedens et oppositum consequentis, patet, nam sequitur »Deum esse conceditur
O60va ab aliquo grammatico, ergo aliquod grammaticum est«, modo oppositum consequentis est »Nullum grammaticum est«, ergo »Deum esse conceditur ab aliquo grammatico« et »Nullum
A57vb grammaticum est« habent se sicut antecedens et oppositum consequentis. Ex quo patet ad argumentum.

Aliud exemplum: Pono tibi istam »Antecedens et oppositum consequentis sunt similia«, si admittis, deinde propono tibi istam »Nullus deus est«, neganda est, quia falsa et impertinens. Deinde propono tibi istam »Omnis homo est animal«, si negas,

1 istius] om. O 3 antecedens] esset verum add. O 4 essent] esset O simul] om. O vera] verum O si] om. O 6 similia...veritate] O simul vera AP simul verae S vera X tunc] OPSX om. A consequens] PSX antecedens AO eius oppositum] PSX oppositum consequentis AO 7 quod...impossibile] OPSX om. A 8 ergo] om. O est] Z esse AX om. OPS conceditur] AX concedi OP conceduntur S 9 habent] OPS habet AX 10 possunt] simul add. A esse] vera add. s. del. A 11 cum...similia] OPX om. A cum ponuntur S 12 eorum] OPSX istorum A proponitur] OPSX proponatur A 13 est] OPSX sit A sequens] OPSX con- add. A 14 est] Z esse AOPSX conceditur] ASX concedi OP 15 habeant] PSX habet A habent O 16 patet] APSX om. O sequitur] OPSX om. A 19 conceditur] concedi O 20 est] Z esse AOPSX habent] OPSX habet A 21 quo] A

Zur Lösung dieses (Beispiels) ist festzuhalten, daß Vordersatz und Gegensatz des Nachsatzes nur hinsichtlich der Falschheit ähnlich sein können, wenn sie nämlich hinsichtlich der Wahrheit ähnlich wären, wären Vordersatz und Gegensatz des Nachsatzes zugleich wahr, aber wenn der Vordersatz wahr ist, ist (auch) der Nachsatz wahr. Also: Wenn der Vordersatz und der Gegensatz des Nachsatzes hinsichtlich der Wahrheit ähnlich wären, dann wären der Nachsatz und sein Gegensatz zugleich wahr, was unmöglich ist. – Dann zum vorliegenden (Beispiel): Weil sich also »Es gibt kein gelehrtes Wesen« und »Daß es Gott gibt, wird von einem gelehrten Wesen anerkannt« wie Vordersatz und Gegensatz des Nachsatzes verhalten, können sie nur hinsichtlich der Falschheit ähnlich sein, und deshalb gilt: Da sie als ähnlich gesetzt werden, so muß, was auch immer davon zuerst vorgesetzt wird, als ein unvereinbar Einschlägiges abgelehnt werden, weil sein kontradiktorischer Gegensatz (aus dem Gesetzten) folgt. Daß sich aber »Es gibt kein gelehrtes Wesen« und »Daß es Gott gibt, wird von einem gelehrten Wesen anerkannt« wie Vordersatz und Gegensatz des Nachsatzes verhalten, ist klar, denn es folgt »Daß es Gott gibt, wird von einem gelehrten Wesen anerkannt, also gibt es ein gelehrtes Wesen«, der Gegensatz des Nachsatzes lautet nun aber »Es gibt kein gelehrtes Wesen«, also verhalten sich »Daß es Gott gibt, wird von einem gelehrten Wesen anerkannt« und »Es gibt kein gelehrtes Wesen« wie Vordersatz und Gegensatz des Nachsatzes. Daraus erhellt (die Antwort) auf das Argument.

Ein anderes Beispiel: Ich setze dir den Satz »Vordersatz und Gegensatz des Nachsatzes sind ähnlich« – wenn du ihn zuläßt, so setze ich dir hierauf den Satz »Es gibt keinen Gott« vor: Er muß abgelehnt werden, weil falsch und uneinschlägig. Sodann setze ich dir den Satz »Jeder Mensch ist ein Lebewesen« vor: Wenn du ihn ablehnst, lehnst du etwas Notwendiges ab, also

hoc OPSX 23 admittis] admittitur L deinde] LOPSX om. A 24 Nullus] est add. L 25 tibi] LO om. A

negas necessarium, ergo male respondes. Si concedis, contra: Tu negasti sibi similem, ergo male. Assumptum probatur: Negasti illam »Nullus deus est«, sed ista est similis isti »Omnis homo est animal«, quia habent se sicut antecedens et oppositum consequentis, nam sequitur »Omnis homo est animal, ergo deus est«, eo quod necessarium sequitur ad quodlibet. Sed oppositum consequentis est »Nullus deus est«, ergo videtur istas esse similes stante posito »Omnis homo est animal« et »Nullus deus est«.

Respondetur admittendo positum. Et cum proponitur ista »Nullus deus est«, negatur. Deinde, cum proponitur ista »Omnis homo est animal«, conceditur. Et cum dicitur »Istae sunt similes ›Nullus deus est‹ et ›Omnis homo est animal‹«, negatur. Et quando dicitur »Quia habent se sicut antecedens et oppositum consequentis«, dico, quod etiam se habent sicut consequens et antecedens, quia sicut sequitur »Omnis homo est animal, ergo deus est«, ita etiam sequitur »Nullus deus est, ergo omnis homo est animal«, postquam ad impossibile sequitur quodlibet, sicut necessarium sequitur ad quodlibet. Et ideo, quando dicebatur »Antecedens et oppositum consequentis non possunt esse similia nisi in falsitate«, verum est, quando sunt similia. Verumtamen non semper possunt esse similia, unde non possunt esse similia in falsitate, nisi ubi ex opposito consequentis non sequitur antecedens. Sed sic non est in exemplo posito, cum consequens est propositio necessaria. Tunc enim

1 respondes] O assumptum del. A respondis! L 2 Tu] quia L om. O negasti] negavisti O sibi] eius LO Assumptum] assumens L istam quia patet de se add. L probatur] quia add. O probatur…est[1]] om. L 3 Negasti] negavisti O est[1]] sicut patet de se add. O isti] illae L 4 animal] probatur add. LO 6 eo quod] quia O ad] om. L 7 oppositum] opposita LO videtur] videndum L 8 istas] illato! L similes] simile L 10 ista] L om. AO 11 Nullus…ista] om. L ista] O om. A 12 cum] quando LO dicitur] dicebatur O 13 Nullus… dicitur] LO om. A et] O om. L 14 dicitur] L dicebatur O Quia] om. LO sicut…consequentis] O etc. A tamquam consequens ad oppositum consequentis L 15 quod] om. L 16 consequens] convenit! L et] om. L quia] nam O sicut] om. O Omnis] LO om. A 17 etiam] L om. AO 19 sequitur] om. L 20 oppositum consequentis] LO consequens A 21 est] om. O 22 Verumta-

antwortest du schlecht. Wenn du ihn zugibst, dann dagegen: Du hast einen ihm ähnlichen Satz abgelehnt, also (antwortest du) schlecht. Die Annahme wird bewiesen: Du hast den Satz »Es gibt keinen Gott« abgelehnt, aber dieser Satz ist dem Satz »Jeder Mensch ist ein Lebewesen« ähnlich, weil sie sich wie Vordersatz und Gegensatz des Nachsatzes verhalten, denn es folgt »Jeder Mensch ist ein Lebewesen, also gibt es Gott«, weil ja etwas Notwendiges aus Beliebigem folgt. Aber der Gegensatz des Nachsatzes lautet »Es gibt keinen Gott«, also sind die Sätze »Jeder Mensch ist ein Lebewesen« und »Es gibt keinen Gott« unter der vorgenommenen Setzung offenbar ähnlich.

Antwort: Das Gesetzte wird zugelassen. Und wenn der Satz »Es gibt keinen Gott« vorgesetzt wird, so wird er abgelehnt. Wenn sodann der Satz »Jeder Mensch ist ein Lebewesen« vorgesetzt wird, wird er zugegeben. Und wenn es heißt »Die Sätze ›Es gibt keinen Gott‹ und ›Jeder Mensch ist ein Lebewesen‹ sind ähnlich«, so wird das abgelehnt. Und wenn es heißt »Weil sie sich wie Vordersatz und Gegensatz des Nachsatzes verhalten«, so sage ich, daß sie sich auch wie Nachsatz und Vordersatz verhalten, weil ebenso wie folgt »Jeder Mensch ist ein Lebewesen, also gibt es Gott«, auch folgt »Es gibt keinen Gott, also ist jeder Mensch ein Lebewesen«, nachdem ja aus Unmöglichem Beliebiges folgt, gleichwie Notwendiges aus Beliebigem folgt. Und deshalb gilt: Wenn es hieß »Vordersatz und Gegensatz des Nachsatzes können nur hinsichtlich der Falschheit ähnlich sein«, so gilt das (nur), wenn sie ähnlich sind. Gleichwohl können sie nicht immer ähnlich sein, denn sie können nur in dem Fall hinsichtlich der Falschheit ähnlich sein, wenn der Vordersatz nicht aus dem Gegensatz des Nachsatzes folgt. Das ist aber im angeführten Beispiel nicht der Fall, da ja der Nachsatz ein notwendiger Satz ist. Dann gilt

men] utrum! L verum est tamen O unde...similia] LO om. A 23 nisi] LOPSX om. A 24 non[1]] LOPSX om. A non[2]] LOPSX om. A 25 posito] LOPSX praedicto A

sicut ex antecedente sequebatur consequens, ita ex opposito consequentis non solum sequitur oppositum antecedentis, sed L55vb etiam ipsummet antecedens, quia oppositum consequentis est impossibile, eo quod consequens est necessarium.

Aliud exemplum: Sit A tibi concludi et te nescire tibi concludi esse similia et sit B »Tu sedes«, et ponatur A et B esse similia. Deinde propono tibi istam »Tu sedes«, concedenda est, quia vera et impertinens. Deinde istam »Tibi concluditur«, haec est falsa et non sequens, ergo neganda est. Deinde istam »Tu nescis tibi concludi«, haec debet negari, quia si A et B sunt similia et B est verum, tunc A est verum, ergo si tibi concludi et te nescire tibi concludi sunt similia et tibi concludi est falsum, ergo te nescire tibi concludi est falsum. Ergo haec est neganda »Tu nescis tibi concludi«. Deinde proponatur ista »Tu scis tibi concludi«, hoc est oppositum bene negati, ergo debet concedi. Deinde proponatur ista »Tibi concluditur«, si concedis, idem concessisti et negasti, ergo male. Si negas, negas sequens, quia sequitur »Tu scis tibi concludi, ergo tibi concluditur«.

Pro solutione istius dico, quod A et B possunt esse similia in veritate et falsitate indifferenter. Ad utrumque primo loco propositum respondendum est secundum sui qualitatem, et ideo haec, quae primo loco erat proposita, est concedenda, sed haec tunc est concedenda »Tibi concluditur«, quia sequens. Si

2 non solum] LOPSX om. A oppositum…ipsummet] LOPSX om. A 3 ipsummet] OPSX ipsamet L quia] post quaeritur! L postquam O oppositum] dispositum! L 4 consequens] antecedens L 5 Aliud…neganda] APSX om. LO te] APSX tibi concludi et te add. A nescire] APSX a add. A 6 esse similia[1]] PX om. A sunt esse similia S B[1]] PSX li A ponatur] SX ponitur A ponantur P 8 istam] PSX ista A 9 et] PSX om. A est] PS om. AX istam] PSX ista A 10 haec] PSX om. A 11 tunc] APS igitur X si] A om. PSX 13 te…Ergo] PSX om. A 14 tibi] ASX om. P Deinde…concludi] PSX om. A proponatur] PSX tibi add. X 15 hoc] APX om. S 16 proponatur] PS proponitur A propono X tibi add. X ista] APS istam X 17 negasti] ASX negavisti P 20 dico] APX Respondetur S 21 et] AX vel PS in add. S 22 propositum] APS proposito X est] ASX om. P 23 ideo haec] APX om. S 24 haec] PSX secunda A tunc] PSX om. A Tibi concluditur] PSX om. A

nämlich: Wie aus dem Vordersatz der Nachsatz folgte, so folgt aus dem Gegensatz des Nachsatzes nicht nur der Gegensatz des Vordersatzes, sondern auch der Vordersatz selbst, weil der Gegensatz des Nachsatzes unmöglich ist, weil ja der Nachsatz (selbst) notwendig ist.

Ein anderes Beispiel: Es sei A: daß dir ein Beweis geführt wird und daß du nicht weißt, daß dir ein Beweis geführt wird, sind ähnlich; und es sei B »Du sitzt«, und es werde gesetzt, daß A und B ähnlich sind. Hierauf setze ich dir den Satz »Du sitzt« vor – er muß zugegeben werden, weil wahr und uneinschlägig. Sodann den Satz »Dir wird ein Beweis geführt« – dieser ist falsch und folgt nicht (aus dem Gesetzten), also muß er abgelehnt werden. Sodann den Satz »Du weißt nicht, daß dir ein Beweis geführt wird«: Dieser muß abgelehnt werden, weil wenn A und B ähnlich sind und B wahr ist, dann ist (auch) A wahr, also: Wenn daß dir ein Beweis geführt wird und daß du nicht weißt, daß dir ein Beweis geführt wird, ähnlich sind und daß dir ein Beweis geführt wird falsch ist, dann ist daß du nicht weißt, daß dir ein Beweis geführt wird, (auch) falsch. Also ist der Satz »Du weißt nicht, daß dir ein Beweis geführt wird« abzulehnen. Sodann werde (dir) der Satz »Du weißt, daß dir ein Beweis geführt wird« vorgesetzt: Das ist der Gegensatz eines richtig Abgelehnten, also muß es zugegeben werden. Sodann werde (dir) der Satz »Dir wird ein Beweis geführt« vorgesetzt: Wenn du ihn zugibst, hast du dasselbe zugegeben und abgelehnt, also (antwortest du) schlecht. Wenn du ihn ablehnst, lehnst du etwas (aus einem Zugegebenen) Folgendes ab, weil folgt »Du weißt, daß dir ein Beweis geführt wird, also wird dir ein Beweis geführt«.

Zur Lösung dieses (Beispiels) sage ich, daß A und B gleichermaßen hinsichtlich der Wahrheit und der Falschheit ähnlich sein können. Auf jedes von beiden muß gemäß seiner Qualität geantwortet werden, wenn es an erster Stelle vorgesetzt wird, und deshalb muß der Satz, der an erster Stelle vorgesetzt wurde, zugegeben werden, aber dann muß (auch) der Satz »Dir wird ein Beweis geführt« zugegeben werden, weil (aus dem

tamen primum proponeretur »Tibi concluditur«, esset negandum, et tunc, si post proponeretur ista »Tu sedes«, similiter esset neganda.

Aliud exemplum: Pono tibi Antichristum esse et Antichristum currere esse dissimilia. Deinde propono tibi istam »Antichristus est«, neganda est, ut videtur, quia falsa et impertinens. Deinde propono tibi istam »Antichristus currit«, concedenda est, quia dissimilis prius est negata post positum, modo propositionum dissimilium, si negas unam, habes concedere aliam. Deinde iterum propono tibi istam »Antichristus est«, si concedis, ergo idem concessisti et negasti, ergo male. Si negas, negas sequens ex concesso, ergo male, sequitur enim »Antichristus currit, ergo Antichristus est«.

Pro solutione istius et consimilium sciendum est, quod si aliqua ponuntur esse dissimilia, videndum est, an unum eorum sequitur ad aliud vel neutrum. Si neutrum, quodcumque eorum primo proponitur, ad ipsum respondendum est secundum sui qualitatem. Si vero unum eorum sequitur ad aliud, tunc in quocumque loco proponitur consequens, est concedendum, eo quod antecedens et consequens non possunt esse dissimilia, nisi A58ra ubi antecedens est falsum et consequens est verum. Et ideo ad istam »Antichristum currere et Antichristum esse sunt dissimilia« sequitur Antichristum esse esse verum, postquam Anti- O60vb christum esse est consequens ad Antichristum currere. Et per

1 tamen] APSX illa add. PSX primum] A primo loco PSX proponeretur] PSX proponatur A negandum] A neganda PSX 2 tunc si] A trsp. PSX post] AP postea SX proponeretur] X proponatur A om. P proponetur S 4 et] etiam add. L 5 dissimilia] LOPSX similia A Deinde] unde L 6 est[2]] om. L 7 tibi] O om. AL 8 est quia] trsp. L prius...positum] A concessae proposito L concessae O concessae per positum P negatae per positum S negato proposito X post] Z per A propositionum dissimilium] propositionem dissimili L 11 ergo[1]] LPSX om. AO et negasti] om. L negas[2]] om. L 12 concesso] concessu L ergo male] LO om. A Antichristus...est] om. L 14 Pro...dissimilia] om. L 15 ponuntur] PS ponantur? A possunt esse O ponerem X an] si add. O eorum] om. L 16 sequitur] sequatur O aliud] tunc in quocumque loco proponitur add. s. del. O 17 primo] LOPSX prius A loco add. S proponitur] OPS proponatur A ponitur LX ipsum] ipsam L 18 sui] om. L eorum] LO om.

Bisherigen) folgend. Wenn jedoch »Dir wird ein Beweis geführt« als erstes vorgesetzt würde, wäre es abzulehnen, und dann wäre der Satz »Du sitzt«, wenn er danach vorgesetzt würde, ebenso abzulehnen.

Ein anderes Beispiel: Ich setze dir: Daß der Antichrist ist und daß der Antichrist läuft sind unähnlich. Hierauf setze ich dir den Satz »Der Antichrist ist« vor: Er muß abgelehnt werden, wie es scheint, weil falsch und uneinschlägig. Sodann setze ich dir den Satz »Der Antichrist läuft« vor: Er muß zugegeben werden, weil ein unähnlicher (Satz) vorher, nach dem Gesetzten abgelehnt wurde, von unähnlichen Sätzen gilt nun aber: Wenn du den einen ablehnst, mußt du den anderen zugeben. Sodann setze ich dir abermals den Satz »Der Antichrist ist« vor: Wenn du ihn zugibst, dann hast du dasselbe zugegeben und abgelehnt, also (antwortest du) schlecht. Wenn du ihn ablehnst, lehnst du etwas aus einem Zugegebenen Folgendes ab, also (antwortest du) schlecht; es folgt nämlich »Der Antichrist läuft, also ist der Antichrist«.

Zur Lösung dieses (Beispiels) und ähnlicher ist festzuhalten: Wenn irgendwelche (Aussagen) als unähnlich gesetzt werden, muß man prüfen, ob eine von ihnen aus der anderen folgt oder keine davon. Wenn keine, dann gilt: Welche auch immer davon als erste vorgesetzt wird, so muß man auf sie gemäß ihrer Qualität antworten. Wenn hingegen eine davon aus der anderen folgt, dann gilt: An welcher Stelle auch immer der Nachsatz vorgesetzt wird, er muß zugegeben werden, weil ja der Vordersatz und der Nachsatz nur in dem Fall unähnlich sein können, wenn der Vordersatz falsch ist und der Nachsatz wahr ist. Und deshalb folgt aus dem Satz »Daß der Antichrist läuft und daß der Antichrist ist sind unähnlich«, daß es wahr ist, daß der Antichrist ist, nachdem ja *daß der Antichrist ist* der Nachsatz ist zu *daß der Antichrist läuft*. Und damit erhellt (die

A sequitur] sequatur O ad aliud] om. L tunc] aliud est add. L 19 proponitur] LO ponatur AX proponuntur P ponitur S consequens] LOPSX om. A 20 dissimilia] AO similes L similia PSX 21 est^{2}] L om. AO Et...argumentum] om. L 22 sunt] Z om. AOPS esse X 24 currere] esse O Et] O om. A per] ex O

hoc patet ad argumentum, unde admittendum est positum, et cum proponitur ista »Antichristus est«, concedenda est tamquam sequens ex posito.

Cap. VI.8 ⟨Capitulum octavum de positione composita et primo de positione coniuncta⟩

Sequitur de positione composita, et primo de coniuncta, quae est duplex: Quaedam enim est, cuius utraque pars est simplex categorica, sicut hic »Pono tibi istam ›Tu curris et tu es Romae‹«. Quaedam vero est, cuius utraque pars non est simplex categorica, sed hypothetica, vel una est categorica et alia hypothetica. Prima vocatur simplex in suo genere et alia composita.

Tunc circa istam positionem coniunctam notanda est una regula, quod quando ponitur aliqua copulativa, sive sit simplex sive composita, videndum est, an aliqua pars illius copulativae sit impossiblis. Et si sic, copulativa non est admittenda nisi in positione impossibili. Si autem utraque pars huius est impossibilis, similiter non est admittenda. Similiter si omnes eius partes sunt possibiles, non tamen compossibiles, non est admittenda. Sed si quaelibet partium sit possibilis et quaelibet cuilibet compossibilis, est admittenda.

Iuxta istam positionem coniunctam, et primo iuxta positionem simplicem, sit tale exemplum: Sit rei veritas, quod nullus

1 admittendum] O concedendum ALPSX 2 ista] LO om. A est[2]] om. L 3 posito] etc. add. L *Hic finitur codex* P 6 composita] quae posita! L coniuncta] disiuncta O 7 enim] L om. AO 8 hic] L om. A patet O curris] es Romae L tu] non add. L es] est! L 9 vero] LO om. A est[1]] om. O cuius] non add. ASX non] O om. ALSX 10 categorica[1]] non add. L hypothetica vel] om. L est] L om. AO 11 Prima] LO primo A vocatur] dicitur LO in… genere] om. L et alia] secunda vero L alia vero O 12 Tunc] L om. AO positionem] propositionem L coniunctam] compositam L notanda] O notandum AL una] ista L haec O 13 quod…composita] om. L 14 videndum est] et videndum L 15 impossiblis] possibilis L in] om. L 16 huius] L om. AO est] fuerit L sit O 17 Similiter] om. L eius] L om. AO 18 sunt] L sint AO compossibiles] iterum add. LO 19 Sed si] si vero L si autem O quaeli-

Antwort) auf das Argument, denn das Gesetzte muß zugelassen werden, und wenn der Satz »Der Antichrist ist« vorgesetzt wird, muß er als aus dem Gesetzten folgend zugegeben werden.

Kapitel VI.8:
Die zusammengesetzte Setzung und erstens die verbundene Setzung

Es folgt (das Kapitel) über die zusammengesetzte Setzung, und erstens über die verbundene (Setzung), welche es auf zweierlei Weise gibt: Es gibt nämlich eine Art, von der jeder Teil ein einfacher kategorischer Satz ist, wie z. B. hier: »Ich setze dir den Satz ›Du läufst und du bist in Rom‹«. Eine andere Art hingegen gibt es, von der jeder Teil kein einfacher kategorischer, sondern ein hypothetischer Satz ist, oder der eine (Teil) ein kategorischer und der andere ein hypothetischer Satz ist. Die erste Art heißt »einfach« in ihrer Gattung (nämlich der verbundenen Setzung) und die andere »zusammengesetzt« (in ebendieser Gattung).

Dann ist bezüglich dieser verbundenen Setzung eine Regel festzuhalten: Wenn irgendein kopulativer Satz gesetzt wird, sei er einfach, sei er zusammengesetzt, so muß man prüfen, ob irgendein Teil dieses kopulativen Satzes unmöglich ist. Und wenn ja, dann darf der kopulative Satz nicht zugelassen werden, außer im Falle einer unmöglichen Setzung. Wenn aber jeder Teil dieses (kopulativen Satzes) unmöglich ist, darf er ebenfalls nicht zugelassen werden. Ebenso darf er nicht zugelassen werden, wenn alle seine Teile möglich, jedoch nicht vereinbar sind. Aber wenn jeder von (seinen) Teilen möglich und jeder mit jedem vereinbar ist, dann muß (der kopulative Satz) zugelassen werden.

In bezug auf diese verbundene Setzung, und erstens in bezug

bet[1]] O utraque A quilibet! L partium] LO om. A cuilibet] O om. A alteri L
21 positionem[2]] L om. AO

homo currit. Tunc pono tibi istam »Omnis homo currit et nihil est tibi positum«. Deinde propono tibi istam »Omnis homo currit«, concedenda est tamquam sequens, nam ad totam copulativam sequitur quaelibet eius pars. Deinde propono tibi istam »Nihil est tibi positum«, etiam concedenda est, quia sequens tamquam pars copulativae ad totam copulativam, cuius ipsa est pars. Deinde propono tibi istam »Tu non es obligatus«, etiam concedenda est, quia sequens ex concesso, sequitur enim »Nihil est tibi positum, ergo tu non es obligatus«. Deinde iterum propono tibi istam »Omnis homo currit«, si negas, negas, quod prius concessisti, ergo male respondes. Si concedis, contra: Tu non es obligatus, sicut concessisti, et concedis falsum, ergo male respondes.

Potest dici, quod copulativa posita non est admittenda propter hoc, quod altera eius pars repugnat positioni, scilicet ista »Nihil est tibi positum«. Modo, sicut prius dicebatur, possibile non repugnans positioni bene est admittendum, si vero repugnat positioni, non debet admitti.

Aliud exemplum: Pono tibi istam »Omnis homo currit et nulla copulativa est tibi posita«, et stet casus dictus, scilicet, quod nullus homo currat. Si admittis, propono tibi istam »Omnis homo currit«, concedenda est, quia sequens ex posito. Deinde propono tibi istam »Nulla copulativa est tibi posita«, similiter concedenda est, quia sequens ex posito. Deinde pro-

16 prius] Cf. Cap. VI.7, regulam ante primum exemplum.

1 currit[1]] currat O Tunc] L om. AO 2 tibi[2]] LO om. A 3 concedenda] igitur etc. add. L est…admitti] AOSX om. L totam] SX om. AO 4 propono] om. O tibi] SX om. AO 5 etiam] om. S est[2]] om. O 6 sequens] ad copulativam add. O tamquam…copulativae] OSX om. A pars] OS om. X totam] S om. AO unam X 7 cuius…pars] OSX om. A ipsa] SX om. O tibi] OSX om. A 8 etiam] S om. AOX quia] AO tamquam SX ex] ASX de O 9 tu] ASX om. O 10 iterum] OSX om. A tibi] OSX om. A 11 negas quod] S et AOX respondes] SX om. AO 12 Tu] SX om. AO 13 respondes] OSX om. A 14 Potest dici] A postet! dici O Respondetur SX quod] AOX om. S ca- add. s. del. O copulativa] tibi add. O posita] OSX om. A 16 prius] OSX om. A 17 bene] ASX om. O 18 positioni] OSX om. A debet admitti] AO est admittendum SX 19 Aliud…positam] AOSX

auf die einfache Setzung, sei das folgende Beispiel vorgebracht: Es sei der Fall, daß kein Mensch läuft. Dann setze ich dir den Satz »Jeder Mensch läuft und nichts ist dir gesetzt«. Hierauf setze ich dir den Satz »Jeder Mensch läuft« vor: Er muß als (aus dem zugelassenen Gesetzten) folgend zugegeben werden, denn aus einem ganzen kopulativen Satz folgt jeder Teil von ihm. Sodann setze ich dir den Satz »Nichts ist dir gesetzt« vor: Er muß auch zugegeben werden, weil als Teil eines kopulativen Satzes aus dem ganzen kopulativen Satz, dessen Teil er ist, folgend. Sodann setze ich dir den Satz »Du bist nicht verpflichtet« vor: Er muß auch zugegeben werden, weil er aus einem Zugegebenen folgt, es folgt nämlich »Nichts ist dir gesetzt, also bist du nicht verpflichtet«. Sodann setze ich dir abermals den Satz »Jeder Mensch läuft« vor: Wenn du ihn ablehnst, lehnst du ab, was du vorher zugegeben hast, also antwortest du schlecht.Wenn du ihn zugibst, dann dagegen: Du bist nicht verpflichtet, wie du zugegeben hast, und du gibst etwas Falsches zu, also antwortest du schlecht.

Man kann antworten, daß der gesetzte kopulative Satz deshalb nicht zugelassen werden darf, weil der eine Teil von ihm mit der Setzung unvereinbar ist, nämlich der (Teil bzw. Satz) »Nichts ist dir gesetzt«. Nun gilt aber, wie schon früher gesagt wurde: Etwas Mögliches, das der Setzung nicht widerspricht, muß sehr wohl zugelassen werden, wenn es hingegen der Setzung widerspricht, darf es nicht zugelassen werden.

Ein anderes Beispiel: Ich setze dir den Satz »Jeder Mensch läuft und kein kopulativer Satz ist dir gesetzt«, und es bestehe weiterhin die genannte Fallannahme, nämlich, daß kein Mensch laufe. Wenn du ihn zuläßt, setze ich dir den Satz »Jeder Mensch läuft« vor: Er muß zugegeben werden, weil aus dem Gesetzten folgend. Sodann setze ich dir den Satz »Kein kopulativer Satz ist dir gesetzt« vor: Er muß ebenfalls zugegeben werden, weil aus dem Gesetzten folgend. Sodann setze ich

om. L Pono…istam] SX om. AO 20 est] falsa add. s. del. S scilicet] ASX om. O 23 propono tibi] OSX om. A 24 ex posito] OSX om. A propono tibi] SX om. AO

pono tibi istam »Tu non es obligatus«, concedenda est, ut videtur, ex quo nulla copulativa est tibi posita nec aliquid aliud, unde sequitur te non esse obligatum. Deinde propono tibi istam »Omnis homo currit«, si negas hoc, et prius concessisti, ergo male respondes. Si concedis, contra: Tu non es obligatus, ut concessum est, et concedis falsum, ergo male respondes.

Istud exemplum potest solvi aliter quam primum, nam in alio exemplo secunda pars copulativae negat quodlibet esse tibi positum, sed secunda pars istius copulativae non quodlibet negat esse positum, sed solum copulativam. Deinde, cum ulterius proponebatur »Nulla copulativa est tibi posita«, admittatur. [O61ra] Et quando ulterius proponebatur »Tu non es obligatus«, negetur. Et quando dicebatur »Nulla copulativa est tibi posita nec aliquid aliud«, dico, quod immo aliquid aliud quam copulativa est tibi positum, puta quaelibet pars copulativae, quarum quaelibet est aliud a tota copulativa, cuius ipsa est pars.

Sed diceres: Tu concedis istam »Nulla copulativa est tibi posita«, contra: Ego posui tibi istam copulativam »Omnis [A58rb] homo currit et nulla copulativa est tibi posita«, ergo aliqua copulativa est tibi posita, sed hoc negasti, ergo male respondisti. Respondetur concedendo consequentiam et negatur antecedens tamquam repugnans concesso, puta isto »Nulla copulativa est tibi posita«. Cum enim concedis, quod nulla copulativa

1 est] ASX om. O 2 videtur] quia add. OSX 3 unde] A om. OSX 4 hoc] OS om. AX hoc et] S trsp. O 5 respondes] SX om. AO Tu] SX om. AO 6 concessum est] AO concessisti SX respondes] OSX om. A 7 exemplum] Z om. AO sophisma SX potest] ASX non potest O primum] A praecedens OSX 8 alio] AO praecedente S praecedenti X exemplo] A sophismate OSX pars] istius add. S tibi] A om. OSX 9 sed...positum] OSX ista vero non A secunda] OS ista X istius] O om. SX 10 solum] negat add. A ulterius] OS om. A 11 proponebatur] S proponitur A dicebatur O admittatur] O admittitur A admittenda est S 12 Et...negetur] OS om. A Tu] S om. O 13 quando] AS cum O 14 dico quod] A negatur O negetur S aliquid aliud[2]] OS om. A quam...positum] S om. AO 15 quarum quaelibet] AO quae S 16 tota] S om. AO cuius...pars] OS om. A ipsa] S om. O 17 diceres] tunc add. S istam] AO om. S 18 contra] OS om. A tibi] OS om. A copulativam] AS om. O Omnis...posita] OS *partes copulativae* trsp. A 19 nulla] OS nullam! A posita] quae est aliqua copulativa add. S

dir den Satz »Du bist nicht verpflichtet« vor: Er muß zugegeben werden, wie es scheint, weil dir ja kein kopulativer Satz gesetzt ist und auch nichts anderes – so folgt, daß du nicht verpflichtet bist. Sodann setze ich dir (abermals) den Satz »Jeder Mensch läuft« vor: Wenn du das ablehnst – aber vorher hast du es zugegeben, also antwortest du schlecht. Wenn du es zugibst, dann dagegen: Du bist nicht verpflichtet, wie zugegeben wurde, und du gibst etwas Falsches zu, also antwortest du schlecht.

Dieses Beispiel kann man anders auflösen als das erste, denn im anderen Beispiel verneint der zweite Teil des kopulativen Satzes von allem, daß es dir gesetzt ist, aber der zweite Teil des kopulativen Satzes (im gegenwärtigen Beispiel) verneint nicht von allem, daß es (dir) gesetzt ist, sondern nur von (jedem) kopulativen Satz. Sodann: Wenn weiters (der Satz) »Kein kopulativer Satz ist dir gesetzt« vorgesetzt wurde, so lasse man ihn zu. Und wenn weiters vorgesetzt wurde »Du bist nicht verpflichtet«, so lehne man das ab. Und wenn es hieß »Kein kopulativer Satz ist dir gesetzt und auch nichts anderes«, so sage ich, daß dir durchaus etwas anderes als ein kopulativer Satz gesetzt ist, nämlich jeder Teil eines kopulativen Satzes, von denen jeder vom ganzen kopulativen Satz, dessen Teil er ist, verschieden ist.

Einwand: Du gibst den Satz »Kein kopulativer Satz ist dir gesetzt« zu, aber dagegen: Ich habe dir den kopulativen Satz »Jeder Mensch läuft und kein kopulativer Satz ist dir gesetzt« gesetzt, also ist dir ein kopulativer Satz gesetzt, aber das hast du verneint, also hast du schlecht geantwortet. – Antwort: Die Folgerung wird zugegeben und der Vordersatz wird abgelehnt, und zwar als einem Zugegebenen widersprechend, nämlich diesem »Kein kopulativer Satz ist dir gesetzt«. Da du nämlich zugibst, daß dir kein kopulativer Satz gesetzt ist, mußt du

aliqua copulativa] OS ista A 20 sed] A et OS respondisti] S om. AO 21 Respondetur concedendo] S conceditur A concedenda est O consequentiam] AS consequentia O et] AO sed S negatur] A negandum est OS 22 concesso] AS om. O isto] S om. AO 23 quod] AS om. O

est tibi posita, consequenter debes negare me tibi posuisse copulativam et etiam te admisisse copulativam, et optime est licitum, sicut patet per unam regulam prius positam.

Aliud exemplum: Pono tibi istam »Aliquis homo est Romae et nullus alius a te est Romae«, si admittis, propono tibi istam »Tu es Romae«. Si negas, negas sequens, ut videtur, nam videtur sequi »Aliquis homo est Romae et nullus alius a te est Romae, ergo tu es Romae«. Si concedis, concedis falsum et impertinens, ergo male respondes. Probatur antecedens, nam non sequitur »Aliquis homo est Romae et nullus alius a te est Romae, ergo tu es Romae«, posito enim, quod tu non esses, ista potest esse vera »Aliquis homo est Romae et nullus alius a te est Romae« ista existente falsa »Tu es Romae«. Cum enim non esses, nihil esset aliud a te ex eo, quod inter quaecumque debet esse alietas, oportet, quod ista sint.

Respondetur admittendo positum. Et cum proponitur »Tu es Romae«, neganda est tamquam falsa et impertinens, sicut probatum est. Et negandum est, quod sequatur »Aliquis homo est Romae et nullus alius a te est Romae, ergo tu es Romae«, sed si consequentia deberet valere, oporteret aliquid addi sic arguendo »Aliquis homo est Romae et nullus alius a te est Romae et tu es homo, ergo tu es Romae«.

Aliud exemplum: Pono tibi istam »Tu respondes ad falsum et solum respondes ad A«, et sit A prima pars istius copulativae.

3 prius] Cf. Cap. VI.5, regulam tertiam vel nonam.

1 posita] ulterius add. o consequenter] os om. a me...copulativam[1]] sx quod posuerim aliquam copulativam a quod ego posui tibi aliquam copulativam o 2 copulativam[1]] multa exempla possunt poni sed ista sufficiant add. a et[1]...positam] sx om. ao est] x om. s 4 Aliud...Romae[2]] osx om. al 5 admittis] sx ad! o 6 ut videtur] os om. x nam] sx unde o 8 Romae] sx om. o Si...Romae] sx om. o 11 esses] osx in rerum natura adhuc add. o ista] os om. x 12 potest] x posset o possunt s 13 ista existente] o quod ista esset s et tamen ista esset x enim] os om. x 14 esses] in rerum natura add. o quaecumque] sx quae o debet] os habet x 15 alietas] e76vos alienitas x quod...sint] sx quodlibet esse o 16 Et] ox om. s proponitur] os proponebatur x 17 Romae] negatur add. s. del. o 18 Et] o om. sx quod sequa-

folgerichtig ablehnen, daß ich dir einen kopulativen Satz gesetzt habe, und auch, daß du einen kopulativen Satz zugelassen hast, und das ist sehr wohl erlaubt, wie aus einer früher aufgestellten Regel erhellt.

Ein anderes Beispiel: Ich setze dir den Satz »Irgendein Mensch ist in Rom und kein anderer als du ist in Rom«, wenn du ihn zuläßt, setze ich dir den Satz »Du bist in Rom« vor: Wenn du ihn ablehnst, lehnst du etwas (aus dem Gesetzten) Folgendes ab, wie es scheint, denn es folgt offenbar »Irgendein Mensch ist in Rom und kein anderer als du ist in Rom, also bist du in Rom«. Wenn du ihn zugibst, gibst du etwas Falsches und Uneinschlägiges zu, also antwortest du schlecht. Der Vordersatz wird bewiesen, denn es folgt nicht »Irgendein Mensch ist in Rom und kein anderer als du ist in Rom, also bist du in Rom«, unter der Annahme nämlich, daß du nicht existiertest, kann der Satz »Irgendein Mensch ist in Rom und kein anderer als du ist in Rom« wahr sein, während der Satz »Du bist in Rom« falsch ist. Da du nämlich nicht existiertest, wäre nichts von dir verschieden, und zwar aus folgendem Grund: Zwischen welchen Dingen auch immer eine Verschiedenheit bestehen soll, diese Dinge müssen existieren.

Antwort: Das Gesetzte wird zugelassen. Und wenn (der Satz) »Du bist in Rom« vorgesetzt wird, so muß er als falsch und uneinschlägig abgelehnt werden, wie bewiesen wurde. Und es muß verneint werden, daß folge »Irgendein Mensch ist in Rom und kein anderer als du ist in Rom, also bist du in Rom«, sondern wenn die Folgerung gültig sein sollte, müßte man etwas hinzufügen, indem man so argumentiert »Irgendein Mensch ist in Rom und kein anderer als du ist in Rom und du bist ein Mensch, also bist du in Rom«.

Ein anderes Beispiel: Ich setze dir den Satz »Du antwortest auf etwas Falsches und du antwortest nur auf A«, und es sei A der erste Teil dieses kopulativen Satzes. Hierauf setze ich dir

tur] O om. S quod sequitur X 19 nullus] homo add. S 20 sed] OS om. X oporteret] SX deberet O aliquid] O om. SX 23 Aliud...incompossibiles] LOSX om. A 24 prima] OSX probatur! L

Deinde propono tibi istam »Tu respondes ad falsum«, concedenda est tamquam sequens sicut pars copulativae ad totam copulativam, cuius est pars. Deinde propono tibi istam »Tu solum respondes ad A«, similiter concedenda est, quia sequens. Deinde iterum propono tibi istam »Tu respondes ad falsum«, si negas, et prius concessisti, ergo male respondes. Si concedis, contra: Tu respondes ad falsum et solum respondes ad A, ergo A est falsum, sed A est ista »Tu respondes ad falsum«, igitur ista est falsa. Respondetur, quod positio non est admittenda, quia partes istius copulativae sunt incompossibiles.

Deinde iuxta positionem coniunctam compositam sit tale exemplum: Sit A me currere et te respondere ad falsum et B me loqui tecum et solum te respondere ad A. Tunc pono tibi istam copulativam ex A et B compositam. Deinde propono tibi istam »A est verum«, hoc est concedendum, quia sequens ex posito admisso. Deinde propono tibi istam »Tu respondes ad falsum«, ista iterum est sequens, igitur est concedenda. Deinde propono tibi istam »Tu solum respondes ad A«, ista iterum est concedenda, quia sequitur ad positum. Deinde propono tibi istam »A est falsum«, si concedis, et prius concessisti A esse verum, ergo male respondes. Si negas, negas sequens ex posito, igitur O61rb male. Probatur antecedens, quia sequitur »Tu respondes ad falsum et solum respondes ad A, ergo A est falsum«. Solvitur

1 propono] OSX pono L 2 tamquam] SX haec quoque L quia O copulativae] LSX om. O totam] LSX om. O 3 Deinde…sequens] OSX om. L 4 solum] O om. SX 5 iterum] O om. LSX propono tibi] LSX om. O si…falsum] LOX om. S 6 respondes] X respondis! L om. O 7 contra] LX cum O et…igitur] OSX om. L 8 A[1]] OS om. X 9 ista] tu respondes ad falsum add. O 10 quia] LSX propter hoc quod O istius] S eius L positae O om. X copulativae] OSX om. L 11 Deinde] SX enim L om. O Deinde…currere] LOSX om. A positionem] OSX positioni L coniunctam] O om. LSX sit] OSX sequitur? L 12 currere] igitur etc. add. L et[1]…incompossibiles] OSX om. AL 13 loqui] cum te add. s. del. O 15 concedendum quia] SX om. O quia] est add. X 16 admisso] O om. SX ergo concedendum est add. O 17 est[2]] O om. SX 18 istam] OS om. X ista] Z om. OX igitur S 20 concedis] negas *ante corr. i.m.* S A esse] S quod a est O esse X 21 ergo] SX om. O ex posito] SX om. O 22 Probatur antecedens] SX om. O quia sequitur] SX sequitur enim O

den Satz »Du antwortest auf etwas Falsches« vor: Er muß zugegeben werden, und zwar als wie ein Teil eines kopulativen Satzes aus dem ganzen kopulativen Satz, dessen Teil er ist, folgend. Sodann setze ich dir den Satz »Du antwortest nur auf A« vor: Er muß ebenfalls zugegeben werden, weil folgend. Sodann setze ich dir abermals den Satz »Du antwortest auf etwas Falsches« vor: Wenn du ihn ablehnst, und vorher hast du ihn zugegeben, also antwortest du schlecht. Wenn du ihn zugibst, dann dagegen: Du antwortest auf etwas Falsches und du antwortest nur auf A, also ist A falsch, aber A ist der Satz »Du antwortest auf etwas Falsches«, also ist dieser Satz falsch. – Antwort: Die Setzung darf nicht zugelassen werden, weil die Teile dieses kopulativen Satzes unvereinbar sind.

Sodann sei in bezug auf die zusammengesetzte verbundene Setzung das folgende Beispiel vorgebracht: Es sei A, daß ich laufe und daß du auf etwas Falsches antwortest, und B, daß ich mit dir spreche und daß du nur auf A antwortest. Dann setze ich dir den kopulativen Satz, der aus A und B zusammengesetzt ist. Hierauf setze ich dir den Satz »A ist wahr« vor: Das muß zugegeben werden, weil aus dem zugelassenen Gesetzten folgend. Sodann setze ich dir den Satz »Du antwortest auf etwas Falsches« vor: Dieser folgt wiederum (aus dem zugelassenen Gesetzten), also muß er zugegeben werden. Sodann setze ich dir den Satz »Du antwortest nur auf A« vor: Dieser muß wiederum zugegeben werden, weil er aus dem Gesetzten folgt. Sodann setze ich dir den Satz »A ist falsch« vor: Wenn du ihn zugibst, und vorher hast du zugegeben, daß A wahr ist, dann antwortest du schlecht. Wenn du ihn ablehnst, lehnst du etwas aus dem Gesetzten Folgendes ab, also (antwortest du) schlecht. Der Vordersatz wird bewiesen, weil folgt »Du antwortest auf etwas Falsches und du antwortest nur auf A, also ist A falsch«. – Auflösung wie beim vorangehenden (Beispiel): Der aus A und B zusammengesetzte kopulative Satz darf des-

sicut praecedens, quod copulativa composita ex A et B non est admittenda propter hoc, quod partes eius sunt incompossibiles.

Cap. VI.9 ⟨Capitulum nonum de positione indeterminata⟩

Sequitur de positione indeterminata, qua ponitur propositio disiunctiva, verbi gratia, ut si ponerem tibi istam »Tu curris vel tu es Romae«. Circa istam positionem est notandum pro prima regula, quod quando ponitur aliqua propositio disiunctiva, videndum est, an utraque eius pars sit possiblis vel ad minus una pars. Et si sic, est admittenda, nam tunc illa disiunctiva est possibilis, eo quod ad possibilitatem disiunctivae sufficit possibilitas unius eius partis. Si vero quaelibet pars istius disiunctivae sit impossibilis, tunc talis disiunctiva non est admittenda, eo quod cum quaelibet eius pars sit impossibilis, tota disiunctiva est impossibilis et impossibile non est admittendum nisi in positione impossibili.

Secunda regula: Quando ponitur aliqua disiunctiva, cuius utraque pars est possibilis vel vera, quaelibet earum, ubicumque proponitur, est concedenda, eo quod quaelibet pars disiunctivae est impertinens disiunctivae, cuius est pars, cum disiunctiva non componatur ex categoricis, quarum una formaliter sequitur ad aliam.

1 copulativa] O om. SX ex…B] SX om. O non…admittenda] OX om. S 2 hoc] OX om. S eius] OS om. X 4 qua] ASX quia L in qua O propositio] ASX positio L coniunctio O 5 ponerem] AO ponam L pono SX tibi] om. O 6 istam] quam L notandum] observanda LO pro] a! L 7 prima] om. O quod…disiunctiva] LOSX om. A quando] OSX om. L propositio] SX om. LO 8 pars…possiblis] partes sunt possibiles L sit] sunt L possiblis] possibiles L vel…una] LOSX om. A 9 pars] S om. ALOX Et…impossibili] AOSX om. L sic] tunc add. O illa] O illae! A 10 eo] A ex eo O propter hoc SX possibilitatem] AOSX unius partis add. SX 11 sufficit] AO sequitur SX unius] A unicae O alterius S totius X vel totius disiunctivae add. S eius partis] AO om. SX vero] AX enim O non S quaelibet] AOS nulla X 12 istius] S om. AO totius X disiunctivae] OSX om. A sit] ASX est O impossibilis] AO possibilis SX tunc talis] SX om. AO disiunctiva…quod] ASX om. O 13 eo] A propter hoc SX cum…

halb nicht zugelassen werden, weil seine Teile unvereinbar sind.

Kapitel VI.9: *Die unbestimmte Setzung*

Es folgt (das Kapitel) über die unbestimmte Setzung, durch die ein disjunktiver Satz gesetzt wird, wie z. B., wenn ich dir den Satz »Du läufst oder du bist in Rom« setzte. – Bezüglich dieser Setzung ist als erste Regel festzuhalten: Wenn irgendein disjunktiver Satz gesetzt wird, muß man prüfen, ob jeder Teil von ihm möglich ist oder zumindest ein Teil. Und wenn ja, dann muß er zugelassen werden, denn dann ist dieser disjunktive Satz möglich, weil ja für die Möglichkeit eines disjunktiven Satzes die Möglichkeit eines seiner Teile genügt. Wenn hingegen jeder Teil dieses disjunktiven Satzes unmöglich ist, dann darf der betreffende disjunktive Satz nicht zugelassen werden, weil ja der ganze disjunktive Satz unmöglich ist, wenn jeder Teil von ihm unmöglich ist, und etwas Unmögliches nicht zugelassen werden darf, außer im Falle einer unmöglichen Setzung.

Zweite Regel: Wenn ein disjunktiver Satz gesetzt wird, von dem jeder Teil möglich oder (gar) wahr ist, dann muß jeder dieser Teile, wo auch immer er vorgesetzt wird, zugegeben werden, weil ja jeder Teil eines disjunktiven Satzes für den disjunktiven Satz, dessen Teil er ist, uneinschlägig ist, sofern der disjunktive Satz sich nicht aus kategorischen Sätzen zusammensetzt, von denen der eine aus dem anderen formal folgt.

impossibilis] SX om. AO eius] S om. X **14** tota] SX om. A ipsa O impossibilis] composita ex istis partibus add. SX et] A modo OSX nullum add. O non] ASX om. O **17** possibilis vel] LSX om. AO vera] AO una LSX earum] istarum L **18** proponitur] A ponitur LOSX eo] A propter hoc LOSX **19** cuius…pars] LOSX om. A cum] OSX om. AL **20** disiunctiva] vero add. A non] AO om. LSX non add. i.m.? S componatur] SX componitur/composita A componitur O componatur…aliam] AOSX om. L una] non add. SX

Tertia regula: Quando ponitur aliqua disiunctiva, si quaelibet pars eius est falsa et una earum non formaliter sequitur ad aliam, quaecumque illarum primo loco proponitur, est neganda tamquam impertinens posito, et quae secundo loco proponitur, si non est illa, quae primo loco proponebatur, est concedenda tamquam sequens ex posito et bene negato, quia disiunctiva cum negatione unius eius partis infert alteram partem. Ut si pono tibi istam »Tu es Romae vel Antichristus est«, et eam admittis, deinde propono tibi istam »Tu es Romae«, neganda est, quia falsa et impertinens. Deinde, si propono tibi istam »Antichristus est«, concedenda est, quia sequens ex posito et bene negato. Sequitur enim »Tu es Romae vel Antichristus est, sed tu non es Romae, ergo Antichristus est«.

Quarta regula: Quando ponitur aliqua disiunctiva, cuius una pars sequitur formaliter ad aliam, tunc in quocumque loco proponitur illa, quae est consequens, sive sit vera sive falsa, est concedenda. Ut si ponatur talis disiunctiva »Antichristus currit vel Antichristus est«, ubicumque proponitur ista »Antichristus est«, concedenda est, est enim sequens ad aliam partem, puta »Antichristus currit«.

Iuxta istam regulam sit tale exemplum: Pono tibi istam »Antichristus est vel Antichristus currit«. Deinde propono tibi

1 regula] quod add. L aliqua] LO om. A si] et O 2 est] LO sit A earum] om. O formaliter] O om. ALSX ad] om. L 3 illarum] earum O proponitur] O proponatur A ponitur LSX 4 tamquam] cumque/cum est L et…est] AOSX om. L quae] in add. O 5 proponitur] OSX ponitur A illa] iste! O eadem add. O quae] in add. O primo loco] AO prius SX proponebatur] OSX proponitur A 6 et] AOSX opposito add. A negato] OX negati AS quia] ad add. A cum add. O 7 eius] SX om. AO infert] OSX ad A alteram] A aliam OSX 8 partem] A om. OSX Ut] A sicut hic OSX si] ASX om. O pono] OSX ponatur A istam] OSX ista A vel] deus est vel istam tu es Romae vel add. SX Antichristus] currit add. s. del. O 9 est] AO potest esse SX et] ASX si O eam] SX om. AO 10 quia] A tamquam OSX falsa] AOS om. X et] AS om. OX propono] OSX proponam A 11 tibi] OSX om. A est[1]] AO potest esse SX quia] ASX tamquam O 12 et] AO cum SX Sequitur…est] OS om. AX 15 ponitur] om. L proponitur O aliqua] LO una A una] om. L 16 in…proponitur] om. L 17 proponi-

Dritte Regel: Wenn ein disjunktiver Satz gesetzt wird, gilt: Wenn jeder Teil von ihm falsch ist und der eine von ihnen nicht aus dem anderen formal folgt, so muß jeder, der von diesen Teilen an erster Stelle vorgesetzt wird, als für das Gesetzte uneinschlägig abgelehnt werden; und der an zweiter Stelle vorgesetzt wird, falls es nicht (wieder) der ist, der an erster Stelle vorgesetzt wurde, muß als aus dem Gesetzten und einem richtig Abgelehnten folgend zugegeben werden, weil ein disjunktiver Satz zusammen mit der Verneinung des einen seiner Teile den anderen Teil folgert. Wie z. B., wenn ich dir den Satz »Du bist in Rom oder der Antichrist ist« setze und du ihn zuläßt und ich dir hierauf den Satz »Du bist in Rom« vorsetze, so ist dieser abzulehnen, weil falsch und uneinschlägig. Wenn ich dir sodann den Satz »Der Antichrist ist« vorsetze, so muß er zugegeben werden, weil aus dem Gesetzten und einem richtig Abgelehnten folgend. Es folgt nämlich »Du bist in Rom oder der Antichrist ist, aber du bist nicht in Rom, also ist der Antichrist«.

Vierte Regel: Wenn ein disjunktiver Satz gesetzt wird, von dem der eine Teil aus dem anderen formal folgt, dann muß derjenige, welcher der Nachsatz ist, ob er nun wahr oder falsch ist, zugegeben werden, an welcher Stelle auch immer er vorgesetzt wird. Wie z. B., wenn ein disjunktiver Satz der Art »Der Antichrist läuft oder der Antichrist ist« gesetzt wird, so gilt: Wo auch immer der Satz »Der Antichrist ist« vorgesetzt wird, er muß zugegeben werden, denn er folgt aus dem anderen Teil, nämlich »Der Antichrist läuft«.

Bezüglich dieser Regel sei das folgende Beispiel vorgebracht: Ich setze dir den Satz »Der Antichrist ist oder der Antichrist läuft«. Hierauf setze ich dir den Satz »Der Antichrist ist« vor:

tur] O proponatur A sive[1]] om. L sit] est L sive[2]] sunt! L est[2]] om. LO 18 concedenda] om. O Ut] verbi gratia LO ponatur] proponitur O talis… ista] om. L 19 proponitur] O proponatur A 20 est[3]] OS om. AL aliam] LS istam A alteram O partem puta] LOS om. A 22 exemplum] sophisma O Pono…istam[2]] om. L Antichristus] amicus L 23 Antichristus] est add. L

istam »Antichristus est«, si concedis, concedis falsum et impertinens, ergo male respondes. Assumptum patet, quia ista »Antichristus est« est falsa et impertinens disiunctivae positae, quia quaelibet pars disiunctivae est impertinens disiunctivae, cuius est pars. Si negas, deinde propono tibi istam »Antichristus currit«, si negas, contra: Ipsa est sequens ex posito et bene negato, sequitur enim »Antichristus est vel Antichristus currit, sed Antichristus non est, ergo Antichristus currit«. Si concedis, iterum propono tibi istam »Antichristus est«. Si concedis, et
O61va prius negasti, ergo male respondes. Si negas, negas sequens, ergo male, sequitur enim »Antichristus currit, ergo Antichristus est«.

Respondetur admittendo positum. Et cum proponitur »Antichristus est«, concedo, et quando dicitur »est impertinens posito«, nego. Circa quod sciendum, quod quandocumque aliqua disiunctiva componitur ex antecedente et consequente, consequens est pertinens illi disiunctivae, quia ista disiunctiva non potest esse vera sine veritate illius categoricae, quae est consequens. Quod patet, nam si est vera, oportet, quod aliqua suarum partium sit vera, et cum categorica antecedens non possit esse vera, nisi consequens categorica sit vera, necesse est, si ista disiunctiva sit vera, quod categorica eius, quae est consequens ad aliam eius partem, sit vera. Et per consequens est illi
A58va disiunctivae pertinens, cum ex veritate illius disiunctivae suffi-

1 Antichristus est] om. L concedis[2]] om. L et] LS om. AO 2 respondes] S om. ALO Assumptum] AO antecedens S Assumptum…aliam] AOSX om. L patet] OS probatur A 4 disiunctivae[1]] positae add. A 5 deinde] OS om. A 6 et] AOS opposito add. A bene] AS om. O 7 negato] O negati A necessario! S sequitur…currit] OS om. A 9 iterum] O om. A iterato S est] AO om. S 10 respondes] S om. AO 11 sequitur…est] OS om. A 13 proponitur] tibi ista add. S 14 concedo] O om. A concedenda est S quando] OS om. A 15 sciendum] nota OS quandocumque] aliquando S 16 componitur] panitur! S 17 consequens] antecedens S pertinens] impertinens OS illi] istius S ista] OS om. A 19 oportet] tenet O quod aliqua] aliquam OS 20 sit vera] esse veram OS categorica] non p- add. s. del. O 21 nisi…vera[2]] OS sine categorica consequenti A consequens categorica] S categorica quae est consequens O est]

Wenn du ihn zugibst, gibst du etwas Falsches und Uneinschlägiges zu, also antwortest du schlecht. Die Annahme ist klar, weil der Satz »Der Antichrist ist« falsch und für den gesetzten disjunktiven Satz uneinschlägig ist, weil jeder Teil eines disjunktiven Satzes für den (ganzen) disjunktiven Satz, dessen Teil er ist, uneinschlägig ist. Wenn du ihn ablehnst, dann setze ich dir hierauf den Satz »Der Antichrist läuft« vor, wenn du diesen ablehnst, dann dagegen: Er folgt aus dem Gesetzten und einem richtig Abgelehnten, es folgt nämlich »Der Antichrist ist oder der Antichrist läuft, aber der Antichrist ist nicht, also läuft der Antichrist«. Wenn du ihn zugibst, dann setze ich dir abermals den Satz »Der Antichrist ist« vor: Wenn du ihn zugibst, und vorher hast du ihn abgelehnt, dann antwortest du schlecht. Wenn du ihn ablehnst, lehnst du etwas Folgendes ab, also (antwortest du) schlecht, es folgt nämlich »Der Antichrist läuft, also ist der Antichrist«.

Antwort: Das Gesetzte wird zugelassen. Und wenn »Der Antichrist ist« vorgesetzt wird, dann gebe ich das zu, und wenn es heißt »ist für das Gesetzte uneinschlägig«, dann verneine ich das. Diesbezüglich muß man wissen, daß wann immer sich ein disjunktiver Satz aus Vordersatz und Nachsatz zusammensetzt, der Nachsatz für diesen disjunktiven Satz einschlägig ist, weil dieser disjunktive Satz nicht wahr sein kann ohne die Wahrheit desjenigen kategorischen Satzes, welcher der Nachsatz ist. Was klar ist: Denn wenn er wahr ist, muß irgendeiner von seinen Teilen wahr sein, und da der kategorische Satz, welcher der Vordersatz ist, nur wahr sein kann, wenn der kategorische Satz, welcher der Nachsatz ist[227], wahr ist, so muß – wenn der disjunktive Satz wahr ist – der(jenige) kategorische Satz von ihm, welcher der Nachsatz zum anderen Teil von ihm ist, wahr sein. Und folglich ist er für diesen disjunktiven Satz einschlägig, da ja aus der Wahrheit dieses disjunktiven Satzes hinreichend die Wahrheit desjeni-

quod add. S 22 sit] S est AO eius] OS om. A est] OS es! A 23 ad…partem] OS om. A est] S om. AO 24 illius] om. O sufficienter] om. S

cienter inferatur veritas istius categoricae, quae est consequens ad aliam partem istius disiunctivae. Et cum dicebatur »Quaelibet pars disiunctivae est impertinens disiunctivae, cuius est pars«, hoc intelligitur de disiunctiva composita ex categoricis, quarum una non est consequens formaliter ad aliam.

Quinta regula: Quando ponitur aliqua disiunctiva, cuius una pars est falsa et scita esse falsa et alia pars est vera et scita esse vera, pars vera est concedenda et pars falsa est neganda, quaelibet enim est impertinens disiunctivae, cuius est pars.

Sexta regula: Si ponitur aliqua disiunctiva, cuius una pars
L56ra est dubia et alia falsa, scita esse falsa, ad partem dubiam respondendum est dubie, si primo loco proponitur. Et si post proponitur pars falsa, debet negari. Et si post iterum proponitur pars dubia, debet concedi tamquam pertinens, quia sequens ex posito cum opposito bene negati. Ut si ponerem tibi istam »Rex sedet vel tu curris«, et sit rei veritas, quod tu non curras. Deinde si proponitur tibi ista »Rex sedet«, est dubitanda, et si post proponitur tibi ista »Tu curris«, est neganda. Deinde, si iterum proponitur tibi ista »Rex sedet«, est concedenda, nam sequitur »Tu curris vel rex sedet, sed tu non curris, ergo rex sedet«. Tenet consequentia a disiunctiva cum negatione unius eius partis ad aliam partem.

1 inferatur] infertur O infert S istius] OS unius A quae…disiunctivae] OS om. A 2 istius disiunctivae] S eius O cum dicebatur] OS quando dicitur A Quaelibet] eius add. O 3 disiunctivae[1]…pars] OS etc. A 4 hoc] haec O intelligitur] non add. O de disiunctiva] om. O non add. S 5 non] om. O formaliter] formale S 6 ponitur] OX proponitur ALS 7 et[1]] L om. AOSX scita[1]] a te add. S est[2]] LSX om. AO et[3]] L om. AOSX 8 pars vera] AO om. LSX est[2]] om. O 9 enim] talis add. X est[1]] om. L 10 ponitur] LO ponatur A 11 alia] altra! L scita…falsa[2]] om. L partem] om. O 12 dubie] LO dubi! A et hoc add. LO proponitur] O proponatur A ponitur L Et…falsa] om. S Et…partem] AOSX om. L post] postea O 13 proponitur[1]] O proponatur A post] hoc add. OS iterum] post add. A proponitur[2]] OS proponatur A 14 debet concedi] est concedenda O tamquam pertinens] om. OS 15 Ut] verbi gratia OS tibi] om. O 16 et] S om. AO 17 curras] OS curris A si] O om. AS proponitur] O proponatur A propona! S tibi] OS om. A ista] istam S Rex…ista] om. O dubitanda] S dubia A 18 post] deinde S tibi] S om. A Tu] non add.

gen kategorischen Satzes gefolgert wird, welcher der Nachsatz zum anderen Teil dieses disjunktiven Satzes ist. Und wenn es hieß »Jeder Teil eines disjunktiven Satzes ist für den disjunktiven Satzes, dessen Teil er ist, uneinschlägig«, so ist das hinsichtlich eines disjunktiven Satzes gemeint, der aus kategorischen Sätzen zusammengesetzt ist, von denen der eine aus dem anderen nicht formal folgt.

Fünfte Regel: Wenn ein disjunktiver Satz gesetzt wird, von dem der eine Teil falsch und als falsch bekannt ist sowie der andere Teil wahr und als wahr bekannt ist, so muß der wahre Teil zugegeben werden und muß der falsche Teil abgelehnt werden, jeder (von diesen Teilen) ist nämlich für den disjunktiven Satz, dessen Teil er ist, uneinschlägig.

Sechste Regel: Wenn ein disjunktiver Satz gesetzt wird, von dem der eine Teil zweifelhaft ist und der andere falsch sowie als falsch bekannt, so muß man auf den zweifelhaften Teil bezweifelnd antworten, wenn er an erster Stelle vorgesetzt wird. Und wenn danach der falsche Teil vorgesetzt wird, muß er abgelehnt werden. Und wenn danach abermals der zweifelhafte Teil vorgesetzt wird, muß er als einschlägig zugegeben werden, weil er aus dem Gesetzten zusammen mit dem Gegensatz eines richtig Abgelehnten folgt. Z. B., wenn ich dir den Satz »Der König sitzt oder du läufst« setzte, und es sei der Fall, daß du nicht läufst. Wenn dir hierauf der Satz »Der König sitzt« vorgesetzt wird, so muß er bezweifelt werden, und wenn dir danach der Satz »Du läufst« vorgesetzt wird, so muß er abgelehnt werden. Wenn dir sodann abermals der Satz »Der König sitzt« vorgesetzt wird, so muß er zugegeben werden, denn es folgt »Du läufst oder der König sitzt, aber du läufst nicht, also sitzt der König«. Die Folgerung von einem disjunktiven Satz zusammen mit der Verneinung des einen Teils von ihm auf den anderen Teil ist gültig.

S 19 Deinde] et? S iterum] om. S tibi ista] OS om. A 20 sequitur] OS om. A 22 eius] O om. AS aliam] est consequentia bona add. O partem] om. OS

Septima regula: Si ponitur aliqua disiunctiva, cuius utraque pars est dubia, ad utramque respondendum est dubie, ut si ponerem tibi istam »Rex sedet vel nullus rex sedet«.

Iuxta istam regulam sit tale exemplum: Pono tibi istam »Tu es Romae vel tu curris«. Si admittis, deinde propono tibi istam »Tu es Romae«. Si concedis, concedis falsum et impertinens, ergo male. Si negas, deinde propono tibi istam »Tu curris«. Si concedis, concedis impertinens posito, ergo male. Si negas, tunc habes concedere eius oppositam, scilicet istam »Tu non curris«, qua concessa deinde iterum propono tibi istam »Tu es Romae«. Si concedis, et prius negasti, ergo male. Si negas, negas sequens ex posito et opposito bene negati, sequitur enim »Tu es Romae vel tu curris, sed tu non curris, ergo tu es Romae«.

O61vb Respondetur admittendo positum. Et cum proponitur primo ista »Tu es Romae«, nego. Deinde cum proponitur ista »Tu curris«, concedo. Et quando dicebatur »est falsa et impertinens posito«, dico, quod licet sit falsa et impertinens posito, tamen ipsa est pertinens, quia sequitur ex posito et opposito bene negati, sicut dicebatur.

Aliud exemplum: Pono tibi istam »Tu es Romae vel tu es asinus«. Si admittis, deinde propono tibi istam »Tu es Romae«. Videtur, quod sit neganda, quia impertinens posito, et ergo eius

1 ponitur] LO ponatur A utraque] quaelibet LO 2 est[1]] LO sit A dubia] vera L ad…dubie] om. L 3 ponerem] OSX proponerem AL vel] om. O 4 istam[1]] om. L regulam] positionem O Pono] propono L om. O tibi istam] om. O 5 admittis] concedis L deinde] LO om. A 6 concedis[1]] LO concedas A concedis[2]] om. L et] L om. AO 7 deinde] O om. A deinde…negas] om. L tibi] O om. A 8 concedis[2]] OS om. A ergo male] OS om. A tunc] S tu L om. OX tunc…negas[1]] LOSX om. A 9 oppositam] OSX oppositum L scilicet istam] LS om. O 10 qua] LOX quae est S iterum] LS iterato O 11 negasti] SX negatis L negavisti O negas[2]] om. L 12 et…dicebatur] AOSX om. L sequitur…Romae[2]] OSX om. A 13 curris[2]] SX currit O 15 ista[1]] SX om. AO nego] istam add. S proponitur] tibi add. O ista[2]] OSX om. A 16 dicebatur] OS dicitur AX falsa] OX falsum A *locus illegibilis* S et] SX om. AO 17 dico] Respondeo O quod] om. O falsa et] SX om. A falsa O 18 ipsa] OSX om. A est…quia] OSX om. A sequitur] est sequens S sequens OX et] cum OSX 19 sicut dicebatur] OSX om. A 20 Pono] propono L 21 deinde] LO om. A

Siebte Regel: Wenn ein disjunktiver Satz gesetzt wird, von dem beide Teile zweifelhaft sind, so muß man auf jeden Teil bezweifelnd antworten, wie z. B., wenn ich dir den Satz »Der König sitzt oder kein König sitzt« setzte.

Bezüglich dieser Regel sei das folgende Beispiel vorgebracht: Ich setze dir den Satz »Du bist in Rom oder du läufst«. Wenn du ihn zuläßt, so setze ich dir hierauf den Satz »Du bist in Rom« vor. Wenn du ihn zugibst, gibst du etwas Falsches und Uneinschlägiges zu, also (antwortest du) schlecht. Wenn du ihn ablehnst, so setze ich dir hierauf den Satz »Du läufst« vor: Wenn du ihn zugibst, gibst du etwas für das Gesetzte Uneinschlägiges zu, also (antwortest du) schlecht. Wenn du ihn ablehnst, dann mußt du den entgegengesetzten Satz von ihm zugeben, nämlich den Satz »Du läufst nicht«, nach dessen Billigung ich dir sodann abermals den Satz »Du bist in Rom« vorsetze: Wenn du ihn zugibst, und vorher hast du ihn abgelehnt, dann (antwortest du) schlecht. Wenn du ihn ablehnst, lehnst du etwas aus dem Gesetzten und dem Gegensatz eines richtig Abgelehnten Folgendes ab, es folgt nämlich »Du bist in Rom oder du läufst, aber du läufst nicht, also bist du in Rom«.

Antwort: Das Gesetzte wird zugelassen. Und wenn zuerst der Satz »Du bist in Rom« vorgesetzt wird, so lehne ich ihn ab. Wenn hierauf der Satz »Du läufst« vorgesetzt wird, so gebe ich ihn zu. Und wenn es hieß »ist falsch und für das Gesetzte uneinschlägig«, so sage ich: Wenn er auch falsch und für das Gesetzte uneinschlägig ist, so ist er doch einschlägig, weil er aus dem Gesetzten und dem Gegensatz eines richtig Abgelehnten folgt, wie (im Beispiel) gesagt wurde.

Ein anderes Beispiel: Ich setze dir den Satz »Du bist in Rom oder du bist ein Esel«. Wenn du ihn zuläßt, so setze ich dir hierauf den Satz »Du bist in Rom« vor: Es scheint, daß er abgelehnt werden muß, weil für das Gesetzte uneinschlägig, und somit muß der entgegengesetzte Satz von ihm zugegeben

22 Videtur quod] vel tu es asinus *ante corr.* L neganda] concedenda O et] om. LO

opposita est concedenda, scilicet ista »Tu non es Romae«. Deinde propono tibi istam »Tu es asinus«. Si concedis, concedis impossibile, ergo male. Si negas, negas sequens ex posito et opposito bene negati, sequitur enim »Tu es Romae vel tu es asinus, sed tu non es Romae, ergo tu es asinus«.

Solvitur, quod quia positum est compositum ex una possibili et alia impossibili, quocumque loco proponitur possibilis, est concedenda tamquam pertinens, quia sequens ex posito in consequentia necessaria, eo quod oppositum eius repugnat posito. Istae enim non possunt simul stare in veritate, scilicet ista categorica »Tu non es Romae« et ista disiunctiva »Tu es Romae vel tu es asinus«.

Cap. VI.10 ⟨Capitulum decimum de positione dependenti⟩

Sequitur de positione dependenti, ad quam reducitur positio cadens et positio renascens. Unde positio dependens dicitur, quando aliquid ponitur sub condicione. Verbi gratia, »Si affirmative respondeas ad primum tibi propositum a me, te esse episcopum sit tibi positum et non aliter«. Positio cadens, quae est species positionis dependentis, quia omnis positio cadens est positio dependens, sed non e converso, dicitur, quando aliquod positum desinit esse positum, ante dicitur »Cedat tempus obligationis« vel ponitur eius oppositum, et in hac

1 concedenda] neganda O ista] L om. AO 2 concedis^2] om. L 3 negas sequens] om. L ex] opposito add. s. del. A et] cum O 4 sequitur…asinus^2] LO om. A 5 tu^2] non add. L 6 quia] om. L positum est] trsp. L compositum] OSX om. AL 7 alia] una L quocumque] LO quodcumque A loco] possibilis add. L est] om. L 8 ex posito] LO om. A in…necessaria] necessario L 9 eius] om. L 10 stare] nisi add. L scilicet…categorica] LO om. A 12 tu] non add. s. del. A 14 dependenti] Z dependente AOSX praecedente! L ad quam] aliquo! L 15 renascens] remanens L positio^2] ALOSX positione *ante corr.* O sub condicione add. A dicitur] est O 17 respondeas] respondes L tibi] LO om. A propositum] LSX proponendum AO 18 episcopum] AOSX potest! L tibi] om. L quae est] est quo! L 19 quia…converso] LOSX om. A positio] OSX propositio L 20 positio] LSX om. O sed] LSX et O 21 aliquod]

werden, nämlich der Satz »Du bist nicht in Rom«. Sodann setze ich dir den Satz »Du bist ein Esel« vor: Wenn du ihn zugibst, gibst du etwas Unmögliches zu, also (antwortest du) schlecht. Wenn du ihn ablehnst, lehnst du etwas aus dem Gesetzten und dem Gegensatz eines richtig Abgelehnten Folgendes ab, es folgt nämlich »Du bist in Rom oder du bist ein Esel, aber du bist nicht in Rom, also bist du ein Esel«.

Auflösung: Weil das Gesetzte aus einem möglichen und einem unmöglichen Satz zusammengesetzt ist, muß der mögliche Satz, an welcher Stelle auch immer er vorgesetzt wird, als einschlägig zugegeben werden, weil er aus dem Gesetzten in einer notwendigen Folgerung folgt, da ja sein Gegensatz dem Gesetzten widerspricht. Die folgenden Sätze können nämlich nicht zugleich in Wahrheit stehen (d. h. wahr sein), nämlich der kategorische Satz »Du bist nicht in Rom« und der disjunktive Satz »Du bist in Rom oder du bist ein Esel«.

Kapitel VI.10: *Die abhängige Setzung*

Es folgt (das Kapitel) über die abhängige Setzung, auf welche die »ablaufende« Setzung und »wieder auflebende« Setzung zurückgeführt werden. So spricht man von einer abhängigen Setzung, wenn etwas unter einer Bedingung gesetzt wird. Z. B.: »Wenn du auf das erste dir von mir Vorgesetzte bejahend antwortest, dann sei dir gesetzt, daß du ein Bischof bist, und sonst nicht«. Von einer ablaufenden Setzung, welche eine Art der abhängigen Setzung ist, weil jede ablaufende Setzung eine abhängige Setzung ist, aber nicht umgekehrt, spricht man, wenn etwas Gesetztes aufhört gesetzt zu sein, bevor es heißt »Die Verpflichtungszeit ist um!« oder sein (nämlich des Gesetzten) Gegensatz gesetzt wird[228], und bei dieser (Art von) Setzung

LO aliquid A desinit] cessat LO ante] alio (supponente L superveniente OX) quam quod LOX *lectio incerta* S dicitur] AL dicatur OSX Cedat] sed ad! L 22 tempus obligationis] om. O vel] ALOSX quod add. ALOS ponitur] L ponatur AOX dicatur S oppositum] A opposita LOSX

positione superfluum est dicere »Cedat tempus obligationis«. Verbi gratia, sit rei veritas, quod Sortes sit niger, et ponatur Sortem esse album, donec proponatur aliquod negandum. Quam cito proponitur aliquod negandum, positio cadit. Positio vero renascens dicitur, quando aliqua positio cadit et iterum renascitur, sicut prius. Exemplum videbitur suo loco.

Circa positionem istam est observandum pro regula, quod A58vb positio dependens non debet admitti, si implicat contradictionem.

Secunda regula: Positio dependens non debet admitti nisi sub condicione, ut quod non proponatur verum incompossibile sustinendo.

Iuxta istam positionem sit tale exemplum: Pono tibi, quod Sortes invadat Platonem, si Plato non invadat ipsum et non aliter, et quod Plato invadat Sortem, si Sortes invadat ipsum et non aliter. Si admittis, deinde propono tibi istam »Sortes invadit Platonem«. Si concedis, deinde propono tibi istam »Plato invadit Sortem«. Si negas, negas sequens ex posito et concesso, sequitur enim »Si Sortes invadit Platonem, Plato invadit Sortem«, et hoc erat positum, »Sed Sortes invadit Platonem, ergo Plato invadit Sortem«. Si concedis, tunc sequitur ex posito, quod Sortes non invadit Platonem, ergo male concessisti, quod Sortes invadit Platonem. Si vero negas, quod Sortes invadit Platonem, propono tibi istam »Plato non invadit Sortem«, ista

1 Cedat] sed ad! L obligationis] om. O 2 sit[1]] si L rei veritas] in rei veritate L ponatur] om. L 3 Sortem…album] Sor sit albus L donec] nec! L proponatur] OX proponitur A ponatur L proponebatur S aliquod] aliquid L 4 proponitur] LO ponitur A aliquod] L aliquid AO Positio…contradictionem] om. L 6 sicut prius] om. O 7 Circa] Ad O 8 debet admitti] est admittenda O 11 proponatur] proponitur L verum] OX om. ALS incompossibile] AE78rLO impossibile SX 12 sustinendo] AE78rO posito LSX vel quod proponatur oppositum positi add. O 13 positionem] propositionem L depraecedente! add. L sit] primo add. O tibi] ALO istam add. AL 14 invadat[1]] ALSX invadit O si…ipsum] om. L invadat[2]] SX invadit AO et] vel L non[2]] om. L 15 et quod] om. L invadat[1]] AOS invadit LX Sortes] non add. A invadat[2]] AS invadit LOX 16 deinde] LO om. A 17 deinde] O om. A deinde…Sortem] et prius negasti ergo male L istam] ista O 18 negas[2]] om. L et] a L 19 se-

ist es überflüssig zu sagen »Die Verpflichtungszeit ist um!«. Z. B.: Es sei der Fall, daß Sokrates schwarz ist, und es werde gesetzt, daß Sokrates weiß ist, bis daß etwas Abzulehnendes vorgesetzt wird. Sobald (aber) etwas Abzulehnendes vorgesetzt wird, läuft die Setzung ab. – Von einer wieder auflebenden Setzung hingegen spricht man, wenn eine Setzung abläuft und abermals auflebt wie vorher. Ein Beispiel (dafür) wird man an entsprechender Stelle (unten in diesem Kapitel) sehen.

Bezüglich dieser Setzung muß man als Regel beachten, daß eine abhängige Setzung nicht zugelassen werden darf, wenn sie einen Widerspruch einschließt.

Zweite Regel: Eine abhängige Setzung darf nur unter einer Bedingung zugelassen werden, wie z. B., daß nichts Wahres vorgesetzt werde, das mit dem Aufrechtzuerhaltenden (d. i. dem Gesetzten) unvereinbar ist.

Bezüglich dieser Setzung sei das folgende Beispiel vorgebracht: Ich setze dir, daß Sokrates Platon angreift, wenn Platon ihn nicht angreift, und sonst nicht, und daß Platon Sokrates angreift, wenn Sokrates ihn angreift, und sonst nicht. Wenn du das zuläßt, so setze ich dir hierauf den Satz »Sokrates greift Platon an« vor: Wenn du ihn zugibst, so setze ich dir hierauf den Satz »Platon greift Sokrates an« vor: Wenn du ihn ablehnst, lehnst du etwas aus dem Gesetzten und einem Zugegebenen Folgendes ab, es folgt nämlich »Wenn Sokrates Platon angreift, greift Platon Sokrates an« – und das war das Gesetzte – »Aber Sokrates greift Platon an, also greift Platon Sokrates an«. Wenn du ihn zugibst, dann folgt aus dem Gesetzten, daß Sokrates Platon nicht angreift, also hast du schlecht zugegeben, daß Sokrates Platon angreift. Wenn du aber ablehnst, daß Sokrates Platon angreift, dann setze ich dir den Satz »Platon greift Sokrates nicht an« vor: Dieser muß zugegeben werden,

quitur...Platonem] LO om. A Plato...Platonem] O om. AL 20 ergo...Sortem] LO om. A 21 Si] autem add. O Si concedis] om. L concedis] quod Plato invadit Sortem add. O 22 non] om. O quod[2]...Platonem] om. LO 23 Sortes[1]] non add. A vero] om. L Sortes[2]] non add. s. del. A 24 ista] om. L

est concedenda, quia sequens ex posito et opposito bene negati, sequitur enim »Plato invadit Sortem, si Sortes invadit ipsum et non aliter, sed Sortes non invadit Platonem, ergo Plato non O62ra invadit Sortem«. Maior est posita et minor est oppositum negati. Deinde propono iterum tibi istam »Sortes invadit Platonem«. Si concedis, et prius negasti, ergo male. Si negas, negas sequens ex posito et concesso, sequitur enim »Si Plato non invadit Sortem, Sortes invadit Platonem, sed Plato non invadit Sortem, ergo Sortes invadit Platonem«. Maior est posita et minor est concessa.

Respondetur, quod positio non est admittenda, quia ad ipsam sequuntur contradictoria, scilicet, quod si Sortes invadit Platonem, Sortes non invadit Platonem, et si Sortes non invadit Platonem, Sortes invadit Platonem. Similiter esset positio implicans contradictionem, si poneretur, quod Sortes esset servus Platonis et non nisi sub tali condicione, quod Plato non esset dominus eius. Similiter esset positio implicans contradictionem, si poneretur, quod Sortes dabit Platoni denarium, si obviabit homini non danti sibi denarium, et quod Plato obviabit Sorti et nulli alteri. Omnes tales positiones non debent admitti, quia sunt impossibiles implicantes contradictionem.

De positione non implicanti sit tale exemplum: Si affirmative respondeas ad primum tibi propositum a me, te esse episcopum sit tibi positum. Si admittis, propono tibi istam »Tu non es

1 est concedenda] trsp. L et add. L et] ex add. L 2 Plato...episcopum[2]] AOSX om. L 3 Platonem] O ipsum A 4 posita] OSX nota A oppositum] A opposita OSX 5 iterum] O om. ASX 10 est] O om. A 13 et] sed O Sortes[2]] om. O 14 Sortes] om. O Platonem[2]] om. O esset] AOS haec X 15 implicans] AO implicabilis S implicat X esset] ASX erit O 16 condicione] et add. O 17 esset[1]] AS erit OX esset[2]] AOS etiam X implicans] AOS implicat X contradictionem] OSX om. A 18 si[2]] AOS et quod X non add. X 19 obviabit[1]] AOS obviet X homini non] AOS om. X danti] ASX dante O sibi] AO om. SX Plato] AO om. SX obviabit[2]] AO obviat S obviet X 20 Sorti] OSX sibi A nulli] OSX non A alteri] OSX alter/altero? A Omnes] AOX et S positiones] AOSX impositiones *ante corr.* A 21 sunt impossibiles] AO om. SX implicantes] AO implicant SX contradictionem] ASX contradictiones O 22 implicanti] Z implicante AOSX 23 respondeas] OS respondes AX tibi] OSX om. A propositum] SX

weil aus dem Gesetzten und dem Gegensatz eines richtig Abgelehnten folgend, es folgt nämlich »Platon greift Sokrates an, wenn Sokrates ihn angreift, und sonst nicht, aber Sokrates greift Platon nicht an, also greift Platon Sokrates nicht an«. Die größere Prämisse ist gesetzt, und die kleinere ist der Gegensatz des Abgelehnten. Sodann setze ich dir abermals den Satz »Sokrates greift Platon an« vor: Wenn du ihn zugibst, und vorher hast du ihn abgelehnt, dann (antwortest du) schlecht. Wenn du ihn ablehnst, lehnst du etwas aus dem Gesetzten und einem Zugegebenen Folgendes ab, es folgt nämlich »Wenn Platon Sokrates nicht angreift, greift Sokrates Platon an, aber Platon greift Sokrates nicht an, also greift Sokrates Platon an«. Die größere Prämisse wurde gesetzt, und die kleinere wurde zugegeben.

Antwort: (Diese) Setzung darf nicht zugelassen werden, weil aus ihr Widersprüchliches folgt, nämlich: Wenn Sokrates Platon angreift, greift Sokrates Platon nicht an, und wenn Sokrates Platon nicht angreift, greift Sokrates Platon an. Ebenso läge eine Setzung vor, die einen Widerspruch einschließt, wenn gesetzt würde, daß Sokrates der Knecht des Platon ist, aber nur unter der Bedingung, daß Platon nicht sein Herr ist. Ebenso läge eine einen Widerspruch einschließende Setzung vor, wenn gesetzt würde, daß Sokrates dem Platon einen Denar (d.i. eine Münze) geben wird, wenn er einem Menschen begegnen wird, der ihm (nämlich dem Platon) keinen Denar gibt, und daß Platon dem Sokrates begegnen wird und keinem anderen (Menschen). Alle derartigen Setzungen dürfen nicht zugelassen werden, weil sie unmöglich sind, indem sie einen Widerspruch einschließen.

Für eine (abhängige) Setzung, die keinen (Widerspruch) einschließt, sei das folgende Beispiel vorgebracht: Wenn du auf das erste dir von mir Vorgesetzte bejahend antwortest, sei dir gesetzt, daß du ein Bischof bist. Wenn du es zuläßt, setze ich

proponendum AO episcopum] te esse episcopum add. A 24 sit] sit add. s. del. A positum] AOS propositum X

episcopus«. Si negas, negas verum non obligatus, ergo male. Consequentia tenet, patet assumptum, quia non es obligatus, nisi respondeas affirmative ad primum tibi a me propositum, sed modo respondisti negative, ergo etc. Etiam patet, quod te non esse episcopum est verum. Si vero concedis, tunc respondes affirmative et tunc per positionem aliquid est tibi positum et non aliud, quam te esse episcopum, ergo quia concedis te non esse episcopum, concedis repugnans posito, ergo male.

Respondetur iuxta secundam regulam, quod positio non est admittenda nisi sub condicione, scilicet, quod primum propositum non sit incompossibile posito seu sustinendo. Modo sic non est in proposito, quia quod primo proponitur, est te non esse episcopum, et hoc repugnat sustinendo, scilicet te esse episcopum.

De positione cadenti sit tale exemplum: Sit Sortes niger in rei veritate et ponatur tibi Sortem esse album, donec proponatur tibi aliquod negandum. Deinde proponitur tibi ista »Sortes est niger«. Si concedis, adhuc non proponitur tibi aliquod negandum, ergo adhuc manet positio et concedis oppositum positi, ergo male. Si negas, contra: Ergo non manet positio, sed tunc
A59ra negas verum non obligatus, ergo male respondes.

Respondetur, quod ly *donec* potest teneri inclusive vel exclusive. Si tenetur inclusive, sic non cadit positio, priusquam

1 negas[2]] ASX om. O ergo male] ASX om. O sed add. A 2 assumptum] AOS antecedens X 3 ad primum] ASX om. O propositum] OSX proponendum A 4 sed…negative] AOX om. S respondisti] AX respondes O ergo etc] SX om. A igitur O Etiam] SX secunda A om. O quod] SX quia A 5 vero] OSX om. A 6 et] AO om. SX per positionem] AO propono tibi S proponatur X aliquid] AOX aliud S 7 non] AOSX est add. X quia] ASX om. O 9 Respondetur] AOSX quod quia? add. S quod add. X iuxta] AO per SX quod] AO om. SX 10 propositum] SX proponendum AO 11 incompossibile] ASX impossibile O Modo] ASX et O 13 sustinendo] AO posito SX 15 De] Sequitur de L *Distinctionem capituli hic habent* LS cadenti] Z cadente ALOSX de qua add. L 16 tibi] om. O esse] LO om. A donec] nec L 17 aliquod] aliquid L proponitur] proponatur LO tibi[2]] LO om. A 18 concedis] et add. L aliquod] aliquid L 19 positi] posito L 20 contra] om. LO manet] remanet O sed tunc] et sic O sed… obligatus] om. L 21 ergo] et L respondes] respondis! L om. O 22 Responde-

dir den Satz »Du bist kein Bischof« vor: Wenn du ihn ablehnst, lehnst du nicht verpflichtet etwas Wahres ab, also (antwortest du) schlecht. Die Folgerung ist gültig, die Annahme ist klar, weil du nur verpflichtet bist, wenn du auf das erste dir von mir Vorgesetzte bejahend antwortest, aber du hast gerade verneinend geantwortet, also usw. Es ist auch klar, daß es wahr ist, daß du kein Bischof bist. Wenn du ihn aber zugibst, dann antwortest du bejahend und dann ist dir gemäß Setzung etwas gesetzt, und zwar nichts anderes, als daß du ein Bischof bist, also gilt: Weil du zugibst, daß du kein Bischof bist, gibst du etwas dem Gesetzten Widersprechendes zu, also (antwortest du) schlecht.

Antwort gemäß der zweiten Regel: (Diese) Setzung darf nur unter einer Bedingung zugelassen werden, nämlich, daß das erste Vorgesetzte nicht mit dem Gesetzten bzw. dem Aufrechtzuerhaltenden unvereinbar ist. Das ist nun aber im vorliegenden (Beispiel) nicht der Fall, denn was als erstes vorgesetzt wird, ist, daß du kein Bischof bist, und das widerstreitet dem Aufrechtzuerhaltenden, nämlich, daß du ein Bischof bist.

Für eine ablaufende Setzung sei das folgende Beispiel vorgebracht: Es sei Sokrates in Wirklichkeit schwarz und es werde dir gesetzt, daß Sokrates weiß ist, bis daß dir etwas Abzulehnendes vorgesetzt werde. Hierauf wird dir der Satz »Sokrates ist schwarz« vorgesetzt: Wenn du ihn zugibst, wird dir noch nichts Abzulehnendes vorgesetzt, also bleibt die Setzung weiterhin aufrecht, und du gibst den Gegensatz des Gesetzten zu, also (antwortest du) schlecht. Wenn du ihn ablehnst, dann dagegen: Also bleibt die Setzung nicht aufrecht, aber dann lehnst du nicht verpflichtet etwas Wahres ab, also antwortest du schlecht.

Antwort: Der Ausdruck »bis (daß)« kann im einschließenden oder im ausschließenden Sinne verstanden werden. Wenn er im einschließenden Sinne verstanden wird, dann läuft die

tur] om. L quod] quia L donec] desinit! L inclusive] inclusione! L vel] om. L exclusive] et add. L 23 tenetur] LO om. A inclusive] exclusive L sic] ergo L cadit] manet L priusquam] postquam O

compleatur prolatio alicuius negandi. Et tunc debet positio recipi, et sic negandum est Sortem esse nigrum. Et cum dicitur »Negas verum non obligatus, ergo male«, dico, quod sum obligatus pro tempore prolationis, pro quo respondeo, quia respondeo pro tempore prolationis et in tempore prolationis huius »Sortes est niger«, pro quo et in quo manet sic positum. Si autem ly *donec* tenetur exclusive, non durat positio, nisi quousque aliquod negandum est in proferri. Et tunc positio non debet recipi nisi sub hac condicione, quod non proponatur verum incompossibile posito, quia si proponitur verum incompossibile posito, idem est, ac si diceretur »Si cadit positum in prolatione huius, manet positum in prolatione huius« et e converso. Quia si positum cadit, Sortem esse nigrum est conce-
O62rb dendum, ergo non proponitur aliquod negandum, ergo manet positum. Si positum manet, Sortem esse nigrum est negandum, ergo proponitur aliquod negandum, ergo positum non manet. Et sic hoc positum manet et non manet.

De positione renascenti sit tale exemplum: Sit te respondere negative tibi positum, quamdiu est verum, et quamcito est falsum, cadat. Et cum iterum sit verum, iterum sit tibi positum. Et proponatur tibi ista »Tu negative respondes«. Si concedis, tunc te negative respondere est falsum et ita non est positum, concedis ergo falsum non obligatus. Si negas te nega-

1 compleatur] L completur AO alicuius] ulterius L negandi] negandum est L Et tunc] om. L 2 sic] L om. AO 3 verum] om. L ergo male] OS om. A ergo...prolationis] AOSX om. L 4 pro[1]] SX quia A om. O prolationis] et in tempore prolationis add. OS pro[2]...respondeo] om. S 7 tenetur] OS teneatur A nisi quousque] in quo S 9 recipi] incipi O proponatur] OS proponitur A 10 verum[1]] OS unum A proponitur] ponatur S verum[2]] OS unum A 11 posito] id est add. A Si] om. S cadit] O cadat AS 12 huius[1]] OS om. A huius[2]] OS om. A 13 cadit] S cadat A cadet O nigrum] S album AOX 14 ergo[2]] positum non manet et hoc positum manet add. s. del. O 17 Et] ergo S sic] om. OS hoc] om. S manet[2]] ergo si positum manet non manet (etc. O om. S) add. OS 18 renascenti] Z renascente AOSX sit...exemplum] om. S 19 negative] AOSX ad add. AOX tibi] SX om. AO positum] OSX proponendum A quamcito] OS quamdiu AX 20 cadat] OSX cadet A cum iterum] OSX trsp. A sit[2]] prop- add. s. del. O sit[2]...positum] OSX et verum A tibi] SX om. O

Setzung erst ab, wenn die Äußerung von etwas Abzulehnendem abgeschlossen ist. Und dann muß (im obigen Beispiel) die Setzung gestattet werden, und so muß man ablehnen, daß Sokrates schwarz ist. Und wenn es heißt »Du lehnst nicht verpflichtet etwas Wahres ab, also (antwortest du) schlecht«, so sage ich, daß ich für die Zeit der Äußerung meiner Antwort verpflichtet bin, weil ich für die Zeit der Äußerung und zur Zeit der Äußerung des Satzes »Sokrates ist schwarz« antworte, für welche und zu welcher (Zeit) das so Gesetzte aufrecht bleibt. Wenn aber der Ausdruck »bis (daß)« im ausschließenden Sinne verstanden wird, dauert die Setzung nur solange, bis die Äußerung von etwas Abzulehnendem anhebt. Und dann darf die Setzung nur unter der Bedingung gestattet werden, daß nichts Wahres vorgesetzt wird, das mit dem Gesetzten unvereinbar ist, weil wenn etwas Wahres vorgesetzt wird, das mit dem Gesetzten unvereinbar ist, läuft es auf dasselbe hinaus, als ob man sagte »Wenn das Gesetzte während der Äußerung dieses (Satzes) abläuft, bleibt das Gesetzte während der Äußerung dieses (Satzes) aufrecht« und umgekehrt. Denn wenn das Gesetzte abläuft, muß zugegeben werden, daß Sokrates schwarz ist, also wird nichts Abzulehnendes vorgesetzt, also bleibt das Gesetzte aufrecht. Wenn das Gesetzte aufrecht bleibt, muß abgelehnt werden, daß Sokrates schwarz ist, also wird etwas Abzulehnendes vorgesetzt, also bleibt das Gesetzte nicht aufrecht. Und somit bleibt dieses Gesetzte aufrecht und bleibt es nicht aufrecht.

Für eine wieder auflebende Setzung sei das folgende Beispiel vorgebracht: Es sei dir gesetzt, daß du verneinend antwortest, solange es wahr ist, und sobald es falsch ist, laufe (die Setzung) ab. Und wenn es wieder wahr ist, sei es dir abermals gesetzt. Und es werde dir der Satz »Du antwortest verneinend« vorgesetzt: Wenn du ihn zugibst, dann ist es falsch, daß du verneinend antwortest, und somit ist es nicht gesetzt, also gibst du nicht verpflichtet etwas Falsches zu. Wenn du es ablehnst, daß

21 Et proponatur] OS om. A et ponitur X tibi ista] SX om. AO 22 tunc] sic OSX

tive respondere, tunc te negative respondere est verum, ergo est positum, negas ergo positum in tempore obligationis.

Solvitur: Negandum est te negative respondere. Et quando dicitur »Negas te negative respondere, ergo te negative respondere est tibi positum«, negatur, quia cum tu negas, illud in tempore prolationis et pro tempore prolationis non est tibi positum, ergo non negas positum pro tempore prolationis.

Aliud exemplum: Sit A aliquod enuntiabile contingens et sit B tantum A esse positum, et quamdiu B est verum, sit positum, et quamcito est falsum, cadat, et cum iterum sit verum, iterum sit positum. Et quaeritur, utrum B sit verum vel falsum. Si verum, ergo est positum, ergo falsum est tantum A esse positum, et hoc est B, ergo B est falsum. Ergo, si B est verum, B est falsum. Si B est falsum, B non est positum, et A est positum et non aliud, sit ita, ergo tantum A est positum, ergo tantum L56rb A esse positum est verum, et hoc est B, ergo B est verum. Ergo, si B est falsum, B est verum. Solvitur, quod positio non est admittenda, quia ponitur, quod B simul sit verum et positum, quod est impossibile, quia si B est verum, tantum A est positum, et si tantum A est positum, B non est positum.

1 tunc] sic O tunc…respondere^{2}] om. S ergo] te negative respondere add. O 2 negas] OSX negative A ergo] SOX om. A obligationis] A prolationis O positionis SX 3 Negandum est] ASX negando O respondere] est positum add. s. del. A 4 dicitur] SX om. AO te^{1}] scilicet add. S ergo] Z om. AOSX te^{2}] X om. AOS negative respondere^{2}] SX om. AO 5 tibi] SX om. AO positum] positum add. S negatur] X om. AO negetur? S 6 prolationis^{1}] AX obligationis S pro tempore] AX om. S tempore^{2}] ob- add. s. del. A tibi] X om. AOS 7 positum^{2}] OS om. AX pro] AO in SX prolationis] AO positionis SX 8 Sit… iterum] AOSX om. L 9 B^{1}] OSX om. A esse] OSX a me A quamdiu…et^{1}] AOS om. X verum] b add. O sit] b add. S 10 cadat] OSX cedat A 11 iterum] ASX om. O 12 positum] LOSX falsum A 13 Ergo…falsum^{1}] Z om. ALOSX 14 B^{3}] LSX om. AO non] om. L positum^{1}] et add. s. del. A et hoc est b igitur b est verum add. S positum^{2}] sit ita add. O 15 et] a L non] est add. L sit ita] A om. LOSX ita] om. L ergo^{1}…positum] ALSX om. O A^{1}] b L positum] posito L ergo^{2}…positum] ALOS om. X 16 esse] om. L et…verum] ALOX om. S 17 quod] LSX om. AO 18 simul] AOS om. LX 19 quod est] om. L 20 tantum…positum^{2}] A hoc (est LSX sit O) verum LOSX

du verneinend antwortest, dann ist es wahr, daß du verneinend antwortest, also ist es gesetzt, also lehnst du das Gesetzte während der Verpflichtungszeit ab.

Auflösung: Es muß abgelehnt werden, daß du verneinend antwortest. Und wenn es heißt »Du lehnst ab, daß du verneinend antwortest, also ist es dir gesetzt, daß du verneinend antwortest«, so wird das verneint, weil wenn du (etwas) ablehnst, so ist dir das zur Zeit der Äußerung und für die Zeit der Äußerung nicht gesetzt, also lehnst du das Gesetzte für die Zeit der Äußerung nicht ab.

Ein anderes Beispiel: Es sei A irgendein kontingentes Aussagbares und es sei B, daß nur A gesetzt ist, und solange B wahr ist, sei es gesetzt, und sobald es falsch ist, laufe es ab, und wenn es wieder wahr ist, sei es abermals gesetzt. Und es fragt sich, ob B wahr oder falsch ist. Wenn wahr, dann ist es gesetzt, also ist es falsch, daß nur A gesetzt ist, und das ist B, also ist B falsch. Also: Wenn B wahr ist, ist B falsch. Wenn B falsch ist, ist B nicht gesetzt, und A ist gesetzt und nichts anderes – das sei der Fall –, also ist nur A gesetzt, also ist es wahr, daß nur A gesetzt ist, und das ist B, also ist B wahr. Also: Wenn B falsch ist, ist B wahr. – Auflösung: (Diese) Setzung darf nicht zugelassen werden, weil gesetzt wird, daß B zugleich wahr und gesetzt ist, was unmöglich ist, weil wenn B wahr ist, ist nur A gesetzt, und wenn nur A gesetzt ist, ist B nicht gesetzt.

Cap. VI.11 ⟨Capitulum undecimum de depositione⟩

Sequitur de alia specie obligationis, quae dicitur depositio. Unde depositio est obligatio, qua quis obligatus infra tempus obligationis tenetur negative respondere ad depositum. Et exempla patebunt infra. Et quaedam est simplex, alia vero composita. Simplex dicitur, qua deponitur propositio categorica, composita dicitur, qua deponitur propositio hypothetica, et proportionaliter ulterius potest subdividi, ut dicebatur de positione.

Iuxta istam speciem obligationis sit prima regula: Omne depositum infra tempus obligationis est negandum. Verbi gratia, si deponitur ista »Tu es Romae«, quandocumque proponitur, ipsa infra tempus obligationis est neganda.

Secunda regula: Omnis propositio repugnans contradictorie
A59rb deposito est concedenda. Ut si deponatur ista »Tu stas« et admittitur, si deinde proponitur eius contradictoria, scilicet »Tu non stas«, ipsa est concedenda.

Tertia regula: Antecedens ad depositum infra tempus obligationis est negandum, quia negato consequente negandum est antecedens, quia ergo in tempore obligationis negandum est depositum, et negandum est antecedens ad depositum.

8 dicebatur] Cf. Cap. VI.7 in principio; cf. etiam Cap. VI.8 in principio et VI.10 in principio.

2 quae dicitur] scilicet O dicitur] vera! L depositio] depositione O 3 Unde depositio] om. L infra] infertur! L om. O tempus] tempore O 4 respondere] respondetur L depositum] positum L Et] L om. AO 5 exempla] alius add. L huius add. O infra] inferius LO alia] quaedam LO vero] L om. AO 6 propositio] O simplex ALS om. X 7 composita…hypothetica] ALSX om. O dicitur] om. X propositio] om. LSX 8 et…positione] ALOS om. X subdividi] LOS dici A dicebatur] LOS om. A 10 obligationis] om. O 12 si] LO om. A deponitur] deponatur L deponetur O ista] om. L 13 ipsa] om. L ista O obligationis] tu es Romae ipsa add. L 14 Secunda regula] LO om. A propositio] LO om. A repugnans…deposito] LOS contradictoria depositi A 15 deponatur] deponetur O et admittitur] AO om. LS est concedenda X depositio add. O 16 admittitur] admittetur O si] A om. LX et OS proponitur] A proponatur LOSX eius

Kapitel VI.11: *Die Absetzung*

Es folgt (das Kapitel) über eine andere Art der Verpflichtung, die »Absetzung« heißt. So ist die Absetzung eine Verpflichtung, durch die ein Verpflichteter innerhalb der Verpflichtungszeit gebunden ist, auf das Abgesetzte verneinend zu antworten. Beispiele (dafür) werden (hier weiter) unten erscheinen. Und eine Art davon ist einfach, eine andere hingegen zusammengesetzt. »Einfach« heißt (eine solche Absetzung), durch die ein kategorischer Satz abgesetzt wird, »zusammengesetzt« heißt (eine solche), durch die ein hypothetischer Satz abgesetzt wird; und (diese letztere Absetzung) kann auf entsprechende Weise weiter unterteilt werden, wie bei der Setzung ausgeführt wurde.

Bezüglich dieser Art der Verpflichtung laute die erste Regel: Jedes Abgesetzte muß innerhalb der Verpflichtungszeit abgelehnt werden. Z. B.: Wenn der Satz »Du bist in Rom« abgesetzt wird, so muß er innerhalb der Verpflichtungszeit abgelehnt werden, wann auch immer er vorgesetzt wird.

Zweite Regel: Jeder Satz, der dem Abgesetzten kontradiktorisch widerspricht, muß zugegeben werden. Z. B.: Wenn der Satz »Du stehst« abgesetzt wird und zugelassen wird und wenn hierauf sein kontradiktorischer Satz vorgesetzt wird, nämlich »Du stehst nicht«, dann muß dieser zugegeben werden.

Dritte Regel: Der Vordersatz zu einem Abgesetzten muß innerhalb der Verpflichtungszeit abgelehnt werden, weil der Vordersatz abgelehnt werden muß, wenn der Nachsatz abgelehnt wurde; weil also das Abgesetzte während der Verpflichtungszeit abgelehnt werden muß, muß auch der Vordersatz zum Abgesetzten abgelehnt werden.

contradictoria] OSX om. A e converso contradictoria L scilicet] OS om. ALX 17 ipsa] LS om. AOX 18 infra tempus] LSX in tempore AO 19 est antecedens] om. L 20 quia…antecedens] ALSX om. O tempore] positione! LX 21 et] ergo LSX depositum[2]] LS ipsum AO depositionem X

Quarta regula: Sequens formaliter ex deposito est negandum. Verbi gratia, si deponatur ista »Tu curris« et admittitur, et si deinde proponitur ista »Tu moveris«, ipsa est neganda.

Quinta regula: In omni depositione respondendum est per omnia, sicut si contradictorium depositi explicite poneretur, nam cum aliquid deponitur, tunc eius contradictorium ponitur.

Sexta regula: In ista specie obligationis etiam ad impertinentia respondendum est secundum eorum qualitates.

Iuxta istam speciem obligationis sit tale exemplum: Depono
O62va tibi istam »Aliquis homo non est Romae«, deinde propono tibi istam »Quilibet homo est Romae«, concedenda est, quia est oppositum depositi. Deinde istam »Tu es Romae«, neganda est, quia falsa et impertinens. Deinde istam »Tu es homo«. Si negas, negas te esse hominem, quod videtur esse inconveniens. Si concedis, iterum propono tibi istam »Tu es Romae«. Si concedis, idem concessisti et negasti, ergo male. Si negas, negas sequens ex opposito depositi et concesso, sequitur enim »Quilibet homo est Romae, tu es homo, ergo tu es Romae«.

Solvitur admittendo depositum. Et quando proponitur »Quilibet homo est Romae«, concedendum est, quia oppositum depositi. Deinde, cum proponitur »Tu es Romae«, negandum est, quia falsum et impertinens. Deinde, cum proponitur »Tu

2 ista] LO om. A curris] currit! L admittitur] A admittis LSX admittas O si deinde] LO om. A 3 proponitur] proponatur LO moveris] veneris L ipsa] L om. AO 5 contradictorium] contradictionem L depositi] OSX positi A depositum L 6 deponitur] LO ponitur A tunc] om. L eius] cuius L contradictorium] contradictionem L ponitur] LO deponitur A 7 obligationis] LO om. A etiam] OX om. ALS impertinentia] LOS impertinens AX 8 eorum] ALOS eius X qualitates] OSX qualitatem AL 9 istam] ista! L obligationis] LO om. A sit] similiter! L tale…sequens] AOSX om. L 10 Romae] AO rationalis SX tibi[2]] SOX om. A 11 Romae] AO rationalis SX est[3]] O om. ASX 12 Romae] AO rationalis SX 13 istam] AOS om. X 14 esse[2]] OX om. AS 15 iterum] AO deinde SX Romae] AO rationalis SX 16 ergo male] OSX om. A 17 opposito] AOS posito X et] OSX om. A concesso] AO concessi SX 18 Romae[1]] AO rationalis SX Romae[2]] AO rationalis SX 19 Solvitur] OSX Respondetur A quando] ASX cum O 20 Romae] AO rationalis SX est[2]] AOS om. X 21 Ro-

Vierte Regel: Etwas aus dem Abgesetzten formal Folgendes muß abgelehnt werden. Z. B.: Wenn der Satz »Du läufst« abgesetzt wird und zugelassen wird und wenn hierauf der Satz »Du bewegst dich« vorgesetzt wird, so muß dieser abgelehnt werden.

Fünfte Regel: In jeder Absetzung muß man durchweg so antworten, wie wenn der kontradiktorische Gegensatz des Abgesetzten ausdrücklich gesetzt würde, denn wenn etwas abgesetzt wird, dann wird sein kontradiktorischer Gegensatz gesetzt.

Sechste Regel: Auch in dieser Art der Verpflichtung muß man auf uneinschlägige (Dinge, d. h. hier Sätze) gemäß ihren Qualitäten antworten.

Bezüglich dieser Art der Verpflichtung sei das folgende Beispiel vorgebracht: Ich setze dir den Satz »Irgendein Mensch ist nicht in Rom« ab, hierauf setze ich dir den Satz »Jeder Mensch ist in Rom« vor: Er muß zugegeben werden, weil er der Gegensatz des Abgesetzten ist. Sodann (setze ich dir vor) den Satz »Du bist in Rom«: Er muß abgelehnt werden, weil falsch und uneinschlägig. Sodann den Satz »Du bist ein Mensch«: Wenn du ihn ablehnst, lehnst du ab, daß du ein Mensch bist, was offenbar ungereimt ist. Wenn du ihn zugibst, dann setze ich dir abermals den Satz »Du bist in Rom« vor: Wenn du ihn zugibst, dann hast du dasselbe zugegeben und abgelehnt, also (antwortest du) schlecht. Wenn du ihn ablehnst, dann lehnst du etwas ab, das aus dem Gegensatz des Abgesetzten und einem Zugegebenen folgt, es folgt nämlich »Jeder Mensch ist in Rom, du bist ein Mensch, also bist du in Rom«.

Auflösung: Das Abgesetzte wird zugelassen. Und wenn vorgesetzt wird »Jeder Mensch ist in Rom«, muß das zugegeben werden, weil der Gegensatz des Abgesetzten. Wenn hierauf »Du bist in Rom« vorgesetzt wird, muß das abgelehnt werden, weil falsch und uneinschlägig. Wenn sodann »Du bist

mae] AO rationalis SX 22 est] ASX om. O falsum] A om. O falsa SX et] SX om. AO proponitur] ista add. S

es homo«, negandum est tamquam repugnans, quia eius contradictorium est formaliter sequens, sequitur enim formaliter »Quilibet homo est Romae, tu non es Romae, ergo tu non es homo«. Nec est inconveniens in ista arte aliquem negare se esse hominem. Notandum tamen, quod si immediate post istam »Quilibet homo est Romae« fuisset proposita ista »Tu es homo«, fuisset concedenda tamquam vera et impertinens, et si tunc post istam fuisset proposita ista »Tu es Romae«, fuisset concedenda tamquam sequens.

Aliud exemplum: Deponitur ista »Aliquae propositiones non sunt similes«, et voco similes similes in veritate vel falsitate. Deinde proponitur ista »›Deus est‹ et ›Homo est asinus‹ sunt propositiones«. Si negas, negas verum impertinens, ergo male. Si concedis, proponitur tibi ista »›Deus est‹ et ›Homo est asinus‹ sunt similes«. Si concedis, concedis impertinens tibi dubium, ergo male. Si negas, negas sequens ex opposito depositi et bene concesso, sequitur enim »Omnes propositiones sunt similes«, quod est contradictorium depositi, »Sed ›Deus est‹ et ›Homo est asinus‹ sunt propositiones, ergo sunt similes«.

Respondetur admittendo depositionem et depositum. Et concedo illam statim post depositum propositam »›Deus est‹ et ›Homo est asinus‹ sunt propositiones«, et ultra conceditur ista tamquam sequens ex opposito depositi et bene concesso »›Deus

1 negandum] AO neganda SX 3 Romae[1]] AO rationalis SX Romae[2]] A homo O rationalis SX es[2]] est! O 4 homo] ASX Romae O in…arte] AO om. SX aliquem] ASX om. O 5 tamen] AO est S om. X 6 Romae] AO rationalis SX fuisset] AOS esset X Tu…homo] ASX om. O 7 tamquam…concedenda] SX om. AO 8 Romae] Z rationalis SX 9 tamquam sequens] OSX om. A 10 Aliud…concesso] AOSX om. L Deponitur] AX deponetur O deponatur S ista] ASX om. O 11 similes[2]] scilicet/con-? add. S similes[3]] AS om. OX vel] OS et AX 12 proponitur] A proponatur OS propono X tibi add. X ista] OS om. A istam X 13 negas[2]] ASX om. O verum] quia add. X 14 concedis] deinde add. X proponitur] AX proponatur OS 15 similes] quod add. O impertinens] et add. O 16 negas[1]] si negas add. A opposito depositi] SX posito AO 17 et…concesso] AO om. S et concessi X Omnes…similes] AOS om. X 18 quod…depositi] OS om. AX Sed] AO om. SX 19 est] S om. A ergo] deus est et homo est asinus add. OSX sunt[2]] propositiones add. O 20 depositio-

ein Mensch« vorgesetzt wird, muß das als widersprechend abgelehnt werden, weil der kontradiktorische Gegensatz davon formal folgt, es folgt nämlich formal »Jeder Mensch ist in Rom, du bist nicht in Rom, also bist du kein Mensch«. Und es ist in dieser Kunst (d. i. Disziplin, nämlich der Logik) auch nicht ungereimt, daß jemand verneint, daß er ein Mensch ist. – Festzuhalten ist jedoch: Wenn unmittelbar nach dem Satz »Jeder Mensch ist in Rom« der Satz »Du bist ein Mensch« vorgesetzt worden wäre, hätte er als wahr und uneinschlägig zugegeben werden müssen, und wenn dann nach diesem Satz der Satz »Du bist in Rom« vorgesetzt worden wäre, hätte er als folgend zugegeben werden müssen.

Ein anderes Beispiel: Es wird der Satz »Einige Sätze sind nicht ähnlich« abgesetzt, und ich nenne »ähnliche (Sätze)« (solche), die hinsichtlich der Wahrheit oder der Falschheit ähnlich sind. Hierauf wird der Satz »‹Gott ist› und ›Ein Mensch ist ein Esel‹ sind Sätze« vorgesetzt: Wenn du ihn ablehnst, lehnst du etwas wahres Uneinschlägiges ab, also (antwortest du) schlecht. Wenn du ihn zugibst, wird dir der Satz »‹Gott ist› und ›Ein Mensch ist ein Esel‹ sind ähnlich« vorgesetzt: Wenn du ihn zugibst, gibst du etwas Uneinschlägiges zu, das dir zweifelhaft ist, also (antwortest du) schlecht. Wenn du ihn ablehnst, lehnst du etwas ab, das aus dem Gegensatz des Abgesetzten und einem richtig Zugegebenen folgt, es folgt nämlich »Alle Sätze sind ähnlich«, was der kontradiktorische Gegensatz des Abgesetzten ist, »Aber ›Gott ist‹ und ›Ein Mensch ist ein Esel‹ sind Sätze, also sind sie ähnlich«.

Antwort: Die Absetzung und das Abgesetzte werden zugelassen. Und ich gebe den Satz »‹Gott ist› und ›Ein Mensch ist ein Esel‹ sind Sätze«, der sogleich nach dem Abgesetzten vorgesetzt wurde, zu, und ferner wird der Satz »‹Gott ist› und ›Ein Mensch ist ein Esel‹ sind ähnlich« als aus dem Gegensatz des

nem et] AOS om. X Et] A om. OSX 21 depositum] AOX depositionem S propositam] AOS positam X scilicet add. SX 22 ultra] A ulterius OSX conceditur] AX concedatur O cum dicebatur S 23 concesso] AOX concessi S

est‹ et ›Homo est asinus‹ sunt similes«. Et ulterius negatur, quod sit impertinens, unde licet sit impertinens deposito, tamen est pertinens deposito et bene concesso.

Aliud exemplum: Deponitur ista »Aliquid est tibi positum«, argue et solve similiter, sicut argutum et solutum erat de ista »Nihil est tibi positum« in alia specie obligationis, scilicet in positione, in prima specie positionis. Et similiter, si deponantur hypotheticae, quae vocatur depositio composita, argue et solve, ac si ponerentur earum contradictoriae, et de hoc visum est in specie obligationis praecedenti, scilicet in positione.

Aliud exemplum, et hoc est exemplum de mixtione positionis et depositionis: Nam depono tibi istam »Aliquis homo non currit« et pono tibi istam »Nullum animal currit«, et quod sustineas tam depositum quam positum. Si admittis, proponi- A59va tur tibi ista »Aliquis homo non currit«, et hoc est depositum, ergo negandum. Deinde proponitur tibi ista »Aliquod animal currit«, hoc est oppositum positi, ergo negandum. Deinde ista »Quilibet homo currit«, hoc est oppositum depositi, ergo concedendum. Deinde ista »Aliquis homo currit«, haec est sequens, O62vb ut apparet, ergo est concedenda. Deinde ista »Aliquod animal

6 in alia] Cf. Cap. VI.7, primum exemplum. 9 visum est] Cf. Cap. VI.8–10.

2 deposito] X posito AOS 3 deposito] X posito AOS bene] concesso? add. s. del. A concesso] igitur add. S etc. add. X 4 Deponitur] AO om. L deponatur SX tibi] OSX om. AL positum] ASX depositum LO 5 argue] AOSX arguit? L similiter] AOSX simili modo L erat] ALSX est O 6 alia…in²] O om. AE79v LSX 7 in…positionis] AE79vLSX om. O prima] A alia E79v altera LSX positionis] Z obligationis AE79vLSX similiter] AO conformiter LSX deponantur] S deponatur AOX deponitur L 8 argue] A arguas LOS arguat X solve] A solvas LOS solvat X 9 ac] LOSX sicut A ponerentur] SX ponatur A poneretur LO et…positione] LOSX om. A 10 praecedenti] Z praecedente LO praecedentis S praesenti X 11 et…exemplum²] LOS om. A et hoc est X positionis…depositionis] AOSX om. L 12 Nam] ALOS tunc X depono] AOSX pono L 14 tam] p- add. s. del. A depositum…positum] A trsp. LOSX admittis] LSX admittitur A admittatur O proponitur] A ponatur L proponatur OS deponatur X 15 tibi] LSX om. AO ista] ALOX om. S nullum animal currit si admittis proponatur tibi ista add. L et] L om. AOSX 16 proponitur] AX proponatur

Abgesetzten und einem richtig Zugegebenen folgend zugegeben. Und des weiteren wird verneint, daß er uneinschlägig sei, denn wenn er auch für das Abgesetzte uneinschlägig ist, so ist er doch für das Abgesetzte und ein richtig Zugegebenes (zusammen) einschlägig.

Ein anderes Beispiel: Es wird der Satz »Etwas ist dir gesetzt« abgesetzt – argumentiere und löse auf in der gleichen Weise, wie bezüglich des Satzes »Nichts ist dir gesetzt« in einer anderen Art der Verpflichtung, nämlich in der Setzung, und zwar in der ersten Art der Setzung (Kap. VI.7), argumentiert und aufgelöst wurde. – Und ebenso, wenn hypothetische Sätze abgesetzt werden, welche (Absetzung) »zusammengesetzte Absetzung« heißt, argumentiere und löse auf, als ob ihre kontradiktorischen Sätze gesetzt würden, und darüber wurde in der vorangehenden Art der Verpflichtung gehandelt, nämlich in der Setzung (und zwar in der zusammengesetzten Setzung, Kap. VI.8–10).

Ein anderes Beispiel, und zwar ein Beispiel für die Mischung von Setzung und Absetzung: Ich setze dir ab den Satz »Irgendein Mensch läuft nicht« und setze dir den Satz »Kein Lebewesen läuft«, und daher mögest du sowohl das Abgesetzte als auch das Gesetzte aufrechterhalten. Wenn du es zuläßt, wird dir der Satz »Irgendein Mensch läuft nicht« vorgesetzt, und das ist das Abgesetzte, muß also abgelehnt werden. Sodann wird dir der Satz »Irgendein Lebewesen läuft« vorgesetzt, das ist der Gegensatz des Gesetzten, muß also abgelehnt werden. Sodann der Satz »Jeder Mensch läuft«, das ist der Gegensatz des Abgesetzten, muß also zugegeben werden. Sodann der Satz »Irgendein Mensch läuft«: Dieser folgt (aus dem vorhin Zugegebenen), wie einleuchtet, also muß er zugegeben werden. Sodann der Satz »Irgendein Lebewesen läuft«: Wenn

LOS tibi] X om. ALOS ista] AOSX om. L 17 hoc] ASX quae L om. O Deinde] proponatur tibi add. S ista] ALS istam OX 18 Quilibet…ista] LOSX om. A est] OSX om. L depositi] OSX depositum L 19 ista] L istam OX om. S haec] ALOS hoc X 20 apparet] AOSX patet L ergo] AOSX et L est] AL om. OSX concedenda] ALSX concedendum O ista] ALS istam OX

currit«. Si negas, contra: Sequitur ex concesso, ergo est concedendum, sequitur enim »Aliquis homo currit, ergo aliquod animal currit«. Si concedis, contra: Concedis oppositum positi, ergo male.

Respondetur non admittendo obligationem, pro quo notandum est, quod quando fit aliqua obligatio ex duabus speciebus obligationis, quarum una repugnat alteri, semper, ubicumque fit talis obligatio, est neganda, sed sic fit in proposito.

Cap. VI.12 ⟨Capitulum duodecimum de petitione⟩

Sequitur de petitione, quae est una species obligationis, quae est obligans ad aliquem actum exercendum circa obligatum expressum in enuntiabili, verbi gratia »Peto te concedere te esse Romae«. Et differt a positione, quia positio obligat ad sustinendum, petitio vero ad aliquem actum circa obligatum exercendum, ut dictum est. Et petitionum quaedam dicitur absoluta, ut »Peto te concedere te esse Romae«, et quaedam respectiva, ut »Peto te concedere primum propositum a me«.

Circa istam speciem obligationis pro regula teneatur, quod impossibile non est concedendum, nisi fiat petitio, ut impossibile concedatur, et facta petitione, ut impossibile concedatur, si

1 Si...concedendum] AOSX om. L negas] S negatur AOX est] AX om. OS concedendum] AOX om. S 2 sequitur...currit] OSX om. AL 3 concedis] LSX conceditur AO contra] A et L om. OSX Concedis] S est A om. L conceditur OX oppositum] AOSX positum L positi] ALSX propositi O 4 male] respondes si admittis obligationem add. L 5 Respondetur] AOSX respondes L non admittendo] AOSX si admittis L 6 est] LS om. AOX obligatio] talis add. s. del. O 7 obligationis] AOSX om. L semper] AE79vOSXY om. L ubicumque] *Unanime habent* AE79vLOSXY 8 fit[1]] AOSX est L talis] O om. ALSX obligatio] AOSX negatio! L est] AOSX ista L neganda] LOX negando A *lectio incerta* S sed] AO om. LSX sic] ALO ut SX fit[2]] AS om. LX est O in proposito] ALOS impertinens! X etc. add. X proposito] etc. add. L 10 de petitione] depositione! L quae est[2]] om. LO 11 obligans] om. L ad] om. LO exercendum] excidendum? L obligatum] AE79vOXY obligationem L mere add. A 12 expressum] de praemissis! L 13 Romae] rationalem L positio] om. L ad] et

du ihn ablehnst, dann dagegen: Er folgt aus einem Zugegebenen, also muß er zugegeben werden, es folgt nämlich »Irgendein Mensch läuft, also läuft irgendein Lebewesen«. Wenn du ihn zugibst, dann dagegen: Du gibst den Gegensatz des Gesetzten zu, also (antwortest du) schlecht.

Antwort: (Diese) Verpflichtung wird nicht zugelassen. Dazu ist festzuhalten, daß wenn eine Verpflichtung aus zwei Arten der Verpflichtung erfolgt, von denen die eine mit der anderen unvereinbar ist, eine solche Verpflichtung immer abgelehnt werden muß, wo auch immer sie erfolgt[229]; aber genau das geschieht im vorliegenden (Beispiel).

Kapitel VI.12: *Die Bitte*

Es folgt (das Kapitel) über die Bitte. Diese ist eine Art der Verpflichtung, welche dazu verpflichtet, eine Handlung bezüglich des Verpflichteten auszuführen, welche (Handlung) in einer Aussage[230] ausgedrückt wird, z. B. »Ich bitte, daß du zugibst, daß du in Rom bist«. Und sie unterscheidet sich von der Setzung, weil die Setzung zur Aufrechterhaltung verpflichtet, die Bitte hingegen zur Ausführung einer Handlung bezüglich des Verpflichteten, wie schon gesagt wurde. Und eine Art der Bitten heißt »absolut«, z. B. »Ich bitte, daß du zugibst, daß du in Rom bist«, eine Art »relativ«, z. B. »Ich bitte, daß du das erste von mir Vorgesetzte zugibst«.

Bezüglich dieser Art der Verpflichtung möge als Regel eingehalten werden, daß etwas Unmögliches nicht zugegeben werden darf, außer wenn die Bitte vorgebracht wird, daß etwas Unmögliches zugegeben werden möge; und nachdem die Bitte,

L 14 vero] autem O 15 exercendum] excicendum L dictum] petitum L Et] O om. AL petitionum] om. L quaedam] quae L 16 te²] om. L Romae] rationalem L quaedam] alia L 17 primum] primo L propositum] SX proponendum AO positum L 18 obligationis] LO om. A pro] quia! L teneatur] LO tenetur A quod] est add. O 19 fiat] fiet L 20 concedatur¹] conceditur L ut…concedatur²] LO om. A concedatur²] O conceditur L

fiat concessio petitionis, non est inconveniens, quod impossibile conceditur.

Iuxta istam speciem obligationis sit primo tale exemplum: Peto te concedere hominem esse asinum. Si admittis, deinde propono tibi istam »Homo est asinus«. Si concedis, concedis impossibile, ergo male. Si negas, contra: Petitum fuit a te concedere hominem esse asinum et admisisti, et non fecisti, ergo male. Solvitur: Admissa petitione non est inconveniens concedere impossibile facta petitione, ut impossibile concedatur.

L56va *Aliud exemplum:* Peto te concedere unum solum. Deinde propono tibi istam »Deus est«, concedenda est. Deinde propono tibi istam »Aliquid est«. Si negas, negas sequens, ergo male, sequitur enim »Deus est, ergo aliquid est«. Si concedis, contra: Petitum fuit a te concedere unum solum et plura concessisti, ergo male. Solvitur, quod ista non debet concedi, cum proponitur, »Aliquid est« propter concessionem huius »Deus est« nec debet negari nec ad eam responderi nisi excusative dicendo »Non teneor respondere ad eam«.

Aliud exemplum: Peto te non respondere ad primum propositum a me. Deinde propono tibi istam »Deus est«. Si concedis vel negas vel dubitas, facis contra petitionem, ergo male. Si tu non respondeas, contra: Haec est necessaria, ergo debes eam

1 fiat] fiet L quod…conceditur] concedere impossibile LO 3 Iuxta…concedatur] LOSX om. A 5 concedis[2]] OSX om. L 6 Si] negas add. s. del. O Petitum] OSX positum L concedere] istam add. O concedere…concedatur] OSX om. L 7 hominem…asinum] SX homo est asinus O non fecisti] OX negasti S 9 concedatur] OS conceditur X 10 Aliud] LO om. A concedere…meam] AOSX om. L 11 propono[1]] OSX pono A concedenda est] OSX om. A propono tibi[2]] OSX om. A 13 ergo] AOS om. X 14 a] SX om. AO et] tu add. S 15 debet] admitti add. s. del. A admitti nec add. O cum proponitur] OSX om. A 17 nec[2]] debet add. X excusative] AS excusatorie OX 18 dicendo…eam] S om. AOX 19 propositum] X proponendum AOS 20 Deinde] AOS ergo X propono] AO proponam SX tibi] O om. ASX Si] ASX vel O 21 vel[1]] OSX om. A male] AE80rOSXY similiter add. A tu] A om. OSX 22 respondeas] ASX respondes O contra] AOX om. S necessaria] deus est add. OSX debes] AOS habes X

daß etwas Unmögliches zugegeben werden möge, vorgebracht wurde und wenn die Billigung der Bitte vorliegt, ist es nicht ungereimt, daß etwas Unmögliches zugegeben wird.

Für diese Art der Verpflichtung sei erstens das folgende Beispiel vorgebracht: Ich bitte, daß du zugibst, daß ein Mensch ein Esel ist. Wenn du es zuläßt, setze ich dir hierauf den Satz »Ein Mensch ist ein Esel« vor: Wenn du ihn zugibst, gibst du etwas Unmögliches zu, also (antwortest du) schlecht. Wenn du ihn ablehnst, dann dagegen: Es wurde von dir erbeten zuzugeben, daß ein Mensch ein Esel ist, und du hast es zugelassen, aber du hast es nicht gemacht, also (antwortest du) schlecht. – Auflösung: Nach der Zulassung der Bitte ist es nicht ungereimt, etwas Unmögliches zuzugeben, wenn die Bitte vorgebracht wurde, daß etwas Unmögliches zugegeben werden möge.

Ein anderes Beispiel: Ich bitte, daß du nur eines zugibst. Hierauf setze ich dir den Satz »Gott ist« vor – er muß zugegeben werden. Sodann setze ich dir den Satz »Etwas ist« vor: Wenn du ihn ablehnst, lehnst du etwas Folgendes ab, also (antwortest du) schlecht, es folgt nämlich »Gott ist, also ist etwas«. Wenn du ihn zugibst, dann dagegen: Es wurde von dir erbeten, nur eines zuzugeben, und du hast mehreres zugegeben, also (antwortest du) schlecht. – Auflösung: Der Satz »Etwas ist« darf nicht zugegeben werden, wenn er vorgesetzt wird, und zwar wegen der Billigung des Satzes »Gott ist«, aber er darf auch nicht abgelehnt werden, und man darf auf ihn (überhaupt) nur antworten, indem man entschuldigend sagt »Ich bin nicht gebunden, auf ihn zu antworten«.

Ein anderes Beispiel: Ich bitte, daß du nicht auf das erste von mir Vorgesetzte antwortest. Hierauf setze ich dir den Satz »Gott ist« vor: Wenn du ihn zugibst, ablehnst oder bezweifelst, handelst du wider die Bitte, also (antwortest du) schlecht. Wenn du nicht antworten solltest, dann dagegen: Dieser Satz ist notwendig, also mußt du ihn zugeben. – Auflösung: Nach

concedere. Solvitur, quod admissa petitione ad istam »Deus est« non debet responderi. Videtur tamen, quod ista petitio non sit logicalis, sed magis vulgaris, et quaelibet talis petitio, ut »Peto te tacere«, »Peto te non respondere«, »Peto te non concedere petitionem meam«.

Aliud exemplum: Peto te concedere hominem esse asinum. Deinde propono tibi istam »Tu concedis hominem esse asinum«. Si concedis, concedis falsum, quod non fuit petitum te concedere, ergo male. Si negas, contra: Te concedere hominem esse asinum fuit obligatum, et non concessisti, ergo male. Solvitur, quod cum proponitur illa »Tu concedis hominem esse asinum«, est neganda, quia non fuit petitum a te, ut tu conce-
O63ra deres istam »Tu concedis hominem esse asinum«, nihilominus concedendo istam »Homo est asinus« satisfacit petitioni.

Aliud exemplum: Peto te male respondere ad istam »Deus est«. Deinde propono tibi istam »Deus est«, et qualitercumque respondeas, quaero a te, an bene vel non. Si bene, et petitum fuit a te male respondere, sequitur, quod tu fecisti contra petitum, ergo male respondisti. Ergo si bene respondisti, male respondisti. Si autem tu male respondisti, satisfecisti petitioni et per consequens bene respondisti, ergo si male respondisti, bene respondisti. Solvitur, quod petitio non est admittenda,

1 Solvitur] AO Respondetur SX admissa petitione] ASX amissione O 2 debet responderi] SX debes respondere AO Videtur] AOS Nota X 3 sit] AS est OX et] AOS ut X quaelibet] OS om. AX talis] ASX consimilis O ut] S om. AOX 4 Peto[1]...tacere] OSX om. A Peto[2]...respondere] SX om. AO non[1]] S om. X Peto[3]...meam] AOS om. X non[2]] O om. A om. s. add. s.l. S 6 Aliud exemplum] ASX om. LO hominem...asinum] OSX homo est asinus A homo esse asinum L 7 tibi] LO om. A 8 concedis[2]] om. O quod] et L fuit] tibi add. A te] om. O 9 contra] petitum fuit add. A 10 fuit obligatum] LOSX om. A concessisti] et add. L 11 cum] quando L illa] SX om. AO tibi L 12 est neganda] LSX om. A est negandum O quia] LOSX et A a te] A om. LOSX ut] LSX non A et O tu] LOX om. AS concederes] LSX concedendo A concedis O 13 istam] OSX om. AL Tu concedis] OSX om. AL 14 concedendo] ALO concedis? S oportet concedere X satisfacit] AO et sic satis est L et sic fit satis S et satis fit X petitioni] OSX petito A petitio L 16 est[2]] om. O et] oportet L om. O qualitercumque respondeas] respondere L 17 quaero] quaereo O an]

der Zulassung der Bitte darf man auf den Satz »Gott ist« nicht antworten. Es scheint jedoch, daß diese Bitte keine logische ist, sondern eher eine gewöhnliche (d. i. unwissenschaftliche), wie auch jede (andere) Bitte dieser Art, z. B. »Ich bitte, daß du schweigst«, »Ich bitte, daß du nicht antwortest«, »Ich bitte, daß du meine Bitte nicht gewährst«.

Ein anderes Beispiel: Ich bitte, daß du zugibst, daß ein Mensch ein Esel ist. Hierauf setze ich dir den Satz »Du gibst zu, daß ein Mensch ein Esel ist« vor: Wenn du ihn zugibst, gibst du etwas Falsches zu, dessen Billigung von dir nicht erbeten wurde, also (antwortest du) schlecht. Wenn du ihn ablehnst, dann dagegen: Daß du zugibst, daß ein Mensch ein Esel ist, war das Verpflichtete, und du hast es nicht zugegeben, also (antwortest du) schlecht. – Auflösung: Wenn der Satz »Du gibst zu, daß ein Mensch ein Esel ist« vorgesetzt wird, so muß er abgelehnt werden, weil von dir nicht erbeten wurde, daß du den Satz »Du gibst zu, daß ein Mensch ein Esel ist« zugeben mögest; nichtsdestoweniger wird der Bitte Genüge getan, indem man den Satz »Ein Mensch ist ein Esel« zugibt.

Ein anderes Beispiel: Ich bitte, daß du auf den Satz »Gott ist« schlecht antwortest. Hierauf setze ich dir den Satz »Gott ist« vor, und wie auch immer du antworten mögest, ich frage dich, ob gut (d. h. richtig bzw. regelkonform) oder nicht: Wenn gut – und es wurde von dir erbeten, schlecht zu antworten –, dann folgt, daß du wider das Erbetene gehandelt hast, also hast du schlecht geantwortet. Also: Wenn du gut geantwortet hast, hast du schlecht geantwortet. Wenn du aber schlecht geantwortet hast, hast du der Bitte Genüge getan und hast folglich gut geantwortet. Also: Wenn du schlecht geantwortet hast, hast du gut geantwortet. – Auflösung: (Diese) Bitte darf

respondere L aut O bene[1]] male LO respondisti add. O vel non] aut bene LO bene[2]] respondis! add. L et] om. L **18** a] LO om. A respondere] LO om. A ad deum esse add. LO tu] om. LO **19** Ergo...respondisti[1]] LO om. A male[2]] L bene O **20** autem] LO om. A tu] om. LO respondisti[2]] LO om. A igitur add. O **21** si...respondisti] LO etc. A respondisti[2]] et add. L

quia nulla petitio est admittenda, quae non est in potestate respondentis, ut satisfaciat petitioni. Sed admissa illa petitione nullus potest satisfacere ei, igitur etc.

Aliud exemplum: Peto te concedere regem sedere vel non sedere. Deinde propono tibi istam »Rex sedet«. Si concedis, concedis dubium non obligatus, ergo male respondes. Licet enim tu sis obligatus ad concedendum regem sedere vel non sedere, non tamen es obligatus ad concedendum regem sedere.
A59vb Si negas, negas dubium non obligatus, ergo male. Si dubitas, deinde propono tibi istam »Rex non sedet«. Si concedis, concedis dubium, ad quod non es obligatus, ergo male. Quia licet sis obligatus ad concedendum regem sedere vel non sedere, non tamen es obligatus ad concedendum regem non sedere. Si negas, negas dubium, ad quod non es obligatus, ergo male. Si respondes dubie, contra: Petitum fuit a te concedere regem sedere vel non sedere, et neutrum fecisti, ergo male respondisti. Respondetur, quod sicut quando aliquis petitur, quod det Sorti equum vel bovem, in potestate eius est dare quodcumque illorum voluerit ad satisfaciendum petitioni, ita in proposito in potestate respondentis est concedere quodcumque voluerit de illis duobus »Rex sedet«, »Rex non sedet«.

Aliter dicunt alii, quod quaerendum est ab opponente, utrum velit, quod in potestate respondentis sit concedere hoc vel illud,

1 nulla] E80rLOX illa A petitio] AE80rLOX non add. A in] de L 2 satisfaciat] facit L illi add. O petitioni] petitionem L 3 potest] LOSX sufficit A igitur etc] LOS om. AX 5 Deinde…respondes] AOSX om. L tibi] O om. A 6 respondes] om. O Licet enim] O quia licet S licet X Licet…sedere[1]] OSX om. AL 7 tu] OX om. S concedendum] SX om. O 8 non…sedere[2]] LOSX om. A es] OSX est! L sedere[2]] OSX concedere! L 9 negas[2]] om. L non obligatus] OS om. ALX 10 tibi] LO om. A concedis[2]] om. LO 11 es] est! L obligatus] ad concedendum regem sedere add. L Quia…sedere] OSX om. AL 13 non] OX om. S Si…male] AOSX om. L 14 negas[2]] om. O ad…obligatus] OSX om. A 15 respondes] respondis! L respondeas O dubie] om. L a] O om. ALX *lectio incerta* S regem] regis/reges L 16 et] sed L fecisti] LOSX concedis A respondisti] LSX om. AO 17 Respondetur] AO solvitur LSX sicut] si L quando] om. L Sorti] unum add. O 18 eius] cuius L dare] om. L quodcumque] AO quemcumque LSX 19 illorum] equum vel bovum L voluerit] LSX fuerit A

nicht zugelassen werden, weil keine Bitte zugelassen werden darf, die so geartet ist, daß es nicht in der Macht des Antworters steht, der Bitte Genüge zu tun. Aber nach der Zulassung jener Bitte (im gegenwärtigen Beispiel) kann ihr niemand Genüge tun, also usw.

Ein anderes Beispiel: Ich bitte, daß du zugibst, daß der König sitzt oder nicht sitzt. Hierauf setze ich dir den Satz »Der König sitzt« vor: Wenn du ihn zugibst, gibst du nicht verpflichtet etwas Zweifelhaftes zu, also antwortest du schlecht. Obgleich du nämlich zur Billigung verpflichtet bist, daß der König sitzt oder nicht sitzt, so bist du doch nicht zur Billigung verpflichtet, daß der König sitzt. Wenn du ihn ablehnst, lehnst du nicht verpflichtet etwas Zweifelhaftes ab, also (antwortest du) schlecht. Wenn du ihn bezweifelst, setze ich dir hierauf den Satz »Der König sitzt nicht« vor: Wenn du ihn zugibst, gibst du etwas Zweifelhaftes zu, wozu du nicht verpflichtet bist, also (antwortest du) schlecht. Denn obgleich du zur Billigung verpflichtet bist, daß der König sitzt oder nicht sitzt, so bist du doch nicht zur Billigung verpflichtet, daß der König nicht sitzt. Wenn du ihn ablehnst, lehnst du etwas Zweifelhaftes ab, wozu du nicht verpflichtet bist, also (antwortest du) schlecht. Wenn du bezweifelnd antwortest, dann dagegen: Es wurde von dir erbeten zuzugeben, daß der König sitzt oder nicht sitzt, und keines von beiden hast du gemacht, also hast du schlecht geantwortet. – Antwort: Gleichwie wenn jemand gebeten wird, daß er dem Sokrates ein Pferd oder ein Rind geben möge, es in seiner Macht steht, nach seinem Belieben irgendeines von diesen (Tieren) zu geben, um der Bitte Genüge zu tun, so steht es auch im vorliegenden (Beispiel) in der Macht des Antworters, nach seinem Belieben irgendeinen von den zwei Sätzen »Der König sitzt«, »Der König sitzt nicht« zuzugeben.

Andere (Autoren) antworten (auf solche Beispiele) anders, (nämlich) daß der Vorbringer gefragt werden muß, ob er möch-

vult O 20 est] om. L quodcumque] illorum add. O voluerit] volueris? L 21 duobus] duabus LO sedet[1]] vel add. LO Rex[2]] om. O 22 opponente] opposito L utrum velit] LO om. A 23 illud] hoc O

et si opponenti hoc placet, respondens satisfacit petitioni concedendo quodcumque illorum duorum voluerit. Si autem velit opponens, quod non sit in potestate respondentis, debet certificare respondentem, quam partem velit, quod respondens concedat, et nisi certificet, non est admittenda petitio, quia in hac obligatione respondens debet esse certus.

Ex his superficialiter dictis circa istas quattuor species obligationis, scilicet impositionem, positionem, depositionem, petitionem, potest quilibet scholaris videre, quid sit dicendum circa alias duas species obligationis, scilicet dubitationem et sit verum.

A59vb Et sit finis tractatus magistri Alberti de Saxonia.

L56va Et sic satis est. Explicit logica magistri Alberti de Ricmerstor⟨p⟩ finita in carnisprivio in Halverstad sub prioratu Hermanni de Duderstad. Amen. Explicit logica magistri Alberti de Ricmerstorp finita anno domini millesimo trecentesimo octuagesimo primo in die beati Mathiae apostoli.

O63ra Et haec dicta de obligationibus ad praesens sufficiant etc. Benedicta amen.

1 opponenti] ponenti L placet] LO placeat A respondens] LO responsio A petitioni] ad petitionem L 2 duorum] om. L 4 respondentem] LOSX responsionem A ad add. L quod] ut L concedat] concedit L 5 certificet] A respondens certificetur LOSX 7 dictis] dicta sunt L circa…petitionem] LOSX om. A istas] LSX om. O quattuor] LOSX novem *ante corr.* S 8 impositionem] OSX impositum L positionem] OSX ponuntur L depositionem] OSX petitionem L petitionem] OSX positionem L 9 quilibet] A diligens LSX praediligens O 10 alias] alia O duas] om. O obligationis] obligationum? L scilicet] om. L circa add. O dubitationem] circa add. L et] circa add. O sit] est L

te, daß es in der Macht des Antworters stehe, dieses oder jenes zuzugeben, und wenn dem Vorbringer das genehm ist, tut der Antworter der Bitte Genüge, indem er nach seinem Belieben irgendeinen von jenen zwei Sätzen zugibt. Wenn der Vorbringer aber möchte, daß dies nicht in der Macht des Antworters stehe, muß er den Antworter versichern, für welchen Teil (der Disjunktion) er die Billigung vom Antworter erhalten möchte, und wenn er das nicht versichert, darf die Bitte nicht zugelassen werden, weil der Antworter bei einer solchen Verpflichtung Gewißheit haben muß.

Aus diesen flüchtigen Ausführungen zu diesen vier Arten der Verpflichtung, nämlich zur Einsetzung, zur Setzung, zur Absetzung, zur Bitte, kann jeder Student ersehen, was zu den anderen zwei Arten der Verpflichtung, nämlich zum Zweifel (bzw. zur Bezweifelung) und zu Es-sei-wahr, zu sagen ist.

Und damit sei die Abhandlung des Meisters A59vb
Albert von Sachsen zu Ende.

Und damit ist es genug. Es endet die Logik des Meisters Albert L56va
von Rickensdorf, fertiggestellt am Carnisprivium (»Fleischentzug« = Quinquagesimä, am 50. Tage vor Ostern, dem Beginn der Fastenzeit für den Klerus) zu Halberstadt unter dem Priorat des Hermann von Duderstadt. Amen. Es endet die Logik des Meisters Albert von Rickensdorf, fertiggestellt im Jahr des Herrn 1381, am Tage des seligen Apostels Matthias.

Und diese Ausführungen über die Verpflichtungen mögen O63ra
vorderhand genügen usw. Gebenedeit (seist du Maria), amen.

⟨APPENDIX: CAPITULUM DE DUBIA RESPONSIONE EX MANUSCRIPTO POMMERSFELDENSI⟩

O63ra Sequitur de dubia responsione. Et nota primo, quid sit dubia responsio: Unde dubia responsio dicitur oratio, qua quis obligatur ad aliquid sustinendum dubie, ut si diceretur sic »Sit tibi O63vb dubium ›Sortes currit‹«, ita ergo, quod ista species obligationis habet fieri per istas dictiones »Sit tibi dubium«, »Dubitato« etc. Item est notandum, quod sicut in positione ipsum positum est pars integralis positionis et ipsa tota positio est totum integrale, ita suo modo in dubitatione ipsum dubitatum est pars integralis et ipsa tota dubitatio est totum integrale, ut hic »Sit tibi dubium regem sedere«: Ista tota oratio est dubitatio et ista oratio *regem sedere* est dubitatum et istae dictiones *sit tibi dubium* sunt signa dubitationis.

Item est notandum, quod in dubitatione aliqua sunt observanda. Primum est, quod si aliquod convertibile simpliciter sit dubium, quod suum convertibile dubitetur, scito tamen, quod talia convertantur. Quia nisi hoc sciretur, non oporteret, quia licet homo et risibile convertantur, si tamen non sciremus ea converti, non oporteret, si hominem currere esset mihi dubium, quod propter hoc risibile currere esset mihi dubium. Secundum est, quod si unum contradictorium dubitatur, oportet etiam, quod reliquum dubitetur, quia si unum concederetur, oporteret

8 Dubitato] z dubito o   9 Item] z iterum o   12 est…integrale] z om. o
16 Item] z iterum o

ANHANG: EIN WERKFREMDES KAPITEL ÜBER DIE BEZWEIFELNDE ANTWORT AUS DER HANDSCHRIFT POMMERSFELDEN

Es folgt (ein Kapitel) über die bezweifelnde Antwort. Und merke erstens, was die bezweifelnde Antwort ist: So wird »bezweifelnde Antwort« eine Ausdrucksfolge genannt, durch die jemand dazu verpflichtet wird, etwas als zweifelhaft aufrechtzuerhalten, wie z. B., wenn man sagte »Es sei dir zweifelhaft ›Sokrates läuft‹«, so daß also diese Art der Verpflichtung mit den Wörtern »Es sei dir zweifelhaft«, »Du sollst bezweifeln!« usw. vorgenommen werden muß. Ferner ist zu beachten: Wie bei der Setzung das Gesetzte für sich ein integraler Teil der Setzung ist und die ganze Setzung selbst das integrale Ganze ist, so ist auf entsprechende Weise bei der Bezweifelung das Bezweifelte für sich ein integraler Teil und die ganze Bezweifelung selbst ist das integrale Ganze, wie z. B. hier »Es sei dir zweifelhaft, daß der König sitzt«: Diese ganze Ausdrucksfolge ist die Bezweifelung, die Ausdrucksfolge »daß der König sitzt« ist das Bezweifelte und die Wörter »Es sei dir zweifelhaft« sind die Bezweifelungszeichen.

Ferner ist zu beachten, daß bei der Bezweifelung einige (Punkte) zu beachten sind, der erste lautet: Wenn etwas einfach Umkehrbares[231] zweifelhaft ist, dann möge auch sein Umkehrbares bezweifelt werden, jedoch nur, wenn es bekannt ist, daß sich die betreffenden (Ausdrücke) umkehren lassen. Denn wenn das nicht bekannt wäre, so wäre das nicht nötig: Wenn sich auch (z. B. die Ausdrücke) »Mensch« und »des Lachens fähiges (Wesen)« umkehren lassen, wir aber nicht wüßten, daß sie sich umkehren lassen, wäre es nicht nötig, daß wenn es mir zweifelhaft wäre, daß ein Mensch läuft, mir deshalb zweifelhaft wäre, daß ein des Lachens fähiges (Wesen) läuft. – Der zweite (Punkt) lautet: Wenn ein Glied eines kon-

reliquum negari, et ita non dubitari. Item est notandum, quod non oportet, si antecedens sit dubium, quod consequens sit dubium, nec etiam e converso. Verbi gratia, currat Sortes et ego videam ipsum, nescio tamen ipsum esse Sortem, tunc ista consequentia est bona »Sortes currit, igitur animal currit«. Antecedens erit mihi dubium, et tamen consequens est a me scitum. Verbi gratia, si e converso arguatur sic: Sit ita, quod Sortes sedeat, et hoc bene scias, dubitas tamen regem sedere, tunc ista consequentia est bona »Nullus homo sedet, igitur rex non sedet«. Antecedens est a te scitum esse falsum, et tamen consequens est tibi dubium.

Breviter circa ista ponuntur aliquae regulae. Prima est, quod si convertibile, quod fuit antecedens, fuit dubium, suum convertibile et suum contradictorium erunt dubia eo modo, quo dictum est de convertibili. Secunda regula est, quod si antecedens ad dubitatum fuerit falsum, ipsum est negandum, sed si fuerit verum, ipsum est dubitandum. Tertia regula est, quod si consequens ad dubitatum fuerit verum, ipsum est concedendum, sed si fuerit falsum, ipsum est dubitandum. Quarta regula est, quod ad impertinens dubitato respondendum est secundum sui qualitatem etc.

Explicit tractatus logicalis etc.

1 Item] z iterum o **10** esse falsum] z om. o **15** est[2]] z om. o **20** est[1]] z om. o respondendum est] z respondebitur o

traditorischen Gegensatzes bezweifelt wird, muß auch das andere bezweifelt werden, denn wenn das eine zugegeben würde, müßte das andere abgelehnt werden und dürfte somit nicht bezweifelt werden. – Ferner ist zu beachten, daß wenn ein Vordersatz zweifelhaft ist, der Nachsatz nicht zweifelhaft sein muß, und auch nicht umgekehrt. Z. B.: Es sei der Fall, daß Sokrates läuft und ich ihn sehe, jedoch nicht weiß, daß er (nämlich der Laufende) Sokrates ist, dann ist die folgende Folgerung gültig: »Sokrates läuft, also läuft ein Lebewesen«. Der Vordersatz wird mir zweifelhaft sein, und dennoch ist der Nachsatz von mir gewußt. (Und) z. B., wenn man umgekehrt so argumentiert: Es sei der Fall, daß Sokrates sitzt, und das sei dir wohl bekannt, du bezweifelst jedoch, daß der König sitzt, dann ist die folgende Folgerung gültig: »Kein Mensch sitzt, also sitzt der König nicht«. Der Vordersatz ist von dir als falsch gewußt, und dennoch ist dir der Nachsatz zweifelhaft.

Diesbezüglich werden kurz einige Regeln aufgestellt: Die erste lautet, daß wenn ein Umkehrbares, das der Vordersatz war, zweifelhaft war, dann sein Umkehrbares und sein kontradiktorischer Gegensatz zweifelhaft sein werden, und zwar auf die Weise, wie bezüglich des Umkehrbaren ausgeführt wurde. – Die zweite Regel lautet: Wenn ein Vordersatz zum Bezweifelten falsch sein sollte, dann muß er abgelehnt werden, aber wenn er wahr sein sollte, dann muß er bezweifelt werden. – Die dritte Regel lautet: Wenn ein Nachsatz zum Bezweifelten wahr sein sollte, dann muß er zugegeben werden, aber wenn er falsch sein sollte, dann muß er bezweifelt werden. – Die vierte Regel lautet: Auf etwas, das für das Bezweifelte uneinschlägig ist, muß man gemäß seiner Qualität antworten, usw.

Hier endet diese logische Abhandlung usw.

ANMERKUNGEN DES HERAUSGEBERS

1 (S. 5) »Verifizierbar« heißt hier und im folgenden einfach »wahr aussagbar« und bezieht sich auf Terme, hat also nichts mit modernen Begriffen der Verifizierbarkeit bzw. Verifikation zu tun. – Erste und zweite Intention oder Imposition meint erste und zweite Sprachstufe der mentalen (Intention, Vorstellung) oder der konventionalen Sprache (Imposition, Einsetzung) im Sinne von Objekt- und Metasprache; vgl. auch Kap. I.9. Gelegentlich werde ich auch mit »erste/zweite Vorstellungsstufe« bzw. »erste/zweite Einsetzungsstufe« übersetzen.

2 (S. 5) »Signifikative Verwendung« heißt Verwendung eines Terms gemäß seiner ursprünglichen Einsetzung bzw. gemäß seiner eigentlichen semantischen Funktion. Für den Nominalisten Albert ist die signifikative Verwendung gleichzusetzen mit der Verwendung gemäß personaler Supposition, vgl. Kap. II.3.

3 (S. 5) Hier scheint die bekannte Definition des Zeichens bei Augustinus, *De doctrina christiana*, II.1.1, durch: »Signum est enim res praeter speciem, quam ingerit sensibus, aliud aliquid ex se faciens in cogitationem venire« (Ein Zeichen ist nämlich ein Ding, das außer dem Bild, das es den Sinnen darbietet, aus sich heraus etwas anderes in die Vorstellung kommen läßt). Im übrigen ist das Kapitelchen an Ockham, *Summa logicae*, I.1 (OPh I, S. 8f., Z. 53–65; dt. PhB, Bd. 363, S. 7 u. 9), angelehnt.

4 (S. 7) »Supponieren für« heißt ganz allgemein einfach »stehen für« in dem Sinne, daß ein sprachlicher Ausdruck in einem Satz etwas von ihm Verschiedenes (oder auch sich selbst) vertritt. Vgl. Kap. II.1.

5 (S. 9) Äquivok (mehrdeutig) ist ein Term, der gemäß einem Namen, aber verschiedenen Begriffen bezeichnet. Das Standardbeispiel der lateinischen Scholastiker ist »canis« (Hund), was das des Bellens fähige Landtier, den Seehund und zwei Sternbilder bezeichnet.

6 (S. 19) Lat. »intentio« bedeutet als psychologischer bzw. erkenntnistheoretischer Term »Vorstellung«, »Begriff«. Im folgenden übersetze ich mit »Vorstellung«, um »Begriff« für »conceptus« verfügbar zu haben.

7 (S. 31) Gemäß Aristotelischer Lehre besteht die erste Tätigkeit des Verstandes im einfachen Erfassen (Vorstellen, Begreifen), die zweite im Urteilen (»Verbinden und Trennen«, nämlich von Vorstellungen bzw. Begriffen zu bejahenden oder verneinenden Urteilen) und die dritte im Schließen (Verbinden von Urteilen). Vgl. dazu z. B. die klaren Ausführungen des Thomas von Aquin, *Prologe zu den Aristoteleskommentaren*, hg., übers.

u. eingel. v. F. Cheneval u. R. Imbach, Frankfurt a. M. 1993, S. 6/7 u. 8/9, § 2–4; S. 14/15, § 4–6.

8 (S. 35) Lat. »descriptio« und »definitio« werden in der Scholastik oft synonym gebraucht. Im strengen Sinne unterscheiden sich diese Begriffe dadurch, daß eine Definition wesentliche Prädikate enthält, eine Beschreibung hingegen akzidentelle Prädikate.

9 (S. 35) In bezug auf Nomina meinen »finitum« (begrenzt) und »infinitum« (unbegrenzt) Position und Negation des Terms, z. B. »Mensch« vs. »Nicht-Mensch«. Vgl. Aristoteles, *De interpretatione*, Kap. 2, 16a30–33.

10 (S. 35) In bezug auf Nomina meinen »rectum« (gerade) und »obliquum« (schief) den unabhängigen und die abhängigen Fälle des Terms, z. B. »der Mensch« vs. »dem Menschen«. Vgl. Aristoteles, *De interpretatione*, Kap. 2, 16a33-b5.

11 (S. 49) In bezug auf Verben meinen »finitum« und »infinitum« wiederum Position und Negation des Terms, z. B. »geht« vs. »geht nicht«, »rectum« und »obliquum« hingegen das Tempus Präsens und die übrigen Tempora. Vgl. Aristoteles, *De interpretatione*, Kap. 3, 16b12–18.

12 (S. 59) Lat. »ponere« (setzen) und »proponere« (vorsetzen) sind Termini technici der Obligationen (Verpflichtungen, vgl. Tr. VI/2), nämlich für die erste »Setzung« eines Satzes (pono tibi istam) und jede weitere »Setzung« desselben oder irgendeines anderen Satzes (propono tibi istam).

13 (S. 77) Vgl. dazu de Libera 2005, S. 405–408.

14 (S. 79) Vgl. Aristoteles, *Metaphysik*, VII.13, 1038b8f.; diese autoritative Stelle war im spätmittelalterlichen Nominalismus ein regelrechter Slogan. Die folgenden Zeilen sind eine implizite Kritik an Walter Burleys Begriff und Theorie eines Satzes in der Wirklichkeit (*propositio in re*; später auch von John Wyclif vertreten), Argumente dieser Art finden sich schon bei Wilhelm von Ockham.

15 (S. 83) Albert verwendet im folgenden offenbar einen rein syntaktischen Begriff des Subjekts, des Prädikats und der Kopula: vor der Kopula, nach der Kopula, zwischen Subjekt und Prädikat. Semantisch betrachtet, wird »Sokrates« in den Beispielsätzen natürlich nicht prädiziert und ist auch das »ist« nicht Kopula, sondern Identitätszeichen, das singuläre Terme verknüpft.

16 (S. 91) Wörtlich, wie schon in der Porphyr-Übersetzung des Boethius, »in bezug auf das, was das Was (= Wesen) ist«.

17 (S. 103) Lat. »simus« (gr. sīmós) bedeutet eigentlich »stülpnasig«, aber der folgende Term »cavus« (gewölbt) bedingt die Übersetzung mit »Adlernase«. Die Vorlage für diese Partie, Aristoteles, *Metaphysik*, VII.5, 1030b17, hat die Wörter »rhis, koilótēs, simótēs«, was Wilhelm von Moerbeke mit

»nasus, concavitas, simitas« (Nase, Hohlheit, Stülpnasigkeit) übersetzt (Aristoteles Latinus, XXV, 3.2, S. 139, Z. 196). – Der Punkt ist jedenfalls klar: Eine Stülpnase ist ein *ens per accidens*, insofern sie aus Entitäten zweier Kategorien besteht, nämlich Substanz (eine Nase ist ein Teil einer Substanz) und Qualität (Gestalt der Hohlheit), fällt also unter mehr als eine Gattung und hat deshalb kein einheitliches Wesen, das in einer reinen Wesensdefinition ausgedrückt werden könnte.

18 (S. 123) »Species subalterna«, eigentlich »untergeordnete Art«, meint eine Art, die in der kategorialen Hierarchie zwischen der obersten Gattung und der untersten Art angeordnet ist, somit in verschiedener Hinsicht zugleich Art und Gattung sein kann.

19 (S. 131) Zu diesem Kapitel vgl. de Libera 2005, S. 383–389. Siehe ferner im Kap. V.2 den Abschn. zur dritten Weise der Äquivokation.

20 (S. 135) Ich bin mir nicht ganz sicher, ob ich den *Vers* richtig verstanden und übersetzt habe, aber die *These* ist völlig klar: Jedes Wort aus einer beliebigen grammatischen Kategorie zählt in materialer Supposition als undeklinierbares *Nomen* im Genus Neutrum. Z. B. ist der Genetiv »des Menschen« in personaler Supposition als »schiefes« Nomen für den Logiker ja gar kein echtes Nomen (vgl. Kap. I.5), sehr wohl aber in materialer Supposition; nur ist er dann nicht mehr der Genetiv des Maskulinums »der Mensch«, sondern alle Kasus von »der Mensch« sind in materialer Supposition je eigene undeklinierbare, neutrale Nomina. Vgl. auch Kap. II.2 zur materialen Supposition.

21 (S. 143) Wie »Sokrates«, »Platon«, »Cicero« in der scholastischen Literatur stehende Eigennamen für irgendwelche Menschen-Individuen sind (und zwar für gegenwärtige, für ein vergangenes wird meistens »Adam« oder »Cäsar« verwendet, für ein zukünftiges »Antichristus«), so »Brunellus« für ein Tier-Individuum, in der Regel für einen Esel. »Markus« und »Tullius« sind ferner die Standard-Beispiele für synonyme Ausdrücke, vgl. Kap. I.12 u. ö.

22 (S. 159) Ein Per-se-Satz ist gemäß Aristoteles ein solcher, in dem das Prädikat dem Subjekt »durch sich (selbst)« zukommt, d. h. notwendig und/oder wesentlich. Ein Per-accidens-Satz hingegen ist ein solcher, in dem das Prädikat zum Subjekt »von außen hinzukommt«, d. h., dem Subjekt nicht begrifflich, sondern nur faktisch bzw. kontingent zukommt. Die erste Art eines Per-se-Satzes besteht darin, daß das Prädikat ein Begriffsmerkmal des Subjekts ausdrückt, die zweite Art darin, daß in der Definition des Prädikats das Subjekt gesetzt werden muß; vgl. Aristoteles, *Zweite Analytiken*, I.4, 73a34-b5.

23 (S. 181) Univok (eindeutig) ist ein Term, der gemäß einem Namen und

einem Begriff bezeichnet. Substanzen und Akzidentien sind zwar Seiende, aber gemäß verschiedenem Begriff, nämlich des für sich bzw. unabhängig Existierens vs. des an anderem bzw. abhängig Existierens.

24 (S. 193) »Rede«, »Ausdrucksfolge« meint hier einen wahrheitswertfähigen Behauptungssatz, und die konträren Terme sind »wahr« und »falsch«: Ein Satz verändert sich von wahr zu falsch oder umgekehrt nicht durch *seine* Veränderung, sondern bloß durch die Veränderung der von ihm bezeichneten Wirklichkeit; also ist er keine Substanz. Vgl. Aristoteles, *Categoriae*, Kap. 5, 4a34-b13.

25 (S. 193) Nämlich als wahr bekannt, so daß er keines eigenen Beweises bedarf; sonst heißt es ja in solchen Kontexten oft und oft: Das Argument bzw. die Folgerung ist gültig, der Vordersatz wird bewiesen. – Eine solche Formulierung findet sich aber an den angegebenen Ockham-Stellen nicht.

26 (S. 201) Die hinsichtlich ihrer Reduzierbarkeit auf Substanz oder Qualität im spätmittelalterlichen Nominalismus strittige Kategorie der Quantität kommt diesbezüglich auch in den folgenden Kapiteln zur Sprache: Kap. I.25 (gegen Ende), IV.25 (Ort von den Verschiedenen), V.6 (zweite Weise des Trugschlusses der Wortgestalt); vgl. auch schon das vorangehende Kap. I.19, gegen Ende, wo Albert ein Ockham-Argument kritisiert, obwohl er in der Sache mit ihm eins ist, nämlich daß Quantitäten nicht real verschieden sind von Substanzen oder Qualitäten.

27 (S. 211) Wörtlich: Obwohl sie nicht durch dasselbe Nomen benannt werden – nämlich die Dinge, die Brüder sind, und die Dinge, die Schwestern sind. Anschließend ist aber wieder von den *Termen* »Bruder« und »Schwester« die Rede, weshalb jene freie Übersetzung gewählt werden mußte.

28 (S. 219) »Widerfahrnis« meint z. B. eine durch Zorn bewirkte temporäre Gesichtsröte. Hingegen sind unter »aufnehmbaren Qualitäten« die sinnlich wahrnehmbaren Eigenschaften der Dinge gemeint, insbesondere die später sog. sekundären Qualitäten, die gemäß Aristotelischer Lehre vom Wahrnehmungssubjekt passiv aufgenommen werden. Vgl. Aristoteles, *Categoriae*, Kap. 8, 9a28–10a10.

29 (S. 221) Man hätte eher »bezeichnen« als »sind« erwartet, aber für den Nominalisten Albert sind Arten eben Art-Terme.

30 (S. 227) Wörtlich: einem Sinn ein Erleiden zufügt, d. h., die Aufnahme einer sinnlich wahrnehmbaren Qualität verändert das Sinnesorgan.

31 (S. 239) Das Folgende bezieht sich auf den *Liber sex principiorum* aus dem 12. Jahrhundert, der die letzten sechs Kategorien behandelt, die in der Aristotelischen Kategorien-Schrift kaum oder gar nicht behandelt werden. Das Werk galt den spätmittelalterlichen Nominalisten als Inbegriff der realistischen Verirrung, die Dinge bzw. Gegenstandsarten gemäß der Vielfalt

der sprachlichen Ausdrucksarten zu vervielfältigen (»rerum multiplicatio« – Entitätenvermehrung, wie man heute sagt). Besonders schroff lautet das Urteil von Johannes Buridan: »Zur Autorität des Verfassers der *Sechs Prinzipien* sage ich, daß es meines Erachtens besser gewesen wäre, wenn er dieses Buch nie geschrieben hätte« (Ad auctoritatem auctoris sex principiorum dico, quod ut mihi videtur melius fuisset, quod numquam illum librum fecisset: *Quaestiones in VIII libros Physicorum*, lib. III, qu. 13, zit. in J. Buridan, *Quaestiones in Praedicamenta*, hg. v. J. Schneider, München 1983, S. 149, Anm. 15).

32 (S. 239) Die Basishandschrift A hat hier anders als die sonst noch eingesehenen Textzeugen ELOPSX »essentiam« statt »rem«, aber lat. »essentia« heißt nicht nur »Wesen(sform)«, sondern ist oft auch gleichbedeutend mit »res« (Ding), wie ja auch dt. »Wesen« beide Bedeutungen abdeckt.

33 (S. 239) Wörtlich: aufgrund des Anliegens der Zeit im zeitlichen Ding zurückgelassen wurde.

34 (S. 239) Relationen sind nach gängiger aristotelisch-scholastischer Auffassung relationale Akzidentien, die durch ein *esse in subiecto* und ein *esse ad terminum* bestimmt sind, d. h., sie inhärieren als Akzidens einem Zugrundeliegenden (z. B. die Ähnlichkeit mit Platon in Sokrates) und sind auf das andere Relationsglied (hier Platon) gerichtet; an dieser Stelle heißt es »esse in subiective« und »esse in terminative«, manche Textzeugen, z. B. der Frühdruck, haben »relative« statt »terminative«.

35 (S. 241) Wörtlich »formal bezeichnet würde« (formaliter denotaretur), offenbar im Sinne der noch von der frühen bis in die nachklassische Neuzeit (z. B. von Francisco Suárez bis Franz Brentano) gebräuchlichen Unterscheidung von *denominatio intrinseca* vs. *extrinseca*. Dabei ist weniger an die *sprachliche* Benennung als an die reale Grundlage derselben gedacht, weshalb ich mit »bestimmen« statt »bezeichnen« übersetzt habe. Das Kriterium des Unterschieds zwischen formaler bzw. intrinsischer und extrinsischer Denomination besteht darin, ob die Form (Eigenschaft), nach der die Benennung erfolgt, »im« betreffenden Ding ist oder »außerhalb« von ihm; z. B. wird ein Stein »gesehen« genannt, nicht weil etwas in ihm wäre (das ihn real veränderte), sondern aufgrund des Sehens in einem Betrachter, also extrinsisch. Für obige Stelle heißt das: Die Zeit (tempus) ist einem Ding äußerlich, aber durch die Beziehung zu ihr erhält dieses ein reales Akzidens, das es als zeitliches (vergangenes, gegenwärtiges, zukünftiges) formal bzw. intrinsisch bestimmt.

36 (S. 247) Zum Tr. II insgesamt vgl. Kann 1994, S. 20–159. Zur folgenden Definition der Supposition vgl. Karger 1991, bes. S. 66–69. Zur Suppositions-

theorie und besonders zur Supposition der Relative (Kap. II.8–10) vgl. die Monographie von Hülsen 1994.

37 (S. 247) Nämlich: Der Ausdruck »Mensch« steht hier für »Mensch«-Inschriften, -Äußerungen oder -Begriffe, weil das Prädikat dieses Satzes, »Nomen«, von einem Pronomen wahr ausgesagt wird, das auf solche Dinge hinweist.

38 (S. 249) Ich habe hier die Fachtermini in ihrer konkreten Bedeutung übersetzt, werde aber im folgenden in der Regel die lateinischen Terme übernehmen: diskret, determiniert, konfus, nur konfus, konfus und distributiv.

39 (S. 249) Zur einfachen Supposition bei Ockham, Buridan und Albert vgl. Berger 1991.

40 (S. 249) Weil der Begriff »Qualität« qua Qualität der Seele selber zur Extension des Terms »Qualität« gehört, hat dieser in dem Beispielsatz personale Supposition, nicht einfache.

41 (S. 249) Nämlich insbesondere Petrus Hispanus (vgl. *Tractatus*, Tr. VI, Kap. 5, lat. S. 81, dt. S. 98f.), Wilhelm von Sherwood und Lambert von Auxerre, die alle um die Mitte des 13. Jahrhunderts schrieben; im 14. Jahrhundert dann z. B. und v. a. Walter Burley. Diese Autoren verbanden eine universalienrealistische Ontologie mit einer intensionalistischen Semantik, was beides von den Nominalisten naturgemäß abgelehnt wurde. Albert nennt Burley in diesem Zusammenhang explizit in den *Quaestiones circa Logicam*, Qu. 14, S. 211f., § 258.

42 (S. 253) Der Ausdruck »(ist) in jemandes Seele« ist kein Prädikat zweiter Stufe, das ein Subjekt auf einfache Supposition festlegte, weshalb die Beispielsätze besagen, daß der *reale* Gott bzw. Turm von Notre Dame in jemandes Seele ist, was natürlich falsch ist. Die vorangehende Bestimmung soll solche Fälle ausschließen; erfüllt wird sie hingegen von Sätzen wie »Mensch ist eine Art«.

43 (S. 257) Die Bestimmung, daß ein Term T schon aus dem Grund signifikativ verwendet wird, weil er selber zur Extension von T gehört, verwischt den Unterschied, daß trotzdem Anführung (mention) und nicht Gebrauch (use) vorliegen kann, wie in obigem Beispielsatz oder in »Das Wort ›deutsch‹ ist deutsch« u. dgl.

44 (S. 265) Die folgende Diskussion bezieht sich so gut wie sicher auf Thomas Manlevelt; vgl. dazu Read 1991, Kann 1994, S. 96–105, Brands 1995, Brands 1996.

45 (S. 267) Unbewegliche vs. bewegliche Supposition meint hier im weiten Sinne die Unmöglichkeit vs. Möglichkeit des Abstiegs unter den generellen Term zu einer Konjunktion singulärer Sätze. Zum engen Sinn mit dem

Kriterium ungleichförmiger vs. gleichförmiger Abstieg vgl. Kap. II.4, am Ende.

46 (S. 269) Die Redeweise von »Einzelnes von Gattungen« (singulum generum) vs. »Gattung von Einzelnen« (genus singulorum) betrifft den Unterschied, daß manche Distributionszeichen (»Quantoren«) sich auf einen Bereich von Individuen (der Aristotelischen Kategorien) beziehen, manche hingegen auf einen Bereich von Arten; erstere heißen »Distributionszeichen der Substanz« (wobei nicht nur individuelle Substanzen, sondern eben Individuen aller Kategorien gemeint sind), z. B. »jeder, jede, jedes«, letztere »Distributionszeichen der Akzidentien«, z. B. »beliebig beschaffen«. Vgl. auch Kap. III.3.

47 (S. 273) Vermutlich heißt das: Individuen der Zahl sind Zwei, Drei, Vier usw. (Eins ist nach aristotelisch-scholastischer Auffassung keine Zahl im *strengen* Sinne, sondern »Ursprung« der Zahl), Arten der Zahl sind gerade/ungerade Zahl (numerus par/impar). Also dürfte das Argument meinen: Für jede beliebige gerade Anzahl von Teilen gilt, daß das Kontinuum mehr Teile hat; ebenso für jede beliebige ungerade Anzahl von Teilen. Das wiederum heißt, daß das Kontinuum potential unendlich viele Teile hat und nicht aus aktual unendlich vielen diskreten, abzählbaren (und mit Zahl-Namen benennbaren) Teilen besteht.

48 (S. 275) »Nicht alle« und »alle nicht« in diesem Abschnitt mag fehlerhaft erscheinen, aber es ist wohl so gemeint: Die Konjunktion von singulären Sätzen, die aus »Jeder Mensch außer Sokrates läuft« folgt, umfaßt bejahende (»Platon läuft« usw.) und verneinende Sätze (»Sokrates läuft nicht«, wiederholt), also gilt, daß nicht alle Sätze dieselbe Qualität haben; von allen einzelnen Hauptgliedern dieser Konjunktion gilt aber, daß ihre Teilsätze nicht dieselbe Qualität haben, nämlich »Platon läuft und Sokrates läuft nicht« usw.

49 (S. 291) Für Albert ist der Begriff eines Vakuums nicht widersprüchlich, kann also vorgestellt bzw. eingebildet werden, auch wenn aus naturgesetzlichen Gründen kein Vakuum existiert; vgl. dazu Sarnowsky 1989, S. 203–224. Zur Rolle der Imagination in der spätmittelalterlichen Naturphilosophie vgl. H. Hugonnard-Roche, »Analyse sémantique et analyse *secundum imaginationem* dans la physique parisienne au XIVe siècle«, in: S. Caroti (Hg.), *Studies in Medieval Natural Philosophy*, Firenze 1989, S. 133–153; ders., »Le possible et l‹imaginaire dans la physique d‹Albert de Saxe«, in: Biard 1991, S. 161–173.

50 (S. 297) Bisher habe ich mit »verteilen« lat. »distribuere« übersetzt, jetzt und im folgenden auch lat. »confundere« (eigentlich: zusammengießen, vermischen). Beide logischen Fachterme betreffen das Verhältnis eines

generellen Terms zu seiner Extension, wobei die Unterarten der allgemeinen personalen Supposition dieses Verhältnis näher bestimmen; so bedeutet »confundere« in aller Regel »gemäß den beiden Arten der konfusen Supposition verteilen«, d. h. gemäß nur konfuser oder gemäß konfuser und distributiver Supposition.

51 (S. 299) Einfache Umkehrung (conversio simplex) meint Vertauschung von Subjekt und Prädikat bei gleichbleibender Suppositionsweise der Terme sowie Quantität und Qualität des Satzes.

52 (S. 301) Die ungrammatisch wirkende Übersetzung ist dadurch bedingt, daß die Scholastiker die Bereiche von logischen Konstanten an der syntaktischen Stellung festmachten; auf diese Weise wird im Beispiel »Sokrates ein Mensch nicht ist« der generelle Term »Mensch« dem Einfluß der Negation »nicht« entzogen und steht somit auf disjunktive Weise für seine Extension (dieser oder jener Mensch usw.), während er innerhalb des Bereichs der Negation (»Sokrates ist nicht ein Mensch«) auf konjunktive Weise dafür steht (dieser und jener Mensch usw.). Das Latein mit seinen sehr freien Wortstellungsregeln ist dafür viel besser geeignet als das Deutsche z. B.

53 (S. 305) Will heißen: Keine Materie entbehrt jeder Form, aber jede Materie entbehrt irgendeiner Form.

54 (S. 337) Wörtlich etwa: ein Erinnerungsausdruck für ein vorangetragenes Ding. – Die Quelle für diese Definition, die z. B. auch bei Petrus Hispanus vorkommt (dt. Übers., S. 233), ist der Grammatiker Priscianus, bei dem es aber »recordatio« (Erinnerung) heißt.

55 (S. 337) Vgl. die analoge Unterscheidung von Distributionszeichen (»Quantoren«) in Kap. III.3.

56 (S. 341) Lat. »legere« meint hier vermutlich nicht »ein Buch o. dgl. lesen«, sondern »eine Vorlesung halten«; »non legit« könnte (mit langem »e«) auch das Perfekt sein (hat nicht gelesen), dann wäre »Caesar non legit« gemäß scholastischer Auffassung seit dem Tod Cäsars unveränderlich wahr, weil Cäsar kein Professor, sondern ein Herrscher war. Das Sophisma scheint aber das Präsens zu bedingen und mit der Unsicherheit bezüglich des logischen Verhältnisses von Haupt- und Nebensatz zu spielen, von dem ja die Wahrheitswertbelegung für den ganzen Satz abhängt. Ein negativer Satz im Präsens über ein vergangenes Ding, wie »Cäsar liest nicht«, ist jedenfalls immer wahr und damit disjunktiv beliebig erweiterbar.

57 (S. 341) Gemäß Regel 2 lautet die äquivalente Disjunktion »Cäsar läuft nicht oder Cäsar liest nicht«, von der aber beide Teile wahr sind. Dieses Argument scheint also fälschlich anzunehmen, daß die äquivalente Disjunktion »Cäsar läuft oder Cäsar liest nicht« sei, von der nur ein Teil, nämlich der negative, wahr ist.

58 (S. 341) Gemäß Regel 1 ist dieser Satz mit der Konjunktion äquivalent »Cäsar läuft und Cäsar liest«, von der beide Teile falsch sind.

59 (S. 367) Die andere Lesart des Sophismas lautet: Ein Aussageinhalt ist falsch und derselbe ist notwendigerweise wahr.

60 (S. 377) Lat. »contingit« bedeutet eigentlich »es wird zuteil, gelingt, glückt, trifft sich, ereignet sich, widerfährt, tritt ein« o. dgl. und meint in der aristotelischen Tradition das bloß faktische Zusammenkommen von etwas im Unterschied zum begrifflichen Zusammengehören; daher auch das Fremdwort »kontingent« im Sinne von »nicht notwendig, zufällig«.

61 (S. 383) Zum geteilten vs. zusammengesetzten Sinn von modalen Sätzen vgl. Kap. III.5.

62 (S. 395) Will heißen: Wenn das Prädikat in einem Satz im Einflußbereich der Kopula steht (d. h.: ihr nachfolgt), dann darf es bei der Formulierung der Wahrheitsbedingungen des Satzes nicht verändert (z. B. durch einen anderen Term ersetzt) werden, während das Subjekt sehr wohl seine Form ändern kann, insofern es durch andere Ausdrücke (insbesondere Pronomina) ersetzbar ist. »Benennung« wohl deshalb, weil das ursprüngliche Vorkommnis des Terms die beizubehaltende Form anzeigt bzw. festlegt; vielleicht ließe sich aber auch mit »Einmahnung« (der ursprünglichen Form) übersetzen.

63 (S. 405) Der Einwand basiert auf der Regel, daß aus Möglichem nicht Unmögliches folgen kann (vgl. Kap. IV.2, Regel 6), die hier verletzt wäre, wenn der (mögliche) modale Ausgangssatz auf die genannte Weise in assertorische Form gebracht würde, da letztere ja unmöglich ist.

64 (S. 409) Im lateinischen Text wird der »daß«-Satz zuerst mit einem AcI und dann auch mit einem »quod«-Satz ausgedrückt. In beiden Fällen steht der Eigenname »Sortes« jedenfalls im Bereich des epistemischen Verbs »cognoscis«, was hier entscheidend ist. Die Kontexte epistemischer Verben sind nämlich opak, wie man heute sagt: Es ist etwas anderes, Sokrates *als* den sich Nähernden (bzw. unter der Beschreibung »der sich Nähernde«) zu kennen, und Sokrates zu kennen sowie den sich Nähernden zu kennen (= zu sehen), ohne deren faktische Identität zu kennen, d. h., ohne zu wissen, daß der sich Nähernde Sokrates ist.

65 (S. 415) Die seltsame Wortstellung in den Beispielen 3–6 ist dadurch bedingt, daß es hier ja um *kategorische* Sätze geht, in welchen jeweils das *Subjekt* konditional bzw. lokal bzw. temporal bzw. kausal bestimmt ist. Zur disjunktiven, kopulativen, konditionalen, lokalen, temporalen und kausalen Verknüpfung von *Sätzen* vgl. Kap. III.6 über die hypothetischen Sätze.

66 (S. 421) Lat. »syllogismus expositorius«: Gemäß scholastischer Auslegung eines Aristotelischen Begriffs ein Syllogismus, dessen Mittelterm ein

singulärer Term ist (insofern wird ein Einzelding »herausgestellt«), bzw. ein Syllogismus, dessen Prämissen singuläre Sätze sind.

67 (S. 435) Vgl. die Ausführungen in Kap. II.4.

68 (S. 437) Das ist die Unterscheidung zwischen einem quantitativen Ganzen (totum integrale) sowie seinen Teilen (partes integrales) und einem logischen Ganzen (totum universale) sowie seinen Teilen (partes subiectivae); vgl. dazu auch Kap. IV.20.

69 (S. 437) Das lat. Adjektiv »omnis, omne« hat nur zwei Endungen, die eine für das Maskulinum und das Femininum, die andere für das Neutrum.

70 (S. 449) In diesen Beispielsätzen wurde lat. »contingens« mit »angängig« übersetzt, die Adverbien zu den Adjektiven »wahr« und »falsch« wurden in Analogie zu »möglicherweise«, »notwendigerweise« gebildet.

71 (S. 451) Die Wortstellung in diesem letzten Satz ist dadurch bedingt, daß ja »kontingent« das Subjekt, »ist« die Kopula und der »daß«-Satz das Prädikat sein soll; eigentlich müßte man überhaupt übersetzen: »Ein Kontingentes ist (es), daß Sokrates weiß ist«.

72 (S. 461) Eigentlich: Jeder »Jeder Mensch ist ein Lebewesen«-Satz ist möglich, bzw.: Jeder »daß jeder Mensch ein Lebewesen ist«-Ausdruck ist möglich. Das Neutrum »omne« zeigt ja materiale Supposition an, vgl. z. B. schon Kap. I.14.

73 (S. 461) Das heißt wiederum eigentlich: Kein »daß ein Mensch ein Esel ist«-Ausdruck ist möglich.

74 (S. 463) Das heißt wiederum eigentlich: Kein »daß ein Mensch ein Esel ist«-Ausdruck ist unmöglich.

75 (S. 465) Hypothetische Sätze spielen z. B. auch im Kap. V.3, Abschn. zum ersten Modus der Amphibolie, sowie im Obligationen-Traktat, Kap. VI.8–10 zur »positio composita« (zusammengesetzten Setzung), eine wichtige Rolle.

76 (S. 469) Statt »utraque pars« wäre »omnis pars« (jeder Teil) zu erwarten gewesen, aber das folgende Beispiel hat ja tatsächlich nur zwei Teile.

77 (S. 469) Lat. »compossibilis«, wörtlich »zusammenmöglich«.

78 (S. 471) Das Folgende ist eine typische Obligationen-Situation mit den entsprechenden Fachtermen; vgl. Tr. VI/2 über die Verpflichtungen, bes. ab Kap. VI.7 zur »positio« (Setzung).

79 (S. 471) Lat. »impertinens«, eigentlich »nicht zur Sache gehörend«, im Rahmen der Obligationen-Theorie als logisch unabhängig bestimmt, vgl. Kap. VI.4.

80 (S. 475) Zum Folgenden vgl. auch Kap. IV.1.

81 (S. 479) Als Vordersatz eines Kausalsatzes gilt der mit der Kausalkon-

junktion eingeleitete, auch wenn er an zweiter Stelle stehen sollte; vgl. die folgenden Beispiele.

82 (S. 483) Daß dieser Satz als wahr gilt, geht z. B. auf Mal 3,23 zurück (vgl. auch Offb 11,3–13).

83 (S. 491) Ein absoluter Term hat nur eine Bezeichnungsfunktion, z. B. denotiert der Substanzterm »Mensch« gemäß nominalistischer Auffassung die Menschen-Individuen, konnotiert aber nichts (insbesondere keine allgemeine Eigenschaft o. dgl.), während ein konnotativer Term etwas denotiert und etwas konnotiert, z. B. denotiert der Qualitätsterm »weiß« eine Substanz als Träger der Qualität und konnotiert diese Qualität.

84 (S. 499) Wie auch die Antwort auf den folgenden Einwand zeigt, gelten diese Sätze deshalb als wahr, weil »omne, quod« (alles, was) im Sinne von »jedes Seiende, das« aufgefaßt wird; jedes Seiende *ist* nun aber, auch ein solches, das vorher schon war, und ein solches, das nachher noch sein wird, usw.

85 (S. 511) Lat. »Tantum unum est ens« kann wegen der freien Wortstellung und der Artikellosigkeit sowie der dadurch bedingten Unbestimmtheit des »est«, welches Kopula, Existenzprädikat oder Identitätszeichen sein kann, u. a. heißen: Nur eines (ein Ding)/ein Eines/das Eine ist seiend/ein Seiendes/das Seiende; nur ein Seiendes ist (wobei die Betonung auf »ein« liegt, sonst hieße es »Tantum ens est«); das Seiende ist nur eines. – Durch den Bezug auf Parmenides ist der Sinn aber klar: Es gibt nur ein (einziges) Seiendes.

86 (S. 515) Vgl. dazu auch schon Kap. I.21.

87 (S. 521) Zur umgekehrten Hierarchie von »finiten« vs. »infiniten« Nomina vgl. schon Kap. I.5, gegen Ende. Zur (dialektischen) Begründung von Folgerungen mit solchen Termen siehe im Kap. IV.26 den Abschn. über den »Ort« von den unverknüpften kontradiktorisch Entgegengesetzten.

88 (S. 521) Zu diesem Sophisma vgl. auch Kap. V.3, erster Modus der Amphibolie, Regel 3.

89 (S. 523) Lat. »Ad solum Sortem currere« kann heißen »Allein daraus, daß Sokrates läuft« (dann ist »solum« Akk. Neutr. zu »ad«) oder »Aus daß allein Sokrates läuft« (dann ist »solum« Akk. Mask. zu »Sortes«).

90 (S. 523) Nämlich den Satz ohne das ausschließende Wort, hier »daß Sokrates läuft«; lat. »praeiacens« heißt wörtlich »vorausliegend«.

91 (S. 529) Lat. »nisi« als Negation der satzverknüpfenden Konjunktion »si« bedeutet »wenn nicht«, bei einem Term hingegen bedeutet es wiederum »außer«, z. B. »Nullus homo nisi Sortes currit«: »Kein Mensch außer Sokrates läuft«. Diese letztere Bedeutung ist die hier relevante.

92 (S. 533) D. i. ein Term, der die Aristotelischen Kategorien »überschrei-

tet«, wie die traditionellen Transzendentalien »res, ens, verum, bonum, aliquid, unum« (Ding, Seiendes, das Wahre, das Gute, Etwas, das Eine).

93 (S. 537) »Totum universale/commune« meint ein logisches Ganzes, einen Allgemeinbegriff, während das ihm Untergeordnete »subjektiver« Teil ist. »Totum in modo« meint einen bestimmbaren Term, z. B. »Mensch«, während »weißer Mensch« Teil davon ist; zu den verschiedenen Arten von Ganzen und Teilen vgl. Kap. IV.20.

94 (S. 541) Vgl. die Diskussion der zweiten Regel im Kap. II.10.

95 (S. 549) In Kap. I.10 u. I.13 hieß es, daß z. B. der Term »Sonne« gemäß seiner Einsetzungsweise ein genereller Term ist, obschon er de facto nur ein einziges Umfangselement hat. Die »Eignung« (aptitudo), in Abweichung von der Wirklichkeit für mehrere Dinge supponieren zu können, hängt also von der Art der Bedeutungsverleihung (impositio) ab.

96 (S. 551) »Verdoppelnd« bzw. »wiederholend« heißen diese Sätze deshalb, weil Wörter wie »insofern«, »qua« u. dgl. die Wiederholung des Terms, zu dem sie hinzutreten, bedingen, jedenfalls in der Grundform, z. B. »Ein F qua F ist (ein) H«; der »verdoppelte« Term kann aber auch ein anderer als der erste sein, z. B. »Ein F qua G ist (ein) H«. Dabei müssen bestimmte Bedingungen erfüllt sein, die weiter unten in diesem Kapitel III.9 expliziert werden. – Vgl. Bäck 1996, S. 368 u. ö.

97 (S. 551) Diese lateinischen Konstruktionen aus Präposition und Quantitätsadverb (»in quantum«, »in tantum«, »secundum quot«) lassen sich nicht gut übersetzen, der im folgenden relevante Sinn ist jedenfalls immer »insofern« u. dgl., wofür wir im Deutschen oft auch das lateinische Fremdwort »qua« verwenden, z. B. »Der Mensch qua Mensch«. – Das Mittellatein unterscheidet meistens nicht mehr zwischen »quot« (wie viele) und »quod« (was, das, daß usw.), weshalb hier auch für den Ausdruck »secundum quod« (demgemäß) jene Unterscheidung zwischen Adverb und Konjunktion gemacht wird.

98 (S. 553) Daß hier der Allsatz und der Konditionalsatz als getrennte Bedingungen angeführt werden, ist dadurch bedingt, daß nach (vorherrschender) scholastischer Auffassung ein Allsatz Existenz impliziert (»Alle Menschen laufen« z. B. meint »Es gibt Menschen und alle davon laufen«) und auch bloß faktisch wahr sein kann (wie im angeführten Beispiel), während beides von einem Konditionalsatz nicht gilt.

99 (S. 553) Lat. »defectus« (Fehler, Mangel, Gebrechen) meint hier die Falschheit des Satzes und, da die Wahrheit des Satzes ja als Bedingung angegeben wurde, die Nichterfüllung dieser Bedingung.

100 (S. 563) Eine »res successiva« ist eine solche, deren Teile nicht zugleich, sondern gemäß einer zeitlichen Abfolge existieren, z. B. die Zeit selbst,

ein gesprochener Satz (weil nämlich das Prädikat noch nicht existiert, wann man das Subjekt ausspricht, und das Subjekt nicht mehr existiert, wann man das Prädikat ausspricht) u. dgl.

101 (S. 569) Daß Professoren empirische Erhebungen zum Sprachgebrauch durchführten, scheint an der Universität Paris des 14. Jahrhunderts nicht unüblich gewesen zu sein, vgl. zu Buridan A. Maier, *Ausgehendes Mittelalter*, Bd. 2, Roma 1967 (= Storia e Letteratura 105), S. 391f.

102 (S. 571) Das lateinische Frequentativum zu »legere«, »lectito«, hat keine Entsprechung im Deutschen.

103 (S. 571) Wörtlich: Wenn wir von irgendeinem Ding eine kleine Tatsache (Tat, Ereignis, »Gemachtes«) haben.

104 (S. 577) Nämlich in Alberts umfangreicher Sophismen-Sammlung, die bis dato nur in Handschriften und Frühdrucken vorliegt; der Druck Paris 1502 wurde 1975 nachgedruckt, vgl. dort Lage i, Bl. 8ra, bis Lage l, Bl. 3ra.

105 (S. 585) Eine indirekte Prädikation läge vor, wenn ein Untergeordnetes vom Übergeordneten ausgesagt wird, z. B. »Irgendein Lebewesen ist ein Mensch« – hier wird ein Artbegriff (»ein Niedrigeres«) vom Gattungsbegriff (»dem Höheren«, nämlich in der kategorialen Hierarchie) ausgesagt.

106 (S. 587) Wenn der A-Satz und der E-Satz zugleich wahr wären, wäre also der E-Satz wahr, dann aber auch der O-Satz, da dieser aus dem E-Satz folgt; somit wären der O-Satz und sein kontradiktorischer Gegensatz, der als wahr angenommene A-Satz, zugleich wahr.

107 (S. 587) Wenn der I-Satz und der O-Satz zugleich falsch wären, wäre also der I-Satz falsch, dann aber auch der A-Satz (»subalternans affirmativa«), der den I-Satz impliziert; somit wären der A-Satz und sein kontradiktorischer Gegensatz, der als falsch angenommene O-Satz, zugleich falsch.

108 (S. 591) Zum Tr. IV vgl. Grass 2003, *passim*, bes. ab S. 80.

109 (S. 591) Zum Folgenden vgl. auch schon Kap. III.6, und zwar den Abschn. zur notwendigen Wahrheitsbedingung eines Konditionalsatzes.

110 (S. 595) Die Terminologie »vollzogener vs. bezeichneter Akt« ist hier nicht (wie sonst meistens) auf die Prädikation, sondern auf den Satz bezogen, und zwar meint »vollzogener Akt eines Satzes« das Sein oder Nichtsein des Satzes, »bezeichneter Akt eines Satzes« hingegen das vom Satz bezeichnete bzw. bezeichenbare Sosein oder Nichtsosein, also den bezeichneten bzw. bezeichenbaren Sachverhalt. Diese Akte können unvereinbar sein, z. B. im Falle des Satzes »Kein Satz ist verneinend«. Vgl. dazu Kap. VI.2, beim Unlösbaren »Jeder Satz ist falsch«, das eingeschobene *dubium* (S. 1134/1135).

111 (S. 603) Wörtlich »wie jetzt« (ut nunc).

112 (S. 607) Da der Ausdruck »stare« (stehen) hier ohnehin erklärt wurde (vgl. z. B. auch unten, Regel 5, Beweis des zweiten Teils), werde ich ihn im

Folgenden wörtlich übersetzen. Daß ein Satz »steht«, heißt also, daß es so ist, wie er bezeichnet, was wiederum heißt, daß er wahr ist; daß ein Satz zusammen mit einem anderen »steht«, heißt, daß seine Wahrheit mit der des anderen vereinbar ist.

113 (S. 621) Zur »dreifachen Negation« (triplex negatio), nämlich Satz- bzw. Prädikatnegation (negatio negans), Termnegation (negatio infinitans, z. B. »Nicht-Mensch«) und Fähigkeitsnegation (negatio privans, z. B. »blind«, »ungerecht«), vgl. Alberts *Quaestiones in Artem veterem*, S. 584, § 959. Siehe auch schon oben, Kap. I.6.

114 (S. 639) Gemäß katholischer Lehre gibt es eine göttliche Substanz, aber drei göttliche Personen. Im Ausdruck »Was der Vater ist« bezieht sich »was« auf die Substanz und »Vater« auf eine Person; also ist der Satz »Was der Vater ist, ist der Sohn« wahr (wegen der Identität der Substanz), aber »Der Vater ist der Sohn« falsch (wegen der Verschiedenheit der Personen), weshalb eine Folgerung vom ersten Satz auf den zweiten nicht gültig ist.

115 (S. 643) Das Argument scheint zu besagen: Notwendig gilt, entweder B ist A oder B ist Nicht-A. Wenn es nicht der Fall ist, daß B ist A, dann B ist Nicht-A; d. h., Regel 3 gilt. Wenn es aber nicht der Fall ist, daß B ist Nicht-A, dann B ist A; d. h., wegen der doppelten Negation ist der Satz bejahend, so daß Regel 3 gar keine Anwendung findet. (Bzw., wenn man für den »unbegrenzten« Term »Nicht-A« den »begrenzten« Term »C« setzt, gilt wiederum: B ist nicht C, also B ist Nicht-C.)

116 (S. 667) Die letzten beiden Beispiele sind Stellen aus dem Alten Testament, nämlich Hiob 10,1 (»Es ekelt mich (wörtlich: meine Seele) vor meinem Leben«) und Genesis 6,7 (»denn es reut mich, daß ich sie (nämlich die Menschen und das Vieh) gemacht habe«).

117 (S. 669) Wie schon früher gesagt, meint »(terminus) rectus« (gerader Term) einen Term in einem unabhängigen Fall (Nominativ, Vokativ) und »(terminus) obliquus« (schiefer Term) einen Term in einem abhängigen Fall. Um mir diese umständlichen Formulierungen zu ersparen, übersetze ich im Folgenden diese Ausdrücke wörtlich.

118 (S. 677) Wie schon gesagt, läßt sich lat. »confundere« ebenso wie »distribuere« im Deutschen nur mit dem einen Wort »verteilen« halbwegs treffend wiedergeben, wobei »confundere« heißt »gemäß der konfusen Supposition (mit den Arten nur konfuse vs. konfuse und distributive Supposition) verteilen«. – Hier ist jedenfalls gemeint, daß das positive Universalzeichen »omnis« (jeder) an Subjektstelle eine konfuse und distributive Supposition des Subjektterms, aber eine nur konfuse Supposition des Prädikatterms bewirkt, so daß »confundens sine distributione« eben »nach Art der

nur konfusen Supposition verteilend« bedeutet; vgl. dazu Tr. II, bes. Kap. II.3–4 u. 6–7.

119 (S. 683) Zur Terminologie »dictum« vs. »modus« vgl. schon Kap. III.5.

120 (S. 687) Die lateinischen Verse sind aus metrischen Gründen »verstümmelt« formuliert, ich übersetze gemäß vollständiger Lesung.

121 (S. 689) In dem Sinne: »Ein B kann: nicht ein A sein« oder »Ein B kann ein Nicht-A sein«.

122 (S. 699) Lat. »expositorie«, Adverb zum gleichen Adjektiv wie in »syllogismus expositorius«, hier: mit singulären Termen argumentieren.

123 (S. 701) Alle sieben konsultierten Textzeugen haben hier »resolutionem«, aber es wäre vielleicht eher »restrictionem« zu erwarten gewesen, nämlich: gemäß der Einschränkung des umkehrenden Satzes mit dem Ausdruck »etwas, das« (das letzte Stück ab »mit« haben nur zwei dieser sieben Textzeugen).

124 (S. 703) Wörtlich: über das in bezug auf einen beliebigen (Teil des Widerspruchs) Gelingende; d. h. kontingent in dem Sinne, daß sowohl die Bejahung als auch die Verneinung wahr sein kann, eben bloß faktisch, nicht notwendig wahr oder falsch.

125 (S. 721) Gr. »logismós« bedeutet eigentlich »Rechnung«, »syllogismós« also »Zusammenrechnung«; vgl. auch »paralogismós«: »falsche Rechnung« im Sinne von »Fehl-, Trugschluß« in Kap. V.1 u. ö. im Tr. V.

126 (S. 721) Statt »größer« und »kleiner« in bezug auf die Außenterme und die Prämissen sind im Deutschen auch die Ausdrücke »ober« und »unter« eingebürgert (Oberterm, Obersatz; Unterterm, Untersatz).

127 (S. 727) Daß der Term »Gott« gemäß seiner Einsetzungsweise ein genereller Term ist, wurde schon in Kap. I.10 explizit festgehalten. Das gleiche muß aber auch für die *termini divini* »Vater« und »Sohn« gelten, weil sie im folgenden z. B. auch quantifiziert werden; deshalb übersetze ich die Terme »pater« und »filius«, wenn sie nicht weiter bestimmt sind oder der Syllogismus nicht eindeutig »herausstellend« ist, durchgängig mit »ein Vater« und »ein Sohn«, nicht mit »der Vater« und »der Sohn«, obwohl eine Konklusion wie »Ergo filius est pater« natürlich meint »Also ist der Gottessohn identisch mit dem Gottvater« (und das ist gemäß katholischer Lehre falsch und häretisch, weil die göttlichen Personen verschieden sind).

128 (S. 747) Vgl. Petrus Hispanus, *Logische Abhandlungen*, Abh. IV, Kap. 6–11, S. 56–62. – Der *locus classicus* für »Barbara, Celarent« usw. findet sich ebd., Kap. 13, S. 63f.

129 (S. 769) Das heißt hier: nicht für dasselbe supponieren bzw. stehen. Lat. »ea«, hier im AcI Akk. Pl. von »id«, bedeutet eigentlich »das« bzw. »die

Dinge«, aber da ja von einer Verknüpfung mit Termen die Rede ist, müssen diese Dinge natürlich ihrerseits Terme sein. Zur Erklärung des Begriffs der »Identität von Termen« mittels der Begriffe der Verifikation und Suppositi-on vgl. schon Kap. I.12.

130 (S. 771) Zur modalen Syllogistik vgl. Lagerlund 2000, zu Albert bes. Kap. 7, S. 184–201.

131 (S. 793) Assertorische Sätze in »natürlicher« und »entfernter Materie« haben Notwendigkeitscharakter, vgl. zu dieser Terminologie Kap. III.11.

132 (S. 801) Lat. »de inesse ut nunc«, wörtlich »über das In-Sein wie jetzt«, die gleiche Terminologie wie bei »consequentiae simpliciter« vs. »consequentiae ut nunc«, vgl. Kap. IV.1. Assertorische Sätze im allgemeinen Sinne sind also solche in beliebiger Materie (nämlich natürlicher, kontingenter oder entfernter Materie), vgl. dazu wiederum Kap. III.11; m. a. W.: notwendige und kontingente assertorische Sätze.

133 (S. 815) Da es ja seit Kap. IV.12 um Modalsätze im geteilten Sinne geht und auch die vorangehende Konklusion dementsprechend lautete, habe ich so übersetzt, obwohl der lat. Text eigentlich im zusammengesetzten Sinne formuliert ist: »daß es notwendig ist, daß er kein Mond ist«.

134 (S. 835) »Ort« (lat. locus, gr. topos) meint hier metaphorisch z. B. Folgendes: Wie ein Körper an seinem Ort im eigentlichen Sinne »Halt« findet, so findet ein dialektisches Argument »Halt« in einer Regel bzw. Maxime, die es begründet; »Ort« in diesem übertragenen Sinne meint also »Geltungsgrund«. – »Dialektisch« (wörtlich: die Unterredung betreffend) ist in diesem Zusammenhang so zu verstehen, daß der Geltungsgrund nicht wie beim Beweis im eigentlichen Aristotelischen Sinne wahr und evident ist, sondern bloß wahrscheinlich, der gewöhnlichen Meinung gemäß, plausibel o. dgl. ist. Es geht hier in Kap. IV.18–26 also anders als in Kap. IV.2–17 um nicht-formale bzw. materiale Folgerungen. – Grundlage für diesen Teiltraktat ist natürlich die *Topik* des Aristoteles, aber auch einschlägige Schriften des Cicero und des Boethius. Zu diesem Tr. IV/3 siehe Kann 1993, vgl. auch Kann 1999; zur Topik-Tradition im Mittelalter überhaupt siehe N. J. Green-Pedersen, *The Tradition of the Topics in the Middle Ages*, München u. Wien 1984.

135 (S. 837) Wohl in dem Sinne: »Woher nimmst du den Bestätigungsgrund für deine Folgerung?«, wobei diese Frage auf einen Term der Bestätigungsregel gemäß zweiter Beschreibung zielt, wie die folgende Antwort zeigt.

136 (S. 837) Nämlich z. B. Petrus Hispanus, vgl. *Logische Abhandlungen*, Abh. 5, Kap. 7, S. 75.

137 (S. 843) Nämlich von konkreten Ausdrücken, die von ihren abstrakten Formen abgeleitet sind, vgl. Kap. IV.26.

138 (S. 843) D. h.: Der abstrakte Qualitätsterm »Weiße« hat eine Wesensdefinition als »so und so beschaffene Farbe«, in der nur Terme im Nominativ (in recto) vorkommen, während der konkrete Term »Weißes« nur eine Namensdefinition als z. B. »Ding, das eine Weiße hat« hat, in der ein Term im Nominativ steht, der sich auf die Trägersubstanz bezieht, und einer im Akkusativ (in obliquo), der sich auf die von dieser Substanz »gehabte« Qualität bezieht.

139 (S. 845) Vgl. in der lat.-dt. Ausg. v. H. G. Zekl, Philosophische Bibliothek, Bd. 356, S. 7 sowie S. 15/17 u. 51/53/55.

847**140** (S. 847) (S.)Lat. »concomitor 1« heißt »teilnehmen, begleiten« u. dgl., »concomitans« ist das Partizip Präsens zu diesem Verb; engl. »concomitant« bedeutet als Substantiv »Begleiterscheinung«, danach übersetze ich, wie z. B. auch schon die Übersetzer des Petrus Hispanus, W. Degen u. B. Pabst.

141 (S. 853) Lat. »lapis« (Stein) ist ein Maskulinum, »petra« (Felsen) hingegen ein Femininum.

142 (S. 871) Diese zweite Folgerung wäre natürlich auch verneinend gültig (z. B. »ist nicht fest«); in der vorangehenden Formulierung der Regel haben zwei von vier Textzeugen »valet consequentia affirmative *et negative*« (... ist eine bejahende *und eine verneinende* Folgerung gültig), aber das gilt ja nur für Eigenschaftsaussagen, nicht auch für Existenzaussagen wie in der ersten Folgerung – wenn z. B. irgendein Wasserteil nicht ist (existiert), kann es ja trotzdem Wasser geben.

143 (S. 875) Da dieser Name »Berta« in der gesamten mir bekannten Überlieferung belegt ist, könnte das der sonst unbekannte Name der Mutter Alberts sein; sein Vater hieß ja Bernhard Rike aus Rickensdorf.

144 (S. 877) Diese ganze Diskussion beruht auf faktischen Gegebenheiten der lateinischen Grammatik: »omnis« (Mask. u. Fem.: jeder, jede), »omne« (Neutr.: jedes); »unus, una, unum« (einer, eine, eines); »qui-, quae-, quodlibet« (jeder, jede, jedes beliebige). Also müßte es ›richtig‹ heißen »Omnis homo est unus vel una homo« (Jede/r Mensch ist ein oder eine Mensch). Vgl. auch schon Kap. III.3.

145 (S. 881) Die Überlieferung der beiden Beispielfolgerungen ist hinsichtlich des Prädikats »movetur« (bewegt sich) nicht eindeutig. Die zeitgenössische Naturforschung hat es immerhin für möglich gehalten, daß die Sonne (bzw. der Himmel überhaupt) ruht und die Erde sich bewegt; vgl. dazu z. B. J. Sarnowsky, »Albert von Sachsen und die Astronomie des 14. Jahrhunderts«, in: Biard 1991, S. 219–234, bes. S. 220–224.

146 (S. 919) Das Beispiel geht zurück auf Aristoteles, *Sophistische Widerlegungen*, Kap. 5, 167b8–12. Geschniegelt sein (sowie, bei Aristoteles: nachts umherschweifen) und Ehebrecher sein sind zwar Akzidentien, die gelegentlich gemeinschaftlich an Männern vorkommen, aber nicht jeder geschniegelte Nachtschweifer ist ein Ehebrecher und nicht jeder Ehebrecher ist ein geschniegelter Nachtschweifer. – Für lat. »comptus« (einer, der sein Haar gekämmt hat) scheint es kein besseres deutsches Wort zu geben als »Geschniegelter«, wie auch schon die Übersetzer des Petrus Hispanus, W. Degen u. B. Pabst, gefunden haben, vgl. z. B. Abh. V, Kap. 26, S. 85.

147 (S. 919) D. i. ein Ort, der keinen echten, sondern nur einen scheinbaren Geltungsgrund abgibt.

148 (S. 927) Die Abwehr des Einwandes besteht also darin, daß »coloratum« (farbig bzw. Farbiges) auf monochrome Körper eingeschränkt wird, während dya- oder polychrome Körper den Plural jenes Adjektivs bzw. substantivierten Adjektivs erfordern: »Dieser Körper ist (zwei oder mehrere) Farbige« heißt dann »Dieser Körper hat verschiedenfarbige Teile«.

149 (S. 929) Das heißt einfach »die nicht zur selben Kategorie gehört«, denn das ist hier der Punkt, wie die Beispiele zeigen.

150 (S. 931) Die Kategorie der Quantität ist innerhalb des spätmittelalterlichen Nominalismus umstritten: Albert nimmt z. B. wie Ockham und entgegen Buridan an, daß Quantitäten von Substanzen oder Qualitäten nicht real verschieden sind. Vgl. dazu schon Kap. I.19, I.20 u. I.25 sowie unten Kap. IV.25 u. V.6; ferner z. B. J. M. M. H. Thijssen, »The Buridan School Reassessed. John Buridan and Albert of Saxony«, in: *Vivarium* 42 (2004), S. 18–42, zur Quantität S. 29–38.

151 (S. 933) Im betreffenden Beispiel (Leiter eines Schiffes bzw. einer Schule) ist lat. »(non) est« mit einem Gerundiv verbunden, was hier mit »soll (nicht)« übersetzt wurde.

152 (S. 935) Zu bedenken ist hier, daß wir »Autorität« in aller Regel auf Personen beziehen, die Scholastiker hingegen auf Stellen (vgl. z. B. die Sammlungen mit dem Titel »Auctoritates Aristotelis« u. ä.), so daß der Geltungsgrund für eine derartige Folgerung eine autoritative *Stelle* ist.

153 (S. 947) Albert hat zu diesem Problem eine »Quaestio de quadratura circuli« verfaßt, vgl. Berger 2000, Sp. 53, Nr. b.

154 (S. 947) Lat. »concretum« heißt wörtlich »zusammengewachsen, verdichtet« und bedeutet semantisch die Verschmelzung der Funktion eines Akzidensterms und eines Substanzterms, so daß ein konkreter Term denotiert und konnotiert, z. B. »album« = »weißes (Ding)« im Unterschied zu »albedo« = »die/eine Weiße«, unabhängig von einem Subjekt, »getrennt, abgezogen = abstrakt« von diesem betrachtet. Die Beziehung eines Konkre-

tums zum Abstraktum wird in der Regel mit Aristoteles, *Categoriae*, Kap. 1, 1a12–15, als Ableitung bzw. abgeleitete Benennung (Paronymie, Denomination) aufgefaßt.

155 (S. 949) So wörtlich der lat. Text, wonach man eigentlich ergänzen müßte: »ebenso (auf die Bejahung) des Falles vom Fall«. Gemäß dem folgenden Beispiel sollte es aber wohl heißen: Von der Bejahung des Adverbs (»Falles«) zu dem einen konkreten Term auf die Bejahung des Adverbs (»Falles«) zum anderen konkreten Term liegt eine gültige Folgerung vor.

156 (S. 951) Lat. »fallacia« (Täuschung, Betrug) übersetze ich im allgemeinen (wie auch schon im Titel von Tr. V) mit »Trugschluß«, hier im engeren technischen Sinne aber mit »Fehlurteil«, da ja hier die »fallacia« als irrige Zustimmung zu einem fehlerhaften Argument von diesem als einem Fehlschluß (paralogismus) unterschieden wird: Aufgrund eines Fehlschlusses mit einem Anschein von Gültigkeit urteilt man irrig (stimmt man irrig zu, bejaht man irrig), daß der Fehlschluß ein gültiger Schluß sei. – Das mag in den folgenden Kapiteln unbeholfen klingen, wenn ich das stereotype »paralogismi huius fallaciae« mit »die Fehlschlüsse dieses Fehlurteils (der Äquivokation, der Amphibolie usw.)« übersetze, aber es ist eben sachlich bedingt und meint: die Fehlschlüsse, die die jeweilige Täuschung im Sinne einer irrigen Anerkennung der nur scheinbaren Gültigkeit des Schlusses bewirken.

157 (S. 951) »Sophistisch« (im Gr. wörtlich »ausgeklügelt« u. dgl.) heißt hier jeweils »(bloß) scheinbar, Schein-«.

158 (S. 961) Die Ausdrücke »concedere« (zugeben, einräumen u. dgl.), »negare« (ablehnen, verwerfen, verneinen) und »dubitare« (bezweifeln) sind typische Fachterme der sog. Verpflichtungen (Obligationen), vgl. z. B. Kap. VI.5, Regel 4. – Zur Ockham-Kritik in diesem Zusammenhang vgl. Ashworth 1991; siehe auch H. A. G. Braakhuis, »Marsilius of Inghen‹s *Questiones Elencorum* and the Discussion on the (Non-) Distinction of Propositions«, in: M. J. F. M. Hoenen u. P. J. J. M. Bakker (Hgg.), *Philosophie und Theologie des ausgehenden Mittelalters. Marsilius von Inghen und das Denken seiner Zeit*, Leiden u. a. 2000, S. 91–119.

159 (S. 963) Hier ist Albert kommentarlos von mehreren Sinnen auf genau zwei übergegangen, offensichtlich deshalb, um das Argument nicht allzu umständlich werden zu lassen; die Struktur des Arguments wird auch in der vereinfachten Form hinreichend klar, obwohl z. B. ein lat. Satz mit »canis« (Hund) mindestens drei Sinne hat.

160 (S. 963) »Einfach« (simpliciter) heißt hier jeweils: ohne vorgängige Unterscheidung der Sinne des Satzes und ohne Rücksicht auf diese (secundum quid).

161 (S. 967) In einer Obligationen-Disputation (vgl. Tr. VI/2) gibt es

(mindestens) zwei Akteure, nämlich einen, der irgendwelche Sätze vorbringt (»opponens«), und einen, der darauf gemäß festgelegten Regeln zu reagieren bzw. zu antworten hat (»respondens«). Unter »Beisitzern« (assedentes) ist vermutlich ein studentisches Publikum solcher Disputationen zu verstehen, so daß hier die Ausdrücke »addiscentes« (Dazulernende) sowie »discipuli« (Schüler) Studenten als Teilnehmer an Lehrveranstaltungen und »assedentes« (Beisitzende) Studenten als Zuhörer von öffentlichen Disputationen meinen dürften. Demnach haben solche Disputationen auch wirklich stattgefunden und sind nicht bloß literarische Fiktion.

162 (S. 971) »Farbe« (color) meint hier natürlich eine Oberflächenbeschaffenheit, eine Färbung, nicht ein Mittel zum Färben.

163 (S. 971) Lat. »episcopi« kann Nominativ Plural oder Genetiv Singular sein, die zweite Prämisse kann also heißen »Esel sind Bischöfe« oder »Esel sind eines Bischofs«, d. h. »gehören einem Bischof«. Analog beim folgenden Beispiel mit »domini«.

164 (S. 973) Daß lat. »discere« lernen *und* lehren abdeckt, wird nur von spezielleren Wörterbüchern bestätigt, z. B. C. T. Lewis u. C. Short, *A Latin Dictionary* usw., Oxford 1879 (Ausg. v. 1969), S. 588a-b, Nr. c.

165 (S. 975) »Form« meint in der ersten Prämisse den metaphysischen Bestandteil eines Materie-Form-Kompositums (z. B. ist die Seele eines Menschen nicht identisch mit dem Leib-Seele-Kompositum), in der zweiten Prämisse hingegen eine Unterart der Qualität (äußere Gestalt). Für die spätmittelalterlichen Nominalisten sind Gestalten von den gestalteten Dingen nicht real verschieden, vgl. dazu Kap. I.22 u. I.25.

166 (S. 977) Wörtlich: dann ist die Größere verborgen.

167 (S. 981) So übersetze ich hier und im Rest dieser Regel »contingit esse«, um mir umständlichere Formulierungen wie »Für (ein) G ist es kontingent, (ein) H zu sein« zu ersparen. Offenbar heißt dies hier nichts anderes als »Für ein G ist es möglich, ein H zu sein« bzw. »Ein G kann ein H sein«, was wiederum explizit bedeutet »Ein wirkliches oder mögliches G kann ein H sein«. Zur Modalität der Kontingenz vgl. z. B. auch schon Kap. III.5, IV.5 u. IV.17.

168 (S. 983) Hier fehlt das stereotype »propter addiscentes« (wegen der Schüler/Studenten) der Regeln 1–5, jedenfalls in den Textzeugen AELOPSX.

169 (S. 985) Lat. »identitas in essendo« (Identität im Sein) als Gegensatz zur »multiplicitas significationis« (Vielfalt der Bezeichnung): ein und dieselbe Ausdrucksfolge hat (syntaktisch bedingt) mehrere Bedeutungen.

170 (S. 987) Die Beispielsätze sind im Lateinischen als Accusativi cum

infinitivis konstruiert, wobei jeweils *zwei* Akkusative als Subjekts- *und* Objektsakkusativ vorkommen, was die Mehrdeutigkeit bedingt.

171 (S. 987) Das Beispiel geht einmal mehr zurück auf Aristoteles, *Sophistische Widerlegungen*, Kap. 4, 166a7, dort gr. »labein« (fassen, ergreifen, fangen), wofür im Lateinischen »capere« zu erwarten wäre; ob »accipere« (annehmen, (als Gast) aufnehmen, »akzeptieren« usw.) eine christliche Veränderung des handfesten griechischen Beispiels ist, vermag ich nicht zu entscheiden. Ich übersetze jedenfalls im griechischen Geiste: Daß ich wollte, daß ich meine Feinde fange, ist wahr; daß ich wollte, daß meine Feinde mich fangen, ist falsch. Die Mehrdeutigkeit besteht wiederum darin, daß im AcI »inimicos me accipere« zwei Akkusative vorkommen, von denen jeder Subjekts- oder Objektsakkusativ sein kann. Mit »inimici« ist Albert übrigens näher bei Aristoteles als die sonstige Tradition, die oft »pugnantes« (Kämpfende, Kämpfer) hat (z. B. Petrus Hispanus, Abh. VII, Kap. 47, S. 130f.).

172 (S. 989) Lat. »nullo homine currente« läßt sich sonst nicht neutral übersetzen, d. h., ohne den kausalen, konditionalen oder temporalen Sinn zu präjudizieren.

173 (S. 993) Nämlich im Lateinischen, wo der »daß«-Satz als AcI konstruiert ist.

174 (S. 997) Lat. »ergo male (respondes)« (also antwortest du schlecht) ist wieder eine stereotype Formel aus den Obligationen, vgl. Tr. VI/2, die den »Antworter« (respondens) trifft, wenn ihm ein Regelverstoß nachgewiesen wurde, z. B. wenn er – wie hier – einen falschen Satz zugibt bzw. akzeptiert, ohne dazu »verpflichtet« (obligatus) zu sein.

175 (S. 1009) Abstraktbildungen wie »Sorteitas« u. dgl. sind der berühmt-berüchtigten »Haecceitas« (Dies-da-heit: Individuation durch eine Form, nicht durch die Materie) des Johannes Duns Scotus nachgebildet, die schon seit Ockham ein Hauptziel der zeitgenössischen nominalistischen Kritik ist. Für einen Scotisten ist die Sokratesheit (als Form) natürlich von Sokrates (als Materie-Form-Kompositum) verschieden, nicht aber für einen Nominalisten, der Sokrates durch sich selbst individuiert sein läßt, so daß »Sorteitas« nur eine *façon de parler* ist, die nichts anderes meint als (die konkrete Substanz) Sokrates. – Solche Wortbildungen ohne die scotistische Metaphysik finden sich allerdings z. B. schon bei Boethius, *In Perihermeneias*, ed. 2a, lib. II, PL 64, Sp. 463A-B (Platonitas).

176 (S. 1009) Das Abstraktum »perseitas« meint hier (vor Aristotelischem Hintergrund) eine Eigenschaft eines Satzes, nämlich (z. B. und v. a.), daß das Prädikat dem Subjekt »per se« zukommt, weil der Subjektgegenstand

»durch sich selbst« (seinem Begriff, Wesen nach) so ist, wie das Prädikat ausdrückt.

177 (S. 1009) Denominative Prädikation meint, daß statt eines abstrakten Terms der von ihm »abgeleitete« konkrete Term an Prädikatstelle steht; dies ist die typische Prädikationsweise von Akzidenstermen in bezug auf Substanzterme, z. B. sagt man nicht »Sokrates ist Weisheit«, sondern »Sokrates ist weise«.

178 (S. 1013) Vielleicht ist »primo« hier redundant, vielleicht hat es aber auch den zeitlichen Sinn, daß Kleinkinder schon lachen können, bevor sie noch über den eigentlichen Vernunftgebrauch verfügen. Des Lachens fähig sein gilt jedenfalls in der aristotelisch-porphyrischen Tradition als die Eigentümlichkeit (proprium) des Menschen, d. h. als Eigenschaft, die ihm notwendig zukommt, obwohl sie nicht zu seinem Wesen gehört (sondern nur irgendwie daraus fließt); vgl. auch Kap. I.16.

179 (S. 1019) Lat. »res« (Ding) hat hier den engen Sinn von »Ding aus einer der Aristotelischen Kategorien«, also Substanz oder Akzidens (z. B. die Rose, die Röte der Rose); »modus rei« (Dingweise bzw. Weise, wie sich ein Ding verhält) und »complexe significabile« (nur durch einen Satz bezeichenbarer Gegenstand) sind zeitgenössische Bezeichnungen für einen außerkategorialen *Sachverhalt* im Sinne eines komplexen (satzartigen, obzwar außersprachlichen) Gegenstands (z. B. das Rotsein der Rose; daß die Rose rot ist). Vgl. dazu Berger 1999.

180 (S. 1031) Das mag wie ein Widerspruch zum ein paar Zeilen weiter oben Gesagten erscheinen, und einige Textzeugen (wie z. B. der Frühdruck) haben deshalb auch den Beispielsatz in »zusammengesetzter« Formulierung (»Es ist möglich, daß ein Sitzender geht«). Aber hier lautete der Einwand ja, daß der Ausgangssatz *beide* Sinne, also den zusammengesetzten *und* den geteilten, »gleich primär« bezeichne. Da nun der eine Sinn wahr ist (nämlich der geteilte) und der andere falsch (nämlich der zusammengesetzte), ist ein Satz, der beide impliziert, falsch, und Alberts Argument trifft zu. Zur »Bezeichnung« von verschiedenen Sinnen vgl. auch schon Kap. V.2, »Was das zweite anbelangt«.

181 (S. 1033) Lat. »committitur ex eo quod«, wörtlich »wird deshalb begangen/verübt, weil«, ich übersetze aber in der Regel weiterhin so, als ob im Lateinischen »est/accidit/fit ex eo quod« o. dgl. stünde.

182 (S. 1043) Nämlich offenbar ins Trojanische Pferd, was aber nicht auf Achilles, sondern auf Odysseus zutrifft. – Die Mehrdeutigkeit besteht hier darin, daß die lat. Zahlwörter »quadraginta« (40) und »centum« (100) nicht dekliniert werden, so daß beide mit dem Genetiv Plural »virorum« (von den Männern) verbunden werden können, wodurch sich zwei Sinne ergeben (wie

im folgenden Text ausgeführt). – Die Quelle für dieses Beispiel ist wiederum Aristoteles, *Sophistische Widerlegungen*, Kap. 4, 166a37f., dort aber »50 von den Männern 100 ließ zurück (nämlich auf dem Schlachtfeld) der göttliche Achilles«, wie z. B. auch bei Petrus Hispanus, Abh. VII, Kap. 76, S. 155; die Quelle des Aristoteles gilt als unbekannt. Da »40« m. E. besser mit »dimisit« (hat entsandt) als mit »reliquit« (hat zurückgelassen) zusammenpaßt, habe ich diese Variante gewählt.

183 (S. 1043) Der lat. Satz kann auch heißen: Sokrates sah den Platon, der mit einem Stock verhauen wurde.

184 (S. 1045) Der andere Sinn lautet: Ich machte dich, der du frei warst, zum Sklaven. Siehe den folgenden Text.

185 (S. 1045) Der andere Sinn lautet: Es gibt ein anderes Unmögliches als (das), daß ein Esel dich gezeugt hat.

186 (S. 1049) Wörtlich: wird bemerkt auf seiten des ... Akzents.

187 (S. 1055) Die folgenden Beispiele sind bedingt durch die Kongruenzregeln der lateinischen Grammatik, die sich im Deutschen nur unvollkommen wiedergeben lassen: Wir sagen gleichermaßen, daß ein Mann/eine Frau/ein Kind *farbig* ist, der Lateiner hingegen bringt das Adjektiv als Prädikat auch gemäß dem Genus in Übereinstimmung mit dem Subjekt: coloratus, colorata, coloratum. Es sei denn, das Neutrum des Adjektivs ist substantiviert zu »ein Farbiges« bzw. »ein farbiges Ding« – dann kann es auch von einem Maskulinum oder Femininum prädiziert werden.

188 (S. 1059) Vgl. dazu z. B. auch schon Kap. IV.25, beim Ort von den Verschiedenen, und die Anm. 150 dort.

189 (S. 1061) Vgl. Kap. III.3.

190 (S. 1063) Wörtlich heißt es überraschend: müßte dieses Fehlurteil noch immer gemacht werden.

191 (S. 1065) Den letzten »daß«-Satz habe ich nach Analogie zur Ursache des Anscheins übersetzt, die Überlieferung scheint hier nämlich defekt zu sein: ALOPSX haben ziemlich einhellig »vel non est necesse eodem modo dici de reliquo, quo (quomodo) unus eorum dicitur (dicatur) de alio (altero)« (oder es nicht der Fall sein muß, daß vom anderen auf dieselbe Weise ausgesagt wird, auf die der eine von ihnen vom anderen ausgesagt wird); E hat »vel non est necesse dici de reliquo, licet dicatur de alio« (oder es nicht der Fall sein muß, daß vom anderen ausgesagt wird, obgleich von dem einen ausgesagt wird), offenbar ein Eingriff des Schreibers, dem die Vorlage ebenfalls korrupt vorgekommen sein wird.

192 (S. 1077) Die Quelle dafür ist wiederum Aristoteles, *Sophistische Widerlegungen*, Kap. 5, 167b12–20, und Kap. 28, 181a27–30.

193 (S. 1083) Diese Formulierung ist eigentümlich, denn die Bestimmung

betrifft ja nicht die Kopula »ist«, sondern das Prädikat; die folgenden Beispiele machen den Sinn aber eindeutig.

194 (S. 1087) Ich nehme hier »attendere« als gleichbedeutend mit »committere«; eigentlich meint »attendere«: beachten, merken, achten auf u. dgl.

195 (S. 1089) Gemäß Aristoteles, z. B. *Metaphysik*, IV.3, 1005b19–22, besteht ein Widerspruch darin, daß dasselbe von demselben zur selben Zeit in der selben Hinsicht bejaht und verneint wird.

196 (S. 1091) »(Der Natur nach) früher« und »(für uns Menschen) bekannter« sind Aristotelische Begriffe und meinen den begrifflichen bzw. logischen Vorrang einerseits und den erkenntnismäßigen Vorrang anderseits, was nicht zusammenfallen muß. Hier sind die Ausdrücke »früher« und »bekannter« aber offenbar synonym und im epistemischen Sinne gebraucht: Der Beweisgrund muß epistemisch besser gesichert sein als das Bewiesene.

197 (S. 1093) Zu dieser Terminologie von »opponens« (wörtlich: Entgegensetzer; Vorbringer, Vorsetzer von Sätzen in einer Disputation, besonders im Rahmen der Obligationen, »Verpflichtungen«) und »respondens« (Antworter) vgl. den Obligationen-Traktat VI/2, bes. Kap. VI.4, und auch schon oben Anm. 161.

198 (S. 1099) Gemäß der Ausgangssituation wäre eher zu erwarten gewesen »Dieser ist ein Mensch und dieser ist kein Mensch«, aber die Überlieferung AELOPSX ist einhellig.

199 (S. 1101) Die folgenden Definitionen sind im Lateinischen sehr eigentümlich formuliert, so daß man das »ita est« usw. am Schluß grammatisch eigentlich jeweils auf das den Relativsatz einleitende Pronomen »quae« beziehen müßte: »Ein wahrer Satz ist (ein solcher), der so ist, wie auch immer er bezeichnet«, entsprechend in den anderen Fällen. Zu erwarten gewesen wäre eher ein Formulierung wie »quae sic se habet, quod« (der sich so verhält, daß). Der Sinn ist aber – auch aus etlichen Parallelstellen – hinreichend klar: Ein wahrer Satz ist ein solcher, von dem gilt, daß es *in jeder Hinsicht* (qualitercumque) in der Wirklichkeit so ist, wie er bezeichnet; entsprechend in den anderen Fällen. Das Adverb »qualitercumque« (auf welche Weise bzw. wie auch immer) gehört zum Verb »significat«, also eigentlich: Wie auch immer der Satz bezeichnet, so ist es (in der Wirklichkeit). – Das Gesagte bezieht sich auf Sätze *im allgemeinen*, und Alberts Definitionen sind offenbar ja auch so gemeint. Im folgenden geht es aber um selbstbezügliche Sätze im besonderen, und in bezug auf diese könnte man in der Tat z. B. sagen: Ein wahrer selbstbezüglicher Satz ist (bzw. wäre) ein solcher, der so ist, wie auch immer er bezeichnet. Denn die bezeichnete Wirklichkeit reicht hier (in der Regel) ja nicht über den Satz hinaus. Alberts Lösung solcher Antinomien (»Insolubilien«) der Selbstbezüglichkeit wird

dann jeweils lauten, daß es nicht *in jeder Hinsicht* so ist, wie sie bezeichnen, sondern nur in gewisser Hinsicht, so daß sie teils wahr, teils falsch und damit überhaupt falsch sind.

200 (S. 1105) Frei: überhaupt jeder Satz.

201 (S. 1109) Nämlich, daß man von der Wahrheit bzw. Falschheit eines disjunktiven Satzes auf die Falschheit bzw. Wahrheit des widersprechenden kopulativen Satzes schließen kann. Das sind die in der Scholastik gut bekannten De Morganschen Gesetze.

202 (S. 1111) Zum »Lügner« bei Albert und zur einschlägigen Vorgeschichte siehe S. Read, »The Liar Paradox from John Buridan back to Thomas Bradwardine«, in: *Vivarium* 40 (2002), S. 189–218, zu Albert bes. S. 202–208.

203 (S. 1133) Besser: daß er immer (bzw. jedesmal) wahr ist, wann er gebildet wird.

204 (S. 1151) Wie schon gesagt, ist damit gemeint: Damit ein Satz wahr ist, muß es *in jeder Hinsicht* so sein, wie er bezeichnet (und nicht bloß in der einen oder anderen Hinsicht).

205 (S. 1163) Also ist er, nämlich der Ausgangssatz »Sokrates gibt vor, daß er ein Sophist ist«, falsch, während das erste Argument die Wahrheit dieses Satzes bekräftigen sollte.

206 (S. 1169) »Der König (hier: von Frankreich, weil wir ja im Paris der 1350er Jahre sind) sitzt« ist das Standardbeispiel (besonders auch in den »Verpflichtungen«) für einen kontingent wahren oder kontingent falschen Satz, von dem ein »Normalsterblicher«, und sei es auch ein Pariser Professor, nicht weiß, was zutrifft. Deshalb muß man auf diesen Satz in der Regel antworten »ich bezweifle das« (dubito), im Sinne von: ich weiß nicht, ob das wahr oder falsch ist.

207 (S. 1175) Nämlich auf sich selbst rückbezüglich, also: selbstbezüglich. Vgl. auch ein paar Zeilen weiter unten: »remota reflexione«, wörtlich etwa »nach Entfernung des Rückbezugs«, was ich dort mit »ohne Selbstbezug« übersetze.

208 (S. 1177) Vgl. ein ähnliches Beispiel in Kap. VI.10, erstes Beispiel.

209 (S. 1179) Zum Tr. VI/2 siehe die Monographie von Keffer 2001 (allerdings ohne expliziten Bezug auf Albert), vgl. auch Keffer 1999; zu Albert im besonderen siehe Braakhuis 1993.

210 (S. 1179) Zum ritualisierten Sprachgebrauch bei den Verpflichtungen sei Folgendes vorausgeschickt: Die erste Vorbringung des Vorbringers wird je nach Art der Verpflichtung mit »pono tibi« (ich setze dir) bzw. »impono, depono, peto, sit verum, sit dubium« (ich setze ein, ich setze ab, ich bitte, es sei wahr, es sei zweifelhaft) eingeleitet. Der Antworter muß das (gemäß

Regeln) formell zulassen bzw. akzeptieren, damit die Disputation zustande kommt (»admitto«: ich lasse das zu). Jede weitere Vorbringung des Vorbringers wird mit »propono tibi« (ich setze dir vor) eingeleitet; darauf muß der Antworter gemäß Regeln mit »concedo« (ich gebe das zu), »nego« (ich lehne das ab) oder »dubito« (ich bezweifle das) antworten. Das Verb »sustinere« (aufrechterhalten) meint, daß der Antworter verpflichtet ist, einen Wahrheitswert (wahr, falsch), einen epistemischen Wert (gewußt/bekannt, zweifelhaft/unbekannt) oder eine Bedeutungsfestsetzung (impositio) durchgängig anzunehmen, z. B. und v. a., etwas Gesetztes (positum) während der gesamten Verpflichtungszeit als wahr anzunehmen. Vgl. auch den Anfang von Kap. VI.6.

211 (S. 1181) D. h., wenn der Vorbringer den Antworter in einen Widerspruch getrieben hat, ist die Disputation und damit die Verpflichtungszeit »automatisch« zu Ende. Statt »ponere« wäre hier eher »proponere« zu erwarten gewesen, aber die Überlieferung ist bis auf A (»opponere«) einhellig, vgl. auch Kap. VI.10, am Anfang; vielleicht könnte/sollte man auch ergänzend lesen: »oder dem Antworter entgegenhält (wie A!) ›(Das) (vom Antworter gerade Zugegebene) widerspricht dem vorangehenden Verpflichteten!‹«. – Gemäß dieser Stelle scheint der Vorbringer übrigens zugleich auch »Spielleiter« oder/und »Schiedsrichter« zu sein; um welche Zeitspannen es hier geht, ist unbekannt, aber offenbar hatte der Antworter – ähnlich wie beim Schachspiel z. B. – für seine Reaktionen nicht unbegrenzt Zeit.

212 (S. 1185) Die Setzung »Du bist in Rom« ist ein typische Setzung bzw. Annahme eines kontingent falschen Satzes innerhalb einer *in Paris* stattfindenden Disputation, die der Antworter nach der Zulassung »aufrechterhalten« (als wahr nehmen) muß, und folglich muß er den (faktisch wahren) Satz »Du bist in Paris« ablehnen.

213 (S. 1189) Damit ist hier nicht die logische Qualität (bejahend oder verneinend) gemeint, sondern der faktische Wahrheitswert und das Wissen darüber – z. B. muß ein als wahr bekannter uneinschlägiger Satz zugegeben werden. Vgl. Kap. VI.5, Regel 4.

214 (S. 1195) »Form« meint hier die Ausdrucksgestalt bzw. Formulierung, die beibehalten werden muß, so daß gleichbedeutende Aussagen in verschiedener Ausdrucksgestalt durch diesen Zusatz ausgeschlossen werden. Ein heute vertrautes Beispiel dafür wäre das von Frege: »Der Morgenstern ist die Venus«, »Der Abendstern ist die Venus«.

215 (S. 1203) Daraus darf man offenbar ableiten, daß (jedenfalls) der Antworter bei einer Obligationen-Disputation Notizen zu machen pflegte, was die Veranstaltung für ihn sicher etwas weniger anstrengend machte. – Die Überlieferung (AELOPSX) ist hier jedenfalls einhellig und unverdäch-

tig, der erste »vorgesetzte« Satz ist ein Beispiel für einen notwendig wahren, vom »gesetzten« Satz logisch unabhängigen Satz, der zweite für einen kontingent wahren und unabhängigen Satz. »Du sitzt«, »Du sprichst« u. ä. kommt in solchen Kontexten auch vor.

216 (S. 1209) Ich übersetze hier »per se« (»durch sich selbst«, an sich, wesentlich) und »per accidens« (»durch etwas Hinzukommendes«, unwesentlich, beiläufig) im Sinne von »simpliciter« (schlechthin, unbedingt, absolut) und »secundum quid« (in Hinsicht auf etwas, bedingt, relativ), denn genau das ist hier der Punkt, wie die folgenden Ausführungen zeigen: zeitlich unbedingt vs. zeitlich bedingt notwendig bzw. unmöglich. Vgl. dazu übrigens Aristoteles, *Über den Himmel*, I.12, 283b1f.

217 (S. 1209) Die Übersetzung von »differentia temporis« mit »Zeitunterschied« macht hier offenbar keinen guten Sinn. Das lat. Verb »differre« meint aber eigentlich »auseinanderbringen« usw., danach übersetze ich hier; vielleicht wäre auch »Zeitbestimmung« eine Möglichkeit. Gemeint ist jedenfalls offenbar ein *Zeitteil* im Sinne von Vergangenheit, Gegenwart oder Zukunft.

218 (S. 1211) Daraus kann man schließen, daß Albert bis zur Zeit der Abfassung dieses Werks nicht in Rom war. Später, nach seiner Pariser Karriere, war er es gemäß dem Prinzip »Ubi papa, ibi Roma« (Wo der Papst ist, dort ist Rom) gewissermaßen, insofern er (mehrmals) in Avignon, dem Sitz der Päpste während der »Babylonischen Gefangenschaft«, war. Das ist auch durch ihn selber belegt, als er schon Bischof von Halberstadt war, vgl. dazu Berger 1998, S. 33, Anm. 10 (nach einer von L. Hänselmann 1870 edierten mnd. Urkunde von 1377/78, wo es heißt »also we noch in deme hove to Rome weren«: als wir noch am (päpstlichen) Hof zu Rom = Avignon waren (nämlich 1366)).

219 (S. 1219) Ob hier ein doppelter und zwei einfache, zwei doppelte oder vier einfache AcI vorliegen, läßt sich aufgrund der mangelhaften Interpunktion in den Handschriften nicht eindeutig entscheiden. Am plausibelsten ist die Lesart mit zwei doppelten AcI, die sich auch gut z. B. mit »Es sei wahr« bzw. »Ich bitte« ergänzen lassen; vgl. auch ein paar Zeilen weiter unten das Beispiel für Es-sei-wahr sowie Kap. VI.12.

220 (S. 1221) Dieser Satz ist überwiegend fehlerhaft überliefert, ich bin der Handschrift E gefolgt, deren Schreiber sich einmal mehr Gedanken gemacht zu haben scheint. Seine Variante (»suscipiendam« statt »sustinendam«) macht einen guten Sinn, sonst wären aufwendigere Konjekturen nötig gewesen, etwa: »obligatio, mediate qua … imponitur ad significandum *et respondens obligatur* ad talem significationem … sustinendam« (eine Verpflichtung, mittels welcher … zur Bezeichnung eingesetzt wird *und der*

Antworter dazu verpflichtet wird, die betreffende Bezeichnung bzw. Bedeutung ... aufrechtzuerhalten bzw. beizubehalten).

221 (S. 1225) Die Formulierung »si concedis et bene respondes«, die auch im folgenden wiederkehrt, muß m. E. so (und etwas freier) übersetzt werden, da es keinen guten Sinn zu machen scheint, den Satz »et bene respondes« als Teil des »si«-Satzes aufzufassen (»wenn du ihn zugibst und richtig antwortest«); er ist offenbar vielmehr ein eingeschobener Hauptsatz, so daß der Sinn lautet: Wenn du das zugibst, antwortest du zwar gut (= richtig bzw. regelkonform), aber du gerätst trotzdem in ein Dilemma (weil du nämlich schon vorher, z. B. mit der Zulassung, einen Fehler begangen hast).

222 (S. 1227) Lat. »cum vero necessario« kann ferner auch heißen »mit einem wahren Notwendigen« oder » mit einem notwendigerweise Wahren«.

223 (S. 1231) Hier wäre vielleicht eher »respondentis« (des Antworters) zu erwarten gewesen, aber die Überlieferung ist einhellig. Jedenfalls ist mit der in der Definition genannten Handlung offenbar die Wahrheitswertbelegung gemeint, die sich aus der Reaktion des Antworters auf das Vorgesetzte ergibt und die die Bedeutung des Eingesetzten erst eigentlich festlegt.

224 (S. 1241) Die Antwort auf dieses sowie auch auf das folgende Beispiel lautet also: »Von A weißt du, daß es wahr ist« ist wahr, weil der Ausdruck »A« hier außerhalb des Bereichs des epistemischen Verbs »du weißt« steht und deshalb durch den Satz »Gott ist« ersetzt werden kann (»geteilter Sinn«). »Du weißt, daß A wahr ist« ist aber unter der gemachten Fallannahme falsch, weil hier der Ausdruck »A« innerhalb des Bereichs des epistemischen Verbs steht (also in einem opaken Kontext, wie man heute sagt) und deshalb für ihn kein anderer Ausdruck »salva veritate« eingesetzt werden kann, d. h., ohne daß sich der Wahrheitswert des Satzes ändert bzw. ändern kann (»zusammengesetzter Sinn«).

225 (S. 1261) Wörtlich: Dir wird geschlossen.

226 (S. 1267) Hier hat die handschriftliche Überlieferung AEOPS (in L fehlt das ganze Beispiel) einhellig und durchgängig »grammaticum« (Neutrum (!), wörtlich: ein Grammatisches, ein grammatisches Ding; also: etwas Sprachgelehrtes, ein sprachgelehrtes Wesen u. dgl., bzw. überhaupt: ein Gelehrtes, ein gelehrtes Wesen). Der Frühdruck X hat die (als Neutrum plausiblere) Variante »generatum« (ein erschaffenes Ding, ein Geschöpf), vermutlich durch einen Eingriff des umsichtigen Herausgebers Dr. Pietro Aurelio Sanudo; der Frühdruck Y hat das Maskulinum »grammaticus«, wie übrigens auch Walter Burley, *De obligationibus*, S. 65, Z. 1–17, die offenkundige Vorlage für dieses Beispiel. Da die Wahl zwischen diesen Varianten für die Fallerörterung (Wahrheitswertgleichheit von Vordersatz und Gegensatz des Nachsatzes) eigentlich unerheblich ist, bleibe ich bei der eindeutig

besser überlieferten. – Der Satz »Es gibt kein gelehrtes Wesen« ist kontingent und möglicherweise wahr, der Satz »Es gibt kein Geschöpf« ist ebenfalls kontingent (da die Schöpfung gemäß christlicher Auffassung ja kontingent ist), kann aber unmöglich *wahr sein*, da er ja selber ein Geschöpf ist, d. h. der »actus exercitus« und der »actus significatus« dieses Satzes sind unvereinbar (vgl. dazu Kap. IV.1 u. Anm. 110 sowie Kap. VI.2); aber das ist hier nicht der Punkt.

227 (S. 1291) Wörtlich: der vorangehende kategorische Satz – der nachfolgende kategorische Satz.

228 (S. 1299) Vgl. Kap. VI.4, dritte Beschreibung, und Anm. 211. – Lat. »ponere« kann hier nicht den sonstigen technischen Sinn (der Setzung eines Anfangssatzes) haben, sondern meint offenbar einfach die Vorbringung des Gegensatzes des Gesetzten, den der Antworter aufgrund des bisherigen Verlaufs zugeben muß, womit er also Widersprüchliches (das Gesetzte und seinen Gegensatz) zugibt und damit die Disputation »verloren« hat.

229 (S. 1317) Die Überlieferung dieser Stelle ist zwar unverdächtig, aber besonders das »ubicumque fit« (wo auch immer sie gemacht wird) ist überraschend, »quandocumque« (wann auch immer) wäre eher zu erwarten gewesen; gemeint ist offenbar »unter allen Umständen«. Man könnte den Nebensatz auch einfach tilgen, so daß man erhielte: »semper talis obligatio est neganda« (eine derartige Verpflichtung muß immer abgelehnt werden bzw. darf niemals zugelassen werden).

230 (S. 1317) Wörtlich »in einem Aussagbaren«, was hier vermutlich im technischen Sinne die typischen AcI-Konstruktionen (im Deutschen: »daß«-Sätze) meint, mit denen das Verb »peto« (ich bitte) verbunden wird.

231 (S. 1327) Zwei Terme A, B sind im hier gemeinten Sinne einfach umkehrbar, wenn gilt: Jedes A ist ein B und jedes B ist ein A.

INDEX PERSONARUM

INDEX LOCORUM